LANGENSCHEIDTS
TASCHENWÖRTERBÜCHER

LANGENSCHEIDTS

TASCHENWÖRTERBUCH

DER LATEINISCHEN UND DEUTSCHEN SPRACHE

Erster Teil

Lateinisch-Deutsch

Von

PROF. HERMANN MENGE

Bearbeitung

von

DR. ERICH PERTSCH

LANGENSCHEIDT

BERLIN · MÜNCHEN · WIEN · ZÜRICH

Inhaltsverzeichnis

Auflage: 36. | Letzte Zahlen
Jahr: 1984 83 | maßgeblich

Druck: Graph. Betriebe Langenscheidt, Berchtesgaden/Obb.
Printed in Germany · ISBN 3-468-10200-3

Vorwort

Die vorliegende Neubearbeitung des von Prof. Hermann Menge erstmalig zusammengestellten und von Prof. Heinrich Müller 1937 überarbeiteten Taschenwörterbuches will dem Unterricht und der Schule und darüber hinaus einem größeren Kreis von Benutzern, insbesondere Studenten bei kursorischer Lektüre, eine zuverlässige Hilfe bieten.

Der Umfang ist durch die Aufnahme von neuen Stichwörtern und Anwendungsbeispielen erheblich erweitert worden. Besondere Beachtung ist der genauen Angabe der Quantitäten geschenkt worden (bei schwankendem Gebrauch eingeklammert). Die Ziffern 1, 2, 3 oder 4 bei den Verben verweisen stets auf die Konjugationsklasse: **1** = **āre; 2** = **ēre; 3** = **ĕre; 4** = īre. Ferner wurden auch kurze etymologische Hinweise entsprechend den letzten Erkenntnissen wissenschaftlicher Forschung gegeben. Fragliche oder unsichere Deutungen sind stets als solche bezeichnet worden.

Bei Wörtern, die je nach ihrer Bedeutung oder ihrem formalen oder syntaktischen Gebrauch klassisch bzw. vor- oder nachklassisch oder nur in der Dichtung belegt sind, ist eine klare Scheidung vorgenommen worden.

Mit Ausnahme der Fragmente ist der gesamte Wortschatz von Cäsar und Cicero und den im Abkürzungsverzeichnis auf den Seiten 6—8 verzeichneten Autoren berücksichtigt worden.

Aufnahme gefunden haben auch die wichtigsten Eigennamen aus der griechischen und römischen Welt sowie mittellateinische Ausdrücke, soweit diese sprachlich oder kulturhistorisch für die Kontinuität der Latinitas bedeutsam erschienen.

Der Anhang bringt Hinweise zur lateinischen Schrift, zur Aussprache und Betonung, zur römischen Namengebung, die Zahlwörter, den römischen Kalender sowie eine Übersicht über die wichtigsten Maße, Gewichte und Münzen.

Für wertvolle Anregungen und Ratschläge sind wir Herrn Prof. Dr. Munari zu aufrichtigem Dank verpflichtet.

Die Neubearbeitung ist Herrn Professor Dr. Rudolf Helm, dem großen Forscher und gütigen Menschen, meinem ehemaligen Universitätslehrer, als kleines Zeichen aufrichtiger Dankbarkeit und Verehrung zugeeignet.

Der Verfasser

Vorbemerkungen

Die **langen** Vokale sind bezeichnet (-), die **kurzen** (◡) nur dann, wenn es aus besonderen Gründen nötig ist. Bei mittellateinischen Wörtern (**) ist auf die Angabe von Quantitäten und Etymologie verzichtet worden.

In besonderen Fällen, namentlich in griech. Wörtern und Eigennamen, wird die Tonsilbe durch einen Punkt unter dem Vokal gekennzeichnet.

Die Ziffern hinter den Verben bedeuten die 1.—4. Konjugation, die hinter den Adjektiven und Pronomina die Anzahl der Genusendungen.

Jahreszahlen nach Christus werden, soweit nötig, durch den Zusatz *n.Chr.* gekennzeichnet, die vor Christus bleiben unbezeichnet.

Verzeichnis der im Wörterbuch angewendeten Zeichen und Abkürzungen

°	unklassisch.
/	in übertragener Bedeutung.
~	Tilde (Wiederholungszeichen) wiederholt das fettgedruckte Kopfwort.
≈	dsgl., aber mit veränderter Groß- bzw. Kleinschreibung.
√	Wurzel.
<	entstanden aus.
>	geworden zu.
*	nicht belegte, nur sprachwissenschaftlich erschlossene Form.
**	spät- od. mittellateinisch.

abgek.; *Abk.*	abgekürzt; Abkürzung.
abl.	Ablativ.
abl. abs.	ablativus absolutus.
abl. mens.	ablativus mensurae.
abs.	absolut.
abstr.	abstrakt, Abstraktum.
acc.	Akkusativ.
a.c.i.	accusativus cum infinitivo.
act.	aktivisch, Aktiv.
adi.	adjektivisch, Adjektiv.
adv.	adverbial, Adverb.
ägypt.	ägyptisch.
ahd.	althochdeutsch.
alci	alicui.
alcis	alicuius.
allg.	allgemein.
alqa(m)	aliqua(m).
alqd	aliquid.
alqm	aliquem.
alqo	aliquo.
altbrit.	altbritisch.
altind.	altindisch.
altit.	altitalisch.
altl.	altlateinisch bzw. archaistisch.
altnord.	altnordisch.
aram.	aramäisch.
archit.	architektonisch, Architektur.
arithm.	arithmetisch.
assim.	assimiliert.
astr.	astronomisch, astrologisch.
athen.	athenisch.
att.	attisch.
attr.	attributiv, Attribut.
b.	bei(m).
Bein.	Beiname.
belg.	belgisch.
ber.	berühmt.
Bew.	Bewohner.
bsd.	besonders.
bzw.	beziehungsweise.
Ca.	Catull.
cf.	confer (vergleiche).
ci.	Konjunktion.
cogn.	cognomen.
coll.	kollektivisch, Kollektivum.
Com.	Komiker.
comp.	komparativisch, Komparativ, comparationis.
conc.	konzessiv.
concr.	konkret, Konkretum.
coni.	Konjunktiv.
cons.	konsekutiv, consecutivum.
Cu.	Curtius Rufus.
dat.	Dativ.
dcht.	dichterisch.

def.	defektivisch, Defektivum.
dem.	Deminutivum.
demonstr.	demonstrativ(um).
dep.	Deponens.
desid.	Desiderativum.
d. h.	das heißt.
d. i.	das ist.
dial.	dialektisch, (der) Dialektik.
dir.	direkt.
diss.	dissimiliert.
dor.	dorisch.
ds.	dasselbe.
dsgl.	desgleichen.
dt.	deutsch.
eigtl.	eigentlich.
Einw.	Einwohner.
EN	Eigenname.
engl.	englisch.
et.	etymologisch.
etr.	etruskisch.
etw.	etwas.
f	Femininum.
feindl.	feindlich.
Fl.; *-fl.*	Fluß; -fluß.
frequ.	Frequentativum.
freundl.	freundlich.
fut.	futurisch, Futur.
fut. ex.	futurum exactum.
Fw.	Fremdwort.
gall.	gallisch.
Geb.	Gebirge.
gen.	Genetiv.
geom.	geometrisch.
ger.	Gerundium.
germ.	germanisch.
geschäftl.	geschäftlich.
gespr.	gesprochen.
getr.	getrennt (geschrieben).
Ggs.	Gegensatz.
gr., *griech.*	griechisch.
gramm.	grammatisch.
haplol.	haplologisch.
hebr.	hebräisch.
Ho.	Horaz.
Hpts.	Hauptsatz.
Hptst.	Hauptstadt.
i.	in, im.
idg.	indogermanisch.
imp.	Imperativ.
impers.	unpersönlich.
impf.	Imperfekt.
incoh.	Inkohativum.
ind.	Indikativ.
indecl.	undeklinierbar.
indef.	indefinitum.
indir.	indirekt.
inf.	Infinitiv.
instr.	instrumental, instrumenti.
int.	Interjektion.
intens.	Intensivum.
interr.	interrogativ(um).
intr.	intransitiv.
it.	italisch.
j.	jetzt, jetzig.
jd.	jemand.
Ju.	Juvenal.
jur.	juristisch.
karthag.	karthagisch.
kelt.	keltisch.
kl.	klassisch (d.h. in klassischer Prosa — bei Cäsar und Cicero — belegt).
l.	links.
lat.	lateinisch.
Ldsch.	Landschaft.
Li.	Livius.
loc.	lokativisch, casus localis (Lokativ).
log.	logisch, (der) Logik.
Lu.	Lukrez.
Lw.	Lehnwort.
m	Maskulinum.
m.	mit.
Ma.	Martial.
M.A.	Monumentum Ancyranum.
math.	mathematisch.
med.	medizinisch.
mediopass.	Mediopassiv; cf. P.
metr.	metrisch, (der) Metrik.
mil.	militärisch.
ml.	mittellateinisch.
mod.	modal, modi.
mündl.	mündlich.
mus.	musikalisch.
n	Neutrum.
Nachk.	Nachkomme.
Nbfl.	Nebenfluß.
Nbs.	Nebensatz.
n.Chr.	nach Christus.
n.c.i.	nominativus cum infinitivo.
nd.	niederdeutsch.
Ne.	Cornelius Nepos.
nhd.	neuhochdeutsch.
nkl.	nachklassisch.
nom.	Nominativ.
nö.	nordöstlich.

nördl. nördlich.
num. adv. Zahladverb.
num. card. Kardinalzahl.
num. distr. Distributivzahl.
num. ord. Ordinalzahl.
nw. nordwestlich.

ö. östlich.
obi. obiectivus; Objekt.
od. oder.
osk. oskisch.
Ov. Ovid.

P. Passiv; Mediopassiv.
part. Partizip.
part. pf. pass. das passivisch gebrauchte part. pf. eines Deponens od. Semideponens.
partit. partitiv(us).
pass. passivisch; medial.
patriz. patrizisch.
pers. persönlich, personale.
personif. personifiziert.
pf. Perfekt.
Ph. Phaedrus.
philos. philosophisch.
Pl. Plautus.
pl. Plural.
pl. tant. plurale (-ia) tantum.
pleb. plebejisch.
plqpf. Plusquamperfekt.
Pli. Plinius d. J.
pol. politisch.
pos. Positiv.
poss. possessiv(us), Possessivum.
P.P.P. participium perfecti passivi.
Pr. Properz.
praed. prädikativ.
praef. Präfix.
praes. Präsens.
praev. Präverbium.
pron. Pronomen.
prp. Präposition.
pun. punisch.

Qu. Quintilian.

r. rechts.
räuml. räumlich.
redupl. redupliziert.
refl. reflexiv(um).
rel. relativisch, Relativum.
relig. religiös, sakral.
result. Resultativum.
rhet. rhetorisch.
röm. römisch.

s. siehe.
Sa. Sallust.
sabin. sabinisch.
sagenh. sagenhaft.
sc. scilicet (ergänze).
scherzh. scherzhaft.
schriftl. schriftlich.
s.d. siehe dieses.
Se. Seneca.
sem. semitisch.
sg. Singular.
siz. sizilisch.
s.o. siehe oben.
sö. südöstlich.
spätl. spätlateinisch.
Spr. Sprache.
St.; -st. Stadt; -stadt.
s.u. siehe unten.
subi. subiectivus; Subjekt.
subst. Substantiv.
südl. südlich.
Suet. Sueton.
sup. Superlativ.
Sup. Supinum.
sw. südwestlich.
synk. synkopiert.

Ta. Tacitus.
Te. Terenz.
Ti. Tibull.
trans. transitiv.
t.t. terminus technicus (Fachausdruck).

u. und.
u.ä. und ähnliches.
umbr. umbrisch.
unkl. unklassisch.
urspr. ursprünglich.
usw. und so weiter.

v. von.
v.Chr. vor Christus.
Ve. Vergil.
verb. Verbum.
Vfssr. Verfasser.
vkl. vorklassisch.
vl. vielleicht.
voc. Vokativ.
volkset. volksetymologisch.
Vorst. Vorstadt.

w. westlich.
wahrsch. wahrscheinlich.

zeitl. zeitlich.
zus. zusammen(geschrieben).
zw. zwischen.

A

A, a[1] (*Abk.*) **1.** = *Aulus*; **2.** = *absolvō* spreche frei; **3.** = *antīquō* verwerfe das beantragte Gesetz; **4. a.d.** = *ante diem*; **5. a.u.c.** = *ab urbe conditā*; **A.U.C.** = *annō urbis conditae*; **6. A.** (*in Dialogen*) = *audītor*; (*Ggs. M.* = *magister*); ****a.Chr.n(at).** = *ante Christum natum*; **A.D.** = *anno Domini*; **A et O** Anfang und Ende = Christus.

ā[2] (*int.*) = *āh*.

ā[3] (*nur vor Kons. außer h*), **ab** (**abs tē** = *ā* tē) (*ab* < **apo*; *cf. nhd.* „ab") **I.** (*in der Komposition*) (*abs-* vor *c*, *q*, *t* [*abscondo*], *as-* vor *p* [*asporto*], > *ā* vor *l*, *m*, *n*, *v* [*aveho*]): **1.** ab-, weg- [*abduco*]; **2.** un-, miß- [*absimilis, abutor*]; **II.** *prp. b. abl.*: **1.** (*räuml.*) **a**) von, von ... her, von ... an, von ... aus, von ... weg, von ... herab; *a summo* von oben; *ab imo* von unten; **b**) aus der Nähe *von* [*a Gergovia*]; **c**) in einem Abstande, in einer Entfernung von [*a milibus passuum octo*]; **d**) in, an, auf; *a tergo* im Rücken, *a latere* in der Flanke, *a dextra* (*parte*) auf der rechten Seite, zur Rechten, *a fronte* vorn; *a terra* auf der Landseite; *a septentrionibus* auf der Nordseite; *cf. sum, stō*; **2.** (*zeitl.*) **a**) von ... an, von ... her, seit [*a pueritia, puero, pueris*]; **b**) unmittelbar nach, gleich nach [*a cena dormire*]; **3.** (*b. Angabe des persönlichen Urhebers*; *log. Subjekt*) von, durch [*ab Hannibale victus*]; °**4.** (*b. Angabe des Beweggrundes, der Ursache*) wegen, aus, vor [*ab odio*]; **5.** (*einschränkend*) von seiten, in bezug auf, hinsichtlich [*firmus ab equitatu*]; **6.** (*b. Amtsbezeichnungen*) *servus a pedibus* Eilbote; *servus a manu* Schreiber; (*nkl.*) *servus ab epistulis* Geheimschreiber; **7.** (*b. Ausdrücken des Schützens u. Verteidigens*) vor, gegen [*tueri, defendere ab iniuriis*].

abāctus, *ūs m* (*abigō*) *das* (gewalt-[same]) Wegtreiben.

abacus, *ī m* (*gr. Lw.*) **1.** Prunktisch; °**2.** Spielbrett.

abaliēnātiō, *ōnis f* (*abaliēnō*) Veräußerung.

ab-aliēnō 1 **1.** entfremden, abspenstig machen, zum Abfall bringen; **2.** veräußern, abtreten; °**3.** berauben [*iure civium*]; °**4.** (*P.P.P.*) *adi.* **abaliēnātus** 3 abtrünnig; abgestorben [*membra*].

Abās, *antis m König in Argos*; *adi.* -*antēus* 3; (*subst.*) **-antiadēs,** *ae m sein Sohn* (Acrisius) *od. sein Urenkel* Perseus.

ab-avus, *ī m* Ururgroßvater; Ahn[(-herr).]

****abba; abbas,** *tis m* Vater, Abt.

ab-baetō 3 *s. ābītō.*

****abbatia, abbateia,** *ae f* Abtei.

****abbatissa,** *ae f* Äbtissin.

ab-bītō 3 = *ābītō.*

****abbrevio** 1 einen Entwurf machen; verbriefen.

Abdēra, *ōrum n* (*gr.* Ἀbd-) *St. in Thrakien*; **-rītēs,** *ae m* Abderit, Schildbürger.

abdicātiō, *ōnis f* (*abdicō*[1]) Enterbung; Amtsniederlegung.

ab-dicō[1] 1 **1. a**) sich lossagen *von* [*tutela*]; °**b**) verleugnen; verstoßen; **2. a**) (*ein befristetes Amt*) niederlegen [°*dictaturam, se magistratu*]; **b**) *abs.* abdanken.

ab-dīcō[2], *dīxī, dictum* 3 absagen, verwerfen, nicht zulassen.

abditivus 3 (*abditus*) entfernt.

abditus 3 (*abdō*) entfernt, entlegen; verborgen; geheim; °*subst.* **-a,** *ōrum n* entlegene Räume; Geheimnisse; unbekannte Begriffe.

ab-dō, *didī, ditum* 3 (√ **dhē* „setzen") **1.** entfernen, beiseite schaffen; (*Truppen*) zurückziehen; **2. a**) verbergen, verstecken, vergraben; °**b**) (*eine Waffe*) tief hineinstoßen; **3. sē abdere** sich zurückziehen, entweichen; sich verbergen [*in silvas*; (*in*) °*suis tectis*]; sich vertiefen [*in litteras; litteris*].

abdōmen, *inis n* (*wohl* = *pars* „*abdita*") Unterleib; Schmerbauch.

ab-dūcō, *dūxī, ductum* 3 **1. a**) ab-, weg-, fort-, entführen, rauben; °**b**) wegziehen; abziehen [*clavem*];

2. / a) abbringen *von* [*animum a sollicitudine*]; b) trennen; c) abspenstig machen, zum Abfall verleiten [*a fide, ad se*]; d) erniedrigen [*artem ad quaestum*].

Abella, *ae f obstreiche St. in Kampanien, j.* Avella.

ab-eō, *iī, itum, īre* **1.** ab-, fort-, weggehen, scheiden; **2.** / a) scheiden [*e vita*]; sich trennen [*ab alqo*]; ausscheiden, niederlegen [*magistratu*]; °*exulatum* (*Sup.*) ~ in die Verbannung gehen; b) irgendwie davonkommen, wegkommen [°*inultus*; °*victor* als S.]; c) (*v. Zeit, Zuständen*) verfließen, vergehen, (ver-) schwinden; d) abgehen, abschweifen [*illuc, unde abii, redeo*]; abweichen *von*; e) (*b. Versteigerungen*) entgehen [*res ab alqo*]; °f) übergehen, sich verwandeln *in*; *in ora hominum* ins Gerede der Leute kommen; °g) (*im Werte*) fallen.

ab-equitō 1 wegreiten.

aberrātiō, *ōnis f* (*aberrō*) Entfernung, Ablenkung [*a dolore*].

ab-errō 1 abirren, abkommen, sich verirren; *kl. nur* /: abweichen, abschweifen [*a proposito*]; sich in etw. irren [*coniecturā*].

ab-hibeō, — — 2 (*habeō*; *Pl.*) vom Leibe halten.

ab-hinc *adv.* °**1.** (*räuml.*) von hier; **2.** (*zeitl.*) a) von jetzt an; b) (*b. acc. od. abl.*) vor nunmehr [~ *viginti annos*].

ab-horrēns, *entis* (*abhorreō*) fremd, abweichend, widerstrebend [*a studio*]; (*Li.*) unpassend [*lacrimae*]; unverständlich [*carmen*].

ab-horreō, *uī,* — 2 zurückschrekken *vor* [*a*], verabscheuen; / nichts wissen wollen *von*; abweichen *von*, nicht passen *zu*, widersprechen [*meis moribus*].

ab-iciō, *iēcī, iectum* 3 (*iaciō*) **1.** a) ab-, wegwerfen, von sich werfen, hinwerfen; (*Geschosse*) schleudern; b) hinab-, niederwerfen, zu Boden werfen, hinstrecken; *se -ere* sich werfen, (sich) stürzen [*ad pedes*]; **2.** / a) verschleudern; b) aufgeben, fahren lassen, opfern, *salutem -ere pro* sich rücksichtslos opfern für; c) entmutigen; d) herabsetzen, verkleinern; *se -ere* sich wegwerfen.

abiectiō, *ōnis* (*abiciō*) Entmutigung, Mutlosigkeit.

abiectus 3 (*m. comp.*, °*sup.*, *adv.*; *abiciō*) **1.** schwunglos; prosaisch [*oratio*]; **2.** niedrig, gemein, gewöhnlich, verworfen; **3.** kleinmütig, mutlos, verzagt.

abiegnus 3 (-ē-?; *im Vers auch dreisilbig*; *abiēs*; *Li.*) tannen.

abiēs (-ĕ-?), *etis f* (*im Vers auch abjetis usw. gespr., et. unklar*) **1.** (*unkl.*) Tanne, Tannenholz, -bretter; **2.** (*dcht.*) Gegenstände aus (Tannen-)Holz: Schiff, Speer, Lanze; Briefchen, Bücherfutteral.

ab-igō, *ēgī, āctum* 3 (*agō*) weg-, forttreiben; / rauben [*pecus*]; abtreiben [*partum*]; °verstoßen [*uxorem*]; (*dcht.*) verscheuchen [*curas*].

abitiō, *ōnis f* (*abeō*; *Com.*) *das* Weg-, Fortgehen.

ā-bītō 3 (*baetō*; *Pl.*) weggehen.

abitus, *ūs m* (*abeō*) **1.** Weg-, Fortgang, Abreise; **2.** (*als Ort*; *nkl.*, *dcht.*) Ausgang.

ab-iūdicō 1 aberkennen, absprechen [*alqd ab alqo*; *sibi libertatem*].

ab-iungō, *iūnxī, iūnctum* 3 **1.** (*dcht.*) abspannen, abschirren, ausspannen; **2.** / trennen, entfernen.

ab-iūrō 1 abschwören; °verleugnen.

ablēgātiō, *ōnis f* (*ablēgō*; *nkl.*) Entsendung; Verbannung.

ab-lēgō 1 wegsenden, entfernen; (*mil. t.t.*; *Li.*) abkommandieren.

ab-ligurriō 4 ablecken, verprassen.

ab-locō 1 (*Suet.*) verpachten, vermieten.

ab-lūdō, — — 3 (*im Ton*) abweichen; / nicht passen *auf zu* [*a te*].

ab-luō, *luī, lūtum* 3 (*lavō*) **1.** abwaschen [*pedes*]; / tilgen, beseitigen; °**2.** fortspülen, mit sich fortführen; ** taufen.

****ablutio,** *onis f* Taufe.

ab-negō 1 abschlagen, verweigern, versagen; sich weigern.

ab-nepōs, *pōtis m*, **-neptis,** *is f* Ururenkel(in).

Abnoba, *ae m* (*kelt.*) *der* Schwarzwald (*einschl. der Rauhen Alb*).

ab-noctō 1 (*nox*) auswärts übernachten.

ab-nōrmis, e (-ŏ-?; *ab nōrmā*) von der Regel abweichend; keiner Schule angehörig [*sapiens*].

ab-nuō, *nuī, nuitūrus* 3 (*nuō* 3 „winken"; *cf. nūmen*) °**1.** abwinken; **2.** a) abschlagen, versagen, verweigern; (*mil. t.t.*; *nkl.*) den Gehorsam verweigern; **b**) nicht zulassen, verschmähen; **c**) leugnen, bestreiten.

abnūtō 1 (*intens. v. abnuō*) heftig [abwinken.

aboleō, ēvī, *itum* 2 (*et. unklar*) vernichten, zerstören; / beseitigen, abschaffen; aberkennen [*ei magistratum*].

abolēscō, ēvī, — 3 (*et. unklar*) ver- [schwinden, erlöschen.

abolitiō, ōnis *f* (*aboleō*) Abschaffung, Aufhebung; Amnestie [*facti*].

abolla, *ae f* (*siz. Fw.*) Umwurf; Mantel.

ab-ōminor (*u.* **-ō**) 1 wegwünschen, verwünschen, verabscheuen; *quod ~* was Gott verhüte!; (*Gerundiv*) *adi. abominandus* 3 verabscheuenswert.

Aborīginēs, *um m* (*ab origine* = „Ureinwohner"?) *sagenhaftes Stammvolk der Latiner.*

ab-orior, *ortus sum* 4 unter-, ver- [gehen.

aborīscor, — 3 (*incoh. v. aborior*) vergehen.

abortiō, *ōnis f u.* **-tus,** *ūs m* (*aborior*) Früh-, Fehlgeburt.

abortīvus 3 (*abortus, part. pf. v. aborior*) zu früh geboren.

ab-rādō, *sī, sum* 3 abscheren; / abpressen, abzwacken [*ex meo*].

ab-ripiō, *ripuī, reptum* 3 (*rapiō*) wegraffen, -reißen, -schleppen; entführen, rauben; °*se -ere* sich aus dem Staube machen.

abrogātiō, *ōnis f* (*abrogō*) Auf- [hebung.

ab-rogō 1 durch Volksbeschluß abschaffen [*legem*]; aberkennen, entziehen [*consulatum*].

abrotonum, *ī n u.* **-us,** *ī m* (*gr. Fw.*) Eberraute (*Arzneipflanze*).

ab-rumpō, *rupī, ruptum* 3 **1.** ab-, losreißen, abbrechen; / abreißen, sprengen [*pontem, ordines*]; *se -ere* sich lossagen *von* [*latrocinio*]; **2.** / unterbrechen, endigen [*vitam*]; verletzen [*fidem*].

abruptiō, *ōnis f* (*abrumpō*) *das* Abreißen; / Ehebruch.

abruptus 3 (*m. comp., sup., adv.*; *abrumpō*) steil, jäh; / schroff, trotzig; abgehackt; *subst.* **-um,** *ī n* Abgrund; *auch* /.

abs *s. ab.*

abs-cēdō, *cessī, cessum* 3 **1.** weggehen, sich entfernen; (*mil. t.t.*; *nkl.*) abziehen, sich zurückziehen; **2.** / **a**) abstehen *von* [*obsidione*]; **b**) schwinden, vergehen.

abscessiō, *ōnis f* (*abscēdō*) *das* Zurückweichen; / Abnahme.

abscessus, *ūs m* (*abscēdō*) Weggang, Abzug.

abs-cīdō, *cīdī, cīsum* 3 (*caedō*) **1.** abhauen, -schneiden; / trennen; °**2.** / (be)nehmen, entziehen; verstummen lassen [*vocem*].

ab-scindō, *scidī, scissum* 3 **1.** ab-, los-, aufreißen, öffnen [*venas*]; °**2.** / trennen; entziehen.

abscīsus 3 (*m. comp., adv.*; *abscīdō*) jäh, schroff, steil; / abgebrochen; kurz angebunden [*responsum*].

absconditus 3 (*m. adv.*; *abscondō*) verborgen, versteckt; / tiefsinnig.

abs-condō, *condī* (*u. condidī*), *conditum* 3 verbergen, verstecken; / aus den Augen verlieren; verheimlichen.

ab-sēns, *sentis* (*absum*) abwesend, entfernt; *me absente* in meiner Abwesenheit; °falsch [*comae*].

absentia, *ae f* (*absēns*) Abwesenheit; °/ Mangel.

ab-siliō, — — 4 (*saliō*) wegspringen.

ab-similis, e unähnlich.

absinthium, *ī n* (*gr. Fw.*) Wermut; / etwas Bitteres, aber Heilsames.

absis, *īdis f* (*gr. Fw.*) Wölbung; Segment; ** Apsis.

ab-sistō, *stitī,* — 3 **1.** weggehen, sich entfernen; °**2.** / abstehen, ablassen *von* [*obsidione*]; (*m. inf.*) aufhören.

absolūtiō, *ōnis f* (*absolvō*) Freisprechung; / Vollendung, Vollkommenheit; Vollständigkeit in der Darstellung; ** Absolution.

absolūtōrius 3 (*absolūtor v. absolvō*) freisprechend.

absolūtus 3 (*m.* °*comp.,* °*sup., adv.*; *absolvō*) **1.** vollendet, vollkommen [*vita*]; **2.** uneingeschränkt, unbedingt [*necessitudo*]; °**3.** (*gramm. t.t.*) *adiectivum -um* (Adjektiv im) Positiv.

absolvō, *solvī, solūtum* 3 **1. a**) ablösen; losmachen, befreien; **b**) freisprechen *von* [*ambitu, capitis*]; **2. a**) beendigen, vollenden, zu Ende führen [*opera*]; °**b**) (*einen Gläubiger*) befriedigen; **c**) erzählen, darstellen; ** Absolution erteilen.

ab-sonus 3 (*m.* °*adv.*) mißtönend; °/ nicht übereinstimmend *mit* [*a voce*; *fidei dat.*].

ab-sorbeō, *uī,* — 2 verschlingen; aufsaugen; / ganz für sich in Anspruch nehmen.

absque 1. *altl.* = *et ab* [*nam,* ~ *te esset, ego haberem* ... denn ohne deine Hilfe hätte ich]; **2.** *prp. b. abl.* sonder, ohne.

abs-tēmius 3 (*cf. tēmētum*) enthaltsam, mäßig [*vini*].

abs-tergeō, *tersī, tersum* 2 abwischen, abtrocknen [*lacrimas*]; / abbrechen [*remos*]; beseitigen.

abs-terreō, *terruī,* (*territum*) 2 verjagen, verscheuchen; / abschrecken, abhalten *von* [*a consilio; bello*]; entziehen, versagen.

abstinēns, *entis* (*m. °comp., °sup., adv.; abstineō*) enthaltsam, uneigennützig; °/ keusch, züchtig.

abstinentia, *ae f* (*abstinēns*) Enthaltsamkeit *von* [*cibi*]; / Uneigennützigkeit; °Genügsamkeit.

abs-tineō, *tinuī, tentum* 2 (*teneō*) **1.** (*trans.*) abhalten, fern-, zurückhalten *von* [*vim uxore*]; **2.** (*intr. u. se -ere*) sich enthalten, (ver)schonen, fernbleiben *von* [*a mulieribus, pugnā*]; ** fasten.

ab-stō, — — 1 **1.** entfernt, abseits stehen; **2.** fernhalten [*amorem*].

abs-trahō, *trāxī, tractum* 3 **1.** wegziehen, -schleppen, -reißen; *navem remulco* ~ ins Schlepptau nehmen; **2.** / abziehen, abhalten *von* [*a rebus gerendis*]; abspenstig machen [*copias*].

abs-trūdō, *sī, sum* 3 verstecken, verbergen; / abstreifen [*metum*].

abstrūsus 3 (*m. comp., °sup.; abstrūdō*) verborgen, versteckt; °/ verschlossen [*homo*].

ab-sum, *āfuī, āfutūrus, abesse* (*auch āforem = abessem; āfore = āfutūrum esse*) **1. a**) abwesend, fern, fort sein [(°*a*) *domo, foro*]; **b**) fernbleiben, sich fernhalten *von,* nicht teilnehmen *an* [*a periculis*]; **c**) nicht beistehen [*nobis*]; **d**) fehlen, mangeln; **2. a**) entfernt, getrennt sein; **b**) fernbleiben; **c**) befreit, frei sein *von* [*a culpa*]; **d**) unpassend sein *für* [*a forensi condicione*]; **e**) verschieden sein, abweichen, sich unterscheiden *von* [*a natura ferarum*]; **3.** *multum, longe abest, ut* es fehlt viel daran, daß; *non multum* (*non longe, paulum*) *abest, quin* es fehlt nicht viel daran, daß; *tantum abest, ut ... ut* weit entfernt, daß ..., vielmehr.

absūmēdō, *inis f* (*absūmō*) *das* Verzehren.

ab-sūmō, *sūmpsī, sūmptum* 3 °**1.** verbrauchen, verzehren; **2.** / **a**) verbringen [*tempus*]; °**b**) verschwenden, vergeuden [*res paternas*]; °**c**) vernichten, weg-, hinwegraffen [*mors*]; P. umkommen, sterben, vergehen [*morbo*].

ab-surdus 3 (*m. comp., sup., adv.; cf. su-surrus* „Summen") **1.** mißtönend; **2.** / **a**) abgeschmackt, sinnlos; (*Ta.*) nicht passend [*cognitu; ab initio*]; **b**) ungeschickt, unbegabt; *non* ~ gescheit.

abundāns, *antis* (*m. comp., sup., adv.; abundō*) überfließend, übervoll; / (über)reich *an* [*fontibus*]; im Überfluß vorhanden, (über-)reichlich; (*v. d. Rede*) überladen.

abundantia, *ae f* (*abundāns*) °**1.** *das* Überströmen; **2. a**) Überfluß, reiche Fülle, Reichtum [*omnium rerum*]; **b**) Übermaß; Überschwenglichkeit.

abundē (*abundus aus abundō*) *adv.* im Überfluß, vollauf; (*nkl.*) *mihi* ~ *est, si* ich bin überaus zufrieden, wenn.

ab-undō 1 °**1.** überfließen, über die Ufer treten; sich ergießen; **2.** / Überfluß haben, (über)reich sein [*lacte*]; im Überfluß vorhanden sein.

abūsiō, *ōnis f* (*abūtor*) Katachrese (*Gebrauch eines Wortes in uneigentlicher Bedeutung*).

abūsīvus 3 (*m. adv.; abūtor*) uneigentlich.

ab-ūsque (*-ŭ-?*) *prp. b. abl.* (*auch nachgestellt*) = *ūsque ab* (bis) von ... her; seit [*Oceano; Tiberio*].

abūsus, *ūs m* (*abūtor*) Verbrauch.

ab-ūtor, *ūsus sum* 3 **1. a**) auf-, verbrauchen; **b**) ausnutzen [*errore*]; **2.** mißbrauchen; **3.** uneigentlich gebrauchen [*verbo*].

Abȳdus, *ī f* (*gr.* Abȳdos) *Ort am Hellespont; adi.* **-dēnus** 3; *subst. -us, ī m* = Leander.

****abyssus,** *i m* unermeßliche Tiefe, Abgrund; Hölle.

ac *s. atque.*

Acadēmīa, *ae f* (*gr.* Akadēmeia) Akademie, *ein Hain b. Athen, dem Heros Akademos geweiht; Schule Platos; Landgut Ciceros;* ** Universität.

Acadēmus, *ī m der gr. Heros* Akạdēmos; *adi.* -*micus* 3 zur Akademie gehörig; *subst.* **-mica,** *ōrum n Schrift Ciceros*; **-micī,** *ōrum m die* Akademiker.

acalanthis, *idis f* (*gr. Fw.*) Stieglitz.

acanthus, *ī* (*gr. Fw.*) **1.** *m* **a**) Akanthus, Bärenklau; **b**) *die im korinthischen Kapitell nachgebildeten Blätter des* ~; **2.** / *f* ägyptischer Schotendorn.

acapnos, *on* (*gr. Fw.*) rauchlos.

Acarnān, *ānis m* Akarnane, Bewohner von **Acarnānia,** *ae f* (*gr.* Akarnānịā), *der westlichsten Landschaft Mittelgriechenlands*; *adi.* -*nān*(*ic*)*us* 3.

Acca Lārentia, *ae f* („Larenmutter") *röm. Flurgöttin*; *Pflegemutter von Romulus und Remus.*

ac-cēdō, *cessī, cessum* 3 **1. a**) hinzugehen, herantreten, (-)kommen, gelangen *zu*, sich nähern [*ad urbem*]; eintreten [*in aedes*]; **b**) (*feindl.*) heranrücken [*ad oppidum*]; **2.** / **a**) sich machen *an*, übernehmen, sich befassen *mit* [*ad rem publicam* sich dem Staatsdienst widmen]; **b**) sich anschließen *an*; *ad amicitiam alcis* jds. Freundschaft gewinnen; beipflichten [*ad condiciones*]; **c**) nahekommen, ähnlich sein, werden [*propius ad deos*]; **3. a**) (*als Zuwachs*) hinzukommen; zuteil werden [*pecunia vobis*]; **b**) *impers.* **accēdit** dazu kommt noch: *quod* daß (*vorliegende Tatsache als neuer Grund*), *ut* daß (*neue Tatsache als Folge*); ** (*zur Kommunion*) herantreten.

ac-celerō 1 **1.** (*trans.*) beschleunigen [*iter*]; **2.** (*intr.*) (herbei)eilen.

ac-cendō, *cendī, cēnsum* 3 (*ad* + **candō* 3 „glühen machen"; *cf. candeō*) **1.** anzünden, anstecken, in Brand setzen; °*focum* auf dem Herd Feuer machen; **2.** / **a**) erhellen, erleuchten; **b**) entzünden, entflammen, anfeuern [*irā accensus*]; **c**) vermehren, vergrößern, steigern; *P.* wachsen, steigen [*vis venti*].

ac-cēnseō, —, *sum* 2 zurechnen, zugesellen.

accēnsus, *ī m* (*accēnseō*) **1.** Amtsdiener, -bote; **2.** (*mil. t.t.*) *pl.* Ersatzmannschaft der Legionen; *auch accensi velati.* [Ton; Akzent.}

accentus, *ūs m* (*cantus*) Betonung,}

****acceptabilis,** e annehmbar, wohlgefällig. [Empfang.}

acceptiō, *ōnis f* (*accipiō*) Annahme,}

acceptō 1 (*frequ. v. accipiō*) empfangen, annehmen; sich gefallen lassen; ** auf sich nehmen [*crucem*].

acceptor, *ōris m* (*accipiō*) **1.** Empfänger; *verbis* ~ *fui* ich billige die Worte; **2.** = *accipiter.* [fängerin.}

acceptrīx, *īcis f* (*acceptor*) Emp-}

acceptum, *ī n s. accipiō.*

acceptus 3 (*m. comp.*, °*sup.*; *accipiō*) willkommen, angenehm, lieb}

accersō 3 = *arcessō.* [deo].}

accessiō, *ōnis f* (*accēdō*) **1.** Annäherung; Zutritt, Audienz; (*nkl.*) (Fieber-)Anfall; **2. a**) Zuwachs, Wachstum, Vermehrung [*dignitatis*]; **b**) Anbau; Anhängsel; Anhang, Zusatz, Zugabe; °*pl.* Fortschritte; **3.** Zustimmung.

accessus, *ūs m* (*accēdō*) **1. a**) Annäherung; ~ *et recessus aestuum* Flut und Ebbe; °**b**) Zugangsstelle; **c**) Zutritt, Audienz; **2.** / Neigung [*ad res salutares*]; °**3.** Zuwachs.

accidentia, *ium n* (*accĭdō*) zufällige Ereignisse, Umstände; Unfälle; ** (*philos. t.t.*) unwesentliche Eigenschaften.

ac-cidō¹, *cidī,* — 3 (*cadō*) **1.** hin-, niederfallen [*ad terram*], sich niederwerfen [*ad pedes*; °*genibus dat.*]; **2.** / **a**) *die Sinne* treffen, kommen, dringen *zu* [*ad aures*]; **b**) (*zeitl.*) vorfallen, sich zutragen, sich ereignen, eintreten, geschehen [*accidit ut*; *perincommode accidit quod*]; **c**) widerfahren, zustoßen [*si quid tibi accidat*]; **d**) ausfallen, ablaufen [*contra opinionem*].

ac-cīdō², *cīdī, cīsum* 3 (*caedō*) anhauen, anschneiden [*arbores*]; / schwächen, zerrütten [*copias*; (*Ho.*) *opes accisae* (*Ggs. integrae*)].

accieō 2 = *acciō.*

ac-cingō, *cinxī, cinctum* 3 (*cīnxī, cīnctum?*; *unkl.*) **1.** gürten; **2.** ausrüsten, ausstatten, versehen *mit* [*armis*]; **3.** (*se*) -*ere u. mediopass.* sich rüsten; / sich anschicken, sich bereit machen [*in proelium*].

ac-ciō 4 herbeirufen, kommen lassen; (*P.P.P.*) *adi.* **accītus** 3 (*Ta.*) ausländisch.

accipetrīna, *ae f* (*accipiter*; *Pl.*) Habichtsfraß.

ac-cipiō, *cēpī, ceptum* 3 (*capiō*) **1.** (*unter aktiver Beteiligung des Subjektes*) in Empfang nehmen: **a)** annehmen, sich geben lassen; *ius iurandum* sich schwören lassen; *rationes* sich Rechnung legen lassen; einnehmen [*pecuniam*]; **b)** auf sich nehmen, übernehmen [*causam*]; **c)** billigen, gutheißen, gelten lassen [*condicionem*]; *nomen* einen Bewerber zur Wahl zulassen; **d)** aufnehmen [*in civitatem*]; bewirten [*hospitio*]; gut *od.* übel aufnehmen [*leniter, male*]; / **e)** aufnehmen, wahrnehmen [*auribus, animo*]; hören, vernehmen [*orationem*]; **f)** begreifen, verstehen, lernen; **g)** auslegen, deuten [*in bonam partem*; (*Li.*) *in omen* als Vorzeichen, *falsa pro veris*]; **2.** (*ohne aktive Beteiligung des Subjektes*) empfangen: **a)** (*Schlimmes*) erleiden [*cladem, iniuriam*]; **b)** vernehmen, hören, erfahren [*multa auribus*]; *pf.* wissen; (*P.P.P.*) *adi.* **acceptus** 3 *s. d.*; *subst.* **-um,** *ī n* Einnahme; *in -um referre* gutschreiben.

accipiter, *tris m* (*wahrsch.* „schnell fliegend", *volkset. an accipiō angelehnt*) Habicht, Edelfalke; / (*Pl.*) habgieriger Mensch [*pecuniae*].

accipitrīna = *accipetrīna.*

accitū (*nur abl.*) (*acciō*) durch Herbeirufen, auf (die) Vorladung.

Accius, *ī m röm. Gentilname: L. ~ Tragiker, geb. 170.*

acclāmātiō, *ōnis f* (*acclāmō*) Zuruf (*des Mißfallens oder des Beifalls*).

ac-clāmō 1 zurufen, (zu)schreien (*beifällig od. mißfällig*) [°*nocentem* „Schuldig!"]; laut nennen.

ac-clārō 1 offenbaren.

acclīnis, e (*acclīnō*; *dcht., nkl.*) sich anlehnend [*trunco arboris*]; / geneigt.

ac-clīnō 1 anlehnen; / *se -are* sich zuneigen [*ad causam senatus*].

ac-clīvis, e *u.* (*dcht.*) **-vus** 3 (*clīvus*) ansteigend.

acclīvitās, *ātis f* (*acclīvis*) sanfte Steigung.

accola, *ae m* (*accolō*) Anwohner, Nachbar; °*adi.* benachbart [*-ae fluvii* Nebenflüsse].

ac-colō, *luī,* — 3 wohnen *an, bei* [*Tiberim*].

accommodātiō, *ōnis f* (*accommodō*) Anpassung; Rücksichtnahme.

accommodātus 3 (*m. comp., sup., adv.*; *accommodō*) passend; geeignet.

ac-commodō 1 **1.** anpassen, anlegen [*coronam sibi ad caput*]; **2.** / **a)** einrichten *nach* [*sumptus ad mercedem*]; anwenden *auf* [*in plures causas*]; **b)** widmen [*operam studiis*]; *se ad rem publicam -are* sich dem Staatsdienst zuwenden.

accommodus 3 (*Rückbildung zu accommodō*) passend.

ac-crēdō, *crēdidī, crēditum* 3 Glauben schenken.

ac-crēscō, *crēvī, crētum* 3 **1.** anwachsen, steigen [*flumen*]; °**2.** / hinzukommen.

accrētiō, *ōnis f* (*accrēscō*) Zunahme.

accubitiō, *ōnis f* (*accubō*) Platznehmen bei Tisch.

ac-cubō, — — 1 °**1.** lagern, liegen [*humi*]; °**2.** (*geschlechtl.*) beiwohnen; **3.** bei Tische liegen; °*accuba!* nimm Platz!

ac-cubuō *adv.* (*accubō*; *scherzh. nach assiduō*) dabeiliegend.

ac-cūdō, *cūdī, cūsum* 3 dazuprägen, -schlagen [*tres minas*].

ac-cumbō, *cubuī, cubitum* 3 (*cumbō*; *cf. cubō*) °**1.** sich hinlegen, sich lagern [*in via*]; **2.** zum Essen Platz nehmen; °**3.** beiwohnen.

accumulātor, *ōris m* (*accumulō*) „Anhäufer" [*opum*].

ac-cumulō 1 **1.** anhäufen; °**2.** / überhäufen *mit*; vergrößern.

accūrātiō, *ōnis f* (*accūrō*) Sorgfalt, Genauigkeit [*in rebus inveniendis*].

accūrātus 3 (*m.* °*comp., sup., adv.*; *accūrō*) sorgfältig; genau.

ac-cūrō 1 **1.** sorgfältig betreiben, pünktlich besorgen; °**2.** gut bewirten.

ac-currō, (*cu*)*currī, cursum* 3 herbeilaufen, -eilen.

accursus, *ūs m* (*accurrō*) *das* Herbeilaufen; Zulauf; / Hilfe.

accūsābilis, e (*accūsō*) strafbar.

accūsātiō, *ōnis f* (*accūsō*) **1.** Anklage(schrift); °**2.** Denunziation.

accūsātīvus 3 (*accūsō*) *casus* Akkusativ; ** *subst.* Kläger.

accūsātor, *ōris m* (*accūsō*) Ankläger; °Denunziant.

accūsātōrius 3 (*m. adv.*; *accūsātor*) Advokaten...

accūsātrīx, *īcis f* (*accūsātor*) Anklägerin: **1.** (*Pl.*) Beschwerdeführerin; **2.** (*Pli.*) Angeberin.

accūsitō 1 (*frequ. v. accūsō*) anschuldigen.

ac-cūsō 1 (= *ad causam* [*agō*]) **1.** gerichtlich belangen, anklagen [*capitis, de veneficiis; inter sicarios*]; **2.** / beschuldigen, sich beklagen *über* [*de epistularum negligentia*].

acer[1], *eris n* (*zu ācer*[2]? *cf. nhd.* „Ahorn") Ahorn(baum).

ācer[2], **ācris, ācre** (*m. comp., sup., adv.*; *cf. aciēs, acuō*) °**1.** scharf, schneidend, spitz [*ferrum*]; **2.** / **a)** schneidend [*frigus*]; beißend; °**b)** laut, gellend, schmetternd [*vox*]; **c)** scharfsinnig, fein [*ingenium*]; **d)** eifrig, energisch, mutig; **e)** heftig, hitzig, leidenschaftlich, streng; **f)** hart, grausam [*supplicium*]; °*subst.* **ācre,** *is n* bittere Schärfe, beißender Witz.

acerbitās, *ātis f* (*acerbus*) Herbheit, Säure, Bitterkeit; / Härte, Unfreundlichkeit, finsteres Wesen; Mißgeschick, Elend.

acerbō 1 (*acerbus*) verbittern; verschlimmern.

acerbus 3 (*m. comp., sup., adv.*; *cf. ācer*[2]) °**1.** herb, bitter, sauer; **2.** / **a)** unreif, unzeitig; **b)** hart, unfreundlich, rücksichtslos, pedantisch; **c)** schmerzlich, betrübend; *adv.* **-ē** mit Unwillen.

acernus 3 (*acer*[1]) aus Ahornholz.

acerra, *ae f* (*altes sakrales Wort*; *et. ungedeutet*) Weihrauchkästchen.

Acerrae, *ārum f St. i. Kampanien, j.* Acerra; *Einw.* **-ānī,** *ōrum m.*

acersecomēs, *ae m* (*gr. Fw.*) mit ungeschorenem Haupthaar, schöngelockter Jüngling.

acervālis, e (*acervus*) haufenartig; *subst.* ~, *is m* Haufenschluß, Kettenschluß (= *sōrītēs*).

acervātim *adv.* (*acervus*) °**1.** haufenweise; **2.** / summarisch.

acervō 1 (*acervus*) (auf)häufen.

acervus, *ī m* (*et. ungedeutet*) Haufe; Masse, Menge; / Haufenschluß, Kettenschluß (= *sōrītēs*).

acēscō, *acuī,* — 3 (*incoh. zu aceō* „bin sauer"; *cf. acidus*) sauer werden.

acētābulum, *ī n* (*eigtl.* „Essiggefäß"; *acētum*) Becher *eines Taschenspielers.*

acētum, *ī n* (*aceō*) Essig; °/ beißender Witz.

Achaemenēs, *is m* (*gr.* Achaimęnēs) *Ahnherr der altpersischen Könige*; *adi.* **-menius** 3 persisch, parthisch.

Achaeus, *ī m* (*gr.* Achaịos) *Stammvater der* **Achaeī,** *ōrum m* **1.** *Bewohner des nördl. Küstenlandes der Peloponnes*; **2.** *Bewohner der röm. Provinz Achaia* (*s.u.*); **3.** (*dcht.*) = Griechen; **4.** *gr. Siedler am Schwarzen Meer.* — **Achāia,** *ae f* (*im Vers -āïa*; *gr.* Achāịā) **1.** *nördl. Küstenlandschaft der Peloponnes*; **2.** *seit 146 die röm. Provinz Griechenland*; *adi.* **Achāicus** 3 achaeisch, griechisch; *subst.* **Achāïas,** *adis f u.* **Achāis,** *idis* (*od. -idos*) *f* Griechenland; *adi.* griechisch.

Achelōus, *ī m* (*gr.* -lōos) *Grenzfl. zw. Akarnanien u. Ätolien*; *Flußgott*; *adi.* -*lōïus* 3 [*pocula* voll Wasser].

Acherōn, *ontis m* (*gr.* Achęrōn) *Fl. in Epirus, in Bruttium, in der Unterwelt*; / Unterwelt.

Acherontia, *ae f Ort i. Apulien, j.* Acerenza.

Acherūns, *untis m* (*f*) (*durch etr. Vermittlung aus gr.* Achęrōn; *im Vers auch* Ā-) Unterwelt; **-untī** (*loc.*) in der Unterwelt; *adi.* **-runticus, -rūsius** 3.

Achillēs, *is m* (*gr.* Achillęus) *Held vor Troja, Sohn des Peleus u. der Thetis*; *adi* Achillēus 3; *subst.* **Achillīdēs,** *ae m Nachkomme des A.*

Achīvī, *ōrum m* (*cf. Achaeī*) *die* (*homerischen*) *Griechen*; *adi.* **-us** 3 achivisch, griechisch.

Achradina, *ae f* (-ī-?; *gr.* -dinę̄) *Stadtteil v. Syrakus.*

Acīdalia, *ae f* (*gr.* Akidalịā) *Beiname der Venus* (*nach einer Quelle in Böotien*); *adi.* **-alius** 3.

acidus 3 (*m. comp., sup., adv.*; *aceō* „bin sauer"; *zu ācer*[2]) sauer; / widerlich, lästig.

aciēs, *ēī u. ē f* (*cf. ācer*[2]) **1.** Schärfe, Schneide, Spitze; / **2. a)** *das* Stechende des Blickes [*oculorum*]; Sehkraft; °**b)** Blick; Auge; **3.** Geisteskraft, Scharfsinn [*animi, ingenii, mentis*]; **4.** (*mil. t.t.*) **a)** Schlachtfront, -ordnung; **b)** Heer, Truppen; **c)** (offene) Feldschlacht; **d)** Schlachtfeld.

Acīlius, *ī m röm. Gentilname*: **1.** *M.'* ~ *Glabriō, Sieger über Antiochus* (*190*); *sein Gesetz* de *repetundis*; **2.** *C.* ~ *Glabriō, Historiker um 155.*

acina, *ae f* (*Ca.*) = *acinus.*

acīnacēs, *is m* (*pers. Fw.*) kurzer Säbel.

acinus, *ī m u.* **-um,** *ī n* (*et. unklar*) Beere, Weinbeere.

acipēnser, *eris m u.* (*Ma.*) **-ēnsis,** *is m* (*et. unklar*) Stör.
aclys, *ydis f* (*ā-?*; *wahrsch. gr. Fw.*) kleiner Wurfspieß.
acoenonētus 3 (*gr. Fw.*) nicht gern teilend, auf s. Vorteil bedacht.
****acolut(h)us,** *ī m* Mesner.
aconītum, *ī n* (*gr. Fw.*) Eisenhut; *das daraus bereitete Gift.*
acor, *ōris m* (*aceō*) Säure.
ac-quiēscō, *quiēvī, quiētum* 3 **1. a)** zur Ruhe kommen, ausruhen; schlafen; °**b)** sterben, tot sein; **2.** / **a)** sich beruhigen *bei*, zufrieden sein *mit*; Beruhigung, Trost finden *in* [*in liberorum caritate*]; °**b)** beipflichten.
ac-quīrō, *quīsīvī, quīsītum* 3 (*quaerō*) **1.** hinzuerwerben; °**2.** erwerben, gewinnen [*sibi famam*].
****acquisitio,** *onis f* Erwerbung.
Acraeus 3 (*gr.* -ạlos) auf Höhen verehrt; *Beiname des Jupiter u. der Juno.*
Acragās *s. Agrigentum.*
acrātophorum, *ī n u.* **-us,** *ī m* (*gr. Fw.*) Krug für unvermischten Wein.
acrēdula, *ae f* (*et. ungedeutet*) *Vogel- od. Froschart.*
ācriculus 3 (*dem. v. ācer²*) etwas hitzig; *subst.* ~, *ī m* kleiner Hitzkopf.
ācrimōnia, *ae f* (*ācer²*) Schärfe; Energie; Wirksamkeit.
Acrisius, *ī m* (*gr.* Akrịsios) *König v. Argos, Vater der Danaë*; **-siōnē,** *ēs f = Danaë*; **-siōniadēs,** *ae m* Nachkomme des ~, Perseus; *adi.* *-siōnēus* 3.
ācriter *adv. zu ācer².*
acroāma, *atis n* (*gr. Fw.*) Ohrenschmaus, Musikvortrag; Musiker, Sänger, Vorleser.
acroāsis, *is f* (*gr. Fw.*) Vortrag, Vorlesung.
Acroceraunia, *ōrum n* Vorgebirge der *Ceraunīī montēs in Epirus.*
Acrocorinthus, *ī f* (*gr.* -kọrinthos) *Burg v. Korinth.*
acta¹, *ae f* (*gr. Fw.*) Seegestade; *pl.* Strandleben.
ācta², *ōrum n* (*agō*) **1.** Handlungen, Taten, Werke; **2.** Verfügungen, Verordnungen; **3. a)** öffentl. Verhandlungen; °**b)** Protokolle, Akten [*senatūs*]; **4.** Tageschronik, Amtsblatt, Zeitung [*acta diurna*].
Actaeus 3 *adi. zu* Actē (*gr.* Aktẹ = „Küstenland", *alter Name für Attika*): attisch; *subst.* **-a,** *ae f* Athenerin; **-ī,** *ōrum m* Attiker; **-ias,** *adis f* Athenerin.
Actiacus 3 *s. Actium.*
āctiō, *ōnis f* (*agō*) **1.** Ausführung, Verrichtung; *gratiarum* Danksagung; **2.** *das* Handeln, äußere Tätigkeit [*vitae*]; **3.** mündl. Vortrag, Vortragsweise; **4.** öffentl. Verhandlung, öffentl. Rede, Amtshandlung; *pl.* Amtsführung, öffentl. Tätigkeit; **5.** (*jur. t.t.*) **a)** Gerichtsverhandlung, Prozeß [*civilis*]; **b)** Klageformel; Klagerede, -schrift; Klagerecht; **c)** gerichtl. Termin.
āctitō 1 (*frequ. von agō*) betreiben, führen [*causas multas*]; als Schauspieler auftreten *in* [*tragoedias*].
Actium, *ī n* (*gr.* Ạktion) **1.** *Hafen bei Kerkyra*; **2.** *Vorgeb. i. Akarnanien* (*Seesieg Oktavians über Antonius 31*); *adi.* *Acti(ac)us* 3.
āctiuncula, *ae f* (*dem. v. āctiō*) kl. Gerichtsrede.
āctīvus 3 (*m. adv.*; *agō*) tätig, aktiv.
āctor, *ōris m* (*agō*) °**1.** Treiber [*pecoris* Hirt]; **2.** Besorger, Vermittler; °**3.** Vermögensverwalter, Geschäftsführer; **4.** Kläger; Rechtsbeistand; **5.** Schauspieler, Darsteller.
āctuāriola, *ae f* (*dem. v. āctuāria*) Barke, Nachen.
āctuārius 3 (*āctus, ūs*) schnell; schnellsegelnd; *subst.* ~, *ī m* Schnellschreiber; **-ia,** *ae f* Schnellsegler.
āctuōsus 3 (*m.* °*comp., adv.*; *āctus, ūs*) tätig, lebhaft; leidenschaftlich.
āctus, *ūs m* (*agō*) **1.** *das* Treiben, Antreiben; **2. a)** Treiben des Viehes; **b)** Recht des Viehtriebs, Trift, Weiderecht; °**c)** Feldmaß (halber Morgen [*iugerum*] = 1260 qm); °**3.** Bewegung; Schwung; **4.** °**a)** Gebärdenspiel, Vortrag; °**b)** schauspielerische Darstellung; **c)** Akt *eines Bühnenstückes* [*primus, extremus*]; **d)** Abschnitt; °**5. a)** Amt, Beruf; **b)** Tat, Werk; Wirklichkeit; **c)** Richtschnur für sein Handeln; ** *pl. actus apostolorum* Apostelgeschichte.
āctūtum *adv.* (*ă-?*; *āctus, ūs*) augenblicklich.
acula, *ae f = aquula.*
aculeātus 3 (*aculeus*) °**1.** stachlig; **2.** / beißend, spitzfindig.
aculeus, *ī m* (*cf. acus¹*) **1.** Stachel, Spitze; **2.** / (*oft pl.*) **a)** *das* Verletzende [*orationis*]; Spitzfindigkeiten, Stichelei; °**b)** Sporn, Antrieb; **c)** tiefer Eindruck.
acūmen, *inis n* (*acuō*) Spitze; *pl.*

Elmsfeuer an den Speerspitzen; / Scharfsinn, Witz; *pl.* Kniffe.
acuō, *uī, ūtum* 3 (*acus*[1]) **1.** spitzen, schärfen, wetzen; **2.** / **a)** schärfen = üben [*linguam*]; **b)** anspornen, antreiben; **c)** steigern, erhöhen; °**d)** (*gramm. t.t.*) betonen.
acupēnser, *eris m* = *acipēnser.*
acus[1]**,** *ūs f* (*cf. ācer*[2]) Nadel; Haarnadel; (*Ve.*) *-u pingere* sticken; °/ *-u tangere* den Nagel auf den Kopf treffen.
acus[2]**,** *ūs m* (= *acus*[1]?) *ein* Seefisch.
acūtulus 3 (*dem. v. acūtus*) ziemlich spitzfindig.
acūtus 3 (*m.* °*comp., sup., adv.*; *acuō*) **1.** gespitzt, geschärft, spitz, scharf [*culter*]; **2.** / **a)** scharf, schneidend, stechend [*gelu, oculi*]; **b)** hell, gellend [*vox*]; °**c)** (*gramm. t.t.*) (scharf) betont; **d)** scharfsinnig, geistreich [*ingenium*]; **e)** (*rhet. t.t.*) treffend; °**f)** (*med. t.t.*) *morbus* akute Krankheit.
ad (*cf. engl.* at) **I.** *in der Komposition* (*meist dem folgenden Konsonanten assimiliert*: *acc-, aff- usw.*): **1.** heran- [*adeo*]; **2.** hinzu-, dazu- [*addo*]; **3.** dabei- [*adiaceo*]; **4.** (*zur Bez. des Beginns einer Handlung*) [*adamo* 1 liebgewinnen]; **II.** *prp. b. acc.*: **1.** (*räuml.*) **a)** (*auf die Frage „wohin?"*) zu, nach, nach ... hin, auf ... hin, auf ... los; (*bei Städtenamen*) in die Gegend von, vor; (*bei Angabe des Endpunktes*) bis zu, bis nach, bis an; **b)** (*auf die Frage „wo?"*) nahe bei [*esse ad urbem*]; (*bei Städtenamen*) in der Gegend von; vor; **2.** (*zeitl.*) bis zu, bis an; auf, zu, an [*ad vesperum*]; auf, für [*ad paucos dies*]; *ad tempus* auf Zeit; gegen, um ... herum [*ad aestatem*]; *ad annum* übers Jahr; **3.** / **a)** (*bei Zahl- u. Maßangaben*) bis zu, bis auf; *ad unum omnes* alle bis auf den letzten Mann; an die ..., gegen, ungefähr [*ad ducentos sumus*]; **b)** (*final*) zu, für [*ad discendum nati sumus*]; gegen, für [*ad morsum; ad morbum*]; **c)** (*limitativ*) in bezug auf [*ad pericula fortis*]; **d)** (*modal*) gemäß, nach [*ad naturam vivere*]; *ad verbum* wörtlich; (*Qu.*) *ad litteras* buchstäblich; **e)** (*komparativ*) im Vergleich mit, gegen [*mus parvus est ad felem*]; °**f)** (*additiv*) zu = außer, neben; *ad hoc, ad haec, ad cetera* überdies, außerdem; **g)** (*äußere Veranlassung*) auf, auf Veranlassung *von*, aus [*respondere ad alqd*]; (*innere Veranlassung*; *Li.*) auf ... hin, aus, vor [*ad spem*]; ** *statt dat.*; in [*ad ollam*].
adāctiō, *ōnis f* (*adigō*) *das* Hinbringen zu; *iuris iurandi* Vereidigung.
adāctus, *ūs m* (*adigō*) *das* Heranbringen; *dentis* Biß.
ad-aequē *adv.* auf gleiche Weise, ebenso.
ad-aequō 1 **1. a)** gleichmachen [*molem moenibus*]; **b)** / gleichstellen, vergleichen [*fortunam cum virtute, virtuti*]; **2.** gleichkommen, erreichen [*altitudinem muri*]; *abs.* Stimmengleichheit ergeben.
adamantēus *u.* **-tinus** 3 (*gr. Fw.*) stahlhart, Stahl...
adamās, *antis m* (*gr. Fw.*) Stahl; Diamant; / gefühlloses Herz.
ad-ambulō 1 auf- und abgehen *neben, bei.*
ad-amō 1 liebgewinnen; lieben.
ad-aperiō, *eruī, ertum* 4 aufdecken, entblößen; öffnen.
adapertilis, e (*adaperiō*) zum Öffnen eingerichtet.
ad-aptō 1 anpassen; passend herrichten.
ad-aquō 1 (= *ad aquam* [*dūcō*]) anfeuchten; zur Tränke bringen; *P.* zur Tränke gehen.
ad-aquor 1 (*cf. adaquō*) Wasser holen.
adauctus, *ūs m* (*adaugeō*) Wachstum, Zunahme.
ad-augeō, *auxī, auctum* 2 noch vergrößern, vermehren.
ad-augēscō, — — 3 zunehmen, wachsen.
adaugmen, *inis n* (*adaugeō*) Wachstum, Zunahme.
adaxint (*altl.*) = *adēgerint.*
ad-bibō, *bibī,* — 3 trinken, nippen; / aufnehmen, sich zu Herzen nehmen.
ad-bitō, — — 3 (*baetō*) herangehen.
adc... = *acc...*
ad-decet 2 es ziemt sich *für* [*matrem*].
ad-dēnseō, — — 2 noch dichter machen.
ad-dīcō, *dīxī, dictum* 3 zusagen: °**1.** (*i. d. Auguralsprache*) **a)** als günstig bezeichnen; **b)** *abs.* günstig sein; **2.** (*jur. t.t.*) zuerkennen [*bona illi*]; °*liberum corpus in servitutem* als Schuldknecht zusprechen; **3. a)** (*bei Auktionen*) dem Meistbietenden zuschlagen [*fundum illi*]; **b)** verkaufen; **4.** weihen, überlas-

sen [*captos servituti*]; se -ere sich ganz zu eigen geben [*senatui*]; °**5.** (*als Verfasser*) zuschreiben; **6.** (*P.P.P.*) *adi.* **addictus** 3 sklavisch ergeben, verpflichtet; °*subst.* **-us,** *ī m* Schuldknecht.

addictiō, *ōnis f* (*addīcō*) *das* Zuerkennen als Eigentum.

ad-discō, *didicī,* — 3 (*-īsc-?*) hinzulernen [*sermonem Germanicum*].

additāmentum, *ī n* (*additō* 1, *frequ. zu addō*) Zugabe; Anhang. [gen.

additiō, *ōnis f* (*addō*) *das* Hinzufü-

ad-dō, *didī, ditum* 3 (√ **dhē* „setzen") **1.** (*mit voller Bedeutung des praev.*) **a**) hinzutun, hinzufügen; °*gradum* (*sc. gradui*) den Schritt beschleunigen; **b**) addieren; **c**) (*als Frist*) hinzufügen, gewähren [*paucos dies*]; **d**) (*mündl. od. schriftl.*) hinzufügen; dazu bedenken; *adde* (*huc*) nimm dazu, rechne noch dazu [*exilia, luctus*]; *adde* (*huc*), *quod* dazu kommt noch die Tatsache, daß...; **2.** (*mit verblaßter Bedeutung des praev.*) **a**) beilegen, beigeben, anlegen; **b**) / beibringen, einflößen; erweisen [*honorem*].

ad-doceō, — — 2 (*Neues*) hinzulehren.

addormīscō, — — 3 (*incoh. v. addormiō* 4 „einschlafen") ein Nickerchen machen.

ad-dubitō 1 **1.** (*intr.*) einige Zweifel hegen, Bedenken tragen; **2.** (*trans.*) anzweifeln, beanstanden.

ad-dūcō, *dūxī, ductum* °**1. a**) an sich ziehen [*ramum*]; **b**) (straff) anziehen; °**c**) zusammenziehen, runzeln [*frontem*]; **2.** heranführen, hinführen, -bringen, holen [*aegris medicum*]; *in iudicium, in ius* vor Gericht ziehen; **3.** / **a**) in eine Lage bringen, in einen Zustand versetzen [*in suspicionem*]; **b**) bewegen, veranlassen, verleiten, bestimmen *zu* [*ad iracundiam, in metum*]; *timore adductus* aus Furcht; *non adducor, ut putem* (*oder nur*: *non adducor* + *a.c.i.*) ich lasse mich nicht zu dem Glauben bestimmen, daß ...

adductus 3 (*m. comp., sup., adv.*; *addūcō*) zusammengezogen, gerunzelt; / ernst, streng, gemessen.

ad-edō, *ēdī, ēsum* 3 °**1.** anfressen, annagen; **2.** / fast verbrauchen [°*bona adesa* zerrüttete Vermögenslage].

Adelphī *u.* **-oe,** *ōrum m* (*gr.* -οι) Die Brüder (*Komödie des Terenz*).

adēmptiō, *ōnis f* (*adimō*) Entziehung, Wegnahme, Konfiskation.

ad-eō[1], *iī, itum, īre* **1.** herangehen, sich nähern [*ad fundum*; *castellum aditur*]; **2. a**) angehen = sich *bittend od. fragend* wenden *an* [*patrem*], befragen [*oraculum*]; **b**) bereisen, besuchen; **3.** (*feindl.*) losgehen *auf,* angreifen [*ad quemvis numerum militum*]; **4.** / übernehmen, auf sich nehmen, sich unterziehen [*ad rem publicam, periculum*], antreten [*hereditatem*].

ad-eō[2] *adv.* °**1.** (*räuml.*) bis dahin, bis zu dem Punkte, so weit; **2.** (*zeitl.*) *usque* ~, *quoad* (*dum, donec*) so lange, bis; **3.** (*steigernd*) in dem Grade, in dem Maße, so sehr; (*nkl.*) ~ *non ..., ut* so wenig..., daß; sogar, vielmehr; **4.** (*hervorhebend*) °**a**) sogar, gar sehr (= *admodum*); **b**) *non* ~ eben nicht, nicht eben, keineswegs; °**5.** (*enklitisch*) eben, gerade [*id* ~, *si placet, considerate*].

adeps, *ipis* °*m, f* (*wahrsch. gr. Lw.*) °**1.** Schmalz, Fett; **2.** / **a**) *pl.* Schmerbauch; °**b**) Schwulst (*i. d. Rede*).

adeptiō, *ōnis f* (*adipīscor*) Erlangung. [nebenherreiten.

ad-equitō 1 **1.** heranreiten; **2.**

ad-ēs(s)uriō 4 hungrig werden, Appetit bekommen.

adf... = *aff...*

adg... = *agg...*

adgn... = *agn...*

ad-haereō, *haesī, haesum* 2 **1.** hängen, kleben *an* [*saxis*]; **2.** / °**a**) angrenzen, sich anschließen; °**b**) kleben *an* [*uxori*]; **c**) ein Anhängsel bilden.

ad-haerēscō, *haesī, haesum* 3 (*incoh. v. adhaereō*) sich anhängen, haften, steckenbleiben; / treu anhängen, festhalten *an* [*iustitiae*]; steckenbleiben, stocken [*oratio*].

adhaesiō, *ōnis f* (*adhaereō*) *das* Anhängen. [haften.

adhaesus, *ūs m* (*adhaereō*) *das* An-

ad-hibeō, *uī, itum* 2 (*habeō*) **1.** hinhalten, hinwenden, hinrichten *auf* [*aures et animos ad vocem*]; **2.** hinzunehmen [*nihil ad panem*]; **3.** / **a**) anwenden, benutzen, üben, zeigen [*saevitiam in famulos*]; **b**) heran-, zuziehen *zu* [*ad, in con-*

silium]; **c**) mitnehmen *als* [*comitem*]; zu Rate ziehen *als* [*interpretem*]; **d**) (*zur Tafel*) ziehen; **4.** (*m. adv.*) **a**) behandeln [*liberaliter*]; **b**) se -ere sich benehmen.

ad-hinniō 4 °**1.** zuwiehern [*visae equae*]; **2.** / geil sein *nach*; lechzen *nach* [*ad hanc orationem*].

adhōc = *adhūc*.

adhortātiō, *ōnis f* (*adhortor*) Aufmunterung.

adhortātor, *ōris m* (*adhortor*) Mahner, Antreiber.

ad-hortor 1 aufmuntern, mahnen, antreiben, anfeuern [*ad laudem*].

ad-hūc *adv.* **1.** (*zeitl.*) bis jetzt, bisher; (immer) noch, auch jetzt noch; °**2.** (*steigernd*) noch mehr, außerdem; (*bsd. b. comp.*) noch; **3.** (*m. ut od. quī m. coni.*) insoweit, daß.

ad-iaceō, — — 2 liegen, angrenzen *an* [*ad Aduatucos*, °*vallo dat.*]; (*part. praes.*) °*subst.* **adiacentia,** *ium n* Umgegend, Umgebung.

ad-iciō, *iēcī, iectum* 3 (*iaciō*) **1. a**) (hin)werfen [*tela*]; °**b**) stellen, setzen *an, auf*; **c**) / hinlenken, -richten *auf* [*oculos ad hereditatem, hereditati*]; **2. a**) hinzutun, hinzufügen; **b**) (*b. Auktionen*) mehr bieten; °**c**) (*rhet. Formel*) *adice* (*quod*) nimm noch hinzu, denke dir noch.

adiectiō, *ōnis f* (*adiciō*) Hinzufügung, Aufnahme; (*b. Auktionen*) *ein* höheres Gebot; (*rhet. t.t.*) Verdoppelung (*eines Wortes*).

adiectus, *ūs m* (*adiciō*) *das* Heranbringen, *das* Nahebringen.

ad-igō, *ēgī, āctum* 3 (*agō*) **1.** heran-, hineintreiben; **2.** / treiben, drängen *zu* [*ad mortem*]; (*ad*) *arbitrum* vorladen; (°*ad*) *ius iurandum* (*od. iure iurando*) vereidigen; Treue schwören lassen [*in verba Caesaris*].

ad-imō, *ēmī, ēmptum* 3 (*emō*) **1.** an sich nehmen, wegnehmen, rauben [*praedam*]; **2.** abnehmen [*vincula canibus*]; / **3.** absprechen [*equum* Ritterrang]; °**4.** dahinraffen; benehmen [*metum*]; verbieten [*cantare*].

ad-īnspectō 1 mit ansehen.

adipātus 3 (*adeps*) °**1.** fettig; *subst.* **-a,** *ōrum n* Schmalzgebackenes; **2.** / *tamquam adipata dictio* (*v. schwülstigem Stil*).

ad-ipīscor, *adeptus sum* 3 (*apīscor*) erreichen, einholen [*fugientem*]; erringen [*victoriam*]; °*part. pf. pass.* [*adepta libertate*].

aditiālis, e (*aditus*) Antritts... [*cena*].

aditiō, *ōnis f* (*adeō*[1]) *das* Hin(zu)gehen.

aditus, *ūs m* (*adeō*[1]) **1.** *das* Hingehen; **2. a**) Zutritt [*in curiam*], Audienz [*ad consulem*]; **b**) (*als Ort*) Zugang, Eingang [*ad castra*]; Landungsplatz [*insulae*]; **3.** / **a**) Beginn, Anfang; **b**) Schritt; °*mortis das* Hinscheiden; **c**) Weg, Zugang [*ad honorem*]; ** Tür.

ad-iūdicō 1 **1.** (*richterlich*) zusprechen, zuerkennen [*agrum populo*]; **2.** / zuschreiben [*salutem*].

adiūmentum, *ī n* (*adiuvō*) Hilfsmittel, Hilfe, Beistand.

adiūnctiō, *ōnis f* (*adiungō*) **1.** Anknüpfung, Anschluß [*naturae ad hominem*]; **2.** Mitwirkung [*virtutis*]; **3.** (*rhet. t.t.*) **a**) Beziehung eines Prädikats auf mehrere Subjekte; **b**) einschränkender Zusatz.

adiūnctor, *ōris m* (*adiungō*) *der* „Hinzufüger"; *ulterioris Galliae* der das jenseitige G. (*zu Cäsars Provinz*) hinzufügte.

adiūnctus 3 (*m. comp.*, °*sup.*; *adiungō*) **1.** angrenzend; *-um esse* grenzen *an* [*fundo*]; **2.** engverbunden, wesentlich, eigentümlich; *subst.* **-um,** *ī n* charakteristisches Zeichen [*pietatis*]; *pl.* Eigenheiten; (*rhet. t.t.*) Nebenumstände.

ad-iungō, *iūnxī, iūnctum* 3 °**1.** anschirren; anbinden [*ulmis vites*]; **2.** / **a**) anfügen, anschließen; beigeben [*comitem filio*]; **b**) (*in der Rede*) beifügen, anknüpfen; *verba ad nomen adiuncta* Epitheta; **c**) (*pol.*) vereinigen, einverleiben [*Ciliciam ad imperium populi Romani*]; *se -ere ad* sich anschließen *an*; **3.** verschaffen, erwerben [*sibi auxilium*]; **4.** hinrichten, -lenken *auf* [*suspicionem ad praedam*].

adiūrō[1] = *adiūverō* (*s. adiuvō*).

ad-iūrō[2] 1 °**1.** noch dazu schwören; **2. a**) beschwören, eidlich versichern; °**b**) schwören *bei* [*tuum caput*]; ** flehentlich bitten; beschwören; bannen [*daemones*].

adiūtābilis, e (*adiūtō*) förderlich.

adiūtō 1 (*frequ. v. adiuvō*) unterstützen, fördern.

adiūtor, *ōris m* (*adiuvō*) Helfer, Gehilfe, Beistand; Helfershelfer; Unterbeamter, Adjunkt; °Hilfslehrer; °Spieler einer Nebenrolle.

adiūtōrium, *ī n* (*adiūtor*) Beistand, Hilfe.

adiūtrīx, *īcis f* (*adiūtor*) Helferin, Förderin, Beistand; Helfershelferin; (*nkl.*) *Beiname v. zwei vorübergehend aus Seeleuten aufgestellten Reservelegionen.*

ad-iuvō, *iūvī, iūtum* 1 **1.** helfen, unterstützen, beistehen [*socios auxilio*]; ermutigen; nähren [*maerorem lacrimis*]; **2.** förderlich sein, (gute) Dienste leisten, beitragen [*multum ad eam rem*]; (*philos. t.t.*) *causae adiuvantes* mittelbare Gründe, Ursachen.

adl... = *all...*

Admagetobriga (*Magetobriga?*), *ae f Ort in Gallien* (*Ariovists Sieg über die Häduer*).

ad-mātūrō 1 noch mehr beschleunigen.

ad-mētior, *mēnsus sum* 4 zumessen [*frumentum militi*].

Admētus, *ī m* (*gr.* Admētos) *Gemahl der Alkestis, Teilnehmer am Argonautenzug.*

ad-migrō 1 / hinzutreten.

adminiculō 1 (*adminiculum*) (durch Pfähle) stützen.

adminiculum, *ī n* (*cf. moenia*) Stütze; Stützpfahl; Hilfsmittel, Werkzeug; / Stütze, Beistand; ** *a. ligni* Kreuz Christi.

administer, *trī m* (*administrō*) **1.** Mitarbeiter, Diener, Gehilfe; Helfershelfer; °**2.** Arbeiter.

ad-ministra, *ae f* (*administer*) Dienerin, Gehilfin.

administrātiō, *ōnis f* (*administrō*) **1.** Hilfeleistung; **2.** Leitung, Handhabung; **3.** Verwaltung, Regierung; °*pl.* Verrichtungen; **4.** *pl. portus* freie Benutzung des Hafens.

administrātīvus 3 (*administrō*) praktisch.

ad-ministrātor, *ōris m* (*administrō*) Leiter, Verwalter.

ad-ministrō 1 °**1.** (*intr.*) behilflich sein [*alci ad rem divinam*]; **2.** (*trans.*) **a)** besorgen, ausführen, verrichten [*negotium*]; verwalten; **b)** Maßregeln treffen; **c)** (*abs.*) arbeiten; **d)** leiten, lenken [*rem publicam*]; **e)** befehligen, kommandieren.

admīrābilis, e (*m.* °*comp.*, *adv.*; *admīror*) bewundernswert, wunderbar; verwunderlich, seltsam, paradox.

admīrābilitās, *ātis f* (*admīrābilis*) Bewunderungswürdigkeit.

admīrandus 3 (*admīror*) = *admīrābilis.*

admīrātiō, *ōnis f* (*admīror*) **1.** Bewunderung; *hominum gen. subi.*, *divitiarum gen. obi.*; Interesse; Verehrung; *das* Bewundertwerden [*in magna admiratione esse*]; **2.** Verwunderung, Staunen; **3.** Merkwürdigkeit.

admīrātor, *ōris m* (*admīror*) Bewunderer; Verehrer.

ad-mīror 1 bewundern, anstaunen; sich wundern *über* [*tarditatem, de amico*], sonderbar finden [*a.c.i.*; *quod*; *indir. Fragesatz*].

ad-misceō, *miscuī, mixtum* 2 (*-ī-?*; *od. misceō, miscuī, mīxtum?*) hinzu-, beimischen [*aquae calorem*]; vermengen *mit* [*lacte*]; / beifügen [*versus orationi*]; verwickeln *in* [*ad consilium*].

admissārius, *ī m* (*admissus* 3) °**1.** Zuchthengst; **2.** / geiler Mensch.

admissiō, *ōnis f* (*admittō*) Zutritt, Audienz.

admissum, *ī n* (*admittō*) Schuld, Vergehen.

ad-mittō, *mīsī, missum* 3 **1.** loslassen [*equum*]; *equo admisso* im Galopp; (*Ov.*) *admisso passu* eilends; **2. a)** zu-, einlassen, Zutritt gewähren [*ad capsas*; *ad se virum*]; **b)** zur Teilnahme hinzuziehen [*ad consilium*]; °**c)** (*Worte, Bitten*) annehmen, anhören; **d)** (*Übeltaten*) begehen, verüben [*facinus*]; **e)** gestatten, geschehen lassen [*religiones*].

ad-mixtiō, *ōnis f* (*-ī-?*; *admisceō*) Beimischung.

admoderātē *adv.*(*admoderātus*, *part. pf. v. admoderor*) entsprechend.

ad-moderor 1 mäßigen [*risu dat.!*].

ad-modum („bis zum [vollen] Maß") *adv.* **1.** (*b. Maß- u. Zeitangaben*) genau, gerade; ~ *infans* noch sehr jung; **2.** (*b. Zahlen*) mindestens, gut an die; höchstens; **3.** (*b. Gradangaben*) völlig, ungemein, äußerst; *non* ~ nicht eben; ~ *nihil* gar nichts; ~ *nullus* gar keiner; **4.** (*in Antworten*) jawohl.

admoeniō 4 (= *ad moenia* [*dūcō*]) einschließen.

ad-mōlior 4 (*Schweres*) hinbringen; sich in Bewegung setzen.

ad-moneō, *uī, itum* 2 **1.** erinnern *an*, mahnen [*aeris alieni*]; **2. a)** zu bedenken geben; warnen ; °**b)** zurechtweisen [*liberos verberibus*];

3. auffordern, antreiben [*ut, ne; bloßer coni.*] [nungen.
admonita, *ōrum n* (*admoneō*) War-
admonitiō, *ōnis f* (*admoneō*) **1.** Erinnerung; **2.** Mahnung, Warnung; °**3.** Zurechtweisung, Züchtigung.
admonitor, *ōris m* (*admoneō*) Mahner. [Mahnerin.
admonitrīx, *īcis f* (*admonitor*)
admonitus, *abl. ū m* (*admoneō*) Mahnung, Warnung; Zuspruch.
ad-mordeō, —, *morsum* 2 benagen; / „anzapfen, anpumpen".
admōrunt (*dcht.*) = *admōvērunt.*
admōsse = *admōvisse.*
admōtiō, *ōnis f* (*admoveō*) *das* Anlegen; *admotio digitorum* Fingersatz (*beim Saitenspiel*).
ad-moveō, *mōvī, mōtum* 2 **1. a**) heranbewegen, -bringen, -führen, nahebringen [*aures ad vocem, gladium iugulo*]; **b**) (*mil. t.t.*) anrücken lassen [*copias propius*], vorschieben [*turrim*]; °**c**) heranziehen [*ad curam rei publicae*]; **d**) *calcar, stimulos* den Sporn geben, fühlen lassen; *stimulos* [*homini*] anspornen; °**e**) (*zeitl.*) *admotus supremis* dem Ende nahe; **f**) richten *auf* [*mentem ad vocem*]; **2.** (*ein Mittel*) anwenden [*curationem ad* Kur; *terrorem*]; einflößen [*metum animis*]; °**3.** befördern [*in propiorem amicitiae locum*].
ad-mūgiō 4 an-, zubrüllen.
admurmurātiō, *ōnis f* (*admurmurō*) (*beifälliges od. mißbilligendes*) Gemurmel, Murren.
ad-murmurō 1 (*beifällig od. mißbilligend*) dabei murmeln, murren.
ad-mutilō 1 verstümmeln; / [prellen.
adn... = *ann...*
ad-nāscor = *agnāscor.*
ad-nōscō = *agnōscō.*
adoleō¹, *uī,* — 2 (*cf. altāre*) (*als Opfer*) darbringen, verbrennen [*viscera tauri*]; / anzünden.
ad-oleō², *uī,* — 2 duften.
adolēscēns, *entis* (*m. comp.*; *adolēscō*²) heranwachsend, jung; *als subst.* = *adulēscēns.*
adolēscentia, *ae f* = *adulēscentia.*
adolēscō¹, —— 3 (*incoh. v. adoleō*¹) auflodern, aufflammen.
ad-olēscō², *adolēvī, adultum* 3 (*ad* + *incoh. v. alō*) heran-, aufwachsen; wachsen, erstarken; *cf. adultus.*
Adōnis, *idis,* **Adōn,** *ōnis,* **Adōneus,** *eī m* (*gr.* Ădōnis, Ădōn, Adọnios) *Geliebter der Venus.*
ad-operiō, *ruī, rtum* 4 bedecken, verhüllen; schließen [*fenestras*].
ad-opīnor 1 (dazu) vermuten.
adoptāticius, *ī m* (*adoptō*) Adoptivsohn. [*adoptiō.*
adoptātiō, *ōnis f* (*adoptō*) =
adoptiō, *ōnis f* (**ad-opiō* 3; *cf. optō*) Annahme an Kindes Statt, Adoption.
adoptīvus 3 (**adoptus, P.P.P. v. adopiō* 3; *cf. optō*) **1.** zur Adoption gehörig, durch Adoption erlangt, Adoptiv...; °**2.** / eingepfropft.
ad-optō 1 **1.** (hinzu)erwählen, zu Hilfe nehmen; **2. a**) an Kindes Statt annehmen, adoptieren [*sibi filium*; (*Pl.*) *illum pro filio*]; °*in regnum* durch Adoption als Nachfolger berufen; °**b**) in seine Verwandtschaft aufnehmen; / *sibi nomen -are* sich einen Namen aneignen; (*v. Bäumen*) durch Pfropfen annehmen [*ramum*].
ador *n* (*nur nom., acc.*; *wohl „das Grannige"*) Spelt.
adōrātiō, *ōnis f* (*adōrō*) Anbetung.
adōreus 3 (*ador*) aus Spelt (bestehend).
adōria (*adōrō*) *u.* **-rea** (*volkset. an adōreus angeglichen*), *ae f* Siegesruhm, Sieg.
ad-orior, *ortus sum* 4 **1.** sich erheben *gegen,* angreifen; **2.** (*mit Bitten od. Drohungen*) angehen, bestürmen; **3.** sich machen *an,* unternehmen, beginnen [°*nefas, oppugnare urbem*].
ad-ōrnō 1 **1.** herrichten, ausrüsten [*naves*]; ausstatten, versehen *mit;* **2.** schmücken, zieren.
ad-ōrō 1 **1.** anreden; anflehen; erflehen [*pacem deorum* die Gnade der Götter]; **2.** anbeten, verehren; feiern [*consulatum*]; ** *deo alieno.*
adp..., adq... *u.* **adr...** *auch* = *app..., acq... u. arr...*
ad-rādō, *sī, sum* 3 ankratzen; Bart und Haupthaar stutzen.
Adrana, *ae m* Eder, *Nbfl. d. Fulda.*
Adrāstus, *ī m* (*gr.* Ădrāstos) *König von Argos, einer der Sieben gegen*
Adria = *Hadria.* [*Theben.*
Adrūmētum, *ī n s. Hadrūmētum.*
ads..., adsc..., adsp..., adst..., adt... = *ass..., asc..., asp..., ast..., att...*

Aduatuca, *ae f Kastell der Eburonen.*
Aduatucī, *ōrum m germanisches Volk in Belgien.*
adūlātiō, *ōnis f (adūlor)* **1.** *(abstr.)* **a)** *das* Schweifwedeln [*canum*]; **b)** Schmeichelei; knechtische Verehrung; *(nkl.) die* Proskynesis *vor asiatischen Fürsten*; °**2.** *(concr.)* Hofschranzen.
adūlātor, *ōris m (adūlor)* Schmeichler, Speichellecker.
adūlātōrius 3 *(adūlātor)* kriechend, schmeichelnd.
adulēscēns, *entis (adolēscō²)* **1.** *adi.* = *adolēscēns*; **2.** *subst. m* Jüngling, junger Mann *(zwischen puer u. iuvenis)*; °*f* Jungfrau, junges Mädchen, junge Frau.
adulēscentia, *ae f (adulēscēns)* Jünglingsalter, Jugend(zeit); *(selten) coll.* Jugend = junge Leute.
adulēscentulus 3 *(dem. v. adulēscēns)* (noch) ganz jung; *subst.* **-us,** *ī m* Junge; *(Com.)* **-a,** *ae f* Mädchen.
adūlō *(selten; unkl.) u.* **-or** 1 *(*ūlos* Schweif) *(hündisch)* anwedeln; sich anschmiegen; kniefällig verehren; kriechen *vor* [*plebem*].
adulter, *erī m,* **-tera,** *ae f (Rückbildung aus adulterō)* Ehebrecher (-in); °Liebhaber; °Liebchen; °*adi.* ehebrecherisch; / nachgemacht [*clavis*].
adulterīnus 3 *(adulter)* gefälscht, nachgemacht [*nummus, signum*]; unecht; ** unebenbürtig.
adulterium, *ī n (adulter)* Ehebruch, Buhlschaft; Untreue.
adulterō 1 *(ad + *alterō* 1 „anders machen"; *alter)* **1.** verfälschen, nachmachen; **2.** / **a)** *(intr.)* Ehebruch treiben; °**b)** *(trans.)* zum Ehebruch verführen; *mediopass.* buhlen *mit* [*miluo dat.!*].
adultus 3 *(m. °comp.; adolēscō²)* **1.** herangewachsen, erwachsen; **2.** erstarkt; **3.** vorgerückt [°*aestas*].
adumbrātim *adv. (adumbrō)* nur dunkel.
adumbrātiō, *ōnis f (adumbrō)* °**1.** Umriß, Skizze; **2.** / Andeutung.
adumbrātus 3 *(adumbrō)* nur im Umriß gegeben, skizziert, undeutlich; erdichtet, falsch, Schein...
ad-umbrō 1 °**1.** einen Umriß entwerfen, skizzieren; **2.** / **a)** kurz darstellen, andeuten; °**b)** nachahmen [*morem*].
aduncitās, *ātis f (aduncus)* Krümmung.
ad-uncus 3 einwärts gekrümmt, krummschnäbelig.
ad-urgeō, *ursī,* — 2 andrücken; / bedrängen, verfolgen.
ad-ūrō, *ussī, ustum* 3 *(ūssī, ūstum?)* **1. a)** an-, (ver)brennen, (ver)sengen; °**b)** / entflammen [*te Venus*]; °**2.** erfrieren lassen.
ad-ūsque *(-ŭ-?)* **1.** *prp. b. acc.* = *ūsque ad*; **2.** *adv.* überall.
adustus 3 *(-ū-?; m. comp.; adūrō)* gebräunt.
advectīcius 3 *(advectus, P.P.P. v. advehō)* aus dem Auslande eingeführt, ausländisch [*vinum*].
advectō 1 *(frequ. v. advehō)* (immerfort) zuführen.
advectus, *ūs m (advehō)* Einführung.
ad-vehō, *vēxī, vectum* 3 **1.** herzuführen, herbeibringen, -tragen, -schaffen, -fahren; *mediopass. (mit u. ohne curru, equo, navi)* heranfahren, -reiten, -segeln, hingelangen, landen [*ad ripam; Teucros*]; **2.** / einführen [*religionem*].
ad-vēlō 1 umhüllen; bekränzen / *lauro*].
advena, *ae m (u. f) (adveniō)* Ankömmling, Fremdling; Neuling, Laie; *adi.* ausländisch, fremd.
ad-veniō, *vēnī, ventum* 4 **1.** heran-, ankommen [*in provinciam*]; **2.** / **a)** herankommen [*dies*]; **b)** erscheinen, ausbrechen [*morbi*]; °**c)** zufallen [*Numidiae pars*]; °**d)** *advenit id quod* dazu kommt noch, daß.
adventīcius 3 *(adventus; P.P.P. v. adveniō)* **1.** ausländisch, fremd; °**2.** Ankunfts... [*cena*]; **3.** / **a)** äußerer, sinnlich [*visio*]; **b)** außergewöhnlich, zufällig; °*fructus* Nebengewinn.
adventō 1 *(frequ. v. adveniō)* herannahen.
adventor, *ōris m (adveniō)* Besucher.
adventus, *ūs m (gen. sg. °auch -ī; adveniō)* Ankunft, *das* Nahen; *(mil. t.t.)* Anmarsch, Einrücken; Einzug [*imperatoris*]; / °*lucis* Tagesanbruch; Ausbruch [*malorum*]; Einbruch; ** Angriff; Adventszeit.
adverbium, *ī n (verbum)* Umstandswort [*locale, temporale*].
adversārius 3 *(adversus)* entgegenstehend, Gegen...; gegnerisch, feindlich, widerstrebend [*dux, opinio*]; *subst.* **-us,** *ī m* Gegner, Widersacher, Feind; **-a,** *ae f* Gegnerin;

-a, *ōrum n* Behauptungen der Gegenpartei; Konzeptbuch, Kladde; **-us, *i m* Teufel.
adversātiō, *ōnis f* (*adversor*) zänkische Gegenrede.
adversātrīx, *īcis f* (*adversātor* Gegner; *adversor*) Widersacherin.
adversitor, *ōris m* = *advorsitor.*
adversō 1 (*intens. v. advertō*) ohne Unterlaß richten *auf* [*animum*].
adversor 1 (*adversus*) sich widersetzen, widerstreben, entgegentreten [*imperatori*].
adversus[1] 3 (*m. °comp., sup., °adv.; advertō*) **1.** zugekehrt, zugewandt: **a**) gegenüberbefindlich, -liegend [*collis*]; *in adversum os* gerade ins Gesicht; *flumine -o* flußaufwärts; *-a via* geradeswegs; *-o colle* bergan; **b**) vorn (befindlich), vorderer; *dentes -i* Vorderzähne; *vulnus -um* Wunde auf der Brust; °*hastis -is* mit eingelegten Lanzen; **2.** / **a**) entgegenstehend, feindlich; (*Li.*) *-o senatu* gegen den Willen des Senates; °**b**) verhaßt, zuwider, widerwärtig; **c**) widrig, ungünstig, unglücklich [*ventus*]; *res -ae* Unglück; **d**) (*dial. t.t.*) den Gegensatz bildend *od.* bezeichnend; *subst.* **adversus,** *ī m* (*nkl.*) Gegner; **-um,** *ī n* **1.** °**a**) entgegengesetzte Richtung; *ex -o* (von) gegenüber; *in -um* entgegen; **2.** Gegenteil, Gegensatz; **3.** (*meist pl. -a, ōrum*) Widerwärtigkeit, Mißgeschick [*nihil -i; -a montium*].
adversus[2] *u.* **-um** (*erstarrter nom. bzw. acc. des part. adversus*) °**1.** *adv.* (*freundl. od. feindl.*) entgegen [*ire, arma ferre*]; **2.** *prp. b. acc.* **a**) (*räuml.*) gegen, nach ... hin, auf ... zu; gegenüber [*montes*]; **b**) gegen (*feindl. od. freundl.*); wider, im Widerspruch *mit* [*legem*]; **c**) / in Hinsicht auf; °**d**) im Vergleich mit, neben, gegen.
ad-vertō, *tī, sum* 3 °**1. a**) hinwenden, -richten [*aures ad vocem*]; **b**) (*v. Schiffern*) landen [*classem in portum*]; P. man steuert los *auf* [*notae advertuntur arenae*]; **2.** / **a**) auf sich ziehen [*omnium oculos*]; **b**) beherzigen; **c**) bemerken, wahrnehmen, erkennen; °**d**) strafend einschreiten *gegen,* strafen [*durius, in Marcium*]; **e**) *animum* ~ Geist, Aufmerksamkeit richten, achtgeben *auf* [*ad religionem; monitis*]. — *cf. animadvertō.*
ad-vesperāscit, *rāvit,* — 3 es wird Abend.
ad-vigilō 1 wachen *bei*; wachsam [sein.
****advocata,** *ae f nostra* Fürsprecherin = Maria.
****advocatia,** *ae f* Vogtei.
advocātiō, *ōnis f* (*advocō*) **1.** Berufung von Sachverständigen; **2.** Beistand vor Gericht; **3.** juristische Ratgeber, Anwälte; **4.** Frist zur Besprechung mit den Rechtsbeiständen; (*nkl.*) Aufschub, Frist; **5.** *in* (*der Kaiserzeit*) Prozeßführung.
****advocatitia** = *advocatia.*
advocātus, *ī m* (*advocō*) **1.** (*in republikanischer Zeit*) Rechtsbeistand (*sowohl des Richters wie der Parteien*); **2.** (*in der Kaiserzeit*) Rechtsanwalt (*der den Prozeß für den Klienten selbständig führt*); ** Vertreter, Vogt.
ad-vocō 1 **1. a**) herbeirufen, berufen, einladen [*alqm in* (*ad*) *consilium*]; **b**) (*Versammlungen*) berufen; **2.** (*jur. t.t.*) **a**) (*in republikanischer Zeit*) als Rechtsbeistand berufen; **b**) (*in der Kaiserzeit*) einen Anwalt nehmen (*cf. advocātus*); **3.** °**a**) anrufen [*deos*]; **b**) zu Hilfe rufen, gebrauchen [°*omnia arma* alles als Waffe].
advolātus, *abl. ū m* (*advolō*) das [Herbeifliegen.
ad-volō 1 heranfliegen; / herbeieilen [*ad urbem*].
ad-volvō, *volvī, volūtum* 3 heranwälzen; *se -ere u. mediopass.* niederfallen [*genibus* zu Füßen].
advorsitor, *ōris m* (*advorsum itor*) Sklave, der seinen Herrn abholt.
advors..., advort... (*altl.*) = *advers..., advert...*
adytum, *ī n* (*gr. Fw.*) *meist pl.* das Allerheiligste *des Tempels*; Grabkammer; / *das* Innerste [*cordis*].
Aeacus, *ī m* (*gr.* Aiakos) *Sohn des Jupiter u. der Nymphe Aegina, König v. Aegina; nach seinem Tod Richter i. d. Unterwelt*; **-acidēs,** *ae m* Nachkomme des A. (Telamon, Phocus, Peleus; *Achills Sohn* Pyrrhus; Pyrrhus *v. Epirus*; Perseus *v. Makedonien*); *adi. -cidēïus* 3.
Aeaeus 3 *zur sagenhaften Insel Aea* (*gr.* Aia) *gehörig.*
aed.cur., pl. = *aedīlis curūlis, plēbis.*

aedēs *u.* **aedis,** *is f* (*wohl „Feuerstätte"*) Gemach, Zimmer; Gotteshaus, Tempel; *pl.* Haus [regiae]; (*Pl.*) Haus = Familie; (*Ve.*) Zellen der Bienen; Bienenstock.
aedicula, *ae f* (*dem. v. aedēs*) kleines Zimmer; Kapelle; Nische, Blende (*in Wänden u. an Ecken*); *pl.* ärmliche Wohnung.
aedificātiō, *ōnis f* (*aedificō*) *das* Bauen; Bauanlage; Bauwerk; °*pl.* Bauten; ** (geistliche) Erbauung.
aedificātiuncula, *ae f* (*dem. v. aedificātiō*) kleiner Bau.
aedificātor, *ōris m* (*aedificō*) **1.** Baumeister; Schöpfer [mundi]; °**2.** Bauherr.
aedificium, *ī n* (*aedēs; faciō*) Bauwerk, Gebäude.
aedificō 1 (*aedēs; faciō*) **1.** (*trans.*) (er)bauen; anlegen, gründen; **2.** *abs.* Häuser bauen; ** (geistlich) erbauen.
aedīlicius 3 (*aedīlis*) *des* Ädilen; *subst.* **-us,** *ī m* gewesener Ädil.
aedīlis, *is m* (*aedēs; wohl „Tempelbeamter"*) Ädil (*urspr. 2 aediles plebei als Stadtpolizisten u. Veranstalter der Spiele der Plebs; seit 366 außerdem 2 patrizische* [curules] *als Veranstalter der großen Spiele u. Aufsichtsbeamte der patrizischen Tempel; gemeinsame Aufgabe der 4 Ä.: Polizeiwesen u. Fürsorge f. öffentl. Bauten*).
aedīlitās, *ātis f* (*aedīlis*) Ädilität.
aedis *s. aedēs.*
aedituēns, *entis m* (*aedēs, tueor*) Tempelhüter.
aeditumus, *ī m* (*aedēs; „zum Tempel gehörig"*) *u.* °**aedituus,** *ī m* (*aedēs; volkset. Anlehnung an tueor „den Tempel bewachend"*) Tempelhüter; ** Glöckner, Küster.
aēdōn, *onis f* (*gr. Fw.*) Nachtigall.
Aeduī, *ōrum m keltische Völkerschaft Galliens.*
Aeēta *u.* **-tēs,** *ae m* (*gr.* Aiētēs), *König in Kolchis, Vater der Medea; adi.* -aeus 3; **Aeētias,** *adis u.* **Aeētīnē,** *ēs f* = Medea.
Aegaeōn, *ōnis m* (*gr.* Aigaiōn) = Briareus, *hundertarmiger Riese;* Meergott.
Aegaeus 3 ägäisch [mare]; *subst.* **-um,** *ī n das* Ägäische Meer.
Aegātēs, *ium f u.* **Aegātae,** *ārum f* (*īnsulae*) *die* Ägatischen Inseln *an der Westküste Siziliens.*
aeger, *gra, grum* (*m adv.* **-ē**; *s. d.*; *et. unklar*) **1. a)** krank, leidend; **b)** / zerrüttet [res publica]; °**2.** (*geistig od. seelisch*) krank, krankhaft, bekümmert, ärgerlich, verdrießlich; °**3.** schmerzlich, betrübend [luctus], traurig, mühselig [senectus]; *subst.* **~,** *ī m ein* Kranker; °**-a,** *ae f eine* Kranke.
Aegeus, *eī m* (*gr.* Aigeus) *König v. Athen, Vater des Theseus;* **-gīdēs,** *ae m* Nachkomme des A. = Theseus.
Aegīna, *ae f* (*gr.* Aigīna) *Insel im Saronischen Meerbusen; Einw.* -nētae, *ārum m.*
aegis, *idis f* (*gr. Fw.*) Ägis: **1.** *Schild Jupiters;* **2.** *Ziegenfell (mit Schlangen u. Medusenhaupt) über Schultern u. Brust Minervas;* **3.** / Schild, Schirm.
Aegisthus, *ī m* (*gr.* Aigisthos) *Mörder Agamemnons.*
Aeglē, *ēs f* (*gr.* Aiglē) *Najade, Mutter der Grazien.*
aegocerōs, *ōtis m* (*gr. Fw.*) Steinbock (*als Tierkreiszeichen*).
Aegos flūmen (*gr.* Aigos potamos) Ziegenfluß *auf der thrakischen Chersones (Schlacht 405).*
aegrē *adv.* (*m. comp., sup.; aeger*) **1.** schmerzlich, unangenehm, ärgerlich; **2.** ungern [pati]; *aegre ferre* unwillig, bekümmert sein, sich gekränkt fühlen [*a.c.i., seltener* °quod]; **3.** mit Mühe, mit (genauer) Not.
aegreō, — — 2 (*aeger*) krank sein.
aegrēscō, — — 3 (*incoh. v. aegreō*) krank werden; / sich ärgern, sich betrüben; sich verschlimmern.
aegrimōnia, *ae f* (*aeger*) Kummer, Verstimmung.
aegritūdō, *inis f* (*aeger*) °**1.** Unwohlsein; **2.** Kummer, Gram.
aegrōtātiō, *ōnis f* (*aegrōtō*) Kranksein, Siechtum; seelische Störung.
aegrōtō 1 (*aegrōtus*) **1.** krank sein; kränkeln; °**2.** / daniederliegen [artes].
aegrōtus 3 (*cf. aeger*) krank, leidend, siech; zerrüttet [res publica].
Aegyptus, *ī f* (*gr.* Aigyptos) Ägypten; *seit 30 röm. Provinz; adi.* -tius 3; *subst.* **-tius** *u.* **-tīnus,** *ī m der* Ägypter.
aelinos, *ī m* (*gr. Fw.*) Weheruf, Klagelied.
Aelius 3 *Name einer pleb. gens; adi.* -iānus 3.
Aëllō, *ūs f* (*gr.* Aëllō) **1.** *Harpyie;* **2.** *Hund des Actaeon.*

Aemilius 3 *Name einer patr. gens*: *L.* ~ *Paulus, fiel b. Cannae 216*; *L.* ~ *Paulus Macedonicus, Besieger des Perseus*; **Aemilia** (*via*), *ae f Straße v. Ariminum* (*j. Rimini*) *bis Placentia* (*j. Piacenza*), *187 angelegt*; **Aemiliānus,** *ī m* (= Sohn des Aemilius) *Beiname des jüng. Scipio*; **Aemiliāna,** *ōrum n Vorst. Roms.*

aemulātiō, *ōnis f* (*aemulor*) °**1.** Nacheiferung, Wetteifer; **2.** Eifersucht, Rivalität.

aemulātor, *ōris m* (*aemulor*) Nacheiferer; Nachtreter.

aemulātus, *ūs m* = *aemulātiō*.

aemulor 1 (*aemulus*) **1.** nacheifern, wetteifern *mit* [*virtutes maiorum*]; **2.** eifersüchtig, neidisch sein *auf* [*homini diviti*].

aemulus (*cf. imitor, imāgō*) **I.** °*adi.* 3 **1.** nacheifernd, wetteifernd *mit* [*summis oratoribus*]; **2.** eifersüchtig, neidisch *auf* [*imperii Romani*]; **3.** gleichkommend, ebenbürtig; **II.** *subst.* **-us,** *ī m* **1.** Nacheiferer; Anhänger *eines philosophischen Systems*; **2.** ~, *ī m u.* **-a,** *ae f* Rivale (-in), Nebenbuhler(in).

Aenāria, *ae f vulk. Insel b. Neapel, j.* Ischia.

Aenēās, *ae m* (*gr.* Aineiās) *Sohn des Anchises u. der Venus, Stammvater Roms u. des Julischen Hauses*; *Nachk.* **-neadēs,** *ae m* (*gr.* Aineadēs) Ascanius; Augustus; *pl.* Gefährten des Aeneas; Trojaner, Römer.

aēneātōrēs, *um m* (*aēneus*) Tubabläser.

Aenēis, *idis f Vergils Epos v. Äneas*; *adi.* *-nēïus* 3.

aēneus *u.* **ahēneus** 3 (*aes*) **1.** ehern, kupfern, bronzen; °**2.** / **a**) bronzefarben, rotgelb; **b**) unbezwinglich, eisern.

aenigma, *atis n* (*gr. Fw.*) Rätsel; / *das* Rätselhafte [*somniorum*], dunkle Andeutung.

aenigmaticē *adv.* (*aenigma*) in Rätseln.

aēni-pēs, *edis* (*aēnus, pēs*) erzfüßig.

Aēnobarbus, *ī m s. Domitius.*

aēnus 3 = *aēneus*; *subst.* **-um,** *ī n* (eherner) Kessel.

Aenus[1], *ī f* (*gr.* Ainos) *Ort in Thrakien*; *Einw.* **Aenii,** *ōrum m.*

Aenus[2], *ī m der* Inn.

Aeolēs, *um m* Äoler, *Bewohner v.* **Aeolia**[1], *ae od.* **Aeolis,** *idis f* (*gr.* Aiolis) *Landschaft im nw. Kleinasien*; *adi.* *-lius* 3 [*puella -a* = Sappho; *carmen -um* = Lyrik von Sappho und Alkaios].

Aeolus, *ī m* (*gr.* Aiolos) *Stammvater der Äoler*; *Beherrscher der Winde*; *Nachk.* **-lidēs,** *ae m* (Sisyphus, Athamas; Cephalus, Odysseus); **-lis,** *idis f Tochter des Aeolus*; *adi.* *-lius* 3; *subst.* **Aeolia**[2], *ae f* (*gr.* Aiolia) Äolusinsel, *j.* Stromboli.

aequābilis, e (*m. comp., adv.*; *aequō*) °**1.** ebenbürtig; **2.** gleichmäßig, -förmig; unparteiisch [*ius*]; °**3.** leutselig.

aequābilitās, *ātis f* (*aequābilis*) Gleichmäßigkeit, -förmigkeit; / Unparteilichkeit; Gleichmut.

aequ-aevus 3 (*aequus*; *aevum*) gleichalterig.

aequālis, e (*m.* °*comp., adv.*; *aequus*) °**1.** gleich hoch, eben, flach [*loca*]; **2.** gleichförmig, -mäßig; **3.** gleichwertig; **4.** gleichzeitig [*illis temporibus scriptor*], gleichaltrig; *subst.* ~, *is m f* Zeit-, Altersgenosse, Jugendfreund(in).

aequālitās, *ātis f* (*aequālis*) °**1.** Gleichförmigkeit; **2.** Gleichheit: °**a**) Rechtsgleichheit; **b**) Altersgleichheit; °**3.** (*coll.*) *die* Altersgenossen.

aequanimitās, *ātis f* (*aequanimus* gleichmütig) **1.** Billigkeit; **2.** Gleichmut, Geduld.

aequātiō, *ōnis f* (*aequō*) Ausgleichung, gleiche Verteilung.

****aequator,** *oris m* Äquator.

Aequī, Aequiculī, *ōrum m italische Stämme ö. v. Rom*; *adi.* *-icus, -īculus* 3.

aequi-lībritās, *ātis f* (*aequus, lībra*) Gleichgewicht(sgesetz).

Aequimaelium (*u.* *-mēlium*), *ī n Platz am Kapitol.*

aequinoctiālis, e (*aequinoctium*) zur Zeit der Tag- und Nachtgleiche.

aequi-noctium, *ī n* (*aequus, nox*) Tag- und Nachtgleiche.

aequiperābilis, e (*aequiperō*) vergleichbar.

aequi-perō 1 (*aequus, pār*) gleichstellen, -setzen; gleichkommen, erreichen [*magistratum*].

aequitās, *ātis f* (*aequus*) °**1. a**) ebene Lage; **b**) Gleichheit, Ebenmaß; **2.** / **a**) Gleichmut [*animi*]; Geduld; **b**) Gleichgültigkeit; **c**) Billigkeit(sgefühl); ~ *humana* menschliches

Recht; **d**) rechtliche Gleichheit, Unparteilichkeit.

aequō 1 (*aequus*) **1.** gleichmachen, ebnen [*locum*]; gerade stellen [°*mensam*]; *aciem* ausrichten; **2.** °**a**) gleichmachen [*urbem solo*]; **b**) / auf gleiche Stufe stellen, vergleichen [*tenuiores cum principibus*]; **3.** ausgleichen, gleichmäßig verteilen; °**4.** gleichkommen, erreichen [*fugientes cursu*].

aequor, *oris n* (*aequus*) **1.** Ebene; flaches Feld; °**2.** Meeresfläche, -spiegel; Seewasser; *pl.* Fluten.

aequoreus 3 (*aequor*) zum Meer gehörig, Meeres..., See...

aequus 3 (*m. comp., sup., adv.; et. ungeklärt*) eben, gleich: **I.** e b e n: **1.** (*räuml.*) waagerecht, flach [*locus*]; **2.** / **a**) günstig gelegen [*ad dimicandum*]; **b**) günstig, wohlwollend, geneigt, gnädig; **c**) ruhig, gelassen, zufrieden; ~ *animus* Gleichmut; **d**) billig, unparteiisch, gerecht; *aequum est* es ist recht und billig; **II.** g l e i c h: **1.** gleich groß, gleichmäßig, gleich verteilt [*-o spatio; -i °numeri* Rhythmen]; **2.** unentschieden [*-o Marte*]; *subst.* **aequī,** *ōrum m die* Freunde; *aequi et iniqui* Freund u. Feind; **aequum,** *ī n* **1.** ebenes Gelände, freies Feld; **2.** Recht, Billigkeit; *aequi boni(que) facere* als recht und billig anerkennen, sich *etw.* gern gefallen lassen; °**3.** gleiche Lage, gleiches Recht [*esse, stare in aequo*]; *plus -o* über Gebühr; *ex -o* gleichermaßen; *adv.* **aequē** **1.** gleich (-mäßig) [*-e longus*]; **2.** in gleicher Weise, ebenso (wie) [*-e ac tu*]; **3.**(*m.* °*comp.*) (in) billiger Weise [*tueri*].

āēr, *āeris m* (*acc. āera*) (*gr. Fw.*) **1.** *die* untere Luftschicht; Luft; °**2.** Nebel.

aerārius 3 (*aes*) zum Kupfer, Erz gehörig, Kupfer..., Erz...; zum Geld gehörig, Geld...; *tribunus* ~ Zahlmeister; *subst.* **aerārius,** *ī m* **1.** Ärarier (*Bürger der untersten Klasse*) [*in aerarios referri iubere*]; °**2.** Erzarbeiter, Schmied; **aerāria,** *ae f* Erzgrube; **aerārium,** *ī n* Schatzkammer, Staatskasse, -schatz; Staatsarchiv [°*militare* Kriegskasse; °*privatum* Privatkasse].

aerātus 3 (*aes*) **1.** erzbeschlagen; °**2.** ehern [*securis*]; **3.** gut bei Kasse; °*subst.* **-ae,** *ārum f* (erzbeschlagene) Kriegsschiffe.

aereus 3 (*aes*) *unkl.* = *aēneus u.* = [*aerātus.*]

aeri-fer, *era, erum* (*aes, ferō*) eherne Zimbeln tragend.

aeri-pēs, *pedis* (*aes, pēs*) erzfüßig.

āërius 3 (*gr. Fw.*) **1.** in der Luft befindlich, luftig; °**2.** hochragend [*mons*].

aerūginōsus 3 (*aerūgō*) voll Grünspan; / schmutzig, bettelhaft.

aerūgō, *inis f* (*aes; cf. ferr-ūgō*) **1.** Kupferrost, Grünspan; °**2.** / Mißgunst, Neid; Habgier.

aerumna, *ae f* (*wohl gr. Lw.*) Mühsal, Mühseligkeit, Drangsal.

aerumnābilis, e (*aerumna*) trübselig.

aerumnōsus 3 (*m.* °*comp., sup.; aerumna*) **1.** mühselig, kummervoll; °**2.** / stürmisch [*mare*].

aes, *aeris n* (*cf. nhd.* „Erz") **1.** Erz, Kupfer, Bronze; **2.** Kupfer- *od.* Bronzegerät: °**a**) ehernes Gefäß; Trompete; *aera* Bronzestatuen; **b**) *aera legum* eherne Gesetzestafeln; °**c**) *aera* eherne Waffen; *aes triplex* dreifacher Panzer; **d**) *das* eherne Geschlecht; **3. a**) Kupfergeld; *rude* Kupferbarren; *grave* gestempelter ein Pfund schwerer Barren; *aeris* = *asses* [*centum milia aeris*]; *decies* (*sc. centena milia*) *aeris* eine Million (As); **b**) *pl.* Rechenpfennige; °Marken; **4.** Vermögen; *aes alienum* Schulden [*esse in aere alieno*]; **5.** (*meist pl.*) Löhnung, Sold; Dienstjahre; (*Ho.*) Schulgeld.

aesar (*etr.*) = *deus.*

Aeschinēs, *is m* (*gr.* Aischinēs) **1.** *Schüler des Sokrates*; **2.** *Lehrer der neuen Akademie in Athen*; **3.** *athenischer Redner, Gegner des Demosthenes.*

Aeschylus, *ī m* (*gr.* Aischylos) *athenischer Tragödiendichter* (*525-456*); *adi.* -ēus (*im Hexameter auch* -ēus) 3.

Aesculāpius, *ī m* (*gr.* Asklēpios) *Gott der Heilkunde*; **-ium,** *ī n Tempel des A.*

aesculētum, *ī n* (*aesculus*) Eichen-[wald.]

aesculeus 3 (*aesculus*) eichen.

aesculus, *ī f* (*et. unklar*) *die* immergrüne Wintereiche.

Aesōn, *onis m* (*gr.* Ai-) *Vater Jasons*; **-nidēs,** *ae m* = Iason; *adi.* *-onius* 3.

Aesōpus, *ī m* (*gr.* Aisōpos) *griech.*

Fabeldichter um 550; *adi.* *-eus* (*u.* *-īus*) 3.

aestās, *ātis f* (*cf.* *aestus*) **1.** Sommer; (*nkl.*) *nova* Vorsommer, *adulta* Hochsommer, *praeceps* Spätsommer; °**2.** / Sommerhitze, -wetter; Jahr.

aesti-fer, *era, erum* (*aestus, ferō*) Hitze bringend, heiß; *canis* Hundsstern, Sirius.

Aestiī, *ōrum m Volk a. d. Ostsee.*

aestimābilis, e (*aestimō*) schätzbar, beachtenswert.

aestimātiō, *ōnis f* (*aestimō*) **1. a**) Abschätzung des Wertes [*frumenti*]; / **b**) an Zahlungs Statt angenommenes Grundstück; **c**) Bezahlung mit taxierten Grundstücken; **d**) Strafsumme [*litis*]; **2.** Schätzung, Würdigung, Anerkennung [*virtutis*]; (*philos. t.t.*) Wertschätzung.

aestimātor, *ōris m* (*aestimō*) **1.** Taxator; °**2.** / Beurteiler.

aestimō 1 (*wahrsch. „das Erz zerschneiden"*) **1. a**) den Geldwert abschätzen, bewerten [(*per*)*magno*; *minoris*]; **b**) die Strafsumme *in einem Prozeß* bestimmen; Geldbuße verhängen [*litem*]; **2.** / **a**) (*nach dem inneren Werte*) würdigen, beurteilen; **b**) hochschätzen [*magni*]; °**c**) glauben, meinen, halten *für*.

aestīvō 1 (*aestīvus*) den Sommer zubringen.

aestīvus 3 (*m.* °*adv.*; *aestās*) sommerlich; im Sommer, Sommer...; *subst.* **-a,** *ōrum n* °**1.** Sommerweide; Herde; **2.** Sommerlager; / Feldzug.

aestuārium, *ī n* (*aestus*) **1.** Lagune, Meereslache; °**2.** Bucht, Bai; **3.** Flußmündung; ** heizbarer Raum.

aestumō 1 (*altl.*) = *aestimō.*

aestuō 1 (*aestus*) **1.** °**a**) (*v. Feuer*) auflodern; kochen; **b**) Hitze leiden, erhitzt sein; °**2.** (*v. Wasser*) wallen, schäumen, branden; gären; **3.** / **a**) leidenschaftlich erregt sein, glühen; **b**) unschlüssig sein, schwanken.

aestuōsus 3 (*m.* °*comp.*, *sup.*, °*adv.*; *aestus*) **1.** glühend, schwül; °**2.** brandend, wogend.

aestus, *ūs m* (*cf.* *aestās*; *aedēs*) **1.** Hitze, Glut, Schwüle; Sommer-, Fieberhitze; Sommer; **2.** Wogen, Brandung; Flut [*decessus aestus* Ebbe]; **3.** / **a**) Leidenschaft, Ungestüm; **b**) Unruhe, Besorgnis.

aetās, *ātis f* (*cf.* *aevum*) **1.** Lebenszeit, Leben; *tertiam -tem hominum* drei Menschenalter; *aetatem* zeitlebens; **2.** Lebensalter, Altersstufe; Jugend [*iniens, prima, bona*]; Mannesalter, Blütezeit [*constans, media, confirmata*]; Greisenalter [*extrema, exacta*]; *aetate confectus* altersschwach; **3.** Altersklasse [*puerilis,* °*militaris*]; **4.** Zeit [*longa aetas die* Länge der Zeit], Zeitalter; °**5.** *das* (in einem Zeitalter lebende) Geschlecht [*aurea*]; Generation; ** Volljährigkeit.

aetātula, *ae f* (*dem. v.* *aetās*) zartes Alter.

****aeternalis,** e ewig; *adv.* *-iter* im Jenseits.

aeternitās, *ātis f* (*aeternus*) Ewigkeit; Unsterblichkeit; °ewige Wohlfahrt; °*vestra Titel der Kaiser*; ** ewiges Leben.

aeternō 1 (*aeternus*) verewigen.

aeternus 3 (*m.* °*comp.*; *cf.* *aevum*; °*adv.* **-ō**) ewig, unvergänglich, unsterblich; fortwährend; *subst.* **-um,** *ī n* Ewigkeit [*ab aeterno*; *in aeternum*]; *pl.* unsterbliche Taten.

aethēr, *eris m* (*acc.* *aethera*) (*gr. Fw.*) **1.** *die* obere Luftschicht; Äther; °**2.** Himmel(sraum); Himmelsbewohner, himmlische Dinge; Oberwelt; **3.** ♀ *der* Himmelsgott; *der* höchste Gott *der Stoiker* [*pater omnipotens*]; ** Himmel, Jenseits; *pl.* *-a* Gestirne.

****aethereus** 3 = *aetherius.*

aetherius 3 (*gr. Fw.*) **1.** ätherisch; himmlisch [°*domus*]; °**2.** luftig; oberweltlich.

Aethiops, *opis m* (*pl.* *-ĕs*) Äthiopier, Mohr; *auch adi.*; *subst.* **-pia,** *ae f* (*gr.* Aithiopịā) Äthiopien.

aethra, *ae f* (*gr. Fw.*) helle Luft, Himmelsglanz.

Aetna, *ae f* (*gr.* Aitnē) **1.** *Berg auf Sizilien*; *adi.* *-naeus* 3 des Ä., sizilisch; *subst.* **-naeī,** *ōrum m* Anwohner des Ä.; **2.** *St. am Fuß des Ä.*; *adi. u. Einw.* *-nēnsis*, (e).

Aetōlī, *ōrum m Bewohner v.* **Aetōlia,** *ae f* (*gr.* Aitōlịā) *im w. Griechenland*; *adi.* *-tōli(c)us*, *-tōlus* 3.

Aetōlis, *idis f* Ätolierin = Deianira.

aevitās, *ātis f* (*alte Form*) = *aetās.*

aevos *u.* **-us,** *ī m* (*altl.*) = *aevum.*

aevum, *ī n* (*cf. nhd.* „ewig") **1.** lange Dauer, Ewigkeit; **2.** = *aetās.*

Āfer *s.* *Āfrī.*

affābilis, e (*m.* °*comp.*, °*adv.*; *affor*) freundlich, leutselig.

affābilitās, *ātis f* (*affābilis*) Leutseligkeit.

af-fabrē *adv.* (*faber*) kunstvoll.

af-fatim *adv.* (*ad* °*fatim* „bis zur Erschöpfung"; *cf. fatīgō*) zur Genüge, reichlich.

affātus, *ūs m* (*affor*) Anrede, Ansprache.

affectātiō, *ōnis f* (*affectō*) Streben, Trachten *nach*; Anspruch *auf* [*Germanicae originis*]; (*rhet. t.t.*) Künstelei, Manier.

affectātor, *ōris m* (*affectō*) der v. d. Sucht nach etw. ergriffen ist; Freund.

affectātus 3 (*affectō*) affektiert, geziert.

affectiō, *ōnis f* (*afficiō*) **1.** Einwirkung, Eindruck *auf* [*sapientis*]; **2.** Zustand, Beschaffenheit; **3.** / **a**) Gemütsverfassung, Stimmung; °**b**) Neigung, Liebe; ** Streben, geistige Anlage.

affectō 1 (*intens. v. afficiō*) **1.** ergreifen wollen, einschlagen [*iter*]; °**2.** / eifrig streben *nach*, zu gewinnen suchen [*regnum*]; hegen [*spem*]; erkünsteln, affektieren [*decus in dicendo*].

affectus[1], *ūs m* (*afficiō*) **1. a**) (*körperl.*) Zustand; **b**) Gemütsverfassung, Stimmung; °**2. a**) Leidenschaft, Affekt; **b**) Zärtlichkeit, Neigung.

affectus[2] 3 (*m.* °*sup.*; *afficiō*) **1. a**) angetan, versehen, ausgerüstet *mit* [*virtutibus*]; **b**) eingerichtet [*oculus ad munus fungendum*]; **c**) / gestimmt, gesinnt; **2. a**) angegriffen erschöpft, geschwächt [*corpus senectute*]; **b**) zu Ende gehend, dem Ende nahe.

af-ferō, *attulī, allātum, afferre* **1.** herbeitragen, -schaffen, hinbringen; *mediopass. u.* (*dcht.*) *se -ferre* erscheinen; **2.** (*Nachrichten*) überbringen [*litteras*]; melden, verkünden, erzählen; **3.** (Hand) (an-) legen *an* [*manus amico*; *sibi*]; sich vergreifen *an* [*vim* (*od. manus*) *virgini*]; **4.** vor-, beibringen, anführen [*argumenta*]; **5.** bewirken, verursachen, bereiten, einflößen [*laetitiam*]; **6.** beitragen *zu*, helfen, nützen [*nihil ad communem fructum*]; **7.** (*als Zutat*) hinzubringen, -fügen [*multa de suo*].

af-ficiō, *fēcī, fectum* 3 (*faciō*) **1.** behaften, versehen, erfüllen *mit*; *vulnere* verwunden, *poenā* bestrafen, *iniuriā* beleidigen, *honore* Ehre erweisen, *timore* in Furcht setzen, *laude* loben, *muneribus* beschenken, *praemio* belohnen, *supplicio* hinrichten, *cruce* ans Kreuz schlagen, *dolore* in Schmerz versetzen *u.ä.*; P. *vulnere affici* verwundet werden, *morbo* erkranken, *iniuriā* Unrecht erleiden *u.a.* **2.** behandeln, in einen Zustand versetzen; gewöhnen [*corpus*]; **3.** (*den Geist, die Seele*) in eine Stimmung versetzen, ergreifen, anregen [*litterae me ita affecerunt*]; °**4.** (*den Körper*) hart mitnehmen, schwächen, erschöpfen; *cf. affectus*[2].

af-fīgō, *fīxī, fīxum* 3 **1.** anstecken, anheften, befestigen *an* [*falces longuriis*]; **2.** / **a**) ketten, fesseln *an* [*lectulo*]; **b**) einprägen [*memoriae*].

af-fingō, *fīnxī, fictum* 3 **1.** bildend anfügen [*statuae manus*]; **2.** / hinzudenken, andichten, hinzulügen.

af-fīnis, e (*ad fīnēs*) **1.** angrenzend, benachbart; **2.** / **a**) mitwissend, beteiligt *an*, verwickelt *in* [*rei capitalis, huic sceleri*]; **b**) verschwägert; *subst.* ~, *is m f der* (*od. die*) Verschwägerte; Schwiegersohn, Schwiegervater; Schwager, Schwägerin; Verwandte(r); ** (*höfische Anrede*) „Vetter".

affīnitās, *ātis f* (*affīnis*) **1.** Verschwägerung, Schwägerschaft; Verwandtschaft; °**2.** = *affīnēs*; °**3.** / enger Zusammenhang [*litterarum*]; ** Freundschaft.

affirmāte *adv.* (-*ī*-?; *m.* °*sup.*; *P.P.P. v. affirmō*) unter Beteuerungen, hoch und heilig [*promittere*].

affirmātiō, *ōnis f* (-*ī*-?; *affirmō*) Versicherung, Beteuerung.

****affirmator,** *oris m* Bürge.

af-firmō 1 (-*ī*-?) **1.** befestigen, bekräftigen, bestätigen; **2.** beteuern, versichern, behaupten; ** P. gelten *als*.

afflātus, *ūs m* (*afflō*) **1.** *das* Anwehen, Anhauchen, Luftzug; **2.** / *divinus* Anhauch göttlichen Geistes, Begeisterung.

af-fleō, — — 2 weinen *bei, mit*.

afflīctātiō, *ōnis f* (*afflīctō*) Pein, Qual.

afflīctiō, *ōnis f* (*afflīgō*) Niedergeschlagenheit.

afflīctō 1 (*intens. v. afflīgō*) **1.** °**a**) (heftig, wiederholt) schlagen; *sese -are* sich an die Brust schlagen;

b) beschädigen, übel zurichten; **2.** / plagen, heimsuchen [*morbo gravi*]; *se -are u. mediopass.* sich abhärmen, sich Sorge machen.

afflīctor, *ōris m (afflīgō)* Schänder, Peiniger, Zerstörer.

afflīctus 3 (*m. comp.*; *afflīgō*) **1.** zerschlagen; bedrängt, zerrüttet, elend, unglücklich; *res -ae* verzweifelte Lage; **2.** niedergebeugt, mutlos, betrübt; **3.** verworfen [*homo*].

af-flīgō, *flīxī, flīctum* 3 **1. a)** schlagen, schmettern *an*; **b)** niederschlagen, zu Boden werfen; P. zu Boden fallen [*alces casu afflictae*]; **c)** umstürzen [*statuam*]; **d)** zerschlagen, beschädigen; **2.** / ins Verderben stürzen, unglücklich machen; entmutigen; hart mitnehmen, schwer heimsuchen, schädigen; P. scheitern; leiden unter [*desiderio*].

af-flō 1 **I.** (*trans.*) **1.** °**a)** anwehen, anblasen; **b)** P. hin-, entgegenwehen [*odores*]; °**c)** versengen; **2.** / **a)** zutragen [*rumorem*]; °**b)** mit Begeisterung erfüllen; °**II.** (*intr.*) **1.** an-, entgegenwehen; **2.** / günstig, hold sein.

af-fluēns, *entis* (*m. comp.*, °*sup.*, *adv.*; *affluō*) **1.** reichlich zuströmend, vorhanden; **2.** reichlich versehen *mit*, reich *an*; triefend *von* [*unguentis*]; *adv. affluenter* reichlich, verschwenderisch.

af-fluentia, *ae f (affluēns)* Überfluß, Fülle.

af-fluō, *flūxī*, — 3 (*-flŭxī?*) °**1.** heranfließen, herbeiströmen; **2. a)** im Überfluß vorhanden sein; **b)** Überfluß haben *an*; **3.** / **a)** unvermerkt zufließen; **b)** einwirken *auf*.

af-for 1 anreden, ansprechen; °anflehen [*deos*]; (°*pass.*) *affatum* esse (*vom Schicksal*) verhängt sein.

af-fore, af-forem *s. assum.*

af-formīdō 1 bange werden (*ne*).

af-fricō, *uī, ātum* 1 anreiben; / übertragen.

af-fulgeō, *fulsī*, — 2 entgegenstrahlen, -leuchten; / leuchtend erscheinen, (wie ein Gestirn) aufgehen, entgegenlächeln.

af-fundō, *fūdī, fūsum* 3 hinzugießen [*venenum potioni*]; zuströmen lassen; P. sich ergießen; unversehens überläufen [*rubor*]; *affusus* hingeworfen [*genibus* kniend], hingelagert [*tumulo*].

af-futūrus 3 *s. assum.*

ā-fluō, — — 3 abströmen, wegfließen.

āfore, āforem *s. absum.*

Āfrānius 3 *Name einer pleb. gens*: **1.** L. ~, *ber. Dichter der fabula togata* (*um 100*); **2.** L. ~, *Legat des Pompejus.*

Āfrī, *ōrum m* Afrikaner; *sg.* *Afer, frī m* Punier; *adi.* **Āfer,** *ra, rum,* **Āfricus** 3, **Āfricānus** 3 afrikanisch, punisch; *subst.* **Āfricus,** *ī m* (*sc. ventus*) Westsüdwestwind; **Āfrica,** *ae f* Afrika; *die röm. Provinz* Afrika; **Āfricānae,** *ārum f* wilde Tiere aus A.; **Āfricānus,** *ī m Beiname des älteren u. des jüngeren Scipio.*

Agamemnō(n), *onis m König von Mykenä*; *adi. -nonius* 3; *puella -a* = Iphigenie; **-nonidēs,** *ae m* Nachkomme des A. (Orestes).

Aganippē, *ēs f Muse u. Musenquelle am Helikon*; *adi. -ēus* 3 / den Musen heilig [*lyra*]; *-nippis, idis f* von der A. stammend.

****agape,** *es f* christl. Liebesmahl.

agāsō, *ōnis m* (*et. unsicher*) Stall-, Pferdeknecht; Eseltreiber; / Tölpel.

Agauē, *ēs f Tochter des Kadmos, Mutter des Pentheus.*

age, agedum *s. agō.*

Agedincum, *ī n* (-ē-?) *Hauptort der Senonen in Gallien, j.* Sens *in der Champagne.*

agellus, *ī m* (*dem. v. ager*) Gütchen.

agēma, *atis n* (*gr. Fw.*) Leibgarde (*im makedonischen Heere*).

Agēnōr, *oris m Vater des Kadmos u. der Europa, Ahnherr der Dido*; *-oris urbs* Karthago; *adi. -oreus* 3; *bos der unter die Sterne versetzte Stier der Europa*; *subst.* **-ridēs,** *ae m* Nachkomme des A. (= Kadmos, Perseus).

agēns, *entis* (*agō*) lebhaft [*orator*]; ** *subst. m* Beamter.

ager, *grī m* (*cf. agō*) **1.** Acker, Feld, Boden, Grundstück; °*in agrum* feldein, in die Tiefe; **2.** (*pl.*) plattes Land (*Ggs. urbs*); **3.** Gebiet, Landschaft, Mark [*Helvetiorum*]; *publicus* Staatsdomäne.

ā-gerō, — — 3 (*Pl.*) wegschaffen.

Agēsilāus, *ī m* (*gr.* -silāos) *König von Sparta* (*397-361*).

ag-gemō, — — 3 (*Ov.*) dabei seufzen.

agger, *eris m* (*aggerō*[2]) **1.** herbeigeschaffte Erde, Schanzmaterial; **2.** Erdwall, Schutzdamm, Schanze;

3. (*nkl.*; *dcht.*) **a**) Stadtmauer; **b**) Grenzwall; **c**) Dammweg, Uferböschung, Hafendamm; **d**) Oberbau der Straße; **e**) Höhe, Hügel; **f**) Scheiterhaufen, Holzstoß.

aggerō¹ 1 (*agger*; *nkl.*, *dcht.*) dammartig aufschütten; aufhäufen; / erhöhen, steigern [*iras dictis*].

ag-gerō², *gessī, gestum* 3 herbeitragen, -schleppen, -bringen; / (*Ta.*) überhäufen *mit*; vorbringen.

aggestus, *ūs m* (*aggerō²*; *nkl.*) *das* Herbeischaffen; Damm; Grabhügel.

ag-glomerō 1 (*Ve.*, *nkl.*) (zu einem Knäuel) fest anschließen [*se lateri*].

ag-glūtinō 1 anleimen, ankleben; / anfügen; *se -are* (*Pl.*) sich (wie Kletten) anhängen [*meretrix*].

ag-gravēscō, — — 3 (*Te.*) sich verschlimmern [*morbus*].

ag-gravō 1 (*nkl.*) schwerer, schlimmer machen, steigern [*inopiam*]; belästigen; zur Last fallen [*reum*].

ag-gredior, *gressus sum* 3 (*gradior*) **1.** heranschreiten, sich nähern, sich begeben; **2.** (*freundlich*) angehen, sich wenden *an* [*iudicem*]; **3. a**) (*feindlich*) angreifen, überfallen; **b**) (*nkl.*) *gerichtl.* verfolgen; **4. a**) sich anschicken *zu* [*ad dicendum*]; **b**) beginnen, versuchen [*opus*; *oppugnare oppidum*].

aggregō 1 (*ad*; *grex*) zu-, beigesellen; *se -are* sich anschließen.

aggressiō, *ōnis f* (*aggredior*) **1.** (erster) Anlauf (*eines Redners*); **2.** (*philos. t.t.*; *Qu.*) log. Schluß, Syllogismus.

agilis, e (*m. comp.*; *agō*; *dcht.*, *nkl.*) leicht beweglich [*manus*]; schnell, rasch; / tätig, rührig, geschäftig.

agilitās, *ātis f* (*agilis*) (*nkl.*) Beweglichkeit [*naturae des* Charakters].

Āgis, *idis m Name spartan. Könige.*

agitābilis, e (*agitō*; *Ov.*) leicht beweglich [*aër*].

agitātiō, *ōnis f* (*agitō*) **1.** (*act.*) **a**) Bewegung, Schwingen; **b**) / Beschäftigung *mit* [*studiorum*]; **2.** (*pass.*) **a**) *das* Schwanken, Schwankung [*fluctuum*]; **b**) Regsamkeit [*animi*].

agitātor, *ōris m* **1.** (*Ve.*) Treiber [*aselli*]; **2.** Wagenlenker, Wettfahrer.

agitātus 3 (*m. comp.*; *agitō*; *nkl.*) [geweckt, lebhaft.]

agite (dum) *s. agō.*

agitō 1 (*frequ. bzw. intens. v. agō*) **1. a**) (wiederholt *bzw.* heftig) bewegen; (hin und her) treiben; jagen, hetzen [*feras*], schütteln, schwingen [*hastam*]; aufwirbeln, aufrühren *u. ä.*; / **b**) (*dcht.*) antreiben, anspornen; **c**) beunruhigen, aufregen; **d**) verspotten; **2.** wiederholt besprechen [*rem*]; verhandeln [*sententiam in senatu*]; **3. a**) betreiben, verrichten, ausüben [*artes*]; (*abs.*) es treiben, sich benehmen [*ferociter*]; P. betrieben werden, herrschen [*pax, laetitia*]; **b**) begehen, feiern [*dies festos*]; °**4.** (*Zeit*) zubringen; verleben [*vitam*]; °**5.** sich aufhalten, leben, wohnen; **6.** (*cf. cogitō*) überlegen, bedenken, erwägen, beabsichtigen, planen [*bellum*].

Aglaïē, *ēs f* (*gr.* -ïē) *Name der* [*ältesten Grazie.*]

agmen, *inis n* (*ā-*?; *agō*) °**1.** Strömung, Schwung, Windung (*remorum* Ruderschlag); **2. a**) Zug, Schar, Trupp; °**b**) Meute, Rudel, Schwarm [*ferarum*]; **3.** (*mil. t.t.*) **a**) Heer auf dem Marsche, Marschkolonne [~ *primum* Vortrab, -hut; *medium* Mitte; *extremum, novissimum* Nachhut]; **b**) Marsch des Heeres; °**c**) Schlacht, Krieg, Feldzug; Kriegsdienst; **d**) Flotte, Geschwader.

agna, *ae f* (*āgn-*?; *agnus*) Schaf-[lamm.]

Agnālia, *ium n* = *Agōnālia.*

agnāscor, *agnātus sum* 3 (*āgn-*?; *nāscor*) nachgeboren werden.

agnātiō, *ōnis f* (*āgn-*?; *agnāscor*) Blutsverwandtschaft v. väterl. Seite.

agnātus, *ī m* (*āgn-*?; *agnāscor*) °**1.** nachgeborener Sohn; **2.** Blutsverwandter v. väterl. Seite, Agnat.

agnellus, *ī m* (*āgn-*?; *dem. v. agnus*) Lämmchen; / (*Kosewort*).

agnīnus 3 (*āgn-*?; *agnus*) vom Lamm; *subst.* **-a,** *ae f* (*sc. carō¹*) Lammfleisch.

agnitiō, *ōnis f* (*āgn-*?; *agnōscō*) Anerkennung; Erkenntnis; genaues Kennenlernen.

agnōmen, *inis n* (*āgn-*?; *nōmen*; *agnōscō*) Beiname (*der den tria nomina* [*praenomen, nomen gentile, cognomen*] *auf Grund persönlicher Eigenschaften* [*Pius*] *od. Verdienste* [*Africanus*] *hinzugefügt wurde u. sich weitgehend vererbte*; *cf. cognōmen*).

agnōscō, *agnōvī, agnitum* 3 (*āgn-*?; *ad, nōscō*) **1.** erkennen [*auribus notos cantus*]; wahrnehmen;

2. wiedererkennen; sich besinnen *auf* [*virum*]; **3.** anerkennen [*filium*]; zugeben [*gloriam facti*].

agnus, *ī m* (*āgn-*?; < **agvnos*) Lamm.

agō, *ēgī, āctum* 3 (= *gr.* ągō) treiben: **I.** in Bewegung setzen: **1. a**) vorwärtstreiben, fahren, führen, lenken [*asellum*]; **b**) vorschieben, näher rücken [*vineas ad oppidum*]; einrammen [*sublicas*]; °**c**) *se -ere u. mediopass.* sich in Bewegung setzen, aufbrechen, marschieren [*agmen agitur*]; **2. a**) vertreiben, wegtreiben, fortführen, rauben; °*ferre atque agere* rauben und plündern; **b**) (*Ho.*) vorführen [*Parthos triumpho*]; **c**) *in crucem* zur Kreuzigung abführen lassen; **d**) *animam* in den letzten Zügen liegen; **e**) hetzen, jagen; °**3.** / **a**) beunruhigen, heimsuchen; **b**) hinreißen, treiben *zu* [*ad scelus*]; **II.** (*m. proleptischem Objekt*) hervortreiben: **1.** hervorbringen [°*vitis gemmas*]; schlagen [*radices*]; ausstoßen [*gemitum*]; **2.** machen, anlegen [*molem*]; ziehen [*parietem*]; °/ bahnen [*viam*]; **III.** / betreiben; **1.** (*trans.*) **a**) tun, treiben; *alqd agere* tätig sein; *nihil* untätig sein, nichts erreichen; *quid agis?* wie geht es dir?; **b**) verrichten, ausführen, zustande bringen; *censuram* verwalten; *honorem* ein Ehrenamt bekleiden; **c**) (*Feste*) feiern, veranstalten [*triumphum de Gallis*]; **d**) (*v. Schauspielern*) ein Stück aufführen [*fabulam*], eine Rolle spielen [*consulem*]; **e**) (*v. Redner*) vortragen, deklamieren; **f**) *id agere, ut* (*ne*) darauf ausgehen, sich bemühen, daß (nicht); **g**) zeigen, an den Tag legen [*paenitentiam*]; °*pacem* Frieden halten; *gratias* (*grates*) sich bedanken *bei*, Dank sagen [*tibi*]; (*nkl.*) *se agere* sich benehmen [*ferociter; pro victore*]; **h**) (*eine Zeit*) verleben, zubringen [*diem*]; *otia* in Ruhe leben; *octogesimum annum ago* ich stehe im 80. Lebensjahr; (*abs.*; *nkl.*) leben [*homines, qui tum agebant*]; sich aufhalten [*prope mare*]; wohnen, Kriegsdienste tun; **2.** (*intr.*) **a**) tätig sein, handeln [*iuste, ferociter*]; **b**) verfahren, umgehen [*male cum alqo*]; *bene mecum agitur* es geht mir gut; **IV.** verhandeln: **1.** besprechen, reden, verhandeln [*cum plebe de reditu*]; *agitur de* es handelt sich *um*, es steht auf dem Spiele; *actum est de me* mit mir ist's aus; **2.** (*jur. t.t.*) **a**) klagen, den Rechtsweg beschreiten *wegen* [*furti*]; **b**) (*v. Verteidiger*) *causam* einen Prozeß führen, verteidigen; **V. age, agedum,** °**agite** (**dum**) wohlan! auf! vorwärts!; ferner; schön! gut! meinetwegen! laß das! leider!; *cf. agēns; ācta;* ** *legatum agere latere Pontificis* vom Papst als Gesandter kommen.

agōn, *ōnis m* (*acc. sg. -ōna, acc. pl. -ōnas; gr. Fw.*) Wettkampf, Kampfspiel; *nunc demum* ~ *est* jetzt endlich gilt's; ** ~ *exitus* Todeskampf; *agones* Glaubenskämpfe.

Agōnālia, *ium u. ōrum n* (*altl. agō* „der das Opfertier tötende Priester"; *zu agō 3*) *die* Agonalien (*Opferfest zu Ehren des Ianus u. anderer Götter*); *adi. -ālis,* e.

agōnia, *ōrum n* (*altl. agō* [*s. Agōnālia*]) **1.** Opfertiere, -vieh; **2.** = *Agōnālia.*

agorānomus, *ī m* (*gr. Fw.*) Marktaufseher, -richter (*in Griechenland*).

Agragās, Agragantīnus = *Agrigentum, -entīnus.*

agrārius 3 (*ager*) die Staatsländereien betreffend; *lex* **-a** Ackergesetz, *res -a* Ackerverteilung; (*triumvir*) zur Verteilung von Staatsländereien; *subst.* **-ia,** *ae f* = *lēx agrāria;* **-iī,** *ōrum m* Freunde der Ackerverteilung.

agrestis, e (*m. comp.; ager; gen. pl. -um*) **1.** auf dem Felde befindlich [*mus* Feldmaus]; wildwachsend; ländlich; **2.** / bäurisch, ungebildet, plump, derb [*dominus*]; *subst.* ~, *is m* Bauer; / ungebildeter Mensch.

agricola[1], *ae m* (*ager; colō*) Landmann.

Agricola[2], *ae m*: *Cn. Iūlius* ~, *Schwiegervater des Tacitus* (*40-93*).

agricultiō, -cultor, -cultūra *s. cultiō, cultor, cultūra.*

Agrigentum, *ī n* (< *gr.* Akrąganta, *acc. v.* Akrągās) *Stadt Siziliens* (*jetzt* Girgenti); *adi. u. Einw.* *-tīnus* (3).

agripeta, *ae m* (*ager; petō*) Kolonist, Ansiedler.

Agrippa, *ae m röm. cogn.*: **1.** *Menēnius* ~, *versöhnt 494 die Plebs durch seine Fabel v. Magen;*

2. *M.* Vipsānius ~, *63-12, Freund des Augustus, Sieger v. Actium 31, Gemahl der Julia*; **3.** ~ Postumus, *nachgeborener Sohn v. 2.*; **4.** Hērōdēs ~ I. *u.* II., *Könige v. Judäa.*

Agrippīna, ae *f* **1.** *Töchter des Vipsanius Agrippa, die ältere Gemahlin des Tiberius, die jüngere des Germanicus*; **2.** *Tochter des Germanicus, Mutter des Nero; ihr Geburtsort* **Colōnia Agrippīnēnsis,** *50 n. Chr. kolonisiert, j.* Köln; *Einw.* -īnēnsēs, ium *m.*

Agyieus, *voc.* eu (*gr.* -eus) *Beiname Apollos als des Beschützers der Straßen.*

āh *int.* (*cf. gr.* ā) ach! ah!

aha *int.* (*cf.* āh) oho!

Ahāla, ae *m*: C. Servīlius ~ *tötete als* magister equitum *439 den plebejischen Ritter Sp. Maelius.*

ahēneus, ahēnus *s.* aēn...

ai *int.* (*cf. gr.* ai) ach!

Aiāx, ācis *m* (*gr.* Aiās) **1.** *Sohn des Oileus v. Lokris*; **2.** *Sohn des Telamon v. Salamis.*

ain' = aisne; *s.* āiō.

āiō (*gespr.* aijō; *def.*: ais, ait, aiunt; aiat; aiebam *u.* °aibam *usw.*; < *agjō; *cf.* prōdigium) **1.** ja sagen; *part.* āiēns, entis bejahend; **2.** sagen, versichern; *oft in die Rede eingeschoben*: ut ait Homerus; ut aiunt wie man sagt; **3.** ain' (= aisne) meinst du? wirklich?; quid ais was meinst du? hör mal!

Āius Locūtius *u.* **Āius Loquēns** *m* (āiō; loquor) „der ansagende Sprecher", *die göttliche Stimme, die 390 die Römer vor der Ankunft der Gallier warnte.*

āla, ae *f* (*cf. nhd.* „Achsel") °**1.** Achsel(grube), -haare; **2.** Flügel des Vogels; **3.** (*mil. t.t.*) Flügel des Heeres; Hilfstruppen; °Reiterei; °**4.** Schildrand.

alabaster, strī *m* (*gr. Fw.*) Salbenfläschchen *aus Alabaster od. Onyx.*

alacer, cris, cre *u.* (*selten*) °**alacris,** cre (*m.* °*comp.*, °*adv.*; *wohl zu ahd.* ellen „Eifer") aufgeregt, gespannt; lebhaft, feurig; freudig, munter [vultus].

alacritās, ātis *f* (alacer) Eifer, Lust; Fröhlichkeit, Munterkeit.

alapa, ae *f* (*vl. etr. Fw.*) **1.** Ohrfeige; **2.** *symb.* Backenstreich *bei der Freilassung eines Sklaven.*

ālārius 3 *u.* °**ālāris,** e (āla) Flügel... [equites]; *subst.* **ālāriī,** ōrum *u.* **-ēs,** ium *m* Hilfstruppen der Bundesgenossen.

ālātus 3 (āla) geflügelt.

alauda, ae *f* (*gall. Lw.*) Haubenlerche; *pl. Name einer gall. Legion Cäsars m. schopfähnlichen Helmbüschen.*

Alāzōn, onis *m* „der Prahlhans"; *Titel der gr. Komödie, die Plautus in seinem* „Miles gloriosus" *nachgestaltete.*

Alba[1], ae *f* **1.** Alba Longa, *urspr.* Longa Alba *St. sö. v. Rom*; *adi. u. Einw.* Albānus (3); römisch [°secures]; **Albānum,** ī *n* **a)** (*sc.* praedium) *vornehmer Villenort am Albaner Berg, j.* Albano; **b)** (*sc.* vīnum) Albaner Wein; **2.** Alba (Fūcentia) *St. am Fucinersee in Samnium, röm. Staatsgefängnis*; *adi.* Albēnsis, e.

****alba**[2], ae *f das* weiße Chorhemd der Geistlichen; Helle, Morgenröte.

albātus 3 (albus) weißgekleidet, im Festkleide; ** *subst.* ~, *i m* Engel.

albeō, — — 2 (albus) weiß sein; caelo albente im Morgengrauen; (*part. praes.*) °*adi.* **albēns,** entis weiß; equus Schimmel.

albēscō, — — 3 (*incoh. v.* albeō) weiß, hell werden, schimmern [mare]; °lux albescit *der* Tag graut.

albicapillus 3 (albus; capillus) weißhaarig.

albicō 1 (*cf.* albus) weißlich sein, [schimmern.]

albidus 3 (*m. comp.*, *sup.*; albeō) weißlich.

Albinovānus, ī *m* **1.** *C.* ~ Pedō, *epischer Dichter, Freund Ovids*; **2.** Celsus ~, *Privatsekretär des Tiberius.*

Albintimilium *s.* Intemeliī.

Albis, is *m* Elbe.

albitūdō, inis *f* (albus) *das* Weiß; capitis graues Haar.

Albius 3 *röm. Gentilname*; **Albiānus** 3 des ~; *cf.* Tibullus.

Albrūna, ae *f germ. Seherin.*

Albula, ae *m u. f* **1.** *alter Name des Tiber*; **2.** *sg. od. pl.* (aquae) *schwefelhaltiger Bach w. v. Tibur, j.* Solfatara di Tivoli.

albulus 3 (*dem. v.* albus) weißlich.

Albunea, ae *f weissagende Nymphe einer schwefelhaltigen Quelle bei Tibur*; *Name der Quelle selbst.*

albus 3 (*cf. gr.* alphos „weißer Ausschlag") **1.** (*glanzlos*) weiß, weißgrau; °*pōpulus -a* Silberpappel; *plumbum -um* Zinn; °**2. a**) weißgekleidet; **b**) blaß; **c**) hell, licht [*stella*]; **d**) glückbringend, günstig [*genius*]; **3.** *subst.* **album,** *ī n* weiße Farbe; weiße Tafel *zu öffentl. Bekanntmachungen*; (*nkl.*) Liste, Verzeichnis.
Alcaeus, *ī m* (*gr.* Alkaios) *lesbischer Lyriker um 600*; *adi.* -*cāicus* 3.
Alcamenēs, *is m* (*gr.* -kamenēs) *athenischer Bildhauer, Schüler des Phidias.*
alcēdō, *inis f* (*gr. Lw.*) Eisvogel; **alcēdōnia,** *ōrum n* (*sc. tempora*) Eisvogelbrutzeit, stille Winterzeit.
alcēs, *is f* (*germ. Lw.*) Elentier, Elch.
Alcibiadēs, *is m* (*gr.* Alkibiadēs) *athenischer Staatsmann, † 404.*
Alcīdēs, *ae m der* Alkide (*Nachkomme des Alceus* = Herkules).
Alcinous, *ī m* (*gr.* Alkinoos) *König der Phäaken*; °/ *-i silvae* fruchtbare Obstbäume; *poma dare -o* Holz in den Wald tragen; *-i iuventus* Phäaken; verwöhnte Schwächlinge.
Alcmēna, *ae*, **-ē,** *ēs u.* **Alcumēna,** *ae f* (*gr.* Alkmēnē) *Gemahlin des Amphitryo, durch Jupiter Mutter des Herkules.*
alcyōn, *onis f* (*acc. pl. -as*; *gr. Fw.*) [Eisvogel.]
Alcyonē, *ēs f* (*gr.* Alkyonē) **1.** *Tochter des Äolus*; **2.** *eine Plejade, Tochter des Atlas.*
alcyonēus 3 *u.* **-onius** 3 (*gr. Fw.*) zum Eisvogel gehörig; (*medicamen*) *-um* Meerschaum (*Mittel gegen Flecken im Gesicht*).
ālea, *ae f* (*wohl gr. Lw.*) Würfel [*-ā ludere*]; Würfel-, Glücksspiel [*in -ā perdere*]; / Wagnis, Gefahr.
āleārius 3 (*ālea*) das Würfelspiel betreffend.
āleātor, *ōris m* (*ālea*) Würfel-, [Hasardspieler.]
āleātōrius 3 (*āleātor*) zum Spiel gehörig, Spiel... [*damna*].
ālēc = *allēc.*
Al(l)ēctō, *acc. -ō f* (*gr.* -ēktō) *eine* [*der drei Furien.*]
Alēī campī „*Irrgefilde*" *in Kilikien, wo nach der Sage Bellerophon vom Pegasus stürzte.*
āleō, *ōnis m* (*ālea*) leidenschaftlicher [Spieler.]
āles, *itis* (*gen. pl. auch -ituum*; *āla*) **1.** *adi.* geflügelt; *deus* = Merkur; *puer* = Amor; / rasch, flüchtig [*passus*]; **2.** *subst. m f* **a**) Vogel; *albus* Schwan; *lovis* = Adler; *Palladis* = Eule; / *Maeonii carminis* epischer Sänger, Dichter; **b**) Weissagevogel; / Wahrzeichen, Vorbedeutung [*secunda, mala*].
alēscō, — — 3 (*cf. alō*) heranwachsen, gedeihen.
Alesia, *ae f St. der Mandubier, v. Cäsar niedergebrannt.*
Ālēus = *Ēlēus*; *s. Ēlis.*
Alexander, *drī m* (*gr.* Alexandros) **1.** = Paris, *Sohn des Priamus*; **2.** *berüchtigter Tyrann v. Pherae* (*370 bis 357*); **3.** *König der Molosser, Oheim Alexanders d. Gr.*; **4.** *Magnus*, *König v. Makedonien* (*336–323*).
Alexandrīa *u.* **-ēa,** *ae f* (*gr.* Alexandreia) *Name vieler v. Alexander d. Gr. gegründeten Städte*; *am bekanntesten* **1.** ~ *Trōas an der troischen Küste*; **2.** *St. in Ägypten, j.* Alexandrien; *adi.* -*drīnus* 3; *bellum -um* Cäsars Krieg in Ägypten; *Einw.* **-drīnī,** *ōrum m.*
Alfēnus, *ī m*: *P.* ~ *Vārus, angesehener Jurist unter Augustus.*
alga, *ae f* (*cf. ulva*) Seegras, Tang; [/ Seeküste.]
algeō, *alsī*, — 2 (*cf. algor*) frieren, unter der Kälte leiden.
algēscō, *alsī*, — 3 (*incoh. v. algeō*) sich erkälten.
algidus 3 (*algeō*) (eis)kalt.
algor, *ōris u.* **-us,** *ūs m* (*algeō*) Kältegefühl; Frost, Kälte.
Ālia, *ae f s. Allia.*
aliā (*sc. viā*) *adv.* auf anderem Wege.
aliās *adv.* (*acc. pl. f v. alius*) **1.** zu anderer Zeit, ein andermal, sonst; ~ ... ~ bald ... bald; *alias aliter* bald so, bald so; *alias aliud* bald dies, bald jenes; °**2.** bei anderen Gelegenheiten, sonst; °**3.** *non* ~ *quam, non* ~ *nisi* nicht anders als, aus keinem anderen Grunde als.
āliātus, *ī m* (*ālium*) Knoblauchesser; armer Schlucker.
alibī *adv.* (*-ī?* < *aliubī*) **1. a**) anderswo, anderwärts; ~ ... ~ hier ... dort; *alius* ~ der eine hier, der andere dort; °**b**) bei einem anderen (Schriftsteller); °**2.** in anderer Beziehung, sonst.
alica, *ae f* (*gr. Lw.*) Graupen, [Grütze.]
alicārius 3 (*alica*) Graupen... [*reliquiae -ae* = Abfälle]; *subst.* **-āria,** *ae f* gemeine Dirne.
alicubī *adv.* (*-ī?*; *d.i. ali-cubī*; *alius*; *cf. ubī*) irgendwo.

alicula, ae *f* (*gr. Lw., volkset. m. alica verknüpft*) Zipfelmantel (*Kindertracht; Jagdkleid*).
alicunde *adv.* (*d.i. ali-cunde; alius; cf. unde*) irgendwoher.
alid *s. alis.*
Ālidēnsis = *Ēleus.*
aliēnātiō, ōnis *f* (*aliēnō*) **1.** Ent-, Veräußerung; **2.** / **a**) Entfremdung, Abfall, Abneigung; °**b**) Bewußtlosigkeit, Wahnsinn [*mentis*].
aliēni-gena, ae *m* (*gignō*) ausländisch; Ausländer.
aliēni-genus 3 (*aliēnigena*) fremdartig; ausländisch.
aliēnō 1 (*aliēnus*) °**1. a**) weggeben, in fremde Hände geben; P. in fremde Gewalt geraten; **b**) verstoßen; **2.** (*jur. t.t.*) veräußern, abtreten; **3.** *mentem* wahnsinnig machen; **4.** entfremden, abtrünnig machen [*a senatu*]; P. abfallen *von*, feind werden; (*P.P.P.*) °*adi.* **aliēnātus** 3 außer sich, wahnsinnig.
aliēnus 3 (*m. comp., sup.; alius*) **1.** einem andern gehörig, fremd; *aes alienum* Schulden; **2. a**) fernstehend, nicht verwandt; **b**) ausländisch; **3.** abgeneigt, feindselig, gleichgültig *gegen* [*a commodis vestris*]; **4.** ungünstig, nachteilig [*locus*]; **5.** unangemessen, unpassend, unvereinbar *mit* [*aetate nostra*]; *subst.* **~,** ī *m* Fremder, Ausländer; **-um,** ī *n* fremdes Gut, fremder Grund u. Boden; fremde Angelegenheit(en); **-a,** ōrum *n* Fremdartiges, Zutaten; Unsinn.
āli-ger, gera, gerum (*āla; gerō*) geflügelt [*agmen -um* Zug der Vögel].
Āliī *s. Ēlis.*
alimentārius 3 (*alimentum*) zum Unterhalt gehörig, unterhaltsberechtigt.
alimentum, ī *n* (*alō*) **1.** Nahrungsmittel; *pl.* Nahrung, Proviant; **2.** (*jur. t.t.*) Alimente, Ammen-, Erzieherlohn, Kostgeld.
alimōnium, ī *n* (°*alimō* „Pflegling") Ernährung, Unterhalt.
aliō *adv.* (*alius*) anderswohin; zu einem anderen Zweck.
aliō-quī(n) *adv.* (*urspr. abl. v. aliud quid*) **1.** in anderer Hinsicht, im übrigen; **2.** überhaupt, ohnehin, schon; **3.** andernfalls, sonst.
aliōrsum *u.* **aliō-vorsum** (*vertō*) anderswohin; in anderem Sinne.
āli-pēs, edis (*āla; pēs*) mit geflügelten Füßen [*deus* = Merkur]; schnellfüßig [*equi*]; *subst. m* Rennpferd.
ālipilus, ī *m* (*āla; pilō*) Sklave, der die Achselhaare zu entfernen hatte.
alīptēs, ae *m* (*gr. Fw.*) „Einsalber", Masseur.
aliquā *adv.* (*sc. viā*) auf irgendeinem Wege; °irgendwie.
aliquam-diū *adv.* ziemlich lange.
aliquam multī (*auch zus.*) 3 ziemlich viele.
aliquandō (*u.* **-ŏ**?) *adv.* irgend einmal, einst; endlich einmal; zuweilen, manchmal.
aliquantillum, ī *n* (*dem. v. aliquantum*) ein bißchen.
aliquantīsper *adv.* (*-ĭsp-?; aliquantum; -per*) eine Weile.
aliquantulus 3 (*dem. v. aliquantus*) ziemlich klein, wenig; *subst.* **-um,** ī *n* ein wenig.
aliquantus (*cf. alis; quantus*) °**1.** *adi.* 3 ziemlich viel, groß, bedeutend; **2.** *subst.* **-um,** ī *n ein* Bedeutendes, *eine* reichliche Menge, Strecke; **3.** *adv.* **-um** (*acc.*) ziemlich, erheblich; **-ō** (*abl. mens.*) bedeutend [*-o ante* ziemlich lange vorher].
aliquā-tenus *adv.* einigermaßen.
aliquī[1], *quae* (*qua*), *quod pron. indef.* (*meist adi.*) (*alis; quī*) irgendein.
aliquī[2] *adv.* irgendwie.
aliquis, *quid* (*f auch -qua*) *pron. indef. subst.* (*m u. f auch adi.*) (*alis; quis*) **1.** irgend jemand, ein beliebiger, irgendein(er); etwas; *pl. aliqui* einige, manche; *is aliquis* dieser Jemand; *si aliquis* wenn wirklich jemand; **2.** (*b. Zahlen*) ungefähr [*tres aliqui aut quattuor*]; **3.** bedeutend [*sine aliquo vulnere* ohne wesentlichen Verlust]; etwas Wichtiges [*dicis aliquid*]; *adv. aliquid* einigermaßen.
aliquō *adv.* (*aliquis*) irgendwohin.
aliquot (*alis, quot*) *indecl.* (*meist adi.*) einige, ein paar.
aliquotiē(n)s *adv.* mehrmals.
aliquō-vorsum *adv.* irgendwohin.
Ālis[1], *idis f* = *Ēlis.*
alis[2], **alid** (*altl.*) = *alius, aliud.*
Alisō, ōnis *m* (*-ī-?; röm. Kastell in Germanien.*
aliter *adv.* (*wohl erstarrter nom. sg.* < **ali-teros, comp. zu alius; cf. alter*) **1.** anders, auf andere Weise; *non ~, haud ~* ebenso, gerade (*ac si, quam*

si wie wenn); **2.** entgegengesetzt, umgekehrt, dagegen; **3.** andernfalls, sonst.
ali-ubī (-*ī*?; *alis*) = *alibī*.
ālium, *jünger* **allium,** *ī n* (*et. ungedeutet*) Knoblauch.
ali-unde *adv.* (*alis*) anderswoher; auf einer anderen Seite [*stare*].
alius, *a, ud* (*gen. alterīus, dat. aliī u. alterī*; °*selten*: *gen. sg. f -iae, dat. sg. m -iō, f -iae*; < **aljos*; *cf. nhd.* Elend < *ahd.* eli-lenti = „fremdes Land") **1.** ein anderer; *pl. alii* andere; *alius ... alius* der eine ... der andere, *alii ... alii* die einen ... die anderen; *alius aliud* der eine dieses, der andere jenes; *alius alio more vivit* jeder lebt auf seine Weise; *alius atque alius* bald dieser, bald jener; *alius ac, atque, et* (*im positiven Satz*), *quam, nisi, praeter* (*im negativen Satz*) ein anderer als; *nihil aliud nisi* nur, lediglich; **2.** andersartig, verschieden [*totam orationem aliam facere* umarbeiten]; *alias res agere* Nebendinge (Allotria) treiben; °**3.** ein zweiter (= *alter*); **4.** sonstiger; *adv.* **alia** (*acc. pl. n*) im übrigen, sonst.
al-lābor, *lāpsus sum* 3 herangleiten, -schlüpfen, -fluten [*angues*].
al-labōrō 1 mühsam erstreben; (unter Mühen) hinzufügen.
al-lacrimāns, *antis* (*ad, lacrimō*) dabei weinend.
allāpsus, *ūs m* (*allābor*) *das* Herangleiten.
al-lātrō 1 ′anbellen; / ankläffen.
al-laudābilis, e lobenswert.
al-laudō 1 loben.
allēc, *ēcis n* (*gr. Lw. m. volkset. Anlehnung an allectō u. lac*) Fischtunke.
allectātiō, *ōnis f* (*allectō*) *das* Anlocken.
allēctiō, *ōnis f* (*allegō*²) Zuwahl; *das* Gewinnen [*amici*].
allectō¹ 1 (*intens. v. alliciō*) anlocken.
Allēctō² *s. Alēctō.*
allēctus¹, *ī m* (*allegō*²) **1.** *der* (*durch kaiserliche Gnade*) in einen höheren Rang Erhobene; **2.** *pl. die in der Kaiserzeit durch Begünstigung* in den Senat aufgenommenen Ritter.
allectus² *s. alliciō.*
allēgātiō, *ōnis f* (*allēgō*¹) Absendung *einer Person in Privatangelegenheiten.*
allēgātus, *abl. ū m* (*allēgō*¹) Sendung, Auftrag.
al-lēgō¹ 1 **1.** (*in Privatangelegenheiten*) absenden, abordnen; **2.** vorbringen, geltend machen.
al-legō², *lēgī, lēctum* 3 **1.** hinzuwählen; durch Wahl aufnehmen; **2.** (*in einen höheren Rang*) erheben.
allēgoria, *ae f* (*gr. Fw.*) Allegorie *als rhet. Figur.*
allevāmentum, *ī n* (*allevō*) Erleichterung.
allevātiō, *ōnis f* (*allevō*) °**1.** *das* Aufheben, -richten; **2.** Erleichterung.
al-levō 1 °**1. a**) emporheben, aufrichten; / **b**) unterstützen; **2. a**) erleichtern, mildern; P. sich erholen; **b**) erheitern.
allex¹, *icis m* (*cf. pollex*) große Zehe; / *viri* (*scherzh.*) Däumling.
allēx², *ēcis m f* = *allēc.*
Allia *u.* **Ālia,** *ae f Nebenfl. des Tiber, j.* Aja; (*Schlacht 390*); *adi.* [-*iēnsis*, e.
alliātus = *āliātus.*
allicefaciō, — *factum* 3 (*alliciō; faciō*) anlocken.
al-liciō, *lēxī, lectum* 3 (*laciō* 3 locke; *cf. lacessō*) anlocken, ködern, für sich gewinnen [*oratione animos ad*].
al-līdō, *sī, sum* 3 (*laedō*) *etw.* anschlagen, schleudern *gegen* [*ad scopulos*]; P. eine Schlappe erleiden.
Allīfae, *ārum f St. in Samnium, j.* Alife; *adi. -fānus* 3; *subst.* **-fāna,** *ōrum n* (Allifaner) irdene Humpen.
al-ligō 1 **1. a**) anbinden [*ad palum*]; **b**) festhalten, fesseln; **c**) verbinden; **2.** / **a**) fesseln, hemmen [*virtutem*]; **b**) ketten [*beneficio*]; verpflichten; *se scelere -are* sich e-s Verbrechens schuldig machen; *abs. alligatus* 3 in ein Verbrechen verwickelt.
al-linō, *lēvī, litum* 3 °**1.** (*einen Strich*) dazusetzen; **2.** / beflecken.
allium, *ī n s. ālium.*
Allobroges, *um m* (*sg. -brox*) *Bergvolk in Gallia Narbonensis.*
allocūtiō, *ōnis f* (*alloquor*) **1.** Anrede; **2.** Zuspruch; **3.** Charakterschilderung.
****allodium,** *i n* Allod, Volleigentum, Freigut.
alloquium, *ī n* (*alloquor*) **1.** Gespräch; Ansprache; **2.** Zuspruch, Trost.
al-loquor, *locūtus sum* 3 anreden; [°/ trösten.
allubēscit, — — 3 (*incoh.*; *cf. lubet*) es gelüstet mich.
al-lūceō, — — 2 danebenleuchten; / *faculam* die günstige Gelegenheit zeigen.
allūdiō 1 (*cf. allūdō*) kosen.
al-lūdō, *lūsī, lūsum* 3 **1. a**) spielen,

kosen, schäkern *mit*; **b**) anspielen *auf* [*ad nomen*]; °**2. a**) sich spielend nähern; heranplätschern [*unda*]; **b**) / nahekommen [*sapientiae*].
al-luō, *luī,* — 3 (*lavō*) bespülen [*fluvius moenia*].
alluviēs, *ēī f* (*alluō*) Überschwemmung.
alluviō, *ōnis f* (*alluō*) Anschwemmung, angeschwemmtes Land.
****almitas,** *atis f Titel für höhere Geistliche.*
Almō, *ōnis m kl. Nebenfl. des Tiber, j.* Aquataccio; *Flußgott.*
almus 3 (*alō*) nährend, nahrungspendend, fruchtbar; / gütig, hold, segnend [*Venus*].
alnus, *ī f* (*cf. nhd.* „Eller") Erle; Kahn *aus Erlenholz.*
alō, *aluī, altum* (*u. alitum*) 3 (*cf. altus, nhd.* „alt") **1. a**) (er)nähren; **b**) aufziehen; **c**) (*Haustiere*) halten; **2.** / **a**) wachsen lassen, hervorbringen; **b**) vergrößern [*spem*]; verschlimmern [*morbum*]; **c**) fördern, pflegen [*honos artes*].
aloē, *ēs f* (*gr. Fw.*) Aloe; / Bitterkeit.
alogia, *ae f* (*gr. Fw.*) Unvernunft; *pl.* tolle Ideen.
Alōïdae, *ārum m Söhne des Neptun u. der Gattin des* Alōeus, *die Giganten* Otus *u.* Ephialtes.
Alpēs, *ium f* Alpen; *adi.* -*pīnus* 3; *subst.* **-picī,** *ōrum m* Alpenbewohner.
alpha *n* (*indekl.*; *gr. Fw.*) *der erste Buchstabe des gr. Alphabets*; / *der* erste.
****alphabetum,** *i n das* Alphabet.
Alphēos *u.* **-ēus,** *ī m* (*gr.* Alpheios) *Fl. in Elis*; *Flußgott*; *adi.* -*ēus* 3; *subst.* **-phēïas,** *adis f Beiname der Nymphe Arethusa.*
****alpis,** *is f* Berg; *pl.* Almen, Viehweiden.
Alsium, *ī n Ort in Etrurien*; *adi.* -*iēnsis,* e; *subst.* -*iēnse, is n Landgut des Pompejus b.* ~.
alsius[1] *comp. n* (*cf. algeō*) kühler, erfrischender.
alsius[2] 3 (*cf. algeō*) frostig.
altāria, *ium n* (*adoleō*[1]) °**1.** Aufsatz auf dem Opfertisch; **2.** Brandaltar; Altar; ** *altare, is n* Altar; *maius* Hochaltar.
****altarista,** *ae m* Kaplan.
alter, *era, erum* (*gen. alterīus, im Vers auch* -*ĭus*; *dat. alterī, f auch* -*ae*; *im Vers auch synk.*: *altrum, altrī usw.*; < *aliteros, comp. v.* alis) **1.** der eine, der andere von beiden [*consul,* °*consulum, de censoribus*]; *alter ... alter* der eine ... der andere; *alter alteri inimicus* einander feind; **2.** *der* Nächste, *der* Mitmensch; **3.** entgegengesetzt; *ripa* -*a* jenseitig; *factio* -*a* Gegenpartei; **4.** der zweite; ein zweiter [~ *Marius*]; ~ *ego* mein zweites Ich; ~ *idem* ein zweites Selbst; *unus et alter* ein Paar; *unus aut alter* ein bis zwei; *alterum tantum* doppelt so groß, viel.
altera, *īus f* (*sc. febris*; *alter*) Wechselfieber.
alterās (*sc. partēs*) *adv.* ein andermal.
altercātiō, *ōnis f* (*altercor*) Wortwechsel, Zank, Wortstreit.
altercātor, *ōris m* (*altercor*) Diskussionsredner.
altercor *u.* (*vkl., nkl.*) **-ō** 1 (*cf. alter*) zanken; diskutieren.
alternīs *adv.* (*alternus*) abwechselnd.
alternō 1 (*alternus*) abwechseln *mit* [*cibum*]; bald dies, bald jenes erwägen, schwanken.
alternus 3 (*alter*) **1.** abwechselnd; *sermones* -*i* Dialog; **2.** elegisch, in Distichen [*versus*]; *carmen* -*um* Elegie.
alter-uter, *utra, utrum u. altera utra, alterum utrum* (*gen. alterutrīus u. alterīus utrīus usw.*) einer von beiden.
alti-cinctus 3 (-*īnct*-?; *altus*; *cingō*) hochgeschürzt.
altilis, e (*altus,* P.P.P. *v. alō*) gemästet; *subst.* **-ēs,** *ium f u.* **-ia,** *ium n* Mastgeflügel.
alti-sonus 3 (*altus*; *sonō*) donnernd; / erhaben.
alti-tonāns, *antis* (*altus*; *tonō*) aus der Höhe donnernd.
altitūdō, *inis f* (*altus*) Höhe, Tiefe, Dicke; / Erhabenheit, Größe; Verschlossenheit.
altiusculus 3 (*dem. v. comp. altius*) etwas zu hoch.
alti-volāns, *antis* (*altus*; *volō*[1]) hochfliegend.
altor, *ōris m* (*alō*) Ernährer, Erhalter.
altrim secus *u.* °**altrīnsecus** *adv.* (*alter*) auf der anderen Seite.
altrīx, *īcis f* (*altor*) Ernährerin, Amme; *adi.* heimatlich.
altrō-vorsum *adv.* (*altrō* „anderswohin"; *vorsum* = *versum*) nach der anderen Seite.
altus 3 (*m. comp., sup., adv.*; *urspr.* P.P.P. *v. alō*) **1.** (*v. unten gemessen*) **a**) hoch(ragend); **b**) / hoch, erhaben [*Iuppiter*]; **2.** (*v. oben gemessen*)

a) tief [*flumen*]; tief eindringend [*radix*]; / **b**) tief [*silentium*]; **c**) gründlich [*studia*]; **d**) versteckt, geheim; **3.** (*in die Weite gemessen*) **a**) breit, weit [*vallis*]; **b**) / weit zurückliegend [*oratio -e repetita*]; uralt [*gens*]; *subst.* **-um,** *ī n* **1. a**) Höhe, Himmel; **b**) *die* hohe See; **2. a**) Tiefe; *-a* °*pelagi* Meerestiefen; °**b**) / Tiefe, Grund [*animi*]; **3.** *die* Weite, *die* Ferne [*ex -o causas petis*]; ** hell; teuer; *sup. subst. altissimus, i m* Gott.

alūcinātiō, *ōnis f* (*alūcinor*) gedankenloses Reden.

alūcinor (*gr. Lw.*) 1 ins Blaue hinein reden, faseln.

alūminōsus 3 (°*alūmen* „Alaun") alaunhaltig.

alumna, *ae f* (*alumnus*) Pflegetochter.

alumnus (*urspr. part. praes. P. v. alō*) °**1.** *adi.* 3 aufgezogen; **2.** *subst.* Pflegesohn, Zögling; Sprößling; Jünger [*Platonis*]; ** Dienstmann; junger Christ.

alūta, *ae f* (*cf. alūmen* „Alaun") **1.** mit Alaun gegerbtes u. gefärbtes Leder; °**2.** / **a**) Schuh(riemen); **b**) lederner Beutel; **c**) Schönheitspflästerchen; **d**) = *mentula*.

alv(e)ārium, *ī n u.* **alveāre,** *is n* (*alvus bzw. alveus*) Bienenkorb, -stock.

alveolus, *ī m* (*dem. v. alveus*) °**1.** Mulde; Trog; °**2.** Flußbett; **3. a**) Spielbrett; **b**) Würfelspiel; °**4.** Schanzkorb.

alveus, *ī m* (*alvus*) bauchige Vertiefung: **1. a**) Mulde, Wanne, Badewanne; Bassin; °**b**) Wasserbecken; °**2. a**) Flußbett; **b**) Schiff(sbauch), Kahn; **c**) Bienenstock; **d**) Würfelbrett, -spiel.

alvus, *ī f u. m* (*gr. Fw.*?) Höhlung, Wölbung: **1. a**) Bauch; **b**) Mutterleib; **c**) Magen; °**2.** Schiffsbauch; °**3.** Bienenstock.

am- *s. ambi-.*

amābilis, e (*m. comp., sup.,* °*adv.*; *amō*) liebenswürdig, liebevoll.

amābilitās, *ātis f* (*amābilis*) Liebenswürdigkeit.

Amalthēa, *ae f* (*gr.* Amaltheia) **1.** *Nymphe od. Ziege auf Kreta, die den Zeus aufzog*; **2.** *Sibylle*; **-thēum** *od.* **-thīum,** *ī n* Heiligtum d. Nymphe A. (*auf den Landgütern des Attikus u. des Cicero*).

āmandātiō, *ōnis f* (*āmandō*) Verweisung, Verbannung [*rusticana* aufs Dorf].

ā-mandō 1 wegschicken; verweisen, verbannen.

amandus 3 (*amō*) liebenswürdig, lieblich.

amāns, *antis* (*m. comp., sup., adv.*; *amō*) liebend, liebevoll; *subst. m* Liebhaber.

āmanuēnsis, *is m* (*ā manū*) Sekretär.

amāracinum, *ī n* (*gr. Fw.*) Majoransalbe.

amāracum, *ī n u.* **-us,** *ī m f* (*gr. Fw.*) Majoran.

amarantus, *ī m* (*gr. Fw.*) Tausendschön.

amāritiēs, *ēī f,* **amāritūdō,** *inis f u.* **amāror,** *ōris m* (*amārus*) Bitterkeit, bitterer Geschmack.

amārus 3 (*m. comp.,* °*sup.,* °*adv.*; *cf. nhd.* „Ampfer") **1. a**) bitter, herb; °**b**) beißend, scharf; **2.** / °**a**) herb, widerlich, unangenehm [*vita*]; **b**) verbittert, empfindlich, reizbar [*senex*]; °**c**) beißend, verletzend, kränkend [*sermo*]; *subst.* **-a,** *ōrum n* Bitterkeit.

Amasēnus, *ī m Fl. in Latium, j.* Amaseno.

amāsius, *ī m* (*amō*) Liebhaber.

Amathūs, *ūntis f* (*gr.* -thus) *St. auf Zypern m. Venustempel*; *adi.* -*thūsi(ac)us* 3; *subst.* **-thūsia,** *ae f* Venus.

amātiō, *ōnis f* (*amō*) Liebschaft, Liebelei.

amātor, *ōris m* (*amō*) Liebhaber; Freund; °**amātrīx,** *īcis f* Liebchen; *adi.* buhlerisch.

amātorculus, *ī m* (*dem. v. amātor*) kümmerlicher Liebhaber.

amātōrius 3 (*m. adv.*; *amātor*) verliebt, galant, Liebes...; °*subst.* **-um,** *ī n* Liebestrank.

Amāzōn, *onis f* (*gr.* -zōn), *meist pl.* **-ones** *u.* **-onides,** *um sagenh. kriegerisches Frauenvolk,* Amazonen; *adi.* -*oni(c)us* 3.

amb- *s. ambi-*

ambactus, *ī m* (*gall. Lw.*) Dienstmann, Vasall.

amb-āgēs, *um f* (*sg. nur abl.* -*āge*; *amb-, agō*) **1.** Umweg, Irrweg; **2.** / **a**) Umschweife; **b**) Ausflüchte; **c**) Zweideutigkeit, rätselhafte Andeutungen [*tacitae*].

Ambarrī, *ōrum m gall. Volk an der Saône, m. den Äduern verwandt.*

amb-edō, *ēdī, ēsum* 3 annagen, auffressen, verzehren.

amb-ēstrīx, *īcis f* (-ĕ-?; *edō*) Fresserin.

ambi-, amb-, am-, an- (*cf. ambō,*

nhd. „um“) zu beiden Seiten, ringsum, um. [*volk.*]
Ambiānī, *ōrum m belgisches Küsten-*
Ambibariī, *ōrum m gall. Volk i. d. Normandie.*
amb-igō, — — 3 (*agō*) **1.** (*trans.*) bezweifeln, bestreiten; P. zweifelhaft, strittig sein; **2.** (*intr.*) °**a**) schwanken, unschlüssig sein; **b**) (*namentl. vor Gericht*) rechten, streiten *über* [*de hereditate*]; *ii, qui ambigunt die* streitenden Parteien.
ambiguitās, *ātis f* (*ambiguus*) Zweideutigkeit, Doppelsinn.
ambiguus 3 (*m. adv.*; *ambigō*) **1.** nach zwei Seiten neigend, Zwitter... [*Proteus*]; / °**2.** schwankend, unentschlossen [*imperandi*]; °**3.** zweifelhaft, unsicher; *-e pugnare* unentschieden kämpfen; °**4.** unzuverlässig; mißlich [*res*]; strittig [*possessio*]; **5.** zweideutig, doppelsinnig; *subst.* **-um,** *ī n* °**1.** ungewisse Lage; **2.** Zweideutigkeit. [*Loire.*]
Ambiliātī, *ōrum m gall. Volk a. d.*
ambiō, *īvī u. iī, ītum* 4 (*impf. nkl., dcht. auch -ībat*; *amb-, eō*) **1.** herumgehen *um*, umgeben [*Ta.*: *silvas palus profunda*]; **2. a**) bittend herumgehen *bei*, um Stimmen werben *bei* [*cives*]; °**b**) angehen; (betend) nahen [(*ad*) *deum precationibus*]. [*nen.*]
Ambiorīx, *īgis m Fürst der Eburo-*
ambitiō, *ōnis f* (*ambiō*) *das* Herumgehen: **1.** Bewerbung *beim Volk um ein Amt*; °**2.** Aufzug, Gepränge [*funerum*]; **3. a**) Liebedienerei, Haschen nach Volksgunst; **b**) Parteilichkeit [*iudicum*]; **4.** Ehrgeiz, Ehrsucht; °**5.** Streben *nach* [*gloriae*].
ambitiōsus 3 (*m.* °*comp.*, °*sup.*, *adv.*; *ambitiō*) °**1.** herumgehend *um*, fest umschlingend; üppig rankend; **2.** / **a**) sich eifrig um die Volksgunst bewerbend; **b**) nach Ämtern trachtend; **c**) parteiisch; **d**) ehrgeizig, anspruchsvoll, eitel.
ambitus, *ūs m* (*ambiō*) *das* Herumgehen: **1. a**) Umlauf, Kreislauf [*lunae*]; **b**) Windung [*aquae*]; Rand [*rotundus*]; °**c**) Umfang [*muri*]; **d**) (*rhet. t.t.*) Satz, Periode; °**e**) Umschweif [*multos ambitus facere*]; **2.** Amtserschleichung [*lex de -u*]; Bewerbung *bei Wahlen*; °**3.** *das* Buhlen um Gunst, Werben; °**4.** Parteilichkeit [*iudicum*].

Ambivaretī, *ōrum m gall. Volk a. d. Loire.*
ambō[1], *ae, ō* (*gen. -ōrum, -ārum*; *dat., abl. -ōbus, -ābus*; *acc. -ō(s), -ās, -ō*; *cf. ambi-*) beide (zusammen) [*hic qui utrumque probat, ambobus debuit uti*].
****ambo**[2], *onis m* Kanzel, Lesepult.
Ambracia, *ae f* (*gr. -kịā*) *St. in Epirus, j.* Arta; *adi. -acius* 3 *u. -aciēnsis, e*; *Einw. -aciōtēs, ae u. -ēnsis, is m.*
ambrosius (*gr. Fw.*) °**1.** *adi.* 3 unsterblich, göttlich; aus Ambrosia bestehend; nach A. duftend; **2.** *subst.* **ambrosia,** *ae f* Ambrosia, Speise der Götter und °Götterrosse; °Göttersalbe.
ambūbāia, *ae f* (*aram. Fw.*) syrische Flötenspielerin u. Tänzerin, Bajadere.
ambulācrum, *ī n* (*ambulō*) Allee.
ambulātiō, *ōnis f* (*ambulō*) °**1.** *das* Aufundabgehen *des Redners*; **2.** Spaziergang; **3.** Wandelhalle.
ambulātiuncula, *ae f* (*dem. v ambulātiō*) **1.** kleiner Spaziergang; **2.** kleine Wandelhalle.
ambulātor, *ōris m* (*ambulō*) Spaziergänger; Hausierer.
ambulātōrius 3 (*ambulātor*) hin und her gehend; beweglich.
ambulō 1 (*wohl amb- + gr. Lw.*) **1.** (*intr.*) °**a**) sich herumtreiben; **b**) spazierengehen; **c**) stolz einherschreiten; **d**) reisen, wandern, marschieren; **2.** (*trans.*) durchwandern, fahren *über* [*maria*].
amb-ūrō, *ussī, ustum* (*-ūssī, -ūstum?*) **1.** ringsum anbrennen, halb verbrennen; **2.** P. / **a**) hart mitgenommen werden; °*prope ambustum evadere* mit einem blauen Auge davonkommen; **b**) (*P.P.P.*) °*adi.* **ambustus** 3 halb erfroren.
ambustulātus 3 (*-ūst-?*; *amb-*; *ustulō*) um und um verbrannt, gebraten. [blume.]
amellus, *ī m* (*wohl gall. Lw.*) Stern-
****amen** *indekl. subst.* Amen; es geschehe; ~ *dicere alicuius rei* zu etwas ja sagen.
āmendō 1 = *āmandō.*
ā-mēns, *entis* (*m. comp., sup.*) von Sinnen, außer sich, unsinnig; sinnlos.
āmentātus 3 (*āmentum*) mit einem Schwungriemen versehen [*hasta*].

āmentia, *ae f* (*āmēns*) Sinnlosigkeit, Wahnsinn.
āmentum, *ī n* (*wohl zu agō*) Wurf-, Schwungriemen; Geschoß.
Ameria, *ae f St. i. Umbrien, j.* Amelia; *adi. u. Einw.* -*īnus* (3).
ames, *itis m* (*cf. amplus*) Stellgabel (*für Vogelnetze*).
amethystinātus 3 (*amethystinus*) amethystfarben gekleidet, mit Amethysten besetzt.
amethystinus 3 (*gr. Fw.*) amethystfarben; mit Amethysten besetzt; *subst.* **-ina,** *ōrum n* amethystfarbene Kleider.
amethystus, *ī f* (*gr. Fw.*) Amethyst (*Halbedelstein*).
amfrāctus, *ūs m* = *ānfrāctus.*
amīca, *ae f* (*amīcus*) °**1.** Freundin; **2.** Geliebte, Liebchen, Dirne.
amiciō, (*kl. nur*) *ictum* 4 (*am*[*b*]-, *iaciō*) **1.** umwerfen, anlegen; *amictus* bekleidet *mit* [*toga*]; **2.** / umhüllen, einwickeln.
amīciter (*altl.*) *adv. zu amīcus.*
amīcitia, *ae* (*Lu.* **-tiēs,** *ēī*) *f* (*amīcus*) Freundschaft; Freundschaftsbündnis; *die* Freunde.
amictōrium, *ī n* (*amiciō*) Busentuch.
amictus, *ūs m* (*amiciō*) **1. a**) *das* Umwerfen *eines Gewandes*; **b**) Faltenwurf des Obergewandes; **2. a**) Obergewand, Mantel; °**b**) / Hülle, Schleier.
amīcula, *ae f* (*dem. v. amīca*) Liebchen.
amiculum, *ī n* (*amiciō*) Mantel.
amīculus, *ī m* (*dem. v. amīcus*) lieber Freund.
amīcus (*amō*) **I.** *adi.* 3 (*m. comp., sup., adv.*) **1.** befreundet, freundschaftlich gesinnt; °**2.** günstig [*ventus*]; **II.** *subst.* ~, *ī m* **a**) Freund; Gefährte, Verbündeter; *amicissimus* bester Freund; °**b**) *pl.* Hofleute, Vertraute, Günstlinge.
ā-migrō 1 fortziehen.
Amīsia, *ae m* Ems; *Ort a. d. Mündung der Ems.*
āmissiō, *ōnis f u.* °**āmissus,** *ūs m* (*āmittō*) Verlust (*auch durch Tod*).
amita, *ae f* (*Weiterbildung eines Lallwortes*; *cf. nhd.* „Amme") Tante (*väterlicherseits*); °Großtante.
Amiternum, *ī n alte Sabinerst., Geburtsort Sallusts, j.* Amatrice; *adi.* -*us u.* -*īnus* 3; *Einw.* -*īnī, ōrum m.*
ā-mittō, *mīsī, missum* 3 **1. a**) fortschicken, loslassen, fahren lassen; **b**) / aufgeben [*spem*]; °*fidem* sein Wort brechen; **2.** (*unabsichtlich*) **a**) sich entgehen lassen [*occasionem*]; **b**) verlieren, einbüßen.
ammentum, -tātus = *āment...*
Ammōn, *ōnis m* = *Hammōn.*
amni-cola, *ae m f* (*amnis, colō*) am Strome heimisch; *salix* Flußweide.
amniculus, *ī m* (*dem. v. amnis*) Flüßchen.
amnis, *is m* (*auch* °*f*; *abl.* -*e u.* -*ī*) **1.** Strom; °Wildbach; °**2. a**) Strömung; *secundo* -*e* stromaufwärts, mit der Strömung; **b**) Flut; Wasser.
amō 1 (*altes fut. amassō*; *etr.*?) **1. a**) lieben (*aus Neigung*), verliebt sein *in*; °**b**) sich eine Geliebte halten; die Freuden der Liebe genießen; **c**) Gefallen finden *an* [*otium*]; *se -are* mit sich zufrieden sein; °**2.** gern tun, zu tun pflegen [*scribere versus*]; **3.** verpflichtet, verbunden sein, vielen Dank schulden *für* [*de, in negotio*; *quod*]; **4.** (*i. Formeln der Umgangsspr.*) *ita* (*sic*) *me dii ament, amabunt* so wahr mir Gott helfe! *amabo* (*te*) sei so gut!; *si me amas* mir zuliebe; (*P.P.P.*) °*subst.* **amāta,** *ae f die* Geliebte.
amoenitās, *ātis f* (*amoenus*) **1.** reizende Lage, Gegend; °**2.** / Reiz, Annehmlichkeit; Wonne; *Kosewort* [*mea* ~].
amoenus 3 (*m.* °*comp.*, °*sup.*, °*adv.*; *etr.*? *wohl zu amō*) reizend gelegen; °/ angenehm, lieblich, schön.
ā-mōlior 4 **1.** (*m. Anstrengung*) wegschaffen; *se -iri* sich entfernen, sich packen; **2.** / **a**) beseitigen [*invidiam*]; **b**) übergehen [*nomen*]; **c**) (*etw. Nachteiliges*) widerlegen.
amōmum, *ī n* (*gr. Fw.*) *oriental. Gewürzpflanze*; (*aus ihrer Frucht bereiteter*) Balsam.
amor, *ōris m* (*amō*) **1.** Liebe, Liebelei, Liebesglut; *pl.* Liebesverhältnis; °**2.** Liebeslied; **3.** Liebling, Geliebte(r); **4.** Begierde, Streben, Verlangen *nach* [*laudis, habendi*]; °*generandi* Zeugungstrieb; **5.** ♀ (*gr.* Erōs) Amor, Liebesgott, *Sohn der Venus*; ** Liebhaberei, Liebesbrief.
Amorgos *u.* **-us,** *ī f* (*gr.* -*os*) *Sporadeninsel südl. v. Naxos, in der Kaiserzeit Verbannungsort, j.* Morgo.
āmōtiō, *ōnis f* (*āmoveō*) Entfernung.

ā-moveō, *mōvī, mōtum* 2 **1. a)** fortschaffen, entfernen; (*Umgangspr.*) se -*ere* sich drücken; °**b)** entwenden; °**c)** verbannen; **2.** / °**a)** beseitigen, fernhalten [*culpam a se*]; **b)** aus dem Spiele lassen.

Amphiarāus, *ī m* (*gr.* -ạrāos) *Seher aus Argos, einer der Sieben gegen Theben*; **-arēïadēs,** *ae m Nachk. d.* ~ = *Alcmaeōn*; *adi.* -*araeus* 3.

amphibolia, *ae f* (*gr. Fw.*) Zweideutigkeit.

amphibrachys, *acc. yn m* (*gr. Fw.* „auf beiden Seiten kurz"; *metr. t.t.*) Amphibrachys (∪–∪).

Amphictyones, *um m die* Amphiktyonen, *religiös-politische Verbände in Delphi u. Delos.*

amphimacrus, *ī m* (*gr. Fw.* „auf beiden Seiten lang"; *metr. t.t.*) = *crēticus.*

Amphīō(n), *onis m Gemahl der Niobe, Gründer Thebens, Meister des Gesangs.*

Amphipolis, *is f St. in Makedonien, j.* Emboli.

amphitheātrālis, e (*amphitheātrum*) amphitheatralisch.

amphitheātrum, *ī n* (*gr. Fw.*) Amphitheater (*für Fechterspiele u. Tierkämpfe*).

Amphitrītē, *ēs f Nereide, Gemahlin Neptuns*; / Meer, Ozean.

Amphitryōn *u.* **-truō,** *ōnis m* (*gr.* -tryōn) *Gemahl der Alkmene*; *Titel einer Komödie des Plautus, v. ihm selbst als tragicomoedia bezeichnet*; **-tryōniadēs,** *ae m* Nachk. d. A. = Herkules.

amphora, *ae f* (*gr. Lw.*) Amphora: **1.** (*zweihenkliger*) Krug (*f. Wein, Öl, Früchte*); **2.** *Hohlmaß* (*26¼ l*); °**3.** *Gewichtseinheit zur Bestimmung der Schiffsgröße* (*26 kg*) [*navis duum milium amphorum*].

Amphrȳsos, *ī m* (*gr.* Ạm-) *kl. Fl. in Thessalien, an dem Apollo die Herden des Admetos weidete*; *adi.* **-ȳsius** 3 apollinisch; lokrisch.

ampla, *ae f* (*cf. amplus*) °Handhabe; / Anlaß.

am-plector, *plexus sum* 3 (*plectō*) **1.** °**a)** umschlingen, umarmen; **b)** umgeben, umschließen, umringen [*aciem*]; **2. a)** liebgewinnen, in sein Herz schließen [*amore, amicissime*]; **b)** gutheißen, gern annehmen; großen Wert legen *auf* [*ius civile*]; **c)** durchdenken, erwägen, überlegen; **3. a)** einschließen *in* [*honestum virtute nomine*]; **b)** zusammenfassen [*breviter*].

amplexor *u.* (*selten*) **-ō** (*intens. v. amplector*) **1.** umarmen; **2.** hochhalten, großen Wert legen *auf.*

amplexus, *ūs m* (*amplector*) Umschlingung, Umarmung; Beischlaf.

amplificātiō, *ōnis f* (*amplificō*) Vergrößerung; / Steigerung; (*rhet. t.t.*) Häufung des Ausdrucks.

amplificātor, *ōris m* (*amplificō*) Mehrer; Förderer.

amplificē *adv.* (*amplificus* 3) herrlich.

amplificō 1 (*amplificus* 3 „herrlich"; *amplus, faciō*) erweitern, vergrößern; / erhöhen, steigern [*gloriam*]; (*rhet. t.t.*) höheren Schwung verleihen [*orationem*].

ampliō 1 (*adv. amplius*; *s. amplus*) °**1. a)** erweitern, vergrößern; **b)** (*rhet. t.t.*) verherrlichen; **2.** (*jur. t.t.*) die Entscheidung *über* [*causam*] verschieben; das Urteil vertagen.

amplitūdō, *inis f* (*amplus*) Geräumigkeit, großer Umfang [*urbis*]; Erweiterung; / Großartigkeit, Erhabenheit; Ansehen, Würde.

amplius *s. amplus.*

ampliusculē *adv.* (*amplius*) allzureichlich.

amplus 3 (*m. comp., sup., adv.* **-ē** *u.* [*altl.*] **-iter**; *cf. ānsa*) **1.** umfangreich, weit, geräumig [*domus*]; **2.** viel, bedeutend, ansehnlich, reichlich [*copiae, pecunia*]; **3.** / glänzend, prächtig, herrlich; hochangesehen, erlaucht [*sacerdotium*]; *comp.* **amplius I.** *subst. n ein* Mehr, größere Menge [*frumenti*]; **II.** *adv.* **1.** (*zeitl.*) **a)** weiter, länger, mehr; °**b)** öfter; **2.** in höherem Grade, stärker; **3.** (*b. bestimmter Zahlenangabe*) mehr als, über [*amplius* (*quam*) *septingenti cives*; *triennium* (*od.* -*ō*) *amplius*]; **4.** (*formelhaft*) *nihil* ~ nichts weiter, sonst nichts; *hōc* ~ noch mehr; *non dicam* ~ ich schweige lieber; (*jur. t.t.*) ~ *pronuntiare* die Entscheidung vertagen.

Am(p)sivariī, *ōrum m germ. Volk an der Ems.*

ampulla, *ae f* (*dem. v. amphora*) Salbenfläschchen, Schminkbüchse; °/ Schwulst.

ampullārius, *ī m* (*ampulla*) Flaschenmacher.

ampullor 1 (*ampulla*) schwülstig schreiben *od.* reden.

amputātiō, *ōnis f* (*amputō*) *das* Abschneiden.

am-putō 1 **1.** ringsum beschneiden; **2. a)** abschneiden, abhauen; **b)** (*med. t.t.*) amputieren; **3.** / **a)** vermindern, verkürzen; **b)** (*rhet. t.t.*) *amputata loqui* ohne harmonischen Zusammenhang reden.
Amūlius, *ī m König v. Alba Longa.*
amurca *u.* **amurga,** *ae f* (*gr. Lw.*) Ölschaum.
amussis, *is f* (*gr. Lw.?*) *das* Lineal der Zimmerleute; *ad -im* regelrecht, genau.
amussitātus 3 *s. ēmussitātus.*
Amyclae, *ārum f* (*gr.* Amyklai) **1.** *St. in Lakonien, Heimat der Dioskuren; adi. -claeus* 3 spartanisch [*fratres* = *die* Dioskuren; *mater* = Leda]; **2.** *alte St. in Latium.*
amygdalum, *ī n* (*gr. Fw.*) Mandel[(-kern).
amystis, *idis f* (*gr. Fw.*) *das* Leeren des Bechers *in einem Zuge.*
an-[1] *s. ambi-.*
an-[2] (*vl. i. an-hēlō u. an-testor; cf. ana- i. gr. Fw. wie* analogia *usw.*) auf-, hinan-.
an[3] (*Fragepartikel.; cf. gr.* an „wohl, etwa") **1.** *im zweiten u. in den folgenden Gliedern einer (direkten od. indirekten) Doppelfrage*: oder (*direkt*); oder ob (*indirekt*) [*utrum mentitus es an verum dixisti* (*od. annon*)?; *dic, meane haec verba sint an tua* (*od. necne*)]; **2.** *nach Ausdrücken des Zweifels u. der Unsicherheit* (*haud scio, nescio, dubito, dubium od. incertum est*): **a)** (*im zweiten u. in den folgenden Gliedern*) oder, oder ob [*honestumne factu sit an turpe, dubitant*]; **b)** (*mit Unterdrückung des ersten Gliedes*) ob nicht, vielleicht doch [*haud scio, an turpe sit haec dicere* vielleicht ist es schmachvoll...; *testis non mediocris, sed haud scio an gravissimus*]; *haud scio, an non* vielleicht nicht; **3.** *rhetorisch* (*in scheinbar einfachen direkten Fragen unter Unterdrückung des ersten Gliedes*) oder, oder etwa [*nemo iratus considerate facit; an est quidquam similius insaniae quam ira?*]; (*nach vorhergehender Frage*) doch wohl [*quis Atheniensium civitatem tyrannide liberavit? an Thrasybulus?*]; **4.** (= *sive od. vel potius*) oder, oder vielmehr: *Simonides an alius quis; paucis diebus an mensibus*; °**5.** *in einfacher indirekter Frage* = *num* ob [*consuluit, an* ...].
****anabaptista,** *ae m* Wiedertäufer.
anabathra, *ōrum n* (*gr. Fw.*) erhöhter Sitz, Podium.
Anaces, *um m* = *Anactes.*
****anachoreta,** *ae m* Eremit.
Anacreōn, *ontis m* (*gr.* -kręōn) *griech. Lyriker* (*559 - 478*).
Anactes, *um m* (*gr.* Ąnaktes = *die* Herrscher) *Beiname der Dioskuren.*
anadēma, *atis n* (*gr. Fw.*) Kopfbinde *der Frauen.*
anaglypta, *ōrum n* (*gr. Fw.*) ziselierte Arbeiten, Reliefs.
Anāgnia, *ae f St. d. Herniker, ö. v. Rom, j.* Anagni; *adi. u. Einw. -gnīnus* (3); *subst.* **-gnīnum,** *ī n Landgut Ciceros b. A.*
anagnōstēs, *ae m* (*gr. Fw.*) Vorleser.
analecta, *ae m* (*gr. Fw.*) Brocken-[sammler.
analectris, *idis f* (*gr. Fw.*) kleines Schulterkissen.
analogia, *ae f* (*gr. Fw.*) gleiches Verhältnis, Analogie, Gleichförmigkeit.
anancaeum, *ī n* (*gr. Fw.*) Humpen.
anapaestus 3 (*gr. Fw.* = zurückgeschlagen, umgekehrt) anapästisch; *subst.* **-us,** *ī m* Anapäst („umgekehrter Daktylus"?; ◡◡–); **-um,** *ī n* Gedicht in Anapästen.
anas, *atis u. itis f* (*cf. nhd.* „Ente") Ente; °*adi. -tīnus* 3.
****anathema,** *atis n* **1.** Weihgeschenk; **2.** Verfluchung; ~ *sit* er soll verflucht sein.
anaticula *u.* **aniticula,** *ae f* (*dem. v. anas*) Entchen; °/ *Kosewort.*
anatocismus, *ī m* (*gr. Fw.*) Zinseszins.
Anaxagorās, *ae m* (*gr.* -gǫrās) [*gr. Philosoph, 500 - 428.*
anceps, *itis* (*ambi-, caput*) **1.** doppelköpfig; **2.** / **a)** doppelseitig; °**b)** zweischneidig [*securis*]; **c)** von zwei Seiten; *ancipites bestiae* Amphibien; **d)** schwankend, ungewiß, zweifelhaft [*ancipiti Marte pugnare* unentschieden]; °**e)** unentschlossen; °**f)** unzuverlässig; °**g)** doppelsinnig, zweideutig [*oraculum*]; **h)** gefährlich, bedenklich [*via*]; *subst.* ~ *n* gefährliche Lage.
Anchīsēs, *ae m Vater des Äneas; adi. -chīsēus* 3; *subst.* **-chīsiadēs,** *ae m* Nachk. d. A. = Aeneas.
ancīle, *is n* (*gen. pl. auch -iōrum;*

ambi-, caedō: „auf beiden Seiten eingeschnitten") *der* heilige Schild *des Königs Numa*; Schild.
ancilla, *ae f* (*altl. anculus* „Diener"; *am[bi]-, colō*) Magd, Dienerin, Sklavin. [zenjäger.
ancillāriolus, *ī m* (*ancilla*) Schür-
ancillāris, e (*ancilla*) Mägden zukommend. [Magd.
ancillula, *ae f* (*dem. v. ancilla*) junge
ancipes = *anceps.*
ancīsus 3 (*am[b]-, caedō*) um und um beschnitten.
Ancōn, *ōnis u.* **-ōna,** *ae f* (*gr.* Ankọn) *St. in Picenum, j.* Ancona; *Einw.* **-ōnitānus,** *ī m.*
ancora, *ae f* (*gr. Lw.*) Anker; *ad ancoram, in ancoris* vor Anker; *-am tollere, solvere* den A. lichten.
ancorāle, *is n* (*ancora*) Ankertau.
ancorārius 3 (*ancora*) zum Anker gehörig; *funis* Ankertau.
Ancus *s. Mārcius.*
Ancȳra, *ae f* (*gr.* Ankȳra) *St. in Galatien, j.* Ankara (Angora).
andabata, *ae m* (*gall. Fw.*) Gladiator mit Helm ohne Visier, Blindkämpfer.
Andecāvī, *ōrum u.* **Andēs,** *ium m gall. Volk a. d. Loire im jetzigen Anjou.* [Hermaphrodit.
androgynus, *ī m* (*gr. Fw.*) Zwitter,
Andromachē, *ēs u.* **-a,** *ae f* (*gr.* -mạchē) *Gemahlin Hektors*; *Titel einer Tragödie d. Ennius.*
Andromeda, *ae u.* **-medē,** *ēs f* (*gr.* -mẹdē) *äthiopische Königstochter, v. Perseus vor einem Meerungeheuer gerettet, nach dem Tode unter die Sterne versetzt.*
andrōn, *ōnis m* (*gr. Fw.*) Gang (*zwischen zwei Zimmern od. Gebäuden, Höfen od. Gärten*).
Andronīcus, *ī m*: *T. Līvius ~, als Kriegsgefangener* (*gr.* -drọnīkos) *Sklave des M. Livius Salinator, ältester röm. Dramatiker um 240.*
Andros *u.* **-us,** *ī f nördlichste Kykladeninsel*; *adi. -drius* 3; *subst.*
Andria, *ae f das* Mädchen v. A., *Komödie des Terenz.* [Ring.
ānellus, *ī m* (*dem. v. ānus*[2]) kleiner
aneō, — — 2 (*anus*[1]) wie ein altes Weib zittern.
anēthum, *ī n* (*gr. Fw.*) Dill.
anetīnus 3 (*anas*) Enten...
ānfrāctus, *ūs m* (*ănfr-?*; *am[b]-, frangō*) Biegung, Krümmung; Kreislauf, -bahn [*anni, solis*]; / Weitschweifigkeit, Winkelzüge.
****angelicus** 3 Engels...; *panis das* heilige Abendmahl. [Eckchen.
angellus, *ī m* (*angulus*) Winkelchen,
****angelus,** *i m* Bote; Engel; / Fahne mit dem Bilde des Erzengels Michael.
angina (*gr. Fw., an angō angeglichen*) Halsentzündung.
angiportum, *ī n u.* (*selten*) **-us,** *ūs m* (*cf.* „eng"; *portus*) enges Gäßchen, Seitengasse. [*Heilkunde.*
Angitia, *ae f marsische Göttin der*
Angliī, *ōrum m die* Angeln *in Schleswig.*
angō, *ānxī,* — 3 (*cf. nhd.* „eng") °**1.** beengen, zusammendrücken, würgen; **2.** / ängstigen, beunruhigen, quälen; *mediopass.* sich ängstigen [*animo, animi*].
angor, *ōris m* (*angō*) °**1.** Beklemmung; **2.** / Angst, Bangigkeit; *pl.* Melancholie. [*der Weser.*
Angrivariī, *ōrum m germ. Volk an*
angui-comus 3 (*anguis, coma*) schlangenhaarig. [kleine Schlange.
anguiculus, *ī m* (*dem. v. anguis*)
angui-fer, *era, erum* (*anguis, ferō*) schlangentragend.
angui-gena, *ae m f* (*anguis, gignō*) von Schlangen erzeugt.
anguilla, *ae f* (*wohl zu anguis*) Aal.
angui-manus, *ūs m* (*anguis*) schlangenarmig (*v. Elefanten*).
anguineus *u.* **anguīnus** 3 (*anguis*) schlangenartig, Schlangen...; ** teuflisch.
angui-pēs, *pedis* (*anguis*) schlangenfüßig; *subst. pl.* **-pedēs,** *um m* Schlangenfüßler, Giganten.
anguis, *is m f* (*vl. m. nhd.* „Egel" *verwandt*) Schlange; (*als* °*Sternbild*) *der* Drache.
Angui-tenēns, *entis m* (*anguis, teneō*; *Lehnübersetzung aus d. Gr.*) Schlangenträger (*ein Sternbild*).
****angularis,** e winklig, eckig; *lapis* Eckstein.
angulātus 3 (*angulus*) eckig.
angulus, *ī m* (*cf. nhd.* „Enkel" = Knöchel; *uncus*) **1.** Ecke, Winkel; (*math.*) Winkel; °**2.** Bucht; **3.** Schlupfwinkel.
angustiae, *ārum* (*selten sg.*) *f* (*angustus*) **1. a)** Enge, enger Raum, enge Grenzen; **b)** Land-, Meerenge, Engpaß; **2. a)** Kürze [*temporis*]; **b)**

/ kurze Darstellung; **3.** Knappheit, Mangel [*pecuniae*]; Not, Armut; **4.** mißliche Lage, Schwierigkeit; *in -is* esse in Verlegenheit sein; **5.** Engherzigkeit [*pectoris*].

angusticlāvius 3 (*angustus, clāvus*) mit schmalem Purpurstreifen an der Tunika [*Ggs. lāticlāvius*], *Abzeichen pleb. Standes.* [enger fassen.]

angustō 1 (*angustus*) einengen; //

angustus 3 (*m. comp., sup., adv.; cf. angor*) **1.** eng, schmal, kurz [*iter, spiritus*]; °**2.** (*zeitl.*) kurz; **3.** (*v. d. Rede*) kurz, gedrängt; **4.** beschränkt, dürftig, kärglich, arm; *fides -tior* geschwächter Kredit; **5.** mißlich, bedenklich, schwierig; **6.** engherzig, kleinlich [*animus*]; *subst.* **-um,** *ī n* °**1.** Enge [*viarum*]; **2.** bedenkliche Lage, Verlegenheit.

anhēlitus, *ūs m* (*anhēlō*) **1.** Keuchen, Schnaufen; °**2.** Atmen, Hauch; **3.** Ausdünstung; Duft.

anhēlō 1 (*wohl an*² + *hālō*) °**1.** (*intr.*) keuchen, schnauben; / sausen, brausen; **2.** (*trans.*) hervor-, ausschnauben [*ignes*]; / lechzen *nach* [*scelus*].

anhēlus 3 (*Rückbildung aus anhēlō*) keuchend, schnaubend; engbrüstig; Keuchen verursachend [*cursus*].

Aniciānus 3 zu einem Anicius gehörig [*lectica*]; *nota -a* Weinsorte aus dem Konsulatsjahr des *L. Anicius Gallus* (*160*). [Mütterchen.]

anicula, *ae f* (*dem. v. anus*¹) altes

Aniēn *s. Aniō.*

anīlis, e (*m. adv.; anus*¹) altweiberhaft [*fabellae -es* Ammenmärchen].

anīlitās, *ātis f* (*anīlis*) hohes Alter (*einer Frau*).

anima, *ae f* (*cf. animus*) **1.** °**a**) Lufthauch, Wind; **b**) Luft (*als Element*); **2.** Atem [*viperae* Gifthauch]; **3.** Seele, Leben: *-am efflare, edere u. a.* die Seele aushauchen, *agere s. agō* I, 2c; **4.** abgeschiedene Seele, Schatten [*inferorum*]; **5. a**) beseeltes Wesen; (*Kosewort*) Herz; °**b**) (*Scheltwort*) *servientium animae* Sklavenseelen; **6.** (*selten = animus*) vernünftige Seele, Geist.

animābilis, e (*animō*) belebend.

animadversiō, *ōnis f* (*animadvertō*) **1. a**) Aufmerksamkeit; **b**) sinnliche Wahrnehmung; **2.** Tadel, Rüge, Strafe. [*tō*) Beobachter.]

animadversor, *ōris m* (*animadver-*

anim-advertō, *tī, sum u.* (*altl.*) *-vortō, tī, sum* 3 (< *animum advertō*) **1.** aufmerken, achtgeben; **2.** beachten, bemerken, wahrnehmen; **3.** tadeln, rügen, übel vermerken [*in iudices*]; ahnden, strafen; einschreiten *gegen* [*patris iure in filium*].

animal, *ālis n* (< *animāle, n v. animālis*) lebendes Wesen, Geschöpf; Tier.

animālis, e (*anima*) **1.** luftig, luftartig; **2.** lebend, lebendig [*exemplum -e* Original]; belebend.

animāns, *antis* (*animō*) beseelt; lebend; *subst. m f* (*pl. auch n*) Lebewesen.

animātiō, *ōnis f* (*animō*) Geschöpf.

animātus 3 (*animō*) beseelt; gesinnt, gestimmt; mutig, beherzt.

animō 1 (1. *anima*; 2. *animus*) **1.** beseelen, beleben; °verwandeln [*guttas in angues*]; **2.** mit einem Temperament erfüllen, stimmen; ermutigen; P. willens sein, sich entschließen; ** ermuntern *zu*, ermutigen.

****animositas,** *atis f* Tapferkeit; Ehrgeiz; Unwille, Erbitterung.

animōsus 3 (*m. comp.,* °*sup., adv.; animus*) **1.** beherzt, mutig; **2.** ungestüm, heftig; **3.** stolz *auf* [*spoliis*].

animula, *ae f* (*dem. v. anima*) °**1.** Seelchen; **2.** etwas Leben(sgeist).

animulus, *ī m* (*dem. v. animus; Kosewort*) Herzchen.

animus, *ī m* (= *gr.* ąnemos „Hauch, Wind" **1. a**) Seele, Geist (*im Ggs. zum Körper*) [*homo constat ex corpore et -o*]; *loc. -i* im Herzen; **b**) Mensch, Mann; °**c**) (*Kosewort*) Herz [*mi anime*]; **2.** Seele (*in ihren Grundfähigkeiten des Denkens, Fühlens u. Wollens*) **a**) Denkkraft, Geist [*animo concipere*]; Gedächtnis; Bewußtsein; Urteil, Ansicht, Überzeugung [*ut meus est* ⌣; *-o meo*]; **b**) empfindende Seele, Gefühl, Gemüt [*ex -o amare* aufrichtig lieben; *ex -i sententia* offen und ehrlich]; Stimmung, Gesinnung [*tuus in me*]; Sinnesart, Charakter; Mut, Selbstvertrauen [*bono -o esse; -os militum inflammare*]; Übermut, hochfahrender Sinn; Trotz; Unmut, Zorn, Leidenschaft; **c**) begehrende Seele, Verlangen, Wunsch [*libentissimus*]; Absicht, Entschluß [*in -o habeo od. in -o mihi est* ich bin willens]; Lust, Neigung [*toto -o se dedere studiis*];

-*i causa* zum Vergnügen, zur Unterhaltung.

Aniō (-ŏ?) *u.* **-iēn,** *ēnis m Nebenfl. des Tiber, j.* Teverone; *adi. -iēnus* 3, *-iēnsis,* e.

aniticula, *ae f s. anaticula.*

Anius, *ī m Apollopriester u. König auf Delos.*

Anna, *ae f* **1.** *Didos Schwester;* **2.** *A. Perenna, altit. Frühlingsgöttin od. Göttin des Jahresanfangs u. -endes.*

Annaeus 3 *röm. Gentilname; s. Seneca.*

annālis, e *adi.* (*annus*) die Jahre betreffend, Jahres...; *lex* Gesetz, das das Mindestalter (*für die Ämter*) festsetzte; *subst.* (*meist pl.*) **annālēs,** *ium m* Annalen, Jahrbücher; Chronik [*maximi, pontificum*]; (*liber*) *annalis* einzelnes Buch der A.

an-natō 1 heranschwimmen.

anne (*Partikel*) = *an*[3].

an-nectō, *nexuī, nexum* 3 anknüpfen, anbinden; / verbinden, vereinigen *mit,* hinzufügen *zu* [*rebus praesentibus futuras*]. [Verband.

annexus, *abl. ū m* (*annectō*) sozialer

anniculus 3 (*dem. v. annus*) einjährig, ein Jahr alt.

an-nītor, *nīsus u. nīxus sum* 3 sich anstemmen, sich anlehnen [*hastis*]; / sich anstrengen, sich Mühe geben [*summis opibus, ut*].

Annius 3 *röm. Gentilname: T.* ~ *Milō, Gegner des Clodius; adi. -iānus* 3.

anniversārius 3 (*annus, vertō*) jedes Jahr wiederkehrend, jährlich [*festi dies*].

an-nō 1 **1.** heran-, hinzuschwimmen *an* [°*navibus* (*dat.*)]; °**2.** schwimmen *neben* [*equis*].

annōn = *an nōn.*

annōna, *ae f* (*annus*) **1.** Jahresertrag (*bsd. an Kornfrüchten*); **2.** Getreide, Nahrungsmittel; Getreideversorgung; **3. a**) Marktpreis für Korn; **b**) hohe Marktpreise, Teuerung; ** Pferdefutter; Portion; *vitae* Lebensunterhalt.

annōsus 3 (*annus*) (hoch)bejahrt, alt.

annotātiō, *ōnis f* (*annotō*) schriftliche Bemerkung, Anmerkung.

annōtinus 3 (*annus*) vorjährig.

an-notō 1 schriftlich vermerken, amtlich notieren (*zur Bestrafung*); / bemerken, wahrnehmen.

****an-nullo** 1 zunichte machen.

an-numerō 1 aufzählen, auszählen [*pecuniam*]; hinzuzählen; -rechnen, mitzählen [*his duobus*]. [gung.

****annuntiatio,** *onis f* Verkündi-

****annuntiator,** *oris m* Verkündiger, Prediger.

an-nūntiō 1 ankündigen, berichten.

an-nuō, *nuī,* — 3 **1.** zunicken, einen Wink geben; **2.** zustimmen [*rex praemiis*]; **3.** zugestehen, zusagen, versprechen; **4.** durch Nicken bezeichnen.

annus, *ī m* (< **at-nos, wohl urspr. „der* Läufer") **1. a**) Jahr; *-o* während eines ganzen Jahres, in jedem Jahre; *-um* ein (volles) Jahr hindurch; *ad -um* übers Jahr; *in -um* auf, für ein Jahr; **b**) Lebensjahr [*puer novem -orum*]; *pl.* Alter (*-is confectus*); **c**) ~ *magnus u. maximus das* große Weltjahr (= 25800 *gewöhnliche Jahre*); **2.** (*dcht.*) Jahreszeit; **3.** Ertrag des Jahres, Ernte.

annūtō 1 (*frequ. v. annuō*) immer wieder zunicken.

annuus 3 (*annus*) **1.** jährig, auf, für ein Jahr [*consulum potestas*]; **2.** = *anniversārius;* °*subst.* **-a,** *ōrum n* Jahresgehalt.

an-quīrō, *sīvī, sītum* 3 (*am*[*b*]-, *quaerō*) **1.** aufsuchen, suchen *nach* [*quem diligamus*]; / **2.** untersuchen, nachforschen [*siderum magnitudines*]; °**3.** (*jur. t.t.*) **a**) untersuchen [*de perduellione*]; **b**) eine Strafe beantragen [*capite, -tis*].

ānsa, *ae f* (*cf. nhd.* „Öse") °**1.** Griff, Henkel; **2.** / Anlaß, Gelegenheit [*sermonis*].

ānsātus 3 (*ānsa*) mit Henkeln versehen; / die Arme in die Seiten gestemmt. [Gans.

ānser, *eris m f* (*cf. nhd.* „Gans")

ante (< **anti; cf. nhd.* Ant-, ent-) °**I.** *adv.* **1.** (*räuml.*) vorn; vorwärts; **2.** (*zeitl.*) vorher, früher [*biduo ante*]; **II.** (*i. d. Komposition*) **1.** (*räuml.*) vorn [*antefixus*]; voraus [*antefero*]; **2.** (*zeitl.*) vor- [*antea*]; **3.** (*v. Vorzug u. Vorrang*) über-, hervor- [*antecello*]; **III.** *prp. b. acc.* **1.** (*räuml.*) vor; **2.** (*zeitl.*) vor [*a. d. IV. Id. Mart.* = *ante diem quartum Idus Martias* am 4. Tag vor den Iden des März = am 12. März; *in a. d. V. Kal. Nov.* auf den 28. Oktober; *ex a. d. ... usque a. d. ...*

vom ... bis zum ...]; *ante tempus* vorzeitig, vor der rechten Zeit; °**3.** (*v. Vorzug u. Vorrang*) vor, über = mehr als [*gloria belli Galli ante Romanos sunt*]; *ante omnes, ante alios* vor allen anderen; *ante omnia* vor allem = besonders.

anteā (*ante, eā*) *adv.* vorher, früher.

anteambulō, *ōnis m* (*ante, ambulō* 1) Vorläufer, Lakai.

ante-canis, *is m* (*Lehnübersetzung aus d. Gr.*) Vorhund, kleiner Hund (*Vorläufer des Sirius*).

ante-capiō, *cēpī, ceptum* (*captum*) 3 °**1.** vorwegnehmen, im voraus besetzen; **2.** °**a**) im voraus besorgen, ausnutzen; erregen [*famem luxu*]; **b**) (*philos. t.t.*) *antecepta animo rei informatio* Begriff a priori.

antecēdēns, *entis* (*antecēdō*) vorhergehend; *subst. n sg. u. pl.* wirkende Ursache.

ante-cēdō, *cessī, cessum* 3 voraus-, vorangehen; (*mil. t.t.*) die Spitze bilden; überholen [*nuntios*]; / übertreffen, den Vorrang haben *vor* [*ceteros; reliquis*]; sich hervortun.

ante-cellō, — — 3 (*cf. celsus*) hervorragen; / übertreffen, sich auszeichnen *vor* [*omnibus; reliquos*].

antecessiō, *ōnis f* (*antecēdō*) *das* Vorauseilen, Vorsprung; / wirkende Ursache, Bedingung.

antecessor, *ōris m* (*antecēdō*) Vorläufer; (*mil. t.t.*) Spitze; ** Vorgänger im Amt.

antecursōrēs, *um m* (*antecurrō* voranlaufen) Vorausabteilung; ** *sg.* Vorläufer Jesu (*Johannes*).

ante-eō, *iī, selten īvī,* —, *īre* **1. a**) (*räuml.*) vorangehen; **b**) (*zeitl.*) vorausgehen [*aetatem*]; **2.** übertreffen [*omnes virtute*]; (*abs.*) sich auszeichnen; °**3.** zuvorkommen [*damnationem*].

ante-ferō, *tulī, lātum, ferre* **1.** vorantragen; / vorziehen, den Vorzug geben [*omnibus Demosthenem*]; **2.** vorausnehmen.

ante-fīxus 3 vorn befestigt; *subst.* **-a,** *ōrum n* Gesimsfiguren.

ante-gredior, *gressus sum* 3 (*räuml., zeitl.*) vorausgehen. [*vetera novis*].

ante-habeō, *uī,* — 2 vorziehen

ante-hāc *adv.* bisher, früher.

ante-logium, *ī n* (*Lehnübersetzung aus d. Gr.*) Prolog.

ante-lūcānus 3 (*ante lūcem*) bis zum frühen Morgen [*cena*]; ** *coetus* Frühmesse.

ante-merīdiānus 3 (*ante merīdiem*) Vormittags... [*ambulatio*].

ante-mittō, *mīsī, missum* 3 (*auch getr.*) vorausschicken.

Antemnae, *ārum f sabin. St. a. d. Aniomündung*; *Einw.* **-ātēs,** *ium m.*

antenna *u.* **-mna,** *ae f* (*et. ungedeutet*) Segelstange, Rahe.

Antēnor, *oris m* (*gr.* -ōr) *vornehmer Trojaner, Gründer v. Patavium*; *adi.* *-oreus* 3 patavinisch; *subst.* **-oridēs,** *ae m* Nachk. d. A.

anteoccupātiō, *ōnis f* (**anteoccupō*) Vorwegnahme eines Einwurfs.

antepartum *u.* **-pertum,** *ī n* (*pariō*) *das* vorher Erworbene.

ante-pēs, *edis m* Vorderfuß.

ante-pīlānī, *ōrum m* (*ante pīla*) *die* vor den mit Pilen bewaffneten Triariern stehenden *hastati* und *principes*.

ante-pōnō, *posuī, positum* 3 °**1.** vorsetzen; °**2.** voranstellen; **3.** vorziehen.

ante-potēns, *entis* vor allen reich.

ante-quam (*auch i. Tmesis ante ... quam*) *ci.* eher, als; ehe, bevor.

Anterōs, *ōtis m* (*gr.* -ęrōs) *der rächende Genius verschmähter Liebe.*

antēs, *ium m* (*ante?*) Reihen der Weinstöcke.

ante-sīgnānus, *ī m* (-*ĭ*-?; *ante sīgna*) Vorkämpfer; *pl.* Antesignanen (*Elitekorps*).

ante-stō 1 *s. antistō.*

an-testor 1 (-ē-?; *entweder an-*² *od. ante + testor*) als Zeugen anrufen.

ante-veniō, *vēnī, ventum* 4 (*meist trans.*) **1. a**) zuvorkommen, überholen; **b**) (*abs.*) darüber hinausgehen; **2.** / **a**) übertreffen; **b**) vereiteln.

ante-vertō, *tī, sum u.* (*Pl.*) **-vertor,** *versus sum* 3 (*altl. -vortō usw.*) **1.** vorangehen, einen Vorsprung gewinnen; **2.** / **a**) zuvorkommen (*im Handeln*); **b**) vorziehen; **c**) vereiteln. [*Seefisch.*]

anthiās, *ae m* (*gr. Fw.*) *unbekannter*

Anticatō, *ōnis m Gegenschrift Cäsars in 2 Büchern* (*daher pl.* -*ōnēs, um*) *gegen Ciceros Lobrede auf den jüngeren Cato.*

****Antichristus,** *ī m der* Antichrist.

anticipātiō, *ōnis f* (*anticipō*) angeborene Idee, vorgefaßte Vorstellung *von* [*deorum*].

anticipō 1 (*ante*; *cf. capiō*) **1.** vorwegnehmen (*eine Vorstellung*); °**2.** früher zurücklegen [*viam*]; *ludos* vor der Zeit feiern; *mortem* sich vorher umbringen; °**3.** zuvorkommen.
antīcus 3 *s. antīquus.*
Anticyra, *ae f* (*gr.* -kyra) *St. in Phokis; die in d. Umgebung wachsende Nieswurz galt als Heilmittel gegen Geistes- u. Gemütskrankheiten.*
antid-eā (*altl.*) = *anteā.*
antid-eō (*altl.*) = *ante-eō*; **antid-hāc** (*altl.*) = *ante-hāc.*
antidotum, *ī n* (*gr. Fw.*) Gegenmittel, -gift.
Antigonē, *ēs u.* **-a,** *ae f* (*gr.* -gọnē) *Tochter des Ödipus u. der Iokaste.*
Antigonēa, *ae f* (*gr.* -gọneia) **1.** *St. in Epirus*; **2.** *St. auf d. Chalkidike*; *adi.* -*nēnsis,* e.
Antigonus, *ī m* (*gr.* -os) **1.** *Feldherr Alexanders d. Gr., später König*; **2.** *Name mehrerer syrischer u. makedonischer Könige.*
Antilibanus, *ī m* (*gr.* -os) Antilibanon, *Gebirgszug ö. v. Libanon.*
Antimachus, *ī m* (*gr.* -os) *Epiker aus Klaros in Ionien z. Z. Platos.*
Antiochīa *u.* **-chēa,** *ae f* (*gr.* -ọchēia) **1.** *Hauptst. Syriens, j.* Antakie; *adi. u. Einw.* -*ochēnsis,* (e); **2.** *St. in Karien.*
Antiochus, *ī m* (*gr.* -os) **1.** *Name mehrerer syrischer Könige*; A. III., *Beschützer Hannibals*; **2.** *Name mehrerer Könige v. Kommagene*; **3.** A. v. Askalon, *Philosoph d. akademischen Schule, Lehrer Ciceros*; *adi.* -*chīnus* 3.
Antipater, *trī m* (*gr.* -patros) **1.** *Feldherr Philipps u. Alexanders d. Gr.*; **2.** *Name mehrerer gr. Philosophen*; **3.** *L. Caelius ~ s. Caelius.*
Antiphō(n), *ōn(t)is m* (*gr.* -phọn) *athenischer Redner 479–411.*
****antiphona,** *ae f* kirchlicher, Wechselgesang.
****antiphonarium,** *i n* Sammlung der Antiphonen.
antipodes, *um m* (*gr. Fw.*) Gegenfüßler; / Menschen, die die Nacht zum Tage machen.
Antipolis, *is f Gründung der Massilier in Südgallien*; *j.* Antibes; *adi.* -*itānus.*
antīquārius, *ī m u.* (*Ju.*) **-a,** *ae f* (*antīquus*) Freund(in) u. Kenner (-in) der altröm. Sprache u. Literatur; ** Bücherschreiber.
antīquitās, *ātis f* (*antīquus*) **1.** Altertum (*Menschen, Zeit, Geschichte*); °*pl.* Altertümer; **2.** hohes Alter; **3.** gute alte Sitte.
antīquitus *adv.* (*antīquus*) von alters her; vordem.
antīquō 1 (*antīquus*) (*einen Gesetzesvorschlag*) verwerfen.
antīquus 3 (*m. comp., sup.,* °*adv.*; *ante*) **1.** (*räuml.*; *meist antīcus geschrieben*) vorderer; **2.** (*nur comp. u. sup.*) wichtiger, angelegentlicher, wichtigster, angelegentlichster; *nihil antiquius habere* (*ducere u. ä.*) *quam* nichts für wichtiger halten als ...; **3.** (*zeitl.*) **a**) alt, einstig, früher; **b**) altertümlich, altehrwürdig; **c**) von altem Schrot und Korn, bieder; *subst.* **-ī,** *ōrum m die* Altvordern, *die* Alten; **-um,** *ī n die* alte Sitte; **-a,** *ōrum n* Vorzeit.
antisophista, *ae m* (*gr. Fw.*; *nkl.*) Antisophist, Grammatiker mit nichtsophistischen Grundsätzen.
antistes, *itis m f* (*antistō*) Tempelvorsteher(in), Oberpriester(in); Meister [*artis dicendi*]; ** Vorsteher (einer größeren Gemeinschaft); Bischof; Erzbischof, Papst.
Antisthenēs, *is m* (*gr.* -sthẹnēs) *Schüler des Sokrates, Stifter der kynischen Schule.*
antistita, *ae f* (*antistes*) Priesterin.
anti-stō *u.* **ante-stō,** *stetī,* — 1 voranstehen; überlegen sein, übertreffen [*omnibus corporis robore*].
Antium, *ī n Küstenst. in Latium, j.* Porto d'Anzio; *adi. u. Einw.* -*iās, ātis* (*m*).
antlia, *ae f* (*gr. Fw.*; *nkl., dcht.*) Pumpe, Schöpfrad.
Antōnius 3 *röm. Gentilname*: **1.** *M.* ~, *ber. Redner, † 87*; **2.** *M.* ~, *Enkel v.* 1, *der Triumvir*; **Antōnia,** *ae f Name der Töchter des Triumvirn*: **1.** *Gemahlin des L. Domitius Ahenobarbus, Großmutter Neros*; **2.** *Gattin des Drusus, Mutter des Germanicus*; *adi.* -*iānus* 3.
antrum, *ī n* (*gr. Fw.*; *dcht., nkl.*) Grotte, Höhle.
Anūbis, *idis m* (*acc.* -*im*; *gr.* -bịs) *ägyptische Gottheit der Unterwelt, m. Schakalskopf dargestellt.*
ānulārius 3 (*ānulus*; *kl. nur subst.*) zum Siegelring gehörig; *subst.* ~, *ī m* Ringmacher; *Scalae -ae* Ringmachertreppe *i. Rom.*
ānulātus 3 (*ānulus*) mit Ringen geschmückt.
ānulus, *ī m* (*dem. v. ānus*[2]) Finger-,

Siegelring; (*equestris*) (*goldener*) Ritterring; (*Suet.*) *-ō aureo donari* die Ritterwürde erlangen; *ius anulorum* Ritterwürde.

anus¹, *ūs f* (*gen. altl. auch -uis*; *cf. nhd.* „Ahne") alte Frau, Greisin; *adi.* (*dcht.*, *nkl.*) alt, bejahrt.

ānus², *ī m* (*cf. altirisch* änne „Ring, Steiß") **1.** (*Pl.*) Fußring; **2.** After.

anxietās, *ātis f* (*ā-?*; *anxius*) **1. a**) Ängstlichkeit; **b**) (*nkl.*) Angst, Kummer; **2.** (*nkl.*) Genauigkeit.

anxi-fer, *era, erum* (*ā-?*; *anxius, ferō*; *dcht.*) angstbringend, quälend.

anxitūdō, *inis f* (*ā-?*; *anxius*) Ängstlichkeit.

anxius 3 (*ā-?*; *m. adv.*; *angō*) ängstlich, beunruhigt, besorgt; (*act.*) beängstigend [*curae*].

Ānxur, *uris n alte Volskerstadt, später* Tarracina, *j.* Terracina; *adi. -urnās, ātis*; **Ānxurus**, *ī m Schutzgottheit der St.*

Āones, *um m* (*acc. -as*) *Urbewohner Böotiens*; *adi.* (*dcht.*) böotisch; **Āonides**, *um f die* Musen vom Helikon; *adi. -nius* 3 böotisch [*sorores* = Musen].

Ap. = *Appius* (*röm. Vorn.*).

apage (*gr. Fw.*; *Umgangsspr.*) fort mit, weg mit; *apage te a me* fort mit dir!

apathīa, *ae f* (*acc. -ān*; *gr. Fw.*; *Se.*) Leidenschaftslosigkeit.

apēliōtēs, *ae m* (*gr. Fw.*; *dcht.*, *nkl.*) Ostwind.

Apellēs, *is m* (*gr. -ēs*) *griechischer Maler, † 308*; *adi. -ēus* 3.

Apennīnus = *Appennīnus.* [Keiler.)

aper, *prī m* (*cf. nhd.* „Eber") Eber,

aperiō, *ruī, rtum* 4 (<**ap-veriō*; *cf. operiō*) **1. a**) öffnen, aufmachen; °**b**) bahnen [*viam*]; **c**) eröffnen [*ludum* eine Schule, *locum ... asylum* einen Ort als Asyl], erschließen, zugänglich machen [*Asiam*]; **2.** (*Verhülltes*) enthüllen, aufdecken, bloßlegen [*coniurationem*]; sichtbar machen, sehen lassen; offenbaren, klarmachen; darlegen, eröffnen; Geld zur Verfügung stellen. [entblößen.)

apertō 1 (*intens. v. aperiō*; *Pl.*) ganz

apertus 3 (*m. comp.*, *sup.*, *adv.*; *aperiō*) **1. a**) offen, entblößt [*caput*]; ungeschützt [*latus*]; **b**) unverschlossen, zugänglich; (*Li.*) *acies, proelium* offene Feldschlacht; **c**) ungehindert; *in -o est* es ist leicht möglich; **2. a**) offenkundig, offenbar; klar, deutlich; **b**) offenherzig, freimütig; rücksichtslos; *subst.* **-um**, *ī n* freies Feld.

apex, *icis m* (*cf. aptus*) **1.** (*meist dcht.*) Spitze, Kuppe; **2. a**) (*unkl.*) Priestermütze; **b**) persische Tiara; Königskrone, Diadem; **c**) Königsmacht, -würde; **d**) höchste Zierde [*senectutis est auctoritas*]; **3.** (*Ve.*) Helm; **4.** (*gramm. t.t.*; *Qu.*) Längezeichen, Apex [*a'* = *ā*].

aphractus, *ī f u.* **-um**, *ī n* (*gr. Fw.*) Schiff ohne Verdeck. [dite.)

Aphrodīsia, *ōrum n* Fest der Aphro-

aphronitrum, *ī n* (*gr. Fw.*; *Ma.*) Schaumsalpeter.

apicātus 3 (*apex*; *Ov.*) mit der Priestermütze geschmückt.

Apīcius, *ī m röm. cogn.*: *M. Gabius* ~, *röm. Feinschmecker unter Augustus u. Tiberius.* [Bienchen.)

apicula, *ae f* (*dem. v. apis*; *Pl.*)

apinae, *ārum f* (*gr. Lw.*; *Ma.*) leere Ausflüchte, Ausreden.

apis¹, *is f* (*gen. pl. -ium, nkl. -um*; *et. ungeklärt*) Biene. [*Ägypter*).)

Āpis², *is m* Apis (*heiliger Stier der*

apīscor, *aptus sum* 3 (*incoh. zu apiō* 3 „binden"; *kl. selten*) erreichen, einholen; erlangen [*summum honorem*], sich aneignen [*artem*].

apium, *ī n* (*apis*; *nkl.*, *dcht.*) Eppich, Sellerie. [Schiffes.)

aplustra, *ōrum n* (*gr. Lw.*) Heck des

apoclētī, *ōrum m* (*gr. Fw.* = *die* Berufenen; *Li.*) *ständiger Ausschuß des Ätolischen Bundes.*

apodytērium, *ī n* (*gr. Fw.*) Auskleideraum *i. d. Thermen.* [stoßen.)

apolactizō 1 (*gr. Fw.*; *Pl.*) von sich

Apollō, *inis m* (*gen. nkl. auch -ōnis*; *gr. -ōn*) *Sohn des Jupiter u. der Latona, Gott der Weissagung, Poesie, Musik, Heilkunde*; *Sonnengott*; *im J. 28 wurde ihm auf dem Palatin durch Augustus ein Tempel geweiht* (~ *Palatinus*); *adi. Apollināris*, e dem Apoll geweiht, des A. (*subst. -āre, āris n ein* A. geweihter Platz) *u. -ineus* 3 [*proles* = Äskulap; *urbs* = Delos].

Apollodōrus, *ī m* (*gr. -odōros*) **1.** *Rhetor aus Pergamon, Lehrer des jungen Oktavian*; **2.** *Grammatiker aus Athen, Schüler des Aristarch.*

Apollōnia, *ae f* (*gr. -iā*) *häufiger gr.*

Stadtname; *Einw.* **-niātēs,** *ae m* (*pl. auch* -ēs, (i)um); *adi.* -iēnsis, e.

Apollōnius, *ī m* (*gr.* -os) **1.** A. *Rhodius, Epiker u. Grammatiker um 295–215*; **2.** A. *Molō, gr. Rhetor, Lehrer Ciceros.*

****apologeticum,** *i n* Verteidigung, Verteidigungsschrift. [-schmähen.

apologō 1 (*gr. Fw.*; *Se.*) verwerfen,

apologus, *ī m* (*gr. Fw.*) Erzählung; (äsopische) Fabel, Märchen.

apophorēta, *ōrum n* (*gr. Fw.*; *Ma.*) zum Mitnehmen für die Gäste bestimmte Geschenke.

apoproēgmena, *ōrum n* (*gr. Fw.*; *philos. t.t. der Stoiker*) Zurückgewiesenes, Verwerfliches; *Dinge, die an sich kein Übel sind, aber diesem nahestehen* (*rein lateinisch reducta, rēiectānea*).

aposphrāgisma, *atis n* (*gr. Fw.*; *Pli.*) in den Siegelring eingeschnittenes Bild; Siegel.

****apostata,** *ae m* Abtrünniger.

****apostolicus** 3 apostolisch, Apostel...; *subst.* ~, *i m* Apostel, Papst.

****apostolus,** *i m* Apostel.

apostrophē, *ēs u.* **-a,** *ae f* (*gr. Fw.*; *rhet. t.t.*; *Qu.*) Abkehr (*wenn sich der Redner vom Richter ab- u. dem Gegner zuwendet od. die Zuhörer vom Thema ablenkt*; *rein lat. āversiō*).

apothēca, *ae f* (*gr. Fw.*) Vorratskammer; Weinlager; ** Kramladen, Apotheke.

apparātiō, *ōnis f* (*apparō*) Zurüstung; / Vorbereitung des Redners; Absichtlichkeit.

apparātus[1], *ūs m* (*apparō*) **1.** Vorbereitung, Rüstung zum Kriege; **2.** Werkzeug, Gerät, Kriegsmaschinen; *sacrorum* (*Li.*) Opfergerät; **3.** Prunk; Redeschmuck.

apparātus[2] 3 (*m. comp.*, *sup.*, *adv.*; *apparō*) **1.** (*v. Pers.*; *Pl.*) wohl ausgerüstet; **2.** (*v. Sachen*) prächtig ausgestattet, glänzend [*epulae*].

****apparentia,** *ae f* Erscheinung.

ap-pāreō, *uī*, °*itūrus* 2 **1.** zum Vorschein kommen, sich zeigen, sichtbar werden; **2.** aufwarten, dienen [*consulibus*]; **3. a**) offenkundig, ersichtlich sein, einleuchten [*ex oratione*]; **b**) *impers.* **appāret** es ist klar, es leuchtet ein.

ap-pariō, — — 3 (*Lu.*) erwerben, gewinnen.

appāritiō, *ōnis f* (*appāreō*) **1.** Dienst (-leistung) eines Unterbeamten; **2.** (*coll.*) *pl.* Unterbeamte.

appāritor, *ōris m* (*appāreō*) Unterbeamter, Diener. [Subalterndienst.

appāritūra, *ae f* (*appāreō*; *Suet.*)

ap-parō 1 vorbereiten, sich anschicken *zu* [*bellum, imperata facere*].

appellātiō, *ōnis f* (*appellō*[1]) **1.** Anrede, Ansprache; **2.** (*jur. t.t.*) Berufung *an* [*tribunorum*]; **3.** Benennung, Name, Titel; **4.** Aussprache [*litterarum*]; ** Einspruch.

appellātor, *ōris m* (*appellō*[1]) Berufungskläger. [zu nennen pflegen.

appellitō 1 (*intens. v. appellō*[1]; *Ta.*)

ap-pellō[1] 1 (*ad*; *iter. v. pellō* 3) **1.** ansprechen, anreden, anfahren [*legatos superbius*]; **2.** auffordern, zu verleiten suchen [*ut*; *de proditione*]; **3.** mahnen [*de pecunia*]; **4.** (*meist gerichtlich*) **a**) um Beistand anrufen, appellieren *an* [*praetorem*]; **b**) zur Rede stellen, belangen *wegen* [*damni*]; **5.** namentlich bezeichnen, benennen, titulieren [*Ciceronem patrem patriae*]; P. heißen [*Celtae appellantur*]; **6.** aussprechen [*litteras*]; ** sich wenden *an*; Berufung einlegen.

ap-pellō[2], *pulī, pulsum* 3 **1.** herantreiben, -bewegen [*turres ad opera hostium*]; **2.** ansteuern, anlegen [*naves, classem ad Delum, in insulam*]; *abs. u.* P. landen.

appendicula, *ae f* (-ī-?; *dem. v. appendix*) kleines Anhängsel.

appendix, *icis f* (-īx, -īcis?; *appendō*) Anhängsel, Zugabe; *pl.* (*Li.*) kleinere Truppenkontingente.

ap-pendō, *pendī, pēnsum* 3 zuwägen, auszahlen [*aurum*].

Appennīnus, *ī m* (*stets sg.!*) *die* Apenninen.

appetēns, *entis* (*m. comp.*, *sup.*, *adv.*; *appetō*) begierig *nach* [*gloriae*]; habgierig [*homo*]. [*petītiō.*

appetentia, *ae f* (*appetēns*) = *ap-*

appetītiō, *ōnis f* (*appetō*) *das* Greifen *nach*; Streben, Verlangen, Trachten [*principatus*]; Neigung; ** Sehnsucht, Trieb. [*tiō.*

appetītus, *ūs m* (*appetō*) = *appetī-*

ap-petō, *petīvī, petītum* 3 **1. a**) greifen, langen *nach* [*mammam*]; **b**) / streben, trachten *nach*, erstreben [*regnum*]; **2. a**) aufsuchen, ziehen *nach* [*Europam*]; **b**) (*feindl.*)

losgehen *auf*, anfallen [*ferro filium*]; **3.** *abs.* (*zeitl.*) anbrechen [*dies, lux*].
Appia (via), *ae f Hauptstraße v. Rom nach Brundisium, erbaut v. Appius Claudius Caecus, Zensor 312*; **aqua Appia,** *ae f eine v. ihm angelegte Wasserleitung.*
ap-pingō, *pīnxī, pictum* **1.** (*Ho.*) dazu malen [*delphinum silvis*]; **2.** dazu schreiben.
Appius, *ī m praenomen, bsd.* in *der gens Claudia*; *cf. Claudius u. Appia*; **Forum Appiī** *Marktflecken an der via Appia*; *adi.* Appiānus 3; *subst.* **Appietās,** *ātis f* (*scherzh.*) *der* alte Adel der Appier.
ap-plaudō, *sī, sum* 3 (*dcht., nkl.*) schlagen *mit* [*corpus palmis*]; / Beifall klatschen.
applicātiō, *ōnis f* (*applicō*) Anschluß, *bsd.* an einen Patron; / Zuneigung [*animi*].
ap-plicō, *cāvī, cātum* (*u. cuī, citum*) 1 **1.** anfügen, anlehnen, anschließen [*ratem rati, se ad arborem*]; **2.** landen lassen, anlegen [*naves ad terram*]; *abs.* (*nkl.*) *u.* P. (*dcht.*) landen; **3.** hinrichten, -wenden [*Ho. aures modis*]; se *-are* sich verlegen *auf* [*ad eloquentiam*]; **4.** vereinigen *mit* [*voluptatem ad honestatem*]; se *-are* sich anschließen *an* [*ad amicitiam*].
applōdō = *applaudō.*
ap-plōrō 1 (*nkl., dcht.*) dabei jammern.
ap-pōnō, *posuī, positum* 3 **1.** hinsetzen, -stellen, -legen; (*Speisen*) auftragen; mitgeben [*custodem filio*]; **2.** hinzutun [*vitiis modum*]; °*lucro* als Gewinn anrechnen.
ap-porrēctus 3 (*Ov.*) daneben hingestreckt [*draco*].
ap-portō 1 herzutragen, verursachen [*damnum*]; / mit sich bringen.
ap-poscō, — — 3 (*-ōsc-?*; *dcht.*) dazufordern.
appositiō, *ōnis f* (*appōnō*; *Qu.*) Zusatz.
appositus 3 (*m. comp.* °*sup., adv.*; *appōnō*) **1.** (*nkl.*) naheliegend, benachbart; **2.** / geeignet, brauchbar, geschickt [*menses ad agendum*]; *adv.* **-ē** bequem, geeignet; *subst.* **-um,** *ī n* (*gramm. t.t., Qu.*) Adjektiv; (*rhet. t.t.*; *Qu.*) Epitheton.
ap-pōtus 3 (*Pl.*) angetrunken, betrunken.
ap-precor 1 (*Ho.*) anflehen.
ap-prehendō, *endī, ēnsum* 3 anfassen, ergreifen, festnehmen; in Besitz nehmen; (*v. Redner*) vorbringen.
ap-prīmē *adv.* (*ad* „nahezu"; *adv. prīmē* in höchstem Grade; *unkl.*) vorzüglich, besonders.
ap-primō, *pressī, pressum* 3 (*premō*; *Ta.*) andrücken.
approbātiō, *ōnis f* (*approbō*) Billigung, Zustimmung; Beweis.
approbātor, *ōris m* (*approbō*) jeder, der billigt.
ap-probē *adv.* (*ad* „nahezu"; *Pl.*) ganz gut.
ap-probō 1 **1. a)** billigen, zustimmen, gutheißen; P. Beifall finden; **b)** segnen [*di approbent!*]; **2.** (*nkl.*) zur Zufriedenheit machen [*opus*]; **3.** erweisen, dartun.
ap-prōmittō, — — 1 noch dazu versprechen.
ap-properō 1 **1.** (*trans.*; *nkl., dcht.*) beschleunigen; **2.** (*intr.*) hineilen; sich beeilen.
appropinquātiō, *ōnis f* (*appropinquō*) Annäherung, *das* Nahen.
ap-propinquō 1 sich nähern, nahekommen; / (*zeitl.*) herannahen; bevorstehen; (*v. Pers.*) nahe daran sein *zu* [*ut videat*].
****approximo** 1 sich nähern.
ap-pūgnō 1 (*-ŭ-?*; *Ta.*) angreifen, bestürmen [*castra*].
appulsus, *ūs m* (*appellō*[2]) **1.** Annäherung [*solis*; *Ggs. abscessus*]; **2.** (*nkl.*) Landung *an* [*litoris*]; *pl.* Landungsstellen; **3.** / Einwirkung [*caloris*].
aprīcātiō, *ōnis f* (*aprīcor*) Sonnenbad.
aprīcor 1 (*aprīcus*) sich sonnen.
aprīcus 3 (*m.* °*cvmp.,* °*sup.*; *et. ungeklärt*; *kl. nur 1.*) **1.** von der Sonne beschienen; sonnig; **2.** der Sonnenschein liebend; *subst.* **-um,** *ī n* Sonnenlicht; *in -um* ans Licht.
Aprīlis, e (*et. ungeklärt*) April...; *subst.* ~, *is m* (*sc. mēnsis*) April.
aprū(g)nus 3 (*aper*; *Pl.*) vom Eber [*callum*].
aps... = *abs...*
aptō 1 (*aptus*; *meist nkl., dcht.*) genau anpassen, anfügen; *arma* (*corpori*) Waffen anlegen; / zurechtmachen, instand setzen [*arma*]; ausrüsten, versehen *mit* [*se armis*].
aptus 3 (*m. adv.*; *apiō* 3 „binden, erreichen") **1.** *part.* **a)** (genau) angepaßt, fest anschließend [*calcei ad pedem*]; angeknüpft, hängend *an* [*gladius setā equinā*]; **b)** abhängig *von* [*officium ex honesto*];

verknüpft, verbunden [*omnia inter se*]; **c**) in gutem Zustande [*naves*]; **d**) ausgestattet *mit* [*caelum stellis*]; **2.** *adi.* (*m. comp., sup.*) passend, angemessen, geeignet [*locus ad insidias*].

apud *prp. b. acc.* (*eigtl.* „erreicht habend"; *zu apiō* 3 „binden, erreichen"; *cf. aptus, apīscor*) **1.** (*v. Orte*) bei, in der Nähe von, im Gebiet von [*Plataeas, oppidum*]; *manchmal fast = in b. abl.* zu, auf, in [*forum, °Germanias*]; **2.** (*v. Pers.*) **a**) bei, in der Nähe *von* [*Persas*]; *~ me* in meinem Hause; **b**) (*v. Verhandlungen*) bei, vor, in Gegenwart [*~ iudices verba facere, ~ regem queri, ~ praetorem accusari*]; **c**) (*zeitl.*) bei, z. Z. *von* [*maiores nostros*]; **d**) bei, in den Augen *jds.* [*multum ~ me veterum auctoritas valet*]; **e**) (*b. Verfasser- u. Urhebernamen*) bei, in [*~ Xenophontem Cyrus haec dicit*].

Āpulia *u.* **Āpūlia,** *ae f Landsch. i. Unteritalien; adi. u. Einw. -ulus* (3).

aput = *apud.*

apȳrēnum (*u.* **-inum**), *ī n* (*gr. Fw.* = ohne Kerne) Granatapfel.

aqua, *ae f* (*altl. gen. sg. -āī; cf. nhd.* „Stein-ach") **1. a**) Wasser; *aqua et igni interdicere* ächten [*civi*]; *°aquam terramque petere od. poscere* (= *Sinnbild der Unterwerfung*); *~ haeret* da hapert es; **b**) Meer, See (= *lacus*); *pl.* Hochwasser; °Fluß; °Regen; **c**) Quelle; *pl.* Heilquelle, Bad; **d**) *Aquae Sextiae j.* Aix *i. d. Provence*; °**e**) Tränen; **2.** Wasserleitung; **3.** Wasseruhr; [*°aquam dare* zum Reden Zeit].

aquae-ductus, *ūs m* Wasserleitung.

aquāliculus, *ī m* (*aquālis*) Magen, Schweinemagen.

aquālis, *is m* (*sc. urceus; aqua*) Wasserkrug.

aquārius 3 (*aqua*) Wasser...; *provincia -a* Aufsicht über die Wasserleitungen, Quästur zu Ostia; *°subst.* **~,** *ī m* **1.** Röhrenmeister (*Unterbeamter des Ädils*); Wasserträger; **2.** Wassermann (*Sternbild*).

aquāticus 3 (*nkl. dcht.*) *u.* **aquātilis,** e (*aqua*) im, am Wasser befindlich, lebend; Wasser... [*bestia*]; Regen bringend [*auster*].

aquātiō, *ōnis f* (*aquor*) *das* Wasserholen.

aquātor, *ōris m* (*aquor*) Wasserholer.

aquātus 3 (*aqua*) wässerig; dünn.

aquila, *ae f* (*wohl zu aquilus*) **1.** Adler; °**2.** ~̊ *Sternbild* Adler; **3. a**) Legionsadler; °**b**) *pl.* Giebelfeld *am Tempel des Iuppiter Capitolinus.*

Aquilēia, *ae f St. i. Oberitalien; adi. u. Einw. -ēiēnsis,* (e).

aqui-lex, *legis m* (*aqua; legō* „sammle") Wasserbauingenieur.

aquili-fer, *ferī m* (*aquila, ferō*) Adlerträger.

aquilīnus 3 (*aquila*) Adler...

Aquīl(l)ius 3 *röm. Gentilname: C. ~ Gallus, Redner, Jurist, Freund Ciceros; adi. -iānus* 3.

aquilō, *ōnis m* (*aquilus*) **1.** Nordnordostwind; °Sturm; **2.** Norden.

aquilōnius 3 (*aquilō*) nördlich.

aquilus 3 (*wohl zu aqua*) schwärzlich, dunkelbraun.

Aquīnum, *ī n St. in Latium, Geburtsort Juvenals, bekannt durch Purpurfärbereien, j.* Aquino; *adi. u. Einw. -īnās, ātis.*

Aquītānī, *ōrum m* (*iberische*) *Bewohner v.* **Aquītānia,** *ae f Landschaft im sw. Gallien; adi. -ānus* 3.

aquor 1 (*aqua*) Wasser holen.

aquōsus 3 (*m. comp., sup.; aqua*) wasserreich; regnerisch [*hiems*]; *mater -a* = Thetis; / wasserhell.

aquula, *ae f* (*dem. v. aqua*) **1.** Wässerchen; °**2.** etw. Wasser.

āra, *ae f* (*altl. āsa; cf. āreō*) **1.** Altar; **2.** Erhöhung, Gerüst, Denkmal [*°sepulcri* Scheiterhaufen]; *Āra Ubiōrum, später Colōnia Agrippinēnsis* Köln; *~ Pācis s. pāx*[1]; **3.** / **a**) Zufluchtsstätte, Schutz [*legum*]; °**b**) *ein Sternbild.*

arabarchēs, *ae m* (*gr. Fw.*) Oberzolleinnehmer (*Magistrat in Ägypten; scherzh.* = Pompejus).

Arabia, *ae f* (*im Vers auch Ā-*) Arabien; *im Altertum eingeteilt in ~ Eudaemōn od. Fēlīx, ~ Petraea u. ~ Dēserta* (*Wüste*); *Einw.* **Arabs,** *is m* (*pl. -es u. -ī*); *adi. -i(c)us* 3.

****arabilis,** e pflügbar; *terra non arabilis* unantastbar (= Maria).

Arachnē, *ēs f* (~̊ *gr. Fw.* = Spinne) *lydische Spinnerin, von Athene in eine Spinne verwandelt.*

arānea, *ae f* (*arāneus*) Spinne; Spinngewebe.

arāneola, *ae f u.* (*Ve.*) **-us,** *ī m* (*dem. v. arānea*) kleine Spinne.

arāneōsus 3 (*arāneus*) voll Spinngewebe.

arāneus 3 (*cf.* *Arachnē*) zur Spinne gehörig; *subst.* ~, *ī m* Spinne; **-um,** *ī n* Spinnengewebe.

Arar, *is m* (*acc.* *-im,* *abl.* *-ī*) *Fl. in Gallien, j.* Saône.

arātiō, *ōnis f* (*arō*) *das* Pflügen, Ackerbau; Ackerland; (*pl.*) Pachtgüter, Domänen.

arātiuncula, *ae f* (*dem. v. arātiō*) Äckerchen.

arātor, *ōris m* (*arō*) **1.** Pflüger, Bauer; **2.** Domänenpächter; °**3.** *adi.* Pflug... [*taurus*].

arātrum, *ī n* (*arō*) Pflug; ** Stück Land.

Arātus, *ī m* (*gr.* Arātos) **1.** *gr. Feldherr aus Sikyon, Stifter des Achäischen Bundes;* **2.** *Vfssr. eines astronom. Lehrgedichts* (*um 270*), *das Cicero übersetzte*; *adi.* *-ius* 3.

arbiter, *trī m* (*ad*; *baetō*; „der (als Zeuge) Hinzutretende") **1.** Augenzeuge; **2.** Schiedsrichter; **3.** / (*nkl.*, *dcht.*) Richter; Gebieter, Herr [*bibendi* Symposiarch, Präside].

arbitra, *ae f* (*arbiter*; *nkl.*, *dcht.*) Zeugin, Mitwisserin, Richterin.

arbitrārius 3 (*arbiter*; *Pl.*) willkürlich; *adv.* **-ō** vermutlich.

arbitrātus, *ūs m* (*arbitror*; *kl. nur abl. sg.*) freier Wille, unbeschränkte Vollmacht, Belieben, Ermessen [*suo arbitratu vivere*].

arbitrium, *ī n* (*arbiter*) **1.** (*Se.*) *das* Dabeisein, Gegenwart; **2.** Schiedsspruch *über* [*pecuniae incertae*]; **3. a**) freies Ermessen *über* [*pacis et belli*]; Belieben, Gutdünken; **b**) (*willkürliche*) Verfügung, Bestimmung [°*salis vendendi* des Salzpreises; *pl.* *funeris* Leichengebühren]; **4.** Herrschaft, unbeschränkte Macht [*Iovis*]; *sui arbitrii* esse sein freier Herr sein.

arbitror (*selten* **-ō**) 1 (*arbiter*) **1.** (*Com.*) beobachten, belauschen; **2.** erachten, dafürhalten, meinen, glauben.

arbitum = *arbutum.*

arbor *u.* (*dcht.*) **-ōs,** *oris f* (*cf. arduus*) **1.** Baum; (*Sa.*) Baumbestand; **2.** (*dcht.*) Mast, Ruder, Schiff; **3.** Galgen [*infelix*]; ** Kreuz.

arboreus 3 (*arbor*; *dcht.*) vom Baum, Baum...; / baumähnlich: baumlang, verästelt [*cornua*].

arbōs *s. arbor.*

arbuscula, *ae f* (*dem. v. arbōs*; [*unkl.*) Bäumchen.

arbustus 3 (*arbōs*) mit Bäumen bepflanzt; *subst.* **-um,** *ī n* Baumpflanzung, Weingarten; °Buschwerk.

arbuteus 3 (*arbutus*; *dcht.*) vom Erdbeerbaum.

arbutum, *ī n* (*arbutus*; *dcht.*) Frucht des Erdbeerbaumes, Meerkirsche; *pl.* Laub des E.

arbutus, *ī f* (*et. ungedeutet*; *Ve.*) Erdbeerbaum.

arca[1], *ae f* (*cf. arceō*) (Geld-) Kasten, Lade; / Kasse; Gefängniszelle; (*nkl.*; *dcht.*) Sarg; ** Arche; *dominica* Bundeslade; *ventris* Mutterleib.

****arca**[2], *ae f* Brückenbogen.

Arcades, -ia, -i(c)us *s. Arcas.*

arcānus 3 (*arca*[1]; „verschlossen") **1.** (*dcht.*) verschwiegen; **2.** geheim, heimlich; geheimnisvoll; *subst.* **-um,** *ī n* (*meist pl.*; *nkl.*, *dcht.*) Geheimnis; *adv.* **-ō** insgeheim, heimlich; ** *subst.* **-um,** *ī n* Geheimfach.

Arcas, *adis m* (*gr.* -kas) *Sohn des Zeus u. der Kallisto*; *Stammvater der* **Arcades,** *um m Bew. v.* **Arcadia,** *ae f* (*gr.* -kadiā), *der mittleren Landsch. d. Peloponnes*; *adi.* *-i(c)us* 3.

arceō, *uī,* — 2 √ *ark- „abschließen" **1.** eindämmen, in Schranken halten; **2. a**) ab-, fernhalten *von* [*templo, ab iniuria*]; **b**) hindern [*nkl., dcht.*: ne; *inf.*]; **c**) bewahren, schützen *vor* [*classes aquilonibus*].

arcessītor, *ōris m* (*arcessō*; „*der* Herbeirufer") Ruhestörer.

arcessītus, *abl. ū m* (*arcessō*) *das* Herbeirufen; *ipsius -u* auf seine Einladung (hin).

arcessō, *īvī* (*nkl.* *-ī*), *ītum* 3 (*vl. zu accēdō*: „ich will an jd. herantreten") **1. a**) herbeirufen, kommen lassen; **b**) (*jur. t.t.*) vor Gericht fordern, anklagen [*capitis, crimine, ambitūs*]; **2.** holen, sich verschaffen; herholen [*Te.*: *virginem*; *Ve.*: *manes coniugis* aus der Unterwelt]; **3.** (*einen Gedanken usw.*) von irgendwo hernehmen, heranziehen [*argumentum*]; *P.P.P.* *adi.* **arcessītus** 3 gesucht, forciert [*dictum*].

****archangelus,** *ī m* Erzengel.

archetypus 3 (*gr. Fw.*; *nkl.*, *dcht.*) Original...; *subst.* **-um,** *ī n* Urbild, Original; ** Vorbild, Modell.

****archiantistes,** *itis m* Erzbischof.

Archiās, *ae m* (*gr.* -iās) **1.** *A. Li-*

cinius ~ *gr. Dichter, v. Cicero verteidigt*; **2.** *Tischler in Rom*; *adi.* *-iacus* 3 [*Ho.*: *lecti -i* kleine Speisesofas]. [kanzler.]

****archicancellarius,** *i m* Erz-

archiclīnicus, *ī m* (*gr. Fw.*; *Ma.*) Obertotengräber.

****archidiaconus,** *i m* Archidiakon.

****archidux,** *cis m* Erzherzog. [lich.]

****archiepiscopalis,** *e* erzbischöf-

****archiepiscopus,** *i m* Erzbischof.

Archilochus, *ī m* (*gr.* -os) *griech. Jambendichter um 650*; *adi.* **-chīus** 3 beißend, scharf. [Küchenmeister.]

archimagīrus, *ī m* (*gr. Fw.*; *Ju.*)

****archimandrita,** *ae m Vorsteher eines griech. Klosters.*

Archimēdēs, *is m Mathematiker in Syrakus, † 212.*

archimīmus, *ī m* (*gr. Fw.*; *nkl.*) Hauptdarsteller im Mimus.

archipīrāta, *ae m* (*gr. Fw.*) Seeräuberhauptmann.

****archipoeta,** *ae m* Erzpoet.

****archisynagogus,** *i m* Synagogenvorsteher. [des Baumeisters.]

architecticus 3 (*architectus*; *Pl.*)

architectōn, *onis m* (*gr. Fw.*; *Pl.*, *nkl.*) Baumeister; / Ränkeschmied.

architectonicē, *ēs f* (*gr. Fw.*; *Qu.*) Baukunst.

architector 1 (*architectus*) **1.** (*nkl.*) bauen; **2.** / künstlich schaffen.

architectūra, *ae f* (*architectus*) Baukunst.

architectus, *ī m* (*gr. Lw.*) Baumeister; / Schöpfer; Anstifter.

archōn, *ontis m* (*gr. Fw.*) Archont (*einer der 9 höchsten athen. Beamten*).

arci-tenēns, *entis* (*arcus, teneō*; *dcht.*) **1.** *adi.* bogenführend; *deus* = Apollo; **2.** *subst. m Sternbild des Schützen.*

Arctophylax, *acis m* (*gr.* -ktophylax) „Bärenhüter" (*Sternbild* = *Boōtēs*).

Arctos, *ī f* (*gr.* -kt-; *acc. sg.* *-on*; *nom. pl.* *-oe*) Bärin *als Sternbild* (*meist pl.* Großer u. Kleiner Bär); / (*dcht.*) Norden, Nacht; *adi.* **-ōus** 3 (*Ma.*) nördlich.

Arctūrus, *ī m* (*gr.* -ktūros) „Bärenhüter": **1.** *hellster Stern im Boōtēs*; **2.** (*Ve.*) = *Boōtēs*.

arcuātus 3 (*arcuō* krümmen; *nkl.*) bogenförmig gewölbt [*currus*].

arcula, *ae f* (*dem. v. arca*) Kästchen (*für Schmuck und Farben*).

arculārius, *ī m* (*arcula*; *Pl.*) Schmuckkästchenmacher.

arcus, *ūs m* (*gen. sg. altl. arquī*; *dat.*, *abl. pl.* *-ubus*; *cf. got.* arhwazna „Pfeil") **1.** Bogen (*Waffe*); **2.** Regenbogen [*pluvius*]; **3.** (*nkl.*, *Ju.*) Schwibbogen; Triumphbogen [*tropaea arcusque*]; Ehrenbogen [*marmoreus*]; **4.** (*nkl.*, *dcht.*) Krümmung, Wölbung, Windung [*aquarum*]; *quinque -us die* fünf Himmelszonen.

ardaliō, *ōnis m* (*gr. Lw.*; *dcht.*) geschäftiger Nichtstuer; Schlemmer.

ardea[1], *ae f* (√ *arōd-; *Ve.*) Reiher.

Ardea[2], *ae f St. der Rutuler in Latium*; *adi. u. Einw.* *-eās, ātis*; *adi.* *-eātīnus* 3 [*foedus -um* mit A.].

ārdēns, *entis* (*ā-?*; *m. comp.*, °*sup.*, *adv.*; *ārdeō*) **1.** brennend, glühend, heiß [*fax*]; **2.** / **a**) brennend [*sitis*]; **b**) (*dcht.*) funkelnd [*oculi*]; **c**) glühend [*odium*]; feurig [*oratio*]; leidenschaftlich [*amor*].

ārdeō, *ārsī, ārsum* 2 (*ā-?*; *āridus*) brennen, in Flammen aufgehen [*domus*]; / blitzen [*oculi*]; glühen, entbrannt sein; heiß verliebt sein [(*in*) *virgine*(*m*)]; in hellem Aufruhr stehen [*Syria bello*].

ārdēscō, *ārsī*, — 3 (*ā-?*; *incoh. v. ārdeō*; *nkl.*, *dcht.*) entbrennen, in Brand geraten; / glühen, leuchten; auflodern.

ārdor, *ōris m* (*ā-?*; *ārdeō*) Brand; Glut; °*pl.* heiße Zone; / *das* Glühen, Leuchten, Blitzen; (*geistig*) Glut, Feuer, Begeisterung; Gier, Leidenschaft; (*dcht.*) Liebesglut; geliebte Person, Flamme.

Arduenna, *ae f* (*silva*) *die* Ardennen.

arduus 3 (*kl. comp. u. sup. m. magis u. maximē umschrieben*; *cf. Arduenna*) steil; hochragend; / schwierig, beschwerlich, lästig; *res -ae* Mißgeschick; *subst.* **-um,** *ī n* (*nkl.*, *dcht.*) steile Höhe; / Schwierigkeit.

ārea, *ae f* (*āreō*; *ab 1b meist nkl.*, *dcht.*) freier Platz: **1. a**) Bauplatz; **b**) Hofraum, Impluvium; **c**) öffentlicher Platz; **d**) Spielplatz; **e**) Rennbahn (*im Zirkus*); **f**) Tenne; / **2. a**) (*geom. t.t.*) Fläche, Ebene; **b**) Glatze; **3.** Betätigungsfeld; Laufbahn; Gebiet.

Arecomicī *s. Volcae.*

āre-faciō, *fēcī, factum* 3; P. *-fīō, factus sum, fierī u. fīerī* (*u. ārē-*; *unkl.*) trocknen.

Arelāte, *is n St. a. d. Rhone, j.* Arles.

Aremoricae cīvitātēs (*im Vers* Arē-; *kelt.* = „am Meer") *Küstenvölker in Bretagne u. Normandie.*

arēna *u.* **harēna,** *ae f* (*et. ungedeutet*) **1.** Sand; °*pl.* Sandkörner, -massen; **2. a**) sandiger Ort; (*nkl.*) Sandwüste [*Libycae*]; **b**) (*dcht.*) Sandstrand; **3.** (*nkl., dcht.*) Arena, Kampfplatz *im Amphitheater*; **4.** (*nkl.*) / Tummel-, Schauplatz.

arēnāria, *ae f* (*u. ha...*; *sc. fodīna* Grube; *arēna*) Sandgrube.

arēnōsus 3 (*u. ha...*; *m. comp., sup.*; *arēna*; *nkl., dcht.*) sandig.

ārēns, *entis* (*āreō*; *nkl., dcht.*) trocken, dürr; / lechzend [*faux*]; *subst.* **ārentia,** *ium n* Sandwüste.

āreō, *uī,* — 2 (*cf. āridus*; *nhd.* „Asche"; *unkl.*) trocken, dürr sein; / (*vor Durst*) lechzen.

āreola, *ae f* (*dem. v. ārea*; *Pli.*) kleiner freier Platz.

Arēopagus *u.* **Arīo-,** *ī m* (*gr.* Areios pagos) *Areshügel in Athen*; *der dort tagende oberste Gerichtshof*; **-gītēs,** *ae m Mitglied des Areopags*; / (*spöttisch*) unparteiischer Richter.

ārēscō, *āruī,* — 3 (*incoh. v. āreō*) (ver)trocknen, versiegen.

aretālogus, *ī m* (*gr. Fw.*; *Suet., Ju.*) Tugendschwätzer, Aufschneider.

Arethūsa, *ae f* (*gr.* Arę-) *Quelle b. Syrakus*; *adi.* -*ūsis, idis.*

Arēus 3 (*gr.* Arēios) *des* Ares; *-um iudicium* (*Ta.*) = Areopag.

Argēī, *ōrum m* (*Ov.*) **1.** (*24*) *Sühneopferkapellen in Rom*; **2.** (*24*) *Menschenfiguren aus Binsen, die jährlich am 15. Mai von der Pfahlbrücke in den Tiber gestürzt wurden.*

argentārius (*argentum*) **1.** *adi.* 3 (*Com., nkl.*) Silber..., Geld...; *taberna* Wechselbude, -geschäft; **2.** *subst.* ~, *ī m* Wechsler, Bankier; ** Silberschmied; **-ia,** *ae f* **a**) (*sc. fodīna* Bergwerk; *Li.*) Silbergrube; **b**) (*sc. taberna*; *Pl., Li.*) Wechselbude, Bank; **c**) (*sc. ars*) Wechselgeschäft, Geldgeschäft.

argentātus 3 (*argentum*; *unkl.*) **1.** mit Silber beschlagen; *milites* mit silberbeschlagenen Schilden; **2.** mit Geld versehen.

argenteolus 3 (*dem. v. argenteus*; *Pl.*) fein in Silber gearbeitet.

argenteus 3 (*argentum*) **1.** silbern; / *proles* (*Ov.*) des silbernen Zeitalters; **2.** versilbert; (*Li.*) mit Silber verziert, beschlagen, eingelegt; **3.** (*dcht.*) silberweiß [*fons*]; *subst.* **-us,** *ī m* (*nkl.*) Silberdenar.

argentum, *ī n* (*cf.*: *gall.* Argentorātus „Straßburg"; *arguō*) Silber; Silbergeschirr; Silbergeld, Geld; *vivum* (*nkl.*) Quecksilber.

argentumexterebrōnidēs, *ae m* (*argentum, exterebrō*; *Pl.*) *scherzh.* = Erpresser.

argestēs, *ae m* (*gr. Fw.*) West-südwestwind.

Argēus, Argī *s. Argos.*

Argīlētum, *ī n* (*vl. v. argilla*; *später als* Argī lētum *gedeutet*) *Straße in Rom, nördl. v. Forum*; *adi.* -*tānus* 3.

argilla, *ae f* (-ī-?; *gr. Fw.*) weißer Ton.

Arginūs(s)ae, *ārum f* (*gr.* -ai) *Inseln bei Lesbos* (*Schlacht 406*).

argītis, (*id*)*is f* (*gr. Fw.*; *Ve.*) weiße Rebe.

Argō, *ūs f* (*acc., abl.* -*ō*; *gr.* -ǭ) *Schiff, auf dem die Argonautae, ārum m* (*Jason u. seine Gefährten*) *nach Kolchis segelten, um das goldene Vlies zu holen*; *adi.* -*gōus* 3.

Argolis, *idis f* (*gr.* -lịs) *Landsch. auf d. Peloponnes*; *adi.* ~, *idis u.* -*golicus* 3 argivisch; (*dcht.*) griechisch.

Argos *n* (*nur nom. u. acc., sonst*) **Argī,** *ōrum m Hauptst. v. Argolis*; *adi.* -*gēus,* -*gīus,* -*gus,* -*gīvus* 3 argivisch, (*dcht.*) griechisch; *subst.* **-gīvus,** *ī m* Argiver; (*dcht.*) Grieche.

argūmentātiō, *ōnis f* (*argūmentor*) Beweisführung.

argūmentor 1 (*argūmentum*) **1.** (*intr.*) den Beweis führen; **2.** (*trans.*) als Beweis anführen.

argūmentōsus 3 (*argūmentum*; *Qu.*) reich an Stoff; ** geschickt, schlau.

argūmentum, *ī n* (*arguō*) Mittel der Veranschaulichung: **1. a**) Beweis(mittel), Grund; **b**) Kennzeichen, Merkmal; **2. a**) Geschichte, Fabel, Erzählung; Gedicht; Darstellung; Theaterstück; **b**) bildliche Darstellung, Bild; **3.** Fabel, Stoff, Inhalt.

arguō, *uī, ūtum* 3 („hell machen"; *cf. argentum*) **1.** klar darstellen, erweisen; **2.** (*nkl., dcht.*) als verkehrt erweisen [*legem*]; **3. a**) beschuldigen, anklagen [*facinoris,* (*de*) *crimine*]; **b**) (*nkl.*) rügen [*culpam*].

Argus[1] 3 *s. Argos.*

Argus², *ī m (gr. -os) der hundertäugige Wächter der Io.*

argūtātiō, *ōnis f (argūtor; Ca.) das* Knarren [*lecti*].

argūtiae, *ārum f (argūtus) das* Ausdrucksvolle [*digitorum*]; / Scharfsinn, Feinheit, Witz; Spitzfindigkeit, Kniffe.

argūtor *u.* **-ō** 1 (*argūtus; unkl.*) [vorschwatzen.]

argūtulus 3 (*dem. v. argūtus*) ziemlich scharfsinnig.

argūtus 3 (*m. comp., sup., adv.; arguō*) **1. a)** scharf ausgeprägt; unzweideutig [*omen*]; **b)** ausdrucksvoll, lebhaft [*oculi*]; °**c)** helltönend; liederreich; zwitschernd; kreischend; geschwätzig; **d)** (*Ma.*) penetrant [*odor*]; **2. a)** geistreich, scharfsinnig, witzig; **b)** (*dcht.*) pfiffig, schlau.

argyraspides, *um m (gr. Fw.; nkl.)* „Silberschildträger" (*makedon. Elitetruppe*).

Argyripa, *verderbte Form des gr. Siedlungsnamens für das spätere Arpī; s. d.*

Ariadnē, *ēs u.* **-na**, *ae f Tochter des Minos; adi. -nēus (u. -naeus) 3.*

Arīcia, *ae f alte St. a. d. via Appia mit Tempel u. Hain d. Diana u. des Hippolytus Virbius, j.* Ariccia; *adi. u. Einw. -īcīnus (3).*

āridulus 3 (*dem. v. āridus; Ca.*) [etw. trocken.]

āridus 3 (*m. °comp., °sup.; āreō*) **1.** trocken, dürr; **2.** / **a)** (*dcht.*) heiß, brennend [*febris*]; **b)** mager; **c)** dürftig; **d)** trocken, langweilig [*genus orationis*]; **3.** *subst.* **-um**, *ī n das* Trockene.

ariēs (-ĕ-?), *etis m (im Vers auch arjēs, arjetis usw. gespr.)* **1. a)** Widder, Schafbock; °**b)** *Sternbild* Widder; **2.** / (*mil. t.t.*) Sturmbock, Mauerbrecher; Wellenbrecher.

arietō 1 (*ariēs*) **1.** (*vom Widder*) stoßen; **2.** / **a)** (*trans.*) niederstoßen; **b)** (*intr.*) anstürmen.

Arīminum, *ī n St. (j.* Rimini) *u. Fl. in Umbrien; adi. u. Einw. -nēnsis (e).*

ariolus, ariolor *s. hariolus usw.*

Arīōn, *onis m Dichter u. Sänger aus Methymna auf Lesbos; adi. -onius 3.*

Ariovistus, *ī m Suebenkönig, 72–58 Herr in Gallien.*

****arismetica** (*-trica*), *ae f (ars)* [Arithmetik.]

arista, *ae f (wahrsch. etr. Lw.)* **1.** Granne; **2.** (*nkl., dcht.*) Ähre; Ährenfrucht.

Aristarchus, *ī m (gr. -istarchos) ber. alexandrinischer Philologe (Homerrezension um 170);* / strenger Kritiker.

Aristīdēs, *is u. -ī m (gr. -eidēs)* **1.** *aus Athen, Gegner des Themistokles;* **2.** *aus Milet, Vfssr. schlüpfriger Novellen (Mīlēsiaca).*

Aristippus, *ī m (gr. -istippos) aus Kyrene, Schüler des Sokrates, Gründer der kyrenäischen Schule; adi. -ippēus 3.*

Aristius Fuscus, *ī m Dichter, Rhetor u. Grammatiker, Freund des Horaz.*

Aristogītōn, *onis m (gr. -geitōn) Mörder des Tyrannen Hipparch (514).*

aristolochia, *ae f (gr. Fw.)* Osterluzei.

Aristophanēs, *is m (gr. -phanēs)* **1.** *größter Dichter der alten attischen Komödie, † 388; adi. -nēus u. -nīus* 3; **2.** *aus Byzanz, alexandrinischer Philologe, Lehrer Aristarchs, um 230.*

Aristotelēs, *is u. ī m (gr. -telēs) aus Stagira i. Makedonien, Schüler Platos, Lehrer Alexanders d. Gr.; Gründer der peripatetischen Schule; adi. -lēus u. -līus 3.*

Aristoxenus, *ī m (gr. -os) aus Tarent, Philosoph u. Musiker, Schüler des Aristoteles.*

Aristus, *ī m (gr. Aristos) Akademiker in Athen, Freund Ciceros.*

arithmētica, *ōrum n (gr. Fw.)* Arithmetik; *nkl. auch* ~, *ae f.*

āritūdō, *inis f (āreō; Pl.)* Trockenheit.

arma, *ōrum n* („Gefügtes") **1. a)** Gerät(e), Werkzeug; Baugerät; Schiffsgerät, Takelwerk; °**b)** Ackergerät; Gerät zum Backen, Haarschneiden *usw.*; **2.** Kriegsgerät, Waffen; ~ *atque tela* Schutz- u. Trutzwaffen; *vi et -is* mit Waffengewalt; **3.** / **a)** Krieg; **b)** Waffenmacht; **c)** Bewaffnete, Krieger; **d)** (geistige) Waffen, Hilfsmittel *gegen* [*senectutis*].

armamaxa, *ae f (gr. Fw.; Cu.)* pers. Reisewagen.

armāmenta, *ōrum n (armō)* Takelwerk.

armāmentārium, *ī n (armāmenta)* Zeughaus; Arsenal.

armāriolum, *ī n (dem. v. armārium; Pl.)* Schränkchen.

armārium, *ī n (arma)* Schrank; ** Bücherschrank, -regal; *pl.* Archiv, Bibliothek; **-ius**, *i m* Bibliothekar, Archivar.

armātūra, *ae f* (*armō*) Waffengattung; Bewaffnete.

armātus[1], *abl.* -*ū m* (*armō*; *nkl.*) = [*armātūra*.]

armātus[2] 3 (*m. sup.*; *armō*) bewaffnet; (*geistig*) gewappnet; *subst.* **-ī,** *ōrum m* Soldaten.

Armenia, *ae f* (*gr.* -*iā*) *Hochland Asiens*; *adi. u. Einw.* -*menius* (3).

armentālis, e (*armentum*; *Ve.*) in Herden weidend.

armentārius, *ī m* (*armentum*; *unkl.*) Rinderhirt.

armentum, *ī n* (*vl.* „Zusammenfügung"; *cf. arma*) **1.** (*nkl.*) Viehherde; **2.** (*pl.*) Großvieh (Rinder u. Pferde).

armi-fer, *era, erum* (*arma, ferō*; *Ov.*) waffentragend; kriegerisch.

armi-ger, *era, erum* (*arma, gerō*) **1.** (*nkl.*) waffentragend; **2.** (*Pr.*) Bewaffnete hervorbringend; *subst.* **~,** *ī m* **1.** Waffenträger (-*era, ae f* (*Ov.*) -in = Diana); Schildknappe; **2.** (*Cu.*) Leibwächter.

armilla, *ae f* (*dem. v. armus*) Armband, -spange; ** Spange.

armillātus 3 (*armilla*; *nkl., dcht.*) mit Armspangen geschmückt; ** bewehrt.

Armi-lūstrum, *ī n* (*arma, lūstrum*[2]) *Platz auf dem Aventin, auf dem man jährlich die Waffenweihe* (*armilūstrium*) *beging.*

Arminius, *ī m Cheruskerfürst, „Befreier Deutschlands"* (*9 n. Chr.*).

armi-potēns, *entis* (*arma*; *dcht.*) waffenmächtig.

armi-sonus 3 (*arma, sonō*; *Ve.*) [waffenklirrend.]

armō 1 (*arma*) **1.** mit Geräten versehen, auftakeln [*naves*]; **2.** zum Kampfe rüsten, bewaffnen, wappnen; **3.** / versehen, ausstatten *mit* [*auctoritate*].

armus, *ī m* (*cf. nhd.* „Arm"; *dcht., nkl.*) Oberarm, Schulterblatt; Vorderbug; *pl.* Flanken [*equi*].

Arnus, *ī m der* Arno; *adi.* -*iēnsis*, e.

arō 1 (*cf. got.* arjan „pflügen") **1. a**) *trans.* pflügen; **b**) *abs.* Ackerbau treiben; **2.** / (*dcht.*) durchfurchen, -fahren [*latum aequor*]; *frontem rugis* die Stirn runzeln.

****aroma,** *atis n* Wohlgeruch; Gewürz, Spezerei; *adi.* -*maticus* 3 wohlriechend.

****aromatizo** 1 duften; einbalsa-[mieren.]

Arpī, *ōrum m* (*dcht. Argyripa, ae f*; *angebl. verderbt aus gr.* Argos hippion) *St. i. Apulien*; *adi. u. Einw.* -*īnus* (3).

Arpīnum, *ī n St. i. Latium, Geburtsort v. Cicero u. Marius, j.* Arpino; *adi.* -*pīnus* 3; *chartae -ae* Ciceros Schriften; *adi. u. Einw.* -*pīnās, ātis* (*m*) (*subst. n Landgut Ciceros b. A.*).

arquātus 3 (*arcuō* 1 „krümmen"; *nkl.*) regenbogenfarbig; *subst.* **~,** *ī m* (*Lu.*) ein an Gelbsucht Erkrankter; *cf. arcuātus.*

arqui-tenēns = *arcitenēns.*

arrabō, *ōnis m* (*gr., aus dem Hebräischen stammendes Fw.*; *Com.*) Handgeld; ** Unterpfand, Kaufgeld.

arrēctus 3 (*m. comp.*; *arrigō*; *Li.*) emporgerichtet, steil.

ar-rēpō, *psī, ptum* 3 herankriechen, -schleichen.

****arrepticius** 3 begeistert; besessen.

Arrētium, *ī n St. in Etrurien, j.* Arezzo; *adi. u. Einw.* -*tīnus* (3).

ar-rīdeō, *rīsī, rīsum* 2 **1.** (*nkl., dcht.*) mitlachen [*ridentibus*]; **2. a**) (*nkl., dcht.*) zu-, anlächeln [*notis*]; **b**) belächeln [*quid*]; **3.** / gefallen [*amicis*].

ar-rigō, *rēxī, rēctum* 3 (*regō*; *unkl.*) auf-, emporrichten; *in digitos arrectus* auf den Zehen; geil sein *auf* [*ad puellas*]; / in Spannung versetzen; erheben, anfeuern.

ar-ripiō, *ripuī, reptum* 3 (*rapiō*) **1.** an sich reißen, erraffen, zusammenraffen; **2.** (*dcht., nkl.*) angreifen, überfallen [*castra*]; **3.** (*Li.*) verhaften, vor Gericht schleppen; **4. a**) / sich aneignen, schnell benutzen [*occasionem*]; **b**) (*geistig*) erfassen; **5.** *sibi -ere* sich anmaßen [*imperium, cognomen*].

arrīsor, *ōris m* (*arrīdeō*; *Se.*) der stets lächelt; Schmarotzer.

ar-rōdō, *sī, sum* 3 an-, benagen.

arrogāns, *antis* (*m.* °*comp.*, °*sup.*, *adv.*; *arrogō*) anmaßend, hochmütig.

arrogantia, *ae f* (*arrogāns*) Anmaßung, Hochmut, Dünkel.

ar-rogō 1 **1.** (*Pl.*) noch einmal fragen *nach* [*haec te*]; **2.** (*Li.*) einem Beamten einen andern beigeben; **3.** (*dcht.*) verschaffen [*decus*]; **4.** *sibi -are* sich anmaßen [*nomen*].

arrōsor, *ōris m* (*arrōdō*; *Se.*) Schmarotzer.

Arrūns, *untis m etr. Vorname der nachgeborenen Söhne.*

ars, *artis f* (*cf. nhd.* „Art") **1.** Geschick(lichkeit), Handfertigkeit; **2.**

Handwerk, Gewerbe; **3.** *sg.* Kunst, Wissenschaft; *carminis* (*Ho.*) Dichtkunst; *pl. die* schönen Künste u. Wissenschaften [*ingenuae, liberales, optimae*]; **4. a**) Kunstlehre, wissenschaftliches System, Theorie; **b**) Lehrbuch einer Kunst, Wissenschaft; **c**) Kunstwerk; Kunstwert; **d**) ♀ (*dcht.*)Muse [*Artium chorus*]; **5. a**) Eigenschaft, Bestrebung; *pl.* Mittel, Wege, Verfahren; **b**) (*nkl., dcht.*) Kunstgriffe, Ränke; **c**) (*nkl., dcht.*) erkünsteltes Wesen.

Arsacēs, *is m* (*gr.* -sąkēs) *Stifter der parthischen Dynastie der* **Arsacidae,** *ārum m* Arsakiden; *adi.* -*sacius* 3.

arsis, *is f* (*acc.* -*in*; *gr. Fw.*; *metr. t.t.*) Arsis, Hebung (*des Fußes zur Bezeichnung des schwachen, spätl. der Stimme zur Bezeichnung des starken Taktteils*; *cf.* thesis).

Artaxerxēs, *is m persischer Königsname.*

Artemīsium, *ī n* (*gr.* -on) *nördliches Vorgebirge Euböas.*

artēria, *ae f* (*gr. Fw.*) **1.** Luftröhre [*aspera*]; **2.** Schlagader, Arterie.

arthrīticus 3 (*gr. Fw.*) gichtkrank, gichtig.

articulāris, e (*articulus*; *nkl.*) die Gelenke betreffend.

articulātim *adv.* (*articulus*) **1.** (*dcht.*) gliedweise, Stück für Stück; **2.** / gegliedert, Punkt für Punkt.

articulō 1 (*articulus*; *Lu.*) deutlich aussprechen, artikulieren.

articulus, *ī m* (*dem. v. artus*[1]) **1. a**) Gelenk, Knöchel; Fingerglied; **b**) (*b. Pflanzen*) Knoten; **2.** / **a**) (*v. d. Rede*) Teil, Abschnitt; **b**) (*gramm. t.t.*; *Qu.*) Artikel; **c**) (*v. d. Zeit*) Wendepunkt; **d**) (*nkl.*) Abschnitt, Absatz, Punkt; Stufe; ** Grundsatz, Satz.

artifex, *ficis* (*ars, faciō*) **1.** *adi.* **a**) *act.* kunstfertig, geschickt; **b**) *pass.* (*dcht.*) kunstgerecht; *equus* dressiert, zugeritten; **2.** *subst. m f* Künstler(in), Meister; Schöpfer [*mundi*]; Urheber; (*dcht.*) Schelm, Betrüger.

****artificialis,** e künstlich; künstlerisch.

artificiōsus 3 (*m.* °*comp., sup., adv.*; *artificium*) kunstfertig; kunstgerecht, kunstvoll; *adv.* **-ē** schlau.

artificium, *ī n* (*artifex*) **1.** Handwerk, Gewerbe, Kunst; **2.** Kunstwerk; **3.** Kunstfertigkeit, Geschicklichkeit; **4.** Kunstlehre, Theorie; **5.** Kunstgriff, Kniff; Schlauheit.

artō 1 (*artus*[2]; *unkl.*) einengen; beschränken; knapp zumessen.

artolaganus, *ī m* (*gr. Fw.*) Brotkuchen.

artopta, *ae m* (*gr. Fw.*; *dcht.*) Brotbäcker (*Backform*).

artus[1], *ūs m* (*pl. Pl.* -*ua*-; *dat., abl.* -*ubus*; *cf. arma*) Gelenk; (*pl.*) Glieder.

artus[2] 3 (*m. comp., sup., adv.*; *cf. artus*[1]) eng zusammengedrängt, dicht, fest [*vinculum*]; / fest [*somnus*], innig [*familiaritas*], knapp, beschränkt; (*nkl., dcht.*) mißlich [*res*]; *subst.* **-um,** *ī n* (*nkl.*) enger Raum, Gedränge; / mißliche Lage.

artūtus 3 (*artus*[1]) starkgliedrig.

ārula, *ae f* (*dem. v. āra*) kleiner Altar.

arund... = *harund...*

aruspex = *haruspex.*

arvālis, e (*arvum*; *M. A.*) Flur... [*fratres* -es Arvalbrüder, *Kollegium v. 12 röm. Priestern, die am 1. Mai Fruchtbarkeit der Felder erflehten*].

Arvernī, *ōrum m gallisches Volk i. der j. Auvergne.*

arvīna, *ae f* (*vl. zu* **arvā* „Darm") Speck, Fett.

arvus 3 (*arō*) pflügbar, Acker..., Saat...; *subst.* **-um,** *ī n* **1.** Ackerland, Saatfeld; / (*dcht.*) (weibliche) Scham; **2.** (*dcht.*) Flur, Gefilde, Gegend; Weideplatz; Gestade; -*a Neptunia* = Meer; **3.** (*Ve.*; *Sa.*) Getreide.

arx, *cis f* (*arceō*) **1.** befestigte Anhöhe, Burg; Akropolis; °**2.** Gipfel, Hügel [*septem arces Romanae*]; **3.** / Bollwerk, Zuflucht; Höhepunkt [*Ta.*: *eloquentiae*]; ** Himmel(shöhe); *cerebri* Kopf, Geist.

as, *assis m* (*statt ass*; *ās?*; *gen. pl.* -*ium*; *zu assis* (Brett) viereckiges Metallplättchen) **1.** (*nkl.*) Einheit, *das* Ganze [*heres ex asse* Universalerbe]; **2.** (*Gewichtseinheit*; *Ov., nkl.*) As, röm. Pfund (*Kupferbarren v. 1 Pfd.* [= *327 g*] *Gewicht, in 12 Unzen* [*unciae*] *geteilt*); **3.** (*Münzeinheit*) As (*urspr. 1 röm. Pfd. schwer* [*aes grave*], *anfangs etwa 1,50 Mark, später nur etwa 4 Pfg. wert*); / Heller, Pfennig.

Ascanius, *ī m Sohn des Äneas.*

ascaulēs, *ae m* (*gr. Fw.*; *Ma.*) Sackpfeifer.

a-scendō, *endī, ēnsum* 3 (*scandō*) **1.** (*intr.*) **a**) hinauf-, emporsteigen; **b**) / sich aufschwingen [*ad honores*];

2. (*trans.*) **a**) er-, besteigen; **b**) / erreichen [*altiorem gradum*].

ascēnsiō, *ōnis f* (*ascendō*) **1.** (*unkl.*) *das* Hinaufsteigen; **2.** / Aufschwung; ** *domini* Himmelfahrt.

ascēnsus, *ūs m* (*ascendō*) *das* Hinauf-, Ersteigen [*Capitolii, in arcem*]; Aufstieg, Zugang; / Stufe [*in virtute*].

ascia, *ae f* (*cf. nhd.* „Axt") Zimmeraxt.

Asciburgium, *ī n St. am Niederrhein.*

a-sciō, — — 4 (*dcht., nkl.*) auf-, annehmen.

ascīscō, *scīvī, scītum* 3 (*incoh. v. asciō*) **1.** heranziehen [*socios ad bellum*]; an-, aufnehmen [*in civitatem*]; **2.** / **a**) an-, übernehmen, sich aneignen; **b**) für sich beanspruchen [*laudem*]; **c**) billigen, gutheißen; (*P.P.P.*) *adi.* **ascītus** 3 (*nkl.*) fremd [*dapes*].

ascopa *u.* **ascopēra,** *ae f* (*gr. Fw.*; *Suet.*) lederner Bettelsack.

Ascra, *ae f* (*gr.* Askrā) *Ort i. Böotien, Wohnsitz Hesiods*; *adi.* -*aeus* 3; *subst.* **-aeus,** *ī m* = Hesiod.

a-scrībō, *scrīpsī, scrīptum* 3 **1.** dazuschreiben, schriftlich hinzufügen; **2.** eintragen *in* [*in civitatem* Bürgerliste; *Ta.*: *militiae* Stammrolle]; **3.** (*schriftlich*) einsetzen, bestellen *zu* [*tutorem liberis*]; **4. a**) zurechnen *zu* [*tertium ad amicitiam*]; **b**) zuschreiben, beimessen.

ascrīptīcius 3 (*ascrīptus, P.P.P. v. ascrībō*) (*in die Bürgerliste*) neu eingetragen.

ascrīptiō, *ōnis f* (*ascrībō*) Beischrift, Zusatz.

ascrīptīvus 3 (*ascrīptus, P.P.P. v. ascrībō*; *Pl.*) überzählig.

ascrīptor, *ōris m* (*ascrībō*) Mitunterzeichner [*legis*]; / Förderer.

Āsculum, *ī n St. i. Picenum, j.* Ascoli; *adi. u. Einw.* -*lānus* (3).

asellus, *ī m u.* (*Ov.*) **-a,** *ae f* (*dem. v. asinus*) Esel(in).

Asia, *ae f* (*gr.* -įā) **1.** Asien; **2.** Kleinasien; **3.** *die röm. Provinz* Asia; *adi.* **1.** -*ānus* 3; *subst.* **-ānī,** *ōrum m* Steuerpächter *i. d. Provinz* Asia; **2.** -*āticus* 3 [*bellum -um* mit Mithridates; *oratores -i* schwülstig]; **3.** *Āsis, idis f* [*Ov.*: *terra*]; **4.** *Āsius* 3 [*Ve.*: *palus b. Ephesus*].

Asiāgenēs, *is m* = *Asiāticus Beiname des L. Cornēlius Scīpiō.*

asīlus, *ī m* (*et. ungeklärt*; *Ve., nkl.*) Bremse, Stechfliege.

asinārius 3 (*asinus*; *vkl.*) Esel...; *subst.* **-a,** *ae f* (*sc. fābula*) Eselskomödie *des Plautus*; **-us,** *ī m* (*unkl.*) Eseltreiber.

Asinius 3 *röm. Gentilname*: *C.* ~ *Pōlliō Anhänger Cäsars u. später des Augustus, Dichter, Redner u. Kritiker, Gründer der ersten Bibliothek i. Rom*; † *6 n. Chr.*

asinus, *ī m* (*kleinasiat. Lw.*) Esel; [*auch* /.] Dummkopf.

Āsōpus, *ī m* (*gr.* -ǫs) *Fl. i. Böotien, j.* Asopo; **-piadēs,** *ae m Nachkomme des Flußgottes* ~ = *Aeacus*; **-pis,** *idis f* = *Aegīna.*

asōtus, *ī m* (*gr. Fw.*) Schlemmer, Wüstling.

asparagus, *ī m* (*gr. Fw.*; *unkl.*) Spargel.

aspargō = *aspergō.*

Aspasia, *ae f* (*gr.* -įā) *gr. Hetäre*; *Geliebte, später Gattin d. Perikles.*

aspectābilis, e (*aspectō*) sichtbar.

aspectō 1 (*intens. v. aspiciō*) **1.** (aufmerksam) anschauen, anblicken; **2.** / **a**) (*Ve., Ta.*) (*v. Örtlichkeiten*) liegen *nach* [*arces*]; **b**) (*Ta.*) achten *auf* [*iussa principis*].

aspectus, *ūs m* (*aspiciō*) **1.** (*act.*) **a**) *das* Ansehen; Blick [*primo -u*]; **b**) Gesichtskreis; **c**) Sehkraft, Gesicht; **2.** (*pass.*) **a**) *das* Erscheinen [*-u tuo*]; **b**) Aussehen.

as-pellō, *pulī, pulsum* 3 (*abs-*) wegtreiben.

asper, *era, erum* (*m. comp.,* °*sup., adv.*; ⟨**apo-speros, eigtl.* „weg-, abstoßend"; *zu spernō*) **1. a**) rauh, uneben, holperig; **b**) (*nkl.*) rauh, unwirtlich; stürmisch [*mare*], kalt; **2.** / **a**) (*meist nkl.*) herb, derb, scharf, grob; **b**) roh, unfein [*vox, orationis genus*]; **c**) bitter, kränkend, bissig; **d**) (*v. Charakter*) roh, ungeschliffen, streng; **e**) (*v. Zuständen, Maßregeln usw.*) mißlich, schwierig, drückend; *subst.* **-a,** *ōrum n* Widerwärtigkeiten.

a-spergō[1], *rsī, rsum* 3 (*ad*; *spargō*) **1.** hinspritzen, hinstreuen; anspritzen; / beimischen [*severitati comitatem*]; **2.** bespritzen, bestreuen; / besudeln.

aspergō[2], *inis f* (*aspergō*[1]; *unkl.*) Bespritzung; Spritzer, Tropfen.

asperitās, *ātis f* (*asper*) Rauheit, Unebenheit; / (*sinnlich*) Kälte, Schärfe, Härte; (*v. d. Rede*) Bitterkeit; (*v. Charakter*) Roheit, Schroffheit, Strenge; (*v. Zuständen, Maßregeln usw.*) Härte, Schwierigkeit.

aspernātiō, *ōnis f* (*ā-?; aspernor*) Verschmähung; (*Se.*) Abneigung.

a-spernor 1 (*ā-?; spernō*) zurückweisen; / verschmähen, verwerfen; sich weigern; *vereinzelt pass.*

asperō 1 (*asper; unkl.*) rauh machen, schärfen, spitzen; / (auf)reizen.

aspersiō, *ōnis f* (*aspergō*) *das* Anspritzen [*aquae*]; *das* Auftragen der Farben.

a-spiciō, *spexī, spectum* 3 (*spēxī?; speciō*) **1.** erblicken [*hanc lucem* das Licht der Welt]; **2. a**) (*absichtlich*) hin-, ansehen, anschauen [*vultum hominis*]; **b**) mit Achtung blicken *auf*, bewundern; **c**) (dreist) ins Auge sehen [*hostem*]; **d**) genau betrachten, inspizieren; **3.** (*dcht., nkl.*) (*v. Örtlichkeiten*) liegen *nach* [*meridiem*]; **4.** (*geistig*) betrachten, erwägen; untersuchen; **5.** beherzigen, beachten, berücksichtigen.

aspīrātiō, *ōnis f* (*aspīrō*) *das* Anhauchen, Anwehen; Ausdünstung; (*gramm. t.t.*) H-Laut, Aspiration [*in vocali aspiratione uti*].

a-spīrō 1 **I.** (*intr.*) **1. a**) wehen; **b**) Luft aushauchen [*pulmones*]; **c**) (*gramm. t.t.; Qu.*) zu einem Laut den H-Laut setzen, aspirieren; / **2.** günstig, förderlich sein [*Ve.*: *canenti*]; **3.** trachten, streben *nach* [*ad laudem*]; **II.** (*trans.*) (*nkl., dcht.*) **1.** zuhauchen, zuwehen; **2.** / einflößen [*amorem*].

aspis, *idis f* (*gr. Fw.*) Viper, Natter.

asportātiō, *ōnis f* (*asportō*) *das* Wegschaffen; Abtransport.

as-portō 1 (*abs-*) wegführen, -bringen, -schaffen.

asprētum, *ī n* (*asper; Li.*) rauher, steiniger Ort.

assārius 3 (*as; Se.*) einen As wert.

assecla, *ae m* (*assequor*) = *assectātor.*

assectātiō, *ōnis f* (*assequor*) beständige Begleitung.

assectātor, *ōris m* (*assequor*) beständiger Begleiter; Anhänger eines Parteihauptes; (*Pli.*) Freier; (*Qu.*) Schürzenjäger; (*Se.*) Schmarotzer.

as-sector 1 (*intens. v. assequor*) beständig begleiten.

assecula, *ae m* = *assecla.*

****assecutor,** *oris m* Anhänger.

assēnsiō, *ōnis f* (*assentior*) Zustimmung, Beifall; (*philos. t.t.*) *das* Fürwahrhalten der Sinneserscheinungen.

assēnsor, *ōris m* (*assentior*) der beipflichtet.

assēnsus, *ūs m* (*assentior*) = *assēnsiō*; (*Ve.*) Nachhall, Echo.

assentātiō, *ōnis f* (*assentor*) Liebedienerei; (*nkl.*) Zustimmung.

assentātiuncula, *ae f* (*dem. v. assentātiō*) niedrige Schmeichelei.

assentātor, *ōris m* (*assentor*) Schmeichler, Speichellecker.

assentātōriē *adv.* (*assentātor*) nach Art der Schmeichler.

assentātrīx, *īcis f* (*assentātor; Pl.*) Schmeichlerin.

as-sentior, *sēnsus sum* (*seltener* **-sentiō,** *sēnsī, sēnsum*) 4 zu-, beistimmen.

assentor 1 (*frequ. v. assentior*) nach dem Munde reden, schmeicheln.

as-sequor, *secūtus sum* 3 **1. a**) einholen, erreichen; **b**) gleichkommen [*Qu.*: *vim dicendi*]; **c**) erlangen, bekommen; **2.** einsehen, begreifen, verstehen; *suspicione* vermuten.

asser, *eris m* (*et. unklar*) Stange, Latte, Bohle; ****asserculus,** *i m u.* **-um,** *i n* kleine Latte; *-a dolata* Schindeln.

as-serō[1], *sēvī, situm* 3 (*vkl., dcht.*) danebenpflanzen.

as-serō[2], *seruī, sertum* 3 **1. a**) (*nkl., dcht.*) einreihen, zugesellen [*me caelo*]; se *-ere* sich widmen [*studiis*]; **b**) zusprechen [*regnum*]; *sibi -ere* sich anmaßen; **2.** (*jur. t.t.*) rechtlich zuweisen: *in libertatem* für frei erklären; *in servitutem* als seinen Sklaven beanspruchen; **3.** (*Pli.*) sicherstellen [*dignitatem*]; schützen [*ab iniuria*].

assertiō, *ōnis f* (*asserō*[2]; *nkl.*) Freisprechung eines Sklaven.

assertor, *ōris m* (*asserō*[2]; *nkl.*) der Anspruch macht *auf* [*virginis*]; Wahrer der Freiheit, Befreier.

as-serviō 4 beistehen.

as-servō 1 (auf)bewahren, verwahren [*publicis custodiis praedones*]; bewachen, beobachten [*portas*].

assessiō, *ōnis f* (*assideō*) *das* Dabeisitzen; Beistand.

assessor, *ōris m* (*assideō*) Beisitzer, Amtsgehilfe.

assessus, *abl. ū m* (*assideō; Pr.*) = *assessiō.*

assevēranter *adv.* (*assevērō*) ernstlich.

assevērātiō, *ōnis f* (*assevērō*) Versicherung, Beteuerung; (*nkl.*) Ernst, Nachdruck.

as-sevērō 1 (*sevērus*) **1.** mit Ernst verfahren, beharren [*in re*];

2. ernstlich behaupten; zeugen *von* [*originem Germanicam*].
as-siccō 1 (*Se.*) trocknen [*lacrimas*].
as-sideō, *sēdī, sessum* 2 (*sedeō*) **1.** sitzen, stehen *bei* (als Tröster, Helfer, Berater), beistehen; **2.** (*jur. t.t.*) als Beisitzer tätig sein; **3.** (*mil. t.t.*; *nkl.*) vor *einem Orte* lagern [*muris*]; belagern [*moenia, moenibus dat.*]; vor *einem Orte* Wache halten [*theatro*].
as-sīdō, *sēdī, sessum* 3 sich niederlassen [*in bibliotheca*; °*dextra Adherbalem* rechts v. A.].
assiduitās, *ātis f* (*assiduus*) **1.** beständige Gegenwart, Begleitung, fleißiger Verkehr; beständige Aufwartung *e-s Amtsbewerbers*; **2.** Fortdauer; **3.** Ausdauer, Beharrlichkeit; **4.** häufige Wiederholung.
assiduus 3 (*m.* °*sup.*; *adv.* **-ē,** (*Pl.*) **-ō**; *assideō*) **1. a)** ansässig; **b)** beständig sich irgendwo aufhaltend; **2.** fleißig, tätig, unermüdlich; **3.** (*v. Sachen*) anhaltend, ununterbrochen [*imbres*]; *subst.* **~,** *ī m* (ansässiger) Vollbürger.
assīgnātiō, *ōnis f* (*-sī-?*; *assīgnō*) Anweisung; *pl.* angewiesene Ländereien.
assīgnō 1 (*-ī-?*) **1.** anweisen, zuweisen [*agrum colonis*]; / gewöhnen *an* [*Ho.*: *agros hominibus*]; **2.** zuschreiben, beimessen [*tempori*].
as-siliō, *siluī,* — 4 (*saliō*) **1.** (*nkl., dcht.*) heranspringen; anstürmen *gegen* [*moenibus*]; heranwogen; **2.** / überspringen *auf* [*ad aliud genus orationis*].
assimilis, e (*m.* °*adv.*; *Rückbildung aus assimulō*; *kl. selten u. nur m. dat.*) ziemlich ähnlich [*facti, fratribus*]; *adv.* **-iter** ganz ähnlich, ebenso.
assimilō = *assimulō.*
assimulātiō, *ōnis f* (*assimulō*; *Ta.*) Gleichstellung.
as-simulō 1 ähnlich machen, nachbilden [*litteras*]; / vergleichen, für ähnlich erklären [*Ov.*: *grandia parvis*]; vortäuschen, heucheln.
assis, *is m* = *asser*; *cf. axis*².
as-sistō, *stitī,* — 3 **1.** sich dazustellen, herantreten [*ad tumulum*]; **2.** dabeistehen, dastehen [*in publico*; *ad epulas regis* aufwarten]; **3.** (*nkl.*) beistehen.
as-soleō, — — 2 (*nur i. d. 3 Pers. gebräuchlich*) pflegen; *ut assolet* wie es zu geschehen pflegt.
as-sonō, — — 1 (*Ov.*) einstimmen *mit* [*plangentibus -at Echo*].
assūdāscō, — — 3 (*incoh. v.* [*as-*] *sūdō*; *Pl.*) in Schweiß geraten.
as-suēfaciō, *fēcī, factum* 3 gewöhnen *an* [*frigore, parere*; (*nkl.*) *operi, ad supplicia*].
as-suēscō, *suēvī, suētum* 3 **1.** (*intr.*) sich gewöhnen *an* [*ad homines*; (*nkl.*) *genere pugnae, quieti*], liebgewinnen; *pf. assuēvī* ich pflege; **2.** (*trans.*; *nkl., dcht.*) gewöhnen *an* [*bella*]; (*P.P.P.*) *adi.* **assuētus** 3 (*m. comp.*) gewöhnt, gewohnt; bekannt, vertraut.
assuētūdō, *inis f* (*assuēscō*; *unkl.*) Gewöhnung *an* [*mali*]; Umgang *mit* [*mulieris*].
as-sūgō, —, *sūctum* 3 (*Lu.*) ein-, festsaugen.
assula, *ae f* (*ā-?*; *dem. v. assis*; *unkl.*) Splitter, Span.
assulātim *adv.* (*ā-?*; *assula*; *Pl.*) splitterweise, in kleinen Stücken.
as-sultō 1 (*frequ. v. assiliō*; *nkl., dcht.*) heranstürmen; angreifen.
assultus, *ūs m* (*assiliō*; *nkl., dcht.*) Ansturm, stürmischer Angriff.
as-sum¹, *affuī, adesse* (*afforem* = *adessem, affore* = *affutūrum esse*; *altl. coni. praes. assie(n)t*) **1.** dabei, anwesend, zugegen, da sein; **2.** erscheinen, erschienen sein; vor Gericht erscheinen [*in iudicio, ad iudicium*]; **3.** da sein, bevorstehen [*tempus*]; **4.** vorhanden sein [*frumentum*]; **5.** teilnehmen *an,* mitwirken *bei* [*proelio, funeri*]; **6.** Beistand leisten, zur Seite stehen, beistehen [*absenti amico, in hac causa*]; gnädig sein, hold sein [*Ta.*: *fortuna coeptis*]; **7.** *animo, pl. -is* aufmerken, achtgeben; ruhig, gefaßt sein.
assum², *ī n s. assus.*
as-sūmō, *sūmpsī, sūmptum* 3 **1.** an sich nehmen, annehmen, aufnehmen [*sacra de Graecia*; *alqm in societatem*]; **2.** (*additiv*) hinzunehmen [*ad reliquas etiam hanc molestiam*]; *verba assumpta*: (*Ci.*) entlehnte, (*Qu.*) tropische Ausdrücke; **3.** herbeiziehen, zu Hilfe nehmen; **4. a)** sich aneignen, erwerben; **b)** sich anmaßen [*laudem sibi*]; **5.** (*log. t.t.*) als Untersatz im Syllogismus aufstellen.
assūmptiō, *ōnis f* (*assūmō*) An-

nahme, Wahl; (*log. t.t.*) Untersatz *im logischen Schluß* (*s. atquī*); ** Himmelfahrt Mariä (15. Aug.).

assūmptīvus 3 (*assūmptus, P.P.P. v. assūmō*) unvollständig [*causa*].

as-suō, *uī, ūtum* 3 (*dcht., nkl.*) annähen, anflicken; ** aufnähen [*cruces vestibus*].

as-surgō, *surrēxī, surrēctum* 3 sich aufrichten, sich erheben, aufstehen [*Li.*: *ex morbo*]; / (*nkl.*) steigen, ansteigen [*montes*]; einen höheren Schwung nehmen [*Hesiodus raro*].

assus 3 (*ā-?*; *cf. āreō*) **1.** trocken, warm [*sol*]; **2.** (*unkl.*) gebraten; *subst.* **-um,** *ī n* Schwitzbad; Braten.

Assyria, *ae f* (*gr.* -ịā) *Landsch. am Tigris*; *adi.* **Assyrius** 3 assyrisch; (*dcht.*) indisch; *venenum -um* syrischer Purpur; *subst.* **-ius,** *ī m* Assyrer. [2. aber.

ast *adv.* (*at*; *kl. selten*) **1.** dann;

a-sternō, *strāvī, strātum* 3 (*dcht.*) hinstreuen; *mediopass.* sich hinstrecken. [*subst.* ~, *ī m* Städter.

asticus 3 (*gr. Fw.*; *nkl.*) städtisch;

astipulātiō, *ōnis f* (*astipulor*; *nkl.*) völlige Übereinstimmung.

astipulātor, *ōris m* (*astipulor*) **1.** (*jur. t.t.*) Vertragszeuge; **2.** / Nachbeter, Anhänger [*Stoicorum*].

a-stipulor 1 (*Li.*) beipflichten.

a-stituō, *uī, ūtum* 3 (*statuō*; *Pl.*) hinstellen.

a-stō, *stitī,* — 1 dabeistehen; (*Pl.*) helfen [*cognato*]; (*dcht.*) aufrecht stehen; ** aufwarten, dienen.

Astraea, *ae f* (*gr.* -ạịā) *jungfräuliche Göttin der Gerechtigkeit*; *cf. Virgō.*

Astraeus, *ī m* (*gr.* -ạịos) *Titan, Vater der -i fratres* (*Ov.*) = Winde.

a-strepō, *puī, pitum* 3 (*nkl.*) dazu lärmen, lärmend zujauchzen; lärmend einstimmen *in*.

astrictus 3 (*m. comp., adv.*; *astringō*) **1.** (*dcht., nkl.*) straff angezogen, festgeschnürt; *aquae -ae* gefroren; **2.** / **a**) (*dcht., nkl.*) sparsam; **b**) rhythmisch gebunden; **c**) bündig, kurz [*eloquentia*]. [*Ma.*) gestirnt.

astri-fer, *era, erum* (*astrum, ferō*;

a-stringō, *strīnxī, strictum* 3 (*strīnxī?*) **1. a**) festschnüren; anbinden; **b**) gefrieren lassen (P. hart gefrieren); **2.** °**a**) zusammenziehen; / **b**) zusammenfassen [*argumenta breviter*], einschränken; **c**) binden, verpflichten [*cives legibus*]; *scelere* se *-ere* sich eines Verbrechens schuldig machen.

astrologia, *ae f* (*gr. Fw.*) Sternkunde, Astronomie. [Astrolog.

astrologus, *ī m* (*gr. Fw.*) Astronom;

astronomia, *ae f* (*gr. Fw.*; *nkl.*) Sternkunde, Astronomie.

astrum, *ī n* (*gr. Fw.*) Gestirn, Sternbild; / (*pl.*) Himmel; Unsterblichkeit, Ruhm.

a-struō, *strūxī, strūctum* 3 anbauen; / (*nkl., dcht.*) noch hinzufügen.

astu *n* (*nur acc. u. abl.* (-ū); *gr. Fw.*) „die Stadt" = Athen.

astula = *assula.* [staunen [*sibi*].

a-stupeō, — — 2 (*nkl., dcht.*) an-

Astura, *ae m Fl., f Städtchen i. Latium, j.* Torre Astura.

asturcō, *ōnis m* (*Astur* „Bewohner der span. Landschaft *Asturia*"; *nkl.*) asturisches Pferd.

astus, *ūs m* (*et. ungedeutet*; *unkl.*) listiger Anschlag, Finte.

astūtia, *ae f* (*astūtus*) Schlauheit, List.

astūtus 3 (*m. comp., adv.*; *astus*) schlau, listig. [*Hektors.*

Astyanax, *actis m* (*gr.* -ạnax) *Sohn*

asȳlum, *ī n* (*gr. Fw.*) Freistätte.

asymbolus 3 (*gr. Fw.*; *Te.*) keinen Beitrag zur Zeche zahlend.

at (*adversative ci.*; ‹ *idg.* *ati „darüber hinaus"; *cf. atavus, et*) aber dagegen, aber doch; *at contra* aber im Gegenteil; *at vero* aber fürwahr; *at certe* aber sicherlich; *at tamen* aber dennoch; (*beim Einwurf*) aber, höre ich sagen, könnte man einwenden; *verstärkt at enim*; *si non ... at* (*at certe, at tamen*) wenn nicht ... so doch (wenigstens); (*b. Verwünschungen u. Drohungen, b. Ausrufen des Erstaunens u. Unwillens*) aber! oh!

atābulus, *ī m* (*apulisches Wort*; *nkl., dcht.*) Südostwind, Schirokko.

Atalanta, *ae u.* **-ē,** *ēs f ber. Jägerin.*

atat = *attat.*

at-avus, *ī m* (*wohl at* „darüber hinaus") Vater des Urgroßvaters; Ahnherr; / (*pl., dcht.*) Vorfahren; ** Oheim.

Ātella, *ae f oskisches Städtchen in Kampanien*; *adi. u. Einw.* **-ānus** (3); *auch* Schauspieler i. der (*fābella*)

Ātellāna, *ae f urspr. oskische, dann nach Rom verpflanzte* Volksposse; *adi.* **-āni(c)us** 3.

āter, *ātra, ātrum* (*m.* °*comp.*; *et. ungedeutet*) schwarz; (*dcht.*) schwarzgekleidet; / (*dcht., nkl.*) traurig [*mors*]; unheilbringend [*dies* Unglückstag]; grauenvoll [*venenum*]; boshaft, neidisch [*dens*].

Ateste, *is n St. im Land der Veneter, j.* Este; *adi.* -*īnus* 3.

Athamās, *antis m* (*gr.* -thamās) *Sohn des Äolus, Gemahl der Nephele* (*Kinder*: *Phrixus u. Hellē*) *u. der Kadmustochter Ino* (*Kinder*: *Melicertēs u. Learchus*); *adi.* -*mantēus* 3; *subst.* **-mantiadēs,** *ae m Sohn des A.*; **-mantis,** *idis f Tochter des A.*

Athēnae, *ārum f* (*gr.* -ai) *Hauptst. Attikas*; *adi. u. Einw.* -*niēnsis*, (e).

Athesis, *is m* (*acc.* -*im*) *j.* Adige, Etsch.

āthlēta, *ae m* (*gr. Fw.*) Athlet, Wettkämpfer; ** Glaubenskämpfer.

āthlēticus 3 (*gr. Fw.*; *nkl.*) Ringer-; *adv.* **-ē** (*Pl.*) wie ein Athlet.

Athō, *ōnis u.* **Athōs** *m* (*dat. u. abl.* -*ō*, *acc.* -*ō*, -*ōn*) Athosgebirge *auf der Chalkidike.*

Atīlius 3 *röm. Gentilname*: **1.** *A.* ~ *Calatīnus Konsul im 1. Pun. Kriege*; **2.** *M.* ~ *Rēgulus röm. Feldherr im 2. Pun. Kriege.*

Atlās, *antis m* (*acc.* -*lanta*, *voc.* -*lā*) **1.** (*dcht.*) *einer der Titanen, Träger des Himmelsgewölbes, Vater der Plejaden u. Hyaden, v. Perseus i. Stein verwandelt* = **2.** Atlasgebirge; *adi.* **-antēus** 3 (*dcht.*) des Atlas; atlantisch; **-anticus** 3: *mare* -*um der* Atlantische Ozean; *subst.* **-antiadēs,** *ae m* (*dcht.*) männl. Nachkomme des ~: Merkur; Hermaphroditus; **-antis,** *idis f* (*acc.* -*ida*; *dcht.*) weibl. Nachkomme des ~: *sg.* Elektra; Kalypso; *pl.* Plejaden, Hyaden.

atomus, *ī f* (*gr. Fw.*) unteilbares Urkörperchen, Atom.

atque *u.* (*vor Konsonanten außer c, g, q, h meist*) **ac** *ci.* (*ad* „dazu“ + *que*) **1.** und noch dazu, und auch, und: **a)** (*b. Verbindungen ähnlicher u. entgegengesetzter Begriffe*) [*orare atque obsecrare, honesta atque inhonesta*]; *etiam atque etiam* immer wieder; **b)** (*erklärend*) und zwar; **c)** (*steigernd*) und sogar (*auch atque etiam*), und besonders, und überhaupt [*pauci atque admodum pauci*]; **d)** (*folgernd*) und so, und daher; **e)** (*bestätigend*) und wirklich; **f)** (*kontrastierend*) und doch, und dabei, und trotzdem (*auch atque tamen*); *atque adeo* oder vielmehr; **g)** *i. Übergängen* (*zum ersten Teile*) *ac primum quidem*; (*zu einem neuen Teile*) *atque haec quidem hactenus*; *videamus nunc ...*; *atque ut veniamus ad illud u. ä.*; **2.** (*nach Wörtern der Gleichheit u. Ungleichheit, der Ähnlichkeit u. Unähnlichkeit*) wie, als [*virtus eadem in homine ac deo est*; *non aliter scribo ac sentio*]; **3.** (*nach negativen Ausdrücken*) und vielmehr, sondern; ** *nach comp.* als.

at-quī *u.* (*nkl.*) **at-quīn** (*quī* „aber wie?“, *nkl. mit quīn vermischt*) *ci.* **1.** (*adversativ*) gleichwohl, trotzdem; ja, aber doch [*magnum narras, vix credibile*: *atqui res sic se habet*]; **2.** (*im Untersatz der Schlußformel*) nun aber: *Obersatz*: *omnes homines mortales sunt*; *Untersatz*: *atqui Gaius homo est od. Gaius autem homo est*; *Schlußsatz*: *ergo Gaius mortalis est.*

ātrāmentum, *ī n* (*āter*) schwarze Farbe; Tinte; *sutorium* Schusterschwärze.

ātrātus 3 (*āter*) °**1.** geschwärzt; **2.** schwarzgekleidet.

Atrebates, *um m* (*sg.* -*bas*, *atis*) *Volk i. Gallia Belgica* (*i. j.* Artois).

Atreus, *eī m* (*gr.* -*eus*; *acc. auch* -*ea*, *voc.* -*eu*) *Sohn des Pelops, König v. Mykene*; **Atrīdēs (-a),** *ae m der* Atride (Agamemnon *od.* Menelaus).

Atria = *Hadria.*

ātriēnsis, *is m* (*ātrium*) Hausmeister.

ātriolum, *ī n* (*dem. v. ātrium*) kleines Atrium.

ātritās, *ātis f* (*āter*; *Pl.*) Schwärze.

ātrium, *ī n* (*etr. Fw.*) Atrium, *der Hauptraum des röm. Hauses*, Saal, Halle; Palast; (*dcht.*) *Vestae* Vestalenhaus *auf dem Forum*; ** Hofraum; Vorhalle einer Kirche.

atrōcitās, *ātis f* (*atrōx*) Schrecklichkeit, Abscheulichkeit [*Li.*: *poenae*]; Härte, Wildheit [*animi*].

atrōx, *ōcis* (*m.* °*comp.*, *sup.*, *adv.*; *wohl zu āter*; *cf. oculus, fer-ōx*; *eigtl.* „finster blickend“) abscheulich, gräßlich; hart, streng, trotzig.

attāctus, *abl. ū m* (*attingō*; *unkl.*) Berührung.

attagēn, *ēnis m u.* **-gēna,** *ae f* (*gr. Fw.*; *unkl.*) Haselhuhn.

Attalus, *ī m* (*gr.* -*os*) *Königsname i. Pergamon*: *A. III.* (*† 133*); *er hinterließ sein Reich den Römern*; *adi.*

-**alicus** 3 des A., pergamenisch; golddurchwirkt. [doch.

at-tamen *ci.* aber dennoch, aber

attat *u.* **attāt** (*-ā- emphatische Dehnung; cf.* tat) *wohl Kürzung von*

attatae *int.* (*gr. Fw.*; *Com.*) ha! ach! ja, ja! [Zelt.

attegia, *ae f* (*gall. Fw.*; *Ju.*) Hütte,

attemperātē *adv.* (*attemperō*; *Te.*) zur rechten Zeit. [auf sich richten.

at-temperō 1 (*nkl.*) anpassen; *sibi*

at-temptō 1 versuchen, sich in etw. versuchen; in Versuchung führen; angreifen.

at-tendō, *dī, tum* 3 hinstrecken, spannen, richten; / *animum, pl.* -*os* seine Aufmerksamkeit richten, achten *auf* [*ad cavendum*]; beachten, merken. [Aufmerksamkeit.

attentiō, *ōnis f* (*attendō*) Spannung,

at-tentō 1 = *attemptō.*

attentus 3 (*m.* °*comp., sup., adv.*; *attendō*) **1.** gespannt, aufmerksam [*animus*]; **2.** bedacht *auf* [*Ho.*: *quaesitis* (*dat.*)]; genau, sparsam, geizig; ** inbrünstig.

attenuātus 3 (*m.* °*sup., adv.*; *attenuō*) schmucklos, schlicht.

at-tenuō 1 dünn machen; *vocem* im Diskant sprechen; P. dünn werden, abmagern; / schwächen, vermindern; P. schwinden, herunterkommen.

at-terō, *trīvī, trītum* 3 (*inf. pf. auch atteruisse*; *nkl., dcht.*) reiben *an*; tüchtig wundreiben [*manus*]; abnutzen; / aufreiben, schwächen.

at-testor 1 (*-ē-?*; *unkl.*) bezeugen, beweisen. [/ hinzufügen.

at-texō, *texuī, textum* 3 anflechten;

atticissō 1 (*gr. Fw.*; *Pl.*) attisch reden, attischen Ton haben.

Atticus 3 (*gr.* -ǫs) attisch, athenisch; *subst.* ∼, *ī m* Attiker, Athener; *cf. Pompōnius*; *pl.* attische Redner; -**a,** *ae f* (*gr.* -kḗ) *Landschaft Attika.*

attigās, -ātis = *atting...*; *s. attingō.*

at-tineō, *tinuī, tentum* 2 (*teneō*) **1.** (*trans.*) **a**) zurück-, auf-, festhalten; **b**) hinhalten; **c**) (*nkl.*) als Besitz behaupten [*ripam*]; **d**) (*Pl.*) (*geistig*) fesseln; **2.** (*intr.*) **a**) (*nkl.*) sich erstrecken [*ad Tanaim*]; / **b**) angehen; *quod ad me attinet* was mich betrifft; **c**) *non, nihil attinet* es ist gleichgültig.

at-tingō, *tigī, tāctum* 3 (*tangō*) **1. a**) an-, berühren; **b**) (*dcht.*) (*eine Frau*) liebend berühren, intim verkehren *mit*; **c**) (*Speisen*) kosten, essen; **2. a**) (*fremdes Gut*) sich aneignen [*partem de praeda*]; **b**) erreichen, betreten; **c**) (*feindselig*) angreifen, schlagen, treffen; **3.** angrenzen *an* [*Gallia Rhenum*]; **4.** angehen [*haec causa me non*]; **5.** sich beschäftigen *mit* [*Graecas litteras*]; **6.** (*in der Rede*) berühren, erwähnen.

Attis, *idis m* (*acc.* -*in*) *Priester der Kybele, von ihr in eine Fichte verwandelt.*

Attius 3 *röm. Gentilname*: *P.* ∼ *Vārus, Prätor i. Afrika, Anhänger des Pompejus*; *adi.* -*iānus* 3.

at-tollō, — — 3 (*unkl.*) empor-, aufheben, erheben [*manus*]; errichten [*turres*]; *se -ere u. mediopass.* sich erheben, emporwachsen; / erheben, aufrichten [*animos*]; auszeichnen [*consulem triumpho*]; *orationem* der Rede einen höheren Schwung geben.

at-tondeō, *tondī, tōnsum* 2 **1.** (*dcht., nkl.*) scheren, beschneiden; benagen; **2.** / **a**) (*Pl.*) prellen, durchprügeln; **b**) schmälern [*laudem*].

attonitus 3 (*attonō*; *nkl., dcht.*) **1.** vom Donner betäubt; **2.** / **a**) gelähmt, bestürzt, entsetzt; **b**) verzückt, begeistert [*vates*].

at-tonō, *uī, itum* 1 (*nkl., dcht.*) andonnern; / in Bestürzung versetzen.

at-torqueō, — — 2 (*Ve.*) wirbeln, schwingen.

at-tractō 1 (*altl.*) = *attrectō.*

at-trahō, *trāxī, tractum* 3 heranziehen, an sich ziehen [*magnes lapis ferrum*]; spannen [*Ov.*: *arcum*]; herbeischleppen; kommen lassen; anlocken [*ad amicitiam*].

attrectātus, *abl.* -*ū m* (*attrectō*; *dcht.*) Betastung.

at-trectō 1 (*tractō*) betasten, berühren; in die Hand nehmen [*libros*]; unzüchtig berühren; °/ sich anzueignen suchen; sich befassen *mit,* erwähnen.

at-trepidō 1 (*Pl.*) herbeitrippeln.

at-tribuō, *uī, ūtum* 3 **1.** zuerteilen, anweisen: **a**) (*als Wohnsitz*) [*urbes*]; **b**) (*als mil. Standort*) [*partem vici cohortibus ad hibernandum*]; **c**) (*geschäftl. t.t.*) [*pecuniam ex aerario*]; **2.** beigeben, zugesellen [*comitem*]; **3.** (*Völkerschaften, Gebiete*) unterstellen [*Suessiones Remis*]; **4.** (*als

Aufgabe, zur Leitung, Besorgung usw.) übertragen [*urbem inflammandam Cassio*]; **5. a**) (*als Eigenschaft, Schuld, Verdienst*) verleihen, beilegen [*facultatem dicendi*]; in den Mund legen [*legi orationem*]; **b**) (*rhet. od. gramm. t.t.*) *attribui bzw. attributum* esse als Eigenschaft, Prädikat *od.* Attribut beigelegt werden *bzw.* zukommen; **c**) zuschreiben [*bonus exitus diis immortalibus*].

attribūtiō, *ōnis f* (*attribuō*) Geldanweisung; (*gramm. t.t.*) Attribut; (*rhet. t.t.*) Nebenumstand.

****attritio,** *onis f* Zerknirschung, Reue.

attrītus[1] 3 (*m. comp.*; *atterō*) abgerieben, abgenutzt; / *Ju.*: schamlos, frech; *Ta.*: matt [*orator*].

attrītus[2], *ūs m* (*atterō*; *nkl.*) das Reiben.

Atuatuc ... = *Aduatuc ...*

Atys, *yos m* **1.** *Sohn des Herkules u. der Omphale, Stammvater der lydischen Könige*; **2.** *Stammvater der gēns Attia.*

au[1] *int.* (*cf. nhd.* „au"; *Com.*) ach! bewahre!

au-[2] *praev.* (*cf. vē-*[2], *altindisch* ava „herab"; *nicht m. lat. ab verwandt*) fort-, ent- [*aufero, aufugio*].

au-ceps, *cupis m* (*avis, capiō*) **1.** (*unkl.*) Vogelfänger; **2.** / Geflügelhändler; *syllabarum* Silbenstecher, geriebener Anwalt.

auctārium, *ī n* (*augeō*; *Pl.*) Zulage, Zugabe (*zu einer Summe*).

aucti-ficus 3 (*auctus*[1], *faciō*; *Lu.*) das Wachstum fördernd.

auctiō, *ōnis f* (*augeō*) Versteigerung; Auktionsgut.

auctionārius (*auctiō*) 3 Versteigerungs... [*tabulae*].

auctiōnor 1 (*auctiō*) Versteigerung vornehmen.

auctitō 1 (*frequ. v. augeō*; *Ta.*) stark vermehren.

auctō 1 (*frequ. v. augeō*; *dcht.*) vermehren, bereichern.

auctor, *ōris m f* (*augeō*) Mehrer, Förderer: **1.** (*nkl., dcht.*) Gründer, Schöpfer [*urbis Romae*], Erbauer [*templi*]; Stifter, Verfasser [*carminis*]; Schriftsteller, Historiker [*rerum*]; Ahnherr [*generis*]; **2.** Urheber; Anstifter; Ratgeber; *auctor pacis populo* est er rät dem Volke zum Frieden; ~ *sum, ut* (*ne*) raten, abraten; te *auctore* auf deinen Rat, deine Veranlassung; *patres auctores fiunt* der Senat bestätigt (einen Volksbeschluß); *auctor legis fuerat* er hatte ein Gesetz eingebracht; **3.** Gewährsmann, Bürge, Zeuge; **4.** Vertreter, Wortführer [*civitatis*]; **5.** Muster, Vorbild, Meister, Lehrer, Autorität; **6.** (*jur. t.t.*) **a**) Vertreter eines strittigen Eigentums [*fundi*]; **b**) Vertreter, Vormund *einer Frau.*

auctōrāmentum, *ī n* (*auctōrō*) **1.** (*nkl.*) Verpflichtung; Handgeld; **2.** Preis [*servitutis*].

auctōritās, *ātis f* (*auctor*) **1. a**) Gewähr, Bürgschaft, Sicherheit; Glaubwürdigkeit, Gültigkeit (*v. Pers. u. Sachen*); *auctoritates praescriptae* die zur Beglaubigung (*eines Senatsbeschlusses*) vorangesetzten Unterschriften; **b**) Beispiel, Muster, Vorbild [*maiorum*]; **c**) würdevolle Haltung; Unerschrockenheit, Entschlossenheit; Besonnenheit, sittlicher Ernst; Selbstgefühl, Würde; Gewicht, Ansehen, Einfluß, Bedeutung; **d**) Dokument, Aktenstück; **e**) einflußreiche Person; **2. a**) Rat, Zureden, Antrieb; Empfehlung; **b**) Erklärung, Auftrag, Geheiß [*censoria, consulum*]; *senatūs* ~ *das* (*noch nicht durch die Sanktionierung der Volkstribunen zum Senatsbeschluß* [*senatus consultum*] *gewordene*) Senatsgutachten; (*Li.*) *in auctoritate alcis esse* (*manere*) jd. gehorchen; **c**) Vollmacht [*legatos cum auctoritate mittere*]; **3.** (*jur. t.t.*) rechtsgültiges Eigentum, Eigentumsrecht; ** Vollmacht [*praedicandi*]; Vorbildlichkeit.

auctōrō 1 (*auctor*; *nkl., dcht.*) verpflichten, dingen; *auch* /.

auctumnus, *ī m* = *autumnus.*

auctus[1], *ūs m* (*augeō*; *nkl., dcht.*) Vergrößerung, Zunahme, Wachstum [*aquarum* Anschwellen]; / Gedeihen.

auctus[2] 3 (*nur comp.* -*ior*; *augeō*) vergrößert, reichlich.

aucupātiō, *ōnis f* (*aucupor*; *Qu.*) Vogelfang.

aucupium, *ī n* (*auceps*) **1. a**) Vogelfang; °**b**) gefangene Vögel; **2.** / *das* Haschen *nach*; *verborum* Wortklauberei.

aucupor *u.* (*vkl.*) **-ō** 1 (*auceps*) / jagen, haschen *nach* [*gratiam*].

audācia, *ae f* (*audāx*) Verwegenheit; Mut; Tollkühnheit; Frechheit.

audāx, *ācis* (*m. comp., sup.*; *adv.*

audāc[*i*]*ter*; *audeō*) verwegen; mutig; frech.

audēns, *entis* (*m. comp., sup., adv.*; *audeō*; *nkl., dcht.*) kühn, beherzt.

audentia, *ae f* (*audēns*; *nkl.*) Kühnheit, Mut.

audeō, *ausus sum* 2 (*altl. coni. potentialis ausim*; **audus* ‹ *avidus*) **1.** Lust haben, wollen [*sapere*]; *si audes* (*cf. sōdēs*) gefälligst, bitte; **2.** wagen, sich erdreisten, übers Herz bringen.

audiēns, *entis m* (*audiō*) Hörer, Zuhörer.

audientia, *ae f* (*audiēns*) Aufmerksamkeit, Gehör; *-am facere* Gehör verschaffen [*orationi*]; ** Tagung.

audiō 4 (*dcht. -ībam, -ībō*; *cf. auris*) hören: **1.** *abs.* **a**) Gehör haben [*audiendi sensu carere*]; **b**) zuhören; **2.** hören, vernehmen, erfahren [*vocem*; *pugnam*; *a.c.i.* (*a.c.p.*), *indir. Fragesatz*; *im* P. *n.c.i.*; *ab, ex, de*]; **3.** an-, zuhören [*orationem*]; (*v. Schülern*) Unterricht haben *bei* [*Cratippum*]; (*v. Richter*) verhören [*testes*], *eine* Untersuchung anstellen [*de ambitu*]; erhören [*preces*]; beistimmen [*Homerum*]; *audio* das läßt sich hören; *non audio* davon will ich nichts wissen; **4.** gehorchen, folgen, sich fügen [*cohortationes*]; *dicto audientem esse* aufs Wort gehorchen [*imperatori*]; **5. a**) (*dcht.*) sich nennen hören, wofür gelten [*rex paterque*]; **b**) *bene* (*male*) *audire* in gutem (schlechtem) Rufe stehen [*a bonis civibus*]; **6.** (*P.P.P.*) *subst.* (*nkl.*) **audītum,** *ī n das* Hörensagen, Gerücht.

audītiō, *ōnis f* (*audiō*) *das* Hören, Anhören; Gerücht.

audītō 1 (?) (*frequ. v. audiō*; *Pl.*) oft hören.

audītor, *ōris m* (*audiō*) Zuhörer; Schüler.

audītōrium, *ī n* (*audītor*; *nkl.*) Hörsaal, Schule; / Zuhörerschaft; ** Sprechzimmer; Sakristei.

audītus, *ūs m* (*audiō*) **1.** Gehör (-sinn); **2.** (*nkl.*) = *audītiō*.

audus 3 *s. avidus.*

au-ferō, *abstulī, ablātum, auferre* (*au*²) **1. a**) wegtragen, -bringen, -schaffen; *se auferre u.* (*dcht., nkl.*) *mediopass.* sich entfernen, entschwinden; **b**) fortführen, fortreißen [*fuga*]; ablenken [*aliorum consilia*]; entfremden; **2.** mit Gewalt wegnehmen, rauben, entwenden; entziehen [*honorem indignis*]; beseitigen; vertreiben [*Ho.*: *curas*]; **3.** für sich davontragen, gewinnen [*praemium*].

Aufidus, *ī m Fl. i. Apulien, j.* Ofanto.

au-fugiō, *fūgī*, — 3 (*au*²) entfliehen; / (*dcht.*) meiden [*aspectum*].

augeō, *xī, ctum* 2 (*altl. auxis, auxitis* = *auxeris, auxeritis*; *cf. nhd.* „wachsen") **1.** wachsen machen, befruchten; **2.** vermehren, vergrößern, steigern, fördern; übertreiben [*omnia nimis*]; verherrlichen, preisen; P. sich vermehren, wachsen, größer werden; **3.** überhäufen, beglücken [*milites agris*].

augēscō, *auxī*, — 3 (*incoh. v. augeō*) wachsen, zunehmen.

augmen, *inis n* (*augeō*; *Lu.*) Vermehrung, Zuwachs.

augur, *uris* (*vl.* ‹ **augos, eris n* „Vermehrung" *zu augeō*) **1.** *m* Vogelschauer, Deuter des Vogelflugs, Augur (*Mitglied eines Priesterkollegiums*); **2.** / (*dcht.*) *m f* Weissager(in), Seher(in).

augurālis, e (*augur*) *der* Auguren, Augur(en)... [*cena*]; *subst.* **-e,** *is n* (*nkl.*) Feldherrnzelt im Lager.

augurātiō, *ōnis f* (*augurō*) Weissagung.

augurātō *s. augurō.*

augurātus, *ūs m* (*augur*) Auguramt.

augurium, *ī n* (*augur*) **1.** Beobachtung und Deutung der Wahrzeichen; **2.** (*nkl.*) Wahr-, Vorzeichen; **3. a**) Prophezeiung; **b**) Ahnung; °**c**) Weissagekunst.

augurius 3 = *augurālis.*

augurō *u.* **-or** 1 (*augur*) **1.** (*intr.*) Augurien anstellen, Wahrzeichen deuten; (*nkl.*) *augurātō* nach Anstellung der Augurien; **2.** (*trans.*) **a**) prophezeien; **b**) P. *res, locus -atur* wird (durch Augurien) geweiht; **c**) / ahnen, vermuten.

augustus 3 (*m.* °*comp.*, °*sup.*, *adv.*; *zu* **augos* „Vermehrung"; *cf. augur*) hochheilig; ehrwürdig, erhaben; ehrfurchtsvoll; *subst.* **Augustus,** *ī m Ehrenname des Oktavian* (*seit* 27) *u. der späteren Kaiser*; *adi.* 3 augusteisch, kaiserlich [*domus*]; *mensis* August, *der frühere Sextīlis, der Sterbemonat des Augustus*; **Augusta,** *ae f* **1.** *Titel der weiblichen Mitglieder des Kaiserhauses*; **2.** *Städtenamen* [*-a Taurinorum, j.* Turin]; *adi.* *-ālis,* e [*ludi*; *sodales*];

subst. **Augustālēs,** ium *m* (= sacerdōtēs A.) *Priesterkollegium zur Pflege des Kaiserkultes*; **-ālia,** ium *n die* Augustalien (*Feiertag zu Ehren der Rückkehr des Augustus aus dem Orient*); **Augustiāni,** ōrum *m* kaiserliche Leibgarde; ** *Imperator ac semper Augustus* der Deutsche Kaiser (allzeit Mehrer des Reiches).

aula¹, ae *f* (*gr. Fw.*; *1—3 nkl.*, *dcht.*) **1. a)** Hof, Gehöft; **b)** = *ātrium*; **2.** königl. Palast; Schloß, Hof; **3.** Hofstaat; Höflinge; **4.** fürstliche Macht; =* Saal; Fürstenhof.

aula², ae *f* (*cf. ōlla*; *unkl.*) Topf.

aulaeum, ī *n* (*gr. Fw.*) **1.** (*unkl.*) Teppich; Decke; **2.** (*Ho.*) Baldachin; **3.** Theatervorhang.

Aulercī, ōrum *m weitverzweigte gallische Völkerschaft.*

aulicus 3 (*gr. Fw.*; *cf. aula¹*; *nkl.*) zum Fürstenhof gehörig; *subst.* **-ī,** ōrum *m* Höflinge.

Aulis, idis *f* (*gr.* -is) *Hafenstadt in* [*Böotien.*]

auloedus, ī *m* (*gr. Fw.*) Sänger zum Flötenspiel.

Aululāria (**fābula**), ae *f* (*aulula, dem. v. aula²* = Töpfchen) Topfkomödie *des Plautus.*

Aulus, ī *m röm. Vorname, abgek.* A.

aura, ae *f* (*altl. gen. -āī*; *gr. Fw.*) **1. a)** Lufthauch, -zug; Lüftchen; (*dcht.*) Wind; **b)** (*dcht.*) Duft; **c)** (*Pr.*) Echo; **2.** (*dcht.*) Luft; **3.** *pl.* **a)** (*Ve.*) Tageslicht [*ferre sub auras*]; **b)** (*Ve.*) Himmel; (*Ov.*) Oberwelt; **4.** / **a)** Gunst [*Ho.*: *popularis*]; **b)** schwacher Hauch, Schimmer [*Li.*: *spei*].

aurārius 3 (*aurum*; *unkl.*) Gold...; *subst.* **-a,** ae *f* Goldgrube.

aurātus 3 (*aurum*) vergoldet, golddurchwebt; (*Ve.*) mit Goldhelm; (*Pl.*) mit goldenem Schmuck.

Aurēlius 3 *Name einer pleb. gens*; **Forum -um** *St. i. Etrurien an der* **via -a** (*v. Rom bis Pisa, später bis Arelate*).

aureolus 3 (*dem. v. aureus*) **1.** (*dcht.*) golden; **2.** / allerliebst [*libellus*]; *subst.* **~,** ī *m* (*sc. nummus*; *Ma.*) Goldstück.

aureus 3 (*aurum*) **1.** golden; **2.** vergoldet, goldgeschmückt; **3.** (*unkl.*) goldfarbig, -strahlend; **4.** (*dcht.*) herrlich, prächtig, köstlich; *subst.* **~,** ī *m* (*sc. nummus*; *Li.*) *der* (*von Cäsar eingeführte*) Golddenar, *der* Aureus.

aurichalcum, ī *n* (-ī-?; *gr. Fw.* = „Bergerz", *erster Bestandteil an aurum angelehnt*) **1.** (*Pl.*) (*fingiertes*) kostbares goldglänzendes Metall; **2.** (*nkl.*) Messing; *cf. orichalcum.*

auricilla, ae *f* (*dem. v. auris*; *Ca.*) Ohrläppchen.

auri-comus (*aurum, coma*) **1.** (*nkl.*) goldhaarig; **2.** / (*Ve.*) goldbelaubt.

auricula, ae *f* (*dem. v. auris*) Öhrchen; Ohr(läppchen).

****auricularis,** *is m u.* **-larius,** *i m* vertrauter Ratgeber; Ohrenbläser.

auri-fer, era, erum (*aurum, ferō*; *dcht.*) **1.** Gold hervorbringend; goldene Äpfel tragend [*arbor*]; **2.** goldhaltig [*amnis*].

auri-fex, ficis *m* (*aurum, faciō*) Goldschmied.

aurīga, ae *m* (*aureae* Gebiß am Zaum, *zu ōs¹*; *agō*) **1.** Wagenlenker, Fuhrmann (*dcht. als Gestirn*); Rennfahrer; **2.** (*dcht.*) Steuermann.

aurīgārius, ī *m* (*aurīga*; *Suet.*) Rennfahrer.

aurīgātiō, ōnis *f* (*aurīgō*; *nkl.*) *das* Wagenrennen.

auri-gena, ae *m* (*aurum, gignō*; *Ov.*) *der* Goldgeborene (Perseus *als Sohn der Danae*).

auri-ger, era, erum (*aurum, gerō*; [*dcht.*) goldtragend.]

aurīgō 1 (*aurīga*; *nkl.*) die Wagen lenken, Rennfahrer sein.

auris, is *f* (*cf. nhd.* „Ohr") **1. a)** Ohr; **b)** (*pl.*) Gehör(sinn); **2.** *pl.* **a)** (*kritisches*) Urteil; *-es praebere, dare* Gehör schenken; **b)** (*Ho.*) Zuhörer; **3.** (*Ve.*) Streichbrett (*am Pfluge*).

auri-scalpium, ī *n* (*auris, scalpō*; *Ma.*) Ohrlöffel.

aurītulus, ī *m* (*dem. v. aurītus*; *Ph.*) Langohr = Esel.

aurītus 3 (*auris*; *unkl.*) langohrig; [/ lauschend.]

aurōra, ae *f* (*cf. nhd.* „Os-ten"; *unkl.*) **1.** Morgenröte; ♀ *Göttin der Morgenröte, Gemahlin des Tithonus* (*gr.* Ēōs); **2.** / Osten.

aurum, ī *n* (*eigtl.* „rötlich schimmerndes Metall"; *cf. aurōra*) **1.** Gold; **2.** Goldgerät(e), -schmuck; gemünztes Gold, Geld [*Ve.*: *auri sacra fames*]; **3.** (*dcht.*) **a)** Goldglanz; **b)** Goldenes Zeitalter.

Auruncī, ōrum *m Volk i. Südlatium*; (*oft* = Ausones); *adi.* **-us** 3.

ausculor, -culum = *ōscul...*
auscultātiō, *ōnis f (auscultō) das* Horchen; *das* Gehorchen.
auscultātor, *ōris m (auscultō)* Zuhörer.
auscultō 1 *(cf. auris, clueō)* **1.** *(dcht.)* zuhören, horchen, lauschen; **2.** *(kl. selten)* gehorchen.
ausim *s. audeō.*
Ausones, *um,* **-oniī,** *ōrum u.* **-onidae,** *um m (nkl.) die Völker in Mittel- u. Süditalien, (dcht.)* Italiker; *adi. -onius* 3; *-onis, idis f* ausonisch, *(dcht.)* italisch, römisch; *subst.* **-onia,** *ae f* Unteritalien, *(dcht.)* Italien.
auspex, *icis m, selten f (avis; speciō)* **1.** Vogelschauer; **2.** / **a)** *(dcht.)* Anführer, Führer, Beschützer [*auspice Musa*]; **b)** Ehestifter, -zeuge; *adi. (dcht.)* günstig.
auspicātō *s. auspicor.*
auspicātus 3 *(m. °comp., °sup.; auspicō)* (ein)geweiht; / *(nkl.)* glücklich begonnen, günstig.
auspicium, *ī n (auspex)* **1. a)** Vogelschau; **b)** Recht der Vogelschau; **2.** Vorzeichen, Vorbedeutung [*bona*]; **3.** *(nkl.)* Einleitung, Beginn [*belli*]; **4.** *(nkl., dcht.)* **a)** Oberleitung, Oberbefehl; **b)** Macht, Wille; ** Hoffnung.
auspicor *u. (unkl.)* **-ō** 1 *(auspex)* **1.** *(intr.)* Auspizien anstellen; **2.** *(trans.; nkl.)* (unter guter Vorbedeutung) beginnen, anfangen; **3.** *(abl. abs.)* **auspicātō a)** nach Anstellung der Auspizien; **b)** *(Com.)* unter günstigen Vorzeichen.
auster, *strī m (cf. nhd.* „Osten", „Öster-reich") (regenbringender) Südostwind, Schirokko; Süden.
austēritās, *ātis f (austērus; nkl.)* Herbheit, Herbe [*vini*]; dunkler Farbton; / finsteres Wesen.
austērus 3 *(m. comp., °sup., adv.; gr. Fw.)* **1.** *(nkl.)* herb, sauer; *(v. d. Farbe)* dunkel; **2.** / ernst; finster, unfreundlich.
austrālis, e *(auster)* südlich.
austrīnus 3 *(auster; Ve.)* vom Südwind herrührend, *des* Südwindes.
austrum = *haustrum.*
ausum, *ī n (audeō; dcht., nkl.)* [Wagnis.]
aut *ci.* (**au* „wiederum"; *cf. autem*) **1.** *(disjunktiv)* oder; **2.** *(steigernd)* oder gar; oder vielmehr, oder überhaupt; **3.** *(vermindernd)* oder doch wenigstens; **4.** *(am Satzanfang)* sonst, widrigenfalls; **5.** *(in negativen Sätzen)* und; **6. aut ... aut** entweder ... oder; *neque (ne) aut ... aut* und (damit) weder ... noch.
autem *ci. (nachgestellt; eigtl.* „hinwiederum"; *cf. aut; zur Bedeutung vgl. nhd.* „abermals") **1.** *(entgegenstellend)* aber, dagegen, andrerseits; **2.** *(anreihend)* aber auch; **3.** *(in der Schlußformel)* nun aber *(cf. atquī).*
authepsa, *ae f (gr. Fw.) Topf mit einem Boden für das Feuer u. einem für die Speise,* Kochmaschine.
autographus 3 *(gr. Fw.; Suet.)* eigenhändig [*epistula*].
Autolycus, *ī m (gr. -kos) listiger Sohn Merkurs, Großvater des Odysseus;* / *(Pl.)* listiger Dieb.
automatum *od.* **-on,** *ī n (gr. Fw.; nkl.)* Automat.
Automedōn, *ontis m (gr. -mẹdōn) Wagenlenker Achills;* / geschickter Wagenlenker.
autumnālis, e *(autumnus)* herbstlich.
autumnus *(wohl etr. Fw.)* **1.** *adi.* 3 *(nkl., dcht.)* herbstlich; **2.** *subst.* **~,** *ī m* Herbst.
autumō 1 *(autem* „hinwiederum"; *unkl.)* behaupten, sagen, nennen.
auxiliāris, e *u.* **-ārius** 3 *(auxilium)* hilfreich; *subst.* **-ārēs,** *ium m* Hilfstruppen.
auxiliātor, *ōris m (auxilior; nkl.)* [Helfer.]
auxiliātus, *ūs m (auxilior; Lu.)* Hilfeleistung, Beistand.
auxilior 1 *(auxilium)* helfen; heilen.
auxilium, *ī n (augeō)* **1.** Hilfe, Beistand, Unterstützung; *-o esse, -um ferre* Hilfe leisten [*sociis contra vim*]; *-o noctis (Sa.)* unter dem Schutze der Nacht; **2.** *pl.* **a)** Hilfsmittel, -quellen; **b)** *(mil. t.t.)* Hilfstruppen; Streitkräfte; **3.** ♀ *(Pl.)* Gottheit der Hilfe.
Avaricum, *ī n (-ā-?) Hauptst. der Bituriger, j.* Bourges; *adi. -cēnsis,* e.
avāritia, *ae u. (Lu.)* **-tiēs,** *ēī f (avārus)* Habsucht, Geiz; *(Pl.)* Freßgier; *gloriae (Cu.)* Ruhmsucht.
avārus 3 *(m. comp., °sup.; adv.* **-ē** *u. [Pl.]* **-iter**; *aveō*[1]) **1.** *(nkl., dcht.)* gierig *nach* [*laudis*]; **2. a)** geldgierig; **b)** geizig, knauserig; *subst.* **~,** *ī m* Geizhals.
avē *(vulgär havē) int. (punisches Fw.; später avēte (Suet.), avētō (Sa.),*

avēre (*Ma.*) *hinzugebildet*) sei gegrüßt! leb wohl!; *cf. aveō*[2].
ā-vehō, *vēxī, vectum* 3 wegführen, -bringen, -schaffen; *mediopass.* (*Ve., Li.*) sich entfernen, wegfahren, -reiten.
ā-vellō, *vellī u. vulsī, vulsum* 3 ab-, losreißen [*poma*]; / gewaltsam entfernen, wegreißen]; entreißen.
avēna, *ae f* (*cf. altpreußisch* wyse „Hafer") **1.** wilder Hafer; Unkraut; **2.** (*dcht.*) **a**) Halm, Rohr; **b**) Hirtenflöte; *pl. die* (*aus 7 od. 4 Rohrpfeifen bestehende*) Syrinx.
Aventīnus, *ī m u.* **-um,** *ī n Hügel Roms; auch adi.* -*us* 3 [*mons*].
aveō[1], —— 2 begierig sein [*audire*].
aveō[2], —— (*spätlat. Bildung zu avē*) sich wohl befinden.
Avernus, *ī m* (*gr.* ạornos „vogelleer") *vulkanischer See bei Cumae; auch lacus -i Eingang in die Unterwelt; adi.* (= *Avernālis*, e) Unterwelts...; *subst.* **-a,** *ōrum n* Gegend am A. See; Unterwelt [*ima*].
ā-verrō, *verrī*, — 3 (*dcht.*) wegfegen; / wegraffen; aufkaufen.
ā-verruncō 1 (*sakrales Wort; cf. verruncō*) abwenden, -wehren.
āversābilis, e (*āversor*[1]; *Lu.*) abscheulich.
āversātiō, *ōnis f* (*āversor*[1]; *nkl.*) Abneigung.
āversiō, *ōnis f* (*āvertō; nkl.*) **1.** *das* Abwenden; **2.** (*rhet. t.t.*) = *apostrophē*; ** Abfall; Abscheu.
ā-versor[1] 1 (*frequ. v. āvertō; unkl.*) sich abwenden von [*filium*]; / verschmähen [*honorem*], nicht anerkennen wollen [*principes*].
āversor[2], *ōris m* (*āvertō*) der unterschlägt [*pecuniae publicae*].
āversus 3 (*āvertō*) **1.** (*m.* °*sup.*) abgewandt, im Rücken, von hinten; **2.** / (*m. comp.*, °*sup.*) abgeneigt, feindlich [*a vero*]; *subst.* **-a,** *ōrum n* (*nkl.*) Rückseite, *die* abgelegenen Teile.
ā-vertō, *vertī, versum* 3 **1.** wegwenden, ablenken [*iter ab Helvetiis*]; **2.** *mediopass.* (*nkl., dcht.*) sich umwenden, sich abwenden; / verschmähen; **3.** in die Flucht schlagen; **4.** entwenden, unterschlagen [*pecuniam*]; **5.** entfremden [*legiones ab Antonio*]; **6.** (*Unglück, Böses*) abwehren, fernhalten.
avia, *ae f* (*avus; urspr. nur mütterlicherseits*) Großmutter.

aviārium, *ī n* (*avis*) Vogelhaus; (*Ve.*) Niststätte.
aviditās, *ātis f* (*avidus*) Begierde, Gier *nach* [*pecuniae, cibi*]; Geiz.
avidus 3 (*m.* °*comp., sup., adv.; synk. audus, nur i. gen. belegt; s. audeō, aveō*[1]) begierig, lüstern *nach* [*laudis*]; gefräßig, unersättlich; habsüchtig; (*nkl., dcht.*) herrschsüchtig.
avis, *is f* (*cf. altindisch* vīh „Vogel") Vogel; (*Ov.*) Weissagevogel; / (*nkl., dcht.*) Wahrzeichen, Vorzeichen.
avītus 3 (*avus*) großväterlich, -mütterlich; uralt; ererbt [*malum*].
āvius 3 (*Hypostase aus ā viā; nkl., dcht.*) vom Wege abliegend, abgelegen, einsam; vom (rechten) Wege ablenkend; *subst.* **-a,** *ōrum n* abgelegene Orte, Wildnis.
āvocāmentum, *ī n* (*āvocō; nkl.*) Zerstreuungsmittel, Erholung.
āvocātiō, *ōnis f* (*āvocō*) Ablenkung; (*nkl.*) Zerstreuung.
ā-vocō 1 **1.** (*nkl.*) ab(be)rufen, wegrufen; **2.** abziehen; fernhalten; abbringen; **3.** (*nkl.*) / zerrtreuen [*animum*].
ā-volō 1 wegfliegen; enteilen; (hin)scheiden.
āvors..., āvort... (*altl.*) = *āvers..., āvert...*
avunculus, *ī m* (*altl. -onc-; avus*) Oheim *mütterlicherseits*; Großoheim [*magnus*].
avus, *ī m* (*altl. -os; cf. nhd.* „Oheim, Ohm"; *urspr. nur mütterlicherseits*) Großvater; Urgroßvater; (*nkl., dcht.*) Vorfahr.
Axenus *u.* **-īnus,** *ī m* (*gr.* Ạxenos *u.* Ạxeinos *das* „ungastliche" Meer) *das* Schwarze Meer (*später Euxīnus, s. d.*).
axicia = *axitia*.
axilla, *ae f* (*dem. v. āla*) Achselhöhle.
axis[1], *is m* (*cf. nhd.* „Achse") **1.** (*nkl., dcht.*) Wagenachse; Wagen; **2.** / **a**) Erdachse; **b**) (*dcht.*) Pol, Nordpol; Himmelsgegend [*boreus* Norden]; Himmel.
axis[2], *is m* (*richtiger assis; cf. asser*) Brett, Bohle.
axitia, *ae f od. ōrum n* (*et. ungedeutet; Pl.*) Toilettegegenstand (Schminke? Schminkspachtel? Schere?).
Axona, *ae f* (*u. m?*) *Nebenfl. d. Oise, j.* Aisne.
****azymus** 3 ungesäuert; *subst.* **-on,** *ī n* ungesäuertes Brot; **-a,** *orum n* Fest der süßen Brote.

B

babae *u.* **papae** *int.* (*gr. Fw.*; *Com.*) potztausend!

babulus, ī *m* (*Lallwort*; *cf. nhd.* „babbeln"; *Te.*) Schwätzer, Narr.

Babylōn, ōnis *f* (*acc.* -a; *gr.* -ọn) *Hauptst. Babyloniens am Euphrat*; Babylō, ōnis *m* (*Te.*) „*der* Babylonier", *ein* Nabob; *adi.* -lōniēnsis, e *u.* -lōni(c)us 3 [*numeri* (*Ho.*) chaldäische Weissagung *aus den Sternen*]; *subst.* **-lōnius,** ī *m der* Babylonier; **-ia,** ae *f* Babylonien; Babylon; Babylonierin.

bāca *u.* **bacca,** ae *f* (*wahrsch. Fw. aus einer vorindogerm. Mittelmeersprache*) Beere; runde Baumfrucht, Olive; / (*Ho.*) Perle.

bācātus 3 (*bāca*; *Ve.*) mit Perlen besetzt.

baccar, aris *n* (*gr. Fw.*; *dcht., nkl.*) *Pflanze mit wohlriechender Wurzel.*

Baccha, ae *f* (*gr.* Bạkchē) Bacchantin, *Begleiterin des Bacchus.*

bacchābundus 3 (bacchor; *Cu.*) bacchantisch, schwärmend.

Bacchānal, ālis *n* (Bacchus) *Ort der Bacchusfeier*; *pl.* **-ālia,** ōrum *u.* ium Bacchusfest (*186 wegen Ausschweifungen verboten*); (*dcht.*) Orgien.

bacchātiō, ōnis *f* (bacchor) Schwärmen, wildes Gelage.

Bacchē(ï)us *u.* **Bacchicus** 3 (*gr. Fw.*) bacchisch.

bacchor 1 (Bacchus) **1.** (*dcht., nkl.*) das Bacchusfest feiern; **2.** / Orgien feiern; (*part. pf. pass.*) *adi.* **bacchātus** 3 (*dcht.*) durchschwärmt.

Bacchus, ī *m* (*gr.* Bạkchos *u.* Diọnȳsos) *Sohn Jupiters u. der Semele, Gott des Weines*; / (*Ve.*) *der* Bacchusruf [*Io Bacche!*]; Weinstock, Wein.

Bacēnis, is *f* (*wohl eigtl.* „Buchenwald"; *zu* fāgus) *der* (*westl.*) Thüringer Wald.

baceolus, ī *m* (*gr. Fw.*; *Suet.*) Dummkopf.

bāci-fer, era, erum (bāca, ferō; *dcht.*) beeren-, fruchttragend.

bacillum, ī *n* (*dem. v.* baculum) Stäbchen, Stöckchen; Stab (*des Liktors*).

****baco,** onis *m* Mastschwein; geräucherter Speck, Schinken.

Bactra, ōrum *n* (*gr.* -k-) **1.** *Landsch. am Oxus*; **2.** *Hauptst. der Baktrer, j.* Balkh; *adi.* -trius 3; *adi. u. Einw.* -triānus (3); *subst.* **-trus,** ī *m* (*gr.* Baktros) *Nebenfl. des Oxus.*

baculum, ī *n u.* (*dcht.*) **-us,** ī *m* (*cf. nhd.* „Pegel") Stock, Stab; ** -us Stütze.

badissō 1 (*gr. Fw.*; *Pl.*) schreiten, marschieren.

Baetis, is *m Fl. in Südspanien, j.* Guadalquivir; *adi. u. Einw.* -ticus (3); *subst.* **-tica,** ae *f röm. Provinz, j.* Andalusien.

baetō, — — 3 (*altl.*; *et. ungedeutet*; *cf.* bītō) gehen, schreiten.

Bāiae, ārum *f Seebad bei Neapel, adi.* -iānus 3.

bāiulō 1 (bāiulus; *unkl.*) (*eine Last*) tragen.

bāiulus, ī *m* (*et. ungedeutet*) Lastträger.

bālaena = ballaena[1].

balanus, ī *f* (*gr. Fw.*; *nkl., dcht.*) **1.** (Öl der) Behennuß; **2.** *eine Seemuschel.*

balatrō, ōnis *m* (*wohl etr. Fw.*; *vkl., dcht.*) Possenreißer, Schwätzer.

bālātus, ūs *m* (bālō; *nkl., dcht.*) *das* Blöken; *das* Meckern.

balbus 3 (*m.* °*adv.*; *lautmalendes Wort*) stammelnd; ♀ *röm. Familienname, s.* Cornēlius.

balbūtiō 4 (balbus) **1.** (*intr.*) stammeln, stottern; unklar reden; **2. a)** (*trans.*) (*Ho.*) herstammeln [pauca]; **b)** / beschönigend nennen.

Baleāris *u.* **-iāris,** e balearisch, zu den Balearen gehörend; *subst.* **-ārēs,** ium *m die* Bewohner der B.; *f die* Balearen [maior Mallorca; minor Minorca]; *adi.* -ārius 3.

balin... = baln...

bālitō 1 (*intens. v.* bālō; *Pl.*) blöken(?).

ballaena[1], ae *f* (*gr. Lw.*; *unkl.*) Walfisch.

****ballaena[2]** *u.* **-ena,** ae *f* (=[1]?) Reisesack.

Balliō, ōnis *m* **1.** *Name eines Kupplers*; **2.** / Kuppler.

ballista *u.* **ballistra,** ae *f* (*gr. Fw.*) Wurfmaschine; (*dcht., nkl.*) Wurfgeschoß.

ballistārium, ī *n* (ballista; *Pl.*) Wurfmaschine.

balneārius (balneum) **1.** *adi.* 3 (*dcht., nkl.*) Bade...; **2.** *subst.* **-ia,** ōrum *n* Bäder, Badezimmer.

balneātor, ōris *m* (balneum) Bademeister.

****balneo** 1 baden.

balneolum, *ī n* (*dem. v. balneum*) kleines Bad.

balneum, *ī n* (*gr. Lw.*) **1. a**) Badezimmer; **b**) (*nkl.*) Badewanne, Bad; **2.** *pl.* **-a,** *ōrum n u. meist* **-ae,** *ārum f* Badeanstalt, Bad; ** *-um* widerliches Getränk.

bālō 1 (*lautmalendes Wort; unkl.*) blöken; *subst.* (*part. praes.*) **bālantēs,** (*i*)*um f* (*dcht.*) Schafe.

balsamum, *ī n* (*gr. Fw.; nkl., dcht.*) Balsam(staude).

balteus, *ī m u.* **-um,** *ī n* (*etr. Fw.*) **1.** (*unkl.*) Gürtel, Gurt; **2.** Wehrgehenk; **3.** (*Ma.*) Gürtel der Venus.

balūx, *ūcis f* (*spanisch-iberisches Fw.; Ma.*) Goldsand, -körner.

****bancales,** *ium m f* Bankkissen.

Bandusia, *ae f Quelle auf dem sabinischen Landgut des Horaz.*

****bannus,** *i m* Bann, Interdikt.

Bantia, *ae f St. in Apulien; adi. -tīnus* 3.

****baptisma,** *tis n* Taufe.

****baptismalis,** e Tauf...; *ecclesia* Taufkirche.

****baptismus,** *i m* Taufe.

****baptista,** *ae m* Täufer.

baptistērium, *ī n* (*gr. Fw.; Pl.*) Badebassin; ** Taufkapelle.

****baptizo** 1 taufen.

barathrum, *ī n* (*gr. Fw.*) Abgrund, Schlund; / *macelli* Freßsack; *donare alqd barathro* etw. verschwenden; *femineum* = *cunnus*; **Hölle.

barba, *ae f* (*cf. nhd.* „Bart") Bart.

barbaria, *ae u.* **-riēs,** *ēī f* (*barbarus*) **1.** Ausland, Fremde; *die* Barbaren; **2.** Barbarei, Roheit, Unkultur; ** wilde Horde; Deutschland.

barbaricus 3 = *barbarus.*

barbarismus, *ī m* (*gr. Fw.*) fremdartige Aussprache; sprachlicher Schnitzer.

****barbarizo** 1 ungebildet reden.

barbarus 3 (*m. °comp., adv.; gr. Fw.*) **1.** ausländisch, fremd; (*Pl.*) *-e vertere* ins Lateinische übersetzen; **2.** unwissend, ungebildet, unmanierlich; wild, grausam; *subst.* ~, *ī m* Barbar, Ausländer; ** *adi.* in deutscher Sprache; *subst.* **-i,** *orum m die* nichtrömischen Schriftsteller des Mittelalters.

barbātulus 3 (*dem. v. barbātus*) mit schütterem Bart.

barbātus 3 (*barba*) **1.** bärtig; °**2.** erwachsen; *subst.* ~, *ī m* **1.** (bärtiger) Römer der alten Zeit; **2.** Philosoph; °**3.** Langbart = Ziegenbock.

barbi-ger, *era, erum* (*barba, gerō*) barttragend, bärtig.

barbitos, *ī m* (*acc. -on, voc. -e; gr. Fw.*) Laute, Leier.

barbula, *ae f* (*dem. v. barba*) Bärtchen, Milchbart.

Barca, *ae m* (*sem.* = Blitz) *Stammvater der Barkiden in Karthago, Beiname Hamilkars; adi. -īnus* **3**; *subst.* **-īnī,** *ōrum m die* Barkiden.

Barcaeī, *ōrum m Nomaden in Kyrenaika.*

bardītus, *ūs m* (*et. ungedeutet*) germ. Schildgesang.

bardo-cucullus, *ī m* (*wohl v. gall.-lat. bardus* Barde) *gall.* Kapuzenmantel *aus Filz.*

bardus 3 (*etr. Fw.*) stumpfsinnig, dumm.

bāris, *idos f* (*gr. Fw., aus dem Koptischen stammend*) Nilbarke.

Bārium, *ī n Hafenst. in Apulien, j.* Bari.

bārō[1], *ōnis m* (*etr. Fw.*) Tölpel.

****baro**[2], *onis m* freier Mann; Baron.

barrītus, *ūs m* (*barriō* 4 „brüllen"; *cf. barrus; urspr.* Elefantengebrüll, *volkset. m. bardītus vermengt*) Schlachtgeschrei.

barrus, *ī m* (*Lw. aus einer asiat. Sprache, vl. dem Indischen*) Elefant.

bascauda, *ae f* (*altbrit. Lw.; urspr. wohl* „geflochtener Korb" [> *engl. basket*]; *cf. lat. fascia*) Spülnapf aus Metall.

bāsiātiō, *ōnis f* (*bāsiō*) *das* Küssen, Kuß.

bāsiātor, *ōris m* (*bāsiō*) „Küsser" (*der einen Freund mit einem Kuß begrüßt*).

****basileus,** *i m der oströmische Kaiser.*

basilicus (*gr. Fw.*) **1.** *adi.* 3 (*m. adv.*; königlich, fürstlich; **2.** *subst.* **a**) ~, *ī m* (*sc. iactus*) Königswurf *beim Würfelspiel*; **b**) **-a,** *ae f* mehrschiffige Halle; Gerichtshalle; Rathaus, Börse; ** Basilika, Hauptkirche, Dom; **c**) **-um,** *ī n* Königskleid; kostbares Frauengewand.

bāsiō 1 (*bāsium*) küssen.

basis, *is f* (*acc. -im, abl. -ī; gr. Fw.*) Fußgestell, Sockel; Grundmauer; Basis (Säulenfuß); (*math. t.t.*) Grundlinie, Basis; ** Brückenpfeiler.

bāsium, *ī n* (*Lw. unbekannter Herkunft*) Kuß.

Bassareus, eī *m* (*voc.* -eu; *gr.* -eus) *Beiname des Bacchus*; *adi.* -aricus 3.
Bastarnae *u.* **-ternae,** ārum *m germ. Volk a. den Donaumündungen.*
bat *scherzhafte Reimbildung zu* at.
Batāvī, ōrum *m germ. Inselvolk an den Rheinmündungen*; *adi.* -us 3.
Bathyllus, ī *m* (*gr.* Ba...os) **1.** *ein von Anakreon geliebter Knabe*; **2.** *Freigelassener des Maecenas, ber.*
batillum, ī *n* = vatillum. [*Mime.*
batioca, ae *f* (*gr. Fw.*) große Trinkschale.
Battiadēs, ae *m* Nachk. des Battos, *des Gründers v. Kyrene* = Kallimachos.
****batlinea,** ae *f* Bettlaken.
bat(t)uō, uī, — 3 (*gall. Lw.*) **1.** (*trans.*) stoßen, schlagen; **2.** (*intr.*) **a)** (*v. Fechtern*) sich schlagen *mit*; **b)** = futuō.
baubor 1 (*lautmalendes Wort der Kindersprache*) kläffen, bellen.
Baucis, idis *f* (*gr.* -kis) *hochbetagte Gattin des Philemon aus Phrygien.*
baxea, ae *f* (*gr. Lw.*) leichte Sandale.
bdellium, ī *n* (*gr. Fw. sem. Herkunft*) (Harz der) Weinpalme; / *Schmeichelwort.*
****beatifico** 1 glücklich machen; glücklich preisen; auszeichnen, schmücken.
beātitās, ātis *u.* **beātitūdō,** inis *f* (beātus) Glückseligkeit.
beātus 3 (*m. comp., sup., adv.*; beō) **1.** begütert, reich; fruchtbar; herrlich [Roma]; **2.** glückselig; beglückend [vita]; (*v. Verstorbenen*) selig [beatorum insulae]; *subst.* **-um,** ī *n* Glückseligkeit; ** verewigt, (*als kultisches Prädikat*) selig.
beccus, ī *m* (*gall. Fw.*) Schnabel.
Belgae, ārum *m* Belgier, *kelt.-germ. Völkergruppe im nördl. Gallien*; *adi.* -gicus 3; *subst.* **-gica,** ae *f röm. Provinz* Belgica; **-ium,** ī *n* **1.** = Belgica; **2.** *w. Teil v.* Belgica.
Bēlides, -līdēs *s.* Bēlus.
bellāria, ōrum *n* (bellus) Naschwerk, Nachtisch.
bellātor, ōris *m* (bellō) Krieger; °*adi.* streitbar. [stilus].
bellātōrius 3 (bellātor) polemisch
bellātrīx, īcis *f* (bellātor) kriegerisch [Roma; *kl. nur* / iracundia].
Bellerophōn, ōntis (*gr.* -ōn) *u.* **-phontēs,** ae *m Sohn des Glaukos v. Korinth, erlegte mit Hilfe des Pegasus die Chimära*; *adi.* -phontēus 3.
belliātu(lu)s 3 (bellus) schön.
bellicōsus 3 (*m.* °*comp., sup.*; bellicus) kriegerisch, kriegslustig, streitbar.
bellicus 3 (bellum) °**1.** kriegerisch; **2.** Kriegs..., Schlacht...; res -a Kriegswesen; *subst.* **-um,** ī *n* Signal (*mit der Kriegstrompete*); -um canere zum Kampfe blasen.
belli-ger, era, erum (bellum, gerō) kriegführend, streitbar.
belligerō 1 (belliger) Krieg führen, streiten, kämpfen.
belli-potēns, entis (bellum) kriegsgewaltig; *subst. m* Kriegsgott.
bellō *u.* (*Ve.*) **-or** 1 (bellum) Krieg führen, streiten, kämpfen.
Bellōna, ae *f Kriegsgöttin, Schwester des Mars.*
Bellovacī, ōrum *m belg. Volk in d. Gegend v. Beauvais.* [bēlua.
bellua *schlechte Schreibung für*
bellulus 3 (*m. adv.*; *dem. v.* bellus) ganz allerliebst.
bellum, ī *n* (*altl.* duellum = Feindseligkeit; *kaum mit* duo *verwandt*) **1.** Krieg; -um gerere Krieg führen, ducere, trahere in die Länge ziehen, (com)parare rüsten, inferre alci, contra, in alqm bekriegen; domi bellique im Krieg u. im Frieden; (in) bello im Kriege; **2.** Schlacht, Treffen, Kampf; **3.** / **a)** Kampf, Streit, Zank, Hader; °**b)** Liebeshändel.
bellus 3 (*m.* °*comp., sup., adv.*; ‹ *dven[e]los, *dem. v. altl.* duenos = bonus) hübsch, niedlich, allerliebst; hübsch gesund [fac bellus revertare]; *adv.* **-ē!** bravo!
bēlua, ae *f* (bēstia) Tier; Untier, Ungeheuer; / Ungeheuer; (°*Schimpfwort*) Rindvieh.
bēluātus 3 (bēlua) mit eingestickten Tierfiguren. [geheuern.
bēluōsus 3 (bēlua) reich an Un-
Bēlus, ī *m* (*gr.* -os; *urspr. sem. Hauptgott* Baal) **1.** *Gründer des assyr. Reiches*; **2.** *König v. Tyrus, Vater der Dido*; **3.** *König v. Ägypten, Vater des Danaus* (= 2?); **-līdēs,** ae *m* Nachk. des B. (= Lynkeus; Palamedes); **-lides,** um *f* die Danaiden.
Bēnācus, ī *m* (lācus) Gardasee.

bene *adv.* (< **dvenē*; *adv. v. bonus*; *comp.* **melius**, *sup.* **optimē** *s. bonus*) **1.** (*bei Verben*) gut, wohl, gehörig, tüchtig, recht, richtig, mit Recht, genau, glücklich *u. ä.*; **bene agere** recht verfahren, *cum alqo* freundlich behandeln; **bene audīre** in gutem Rufe stehen; **bene dīcere** (*auch zus.*) gut, schön, richtig, anständig, passend reden [*absenti* Gutes von dem Abwesenden sprechen, den A. loben]; (*Pl.*) Worte von guter Vorbedeutung gebrauchen; °*benedictum, ī n* Lob; **bene facere** (*auch zus.*) gut, recht machen, trefflich ausführen, recht daran tun; *alci* Wohltaten erweisen, gute Dienste leisten; °*benefactum, ī n* gute Tat, Wohltat, Verdienst; **bene est** es geht gut [*mihi*]; befindet sich wohl *bei* [*illi aquā calidā*]; **bene tē** (°*tibi*) auf dein Wohl! prosit! **2.** (*bei adi. u. adv.*) tüchtig, recht, sehr, überaus, völlig [*homo bene sanus, epistula bene longa; bene mane*].

benedicē *adv.* (**bene-dicus* 3; *Konträrbildung zu maledicus*) mit freundlichen Worten.

bene-dīcō 3 *s. bene*; ** rühmen, segnen, weihen.

****benedictio,** *onis f* Lobpreis, Segnung, Segen.

benedictum *s. bene.*

****benedictus** 3 gebenedeit.

bene-faciō 3 *s. bene*; ** wohltun, beglücken; belehnen.

benefactum *s. bene.*

beneficentia, *ae f* (*beneficus*) Wohltätigkeit.

beneficiārius (*beneficium*) °**1.** *adi.* 3 zur Wohltat gehörig; **2.** *subst.* ~, *ī m* von niedrigen Arbeiten befreiter Soldat, Gefreiter.

****beneficiatus,** *i m* Lehnsmann.

****beneficientia,** *ae f* Lehnshoheit.

****beneficiolum,** *i n* Gefälligkeit.

beneficium, *ī n* (<**bene-faciom*; *faciō*) **1.** Wohltat, Verdienst; Gefälligkeit, Freundschaftsdienst; *-o deorum* mit Hilfe der Götter; **2. a**) Auszeichnung, Begünstigung, Beförderung [*dictatorum* durch die D.]; °**b**) Vorrecht, Privilegium; ** Pfründe, Lehen.

bene-ficus 3 (*m* °*adv.*; °*comp. -ficentior, sup. -ficentissimus*; *faciō*) wohltätig, gefällig.

Beneventum, *ī n St. i. Samnium, j.* Benevento; *adi. u. Einw. -tānus* (3).

bene-volēns, *entis* (*s. benevolus*) wohlwollend; *subst. m u. f* Gönner (-in).

benevolentia, *ae f* (*benevolēns*) **1.** Wohlwollen, Zuneigung [*erga, in Aeduos*]; **2.** Beliebtheit.

bene-volus 3 (*m. adv.*; *comp. -volentior*; *sup. -volentissimus*; *volō*) wohlwollend, gewogen, gütig.

benīgnitās, *ātis f* (*-ĭ-?*; *benīgnus*) **1.** Güte, Freundlichkeit, Wohlwollen, Liebe, Gefälligkeit; **2.** Wohltätigkeit, Freigebigkeit.

benīgnus 3 (*-ĭ-?*; *m. comp.*, °*sup.*, *adv.*; *bene*; *gignō*) **1.** gütig, freundlich, wohlwollend, gefällig, liebevoll, willig; (*Höflichkeitsformel*) *benīgnē!* sehr gütig! schönen Dank! **2.** wohltätig, freigebig; *-ē facere* wohltun, Gutes erweisen; °**3.** reichlich [*praeda*]; reich [*ager*].

beō 1 (*cf. bonus*; *beātus*) beglücken, erfreuen; beschenken.

Berecyntes, *um m Volk in Phrygien*; *adi. -tius* 3 phrygisch (*mater* Kybele; *heros Kybeles Sohn* Midas).

Berenīcē, *ēs f* (*gr. -nịkē*) **1.** *Gemahlin des ägypt. Königs Ptolemaeus Euergetes; ihr schönes Haar, das sie für die Heimkehr des Gatten weihte, wurde unter die Sterne versetzt*; **2.** *Tochter des Judenkönigs Agrippa I., Geliebte des Titus.*

Beroea, *ae f* (*gr.* Bẹrōia) *St. in Makedonien*; *adi. u. Einw. -oeaeus* (3).

bēryllus, *ī m f* (*gr. Fw.*) Beryll (*grüner Edelstein*).

Bērȳtos *u.* **-us,** *ī f* (*gr. -tọs*) *Hafenst. in Phönikien, j.* Beirut.

bēs, *bessis m* (*statt bess*; < **duo ass[is]*) zwei Drittel (*eines 12teiligen Ganzen*).

bēsālis, e (*bēs*) zwei Drittel (*eines 12teiligen Ganzen*) umfassend; 8 Unzen wiegend.

bēstia, *ae f* (*eigtl.* „atmendes Wesen"; *cf. mhd.* getwās „Gespenst", *nhd.* „Tier") Tier; Raubtier, reißendes Tier.

****bestialis,** e viehisch.

bēstiārius (*bēstia*) °**1.** *adi.* 3 Tier... [*ludus* Kampf *mit*]; **2.** *subst.* ~, *ī m* Tierkämpfer.

bēstiola, *ae f* (*dem. v. bēstia*) Tierchen.

bēta¹ *indecl. zweiter Buchstabe des gr. Alphabets* [*alpha et beta* das Abc]; *der* zweite.

bēta^{2}, *ae f* (*kelt. Lw.*) Mangold, Beete. [wurzel.

bētāceus, *ī m* (*bēta^{2}*) Mangold-

bētizō 1 (*bēta^{2}, nach lachanizō gebildet: Augustus*) Gemüse sammeln; / weichlich sein.

bi- (*in der Komposition*; *cf. bis*) zwei-, zwie-. [*sieben Weisen.*

Biās, *antis m aus Priene, einer der*

Biberius, *ī m* (*bibō*) *Spottname des* Kaisers *Tiberius.*

****biblia,** *ae f* Bibel; *sacra* Heilige Schrift. [händler.

bibliopōla, *ae m* (*gr. Fw.*) Buch-

bibliothēca, *ae f* (*gr. Fw.*) °**1.** Bücherschrank; **2.** Büchersammlung, Bücherei; ** Bibel, Heilige Schrift.

bibō, *bibī,* — 3 (*pōtō*) **1.** trinken; ein Trinkgelage abhalten; *Graeco more* sich zutrinken; °*Tiberim* am Tiber wohnen; °**2.** / einsaugen, einziehen, (begierig) in sich aufnehmen.

Bibracte, *is n Hauptst. d. Äduer.*

Bibrax, *actis f feste St. d. Remer.*

bibulus 3 (*bibō*) gern trinkend, stets durstig, Feuchtigkeit (*Wasser od. Farbe*) begierig einsaugend; *lapis* Bimsstein; trinkbar, süffig [*vinum Falernum*]; ** *subst.* ~, *i m* Zechgenosse.

bi-ceps, *cipitis* (*caput*) zweiköpfig [*Ianus*]; °/ zweigipfelig [*Parnassus*].

bi-clīnium, *ī n* (*nach triclīnium gebildet*) Speisesofa für zwei Personen. [*pōpulus* Silberpappel.

bi-color, *ōris* zweifarbig, scheckig;

bi-corniger, *era, erum u.* **bicornis,** e (*cornu; gerō*) mit zwei Hörnern [*luna* Halbmond]; zweizinkig, zweiarmig. [leibig.

bi-corpor, *oris* (*corpus*) doppel-

bi-dēns, *dentis* mit zwei Zähnen, Zacken; *subst.*: **1.** *m* (*sc. rāster*) zweizinkige Hacke, Karst; **2.** *f* (*sc. hostia*) ausgewachsenes Opfertier (*das schon die mittleren Schneidezähne gewechselt hat*), Schaf.

bidental, *ālis n* (*wahrsch. v. bidēns* Zweizack *als Symbol des Blitzes*) Blitzmal (*vom Blitz getroffener Ort*).

bīduum, *ī n* (*cf. diēs*) Zeit, Frist von zwei Tagen; *-o post* zwei Tage später; *eo -o* während dieser zwei T., nach diesen zwei T.

bi-ennium, *ī n* (*annus*) Zeit von zwei Jahren, zwei Jahre.

bi-fāriam *adv.* (*adv. acc. eines v. fās* „Äußerung" *abgeleiteten adi.*) zweifach, doppelt.

bi-fer, *era, erum* (*ferō*) zweimal (*im Jahr*) Früchte tragend [*vites*].

bi-fidus 3 (*findō*) (in zwei Teile) gespalten.

bi-foris, e zweitürig, -flügelig [*fenestrae*]; zweifach, doppelt.

bi-fōrmātus 3 *u.* **-fōrmis,** e (*fōrma*) zweigestaltig.

bi-frōns, *ontis* doppelstirnig, mit doppeltem Antlitz [*Ianus*].

bi-furcus 3 (*furca*) zweizackig, gabelförmig.

bīgae, *ārum f* (*selten* **-a,** *ae*; *bi-, iugum*) Zweigespann.

bīgātus 3 (*bīgae*) mit dem Gepräge des Zweigespanns [*argentum*]; *subst.* ~, *ī m* Silberdenar mit d. Gepr. d. Zw.

bi-iugis, e *u.* **-iugus** 3 (*iugum*) zweispännig; *subst.* **-ī,** *ōrum m* Zweigespann, Streitwagen.

Bilbilis, *is m Nebenfluß des Ebro*; *f Stadt am B., Geburtsort Martials.*

bi-lībra, *ae f* zwei Pfund [*farris*].

bilībris, e (*bilībra*) zwei Pfund fassend.

bi-linguis, e (*lingua*) zweizüngig; zweisprachig; Kauderwelsch redend; / doppelzüngig, heuchlerisch.

bīlis, *is f* (*abl. -ī, seit Horaz* -e; < **bis*[*t*]*lis*; *nur ital.- kelt.*) **1.** Galle; **2.** / **a**) Zorn, Wut; **b**) *atra* Schwermut; °Wahnsinn.

bi-līx, *īcis* (*līcium*) zweifädig, doppeldrähtig.

bi-lūstris, e (*lūstrum^{2}*) (*zwei Lustren, d. i.*) zehn Jahre dauernd.

bi-maris, e (*mare*) an zwei Meeren gelegen. [zweier Frauen.

bi-marītus, *ī m der* Ehemann

bi-māter, *tris* von zwei Müttern geboren (*Bein. des Bacchus*).

bi-membris, e (*membrum*) doppelgliedrig; zweigestaltig; *subst.* **-ēs,** *ium m* Kentauren.

bi-mē(n)stris, e (*mēnsis*) zwei Monate alt, zwei M. dauernd.

bīmulus 3 (*dem. v. bīmus*) erst zweijährig.

bīmus 3 (*bi* + **himos*; *cf. hiems*) zweijährig; *sententia -a* Antrag, die Amtsdauer auf zwei Jahre zu verlängern. [*gegenüber v. Bingen.*

Bingium, *ī n belg. St. a. d. Nahe*

bīnī 3 (*gen. meist -um; cf. nhd.* „Zwirn") **1.** je zwei; **2.** (*bei pluralia tantum*) zwei, beide [*bina castra* beide Lager; *binae litterae* zwei Briefe (*duae litterae* zwei Buchstaben!)]; **3.** ein Paar; ** *auch binus.*

bi-noctium, ī *n* (*nox*) Zeit von zwei Nächten, zwei Nächte.

bi-nōminis, e (*nōmen*) zweinamig [*Ascanius = Iūlus*].

Biōn, *ōnis m Kyniker um 280;* °*adi.* **-ōnēus** 3 bissig, satirisch.

bi-palmis, e (*palma*) zwei Spannen lang *od.* breit.

bi-partītus 3 (*adv.* **-ō**; *partiō*²) in zwei Teile(n), von zwei Seiten.

bi-patēns, *entis* (*pateō*) doppelt geöffnet, mit geöffneten Doppeltüren.

bi-pedālis, e (*pēs*) zwei Fuß lang, breit, stark.

bipenni-fer, *era, erum* (*bipennis*; *ferō*) eine Doppelaxt tragend.

bi-pennis, e (*penna*) / zweischneidig; *subst.* **~,** *is f* Doppelaxt.

bi-pertītus 3 = *bipartītus.*

bi-pēs, *edis* zweibeinig; *subst. m* Zweifüßler, Mensch.

bi-rēmis, e (*rēmus*) °**1.** *adi.* zweiruderig; **2.** *subst.* **~,** *is f* Zweidecker (*mit zwei Reihen von Ruderbänken übereinander*).

****birso** 1 pirschen, jagen.

bis *adv.* (*duo*) **1.** zweimal; *~ bina* vier; *~ tantum u. tanto* doppelt so groß, so weit; *bis(que) terque* zwei- bis dreimal, öfter; *bis terve* nur zwei- bis dreimal, selten; °**2.** zum zweitenmal (= *iterum*).

bisōn, *ontis m* (*wahrsch. germ. Lw.; cf. nhd.* „Wisent") Auerochs.

Bistones, *um m thrakisches Volk; adi. -onius* 3; *-onis f* (*auch subst.* thrakische Bacchantin).

bi-sulcus 3 *u.* **-sulcis,** e (*sulcus*) gespalten.

Bīthȳnia, *ae f* (*gr.* -ṇiā) *Landsch. a. d. Nordküste Kleinasiens; adi. -ȳn(ic)us* 3; *Einw.* **-ȳnī,** *ōrum m.*

bītō, — — 3 (*-ī- aus den Komposita übernommen; cf. baetō, ābītō usw.*) gehen, schreiten.

bitūmen, *inis n* (*osk.-umbr. od. kelt. Lw.; cf. nhd.* „Kitt") Erdpech, Asphalt.

bitūmineus 3 (*bitūmen*) aus Erdpech.

Bituriges, *um m kelt. Volk in Aquitanien, in d. Gegend v. Bourges.*

bi-vius 3 (*via*) mit zwei Wegen, Eingängen; *subst.* **-um,** ī *n* Scheideweg, Kreuzweg.

blaesus 3 (*gr. Fw.*) lispelnd, lallend.

blandidicus 3 (*blandus, dīcō*²) schmeichlerisch.

blandiloquentulus *u.* **-loquus** 3 (*blandus, loquor*) schmeichlerisch.

blandīmentum, ī *n* (*blandior*) = *blanditia.*

blandior, *ītus sum* 4 (*blandus*) **1.** schmeicheln [*mihi*]; °**2.** begünstigen; reizen, anlocken [*voluptas sensibus*].

blanditer *s. blandus.*

blanditia, *ae f* (*blandus*) Schmeichelei, Liebkosung; *pl.* Schmeichelworte; / Reiz, Annehmlichkeit.

blandus 3 (*m.* °*comp.*, °*sup.*; *adv.* **-ē** *u.* (*Com.*) **-iter**; *zu mollis*) schmeichelnd, schmeichlerisch, liebkosend; / höflich, artig [*oratio*]; lokkend, reizend.

****blasphemia,** *ae f* Schmähung, Gotteslästerung.

****blasphemo** 1 lästern.

****blasphemus** 3 lästernd.

blaterō 1 (*Schallwurzel* *blat-; *cf. niederdeutsch* „pladdern") plappern, faseln.

blatiō, — — 4 (*cf. blaterō*) schwätzen.

blatta, *ae f* (*et. ungedeutet*) Motte, Schabe.

blattārius 3 (*blatta*) zur Schabe gehörig; *balnea -a* dunkle Badezimmer.

blennus, ī *m* (*gr. Fw.*) Tölpel.

bliteus 3 (*blitum*) albern.

blitum, ī *n* (*gr. Fw.*) Melde (*Küchenkraut*).

boārius 3 (*bōs*) Rinder..., Ochsen... [*forum*].

Boeōtarchēs, *ae m* Boeotarch, *einer der 11 höchsten Beamten in Böotien.*

Boeōt(i)ī, *ōrum u. -um m Bewohner v.* **-ōtia,** *ae f* (*gr.* Boiōtiā) *Böotien in Mittelgriechenland; adi. -t(i)us, -ticus* 3.

boia, *ae f* (*-ō-?; et. unklar*) Halseisen.

Bō(i)ī, *ōrum m Volk in Böhmen u. Oberitalien.*

Bōi(o)haemum, ī *n* (*Bō-?*) Böhmen.

Bōla, *ae u.* **-ae,** *ārum f Äquerst. in Latium; adi. u. Einw. -ānus* (3).

bōlētar, *āris n* (*bōlētus*) Geschirr für Pilze.

bōlētus, ī *m* (*et. unklar*) eßbarer Pilz, *bsd.* Champignon.

bolus, ī *m* (*gr. Fw.*) Wurf (*beim*

Würfelspiel); / guter Wurf, Gewinn.
bombax *int.* (*gr. Fw.*) potztausend!
bombus, *ī m* (*gr. Fw.*) dumpfer Schall.
bombȳcinus 3 (*bombȳx*) seiden; *subst.* **-a,** *ōrum n* seidene Kleider, Stoffe.
bombȳx, *ȳcis m* (*gr. Fw.*) Seidenraupe; Seide.
Bona Dea, *ae f altit. Fruchtbarkeitsgöttin* (*Tempelfest der röm. Frauen am 1. Mai*).
bonitās, *ātis f* (*bonus*) gute Beschaffenheit [*agrorum*]; Herzensgüte, trefflicher Charakter.
Bonna, *ae f fester Ort am l. Rheinufer; j.* Bonn; *adi.* *-nēnsis, e.*
Bonōnia, *ae f St. in Gallia Cisalpina, j.* Bologna; *adi.* *-niēnsis, e.*
bonum, *ī n* (*bonus*) **1.** *das* Gute [*in bonum vertere* zum Guten ausschlagen]; guter Zustand; **2.** (*meist pl.*) **a**) Hab und Gut, Vermögen; **b**) physische, geistige und moralische Vorzüge; Tugenden; **3.** Nutzen, Vorteil [*cui bono est?*]; ~ *publicum* Staatswohl.
bonus 3 (*altl. dvonos* < *dvenos*; *cf. altind.* duvas „Gabe"), *comp.* **melior,** *ius* (√‾*mel- „stark, groß"; *cf. multus*), *sup.* **optimus** 3 (*altl. optumus*; *zu ops*; *cf. adv. bene*) gut: **I.** (*in allen Beziehungen*) **1.** in seiner Art gut, trefflich [*vinum*; *bona valetudo* Gesundheit]; **2.** tüchtig, tauglich, zweckmäßig [*ager pecori*]; *optimum est* es ist am geratensten [*facere, factu*]; **3. a**) (*von Menschen*) vornehm, edel, von guter Abkunft [*adulescens*]; trefflich, tüchtig, geschickt [*magister*]; kriegstüchtig, tapfer, tatkräftig [*imperator*]; wohlhabend, begütert; **b**) (*von Sachen*) schön, fein [*forma*; *signa* Statuen]; *bonae artes* Künste u. Wissenschaften]; ansehnlich, günstig [*auspicium, res*]; **II.** (*charakterlich, sittlich*) **1.** sittlich gut, rechtschaffen [*mores, filius*]; edel, ehrenhaft, brav, sittsam [*femina*]; *bonus vir* Bieder-, Ehrenmann, *bonae artes* gute Eigenschaften; **2. a**) gutmütig, gnädig, wohlwollend [*di*; *manes*]; *bonā veniā* mit gütiger Erlaubnis; **b**) gutmütig = geistig beschränkt; **3.** der herrschenden Staatsform zugetan, patriotisch gesinnt; völkisch; konservativ; *optimi cives die* Optimaten (= *optimātēs*); *subst.* **-us,** *ī m* Patriot, Optimat; *cf. bonum.*
boō 1 (*gr. Fw.*) brüllen; widerhallen.
Boōtēs, *ae u. is m* (*voc.* *-ē*; *eigtl.* „Ochsentreiber") *Sternbild am nördlichen Himmel*; *cf. Arctophylax.*
boreās, *ae m* (*gr. Fw.*) Nord(ost)-wind; Norden.
borēus 3 (*gr. Fw.*) nördlich.
Borysthenēs, *is m* (*gr.* *-sthenēs*) *Strom in Sarmatien, j.* Dnjepr; *adi.* *-enius 3.*
bōs, *bovis m f* (*gen. pl. boum, altl. bovom, dat. u. abl. pl. bōbus u. būbus*; *osk.-umbr. Lw.*; *cf. nhd.* „Kuh") **1.** Rind, Ochse, Kuh; °**2.** *ein Seefisch.*
Bosp(h)orus, *ī m* (*gr.* Bosporos „Ochsenfurt") Meerenge: **1.** *Straße v. Konstantinopel* [*Thracius*]; **2.** *Straße zwischen dem Schwarzen u. Asowschen Meer* [*Cimmerius*]; *f* Bosporanisches Reich; *adi.* *-oricus 3, -orānus 3*; *subst.* **-orānī,** *ōrum m* Anwohner des Bosporus.
botellus, *ī m* (*dem. v. botulus*) Würstchen.
botryō(n), *ōnis m* (*gr. Fw.*) Traubenstengel (*m. u. ohne Beeren*).
botulārius, *ī m* (*botulus*) Wursthändler.
botulus, *ī m* (*wohl osk.-umbr. Lw.*) [Eingeweide; / Wurst.
bovārius 3 = *boārius.*
bovīle, *is n* = *būbīle.*
bovillus 3 (*-ī-?*) = *būbulus.*
brabeuta, *ae m* (*gr. Fw.*) Kampfrichter.
brācae, *ārum f* (*selten sg.* **-a,** *ae*; *gall. Fw., aus dem Germ. stammend*; *cf. engl.* breeches) weite Hosen, Pluderhosen.
brācātus 3 (*brācae*) Hosen tragend; transalpinisch; / verweichlicht.
bra(c)chiālis, *e* (*bracchium*) Arm...; ** *subst.* **-e,** *is n* Armspange.
bra(c)chiolum, *ī n* (*dem. v. bracchium*) kleiner, niedlicher Arm.
bra(c)chium, *ī n* (*gr. Lw.*) **1.** Unterarm; Arm; °**2.** / **a**) Schere *des Krebses u. Skorpions*; **b**) Meeresarm; **c**) Ausläufer *eines Gebirges*; **d**) Arm *des Bogens*; **e**) Ast *des Baumes*; **f**) Segelstange; **g**) Seitendamm *eines Hafens*; Querdamm *bei Belagerungs- u. Befestigungswerken*; **h**) Schenkel *des Zirkels.*

bract... = *bratt...*
****brandea,** *ae f u.* **-um,** *i n* linnene *od.* seidene Hülle für Reliquien.
brassica, *ae f (et. ungedeutet)* Kohl.
brattea (**-ia**) *u.* **-eola,** *ae f (et. ungedeutet)* dünnes Metallblättchen, Goldblättchen.
bratteātus 3 (*brattea*) mit Goldblech überzogen; / goldschimmernd.
Brennus, *ī m latinisierte Amtsbezeichnung gallischer Könige; nach der Überlieferung Name gallischer Heerführer (390 Schlacht an der Allia; 279 Einfall in Makedonien u. Griechenland).*
breviārium, *ī n* (*brevis*) Auszug, kurze Übersicht; ** Urkunde, Brevier.
breviculus 3 (*dem. v. brevis*) etwas klein.
brevi-loquēns, *entis* (*brevis; loquor*) sich kurz fassend.
breviloquentia, *ae f* (*breviloquēns*) Kürze im Ausdruck.
breviō 1 (*brevis*) verkürzen, kurz aussprechen.
brevis, e (*m. comp.,* °*sup., adv.; cf. nhd.* „Brief", *Lw. aus breve; s. u.*) kurz: **1. a**) (*räuml.*) kurz, klein [*spatium; iter*]; schmal [°*libellum in breve cogere* eng zusammenrollen]; °**b**) niedrig, flach, seicht [*herba; litus*]; °**c**) / klein, gering, unbedeutend, knapp [*exspectatio; census*]; **d**) kurzgefaßt; gedrängt [*litterae, sententia*]; *breviter, brevi* mit wenigen Worten; **2.** (*zeitl.*) **a**) kurz [*dies*]; *brevi* (*tempore*) in Kürze, bald darauf; **b**) kurzdauernd, vergänglich [*vita*]; **c**) kurzgesprochen [*syllaba*]; °*subst.* **breve,** *is n* seichte Stelle, Untiefe; ** *in brevi* in Kürze; *subst.* **breve,** *is n u.* **brevis,** *is f* Verzeichnis; Urkunde, Brief; -e *apostolicum* päpstliches Schreiben.
brevitās, *ātis f* (*brevis*) Kürze; Knappheit, Gedrängtheit.
Briareūs, *eī m* (*gr.* -eus) *hundertarmiger Riese.*
Brīsēis, *idis f* (*acc.* -*a*; *gr.* -is) *Tochter des Brises, Kriegsgefangene des Achilles.*
Britannia, *ae f* England und Schottland; *adi.* -*ann*(*ic*)*us* 3; *subst. Einw.* **-annī,** *ōrum m.*
Britannicus, *ī m Sohn des Kaisers Claudius.*
Brittiī = *Bruttiī.*
Bromius, *ī m* (*gr.* -os = „der Lärmende") *Beiname des Bacchus.*
Bructerī, *ōrum m germ. Volk zw. Ems u. Lippe; adi.* -*erus* 3.
brūma, *ae f* (*altl. sup. f v. brevis*) kürzester Tag, Wintersonnenwende; °/ Winter(kälte).
brūmālis, e (*brūma*) zur Wintersonnenwende gehörig; Winter...
Brundisium, *ī n St. in Kalabrien, j.* Brindisi; *adi. u. Einw.* -*sīnus* (3).
****brutalis,** e grob.
Bruttiī, *ōrum m Bew. der südlichsten Landschaft Italiens* (*ager Bruttius*).
brūtus 3 (*osk.-umbr. Lw.* = *gravis*) °**1.** schwer(fällig), unbeweglich [*tellus*]; **2.** / stumpfsinnig, dumm; ♀ *cogn. in d. gens Iunia:* **1.** *L. Iūnius* ~, *Befreier Roms, mit Collatīnus erster röm. Konsul;* **2.** *M. Iūnius* ~, *Redner u. Philosoph, Freund, später Mörder Cäsars;* **3.** *D. Iūnius* ~, *Verschwörer gegen Cäsar, später Gegner des Antonius.*
būbalus, *ī m* (*gr. Fw., urspr.* „afrik. Gazelle"; *Bedeutungsverschiebung durch volkset. Anlehnung an bōs*) Büffel; ** Auerochs.
Būbastis, *is f ägypt. Mondgöttin.*
būbīle, *is n* (*bōs; cf. dat. u. abl. būbus*) Ochsen-, Kuhstall.
būbō, *ōnis m, vereinzelt f* (*Schallwurzel* *bū-; *cf. nhd.* Uhu) Uhu.
bubulcitor 1 (*bubulcus*) den Ochsentreiber spielen.
bubulcus, *ī m* (*bōs; in der Bildung an subulcus angeglichen*) Ochsentreiber, Knecht.
būbulus 3 (*bōs; cf. būbalus*) Rind..., Ochsen...; *caput* Stierkopf; *subst.* **-a,** *ae f* Rindfleisch.
būcaeda, *ae m* (*bōs, caedō*) *der* mit einem Ochsenziemer Geprügelte.
bucca, *ae f* (*eigentl.* „die aufgeblasene Backe"; *cf. niederdt.* „Pogge") Backe; °/ Mundvoll, Bissen; *der* Bläser.
buccea, *ae f* (*bucca; Augustus*) Bissen.
buc(**c**)**ella,** *ae f* (*dem. v. bucca*) Brocken.
buccō, *ōnis m* (*bucca*) Pausback; Tölpel.
buccula, *ae f* (*dem. v. bucca*) Bäckchen; Backenstück am Helm; Schildbuckel.
bucculentus 3 (*bucca*) pausbackig; / großmäulig.
Būcephalās, *ae u.* **-us,** *ī m* „Stierkopf", *Leibpferd Alexanders d. Gr.*
būcer(**i**)**us** 3 *u.* **-rōs,** *ōn* (*gr. Fw.*) mit Stierhörnern, gehörnt.

būcina, *ae f* (*wahrsch. bōs, canō*) **1.** gewundenes Horn aus Blech: °**a**) Hirtenhorn; **b**) Signalhorn; °/ Signal; Nachtwache; °**2.** Tritonsmuschel. [peter; °/ Ausposauner.
būcinātor, *ōris m* (*būcinō*) Trom-
būcinō 1 (*būcina*) das Horn blasen; blasen.
būcolicus 3 (*gr. Fw.*) Hirten..., ländlich; *subst.* **-a,** *ōrum n* Hirtengedicht(e). [Kuh, Färse.
būcula, *ae f* (*dem. v. bōs*) junge
****buffo,** *onis m* Spielmann, Hanswurst.
būfō, *ōnis m* (*osk.-umbr. Lw.*) Kröte.
bulbus, *ī m* (*wohl gr. Fw.*) Zwiebel; Knoblauch. [versammlung.
būlē, *ēs f* (*gr. Fw.*) (gr.) Rats-
būleuta, *ae m* (*gr. Fw.*) Ratsherr.
būleutērium, *ī n* (*gr. Fw.*) Rathaus.
bulla, *ae f* (*zu *bu-* „aufblasen"; *cf. bucca*) °**1.** Wasserblase; **2.** Gürtel-, Türknopf; **3.** Goldkapsel mit Amulett; ** (*päpstl.*) Siegel (*aus Blei*); (*kaiserl.*) Siegel (*aus Gold*); Urkunde. [Geheimschreiber.
****bullator,** *oris m* päpstlicher
bullātus 3 (*bulla*) mit einem Amulett geschmückt.
bū-mastus, *ī f* (*gr. Fw.*) großtraubige Rebenart.
****burgensis,** *is m* Bürger.
****burg(g)ravius** *m* Burggraf.
****burgus,** *i m* Burg; Vorstadt.
būris, *is m* (*et. ungedeutet*) Krummholz (*am Pfluge*).
****bursa,** *ae f* Tasche, Börse; Alumnat.
Būsīris, *idis m* (*acc. -in; gr.* Bụ-) *sagenhafter ägypt. König, der die Fremden opferte.*
busti-rapus, *ī m* (*būst-?; bustum, rapiō*) Grabschänder.
bustuārius 3 (*būst-?; bustum*) für die Leichenfeier bestimmt.
bustum, *ī n* (*būst-?; ūrō; durch falsche Zerlegung am-būrō statt amb-ūrō entstanden; cf. combūrō*) °**1.** Leichenbrandstätte; Scheiterhaufen; **2.** Grabhügel, -mal, Grab.
būthysia, *ae f* (*gr. Fw.*) feierliches Rinderopfer.
****buticula,** *ae f* Krug, Flasche.
****butyrum,** *i n u.* **-us,** *i m* Butter.
buxētum, *ī n* (*buxus*) Buchsbaumpflanzung. [farbig, gelblich.
buxeus 3 (*buxus*) buchsbaum-
buxi-fer, *era, erum* (*buxus; ferō*) Buchsbaum tragend.
****buxis** = *pyxis.*
buxus, *ī f u.* **-um,** *ī n* (*gr. Lw. od. aus einer Mittelmeersprache entlehnt*) Buchsbaum(holz); Gegenstände aus Buchsbaumholz (Flöte, Kamm, Kreisel, Schreibtafel).
Byrsa, *ae f die Burg v. Karthago.*
****byssinus** 3 aus Leinen, Batist.
****byssus,** *i f* feines Leinen, Batist; Leinentuch.
Bȳzantium, *ī n* (*gr.* -on) Byzanz = *Konstantinopel; adi. u. Einw. -antius* (3).

C

C. (*Abk.*) **1.** = *Gāius;* **2.** (*auf den Stimmtäfelchen der Richter*) = *condemnō* [*littera tristis*]; **3.** = *centum;* **4.** = *cēnsuērunt;* **5.** = *comitiālis* [*dies*].
caballus, *ī m* (*altes Wanderwort; et. ungedeutet*) Gaul, Klepper.
Cabillōnum, *ī n St. der Äduer, j.* Chalon-sur-Saône.
Cabīrī, *ōrum m* (*gr.* Kạbeiroi) *auf Lemnos u. Samothrake verehrte phönikische Gottheiten.*
cachinnātiō, *ōnis f* (*cachinnō*) = *cachinnus.*
cachinnō 1 (*cachinnus*) laut lachen.
cachinnus, *ī m* (*Schallwort*) schallendes Gelächter; / lautes Geplätscher [*undarum*].
cacō 1 (*cf. gr.* kakạō) kacken; besudeln. [Götze.
****cacodaemon,** *is m* böser Geist,
caco-ēthes, *is n* (*gr. Fw.*) bösartige Krankheit; / Schreibsucht.
cacozēlia, *ae f* (*gr. Fw.*) ungeschickte Nachahmung; *das* Nachäffen.
cacozēlus, *ī m* (*gr. Fw.*) Nachäffer.
cacula, *ae m* (*wahrsch. etr. Fw.*) Offiziersbursche.
cacūmen, *inis n* (*wohl* <**kakudmen; *queu-* „biegen") Spitze; °/ Gipfel, Wipfel; ** Dach. [spitzen.
cacūminō 1 (*cacūmen*) spitzen, zu-
Cācus, *ī m* (*gr.* Kạkos) *von Herkules erschlagener italischer Straßenräuber.*

cadāver, *eris n* (*cadō*) Leichnam, Leiche; Aas; °/ Ruine.

cadāverōsus 3 (*cadāver*) leichenhaft.

Cadmus, *ī m* (*gr.* Kądmos) *Gründer Thebens*; *adi.* -*mēus* 3, -*mēis, idis f* (*subst.* Kadmustochter); *subst.* **-mēa,** *ae f Burg von Theben.*

cadō, *cecidī, cāsūrus* 3 (*cf. altind.* śad- „ab-, ausfallen") fallen: **1.** herabfallen: fallen, niederfallen, -stürzen, hinfallen [*de equo, in terram*]; (*v. Geschossen*) einschlagen, auftreffen [*tela*]; niederfahren [*fulmina*]; (*v. Würfel*) [*talus cadit rectus*]; (*dcht.*) (*v. Blättern, Obst usw.*) [*folia, poma*]; herabfließen, sich ergießen [*lacrimae, fluvius in mare*]; (*v. Gestirnen*) untergehen, sinken; (*dcht., nkl.*) (*v. einer Frau*) sich einem Mann hingeben; fallen [*verba*]; **2.** / schwinden; untergehen: **a**) abnehmen, schwinden [*spes; auctoritas principum*]; *animus cadit* der Mut sinkt; *animo cadere* den Mut sinken lassen; abkommen [*vocabula*]; **b**) (*sterbend*) fallen [*in proelio, pro patria*]; geschlachtet werden [*haedus*]; **c**) (*v. Städten usw.*) fallen, erobert werden [°*cecidit Ilium*]; **d**) unterliegen, stürzen, durchfallen [*orator; fabula*]; *in iudicio od. causā* ~ den Prozeß verlieren; **3.** zufallen, anheimfallen: **a**) (*in eine Zeit*) fallen [*Romuli aetas in id saeculum*]; (*v. Zahlungen*) fällig sein [*in eum diem*]; **b**) hineingeraten, fallen, anheimfallen [*in morbum, in suspicionem, sub imperium*]; *in conspectum* gesehen werden, *sub oculos* in die Augen fallen; **c**) zutreffen, passen *zu,* sich schicken *für,* stimmen *mit* [*invidia non cadit in sapientiam*]; **d**) (*beim Würfeln, Losen*) zufallen; **e**) begegnen, widerfahren, zuteil werden; sich ereignen, eintreten [*opportune cecidit, quod; imperanti mihi cecidit, ut*]; **f**) ausfallen, ablaufen, ausschlagen [*Li.*: *spes ad* (*in*) *irritum*]; **g**) (*gramm. t.t.*) endigen, ausgehen [*in syllabam longam*].

cādūceātor, *ōris m* (*cādūceus*) Herold, Unterhändler.

cādūceus, *ī m* (*gr. Lw., vl. durch etr. Vermittlung*) Heroldsstab.

cādūci-fer, *ferī m* (*cādūceus, ferō*) Stabträger (*Beiname Merkurs*).

cadūcus 3 (*cadō*) °**1.** fallend, gefallen; **2.** leicht fallend, zum Fallen geneigt [*vitis*]; **3.** / **a**) hinfällig, vergänglich, nichtig; **b**) (*jur. t.t.*) verfallen, herrenlos [*hereditas*].

Cadurcī, *ōrum m gall. Volk in Aquitanien i. d. Gegend v. Cahors.*

cadus, *ī m* (*gr. Fw., aus dem Hebr. stammend*) Weinkrug, Aschenkrug; Urne; / Wein.

caeci-genus 3 (*caecus, gignō*) blind geboren.

Caecilius 3 *Name einer pleb. gens*: *C.* ~ *Stātius, Komödiendichter um 180*; *adi.* -*iānus* 3.

Caecīna, *ae m* (-*ī*-?) *cogn. in der gens Licinia.*

caecitās, *ātis f* (*caecus*) Blindheit, Verblendung; ** Unwissenheit.

caecō 1 (*caecus*) **1.** °**a**) blenden; **b**) / verblenden; **2.** verdunkeln.

Caecubum, *ī n Wein vom ager Caecubus in Latium.*

caecus 3 (*m.* °*comp.*; *cf. got.* haihs „blind") **1.** (*act.*) nicht sehend: **a**) blind; °*corpus -um* Rücken; °*vulnus -um* Wunde auf dem Rücken; / **b**) geistig blind, verblendet; **c**) unsicher, ungewiß; °*Mars -us* aussichtsloser Kampf; **2.** (*pass.*) lichtlos: **a**) dunkel, finster [*domus*]; **b**) unsichtbar, verborgen; **c**) unergründlich [*sors*].

caedēs *u.* (*Li.*) **-is,** *is f* (*caedō*) **1. a**) *das* Niederhauen; *das* Töten; °**b**) *das* Schlachten; *das* Erlegen [*ferarum*]; Opfer [*armenti*]; **c**) Ermordung [*Clodii*], Mord(tat); Gemetzel, Blutbad; °**2.** vergossenes Blut [*caede madere*]; °**3.** Gefallene.

caedō, *cecīdī, caesum* 3 (*cf. altind.* khidáti „reißt, stößt") **1.** hauen, schlagen, klopfen, peitschen [*virgis*]; werfen [*lapidibus*]; **2.** fällen, um-, abhauen, brechen [*marmor*]; (*nkl.*) zerhauen, brechen [*lapides*]; **3.** niederhauen, -machen, töten, morden, schlachten, opfern [*hostias*]; erlegen [*cervos*]; °**4.** beschlafen, schänden.

caelāmen, *inis n* (*caelō*) Relief.

caelātor, *ōris m* (*caelō*) Reliefkünstler.

caelātūra, *ae f* (*caelō*) Ziselier-, Reliefkunst; getriebene Arbeit.

caelebs, *libis* (*eigtl.* „allein lebend"; *cf. nhd.* „heil", „leben") unvermählt, ehelos, Hagestolz; einsam [°*vita*]; °*platanus* ohne Reben.

caeles, *itis* (*abl. sg.* -e, *gen. pl.* -*um*; *caelum*) himmlisch; *subst. m* Gott.

caelestis, e (*m.* °*comp.*, °*sup.*; *abl. sg. auch* -e; *caelum*) himmlisch, Himmels...; göttlich; ausgezeichnet, herrlich, unvergleichlich; *subst.* **-ēs,** *ium m die* Götter; **-ia,** *ium n* Himmelskörper; Astronomie; ** Himmel.

caelibātus, *ūs m* (*caelebs*) Ehelosigkeit.

caelicola, *ae m* (*gen. pl.* -*um*; *caelum, colō*) Himmelsbewohner, Gott; ** Engel; Heiliger.

****caelicus** 3 himmlisch.

caeli-fer, *era, erum* (*caelum, ferō*) den Himmel tragend.

****caeligenus** 3 vom Himmel stammend.

caeli-potēns, *entis* (*caelum*) mächtig im Himmel.

****caelitus** *adv.* vom Himmel her.

Caelius¹ mōns *einer der Hügel Roms.*

Caelius² 3 *Name einer pleb. gens:* **1.** *L.* ~ *Antipater, röm. Annalist in d. Gracchenzeit;* **2.** *M.* ~ *Rūfus, Staatsmann u. Redner, Freund Ciceros; adi.* -*iānus* 3.

caelō 1 (*caelum¹*) in getriebener Arbeit, als Relief ausführen; ziselieren; mit Bildwerk verzieren; °/ schmücken *mit.*

caelum¹, *ī n* (*caedō*) Grabstichel, Meißel.

caelum², *ī n* (*et. unklar*) **1.** Himmel; *de -o* °*tangi* (*ici, percuti*) vom Blitz getroffen werden; *de -o servare* Himmelszeichen beobachten; °**2.** Wohnsitz der Götter; Oberwelt; **3.** °**a**) Himmelsstrich; Gegend; **b**) Luft, Witterung, Klima; **4.** / **a**) höchste Ehre, höchstes Glück; °**b**) Unsterblichkeit; ** *pl. auch caeli.*

Caelus, *ī m der* Himmelsgott.

caementum, *ī n* (*caedō*) Bruchstein; Mauerstein; ** Mörtel.

Caeneūs, *eī m* (*gr.* Kaineus) *die Lapithin Caenis, die von Neptun in einen Mann verwandelt wurde.*

caenōsus 3 (*caenum*) morastig.

caenum, *ī n* (*cf. inquinō*) Schmutz, Kot, Unflat; / niedrigster Stand, Hefe des Volkes; Schmutzfink.

caepa, *ae f u.* **caepe** *indecl.* = *cēpa.*

Caepiō *s. Servīlius.*

Caere *n indecl. alte etruskische Bundesstadt, j.* Cervetri; *adi. Caerēs, ētis u. -es, itis; Einw.* **-ētēs** *u.* **-itēs,** *um m* (*sie hatten früh röm. Bürgerrecht, aber kein Stimmrecht*).

caeri- *u.* **caeremōnia,** *ae f* (*wohl etr. Fw.*) heilige Verehrung, Ehrfurcht *vor* [*deorum*]; Heiligkeit; heilige Handlung, Feierlichkeit.

****caerimonior** 1 opfern.

caerul(e)us 3 (*caelum*) **1.** blau, bläulich; °**2.** dunkelfarbig, schwärzlich [*nubes*]; °*subst.* **-la,** *ōrum n* Bläue (*des Meeres, Himmels*).

Caesar, *aris m cogn. in der gens Iulia:* **1.** *C. Iūlius* ~ *der Diktator;* **2.** *sein Großneffe u. Adoptivsohn C. Iūlius* ~ *Octāviānus; nach ihm führten alle Kaiser die Amtsbezeichnung Caesar neben dem Titel Augustus; seit Hadrian bezeichnete Caesar Augustus den regierenden Kaiser u. Caesar den Thronfolger; seit 293 n. Chr. wurde Caesar Amtsbezeichnung der beiden Unterkaiser; adi.* -*areus* 3, -*ariānus* 3; (*Ta.*) -*ariēnsis,* e östlich [*Mauretania*]; -*arīnus* 3 *des* C. Iulius Caesar [*celeritas*]; ** *subst. m* Kaiser *des Heiligen Röm. Reiches Deutscher Nation; adi. caesareus* 3 kaiserlich.

Caesarēa, *ae f* (*gr.* Kaisareia) **1.** *Hauptst. v. Kappadokien;* **2.** *Hafenst. in Palästina, j.* Kaisarie.

caesariātus 3 (*caesariēs; Pl.*) mit buschigem Haar.

caesariēs, *ēī f* (*cf. altind.* kēsara „Haar, Mähne") Haupt-, Lockenhaar; / Laub, Nadeln *der Bäume;* ** Tituskopf.

caesīcius 3 (*caesus, P.P.P. v. caedō*) dicht gewebt.

caesim *adv.* (*caedō*) °**1.** mit Hieben; **2.** / in kurzen Sätzen.

caesius 3 (*vl. m. caelum verwandt; cf. nhd.* „heiter") blaugrau; °/ grauäugig.

caespes, *itis m* (*caedō?*) **1.** Rasenstück; °**2.** Rasenaltar, -hütte; faseriger Wurzelstock.

caestus, *ūs m* (*wohl zu caedō*) Zästus (*Boxhandschuh aus Leder mit eingenähten Bleistücken*).

caetra, *ae f* (*wohl iberisches Fw.*) leichter Lederschild.

caetrātus 3 (*caetra*) mit leichtem Lederschild bewaffnet; °*subst.* **-ī,** *ōrum m* Leichtbewaffnete.

Cāiēta, *ae f* (*gr.* Kaiētē) **1.** *Amme des Äneas;* **2.** *Hafenst. in Latium, j.* Gaëta.

caiō, — — 1 (*caia* „Prügel"; *caedō*) schlagen, hauen.

Cāius *s. Gāius.*
Cal. *s. Calendae.*
Calaber, *bra, brum* aus **Calabria,** *ae f sö. Halbinsel Italiens.*
Calactē, *ēs f (gr.* Kalē aktē = „schöne Küste") *Küstenst. in Nordsizilien; adi. u. Einw. -tīnus* (3).
calamārius 3 (*calamus*) Schreibrohr...; *theca -a* Federbüchse.
calamister, *trī m = calamistrum.*
calamistrātus 3 (*calamistrum*) gekräuselt, mit gebrannten Locken.
calamistrum, *ī n (gr. Lw.)* Brenneisen (*zum Lockenbrennen*); / Schnörkelei, Künstelei (*im Ausdruck*).
calamitās, *ātis f (wahrsch. m. clādēs u. incolumis verwandt; volkset. m. calamus verbunden)* **1.** Schaden, Unheil, Verlust; *fructuum* Hagelschlag, Brand, Mißernte; **2.** Niederlage [*Cannensis*].
calamitōsus 3 (*m. °comp., sup., adv.; calamitās*) **1.** (*act.*) schädlich, unheilvoll; **2.** (*pass.*) schwer geschädigt [*agri*]; unglücklich, elend.
calamus, *ī m (gr. Fw.; dcht., kl. nur 3e)* **1.** Rohr; Schilf; **2.** Halm, Stengel; **3.** Gegenstand aus Rohr: **a)** Rohrpfeil; **b)** Rohrflöte; *pl.* Hirtenflöte; *die aus 7—9 Rohrpfeifen bestehende* Syrinx; **c)** Leimrute; **d)** Angelrute; **e)** Schreibrohr, -feder; **f)** Rohrstab.
calathiscus, *ī m (gr. Fw.)* Körbchen.
calathus, *ī m (gr. Fw.)* Korb; Schale; Napf.
calātor, *ōris m (calō¹; eigtl.* „Ausrufer") Diener, Aufwärter.
calautica, *ae f (ungedeutetes Fw.)* Haube (*Kopfbedeckung vornehmer Frauen m. herabhängenden Zipfeln*).
calcar, *āris n (calx²)* °**1.** Sporn, Stachel; **2.** / Ansporn, Antrieb, Reiz.
calceāmentum, *ī n u.* °**calceātus,** *ūs m (calceō)* Schuhwerk.
calceārium, *ī n (calceus)* Schuhgeld.
calceō 1 (*calceus*) beschuhen, mit Schuhen versehen; (*P.P.P.*) °*adi.* (*scherzh.*) **calceātus** 3 gut beißend.
calceolārius, *ī m (calceolus)* Schuhmacher.
calceolus, *ī m (dem. v. calceus)* [kleiner Schuh.]
calceus, *ī m (calx²)* Schuh, Halbstiefel.
Calchās, *antis m (abl. -ā; gr.* K-) [*gr. Seher vor Troja.*]
Calchēdōn, *onis f (gr.* Chalkēdōn) *St. in Bithynien; adi. u. Einw. -onius* (3).
calcitrō¹ 1 (*calx²*) **1.** hinten ausschlagen; **2.** / sich sträuben.
calcitrō², *ōnis m (calcitrō¹)* Polterer, Raufbold.
calcō 1 (*calx²*) treten *auf* [*viperam*]; festtreten [*terram pedibus*]; *uvas* keltern; betreten [*viam*]; / niedertreten, mit Füßen treten [*libertatem*]; beschimpfen.
calculātor, *ōris m (calculō* „zusammenrechnen") Rechenmeister, -lehrer.
calculus, *ī m (dem. v. calx¹)* **1.** glattes Steinchen; **2.** °**a)** Stimmstein; **b)** Spielstein; **3.** °**a)** Rechenstein; **b)** *pl.* Rechnung; (*Li.*) *alqm ad -os vocare* m. jd. abrechnen.
caldārius 3 (*cal[i]dus*) zum Wärmen gehörig; *subst.* **-um,** *ī n* [Warmbad.]
caldus 3 = *calidus.*
Calēdonia, *ae f schott. Hochland.*
cale-faciō, *fēcī, factum* 3 (*P. -fīō, factus sum, fierī u. fīerī*) **1.** warm *od.* heiß machen, erwärmen; **2.** / **a)** derb zusetzen; °**b)** aufreizen.
calefactō 1 (*intens. v. calefaciō*) erhitzen.
Calendae, *ārum f (auch Kalendae, meist abgek. CAL. od. KAL.; calō¹) der* erste Tag im Monat; Zahltag [*tristes*]; (*scherzh.; Augustus*) *solvere ad -as Graecas* = nie bezahlen.
calendārium, *ī n (Calendae)* Schuldbuch (*mit den am Monatsersten verbuchten Schuldzinsen*).
caleō, *uī,* (*calitūrus*) 2 (*cf. calidus, nhd.* „lau") **1.** warm, heiß sein; **2.** / **a)** in Aufregung sein, entbrannt sein [*furore; cupidine* in Liebe; *feminā* zu einer Frau]; emsig betrieben werden; **b)** noch neu, noch frisch sein [*crimen*].
calēscō, *luī,* — 3 (*incoh. v. caleō*) warm, heiß werden; °/ erglühen [*amore*].
cal-faciō, -factō = *calefaciō usw.*
cal-ficiō = *calefaciō.*
caliandrum, *ī n (wahrsch. gr. Lw.)* [Perücke.]
calidus 3 (*m. comp., °sup., °adv.; caleō*) **1.** warm, heiß; **2.** / **a)** hitzig, feurig, unbesonnen; leidenschaftlich; °**b)** noch neu, frisch; *subst.* ~, *ī m* Hitzkopf; (*unkl.*) **-a,** *ae f (sc. aqua)* warmes Wasser; **-um,** *ī n (auch pl.)* Wärme; (*sc. vīnum*) Glühwein.

caliendrum = *caliandrum*.

caliga, *ae f* (*vl. calx*² + *ligō*²: „Fersenbinder") lederner Halbstiefel, Soldatenstiefel; °/ Gamaschendienst.

caligātus 3 (*caliga*) in schweren Schuhen; *subst.* **~**, *ī m* gemeiner Soldat.

cālīginōsus 3 (*cālīgō*¹) neblig, dunstig; / finster, düster, dunkel.

cālīgō¹, *inis f* (*cf. cālidus* [*callidus*] „mit einer Blesse auf der Stirn") **1.** Nebel, Dunst, Rauch; **2. a**) Finsternis; **b**) *das* Dunkelwerden vor den Augen; Schwindelgefühl; **3.** / **a**) geistiges Dunkel; Unwissenheit; **b**) Trübsal.

cālīgō² 1 (*cālīgō*¹) **1.** (*trans.*) **a**) Dunkel verbreiten; **b**) / Schwindel erregen; **2.** (*intr.*) **a**) dunkel, blind sein; *caligant oculi* es wird düster vor den Augen; **b**) / im Finstern tappen.

caligula, *ae f* (*dem. v. caliga*) Soldatenstiefelchen (♀ *Beiname des Kaisers Gaius*).

calix, *icis m* (*et. unklar*; *nhd.* „Kelch" *lat. Lw.*) **1.** Kelch, Becher; **2.** Topf; ** Abendmahlskelch.

callaïnus 3 (*gr. Lw.*) blaßgrün, [meergrün.]

calleō, *uī,* — 2 (*wahrsch. callum*) °**1.** (*intr.*) **a**) Schwielen haben; **b**) / geübt, erfahren sein [*usu*]; **2.** (*trans.*) kennen, verstehen, wissen [*iura*].

calliditās, *ātis f* (*callidus*) (Lebens-) Klugheit, Gewandtheit; Schlauheit, List.

callidus 3 (*m. comp.*, °*sup.*, *adv.*; *calleō*) gewandt, praktisch, schlau; bewandert *in* [°*rei militaris*]; schlau [ausgedacht.]

callīgō = *cālīgō*¹.

Callimachus, *ī m* (*gr.* K-os) *gr. Dichter u. Leiter der Bibliothek v. Alexandria* (*um 250*).

Calliopē, *ēs u.* **-opēa,** *ae f* (*gr.* Kalliopē *u.* -opeia- „*die* Schönstimmige") *Mutter des Orpheus, Chorführerin der neun Musen*; *Muse der* (*epischen*) *Poesie*; / Lied.

Callipolis, *is f* (*gr.* K-) **1.** *St. am Hellespont, j.* Gallipoli; **2.** *St. auf der Krim.*

callis, *is m f* (*cf. dt. mundartl.* Helle = *Winkel zw. Ofen u. Wand, winkliges Waldtal*) Fußsteig, Bergpfad; Viehsteig; *pl.* Bergtriften [*Italiae* Abruzzen].

Callistō, *ūs f* (*dat.* -*ō*; *gr.* Kallistō) *Mutter des Arkas v. Jupiter, als* Arktos (*Bärin*) *zu den Sternen versetzt.*

callōsus 3 (*m. comp.*; *callum*) dick- [häutig; hartschalig.]

callum, *ī n u.* (*nkl.*) **-us,** *ī m* (*cf. altirisch* calath „hart") dicke Haut, Schwiele; / Gefühllosigkeit.

calō¹ 1 (*cf. nhd.* „holen; holla!"; *relig. t.t.*) zusammenrufen.

cālō², *ōnis m* (*et. ungedeutet*) Troßknecht.

cālō³, *ōnis m* (*altl. cāla* [*gr. Lw.*]) [„Holz") Holzschuh.]

calor, *ōris m* (*caleō*) Wärme, Hitze; Tageshitze; °*mediis -ibus* mitten im Sommer; °Fieberhitze; °/ Eifer; Glut, Leidenschaft; *-em trahere* sich verlieben.

Calpurnius 3 *röm. Gentilname*: **1.** *C.* **~** *Pīsō, Schwiegersohn Ciceros*; **2.** *L.* **~** *Pīsō Caesōnius, Schwiegervater Cäsars, Gegner Ciceros.*

caltha, *ae f* (*gr. Fw.*?) gelbe Ringelblume.

calthula, *ae f* (*caltha*) gelbes Frauenunterkleid.

calumnia, *ae f* (*cf. calvor*) **1.** Rechtsverdrehung; Schurkerei, Betrug; **2. a**) falsche Anklage; **b**) (Strafe für) Verleumdung; ** *-am generare* einen Rechtsstreit anhängen.

calumniātor, *ōris m* (*calumnior*) Ränkeschmied, falscher Ankläger.

calumnior 1 (*calumnia*) fälschlich anklagen, schikanieren, nörgeln; böswillig angreifen, (be)mäkeln, bekritteln; ** **-o** 1 verleumden, schmähen.

calva, *ae f* (*calvus*) Hirnschale, [Schädel.]

****calvaria,** *ae f* Schädel; Schädelstätte.

calvitium, *ī n* (*calvus*) Glatze.

calvor, — 3 (*cf. calumnia*) täuschen.

calvus 3 (*cf. altind.* ati-kulva „ganz kahl"; *nhd.* „kahl" *wohl nicht lat. Lw.*) kahl, glatzköpfig.

calx¹, *cis* (*m*) *f* (*wohl gr. Lw.*; *nhd.* „Kalk" *lat. Lw.*) **1.** Kalkstein; *das* (*mit Kalk bezeichnete*) *Ziel der Rennbahn*; Ende; °**2.** Stein *im Brettspiel.*

calx², *cis f* (*idg. Grundbedeutung* „biegsames Gelenk") °**1.** Ferse [*adversum stimulum -es* (*iactare*) wider den Stachel löcken; *calcem* ₒ*calce terere* auf den Fersen sein, verfolgen; *pugnis et -ibus* mit Händen u. Füßen]; °**2.** Huf.

Calydōn, *ōnis f (acc. auch -a; gr.* K-ǫn) *Hauptst.* Ätoliens; *adi.* *-ōnius* 3 [*heros* Meleager], *-ōnis f* (*subst.* Deianira).
Calypsō, *ūs f (acc. -ō; gr.* K-ǫ) *Nymphe, Tochter des Atlas.*
camara, *ae f = camera.*
****cambio** 1 *u.* 4 tauschen, wechseln.
camella, *ae f (dem. v. camera)* Schale, Eimer.
camēlus, *ī m (gr. Fw.)* Kamel.
Camēna, *ae f weissagende Quellnymphe*; Muse; °/ Gedicht.
camera, *ae f (gr. Lw.)* **1.** Gewölbe, Wölbung; °**2.** Barke; ** Vorratskammer; Schatzkammer; Staatskasse. [Kammerherr.}
****camerarius,** *ī m* Kämmerer,}
****camerula,** *ae f* Kämmerlein.
Camillus *s. Fūrius.*
****caminata,** *ae f* heizbares Gemach, Kemenate; Klause.
camīnus, *ī m (gr. Fw.; kl. nur 3b)* Feuerstätte: **1.** Schmelzofen; **2.** Esse; **3. a)** Kamin; **b)** Kaminfeuer.
****camis(i)a,** *ae f* Hemd.
cammarus, *ī m (gr. Lw.)* Hummer.
****campana,** *ae f* Glocke.
****campanarium,** *ī n* Glockenturm.
****campania,** *ae f* flaches Land.
Campānus 3 *u.* **-āns,** *antis* kampanisch, aus Capua; *subst.* **-nī,** *ōrum m Einw. v. Capua*; **-nia,** *ae f Landschaft in Mittelitalien.*
campester (*selten* **-stris**), *stris, stre* (*campus*) **1.** in der Ebene; **2.** zum Marsfelde gehörig; auf dem Marsfeld; die Wahlen betreffend; °*subst.* **-stre,** *is n* Schurz, Kampfgurt; **-stria,** *ium n* Ebene, Blachfeld.
****campio,** *onis m* Kämpe, Gladiator.
campus, *ī m (eigtl.* „Biegung, Winkel"; *nhd.* „Kampf" *wohl lat. Lw.)* **1. a)** freies Feld, Ebene; **b)** Ackerland, Saatfeld; °**c)** Schlachtfeld, Feldschlacht; °**d)** Meeresfläche; **2. a)** freier Platz *in Rom* [*Esquilinus*]; **b)** Marsfeld [*Martius*], *als Sport- u. Exerzierplatz u. zu Wahlversammlungen benutzt*; / Komitien, Wahlen; *dies campi* Wahltag; **3.** / Betätigungsfeld, Tummelplatz; ** eingehegte Weide; / Kampf.
camur(us), *ra, rum (vl. etr. Fw.)* gekrümmt. [Kanal.}
canālis, *is m (canna)* Röhre, Rinne;}
****cancellarius,** *ī m* Kanzler.
cancellī, *ōrum m (dem. v. cancer, dissimiliert aus carcer* „Gitter") Umfriedung, Gitter, Schranken; / Grenzen; ** Fenstergitter; *altaris* Altarraum.
cancer, *crī m (dissimiliert aus *carcer; cf. carcinōma)* °**1.** Krebs; **2.** *Sternbild* Krebs; °/ Süden; Sommerhitze; °**3.** (*med. t.t.*) Krebsgeschwür.
candē-faciō, — — 3 (-ĕ-?; *candeō*) glänzend weiß machen.
candēla, *ae f (candeō)* Wachs-, Talgkerze; Wachsschnur. [ter.}
candēlābrum, *ī n (candēla)* Leuch-}
candeō, *uī,* — 2 (*cf. ac-, incendō*) **1.** glänzend weiß sein, schimmern; weiß erglänzen; °*circus candens* Milchstraße; **2.** glühend heiß sein, glühen.
candēscō, *duī,* — 3 (*incoh. v. candeō*) **1.** (weiß) erglänzen; **2.** erglühen, heiß werden.
candidātōrius 3 (*candidātus*) des Amtsbewerbers.
candidātus (*candidus*) °**1.** *adi.* 3 weißgekleidet; **2.** *subst.* **-us,** *ī m (der mit weißer Toga bekleidete)* Amtsbewerber; Bewerber; ** *adi.* weiß.
candidulus 3 (*dem. v. candidus*) schön weiß.
candidus 3 (*m. comp., sup.,* °*adv.*; *candeō*) **1. a)** glänzend weiß, schneeweiß, weiß schimmernd; °**b)** weißgekleidet; °**c)** glänzend, strahlend; **2.** / **a)** ungekünstelt, einfach [*dicendi genus*]; °**b)** aufrichtig, redlich [*animal*]; °**c)** ungetrübt, glücklich, fröhlich [*nox*].
candor, *ōris m (candeō)* **1. a)** glänzendweiße Farbe, heller Glanz; **b)** weißer Teint; °**2.** / **a)** Klarheit, Natürlichkeit; **b)** Aufrichtigkeit, Redlichkeit.
cāneō, — — 2 (*cānus*) grau, weiß sein; (*part. praes.*) *adi.* **cānēns,** *entis* grau, gräulich; silbergrau.
canēphoros, *ī f (gr. Fw.)* Korbträgerin; *pl.* -oe Kanephoren (*Gemälde od. Statuen athenischer Jungfrauen aus dem Panathenäenzug m. Opferkörbchen auf dem Kopf*).
canēs (*altl.*) = *canis.*
cānēscō, *uī,* — 3 (*incoh. v. cāneō*) °**1.** grau werden; **2.** altern.
canīcula, *ae f (dem. v. canis)* °**1.** Hündchen; / = bissiger Mensch; **2.** ♀ Hundsstern, Sirius.
Canīnius 3 *röm. Gentilname*: **1.** *L.* ~ *Gallus, Volkstribun 56*; *adi.* -*nī*-

niānus 3; **2.** *L.* ~ *Rēbilus, Legat Caesars.* [Hunde...; / bissig.

canīnus 3 (*canis*) hündisch,

canis, *is m f* (*abl. sg.* -e, *gen. pl.* -um; *cf. nhd.* „Hund") **1.** Hund; *marinus* Seehund; °**2.** *zwei Sternbilder: der* große Hund *mit dem Sirius; der* kleine Hund (*der Erigone*); °**3.** Hundswurf (*der schlechteste Wurf, wenn alle vier Würfel die 1 zeigen*); **4.** (*Schimpfwort*) Hund; **5. a**) bissiger Mensch; **b**) Schmarotzer; °**6.** Fußfessel; ** *pl.* Ungläubige. [Körbchen.

canistra, *ōrum n* (*gr. Lw.*) (Rohr-)

cānitiēs, *ēī f* (*cānus*) graue Farbe; graues Haar; *das* Alter.

canna[1], *ae f* (*gr. Fw., über das Babylonische aus dem Sumerischen stammend*) Rohr; Rohrflöte; Gondel.

****canna**[2], *ae f* Kanne.

Cannae, *ārum f Flecken in Apulien* (*Niederlage der Römer 216*); *adi. Cannēnsis,* e.

canō, *cecinī, cantātum* 3 (*cf. nhd.* „Hahn") tönen (lassen): **1.** (*intr.*) **a**) (*v. Menschen*) singen; **b**) (*von Tieren*) krähen, krächzen, quaken; heulen; **c**) (*v. Instrumenten*) ertönen, erschallen; **d**) *auf einem Instrumente* [*tibiā*] spielen; *receptui* -ere zum Rückzuge blasen; **2.** (*trans.*) **a**) singen, dichten [*carmen*]; **b**) besingen, verherrlichen [*virtutes*]; **c**) (*v. Sehern, Orakeln usw.*) weissagen, verkünden [*omina*]; °**d**) (*v. Lehrern, Philosophen*) verkünden, vortragen [*praecepta*]; **e**) (*Instrumente*) spielen; *bellicum, classicum, signum* zum Angriff blasen.

canōn, *onis m* (*gr. Fw.*) Regel, Richtschnur; ** kirchl. Bestimmung; Kanon; Dogma. [stelle.

****canonicatus,** *us m* Domherrn-

****canonicus** 3 nach kirchlichem Recht; *civis* Weltgeistlicher; *subst.* ~, *i m* Dom-, Stiftsherr.

****canonista,** *ae m* Vertreter des Kirchenrechts.

Canōpus, *ī f* (*gr.* Kạnōbos, *selten* -pos) *St. a. d. w. Nilmündung;* Unterägypten.

canor, *ōris m* (*canō*) Gesang, Klang.

canōrus 3 (*m.* °*adv.*; *canor*) singend, tönend [*animal* Hahn]; wohlklingend, melodisch [*vox*]; *subst.* **-um,** *ī n* Wohlklang.

Cantabrī, *ōrum m* (*sg.* **-ber**) *Volk im Quellgebiet des Ebro; ihr Land* **-bria,** *ae f*; *adi. -bricus* 3. [formel.

cantāmen, *inis n* (*cantō*) Zauber-

cantātor, *ōris m* (*cantō*) Sänger.

cantērius = *canthērius.*

cantharis, *idis f* (*gr. Fw.*) spanische Fliege. [Kanne.

cantharus, *ī m* (*gr. Fw.*) Humpen,

canthērius, *ī m* (*Lw. unbekannter Herkunft*) Wallach; Klepper; °*adi.* *-rīnus* 3. [Radreifen.

canthus, *ī m* (*gr. Fw.*) eiserner

canticum, *ī n* (*cantus*) **1.** (*i. d. röm. Komödie*) Monolog, lyrische Stelle *mit Flötenbegleitung* [*agere* vortragen]; **2.** °**a**) Gesang, Lied;; **b**) Rezitativ; ** geistl. Lied, Psalm; *-um canticorum das* Hohelied.

cantilēna, *ae f* (*cantus*) Singsang, alte Leier; ** Lied; Kirchengesang.

cantiō, *ōnis f* (*canō*) °**1.** Gesang, Lied; **2.** Zauberspruch; ** Kanzone; Geleier. [singen.

cantitō 1 (*frequ. v. cantō*) oft

Cantium, *ī n Landsch. in Südostengland, j.* Kent.

cantiuncula, *ae f* (*dem. v. cantiō*)

****cantizo** 1 (be)singen. [Liedchen.

cantō 1 (*intens. v. canō*) **1.** (*intr.*) **a**) singen; krähen; °**b**) spielen [*tibiis*]; °**c**) Zauberformel hersagen; **2.** (*trans.*; *kl. nur a*) **a**) besingen, preisen; **b**) vortragen, herleiern; **c**) dichten; **d**) verkünden, vorpredigen; **e**) durch Zauber bannen, bezaubern.

cantor, *ōris m* (*canō*) °**1.** Sänger; Sprecher *im Schauspiel*; **2.** (*verächtlich*) **a**) Schreier; **b**) Lobhudler.

cantrīx, *īcis f* (*cantor*) Sängerin.

cantus, *ūs m* (*canō*) **1.** Gesang, Musik; **2.** Klang, Schall; °**3. a**) Zauberspruch; **b**) Weissagung.

Canulēius 3 *Name einer pleb. gens: C.* ~, *Volkstribun 445* [*lex Canuleia de conubio* = *Legitimierung der Ehe zw. Patriziern u. Plebejern*].

cānus (*cf. nhd.* „Hase" = *der* Graue) °**1.** *adi.* 3 **a**) grau, weiß; **b**) hochbetagt, ehrwürdig; **2.** *subst.* **-ī,** *ōrum m* (*sc. capilli*) graues Haar.

Canusium, *ī n alte* (*urspr. gr.*) *St. Apuliens* [*bilinguis*], *j.* Canosa; *adi. u. Einw. -sīnus* (3).

capācitās, *ātis f* (*capāx*) Raum, Umfang; ** Umfang, Größe.

capāx, *ācis* (*m.* °*comp.*, °*sup.*; *capiō*) °**1.** geräumig, weit [*portus*]; **2.** / empfänglich, geeignet *für* [°*vir imperii*].

capēdō, *inis f* (*et. unklar*) *mit Henkeln versehene* Opferschale.

capēduncula, *ae f* (*dem. v. capēdō*) kleine Opferschale.

capella[1], *ae f* (*dem. v. capra*) kleine Ziege; °/ *Stern im Fuhrmann.*

****cap(p)ella**[2], *ae f* Kapelle; Geistlichkeit.

****capellánus,** *i m* Hilfsgeistlicher.

****capellus,** *i m* Kapuze.

Capēna[1], *ae f St. in Etrurien*; *adi. u. Einw.* -*ēnās, ātis* (*m*); *adi.* -*ēnus* 3.

Capēna[2] (**porta**) *Tor in Rom, Ausgangspunkt der via Appia.*

caper, *prī m* (*cf. nhd.* „Haber-geiß") Ziegenbock; Bocksgestank.

caper(r)ō 1 (*caper?*) sich in Runzeln zusammenziehen; *illi -at frons* er runzelt die Stirn.

capessō, *sīvī, sītum* 3 (*intens. v. capiō*) **1.** hastig ergreifen; **2.** / **a**) eifrig sich machen *an* [*otium*], einschlagen [*viam*]; *rem publicam -ere* die politische Laufbahn einschlagen; **b**) streben *nach* [*superiora*].

capillāmentum, *ī n* (*capillus*) Perücke; / Wurzelfasern.

capillāre, *is n* (*capillus*) Haarpomade.

capillātus 3 (*m. comp.*; *capillus*) behaart, langhaarig; °/ alt [*vinum*]; °*subst.* **-ī,** *ōrum m* Lieblingssklaven (*denen man das Haar lang wachsen ließ*).

capillus, *ī m* (*et. ungedeutet, volkset. mit caput verbunden*) Haupthaar, Barthaar.

capiō[1], *cēpī, captum* 3 (*altl. fut. ex. capsō, is usw.*; *cf. nhd.* „heben; Haft", „-haft" = *captus*) fassen: **1. a**) ergreifen, nehmen; *arma* zu den Waffen greifen; (*Örtlichkeiten*) besetzen; erreichen, gelangen *an* [*montem, portum*]; **b**) (*Geschäfte, Tätigkeiten*) auf sich nehmen [*conatus*]; *consilium* einen Entschluß fassen; *fugam* die Flucht ergreifen; (*Ämter*) übernehmen [*consulatum*; *honores*]; **c**) (*v. Zuständen u. Stimmungen*) befallen [*senatum metus cepit*]; P. gelähmt, geschwächt werden, erkranken [*oculis*]; *mente captus* geistesschwach; **2. a**) an sich nehmen, wegnehmen, einnehmen, erobern [*oppidum*; *rem publicam* die Staatsgewalt]; gefangennehmen; erbeuten [*signa*]; kapern [*naves*]; (*Tiere*) fangen [*uros*]; **b**) erwerben, gewinnen [*gloriam virtutibus*]; **c**) für sich einnehmen, fesseln [*humanitate*]; verlocken, verleiten [*blanditiis*]; P. sich verlocken lassen *durch* [*novitate rei*]; **3.** (er)wählen *als* [*sibi tabernaculum*; *alqm arbitrum*]; **4.** annehmen, erhalten [*pecuniam*]; (*Einkünfte, Proviant u. ä.*) beziehen; *fructum* Vorteil haben; (*Freude, Schmerz*) empfinden, (*Schaden*) erleiden; °*finem* ein Ende nehmen; **5.** in sich aufnehmen, fassen: **a**) (*räumlich*) [°*portus ingentem vim navium*]; **b**) geeignet, brauchbar sein *für*; **c**) (*geistig*) völlig erfassen, verstehen [°*veram speciem senatus Romani*]; ** *impers.* (*non*) *capit* es ist (un)möglich.

capiō[2], *ōnis f* (*capiō*[1]) Ergreifung; *ūsūs capiō* (*auch zus. ūsū[s]capiō*) Eigentumserwerb durch dauernden Besitz *od.* Verjährung.

capis, *idis f* (*acc. pl. -idas*; *gr. Lw.*) Henkelschale; Opferschale des Pontifex.

capistrō 1 (*capistrum*) (an)halftern, anschirren.

capistrum, *ī n* (*capiō*[1]) Halfter; lederner Maulkorb; ** Zaumzeug.

capital, *ālis n* (*capitālis*) todeswürdiges Verbrechen.

capitālis, e (*m. comp.*, °*adv.*; *caput*) **1. a**) den Kopf, das Leben betreffend; Lebens... [°*periculum*]; Todes... [°*poena*]; *tresviri* Oberkerkermeister; **b**) / *hostis* Todfeind; tödlich [*odium*]; **2.** vorzüglich in seiner Art [*ingenium*]; °*subst.* **-e,** *is n* = *capital.*

****capitaneus,** *i m* italienischer Graf; Gemeindevorsteher.

****capitium,** *i n* Kapuze.

capitō, *ōnis m* (*caput*) Großkopf, Dickkopf.

Capitōlium, *ī n* (*nach antiker Deutung zu caput*) *das* Kapitol: **1.** = *clīvus Capitōlīnus mit Burg, tarpejischem Felsen u. Jupitertempel*; **2.** *Jupitertempel*; *adi.* -*līnus* 3.

****capitularis,** e Haupt...; *-es litterae* Initialen; *subst.* **-e,** *is n* königliche Verordnung.

capitulātim *adv.* (*capitulum*) kurz zusammengefaßt.

****capitulo** 1 ein Kapitel versammeln; strafen, abkanzeln.
capitulum, *ī n* (*dem. v. caput*) Köpfchen; / Mensch [*lepidissimum*]; ** Kapitel; Domkapitel; Bibelabschnitt; = *capitulare.*
cāpō, *ōnis m* (*richtiger wohl cappō; wahrsch. v. capiō abgeleitet*) Kapaun; / Eunuch.
****cappa,** *ae f* Mantel; Soutane; Kappe.
Cappadocia, *ae f* (*gr.* K-kịā) *Landschaft Kleinasiens; Einw.* **-dox,** *ocis m.*
capparis, *is* (*gr. Fw.*) Kaper.
cap(p)ūdō = *capēdō.*
capra, *ae f* (*caper*) **1.** Ziege; °**2.** / **a**) *ein Sternbild* = *capella*[1]; **b**) Bocksgeruch.
caprea, *ae f* (*capra*) wilde Ziege; [Reh (?).]
Capreae, *ārum f Insel a. d. kampanischen Küste, j.* Capri; *adi.* **-eēnsis,** *e; subst.* **-prīneus,** *ī m Spottname des Tiberius.*
capreāginus 3 (*caprea, gignō*) von wilden Ziegen (Rehen?) stammend.
capreolus, *ī m* (*dem. v. capreus* 3 „von Ziegen"; *caper*) °**1.** wilder Ziegenbock (Rehbock?); **2.** *pl.* Streben, Dachsparren.
capri-cornus, *ī m* (*caper; cornū*) Steinbock (*bsd. als °Gestirn*).
capri-fīcus, *ī f* (*caper, fīcus*) wilder Feigenbaum, wilde Feige.
capri-genus 3 (*caper, gignō*) Zie-[gen...]
capri-mulgus, *ī m* (*caper, mulgeō*) Ziegenmelker, Hirt.
caprīnus 3 (*caper*) Ziegen..., Bocks...
capri-pēs, *pedis* (*caper*) bocksfüßig.
capsa, *ae f* (*capiō*) Kapsel, Kästchen; Bücherkapsel; ** Reliquienkästchen, Tabernakel.
capsārius, *ī m* (*capsa*) Kapselträger (*Sklave, der dem Sohn seines Herrn die Büchertasche nachtrug*).
capsō, *is usw. s. capiō.*
capsula, *ae f* (*dem. v. capsa*) kleine Kapsel.
captātiō, *ōnis f* (*captō*) *das* Haschen, Jagen; *verborum* Wortklauberei; (*t.t. der Fechtersprache*); *Qu.*) Finte.
captātor, *ōris m* (*captō*) der *einer Sache* nachjagt [*aurae popularis*]; Erbschleicher.
captiō, *ōnis f* (*capiō*[1]) Täuschung; Schaden; Verfängliches; Trugschluß.
captiōsus 3 (*m. comp., sup., adv.; captiō*) betrügerisch; verfänglich; *subst. pl.* **-a,** *ōrum n* Trugschlüsse.
captiuncula, *ae f* (*dem. v. captiō*) (kleine) Verfänglichkeit.
captīvitās, *ātis f* (*captīvus*) Gefangenschaft; Eroberung, Besetzung.
captīvus 3 (*captus, P.P.P. v. capiō*[1]) **1.** kriegsgefangen [*servi*]; erobert, erbeutet [*navis*]; °**2.** einem Kriegsgefangenen gehörig; **3.** *subst.* **~,** *ī m u.* **-a,** *ae f* Kriegsgefangene(r).
captō 1 (*intens. v. capiō*[1]) °**1.** greifen, haschen *nach;* **2.** / **a**) zu überlisten suchen; **b**) streben, jagen *nach* [*gratiam civium*]; °**3.** Erbschleicherei treiben [*testamenta*].
captūra, *ae f* (*capiō*) Fang; / Gewinn; Hurenlohn.
captus, *ūs m* (*capiō*) °**1.** Umfang [*corporis*]; **2.** / Fassungsvermögen, Bildungsstand [*ut est ~ Germanorum*].
Capua, *ae f Hauptstadt Kampaniens.*
cap(p)ūdō = *capēdō* (?).
capulāris, e (*capulus*) dem Grabe [nahe.]
capulus, *ī m* (*capiō*) °**1.** Handhabe, Griff; (*obszön*) = *mentula; kl. nur* Schwertgriff; °**2.** Sarg.
caput, *itis n* (*cf. nhd.* „Haupt") **1. a**) Kopf, Haupt; *supra c. esse* auf dem Nacken sitzen; *capite demisso* gesenkten Hauptes; **b**) / Mensch, Person; (*nkl. von Tieren*) Stück [*capite censi die* (*wie Vieh nur nach Köpfen gezählten*) Angehörigen der untersten Bürgerklasse]; **2.** Spitze; Anfang *od.* Ende; (*von Flüssen*) Quelle, Mündung; / Ursprung, Grundursache [*miseriarum*]; **3.** Leben; *capitis accusare* auf Leben und Tod anklagen; *capitis damnare* zum Tode verurteilen; *causa, iudicium capitis* Prozeß über Leben und Tod; **4.** bürgerliche Ehre, Existenz [*capitis deminutio*]; **5. a**) Hauptperson, Rädelsführer; Seele [*coniurationis*]; **b**) Hauptsache, -inhalt [*litterarum*]; **c**) Hauptort [*provinciae*]; **d**) Hauptabschnitt, Kapitel; **e**) Kapital [*de capite ipso demere*].
Cār, *is m, meist pl.* **-es** (*acc.* *-as*) *Volk i. Südwestkleinasien; ihr Land* **-ia,** *ae f* (*gr.* Karịā); *cf. cārica.*
carbaseus *u.* (*Pr.*) **-sus**[1] 3 (*carbasus*[2]) aus feiner Leinwand.
carbasus[2], *ī f* (*Lw. aus einer Mittelmeersprache*) feine Leinwand, Ba-

tist; Musselin; **-a,** *ōrum n* Batist-, Musselingewänder; Segel.

carbatinus = *carpatinus.*

carbō, *ōnis m* (*cf. nhd.* „Herd") Kohle.

carbōnārius, *ī m* (*carbō*) Köhler; Kohlenhändler.

carbunculus, *ī m* (*dem. v. carbō*) kleine Kohle; / Gram; ** „Karfunkel"stein (*rötl. Edelstein*); Geschwür, Karbunkel.

carcer, *eris m* (*et. ungedeutet*) **1.** °*sg.* Umfriedigung, Schranke; *meist pl.* Schranken *der Rennbahn*; **2. a)** Gefängnis, Kerker; **b)** *der* eingekerkerte Verbrecher; **c)** °Schurke.

carcerārius 3 (*carcer*) Kerker...; *subst.* **~,** *ī m* Kerkermeister.

carchēsium, *ī n* (*gr. Fw.*) Trinkgeschirr *mit Henkeln vom Rand bis zum Boden.*

carcinōma, *atis n* (*gr. Fw.*) Krebsgeschwür; °/ *Schimpfwort.*

cardaces, *um m* (*acc. -as, gr. Fw., aus dem Persischen stammend*) *eine Persertruppe.*

cardiacus 3 (*gr. Fw.*) magenkrank.

****cardinalis,** e wichtig; Haupt-; *subst.* **~,** *is m* Kardinal.

cardō, *inis m* (*eigtl.* „Schwinge"; *cf. gr. Fw. cordax*) °**1.** Türangel, -zapfen; **2.** / **a)** Pol, Weltachse; °**b)** Angel-, Hauptpunkt; ** *summus* Himmel.

carduus, *ī m* (*-ā-?; carrō*) Distel.

cārectum, *ī n* (*cārex*) Platz voll Riedgras.

****carentia,** *ae f* Mangel, Verzicht auf.

careō, *uī,* °*itūrus* 2 (*cf. castus*) **1.** frei sein *von,* nicht haben [*culpā*]; **2.** sich fernhalten, enthalten, sich versagen [*cibo*]; **3.** entbehren, vermissen, verzichten müssen *auf* [*consuetudine amicorum*].

cārex, *icis f* (*et. ungedeutet*) Riedgras.

cārica, *ae f* (*Cār; sc. fīcus*) karische, d. h. getrocknete Feige.

cariēs, *ēī f* (*cf.* „*die* Keren" [*gr.* Todesgottheiten]) *das* Morschsein, Fäulnis.

carīna, *ae f* (*gr. Lw.*; *eigtl.* „Nußschale") Schiffskiel; °/ Schiff, Fahrzeug; **Carīnae,** *ārum f Stadtteil von Rom am Esquilin.*

carinārius, *ī m* (*carinum*) Verfertiger eines *carinum.*

carinum, *ī n* (*carinus*) nußbraunes Kleid.

carinus 3 (*cf. carīna*) nußbaumfarbig.

cariōsus 3 (*cariēs*) morsch, mürbe.

cāris, *idis f* (*gr. Fw.*) Krabbe.

caristia, *ōrum n* (*gr. Fw.*) Fest der Verwandtenliebe *am 22. Februar.*

cāritās, *ātis f* (*cārus*) hoher Preis, Teuerung; *nummorum* Geldmangel; / Hochachtung, Liebe [*patriae od. erga patriam* zum Vaterland]; ** Nächstenliebe.

****caritativus** 3 lieb, freundlich.

carmen, *inis n* (*dissimiliert* <**canmen; canō*) **1. a)** Eides-, Gebets-, Gesetzesformel; °**b)** Zauberformel; **c)** Weissagung, Orakelspruch; **2. a)** Kultlied [*Saliorum*]; **b)** Lied, Gesang; **c)** Dichtung, Gedicht; Vers; **d)** poet. Inschrift, Aufschrift.

Carmenta, *ae u.* **-tis,** *is f* (*vl. etr.*; *volkset. m. carmen verbunden*) *altit. Geburts- u. Weissagegöttin*; *später als Seherin Mutter des Euander*; *adi. -tālis,* e [*porta am Südfuß des Kapitols*]; *subst.* **-tālia,** *ium n* (*sc. sacra*) Frauenfest zu Ehren d. C.

****carnalis,** e fleischlich, sündhaft, irdisch.

carnārium, *ī n* (*carō*[1]) Fleischhaken; Räucherkammer.

carnārius, *ī m* (*carō*[1]) (*scherzh.*) Fleischliebhaber.

Carneadēs, *is* (*gr. -ądēs*) *gr. Philosoph aus Kyrene 213–129*; *adi. -dēus u. -dīus* 3.

****carneus** 3 fleischlich, irdisch.

carnifex, *icis m* (*carō*[1], *faciō*) Henker(sknecht), Schinder; Schurke.

carnificīna, *ae f* (*carnifex*) Henkeramt; Folterkammer; / Folter, Marter, Qual.

carnificius 3 (*carnifex*) Henkers...

carnificō 1 (*carnifex*) in Stücke hauen, köpfen.

carnis, *is f* = *carō*[1].

****carnosus** 3 fleischig.

carnufex *usw.* = *carnifex usw.*

Carnutēs, *um u.* **-nūtī,** *ōrum m kelt. Volk an der Loire.*

carō[1], *carnis f* (*urspr.* „Stück [Fleisch]"; *cf. nhd.* „scheren") **1.** Fleisch; °*pl.* Fleischstücke; **2.** / **a)** (*Schimpfwort*) Aas; °**b)** Schwulst.

cārō[2] 3 *falsche Schreibung für carrō.*

carpatinus 3 (*gr. Lw.*) aus rohem Leder.

****carpentarius** 3 Wagen...; *subst.* **~,** *ī m* Stellmacher.

carpentum, *ī n* (*gall. Lw.*) zweirädriger Wagen; kelt. Streitwagen.

carpō, *psī, ptum* 3 (*cf. nhd.* „Herbst" = *Zeit des Abpflückens*)

1. pflücken: a) abreißen, (ab-) fressen, abweiden; °rauben [oscula]; °b) (*Stück für Stück, mit Muße*) genießen [diem]; (*nach u. nach*) verzehren; zurücklegen [iter, viam]; 2. zerpflücken: °a) auseinanderreißen, -zupfen [lanam]; b) zersplittern [vires hostium]; °c) entkräften [laboribus]; d) (*mit Worten*) verspotten; e) (*mil. t.t.*) (durch kleinere Angriffe) reizen, dauernd beunruhigen [agmen].

carptim *adv.* (carpō) stückweise, teilweise; wiederholt.

carptor, ōris *m* (carpō) Zerleger, Tranchierer (*von Speisen*).

carrō, — — 3 (*cf. nhd.* „harsch") (Wolle) krempeln.

****carrocium,** i *n Bannerwagen der Langobarden.*

carrūca, ae *f* (*gall. Lw.*) vierrädriger Wagen.

carrus, ī *m u.* (*nkl.*) **-um,** ī *n* (*gall. Lw.*; *cf.* currus) vierrädriger Lastwagen, Karren.

Carthāgō *u.* (**K-**), inis *f* (*gr.* Karchēdọn) 1. *Tochterstadt v. Tyrus in Afrika*; *adi. u. Einw.* -giniēnsis (e); 2. ~ nova *St. im sö. Spanien, j.* Cartagena.

caruncula, ae *f* (*dem. v.* carō[1]) Stückchen Fleisch.

cārus 3 (*m. comp., sup.,* °*adv.*; *urspr.* „begehrt"; *cf. nhd.* „Hure") 1. teuer, hoch im Preis; 2. teuer; lieb, wert.

Caryātides, um *f* 1. *die* (*nach* Caryae [*gr.* Karyai] *i. Lakonien benannten*) Tempeldienerinnen der Diana (Artemis); °2. ♀ (*archit. t.t.*) *das Gebälk tragende weibliche Figuren,* Karyatiden.

caryōtis, idis *u.* **-ōta,** ae *f* (*gr. Fw.*) nußförmige Dattel.

casa, ae *f* (*wohl osk.-umbr. Lw.* = „Flechtwerk"; *cf.* cassis[2], catēna) Hütte, Baracke; Land-, Gartenhaus.

Casca *s.* Servīlius.

cascus 3 (*m. adv.*; *sabinisches Lw.*; *cf.* cānus) uralt.

cāseolus, ī *m* (*dem. v.* cāseus) kleiner Käse.

cāseus, ī *m* (*urspr.* „aus Gärstoff") Käse; °/ *Kosewort* [meus molliculus].

casia, ae *f* (*gr. Fw.*) wilder Zimt; Seidelbast.

Casīnum, ī *n St. in Latium am Fuß des j.* Monte Cassino; *adi. u. Einw.* -sīnās, ātis (*m*).

Caspius 3 kaspisch [mare]; **-iae** (portae) *Paß im Kaukasus*; *subst.* **-iī,** ōrum *m* Anwohner des Kaspi-Sees.

Cassandra, ae *f* (*gr.* Kassạndrā) *trojanische Seherin, Tochter des Priamus.*

Cassiānus 3 *s.* Cassius.

cassida, ae *f* (cassis[1]) (Metall-) Helm.

Cassiopē, ēs *f* (*gr.* K-ọpē) 1. *Mutter der Andromeda*; *als Gestirn* -iepīa, ae *f*; 2. *Hafenstadt auf Korfu, j.* Cassopo.

cassis[1], idis *f* (*vl. sabin. Lw.*) (Metall-) Helm, Sturmhaube.

cassis[2], is *m* (*meist pl.*; catēna) Fangnetz, Netz; Spinngewebe; / Nachstellung, Falle.

Cassius 3 *röm. Gentilname*: 1. L. ~ *Longīnus Ravilla, Konsul 127, strenger Richter* [iūdex Cassiānus]; 2. L. ~ *Longīnus, 107 im Kampf gegen die Tigurinen gefallen* [bellum Cassiānum]; 3. ~ *Parmēnsis u.* 4. ~ *Longīnus, Cäsarmörder*; 5. C. ~ *Longīnus, Rechtsgelehrter unter Tiberius.*

cassō 1 (*zu* cadō *od.* = quassō ?) taumeln, torkeln.

cassus 3 (*vl. neben* cas-tus *urspr.* P.P.P. *v.* careō) °1. hohl, leer; °2. beraubt, ohne [luminis, -ne]; 3. (*m.* °*adv.*) vergeblich, unnütz, nichtig; *in* cassum erfolglos [tela iactare].

Castalia, ae *f* (*gr.* K-lịā) *dem Apollo heilige Quelle bei Delphi*; *adi.* -alius 3; -alis, idis *f* kastalisch.

castanea, ae *f* (*gr. Fw., wahrsch. aus kleinasiatischer Spr. entlehnt*) Kastanie; *adi.* -eus 3 Kastanien...

castellānus 3 (castellum) zu einem Kastell gehörig; °*subst.* **-ī,** ōrum *m* Kastellbewohner, -besatzung.

castellātim *adv.* (castellum) kastellweise.

castellum, ī *n* (*dem. v.* castrum) 1. befestigter Platz, Kastell, Blockhaus; Brückenkopf; °2. Gebirgsdorf; 3. / Zuflucht(sort) [scelerum]; ** Burg; Dorf.

castēria, ae *f* (*gr. Lw.*) Schlafraum der Ruderer.

castificus 3 (castificō 1 reinigen; castus, faciō) rein, keusch.

castīgābilis, e (castīgō) Züchtigung verdienend, strafbar.

castīgātiō, ōnis *f* (castīgō) Züchtigung, Strafe, Zurechtweisung.

castīgātor, ōris *m* (castīgō) Zuchtmeister.

castīgātōrius 3 (castīgātor) zurechtweisend.

castīgātus 3 (*m. comp., sup., adv.*; *castīgō*) straff, gedrungen [*pectus*].
castīgō 1 (*castus*; *Nachbildung nach fatīgō*: „zur moralischen Anständigkeit treiben, anhalten") **1.** züchtigen, strafen; zurechtweisen; °**2.** verbessern [*vitia*]; **3.** zügeln, bändigen.
castimōnia, *ae f* (*castus*) **1.** (*relig. t.t.*) körperliche Reinheit, Enthaltsamkeit; Fasten; **2.** Sittenreinheit.
castitās, *ātis f* (*castus*) Keuschheit.
castor¹, *oris m* (*acc.* *-a*; *gr. Fw.*) Biber.
Castor², *oris m* (*gr.* Kąstōr) *Sohn des Tyndareus u. der Leda, Schutzpatron der Seefahrer, mit seinem Bruder Pollux als Doppelgestirn (Dioskuren) an den Himmel versetzt.*
castoreum, *ī n* (*castor¹*) Bibergeil.
castrātus, *ī m* (*castrō*) Eunuch.
castrēnsis, e (*castrum*) im Lager, Lager...
castrō 1 (*wohl zu *kastrom* „Messer") °**1.** entmannen; kastrieren; *libellos* von Zoten reinigen; / **2.** entkräften.
castrum, *ī n* (*wohl identisch m. *kastrom*; *s. castrō*) **1.** *sg.* = *castellum*; *kl. nur in Ortsnamen*: ♀ *Album* „Weißenburg" *in Spanien*; **2.** *pl.* **castra,** *ōrum n* **a**) Lager, Kriegslager; *-a ponere* aufschlagen, *movere* abbrechen; °*praetoriana* Kaserne der Prätorianer; **b**) Marschtag = Tagesmarsch [*quintis castris*]; / **c**) Kriegsdienst; Krieg; **d**) Lager, Partei [*Epicuri*]; °**e**) *cerea* Bienenstock; ** *sg.* Burg, Stadt; *pl.* Quartier; Heer.
castus 3 (*m. comp., sup., adv.*; *urspr. als P.P.P. v. careō* „frei von (Fehlern), enthaltsam") **1.** sittenrein, keusch, züchtig; **2.** fromm, heilig; **3.** uneigennützig.
****casula,** *ae f* Meßgewand, Kasel.
cāsus, *ūs m* (*cadō*) **1.** Fall, Sturz; °*nivis* Schneefall; °**2.** Fehltritt; Verfall, Untergang; **3.** Ende, Ausgang; **4. a**) Eintritt [*mortis*]; Vorfall; **b**) Zufall [*mirabilis*]; *casu* zufällig; Gelegenheit; **c**) Unfall, Unglücksfall [*gravis*]; **5.** (*gramm. t.t.*) Kasus.
catadromus, *ī m* (*gr. Fw.*) schräg in die Höhe gespanntes Seil.
catagelasimus 3 (*gr. Fw.*) lächerlich.
catagraphus 3 (*gr. Fw.*) bunt bemalt, bestickt.
****catalogus,** *i m* Verzeichnis, Liste.
Catamītus *u.* **-meitus,** *ī m* (*wahrsch. etr. Lw., aus dem Gr. stammend*) °**1.** Ganymed; **2.** / ♀ Lustknabe (= *pathicus*).
cataphagās, *ae m* (*gr. Fw.*) Fresser.
cataphractēs, *ae m* (*gr. Fw.*) Schuppenpanzer.
cataphractus 3 (*gr. Fw.*) gepanzert; *subst.* **-a,** *ae f* (*sc. lōrīca*) Panzer.
cataplūs, *ī m* (*gr. Fw.*) Landung; (landende) Flotte; ** Hafen.
catapulta, *ae f* (*gr. Lw.*) **1.** Wurfmaschine; °**2.** Wurfgeschoß.
catapultārius 3 (*catapulta*) von der Wurfmaschine abgeschossen.
cataracta, *ae f u.* **-tēs,** *ae m* (*gr. Fw.*) Wasserfall; Schleuse; Fallgitter.
cataractria, *ae f* (*wohl gr. Lw.*) [*unbekanntes Gewürz.*]
catascopus, *ī m* (*gr. Fw.*) Wachtschiff.
catasta, *ae f* (*gr. Lw.*) Schaugerüst [*auf Sklavenmärkten.*]
****catechumenus,** *i m* Täufling, Katechumene.
catēia, *ae f* (*vl. gall. Lw.*) Wurfkeule (*eine Art Bumerang*).
catēlla¹, *ae f* (*dem. v. catēna*) Kettchen.
catella², *ae f* (*dem. v. catula*) [Hündchen.]
catellus, *ī m* (*dem. v. catulus*) **1.** Hündchen; °/ *Kosewort*; **2.** (?) *in scherzh. Doppelsinn*: Hündchen *u.* Kettchen (*cf. catēlla¹*).
catēna, *ae f* (*meist pl.*; *eigtl.* „*das* Geflochtene"; *cf. casa, cassis²*) Kette, Fessel; / Bande, Schranke, Zwang [*legum*].
catēnārius 3 (*catēna*) Ketten... [*canis*].
catēnātus 3 (*catēna*) gekettet, gefesselt; / verbunden; ununterbrochen.
caterva, *ae f* (*cf. catēna*) **1. a**) Schar, Haufe; °**b**) Söldnertruppe; **2.** Schauspielertruppe; Chor (*im Drama*).
catervārius 3 (*caterva*) zum Trupp gehörig; truppweise fechtend.
catervātim *adv.* (*caterva*) trupp-, haufenweise.
cathedra, *ae f* (*gr. Fw.*) Armsessel; Tragsessel; Lehrstuhl, Katheder; ** Lehramt; Bischofssitz.
cathedrālicius 3 (*cathedra*) zum Tragsessel gehörig; / weichlich.
****cathedralis,** e zum Bistum gehörig.
cathedrārius 3 (*cathedra*) Katheder... [*philosophi*].

****catholicus** 3 allgemein, katholisch, christlich.

Catilīna, *ae m röm. cogn.*: L. Sergius ~, *Anstifter der sog. Catilinarischen Verschwörung, † 62; adi.* -nārius 3. [lecken.

catillo 1 (-ĭ-?; catīllus^{1}) Teller ab-

catīllus^{1}, *ī m* (-ĭ-?; *dem. v.* catīnus) Schüsselchen, Tellerchen.

Cātil(l)us^{2}, *ī m Erbauer v. Tibur.*

catīnus, *ī m* (*et. ungeklärt; nhd.* „Kessel" *lat. Lw.*) Napf, Schüssel.

Catō, *ōnis m cogn. i. d. gens Porcia*: **1.** M. Porcius ~ Cēnsōrius, *strenger Sittenrichter (234–149)*; **2.** M. Porcius ~ Uticēnsis, *Gegner Cäsars, † 46 in Utica; adi.* -ōniānus 3; *subst.* **-ōnīnī,** ōrum *m* Anhänger des jüngeren C. [*bildung*) Unterwelt (?).

catōnium, *ī n* (*gräzisierende Scherz-*

catula, *ae f* (catulus) Hündchen.

Catullus, *ī m röm. cogn.*: C. Valerius ~, *ber. Lyriker aus Verona 87-54; adi.* -ulliānus 3 [basia].

catulus, *ī m* (*cf. cogn.* Catilīna) °**1.** *das* Junge; **2.** junger Hund. [*Provence.*

Caturīgēs, um *m gall. Volk i. d.*

catus 3 (*m.* °*adv.*; *nach Varro sabinisch* = acūtus; *cf.* cōs) gescheit, schlau.

Caucasus, *ī m* (*gr.* K-os) **1.** *der* Kaukasus; *adi. u. Einw.* -casius (3); **2.** *der* Hindukusch.

cauda *u.* **cōda,** *ae f* (*cf.* caudex ?) **1.** Schwanz, Schweif; (*Ho.*) -am trahere Hohn ernten; **2.** / **a**) Anhängsel; °**b**) = mentula.

caudeus 3 (cauda?) Binsen...

caudex *u.* **cōdex,** *icis m* (cūdō; cauda?) °**1.** Baumstamm, Klotz (*auch als Schimpfwort*); Strafblock; **2.** Heft, Notizbuch; Hauptbuch [accepti et expensi]; ** Handschrift; Bibel.

caudicālis, e (caudex) Holz...

Caudium, *ī n St. in Samnium; adi. u. Einw.* -īnus (3) [furculae].

caulae^{1}, ārum *f* (= caulae^{2}, *aber sekundär auf* cavus *bezogen*) *die* Poren.

caulae^{2}, ārum *f* (*cf. nhd.* „Hag, Hecke") Schafhürde.

caulātor (*synk. aus* cavillātor *mit volkset. Anlehnung an* caulis = mentula) = cavillātor.

cauliculus, *ī m* (*dem. v.* caulis) zarter Stengel, Trieb.

caulis, *is m* (*cf. nhd.* „hohl") Stengel, Strunk; Kohlstengel; °/ = mentula.

Caunus, *ī f* (*gr.* Kaunos) *Seest. in Karien u.* (*m*) *Name ihres Gründers; adi. u. Einw.* -eus *u.* -ius (3); *subst.* **-eae,** ārum *f* (*sc.* fīcī) Feigen von K.

caupō^{1}, *ōnis m* (*Lw. unsicherer Herkunft*) Krämer, Schenkwirt.

****caupo^{2}** = cāpō. [Wirtshaus.

caupōna, *ae f* (caupō^{1}) Schenke,

caupōnius 3 (caupō^{1}) Schenk...; puer Kellner.

caupōnor 1 (caupō^{1}) schachern *mit* [bellum].

caupōnula, *ae f* (*dem. v.* caupōna) (elende) Kneipe. [Nordwestwind.

caurus, *ī m* (*cf. nhd.* „Schauer")

causa, *ae f* (*et. unklar*) **1.** Grund, Beweggrund, Ursache, Anlaß: **a**) -a guter Grund, (volles) Recht; cum -a, non sine -a mit gutem Grunde; **b**) begründete Entschuldigung, Einwand; **c**) Scheingrund, Ausrede; per -am unter dem Vorwande; **2.** vorliegender Fall, Gegenstand, Sachverhalt: **a**) (*jur. t.t.*) Streitsache, Prozeß; -am agere, defendere einen Prozeß führen; -am dicere (sich) verteidigen; -am perdere = -ā cadere den Prozeß verlieren; **b**) Thema, Streitfall; **c**) Sache, Partei, Interesse [iusta plebis]; **d**) Auftrag, Geschäft; **e**) Lage, Verhältnis, Umstände [in meliore -a esse]; **f**) persönliche Beziehungen, Freundschaftsverhältnis [cum consule]; **3.** (*abl.*) **causā** wegen, um ... willen: **a**) (*m. meist vorausgehendem gen.*) [honoris, praedandi, (*nichtrefl.*) eius causa]; **b**) (*m. pron. poss.*) meā, tuā, (*refl.*) suā, nostrā, vestrā causā meinetwegen *usw.*; ** in causa esse schuld sein; sine causa esse ohne Schuld sein; in causam ponere vor Gericht ziehen.

causārius 3 (causa) kränklich; *subst.* **-ī,** ōrum *m* Invaliden.

causia, *ae f* (*gr. Fw.*) breitkrempiger Hut. [Rechtsanwalt, Sachwalter.

causi-dicus, *ī m* (causa, dīcō^{2})

causificor 1 (*causificus: causa, faciō) vorschützen, einwenden.

causor 1 (causa) als Grund angeben, vorschützen; ** sich beklagen; sich streiten *um* [partem

caussa = causa. [oboli].

causticus 3 (*gr. Fw.*) beizend;

spuma -a Schaumseife (*zum Blondieren*).

causula, *ae f* (*dem. v. causa*) °**1.** unbedeutende Veranlassung; **2.** Bagatellprozeß.

****cautela,** *ae f* Vorsicht; Schutzmittel.

cautēs, *is f* (*bis Vergil* *cōtēs*; *cōs*) [spitzer Fels, Riff.]

cautim *adv.* (*cautus*) vorsichtig.

cautiō, *ōnis f* (*caveō*) Vorsicht, Behutsamkeit; Vorsichtsmaßregel; (*jur. t.t.*) Sicherstellung, Sicherheit [*pecuniarum*]; Schuldschein; Kaution.

cautor, *ōris m* (*caveō*) °**1.** (*scherzh.*) Sicherheitskommissar; **2.** der abwehrt [*periculi*].

cautus 3 (*m. comp., sup., adv.*; *caveō*) **1.** sichergestellt [*pecunia*]; **2. a**) vorsichtig, behutsam; °**b**) schlau, listig.

cavaedium, *ī n* (= *cavum aedium* „das Hohle des Hauses") Vor-, Empfangsraum.

cavea, *ae f* (*cf. cavus*) Höhlung: **1.** Käfig; °Bienenstock; **2. a**) Zuschauerraum [*prima* erster Rang; *summa* Galerie]; **b**) Zuschauer.

caveō, *cāvī, cautum* 2 (*imp. im Vers auch -ĕ*; *cf. nhd.* „schauen") **1.** sich hüten, in acht nehmen *vor* [*inimicitias, ab insidiis*; *ut, ne accidat*]; *cave istud facias* tu das ja nicht; **2.** Fürsorge tragen *für*, Vorsichtsmaßregeln treffen *für* [*securitati*]; **3.** (*jur. t.t.*) **a**) (*als Anwalt*) Beistand leisten; *bei Sicherstellungen* intervenieren *für* [*mihi*]; Rat erteilen [*in iure*]; **b**) Kaution stellen *durch, wegen* [*obsidibus de pecunia*]; **c**) sich Sicherheit geben lassen; **d**) (*gesetzlich*) verfügen, verordnen [*lege, testamento u. ä.*].

caverna, *ae f* (*etr. Wortbildung zu cavus*) Höhlung, Höhle; Schiffsraum; °Bassin.

cavilla, *ae f* (*cf. calvor, calumnia*) [Neckerei.]

cavillātiō, *ōnis f* (*cavillor*) Necken, Spott, Stichelei; °Sophisterei; °*verborum* Wortklauberei.

cavillātor, *ōris m* (*cavillor*) Spötter; [Sophist.]

Cavillōnum, *ī n* = *Cabillōnum*.

cavillātrīx, *īcis f* (*cavillātor*) **1.** Spötterin, Sophistin; **2.** Sophistik, Spitzfindigkeit.

cavillor 1 (*cavilla*) **1.** necken, sticheln, sich lustig machen *über* [*oratorem*]; °**2.** Ausflüchte suchen.

cavō 1 (*cavus*) aushöhlen, durchbohren; hohl ausarbeiten [*lintres*]; (*P.P.P.*) *adi.* **cavātus** 3 hohl.

cavus 3 (*cf. gr. Fw. cyathus*) **1.** hohl, gewölbt; °**2.** umhüllend; °**3.** / nichtig; °*subst.* ~, *ī m u.* **-um,** *ī n* Höhlung, Loch; *cf. cavaedium*.

Caystros *u.* **-us,** *ī m* (*gr.* Kaÿstros) *Fl. in Ionien, bei Ephesus mündend*; *adi. -ystrius* 3 [*ales* Schwan].

-ce *demonstr. Partikel* (*an pron. angehängt, in hīc, hinc, illinc, nunc usw. zu -c verkürzt, vor -ne zu -ci verdünnt*; *cf. engl.* he) hier, da [*huiusce*; *istocine*].

Cēa *u.* **Cīa,** *ae f* (*Cīa?*; *gr.* Keōs) *Kykladeninsel ö. v. Sunion, j.* Zea; *adi. Cēus u. Cīus* 3.

Cebenna, *ae m die* Cevennen [*mons*].

Cecrops, *opis m* (*gr.* Kekr-) *ältester König von Attika*; *adi.* **-pius** 3 von Athen; attisch [*cothurnus* Tragödie]; **-pis,** *-idis f* attisch; *subst.* Kekropstochter; **-pidēs,** *ae m* Athener; Theseus.

cedo[1], (*altl.*) *pl.* **cette** (*wohl* (-)*ce* + **-do* = „hierzu"; *cf. dōnec*) **1.** gib her! her mit! [*tabulas*]; **2.** / laß hören! heraus mit! [*consilium tuum*]; da nimm nur! sieh nur! [~ *orationes et dic*].

cēdō[2], *cessī, cessum* 3 (*wohl* < **ce-zd-ō*; *1. Glied: Partikel* (-)*ce*; *zum 2. Glied vgl. altind.* ā-sad- „hintreten") **I.** (*intr.*) **1.** gehen: °**a**) einhergehen, -schreiten; **b**) übergehen *auf* [°*res Albana in Romanum imperium*]; zufallen, anheimfallen; °**c**) vonstatten gehen, ablaufen [*prospere*]; °**d**) gelten *für* [*epulae pro stipendio*]; **2.** weggehen: **a**) sich zurückziehen, weichen [*de oppido*]; (°**e**) *loco* seinen Posten verlassen; °*senatu* ausscheiden; (*de, e*) *vita* sterben; **b**) aus dem Wege gehen [°*nocti*]; nachgeben, sich fügen [*tempori*]; **c**) abtreten, überlassen, aufgeben, verzichten *auf* [*agrorum possessione*]; **d**) nachstehen, den Vorrang einräumen [*Graecis*]; **e**) (ver)schwinden, vergehen [*horae*]; **II.** (*trans.*) **1.** abtreten [*multa de iure suo*]; **2.** einräumen, zugestehen.

cedrus, *ī f* (*gr. Fw.*) Zeder; Zedernholz, Zedernöl.

celeber (*später* **-bris**), *bris, bre* (*m.* °*comp., sup.*; *eigtl.* „betrieben"; *cf. celer*) **1. a**) starkbesucht; °**b**) volkreich; **2.** festlich [*triumphus*]; **3.** vielbesprochen, allgemein verbreitet [*vox*]; allbekannt, berühmt, gepriesen. [hilfe.

****celebrans,** *antis m* geistlicher Ge-

celebrātiō, *ōnis f* (*celebrō*) **1.** zahlreicher Besuch; **2.** glänzende Feier, Festlichkeit [*ludorum*]; ** *paschae* Osterfest. [herrlicher, Lobredner.

celebrātor, *ōris m* (*celebrō*) Ver-

celebrātus 3 (*m.* °*comp.*, *sup.*; *celebrō*) = *celeber*.

celebritās, *ātis f* (*celeber*) **1. a**) lebhafter Verkehr, Belebtheit [*viae*]; **b**) zahlreicher Besuch, Zulauf [*totius Graeciae*]; **c**) Häufigkeit, häufiges Vorkommen, große Zahl; **2.** Volksmenge; Öffentlichkeit; **3.** Feierlichkeit, Feier; **4.** Berühmtheit; ** Festtag, Feier.

celebrō 1 (*celeber*) **1.** zahlreich besuchen, beleben; P. dicht gefüllt sein [*atria*]; **2.** zahlreich begleiten; sich drängen *um*; **3.** festlich begehen, feiern [*epulas vino*]; **4.** fleißig betreiben [°*seria et iocos*]; **5. a**) überall verbreiten [*caedem fama*]; **b**) rühmen, preisen, verherrlichen [*gloriam populi Romani*]; **6.** erfüllen *mit* [*contiones convicio*]; ** abhalten [*comitia* Reichstag].

celer, *eris, e* (*m. comp.*, °*sup.*; *adv.* **-iter,** *vkl.* **-ĕ**; < **keleris eigtl.* „angetrieben") **1.** schnell, rasch; °schnellwirkend [*remedium*]; **2.** / **a**) (*geistig*) gewandt; °**b**) zu schnell, übereilt, hitzig [*consilia*].

Celerēs, *um m* (*wohl nicht zu celer, sondern etr. Lw.*) *älteste Bezeichnung der römischen Ritter.*

celeri-pēs, *edis* (*Lehnübersetzung aus d. Gr.*) schnellfüßig; *subst. m* Eilbote, Kurier.

celeritās, *ātis f* (*celer*) **1.** Schnelligkeit, Gewandtheit; / Regsamkeit; °*consilii* Geistesgegenwart; **2.** schnelle Wirkung; **3. a**) Geläufigkeit (*der Rede*); **b**) rasche Aussprache [*syllabarum*].

celerō 1 (*celer*) **1.** (*trans.*) beschleunigen [*iter*]; **2.** (*intr.*) eilen.

celeuma, *tis n* (*gr. Fw.*) Ruderkommando.

Celeus, *ī m* (*gr.* Keleọs) *mythischer König v. Eleusis, Begründer des Ackerbaues.*

cella, *ae f* (*urspr. wohl* **cēlā*; *zu cēlō*; *cf. altnord. Todesgöttin* Hel) **1. a**) Vorratskammer; Keller, Weinkeller; °**b**) Bienenzelle; °**2.** Dachstübchen *im Mietshause*; Kammer, *bsd. für Sklaven*; **3.** Tempelcella (*mit Götterbild*), Heiligtum; ** Mönchszelle; Kloster.

cellārius 3 (*cella*) zur Vorratskammer gehörig; *subst.* ~, *ī m* Küchen-, Kellermeister; ** **-um,** *ī n* Weinkeller.

****cellerarius,** *i m* Kellermeister.

cellula, *ae f* (*dem. v. cella*) Kämmerchen; ** Mönchszelle, Kloster.

cēlō 1 (*altl. cēlassis = cēlāveris*; *Dehnstufe zu* √ *kel- „bergen, verhüllen" *in oc-culō*; *cf. nhd.* „hehlen") **1.** verhüllen, bedecken; verbergen, verstecken; **2.** verheimlichen, geheimhalten *vor*, verhehlen [*iter omnes, regem de insidiis*]; P. *celor* mir wird verheimlicht [*a fratre de re familiari*]. [kleine Jacht.

celōc(u)la (?), *ae f* (*dem. v. celōx*)

celōx, *ōcis m f* (*gr. Lw., angeglichen an vēlōx*) Schnellsegler, Jacht.

celsitūdō, *inis f* (*celsus*) Höhe; ** Erhabenheit; *vestra* ~ Ew. Hoheit; *serenissima* ~ Allergnädigster.

celsus[1] 3 (*m.* °*comp.*, *sup.*, °*adv.*; *P.P.P. des aus ante-, ex-, praecellō zu erschließenden Simplex*) hochragend, hoch; / erhaben; hochherzig; hochmütig.

Celsus[2], *ī m*: *A. Cornēlius* ~, *ber. Arzt z. Z. des Tiberius.*

Celtae, *ārum m* (*ursprüngliche Bezeichnung aller keltischen Stämme*; *cf. Gallī, Galatae*) Kelten; **-ticum,** *ī n* Keltenreich.

Celtibērī, *ōrum m Volk im nördl. Spanien*; **-ria,** *ae f ihr Land*; *adi.* *-ricus* 3.

cēna, *ae f* (*urspr.* „Portion"; *cf. carō*[1]) **1.** Hauptmahlzeit, Essen; *inter -am* bei Tische; Gastmahl; °**2.** Gang (*einer Mahlzeit*) [*tertia*]; °**3.** Tischgesellschaft; ** *domini, dominica* Abendmahl.

Cēnabum, *ī n Hauptst. d. Karnuter, später Aurēliānī, j.* Orléans; *adi. u. Einw.* *-bēnsis* (e).

cēnāculum, *ī n* (*cēna*) **1.** Speisezimmer; **2.** Dachgeschoß, Dachstübchen. [gehörig.

cēnāticus 3 (*cēna*) zur Mahlzeit

cēnātiō, *ōnis f* (*cēnō*) Speisezimmer.

cēnātiuncula, *ae f* (*dem. v. cēnātiō*) kleines Speisezimmer.

cēnātōrium, ī *n* (*cēna*) Tischkleid.

cēnāturiō, — — 4 (*cēnō*) speisen wollen.

cēnitō 1 (*frequ. v. cēnō*) zu speisen pflegen.

cēnō 1 (*altl. cēnassit* = *cēnāverit*; *cēna*) **1.** (*intr.*) die Hauptmahlzeit einnehmen, speisen; *cenatus* der gespeist hat, nach dem Essen; °**2.** (*trans.*) verspeisen, verzehren; *cenatae noctes* Nachtgelage.

****cenobium** = *coenobium*.

Cenomanī, *ōrum m Stamm der Aulerker.*

cēnseō, *suī, sum* 2 (*zu altind.* śámsati „sagt auf, lobt") **1.** (*jur. t.t.*) **a**) das Vermögen (ab)schätzen und in die Bürgerliste eintragen; *censum* ~ die offizielle Schätzung vornehmen; °*legem censui censendo dicere* die offizielle Schätzungsformel feststellen; *mediopass.* sich schätzen (lassen); sein Vermögen angeben; °**b**) zählen; *capite censi s. caput*; **2.** / **a**) bewerten, schätzen; **b**) der Ansicht sein, meinen [*Carthaginem esse delendam*]; *censeo* (*eingeschoben*) ich dächte doch; **3. a**) (*v. einzelnen Senatoren*) seine Stimme abgeben, dafür stimmen; **b**) (*vom gesamten Senat*) beschließen, verordnen; (*Ta.*) zuerkennen [*insignia triumphi*].

cēnsiō, *ōnis f* (*cēnseō*) Schätzung, Bestrafung [*bubula* mit dem Ochsenziemer].

cēnsor, *ōris m* (*cēnseō*) „Schätzer", Zensor (*seit 443 2 Zensoren in Rom, anfänglich auf 5, später auf $1^1/_2$ Jahre gewählt*; *cf. cēnsūra*); / strenger Richter, scharfer Kritiker.

cēnsōrius 3 (*cēnsor*) *des* Zensors, zensorisch [*funus* Staatsbegräbnis]; / streng richtend, kritisierend; *subst.* ~, *ī m* gewesener Zensor, Mann von zensorischem Rang.

cēnsūra, *ae f* (*cēnsus, cēnseō*) Zensur, Zensoramt, *das vornehmste, nur Konsularen vorbehaltene Amt in Rom; Aufgaben:* **1.** *Vermögenseinschätzung*; **2.** *Sittenkontrolle*; **3.** *Verpachtung der Staatseinkünfte u. Vergebung v. Bauaufträgen*; ** Spruch; Aufsicht; Tadel.

cēnsus, *ūs m* (*cēnseō*) **1.** Vermögenseinschätzung, Volkszählung; **2.** Bürger-, Steuerliste; **3.** Vermögen, Besitz; ** Abgabe, Zins; Morgengabe; *Romanus* Peterspfennig.

centaurium *u.* **-rēum,** ī *n* (*gr. Fw.*) Tausendgüldenkraut.

centaurus, ī *m* (*gr. Fw.*) Kentaur (*Zwittergestalt v. Mensch u. Roß*); *ein Gestirn*; *adi.* -ēus 3, -icus 3.

****centenarium,** *i n* Zentner.

centēnus 3 (*centum*) °**1.** *sg.* hundertmalig, hundertmal vorhanden; **2.** *pl. num. distr.* je hundert.

centēsimus 3 *num. ord.* (*centum*) *der* hundertste; *subst.* **-a,** *ae f* (*sc. pars*) ein Hundertstel, ein Prozent; einprozentige Abgabe; *pl.* (*1% monatlich* =) 12% Zinsen (*jährlich*).

centi-ceps, *cipitis* (*centum, caput*) hundertköpfig.

centiē(n)s *num. adv.* (*centum*) hundertmal.

centi-manus 3 (*centum*) hundert-[armig.]

centō, *ōnis m* (*cf. nhd.* „Hadern" = Lumpen) Flickwerk; Decke, Matratze; Lumpenrock.

****centrum,** *i n* Mittelpunkt.

centum *num. card. indecl.* (*cf. nhd.* „hundert") hundert; °/ sehr viele.

centum-geminus 3 hundertfältig; -armig.

centum-plex, *plicis* (*wahrsch. nicht zu plicō* 1 „falten", *sondern zu plaga*[2] „Fläche") hundertfältig.

centum-pondium, ī *n* (*pondus*) Zentnergewicht.

centum-virī, *ōrum m die* Hundertmänner (*ein Richterkollegium in Privatsachen*); *adi.* -*virālis,* e.

centunculus, ī *m* (*dem. v. centō*) kleiner Lappen; Reitdecke.

centuria, *ae f* (*centum*) **1.** Hundertschaft, Zenturie: **a**) (*mil. t.t.*) Kompanie (*urspr. 100, später 60 Mann stark*); **b**) Wahlabteilung *der röm. Bürger für Abstimmung in den Zenturiatkomitien*; **2.** Flurbezirk (= *100, später 200 iugera*).

centuriātim *adv.* (*centuria*) zenturienweise.

centuriātus, *ūs m* **1.** (*centuriō*[2]) Zenturionenstelle; °**2.** (*centuriō*[1]) Einteilung in Zenturien.

centuriō[1] 1 (*centuria*) nach Zenturien einteilen; *comitia centuriata* Zenturiatkomitien; *lex centuriata* in den Zenturiatkomitien beschlossenes Gesetz.

centuriō[2], *ōnis m* (*centuria*) Führer einer Zenturie; Hauptmann.

centuriōnātus, *ūs m* (*centuriō*[2])

Zenturionenwahl; Hauptmannsrang. [Mahlzeit.
cēnula, *ae f* (*dem. v.* cēna) einfache
Ceōs = *Cēa.* [*Lw.*) Zwiebel.
cēpa, *ae f u.* **-e** *indecl.* (*wahrsch. gr.*
Cephallēnia *u.* **-lānia,** *ae f* (*gr.* K-niā) *größte ionische Insel, j.* Kephalonia; *Einw.* **-lēnes** *u.* **-lānes,** *um m.*
Cēphēnes *um m s.* Cēpheus.
Cēpheus, *eos u. eī m* (*acc.* -ea; *gr.* K-eus) *König v. Äthiopien; Vater der Andromeda; adi.* -ē(ī)us 3; *subst.* **-ēnes,** *um m* Äthiopier; *adi.* -ēnus 3.
Cēphīsus, *ī m* (*gr.* K-os) **1.** *Fl. in Böotien, als Flußgott Vater des Narcissus; adi.* -īsius 3; -īsis, *idis f;* **2.** *Fl. in Attika; adi.* -īsias, *adis f.*
cēpolendrum, *ī n* (*wahrsch. an* cēpa *u.* oleō *angelehnt*) *erfundener Gewürzname.*
cēra, *ae f* (*wahrsch. gr. Lw.*) **1.** Wachs; °**2.** Wachszelle *der Bienen;* °**3.** Wachsschminke; **4. a**) Wachs-, Schreibtafel; **b**) Wachssiegel; °**c**) *pl.* Ahnenbilder *aus Wachs.*
Ceramīcus, *ī m* (*gr.* Kerameikos) Topfmarkt (*Platz in Athen*).
cērārium, *ī n* (cēra) Gebühren für verbrauchtes Siegelwachs.
cerastēs, *ae m* (*gr. Fw.*) Hornschlange.
cerasus, *ī f* (*gr. Fw., aus einer kleinasiatischen od. der thrakisch-phrygischen Sprache stammend*) Kirschbaum; Kirsche (*v. Lucullus 76 eingeführt*).
ceratinus 3 (*gr. Fw.*) von den Hörnern [ambiguitas]; *subst.* **-a,** *ae f* Hörnertrugschluß: „*Was du nicht verloren hast, hast du noch; Hörner hast du nicht verloren; also hast du Hörner.*"
cērātus 3 (cēra) mit Wachs überzogen, zusammengeklebt.
Cerberus, *ī m* (*gr.* K-os) Höllenhund; *adi.* -eus 3.
Cercōpes, *um m* (*gr.* Ker- = Affen) *Räubervolk auf Pithēcūsa(e), v. Jupiter in Affen verwandelt.*
cercopithēcus, *ī m* (*gr. Fw.*) Meerkatze. [segler; **2.** *ein Seefisch.*
cercūrus, *ī m* (*gr. Fw.*) **1.** Schnell-
cerdō, *ōnis m* (*gr. Lw.*) einfacher Handwerker.
Cereālis *s.* Cerēs.
cerebrōsus (cerebrum) **1.** *adi.* 3 hirnverbrannt, toll; **2.** *subst.* ~, *ī m* Hitzkopf.
cerebrum, *ī n* (*cf. nhd.* „Hirn") Gehirn; Schädel; °/ Verstand; Hitzköpfigkeit.
Cerēs, *Cereris f* (*urspr. Göttin des pflanzlichen Wachstums, cf.* creō, crēscō; *sehr früh der gr.* Dēmētēr *gleichgesetzt u. nicht nur bsd. als Göttin des Ackerbaues u. der Ehe, sondern auch neben Tellus als Totengottheit verehrt*) *Mutter der Proserpina;* °/ Getreide, Brot; *adi.* **Cere-** *u.* **Ceriālis,** e der C. (heilig), Getreide..., Brot...; *subst.* **-ālia,** *ium n* Ceresfest *am 12. April.*
cēreus (cēra) **1.** *adi.* 3 **a**) aus Wachs; °**b**) / wachsgelb, weiß wie Wachs; fettig, schmierig; geschmeidig wie Wachs; **2.** *subst.* ~, *ī m* (*sc.* fūnis) Wachskerze, -fackel.
****cerevisia,** *ae f* Bier.
ceriāria, *ae f* (Cerēs) Lebensmittellieferantin (?).
cērintha, *ae f* (*gr. Fw.*) Wachsblume.
cērinum, *ī n* (*gr. Fw.*) wachsfarbiges Kleid.
cernō, *crēvī, crētum* 3 (*cf.* certus, crībrum) °**I.** scheiden, sondern, sichten; **II.** / **1.** unterscheiden: **a**) (*deutlich*) sehen, wahrnehmen; **b**) (*geistig*) erkennen, einsehen; P. erkannt werden, sich zeigen *in* [*Ennius*: amicus certus in re incerta]; **2. a**) entscheiden [°sors]; **b**) beschließen; °**c**) durch Kampf entscheiden, kämpfen [pro patria, vitam um das Leben]; **d**) (*jur. t.t.*) sich *für die Annahme* entscheiden, annehmen, antreten [hereditatem]; ** P. = videor scheinen.
cernulō 1 (cernuus) kopfüber zu Fall bringen.
cernuus 3 (*cf.* cerebrum) kopfüber stürzend; ** sich demütig neigend.
cērōma, *atis n* (*gr. Fw.*) Wachssalbe (*der Ringer*); *das* Ringen; Ringplatz. [Wachssalbe bestrichen.
cērōmaticus 3 (cērōma) mit
cerrītus 3 (*m.* °*comp*; Cerēs: „von der Ceres besessen") verrückt, toll.
certāmen, *inis n* (certō²) **1.** Kampf, Streit; Gefecht, Schlacht [navale]; (*oft pl.*) Händel [verborum linguaeque]; **2.** Wettkampf [gladiatorium]; **3.** Wetteifer [°eloquentiae]; ** *locus certaminis* Richtplatz.

certātim *adv.* (certātus, P.P.P. *v.* certō²) um die Wette.

certātiō, ōnis *f* (certō²) Streit, Kampf; Wettstreit, -kampf; / öffentliche Verhandlung vor Gericht.

certē *adv.* (*m.* °*comp.*; certus) gewiß, ohne Zweifel; sicherlich, allerdings; doch wenigstens.

certō¹ *adv.* (certus) sicher, gewiß; genau [certo scire].

certō² 1 (certus; „zur Entscheidung bringen") kämpfen, streiten [cum hoste de imperio]; wetteifern [cursu cum aequalibus]; *bsd. gerichtlich* streiten, verhandeln.

certus 3 (*m. comp., sup.*; *adv.* **-ē** *u.* **-ō**; *s.d.*; cernō) **1. a)** entschieden; beschlossen; mihi certum est es ist mein fester Entschluß; °**b)** (*v. Pers.*) entschlossen *zu* [mori]; **2.** festgesetzt, bestimmt [tempus]; **3.** zuverlässig, glaubwürdig [auctor, spes]; **4.** unzweifelhaft, unbestritten, entschieden [victoria]; **5.** (*v. Pers.*) sicher benachrichtigt; certiorem facere de benachrichtigen *von* [imperatorem de discessu Germanorum].

cērula, ae *f* (*dem. v.* cēra) ein Stückchen Wachs(farbe); miniata Rotstift.

cērussa, ae *f* (*vl. gr. Lw.*) Bleiweiß; Schminke.

cērussātus 3 (cērussa) mit Bleiweiß geschminkt.

cerva, ae *f* (cervus) Hirschkuh; °/ Hirsch.

cervīcal, ālis *n* (cervīx) Kopfkissen.

cervīcula, ae *f* (*dem. v.* cervīx) (kleiner) Nacken.

cervīnus 3 (cervus) vom Hirsch, Hirsch...

cervīx, īcis *f* (*meist pl.*; *cf.* cerebrum; vinciō; *eigtl.* „Kopfhalter") Nacken, Genick, Hals; / °esse in cervicibus unmittelbar bevorstehen, drohen [bellum].

cervus, ī *m* (< *keravos „gehörnt"; *eigtl.* „Horntier") Hirsch / *pl.* spanische Reiter.

cēryx, ȳcis *m* (*gr. Fw.*) Herold (= *lat.* praecō).

cessātiō, ōnis *f* (cessō) °**1.** *das* Zögern; Saumseligkeit; **2.** Untätigkeit.

cessātor, ōris *m* (cessō) Saumseliger, Müßiggänger.

cessiō, ōnis *f* (cēdō²) Abtretung des Besitzes [in iure vor Gericht].

cessō 1 (*intens. v.* cēdō²) **1.** zögern, säumen; **2.** nachlassen [in studio suo], es fehlen lassen *an* [°nullo officio]; **3.** untätig sein, rasten, ausruhen, feiern; (*v. Acker*) °brachliegen; P. (*dcht. auch trans.*) untätig hinbringen [tempora cessata].

cestrosphendonē, ēs *f* (*gr. Fw.*) Geschütz (*Pfeile u. Steine*).

cestus, ī *m* (*wohl gr. Lw.*) Gürtel der Venus.

cētārium, ī *n* (cētus) Thunfischbucht, -behälter.

cētārius, ī *m* (cētus) Seefischhändler.

cetastī (*illyrisches od. venetisches Fw.?*) *Wort unbekannter Bedeutung* [ludi].

cētē *s.* cētus.

cētera *adv.* (cēterus) im übrigen, sonst.

cēterō-quī(n) *adv.* (*urspr. abl. v.* cēterum quid; *cf.* aliōquī[n]) im übrigen, sonst.

cēterum *adv.* (cēterus) übrigens, sonst; aber, doch.

cēterus 3 (*meist pl.* -ī; *wohl* < *ceetero „da der andere"; *cf.* iterum) *der* übrige, *der* andere; (et) cetera und so weiter; de cetero übrigens, ** in Zukunft.

Cethēgus *s.* Cornēlius.

cētra, cētrātus = caetra, caetrātus.

cette *s.* cedo¹.

cētus, ī *m* (*gr. Lw.*; *pl.* cētē *n*) *ein walfischartiges Tier,* Thunfisch.

ceu (ce „da" + -ve; *cf.* neu = nē-ve) **1.** *adv.* so wie, ganz wie, gleichwie; ceu cum, ceu si wie wenn; **2.** *ci.* (*meist m. coni.*) als ob, wie wenn.

Cēus 3 *s.* Cēa.

Ceutrones, um *m kelt. Völker* **1.** *in den Westalpen*; **2.** *im belgischen Gallien.*

cēveō, cēvī, — 2 (*eigtl. wohl* „bücken, beugen"; *bsd. Ausdruck der Päderastensprache*) mit dem Hintern wackeln.

chalcaspides, um *m* (*gr. Fw.*) *mit Erzschilden bewaffnete makedonische Truppe.*

chalcea, ōrum *n* (*gr. Fw.*) eherne Waffen.

Chalcēdōn = Calchēdōn.

Chalcis, idis *f* (*gr.* -kịs) *Ort auf Euböa*; *adi. u. Einw.* -cidēnsis (e); *adi.* -cidicus 3; arx -a Cumae (*chalkidische Kolonie*); *subst.* **Chalcidicum,** ī *n das an die curia Iulia in Rom angrenzende* Heiligtum der Minerva von Chalcis.

Chaldaeī, ōrum *m Bewohner v. Chaldäa* (*gr.* -daịā) *in Babylonien, als Sterndeuter bekannt*; Astrologen, Wahrsager; *adi.* -dae(ic)us, -daicus 3; ** -daeus betrügerisch.

chalybēïus 3 (*gr. Fw.*) stählern, Stahl...
Chalybes, *um m Volk in Pontus, das als Erfinder der Stahlerzeugung galt.*
chalybs, *ybis m* (*gr. Fw.*; *cf. Chalybes*) Stahl; ** Schwert.
channē, *ēs f* (*gr. Fw.*) *ein Seefisch.*
Chāones, *um m Volk in Epirus*; *ihr Land* **-onia,** *ae f* (*gr.* -ịā); *adi.* *-onius* 3, *-onis, -idis f auch* epirotisch, dodonäisch [*pater* Jupiter].
chaos *n* (*abl. chaō*; *gr. Fw.*) **1.** *das* Chaos, finsterer Weltraum; Unterwelt; **2.** formlose Urmasse; Schöpfung.
chara, *ae f* (*Fw.?*) *eßbare* Knollenfrucht *v. bitterem Geschmack.*
****character,** *eris m* Buchstabe; Zeichen [*crucis*].
****charisma,** *tis n* Gnadengabe.
charistia = *caristia.*
Charites, *um f* (*gr.*) = *Grātiae, ārum f die drei Grazien.*
Charmidēs, *āī u. ī m* (*gr.* -mịdēs) *komischer Alter b. Plautus.*
charmidō 1 (*Charmidēs*) zum Charmides machen (*scherzhaft*).
Charōn, *ōn(t)is m Fährmann der Unterwelt.*
c(h)arta, *ae f* (*gr. Lw.*) **1.** Papyrusblatt, Papier; **2.** Schrift, Buch, Gedicht; °**3.** (dünne) Platte [*plumbea*].
chartula, *ae f* (*dem. v. charta*) Briefchen.
Charybdis, *is f* (*gr.* Chạ-) *Meeresstrudel bei Messina*; °/ Habgier.
chasma, *atis n* (*gr. Fw.*) Erdriß, Kluft.
C(h)attī, *ōrum m germ. Volk in* [*Hessen*; *adi.* -*us* 3.]
Chaucī, *ōrum m germ. Volk an der Nordsee.*
chēlae, *ārum f* (*gr. Fw.*) Scheren *des Sternbildes Skorpion*; *Sternbild Waage.*
chelydrus, *ī m* (*gr. Fw.*) Schild-[krötenschlange.]
chelys, *yos f* (*acc. -yn, voc. -y*; *gr. Fw.*) Schildkröte; / *die* (*aus der Schale der Schildkröte verfertigte*) Lyra; Leier.
cheragra (*im Vers*) = *chīragra.*
Cherronēsus *u.* **Chersonēsus,** *ī f* (*gr.* Cherrọ- *u.* Chersọnēsos „Halbinsel") *Thracia* Halbinsel von Gallipoli, *Taurica die* Krim.
chersos, *ī f* (*gr. Fw.*) Landschildkröte.
Cheruscī, *ōrum m germ. Volk an der Weser.*
cheuma, *atis n* (*abl. pl. -atīs*; *gr. Fw.*) Guß, Ausguß.
chīliarchus, *ī u.* **-ēs,** *ae m* (*gr. Fw.*) Anführer von 1000 Mann, Oberst; Staatskanzler, Großwesir der Perser.
Chimaera, *ae f* (*gr.* Chịmaira) *ein feuerschnaubendes Ungeheuer* (*Löwe, Drache, Ziege*); *adi.* -*rēus* 3.
chimaeri-fer, *era, erum* (*Chimaera, ferō*) die Chimära erzeugend.
Chios *u.* **-us,** *ī f Insel an der ionischen Küste*; *adi. u. Einw. Chīus* (3); *subst.* **-īa,** *ae f* chiische Feige; **-īum,** *ī n* Chierwein.
chīragra, *ae f* (*gr. Fw.*) Handgicht.
chīrographum, *ī n u.* **-us,** *ī m* (*gr. Fw.*) (eigene) Handschrift; Schriftstück, Schuldschein.
Chīrōn, *ōnis m* (*gr.* Chẹi-) *Kentaur, Erzieher Achills.*
chīronomia, *ae f* (*gr. Fw.*) Panto-[mimik.]
chīronomōn, *ūntis m* (*gr. Fw.*) Pantomime.
chīrūrgia, *ae f* (*gr. Fw.*) Chirurgie; / Gewaltmaßnahmen.
****chirurgicus** 3 chirurgisch.
chīrūrgus, *ī m* (*gr. Fw.*) Chirurg.
Chius *s. Chios.*
chlamydātus 3 (*chlamys*) mit einer [Chlamys bekleidet.]
chlamys, *ydis f* (*gr. Fw.*) (*über der Rüstung getragener gr. Kriegs-*) Mantel; ** Umhang, Mantel; Krönungsmantel.
Chlōris, *idis f* („*die* Grünende") *Göttin der Blumen*; *auch Mädchenname*; *cf. Flōra.*
chorāgium, *ī n* (*gr. Fw.*) Bühnen-[ausstattung.]
chorāgus, *ī m* (*gr. Fw.*) Kostümverleiher; Ausstatter.
choraulēs *u.* **-a,** *ae m* (*gr. Fw.*) Flötenspieler zum Chortanz.
c(h)orda, *ae f* (*gr. Fw.*) Darm (-saite); (*pl.*) Strick; ** Saitenspiel.
chorēa, *ae f* (*im Vers auch -ea*; *gr. Fw.*) Chortanz, Reigen.
chorēus, *ī m* (*gr. Fw.*) = *trochaeus* [(-◡).]
chorocitharistēs, *ae m* (*gr. Fw.*) Zitherspieler beim Chortanz.
c(h)ōrs = *cohors.*
chorus, *ī m* (*gr. Fw.*) °**1. a**) Chortanz, Reigen; **b**) Sternenreigen; **2.** Chor (*als tanzende u. singende Schar*); Chor *in der Tragödie*; **3.** Schar, Menge [*philosophorum*]; ** Chor (*in d. Kirche*).
Chremēs, *ētis m der mürrische Geizhals im Lustspiel.*

chrīa, *ae f* (*gr. Fw.*) (*rhet. t.t.*) (Ausarbeitung über eine) Sentenz; Gemeinplatz.

****chrisma,** *tis n* Salböl; Salbung.

****chrismo** 1 salben.

****christianitas,** *atis f* Christentum, -heit.

****christicola,** *ae m* Christ.

****christipara,** *ae f* (Gottesmutter) Maria.

Chrīstus, *ī m* (*gr.* -os: „*der* Gesalbte") Christus; *adi.* **-iānus** 3 christlich; *subst.* ~, *ī m* Christ.

****chronica,** *ae f* Chronik.

****chronographia,** *ae f* Geschichtsschreibung.

chrȳsanthes, *is n* (*gr. Fw.*) Goldblume.

chrȳsendetos, *a, um* (*gr. Fw.*) mit Gold eingelegt; *subst.* **-a,** *ōrum n* mit Gold eingelegte Gefäße, Schüsseln (*od.* mit Goldrand).

Chrȳsēs, *ae m Apollopriester*; **-ēis,** *idos f* (*acc.* -*ida*) *Tochter des* ~.

Chrȳsippus, *ī m* (*gr.* Chrȳsippos) *stoischer Philosoph, Schüler des Zenon, 290–210*; *adi.* -*ippēus* 3.

chrȳsocolla, *ae f* (*gr. Fw.*) Kupfergrün, Borax.

chrȳsolithus, *ī m* (*gr. Fw.*) Chrysolith, Goldtopas (*Halbedelstein*).

chrȳsophrȳs, *acc.* *ȳn m* (*gr. Fw.*) *Fisch m. goldenem Fleck über den Augen.*

chrȳsos, *ī m* (*gr. Fw.*) Gold.

Cīa *s. Cēa.*

cibārius (*cibus*) **1.** *adi.* 3 °**a**) zur Speise gehörig; **b**) gewöhnlich, grob [*panis*]; **2.** *subst.* **-ia,** *ōrum n* Nahrungsmittel, Speise, Futter; Ration *des Soldaten*; Deputatgetreide *der Magistrate.*

cibātus, *ūs m* (*cibō*; *Pl.*) Nahrung.

cibō 1 (*cibus*) füttern; ** speisen [*hominem*]; P. essen, sich nähren.

cibōrium, *ī n* (*gr. Fw.*: „Fruchtgehäuse der ägyptischen Bohne", *v. d. Ägyptern als Trinkgefäß benutzt*) Trinkbecher (*aus Metall*); ** Altarbaldachin; Hostiengefäß.

cibus, *ī m* (*et. ungedeutet*) **1. a**) Nahrung, Futter; °**b**) Lockspeise, Köder; **2.** / Nahrung.

cicāda, *ae f* (*Lw. aus einer Mittelmeerspr.*) Baumgrille, Zikade.

cicātrīcōsus 3 (*cicātrīx*) narbig; *subst.* **-a,** *ōrum n* Flickwerk.

cicātrīx, *īcis f* (*et. ungedeutet*) **1.** Narbe, Schmarre; °**2.** Kerbe; **3.** / alte Wunde.

ciccum, *ī n* (-*ī*-?; *gr. Lw.*) Kerngehäuse; / *non* ~ keinen Deut.

cicer, *eris n* (*vl. Lw. unbekannter Herkunft*) Kichererbse.

Cicerō, *ōnis m cogn. der gens Tullia*: **1.** *M. Tullius* ~, *der berühmte Redner, 106–43*; **2.** *sein gleichnamiger Sohn*; **3.** *Q. Tullius* ~, *Bruder des Redners.*

cichorēum, *ī n* (*gr. Fw.*) Endivie.

cīcilendrum *u.* **cīcimandrum,** *ī n erfundene Namen für Gewürze.*

Cicirrus, *ī m* (*scherzh. schallnachahmender oskischer Beiname* = „Kikeriki") Kampfhahn; Schreihals.

Cicones, *um m* (*gr.* Ki-) *thrakische Völkerschaft.*

cicōnia, *ae f* (*vl. Lw. aus dem Etr. od. einer anderen Mittelmeerspr.*) Storch.

cicur, *uris* (*cf. altind.* śakura) zahm.

cicūta, *ae f* (*et. ungedeutet, vl. Fw.*) **1.** Schierling (*Saft als Gift, Blätter als kühlender Umschlag verwendet*); Schierlingstrank; *pl.* Schierlingsblätter, -stengel; **2.** / (*aus dem Schierlingsstengel verfertigte*) Hirten-, Rohrpfeife.

cidaris, *is f* (*pers. Fw.*) hoher, spitz zulaufender Turban *der persischen Könige,* Tiara.

cieō, *cīvī, citum* 2 (°*selten ciō, cīre*; *fut. Pl. cībit*; *cf. citus, citō, nhd.* „heißen") **1.** in Bewegung setzen, erregen; aufwühlen [°*aequora*]; °**2.** herbeirufen, zu Hilfe rufen, aufrufen, aufbieten [*cives ad arma*]; °**3. a**) rufen, nennen [*nomina singulorum*]; **b**) (*jur. t.t.*) *patrem* (*zum Beweise freier Abkunft*) einen Vater angeben können; **c**) ertönen lassen [*murmur*]; **4.** hervorrufen, anstiften, veranlassen [*procellas*]; [°*bellum*] beginnen.

Cilicia, *ae f* (*gr.* K-kiā) *Küstenlandschaft im südl. Kleinasien*; **-ces,** *um m* (*acc. meist -ăs*) *ihre Bewohner*; *adi. Cilix, icis m, Cilissa, ae f, Cilicius* 3, *Ciliciēnsis, e.*

cilicium, *ī n* (*Cilicius* 3) Decke *aus* (*kilikischen*) *Ziegenhaaren,* Haarteppich; ** Bußgewand; Teppich.

Cilnius 3 *Name eines mächtigen etr. Geschlechts*; *cf. Maecēnās.*

Cimbrī, *ōrum m germ. Volk an der unteren Elbe*; *adi. Cimber, bra, brum u. -bricus* 3.

cīmex, *icis m* (*zu altind.* śyāma- „schwarzgrau, schwarzbraun"; *Suf-*

fix wohl an culex *u.* pūlex *angeglichen*) Wanze; / (*Schimpfwort*) bissige Wanze.

****cimiterium** = **coemeterium.

Cimmeriī, ōrum *m* **1.** *sagenhaftes Volk im äußersten Westen am Eingang zur Unterwelt*; °*adi.* -ius 3 finster; -i lacūs = Unterwelt; **2.** *thrakisches Volk auf der heutigen Krim*; *adi.* -ius 3; *cf.* Bosp(h)orus.

Cimōn, ōnis *m* (*gr.* K-) **1.** *Vater des Miltiades*; **2.** *Sohn des Miltiades, athenischer Feldherr.*

cinaedicus 3 (cinaedus) (widernatürlich) wollüstig; *subst.* ~, ī *m* = cinaedus.

cinaedus, ī *m* (*gr. Fw.*) Kinäde (= scortum masculum); Wüstling; *adi.* 3 schamlos, verhurt.

cincinnātus 3 (cincinnus) gelockt, Lockenkopf; ♀ *Beiname des Diktators* (*458*) L. Quīnctius.

cincinnus, ī *m* (*gr. Lw., vl. auf ein kleinasiatisches Wort zurückgehend*) (künstliche) Haarlocke; / Künstelei im Ausdruck.

Cinciolus, ī *m* (*dem. v.* Cincius 2) [*der* gute Cincius.]

Cincius 3 *röm. Gentilname*: **1.** L. ~ Alimentus, *Annalist z. Z. des 2. Punischen Krieges*; **2.** M. ~ Alimentus, *Volkstribun 204* (lex -ia *verbot den Anwälten die Annahme v. Geschenken*).

cincticulus, ī *m* (cīnct- ?; *dem. v.* cinctus) kleiner Gurt. [*der Toga.*]

cinctūra, ae *f* (-ī- ?; cingō) Gürtung

cinctus, ūs *m* (-ī- ?; cingō) Gürtung (*cf.* Gabīnius); Gurt, Schurz.

cinctūtus 3 (-ī- ?; cinctus) (nur) mit einem Schurz (*statt der Tunika*) bekleidet; altrömisch, altmodisch.

cine-factus 3 (cinis, faciō) zu Asche geworden.

cinerārius, ī *m* (cinis) Sklave, der die Frisiereisen in glühender Asche erhitzt; Friseur.

Cingetorīx, īgis *m* **1.** *Fürst der Treverer*; **2.** *britannischer Fürst.*

cingō, cinxī, cinctum 3 (cīnxī, cīnctum ?; *cf.* Cingeto-rīx) **1.** (um)gürten; umwinden, umkränzen [°tempora floribus]; °*mediopass.* sich (um)gürten [gladio]; **2.** / **a**) umgeben, einschließen; **b**) begleiten; **c**) (schützend) decken; **d**) (*feindl.*) umringen, umzingeln.

cingulum, ī *n u.* -a, ae *f* (cingō) **1.** Gürtel, Leibgurt; °**2.** Wehrgehenk; °**3.** Bauchgurt *der Pferde*; **4. Cingulum,** ī *n Bergfestung in Picenum, j.* Cingolo; ** militiae, militare Ritterstand; Kriegsdienst.

cingulus, ī *m* (cingō) Erdgürtel, Zone.

cini-flō, ōnis *m* (cinis; „*Aschenbläser*") = cinerārius.

cinis, eris *m* (°*selten f*; *eigtl.* „*Staub*" [*des Feuers*]) **1.** Asche; **2.** Leichenasche; °post -em nach der Einäscherung; **3.** (*pl.*) Aschenhaufen, Trümmer; °**4.** / Ruin, Vernichtung; in -em vertere vernichten; ** dies -um Aschermittwoch.

Cinna, ae *m röm. cogn.*: **1.** C. Helvius ~, *Dichter, Freund Catulls*; **2.** L. Cornēlius ~, *Parteigänger des Marius*; *adi.* -nānus 3; **3.** *der gleichnamige Sohn v. 2, Mörder Cäsars.*

cinnamum, ī *n* (*gr. Fw.*) Zimt(rinde).

ciō, cīre *s.* cieō.

cippus, ī *m* (<*keipos; *eigtl.* „Spitze" *zu altind.* śēpa „Penis") °**1.** viereckige Spitzsäule *als Leichenstein*; **2.** spitzer Schanzpfahl.

Circa[1], ae *f* = Circē.

circā[2] (circum; *Umbildung nach* suprā, īnfrā) °**1.** *adv.* ringsum, umher, in der Umgegend; **2.** *prp. b. acc.* **a**) (*räuml.*) um, um ... her; bei, nahe *bei*; in ... umher, herum *zu* [legatos ~ vicinas gentes mittere]; °**b**) (*zeitl.*) um, gegen, ungefähr; °**c**) (*b. Zahlen*) gegen, ungefähr; °**d**) / in bezug auf.

circāmoerium, ī *n* (circā; *altl.* moerus = mūrus) *der* (*für die Bebauung gesperrte*) Maueranger; *cf.* pōmērium.

Circē, ēs *f* (*gr.* Kịrkē) *Tochter des Helios, Zauberin b. Homer*; *adi.* -caeus 3.

circēnsis, e (circus) Zirkus... [ludi]; °*subst.* -ēs, ium *m* Zirkusspiele.

circinō 1 (circinus) durchkreisen, -fliegen [auras easdem].

circinus, ī *m* (*gr. Fw.*) Zirkel (*als Instrument*); ** Kreis.

circiter (circum; *Bildung wie* propter *zu* prope) **1.** *adv.* °**a**) ringsumher; **b**) ungefähr [media ~ nocte]; **2.** *prp. b. acc.* (= circā) um, gegen, an [meridiem].

circitō 1 (*wohl v.* circō 1 umhergehen; circus) durchwandern.

circius, ī *m* (*gr. Lw.*) scharfer Nordwestwind.

circlus = circulus.

circu-eō = *circumeō.*

circuit... *s. circumit...* [weise.

circulātim *adv.* (*circulor*) gruppen-

circulātor, *ōris m* (*circulor*) Trödler; Marktschreier. [schreierisch.

circulātōrius 3 (*circulātor*) markt-

circulātrīx, *īcis f* (*circulātor*) Marktschreierin; Herumtreiberin; [*lingua* eines Gauklers].

circulor 1 (*circulus*) **1.** in Gruppen zusammentreten; °**2.** einen Kreis um sich bilden; umherziehen.

circulus, *ī m* (*dem. v. circus*) **1.** Kreis(linie); Kreisbahn, Umfang; °**2.** (*concr.*) **a)** Ring, Reif; **b)** runde Schüssel; **3.** gesellschaftlicher Kreis; Versammlung; ** Kreislauf, Verlauf; Befestigungsring.

circum (*adverbiell erstarrter acc. v. circus*) **1.** *adv. u. in der Komposition* **a)** ringsum, im Kreise; °**b)** auf beiden Seiten; **2.** *prp. b. acc.* **a)** um, ringsum; **b)** in der Nähe, bei; **c)** umher zu, auf. [gebogen.

circum-āctus 3 (*agō*) gekrümmt,

circum-agō, *ēgī, āctum* 3 **1. a)** herumführen; **b)** *se -ere u. mediopass.* sich herumbewegen, umherziehen; (*v. der Zeit*) verfließen [*tertius annus*]; **2.** umdrehen, umwenden, umlenken [*signa, aciem*]; / P. sich umstimmen, verleiten lassen.

circum-arō 1 umpflügen.

circum-caesura, *ae f der* äußere Umriß (*eines Körpers*). [priester.

****circumcellio,** *onis m* Wander-

circum-cīdō, *cīdī, cīsum* 3 (*caedō*) **1.** rings abschneiden, beschneiden; abstechen [*caespitem*]; **2.** / **a)** vermindern, einschränken [*sumptūs*]; °**b)** (*in der Rede*) abkürzen.

circum-circā *adv.* (-*ă*? *Umdeutung aus acc. sg. -um + acc. pl. -a*?) ringsherum.

circumcīsus 3 (*circum-cīdō*) abschüssig, steil [*collis*]; °/ (*m. adv.*) kurz, gedrängt.

circum-clūdō, *sī, sum* 3 (*claudō*) ringsum einschließen; einfassen [*cornua argento*]; (*feindl.*) umzingeln. [... herum [*paludem*].

circum-colō, — — 3 wohnen um

circum-currō, — — 3 herumlaufen; / umherschweifen.

circumcursō 1 (*intens. v. circumcurrō*) ringsherum laufen.

circum-dō, *dedī, datum* 1 **1. a)** herumlegen, -stellen *um* [*armatos contioni*]; °**b)** / verleihen, zugesellen; **2. a)** umgeben, umstellen, umschließen, umzingeln, umringen *mit* [*portum moenibus*]; **b)** / beschränken, einengen.

circum-dūcō, *dūxī, ductum* 3 **1.** herumführen, -ziehen [*aratrum*]; **2.** umherführen *an* [*legatos praesidia*]; °**3.** / **a)** betrügen *um* [*ornamentis*]; **b)** (*gramm.-rhet. t.t.*) einklammern [*litteram*]; lang aussprechen [*syllabam*]; °**c)** ausspinnen, umschreiben; (*P.P.P.*) °*subst.*

circumductum, *ī n* Periode.

circumductiō, *ōnis f* (*circumdūcō*) **1.** Prellerei; **2.** Umschreibung eines Gedankens, Periode.

circum-eō, *iī, itum, īre* **1.** herumgehen *um,* umgehen, -fahren, -reiten [*castra*]; **2.** einschließen, umzingeln; **3.** von einem zum andern gehen: °**a)** (*mil. t.t.*) die Runde machen *bei* [*vigilias*]; **b)** besuchen, besichtigen [*provinciam*]; **4. a)** einen Umweg, einen Bogen machen *um*; °/ **b)** (*einen Begriff*) umschreiben; nicht nennen [*nomen*]; **c)** hintergehen, täuschen.

circum-equitō 1 umreiten.

circum-errō 1 herumirren *um,* umgaukeln [*lateri*].

circum-ferō, *tulī, lātum* 3 **1.** herumtragen, -bewegen; herumschweifen lassen [°*oculos*]; herumgeben, herumgehen lassen [°*poculum*]; °**2.** / ringsum verbreiten [*clamorem*]; bekannt machen [*meritum*].

circum-flectō, *exī, exum* 3 kreisförmig umfahren [*cursum* im Bogen]. [*omnibus ventis invidiae*].

circum-flō 1 umwehen; / P. [*ab*

circum-fluō, *flūxī,* — 3 (*flūxī*?) °**1.** (*trans.*) **a)** rings umfließen; **b)** (*in Fülle*) umgeben; **2.** (*intr.*) / **a)** überströmen [*oratio*]; in reicher Fülle vorhanden sein; **b)** überreich sein *an* [*omnibus copiis*].

circumfluus 3 (*circumfluō*) umfließend; umflossen. [graben.

circum-fodiō, *fōdī, fossum* 3 um-

circum-forāneus 3 (*forum*) auf dem Markte geborgt [*aes -um* Schulden]; die Märkte bereisend.

circum-fremō, *uī,* — 3 umlärmen, umgirren.

circum-fundō, *fūdī, fūsum* 3 °**1.** herumgießen *um*; *se -ere u.*

mediopass. umfließen [*mare urbi*]; / sich anschmiegen *an* [*iuveni*]; **2.** übergießen *mit* [°*mortuum cera*]; **3.** / (*meist mediopass.*) umgeben, umringen, umdrängen [*cedentibus*].
circum-gemō, — — 3 umbrummen.
circum-gestō 1 überall herumtragen. [(*feindl.*) umringen.]
circum-gredior, *gressus sum* 3
circum-iaceō, — — 2 ringsherum liegen *um* [*Europae*], wohnen.
circum-iciō, *iēcī, iectum* 3 (*iaciō*) **1.** werfen, stellen, legen *um* [*fossam verticibus*], rings aufwerfen [*vallum*]; **2.** umgeben; (*P.P.P.*) *adi.*
circum-iectus[1] 3 °**1.** überall liegend *an* [*aedificia muris*]; **2.** umgeben *von* [*saltibus*].
circumiectus[2], *ūs m* (*circumiciō*) °**1.** Umschlingung; **2.** Umgebung.
circu(m)itiō, *ōnis f* (*circumeō*) °**1.** (*mil. t.t.*) Rundgang bei den Wachen, Ronde; **2.** / Umweg, Umschreibung.
circu(m)itus, *ūs m* (*circumeō*) °**1.** Umseglung [*Hispaniae*]; **2.** periodischer Umlauf [*solis*]; **3.** Umweg; **4.** Umfang, Umkreis [*munitionis*]; *in circuitu* ringsum; **5.** / °**a**) Umschreibung [*verborum*]; **b**) Periode [*orationis*]; ** Reigentanz.
circum-lātrō 1 um-, anbellen.
circum-ligō 1 umbinden *um*; umwickeln, umschlingen [*angui* (*abl.*); °*hastae* (*dat.*)].
circum-linō, —, *litum* 3 (*nkl. auch liniō, iī,* — 4) °**1.** (*m. dat.*) herumschmieren *um* [*sulfura taedis*]; **2.** bestreichen, überziehen *mit* [°*auro*]. [malung *der Statuen.*]
circumlitiō, *ōnis f* (*circumlinō*) Be-
circumlocūtiō, *ōnis f* (*circumloquor* 3 umschreiben) Umschreibung. [strahlend.]
circumlūcēns, *entis* (*lūceō*) hell-
circum-luō, — — 3 (*lavō*) umfließen, umspülen.
circum-lūstrō 1 rings beleuchten.
circumluviō, *ōnis f* (*circumluō*) Umspülung; Inselbildung.
circum-mittō, *mīsī, missum* 3 °**1.** einen Umweg nehmen lassen; **2.** überall herumschicken.
circum-moeniō 4 (*Pl.*) = *-mūniō.*
circum-mūgiō 4 (*auch in Tmesis*) umbrüllen.
circum-mūniō 4 rings ummauern, einschließen.

circummūnītiō, *ōnis f* (*circummūniō*) Einschließung.
circum-padānus 3 (*Padus*) zu beiden Seiten des Po.
circum-pendeō, — — 2 ringsherum hängen (*intr.*).
circum-plaudō, — — 3 rings mit Klatschen begrüßen.
circum-plector, *plexus sum* 3 (*altl. -ō*) umfassen, umschlingen; / umgeben. [schlingen.]
circum-plicō 1 umwickeln, um-
circum-pōnō, *posuī, positum* 3 herumstellen, rings aufstellen; anlegen rings *um* [*nemus stagno*]; *curuli* zu beiden Seiten des kurulischen Sessels Platz nehmen lassen.
circumpōtātiō, *ōnis f* (*circum, pōtō*) *der* Umtrunk, *bsd. beim Leichenschmaus.* [nen, umstricken.]
circumrētiō 4 (*rēte*) rings umgar-
circum-rōdō, *rōsī,* — 3 °**1.** ringsum benagen; **2.** / herumkauen *an.*
circum-saepiō, *psī, ptum* 4 °**1.** umzäunen; **2.** / umgeben, umringen.
circum-scindō, — — 3 die Kleider vom Leibe abreißen.
circum-scrībō, *psī, ptum* 3 **1.** mit einem Kreis umschreiben, umreißen; beschreiben [*orbem*]; **2.** ab-, begrenzen [*advenis locum habitandi*]; **3.** beschränken, einschränken, in seine Schranken verweisen [*tribunum plebis*]; **4.** umstricken [*fallaci interrogatione*]; übervorteilen, täuschen; **5.** ausscheiden, beiseitelassen [*genus hoc oratorum*].
circumscrīptiō, *ōnis f* (*circumscrībō*) **1.** umschriebener Kreis; **2.** / **a**) Begrenzung, Umfang; **b**) (*rhet. t.t.*) Periode; **c**) Übervorteilung. [*scrībō*) Betrüger.]
circumscrīptor, *ōris m* (*circum-*
circumscrīptus 3 (*m.* °*comp.*, *adv.*; *circumscrībō*) **1.** scharf begrenzt, bündig; **2.** periodisch abgerundet; °**3.** beschränkt.
circum-secō, —, *sectum* 1 **1.** ringsum herausschneiden; °**2.** beschneiden.
circum-sedeō, *sēdī, sessum* 2 °**1.** herumsitzen *um* [*templum*]; **2.** belagern [*arcem*]; **3.** / bestürmen [*lacrimis*].
circumsessiō, *ōnis f* (*circumsedeō*) Belagerung. [umzingeln.]
circum-sīdō, *sēdī,* — 3 umlagern,

circum-siliō, *siluī,* — 4 (*saliō*) herumhüpfen; / umringen.
circum-sistō, *stetī,* — 3 sich herumstellen; feindlich umringen; °/ rings bedrängen.
circum-sonō, *uī,* — 1 **1.** (*intr.*) ringsum ertönen; °**2.** (*trans.*) umrauschen [*clamor hostes*].
circumsonus 3 (*circumsonō*) umlärmend.
circumspectātrīx, *īcis f* (*circumspectō*) die überall umherspäht; Beobachterin.
circumspectiō, *ōnis f* (*circumspiciō*) Umsicht; ** *vestra* (*Anrede an den Erzbischof*) Ew. Weisheit.
circum-spectō 1 **1.** (*intr.*) (*aufmerksam, vorsichtig, ängstlich*) umherschauen, sich umschauen [*quanam evaderet; inter se*]; **2.** (*trans.*) **a**) sich umsehen *nach* [°*alium*; °*fugam*]; °**b**) genau betrachten [*aedem*]; **3.** (*altl.*) *sese -are* sich umblicken.
circumspectus[1], *ūs m* (*circumspiciō*) Umschau; °/ allseitige Erwägung [*aliarum rerum*].
circumspectus[2] 3 (*m. comp., sup., adv.*; *circumspiciō*) umsichtig, überlegt, besonnen.
circum-spiciō, *spexī, spectum* 3 (*spēxī?*) **1.** (*intr.*) (*aufmerksam, vorsichtig, ängstlich*) sich umschauen; **2.** (*trans.*) **a**) ringsum betrachten, mustern [*situm urbis*]; **b**) sich umsehen *nach* [*Caesarem*]; / °**c**) ausfindig zu machen suchen [*consilia*]; **d**) genau erwägen, überlegen, bedenken [*omnia pericula*]; achten *auf* [*diligenter, ut, ne*].
circumstantia, *ae f* (*circumstō*) Umgebung; / *die* Umstände.
circum-stō, *stetī,* — 1 **1.** (*intr.*) herumstehen; **2.** (*trans.*) umgeben, umringen; umlagern [*tribunal praetoris*]; bedrängen.
circum-strepō, *uī, itum* 3 umrauschen, umlärmen; rings laut rufen.
circum-struō, *strūxī, strūctum* 3 ummauern.
circum-tendō, —, *tentum* 3 umspannen.
circum-terō, — — 3 (ringsum reiben), dicht umstehen.
circum-textus 3 (*texō*) rings umwebt, verbrämt.
circum-tonō, *uī,* — 1 umdonnern, umrauschen.
circum-tōnsus 3 (*tondeō*) rund geschoren; / gekünstelt.
circum-vādō, *sī,* — 3 umringen, überfallen; / befallen [*terror aciem*].
circum-vagus 3 ringsum schweifend; rings umflutend.
circum-vallō 1 rings (mit einem Wall) einschließen; °/ (*se*) *-are* sich auftürmen.
circumvectiō, *ōnis f* (*circumvehō*) **1.** der Handelsverkehr im Inland; *portorium -onis* Durchgangszoll; **2.** Umlauf [*solis*].
circumvector 1 (*intens. v. circumvehor*) herumfahren *an* [*oram*]; / durchgehen, beschreiben [*singula*].
circum-vehor, *vectus sum* 3 **1.** (*intr.*) herumfahren, -reiten; °**2.** (*trans.*) umfahren, umreiten, umsegeln; die Runde machen *bei*; / *verbis* umschreiben.
circum-vēlō 1 rings umhüllen.
circum-veniō, *vēnī, ventum* 4 **1.** umringen, umgeben, umfließen; **2.** (*feindl.*) umzingeln, einschließen; **3.** / umgarnen, gefährden, unterdrücken; hintergehen, überlisten.
circum-versiō, *ōnis f* (*circumvertō*) *das* Umwenden, Umdrehen.
circum-vertō, *tī, sum* 3 umdrehen, umwenden; *mediopass. u. se -ere* sich umdrehen; / betrügen *um* [*argento*].
circum-vestiō 4 ringsum bekleiden; / schützen [*se dictis*].
circum-vinciō, *vinxī, vinctum* 4 (*vīnxī, vīnctum ?*) (ringsum) binden.
circum-vīsō, — — 3 ringsum ansehen.
circumvolitō 1 (*intens. v. circumvolō*) **1.** (*intr.*) umherfliegen; **2.** (*trans.*) umfliegen, umflattern.
circum-volō 1 umfliegen, -flattern.
circum-volvō, *volvī, volūtum* 3 herumrollen; *mediopass.* im Kreislauf vollenden [*annum sol*].
circum-vortō (*altl.*) = *-vertō.*
circus, *ī m* (*vl. gr. Lw.*) °**1.** Kreislinie, Ring; *candens* Milchstraße; **2.** Rennbahn, Zirkus [*maximus*] (*in Rom zwischen Palatin u. Aventin*); °**3.** / Zirkusspiele.
cīris, *is f* (*gr. Fw.*) *ein Seevogel.*
****ciro...** = *chīro...*
cirrātus 3 (*cirrus*) kraushaarig, gelockt.
cirrus, *ī m* (*et. unklar*) **1. a**) Haarlocke; **b**) Krauskopf; **2.** Franse.
Cirta, *ae f St. i. Numidien, seit Constantin Constantina, j.* Constantine; *Einw.* **-tēnsēs,** *ium m.*

cis (-ce da) *prp. b. acc.* **1.** (*räuml.*) diesseits; °**2.** (*zeitl.*) binnen, innerhalb.

cis-alpīnus 3 diesseits der Alpen; südlich.

cisium, *ī n* (*gall. Lw.*) Kabriolett, leichter zweirädriger Wagen.

cis-rhēnānus 3 diesseits des Rheines wohnend, linksrheinisch.

cista, *ae f* (*gr. Fw.*) Kiste, Kasten.

cistella, *ae f* (*dem. v. cista*) Kästchen.

Cistellāria, *ae f* (*cistella*) (*fābula*) *die* Kästchenkomödie (*des Plautus*).

cistellātrīx, *īcis f* (*cistella*) Sklavin, die Schmuckkästchen in Verwahrung hat.

cistellula, *ae f* (*dem. v. cistella*) kleines Kästchen.

cisterna, *ae f* (*cista m. wahrsch. etr. Suffix*) Zisterne.

cisternīnus 3 (*cisterna*) aus der Zisterne.

cistifer *od.* **-ber,** *erī m* (*cista, ferō*) Kistenträger.

cistophorus, *ī m* (*gen. pl.* °*auch -phorum*; *gr. Fw.* = „Kistenträger"; *sc. nummus*) *Münze der Provinz Asien* (*m. geprägter cista*) = $2^{1}/_{2}$ *Denar.*

cistula, *ae f* (*dem. v. cista*) Kistchen.

citātim *adv.* (*citō*[1]) eilends.

****citatio,** *onis f* Vorladung.

citātus 3 (*m.* °*comp.*, °*sup.*; *citō*[2]) schnell, eilend, beschleunigt; *equo citato* im Galopp.

citerior, *ius* (*comp. des vkl. citer, tra, trum*; *cf. cis*) diesseitig; / näherliegend, irdisch; *sup.* **citimus** 3 am nächsten liegend, sehr nahe befindlich.

Cithaerōn, *ōnis m* (*gr.* Kithairọn) *Gebirge zwischen Attika u. Böotien.*

cithara, *ae f* (*gr. Fw.*) (*viersaitige*) Zither, Laute; Zitherspiel.

citharista, *ae m* (*gr. Fw.*) Zitherspieler.

citharistria, *ae f* (*gr. Fw.*) Zitherspielerin.

citharizō 1 (*gr. Fw.*) die Zither spielen.

citharoedicus 3 (*gr. Fw.*) des Zithersängers.

citharoedus, *ī m* (*gr. Fw.*) Zithersänger (*der seinen Gesang auf der cithara begleitet*).

citimus 3 *s. citerior.*

citius, citō[1] *s. citus.*

citō[2] 1 (*intens. v. cieō*) **1.** in schnelle Bewegung setzen; **2. a**) aufrufen, herbeirufen; **b**) einberufen, aufrufen (*z. B. zur Versammlung* [*patres in curiam*], *zur Eintragung in die Stammrolle u. zur Ableistung des Fahneneides*); **c**) vor Gericht laden, vorladen; anklagen [*capitis* auf Tod und Leben]; **3. a**) namentlich anführen, nennen [*testem*]; **b**) sich berufen *auf*, zitieren [*libros auctores*]; **4.** immerfort anstimmen [*paeanem*].

citrā (*Analogiebildung nach ultrā*; *cf. citerior*) °**1.** *adv.* diesseits, auf dieser Seite; *nec citra nec ultra* nicht hin, nicht her; / weniger [*quam debuit*]; **2.** *prp. b. acc.* diesseits: **a**) (*räuml.*) innerhalb, vor; °**b**) (*zeitl.*) vor; °**c**) / unter, nach, geringer *als* [*nec virtus est* ~ *genus*], ohne [*damnum*], außer, ausgenommen [*spectaculorum dies*].

citreus 3 (*citrus*) aus Zitrusholz.

citrō *adv.* (*abl. sg. m des vkl. citer*; *cf. citrā*) hierher; *kl. nur ultro* (*et*) *citro* hinüber und herüber, hin und her.

citrum, *ī n* (*citrus*) Zitrusholz.

citrus, *ī f* (*gr. Lw.*) Zitrusbaum (*Zitronatbaum u. afrikanischer Nadelbaum, Thuja*).

citus 3 (*m.* °*comp.*; *P.P.P. v. cieō*) **1.** geschwind, schnell, rasch; **2.** in Eilmärschen ziehend [*milites*]; *adv.* **citō** (*u.* **-ŏ**?) (*m. comp., sup.*) schnell, rasch; *non cito* nicht leicht; *citius quam* eher, leichter als; ** *quam cito ci.* sobald als.

cīvicus 3 (*cīvis*) bürgerlich, Bürger...; *corona -a* Bürgerkranz (*Eichenkranz für Rettung eines Bürgers im Kampf*).

cīvīlis[1], e (*m.* °*comp.*, °*sup.*, *adv.*; *cīvis*) **1.** bürgerlich, Bürger..., Privat...; *ius civile* bürgerliches Recht, Staatsrecht; Zivil-, Privatrecht; °**2.** voll Bürgersinn, patriotisch [*animus*]; °**3.** leutselig, herablassend [*ingenium*]; **4.** staatlich, politisch [*procellae*]; zivil [*munera*]; ** heimisch, weltlich; *lis* ~ Zivilprozeß.

Cīvīlis[2], *is m Führer des Bataveraufstandes 69 n. Chr.*

cīvīlitās, *ātis f* (*cīvīlis*) **1.** Leutseligkeit, Popularität; **2.** Staatskunst; ** Höflichkeit.

cīvis, *is m f* (*abl. sg. auch -ī*; *cf. nhd.* „Heirat", *urspr.* = Hauswesen) **1.** (Einheimischer), Bürger(in), Bürgerstochter; Mitbürger(in); **2.** Untertan; ** *pl.* Landsleute.

cīvitās, *ātis f* (*cīvis*) **1.** Bürgerrecht; **2.** Bürgerschaft; Staat, Stadt, Gemeinde; ** Bischofsstadt; *dei* Gottesstaat.
cīvitātula, *ae f* (*dem. v. cīvitās*) Bürgerrecht einer Kleinstadt; ** Städtchen.
clādēs *u.* (*Li.*) **clādis,** *is f* (*cf.* [*per-*]*cellō, calamitās*) °**1.** Verletzung; **2.** Schaden, Unglück, Unheil, Verlust; **3.** Niederlage; °**4.** Seuche; **5.** (*v. Pers.*) Urheber des Unglücks, Verderber.
clam (*cēlō*) **1.** *adv.* heimlich, insgeheim; **2.** *prp. b. abl. u.* °*acc.* heimlich *vor* [*vobis*]; ohne Wissen [*patrem*].
clāmātor, *ōris m* (*clāmō*) Schreier; ** Beschwerdeführer.
clāmitātiō, *ōnis f* (*clāmitō*) heftiges Schreien.
clāmitō 1 (*intens. v. clāmō*) laut schreien [„*ad arma*!"]; laut nennen [*se reum*]; / deutlich verraten [*calliditatem*].
clāmō 1 (*calō*[1]; *clārus*) **1.** (*intr.*) schreien, laut rufen [*cum tacent, clamant*]; **2.** (*trans.*) **a)** laut ausrufen [°*Saturnalia*]; °**b)** an-, herbeirufen [*comites*]; laut nennen [*se deum*]; **c)** deutlich zeigen, verraten [*quid deliqueris*].
clāmor, *ōris m* (*clāmō*) **1.** Geschrei; **2.** Beifallsgeschrei; **3.** Klage-, Jammergeschrei; Kriegsgeschrei; °**4.** Getöse, Widerhall [*montium*]; ** Beschwerde, Klage.
clāmōsus 3 (*m. adv.*; *clāmor*) **1.** laut schreiend; **2.** von Geschrei erfüllt; **3.** mit Geschrei verbunden.
clanculārius 3 (*clanculum*) geheim, verborgen.
clanculum (*volkstümliches dem. v. clam*) = *clam.*
clandestīnus 3 (°*adv.* **-ō**; *clam*) heimlich, geheim.
clangor, *ōris m* (*clangō* 3 „schreien, schnattern") Klang, lautes Geschrei [*anserum*]; Geschmetter [*tubarum*].
clāreō, — — 2 (*clārus*) hell sein, glänzen; / einleuchten, klar sein.
clārēscō, *ruī,* — 3 (*incoh. v. clāreō*) **1.** hell werden, erglänzen; **2.** ertönen, erschallen; **3.** / **a)** klar werden, einleuchten; **b)** berühmt werden, sich auszeichnen.
clārigātiō, *ōnis f* (*clārigō* 1 „laut fordern"; *t.t. der Fetialen*; *clārus*) **1.** laute Forderung nach Genugtuung *gegenüber einem Feind an der Grenze*; **2.** Ersatzanspruch (*an denjenigen* [*eius*], *der außerhalb seiner Bannmeile betroffen wird*).
clāri-sonus 3 (*clārus, sonō*) helltönend.
clāritās, *ātis f* (*clārus*) °**1.** Helligkeit [*solis*]; **2.** Klarheit [*vocis*]; **3.** / Berühmtheit; erlauchter Name.
clāritūdō, *inis f* = *clāritās.*
clārō 1 (*clārus*) erhellen; / klarmachen; verherrlichen.
clārus 3 (*m. comp., sup., adv.*; *cf. calō*[1], *clāmō*) **1.** (*für das Auge*) hell, klar, glänzend; **2.** (*für das Ohr*) laut, hell, deutlich; **3.** / **a)** (*geistig*) klar, deutlich, verständlich; **b)** hervorleuchtend, berühmt; **c)** berüchtigt.
classiārius (*classis*) °**1.** *adi.* 3 zur Flotte gehörig [*centurio* Seeoffizier]; **2.** *subst.* (*meist pl.*) **-ī,** *ōrum m* Seesoldaten, Matrosen.
classicula, *ae f* (*dem. v. classis*) kleine Flotte.
classicum, *ī n* (*classis*) (Trompeten-)Signal [*canere*]; °/ Kriegstrompete [*inflare*].
classicus 3 (*classis*) zur Flotte gehörig, Flotten...; *subst.* **-ī,** *ōrum m* = *classiāriī.*
classis, *is* (*nkl. auch: abl.* -*ī*, *acc.* -*im*; *vl. zu calō*[1]) **1.** *servianische* Vermögensklasse *der Bürger*; °**2.** Klasse, Abteilung: **a)** Schulklasse; **b)** kaiserliche Umgebung; **3.** (*mil. t.t.*) °**a)** Heer, Landmacht; **b)** Flotte, Seemacht, Geschwader; °*abl.* -**e** (-*ī*) zur See; / (*dcht.*) Schiff.
clātrātus 3 (*clātrī*) vergittert.
clātrī, *ōrum m u.* **-a,** *ōrum n* (*dor. Lw.*) Gitter.
claudeō, — — 2 = *claudicō.*
claudicātiō, *ōnis f* (*claudicō*) *das* Hinken.
claudicō 1 (*claudus*) hinken, lahm sein; / wanken, auf schwachen Füßen stehen, mangelhaft sein.
Claudius *u.* **Clōdius** 3 *Name einer patriz. gens*: **1.** *App. Claudius Caecus, Erbauer der via Appia* (*cf. Appius*); **2.** *P. Clōdius Pulcher, Feind Ciceros*; **3.** *Clōdia, jüngste Schwester v.* 2, *Catulls „Lesbia"*; **4.** *Kaiser Claudius, 54 n. Chr. v. seiner Gattin, der jüngeren Agrippina, vergiftet*; *adi.* **-iālis,** *e*; -*iānus* 3; — *cf. Marcellus.*
claudō[1], —, *sūrus* 3 (*claudus*) = *claudicō.*

claudō[2], *sī, sum 3* (*wohl < *clāvidō zu clāvis*) **1.** (ver-, zu-)schließen; **2. a)** einschließen, einsperren; **b)** (*mil. t.t.*) umzingeln, einschließen; **3.** absperren [= *intercludere*]; für den Verkehr sperren [*aditum*]; abschneiden [*commeatum, fugam*]; °**4. a)** abschließen, beendigen [*epistulam*]; **b)** (*mil. t.t.*) *agmen* die Nachhut bilden; °*dextrum latus* decken; *cf. clūdō 3 u. clausum, ī n.*

claudus *u.* (*vulgär*) **clōdus** 3 (*vl. urspr.* = „mit Haken versehen, gehemmt" *zu clāvis, clāvus*) lahm [*altero pede*]; °/ unvollständig, mangelhaft; schwankend.

****clausa,** *ae f* Zelle, Klause.

claustra, *ōrum u.* (*nkl.*) **-um,** *ī n* (*claudō*) **1.** Verschluß, Schloß, Riegel; **2.** / °**a)** Sperre; Käfig; enger Durchgang; Paß; **b)** Schlüssel (*zu einer Gegend od. Stadt*), Bollwerk [*Corinthus ~ locorum*]; **c)** Schranken, Hindernisse [°*pudoris*]; ** *sg.* Kloster; Versteck; Schoß [*Mariae*].

****claustralis,** e klösterlich.

clausula, *ae* (*dem. des substantivierten P.P.P. f v. claudō*[2]) **1.** Schluß, Ende; **2.** Klausel (*meist rhythmischer Schluß einer Periode*); **3.** Schlußszene -verse; ** Klause.

clausum, *ī n* (*claudō*) Verschluß, Schloß.

****clausura,** *ae f* Türschloß; Engpaß; abgesonderter Teil des Hauses (Klausur).

clāva, *ae f* (*wohl zu clāvus*) **1.** Knüttel, Keule; °**2.** Briefstab der Spartaner, geheime Depesche.

clāvārium, *ī n* (*clāvus*) Schuhnagelgeld (*Zahlung an die Soldaten zur Anschaffung von Schuhnägeln*).

clāvātor, *ōris m* (*clāva*) Keulenträger.

clāvīcula, *ae f* (*-ĭ-?*; *wohl in beiden Bedeutungen dem. zu clāvis*) °**1.** kleiner Schlüssel; **2.** schwache Ranke; Rebsenker.

clāvi-ger[1], *erī m* (*clāva, gerō*) Keulenträger [*Hercules*].

clāvi-ger[2], *erī m* (*clāvis, gerō*) Schlüsselträger [*Ianus*]; ** *caelorum* Pförtner (Petrus).

clāvis, *is f* (*acc. auch -im, abl. -ī*; *dor. Lw.?*; *cf. claudō*) **1.** Schlüssel [°*adulter(in)a* Nachschlüssel]; *claves uxori adimere* sich scheiden lassen; °**2.** Riegel; °**3.** Treibstock, *um einen Spielreifen in Bewegung zu setzen*; ** Schloß; *pl.* Schlüsselgewalt [*ecclesiae*].

clāvus, *ī m* (*cf. claudō, clāvis*) **1.** Nagel; Jahresnagel (*nach etr. Brauch jährlich am 13. Sept. in die Cellawand des Jupitertempels geschlagen*); *ex eo die clavum anni movere* den Jahresanfang rechnen; **2.** Steuerruder; °**3.** Hühnerauge; °**4.** Purpursaum an der Tunika [*latus* (*der Senatoren*); *angustus* (*der Ritter*)]; / Tunika (*m. Purpursaum*).

Cleanthēs, *is m* (*gr.* K-) *stoischer Philosoph, Schüler des Zeno.*

clēmēns, *entis* (*m. comp., sup., adv.*; *eigtl.* „angelehnt, geneigt"; *cf.* (*in*)*clīnō*) mild, sanftmütig, zahm; °/ gelind, ruhig, still [*mare*].

clēmentia, *ae f* (*clēmēns*) Milde, Sanftmut, Nachsicht.

****clenodium,** *i n* Kleinod.

Cleombrotus, *ī m* (*gr.* K-os) **1.** *spartan. Feldherr bei Leuktra*; **2.** *akademischer Philosoph.*

Cleōn, *ōnis m* (*gr.* K-) *athen. Parteiführer, † 422.*

Cleopatra, *ae f* (*gr.* Kleopatrā) *letzte ägypt. Königin.*

clepō, *epsī, eptum 3* (*cf. gr. Fw. kleptō* „stehlen") stehlen.

clepsydra, *ae f* (*gr. Fw.*) Wasseruhr (*Zeitmesser bei Reden u. Vorträgen*); / Sprechzeit.

clepta, *ae m* (*gr. Fw.*) Dieb.

****clericatus,** *us m* geistlicher Stand.

****cleric(ul)us,** *i m* Geistlicher.

****clerus,** *i m* Geistlichkeit.

cliēns, *entis m* (*gen. pl. meist -ium*; *wahrsch. urspr. Aoristpart. wie parēns*[2]: „der Anlehnung gefunden hat"; *cf.* (*in*)*clīnō*) **1.** (*römisch*) Höriger; *halbfreier, sich an einen patrōnus anschließender* Klient; **2.** (*außerrömisch*) Dienstmann, Vasall; **3.** *pl.* (*v. Gemeinden u. Völkern*) Schutzbefohlene; °**4.** Schützling (*einer Gottheit*).

clienta, *ae f* (*cliēns*) Schutzbefohlene, Klientin.

clientēla, *ae f* (*cliēns*) Schutzverwandtschaft; Gesamtheit der Klienten; ** Ingesinde; Gefolgschaft.

clientulus, *ī m* (*dem. v. cliēns*) ärmlicher Klient.

****clima,** *atis n* Gegend; *climata mundi* Erdzonen.

clīmactēr, *ēris m* (*gr. Fw.*) Stufenleiter, *gefahrvolle Epoche im Men-*

schenleben (jedes 7., bsd. das 63. Jahr); *adi.* -tēricus 3 [tempus].
clīnāmen, inis *n* (*cf.* (in)clīnō) Neigung [principiorum].
clīnātus 3 (*aus den Komposita, z. B.* in-clīnō, *verselbständigtes P.P.P.*; *cf. nhd.* „lehnen") geneigt, gesenkt.
clīnicus, ī *m* (*gr. Fw.*) **1.** Arzt am Krankenbett; **2.** Leichenmann (*entspr. unserer Totenfrau*); ** *adi.* 3 bettlägerig, kränklich, leidend.
clīnopalē, ēs *f* (*gr. Fw.*) Ringen im Bett (= concubitus).
Cliō, ūs *f* (*gr.* Kleiọ̄) **1.** *Muse der Geschichte*; **2.** *Nymphe.*
clipeātus 3 (clipeus) schildtragend; *subst.* **-ī,** ōrum *m* Schildträger.
clipeus (*altl.* clupeus), ī *m*, °*seltener* **-um,** ī *n* (*et. ungedeutet, wohl* [*vl. etr.*] *Fw.*) **1.** großer eherner Rundschild; °**2.** / **a**) Sonnenscheibe; **b**) (*meist* -um) Brustbild, Medaillon.
Clīsthenēs, is *m* (*gr.* Kleisthẹnēs) *athen. Staatsmann, um 500.*
Clītarchus, ī *m* (*gr.* Klẹitarchos) *gr. Historiker, Begleiter Alexanders d.Gr.*
clītellae, ārum *f* (*dem. zu* *clītrā; *cf.* (in)clīnō; *nhd.* „Leiter" = die Angelehnte) Packsattel.
clītellārius 3 (clītellae) einen Saumsattel tragend.
Clītus, ī *m* (*gr.* Klẹitos) *Reiterführer Alexanders d. Gr.*
clīvōsus 3 (clīvus) hügelig; abschüssig, steil.
clīvus, ī *m* (*cf.* (in)clīnō) **1.** Abhang, Steigung; Hügel [Capitolinus]; **2.** Hügelstraße; Capitolinus *od.* °sacer Straße *vom Forum* zum Kapitol; °**3.** / schräger, schiefer Stand [mensae].
cloāca, ae *f* (*altl.* cluō 3 „spülen, reinigen") Abzugskanal [maxima *Hauptkanal unter dem Forum*].
Cloācīna, ae *f* (cloāca) „*Göttin der* cloaca maxima", *Beiname der Venus.*
Clōdius, clōdus *s.* Claudius, claudus.
clōdō, clōstra = claudō, claustra.
Cloelius *u.* **Cluilius** 3 *urspr. albanischer, später röm. Gentilname*: **1.** *letzter König v. Alba*; **2. Cloelia,** ae *f als Geisel an Porsenna ausgeliefert.*
Clōthō, ūs *f* (*gr.* Klōthọ̄ „Spinnerin") *eine der drei Parzen.*
clūdō, clūsī, clūsum 3 (*vulgär, aus den Komposita gebildet*) = claudō.
cluēns = cliēns.
Cluentius 3 *röm. Gentilname*; *adi.* -iānus 3.
clueō, — — 2, **clueor,** — 2 *u.* **cluō,** — — 3 (*cf.* Cloelius) genannt werden, heißen; gerühmt werden.
clūnis, is *m f* (*cf. bretonisch* klun „Hinterbacke") Hinterbacke, Steiß.
clupeātus, clupeus *s.* clipe...
clūrīnus 3 (clūra „Schwanzaffe", *wohl gr. Lw.*) Affen... [pecus].
****clusa,** ae *f* Engpaß; = **clausa.
Clūsium, ī *n St. in Etrurien, j.* Chiusi; *adi. u. Einw.* -sīnus (3).
Clūsius, ī *m* (clūdō) *Bein. des Janus.*
clystēr, ēris *m* (*gr. Fw.*) Einlauf (-spritze).
Clytaem(n)ēstra, ae *f* (*gr.* Klytaimẹstrā) *Tochter des Tyndareus u. der Leda, Gemahlin Agamemnons.*
Cn. (*Abk.*) = Gnaeus.
Cnidus, ī *f* (*gr.* Knịdos) *Seestadt in Karien m. Aphroditetempel*; *adi. u. Einw.* -dius (3).
Cnōs(s)us = Gnōs(s)us.
co- (*praev.*) *s.* com-.
coa, ae *f* (*Scherzbildung v.* coëō) Hure.
co-accēdō, — — 3 noch hinzukommen.
coacervātiō, ōnis *f* (coacervō) Anhäufung (*v. Beweisen.*)
co-acervō 1 zusammen-, anhäufen.
co-acēscō, acuī, — 3 sauer werden; / verwildern.
coāctiō, ōnis *f* (cōgō) Eintreibung von Geld.
coāctō 1 (*intens. v.* cōgō) mit aller Gewalt zwingen.
coāctor, ōris *m* (cōgō) **1. a**) Steuereinnehmer; °**b**) Makler; °**2.** (*mil. t.t.*) *pl.* agminis Nachhut (*die die Nachzügler vorwärtszutreiben u. den Marsch zu decken haben*); °**3.** / Antreiber.
coāctum *s.* cōgō.
coāctus, *abl.* ū *m* (cōgō) Zwang.
co-addō, — — 3 mit hinzutun.
****coadiutor,** oris *m* Mitarbeiter; Stellvertreter des Bischofs.
co-aedificō 1 bebauen; erbauen.
****co-aequalis,** is *m* Standesgenosse; *adi.* ~, e gleich.
co-aequō 1 °**1.** gleichmachen; ebnen; **2.** / gleichstellen.
coāgmentātiō, ōnis *f* (coāgmentō) Zusammenfügung, Verbindung.
coāgmentō 1 (coāgmentum) zusammenfügen, -leimen; verbinden.
coāgmentum, ī *n* (cōgō) Fuge.
coāgulum, ī *n* (cōgō) *das* Lab.
co-alēscō, aluī, alitum 3 (*incoh. zu* coalō 3 „zusammen ernähren") **1. a**) zusammen-, verwachsen; **b**) ver-

schmelzen; **2. a)** emporwachsen, Wurzel fassen; **b)** erstarken.

co-angustō 1 °**1.** zusammendrängen; **2.** / einschränken [*legem*].

co-arguō, *arguī, argūtum, arguitūrus* 3 **1.** deutlich dartun, aufdecken, beweisen [*mendacium*]; °**2.** als unbrauchbar, falsch erweisen [*legem*]; widerlegen; **3.** überführen [*avaritiae*].

coartātiō, *ōnis f* (*coartō*) *das* Zusammendrängen.

co-artō 1 zusammendrängen; verengen; °/ abkürzen.

coaxō 1 (*wohl gr. Lw.*) quaken.

Coccēius 3 *röm. Gentilname*: **1.** *L.* ~ *Nerva, Jurist, Vermittler zw. Oktavian u. Antonius*; **2.** *M.* ~ *Nerva, Jurist unter Tiberius*; **3.** *M.* ~ *Nerva, Enkel v. 2, Kaiser 96–98.*

coccinātus 3 (*coccinum*) in Scharlach gekleidet.

coccin(e)us 3 (*coccum*) scharlachfarben; *subst.* **-num,** *ī n* Scharlachdecke, -kleid.

coccum, *ī n* (*gr. Fw.*) Scharlach (*Farbe*); Scharlachfaden.

coc(h)lea, *ae f* (*gr. Lw.*) **1.** Schnecke; °**2.** Schneckenhaus.

coc(h)lear *u.* **-eāre,** *āris n* (*coc[h]lea*) Löffel (*mit dessen spitzem Ende die Schnecken aus der Schale gezogen wurden*).

cocles, *itis* (-ō-?; -ē-?; *gr. Lw.*?) (*v. Natur*) einäugig; *Horātius* ♀ *Verteidiger der Tiberbrücke gegen Porsenna.*

coctilis, e (*coquō*) gebrannt; aus Backsteinen.

coctūra, *ae f* (*coquō*) *das* Kochen.

cocus, *ī m* = *coquus.*

Cōcȳtus, *ī m* (*gr.* Kōkȳtos = „Klagestrom") *Fluß der Unterwelt*; *adi.* *-tius* 3.

cōda, cōdex *s. cauda, caudex.*

Cōdēta (*ae f*) **minor** (*cōda caballī,* „Pferdeschwanz", Schachtelhalm) *mit Schachtelhalm bedeckter Teil des Marsfeldes.*

cōdicārius 3 (*cōdex*) aus einem Baumstamm [*navis*].

cōdicillus, *ī m* (*dem. v. cōdex*) °**1.** Stämmchen; **2.** (*pl.*) **a)** (*mit Wachs überzogene*) Schreibtafel; / **b)** Brief; °**c)** Bittschrift; kaiserliches Schreiben, Kabinettsorder; Zusatz zu einem Testament, Kodizill; ** Büchlein, Heft.

Codrus, *ī m* (*gr.* Kodros) **1.** *letzter König v. Athen*; **2.** *Dichter, Zeitgenosse Vergils.*

Coelē, *ēs* (*Syria*) *f* (*gr.* Koilē Syriā „*das hohle Syrien*") *Tal zwischen Libanon u. Antilibanon* Südsyrien.

****coemeterium,** *i n* Kirchhof.

co-ëmō, *ēmī, ēmptum* 3 zusammen-, aufkaufen.

coēmptiō, *ōnis f* (*coëmō*) **1.** Kaufehe (*bei der eine Frau sich in Zeugengegenwart in die manus eines Mannes verkauft*); **2.** Scheinehe (*die eine Frau auf Zeit mit einem älteren Mann eingeht, um selbständig zu werden*); ** Kauf.

coēmptiōnālis, e (*coēmptiō*) °**1.** nur zur Scheinehe tauglich [*senex*]; **2.** / in Bausch u. Bogen gekauft, käuflich; wertlos.

****coenobita,** *ae m* Mönch.

****coenobium,** *i n* Kloster.

co-ëō, *iī, itum, īre* **1.** (*intr.*) **a)** zusammenkommen, -treffen [*Capuae, Pharsalum*]; °**b)** (*feindl.*) zusammenstoßen; **c)** sich vereinigen, zusammentreten; °**d)** sich ehelich verbinden; sich paaren; **e)** (*mil. t.t.*) sich vereinigen; sich sammeln; °**f)** zusammenfließen; °**g)** (*v. Wunden*) sich schließen; (*v. Milch, Blut*) gerinnen; / erstarren; **2.** (*trans.*) schließen [*societatem*].

coepiō, *coepī, coeptum* 3 (*praes.-Formen nur vkl.*; co- + **apiō* = „zusammenfügen"; *cf. apīscor*) anfangen, beginnen [°*trans.*: *bellum coeperunt*; °*intr.*: *ubi silentium coepit*]; *coepi kl. meist m. inf. act.* [*dicere coeperam*], *selten m. inf.* P. [*corpus moveri coepit*] *verbunden*; *coeptus sum m. inf.* P. *verbunden* [*lapides iaci coepti sunt*]; *cf. incipiō.*

****co-episcopus,** *i m* Mitbischof.

coeptō 1 (*intens. v. coepiō*) = *incipiō.*

coeptum, *ī n* (*coepiō*) angefangenes Werk, Unternehmen.

coeptus, *ūs m* (*coepiō*) Anfang, Beginnen.

co-ëpulōnus, *ī m* (*epulōnus altl.* = *epulō*) Tischgenosse.

co-ërceō, *cuī, citum* 2 (*arceō*) **1. a)** zusammenhalten, einschließen; °/ *numeris* in Verse fassen [*verba*]; **b)** in Ordnung halten, kurz halten; **2.** in Schranken halten, zügeln [*socios, cupiditates*]; **3.** strafen, züchtigen [*verberibus*].

coërcitiō, *ōnis f* (*coërceō*) **1.** Einschränkung; °**2.** Strafe; Strafrecht; ** Regelung.

coetus, *ūs m* (= *co-itus*) °**1.** *das* Zusammentreffen; **2.** Versammlung, Zusammenrottung, Auflauf; Verein, Kreis.
co-exercitō 1 zugleich einüben.
cōgitābilis, e (*cōgitō*) denkbar.
cōgitātim *adv.* (*cōgitātus*) mit Bedacht, Überlegung.
cōgitātiō, *ōnis f* (*cōgitō*) **1.** (*act.*) **a**) Nachdenken, Überlegung, Erwägung; **b**) Denkvermögen; Phantasie; **2.** (*pass.*) **a**) Gedanke [*litteris mandare*]; **b**) Vorhaben, Absicht, Plan, Entschluß.
cōgitātus 3, **cōgitātē** *adv. s. cōgitō.*
cōgitō 1 (*co-* + *agitō* „eine Sache im Geist zusammenfassen") **1. a**) (*intr.*) (nach)denken; denken *an* [*de claris viris*]; **b**) (*trans.*) bedenken, überlegen, erwägen [*multa cum animo suo*]; **2.** bedacht sein *auf* [*de salute*]; **3.** ausdenken, ersinnen; beabsichtigen, vorhaben [*fugam*]; **4.** gesinnt sein [*male*]; (*P.P.P.*) *adi.* **cōgitātus** 3 wohlbedacht [*verbum*], beabsichtigt [*facinus*]; *adv.* **-ē** mit Bedacht; *subst.* **-um,** *ī n* Gedanke; Vorhaben, Plan.
cognātiō, *ōnis f* (*cō-?*; *co-* + **gnāscor* „zusammen geboren werden") **1.** Blutsverwandtschaft [*est mihi tecum*]; **2.** Verwandte, Sippe; **3.** / Ähnlichkeit, Übereinstimmung [*studiorum*].
co-gnātus 3 (*cō-?*; **gnātus* = *nātus*) blutsverwandt; / ähnlich, übereinstimmend [*vocabula rebus*]; *subst.* ~, *ī m* (Bluts-)Verwandter.
cognitiō, *ōnis f* (*cō-?*; *cognōscō*) **1.** nähere Bekanntschaft *mit* [*hominis*]; **2.** Kenntnis, Erkenntnis, Begriff [*naturae*]; **3.** (*jur. t.t.*) gerichtliche Untersuchung [*caedis, de crimine*].
cognitor, *ōris m* (*cō-?*; *cognōscō*) **1.** Identitätszeuge; **2. a**) Vertreter vor Gericht, Rechtsbeistand [*viduarum*]; / Vertreter [*sententiae*]; °**b**) Staatsanwalt.
cognitūra, *ae f* (*cō-?*; *cognitor*) Staatsanwaltschaft.
cognitus 3 *s. cognōscō.*
co-gnōmen, *inis n* (*cō-?*; *zu nōmen nach cognōscō gebildet*) **1.** Familienname [*Scipio, Sulla*]; **2. a**) (*ehrender*) Beiname [*Africanus*]; **b**) Spitzname [*Bambalio* Stammler]; °**3.** Name, Bezeichnung.
cognōmentum, *ī n* (*cō-?*) = *cognōmen.*
cognōminis, e (*cō-?*; *cognōmen*) gleichnamig.
cognōminō 1 (*cō-?*; *cognōmen*) mit Beinamen nennen; *verba cognominata* sinnverwandte Wörter, Synonyma.
co-gnōscō, *gnōvī, gnitum* 3 (*cō-?*; *gnōscō* = *nōscō*) **1.** kennenlernen, erkennen; **2. a**) wiedererkennen; **b**) (*jur. t.t.*) die Identität anerkennen; **3. a**) wahrnehmen, erfahren; (*pf.*) kennen, wissen; *cognitum est m. a.c.i.* man weiß aus Erfahrung; °**b**) (*euphemistisch*) geschlechtlich verkehren *mit* [*virgo virum*]; **4.** sich genaue Kenntnis verschaffen: **a**) Erkundigung einziehen; **b**) (*mil. t.t.*) auskundschaften; **c**) untersuchen, verhören (*bsd. vom Richter od. einem anderen Magistrat*); (*vom Sachwalter*) prüfen [*rem, causam*]; **d**) (*Schriften*) lesen, studieren [*totum Demosthenem*]; (*P.P.P.*) *adi.* **cognitus** 3 (*m.* °*comp.*, °*sup.*) bekannt, erprobt [*virtute*].
cōgō, *coēgī, coāctum* 3 (*co-*; *agō*) **I. 1.** zusammentreiben [*oves*]; **2.** zusammenholen, -ziehen, -bringen: **a**) (*mil. t.t.*) zusammenziehen [*copias, naves*]; **b**) berufen, entbieten, laden [*in curiam*]; **c**) (*Geld*) eintreiben; **3. a**) vereinigen, sammeln; P. sich vereinigen, sich sammeln; °**b**) verdichten, fest machen; *lac* gerinnen lassen; P. sich verdichten [*aqua in nivem*]; °**c**) zusammenhalten; *agmen* die Nachhut bilden; **d**) / zusammenfassen; logisch folgern, schließen [*falsas esse litteras*]; **II. 1. a**) hineintreiben, -drängen; °**b**) be-, verengen [*in fauces*]; °**c**) / *in ordinem* in die Schranken weisen, (*einen Offizier od. Magistrat*) degradieren, entrechten; **2.** drängen, zwingen, nötigen *zu*, erzwingen [°*ad militiam od. m. inf., a.c.i., ut*]; *nullo cogente* ohne Zwang; (*P.P.P.*) *adi.* **coāctus** 3 gezwungen; erzwungen; erheuchelt; *subst.* **coācta,** *ōrum n* gewalkte Wolle, Filz.
cohaerentia, *ae f* (*cohaerēns, part. praes. v. cohaereō*) Zusammenhang.
co-haereō, *haesī, haesūrus* 2 **1.** zusammenhängen, verbunden sein *mit* [*nobiscum*] **2.** organisch zu-

sammenhängen [*mundus*]; Bestand, Halt haben.

cohaerēscō, *haesī,* — 3 (*incoh. v. cohaereō*) verwachsen, sich verbinden.

co-hērēs, *ēdis m f* Miterbe.

co-hibeō, *buī, bitum* 2 (*habeō*) **1.** zusammenhalten; **2.** fest umschließen, einschließen; °**3.** zurückhalten, festhalten [*milites intra castra*]; **4.** fernhalten *von* [*oculos a praeda*]; **5.** zügeln, bändigen.

co-honestō 1 mit anderen ehren, verherrlichen; feiern.

co-horrēscō, *horruī,* — 3 zusammenschaudern.

co-hors, *tis f* (*cf. hortus*) °**1.** umzäunter Ort, Gehege, Hofraum, Viehhof; **2.** Umgebung, Gefolge [*reginae*]; *praetoria* Leibwache *des Feldherrn,* Gefolge *des Statthalters einer Provinz;* Schiffsmannschaft; **3.** (*mil. t.t.*) **a**) Kohorte (*der 10. Teil einer Legion*); **b**) (*in der Kaiserzeit*) *cohortes praetoriae od. togatae* (*da sie außer Dienst die Toga tragen*) *die* Prätorianer(kohorten) (*9 zu je 1000 Mann*); °**c**) *pl.* Hilfstruppen (*der Bundesgenossen*); **4.** Haufe, Schar, Schwarm.

cohortātiō, *ōnis f* (*cohortor*) Aufmunterung, Ermahnung.

cohorticula, *ae f* (*dem. v. cohors*) kleine Kohorte.

co-hortor 1 ermuntern, anfeuern.

co-iciō = *coniciō.* [sammenfallen.}

****coincidentia,** *ae f das* Zu-}

co-inquinō 1 besudeln, beflecken; ** schänden.

coitiō, *ōnis f* (*coëō*) °**1.** feindliches Zusammentreffen; **2.** Vereinigung (*v. zwei Amtsbewerbern zur Verdrängung eines dritten*), Komplott.

coitus, *ūs m* (*coëō*) **1.** Vereinigung, Verbindung; **2.** Begattung, Beischlaf; **3.** (*gramm. t.t.*) Verschmelzung *von Silben u. Wörtern.*

col- *s. com-.* [Ohrfeige.}

colaphus, *ī m* (*gr. Fw.*) Faustschlag,}

Colchus, *ī m Einw. v. Colchis, idis f* (*gr.* Kolchis) *am Schwarzen Meer.*

cōleus, *ī m* (*et. unklar*) Hode(nsack).

cōliculus (*vulgär*) = *cauliculus.*

cōlis (*vulgär*) = *caulis.*

col-labāscō, — — 3 mit zu wanken beginnen. [bringen.}

col-labefactō 1 zum Wanken}

col-labefīō, *factus sum, fierī u. fīerī* zusammensinken, -fallen; °/ (*v. Staatsmännern*) gestürzt werden.

col-lābor, *lāpsus sum* 3 zusammensinken, -fallen, -brechen.

col-lacerātus 3 (*lacerō*) ganz zerfleischt. [Tränenerguß.}

collacrimātiō, *ōnis f* (*collacrimō*)}

col-lacrimō 1 in Tränen ausbrechen; beweinen. [schwester.}

col-lactea, *ae f* (*lacteō*) Milch-}

collāre, *is n* (*collum*) Halseisen.

Collātia, *ae f alte Sabinerst. ö. v. Rom; adi. u. Einw.* **-tīnus** (3); *Beiname des L. Tarquinius, des Gemahls der Lucretia.*

collātīcius 3 (*collātus, P.P.P. v. cōnferō*) zusammengetragen, geliehen.

Collātīnus *s. Collātia u. Tarquiniī.*

collātiō, *ōnis f* (*cōnferō*) **1.** *das* Zusammentragen; *signorum* Angriff, Zusammenstoß; °**2.** *das* Zusammenschießen von Geld, Beitrag; **3.** / Vergleichung, Gleichnis; *rationis* Analogie; ** Besprechung, Aussprache; Gebet.

collātīvus 3 (*collātus, P.P.P. v. cōnferō*) zusammengetragen, vollgestopft [*venter*]. [steuernde.}

collātor, *ōris m* (*cōnferō*) *der* Bei-}

col-lātrō 1 anbellen; / begeifern.

collātus, *abl. ū* (*cōnferō*) *m* Angriff, Kampf. [lobigung.}

collaudātiō, *ōnis f* (*collaudō*) Be-}

col-laudō 1 (be)loben, sehr loben.

col-laxō 1 erweitern, weit machen.

collēcta, *ae f* (*P.P.P. v. colligō*[2]; *sc. pecūnia*) Beisteuer, Geldbeitrag (*zu einem gemeinsamen Mahl*); / Beitrag zur Unterhaltung; ** Geldsammlung; Kollekte; Kolleggeld; Honorar.

collēctāneus 3 (*collēctus, P.P.P. v. colligō*[2]) gesammelt; *dicta -a* „Gesammelte Sentenzen" (*Jugendschrift Cäsars*).

collēctīcius 3 (*collēctus, P.P.P. v. colligō*[2]) zusammengelesen, -gerafft.

collēctiō, *ōnis f* (*colligō*[2]) **1.** *das* Sammeln; **2.** (*rhet. t.t.*) kurze Zusammenfassung; °**3.** (*philos. t.t.*) Syllogismus, Schluß.

collēctus[1], *ūs m* (*colligō*[2]) Ansammlung [*aquae*]. [bündig, kurz.}

collēctus[2] 3 (*m. comp., adv.; colligō*[2])}

collēga, *ae m* (*vl. zu collēgium*) **1. a**) Amtsgenosse, Kollege; °**b**) Mitregent; **2.** Standesgenosse.

collēgium, *ī n* (*vl. con + lēx* = „durch eine *lēx* geschaffene Korporation") **1.** Amtsgenossenschaft; **2.** Priesterkollegium; **3.** Bruderschaft, Korporation, Verein; **4.** Innung, Zunft; ** *militare* Ritterstand.

col-lēvō 1 (völlig) glätten.

col-lībertus, *ī m* Mitfreigelassener.

col-libet, *libitum est u.* °*libuit* 2 es beliebt, gefällt.

col-līdō, *sī, sum* 3 (*laedō*) **1. a)** zusammenschlagen, -drücken; °**b)** P. zusammenstoßen *mit* [*barbariae dat.*]; **2.** zerdrücken.

colligātiō, *ōnis f* (*colligō*[1]) Verbindung, Bund.

col-ligō[1] 1 (*ligō*[2]) **1.** zusammenbinden, -heften; fesseln; **2.** / **a)** verbinden [*homines inter se*]; **b)** zusammenfassen [*uno libro*]; **3.** zurückhalten, hemmen.

col-ligō[2], *lēgī, lēctum* 3 (*legō*[2]) **1. a)** zusammenlesen, aufsammeln; **b)** (*mil. t.t.*) *vasa* zusammenpacken, sich fertigmachen; zusammenziehen [*equites ex hibernis*]; °**c)** in die Höhe nehmen, aufnehmen [*capillos in nodum*]; *arma* die Segel reffen; °**2.** zusammendrängen; *se -ere u. mediopass.* sich ducken [*in arma* hinter dem Schild]; **3.** erwerben, sich zuziehen [*odium*]; **4.** / sammeln, erholen [*se* (°*animum*) *ex timore*]; **5. a)** zusammenstellen, aufzählen; **b)** überdenken, berechnen; folgern, schließen.

col-līneō *u.* **-iō** 1 **1.** (*trans.*) geradeaus schleudern; zielen, richten [*hastam*]; **2.** (*intr.*) das Ziel treffen.

col-linō, *lēvī, litum* 3 bestreichen, beschmieren, beschmutzen.

Collīnus 3 **1.** am *collis* (*Quirīnālis*) gelegen [*porta*]; **2.** an der *porta Collina* gelegen, wachsend.

col-liquefactus 3 ganz geschmolzen, aufgelöst.

collis, *is m* (<**col-nis*; *cf. celsus, ostpr. St.* Pill-kallen) Gehänge, Hügel, Anhöhe.

****collisio,** *onis f* Zusammenstoß, Erschütterung.

collocātiō, *ōnis f* (*collocō*) Stellung, Anordnung; / Verheiratung.

col-locō 1 **1. a)** auf-, hinstellen, setzen, legen [*librum in mensa*]; **b)** (*mil. t.t.*) aufstellen, postieren [*in prima acie*]; **c)** unterbringen, ansiedeln; anlegen [*colonias*]; **d)** (*mil. t.t.*) einquartieren; stationieren; **e)** verheiraten [*filiam in matrimonio* (*-ium*)]; **f)** anlegen [*pecuniam in agris*]; **2.** zusammenstellen, zurechtlegen, ordnen [*statum civitatis*]; **3.** verwenden *auf* [*studium in sapientia*]; *se -are* sich vertiefen *in* [*in scientia*].

col-locuplētō 1 bereichern [*se*].

col-locūtiō, *ōnis f* (*colloquor*) Unterredung.

colloquium, *ī n* (*colloquor*) Unterredung, Besprechung, Gespräch; brieflicher Verkehr; ** Versammlung.

col-loquor, *locūtus sum* 3 sich unterreden, unterhandeln; besprechen [*de alqa re*; °*alqd*].

col-lubet = *collibet.*

col-lūceō, — — 2 von allen Seiten leuchten, hell sein; / klar hervortreten [*insulae*].

colluctātiō, *ōnis f* (*colluctor*) *das* Ringen; (Todes-)Kampf.

col-luctor 1 ringen; *auch obszön* [*cum viro*].

col-lūdō, *sī, sum* 3 °**1.** spielen *mit* [*paribus* seinesgleichen]; **2.** / unter einer Decke stecken *mit* [*tecum*].

collum, *ī n* (*cf. nhd.* „Hals") Hals; Nacken; °/ Flaschenhals; Stengel; ** Bergrücken.

col-luō, *luī, lūtum* 3 bespülen, benetzen; *ora* den Durst löschen.

collus, *ī m* (*altl.*) = *collum.*

collūsiō, *ōnis f* (*collūdō*) geheimes Einverständnis.

collūsor, *ōris m* (*collūdō*) °**1.** Spielgefährte; **2.** Mitspieler.

col-lūstrō 1 hell erleuchten; / genau betrachten.

col-lutulentō 1 (*lutulentus*) besudeln.

colluviēs, *ēī f u.* **-viō,** *ōnis f* (*colluō*) Zusammenfluß von Unrat; / Mischmasch, Gesindel.

collybus, *ī m* (*gr. Fw.*) Aufgeld, Agio; *das* Geldwechseln.

collȳra, *ae f* (*gr. Fw.*) grobes Brot; *adi. -ricus* 3 [*ius* Brotsuppe].

collȳrium, *ī n* (*gr. Fw.*) Augensalbe.

colō, *coluī, cultum* 3 (<**quelō*; *cf. inquilīnus*) **1.** (*von der Landwirtschaft*) bebauen, bestellen [*agrum*], ziehen [*vitem*]; **2. a)** (*trans.*) bewohnen; °**b)** (*intr.*) wohnen; **3.** / hegen u. pflegen: °**a)** verpflegen [*milites*]; **b)** pflegen [°*capillos*]; schmücken, putzen [°*bracchia auro*; *genus orationis*]; **c)** betreiben, üben [*me-*

moriam]; **d**) hochhalten [*bonos mores*]; **e**) anbeten [*deos*], verehren [*parentes*]; (*part. praes.*) *subst.* **colēns,** *entis m* Verehrer; (*P.P.P.*) *adi.* **cultus** 3 (*m.* °*comp.*, *sup.*, °*adv.*) **1.** pfleglich bearbeitet [*ager*]; °**2. a**) geschmückt, geputzt [*puella*]; **b**) gebildet, fein [*ingenia*]; °*subst.* **culta,** *ōrum n* Pflanzungen.

colocāsium, *ī n* (*gr. Fw.*) indische [Wasserrose.

cōlon, *ī n* (*gr. Fw.*) Glied, Teil (*eines Verses*), Kolon.

colōna, *ae f* (*colōnus*) Bäuerin.

colōnia, *ae f* (*colōnus*) Pflanzstadt; Ansiedelung, Kolonie; Kolonisten.

colōnicus 3 (*colōnus*) in (den) Kolonien ausgehoben [*cohortes*].

colōnus, *ī m* (*colō*) **1.** Landwirt; Pächter; **2.** Kolonist, Ansiedler; °**3.** Einwohner.

color *u.* (*altl.*) **colōs,** *ōris m* (*cf. nhd.* „Hülle, Hülse") **1. a**) Farbe; **b**) frische Gesichtsfarbe [*-em mutare* blaß werden]; °**c**) Schönheit; Farbenpracht (*der Blumen*); **3.** / äußere Verfassung [*civitatis*], Färbung, Kolorit, Ton [*urbanitatis*].

colōrō 1 (*color*) färben; bräunen; (*der Rede*) Kolorit geben; (*P.P.P.*) *adi.* **colōrātus** 3 (*m.* °*adv.*) gefärbt, gebräunt; °/ *non c.* ungeschminkt.

coloss(i)aeus *u.* **-ēus** 3 (*gr. Fw.*) riesengroß.

colossus, *ī m* (*gr. Fw.*) Riesenbild-[säule, Koloß.

colostra *u.* **-um** = *colustr...*

coluber, *brī m* (*et. unklar*) (kleine) Schlange.

colubra, *ae f* (*coluber*) Schlange(n-[weibchen).

colubri-fer, *era, erum* (*coluber, ferō; gr. Lehnübersetzung*) schlangentragend.

colubrīnus 3 (*coluber*) schlangenartig (= listig).

cōlum, *ī n* (*et. unklar*) Sieb, Durch-[schlag.

columba, *ae f* (*eigtl.* „*die* Dunkle") Taube; °/ *mea* ~ mein Täubchen.

columbar, *āris n* (*columba; cf. columbārium* „Taubenschlag") Halsfessel *für Sklaven.*

columbīnus 3 (*columba*) Tauben...

columbor 1 (*columba; Maecenas*) sich nach Taubenart küssen, sich schnäbeln.

columbulus, *ī m u.* **-a,** *ae f* (*dem. v. columbus, -a*) Täubchen.

columbus, *ī m* (*columba*) Tauber; [Taube.

columella, *ae f* (*dem. v. columna*) kleine Säule, Pfosten, Pfeiler.

columen, *inis n* (*synk. culmen; cf. celsus, nhd.* „Holm") **1.** Spitze, Gipfel; Giebel; **2.** / Gipfel [°*audaciae*]; Säule, Stütze [*rei publicae*].

columis = *incolumis* (?).

columna, *ae f* (*wohl* <**kelomenā, mediales part.praes.* „*die* Ragende"; *cf. celsus, columen*) **1.** Säule, Pfeiler; (*Maenia*) Schandsäule *auf dem Forum* (*an der über Verbrecher Gericht gehalten wurde*); °*rostrata die* mit Schiffsschnäbeln verzierte Säule (*die im 1. Pun. Krieg Duilius zu Ehren errichtet wurde*); *-ae* °*Herculis die* Säulen des Herakles (*Str. v. Gibraltar*); *-ae* °*Protei* = *die* Insel Pharos; °*columnae die* Säulen in Rom (*an denen die Buchhändler ihre Bücher verkauften*); °**2.** / **a**) Stütze; **b**) Wasserhose; **c**) = *mentula.*

columnāriī, *ōrum m* (*columna*) Gesindel, Mob.

columnārium, *ī n* (*columna*) Säu-[lensteuer.

columnātus 3 (*columna*) von Säulen getragen; °/ auf den Arm gestützt [*ōs*].

colurnus 3 (*dissimiliert* <**corulinos; corulus*) aus Haselholz.

colus, *ūs u. ī f m* (*et. ungedeutet*) **1.** Spinnrocken; °**2.** Wollfaden; / Lebensfaden.

colustra, *ae f u.* **-um,** *ī n* (*et. unklar*) Biestmilch; / (*Kosewort*) *mea* ~.

colūtea, *ōrum n* (*gr. Fw.*) *Art* Linsen.

cōlȳphia, *ōrum n* (*gr. Fw.*) Hüftstück des Schweins (*Athletenkost*).

com (*altl.*) = *cum*[1]; *als praev.* com- (*con- vielfach assimiliert zu col-, cor-, vor Vokalen u. h:* co-; *cf. nhd.* ge-) **1.** zusammen; **2.** gemeinsam; **3.** zugleich; **4.** völlig.

coma, *ae f* (*gr. Lw.*) **1.** Haupthaar, Haar; °**2.** Tierhaar; Wolle; *das* Haarige *am Pergament*; °**3.** / Laub, Blätter; Blüten, Ähren, Gras.

comāns, *antis* (*comō* 1 „mit Haaren versehen sein") behaart; mit Helmbusch; belaubt; *stella* Komet.

cōmarchus, *ī m* (*gr. Fw.*) Dorfschulze.

comātus 3 (*comō* 1 „mit Haaren versehen sein") langhaarig; *-a Gallia das* transalpinische Gallien (*nach der Haartracht der Einw.*); / belaubt.

com-bardus 3 einfältig.

combibō[1], *ōnis m* (*combibō*[2]) Zechgenosse.

com-bibō[2], *bibī,* — 3 °**1.** in Gesellschaft trinken; **2.** in sich hineintrinken, einsaugen; **3.** °/ **a**) bekommen [*maculas*]; **b**) gründlich erlernen.

combūrō, *ussī, ustum* 3 (*ūssī, ūstum* ?; *com* + *ūrō*; *Analogiebildung nach falsch zerlegtem ambūrō; cf. bustum*) verbrennen, versengen; / vernichten [*iudicio*]; °*diem* totschlagen.

com-edō, *ēdī, ēs(s)um* 3 aufessen, verzehren; verprassen, durchbringen; / *se -ere* sich (*vor Gram usw.*) verzehren, aufreiben.

Cōmēnsis *s. Cōmum.*

comes, *itis m f* (*com-, eō*) **1.** Begleiter(in), Teilnehmer; **2.** °**a**) Erzieher, Hofmeister; Klient; **b**) (*pl.*) Gefolge; °Hof(staat); ** Graf [*palatii* Pfalz..., *stabuli* Marschall].

comētēs, *ae m* (*gr. Fw.*) Haarstern, Komet.

cōmicus 3 (*m. adv.*; *gr. Fw.*) zum Lustspiel gehörig, komisch, Komödien...; in der Komödie dargestellt; *subst.* ~, *ī m* Komödiendichter; Schauspieler in der Komödie.

cōmis, *e* (*m. comp.*, °*sup.*, *adv.*; *et. unklar*) leutselig, freundlich, gefällig, höflich; heiter, launig.

cōmissābundus 3 (*cōmissor*) umherschwärmend.

cōmissātiō, *ōnis f* (*cōmissor*) lustiges Umherschwärmen; Trinkgelage, Kommers.

cōmissātor, *ōris m* (*cōmissor*) Zechgenosse; / Kumpan [*coniurationis*].

cōmissor 1 (*gr. Lw.*) lärmend umherziehen; einkehren [*in domum*].

cōmitās, *ātis f* (*cōmis*) Leutseligkeit, Freundlichkeit, Höflichkeit, Heiterkeit, Frohsinn.

comitātus, *ūs m* (*comitor*) **1.** (*abstr.*) Begleitung, Geleit; **2.** (*concr.*) **a**) Gefolge, Umgebung; **b**) Reisegesellschaft, Karawane; °**c**) Hof (-staat); ** Grafschaft.

comitiālis, *e* (*comitium*) **1.** Wahl...; °**2.** (*m. adv.*) epileptisch [*morbus* Epilepsie (*weil sie als unheilvoll die Wahlen unterbrach*)].

comitiātus, *ūs m* (*comitiō* 1 „eine Wahlversammlung einberufen") Volksversammlung; ~ *maximus* Zenturiatkomitien.

****comitissa,** *ae f* Gräfin.

comitium, *ī n* (*co[m]eō*) **1.** *sg.* Versammlungsplatz: **a**) (*in Rom*) *der für die Abhaltung der Komitien bestimmte Teil des Forums*; °**b**) (*in Sparta*) *das* Ephoreion (*Amtshaus der Ephoren*); **2.** *pl. die* Komitien (*beschließende Versammlung des römischen Volkes, das nach Kurien, Zenturien od. Tribus abstimmte*) [*curiata, centuriata, tributa*].

comitor *u.* (*dcht., nkl.*) **-ō** 1 (*comes*) begleiten; (zu Grabe) geleiten; / sich zugesellen, verbunden sein *mit* [*illi domino*]; (*P.P.P.*) *adi.* **comitātus** 3 (*m. comp.*) begleitet *von* [*alienis viris*].

comma, *atis n* (*gr. Fw.*) kleiner Abschnitt *einer Periode.*

com-maculō 1 beflecken, besudeln.

com-manipulāris, *is m* Kamerad (*aus demselben Manipel*).

com-marītus 3 (*scherzh.*) mitbeweibt.

****commater,** *tris f* Gevatterin.

commeātus, *ūs m* (*commeō*) °**1. a**) *das* Gehen u. Kommen, *der* freie Verkehr; **b**) Urlaub [*-um petere*]; **2. a**) Verpflegungszug, Warentransport; **b**) Zufuhr, Lebensmittel, Proviant; °**c**) Gepäck.

com-meditor 1 / treu wiedergeben.

com-meminī, *isse* sich genau erinnern.

commemorābilis, *e* (*commemorō*) denkwürdig.

commemorātiō, *ōnis f* (*commemorō*) Erinnerung; Erwähnung, Anführung; ** Gedächtnis.

com-memorō 1 **1.** sich erinnern *an* (*m. a.c.i.*); **2. a**) *jd.* erinnern *an* [*beneficia*]; **b**) erwähnen, anführen.

commendābilis, *e* (*m. comp.*; *commendō*) empfehlenswert.

commendātīcius 3 (*commendātus, P.P.P. v. commendō*) empfehlend; *litterae* Empfehlungsschreiben.

commendātiō, *ōnis f* (*commendō*) Empfehlung; Wert [*ingenii*].

commendātor, *ōris m u.* (*kl.*) **-trīx,** *īcis f* (*commendō*) der *od.* die empfiehlt; Gönner(in); ** Komtur.

com-mendō 1 (*mandō*) anvertrauen, übergeben; empfehlen; *se -are* sich beliebt machen [*tibi*].

commentāriolum, *ī n u.* **-us,** *ī m* (*dem. v. commentārium u. -us*) Entwurf, Aufsatz, Skizze.

commentārium, *ī n u.* **-us,** *ī m* (*commentor*[1]) schriftliche Aufzeichnungen (*oft pl.*): **1.** Entwurf, Skizze; **2.** Chronik [*rerum urbanarum*]; **3.** (*jur. t.t.*) Protokoll;

°**4.** (*gramm. t.t.*) **a)** Beispiele, Exzerpte; **b)** Kommentar; **5.** (*stets pl.*) Denkwürdigkeiten, Memoiren [*Caesaris de bello Gallico*].

commentātiō, *ōnis f* (*commentor*[1]) sorgfältiges Studium, Vorbereitung *auf* [*mortis*].

commentīcius 3 (*commentus, P.P.P. v. comminīscor*) **1.** erdacht, ersonnen, ideal [*civitas Platonis*]; **2.** erdichtet, erlogen.

commentor[1] 1 (*intens. v. comminīscor*) **1.** durchdenken, sorgfältig überlegen; **2.** Studien machen, sich (ein)üben; **3.** entwerfen, niederschreiben; °*part. pf.* (*pass.*) entworfen [*oratio*]; *subst.* **commentāta,** *ōrum n* (mündliche) Vorstudien; ** erklären.

commentor[2], *ōris m* (*comminīscor*) Erfinder.

commentum, *ī n* (*comminīscor*) **1.** Einfall; °**2.** Lüge.

com-meō 1 aus und ein gehen, hin und her gehen, fahren, verkehren.

commercium, *ī n* (*merx*) **1.** Handel, Geschäftsverkehr; **2.** Handels-, Marktrecht; **3. a)** Verkehr, Umgang; °**b)** Geschlechtsverkehr.

com-mercor 1 aufkaufen.

com-mereō, *uī, itum u.* (*vkl., nkl.*) **-eor,** *itus sum* 2 **1.** verdienen [*poenam*]; °**2.** auf sich laden [*culpam*].

commers (*Pl.*) = *commercium.*

com-mētior, *mēnsus sum* 4 ausmessen; vergleichen *mit.*

commētō[1] 1 (*frequ. v. commeō*) ab- und zugehen; gewöhnlich seinen Weg nehmen [*ad mulierculam*].

com-mētō[2] 1 durchmessen; (*scherzh.*) seine Fäuste herumtanzen lassen *auf* [*ora*].

commigrātiō, *ōnis f* (*commigrō*) *das* Wandern [*sideris*].

com-migrō 1 wandern, (ver)ziehen.

commīlitium, *ī n* (*com-; mīles*) Kriegskameradschaft; Gemeinschaft.

commīlitō, *ōnis m* (*com-; mīles*) Kriegskamerad; ** Glaubensgenosse.

comminātiō, *ōnis f* (*comminor*) [Drohung.]

com-mingō, *mī(n)xī, mīnctum* (*mictum*) 3 (*mīnxī, mīnctum* ?) bepissen; besudeln.

com-minīscor, *mentus sum* 3 (*cf. me-minī*) °**1.** sich besinnen; **2. a)** ausdenken, ersinnen; °**b)** erdichten, fingieren; (*part. pf. pass.*) °*adi.* **commentus** 3 erlogen.

com-minor 1 (an)drohen.

com-minuō, *uī, ūtum* 3 **1. a)** vermindern; **b)** verringern, schwächen; **3.** zertrümmern.

comminus *adv.* (*com-, manus*) **1.** handgemein, Mann gegen Mann; °**2.** in der Nähe, persönlich.

com-misceō, *cuī, xtum* 2 (*-ī-?*) **1.** vermischen; *corpora* geschlechtlich verkehren; / vermengen; °**2. a)** beimengen; **b)** *P.P.P.* **commixtus** (*ex*) durch Vermischung hervorgegangen.

commiserātiō, *ōnis f* (*commiseror*) **1.** *das* Bejammern *des Angeklagten* (*durch d. Redner*); **2.** rührseliger Ton.

com-miserēscit, — — 3 *impers. me* ich fühle Mitleid *mit* [*mulieris*].

com-miseror 1 °**1.** beklagen, bedauern; **2.** (*rhet. t.t.*) in einen rührseligen Ton übergehen.

****commissarius,** *i m* Beauftragter.

commissiō, *ōnis f* (*committō*) **1.** Wettkampf; °**2.** Prunkrede.

commissum, *ī n* (*committō*) °**1.** *das* Unternehmen; **2.** Vergehen, Schuld; °**3.** Konfiskation; **4.** (*meist pl.*) *das* Anvertraute, Geheimnis.

commissūra, *ae f* (*committō*) Verbindung, Band, Fuge.

com-mītigō 1 (durch Schläge) mürbe machen.

com-mittō, *mīsī, missum* 3 **1. a)** zusammen-, aneinanderfügen, verbinden, vereinigen; °*manum* handgemein werden; °**b)** aufeinander hetzen [*classem*]; **c)** zustande bringen, beginnen; *proelium* eine Schlacht liefern; **d)** verüben, begehen [*scelus*]; **e)** es dahin kommen lassen, daß [*ut*]; **f)** verwirken [*poenam*]; P. in Erfüllung gehen; (*als Pfand*) verfallen; **2. a)** übergeben, überlassen, anvertrauen; *rem proelio* es auf einen Kampf ankommen lassen; *se -ere* sich hineinwagen [*in senatum*]; **b)** preisgeben, in einen Zustand bringen [*rem publicam in discrimen*]; **c)** Vertrauen schenken [*eis*].

****commixtio,** *onis f* Mischung; Gemeinschaft; Ehe.

commoditās, *ātis f* (*commodus*) **1. a)** gehörige Beschaffenheit, Zweckmäßigkeit; **b)** rechter Zeitpunkt; günstige Umstände; **c)** Bequemlichkeit, Annehmlichkeit; **d**) Vorteil; °**2.** Zuvorkommenheit, Gefälligkeit.

commodō 1 (*commodus*) **1.** (*trans.*) °**a**) anpassen [*orationi oculos*]; **b**) leihen; widmen [*rei publicae tempus*]; **2.** (*intr.*) sich gefällig erweisen.

commodulē *adv.* (*dem. v. commodē*) gerade, eben.

commodum[1] *adv.* (*erstarrter acc. n v. commodus*) gerade, (so)eben.

commodum[2], *ī n* (*n v. commodus*) **1.** Bequemlichkeit, gelegene Zeit; °*ex -o*, °*per -um* gelegentlich; **2. a**) Vorteil, Nutzen, Interesse; **b**) (*oft pl.*) Glück, Wohl; **c**) (*stets pl.*) Vergünstigungen, Vorrechte; **3.** (*pl.*) Leihgaben.

commodus 3 (*m. comp., sup., adv.*; ⟨**com modō* „mit Maß") **1. a**) angemessen, passend, zweckmäßig; **b**) geeignet [*curationi*; *ad cursum*]; **2.** leicht, bequem, behaglich; **3.** gelegen, günstig; **4.** gefällig, zuvorkommend [*homo*].

commoeniō (*altl.*) = *commūniō*.

com-mōlior 4 in Bewegung setzen, loslassen.

commonefaciō, *fēcī, factum* 3; P. *-fīō, factus sum, fierī u. fīerī* = *commoneō*. [*an*; auffordern *zu*.]

com-moneō, *uī, itum* 2 erinnern

commonitiō, *ōnis f* (*commoneō*) Erinnerung.

com-mōnstrō 1 (*altl. commōstrō*; *-mōnstrassō* = *-mōnstrāverō*) deutlich zeigen, bezeichnen.

commorātiō, *ōnis f* (*commoror*) *das* Verweilen, Aufenthalt. [*tela*].]

com-mordeō, — — 2 beißen *auf*

com-morior, *mortuus sum* 3 mitsterben.

com-moror 1 °**1.** (*trans.*) aufhalten; **2.** (*intr.*) sich aufhalten, verweilen.

commōtiō, *ōnis f* (*commoveō*) Bewegung, Erregung, Aufregung.

commōtiuncula, *ae f* (*dem. v. commōtiō*) kleine Unpäßlichkeit.

com-moveō, *mōvī, mōtum* 2 **1. a**) bewegen; **b**) fortbewegen, -rücken, -schaffen; **c**) (*mil. t.t.*) zum Weichen bringen; *castra* aufbrechen; °*aciem* anrücken; / **2.** anregen, erregen, veranlassen, wecken [*iram, bellum*]; hervorrufen; **3.** bestimmend einwirken *auf*; **4. a**) erschüttern, rühren; **b**) aufregen, beunruhigen, erschrecken; (*P.P.P.*) *adi.* **commōtus** 3 (*m. comp.*, °*sup.*) schwankend, unstet; erregt, gereizt.

commūnicātiō, *ōnis f* (*commūnicō*) Mitteilung; (*rhet. t.t.*) *Redefigur, mit der der Redner die Zuhörer gewissermaßen zu Rate zieht.*

commūnicō *u.* (*Li.*) **-or** 1 **1.** (*trans.*) **a**) gemeinsam machen, vereinigen [*pecunias suas cum dote*]; **b**) teilen [*iudicia cum equestri ordine*]; **c**) besprechen *mit*, mitteilen [*consilia cum amico*]; **d**) geben, gewähren [*praemium*; **2.** (*intr.*) °**a**) verkehren *mit* [*tecum*]; **b**) *jd.* eine Mitteilung machen, sich besprechen *mit* [*cum alqo de maximis rebus*]; ** das Abendmahl empfangen; das Abendmahl reichen. [ken, sichern.]

com-mūniō[1] 4 befestigen; / stär-

commūniō[2], *ōnis f* (*commūnis*) Gemeinschaft; ** Abendmahl, Kommunion.

com-mūnis, e (*m. comp.*, °*sup., adv.*; *wahrsch. eigtl.* „mit anderen zusammen dienstbereit"; *cf. Ggs. immūnis*; *nhd.* „gemein[sam]") **1.** gemeinschaftlich, gemeinsam [*mihi cum illo*]; **2.** überall üblich, gewöhnlich, öffentlich; *loca -ia* öffentliche Plätze; *loci -es* (*philos. od. rhet. t.t.*) Gemeinplätze; **3.** / **a**) (sich anderen gleichstellend:) leutselig, herablassend [*erga Lysandrum*]; **b**) (alle im Staate gleichstellend:) demokratisch gesinnt; *subst.* **commūne,** *is n* **1.** Gemeingut; **2.** Gemeinwesen, Gemeinde; **3.** *adv. in -e* **a**) zum allgemeinen Nutzen; °**b**) im allgemeinen; in Bausch u. Bogen; °**c**) halbpart; ** *in -e* im Chor.

commūnitās, *ātis f* (*commūnis*) **1.** Gemeinschaft; **2.** / **a**) Gemeinsinn; °**b**) Leutseligkeit; ** städtische Gemeinde. [Wegbahnung.]

commūnītiō, *ōnis f* (*commūniō*)

com-murmuror 1 bei sich murmeln. [änderlich.]

commūtābilis, e (*commūtō*) ver-

commūtātiō, *ōnis f* (*commūtō*) Veränderung, Wechsel; Austausch [°*captivorum*]; ** Tauschmittel.

commūtātus, *ūs m* (*commūtō*) Umwandlung.

com-mūtō 1 verändern, umwandeln; ver-, aus-, eintauschen.

cōmō, *cōmpsī, cōmptum* 3 (*co-, emō*) zusammennehmen, ordnen; käm-

men, flechten; (*P.P.P.*) *adi.* **cōmptus** 3 (*m.* °*comp.*, °*sup.*, °*adv.*) gefällig; korrekt.
cōmoedia, *ae f* (*gr. Fw.*) Lustspiel.
cōmoedicē *adv.* (*cōmoedicus* 3 *gr. Fw.*) wie im Lustspiel.
cōmoedus (*gr. Fw.*) °**1.** *adi.* 3 Komödien...; **2.** *subst.* ~, *ī m* komischer Schauspieler, Komiker.
comōsus 3 (*coma*) stark behaart.
(**com-pacīscor**), *compactus u. -pectus sum* 3 einen Vertrag schließen; *kl. nur* (*part. pf.*) *subst.* **compactum** *u.* **-pectum,** *ī n* Vertrag; (°*de*, °*ex*) *compactō* verabredetermaßen.
compāctiō, *ōnis f* (*compingō*) Zusammenfügung.
compactus[1] 3 *s.* (*compacīscor*).
compāctus[2] 3 *s. compingō.*
compāgēs, *is f* (**com-pangō* = *compingō*) °**1.** Zusammenfügung; Fuge; **2.** / °**a**) Umarmungen [*Veneris*]; **b**) Gefüge, Bau [*corporis*].
compāgō, *inis f* (**compangō* = *compingō*) Bindemittel; Gefüge.
com-pār, *paris* gleich, ebenbürtig; *subst. m f* Gefährte (-in), Geliebte(r), Gatte (-in).
comparābilis, e (*comparō*[1]) vergleichbar.
comparātē *adv.* (*comparō*[1]) vergleichsweise.
comparātiō[1], *ōnis f* (*comparō*[1]) **1.** Vergleichung; **2.** Zusammenstellung, (gleiche) Stellung, (gleiches) Verhältnis [*solis et lunae*]; °**3.** Übereinkunft (*mit Amtsgenossen*).
comparātiō[2], *ōnis f* (*comparō*[2]) Zubereitung, Beschaffung.
comparātīvus 3 (*m.* °*adv.*; *comparātus P.P.P. v. comparō*[1]) vergleichend.
comparcō = *compercō.*
com-pāreō, *uī,* — 2 erscheinen, sichtbar, noch vorhanden sein.
com-parō[1] 1 (*altl. fut. ex. comparassit*; *com-* + *pār*) **1. a**) paaren, zusammenstellen; **b**) feindlich gegenüberstellen [*gladiatores*]; **2.** vergleichen [*tempus cum tempore*]; **3.** gleichstellen, an die Seite stellen [*Catonem Lysiae, cum Lysia*]; °**4.** sich einigen *über*, unter sich teilen [(*inter se*) *provincias*]; **5.** (durch Vergleichung) erwägen, ermessen.
com-parō[2] 1 (*altl. fut. ex. comparassit*; *com-* + *parō*[2]) **1. a**) bereiten, be-, anschaffen; aufbringen [*accusatores pecuniā*]; **b**) (aus)rüsten, vorbereiten [*omnia ad fugam*]; zum Kampfe ausrüsten; (*abs.*) die nötigen Vorkehrungen treffen; **c**) *se -are u. mediopass.* sich anschicken; sich rüsten; **2.** verschaffen, erwerben [*sibi gloriam*]; **3.** zurüsten, veranstalten [*convivium*], herbeiführen [*interitum*]; **4.** einrichten, anordnen, bestimmen.
com-pāscō, *pāvī, pāstum* 3 gemeinsam weiden.
compāscuus 3 (*compāscō*) gemeinsam beweidet; *ager* Gemeindetrift.
****compassio,** *onis f* Mitleid.
****compater,** *tris m* Gevatter.
****compatior** 3 Mitleid haben.
****compatriota,** *ae m* Landsmann.
compectus, -um *s.compacīscor.*
compediō 4 (*compēs*) an den Füßen fesseln.
compellātiō, *ōnis f* (*compellō*[1]) lauter Vorwurf.
com-pellō[1] 1 (*com-* + *iter. v. pellō* 3; *cf. appellō*[1], *interpellō*) **1.** anreden, anrufen; **2.** hart anlassen, tadeln, schelten, beschimpfen; (*jur. t.t.*) anklagen [*iudicem*].
com-pellō[2], *pulī, pulsum* 3 **1.** zusammentreiben, -drängen; **2.** hintreiben, jagen; in die Enge treiben, einengen; **3.** antreiben, bewegen *zu*; ** zwingen; schelten.
compendiārius 3 (*compendium*) Ersparnis bringend, kurz [*via*]; °*subst.* **-a,** *ae f* (*sc. ratiō*) abgekürztes Verfahren; **-um,** *ī n* (*sc. iter*) Richtung, Richtweg.
compendium, *ī n* (*vl. compendō* 3 „gegeneinander abwiegen") Ersparnis: °**1.** Abkürzung, kürzerer Weg; **2.** Vorteil, Gewinn.
compēnsātiō, *ōnis f* (*compēnsō*) Ausgleichung; Gegenüberstellung.
com-pēnsō 1 (*intens. v. compendō* 3 „gegeneinander abwiegen") **1.** gegenüberstellen, abwägen; **2.** ausgleichen, aufwiegen [*labores gloriā*].
com-percō, *persī,* — (*parcō*) 3 ersparen; / unterlassen.
comperendinātus, *ūs m u.* (*nkl.*) **-tiō,** *ōnis f* (*comperendinō*) Vertagung des Urteils auf den drittnächsten Tag; ** Aufschub, Verzug.
com-perendinō 1 (*com-*; *perendinus*) **1.** den Urteilsspruch auf den drittnächsten Tag vertagen; zum zweiten Termin vorladen; **2.** Vertagung auf den drittnächsten Tag beantragen; ** Aufschub fordern.

com-periō, *perī, pertum* (*unkl.* **-perior,** *pertus sum*) 4 (*cf. perīculum, perītus; in der Flexion z. T. an pariō angelehnt*) zuverlässig erfahren; (*abl. abs.*) °*compertō* nachdem man erfahren hatte.
compertus 3 (*comperiō*) **1.** gehört, vernommen [°*-a narrare*]; **2.** (*m.* °*adv.*) gewiß, genau, zuverlässig; °**3.** überführt [*nullius probri*].
com-pēs, *pedis f* (**pedis* „Fußfessel" *zu pēs*) Fußfessel; / Fessel, Bande.
com-pescō, *cuī,* — 3 (-ē-?; ⟨**comparc-scō; parcō*) in Schranken halten, bezähmen, unterdrücken; beschneiden [*ramos*].
****competens,** *entis* angemessen; zuständig; passend, entsprechend.
****competentia,** *ae f* Eignung.
competītor, *ōris m* (*competō*) Mitbewerber.
competītrīx, *īcis f* (*competītor*) [Mitbewerberin.]
com-petō, *petīvī* (*petiī*), *petītum* 3 **1.** zusammenfallen *mit* [*tempora cum*]; **2. a**) zustehen, zukommen; **b**) stimmen, zutreffen; (*impers.*) *competit, ut* es trifft sich, daß; **3.** fähig sein, ausreichen *zu*; ** streben; kämpfen; zur Ehe begehren; *competit* es ziemt sich.
compīlātiō, *ōnis f* (*compīlō*) Ausbeute (*an Tagesneuigkeiten*).
****compilator,** *oris m* Plünderer, Dieb; / Plagiator.
com-pīlō 1 (*altl. pīlō* 1 „zusammendrücken") (aus)plündern, berauben; / ausbeuten; ** entlehnen.
com-pingō[1], *pēgī, pāctum* 3 (*pangō*) **1.** zusammenfügen; **2.** drängen, stoßen, verstecken [*se in Apuliam*]; (*P.P.P.*) °*adi.* **compāctus** 3 fest, gedrungen.
com-pingō[2], *pīnxī,* — 3 (*pingō*) bemalen; / mäkeln *an* [*carmina*].
compitālicius 3 (*compitālis*) des Kompitalienfestes [*ludi*].
compitālis, e (*compitum*) zum Scheideweg gehörig; *kl. nur subst.* **-ālia,** *ium u. iōrum n* Larenfest an den Scheidewegen.
compitum, *ī n* (*competō*) Scheide-[Kreuzweg.]
com-placeō, *uī u. placitus sum* 2 gefallen.
com-plānō 1 dem Erdboden gleich-[machen, einebnen.]
com-plector, *plexus sum* 3 **1. a**) umschlingen, umfassen; zärtlich umarmen; **b**) (*räuml.*) umgeben, einschließen; **2.** / **a**) zusammenfassen, vereinigen; **b**) (*in der Rede*) zusammenfassend darstellen; **c**) (*geistig*) begreifen, verstehen [*mente*]; **d**) mit Liebe betreiben [*philosophiam*]; sich aneignen, erlangen [*facultatem*]; (*part. pf. pass.*) **complexus**[1] 3 umschlossen; ** *adi.* geflochten.
complēmentum, *ī n* (*compleō*) Ergänzung(smittel).
com-pleō, *ēvī, ētum* 2 **1. a**) aus-, anfüllen; **b**) bemannen [*naves*]; **c**) vollzählig machen, ergänzen [*legiones*]; **d**) überfüllen [*navigia*]; °**e**) schwängern; **2.** / **a**) erfüllen [*omnia clamore*]; **b**) vollenden, zu Ende führen [*sortem*]; **c**) erleben, zurücklegen [*centum annos*].
****completorium,** *i n* Schlußandacht; Vespergottesdienst.
complexiō, *ōnis f* (*complector*) **1.** Verknüpfung; **2.** / **a**) Zusammenfassung [*verborum* Periode]; Ausdruck; **b**) Erzählung; **c**) Inbegriff [*bonorum*]; **d**) (*philos. t.t.*) Schlußsatz; **e**) Dilemma; °**f**) (*gramm. t.t.*) Verschmelzung, Synalöphe.
complexus[1] 3 *s. complector.*
complexus[2], *ūs m* (*complector*) **1.** Umschließung; **2. a**) Umarmung; *-um* °*ferre* umarmen [*matri*], °*accipere* sich umarmen lassen; / liebendes Umfangen [*totius gentis humanae*]; °**b**) *armorum* Handgemenge.
com-plicō, *āvī, ātum u. uī, itum* 1 (⟨**com-plecō; cf. plectō, plicō*) zusammenfalten, -wickeln; (*P.P.P.*) *adi.* **complicātus** 3 unklar, verworren.
complōdō, *sī, sum* 3 (*plaudō*) zu-[sammenschlagen.]
complōrātiō, *ōnis f u.* **-tus,** *ūs m* (*complōrō*) lautes Wehklagen (*mehrerer Personen*).
com-plōrō 1 (gemeinsam) laut be-[klagen, -jammern.]
com-plūrēs, *a* (*selten -ia; gen. -ium*) mehrere, ziemlich viele.
complūriē(n)s *adv.* (*complūrēs*) mehrmals.
complūsculī 3 (*dem. v. complūrēs*) [ziemlich viele.]
compluvium, *ī n* (*compluō*) *das* Compluvium: **1.** *viereckige* Dachöffnung *über dem inneren Säulenhof des römischen Hauses*; **2.** Säulenhof.
com-pōnō, *posuī, positum* 3 (*pf. act. auch* °*composivēre; P.P.P. auch synk. compostus*) **1.** zusammenstellen: **a**) zusammenstellen, -setzen, -legen, -bringen, sammeln

[*opes*], aufbewahren [°*cineres*]; **b**) einziehen [*armamenta*]; °**c**) zusammenziehen [*copias*]; **2.** zu einem Ganzen zusammenstellen: **a**) bilden, gestalten, bereiten, stiften [°*templa*]; zusammenfügen, zustande bringen [°*foedus*]; **b**) (*schriftlich*) ab-, verfassen [*carmen*]; **c**) verabreden, festsetzen [*diem*]; abkarten, ersinnen [*dolum*]; **d**) vereinigen [°*genus dispersum*]; **3.** ordnend zusammenstellen: **a**) zurechtlegen, ordnen [*capillum*]; °**b**) (*mil. t.t.*) aufstellen [*exercitum pugnae*]; °**c**) betten, lagern [*aegrum lecto*]; bestatten, beisetzen; **d**) beruhigen, besänftigen, versöhnen [°*mare*; *controversias*]; *componitur* der Streit wird beigelegt; **e**) anordnen, einrichten [*rem publicam*]; **f**) (*rhet. t.t.*) einordnen, richtig stellen [*verba*]; **4.** vergleichend zusammenstellen: **a**) gegenüberstellen, vergleichen [*Sa.*: *dicta cum factis*]; **b**) als Gegner gegenüberstellen [(*Gladiatoren*) °*par compositum*]; (*gerichtlich*) konfrontieren [*Ta.*: *cum indice*]; ** komponieren.

com-portō 1 zusammentragen [*aggerem*], einbringen [*frumentum*].

com-pos, *potis* (*abl. sg.* -e, *gen. pl.* -um; *cf.* *potis*) **1.** völlig mächtig [*mentis*]; **2.** teilhaftig; im Besitz, im Genuß *von* [*virtutis*].

com-positiō, *ōnis f* (*compōnō*) **1.** Zusammenstellung; **2.** Abfassung [*iuris pontificalis*]; **3.** Anordnung, Gestaltung [*anni*]; **4.** (*rhet. t.t.*) Wort- u. Satzstellung, Periodenbau; **5.** Einigung, Aussöhnung; ** Sühne, Buße; Schadenersatz; Strafe.

compositor, *ōris m* (*compōnō*) **1.** Ordner; °**2.** Verfasser.

compositūra, *ae f* (*compōnō*) Zusammensetzung; feines Gewebe.

compositus 3 (*m. comp., sup., adv.*; *compōnō*) °**1.** zusammengesetzt; **2.** wohlgeordnet [*dicendi genus*], gut eingerichtet [*res publica*]; **3.** geschult, geeignet; °**4.** erdichtet, erlogen; **5.** ruhig, gelassen, gemessen [*vultus*]; °**6.** *subst.* (**ex**) **compositō** verabredetermaßen; **composita,** *ōrum n die* geordneten Verhältnisse.

composivēre, compostus *s.* *compōnō*.

compōtātiō, *ōnis f* (*pōtō*) Trinkgelage, Symposion.

compotiō 4 (*compos*) teilhaftig machen; P. teilhaftig werden, sich bemeistern [*locis*].

com-pōtor, *ōris m* Zechbruder.

compōtrīx, *īcis f* (*compōtor*) Zechgenossin.

com-prānsor, *ōris m* (*prandeō*) Tischgenosse.

comprecātiō, *ōnis f* (*comprecor*) Gebet.

com-precor 1 anflehen, beten *zu* [*deos*].

com-prehendō, *endī, ēnsum* 3 **I.** °**1. a**) zusammenfassen, -halten [*chlamydem*]; **b**) umfassen [*circuitus triginta stadia*]; **2.** erfassen, ergreifen, fangen [*casae ignem*]; **3. a**) festnehmen, verhaften, mit Beschlag belegen, besetzen; **b**) ertappen [*in furto*], entdecken [*adulterium*]; **II.** / **1.** liebend umfassen, umschließen [*multos amicitia*]; **2.** *in einen Begriff* einbeziehen [*omnia cum deorum notione*]; **3.** beschreiben, ausdrücken [*verbis pluribus rem eandem*]; **4.** erfassen, begreifen, verstehen [*animo*].

comprehēnsibilis, e (*comprehendō*) faßlich.

comprehēnsiō, *ōnis f* (*comprehendō*) **1.** (Fähigkeit der) Zusammenfassung; **2. a**) *das* Anfassen; **b**) Festnahme [*sontium*]; **3.** / **a**) (*rhet. t.t.*) Periode, Satz [*verborum*]; Stil, Ausdruck [*orationis*]; **b**) (*philos. t.t.*) *das* Begreifen, Begriff.

com-prēndō, *prēndī, prēnsum* 3 = *comprehendō*.

compressiō, *ōnis f* (*comprimō*) °**1.** Umarmung, Beischlaf; **2.** / gedrängte Darstellung.

compressus[1] 3 (*m. comp., adv.*; *comprimō*) knapp, gedrängt [*-ius loqui*].

compressus[2], *abl. ū m* (*comprimō*) °**1.** Umarmung, Beischlaf; **2.** befruchtendes Umschließen (*der Erde*).

com-primō, *pressī, pressum* 3 (*premō*) **1. a**) zusammendrücken, -pressen; (*Li.*) *compressis manibus sedere* die Hände in den Schoß legen; **b**) zerdrücken, -quetschen; °**c**) zusammendrängen [*ordines*]; °**d**) notzüchtigen [*virginem*]; **2.** / **a**) unterdrücken, hemmen; **b**) dämpfen, beschwichtigen, Einhalt tun [*tumultum*]; **c**) nicht ausgeben [*frumentum*]; **d**) geheimhalten [°*famam*].

comprobātiō, *ōnis f* (*comprobō*) Anerkennung.

comprobātor, *ōris m* (*comprobō*) der anerkennt; Verteidiger.

com-probō 1 billigen, genehmigen,

anerkennen; als richtig erweisen, bestätigen [*sententiam vitā*].

comprōmissum, *ī n* (*comprōmittō*) Übereinkunft, gegenseitiges Versprechen (*die Entscheidung eines Schiedsrichters anzuerkennen*).

com-prōmittō, *mīsī, missum* 3 (sich) gegenseitig versprechen, übereinkommen (*die Entscheidung einer Sache dem Ausspruche eines Schiedsrichters zu überlassen*).

compsissumē *adv.* (*sup. zu gr. Fw.*) witzig.

cōmptiōnālis = *coēmptiōnālis.*

cōmptus¹ 3 *s. cōmō.*

cōmptus², *ūs m* (*cōmō*) **1.** Zusammenfügung; **2.** Frisur.

****compulso** 1 heftig drängen; *exsequias* zum Begräbnis läuten.

****compunctio,** *onis f* Einstich; / Reue, Zerknirschung.

com-pungō, *pūnxī, pūnctum* 3 (*pūnxī, pūnctum?*) zerstechen; tätowieren; ** / erschüttern; P. Reue empfinden; *compunctus* schmerzlich berührt, zerknirscht.

computātiō, *ōnis f* (*computō*) **1.** Berechnung; *pl.* das Rechnen; **2.** Knauserei.

computātor, *ōris m* (*computō*) Berechner, Rechner.

com-putō 1 zusammenrechnen; (be)rechnen; überschlagen; abrechnen.

com-putrēscō, *truī,* — 3 (*bei Lu. in Tmesis*) ganz verfaulen.

****computus,** *i m* Berechnung der Zeit, *vor allem* des Osterfestes; Handbuch der Zeitrechnung.

Cōmum, *ī n St. in Norditalien, seit Cäsar Novum Cōmum, j.* Como; *adi. u. Einw. -mēnsis* (e).

cōnāmen, *inis n* (*cōnor*) **1.** Bemühung; **2.** Stütze.

cōnātum, *ī n* (*cōnor*) Unternehmen, Wagnis.

cōnātus, *ūs m* (*cōnor*) **1.** Versuch, Unternehmen, Wagnis; Anlauf; **2.** Bemühung, Anstrengung; **3.** Trieb, Drang.

con-b... = *com-b...*

con-cacō 1 bekacken, beschmutzen.

con-caedēs, *ium f* Verhau.

con-cal(e)faciō, *fēcī, factum* 3; P. *-fīō, factus sum, fierī u. fīerī* durch und durch erwärmen; (*P.P.P.*) *adi.* **-factus** 3 wärmehaltig.

con-caleō, — — 2 ganz warm sein.

concalēscō, *luī,* — 3 (*incoh. v. concaleō*) sich erhitzen; °/ vor Liebe erglühen.

con-callēscō, *luī,* — 3 (*con-* + *incoh. v. calleō*) Schwielen bekommen, gefühllos werden; / gewitzigt werden.

concamerō 1 (*camera*) überwölben.

con-castīgō 1 stark züchtigen.

concavō 1 (*concavus*) hohl machen, krümmen.

con-cavus 3 hohl, gewölbt, gekrümmt.

con-cēdō, *cessī, cessum* 3 **1.** (*intr.*) **a**) (*abs.*) fortgehen, sich entfernen, weichen [*ab oculis*]; °/ (*vita*) aus dem Leben scheiden; **b**) (*m. Zielangabe*) sich begeben, (hin)gehen [*hinc domum*]; °/ geraten *in,* übergehen *in* [*in dicionem*]; beitreten, beipflichten [*in sententiam*]; sich anschließen [*in partes*]; **c**) zurückweichen *vor* [*bellum paci*], das Feld räumen, aus dem Wege gehen [*voluptas dignitati*]; zurücktreten *hinter,* den Vorrang lassen [*tibi uni*]; sich fügen [*postulationi*]; hingehen lassen [*temere dicto*]; °*naturae* (°*fato*) eines natürlichen Todes sterben; **2.** (*trans.*) **a**) abtreten, überlassen, hingeben [*sedes suas*]; **b**) erlauben, gestatten, einräumen [*bona diripienda*]; **c**) (*eine Behauptung*) zugeben, zugestehen, anerkennen [*summos deos esse*]; **d**) aufgeben zugunsten [*rei publicae amicitias*]; **e**) ungestraft hingehen lassen, verzeihen [*peccata*]; **f**) (*Schuldige*) freilassen, *jd.* zuliebe begnadigen [*illum senatui*].

con-celebrō 1 °**1.** beleben [*mare*]; **2.** feiern, festlich begehen; **3. a**) lebhaft betreiben [*studia*]; **b**) überall bekanntmachen, ausposaunen [*victoriam*]; rühmen, preisen.

concēnātiō, *ōnis f* (*cēnō*) Tischgesellschaft, Gelage.

concentiō, *ōnis f* (*concinō*) Harmonie, Zusammenklang.

con-centuriō 1 (*eigtl.* in Zenturien sammeln) (*scherzh.*) schockweise aufhäufen, wecken [*metum in corde*].

concentus, *ūs m* (*concinō*) **1. a**) Einklang, Harmonie; Chorgesang, Musik; °**b**) einstimmiger Beifall; **2.** / Übereinstimmung, Einigkeit.

conceptiō, *ōnis f* (*concipiō*) **1.** Empfängnis; **2.** Abfassung juristischer Formeln.

conceptum, *ī n* (*concipiō*) Leibesfrucht.

conceptus¹, *ūs m* (*concipiō*) **1.** *das* Fassen, Ergreifen; °*camini* Feuersbrunst; **2. a**) Empfängnis; °**b**) Leibesfrucht.

conceptus[2] 3 (*concipiō*) empfangen, entsprossen [*Suet.*: *ex adulterio*].

con-cerpō, *psī, ptum* 3 (*carpō*) zerpflücken, zerreißen [*epistulam*]; °/ durchhecheln.

con-certātiō, *ōnis f* (*concertō*) Kampf, Streit; Wortstreit, Disput.

con-certātor, *ōris m* (*concertō*) Nebenbuhler.

concertātōrius 3 (*concertō*) zum Wortgefecht gehörig.

con-certō 1 streiten, kämpfen; disputieren.

concessiō, *ōnis f* (*concēdō*) **1.** Zugeständnis, Bewilligung, Vergünstigung; **2.** Straferlaß.

con-cessō 1 aufhören, nachlassen.

concessus, *abl.* *ū m* (*concēdō*) Erlaubnis, Bewilligung.

concha, *ae f* (*gr. Fw.*) **1.** Muschel, Schnecke (*bsd.* Perlmuschel *u.* Purpurschnecke); **2.** Muschelschale; °Tritonshorn; °**3. a**) Perle; **b**) Purpur; **c**) Büchschen, Näpfchen, Schale; **d**) weibliche Scham.

concheus 3 (*concha*) zur Muschel gehörig; *baca -a* Perle.

conchis, *is f* (*gr. Lw.*) Bohnen mit Schale (*ein Gericht*).

conchīta, *ae m* (*gr. Fw.*) Muschelsammler.

conchȳliātus 3 (*conchȳlium*) purpurfarben.

conchȳlium, *ī n* (*gr. Fw.*) **1. a**) Schaltier; **b**) Auster; **2.** °**a**) Purpurschnecke; **b**) Purpurfarbe; °**c**) Purpurgewand.

con-cidō[1], *cidī*, — 3 (*cadō*) zusammenfallen, einstürzen; niederstürzen, (*im Kampfe*) fallen; / zu Fall kommen, gestürzt werden, sinken, schwinden, unterliegen [*mens concidit* die Besinnung schwindet]; sich legen [°*venti*].

con-cīdō[2], *cīdī, cīsum* 3 (*caedō*) **1. a**) zusammen-, niederhauen; **b**) zerhauen, -stückeln, -legen; **c**) durchprügeln; **2.** / **a**) zu Boden schlagen, niederwerfen, zugrunde richten, vernichten; **b**) (*rhet. t.t.*) zerteilen; zerstückeln [*sententias*]; **c**) (*philos. t.t.*) logisch zerlegen.

con-cieō, *cīvī, citum* 2 *u.* (*in Prosa meist*) **-ciō** 4 (*impf. auch* °*concībant*) **1.** zusammenbringen, herbeirufen, aufbieten; **2.** in rasche Bewegung setzen, treiben, schleudern; **3.** / **a**) aufregen, -reizen, -wiegeln; **b**) erschüttern [*tormento saxa*]; **c**) erregen, hervorrufen [*seditionem*].

conciliābulum, *ī n* (*conciliō*) Versammlungsplatz, Marktplatz, Gerichtsort; (*damni*) Lasterhöhle.

conciliātiō, *ōnis f* (*conciliō*) **1.** Vereinigung, Verbindung; **2.** Gewinnung der Herzen (*der Zuhörer*); **b**) Geneigtheit *zu* [*ad ea, quae*]; **3.** Erwerbung [*gratiae*].

conciliātor, *ōris m* (*conciliō*) Stifter, Vermittler, Fürsprecher.

conciliātrīcula, *ae f* (*dem. v. conciliātrīx*) Vermittlerin, Fürsprecherin.

conciliātrīx, *īcis f* (*conciliātor*) Stifterin, Vermittlerin; Kupplerin.

conciliātūra, *ae f* (*conciliō*) Kuppelei.

conciliātus[1], *abl.* *ū m* (*conciliō*) *die* atomistische Verbindung der Körper.

conciliātus[2] 3 (*m. comp.*, °*sup.*; *conciliō*) °**1.** beliebt *bei*, befreundet *mit* [*nobis*]; **2.** geneigt *zu*.

conciliō 1 (*concilium*) **1.** °**a**) vereinigen [*corpora*]; **b**) / verbinden, befreunden; gewinnen [*sibi legiones pecuniā*]; **2.** stiften, vermitteln [°*nuptias*]; **3. a**) erwerben, gewinnen [*gratiam*]; °**b**) (*um ein Mädchen*) werben; (*ein Mädchen*) verkuppeln.

con-cilium, *ī n* (*wahrsch. calō*[1]) °**1.** Vereinigung, Verbindung; °**2.** Zusammenkunft; **3. a**) Versammlung, Verein [*amicorum*]; **b**) *eine zu politischer Beratung einberufene* Versammlung: Bundesversammlung [°*Achaium*]; Landtag [*Belgarum*]; (*in Rom*) Senatsversammlung, Sitzung [°*patrum*]; Volksversammlung, Komitien [*plebis, populi*]; ** Konzil.

concinnitās, *ātis u.* **-tūdō,** *inis f* (*concinnus*) **1.** kunstgerechte Zusammenfügung, Abrundung; °**2.** *das* Gedrechselte, Gesuchte.

concinnō 1 (*con-*; *cinnus* [*et. ungeklärt*] „Mischtrank"; *eigtl.* „im richtigen Verhältnis zusammenmischen") kunstgerecht zusammenfügen; zurechtlegen; / die rechte Fassung geben; anrichten, anstiften; machen [*hominem insanum verbis suis*].

concinnus 3 (*m. comp.*, *adv.*; *Rückbildung aus concinnō*) **1.** kunstgerecht; harmonisch, geschmackvoll; °**2.** gefällig [*amicis*].

con-cinō, *cinuī, centum* 3 (*canō*) **1.** (*intr.*) °**a**) zusammen singen; zusammen (er)tönen, einfallen [*tubae*]; begleiten [*tragoedo* (*dat.*)]; **b**) / übereinstimmen [*cum Peripateticis*]; **2.** (*trans.*) **a**) zugleich anstimmen [*carmen*]; / °**b**) besingen, preisen [*laetos dies*]; °**c**) *als Warnung* verkünden, prophezeien [*omen*].

con-ciō 4 *s. concieō.*

con-cipilō 1 (*capulō* 1 „mit dem Fangseil fangen", *verwandt m. capiō?*) fassen; (in Stücke hauen?).

con-cipiō, *cēpī, ceptum* 3 (*capiō*) **1.** °**a**) zusammenfassen; **b**) / (*Worte*) in bestimmter Formel aus-, nachsprechen [°*vota*]; feierlich ansagen [°*nova auspicia*]; **2.** auffassen, auffangen, in sich aufnehmen: °**a**) (*Flüssigkeiten*) einsaugen; °**b**) (*Feuer*) fangen; **c**) (*Samen*) empfangen, schwanger, trächtig werden; P. erzeugt werden, entstehen; (*Ov.*) *concepta crimina* Sündenkind; **d**) (*geistig*) erfassen, begreifen, verstehen; sich vorstellen [*animo, mente*]; **e**) empfinden, fühlen, in sich aufkommen lassen [*odium*]; **f**) sich zuziehen, auf sich laden, begehen [*scelus*]; **planen.

con-cipulō 1 = *concipilō.*

concīsiō, *ōnis f* (*concīdō*²) Zerstückelung der Sätze.

concīsūra, *ae f* (*concīdō*²) Verteilung.

concīsus 3 (*m.* °*comp.*, °*adv.*; *concīdō*²) **1.** sich kurz fassend [*orator*]; **2.** kurz(gefaßt), konzis [*oratio*]; °*subst.* **concīsa,** *ōrum n* abgehackte Sätze.

concitāmentum, *ī n* (*concitō*) Reizmittel.

concitātiō, *ōnis f* (*concitō*) °**1.** rasche Bewegung; **2.** / **a**) Auflauf, Aufruhr [*plebis*]; **b**) *animi* Aufregung, Leidenschaft; °**c**) (*v. Redner*) Feuer.

concitātor, *ōris m* (*concitō*) Aufwiegler; Anstifter.

con-citō (*frequ. v. concieō*) **1.** hastig zusammenziehen, aufbieten [*multitudinem armatorum*]; **2.** stark bewegen, schwingen, schleudern [°*navem*; °*telum*]; (*Ve., Li.*) *se -are* sich stürzen, sich schwingen; / **3.** antreiben, aufreizen, erbittern [*colonias*]; aufwiegeln [*Etruriam*]; anfeuern, entflammen [*animos*]; **4.** erregen, veranlassen, hervorrufen [*novum bellum*]; P. entstehen, sich entspinnen [°*pugna atrox*]; (*P.P.P.*) *adi.* **concitātus** 3 (*m. comp.*, °*sup.*, °*adv.*) beschleunigt, rasch, eilend [°*cursus*; °*equo concitato* im Galopp]; / erregt, aufgeregt, heftig [*clamor*].

°**concitor,** *ōris m* (*concieō*) = *concitātor.*

****concivis,** *is m* Mitbürger.

conclāmātiō, *ōnis f* (*conclāmō*) lauter Zuruf, lautes Geschrei.

con-clāmitō 1 (*intens. v. conclāmō*) laut rufen.

con-clāmō 1 **1.** zusammenrufen, alarmieren; **2.** laut rufen, ein Geschrei erheben; *victoriam* „Viktoria" rufen; *vasa* den Befehl zum Aufbruch geben; °*alqm* den Verlust jds. beklagen.

conclāve, *is n* (*con-, clāvis*) Gemach, Zimmer; ** Schlafzimmer; *Christi* = Maria; Wahlraum.

con-clūdō, *sī, sum* 3 (*claudō*) **1.** (*lebende Wesen*) zusammen-, einschließen, einsperren; **2.** (*etw. v. allen Seiten*) abschließen, absperren [°*aedem*]; **3.** / **a**) einengen, beschränken; **b**) systematisch zusammenfassen; P. enthalten sein *in*; **c**) abschließen, zum Abschluß bringen; (*rhet. t.t.*) rhythmisch, periodisch abschließen, abrunden; (*philos. t.t.*) schließen, folgern, beweisen.

conclūsē *adv.* (*conclūsus, P.P.P. v. conclūdō*) (rhythmisch) abgerundet.

conclūsiō, *ōnis f* (*conclūdō*) **1.** Einschließung, Sperre, Blockade; **2.** **a**) Schluß, Abschluß, letzter Teil [*orationis*]; **b**) (*rhet. t.t.*) abgeschlossene Periode, (rhythmische) Abrundung; **c**) (*philos. t.t.*) Schlußfolgerung, logischer Schluß; ** Gefangenschaft.

conclūsiuncula, *ae f* (*dem. v. conclūsiō*) erbärmliche Schlußfolgerung; lächerlicher Trugschluß.

con-color, *ōris* (*abl. sg. -ī*) gleichfarbig.

con-comitātus 3 begleitet.

con-coquō, *coxī, coctum* 3 °**1.** (mehreres) zusammenkochen; **2.** °**a**) gar kochen; **b**) verdauen; **3.** / **a**) sich gefallen lassen, dulden [*odia*]; °**b**) (*geistig verdauen*) sich zu eigen machen; **c**) reiflich überlegen [*consilium*].

****concordantia,** *ae f* Übereinstimmung; Konkordanz.

concordia, *ae f* (*concors*) **1.** Eintracht, Einigkeit; °**2.** Herzensfreund [*felix*]; **3.** Einklang, Harmonie [°*mundi*]; **4.** ♀ *Göttin der Eintracht (in ihrem Tempel am Kapitol häufig Senatssitzungen).*

concordō 1 (*concors*) einig sein, übereinstimmen.

con-cors, *dis* (*m.* °*comp., sup., adv.*; *cor*) einig, einträchtig, übereinstimmend.

con-crēbrēscō, *bruī,* — 3 mit *etw.* zunehmen [*cum euro*].

con-crēdō, *didī, ditum* 3 anvertrauen.

con-cremō 1 (*trans.*) völlig verbrennen, niederbrennen.

con-crepō, *uī,* — 1 **1.** (*intr.*) stark tönen, dröhnen (rasseln, klirren); *digitis* mit den Fingern schnalzen; *si digitis concrepuerit* (*sc. erus*) auf den ersten Wink; °**2.** (*trans.*) rasseln lassen [*aera* Becken].

con-crēscō, *crēvī, crētum* 3 **1. a)** sich verdichten, gerinnen, erstarren; °**b)** sich verdunkeln; **2.** (durch Verdichtung) sich bilden; (*P.P.P.*) *adi.*

concrētus 3 (*m.* °*comp.*) **1.** geronnen, verdichtet, starr; °*lac -um* Käse; °*dolor -us* tränenloser Schmerz; **2.** zusammengesetzt, bestehend *aus*; °**3.** anhaftend.

concrētiō, *ōnis f* (*concrēscō*) Verdichtung; / Körperlichkeit [*mortalis* vergänglicher Stoff].

con-crīminor 1 heftige Klage führen.

con-cruciō 1 quälen.

concubīna, *ae f* (*concubō*) Konkubine; Freudenmädchen.

concubīnātus, *ūs m* (*concubīna*) **1.** (*gesetzlich erlaubte außereheliche Geschlechtsverbindung, Art morganatischer Ehe*) Konkubinat; **2.** außerehelicher Geschlechtsverkehr [*nuptarum* mit verheirateten Frauen].

concubīnus, *ī m* (*concubīna*) Beischläfer, Liebhaber; im Konkubinat lebender Mann.

concubitus, *ūs m* (*concumbō*) °**1.** *das* Sichniederlegen (*bsd. zu Tisch*); **2. a)** Beischlaf; °**b)** (*von Tieren*) Begattung.

concubium, *ī n* (*concubō*) **1.** *noctis die* Zeit des tiefsten Schlafes, tiefe Nacht; **2.** Beischlaf.

concubius 3 (*concubō*) zur Zeit des tiefen Schlafes; *-a nox* tiefe Nacht.

con-culcō 1 (*calcō*) niedertreten; mit Füßen treten, mißhandeln; mißachten.

con-cumbō, *cubuī, cubitum* 3 (**cumbō*; *cf. cubō*) °**1.** (*v. Tieren*) sich (zusammen) niederlegen; **2.** den Beischlaf ausüben [*cum alqa*; (*dcht.*) *alci u. abs.*].

con-cupīscō, *pīvī u. piī, pītum* 3 (*con-* + *incoh. v. cupiō*) eifrig begehren, verlangen.

con-cūrō 1 gehörig besorgen.

con-currō, (*cu*)*currī, cursum* 3 **1.** zusammenlaufen, -strömen, von allen Seiten herbeieilen; **2. a)** zusammentreffen, sich vereinigen; **b)** (*feindl.*) zusammenstoßen; **3.** seine Zuflucht nehmen; °**4.** (*abs.*) hereinbrechen [*bellum*]; **5.** zugleich stattfinden.

concursātiō, *ōnis f* (*concursō*) **1.** *das* Herumlaufen; **2.** *das* Umherreisen; °**3.** (*mil. t.t.*) Geplänkel.

concursātor, *ōris m* (*concursō*) (*mil. t.t.*) Plänkler; *adi.* nur an Geplänkel gewöhnt [*pedes*].

concursiō, *ōnis f* (*concurrō*) **1.** *das* Zusammentreffen; **2.** (*Redefigur*) Symploke (= „Verflechtung", *d.h. Wiederholung derselben Worte am Anfang u. Ende der Sätze*).

con-cursō 1 (*intens. v. concurrō*) **1.** (*intr.*) **a)** hin und her laufen; umherreisen; °**b)** (*mil. t.t.*) wiederholt angreifen, plänkeln; °**c)** hin- u. herwogen; **2.** (*trans.*) bereisen, besuchen.

concursus, *ūs m* (*concurrō*) **1.** *das* Zusammenlaufen, Auflauf; Aufruhr; **2.** (zufälliges) Zusammentreffen, Zusammenstoß [*navium*]; **3.** Mitwirkung [*studiorum*]; **4.** feindlicher Zusammenstoß, Ansturm; ** Wettstreit.

concussiō, *ōnis f* (*concutiō*) *das* Schwingen [*facium*]; Erdbeben.

concussus, *abl. ū m* (*concutiō*) Erschütterung.

con-custōdiō 4 (*-ū-?*) bewachen.

con-cutiō, *cussī, cussum* 3 (*quatiō*) °**1.** (dröhnend) zusammenschlagen [*frameas*]; °**2.** schütteln, schwingen; °**3.** erschüttern [*terram motu*]; / °**4.** erregen, aufrütteln [*pectus*]; **5.** erschrecken, ängstigen, beunruhigen; **6.** zerrütten, schwächen [*rem publicam*]; °**7.** (*refl.*) *se -ere* sich sorgfältig prüfen.

condalium, *ī n* (*gr. Lw.*) kleiner Ring (*v. Sklaven getragen*).

con-decet 2 *impers.* es geziemt sich *für* [*senem*].

con-decorō 1 sorgfältig schmücken.

condemnātiō, *ōnis f* (*condemnō*) Verurteilung; ** Verdammnis.

condemnātor, *ōris m* (*condemnō*) *ein* Ankläger, der die Verurteilung durchsetzt.

con-demnō 1 (*damnō*) **1.** verurteilen [*wegen iniuriarum, de vi; zu capitis* (-*te*)]; **2.** (*vom Ankläger*) die Verurteilung durchsetzen [*alqm furti*]; **3.** / mißbilligen, tadeln.

con-dēnseō 2 *u.* **-sō** 1 dicht zusammendrängen [*aciem*].

con-dēnsus 3 sehr dicht, dichtbesetzt [*arboribus* dichtbewaldet].

condiciō, *ōnis f* (*condīcō*) **1. a**) Übereinkunft, Vertrag, Vergleich; **b**) Heiratsantrag, -partie; Liebesverhältnis; **c**) Vorschlag, Zumutung; **d**) Bedingung [*pacis*]; **2. a**) Stellung, Aufgabe, Beruf [*vitae*]; **b**) Verhältnis, Lage, Zustand, Stand, Beschaffenheit [*infima servorum*]; Möglichkeit [*nulla est ~ deditionis*].

con-dīcō, *dīxī, dictum* 3 °**1.** gemeinsam festsetzen [*diem*]; **2.** *abs. od. ad cenam* sich zu Tisch ansagen *bei* [*alci*].

condīgnus 3 (*jünger* -ī-; *m. adv.*) ganz würdig, entsprechend.

condīmentum, *ī n* (*condiō*) Gewürz, Würze.

condiō 4 (*wohl zu condō*) würzen, lecker zubereiten; wohlriechend machen, einlegen; einbalsamieren [*mortuos*]; / geschmackvoll machen [*orationem*]; mildern; ** weihen (*bei der Taufe*).

condiscipula, *ae f* (*condiscipulus*) Mitschülerin.

condiscipulātus, *ūs m* (*condiscipulus*) Schulfreundschaft.

con-discipulus, *ī m* Mitschüler, Schulfreund.

con-discō, *didicī,* — 3 (-*īsc*-?) sorgfältig (er)lernen.

conditiō[1], *ōnis f* (*condiō*) *das* Würzen (*der Speisen*), Einmachen (*der Früchte*).

****conditio**[2], *onis f* Gründung, Schöpfung.

conditiō[3], *ōnis f falsche Schreibung für condiciō.*

conditīvus 3 (*conditus, P.P.P. v. condō*) zum Einlegen bestimmt; *subst.* **-um,** *ī n* Grab.

conditor, *ōris m* (*condō*) **1.** Gründer, Begründer, Schöpfer, Stifter; °**2.** Verfasser.

conditōrium, *ī n* (*condō*) Sarg; Grabmal.

conditūra, *ae f* (*condiō*) *das* Einmachen (*v. Früchten*); (leckere) Zubereitung.

conditus 3 (*m. comp.; condiō*) gewürzt; schmackhaft; ansprechend.

con-dō, *didī, ditum* 3 (*con-* + √‾*dhē „setzen") **1.** zusammenfügen: **a**) gründen, erbauen, anlegen; **b**) begründen, schaffen; **c**) verfassen; °besingen [*Caesaris acta*]; **2.** verwahren: **a**) aufheben, bergen, in Sicherheit bringen [*litteras in aerarium u. -o*]; (*nkl.*) in die Scheide stecken [*gladium*], einsperren [*in carcerem*]; beisetzen, begraben; °**b**) beschließen, zubringen [*diem*]; °**c**) verbergen, verstecken [*iram; se in tenebras*].

condoce-faciō, *fēcī, factum* 3 (*condoceō*) belehren, abrichten, anleiten.

con-doceō, *docuī, doctum* 2 einüben, abrichten.

con-doleō, — — 2 Schmerz empfinden; ** Mitleid haben *mit* [*crucifixo*].

condolēscō, *luī,* — 3 (*incoh. v. condoleō*) ein Schmerzgefühl bekommen; *meist pf.* schmerzen; wehe tun [*latus ei dicenti*].

condōnātiō, *ōnis f* (*condōnō*) *das* Verschenken; Schenkung.

con-dōnō 1 **1.** (ver)schenken; **2.** (*Schulden*) erlassen [*pecunias creditas*]; / **3.** überlassen, preisgeben, zum Opfer bringen [°*vitam rei publicae*]; **4.** vergeben [*scelus*]; ungestraft lassen aus Rücksicht *auf,* begnadigen um ... willen [*alci filium*]; ** verleihen; nachsehen [*culpam*].

con-dormiō 4 völlig einschlafen.

condormīscō, *īvī,* — 3 (*incoh. v. condormiō*) einschlafen.

condūcibilis, e (*condūcō*) zuträglich, zweckdienlich; gemeinnützig.

con-dūcō, *dūxī, ductum* 3 **I.** (*trans.*) **1.** zusammenziehen, versammeln [*copias in unum locum*], vereinigen; **2.** (durch Bezahlung, Sold *u. ä.*) zusammenbringen): **a**) mieten, pachten [*agrum;* °*vectigalia*]; **b**) anwerben [*equites*]; dingen [°*scortum*]; **c**) gegen Entgelt *eine Arbeit od. Lieferung* übernehmen [*columnam faciendam*]; °**d**) kaufen [*librum*]; **II.** (*intr.*) zuträglich sein, nützen [*rei publicae; ad commoditatem*]; **III.** (*P.P.P.*) *subst.* **conductī,** *ōrum m* (*Ne.*) Söldner; **-um,** *ī n* Miete, Mietswohnung.

****conducta,** *ae f* Eingangslied.
conducticius 3 (*conductus, P.P.P. v. condūcō*) gemietet, Miets..., Söldner...
conductiō, *ōnis f* (*condūcō*) **1.** (*rhet. t.t.*) Rekapitulation; **2.** Pacht(ung); Miet-, Pachtvertrag.
conductor, *ōris m* (*condūcō*) Mieter, Pächter; Unternehmer.
****conductus,** *us m* Geleit [*salvus Caesaris* freies kaiserliches]; Eingangslied.
conduplicātiō, *ōnis f* (*conduplicō*) Verdoppelung (*scherzh.* = Umarmung).
con-duplicō 1 verdoppeln; (*scherzh.*) *corpora* sich umarmen.
con-dūrō 1 härten.
condus, *ī m* (*cf. condō*) Beschließer (*der Vorräte*); Haushofmeister.
condylus, *ī m* (*gr. Fw.*) *das* Rohr (*der Rohrpfeife*).
cō-nectō, *nex(u)ī, nexum* 3 **1.** zusammenknüpfen, -schlingen; **2.** / **a**) verknüpfen, -binden; °**b**) verwickeln *in* [*criminibus mariti*]; **c**) (*philos. t.t.*) als Schlußsatz anfügen; (*P.P.P.*) °*adi.* **cōnexus** 3 verschwägert *mit* [*Caesari*]; *subst.* **-um,** *ī n* (logische) Schlußreihe.
cōnexiō, *ōnis f* (*cōnectō*) Verbindung, Verknüpfung; (*philos. t.t.*) logischer Schluß.
cōnexus, *ūs m* (*cōnectō*) Verknüpfung, enge Verbindung.
cōn-fābulor 1 **1.** (*intr.*) traulich plaudern; **2.** (*trans.*) *etw.* besprechen *mit.*
cōnfarreātiō, *ōnis f* (*cōnfarreō*) Konfarreationsehe, (*feierlichste Form der*) patriz. Eheschließung (*unter Opferung eines Speltkuchens* [*farreum lībum*]).
cōn-farreō 1 (*farreum, sc. lībum*) in religiöser Form ehelich verbinden; *confarreatis parentibus genitus* aus einer Konfarreationsehe (stammend); *cf. cōnfarreātiō.*
cōn-fātālis, e mitverhängt.
cōnfectiō, *ōnis f* (*cōnficiō*) **1.** Anfertigung, Herstellung; Abfassung [*libri*], Beendigung [*belli*], Eintreibung [*tributi*]; **2.** Vernichtung, Schwächung [*valetudinis*].
cōnfector, *ōris m* (*cōnficiō*) **1.** Beendiger; **2.** Vernichter.
cōnferbuī *pf. v. cōnfervēscō.*
cōn-ferciō, *rsī, rtum* 4 (*farciō*) zusammendrängen; (*P.P.P.*) *adi.* **cōnfertus** 3 (*m.* °*comp., sup.*) vollgestopft [*cibo*]; / zusammengedrängt, dicht; (*mil. t.t.*) in geschlossenen Reihen [*acies*].
cōn-ferō, *contulī, collātum, cōnferre* **1.** (*mit voller Bedeutung des praev.*): **a**) zusammentragen, -bringen [°*ligna*]; zusammenziehen, -fassen, [°*vires in unum*; / *rem in pauca*]; **b**) einander nahebringen [*capita*]; (*feindl.*) [*castra castris hostium*]; zum Kampfe bringen; kämpfen, handgemein werden [*arma, manum, signa, gradum*]; *signis collatis* in offener Feldschlacht; °*collato pede* Mann gegen Mann; **c**) zusammenschießen, aufbringen [*pecuniam*]; / °**d**) beitragen *zu,* nützen [*multum moribus*]; **e**) (*Meinungen*) austauschen, *etw.* besprechen [*condiciones*]; **f**) vergleichen [*pacem cum bello*; *parva magnis* (*dat.*!)]; **2.** (*mit abgeschwächter Bedeutung des praev. u. mit Betonung des Zieles*): **a**) hinbringen, -schaffen [*in oppidum*]; vor-, darbringen [°*vota ad deos*]; / **b**) verlegen, verschieben *auf* [*in posterum diem*]; °**c**) verwandeln [*corpus in volucrem*]; **d**) zukommen lassen [°*munera amicis*]; **e**) zuschreiben, zur Last legen [*vitia in senectutem*]; **f**) übertragen, überlassen [*spem salutis ad clementiam victoris*]; **g**) (*die Gedanken*) richten *auf* [*studium ad philosophiam*]; **h**) verwenden, hergeben [*praedam in monumenta*]; **3. sē cōnferre** (*zunächst mit voller Bedeutung des praev. nur im pl., frühzeitig aber auch schon im sg.*) sich begeben [*ad Manlium*]; / *in fugam* sich flüchten; *ad studium philosophiae* sich der Ph. widmen; *ad senatus auctoritatem* sich anschließen.
cōnfertim *adv.* (*cōnfertus, P.P.P. v. cōnferciō*) dicht gedrängt, geschlossen.
cōnfertus 3 *s. cōnferciō.*
cōn-fervefaciō, — — 3 (*u.* -vē-) zum Schmelzen bringen.
cōn-fervēscō, *buī,* — 3 (*con-* + *incoh. v. ferveō*) erglühen, entbrennen.
cōnfessiō, *ōnis f* (*cōnfiteor*) Geständnis, Bekenntnis; ** Glaubensbekenntnis; Beichte.
****confessor,** *oris m* Bekenner (*kirchlicher Ehrentitel*); Beichtvater.

cōnfestim *adv.* (-ē-?; *wahrsch. aus* * *com festī* „mit Eile", *in Anlehnung an statim usw.*; *cf. festīnō*) unverzüglich, sogleich.

cōnficiēns, *entis* (*m. sup.*; *cōnficiō*) bewirkend, verursachend.

cōn-ficiō, *fēcī, fectum* 3 **1.** zustande bringen: **a**) anfertigen, verfertigen [*vestem*]; abfassen [*libros, orationem*]; ausführen, vollenden, beendigen [*bellum*]; **b**) erledigen [*negotia*]; **c**) verursachen, bewirken [*pacem*]; machen [*auditorem benevolum*]; **d**) (*räuml.*) zurücklegen [*iter*]; (*zeitl.*) zubringen [*noctem*]; **2.** zusammenbringen: **a**) auftreiben [*frumentum*]; auf die Beine bringen [*equites*]; **b**) (*philos. t.t.*) durch Schlußfolgerung dartun; *ex quo conficitur*, ut daraus folgt, daß; **3.** (*vielfach pejorativ*) fertig werden mit, zu Ende bringen: **a**) zerkauen, verdauen [*cibum*]; verzehren [°*prandium*]; **b**) durchbringen, vergeuden [*patrimonium*]; **c**) aufreiben, erschöpfen, schwächen [*vulneribus confectus*]; **d**) niederhauen, töten; unterwerfen, besiegen [*plures provincias*]; — *cf. cōnfīō*.

cōnfictiō, *ōnis f* (*cōnfingō*) Erdichtung.

cōnfīdēns, *entis* (*m.* °*comp.*, °*sup.*, *adv.*; *cōnfīdō*) zuversichtlich, mutig; dreist, verwegen.

cōnfīdentia, *ae f* (*cōnfīdēns*) °**1.** festes Vertrauen; **2. a**) Selbstvertrauen; **b**) Dreistigkeit, Frechheit, Unverschämtheit.

cōnfīdentiloquus 3 (*m. comp.*; *cōnfīdēns, loquor*) großsprecherisch.

cōn-fīdō, *fīsus sum* 3 vertrauen, sich verlassen *auf* [*virtuti militum, naturā loci*]; fest glauben; *abs.* seiner Sache sicher sein.

cōn-fīgō, *xī, xum* 3 zusammenheften, -nageln; durchbohren; / lähmen.

cōn-findō, — — 3 zerspalten.

cōn-fingō, *fīnxī, fictum* 3 erdichten, ersinnen.

cōn-fīnis, e angrenzend, benachbart [*Senonibus*]; °/ verwandt, nahekommend.

cōnfīnium, *ī n* (*cōnfīnis*) **1.** Grenzgebiet, Grenze; *pl.* Grenzverhältnisse; °**2.** / Grenzscheide [*lucis et noctis* Dämmerung].

cōn-fīō, —, *fierī u. fīerī* (*selten*) = *cōnficior*: °**1.** zusammen-, aufgebracht werden; **2.** ausgeführt werden, zustande kommen, geschehen; °**3.** verbraucht werden.

cōnfirmātiō, *ōnis f* (-fīrm-?; *cōnfirmō*) **1. a**) Befestigung [*libertatis*]; **b**) Beruhigung, Tröstung, Trost [*animi*]; **2. a**) Bestätigung; **b**) (*rhet. t.t.*) Begründung, Beweis (*als Teil der Rede*); ** Firmung.

cōnfirmātor, *ōris m* (-ī-?; *cōnfirmō*) Bürge [*pecuniae*].

cōnfirmātus 3 (-ī-?; *m. comp.*, °*adv.*; *cōnfirmō*) mutig, beherzt; bestätigt.

cōnfirmitās, *ātis f* (-fīrm-?; *cōnfirmō*) Halsstarrigkeit.

cōn-firmō 1 (-ī-?) **1.** befestigen, festmachen [*stipitem*]; **2. a**) stärken, kräftigen, stählen [*corpus*]; **b**) (*mil. t.t.*) verstärken, sichern [*praesidia*]; **3. a**) dauerhaft machen [*pacem*]; **b**) bestätigen, für gültig erklären [*acta Caesaris*]; **c**) bekräftigen, beweisen [*testimoniis*]; **d**) ermutigen, trösten [*militum animos*], in der Gesinnung bestärken; **e**) bestimmt erklären; beteuern.

cōn-fiscō 1 (*fiscus*) in der Kasse aufheben, bar liegen haben; **2.** für die kaiserliche Kasse einziehen, beschlagnahmen; konfiszieren.

cōnfīsiō, *ōnis f* (*cōnfīdō*) Vertrauen.

cōn-fiteor, *fessus sum* 2 (*fateor*) **1.** (zu)gestehen, bekennen; anerkennen; °**2.** zu erkennen geben, offenbaren [*se deam*]; (** *abs.* bekennen; beichten); (*part. pf.*) *adi.* **cōnfessus** 3 **1.** (*act.*) geständig; **2.** (*pass.*) **a**) eingestanden; °**b**) anerkannt.

cōnflagrātiō, *ōnis f* (*cōnflagrō*) *das* Auflodern; Ausbruch [*Vesuvii montis*]; ** Verbrennung.

cōn-flagrō 1 verbrennen, in Flammen aufgehen; / zugrunde gehen.

cōnflīctātiō, *ōnis f* (*cōnflīctō*) *das* Stoßen u. Drängen (*um den Platz im Theater*), Gedränge; ** Kampf; Hader.

cōnflīctiō, *ōnis f* (*cōnflīgō*) °**1.** Zusammenstoß; **2.** / Streit.

cōnflīctō 1 (*intens. v. cōnflīgō*) **1.** (*trans.*) °**a**) niederschlagen; zerrütten; **b**) P. hart mitgenommen werden [*morbo gravi*]; (*Ta.*) ins Gedränge kommen; **2.** (*intr.*) sich herumschlagen [*cum malo*].

cōnflīctus, *ūs m* (*cōnflīgō*) Zusammenstoß.

cōn-flīgō, *īxī, īctum* 3 **1.** (*trans.*) °**a**) zusammenschlagen, vereinigen [*semina*]; **b**) / (vergleichend) zusammenhalten; **2.** (*intr.*) zusammenstoßen; aneinandergeraten, kämpfen.

cōn-flō 1 **1.** °**a**) anblasen, anfachen [*incendium*]; **b**) / schüren [*seditionem*]; **2.** °**a**) (*durch Gebläse*) einschmelzen [*vasa aurea*]; **b**) münzen, schlagen [*pecuniam*]; / **c**) zusammenbringen, vereinigen [*exercitum*], zusammenschlagen [°*rem* Vermögen], aufhäufen [*aes alienum*]; **d**) schmieden, aushecken [°*iudicia* Rechtssprüche].

cōn-fluō, *flūxī,* — 3 (*flūxī?*) zusammenfließen; / zusammen-, zuströmen; (*part. praes.*) *subst.* **cōnfluēns,** *entis m* (*auch pl.*) Zusammenfluß [*Mosae et Rheni*]; °**Cōnfluentēs,** *ium f* Koblenz.

cōn-fodiō, *fōdī, fossum* 3 **1.** umstechen, umgraben [*hortum*]; **2.** durchbohren, niederstechen; *confossior* (*comp. des P.P.P.*) stärker durchbohrt; **3.** / **a**) zu Boden schlagen; *confossi* geschlagene Leute; **b**) durch einen Querstrich tilgen; ausstreichen.

****confoedero** 1 einen Bund schließen, vereinigen.

cōnfore *s. cōnfuit.*

cōnfōrmātiō, *ōnis f* (*cōnfōrmō*) **1.** (harmonische) Gestalt(ung), Bildung; **2.** / **a**) *vocis* richtige Tonsetzung; *verborum* richtige Wortstellung; *doctrinae* geregelte Bildung; **b**) (*philos. t.t.*) Vorstellung, Begriff [*animi*]; **c**) (*rhet. t.t.*) Redefigur [*sententiae*].

****conformis,** *e* gleichförmig; gleichartig.

****conformitas,** *atis f* Gleichartigkeit.

cōn-fōrmō 1 formen, gestalten; ausbilden, schulen [*mentem*].

cōnfossior *s. cōnfodiō.*

cōnfragōsus 3 (*con-* + *frangō*) uneben, holperig; / geschraubt, zu hoch; *subst.* **-um,** *ī n* holperige Stelle; gebirgige Gegend.

****confrater,** *tris m* Bruder, Mitchrist.

cōn-fremō, *uī,* — 3 (zusammen) murren; / erbrausen.

cōn-fricō, *uī, ātum* 1 ab-, einreiben; °/ bittend umfassen [*genua*].

cōn-fringō, *frēgī, frāctum* 3 (*frangō*) (zer)brechen, sprengen; / zunichte machen; °vergeuden [*rem*].

cōn-fugiō, *fūgī,* — 3 flüchten; / seine Zuflucht nehmen *zu etw.*

cōnfugium, *ī n* (*cōnfugiō*) Zuflucht(sort).

cōn-fuit, *inf. fut. cōnfutūrum* (*esse*) *u. cōnfore* es war zugleich, trat zugleich ein, gelang.

cōn-fulciō, —, *ītum* 4 fest stützen.

cōn-fulgeō, — — 2 erglänzen.

cōn-fundō, *fūdī, fūsum* **I.** zusammengießen *bzw.* -schütten: **1. a**) zusammengießen, -schütten; **b**) vermischen; / **2.** vereinigen; verbinden [°*duos populos in unum*]; **3. a**) in Unordnung bringen, verwirren [*ordines*]; °**b**) unkenntlich machen, entstellen; °**c**) verwirren, aus der Fassung bringen [*animum*]; **II.** in einen Raum gießen *bzw.* schütten: °**1.** ausgießen, eingießen [*cruor confusus in fossam*]; schütten; / verteilen; **2.** *mediopass.* sich ergießen; / sich verteilen, sich verbreiten; (*P.P.P.*) *adi.* **cōnfūsus** 3 (*m.* °*comp.*, °*sup.*, *adv.*) **1.** verwirrt, verworren, ungeordnet [*contio*; *oratio*]; °**2.** verstört, bestürzt, aus der Fassung gebracht [*facies irā*].

cōnfūsīcius 3 (*cōnfūsus, P.P.P. v. cōnfundō*) zusammengegossen [*ius* Brühe].

cōnfūsiō, *ōnis f* (*cōnfundō*) °**1.** Vermischung; **2.** / **a**) Vereinigung; **b**) Verwirrung; °**c**) *das* Erröten (*vor Scham od. Zorn*); Verstörtheit; ** Schmach; Vergehen; *linguarum* babylonische Sprachverwirrung.

cōn-fūtō 1 (*et. unklar*; *cf. refūtō*) zum Schweigen bringen; Einhalt tun [*impudentiam*]; widerlegen; ** verdammen, zurückweisen.

cōn-futuō, — — 3 herumhuren *mit* (*m. acc.*).

con-gelō 1 °**1.** (*trans.*) zum Gefrieren bringen; / verdichten, verhärten; **2.** (*intr.*) °**a**) zufrieren; **b**) / sich verhärten, erstarren.

congeminātiō, *ōnis f* (*congeminō*) Verdoppelung (*scherzh.* = Umarmung).

con-geminō 1 (sich) verdoppeln.

con-gemō, *uī,* — 3 **1.** (*intr.*) laut seufzen; °**2.** (*trans.*) klagen *über* [*mortem*].

conger, *grī m* (*gr. Lw., volkset. an congerō angelehnt*) Meeraal.

congeriēs, *ēī f* (*congerō*) **1.** Haufe, (ungeordnete) Masse; **2.** Holzstoß,

Scheiterhaufen; **3.** Chaos; **4.** (*Redefigur*) Anhäufung.

con-gerō, *gessī, gestum* 3 **1. a)** zusammentragen, -bringen, sammeln [*ligna*]; aufhäufen [*opes*]; °*oscula* aufdrücken; *plagas* aufzählen; **b)** zusammenschießen [*viaticum*]; °**2. a)** zusammensetzen, errichten, erbauen; **b)** *abs.* nisten; **3.** / **a)** (*in Rede od. Schrift*) zusammenstellen, -fassen [*nomina poetarum*]; **b)** reichlich zuwenden [*beneficia in hospitem*], häufen *auf* [*maledicta in adversarium*].

con-gerrō, *ōnis m* Spießgeselle, Zechkumpan.

congesticius 3 (*congestus, P.P.P. v. congerō*) aufgeschüttet.

congestus, *ūs m* (*congerō*) °**1.** Anhäufung; Lieferung; **2.** *das* Nisten; °**3.** Haufen, Masse [*lapidum*].

congiālis, e (*congius*) einen *congius* enthaltend.

congiārium, *ī n* (*congius*) Spende (*v. Geld od. Naturalien, urspr. v. einem congius Getreide, Öl od. ä., an Volk od. Soldaten*).

congius, *ī m* (*gr. Lw.* = „Muschel") *röm. Hohlmaß* (= 3,28 l).

con-glaciō 1 gefrieren, einfrieren; °/ untätig vorübergehen [*tribunatus*].

con-glīscō, — — 3 fortglimmen; / wieder erstehen.

conglobātiō, *ōnis f* (*conglobō*) Zusammenrottung.

con-globō 1 zusammenballen, abrunden; / zusammendrängen [°*multitudinem in unum*].

con-glomerō 1 zusammenrollen, -ballen.

conglūtinātiō, *ōnis f* (*conglūtinō*) Zusammenleimung, -fügung.

con-glūtinō 1 (*glūtinō* 1 „leimen" *v. glūten*) °**1.** zusammenleimen; **2.** / **a)** eng verbinden, (ver)knüpfen [*voluntates*]; °**b)** ersinnen.

con-graecō 1 (*graecor*) auf griechische Art verwenden; verprassen.

con-grātulor 1 Glück wünschen *zu* [*concordiam*].

con-gredior, *gressus sum* 3 (*gradior*) **1.** zusammenkommen, -treffen [*cum Caesare*]; **2. a)** (*feindlich*) zusammenstoßen, kämpfen; **b)** / (*m. Worten*) streiten.

congregābilis, e (*congregō*) gesellig.

congregātiō, *ōnis f* (*congregō*) **1.** geselliges Zusammenleben, Geselligkeit; °**2. a)** Zusammenstellung [*argumentorum*]; **b)** Zusammenfassung, Rekapitulation [*rerum*]; ** Versammlung; Klostergemeinschaft, Kongregation.

con-gregō 1 (*grex*) **1.** zu einer Herde vereinigen; **2.** / **a)** (ver-)sammeln, vereinigen [*dispersos in unum locum*]; *mediopass. u. se -are* sich vereinigen; **b)** aufhäufen [*signa*; °/ *argumenta*].

congressiō, *ōnis f* (*congredior*) = congressus.

congressus, *ūs m* (*congredior*) **1.** Zusammenkunft; **2. a)** Gesellschaft, Verkehr; **b)** Geschlechtsverkehr; **3.** Zusammenstoß, Angriff, Kampf.

congruēns, *entis* (*m.* °*sup.*, *adv.*; *congruō*) **1.** übereinstimmend *mit*, passend *zu* [*gestus cum sententiis*]; **2.** gleichförmig; einstimmig [*clamor*].

congruentia, *ae f* (*congruēns*) Übereinstimmung, Harmonie.

con-gruō, *uī*, — 3 (⟨*-ghravō; *eigtl.* „überfallen, bedrängen"; *cf. ingruō*) °**1.** zusammentreffen; **2.** (*zeitl.*) °**a)** zusammenfallen; **b)** stimmen; **3.** übereinstimmen, harmonieren [*linguā*].

congruus 3 (*congruō*) = *congruēns*.

con-iciō, *iēcī, iectum* 3 (*altl. coniexit* = *coniēcerit*; *iaciō*) **1.** (*mit voller Bedeutung des praev.*): **a)** zusammenwerfen, -tragen [°*sarcinas in acervum*]; **b)** / vermuten, schließen, erraten; **2.** (*mit geschwächter Bedeutung des praev. u. Betonung des Zieles*): **a)** hinwerfen, schleudern, schießen, stoßen [*lapides in nostros*]; **b)** bringen, treiben, richten *auf, gegen* [*auxilia in mediam aciem*]; *se -ere* sich werfen, sich stürzen [*in paludem*]; **c)** / in einen Zustand versetzen [*rem publicam in perturbationes*].

coniectiō, *ōnis f* (*coniciō*) **1.** *das* Werfen, Schleudern [*telorum* Beschießung]; **2.** / **a)** Zusammenlegung, Vergleichung [*annonae atque aestimationis* von Markt- u. Taxpreis]; **b)** Deutung [*somniorum*].

coniectō 1 (*intens. v. coniciō*) vermuten, schließen; deuten.

coniector, *ōris m* (*coniciō*) Traumdeuter, Wahrsager.

coniectrīx, *īcis f* (*coniector*) Traumdeuterin.

coniectūra, *ae f* (*coniciō*) Mutmaßung, Annahme; Deutung; Wahrsagung.

coniectūrālis, e (*coniectūra*) mutmaßlich.

coniectus, *ūs m* (*coniciō*) °**1.** *das* Hineinwerfen; **2.** Abschießen *v. Geschossen*; Wurf; *teli* Schußweite; **3.** / **a)** Richtung [*oculorum* des Blickes]; °**b)** Kombination.

cōni-fer, *era, erum u.* **cōni-ger,** *era, erum* (*cōnus* + *ferō*; *gerō*) zapfentragend.

cō-nītor, *nīxus u. nīsus sum* 3 **1. a)** sich anstemmen; sich aufraffen; **b)** sich emporarbeiten, emporklettern; °**c)** gebären; **2.** / sich anstrengen, sich bemühen.

coniugālis, *e* (*coniux*) ehelich.

coniugātiō, *ōnis f* (*coniugō*) (*rhet. t.t.*) Stammverwandtschaft der Wörter.

coniugātor, *ōris m* (*coniugō*) Vereiniger [*amoris* der die Liebesbande knüpft].

coniugiālis, *e* (*coniugium*) ehelich.

coniugium, *ī n* (*coniungō*; *cf. coniux*) °**1.** Verbindung, Vereinigung [*corporis atque animae*]; **2. a)** Ehe; **b)** (*dcht.*) außereheliches Verhältnis, Liebschaft *mit* [*sororis*]; °**c)** Begattung (*v. Tieren*); **3.** / Gatte, Gattin; Geliebte.

con-iugō 1 (*coniux*) zu einem Paar verbinden; knüpfen [*amicitiam*]; (*rhet. t.t.*) (*P.P.P.*) *adi.* **coniugātus** 3 stammverwandt.

coniūnctē *adv.* (*m. comp., sup.*; *coniūnctus*) **1.** zusammen, zugleich *mit* [*cum reliquis rebus*]; **2.** (*rhet. t.t.*) bedingt, hypothetisch.

coniūnctim *adv.* (*coniūnctus*) gemeinschaftlich.

coniūnctiō, *ōnis f* (*coniungō*) **1.** Verbindung, Zusammenhang; Komplex [*tectorum*]; **2.** gesellige Verbindung, Freundschaft; Verwandtschaft; Ehe; politische Verbindung *mit* [*Caesaris*]; **3.** (*rhet. t.t.*) Verbindung der Rede; **4.** (*log. t.t.*) Begriffsverbindung; **5.** (*gramm. t.t.*) Bindewort, Konjunktion.

coniūnctus 3 (*m. comp., sup., adv.* [*s.d.*]; *coniungō*) **1.** (*räuml.*) verbunden, vereinigt; zusammenhängend; angrenzend [*munitio flumini*]; **2.** (*zeitl.*) unmittelbar folgend; gleichzeitig; **3.** (*durch Verwandtschaft od. Freundschaft*) verbunden, nahestehend; befreundet, vertraut; verwandt; **4.** übereinstimmend [*verba*]; *subst.* **-a,** *ōrum n* verwandte Begriffe.

con-iungō, *iūnxī, iūnctum* 3 **1.** (*räuml.*) verbinden, vereinigen, verknüpfen; *se -ere u. mediopass.* sich zusammenschließen; zusammenhängen; **2.** (*zeitl.*) **a)** verbinden; °**b)** ununterbrochen fortsetzen [*cursum*]; **3.** / **a)** (*Dinge od. Personen*) in Verbindung bringen; (*bsd. politisch od. ehelich*) verbinden; °aussöhnen; **b)** schließen, stiften [*amicitiam*]; *bellum* gemeinsam führen.

coniūnx (*sekundäre Bildung v. coniungō*) = *coniux.*

coniūrātiō, *ōnis f* (*coniūrō*) **1.** °**a)** gegenseitig geleisteter Eid; gemeinsame Vereidigung; **b)** Eidgenossenschaft; **2.** Verschwörung, Komplott; **3.** *die* Verschworenen.

con-iūrō 1 °**1.** zusammen schwören; **2.** (*mil. t.t.*) (gemeinsam) den Fahneneid leisten; **3. a)** sich eidlich verbinden, sich verbrüdern; **b)** sich verschwören; (*P.P.P.*) *adi.* **coniūrātus** 3 °**1.** vereidigt; °**2.** eidlich verbunden; **3.** verschworen; *subst.* **-ī,** *ōrum m die* Verschworenen.

coniux, *iugis m f* (*Wurzelnomen v. d.* √*iug-; *cf. coniungō, coniūnx*) **1.** Gatte; *kl. meist* Gattin; °*pl.* Ehepaar; °**2. a)** Verlobte, Braut; **b)** Geliebte, Konkubine; °**3.** (*v. Tieren*) Weibchen.

cō-nīveō, *nīvī u. nīxī,* — 2 (*cf. nictō, nītor, nhd.* „neigen") **1. a)** die Augen schließen; **b)** geschlossen sein [*oculi*]; **2.** / ein Auge zudrücken, durch die Finger sehen.

conl... = *coll...*; **conm...** = *comm...*; **con-n...** = *cō-n...*

Conōn, *ōnis m* (*gr.* K-) *athenischer Feldherr u. Admiral, 413–392.*

cōnōpēum *u.* **-ium,** *ī n* (*gr. Lw.*) Mückennetz; mit Mückennetz verhängtes Ruhebett.

cōnor 1 (*cf. gr. Lw.* „Dia-kon", *eigtl.* „Aufwärter") °**1.** sich körperlich anstrengen; **2.** versuchen, wagen, unternehmen.

conp... = *comp...*

conquassātiō *ōnis f* (*conquassō*) Erschütterung; / Zerrüttung.

con-quassō 1 erschüttern; / zerrütten.

con-queror, *questus sum* 3 °**1.** laut klagen; **2.** sich beschweren [*de iniuria*; *contumelias*; *cum alqo*].

conquestiō, *ōnis f* (*conqueror*) **1.** laute Klage; (*rhet. t.t.*) *der Teil der Rede, der das Mitleid der Zuhörer wecken soll*; **2.** Beschwerde.

conquestus, *abl. ū m* (*conqueror*) Wehklage.

con-quiēscō, *ēvī, ētum* 3 **1.** zur Ruhe kommen, (aus)ruhen, rasten; **2.** / **a**) sich ruhig verhalten, Frieden halten; **b**) Ruhe, Befriedigung finden *in* [*in litterarum studiis*]; **c**) daniederliegen, nachlassen.
con-quinīscō, *quēxī,* — 3 (*cf. nhd.* „hocken") niederkauern.
con-quīrō, *sīvī, sītum* 3 (*quaerō*) **1. a**) zusammensuchen, -bringen; **b**) (*Kolonisten, Soldaten*) ausheben, werben; **2.** / eifrig aufsuchen, -spüren, sammeln.
conquīsītiō, *ōnis f* (*conquīrō*) **1.** *das* Zusammensuchen, Sammeln; **2.** Aushebung, (gewaltsame) Werbung (*v. Soldaten u. Kolonisten*).
conquīsītor, *ōris m* (*conquīrō*) °**1.** geheimer Aufpasser; **2.** (gewaltsamer) Werber.
conquīsītus 3 (*m. sup.*, °*adv.*; *conquīrō*) ausgesucht, erlesen [*epulae*].
conquīstor, *ōris m* = *conquīsītor.*
conr... = *corr...*
consacerdos, *otis m* (geistl.) Amtsbruder.
cōnsacrō = *cōnsecrō.*
cōn-saepiō, *psī, ptum* 4 umzäunen, einfriedigen.
cōnsaeptum, *ī n* (*cōnsaepiō*) Gehege; *fori* Schranken.
cōnsalūtātiō, *ōnis f* (*cōnsalūtō*) Begrüßung.
cōn-salūtō 1 laut begrüßen, bewillkommnen [*Li.*: *alqm regem* als König].
cōn-sānēscō, *nuī,* — 3 genesen; heilen [*vulnus*].
cōn-sanguineus 3 (*sanguis*) blutsverwandt; geschwisterlich; *subst.* **-us,** *ī m* Blutsverwandter; Bruder; **-a,** *ae f* (*Ca.*) Schwester.
cōnsanguinitās, *ātis f* (*cf. cōnsanguineus*) Blutsverwandtschaft.
cōn-sauciō 1 schwer verwunden.
cōnscelerātus 3 (*m. sup.*; *cōnscelerō*) frevelhaft, verrucht.
cōn-scelerō 1 (mit einem Verbrechen) beflecken.
cōn-scendō, *endī, ēnsum* 3 (*scandō*) **1.** (gemeinsam) be-, ersteigen; *navem u. abs.* sich einschiffen; °**2.** / sich aufschwingen *zu* [*carmen*].
cōnscēnsiō, *ōnis f* (*cōnscendō*) *das* Einsteigen [*in naves*].
****conscholaris,** *is m* Mitschüler.
cōnscientia, *ae f* (*cōnsciēns, part. praes. v. cōnsciō*) **1.** *das* Mitwissen; Einverständnis; **2. a**) Bewußtsein, Gefühl; **b**) Selbstbewußtsein; **c**) Gewissen [*recta, mala*].
cōn-scindō, *scidī, scissum* 3 zerreißen; / herunterreißen; *sibilīs* auszischen, -pfeifen. [*nil*].
cōn-sciō, — — 4 sich bewußt sein
cōn-scīscō, *scīvī, scītum* 3 **1.** gemeinsam beschließen; förmlich beschließen [*bellum*]; **2.** *sibi -ere* auf sich nehmen, begehen [*kl. nur mortem, necem* sich töten].
cōnscius 3 (*sciō*; *cf. nescius*) **1.** mitwissend, eingeweiht [*facinori; coniurationis*]; *sibi* sich bewußt [*iniuriae*]; *subst.* ~, *ī m* Mitwisser, Zeuge, Teilnehmer; **2. a**) selbstbewußt; °**b**) schuldbewußt.
cōn-screor 1 sich stark räuspern.
cōnscrībillō 1 (*dem. v. cōnscrībō*) bekritzeln; / blutig schlagen.
cōn-scrībō, *scrīpsī, scrīptum* 3 **1.** *mit jd.* zusammen schreiben [*ad me cum Oppio*]; **2.** ab-, verfassen, schreiben [*epistulam, testamentum*]; (*v. Arzt*) verordnen; °**3.** vollschreiben [*tabellas*]; **4.** in eine Liste eintragen: **a**) einschreiben, aufzeichnen [*servos*; (*Li.*: *als Kolonisten*) *sex milia familiarum*]; **b**) (*mil. t.t.*) ausheben [*milites*]; *modo conscripti* Rekruten; **c**) in eine Bürgerklasse einreihen [^c*centurias equitum*]; **d**) in die Senatorenliste eintragen; (neue Senatoren) beiordnen; (*P.P.P.*) *subst.* **cōnscrīptī,** *ōrum m die* neuen (*der Überlieferung nach aus dem Ritterstande übernommenen, den alten Senatoren* — *patres* — *beigeordneten*) Senatoren; *patres conscripti* „Väter u. Beigeordnete" = Senat(oren).
cōnscrīptiō, *ōnis f* (*cōnscrībō*) Abfassung, Aufzeichnung; ** Urkunde; Werk, Schrift.
cōn-secō, *cuī, ctum* 1 in Stücke (zer)schneiden, zerstückeln.
cōnsecrātiō, *ōnis f* (*cōnsecrō*) **1.** Weihe, Heiligung; Verfluchung [*capitis*]; *s. cōnsecrō*; °**2.** Vergötterung, Apotheose (*des Kaisers*).
cōn-secrō 1 (*sacrō*) **1. a**) *der Gottheit* weihen, heiligen [*aedem*]; **b**) den unterirdischen Göttern weihen, verfluchen; **2. a**) zur Gottheit erheben, vergöttern [°*Claudium*]; **b**) für unverletzlich erklären; **3.** / unsterblich machen [*memoriam rerum gestarum*]; ** weihen [*panem*]; heiligen; verwandeln; *baptisma* die Taufe vollziehen.

cōnsectārius 3 (*con-* + **sectus, altes part. pf. v. sequor*) folgerichtig; *subst.* **-a,** *ōrum n* Schlußfolgerungen.
cōnsectātiō, *ōnis f* (*cōnsector*) *das* Streben *nach* [*concinnitatis*].
cōnsectātrīx, *īcis f* (*cōnsectātor*) eifrige Anhängerin, Freundin.
cōnsectiō, *ōnis f* (*cōnsecō*) *das* Zerschneiden.
cōn-sector 1 **1.** eifrig nachgehen; streben *nach* [*gloriam*]; **2.** *feindlich* verfolgen, nachsetzen [*praedones*].
cōnsecūtiō, *ōnis f* (*cōnsequor*) Folge: **1.** (*rhet. t.t.*) richtige Aufeinanderfolge [*verborum*]; **2.** (*philos. t.t.*) Folge (*als Wirkung*); Schlußfolge, Folgerung.
cōn-senēscō, *senuī,* — 3 °**1.** (gemeinsam) alt werden; **2.** / schwach, stumpf werden, erlahmen; an Geltung verlieren [*leges*].
cōnsēnsiō, *ōnis f u.* **-sus,** *ūs m* (*cōnsentiō*) **1.** Übereinstimmung, Einigkeit; einstimmiger Beschluß, Wunsch; **2.** geheimes Einverständnis, Verabredung, Komplott.
cōnsentāneus 3 (*cōnsentiō*) übereinstimmend *mit* [*cum litteris; tempori*]; *-um est* (*m. inf., a.c.i.,* °*ut*) es ist vernunftgemäß, folgerichtig, natürlich; *subst.* **-a,** *ōrum n* übereinstimmende Umstände.
cōn-sentiō, *sēnsī, sēnsum* 4 **1. a)** übereinstimmen, einig sein; *sibi -ire* sich treu bleiben, konsequent sein; **b)** sich einigen; einstimmig beschließen; **2.** ein Komplott machen; **3.** übereinstimmen, passen, harmonieren [*vultus cum oratione, orationi*]; (*part. praes.*) *adi.* **cōnsentiēns,** *entis* einstimmig, einhellig [*vox*]; ** sich einigen *auf* [*in alqd*]; (dem Manne) zu Willen sein.
cōnsequēns, *entis* (*m.* °*adv.*; *cōnsequor*) **1.** (*philos. t.t.*) konsequent; vernunftgemäß; angemessen; **2.** (*gramm. t.t.*) richtig konstruiert; *subst. n* Folge(rung).
cōnsequentia, *ae f* (*cōnsequēns*) Folge.
cōn-sequor, *secūtus sum* 3 **1. a)** unmittelbar nachfolgen; **b)** erfolgen, eintreten [*silentium*]; **c)** verfolgen [*hostes*]; **d)** / sich streng halten *an* [*viam*]; folgen, sich zum Muster nehmen [*morem*]; **e)** *als Wirkung* folgen [*pudorem rubor*]; **f)** logisch *aus etw.* folgen; **2.** *durch Nachfolgen* erreichen: **a)** einholen [*novissimum agmen*]; **b)** erlangen, gewinnen [*magistratum*]; **c)** gleichkommen [*maiores*]; **d)** vollständig ausdrücken [*laudes verbis*]; **e)** begreifen, erkennen, einsehen [*facta memoriā*].
cōn-serō¹, *sēvī, situm* 3 **1.** besäen, bepflanzen; bestellen [*agrum*]; (*Lu.*) schwängern; °/ belästigen, beschweren; °**2.** (an)pflanzen.
cōn-serō², *seruī, sertum* 3 °**1. a)** (*zwei od. mehrere Dinge*) aneinanderreihen, -heften, -fügen, zusammenflechten [*vehicula vinculis*]; verknüpfen, befestigen; **b)** (*einen Gegenstand in seinen Teilen*) zusammenheften, -ketten [*sagum fibulis*]; **2.** °**a)** liebend anschmiegen [*femur femori*]; **b)** (*feindlich*) aneinanderbringen; (*mil. t.t.*) *manūs, manum* handgemein werden *mit* [*cum*]; beginnen [°*pugnam*]; **c)** (*jur. t.t.*) *alqm ex iure manum consertum* (*Sup.!*) *vocare* jd. zur Eröffnung eines Eigentumsprozesses vorladen (*bei der beide Parteien ihre Hand an die strittige Sache legen mußten*).
cōnsertē *adv.* (*cōnsertus, P.P.P. v. cōnserō²*) verknüpft, im engen Zusammenhang [*dicere*].
cōn-serva, *ae f* (*cōnservus*) Mitsklavin.
cōnservātiō, *ōnis f* (*cōnservō*) Aufbewahrung, Erhaltung; Bewahrung, Rettung, Beobachtung.
cōnservātor, *ōris m* (*cōnservō*) Erhalter, Retter.
cōnservātrīx, *īcis f* (*cōnservātor*) Erhalterin.
cōn-servitium, *ī n* Dienstgenossenschaft.
cōn-servō 1 **1.** (auf)bewahren, erhalten; **2. a)** (er-)retten, am Leben erhalten, unversehrt lassen, begnadigen [*captivos*]; **b)** aufrechterhalten; *ordines* in Reih u. Glied bleiben; *fidem* treu bleiben.
cōn-servus, *ī m* Mitsklave.
cōnsessor, *ōris m* (**cōnsideō; sedeō*) (Platz-)Nachbar, Tischgenosse; Beisitzer (*bei Gericht*).
cōnsessus, *ūs m* (**cōnsideō; sedeō*) **1.** Versammlung; (Gerichts-)Sitzung; **2.** Publikum.
cōnsīderātiō, *ōnis f* (*cōnsīderō*) Betrachtung, Erwägung; Aufmerksamkeit.
cōnsīderātus 3 (*m. comp., sup., adv.*; *cōnsīderō*) **1.** (reiflich) überlegt, (wohl)erwogen [*verbum*]; **2.** bedächtig, besonnen.

cōn-sīderō 1 (*sīdus*; *eigtl.* „die Gestirne beobachten"; *cf.* *dēsīderō*) betrachten, besichtigen; / überlegen [*secum, cum animo suo*]; Betrachtungen anstellen [*de praemiis*]; darauf bedacht sein, daß [*ut*].

cōnsidium, *ī n wohl volkset. Umformung v. cōnsilium nach praesidium.*

cōn-sīdō, *sēdī, sessum* 3 **1. a)** (*v. mehreren*) sich zusammensetzen, sich gemeinsam niederlassen [*eodem in loco*]; **b)** (*v. einzelnen*) sich setzen, sich niederlassen; **2.** eine Sitzung abhalten, zu Gericht sitzen; **3.** (*mil. t.t.*) sich festsetzen, Stellung nehmen, sich lagern; **4.** sich ansiedeln [*in Ubiorum finibus*; (*Cu.*) *in urbem*]; **5.** landen; **6.** sich senken; einsinken, -stürzen; **7.** / **a)** sich festsetzen, sich einnisten [*in mente*]; **b)** sich legen, nachlassen, aufhören.

cōn-sīgnō 1 (-*ī*-?) **1.** (ver)siegeln; / bestätigen, beglaubigen, verbürgen; **2.** auf-, einzeichnen; ** = *signo.*

cōn-silēscō, — — 3 verstummen.

cōnsiliārius 3 (*cōnsilium*) ratgebend; *kl. nur subst.* ~, *ī m* Ratgeber, Berater; Beisitzer (*im Rat od. vor Gericht*); ** kaiserlicher Rat.

cōnsiliātor, *ōris m* (*cōnsilior*) Ratgeber.

cōnsilior 1 (*cōnsilium*) beratschlagen, sich beraten, Rat geben.

cōnsilium, *ī n* (*zu* √ *sel- „nehmen, ergreifen"; *cf.* *cōnsul, cōnsulō*) Rat: **I.** (*act.*) **1. a)** Beratung; **b)** amtliche, richterliche Sitzung [*in -um advocare*]; **c)** Ratsversammlung, Kollegium [*pontificum, senatus*]; Kriegsrat; Beirat [°*regium*]; **d)** (*dcht.*) *ein einzelner* Ratgeber; **2.** Überlegung, Einsicht, Klugheit; *bono -o* aus gutem Grunde; **II.** (*pass.*) **1.** Ratschluß, Be-, Entschluß; **2. a)** Plan, Absicht; *-o* planmäßig, absichtlich; **b)** List, Kriegslist; militärischer Plan; **3.** Ratschlag, Vorschlag.

cōn-similis, e (*m.* °*adv.*) ganz ähnlich [*causarum*; *homini*].

cōn-sipiō, — — 3 (*sapiō*) bei Sinnen [bleiben.

cōn-sistō, *stitī,* — 3 **1.** (*urspr. aus der Ruhe heraus*) **a)** sich gemeinsam aufstellen, zusammentreten [*tota Italia*]; sich aufstellen, hintreten; (*mil. t.t.*) antreten, Stellung beziehen; **b)** (*v. einzelnen*) auf-, hintreten; *pf.* stehen [*in muro*]; **c)** (*v. Zuständen*) eintreten, stattfinden, bestehen [*ubi maleficia, ibi poena*]; **d)** beruhen *auf*, bestehen *in od. aus* [*victus in lacte et caseo*]; **2.** (*urspr. aus der Bewegung heraus*) **a)** stillstehen, stehenbleiben [°*ante domum*]; **b)** (*mil. t.t.*) haltmachen, sich lagern; *in ancoris* vor Anker gehen; **c)** sich niederlassen, ansiedeln; sich aufhalten [*in Italia*]; festen Fuß fassen, feststehen; / **d)** sich behaupten, sich halten; **e)** verharren, verweilen [*in singulis*]; **f)** aufhören, zum Stillstand kommen [*administratio belli*]; zur Ruhe kommen, sich fassen, sich sammeln; **g)** *in causa* den Prozeß gewinnen; *in dicendo* seine Rede durchführen; ** = *sum.*

****consistorium,** *i n* Versammlung(sort); *das* innere Gemach; Versammlung der Kardinäle.

cōnsitiō, *ōnis f* (*cōnserō*[1]) *das* Bepflanzen, Anbau; *pl.* Anbauarten.

cōnsitor, *ōris m* (*cōnserō*[1]) Pflanzer.

cōnsitūra, *ae f* (*cōnserō*[1]) *das* Besäen.

cōn-sobrīnus, *ī m u.* **-a,** *ae f* (*zu soror*) Geschwisterkind (*urspr. nur mütterlicherseits*); Vetter, Base.

cōn-socer, *cerī m* Mitschwiegervater.

cōnsociātiō, *ōnis f* (*cōnsociō*) Verbindung, Vereinigung.

cōn-sociō 1 **1.** vereinigen, verbinden; °*dii consociati* Bundesgottheiten; **2.** gemeinsam machen, teilen [°*regnum*]; *consilia cum amico* in seine Pläne hineinziehen; **3.** (*P.P.P.*) *adi.* **cōnsociātus** 3 (*m. sup.*) übereinstimmend; innig verbunden.

cōnsōlābilis, e (*cōnsōlor*) tröstlich; *vix* ~ kaum zu beschwichtigen.

cōnsōlātiō, *ōnis f* (*cōnsōlor*) Trost, Beruhigung; Trostschrift, -rede.

cōnsōlātor, *ōris m* (*cōnsōlor*) Tröster; ** *der* Heilige Geist.

cōnsōlātōrius 3 (*cōnsōlātor*) tröstend; Trost...

cōn-sōlor 1 **1.** trösten, ermutigen [*de morte filii*]; sein Beileid bezeigen; **2.** lindern, mildern; ** *auch pass.* Trost finden.

cōn-somniō 1 zusammenträumen.

cōnsonāns, *antis f* (*sc. littera*; *cōnsonō*) Konsonant.

cōn-sonō, *uī,* — 1 zusammentönen, widerhallen; / übereinstimmen; (*rhet. t.t.*) *extremis syllabis* gleichen Auslaut haben.
cōn-sonus 3 | °**1.** harmonisch; **2.** / übereinstimmend, passend.
cōn-sōpiō 4 °**1.** völlig betäuben; **2.** fest einschläfern; P. in tiefen Schlaf fallen.
cōn-sors, *tis* (*abl.* -*ī u.* -e) **1.** gleichen Anteil habend; °*socius* Geschäftsteilhaber; **2.** ein ungeteiltes Erbe gemeinsam besitzend, in Gütergemeinschaft lebend; °**3.** a) gemeinsam; **b**) geschwisterlich; *subst.* (*meist dcht.*) **1.** *m* Teilhaber, Genosse, Gefährte; *potestatis* Amtsgenosse; *tori* Gatte; **2.** *m* Bruder *f*, Schwester.
cōnsortiō, *ōnis f* (*cōnsors*) Teilhaberschaft, Gemeinschaft.
cōnsortium, *ī n* (*cōnsors*) **1.** = *cōnsortiō*; **2.** Gütergemeinschaft; ** Verkehr; Beistand.
cōnspectus[1] 3 *s. cōnspiciō.*
cōnspectus[2], *ūs m* (*cōnspiciō*) **1.** (*act.*) **a**) *das* Erblicken, Anblick, Blick; *in -u esse* vor Augen stehen, sichtbar, gegenwärtig sein; *in -um venire* vor (die) Augen treten, erscheinen; *in -u* gegenüber; *a, e -u* aus den Augen, aus dem Gesichtskreise; **b**) / (geistiger) Blick, Anschauung, Betrachtung; *in -u* angesichts [*legum*]; **2.** (*pass.*) **a**) *das* Sichtbarwerden, Erscheinung; **b**) Aussehen, Anblick.
cōn-spergō, *sī, sum* 3 (*spargō*) bespritzen, benetzen, bestreuen; / übergießen, -schütten.
cōnspicillum, *ī n* (*cōnspiciō*) Warte.
cōn-spiciō, *spexī, spectum* 3 (*spēxī?*; *speciō*) **1.** anblicken, ansehen, hinschauen *nach*; **2.** erblicken, gewahr werden; P. ins Auge fallen, auffallen; **3.** genau betrachten; **4.** / (*geistig*) wahrnehmen, einsehen, begreifen; (*P.P.P.*) *adi.* °**cōnspectus** 3 sichtbar; / (*m. comp.*) in die Augen fallend, auffallend, stattlich; (*Gerundiv*) *adi.* °**cōnspiciendus** 3 sehenswert, beachtlich.
cōnspicor 1 (*cōnspiciō*) erblicken, gewahren; (*selten*) °*pass.* sichtbar werden.
cōnspicuus 3 (*cōnspiciō*) (weithin) sichtbar; auffallend, in die Augen fallend.
cōnspīrātiō, *ōnis f* (*cōnspīrō*) **1.** Einklang, Einigkeit; **2.** Verschwörung.
cōn-spīrō 1 °**1.** zusammen ertönen [*cornua*]; **2.** / **a**) einig sein, übereinstimmen; **b**) sich verschwören; (*part. praes.*) *adi.* **cōnspīrāns,** *antis* übereinstimmend, einmütig; (*P.P.P.*) *subst.* °**cōnspīrātī,** *ōrum m die* Verschworenen.
cōn-spōnsor, *ōris m* (*cōnspondeō* 2 „gemeinsam verpflichten") Mitbürge.
cōn-spuō, *uī, ūtum* 3 bespeien, an- [spucken; / bedecken.]
cōn-spurcō 1 besudeln. [anspeien.]
cōn-spūtō 1 (*intens. v. cōnspuō*)
cōn-stabiliō 4 befestigen; sichern.
cōnstāns, *antis* (*m. comp., sup., adv.*; *cōnstō*) **1.** fest(-stehend), ruhig [*vultus*]; **2.** unwandelbar, gleich-, regelmäßig [*stellarum cursus*]; **3. a**) übereinstimmend, einstimmig [*rumores*]; **b**) konsequent durchgeführt [*oratio*]; **4.** beständig, charakterfest, standhaft.
cōnstantia, *ae f* (*cōnstāns*) **1.** Festigkeit; **2.** Stetigkeit, Beharrlichkeit; **3.** Übereinstimmung, Folgerichtigkeit; **4.** Standhaftigkeit, Charakterfestigkeit, Besonnenheit.
cōnsternātiō, *ōnis f* (*cōnsternō*[1]) **1.** *das* Scheuwerden; **2.** Bestürzung, Angst; **3.** Aufruhr, -stand.
cōn-sternō[1] 1 (*cf. sternāx*; *nhd.* „starren, störrisch"; *fast nur nkl.*) **1. a**) scheumachen; **b**) auf-, verscheuchen; **2.** (er)schrecken, ängstigen; **3.** aufregen, erbittern.
cōn-sternō[2], *strāvī, strātum* 3 **1. a**) bestreuen, dicht bedecken; **b**) überdecken [°*vehiculum*], mit Verdeck versehen [*naves*]; °**2.** niederwerfen; ** überbrücken; pflastern.
cōn-stīpō 1 zusammendrängen.
cōn-stituō, *uī, ūtum* 3 (*statuō*) **I.** (*m. affiziertem Objekt*) **1.** (*m. voller Bedeutung des praev.*) **a**) (*v. mehreren Subjekten*) gemeinsam aufstellen; **b**) (*v. mehreren Objekten od. Kollektivbegriffen*) (*Truppen*) aufstellen [*legiones pro castris*]; haltmachen lassen [*agmen*]; vor Anker gehen lassen [*naves*]; verlegen, stationieren [*hiberna in Belgis*]; ansiedeln [*plebem in agris publicis*]; **2.** (*ohne volle Bedeutung des praev. v. einzelnen Subjekten bzw. Objek-*

ten) **a**) hinstellen, -setzen, -legen; **b**) einsetzen [*imperatorem*]; bestellen [*iudicem*]; **c**) in feste Ordnung bringen [*rem publicam*]; **II.** (*mit effiziertem Objekt*) **1.** errichten [*turres*]; bauen [*oppidum*]; anlegen [°*portum*]; **2.** / schaffen, zustande bringen [*amicitiam*]; stiften [*pacem*]; errichten [*imperium*]; vornehmen, veranstalten [*auctionem*]; **III. 1. a**) festsetzen, bestimmen, verabreden [*diem concilio*]; **b**) gesetzlich feststellen [*controversiam* Streitpunkt]; **c**) richterlich entscheiden [*de iure*]; **2.** beschließen, sich entschließen [*de profectione*; *bellum gerere*]; (*P.P.P.*) *adi.* **cōnstitūtus** 3 festgesetzt, bestimmt; beschaffen [*corpus bene -um*]; ** befindlich *als part. v.* esse.

cōnstitūtiō, *ōnis f* (*cōnstituō*) **1. a**) (physischer) Zustand; Beschaffenheit; **b**) Einrichtung, Verfassung [*rei publicae*]; **2. a**) Begriffsbestimmung [*summi boni*]; **b**) Feststellung des Streitobjektes; °**3.** Verordnung.

cōnstitūtum, *ī n* (*cōnstitūtus*) °Verfügung; Verabredung; Vorsatz.

cōnstitūtus 3 *s. cōnstituō.*

cōn-stō, *stitī, stātūrus* 1 °**1.** zusammenstehen; feststehen, still (da-)stehen [*milites aqua*]; **2.** fortbestehen, unverändert bleiben, gleichbleiben [*idem sermo omnibus*]; **3.** übereinstimmen [*oratio cum re*]; *sibi -are* sich gleichbleiben, konsequent sein; *ratio -at* die Rechnung stimmt; **4.** vorhanden sein, existieren; **5. a**) bestehen *aus* [*homo ex corpore et animo*]; **b**) bestehen *in*, beruhen *auf* [*victoria in virtute militum*]; **6.** (*geschäftl. t.t.*; *urspr. vom Einstehen der Waage*) zu stehen kommen, kosten [*victoria multo sanguine*; *parvo, magno*]; **7.** feststehen, bekannt sein; (*meist impers.*): **cōn-stat a**) es ist bekannt [*omnibus, inter omnes* allgemein; *hiemari in Gallia oportere*]; **b**) *mihi -at* ich bin fest entschlossen [*nec meam contumeliam nec meorum ferre*]; ** *-are* = esse.

cōnstrātum, *ī n* (*cōnsternō*²) Decke; [(*meist pl.*) Belag.]

cōn-stringō, *strīnxī, strictum* 3 (*strīnxī*?) **1.** °**a**) festbinden [*sarcinam*]; **b**) zusammenschnüren, binden, fesseln; °**c**) P. zusammenfrieren; **2.** / **a**) unauflöslich machen [°*fidem religione*]; **b**) beschränken, hemmen; **c**) (*rhet. t.t.*) kurz zusammenfassen.

cōnstrūctiō, *ōnis f* (*cōnstruō*) **1. a**) Zusammenfügung; **b**) (*rhet. t.t.*) *verborum* Periodenbau; **c**) systematische Aufstellung (*der Bücher in einer Bibliothek*); **2.** Bau.

cōn-struō, *strūxī, strūctum* 3 **1.** zusammenschichten, aufhäufen; **2.** bauen, erbauen.

cōnstuprātor, *ōris m* (*cōnstuprō*) Schänder.

cōn-stuprō 1 schänden, vergewal-[tigen.]

cōn-suādeō, *suāsī, suāsum* 2 dringend anraten.

Cōnsuālia *s. Cōnsus.*

cōn-suāsor, *ōris m* (*cōnsuādeō*) [Ratgeber.]

cōn-sūcidus 3 vollsaftig.

cōn-sūdō 1 stark schwitzen.

cōn-suē-faciō, *fēcī, factum* 3; P. *-fīō, factus sum, fierī u. fīerī* gewöhnen *an.*

cōn-suēscō, *suēvī, suētum* 3 (*cōnsuēmus synk.* < *cōnsuēvimus*) **1.** (*intr.*) sich gewöhnen *an*; *pf.* **cōnsuēvī** bin gewohnt, pflege; *cum mulieribus* mit Weibern Umgang haben; °**2.** (*trans.*) gewöhnen *an*; **3.** (*P.P.P.*) **cōnsuētus** 3 gewöhnt *an*; °*adi.* (*m.* °*sup.*, *adv.*) gewohnt, gewöhnlich.

cōnsuētiō, *ōnis f* (*cōnsuēscō*) vertrauter Umgang.

cōnsuētūdō, *inis f* **1.** Gewohnheit, Herkommen, Sitte, Brauch; **2.** Lebensweise; **3.** Sprachgebrauch; **4. a**) Umgang, Verkehr; *epistularum* Briefwechsel; °**b**) zärtlicher Umgang der Eheleute; Geschlechtsverkehr, Verhältnis, Liebschaft.

cōnsuētus 3 *s. cōnsuēscō.*

cōnsul, *ulis m* (*et. nicht sicher geklärt*; *cf.* *cōnsulō, cōnsilium*) **1.** Konsul (*Bezeichnung der beiden höchsten Beamten der röm. Republik seit etwa 450*; *für jeweils 1 Jahr anfänglich nur aus der Klasse der Patrizier in den Zenturiatkomitien gewählt*; *seit 365 stets e i n Konsul ein Plebejer*); *Abk. sg. COS, pl. COSS*; °*suffectus* der nachgewählte K.; *designatus* der für das folgende Jahr gewählte K.; *Bruto (et) Collatino coss.* unter dem Konsulat *von* (= *Jahresbezeichnung*); *pro consule* Stellvertreter eines Konsuls; *cf. prō-*

cōnsul; °**2.** (*selten*) Prokonsul; ** Ratsherr, Vorsteher.

cōnsulāris, e (*cōnsul*) konsularisch [*imperium*]; *subst.* **-is,** *is m* gewesener Konsul, Konsular; (*in der Kaiserzeit*) Legat mit Konsularrang; *adv.* °**cōnsulāriter** eines Konsuls würdig.

cōnsulātus, *ūs m* (*cōnsul*) Konsulat, Konsulwürde; ** Rat (einer Stadt).

cōnsulō, *luī, ltum* 3 (*con-* + √‾ *sel- „nehmen"; *cf. cōnsilium, cōnsul; senātum cōnsulere urspr.* „den Senat versammeln") **1.** (*intr.*) **a**) (*gemeinsam*) Rat halten; °*in medium*, °*in commune* (für das Gemeinwohl) beratschlagen; **b**) beschließen, Maßregeln treffen [°*de perfugis*], verfahren [*graviter in plebem*]; **c**) Rat schaffen, sorgen *für*, bedacht sein *auf* [*dignitati*; *sibi* auf seine Rettung]; **2.** (*trans.*) **a**) befragen, um Rat fragen [*senatum de re publica*]; (*einen Rechtskundigen*) zu Rate ziehen [*de iure*]; (*eine Gottheit, ein Orakel*) befragen; **b**) *populum* beim Volk den Antrag stellen; **c**) (*kl. selten*) beraten, erwägen, überlegen; °**d**) *boni consulere* gutheißen, zufrieden sein *mit* [*hoc munus*].

cōnsultātiō, *ōnis f* (*cōnsultō*[2]) **1.** Beratung, Erwägung; **2.** Anfrage; **3.** Thema; These, Untersuchung.

cōnsultātor, *ōris m* (*cōnsultō*[2]) Fragesteller.

cōnsultō[1] *adv. s. cōnsultus.*

cōnsultō[2] 1 (*intens. v. cōnsulō*) **1.** (*intr.*) **a**) reiflich überlegen, beratschlagen; °**b**) sorgen *für* [*rei publicae*]; **2.** (*trans.*; *unkl.*) um Rat fragen; befragen.

cōnsultor, *ōris m* (*cōnsulō*) °**1.** Berater; **2.** *der* Ratsuchende; Klient.

cōnsultrīx, *īcis f* (*cōnsultor*) Fürsorgerin.

cōnsultum, *ī n* (*cōnsultus, P.P.P. v. cōnsulō*) **1. a**) Beschluß, Plan, Maßregel; **b**) *senatūs* Senatsbeschluß (*Abk. SC*); °**2.** Orakelspruch; ** *ex maturitatis consulto* infolge geistiger Reife.

cōnsultus[1] 3 (*m.* °*comp.*, °*sup.*; *cōnsulō*) **1.** reiflich überlegt, erwogen, (wohl)bedacht; **2.** kundig, erfahren, Kenner; *iuris* (*iure*) ~ rechtskundig; *subst.* ~, *ī m* Rechtsgelehrter; *adv.* °**-ē** mit Bedacht; **-ō** mit Absicht.

****consultus**[2], *us m* Beratung; Hilfe.

cōnsummābilis, e (*cōnsummō*) vervollkommnungsfähig.

cōnsummātiō, *ōnis f* (*cōnsummō*) Vollendung; Ausführung.

cōn-summō 1 (*summa*) **1.** zusammenrechnen; **2.** / **a**) vollbringen, zur höchsten Vollendung bringen; **b**) *abs.* seine Dienstzeit vollenden; (*P.P.P.*) °*adi.* **cōnsummātus** 3 (*m. sup.*) vollkommen ausgebildet.

cōn-sūmō, *sūmpsī, sūmptum* 3 „zusammennehmen": **1. a**) (*Kraft, Eifer, Gaben*) verwenden *auf* [*ingenium in musicis*]; **b**) (*Zeit*) verwenden, zu-, hinbringen [*aestatem in Treveris*]; *P.* verstreichen, vergehen [*magna parte die consumpta*]; **c**) vergeuden, unnütz verstreichen lassen; **2.** (*durch Verwenden*) verbrauchen: **a**) verzehren [*pabulum*]; **b**) verprassen [*pecuniam*]; **c**) aufreiben, erschöpfen; dahinraffen; *P.* umkommen.

cōnsūmptiō, *ōnis f* (*cōnsūmō*) Aufzehrung, Vernichtung.

cōnsūmptor, *ōris m* (*cōnsūmō*) Verzehrer, Verschwender.

cōn-suō, *suī, sūtum* 3 zusammennähen; / anzetteln, [*dolum*]; *os alcis* jd. das Maul stopfen.

cōn-surgō, *surrēxī, surrēctum* 3 **1.** (gemeinsam) sich erheben; **2.** / (*meist nkl., dcht.*) **a**) aufstehen [*in arma* zum Kampf]; **b**) sich auftürmen, emporsteigen [*aër, mare, murus*]; **c**) ausbrechen [*bellum*]; **d**) emporstreben, [*ad gloriam*]; sich aufschwingen [*carmine Maeonio*].

cōnsurrēctiō, *ōnis f* (*cōnsurgō*) allseitiges Aufstehen.

Cōnsus, *ī m* (*wahrsch. zu condō*; „*der* Berger") *altröm. Gott, unter dessen Schutz die Bergung der Feldfrucht stand*; *sein Fest am 21. Aug. u. 15. Dez. mit Pferde- u. Mauleselrennen* **Cōnsuālia,** *ium n.*

cōn-susurrō 1 zusammen flüstern.

con-tābēfaciō, *fēcī, factum* 3 nach und nach hinschwinden lassen; / verzehren.

con-tābēscō, *buī,* — 3 hinschwinden.

contabulātiō, *ōnis f* (*contabulō*) Bretterdecke; Stockwerk.

con-tabulō 1 mit Brettern belegen;

mit mehrstöckigen Türmen versehen; °/ überbrücken.

contāctus, *ūs m,* **contāgiō,** *ōnis f u.* **-gium,** *ī n (contingō)* **1.** Berührung; Einwirkung, Einfluß; **2. a)** Ansteckung, Seuche; **b)** / verderblicher Einfluß, böses Beispiel.

contāgēs, *is f (contingō)* Berührung.

contāminō 1 *(contāmen* Berührung; *zu contingō)* in Berührung bringen: **1.** entehren, verderben [*gentes durch Übertritt eines Patriziers in den Plebejerstand;* °*fabulas durch Verschmelzung v. zwei griechischen Originalen zu* e i n e m *römischen*: verhunzen; kontaminieren]; **2.** mit Unreinem in Berührung bringen, besudeln, beflecken, entweihen; *(P.P.P.) adi.* **contāminātus** 3 *(m. sup.)* befleckt, gemein, entweiht, *bsd.* durch unnatürliche Wollust befleckt; *subst.* **-ī,** *ōrum m (Ta.)* Lustknaben.

con-technor 1 *(techna)* Ränke schmieden, listig ersinnen.

****contectalis,** *is f* Gemahlin.

con-tegō, *tēxī, tēctum* 3 **1. a)** (bedecken; **b)** schützen [*corpus veste*]; **2. a)** verdecken, -hüllen; °**b)** begraben; **3.** / verbergen, verheimlichen.

con-temerō 1 beflecken, entweihen.

con-temnō, *psī, ptum* 3 **1.** verachten, geringschätzen, zurücksetzen; *me* ich bin bescheiden; *non contemnendus* beachtlich; **2.** verspotten.

contemplātiō, *ōnis f (contemplor) das* Beschauen, Betrachtung.

contemplātīvus 3 *(contemplātus, part. pf. v. contemplor)* beschaulich, theoretisch.

contemplātor, *ōris m (contemplor)* Beschauer, Betrachter.

contemplātus, *abl. ū m (Ov.) = contemplātiō.*

con-templor *u. (altl.)* **-ō** 1 *(urspr. t.t. der Auguralsprache*: „unverwandt beobachten"; *cf. templum)* beschauen, betrachten; / erwägen.

contemptim *adv. (contemptus*[1]*)* verächtlich.

contemptiō, *ōnis f (contemnō)* Geringschätzung, Gleichgültigkeit.

contemptor, *ōris m (contemnō)* Verächter; *adi.* nicht achtend; hochfahrend [*animus*].

contemptrīx, *īcis f (contemptor)* Verächterin.

contemptus[1] 3 *(m. comp., sup.,* °*adv.; contemnō)* verachtet; verächtlich.

contemptus[2], *ūs m (contemnō)* Gleichgültigkeit, Geringschätzung, Mißachtung: °**1.** *(act.) = das* Nichtachten [*pecuniae*]; °**2.** *(pass.) = das* Nichtgeachtetsein [*kl. nur*: *Gallis contemptui est* wird v. den Galliern verachtet].

con-tendō, *tendī, tentum* 3 **1.** „zusammenspannen"; *(nur /)* **a)** *(trans.)* zusammenstellen, vergleichen; **b)** *(intr.)* sich messen *mit,* wetteifern [*cum aequalibus virtute*]; sich herumstreiten; kämpfen; **2. a)** *(trans.)* (an)spannen [°*arcum*]; anstrengen [*omnes nervos*]; schleudern [°*tela*]; **b)** *(intr.)* sich anstrengen, sich bemühen [*de salute rei publicae*]; streben, eilig sich begeben, marschieren [*domum*]; sich beeilen [*proficisci*]; **c)** *(abs. od. trans.)* eifrig streben *nach,* erstreben, dringend verlangen [*magistratum a populo*]; **d)** nachdrücklich versichern, fest behaupten [*hoc; a.c.i.*].

contentē[1] *adv. (m. comp.,* °*sup.; contentus*[1]*)* angestrengt, eifrig.

contentē[2] *adv. (contentus*[2]*)* knapp, kurz.

contentiō, *ōnis f (contendō)* **1. a)** Vergleich(ung); °**b)** *(rhet. t.t.)* Antithese; **2.** Wettstreit, -kampf; Kampf, Streit; Streitrede, -frage; Streitsucht; **3. a)** Anstrengung; **b)** eifriges Streben *nach* [*honoris*]; **c)** Leidenschaft, Heftigkeit.

contentiōsus 3 *(m. comp., adv.; contentiō)* streitsüchtig, polemisch; / hartnäckig.

contentus[1] 3 *(m.* °*sup.; adv.; s. d.; contendō)* °**1.** gespannt, straff; **2.** / angestrengt, eifrig.

contentus[2] 3 *(m.* °*comp.;* °*adv.; s. d.; contineō)* sich begnügend, zufrieden *mit* [*suis rebus*].

con-terminus 3 angrenzend, benachbart; *subst.* **-um,** *ī n die* benachbarte Gegend.

con-terō, *trīvī, trītum* 3 °**1.** zerreiben, -bröckeln; **2. a)** *(physisch od. geistig)* aufreiben, abnutzen; hart mitnehmen; zugrunde richten, vertun [°*quaestum*]; *se -ere u. mediopass.* sich abplagen *mit* [*in studiis*]; **b)** mit Füßen treten, geringschätzig behandeln; für wertlos halten [*praemium*]; **c)** *(in Rede od. Schrift)* abnutzen; **3.** *(eine Zeit)* hinbringen; vergeuden; *(P.P.P.) adi.* **contrītus**

3 abgedroschen; ** zerknirscht, reuig [*cor*].

con-terreō, *uī, itum* 2 (er)schrecken, einschüchtern.

contestātiō, *ōnis f* (-ē-?; *contestor*) inständige Bitte, Beschwörung.

con-testor 1 (-ē-?) **1.** als Zeugen anrufen, beschwören; **2.** (*jur. t.t.*) *litem* einen Prozeß (durch Zeugenaufruf) anhängig machen; *oft pass.* [*contestata lite*]; (*part. pf. pass.*) *adi.* **contestātus** 3 (-ē-?) beglaubigt, erprobt [*virtus*].

con-texō, *xuī, xtum* 3 **1.** zusammenweben, -flechten; **2.** zusammenfügen, aneinanderreihen; **3.** / **a**) verknüpfen, verbinden *mit* [*extrema cum primis*]; **b**) fortsetzen, anfügen, ergänzen; **c**) anstiften [*crimen*].

contextus[1] 3 (*m. adv.*; *contexō*) **1.** verflochten; **2.** fortlaufend, ununterbrochen.

contextus[2], *ūs m* (*contexō*) **1.** Zusammenhang; °**2.** Verlauf.

con-ticēscō, *ticuī*, — 3 (*incoh. v. conticeō* 2 „schweigen") verstummen; schweigen; / sich legen.

conticinium, *ī n* (*conticēscō, wohl unter Anlehnung an gallicinium* „Zeit des Hahnenschreis, Dämmerung") Zeit vor Mitternacht.

conticīscō = *conticēscō*.

contignātiō, *ōnis f* (-*tīgn*-?; *contīgnō*) Balkenlage, Gebälk; Stockwerk.

con-tīgnō 1 (-*ī*-?; *tīgnum*) mit Balken belegen.

contiguus 3 (*contingō*) **1.** (*act.*) angrenzend, benachbart [*domus Aventino*]; ~ *poni tibi* würdig, dir an die Seite gestellt zu werden; **2.** (*pass.*) erreichbar *für* [*hastae*].

continēns, *entis* (*contineō*) **1.** (*m. adv.*) **a**) zusammenhängend; *terra* Festland; **b**) angrenzend, benachbart [*ripae dat., cum Cilicia*]; **c**) unmittelbar folgend *auf* [°*timori*]; **d**) ununterbrochen [*impetus*]; **2.** (*m. comp., sup., adv.*) enthaltsam, mäßig; **3.** *subst.* **a**) ~, *entis f* (*sc. terra*; *s.o.*) Festland, Kontinent; **b**) **continentia**[1], *ium n* (*rhet. t.t.*) Hauptpunkte, Hauptsache.

continentia[2], *ae f* (*continēns*) °**1.** (*physische*) Zurückhaltung; **2.** (*moralische*) Zurückhaltung; Enthaltsamkeit, Selbstbeherrschung; ** Zusammenhang; Inhalt.

con-tineō, *tinuī, tentum* 2 (*teneō*) **1.** zusammenhalten: **a**) (*Objekt pl. od. coll.*) beieinanderhalten, nicht auseinanderlassen [*exercitum (in) castris*]; (*Objekt sg.*) (fest)halten [°*agricolam imber*]; **b**) verbinden [*fundamenta saxis*]; **c**) / bewahren, in einem Zustande erhalten [°*socios in fide*]; **2.** behalten: **a**) um-, einschließen, eingeschlossen halten [*beluas saeptis*]; P. umgeben, begrenzt werden [*montibus*]; **b**) (*feindl.*) einschließen [*equitatum*]; **c**) in sich enthalten [°*res gestas populi Romani*]; / das Wesen einer Sache ausmachen [*haec res omnem vitam*]; P. beruhen *auf*, bestehen *in* [*vita corpore et spiritu*]; **3.** zurückhalten: **a**) an-, zurückhalten [*aquam operibus*]; *se -ere* fest bleiben, verharren *bei* [*in studiis*]; **b**) in Schranken halten, zügeln, mäßigen [*exercitum, linguam*]; *se -ere u. mediopass.* sich beherrschen [*in libidine*]; **c**) ab-, zurückhalten *von* [*a libidine*]; *vix me contineo, quin* ich kann mich kaum enthalten zu tun; bei sich behalten, verschweigen; *aures* die Ohren verschlossen halten.

con-tingō, *tigī, tāctum* 3 (*tangō*) **1.** (*trans.*) **a**) be-, anrühren; erfassen, ergreifen [°*habenas*]; °**b**) bestreichen, -netzen, -streuen; kosten, essen; °**c**) erreichen, treffen [*hostem ferro*]; gelangen *nach* [*Italiam*]; **d**) stoßen, grenzen *an* [*fines*]; °**e**) verwandtschaftlich, freundschaftlich nahestehen [*domum Caesarum*]; betreffen, angehen [*Romanos nihil*]; °**f**) beflecken, anstecken [*contactus scelere*]; **2.** (*intr.*) **a**) zuteil werden, begegnen, widerfahren [*omnia tibi*]; **b**) (*impers.*) **contingit** es ereignet sich, gelingt, glückt [*Thrasybulo, ut*].

continuātiō, *ōnis f* (*continuō*[2]) ununterbrochene Fortdauer; **2. a**) Zusammenhang [*rerum*]; **b**) (*rhet. t.t.*) (*verborum*) Periode.

continuō[1] *adv.* (*continuus*) **1.** fortwährend; **2.** gleich darauf, unverzüglich; **3.** (*in negativem Satz od. Fragesatz m. negativer Bedeutung*) sofort, ohne weiteres.

continuō[2] 1 (*continuus*) **1.** (*räuml.*) aneinanderreihen, verbinden, vereinigen, anschließen; erweitern, abrunden [*agros*]; **2.** (*zeitl.*) **a**) fortsetzen, nicht unterbrechen, fortführen [°*militiam*]; P. fortgesetzt werden, fortdauern; °**b**) unmittelbar folgen lassen *auf* [*aedilitati praeturam*]; **c**) *magistratum* das Amt verlängern.

continuus 3 (*m. adv.* **-°ē** *u.* **-ō**; *s. d.*; *contineō*) °**1.** (*räuml.*) zusammenhängend, unmittelbar anstoßend, fortlaufend; **2.** (*zeitl.*) nacheinander [*quattuor dies*]; fortwährend; °**3.** / nächststehend; *principi* Günstling.

contiō, *ōnis f* (*cōnt-*?; *altl. coventiō*; *conveniō*) **1.** (*abstr. u. concr.*) Versammlung des Volkes *od.* des Heeres; *pro contione* in der Versammlung, beim Appell; **2.** Rede an die Volks- *od.* Heeresversammlung; ** Predigt.

contiōnābundus 3 (*cōnt-*?; *contiōnor*) in einer Versammlung öffentlich redend, erklärend.

contiōnālis, e *u.* **-nārius** 3 (*cōnt-*?; *contiō*) zur Volksversammlung gehörig [°*senex der* alte Demagoge]; wie in einer Volksversammlung.

contiōnātor, *ōris m* (*cōnt-*?; *contiōnor*) Volksredner, Demagoge.

contiōnor 1 (*cōnt-*?; *contiō*) **1.** öffentlich reden, erklären; °**2.** versammelt sein; ** predigen; zu Gericht sitzen.

contiuncula, *ae f* (*cōnt-*?; *dem. v. contiō*) kleine Versammlung; unbedeutende Rede.

con-tollō, — — 3 aufheben; *gradum* [sich hinbegeben.]

con-tonat 1 *impers.* es donnert stark.

con-torqueō, *torsī, tortum* 2 **1. a**) herumdrehen, -wenden; **b**) / umstimmen [*auditorem ad severitatem*]; **2.** drehen, drechseln; *verba* schwungvoll reden; °**3.** schleudern [*tela*]; / [*fulmina*]; **4.** (*P.P.P.*) *adi.* **contortus** 3 (*m. adv.*) **a**) verwickelt; / **b**) schwungvoll; **c**) geschraubt, gekünstelt.

contortiō, *ōnis f* (*contorqueō*) verschrobener Ausdruck.

contortiplicātus 3 (*contortus*; *plicō*) verwickelt, verworren.

contortor, *ōris m* (*contorqueō*) Verdreher.

contortulus 3 (*dem. v. contortus*) [etwas verschroben.]

contrā *adv.*, *prp. u. praev.* (*altl. -ă*; *abl. sg. f v.* *kom-tero-s „im Beisammensein von zweien gegenüber befindlich"; *cf. contrō-versus*; *com-*) **1.** *adv.* °**a**) (*räuml.*) gegenüber [*intueri* ins Gesicht]; auf der entgegengesetzten Seite; **b**) / (*oft in feindlichem Sinne*) andrerseits; im Gegenteil; ganz anders, (gerade) umgekehrt [~ *ac, atque, quam* anders als]; dagegen [*dicere*]; **2.** *prp. b. acc.* **a**) (*räuml.*) gegenüber; **b**) (*oft in feindlichem Sinne*) gegen, wider, im Widerspruch mit; **3.** *praev.* entgegen, wider-.

contractiō, *ōnis f* (*contrahō*) **1.** *das* Zusammenziehen [*frontis*]; **2.** / **a**) Verkürzung [*syllabae* Kontraktion]; enge Schrift; gedrängte Darstellung [*orationis*]; **b**) Beklommenheit [*animi*].

contractiuncula, *ae f* (*dem. v. contractiō*) leichte Beklommenheit.

contractus[1], *ūs m* (*contrahō*) *das* Eingehen *eines Geschäftes* [*rei*]; ** Vertrag; Kontrakt.

contractus[2] 3 (*m. comp.*; °*adv.*; *contrahō*) zusammengezogen: °**1.** steif, starr; **2. a**) (*räuml.*) eng, beschränkt, knapp; **b**) (*zeitl.*) kurz; **c**) / gepreßt [°*vox*]; gedrängt [*ratio dicendi*]; lähmend; drückend [°*paupertas*]; °knickerig, geizig; °in stiller Zurückgezogenheit.

contrā-dīcō, *dīxī, dictum* 3 widersprechen; ** widerrufen [*gubernacula*].

contrādictiō, *ōnis f* (*contrādīcō*) [Widerspruch.]

con-trahō, *trāxī, tractum* 3 zusammenziehen: **1.** verengernd zusammenziehen: **a**) verengern; runzeln [*frontem*]; einziehen [*vela*]; (*Glieder*) steif, starr machen; **b**) verkürzen, verengern [*castra*]; **c**) einschränken; be-, einengen, beklemmen [*animum*]; **2.** auf einen Punkt zusammenziehen: **a**) vereinigen, (ver)sammeln; *bsd.* (*mil. t.t.*) [*copias*]; zusammenbringen, einbringen; / °**b**) *in Zuneigung, Liebe* einander näherbringen; **c**) zustande bringen, bewirken, sich' zuziehen [*damnum*]; abschließen [*negotia*]; *res contracta* Vertrag.

contrā-pōnō, *posuī, positum* 3 entgegensetzen; (*P.P.P.*) *subst.* **contrāpositum,** *ī n* Gegensatz.

contrārius 3 (*m. adv.*; *contrā*) **1.** (*räuml.*) gegenüberliegend [*ripa*]; entgegengesetzt [*pars terrarum*]; **2. a**) widersprechend; °**b**) feindlich, widerstrebend, abgeneigt; **c**) nachteilig, verderblich; *subst.* **-um,** *ī n* entgegengesetzte Richtung; Gegenteil, -satz; e *u. ex contrario* im Gegenteil; **-us,** *ī m* Gegner.

contrectābiliter *adv.* (*contrectābilis* „betastbar"; *contrectō*) mit sanfter Berührung.
contrectātiō, *ōnis f* (*contrectō*) unzüchtige Berührung, Betastung.
con-trectō 1 (*tractō*) °**1.** (unzüchtig) betasten, anfassen; streicheln; schänden; **2.** / erfassen, erwägen [*varias voluptates*].
con-tremīscō *u.* **-mēscō,** *muī,* — 3 (*incoh. v. con-tremō*) **1.** (*intr.*) erbeben, (er)zittern; / wanken [*fides*]; °**2.** (*trans.*) fürchten, zittern *vor* [*iniurias*].
con-tremō, — — 3 stark zittern, beben.
con-tribuō, *uī, ūtum* 3 **1.** vereinigen [*novos cives in tribus*]; zuerteilen, einverleiben, zugesellen; **2.** *etw.* beisteuern.
con-trīstō 1 (*trīstis*) verdüstern, trübe machen; / betrüben.
****contritio,** *onis f* Zerknirschung, Reue; Elend, Kummer.
contrītus *s. conterō.*
contrōversia, *ae f* (*contrōversus*) Streit(igkeit), Rechtsstreit; wissenschaftliche Streitfrage; Widerspruch, -rede.
contrōversiōsus 3 (*contrōversia*) streitig, strittig.
contrō-versus 3 (**contrō abl. sg. m v.* **kom-tero-s*; *cf. contrā*; *vertō*) streitig, strittig.
con-trucīdō 1 zusammenhauen; / hinschlachten.
con-trūdō, *sī, sum* 3 °**1.** zusammenstoßen, -drängen, -pferchen; **2.** hineinstoßen, -stecken.
con-truncō 1 zerhauen; verzehren.
con-tubernālis, *is m* (*u. f*) (*taberna*) **1.** Zelt-, Kriegskamerad; **2.** (*zur Ausbildung überwiesener*) ständiger Begleiter eines Prätors; °/ (*ironisch*) *pl. f* Dirnen (*im Zelt des Antonius*); **3. a**) Gefährte, Kollege; **b**) Hausfreund, Tischgenosse; °**c**) *als Mann u. Frau zusammenlebende Sklaven u. Sklavinnen.*
con-tubernium, *ī n* (*taberna*) **1.** °**a**) soldatische Zeltgenossenschaft; kameradschaftliches Zusammenleben [*militum*]; Kameradschaft; **b**) Verhältnis des zu seiner Ausbildung überwiesenen jungen Römers zu seinem Prätor (*cf. contubernālis*); / (*ironisch*) intimes Verhältnis; °**c**) Haus-, Tischgenossenschaft; **2. a**) gemeinschaftliches Zelt; °**b**) gemeinschaftliche Wohnung, *bsd. eines Sklavenpaares*; °**c**) Sklavenehe; °**d**) wilde Ehe, Konkubinat.
con-tueor, *tuitus sum* 2 beschauen, bemerken, betrachten; besichtigen.
contuitus, *abl. ū m* (*contueor*) *das* Betrachten; Anblick.
contumācia, *ae f* (*contumāx*) Trotz, Eigensinn; edler Stolz.
contumāx, *ācis* (*m. comp.,* °*sup.,* °*adv.*; *wahrsch. con-* + *tumeō*) **1.** trotzig, eigensinnig; °**2.** spröde; sich nicht ins Metrum fügend [*syllaba*].
contumēlia, *ae f* (**contumēlis* „übermütig"; *wahrsch. con-* + *tumeō*) Mißhandlung; Stoß; / Beschimpfung, Beleidigung; Schändung.
contumēliōsus 3 (*m. comp.,* °*sup., adv.*; *contumēlia*) schmähsüchtig; schmählich, schmachvoll.
con-tumulō 1 bestatten, begraben.
con-tundō, *tudī, tūsum* 3 zerschlagen, -schmettern; / niederschlagen, vernichten, lähmen, brechen, beugen.
con-tuor, — 3 (*altl.*) = *contueor.*
conturbātiō, *ōnis f* (*conturbō*) Verwirrung; Bestürzung.
conturbātor, *ōris m* (*conturbō*) *adi.* zum Bankrott führend, kostspielig.
con-turbō 1 verwirren, in Unordnung bringen; *rationes u. abs.* Bankrott machen; / bestürzt machen, ängstigen; (*P.P.P.*) *adi.*
conturbātus 3 (*m. comp.*) verwirrt, verstört, bestürzt.
contus, *ī m* (*gr. Fw.*) (Ruder-) Stange; Wurfspieß.
contūtus, *abl. ū m* (*altl.*) = *contuitus.*
cōnūbiālis, e (*u. -nŭb-*; *cōnūbium*) ehelich.
cō-nūbium, *ī n* (*u. -nŭb-*; *nūbō*) **1.** Eingehung einer (*vollgültigen röm.*) Ehe; streng bürgerliche Vermählung; **2.** (*dcht.*) Beischlaf; **3.** *das* Recht zum *conubium,* Eherecht.
cōnus, *ī m* (*gr. Fw.*) Kegel; Helmspitze.
con-vador 1 vor Gericht laden; (*scherzh.*) zum Stelldichein laden.
con-valēscō, *luī,* — 3 **1.** erstarken; hell auflodern [°*ignis*]; **2.** / **a**) an Macht *od.* Geltung zunehmen, wachsen; **b**) genesen [*ex morbo*]; °**c**) sich vom Staunen erholen; °**d**) (*v. Preisen*) steigen.
con-vallis, *is f* Talkessel.
con-vāsō 1 (*vās*[2]) einpacken.

convectō 1 (°*intens. v.* convehō) = convehō.

convector, ōris *m* (convehō) Reisegefährte, *bsd.* zu Schiff.

con-vehō, vēxī, vectum 3 zusammenfahren, -bringen.

con-vellō, vellī *u.* (*selten*) vulsī, vulsum 3 **1. a**) los-, heraus-, niederreißen, zerreißen; **b**) (*mil. t.t.*) signa die Feldzeichen aus dem Boden reißen = aufbrechen; °**c**) (sich) verstauchen [artūs]; °**d**) P. einen Krampf bekommen; **2.** / untergraben, verderben.

convena, ae (conveniō) °**1.** *adi. m f* zusammentreffend; **2.** *subst.* **-ae,** ārum *m* zusammengelaufenes Volk.

conveniēns, entis (*m.* °*comp.*, °*sup.*, *adv.*; conveniō) °**1.** passend [toga]; **2.** / übereinstimmend *mit* [oratio tempori], angemessen, schicklich; bene gut harmonierend.

convenientia, ae *f* (conveniēns) Übereinstimmung, Harmonie; partium Symmetrie.

con-veniō, vēnī, ventum 4 (*altl. fut.* convenībō) **I.** (*intr.*) **1.** zusammenkommen, -treffen, sich versammeln [in unum locum]; **2.** (*durch Heirat*) in die Gewalt [in manum] des Mannes kommen; **3.** sich einigen, übereinkommen [°de ea re inter nos convenimus]; *kl. nur*: **a**) convenit (*m. sachl. Subjekt od. impers.*) man einigt sich *über* [pax, de pace inter duces convenit]; **b**) (*impers.*) convenit, ut man beschließt gemeinsam; mihi cum Dolabella convenit ich habe mich mit D. dahin geeinigt, daß [ut in meis castris esset]; **c**) (*impers.*) inter omnes convenit man behauptet allgemein, daß [Sibyllam tres libros attulisse]; **d**) bene convenit mihi cum eo ich stehe mit ihm gut; **4. a**) passen *zu* [cothurnus apte ad pedem]; **b**) übereinstimmen *mit* [captivorum oratio cum perfugis]; **c**) Anwendung finden *auf* [non in omnes omnia]; **5.** (*impers.*) **convenit** es ziemt sich, schickt sich [ire ad praetorem]; **II.** (*trans.*) treffen, aufsuchen, besuchen [legati eum in itinere].

conventīcius (conventus, P.P.P. *v.* conveniō) °**1.** *adi.* 3 zusammenkommend; patres -i Gelegenheitsväter (*aus dem Verkehr m. meretrices?*); **2.** *subst.* **-um,** ī *n* Sitzungsdiäten (*für Teilnahme an d. gr. Volksversammlung*).

conventiculum, ī *n* (*dem. v.* conventus) **1.** unbedeutende Zusammenkunft, kleine Vereinigung; °**2.** Versammlungsort; ** kleine Gemeinde (*der Klosterbrüder*).

conventiō, ōnis *f* (*nkl.*) *u.* **-tum,** ī *n* (conveniō) Übereinkunft, Vertrag.

****conventionalis,** e Vertrags...

conventus, ūs *m* (conveniō) **1.** Zusammenkunft, Versammlung; **2.** °**a**) Bundesversammlung; **b**) Bezirksversammlung; Kreistag, Landtag [-um agere abhalten]; **3.** Gerichtsbezirk (*in einer Provinz*); **4.** Verband der römischen Bürger (*in einer Provinz*), Kommune; **5.** Übereinkunft, Vertrag; ** Klostergemeinde; Lehrkörper der Universität; Synode; Konzil; Reichstag.

con-verberō 1 stark schlagen.

con-verrō, verrī, versum 3 **1.** °**a**) zusammenfegen, -scharren; **b**) /; °**2.** auskehren; / durchprügeln.

conversātiō, ōnis *f* (conversō) Umgang, Verkehr; ** Sinnesänderung; Lebenswandel.

conversiō, ōnis *f* (convertō) **1.** Umlauf, periodische Wiederkehr [mensium]; / **2.** Umwälzung [rei publicae]; **3.** (*rhet. t.t.*) **a**) verborum Periode; **b**) orationis in extremum Wiederholung desselben Wortes am Satzende; **c**) chiastische Gegenüberstellung; °**d**) Übertragung, Übersetzung; ** Bekehrung, Eintritt ins Kloster.

con-versō 1 (*intens. v.* convertō) **1.** (her)umdrehen, bewegen; °/ hin und her erwägen; °**2.** *mediopass.* sich aufhalten, verkehren.

****conversus,** i *m* Novize, Laienbruder.

con-vertō, vertī, versum 3 **I.** (*trans.*) **1. a**) umwenden, -kehren; **b**) (*mil. t.t.*) signa eine Schwenkung machen, kehrtmachen; terga fliehen; hostem den Feind werfen; °fugam die Flucht einstellen; **2. a**) verwandeln, -ändern; umstimmen [animos militum]; vertauschen *mit* [castra castris]; **b**) (*rhet. t.t.*) den Ausdruck wechseln; **c**) (*gramm. t.t.*) casus conversi = casus obliqui; **d**) übersetzen, übertragen [e Graeco in Latinum]; **3. a**) hinwenden, -richten, -lenken [oculos, animos ad (in) se]; in fugam in die Flucht schlagen; *signa ad hostem* Front machen zum F.; **b**) ver-, anwenden [*tempora in laborem*]; **II.** *se -ere u. mediopass.*: **1. a**) sich (um)wenden; kehrtmachen; fliehen; **b**) sich im Kreise (um)drehen [*terra circum axem*]; **2.** sich ändern, sich verwandeln [*ex homine in beluam*]; **3.** sich wenden *nach, an* [*hinc in Asiam*; *ad equites*]; **III.** (*intr.*) **1.** (*meist nkl.*) sich wenden *nach, zu*; **2.** / sich wenden, umschlagen, ausschlagen [*in falsum*]; ** (sich) bekehren; *in opus* nachbilden; e *converso* im Gegenteil.

con-vestiō 4 bekleiden; °/ umgeben.

convexus 3 (*cf. vacillō*; *dēvexus*; *nhd.* „Wange") **1.** (nach oben) gewölbt, gerundet [°*caelum*]; °**2.** geneigt, abschüssig [*iter*]; kesselförmig; *subst.* **-um,** *ī n* (*häufig pl.*) Wölbung; Talkessel.

convīciātor, *ōris m* (*convīcium*) Lästerer.

convīcior 1 (*convīcium*) schmähen, lästern.

convīcium, *ī n* (*wohl zu vocō*; *volkset. an vīcus angeglichen*) **1.** lautes Geschrei; Gezänk; **2. a**) Vorwurf, Tadel; **b**) lauter Widerspruch; **3. a**) Scheltwort; °**b**) Lästermaul.

convīctiō, *ōnis f* (*convīvō*) *das* Zusammenleben; Gesellschaft; *pl.* Hauspersonal.

convīctor, *ōris m* (*convīvō*) täglicher Gesellschafter, Gast, Hausfreund.

convīctus, *ūs m* (*convīvō*) **1.** geselliger Umgang; °**2.** Tischgesellschaft, Gastmahl.

con-vincō, *vīcī, victum* 3 **1.** widerlegen; **2.** überführen; **3.** unwiderleglich beweisen.

convinctiō, *ōnis f* (*-vīnct-?*; *con-* + *vinciō*) Konjunktion, Partikel.

con-vīsō, — — 3 betrachten, durchforschen; / bescheinen [*sol*].

convīva, *ae m* (*convīvō*) Tischgenosse, Gast.

convīvālis, e (*convīva*) zum Gastmahl gehörig, Tisch..., Tafel...

convīvātor, *ōris m* (*convīvor*) Gastgeber, Wirt.

convīvium, *ī n* (*convīvō*) Gastmahl, Schmaus; Gelage; °Tischgesellschaft, -gäste.

con-vīvō, *vīxī, vīctum* 3 zusammenleben, -speisen.

convīvor 1 (*convīva*) gemeinsam schmausen, ein Gelage abhalten.

convocātiō, *ōnis f* (*convocō*) Berufung.

con-vocō 1 zusammenrufen, berufen, versammeln.

con-volō 1 herbeieilen, hineilen.

con-volūtor 1 sich herumtreiben.

con-volvō, *volvī, volūtum* 3 **1.** zusammenrollen, -winden; *se -ere u. mediopass.* rollen, kreisen; °**2.** weiterrollen, überschlagen [*magnam partem libri*]; **3.** umwickeln.

con-vomō, *uī, itum* 3 bespeien.

con-vorrō, con-vortō 3 (*altl.*) = *converrō, convertō.*

con-vulnerō 1 (schwer) verwunden.

****cooperator,** *oris m* (geistlicher) Mitarbeiter.

co-operiō, *eruī, ertum* 4 ganz bedecken, überhäufen, -schütten [*lapidibus*; / °*flagitiis*].

cooptātiō, *ōnis f* (*cooptō*) Ergänzungswahl (*meist von den Mitgliedern selbst vollzogen*), Zuwahl [°*in patres* in den Senat]; *censoria* Ergänzung (*des Senats*) durch die Zensoren.

co-optō 1 hinzuwählen, zur Ergänzung wählen.

co-orior, *ortus sum* 4 °**1.** gemeinsam sich erheben, losbrechen; **2.** entstehen, ausbrechen [*tempestas*].

coortus, *ūs m* (*coorior*) Entstehung, Ausbruch.

Coōs *s. Cōs*².

cōpa, *ae f* (*cf. caupō*) (Schenk-) Wirtin.

cophinus, *ī m* (*gr. Fw.*) großer Korb (*von den Juden zum Warmhalten der Speisen verwendet*); ** Koffer; Kästchen; Schrank.

cōpia, *ae f* (<*co-opia zu ops*; *cf. inopia*) **1.** Vorrat, Fülle, Überfluß [*frumenti*; *navium*]; **2. a**) (*v. lebenden Wesen*) Masse, große Zahl [*civium*]; (*mil. t.t.*) Trupp, Mannschaft; (*pl.*) Truppen, Streitkräfte [*magnae, parvae*]; **b**) *pl.* Vorräte; Kriegsvorräte; **c**) (*v. abstr.*) Fülle, Schatz, Reichtum [*verborum, scribendi*]; **3.** (*sg. u. pl.*) Wohlstand, Vermögen, reicher Besitz; **4.** Möglichkeit, Gelegenheit, Erlaubnis [*dimicandi*]; °**5.** ♀ *Göttin des Überflusses.*

cōpiolae, *ārum f* (*dem. v. cōpiae*; *s. cōpia* 2a) *ein* Häuflein Truppen.

cōpiōsus 3 (*m.* °*comp., sup., adv.*; *cōpia*) **1.** wohlhabend; **2. a**) reich versehen *mit* [*omnibus rebus*]; **b**) reichlich vorhanden; **3.** / **a**) wort-, gedankenreich; °**b**) reich begabt.

cōpis[1], e (< *co-opis, *cf.* *cōpia*) reich, mächtig.

copis[2], *idis f* (*gr. Fw.*) persischer Krummsäbel.

cōpō = *caupō*[1].

coprea, *ae m* (*gr. Fw.*) Possenreißer.

copta, *ae f* (*gr. Fw.*) harter Kuchen.

cōpula, *ae f* (< *co-apula; *cf.* apīscor) **1.** °**a**) Band; Leine, Koppel; **b**) Enterhaken; °**2.** / Verbindung.

cōpulātiō, *ōnis f* (*cōpulō*) Verbindung.

cōpulō *u.* (*altl.*) **-or** 1 (*cōpula*) **1.** zusammenkoppeln, -binden; **2.** / **a**) verknüpfen, -binden [*futura cum praesentibus*]; **b**) (*rhet. t.t.*) zu einem Satz verbinden [*verba*]; zu einer Periode zusammenfügen; zwei Wörter verschleifen [*sī audēs* > *sōdēs*]; (*P.P.P.*) *adi.* **cōpulātus** 3 verknüpft; / vereint; ** vermählen [*filias ducibus*].

coqua, *ae f* (*coquus*) Köchin.

coquīnō 1 (*coquō*) kochen.

coquīnus 3 (*coquō*) Koch...; ** **coquina,** *ae f* Küche.

coquō, *coxī, coctum* 3 (< *quequō; *idg.* *pequō; *cf.* *culīna*; *popīna*) **1. a**) kochen, backen; zubereiten; **b**) reif machen; °**c**) dörren, austrocknen; **2.** zersetzen, auflösen; °**3.** / **a**) ersinnen; **b**) beunruhigen.

coquus, *ī m* (*coquō*) Koch.

cor, *cordis n* (*cf. nhd.* „Herz") **1.** Herz; **2. a**) Gemüt, Gefühl; *mihi cordi est* mir liegt am Herzen; °**b**) Mut; **c**) Verstand, Einsicht; **3.** (*dcht.*) **a**) Herz, Seele = Person, Individuum; **b**) *Kosewort* [*cor meum*]; °**4.** Magen(mund).

corallium, *ī n* (*gr. Fw.*) (rote) Koralle.

cōram (*Iuxtapositum aus co(m)- u. einer Form v. ōs mit Anlehnung an clam, palam*) **1.** *adv.* **a**) öffentlich, vor aller Augen; **b**) persönlich, an Ort und Stelle, mündlich [*loqui*]; **2.** *prp. b. abl.* in Gegenwart, angesichts, vor.

corbis, *is f* (*cf. nhd.* „Reff" = Rückentrage) Korb.

corbīta, *ae f* (*corbis*; *eigtl. adi. f* „mit einem Mastkorb versehen") langsam fahrendes Lastschiff.

corbula, *ae f* (*dem. v. corbis*) Körbchen.

corcodīlus, *ī m* (*dcht.*) = *crocodīlus*.

corcōtārius = *crocōtārius*.

corculum, *ī n* (*dem. v. cor*) (*Kosewort*) Herzchen; ♀ (= „der Verständige") *Bein. des Scīpiō Nāsīca*.

Corcȳra, *ae f* (*gr.* Kọrkȳra) *Insel im Ionischen Meer, j.* Korfu; *adi. u. Einw.* -*aeus*.

cordātus 3 (*m. adv.*; *cor*) verständig, gescheit.

cordāx, *ācis* (*gr. Fw.*) **1.** Kordax (*ausgelassener Tanz der alten attischen Komödie*); **2.** / *der* Trochäus (*wegen seines hüpfenden Rhythmus*).

cor-dolium, *ī n* (*cor*; *doleō*) Herzeleid.

Corduba, *ae f ber. Handelsst. i. d. Hispania Baetica, Geburtsort Senecas, j.* Córdoba.

coriandrum, *ī n* (*gr. Fw.*) Koriander.

Corinna, *ae f* (*gr.* Kọ-) **1.** *Dichterin aus Tanagra um 510*; **2.** *fingierter Name der Geliebten Ovids.*

Corinthus, *ī f* (*gr.* Kọrinthos) *ber. Handelsst. am Isthmus, 146 v. Mummius zerstört*; *adi* -*thiacus* 3, -*thius* 3, -*thiēnsis*, e; *aes* -*thium* kor. Bronze (*Legierung aus Gold, Silber u. Kupfer*); *subst.* **-thia,** *ōrum n* (*od. vasa* -*thia*) Kunstwerke aus kor. Bronze; **-thiārius,** *ī m Spottname des Augustus wegen seiner Bevorzugung korinth. Metallarbeiten*; *Einw.* **-thii,** *ōrum m.*

Coriolī, *ōrum m St. der Volsker i. Latium*; *adi. u. Einw.* -*lānus* (3), *auch Bein. des C. Mārcius.*

corium, *ī n u.* (*altl.*) **-ius,** *ī m* (*wahrsch. eigtl.* „Abgeschnittenes"; *cf. corō*[1], *cēna*) **1.** Fell, Haut; **2. a**) Leder; **b**) Riemenpeitsche.

Cornēlius 3 *Name einer röm. gens*; *zu ihr gehörten u. a.*: **I.** *patriz. Familien*: *Scīpiōnēs* (*s. d.*), *Sullae* (*s. d.*), *Lentulī* (*s. d.*), *Dolābellae* (*s. d.*), *Cethēgī* (**1.** *M., ber. Redner, Konsul 204*; **2.** *C., Mitgl. der Katilinarischen Verschwörung*); **II.** *pleb. Familien*: *Balbī* (*L., einflußreicher Parteigänger Cäsars u. nach dessen Ermordung Oktavians*), *Cinnae* (*s. d.*); *A.* ~ *Celsus s. Celsus*; *adi. leges von Corneliern, bsd. v. L. Cornelius Sulla gegebene Gesetze*; **Forum Cornēlium** *od.* **-liī** *von L. Cornelius Sulla gegründeter Ort an der via Aemilia, j.* Imola. — **Cornēlia,** *ae f jüngste Tochter des Africanus maior, die Mutter der Gracchen.*

corneolus 3 (*dem. v. corneus*[2]) hornartig.

corneus[1] 3 (*cornus*[1]) aus Kornelkirschholz.

corneus[2] (*cornū*) aus Horn.

corni-cen, *cinis m* (*cornū, canō*) **1.** Hornist; **2.** Flötist.
cornīcula, *ae f* (*dem. v. cornīx*) (*verächtlich*) alberne (junge) Krähe.
corniculārius, *ī m* (*corniculum*) Gefreiter (*mit dem Ehrenhorn ausgezeichneter Soldat*).
corniculum, *ī n* (*dem. v. cornū*) Hörnchen; hornförmige Helmzier (*mil. Auszeichnung*).
corni-ger, *era, erum* (*cornū, gerō*) horntragend, gehörnt.
corni-pēs, *pedis* (*cornū*) hornfüßig, hufetragend; *subst. m* Roß.
cornīx, *īcis f* (*cf. corvus; nhd.* „Krähe") Krähe (*ihr Flug zur Linken galt als günstiges Omen, ihr Geschrei als Regenvorzeichen*).
cornū, *ūs n u.* (*selten*) °**-num**[1], *ī n* (*cornŭ?; cf. nhd.* „Horn") **1. a)** Horn; *pl.* Gehörn, Geweih; °**b)** *-ua tollere in alqm* jd. Widerstand leisten; °**c)** *cornu Copiae* Füllhorn (*das unter die Sterne versetzte Horn der Ziege Amalthea*); **2.** °**a)** Auswuchs an der Stirn; **b)** Horn *am Schnabel od. Huf*; °**3.** / *Hornähnliches*: **a)** *pl.* Hörner *der Mondsichel*; **b)** Flußarm; **c)** Landzunge; **d)** Rahe, Segelstange; **e)** Helmkegel; **f)** Knopf einer Bücherrolle; **g)** *das* äußerste Ende *einer Örtlichkeit*; *kl. nur*: **h)** Flügel *des Heeres od. der Flotte*; **4.** *Gegenstände aus Horn*: **a)** Heerhorn, Trompete (*anfangs aus Horn, später aus Metall*); °**b)** Hornansatz *an der phrygischen Flöte*; °**c)** *die zwei* Hörner des Bogens; *der* Bogen; °**d)** Horntrichter; °**e)** Ölfläschchen; **f)** *der urspr. aus zwei Hörnern bestehende* Resonanzboden *der Lyra*.
cornum[2], *ī n* (*cornus*[1]) Kornelkirsche; / Lanze *aus Kornelholz*.
cornus[1], *ī f* (*wahrsch. m. cerasus verwandt*) Kornelkirschbaum; Hartriegelholz; / Lanze.
cornus[2], *ūs m* (*vereinzelt*) = *cornū*.
cornūtus 3 (*cornū*) gehörnt; ** *cornuto capite* im Schmuck der Bischofsmütze.
corōlla, *ae f* (*dem. v. corōna*) Kränzchen.
corōllārium, *ī n* (*corōlla*) Kränzlein (*als Geschenk an Schauspieler, Dichter u. a.*); Geschenk, Ehrengabe.
corōna, *ae f* (*gr. Lw.*) **1. a)** Kranz, Krone, Diadem; *sub -ā vendere* als Sklaven verkaufen (*sie wurden bekränzt*); **b)** Ehrenkranz; °**2.** Mauerkranz, -ring; **3.** Kreis von Zuhörern, Versammlung; **4.** (*mil. t.t.*) Truppenkette, Einschließung(slinie); °**5.** ≈ (*Gestirn*) Kranz (*der Ariadne*); ** Königs-, Kaiserkrone; *martyrii* Märtyrerkrone; *rasa, clericalis, capitis* Tonsur.
corōnārius 3 (*corōna*) zum Kranze (gehörig); *aurum -um* Kranzgeld (*Geldgeschenk der Provinzialen an den Triumphator für die Anschaffung eines Goldkranzes*); ** *subst.* **-a,** *ae f* (*sc. domus*) Krönungssaal.
corōnis, *idis f* (*gr. Fw.*) Schlußschnörkel (*eines Buches od. Abschnitts*).
corōnō 1 (*corōna*) bekränzen; (*einen Sieger*) krönen; °/ umgeben, umschließen; ** krönen; / zum Könige erheben.
****coropalatus,** *i m* Hofmarschall.
corporālis, e (*m. adv.; corpus*) körperhaft, körperlich; ** leiblich, fleischlich; *adv.* wirklich.
corporātus 3 (*P.P.P. v. corporō* „mit einem Körper versehen") verkörpert, körperhaft.
corporeus 3 (*corpus*) körperlich, körperhaft; ** leiblich, irdisch.
****corporor** 1 Mensch werden.
corpulentus 3 (*m. comp.; corpus*) wohlbeleibt.
corpus, *oris n* (*cf. persisch* karp) **1.** Körper, Leib; °*vulgare* sich preisgeben; °*vulgatum* Dirne; **2. a)** Fleisch; °**b)** Rumpf, Bauch; *facere* sich einen Bauch zulegen; °**c)** Hoden; **3.** Leichnam, Leiche; **4.** leblose Masse [°*aquae*]; *individua -a* Atome; °**5.** Person, Wesen; **6.** *ein* körperhaft gegliedertes Ganzes, *ein* Komplex: **a)** Schiffskörper [*navium*]; **b)** *das* Weltganze [*universitatis*]; **c)** Staatskörper, Staat, Gemeinde; °**d)** Stand, Innung, Körperschaft, Volksklasse; **e)** Sammlung [°*iuris Romani*]; ** *die* Hostie; *venerabile die* geweihte Hostie.
corpusculum, *ī n* (*dem. v. corpus*) **1. a)** Körperchen; °**b)** Kind im Mutterleibe; °**c)** (*scherzh.*) Bäuchlein; °**d)** *Kosewort*; **2.** Atom; ** Leichnam.
cor-rādō, *rāsī, rāsum* 3 zusammenkratzen; / zusammenraffen.
corrēctiō, *ōnis f* (*corrigō*) **1. a)** Verbesserung; **b)** (*rhet. t.t.*) Berichti-

gung *durch einen passenderen Ausdruck*; **2.** Zurechtweisung.
corrēctor, *ōris m* (*corrigō*) Verbesserer; Sittenprediger.
cor-rēpō, *rēpsī, rēptum* 3 sich verkriechen.
correptiō, *ōnis f* (*corripiō*) (*gramm. t.t.*) Verkürzung [*vocum*]; ** Verweis, Strafe, Züchtigung.
correptus 3 (*m. adv.*; *corripiō*) kurz (ausgesprochen).
cor-rīdeō, — — 2 auflachen.
corrigia, *ae f* (√ *rig- „binden") Schuhriemen; ** Streichriemen des Barbiers; Ledergürtel.
cor-rigō, *rēxī, rēctum* 3 (*regō*) °**1.** geraderichten; **2.** / berichtigen, verbessern; wieder gutmachen [*errorem*]; zurechtweisen.
cor-ripiō, *ripuī, reptum* 3 (*rapiō*) **1. a**) zusammenraffen, heftig ergreifen, anpacken; **b**) (gewaltsam) an sich reißen, rauben; **c**) aufgreifen, verhaften; °**d**) / ergreifen, hinraffen [*morbi corpora*]; **e**) schelten; °**f**) vor Gericht ziehen, anklagen; °**2. a**) beschleunigen; schleunigst antreten, zurücklegen [viam]; **b**) (ver)kürzen [*verba*].
cor-rōborō 1 stärken, kräftigen; *se -are u. mediopass.* erstarken.
cor-rōdō, *sī, sum* 3 benagen, zernagen, zerfressen.
cor-rogō 1 zusammenbitten, -betteln; einladen.
cor-rotundō 1 (rhythmisch) abrunden; *mediopass.* sich abrunden.
cor-rūgō 1 runzelig machen; *nares* die Nase rümpfen.
cor-rumpō, *rūpī, ruptum* 3 (*altl. rumptum*) **1. a**) (*gänzlich*) vernichten, zugrunde richten, zerstören; P. verderben (*intr.*), zugrunde gehen; **b**) vereiteln, unbenutzt lassen [*occasionem*]; **2.** (*zum Schlechten verändern*): **a**) verderben, verschlechtern; **b**) entstellen, beschädigen; herunterbringen; **c**) (ver)fälschen [*litteras publicas*; **3.** (*moralisch*) verderben: **a**) untergraben [*mores; disciplinam*]; **b**) bestechen [*populum largitione*]; **c**) (*zur Unzucht*) verführen, schänden; (*P.P.P.*) *adi.* **corruptus** 3 (*m.* °*comp.*, °*sup.*, *adv.*) **1.** verdorben [*hordeum*]; **2.** (*in Ausdruck u. Gedanken*) verkehrt, verschroben; **3.** (*moralisch*) verdorben: **a**) schlecht; **b**) bestochen; **c**) sitten-, zuchtlos.
corrumptor (*altl.*) = *corruptor*.
cor-ruō, *ruī, ruitūrus* 3 **1.** (*intr.*) **a**) zusammen-, einstürzen, zu Boden stürzen; / **b**) zugrunde gehen [*opes*]; **c**) bankerott werden; **d**) durchfallen [*histriones*]; °**2.** (*trans.*) **a**) ins Verderben stürzen; **b**) zusammenscharren [*ditias*].
corruptēla, *ae f* (*corrumpō*) **1.** (*moralischer*) Verderb; Verführung (zur Unzucht); Bestechung; °**2.** *der* Verführer, *die* Pest [*liberorum*].
****corruptibilis,** e vergänglich.
corruptiō, *ōnis f* (*corrumpō*) °**1.** (*act.*) Verführung, Bestechung; **2.** (*pass.*) **a**) verdorbener Zustand [*corporis*]; **b**) Verkehrtheit [*opinionum*].
corruptor, *ōris m* (*corrumpō*) *u.* **-trīx,** *īcis f* Verderber(in), Verführer(in); *adi.* verführerisch.
cōrs = *cohors*.
Corsus 3 korsisch; *subst.* **-ī,** *ōrum m die* Korsen; *adi.* -*icus* 3; *subst.* **Corsica,** *ae f die Insel* Korsika, *Verbannungsort Senecas.*
cortex, *icis m* (*dcht. oft f*; *eigtl.* „abgeschälte Rinde"; *cf. corium*) **1.** Baumrinde; °**2.** Kork; °**3.** Schale.
cortīna[1], *ae f* (*wahrsch. zu curvus*) **1.** Kessel; **2. a**) Dreifuß (des delphischen Orakels); **b**) *das* delphische Orakel; **3.** / Zuhörerkreis;
****cortina**[2], *ae f* Vorhang, Wandteppich.
****cortis** = ***curtis*.
corulētum, *ī n* (*corulus*) Haselgebüsch.
corulus, *ī f* (*cf. nhd.* „Hasel") Hasel(strauch).
cōrus, *ī m* = *caurus*.
coruscō 1 (*coruscus*; *fast nur dcht.*) **1.** mit den Hörnern stoßen; **2. a**) (*trans.*) schnell schwingen [*hastam*]; *linguas* züngeln; **b**) (*intr.*) sich zitternd bewegen, flattern; / blinken, schimmern [*flamma*].
coruscus 3 (*vl. m. currō verwandt*; *cf. nhd.* „Roß") zitternd, schwankend, zuckend; / blinkend, schimmernd.
Corvīnus *s. Valerius*.
corvus, *ī m* (*Schallwort* „Krächzer"; *cf. cornīx*) **1.** Rabe (*Weissagevogel*: *Flug u. Gekrächze zur Rechten günstiges, zur Linken ungünstiges Omen*); °**2.** Brechstange, Mauerbrecher; °**3.** = *fēllātor*.
Corybantes, (*i*)*um m Priester der Kybele* (*Rhea*), *deren Gottesdienst sie mit wilder Musik u. lärmenden*

Waffentänzen begingen; (*selten*) *sg.* **-bās**, *antis m Sohn der Kybele*; *adi.* -*antius* 3.
cōrycus, *ī m* (*gr. Fw.*) Sandsack, Ledersack *für Kraftübungen der Athleten.*
coryl... = *corul...*
corymbi-fer, *era, erum* (*corymbus, ferō*) Efeutrauben tragend.
corymbus, *ī m* (*gr. Fw.*) Blütentraube des Efeus (*Attribut des Bacchus*).
coryphaeus, *ī m* (*gr. Fw.*) Oberhaupt.
cōrȳtus, *ī m* (*gr. Fw.*) Köcher.
cōs¹, *cōtis f* (*cf. catus, cautēs*) Schleif-, Wetzstein.
Cōs² (*Coōs, Cous*), *Coī f* (*gr.* Κῷος *u.* Κῶς) *Sporadeninsel, durch Weinbau u. Seidenweberei berühmt*; *adi. u. Einw.* *Cōus* (3); °*subst.* **Cōum,** *ī n* Koerwein; **Cōa,** *ōrum n* schleierartige Seidengewänder (*der Hetären*).
COS, COSS *s. cōnsul.*
cosmētēs, *ae m* (*gr. Fw.*) Aufseher über Garderobe u. Schmuck *einer Römerin.*
cosmica, *ōrum n* (*gr. Fw.*) *das* Weltliche, *die* Welt.
cosmicos, *ī m* (*gr. Fw.*) Weltbürger.
cosmoe, *ōrum m* (*gr. Fw.*) Ordner (*höchste kretische Behörde*).
****cosmos,** *i m* Welt.
costa, *ae f* (*cf. serbisch* kost) Rippe; / (*pl.*) Gerüst, Bauch.
costum, *ī n* (*gr. Fw.*) indische Gewürzstaude, Kostwurz; (*der aus ihr bereitete*) Balsam, Salbe.
cōtēs, *ium f* (*nur pl.*) *s. cautēs.*
cothurnātus 3 (*cothurnus*) **1.** auf dem Kothurn schreitend; **2.** / (*m. adv.*) tragisch erhaben; *subst.* **-ī,** *ōrum m* tragische Schauspieler.
cot(h)urnus, *ī m* (*gr. Fw.*) **1.** Kothurn, Hochschuh (*der tragischen Schauspieler*); °/ tragischer Stil, Tragödie; °**2.** Jagdstiefel.
cottabus, *ī m* (*gr. Fw.*) *griech. Spiel, bei dem man mit der Weinneige eine kleine Schale treffen mußte*; / klatschender Schlag [*bubuli* mit dem Ochsenziemer].
cottana, *ōrum n* (*gr. Fw., aus einer sem. Sprache entlehnt*) trockene kleine Feigen.
cot(t)īdiānus 3 (*cot[t]īdiē*) **1.** täglich; *adv.* -*ō*; **2.** / gewöhnlich.
cot(t)īdiē *adv.* (*adv. eines adi. zu quot + diē*; *eigtl.* „am wievielten Tage auch immer") täglich, Tag für Tag.
cottona = *cottana.*
cotula, *ae f* (*gr. Fw.*) kleines Gefäß; Hohlmaß (= $^1/_2$ *sextarius*).
cōturnīx, *īcis f* (*seit Ovid cŏt-*; *altl.* *cocturnīx*; *wohl Schallwort*) Wachtel; / *Kosewort.*
coturnus = *cothurnus.*
cotyla = *cotula.*
Cotyttō, *ūs f* (*acc.* -*ō*; *gr.* Κοτυττῷ) *urspr. thrakische Göttin*; **Cotyttia,** *ōrum n zuchtlose nächtliche Feier zu ihren Ehren.*
Cous, Cōus *s. Cōs².*
covinnārius, *ī m* (*covinnus*) Sichelwagenkämpfer.
covinnus, *ī m* (*kelt. Fw.*) britann. Sichelwagen; / röm. Reisewagen.
coxa, *ae f* (*cf. nhd.* „Hesse", *bayr.* „Haxn") Hüfte; *leporis* Hasenkeule.
coxendīx, *īcis f* (-*ĭx, ĭcis?*; *coxa*) Hüftbein, Hüfte.
crābrō, *ōnis m* (*cf. nhd.* „Hornisse") Hornisse.
crambē, *ēs f* (*gr. Fw.*) Kohl; / *repetita* aufgewärmter Kohl.
crāpula, *ae f* (*gr. Lw.*) Rausch; Katzenjammer.
crāpulārius 3 (*crāpula*) zum Rausch gehörig.
crās *adv.* (*et. unklar*) morgen; °/ künftig; *subst. n der* morgige Tag.
crassēscō, —— 3 (*crassus*) dick werden.
crassitūdō, *inis f* (*crassus*) Dicke.
crassus 3 (*m.* °*comp.*, °*adv.*; *cf. curvus*) **1.** dick, stark, beleibt; **2.** dicht [*aër*]; °**3.** grobfädig [*toga*]; °**4.** / roh, hausbacken, ungebildet; **5.** ♀ *cogn. in d. gens Licinia*; *s. Licinius.*
crāstinus 3 (*adv.* °**-ō**; *crās*) morgig; *subst.* **-um,** *ī n der* morgige Tag; *in -um* auf morgen; ** *in -o* am folgenden Tage.
crātēr, *ēris m* (*acc. sg.* -*ēra*; *acc. pl.* -*ēras*; *gr. Fw.*) *u.* **crātēra,** *ae f* (*nach gr. acc.*) **1.** Mischgefäß, -kessel, -krug (*zum Mischen v. Wasser u. Wein*), Kratér; °**2.** Ölkrug; °**3.** Wasserbecken, Bassin; °**4.** (Vulkan-)Schlund, Kráter; °**5.** ♀ Becher (*als Sternbild*); **6.** ♀ *Bucht bei Baiae.*
crātis, *is f* (*cf. crassus, nhd.* „Hürde") *meist pl.* Flechtwerk, Reisigbündel, Faschinen; °/ Gefüge; *favorum* Waben; *pectoris* Brustkorb.
creātiō, *ōnis f* (*creō*) Wahl.
creātor, *ōris m* (*creō*) °**1.** Schöpfer, Erzeuger; **2.** Gründer.

creātrīx, *īcis f* (*creātor*) Mutter.

****creatura,** *ae f* Schöpfung, Welt; Geschöpf.

crēber, *bra, brum* (*m. comp., sup.*; *adv., s. u.*; *eigtl.* „Wachstum habend"; *cf. crēscō*) **1.** dicht wachsend [*arbores*]; **2.** dicht stehend, gedrängt, zahlreich; voll, reich *an*; **3.** häufig, wiederholt, rasch nacheinander [*impetus*]; *adv.* (*acc. pl. n*) °**-a** *u.* (*abl. sg. n*) **-ō,** *crēbrius, crēberrimē* häufig, wiederholt; *an Stelle des adv. häufig adi praed.* [*hostes crebri cadunt* Mann für Mann].

crēb(r)ēscō, *b(r)uī*, — 3 (*crēber*) zunehmen, sich vermehren; sich verbreiten [*fama*].

crēbritās, *ātis f* (*crēber*) Häufigkeit, Fülle.

crēdibilis, e (*m. °comp., adv.*; *crēdō*) glaubhaft, glaubwürdig.

crēditor, *ōris m* (*crēdō*) Gläubiger; ** Geldgeber.

crēditum, *ī n* (*crēdō*) Darlehen, Schuld.

crēdō, *didī, ditum* 3 (*altl. coni. praes. -duam, -duās usw. u. -duis, -duit*; *crēdin* = *crēdisne*; *wohl eigtl.* „die magische Kraft *in etw.* setzen"; *2. Glied* √*dhē- „setzen") **1. a)** anvertrauen, übergeben, überlassen [*hosti salutem*]; **b)** borgen [*pecuniam*]; **2.** Vertrauen schenken, glauben [*testibus, promissis*]; **3.** glauben (= für wahr halten) [*deos* an Götter]; **4.** glauben (= der Ansicht sein), meinen, halten *für* [°*se Iovis filium*]; **5.** *credo* (*eingeschaltet*) denk' ich, sollte ich meinen, wahrscheinlich; *crederes* man hätte glauben sollen; ** (*abs.*) den christlichen Glauben annehmen; *bene creditus* zuverlässig.

crēdulitās, *ātis f* (*crēdulus*) Leichtgläubigkeit; ** christliche Religion, *der* Glaube.

crēdulus 3 (*crēdō*) **1.** (*act.*) leichtgläubig, arglos; °**2.** (*pass.*) gern geglaubt; ** gläubig; *subst.* Christ.

Cremera, *ae m kl. Fluß in Etrurien* (*477 Tod der 300 Fabier*); *adi.* *-rēnsis*, e.

cremō 1 (*carbō*) verbrennen, niederbrennen [*urbem*].

Cremōna, *ae f St. am Po, noch j.* Cremona; *adi. u. Einw. -ōnēnsis* (e).

cremor, *ōris m* (*wohl gall. Fw.*) Schleim.

creō 1 (*altl. creassit* = *creāverit*; *cf. crēscō*) **1.** (er)schaffen, hervorbringen [*natura res*]; **2.** erzeugen, °gebären; **3.** verursachen, bereiten [*sibi periculum*]; **4.** °**a)** (*eine Staatsgewalt*) schaffen, ins Leben rufen [*tribuniciam potestatem*]; **b)** (*Beamte*) (erwählen, ernennen, wählen lassen.

crepāx, *ācis* (*crepō*; *Maecenas*) knisternd.

creper, *pera, perum* (*et. ungedeutet*; *cf. crepusculum*) ungewiß, zweifelhaft.

crepida, *ae f* (*gr. Lw., wohl volkset. an crepō u. trepidō angelehnt*) Sandale, Halbschuh.

crepidātus 3 (*crepida*) Sandalen tragend.

crepīdō, *inis f* (*gr. Lw.*) **1.** Sockel; / Grundlage; **2.** Ufermauer.

crepidula, *ae f* (*dem. v. crepida*) kleine Sandale.

crepitācillum, *ī n* (*dem. v. crepitāculum*) kleine Klapper.

crepitāculum, *ī n* (*crepitō*) Klapper.

crepitō 1 (*intens. v. crepō*) schallen, klappern, knistern, klirren, rauschen, knurren.

crepitus, *ūs m* (*crepō*) Schall, Klappern, Klatschen; Blähung [*ventris*].

crepō, *uī, itum* 1 (*Schallwurzel* *kr-ep-) **1.** (*intr.*) schallen, tönen, klappern, rauschen *u. ä.* **2.** (*trans.*) erschallen lassen; immer im Munde führen [*militiam*]; ** krepieren.

crepundia, *ōrum n* (*crepō*) Kinderklapper.

crepusculum, *ī n* (*et. ungedeutet*; *cf. creper*) Zwielicht, Abenddämmerung; Dunkel.

Crēs *s. Crēta.*

crēscō, *crēvī, crētum* 3 (*cf. creō, crēber, Cerēs*) °**1.** (*v. noch nicht Vorhandenem*) wachsen; entstehen [*bracchia in ramos*]; **2.** (*v. schon Vorhandenem*) **a)** aufwachsen, groß werden; **b)** / zunehmen, emporkommen; °(*P.P.P.*) *adi.* **crētus** 3 geboren, entsprossen [*Troiano* (*ab*) *sanguine*].

Crēta[1], *ae u.* **-ē,** *ēs f die Insel* Kreta (*gr.* Krētē); *Bewohner Crētes, um u. Crētēnsēs, ium m*; *sg.* (*auch adi.*) *Crēs, Crētis m*; *Crēssa f*; *adi. Crēs(s)ius* 3, *Crētaeus* 3; *Crēticus* 3 [*pes* Kretikus (*Versfuß* — ∪ —)]; *Crētēnsis, e*; *Crētis, idis f.*

crēta[2], *ae f* (*et. ungedeutet*) **1.** Kreide, Siegelerde; °**2.** Schminke; / Schlamm.

crētātus 3 (*crēta*[2]) mit Kreide bestrichen. [*Umformung*) = *crātēr*.
crētēra *u.* **crēterra,** *ae f* (*wohl etr.*
crēteus 3 (*crēta*[2]) tönern.
crētiō, *ōnis f* (*cernō* II, 2, d) Willenserklärung über die Annahme einer Erbschaft.
crētōsus 3 (*crēta*[2]) kreidereich.
crētula, *ae f* (*dem. v. crēta*[2]) Siegelerde; Siegel.
crētus 3 *P.P.P. v. cernō u. crēscō.*
Creūsa, *ae f* (*gr.* Krẹūsa) *Gemahlin des Äneas.* [Durchschlag.
crībrum, *ī n* (*cf. cernō*) Sieb,
crīmen, *inis n* (*wohl Erweiterung einer Schallwurzel: Notruf des in seinem Recht Behinderten; cf. nhd.* „Schrei") **1.** Beschuldigung, Anklage *wegen* [*proditionis*]; **2. a)** Vorwurf; *alqd crimini dare illi* ihm etw. zum Vorwurf machen; *crimini esse* ein Vorwurf sein; °**b)** Vorwand [*belli*]; **3.** °**a)** Gegenstand des Vorwurfs; **b)** Verbrechen, Vergehen, Schuld.
crīminātiō, *ōnis f* (*crīminor*) Beschuldigung, Verleumdung.
crīminātor, *ōris m* (*crīminor*) Verleumder.
crīminor *u.* (*altl.*) **-ō** 1 (*crīmen*) beschuldigen, verleumden [*patres apud populum*]; Beschwerde führen *über* [*inopiam*]; vorwerfen.
crīminōsus 3 (*m.* °*comp.*, °*sup.*, *adv.*; *crīmen*) verleumderisch, vorwurfsvoll, gehässig.
crīnālis, e (*crīnis*) Haar...; haarähnlich; *subst.* **-e,** *is n* Haarschmuck, *curvum* Diadem.
crīnis, *is m* (*altl. f; urspr.* „Wallendes, Zitterndes"; *cf. crista; nhd.* „Reis, Rispe") **1.** Haar; Haarflechte; **2.** Kometenschweif.
crīnītus 3 (*crīnis*) °**1.** behaart, langhaarig; **2.** / *stella -a* Komet.
crisis, *is f* (*gr. Fw.*) entscheidende Wendung, Krisis.
crīsō 1 (*cf. crīnis*) mit den Schenkeln wackeln (*v. der Frau*).
crispi-sulcāns, *antis* (*crispus, sulcō*) eine Zickzacklinie bildend.
crispō 1 (*crispus*) **1.** kräuseln [*capillum*]; **2.** schwingen. [haarig.
crispulus 3 (*dem. v. crispus*) kraus-
crispus 3 (*m. comp., sup.; cf. crīnis, nhd.* „Rispe") **1.** kraus, gekräuselt; **2.** wellenförmig vibrierend; *subst.* ~ *ī m* Krauskopf; **3.** ♀ *s. Sallustius.*

crīssō *schlechte Schreibung für crīsō.*
crista, *ae f* (*cf. crīnis*) **1.** Kamm, Schopf; **2.** / **a)** Helmbusch; **b)** Kitzler. [buschtragend.
cristātus 3 (*crista*) kamm-, helm-
criticus, *ī m* (*gr. Fw.*) Kunstrichter, Kritiker.
Critō, *ōnis m* (*gr.* Krịtōn) *Schüler u. Freund des Sokrates.*
crōc(c)iō 4 (*altl. impf.* **-ībat**; *Schallwort; Pl.*) krächzen.
croceus 3 *u.* **crocinus** 3 (*crocus*) Safran...; / safrangelb, blond [*comae*]; *subst.* **crocinum,** *ī n* Safranöl; / *Kosewort.* [Krokodil.
crocodīlinus 3 (*crocodīlus*) vom
crocodīlus, *ī m* (*gr. Fw.*) Krokodil.
crocōta, *ae f* (*sc. vestis; gr. Lw.*) *u.* °*dem.* **crocōtula,** *ae f* Safrankleid; °*adi.* **crocōtārius** 3 zum Safrankleid gehörig; *infector* Färber von Safrankleidern.
crocum, *ī n u.* **crocus,** *ī m* (*gr. Fw.*) Safran; Safranfarbe; Safranessenz (*zum Besprengen der Bühne*).
Croesus, *ī m* (*gr.* Kroisos) *König v. Lydien, um 550;* / „*ein* Krösus".
crotalistria, *ae f* (*gr. Lw.*) Kastagnettentänzerin.
crotalum, *ī n* (*gr. Fw.*) Klapper, Kastagnette.
Crotō(n), *ōnis f* (*gr.* Krotōn) *gr. St. a. d. Ostküste v. Bruttium, seit 194 röm. Kolonie, j.* Crotone; *Einw.* **-ōniātēs,** *ae m; adi u. Einw.* -*ōniēnsis,* (e). [qualvoll.
cruciābilis, e (*belegt nur adv.; cruciō*)
cruciābilitās, *ātis f* (*cruciābilis*) Marter.
cruciāmentum, *ī n* (*cruciō*) Marter.
cruciārius, *ī m* (*crux*) *der* Gekreuzigte.
cruciātus, *ūs m* (*cruciō*) **1.** Folter, Marter, Qual; **2.** qualvolle Hinrichtung; **3.** Folterwerkzeug.
cruci-fīxus 3 (*dat. v. crux; fīgō*) ans Kreuz geschlagen.
cruciō 1 (*crux*) **1.** foltern, martern; **2.** / **a)** quälen; °P sich abhärmen; °**b)** *part. praes. cruciāns, antis* sich abquälend.
crūdēlis, e (*m. comp., sup., adv.; crūdus*) grausam, gefühllos, hart; / entsetzlich, schrecklich.
crūdēlitās, *ātis f* (*crūdēlis*) Grausamkeit, Gefühllosigkeit.
crūdēscō, *duī,* — 3 (*crūdus*) heftiger werden, zunehmen.

crūditās, *ātis f* (*crūdus*) verdorbener Magen.

crūdus 3 (*m. comp.*, °*sup.*; *cf. cruor*) °**1.** noch blutig; blutend [*vulnus*]; **2.** roh [°*caro*]; unreif [*pomum*]; ungebrannt [°*later*]; mit verdorbenem Magen; °**3.** noch unbearbeitet [*corium*]; **4.** / °**a**) noch unreif [*cruda viro virgo*]; noch frisch, zu neu; noch rüstig [*senectus*]; **b**) gefühllos, grausam, roh.

cruentō 1 (*cruentus*) **1.** blutig machen, mit Blut bespritzen; °*collum morsu* blutig beißen; **2.** / °**a**) durch Mord entweihen; **b**) bis aufs Blut kränken.

cruentus 3 (*m.* °*comp.*, °*sup.*, °*adv.*; *cf. cruor*) **1.** blutig, blutbefleckt; °**2.** blutrot; °**3.** / blutdürstig, grausam.

crumīlla, *ae f* (*dem. v. crumīna*) Geldbeutelchen.

crumīna (*schlechter* **-mēna**), *ae f* (*wohl gr. Lw.*) Geld(beutel).

cruor, *ōris m* (*cf. nhd.* „roh") Blut (*außerhalb des Körpers*), geronnenes Blut; Blutstropfen; / Blutvergießen, Mord(en).

cruppellārius, *ī m* (*gall. Fw.*) geharnischter Fechter (*bei den Äduern*).

crūri-crepida, *ae m* (*crūs, crepō*) (*Scherzwort*) *nichtsnutziger Sklave, dem Schläge auf die Beine prasseln.*

Crūri-fragius, *ī m* (*crūs, frangō*) (*Scherzname*) *nichtsnutziger Sklave, dem die Schienbeine zerbrochen worden sind*; Halunke.

crūs, *crūris n* (*et. unklar*) **1.** Unterschenkel, Schienbein, Schenkel; °**2.** / Stütze, Pfeiler.

crūsma, *atis n* (*gr. Fw.*) Tonstück (*auf Schlaginstrument*); Ton.

crusta, *ae f* (*-ū-?*; *eigtl.* „Erstarrtes"; *cf. cruor, Name* Monte Rosa) **1.** Kruste; Rinde, Schale; °Eisdecke; **2.** °**a**) Mosaik, Stuckarbeit; **b**) Basrelief.

crustulārius, *ī m* (*crūst-?*; *crustulum*) Zuckerbäcker.

crustulum, *ī n* (*crūst-?*; *dem. v. crustum*) Zuckerplätzchen; *pl.* Zuckerwerk; ** Brotkruste.

crustum, *ī n* (*crūst-?*; *cf. crusta*) Back-, Zuckerwerk.

crux, *crucis f* (*cf. curvus*; *nhd.* „Rücken") **1.** Marterpfahl **a**) *zum Anpfählen, Hängen, Spießen*; **b**) *Kreuz* (*in T- od. Kreuzform*); **2.** Kreuzigung; °**3.** (*Schimpfwort*) Galgenstrick; Quälgeist; **4.** / Qual, Marter, Unheil; °(*abi*) *in malam crucem* zum Henker!; ** *signum crucis* Kreuzzeichen.

crypta, *ae f* (*gr. Fw.*) bedeckter Gang; Gewölbe, Grotte.

crypto-porticus, *ūs f* (*gr. Fw.* + *porticus*) verdeckte Halle.

crystallinus 3 (*crystallus*) aus Kristall; *subst.* **-um,** *ī n* Kristallgefäß.

crystallus, *ī f* (*gr. Fw.*) **1.** Eis; **2.** Bergkristall; **-um,** *ī n* Kristallgefäß.

cubiculāris, e (*cubiculum*) Schlafzimmer... [*lectus*].

cubiculārius, *ī m* (*cubiculum*) Kammerdiener.

cubiculātus 3 (*cubiculum*) mit Zimmern ausgestattet; *subst.* **-a,** *ae f* (*sc. navis*) Prunkschiff.

cubiculum, *ī n* (*cubō*) **1.** (Schlaf-)Zimmer; °**2.** Kaiserloge im Zirkus.

cubīle, *is n* (*cubō*) **1.** Bett; **2. a**) Ehebett; **b**) Tierlager; Nest; **3.** / Heimat [*avaritiae*].

cubital, *ālis n* (*cubitālis*) Armpolster.

cubitālis, e (*cubitum*) eine Elle lang.

cubitō 1 (*frequ. v. cubō*) (oft) liegen; schlafen [*cum alqa od. alqo*].

cubitum, *ī n u.* **-tus**[1], *ī m* (*eigtl.* „Krümmung"; *cf. nhd.* „Hüfte") °**1.** Ellenbogen; Unterarm; **2.** / Elle (44 cm).

cubitus[2], *ūs m* (*cubō*) *das* Liegen; Beischlaf.

cubō, *buī, bitum* 1 (*eigtl.* „sich krümmen, kauern"; *cf. cubitum*) **1. a**) liegen, ruhen; °**b**) sanft abgedacht sein; **2.** bei Tisch liegen, speisen; **3.** zu Bett liegen: **a**) schlafen; °**b**) schlafen *mit* [*cum alqa, cum alqo*]; **c**) krank liegen.

cubus, *ī m* (*gr. Fw.*) Würfel.

****cuculla,** *ae f* Mönchskutte; Kapuze *am Mantel.*

cucullus[1], *ī m* (*wohl gall. Lw.*) Kapuze; Tüte.

cucūlus *u.* **-cullus**[2], *ī m* (*Schallwort*) Kuckuck; / Tölpel, Faulpelz; Ehekrüppel.

cucuma, *ae f* (*gr. Fw., wohl sem. Herkunft*) Koch-, Badekessel.

cucumis, *eris m* (*Lw. aus nichtidg. Spr.*) Gurke.

cucurbita, *ae f* (*et. unklar*) Kürbis; / Schröpfkopf.

cūdō, *dī, sum* 3 (*wohl aus den Komposita gebildet statt *caudō*; *cf. nhd.* „hauen") schlagen; prägen [*nummos*]; ** schmieden.

cūiās, *ātis* (*cūius*) woher gebürtig? was für ein Landsmann?
cuicuimodī (*statt cūiuscūius modī*) wie immer beschaffen.
cūius 3 *wohl identisch m. gen. cūius*) °**1.** (*interrog.*) wem gehörig? wessen?; **2.** (*rel.*) dessen.
cūius-modī von welcher Art? wie beschaffen?
cūiusque-modī von jeder Art.
culcit(r)a, *ae f* (*et. nicht völlig klar*) Kissen, Polster.
culcitula, *ae f* (*dem. v. culcita*) Polsterchen; (*obszön*) Unterlage.
culex, *icis m* (*wohl urspr.* „stechendes [Tier]"; *cf. cuneus*) Mücke, Schnake; / *f* (*Schimpfwort*).
culilla, *ae f od.* **-us,** *ī m* (*wohl dem. des gr. Lw. culigna* „Becher") Becher, Pokal.
culīna, *ae f* (*wohl zu coquō, cf. coquīna*) Küche; °/ Kost, Essen.
culleus, *ī m* (*wohl Lw. aus einer Mittelmeerspr.*) (Leder-)Sack, Schlauch.
culmen, *inis n* (*synk. aus columen*) **1. a**) höchster Punkt; **b**) Gipfel, Kuppe; °**c**) First, Dach; Hütte; Haus; °**d**) Scheitel; **2.** / Gipfel; **3.** (*dcht.* = *culmus*) Halm.
culmus, *ī m* (*cf. nhd.* „Halm") Strohhalm; °/ Ähre; Strohdach.
culpa, *ae f* (*et. ungedeutet*) **1. a**) Schuld, Verschuldung, Vergehen, Fehler; °**b**) Sittenlosigkeit, Unzucht; °**c**) Nachlässigkeit; °**2.** *der* Schuldige.
culpitō 1 (*intens. v. culpō*) hart tadeln.
culpō 1 (*culpa*) beschuldigen; tadeln, mißbilligen.
cultellus, *ī m* (*dem. v. culter*) Messerchen.
culter, *trī m* (*cf. scalpō*) Messer; Schlacht-, Schermesser.
cultiō, *ōnis f* (*colō*) Bebauung, Anbau.
cultor, *ōris m* (*colō*) **1.** Bebauer, Bearbeiter, Pfleger; °**2. a**) Landmann; **b**) Be-, Anwohner; **3.** / **a**) Verehrer, Anbeter; Priester; **b**) Freund, Liebhaber.
cultrārius, *ī m* (*culter*) Opferstecher, -schlächter.
cultrīx, *īcis f* (*cultor*) **1.** Pflegerin, Wärterin; °**2.** Bewohnerin.
cultūra, *ae f* (*colō*) **1.** Bearbeitung, Anbau; *agri* Ackerbau; °**2.** Landwirtschaft; **3. a**) (*geistige*) Ausbildung; (*sittl.*) °Veredlung; °**b**) Verehrung.
cultus[1] 3 *s. colō.*
cultus[2], *ūs m* (*colō*) **1.** Bearbeitung, Anbau; Anpflanzung; **2.** Pflege, Wartung; **3. a**) Lebensweise, -gewohnheit; °**b**) Üppigkeit; °**4.** Kleidung, Tracht; Putz, Schmuck; / **5.** Bildung, Ausbildung, Erziehung, Verfeinerung; Kultur, Gesittung; **6. a**) Beschäftigung [*studiorum liberalium*]; **b**) Verehrung, Huldigung.
cululla, *ae f u.* **-us,** *ī m* = *culill...*
cūlus, *ī m* (*cf. irisch* cul „Rücken") After, *der* Hintere.
cum[1] (*altl. com, unter Anlehnung an cum*[2] *auch quom; als praev. cf. com-; nhd.* „ge-") *prp. b. abl.* (*an pron. pers. u. im kl. Lat. auch an rel. angehängt*) zusammen: **1.** (*zur Bezeichnung räuml.-zeitlicher Gemeinsamkeit*) **a**) mit, samt, nebst; **b**) unter *jds.* Anführung, Kommando, Schutz [*legio hiemabat cum legato*]; **c**) im Verein, im Bunde mit [*cum Aegyptiis adversus regem*]; *secum vivere* für sich allein leben; **d**) (*in feindlichem Sinne*) mit, gegen [*pugnare*]; bei, vor [*queri*]; **e**) versehen, ausgerüstet, bekleidet, bewaffnet mit [*esse cum telo, cum sordida veste*]; **f**) (*selten zur Bezeichnung des Mittels od. Werkzeugs*) mit [°*cum lingua lingere*]; °(*gramm. t.t.*) [*scripta cum R uno*]; **2.** (*zur Bezeichnung der Gleichzeitigkeit*) **a**) (*rein temporal, oft durch simul od. pariter verstärkt*) zugleich mit [*cum prima luce proficisci*]; **b**) (*modal*) mit [*cum studio discere*]; **c**) *begleitende Nebenumstände*) mit, unter [*multis cum lacrimis dicere*]; (*Wirkung*) mit, zu [*hoc fecisti cum magna civium calamitate*]; **d**) nur unter der Bedingung [*optabilis est mors cum gloria*].
cum[2], **quum** (*altl. quom; urspr. acc. sg. — wahrsch. m, vl. aber auch* [*adv.*] *n — des pron. rel. quī; cf. tum*) *ci.* **1.** *m. ind.* **a**) (*cum temporale*) zu der Zeit als, jetzt wo [*eo tempore paruisti, cum necesse erat*]; seit, seitdem, nachdem [*multi anni sunt, cum haec lex lata est*]; **b**) (*cum iterativum*) sooft, jedesmal wenn [*Verres, cum rosam viderat* (sah), *tum ver incipere arbitrabatur*]; (*seit Cäsar u. Cicero auch m. coni.*) **c**) (*cum inversivum m. pf., praes. od.*

inf. hist. — bei plötzlichen Ereignissen) als; da (*mit folgendem Hpts.*) [iam ver appetebat, cum Hannibal ex hibernis movit]; **d**) (*cum explicativum*) indem, dadurch daß, wenn [hoc cum confiteris, scelus te admisisse concedis]; **2.** *m. coni.* **a**) (*cum historicum — in der Erzählung*) als, nachdem [Epaminondas, cum vicisset Lacedaemonios, quaesivit]; **b**) (*cum causale*) da, weil [cum vita sine amicis plena sit insidiarum, ratio ipsa monet amicitias comparare]; quae cum ita sint unter diesen Umständen; **c**) (*cum concessivum*) obgleich, obwohl [Socrates, cum facile posset educi e custodia, noluit]; **d**) (*cum adversativum*) während dagegen, da doch [solus homo particeps est rationis, cum cetera animalia sint expertia]; **e**) (*cum iterativum*) *s. 1 b*; **3. a**) **cum prīmum** (*meist m. ind. pf.*) sobald als [cum primum potuit, ad exercitum contendit]; **praesertim cum** (*m. coni.*; *s. 2 b*) zumal da; **quippe cum** (*dsgl.*) da ja; **utpote cum** (*dsgl.*) da nämlich; **b**) **cum ... tum** wenn schon ... dann besonders, sowohl ... als (auch) besonders, zwar ... besonders aber: α) *meist m. ind.* (*bsd. wenn Nbs. u. Hpts. nur* e i n *Verbum haben od. bei zwei verschiedenen Verben diese im gleichen Tempus stehen und kein kausales od. konzessives Verhältnis vorliegt*) [te cum semper valere cupio, tum certe, dum hic sumus; cum convenerant, tum coegerant]; β) *sonst m. coni.* [cum te semper dilexerim, tum his tuis factis incensus sum]; γ) (*Verbindung einzelner Begriffe*) [°quom virum, tum uxorem di vos perdant]; **c**) **cum maximē** (*verkürzt etwa aus* cum aliis in rebus, tum maxime) ganz besonders, mehr denn je [°cum maxime volo].

Cūmae, ārum *f* (*gr.* Kȳmē) *v. Kyme in d. Äolis aus gegründete St. in Kampanien, Sitz der Sibylle v.* ~; *adi.* -aeus 3; *adi. u. Einw.* -ānus (3); *subst.* **-ānum,** ī *n Ciceros Landgut b.* ~.

cūmatile, is *n* (-ā-?; *gr. Fw.* kȳma „Woge" *m. lat. Suffix*) meerblaues Kleid.

cumba, ae *f* (*gr. Fw.*) Nachen, Kahn, *bsd. der des Charon.*

cumbula, ae *f* (*dem. v.* cumba) kleiner Kahn.

cumera, ae *f* (*et. unklar*) (Getreide-) Korb.

cumīnum, ī *n* (*gr. Fw.*) Kümmel.

cum-prīmīs *adv.* (*besser getr.*) besonders, vornehmlich.

cum-que *adv.* (cum² + *Verallgemeinerungspartikel* -que; *cf.* uterque) *meist m. pron. od. adv. rel. verbunden* [quicumque; ubicumque]; *dcht. auch allein*: wann nur immer, jedesmal.

cumulātus 3 (*m. comp.*, °*sup.*, *adv.*; cumulō) vermehrt, gesteigert; / vollkommen [virtus].

cumulō 1 (cumulus) °**1.** (auf-) häufen [*auch* / honores in alqm]; **2.** °**a**) hoch anfüllen *mit*; **b**) / überhäufen, überschütten [amicos laudibus]; **3.** vergrößern, steigern; **4.** vollkommen machen, vollenden.

cumulus, ī *m* (*eigtl.* „Anschwellung") °**1.** Haufen; Masse; **2.** / Übermaß, Gipfel(punkt), Krone.

cūnābula, ōrum *n* (cūnae) Wiege; ° / Geburtsort, Heimat, Ursprung.

cūnae, ārum *f* (*urspr.* „Lager"; *cf.* cīvis) Wiege; °Nest.

cūnctābundus 3 (cūnctor) zaudernd.

cūnctāns, antis (*m.* °*comp.*, °*adv.*; *part. praes. v.* cūnctor) **1.** zaudernd, zögernd; °**2.** langsam; bedächtig; °**3.** zäh [glebae].

cūnctātiō, ōnis *f* (cūnctor) *das* Zaudern; Unentschlossenheit.

cūnctātor, ōris *m* (cūnctor) **1. a**) Zauderer; **b**) (*adi.*) bedächtig; **2.** ♀ *Beiname des* Q. Fabius Maximus.

cūnctātus 3 (*m. comp.*; *part. pf. v.* cūnctor) vorsichtig.

****cuncti-potens,** entis *m* allmächtig.

cūnctor *u.* (*altl.*) **-ō** 1 (*wohl frequ. v.* *concō „schwanken"; *cf. nhd.* „hangen [u. bangen]") **1.** zögern, zaudern, säumen; **2.** unschlüssig sein, schwanken.

cūnctus 3 (*wohl synk. aus* *concitos „versammelt", *P.P.P. v.* conciō) sämtlich, gesamt; (*pl.*) alle zusammen.

cuneātim *adv.* (cuneō) keilförmig.

cuneātus 3 (*m. comp.*; cuneō) keilförmig zugespitzt.

cuneō 1 (cuneus) verkeilen, keilförmig zuspitzen.

cuneolus, *ī m* (*dem. v. cuneus*) kleiner Keil, Stift.

cuneus, *ī m* (*cf. culex*) **1.** Keil, Pflock; °**2.** Zwickel; **3.** keilförmige (Schlacht-)Ordnung; °**4.** (keilförmiges Segment der) Sitzreihen *im Theater*; / *die* Zuschauer; ** Heerschar.

cunīculōsus 3 (*cunīculus*) kaninchenreich.

cunīculus, *ī m* (*wohl spanisch-iberisches Fw.*) °**1.** Kaninchen; **2.** / unterirdischer Gang, Stollen.

cunīla, *ae f* (*gr. Lw.*) Quendel.

cunni-lingus, *ī m* = *cunnum lingēns*.

cunnus, *ī m* (*et. ungedeutet*) **1.** weibliche Scham; **2.** / **a**) feile Dirne; **b**) Schnecke (*Gebäck*).

cunque = *cumque*.

cūpa, *ae f* (*urspr.* „Wölbung [Höhle, Haufen]"; *cf. Höhlengöttin* Kybele) Tonne, Faß.

cupēdia, cupēdinārius = *cuppēd...*

cupēs = *cuppēs*.

Cupīdineus 3 des Cupido, Liebes... [*sagittae*]; / lieblich, reizend.

cupiditās, *ātis f* (*gen. pl.* -(*i*)*um*; *cupidus*) **1.** Begierde, Leidenschaft; **2. a**) Kauflust, Habsucht, Geldgier; **b**) Hang zu Ausschweifungen; **c**) Ehrgeiz; **d**) Parteilichkeit.

cupīdō, *inis f* (*dcht. m*) (*cupiō*) **1.** *das* Begehren, Sucht, Hang; *pl.* Leidenschaften; **2. a**) Trieb, Lust, Liebe; Brunst; **b**) Habsucht, Geldgier; **c**) Ehrgeiz, -sucht; **3.** ♀, *inis m* (*gr.* Erōs) Liebesgott, Amor, *Sohn der Venus*; *pl.* Amoretten.

cupidus 3 (*m. comp., sup., adv.*; *cupiō*) **1.** begierig, lüstern *nach* [*gloriae*]; *novarum rerum* auf Umsturz bedacht; **2. a**) begehrlich, hab-, selbstsüchtig; °**b**) verliebt; liebestoll; **c**) leidenschaftlich ergeben [*optimi cuiusque*]; **d**) parteiisch; *adv.* **-ē** eifrig, gern.

cupiēns, *entis* (*m. comp., sup., adv.*; *cupiō*) begierig; lüstern *nach* [*huius corporis*].

cupiō, *īvī* (*u. iī*), *ītum* 3 (*eigtl.* „aufwallen"; *cf. altind.* kupyati „gerät in Bewegung, zürnt") natürliches Verlangen haben: **1.** (*trans.*) **a**) wünschen, verlangen, begehren [*pacem*; *te videre*; *Antonium haec audire*]; °**b**) mit (sinnlicher) Liebe begehren; **2.** (*intr.*) zugetan, gewogen sein [*Helvetiis*; *eius causa*].

cupītor, *ōris m* (*cupiō*) der *etw.* begehrt [*matrimonii*].

cuppēdia[1], *ae f* (*cf. cuppēs*) Naschhaftigkeit.

cuppēdia[2], *ōrum n* (*cf. cuppēs*) Näschereien.

cuppēdinārius, *ī m* (*cuppēdia*[2]) Leckerbissenverkäufer, -hersteller.

cuppēdō, *inis f* (*cuppēs*) **1.** = *cuppēdia*[2]; °**2.** (*durch cupīdō beeinflußt*) Begierde.

cuppēs *m* (*nur nom. sg. belegt*; *zu cupiō m. affektischer Konsonantengemination*) Feinschmecker.

cupressētum, *ī n* (*cupressus*) Zypressenhain.

cupresseus 3 (*cupressus*) aus Zypressenholz.

cupressi-fer, *era, erum* (*cupressus, ferō*) Zypressen tragend.

cupressus, *ī u. ūs f* (*wahrsch. Lw. aus einer Mittelmeerspr.*) Zypresse (*als Totenbaum dem Pluto heilig*); / Kästchen aus Zypressenholz.

cūr *adv.* (*altl. quōr, qūr*; *zu quī*; *cf. ahd.* hwār „wo"; *nhd.* „war-um") **1.** (*rel.*) wozu, weshalb, warum; **2.** (*interr.*) warum? wozu?

cūra, *ae f* (*et. ungedeutet*) **I.** Fürsorge: **1. a**) Sorge, Fürsorge, Sorgfalt, Bemühung; Interesse; *mihi curae est* ich lasse mir angelegen sein; **b**) Studium, Forschung; °Schrift, °Buch; °**c**) Neugierde; **2. a**) Besorgung, Pflege, Wartung; °**b**) Putz; Pflege [*comae*]; °**c**) Kur; °**d**) Aufsicht; °**e**) Gottesdienst [*deorum*]; °**f**) Verwaltung, Kommando; °**g**) Amt, Geschäft; °**3. a**) Aufseher, Wärter; **b**) Schützling, Liebling [*Veneris*]; **II.** Besorgnis: **1.** Sorge, Kummer; °**2. a**) Liebeskummer; **b**) Geliebte(r).

cūrābilis, e (*cūra*) Sorge schaffend; heilbar (?).

cūralium, *ī n* = *corallium*.

cūrātiō, *ōnis f* (*cūrō*) **1. a**) Besorgung, Wartung, Pflege; **b**) Behandlung, Heilung; **2. a**) Besorgung *einer Sache*; **b**) Verwaltung, Leitung; *in -one regni esse* Reichsverweser sein.

cūrātor, *ōris m* (*cūrō*) °**1.** Wärter; **2.** Verwalter, Vorsteher; °**3.** Vormund.

cūrātūra, *ae f* (*cūrō*) Wartung, Pflege.

cūrātus 3 (*m. comp., sup., adv.*; *cūrō*) **1.** gepflegt; **2.** sorgfältig, eifrig.

curculiō, *ōnis m* (*reduplizierte Bildung*; *cf. curvus*) **1.** Kornwurm;

2. ♀ (*volkset. u. scherzh. Verbindung m. gurguliō; s. d.*) *der* Schlemmer (*Plautinische Komödie*).

curculiunculus, *ī m* (*dem. v. curculiō*) Kornwürmchen = etwas Nichtiges.

Curēs, *ium f Hauptst. der Sabiner, nördl. v. Rom, j.* Correse; *adi. -rēs, ētis u. -rēnsis, e*; *cf. Quirīs.*

cūria, *ae f* (*vl. aus *co-viria* „Männerversammlung"; *cf. Quirīs*) **1. a**) Gentilversammlung, Kurie (*Abteilung des röm. Volkes* = $^1/_{10}$ *einer der drei urspr. patriz. Tribus m. je 10 gentes*); **b**) Kuriengebäude, Kurie, (*Versammlungsort einer Kurie*); **2. a**) Senat(sversammlung); **b**) Senatsgebäude, Rathaus [*Hostilia u. Iulia auf dem Comitium; Pompeia auf dem Marsfeld; Calabra auf dem Kapitol; Saliorum auf dem Palatin*]; **c**) Versammlungshaus *nichtrömischer Behörden außerhalb Roms* [*Martis* Areopag *in Athen*]; ** päpstliche Regierung, Kurie; / *caeli* Himmelssaal.

cūriālis, e (*cūria*) zur (gleichen) Kurie gehörig; *subst.* ~, *is m* Kurien-, Demosgenosse; ** *adi.* höfisch; zuverlässig; höflich; gesellig.

****curialitas,** *atis f* Hofleben; höfisches Wesen.

Curiātiī, *ōrum m albanische, später röm. gens.*

cūriātim *adv.* (*cūria*) kurienweise, nach Kurien.

cūriātus 3 (*cūria*) zu den Kurien gehörig; *comitia -a* Kuriatkomitien (*Patrizierversammlungen*); *lex -a* von den Kurien beschlossenes Gesetz.

cūriō[1], *ōnis m* (*cūria*) **1.** Kurienvorsteher; **2.** Ausrufer.

cūriō[2], *ōnis m* (*vl. scherzh. Vermengung v. cūriō[1] u. cūra*) „Kümmerling".

cūriōsitās, *ātis f* (*cūriōsus*) Wißbegierde, Neugier.

cūriōsus 3 (*m comp., sup., adv.; cūra*) **1.** sorgfältig, eifrig; besorgt; **2.** wißbegierig; neugierig.

curis, *is f* (*et. ungedeutet*) Lanze.

Curius 3 *Name einer pleb. gens: M.* ~ *Dentātus, Besieger der Samniten u. des Pyrrhus, Muster altröm. virtus; adi. -iānus* 3.

cūrō 1 (*cūra*) **1.** sorgen, *für* [*omnia*], besorgen [*pontem faciendum* eine Brücke bauen lassen]; sich kümmern *um*; *cura, ut valeas* bleib gesund! lebe wohl!; **2. a**) besorgen, ausführen; °**b**) kommandieren, befehligen [*cohortes*]; °**3. a**) verpflegen, behandeln [*aegros*]; **b**) erquicken [*vino*]; *corpus -are* sich gütlich tun; **4. a**) (*Geld*) beschaffen; **b**) auszahlen [*nummos*]; *abs.* Zahlung leisten.

curriculum, *ī n* (*currō*) **1.** (*abstr.*) °**a**) Lauf; *-o* eilends; **b**) Wettlauf; Wettrennen; **c**) Umlauf, Kreislauf [*solis*]; / *vitae* Lebensbahn. **2.** (*concr.*) **a**) Rennwagen; °**b**) Streitwagen; **c**) Rennbahn.

currō, *cucurrī, cursum* 3 (*cf. mhd.* hurren „sich rasch bewegen") **1.** laufen, rennen; °zur See fahren [*trans mare*]; **2.** um die Wette laufen; **3.** durchlaufen [°*aequora*]; °**4.** umlaufen, kreisen; °**5. a**) (*von Gegenständen*) laufen, sich ziehen [*purpura* Purpurstreifen]; **b**) (*von Zuständen*) sich verbreiten, rieseln *u. ä.* [*rubor; tremor*]; **6.** rasch fortschreiten [°*aetas*].

currus, *ūs m* (*cf. currō*) **1.** Wagen; *bsd.* Renn-, Streit-, Triumphwagen; / Triumph; °**2.** (*zweirädriger*) Pflugwagen; °**3.** Gespann; Fahrzeug, Schiff.

cursim *adv.* (*currō*) im Fluge, eilends; / flüchtig [*dicere*].

cursitō *u.* **cursō** 1 (*frequ. v. currō*) hin und her laufen, rennen.

cursor, *ōris m* (*currō*) Läufer; Wettläufer; °/ Eilbote.

cursūra, *ae f* (*currō*) *das* Laufen.

cursus, *ūs m* (*currō*) **I.** Lauf: **1.** *das* Laufen; Lauf; **2.** Sturmschritt, Eilmarsch; °Galopp; **3.** Fahrt, Reise; °Ritt, °Flug; **4. a**) Bahn *der Himmelskörper*; **b**) (*meist dcht.*) Wasserlauf, Strömung; / Strom *der Rede*; **5.** Marschroute, Richtung, Kurs; / Verlauf, Fortgang; Lebenslauf; **6.** Schnelligkeit, Eile; **II.** Wettlauf: **1. a**) Wettlauf; °**b**) Wettrennen; **2.** / **a**) Streben *nach einem Ziel*; **b**) Karriere, amtl. Laufbahn [*honorum*]; ** Gottesdienst.

****curtis,** *is f* fürstliche Hofhaltung; Pfalz.

****curtisanus** 3 zum Hofe gehörend; *subst.* Höfling.

Curtius 3 *röm. Gentilname*: **1.** *M.* ~, *röm. Jüngling, der sich der Sage nach 362 als Opfer in einen auf dem Forum entstandenen Schlund* [*lacus Curtius*] *stürzte*; **2.** *Q.* ~ *Rūfus,*

Vfssr. der Historiae Alexandri Magni (um 50 n. Chr.). [lern.

curtō 1 (*curtus*) (ver)kürzen, schmä-

curtus 3 (*eigtl.* „abgeschnitten"; *cf. carō*¹) °**1.** verkürzt, verstümmelt; beschnitten; **2.** / unvollständig [*sententia*].

curūlis, e (< **currūlis; currō*) °**1.** Wagen..., Renn... [*equi*]; **2.** *sella curulis urspr.* Wagensessel; / Amtssessel *der höheren Magistrate (mit Elfenbein ausgelegter Klappstuhl ohne Rücken- u. Seitenlehnen)*; **3.** kurulisch [*magistratus* = Konsulat, Prätur, Ädilität]; °*subst.* ~, *is f* = *sella curulis.*

curvāmen, *inis n u.* **curvātūra,** *ae f* (*curvō*) Krümmung, Rundung; / *rotae* Felgen. [*curvus.*

curvātus 3 (*P.P.P. v. curvō*) =

curvō 1 (*curvus*) **1.** krümmen, wölben, runden; / beugen, nachgiebig machen; **2.** (krümmend) spannen [*cornu*].

curvus 3 (*cf. gr. Lw. corōna*) **1.** gebogen, gekrümmt, krumm; / gebückt, gebeugt; **2. a**) hohl; bauchig; **b**) sich schlängelnd [*via*]; **c**) sich auftürmend [*undae*].

cuspis, *idis f (et. ungedeutet)* **1.** Spitze, Stachel: **a**) [°*scorpionis*]; **b**) Speerspitze; °**2. a**) Spieß, Lanze; **b**) Dreizack; **c**) Bratspieß.

****cussinus,** *i m* Kissen.

custōdēla, *ae f* (*-ū-?; custōs; nach tūtēla; vkl., nkl.*) = *custōdia.*

custōdia, *ae f* (*-ū-?; custōs*) **1.** Bewachung, Bewahrung, Obhut, Aufsicht; **2. a**) Wache, Wachposten; **b**) Standort (*der Wache*); **3. a**) (*abstr.*) Gewahrsam; °**b**) (*concr.*) Gefängnis; **c**) Gefangener; ** Küsteramt.

custōdiō 4 (*-ū-?; custōs*) **1.** bewachen, bewahren, (be)hüten; *se -ire* sich in acht nehmen; **2.** aufbewahren, verwahren; **3.** beaufsichtigen, überwachen; **4.** gefangenhalten.

custōdītus 3 (*m. adv. cust-?; custōdiō*) wohlbemessen: *adv.* **-ē** behutsam, vorsichtig [*ludere*].

custōs, *ōdis m f (-ū-?; et. nicht klar)* **1.** Wächter(in), Hüter, Aufseher; **2. a**) Bewahrer, Beschützer; °**b**) Mentor; °**c**) Wächter (*einer Frau*), *meist Eunuch*; **d**) Posten, Schildwache; °**e**) Leibwächter, Trabant; Aufpasser; Gefängniswärter; °**3.** Behältnis [*eburnea*]; ** Küster(in).

cutīcula, *ae f (dem. v. cutis)* Haut.

cutis, *is f (cf. nhd.* „Haut") Haut; Leder; / Hülle; *-em curare* es sich wohlgehen lassen. [füllen.

cyathissō 1 (*gr. Fw.*) die Becher

cyathus, *ī m (gr. Fw.)* **1.** Schöpfbecher, Becher; **2.** / Becher (= $^1/_{12}$ *sextarius* = *0,045 l*).

cybaeus 3 (*gr. Fw.*) bauchig; *subst.* **-a,** *ae f (sc. navis)* Transportschiff.

Cybelē (**Cybēbē**), *ēs u. ae f (gr.* Kybẹlē *u.* -bẹ̄bē) *phrygische Göttermutter; adi. -lēius* 3.

cybiosactēs, *ae m (gr. Fw.)* Salzfischhändler (*Spottname Vespasians*). [(-gericht).

cybium, *ī n (gr. Fw.)* Thunfisch

cycladātus 3 (*cyclas*) mit einer *cyclas* bekleidet.

Cyclades, *um f (gr.* Kyklạdes) Kykladen (*im Kreise um Delos liegende Inselgruppe*).

cyclas, *adis f (gr. Fw.)* weißes Staatskleid *der röm. Damen (seitlich nicht geschlitztes Rundkleid).*

cyclicus 3 (*gr. Fw.*) zum epischen Zyklus gehörig; *poetae, scriptores nachhomerische gr. Epiker, die die Ereignisse vor u. nach dem Trojanischen Krieg behandelten.*

Cyclōps, *ōpis m (gr.* Kỵklōps) *einäugiger Riese; pl. Schmiedegesellen Vulkans.* [Wechsel, Zyklus.

****cyclus,** *i m* Kreis; periodischer

cycnēus 3 (*gr. Fw.*) Schwanen...

cycnus, *ī m (gr. Fw.)* Schwan, *dem Apollo heilig*; °/ Dichter; *Dircaeus* = Pindar.

Cydōn, *ōnis m* Einw. *v.* Cydōnia (*gr.* Kydōnịā) *auf Kreta; adi. -ōnius* 3 kretisch [°*māla* Quitten].

cygn... = *cycn...* [linder.

cylindrus, *ī m (gr. Fw.)* Walze, Zy-

Cyllēnē, *ēs f (gr.* K-) *Geb. am Nordrand v. Arkadien, Geburtsstätte Merkurs; adi. -ēnius u. -ēnēus* 3 [°*ignis* Planet Merkur], *-ēnis, idis f.*

cymba... = *cumb...* [Becken.

cymbalum, *ī n (gr. Fw.)* Zimbel,

cymbium, *ī n (gr. Fw.)* kleine nachenförmige Trinkschale.

Cȳmē, *ēs f (gr.* K-) **1.** = *Cūmae*; **2.** *St. in d. Äolis, Mutterst. v. Cumae; adi. u. Einw. -maeus* (3).

Cynicus 3 (*m.* °*adv.; gr.* kynikọs „hündisch") zur Philosophie der

Kyniker gehörig, kynisch; *subst.* ~, ī *m* Kyniker.

cynocephalus, ī *m* (*gr. Fw.*) Hundsaffe.

Cynosūra, ae *f* (*gr.* Kynos ūrā „Hundeschwanz") *der* Kleine Bär; *adi.* -ūris, idis *f* [ursa].

Cynthus, ī *m* (*gr.* Kynthos) *Berg auf Delos, Geburtsstätte v. Apollo u. Diana*; *adi.* -thius 3.

cyparissus, ī *f* (*gr. Fw.*) = cupressus.

Cypros *u.* **-us,** ī *f* (*gr.* Kypros) Zypern (*Aphroditekult*; *reiche Kupfergruben*); *adi. u. Einw.* -prius (3); ** *subst.* **cyprum,** i *n* Kupfer.

Cyrēnē, ēs *f u.* **-nae,** ārum *f* (*gr.* Kyrēnē) *griech. Kolonie in Nordafrika*; *adi. u. Einw.* -naeus (3) *u.* -nēnsis (e); *adi.* -naïcus 3; *subst.* **Cyrēnaicī,** ōrum *m* Anhänger der *v. Aristipp gegründeten* kyrenäischen Schule.

Cȳrus, ī *m* (*gr.* Kyros) **1.** *Gründer des pers. Weltreiches, † 529*; **2.** *Bruder des Artaxerxes Mnemon, † 401 bei Kunaxa*; **3.** *Architekt in Rom z. Z. Ciceros*; **Cȳrēa,** ōrum *n* Bauten des K.

Cythēra, ōrum *n* (*gr.* Kythēra) *Insel s. v. Lakonien m. Aphroditekult*; *adi.* -ē(ï)us, -iacus 3, -ēïas, adis *f*; *subst.* **Cytherē(ï)a,** ae, **-ēïs,** idis *f* Venus.

cytisus, ī *m f* (*gr. Fw.*) Schneckenklee.

D

D (*Abk.*) = **1.** (*Zahlzeichen*) 500; **2.** Decimus; **3.** Dīvus; **4.** diēs (a. d. = ante diem); **5.** (*in Briefen*) dabam; **D.M.** = Dīs Mānibus; **D.O.M.** = Deō Optimō Maximō; **D.D.** = dōnō dedit; **D.D.D.** = dat, dicat, dēdicat (*Weihungsformel*).

Dācī, ōrum *m* Einw. v. **Dācia,** ae *f* Dakien (*Rumänien, Siebenbürgen, Ungarn bis zur Theiß*); *adi.* -cicus 3; *subst.* **-cicus,** ī *m* (*unter Domitian geprägte*) Goldmünze.

dacruma (*altl.*) = lacrima.

dactylicus 3 (*gr. Fw.*) daktylisch.

dactyliothēca, ae *f* (*gr. Fw.*) Ringkästchen.

dactylus, ī *m* (*gr. Fw.* = „Finger") Daktylus (—◡◡); ** Dattel.

daedalus[1] 3 (*gr. Fw.*) **1.** (*act.*) kunstreich; listig; **2.** (*pass.*) kunstvoll.

Daedalus[2], ī *m* (*gr.* Daidalos) *Vater des Ikarus, Erbauer des Labyrinths auf Kreta*; *adi.* -alēus (*dcht.* -alĕus) 3.

****daemon,** onis *m* böser Geist, Teufel [cultus daemonum Götzendienst]; Unhold.

****daemoniacus** 3 teuflisch; *subst.* Teufelskreatur.

****daemonicus** 3 teuflisch.

Dalmatia, ae *f* (*gr.* -tiā) *Landsch. a. d. Adria*; *Einw.* **-tae,** ārum *m*; *adi.* -ticus 3; ** **dalmatica,** ae *f liturgisches Gewand.*

****dama**[1], ae *f* (= domina) Dame (*im Schach*).

dāma[2] = damma.

Damascus, ī *f* (*gr.* -skos) *Hauptst. Kölesyriens*; *adi.* -scēnus 3.

dāmiūrgus = dēmiūrgus.

damma, ae *f* (*selten m*; *wohl m.* domō 1 *verwandt*; „gezähmtes Horntier") Reh, Gemse; Hirschkuh, -kalb; Antilope, Gazelle.

****damnabilis,** e verdammenswert.

damnās *indecl.* (*wohl* < *damnātos, *P.P.P. v.* damnō; *jur. t.t.*) *zu einer Leistung* verpflichtet.

damnātiō, ōnis *f* (damnō) Verurteilung [ambitūs wegen Amtserschleichung, pecuniae zu einer Geldstrafe].

damnātōrius 3 (damnātor *v.* damnō) verurteilend.

damnātus 3 (damnō) **1.** verurteilt; -ior schärfer verurteilt; °**2.** verrucht, verbrecherisch.

damni-ficus 3 (damnum, faciō) *u.* **-gerulus** 3 (gerō) schädlich.

damnō 1 (damnum) °**1.** (*an seinem Vermögen*) schädigen; **2.** (*jur. t.t.*) **a**) verurteilen, schuldig sprechen [proditionis; inter sicarios als Mörder; capitis (capite) zum Tode]; °**b**) causam eine Sache als ungerecht verwerfen; / mißbilligen; **c**) (*vom Kläger*) die Verurteilung durchsetzen; °**3.** dem Tode weihen °**4.** verpflichten *zu*: **a**) (*v. d. Gottheit*) voti damnari zur Erfüllung eines Gelübdes verpflichtet werden = seinen Wunsch erfüllt sehen; **b**) (*vom Erblasser*) *den Erben* testamentarisch verpflichten [summam incidere sepulcro].

damnōsus 3 (*m. comp., sup., adv.*; *damnum*) **1.** (*act.*) schädlich, verderblich, zum Schaden; **2.** (*medio-pass.*) sich selbst zum Schaden, verschwenderisch [*in aedificando*]; **3.** (*pass.*) (*durch Verschwendung*) ruiniert [*senex*].

damnum, *ī n* (< **dap-nom* [durch Bewirtung verursachter] Aufwand; *cf. daps*) °**1.** Aufwand; **2.** Verlust, Schaden, Nachteil; °**3.** Gebrechen, Fehler; **4.** Niederlage, Schlappe; **5.** Geldstrafe.

Danaē, *ēs f* (*gr.* -nąē) *Mutter des Perseus; adi.* -*ēïus* 3.

Danaus, *ī m* (*gr.* -ǫs) *Sohn des Bēlus, sagenhafter Gründer v. Argos, Vater der 50* **Danaides,** *um f* (*gr.* -ịdes) Danaiden; *adi. Danaus* 3 argivisch; *subst.* **-ī,** *ōrum u.* -*um m* = Griechen (*bsd. vor Troja*).

danīsta, *ae m* (*gr. Fw.*) Wucherer; *adi.* **-sticus** 3 Wucherer...

danunt (*altl.*) = *dant*; *s. dō.*

Dānuvius, *ī m* **1.** Oberlauf der Donau (*Ggs.* Hister); **2.** (*bsd. dcht.*) Donau.

Daphnē, *ēs f* (*gr.* ≈ „Lorbeer") *die in einen Lorbeerbaum verwandelte Tochter des Flußgottes Penēus.*

Daphnis, *idis m Sohn Merkurs, junger sizilischer Hirt, Erfinder der Bukolik.*

daphnōn, *ōnis m* (*acc. sg.* -*ōna, pl.* -*ōnas*; *gr. Fw.*) Lorbeergarten.

****dapifer,** *eri m* Aufwärter; Truchseß.

dapinō 1 (*gr. Lw.*) auftischen.

daps, *dapis f* (*eigtl.* „Ausgeteiltes, Portion"; *cf. dapinō*) *meist pl.* Opfer-, Festmahl; Speise.

dapsilis, e (*m. adv.* **-ē**; *gr. Lw.*) reichlich, glänzend.

Dardanus, *ī m* (*gr.* -os) *Sohn Jupiters, Ahnherr des trojanischen Herrscherhauses u.* (*durch Äneas*) *der Römer*; **-anidēs,** *ae m u.* **-anis,** *idis f* Nachk. des D. (Troer; Äneas, Creusa); *adi.* -*an(i)us* 3 troisch; *subst.* **-nia,** *ae f* (*gr.* -nịā; *dcht.*) Troja; **-nus,** *ī m* **1.** Troer; **2.** = Äneas.

Darēus (-īus), *ī m* (*gr.* -rẹ̄os) *pers. Königsname*: **1.** *D. I. Hystaspis, 521-485*; **2.** *D. III. Kodomannos, v. Alexander d. Gr. besiegt, 336-330.*

datārius 3 (*datus, P.P.P. v. dō*); zu verschenken.

datātim *adv.* (*datō*) sich gegenseitig zuwerfend.

datiō, *ōnis f* (*dō*) **1.** *das* Geben; °**2.** Veräußerungsrecht.

datīvus, *ī m* (*dō*) Dativ; (*scherzh.*) Geldgeber.

datō 1 (*frequ. v. dō*) (ab-, weg)geben [*faenore argentum*].

dator, *ōris m* (*dō*) Geber; Spender.

datum, *ī n* (*dō*) °**1.** Gabe; Geschenk; **2.** *pl.* Ausgaben.

datus, *abl. ū* (*dō*) *das* Geben.

Daulis, *idis f* (*gr.* -lịs) *St. in Phokis*; *adi.* -*lias, adis f*; *ales* Schwalbe; *puellae* Prokne u. Philomele; *subst.* Prokne.

Daunus, *ī m* (*gr.* -os) *mythischer König in Nordapulien; Vater od. Ahnherr des Turnus; adi.* -*nius* 3; *Camena* römische, Horazische Muse; *subst.* **-nias,** *adis f* (*gr.* -ịąs) Apulien.

dē, dē- (*wohl urspr. zu einem Pronominalstamm* *de-, do-) **I.** *adv.* abwärts, unten (*nicht mehr selbständig erhalten*; *s. susque dēque, dēmum, dēnique*); **II.** *in der Komposition*: **1.** (*Entfernung, Trennung*) **a**) ab-, weg-, fort-, ent- [*decedo, dearmo*]; **b**) nieder-, herab- [*deicio*]; **2.** (*Mangel, Fehlen*) miß-, un-, weniger [*deformis, deunx*]; **3.** (*hoher Grad, Verstärkung, Vollendung*) völlig, gänzlich, sehr, bis zu Ende [*devinco*]; **III.** *prp. b. abl.* (*oft zwischen adi. od. pron. u. subst. stehend* [*qua de re*]; *gelegentlich in Relativsätzen dem rel. folgend* [*illud, quo de agitur*]): **1.** (*räuml.*) **a**) von ... herab [*de muro se deicere*]; **b**) von ... weg, von ... her, von, aus [*de foro discedere*;] (*Herkunft*) [*homo de plebe; pecuniam dare de publico*]; (*Stoff*) [°*signum de marmore factum*]; **2.** (*zeitl.*) **a**) unmittelbar nach [°*somnus de prandio*]; **b**) noch während, schon während [*de nocte surgere*]; **3.** / **a**) (*statt gen. part.*) von, aus, unter [*quattuor de novem*]; **b**) (*kausal*) aus, wegen, um ... willen [*multis de causis*]; **c**) (*Maßstab, Richtschnur*) nach, gemäß, zufolge, auf [*de meo more*]; **d**) (*Hinsicht*) über, von, hinsichtlich, in betreff [*legatos de pace mittere*]; **e**) (*adverbiale Ausdrücke*) *de integro* von neuem, *de improviso* unversehens, *de industria* absichtlich *u. ä.*; ** *laetus de*; *de cetero* in Zukunft; danach.

dea, *ae f* (*dat. u. abl. pl.* *deīs, dīs, deābus*; *deus*) Göttin. [tünchen.

de-albō 1 (*albus*) weißen, (über-)

deambulātiō, *ōnis f* (*deambulō*) Spaziergang.

de-ambulō 1 spazierengehen.

de-amō 1 **1.** sterblich verliebt sein *in*, großen Gefallen finden *an* [*munera*]; **2.** herzlich danken; ~ *te* vielen Dank!

de-armō 1 entwaffnen.

de-artuō 1 (*artus*[1]) zerstückeln; / durch Betrug zugrunde richten.

de-asciō 1 (*ascia*) mit der Axt glatthauen; / um sein Geld betrügen.

dē-bacchor 1 sich austoben, rasen.

dēbellātor, *ōris m* (*dēbellō*) Bezwinger.

dē-bellō 1 **1.** (*trans.*) **a**) bezwingen [*superbos*]; **b**) beenden; **2.** (*intr.*) den Krieg beendigen; (*abl. abs.*) *debellato* nach beendigtem Kriege.

dēbeō, *uī, itum* 2 (< **dē-habeō*; *cf. dehibeō*; *urspr. wohl* „vorenthalten"; *cf. Ggs. praebeō, praehibeō*) **1.** schuldig sein: **a**) (*abs.*) Schulden haben; *ei, quibus debeo* meine Gläubiger; °*debentes* Schuldner; **b**) (*trans.*) schulden [°*aurum*]; **2.** / **a**) vorenthalten; **b**) (*moralisch*) verpflichtet sein *zu* [*gratiam*]; sollen, müssen [*non debere* nicht dürfen]; **c**) verdanken [*beneficia parentibus*]; °**d**) vom *fatum* auserkoren sein, (naturgemäß) schulden [*urbem* eine Stadt zu bauen]; **e**) P. verfallen, bestimmt sein; (*P.P.P.*) *adi.* **dēbitus** 3 schuldig, gebührend.

dēbilis, e (*m.* °*comp.*; <**de-bel-is* „entkräftet"; *cf. altind.* balam „Kraft") gebrechlich; / schwach, haltlos. [lichkeit; / Schwäche.

dēbilitās, *ātis f* (*dēbilis*) Gebrech-

dēbilitātiō, *ōnis f* (*dēbilitō*) Lähmung; / *animi* Gedrücktheit.

dēbilitō 1 (*dēbilis*) lähmen; verletzen, -stümmeln; / schwächen; entmutigen. [sein; Schuld(en).

dēbitiō, *ōnis f* (*dēbeō*) *das* Schuldig-

dēbitor, *ōris m* (*dēbeō*) **1.** Schuldner; °**2.** / **a**) verpflichtet *zu*; **b**) zu Dank verpflichtet *für* [*vitae*].

dēbitum, *ī n* (*dēbitus*; *s. dēbeō*) Schuld(en); Verpflichtung; °*super -um* über Gebühr.

dē-blaterō 1 ausplaudern, vorschwatzen. [Dekans.

****decanatus,** *us m* Würde eines

dē-cantō 1 **1.** (*trans.*) °**a**) vorsingen; **b**) herunterleiern; **2.** (*intr.*) mit dem Gesange aufhören.

****decanus,** *i m* Dekan, Propst; Domänenaufseher.

dē-cēdō, *cessī, cessum* 3 **1.** (*abs. od. m. Ortsbezeichnung*) **a**) weggehen, sich entfernen [*ex, de urbe*]; **b**) abmarschieren, -ziehen; **c**) (*v. Beamten*) abgehen, die Provinz verlassen; **d**) (*de*) *vita* aus dem Leben scheiden, versterben; **e**) (*v. einem Recht od. Besitz*) abstehen, ablassen [*iure suo*; *de suis bonis*]; *de via* vom rechten Weg abweichen; (*de*) *officio* von seiner Pflicht abgehen; °*de foro* sich vom Staatsdienst zurückziehen; **2.** (*abs. od. m. dat.*) **a**) vergehen, (ver)schwinden, aufhören [°*ira*]; **b**) ausweichen, aus dem Wege gehen; °**c**) weichen, nachstehen; **d**) entzogen werden.

decem *num. card. indecl.* (*cf. nhd.* „zehn") zehn; / (*unbestimmte größere Zahl*).

December, *bris, bre* (*abl.* -*ī*; *decem*; *Bildung ungeklärt*) zum Dezember gehörig [*nonae -bres*]; °*subst.* ~, *bris m* Dezember (*altröm. urspr. der 10. Monat*).

decem-iugis, e (*iugum*) zehnspännig; *subst.* ~, *is m* (*sc. currus*) Zehnspänner. [von 10 Fuß Länge.

decem-peda, *ae f* (*pēs*) Meßstange

decempedātor, *ōris m* (*decempeda*) Landmesser. [zehnfach.

decem-plex, *plicis* (*cf. duplex*)

decem-prīmī, *ōrum m* (*u. getr.*) *die* zehn ersten Ratsherren in Munizipien und Kolonien.

decem-scalmus 3 mit zehn Dollen (*Ruderpflöcken*) versehen, zehnruderig. [Zehnmänner.

decemvirālis, e (*decemvirī*) der

decemvirātus, *ūs m* (*decemvirī*) Dezemvirat.

decem-virī, *ōrum m* (*sg. -vir seltene Rückbildung aus dem pl.*) Dezemvirn, Zehnmännerkolleg: **1.** ~ *agris metiendis dividendisque* (*Aufteilung des ager publicus*); **2.** ~ *legibus scribundis* (*Zwölftafelgesetze 451 bis 449*); **3.** ~ *stlitibus iudicandis* (*Entscheidung von Streitigkeiten über Freiheit u. Bürgerrecht*); °**4.** ~ *sacris* *faciundis* (*od.* ~ *sacrorum*) (*Aufsicht über die Sibyllinischen Bücher u. ihre Auslegung*); *cf. duumvirī.*

decennis, e (*haplol.* < * *decem-ennis*) zehnjährig.

decēns, *entis* (*m. comp., sup., adv.*; *deceō*) **1.** schicklich, anständig; **2.** reizend, anmutig.

decentia, *ae f* (*decēns*) Schicklichkeit.

deceō, *uī,* — 2 (*nur 3. sg. u. pl.*; *cf. decor*) zieren, kleiden, gut stehen; / sich schicken, sich (ge)ziemen *für* [*oratorem*].

decēris, *is f* (*gr. Fw.*) *Schiff mit 10 Ruderbänken übereinander,* Zehndecker.

dē-cernō, *crēvī, crētum* 3 **1. a**) entscheiden [°*rem dubiam*]; **b**) der Meinung sein; **2. a**) als Schiedsrichter entscheiden; **b**) (*v. öffentlichen Körperschaften u. Magistraten*) bestimmen [*de hereditate, poenam*]; anordnen, beschließen, stimmen *für* [*de salute*]; zuerkennen, bewilligen [°*servo libertatem*]; erklären *für* [*Dolabellam hostem*]; **3.** sich entscheiden *für,* sich entschließen [*Rhenum transire*]; **4. a**) den Entscheidungskampf liefern [*proelium, proelio*]; **b**) mit Worten kämpfen.

dē-cerpō, *psī, ptum* 3 (*carpō*) °**1.** abpflücken; **2.** / **a**) entnehmen [*nihil ex laude ista*]; °**b**) auswählen; °**c**) genießen; **d**) Abbruch tun [*iocus de gravitate*].

dēcertātiō, *ōnis f* (*dēcertō*) Entscheidung(skampf).

dē-certō 1 um die Entscheidung kämpfen [*proelio*].

dēcesse = *dēcessisse.*

dēcessiō, *ōnis f* (*dēcēdō*) Abgang; Weggang; / Verminderung, *das* Schwinden.

dēcessor, *ōris m* (*dēcēdō*) Amtsvorgänger.

dēcessus, *ūs m* (*dēcēdō*) **1. a**) Weggang; **b**) Rücktritt *eines Beamten*; **2.** *das* Zurückströmen [*aestūs* Ebbe]; / **3.** Abscheiden, Tod.

dē-cidō[1], *cidī,* — 3 (*cadō*) **1.** herab-, herunterfallen; °**2.** sterben; **3.** / **a**) entschwinden *aus* [°*pectore*]; ~°*a spe* um eine Hoffnung ärmer werden; **b**) geraten, verfallen *in* [*in fraudem*]; °**c**) (durch Verfall) tief sinken; **d**) Mißerfolg haben.

dē-cīdō[2], *cīdī, cīsum* 3 (*caedō*) °**1.** abschneiden, abhauen; **2.** / **a**) kurz abmachen; **b**) abschließen; ein Abkommen treffen.

deciē(n)s *adv. num.* (*decem*) **1.** zehnmal; *decies sestertium* eine Million Sesterzien (*cf. sestertius*); °**2.** / oft.

deci- *u.* **decumānus** 3 (*decimus*) **1.** zum Zehnten gehörig, zehntpflichtig (*ager*); *frumentum -um* Getreidezehnt; *subst.* ~, *ī m* Zehntpächter; **-a,** *ae f* Frau *od.* Kebsfrau eines Zehntpächters; **2. a**) zur zehnten Kohorte gehörig; *porta -a* Haupttor des Lagers (*da hinter ihm die zehnten Kohorten lagen*); °**b**) zur zehnten Legion gehörig; *subst.* **-ī,** *ōrum m* Soldaten der 10. Legion.

decimō 1 (*decimus*) jeden 10. Mann (mit dem Tode) bestrafen.

decimus *u.* **decumus** 3 *num. ord.* (*decem*) *der* zehnte; °/ gewaltig; *subst.* **-um,** *ī n das* Zehnfache, *das* zehnte Korn [*ager effert cum decumo* trägt zehnfach]; °*adv.* zum zehnten Male; **-a,** *ae f* ein Zehntel, *bsd.* **a**) *das* (*einer Gottheit gelobte*) Zehntel (*der Beute usw.*); **b**) *der* Zehnte (*als Abgabe*); °**c**) *die* zehnte Stunde = 16 Uhr; **Decimus,** *ī m röm. Vorname* (*abgek. D.*).

dē-cipiō, *cēpī, ceptum* 3 (*capiō*) **1.** täuschen, irreleiten; °**2.** *jd.* entgehen [*amatorem*]; °**3.** hinwegtäuschen *über,* vergessen lassen; unvermerkt hinbringen [*noctem*].

dēcīsiō, *ōnis f* (*dēcīdō*[2]) Abkommen.

Decius 3 *röm. Gentilname*: P. ~ *Mūs, Vater u. Sohn weihten sich (340 u. 295) als Konsuln freiwillig im Krieg dem Tode.*

dēclāmātiō, *ōnis f* (*dēclāmō*) **1.** lautes Eifern; **2. a**) Redeübung, Lehrvortrag; °**b**) Thema eines Lehrvortrags; **3.** / leeres Gerede.

dēclāmātor, *ōris m* (*dēclāmō*) Redekünstler, Rhetor.

dēclāmātōrius 3 (*dēclāmātor*) des Rhetors, deklamatorisch.

dēclāmitō 1 (*intens. v. dēclāmō*) = *dēclāmō* 1a; 2.

dē-clāmō 1 **1.** (*intr.*) **a**) Übungsreden halten; **b**) poltern, eifern; **2.** (*trans.*) **a**) laut hersagen; **b**) *causas* Prozeßreden zur Übung halten.

dēclārātiō, *ōnis f* (*dēclārō*) Kundgebung.

dēclārātor, *ōris m* (*dēclārō*) Verkündiger der Wahl eines Magistrats.

dē-clārō 1 **1.** deutlich bezeichnen; **2. a**) öffentlich verkünden; **b**) öffentlich als gewählt ausrufen, bekanntmachen [*Ciceronem consulem*]; **3. a**) deutlich zu erkennen geben, klar darlegen; **b**) einen Wortbegriff deutlich wiedergeben [*verba rem declarantia*]; °**c**) (*durch die Darstellung*) aufhellen.

dēclīnātiō, *ōnis f* (*dēclīnō*) **1.** (*t.t. der Fechtersprache*) *das* Abbiegen, Ausweichen [*corporis*]; **2.** (*philos. t.t.*) **a**) Abweichung von der Bahn [*atomi*]; **b**) / Abneigung; **3.** (*rhet. t.t.*) Abschweifung [*a proposito* vom Thema]; °**4.** (*gramm. t.t.*) (*urspr.*) *jede* Veränderung einer Wortform (Deklination, Komparation, Konjugation usw.); (*später nur*) Deklination; **5.** Vermeidung [*periculi*].

dē-clīnō 1 **1.** (*trans.*) **a**) abbiegen, abwenden, ablenken; **b**) / vermeiden, scheuen [*impetum*]; °**c**) (*intr.*) (*gramm. t.t.*) *einen Redeteil* verändern (deklinieren, komparieren, konjugieren usw.); **2.** (*intr.*) **a**) ab-, ausweichen, sich fernhalten [*a Capua, de via*]; **b**) abschweifen; **c**) sich hinwenden, absinken *zu.*

dē-clīvis, e (*aus dē clīvō*) abgedacht, abschüssig; sich neigend; *subst.* **-e,** *is n* Abhang.

dēclīvitās, *ātis f* (*dēclīvis*) Abschüssigkeit.

dēcoctor, *ōris m* (*dēcoquō*) Verschwender, Bankrotteur.

dēcoctus 3 (*P.P.P. v. dēcoquō*) fade, kraftlos; °*subst.* **-a,** *ae f* (*sc. aqua*) abgekochtes Eisgetränk (*v. Nero erfunden*).

dē-collō 1 (*aus dē collō* [*caput dēcīdō*]) enthaupten.

dē-cōlō 1 (*altl. dēcōlasset = dēcōlāverit; wohl dē cōlō* (*stīllō*) durchsickern; / fehlschlagen.

dē-color, *ōris* ent-, verfärbt; gebräunt; / entartet, entstellt; gerötet [*Rhenus sanguine*].

dēcolōrātiō, *ōnis f* (*dēcolōrō*) Ent-, Verfärbung.

dēcolōrō 1 (*dēcolor*) ent-, verfärben; beschmutzen.

dē-condō, — — 3 verbergen.

dē-coquō, *coxī, coctum* 3 °**1.** (*trans.*) **a**) abkochen, gar kochen; **b**) einkochen (lassen); **c**) sich verflüchtigen lassen; **2.** (*abs.*) Bankerott machen; °**3.** (*intr.*) nicht befriedigen [*creditori*].

decor, *ōris m* (*deceō*) **1.** Anstand; **2.** Anmut, Liebreiz; **3.** Zier(de), Schmuck.

decorō 1 (*decus*) schmücken, zieren; / verherrlichen, ehren.

decōrus 3 (*decor*) **1.** (*m. adv.*) schicklich, geziemend, passend; °**2.** (*m. comp., sup., adv.*) schön, reizend, stattlich; geziert; **3.** *subst.* **-um,** *ī n* = *decor* 1.

dēcrepitus 3 (*vl. zu crepō in spät belegter Bedeutung* „platzen, krepieren") abgelebt, alt.

dē-crēscō, *crēvī,* — 3 **1.** kleiner werden, abnehmen; °**2.** / allmählich verschwinden.

****decretalis,** *is f* (*constitutio*) Verfügung.

dēcrētōrius 3 (*dēcernō*) entscheidend.

dēcrētum, *ī n* (*dēcernō*) Beschluß, Entscheidung, Verordnung; / Lehr-, Grundsatz; ** *pl.* (*canones et*) *-a das* geistliche Recht.

decuma, -mus, -mānus = *decim...*

decumātes agrī *m* (*decumus?; Wortsinn strittig*) Dekumatlande (*zwischen Rhein u. Donau*).

dē-cumbō, *cubuī, cubitum* 3 °**1.** sich nieder-, hinlegen; *pf.* krank daniederliegen; **2.** unterliegen.

decuria, *ae f* (*decem; cf. centuria*) **1.** Zehnergruppe, Dekurie; *bsd.* °**a**) (*mil. t.t.*) (*meist berittene*) Abteilung v. 10 Mann; **b**) Senatsgruppe (*urspr. v. 10, später v. 30 Mitgliedern*); **2.** Abteilung, Klasse; (*scherzh.*) °Zechgesellschaft.

decuriātiō, *ōnis f u.* (*Li.*) **-tus,** *ūs m* (*decuriō*[1]) Einteilung in Zehnergruppen.

decuriō[1] 1 (*decuria*) in Zehnergruppen, nach Dekurien einteilen.

decuriō[2], *ōnis m* (*decuria*) Dekurio: **1.** (*mil. t.t.*) (*equitum*) Wachtmeister; **2.** Ratsherr *i. Munizipien u. Kolonien; pl.* Stadt-, Gemeinderat; °**3.** *cubiculariorum* Oberkammerdiener.

decuriōnātus, *ūs m* (*decuriō*[2]) Amt eines Ratsherrn (*i. Munizipien od. Kolonien*).

dē-currō, (*cu*)*currī, cursum* 3 **1.** (*intr.*) **a**) herablaufen, -eilen, -marschieren, -rücken, -segeln; **b**) laufen, eilen, reisen, segeln; °**c**) (*mil. t.t.*) in Parade vorbeimarschieren; / **d**) seine Zuflucht nehmen *zu;* °**e**) (*i. der Darstellung*) fortschreiten; hinwegeilen *über* [*per*

materiam]; **2.** (*trans.*) **a**) durchlaufen [*spatium*]; / **b**) zurücklegen, vollenden [*aetatem*]; **c**) besprechen.
dēcursiō, *ōnis f* (*dēcurrō*) *das* Herablaufen; *bsd.* (*mil. t.t.*) °**1.** Manöver; Parade; **2.** Überfall.
dēcursus, *ūs m* (*dēcurrō*) °**1.** *das* Herabströmen; Lauf; °**2.** Senkung; **3.** Ausflug; °**4.** (*mil. t.t.*) = *dēcursiō*; **5.** / °**a**) *der* rhythmische Verlauf *des Verses*; **b**) *das* Durchlaufen der Ämterbahn [*honorum*].
dē-curtō 1 verkürzen, verstümmeln.
decus, *oris n* (*deceō*) **1.** Zier(de), Schmuck; °**2.** Schönheit; *naturae* natürliche Reize; °**3.** Verzierung, Zierat; **4. a**) äußere Würde, Ehre, Ruhm; **b**) Anstand, Ehre; °**c**) Helden-, Ruhmestat; °**5.** *pl.* ruhmreiche Ahnen(reihe); **6.** (*philos. t.t.*) *das* Sittlich-Gute; *die* Tugend.
decussō 1 (*decassis* = *decem assēs* „zehn Asse, Zehnzahl, Zahlzeichen X") in der Form eines X, *d. i.* kreuzweis abteilen.
dē-cutiō, *cussī, cussum* 3 (*quatiō*) abschütteln, -schlagen, -werfen; herabschießen; / niederwerfen.
dē-deceō, *uī,* — 2 °**1.** verunzieren, schlecht kleiden, übel anstehen; / **2.** nicht (ge)ziemen [*dominam*].
dē-decorō 1 entehren, in Schande bringen.
dēdecōrus 3 (*dēdecus*; *nach decō*-[*rus gebildet*) entehrend.
dē-decus, *oris n* **1.** Unehre, Schande, Schmach; **2.** entehrende Handlung, schändlicher Streich; **3.** (*philos. t.t.*) *das* Sittlich-Schlechte, *das* Laster.
dēdicātiō, *ōnis f* (*dēdicō*) Einweihung; *dedicationis dies* Einweihungsfest.
dē-dicō 1 °**1.** beweisen, erklären; **2.** angeben [*in censu praedia*]; **3. a**) (*der Gottheit*) weihen [*templum*]; °**b**) durch ein Heiligtum ehren [*Iunonem*]; °**c**) *für einen Zweck* bestimmen [*scripta publicis bibliothecis*]; °**d**) widmen, zueignen; °**4.** einweihen.
dēdīgnātiō, *ōnis f* (*jünger -dĭgn-*; *dēdīgnor*) Verschmähung, Verweigerung.
dē-dīgnor 1 (*jünger -ĭ-*) verschmähen, abweisen.
dē-discō 3 (*-ī-?*) verlernen, ver-[gessen.
dēditīcius 3 (*dēditus, P.P.P. v. dēdō*) der sich auf Gnade und Ungnade ergeben hat, unterworfen; *subst.* ~, *ī m* Untertan.
dēditiō, *ōnis f* (*dēdō*) Übergabe, Unterwerfung; *in -em venire* kapitulieren; *in -em accipere urbes* die Kapitulation annehmen.
dēditus 3 (*m.* °*comp.*, °*sup.*; *dēdō*) ergeben, zugetan [*populo*]; beschäftigt *mit*; frönend [*libidinibus*].
dē-dō, *didī, ditum* 3 **1.** ganz hingegeben; *deditā operā* absichtlich; **2.** übergeben, -lassen, preisgeben; **3.** *dem Feinde* ausliefern; *se -ere* sich unterwerfen; kapitulieren; **4.** hingeben, weihen, widmen [*se -ere litteris*].
dē-doceō, *uī,* — 2 verlernen machen, vergessen lassen; eines Besseren belehren.
dē-doleō, *uī,* — 2 seinen Schmerz [enden.
dē-dolō 1 herunterhauen, behauen; / verprügeln.
dē-dūcō, *dūxī, ductum* **1.** herabführen: **a**) hinabführen, -bringen; (°*Lebloses*) herabstreifen [*tunicam*]; *vela* Segel setzen; **b**) (*mil. t.t.*) hinabmarschieren lassen; °auslaufen lassen [*naves*]; °**c**) (*durch Zauber*) herabziehen [*lunam e curru*]; **2.** wegführen (*teilw. m. 3 identisch*) **a**) ab-, fort-, wegführen, entfernen; / (*jur. t.t.*) jd. (*symbolisch*) wegführen (*als Einleitung der Vindikationsklage*); **b**) (*mil. t.t.*) verlegen [*legiones in hiberna*]; **c**) (*Kolonisten*) verpflanzen, ansiedeln; **d**) ableiten [*aquam*]; °herleiten [*genus ab Achille*]; **e**) entführen, vertreiben, verstoßen [*ex regno*]; **f**) abbringen, abwendig machen [*a, de fide*]; **g**) abziehen, subtrahieren [*de capite* vom Kapital]; °**h**) abspinnen [*filum*]; / ausarbeiten [*carmen*]; **3.** hinführen (*cf. 2 b, c*) **a**) (hin)bringen; **b**) geleiten, begleiten, mit sich nehmen; **c**) abführen; aufführen [°*triumpho*]; **d**) (*eine Braut in das Haus des Bräutigams*) geleiten; (*eine Konkubine*) zuführen; (*vom Bräutigam*) heimführen; **e**) verleiten, verführen *zu* [*ad misericordiam*]; gewinnen *für* [*in societatem belli*]; in einen Zustand versetzen; *in periculum* in Gefahr bringen; *res ad arma deducitur* es kommt zum Krieg.
dēductiō, *ōnis f* (*dēdūcō*) **1.** *das* Ab-, Wegführen [*militum*]; **2.** Ab-

leitung *des Wassers*; **3.** (*symbolische*) Vertreibung *aus einem strittigen Besitz zur Sicherung der Vindikationsklage*; **4.** Über-, Ansiedelung; **5.** Abzug *v. einer Summe.*

dēductor, *ōris m* (*dēdūcō*) Begleiter eines Amtsbewerbers.

dēductus 3 (*m. comp.*; *dēdūcō*) **1.** einwärts gebogen; **2.** leise [*carmen*].

de-errō 1 abirren, abweichen, sich [verirren.

dēfaecō 1 (*faex*) von der Hefe befreien; / reinigen; erheitern.

dēfaenerō = *dēfēnerō*.

dēfatīgātiō, *ōnis f* (*dēfatīgō*) Ermüdung, Erschöpfung.

dē-fatīgō 1 völlig ermüden, er- [schöpfen.

dēfectiō, *ōnis f* (*dēficiō*) **1.** Abfall [*a Romanis*]; **2. a**) *das* Abnehmen, Schwinden; Mangel; °**b**) Ermüdung, Erschöpfung; **c**) (*v. Gestirnen*) Finsternis [*solis*].

dēfector, *ōris m* (*dēficiō*) *der* [Abtrünnige.

dēfectus[1], *ūs m* (*dēficiō*) = *dē-* [*fectiō.*

dēfectus[2] 3 *s. dēficiō.*

dē-fendō, *endī, ēnsum* 3 (*fendō* „schlagen, stoßen"; *cf. offendō*) **1. a**) abwehren, fernhalten, zurückweisen; **b**) (*abs.*) sich wehren, Widerstand leisten; **2.** verteidigen, schützen [*castra ab hostibus*]; verfechten, vertreten [*ius suum*]; **3.** zu seiner Rechtfertigung geltend machen; **4.** / (*eine Stellung, Rolle, Meinung*) einnehmen, verfechten.

dē-fēnerō 1 durch Wucher aussaugen.

dēfēnsiō, *ōnis f* (*dēfendō*) **1.** Verteidigung; **2. a**) Verteidigungsmittel, -art; **b**) Verteidigungsrede, -schrift; Rechtfertigung; ** Vogtei.

dēfēnsitō 1 (*frequ. v. dēfēnsō*) zu verteidigen pflegen; *causas* als Rechtsanwalt tätig sein.

dēfēnsiuncula, *ae f* (*dem. v. dēfēnsiō*) eine Art Verteidigung.

dēfēnsō 1 (*intens. v. dēfendō*) gehörig verteidigen, schützen.

dēfēnsor, *ōris m* (*dēfendō*) **1.** der (ab)wehrt [*periculi*]; **2.** (*mil. t.t.*) Verteidiger; *pl.* Besatzung, Bedeckung; **3.** Verteidiger, Vertreter (*bsd. vor Gericht*).

dē-ferō, *tulī, lātum, ferre* **1. a**) hinab-, herabtragen, -bringen, -schaffen; °**b**) stromabwärts treiben; °**c**) hinabstoßen, -stürzen; P. sich stürzen; **2.** (vom rechten Wege) abbringen; verschlagen; P. abirren, wohin geraten; **3. a**) hintragen, -bringen, -schaffen, -führen; **b**) abführen, anweisen [*pecuniam in aerarium*]; **4. a**) anbieten; **b**) darbringen; **c**) übertragen [*summam imperii*]; **d**) zur Entscheidung verweisen [*ad senatum*]; **e**) überbringen, melden, berichten, anzeigen [*rem ad consules*]; **f**) (*jur. t.t.*) anzeigen, anklagen, denunzieren [*nomen alcis ad praetorem, de parricidio*]; *crimen* eine Beschuldigung anbringen; °**g**) anmelden [*censum* sein Vermögen].

dē-fervēscō, *fervī u. ferbuī* 3 verbrausen; / austoben; (*v. der Rede*) sich [abklären.

dēfetīg... = *dēfatīg...*

dē-fetīscor, *fessus sum* 3 (*fatīscor*) ermüden; (*part. pf.*) *adi.* **dēfessus** 3 ermüdet, erschöpft [*labore*].

dē-ficiō, *fēcī, fectum* 3 (*altl. dēfexit = dēfēcerit*; P. *auch* °*dēfīō, factus sum, fierī u. fierī*; *faciō*) **1.** (*intr.*) **a**) abfallen, übergehen *zu* [°*a patribus ad plebem*]; *a se -ere* sich selbst untreu werden; **b**) zu fehlen beginnen, ausgehen, zu Ende gehen [*frumentum, dies*]; sich verfinstern [*sol*]; **c**) erlahmen, ermatten; °verscheiden [°*deficiens der* Sterbende]; (*animo*) *deficere* den Mut sinken lassen; **2.** (*trans.*) **a**) verlassen, im Stiche lassen; **b**) ausgehen, zu fehlen beginnen [*tela, animus oppidanos*]; *deficior* °*pecuniā* es mangelt mir an Geld; *P.P.P.*, °*adi.* **dēfectus** 3 (*m. sup.*) verlassen [*artūs sanguine* ausgeblutet]; entkräftet, geschwächt.

dēfīcō (*altl.*) = *dēfaecō*.

dē-fīgō, *fīxī, fīxum* 3 **1. a**) hineinschlagen, einrammen; **b**) hineinstoßen, -bohren [*cultrum in iugulo*]; **2.** / **a**) fest richten, heften *auf* [*curas in salute patriae*]; **b**) regungslos machen; P. festhaften, wie angewurzelt sein; **c**) fest einprägen [*sententiam in mente*]; **d**) (*relig. t.t.*) als unabänderlich bezeichnen; °**e**) (*t.t. der Zaubersprache*) bannen.

dē-fingō, *fīnxī, fictum* 3 abformen; verunstalten.

dē-fīniō 4 **1.** ab-, begrenzen; **2. a**) genau bestimmen; **b**) (*Begriffe*) abgrenzen, definieren; **3.** festsetzen [*suum cuique locum*]; **4.** be-, einschränken.

dēfīnītiō, *ōnis f* (*dēfīniō*) **1.** (*t.t. der Logik u. Rhetorik*) Begriffsbestimmung, Definition; **2.** Vorschrift.

dēfīnītīvus 3 (*dēfīnītus, P.P.P. v. dēfīniō*) begriffsbestimmend, erklärend.

dēfīnītus 3 (*m. adv.*; *dēfīniō*) abgegrenzt; / bestimmt, deutlich; konkret.

dē-fīō *s. dēficiō.*

dēflagrātiō, *ōnis f* (*dēflagrō*) gänzliche Vernichtung durch Feuer.

dē-flagrō 1 **1.** (*intr.*) **a**) in Flammen aufgehen [*domus*]; / **b**) seine ganze Habe durch eine Feuersbrunst verlieren; °**c**) zugrunde gehen; / verrauchen [*ira*]; **2.** (*trans.*) °**a**) niederbrennen; **b**) / [*imperium*].

dē-flectō, *flexī, flexum* 3 **1.** (*trans.*) **a**) herabbiegen; **b**) zur Seite biegen, abbiegen; / **c**) ablenken, abwendig machen; **d**) abändern, entstellen; **2.** (*intr.*) abweichen, abschweifen.

dē-fleō, *flēvī, flētum* 2 **1.** (*trans.*) **a**) beweinen; °**b**) unter Tränen sprechen [*carmen*]; °**2.** (*intr.*) sich ausweinen.

dē-floccō 1 (*floccus*) kahl, fadenscheinig machen; (*P.P.P.*) *adi.* **dē-floccātus** 3 kahlköpfig.

dē-flōrēscō, *ruī*, — 3 °**1.** verblühen; **2.** / abnehmen.

dē-fluō, *flūxī*, — 3 (*flūxī?*) **I.** herabfließen: **1. a**) herabfließen, -strömen; °**b**) herabschwimmen; **2.** / **a**) herabsinken, -gleiten; °**b**) schlaff herabfallen (*toga*); **c**) übergehen *zu*; (*in der Rede*) kommen *zu*; **II.** abfließen: °**1.** abfließen, sich verlaufen; **2.** / °**a**) sich verlieren, verschwinden; °**b**) ausgehen [*comae*]; **c**) abfallen; °**d**) aus dem Gedächtnis entschwinden.

dē-fodiō, *fōdī, fossum* 3 **1. a**) ein-, vergraben [*thesaurum sub lecto*]; **b**) begraben; °**2. a**) aufgraben, ausgraben, -werfen [*terram*]; **b**) in *od.* unter der Erde anlegen [*specus*].

dē-fore *inf. fut. v. dēsum*; ** *auch* = *deesse.*

dē-fōrmātiō, *ōnis f* (*dēfōrmō*) Entstellung; °/ Beschimpfung.

dēfōrmis, *e* (*m. comp.*, °*sup.*, °*adv.*; *wohl Rückbildung aus dēfōrmō* II) °**1.** gestaltlos; **2. a**) mißgestaltet, häßlich; / **b**) entehrt, geschändet; **c**) roh, gemein; **d**) unanständig, schimpflich.

dēfōrmitās, *ātis f* (*dēfōrmis*) Häßlichkeit; / Schmach.

dē-fōrmō 1 °**I. 1.** Gestalt geben, abbilden; **2.** / (*in Wort od. Schrift*) gestalten, darstellen, schildern; **II. 1.** entstellen; **2.** / **a**) (*in Wort od. Schrift*) verunstalten; **b**) entehren.

dē-fraudō 1 betrügen.

dē-fremō, *uī*, — 3 / austoben.

dē-frēnātus 3 (*frēnō*) 3 zügellos.

dē-fricō, *fricuī, frictum u. fricātum* 1 abreiben, putzen; / durchhecheln.

dē-fringō, *frēgī, frāctum* 3 (*frangō*) **1.** abbrechen; °**2.** Abbruch tun.

dē-frūdo = *dēfraudō.*

dē-frūstror 1 gründlich betrügen.

dēfrutum, *ī n* (*Pl. auch -frūt-*; *P.P.P. v.* **dēfruō* „koche ein, lasse gären"; *sc. mustum*; *cf. ferveō, nhd.* „Brot, brauen") Most.

dē-fugiō, *fūgī*, — 3 °**1.** (*intr.*) entfliehen; **2.** (*trans.*) vermeiden, ablehnen, sich entziehen [*proelium*].

dē-fundō, *fūdī, fūsum* 3 **1.** herab-, ausgießen; spenden [*merum pateris*]; **2.** abfüllen.

dē-fungor, *fūnctus sum* 3 **1.** völlig beendigen, erledigen, überstehen [*labore*]; *honoribus defunctus* der die ganze Ämterbahn durchlaufen hat; °**2.** sterben; *subst.* **dēfūnctus,** *ī m der* Tote.

dē-futūtus 3 (*futuō*) ausgemergelt; verhurt, verlebt [*puella*].

dēgener, *eris* (*wohl Rückbildung aus dēgenerō*) **1.** aus der Art geschlagen, unecht **2.** / verkommen, gemein.

dē-generō 1 **1.** (*intr.*) °**a**) aus-, entarten; **b**) (*geistig od. moralisch*) entartet sein, sich unwürdig zeigen [*a parentibus*]; °**2.** (*trans.*) Unehre machen [*propinquos*]; *subst.* **-ātum,** *ī n* Entartung.

dē-gerō, *gessī, gestum* 3 wegführen; bringen zu.

dē-glūbō, *glūpsī, glūptum* 3 die Haut abziehen, schinden [*pecus*].

dēgō, *dēgī*, — 3 (*dē* + *agō*) **1.** (*trans.*) (*Zeit*) zubringen; °**2.** (*intr.*) leben.

****degrado** 1 herabsetzen, degradieren.

dē-grandinat 1 *impers.* es hagelt zu Ende.

dē-gravō 1 niederdrücken, -beugen; / belästigen, beschweren.

dē-gredior, *gressus sum* 3 (*gradior*) **1.** hinabschreiten, -marschieren; **2.** weggehen.

dē-grunniō 4 sein Stückchen heruntergrunzen.

dē-gustō 1 (-ū-?) °**1.** kosten *von*; **2.** / **a)** probeweise versuchen; **b)** nur oberflächlich berühren.
de-hibeō, *uī,* — 2 (*Pl.*) = *dēbeō.*
de-hinc *adv.* (*im Vers auch einsilbig gespr.*) **1.** (*räuml.*) von hier aus; **2.** (*zeitl.*) **a)** von jetzt an; **b)** hierauf.
de-hīscō, — — 3 sich klaffend auftun; sich spalten, sich öffnen.
dehonestāmentum, *ī n* (*dehonestō*) **1.** Verunstaltung [*oris*]; **2.** / Schimpf, Schande.
dehonestō 1 entehren, schänden.
de-hortor 1 **1.** abmahnen, abraten; °**2.** entfremden [*me a vobis*].
dē-iciō, *iēcī, iectum* 3 (*iaciō*) **1. a)** herab-, niederwerfen, niederfallen lassen; **b)** *se -ere u. mediopass.* niederstürzen, herunterspringen, herabfahren [°*caelo*]; **2.** zu Boden werfen, einreißen, zerstören; töten; zu Fall bringen; **3. a)** (*mil. t.t.*) aus einer Stellung werfen, vertreiben; **b)** (*jur. t.t.*) (*aus seinem Besitz*) verdrängen; °**c)** (*aus seinem Amt*) verdrängen; der Aussicht berauben auf [*consulatu*]; **d)** (*nautischer t.t.*) P. verschlagen werden; **e)** abbringen von [*de fide*]; P. getäuscht werden [*spe*]; **f)** abwenden, beseitigen; **4.** (*den Blick* senken, niederschlagen [*oculos*].
dēiectiō, *ōnis f* (*dēiciō*) (*jur. t.t.*) Vertreibung aus dem Besitztum.
dēiectus[1] 3 (*dēiciō*) tief(liegend); °/ entmutigt, mutlos.
dēiectus[2], *ūs m* (*dēiciō*) °**1.** *das* Herabwerfen, -stürzen; **2.** °**a)** *aquae* Wasserfall; **b)** jäher Abhang.
dē-ierō 1 (*iūrō*) feierlich schwören.
de-in *adv.* (*im Vers auch einsilbig*) Kurzform für *deinde.*
dein-ceps *adv.* (*dein(de)* + *caps; capiō; urspr. adi.; cf. prīnceps*) **1.** (*räuml.*) hintereinander; **2.** (*zeitl.*) der Reihe nach; demnächst.
de-inde *adv.* (*im Vers auch zweisilbig*) °**1.** (*räuml.*) von da (hier) an; weiterhin; **2.** (*zeitl.*) hierauf, alsdann, nachher; **3.** (*Reihenfolge, Aufzählung*) ferner, weiter(hin).
Dēiotarus, *ī m* (*gr.* -os) *Tetrarch in Galatien, v. Pompejus durch Königstitel geehrt, wegen angebl. Mordversuchs an Cäsar angeklagt* (*Cicero: Pro rege Deiotaro*).
****deitas,** *atis f* Göttlichkeit.
dē-iungō, *iūnxī, iūnctum* 3 ab-, ausspannen; °/ *se -ere* sich losmachen.
dē-iūrō 1 = *dēierō.*
dē-iuvō, — — 1 nicht mehr unterstützen.
dē-lābor, *lāpsus sum* 3 **1.** herabgleiten, -fallen, -sinken; entgleiten, -fallen; **2.** / **a)** entstammen; **b)** hineingeraten, verfallen *auf*.
dē-lāmentor 1 bejammern.
dē-lassō 1 völlig ermüden.
dēlātiō, *ōnis f* (*dēferō*) *das* Angeben; Denunziation.
dēlātor, *ōris m* (*dēferō*) Angeber, Denunziant.
dēlēbilis, e (*dēleō*) zerstörbar.
dēlectābilis, e (*m. comp.; dēlectō*) ergötzlich; delikat; *cibus* Lieblingsspeise.
dēlectāmentum, *ī n* (*dēlectō*) Ergötzlichkeit, Kurzweil.
dēlectātiō, *ōnis f* (*dēlectō*) Ergötzung, Unterhaltung, Genuß.
dēlectō 1 (*intens. v. altl. dē-liciō* 3 [*laciō* 3 „verlocken"]; *cf. lacessō*) ergötzen, erfreuen; P. seine Freude haben *an* [*otio*]; *impers. delectat* es macht Freude [*equitare*].
dēlēctus, *ūs m* (*dēligō*) **1.** Auswahl, Wahl; **2.** = *dīlēctus.*
dēlēgātiō, *ōnis f* (*dēlēgō*) Zahlungsanweisung.
dēlē-gō 1 °**1. a)** verweisen, hinschicken [*in Tullianum*]; **b)** überweisen, anvertrauen [*infantem ancillae*]; **2.** / **a)** zuschreiben [*crimen consuli*]; °**b)** verweisen *auf* [*ad librum*]; **c)** (*eine schuldige Summe*) anweisen (*alci u. abs.*).
dēlēni-ficus 3 (*dēlēniō, faciō*) besänftigend, bezaubernd.
dēlēnīmentum, *ī n* (*dēlēniō*) Linderungsmittel; Reizmittel.
dē-lēniō 4 besänftigen, beschwichtigen; gewinnen, bezaubern.
dēlēnītor, *ōris m* (*dēlēniō*) der für sich einnimmt [*iudicis*].
dēleō, *ēvī, ētum* 2 (*urspr.* „[*auf die Wachstafel Geschriebenes*] abwischen, tilgen"; „*dēleō*" *u.* „*dēlētum*" *Neubildung zu dēlēvī, pf. v. dēlinō*) **1.** auslöschen, tilgen [*litteras*]; **2.** vernichten, zerstören.
dēlētrīx, *īcis f* (**dēlētor; dēleō*) Vernichterin.
Dēli(ac)us *s. Dēlos.*
****delibatio,** *onis f* Verminderung; Probe, Kostprobe.
dēlīberābundus 3 (*dēlīberō*) in tiefes Nachdenken versunken.
dēlīberātiō, *ōnis f* (*dēlīberō*) **1.** Er-

wägung, Überlegung; Bedenkzeit; **2.** (*rhet. t.t.*) beratende Rede.
dēlīberātīvus 3 (*dēlīberātus, P.P.P. v. dēlīberō*) überlegend, beratend.
dēlīberātor, *ōris m* (*dēlīberō*) der immer Bedenkzeit braucht.
dēlīberō 1 (*dē + lībra; volkset. an līberō angelehnt*) **1.** erwägen, überlegen; **2.** sich entscheiden, beschließen; °**3.** das Orakel befragen; **4.** (*P.P.P.*) *adi.* **dēlīberātus** 3 (*m. comp.*) entschieden, bestimmt.
dē-lībō 1 **1.** ein weniges hinwegnehmen; [°*oscula*] flüchtig küssen; **2.** / **a**) entnehmen, entlehnen, schöpfen; **b**) kosten, genießen; **c**) schmälern [*alqd de honestate*].
dē-librō 1 (*liber*[1] Bast) abschälen.
dē-libūtus 3 (*P.P.P. des erst spät belegten dēlibuō 3; vl. Kreuzung v. dēlibātus u. imbūtus*) benetzt, gesalbt; °*gaudio* freudetrunken.
dēlicātus 3 (*m. comp., sup., adv.; wohl P.P.P. v.* **dēlicō* 1 = *altl. dē-liciō* 3 „anlocken"; *cf. dēlectō*) **1.** reizend, köstlich; **2.** wollüstig, schlüpfrig [*versus*]; **3.** weichlich, geziert [*pueri*]; **4.** zart, sanft; **5.** verwöhnt, verzogen; °*subst.* **~,** *ī m* Schlemmer, Wüstling.
dēliciae, *ārum u.* (*unkl.*) **-ia,** *ae f* (*cf. dēlectō*) **1.** Wonne, Genuß, Vergnügen; Schlüpfrigkeiten; Obszönitäten; **2.** Liebhaberei; Kleinod; °**3.** Liebling(-ssklave).
dēliciolae, *ārum f u.* (*Se.*) **-olum,** *ī n* (*dem. v. dēliciae*) Liebling, Herzblatt.
****deliciosus** 3 köstlich.
dēlicium, *ī n* (*dcht.*) = *dēliciae.*
dēlicō 1 = *dēliquō.*
dēlictum, *ī n* (*dēlinquō*) Vergehen, Fehler.
dēlicuos (*-uus*) 3 = *dēliquus.*
dē-ligō[1], *lēgī, lēctum* 3 (*legō*[2]) °**1.** (ab)lesen, pflücken; **2.** / **a**) auslesen, wählen [*locum colloquio*]; **b**) wählen [*in senatum*]; **c**) (*mil. t.t.*) ausheben, mustern; °**d**) aussondern [*senes*]; **e**) (*P.P.P.*) *subst.* **dēlēctī,** *ōrum m* Elite; (engerer) Ausschuß.
dē-ligō[2] 1 **1.** (an)binden, befestigen; °**2.** verbinden [*saucios*].
dē-līneō 1 zeichnen.
dē-lingō, — — 3 auslecken; *salem* magere Kost haben.
dēlīniō = *dēlēniō.*
dē-linō, *lēvī, litum* 3 (*cf. dēleō*) °**1.** bestreichen; **2.** (*nur P.P.P.*) abwischen.
dē-linquō, *līquī, lictum* 3 sich vergehen, fehlen; / *etw.* verschulden.
dē-liquēscō, *licuī,* — 3 °**1.** zerschmelzen; zerfließen; **2.** / sich schwach zeigen.
dē-liquiō, *ōnis f* (*dēlinquō*) Mangel.
dē-liquō 1 klären [*vinum*]; / klar machen.
dēliquus 3 (*dēlinquō*) mangelnd, fehlend.
dēlīrāmentum, *ī n* (*dēlīrō*) albernes Zeug.
dēlīrātiō, *ōnis f* (*dēlīrō*) Wahnsinn, Albernheit.
dē-līrō 1 (*dē līra īre* [*bäuerliche Redensart*] von der (Furche) geraden Linie abweichen) wahnsinnig sein, faseln.
dēlīrus 3 (*m.* °*comp.*; *wohl Rückbildung aus dēlīrō*) wahnsinnig; °*subst.* **-a,** *ōrum n* wirres Zeug.
dē-litēscō *u.* **-tīscō,** *lituī,* — 3 (*latēscō*) sich verbergen, verstecken; sich *hinter etw.* stecken.
dē-lītigō 1 sich ereifern, zanken.
Delmāt... = *Dalmāt...*
Dēlos *u.* **-us,** *ī f* (*acc. -on u. -um*) *Insel im Ägäischen Meer, Geburtsort Apolls u. Dianas; adi. -li(ac)us; subst.* **Dēlius,** *ī m* Apollo; **-lia,** *ae f* Diana.
Delphī, *ōrum m* (*gr. -oi*) *St. u. Orakel Apolls am Parnaß; adi. -phicus* 3; °(*mensa*) *-ica* Prunktisch in Dreifußform; °*subst.* **-phicus,** *ī m* Apoll.
delphīnus, *ī u.* (*nkl., dcht.*) **-phīn,** *īnis m* (*gr. Fw.*) Delphin.
deltōton, *ī n* (*gr. Fw.*) *Gestirn in Dreiecksform.*
dēlūbrum, *ī n* (*dē-luō* 3 „wasche ab"; *urspr.* „Wasserstelle für die relig. Waschung vor der Opferhandlung") Tempel, Heiligtum.
dē-luctō *u.* **-or** 1 um die Entscheidung ringen.
dē-lūdificō *u.* **-or** 1 foppen.
dē-lūdō, *sī, sum* 3 zum besten haben, täuschen, (ver)spotten.
dē-lumbō 1 (*lumbus*) °**1.** lendenlahm machen; **2.** / lähmen.
dē-madēscō, *maduī,* — 3 ganz feucht werden.
dē-mandō 1 anvertrauen, übertragen.
dē-manō 1 herabfließen.
dēmarchus, *ī m* (*gr. Fw.*) **1.** Vorsteher eines Demos (*in Athen*); **2.** = *tribūnus plēbis.*
dē-mēns, *entis* (*m. comp. sup., adv.; aus dē mente*) unsinnig, toll.
dēmēnsus 3 (*part. pf. pass. v. dēmē-*

tior) zugemessen; °*subst.* **-um,** *ī n mtl.* Deputat (*der Sklaven*).
dēmentia, *ae f* (*dēmēns*) Unsinn, Wahnsinn.
dēmentiō, — — 4 (*dēmēns*) sich unsinnig gebärden.
dē-mereor, — 2 *u.* **-eō,** *uī, itum* 2 **1.** sich Verdienste erwerben *um*, für sich gewinnen [*civitatem*]; **2.** *etw.* verdienen.
dē-mergō, *mersī, mersum* 3 **1.** °**a**) eintauchen, versenken; **b**) P. versinken; °**2.** in den Grund bohren; **3.** / unterdrücken, (ins Verderben) stürzen.
dē-mētior, *mēnsus sum* 4 abmessen, zumessen; *nur dēmēnsus; s. d.*
dē-metō[1], *messuī, messum* 3 abmähen, -pflücken; °/ abhauen [*caput*].
dē-mētō[2] 1 = *dīmētō.*
dē-migrātiō, *ōnis f* (*dēmigrō*) Auswanderung.
dē-migrō 1 weggehen, auswandern; / seinen Posten verlassen [*de statu suo*]; *hinc* sterben.
dē-minuō, *uī, ūtum* 3 **1. a**) vermindern; P. abnehmen, zusammenschmelzen; **b**) teilweise veräußern; **2.** wegnehmen; **3.** / **a**) schmälern, schwächen; **b**) *capite se -ere u. mediopass.* seine bürgerlichen Rechte teilweise verlieren; °**c**) (*gramm. t.t.*) eine Verkleinerungsform bilden; *nomen deminutum ein* Deminutiv.
dēminūtiō, *ōnis f* (*dēminuō*) **1.** Verminderung, Verringerung [*luminis lunae* abnehmender Mond]; *vectigalium* Steuernachlaß; *provinciae* Verkürzung der Amtszeit; °**2.** Veräußerungsrecht; **3.** / Beeinträchtigung, Schmälerung: °**a**) *sui* seiner Ehre; **b**) *capitis maxima* (*od. libertatis*) Verlust des Bürgerrechts und der persönlichen Freiheit, *c. d. media od. minor* Verlust des Bürgerrechts; °**c**) *mentis* Geistesabwesenheit; °**d**) (*gramm. t.t.*) Deminutiv.
dē-mīror 1 sich (höchlich) wundern; gern wissen wollen [*quid*...].
dēmissīcius 3 (*dēmissus, P.P.P. v. dēmittō*) herabhängend.
dēmissiō, *ōnis f* (*dēmittō*) *das* Herablassen; / *animi* Niedergeschlagenheit.
dē-mītigō 1 milder stimmen.
dē-mittō, *mīsī, missum* 3 **I.** hinablassen: **1. a**) hinab-, herab-, niederlassen, fallen lassen; hinabgehen lassen; **b**) *se -ere u. mediopass.* sich einlassen *auf*; sich erniedrigen *zu*; **2. a**) senken [*oculos*]; *se -ere u. mediopass.* sich senken, herabströmen; **b**) sinken lassen [*animum*]; *se animo -ere* verzagen; **3.** hinein-, versenken; einrammen; °hineinstoßen [*ferrum iugulo*]; **4.** (*das Gewand,* °*das Haar*) herabwallen, -hängen lassen; P. herabwallen, -hängen; **II.** hinabschicken: **1.** hinab-, herabschicken, -führen; *se -ere u. mediopass.* hinabsteigen, -kommen; °**2.** / P. seine Herkunft ableiten, abstammen [*ab Iulo*]; (*P.P.P.*) *adi.* **dēmissus** 3 (*m. comp., adv.*) **1. a**) herabhängend; **b**) niedrig (gelegen), tief; **2.** / °**a**) gedämpft [*vox*]; **b**) bescheiden, schlicht [*sermo*]; **c**) niedergeschlagen, kleinmütig [*animus*]; °**d**) niedrig, dürftig.
dēmiūrgus, *ī m* (*gr. Fw.*) *höchster Beamter in einigen gr. Staaten*; ** *der* Weltschöpfer.
dēmō, *dēmpsī, dēmptum* 3 (*emō*) **1. a**) wegnehmen; °**b**) nicht gelten lassen [*velle iuvare deos*]; **2.** (*von einem Ganzen od. einer Summe*) wegnehmen; abziehen.
Dēmocritus, *ī m* (*gr.* -kritos) *Philosoph aus Abdera, † 361; Begründer der Atomlehre; adi.* -tēus 3 *u.* -tīus 3.
dē-mōlior 4 °**1.** (*nur* /) abwälzen [*culpam*]; **2.** nieder-, einreißen; zerstören; *auch* °/.
dēmōlītiō, *ōnis f* (*dēmōlior*) *das* Niederreißen.
dēmōnstrātiō, *ōnis f* (*dēmōnstrō*) *das* Hinweisen, Zeigen; / Nachweis, Darlegung; (*rhet. t.t.*) epideiktische Redegattung.
dēmōnstrātīvus 3 (*m.* °*adv.*; *dēmōnstrātus, P.P.P. v. dēmōnstrō*) °**1.** hinzeigend; **2.** / (*rhet. t.t.*) epideiktisch, verherrlichend [*genus orationis*].
dēmōnstrātor, *ōris m* (*dēmōnstrō*) der *etw.* zeigt, angibt.
dē-mōnstrō 1 **1.** genau bezeichnen; **2.** / **a**) anführen, darlegen, erwähnen, auseinandersetzen; **b**) beweisen; **c**) näher umreißen, bestimmen; **d**) bezeichnen, bedeuten.
dē-morior, *mortuus sum* 3 **1.** (*intr.*) wegsterben; °/ schwinden; °**2.** (*trans.*) sterblich verliebt sein *in* [te].
dē-moror 1 °**1.** (*intr.*) sich aufhalten, zögern; **2.** (*trans.*) **a**) aufhalten, verzögern; °**b**) *annos* noch leben.
Dēmosthenēs, *is u. ī m* (*acc.* -en *u.*

-em; *gr.* -sthęnēs) *athen. Staatsmann u. Redner, 385-322.*

dē-moveō, *mōvī, mōtum* 2 fortschaffen, entfernen; vertreiben, verdrängen; / aus der Fassung bringen.

dē-mūgītus 3 (*mūgiō*) mit Gebrüll erfüllt.

dē-mulceō, *lsī, lsum u. lctum* 2 [streicheln.

dēmum *u.* (*altl.*) **-us** *adv.* (*erstarrter acc. bzw. nom. v.* *dēmos, *sup. v.* dē; *eigtl.* „zu unterst") **1.** zuletzt, erst, endlich [*nunc* ~]; **2.** (*hervorhebend, meist m. pron.*) erst, gerade; vollends [*ea* ~ *firma amicitia est*]; °**3.** (*einschränkend*) eben, nur.

dē-mūneror 1 reichlich beschen-[ken.

dē-murmurō 1 hermurmeln.

dēmus *s. dēmum.*

dēmūtātiō, *ōnis f* (*dēmūtō*) Veränderung, Entartung.

dē-mūtō 1 **1.** (*trans.*) ab-, verändern; **2.** (*intr.*) abweichen, -gehen *von.*

dēnārius (*dēnī*) °**I.** *adi.* 3 je zehn enthaltend; *nummus* Zehnasstück; **II.** *subst.* ~, *ī m* (*gen. pl. meist -um*) Denar: **1. a)** *röm. Hauptsilbermünze, urspr.* = *10, seit der Gracchenzeit* = 16 As, *etwa 80 Pfg.*; °**b)** *Goldmünze,* Dukaten; °**c)** (*in der späten Kaiserzeit*) *Kupfermünze*; °**2.** (*als Gewicht*) = 3,5 g; ** *Silbermünze* = $^1/_{12}$ Solidus; ~ *grossus* Groschen.

dē-narrō 1 (*-ā-?*) genau erzählen.

dē-nāsō 1 (*nāsus*) der Nase berauben.

dē-natō 1 hinabschwimmen.

dē-negō 1 in Abrede stellen; abschlagen, verweigern.

dēnī, *ae, a num. distr.* (*selten sg.*; *gen. altl. oft -um*; *decem*; *nach bīnī*) **1.** je zehn; °**2.** zehn auf einmal.

dē-nicālis, e (*wohl aus dē nece, sc. piāre*; *nex*; *cf. parent-ālis*) von einem Todesfall reinigend; *feriae -es* Totenfest.

dēnique *adv.* (*wohl aus* *dē-ne-que; *ne verstärkend, -que verallgemeinernd*; *eigtl.* „gerade immer am Ende") **1.** (*in Aufzählungen beim vorletzten od. letzten Punkt*) außerdem, schließlich; **2.** (*abschließend*) mit e i n e m Wort, kurz; **3.** (*verallgemeinernd*) überhaupt; ja; **4.** (*steigernd*) ja sogar, außerdem noch; **5.** (*vermindernd*) auch nur, wenigstens; **6.** (= *dēmum*) erst, endlich; **7.** (*ironisch*) am Ende gar.

dē-nōminō 1 benennen.

dē-nōrmō 1 (*-nōrm-?*; *aus dē nōrma*) unregelmäßig machen.

dē-notō 1 **1.** bezeichnen, hinweisen *auf* [*res similes*]; °**2.** brandmarken.

dēns, *dentis m* (*cf. nhd.* „Zahn"; *vl. altes part. praes. v.* edō[1]) **1.** Zahn; / **2.** °**a)** Zahn der Zeit; **b)** Neid, Spott; °**3.** (*Zahnähnliches*) Zacken; Zinke, Sichel; Winzermesser.

dēnseō, — — 2 *u.* **dēnsō** 1 (*dēnsus*) **1. a)** dicht machen, verdichten; **b)** (*nur dēnsō*) *ein Gewebe* mit dem Kamm dicht schlagen; **2. a)** dicht gedrängt aufstellen; **b)** rasch aufeinander folgen lassen [*ictus*].

dēnsitās, *ātis f* (*dēnsus*) Häufigkeit, häufiges Vorkommen.

dēnsus 3 (*m.* °*comp.*, *sup.*, °*adv.*; *et. nicht klar*) **1. a)** dicht; °**b)** dichtbesetzt *mit* [*arboribus*]; °**2.** / **a)** dichtgedrängt, gehäuft; zahlreich; **b)** ununterbrochen; **c)** anhaltend, stark, heftig.

dentālia, *ium n* (*dēns*) Scharbaum [(*am Pflug*).

dentātus 3 (*dēns*) **1.** mit Zähnen Zinken, Zacken, versehen; gezähnt; **2.** (*m. Elfenbein*) geglättet.

denti-frangibulus 3 (*dēns, frangō*; *Scherzbildung*) zahnbrechend; *subst.* ~, *ī m jd.*, der einem die Zähne ausschlägt; **-a,** *ōrum n* (*sc. īnstrūmenta*) *die* Fäuste.

denti-legus 3 (*dēns, legō*) die (ausgeschlagenen) Zähne zusammenlesend.

dentiō 4 (*dēns*) °**1.** zahnen; °**2.** / *ne mihi dentes dentiant* (vor Hunger) Junge bekommen.

denti-scalpium, *ī n* (*dēns, scalpō*) [Zahnstocher.

dē-nūbō, *nūpsī, nuptum* 3 (*nūptum?*) (*aus dem Elternhause*) wegheiraten, sich verheiraten [*nepoti*].

dē-nūdō 1 entblößen; ausplündern; °/ offenbaren.

dē-numerō = *dīnumerō.*

dēnūntiātiō, *ōnis f* (*dēnūntiō*) **1.** Ankündigung, Anzeige; **2. a)** (*mil. t.t.*) *belli* Kriegsdrohung, -erklärung; **b)** (*jur. t.t.*) α) Aussage (*vor Gericht*); β) *testimonii* Zumutung einer Zeugenaussage; **c)** Prophezeiung.

dē-nūntiō 1 **1.** an-, verkündigen, erklären; androhen; **2. a)** (*mil. t.t.*) α) *bellum* mit Krieg drohen; °β) Meldung machen; befehlen; **b)** (*jur.*

t.t.) einen Prozeß ankündigen; *in iudicium* das Ansinnen stellen, als Beistand vor Gericht zu erscheinen; *iudici* dem Richter die Zurückziehung des Prozesses ankündigen; *testimonium* zur Zeugenaussage auffordern [*illi*]; **3.** prophezeien.

dēnuō *adv.* (*dē novō*) von neuem, noch einmal.

de-onerō 1 entlasten; / abnehmen [*ex invidia alqd*].

de-orsum *u.* **-us** *adv.* (*erstarrtes P.P.P. v. dēvortō*) **1.** abwärts, hinunter; °**2.** unten.

de-ōsculor 1 abküssen.

dē-pacīscor, *pactus sum* 3 einen Vertrag, Vergleich schließen; sich ausbedingen [*sibi praedia*]; °/ *morte -i cupio* ich sterbe gern.

de-pangō, —, *pāctum* 3 °**1.** in di Erde einschlagen; °**2.** / einsetzen.

dē-parcus 3 knauserig.

dē-pāscō, *pāvī, pāstum* 3 °**1.** abweiden lassen; **2.** abweiden; **3.** / beschneiden.

dē-pāscor, *pāstus sum* 3 abfressen; / verzehren.

dē-pecīscor, *pectus sum* 3 = *dē-pacīscor.*

dē-pectō, (*pexī*), *pexum* 3 (*-pēxī*?) (her)abkämmen; / durchprügeln.

dēpecūlātor, *ōris m* (*dēpecūlor*) Plünderer.

dēpecūlātus, *ūs m* (*dēpecūlor*) *das* Ausplündern.

dē-pecūlor 1 (*wohl aus dē pecūliō; eigtl.* „vom Eigentum entblößen") ausplündern; unterschlagen.

dē-pellō, *pulī, pulsum* 3 **1.** hinabtreiben; herabwerfen; **2. a**) vertreiben, verjagen; **b**) (*mil. t.t.*) aus der Stellung vertreiben; °**c**) (*vom Kurs*) abtreiben; **d**) verdrängen; °verbannen; °**e**) entwöhnen [*agnum a lacte*]; **3.** / abhalten, abwehren, abbringen *von* [*de conatu*].

dē-pendeō, — — 2 herabhängen; hängen *an* [*collo*]; abhängig sein [*a die*]; etymologisch zusammenhängen *mit* [*origine*].

dē-pendō, *endī, ēnsum* 3 bezahlen; / büßen [*poenam morte*].

dē-perdō, *didī, ditum* 3 °**1.** zugrunde richten, verderben; (*P.P.P.*) *deperditus* sterblich verliebt *in* [*amore alcis; (in) alqa*]; **2.** verlieren.

dē-pereō, *iī, itūrus, īre* zugrunde, verloren gehen; °sterblich verliebt sein *in* [*amore virginis*].

dē-pilō 1 enthaaren, rupfen.

dē-pingō, *pīnxī, pictum* 3 °**1.** abmalen, abbilden; **2.** / **a**) schildern, beschreiben [*vitam*]; **b**) (*cogitatione*) sich vorstellen; °**3.** bemalen; mit Stickerei verzieren.

dē-plangō, *plānxī, plānctum* 3 (*planxī, planctum* ?) beklagen, bejammern.

dē-plexus 3 (*plēctō*) umklammernd.

dēplōrābundus 3 (*dēplōrō*) jammernd.

dēplōrātiō, *ōnis f* (*dēplōrō*) *das* Bejammern.

dē-plōrō 1 **1.** (*intr.*) laut weinen; **2.** (*trans.*) **a**) beweinen, beklagen; °**b**) (als verloren) aufgeben.

dē-pluō, — — 3 herabregnen.

dē-pōnō, *posuī, positum* 3 **1. a**) niederlegen, -setzen, -stellen; hinlegen [*caput strato*]; °**b**) an Land setzen; **c**) (*dcht.*) gebären [*onus naturae*]; **2. a**) in Verwahrung geben, in Sicherheit bringen [*omnia in silvis*]; **b**) anvertrauen; **3. a**) weg-, beiseitelegen; **b**) *arma* die Waffen strecken; **c**) aufgeben, niederlegen [*dictaturam*], beendigen [°*bellum*]; ** bestatten; / herabsetzen; absetzen [*sacerdotem*]; betrügen.

dēpopulātiō, *ōnis f* (*dēpopulor*) Verwüstung, Plünderung.

dēpopulātor, *ōris m* (*dēpopulor*) Verwüster, Plünderer.

dē-populor *u.* (*kl. nur im P.P.P.*) **-ō** 1 verwüsten, verheeren.

dē-portō 1 **1. a**) hinabbringen, -schaffen; **b**) wegführen, fortschaffen; **c**) ü'bersetzen [*exercitum in Italiam*]; **d**) mit sich führen [*Nilus vim seminum*]; **2.** (*aus der Provinz od. aus dem Kriege*) heimbringen, -führen; davontragen [*exercitum victorem; triumphum*]; °**3.** lebenslänglich verbannen.

dē-poscō, *poposcī,* — 3 (*-pōsc-*?) **1.** dringend fordern; **2. a**) (*Geschäft od. Amt*) ausbedingen [*sibi id muneris*]; **b**) (*Auslieferung od. Bestrafung*) verlangen [°*Hannibalem*]; °**3.** zum Kampfe herausfordern.

dēpositus 3 (*dēpōnō*) °**1.** im Sterben liegend, verstorben; **2.** / aufgegeben, verloren.

dēprāvātiō, *ōnis f* (*dēprāvō*) Verdrehung; Entstellung; Verschlechterung; Verkehrtheit.

dē-prāvō 1 (*prāvus; nach dēfōrmō*) verdrehen, entstellen; / verderben, verführen; (*P.P.P.*) *adv.* **dēprāvātē** verkehrt.

dēprecābundus 3 (*dēprecor*) inständig bittend.
dēprecātiō, *ōnis f* (*dēprecor*) **1.** Bitte um Abwendung [*periculi*]; Fürbitte; Anrufung [*deorum*]; **2.** Bitte um Gnade [*facti*]. [sprecher.
dēprecātor, *ōris m* (*dēprecor*) Für-
dē-precor 1 **1.** durch Bitten abzuwenden suchen [°*poenam*]; **2. a**) um Gnade bitten; °**b**) als Entschuldigung anführen; °**c**) verwünschen; **3.** (er)bitten, sich ausbitten.
dē-prehendō, *endī, ēnsum* 3 **1.** wegfangen, aufgreifen; **2. a**) auffinden, entdecken; **b**) überraschen, ertappen; in die Enge treiben; **c**) überfallen [*hostes*]; **3.** (*geistig*) erkennen, entdecken.
dēprehēnsiō, *ōnis f* (*dēprehendō*) *das* Auffinden, Entdeckung.
dē-prēndō, *ndī, nsum* 3 = *dēprehendō*. [*dēprimō*) niedrig (gelegen).
dēpressus 3 (*m.* °*comp.*, °*sup.*, °*adv.*;
dē-primō, *pressī, pressum* 3 (*premō*) **1.** niederdrücken, -ziehen; **2. a**) versenken [*naves*]; **b**) tief in die Erde graben; °**c**) senken [*vocem*]; **3.** / **a**) unterdrücken; **b**) (*m. Worten*) herabsetzen.
dē-proelior 1 wütend kämpfen.
dē-prōmō, *prōmpsī, prōmptum* 3 hervornehmen, -holen; / entnehmen, entlehnen [*ex iure civili*]; zum besten geben.
dē-properō 1 **1.** (*intr.*) sich beeilen; **2.** (*trans.*) eilig anfertigen.
depsō, *suī, stum* 3 kneten, durcharbeiten; (*vulgär*) / = *futuō*.
dē-pudet, *uit,* — 2 *impers.* alle Scham ablegen [*eum*]. [Hintern.
dē-pūgis, e (*pūga*) mit dürrem
dē-pūgnō 1 (-*ū*-?) **1.** (*intr.*) auf Leben und Tod kämpfen; °**2.** (*trans.*) auskämpfen [*proelium*].
dēpulsiō, *ōnis f* (*dēpellō*) **1.** *das* Ab-, Zurückstoßen; **2.** Abweisung (einer Beschuldigung).
dēpulsō 1 (*intens. v. dēpellō*) fortstoßen. [wehrer, Zerstörer.
dēpulsor, *ōris m* (*dēpellō*) Ab-
dē-pūrgō 1 reinigen.
****deputatum,** *i n* Abgabe.
****deputatus,** *i m* Höriger.
dē-putō 1 **1.** ab-, beschneiden; **2.** halten *für* [*operam parvi pretii*]; ** zu-, anweisen [*habitacula*].
dē-pȳgis, e = *dēpūgis*.
dēque *s. sus*².

dē-rādō, *rāsī, rāsum* 3 abschaben, abkratzen; (*P.P.P.*) *adi.* **dērāsus** 3
dērēctus 3 = *dīrēctus*. [kahl.
****derelicta,** *ae f* Witwe.
dērelictiō, *ōnis f* (*dērelinquō*) Vernachlässigung.
dē-relinquō, *līquī, lictum* 3 **1.** völlig aufgeben,; *pro derelicto habere* als herrenloses Gut ansehen; **2.** vernachlässigen; °**3.** hinterlassen.
dē-repente *adv.* urplötzlich.
dē-rēpō, *rēpsī,* — 3 herabkriechen, -schleichen. [(ver)spotten.
dē-rīdeō, *rīsī, rīsum* 2 verlachen,
dē-rīdiculus 3 (*dērīdeō*; *cf. rīdiculus*) lächerlich; *subst.* **-um,** *ī n* Gespött; Lächerlichkeit.
dē-rigēscō, *riguī,* — 3 völlig erstarren; zu Berge stehen.
dē-rigō = *dīrigō*.
dē-ripiō, *ripuī, reptum* 3 (*rapiō*), los-, wegreißen; / schmälern.
dērīsor, *ōris m* (*dērīdeō*) Spötter, Schalk. [spött.
dērīsus, *ūs m* (*dērīdeō*) Spott, Ge-
dērīvātiō, *ōnis f* (*dērīvō*) **1.** Ableitung; °**2.** / **a**) (*gramm. t.t.*) *et.* Ableitung; **b**) (*rhet. t.t.*) beschönigender Austausch verwandter Ausdrücke.
dē-rīvō 1 (*Hypostase aus dē rīvō* [*sc. ducō*]) **1.** ab-, hinleiten; **2.** / **a**) schieben *auf*; auf sich laden; °**b**) (*gramm. t.t.*) ableiten *von*.
dērogātiō, *ōnis f* (*dērogō*) Einschränkung, Aufhebung *eines Gesetzes*.
dē-rogō 1 **1.** teilweise abschaffen [*ex lege aliquid*]; **2.** / wegnehmen, entziehen, absprechen.
dērōsus 3 (*rōdō*) abgenagt.
dē-runcinō 1 abhobeln; / übers Ohr hauen.
dē-ruō, *ruī, rutum* 3 herabwerfen.
dē-ruptus 3 (*m. comp.*; *rumpō*) steil, abschüssig; *subst.* **-a,** *ōrum n* abschüssige Stellen.
dē-saeviō 4 sich austoben; / zu toben aufhören.
dē-saltō 1 „abtanzen", pantomimisch vortragen [*canticum*].
dē-scendō, *scendī, scēnsum* 3 (*scandō*) **1.** hinab-, herabsteigen, -gehen, -kommen; (*dcht.*) sich zum Beischlaf niederlegen; **2.** / °**a**) sich senken, sich hinabziehen, sich ergießen, eindringen [*in corpus*]; **b**) (*v. Tönen u. Silben*) sich senken;

3. sich einlassen *auf*; sich erniedrigen *zu*.
dēscēnsiō, *ōnis f u.* °**-sus,** *ūs m* (*dēscendō*) **1.** *das* Hinabsteigen, -fahren; °**2.** abwärts führender Weg; °**3.** eingelassene Badewanne.
dē-scīscō, *scīvī u. sciī, scītum* 3 abfallen; / sich lossagen *von*, abweichen, untreu werden [*a se* sich].
dē-scrībō, *scrīpsī, scrīptum* 3 **1. a)** (ab)zeichnen, entwerfen; schreiben *auf*; **b)** abschreiben [*tabulas publicas*]; **2.** / **a)** beschreiben, darstellen; anspielen *auf*; **b)** festsetzen, auf(er)legen [*sociis auxilia*]; **3.** (= *discrībō*) einteilen, verteilen.
dēscrīptiō, *ōnis f* (*dēscrībō*) **1.** Abschrift, Kopie; **2.** Zeichnung, Entwurf, Abriß; Figur; **3.** Beschreibung, (Charakter-)Schilderung; Definition; **4.** (= *discrīptiō*) gehörige Verteilung, Ordnung.
dēscrīptiuncula, *ae f* (*dem. v. dēscrīptiō*) hübsche Schilderung.
dēscrīptus 3 (*m. comp., adv.*; *dēscrībō*) gehörig eingeteilt, geordnet.
dē-secō, *secuī, sectum* 1 abschneiden.
dē-serō, *seruī, sertum* 3 **1. a)** verlassen, aufgeben; **b)** brachliegen lassen [*agros*]; **2.** treulos verlassen; *exercitum, castra u.* °*abs.* desertieren; **3.** / vernachlässigen, versäumen; *vadimonium u.* °*abs.* einen Termin versäumen; (*P.P.P.*) *adi.*
dēsertus 3 (*m. comp., sup.*) verlassen, leer; unbewohnt, einsam; °*subst.* **-a,** *ōrum n* Einöde(n), Wüste(n).
dēsertor, *ōris m* (*dēserō*) **1.** Ausreißer, Deserteur; Verräter [*amicorum*]; °**2.** Flüchtling.
dē-serviō 4 eifrig dienen, sich angelegen sein lassen [*divinis rebus*]; frönen [*corpori*].
dēses, *idis* (**dē-sedeō*) untätig, müßig.
dē-siccō 1 abtrocknen [*vasa*].
dē-sideō, *sēdī, sessum* 2 (*sedeō*) müßig dasitzen.
dēsīderābilis, e (*dēsīderō*) **1.** wünschenswert; °**2.** (*m. comp.*); unvergeßlich [*avus*].
dēsīderātiō, *ōnis f* = *dēsīderium*.
dēsīderium, *ī n* (*dēsīderō*) **1. a)** Sehnsucht, Verlangen *nach* [*urbis*]; **b)** Geliebte(r); °**c)** natürliches Bedürfnis; °**2.** Anliegen, Bitte.
****desiderius** 3 voll Sehnsucht *nach*.
dē-sīderō 1 (*dē*; *sīdus*; *eigtl.* „von den Sternen erwarten"; *cf. cōnsīderō*) **1.** sich sehnen *nach*, begehren; **2. a)** vermissen, entbehren; **b)** verlieren; *P.* verlorengehen.
dēsidia, *ae f* (*dēsideō*) °**1.** *das* lange Herumsitzen; **2.** Müßiggang.
dēsidiābulum, *ī n* (*dēsidia*) Faulenzerort.
dēsidiōsus 3 (*m.* °*comp., sup.,* °*adv.*; *dēsidia*) müßig, träge; erschlaffend.
dē-sīdō, *sēdī u. sīdī,* — 3 sich senken, (herab)sinken; °/ verfallen.
dēsīgnātiō, *ōnis f* (*-sīgn-?*; *dēsīgnō*) **1.** Bezeichnung, Angabe; **2. a)** Einrichtung, Plan; °**b)** amtliche Ernennung [*consulatūs* zum Konsul].
dēsīgnātor (*-ī-?*) = *dissīgnātor*.
dēsīgnātus 3 (*-ī-?*; *dēsīgnō*) erklärt, designiert [*consul*; *Bezeichnung bis zum Amtsantritt*].
dē-sīgnō 1 (*-ī-?*) **1.** bezeichnen, angeben, bestimmen; **2.** *für das künftige Jahr* zu einem Amte bestimmen, ernennen (*cf. dēsīgnātus*); °**3.** im Umriß darstellen; **4.** an-, hindeuten *auf*; °**5.** zu Tage fördern; anrichten; **6.** (= *dissīgnō*) einrichten, anordnen.
dē-siliō, *siluī, sultum* 4 (*Pl. auch -suluī*; *saliō*) herabspringen.
dē-sinō, *siī, situm* 3 **1.** (*intr.*) **a)** aufhören, ein Ende nehmen [*oratio*]; *abs.* aufhören zu reden; °**b)** auslaufen *in* [*in piscem*]; **2.** (*trans.*) ablassen, aufgeben.
dēsipientia, *ae f* (*dēsipiō*; *nach sapientia*) Wahnsinn.
dē-sipiō, — — 3 (*sapiō*) unsinnig, toll sein; (*Ho.*) schwärmen.
dē-sistō, *stitī, stitūrus* 3 abstehen *von*, aufhören *mit* [*bello, incitare plebem*; (*dcht.*) *pugnae* (*gen.*)].
dē-sōlō 1 einsam machen, verlassen.
dēspectō 1 (*intens. v. dēspiciō*) **1. a)** herabsehen *auf*; **b)** (*von Örtlichkeiten*) überragen, beherrschen; **2.** verachten.
dēspectus[1] 3 (*m. comp.*; *dēspiciō*) verachtet, verächtlich.
dēspectus[2], *ūs m* (*dēspiciō*) Aus-, Fernsicht; °/ Verachtung.
dēspēranter *adv.* (*dēspērāns, part. praes. v. dēspērō*) hoffnungslos.
dēspērātiō, *ōnis f* (*dēspērō*) Verzweiflung, Hoffnungslosigkeit; (*Li.*) *das* Aufgeben (*eines Kranken*).
dē-spērō 1 verzweifeln *an* [*salutem, de salute, sibi*]; (*einen Kranken*)

aufgeben; (*P.P.P.*) *adi.* **dēspērātus** 3 (*m. comp., sup.*) hoffnungslos, verzweifelt; nichtswürdig; *subst.* **-us,** *ī m ein* aufgegebener Kranker.

dēspicātiō, *ōnis f* (*dēspicor*) Verachtung.

dēspicātus¹, *ūs m* (*dēspicor*) Verachtung.

dēspicātus² 3 *s. dēspicor.*

dēspicientia, *ae f* (*dēspiciēns, part. praes. v. dēspiciō*) Verachtung.

dē-spiciō, *spexī, spectum* 3 (*spēxī?; speciō*) **1.** (*intr. u. trans.*) herabblicken *auf*; **2.** / (*trans.*) verachten; **3.** (*intr.*) den Blick wegwenden.

dē-spicor 1 (**specor* 1 = *speciō*) verachten, verschmähen; (*part. pf. pass.*) *adi.* **dēspicātus** 3 (*m. sup.*) verachtet.

dēspoliātor, *ōris m* (*dēspoliō*) Plünderer.

dē-spoliō 1 ausplündern, berauben [*armis abl.*].

dē-spondeō, *spondī, spōnsum* 2 **1.** förmlich versprechen, zusagen; *sibi -ere* sich ausbedingen; **2.** verloben [*alci filiam*]; °**3.** aufgeben; *animum* den Mut verlieren.

dēspōnsō 1 (*intens. v. dēspondeō*) verloben; ** vermählen.

dē-spūmō 1 **1.** (*trans.*) abschäumen; **2.** (*intr.*) verbrausen.

dē-spuō, *uī, ūtum* 3 **1.** (*intr.*) ausspucken; **2.** (*trans.*) / verabscheuen, verschmähen.

dē-squāmō 1 (*squāma*) abschuppen [*pisces*].

dēstillātiō, *ōnis f* (*-still-?; dēstillō*) fließender Schnupfen, Katarrh.

dē-stillō 1 (*-ī-?*) herabtropfen; / triefen *von.*

dē-stimulō 1 (*cf. distimulō*) heftig anspornen.

dēstinātiō, *ōnis f* (*dēstinō*) Bestimmung, fester Entschluß.

dē-stinō 1 (*dē* + **stanō; eigtl.* „stelle fest hin"; *cf. stō*) **1.** festmachen, -binden; **2.** / **a)** bestimmen, festsetzen; **b)** sich fest vornehmen [*agere*]; °**c)** verloben; °**d)** (*für ein Amt*) auserlesen, bestimmen *zu* [*illum consulem*]; **e)** kaufen wollen; (*P.P.P.*) °*adi.* **dēstinātus** 3 (*m. adv.*) bestimmt, fest [*sententia*]; entschlossen *zu*, gefaßt *auf* [*morti, ad mortem*]; °*subst.* **-um,** *ī u.* **-a,** *ōrum n* bestimmtes Ziel; Vorsatz, Entschluß; (*ex*) *-o* vorsätzlich.

dē-stituō, *tuī, tūtum* 3 (*statuō*) **1.** hinstellen, antreten lassen; **2. a)** ver-, zurücklassen; **b)** preisgeben [*vulneratum*]; **c)** täuschen, betrügen *um* [°*mercede pacta*]; (*P.P.P.*) *adi.* **dēstitūtus** 3 entblößt *von*, beraubt.

dēstitūtiō, *ōnis f* (*dēstituō*) **1.** *das* treulose Verlassen; **2.** Täuschung.

dē-stringō, *strīnxī, strictum* 3 (*-strĭnxī?*) **1. a)** abstreifen; blank ziehen [*gladium*]; °(*im Bade*) striegeln; °**b)** / prellen; °**2. a)** streifen, ritzen; **b)** durchhecheln; (*P.P.P.*) °*adi.* **dēstrictus** 3 (*m. comp., adv.*) scharf, streng, entschieden.

dēstrūctiō, *ōnis f* (*dēstruō*) *das* Niederreißen; / Widerlegung.

dē-struō, *strūxī, strūctum* 3 niederreißen; °/ zugrunde richten [*ius*], unschädlich machen.

dē-subitō *adv.* urplötzlich.

dē-sūdāscō, — — 3 (*incoh. v. dēsūdō*) stark in Schweiß geraten.

dē-sūdō 1 °**1.** stark schwitzen; **2.** / sich abmühen.

dē-suēfīō, *factus sum, fierī u. fĭerī* entwöhnt werden.

dēsuētūdō, *inis f* (*dēsuēscō* „[sich] entwöhnen") Entwöhnung.

dēsuētus 3 (*P.P.P. v.* „*dēsuēscō* „[sich] entwöhnen") ungewohnt; entwöhnt.

dēsultor, *ōris m* (*dēsiliō*) Kunstreiter (*der während des Rennens von einem Pferd auf das andere springt*); / *amoris ein* Don Juan.

dēsultōrius 3 (*dēsultor*) eines Kunstreiters [*equus*].

dēsultūra, *ae f* (*dēsiliō*) *das* Abspringen *vom Pferde.*

dēsuluī *s. dēsiliō.*

dē-sum, *dēfuī, deesse* (*dcht. kontrahiert*: *dēst, dēssem, dērō, dērit usw.*; *im Vers auch*: *dēfuĕrunt*) **1.** nicht dasein, nicht anwesend sein, fehlen, mangeln; **2.** nicht helfen, sich entziehen [*senatui*]; versäumen, unbenutzt lassen [*occasioni*]; *sibi deesse* es an sich fehlen lassen.

dē-sūmō, *sūmpsī, sūmptum* 3 auf sich nehmen, sich ausersehen.

dē-super *adv.* von oben her(ab); oberhalb.

dē-surgō, *surrēxī, surrēctum* 3 aufstehen *von* [*cenā*].

dē-tegō, *tēxī, tēctum* 3 °**1.** abdecken [*villam*]; **2.** aufdecken, enthüllen entblößen; °**3.** / **a)** offenbaren, verraten; **b)** *se -ere u. mediopass.* sich offenbaren, sich zeigen; sich verraten.

dē-tendō, *tendī, tēnsum* 3 abspannen, abbrechen [*tabernacula*].
dē-tergeō, *tersī, tersum* 2 *u.* °**-gō** 3 **1.** °**a**) abwischen; reinigen; **b**) / herausschlagen [*octoginta* 80 000 Sesterze]; **2.** abstreifend zerbrechen [*remos*]; °**3.** verscheuchen [*nubes*].
dēterior, *ius (m. adv.; comp. v. *dē-ter, wohl comp. v. dē; eigtl.* „noch weiter unten befindlich") geringer, weniger gut, schlechter, schwächer, tieferstehend; *sup.* **dēterrimus** 3 schlechtester, letzter, tiefster.
dēterminātiō, *ōnis f (dēterminō)* Abgrenzung; Grenze; / Ende.
dē-terminō 1 °**1.** abgrenzen; **2.** / schließen.
dē-terō, *trīvī, trītum* 3 abreiben, -feilen, -schleifen; abnutzen; / schmälern; P. vergehen.
dē-terreō, *uī, itum* 2 **1.** abschrecken, abhalten [*a scribendo*]; **2.** ab-, fernhalten.
dētestābilis, e *(-tēst-?; dētestor)* [abscheulich.]
dētestātiō, *ōnis f (-tēst-?; dētestor)* °**1.** Verwünschung; **2.** / Sühne.
dē-testor 1 *(-tēst-?)* **1.** *(relig. t.t.)* °**a**) herabwünschen [*pericula in caput*]; **b**) verwünschen, verfluchen; *part. pf. auch* °*pass.* **2.** ablehnen, sich feierlich verwahren *gegen* [*omen*].
dē-texō, *texuī, textum* 3 °**1.** zu Ende weben, spinnen, fertig flechten; **2.** / vollenden [*libros*].
dē-tineō, *tinuī, tentum* 2 *(teneō)* **1.** auf-, zurück-, festhalten [*naves*]; **2.** / **a**) beschäftigen, fesseln [*in negotiis*]; °**b**) erhalten; *se -ere* sein Leben fristen; °**c**) vorenthalten [*pecuniam*]; °**d**) beibehalten, belassen.
dē-tondeō, *tondī, tōnsum* 2 (ab-) scheren [*comas; oves*]; rauben; ** zum Mönche machen.
dē-tonō, *uī,* — 1 **1.** herabdonnern; **2.** aufhören zu donnern; / sich austoben [*nubes belli*].
dē-torqueō, *torsī, tortum* 2 **1.** wegdrehen, abwenden; **2.** verdrehen, verrenken; °/[*verba*].
dē-tractātiō = *dētrectātiō.*
dētractiō, *ōnis f (dētrahō)* **1. a**) *das* Wegnehmen, -meißeln; **b**) *(med. t.t.) das* Abführen; **2.** / **a**) *das* Vorbehalten; °**b**) *(gramm. t.t.) das* Weglassen eines Buchstabens *od.* Wortes, Ellipse; **c**) Entziehung, Beeinträchtigung.
dētractō 1 = *dētrectō.*
dētractor, *ōris m (dētrahō)* Verkleinerer.
dē-trahō, *trāxī, tractum* 3 **1. a**) herab-, niederziehen, -reißen; °schleifen [*muros*]; °**b**) / erniedrigen; **2. a**) weg-, abziehen, abreißen; **b**) / entziehen, entreißen, wegnehmen; **3.** Abbruch tun, schmälern; **4. a**) fortschleppen; entfernen; **b**) herbeischleppen, -bringen; **c**) zwingen *zu* [°*ad certamen*].
dētrectātiō, *ōnis f (dētrectō)* Verweigerung [*militiae*].
dētrectātor, *ōris m (dētrectō)* Ver- [kleinerer.]
dētrectō 1 *(intens. v. dētrahō)* **1.** verweigern, ablehnen; °**2.** verkleinern, schmälern.
dētrīmentōsus 3 *(dētrīmentum)* [sehr nachteilig.]
dētrīmentum, *ī n (dēterō)* °**1.** *das* Abreiben; **2.** / **a**) Nachteil, Verlust, Schaden; **b**) *(mil. t.t.)* Schlappe, Niederlage; °**c**) Krüppel.
dētrītus 3 *(dēterō)* abgedroschen, gewöhnlich.
dē-trūdō, *sī, sum* 3 **1.** hinabstoßen, -drängen, -treiben; **2.** °**a**) *(mil. t.t.)* in die Flucht schlagen; **b**) verdrängen [*ex praedio*]; °**c**) verschlagen; **d**) abbringen [*de sententia*]; **3.** drängen, nötigen *zu*; **4.** verschieben, hinziehen [*comitia*].
dē-truncō 1 abhauen; / stutzen; verstümmeln.
dē-turbō 1 **1.** herabwerfen, -stürzen [*statuam*]; vertreiben; **2.** berauben [*(ex) spe*].
dē-turpō 1 verunstalten.
Deucaliōn, *ōnis m (gr. -kalīōn) Sohn des Prometheus, allein m. seiner Gattin Pyrrha aus der Sintflut gerettet; adi. -ōnēus* 3.
dē-ungō, — — 3 tüchtig (ein)ölen.
de-ūnx, *cis m (-ŭ-?; dē + ūncia; eigtl.* „fehlend eine Unze", *näml. vom as, dem zwölfteiligen Ganzen)* elf Zwölftel.
de-ūrō, *ussī, ustum* 3 *(ūssī, ūstum?)* nieder-, verbrennen; °/ erstarren lassen [*hiems arbores*].
deus, *ī m (voc. sg. dīve u. (spätl.) deus; pl. nom. (deī), diī, dī; dat. u. abl. (deīs, diīs) dīs; gen. deōrum, altl. u. dcht. deum; < altl. deivos; cf. dīvus, altind. dēva-, ahd.* Zio) **1.** Gott, Gottheit; *di meliora* gottbewahre; *ita me di ament* so wahr mir Gott helfe; *si diis placet* mit

Gottes Hilfe; **2.** / **a**) Schutzgott, Helfer; °**b**) glücklicher Mensch; °**c**) Kaiser; Machthaber.

****deuteronomium,** *i n das* fünfte Buch Mosis.

de-ūtor, *ūsus sum* 3 mißhandeln [*victo abl.*].

dē-vāstō 1 (*-ā-?*) gänzlich verwüsten, ausplündern.

dē-vehō, *vēxī, vectum* 3 hinabführen, -fahren, schaffen, bringen; P. (herab-, ab-)fahren, segeln.

dē-vellō, *vellī,* (*volsī*), *vulsum* 3 abrupfen, -reißen; depilieren.

dē-vēlō 1 enthüllen.

dē-veneror, 1 **1.** innig verehren; **2.** durch Gebet abwenden.

dē-veniō, *vēni, ventum* 4 **1. a**) herabkommen; **b**) kommen, gelangen; **2.** / geraten [*in manus hostium*]; **werden.

dē-verberō 1 durchprügeln.

dē-verbium = *dī-verbium.*

dēversor[1] 1 (*frequ. v. dēvertor*) (*als Gast*) eingekehrt sein, logieren.

dēversor[2]**,** *ōris m* (*dēvertō*) Gast (*im Wirtshause*).

dēversōriolum, *ī n* (*dem. v. dēversōrium*) Herberge.

dēversōrius (*dēversor*[2]) °**1.** *adi.* 3 zum Einkehren geeignet; **2.** *subst.* **-um,** *ī n* Herberge; / Schlupfwinkel, Zuflucht.

dēverticulum, *ī n* (*dēvertō*) **1. a**) Ab-, Seitenweg; °**b**) / Abschweifung; Abweichung; **2.** = *dēversōrium.*

dē-vertō *u.* (*häufiger*) **-vertor,** *vertī, versum* (*versus sum*) 3 **1.** sich abwenden, abbiegen [*viā*]; **2. a**) einkehren [*ad cauponam*]; °**b**) seine Zuflucht nehmen; **3.** / abschweifen.

dēvexitās, *ātis f* (*dēvexus*) abschüssiges Gelände.

dēvexus 3 (*cf. convexus*) **1. a**) sich abwärts bewegend, fließend; **b**) / sich (zu)neigend; **2.** sich senkend, abschüssig; *subst.* **-um,** *ī n* Abhang.

dē-vinciō, *vinxī, vinctum* 4 (*vīnxī, vīnctum?*) **1.** fest umwinden, festbinden; / **2.** eng verbinden; *se -ire* sich verstricken *in* [*scelere*]; **3.** verpflichten [*iure iurando*]; **4.** an sich fesseln, für sich gewinnen; **5.** (*rhet. t.t.*) kurz zusammenfassen; (*P.P.P.*) *adi.* **dēvinctus** 3 (*m.* °*comp.*) ganz ergeben.

dē-vincō, *vīcī, victum* 3 **1.** völlig besiegen; siegreich beendigen; °**2.** / sich siegreich durchsetzen.

dēvītātiō, *ōnis f* (*dēvītō*) Vermeidung.

dē-vītō 1 vermeiden.

dē-vius 3 (*Hypostase aus dē viā*) **1. a**) abseits vom Wege, abgelegen; **b**) einsam lebend, hausend; °**c**) verirrt; **2.** / unstet, töricht; °*subst.* **-a,** *ōrum n* ungebahnte Wege; Schleichwege.

dē-vocō 1 **1.** herabrufen, herabkommen lassen; **2.** wegrufen, abberufen [*de provincia*]; **3.** einladen; **4.** / verleiten, verlocken.

dē-volō 1 °**1.** herabfliegen, -eilen; **2.** °**a**) wegfliegen; **b**) / enteilen.

dē-volvō, *volvī, volūtum* 3 **1.** herabwälzen, -rollen [*saxa*]; °/ abspinnen; dahinströmen lassen [*verba*]; **2.** *mediopass.* (*kl. nur* /) herabstürzen, zurücksinken.

dē-vorō 1 **1.** verschlingen, verschlucken; **2.** / **a**) verprassen; °**b**) verbeißen, unterdrücken; vergessen; **c**) verschlingen [*librum*]; **d**) ertragen [*ineptias*]; **e**) unverstanden hinnehmen [*orationem*].

dēvortium, *ī n* (*dēvortō*) *das* Abweichen; Umweg; *cf. dīvortium.*

dēvortō, -or (*altl.*) = *dēvertō, -or.*

dēvōtiō, *ōnis f* (*dēvoveō*) **1.** *das* Geloben, Weihung; Gelübde; **2.** Todesweihe; °**3.** Verwünschung; *pl.* Zauberei; ** Verehrung; Ergebenheit; Frömmigkeit; Andacht.

dēvōtō 1 (*intens. v. dēvoveō*) zum Tode weihen; °verzaubern.

dēvōtus 3 (*m. comp.,* °*sup.*; *dēvoveō*) verflucht; treu ergeben; *kl. nur subst.* **-ī,** *ōrum m die* Getreuen; ** fromm; einfältig.

dē-voveō, *vōvī, vōtum* 2 **1.** (*relig. t.t.*) **a**) als Opfer geloben; **b**) dem Tode weihen; °**c**) verfluchen, verwünschen; verzaubern; **2.** ganz hingeben, aufopfern.

dēxtāns, *antis m* (*-ē-?*; *dē + sextāns, eigtl.* „fehlend ein Sechstel", *näml. v. as, dem zwölfteiligen Ganzen*) fünf Sechstel.

dextella, *ae f* (*dem. v. dextra*) rechtes Händchen.

dexter, *t(e)ra, t(e)rum* (*aus dexiteros, vl. comp. zu loc.* *deksi „auf der passenden Seite"; *cf. deceō*) rechts; °/ glückbringend; passend, geschickt; *comp.* **dexterior**; *sup.* **dextimus** (*dextumus*); *subst.* **dext(e)ra,** *ae f* rechte Hand, Rechte; °/ Handschlag; feierliche Versicherung, Versprechen, Wort, Treue, Bund; Mut, Tapferkeit; (*kl.*) *dextrā u. ad dextram* zur Rechten, rechts [°*viam* vom Wege]; °*adv.* **dext(e)rē** (*m. comp.*) anstellig, gewandt.

dexteritās, *ātis f* (*dexter*) Gewandtheit.

dextrōrsum *u.* **-sus** *adv.* (*dextrō-vorsum*) nach rechts.

dextrō-vorsum *u.* **-versum** (*dexter; vortō*) *altl.* = *dextrōrsum.*

dextumus 3 *s. dexter.*

dī-, di- *s. dis-*[1].

diabathrārius, *ī m* (*diabathrum* — *gr. Fw.* — leichter Frauenschuh) Verfertiger von *diabathra*, Schuhmacher.

****diabolicus** 3 des Teufels; teuflisch.

****diabolus,** *m* Teufel.

****diacon,** *nis m* Diakon.

diadēma, *atis n* (*gr. Fw.*) *blaue, weißdurchwirkte* Binde *um die Tiara des Perserkönigs*; Diadem; ** Königskrone.

diadēmātus 3 (*diadēma*) mit einer Kopfbinde geschmückt.

diadūmenos *u.* **-us,** *ī m* (*gr. Fw.*) = *diadēmātus.*

diaeta, *ae f* (*gr. Fw.*) **1.** (geregelte) Lebensweise; Diät; °**2.** Zimmer; Gartenhaus; *s.* ** *dieta.* [*lectica*[1].

dialecticē, *ēs f* (*gr. Fw.*) = *dia-*

dialecticus 3 (*m. adv.*; *gr. Fw.*) dialektisch; *subst.* **~,** *ī m* Dialektiker; **-a**[1], *ae f* Dialektik, Logik; **-a**[2], *ōrum n* dialektische Erörterungen *od.* Lehrsätze.

dialectos, *ī f* (*gr. Fw.*) Mundart.

Diālis, e (*cf. deus; Iupiter*) *des* Jupiter [*flamen*]; *apex* Priestermütze; *subst.* **~,** *is m* Priester des J.

dialogus, *ī m* (*gr. Fw.*) Dialog.

Diāna, *ae f* (*altl. u. im Vers -ī-; dīus*) *urspr. italische Geburts-, Mond- u. Jagdgöttin; der gr. Artemis gleichgesetzt; aber auch als Trivia, d. h. Göttin der Dreiwege, mit der dreigestaltigen Hekate identifiziert; Tochter Jupiters u. der Latona*; °/ Mond; Jagd; *adi.* *-ānius* 3.

dianomē, *ēs f* (*gr. Fw.*) Verteilung, Spende.

diapasma, *atis n* (*gr. Fw.*) duftendes Streupulver.

diārium, *ī n* (*diēs*) tägliche Kost *der Sklaven, Soldaten usw.*

diatrēta, *ōrum n* (*gr. Fw.*; *sc. pōcula*) *Becher mit durchbrochener Arbeit*, Diatretgläser.

dibaphus, *ī f* (*gr. Fw.*; *adi.* „doppelt gefärbt"; *sc. vestis*) (purpurverbrämtes) Staatskleid *der höheren Magistrate.*

dica, *ae f* (*gr. Fw.*) Prozeß, Klage; *-am sortiri* Richter für eine Klage auslosen.

dicācitās, *ātis f* (*dicāx*) beißender Witz, Stichelei.

dicāculus 3 (*m. adv.*; *dem. v. dicāx*) schnippisch.

dicātiō, *ōnis f* (*dicō*[1]) (Bewerbung um) Einbürgerung; Bürgerbrief.

dicāx, *ācis* (*m.* °*comp.*; *cf. dīcō*[2]) beißend, witzig.

dichorēus, *ī m* (*gr. Fw.*) Doppeltrochäus.

diciō, *ōnis f* (*eigtl.* „Weisung, Spruchrecht"; *dīcō*[2]) Botmäßigkeit, Gewalt; *sub -em redigere u.* °*suae -is facere* in seine Gewalt bringen.

dicis causā (*gen. dicis vl. wie dica aus dem Gr. entlehnt*) der Form wegen, zum Schein.

dicō[1] 1 (*Schwundstufe zu dīcō*[2]; *eigtl.* „feierlich verkünden") **1.** (*relig. t.t.*) **a**) einer Gottheit widmen, weihen; °**b**) zur Gottheit erheben; **2.** / **a**) (ganz) hingeben, widmen; °(*eine Schrift*) zueignen, widmen; **b**) *se -are* sich hingeben; *se civitati, in civitatem* sich einbürgern lassen; °**c**) (durch ersten Gebrauch) einweihen [*nova signa*].

dīcō[2], *dīxī, dictum* 3 (*altl.*: *deicō, imp. dīce, nē dīxis* = *nē dīxeris*; *cf. nhd.* „zeihen, zeigen") **1.** zeigen: **a**) zeigen, weisen; *ius* Recht sprechen; **b**) festsetzen, bestimmen [*diem* einen Termin]; **c**) ernennen *zu* [*dictatorem*]; **2.** sagen: **a**) sagen, sprechen, vortragen; **b**) (*phonetisch*) aussprechen; **c**) reden, Reden halten; *causam* eine Rechtssache vor Gericht führen (*als patronus Anwalt*); *sententiam* (*als Senator*) seine Stimme abgeben; *pro reo* verteidigen; *pro se* sich verteidigen; *ars dicendi* Redekunst; °**d**) singen, dichten [*carmen*]; besingen, preisen; °**e**) schriftlich darstellen, erzählen; **f**) versprechen, zusagen; °**g**) vorhersagen; versichern; **h**) nennen, benennen; *P.* heißen.

dicrotum, *ī n u.* °**-ta,** *ae f* (*gr. Fw.*) Schiff mit zwei Reihen v. Ruderbänken, Zweidecker.

dictamnus, *ī f u.* **-num,** *ī n* (*gr. Fw.*) *ein nach dem Gebirge Dikte auf Kreta benanntes Heilkraut*, Diptam.

dictāta, *ōrum n* (*dictō*) (*zum Auswendiglernen diktierte*) Lehrsätze, Aufgaben; Kommandos.

dictātor, *ōris m* (*dictō*) Diktator (*höchste obrigkeitl. Gewalt in latinischen Städten; in Rom außerordentl. Magistrat in Notzeiten; pl. höchste Beamte für besondere Aufgaben; in Karthago* = Suffet); ** Diktierer; Lehrer des Briefschreibens. [risch; des Diktators.

dictātōrius 3 (*dictātor*) diktato-

dictātrīx, *īcis f* (*dictātor*) Gebieterin.

dictātūra, *ae f* (*dictātor*) **1.** Diktatur; °**2.** *das* Diktieren. [wort.

dīctērium, *ī n* (*vl. gr. Fw.*) Witz-

dictiō, *ōnis f* (*dīcō*[2]) **1. a**) *das* Sagen, Aussprechen; **b**) (*jur. t.t.*) Festsetzung [*multae*]; *iuris* Rechtsprechung, Zivilgerichtsbarkeit; *causae* Verteidigung; *pl.* °Gerichtssprengel; °**2.** (*gramm. t.t.*) Ausdrucksweise, Redewendung; **3.** (*rhet. t.t.*) **a**) rednerischer Vortrag; °**b**) Übungsvortrag; **c**) Redeweise, Diktion [*popularis*]; °**4.** Orakelspruch; °**5.** Gespräch, Rede.

dictitō 1 (*frequ. v. dictō*) oft sagen, nachdrücklich erklären.

dictō 1 (*frequ. v. dīcō*[2]) oft nennen; vorsagen, diktieren; °verfassen.

dictum, *ī n* (*dīcō*[2]) **1.** Aussage, Äußerung, Wort [*breve u. breviter*]; **2.** Ausspruch, Spruch, Sentenz; °**3.** Orakelspruch; °**4.** Versprechen; **5.** Befehl [*-o audientem esse* aufs Wort gehorchen].

Dīdō[1], *ūs u. ōnis f* (*acc. -ō; gr. -dǭ*) *Tochter des Belus v. Tyrus, Gründerin u. Königin v. Karthago.*

dī-dō[2], *dīdidī, dīditum* 3 (⟨**dis-dō*; $\sqrt{\ }$*dhē- „setzen") verteilen; *mediopass.* sich verbreiten [*rumor*].

dī-dūcō, *dūxī, ductum* 3 (*dis*) **1.** auseinanderziehen; weit aufsperren, aufreißen, öffnen; **2. a**) *gewaltsam* auseinanderreißen, teilen, zerstreuen; **b**) in Parteien spalten [°*civitatem*]; **c**) (*mil. t.t.*) auseinanderziehen, entfalten; zersplittern.

dīductiō, *ōnis f* (*dīdūcō*) **1.** °**a**) Ausdehnung; **b**) / Weiterführung einer Folgerung; °**2.** Trennung.

diēcula, *ae f* (*dem. v. diēs*) kurze Frist; *kl. nur* Zahlungsfrist.

diērēctus 3 (*m. adv.; dis; ērigō*) hoch aufgerichtet und ausgespannt (= gekreuzigt); *abi* ~ geh zum Henker!

diēs, *ēī m f* (*altl. gen. diē u. diī, dat. diē; bei Cicero im sg. als Termin, Zeitraum u. Briefdatum f, sonst m; cf. Diēs-piter, diū, deus*) °**1.** Tageslicht, -helle, lichter Tag; *das* Licht der Welt; **2.** Tag (= Zeitabschnitt); °*cum die* mit Tagesanbruch; *medius* Mittag; *multo die* hoch am Tage; *in dies* täglich; *diem ex die* Tag für Tag; **3. a**) Tagewerk; Tagesereignisse; °**b**) Tagereise, -marsch; **4.** °**a**) Todestag [*diem obire* sterben]; **b**) Geburtstag [*m. od. ohne natalis*]; **5.** (*f!*) **a**) Datum des Briefes; **b**) festgesetzter Termin [*constituta*]; *diem dicere* vor Gericht laden; *pecuniae* Zahltag; **c**) Frist [*ad deliberandum*]; **6.** Zeit [°*brevior*].

Diēs-piter (*Diēs pater*) = *Iuppiter.*

****dieta** *u.* **-aeta,** *ae f* Tagereise, -geld.

dif-fāmō 1 (*dis; fāma; cf. īnfāmō*) verunglimpfen; Gerüchte verbreiten. [den, unähnlich.

differēns, *entis* (*differō*) verschie-

differentia, *ae f* (*differēns*) **1.** Verschiedenheit, Unterschied; **2.** Spezies [*Ggs. genus*].

dif-ferō, *distulī, dīlātum, differre* **1.** (*trans.*) **a**) auseinandertragen; verbreiten; °**b**) *gewaltsam* zerstreuen [*classem*]; °**c**) überall bekannt machen, ins Gerede bringen; **d**) auf-, verschieben, verzögern [*rem in aliud tempus*], hinhalten, vertrösten; **2.** (*intr.; nur im Präsensstamm*) verschieden sein, sich unterscheiden; *impers.* **differt** es ist ein Unterschied.

dif-fertus 3 (*dis* + *P.P.P. v. farciō*) vollgepfropft, voll.

dif-ficilis, e (*m.* °*comp.; sup. difficillimus; facilis*) **1.** schwierig, schwer, beschwerlich, mühsam [*dictu*]; **2.** gefährlich, mißlich, ungünstig [*tempus*]; **3.** mürrisch, eigensinnig, unzugänglich, spröde, empfindlich; *adv.* (*m. comp., sup.*) *nōn facile, difficulter, selten difficiliter,* °*difficile.*

difficultās, *ātis f* (*difficilis*) **1.** Schwierigkeit, Beschwerlichkeit; **2.** Mangel, Not, Verlegenheit; Geldnot; **3.** Unzugänglichkeit, Eigensinn. [trauen.

diffīdentia, *ae f* (*diffīdēns*) Miß-

dif-fīdō, *fīsus sum* 3 mißtrauen; (*part. praes.*) *adi.* **diffīdēns,** *entis* (*m. adv.*) mißtrauisch, ängstlich.
dif-findō, *fidī, fissum* 3 (zer)spalten [*saxum*]; °/ *diem* den Termin hinausschieben; *nihil hinc -ere possum* ich muß dir zustimmen.
dif-fingō, *fīnxī, fictum* 3 umbilden, umgestalten. [rede stellen.]
dif-fiteor, — — 2 (*fateor*) in Ab-
dif-flāgitō 1 ungestüm verlangen.
dif-flō 1 auseinanderblasen.
dif-fluō, *flūxī,* — 3 (*flŭxī?*) **1.** auseinanderfließen; sich fließend ausbreiten; **2.** / °**a**) zerfließen, vergehen; **b**) *luxuriā* in Saus u. Braus leben.
dif-fringō, *frēgī, frāctum* 3 (*frangō*) zerbrechen, -schmettern.
dif-fugiō, *fūgī, fugitūrus* 3 auseinanderfliehen, zerstieben; °/ sich zerstreuen. [einanderstieben.]
diffugium, *ī n* (*diffugiō*) *das* Aus-
dif-funditō 1 verschleudern.
dif-fundō, *fūdī, fūsum* 3 **1.** aus-, ergießen, auseinanderfließen lassen; *mediopass. u.* se *-ere* zerfließen, sich ergießen; **2.** / **a**) ausdehnen, aus-, verbreiten, zerstreuen; *mediopass.* sich ausbreiten [*lux*]; °**b**) erleichtern, Luft machen [*dolorem suum flendo*]; **c**) (*meist dcht.*) zerstreuen, erheitern; **3.** (*P.P.P.*) *adi.* **diffūsus** 3 (*m.* °*comp., adv.*) ausgedehnt, ausgebreitet; / weitschweifig.
diffūsilis, e (*diffundō*) sich leicht verbreitend. [*animi*].]
diffūsiō, *ōnis f* (*diffundō*) Heiterkeit
dif-fututus 3 (*futuō*) durch häufigen Beischlaf geschwächt, verhurt.
digamma, *indecl. n u. ae f* (*gr. Fw.*) *der gr. Buchstabe* Digamma (*F*); (*scherzh.*) Zins-, Kontobuch (*weil es F = fēnus als Aufschrift trug*).
Dīgentia, *ae f Bach beim Sabinergut des Horaz, j.* Licenza.
dī-gerō, *gessī, gestum* 3 °**1.** trennen, (ab)teilen; **2. a**) ein-, verteilen; ordnen, ordnungsmäßig eintragen; °**b**) erklären, deuten; °**3.** verdauen.
dīgestiō, *ōnis f* (*dīgerō*) °**1.** Ein-, Verteilung; **2.** Verdauung; **3.** (*rhet. t.t.*) Aufzählung der einzelnen Punkte. [Fingerchen.]
digitulus, *ī m* (*dem. v. digitus*)
digitus, *ī m* (*wohl mit dīcō*[2] „zeigen" *verwandt; eigtl.* „Zeiger"; *cf. nhd.* „Zehe") **1.** Finger; *extremus* Fingerspitze; *-o liceri* (*bei Versteigerungen*) durch Handzeichen bieten; °*numerare per -os* an den Fingern abzählen; **2.** (*Maß*) Fingerbreite, Zoll ($^1/_{16}$ *pes* = 18,5 mm); °**3.** Zehe.
dī-gladior 1 (*dis-, gladius*) erbittert kämpfen, hitzig streiten.
dīgnātiō, *ōnis f* (*jünger -ĭ-; dīgnō*) Achtung; Würde, Rang, Stellung.
dīgnitās, *ātis f* (*jünger -ĭ-; dīgnus*) **1.** Würdigkeit, Verdienst; **2.** Würde; würdevolle Schönheit; Pracht, Glanz; Erhabenheit; sittliche Würde, Ehrenhaftigkeit; **3.** äußere Ehre, Ansehen, Bedeutung; **4. a**) Stellung, Rang; Ehrenstelle, Amt; **b**) Mann von Rang.
dīgnō 1 (*jünger -ĭ-; dīgnus; nur im P. gebräuchlich*) würdigen.
dīgnor 1 (*jünger -ĭ-; dīgnus*) **1.** für würdig halten; **2.** sich entschließen, wollen.
dī-(g)nōscō, (*g*)*nōvī,* — 3 (<**dis-gnōscō; s. nōscō*) unterscheiden, erkennen [*curvo rectum*].
dīgnus 3 (*m.* °*comp., sup., adv.; jünger -ĭ-;* <**dec-nos, eigtl.* „geziert"; *deceō*) **1.** würdig, wert [*laude; qui laudetur; dictu*]; **2.** passend, angemessen.
dī-gredior, *gressus sum* 3 (*gradior*) **1. a**) auseinandergehen, weggehen, scheiden; °**b**) *a marito* sich scheiden; **2.** / abweichen, abschweifen [*a, de causa*].
dīgressiō, *ōnis f u.* **-sus,** *ūs m* (*dīgredior*) *das* Weggehen, Trennung, Abschied; / Abschweifung (*in der Rede*), Episode. [scheidung.]
diiūdicātiō, *ōnis f* (*dīiūdicō*) Ent-
dī-iūdicō 1 **1.** (urteilend) entscheiden, die Entscheidung treffen; **2.** unterscheiden. [*-iūnctiō.*]
dī-iungō, dī-iūnctiō = *dis-iungō,*
dī-lābor, *lāpsus sum* 3 **1.** °**a**) auseinander-, zerfallen; **b**) sich auflösen; **c**) / verfallen, verschwinden; **2. a**) abfließen [°*aestus*]; / °**b**) sich zerstreuen, entweichen; desertieren [*a signis*]; **c**) entschwinden [*de memoria*].
dī-lacerō 1 °**1.** zerfleischen; **2.** / zerrütten. [spalten.]
dī-lāminō 1 (*lāmina*) entzwei-
dī-laniō 1 zerfleischen, zerreißen.
dī-lapidō 1 (*lapis*) (*wie Steine hier u. dahin werfen*) verschleudern, verschwenden.

dī-largior 4 reichlich verschenken.
dīlātiō, *ōnis f* (*differō*) **1.** Verzögerung, Aufschub; °**2.** / *das* Hinhalten (*eines Bewerbers*).
dī-lātō 1 (*lātus*[2]) ausbreiten, ausdehnen; / weitläufig darstellen; gedehnt aussprechen [*litteras*].
dīlātor, *ōris m* (*differō*) Zauderer.
dī-laudō 1 allseitig loben.
dīlēctus, *ūs m* (*dīligō*) **1. a)** Aushebung; °**b)** *die* Rekruten; **2.** = *dēlēctus.*
dī-līdō, — — 3 (*laedō*) zerschlagen.
dīligēns, *entis* (*m. comp., sup., adv.*; *dīligō*) **1.** achtsam, aufmerksam, sorgfältig, pünktlich, gewissenhaft; *officii* pflichteifrig; **2.** wirtschaftlich, sparsam.
dīligentia, *ae f* (*dīligēns*) **1.** Aufmerksamkeit, Sorgfalt, Pünktlichkeit, Umsicht; **2.** Wirtschaftlichkeit.
dī-ligō, *lēxī, lēctum* 3 (*dis* + *legō*; *eigtl.* „wähle aus"; *cf. intellegō, neglegō*) hochachten, hochschätzen, lieben; (*P.P.P.*) °*adi.* **dīlēctus** 3 (*m. comp., sup.*) lieb, teuer [*tibi*]; °*subst.* **~,** *ī m* Liebling; *dīlēctī* = *dēlēctī*; *s. dēligō.*
dī-lōrīcō 1 (*lōrīca*) auseinander-, aufreißen.
dī-lūceō, — — 2 klar sein, sich aufklären.
dī-lūcēscō, *lūxī,* — 3 (*incoh. v. dīlūceō*) °**1.** licht werden, erscheinen; **2.** *impers.* tagen.
dī-lūcidus 3 (*m. comp., adv.*; *dīlūceō*) deutlich, klar; *kl. nur* /.
dīlūculum, *ī n* (*dīlūceō*) Morgendämmerung, -röte.
dīlūdium, *ī n* (*eigtl.* „Unterbrechung des Kampfspiels" *nach dīlātiō*; *lūdus*) Ruhetag (*der Gladiatoren*); / Galgenfrist.
dī-luō, *luī, lūtum* 3 (*Vermengung v. lavō* 1 „waschen" *u. luō* 3 „lösen") **1. a)** erweichen [*aqua lateres*]; **b)** / vermindern, verscheuchen; **2.** °**a)** auflösen [*mella Falerno*]; °**b)** verdünnen [*vinum*]; °**c)** (*durch Lösen*) bereiten [*venenum*]; **d)** / auflösen [*amicitiam*]; entkräften, tilgen [*crimen*].
dīluviēs, *ēī u.* **-vium,** *ī n* (*dīluō*) Überschwemmung; / Verderben; ** *diluvium* Sintflut.
dīluviō 1 (*dīluvium*) überschwemmen.
dimachae, *ārum m* (*gr. Fw.*) Reiter, die auch zu Fuß kämpfen (*makedonische Sonderformation*).
dī-mānō 1 auseinanderfließen; / sich ausbreiten.
dīmēnsiō, *ōnis f* (*dīmētior*) Ausmessung, Ausmaß; °Quantität.
dī-mētior, *mēnsus sum* 4 ver-, aus-, abmessen [*syllabas*]; abstecken [°*campum*]; (*part. pf. pass.*) *adi.* **dīmēnsus** 3 abgemessen.
dī-mētō *u.* **-or** 1 abgrenzen, abstecken [*locum castris*].
dīmicātiō, *ōnis f* (*dīmicō*) *das* Kämpfen, Kampf; / *das* Ringen *um, das* Risiko [*capitis*].
dī-micō 1 (*t.t. der Fechtersprache* „herumfuchteln"; *pf. dcht. auch -uī*) *mit blanker Waffe* kämpfen, fechten, streiten; *proeliō* eine Schlacht schlagen; / ringen, sich mühen *um* [*de vita, pro salute*].
dīmidiātus 3 (*P.P.P. v. dīmidiō* 1 „halbieren"; *dis* + *medius*) halb(iert).
dīmidius 3 (*wahrsch. Rückbildung aus dīmidiō* 1 „halbieren") halb; *subst.* **-um,** *ī n* Hälfte; *-o minor* nur halb so groß.
dī-minuō, *uī, ūtum* 3 zerschlagen, zerspalten.
dīminūtiō = *dēminūtiō.*
dīmissiō, *ōnis f* (*dīmittō*) **1.** Aussendung; **2.** Dienstentlassung.
dī-mittō, *mīsī, missum* 3 **1.** aus-, umherschicken, entsenden; **2. a)** entlassen, auflösen [*concilium*]; °**b)** *uxorem, alqam e matrimonio* sich scheiden *von,* verstoßen; **3.** freigeben, laufen lassen [*hostem e manibus*]; **4.** aufgeben, verzichten *auf* [*ius suum*]; unbenutzt lassen [*occasionem*]; °erlassen [*tributa*].
dī-moveō, *mōvī, mōtum* 2 auseinanderschieben, zerteilen, trennen; / losmachen, vertreiben, entfernen; abwendig machen.
Dindymus, *ī m* (*gr.* -os) *u.* **-a,** *ōrum n Geb. in Phrygien m. Kybelekult*; **-mēnē,** *ēs f* Kybele.
dī-nōscō = *dīgnōscō.*
dī-notō 1 unterscheiden.
dīnumerātiō, *ōnis f* (*dīnumerō*) Aufzählung, Zählung.
dī-numerō 1 ab-, aufzählen; berechnen.
diōbolāris, e (*gr. Fw. m. lat. Suffix*) für 2 Obolen käuflich [*scortum* Zweigroschenhure].
****dio(e)cesanus,** *i m* Bewohner eines Kirchensprengels.
dioecēsis, *is f* (*gr. Fw.*) Distrikt, Bezirk; ** Sprengel, Bistum.

dioecētēs, ae *m* (*gr. Fw.*) Verwalter *der königlichen Einkünfte.*

Diogenēs, *is m* (*gr.* -gẹnēs) *der bekannte Kyniker aus Sinope, † 323.*

Diomēdēs, *is m Sohn des Tydeus, Held vor Troja, sagenhafter Gründer v. Arpi in Apulien; adi.* -mēdēus 3.

Diōnē, ēs *u.* **-a,** ae *f Mutter der Venus, auch Venus; adi.* -naeus 3.

Dionȳsius, ī *m* (*gr.* -ios) *Herrscher v. Syrakus:* **1.** *der ältere, † 367;* **2.** *der jüngere, 343 vertrieben.*

Dionȳsus, ī *m* (*gr.* -ọnȳsos) Bacchus; *adi.* -sius 3; *subst.* **-sia,** ōrum *n* Bacchusfest.

diōta, ae *f* (*gr. Fw.*) zweihenkliger Weinkrug.

diplōma, atis *n* (*gr. Fw.*) Urkunde (*aus 2 Blättern*); *bsd.* °**1.** Begnadigungsschreiben; Bürgerrechtsurkunde; **2.** (*in d. republ. Zeit*) Geleitbrief *des Senats für die in eine Provinz Reisenden;* °**3.** (*in d. Kaiserzeit*) *Paß zur Benutzung der Staatspost.*

dipsas, adis *f* (*gr. Fw.*) *eine Giftschlange.*

****diptych(i)um,** *i n* Schreibtafel, Verzeichnis.

dipyros, on (*gr. Fw.*) zweimal gebrannt.

dīrae, Dīrae *s.* dīrus.

dīrēctiō, ōnis *f* (dīrigō) *das* Hinrichten *auf,* Richtung.

dīrēctus 3 (*m.* °*comp.*; *adv.* **-ē** *u.* **-ō**; dīrigō) **1.** in gerader Richtung, gerade; **2.** waagerecht, horizontal; **3.** vertikal, senkrecht, steil abfallend; **4.** / geradezu, ohne Umschweife; streng.

dirēmptus, ūs *m* (dirimō) Trennung.

dīreptiō, ōnis *f* (dīripiō) Plünderung, Raub.

dīreptor, ōris *m* (dīripiō) Plünderer.

dir-ibeō, —, ibitum 2 (dis; habeō) / *die Stimmtäfelchen* [tabellas] sondern.

diribitiō, ōnis *f* (diribeō) Zählung der Stimmtäfelchen.

diribitor, ōris *m* (diribeō) Zähler der Stimmtäfelchen.

diribitōrium, ī *n* (diribitor) *Gebäude in Rom, urspr. für Stimmzählungen, später für Austeilung v. Geschenken u. Löhnung.*

dī-rigēscō = dērigēscō.

dī-rigō, rēxī, rēctum 3 (regō) **1.** geraderichten, gerademachen, in gerader Linie aufstellen; *flumina* regulieren; **2. a**) hinwenden, -lenken [cursum ad litora]; °**b**) abschießen, schleudern; **3.** / **a**) richten *nach,* hinwenden *auf* [ad veritatem]; **b**) einrichten, bestimmen *nach* [artes ad voluptatem]; ** schicken.

dir-imō, ēmī, ēmptum 3 (dis; emō) **1.** auseinandernehmen, trennen, scheiden [corpus]; **2.** / **a**) unterbrechen, stören, vereiteln; **b**) abbrechen [proelium]; schlichten, beilegen [controversiam].

dī-ripiō, ripuī, reptum 3 (rapiō) °**1.** auseinander-, zerreißen; herab-, weg-, entreißen; **2.** (aus)plündern; rauben.

dīritās, ātis *f* (dīrus) schreckliches Unglück, Grausamkeit.

dī-rumpō, rūpī, ruptum 3 **1.** zerreißen, -brechen, -schlagen; (*P.P.P.*) **dīruptus** 3 gebrechlich [homo]; **2.** / **a**) se -ere sich die Lunge aus dem Halse schreien; **b**) (gewaltsam) abbrechen; **c**) *mediopass.* (*Umgangssprache*) bersten, platzen *vor* [dolore].

dī-ruō, ruī, rutum 3 niederreißen, einreißen, zerstören; / (aere) dirutus bankerott.

dīrus 3 (*m.* °*comp.*, °*sup.*; *Dialektwort zu* √ *dwei- „fürchten") °**1.** (*relig. t.t.*) unheilverkündend; **2.** / grausig, gräßlich, schrecklich; *subst.* **-ae,** ārum *f u.* **-a,** ōrum *n* unheilvolle Zeichen; °Verwünschungen; °**3. Dīra,** ae *f* Rachegöttin, Furie.

dis-[1] *praev.* (*vor b, d, g, l, m, n, v u.* (*seltener*) *vor r:* dī-; *vor f assimiliert zu* dif-, *vor Vokalen* dir-, *vor sc, sp, st vl. vereinfacht zu* di-; *cf.* bis, *nhd.* „zer-") auseinander-: **1.** (*Trennung od. Entfernung*) zer-, ver-, fort-, weg- [discurro]; **2.** (*Verneinung*) un- [dissimilis]; **3.** (*Verstärkung; meist in d. Umgangssprache*) ganz, völlig [distaedet].

dīs[2], dītis *m f u.* **dītis,** e (*m.* °*comp.*, *sup.*; *cf.* dīves) **1.** (*kl. nur sup.*) = dīves; **2.** ♀ (*Übersetzung aus gr.* Plūtōn) Pluto, *Gott der Unterwelt.*

dis-calceātus 3 (dis- + *P.P.P. v.* calceō) unbeschuht.

****discantus,** us *m* hohe Tonlage, Sopran.

dis-cēdō, cessī, cessum 3 **1. a**) auseinandergehen, sich trennen; **b**) sich zerstreuen; **c**) (*bei der Abstimmung im Senat*) *einer Ansicht* beitreten [*Li.*: in hanc sententiam]; °**d**) (*log. od. gramm.*) zerfallen *in* [in tres partes]; **2. a**) weggehen, sich entfernen; *ab armis* die Waffen niederlegen; **b**) (*mil. t.t.*) abmarschieren, aufbrechen; **c**) abfallen, untreu werden [*ab amicis*]; sich trennen *von*; **d**) (*aus einem Kampf od. Streit vor Gericht*) hervorgehen *als* [*superior*], davonkommen [*sine detrimento*]; **e**) ablassen *von*, aufgeben [*ab officio*]; *in der Beurteilung* absehen *von* [*a vobis*]; **f**) schwinden, vergehen, scheiden [*memoria ex animo*; *e vita*].

disceptātiō, *ōnis f* (*disceptō*) **1.** Erörterung, Verhandlung; Streitfrage; °**2.** richterliche Entscheidung, Urteil.

disceptātor, *ōris m u.* **-trīx,** *īcis f* (*disceptō*) Schiedsrichter(in).

dis-ceptō 1 (*dis-* + *intens. v. capiō*) **1.** (*als Richter od. Schiedsrichter*) untersuchen, entscheiden [*controversias*]; **2.** (*v. d. Parteien*) verhandeln *über* [*de controversiis*]; **3.** / beruhen *auf*.

dis-cernō, *crēvī, crētum* 3 °**1.** absondern, trennen, scheiden; **2.** / **a**) unterscheiden [*ius ab iniuria*]; **b**) entscheiden, beurteilen; ** (*P.P.P.*) *adi.* **discretus** 3 weise; bescheiden, höflich; vornehm.

dis-cerpō, *psī, ptum* 3 (*carpō*) **1.** zerpflücken, -reißen; zerstreuen; **2.** / **a**) (*in der Rede*) zerstückeln; °**b**) herunterreißen [*dictis*].

discessiō, *ōnis f* (*discēdō*) °**1.** *das* Auseinandergehen, Trennung; **2.** (*im Senat*) Abstimmung (*durch eine Art Hammelsprung*); ~ *fit* es wird abgestimmt; °**3.** Abmarsch.

discessus, *ūs m* (*discēdō*) **1.** *das* Auseinandergehen [*caeli* Wetterleuchten]; **2.** *das* Weggehen, Scheiden; Abwesenheit [*meo discessu*]; Abreise, Abmarsch; Verbannung.

discidium, *ī n* (*dī-?*: *discindō*) Trennung; Ehescheidung; Zerwürfnis.

dis-cīdō, *cīdī, cīsum* 3 (*caedō*) zerhauen.

discinctus *s. discingō.*

discindō, *scidī, scissum* 3 (*dī-?*) zerreißen, zerschneiden; aufreißen [*tunicam*]; / plötzlich abbrechen.

dis-cingō, *cinxī, cinctum* 3 (*cīnxī, cīnctum?*) los-, aufgürten; (*P.P.P.*) *adi.* **discinctus** 3 (*-cīnctus?*) ungegürtet (*ohne Waffe in der Tunika* [*Zeichen der Trauer*] *od. mit blankem Schwert ohne Scheide u. Wehrgehenk* [*milit. Strafe*]; / ungebunden, locker, leichtfertig.

disciplīna, *ae f* (*discipulus*) **1. a**) Unterricht, Unterweisung; **b**) Kenntnis, Wissen, Bildung; **c**) Lehrmethode, System; **d**) Unterrichtsfach, Wissenschaft [*bellica*]; **e**) Schule; **2. a**) Erziehung, Zucht; **b**) Kriegs-, Manneszucht, Disziplin; **c**) Lebensweise, Grundsätze; Ordnung, Einrichtung; Opfer, Ritus; *meretricia* Mätressenwirtschaft; **d**) Staatsverfassung.

****disciplinatus** 3 geschult, gebildet.

discipula, *ae f* (*discipulus*) Schülerin.

discipulus, *ī m* (**dis-cipiō* „fasse geistig auf"; *cf. disceptō*) Schüler.

dis-clūdō, *sī, sum* 3 (*claudō*) voneinander abschließen, trennen.

discō, *didicī,* — 3 (*-īsc-?*; *wohl aus* **di-dc-scō*; *cf. doceō*) **1.** lernen, studieren; *pf.* kennen, wissen, verstehen; **2.** kennenlernen; **3.** erfahren; (*part. praes.*) °*subst.* **discentēs,** *ium m* Schüler, Lehrlinge.

discobolos, *ī m* (*gr. Fw.*) Diskuswerfer.

dis-color, *ōris* verschiedenfarbig, bunt; °/ verschieden, unähnlich.

dis-condūco, — — 3 nicht zuträglich sein, schaden.

dis-conveniō, — — 4 nicht übereinstimmen, schlecht passen.

discordābilis, e (*discordō*) nicht übereinstimmend.

discordia, *ae f* (*discors*) **1. a**) Uneinigkeit, Zwietracht, Zwist; °**b**) Meuterei; °**2.** Zankapfel; °**3.** ≈ (*gr.* Eris) *Göttin der Zwietracht.*

discordiōsus 3 (*discordia*) händelsüchtig.

discordō 1 (*discors*) **1. a**) uneinig sein; °**b**) meutern; °**2.** / nicht übereinstimmen.

dis-cors, *cordis* (*cor*) **1. a**) uneinig; °**b**) meuterisch; °**2.** / entgegengesetzt; ungleich, zwiegestaltig; verschieden [*moribus*].

discrepantia, *ae f* (*discrepāns*) Widerspruch.

discrepātiō, *ōnis f* (*discrepō*; *nkl.*) = *discrepantia.*

dis-crepō, *āvī,* — 1 ungleich klingen; / verschieden sein, abweichen, widersprechen; °*impers.* **discrepat** man ist uneins, man streitet.

****discretio,** *onis f* Unterscheidung; peinliches Gericht; (*Anrede*) Ew. Weisheit.

****discretus** 3 *s. discernō.*

discrībō, *scrīpsī, scrīptum* 3 (*dī-?*)

1. ein-, abteilen, ordnen; °**2.** zu-, verteilen, anweisen; *cf.* *dēscrībō.*

discrīmen, *inis n* (*discernō*) **1. a**) (*concr.*) Scheidelinie; **b**) (*abstr.*) Abstand, Entfernung; Intervall [°*septem discrimina vocum* = siebensaitige Leier]; Zwischenraum; **2.** / **a**) Unterschied, Unterscheidung; **b**) Entscheidung *über* [*belli*], Entscheidungskampf; **c**) entscheidender Augenblick, Wendepunkt; (höchste) Gefahr [*res est in summo discrimine*]; Spannung; Ausschlag; °Probe; **d**) Unterscheidungsgabe.

discrīminō 1 (*discrīmen*) trennen, scheiden; °/ unterscheiden.

discrīptiō, *ōnis f* (*dī-?*; *discrībō*) **1.** Ein-, Verteilung, Gliederung; **2.** = *dēscrīptiō.*

discrīptus 3 (*dī-?*; *discrībō*) = *dēscrīptus.*

dis-cruciō 1 (zer)martern, quälen.

dis-cumbō, *cubuī, cubitum* 3 (**cumbō*; *cf.* *cubō*) sich zu Tisch, zu Bett legen.

dis-cupiō, *īvī, ītum* 3 sehnlich wünschen.

dis-currō, (*cu*)*currī, cursum* 3 auseinanderlaufen, sich zerstreuen; hin- und herlaufen.

discursātiō, *ōnis f* (*discursō*) *das* Hin- und Herlaufen.

discursō 1 (*intens. v. discurrō*) hin- u. herlaufen.

discursus, *ūs m* (*discurrō*) **1.** *das* Auseinanderlaufen; Streifzug; **2.** *das* Hin- und Herlaufen, -reiten.

discus, *ī m* (*gr. Fw.*) Wurfscheibe, Diskus; ** Schüssel, Teller, Platte; Tisch.

****discussio,** *onis f* Prüfung, Rechenschaft.

dis-cutiō, *cussī, cussum* 3 (*quatiō*) **1. a**) zerschlagen, zertrümmern; °**b**) auseinander-, verjagen; °**c**) zerteilen, fortschaffen; *discussa nive* als der Schnee geschmolzen war; **2.** / beseitigen; hintertreiben, vereiteln; ** untersuchen; diskutieren.

disertus 3 (*m. comp., sup.*; *wohl aus dissertus, P.P.P. v. disserō*[2]) **1.** wohlgeordnet, klar, deutlich, bestimmt; **2.** beredt, redegewandt; *adv.* **-ē** (*m.* °*sup.*) *u.* (*altl.*) **-im** deutlich, bestimmt, klar.

dis-iciō, *iēcī, iectum* 3 (*iaciō*) °**1.** auseinanderwerfen; zerstören, zertrümmern; **2.** auseinandertreiben, zerstreuen, (zer)sprengen; °/ verschwenden; °**3.** vereiteln, hintertreiben.

disiectō 1 (*intens. v. disiciō*) zerstreuen.

disiectus[1], *ūs m* (*disiciō*) *das* Zerstreuen.

disiectus[2] 3 (*disiciō*) zerstreut (liegend); vereinzelt; °ausgedehnt.

disiūnctiō, *ōnis f* (*disiungō*) **1.** Trennung; **2. a**) Verschiedenheit, Ungleichheit [*sententiae*]; **b**) (*dial. t.t.*) Gegensatz; **c**) (*rhet. t.t.*) Asyndeton.

disiūnctus 3 (*m. comp., sup., adv.*; *disiungō*) **1.** getrennt, entlegen, fern; / **2.** abweichend, verschieden; **3.** (*rhet. t.t.*) abgerissen; **4.** (*log. t.t.*) entgegengesetzt, disjunktiv.

dis-iungō, *iūnxī, iūnctum* 3 **1.** losbinden, abspannen; **2.** trennen, scheiden, entfernen; **3.** / **a**) entfremden; **b**) unterscheiden.

dis-marītus, *ī m* (*gr.* „zweimal" + *marītus*) = *bimarītus.*

dis-pālēscō, — — 3 (*incoh. v. dispālor*) weithin bekannt werden.

dis-pālor 1 zerstreut umherschweifen.

dis-pandō, *pandī, pānsum* 3 ausspannen, -breiten.

dis-pār, *aris* ungleich, verschieden.

disparātum, *ī n* (*P.P.P. v. disparō*) (*rhet. t.t.*) *der* kontradiktorische Gegensatz [*sapere, non sapere*].

dis-parilis, e (*m.* °*adv.*) ungleich, -ähnlich, verschiedenartig.

disparō, — — 1 absondern, trennen.

dispectus, *ūs m* (*dī-?*; *dispiciō*) allseitige Erwägung.

dis-pellō, *pulī, pulsum* 3 auseinandertreiben; verscheuchen.

dispendium, *ī n* (*dis-pendō*[1] 3 „auswiegen") Unkosten; Aufwand; / Verlust, Schaden.

dis-pendō[2], —, *pessum* 3 *u.* (*vulgär*) **-pennō,** — — 3 = *dispandō.*

dispēnsātiō, *ōnis f* (*dispēnsō*) genaue Einteilung; Verwaltung; Amt des Schatzmeisters; ** Dispens; Sündenerlaß.

dispēnsātor, *ōris m* (*dispēnsō*) Verwalter, Wirtschafter; Schatzmeister.

dispēnsō 1 (*intens. v. dis-pendō*[1] 3 „auswiegen,") **1.** (im richtigen Verhältnis) ver-, austeilen; **2.** / einteilen, ordnen; verwalten, haushalten; ** spenden; dispensieren.

dis-pērcutiō, — — 3 zerschmettern.

dis-perdō, *didi, ditum* 3 ganz zugrunde richten, verderben, verhunzen; P. *meist ersetzt durch*:

dis-pereō, *iī,* —, *īre* ganz zugrunde

gehen, verlorengehen; °*dispeream, ni* ich will des Todes sein, wenn nicht...

dispergō, *sī, sum* 3 (*dī-?; spargō*) **1.** aus-, zerstreuen, zersplittern; überall bespritzen *mit*; **2.** / aus-, verbreiten, verteilen.

dispersē *u.* °**-sim** *adv.* (*dī-?; dispersus, P.P.P. v. dispergō*) zerstreut, vereinzelt.

dispersiō, *ōnis f* (*dī-?; dispergō*) Zerstreuung; Zerstörung.

dispersus[1], *abl. ū m* (*dī-?; dispergō*) Zerstreuung.

dispersus[2] 3 (*dī-?; dispergō*) an verschiedenen Orten stattfindend.

dispertiō *u.* (*selten*) **-ior** 4 (*partiō*) **1.** zer-, verteilen; einteilen; zuteilen; °**2.** *mediopass.* auseinandergehen. [teilung.}

dispertītiō, *ōnis f* (*dispertiō*) Zer-}

dispiciō, *spexī, spectum* 3 (*dī-?; spēxī?; speciō*) **1.** (*abs.*) **a**) die Augen öffnen; (wieder) sehen können; °**b**) umherspähen; °**2.** (*intr.*) sich umsehen; **3.** (*trans.*) **a**) erblicken, wahrnehmen; / **b**) erkennen, durchschauen; **c**) erwägen. [zufriedenheit.}

displicentia, *ae f* (*displiceō*) Un-}

dis-pliceō, *uī, itum* 2 (*placeō*) mißfallen, nicht gefallen; *sibi -ere* übler Laune, unpäßlich sein.

dis-plōdō, *sī, sum* 3 zersprengen.

dis-pōnō, *posuī, positum* 3 **1.** an verschiedenen Orten aufstellen; **2. a**) planmäßig verteilen; / **b**) gut einrichten; **c**) (*rhet. t.t.*) ordnen; °**d**) geordnet darstellen; **3.** (*P.P.P.*) *adi.* **dispositus** 3 wohlgeordnet.

dispositiō, *ōnis f* (*dispōnō*) gehörige Anordnung, Disposition; ** Fügung; Verwaltung.

dispositūra, *ae f* (*dispōnō*) Stellung.

dispositus, *abl. ū m* (*dispōnō*) Anordnung. [schämen [*memorare*].}

dis-pudet, *uit,* — 2 *impers.* sich sehr}

dis-pungō, *pūnxī, pūnctum* 3 (*pŭnxī, pŭnctum?*) durchgehen, prüfen.

disputābilis, e (*disputō*) worüber sich viel sagen läßt.

disputātiō, *ōnis f* (*disputō*) (*wissenschaftliche*) Untersuchung, Abhandlung; ** öffentliches Streitgespräch.

disputātiuncula, *ae f* (*dem. v. disputātiō*) (kurze) Abhandlung.

disputātor, *ōris m* (*disputō*) gründlicher Denker; Diskussionsredner.

disputātrīx, *trīcis f* (*disputātor*) im Disputieren bestehend; *subst.* Dialektik.

dis-putō 1 °**1.** genau berechnen; *rationem* ~ *cum* abrechnen *mit*; **2.** wissenschaftlich untersuchen; disputieren.

dis-quīrō, — — 3 (*quaerō*) untersuchen. [suchung.}

disquīsītiō, *ōnis f* (*disquīrō*) Unter-}

dis-rumpō 3 = *dīrumpō.*

dis-saepiō, *psī, ptum* 4 wie durch eine Scheidewand trennen, absondern.

dissaeptiō, *ōnis f* (*dissaepiō*) *das* Ziehen einer Zwischenwand, Trennung [*iuris humani* (?); *cf. dissertiō*]. [schenwand.}

dissaeptum, *ī n* (*dissaepiō*) Zwi-}

dis-sāvior 1 abküssen.

dis-secō, *secuī, sectum* 1 zer-, aufschneiden.

dis-sēminō 1 aussäen; / verbreiten [*sermonem*].

dissēnsiō, *ōnis f u.* °**-sus,** *ūs m* (*dissentiō*) Meinungsverschiedenheit; Uneinigkeit; / Widerspruch.

dissentāneus 3 (*dissentiō*) nicht übereinstimmend.

dis-sentiō, *sēnsī, sēnsum* 4 **1.** verschiedener Meinung sein, nicht beistimmen [*abs te, tecum*]; streiten; **2.** / (*v. Sachen*) abweichen, widersprechen [*a more maiorum*].

dis-serēnāscit, *nāvit,* — 3 (*incoh. v. dis-serēnat* „es ist heiter"; *serēnus*) *impers.* es wird heiter.

dis-serō[1], *sēvī, situm* 3 °**1.** in Abständen aussäen; **2.** / in Abständen in die Erde setzen [*taleas*].

dis-serō[2], *seruī, sertum* 3 *mündl.* auseinandersetzen, erörtern [°*libertatis bona; de immortalitate*].

dis-serpō, — — 3 unmerklich sich ausbreiten. [örterung.}

dissertātiō, *ōnis f* (*dissertō*) Er-}

dissertiō, *ōnis f* (*-s-?; disserō*[2]*?*) allgemeine Auflösung [*iuris humani* (?); *cf. dissaeptiō*].

dissertō 1 (*intens. v. disserō*[2]) gründlich erörtern.

dissiciō (*dcht.*) = *disiciō.*

dis-sideō, *sēdī,* — 2 (*sedeō*) **1.** entfernt, getrennt sein [*castris dat.*]; °*toga dissidet impar* die T. sitzt schief; **2.** / **a**) uneinig sein; zerfallen sein *mit* [*a re publica*]; **b**) widersprechen, widerstreben [*a ratione*].

dissīgnātiō (*-sīgn-?*) = *dēsīgnātiō*.
dissīgnātor, *ōris m* (*-sīgn-?*; *dissīgnō*) Anordner; *bsd.* Platzanweiser (*im Theater*); Bestattungsordner.
dis-sīgnō 1 (*-sīgn-?*) **1.** °**a**) entsiegeln; **b**) / enthüllen; **2. a**) anordnen, einrichten; °**b**) anrichten, anstiften; *cf. dēsīgnō*.
dis-siliō, *luī, sultum* 4 (*saliō*) zerspringen, bersten; / sich auflösen, zerrinnen [*gratia*].
dis-similis, e (*m. comp., sup. -simillimus*; °*adv.*) unähnlich, verschieden.
dissimilitūdō, *inis f* (*dissimilis*) Unähnlichkeit, Verschiedenheit.
dissimulābiliter *adv.* (*dissimulō*) unvermerkt.
dissimulanter *adv.* (*dissimulō*) insgeheim, unvermerkt; *non* ~ unverhohlen.
dissimulantia, *ae f* (*dissimulāns, part. praes. v. dissimulō*) Verstellung.
dissimulātiō, *ōnis f* (*dissimulō*) °**1.** *das* Unkenntlichmachen; **2.** Verstellung, Ironie; °**3.** Nichtbeachtung, absichtliches Übersehen.
dissimulātor, *ōris m* (*dissimulō*) Verleugner; *cuius rei lubet, simulator ac* ~ *ein* Meister der Verstellung.
dis-simulō 1 °**1.** unkenntlich machen; verstecken; **2.** / **a**) verbergen, verheimlichen; °**b**) nicht beachten, übersehen; **c**) sich verstellen.
dissipābilis, e (*dissipō*) zerteilbar.
dissipātiō, *ōnis f* (*dissipō*) **1.** Zerstreuung; Zersplitterung; **2.** (*rhet. t.t.*) Zerlegung *eines Begriffs in seine Teile.*
dis-sipō 1 (*altl. supō* 1 „werfen") **1.** zerstreuen, zersprengen; **2.** / **a**) zerstören, vernichten; **b**) verschleudern [*patrimonium*]; **c**) aussprengen [*rumores*]; **d**) aus-, verbreiten [°*bellum*]; °**e**) vertreiben [*curas*]; **3.** (*P.P.P.*) *adi.* **dissipātus** 3 zusammenhanglos [*oratio*].
dissociābilis, e (*dissociō*) **1.** (*pass.*) unvereinbar; **2.** (*act.*) trennend [*Oceanus*].
dissociātiō, *ōnis f* (*dissociō*) Trennung.
dis-sociō 1 °**1.** trennen, scheiden; **2.** / entfremden, verunreinigen.
dissolūbilis, e (*dissolvō*) auflösbar, zerlegbar.
dissolūtiō, *ōnis f* (*dissolvō*) **1.** Auflösung; **2.** / **a**) Abschaffung, Aufhebung [*legum*]; **b**) Widerlegung; **c**) Energielosigkeit, Schwäche; **d**) (*rhet. t.t.*) Asyndeton (*Weglassung der Bindewörter*).
dissolūtus 3 (*m. comp., sup., adv.*; *dissolvō*) **1.** aufgelöst, gelockert; **2.** / **a**) ungebunden, regellos; **b**) nachlässig, gleichgültig, sorglos; **c**) leichtsinnig, ausschweifend.
dis-solvō, *solvī, solūtum* 3 **1.** auflösen, zerlegen, abbrechen; **2.** / **a**) abschaffen, aufheben, vernichten; **b**) widerlegen, entkräften [*crimina*]; **c**) losmachen, freimachen; **d**) (*rhet. t.t.*) (*Verse, Perioden*) auflösen, zerlegen; **e**) ab-, bezahlen.
dis-sonus 3 unharmonisch, verworren; / verschieden *durch* [*sermone*]; abweichend *von* [*a moribus*].
dis-sors, *tis* nicht gemeinsam *mit* [*ab omni milite*].
dis-suādeō, *suāsī, suāsum* 2 widerraten [*legem*].
dissuāsiō, *ōnis f* (*dissuādeō*) Gegenrede.
dissuāsor, *ōris m* (*dissuādeō*) „Widerrater"; °*legis agrariae* Redner gegen das Agrargesetz.
dis-suāvior = *dissāvior*.
dissultō 1 (*intens. v. dissiliō*) **1.** sich überallhin verbreiten; **2.** abspringen, abprallen; **3.** zerspringen.
dis-suō, *suī, sūtum* 3 (*Genähtes*) auftrennen: °**1.** öffnen [*sinum*]; **2.** allmählich auflösen [*amicitiam*].
dis-supō (*altl.*) = *dissipō*.
dis-taedet, —— *impers.* ganz überdrüssig sein [*me tui*].
distantia, *ae f* (*dī-?*; *distō*) °**1.** Abstand; **2.** / Verschiedenheit.
dis-tendō, *tendī, tentum u. tēnsum* 3 **1.** ausdehnen, ausstrecken; °**2.** *bis zur Gespanntheit, d. h.* ganz anfüllen [*nectare cellas*]; °**3.** (*mil. t.t.*) hier und dort beschäftigen [*hostes*]; °**4.** / zerstreuen; verwirren [*animos*].
distentus[1] 3 (*m. comp.*; *distendō*) ganz angefüllt, prall.
distentus[2] 3 (*m. sup.*; *distineō*) vielfach beschäftigt.
dis-terminō 1 scheiden.
distichon, *ī n* (*gr. Fw.*) Zweizeiler, Distichon (*bsd. Hexameter + Pentameter*).
distimulō 1 (*dī-?*) / zugrunde richten.
distīnctiō, *ōnis f* (*dī-?*; *-stīnct-?*; *distinguō*) **1.** Scheidung; **2.** Unterschied; **3.** (*rhet. t.t.*) **a**) Wechsel

im Kasus u. Genus bei demselben Wort; **b**) Pause (*in d. Rede*).

distīnctus[1], *abl.* ū *m* (dī-? -stĭnct-?; distinguō) Abwechselung in Farbe *od.* Zeichnung.

distīnctus[2] 3 (dī-?; -stĭnct-?; *m.* °*comp.*, *adv.*; distinguō) **1.** gehörig abgeteilt, verschieden, mannigfaltig; °**2.** bunt; **3.** geschmückt; **4.** deutlich, bestimmt, klar.

dis-tineō, tinuī, tentum 2 (teneō) **1.** auseinanderhalten, trennen, an der Vereinigung hindern; **2.** / **a**) vielseitig in Anspruch nehmen, beschäftigen; **b**) verzögern [pacem].

di-stinguō, īnxī, īnctum (dī-?; ĭnxī, ĭnctum?; *eigtl.* „steche auseinander"; *cf.* īnstīgō, *nhd.* „sticken, stechen") **1. a**) trennen, unterscheiden; °**b**) (*gramm. t.t.*) interpungieren; **2.** mannigfach verzieren, bunt färben, ausschmücken; **3.** Abwechslung bringen *in* [orationem].

distō, — — 1 (dī-?) **1.** (*räuml.*) auseinanderstehen, getrennt, entfernt sein [a mari]; **2.** / °**a**) (*zeitl.*) auseinanderliegen; **b**) sich unterscheiden; *impers.* **distat** es ist ein Unterschied.

dis-torqueō, torsī, tortum 2 verdrehen; / martern.

distortiō, ōnis *f* (distorqueō) Verrenkung.

distortus 3 (*m. comp.*, *sup.*; distorqueō) verdreht, verrenkt, verwachsen; / verschroben.

distractiō, ōnis *f* (distrahō) Trennung; / Zerwürfnis.

dis-trahō, trāxī, tractum 3 **1. a**) auseinanderziehen, zerreißen, zerteilen; °**b**) / in Verruf bringen; **2.** °**a**) zerstückeln, einzeln verkaufen [agros]; **b**) (*gramm. t.t.*) *zwischen zwei Worten* den Hiat zulassen [voces]; **3.** losreißen, trennen *von*; **4.** auflösen [societatem]; aufheben; vereiteln, hintertreiben; schlichten [controversias]; **5. a**) schwankend machen; °**b**) spalten [rem publicam].

dis-tribuō, buī, būtum 3 ver-, aus-, zuteilen; auseinanderlegen [exercitum latius]; (logisch) einteilen; (P.P.P.) *adv.* **distribūtē** (*m. comp.*) wohlgeordnet.

distribūtiō, ōnis *f* (distribuō) Verteilung; (logische) Einteilung; (*rhet. t.t.*) Auflösung *eines Begriffs*.

districtus[1] 3 (dī-?; *m. comp.*; distringō) in Anspruch genommen.

****districtus**[2], us *m* Umgebung der Stadt; (Bann-)Bezirk.

di-stringō, strĭnxī, strictum 3 (dī-?; strĭnxī?) °**1.** auseinanderziehen, foltern; °**2.** (*mil. t.t.*) *die feindlichen Kräfte* an mehreren Punkten zugleich beschäftigen; °**3.** / vielseitig in Anspruch nehmen.

dis-truncō 1 auseinanderhauen.

disturbātiō, ōnis *f* (disturbō) Zerstörung.

dis-turbō 1 **1.** auseinandertreiben; **2. a**) zerstören; **b**) / zersprengen, vernichten, hintertreiben.

disyllabus 3 (*gr. Fw.*) zweisilbig.

dītēscō, — — 3 (*incoh. zu* dīs[2]) reich werden.

dīthyrambicus 3 (*gr. Fw.*) dithyrambisch, schwungvoll.

dīthyrambus, ī *m* (*gr. Fw.*) Dithyrambus, Loblied (*bsd. auf Bacchus*).

dītiae, ārum *f* (*altl.*) = dīvitiae.

ditiō *falsche Schreibung für* diciō.

dītis, dītior, dītissimus *s.* dīs[2].

dītō 1 (dīs[2]) bereichern.

diū[1] *adv.* (diēs; *cf.* interdiū) bei Tage [noctu diuque].

diū[2] *adv.* (*comp.* **diutius,** *sup.* **diutissimē**) (*altl.* diŭ; diūtius, diūtissimē ?; diū[1]) lange, längere Zeit; seit langer Zeit.

diurnus 3 (diū[1]; *nach* nocturnus) Tages... [tempus]; täglich, für einen Tag [cibus]; °*subst.* **-a,** ōrum *n* Tageblatt, Amtsblatt, Zeitung.

dius[1] *adv.* (-ū-?; *wohl urspr. gen. temp. v.* diēs; *cf. adv.* nox „nachts") bei Tage.

dīus[2] 3 (*wahrsch. unter gr. Einfluß* ⟨*divios; *nur dcht.*) himmlisch, göttlich; herrlich; *cf.* Fidius; *subst.* **-um,** ī *n* Himmelsraum; *sub* dīō *u. sub* dīū unter freiem Himmel; *cf.* dīvus.

diūtinus *u.* **diutinus** 3 (*m.* °*adv.*; diū[2]) langwierig, lange dauernd.

diuturnitās, ātis *f* (diū-?; diuturnus) lange Dauer; dauernder Bestand, Besitz.

diuturnus 3 (*m. comp.*; diū-?; *nach* nocturnus) lange dauernd, langlebig.

dī-vāricō 1 auseinanderspreizen.

dī-vellō, vellī (°vulsī), vulsum 3 **1.** °**a**) auseinander-, zerreißen; **b**) weg-, losreißen; **2.** / gewaltsam trennen; se -ere *u. mediopass.* sich lösen, sich losreißen.

dī-vendō, didī, ditum 3 (-ē-?) einzeln verkaufen, versteigern [bona].

dī-verberō 1 zerhauen, -teilen.
dī-verbium, *ī n* (*verbum*; *fehlerhafte Übersetzung des gr. Fw. dialogus*) Dialog (*im Schauspiel*).
dīversitās, *ātis f* (*dīversus*) Verschiedenheit; Widerspruch.
dīversor, dīversōrium = *dēv...*
dīversus 3 (*m.* °*comp.*, °*sup.*, *adv.*; *dīvertō*) **1.** nach der entgegengesetzten Seite gewandt: **a**) entgegengesetzt, gegenüber; °*per -um* auf der entgegengesetzten Seite; **b**) / völlig verschieden, widersprechend; °*e -o* im Gegenteil; °**c**) feindlich, gegnerisch [*acies*]; **2.** nach verschiedenen Seiten gewandt: **a**) hierhin und dorthin führend [*itinera*]; **b**) zerstreut, vereinzelt; °**c**) wetterwendisch, unstet [*vulgus*]; unschlüssig [*animi*]; °**3.** abgelegen, fern.
dīverticulum = *dēv...*
dīvertium = *dīvortium.*
dī-vertō, *tī, sum* 3 auseinandergehen; / verschieden sein; (*mediopass.*) *ad alios -i* einen Abstecher machen; *cf. dēvertō.*
dīves, *itis* (*m. comp.*, *sup.*; *abl. sg.* -e, *gen. pl.* -um; *gen. sg. auch unter Schwund des* v *zwischen gleichen Vokalen* > *dītis*; *hieraus Neubildung des nom. dīs*; *s. d.*; — *dīvus*; *eigtl.* „unter dem Schutze der Götter stehend") **1. a**) (*abs.*) reich; °**b**) reich *an* [*pecoris*]; **2.** / **a**) reichlich, fruchtbar, einträglich; °**b**) kostbar, prächtig.
dī-vexō 1 °**1.** auseinanderzerren; **2.** / mißhandeln, zerstören.
Dīviciācus, *ī m* **1.** *Fürst der Äduer*; **2.** *Fürst der Suessionen.*
dīvidia, *ae f* (*dīvidō*) Verdruß, Kummer.
di-vidō, *vīsī, vīsum* 3 (*cf. vidua*; *nhd.* „Witwe") **1.** (*mehrere Ganze voneinander*) **a**) trennen, scheiden, absondern, fernhalten; **b**) / unterscheiden; **2.** (*ein Ganzes in seine Teile*) **a**) (zer)teilen, zerlegen, trennen; °*auch* = *futuō*; **b**) einteilen [*in partes*]; gliedern; **c**) aus-, ver-, zuteilen; °*carmina cithara* Lieder auf der Zither vortragen. [teilt.]
dīviduus 3 (*dīvidō*) **1.** teilbar °**2.** ge-
dīvīnātiō, *ōnis f* (*dīvīnō*) **1.** Sehergabe; Ahnung; **2.** (*jur. t.t.*) Bestimmung des Anklägers.
dīvīnitās, *ātis f* (*dīvīnus*) **1.** Göttlichkeit, göttliche Natur, Weisheit; **2.** übermenschliche Vortrefflichkeit [*loquendi*]; ** Gottheit.
dīvīnitus *adv.* (*dīvīnus*) durch göttliche Eingebung; / herrlich.
dīvīnō 1 (*dīvīnus*) weissagen; ahnen.
dīvīnus 3 (*m. comp.*, *sup.*, *adv.*; *dīvus*) **1.** göttlich; *res -a* Opfer; *res -ae* Gottesdienst, Gott u. Welt (*Ggs. res humanae*); Physik, Metaphysik; **2.** gotterfüllt, gottbegeistert [°*vates*]; prophetisch [*mens*]; **3.** / übermenschlich, göttlich, unvergleichlich, vortrefflich; *bsd. Beiwort des Kaisers*; °*-a domus* Kaiserpalast; *subst.* ~, *ī m* Seher, Prophet; °**-um,** *ī n das* Göttliche, Gottesdienst, Opfer; *kl. nur pl.* göttliche Dinge, Eigenschaften; ** *litterae* Theologie; Bibel; *subst.* ~, *ī m* Theologe.
dīvīsiō, *ōnis f* (*dīvidō*) **1. a**) Teilung; *auch obszön*; **b**) (*philos. u. rhet. t.t.*) Einteilung, Aufgliederung; **2.** Verteilung.
dīvīsor, *ōris m* (*dīvidō*) Ver-, Austeiler, Geldverteiler.
dīvīsus, *dat. uī m* (*dīvidō*) *das* Verteilen; *facilis -ui* leicht teilbar.
dīvitiae, *ārum f* (*dīves*) Reichtum, Schätze; / Fülle, Fruchtbarkeit.
dīvortō, dīvorsus 2 (*altl.*) = *dīvertō, dīversus.*
dīvortium, *ī n* (*dīvortō*; *cf. dēvortium*) **1.** Scheidung, Trennung [*itinerum*]; **2.** Weg-, Wasserscheide; °**3.** Grenzscheide; **4.** / **a**) Ehescheidung [*-um facere cum uxore* sich scheiden lassen]; **b**) Auflösung *eines Liebesverhältnisses.*
dī-vulgō 1 bekanntmachen, veröffentlichen; allen preisgeben; (*P.P.P.*) *adi.* **dīvulgātus** 3 (*m. sup.*) **1.** gemein; °**2.** allgemein verbreitet.
dīvus °**1.** *adi.* 3 (*Rückbildung aus dem gen. sg. des urspr. Paradigmas deus, dīvī, dīvō, deum* „Gott"; *cf. deus*) göttlich, himmlisch; vergöttert [*Augustus*]; **2.** *subst.* **a**) ~, *ī m* Gott; **b**) **-a,** *ae f* Göttin; °/ Geliebte; **c**) **-um,** *ī n* freier Himmel [*sub divo* im Freien]; ** heilig; *subst.* ~, *ī m* Götze.
dō, *dedī, datum* 1 (*altl.*: *danunt* = *dant*; *dān* = *dāsne?*; *datin* = *datisne?*; *dabin* = *dabisne?*; *coni. praes. duim, duis, duit, duint u. duās*; *cf. altind.* dá-dāti „gibt";

in den Komposita vielfach mit √‾*dhē- *vermengt*) geben: **1. a**) (über)geben, darreichen, verleihen, spenden [*filiam in matrimonium*]; *obsides* Geiseln stellen; °**b**) (*Göttern*) darbringen, weihen, opfern [*tura divis*; *Weiheformel*: *do, dono, dico*]; **c**) übertragen, erteilen, anweisen [*bellum gerendum*]; **d**) (*Briefe*) dem Boten übergeben, einhändigen [*tabellario epistulam*]; absenden [*ad alqm*]; (*Geld*) zahlen; *poenas* büßen; °**e**) anbieten, geben wollen (*nur praes. u. impf.*) [*equites mille, cum duo milia daret, accepti*]; **f**) (*Festlichkeiten*) veranstalten, (*Spiele*) geben [°*ludos populo*]; **2.** überlassen, preisgeben, ergeben [*se quieti, se ad lenitatem*]; °*bracchia cervici* die Arme um den Nacken schlingen; °*lora* die Zügel schießen lassen; **3. a**) irgendwohin richten, bringen [*hostes in fugam*]; *vela* in See stechen; **b**) *se dare* sich begeben, sich stürzen, kommen [*in viam, in periculum*]; sich zeigen, sich gestalten [*prout tempus se dat*]; sich willig zeigen, sich fügen; **4. a**) geben, gewähren, gestatten, gönnen [*tempus colloquio*]; *veniam* Erlaubnis *od.* Verzeihung, Gnade gewähren; °*datur m. a.c.i.* es ist erlaubt; **b**) zugestehen [*mortem esse malum*]; **c**) zusprechen, bestimmen [°*locum*]; **d**) *jd. etw.* zu Gefallen tun, *um jds. willen* verzeihen, begnadigen [*da hunc populo*]; **e**) widmen [°*ludum amori*]; *operam* Mühe verwenden *auf* [*litteris*]; *se dare* sich widmen [*populo*]; **5.** (*m. praed. dat.*) anrechnen *zu*, auslegen *als* [*vitio, quod*]; *crimini* zum Vorwurf machen; zuschreiben [*tantum ingenio*]; °**6.** (*ein Amt*) verschaffen, besorgen; **7.** verursachen, bewirken, hervorbringen, erregen, machen [*dolorem*; *hostes* °*victos* ~ = *h. vincere*]; °*cuneum* einen Keil bilden; °*locum* Platz machen; **8.** °**a**) von sich geben (hören, sehen, vernehmen lassen) [*verba*]; **b**) sagen, angeben, melden, nennen [*Tulliola tibi diem dat*]; *nomen* sich (*zum Kriegsdienst*) stellen, sich melden; (*part. praes.*) °*subst.* **dāns,** *dantis m* der Geber; (*P.P.P.*) °*subst.* **datum,** *ī n* Spende; *kl. nur pl.* Ausgaben; ** zuschreiben; *datur* = *dicitur.*

doceō, *docuī, doctum* 2 (*Kausativum zu deceō*; *cf. discō*) **1.** (be)lehren, unterrichten, unterweisen [*puerum artem*]; **2. a**) zeigen, dartun, auseinandersetzen [*ut supra docuimus*]; **b**) (*einem Richter, einer Behörde*) den Sachverhalt vortragen [°*senatum de caede*]; **3.** auf die Bühne bringen, einüben [*fabulam*]; **4.** Unterricht erteilen.

dochmius, *ī m* (*gr. Fw.*) dochmischer Versfuß (⏑ — — ⏑ —).

docilis, e (*m.* °*comp.*; *doceō*) **1.** gelehrig, bildungsfähig, gewandt; °**2.** leicht faßlich.

docilitās, *ātis f* (*docilis*) Gelehrigkeit.

docimen(tum) = *documen(tum).*

doctor, *ōris m* (*doceō*) Lehrer; ** *gentium* Apostel Paulus; Universitätslehrer; Kirchenlehrer; *akademischer Grad.*

doctrīna, *ae f* (*doctor*) **1.** Unterricht, Unterweisung; **2. a**) Gelehrsamkeit, gelehrte Kenntnisse; **b**) Lehrfach, *einzelne* Wissenschaft.

doctus 3 (*m.* °*comp., sup.*, °*adv.*; *doceō*) **1. a**) gelehrt, gebildet; **b**) mit der griechischen Literatur vertraut; **2.** / geübt, geschickt, klug; *subst.* **~,** *ī m* Gelehrter, Kenner, Kritiker.

documen, *inis* (*Lu.*) *u.* **-mentum,** *ī n* (*doceō*) (warnendes) Beispiel, Beweis; ** Unterweisung, System; Urkunde; *antiquum* Altes Testament.

Dōdōna, *ae f* (*gr.* -nē) **1.** *St. in Epirus m. uraltem Eichenhain u. Zeusorakel*; °**2. a**) *Eichenhain v.* ~; **b**) *Priesterschaft v.* ~; *adi.* -*naeus* 3 *u.* -*nis, idis f.*

dōdrāns, *antis m* (<**dē quadrāns*; *eigtl.* „fehlend ein Viertel"; *cf. deūnx*) **1.** drei Viertel des röm. *as*; °**2.** 3/4 Fuß; °**3.** 3/4 Morgen.

dōdrantārius 3 (*dōdrāns*) um drei Viertel ermäßigt; *tabulae* -*ae* Schuldbücher, in denen 3/4 der Schulden getilgt waren.

dogma, *atis n* (*gr. Fw.*) Lehrsatz; ** Lehre [*papae*]; Glaubenssatz.

Dolābella, *ae m cogn. in d. gens Cornelia*: *P. Corn.* ~, *Ciceros Schwiegersohn.*

dolābra, *ae f* (*dolō*[1]) Hacke, Brechaxt.

dolēns, *entis*; *adv.* **-enter** (*doleō*) schmerzlich, mit Trauer.

doleō, *doluī, dolitūrus* 2 (*eigtl.* „zerrissen sein"; *zu dolō*[1]) **1. a)** (*v. Gliedern*) schmerzen, wehe tun [*oculi*]; °**b)** (*v. Personen*) Schmerz empfinden; *impers. dolet* es schmerzt, tut weh; °**2.** Schmerzen hervorrufen; **3.** / **a)** sich betrüben, bedauern; betrübt, ärgerlich sein *über* [*interitum viri, laude aliena*]; **b)** (*impers.*) *dolet mihi, quod* ... es tut mir leid, daß ...

dōliāris, e (*dōlium*) dick wie ein Faß [*anus*].

dōliolum, *ī n* (*dem. v. dōlium*) Fäßchen.

dōlium, *ī n* (*dolō*[1]) Faß; Weinfaß; ** Behälter; / *Saturni* Höllenschlund, Hexensabbat.

dolō[1] 1 ($\sqrt{}$ *del- „spalten") **1.** behauen, zuhauen, zimmern; / bearbeiten [°*fuste* durchprügeln]; **2.** roh herausarbeiten [*opus*].

dolō(n)[2], *ōnis m* (*gr. Fw.*) **1.** Stockdegen, Dolch, Stilett; / Stachel der Fliege; **2.** Vordersegel.

dolor, *ōris m* (*doleō*) **1.** (*körperlicher*) Schmerz; **2.** / (*seelischer*) Schmerz: **a)** Betrübnis, Kummer; **b)** Ärger, Unmut, Unwille, Groll, Leidenschaft; **c)** Pein, Qual, Kränkung; **3.** (*rhet. t.t.*) wehmütiges Pathos.

****dolorosus** 3 schmerzensreich.

dolōsus 3 (*m. adv.*; *dolus*) trügerisch, arglistig, ränkevoll.

dolus, *ī m* (*cf. sēdulō*) Betrug, Trug, Arglist, Täuschung, Hinterlist; *pl.* Ränke.

domābilis, e (*domō*) bezwingbar, überwindlich.

domesticātim *adv.* (*domesticus*) in Privathäusern.

domesticus 3 (*domus*) **1.** häuslich, Haus...; **2.** Familien...; **3.** privat, persönlich, eigen; *Furiae -ae* in der eigenen Brust; **4.** vaterländisch, innerer [*bellum*]; *subst.* ~, *ī m* Hausgenosse; *pl.* Familie; Umgebung; Hausfreunde; °Gesinde; **-a,** *ōrum n* einheimische Beispiele.

****domicella,** *ae f* Mädchen; Jungfrau Maria; Ritterfräulein.

domicēnium, *ī n* (*domus, cēna*) Mahlzeit zu Hause.

domicilium, *ī n* (*domus* + (*vl.*) *colō*) Wohnung, Wohnsitz, Wohnort; / Sitz [*imperii*].

domina, *ae f* (*dominus*) **1.** Herrin im Hause, Hausfrau; °**2. a)** Herrin, Gebieterin [°*Venus*]; **b)** Dame *aus dem kaiserlichen Hause*; **c)** Geliebte.

dominans, *antis* (*dominor*) °**1.** *adi.* (*m. comp.*) herrschend; °**2.** *subst. m* Gebieter, Herrscher; Despot.

dominātiō, *ōnis f* (*dominor*) Herrschaft; Gewaltherrschaft; *unius* Monarchie; °*pl. die* Herrscher.

dominātor, *ōris m* (*dominor*) Beherrscher.

dominātrix, *īcis f* (*dominātor*) Beherrscherin.

dominātus, *ūs m* (*dominor*) = *dominātiō.*

dominicus 3 (*dominus*) herrschaftlich; kaiserlich; ** dem Herrn gehörend; *dominica* [*dies*] Sonntag; *-a in palmis* Palmsonntag; *cena -a* Abendmahl; *oratio -a* Vaterunser; *corpus -um* Hostie.

dominium, *ī n* (*dominus*) °**1.** Besitz, Eigentum(srecht); °**2. a)** Herrschaft, Gewalt; **b)** / Gebieter; **3.** Gelage, Gastmahl.

dominor 1 (*dominus*) Herr sein, gebieten, den Herrn spielen; °/ *dominantia nomina* eigentliche Bezeichnungen.

dominus, *ī m* (*domus*) **1.** Hausherr; **2.** Eigentümer, Besitzer; **3.** Herrscher, Gebieter *über* [°*vitae necisque*]; **4.** Veranstalter *eines Schau- od. Gladiatorenspiels od. einer Auktion*; Bauherr; Gastgeber; °**5.** Gatte, Geliebter; °**6. a)** (*Anrede*) *etwa* = *nhd.* „mein Herr!"; **b)** *Titel des Kaisers*: Herr; °**7.** *adi.* 3 des Herrn [*torus*]; ** Christus; Gott; Lehnsherr.

domiō, —, *domītum* 4 (*domus*) einheimsen (?).

domi-porta, *ae f* (*domus, portō*) Hausträgerin (*Schnecke*).

Domitius 3 *Name einer pleb., seit Augustus patriz. gens*: **I.** *Familie der* A(h)ēnobarbī („Rotbärte"): **1.** *Cn.* ~ *A. Allobrogicus, Besieger der Allobroger (121); Erbauer der via Domitia*; **2.** *L.* ~ *A., Feldherr des Pompejus*; **II.** *Familie der* Calvīnī („Kahlköpfe"): *Cn.* ~ *C., Legat Cäsars*; *adi.* *-iānus* 3; *subst. T. Flāvius* **Domitiānus,** *ī m röm. Kaiser (81—96).*

domitō 1 (*intens. v. domō*) bezähmen, bändigen.

domitor, *ōris m* (*domō*) Bändiger; / Bezwinger.

domitrix, *īcis f* (*domitor*) Bezwingerin.

domitus, *abl. u m* (*domō*) Zähmung, Bändigung.

domō, *uī, itum* 1 (*cf. domus*; *nhd.* „zähmen") **1.** zähmen [*leones*]; **2.** /

a) überwältigen, besiegen; °**b**) veredeln [*arbores*]; kochen; keltern.

domus, *ūs f* (*sg.*: *altl. gen.* -*ī*; *dat.* °*auch* -*ū u.* -*ō*; *abl.* -*ō*, *selten* -*ū*; *pl.*: *gen.* -*ōrum u.* -*uum*, *acc.* -*ōs u.* -*ūs*; √‾*demā- „fügen, bauen"; *cf. nhd.* „Zimmer") **1.** Haus, Wohnung, Behausung; Palast; **2.** / °**a**) Bau, Nest; **b**) Heimat, Vaterland, -stadt; **c**) Hausgenossen, Familie; **d**) Philosophenschule; **e**) Hauswesen, Haushalt; *adv.* **domum** (*pl. domōs*) nach Hause, ins Haus, in die Heimat, heim; **domō** von Hause; **domī** (*loc.*) zu Hause, im Hause, in der Heimat, daheim; *domi meae* in meinem Hause; *domi bellique* (*od. militiaeque*) in Krieg und Frieden.

dōnābilis, e (*dōnō*) beschenkenswert.

dōnārium, *ī n* (*dōnum*) Opferaltar, Tempel; ** Weihgeschenk; Schatzkammer.

dōnātiō, *ōnis f* (*dōnō*) Schenkung, Gabe.

dōnātīvum, *ī n* (*dōnātus, P.P.P. v. dōnō*) Geldgeschenk *des Kaisers an die Soldaten.*

dōnātor, *ōris m* (*dōnō*) Geber.

dōnec, *altl.* **dōnicum,** (*Lu.*) **dōnique** *ci.* (*wohl aus* **dō-ne-quom bzw.* **dō-ne-que*; *„*dō*" „hinzu"; „*ne*" *verstärkend*; *quom* = *cum* „wann"; „*que*" *wohl verallgemeinernd*; *urspr.* „bis zu dem Zeitpunkt, wann"; *cf. dēnique*; *quandō*) °**1.** (*m. ind.*) solange als; **2.** (*m. ind. u. coni.*) bis, bis daß.

dōnō 1 (*dōnum*) **1. a**) (ver)schenken [*praedam militibus*]; **b**) beschenken [*milites coronis*]; **2.** verleihen, vergönnen; **3. a**) zum Opfer bringen; °**b**) weihen, opfern; **4. a**) erlassen [*aes alienum*]; °**b**) ungestraft lassen, vergeben [*alci jd.* zuliebe]; ** geben.

dōnum, *ī n* (*cf. altind.* dānam; *dō*) **1.** Gabe, Geschenk; °-*a ultima die* letzte Ehre; **2.** Opfer(gabe), Weihgeschenk.

dorcas, *adis f* (*gr. Fw.*) Gazelle; [/ Mädchen.

Dōrēs, *um m die* Dorier, *ein Hauptstamm der Griechen, urspr. am Olymp, später im Peloponnes*; *adi. Dōri(c)us* 3 dorisch; °griechisch.

dormiō 4 (*altl. fut.* -*ībō*; *cf. altind.* drāti „schläft") schlafen; / untätig, °sorglos sein; ** sterben.

dormītātor, *ōris m* (*dormītō*) Träumer, Faselhans.

dormītō 1 (*intens. v. dormiō*) schläfrig sein; / schlafen, nachlässig sein, träumen.

dormītor, *ōris m* (*dormiō*) der Schläfer.

dormītōrius 3 (*dormītor*) Schlaf... [*cubiculum*]; ** *subst.* **-um,** *ī n* Schlafsaal der Mönche.

dorsum, *ī n u.* **-us,** *ī m* (*et. ungedeutet*) Rücken; / Bergrücken, Kamm; °*saxeum* Steindamm.

doryphoros, *ī m* (*gr. Fw.*) Speerträger (*ber. Statue des Polyklet*); °*pl.* Leibwache des *Perserkönigs.*

dōs, *ōtis f* (*dō*) **1.** Mitgift, Aussteuer; **2.** / **a**) Gabe; °**b**) (treffliche) Eigenschaft; Vorzug.

Dossennus, *ī m* (*etr. EN*) *der* Bucklige (*burleske Figur der Atellane*).

dōtālis, e (*dōs*) zur Mitgift gehörig.

dōtātus 3 (*m. sup.*; *dōtō*) reich ausgestattet; / reich *an.*

dōtō 1 (*dōs*) ausstatten.

drachma, *ae f* (*gr. Fw.*) Drachme (*gr. Silbermünze im Wert des röm. Denars*).

drachmissō 1 (*drachma*) für eine Drachme arbeiten.

drachum ... (*Com.*) = *drachm* ...

dracō¹, *ōnis f* (*gr. Fw.*) **1.** Schlange, Drache; *bsd. eine in vornehmen röm. Familien als Lieblingstier gehaltene ungiftige Schlange*; **2.** Drache (*Sternbild*); ** Teufel.

Dracō², *ōnis m* (*gr.* -kōn) *erster Gesetzgeber Athens* (*621*).

dracōni-gena, *ae m f* (*dracō¹, gignō*) drachenentstammt, schlangengeboren; *urbs* Theben.

drāpeta, *ae m* (*gr. Fw.*) entlaufener Sklave.

draucus, *ī m* (*wohl gall. Fw.*) junger Athlet (*der für Geld Unzucht treibt*).

dromas, *adis m* (*gr. Fw.*) Dromedar.

drōpax, *acis m* (*gr. Fw.*) Pechpflaster (*Enthaarungsmittel*).

Druidae, *ārum u.* **-dēs,** *um m* Druiden (*Priester der alten Kelten*).

Drūsus, *ī m cogn. in der gens Livia u. Claudia*: **1.** *M. Līvius* ~, *Gegner des C. Gracchus*; **2.** *M. Līvius* ~, *Sohn v.* 1, *suchte als Volkstribun* (*91*) *einige Gesetzesvorschläge der Gracchen zu erneuern*; **3.** *Claudius Nerō* ~, *meist nur Drusus gen., Stiefsohn des Augustus, † 9*; *adi.* -*iānus* 3; *fossa -a Kanal zw. Rhein u. Yssel*;

Drūsilla, *ae f Name v. Frauen i. d. Fam. der Drusi.*

Dryades, *um f (gr. Fw., selten sg. Dryas)* Baumnymphen.
duālis, e *(duo)* zwei enthaltend; *numerus* Dual.
Dūbis, *is m Nbfl. d. Saône, j.* Doubs.
dubitābilis, e *(dubitō)* zweifelhaft.
dubitanter *adv. (dubitāns, part. praes. v. dubitō)* **1.** zweifelhaft; **2.** zaudernd, zögernd.
dubitātiō, *ōnis f (dubitō)* **1.** Zweifel, Ungewißheit; *-em habere* zweifelhaft sein; *sine ulla -e* unzweifelhaft; **2.** Zaudern, Unschlüssigkeit; *sine -e* unbedenklich.
dubitō 1 *(intens. v. altl. dubat* „er zweifelt"; *dubius)* **1.** (be)zweifeln *(de eius fide; utrum ... an; non ~, quin)*; **2.** Bedenken tragen [*hoc facere*].
dubius 3 *(m. adv.; duo; cf. dubitō; nhd.* „zweifelhaft") **1.** *(act.)* in der Überzeugung *od.* im Entschluß schwankend: ungewiß, unschlüssig; **2.** *(pass.)* **a)** zweifelhaft [*non -um est, quin*]; unentschieden, unsicher, ungewiß; **b)** bedenklich, mißlich, gefährlich; °**c)** gefährdet; *subst.* **-um,** *ī n* Zweifel; Gefahr; *sine -o* ohne Zweifel; °*in -o esse* zweifelhaft sein; *in -um devocare* aufs Spiel setzen.
ducātus, *ūs m (dux)* Feldherrnwürde; Kommando; ** Führerstelle; Geleit; Herzogtum.
ducēnārius 3 *(ducēnī)* zweihundert(tausend Sesterzen) habend *(an Vermögen od. Einkommen)*.
ducēnī 3 *num. distr. (gen. pl. oft -um; ducentī; nach vīcēnī gebildet)* **1.** je zweihundert; °**2.** zweihundert auf einmal.
ducentēsimus 3 *num. ord. (ducentī) der* zweihundertste; °*subst.* **-a,** *ae f (sc. pars)* $^1/_{200}$; Steuer v. $^1/_2$ %.
ducentī 3 *num. card. (duo, centum)* zweihundert; / sehr viele.
ducentiē(n)s *num. adv. (ducentī)* zweihundertmal; °/ vielmals.
****ducissa,** *ae f* Herzogin.
dūcō, *dūxī, ductum* 3 *(altl. imp. dūce; cf. nhd.* „ziehen") **1.** ziehen: **a)** ziehen, hinter sich her ziehen; **b)** heraus-, hervorziehen [*sortes aus der Urne*]; **c)** einziehen, -atmen [*spiritum*]; °(ein)schlürfen; °**d)** anziehen, an sich ziehen [*frena, arcum*]; **e)** verlocken, reizen, ergötzen; °**f)** bekommen, erhalten [*colorem; notam*]; **g)** verziehen [*os* das Gesicht]; **h)** ziehend bilden, machen [°*lineam*]; spinnen; künstlerisch gestalten; °dichten [*versus*]; ziehen, aufführen [*murum*]; **i)** in die Länge ziehen, hinziehen [*noctem*], [*bellum*]; hinhalten; zubringen; **2.** führen, leiten: **a)** führen [*nullo ducente* ohne Führer]; **b)** hinführen, hinbringen [*aquam ex montibus in urbem*]; **c)** heimführen, heiraten [*uxorem, in matrimonium*]; **d)** abführen [*ad mortem*]; **e)** ableiten, hernehmen *von* [*nomen ab eundo*]; °**f)** herbeiführen; °**g)** verursachen, bewirken; **h)** mitnehmen, -bringen; **i)** führen, veranstalten [°*pompas*]; **k)** *(mil. t.t.)* marschieren lassen [*exercitum*]; anführen, kommandieren; (°*abs.*) an der Spitze marschieren, der erste sein; *(vom Feldherrn)* marschieren, ziehen; **l)** / (an)treiben, bewegen *zu* [*ad credendum me tua oratio ducit*]; *P.* sich leiten, bestimmen lassen *von* [*caritate patriae*]; **3.** / *(aus einer Rechnung od. Überlegung)* den Schluß ziehen: **a)** rechnen *unter* [*in hostium numero*]; *rationem* Rücksicht nehmen *auf* [*sui commodi*]; **b)** glauben, meinen, halten *für*, ansehen *als* [*pro nihilo; despicatui* für verächtlich; *a. c. i.*].
ductilis, e *(dūcō)* künstlich geleitet [*flumen*].
ductim *adv. (ductus, P.P.P. v. dūcō)* in vollen Zügen
ductitō 1 *(intens. v. ductō)* wegführen; heimführen, heiraten; / anführen, betrügen.
ductō 1 *(intens. v. dūcō)* **1.** (mit sich) führen; *bsd. (eine Konkubine)* heimführen; **2.** (an)führen, kommandieren; **3.** / betrügen.
ductor, *ōris m (dūcō)* °**1.** Führer [*itineris*]; **2.** Anführer; °*ordinum* Zenturio.
ductus, *ūs m (dūcō)* **1.** *das* Ziehen; *pl. oris* Gesichtszüge, °*litterarum* Schriftzüge; °**2. a)** innerer Zusammenhang *(eines Theaterstücks)*; **b)** Periode; **3.** *(mil. t.t.)* Führung, Kommando; **4.** *aquarum* Wasserleitung.
dūdum *adv. (dū-* „lange"; *-dum demonstr. Partikel; cf. dum)* **1.** seit einer Weile; *iam ~* schon längst;

quam ~ wie lange? seit wann? 2. vorhin, vor kurzem.

duellātor, *ōris m* (*altl.*) = *bellātor.*

duellicus 3 (*altl.*) = *bellicus.*

duellum, *ī n* (*altl.* = *bellum*) Krieg; ** Zweikampf.

duim, duis, duit, duint *s. dō.*

dulcēdō, *inis f* (*dulcis*) °**1.** Süßigkeit; **2.** / **a**) Reiz, Lieblichkeit; **b**) Lust, Trieb, Sinnenlust.

dulcēscō, — — 3 (*incoh. zu dulcis*) [süß werden.

dulciārius 3 (*dulcia, ōrum n* „Zuckerwerk"; *dulcis*) Kuchen..., Zucker...

dulciculus 3 (*dem. v. dulcis*) süßlich.

dulci-fer, *era, e* (*rum dulcis, ferō*) süß.

dulcis, e (*m. comp., sup.*; *adv.* **-iter** *u.* [*acc. sg. n*] °**-e**; *cf. gr. EN Glycera* „*die* Süße") süß; / lieblich, angenehm, anziehend; lieb, geliebt, liebenswürdig; subst. **-e,** *is n* **1.** Süßigkeit, süßer Wein; **2.** *pl.* Süßigkeiten.

dulcitūdō, *īnis f* (*dulcis*) Süßigkeit.

dūlicē *adv.* (*gr. Fw. mit lat. Endung*) wie ein frecher Sklave.

Dūlichium, *ī n u.* **-ia,** *ae f* (*gr.* -on) *Insel sö. v. Ithaka*; *adi.* **-ius** 3.

dum (*acc. sg. m eines pron.*; *cf. dō-nec, quandō*) **1.** *adv.* (*enklitisch* **a**) (*nachgestellt*) unterdessen; (*altl.*) *ne dum* damit nicht unterdessen; **b**) (*an imp. u. int. angehängt*) doch, einmal [*agedum,* °*cedodum*]; (*an andere Partikeln gehängt*) noch [*nondum*]; **2.** *ci.* **a**) (*zeitl.*) während [*dum haec geruntur*]; solange als [*dum leges vigebant*]; solange bis, bis (daß) [*dum redeo*]; (*final*) [*dum conderet*]; **b**) (*kondizional*; *Negation ne*; *oft verstärkt dummodo*) wenn nur; sofern nur; ** *m. coni.* weil ja, während doch; = *cum*; *dum ... dum m. coni.* = *sive ... sive.*

dūmētum, *ī n* (*dūmus*) Dickicht, Gestrüpp; / unverständliche Behauptung.

dum-modō (-ŏ?) *s. dum* 2 b.

dūmōsus 3 (*dūmus*) mit Gebüsch bewachsen.

dum-taxat *adv.* (*taxat wahrsch. coni. v. taxō* 3 „abschätzen"; *also urspr.* „sofern er (*sc. magistratus*) genau abschätzt"; *cf. taxō* 1) **1.** genau genommen; **2.** höchstens, lediglich; wenigstens, wenn auch nur; °**3.** natürlich, selbstverständlich.

dūmus, *ī m* (*cf. nhd.* „zer-zausen") *oft pl.* Gebüsch, Gestrüpp.

duo, *ae, o num. card.* (*altl. gen. duum*; *nhd.* „zwei") **1.** zwei; **2.** *die* zwei, beide.

duo-deciē(n)s *num. adv.* zwölfmal.

duo-decim *num. card. indecl.* zwölf.

duodecimus 3 (*duodecim*) *num.* [*ord. der* zwölfte.

duo-dēnī 3 *num. distr.* **1.** je zwölf; °**2.** zwölf (zusammen).

duo-et-vicē(n)simānus, *ī m* Soldat der 22. Legion.

duovirī = *duumvirī.*

du-plex, *icis* (*m. adv.*; *duo*; *cf. plaga*[3]) **1.** zwiefach; doppelt so groß; **2.** zweifach, verdoppelt; (*dcht.*) beide [*palmae*]; °**3. a**) zweideutig; **b**) doppelzüngig; °**4.** *subst. n das* Doppelte.

duplicārius, *ī m* (*duplex*) Soldat mit doppeltem Sold, Gefreiter.

duplicō (*duplex*) °**1.** zusammenbiegen, krümmen; **2. a**) verdoppeln; **b**) / vergrößern, -mehren.

duplus 3 (*duo*; √ *pel „falten"; *cf. nhd.* „zweifältig") zweifach, doppelt so groß, viel, lang *usw.*; *subst.* °**-a,** *ae f* (*sc. pecūnia*) *der* doppelte Preis; **-um,** *ī n das* Doppelte; *poenam dupli subire u. in duplum ire* doppelte Strafe zahlen.

du-pondius, *ī m* (*duo, pondus*) Zweiasstück.

dūrābilis, e (*m. comp.*; *dūrō*) [dauerhaft.

dūracinus (*dūrus, acinus*) hart (-schalig).

dūrāmen, *inis n* (*dūrō*) Verhärtung.

dūrāmentum, *ī n* (*dūrō*) Dauerhaftigkeit.

dūrateus 3 (*gr. Fw.*) hölzern.

dūrēscō, *ruī,* — (*incoh. zu dūrus*) 3 hart, steif werden, sich verhärten; gefrieren; °/ verknöchern.

dureta, *ae f* (-ū-?; -ē-?; *spanisches Fw.*) hölzerne Badewanne.

dūritās, *ātis f* (*dūrus*) Härte, Unfreundlichkeit.

dūritia, *ae f u.* °**-tiēs,** *ēī f* (*dūrus*) °**1.** Härte [*ferri*]; **2.** / **a**) Abhärtung; **b**) Hartherzigkeit, Gefühllosigkeit, Strenge; °**c**) Druck, Beschwerde.

dūriter *s. dūrus.*

dūriusculus 3 (*dem. v. dūrius, comp. n v. dūrus*) etwas steif.

dūrō 1 (*dūrus*) **I. 1.** (*trans.*) °**a**) härten; trocknen, dörren, rösten; *Cererem in foco* backen; gerinnen machen; / b) abhärten; °c) abstumpfen; °2. (intr.) a) hart werden; austrocknen; b) / sich verhärten; °II. 1. (*trans.*) aushalten [*laborem*]; 2. (*intr.*) a) aushalten [*hiemem* (einen Winter lang) *in castris*]; b) noch vorhanden sein, leben; sich halten.

Durrachium = *Dyrrhachium.*

dūrus 3 (*m. comp., sup.; adv.* **-ē** *u.* °**-iter;** ⟨**dreu-ros* „kernholzhart, baumstark") hart: **1.** °**a**) (*für das Gefühl*) hart; **b**) (*für das Auge*) steif, ungefällig [*signa*]; **c**) (*für das Ohr*) hart, rauh, schwerfällig [*verbum*]; °**d**) (*für den Geschmack*) derb, herb [*cibus*]; **2.** / **a**) abgehärtet; **b**) ungebildet, plump, roh; unempfänglich *für* [*ad haec studia*]; **c**) unverschämt; **d**) knauserig; **e**) unbeugsam, streng; **f**) drückend [*servitus*], beschwerlich, mühsam [*labor*], rauh [*tempestas*]; **g**) mißlich [*tempora*]; °*subst.* **-a,** *ōrum n* harte Behandlung; Mühsal, Elend, Not.

duumvirātus, *ūs m* (*duumvir*) Duumvirat.

duumvirī, *ōrum m* (*Rückbildung aus duumvirum* (*sententia*); *selten sg. duumvir*) Duumvirn, Kommission von zwei Männern: **1. a**) *perduellionis* (*Untersuchungsrichter bei Hochverrat*); °**b**) *navales* (*für Flottenangelegenheiten*); °**c**) *aedi faciendae od. dedicandae* (*für Bau od. Weihung eines Tempels*); °**d**) *sacrorum od. sacris faciundis* (*Aufsicht über die Sibyllinischen Bücher*; *cf. decemvirī u. quindecimvirī*; *die Kommission bestand anfangs aus 2, seit 367 aus 10, seit Sulla aus 15 Priestern*); **2.** *municipiorum* (*Bürgermeister in den Landstädten*).

dux, *ducis m f* (*dūcō*) **1.** Führer(in) [°*viae*]; **2.** Anführer; Rädelsführer; **3. a**) Anführer, Feldherr; °**b**) Herrscher, Fürst, Kaiser; ** Graf, Herzog; *pl. die* Großen des Reiches.

dynamis, *is f* (*acc. -in*; *gr. Fw.*) Menge.

dynastēs, *ae m* Herrscher (*Titel abhängiger Fürsten*); Machthaber.

Dyrr(h)achium, *ī n* (*gr. -on*) *St. in Illyrien, vormals Epidamnus, j.* Durazzo; *adi. u. Einw. -achīnus* (3).

E

E, e[1] (*Abk.*) **1.** = *ēmeritus*; **2.** = *ēvocātus*; **3. E.Q.R.** = *eques Rōmānus.*

ē[2] *prp. u. praev. s.* ex.

eā *adv.* (*sc. viā bzw. parte*; *abl. sg. f v. is*) dort, daselbst.

eādem *adv.* **1.** (*sc. viā*; *abl. sg. f v. īdem*) ebenda, [*qua* wo]; **2.** / (*sc. operā*) °**a**) ebenso; **b**) zugleich; °~ ... ~ bald ... bald.

eampse (*Pl.*) = *eam ipsam.*

eā-propter (*unkl.*) = *propterea.*

eāpse (*Pl.*) = *eā ipsā.*

eā-tenus *adv.* (*sc. parte*; *abl. sg. f v. is*) insoweit, insofern [*quatenus od. quoad od. ut* als, wie].

ebenum, *ī n* (*ebenus*) Ebenholz.

ebenus, *ī f* (*gr. Fw., aus dem Ägypt. entlehnt*) Ebenholz(baum), Gestell von Ebenholz.

ē-bibō, *bibī,* — 3 austrinken; / vertrinken, -prassen; durch Trinken vergessen.

ē-bītō, — — 3 ausgehen.

ē-blandior 4 erschmeicheln; *part. pf. pass. eblanditus* durch Schmeicheleien gewonnen [*suffragia*].

eboreus 3 (*ebur*) aus Elfenbein.

ēbrietās, *ātis f* (*ēbrius*) Rausch, Trunkenheit.

ēbriolus 3 (*dem. v. ēbrius*) angetrunken.

ēbriōsitās, *ātis f* (*ēbriōsus*) Trunksucht.

ēbriōsus (*ēbrius*) **1.** *adi.* 3 (*m.* °*comp.*) trunksüchtig; °/ sehr saftig; **2.** *subst.* ~, *ī m* Trunkenbold.

ēbrius (*et. ungedeutet*; *cf. sōbrius*) **1.** *adi.* 3 **a**) betrunken; °**b**) / im Rausch gesprochen, frei; liebestrunken; überreichlich [*cena*]; **2.** *subst. pl.* **-ī,** *ōrum m* Betrunkene.

ē-bulliō 4 (*bulla*) *trans. u. intr.* °**1.** (her)aussprudeln; *animam* sterben; **2.** / prahlen *mit* [*virtutes*].

ebulum, *ī n* (*nhd.* „Attich") Zwergholunder.

ebur, *oris n* (*ägypt. Fw.*) °**1.** Elefant; **2.** Elfenbein; °**3.** Elfenbeinbild; -flöte, -scheide, -sessel.

eburātus 3 (*ebur*) mit Elfenbein ausgelegt.

eburneolus 3 (*dem. v. eburneus*) elfenbeinern.

eburneus *u.* °**-nus** 3 (*ebur*) **1.** elfenbeinern; °**2.** / weiß wie Elfenbein [*colla*]. [*Lüttich u. Aachen.*]

Eburōnēs, *um m germ. Volk zw.*

ē-castor *int.* (*-ō-?*; *ē- wohl Rufpartikel*) bei Kastor! (*nur von Frauen gebraucht*).

Ecbatana, *ōrum n Hauptst. v. Medien, j.* Hamadan.

ecca, eccam, eccum *s.* ecce.

ecce *int.* (*wohl* < **ed* (*vl.* = *id*) + *ce*) **1.** siehe, siehe da! [°~ *me* da bin ich!; ~ *tuae litterae* da ist ja ein Brief von dir!]; °**2.** *m. pron. verschmolzen eccam, eccillam u. ä.*

ecce-re *adv.* (*-rē?*; *vl.* < *ecce rem*) fürwahr! da haben wir's! [ecce.]

eccillam, eccillum, eccistam *s.*

ecclēsia, *ae f* (*gr. Fw.*) griech. Volksversammlung; ** Kirche (*Gemeinde u. Gebäude*); *maior* Hauptkirche, Dom.

****ecclesiasticus** 3 kirchlich.

eccōs *s.* ecce.

ecdicus, *ī m* (*gr. Fw.*) Staatsanwalt.

ec-dūrus 3 = *ēdūrus.*

ecf... = *eff...*

echenēis, *idis f* (*gr. Fw.*) *ein Fisch, der sich angeblich an den Schiffen festsaugt, um sie aufzuhalten.*

echidna, *ae f* (*gr. Fw.*) Natter, Schlange; ♀ *Ungeheuer der Unterwelt, Mutter des Kerberus; adi. -neus* 3. [/ Spülnapf.]

echīnus, *ī m* (*gr. Fw.*) Seeigel;

ēchō, *ūs f* (*gr. Fw.*) Echo, Widerhall; ♀ *eine Waldnymphe.*

****eclipsis,** *is f das* Ausbleiben, Finsternis (*der Sonne, des Mondes*).

ecloga, *ae f* (*gr. Fw.*) kurzes Gedicht; Hirtengedicht, Ekloge.

eclogārii, *ōrum m* (*ecloga*) ausgewählte Stellen (*zum Vorlesen*).

ec-quandō *adv.* (*wohl* <**ed-*; *s. ecce*) wann denn? wohl jemals?

ec-quī, -quae *u.* **-qua, -quod** (*adi.*) *u.* **ec-quis, -quid** (*meist subst.*) (*wohl* <**ed-*; *s. ecce*; *verstärkt durch -nam*) (*dir.*) etwa irgendein(er)?; (*indir.*) ob wohl irgendeiner; *adv.* **ecquid** (*dir.*) etwa? wohl?; (*selten*) warum wohl?; (*indir.*) ob wohl, ob etwa; °**ec-quī** (*dir.*) wohl irgendwie; (*indir.*) ob wohl irgendwie;

ec-quō wohin wohl? [stase.]

****ecstasis,** *is f* Entzückung, Ek-

ectypus 3 (*gr. Fw.*) herausgeschnitten, in erhabener Arbeit.

eculeus, *ī m* (*dem. v. equus*) Pferdchen, Füllen; hölzernes Folter-

ecus = *equus.* [pferd; / Folter.]

edācitās, *ātis f* (*edāx*) Gefräßigkeit.

edāx, *ācis* (*m.* °*sup.*; *edō*) gefräßig; °/ verzehrend.

ē-dentō 1 (*dēns*) zahnlos machen.

ēdentulus 3 (*dem. v. ē-dēns*) zahnlos; / alt [*vinum*].

ede-pol *int.* (*u. -ō-*; *wohl* <**ē de(iv)e pol(lūx)*; *cf. ēcastor*) bei Pollux! bei Gott! (*urspr. nur v. Männern gebraucht*).

edera, *ae f* = *hedera.*

ē-dīcō, *dīxī, dictum* 3 **1.** ansagen; bekanntmachen, verkündigen; **2.** verordnen, befehlen, bestimmen.

ēdictiō, *ōnis f* (*ēdicō*) Bekanntmachung. [heraussagen.]

ēdictō 1 (*intens. v. ēdīcō*) offen

ēdictum, *ī n* (*ēdīcō*) °**1.** Ausspruch, Satz; **2.** Bekanntmachung, Verordnung; *bsd.* **a**) *praetoris* prätorisches Edikt (*beim Amtsantritt*), Proklamation; °**b**) *das* zensorische Edikt; °**3.** Anschlag über die öffentlichen Spiele.

edim *altl. coni. praes. v. edō*[1].

ē-discō, *didicī,* — 3 (*-dīsc-?*) auswendig lernen; gründlich erlernen.

ē-disserō, *seruī, sertum* 3 ausführlich erörtern. [führlich besprechen.]

ēdissertō 1 (*intens. v. ēdisserō*) aus-

ēditīcius 3 (*ēditus, P.P.P. v. ēdō*[2]) vorgeschlagen [*iudices die* vorgeschlagenen 125 Geschworenen, *v. denen der Angeklagte 75 ablehnen durfte*].

ēditiō, *ōnis f* (*ēdō*[2]) °**1. a**) Herausgabe [*libri*]; **b**) *die* herausgegebene Schrift, Ausgabe; **2.** °**a**) Angabe, Bericht; **b**) (*jur. t.t.*) Vorschlag [*tribuum* der 4 Tribus, *aus denen die Geschworenen gewählt wurden*; *cf. ēditīcius*].

ēditus 3 (*m. comp.,* °*sup.*; *ēdō*[2]) **1.** verkündet; °*subst.* **-a,** *ōrum n* Befehle; °**2.** abstammend; *nuper* neugeboren; **3. a**) emporragend, hoch; °*subst.* **-um,** *ī n* Anhöhe, Höhe; °**b**) / hervorragend.

edō[1], *ēdī, ēsum* 3 (*altl. athematische Kurzformen: ēs, ēst, ēstis, ēsse, ēssem; ēstur* (*ĕ-?*); *nhd.* „essen") essen, fressen; °/ verzehren; zerstören.

ē-dō[2], *didī, ditum* 3 (*Vermengung v. dō* 1 „geben" *u.* √ **dhē-*„setzen")

I. herausgeben: **1.** von sich geben; aushauchen, ausstoßen [*voces*]; **2. a**) gebären, erzeugen; **b**) herausgeben [*librum*]; **3.** (*Gerüchte*) verbreiten, ausstreuen; **4. a**) angeben, äußern, sagen, nennen; verraten [°*consilia*]; **b**) Befehle ergehen lassen, befehlen; **c**) (*jur. t.t.*) veröffentlichen, bestimmen, vorschlagen [*iudices, tribus*; *cf. ēditiō*]; **d**) (*Orakel*) verkünden; **5.** hervorbringen [*fructum*], bewirken, (*Dienst*) leisten [°*annuam operam* ein Jahr dienen]; liefern [°*proelium*]; veranstalten [°*ludos*]; °**II.** in die Höhe heben [*corpus super equum* sich aufs Pferd schwingen].

ē-doceō, *docuī, doctum* 2 gründlich lehren; genau berichten; *P.P.P. ēdoctus* genau unterrichtet *von* [*cuncta*].

ē-dolō 1 °**1.** zurechtzimmern; **2.** / fertigmachen.

ē-domō, *uī, itum* 1 völlig (be-)zähmen; / bezwingen.

ē-dormiō 4 **1.** (*intr.*) ausschlafen; **2.** (*trans.*) ausschlafen, verschlafen.

ēdormīscō, — — 3 (*incoh. v. ēdormiō*) ausschlafen, verschlafen.

ēducātiō, *ōnis f* (*ēducō*^{1}) Erziehung.

ēducātor, *ōris m* (*ēducō*^{1}) Erzieher; °Hofmeister. [zieherin.

ēducātrīx, *īcis f* (*ēducātor*) Er-

ē-ducō^{1} 1 (*dūcō*; *zur Bedeutung vgl. nhd.* „erziehen") auf-, erziehen.

ē-dūcō^{2}, *dūxī, ductum* 3 **1. a**) herausziehen [*gladium*]; *sortem* das Los ziehen; auslosen [*tres*]; °**b**) (*zeitl.*) verleben [*annos*]; **2. a**) (her-)ausführen; **b**) (*mil. t.t.*) ausrücken lassen; *abs.* mit dem Heere ausmarschieren; auslaufen lassen [*naves*]; **c**) (*jur. t.t.*) vor Gericht ziehen, vorführen [*in ius*]; °abführen; **d**) mitnehmen; °**e**) vorschieben [*turrem*]; in ein Gewässer hineinbauen [*molem in Rhenum*]; **3.** °**a**) aufführen, errichten [*pyramides*]; **b**) = *ēducō*^{1}.

edūlis, e (*edō*) eßbar; *subst.* **-ia,** *ium n* Eßwaren.

ē-dūrō 1 fortdauern.

ē-dūrus 3 (*wohl Rückbildung aus ēdūrō* 1 „abhärten") sehr hart.

effāfilātus 3 = *exfāfillātus* 3.

ef-farciō = *efferciō*.

effātum, *ī n* (*effor*) Ausspruch; Prophezeiung; philos. Satz.

effectiō, *ōnis f* (*efficiō*) Ausübung; wirkende Kraft.

effectīvus 3 (*effectus, P.P.P. v. efficiō*) bewirkend, auf der Wirkung beruhend. [Urheber.

effector, *ōris m* (*efficiō*) Schöpfer,

effectrīx, *īcis f* (*effector*) Schöpferin, Urheberin. [entwickelt.

effectus^{1} 3 (*efficiō*) durchgearbeitet,

effectus^{2}, *ūs m* (*efficiō*) **1.** Ausführung, Verrichtung; °*in -u* im Bau; **2.** Tätigkeit; °*pl.* wirksame Kräfte, Substanzen; **3.** Wirkung, Erfolg.

effēminātus 3 (*m.* °*comp., sup., adv.*; *effēminō*) weibisch, weichlich; *subst.* ~ *ī m* = *cinaedus*.

ef-fēminō 1 (*ex, fēmina*) **1.** weibliches Geschlecht beilegen [*aëra*]; **2.** verweichlichen.

efferbuī *s. effervēscō*.

efferciō, *fersī, fertum* 4 (*farciō*) vollstopfen, ausfüllen. [Roheit.

efferitās, *ātis f* (*efferus*) Wildheit,

ef-ferō^{1} 1 (*ferus*) wild machen, verwildern lassen; °/ erbittern; *P.P.P. adi.* **efferātus** 3 (*m.* °*comp.*, °*sup.*) verwildert; °grimmig.

ef-ferō^{2}, *extulī, ēlātum* 3 **1.** hinaustragen: **a**) hinaustragen, -bringen, -schaffen; entfernen; **b**) zu Grabe tragen; **c**) tragen, hervorbringen [*fruges cum decumo* zehnfach]; **d**) aussprechen, ausplaudern [*consilia*], verbreiten; **2.** über das Ziel hinausführen: °**a**) zu weit führen; **b**) / fort-, hinreißen; *mediopass.* sich hinreißen lassen; **3.** emportragen: **a**) emporheben; *mediopass.* emporsteigen [*ad sidera*]; / **b**) stolz, hochmütig machen; *mediopass. u. se efferre* sich überheben [*rebus secundis*]; **c**) rühmen, preisen [*laudibus*]; ** gebären.

effertus 3 (*m. sup.*; *efferciō*) vollgestopft, reich *an*.

ef-ferus 3 wild, roh.

ef-fervēscō, *ferbuī u. fervī,* — 3 aufwallen; / aufbrausen. [vēscō.

ef-fervō, — — 3 (*dcht.*) = *effer-*

ef-fētus 3 °**1.** (*durch Gebären*) erschöpft; **2.** / entkräftet, schwach; unempfänglich *für* [°*veri*].

efficācitās, *ātis f* (*efficāx*) Wirksamkeit.

efficāx, *ācis* (*m. comp., sup., adv.*; *efficiō*) wirksam, tätig, erfolgreich.

efficiēns, *entis* (*m.* °*comp., adv.*;

efficiō) bewirkend, wirksam; *causa* Entstehungsgrund; °*subst.* **-ientia**[1], *ium n* bewirkende Dinge.

efficientia[2], *ae f* (*efficiēns*) Wirksamkeit.

ef-ficiō, *fēcī, fectum* 3 (*altl. coni. pf. effexis*; *coni. praes.* P. *effiant*; *inf. praes.* P. *efficrī*; *faciō*) **1.** herausbringen: **a**) hervorbringen, tragen [*fructus*]; / ausmachen, betragen; **b**) herstellen, schaffen, bilden; **c**) zusammen-, aufbringen, [*pecuniam*]; **d**) machen *zu* [*montem arcem*]; **2.** zu Ende bringen: **a**) veranlassen, bewirken, verursachen, [*caedem*; *ut, ne*; *effici non potest, quin*]; eine Strecke zurücklegen; **b**) beweisen, dartun; *ex quo efficitur, ut od. a.c.i.* daraus folgt.

effigia, *ae f* (*altl.*) = *effigiēs*.

effigiēs, *ēī f* (*effingō*) **1.** Bild, Bildnis, Bildwerk; °**2.** Gestalt; **3.** Schatten-, Traumbild; Erscheinung; **4.** / Ebenbild [*virtutis paternae*]; Ideal [*iusti imperii*].

ef-fingō, *fīnxī, fictum* 3 °**1.** hinstreichen *über*, streicheln; **2.** weg-, abwischen; **3.** heraus-, nachbilden; **4.** / nachahmen, ausdrücken, darstellen; veranschaulichen.

ef-fīō *s. efficiō*.

efflāgitātiō, *ōnis f u.* **-tātus,** *abl. ū m* (*efflāgitō*) dringendes Verlangen, Forderung.

ef-flāgitō 1 dringend verlangen, fordern; auffordern.

efflātus, *ūs f* (*efflō*) *das* Aufkommen *eines Windes.*

ef-fleō, *ēvī, ētum* 2 sich ausweinen.

efflīctim *adv.* (*efflīgō*) heftig [*amare*].

efflīctō 1 (*intens. v. efflīgō*) totschlagen.

ef-flīgō, *xī, ctum* 3 totschlagen.

ef-flō 1 **1.** aushauchen; °**2.** aussprühen; verlieren [*colorem*].

ef-flōrēscō, *ruī,* — 3 emporblühen; aufblühen; / erblühen.

ef-fluō, *flūxī,* — 3 (*flūxī?*) **1.** (her-) ausfließen, entströmen; **2.** / °**a**) herausfallen, entgleiten [*manibus*]; **b**) vergessen werden; **c**) verschwinden; **d**) bekannt werden.

effluvium, *ī n* (*effluō*) Ausfluß.

ef-fōcō *falsche Schreibung für offōcō.*

ef-fodiō, *fōdī, fossum* 3 **1.** aus-, aufgraben, ausstechen; °**2.** umgraben, durchwühlen.

(**ef-for**), *fātus sum* 1 (*nur wenige Formen gebräuchlich*) **1.** aussprechen, (aus)sagen; **2.** (*t.t. der Auguralsprache*) weihen, bestimmen [*locum templo*]; *part. pf. effātus* 3 *oft pass.*: bestimmt, geweiht, abgegrenzt; **3.** (*dial. t.t.*) als Satz aufstellen.

effrāctārius, *ī m* (*effringō*) Einbrecher.

effrēnātiō, *ōnis f* (*ef-frēnō* 1 „abzäumen"; *frēnum*) Zügellosigkeit.

effrēnātus 3 (*ef-frēnō* 1 „abzäumen"; *frēnum*) °**1.** ohne Zaum; **2.** / (*m. comp.*, °*sup.*, *adv.*) zügellos, unbändig.

effrēnus 3 (*nkl.*, *dcht.*) = *effrēnātus*.

ef-fricō, — — 1 abreiben.

ef-fringō, *frēgī, frāctum* 3 (*frangō*) **1.** aufbrechen; °**2.** zerschmettern.

ef-fugiō, *fūgī, fugitūrus* 3 **1.** (*intr.*) entfliehen, entkommen [*e proelio*]; **2.** (*trans.*) entgehen [*periculum*]; (*impers.*) *me effugit* es entgeht mir, ich beachte nicht, vergesse.

effugium, *ī n* (*effugiō*) °**1.** Flucht; **2.** / °**a**) Ausweg, Ausgang; **b**) Gelegenheit zur Flucht.

ef-fulgeō, *fulsī,* — 2 hervorleuchten.

ef-fulgō, — — 3 = *effulgeō*.

ef-fultus 3 (*fulciō*) liegend *auf* [*foliis*].

ef-fundō, *fūdī, fūsum* 3 **1.** ausgießen: **a**) aus-, vergießen; ausleeren, -schütten; *se -ere u. mediopass.* überströmen [°*Tiberis*]; **b**) / (*eine Menge*) (her)aussenden [*equitatum*]; *se -ere u. mediopass.* sich ergießen, herauseilen [*castris*]; °herbeiströmen [*vulgus oppido*]; **c**) loslassen, fahren lassen / [*odium omne*]; die Zügel schießen lassen [°*iram*]; aushauchen; *mediopass.* sich ganz hingeben [*in socordiam*]; **d**) ausströmen lassen; *sein Herz* ausschütten; **2.** fortschleudern: **a**) abwerfen [*equitem*]; (*nach allen Seiten hin*) schleudern [*tela*]; in Menge hervorbringen [*fruges*]; ausstoßen [*voces*]; **b**) vergeuden [°*vires*].

effūsiō, *ōnis f* (*effundō*) **1.** *das* Ausgießen, Erguß; **2.** / **a**) *das* Herausströmen; **b**) Verschwendung; **c**) Ausgelassenheit; °**d**) maßlose Sucht.

effūsus 3 (*m. comp.*, °*sup.*, *adv.*; *effundō*) °**1.** weit (ausgedehnt), weit und breit; °**2.** zerstreut, unordentlich; °**3.** aufgelöst [*comae*]; verhängt [*habenae*], gestreckt [*cursus*];

4. verschwenderisch; maßlos, übertrieben.

ef-fūtiō 4 (*fūtis* „Gießkanne"; *cf. fundō*) schwatzen; ausplaudern.

ef-futuō, *futuī, futūtum* 3 verhuren, durch Unzucht durchbringen.

ē-gelidus 3 (*eigtl.* „abgekühlt") lau; kühl.

egēns, *entis* (*m. comp., sup.*; egeō) (be)dürftig, arm [*rerum*].

egēnus 3 (egeō) bedürftig, arm *an*; *subst.* ~, *ī m der* Arme.

egeō, *uī,* — 2 (*cf. altnordisch* ekla „Mangel") **1.** darben, Mangel leiden; **2. a)** nötig haben [*pecunia*; *classis*]; **b)** entbehren; °**c)** sich sehnen *nach* [*pane*; *plausoris*].

Ēgeria, *ae f* (*wohl urspr. etr. als Geburtsgöttin verehrte*) Quellnymphe, Vertraute des Numa.

ē-gerō¹, *gessī, gestum* 3 **1.** hinausbringen, fortschaffen; **2.** von sich geben, ausspeien; P. münden; **3.** / vertreiben. [fortschafft.

ēgerō² (?), *ōnis m* (ēgerō¹) jd., der

egestās, *ātis f* (egeō) Armut, Dürftigkeit, Not; Mangel *an* [*cibi*].

ēgestiō, *ōnis f* (ēgerō¹) *das* Wegschaffen, Plünderung; (*med. t.t.*) Entleerung [*ventris*].

ēgestus, *ūs m* (ēgerō¹) Entleerung.

ē-gignō, — — 3 (-ī-?) hervorbringen; P. hervorwachsen.

egō, egŏ (*gen. meī, dat. mihī u. mihĭ* (*dcht. auch mī*), *acc. u. abl. mē* (*altl. mēd*); *cf. nhd.* „ich") ich; *ad me* in mein Haus; *a me* aus meinem Haus, aus meiner Tasche; *verstärkt durch -met u. -pte*; *s.d.*; *pl. s. nōs.* [meinerseits.

ego-met *u.* ego-met (*cf. -met*) ich

ē-gredior, *ēgressus sum* 3 (*gradior*) **1.** (*intr.*) **a)** hinaus-, herausgehen, -kommen, ausrücken, abmarschieren; **b)** (*v. unten*) emporsteigen; aussteigen, landen [*e navi*]; absegeln; **c)** / abschweifen [*a proposito*]; **2.** (*trans.*) °**a)** verlassen [*urbem*]; **b)** überschreiten [*fines*; °/ *modum*].

ē-gregius 3 (*m. adv.*; *grex*) **1.** auserlesen, vorzüglich, außerordentlich; °**2.** rühmlich; *subst.* **-um,** *ī n* Ehre, rühmliche Tat; Vorzug.

ēgressiō, *ōnis f* (ēgredior) / Abschweifung vom Thema.

ēgressus, *ūs m* (ēgredior) **1. a)** *das* Ausgehen, öffentliches Erscheinen; **b)** Landung; °**c)** Ausgang (*als Ort*); °**d)** Mündung; °**2.** / Abschweifung vom Thema.

ē-gurgitō 1 (*gurges*) herausschütten.

ehem (*Schallwort*; *cf. nhd.* „hm") ha! sieh da!. [wehe!

ēheu *u.* **eheu** (*Schallwort*) o! ach!

eho(dum) (*cf. altind.* áha, ahō) *int.* he! heda! holla!

ei *int.* (*Schallwort*) ach! wehe! *oft ei mihi!* = *vae mihi!* [wohlan!

ēia *u.* **ēia** *int.* (*gr. Fw.*) ei! heda!

ē-iaculor 1 herausschleudern; *se -ari* emporschießen, aufspritzen.

ē-iciō, *iēcī, iectum* 3 (*iaciō*) **1.** hinaus-, herauswerfen; *se -ere* hervorbrechen [*ex castris*]; **2.** (*rasch*) anlegen, landen (lassen) [*naves in terram*]; P. stranden; **3.** auswerfen [*sanguinem*]; herausstrecken [*linguam*]; von sich geben [*vocem*]; °verrenken [*armum*]; **4.** vertreiben, -drängen; verbannen; ausstoßen [(*de*) *senatu*]; **5. a)** auspfeifen, auszischen [*citharoedum*]; **b)** verwerfen [*sententiam*]; **6.** (*P.P.P.*) *adi.*

ēiectus 3 (*cf.* 2) schiffbrüchig.

ēiectāmentum, *ī n* (ēiectō) Auswurf.

ēiectiō, *ōnis f* (ēiciō) Verbannung.

ēiectō 1 (*intens. v.* ēiciō) (her)auswerfen, ausspeien. [Vorsprung.

ēiectum, *ī n* (ēiectus, *P.P.P. v.* ēiciō)

ēiectus, *ūs m* (ēiciō) *das* Hervorsto-

ēier... = ēiūr... [ßen (*des Atems*).

ēiulātiō, *ōnis f u.* **-tus,** *ūs m* (ēiulō) *das* Wehklagen. [wehklagen.

ēiulō 1 (*ei*; *eigtl.* „ei rufen") heulen,

ēiūrātiō, *ōnis f* (ēiūrō) *das* Entsagen [*bonae spei*].

ē-iūrō 1 **1. a)** abschwören, eidlich von sich (ab)weisen, verleugnen; *bonam copiam* den Offenbarungseid leisten; °**b)** feierlich niederlegen [*consulatum*]; °**c)** sich lossagen *von* [*patriam*]; **2.** ablehnen [*iudicem*].

ēiusdem-modī von derselben Art.

ēius-modī derart(ig), so beschaffen.

ē-lābor, *lāpsus sum* 3 **1.** herausgleiten, -schlüpfen; **2.** entgleiten, entfallen [*de manibus*]; °(*med. t.t.*) verrenkt werden; **3.** / **a)** entrinnen [*e proelio*]; davonkommen [*ex iudicio*]; °**b)** geraten *in* [*in servitutem*]; °**4.** hinaufschlagen [*ignis frondes in altas*].

ē-labōrō 1 **1.** (*intr.*) sich bemühen, sich anstrengen [*in litteris*]

2. (*trans.*) sorgfältig ausarbeiten; betreiben; 3. (*P.P.P.*) *adi.* **ēlabōrātus** 3 a) sorgfältig ausgearbeitet; °b) durchgebildet; c) gekünstelt.
ē-lāmentābilis, e kläglich.
ē-languēscō, *guī,* — 3 erschlaffen, ermatten; / eingehen [*arbor*].
ēlātiō, *ōnis f* (*efferō*) 1. Erhebung, Aufschwung; 2. Überordnung.
ē-lātrō 1 herausbellen, -poltern.
ēlātus 3 (*m.* °*comp.*, °*sup.*, *adv.*; *efferō*) erhaben, stolz, übermütig.
ē-lavō 1 *s. ēluō.*
Elea, *ae f* (*gr.* Eleā) *St. i. Lukanien, Geburtsort der Stifter der eleatischen Schule, Parmenides u. Zeno*; **Eleātēs,** *ae m der* Eleat = Zeno; *adi.* -*āticus* 3; *cf. Velia.*
ēlecebra, *ae f* „Entlockerin" *des Geldes* (*v. einer Dirne*).
ēlēctilis, e (*ēligō*) auserlesen.
ēlēctiō, *ōnis f* (*ēligō*) Auswahl, Wahl; °-*ones vitiatarum die* Entscheidungen der Geschändeten (*Wahl zwischen Hinrichtung des Verführers u. Ehe mit ihm*); ** Königswahl, kirchliche Wahl.
ēlectō¹ 1 (*intens. v. ēliciō*) herauslocken.
ēlēctō² 1 (*intens. v. ēligō*) auswählen.
****elector,** *oris m* Wähler; Kurfürst.
Electra, *ae f* (*gr.* -ktrā) 1. *Plejade, Tochter des Atlas*; 2. *Tochter Agamemnons, Schwester des Orest.*
ēlectrum, *ī n* (*gr. Fw.*) 1. Bernstein; *pl.* Bernsteintropfen; 2. Elektron (*Legierung aus* $^3/_4$ *Gold u.* $^1/_4$ *Silber*).
ēlēctus¹ 3 (*m.* °*comp.*, *sup.*, *adv.*; *ēligō*) (aus)erlesen, ausgewählt; ** *subst.* erwählter (*noch nicht eingeführter*) Bischof.
ēlēctus², *ūs m* (*ēligō*) Wahl.
****eleemosyna,** *ae f* Almosen; Geschenk; Speisung.
ēlegāns, *antis* (*m. comp.*, *sup.*, *adv.*; *part. praes. v.* **ēlegō* 1 „wähle aus") geschmackvoll, fein; korrekt, gewählt; *subst.* **-ēs,** *ium m* feine Leute, gebildete Redner.
ēlegantia, *ae f* (*ēlegāns*) (feiner) Geschmack, Feinheit, Anstand; Korrektheit.
elegēum, *ī n* (*gr. Fw.*) elegisches Gedicht.
elegī, *ōrum m* (*gr. Fw.*) Elegie.
elegē(ī)a *u.* **-gīa,** *ae f* (*gr. Fw.*) Elegie.
****elegicus** 3 traurig.
elementum, *ī n* (*meist pl.*; *et. ungedeutet*; *Grundbed.* (*sg.*) *wahrsch.* „Buchstabe") °1. Buchstaben; Alphabet; 2. (*philos. t.t.*) Ur-, Grundstoff, Element; 3. / a) Anfangsgründe; Anfänge; °b) *decem Aristotelis die* Kategorien; °c) *prima* Elementarschüler.
elenchus, *ī m* (*gr. Fw.*) °1. Tropfenperle (*als Ohrgehänge*); 2. Register.
elephantus, *ī u.* °**-phās,** *antis m* (*gr. Fw.*, *aus dem Ägypt. entlehnt*) 1. Elephant; °2. Elfenbein; °3. Elephantiasis (*Krankheit*).
Ēlēus *s. Ēlis.*
Eleusīn, *īnis f* (*gr.* -sis *u.* -sin) Eleusis *in Attika* (*ber. durch seine Mysterien*), *j.* Levsina; *adi.* -*sīn(i)us* 3.
eleutheria, *ae f* (*gr. Fw.*) Freiheit.
ēlevātiō, *ōnis f* (*ēlevō*) (*rhet. t.t.*) ironische Lobeserhebung.
ē-levō 1 1. auf-, emporheben; 2. / a) vermindern, schwächen; mildern; b) herabsetzen.
Ēlias *s. Ēlis.*
ē-liciō, *cuī, citum* 3 (*laciō* 3 „locken"; *cf. lacessō*) hervorlocken; / entlocken, ermitteln; reizen.
ē-līdō, *sī, sum* 3 (*laedō*) 1. herausschlagen, -stoßen, -treiben; °*retrorsum* zurückwerfen [*imaginem*]; 2. zerschlagen, -schmettern; / vernichten.
ē-ligō, *lēgī, lēctum* 3 (*legō²*) auslesen; ausjäten, -raufen; / auswählen.
ē-līminō 1 (*līmen*) aus dem Hause treiben; / ausplaudern.
ē-līmō 1 (aus)feilen; / ausarbeiten.
ē-linguis, e (*lingua*) sprachlos, stumm; / nicht redegewandt.
ē-linguō 1 (*lingua*) die Zunge abschneiden [*alqm*].
ē-liquō 1 klären, durchseihen.
Ēlis, *idis f Landsch. im w. Peloponnes m. gleichnamiger Hauptst.*; *adi. u. Einw.* -*lēus u.* -*līus* (3); *adi.* -*lias, adis f.*
ēlīsiō, *ōnis f* (*ēlīdō*) *das* Herausstoßen, Auspressen.
Elissa, *ae f zweiter Name der Dīdō.*
ēlix, *icis m* (*cf. liqueō*) Wasserfurche, -graben.
ē-lixus 3 (*cf. liqueō*) gesotten, gekocht; stark schwitzend.
ellebor... = *hell...*
ellīpsis, *is f* (*acc.* -*in*; *gr. Fw.*) (*gramm. t.t.*) Auslassung eines Wortes, Ellipse.
el(l)ops = *helops.*
elluātiō, elluō, elluor = *hellu...*
ellum, ellam (< *em illum, illam*) da ist er (sie).

ē-locō 1 verpachten, verdingen; zinsbar machen. [Stil.}
ēlocūtiō, *ōnis f* (*ēloquor*) Ausdruck,}
ēlocūtōrius 3 (**ēlocūtor; cf. ēlocūtrīx*) den Stil betreffend; *subst.* **-a,** *ae f* Redekunst.
ēlocūtrīx, *īcis f* (*ēloquor*) Redekunst.
ēlogium, *ī n* (*gr. Fw. unter Anlehnung an ēloquium; cf. ante-logium*) Ausspruch: **1.** Spruch, (rühmende) Inschrift (*auf Grabsteinen u. Ahnenbildern*); **2.** Zusatz im Testament, Klausel, Kodizill; °**3.** politische Tatbestandsaufnahme.
ēloquēns, *entis* (*m.* °*comp.*, *sup.*, °*adv.*; *ēloquor*) beredt.
ēloquentia, *ae f* (*ēloquens*) *das* Aussprechen; Beredsamkeit; ** Kunst, lat. zu schreiben; *vulgaris das* Dichten in der Muttersprache.
ēloquium, *ī n* (*ēloquor; nkl. dcht.*) = *ēlocūtiō u. ēloquentia*; ** Predigt; *divinum* Gottes Wort.
ē-loquor, *locūtus sum* 3 heraussagen, aussprechen; vortragen.
ēlōtum = *ēlautum*; *s. ēluō.*
ē-lūceō, *xī,* — 2 hervorleuchten; / in die Augen fallen, glänzen, sich auszeichnen [*virtutibus*].
ēluctābilis, e (*ēluctor*) überwindbar.
ē-luctor 1 **1.** (*intr.*) sich hervorringen, hervordringen; **2.** (*trans.*) mit Mühe überwinden [*difficultates*].
ē-lūcubrō *u.* **-or** 1 bei Licht ausarbeiten.
ē-lūdificor 1 zum besten haben.
ē-lūdō, *sī, sum* 3 **1.** (*intr.*) **a)** (*aus dem Meer*) spielend heranplätschern [*fluctus*]; **b)** (*vom Fechter*) ausweichen, parieren [*rudibus* (*abl.*!)]; **2.** (*trans.*) °**a)** (*im Spiel*) abgewinnen [*alqm anulum*]; besiegen; **b)** °α) (*vom Fechter*) ausweichen, parieren [*telum*]; *kl. nur* /; °β) ausweichen, zu entgehen suchen [*pugnam*]; **c)** verspotten, necken; °**d)** vereiteln.
ē-lūgeō, *xī,* — 2 **1.** (°*intr. u. trans.*) die übliche Zeit trauern, betrauern.
ē-lumbis, e (*lumba*) lendenlahm; / lahm, schleppend.
ē-luō 3 (*luō; lavō*) **1.** (*trans.*: —, *ēlūtum*) **a)** aus-, abwaschen, reinigen [*corpus*]; **b)** / tilgen [*maculam*]; °**2.** (*intr.*: *ēlāvī, ēlautum*) **a)** (sich) baden; **b)** Schiffbruch leiden; **c)** sein Vermögen verbaden; sich ruinieren.

ēlūtus 3 (*m. comp.*; *ēluō*) saftlos, kraftlos.
ēluviēs, *ēī f* (*ēluō*) **1.** °**a)** Ausfluß; Unterspülung; Überschwemmung; **b)** Wellengrab, Grab; °**2.** Lache; (ausgewaschene) Schlucht; °**3.** Kanal.
ēluviō, *ōnis f* (*ēluō*) Überschwemmung.
Ēlysium, *ī n* (*gr.* Ēlysion pedion) *Wohnsitz der Seligen*; *adi.* **-sius** 3.
em *int.* (*apokopierter imp. v. emō*) da! nimm! sieh da!
ēmacerō 1 (*macer*) ausmergeln.
emācitās, *ātis f* (*emāx*) Kaufsucht.
ēmancipātiō, *ōnis f* (*ēmancipō*) (*jur. t.t.*) **1.** Entlassung aus der väterlichen Gewalt; **2.** Abtretung von Grundstücken (*Scheinverkauf in Gegenwart v. 5 Zeugen*).
ē-mancipō 1 (*jur. t.t.*) °**1.** den Sohn aus der väterlichen Gewalt entlassen; **2. a)** ein Kind in die Gewalt eines andern entlassen, überlassen [*filium in adoptionem*]; °**b)** abtreten [*agrum*]; **3.** / übergeben, überlassen. [bleiben.}
ē-maneō, *mānsī, mānsum* 2 aus-}
ē-mānō 1 °**1.** herausfließen; **2.** / entspringen, hervorgehen; sich verbreiten, bekannt werden. [den.}
e-marcēscō, *cuī,* — 3 dahinschwin-}
Ēmathia, *ae f* (*gr.* -thịā) Südmakedonien; Nordthessalien; *adi.* **-thius** 3; *subst.* **-thides,** *um f die* Musen.
ē-mātūrēscō, *ruī,* — 3 reif werden; / sich mildern [*ira*].
emāx, *ācis* (*emō*) kauflustig.
emblēma, *atis n* (*dat. u. abl. pl.* *-matīs*; *gr. Fw.*) °**1. a)** eingelegte Arbeit; Mosaik; **b)** / Einschiebsel (*in einer Rede*); **2.** Relief (*an Gefäßen*).
embolium, *ī n* (*gr. Fw.*) pantomimisches Zwischenspiel; / *pl.* Liebeshändel. [lich.}
ēmendābilis, e (*ēmendō*) verbesser-}
ēmendātiō, *ōnis f* (*ēmendō*) Verbesserung; Besserung.
ēmendātor, *ōris m* (*ēmendō*) Verbesserer; Sittenrichter.
ēmendātrīx, *īcis f* (*ēmendātor*) Verbesserin.
ē-mendīcō 1 erbetteln.
ē-mendō 1 (*mendum*) von Fehlern befreien, (ver)bessern; (*P.P.P.*) *adi.* **ēmendātus** 3 (*m.* °*comp.*, °*sup.*, *adv.*) fehlerfrei, korrekt.
ē-mentior 4 (er)lügen, erdichten,

vorgeben; (*abs.*) falsche Aussagen machen; *part. pf.* *-tītus* 3 *auch pass.* erdichtet, erlogen.
ē-mercor 1 erkaufen; bestechen.
ē-mereō, *uī, itum* 2 *u.* °**ē-mereor,** *itus sum* 2 **1.** verdienen; sich Verdienste erwerben *um* [*illum*]; **2.** (*mil. t.t.*) ausdienen; *stipendia* Dienstzeit ableisten; **3.** (*part. pf.*) *adi.* **ēmeritus** 3 **a)** ausgedient; °**b)** unbrauchbar; °*subst.* **-us,** *ī m* Veteran.
ē-mergō, *mersī, mersum* 3 **1.** (*trans.*) auftauchen lassen; *se -ere u. medio-pass.* auftauchen, emporkommen; **2.** (*intr.*) **a)** auftauchen; / sich zeigen; **b)** sich herausarbeiten.
ē-mētior, *mēnsus sum* 4 °**1.** ab-, ausmessen; **2.** (*M. A.*) zumessen, zuteilen; °**3.** / **a)** durchwandern, zurücklegen; **b)** ver-, erleben; überleben; *part. pf. oft pass.*
ē-metō, —, *messum* 3 abmähen.
ē-micō, *uī* (*āvī*), *ātum* 1 hervorzucken, -leuchten; aufspringen; / emporragen. [/ scheiden [*e vita*].
ē-migrō 1 auswandern, ausziehen;
ēmina = *hēmina.* [drohung.
ēminātiō, *ōnis f* (*ēminor*) An-
ēminēns, *entis* (*m. comp.*, °*sup.*; *ēmineō*) **1.** hervorragend, -springend; °**2.** / ausgezeichnet, glänzend; *subst.* **-tēs,** *ium m* hervorragende Männer; **-tia**[1], *ium n* Glanzpartien.
ēminentia[2], *ae f* (*ēminēns*) *das* Hervorragende; (*t.t. der Malerei*) Licht(partien); ** Höhe [*aetatis*]; Hoheit.
ē-mineō, *uī,* — 2 (*cf. minae; mōns; mentum*) **1.** hervorragen; **2.** / **a)** hervortreten, sichtbar sein; **b)** sich auszeichnen.
ē-minīscor, *mentus sum* 3 (*cf. meminī*) aussinnen, erdenken.
ē-minor 1 drohend aussprechen.
ē-minus *adv.* (*manus; cf. comminus*) von ferne, fern.
ē-mīror 1 anstaunen.
ēmissārium, *ī n* (*ēmissus, P.P.P. v. ēmittō*) (Abzugs-)Kanal.
ēmissārius, *ī m* (*ēmissus, P.P.P. v. ēmittō*) Späher, Spion; ** *adi. equus* Zuchthengst.
ēmissīcius 3 (*ēmissus, P.P.P. v. ēmittō*) spähend [*oculi*].
ēmissiō, *ōnis f* (*ēmittō*) **1.** *das* Schleudern; Wurf; **2.** *das* Laufenlassen; ** *das* Gebären.
ēmissus, *ūs m* (*ēmittō*) *das* Entsenden.
ē-mittō, *mīsī, missum* 3 **1.** herausschicken: **a)** aussenden, abschicken; **b)** abschießen [*tela*], ausstoßen [*vocem*], ablaufen lassen [°*aquam*]; **c)** ausstoßen, ausweisen; **d)** herausgeben [°*libellos*]; **2.** loslassen: **a)** laufen, gehen, fallen lassen; **b)** freilassen, frei abziehen lassen; °**c)** (*jur. t.t.*) (*aus einem Rechtsverhältnis*) entlassen, freilassen [(*einen Sklaven*) *manu*; (*einen Schuldner*) *libra et aere liberatum*; *cf. lībra*].
emō, *ēmī, ēmptum* 3 (*altl. coni. pf. empsim*; *urspr.* „nehmen", *nur noch ersichtlich in em u. den Komposita adimō, sūmō u. a.*) **1.** kaufen; pachten [*magno* teuer; *minoris* billiger]; **2.** / erkaufen, bestechen.
ē-moderor 1 ermäßigen.
ē-modulor 1 (be)singen. [*tum.*
ēmolimentum, *ī n* = *ēmolumen-*
ē-mōlior 4 zustande bringen; aufwühlen [*fretum*]. [verweichlichen.
ē-molliō 4 erweichen; / mildern;
ēmolumentum, *ī n* (*urspr. Wort der Bauernsprache*: „Mahlgewinn"; *ē-molō* 3 ausmahlen) Vorteil, Nutzen; °*pl.* Segnungen [*pacis*].
ē-moneō, — — 2 ermahnen.
ē-morior, *mortuus sum* 3 (*altl. inf. ēmorīrī*) hinsterben; / verschwinden, vergehen.
ēmortuālis, e (*ēmortuus, part. pf. v. ēmorior*) Sterbe... [*dies*].
ē-moveō, *mōvī, mōtum* 2 (*pf. auch synk. ēmōstis*) **1. a)** hinausschaffen, entfernen; **b)** (*med. t.t.*) ausrenken; / *mens emota* verrückt; **2.** erschüttern.
Empedoclēs, *is m* (*gr.* -klẹ̄s) *gr. Philosoph aus Agrigent, um 450*; *adi. -clēus* 3.
emphasis, *eos f* (*acc. -im, abl. -ī; gr. Fw.*) Kraft des Ausdrucks, Emphase.
empīricī, *ōrum m* (*gr. Fw.*) Empiriker (*Ärzte, die sich auf die Erfahrung stützen*). [platz.
emporium, *ī n* (*gr. Fw.*) Handels-
emporos, *ī m* (*gr. Fw.*) Kaufmann.
ēmptiō, *ōnis f* (*emō*) **1.** Kauf, Ankauf; **2.** *der* gekaufte Gegenstand.
ēmptitō 1 (*frequ. v. emō*) erkaufen; / durch Bestechung erwerben.
ēmptor, *ōris m* (*emō*) Käufer.

ē-mūgiō 4 / herausbrüllen (*v. Redner*).
ē-mulgeō, —, *mulsum* 2 abmelken (*auch obszön*); ausschöpfen.
ēmūnctiō, *ōnis f* (ēmungō) *das* Naseputzen.
ēmūnctus 3 (ēmungō) geschneuzt, scharf witternd; *homo -ae naris* ein gewitzter Kopf.
ē-mundō 1 gründlich säubern.
ē-mungō, *mūnxī, mūnctum* 3 (*cf. mūcus*) sich die Nase putzen; / betrügen.
ē-mūniō 4 vermauern, stark befestigen; gangbar machen.
ēmussitātus 3 (*wohl* = *examussitātus*; *amussis*) genau abgemessen; vollkommen.
ēmūtātiō, *ōnis f* (ēmūtō) Umänderung.
ē-mūtō 1 umändern.
ēn *int.* (= *gr.* ēn) **1.** (*hinweisend*) sieh da! da hast du! da ist [~ °*Priamus*; ~ °*aras*; *en, cui liberos committas*]; °**2.** (*auffordernd*) wohlan! auf! **3.** (*fragend*) wohl? etwa? denn? [~ °*umquam*?].
ēnarrābilis, e (*-nārr-*?; *ēnarrō*) erzählbar.
ēnarrātiō, *ōnis f* (*-nārr-*?; *ēnarrō*) **1.** *syllabarum das* Skandieren; **2.** Interpretation (*eines Textes*).
ē-narrō 1 (*-ā-*?) **1.** vollständig erzählen °**2.** interpretieren [*poemata*].
ē-nāscor, *nātus sum* 3 herauswachsen, entstehen.
ē-natō 1 °**1.** sich schwimmend retten; **2.** / sich heraushelfen.
ē-nāvigō 1 °**1.** (*intr.*) absegeln; hinausfahren; *kl. nur* /; °**2.** (*trans.*) durchfahren.
encaustus 3 (*gr. Fw.*) eingebrannt, enkaustisch.
****encomium,** *i n* Lobrede.
endo *altl. prp.* (*en* „in"; *dŏ* „zu"; *cf. indi-gena*) in; ~ *caelo locare* in den Himmel versetzen.
endo-plōrō (*altl.*) = *implōrō*.
endromis, *idis f* (*acc. sg. auch -ida, -idam*; *acc. pl. -idas*; *gr. Fw.*) warmer Wollüberwurf.
Endymiōn, *ōnis m* (*gr.* -mịōn) *Geliebter der Luna, v. ihr in ewigen Schlaf versenkt*; *-onis somnus* ewiger Schlaf.
ē-necō, *necuī u. necāvī, nectum* 1 °**1.** erwürgen, ersticken; **2.** (*P.P.P.*) *adi.* **ēnectus** 3 völlig erschöpft.
ēnervis, e (*Rückbildung aus ēnervō*) entnervt, unmännlich; / kraftlos.
ē-nervō 1 (*nervus*) entnerven, schwächen; (*P.P.P.*) *adi.* **ēnervātus** 3 kraftlos, schwach.
Engonasi(n) *m* (*gr. Fw.*; ♀ „auf den Knien") *der* Kniende (= *Sternbild Herkules*).
ēnicō 1 (*altl. fut. ex. ēnicassō*) = ēnecō.
enim *ci.* (*erstarrter acc. eines pron. demonstr.*; *cf. nam*) **1.** (*bekräftigend*; *oft an erster Stelle*; *cf. enimverō*; *meist altl.*) sicherlich, fürwahr, freilich, in der Tat; *at enim, sed enim* aber freilich; **2.** (*begründend*; *immer nachgestellt*) denn; nämlich; ja; zum Beispiel; *quid enim?* was denn? wieso?
enim-verō *adv.* fürwahr, wahrlich, in der Tat; (aber) freilich.
ē-niteō, *uī,* — 2 hervorleuchten.
ē-nitēscō, *tuī,* — 3 (*incoh. v. ēniteō*) hervorleuchten, erglänzen [*gloria*].
ē-nītor, *nīxus u. nīsus sum* 3 **1.** (*intr.*) °**a**) sich herausarbeiten, emporsteigen, -streben; **b**) / sich anstrengen, sich bemühen; **2.** (*trans.*) °**a**) gebären; °**b**) ersteigen; **c**) / erstreben, erreichen.
ēnīxus 3 (*m.* °*comp.*, °*sup.*; *ēnītor*; *kl. nur adv.* **-ē**) angestrengt, eifrig.
Ennius, *ī m Q., Dichter aus Rudiä in Kalabrien, 239-169.*
ennosigaeus, *ī m* (*gr. Fw.*) Erderschütterer (*Beiname Neptuns*).
ē-nō 1 **1.** herausschwimmen; °**2.** / entfliegen.
ēnōdātiō, *ōnis f* (*ēnōdō*) Entwirrung, Erklärung.
ēnōdātus 3 (*m.* °*comp.*, *adv.*; *ēnōdō*) deutlich; ausführlich.
ēnōdis, e (*Rückbildung aus ēnōdō*) knotenlos, glatt; / geglättet, geschmeidig.
ē-nōdō 1 °**1.** entknoten; **2.** / erklären.
ē-nōrmis, e (*-ŏ-*?; *m. adv.*; *Hypostase aus ē nōrmā*) **1.** unregelmäßig; **2.** übermäßig, ungeheuer.
ēnōrmitās, *ātis f* (*-ō-*?; *ēnōrmis*) **1.** Unregelmäßigkeit; **2.** ungeheure Größe.
ē-nōtēscō, *tuī,* — 3 allgemein bekannt werden.
ē-notō 1 aus-, aufzeichnen.
ēns, *entis* (*nach Quintilian von Cäsar gebildetes part. praes. v. sum*; *gr. Lehnübersetzung*) seiend; *subst. n das* Ding.
ēnsiculus, *ī m* (*dem. v. ēnsis*) kleines Schwert.
ēnsi-fer *u.* **-ger,** *era, erum* (*ēnsis*; *ferō, gerō*) schwerttragend.
ēnsis, *is m* (*cf. altind.* asíh) zwei-

schneidiges Langschwert (*Ggs.* *gladius*).
enterocēlē, ēs *f* (*gr. Fw.*) Darmbruch; *adi.* -*licus* 3 mit einem D.
entheātus *u.* **entheus** 3 (*gr. Fw.*) (gott)begeistert; begeisternd.
enthȳmēma, *atis n* (*gr. Fw.*) bündiger Gedanke; (*log. t.t.*) Enthymem, abgekürzter Schluß.
ē-nūbō, *nūpsī, nuptum* 3 (*nūptum?*) (*aus einem Stande in einen anderen od. aus einer Stadt in eine andere*) heraus-, wegheiraten (*v. Frauen*).
ē-nucleō 1 (*nucleus*) °**1.** entkernen; **2.** / vorsichtig abgeben [*suffragia*], austüfteln [*argumenta*]; (*P.P.P.*) *adi.* **ēnucleātus** 3 (*m. adv.*) schlicht, bündig.
ēnumerātiō, *ōnis f* (*ēnumerō*) **1.** Aufzählung; **2.** (*rhet. t.t.*) kurze Wiederholung.
ē-numerō 1 **1.** ausrechnen; **2.** aufzählen.
ēnūntiātiō, *ōnis f* (*ēnūntiō*) (*log. t.t.*) Aussage, Satz.
ēnūntiātīvus 3 (*ēnūntiātus, P.P.P. v. ēnūntiō*) zur Aussage gehörig, ausgesagt.
ēnūntiātrīx, *īcis f* (**ēnūntiātor*) die mit Worten ausdrückt [*ars*].
ēnūntiātum, *ī n* (*ēnūntiō*) Satz.
ē-nūntiō 1 **1.** aussagen, -sprechen, angeben, ausdrücken; **2.** verraten.
ēnuptiō, *ōnis f* (-*ū*-?; *ēnūbō*) *das* Wegheiraten [*gentis* aus einer *gens* (in eine andere)].
ē-nūtriō 4 ernähren, aufziehen.
eō[1] *adv.* (*erstarrter abl. v. is*; *cf. ideō, adeō*) **1.** °**a**) daselbst, dort; *kl. nur* /; **b**) dahin, dorthin; **c**) bis zu dem Punkte, soweit [°*furoris*]; **d**) (*zeitl.*) solange [*usque eo timui, donec...*]; **e**) dazu; *eo accedit, ut od. quod* hierzu kommt noch, daß; **2.** deswegen, darum; **3.** (*beim comp.*) desto, um so [*magis*].
eō[2], *iī* (*īvī*), *itum, īre* (*altl. praes. īn* = *īsne, imp. ei*; (*dcht.*) *pf. īt*; ⟨**ejō* **1. a**) gehen, kommen; einhergehen; reisen, reiten, fahren, segeln *u.ä.*; *in ius* vor Gericht gehen; *in sententiam* der Ansicht zustimmen; **b**) (*mil. t.t.*) marschieren; angreifen [*ad, contra hostem*]; °*bello* ins Feld ziehen; **2.** / **a**) *an etw.* gehen, *etw.* begehen; °*in lacrimas* in Tränen ausbrechen; **b**) *auf etw.* ausgehen; *cubitum* schlafen gehen; **c**) (*v. leblosen Dingen*) gehen, hindringen [*clamor ad aethera*]; **d**) vonstatten gehen, verlaufen [*res melius it*]; °**e**) übergehen *in*, werden *zu*; °**f**) (ent-)schwinden [*anni*]; °**g**) *ire per* durchmachen; **3.** *Sup.* + *ire* = *inf. fut. P.*; ** *in placitum* beschließen.
eōdem *adv.* (*erstarrter abl. v. īdem*) **1.** ebendahin, dazu; **2.** ebenda(selbst) [~ *loci, ubi*].
eōpse *adv.* (*altl.*) = *eō ipsō*.
Eōs *u.* **Ēōs** *f* (*indecl. gr.* Hẹōs *u.* Ēọs) Morgenröte; *adi.* **eōus** *u.* **ēōus** 3 morgendlich; östlich; *subst.* **-us,** *ī m* Morgenstern; *der* Orient, *die* Orientalen.
Epamīnōndās, *ae m* (*gr.* -meinọndās) *Feldherr der Thebaner, † 362.*
epaphaeresis, *is f* (*gr. Fw.*) *das* wiederholte Wegnehmen.
ē-pāstus 3 (*pāscor*) aufgefressen.
Epēus, *ī m* (*gr.* Epẹ̄ọs) *Erbauer des trojanischen Pferdes.*
ephēbus, *ī m* (*gr. Fw.*) (griechischer) Jüngling (*zw. 16 u. 20 Jahren*).
ephēmeris, *idis u. idos f* (*acc. sg. -ida, acc. pl. -idas*; *gr. Fw.*) Tage-, Wirtschaftsbuch.
Ephesus, *ī f* (*gr.* -os) *ionische St. in Kleinasien m. ber. Dianatempel*; *adi. u. Einw.* -*sius* (3).
ephippiātus 3 (*ephippium*) auf gesatteltem Pferde reitend.
ephippium, *ī n* (*gr. Fw.*) Reitdecke, Sattel.
ephorus[1], *ī m* (*gr. Fw.*) Ephor (*einer der 5 höchsten Beamten in Sparta*).
Ephorus[2], *ī m* (*gr.* -os) *gr. Historiker um 350.*
epibata, *ae m* (*gr. Fw.*) Schiffssoldat.
Epicharmus, *ī m* (*gr.* Epịcharmos) *gr. Philosoph u. Komödiendichter in Syrakus, um 540-450.*
epichīrēma, *atis n* (*gr. Fw.*) (*rhet. t.t.*) ein nicht ganz korrekter Syllogismus.
epichysis, *is f* (*acc. -in*; *gr. Fw.*) Gefäß zum Eingießen.
epicōpus 3 (*gr. Fw.*) mit Rudern versehen.
epicrocus 3 (*gr. Fw.*) mit feinen Einschlagfäden; / dünn (*scherzh. v. einer Suppe*).
Epicūrus, *ī m* (*gr.* Epịkūros) *griech. Philosoph aus Samos, † 270*; *adi.* -*cūrēus* 3; *subst.* **-cūrēī,** *ōrum m* epikureische Philosophen.
epicus (*gr. Fw.*) **1.** *adi.* 3 episch; °**2.** *subst.* ~, *ī m* Epiker.
Epidamnus, *ī f* (*gr.* Epịdamnos) = Dyrrhachium.

Epidauros, ī *f* (*gr.* Epį-) *St. in Argolis mit Äskulaptempel; adi.* -*rius* 3, *subst.* = Äskulap.

epidicticus 3 (*gr. Fw.*) Prunk... [*oratio*].

epidīpnis, *idis f* (*gr. Fw.*) Nachtisch, Dessert.

Epigonī, *ōrum m* „*die* Nachgeborenen", *d.h. die Nachkommen der „Sieben gegen Theben" (Drama des Äschylos, v. Accius übersetzt).*

epigramma, *atis n* (*gen. pl.* -*atōn, dat. pl.* -*atīs; gr. Fw.*) **1.** Aufschrift; **2.** Epigramm, Sinngedicht.

epigrus, ī *m* (*gr. Lw.*) hölzerner [Nagel.

epilogus, ī *m* (*gr. Fw.*) Schluß einer Rede, Epilog.

epimēnia, *ōrum n* (*gr. Fw.*) monatliches Deputat (*für die Sklaven*).

epinīcia, *ōrum n* (*gr. Fw.*) Siegeslieder.

****epiphania,** *ae f* (**-a,** *ōrum n*) Erscheinung; Dreikönigstag.

epiphōnēma, *atis n* (*gr. Fw.*) Ausruf.

epiphora, *ae f* (*gr. Fw.*) Schnupfen.

epi-raedium *u.* **-rēdium,** ī *n* (*gr. prp.* „an" + *raeda*) Zugriemen *an der Kutsche.*

Ēpīrus, ī *f* (*gr.* Ēpeiros) *Landsch. a. der Westküste Nordgriechenlands; adi.* -*rēnsis,* e, -*rōticus* 3; *Einw.* **-rōtēs,** *ae m.*

****episcopium,** *i n* Bistum.

****episcopus,** *i m* Bischof.

epistola = *epistula.*

epistolāris, e (*epistola*) zum Brief gehörig; *chartae* -es Briefpapier; ** *subst.* **-e,** *is n* Briefsammlung.

epistolium, ī *n* (*gr. Fw.*) Briefchen.

epistula, *ae f* (*gr. Fw.*) **1.** (*nkl. auch pl.*) Brief, Zuschrift; *ab epistulis* Geheimschreiber; °**2.** kaiserlicher Erlaß, Reskript.

****epitaphium,** *i n* Grabschrift.

epitaphius, ī *m* (*gr. Fw.*) Leichenrede.

epithalamium, ī *n* (*gr. Fw.*) Braut- [lied.

epithēca, *ae f* (*gr. Fw.*) Zugabe.

epitheton, ī *n* (*gr. Fw.*) Beiwort, Epitheton.

epi-togium, ī *n* (*gr. prp.* „an, auf" + *toga*) ein über die Toga gezogenes Kleid, Oberkleid.

epitoma, *ae u.* **-mē,** ēs *f* (*gr. Fw.*) kurzer Auszug.

epitonion, ī *n* (*gr. Fw.*) Hahn *an einer Röhre.*

epitȳrum, ī *n* (*gr. Fw.*) Olivensalat.

epodes, *um m* (*et. ungedeutet*) *ein Art Seefische.*

epōdos, ī *m* (*gr. Fw.*) **1.** *kürzerer Vers, der auf einen längeren folgt;* **2.** *Gedicht mit abwechselnd längeren u. kürzeren Versen,* Epode (*v. Archilochos erfunden, v. Horaz nach Rom verpflanzt*).

epops, *opis m* (*gr. Fw.*) Wiedehopf.

epos *n* (*indecl.; gr. Fw.*) Heldengedicht.

ē-pōtō, *āvī, ātūrus, ēpōtus* 1 **1. a)** (*kl. nur P.P.P.*) austrinken; °**b)** / einsaugen; °**2.** vertrinken [*argentum*].

epulae, *ārum f* (*altes sakrales Wort, et. unklar*) Gerichte, Mahl(zeit), Schmaus; / Genuß.

epulāris, e (*epulae*) beim Mahle; mit einem Essen verbunden [*sacrificium*].

epulātiō, *ōnis f* (*epulor*) Fest- [essen.

epulō, *ōnis m* (*epulae*) **1.** Ordner des Festmahles; [*tresviri u. septemviri epulones Priesterkollegien zur Ausrichtung des mit den öffentl. Spielen verbundenen Festmahls*]; **2.** Schmauser, Fresser.

epulor 1 (*epulae*) **1.** (*intr.*) speisen, schmausen [*Saliarem in modum* üppig]; °**2.** (*trans.*) verspeisen, verzehren.

epulum, ī *n* (*cf. epulae*) Festmahl.

equa, *ae f* (*equus*) Stute.

eques, *itis m* (*cf. equus*) **1.** Reiter; °(*coll.*) Reiterei; **2.** Ritter; °(*coll.*) Ritterstand; / Klasse der Gebildeten; ** Springer (*im Schachspiel*).

equester (*nkl.* **-tris**), *tris, tre* (*eques od. equus*) **1.** Reiter...; **2.** Ritter...; °*subst.* **equester,** *tris m* = *eques;* **equestria,** *ium n* Sitze der Ritter *in den Schauspielen.*

e-quidem *adv.* (*verstärktes quidem; Vorsilbe nicht sicher gedeutet*) allerdings, in der Tat; freilich; *kl. nur bei 1. Person:* ich meinerseits.

equīle, *is n* (*equus*) Pferdestall.

equīnus 3 (*equus*) zum Pferde gehörig, Pferde..., aus Roßhaaren.

equir(r)ia, *ōrum u.* -*ium n* (-*īria?; wohl* <**equicirria; equus + currus*) Pferderennen (*zu Ehren des Mars am 27. Febr. u. 14. März*).

equitābilis, e (*equitō*) für Reiterei tauglich.

****equitatura,** *ae f* Ritterwürde.

equitātus, *ūs m* (*equitō*) **1.** Reiterei; Reiterschar; **2.** Ritterschaft.

equitō 1 (*eques*) **1. a**) reiten; / °**b**) daherstürmen; °**c**) = *futuō*; **2.** plänkeln.

equola, *ae f* (*dem. v. equa*) kleine Stute; / Frau.

equuleus, *ī m* = *eculeus.*

equus, *ī m* (*gen. pl. auch -um*; *cf. kelt.* Epōna) **1.** Pferd, Roß; Hengst; **2.** Reiter; *ad equum rescribere doppeldeutig*: „zur Reiterei versetzen" *u.* „in den Ritterstand erheben"; **3.** *pl.* °**a**) Gespann, Kampfwagen; **b**) Reiterei; °**c**) ~ *bipes* Seepferd; °**4.** ♀ *das* Gestirn Pegasus.

ēr, *ēris m* (*acc. auch ērim*; ⟨**hēr, Bauernwort*) Igel.

era, *ae f* (*cf.* *erus*) **1.** Hausfrau; [*maior* Frau des Hauses; *minor* Tochter des Hauses]; **2.** Herrin (*des Geliebten*), Geliebte.

ē-rādīcō 1 (*rādīx*) mit der Wurzel herausreißen; / ausrotten.

ē-rādō, *sī, sum* 3 aus-, abkratzen; (aus)streichen; *genas* rasieren; / in Vergessenheit bringen.

eranus, *ī m* (*gr. Fw.*) Sammlung für die Armen.

Eratō, *ūs f* (*gr.* -tọ̄) *Muse des Liebesliedes.*

Eratosthenēs, *is m* (*gr.* -sthẹnēs) *gr. Gelehrter, Leiter der alexandrinischen Bibliothek, 275-194.*

ercīscō, erctum = *herc...*

Erebus, *ī m* (*gr.* -os) *Sohn des Chaos u. der Nacht*; *Gott der Finsternis*; Unterwelt; ** Hölle.

Erec(h)theus, *eī m* (*gr.* -theus) *König v. Athen*; *adi.* -thēus 3; *subst.* **-thīdae,** *ārum m* Athener; — **-this,** *idis f* Tochter des ~ (*Prokris od. Orithyia*).

ērēctus 3 (*m. comp.*, °*adv.*) (*ērigō*) **1.** aufrecht (stehend), gerade; **2.** / **a**) erhaben, hoch(herzig); **b**) hochmütig; **c**) erwartungsvoll; **d**) mutig.

****eremita,** *ae m* Einsiedler.

****eremus,** *ī f* Wüste, Einsamkeit.

ē-rēpō, *psī, ptum* 3 **1.** (*intr.*) **a**) herauskriechen; **b**) emporkriechen, -klettern; **2.** (*trans.*) **a**) durchkriechen; **b**) erklettern.

ēreptiō, *ōnis f* (*ēripiō*) Entreißung, Raub.

ēreptor, *ōris m* (*ēripiō*) Räuber.

ērēs, *ēdis m* = *hērēs.*

Eretria, *ae f St. auf Euböa*; *adi. u. Einw.* -*triēnsis* (e); *adi.* -*tricus* 3.

ergā *prp. b. acc.* (*ergō*; *bei den Komikern noch oft nachgestellt*) gegenüber; / gegen (*kl. nur freundlich*).

ergastērium, *ī n* (*gr. Fw.*) Werkstätte.

ergastulum, *ī n* (*gr. Lw.*) Arbeitshaus, Zuchthaus (*für Sklaven u. Schuldner*); / Sträfling.

ergō (*wohl* ⟨**ē* *regō* „aus der Richtung") **1.** *prp. b. vorangehendem gen.* wegen, um ... willen [*honoris*]; ** *obsidis ergo* als Geisel; **2.** *ci.* (*im Vers auch* ergŏ) **a**) (*in Schlußsätzen*) folglich, deshalb, also (*siehe atquī*); **b**) (*in Fragen u. Aufforderungen*) denn, so ... denn; also, wie gesagt [*quid* ~?].

ērīcius, *ī m* (-ĭ-?; *ēr*) °**1.** Igel; **2.** / spanischer Reiter.

Ēridanus, *ī m* (*gr.* -nọs) (*dcht.*) Po.

eri-fuga, *ae m* (*erus, fugiō*) dem Herrn entlaufen.

ē-rigō, *rēxī, rēctum* 3 **1.** aufrichten, emporheben; *se -ere u.* °*mediopass.* sich aufrichten, erheben; **2.** errichten, aufführen [*turres*]; °**3.** hinaufrücken lassen [*aciem in collem*]; **4.** / **a**) erregen, spannen [*animum ad audiendum*]; aufmerksam machen; **b**) aufrichten, ermutigen; *se -ere u.* °*mediopass.* sich ermannen.

erīlis, e (*erus, era*) des Herrn; der Herrin; ** *subst. m* (*f*) Herr(in); Fräulein.

Erīnȳs, *yos f* (*gr.* -nȳs) Rachegöttin, Furie; Wut; / Verderben.

ē-ripiō, *ripuī, reptum* 3 (*rapiō*) **1.** heraus-, wegreißen; **2. a**) entreißen [*gladium*]; gewaltsam wegnehmen, rauben; **b**) benehmen [*dolorem*]; hinraffen; **3.** retten; befreien *aus.*

ē-rōdō, *ōsī, ōsum* 3 abnagen; °/ zerfressen.

ērogātiō, *ōnis f* (*ērogō*) Auszahlung; Ausgabe.

ē-rogitō 1 ausfragen, -forschen.

ē-rogō 1 verausgaben, ausgeben.

errābundus 3 (*errō*[1]) umherirrend.

errāticus 3 (*errātus, P.P.P. v. errō*[1]) umherirrend; °*stella* Planet.

errātiō, *ōnis f* (*errō*[1]) Verirrung.

errātor, *ōris m* (*errō*[1]) *der* Umherirrende (= Mäander).

errātum, *ī n* (*errō*[1]) Irrtum, Fehler.

errātus, *ūs m* (*errō*[1]) Irrfahrt.

errō[1] 1 (*cf. nhd.* „irren") **1.** (*intr.*) **a**) umherirren, unstet sein; °**b**) sich verirren; **c**) im Irrtum sein; °**2.** (*trans.*) durchirren.

errō², *ōnis m* (*errō¹*) Landstreicher; / ungetreuer Liebhaber.

errōneus 3 (*errō²*) sich umhertreibend.

error, *ōris m* (*errō¹*) **1.** *das* Umherirren: **a**) Irrfahrt; °**b**) Irrgang, Windung; **c**) / Ungewißheit, Unsicherheit, Zweifel; **2.** *das* Abirren: **a**) *das* Abweichen vom richtigen Wege; **b**) Versehen, Mißgriff, Fehler; °**c**) Fehlschuß; *bsd.* Sprachfehler; **d**) Irrtum, Mißverständnis, Täuschung; °Liebeswahn; °**e**) sittliche Verirrung; °**3.** ♀ Göttin der Verblendung (= *gr.* Ātē).

ē-rubēscō, *buī,* — 3 °**1.** sich rot färben; **2.** erröten, sich schämen.

ērūca, *ae f* (*et. unklar*) Rauke (*Kohl; Aphrodisiakum*).

ē-rūctō 1 (*-ū-?*) **1.** ausrülpsen, -speien; °**2.** auswerfen; ** herleiern [*psalmos*].

ē-rudiō 4 (*rudis*) unterrichten, (aus-) bilden, belehren [*filium in re militari*]; (*P.P.P.*) *adi.* **ērudītus** 3 (*m. °comp., sup., adv.*) gebildet, gelehrt, kenntnisreich.

ērudītiō, *ōnis f* (*ērudiō*) Unterricht; / gelehrte Bildung.

ērudītulus 3 (*dem. v. ērudītus*) recht gebildet.

ē-rumpō, *rūpī, ruptum* 3 **1.** (*trans.*) °**a**) hervorbrechen lassen, herauswerfen; **b**) *se -ere* herausstürzen, hervorbrechen; **c**) / ausschütten, auslassen [*stomachum in hominem*]; °**d**) durchbrechen [*nubem*]; **2.** (*intr.*) **a**) heraus-, hervorbrechen, -stürzen; einen Ausfall machen; / **b**) zum Ausbruch kommen, offenbar werden [*coniuratio ex tenebris*]; **c**) plötzlich übergehen *zu* [*nox in scelus*]; °(*rhet. t.t.*) plötzlich abschweifen.

ē-ruō, *ruī, rutum, ru(i)tūrus* 3 **1. a**) (her)ausgraben, -scharren; aufwühlen; **b**) aufstöbern, ermitteln [*argumenta*]; **2.** °**a**) ausreißen [*oculos*]; **b**) / herausreißen; °**c**) vernichten.

ēruptiō, *ōnis f* (*ērumpō*) Ausbruch; Ausfall.

erus, *ī m* (*et. ungedeutet*) **1.** Hausherr, Herr; °**2.** / Gebieter, Besitzer.

ervum, *ī n* (*Lw. aus einer unbekannten Sprache; cf. nhd.* „Erbse") Erve (*Wickenart*).

Eryc... *s. Eryx.*

Erymanthus, *ī m* (*gr.* Erymanthos) **1.** *Geb. im NW Arkadiens; adi. -thius* 3, *-this, idis f*; **2.** *Nbfl. des Alpheus.*

erythīnus, *ī m* (*gr. Fw.*) rote Meerbarbe.

Erythraeus 3 erythräisch, zum *mare Erythraeum* (*gr.* Erythraios pontos „Rotes Meer" = *Indisches Meer mit Arabischem u. Persischem Meerbusen*) gehörig: **1.** im persischen Meerbusen (gefischt) [*lapilli* Perlen]; **2.** indisch [*dens* Elfenbein; *triumphi* des Bacchus].

Eryx, *cis u.* **Erycus,** *ī m Berg u. St. in Sizilien* (*nach dem gleichnamigen Sohn der Venus benannt*) *m. Venustempel; adi. Erycīnus* 3.

ēsca, *ae f* (*ē-?; edō¹*) **1.** Essen Speise, Futter; **2.** Köder.

ēscārius 3 (*ē-?; ēsca*) **1.** Eß...; *subst.* **-a,** *ōrum n* Eßgeschirr; **2.** zum Köder gehörig.

ē-scendō, *endī, ēnsum* 3 (*scandō*) **1.** (*intr.*) **a**) emporsteigen; °**b**) (*v. der Küste ins Innere*) hinaufziehen, -reisen; °**2.** (*trans.*) besteigen.

ēscēnsiō, *ōnis f* (*ēscendō*) Landung.

ēscēnsus, *abl.* *ū m* (*ēscendō*) *das* Ersteigen.

eschatocollion, *ī n* (*gr. Fw.*) *die* letzte Seite (*einer Schrift*).

escit, escunt (*altl. incoh. zu est, sunt*) er ist, sie sind (vorhanden); (*selten*) = *erit, erunt.*

ēsculentus 3 (*ē-?; ēsca*) eßbar; *subst.* **-a,** *ōrum n* Speisen.

ēsculētum = *aesculētum.*

ēsculeus, ēsculus = *aescul...*

ēsiliō = *exsiliō.*

ēsitō 1 (*frequ. v. edō¹*) (zu) essen (pflegen).

Esquiliae, *ārum f* (*wohl aus ex + colo:* „Außenwohnstätten, Vorstadt") *größter Hügel Roms* (*als Begräbnis- u. Richtplatz dienend, später Park*); *adi. -līnus* 3, *-lius* 3.

esseda, *ae f u. pl.* (*nkl.*) = *essedum.*

essedārius, *ī m* (*essedum*) Wagenkämpfer: **1.** *als gallischer od. britischer Krieger;* °**2.** *als röm. Gladiator.*

essedum, *ī n* (*kelt. Fw.;* en = *lat. in;* sed- „sitzen") *zweirädriger keltischer Streitwagen, v. den Römern als Reisewagen u. bei den Gladiatorenkämpfen benutzt.*

essentia, *ae f* (**essēns, künstlich gebildetes part. praes. v.* esse) *das* Wesen einer Sache.

essitō, essur... (*ē-?*) = *ēsitō, ēsur...*

ēstrīx = *ambēstrīx.*

ēstur *s.* edō^{1}.
ēsūdō *s.* exsūdō.
ēsuriālis, e (ēsuriō^{1}) Hunger...
ēsuriō^{1} 4 (*desid. v.* edō^{1} = „wünsche zu essen") Hunger haben, hungrig sein; *auch* °/.
ēsuriō^{2}, ōnis *m* (ēsuriō^{1}) Hungerleider.
ēsurītiō, ōnis *f* (ēsuriō^{1}) *das* Hungerleiden.
ēsurītor, ōris *m* (ēsuriō^{1}) Hungerleider.
et (*idg.* *eti „darüber hinaus"; *cf.* at) *ci.* **1.** auch [°salve et tu]; ferner; sogar; **2.** und: **a**) und; und (so) auch, und zugleich; und somit, und so (denn), und daher; **b**) (*erklärend*) und zwar, nämlich, das heißt; und überhaupt; **c**) (*kontrastierend*) und doch, und dabei; **d**) (*im Syllogismus*) nun aber; **e**) (*bestätigend*) und wirklich, und in der Tat; **f**) (*advers. nach Negation*) sondern; **g**) (*nach Ausdrücken der Gleichheit u. Ähnlichkeit*) wie, als; **3. et non** (*im Ggs. zu* neque *Negation eines einzigen Begriffs*) und nicht; **4. et — et** sowohl — als auch, teils — teils; **neque — et** einerseits nicht — andrerseits aber; nicht nur nicht, sondern (auch); **et — neque** einerseits (wohl) — andrerseits nicht; **5.** *nach* multus *nicht zu übersetzen* [multa et improbissima facinora viele Schandtaten].
et-enim *ci.* (*dcht. auch nachgestellt*) denn, nämlich; allerdings.
etēsiae, ārum *m* (*gr. Fw.* „Jahreswinde") Passatwinde (*die in den Hundstagen 40 Tage lang wehenden NW-Winde*).
etēsius 3 (*gr. Fw.*) jährlich.
ēthicē, ēs *u.* **-ca,** ae *f* (*gr. Fw.*) Ethik, Moralphilosophie.
ēthicus 3 (*m. gr. adv.* **-cōs**; *gr. Fw.*) ethisch.
ēthologia, ae *f* (*gr. Fw.*) Sittenschilderung, Charakterdarstellung.
ēthologus, ī *m* (*gr. Fw.*) Charakterdarsteller; Possenreißer.
et-iam *ci.* („auch noch") **1. a**) (*zeitl.*) noch, noch immer; noch einmal, wieder; ~ atque ~ immer wieder; **b**) (*in Antworten*) ja; ach richtig!; **2. a**) (*steigernd*) auch, sogar, selbst; noch obendrein, gar; **quīn etiam** ja sogar; **b**) (*vermehrend*) ferner, außerdem; **nōn sōlum** (*od.* **modo**) **..., sed** (*od.* vērum) **etiam** nicht nur ..., sondern auch; **c**) (*beim comp.*) noch [~ maior].
etiam-dum *adv.* auch jetzt noch.
etiam-num *u.* **-nunc** *adv.* **1.** auch jetzt noch, noch immer; °**2.** nochmals; °**3.** ferner, außerdem.
etiam-sī *ci.* wenn auch, auch wenn.
etiam-tum *u.* **-tunc** *adv.* **1.** (auch) damals noch; immer noch; °**2.** damals erst.
Etrūria, ae *f Landschaft Italiens, j. Toskana*; *adi. u. Einw.* Etrūscus (3).
et-sī *ci.* wenn auch, wenn schon, obschon; (*korrigierend, ohne Nachsatz*) indessen, jedoch, doch.
etymologia, ae *f* (*gr. Fw.*) Ableitung eines Wortes, Etymologie.
eu *int.* (*gr. Fw.*) gut!; schön!
euān *u.* **euhān** *int.* (*gr. Fw.*) *Jubelruf der Bacchantinnen*; ♀ = Bacchus.
****euangelizo** 1 das Evangelium verkünden.
euāns, antis (euān) „euan" rufend; unter Jubelruf feiernd.
euax *int.* (*wohl gr. Fw.*) juchhei!; Triumph!
Euboea, ae *f* (*gr.* Eubōia) *Insel an der Ostküste Mittelgriechenlands*; *adi.* -boīcus 3; urbs -a = Cumae (*euböische Kolonie*!); carmen -um Spruch der Sibylle von Cumae.
****eucharistia,** ae *f* Danksagung; *das* heilige Abendmahl; Hostie.
Euclīdēs, *is m* (*gr.* -klēidēs) *Mathematiker in Alexandria, um 300.*
euge *u.* **-gē** (-gae *schlechte Schreibung*; *gr. Fw.*); **eugepae** (*wohl* euge + papae) *int.* = eu.
euhān, euhāns = euān, euāns.
Euhias, Euhius, euhoe *s.* euoe.
****eulogia,** ae *f* Geschenk; Segen.
Eumenides, dum *f* (*gr.* -nides „*die* Wohlwollenden") = lat. Furiae.
eumpse (*altl.*) = eum ipsum.
eunūchus, ī *m* (*gr. Fw.*) Kastrat, Eunuch; ♀ *Titel einer Komödie des Terenz*; ** Kämmerer (*am Hofe v. Byzanz*).
euoe *u.* **euhoe** *int.* (*gr. Fw.*) juchhe! (*Jubelruf der Bacchantinnen*);
Eu(h)ius, ī *m Beiname des Bacchus*;
Eu(h)ias, adis *f* Bacchantin.
****euphonia,** ae *f* Wohlklang, Gesang.
Euphorbus, ī *m* (*gr.* Euphorbos) *Trojaner*; *in seiner Gestalt wollte Pythagoras den trojanischen Krieg erlebt haben.*
Euphrātēs, is *u.* ī *m* (*acc.* -ēn) *der* Euphrat.

Eupolis, *idis m* (*abl.* -ī) *Dichter der alten attischen Komödie, etwa 445-411.*

Eurīpidēs, *is u.* ī *m* (*acc. auch* -ēn; *gr.* -pịdēs) *athenischer Tragiker 485 od. 480-406;* *adi.* -pidēus 3.

eurīpus *u.* **-os,** ī *m* (*gr. Fw.*) **1.** Meerenge; ♀ (*gr.* Euripos) *M. zwischen Euböa u. Griechenland;* **2.** / Graben, Kanal.

Eurōpa, *ae u.* **-ē,** ēs *f Tochter des phönikischen Königs Agenor u. der nach ihr benannte Erdteil; adi.* -paeus 3 von der Europa stammend [dux = Minos]; europäisch.

Eurōtās, *ae m Hauptfl. Lakoniens, j. Iri.*

eurōus 3 (eurus) (süd)östlich.

eurus, ī *m* (*gr. Fw.*) Südostwind; Ostwind.

Eurydicē, ēs *f* (*gr.* -dịkē) *Gemahlin des Orpheus.*

Eurystheūs, eī *m* (*acc. auch* -ea; *gr.* -sthe͡us) *König v. Mykene, der auf Junos Befehl Herkules die 12 Arbeiten auferlegte.*

euschēmē *adv.* (*gr. Fw. m. lat. Endung*) mit Anstand.

Euterpē, ēs *f Muse der Tonkunst.*

Eutrapelus, ī *m s. Volumnius.*

euxīnus 3 (*gr. Fw.*) gastlich; Pontus ♀ *das* Schwarze Meer (*früher* Axenus; *s. d.*).

ē-vādō, *vāsī, vāsum* 3 **1.** (*intr.*) **a)** heraus-, hervorgehen; **b)** emporklimmen; **c)** entkommen, entgehen, entrinnen [e periculo]; **d)** ablaufen, ausschlagen [res in magnum malum], in Erfüllung gehen [somnia]; **e)** sich *zu etw.* entwickeln, schließlich werden [orator]; °**2.** (*trans.*) **a)** zurücklegen, passieren [media castra]; **b)** erklimmen; **c)** entgehen [insidias].

ēvagātiō, *ōnis f* (ēvagor) Ausbreitung.

ē-vagor 1 **1.** (*intr.*) °**a)** umherschweifen; °**b)** (*mil. t.t.*) schwenken; / **c)** sich verbreiten, um sich greifen [vis morbi]; °**d)** (*v. Thema*) abschweifen; °**2.** (*trans.*) überschreiten.

ē-valēscō, *luī,* — 3 erstarken, wachsen; / (*pf.*) imstande sein [pervincere].

ē-validus 3 ganz stark.

ē-vānēscō, *nuī,* — 3 (vānus) verschwinden; verlorengehen.

****evangelicus** 3 zum Evangelium gehörig.

****evangelista,** *ae m* Evangelist.

****evangelium,** *i n* Evangelium; Evangelienbuch.

****evangelizo** *s. eu...*

ēvānidus 3 (ēvānēscō) vergehend; verlöschend [ignis].

ēvapōrātiō, *ōnis f* (ēvapōrō 1 ausdünsten; vapor) Ausdünstung.

ē-vāstō 1 (-ā-?) völlig verwüsten.

****evectio,** *onis f* Ausfuhr; Handel.

ē-vehō, *vēxī, vectum* 3 **1.** hinausführen, fortschaffen; °**2.** hinaufführen, emporführen [in collem]; / erheben [ad deos]; °**3.** *mediopass.* **a)** hinausfahren, -reiten, -segeln; hinausgehen, -fahren *über* [os amnis]; / sich hinreißen lassen; longius zu weit vom Thema abschweifen; **b)** (*auch* se -ere) los-, anstürmen; **c)** hinauffahren; / sich emporschwingen.

ē-vellō, *vellī* (°*auch* vulsī), *vulsum* 3 (her)ausreißen; / (ver)tilgen.

ē-veniō, *vēnī, ventum* 4 (*altl. coni. praes.* -nat, -nant) °**1.** heraus-, hervorkommen; **2.** / **a)** sich ereignen, eintreten, geschehen; **b)** eintreffen, in Erfüllung gehen; **c)** widerfahren, begegnen, zustoßen; **d)** zufallen, zuteil werden; **e)** ausgehen [prospere]; ** = fierī.

ēventum, ī *n* (ēveniō) **1.** Ausgang, Erfolg, Ergebnis; **2.** Ereignis; °**3.** (*t.t. der Physiker*) *das* äußerlich Zufällige.

ēventus, *ūs m* (ēveniō) **1. a)** Ausgang, Ergebnis [bonus, malus]; *pl.* Wechselfälle [belli]; Wirkungen; **b)** günstiger Ausgang; °**c)** ungünstiger Ausgang, Ende; (im *Drama*) Katastrophe; **2.** Vorfall, Ereignis; **3.** Schicksal, Los.

ē-verberō 1 aufpeitschen; zerschlagen [os]; abschütteln.

ē-vergō, — — 3 hervorsprudeln lassen.

ēverriculum, ī *n* (ēverrō) Kehrbesen.

ē-verrō, *rrī, rsum* 3 °**1.** ausfegen; **2.** / ausplündern [fanum].

ēversiō, *ōnis f* (ēvertō) *das* Umwerfen, Zerstörung [tectorum]; / Umsturz, Zerrüttung.

ēversor, *ōris m* (ēvertō) Zerstörer.

ē-vertō, *vertī, versum* 3 °**1.** umkehren, -drehen; aufwühlen; **2.** umwerfen, umstürzen; **3.** zerstören; **4. a)** zugrunde richten, zerrütten [rem publicam]; (*pol.*) stürzen; **b)** vertreiben [sedibus].

ē-vestīgātus 3 (*ē-vestīgō) aufgespürt, erforscht.

ē-vidēns, *entis* (*m. comp.*, °*sup.*, °*adv.*; *videor*) augenscheinlich, einleuchtend, offenbar.

ēvidentia, *ae f* (*ēvidēns*) Veranschaulichung, (*rhetorische*) Evidenz.

ē-vigilō 1 **1.** (*intr.*) °**a**) auf-, erwachen; **b**) wach sein; **2.** (*trans.*) °**a**) durchwachen [*noctem*]; **b**) bei Nacht ausarbeiten. [werden.

ē-vīlēscō, *luī*, — 3 (*vīlis*) wertlos

ē-vinciō, *vinxī, vinctum* 4 (*vīnxī, vīnctum*?) **1.** binden, fesseln; **2.** umbinden, umwinden.

ē-vincō, *vīcī, victum* 3 **1.** völlig besiegen; **2.** / **a**) erweichen; **b**) durchsetzen, bewirken; **c**) unumstößlich dartun.

ē-virō 1 (*vir*) entmannen, entnerven.

ē-vīscerō 1 (-*ī*-?; *vīscera*) ausweiden; zerfleischen, zerreißen; / auswaschen.

ēvītābilis, e (*ēvītō*) vermeidbar.

ēvītātiō, *ōnis f* (*ēvītō*[1]) *das* Vermeiden. [weichen.

ē-vītō[1] 1 vermeiden, entgehen; aus-

ē-vītō[2] 1 (*vīta*) das Leben rauben [*alqm*]. [*eines Schuldners.*

ēvocātiō, *ōnis f* (*ēvocō*) Vorladung

ēvocātor, *ōris m* (*ēvocō*) Aufwiegler.

ē-vocō 1 **1. a**) hervorrufen; **b**) (*mil. t.t.*) herausfordern [*ad pugnam*]; **c**) (*relig. t.t.*) zitieren, erwecken [°*animas orco*]; °**d**) (*dsgl.*) *den feindl. Gott* zur Auswanderung *aus der belagerten Stadt* auffordern, *um ihn für sich zu gewinnen* [*deos*]; **2. a**) vorladen; **b**) (*mil. t.t.*) aufrufen, aufbieten [*milites*]; **c**) (*desgl.*) abberufen, beordern; **d**) erheben [*ad honorem* in ein Ehrenamt berufen]; **3.** / hervorrufen, erregen; abnötigen [°*risum*]; **4.** (*P.P.P.*) *subst.*

ēvocātī, *ōrum m* (*mil. t.t.*) Freiwillige, Veteranen (*die in Notzeiten wieder aufgeboten wurden*).

ēvoe = euoe.

ē-volō 1 **1.** herausfliegen; / entfliehen, enteilen; **2.** hervorbrechen; **3.** sich emporschwingen.

ēvolūtiō, *ōnis f* (*ēvolvō*) *das* Aufschlagen, Lesen [*poetarum*].

ē-volvō, *volvī, volūtum* 3 (*dcht. auch ēvoluam, ēvoluisse*) °**1. a**) hinaus-, hervorwälzen; entströmen lassen [*aquas in campos*]; (*Spindeln*) abspinnen; **b**) herauswickeln, -helfen [*se ex his turbis*]; **c**) emporwirbeln lassen [*fumum*]; **d**) entkleiden; (*kl.*) entlarven; **e**) auftreiben [*argentum*]; **f**) verdrängen [*sede patria*]; **2. a**) auseinander-, aufrollen [*volumen epistularum*]; aufschlagen, lesen [*librum*]; **b**) / entwickeln, deutlich machen, enthüllen, darstellen, schildern; ** P. abrollen [*dies*].

ē-vomō, *muī, mitum* 3 ausspeien; / ausstoßen, ausschütten.

ē-vortō, *rtī, rsum* 3 = *ēvertō*.

ē-vulgō 1 **1.** veröffentlichen; **2.** dem Volke preisgeben. [reißen.

ēvulsiō, *ōnis f* (*ēvellō*) *das* Heraus-

ex, ē (*cf. gr. Fw. exodium*) **I.** *in der Komposition* (*Zusammensetzungen m. adi. sind verbal bedingt*) **ex-, ec-, ē-** (*vor Vokalen, h u. c, p, t*: ex, *vor Konsonanten auch* ec-, *sonst* ē-; *vor f assimiliert* [efficio]; *nach* ex- *kann s ausfallen* [exto]) **1. a**) aus-, heraus- [exeo]; **b**) empor-, er- [*exstruo*]; **2. a**) völlig, ganz [*evito*]; **b**) sehr, ziemlich [*edurus*]; **3.** auf-, ver-, -los, ohne [*effrenatus*]; ** (*vor Amtsbezeichnungen*) gewesener, ehemaliger, Ex- [*exconsul*]; **II.** *prp. b. abl.* **ex; ē** (*nur vor Konsonanten außer h*) **1.** (*räuml.*) aus, aus ... heraus, aus ... herab, von ... aus, von ... her [*e loco superiore impetum facere; Rhenus oritur ex Alpibus*]; *pugnare ex equo* zu Pferde; *ex itinere* auf dem Marsch, unterwegs; *pendere ex arbore* an einem Baume; *ex magistro audire, cognoscere* aus des Lehrers Munde hören, erfahren; *ex vinculis causam dicere* in Fesseln sich verteidigen; **2.** (*zeitl.*) seit, (so)gleich nach, nach [*ex Calendis Martiis; ex praetura urbem relinquere*]; °*ex quo* seitdem; *alius ex alio* einer nach dem anderen; *diem ex die* von Tag zu Tag; **3.** / **a**) (*Herkunft, Abstammung*) aus, von, von seiten [*liberos habere ex femina*]; *soror ex matre* mütterlicherseits; °*puer ex aula* Page; **b**) (*partitiv*) von, unter [*unus ex multis*]; **c**) (*Stoff*) aus, von [*statua ex aere facta*]; **d**) (*Grund, Ursache*) aus, wegen, infolge von, durch, an [*avem ex pennis cognoscere; ex pedibus laborare; ex eadem causa*]; *ex quo fit* (*accidit*), *ut* daher kommt es, daß; **e**) (*Übergang v. einem Zustand in den anderen*) aus [*ex oratore arator factus est*]; **f**) (*Maßstab, Standpunkt*) zufolge, gemäß, kraft, nach, in Hinsicht auf [*ex senatus consulto; ex consuetudine*]; *ex sententia* nach Wunsch; *ex usu esse* vorteilhaft sein; *e mea re* zu meinem Vorteil; °*ex eius iniuria* zu seinem Schaden; **g**) (*in adverbiellen Verbindungen*) *ex contrario* im Gegenteil; *e regione* gegenüber (*m. gen. od. dat.*); °*ex composito* verabredetermaßen; *ex improviso* unversehens; *ex memoria* auswendig; *ex parte* teilweise; *magna ex parte* zum großen Teil; ** *ex quo* weil, sobald; *ex toto* vollkommen; *oft = ā, dē od. per u. = abl. instr.*

ex-acerbō 1 erbittern.

exāctiō, *ōnis f* (*exigō*) **1.** Vertreibung; **2. a**) (*act.*) Eintreibung, Erhebung; **b**) (*pass.*) Einnahme, Abgabe; **3.** Beaufsichtigung; ** Steuer, Auflage.

exāctor, *ōris m* (*exigō*) °**1.** Vertreiber; **2.** Steuererheber; °**3.** Vollstrecker [*supplicii*]; Mahner.

exāctus[1] 3 (*m. comp., sup., adv.*; *exigō*) genau, pünktlich; vollkommen *in* [*artis*].

exāctus[2], *ūs m* (*exigō*) Vertrieb, Verkauf.

ex-acuō, *uī, ūtum* 3 **1.** °**a**) schärfen, wetzen; **b**) / [*mucronem tribunicium*]; **2.** / aufreizen, aufstacheln.

ex-adversum (*u. -vorsum*) *u.* **-sus** °**1.** *adv.* genau gegenüber [*ei loco*]; **2.** *prp. b. acc.* gegenüber [°*Athenas*].

exaedificātiō, *ōnis f* (*exaedificō*) *der* Aufbau.

ex-aedificō 1 **1.** aus-, aufbauen; / vollenden [*opus*]; °**2.** (*scherzh.*) aus dem Hause werfen.

exaequātiō, *ōnis f* (*exaequō*) Gleichstellung.

ex-aequō 1 °**1.** gleichmachen; **2.** auf gleiche Stufe stellen [°*facta dictis* würdig, entsprechend darstellen]; **3.** gleichstellen [°*se diis*]; vergleichen [*se cum alqo*]; °**4.** gleichkommen, erreichen [*Sabinas*].

exaeresimus 3 = *exhaeresimus.*

ex-aestuō 1 **1.** (*intr.*) aufwallen, branden; / erglühen, aufbrausen [*mens ira*]; **2.** (*trans.*) aufwallend ausströmen lassen.

exaggerātiō, *ōnis f* (*exaggerō*) Erhebung [*animi*].

ex-aggerō 1 °**1.** aufdämmen; **2.** aufhäufen; vermehren; **3.** / **a**) erheben, einen höheren Schwung geben; **b**) (*durch Worte*) vergrößern.

exagitātor, *ōris m* (*exagitō*) Tadler.

ex-agitō 1 °**1.** aufscheuchen; **2.** / **a**) beunruhigen, quälen; °**b**) vielfach besprechen; **c**) verspotten, tadeln; °**d**) aufwiegeln; **e**) wieder auffrischen.

exagōga, *ae f* (*gr. Fw.*) Ausfuhr.

ex-albēscō, *buī,* — 3 weiß werden, erbleichen.

****exalto** 1 erheben; / erhöhen.

ex-ambulō 1 herumspazieren.

exāmen, *inis n* (<**eks-ag-smen* „*das* Heraustreiben“; *agō*) **1.** Schwarm [*apium*], Haufe, Schar; °**2.** Zünglein an der Waage; °**3.** Untersuchung, Prüfung; ** Urteil; Gottesurteil; *ultimum das* Jüngste Gericht.

****examinatio,** *onis f* Untersuchung.

exāminō 1 (*exāmen*) abwägen; / untersuchen, prüfen.

ex-amussim *adv.* (*amussis*) nach dem Richtscheit; genau, pünktlich.

ex-anclō 1 (*ex + gr. Lw.* „schöpfen“; *cf. antlia*) °**1.** ausschöpfen, austrinken; **2.** / ertragen, aushalten [*labores*].

exanguis = *exsanguis.*

ex-animālis, e (*exanimō*) **1.** (*pass.*) entseelt; **2.** (*act.*) tödlich.

exanimātiō, *ōnis f* (*exanimō*) Entsetzen, Beklemmung; Mutlosigkeit.

ex-animis, e *u.* **-us** 3 (*wahrsch. Rückbildung aus exanimō*) entseelt, tot; / entsetzt.

ex-animō 1 **1. a**) *nur P.* außer Atem kommen; **b**) / aus der Fassung bringen, entmutigen, ängstigen; **2. a**) töten; °**b**) peinigen, quälen.

ex-ante (*auch getr.*) *prp. b. acc.* von ... an [*diem*].

exantlō 1 = *exanclō.*

ex-aptus 3 angefügt, befestigt.

ex-ārdēscō, *ārsī, ārsum* 3 (*-ă-?*) **1.** sich entzünden; erglühen; **2.** / **a**) entbrennen, ergrimmen [*desiderio*]; **b**) ausbrechen [*bellum*]; °**c**) (*im Preise*) steigen, anziehen.

ex-ārēscō, *āruī,* — 3 vertrocknen, versiegen; / verschwinden.

ex-armō 1 entwaffnen; abtakeln [*navem*]; / entkräften.

ex-arō 1 **1.** umpflügen, ausgraben; **2.** durch Ackerbau gewinnen [*multum frumenti*]; °**3.** durchfurchen [*frontem rugis*]; **4.** / schreiben, entwerfen [*exemplum litterarum*].

ex-asciō 1 (*ascia*) (*mit der Zimmeraxt*) sorgfältig behauen; / abkarten.

ex-asperō 1 aufrauhen: **1. a**) rauh machen [*vocem*]; **b**) (*med. t.t.*) entzünden, angreifen [*fauces*]; **c**) aufwühlen [*mare*]; **2.** / **a**) (*durch die Darstellung*) in ein schlechtes Licht setzen; **b**) erbittern, aufreizen; (*P.P.P.*) *adi.* **exasperātus** 3 verwildert.

ex-auctōrō 1 verabschieden; *se -are* den Dienst quittieren.

ex-audiō 4 (*altl. impf. -ībam*) **1.** deutlich hören; °**2.** / erhören [*preces*]; gehorchen.

ex-augeō, — — 2 stark vermehren.

exaugurātiō, *ōnis f* (*exagurō*) Entweihung, Profanierung.

ex-augurō 1 die Weihe aufheben, profanieren [*fana*].

ex-auspicō 1 (*unter günstigen Vorzeichen, d. h.*) glücklich herauskommen [*ex vinculis*].

ex-ballistō (*ballista*) über den Haufen schießen; / zum besten haben.

ex-bibō = *ēbibō.*

ex-caecō 1 **1.** blenden; °**2.** / verstopfen.

ex-calceō 1 „entschuhen"; *pedes* ~ *u. mediopass.* die Schuhe ausziehen; (*P.P.P.*) *subst.* **excalceātī,** *ōrum m* mimische Schauspieler (*mit Sandalen statt auf cothurni od. socci*).

****excalcio** 1 = *excalceō* [*caecos*].

excandēscentia, *ae f* (*excandēscēns, part. praes. v. excandēscō*) Jähzorn.

excandēscō, *duī,* — 3 erglühen; / (*irā*) aufbrausen.

ex-cantō 1 herab-, hervorzaubern.

ex-carnificō 1 **1.** zu Tode foltern; °**2.** / auf die Folter spannen.

excavātiō, *ōnis f* (*excavō*) Aushöhlung.

ex-cavō 1 aushöhlen.

ex-cēdō, *cessī, cessum* 1 (*altl. coni. pf. excessis*) **1.** (*intr.*) **a**) weggehen, auswandern; **b**) scheiden [*e vita*]; *e pueris* aus dem Knabenalter treten; (ver)schwinden; °**c**) fallen *in* [*in eum annum*]; übergehen *in* [*in altercationem*]; °**d**) (*v. Thema*) abschweifen; **e**) hinaus-, hervorragen [*ultra*]; °**2.** (*trans.*) **a**) räumen [*urbem*]; **b**) (*die Grenze*) überschreiten; / über das Maß hinausgehen, überschreiten [*tempus finitum*]; ** sündigen.

excellēns, *entis* (*excellō*) °**1.** emporragend; **2.** (*m.* °*comp., sup., adv.*) vorzüglich, vortrefflich.

excellentia, *ae f* (*excellēns*) **1.** Erhabenheit [*animi*]; **2.** Vorzug, Vorzüglichkeit, Vortrefflichkeit; **3.** *pl.* hervorragende Persönlichkeiten; ** *vestra* Ew. Hoheit.

ex-cellō, — — 3 *u.* °**-celleō,** *uī,* — 2 (*cf. celsus*) hervor-, emporragen; *cf. excellēns, excelsus*; *als verbum finitum nur* /: sich auszeichnen [*ceteris, praeter ceteros, inter omnes*].

excelsitās, *ātis f* (*excelsus*) Erhabenheit.

excelsus 3 (*m. comp.,* °*sup., adv.*; *excellō*) emporragend, hoch; / erhaben, ausgezeichnet; *subst.* **-um,** *ī n* Höhe, hochgelegener Punkt; °/ hoher Rang, hohe Stellung.

exceptiō, *ōnis f* (*excipiō*) **1.** Ausnahme, Einschränkung; **2.** (*jur. t.t.*) Einrede, Protest *gegen den Kläger.*

exceptiuncula, *ae f* (*dem. v. exceptiō*) kleine Einschränkung.

exceptō 1 (*intens. v. excipiō*) herausnehmen; fassen; °/ einatmen [*auras*].

ex-cernō, *crēvī, crētum* 3 aussondern.

ex-cerpō, *psī, ptum* 3 (*carpō*) °**1.** herausklauben, -lesen [*semina pomis*]; **2.** / **a**) auswählen; °(*als vorzüglich*) hervorheben [*paucos*]; **b**) exzerpieren; **c**) weglassen.

excessus, *ūs m* (*excēdō*) **1.** Weggang, *das* Scheiden [*e vita od. vitae*]; Tod; °**2.** (*rhet. t.t.*) Abschweifung vom Thema, Digression; ** *mentis* Ekstase; Ausschreitung, Vergehen; Sünde.

excetra, *ae f* (*durch etr. Vermittlung aus dem Gr. entlehnt: ex- vl. durch excitare beeinflußt*) Schlange; / (ränkevolles Weib).

excidiō, *ōnis f* (*ex-scindō; cf. excidium*) *od.* **excīdiō,** *ōnis f* (*excīdō*[2]) Zerstörung.

excidium, *ī n* (*ex-scindō; cf. excidiō*) Zerstörung, Vernichtung, Untergang; *pl.* Trümmer.

ex-cidō[1], *cidī,* — 3 (*cadō*) **1. a**) (heraus-, herabfallen [*de manu*]; °**b**) (*aus der Urne*) herauskommen [*sors*]; **2. a**) entschlüpfen [*verbum ex ore*]; **b**) entfallen [*de memoria*]; entschwinden; °**3. a**) (*rhet. t.t.*) ausgehen *auf* [*in breves (syllabas)*];

b) herabsinken, ausarten *in* [*in vitium*]; **4.** untergehen, vergehen, verlorengehen; °**5.** verlieren [*regno*].

ex-cīdō², *cīdī, cīsum* 3 (*caedō*) **1. a**) (her)aushauen, -schneiden, -brechen, abhauen; °**b**) kastrieren [*alqm; genitalia*]; **c**) aushöhlen [*saxum*]; **2.** zerstören, zertrümmern; **3.** / °**a**) tilgen, streichen [*alqm numero civium*]; **b**) ausrotten, zugrunde richten [°*multorum status* Wohlstand].

ex-cieō, —, *citum* 2 *u.* (*sekundär*) **exciō**, *cīvī,* — 4 °**1.** in Bewegung setzen, aufscheuchen; herausrufen, -jagen, aufwecken; **2.** entbieten; aufbieten [*milites*]; zu Hilfe holen; **3.** / **a**) aufschrecken, aufregen; erschüttern [*tellurem*]; **b**) erregen, verursachen.

ex-cipiō, *cēpī, ceptum* 3 (*capiō*) **1. a**) herausnehmen [*natantes* e *mari* auffischen]; / befreien *von* [°*servitute*]; **b**) ausnehmen; *exceptis patribus* mit Ausnahme der Väter; als Bedingung festsetzen [*lex excipit, ut, verneint ne*]; **2. a**) auffangen [°*moribundum*]; abwehren, abhalten [*impetum*]; stützen; **b**) abfangen, gefangennehmen, aufgreifen; °**c**) belauschen [*sermonem*]; **d**) auf sich nehmen, aushalten [*labores*]; **3. a**) empfangen [*consulem clamore*]; (*gastlich*) bei sich aufnehmen, bewirten; **b**) / erwarten, bevorstehen, treffen [°*casus te*]; **4. a**) fortsetzen, fortführen [°*proelium dubium*]; **b**) folgen *auf*, (so)gleich kommen *nach* [°*aestas hiemem*]; ablösen [*legionem*]; das Wort nehmen *nach* [*hunc excipit Labienus*].

excīsiō, *ōnis f* (*excīdō²*) Zerstörung.

ex-citō 1 **1. a**) herausjagen, aufscheuchen [*feras*]; **b**) zitieren [*alqm a mortuis*]; **c**) aufwecken, -schrecken; **d**) herbei-, aufrufen, entbieten [*testes*]; **e**) verursachen [*risum*]; **2. a**) aufstehen heißen [*reum*]; **b**) errichten [*turres*]; **c**) anfachen ; / erregen [°*iram*]; **3. a**) aufrichten, ermutigen [*afflictos*]; **b**) anfeuern, antreiben, begeistern; (** *ad vitam* von den Toten erwecken); **4.** (*P.P.P.*) *adi.* **excitātus** 3 (*m.* °*comp.*, °*sup.*, °*adv.*) heftig, stark.

exclāmātiō, *ōnis f* (*exclāmō*) Ausruf; Aufschrei (*auch als rhet. Figur*).

ex-clāmō 1 **1.** (*intr.*) aufschreien; laut applaudieren; **2.** (*trans.*) **a**) laut ausrufen, vortragen; **b**) laut beim Namen nennen.

ex-clūdō, *sī, sum* 3 (*claudō*) **1. a**) ausschließen, nicht einlassen [*a domo*]; °**b**) trennen, absondern [*locum*]; **2.** / **a**) fernhalten; ausschließen [*ab hereditate*]; **b**) beseitigen, verhindern; **c**) abschneiden *von* [*milites a re frumentaria*]; **3.** ausbrüten [*pullos*]; °*mediopass.* ausschlüpfen.

exclūsiō, *ōnis f* (*exclūdō*) Ausschließung.

excōgitātiō, *ōnis f* (*excōgitō*) *das* Ausdenken, Erfinden.

excōgitātor, *ōris m* (*excōgitō*) der sich etw. ausdenkt, aussinnt.

excōgitātus 3 (*m. sup.*; *excōgitō*) ausgesucht, vorzüglich.

ex-cōgitō 1 ausdenken, ergründen.

ex-colō, *coluī, cultum* 3 °**1.** sorgfältig bebauen, bearbeiten; °**2.** ausschmücken; **3. a**) veredeln, vervollkommnen; erhöhen [°*gloriam*]; °**b**) anbeten [*deos*].

****excommunicatio,** *onis f* Kirchenbann.

****excommunico** 1 aus einer Gemeinschaft ausschließen, exkommunizieren.

ex-concinnō 1 gehörig herrichten.

****exconsul,** *is m u.* **exconsularis,** *is m* gewesener Konsul.

ex-coquō, *coxī, coctum* 3 auskochen, (aus)schmelzen; austrocknen; / aussinnen; ängstigen.

ex-cors, *dis* (*cor*) einfältig, dumm.

excrēmentum, *ī n* (*excernō*) Ausscheidung, Speichel.

ex-crēscō, *crēvī, crētum* 3 heraus-, emporwachsen; / überhandnehmen.

excruciābilis, e (*excruciō*) die Folter verdienend.

ex-cruciō 1 martern, foltern; / quälen, peinigen, ängstigen.

excubiae, *ārum f* (*excubō*) °**1.** Beilager außer dem Hause; Seitensprung; **2.** *das* Wachen, Wachehalten (*bsd. der Soldaten*); °*divum aeternae das* ewige Feuer; **3.** Wache, Wachtposten.

excubitor, *ōris m* (*excubō*) Wächter, Wache.

excubitrīx, *īcis f* (*excubitor*) Wächterin.

excubitus, *ūs m* (*excubō*) *die* Wache.

ex-cubō, *buī, bitum* 1 draußen

liegen; (*mil. t.t.*) Wache halten, wachen; / wachsam, besorgt sein; ** die Vigilien halten (*im Kloster*).
ex-cūdō, *dī, sum* 3 °**1.** herausschlagen [*scintillam silici*]; **2.** / ausbrüten; **3.** °**a**) schmieden, kunstvoll bilden; **b**) schriftlich verfertigen; ** *editionem* drucken.
ex-culcō 1 (*calcō*) **1.** austreten [*furfures*]; **2.** festtreten, -stampfen.
ex-cūrātus 3 gut versorgt.
ex-currō, (*cu*)*currī, cursum* 3 **I.** (*intr.*) **1. a**) hinaus-, herauslaufen, hervoreilen; einen Ausflug machen; °**b**) (*v. Redner*) rasch auf die Zuhörer zulaufen; **c**) (*mil. t.t.*) einen Ausfall machen; **2.** / °**a**) entspringen [*fons*]; **b**) (*rhet. t.t.*) abschweifen; °**c**) ausgehen *auf* [*in quattuor syllabas*]; °**d**) vorspringen [*promunturium*]; °**II.** (*trans.*) durchlaufen [*excurso spatio*].
ex-cursiō, *ōnis f* (*excurrō*) **1.** *das* rasche Vorlaufen *des Redners gegen die Zuhörer*; °**2.** Ausflug (*aufs Land*); **3.** (*mil. t.t.*) Ausfall; Streifzug, Einfall, °**4. a**) (*rhet. t.t.*) Abschweifung; **b**) Spielraum.
excursor, *ōris m* (*excurrō*) Kundschafter.
excursus, *ūs m* (*excurrō*) °**1.** *das* Ausschwärmen [*apium*]; °**2.** Ausfluß [*fontis*]; **3. a**) (*mil. t.t.*) Ausfall, Überfall; °**b**) *das* Auslaufen [*navigiorum*]; °**4.** / Abschweifung *vom Thema*.
excūsābilis, e (*excūsō*) verzeihlich.
excūsātiō, *ōnis f* (*excūsō*) **1.** Entschuldigung; *pl.* Entschuldigungsgründe; **2.** Ablehnung; **3.** Ausrede, Vorwand.
ex-cūsō 1 (*causa*) **1.** rechtfertigen, entschuldigen; **2.** sich entschuldigen *mit*, vorschützen [°*valetudinem*]; °**3.** (mit Entschuldigungsgründen) ablehnen, abschlagen; *mediopass.* sich entziehen; (*P.P.P.*) *adi.* **excūsātus** 3 (*m. comp., sup., adv.*) entschuldigt, gerechtfertigt; (*adv. comp.*) *excusatius* mit besserer Entschuldigung.
excūsor, *ōris m* (*excūdō*) Kupferschmied.
ex-cutiō, *cussī, cussum* 3 (*altl. coni. pf.* *excussit*; *quatiō*) **1.** herausschütteln: °**a**) (her)abschütteln [*poma*]; / [*metum de corde*]; **b**) ausschlagen, -reißen; auspressen [°*sudorem*]; entreißen [°*agnam ore lupi*]; °*onus* zu früh gebären; °/ entlocken, abnötigen [*risum*]; °**c**) hinabwerfen, herunterschlagen, -reißen, -stürzen [*puppi in mare*]; P. herab-, herausfallen, -stürzen; °**2.** wegschütteln: **a**) (*Geschosse*) abschießen, schleudern; **b**) gewaltsam entfernen, vertreiben, verstoßen; / [*cogitationem periculi*]; **3.** auseinanderschütteln: **a**) heftig hin und her bewegen, schütteln [°*caesariem*]; ausbreiten, ausstrecken [°*bracchia*]; **b**) / durchsuchen, visitieren, erforschen.
ex-dorsuō 1 (*dorsum*) entgräten.
exe... *auch* = exse...
ex-edō, *ēdī, ēsum* 3 (*altl.: Sup.* *exessum*; *coni. praes.* *exedint*; *athematische Kurzformen wie bei* edō[1]) °**1.** aufessen, verzehren; **2.** zerfressen; zerstören; **3.** / aufreiben, vernichten, quälen.
exedra, *ae f* (*gr. Fw.*) halbrunder Anbau, Rotunde; Sprechzimmer.
exedrium, *ī n* (*gr. Fw.*) kleine Rotunde.
ex-efficiō, *fēcī, fectum* 3 ganz vollenden.
exemplar *u.* (*Lu.*) **-āre,** *āris n* (*exemplāris*) **1.** Kopie, Abschrift; **2.** Abbild, Ebenbild; **3.** Muster, Vorbild; Urbild, Ideal.
exemplāris, e (*exemplum*) als Abschrift dienend; *subst.* **-ēs,** *ium* (*m? f?; sc. litterae?*) Abschriften.
exemplum, *ī n* (<*ex-em-lom* „das aus einer Menge gleichartiger Dinge Herausgenommene"; *eximō*) **1.** Abbild: **a**) Abschrift, Kopie; Niederschrift; **b**) Wortlaut, Inhalt [*litterarum*]; °**c**) Kopie (*eines Kunstwerks*); **2.** Vorbild: **a**) Entwurf, Konzept; **b**) Modell, Muster, Probe; **c**) Original; **3. a**) Vorbild, Beispiel [*insigne, pessimum*]; **b**) Präzedenzfall; **c**) Verfahren, Handlungsweise, Vorgang, Art und Weise; **4.** warnendes Beispiel, exemplarische Strafe [*severitatis*]; **5.** Beispiel *zur Belehrung od. Erläuterung* [*praeclarum*]; *-i causa* zum Beispiel.
exenterō 1 (*gr. Fw.*) ausweiden [*piscem*]; / *marsuppium* den Geldbeutel ausleeren; martern.
ex-eō, *iī* (°*-īvī*) *itum, īre* (*altl. pf.* *exīt*; (*vereinzelt*) *fut.* *exiēs*) **1.** (*intr.*) **a**) heraus-, hinausgehen, ausziehen,

weggehen; ab-, verreisen; landen, ans Land gehen [*in Piraeea*]; ins Feld ziehen; absegeln; herauskommen [*sors*]; **b**) scheiden, austreten *aus* [*ex, de vita, e patriciis*]; **c**) (*als Ergebnis*) hervorgehen, daraus werden [°*urceus*]; **d**) ablaufen, zu Ende gehen [*annus*]; °**e**) emporsteigen, -ragen; **f**) sich verbreiten [°*fama*]; °**2.** (*trans.*) **a**) überschreiten [*limen*], hinausgehen *über* [*modum*]; **b**) ausweichen, entgehen [*vim viribus*].

ex-erceō, *uī, itum* 2 (*arceō*) **1.** °**a**) in rastlose Bewegung setzen, umhertreiben, tummeln; °**b**) bearbeiten, bebauen; **c**) unaufhörlich beschäftigen [*milites in munitionibus*]; **d**) / beunruhigen, quälen, plagen; **2. a**) üben [*corpus*]; *se -ere u. mediopass.* sich üben [*in venando; currendo*]; **b**) (*mil. t.t.*) exerzieren, ausbilden; **c**) ausüben, betreiben [*negotia*]; bestellen [°*praedia*], ausbeuten [°*metalla*], verrichten; auslassen *an* [*crudelitatem in mortuo*].

exercitātiō, *ōnis f* (*exercitō*) Übung; Geübtheit; Ausübung.

exercitātrīx, *īcis f* (*exercitātor* „Lehrmeister"; *exercitō*) Gymnastik.

exercitātus 3 (*m. comp., sup.,* °*adv; exercitō*) eingeübt, wohlerfahren [*bello, in dicendo*]; geplagt [*curis*].

exercitium, *ī n* (*exerceō*) militärische Übung; *das* Exerzieren; ** Beschäftigung; Prüfung; Gedicht.

exercitō 1 (*intens. v. exerceō*) **1.** an- [haltend üben; **2.** ausüben.

exercitor, *ōris m* (*exerceō*) Lehrmeister, Trainer.

exercitus[1] 3 (*m.* °*adv.; exerceō*) °**1.** geübt, geschult; **2.** geplagt, hart mitgenommen; **3.** voller Widerwärtigkeiten.

exercitus[2], *ūs m* (*exerceō*) °**1.** Übung; **2.** geübte Mannschaft, Heer, Fußvolk; **3.** Schwarm, Haufe; °**4.** Unruhe, Qual.

exēsor, *ōris m* (*exedō*) der ausfrißt, [unterwühlt.

exēsus 3 (*P.P.P. v. exedō*) zernagt, verwittert, zerklüftet.

ex-fāfillō 1 (*-ă-*?; „passend fügen"? [*cf. faber*]; *vl. volkset. fafilla* = *papilla*) aus dem Gewand hervorstrecken *od.* bis zur Brust entblößen [*bracchium*].

exhaeresimus 3 (*gr. Fw.*) ausschaltbar [*dies* Schalttag].

exhālātiō, *ōnis f* (*exhālō*) Ausdünstung.

ex-hālō 1 **1.** (*trans.*) °**a**) ausdünsten; ausatmen [*nebulas*]; **b**) *vinum* nüchtern werden, °**c**) (*animam, vitam*) sterben; °**2.** (*intr.*) heraufwehen.

ex-hauriō, *hausī, haustum* 4 (*part. fut.* °*auch -hausūrus*) **1. a**) herausschöpfen [*vinum*]; / **b**) herausheben, -graben, fortschaffen [*praedam ex agris*]; **c**) (be)nehmen, entziehen; **2. a**) ausschöpfen, -leeren [°*fossas*]; austrinken [*poculum*]; / **b**) arm machen; aussaugen; °**c**) durchführen [*mandata*], abzahlen [*aes alienum*]; überstehen [*pericula*].

exhedra, exhedrium = *exedra, exedrium.*

exhērēdātiō, *ōnis f* (*exhērēdō*) Ent- [erbung.

ex-hērēdō 1 (*wohl Hypostase aus ex hērēdibus* [*eximō*]) enterben.

ex-hērēs, *ēdis* (*wohl Rückbildung aus exhērēdō*) von der Erbschaft [*bonorum*] ausgeschlossen, enterbt.

ex-hibeō, *uī, itum* 2 (*habeō*) **1. a**) herausholen, herbeibringen; *bsd.* (*jur. t.t.*) zur Stelle schaffen; (*widerrechtlich Zurückgehaltenes*) herausgeben, ausliefern [*servum*]; °**b**) darbringen, liefern, stellen [*librum*]; gestatten, gewähren [*liberam contionem*]; **2.** / **a**) zeigen; darbieten, erkennen lassen [*artem*]; betätigen, erweisen [*virtutem*]; **b**) verursachen, bereiten, machen.

ex-hilarō 1 aufheitern.

ex-horrēscō, *ruī,* — 3 erschaudern, sich entsetzen *vor* [*in eo;* °*amicos*].

exhortātiō, *ōnis f* (*exhortor*) Aufmunterung, Ermahnung.

exhortātīvus 3 (*exhortātus, part. pf. v. exhortor*) aufmunternd.

ex-hortor 1 ermutigen, anfeuern; anregen.

ex-igō, *ēgī, āctum* 3 (*agō*) **1.** forttreiben: **a**) hinaus-, vertreiben [*reges*]; °**b**) vertreiben, verkaufen [*fructus*]; °**c**) durchtreiben, -stoßen [*ferrum per ilia*]; °**d**) schwingen [*ensem*]; **2.** hereinholen: **a**) eintreiben, anfordern [*vectigalia;* °*nautas*]; aufbieten, requirieren [*obsides a civitatibus*]; **b**) fordern, verlangen [*mercedem*]; °**c**) erfragen, wissen wollen; **3.** abmessen: °**a**) genau abmessen; abwägen; einrichten [*cultum suum ad luxuriam*];

b) untersuchen, prüfen, beurteilen *nach* [°*ius ad leges nostras*]; °c) beraten, überlegen; 4. ausführen: °a) zustande bringen, vollenden; b) (*eine Zeitspanne*) verleben [*hiemem*]; *exacta aetate* hochbetagt; c) bestimmen, festsetzen; *non satis exactum est* es ist nicht ausgemacht.

exiguitās, *ātis f* (*exiguus*) 1. (*quantitativ*) Kleinheit, geringe Zahl, Enge, Kürze; °2. (*qualitativ*) Dürftigkeit.

exiguus 3 (*m.* °*comp.*, °*sup.*, *adv.*; (*eigtl.* „knapp zugewogen"; *exigō*) 1. eng, knapp, dürftig, beschränkt [*locus*]; 2. unansehnlich, klein, schwach [°*corpus*]; 3. kurz [*tempus*]; 4. gering, unbedeutend [*copiae*]; schwach; °*subst.* **-um,** *ī n ein* Geringes, Weniges.

exilis, e (*m.* °*comp.*, *adv.*; *exigō*; *cf.* *exiguus*) mager, schmächtig, dünn; / kraftlos, ärmlich, kümmerlich.

exīlitās, *ātis f* (*exīlis*) / 1. Trockenheit [°*orationis*]; °2. Feinheit des Tons; Diskant.

exilium, *ī n* (*exul*) 1. Verbannung; 2. / a) Verbannungsort, Exil; Zufluchtsort; °b) *die* Verbannten; ** Ausland, Fremde.

exim = *exinde.*

eximius 3 (*m. adv.*; *eximō*) 1. ausgenommen; 2. außerordentlich.

ex-imō, *ēmī, ēmptum* 3 (*emō*) 1. heraus-, wegnehmen; verschleppen [*diem dicendo*]; 2. ausnehmen, ausscheiden [*neminem*]; 3. befreien, entheben *von* [*urbem (ex) obsidione*]; 4. entfernen, beseitigen.

exin = *exinde.*

ex-ināniō 4 (*inānis*) ausleeren, ausladen [*navem*]; / ausplündern.

ex-inde *adv.* (⟨**ex-imde*; *cf.* *inde*) 1. (*räuml.*) von da (her); 2. (*zeitl.*) hierauf, dann; seitdem; °3. (*aufzählend*) hierauf, alsdann; °4. (*folgernd*) daraufhin, dementsprechend.

exinterō = *exenterō.*

exīstimātiō, *ōnis f* (*exīstimō*) 1. Urteil, Meinung; 2. guter Ruf, Achtung; 3. Kredit.

exīstimātor, *ōris m* (*exīstimō*) Beurteiler; Kritiker.

ex-īstimō (*altl.* *-īstumō*) 1 (*aestimō*) 1. schätzen [*magni, tanti*]; 2. / a) beurteilen, halten *für* [*Socratem sapientissimum*]; P. gelten *als* [*Socrates sapientissimus existimatur*]; b) entscheiden, (be-)urteilen [*ex eventu de consilio*]; c) meinen, glauben, denken; (*part. praes.*) *subst.* **exīstimantēs,** *ium m* Kunstrichter.

existō = *exsistō.*

exitiā(bi)lis, e (*exitium*) verderblich, unheilvoll.

exitiō, *ōnis f* (*exeō*) *das* Herauskommen.

exitiōsus 3 (*m.* °*comp.*; *exitium*) verderblich, unheilvoll.

exitium, *ī n* (*exeō*) (schlimmer) Ausgang; Verderben, Untergang.

exitus, *ūs m* (*exeō*) 1. Ausgang [*portūs*]; 2. / a) Schluß, Ende; Katastrophe (*in d. Tragödie*); b) Untergang, Tod; c) Erfolg, Ergebnis.

exlecebra = *ēlecebra.*

ex-lēx, *lēgis* an kein Gesetz gebunden.

exlīdō, ex-loquor, ex-moveō = [ē-...]

ex-obsecrō 1 inständig bitten.

ex-oculō 1 (*oculus*) die Augen ausschlagen; ** (*P.P.P.*) *adi.* **ex-oculatus** 3 verblendet.

exodium, *ī n* (*gr. Fw.* = „Ausgang") (scherzhaftes) Schluß-, Nachspiel.

ex-olēscō, *lēvī, lētum* 3 (*altl. pf.* *-oluēre*; *alō*; *cf.* *adolēscō*) 1. (auswachsen, heranwachsen); *nur* (*P.P.P.*) *s. u.*; °2. vergehen, verschwinden, veralten, aus der Mode kommen; (*P.P.P.*) *adi.* **exolētus** 3 1. °a) erwachsen, reif [*virgo*]; b) (*obszön*) liederlich, feil; *subst.* **-us,** *ī m* Lustknabe; 2. veraltet, vergessen.

exolō = *exsulō.*

ex-onerō 1 entlasten: 1. entladen; abspinnen; 2. / a) fortschaffen, beseitigen; b) befreien.

exoptābilis, e (*exoptō*) wünschenswert.

ex-optō 1 °1. auswählen; 2. herbeiwünschen, ersehnen [*sibi gloriam*]; (*P.P.P.*) *adi.* **exoptātus** 3 (*m. comp.*, *sup.*) erwünscht, lieb.

exōrābilis, e (*m.* °*comp.*; *exōrō*) leicht zu erbitten, nachgiebig.

exōrābulum, *ī n* (*exōrō*) Bitte.

exōrātor, *ōris m* (*exōrō*) Bittsteller; ** Fürsprecher.

****exorcizo** 1 die bösen Geister beschwören.

ex-ōrdior, *ōrsus sum* 4 (*ein Gewebe*) anfangen; / beginnen [*a re*; *bellum*]; (*part. pf.*)°*subst.* **exōrsa,** *ōrum n* Einleitungen.

exōrdium (*exōrdior*) °1. Anfang eines Gewebes; 2. a) Anfang, Beginn(en); b) Einleitung.

ex-orior, *ortus sum* 4 (*ind. praes., imp., coni. impf. vkl. dcht.* 3) **1.** sich heben, aufgehen [°*sol*]; **2.** / **a)** zum Vorschein kommen, auftreten, erscheinen [°*ultor*]; **b)** entstehen, beginnen; entspringen; herrühren [*timor ex conscientia*].

exōrnātiō, *ōnis f* (*exōrnō*) Ausschmückung; Schmuck; Prunkrede.

exōrnātor, *ōris m* (*exōrnō*) „Ausschmücker"; glänzender Redner.

exōrnātulus 3 (*dem. v. exōrnātus, P.P.P. v. exōrnō*) reich geschmückt.

ex-ōrnō 1 °**1.** ausrüsten, versehen *mit*; **2.** ordnen, anordnen; **3.** ausschmücken, putzen; **4.** / verherrlichen.

ex-ōrō 1 **1.** anflehen; durch Bitten erweichen; °**2.** erbitten, erflehen.

exōrsa *s. exōrdior.*

exōrsus, *ūs m* (*exōrdior*) = *exōrdium.*

exortus, *ūs m* (*exorior*) **1.** Aufgang; °**2.** / Erhebung auf den Thron; ** Ursprung.

ex-os, *ossis* knochenlos.

ex-ōsculor 1 abküssen; / mit Lob überhäufen.

ex-ossō 1 (*exos*) entgräten; (*P.P.P.*) *adi.* **exossātus** 3 biegsam.

exōstra, *ae f* (*gr. Fw.*) Roll-, Drehmaschine *im Theater* (*durch die das Innere des Hauses sichtbar gemacht wurde*); / *in exostra* vor aller Augen.

ex-ōsus 3 (*ōdī*) grimmig hassend.

exōticus 3 (*gr. Fw.*) ausländisch; *Graecia -a* Großgriechenland; *subst.* **-um,** *ī n* ausländisches Gewand.

ex-pallēscō, *luī,* — 3 **1.** (*intr.*) erblassen; **2.** (*trans.*) zurückschrecken *vor.*

ex-palliātus 3 des Mantels beraubt.

ex-pallidus 3 sehr bleich.

ex-palpor *u.* **-ō** 1 schmeichelnd erbitten; schmeicheln.

ex-pandō, *pandī, passum u. pānsum* 3 ausspannen, -breiten; / ausführlich darlegen.

ex-papillātus 3 (*papilla*) bis an die Brust entblößt.

ex-patrō 1 verhuren, vergeuden.

ex-pavēscō, *pāvī,* — 3 sich entsetzen *vor* [*elephantos*].

ex-pectorō 1 (*pectus*) aus dem Herzen reißen.

ex-pecūliātus 3 des Vermögens beraubt.

ex-pediō 4 (*altl. fut. -pedībō; nach compediō*) entfesseln: **I.** (*trans.*) **1. a)** losmachen, -binden [*se ex laqueis*]; **b)** / befreien, retten; *se -ire u.* °*mediopass.* sich heraushelfen, entkommen; °**c)** schleudern [*discum*]; **d)** abstreifen, überwinden [°*curas*]; **e)** erledigen, besorgen [*negotia*]; **f)** ausfindig machen, ermitteln; °**2.** entwickeln, darlegen, erzählen [*initia belli*]; **3. a)** herbeischaffen, holen; instandsetzen [*virgas; agrum*]; **b)** (*mil. t.t.*) in Kriegsbereitschaft setzen, schlagfertig machen [*arma, legiones*]; segelfertig machen [*classem*]; *se ad bellum -ire* zum Kriege rüsten; °**4.** *se -ire* = II, 2; **II.** (*intr.*) °**1.** sich bereit machen, ausziehen [*ad bellum*]; °**2.** sich entwickeln, ablaufen; **3.** *impers.* **ex-pedit** es ist förderlich, zuträglich [*omnibus*].

expedītiō, *ōnis f* (*expediō*) Feldzug, Unternehmen.

expedītus 3 (*m. comp., sup., adv.; expediō*) **1.** (*v. Personen*) **a)** frei, ungehindert, bereit [*ad dicendum*]; rüstig; leicht gekleidet; **b)** (*mil. t.t.*) kampfbereit, schlagfertig; *subst.* **-ī,** *ōrum m* Leichtbewaffnete; **2.** (*v. Sachen*) segelfertig; ungehindert, bequem, leicht [*reditus*]; fließend [*oratio*].

ex-pellō, *pulī, pulsum* 3 **1.** hinaus-, wegtreiben, -stoßen; ans Land werfen; **2.** vertreiben, -jagen, -bannen, -stoßen; berauben [*vitā, regno*]; **3.** / vertreiben, beseitigen.

ex-pendō, *pendī, pēnsum* 3 **1. a)** abwiegen; °gegeneinander aufwiegen; **b)** / erwägen, prüfen, beurteilen; **2.** aus-, bezahlen, ausgeben [*pecuniam*]; *P.P.P.* **expēnsus** 3 ausgezahlt; *expensum ferre muneribus* unter dem Titel „Geschenke" verbuchen; °*pecunias sine fenore -as ferre* G. ohne Zinsen ausleihen; °**3.** / büßen *für* [*scelus*]; leiden [*poenas*].

****expensa,** *ae f* Aufwand; *pl.* Gaben.

expergēfaciō, *fēcī, factum* 3, P. *-fīō, factus sum, fierī u. fīerī* (*expergō* 3 „sich aufmachen") °**1.** auf-, erwecken; °**2.** / **a)** hervorlocken; **b)** *flagitium* begehen; **3.** *se -ere* zur Besinnung kommen.

expergīscor, *perrēctus sum* 3 (°*part. pf. -pergītus; incoh. zu expergō* 3 "sich aufmachen") aufwachen, erwachen.

experiēns, *entis* (*m.* °*comp.*, *sup.*; *experior*) unternehmend, geschäftig; °/ gewöhnt *an* [*laborum*].

experientia, *ae f* (*experiēns*) **1.** Versuch, Probe; °**2.** / Erfahrung *in* [*multarum rerum*].

experīmentum, *ī n* (*experior*) °**1.** Probe; Versuch(sobjekt); **2.** Beweis.

ex-perior, *pertus sum* 4 (*cf. comperiō, perītus*) **1.** *abs.* einen Versuch machen; **2.** versuchen, auf die Probe stellen, prüfen [*amicos, fortunam belli*]; **3.** aufs Spiel setzen, es ankommen lassen *auf* [*extrema*]; **4. a)** sich messen *mit* [°*Romanos*]; **b)** (*jur. t.t.*) gerichtlich vorgehen *gegen* [*cum, de tantis iniuriis*]; **5. a)** kennenlernen, erfahren, erleben; **b)** erleiden.

expers, *tis* (*pars*) unteilhaft, ohne Anteil *an* [*dignitatis*]; / ledig, frei *von*, ohne [*humanitatis*].

expertus 3 (*m.* °*sup.*; *experior*) **1.** (*act.*) erfahren *in* [°*belli*]; **2.** (*pass.*) bewährt [*virtus*]. [wert.)

expetendus 3 (*expetō*) erstrebens-}

expetēns, *entis* (*expetō*) begehrlich.

expetessō, — — 3 (*intens.v. expetō*) begehren. [erstrebbar.)

expetibilis, e (*expetō*) wünschbar,}

ex-petō, *petīvī, petītum* 3 **1.** (*trans.*) **a)** erstreben; **b)** / begehren, trachten *nach* [*gloriam*]; °**2.** (*intr.*) widerfahren, treffen [*belli clades in eum*]; °**3.** (*abs.*) dauern, ausreichen [*aetatem* ewig]. [Sühnung; Sühne.)

expiātiō, *ōnis f* (*-pī-?*; *expiō*)}

expīlātiō, *ōnis f* (*expīlō*[1]) Ausplünderung. [derer.)

expīlātor, *ōris m* (*expīlō*[1]) Plün-}

ex-pīlō[1] 1 (*cf. compīlō*) ausplündern, berauben.

****ex-pilo**[2] 1 (*die Haare*) ausraufen.

ex-pingō, *pīnxī, pictum* 3 °**1.** ausmalen, schminken; **2.** / ausmalen, schildern.

ex-piō 1 (*-ī-?*) **1. a)** entsündigen, reinigen, **b)** (*ein Verbrechen*) sühnen, wieder gutmachen; (ab)büßen; **2. a)** (*durch Sühneopfer*) abwenden [°*prodigium*]; **b)** versöhnen, besänftigen. [*piscis*) / ausforschen.)

ex-piscor 1 (*eigtl.* „herausfischen";}

explānābilis, e (*explānō*) deutlich, artikuliert [*vox*].

explānātiō, *ōnis f* (*explānō*) **1.** Auslegung, Deutung; **2.** (*rhet. t.t.*) Verdeutlichung; °**3.** deutliche Aussprache. [leger, Erklärer.)

explānātor, *ōris m* (*explānō*) Aus-}

ex-plānō 1 °**1.** ebnen; **2.** / **a)** erklären, auslegen; °**b)** deutlich aussprechen [*verba*]; **3.** (*P.P.P.*) *adi.*

explānātus 3 (*m.* °*comp.*, *adv.*)) [deutlich.)

ex-plaudō = *explōdō.*

explēmentum, *ī n* (*expleō*) Ausfüllungs-, Sättigungsmittel; Futter.

ex-pleō, *plēvī, plētum* 2 **1.** ausfüllen, (an)füllen; **2. a)** vollständig betragen [*quattuor milia*]; **b)** vervollständigen, ergänzen [*quod deest*]; **3.** / sättigen, stillen [°*desiderium*]; zustande bringen, ausführen; erfüllen [*officium*]; überstehen [*annum*]; **4.** (*P.P.P.*) *adi.* **explētus** 3 vollständig, vollkommen.

explētiō, *ōnis f* (*expleō*) Vervollständigung.

explicātiō, *ōnis f* (*explicō*) *das* Abrollen [*rudentis*]; / Deutung.

explicātor, *ōris m* (*explicō*) Entwickler, Erklärer. [klärerin.)

explicātrīx, *īcis f* (*explicātor*) Er-}

explicātus[1], *m ūs* (*explicō*) Erörterung, Lösung; Entwicklung.

explicātus[2], **-citus** 3 *s. explicō.*

****explicit** (*liber*) *das* B. ist zu Ende.

ex-plicō, *cāvī, cātum u. cuī* (*seit Ve.*), *citum* 1 **1. a)** entfalten, aufrollen [*librum*]; heraus-, loswickeln; **b)** ausdehnen [*forum*]; **c)** (*mil. t.t.*) entwickeln, entfalten [°*ordines*]; **2.** / **a)** entwirren, in Ordnung bringen; **b)** abwickeln, glücklich durchführen [*consilium*]; **c)** erlösen, befreien, retten [*rem publicam*]; **d)** entwickeln, erklären [*causas rerum*]; **e)** frei wiedergeben, paraphrasieren; **f)** sich aussprechen *über* [*de rerum natura*]; ** ausleeren; P. sich entfalten; **3.** (*P.P.P.*) *adi.* **explicātus** 3 (*m. comp.*, °*sup.*, *adv.*) geordnet, geregelt; / deutlich, klar; **explicitus** 3 (*m. comp.*) leicht, einfach.

ex-plōdō, *sī, sum* 3 (*plaudō*) °**1.** forttreiben; **2. a)** auspfeifen, -zischen; **b)** / verwerfen.

explōrātiō, *ōnis f* (*explōrō*) Erkundung, Spionage; Erforschung.

explōrātor, *ōris m* (*explōrō*) °**1.** Kundschafter; Spion; **2.** *meist pl.* (*mil. t.t.*) Aufklärungstruppen, Spähtrupps; °**3.** *Beamter aus dem*

Gefolge des Kaisers, der bei dessen Reisen für die Beseitigung von Hindernissen auf den Straßen zu sorgen hatte. [schafter...]

explōrātōrius 3 (*explōrātor*) Kund-

ex-plōrō 1 (*urspr. Ausdruck der Jägersprache: „das Wild aus den Schlupfwinkeln* „herausschreien", *d.h.* aufstöbern") **1.** (*bsd. als mil. t.t.*) auskundschaften, ausfindig machen; °*abl. abs. explorato* nachdem man Kundschaft eingezogen hatte; **2.** aus-, erforschen, ermitteln; °**3.** prüfen, untersuchen; **4.** (*P.P.P.*) *adi.* **explōrātus** 3 (*m. comp., sup., adv.*) gewiß, sicher, zuverlässig; *habere -um* (*pro -o*) sicher wissen.

explōsiō, *ōnis f* (*explōdō*) *das* Auspfeifen, -zischen.

ex-poliō 4 °**1.** glätten; **2.** / ausbilden, verfeinern; ausschmücken.

expolītiō, *ōnis f* (*expoliō*) *das* Glätten; *das* Abputzen, Anstreichen; / Ausschmückung.

ex-pōnō, *posuī, positum* 3 (*altl. pf. -posīvit*) **1.** offen aussetzen, -stellen, hinlegen [*herbam in sole*]; **2.** öffentlich zur Schau stellen, vor Augen stellen [*argentum; vitam iuventuti ad imitandum*]; zur Verfügung stellen; aussetzen [*praemium*]; **3.** (*Kinder*) aussetzen; **4.** ans Land setzen, ausschiffen; **5.** bloßstellen, preisgeben; **6.** auseinandersetzen, darlegen, erörtern, mitteilen; (*P.P.P.*) *adi.* **expositus** 3 (*m.* °*adv.*) **1.** frei daliegend; **2.** jedermann zur Benutzung überlassen; **3.** / **a**) preisgegeben; zugänglich [*voluptatibus*]; °**b**) allgemein verständlich, naheliegend; °**c**) leutselig.

ex-porrigō *u.* **expōrgō,** *porrēxī, porrēctum* 3 ausstrecken, ausbreiten; glätten [*frontem*].

ex-portātiō, *ōnis f* (*exportō*) **1.** Ausfuhr; °**2.** Verbannung.

ex-portō 1 **1.** fortschaffen; **2.** ausführen [*aurum*]; **3.** verbannen.

ex-poscō, *poposcī,* — 3 (*-ōsc-?*) **1.** **a**) erbitten, fordern; °**b**) erfordern [*opes magnas*]; °**2.** die Auslieferung verlangen [*Hannibalem*]; **3.** (*relig. t.t.*) erflehen anflehen.

expositīcius 3 (*expositus, P.P.P. v. expōnō*) ausgesetzt.

expositiō, *ōnis f* (*expōnō*) Darlegung; ** Auslegung.

expostulātiō, *ōnis f* (*-pŏst-?; expostulō*) **1.** Forderung, Verlangen; **2.** Beschwerde.

ex-postulō 1 (*-pŏst-?*) **1.** **a**) dringend fordern; °**b**) die Auslieferung *jds.* verlangen [*alqm*]; **2.** sich beschweren *bei* [*cum consule de iniuria*].

ex-pōtō = *ēpōtō*.

exprētus 3 (*altl.*) *Et. u. genaue Bedeutung ungeklärt;* = *expressus?*

ex-primō, *pressī, pressum* 3 (*premō*) **1.** °**a**) (her)ausdrücken, -pressen [*nasum* sich die Nase putzen]; **b**) emportreiben, in die Höhe heben; **c**) / erpressen [*frumentum a sociis*]; **2.** °**a**) (ab)bilden, gestalten, darstellen [*simulacra ex auro*]; **b**) nachbilden, -ahmen; **c**) wiedergeben [*verbis*]; übersetzen [*verbum e verbo*]; **d**) deutlich aussprechen; **e**) schildern, darstellen; (*P.P.P.*) *adi.* **expressus** 3 (*m. comp.,* °*adv.*) **1.** **a**) deutlich artikuliert [*voces*]; **b**) herausgequetscht [*litterae*]; **2.** deutlich, anschaulich.

exprobrātiō, *ōnis f* (exprobrō) Vorwurf.

exprobrātor, *ōris m* (*exprobrō*) [Tadler.]

exprobrātrīx, *īcis f* (*exprobrātor*) Tadlerin; (*attr.*) vorwerfend, vorwurfsvoll [*memoria*].

ex-probrō 1 (*probrum*) **1.** vorwerfen; **2.** vorwurfsvoll erwähnen, vorhalten.

ex-prōmō, *prōmpsī, prōmptum* °**1.** **a**) hervorholen; **b**) / hervorstoßen [*voces*]; **2.** / **a**) an den Tag legen, zeigen, betätigen [*odium*]; **b**) darlegen [°*causas*]; (*P.P.P.*) °*adi.* **exprōmptus** 3 bei der Hand, bereit.

expūgnābilis, e (*-ŭ-?; expūgnō*) einnehmbar.

expūgnātiō, *ōnis f* (*-ŭ-?; expūgnō*) Erstürmung, Eroberung.

expūgnātor, *ōris m* (*-ŭ-?; expūgnō*) Eroberer [*urbis; / pudicitiae*].

expūgnāx, *ācis* (*m. comp.; -ŭ-?; expūgnō*) wirksam.

ex-pūgnō 1 (*-ŭ-?; altl. inf. fut. act. -pūgnassere*) **1.** **a**) erstürmen, erobern, einnehmen; **b**) / bezwingen, überwinden, vernichten; **2.** erzwingen, erpressen; °**3.** (*m. Worten*) angreifen.

expulsiō, *ōnis f* (*expellō*) Vertreibung.

expulsō 1 (*intens. v. expellō*) heraus-, forttreiben.

expulsor, *ōris m* (*expellō*) Vertreiber.

expultrīx, *īcis f* (*expulsor*) Vertreiberin.

ex-pungō, *pūnxī, pūnctum* (*pŭnxī, pŭnctum?*) **1. a)** ausstreichen [*nomen*]; **b)** aus dem Dienst entlassen; **c)** / tilgen, aufheben; **2.** prüfend durchgehen, nachprüfen.

expūr(i)gātiō, *ōnis f* (*expūrgō*) Rechtfertigung, Entschuldigung.

ex-pūr(i)gō 1 °**1.** reinigen; **2.** / **a)** reinigen [*sermonem*]; °**b)** rechtfertigen, entschuldigen.

ex-pūtēscō, — — 3 verfaulen.

ex-putō 1 erwägen, ergründen.

ex-quīrō, *sīvī, sītum* 3 (*altl. exquaerō; quaerō*) **1. a)** aus-, aufsuchen; °**b)** durchsuchen; **2.** / **a)** untersuchen, prüfen; **b)** erforschen [*verum*]; sich erkundigen *nach* [*sententias ab eis*]; **c)** verlangen, erwarten, erbitten [*consilium*]; **3.** (*P.P.P.*) *adi.* **exquīsītus** 3 (*m. comp., sup., adv.*) auserlesen, ausgezeichnet; *subst.* **exquīsīta,** *ōrum n* Erkundigungen.

ex-rādīcitus *adv.* (*rādīx*) mit der Wurzel.

ex-sacrificō 1 das Opfer darbringen.

ex-saeviō 4 austoben.

ex-sanguis, e °**1.** blutlos; **2. a)** leblos; ohnmächtig; **b)** / kraftlos, matt [°*scripta*]; °**c)** tot; **3.** blaß; °**4.** blaßmachend.

ex-saniō 1 (*saniēs*) reinigen (*v.* Eiter *od.* Jauche).

ex-sarciō, —, *sartūrus* 4 ausflicken; / ersetzen.

ex-satiō 1 = *exsaturō*.

exsaturābilis, e (*exsaturō*) zu sättigen [*non* ~ unersättlich].

ex-saturō 1 °**1.** völlig sättigen; **2.** / befriedigen, stillen [*saevitiam*].

ex-scendō, -scēnsiō, -scēnsus = *ēscendō usw.*

ex-scindō, *scidī, scissum* 3 zerstören, vernichten.

ex-screō 1 sich räuspern.

ex-scrībō, *scrīpsī, scrīptum* 3 **1. a)** abschreiben; °**b)** abzeichnen, -malen; **2.** aufschreiben.

ex-sculpō, *sculpsī, sculptum* 3 °**1.** ausmeißeln (= beseitigen); °**2.** (*durch Fragen*) herauspressen; **3.** ausschnitzen, -meißeln.

ex-secō, *secuī, sectum* 1 **1. a)** (her-)ausschneiden; **b)** entmannen, kastrieren [*Caelum; testes*]; °**2.** / herausschinden [*quinas capiti mercedes* mtl. 5% Zinsen aus dem Kapital].

exsecrābilis, e (*m. adv.*; *exsecror*) **1.** (*pass.*) fluchwürdig; **2.** (*act.*) verfluchend; tödlich [*odium*].

exsecrātiō, *ōnis f* (*exsecror*) **1.** Verwünschung, Verfluchung; **2.** feierlicher Schwur; ** Bann.

exsecrātus 3 (*m.* °*sup.*; *exsecror*) verwünscht, verflucht.

ex-secror 1 (*sacer*) **1.** (*trans.*) verfluchen, -wünschen; **2.** (*abs.*) Verwünschungen ausstoßen, fluchen; ****exsecro** = *exsecror*.

exsectiō, *ōnis f* (*exsecō*) *das* Aus-, Abschneiden.

exsecūtiō, *ōnis f* (*exsequor*) Vollziehung, Durchführung; Verwaltung.

exsecūtor, *ōris m* (*exsequor*) Vollstrecker, Rächer.

exsequiae, *ārum f* (*exsequor*) Leichenbegängnis, -feier (= *feierliche Begleitung durch die Angehörigen; cf. fūnus, pompa*).

exsequiālis, e (*exsequiae*) Leichen...

ex-sequor, *secūtus sum* 1 °**1.** zu Grabe geleiten; **2. a)** erstreben; geltend machen [*ius suum armis*]; °**b)** (*einer Partei*) anhängen [*sectam*]; °**c)** (*feindl.*) verfolgen [*Tarquinium*]; °**d)** *gerichtlich* verfolgen, rächen, strafen; °**e)** zu ermitteln suchen, erforschen [*quaerendo*]; **f)** durchführen, vollziehen; **g)** beschreiben, angeben; **h)** ertragen [*cladem*].

ex-serciō 4 = *exsarciō*.

ex-serō, *seruī, sertum* 3 **1.** °**a)** aus-, hervorstrecken [*linguam*]; ziehen [*mucronem*]; entfalten [*vexillum*]; **b)** entblößen [°*mammam*]; **2.** losmachen [*alqm vinculis*]; / erlösen, befreien.

exsertō 1 (*intens. v. exserō*) hervorstrecken.

ex-sībilō 1 **1.** auszischen, auspfeifen; °**2.** hervorzischen.

ex-siccō 1 **1.** austrocknen; °**2.** / austrinken; **3.** (*P.P.P.*) *adi.* **exsiccātus** 3 trocken [*genus dicendi*].

ex-sicō 1 = *exsecō*.

ex-sīgnō 1 (-*ī*-?) genau aufzeichnen, -schreiben.

ex-siliō, *siluī, sultum* 4 (*pf.* °*auch silīvī u. siliī; saliō*) °**1.** heraus-, hervorspringen; **2.** aufspringen.

exsilium *falsche Schreibung für exilium.*

ex-sistō, *stitī,* — 3 **1. a)** heraus-, hervortreten; emportauchen; °**b)** (*mil. t.t.*) hervorbrechen; **2.** zum Vorschein kommen, sich zeigen; werden [*ex amicis inimici*]; **3.** (*lo-*

gisch) sich ergeben [*mit ut od. a.c.i.*]; **4.** *pf. exstitī = fuī*; ** = *sum*.

exsolētus = *exolētus, s. exolēscō.*

exsolō = *exulō.*

exsolūtiō, *ōnis f* (*exsolvō*) Erlösung.

ex-solvō, *solvī, solūtum* 3 °**1. a**) (auf-)lösen; öffnen [*venas*]; / **b**) aufheben [*obsidium*]; entwirren [*nodum*]; **c**) erklärend auflösen, erklären; **2.** °**a**) erlösen, befreien [*alqm vinculis*]; **b**) / [°*poena*]; **3. a**) auszahlen, bezahlen [°*aes alienum*]; **b**) / leisten, erfüllen [°*vota*]; erweisen [°*gratiam*], vergelten [°*beneficia*], büßen [*poenas*].

ex-somnis, e (*somnus*) schlaflos; nächtlich schwärmend.

ex-sorbeō, *uī u.* (*selten*) *sorpsī,* — 2 **1.** ausschlürfen, einsaugen; **2.** / **a**) auskosten; °**b**) verschwenden; °**c**) (*sc. concubitu*) entkräften.

ex-sors, *tis* **1.** unteilhaftig [*culpae*]; **2.** außergewöhnlich.

ex-spatior 1 von der Bahn abschweifen; übertreten [*flumina*]; (*v. Thema*) abschweifen.

exspectātiō, *ōnis f* (*exspectō*) Erwartung, Sehnsucht, Aussicht.

ex-spectō 1 **1.** (*intr.*) warten, abwarten; **2.** (*trans.*) **a**) erwarten, warten *auf*; **b**) gespannt sein *auf*, vermuten, befürchten, hoffen, wünschen; ** wollen; **3.** (*P.P.P.*) *adi.* **exspectātus** 3 (*m.* °*comp., sup.*) erwartet; willkommen, erwünscht.

ex-spergō, *spersī, spersum* 3 (*spargō*) **1.** über und über bespritzen; **2.** zersprengen, zerstreuen.

ex-spēs (*nur nom.*) hoffnungslos; ohne Hoffnung *auf* [*vitae*].

exspīrātiō, *ōnis f* (*exspīrō*) Ausdünstung.

ex-spīrō 1 **1.** (*trans.*) aushauchen [*animam*]; **2.** (*intr.*) **a**) verscheiden; / in Vergessenheit geraten; **b**) hervorbrechen [*ventus*].

ex-splendēscō, *duī,* — 3 hervorleuchten; / sich hervortun.

ex-spoliō 1 ausplündern; berauben [*hos auxilio*].

ex-sprētus = *exprētus.*

ex-spuō, *spuī, spūtum* 3 ausspeien; / von sich geben; loslassen.

****exstasis,** *is f* = ** *ecstasis.*

ex-sternō 1 (*cf. cōnsternō*) heftig erschrecken; P. sich entsetzen.

ex-stīllēscō, — — 3 (*-ĭ-?; incoh. v. exstīllō*) ausfließen.

ex-stīllō 1 (*-ĭ-?*) triefen.

exstimulātor, *ōris m* (*exstimulō*) Aufwiegler.

ex-stimulō 1 aufstacheln.

ex(s)tīnctiō, *ōnis f* (*-ĭnc-?; exstinguō*) Vernichtung.

ex(s)tīnctor, *ōris m* (*-ĭ-?; exstinguō*) „Auslöscher"; / Unterdrücker.

ex-(s)tinguō, *īnxī, īnctum* 3 (*ĭnxī, ĭnctum?; altl. coni. pf. -inxit; stinguō*) **1. a**) (aus)löschen [*incendium;* °*sitim*]; P. erlöschen; °**b**) / austrocknen; **2.** °**a**) umbringen, vernichten; **b**) P. umkommen; zugrunde gehen; **3.** in Vergessenheit bringen, P. geraten.

ex-stirpō 1 (*stirps*) °**1.** ausrotten; **2.** / [*vitia*].

ex-stō, — — 1 **1.** heraus-, hervorstehen, -ragen; **2.** / **a**) sich zeigen, in die Augen fallen; *impers. exstat* es stellt sich klar heraus; **b**) noch vorhanden sein, noch existieren; ** = *sum.*

exstrūctiō, *ōnis f* (*exstruō*) Erbauung, Bau.

ex-struō, *strūxī, strūctum* 3 **1. a**) aufschichten, -häufen, -türmen; **b**) beladen *mit* [*mensas epulis*]; **2.** aufbauen, errichten.

ex-sūcus 3 saftlos.

ex-sūdō 1 **1.** (*intr.*) (her)ausschwitzen; **2.** (*trans.*) / im Schweiße seines Angesichtes durchführen [*ingens certamen*].

****exsufflo** 1 fortblasen, Teufel austreiben.

ex-sūgō, *sūxī, sūctum* 3 (*altl. fut. -sūgēbō*) aussaugen; (*P.P.P.*) *adi.* **exsūctus** 3 ausgemergelt.

exsul, exsulō *falsche Schreibung für exul, exulō.*

exsultāns, *antis* (*m. comp., sup., adv.; exsultō*) **1.** hüpfend (*v. Wörtern, die nur aus kurzen Silben bestehen*); **2.** ausgelassen; maßlos, frei.

exsultātiō, *ōnis f* (*exsultō*) Jubel.

exsultim *adv.* (*exsultō*) in ausgelassenen Sprüngen.

ex-sultō 1 (*saltō*) **1. a**) hoch aufspringen; °**b**) / aufwallen [*vada*]; sich ausgelassen tummeln; **2.** frohlocken, (auf)jauchzen; prahlen.

exsuperābilis, e (*exsuperō*) zu überwinden; *non* ~ unüberwindlich.

exsuperantia, *ae f* (*exsuperāns, part. praes. v. exsuperō*) *das* Hervorragen; / Vorzüglichkeit.

ex-superō 1 **1.** (*intr.*) **a**) sich hoch erheben; emporschlagen [*flammae*]; **b**) / hervorragen; **2.** (*trans.*) **a**) emporragen *über* [*undas*]; **b**)

übersteigen, passieren; / c) überleben, überdauern; d) übertreffen, überwinden. [abstumpfen.]
ex-surdō 1 (*surdus*) betäuben; /
ex-surgō, *surrēxī, surrēctum* 3 1. sich erheben, aufstehen, -steigen; 2. / °a) auftreten *gegen*; b) wieder erstehen, sich erholen.
ex-suscitō 1 1. a) aufwecken; °b) anfachen; 2. / erregen [*animos*]; *se -are* sich aufraffen, sich ermannen.
exta, *ōrum n* (*vl. unter Schwund des c haplologisch vereinfacht aus* ex-se(c)*ta v. ex-secō*) 1. (edlere) Eingeweide *der Opfertiere* (*Herz, Lunge, Leber, Galle, aus denen geweissagt wurde*); °2. Opferschmaus.
ex-tābēscō, *buī*, — 3 °1. sich abzehren; 2. / gänzlich (ver)schwinden.
extāris, e (*exta*) zum Kochen der Eingeweide dienlich [*aula*].
ex-templō (<*ex templō* „vom Beobachtungsplatz der Auguren aus"; *cf. templum*) *adv.* sogleich, augenblicklich.
extemporālis, e (*Hypostase aus ex tempore* „aus dem Augenblick heraus") aus dem Stegreif, unvorbereitet.
extemporālitās, *ātis f* (*extemporālis*) *die* Fähigkeit zur Stegreifrede *od.* -dichtung.
extempulō = *extemplō.*
ex-tendō, *tendī, tentum u. tēnsum* 3 1. ausdehnen, -spannen, -strecken; °2. a) erweitern, vergrößern; b) (*mil. t.t.*) auseinanderziehen [*aciem latius*]; °3. anspannen, anstrengen; °4. hinziehen, verlängern [*pugnam ad noctem*]; °5. (*P.P.P.*) *adi.* **extentus** 3 (*m. sup., adv.*) ausgedehnt; *-is itineribus* in Eilmärschen.
****extensor,** *oris m* Folterknecht.
ex-tentō[1] (*intens. v. extendō*) ausdehnen, ausstrecken.
ex-tentō[2] 1 (= *ex-temptō*) versuchen, probieren.
extenuātiō, *ōnis f* (*extenuō*) °1. Verdünnung; 2. (*rhet. t.t.*) Verkleinerung.
ex-tenuō 1 1. a) verdünnen, zerkleinern; P. dünn werden, °zerfließen; °b) (*mil. t.t.*) auseinanderziehen [*aciem*]; 2. schwächen, schmälern; °3. (*P.P.P.*) *adi.* **extenuātus** 3 (*m. sup.*) gering, schwach.
exter(us), *era, erum* (*urspr. wohl comp. v. ex*) *pos.* (*kl. nur pl.*) auswärtig, -ländisch; *comp.* **exterior,** *ius der* äußere = weiter draußen; auf der Außenseite (befindlich); °*exteriorem ire* zur Linken gehen; *sup.* **extimus** (*selten*) 3 *der* äußerste [*orbis*] *u.* **extrēmus** 3 1. (*räuml.*) *der* äußerste, entfernteste; *der* letzte; *in -o libro* am Ende des Buches; 2. (*zeitl.*) *der* letzte; *der* letzte Teil, Ende [*annus*]; 3. / *der* äußerste [°*-a pati*]; *der* größte, höchste [*periculum*]; *der* geringste, niedrigste, schlechteste; *der* gefährlichste, schlimmste [*fortuna*]; *subst.* **extrēmum,** *ī n* Ende; *der* äußerste Punkt [°*aestatis*]; *adv.* **ad extrēmum** (bis) zuletzt; schließlich; °**extrēmō** endlich.
ex-terebrō 1 (her)ausbohren; °/ erpressen.
ex-tergeō, *tersī, tersum* 2 °1. auswischen; 2. / ausplündern.
ex-terminō 1 vertreiben, verbannen; / entfernen, beseitigen.
externus 3 (*exter; cf. inter-nus*) 1. *der* äußere, äußerlich; 2. auswärtig, ausländisch, fremd(artig); *subst.* ~, *ī m* Fremdling; **-a,** *ōrum n* auswärtige Dinge; *die* Fremde.
ex-terō, *trīvī, trītum* 3 1. herausreiben; 2. zerreiben; / zertreten.
ex-terreō, *ruī, ritum* 2 °1. (*Wild*) aufscheuchen; 2. erschrecken, einschüchtern.
extersus, *ūs m* (*extergeō*) *das* Aus-[wischen.]
exterus 3 *s. exter.*
ex-texō, — — 3 (ein Gewebe auftrennen); °/ (*scherzh.*) *jd.* Geld *b. Spiel* abnehmen [*illum*].
ex-timēscō, *muī,* — 3 1. (*intr.*) Angst bekommen, sich fürchten [*de fortunis*]; 2. (*trans.*) befürchten, bangen *vor* [*adventum*].
extimus 3 *s. exter(us).*
ex-tinguō *s. ex(s)tinguō.*
exti-spex, *icis m* (*exta, speciō*) Eingeweideschauer, Zeichendeuter (= *haruspex*).
extispicium, *ī n* (*extispex*) Eingeweideschau, Opferschau (= *haru-*[*spicīna*).]
extō = *exstō.*
ex-tollō, *extulī* (°*selten exsustulī*), — 3 °1. herausnehmen, -setzen [*mea domo pedem*]; 2. empor-, auf-, erheben; 3. / a) preisen, rühmen; b) ermutigen; übermütig machen; °c) verschönern; °d) verschieben [*in alium diem*].

ex-torqueō, *torsī, tortum* 2 **1.** herausdrehen, entwinden; **2.** aus-, verrenken; foltern; **3.** / entreißen; erpressen; benehmen [*errorem*].

ex-torris, e (*wohl zu terra*) außer Landes lebend, heimatlos, verbannt [°*patriā*].

extortor, *ōris m* (*extorqueō*) Erpresser.

extrā (*abl. sg. f v. exter; sc. viā; cf. intrā*) **1.** *adv.* **a)** außen, außerhalb, auswendig; / **b)** ~ *quam* außer; ~ *quam si* außer wenn; °**c)** außerdem, überdies; **2.** *prp. b. acc.* außerhalb; außer; aus ... hinaus, über ... hinaus; / mit Ausnahme *von*; ohne, gegen.

ex-trahō, *trāxī, tractum* 3 **1. a)** herausziehen, -reißen; °**b)** herausschleppen, -locken; ans Licht ziehen; **c)** / befreien [*urbem ex periculis*]; **2. a)** in die Länge ziehen [*tempus*]; **b)** nutzlos hinbringen; °**c)** hinhalten.

extrāneus 3 (*extrā*) **1.** außen befindlich, *der* äußere; **2.** auswärtig, fremd, ausländisch; °*subst.* ~, *ī m der* Auswärtige, Ausländer.

extrā-ōrdinārius 3 (*extrā-?, Hypostase aus extrā ōrdinem*) außerordentlich, außergewöhnlich; unnatürlich; °/ auserlesen [*cohortes*].

extrārius 3 (*extrā*) = *extrāneus.*

extrēmitās, *ātis f* (*extrēmus*) **1.** Grenze, Umkreis; Rand; **2.** (*geom. t.t.*) Fläche; °**3.** *pl.* (*rhet. t.t.*) Extreme.

extrēmus 3 *s. exter(us).*

ex-trīcō (*altl. auch* **-or**) 1 (*trīcae*) herauswickeln, -winden; / zustande bringen, auftreiben [*nummos*].

extrīn-secus *adv.* (<**extrim-; exter, cf. altrīnsecus*) von außen (her); auf der Außenseite.

ex-trūdō, *sī, sum* 3 hinausstoßen, -treiben, zurückdrängen; / sich vom Halse schaffen.

ex-tūberō 1 (*tūber*[1]) emporwölben.

extume-factus 3 (*extumeō, faciō*) aufgeschwollen.

ex-tumeō, — — 2 aufschwellen.

extumus 3 = *extimus; s. exter.*

ex-tundō, *tudī,* — 3 **1. a)** in erhabener Arbeit bilden, treiben; **b)** / herausbilden; **2.** zerschlagen [*frontem*]; **3.** mit Mühe zustande bringen [*artem*], erringen [*honorem*]; **4.** / **a)** herauspressen, abnötigen; **b)** vertreiben [*fastidia*].

ex-turbō 1 hinausjagen, vertreiben.

ex-ūberō 1 (*ūberō* „befruchten"; *ūber*[2]) reichlich hervorströmen, aufwallen; / überströmen, Überfluß haben *an* [*pomis*].

exul, *ulis m* (*eigtl.* „umherschweifend"; *cf. amb-ulō*) **1.** verbannt; *subst. m der* Verbannte; °**2.** ausgeschlossen *von*, ohne [*mentisque domusque*]; ** heimatlos.

exulcerātiō, *ōnis f* (*exulcerō*) / *das* Aufreißen (und Eiternlassen) einer Wunde.

ex-ulcerō 1 (*ulcus*) °**1.** zum Eitern bringen, wund machen; **2.** / **a)** verschlimmern; **b)** erbittern.

exulō 1 (*exul*) verbannt sein, in der Verbannung leben; / nicht mehr bestehen; ** fern von der Heimat leben; eine Auslandsreise machen.

exultābundus, exultātiō, exultim, exultō = *exsult...*

ex-ululō 1 aufheulen; (*P.P.P.*) *adi.*

exululātus 3 **1.** mit Heulen gerufen; **2.** (*mediopass.*) aufheulend.

exundātiō, *ōnis f* (*exundō*) Überschwemmung.

ex-undō 1 überfluten [*in adversa litora*]; / überströmen; überreichlich vorhanden sein.

ex-ung(u)ō, —, *ūnctum u.* **-(u)or,** — 3 (*-ūnctum?*) mit Salben verschmieren, vertun; vergeuden.

ex-uō, *uī, ūtum* 3 (<**ex-ovō; vl. eigtl.* „aus einer Hülle schlüpfen"; *cf. induō*) °**1.** *etw.* **a)** ausziehen, ablegen [*vestem*]; abnehmen [*alci clipeum*]; **b)** / ablegen, aufgeben [*humanitatem*]; **2.** *jd.* °**a)** ausziehen, entkleiden, entblößen [*alqm veste*]; *se monstris -ere* die unnatürliche Gestalt ablegen; **b)** berauben [*hostem impedimentis*].

ex-urgeō, — — 2 ausdrücken, auspressen.

ex-ūrō, *ussī, ustum* 3 (*ūssī, ūstum?*) °**1.** herausbrennen; **2.** verbrennen, einäschern; °**3.** / **a)** aus-, vertrocknen; **b)** zerfressen; **c)** (*v. der Liebe*) entflammen; **d)** (*v. Sorgen*) zermürben.

exustiō, *ōnis f* (*-ū-?; exūrō*) Verbrennung, Brand.

exuviae, *ārum f u.* °**-ium,** *ī n* (*exuō*) °**1.** abgezogene (Tier-) Haut; °**2.** (abgelegte) Kleidung, Kopfbedekkung; **3.** abgenommene Waffenrüstung, Beute.

F

F. (*Abk.*) = *fīlius u. fēcit.*

Fab. = *Fabiā (tribū) aus der Fabischen Tribus.*

faba, *ae f* (*redupliziertes Lallwort mit der Bedeutung des Schwellenden*; *cf. Fabius*) **1.** Bohne; Saubohne; °**2.** Bohnenbrei.

fabālis, e (*faba*) von Bohnen, Bohnen...

fābella, *ae f* (*dem. v. fābula*) **1.** kleine Erzählung; °**2.** Fabel, Märchen; **3.** kleines Schauspiel.

faber, *bra, brum* (*eigtl.* „passend"; *cf. nd.* „deftig") °kunstfertig, °geschickt; *subst.* **~,** *brī m* **1. a**) Handwerker; *tignarius* Zimmermann; °*ferrarius* Schmied; **b**) *pl.* Bauhandwerker; (*mil. t.t.*) Pioniere; *praefectus fabrum* Werkmeister, (*als mil. t.t.*) Feldzeugmeister; °**2.** Sonnenfisch.

Fabius 3 *Name einer patriz. gens*: **1.** *Q. ~ Pictor, geb. um 250, Vfssr. des ersten röm. Geschichtswerkes (i. gr. Sprache)*; **2.** *Q. ~ Maximus Cūnctātor, Gegner Hannibals*; **3.** *Q. ~ Maximus Allobrogicus, Konsul 121, Besieger der Allobroger*; *adi.* -*i(ān)us* 3.

fabrē-faciō, *fēcī, factum* 3; P. *fīō, factus sum, fierī u. fīerī* kunstvoll verfertigen.

fabrica, *ae f* (*faber*) **1.** Werkstätte; Schmiede; **2.** Handwerk, Baukunst; **3.** kunstvoller Bau [*membrorum*]; °**4.** Kunstgriff, List; ** Bauhütte.

fabricātiō, *ōnis f* (*fabricō*) **1.** kunstvoller Bau; **2.** künstliche Veränderung.

fabricātor, *ōris m* (*fabricō*) **1.** Bildner; °**2.** Urheber.

Fabricius 3 *röm. Gentilname*: *C. ~ Luscinius, Sieger über Pyrrhus, ber. wegen seiner Rechtlichkeit*; *adi.* -*ius* 3.

fabricor *u.* °**-ō** 1 (*faber*) verfertigen; bilden; °Böses aussinnen.

fabrīlis, e (*faber*) *des* Handwerkers, Künstler..., Schmiede...; °*subst.* **-ia,** *ium n* Handwerke; Schmiedearbeiten.

fabula¹, *ae f* (*dem. v. faba*) kleine Bohne.

fābula², *ae f* (*for*) **1.** Gerede der Leute, Stadtgespräch; °**2.** Unterhaltung; **3. a**) Erzählung; °**b**) *äsopische* Fabel; **c**) Märchen, Sage, Mythus; *pl.* Mythologie; °**4.** Gegenstand, Fabel der Dichtung; **5. a**) Drama, Bühnenstück; °**b**) Epos; °**6. a**) (*verächtlich*) *fabulae!* dummes Zeug!; **b**) *quae haec est fabula?* was ist hier los?

fābulāris, e (*fābula²*) sagenhaft, Sagen...

fābulātor, *ōris m* (*fābulor*) Erzähler; Märchenerzähler.

fābulor 1 (*fābula²*) plaudern, schwatzen.

fābulōsus 3 (*m. comp., sup., adv.*; *fābula²*) **1.** sagenreich, berühmt; **2.** wunderbar, unglaublich.

facessō, *cessīvī u. cessī, cessītum* 3 (*intens. v. faciō*) **1.** (*trans.*) °**a**) ausrichten, ausführen; **b**) (*Böses*) tun; **2.** (*intr.*) sich entfernen, sich packen.

facētia, *ae f* (*facētus*) °**1.** *sg.* Scherz, Witz; **2.** *pl.* drollige Einfälle, beißender Witz, Sticheleien.

facētus 3 (*m.* °*comp., sup., adv.*; *eigtl.* „glänzend"; *cf. fax*) **1.** fein, anmutig; °**2.** freundlich, artig; **3.** witzig, launig, scherzhaft.

faciēs, *ēī f* (*altl. gen.* -*iē*; *faciō*) **1.** äußere Erscheinung, *das* Aussehen; °**2.** / **a**) Art, Beschaffenheit; **b**) äußerer Schein; **3. a**) Gesicht(sbildung); °**b**) schönes Gesicht; °**c**) Anmut, Schönheit.

facilis, e (*m. comp.*; *sup. facillimus*; *faciō*) **1.** (*pass.*) **a**) tunlich, leicht (zu tun) [*via ad honores*; *dictu*; °*corrumpi*; °*selten facile fuit, ut procederet*]; **b**) günstig [*res*], bequem [*aditus*]; **2.** (*act.*) **a**) leicht beweglich, gewandt, geschickt [*ad dicendum*]; **b**) willig, freundlich, gefällig, zugänglich; bereit *zu* [*ad concedendum*]; (** ~ *ad* empfänglich für); *adv.* **facile** (*m. comp., sup.*; *nkl. auch* -*iter*; *altl. facil*) **1. a**) leicht, mühelos; *non* (*haud*) *facile* schwerlich, kaum; **b**) sicher, unstreitig; **2. a**) willig, gern; **b**) angenehm, behaglich [°*vivere*]; ** -e, *ut* vielleicht, daß.

facilitās, *ātis f* (*facilis*) °**1.** (*pass.*) Leichtigkeit [*camporum* Passierbarkeit des Geländes]; **2.** (*act.*) °**a**) Leichtigkeit (*i. d. Auffassung*), leichte Auffassung; °**b**) Gewandtheit, Geläufigkeit (*i. Ausdruck*);

c) Neigung, Anlage *zu*; Trieb; **d**) (*i. gutem Sinn*) Umgänglichkeit, Leutseligkeit; °(*i. schlechtem Sinn*) Leichtsinn.

facinorōsus *u.* **-nerōsus** 3 (*m.* °*comp., sup.*; *facinus*) verbrecherisch, ruchlos.

facinus, *oris n* (*faciō*) **1.** (auffallende) Tat [*nefarium*; *praeclarum*]; **2.** Schandtat, Verbrechen; °**3.** Werkzeug eines Verbrechens, *z. B.* Giftbecher; °**4.** Verbrecher; °**5.** Ding, Sache, Umstand.

faciō, *fēcī, factum* 3; P. *durch fīō, factus sum, fierī u. fīerī ersetzt*; (*altl.*: *imp. face*; *fut. faciem*; *coni. pf. faxim*; *fut. ex. faxō*; *fut. ex.* P. *faxitur*; *k-Erweiterung der* √ *dhē-; *cf. dō, addō usw.*) tun: **I.** (*trans.*) **1.** tun, machen; anfangen *mit* [°*quid eo fecisti puero?* (*kl. huic homini*)]; *quo facto* hierauf; **2. a**) verfertigen, bilden, schaffen, bereiten [*scuta ex cortice*]; bauen, anlegen, schlagen [*pontem*], aufschlagen [*castra*]; **b**) ab-, verfassen [*libros*]; **c**) erwerben, verdienen, gewinnen; **d**) be-, verarbeiten [*ebur*]; **e**) aufbringen, auftreiben [*exercitum*]; **3. a**) tun, machen, zustande bringen [*omnia amici causa*], ausführen, verrichten, leisten, liefern [*proelium*]; schließen [*pacem*]; verüben [*scelus*]; begehen [*vim* Gewalttat]; erheben [*clamorem*]; sagen, reden [*verba*]; *initium belli* den Krieg beginnen; *finem vitae* mit seinem Leben Schluß machen; *mentionem* ~ *de* (*od. gen.*) erwähnen; betreiben [°*medicinam*]; feiern, begehen [*ludos*]; **b**) erleiden [*naufragium*]; **4.** erregen, verursachen, hervorrufen, bewirken, anstiften [*spem, coniurationem*]; verschaffen, gewähren [*potestatem* Gelegenheit]; *negotia* Schwierigkeiten machen; **5.** Sonderkonstruktionen: **a**) *m. Objektsacc. u. Prädikatsnomen*: α) *im acc.* machen, ernennen, wählen *zu* [*Ciceronem consulem*]; β) (*nkl.*) *im gen. potestatis od. dicionis suae* unter seine Gewalt (Botmäßigkeit) bringen; (*kl.*) zum Eigentum machen [*Asiam populi Romani*]; **b**) redend *od.* handelnd einführen, darstellen, tun *od.* sagen lassen [*Polyphemum cum ariete colloquentem*]; **c**) schätzen, achten [*magni, pluris, pro nihilo*]; **d**) bewirken, dafür sorgen; verschulden [*ne cui iniuria inferatur*]; **e**) den Fall setzen, annehmen [*fac ita esse*]; **II.** (*intr.*) **1. a**) tun, handeln, tätig sein; °**b**) Feldarbeit verrichten; °**c**) = *futuō*; **2.** verfahren, sich benehmen [*bene*; *contra leges*]; **3.** es halten *mit*, stehen auf der Seite [*dei nobiscum faciunt*]; **4.** opfern [*Iunoni*]; °**5.** dienen, nützen, geeignet sein, wohl bekommen [*aqua mihi non facit*].

facteon *indecl.* (*scherzh. wie gr. Verbaladi. gebildet*) = *faciendum*.

factiō, *ōnis f* (*faciō*) °**1.** *das* Tun, Handeln, Treiben; **2.** *das* Recht, *etw.* zu machen [*testamenti*]; **3.** Umtriebe, Parteiungen; **4. a**) Partei; Anhang, Verwandtschaft; °**b**) Artistenclique; *histrionum* Theaterclaque; ** Rotte; *das* boshafte Treiben.

factiōsus 3 (*m.* °*sup.*; *factiō*) °**1.** zum Handeln aufgelegt [*lingua* rasch mit der Zunge]; **2.** partei-, herrschsüchtig; *subst.* ~, *ī m* Parteigänger, -führer; °**3.** einflußreich.

factitō 1 (*frequ. v. factō*) gewöhnlich machen, gewerbsmäßig (be-) treiben; machen *zu* [*alqm heredem*].

factō 1 (*intens. v. faciō*) machen, verrichten.

factor, *ōris m* (*faciō*) Verfertiger; *pilae* der den Ball weiterwirft; ** Schöpfer = Gott.

factus 3 (*m.* °*comp.*; *faciō*) **1.** °**a**) geschehen; *factius nihilō* (*abl. mens.*) *facit* es nützt ihm nichts; **b**) geschaffen [*ad iocum*]; **2. a**) kunstvoll (bearbeitet); **b**) gebildet [°*ad unguem* vollkommen]; *subst.* **factum,** *ī n* **1.** Tat, Handlung, Werk; Verfahren; °**2.** Vorfall, Ereignis; Tatsache, Erfolg.

facula, *ae f* (*dem. v. fax*) Kienspan, Fackel.

facultās, *ātis f* (*altl. facul = facilis*) **1.** Möglichkeit, Gelegenheit [*rei bene gerendae*]; **2.** Erlaubnis; **3.** Fähigkeit, Geschicklichkeit, Anlage, Talent [*dicendi*]; **4.** Vorrat, Fülle; *pl.* Hilfsmittel, -quellen; Geldmittel, Vermögen; ** Fakultät.

fācundia, *ae f* (*fācundus*) Redegabe, Beredsamkeit.

fācunditās, *ātis f* (*fācundus*) Gesprächigkeit.

fācundus 3 (*m. comp., sup., adv.*;

for; *cf. īrā-cundus*) redegewandt; geläufig [*lingua*].
faeceus 3 (*faex*) aus Hefe; / unflätig.
faecula, *ae f* (*dem. v. faex*) Weinsteinsalz.
faelēs *u.* **-is** = *fēlēs u. -is.*
faen... = *fēn...*
Faesulae, *ārum f St. i. Etrurien, j.* Fiesole; *adi. u. Einw. -ānus* (3).
faet... = *foet...*
faex, *cis f* (*et. ungedeutet*) **1.** °**a**) Bodensatz, Hefe; / **b**) Abschaum [*populi*]; °**c**) *dies sine faece* wolkenloser Tag; °**d**) Boden einer Kassette; °**2. a**) Weinsteinsalz; **b**) Weinhefe.
fāgin(e)us 3 (*fāgus*) buchen.
fāgus, *ī f* (*cf. nhd.* „Buche") Buche; °Buchenholz.
****faida,** *ae f* Fehde.
fala, *ae f* (*etr. Fw.*) **1.** Belagerungsturm; **2.** hölzerne Säule *an der spina des Circus für die ova* (*s. d.*).
falārica, *ae f* (*fala*) Speer; Brandpfeil.
falcārius, *ī m* (*falx*) Sichelmacher; *inter -os* in der Sichelmachergasse.
falcātus 3 (*falx*) mit Sicheln versehen; sichelförmig.
****falco,** *onis m* Falke.
****falconarius,** *i m* Falkner.
falerae = *phalerae.*
Falerii, *ōrum m St. der Falisker.*
Falernus 3 *ager Gebiet an der Grenze v. Latium u. Kampanien*; *-um* (*vinum*) Falernerwein, (*praedium*) Landgut (*des Pompejus*) *im Falernerlande.*
Faliscī, *ōrum m Völkerschaft i. Südetrurien*; *adi. -us* 3; *subst.* **-um,** *ī n* Gebiet von Falerii.
fallācia, *ae f* (*fallāx*) Täuschung, Betrug, Intrige.
fallāci-loquus 3 (*fallāx, loquor*) trügerisch redend.
fallāx, *ācis* (*m. °comp., sup., adv.*; *gen. pl. °auch -um*; *fallō*) trügerisch, täuschend, ränkevoll.
fallō, *fefellī,* — 3 (*falsus gewöhnl. adi.*; *P.P.P. durch dēceptus ersetzt*; *et. nicht sicher gedeutet*) °**1.** einen Fehltritt tun lassen; **2.** / **a**) täuschen, betrügen, hintergehen; *me fallit* ich irre mich; *mediopass.* sich täuschen, sich irren; **b**) nicht leisten, nicht erfüllen [°*promissum*]; verletzen, brechen [*fidem*]; °**c**) täuschend nachmachen; °**d**) hinwegtäuschen *über*, vergessen lassen [*laborem*], verkürzen [*horas*]; **e**) °α) entgehen [*gaudia nos*], unbemerkt bleiben; *hostis fallit incedens* der F. setzt sich unbemerkt in Marsch; β) *impers. non me fallit* es entgeht mir nicht.
falsārius, *ī m* (*falsus*) Fälscher.
falsi-dicus 3 (*falsus, dīcō*[2]) lügenhaft.
falsi-ficus 3 (*falsus, faciō*) falsch [handelnd.
falsi-iūrius 3 (*falsus, iūrō*) falsch schwörend.
falsi-loquus *u.* **-locus** 3 (*falsus, loquor*) lügenhaft.
falsimōnia, *ae f* (*falsus*) Betrügerei.
falsi-parēns, *entis* (*falsus, parēns*) mit einem erdichteten Vater.
falsus 3 (*m. °sup.*; *P.P.P. v. fallō*) **1.** (*medial*) °**a**) sich irrend; **b**) irrig, nichtig, eitel [*spes*]; **2.** (*act.*) betrügerisch, heuchlerisch; **3.** (*pass.*) **a**) falsch, gefälscht [*testamentum*]; **b**) (*v. Personen*) untergeschoben [°*genitor*], unecht [*testis*]; °**c**) (*v. Sachen*) unecht, nachgemacht; *subst.* **-um,** *ī n* Unwahrheit, Lüge, Irrtum; °Heuchelei; *adv.* **falsō** (*selten* °**-ē**) irrtümlich, fälschlich, grundlos.
falx, *cis f* (*et. unklar*) Sichel, Sense; Garten-, Winzermesser; Mauerhaken.
fāma, *ae f* (*cf. for*; *kl. nur sg.*) **1.** Gerücht, Sage, Überlieferung; **2.** öffentliche Meinung, Volksstimme; **3. a**) Ruf, Leumund; **b**) guter Ruf, guter Name; **c**) Ruhm, Berühmtheit; °**d**) üble Nachrede; °**4.** ♀ *Göttin des Gerüchts.*
famēlicus 3 (*famēs*) hungrig; *subst.* ~, *ī m* Hungerleider.
famēs, *is f* (*abl. dcht. -ē*; *et. ungedeutet*) **1.** Hunger; **2.** Hungersnot; **3.** / **a**) Armut, Dürftigkeit; °**b**) Gier *nach* [*auri*].
fāmigerātiō, *ōnis f* (*fāmi-gerō* 1 „in einen Ruf bringen"; *fāma* + *gerō*) Geschwätz *der Leute.*
fāmigerātor, *ōris m* (*fāmi-gerō* 1 „in einen Ruf bringen"; *fāma* + *gerō*) Schwätzer.
familia, *ae f* (*gen. sg. auch -ās*; *et. ungedeutet*; *cf. famulus*) **1.** Hausgenossenschaft; **2. a**) Dienerschaft; **b**) Leibeigene, Hörige; **c**) Truppe [*gladiatoria*]; **d**) Philosophenschule; **3.** Vermögen; **4. a**) Familie (= *Linie einer gens, durch cogn. bezeichnet*); °**b**) = *gēns.*

familiāris, e (*m. comp., sup., adv.*; *familia*) **1.** häuslich, Haus... [°*servus*]; *res -is* Vermögen; **2.** Sklaven...; °*subst.* **~,** *is m* Sklave; *pl.* Gesinde; **3.** Familien... [°*consilium*]; **4. a)** (*v. Pers.*) vertraut, bekannt [*mihi*]; freundschaftlich; *adv.*: *-iter vivere cum alqo*; °*-issime uti alqo*; *subst.* **~,** *is m f* Freund(in); **b)** (*v. Sachen*) vertraulich [*sermo*], freundschaftlich; **5.** (*relig. t.t.*) einheimisch, vaterländisch; *pars derjenige Teil der Eingeweide, aus dem der Priester das Schicksal des eigenen Staates prophezeite.*

familiāritās, *ātis f* (*familiāris*) **1.** vertrauter Umgang, Freundschaft; °**2.** vertraute Freunde.

fāmōsus 3 (*m.* °*comp.*, °*sup.*, °*adv.*; *fāma*) **1.** (*pass.*) °**a)** berühmt, ruhmvoll; **b)** berüchtigt; °**2.** (*act.*) ehrenrührig, Schmäh... [*carmen*].

famul *altl.* = *famulus.*

famula, *ae f* (*famulus*) Dienerin, Sklavin.

famulāris, e (*famulus*) Sklaven...; °*iura -laria dare* zum Sklaven machen.

famulātus, *ūs m* (*famulor*) Dienstbarkeit; Knechtschaft.

famulor 1 (*famulus*) dienstbar sein.

famulus (*et. ungedeutet*; *cf. familia*) °**1.** *adi.* 3 dienend; aufwartend; **2.** *subst.* **~,** *ī m* Diener, Sklave.

fānāticus 3 (*fānātus, P.P.P. v. fānor*) begeistert, rasend; fanatisch; °*error* Wahnsinn.

fandum, fandus *s. for.*

fānor 1 (*fānum*) umherrasen.

fantas... = *phantas...*

fānum, *ī n* (*cf. fēriae, fēstus*; *antike Ableitung v. for volkset.*) Tempel, Heiligtum.

far, *farris n* (<**farr*; *-ā-?*; *cf. altnord.* harr „Korn, Gerste") **1.** Spelt, Dinkel; **2.** Schrot, Opfermehl; **3.** Brot.

farciō, *sī, tum* 4 (*wohl urspr.* „umschließen, einfriedigen") (voll-)stopfen; °*se -ire* sich vollfressen.

farferum, *ī n* (*et. unklar*; *vl. Dialektwort*) Huflattich.

farīna, *ae f* (*far*) Mehl.

farrāgō, *inis f* (*far*) Mischfutter; / vermischter Inhalt; Bagatelle.

farrātus 3 (*far*) aus Getreide gemacht; mit Brei angefüllt; *subst.* **-a,** *ōrum n* Mehlspeise.

(***fars** *od.* ***fartis**), *abl. farte f* (*altl. acc. -im*; *farciō*) Füllung; (*scherzh.*) Hackepeter; *vestis* **~** Leib, Person; *adv.* **-im** gestopft, dicht.

fartor, *ōris m* (*farciō*) Geflügelmäster.

fās *indecl. n* (*urspr. alter s-Stamm*; „Ausspruch"; *for*) **1.** göttliches Gesetz, Recht; **2.** *das* Sittlichgute, Erlaubte; **3.** Schicksal, Verhängnis; *fas est* es ist recht; es ist vom Schicksal bestimmt.

fascia, *ae f* (*cf. fascis*) **1.** Binde, Band; **2. a)** Schenkelbinde; °**b)** Büstenhalter; **c)** Bettgurt; °**d)** Kopfbinde, Diadem; °**e)** *pl.* Wickelbinden *für Säuglinge*; °**3.** Wolkensaum.

fasciātim *adv.* (*fascis*) bündelweise.

fasciculus, *ī m* (*dem. v. fascis*) Bündelchen; Strauß.

fascinō 1 (*fascinum*) beschreien, behexen.

fascinum, *ī n u.* **-us,** *ī m* (*als Zauberwort wohl thrakisches Lw.*; *urspr.* „Behexung"; *cf. fascinō*) männliches Glied (*als Amulett gegen Behexung getragen*).

fasciō 1 (*fascia*) mit Binden umwickeln.

fasciola, *ae f* (*dem. v. fascia*) kleine Binde, Band; *bsd.* Schenkelbinde; ** *pl.* Gamaschen.

fascis, *is m* (*cf. fascia, bascauda*) °**1.** Bündel; Bürde, Last; **2.** *pl.* **a)** Rutenbündel (*mit Beil, den höchsten Magistraten als Symbol der Strafgewalt v. den Liktoren vorangetragen*); **b)** Konsulat; (°*populi*) hohe Ämter; ** *pl.* Ehrenbezeigungen.

fasēlus = *phasēlus.*

fasma = *phasma.*

fastīdiō 4 (*fastīdium*) °**1.** Widerwillen empfinden, sich ekeln; **2.** / °**a)** sich zu vornehm dünken,; **b)** verschmähen.

fastīdiōsus 3 (*m.* °*comp.*, °*sup.*, *adv.*; *fastīdium*) **1.** °**a)** voll Ekel, voll Widerwillen; **b)** / wählerisch; °**c)** spröde; °**2.** Ekel erregend, widerwärtig.

fastīdium, *ī n* (*wohl aus *fastitīdium haplologisch verkürzt*: *fastus*[1] + *taedium*) **1.** Ekel, Überdruß, Widerwille *gegen* [*cibi*]; **2.** / **a)** Geringschätzung, Verachtung; **b)** verwöhnter Geschmack; **c)** Dünkel; **d)** Nörgelei, Pedanterie.

fastīgātus 3 (*m. adv.*; *P.P.P. v. fastīgō* 1 „schräg zulaufen lassen"; *cf. fastīgium*) **1. a)** ansteigend; °**b)** in eine Spitze auslaufend; **2.** abgedacht, schräg.

fastīgium, *ī n* (*cf. nhd.* „Borste") **1.** schräge Richtung: **a)** Steigung, Erhebung; **b)** Abdachung, Senkung, Neigung; Gefälle; **2.** °**a)** Höhe; Spitze, Gipfel; **b)** Oberfläche, Niveau; **c)** Tiefe, Grund; **3.** Giebel(feld); **4.** / **a)** hohe Stellung, Würde; °**b)** Hauptpunkt.

fastōsus 3 (*fastus*[1]) **1.** kalt, spröde [*moecha*]; **2.** köstlich, prächtig.

fastus[1], *ūs m* (*eigtl.* „*das* Aufgerichtetsein"; *cf. fastīgium*; *nd.* „barsch") Stolz, Hochmut; Sprödigkeit, Kälte.

fāstus[2] 3 (*fās*) *nur mit diēs verbunden, meist pl.*: *diēs fāstī* Gerichtstage (*an denen der Prätor Recht sprach*); *subst.* **fāstī,** *ōrum m* (*acc. unkl. auch -ūs*) **1.** Verzeichnis der Gerichtstage, *305 v. Cn. Flavius veröffentlicht*; **2.** Kalender (*Verzeichnis der Gerichts- u. Festtage*); ♀ *Ovids poetischer* Festkalender; **3.** °**a)** Jahrbücher der Geschichte; **b)** Konsularfasten [*consulares od. Capitolini*], *Verzeichnis der höchsten Magistrate von 508 v. bis 354 n. Chr.*

fātālis, e (*m. adv.*; *fātum*) **1. a)** *des* Schicksals; **b)** vom Geschick bestimmt; **2.** verhängnisvoll; °verderblich.

fateor, *fassus sum* 2 (**fatos, part. pf. zu for*) gestehen, bekennen; °/ zu erkennen geben, verraten, zeigen [*iram vultu*].

fāti-canus *u.* **-cinus** 3 (*fātum, canō*) weissagend.

fāti-dicus 3 (*fātum, dīcō*[2]) weissagend; *subst.* ~, *ī m* Wahrsager.

fāti-fer, *era, erum* (*fātum, ferō*) todbringend.

fatīgātiō, *ōnis f* (*fatīgō*) Ermüdung.

fatīgō 1 (**fati-agos* „zur Erschöpfung treibend"; *cf. af-fatim*; *agō*) **1.** °**a)** abhetzen; **b)** ermüden, ermatten; **2.** / **a)** hart mitnehmen, quälen, plagen; °**b)** unaufhörlich antreiben; °**c)** bestürmen, mürbe machen [*precibus*].

fāti-loqua, *ae f* (*fātum, loquor*) Wahrsagerin.

fatim *acc. zu *fatis, is f* Erschöpfung; *s. affatim.*

fātiscō, — — *u.* **-or,** — 3 (*fatīgō*) Risse bekommen, bersten; sich öffnen [*ianua*]; / erschlaffen.

fatuitās, *ātis f* (*fatuus*) Albernheit.

fātum, *ī n* (*for*) **1. a)** Götterspruch, Weissagung; °**b)** Götterwille; **2.** Schicksal, Weltordnung; **3.** Schicksal (*des einzelnen od. einer Gemeinschaft*): **a)** Geschick, Verhängnis [*civitatis*]; **b)** Tod; Untergang, Verderben, Unheil; *pl.* Unglücksdämonen; °**4. Fāta,** *ōrum n* Schicksalsgöttinnen, Parzen.

fatuor 1 (*fatuus*) albern schwatzen.

fatuus 3 (*wohl eigtl.* „(vor den Kopf) geschlagen"; *cf. batuō*) albern, einfältig; nüchtern; °*subst.* ~, *ī m* Narr; **-a,** *ae f* Närrin.

faucēs, *ium f* (*im °sg. nur abl. -e*; *et. ungedeutet*) **1.** °**a)** Schlund; Kehle; **b)** / Rachen; **2.** / °**a)** Freßgier; **b)** enger Zugang; Engpaß, Schlucht [*Caudinae*]; **c)** Meer-, Landenge; **d)** Höhle, Tiefe [*terrae*].

Faunus, *ī m* (*et. vl. illyrisch, m. Daunus verwandt*; *cf. Lupercus*) *sagenhafter König v. Latium, nach seinem Tode als Feld- u. Waldgott verehrt*; *später = gr. Pān*; *pl. Fauni nackte Walddämonen in Bocksgestalt*; ** Waldschrat.

Faustitās, *ātis f* (*faustus*) *Göttin des Flursegens.*

Faustulus, *ī m Hirt des Amulius, Pflegevater v. Romulus u. Remus.*

faustus 3 (*m. adv.*; ⟨**faves-tos*; *faveō*) von guter Vorbedeutung, beglückend, gesegnet; *Eingangsformel quod bonum, faustum, felix, fortunatumque sit* möge es gut, günstig, glücklich u. gedeihlich sein; ♀ *röm. cogn.*: *L. Cornelius Sulla F., Sohn des Diktators.*

fautor, *ōris m* (*faveō*) Gönner, Beschützer; °Beifallklatscher.

fautrīx, *īcis f* (*fautor*) Gönnerin, Beschützerin.

faux, *cis f s. faucēs.*

favea, *ae f* (*faveō*) Lieblingssklavin.

faveō, *fāvī, fautum* 2 (*cf. ahd.* goumen = „sorgen für") **1. a)** günstig, gewogen, geneigt sein, begünstigen [*hosti*]; °**b)** sich hingeben [*operi*]; °**2.** Beifall klatschen; **3.** (*bei religiösen Handlungen*) *linguā* andächtig schweigen.

favilla, *ae f* (*-ī-?*; ⟨**fovilla*; *foveō*) (glühende) Asche; / Funke, Ursprung [*mali*].

favitor (*altl.*) = *fautor.*

favōnius, *ī m* (⟨**fovōnius*; *foveō*) *der* laue Westwind, Zephyr; Föhn.

favor, *ōris m* (*faveō*) **1.** Gunst; Beifall; °**2.** andächtige Stille, Andacht.

favōrābilis, e (*m. comp., adv.*; *favor*) **1.** (*act.*) einnehmend, gewinnend; **2.** (*pass.*) beliebt, begünstigt.
favus, *ī m* (*et. ungedeutet*) Honigwabe; °Honig.
fax, *facis f* (*cf. facētus*) **1.** Kienspan, Fackel; **2. a)** Hochzeitsfackel; Hochzeit; Leichen-, Brandfackel; **b)** / Urheber, Anstifter [*belli*]; **3.** Licht (*der Gestirne*); Sternschnuppe; **4.** / (*oft. pl.*) Glut, [Feuer; Qual.
faxim, faxō *s. faciō.*
febrārius = *februārius.*
febricitō 1 (*-brī-?*; *febris*) fiebern.
febricula, *ae f* (*-ī-?*; *dem. v. febris*) leichtes Fieber, Fieberanfall. [fiebrig.
febriculōsus 3 (*-ī-?*; *febricula*)
febris, *is f* (*acc. -im, später -em*; *abl. -ī, später -e*; *foveō*) Fieber; [♀ Fiebergöttin.
februa *s. februum.*
februārius 3 (*februus*) zur Reinigung gehörig; *subst.* ♀, *ī m* Reinigungs- u. Sühnemonat, Februar; *adi.* zum Februar gehörig [*mensis*].
februum, *ī, meist pl.* **-a,** *ōrum n* (*urspr. wohl* „Räucherung", *relig. t.t., cf. fīmus, fūmus*) **1.** (*Unheil abwehrendes*) Reinigungs- und Sühnemittel; **2.** Reinigungs- u. Sühnefest (*jährlich im Februar gefeiert*).
fēcunditās, *ātis f* (*fēcundus*) **1.** Fruchtbarkeit; °**2.** ♀ Göttin der Fruchtbarkeit.
fēcundō 1 (*fēcundus*) befruchten.
fēcundus 3 (*m. comp., °sup., °adv.*; *cf. fē-līx*) **1.** fruchtbar [*terra*]; **2.** / **a)** ergiebig, reich [segetes]; **b)** reichlich, üppig; °**3.** befruchtend.
fel, *fellis n* (*cf. nhd.* „Galle") **1.** Gallenblase, Galle; °**2.** Galle der Schlange, Schlangengift; °**3.** / Bitterkeit, Zorn, Gehässigkeit.
fēlēs *u.* **-lis,** *is f* (*Lw. aus einer unbekannten Sprache, vl. des Alpengebietes*) Katze; °/ Räuber.
felicātus 3 = *filicātus.*
fēlīcitās, *ātis f* (*fēlīx*) °**1.** Fruchtbarkeit; **2.** / Glück, Gedeihen, Segen, Erfolg; ♀ Göttin des Glücks.
fēlīx[1], *īcis* (*m. comp., sup., adv.*; *altes Wort der Sakral- u. Bauernsprache*; *eigtl.* „säugend"; *fēlō* 1 „säugen"; *cf. fēmina, fīlius*) °**1.** fruchtbar, ergiebig; **2.** / **a)** (*pass.*) glücklich, gesegnet, erfolgreich; ♀ *cogn.* [*Sulla*]; reich; **b)** (*act.*) glückbringend, günstig; gnädig; labend [*poma*]; *adv. -iter* Glückauf!
felix[2] = *filix.*
fēl(l)ātor, *ōris m* (*fēl[l]ō*) *qui penem lambit.* [(= *penem lambo*).
fēl(l)ō 1 (*cf. fēmina, fīlius*) saugen
Felsina, *ae f alter Name v. Bonōnia.*
fēmella, *ae f* (*dem. v. fēmina*) Weibchen, Frauenzimmerchen.
fēmina, *ae f* (*eigtl. wohl* „die Säugende"; *fēlō* 1 „säugen") **1. a)** Weib; **b)** Weibchen [*anguis* ~]; °**2.** (*Schimpfwort*) weibischer Mensch; °**3.** (*gramm. t.t.*) *das* weibliche Geschlecht.
feminālia, *ium n* (*femin(is)*; *s. femur*) Binden um die Oberschenkel; Unterhosen. [weibisch.
fēmineus 3 (*fēmina*) Weiber...;
fēminīnus 3 (*fēmina*) (*gramm. t.t.*) weiblich [genus]. [Hose.
****femorale,** *is u. pl.* **-ia,** *ium n*
femur, *minis u.* (*seit Cicero*) *moris n* (*et. ungedeutet*) Oberschenkel.
fēnebris, e (*fēnus*) Zinsen...; *pecunia* auf Zins ausgeliehen.
fēnerātiō, *ōnis f* (*fēnerō*) Wucher.
fēnerātō *adv.* (*fēnerātus, P.P.P. v. fēnerō*) mit Wucherzinsen; / zum großen Schaden *jds.*
fēnerātor, *ōris m* (*fēnerō*) Geldverleiher, Kapitalist; Wucherer.
fēnerō *u.* **-or** 1 (*fēnus*) **1.** auf Zinsen ausleihen [*pecuniam binis centesimis* zu 2% mtl. = 24% jährl.]; **2.** Wucher treiben; °**3.** / **a)** Zinsen bringen, reichlich ersetzen; **b)** wuchern *mit* [*beneficium*].
fenestella, *ae f* (*dem. v. fenestra*) Fensterchen; ♀ *kleines Tor in Rom.*
fenestra, *ae f* (*altl. fēstra, wahrsch. etr. Fw.*) **1.** Maueröffnung, Luke, Fenster (*mit Gittern od. Läden, dann mit Marienglas, erst in der Kaiserzeit mit Glas verschlossen*); **2.** Loch, Öffnung; Schießscharte.
fēneus 3 (*fēnum*) aus Heu; *kl. nur* / *homines -i* Strohmänner.
fēniculārius 3 (*fēniculum*) Fenchel...; ♀ *campus* Spanien.
fēniculum, *ī n* (*fēnum*) Fenchel.
fēnīlia, *ium n* (*fēnum*) Heuboden.
fēnum, *ī n* (*et. unklar*) Heu.
fēnus, *oris n* (*zu fē-līx*) **1.** Zinsen; **2.** / **a)** Wucher(geschäft); °**b)** Schuldenlast; °**c)** (auf Zinsen ausgeliehenes) Kapital. [hübsche Zinsen.
fēnusculum, *ī n* (*dem. v. fēnus*)

fera, *ae f s. ferus.*
fērālis, e (*vl. eigtl.* „den Seelen gehörig"; *cf. mhd.* getwas „Gespenst") °**1.** Toten..., Leichen...; °**2.** todbringend, verderblich [*dona*]; **3.** *subst.* **-lia,** *ium n* Totenfest (*am 21. Febr., dem Schlußtag der dies parentales*).
ferāx, *ācis* (*m. comp., sup.,* °*adv.*; *ferō*) fruchtbar, ergiebig.
ferbuī *s. ferveō.*
fer(i)culum, *ī n* (*ferō*) **1.** Traggestell; °**2.** Auftragebrett, Tablett; / Gang, Gericht.
ferē *adv.* (*altl. auch -ĕ cf. firmus*) **1.** fast, beinahe, ungefähr; *nemo* ~ so leicht niemand; **2.** in der Regel, meistens; *non* ~ selten.
ferentāriī, *ōrum m* (*wohl v.* **ferēns, Aoristpart. v. feriō; cf. parēns*) **1.** (*leichtbewaffnete, nicht berittene*) Wurfschützen; Plänkler; **2.** *sg.* **a**) (*coll.*) = *pl.*; **b**) (*scherzh.*) Helfer in der Not.
Feretrius, *ī m* (*wohl* „Schleuderer (*des Blitzes*)"; *cf. ferentāriī*) *Beiname Jupiters.*
feretrum, *ī n* (*ferō*) Trage; Totenbahre.
fēriae, *ārum f* (*altl. fēsiae; cf. fēstus, fānum*) **1.** Ruhe-, Feiertage; °**2.** (*scherzh.*) Fasten; °**3.** Ruhe, Frieden; ** *sg.* Wochentag, *z.B. secunda* Montag.
fēriātus 3 (*part. pf. v. fērior* 1 „feiern, müßig sein") **1.** feiernd, müßig; frei [*a negotiis*]; °**2.** festlich [*dies*].
fericulum *s. ferculum.*
ferīnus 3 (*ferus*) von *u.* an wilden Tieren; *caedes -a* Weidwerk; *subst.* **-a,** ae *f* Wildbret.
feriō, — — 4 (*pf. u. Sup. ersetzt durch īcī, ictum v. īcō od. percussī, percussum v. percutiō; altl. impf. ferībant; cf. forō* 1; *nhd.* „bohren") **1. a**) schlagen, hauen, stoßen; **b**) treffen, berühren [°*sidera* reichen *bis zu*]; **2. a**) erlegen, töten, schlachten; / *foedus ferire* (*unter Schlachtung eines Opfertieres*) ein Bündnis schließen; **b**) hinrichten; °**3.** / prellen, täuschen.
feritās, *ātis f* (*ferus*) Wildheit, Roheit.
fermē *adv.* ((**ferimē, sup. v.* [*ferē*) = *ferē.*
fermentum, *ī n* (*cf. ferveō; nhd.* „Bärme" = Bierhefe) **1. a**) Gärung; **b**) / Erbitterung, Wut; **2. a**) Gärungsmittel, Sauerteig, Ferment; **b**) gegorenes Getränk, Malzbier; Malz; ** / Sauerteig.
ferō, *tulī, lātum, ferre* (*synk.*: *fers, fert, fertis; fer, ferte; fertō(te); ferris; ferrem u. ferrer usw.*; *altl. pf. auch tetulī; cf. nhd.* „gebären, Bahre"; *pf. v. altl. tulō; cf. tollō; Sup.* (**tlātum*) tragen: **I.** tragen: **1. a**) auf, an, in, bei sich tragen; *arma* ~ *contra* (°*in,* °*adversus,* °*pro*) kämpfen; *arma ferre posse* waffenfähig sein; °*signa* (*tela*) ~ *in* [*hostem*] angreifen; °*ventrem* schwanger sein; **b**) (*tragend*) hervorbringen, erzeugen [*terra fruges*; °/ *aetas oratorem*]; **c**) / tragen, führen [*nomen*]; *prae se ferre* (vor sich her) zur Schau tragen, offen zeigen [*vitam beatam*]; °*personam* ~ eine Rolle spielen; **d**) ertragen, erdulden, aushalten [*molestias*]; *non, vix ferendus* unerträglich; **e**) (*m. adv.*) *aegre, moleste, graviter* ~ unwillig sein, sich ärgern; **2.** umhertragen: **a**) (*mündl. od. schriftl.*) verbreiten, überall erzählen; **b**) rühmen, preisen [*summis laudibus*]; **c**) allgemein nennen, ausgeben *für* [*se vindicem*]; P. in aller Leute Händen, in aller Munde sein [*libri, responsa*]; **d**) *ferunt* (*mit a.c.i.*), *fertur, feruntur* (*mit n.c.i.*) man sagt, man erzählt; *fama fert* es geht das Gerücht; **3.** forttragen: **a**) forttragen, wegschaffen, mitnehmen; hinwegraffen, rauben, wegnehmen; °*ferre et agere* rauben und plündern; **b**) davontragen, erhalten, erlangen, ernten, gewinnen [*fructum laboris*]; *centuriam* ~ die Stimmen der Z. bekommen; *repulsam* ~ durchfallen; **II.** bringen: **1. a**) herbei-, hin-, überbringen [*auxilium*]; °*alci complexum* ~ *jd.* umarmen; **b**) darbringen, entrichten, weihen [*vectigalia*]; **c**) erweisen [°*suprema cineri* die letzten Ehren]; verursachen [*luctum*]; **2.** hinterbringen, melden, berichten [°*responsa*]; **3. a**) antragen, anbieten; **b**) (*politischer bzw. jur. t.t.*) seine Stimme abgeben [*suffragium in der Volksversammlung, sententiam als Richter*]; einbringen, beantragen, vorschlagen [*legem, rogationem ad populum; iudicem*]; **4.** (*mit abstr. Subjekt*) mit sich bringen, erfordern, verlangen, gestatten [*tempus hoc*

fert]; (*abs.*) [*ut mea fert opinio*]; **5.** ins Rechnungsbuch eintragen, verbuchen [*acceptum et expensum*]; **III.** (*tragend*) in Bewegung setzen: **1. a**) rasch dahintragen, -treiben, fort-, hinreißen; °**b**) *pedem* ~ gehen; *pedem retro* ~ zurückgehen; *gradus ingentes* ~ große Schritte machen; *caelo supinas manus* ~ die Hände zum Himmel erheben; **c**) *se ferre u. mediopass.* sich rasch bewegen, dahineilen, sich stürzen, fortstürmen (fahren, fliegen, strömen, steigen, sich erheben, sich schwingen *u.ä.*); °*equo ferri* reiten; °*penna ferri* fliegen; *Rhenus fertur per fines* strömt durch das Land; **2.** / führen, fortreißen [°*gloria*]; erheben [*alqm ad caelum*]; *se ferre u. mediopass.* sich hinreißen lassen [*crudelitate*]; **3.** (*abs.*) **a**) führen [*via fert Romam*]; °**b**) / *animus fert* treibt (mich) [*dicere*].

ferōcia, *ae f* (*ferōx*) **1.** Unerschrokkenheit; **2.** Wildheit, Trotz.

ferōcitās, *ātis f* (*ferōx*) = *ferōcia*.

Fērōnia, *ae f* (*-ē- in gr. Umschrift, wohl infolge falscher Et.*) *altitalische Erd- u. Totengöttin, urspr. etr. Gentilgottheit.*

ferōx, *ōcis* (*m. comp.*, °*sup.*, *adv.*; *wohl ferus + -ōx*; *cf. oculus, atr-ōx*) **1.** wild, trotzig; °**2.** mutig, unerschrocken.

ferrāmentum, *ī n* (*ferrum*) eisernes Werkzeug.

ferrārius 3 (*ferrum*) zum Eisen gehörig, Eisen...; *subst.* °~, *ī m* Schmied; **-a,** *ae f* Eisenbergwerk.

ferrātilis, e (*ferrum*) mit Eisen versehen, gefesselt.

ferrātus 3 (*ferrum*) **1.** mit Eisen beschlagen; gefesselt; geharnischt; **2.** eisenhaltig; **3.** eisern; *subst.* ~, *ī m* Geharnischter.

ferreus 3 (*ferrum*) **1.** eisern; **2.** / °**a**) fest, stark, unerschütterlich; **b**) hart, gefühllos, grausam, frech; °*proles -a* eisernes Zeitalter.

ferri-crepīnus 3 (*-pī?*; *ferrum, crepō*) eisenklirrend; (*scherzh.*) *insulae -ae* Gefängnis.

ferri-terium, *ī n* (*ferrum, terō*) (*scherzh.*) = *ergastulum*.

ferri-terus 3 (*ferrum, terō*), **ferri-trībāx,** *ācis* (*-trī?*; *ferrum + gr. Fw.* „reibe") *der* „Eisen abscheuernde" (= *der* gefesselte Sklave).

ferrūgin(e)us 3 (*ferrūgō*) eisengrau, stahlblau, dunkel(farbig).

ferrūgō, *inis f* (*ferrum*; *cf. aer-ūgō*) Eisenrost; dunkle Farbe.

ferrum, *ī n* (*Lw. aus vorderasiatischer Sprache, wohl durch etr. Vermittlung*) **1.** Eisen; °**2.** eisernes Gerät: Beil, Messer, Schere, Pflug (-schar), Ketten; **3.** eiserne Waffe: Schwert, Dolch, Panzer *u. ä.*; *ferro ignique* mit Feuer und Schwert; **4.** / **a**) Waffengewalt; °**b**) Gefühllosigkeit; °**c**) eisernes Zeitalter.

fer(r)ūminō 1 (*fer[r]ūmen* „Bindemittel, Kitt"; *cf. con-fervē-faciō*) zusammenkitten, -leimen, -löten; / *labra in labris*.

fertilis, e (*m.* °*comp.*, *sup.*, °*adv.*; *ferō*) **1.** tragfähig [*ager*]; fruchtbar, ergiebig; °**2.** befruchtend, segenspendend.

fertilitās, *ātis f* (*fertilis*) Fruchtbarkeit.

ferula, *ae f* (*et. ungedeutet*) Pfriemenkraut; Gerte, Stange; Stock (*als Stütze od. Züchtigungsmittel*); ** Rute; *pontificalis* Bischofsstab.

ferus 3 (*cf. nhd.* „Tier") **1.** wild, ungezähmt; **2.** wildwachsend; °**3.** wild, öde; **4.** / roh, hart, gefühllos, grausam; *subst.* °~, *ī m u.* **-a,** *ae f* (wildes) Tier, Wild.

fervē-faciō, *fēcī, factum* 3 (*auch -ĕ-*; *ferveō*) heiß machen.

fervēns, *entis* (*m. comp., sup., adv.*; *part. praes. act. v. ferveō*) = *fervidus*.

ferveō, *ferbuī*, — 2 *u.* (*vkl., dcht.*) **fervō,** *vī*, — 3 (*ferveō Neubildung nach caleō*; *cf. fermentum*) **1.** (*kl. nur -ēns*; *s. d.*) sieden, kochen; °**2.** (auf)wallen, brausen; toben; °**3. a**) glühen, brennen [*avaritiā*]; **b**) hin- und herwogen, wimmeln, schwärmen.

fervēscō, — — 3 (*incoh. v. ferveō*) sich erhitzen.

fervidus 3 (*m. comp.*, °*sup.*; *ferveō*) siedend, brausend; glühend, wallend; / hitzig, heftig; wütend.

fervō 3 *s. ferveō*.

fervor, *ōris m* (*ferveō*) Glut; *das* Wogen; / Leidenschaft.

Fescennīnus 3 *aus der faliskischen St. Fescennia in Etrurien*; *-ī versūs* Spottverse.

fessus 3 (*fatīscor*; *Rückbildung aus dē-fessus zur Vermeidung des Gleichklangs m. fassus, part. pf. v.*

fateor) **1.** (*v. Personen*) matt, müde, erschöpft; °**2.** (*v. Sachen*) morsch, abgenutzt, verbraucht.

festīnanter *adv.* (*m.* °*comp.*; *fēst-?*; *festīnāns, part. praes. v. festīnō*) eilends, in Hast.

festīnātiō, *ōnis f* (*-ē-?*; *festīnō*) Eile, Hast; *pl.* eilige Fälle.

festīnātō *adv.* (*-ē-?*; *m. comp.*; *festīnātus, P.P.P. v. festīnō*) eilig.

festīnō 1 (*-ē-?*; *cf. cōnfestim*) **1.** (*intr.*) (*plan- u. ziellos*) hasten, sich beeilen; °**2.** (*trans.*) beschleunigen [*iter*]; schleunig vollbringen.

festīnus 3 (*-ē-?*; *Rückbildung aus* [*festīnō*] eilend, hastig.

fēstīvitās, *ātis f* (*fēstīvus*) °**1.** Vergnügen; (*Kosewort*) *mea* ~ meine Wonne; **2.** Heiterkeit, Witz; **3.** Redeschmuck; ** Festlichkeit, feierliche Gelegenheit.

fēstīvus 3 (*m. comp.*, °*sup.*, *adv.*; *fēstus*) °**1.** festlich; **2.** / **a**) heiter, fröhlich; **b**) hübsch, niedlich, fein; **c**) witzig; herzig, gemütlich.

fēstra *s. fenestra.*

festūca, *ae f* (*et. unklar*; *vl. m. ferula verwandt*) °**1. a**) Rute, Halm; **b**) / Stäbchen des Prätors, *m. dem er den Sklaven zum Zeichen der Freilassung schlug*; **2.** Schlegel, Ramme.

fēstus 3 (*cf. fēriae*; *urspr. sakrales Wort*) festlich, feierlich; (*Kosewort*) *meu' festus dies*; °*subst.* **-um,** *ī n* Fest(tag), Feier.

fēteō = *foeteō.*

fētiālis, *is m* (°*fētis, altes sakralrechtliches Wort* „Satzung, Vertrag") Kriegsherold; *pl.* *Fētiālēs, ium die* Fetialen (*Kollegium v. 20 Priestern für die Sicherung der völkerrechtlichen Beziehungen des römischen Staates*); *adi.* *-is, e* [*ius*].

fētidus, fētor = *foet...*

fētūra, *ae f* (*fētus*) **1.** Fortpflanzung, Zucht; °**2.** Nachwuchs, Jungvieh.

fētus[1] 3 (*cf. fē-cundus*); °**1.** *-a* schwanger, trächtig; °**2.** *-a* die geboren, die Junge geworfen hat, säugend; *subst.* **-a,** *ae f* Mutter, Muttertier; **3.** / fruchtbar, reich, voll [*frugibus*; *armis*].

fētus[2], *ūs m* (*cf. fētus*[1]) **1. a**) *das* Gebären, Geburt, Erzeugung; °**b**) Wachstum; **2.** Junges: **a**) °*cervae* Kitz; °*suis* Ferkel; *pl.* junge Brut; °*ovium* Lämmer; °**b**) Kind; °**3.** Trieb, Sproß; **4.** Frucht, Ertrag; / [°*Musarum*].

****feudalis,** e Lehns... [*bona*].

****feudum,** *ī n* Lehen; Dienst.

fiber, *brī m* (*wohl germ. Lw., eigtl.* „*der* Braune") Biber.

fibra, *ae f* (*cf. fīlum*) **1.** Faser; **2.** Lappen *an den Eingeweiden, bsd. der Leber*; °*pl.* Eingeweide; ** Wurzel [*malorum*]; *pl.* Stimmbände.

fībula, *ae f* (*fīgō*) **1.** Klammer; Bolzen; **2.** Spange; °**3.** (*med. t.t.*) Infibulationsring (*der zur Verhinderung des Beischlafs durch die Vorhaut gezogen wurde*).

fīcēdula, *ae f* (*im Vers auch -ĕ-*; *fīcus*) Feigendrossel (*Grasmückenart*).

fīcētum, *ī n* (*fīcus*) Feigenpflanzung; / Feigwarzen.

fīcōsus 3 (*fīcus*) voller Feigwarzen.

fictilis, e (*fingō*) tönern, irden; °*subst.* **-e,** *is n* Tongefäß.

fictiō, *ōnis f* (*fingō*) **1. a**) Bildung, Gestaltung; **b**) (*rhet. t.t.*) Bildung *od.* Umbildung eines Wortes; **2.** Personifikation; **3.** Fiktion.

fictor, *ōris m* (*fingō*) **1.** Bildhauer; **2.** Opferkuchenbäcker; °**3.** / Schöpfer, Urheber; *fandi* Lügenmeister.

fictrīx, *īcis f* (*fictor*) Gestalterin.

fictūra, *ae f* (*fingō*) Bildung; Erdichtung.

fictus (*fingō*) **1.** *adi.* 3 (*m. adv.*) gebildet; / erdichtet, erlogen; heuchlerisch, falsch; **2.** *subst.* °**a**) ~, *ī m* Heuchler; **b**) **-um,** *ī n* Erdichtung, Trug, Lüge, Märchen.

fīcula, *ae f* (*-us, ī f?*; *dem. v. fīcus*) kleine Feige.

fīculnus 3 (*fīcula*) vom Feigenbaum.

fīcus, *ī u. ūs f* (*Lw. aus Mittelmeer- od. kleinasiat. Spr.*) **1.** Feigenbaum; °**2. a**) Feige; **b**) (*scherzh.*) Gesäß; **c**) *m* Feigwarze, Kondylom.

fidei-commissum, *ī n* (*fidēs*; *P.P.P. v. committō*) Fideikommiß (*testamentarische Verfügung, durch die ein Erblasser eine gesetzlich zugelassene Person als Erben in dem Vertrauen einsetzt, daß sie das Erbe einer bestimmten gesetzlich nicht zugelassenen Person übergibt*).

fidēlia, *ae f* (*cf. fiscus*) Tongefäß, [Topf.

fidēlis, e (*m.* °*comp.*, *sup.*, *adv.*; *fidēs*[1]) **1.** (*v. Personen*) treu, zuverlässig; **2.** / (*v. Sachen*) fest, sicher

** rechtgläubig; *subst.* ~, *is m* Christ; Vasall.

fidēlitās, *ātis f* (*fidēlis*) Treue, Zuverlässigkeit; ** Lehnstreue; Treueid.

fīdēns, *entis* (*m.* °*comp.*, °*sup.*, *adv.*; *fīdō*) getrost, zuversichtlich, dreist.

fīdentia, *ae f* (*fīdēns*) Selbstvertrauen, Zuversicht.

fidēs[1], *eī f* (*altl.*: *gen.* -*ēī*, -*ēs*, -*ē*; *dat.* -*ē*; *fīdō*) **1. a**) Glaube, Vertrauen, Zutrauen; -*em habere* Glauben schenken; -*em facere* Glauben finden [*Caesari* bei C.]; *per fidem* treuloserweise [*fallere*]; *cf. per*; **b**) (*geschäftl. t.t.*) Kredit [*homo sine -e*]; *cum fide* auf Kredit; *res fidesque* Kapital, Kredit; **2. a**) Treue, Zuverlässigkeit, Ehrlichkeit; (*ex*) *bonā, optimā fide* nach bestem Wissen; ♀ *Göttin der Treue*; **b**) Glaubwürdigkeit; -*em habere* glaublich sein; **3.** Beglaubigung, Bestätigung [°*ad -em rei*]; Erfüllung [°*verba sequitur*]; sicherer Beweis; Gewißheit, Wahrheit; **4. a**) Ehrenwort, Versprechen; -*em conservare* sein Wort halten; -*em fallere* sein Wort brechen; **b**) Schutz, Obhut; °*in -em venire* sich auf Gnade *od.* Ungnade ergeben [*populi Romani*]; **c**) persönliche Sicherheit, freies Geleit [-*em publicam dare*]; ** Bürgschaft; christlicher Glaube, Glaubensbekenntnis.

fidēs[2], *is f* (*eigtl.* „*das* Gespannte"; *cf. spissus*) °**1.** *sg.* Darmsaite; **2.** *pl.* Lyra; *fidibus canere* die Laute schlagen; Saitenspiel.

fidi-cen, *inis m* (*fidēs*[2], *canō*) Lautenspieler; °/ lyrischer Dichter.

fidicina, *ae f* (*fidicen*) Lautenspielerin.

fidicinius 3 (*fidicen*) *des* Lautenspielers.

fidicula, *ae,* (*meist pl.*) **-ae,** *ārum f* (*dem. v. fidēs*[2]) **1.** kleine Laute; °**2.** / Folterwerkzeug.

Fidius, *ī m* (*fidēs*[1]): *Dīŭs F.* (*aus dīus*[2] *umgebildet*) *Gott der Treue, Schwurgott*; *kl. nur* me *D.F.* (*sc. iuvet*) so wahr mir Gott helfe; bei Gott!; *cf. dīus*[2], *mēdius Fidius.*

fīdō, *fīsus sum* 3 (*vl. m. nhd.* „bitten" *verwandt*) **1.** (ver)trauen [*nemini, prudentiā*]; °**2.** wagen [*committere*].

fīdūcia, *ae f* (*v.* **fīd-ūcus*; *fīdō*; *cf. cad-ūcus*) **1. a**) Vertrauen, zuversichtlicher Glaube *an* [*victoriae*]; **b**) Selbstvertrauen, Mut; °**2.** Zuverlässigkeit; **3.** (*jur. t.t.*) **a**) Überlassung (*eines Eigentums*) auf Treu und Glauben (*durch Scheinverkauf*); Verpfändung; **b**) (*durch Scheinverkauf*) anvertrautes Gut; **c**) (*in der Form des Scheinverkaufs gegebene*) hypothekarische Sicherheit; **d**) / Unterpfand.

fīdūciārius 3 (*fīdūcia*) auf Treu und Glauben anvertraut; kommissarisch [*opera* Amt].

fīdus 3 (*m.* °*comp.*, *sup.*, *adv.*; *fīdō*) [= *fidēlis.*]

fīgō, *xī, xum* 3 (*cf. nhd.* „Deich, Teich") **1. a**) (an)heften, fest anschlagen, befestigen; *hominem in cruce* ans Kreuz schlagen; °*oscula* küssen; **b**) / fest einprägen [(*in*) *animo*]; *oculos* die Augen fest richten *auf* [°*in terram*]; / P. fest haften (bleiben); *pf.* feststehen; **2. a**) öffentlich anschlagen [*tabulam immunitatis*]; **b**) (*als Weihgeschenk*) aufhängen [°*arma in postibus*]; **c**) errichten; **3. a**) (hin)einschlagen, -stoßen, -bohren [*mucronem in hoste*]; **b**) durchbohren, treffen.

figularis, e (*figulus*) Töpfer...

figulus, *ī m* (*fingō*) Töpfer; / Schöpfer; ♀ *s. Nigidius.*

figūra, *ae f* (*fingō*) **1.** Bildung, Gestaltung, Beschaffenheit; Art; Gepräge der Stimme; *dicendi* Redeform; **2. a**) äußere Gestalt, Figur, Form; **b**) schöne Gestalt; Schönheit; **3.** / **a**) Gebilde, Bild [*fictilis*]; °**b**) (*rhet. t.t.*) *orationis od. verborum* Redefigur; °**c**) Anspielung; °**d**) (*philos. t.t.*) Urbild, Idee; *pl.* Atome [*Epicuri*]; °**4.** Schemen, Schatten; ** Symbol.

figūrātiō, *ōnis f* (*figūrō*) Gestaltung; Einbildung, Vorstellung.

figūrō 1 (*figūra*) **1.** gestalten, bilden, formen; °**2. a**) mit Redefiguren ausschmücken; **b**) *sibi -are* sich vorstellen.

fīlātim *adv.* (*fīlum*) fadenweise.

filex = *filix.*

fīlia, *ae f* (*dat. u. abl. pl.* -*ābus in der Verbindung filiis filiabusque*; *fīlius*) Tochter.

filicātus 3 (*filix*) mit Farnkrautmuster verziert.

fīliola, *ae f* (*dem. v. fīlia*) Töchterchen; / weibischer Mensch.

fīliolus, *ī m* (*dem. v. fīlius*) Söhnchen.

fīlius, *ī m* (*voc. sg.* (*mī*) *fīlī*; *fēlō* 1 „säugen"; *eigtl.* „Säugling") Sohn; °*fortunae* Glückskind; *pl.* Kinder.
filix, *icis f* (*et. ungedeutet*) Farnkraut. [Filter.]
****filtrum,** *i n* Matratze; Filz;
fīlum, *ī n* (*cf. fibra*) **1. a**) Faden, Garn; °**b**) Staubfaden; °**c**) Lebensfaden; °**d**) Gewebe; °**2.** Saite; **3.** / Art, Form, Manier [*orationis*].
fimbria, *ae f* (*et. nicht klar*) Franse, Troddel; *pl.* Gekräusel [*cincinnorum*]; ** Besatz.
fimbriātus 3 (*fimbria*) mit Fransen.
fimus, *ī m u.* **-um,** *ī n* (*cf. foeteō*; *suf-fiō*) Dünger, Mist, Kot; / Schmutz.
****finalis,** e endgültig.
findō, *fidī, fissum* 3 (*cf. nhd.* „beißen; bitter") **1.** spalten, durchschneiden; durchströmen, -fliegen; **2. a**) *se -ere u. mediopass.* sich spalten; °**b**) bersten.
fingō, *fīnxī, fictum* 3 (*altl. auch fīnctum*; *cf. nhd.* „Teig") °**1.** streicheln; **2. a**) bilden, formen, gestalten; **b**) (*künstlerisch*) schaffen, darstellen; *ars fingendi* Bildhauerkunst; bauen; °**c**) (*das Haar*) ordnen, frisieren; **d**) zurechtmachen, einrichten; *se -ere* sich richten *nach* [*ad arbitrium patris*]; **e**) ausbilden, dressieren; neu schaffen [*vitam*]; **3. a**) sich denken, vorstellen [*animo imaginem*]; **b**) ersinnen, erdichten; vorgeben.
fīniēns, *entis m* (*fīniō*) Gesichtskreis, Horizont.
fīniō 4 (*fīnis*) **I.** (*trans.*) **1. a**) be-, abgrenzen; **b**) ein-, beschränken [°*censuram*]; **c**) festsetzen, bestimmen; °**d**) (*philos. t.t.*) definieren; **2. a**) beenden [*bellum*]; P. aufhören; **b**) (*rhet. t.t.*) periodisch abschließen, abrunden; °**II.** (*intr.*) enden; zu reden aufhören; sterben.
fīnis, *is m, selten f* (*abl. sg. auch -ī*; <**fīg-snis, eigtl. wohl* „festgesteckter Grenzpfahl"; *fīgō*) **1. a**) Grenze, Grenzlinie; °*fine* bis an [*genūs*]; *pl.* Gebiet, Land [*Germanorum*]; Grundbesitz; / **b**) Einschränkung, Maß und Ziel [*naturae humanae*]; **c**) Ziel; Zweck; Absicht; °**d**) Erklärung, Definition; **e**) Äußerstes, Höchstes, Gipfel; *bonorum* höchstes Gut; **2. a**) Ausgang, Schluß; *finem facere* ein Ende machen [*orationis u. orationi*]; °**b**) Lebensende, Tod; ** Schlußgesang. [mäßig.]
fīnītē *adv.* (*fīnītus, P.P.P. v. fīniō*)
fīnitimus 3 (*fīnis*) **1.** angrenzend, benachbart [*mari*]; *subst.* **-ī,** *ōrum m* Grenznachbarn; **2.** nahestehend, verwandt. [finition.]
fīnītiō, *ōnis f* (*fīniō*) Erklärung, De-
fīnītīvus 3 (*fīnītus, P.P.P. v. fīniō*) auf Bestimmung, Erklärung beruhend.
fīnītor, *ōris m* (*fīniō*) **1.** Feldmesser; °**2.** Horizont.
fīnitumus = *fīnitimus.*
fīō, *factus sum, fierī u. fīerī* (*altl. imp. fī, fīte*; *cf. fuī*; *gr. Fw. physi...*) w e r d e n: **1. a**) entstehen; erzeugt, geboren, geschaffen werden [°*fragor*; *proelium*]; werden [*dominus*; *dives*; *palam*]; Eigentum werden [*domus patris, tua*]; **b**) geschehen, sich ereignen, stattfinden, eintreten [*clamor*]; *quid* (*de*) *me* (°*mihi*) *fiet?* was wird aus mir werden?; *fit, ut* es geschieht, daß ...; *fieri potest, ut* möglicherweise; *fieri non potest, quin* notwendigerweise, durchaus; **2.** (*als* P. *v. faciō*) **a**) gemacht, getan, bewirkt *usw.* werden [*insidiae*]; **b**) gemacht, ernannt werden *zu* [*Cicero consul*]; **c**) geschätzt werden [*magni, plurimi u. ä.*]; **d**) (*meist impers.*) geopfert werden [*pro populo*; °*unā hostiā* nur ein Tier].
firmāmen, *inis n* (*-ī-?*; *firmō*) Stütze.
firmāmentum, *ī n* (*-ī-?*; *firmō*) Befestigungsmittel, Stütze; / Stärke [*imperii*]; Verstärkung; Hauptpunkt; ** (*caeli*) Himmelsgewölbe.
firmātor, *ōris m* (*-ī-?*; *firmō*) Befestiger.
firmitās, *ātis u.* **-tūdō,** *inis f* (*fīrm-?*; *firmus*) Festigkeit, Stärke; / Standhaftigkeit, Ausdauer.
firmiter *s. firmus.*
firmō 1 (*-ī-?*; *firmus*) **1.** befestigen, dauerhaft machen, sichern [*turres praesidiis*]; **2.** / **a**) stärken, sichern [°*pacem*]; °*gradum* festen Fuß fassen; °*subsidium* eine starke Nachhut aufstellen; **b**) stärken, kräftigen [*corpus*]; **c**) ermutigen [*animum*]; **d**) (*eine Behauptung*) bekräftigen, bestätigen [*iure iurando*]; **e**) beweisen; ** abschließen [*pactum*]; bestätigen; (*m. a.c.i.*) fest behaupten.

firmus 3 (*m. comp., sup.*; -ī-?; *eigtl.* „gestützt"; *cf. ferē, fermē, frētus*) fest, stark, kräftig; / dauerhaft; standhaft, beharrlich; zuverlässig, treu, sicher; *adv.* **-ē** *u.* **-iter.**
fiscālis, e (*fiscus*) zur Staatskasse gehörig.
fiscella, *ae f* (*dem. v. fiscus*) Körbchen; Käseform.
fiscina, *ae f* (*fiscus*) Korb.
fiscus, *ī m* (*cf. fidēlia*) **1.** geflochtener Korb, *bsd.* Geldkorb, Kasse; **2.** Staatskasse; °**3.** kaiserliche Privatkasse, Fiskus; ** Lehen, königliche Domäne.
fissilis, e (*findō*) spaltbar; gespalten, geschlagen.
fissiō, *ōnis f* (*findō*) *das* Spalten, Zerteilen.
fissum, *ī n* (*fissus, P.P.P. v. findō*) Spalt, Einschnitt.
fistūca, *ae f* = *festūca*; ** Splitter.
fistula, *ae f* (*et. nicht geklärt*) **1.** Röhre, *bsd.* Wasserleitungsrohr; **2.** *aus einem hohlen Rohrstengel hergestellter Gegenstand, bsd.* Hirtenpfeife, -flöte; °**3.** (*med. t.t.*) Fistel.
fistulātor, *ōris m* (*fistulō*) Pfeifer (*der dem Redner die Tonhöhe angab*).
fistulātus 3 (*fistulō*) mit Röhren, hohl.
fistulōsus 3 (*fistula*) porös.
fītilla, *ae f* (*wohl Dialektwort, cf. fingō, fictor*) Opferbrei.
fīxus 3 (*fīgō*) bleibend, unabänderlich.
flābelli-fera, *ae f* (*flābellum, ferō*) Fächerträgerin.
flābellulum, *ī n* (*dem. v. flābellum*) kleiner Fächer.
flābellum, *ī n* (*dem. v. flābrum*) Fächer, Wedel; *kl. nur* /.
flābilis, e (*flō*) luftförmig, luftig.
flābrum, *ī n* (*flō*) *meist pl. das* Wehen (*des Windes*).
flacceō, — — 2 (*flaccus*) °**1.** welk sein; **2.** / keinen Mut haben.
flaccēscō, — — 3 (*incoh. v. flacceō*) ermatten.
flaccidus 3 (*m.* °*comp.*; *flaccus*) matt, kraftlos.
flaccus (*et. nicht klar*) °**1.** *adi.* 3 schlaff; **2.** *subst.* ~, *ī m* Schlappohr; ♀ *röm. cogn.*; *cf. Horātius* 3.
flagellō 1 (*flagellum*) peitschen, schlagen; / wohl verwahren.
flagellum, *ī n* (*dem. v. flagrum*) **1.** Peitsche, Geißel; °**2.** / **a**) Wurfriemen (*am Wurfspieß*); **b**) Ranke; **c**) Fangarm (*eines Polypen*).
flāgitātiō, *ōnis f* (*flāgitō*) Forderung, Mahnung.
flāgitātor, *ōris m* (*flāgitō*) Forderer, Mahner.
flāgitiōsus 3 (*m.* °*comp., sup., adv.*; *flāgitium*) schändlich, schmählich, schmachvoll.
flāgitium, *ī n* (*urspr. als t.t. der Militärjustiz* „Ausprügelung" *u. als Ausdruck der Volksjustiz* „öffentliche (*nächtliche*) Beschimpfung"; *cf. flagrum*) **1. a**) Schandtat; **b**) schimpfliche Behauptung; **2.** Schande, Schimpf; °**3.** Schandbube.
flāgitō 1 (*urspr.* „ausprügeln; öffentlich ausschimpfen"; *cf. flāgitium*) °**1.** öffentlich ausrufen lassen; **2.** dringend erfordern [*res ipsa severitatem*]; dringend fordern, ungestüm verlangen [*Aeduos frumentum*]; **3.** zu wissen verlangen; °**4.** vor Gericht fordern; °**5.** die Auslieferung verlangen [*ministros in tormenta*]; ** anflehen.
flagrāns, *antis* (*m* °*comp., sup., adv.*; *flagrō*) °**1.** brennend; flammend; **2.** / °**a**) leuchtend, funkelnd; **b**) heftig, leidenschaftlich.
flagrantia, *ae f* (*flagrō*) **1.** Glut; °**2.** (*Schimpfwort*) *flagitii* Schandbube.
flagri-triba, *ae m* (-*trī*-?; *flagrum* + *gr. Fw.* „reibe") (*scherzh.*) „Geißelreiber", geprügelter Sklave.
flagrō 1 (*cf. nhd.* „blaken") brennen, lodern; / °glänzen; glühen *von.*
flagrum, *ī n* (*cf. altnordisch* blak „Schlag") Peitsche, Knute.
flāmen[1], *inis n* (*flō*) *das* Wehen, Blasen; Hauch, Wind; Flötenton.
flāmen[2], *inis m* (*cf. gotisch* blōtan „opfern, verehren") Priester *eines bestimmten Gottes,* Flamen (*3 maiores* [*cf. Diālis, Mārtiālis, Quirīnālis*] *aus patriz. u. 12 minores aus pleb. Geschlechtern für geringere Gottheiten, auch verehrte Kaiser*).
flāminica, *ae f* (*sc. uxor*; *flāmen*[2]) Gattin des Flamen, *bsd. des Diālis.*
Flāminīnus *s. Quīnctius.*
flāminium *u.* -°**mōnium,** *ī n* (aus **flāmi*[*ni*]*mōnium haplologisch gekürzt*; *flāmen*[2]) Amt eines Flamen.
Flāminius 3 *Name einer pleb. gens: C.* ~, *Erbauer der via -a, fiel 217 am Trasimenischen See.*
flamma, *ae f* (*altl. gen. -āī*; *flagrō*) **1.** Flamme, Feuer; **2.** Fackel; **3.** Blitz, Stern, Hitze, Glut, Licht, Glanz; **4.** / **a**) Feuer, Glut, Hitze; °Liebesglut; °**b**) Geliebte; **c**) Verderben.

flamm(e)ārius, *ī m* (*flammeum*) Weber von Brautschleiern.
flammeolum, *ī n* (*dem. v. flammeum*) kleiner Brautschleier.
flammēscō, — — 3 (*incoh. v. flamma*) feurig werden.
flammeus 3 (*flamma*) flammend, feurig; *subst.* °**-um,** *ī n der* (feuerrote) Brautschleier.
flammi-fer, *era, erum* (*flamma, ferō*) flammentragend, brennend; leuchtend.
flammō 1 (*flamma*) **1.** (*intr.*; *nur part. praes. act.*) brennen, lodern; **2.** (*trans.*) anzünden; verbrennen; / entflammen, erhitzen.
flammula, *ae f* (*dem. v. flamma*) Flämmchen.
flāmōnium, *ī n s. flāminium.*
****flasco,** *onis m* Weinflasche.
flātus, *ūs m* (*flō*) °**1. a**) *das* Blasen *des Windes*; Wind; *kl. nur* /; **b**) (lautlose) Blähung; °**2. a**) Hauch; **b**) Schnauben; **c**) Flötenspiel; °**3.** (*meist pl.*) Aufgeblasenheit.
flāveō, — — 2 (*flāvus*) goldgelb sein; (*part. praes.*) *adi.* **flāvēns,** *entis* = *flāvus.*
flāvēscō, — — 3 (*incoh. v. flāveō*) [goldgelb, blond werden.]
Flāvius 3 *Name einer* (*urspr. sabinischen*) *gens*: **1.** *Cn.* ~, *Sekretär des Appius Claudius*; *cf. fāstus*²; **2.** *T.* ~ *Vespasiānus, Kaiser 69-79*; **3.** *gleichnamiger Sohn v. 2, Titus, Kaiser 79-81*; **4.** *T.* ~ *Domitiānus, Bruder v. 3, Kaiser 81-96*; *adi. -i(ān)us* 3.
flāvus 3 (*cf. flōrus*; *nhd.* „blau") goldgelb, rotgelb; blond; *color* helle Hautfarbe; *subst.* ~, *ī m* Golddenar; *cf. aureus.*
flēbilis, *e* (*m.* °*comp.*, *adv.*; *fleō*) **1.** (*pass.*) beweinenswert; **2.** (*act.*) weinend, klagend, kläglich.
flectō, *exī, exum* 3 (*et. ungedeutet*) **1.** (*trans.*) **a**) biegen, beugen; umsegeln [*promunturium*]; / umstimmen [*ad deditionem*]; rühren; **b**) lenken, richten [*iter ad urbem*]; **c**) (ver)ändern [°*iter* Marschrichtung]; modulieren [*vocem*]; °**d**) beziehen *auf* [*versūs in Tiberium*]; °**2.** (*intr.*) umkehren, marschieren, ziehen; / [*in ambitionem*]; (*P.P.P.*) *adi.* **flexus** 3 °**1.** gebogen, gewunden; **2.** / zitternd. [Krampfadern.]
flēmina, *um n* (*wohl gr. Lw.*)
fleō, *ēvī, ētum* 2 (°*synk. Formen*: *pf. flēstī, flērunt, flēsse*; *cf. nhd.* „blöken") **1.** (*intr.*) weinen [*de supplicio*]; aufwiehern; **2.** (*trans.*; *kl. selten*) beweinen, beklagen.
flētus, *ūs m* (*fleō*) *das* Weinen, Wehklagen; Rührung; Tränenstrom.
flex-animus 3 (*flectō, animus*) herzrührend.
flexibilis, *e* (*flectō*) biegsam, geschmeidig; / unbeständig.
flexilis, *e* (*flectō*) biegsam.
flexi-loquus 3 (*flectō, loquor*) dunkel redend [*oraculum*].
flexiō, *ōnis f* (*flectō*) Biegung; / Ausflüchte; Modulation.
flexi-pēs, *edis* (*flexus*) sich rankend.
flexuōsus 3 (*m.* °*sup.*, °*adv.*; *flexus*²) voll Krümmungen.
flexūra, *ae f* (*flectō*) Krümmung.
flexus¹ 3 *s. flectō.*
flexus², *ūs m* (*flectō*) **1. a**) Biegung, Krümmung, Windung; °**b**) Seitenwendung; **c**) Seiten-, Umweg; °**d**) (*rhet. t.t.*) Abschweifung *v. einfachen Thema*; °**e**) Modulation; **2. a**) Wendung, Wandlung [*rerum publicarum* in der Verfassung]; **b**) Wendepunkt; Neige; °**c**) (*gramm. t.t.*) Flexion, Flexionsform.
flīctus, *ūs m* (*flīgō*) *das* Anschlagen, Anprall.
flīgō, — — 3 (*eigtl.* „drücken, quetschen") (an)schlagen.
flō 1 (*cf. nhd.* „blähen") **1.** (*intr.*) blasen, wehen; °ertönen; **2.** (*trans.*) °**a**) (hervor)blasen [*flammam*; *tibiam*]; **b**) herwehen [*pulverem*]; **3.** (*Geld*) gießen, prägen.
floccus, *ī m* (*cf. nhd.* „Blahe") °**1.** Flocke, Faser; **2.** / Kleinigkeit; *non flocci facio* ich kümmere mich nicht darum.
Flōra, *ae f* (*flōs*; *cf. Chlōris*); (*vl. urspr. sabinische*) Blumengöttin; *adi. -ālis, e* [*sacrum* = *Flōrālia*]; *subst.* **-ālia,** *ium u. iōrum n* Florafest (*28. 4.-3. 5.*); *adi. -ālicius* 3.
flōrēns, *entis* (*m. comp.*, *sup.*; *flōreō*) **1.** blühend; **2.** / jugendlich blühend; glänzend ausgestattet *mit* [*ingenio*]; mächtig, angesehen, einflußreich; glücklich; blumenreich.
****florenus,** *i m* Gulden.
flōreō, *uī*, — 2 (*flōs*) **1.** blühen, in Blüte stehen; °schäumen **2.** / °**a**) glänzen, prangen; **b**) angesehen, mächtig, in glänzenden Verhältnissen sein; sich hervortun.

flōrēscō, — — 3 (*incoh. v. flōreō*) auf-, erblühen. [menreich.

flōreus 3 (*flōs*) aus Blumen; blu-

flōridulus 3 (*dem. v. flōridus*) lieblich, blühend.

flōridus 3 (*m. comp.*, °*adv.*; *flōs*) °**1.** blühend; / [*puella*]; blumig; **2.** aus Blumen. [Blumen tragend.

flōri-fer, *era, erum* (*flōs, ferō*)

flōri-legus 3 (*flōs, legō*) Blütenstaub, Honig sammelnd [*apes*].

flōrus 3 (*flāvus*; *flōs*?) blond (*od.* blühend, glänzend?).

flōs, *ōris m* (*cf. mhd.* „bluost", *nhd.* „Blüte") **1. a)** Blüte, Blume; °**b)** Blütenstaub, Honig; **2.** / **a)** Glanzzeit; **b)** junge Mannschaft, Kern; bester Teil; **c)** Glanz, Schmuck, Zier(de), Kleinod; °**d)** Flaum; (*vom jungen Mädchen*) Unberührtheit.

flōsculus, *ī m* (*dem. v. flōs*) **1.** Blümlein, Blütchen; °**2.** / Zierde, zierliche Redensart; Sentenz.

flūcti-fragus 3 (-*ŭct*-?; *flūctus, frangō*) wellenbrechend.

flūcti-ger, *era, erum* (-*ŭct*-?; *flūctus, gerō*) Wellen ertragend.

flūcti-sonus 3 (-*ŭct*-?; *flūctus, sonō*) wellenrauschend.

flūctuātiō, *ōnis f* (-*ŭct*-?; *flūctus*) unruhige Bewegung; / Schwanken, Unentschlossenheit.

flūctuō *u.* **-or** 1 (-*ŭct*-?; *flūctus*) °**1.** wogen, wallen; **2.** in der See treiben; **3.** / °**a)** aufbrausen; **b)** unschlüssig sein.

flūctuōsus 3 (-*ŭct*-?; *flūctus*) wogend, stürmisch.

flūctus, *ūs m* (-*ŭct*-?; *fluō*) Strömung, Woge, Flut; / *pl.* Unruhe.

fluēns, *entis* (*m.* °*adv.*; *fluō*) (dahin-) fließend; / gleichmäßig, ruhig; einförmig [*oratio*]; schlaff herabhängend. [wogenrauschend.

fluenti-sonus 3 (*fluentum, sonō*)

fluentum, *ī n* (*fluēns, part. praes. v. fluō*) Strömung.

fluidus 3 (*fluō*) **1.** fließend; flüssig; **2.** / **a)** niederwallend [*vestis*]; **b)** locker, schlaff [*lacerti*]; **c)** erschlaffend [*calor*].

fluitō 1 (*intens. v. fluō*) °**1.** fließen; **2.** mit den Wellen treiben; **3.** / °**a)** flattern [*vestis*]; **b)** schwanken.

flūmen, *inis n* (*fluō*) **1.** Strömung, Flut; *pl.* Gewässer; *secundo -ine* stromabwärts, *adverso -ine* stromaufwärts; **2. a)** Fluß, Strom; °**b)** Flußgott; **3.** / Strom; reiche Fülle; Redestrom. [Wasser...

flūmineus 3 (*flūmen*) Fluß...,

fluō, *flūxī, flūxum* 3 (*flŭxī, flŭxum*?; *Sup. vor Plautus flūctum* (-*ŭ*-?); ⟨**bhleugvō, wohl eigtl.* „schwellen") **1.** fließen, strömen; triefen; **2. a)** aus-, hervorströmen; sich ergießen; °**b)** herabwallen; **3.** / **a)** sich ausbreiten [*doctrina*]; **b)** vonstatten gehen [*res*]; **c)** einförmig dahinfließen [*oratio*]; **d)** hinauslaufen *auf* [*ad interregnum*]; °**e)** vergehen [*tempus*]; **f)** erschlaffen [*vires*]; nieder-, entsinken [*arma* [*de manibus*].

flūtō 1 (*Lu.*) = *fluitō*.

fluviā(ti)lis, e (*fluvius*) Fluß...

fluvidus 3 (*im Vers flūv- nach ūvidus*) = *fluidus*.

fluvius, *ī m* (*fluō*) °**1.** fließendes Wasser; **2.** Fluß, Strom.

flūxus[1] 3 (*m.* °*comp.*, °*adv.*; -*ŭ*-?; *fluō*) °**1.** fließend; **2.** / °**a)** herabwallend; schlaff (herabhängend); °**b)** halt-, charakterlos, schwankend, unsicher; **c)** zerrüttet.

flūxus[2], *ūs m* (-*ŭ*-?; *fluō*) *das* Fließen. [Halstuch, -binde.

fōcāle, *is n* (*fōx vulgär* = *faux*)

fōculō *u.* **fōcil(l)ō** 1 (*foveō*) (*durch Wärme*) wiederbeleben.

fōculum, *ī n* (*foveō*) Wärmemittel; Geschirr zum Wärmen.

foculus, *ī m* (*dem. v. focus*) Opferpfanne; Herdfeuer.

focus, *ī m* (*et. unklar*) **1. a)** Herd; **b)** Pfanne; Opferpfanne; Opferherd; °**c)** Brandstätte des Scheiterhaufens; **2.** / Haus [*arae focique die* Heiligtümer der Tempel und Häuser]; Heim, Familie; °**3.** Feuer, Glut.

fodicō 1 (*intens. v. fodiō*) °**1.** stoßen; **2.** / beunruhigen.

fodiō, *fōdī, fossum* 3 (*eigtl.* „stechen, stochern") **1. a)** stechen [*stimulis*]; °**b)** durchbohren [*hastā*]; **2. a)** (*intr.*) graben; **b)** (*trans.*) °um-, ausgraben; durch Graben fertigstellen [*vallum*].

foederātus 3 (*P.P.P. v. foederō* 1 „durch ein Bündnis zusammenschließen"; *foedus*[2]) verbündet.

foedi-fragus 3 (*foedus*[2] + *frangō*) vertragsbrüchig.

foeditās, *ātis f* (*foedus*[1]) Häßlichkeit, Schändlichkeit.

foedō 1 (*foedus*[1]) °**1.** verunstalten,

übel zurichten; besudeln; **2.** schänden, entehren.

foedus[1] 3 (*m. comp., sup., adv.*; *et. nicht sicher gedeutet*) häßlich, scheußlich, abscheulich, gräßlich.

foedus[2], *eris n* (*fīdus*) **1.** Bündnis; **2.** Vertrag, Verbindung; °*thalami* Ehebund; °*Veneris* Liebschaft; °**3.** Bestimmung, Gesetz; Verheißung.

foen... = *fēn...*

foeteō, — — 2 (*cf. fimus*) stinken.

foetidus 3 (*m.* °*comp.*; *foeteō*) stinkend.

foetor, *ōris m* (*foeteō*) Gestank; / [°Ekelhaftigkeit.]

foetus = *fētus*[1], [2].

foliātus 3 (*folium*) aus (wohlriechenden) Blättern gemacht; *subst.* **-um,** *ī n* (*sc. unguentum*) Parfüm.

folium, *ī n* (*cf. gr. Fw.* „Chlorophyll") Blatt; °*pl.* Laub, Kranz.

folliculus, *ī m* (*dem. v. follis*) **1.** Ledersack, Schlauch; °**2.** Luftball; °**3.** Balg.

follis, *is m* (*cf. nhd.* „Bolle") **1.** Ledersack; °**2.** Übungsball *der Faustkämpfer*; °**3.** Luftball; **4.** Blasebalg; °/ Lunge; °**5.** Geldbeutel.

follītim *wahrsch. falsche Schreibung für „follītum"*.

follītus 3 (*follis*) mit einem Geldsack versehen.

fōmentum, *ī n* (*foveō*) °**1.** Umschlag; Verband; **2.** / Linderungsmittel.

fōmes, *itis m* (*foveō*) Zündstoff, Zunder.

fōns, *fontis m* (*wohl eigtl. „das* Laufen, Rinnen"; *cf. altind.* dhanayati „läuft, rennt") **1.** Quelle; (*dcht.*) Quellwasser; **2.** / Ursprung, Ursache, Anfang, Urheber; **3.** ~ Quellgott; *adi.* **Fontinālis,** e [*porta* „Quelltor" *am Quirinal*]; ** *sacer* Taufe.

fontānus 3 (*fōns*) Quell...

Fontēius 3 *röm. Gentilname*: *M.* ~, *v. Cicero verteidigt*; **Fontēia** *seine Schwester*; *adi. -iānus* 3.

fonticulus, *ī m* (*dem. v. fōns*) kleine Quelle, kleiner Brunnen.

for, *fātus sum* 1 (*cf. fābula*) sprechen, sagen; *fando* °*accipere, audire* sagen hören; weissagen; besingen; (*Gerundiv*) *adi.* °**fandus** 3 sagbar; erlaubt; *non fandus* unaussprechbar; *subst.* °**-um,** *ī n* Recht.

°**forābilis,** e (*forō*) durchbohrbar; verwundbar.

forāmen, *inis n* (*forō*) Loch, Öffnung.

forās *adv.* (*acc. pl. v.* **fora* „Türflügel"; *cf. foris*) hinaus, heraus [*ire*]; *dare* bekanntmachen.

°**forceps,** *ipis m f* (*altl. formus* „warm", [*cf. gr. Fw.* thermae, *nhd.* „warm"] + *capiō*) Feuerzange; Zange; (*auch als Marterwerkzeug*).

fordeum *dial.* = *hordeum.*

°**fordus** 3 (<**foridus*; *ferō*) trächtig; *subst.* **-a,** *ae f* trächtige Kuh.

fore, forem *s. fuō.*

forēnsis, e (*forum*) **1.** Markt...; **2.** für die Öffentlichkeit bestimmt; **3.** gerichtlich, Gerichts...; °**4.** *subst.* ~, *is m* öffentlicher Redner, Rechtsanwalt; °**-ia,** *ium n* Prunkgewänder.

****forestarius,** *ī m* Forstbewohner, [-beamter.]

****forestis,** *is f* Forst.

°**forfex,** *icis m f* (<*forceps durch Metathese u. Assimilation*) Zange, Barbierschere.

forica, *ae f* (*sc. taberna, eigtl. „die* draußen befindliche"; **fora* „Türflügel") öffentlicher Abort.

foris[1], *is f* (*cf. nhd.* „Tor") Türflügel; *pl.* (*zunächst* Flügeltür) Tür; / Pforte, Zugang *zu* [*caeli*].

forīs[2] *adv.* (*erstarrter loc., bzw. abl. pl. v.* **fora* „Türflügel") **1.** draußen, außerhalb, auswärts; im Auslande; im Kriege; **2.** von draußen, von außen (her).

fōrma, *ae f* (*altl. gen. -āī*; *et. nicht sicher gedeutet*) **1.** (*abstr.*) **a)** Form, Gestalt, Äußeres; Gesichtsbildung; **b)** Schönheit; **c)** Art, Beschaffenheit, Einrichtung, Charakter; **d)** (*log. t.t.*) Spezies; **e)** Vorstellung, Idealbild; **2.** (*concr.*) **a)** Gebilde, Bild, Abbildung; **b)** (*math. t.t.*) Figur; Entwurf, Abriß; °**c)** Modell; Leisten; Stempel; °**d)** Erscheinung [*deorum*]; ** Wortlaut; Geschöpf.

°**fōrmālis,** e (*fōrma*) förmlich; *epistula* Verfügung.

fōrmāmentum, *ī n* (*fōrmō*) = *fōrmātiō.*

°**fōrmātiō,** *ōnis f* (*fōrmō*) Gestaltung, Bildung.

°**fōrmātor,** *ōris m* (*fōrmō*) Bildner.

fōrmātūra, *ae f* (*fōrmō*) = *fōrmātiō.*

formīca, *ae f* (<**mormīca*; *cf. gr.* myrmēx) Ameise.

°**formīcīnus** 3 (*formīca*) Ameisen...

°**formīdābilis,** e (*formīdō*[1]) furchtbar.

formīdō[1] 1 (*formīdō*[2]) °**1.** (*intr.*) sich fürchten, sich grausen; **2.** (*trans.*) sich fürchten, sich entsetzen *vor* [*iracundiam*].

formīdō², *inis f* (*dissim.* <**mormīdō*; *cf. gr.* mormō „Schreckgespenst") **1.** Schreckbild, *bsd.* °Vogelscheuche; **2.** Grausen, Furcht; **3.** heiliger Schauer, Ehrfurcht.

formīdolōsus *u.* **-dulōsus** 3 (*m.* °*comp.*, *sup.*, *adv.*; *formīdō²*) **1.** furchtbar; °**2.** ängstlich, scheu.

fōrmō 1 (*fōrma*) **1.** formen, bilden; darstellen; **2. a)** verfertigen; **b)** aussprechen [*verba*]; **3.** ausbilden, unterweisen, abrichten.

fōrmō(n)sitās, *ātis f* (*fōrmōsus*) Schönheit.

fōrmō(n)sus 3 (*m. comp.*, *sup.*, °*adv.*; *fōrma*) wohlgestaltet, schön.

fōrmula, *ae f* (*dem. v. fōrma*) Gestalt, Form: °**1.** Schönheit, schöne Gestalt; **2.** Norm, Regel; **3.** Regel, Vorschrift: °**a)** Vertrag; °**b)** (*zensorisches*) Steuerformular, Tarif, Taxe; **c)** (*jur. t.t.*) Rechts-, Klageformel; Formular; Verfahrensnorm; °*-ā cadere* den Prozeß verlieren; ** Glaubensformel.

°**fōrmulārius,** *ī m* (*fōrmula*) Rechtsanwalt.

°**fornācālis,** e (*fornāx*) (Back-) Ofen... [*dea*]; *subst.* **-ālia,** *ium n* Fest der Ofengenossenschaften zu Ehren der *dea* ~.

°**fornācula,** *ae f* (*dem. v. fornāx*) kleiner Ofen; / *Kopf des Tiberius.*

fornāx, *ācis f* (*gen. pl. -ium*; *fornus* = *furnus*) **1.** Ofen; Back-, Schmelzofen; °**2.** ♀ *Ofengöttin.*

°**fornicātiō,** *ōnis f* (*fornix*) Wölbung, Schwibbogen; ** Hurerei; Unzucht.

****fornicator,** *oris m* Liederjan, Lüstling.

****fornicatrix,** *icis f* Hure.

fornicātus 3 (*fornix*) gewölbt; °*via* „Schwibbogengasse".

fornix, *icis m* (*eigtl.* „Kuppelofenwölbung"; *fornus* = *furnus*; *cf. fornāx*) **1. a)** Wölbung; Bogen, Schwibbogen; *pl.* Gewölbe; **b)** überwölbter Weg, Zugang zu einem *forum*; **c)** Ehrenbogen; °**d)** überwölbte Ausfallspforte; °**2.** unterirdisches Gewölbe, Kellerkneipe; Bordell; / = *pathicus.*

°**forō** 1 (*cf. feriō*; *nhd.* „bohre") (durch)bohren.

Foroiūliēnsis *s. forum.*

°**forpex,** *icis f* (*Metathese v. forceps*) Feuerzange.

fors, *abl. forte f* (*nur nom. u. abl. sg.*; *ferō*) **1.** blinder Zufall, das Ungefähr; ~ *fortuna die* glückliche Schikkung; *forte fortunā* auf gut Glück; °**2.** *dea Fors* Schicksalsgöttin; *Fors Fortuna* = Glücksgöttin der kleinen Leute; **3.** *adv.* °**a)** (*nom.*) *fors* vielleicht; *fors et* vielleicht auch; **b)** (*abl.*) *forte* zufällig, von ungefähr; (*enklitisch nach si, nisi, ne, sin*) vielleicht, etwa.

°**forsan,** °**forsit, forsitan** (<*fors, an*; *fors sit*; *fors sit, an*) vielleicht.

fortasse *u.* **fortassis** *adv.* (*-ā-?*; *zu fors*; *Bildung unklar*) **1.** vielleicht, hoffentlich; **2.** (*b. Zahlen*) etwa, ungefähr [*sextā* ~ *horā*].

forte *s. fors.*

forticulus 3 (*dem. v. fortis*) recht mutig.

fortis, e (*m. comp.*, *sup.*, *adv.*; *cf. altl. foretus*; *gall.* Brigantes) **1.** stark, kräftig, rüstig, tüchtig; dauerhaft, fest [*ligna*]; **2.** mächtig, tapfer, mutig, mannhaft; °**3.** gewaltsam; ** *adv. auch* **forte** stark, sehr.

fortitūdō, *inis f* (*fortis*) °**1.** Stärke; **2.** Mut, Tapferkeit, Energie.

fortuītus 3 (*fors*) zufällig; *adv.* **-ō**; *subst.* **-a,** *ōrum n* Zufälle, zufällige Güter.

fortūna, *ae f* (*vl. urspr. adi.*, *aus *fortus entwickelt*; *cf. fors fortūna*) **1.** (*das zufällige*) Schicksal, Geschick, Los; **2.** Glück, Unglück; **3.** ♀ Glücksgöttin; **4. a)** Umstände; äußere Lage; Lebensstellung, Stand, Herkunft; **b)** (*meist pl.*) Glücksgüter, Vermögen, Habe.

fortūnātus 3 (*m. comp.*, *sup.*, *adv.*; *fortūnō*) **1. a)** beglückt, glücklich, selig; °**b)** *-orum insulae od. -a nemora* Elysium; **2.** begütert, vermögend; *subst.* ~, *ī m* Glückskind.

fortūnō 1 (*fortūna*) glücklich machen, segnen.

°**foruli,** *ōrum m* (*dem. v. forus*) Büchergestell.

forum, *ī n* (*coll. n v. forus*; *eigtl.* „Umplankung"; *cf. vallum — vallus*) °**1.** Platz vor dem Grabe; **2.** Markt(platz); (Marktplätze in Rom: *bo(v)arium* „Rindermarkt"; °*(h)olitorium* „Gemüsemarkt"; °*piscatorium* „Fischmarkt"; *forum Romanum od. nur forum*; *Iulium* (= Cäsars); *Augusti*; *Traiani*; *Nervae*; *Pacis*); **3. a)** Marktflecken, Handelsplatz; **b)** Kreisstadt; **4. a)** öffentliches Leben [°*in foro esse*]; *foro carere* sich vom öffentlichen

Leben fernhalten; **b**) Geschäftsleben, Geldgeschäfte, Verkehr; **c**) Gerichtsverhandlungen; Gerichtstag; **5.** ♀ Stadtnamen: **a**) *Appiī s. Appius*; **b**) *Aurēlium s. Aurēlius*; **c**) *Cornēliī s. Cornēlius*; **d**) *Gallōrum bei Mutina*; **e**) *Iūliī od. Iūlium sw. v. Nizza, v. Cäsar angelegt, j.* Fréjus; *adi. Forōiūliēnsis*, e.

forus, *ī, meist pl.* **-ī,** *ōrum m (eigtl.* „Planke"; *cf. nhd.* „Barren") **1. a**) Schiffsgänge; °**b**) Gänge *zwischen den Bienenzellen*; °**2.** Sitzreihen *im Theater u. im Zirkus*; °**3.** *-us aleatorius* Spielbrett.

fossa, *ae f (fodiō)* **1.** Graben; °**2.** Grube, Loch; **3.** Abzugsgraben; Flußbett; Kanal; °**4.** Furche.

fossiō, *ōnis f (fodiō) das* Umgraben.

°**fossor,** *ōris m (fodiō)* „Gräber", Landmann; / grober Mensch.

°**fossūra,** *ae f (fodiō) das* Graben.

fovea, *ae f (et. ungedeutet)* Grube; °Fallgrube; ** unterirdischer Gang; *ein* gehobener Schatz.

foveō, *fōvī, fōtum (kausativ; eigtl.* „mache brennen"; *cf. favilla; altind.* dáhati „brennt") **1. a**) warm halten, (er)wärmen; °**b**) warm baden; °**c**) *amplexu* umarmen; **2.** / **a**) hegen und pflegen; °**b**) heilen; stützen; °**c**) nicht verlassen [*castra*]; °**d**) begünstigen, unterstützen.

****fractura,** *ae f das* Zerbrechen; *(med. t.t.)* Knochenbruch, Fraktur.

frāctus 3 *(m. comp.,* °*adv.; frangō)* schwach, kraftlos; °unmännlich.

fragilis, e *(m.* °*comp.,* °*sup.; frangō)* °**1.** zerbrechlich; °**2.** knatternd, prasselnd; **3.** gebrechlich, schwach, vergänglich.

fragilitās, *ātis f (fragilis)* Gebrechlichkeit, Schwäche.

°**fragmen,** *inis n (frangō) = fragmentum.*

fragmentum, *ī n (frangō)* Bruchstück, Splitter; *pl.* Trümmer, Reisig; ** Überrest.

°**fragor,** *ōris m (frangō)* **1.** *das* Zerbrechen; **2.** *das* Krachen, Lärm, Getöse; lauter Beifall.

°**fragōsus** 3 *(m. adv. fragor)* **1.** brüchig; **2.** uneben; / holperig [*oratio*]; *subst.* **-a,** *ōrum n* Unebenheiten; **3.** krachend, tosend [*torrens*].

°**fragrō** 1 *(cf. nd.* „Bracke" = Spürhund) duften.

°**frāgum,** *ī n (et. ungedeutet)* Erdbeere.

°**framea,** *ae f (germ. Fw.)* Wurfspieß *(der Germanen)*; ** Schwert.

frangō, *frēgī, frāctum* 3 *(cf. nhd.* „brechen") **1.** (zer)brechen; °zermalmen; P. zerbrechen, bersten; **2.** / **a**) brechen, verletzen [*fidem*]; **b**) entmutigen, demütigen; **c**) schwächen [*vires*]; **d**) bezähmen, überwinden [*dolorem*]; **e**) erweichen, erschüttern.

frāter, *tris m (cf. nhd.* „Bruder") **1.** Bruder; *geminus,* °*gemellus* Zwillingsbruder; °*fratres gemini* die Dioskuren Kastor u. Pollux; °**2.** *pl.* Geschwister; / *(gleichartige Dinge)* [*nummi*]; **3.** Vetter, Neffe, Schwager, Blutsverwandter; **4.** *(Kosewort)* Freund; **5.** *(Ehrentitel)* Bundesgenosse [*Aedui*]; ** Ordensbruder; *minores* Minoriten, Franziskaner.

°**frāterculus,** *ī m (dem. v. frāter)* Brüderchen.

°**frāternitās,** *ātis f (frāternus)* Brüderlichkeit.

frāternus 3 *(m. adv.; frāter)* brüderlich, Bruder...; °verwandtschaftlich; / herzlich.

frātri-cīda, *ae m (frāter, caedō)* Brudermörder.

fraudātiō, *ōnis f (fraudō)* Betrügerei.

fraudātor, *ōris m (fraudō)* Betrüger.

fraudō 1 *(altl. coni. pf. fraudassis; fraus)* **1.** betrügen, übervorteilen; betrügen *um* [°*praedā*]; **2.** unterschlagen; *(P.P.P.) subst.* **fraudāta,** *ōrum n* unterschlagene Summen.

****fraudulenter** *adv.* betrügerisch.

fraudulentia, *ae f (fraudulentus; Pl.)* Gaunerei, Schurkerei.

fraudulentus 3 *(m. comp., sup.; fraus)* betrügerisch.

fraus, *dis f (gen. pl. -[i]um; altl. frūs; cf. frūstrā, nhd.* „trügen, Traum") **1. a**) Betrug, Täuschung; °**b**) Betrüger, Gauner; **2.** Selbstbetrug, Irrtum; **3.** Schaden, Nachteil; **4.** Verbrechen, Frevel.

frausus 3 *(part. pf. v. *fraudor; fraudō; Pl.)* der etw. ausgeheckt hat.

°**fraxin(e)us** 3 *(-ā-?; fraxinus²)* eschen.

°**fraxinus,** *ī f (-ā-?; cf. nhd.* „Birke") Esche; / Eschenspeer.

°**fremebundus** *u.* °**fremidus** 3 *(fremō)* rauschend, tobend.

fremitus, *ūs m (fremō)* dumpfes Getöse (Schnauben, Murren *u. ä.*).

fremō, *uī itum* 3 *(cf. nhd.* „brummen") dumpf tosen, lärmen (schnauben, brausen, murren *u. ä.*); °*auch tr.*

°**fremor,** *ōris m* (*fremō*) *das* Murmeln.

°**frēnātor,** *ōris m* (*frēnō*) Lenker.

frendō, —, *frē(n)sum 3* (*cf. nhd.* „Grind") (*dentibus*) mit den Zähnen knirschen; °/ klagen, wütend sein.

frenēticus = *phrenēticus.*

frēnī, *ōrum s. frēnum.*

frēnō 1 (*frēnum*) °**1.** aufzäumen; **2.** / im Zaume halten: °**a**) lenken, regieren; **b**) zügeln, bändigen.

frēnum, *ī n* (*pl. auch* **-ī,** *ōrum m*; *eigtl.* „das, womit man einhält"; *zu firmus*) Zaum, Zügel, Gebiß.

frequēns, *entis* (*m. comp.*, °*sup.*, *adv.*; *eigtl.* „gestopft voll"; *cf. farciō*) **1. a**) zahlreich; vollzählig, beschlußfähig [*senatus*]; **b**) vielbesucht [*theatrum*]; angefüllt *mit*; **2.a**) wiederholt, gewöhnlich, oft vorkommend; **b**) häufig anwesend, fleißig.

frequentātiō, *ōnis f* (*frequentō*) Häufung; °Zusammenfassung.

frequentia, *ae f* (*frequēns*) Häufigkeit, zahlreiche Versammlung, (starker) Andrang; Menge.

frequentō 1 (*frequēns*) **1. a**) in großer Menge versammeln [*populum*]; **b**) bevölkern [*urbes*]; **2.** in großer Menge aufsuchen, besuchen [°*Marium*]; **3. a**) oft besuchen [*domos*], oft kommen; °**b**) *jd.* oft bei sich sehen; **c**) oft tun, wiederholen; **4.** feiern [*ludos*].

fretēnsis, e (*fretum*) zur Meerenge gehörig; *mare* **-e** Meerenge *bei Messina.*

fretum, *ī n* (*ferveō, cf. nhd.* „Brodem") **1.** Meerenge, Sund (*bsd. bei Messina*); Kanal; °**2. a**) (*oft pl.*) Meer; **b**) Brandung, Strömung; °**3.** / **a**) (*pl.*) Übergangszeit [*anni*]; **b**) *das* Überschäumen [*adulescentiae*].

fretus¹, *ūs m* = *fretum.*

frētus² 3 (*eigtl.* „gestützt"; *firmus*) fest vertrauend *auf*; pochend *auf* [*opibus*].

°**fricō,** *cuī, c(ā)tum* 1 (*cf. friō*) abreiben, frottieren.

frīgēfactō (-ĕ-?; *frīgeō*; *Pl.*) kühlen.

frīgeō, — — 2 (*cf. frīgus*; *wohl m. rigeō verwandt*) kalt sein, frieren; / °tot sein; schlaff, matt sein, stokken; nichts ausrichten, unbeachtet bleiben.

frīgerō 1 (*frīgus*; *Ca.*) kühlen.

°**frīgēscō,** — — 3 (*incoh. v. frīgeō*) erkalten; / erstarren.

°**frīgidārius** 3 (*frīgidus*) abkühlend, zum Kaltbaden [*cella*].

°**frīgide-factō** 1 (*frīgidus*) (ab-)kühlen.

°**frīgidulus** 3 (*dem. v. frīgidus*) ein wenig kalt; / etwas matt.

frīgidus 3 (*m. comp.*, *sup.*, °*adv.*; *frīgeō*) **1.** kalt, kühl; °/ tot; **2.** °Kälte erregend; *subst.* °**-a,** *ae f* kaltes Wasser; **-a,** *ōrum n das* Kalte, *die* Kälte; **3.** / matt, schlaff, lässig, lau; frostig, fade [*verba*].

°**frīgō,** *frīxī, frīctum* 3 (**fergō* 3 „backen") rösten.

frīgus, *oris n* (<**srīgos*, *cf. frīgeō*) **1. a**) Kälte, Frost; °**b**) Kühlung; **c**) Winterkälte; °**2.** / **a**) Schauder, Entsetzen; Todesschauder; **b**) Lauheit; °**c**) kühle Aufnahme, Ungnade; °**d**) Fadheit.

°**friguttiō** 4 (*Schallwort*) zwitschern; / stottern.

°**fringillus,** *ī m* (*cf. friguttiō*) Fink *od.* Spatz.

°**friō** 1 (*cf. fricō*) zerreiben, zerbröckeln.

°**frit** *n* (*nom. u. acc.*; *wohl Schallwort*) Körnchen.

fritilla = *fitilla.*

°**fritillus,** *ī m* (*vl. Schallwort, cf. fritinniō vom Klappern der Würfel*) Würfelbecher.

°**fritinniō** 4 (*Schallwort*) zwitschern; quietschen.

°**frīvolus** 3 (*cf. fricō, friō*) wertlos, armselig; läppisch, albern; *subst.* **-a,** *ōrum n* nichtssagende Worte; Kleinigkeiten.

°**frondātor,** *ōris m* (*frōns¹*) Baumscherer; Winzer.

°**frondeō,** — — 2 (*frōns¹*) belaubt sein, grünen.

frondēscō, — — 3 (*incoh. v. frondeō*) sich belauben, ausschlagen.

°**frondeus** 3 (*frōns¹*) belaubt, aus Laub(holz).

°**frondi-fer,** *era, erum* (*frōns¹, ferō*) belaubt.

°**frondōsus** 3 (*frōns¹*) reich belaubt.

frōns¹, *frondis f* (*et. unklar*) (*oft pl.*) Laub; °Laubkranz.

frōns², *frontis f* (*altl. auch m*; *eigtl.* „hervorragender Körperteil") **1.** Stirn; Gesicht; **2.** / **a**) Vorderseite, Front; **b**) (*mil. t.t.*) Front; °*in frontem derigere* in Front aufstellen; °*dextra fronte* auf dem rechten Flügel; *a* (*in*) *fronte* von vorn; °**c**) Außenrand *einer Bücherrolle*; Außenseite; °**d**) vordere breite

Seite, Breite; *in fronte* in der Breite; °e) erster Anblick, Schein.

°**frontālia,** *ium n* (*frōns*[2]) Stirnschmuck der Pferde.

frontō, *ōnis m* (*frōns*[2]) der Breitstirnige.

°**frūctuārius** 3 (*frūctus*) fruchtbringend.

frūctuōsus 3 (*m.* °*comp.*, *sup.*; *frūctus*) fruchtbar; / einträglich, nützlich.

frūctus, *ūs m* (*altl. gen.* -*ī*; *fruor*) **1.** Nutzung, Nutznießung; **2.** Frucht, Erzeugnisse, Ertrag; Zinsen, Renten; **3.** / Nutzen, Vorteil, Gewinn; Genuß; ** *fructa, orum n die* Gutserzeugnisse.

frūgālior *comp.*, *frūgālissimus sup.*, *frūgāliter adv. zu frūgī* (*pos. frūgālis, e kl. ungebräuchlich*; *frūx*).

frūgālitās, *ātis f* (*frūgālis*) Wirtschaftlichkeit, Ordnungssinn; Biederkeit, Mäßigkeit, solides Leben; °/ strenges Maßhalten [*eloquentiae*].

frūgī *indecl.* (*erstarrter dat. v. frūx, als adi. gebraucht*; *cf. frūgālior*) wirtschaftlich; °sparsam; / bieder, besonnen, brav.

frūgi-fer, *era, erum u.* °**frūgi-ferēns,** *entis* (*frūx, ferō*) fruchtbar; segenbringend.

°**frūgi-legus** 3 (*frūx, legō*) Früchte [sammelnd.

°**frūgi-parus** 3 (*frūx, pariō*) fruchtbringend.

frūmentārius 3 (*frūmentum*) Getreide..., Korn...; *subst.* ~, *ī m* Getreidehändler; °*pl.* Proviantkolonnen.

frūmentātiō, *ōnis f* (*frūmentor*; *Li.*) **1.** *das* Getreideholen, Verproviantierung; °**2.** Getreidespende.

frūmentātor, *ōris m* (*frūmentor*; *Li.*) **1.** Getreidehändler, -lieferant; **2.** Getreideholer, Furier.

frūmentor 1 (*frūmentum*) Getreide, Futter holen, furagieren.

frūmentum, *ī n* (*fruor*) **1.** Getreide, Korn; *pl.* Getreidekörner, -arten; °**2.** Weizen.

°**frūnīscor,** *nītus sum* 3 (*fruor*) [genießen.

fruor, (*ūsus sum*, °*selten frūctus u. fruitus sum*), *fruitūrus* 3 (<**frugvor*; *cf. nhd.* „(ge)brauchen") **1.** benutzen, genießen, sich erfreuen [*otio*; °*ingenium*]; **2.** (*jur. t.t.*) den Nießbrauch haben *von* [*certis fundis*].

°**frustillātim** *adv.* (-*ū*-?; *frustum*) stückweise.

frūstrā *adv.* (*seit Cicero u. Lukrez Analogiebildung nach contrā usw.*; *älter* -*ă*; *wahrsch. nom. pl. od. adv. acc. pl. v.* **frūstrum* „Täuschung"; *fraus*) °**1.** irrtümlich; *esse* sich getäuscht sehen; *habere* in der Erwartung täuschen; **2.** vergeblich, erfolglos; °*esse* fehlschlagen; °*habere* vernachlässigen; **3.** grundlos, zwecklos.

°**frūstrāmen,** *inis n* (*frūstrō*) Täu[schung.

°**frūstrātiō,** *ōnis f* (*frūstrō*) Täuschung; *das* Hinhalten, Verzögerung.

frūstrātus, *ūs m* (*frūstrō*; *Pl.*) Täuschung; -*ui habere* zum besten haben.

frūstror *u.* °-**ō** 1 (*frūstrā*) **1.** täuschen, hintergehen, foppen; °**2.** (*nur dep.*) vereiteln [*spem*].

°**frustulentus** 3 (*frūst-?*; *frustum*) voller Stückchen [*aqua* Fleischbrühe].

frustum, *ī n* (*frūst-?*; *cf. feriō*; *nhd.* „Brosamen") Brocken, Bissen; (°*scherzh.*) *pueri!* du „halbe Portion"!; °*pl.* allzu kleine Teile (*in der logischen Gliederung*).

°**frutex,** *icis m* (*cf. mhd.* „briezen" = „knospen") **1.** Strauch, Busch; **2.** Stammende *eines Baumes m. frischen Trieben*; **3.** (*Schimpfwort*) Dummkopf.

°**fruticētum,** *ī n* (*frutex*) Gebüsch.

fruticor 1 (*frutex*) Zweige treiben.

°**fruticōsus** 3 (*m. comp.*, *sup.*; *frutex*) voll Gebüsch, buschig.

frūx, *ūgis f* (*meist pl.*; *fruor*) Frucht, *bsd.* Feldfrucht; Getreide; (*dcht.*) Baumfrucht; / Ertrag; sittl. Tüchtigkeit; Besserung; — *cf. frūgī.*

°**fu** *int.* (*Naturlaut des Abscheus*) pfui!

fuam, fuās *usw. s. fuō.*

fūcina, *ōrum n* (*fūcus*[1]; *Qu.*) mit Orseille (*statt Purpur*) gefärbte Stoffe.

Fūcinus (*lacus*) *See im Gebiet der Marser, j.* Lago di Celano.

fūcō 1 (*fūcus*[1]) °**1.** färben; **2.** schminken; **3.** / verfälschen.

fūcōsus 3 (*fūcus*[1]) verfälscht, unecht.

fūcus[1], *ī m* (*gr. Lw.*, *aus dem Hebr. stammend*) °**1.** *rotfärbende* Steinflechte (Orseille); °**2.** *jeder* rote Farbstoff: **a)** Purpur(farbe); **b)** *rotes* Bienenharz; **c)** rote Schminke; **3.** / Verstellung, Schein.

°**fūcus**[2], *ī m* (*cf. nd.* „Bau" = „Bremse") Drohne.

fūfae *int.* (*fū*; *Pl.*) pfui!

fuga, *ae f* (*cf. fugiō*) **1.** Flucht; Gelegenheit zur Flucht; **2.** (freiwillige) Verbannung, Exil; Verbannungsort; °**3.** Schnelligkeit, Eile; **4.** Scheu *vor*, Abneigung *gegen* [*laborum*].

fugāx, *ācis* (*m.* °*comp.*, °*sup.*, °*adv.*; *fugiō*) °**1. a**) flüchtig, scheu; spröde; **b**) vermeidend [*ambitionis*]; **2.** / vergänglich.

fugiēns, *entis* (*fugiō*) fliehend; *laboris* arbeitsscheu.

fugiō, *fūgī, fugitūrus* 3 (*cf. fuga*) **1.** (*intr.*) **a**) entfliehen, -laufen; **b**) landesflüchtig werden *od.* sein; °**c**) ent-, forteilen; **d**) / (ent)schwinden, vergehen; **2.** (*trans.*) **a**) fliehen *vor* [*hostem*], zu entfliehen suchen; **b**) entfliehen, -gehen; / **c**) (ver)meiden; °**d**) verschmähen, nicht mögen [*laborem*]; **e**) unbekannt bleiben; *impers. me fugit* ich habe vergessen [*scribere*].

°**fugitāns,** *antis* (*fugitō*) fliehend, scheu *vor* [*litium*].

fugitīvus 3 (*fugiō*) flüchtig, entflohen; *subst.* ~, *ī m* entlaufener Sklave, Ausreißer.

fugitō 1 (*intens. v. fugiō*) **1.** (*trans.*) **a**) meiden, fliehen; °**b**) sich scheuen [*facere*]; **2.** (*intr.*) eilig fliehen.

°**fugitor,** *ōris m* (*fugiō*) Ausreißer.

fugō 1 (*fuga*) **1.** in die Flucht schlagen; **2.** vertreiben, verjagen; °verbannen.

fulcīmen, *inis n* (*fulciō*; *Ov.*) Stütze, Pfeiler.

fulciō, *fulsī, fultum* 4 (*cf. gr. Fw. phalanx, nhd.* „Balken") **1. a**) stützen, aufrechthalten; **b**) / unterstützen; °**2.** befestigen, schützen; *pedibus* festtreten; / stärken.

°**fulcrum,** *ī n* (*fulciō*) Bett- *od.* Speisesofa (-gestell).

fulgeō, *fulsī*, — 2 *u.* °**-gō,** — — 3 (*zu flagrō*) blitzen; °/ glänzen, sich hervortun.

°**fulgidus** 3 (*fulgeō*) blitzend, schimmernd.

fulgor, *ōris m* (*fulgeō*) Blitz, *das* Blitzen; °/ Glanz; Ruhm.

fulgur, *uris n* (*abl. sg.* °*auch* **-ere**; *pl. auch* **-ora**; *fulgeō*) **1.** Blitz, Wetterleuchten; Blitzstrahl; °**2.** Schimmer, Glanz.

fulgurālis, *e* (*fulgur*) die Blitze betreffend.

°**fulgurātiō,** *ōnis f* (*fulgurō*) Wetterleuchten.

fulgurātor, *ōris m* (*fulgurō*) *der* den Blitz deutende Priester.

°**fulgurītus** 3 (*P.P.P. v. fulguriō* 4 „blitzen"; *fulgur*) vom Blitz getroffen.

fulgurō 1 (*fulgur*) **1. a**) blitzen; °**b**) (*impers.*) *-at* es blitzt; °**2.** / (*vom Redner u. v. d. Rede*); °**3.** (*P.P.P.*) *adi.* **fulgurātus** 3 vom Blitz getroffen.

°**fulica,** *ae f* (*cf. nhd.* „Belche") Bleßhuhn, Wasserhuhn.

fūlīgō, *inis f* (*cf. altind.* dhūlikā „Nebel") **1.** Ruß; °**2.** Augenbrauenschwärze.

fulix, *icis f* = *fulica*.

°**fullō,** *ōnis m* (*et. unklar*) Tuchwalker.

°**fullōnius** 3 (*fullō*) zum Tuchwalker gehörig; *subst.* **-ia,** *ae f* Tuchwalkerhandwerk.

fulmen[1], *inis n* (*fulgeō*) Blitz (-schlag), Wetterstrahl; / °feuriger Hauch; zerschmetternder Schlag; Kriegsheld.

fulmen[2], *inis n* (*fulciō*) Stütze (?).

°**fulmenta,** *ae f* (*fulciō*) Stütze, *bsd.* Absatz am Schuh.

°**fulminātiō,** *ōnis f* (*fulminō*) Blitz.

°**fulmineus** 3 (*fulmen*[1]) zum Blitze gehörig; / mörderisch.

°**fulminō** 1 (*fulmen*[1]) **1.** (*intr.*) blitzen u. donnern; **2.** (*trans.*) mit dem Blitz treffen.

°**fultūra,** *ae f* (*fulciō*) Stütze; / Stärkung.

Fulvius 3 *Name einer pleb. gens*: **1.** *M.* ~ *Flaccus, Anhänger der Gracchen*; **2. Fulvia,** *Gemahlin zuerst des Clodius, später des Triumvirn Antonius, Ciceros Feindin.*

°**fulvor,** *ōris m* (*fulvus*) *das* Rotgelb (?).

°**fulvus** 3 (*wohl m. flāvus verwandt*) rotgelb, braun.

°**fūmārium,** *ī n* (*fūmus*) Rauchkammer.

°**fūmeus** 3 (*fūmus*) rauchig; im Rauch aufbewahrt [*vinum*].

°**fūmidus** 3, °**fūmifer,** *era, erum* (*fūmus*; *ferō*) rauchend, dampfend.

°**fūmificō** 1 (*fūmificus*) räuchern.

°**fūmi-ficus** 3 (*fūmus*; *faciō*) rauchend, dampfend.

fūmō 1 (*fūmus*) rauchen, dampfen.

fūmōsus 3 (*fūmus*) °**1.** rauchend, dampfend; **2.** rußig, verräuchert; °geräuchert.

fūmus, *ī m* (*cf. gr.* thymiaō „rauche") **1.** Rauch, Dampf, Dunst; °**2.** / dummes Geschwätz, Unsinn.

fūnālis, e (*fūnis*) zum Seile gehörig; °*equus* Handpferd; °*subst.* **-e,** *is n* Strick; Wachsfackel; Kandelaber.
°**fūn-ambulus,** *ī m* (*fūnis, ambulō*) Seiltänzer.
fūnctiō, *ōnis f* (*fungor*) Verrichtung.
funda, *ae f* (*et. ungedeutet*) **1. a**) Schleuder(riemen); **b**) Schleudergeschoß; °**2.** Wurfnetz.
°**fundāmen,** *inis u.* **-mentum,** *ī n* (*fundō*[1]) Grund(lage).
°**fundātor,** *ōris m* (*fundō*[1]) Gründer.
Fundī, *ōrum m St. in Latium, j.* Fondi; *adi. u. Einw.* *-ānus* (3).
°**funditō** 1 (*intens. v. fundō*[2]) (hin-)schleudern, niederstrecken; / über die Lippen kommen lassen [*verba*].
funditor, *ōris m* (*funda*) Schleuderer.
funditus *adv.* (*fundus*) **1. a**) von Grund aus; **b**) / gänzlich, völlig; °**2. a**) im Grunde, in der Tiefe; **b**) im Innersten.
fundō[1] 1 (*fundus*) °**1.** mit einem Boden versehen [*navem*]; / gründen [*urbem*]; **2.** / begründen, sichern, befestigen; (*P.P.P.*) *adi.* **fundātus** 3 (*m.* °*comp., sup.*) festbegründet.
fundō[2], *fūdī, fūsum* 3 (< **ghu-n-dō*; *cf. nhd.* „gießen") **1. a**) gießen, ausgießen; °*mediopass.* sich ergießen, fließen; °**b**) schmelzen [*aera*] °**c**) benetzen [*tempora mero*]; **d**) hinab-, ausschütten; °**2.** schleudern, werfen [*tela*]; **3.** / **a**) hören lassen [*oracula*]; **b**) °gebären; dichten; hervorbringen, erzeugen [*fruges*]; **c**) aus-, verbreiten; *se -ere u. mediopass.* sich ausbreiten; **d**) vertreiben, schlagen; °**e**) niederwerfen, zu Boden strekken; *mediopass.* sich ausstrecken, lagern [*in herba*]; °**f**) vergeuden, verschwenden [*opes*].
fundus, *ī m* (*cf. nhd.* „Boden") **1. a**) Boden, Grund; *-o* von Grund aus; / **b**) Maß u. Ziel; °**c**) Autorität; °**2.** Pokal; 3. Grundstück, Landgut.
fūnebris, e (*fūnus*) **1.** zum Leichenbegängnis gehörig; Leichen...; *subst.* **-ia,** *ium n* Totenfeier [*iusta*]; °**2.** den Toten betreffend; *sacra* Menschenopfer; °**3.** / verderblich, unheilvoll.
°**fūnereus** 3 (*fūnus*) **1.** Leichen...; *frons -a* Zypressenzweig; **2.** todbringend, unheilvoll.
°**fūnerō** 1 (*fūnus*) bestatten; / töten.
fūnestō 1 (*fūnestus*) (*durch Blutvergießen*) beflecken, besudeln.
fūnestus 3 (*m. comp.,* °*sup.*; *fūnus*) °**1.** (*durch eine Leiche*) befleckt, in Trauer versetzt; **2.** / **a**) verderblich, unheilvoll, unselig; °**b**) tödlich [*venenum*].
°**fungīnus** 3 (*-ī-?*; *fungus*) von Pilzen.
fungor, *fūnctus sum* 3 (*cf. altind.* bhunktē „genießt"; *im altl. m. acc., später zumeist m. abl.*) **1.** verrichten, besorgen, verwalten, ausführen, vollbringen [*munere*]; °**2.** überstehen [*periculis*]; (*meist pf.*) vollendet haben, tot sein [*fato suo*]; (*part. pf.*) *subst.* °**fūnctī,** *ōrum m* = *dēfūnctī die* Toten.
fungus, *ī m* (*wohl gr. Lw.*) **1.** Pilz; °**2.** / **a**) (*Schimpfw.*) Dummkopf; **b**) Lichtschnuppe.
fūniculus, *ī m* (*dem. v. fūnis*) dünnes Seil.
fūnis, *is m* (°*vereinzelt f*; *et. unklar*) Seil, Tau, Strick; °*funem ducere* befehlen, herrschen, °*sequi* gehorchen.
fūnus, *eris n* (*et. ungedeutet*) **1.** Leichenbegängnis (*als Ganzes*; *cf. pompa, exsequiae*); Leichenzug, Bestattung; °**2. a**) Leiche; **b**) Schatten, Manen; **c**) Tod, Mord; **3.** / Untergang, Verderben.
fuō, fuī, futūrus, fore (*altl. fū[v]ī*; *cf. altind.* bhavati „ist, wird"; *nhd.* „bin; bauen") °**1.** werden; **2.** sein (*als Ergänzung v.* esse): **a**) *alle Formen des pf.-Stamms u. futūrus*; °**b**) *coni. impf. forem, ēs usw.* = *essem, ēs usw.*; °**c**) *coni. praes. fuam, ās usw.* = *sim, sīs usw.*; **d**) *inf. fut. fore* = *futūrum, am, um esse*; **3. futūrus** 3 (zu)künftig; *subst.* °**futūrum,** *ī u.* (*Ci.*) **-a,** *ōrum n die* Zukunft; ** *fore* = *esse u. fieri.*
fūr, *fūris m f* (*ferō*; *gr. Lw.?*) Dieb(in); / Schurke.
°**fūrātim** *adv.* (*fūr*) diebischerweise.
fūrāx, *ācis* (*m.* °*comp., sup., adv.*; *fūr*) diebisch.
furca, *ae f* (*et. unklar*) **1.** zweizinkige Gabel; Mistgabel; **2.** °**a**) Stützgabel (*für Bäume*); / Stütze; **b**) Gabelholz (*bei Auspeitschung*); °*ire sub -am* in schimpfliche Knechtschaft geraten; °**c**) Tragholz (*für Lasten*).
furci-fer, *erī m* (*furca, ferō*) Galgenstrick.

furcilla, *ae f* (*dem. v. furca*) kleine Gabel; Heugabel.

furcillō 1 (*furcilla; Pl.*) mit der Heugabel zu Leibe gehen [*fidem*]; (stützen?). [Stütze; / Engpaß.}

°**furcula,** *ae f* (*dem. v. furca*)

furenter *adv.* (*furēns, part. praes. v. furō*) wütend.

°**furfur,** *uris m* (*et. unklar*) Kleie.

furia, *ae f* (*furō*) °**1.** Wut, Raserei; Brunst, Verzückung; **2.** / rasender Dämon; **3.** ≈ Rachegöttin, Furie; *pl.* **Furiae,** *ārum f mit den gr. Erinnyen verschmolzen.*

furiālis, e (*m. °adv.; furia*) **1.** wütend, wahnsinnig; (bacchantisch) begeistert; °**2.** in Raserei versetzend [*vestis*]; °**3.** ≈ zu den Furien gehörig; der Furien [*membra*].

°**furiātus** 3 (*furiō*) wütend, rasend, unsinnig. [geistert.}

furibundus 3 (*furō*) wütend; be-

Furīna, *ae f röm. Göttin unbekannter Funktion, v. Cicero fälschlich m. den Furien in Verbindung gebracht.*

°**fūrīnus** 3 (*fūr*) Diebs... [*forum*].

°**furiō** 1 (*furia*) in Raserei versetzen; begeistern.

furiōsus 3 (*m. °comp., °sup., adv.; furia*) rasend, unsinnig; begeisternd.

Fūrius 3 *Name einer patriz. gens: M. ~ Camillus Eroberer v. Veji, Besieger der Gallier 390.*

furnāria, *ae f* (*furnus*) Bäckerei.

°**furnus,** *ī m* (*cf. fornāx*) Backofen, Backstube, Backhaus.

furō, — — 3 (*et. mehrdeutig, vl.* <**dhusō* „rasen, stürmen") **1.** einherbrausen, hineilen; **2.** / rasen, schwärmen, begeistert sein: °**a**) *v. prophetischer Begeisterung*; **b**) *v. sinnlicher Raserei*; °**c**) *v. bacchantischer Lust*; °**d**) *vom Rasen der Elemente.*

furor[1], *ōris m* (*furō*) **1.** Wahnsinn, Verblendung; **2. a**) Empörung, Aufruhr; °**b**) Kampfwut, Kriegswut; ≈ (*im Gefolge des Mars*); **c**) Zorn, Wut, blinde Leidenschaft; **d**) kultische Raserei; °**e**) Liebeswahnsinn, Brunst; Geliebte; °**f**) Gier *nach* [*lucri*]; °**3.** Aufruhr der Elemente, *das* Toben [*maris*]; **4.** Begeisterung, Verzückung.

fūror[2] 1 (*fūr*) **1.** stehlen; °**2.** / **a**) entziehen [*oculos labori*]; **b**) erschleichen [*civitatem*]; annehmen [*speciem*]; Handstreiche ausführen.

°**fūrti-ficus** 3 (*fūrtum, faciō*) diebisch. [lich.}

fūrtim *adv.* (*fūr*) verstohlen, heim-

fūrtīvus 1 (*m. °adv.; fūrtum*) °**1.** gestohlen; **2.** / verstohlen, heimlich [*amor*].

fūrtum, *ī n* (*fūr*) **1.** Diebstahl; **2.** gestohlenes Gut; °**3. a**) Heimlichkeit; heimliche Liebschaft; **b**) Hinterlist, Gaunerei; *pl.* Schliche; **c**) Handstreich, Kriegslist; **d**) geheimer Vorwand.

°**fūrtus,** *ūs m* (*fūr*) Diebstahl.

fūrunculus, *ī m* (*dem. v. fūr*) elender Spitzbube. [finster.}

°**furvus** 3 (*cf. fuscus*) schwarz;

fuscina, *ae f* (*et. ungedeutet*) Dreizack.

°**fuscō** 1 (*fuscus*) schwärzen.

fuscus 3 (*cf. furvus; engl.* dusk „trübe") dunkel(braun); schwärzlich; / dumpf [*vox*].

fūsilis, e (*fundō*[2]) geschmolzen, gegossen, flüssig.

fūsiō, *ōnis f* (*fundō*[2]) Ausguß, -fluß.

fūstis, *is m* (*abl. sg.* -e *u.* -ī; *cf. mhd.* busch „Knüttel") Knüttel, Stock.

fūsti-tūdīnus 3 (*-dīnus?; fūstis, tundō; Pl.*) mit dem Stock schlagend; (*scherzh.*) *insula* -*a* Arbeitshaus.

fūstuārium, *ī n* (*fūstis*) (*sc. supplicium*) *das* Totprügeln (*mil. Strafe*).

°**fūsus**[1], *ī m* (*et. nicht klar*) Spindel (*Attribut der Parzen*).

fūsus[2] 3 (*m. °comp., adv.; fundō*[2]) hingegossen: / °**1. a**) hingestreckt, lagernd [*humi*]; **b**) ausgedehnt [*campi*]; °**2.** (herab)wallend; °**3.** fleischig, stark [*corpora*]; **4.** ausführlich, weitläufig [-*e dicere*].

fūtātim *adv.* (*fundō*[2]*?; Pl.*) reichlich, häufig.

fūtilis, e (*u. futt-; vl. zu fundō*[2]) °**1.** durchlässig; zerbrechlich; *canis* nicht stubenrein; **2.** / unzuverlässig, eitel, nichtig; °*adv.* -**e** eitel, unnütz.

fūtilitās, *ātis f* (*u. futt-; fūtilis*) Nichtigkeit, leeres Geschwätz.

°**futuō,** *tuī, tūtum* 3 (*vulgär; cf. battuō*) huren, beschlafen (*auch*

futūrus 3 *s. fuō.* *abs.*).}

°**futūtiō,** *ōnis f* (*futuō*) Beischlaf.

°**futūtor,** *ōris m* (*futuō*) Beischläfer.

°**futūtrīx,** *īcis f* (*futūtor*) Tribade; *auch adi.*

G

°**gabata,** *ae f (Fw. aus einer orientalischen Spr.)* Schale, Schüssel.

Gabiī, *ōrum m St. in Latium; adi. u. Einw.* Gabīnus (3); °*saxum -um* Tuffstein; *cinctus -us (urspr. rituelle) Gürtung der Toga, bei der man den über die linke Schulter geschlagenen Zipfel unter dem r. Arm durchzog.*

Gabīnius 3 *röm. Gentilname: A. ~, Volkstribun 67 [lex -a Antrag auf Übertragung des Oberbefehls gegen die Seeräuber an Pompejus].*

Gādēs, *ium f phönikische St. im sw. Spanien, j.* Cadiz; *adi. u. Einw. -itānus* (3); *-ītānae Tänzerinnen aus ~.*

gaesum, *ī n (gall. Fw.; cf. nhd.* „Ger") *schwerer* Wurfspieß *der Gallier.*

Gaetulī, *ōrum m Nomadenvolk in Algerien; adi. -us* 3 afrikanisch.

Gāius, *ī m (im Vers auch dreisilbig) röm. Vorn., Abk. C.; Gāius u. Gāia Bezeichnung v. Bräutigam u. Braut; adi. -iānus 3 des ~ (d.h. des Kaisers Caligula).*

Galatae, *ārum m kleinasiatische Kelten, um 275 eingewandert, später nur noch Einw. v.* **Galatia,** *ae f Landsch. am mittleren Halys (cf. Celtae, Gallī).*

Galatēa, *ae f (gr. -lạtẹ̄a) Tochter des Nereus, Meernymphe.*

°**galba,** *ae f (gall. Lw.)* **1.** Larve des Eschenspinners; **2.** Schmerbauch; **3.** ♀ *röm. cogn.: Ser. Sulpicius ~, röm. Kaiser 69 n. Chr.; -iānī, ōrum m* Anhänger Galbas.

°**galbanum,** *ī n (gr. Lw. sem. Ursprungs)* Galban *(wohlriechendes Harz); adi. -neus* 3 aus G.

°**galbeum,** *ī n u.* °**-us,** *ī m (cf. galba)* mit Heilmitteln getränkte wollene Armbinde.

°**galbinātus** 3 *(galbinus)* mit einem *galbinum, d.h.* modisch, weibisch gekleidet.

°**galbinus** 3 *(galbus — gall. Lw. —* „gelber Vogel, *vl.* Goldammer") grüngelb; / weichlich; *subst.* **-um,** *ī n* grüngelbes Modegewand der Männer.

°**galbulus,** *ī m (dem. v. galbus; s. galbinus) Vogel m. grüngelbem Gefieder, vl. Goldammer.*

galea, *ae f (gr. Lw.* „Wiesel, Marder") (Leder-)Helm.

°**galeō** 1 *(galea)* mit einem Helm bedecken, den Helm aufsetzen; *(P. P. P.) adi.* **galeātus** 3 *(Ci.)* mit Helm [*Minerva*].

°**galēriculum,** *ī n (dem. v. galērum = galērus)* kleine Kappe aus Fell; / kleine Perücke.

°**galērītus** 3 *(galērus)* mit einer Fell-kappe.

°**galērus,** *ī m (gr. Fw.* „aus Wiesel- *od.* Marderfell"; *cf. galea)* Pelzkappe; / Perücke.

°**galla**[1], *ae f (eigtl.* „kugeliger Auswuchs"; *cf. altind.* gulma „Geschwulst") Gallapfel.

Galla[2] *s. Gallī*[1].

Galla[3] *s. Gallī*[2].

Gallī[1], *ōrum m (cf. Celtae, Galatae) lat. Gesamtname aller kelt. Stämme, bsd. in Frankreich u. Oberitalien:* Gallier, Kelten; *sg.* **-us,** *ī m u.* **-a,** *ae f; ihr Land* **Gallia,** *ae f:* **I. Gallia cisalpīna** *(citerior, togāta)* = Oberitalien; **II. Gallia trānsalpīna** *(ulterior, comāta od. pl. Galliae)* = Gallien, Frankreich: **1.** *G. Narbonēnsis (Prōvincia) = Provence bis zur Rhone, seit 121 römisch;* **2.** *Aquitānia = Südwestgallien bis zur Loire;* **3.** *G. Celtica (Lugdunēnsis) zw. Loire, Seine u. Marne;* **4.** *G. Belgica, seit Augustus das ganze nö. Gallien; adi. Gallicus 3, ager Gallicus Landstrich in Umbrien; Gallicānus* 3 aus Umbrien; *Gallus* 3 gallisch.

Gallī[2], *ōrum m (gr. Fw., vl. aus dem Phrygischen stammend) verschnittene Priester der Kybele; sg.* **-us,** *ī m; (scherzh.)* **-a,** *ae f; adi. -icus 3; turba -a* = Priester der Isis.

°**galliambus** *u.* **-os,** *ī m (acc. -on; gr. Fw.; cf. Gallī*[2]*; iambus) ein v. den Galli beim Kybelekult gesungenes Lied,* Galliambus.

gallica, *ae f (Gallicus; s. Gallī*[1]*; sc. solea) in Gallien üblicher Holzschuh,* Sandale.

gallīna, *ae f (gallus)* Henne, Huhn; (°*Kosewort)* „mein Hühnchen"; °*ad Gallinas* „Hühnerhof" *(Villa bei Rom).*

gallīnāceus *u.* **-cius** 3 *(gallīna)* Hühner...

gallīnārius 3 (*gallīna*) Hühner...; *subst.* ~, *ī m* Hühnerwärter.
gallus[1], *ī m* (*Lw. aus einer vorderasiat. Spr.*) Hahn.
Gallus[2] *s. Gallī*[1].
Gallus[3] *s. Gallī*[2].
Gallus[4] 3 *röm. cogn.*: *C. od. Cn. Cornēlius* ~, *Elegiker, Freund Vergils.*
****gamba,** *ae f* Fessel; Bein.
gamēliōn, *ōnis m* (*gr. Fw.*) *attischer* Monat Gamelion (*Januar/Februar*).
gānea, *ae f u.* (*altl.*) **-eum,** *ī n* (*vulgär; et. ungedeutet; vl. gr. Fw.*) **1.** Kneipe; Bordell; °**2.** / Schlemmerei.
gāneō, *ōnis m* (*gānea*) Schlemmer, Wüstling.
°**gangaba,** *ae m* (*persisches Lw.*) Lastträger.
Gangēs, *is m* (*acc. auch -ēn*) *Hauptfl. Indiens; adi. -ēticus 3 u. -ētis, itis f.*
°**ganniō,** — — 4 (*v. Naturlaut der Hunde u. Füchse*) kläffen; / (*vom Menschen*) belfern.
°**gannītus,** *ūs m* (*ganniō*) *das* Gekläff (*kleiner Hunde*); / (*v. Menschen*) *das* Belfern.
Ganymēdēs, *is m* (*gen. auch -ī, acc. auch -ēn*) *Mundschenk Jupiters; adi. -mēdēus 3.*
****garcio,** *onis m* Knappe, Diener.
garriō 4 (*Schallwort*) **1.** (*intr.*) schwatzen, plaudern; **2.** (*trans.*) (her)plappern.
°**garrulitās,** *ātis f* (*garrulus*) Geschwätzigkeit.
°**garrulus** 3 (*garriō*) geschwätzig; *subst.* ~, *ī m* Schwätzer.
°**garum,** *ī n* (*gr. Fw.*) Fischtunke.
Garumna, *ae m Fl. in Gallien, j. Garonne;* **-nī,** *ōrum m Stämme an d.* ~.
gaudeō, *gāvīsus sum* 2 (<**gāvideō*) **1.** sich (*innerlich*) freuen (*Ggs. laetor*), froh sein: **a**) (*intr.*) [*laudibus; quod*]; °*gaudent scribentes* sie schreiben nach Herzenslust; **b**) (*trans.*) [°*dolorem; kl. meist a.c.i.; dcht. u. später auch inf.*]; °**2.** / *etw.* lieben, gern haben; °**3.** *inf.* (*briefliche Begrüßungsformel*) Gruß [*Celso -ere refer*].
gaudium, *ī n* (*gaudeō*) **1.** (*innere*) Freude (*Ggs. laetitia*); °**2.** Genuß; *corporis* Wollust; °**3.** / Liebling.
gaulus, *ī m* (*gr. Fw.; Pl.*) kahnförmige Trinkschale.
°**gausapa,** *ae f;* **-e,** *is u.* **-um,** *ī n;* **-ēs,** *is m* (*gr. Fw.; aus Balkanspr. stammend*) Fries (-kleid, -decke); Wischtuch; ** Tischtuch.
°**gausapātus** 3 (*gausapa*) mit Fries bekleidet.
°**gausapinus** 3 (*gausapa*) aus Fries (gemacht); *subst.* **-a,** *ae f* Gewand aus Fries.
gaza, *ae f* (*gr. Fw.; aus dem Persischen stammend*) **1.** Schatz(kammer) des Perserkönigs; **2.** Schätze, Kleinodien; °**3.** Besitz; Vorrat.
****gehenna,** *ae f* Hölle.
Gela, *ae f* (*gr. -ā*) *St. im südl. Sizilien; adi. -lōus 3; Einw. -lēnsēs, ium m.*
°**gelasīnus,** *ī m* (*gr. Fw.*) Grübchen.
gelidus 3 (*m. comp.,* °*sup.,* °*adv.; gelū*) eisig, (eis)kalt [*aqua*]; °/ kalt machend [*mors*]; °*subst.* **-a,** *ae f* kaltes Wasser.
°**gelō** 1 (*gelū*) zum Gefrieren bringen.
°**gelū,** *ūs u.* **-um,** *ī n* (*cf. nhd.* „kalt") Eiskälte, Frost; Erstarrung.
°**gemebundus** 3 (*gemō*) seufzend.
°**gemelli-para,** *ae f* (*gemellī, pariō*) Zwillingsmutter.
gemellus 3 (*dem. v. geminus*) = geminus.
gemīnātiō, *ōnis f* (*geminō*) Verdoppelung.
geminō 1 (*geminus*) **1.** (*trans.*) **a**) verdoppeln; wiederholen; °**b**) paaren, vereinigen (*avibus dat.*); °**2.** (*intr.*) doppelt sein.
geminus 3 (*m.* °*sup.,* °*adv.; altl. sup. -nissumus; et. ungedeutet*) **1.** Zwillings...; *subst.* ~, *ī m* Zwilling; °*Geminī Gestirn* „Zwillinge"; **2. a**) doppelt, zweifach, beide, *ein* Paar [*aures*]; °**b**) doppelgestaltet [*centauri*]; **3.** wie Zwillinge gleich.
gemitus, *ūs m* (*altl. gen. -ī; gemō*) *das* Seufzen, Stöhnen; °Getöse; °/ Betrübnis.
gemma, *ae f* (*et. unklar*) **1.** Knospe, Auge (*einer Pflanze*); **2.** / **a**) Edelstein; Gemme; °**b**) *mit Edelsteinen besetzter* Becher; Siegelring; °**c**) Perle; °**d**) Auge *im Pfauenschweif.*
°**gemmātus** 3 (*gemma*) mit Edelsteinen *od.* Perlen besetzt.
gemmeus 3 (*gemma*) aus Edelstein; °/ mit Edelsteinen geschmückt; glänzend, schimmernd.
°**gemmi-fer,** *era, erum* (*gemma, ferō*) Perlen mit sich führend; mit Edelsteinen *od.* Perlen geschmückt.
gemmō 1 (*gemma*) Knospen treiben; °/ von Edelsteinen funkeln; glänzen.

gemō, *uī, itum* 3 (*eigtl.* „bedrückt, beklommen sein"; *cf. nhd.* „Kummer") **1.** (*intr.*) **a**) stöhnen, seufzen; °**b**) tönen, dröhnen; ächzen; **2.** (*trans.*) beseufzen, beklagen [*virtutem*].

Gemōniae, *ārum f* (*sc. scālae*; *etr. Gentilnamen enthaltend, volkset. an gemō angelehnt*) *Treppe am Kapitol, über die man Hingerichtete schleifte.*

gena, *ae f* (*meist pl.*; *cf. nhd.* „Kinnlade") **1.** Wange, Backe; °**2.** / Auge(nhöhle).

Genava, *ae f St. der Allobroger, j.* Genf.

****genealogia,** *ae f* Geschlecht, Sippe.

geneālogus, *ī m* (*gr. Fw.*) Verfasser von Stammbäumen.

gener, *erī m* (<**gemeros nach genitor u. soc-er umgebildet*) **1. a**) Schwiegersohn; °**b**) Verlobter *od.* Geliebter der Tochter; °**2.** Schwager; °**3.** Mann der Enkelin *od.* Urenkelin.

generālis, e (*m. adv.*; *genus*) **1.** zum Geschlecht *od.* zur Gattung gehörig; **2.** allgemein; *adv.* **-iter** im allgemeinen; ** öffentlich, gemein; *conventus* Volksversammlung; *subst.* **~,** *is f* Dirne; **-e,** *is n* Universität.

°**generāscō,** — — 3 (*incoh. v. generō*) erzeugt werden, sich der Gattung des Erzeugers anpassen.

generātim *adv.* (*genus*) **1.** klassenweise, nach Gattungen, Stämmen; **2.** im allgemeinen, überhaupt.

****generatio,** *onis f* Zeugungsfähigkeit; Generation; Sippe; Menschenalter.

generātor, *ōris m* (*generō*) **1.** Erzeuger, Stammvater; °**2.** Züchter.

generō 1 (*genus*) (er)zeugen, hervorbringen.

generōsus 3 (*m.* °*comp.*, °*sup.*, °*adv.*; *genus*) adlig, edel(geboren); / edelmütig, hochherzig.

°**genesis,** *is f* (*acc.* -*im u.* -*in, abl.* -*ī*; *gr. Fw.*) **1.** Schöpfung; **2.** Horoskop.

genesta = *genista.*

****genethliacus,** *i m* Horoskopsteller, Astrolog.

°**genetīvus** 3 (*gignō*) angeboren; (*gramm. t.t.*) (*casus*) Genetiv.

°**genetrīx,** *īcis f* (*genitor*) Erzeugerin, Mutter; *urbium* Mutterstadt.

geniālis, e (*m.* °*adv.*; *genius*) **1.** dem Genius geweiht; hochzeitlich, ehelich [*lectus* Ehebett]; °**2.** (den Genius erfreuend =) fröhlich, heiter.

geniculātus 3 (*geniculum, dem. v. genū*) knotig.

°**genista,** *ae f* (*wohl etr. Fw.*) Ginster.

°**genitābilis,** e (*gignō*) die Zeugung fördernd, befruchtend.

°**genitālis,** e (*m. adv.*; *gignō*) zur Zeugung gehörig, erzeugend, Geburts... [*dies*]; (*membra*) *genitalia* Geschlechtsteile.

genitīvus 3 = *genetīvus.*

genitor, *ōris m* (*gignō*) Erzeuger, Vater; °/ Urheber, Schöpfer.

°**genitūra,** *ae f* (*gignō*) Geburtsstunde; Horoskop; Nativität.

°**genius,** *ī m* (*voc.* -*ī*; *gignō*; *cf. got.* kuni „Geschlecht") **1.** *der* Genius, *die Verkörperung der männlichen Zeugungskraft*; *der* Schutzgeist, *der den Menschen durch sein Leben begleitet*; -*um vino curare* sich mit Wein gütlich tun; *belligerare cum -o suo* sich nichts gönnen; **2.** Schutzgeist von Örtlichkeiten [*loci*]; **3.** / Gönner, Gastgeber.

genō 3 (*altl.*) = *gignō.*

gēns, *gentis f* (*gignō*; *cf. nhd.* „Kind") **1. a**) Geschlecht, Familie, Sippe (*urspr. nur v. Patriziern*: °*sine gente* von niederem Stande, ohne Ahnen); *patres maiorum gentium* Senatoren aus alten patriz. Familien, *minorum gentium* aus Familien, deren Ahnen erst unter Tarquinius Priscus in den Senat kamen; / *di maiorum gentium die* höheren, *minorum gentium die* niederen Götter; °**b**) Abkömmling, Sproß [*deum*]; **2. a**) Volksstamm, Völkerschaft; *ubi(nam) gentium* wo in aller Welt?; **b**) Gemeinde; °**c**) Landschaft, Gegend; **3.** = *genus*: **a**) Geschlecht [*humana*]; °**b**) Art, Gattung [*vulpium*]; ** gewöhnliche Leute; Heiden.

genticus 3 (*gēns*; *Ta.*) einem Volk eigen(tümlich); national [*mos*].

gentīlicius 3 (*gentīlis*) Geschlechts...

gentīlis, e (*gēns*) **1.** °**a**) zu derselben Sippe (*gens*) gehörig; **b**) *subst.* **~,** *is m* Verwandter; °**2.** national, vaterländisch; ** heidnisch; *libri* -*es* antike Autoren; *subst.* **~,** *is m der* Heide.

gentīlitās, *ātis f* (*gentīlis*) Sippenverwandtschaft; *pl.* Gentilverbände; ** Nation; Heidentum.

genū, *ūs n* (°*dat. pl. -ubus; genua* °*zweisilbig; cf. nhd.* „Knie") Knie.
°**genuāle,** *is n* (*genū*) Kniebinde.
genuīnus[1] 3 (*m.* °*adv.*; *gignō; cf. ingenuus*) angeboren, natürlich.
genuīnus[2] 3 (*gena*) Backen... [*dens*]; °*subst.* ~, *ī m* Backenzahn.
genus[1], *eris n* (*gignō*) Geschlecht: **1. a)** Geburt, Abstammung; **b)** hohe Geburt, Adel; **2. a)** Volk, Volksstamm; **b)** Familie, Haus; °**c)** Sprößling; **3. a)** (*physisch*) Geschlecht [*virile*]; **b)** Gattung; Klasse, Art, Schlag; Rasse; °**c)** (*gramm. t.t.*) Geschlecht, Genus [*femininum*]; **d)** Art und Weise, Beschaffenheit; [*dicendi* Redeweise, Stil, Sprache; °*vitae* Lebensweise]; Hinsicht, Beziehung, Verhältnis.
genus[2], *ūs m n* (*dcht.*) = *genū.*
****geodesia,** *ae f* Erdvermessung.
geōgraphia, *ae f* (*gr. Fw.*) Erdbeschreibung.
geōmetrēs, *ae m* (*gr. Fw.*) Feldmesser; Mathematiker.
geōmetria, *ae f* (*gr. Fw.*) Feldmeßkunst, Geometrie, Mathematik.
geōmetricus 3 (*m.* °*adv.*; *gr. Fw.*) zur Feldmeßkunst gehörig, geometrisch; *subst.* **-a,** *ōrum n* Geometrie.
°**geōrgicus** 3 (*gr. Fw.*) den Landbau betreffend; *subst.* **Geōrgica,** *ōrum n Vergils Dichtung vom Landbau.*
Gergovia, *ae f St. der Arverner.*
Germānī, *ōrum m* (*wohl keltischer Name*) Germanen; *ihr Land* **-nia,** *ae f*; *pl.* Ober- u. Niedergermanien; *adi. -n(ic)us* 3; *subst.* **-nicus,** *ī m Ehrenname wegen siegreicher Kriegführung i. G.*: **1.** *Germānicus Caesar Drusus' Sohn*; **2.** (*sc. nummus*) *Goldmünze m. Kopf Domitians*; °*adi. -niciānus* 3 in Germanien stationiert [*exercitus*].
germānitās, *ātis f* (*germānus*) **1.** Brüderschaft, Schwesterschaft; °**2.** Verbrüderung.
germānus 3 (*m. sup., adv.*; *urspr. subst. -us, -a* „Bruder (Schwester) von denselben Eltern"; *germen*) **1.** (*v. Geschwistern*) leiblich, echt [*frater*]; °*subst.* **-us,** *ī m* (leiblicher) Bruder, **-a,** *ae f* Schwester; **2.** / °**a)** (ver)traut; brüderlich, schwesterlich; **b)** echt, wahr, wirklich, aufrichtig.
germen, *inis n* (*dissim. aus *genmen; gignō*) **1.** Keim, Sproß; °**2.** Sprößling; Stamm.
°**germinō** 1 (*germen*) keimen, sprossen.
gerō, *gessī, gestum* 3 (<**gesō*; *et. ungedeutet*) **1.** °**a)** tragen, hinschaffen [*saxa in muros*]; °**b)** (an sich, mit sich) tragen [*vestem*]; **c)** *prae se -ere* an den Tag legen, zeigen; *personam gerere* eine Rolle spielen [*regis*]; **d)** in sich haben, hegen, nähren [°*animum invictum*]; *morem ~ alci* sich jd. fügen; °**e)** hervorbringen [*silva frondes*]; **f)** *se -ere* sich betragen, sich benehmen, sich zeigen [*ita, honeste, pro cive*]; **2. a)** ausführen, ausüben, verrichten, verwalten, besorgen, führen [*bellum*]; bekleiden [*magistratum*]; leiten [*rem publicam*]; betreiben [*negotia*]; *rem bene* (*male*) *-ere* eine Sache gut (schlecht) ausführen, ein gutes (schlechtes) Geschäft machen, glücklich (unglücklich) kämpfen; **rēs gestae** (= **gesta,** *ōrum n*) (Kriegs-)Taten; **b)** P. geschehen, vorgehen [*dum haec geruntur*]; °**c)** (*eine Zeit*) hinbringen, verleben [*aetatem*].
°**geronticōs** *adv.* (*gr. Fw.*) nach Greisenart.
°**gerrae,** *ārum f* (*gr. Lw.*) Possen, Lappalien.
°**gerrēs,** *is m* (*et. unklar*) *kleiner minderwertiger Seefisch.*
°**gerrīnum,** *ī n* (*gerrae*) Narrenkleid (?).
°**gerrō,** *ōnis m* (*gerrae*) Possenreißer.
°**geruli-figulus,** *ī m* (*gerulus, figulus*) Helfershelfer.
°**gerulus,** *ī m* (*gerō*) Träger; ** Bote.
°**gerūsia,** *ae f* (*gr. Fw.*) Altersheim.
Gēryōn, *onis u.* **-onēs,** *ae m* (*gr. -ọn u. -ọnēs*) *dreileibiger Riese auf der südspan. Insel Erytheia; Herkules entführte ihm seine Rinder.*
°**gestāmen,** *inis n* (*gestō*) **1.** Bürde, Last; **2.** Trage, Bahre; Sänfte.
°**gestātiō,** *ōnis f* (*gestō*) **1.** Ausfahrt; **2.** Promenade, Allee, Reitbahn.
°**gestātor,** *ōris m* (*gestō*) **1.** Träger; **2.** *der* Ausgetragene, Ausgefahrene.
°**gestātōrius** 3 (*gestō*) zum Tragen dienend; *sella -a* Sänfte.
°**gesticulātiō,** *ōnis f* (*gesticulor*) bezeichnende Bewegung, Geste.
°**gesticulor** 1 (*gesticulus, dem. v. gestus*) **1.** (*intr.*) gestikulieren; **2.** (*trans.*) durch Gesten ausdrücken.
gestiō[1], *ōnis f* (*gerō*) Ausführung.

gestiō[2] 4 (*altl. impf.* -*ībant*; *gerō*) **1.** (*intr.*) vor Freude ausgelassen sein, frohlocken; **2.** (*trans.*) heftig verlangen [*scire*]. [pflegen.

°**gestitō** 1 (*frequ. v.* *gestō*) zu tragen

gestō 1 (*intens. v.* *gerō*) **1.** (*trans.*) **a)** tragen, fahren; °/ *in sinu od. in oculis* abgöttisch lieben; °**b)** P. sich tragen lassen, fahren; *equo* reiten; °**c)** zutragen, hinterbringen [*verba*]; °**2.** (*intr.*) sich tragen, fahren lassen. [krämer.

°**gestor,** *ōris m* (*gerō*) Neuigkeits-

gestus, *ūs m* (*gerō*) **1.** Haltung [*corporis*]; Bewegung; **2.** Gebärde(n-spiel), Geste.

Getae, *ārum m thrakischer Stamm i. d. heutigen Ukraine*; *sg.* **-ta** *u.* **-tēs**; *adi.* -*ticus* 3.

°**gibba,** *ae f* (*gibbus*) Höcker.

°**gibber**[1], *era, erum* (*gibbus*) buckelig. [Höcker.

gibber[2], *eris m n* (*gibbus*) Buckel,

gibbus, *ī m* (*cf. norwegisch* keiv „schief") Buckel; Rundung; Ge-

****giga,** *ae f* Geige. [schwulst.

Gigās, *antis m* schlangenfüßiger Riese; *adi.* -*antēus* 3.

gignō, *genuī, genitum* 3 (*gī-*?; *praes. redupliziert für altl.* *genō*; *cf.* *genus*; *nhd.* „Kind") **1.** (er)zeugen; gebären; hervorbringen; °*subst.* °**gignentia,** *ium n* Geschöpfe, Gewächse; **2.** / verursachen.

°**gilvus** 3 (*gall. Lw.*; *cf. nhd.* „gelb") honigfarben, isabellfarbig.

°**gingīva,** *ae f* (√ *geng-, *gong- „Klumpen, klumpig") Zahnfleisch.

ginnus *s. hinnus.*

girrēs = *gerrēs.*

°**glaber,** *bra, brum* (<**gladh-ros*; *cf. nhd.* „glatt; Glatze") glatt, kahl; *subst.* **-brī,** *ōrum m* enthaarte Sklaven, Lustknaben.

glabrāria, *ae f* (*glaber*; *Ma.*) (*m. scherzh. Doppelbedeutung v. einer Frau*) **1.** glattgeschorene Sklaven liebend; **2.** glattgeschoren = des Vermögens beraubt.

°**glaciālis,** *e* (*glaciēs*) eisig, Eis...

°**glaciēs,** *ēī f* (*zu gelū*) Eis; Kälte; / Sprödigkeit, Härte [*aeris*].

°**glaciō** 1 (*glaciēs*) in Eis verwandeln.

gladiātor, *ōris m* (*gladius*) **1.** Fechter, Gladiator; **2.** (*Schimpfwort*) Bandit; **3.** (*pl.*) Gladiatorenkämpfe, -spiele [*dare*].

gladiātōrius 3 (*gladiātor*) Gladiatoren...; °*subst.* **-ium,** *ī n* (*sc. auctōrāmentum*) Handgeld *für Freie, die sich als Gladiatoren anwerben ließen.*

°**gladiātūra,** *ae f* (*gladiātor*) Gladiatorenkampf. [-*us*) kleines Schwert.

°**gladiolum,** *ī n* (*dem. v. gladium* =

gladius, *ī m* (*wohl kelt. Lw.*) *kurzes zweischneidiges* Schwert *für Hieb u. Stoß* (*Ggs.* *ēnsis*); Waffe(n); *licentia gladiorum* Mordtaten.

glaeb... = *glēb...*

°**glaesum,** *ī n* (*germ. Lw.*; *ahd.* glās „Bernstein") Bernstein.

glandi-fer, *era, erum* (*glāns, ferō*) Eicheln tragend.

glandiōnida, *ae m* = *glandium.*

°**glandium,** *ī n* (*glāns*) Drüsenstück (*vom Schweinehals als Leckerbissen*).

°**glandulae,** *ārum f* (*dem. v. glāns*) = *glandium.*

glāns, *glandis f* (*cf. balanus*) **1.** jede Kernfrucht, *bsd.* Eichel; **2.** Schleuderkugel. [Kies, Steinchen.

glārea, *ae f* (<**grārejā*; *grā-num*)

°**glāreōsus** 3 (*glārea*) voll Steinchen.

°**glaucina,** *ōrum n* (*glaucion gr. Fw.* „Schöllkraut") Schöllkrautsalbe.

°**glaucōma,** *atis n u. ae f* (*altl. u. vulgär* -*cūma*; *gr. Fw.*) (*med. t.t.*) grüner Star; / blauer Dunst.

°**glaucus** 3 (*gr. Fw.*) blaugrau; graugrün.

glēba, *ae f* (*cf. globus*) **1.** Erdscholle; °**2.** Acker, Boden; **3.** Klumpen, Stückchen.

°**glēbula,** *ae f* (*dem. v. glēba*) Stückchen Acker; Klümpchen.

glēsum = *glaesum.* [Siebenschläfer.

°**glīs,** *glīris m* (*cf. galea*) Haselmaus,

glīscō, — — 3 (*et. unklar*) in Glut geraten; / überhandnehmen.

globōsus 3 (*globus*) kugelförmig.

globus, *ī m* (*cf. glēba, nhd.* „Kolben") Kugel, Klumpen; Feuerkugel; / dichter Haufe; Verein, Klub; Clique.

glomerāmen, *inis n* (*glomerō*; *Lu.*) zusammengeballtes Kügelchen; *pl.* runde Atome.

°**glomerō** 1 (*glomus*) **1. a)** (zu einem Knäuel) zusammenballen, aufwickeln; *annus* (*sc.* *se*) *glomerans* Kreislauf des Jahres; **b)** (zu einem Kloß) zusammenballen; **c)** *gressūs superbos* stolz einhertraben; **2.** / zusammendrängen, -häufen, verdichten; *se* -*are u. mediopass.* sich (zusammen)drängen.

°**glomus,** *eris n (im Vers auch -ō-; cf. globus, nhd.* „klemmen") Knäuel.
glōria, *ae f (et. unklar)* **1.** Ruhm; Ehre, Zierde; °*pl.* Ruhmestaten; **2.** Ruhmsucht, Ehrgeiz; **3.** Prahlerei.
glōriātiō, *ōnis f (glōrior)* Ruhmredigkeit.
****glorificatio,** *onis f* Lobpreis, Ansehen, Anerkennung.
****glorifico** 1 preisen; rühmen.
glōriola, *ae f (dem. v. glōria)* ein bißchen Ruhm.
glōrior 1 *(glōria)* sich rühmen, prahlen [*victoriā*], viel Rühmens machen *von* [*de suis beneficiis*], seinen Ruhm suchen [*in virtute*].
glōriōsus 3 *(m. comp., sup., adv.; glōria)* **1.** ruhmvoll, rühmlich; **2.** ruhmsüchtig, ehrgeizig; **3.** prahlerisch.
****glossa,** *ae f* Erklärung einer Textstelle.
°**glōssēma,** *atis n (gen. pl. -matum u. -matōrum; gr. Fw.) veraltetes od. fremdartiges Wort, das durch ein bekanntes Wort erklärt werden muß,* Glossem.
°**glūbō,** *psī, ptum* 3 *(cf. nhd.* „klauben"; *gr. Fw.* „Glyptothek") abschälen; berauben.
°**glūten,** *inis n (cf. nhd.* „Kleie") Leim.
glūtinātor, *ōris m (glūtinō* 1 [zusammen]leimen; *glūten)* Buchbinder.
°**gluttiō** *u.* **glūtiō** 4 *(cf. gula)* hinunterschlürfen.
Glycera, *ae f (gr. -kẹrā)* **1.** *ber. Hetäre i. Athen, Geliebte Menanders;* **2.** *Name einer fingierten Geliebten b. Horaz u. Tibull.*
Gnaeus, *ī m (altl. Gnaivos = naevus) röm. Vorname; Abk. Cn.*
°**gnāritās,** *ātis f (gnārus)* Kenntnis.
gnāruris, *e (altl.) = gnārus.*
gnārus 3 *(cf. narrō; īgnōrō, nōscō)* **1.** kundig [°*linguae Latinae*]; °**2.** bekannt [*id Caesari*].
gnāscor, gnātus, gnāvus *u. ä. (altl.) = nāscor, nātus, nāvus usw.*
Gnōs(s)us, *ī f (gr.* Knōs[s]ọs) *St. auf Kreta, Residenz des Minos, des Vaters der Ariadne; adi. -si(ac)us 3; -sias, adis u. -sis, idis f* kretisch *(als subst. f =* Ariadne); *Einw.* **-siī,** *ōrum m.*
****gnostici,** *orum m die* Gnostiker *(Anhänger der relig. Bewegung der Gnosis).*
°**gōbius,** *ī u.* **-iō,** *ōnis m (gr. Fw., aus einer Mittelmeerspr. stammend)* Gründling *(Fisch).*
gonger = *conger.*
Gordium, *ī n (gr. -on) Hauptst. Phrygiens.*
Gordius, *ī m (gr.-os) sagenhafter König v. Phrygien, bekannt durch den von ihm geknüpften Knoten.*
Gorgiās, *ae m (gr. -gịās) griech. Sophist aus Leontini auf Sizilien, 427 i. Athen.*
Gorgō, *onis u. ūs f (gr. -gọ̄), meist pl.* **-ones** *die 3 schlangenhaarigen Töchter des Phorkys (lat. -cus), deren Anblick in Stein verwandelte; der schrecklichsten, Medūsa od. nur Gorgō, schlug Perseus das Haupt ab; aus ihrem Blute entsprang das Flügelroß Pegasus; das abgeschlagene Haupt trug Athene auf ihrem Schild od. Brustpanzer; adi. -oneus* 3 [*equus* = Pegasus; *lacus die durch den Hufschlag des Pegasus entstandene Quelle Hippocrēnē; s. d.*].
Gortȳni(ac)us 3 aus Gortyn *auf Kreta;* kretisch; *Einw.* **-ȳniī,** *ōrum m.*
gōrȳtus = *cōrȳtus.*
Gotōnēs, *um m (-ŏ-?; -ĕ-?) germ. Volk a. d. unteren Weichsel (Goten?).*
grabātus, *ī m (jünger grabattus; makedonisches Lw.)* niedriges Ruhebett *(für Kranke);* ** Bahre.
Gracchus, *ī m röm. cogn. (urspr. etr.); s. Semprōnius; adi. Gracchānus* 3.
°**gracilis,** *e (m. comp., sup., -illimus, adv.; altl. f -la; dissim. aus *cracilis; eigtl.* „abgemagert"; *cf. altnord.* horr „Magerkeit") schlank, dünn, schmächtig; / knapp, dürftig; einfach, schlicht.
gracilitās, *ātis f (gracilis)* **1.** Schlankheit, Magerkeit; °**2.** / Einfachheit, Schlichtheit [*narrationis*].
°**grāculus,** *ī m (-ă-?; Schallwort; cf. nhd.* „krähen") Dohle.
°**gradārius** 3 *(gradus)* Schritt für Schritt gehend.
gradātim *adv. (gradus)* schrittweise, °stufenweise; nach und nach.
gradātiō, *ōnis f (gradus) (rhet. t.t.)* Steigerung *des Ausdrucks,* Klimax.
°**gradātus** 3 *(gradus)* abgestuft.
gradior, *gressus sum (gressus <*grassus, nach den Komposita umgebildet; cf. litauisch* gridiju „gehen") schreiten, gehen.
Grādīvus 3 *(im Vers auch -ă-; ungedeutetes Fw. unbekannter Herkunft) Beiname des Mars.*

gradus, *ūs m* (*gradior*) **1.** Schritt; °*-um conferre* handgemein werden; / Schritt; *das* Herannahen [°*mortis*]; **2.** °**a**) (*t.t. der Fechtersprache*) Stellung, Stand; **b**) / *de -u deicere* aus der Fassung bringen; **3. a**) Stufe, Sprosse; *pl.* Treppe, Leiter; °**b**) Haarflechte; **c**) Tonstufe; **4.** / **a**) Grad; Reihenfolge; Verwandtschaftsgrad; Altersstufe; **b**) Rang, Würde.

Graecī, *ōrum m* (*gr.* Graikọi, *vl. urspr. Stamm um Dōdōna*; *gr. Gesamtname* Hẹllēnes) Griechen; *selten sg.* **-us,** *ī m n*; **-a,** *ae f*; *adi. Graecus* 3 [*subst. -um, ī n das* Griechische]; *-cānicus* 3; *Graeculus* 3 (*verächtlich*) [*subst. -us, ī m* Griechlein]; von den Griechen stammend, nach Art der Griechen.

Graecia, *ae f* (*gr.* Hellạs; *cf. Graecī*) **1.** Griechenland; **2.** Großgriechenland [*magna, maior*] = *das v. den Griechen besiedelte* Unteritalien.

graecissō 1 (*gr. Fw*; *Pl.*) griechische Art nachahmen.

°**graecor** 1 (*Graecus*) auf griechische Weise leben.

Graeculus, Graecus *s. Graecī.*

Grāiī *u.* **Grāī,** *ōrum u.* : *um m* (*gr.* Grāẹ̄s) *altl. u. dcht.* = *Graecī*; *adi. -ius* 3.

Grāiocelī, *ōrum m kelt. Volk i. den Grajischen Alpen*; *cf. Ocelum.*

°**Grāiu-gena,** *ae m* (*Grāius*[1]; *gignō*) Grieche von Geburt.

Grāius[1] 3 *s. Grāiī.*

Grāius[2] 3 grajisch [*Alpes*].

°**grallātor,** *ōris m* (*grallae* Stelzen; *gradior*) Stelzenläufer.

grāma, *ae f* (?) Augenbutter.

°**grāmen,** *inis n* (*cf. nhd.* „Gras, grün") Gras; Pflanze, Kraut.

grāmineus 3 (*grāmen*) °**1.** grasig; **2.** aus Bambusrohr [*hasta*].

grammaticus 3 (*gr. Fw.*) °**1.** grammatisch; **2.** *subst.* ~, *ī m* Sprachkundiger, Philologe, Gelehrter; **-a,** *ae f u.* **-a,** *ōrum n* Grammatik, Philologie.

°**grammatista,** *ae m* (*gr. Fw.*) Elementarlehrer.

grānārium, *ī n* (*grānum*) Kornboden, -speicher.

grand-aevus 3 (*grandis, aevum*) hochbetagt.

grandēscō, — — 3 (*incoh. zu grandis*) groß werden, wachsen.

grandiculus 3 (*dem. v. grandis*) ziemlich groß; ziemlich erwachsen.

grandi-fer, *era, erum* (*grandis, ferō*) sehr einträglich.

grandi-loquus 3 (*grandis, loquor*) **1.** großsprecherisch; **2.** großartig, feierlich *im Stile.*

grandinat 1 *impers.* (*grandō*) es hagelt.

grandiō, — — 4 (*altl. fut. -ībō*; *grandis*) vergrößern.

grandis, e (*m. comp., sup.,* °*adv.*; *wohl eigtl.* „aufgeschossen, schwellend") **1.** groß; lang; **2.** erwachsen; **3.** bejahrt [*natu*]; **4.** / **a**) großartig, bedeutend; **b**) erhaben, feierlich [*carmen*]; edel.

grandi-scāpius 3 (*grandis, scāpus*) großstämmig.

granditās, *ātis f* (*grandis*) Erhabenheit.

grandō, *inis f* (*cf. altkirchenslawisch* gradu „Hagel") Hagel.

Granīcus, *ī m* (*gr.* -kọs) *Fl. i. Mysien, Schlacht 334.*

grāni-fer, *era, erum* (*grānum, ferō*) Körner schleppend.

grānum, *ī n* (*cf. nhd.* „Korn, Kern") **1.** °**a**) Korn; **b**) Kern; °**2.** / Beere.

graphiārius 3 (*graphium*) zum Schreibgriffel gehörig; *theca -a od. subst.* **-um,** *ī n* Griffelbüchse.

graphicus 3 (*m. adv.*; *gr. Fw.*) **1.** malerisch; fein; **2.** leibhaftig.

graphium, *ī n* (*gr. Fw.*) (Schreib-) Griffel.

grassātor, *ōris m* (*grassor*) Wegelagerer, Bandit.

grassātūra, *ae f* (*grassor*) Landstreicherei, Banditentum.

grassor 1 (*intens. v. gradior*) **1.** (einher)schreiten; **2.** sich herumtreiben; **3.** / **a**) zu Werke gehen, verfahren [*dolo*]; erpicht sein *auf* [*ad gloriam*]; wüten *gegen* [*ferro in homines*]; **b**) (*abs.*) wüten [*vis*].

grātēs *f pl.* (*nur nom., acc.*; *abl. -ibus u. nur in feierlichen Formeln*; *grātus*) Dank [*habere* wissen; *agere* sagen]; Dankfest.

grātia, *ae f* (*grātus*) Gefälligkeit: **1.** °**a**) Anmut, Liebenswürdigkeit, Grazie; **b**) Gunst (*die man genießt*); Beliebtheit, Ansehen; *-am inire a populo* sich die Volksgunst erwerben; **c**) Freundschaft, Liebe; *in -am redire* sich aussöhnen [*cum patre*]; °*cum bonā -ā* in Güte; **2. a**) Gunst (*die man erweist*), Gefälligkeit, Gefallen, Gnade; Freude, Lust *an* [°*armorum*]; °*cum -ā consulis* zur Freude des Konsuls; **b**) Dank; *-as agere* sich bedanken;

-am habere dankbar sein; *-am referre* sich dankbar erweisen; *-am debere* Dank schulden; **3.** °**a**) **Grātiae,** *ārum f* (*gr.* Charites) *die* Grazien, *Göttinnen der Anmut* (*cf.* 1. a); **b**) **grātiā** *adv.* (*dem abhängigen gen. nachgestellt*) zuliebe, um ... willen [*ludorum*; *aber meā, tuā, nostrā, vestrā*] (*cf.* 2. a); **c**) **grātīs** (*älter grātiīs*) *adv.* „für bloßen Dank", unentgeltlich, umsonst; ** Huld, Gnade; *pl.* Gnadenerweisungen, Loblieder; *dei gratia* von Gottes Gnaden.

grātificātiō, *ōnis f* (*grātificor*) Gefälligkeit; / Schenkung, Landanweisung [*Sullana*].

grātificor 1 (*grātus, faciō*) **1.** (*intr.*) willfahren [*tibi*]; **2.** (*trans.*) darbringen, (auf)opfern [*sua populo*].

grātiōsus 3 (*m. comp., sup.*; *grātia*) **1.** (*act.*) Gunst erweisend, gefällig; **2.** (*pass.*) °**a**) aus Gunst, Gnade erteilt; **b**) Gunst genießend, beliebt, einflußreich [*apud publicanos, praetori*]; **c**) *subst.* ~, *ī m* Günstling.

grāt(i)īs *adv. s. grātia.*

°**grātor** 1 (*grātus*) = *grātulor.*

grātuītus 3 (*adv.* **-ō**; *grātīs*) unentgeltlich, uneigennützig; nicht erkauft.

grātulābundus 3 (*grātulor*) beglückwünschend.

grātulātiō, *ōnis f* (*grātulor*) Glückwunsch; Danksagung, -fest; Ehren-, Freudentag.

grātulātor, *ōris m* (*grātulor*) Gratulant.

grātulor 1 (*v.* **grāti-tulos*; *grātus + tulō altl. praes. zu tulī*) **1.** Glück wünschen *zu* [°*victoriam*; *de reditu*]; °**2.** freudig danken.

grātus 3 (*m. comp., sup., adv.*; *urspr. sakrales Wort, cf. altind.* gūrtáh „willkommen") **1.** erwünscht, willkommen, dankenswert, angenehm, teuer, lieb; *-um facere* einen Gefallen tun; °**2.** anmutig, lieblich, hold; **3.** dankbar [*parentibus, in deos*].

°**gravanter** *adv.* (*gravāns, part. praes. v. gravō*) = *gravātē.*

grāvāstellus (*-ǎst-?*) *s. rāvistellus.*

gravātē *u.* °**-tim** *adv.* (*gravātus, P.P.P. v. gravō*) ungern; *non* ~ ohne Umstände.

gravēdinōsus 3 (*gravēdō*) verschnupft.

gravēdō, *inis f* (*gravis*) *der* Stockschnupfen.

gravēscō, —— 3 (*incoh. zu gravis*) schwer werden; / sich verschlimmern.

graviditās, *ātis f* (*gravidus*) Schwangerschaft.

°**gravīdō**[1], *inis f* = *gravēdō.*

gravidō[2] 1 (*gravidus*) °**1.** schwängern; **2.** / befruchten.

gravidus 3 (*gravis*) **1. a**) schwanger; °**b**) trächtig; °**2.** / voll, beladen, reich.

gravis, e (*m. comp., sup., adv.*; *cf. brūtus*) **1. a**) schwer, gewichtig; **b**) dumpf, tief [*vox*]; **c**) (ge)wichtig [*testis*]; **d**) bedeutend, mächtig; angesehen [*civitas*]; ernst, ehrwürdig; einflußreich [*vir*]; **2.** (*act.*) **a**) drückend, beschwerlich [*autumnus*]; **b**) heftig, hart, streng [*poena*]; feindlich; schwer (zu tragen) [*fatum*]; °**c**) widerlich, abstoßend [*odor*]; **3.** (*pass.*) **a**) beschwert, belastet, schwer beladen [*navis*] °**b**) schwer bewaffnet; schwer verdaulich; °**c**) schwanger; °**d**) be-, gedrückt; gebeugt [*aetate*]; **4.** (*adv.*) **-iter** verdrießlich, ungern [*ferre*].

gravitās, *ātis f* (*gravis*) **1. a**) Schwere, Gewicht, Last; / **b**) Bedeutung, Größe [*imperii*]; **c**) Kraft, Nachdruck; Würde, Erhabenheit [*orationis*]; **2.** (*act.*) **a**) Schwere, Druck; Widrigkeit, Unannehmlichkeit [*caeli*]; Ungesundheit [*loci*]; **b**) Härte, Strenge [*legum*]; **3.** (*pass.*) °**a**) Beschwertsein; Schwangerschaft; **b**) / Beschwerde, Mattigkeit, krankhafter Zustand [*corporis*]; Schwermut [°*mentis*].

gravō 1 (*gravis*) **1.** beschweren, belasten; **2.** / **a**) erschweren, verschlimmern; **b**) belästigen, bedrücken.

gravor 1 (*gravō*) **1.** (*intr.*) **a**) (= P. *v. gravō*) sich beschwert fühlen, verdrießlich sein; **b**) sich weigern, Umstände machen [*de nuptiis*]; °**2.** (*trans.*) verweigern; ungern übernehmen, ertragen; *equitem* abwerfen.

gregālis, e (*grex*) °**1.** zur Herde, zum großen Haufen gehörig, gemein: **a**) (zu) einem gemeinen Soldaten gehörig [*amiculum*]; **b**) von gewöhnlicher Sorte [*poma*]; **2.** zum selben Haufen, gehörig; *nur subst.* **-ēs,** *ium m* Kameraden, Spießgesellen.

gregārius 3 (*grex*) zum Haufen gehörig; *miles* Gemeiner.

gregātim *adv.* (*grex*) scharenweise.
gremium, *ī n* (*cf. altind.* grāmah „Schar, Haufe") Schoß; / Innerstes, Herz. [Gang; / Fahrt.
gressus, *ūs m* (*gradior*) Schritt,
grex, *gregis m °f* (√ *ger[e]- „sammeln") **1.** Herde; **2.** / **a**) Schar, Schwarm, Gesellschaft; °**b**) Rotte, Trupp; °**c**) Schauspielertruppe; **d**) [Sekte.
gruis (*Ph.*) = *grūs.*
grūmus *u.* **grummus,** *ī m* (*cf. nhd.* „Krume") Erdhaufe.
grunniō *u.* **grundiō** 4 (*Schallwort*) grunzen. [(*grunniō*) *das* Grunzen.
grunnītus *u.* **grundītus,** *ūs m*
grūs, *uis f* (*vereinzelt m*; *aus Schallwurzel*; *cf. nhd.* „Kranich") Kranich.
grȳps, *pis f* (*acc. pl. -as*; *gr. Fw.*) Greif (*Fabelwesen mit Löwenleib, Flügeln u. Adlerkopf*).
gubernābilis, e (*gubernō*) leitbar, lenkbar.
gubernāculum, *ī n* (*dcht. synk. -clum*; *gubernō*) Steuerruder; / (*meist pl.*) Lenkung, Leitung.
gubernātiō, *ōnis f* (*gubernō*) *das* Steuern; / Lenkung, Leitung.
gubernātor, *ōris m* (*gubernō*) Steuermann; / Lenker, Leiter.
gubernātrīx, *īcis f* (*gubernātor*) Lenkerin.
gubernō 1 (*gr. Lw. unbekannter Herkunft*) steuern; / lenken, leiten, regieren.
gubernum, *ī n* (*nur pl.*; *Lu.*) = *gubernāculum.*
****g(u)erra,** *ae f* Streit, Krieg.
gugga, *ae m* (*wohl punisches Lw. unbekannter Bedeutung*).
gula, *ae f* (*cf. nhd.* „Kehle") Speiseröhre, Schlund; / Schlemmerei; ** *Cerberi* Höllenschlund.
gulōsus 3 (*gula*) gefräßig, genußsüchtig; / wählerisch.
gumia, *ae f* (*umbr. Lw.*) Schlemmer.
gum(i)nas... = *gymnas...*
gunaecēum = *gynaecēum.*
gurdus 3 (*wohl iberisches Lw.*) dumm, tölpelhaft.
gurges, *itis m* (*cf. vorō*) **1.** Strudel, Wirbel; °**2.** tiefes Wasser, Gewässer; Wasser; **3.** / **a**) Abgrund, Schlund; **b**) Schlemmer.
gurguliō, *ōnis m* (*cf. gurges*) **1.** Schlund, Kehle; °/ Rausch; **2.** *s. curculiō.*
gurguliōnius 3 (*gurguliō*) zum Schlund, zum Rausch gehörig; *campi* „Rauschgefilde" = Zecherei.
gurgustium, *ī n* (*gurges*; *eigtl.* „dunkles Loch") ärmliche Hütte,
gūrus = *gȳrus.* [Kneipe.
gustātōrium, *ī n* (*gūst-?*; *sc. vās*; *gustō*) Eßgeschirr; Schüssel.
gustātus, *ūs m* (*gūst-?*; *gustō*) Geschmack(ssinn).
gustō 1 (*-ū-?*; *Iterativbildung*; *cf. nhd.* „kosten") kosten, schmecken; / genießen.
gustus, *ūs m* (*gūst-?*; *cf. gustō*) *das* Schmecken; / Vorgeschmack, Probe; Vorgericht.
gutta, *ae f* (*et. ungedeutet*) **1.** Tropfen; °**2.** / ein bißchen; *pl.* Flecken.
guttātim *adv.* (*gutta*) tropfenweise.
guttātus 3 (*gutta*) gesprenkelt; *Numidicae -ae* Perlhühner.
guttula, *ae f* (*dem. v. gutta*) Tröpfchen.
guttur, *uris n* (*altl. auch m*; *et. unklar*) Gurgel, Kehle; (*scherzh.*) *inferior* After; / Schlemmerei.
gūtus (*schlechte Schreibung guttus*), *ī m* (*gr. Lw.*) enghalsiger Krug.
Gyās, Gyēs, *ae m hundertarmiger Riese.* [*um 700.*
Gȳgēs, *is u. ae m lydischer König*
gymnasiarchus, *ī m* (*gr. Fw.*) Vorsteher einer Ringschule.
gymnasium, *ī n* (*gr. Fw.*) Turn-, Ringschule; *Versammlungsort u. Lehrstätte der Philosophen u. Rhetoren*; / Tummelplatz.
gymnasticus 3 (*gr. Fw.*) Turn... [*exercitus* Übung]. [turnerisch.
gymnicus 3 (*gr. Fw.*) gymnastisch,
gynaecēum *u.* **-īum,** *ī n u.* °**gynaecōnītis,** *idis f* (*gr. Fw.*) Frauenwohnung, *der innere Teil des gr. Hauses.*
gypsō 1 (*gypsum*) mit Gips überziehen; *pes gypsatus* Sklavenfuß (*für den Verkauf wurden angeblich die Füße mit Gips bestrichen*); *kl. nur manibus gypsatissimis* (*v. Schauspielern, die Frauenrollen spielten*).
gypsum, *ī n* (*gr. Fw.*) Gips; / Gipsbild.
gȳrus, *ī m* (*gr. Fw.*) °**1.** Kreis, Ring, Windung; Volte (*beim Reiten*); **2.** / **a**) Tummelplatz, Bahn; °**b**) (*v. d. Zeit*) Kreislauf.
Gythēum, -īum *u.* **-ium,** *ī n* (*gr.* Gytheion *u.* Gythion) *lakonischer Hafen, Arsenal v. Sparta.*

H

H (*Abk.*) = *hōra*; **HS** *s. sēstertius.*

habēna, *ae f* (*habeō*) Halter: °**1. a**) Riemen; **b**) Schleuder; Peitsche; **2.** (*meist pl.*) **a**) Zügel; °**b**) / Leitung, Regierung.

habeō, *uī, itum* 2 (*altl. habessit = habuerit; habēn = habēsne; result. zu capiō; cf. got.* gabei „Reichtum, Habe") haben: **I.** halten: **1.** halten, tragen, führen, haben [°*anulum in digito*]; **2. a**) festhalten [*milites in castris*]; **b**) behalten [*honores sibi* für sich]; **c**) enthalten [*epistula nihil habet*]; **d**) halten [*orationem*]; **e**) abhalten, anstellen, veranstalten [*dilectum*]; **3. a**) in einem Zustande erhalten [*libidines domitas*]; **b**) behandeln [*socios male, praecipuo honore*]; **4.** (*mit* °*dopp. acc. od. präpos. Ausdruck*) halten *für*, ansehen *als* [*deos aeternos, illud pro certo, Romulum in deorum numero*]; P. (*m. dopp. nom.*) gehalten werden *für*, gelten *als* [*Cato magnus; auctoritas magni* gilt viel]; **5.** (*se*) *habere* sich verhalten, sich befinden [*bene, sic, ita*]; **II.** besitzen: **1.** Vermögen haben [*in Bruttiis*]; **2. a**) in Besitz haben [*hortos*]; °**b**) bewohnen [*Capuam*], wohnen [*ibi*]; °**c**) (*Vieh*) halten, züchten; **3.** wissen, kennen [*habes consilia nostra*]; **4.** (*mit dopp. acc.*) haben *als, zu, an* [*hunc amicum*]; °**5.** (*v. Zuständen*) ergriffen, befallen haben, fesseln [*somnus filium*]; **III.** haben: **1. a**) an sich, in sich haben [*virtus hoc habet, ut*], zeigen [*spem salutis*]; **b**) mit sich bringen, verursachen [*molestiam*]; **2.** vermögen, können [*haec habeo dicere*]; °**3.** (*m. n des Gerundivums*) müssen [*habeo dicendum*]; **4.** (*m. P.P.P. acc. n*) (*als dauernden Zustand*) haben [*exploratum, propositum, persuasum*]; **5.** *in animo -ere* im Sinne haben, beabsichtigen; °*ludibrio -ere* zum besten haben; *sic habeto* sei davon überzeugt; *in manibus habere* unter den Händen haben; *gratiam habere* Dank wissen; *satis habere* zufrieden sein; ** *dicere habemus = dicemus*; müssen [*cantare habes* du mußt singen]; P. sich befinden.

habilis, e (*m.* °*comp.*, °*adv.*; *habeō*) **1.** handlich, leicht zu handhaben [*calceus ad pedem*]; **2.** passend, tauglich, geschickt.

habilitās, *ātis f* (*habilis*) geschickte Anlage.

habitābilis, e (*habitō*) bewohnbar.

habitātiō, *ōnis f* (*habitō*) **1.** Wohnung; °**2.** Miete [*annua*].

habitātor, *ōris m* (*habitō*) Bewohner; Einwohner.

habitō 1 (*frequ. v. habeō*) **1.** (*trans.*) °**a**) bewohnen [*silvas*]; **b**) P. als Wohnsitz dienen; **2.** (*intr.*) **a**) wohnen [*ruri*]; **b**) / heimisch sein, häufig verkehren [*in foro*]; zu seiner Hauptbeschäftigung machen [*in eo genere rerum*].

habitūdō, *inis f* (*habeō*) Haltung, *das* Äußere.

habituriō 4 (*desid. v. habeō*) begehren.

habitus[1], *ūs m* (*habeō*) °**1.** Haltung, Stellung; **2.** äußere Erscheinung, Gestalt; *oris* Gesichtsbildung; **3.** Tracht, Kleidung; **4.** / Beschaffenheit, Zustand; Befinden, Stimmung; °Gesinnung; **Handhabung; Lage; Lebensweise; *mutare -um* ins Kloster gehen.

habitus[2] 3 (*habeō*) wohlbeleibt.

habroton... *s. abroton...*

hāc (*sc. parte; zu hic*[1]) *adv.* auf dieser Seite, hier; °*hac atque illac* hier u. dort = überall.

hāc-tenus *adv.* (<*hāc* [*parte*] *tenus*) °**1.** bis hierher, bis dahin, so weit; **2.** bis jetzt; **3.** / bis zu dem Grade, insofern.

Hadria *u.* **Adria,** *ae* **1.** *f St. zw. Podelta u. Etschmündung, j.* Adria; **2.** *m* Adriatisches Meer, *die* Adria; *adi. -acus, -āticus* 3; *adi. u. Einw. -ānus* (3); *mare -um die* Adria.

Hadrū- *u.* **Adrūmetum,** *ī n St. a. d. Kl. Syrte in der Prov. Africa.*

haedilia, *ae f* (*haedus*) Geißlein, Zicklein.

haedillus, *ī m* (*dem. v. haedus*) Böckchen.

haedīnus 3 (*haedus*) von jungen Ziegenböcken.

Haeduī = *Aeduī.*

haedulus, *ī m* (*dem. v. haedus*) Ziegenböckchen.

haedus, *ī m* (*cf. nhd.* „Geiß") **1.** junger Ziegenbock, Böckchen; °**2.** *pl. zwei Sterne im Fuhrmann, deren Aufgang Sturm u. Regen bedeutete.*

Haemonia, *ae f* (*gr.* Haimoniā)

alter Name für Thessalien; *adi.* -*ius* 3 [*puppis* Argo, *iuvenis* Jason; *puer* Achill, *artes* Zauberkünste].

Haemus, *ī m* (*gr.* Haįmos) *der* große Balkan.

haereō, *haesī, sum* 2 (⟨**ghais-ejō*) **1. a**) haften, kleben; **b**) festsitzen; *in equo* fest im Sattel sitzen; °*amplexibus* (*od.* °*in complexu alcis*) *jd.* fest umschlungen halten; °**c**) hängen *an*, nicht loskommen *von* [*apud fidicinam*]; **d**) beharren *bei* [*in eadem sententia*]; **2.** °**a**) steckenbleiben; °**b**) stocken, aufhören; **c**) ratlos sein.

haerēscō, — — 3 (*incoh. v. haereō*) steckenbleiben.

haeresis, *eos f* (*acc.* -*im*, *abl.* -*ī*; *gr. Fw.*) Lehrart, Dogma, Philosophenschule; ** Ketzerei, Irrlehre; Sekte. [*i m* Ketzer.

****haereticus** 3 ketzerisch; *subst.* ~,

haesitābundus 3 (*haesitō*) verlegen stotternd.

haesitantia, *ae f* (*haesitō*) *das* Stocken; *linguae das* Stottern.

haesitātiō, *ōnis f* (*haesitō*) *das* Stocken *beim Reden*; / Unentschlossenheit. [Unentschlossene.

haesitātor, *ōris m* (*haesitō*) *der*

haesitō 1 (*intens. zu haereō*) festhängen, -sitzen; / stottern; unschlüssig, verlegen sein.

hahae, hahahae *int. des Lachens* (*cf. cachinnus*) haha!

halagora, *ās f* (*gr. Fw.*) Salzmarkt.

halcēdō, halcyōn = *alcēdō usw.*

hālēc = *allēc.*

haliaeetos *u.* **-us,** *ī m* (*gr. Fw.*) Seeadler, *in den Nisus, Vater der Skylla, verwandelt wurde.*

Halicarnāsus, *ī f* (*gr.* -karnāsọs) *St. in Karien, Geburtsort Herodots, Residenz des Mausolos*; *adi. u. Einw.* -*seūs*, *eī m*; -*sius* (3), -*sēnsis* (e).

halieuticus 3 (*gr. Fw.*) zum Fischen gehörig; *subst.* **-a,** *ōn n Lehrgedicht Ovids.* [Dunst.

hālitus, *ūs m* (*hālō*) Hauch, Atem;

hallēc, hallēx[1] = *allēc.*

hallex[2] = *allex*[1].

hal(l)ūc... = *alūc...*

hālō 1 (⟨**an-slō, cf. anhēlō*) **1.** (*intr.*) hauchen, duften; **2.** (*trans.*) aushauchen, ausdünsten.

halophanta, *ae m* (*im Vers auch hā-*; *gr. Fw.*; *Scherzbildung nach sȳcophanta, eigtl.* „*Angeber derjenigen, die verbotenerweise Salz ausführen*") Halunke, Bauernfänger.

halōs, *ō m* (*acc.* -*ō*; *gr. Fw.* „Tenne") Hof (*um Sonne od. Mond*). [rung.

halōsis, *acc.* -*in f* (*gr. Fw.*) Erobe-

haltēres, *um m* (*gr. Fw.*) Hanteln.

Halys, *yos m* (*acc.* -*yn u.* -*ym*) *Fl. in Kleinasien, j.* Kisil-Irmak.

hama, *ae f* (*gr. Fw.*) Feuereimer.

hamadryas, *adis f* (*dat. pl.* -*asin*, *acc. pl.* -*adas*; *gr. Fw.*) Baumnymphe. [*hāmus*) mit Angeln.

hāmātilis, e (*hāmō* 1 „angeln";

hāmātus 3 (*hāmō* 1 „angeln") °**1.** mit Haken *od.* Angel versehen; stachelig; **2.** hakenförmig; °**3.** / eigennützig; *munera* Köder; ** -*a lorica* Ring-, Kettenhemd.

Hamilcar, *aris m punischer Name*; ~ *Barcas Vater Hannibals.*

hāmiōta, *ae m* (*hāmus*) Angler.

Hammōn, *ōnis m* (*gr.* Ạmmōn, *ägypt.* Amūn) *widderköpfiger libysch-ägypt. Orakelgott, urspr. Stadtgott v. Theben in Oberägypten*; *v. den Griechen als* Zeus ~, *v. den Römern als* Iuppiter ~ *verehrt*; *sein Heiligtum in der Oase Siwa* (*Einw.* -*ōniī*, *ōrum m*).

hāmulus, *ī m* (*dem. v. hāmus*) kl. Haken; *piscarius* Angel.

hāmus, *ī m* (*et. unklar*) **1.** Haken; **2.** °**a**) Widerhaken; **b**) Angel (-haken); °**c**) Bügel *des Schwertgriffs*; **3.** Kralle; °**4.** Dorn.

Hannibal, *is m punischer Name*; *karthagischer Feldherr 247–183.*

hapalopsis, *idis f* (*gr. Fw.*) *erdichteter Name eines Gewürzes.*

haphē, *ēs f* (*gr. Fw.* „*das* Berühren") feiner Sand (*mit dem sich die Ringer bestreuten, um besser zu-*

hapsis = *absis.* [*fassen zu können*).

hara, *ae f* (*cf.* co-*hors*, *hortus*) Schweinestall; °/ (*Schimpfwort*).

harēn... = *arēn...* [sagerin.

hariola, *ae f* (*hariolus*) Wahr-

hariolātiō, *ōnis f* (*hariolor*) Wahrsagung. [°/ faseln; ** vermuten.

hariolor 1 (*hariolus*) wahrsagen;

hariolus, *ī m* (*dem. v. *harius*; *cf. haru-spex*) Wahrsager.

harispex = *haruspex.*

Harmodius, *ī m* (*gr.* -os) *Mörder Hipparchs*; *cf.* Aristogītōn; °/ Tyrannenmörder.

harmonia, *ae f* (*gr. Fw.*) Einklang,

****harpa,** *ae f* Harfe. [Harmonie.

harpagō¹, *ōnis m* (*harpaga, ae f* [*gr. Fw.*] „Haken") **1.** Hakenstange (*zum Einreißen v. Mauern*); **2. a)** Enterhaken; °**b)** / (*Schimpfwort*) Räuber. [rauben.

harpagō² 1 (*gr. Lw.*; *cf. harpagō¹*)

harpastum, *ī n* (*gr. Fw.*) Fangball.

****harpator,** *is m* Harfner.

harpax, *agis* (*acc. -aga*; *gr. Fw.*) räuberisch; / ♀ *erdichteter Name.*

harpē, *ēs f* (*gr. Fw.*) Sichelschwert.

Harpocratēs, *is m* (*gr. -kratēs*; *ägypt.* Harpechrat = „Horus *das* Kind") *ägypt. Sonnengott, als Kind mit Finger am Mund dargestellt*; / *alqm reddere -em* jd. Schweigen auferlegen.

Harpȳia, *ae f* (*gr. Harp-* „Rafferin") Harpyie (*raubvogelartiges Ungeheuer*). [*v. Bodensee.*

Harūdēs, *um m germ. Volk nördl.*

hārunc (*Com.*) = *hārum*; *s. hic¹*.

harundi-fer, *era, erum* (*harundō, ferō*) schilftragend.

harundinētum, *ī n* (*harundō*) Rohrpflanzung; Röhricht.

harundineus 3 (*harundō*) aus Rohr, mit Schilf; *carmen -um* Hirtenlied.

harundinōsus 3 (*harundō*) schilfreich.

harundō, *inis f* (*et. ungedeutet*) **1.** Schilf, Rohr; Bambusrohr; **2.** / Gegenstand aus Rohr: Schilfkranz, Hirtenflöte, Angelrute, Pfeil(schaft), Steckenpferd, Kamm (*des Webstuhles*); Rohrbündel; Stock; Schiene (*des Chirurgen*).

haruspex, *icis m* (*cf. nhd.* „Garn", *eigtl.* „aus Därmen Gedrehtes"; *speciō*) Opferschauer (*der aus den Eingeweiden der Opfertiere weissagt*); Weissager, Seher.

haruspica, *ae f* (*haruspex*) Opferbeschauerin, Weissagerin.

haruspicīnus 3 (*haruspex*) die Eingeweideschau betreffend; *subst.* **-a,** *ae f* Opferschau. [schau.

haruspicium, *ī n* (*haruspex*) Opfer-

Hasdrubal, *is m punischer Name.*

****hashardus,** *i m* Glücksspiel; Zufall.

hasta, *ae f* (*cf. nhd.* „Gerte") **1.** Stange, Pfahl, Schaft, Stab; °Haarpfeil; **2.** Spieß, Speer, Lanze; / *hastas abicere* die Flinte ins Korn werfen; **3.** / (*die aufgesteckte Lanze als Symbol staatlicher Macht*): **a)** Auktion; °*sub -ā vendere* öffentlich versteigern; °**b)** *-am centumviralem cogere* ein Zentumviralgericht einberufen.

hastātus (*hasta*) °**1.** *adi 3* mit einem Speer bewaffnet; **2.** *subst.* °**a)** **-ī,** *ōrum m* °α) Speerträger; Lanzenreiter; β) Legionssoldaten des ersten Gliedes; **-us,** *ī m* (*sc. ōrdō*) Hastatenmanipel [*primus* = 1. Kompanie].

hastīle, *is n* (*hasta*) °**1.** Schaft, Stange; **2. a)** Speerschaft; °**b)** Speer.

****hastiludium,** *i n* Turnier [Tjost].

hastula, *ae f* (*vulgärlat. an hasta angelehnt*) = *assula.*

Hatria = *Hadria.*

hau¹ = *au.*

haud, *altl.* **hau²** *adv.* (*et. ungedeutet*) nicht (eben), nicht gerade; ~ *scio an* vielleicht; ~ *scio an non* schwerlich.

haud-dum *adv.* noch nicht.

haud-quāquam *adv.* keineswegs.

hauriō, *hausī, haustum* 4 (*altl. impf. -ībant*; *part. fut. dcht. auch hausūrus*; *cf. mhd.* ōsen „schöpfen") **1. a)** (heraus)schöpfen [*aquam ex puteo*]; vergießen [*sanguinem*]; **b)** / entnehmen, entlehnen; heraufholen, (auf)sammeln [°*pulverem*]; °**2. a)** ausschöpfen, leeren, austrinken [*pateram*]; *kl.* / : *dolorem* erdulden; *voluptatem* genießen; **b)** aussaugen [*provincias*], durchbringen [*sua*]; **c)** durchbohren [*pectora ferro*]; **3. a)** einziehen, -schlürfen, -saugen, trinken [*auras*; °*oculis gaudium*; *lucem*]; °**b)** verschlingen, verzehren [*naves mare haurit*]; **c)** gründlich kennenlernen [*studium philosophiae*].

hausciō = *haud sciō.*

haustrum, *ī n* (*hauriō*) Schöpfrad.

haustus, *ūs m* (*hauriō*) *das* Schöpfen: **1.** *das* Wasserschöpfen; (*jur. t.t.*) Schöpfrecht; Recht der Quellenbenutzung; °**2.** Geschöpftes, Handvoll; °**3. a)** *das* Einatmen; **b)** *das* Trinken; Schluck, Trunk; / *fontis Pindarici.*

haut, haut... = *haud, haud...*

havē = *avē.*

haveō = *aveō.*

Heautontīmōrūmenos, *ī m* (*gr. Fw.*) *der* Selbstpeiniger (*Lustspiel des Terenz*).

hebdomas, *adis f* (*acc. -ada*; *gr. Fw.*) *der* siebente (kritische) Tag (*einer Krankheit*) [*quarta der*

28. Tag]; ****hebdomada,** *ae f* Woche.
Hēbē, ēs *f gr. Göttin der Jugend, Tochter der Juno, Schenkin der Götter, Gemahlin des Herkules.*
heben... = eben...
hebeō, — — 2 (hebes) stumpf, matt sein; nicht mehr tätig sein.
hebes, etis (*et. ungedeutet*) stumpf; abgestumpft; / schwach, matt; stumpfsinnig, dumm.
hebēscō, — — 3 (*incoh. v.* hebeō) °**1.** stumpf werden **2.** / **a**) erlahmen; °**b**) erblassen [sidera].
hebetātiō, ōnis *f* (hebetō) Abstumpfung.
hebetō 1 (hebes) stumpf machen; / abstumpfen, schwächen; verdunkeln [sidera].
Hebraeus 3 hebräisch, jüdisch.
Hebrus, ī *m* (*gr.* -os) *Hauptstrom Thrakiens, j.* Maritza.
Hecatē, ēs *u.* **-a,** ae *f* (*gr.* -kạtē) *alte chthonische, dreigestaltige Göttin der Jagd, der Wege u. der Zauberei; bald Diana, bald Proserpina gleichgesetzt; adi.* -tēïus 3, -tēis, idis *f.*
hecatombē, ēs *f* (*acc.* -ēn; *gr. Fw.*) *urspr.* Opfer von 100 Ochsen; *großes öffentl. Opfer,* Hekatombe.
Hector, oris *m* (*acc.* -a; *gr.* Hẹktōr) *Held v. Troja, Sohn des Priamus u. der Hekuba, Gemahl der Andromache, v. Achill getötet; adi.* -toreus 3.
Hecuba, ae *f* (*gr.* -kạbē) *Mutter Hektors;* °/ *altes garstiges* Weib.
Hecyra, ae *f* (*gr.* -kyrā̦) *die* Schwiegermutter (*Lustspiel des Terenz*).
hedera, ae *f* (*cf.* pre-hendō, praeda) Efeu.
hederi-ger, era, erum (hedera, gerō) Efeu tragend.
hederōsus 3 (hedera) voll Efeu.
hēdychrum, ī *n* (*gr. Fw.*) Balsam, Parfüm.
hei *int.* = ei.
heia *int.* = eia.
heic (*altl.*) = hīc².
hēiul... = ēiul...
helciārius, ī *m* (helcium — *gr. Fw.* + *lat. Suffix* — „Halsbügel *der Zugtiere*") Treidler.
Helena, ae *u.* **-nē,** ēs *f* (*gr.* -lẹnē) *Gemahlin des Menelaus.*
Hēliades, um *f* (*gr.* -ạdes) *Töchter des Sol* (*Helios*); *Schwestern Phaëtons; ihre Tränen um ihn in Bernstein, sie selbst in Pappeln verwandelt.*
helica, ae *f* (*gr. Fw.*) Schneckengewinde.
Helicē, ēs *f* (*gr.* -lịkē = helica) [*der* Große Bär.]
Helicōn, ōnis *m* (*gr.* -kọn) *Berg in Böotien, Sitz der Musen; adi.* -nius 3; °*subst.* **-niades,** um *f die* Musen.
hēliocamīnus, ī *m* (*gr. Fw.*) nach der Sonnenseite gelegenes Zimmer.
****heliotropium,** i *n* Heliotrop: **1.** Sonnenwendblume; **2.** Bandjaspis (*Halbedelstein*).
Hellē, ēs *f Tochter des Athamas u. der Nephelē, floh mit ihrem Bruder Phrixus auf einem Widder mit goldenem Vließ vor ihrer Stiefmutter Ino u. ertrank in der nach ihr benannten Meerenge.*
helleborōsus 3 (helleborus) der *viel Nieswurz braucht,* nicht recht bei Verstande ist.
helleborus, ī *m u.* **-rum,** ī *n* (*gr. Fw.*) Nieswurz (*Heilmittel gegen Epilepsie u. Geisteskrankheit; Brechmittel*).
Hellēspontus, ī *m* (*gr.* -lẹspontos „Meer der Helle") Hellespont, *j. Dardanellen; adi.* -tiacus 3; *adi. u. Einw.* -tius (3).
helluātiō, ōnis *f* (helluor) Schwelgerei.
helluō, ōnis *m* (*et. ungedeutet*) Schwelger, Prasser.
helluor 1 (helluō) schwelgen; / in libris.
helops, opis *m* (*gr. Fw.*) *eine Art* Stör.
Hēlōtae = Hīlōtae.
hēlu... = hellu...
helvella, ae *f* (helvus 3 „honiggelb"; *cf.* gilvus) Küchenkraut.
Helvētiī, ōrum *m kelt. Volk um den Genfer See; adi.* -ti(c)us 3.
Helvius 3 *Name einer pleb. gens; s.* Cinna.
hem *int.* (*cf.* ehem) hm! ei! o!
hēmerodromos, ī *m* (*nom. pl.* -oe; *gr. Fw.*) „Tagläufer"; Eilbote.
hēmicillus, ī *m* (*gr. Fw.*) (*Schimpfwort*) Halbesel.
hēmicyclium, ī *n* (*gr. Fw.*) °**1.** Halbkreis; **2.** / (halbrunder) Lehnsessel; (*halbrunde*) Gartenbank.
hēmīna, ae *f* (-ī-?; *gr. Fw.*) halber Sextarius, Becher (¹/₄ l).
hēmīnārium, ī *n* (-ī-?; hēmīna) Geschenk vom Maß einer hemina.
hēmistichium, ī *n* (*gr. Fw.*) Halbvers.
hēmitritaeos *u.* **-us,** ī *m* (*gr. Fw.*) *das* (2¹/₂ Tage dauernde) Wechsel-

fieber; *adi.* am Wechselfieber leidend. [elfsilbiger Vers.
hendecasyllabus, ī *m* (*gr. Fw.*)
Henetī = Venetī.
Henna, ae *f* (*gr.* Enna) *St. auf Sizilien m. Cerestempel*; *adi. u. Einw.* -ēnsis (e).
hēpatiārius 3 (hēpar, atis *n* — *gr. Fw.* — „Leber") Leber... [morbus].
heptēris, is *f* (*gr. Fw.*) Siebenruderer, Siebendecker.
hera, ae *f* = era.
Hēraclēa *u.* **-ia,** ae *f* (*gr.* -rakleia „Heraklesstadt"): **1.** *in Lukanien* (*Schlacht 230*); **2.** Mīnōa *in Südsizilien*; **3.** Pontica (= *am Schwarzen Meer*) *in Bithynien*; **4.** Sintica *am Strymon*; **5.** Trachinia *bei den Thermopylen*; *adi. u. Einw.* -ēnsis (e) *u.* -ōtēs, ae (*m*).
Hēraclītus, ī *m* (*gr.* -rakleitos) *Philosoph aus Ephesus, um 500.*
Hēraea, ōrum *n* (*gr.* -raia) *das* Herafest.
herba, ae *f* (*vl. eigtl.* „hervorstechender Trieb"; *cf. nhd.* „Grat, Gräte") **1.** Halm; *pl. u.* °*sg. coll.* Saat; **2. a**) Kraut, Gras; Küchenkraut; °**b**) Zauberkraut; Unkraut; **3.** °*coll. u. pl.* Rasen; °**4.** *pl.* Weideplatz.
herbēscō, — — 3 (*incoh. zu* herba) Halme treiben, hervorsprießen.
herbeus 3 (herba) grasgrün; grün unterlaufen [oculi]. [Gras...
herbidus 3 (herba) grasreich,
herbi-fer, era, erum (herba, ferō) grasreich. [im Grase wandelnd.
herbi-gradus 3 (herba, gradior)
herbōsus 3 (herba) gras-, kräuterreich, mit Kräutern angemacht.
herbula, ae *f* (*dem. v.* herba) Kräutlein, Pflänzchen.
hercēus 3 (*gr. Fw.*) zum Vorhof gehörig; Iuppiter ~ *Beschützer v. Haus, Hof, Herd* (*Altar im Vorhof*).
hercīscō, — — 3 (*cf.* herctum) die Erbschaft teilen.
hercīus = hercēus.
hercle *s.* Herculēs.
herctum, ī *n* (*et. ungedeutet*) Erbschaft; -um ciēre die Erbschaft teilen.
Herculāneum, ī *n St. in Kampanien, 79 n. Chr. zerstört durch Vesuvausbruch*; *adi.* -neus 3; -nēnsis, e.
Herculēs, is *u.* ī (*gr.* Hēraklēs) *berühmtester Held der griechischen Sagenwelt*; *Sohn Jupiters u. der Alkmene*; (*nur v. Männern gebrauchte*) *Beteuerungsformeln*: hercle (*urspr. voc. des o-Stammes* Herclo-); mehercle (-ĕ?), (me)herc(u)lēs [*wohl* < (ita) mē Herculēs (iuvet, ut)] beim Herkules! bei Gott! fürwahr!; *adi.* -eus 3.
Hercȳnia (**silva**) *u.* **saltus Hercȳnius** (-ў-?) *Gesamtheit der deutschen Mittelgebirge vom Rhein bis zu den Karpaten, auch Rauhe Alb od. Taunus od. Westerwald.*
here *adv.* = herī.
hērēditārius 3 (hērēditās) **1.** Erbschafts...; **2.** erblich.
hērēditās, ātis *f* (hērēs) Erbschaft.
hērēdium, ī *n* (hērēs) Erbgut.
hērēs, ēdis *m f* (*eigtl.* „wer den verwaisten Besitz empfängt"; *zum ersten Glied vgl.* orbus, *zum zweiten altind.* ā-dā- „in Empfang nehmen") **1.** Erbe, Erbin; °ex asse Universalerbe; °ex dodrante Dreiviertelerbe; secundus Nacherbe; **2.** / **a**) Nachfolger; °**b**) (*scherzh.*) Besitzer, Herr. [gestern.
herī *u.* **-ĭ** *adv.* (*cf. nhd.* „gestern")
herifuga = erifuga.
herīlis = erīlis.
Hermae, ārum *m* (*gr.* -mai, *pl. v.* Hermēs, *dem Götterboten der gr. Sage*) viereckige Pfeiler *mit* (*Hermes-*) *Kopf u. aufgerichtetem Phallos,* Hermen.
Hermaeum, ī *n* (*gr.* Hermaion „Hermestempel") **1.** *Ort in Böotien*; **2.** Gartensaal.
Hermagorās, ae *m* (*gr.* -gorās) *Rhetor aus Rhodus, um 100*; *seine Schüler* **-ēī,** ōrum *m.*
Hermaphrodītus, ī *m* (*gr.* -phroditos) *Sohn des Hermes u. der Aphrodite,* Zwitter.
Herm-athēna, ae *f* (*gr.* -nē) *Doppelbüste* (Merkur, Diana) *auf einem Sockel.*
Herm-ēraclēs, is *m* (*gr.* -klēs) *Doppelbüste* (Merkur, Herkules) *auf einem Sockel.*
Herminonēs, um *m germ. Völkergruppe zw. Elbe u. Main.*
Hermionē, ēs *u.* **-a,** ae *f* (*gr.* -onē) **1.** *Tochter des Menelaos u. der Helena*; **2.** *St. in Argolis*; *adi.* -onicus 3.
Hermundūrī, ōrum *m* (-ŭ-?) *germ. Volk in Thüringen u. Franken.*

Hermus, *ī m* (*gr.* -os) *goldführender Hauptfluß Lydiens.*
hernia, *ae f* (*cf. haru-[spex]*) Nabel-, Leistenbruch.
Hernicī, *ōrum m Volk in Latium; adi. u. Einw. -cus* (3).
herniōsus 3 (*hernia*) an einem Bruch leidend. [*liebte Leanders.*]
Hērō, *ūs f* (*acc. -ōn; gr. -rō*) *Ge-*
Hērōdēs, *is m König v. Judäa* (*37–4*); *-dis dies* Sabbat.
Hērodotus, *ī m* (*gr.* -os) *griech. Geschichtsschreiber um 484–425.*
hērōicus 3 (*gr. Fw.*) **1.** *der* Heroen; heroisch, mythisch; °**2.** / episch.
hērōīnē, *ēs f* (*pl. -ae; gr. Fw.*) Halbgöttin, Heroine.
hērōis, *idis f* (*dat. pl. -isin; acc. pl. -idas; gr. Fw.*) Halbgöttin; *pl.* **Hērōides** Heroinenbriefe *Ovids.*
hērōs, *ōis m* (*gr. Fw.*) °**1.** Heros, Halbgott; **2.** / Held, Ehrenmann.
hērōus 3 (*gr. Fw.*) = *hērōicus; kl. nur* : episch; *pes* Daktylus; *versus* Hexameter; °*carmen* Epos; °*subst.* **~,** *ī m* epischer Vers, Hexameter.
herus, *ī m* = *erus.*
Hēsiodus, *ī m* (*gr.* -os) *Dichter aus Askra in Böotien* (*um 700*); *adi. -dēus u. -dīus* 3.
Hesperus, *ī m* (*gr.* -os) Abendstern; °*adi. -ius* 3, *-is, idis f* abendlich, westlich; *subst.* °**-ria,** *ae f* Abendland (Italien, Spanien); **-rides,** *um f* (*gr. -ides*) Hesperiden, *Töchter des Atlas, die auf einer Insel des Okeanos den Baum m. den goldenen Äpfeln bewachen.*
hesternus 3 (*herī*) gestrig; *adv.* **-ō** = *herī.* [bund, Verein.]
hetaeria, *ae f* (*gr. Fw.*) Geheim-
hetaericē, *ēs f* (*gr. Fw.* = „Kameradschaft“) (*aus vollbürtigen Makedoniern gebildete*) Reitertruppe.
heu *int. kl.* = *eheu.* [finder.]
heureta *od.* **-ēs,** *ae m* (*gr. Fw.*) Er-
heus *int.* (*Naturlaut*) he! heda! höre!
hexaclīnon, *ī n* (*gr. Fw.*) sechssitziges Sofa.
hexameter, *tra, trum* (*gr. Fw.*) sechsfüßig [*versus*]; *subst.* **~,** *ī m* Hexameter.
hexaphoron, *ī n* (*gr. Fw.*) *eine v. 6 Mann getragene* Sänfte.
hexapylon, *ī n* (*gr. Fw.*) Tor mit sechs Durchgängen (*in Syrakus*).
hexēris, *is f* (*gr. Fw.*) Sechsruderer, Sechsdecker.

hiātus, *ūs m* (*hiō*) **1.** *das* Klaffen; Öffnung, Kluft, Schlund; °**2.** Rachen; **3.** / °**a**) pomphafte Ankündigung; °**b**) Gier *nach* [*praemiorum*]; **c**) (*rhet. t.t.*) Zusammenstoß zweier Vokale, Hiat.
Hibēres, *um* (*gr. Ibēres*) *u.* **-ī**[1], *ōrum m* (*sg. Hibēr*) *Volk am Ebro,* Iberer, Spanier; *adi. -(ic)us* 3; *subst.* **-us,** *ī m* Ebro; **-ia,** *ae f* Spanien.
Hibērī[2], *ōrum m Volk südl. vom Kaukasus; ihr Land* **-ia,** *ae f.*
hībernāculum, *ī n* (*hībernō*) °**1.** Winterwohnung; **2.** *pl.* Winterzelte; Winterlager, -quartiere.
Hibernia, *ae f* Irland, *j.* Eire.
hībernō 1 (*hībernus*) überwintern; *bsd.* (*mil. t.t.*) die Winterquartiere beziehen.
hībernus 3 (*cf. hiems*) **1. a**) winterlich, Winter...; °**b**) / stürmisch [*nox*]; °**2.** (*adv. acc. n*) *-um* heftig [*increpui*]; **3.** *subst.* °**a**) **hībernum,** *ī n* Sturm; **b**) **-a,** *ōrum n* Winterlager, -quartier; °/ *terna -a* drei [Winter.]
Hibērus, *ī m s. Hibēres.*
hibiscum, *ī n* (*vl. als Gallizismus der Poebene v. Vergil übernommen*) Eibisch. [*hybrida.*]
hibrida *schlechtere Schreibung für*
hic[1], **haec, hoc** (*im Vers auch hīc* (= *hicc nach Analogie v. hocc*), *hōc* (= *hocc*); ⟨*he-ce, hae-ce, hoc-ce für hod-ce; altlat. Formen: nom. pl. m hīsce, nom. pl. f haec; gen. pl. hōrunc, hārunc; dat. pl. hībus; fragend: hicine u. hīcine, haecine, hōcine;* **ghe-, gho-* + *deiktisches -ce*) *pron. demonstr.* dieser, diese, dieses (*d.h. dem Sprechenden in Raum, Zeit od. Vorstellung am nächsten stehende Person od. Sache*): **1.** (*räuml.*) hiesig, anwesend; *hunc hominem* = *mē*; **2.** (*zeitl.*) gegenwärtig, jetzig; *his duobus mensibus* in den letzten zwei Monaten; *haec die* jetzigen Zustände; **3.** in Rede stehend, unser [*causa*]; derartiger, solcher; **4.** *der* eben genannte *od. der* folgende; *hic ... ille* dieser ... jener, der letztere ... der erstere; **5.** *hoc* nur so viel [*dico*], *hoc est* das heißt; °*quid hoc sit hominis?* was soll ich mit diesem Menschen? °*quid hoc sit negotii?* was soll das heißen? ** *haec et haec* alles mögliche; *hoc est* nämlich.

hīc² *adv.* (*alt. heic; urspr. loc. v. hic¹*) **1.** (*räuml.*) hier, an dieser Stelle; **2.** (*zeitl.*) jetzt, da, nunmehr, alsdann; **3.** / hierbei, hierin, bei dieser Gelegenheit, unter solchen Umständen; ** auf Erden.
hīce, haece, hōce = *hic¹*.
hīcine, haecine, hōcine (*interr.*) = *hic¹* + *-ne*.
hiemālis, e (*hiems*) winterlich.
hiemō 1 (*hiems*) **1.** überwintern; *bsd.* (*mil. t.t.*) Winterquartiere beziehen; °**2.** stürmisch sein.
hiem(p)s, *emis f* (*cf. bīmus; altind.* himáh „Winter") **1.** Unwetter, Sturm; **2. a)** Regenzeit, Winter; °**b)** Winterkälte, Frost; / *amoris mutati das* Erkalten der Liebe; °**3.** Jahr.
Hiempsal, *alis m numidischer Königsname*: **1.** *Sohn des Micipsa*; **2.** *Freund des Pompeius.*
Hierō(n), *ōnis m* (*gr.* -ērōn) *syrakusanischer Königsname*: **1.** ~ *I.*, *477–67, Förderer gr. Dichter*; **2.** *im 2. Pun. Krieg erst Gegner, dann Verbündeter der Römer*; *adi.* -*nicus* 3.
hieronīcae, *ārum m* (*gr. Fw.*) *die* Sieger in den heiligen Spielen.
Hierosolyma, *ōrum n* Jerusalem; *adi.* -*lymārius* 3 (*scherzh.* = *Pompeius*).
hietō 1 (*intens. v. hiō*) den Mund aufsperren, gaffen.
hilariculus 3 (*dem. v. hilarus*) ziemlich heiter.
hilaris, e (*m.* °*adv.*) *jünger für hilarus.*
hilaritās, *ātis u.* (*Pl.*) **-tūdō,** *inis f* (*hilaris*) Heiterkeit, Frohsinn, Fröhlichkeit.
hilarō 1 (*hilarus*) erheitern, aufheitern.
hilarulus 3 (*dem. v. hilarus*) recht heiter.
hilarus 3 (*m. comp.*, °*sup.*, *adv.*; *gr. Lw.*) heiter, fröhlich.
hīlla, *ae f* (*dem. v. hīra*) Würstchen.
Hīlōtae, *ārum m* (*gr.* Heilōtai) Heloten (*Staatssklaven in Sparta*).
hīlum, *ī n* (*et nicht sicher*; *vl.* = *fīlum*; *cf. nihil*) Fäserchen; (*meist mit einer Negation*) *ein* geringes, *eine* Kleinigkeit.
Hilur... (-*ī*-?) = *Illyr...*
Hīmera, *ae* (*gr.* -mērā) *m Name zweier Fl. auf Sizilien.*
hinc *adv.* (<**him-ce*; *hic¹*) **1.** (*räuml.*) von hier (aus); hier, auf dieser Seite; °**2.** (*zeitl.*) **a)** von jetzt an; **b)** hierauf, dann; **3.** / hieraus, daher.
hinniō 4 (*Schallwort*) wiehern.
hinnītus, *ūs m* (*hinniō*) *das* Wiehern.
hinnuleus *od.* **hīnuleus,** *ī m* (*gr. Lw.*, *an hinnus angeglichen*) junger Hirsch- *od.* Rehbock.
hinnulus, *ī m* (*dem. v. hinnus*) junger Maulesel; ** junger Hirsch.
hinnus, *ī m* (*gr. Fw.*) Maulesel (*Kreuzung v. Pferdehengst u. Eselstute*; *Ggs. mūlus*); **ginnus,** *ī m* (*unerklärtes gr. Fw.*) kleiner, verkrüppelter Maulesel.
hiō 1 (*cf. hīscō, nhd.* „gähnen") **1.** (*intr.*) **a)** klaffen, offen stehen; °**b)** gähnen; °**c)** gaffen, staunen; **d)** lückenhaft sein [*hiantia loqui*]; **e)** gierig schnappen [°*corvus*]; °**2.** (*trans.*) zart erklingen lassen [*carmen*]; ** den Mund aufsperren (*im Tode*).
hippagōgoe, *ōn f* (*acc.* -*ūs*; *gr. Fw.*) Transportschiffe für die Reiterei.
Hippō, *ōnis m* (*gr.* -ōn) *regius St. in Numidien, j.* Bone.
hippocentaurus, *ī m* (*gr. Fw.*) Kentaur (*Fabelwesen, halb Mensch, halb Pferd*).
Hippocratēs, *is m* (*gr.* -kratēs) *ber. gr. Arzt v. der Insel Kos, um 440.*
Hippocrēnē, *ēs f* (*gr.* hippū krēnē „Roßquelle") *Musenquell am Helikon* (*cf.* Gorgō).
Hippodamē, *ēs u.* **-ēa, -īa,** *ae f* (*gr.* -damē *od.* -damēa) **1.** *Tochter des Önomaus v. Pisa, Gattin des Pelops*; **2.** *Gattin des Pirithous.*
hippodamus, *ī m* (*gr. Fw.*) Rossebändiger; Reiter.
hippodromos *u.* **-us,** *ī m* (*gr. Fw.*) Rennbahn, Zirkus.
Hippolytē, *ēs u.* **-a,** *ae f* (*gr.* -lytē) *Königin der Amazonen*; *Gattin v. Theseus*; *Mutter des Hippolytus.*
Hippolytus, *ī m* (*gr.* -os) *Sohn des Theseus, wegen Verschmähung der Liebe seiner Stiefmutter Phädra zu Tode geschleift, aber v. Asklepius wieder erweckt u. als Gott Virbius im Hain der Diana in Aricia verehrt* (*cf.* Hippolytē *u.* Virbius).
hippomanes, *is n* (*gr. Fw.*, „roßtoll") **1.** Brunstschleim; **2.** Auswuchs auf der Stirn neugeborener Füllen (*beides zu Liebestränken u. als Liebeszauber verwendet*).
Hippōnax, *actis m aus Ephesus, Vfssr. v. Spottgedichten, Erfinder der Hinkjamben*; *um 540*; *adi.* -*nactēus* 3 beißend, Spott...; *subst.*

-nactēī, *ōrum m* Hinkjamben; *cf. scazōn.*
hippopērae, *ārum f* (*gr. Fw.*) Packsattel eines Reiters.
hippotoxotae, *ārum m* (*gr. Fw.*) Bogenschützen zu Pferde.
hippūros *od.* **-us,** *ī m* (*gr. Fw.*) *ein Fisch* (Goldkarpfen?).
hīr *n indecl.* (?) (*et. ungedeutet*) *die* hohle Hand (?).
hīra, *ae f* (*cf. hernia, haru-spex*) *der* leere Darm; *pl.* Eingeweide.
hircīnus 3 (*hircus*) vom Bock, bocksledern; wie ein Bock stinkend.
hircosalius, *ī m* (*hircus, saliō*) springender Bock (?)
hircōsus 3 (*hircus*) stinkend wie ein Bock.
hircus, *ī m* (*cf. hirtus; ēr*) Bock; Bocksgestank; / (*Schimpfwort*) geiler Bock.
hirnea, *ae f* (*et. unklar*) Schenkkanne; Krug.
Hirpīnī, *ōrum m* (*hirpus*) *Volk i. Samnium*; *adi. -us 3.*
hirniōsus = *herniōsus.*
hirqu... = *hirc...*
hirsūtus 3 (*m.* °*comp.*; *cf. hirtus*) borstig, struppig, rauh; / roh, ungebildet.
Hirtius 3 (*hirtus*) *röm. Gentilname*: *A.* ~, *Legat Cäsars, fiel 43 b. Mutina*; *adi. -tiānus, -tīnus 3.*
hirtus 3 (*eigtl.* „starrend", *cf. horreō*) = *hirsūtus.*
hirūdō, *inis f* (*et. ungedeutet*) °**1.** Blutegel; **2.** / Blutsauger.
hirundinīnus 3 (*hirundō*) Schwalben...
hirundō, *inis f* (*wohl zu hirriō 4* „girren" — *Schallwort*; *cf. nhd.* „girren, gurren") Schwalbe.
hīscō, — — 3 (*incoh. v. hiō*) **1.** (*intr.*) °**a**) sich öffnen; **b**) / den Mund auftun, mucksen; **2.** (*trans.*) (*dcht.*) versuchen zu besingen.
Hispānia, *ae f* Spanien; *pl. die* beiden spanischen Provinzen [*Tarracōnēnsis od. citerior*; *Lūsitānia et Baetica od. ulterior*]; *adi. u. Einw. -nus* (3); *adi. -niēnsis, e* in Spanien stationiert [*exercitus* röm. Heer].
hispidus 3 (*wohl osk.-umbr. Lw.*; *cf. hirtus*) rauh, struppig.
hister[1], *trī m* (*etr. Lw.*) *nkl.* = *histriō.*
Hister[2], *trī m* (*gr.* Ịstros) *die* untere Donau (*Ggs. Dānuvius*).
historia, *ae f* (*gr. Fw.*) **1. a**) Kenntnis; **b**) Geschichtsforschung; **2.** Erzählung, Geschichte, Sage; °Stadtgespräch; **3.** Geschichtswerk.
historicē, *ēs f* (*gr. Fw.*) Erklärung der Schriftsteller.
historicus 3 (*m.* °*adv.*; *gr. Fw.*) geschichtlich; *subst.* ~, *ī m* Historiker.
****historiographus,** *i m* Geschichtsschreiber.
Histrī, *ōrum m Einw. d. Halbinsel*
Histria, *ae f an der Grenze Illyriens*; *adi. -tricus*[1], *-trus 3.*
histricus[2] 3 (*hister*) schauspielerisch, Theater...
histriō, *ōnis m* (*hister*) Schauspieler; ** *der* Spielmann.
histriōnālis, *e* (*histriō*) schauspielerisch, Schauspieler...
histriōnia, *ae f* (*sc. ars*; *histriō*) Schauspielkunst.
hiulcō 1 (*hiulcus*) spalten.
hiulcus 3 (*m. adv.*; *hiō*) °**1.** klaffend, zerrissen; **2.** / **a**) mit Hiat [*-ē loqui*]; °**b**) gierig.
****hoba,** *ae f* = *huba.*
hōc °**1.** *adv.* = *hūc*; **2.** = *eō* desto [*maior*].
hodiē (< **hō diē* „an diesem Tage"; *Verkürzung durch Tonanschluß*) **1.** (noch) heute; **2.** (noch) heutzutage; *hodieque* noch heute; **3.** sogleich [*non dices* ~?]; °**4.** (*b. Drohungen u. Beteuerungen*) je, jemals.
hodiernus 3 (*hodiē*) **1.** heutig; *subst.* **-um,** *ī n das* Heute; **2.** jetzig.
hol... *auch* = *ol...*
****holocaustum,** *i n* Brandopfer.
Homēr(ōn)ida, *ae m* (*gr. Fw.*) Nachahmer Homers, Homeride.
Homērus, *ī m* (*gr.* Hǫmēros) *ältester gr. Dichter*; *adi. -ri(c)us 3.*
homi-cīda, *ae m f* (*homō, caedō*) **1.** Mörder(in); °**2.** männermordend [*Hector*].
homicīdium, *ī n* (*homicīda*) Totschlag, Mord.
****homilia,** *ae f* Predigt.
****hominium,** *i n* Lehnsmannschaft, Lehnseid [*exhibere* schwören].
homō, *inis m* (*altl. -ōnis usw.*; *ältere Form hemō* — *cf. nēmō* —; *cf. nhd.* „Bräuti-gam") **1.** (*Gattungsbegriff*) Mensch; *pl.* Menschen; **2.** Mensch, Mann; *pl.* Leute; **3. a**) tüchtiger Mann; **b**) schändlicher Mann; Kerl; **c**) schwaches Menschenkind; **4.** Sklave, Angehöriger; **5.** *pl.* Fußvolk; °**6.** *pl.* Kolonisten mit ihren Familien; °**7.** Mannes-, Zeugungskraft; **8. a**) *pron. pers.* er, sie; *der* eben Genannte; °**b**) *hic* ~ ich; **

Mann *Ggs.* Frau); Lehnsmann, Untergebener. [lichkeit der Teile.]
homoeomeria, ae *f* (*gr. Fw.*) Ähn-
homōnyma, ōrum *n* (*gr. Fw.*) gleichlautende Wörter, Homonyme.
homullus, ī *m* (*dem. v.* homō) Menschlein, Schwächling; erbärmlicher Kerl.
homunciō, ōnis *u.* **homunculus,** ī *m* (*dem. v.* homō) armer, schwacher Mensch (*im Ggs. zur Gottheit*).
honestāmentum, ī *n* (honestō) Schmuck, Anstand.
honestās, ātis *f* (honestus) **1. a)** Ehre, Ansehen; **b)** *pl.* Auszeichnungen; Honoratioren [civitatis]; **2. a)** Ehrbarkeit, Anstand, Würde; **b)** (*philos. t.t.*) Sittlichkeit, Tugend; **c)** Schönheit. [zeichnen.]
honestō 1 (honestus) ehren, aus-
honestus 3 (*m. comp., sup., adv.*; *wohl zu *honos, eris n; cf.* honōs) **1.** (*v. Personen*) angesehen, geehrt, ansehnlich, ehrenwert; vornehm; -o loco natus aus angesehener Familie; *subst.* **-ī,** ōrum *m* Männer aus gutem Hause; **2.** (*v. Sachen*) anständig, ehrenhaft; sittlich gut; *subst.* **-um,** ī *n* Tugend, Moral; **3.** hübsch, schön(klingend); °*subst.* **-um,** ī *n* Schönheit, *etw.* Schönes.
honor *u.* (*älter*) **-ōs,** ōris *m* (*et. ungedeutet*) Ehre: **1. a)** Ehrenbezeigung, Auszeichnung; Hochachtung; honoris causā ehrenhalber; **b)** ♀ Gott der Ehre; **c)** Ehrenamt, -sold; °Siegespreis; °Ehrenfest, -opfer; **2. a)** Ansehen, Glanz; °**b)** Zierde, Schmuck, Schönheit; ** Ehrerbietung; Lehen; Recht; Fürstenamt.
honōrābilis, e (honōrō) ehrenvoll; ** honorabilem esse erga ehren.
honōrārius (honor) **1.** *adi.* 3 als Ehrenbezeigung gewährt, Ehren...; °**2.** *subst.* **-ium,** ī *n* Ehrengeschenk; decurionatūs Abgabe an den Fiskus für die Ratsherrnwürde.
****honorificentia,** ae *f* Ehrerweisung; Würde, Hoheit.
****honorifico** 1 ehren; zu Ehren bringen; unterstützen (*mit Geld*).
honōrificus 3 (*m. comp.* -centior, us; *sup.* -centissimus 3; *adv.*; honor, faciō) ehrenvoll.
honōrō 1 (honor) **1.** ehren; °**2.** auszeichnen, belohnen; °**3.** verherrlichen, zieren; **4.** (P.P.P.) *adi.* **honōrātus** 3 (*m. comp.,* °*sup.,* °*adv.*) geehrt, angesehen; hochgestellt; ehrenvoll [militia].
honōrus 3 (honor) ehrenvoll.
honōs, ōris *m s.* honor. [diator.]
hoplomachus, ī *m* (*gr. Fw.*) Gla-
hōra, ae *f* (*gr. Lw.*) **1.** (*eine bestimmt abgemessene*) Tageszeit, Stunde (*b. den Römern der 12. Teil des Tages, je nach der Jahreszeit v. verschiedener Länge*); °hora quota est? wie spät ist es?; sexta (*vom Aufgang der Sonne gerechnet*) Mittagszeit; °**2.** Zeit; °**3.** Jahreszeit; **4.** *pl.* Uhr, Uhrwerk; °**5. Hōrae,** ārum *f* (*gr.* -ai) Horen, *Göttinnen der (3 schönen) Jahreszeiten*; ** horae canonicae *die* Horen, *die (7) Gebetsstunden, bsd. die abendliche*; ab hora ad horam einmal am Tage.
horaeos *u.* **-us** 3 (*gr. Fw.*) rechtzeitig eingesalzen, mariniert.
Horātius 3 *röm. Gentilname*: **1.** *die drei Horatier, Besieger der drei Curiatier*; **2.** *s.* Cocles; **3.** Q. ~ Flaccus *röm. Dichter, 65–8.*
hordeāceus *u.* **-cius** 3 (hordeum) Gersten...
hordeārius 3 (hordeum) **1.** zur Gerste gehörig; **2.** der Gerste ähnlich = aufgebläht.
hordēia, ae *f* (*vl. f v. adi.* hordēius) *unbekannter Fisch.* [ceus.]
hordēius 3 (*cf.* hordēia) = hordeā-
hordeum, ī *n* (*nach den stehenden langen Grannen benannt*; *cf.* horreō; *nhd.* „Gerste") Gerste.
hōria *u.* (*dem.*) **hōriola,** ae *f* (*et. unklar*) Fischerkahn.
horizōn, ontis *m* (*acc.* -tem *u.* -ta; *gr. Fw.* „begrenzend") Gesichtskreis, Horizont. [heurig.]
hōrnōtinus 3 (hōrnus) diesjährig,
hōrnus 3 (<* hōiōrinos *v.* *hō iōrō „in diesem Jahr"; hic[1]; *cf. gr. Lw.* hōra, *nhd.* „Jahr" *u.* „heuer") diesjährig, heurig; (*abl.*) *adv.* **-ō** heuer, in diesem Jahr.
hōrologium, ī *n* (*gr. Fw.*) Uhr (Sonnen- *od.* Wasseruhr).
horrendus 3 (horreō) **1.** schaudervoll, schrecklich; **2.** ehrwürdig, bewundernswert.
horrēns, entis (horreō) struppig.
horreō, uī, — 2 (*eigtl.* „starr sein"; *cf.* hirtus) **1.** (*intr.*) °**a)** starren, sich sträuben [comae]; **b)** (*vor Frost*) schaudern; **c)** / schaudern, sich

entsetzen; **2.** (*trans.*) zurückschaudern *vor* [*crudelitatem*].
horrēscō, *ruī*, — 3 (*incoh. zu horreō*) **1.** (*intr.*) °**a**) zu starren beginnen, starren; sich sträuben; **b**) aufwallen; °**c**) schaudern, zittern; **2.** (*trans.*) schaudern *vor* [°*procellas*].
horreum, *ī n* (*et. ungedeutet*) Vorratskammer, Scheune, Speicher.
horribilis, e (*m. comp.*; *horreō*) schrecklich, entsetzlich; erstaunlich.
horridulus 3 (*dem. v. horridus*) °**1.** starrend; strotzend, straff [*papillae*]; **2.** °**a**) struppig; **b**) / ungehobelt.
horridus 3 (*m. comp., adv.*; *horreō*) °**1.** starrend; struppig, rauh; **2.** schaudernd; schaurig kalt; **3.** / **a**) schmucklos, wild, roh, ungebildet [°*miles*]; **b**) einfach, schlicht [*verba*]; **c**) entsetzlich, grausig.
horri-fer, *era, erum* (*horror, ferō*) **1.** schaurig kalt; **2.** schrecklich.
horrificō 1 (*horrificus*) **1.** rauh, uneben machen; aufwallen lassen [*mare*]; **2.** Schauder einflößen.
horri-ficus 3 (*m. adv.*; *horreō, faciō*) schrecklich.
horri-sonus 3 (*horreō, sonō*) schrecklich tönend.
horror, *ōris m* (*horreō*) **1.** Rauheit; / °*dicendi* rauhe Sprache; **2. a**) Schauder; Fieberschauer; **b**) Entsetzen, Grausen; **c**) Wonneschauer; **3.** heilige Scheu.
hōrsum *adv.* (<**hō-vorsum* = *hūc versum*) hierher.
hortāmen, *inis u.* **hortāmentum,** *ī n* (*hortor*) Ermunterung(smittel).
hortātiō, *ōnis f* (*hortor*) Ermunterung.
hortātor, *ōris m* (*hortor*) Ermahner, [Anreger; °Rudermeister.]
hortātrīx, *īcis f* (*hortātor*) Mahnerin, Anregerin.
hortātus, *ūs m* (*hortor*) Ermunte-[rung, Antrieb.]
hortēnsius[1] 3 (*hortus*) zum Garten gehörig; *subst.* **-ē(n)sia,** *ōrum n* Gartengewächse, -früchte.
Hortēnsius[2] 3 *röm. Gentilname*: *Q.* ~ *Hortalus, ber. Redner, Rivale Ciceros*; *adi.* -*iānus* 3; *subst.* **-iāna,** *ōrum n Ciceros Schrift* „Hortensius".
hortor *u.* (*altl.*) **-ō** 1 (< *altl. horitor, intens. v. horior* 4 „antreiben", *eigtl.* „Lust machen", *cf. nhd.* „begehren, gern") ermuntern, antreiben, ermutigen; auffordern.
hortulus, *ī m* (*dem. v. hortus*) Gärtchen; *pl.* Park.
hortus, *ī m* (*cf. cohors, nhd.* „Garten") **1.** Garten; **2.** *pl.* Park; °Gemüse.
hospes, *itis m* (*selten f*; *gen. pl.* °*auch -ium*; <**hosti-pot-s* „Fremdenherr"; *hostis*; *cf. potis*) **1. a**) Gastfreund, Gast; **b**) Wirt; **2.** Fremder; Fremdling; *auch adi.* unerfahren [*in agendo*]; fremd [*huius urbis*].
hospita *s. hospitus.*
hospitālis, e (*m.* °*comp., sup.,* °*adv.*; *hospes*) **1.** zu den Gastfreunden gehörig; des Gastes, des Gastfreunds [*Iuppiter*]; **2.** gastlich, gastfreundlich; ** *subst.* **-e,** *is n* Kranken-, Armenhaus, Herberge.
hospitālitās, *ātis f* (*hospitālis*) Gastlichkeit.
hospitium, *ī n* (*hospes*) **1.** Gastfreundschaft; **2.** gastliche Aufnahme, Bewirtung; **3. a**) gastliches Haus, Herberge, Quartier; °**b**) Lager (*der Tiere*); °**c**) / (*scherzh.*) Unterkunft.
hospitor 1 (*hospes*) als Gast ein-[kehren.]
hospitus 3 (*nur f sg. u. n pl.*; *hospes*) °**1.** fremd; **2.** gastlich; *subst.* **-a,** *ae f* (weiblicher) Gast; Wirtin.
hostia, *ae f* (*et. ungedeutet*) Opfertier; Schlachtopfer; ** Hostie.
hostiātus 3 (*hostia*) mit Opfertieren versehen.
hosticus 3 (*hostis*) **1.** fremd, ausländisch; **2.** feindlich; *subst.* **-um,** *ī n* Feindesland.
hosti-ficus 3 (*m.* °*adv.*; *hostis, faciō*) [feindselig.]
hostīlis, e (*m. adv.*; *hostis*) **1.** feindlich, des Feindes, der Feinde; **2.** feindselig; °*subst.* **-ia,** *ium n* Feindseligkeiten.
Hostīlius 3 *röm. Gentilname*: *Tullus* ~ *3. röm. König.*
hostīmentum, *ī n* (*hostiō*) Vergel-[tung.]
hostiō 4 (*et. unklar*) vergelten.
hostis, *is m f* (*cf. nhd.* „Gast") °**1.** Fremdling, Ausländer; **2.** Feind (-in): **a**) Landesfeind (*Ggs. inimīcus*); **b**) erbitterter Feind (*in Privatverhältnissen*); °Gegner; °Nebenbuhler; ** *antiquus* Teufel.
HS. (*statt II S* = *duo sēmis*) *Abk.* = *sēstertius.*
****huba,** *ae f* Hufe (*germ. Landmaß*).
hūc *adv.* (*wohl* <**hoi-ce, loc. v. hic*[1]) **1.** (*räuml.*) hierher, hierhin; **2.** / hierzu, bis zu diesem Punkte,

so weit; **hūcine?** bis hierhin? bis dahin? so weit?; °**hūc-ūsque** (*-ŭsque?*) bis hierher, so weit.

hui *int.* (*-ī?*; *lautmalend*; *urspr. Schnelligkeit u. Plötzlichkeit, dann* [*meist ironisch*] *Erstaunen u. Spott ausdrückend*) hui! ei! ach was!

hūiusce-modī *u.* **hūius-modī** (*hic*[1]; *modus*) derartig.

hūmānitās, *ātis f* (*hūmānus*) **1.** Menschentum, Menschlichkeit, menschliche Art; **2.** Menschlichkeit, Milde; Höflichkeit; **3. a)** höhere Bildung; **b)** (feiner) Geschmack, Anstand, feine Lebensart.

hūmāniter *u.* **-nitus** *adv.* = *hūmānē* (*adv. v. hūmānus*).

****humanor** 1 Mensch werden.

hūmānus 3 (*m. comp., sup., adv.*; *wahrsch. zu homō, humus*; *-ū- ungeklärt*) **1.** menschlich, Menschen...; *res -ae* Menschliches, Irdisches, Menschenschicksal, irdische Güter; **2.** menschenwürdig, edel, gebildet, fein; **3.** menschenfreundlich, mild, höflich; **4.** gelassen, ruhig; **5.** *subst.* °**a)** **~,** *ī m der* Sterbliche, *der* Mensch; **b)** °**-um,** *ī u.* **-a,** *ōrum n* = *res -ae*; ** *militia die* streitende Christenheit.

humātiō, *ōnis f* (*humō*) Beerdigung.

hūmectō, hūmeō = *ūmectō usw.*

humerus, *ī m* = *umerus.*

hūmēscō, hūmidus = *ūmēscō usw.*

humilis, e (*m. comp.*; *sup. -illimus*; *adv.*; *humus*) **1. a)** niedrig; klein; °**b)** flach; **2.** / **a)** unbedeutend, schwach, gering, ärmlich [*-i loco natus*]; **b)** schmucklos, schwunglos; schlicht [*oratio*]; **c)** kleinlich; **d)** demütig, knechtisch; **e)** kleinmütig, verzagt.

humilitās, *ātis f* (*humilis*) **1.** Niedrigkeit, Kleinheit [*navium*]; **2.** / **a)** niederer Stand, unedle Geburt; **b)** Unbedeutendheit, Schwäche, Ohnmacht; **c)** Niedergeschlagenheit, Unterwürfigkeit, knechtischer Sinn; ** *mentis* Demut.

humō 1 (*humus*) bestatten.

hūmor, *ōris m* = *ūmor.*

humus, *ī f* (*wohl Umformung eines konsonantischen Stammes*; *daher f*; *cf. gr. Fw.* „chthonisch") **1.** Erdboden, -reich; Erde; *loc.* **humī** auf dem Boden, auf den Boden, zu Boden [*prosternere*]; *abl.* **humō** vom Boden, von der Erde; auf dem Boden, auf der Erde; in der Erde [*alqm condere*]; °**2.** Grund und Boden; °**3.** Gegend, Land; °**4.** *das* Niedrige, Gemeine.

Hyacinthia, *ōrum n* Hyazinthusfest (*in Sparta zu Ehren des v. Apoll geliebten* **Hyacinthus** (*gr.* -ạkinthos), *der durch einen unglücklichen Diskuswurf getötet wurde u. aus dessen Blut die Blume hyacinthus entsprang*).

hyacinthinus 3 (*gr. Fw.*) Hyazinthen...

hyacinthus, *ī m* (*gr. Fw.*; *cf. vaccīnium*) Hyazinthe (*violettblaue Schwertlilie od. Gartenrittersporn, nicht unsere H.*; *cf. Hyacinthia*).

Hyades, *um f* (*acc. -as*; *gr.* -ạdes „Regenbringerinnen", *volkset. als* „Wildschweine" *gedeutet, cf. Suculae*) *die* Hyaden, Siebengestirn (*dessen Aufgang Regen anzeigte*); *in der Sage Töchter des Atlas, Schwestern der Plejaden.*

hyaena, *ae f* (*gr. Fw.*) Hyäne.

hyalus, *ī m* (*gr. Fw.*) Glas; *color -i* glasgrüne Farbe; ** Trinkglas.

hybrida, *ae m f* (*Fw. unbekannter Herkunft*) Mischling, Bastard.

Hydaspēs, *is m* (*acc. -ēn*) *Nbfl. des Indus, j.* Dschelam.

hydra, *ae f* (*gr. Fw.*) **1.** Wasserschlange; °**2.** ♀ **a)** *Ungeheuer der Unterwelt*; **b)** *Gestirn* (= *Anguis*).

hydraulēs, *ae m* (*gr. Fw.*) Wasserorgelspieler.

hydraulicus 3 (*gr. Fw.*) durch Wasser getrieben, hydraulisch.

hydraulus, *ī m* (*gr. Fw.*) Wasserorgel.

hydria, *ae f* (*gr. Fw.*) Wasserkrug; Krug, Urne, Topf.

hydrocēlē, *ēs f* (*gr. Fw.*) Hodenbruch.

hydrochous *od.* **-os,** *ī m* (*gr. Fw.*) Wassermann (*Gestirn*).

****hydromellum,** *i n* = *hydromeli, itos n* Met.

hydrōpicus 3 (*gr. Fw.*) wassersüchtig.

hydrōps, *ōpis m* (*gr. Fw.*) Wassersucht.

hydrus *u.* **-os,** *ī m* (*gr. Fw.*) (Wasser-)Schlange; *pl. bsd. die* Schlangen *in den Haaren der Furien u. der Medusa.*

Hygīa, *ae f* (*gr.* Hygịeia) *Göttin der Gesundheit.*

Hylās, *ae m jugendlicher Begleiter des Herkules, v. Nymphen geraubt.*

hȳlē, *ēs f* (*gr. Fw.*) Material, Stoff; / schriftliche Materialien.

Hymēn, *enis m* (*u.* -ȳ-; *gr.* -mẹn; *cf. altind.* syūman „Band") Hochzeitsgott; / Hochzeitslied.
hymenaeos *u.* **-us,** *ī m* (*gr. Fw.*) Braut-, Hochzeitslied; (*meist pl.*) Brautzug, Hochzeit; Begattung; ♀ = *Hymēn.*
Hymēttus, *ī m* (*gr.* -ọs) *Berg b. Athen, ber. durch Honig u. Marmor*; *adi. -ius* 3.
hymnus, *ī m* (*gr. Fw.*) Lobgesang; Hymne; ** geistliches Lied.
hyperbaton, *ī n* (*gr. Fw.*; *rhet. t.t.*) künstliche Änderung der Wortfolge, Hyperbaton; *cf. trānsgressiō.*
hyperbolē, *ēs f* (*gr. Fw.*; *rhet. t.t.*) Übertreibung, Hyperbel.
Hyperboreī, *ōrum m* (-ĕ-?; *gr.* -bọre[i]oi) *Märchenvolk im hohen Norden*; *adi. -ĕus* 3 nördlich.
Hyperīdēs, *is m* (*gr.* -ẹidēs) *att. Redner z. Z. des Demosthenes.*
Hyperīōn, *onis m* **1.** *Titane, Vater des Sol* (*Helios*); **2.** *der* Sonnengott.
hypocauston *u.* **-um,** *ī n* (*gr. Fw.*) Heizgewölbe unter dem Fußboden, Hypokausten.
****hypocrisis,** *is f* Heuchelei.
hypocritēs *u.* **-a,** *ae m* (*acc. auch -ēn*; *gr. Fw.*) Mime (*der die Worte eines Schauspielers m. Gebärden begleitet*); ** Heuchler.
hypodidascalus, *ī m* (*gr. Fw.*) Unterlehrer.
hypomnēmata, *um n* (*abl. -atīs*; *gr. Fw.*) schriftliche Bemerkungen.
hypothēca, *ae f* (*gr. Fw.*) (Unter-) Pfand, Hypothek.
Hyrcānia, *ae f* (*gr.* -ịā) *Landsch. sö. vom Kaspisee*; *adi. -ān(i)us* 3; *Einw.* **-ānī,** *ōrum m*; *Macedones Hyrcānī* Hyrkanomakedonier *in Lydien.*
hystericus 3 (*gr. Fw.*) hysterisch.

I

Īacchus, *ī m* (*gr.* Ịakchos) *Kultname des Bacchus*; °/ Wein.
iaceō, *uī,* — 2 (*result. zu iaciō*) **1. a)** (da)liegen; **b)** ruhen; **c)** krank zu Bett liegen; **d)** zu Tische liegen; **e)** tot daliegen; *iacentes, ium m die* Gefallenen; **f)** irgendwo liegenbleiben, rasten; °**g)** (*v. Örtlichkeiten*) liegen, gelegen sein [*locus*]; sich erstrecken; (*v. Völkern*) wohnen [*gens*]; **h)** flach *od.* tief liegen [*terrae*]; **2.** / °**a)** nachschleppen [*vestis*]; °**b)** in Trümmern liegen; **c)** (*in einen Zustand*) versunken sein [*in maerore*]; **d)** mutlos sein; **e)** machtlos sein; brachliegen [*studia*]; **f)** niedrig stehen [*pretia*].
iaciō, *iēcī, iactum* 3 (*cf. iaceō*) **1.** werfen, schleudern, stürzen; auswerfen [*ancoram*]; zuwerfen [°*oscula* Kußhände]; °ausstreuen [*semen*]; °**2.** wegwerfen [*arma*]; **3.** / **a)** (*Drohungen usw.*) schleudern, ausstoßen [*minas*]; **b)** (*im Gespräch*) fallen lassen [*verba superba*]; **4.** aufführen, errichten, bauen [*aggerem*]; / *fundamenta* den Grund legen *zu* [*pacis*].
iactāns, *antis* (*m.* °*comp.,* °*adv.*; *iactō*) prahlerisch.
iactantia, *ae f* (*actiāns*) **1.** (*act.*) *das* Anpreisen [*sui*]; **2.** (*medial*) Prahlerei, Ruhmredigkeit; **3.** (*pass.*) (gezollter) Beifall.
iactātiō, *ōnis f* (*iactō*) **1.** (*act.*) °**a)** *das* Hin- und Herwerfen, Schütteln, Erschüttern; **b)** gestikulierende Bewegung; °**c)** / Prahlerei; **2.** (*medial u. pass.*) **a)** Erschütterung, Schwanken [*navis*]; / **b)** (*seelische*) Erregung, Regung [*animi*]; °**c)** Wankelmut [*animi*]; **d)** (gezollter) Beifall [*popularis* Volksgunst].
iactātor, *ōris m* (*iactō*) Prahler.
iactātus, *ūs m* (*iactō*) = *iactātiō* 1a.
iactitō 1 (*intens. v. iactō*) öffentlich vortragen.
iactō 1 (*intens. u. frequ. v. iaciō*) **1. a)** immer wieder *od.* kräftig werfen; °**b)** wegwerfen, ausstreuen [*semina*]; verbreiten, austeilen [*vulnera*]; **c)** ausstoßen [*minas*]; **d)** wiederholt zur Sprache bringen; im Munde führen; **e)** *se -are* sich brüsten, großtun *mit* [*in pecuniis*]; **2. a)** hin und herwerfen, schwingen, schütteln; **b)** hin und hertreiben, tummeln; **c)** rhythmisch bewegen [°*bracchia in numerum*]; **d)** *medio-pass. u. se -are* sich viel beschäftigen *mit* [*in causis*].
iactūra, *ae f* (*iaciō*) **1.** *das* Überbordwerfen; **2.** / **a)** Aufopferung, Verlust, Schaden; *-am facere*

Schaden leiden *an* [*rei familiaris*]; **b**) Aufwand; (Geld-)Opfer.

iactus, *ūs m* (*iaciō*) **1.** *das* Werfen, Schleudern; °**2.** Schußweite; **3.** Wurf (*im Würfelspiel*).

iaculābilis, e (*iaculor*) zum Werfen geeignet, Wurf...

iaculātiō, *ōnis f* (*iaculor*) *das* Schleudern; Wurf.

iaculātor, *ōris m* (*iaculor*) Schleuderer, Speerschütze.

iaculātrīx, *īcis f* (*iaculātor*) Schleuderin, Jägerin [*Diana*].

iaculor 1 (*iaculus*) **1.** (*intr.*) **a**) den Speer schleudern; °**b**) / (*mit Worten*) losziehen *gegen* [*in uxorem*]; °**2.** (*trans.*) **a**) werfen, schleudern; **b**) *se -ari* sich stürzen; **c**) schießen, erlegen [*cervos*]; **d**) / jagen, streben *nach* [*multa*].

iaculum, *ī n* (*iaculus*) Wurfspieß, [°-netz.

iaculus 3 (*iaciō*) zum Werfen geeignet, Wurf....

iāientāculum (-ē-?) = *ientāculum.*

iāiūnus *älter statt iēiūnus.*

iam *adv.* (*erstarrter acc. sg. f eines pron.*; *cf. is*) **1.** (*zeitl.*) **a**) (*positiv*) schon, bereits; nunmehr, jetzt; bald; °*iam ... iam* bald ... bald; sofort, sogleich; **iamiam** jeden Augenblick, im nächsten Augenblick; *iam pridem, iam dudum* schon längst; **b**) (*negativ*) *non iam u. iam non* nicht mehr, nicht länger, noch nicht; **2.** (*in Übergängen*) nun ferner, außerdem; nun gar, wirklich [*iam vero*].

ïambēus 3 (*gr. Fw.*) jambisch.

ïambus, *ī m* °**1.** Jambus (◡ —); **2.** jambisches Gedicht, Spottgedicht.

Iāniculum, *ī n u.* **mōns -lus** *Hügel Roms, auf dem rechten Tiberufer.*

Iānigena, *ae m f* (*Iānus, gignō*) Kind des Janus.

iānitor, *ōris m* (*iānus*) Pförtner; ** Küster; *caeli* = Petrus.

iānitrīx, *īcis f* (*iānitor*) Pförtnerin.

ïanthina, *ōrum n* (*gr. Fw.*) violette [Kleider.

iantō = *ientō.*

iānua, *ae f* (*iānus*) **1.** Haustür, Tür; **2.** Eingang, Zugang.

Iānuārius 3 (*Iānus*) zum Janus *od.* zum Januar gehörig [*Kalendae*]; ~ (*mensis*) *m* Januar.

iānus, *ī m* (*eigtl.* „Bahn, Gang") bedeckter Durchgang, Torbogen, *bsd.*: **1.** Janusbogen *nördl. v. Forum* (*im Frieden geschlossen*); **2.** *eine der drei überwölbten* Torhallen *am Forum* (*summus*; *medius* [*Sitz der Wechsler*]; *imus*); **Iānus,** *ī m der personifizierte Torbogen, altit. Gott jedes Ein- u. Ausgangs*; *auf dem As doppelköpfig dargestellt.*

Iapetus, *ī m* (*gr.* -ọs) *Titane, Vater des Atlas* (*-tīonidēs, ae m*) *sowie des Prometheus u. des Epimetheus.*

Iāpyx, *ygis m* (*acc. -a*) **1.** *Sohn des Dädalus, Heros v. Südapulien*; **2.** *Einw. v. Südapulien* (*-ygia, ae f*); *auch adi.*; **3.** (*der aus Südapulien nach Griechenland wehende*) Nordwestwind.

Iāsōn, *onis m Führer der Argonauten*; *adi. -onius* 3.

ïaspis, *idis f* (*gr. Fw.*) Jaspis (*grüner* [*Halbedelstein*).

ïātralīptēs, *ae m* (*ī-?*; *gr. Fw.*) Salbenarzt, Badearzt.

Ibēr, Ibēres = *Hibēr, Hibēres.*

ibī *u.* **ibi** *adv.* (*cf. is*) **1.** (*räuml.*) da, dort, daselbst; **2.** (*zeitl.*) da, damals, alsdann; **3.** / dabei, darin, in diesem Punkte.

ibī-dem *u.* **ibi-dem** *adv.* (*cf. īdem*) ebendaselbst; / ebendabei, ebendarin.

ībis, *is u. idis f* (*acc. -im*; *gr. Fw.*) [*der* Ibis.

ibiscum = *hibiscum.*

ibrida = *hibrida.*

ibus *s. is.*

Ībycus, *ī m* (*gr.* -kos) *gr. Lyriker aus* [*Rhegium, um 540.*

Īcarius, *ī m* (*gr.* -kạrios) **1.** *Vater der Penelope*; **-iōtis,** *idis f subst.* = *Penelope, adi. der* Penelope; **2.** *s. Īcarus* 1.

Īcarus, *ī m* (*gr.* Īkaros) **1.** (*od. Īcarius*) *ein Athener, der v. Bacchus eine Rebe erhielt*; *nach seinem Tode als Arctūrus od. Boōtes, sein Hund als Hundsstern an den Himmel versetzt*; *adi. -ius* 3 [*canis*]; **2.** *Sohn des Dädalus, stürzt bei der Flucht aus Kreta ins Meer*; *adi. -ius* 3 [*mare Teil des Ägäischen Meers*].

īcas, *adis f* (*gr. Fw.*) *der* 20. Tag des Monats, Epikur zu Ehren gefeiert.

iccircō = *idcircō.*

ichneumōn, *onis m* (*gr. Fw.*) Pharaomaus.

īciō *u.* **īcō** 3 *fehlerhafte Grammatikerformen für īcō.*

īcō, *īcī, ictum* 3 (*praes. kl. selten*; *cf. ictus*[2]) **1.** treffen, schlagen, stoßen; **2.** *foedus* ein Bündnis schließen.

īconicus 3 (*gr. Fw.*) nach dem [Leben dargestellt.

īconismus, *ī m* (*gr. Fw.*) Abbildung, treue Darstellung.
ictericus 3 (*gr. Fw.*) gelbsüchtig.
ictis, *idis f* (*acc. sg. -tim, acc. pl. -tidas; gr. Fw.*) Frettchen.
ictus[1] 3 (*īcō*) betroffen, beunruhigt.
ictus[2], *ūs m* (*cf. īcō*) **1.** Schlag, Hieb, Stoß, Wurf; / Schicksalsschlag; °**2.** Takt(schlag); °**3.** Angriff.
Īda, *ae u.* **-ē,** *ēs f* **1.** *Berg auf Kreta*; **2.** *Berg i. Phrygien m. Kybelekult*; *adi. -aeus* 3.
Īdalium, *ī n* (*gr.* -on) *Vorgeb. u. St. auf Zypern m. Venuskult*; *adi. -ius* 3; *subst.* **-iē,** *ēs f* Venus; **-ia,** *ae f* Gegend um ~.
id-circō *adv.* (*vl. eigtl.* „*dies* im Umkreis"; *id*; *circus*) deswegen, deshalb, darum.
idea, *ae f* (*gr. Fw.*) Urbild, Idee.
īdem, eadem, idem (*n id* + [*verstärkendes*] *-em*; *durch falsche Zerlegung* [*i-dem*] *īdem u. eadem hinzugebildet*) (eben)derselbe, *der* nämliche, gleiche; *idem ac od.* et derselbe wie; (*b. gleichem Subj. u. neuem Prädikat*) zugleich, auch [*viri fortes iidemque boni*]; gleichwohl.
identidem *adv.* (*vl.* ⟨*idem* et *idem*⟩) zu wiederholten Malen, mehrfach.
id-eō *adv.* (*eigtl.* „das aus dem Grunde") = *idcircō*.
Īdib. = *Īdibus*.
****idioma,** *atis n das* Eigentümliche im Ausdruck; Mundart.
idiōta *u.* **-ēs,** *ae m* (*gr. Fw.*) unwissender Mensch, Laie, Stümper.
Idistavīsō campus *Talebene auf dem rechten Weserufer.*
īdōlum, *ī n* (*gr. Fw.*) °**1.** Schattenbild, Gespenst; **2.** (*stoischer t.t.*) Bild in der Seele, Vorstellung; ** Götzenbild.
idōneus 3 (*m. comp. u. sup. magis u. maximē* ~; *adv. -eē*; *et. ungedeutet*) **1.** (*act.*) geeignet, passend, tauglich, fähig; **2.** (*pass.*) wert, würdig; empfänglich [*natura*]; °straffällig.
īdos *indecl.* (*gr. Fw.*) Ansehen, Gestalt.
Īdūs, *uum f* (*wohl etr. Fw.*) *die* Iden (*der 15. im März, Mai, Juli, Oktober, sonst der 13.*).
īdyllium, *ī n* (*gr. Fw.*) Hirtengedicht, Idylle.
i.e. = *id* est.
iecur, *jünger* **iocur,** *iecoris u.* °*iocineris n* (*vl. m. nhd.* „Leber" *verwandt*) Leber (*nach antiker Auffassung Sitz der sinnlichen Liebe u. des Zornes*).
iecusculum, *ī n* (*dem. v. iecur*) kleine Leber.
iēientāculum = *ientāculum.*
iēiūniōsus 3 (*iēiūnium*) ganz nüchtern, hungrig.
iēiūnitās, *ātis f* (*iēiūnus*) °**1.** Nüchternheit; **2.** / **a)** Trockenheit *der Rede*; **b)** Unkenntnis.
iēiūnium, *ī n* (*iēiūnus*) *das* Fasten, Hunger; Magerkeit; ** Fastenzeit.
iēiūnus 3 (*m.* °*comp., adv.*; *et. ungedeutet*) **1.** nüchtern, hungrig; **2.** / **a)** mager, dürr, trocken; **b)** armselig, dürftig.
ientāculum, *ī n* (*-ē-?*; *ientō*) erstes Frühstück.
ientō 1 (*-ē-?*; *et. unklar*; *m. iēiūnus verwandt?*) frühstücken.
igitur *ci.* (*meist an 2. Stelle*; ⟨ (*quid*) *agitur?* was ist los? was nun?) **1.** (*schlußfolgernd*) also, daher, demnach, folglich, so ... denn; **2.** (*wiederaufnehmend*) also, wie gesagt; **3.** (*zusammenfassend*) kurz, mit einem Worte.
īgnārus 3 (*m.* °*sup*; ⟨**in-gnārus*⟩) **1.** (*act.*) unbekannt *mit etw.*, unkundig, unerfahren; *me ignaro* ohne mein Wissen; °**2.** (*pass.*) unbekannt, fremd [*regio hostibus*].
īgnāvia, *ae f* (*īgnāvus*) Trägheit; Schlaffheit; Feigheit.
īgnāvus 3 (*m. comp.*, °*sup., adv.* **-ē** *u.* °**-iter**; ⟨**ingnāvus*; *s. nāvus*⟩) **1.** träge, untätig, schlaff, lässig; **2.** kraftlos, matt; **3.** erschlaffend [*aestus*]; **4.** feige, mutlos; *subst.* ~, *ī m* (*kl. nur pl.*) Feigling.
ignēscō, — — 3 (*ī-?*; *ignis*) sich entzünden, in Brand geraten; °/ entbrennen.
igneus 3 (*ī-?*; *ignis*) feurig; feuerfarben; °/ hitzig, glühend.
igniculus, *ī m* (*īgn-?*; *dem. v. ignis*) Flämmchen; / Glut; Funke; *pl.* Keime [*virtutum*].
igni-fer, *era, erum* (*īgn-?*; *ignis, ferō*) feurig.
igni-gena, *ae* (*īgn-?*; *ignis, gignō*) feuergeboren.
igni-pēs, *edis* (*īgn-?*; *ignis*) feuerfüßig, schnell.
igni-potēns, *entis m* (*īgn-?*; *ignis*) Beherrscher des Feuers; (*Beiname des Vulcanus*).
ignis, *is m* (*īgn-?*; *abl. sg. -ī u. -e*; *altind. agni- ds.*) **1.** Feuer(sbrunst); **2. a)** Feuerbrand; Fackel; °**b)** brennender Scheiterhaufen; Blitz; Stern;

3. Feuerglanz, Röte; Schimmer; °fiebrige Röte; **4.** Glut, Hitze (*kl. nur l*); Wut, Leidenschaft; Liebesglut; Zorn; °**5.** Geliebte(r), Flamme; ** *aeternus* Höllenfeuer; Feuerprobe.

ignītus 3 (*īgn-?; ignis*) feurig, glühend.

īgnōbilis, e (*m.* °*comp., sup.,* °*adv.*; ⟨**in-gnōbilis; s. nōbilis*) **1.** unbekannt, unberühmt; **2.** von niedriger Herkunft, gemein.

īgnōbilitās, *ātis f* (*īgnōbilis*) **1.** Ruhmlosigkeit; **2.** niedrige Herkunft.

īgnōminia, *ae f* (*in* [= „un-"] + *nōmen m. Anlehnung an* [g]*nōscō; eigtl.* „Aberkennung des guten Namens" = *nota cēnsōria*) Beschimpfung, Entehrung; Schimpf.

īgnōminiōsus 3 (*m.* °*adv.*; *īgnōminia*) **1.** schimpflich; °**2.** beschimpft, entehrt.

īgnōrābilis, e (*m.* °*comp.,* °*adv.*; *īgnōrō*) unbekannt.

īgnōrantia, *ae f* (*īgnōrāns, part. praes. v. īgnōrō*) Unkenntnis, Unerfahrenheit.

īgnōrātiō, *ōnis f* (*īgnōrō*) **1.** Unbewußtheit, Unfreiwilligkeit; **2.** = *īgnōrantia*.

īgnōrō 1 (*v. adi.* **īgnōrus* „nicht wissend", *wohl ablautend zu īgnārus*) unkundig sein, nicht kennen, nicht wissen; *non* ~ sehr wohl wissen; (*P.P.P.*) *adi.* **īgnōrātus** 3 **1.** unbekannt; °**2.** unerkannt, unbemerkt; °**3.** unbewußt, unfreiwillig.

(**īgnōscēns**) *entis* (*nur comp.* -*entior, ōris; īgnōscō*) versöhnlich.

īgnōscō, *gnōvī, gnōtum* 3 (*prp. in* + *gnōscō; s. nōscō*) verzeihen, Nachsicht haben [*adulescentiae*]; begnadigen; (*Gerundiv*) °*adi.* **īgnōscendus** 3 verzeihlich.

īgnōtus 3 (*m.* °*comp., sup.* ⟨**in-gnōtus; s. nōtus*) **1.** (*pass.*) **a)** unbekannt, fremd; °**b)** niedrig geboren, gemein; **2.** (*act.*) unbekannt *mit*.

Iguvium, *ī n St. in Umbrien, j.* Gubbio; *Einw.* -*vīnī, ōrum u.* -*vīnātēs, um m.*

īle, *is u.* **īleum** *u.* **īlium,** *ī n sg. zu īlia²* Scham.

Ilerda, *ae f St. der Ilergētes, um m im nö. Spanien, j.* Lerida.

īlex, *icis f* (*Lw. aus Mittelmeerspr.*) Steineiche.

Īlia¹, Īliacus, Īliadēs, Īlias *s. Īlium.*

īlia², *ium n die* Weichen; Gedärme.

īlicet *adv.* (⟨ *īre licet*) **1.** man kann gehen! laßt uns gehen! es ist vorbei! **2.** = *īlicō*.

īlicētum, *ī n* (*īlex*) (Stein-)Eichenwald.

īlicō *adv.* (⟨**en-stlocōd; in, locus*) °**1.** (*räuml.*) auf der Stelle; **2.** (*zeitl.*) sogleich.

īlignus 3 (-*līgn-?; īlex, an lignum angeglichen*) von der Steineiche.

Īlīthyia, *ae f* (*gr.* Eilei-) *Geburtsgöttin.*

Īlium *u.* **-on,** *ī n,* **Īlios,** *ī f* Troja; *adi. Īli(ac)us* 3; *subst.* **Īlia,** *ae f* Troerin; Rhea Silvia; **Īliadēs,** *ae m der* Troer (*Ganymedes*); Sohn der Ilia (*Romulus od. Remus*); **Īlias,** *adis f* Troerin; *die* Ilias *Homers*; **Īliēnsēs,** *ium m* Troer; *ein Volk auf Sardinien.*

illā *adv.* (*sc. parte od. viā*) auf jener Seite, dort; dorthin.

il-labefactus 3 (*in* + *P.P.P. v. labefaciō*) unerschütterlich.

il-lābor, *lāpsus sum* 3 hineingleiten, -schlüpfen; einstürzen, fallen.

il-labōrātus 3 unbearbeitet; mühelos.

il-labōrō 1 sich abmühen *bei* [*domibus abl.*].

illāc *adv.* (*sc. parte od. viā; illic¹*) °**1.** da, dort; **2.** dorthin; ~ *facere* zu jener Partei gehören.

il-lacessītus 3 ungereizt, unangefochten.

il-lacrimābilis, e **1.** (*pass.*) unbeweint; **2.** (*act.*) nicht weinend, unerbittlich.

il-lacrimō *u.* **-or** 1 **1.** weinen *über* [*morti*]; °**2.** dazu weinen.

il-laesus 3 (*in* + *P.P.P. v. laedō*) unverletzt.

il-laetābilis, e unerfreulich, traurig.

il-laqueō 1 umgarnen.

il-laudātus 3 ungelobt, ruhmlos; fluchwürdig.

il-lautus = *illūtus*.

ille, *a, ud* (*gen. sg. illīus, altl. illī, im Vers auch illĭus; dat. sg. illī; altl. ollus u. olle; cf. ultrā*) jener: **1. a)** jener; **b)** dortig, entlegen, jenseitig; **c)** damalig, früher; **d)** früher erwähnt, schon genannt; **2.** *der* bekannte, berühmte [*illud Homeri das* bekannte Wort aus Homer]; *der* berüchtigte; **3.** (*ankündigend*) folgender; dieser; der [*cum alia ... tum illud*]; **4.** (*unbetont*) er, sie, es; **5. hic ... ille** dieser ... jener, der eine ... der andere; der letztere ... der erstere; **ille aut ille**

der und der, irgendeiner; **ille quidem** (der) allerdings, freilich.
illecebra, *ae f* (*illiciō*) Lockung; Reiz; Verführung; °Lockvogel.
illecebrōsus 3 (*m. °comp., °adv.*; *illecebra*) verführerisch.
il-lectus¹ 3 *s. illiciō.* [ungelesen.]
il-lēctus² 3 (*in + P.P.P. v. legō²*)
il-lectus³, *ūs m* (*illiciō*) Lockung.
il-lepidus 3 (*m. adv.*) unfein.
illex, *icis m f* (*illiciō*) Verführer(in), Lockvogel.
illī *adv.* (*altl. loc. v. ille*) dort.
il-lībātus 3 (*in + P.P.P. v. lībō*) unvermindert, ungeschmälert; ** unberührt, keusch.
il-līberālis, e (*m. adv.*) **1.** eines freien Mannes unwürdig; **2.** unedel, ungefällig; unanständig, gemein; **3.** knauserig, geizig.
illīberālitās, *ātis f* (*illīberālis*) **1.** Ungefälligkeit; **2.** Knauserei.
illic¹, *aec, uc* (*Schlußsilbe des n* [= *illucc*] *stets u. in falscher Analogie die des m* [= *illicc*] *oft lang gemessen*; *altl.*: *nom. pl. m* **illīsce,** *abl. pl.* **illīsce,** *nom. pl. f* **illaec;** *ille + -ce*; *altl., im n auch vulgär*) jener da.
illīc² *adv.* (*loc. v. illic¹*) **1. a**) dort, daselbst; °**b**) auf jener Seite, bei jenem Menschen; °**c**) im Jenseits; °**2.** bei jener Gelegenheit.
il-liciō, *lēxī, lectum* 3 (*-lĕxī?*; *laciō* 3 „verlocke"; *cf. lacessō*) anlocken; verlocken, verführen.
illicitātor, *ōris m* (*Vermischung v. licitor u. illiciō*) Scheinkäufer, Preistreiber.
il-licitus 3 (*m. °adv.*) unerlaubt.
illicō *adv.* = *īlicō.*
il-līdō, *sī, sum* 3 (*laedō*) °**1.** hineinschlagen, -stoßen; °**2.** anschlagen, anstoßen [*caput foribus*]; **3.** zerschlagen.
il-ligō 1 **1.** anbinden, -knüpfen; **2.** befestigen; **3.** / **a**) an sich ketten [*foedere se cum Romanis*]; **b**) umgarnen, hemmen.
illim *adv.* (*altl.*; *erstarrter acc. eines i-Stammes zu ille*) **1.** (*räuml.*) von dort; °**2.** (*zeitl.*) von da an.
il-līmis, e (*līmus¹*) schlammfrei, rein.
illinc *adv.* (*illim + -ce*) **1.** von dort; **2.** von *od.* auf jener Seite, dort; ~ *facere* zu jener Partei gehören.
il-linō, *lēvī, litum* 3 °**1.** aufstreichen, hinschmieren [*quodcumque chartis*]; °**2.** einweben [*aurum* (Goldfäden) *vestibus*]; **3.** °**a**) bestreichen; **b**) / überziehen *mit.* [gebracht.]
il-liquefactus 3 (*u. -liquē-*) in Fluß
il-litterātus 3 ungelehrt, unwissenschaftlich; ** *subst.* ~, *i m* Laie.
illō *adv.* (*sc. locō*) **1.** (*räuml.*) dorthin; **2.** / dahin, zu der Sache [*perficere*].
illōc = *illūc.*
il-locābilis, e (*in, locō*) nicht an den Mann zu bringen [*virgo*].
illōtus 3 = **illūtus.**
illūc *adv.* (*illic¹*; *Bildung wie hūc*) **1.** (*räuml.*) **a**) dorthin, dahin; **b**) ins Jenseits; °**2.** (*zeitl.*) (bis) dahin; **3.** / dahin, zu jener Sache.
il-lūceō, — — 2 leuchten *auf* [*capiti*].
illūcēscō, *lūxī,* — 3 **1.** (*intr.*) zu leuchten beginnen, anbrechen [*dies*]; / leuchten, sich zeigen; °**2.** (*trans.*) bescheinen; °**3.** (*impers.*) *illucescit* es wird Tag.
il-lūdō, *sī, sum* 3 °**1. a**) spielen *an,* umspielen [*palla talis*]; **b**) *alqd chartis* spielend zu Papier bringen; **2. a**) sein Spiel treiben *mit,* verspotten [*miseros*; *in Albutium*]; °**b**) täuschen [*Neroni*]; °**c**) sich vergreifen *an,* schänden [*matri, corpus*]; übel mitspielen.
illūminātē *adv.* (*vom P.P.P. v. illūminō*) lichtvoll, klar.
****illuminatio,** *onis f* Erleuchtung.
il-lūminō 1 erleuchten, erhellen, schmücken, verherrlichen.
il-lūnis, e (*in*; *lūna*) ohne Mondschein. [Ironie; Täuschung.]
illūsiō, *ōnis f* (*illūdō*) Verspottung,
illūstrāmenta, *ōrum n* (*illūstrō*) Verschönerungsmittel.
illūstrātiō, *ōnis f* (*illūstrō*) anschauliche Darstellung.
illūstris, e (*m. comp., °sup., adv.*; *wohl Rückbildung aus illūstrō*) **1.** erleuchtet; hell, strahlend; **2.** / **a**) klar, anschaulich; **b**) auffallend, merkwürdig; **c**) berühmt, ausgezeichnet; **d**) vornehm, angesehen.
il-lūstrō 1 **1.** erleuchten; **2.** / **a**) ans Licht bringen [*consilia*]; **b**) anschaulich machen, erklären; **c**) verherrlichen, berühmt machen.
illūti(bi)lis, e (*-luō¹*) durch Waschen nicht zu beseitigen.
il-lūtus 3 (*-luō¹*; *cf. lavō* 3, *lautus*) **1.** ungewaschen, unrein; / unanständig; **2.** unabgewaschen.
il-luviēs, *ēī f* (*in*; *lavō*) **1.** Schmutz;

2. Überschwemmung; Uferwasser; 3. Morast.
Illyriī, *ōrum m Volk in Dalmatien u. Albanien; adi.* -*ricus* 3, -*ris, idis f; subst.* **-ricum,** *ī n u.* **-ris,** *idis f* [Illyrien.]
Īlōtae = *Hīlōtae.*
Īlus, *ī m (gr.* -os) **1.** *Sohn des Trōs, Vater des Lāomedōn, König v. Troja;* **2.** = *Iūlus.*
Ilva, *ae f Insel w. v. Etrurien, j.* [Elba.]
imāginārius 3 (*imāgō*) scheinbar, Schein...; ** phantastisch.
imāginātiō, *ōnis f* (*imāginor*) Einbildung, Phantasie, Vorstellung.
imāginor 1 (*imāgō*) sich vorstellen, träumen *von.*
imāginōsus 3 (*imāgō*) voller Ein- [bildungen.]
imāgō, *inis f (cf. imitor; ablautend zu aemulus)* Bild: **1.** Bildnis, Porträt, Plastik; **2.** Ahnenbild, Wachsmaske; *meist pl.* [*ius imaginum: es bestimmte, daß nur der Inhaber eines kurulischen Amtes (vom Ädilen an) sie mit tituli in besonderen Schränken im Atrium verwahren durfte; bei feierlichen Leichenzügen wurden sie v. Männern, die den dargestellten an Figur glichen, vor dem Gesicht getragen*]; **3.** Abbild, Ebenbild; **4. a)** Schattenbild, Schemen; **b)** Traumbild; **c)** Echo; **d)** Trugbild, Schein; Vorspiegelung; °**5.** Anblick, Erscheinung; °**6.** Gleichnis, bildliche Darstellung; **7.** Vorstellung, Idee, Gedanke.
imāguncula, *ae f (dem. v. imāgō)* Bildchen.
imbēcillitās, *ātis f* (*imbēcillus*) Schwäche, Kränklichkeit; / Haltlosigkeit, Ohnmacht.
imbēcillus 3 *u.* **-is,** e (*m. comp.,* °*sup., adv.; vl. zu baculum*) schwach, schwächlich, kraftlos; / ohnmächtig, haltlos.
im-bellis, e (*m.* °*comp.; bellum*) **1. a)** unkriegerisch; **b)** feige; °**2.** friedlich [*annus*].
imber, *bris m (abl.* -e *u.* -ī; *cf. gr.* ombros „Regen") **1.** Platzregen, Regen(guß); °**2.** Unwetter; *grandinis* Hagelschlag; °**3.** / Feuchtigkeit, Naß; Wasser; Tränenstrom; *ferreus* Hagel von Geschossen.
im-berbis, e *u.* **-bus** 3 (*barba*) bartlos.
im-bibō, *bibī,* — 3 *kl. nur* /: **1.** sich aneignen, annehmen; **2.** sich vornehmen.
im-bītō, — — 3 hineingehen.
imbrex, *icis f* (*imber*) **1.** Hohlziegel *zur Ableitung des Regenwassers;* **2.** / **a)** Beifallklatschen mit hohlen Händen; **b)** Rippenstück [*porci*].
imbricus 3 *u.* **imbrifer,** *era, erum* (*imber, ferō*) Regen bringend.
im-buō, *uī, ūtum* 3 (*et. ungeklärt*) **1.** benetzen, befeuchten; **2.** / **a)** beflecken, anstecken; **b)** erfüllen *mit,* gewöhnen *an;* vertraut machen *mit;* **c)** einweihen, beginnen.
imitābilis, e (*m.* °*comp.; imitor*) nachahmbar.
imitāmen, *inis u.* **-mentum,** *ī n* (*imitor*) Nachahmung.
imitātiō, *ōnis f* (*imitor*) **1.** (*abstr.*) **a)** Nachahmung, -äffung; **b)** Nachahmungstrieb; **2.** (*concr.*) Nachahmung, Kopie.
imitātor, *ōris m* (*imitor*) Nachahmer, -äffer.
imitātrīx, *īcis f* (*imitātor*) Nach- [ahmerin.]
imitor 1 (*part. pf. auch pass.; cf. imāgō; ablautend zu aemulus*) **1. a)** nachahmen [*exemplum*]; **b)** nachbilden, -machen; **2.** (*v. Sachen*) gleichkommen, ähnlich sein; **3.** (*dcht.*) *etw.* durch etw. Ähnliches ersetzen; **4.** (*noch nicht Dagewesenes*) ausführen, darstellen.
****immaculatus** 3 unbefleckt, rein.
im-madēscō, *duī,* — 3 naß werden.
im-mānis, e (*m. comp., sup.; adv.* °**-iter**; *mānēs*) **1.** riesig, übermäßig, ungeheuer; **2.** (*adv.* °**-ē**) schrecklich, furchtbar, unmenschlich.
immānitās, *ātis f* (*immānis*) **1.** ungeheure Größe; **2.** Schrecklichkeit, Wildheit, Roheit; **3.** Scheusal, Unmensch(en).
im-mānsuētus 3 (*m.* °*comp.,* °*sup.*) [ungezähmt, roh.]
immātūritās, *ātis f* (*immātūrus*) °**1.** Unreife; **2.** / Voreiligkeit.
im-mātūrus 3 °**1.** unreif; **2.** (*m.* °*adv.*) zu früh.
****immediatus** 3 unmittelbar.
im-medicābilis, e unheilbar.
im-memor, *oris* (*abl.* -e *u.* -ī) uneingedenk, vergessend [*beneficii*]; undankbar.
im-memorābilis, e **1.** (*pass.*) nicht erwähnenswert; **2.** (*act.*) schweigsam.
im-memorātus 3 unerwähnt, neu.
immēnsitās, *ātis f* Unermeßlichkeit.
im-mēnsus 3 (*part. pf. v. mētior*)

unermeßlich, unendlich, ungeheuer; *subst.* **-um,** *ī n der* unermeßliche Raum; °*adv.* **-um** ungemein (-weit). [schuldig.)
im-merēns, *entis* (*m. adv.*) un-}
im-mergō, *rsī, rsum* 3 eintauchen, versenken; / *se -ere* sich einnisten.
im-meritus 3 (*m. adv.* **-ō**; *mereor, mereō*) °**1.** (*medial*) unschuldig, ohne Schuld; °**2.** (*pass.*) unverdient, unverschuldet. [senkbar.)
im-mersābilis, *e* (*mergō*) unver-}
im-mētātus 3 (*mētō*²) unabgemessen. [ziehen.)
im-migrō 1 einwandern, ein-}
im-mineō, — — 2 (*minae*; *cf. ēmineō*) **1. a**) hereinragen, sich hinneigen; °**b**) emporragen *über*, beherrschen [*tumulus urbi*]; **2.** / **a**) hart bedrängen [*hostes portis*]; **b**) trachten, streben *nach*, lauern *auf*; **c**) drohend bevorstehen [*bellum*].
im-minuō, *uī, ūtum* 3 **1.** vermindern, schmälern; **2.** / **a**) schwächen, entkräften; hintertreiben [*pacem*]; °**b**) von oben herab behandeln.
imminūtiō, *ōnis f* (*imminuō*) **1.** Schmälerung, Verkrüppelung; **2.** / **a**) Beeinträchtigung; **b**) (*rhet. t.t.*) *scheinbar* verkleinernder Ausdruck, Litotes [*non minime = maxime*].
im-misceō, *cuī, xtum* 2 (*-mī-?*; *od. misceō, miscuī, mīxtum?*) (hin)einmischen, einmengen [*plebem patribus*]; einreihen; / verflechten *mit* [*vitia (cum) virtutibus*]; *mediopass. u. se -ere* sich einlassen *in*, teilnehmen *an* [*colloquiis*].
im-miserābilis, *e* unbemitleidet, ohne Erbarmen (zu finden).
im-misericors, *dis* (*m.* °*adv.*) unbarmherzig. [Wachsenlassen.)
immissiō, *ōnis f* (*immittō*) *das*}
im-mītis, *e* (*m. comp., sup.*) herb unreif; / unsanft, hart, wild.
im-mittō, *mīsī, missum* 3 **1. a**) hineinschicken, -lassen; **b**) (*mil. t.t.*) vorgehen, angreifen lassen; *mediopass. u. se -ere* sich (hinein)stürzen, eindringen, vorgehen; **c**) (hinein-) schleudern, abschießen [*tela*]; **d**) hineinleiten [*aquam*]; einfügen, einsenken [*tigna in flumen*]; **e**) loslassen, hetzen [*canes*]; **f**) (*jur. t.t.*) einsetzen *in* [*in bona*]; **2. a**) anstiften; **b**) erregen [*timorem*]; **3. a**) (*die Zügel*) schießen lassen [*frena*]; / *habenas classi* mit vollen Segeln fahren; °**b**) wachsen lassen [*vitem*]; °**4.** (*P.P.P.*) *adi.* **immissus** 3 lang herabhängend [*capilli*].
immō *adv.* (*kl. stets am Anfang des Satzes; altl. u. in Verbindung mit anderen adv. auch -ŏ; et. ungedeutet*) **1.** (*bestätigend*) aber ja; gewiß doch; allerdings; **2.** (*ablehnend*) im Gegenteil, keineswegs; **3.** (*steigernd*) ja vielmehr, ja sogar.
im-mōbilis, *e* (*m.* °*comp.*) **1.** unbeweglich; °**2.** / unerschütterlich.
im-moderātiō, *ōnis f* (*immoderātus*) Maßlosigkeit.
im-moderātus 3 (*m.* °*comp.*, °*sup.*, *adv.*) maßlos; unermeßlich; / unmäßig, zügellos, regellos.
immodestia, *ae f* (*immodestus*) Unbescheidenheit; Ungehorsam, Zuchtlosigkeit.
im-modestus 3 (*m.* °*adv.*) unmäßig, unbescheiden, zügellos, frech.
im-modicus 3 (*m.* °*adv.*) übermäßig, zu groß; / zügellos, übertrieben.
im-modulātus 3 unmelodisch.
immoenis *altl.* = *immūnis.*
immolātiō, *ōnis f* (*immolō*) Opferung. [Opfernde.)
immolātor, *ōris m* (*immolō*) *der*}
im-mōlītus 3 (*part. pf. v.* **immōlior*; *pass. nach in-aedificātus*) hineingebaut.
im-molō 1 (*in*; *mola*; *eigtl.* „[*das Opfertier*] mit Opfermehl bestreuen") opfern; °/ hinopfern, töten.
im-morior, *mortuus sum* 3 sterben *in, bei, auf* [*aquis*]; / sich abquälen *mit* [*studiis*].
im-moror 1 verweilen *bei.*
im-morsus 3 (*mordeō*) **1.** derb gebissen; **2.** / gebeizt, gereizt.
im-mortālis, *e* (*m. adv.*) **1.** unsterblich; *subst.* ~, *is m* Gott; **2.** / **a**) unvergänglich, ewig; °**b**) selig.
immortālitās, *ātis f* (*immortālis*) **1.** Unsterblichkeit; **2.** / **a**) ewiger Ruhm; °**b**) Seligkeit.
im-mōtus 3 (*in* + *P.P.P. v. moveō*) **1.** unbewegt, unbeweglich; **2.** / **a**) ungestört [*pax*]; **b**) sicher, fest; unerschütterlich; **c**) ungerührt [*animus*].
im-mūgiō 4 dazu brüllen, ertönen.

im-mulgeō, — — 2 hineinmelken *in* [*ubera labris*].
immunditia, *ae f* (*immundus*) Unreinlichkeit; ** Unanständigkeit.
im-mundus 3 (*m* °*comp.*, °*sup.*) schmutzig; / gemein; ** sündhaft.
im-mūniō 4 hineinbauen [*praesidium* in ihrem Gebiet ein Kastell anlegen].
im-mūnis, e (*eigtl.* „nicht dienstbereit"; *cf. com-mūnis; mūnia*) **1. a**) frei von Leistungen, abgaben-, steuerfrei; °**b**) frei vom Kriegsdienst; **2.** °**a**) ohne Beitrag; schmarotzend; **b**) befreit *von*, ledig [*omnium rerum*]; °**c**) rein; **d**) pflichtvergessen.
immūnitās, *ātis f* (*immūnis*) **1.** Abgabefreiheit; Vergünstigung, Privilegium; **2.** / *das* Freisein *von*.
im-mūnītus 3 °**1.** unbefestigt; **2.** ungepflastert.
im-murmurō 1 hineinmurmeln, zumurmeln [*silvis*].
immūtābilis[1], e (*immūtō*) verändert.
im-mūtābilis[2], e unveränderlich.
immūtābilitās, *ātis f* (*immūtābilis*[2]) Unveränderlichkeit.
immūtātiō, *ōnis f* (*immūtō*) Veränderung, Vertauschung; (*rhet. t.t.*) Metonymie.
immūtātus[1] 3 (*immūtō*) verändert.
im-mūtātus[2] 3 (*in* + *P.P.P. v. mūtō*) unverändert.
im-mūtēscō, *mūtuī,* — 3 (*mūtus*) verstummen.
im-mūtō 1 verändern, umwandeln; (*rhet. t.t.*) metonymisch *od.* allegorisch gebrauchen.
Imp. = *imperātor*.
im-pācātus 3 unfriedlich, unruhig.
im-pār, *aris* (*m.* °*adv.*; *abl. sg. im Vers auch* -e) **1.** ungleich(förmig) [°*versus impariter iuncti* elegisches Distichon]; schiefsitzend [°*toga*]; **2.** ungerade [*par et impar ludere*]; **3.** nicht gewachsen, unterlegen; **4.** nicht ebenbürtig.
im-parātus 3 (*m. sup.*) unvorbereitet, ungerüstet.
impartiō, -or = *impertiō, -or*.
im-pāstus 3 (*in* + *P.P.P. v. pāscō*) ungefüttert, hungrig.
impatibilis = *impetibilis*.
im-patiēns, *entis* (*m. comp., sup., adv.*) unfähig zu ertragen [*laboris*]; nicht mächtig, nicht gewachsen; ungeduldig; (*stoischer t.t.*) leidenschaftslos.
impatientia, *ae f* (*impatiēns*) Unvermögen zu ertragen; Ungeduld; (*stoischer t.t.*) Leidenschaftslosigkeit.
im-pavidus 3 (*m. adv.*) unerschrocken, furchtlos.
impedīmentum, *ī n* (*impediō*) Hindernis; *pl.* Gepäck, Bagage, Troß, Train.
im-pediō 4 (*cf. compedēs, compediō*) °**1.** umwickeln, umwinden, festhalten, fesseln; **2.** / **a**) versperren [*iter*]; **b**) verwickeln, verwirren [*mentem dolore*]; **c**) aufhalten, (ver-)hindern, zurückhalten, im Wege stehen [*nihil impedit, quominus*].
impedītiō, *ōnis f* (*impediō*) Verhinderung; Hemmung.
impedītus 3 (*m.* °*comp., sup.*; *impediō*) **1.** gehindert, gehemmt; **2.** unwegsam, unzugänglich [*saltus*]; **3.** schwerbepackt, nicht schlagfertig, schwerfällig; **4.** schwierig [*iter*], mißlich [*tempora*].
im-pellō, *pulī, pulsum* 3 **1. a**) anstoßen, schlagen; **b**) in Bewegung setzen; fortstoßen, -treiben, -bewegen [*navem remis*]; **c**) zum Weichen bringen, den letzten Stoß geben, zu Fall bringen, niederwerfen; **2.** antreiben, bewegen, verleiten *zu* [*ad bellum*].
im-pendeō, — — 2 **1.** *über etw.* hängen, (*drohend*) schweben [*gladius cervici(bus)*]; überhängen [*montes impendentes*]; **2.** / drohend bevorstehen, drohen [*periculum*].
impendiōsus 3 (*impendium*) großen Aufwand machend, verschwenderisch.
impendium, *ī n* (*impendō*) **1.** Aufwand, Kosten; Unkosten; °**2.** Verlust, Schaden; **3.** Zinsen; **4.** *adv.* **-ō** (*b. comp.*) bei weitem.
im-pendō, *pendī, pēnsum* 3 **1.** aufwenden, ausgeben [*pecuniam in res vanas*]; **2.** / anwenden, verwenden [*operam*].
im-penetrābilis, e undurchdringlich; / unüberwindlich.
impēnsa, *ae f* (*impēnsus*) Aufwand, Kosten; °/ Aufopferung, Verwendung.
impēnsus 3 (*m.* °*comp.*, °*sup., adv.*; *impendō*) **1.** teuer, kostspielig; **2.** / bedeutend, heftig, stark; ** *adv.* sehr.
imperātor, *ōris m* (*imperō*) **1.** Gebieter, Herr; **2.** Feldherr, Befehls-

haber; **3.** *Ehrentitel des siegreichen Feldherrn*; **4. a**) *Beiname Juppiters*; °**b**) *seit Cäsar Titel der röm. Herrscher, dem Namen vor- od. nachgestellt* [~ Augustus; Otho ~]; °**c**) (*abs.*) *der* röm. Kaiser.

imperātōrius 3 (*imperātor*) **1.** feldherrlich, Feldherrn...; °**2.** kaiserlich.

imperātrīx, *īcis f* (*imperātor*) Gebieterin, „Befehlshaberin".

imperātum *s. imperō.*

im-perceptus 3 (*m.* °*comp.*; *in* + *P.P.P. v. percipiō*) unerkannt, unentdeckt.

im-percō, — — 3 (*parcō*) schonen [*alci*]; (*abs.*) sich schonen.

im-percussus 3 (*in* + *P.P.P. v. percutiō*) geräuschlos.

im-perditus 3 (*in* + *P.P.P. v. perdō*) nicht getötet.

im-perfectus 3 (*m.* °*comp.*, °*adv.*) **1.** unvollendet, unvollständig; °**2.** unverdaut [*cibus*; / *verba*]; °**3.** sittlich unvollkommen.

im-perfossus 3 (*in* + *P.P.P. v. perfodiō*) undurchbohrt.

****imperialis,** e kaiserlich, Reichs...

imperiōsus 3 (*m. comp.*, *sup.*, °*adv.*; *imperium*) **1.** herrschend; mächtig; **2.** herrisch, tyrannisch.

imperītia, *ae f* (*imperītus*) Unerfahrenheit, Unwissenheit.

imperitō 1 (*intens. v. imperō*) **1.** (*intr.*) befehligen, beherrschen; lenken [*equis*]; **2.** (*trans.*) befehlen, verlangen; ** Kaiser sein.

im-perītus 3 (*m.* °*comp.*, °*sup.*, *adv.*) unerfahren, unkundig [*iuris civilis*]; *subst.* ~, *ī m* Laie.

imperium, *ī n* (*imperō*) **1.** Befehl, Vorschrift; **2. a**) Gewalt, Macht; **b**) Herrschaft, Regierung; **c**) Amtsgewalt, obrigkeitliche Gewalt; Zivilgewalt, Amt; **d**) Amtsführung, -jahr; **e**) Oberbefehl, Kommando; *-a magistratusque* Ämter im Krieg und Frieden; **3.** Beamter, Behörde; Befehlshaber, Militärbehörde; *-a et potestates* Militär- u. Zivilbehörden; **4.** Reich, Staat, Gebiet; ** Kaisertum; Regierung; Reichsoberhaupt.

im-periūrātus 3 (*in* + *P.P.P. v. periūrō*) bei dem man nicht falsch zu schwören wagt [*aquae* Wasser des Styx].

im-permissus 3 (*in* + *P.P.P. v. permittō*) unerlaubt.

imperō 1 (*altl. fut. imperassit*; *parō*[2]) **1.** befehlen, gebieten, anordnen [*meist*: *ut, ne*]; **2.** (*jd. eine Leistung*) auferlegen, zu liefern befehlen [*alci naves*]; **3.** herrschen, den Oberbefehl haben *über* [*classi*]; (*P.P.P.*) *subst.* **imperātum,** *ī n* Befehl, Auftrag.

im-perpetuus 3 unbeständig.

im-perspicuus 3 undurchschaubar, versteckt.

im-perterritus 3 (*in* + *P.P.P. v. perterreō*) unerschrocken.

im-pertiō *u.* °**-or** 4 (*partiō u. -or*) **1.** (*alci alqd od. de alqa re*) zuteilen, gewähren, schenken; *salutem patri* den Vater grüßen lassen; °**2.** (*alqm alqa re*) ausrüsten, versehen *mit*; (*P.P.P.*) °*subst.* **impertīta,** *ōrum n* Vergünstigungen, Konzessionen.

im-perturbātus 3 ungestört, ruhig.

im-pervius 3 unwegsam; *ignibus* feuerfest.

impete *s. impetus.*

im-petibilis, e (*patibilis*) unerträglich.

impetīgō, *inis f* (*impetō*) Räude.

im-petō, — — 3 anfallen, angreifen.

impetrābilis, e (*m. comp.*; *impetrō*) **1.** (*pass.*) leicht erreichbar; **2.** (*act.*) leicht erreichend, überzeugend [*orator*]; / ersprießlich.

impetrātiō, *ōnis f* (*impetrō*) Vergünstigung.

impetriō 4 (*sakrale Nebenform zu impetrō*) durch günstige Vorzeichen zu erlangen suchen.

im-petrō 1 (*altl. inf. fut. impetrassere*; *patrō*) °**1.** ausführen, zustande bringen; **2.** erreichen, durchsetzen.

impetus, *ūs m* (*nach praepes dcht. gen. sg. -petis, abl. sg. -pete*; *dat. sg. -ū*; *impetō*) **1.** Ungestüm, schneller Lauf, Schwung; **2.** Angriff, Überfall; **3.** / **a**) heftiges Verlangen, Begierde, Drang, Eifer, Begeisterung; **b**) Aufwallung, Leidenschaft; **c**) Schwung [*dicendi* der Rede]; °**d**) rascher Entschluß; **e**) ungestümes, leidenschaftliches Wesen, Laune.

im-pexus 3 (*in* + *P.P.P. v. pectō*) ungekämmt, ungepflegt, wirr; / rauh, schmucklos.

impietās, *ātis f* (*-pī-?*; *impius*) Pflichtvergessenheit, Ruchlosigkeit; °*in principem* Majestätsverbrechen.

im-piger, *gra, grum* (*m.* °*adv.*) unverdrossen, rastlos.

impigritās, *ātis f* (*impiger*) Unverdrossenheit.

im-pingō, *pēgī, pāctum* 3 (*pangō*)

1. (hin)einschlagen, schlagen *an, gegen* [*dentes, arbori*]; **2.** / °**a**) treiben [*hostes in vallum*]; **b**) aufdrängen, aufnötigen.

impiō 1 (*-pī-?*; *impius*) mit Schuld beflecken; *se -are* sündigen.

im-pius 3 (*-pī-?*; *m. adv.*) gottlos, ruchlos, pflichtvergessen.

im-plācābilis, e (*m.* °*adv.*) unversöhnlich.

im-plācātus 3 unbesänftigt, unversöhnlich; unersättlich.

im-placidus 3 unsanft, kriegerisch, wild.

im-plectō, —, *xum* 3 (hin)einflechten; *luctu implexus* sich der Trauer hingebend.

im-pleō, *ēvī, ētum* 2 **1. a**) anfüllen, vollgießen; **b**) / erfüllen; **2. a**) sättigen; *kl. nur* /; °**b**) schwängern; °**3. a**) vollzählig machen, ergänzen; **b**) (*ein Maß, eine Zeit*) voll erreichen, vollenden; **c**) (*eine Stelle*) ausfüllen; **d**) vollbringen; erfüllen [*fata*].

implicātiō, *ōnis f* (*implicō*) Verflechtung; / Verworrenheit.

implicātus 3 (*implicō*) verwickelt, verworren.

implicīscor, — 3 (*implicō*) sich verwirren.

implicitē *adv.* (*implicō*) verwickelt, verworren.

implicitō 1 (*intens. v. implicō*) verwickeln, schlingen.

im-plicō, *āvī* (*u. uī*), *ātum* (*u. itum*) 1 (<**implecō*; *cf. plectō, plicō*) **1. a**) ein-, verwickeln; *se -are* sich anschmiegen; P. sich verwickeln [*laqueis*]; **b**) / verwickeln; P. verwickelt, -strickt werden, hineingeraten, fallen *in* [*morbo*; *in morbum*]; *mediopass. u. se -are* sich einlassen *auf* [*consiliis eius*]; **c**) verknüpfen, -binden; **d**) in Unordnung bringen; **2.** umwickeln, -winden, schlingen *um* [*bracchia collo*].

implōrātiō, *ōnis f* (*implōrō*) *das* Anflehen; Anrufung; Hilferuf.

im-plōrō 1 **1.** unter Tränen rufen [*nomen filii*]; **2.** anrufen, -flehen [*deos*]; **3.** erbitten [*auxilium urbi*].

im-plūmis, e (*plūma*) ungefiedert.

im-pluō, *uī,* — 3 hinein-, herabregnen; / *malum -it* es regnet Hiebe.

impluviātus 3 (*impluvium*) *entweder* viereckig (*v. der Form des impluvium*) *od.* regengrau [*vestis -a Regenmantel* (?)].

impluvium, *ī n* (*impluō*) *der viereckige, v. einem Säulengang umschlossene, ungedeckte innere Raum des cavaedium, das* Impluvium.

im-polītus 3 (*m. adv.*) °**1.** ungeglättet; **2.** / schmucklos; unvollendet.

im-pollūtus 3 unbefleckt.

im-pōnō, *posuī, positum* 3 (*altl.*: *pf. -posīvī, inf. pf. -posīsse*) **1.** setzen, legen, stellen *auf* [*in caput*], *in* [*in carros*]; **2. a**) hineinlegen, -setzen; **b**) einschiffen [*milites in naves*]; **3. a**) auflegen, aufsetzen [*victori coronam*]; **b**) (*als Aufseher, Befehlshaber*) einsetzen, anstellen [*custodem*; *alqm legionibus*]; **c**) auferlegen, aufbürden [*tributa*]; **d**) einen Bären aufbinden; **4.** °**a**) anlegen, ansetzen [*manum supremam*]; **b**) beilegen [*labori nomen inertiae*]; **c**) antun, zufügen, beibringen [*vim*].

im-portō 1 einführen [*vinum*]; / verursachen [*detrimentum*].

importūnitās, *ātis f* (*importūnus*) Rücksichtslosigkeit, Schroffheit.

importūnus 3 (*m. comp., sup., adv.*; *Konträrbildung zu op-portūnus*) **1. a**) unzugänglich [*locus*]; **b**) ungünstig [*tempus*]; °**c**) lästig, beschwerlich, mißlich; **2.** (*v. Personen u. ihrem Benehmen*) unzugänglich, rücksichtslos, schroff, frech.

im-portuōsus 3 (*m. sup.*) hafenlos.

impos, *tis* (*potis*) nicht mächtig [*animi*].

im-possibilis, e unmöglich.

****impositio,** *onis f das* Auflegen; *manuum* Weihe.

****impostor,** *oris m* Betrüger.

****impostura,** *ae f* Betrug.

****impostus,** *us m* Betrug.

im-potēns, *entis* (*m. comp., sup.,* °*adv.*) **1.** ohnmächtig, schwach; **2.** nicht mächtig, nicht Herr [*irae*]; **3.** seiner selbst nicht mächtig; zügellos, leidenschaftlich, vermessen, maßlos.

impotentia, *ae f* (*impotēns*) °**1.** Unvermögen, Ohnmacht; **2.** Zügellosigkeit, Leidenschaftlichkeit.

impraesentiārum (*wohl* < *in praesentiā rērum*) für jetzt, vorderhand.

im-prānsus 3 ohne Frühstück, nüchtern.

imprecātiō, *ōnis f* (*imprecor*) Verfluchung.

im-precor 1 (*Böses*) anwünschen [*alci diras*].

impressiō, *ōnis f* (*imprimō*) **1.** (*rhet. t.t.*) Artikulation; *pl.* Hebungen u. Senkungen; **2.** *pl.* (*philos. t.t.*) Eindrücke *der Erscheinungen auf die Seele*; **3.** Überfall, Angriff: °**a**) *als mil. t.t.*; **b**) /; ** Abdruck, Siegel.

imprīmīs *adv.* (< in prīmīs) vorzüglich, besonders.

im-primō, *pressī, pressum* 3 (*premō*) **1. a**) ein-, hineindrücken [*epistulae anulum*]; **b**) durch Eindrücke bezeichnen [*tabellas signo*]; **c**) / P. Spuren hinterlassen; **2. a**) (*eine Figur*) ein-, abdrücken [*sigillum in cera*]; **b**) (*philos. t.t.*) Ideen *od.* Begriffe in die Seele pflanzen; ** *litteras* schreiben, *libros* drucken.

im-probābilis, e verwerflich.

improbātiō, *ōnis f* (*improbō*) Mißbilligung.

improbitās, *ātis f* (*improbus*) Schlechtigkeit, Unredlichkeit; Schelmerei [*simiae*].

improbō 1 mißbilligen, verwerfen, umstoßen.

improbulus 3 (*dem. v. improbus*) etwas dreist.

improbus 3 (*m. °comp., sup., adv.*) **1.** unter dem rechten Maß bleibend: **a**) schlecht; **b**) unredlich, boshaft, böse; **2.** das rechte Maß überschreitend: °**a**) maßlos, übertrieben; unersättlich, gierig; **b**) frech, dreist; **c**) schamlos, lüstern; °**d**) geil machend [*satureia*].

im-prōcērus 3 von niedrigem Wuchs, unansehnlich.

im-prōdictus 3 (*in + P.P.P. v. prōdīcō*) nicht verschoben [*dies*].

im-professus 3 (*in + part. pf. v. profiteor*) **1.** (*act.*) der sich nicht bekannt hat (*zum Judentum*); **2.** (*pass.*) (*beim Zollamt*) nicht deklariert.

im-prōmptus 3 nicht rasch, nicht schlagfertig, langsam.

im-properātus 3 (*in + P.P.P. v. properō*) nicht beschleunigt, langsam.

im-proprius 3 (*m. adv.*) uneigentlich, unpassend; *subst.* **-a,** *ōrum n* unpassende Ausdrücke.

im-prosper(us), *era, erum* (-ō-?; *m. adv.*) unglücklich, unheilvoll.

im-prōvidus 3 °**1.** nicht voraussehend [*certaminis*]; ahnungslos; **2.** (*m. °adv.*) unvorsichtig, unbekümmert (*um*) [*futuri*].

im-prōvīsus 3 (*m. °comp., adv. s. u.*; *in + P.P.P. v. prōvideō*) unvermutet; *subst.* °**-um,** *ī n* unvorhergesehener Fall; *adv.* **-ō** unversehens (*auch* de, ex -o).

im-prūdēns, *entis* (*m. °comp., °sup., adv.*) **1.** ahnungslos; **2.** unabsichtlich; **3.** unkundig [*maris*]; unerfahren; **4.** unwissend, unverständig, unklug; unvorsichtig.

imprūdentia, *ae f* (*imprūdēns*) **1.** Unabsichtlichkeit; **2.** Unkenntnis; **3.** Unklugheit.

im-pūbēs, *eris u.* °**impūbis,** e unerwachsen, unreif; keusch; °unbehaart [*genae*]; *subst.* **-berēs,** *um u.* °**-bēs,** *ium m* Knaben, Kinder.

im-pudēns, *entis* (*m. comp., sup., adv.*) unverschämt, schamlos.

impudentia, *ae f* (*impudēns*) Unverschämtheit, Schamlosigkeit.

impudīcitia, *ae f* (*impudīcus*) Unkeuschheit, Unzucht; *bsd.* unzüchtige Knabenliebe.

im-pudīcus 3 (*m. °comp., sup., °adv.*) unzüchtig, unkeusch; °*digitus* Mittelfinger.

impūgnātiō, *ōnis f* (-ŭ-?; *impūgnō*) Bestürmung.

im-pūgnō 1 (-ŭ-?) angreifen, bestürmen; / bekämpfen, anfeinden.

impulsiō, *ōnis f* (*impellō*) = *impulsus.*

impulsor, *ōris m* (*impellō*) Antreiber.

impulsus, *ūs m* (*impellō*) Anstoß, Stoß; / Antrieb, Anregung.

impūne *adv.* (*m. comp., °sup.*; *cf. pūniō, poena*) **1.** ungestraft, straflos; **2.** ohne Schaden, ohne Gefahr.

impūnitās, *ātis f* (*adi. impūnis,* e *Rückbildung aus adv. impūne*) Straflosigkeit; / Zügellosigkeit, Ungebundenheit.

im-pūnītus 3 (*m. °comp., °sup., adv.*; *in + P.P.P. v. pūniō*) straflos; / zügellos [*libertas*].

impūrātus 3 (*m. sup.*; *impūrus*) schmutzig, schuftig; *ille* jener Schuft.

impūritās, *ātis u.* °**impūritia,** *ae f* (*impūrus*) Unflätigkeit.

im-pūrus 3 (*m. °comp., sup., adv.*) °**1.** unrein, schmutzig; *kl. nur* /; **2.** lasterhaft, gemein, abscheulich.

imputātor, *ōris m* (*imputō*) „*der* Anrechner“, *der* Selbstgerechte (*der sich damit brüstet, anderen Gutes zu tun*).

im-putātus 3 (*in + P.P.P. v. putō*) unbeschnitten [*vinea*].

im-putō 1 **1. a**) anrechnen, in Rechnung stellen; **b**) schenken, widmen; **2.** / als Schuld *od.* Verdienst anrechnen.

īmulus 3 (*dem. v. īmus*) der allerunterste.

īmus 3 (*et. ungeklärt*) **1.** (*räuml.*) *der* unterste, niedrigste, tiefste; (*partit.*) *quercus die* Wurzel der Eiche; *mare die* Tiefe des Meeres; °**2.** (*zeitl.*) *der* letzte [*mensis*]; **3. a**) (*Rang, Reihenfolge*) *der* unterste [*deorum*]; **b**) (*Grad*) *der* tiefste [*vox*]; *subst.* **-um,** *ī n das* Unterste, Boden [*ab imo ad summum*]; Ende, Schluß; ** Erde; *cf.* *īnferus.*

in-[1] *praev.* (*oft Voll- od. Teilassimilationen*: *vor l* > *il-*, *vor r* > *ir-*; *vor b, p, m* > *im-*; *vor gn* > *ī-*, *d. h. zu gutturalem Nasal*; *vor f u. s* > *īn-*; *cf.* ne- *in nefās, neque usw.*; *nhd.* „un-", „ohn-") *Negation in Zusammensetzungen* (*meist m. adi. od. adv.*) [*inexpertus*; *improbus*; *īnfectus, īnscius*; *impudenter*].

in-, in[2] (*Voll- od. Teilassimilation wie bei in-*[1]; *altl.* en; *cf. nhd.* „in-", „in"): **A: in-** *praev.* (*in verbalen Zusammensetzungen*): **1.** (*b. Verben der Ruhe*; *Frage*: „wo?") in, an, auf, bei [*incolo*; *insum*]; **2.** (*b. Verben der Bewegung*; *Frage*: „wohin?") hinein, ein- [*incurro, incido, incīdo*]; **B: in** *prp.*: **I.** *b. abl.*: **1.** (*räuml. zur Bezeichnung der Ruhe*) in, an, auf: **a**) (*im Dt. Frage*: „wo?") [*in urbe vivere, anulum in digito habere, arx in monte sita*]; *in armis esse* unter den Waffen stehen, *in oculis esse* vor Augen liegen, *in Sequanis* im Lande der S., *in barbaris* bei den Barbaren; **b**) (*b.* „stellen, setzen, legen"; *im Dt. Frage*: „wohin?") [*pontem facere in flumine* über einen Fluß schlagen; *in libellis nomen inscribere* in die Bücher schreiben]; **c**) innerhalb *eines Raumes von* [*in milibus passuum tribus*]; **2.** (*zeitl.*) **a**) im Verlauf, innerhalb, während [*in multis annis, in bello civili, bis in die, in consulatu*; **b**) bei Gelegenheit *von* [*in funere amici eum vidi*]; *in tempore* zur rechten Zeit; **3. a**) (*zur Bezeichnung v. Zuständen, Umständen u. Verhältnissen*) in, an, bei, unter [*esse in calamitate*, °*amicus certus in re incerta cernitur*]; **b**) (*zur Bezeichnung der Person od. Sache, an der etw. sich findet od. sich zeigt*) in, an, bei [*est in alqo virtus od. consilium*; *in homine laudo modestiam* an dem Menschen, *quantum in me est* soviel an mir liegt]; **c**) (*zur Bezeichnung v. Personengruppen od. Sachkategorien*) unter [*in bonis civibus haberi*; *in bonis numerare* unter die Güter rechnen; *cf.* 1b]; **d**) (*limitativ*) in betreff, bezüglich, hinsichtlich [*peccare in civibus, rudis od. exercitatus in armis*]; **e**) (*konzessiv*) trotz, ungeachtet [*Cato in summa senectute cotidie commentabatur*]; **II.** *b. acc.* **1.** (*räuml. zur Bezeichnung der Bewegung*) in ... hinein, in, auf, nach, zu: **a**) (*Frage*: „wohin?") [*in patriam redire, in umeros tollere*]; **b**) (*bei* „ankommen, zusammenkommen, -ziehen, melden" *u. ä.*; *im Dt. Frage*: „wo?") [*in provinciam advenire*; *in oppidum convenire*; *in Asiam Antigono nuntiat*; *abdere in silvas* (*u. in silvis*); *adesse in senatum*]; **c**) / [*incidere in morbum*; *venire in suspicionem, in ius vocare u. ä.*]; **d**) (*Dimension*) in [*in longitudinem*]; **e**) (*Richtung, Ziel*) hin ... zu, nach ... hin, -wärts [*in orientem*; *in dextrum, in sinistrum* rechts, links]; *auch in ... versus* [*in Galliam versus*]; **2.** (*zeitl.*) **a**) in ... hinein [*bellum in hiemem ducere*]; **b**) auf, für [*amicum in posterum diem invitare*; *in futurum* für die Zukunft]; **c**) *in dies* von Tag zu Tag, täglich, °*in horas* stündlich; **3.** / **a**) (*Gesinnung, Handlungsweise, Gemütsstimmung*) gegen [*amor in patriam, odium in malos cives*; *gratus in matrem*]; **b**) (*Einteilung*) in [*Gallia divisa est in partes tres*]; (*Verteilung*) auf [*in capita* auf den Mann]; **c**) (*Zweck, Bestimmung*) zu, für, wegen [*pecunia in rem militarem data, legio in praesidium missa, in speciem* zum Schein, *in contumeliam* zum Schimpf]; (*im Dt. auch auf die Frage* „wo?") *in potestatem senatus esse* (= *venisse et in potestate esse*) sich in der Gewalt befinden; *alci in mentem est* es fällt jd. ein; *ut in funebrem pompam* wie bei der Beerdigung; *in medium relinquere* unentschieden lassen; *cf.* II, 1b; **d**) (*modal*) gemäß, auf, nach, wie [*mirum in modum* auf wunderbare Weise, *hostilem in modum* auf feindliche Art, *in vicem* wechselweise, *in universum* im allgemeinen, *pax convenit in has leges unter folgenden Bedingungen*, *in rem esse*

sachgemäß sein u. ä.]; ** *in via m. gen.* nach Art *von*; *in regem accipere* als; *in ore gladii interficere* mit; *thesaurus in auro* an; *gloriari in m. abl.*; *in quantum* soweit, *in tantum* so sehr.
in-accessus 3 (*in* + *P.P.P. v. accēdō*) unzugänglich.
in-acēscō, *acuī* — 3 sauer werden; / verdrießen [*tibi*].
Īnachus, *ī m* (*gr.* -os) *Fl. in Argolis, j.* Najo; *nach der Sage Flußgott u. erster König v. Argos, Vater der Io*; *adi.* *-ius* 3; *-is, idis f* (*subst. Io*); *subst.* **-idēs,** *ae m* Nachk. des ~ (*Epaphus, Sohn der Io*; *Perseus*).
in-ads..., in-adt... = *in-ass..., in-att...*
in-adustus 3 (*-ūst-?*) nicht angebrannt.
in-aedificō 1 **1.** an-, aufbauen [*tecta*]; **2.** zubauen, verbarrikadieren.
in-aequābilis, e (*m.* °*adv.*) °**1.** uneben; **2.** ungleichmäßig.
in-aequālis, e (*m.* °*comp.*, °*sup.*, °*adv.*) **1.** °**a**) uneben, schief; **b**) / ungleich; unbeständig; °**2.** uneben machend [*tonsor* der das Haar unregelmäßig schneidet].
inaequālitās, *ātis f* (*inaequālis*) Ungleichheit.
in-aequātus 3 (*in* + *P.P.P. v. aequō*) ungleich.
in-aequō 1 gleich hoch machen.
in-aequus 3 (*Pl.*) = *inīquus*.
in-aestimābilis, e (*m.* °*adv.*) °**1.** unberechenbar, nicht schätzbar; °**2.** von unschätzbarem Werte, außerordentlich; **3.** wertlos.
in-aestuō 1 aufbrausen.
in-affectātus 3 (*in* + *P.P.P. v. affectō*) ungekünstelt, ungeziert.
in-agitābilis, e (*agitō*) unfähig, sich zu bewegen.
in-agitātus 3 (*in* + *P.P.P. v. agitō*) unbewegt; / nicht beunruhigt [*terroribus*].
in-alpīnus 3 (*Alpēs*) auf den Alpen wohnend, Alpen...; *subst.* **-ī,** *ōrum m* Alpenbewohner, -völker.
in-amābilis, e (*m. comp.*) unfreundlich.
in-amārēscō, — — 3 bitter werden; / anekeln.
in-ambitiōsus 3 nicht ehrgeizig, anspruchslos.
inambulātiō, *ōnis f* (*inambulō*) *das* Auf- und Abgehen; °/ *das* Schwanken [*lecti*].
in-ambulō 1 spazierengehen.
in-amoenus 3 unerfreulich.
ināniae, *ārum f* (*inānis*) (*scherzh.*) *die* Leere.
inānilogista, *ae m* (*inānis* + *gr. Fw.*) Phrasendrescher.
ināni-loquus 3 (*inānis*; *loquor*) vergeblich redend.
in-animālis, e (*nkl.*) *u.* **in-animus** 3 (*kl.*) unbeseelt, leblos.
inānimentum, *ī n* (*-nī-?*; *Scherzbildung nach explēmentum*; *inānis*) Leere.
ināniō 4 (*inānis*) leer machen.
inānis, e (*m.* °*comp.*, *sup.*, *adv.*; *et. ungedeutet*) **1.** leer; ledig; unbemannt [*navis*], ohne Reiter [*equus*]; *-ia Tartara* Schattenreich; **2. a**) mit leeren Händen; **b**) arm, ausgeplündert; **c**) hungrig; **3.** / **a**) leer *an* [*verborum*]; **b**) gehalt-, wertlos; **c**) eitel, vergeblich; nichtig; **d**) prahlerisch, geckenhaft; **4.** *subst.* **-e,** *is n* leerer Raum, Leere; Äußerlichkeit; *pl.* nichtige Dinge, eitler Dunst; °**-ēs,** *ium m* eitle Toren, Dichterlinge.
inānitās, *ātis f* (*inānis*) Leere, leerer Raum; / Eitelkeit, Nichtigkeit.
in-arātus 3 (*in* + *P.P.P. v. arō*) ungepflügt.
in-ārdēscō, *ārsī,* — 3 (*-ă-?*) **1.** sich einbrennen *in* [*umeris*]; **2.** in Brand geraten, erglühen; **3.** / entbrennen.
in-ārēscō, *ruī,* — 3 (ver)trocknen.
Īnarimē, *ēs f* (*gr.* „im Arimerland", *dem Ort des Kampfes zwischen Zeus u. Typhōeus*) = *Aenāria, j.* Ischia.
in-artificiālis, e (*m. adv.*) (*rhet. t.t.*) nicht kunstgerecht.
in-ascēnsus 3 (*in* + *P.P.P. v. ascendō*) unbestiegen, nicht betreten.
in-assuētus 3 ungewohnt.
in-attenuātus 3 (*in* + *P.P.P. v. attenuō*) ungeschwächt.
in-audāx, *ācis* verzagt.
in-audiō 4 unter der Hand hören.
in-audītus 3 (*in* + *P.P.P. v. audiō*) **1.** ungehört; °**2.** unverhört; **3.** / unerhört.
in-augurō 1 °**1.** (*intr.*) Augurien anstellen; *abl. abs. inaugurato* nach Anstellung von Augurien; **2.** (*trans.*) (durch Augurien) einweihen.
in-aurēs, *ium f* (*wohl aus in auribus* [*sc.* esse]) Ohrgehänge, Ohrringe.
in-aurō 1 (*aurum*) **1.** (*kl. nur P.P.P.*) vergolden; **2.** / (*scherzh.*) in Gold fassen, reich machen.
in-auspicātus 3 (*m.* °*sup.*; *kl. nur*

adv. -ō) ohne Anstellung von Auspizien. [*v. audeō*) ungewagt.}
in-ausus 3 (*in + part. pf. pass.*}
inb... = *imb...*
****inbeneficio** 1 belehnen.
in-caeduus 3 ungehauen.
in-calēscō, *luī,* — 3 heiß werden; / erglühen, entbrennen.
in-calfaciō, — — 3 erwärmen.
in-callidus 3 (*m. adv.*) unklug.
in-candēscō, *duī,* — 3 weiß werden; / erglühen. [schimmern.}
in-cānēscō, *nuī,* — 3 weißgrau}
****incantatio,** *onis f* Zauberei, Zauberspruch.
****incantator,** *oris m* Zauberer.
****incantatrix,** *icis f* Zauberin, Hexe. [weihen.}
in-cantō 1 durch Zaubersprüche}
incānus 3 (*Rückbildung aus incānēscō*) ganz grau. [dung (Christi).}
****incarnatio,** *onis f* Menschwer-}
****incarnatus** 3 fleischgeworden.
in-cassum = *in cassum; s. cassus.*
in-castīgātus 3 (*in + P.P.P. v. castīgō*) ungestraft, ungetadelt.
in-cautus 3 (*m. comp., adv.*) **1.** (*act.*) **a**) unvorsichtig, sorglos; °**b**) unbekümmert *um* [*futuri*]; °**2.** (*pass.*) **a**) unbesetzt [*iter*]; **b**) unvermutet.
in-cēdō, *cessī, cessum* 3 **1.** (*intr.*) **a**) einhergehen; **b**) (*mil. t.t.*) marschieren, vor-, anrücken; **c**) / auftreten, hereinbrechen, um sich greifen [*vis morbi*]; aufkommen [*religio*]; **d**) befallen [*patribus*]; °**2.** (*trans.*) **a**) betreten [*locos*]; **b**) sich ausbreiten *bei, unter* [*legiones seditio*].
in-celebrātus 3 (*in + P.P.P. v. celebrō*) unveröffentlicht.
in-cēnātus 3 (*in* + [*mediales*] *part. pf. v. cēnō*) der noch nicht gegessen hat; hungrig. [Brandstifter.}
incendiārius, *ī m* (*incendium*)}
incendium, *ī n* (*incendō*) **1. a**) Brand (-stiftung), Feuersbrunst; °**b**) / Feuerbrand; Fackel; **2.** / **a**) Feuer der Leidenschaft; °Liebesglut; **b**) Verderben.
in-cendo, *cendī, cēnsum* 3 (**candō; cf. candeō*) **1. a**) anzünden, in Brand setzen; P. in Brand geraten; **b**) einäschern; °**c**) Feuer machen *auf* [*altaria*]; **d**) erleuchten, erhellen; **2.** / **a**) entzünden, entflammen [*iram*]; aufhetzen; P. entbrennen; °**b**) steigern, vergrößern; °**c**) ver-}
in-cēnō 1 darin speisen. [derben.}

incēnsiō, *ōnis f* (*incendō*) Brand (-stiftung). [Weihrauch.}
****incensum,** *i n* Brandopfer;}
incēnsus[1] 3 (*P.P.P. v. incendō*) **1.** entbrannt, heiß; **2.** / feurig; heiß, hitzig; erbittert.
in-cēnsus[2] 3 (*in + P.P.P. v. cēnseō*) vom Zensor nicht (ab)geschätzt.
inceptiō, *ōnis f* (*incipiō*) **1.** *das* Beginnen; **2.** *das* Vorhaben.
inceptō 1 (*intens. v. incipiō*) **1.** (*trans.*) anfangen; **2.** (*intr.*) anbinden [*cum illo*]. [beginnt.}
inceptor, *ōris m* (*incipiō*) der *etw.*}
inceptum, *ī n u.* °**-tus,** *ūs m* (*incipiō*) Anfang, *das* Anfangen, Beginn, Unternehmen. [streuen.}
in-cernō, *crēvī, crētum* 3 darüber}
in-cērō 1 (*cēra; cf. cērātus*) mit Wachs überziehen; / *genua deorum* (*durch Berühren u. Küssen schmierig machen* =) inbrünstig zu den G. flehen.
incertō 1 ungewiß machen.
in-certus 3 (*m. comp., sup.; adv.* **-ē** *u.* °**-ō**) **1.** (*meist v. Dingen*) **a**) ungewiß, unzuverlässig, unbestimmt; **b**) unerkennbar, trübe [*luna*]; °**c**) unordentlich [*crines*]; °**d**) unverständlich; **2.** (*v. Personen*) unsicher, unschlüssig, schwankend; *subst.* **-um,** *ī n das* Ungewisse; Ungewißheit; unbestimmte Zeit; °*pl.* Wechselfälle.
incessō, *cessī,* — 3 (*intens. v. incēdō; kl. nur praes. u. impf.; pf. zu incēdō*) losgehen *auf,* angreifen [*hostes iaculis*]; / schmähen, bedrohen.
incessus, *ūs m* (*incēdō*) **1.** *das* Einhergehen, Gang; °**2.** (feindlicher) Einfall; Marschlinie; °**3.** Zugang.
incestō 1 (*incestus*) beflecken.
incestus[1] 3 (*m. adv.; castus*) **1.** unkeusch, unzüchtig, blutschänderisch; **2.** befleckt, unrein; *subst.* ~, *ī m* Frevler; **-um,** *ī n* Unzucht, Blutschande.
incestus[2], *ūs m* (°*castus, ūs m* „geschlechtliche Enthaltsamkeit“; *careō*) Unzucht mit Vestalinnen;}
inchoō 1 = *incohō.* [Blutschande.}
incidō[1], *cidī,* — 3 (*cadō*) **1. a**) hineinfallen [*in foveam*], auf *etw.* fallen; **b**) (*in eine Zeit*) fallen; °**2.** (sich) hineinstürzen, sich ergießen [*flumini*]; **3.** überfallen, angreifen [*in hostem*]; **4.** vorfallen, sich ereignen,

eintreten [*periculum*]; **5.** (unvermutet) geraten *in*, stoßen *auf* [*in latrones*]; **6.** begegnen, widerfahren.
incīdō², *cīdī, cīsum* 3 (*caedō*) **1. a)** einschneiden, -graben, -meißeln [*in aes, ligno*]; °**b)** *dentes* Zähne (*in die Säge*) schneiden; **c)** beschneiden [*vites*]; **2. a)** zer-, durchschneiden; zerhauen; **b)** / unter-, abbrechen; °rauben [*spem*].
incīle, *is n* (*incīdō²*) Abzugsgraben.
incīlō 1 (*wohl zu incīle; eigtl.* „Einschnitt machen") schelten, tadeln.
****incinero** 1 zu Asche brennen; P. zu Staub werden.
in-cingō, *cinxī, cinctum* 3 (*cīnxī, cīnctum?*) **1.** umgürten; *mediopass.* sich umgürten, sich bekränzen [*lauro*]; **2.** / umgeben, umschließen.
in-cinō, — — 3 (*canō*) ertönen lassen, anstimmen.
in-cipiō, *incēpī, inceptum* 3 (*pf. act. kl. meist durch coepī u. bei passivem inf. durch coeptus sum ersetzt; capiō*) **1.** (*trans.*) anfangen, beginnen, unternehmen; **2.** (*intr.*) seinen Anfang nehmen [*ver*].
incipissō, — — 3 (*intens. v. incipiō*) eifrig beginnen.
incīsē *u.* **incīsim** *adv.* (*incīdō²*) in kurzen Sätzen.
incīsiō, *ōnis f u.* **incīsum,** *ī n* (*incīdō²*) / (*rhet. t.t.*) kurzer Abschnitt *einer Periode* (= *gr.* „Komma").
incitāmentum, *ī n* (*incitō*) Anreiz, Reizmittel, Antrieb, Sporn.
incitātiō, *ōnis f* (*incitō*) **1.** (*act.*) Erregung, Anfeuerung; **2.** (*pass.*) **a)** rasche Bewegung; **b)** / Schwung; Antrieb, Drang.
incitātus 3 (*m. comp., sup., adv.; incitō*) beschleunigt, schnell; / aufgeregt, erregt, erbittert.
in-citō 1 **1.** in schnelle Bewegung setzen, antreiben; anschwellen lassen; *mediopass. u. se -are* vorwärtseilen; **2.** / **a)** erregen, (an)spornen; **b)** begeistern; **c)** (auf)reizen, aufhetzen; **d)** vergrößern, steigern; verschärfen [°*poenas*].
incitus¹ 3 (*P.P.P. v.* **in-cieō*) stark bewegt, schnell.
in-citus² 3 (*in + P.P.P. v. cieō*) unbeweglich [*ad incitas* (*calces*) *redigere* schachmatt setzen].
in-cīvīlis, e (*m.* °*comp.*, °*adv.*) tyrannisch.
inclāmitō 1 (*intens. v. inclāmō*) anschreien.
in-clāmō 1 **1.** (*intr.*) **a)** laut rufen; °**b)** zurufen [*puellae*]; **2.** (*trans.*) anschreien; um Hilfe anrufen.
in-clārēscō, *ruī*, — 3 bekannt, berühmt werden.
in-clēmēns, *entis* (*m.* °*comp.*, °*adv.*) schonungslos, hart.
inclēmentia, *ae f* (*inclēmēns*) Schonungslosigkeit, Härte, Rauheit.
inclīnābilis, e (*inclīnō*) sich leicht neigend.
inclīnātiō, *ōnis f* (*inclīnō*) **1.** Neigung, Biegung; **2.** (*rhet. t.t.*) *vocis* Heben u. Senken der Stimme; **3.** / **a)** Neigung, Wendung; Veränderung, Wechsel; **b)** Zuneigung.
inclīnātus 3 (*m.* °*comp.*; *inclīnō*) **1.** geneigt, sich neigend; **2.** steigend u. sinkend, wechselnd [*vox*]; **3.** / **a)** sinkend, gesunken [*fortuna*]; °**b)** geneigt, zugetan, günstig gestimmt.
in-clīnō 1 (*cf. clīnātus*) **I.** (*trans.*) °**1. a)** neigen, beugen; *mediopass. u. se -are* sich neigen; **b)** zum Beischlaf hinlegen [*alqam, se cum liberta*]; **2.** *mediopass. u. se -are* (*mil. t.t.*) weichen [*acies*]; **3.** / **a)** hinneigen, wenden, wälzen [°*onera in divites*]; **b)** zum Sinken bringen, schädigen; *mediopass. u. se -are* sinken, sich (zum Schlechten) wenden; **c)** entscheidend wenden, entscheiden; **d)** *mediopass. u. se -are* sich zuneigen, geneigt sein; °**II.** (*intr.*) **1.** sich neigen, sich senken [*inclinat dies*]; **2.** weichen; **3.** sich zuneigen.
inclitus 3 = *inclutus.*
inclūdō, *sī, sum* 3 (*claudō*) **1.** einschließen, -sperren, -engen; **2.** einfügen, hineinbringen [*orationem in epistulam*]; **3. a)** verschließen, hemmen, zurückhalten; °**b)** (*v. d. Zeit*) endigen; ** *includi* Nonne werden; *inclusa, ae f* Nonne.
inclūsiō, *ōnis f* (*inclūdō*) Einschließung.
****inclusive** *adv.* einschließlich.
in-clutus 3 (*m. sup.; cf. clueō*) berühmt, bekannt.
in-coāctus 3 ungezwungen.
incoctus¹ 3 (*incoquō*) eingekocht; gefärbt.
in-coctus² 3 (*in + P.P.P. v. coquō*) ungekocht.
in-cōgitābilis, e *u.* **in-cōgitāns,** *antis* (*cōgitō*) unbedachtsam, unbesonnen.
incōgitantia, *ae f* (*incōgitāns*) Unbedachtsamkeit.

in-cōgitātus 3 **1.** unbedacht; **2.** undenkbar.

in-cōgitō 1 aussinnen [*fraudem* socio].

in-cognitus 3 (-ō-?) **1.** unbekannt; nicht erkennbar; **2.** (*jur. t.t.*) ununtersucht; °**3.** nicht als Eigentum anerkannt.

in-cohō 1 (*eigtl.* „anschirren"; *cf. cohum, ī n* „Halter") **1.** anfangen, beginnen; **2.** / **a**) zu schildern beginnen; °**b**) im Senat zur Sprache bringen; **3.** (*P.P.P.*) *adi.* **incohātus** 3 (nur) angefangen, unvollendet.

incola, *ae m f* (*incolō*) **1.** Ein-, Bewohner; *dcht. auch adi.* (ein)heimisch; **2.** ansässiger Nichtbürger (*Ggs. cīvis*).

in-colō, *coluī, cultum* 3 **1.** (*trans.*) bewohnen; **2.** (*intr.*) wohnen, seßhaft sein; (*part. praes.*) °*subst.* **incolentēs,** *ium m* Einwohner.

incolumis, e (*wohl mit calamitās, clādēs verwandt*) unverletzt, unversehrt.

incolumitās, *ātis f* (*incolumis*) Unverletztheit, Erhaltung.

in-comitātus 3 (*in* + *P.P.P. v. comitō*) unbegleitet.

in-comitiō 1 (= *in comitium* [*dūcō*]) *jd.* zwingen, vor den Komitien zu erscheinen; an den Pranger stellen.

in-commendātus 3 (*in* + *P.P.P. v. commendō*) nicht (zur Schonung) empfohlen, preisgegeben.

incommodesticus 3 (*scherzh. Vermengung v. in-commodus u. domesticus*) lästig.

incommoditās, *ātis f* (*incommodus*) **1.** Unbequemlichkeit, Unannehmlichkeit; °**2.** Unhöflichkeit; °**3.** Nachteil, Schaden.

incommodō 1 (*incommodus*) beschwerlich fallen.

incommodum, *ī n* (*incommodus*) **1.** Unbequemlichkeit; **2.** Nachteil; Unglück, Schaden.

in-commodus 3 (*m. comp.,* °*sup., adv.*) **1.** unbequem, unangenehm, lästig, beschwerlich; **2.** (*v. Pers.*) unfreundlich *gegen.*

in-commūtābilis, e unveränderlich.

in-comparābilis, e unvergleichlich.

in-compertus 3 (*in* + *P.P.P. v. comperiō*) unerforscht, unsicher.

in-compositus 3 (*m. adv.*) ungeordnet, ungeregelt; / kunstlos, plump.

in-comprehēnsibilis, e unfaßbar, unendlich.

in-cōmptus 3 (*m.* °*comp.*) ungepflegt; / kunstlos, schlicht.

in-concessus 3 (*in* + *P.P.P. v. concēdō*) unerlaubt, versagt.

in-conciliō 1 **1.** ins Unglück bringen; **2.** betrügerisch an sich bringen.

in-concinnus 3 (*m.* °*adv.*) unharmonisch, plump, ungereimt.

in-concussus 3 (*in* + *P.P.P. v. concutiō*) unerschüttert.

in-conditus 3 (*m. adv.*) (*in* + *P.P.P. v. condō*) ungeordnet; kunstlos.

in-cōnfūsus 3 (*in* + *P.P.P. v. cōnfundō*) nicht verwirrt; nicht außer Fassung.

in-congruēns, *entis* unpassend, ungereimt.

incōnsequentia, *ae f* (*incōnsequēns*) Inkonsequenz.

incōnsīderantia, *ae f* (*incōnsīderāns*) Unbesonnenheit.

in-cōnsīderātus 3 (*m.* °*comp., sup., adv.*) unbedacht; übereilt; unbesonnen.

in-cōnsolābilis, e untröstlich.

in-cōnstāns, *antis* (*m. comp.,* °*sup., adv.*) unbeständig, inkonsequent.

incōnstantia, *ae f* (*incōnstāns*) Unbeständigkeit; Inkonsequenz.

in-cōnsultus[1] 3 (*in* + *P.P.P. v. cōnsulō*) °**1.** unbefragt; °**2.** ratlos; **3.** (*m. adv.*) unüberlegt, unbesonnen.

in-cōnsultus[2], *abl. ū m* (*in* + *cōnsulō*) *das* Nichtbefragen; *meo -u* ohne mich befragt zu haben.

in-cōnsūmptus 3 (*in* + *P.P.P. v. cōnsūmō*) unverbraucht; / unvergänglich.

in-contāminātus 3 (*in* + *P.P.P. v. contāminō*) unbefleckt.

in-contentus 3 (*in* + *P.P.P. v. contendō*) ungespannt [*fides* Saite].

in-continēns, *entis* (*kl. nur adv.* **-enter**) unenthaltsam, lüstern; unmäßig.

incontinentia, *ae f* (*incontinēns*) Unenthaltsamkeit, Begehrlichkeit.

****incontrectabilis,** e unbetastbar.

in-conveniēns, *entis* nicht übereinstimmend, unähnlich.

in-coquō, *coxī, coctum* 3 **1.** in *od.* mit *etw.* kochen; **2.** färben; **3.** tüchtig kochen, braten.

in-corporālis, e unkörperlich.

****incorporatus** 3 Leib geworden.

in-corrēctus 3 (*in* + *P.P.P. v. corrigō*) unverbessert.

****incorruptio,** *onis f* Unvergänglichkeit; sittliche Reinheit.

in-corruptus 3 (*m.* °*comp.*, °*sup.*, *adv.*; *in* + *P.P.P. v. corrumpō*) **1.** unverdorben, unversehrt; **2.** / **a)** echt; **b)** aufrichtig; **c)** unbestochen, unbestechlich.

in-crēb(r)ēscō, *b(r)uī,* — 3 häufig werden, zunehmen, sich verbreiten.

in-crēbrō 1 (*crēber*) häufig tun.

in-crēdibilis, e (*m. adv.*) **1. a)** unglaublich; **b)** erstaunlich; °**2.** unglaubwürdig, unzuverlässig.

****incredulitas,** *atis f* Unglaube.

in-crēdulus 3 ungläubig.

incrēmentum, *ī n* (*incrēscō*) **1.** Wachstum; **2.** / **a)** Zunahme; Vermehrung; °**b)** Same, Saat; Nachwuchs; Zinsen; °**c)** Sprößling.

increpitō 1 (*intens. v. increpō*) °**1.** (*intr.*) **a)** laut zurufen; **b)** anfahren [*tibi*]; **2.** (*trans.*) **a)** anfahren, schelten, tadeln; °**b)** *jd. etw.* vorwerfen [*alci rugas*].

in-crepō, *puī, pitum*; *vkl. u. nkl. auch āvī, ātum* 1 **1.** (*intr.*) **a)** rauschen, rasseln, lärmen; / **b)** laut werden; °**c)** zurufen; **2.** (*trans.*) °**a)** ertönen lassen; °**b)** anfahren, schelten; beschuldigen; **c)** vorwerfen, tadeln; °**d)** bejammern; °**e)** anrufen, -treiben.

in-crēscō, *crēvī,* — 3 **1.** ein-, anwachsen [*ligno*]; **2.** wachsen, zunehmen; **3.** / wachsen, steigen.

incrētus 3 *P.P.P. v. incernō.*

in-cruentātus 3 (*in* + *P.P.P. v. cruentō*) unblutig.

in-cruentus 3 unblutig, ohne Blutvergießen; unverwundet.

incrustātiō, *ōnis f* (-*ū*-?; *incrustō*) Marmorverkleidung *der Wände*, Inkrustation.

in-crustō 1 (-*ū*-?; *crusta*) **1.** mit einer Kruste überziehen, beschmutzen; **2.** *die Wände* mit Marmorplatten verkleiden.

incubitō 1 (*intens. v. incubō*) bebrüten; / *auch obszön.*

in-cubō, *buī, bitum* 1 **1.** °**a)** liegen *auf* [*cortici*]; **b)** *an einem heiligen Orte* schlafen, *um ein Tempelorakel zu erhalten*; °**c)** brüten *auf* [*nidis*]; **2.** / **a)** sorgsam, geizig hüten [*pecuniae*]; °**b)** brüten *über* [*dolori*]; °**3. a)** sich *an einem Orte* aufhalten [*Erymantho*]; **b)** sich *über einem Orte* ausbreiten [*ponto nox*].

in-cūdō, *dī, sum* 3 (*wohl für* -**caudō*; *cf. cūdō*) schmieden, bearbeiten; schärfen.

in-culcō 1 (*calcō*) **1. a)** (*in die Rede*) einflicken, -schieben; **b)** (*die Rede*) bereichern; **2.** / **a)** einschärfen, -prägen; **b)** aufdrängen.

in-culpātus 3 (*in* + *P.P.P. v. culpō*) unbescholten.

in-cultus[1] 3 (*m.* °*comp.*, °*sup.*, *adv.*; *in* + *P.P.P. v. colō*) **1.** unangebaut, öde; **2.** / **a)** ungeordnet, ungepflegt; **b)** ungebildet, roh.

in-cultus[2], *ūs m* Verwahrlosung; / Mangel an Bildung.

in-cumbō, *cubuī, cubitum* 3 (**cumbō*; *cf. cubō*) °**1.** sich legen *auf* [*toro*]; sich lehnen *an*; sich niederbeugen *zu* [*ad od. super alqm*]; **2. a)** *in gladium od.* °*ferro* sich ins Schwert stürzen; °**b)** (*mil. t.t.*) sich stürzen *auf* [*in hostes*]; **3.** / **a)** sich widmen [*iuris studio*]; sich angelegen sein lassen [*ad id bellum*]; °**b)** beschleunigen [*fato*]; **c)** schwer lasten *auf* [°*invidia mihi*].

in-cūnābula, *ōrum n* (*eigtl.* „Einbettung": *v.* **incūnō* 1; *cf. cūnābula*) °**1.** Wickelbänder u. Windeln; **2.** / **a)** Geburtsort; °**b)** erste Kindheit; **c)** Anfang, Ursprung.

in-cūrātus 3 (*in* + *P.P.P. v. cūrō*) ungeheilt.

in-cūria, *ae f* (*cūra*) Mangel an Sorgfalt; Vernachlässigung.

incūriōsus 3 (*m. comp.*, *sup.*, *adv.*) **1.** (*act.*) nachlässig, sorglos; **2.** (*pass.*) vernachlässigt.

in-currō, (*cu*)*currī, cursum* 3 **I.** absichtlich laufen *gegen*: **1.** rennen *gegen* [*in columnas* mit dem Kopf gegen die Wand]; °**2.** (*mil. t.t.*) (her)anstürmen *gegen*, angreifen [*in hostes*]; einen Einfall machen, einfallen; **II.** zufällig laufen *gegen*: **1. a)** begegnen, stoßen *auf*; **b)** / °*in oculos* in die Augen fallen; **2.** grenzen, stoßen *an*; **3.** geraten, verfallen *in* [*in morbum*]; **4. a)** eintreffen, vorfallen; **b)** (*in eine Zeit*) fallen, treffen; ** *iram* sich den Zorn zuziehen.

incursiō, *ōnis f* (*incurrō*) **1.** Anlauf, Andrang; **2.** Einfall, Angriff.

incursitō 1 (*intens. v. incurrō*) **1. a)** (*absichtlich*) *auf jd.* losgehen; **b)** (*zufällig*) *gegen jd.* anrennen; **2.** / anstoßen.

incursō 1 (*intens. v. incurrō*) **1.** °**a)**

(*absichtlich*) losgehen *auf*; (*bsd. als mil. t.t.*) einfallen [*in agros*]; anstürmen, angreifen; **b**) / befallen [*in te dolor*]; °**2. a**) (*zufällig*) *auf jd.* stoßen; (an)rennen *gegen* [*rupibus*]; / **b**) sich aufdrängen [*oculis*].

incursus, *ūs m* (*incurrō*) °**1.** Andrang, Ansturm; **2.** Anfall, Angriff; Einfall; °**3.** / Anschlag, Plan.

in-curvō 1 (*curvus*) **1. a**) krümmen, biegen; °P. gebückt gehen; °**b**) = *paedīcō*; °**2.** / niederbeugen.

incurvus 3 (*Rückbildung aus incurvō*) (einwärts) gekrümmt.

incūs, *ūdis f* (*incūdō*) Amboß.

incūsātiō, *ōnis f* (*incūsō*) Beschuldigung.

incūsō 1 (*wohl* = *in causam* [*sc. dūcō*]) beschuldigen, anklagen; sich beschweren.

incussus, *abl. ū m* (*incutiō*) *das* Anschlagen.

in-custōdītus 3 (*-cūst-?; in + P.P.P. v. custōdiō*) **1.** (*pass.*) **a**) unbewacht; unbesetzt; nicht beobachtet; **b**) unterlassen; **c**) (*dcht.*) nicht geheim gehalten [*amor*]; **2.** (*act.*) unvorsichtig.

incūsus 3 *P.P.P. v. incūdō.*

in-cutiō, *cussī, cussum* 3 (*quatiō*) °**1.** anschlagen, anstoßen [*in caput*]; **2.** hinschleudern, -werfen; **3.** / einjagen, einflößen.

indāgātiō, *ōnis f* (*indāgō¹*) Erforschung.

indāgātor, *ōris m* (*indāgō¹*) Erforscher.

indāgātrīx, *īcis f* (*indāgātor*) Erforscherin.

indāgō¹ 1 (*indāgō²*) **1.** aufspüren; **2.** / erforschen.

indāgō², *inis f* (<**ind*[*u*]*-āgō; agō; Ausdruck der Jägersprache*) Umzingelung, Umstellung (*des Wildes*), Treibjagd, Kesseltreiben.

ind-audiō 4 (*inde*) = *inaudiō.*

inde *adv.* (<**im-de; im altl. acc. v. is; cf. inter-im, cf. dē*) **1.** (*räuml.*) von da, von dort, daher; **2.** (*zeitl.*) von der Zeit an, hierauf; *inde a* von ... an; **3.** / **a**) daraus, davon; deshalb, daher; °**b**) von ihm, von ihr, von ihnen.

in-dēbitus 3 nicht gebührend; ** unverschuldet, unverdient.

in-decēns, *entis* (*m. comp., sup., adv.*) unschicklich, unanständig.

indecentia, *ae f* (*indecēns*) Unschicklichkeit.

indeceō, — — 2 übel anstehen [*servos*].

in-dēclīnābilis, *e* unbeugsam, unveränderlich.

in-dēclīnātus 3 (*in + P.P.P. v. dēclīnō*) unverändert, treu.

in-decoris, *e* (*decus*) schimpflich.

indecorō 1 (*indecoris; nach dēdecorō gebildet*) entstellen, schänden.

in-decōrus 3 (*m. adv.*) **1.** häßlich; **2.** unanständig, unrühmlich.

in-dēfatīgābilis, *e* (*dēfatīgō*) unermüdlich.

in-dēfatīgātus 3 (*in + P.P.P. v. dēfatīgō*) unermüdet.

in-dēfēnsus 3 (*in + P.P.P. v. defendō*) unverteidigt, unbeschützt.

in-dēfessus 3 unermüdet.

in-dēflētus 3 (*in + P.P.P. v. dēfleō*) unbeweint.

in-dēflexus 3 (*in + P.P.P. v. dēflectō*) ungeschwächt.

in-dēiectus 3 (*in + P.P.P. v. dēiciō*) nicht niedergeworfen, nicht eingestürzt.

in-dēlēbilis, *e* unauslöschlich, unvertilgbar.

in-dēlībātus 3 (*in + P.P.P. v. dēlībō*) ungeschmälert.

in-demnātus 3 (*in + P.P.P. v. damnō*) unverurteilt.

in-demnis, *e* (*damnum*) ohne Verlust.

****indemnitas,** *atis f* Schadloshaltung.

in-dēplōrātus 3 (*in + P.P.P. v. dēplōrō*) unbeweint.

in-dēprāvātus 3 (*in + P.P.P. v. deprāvō*) unverdorben.

in-dēprehēnsibilis, *e* (*in + P.P.P. v. dēprehendō*) unbemerkbar.

in-dēprēnsus 3 (*in + P.P.P. v. dēprendō*) unbegreiflich.

in-dēsertus 3 nie verlassen, unvergänglich.

in-dēstrictus 3 (*in + P.P.P. v. dēstringō*) unverletzt.

in-dētōnsus 3 (*in + P.P.P. v. dētondō*) mit wallendem Haar.

in-dēvītātus 3 (*in + P.P.P. v. dēvītō*) unvermeidlich.

index, *icis m f* (<**in-dic-s; indicō¹; eigtl.* „Anzeiger") **1.** (*v. Personen*) **a**) Entdecker(in); **b**) Verräter, Spion; °**c**) Fachmann; **2.** / (*v. Sachen*) **a**) *adi.* anzeigend, verratend; *subst.* Kennzeichen [*paenitentiae*]; (*digitus*) ~ Zeigefinger; **b**) Titel, Aufschrift; °**c**) Verzeichnis; **d**) Inhalt, Resümee; °**e**) Probierstein.

Indī, India *s. Indus.*

indicātiō, *ōnis f* (*indicō¹*) Preis(angabe), Taxe.

in-dīcēns, *entis* (*in + part. praes. v. dīcō²*): *me indicente* ohne daß ich es sage, ohne meine Warnung, ohne mein Geheiß.

indicium, *ī n* (*index*) **1.** Anzeige, Angabe; Verrat; **2. a**) Erlaubnis, (*vor Gericht*) Angaben zu machen; **b**) Denunziationsprämie; **3.** / Kennzeichen, Merkmal.

indicō[1] 1 (*Schwundstufe zu indīcō*[2]) **1.** anzeigen, angeben, melden, sagen; **2.** (*vor Gericht*) aussagen, anzeigen; verraten; **3.** den Preis *e-r Sache* bestimmen, taxieren.

in-dīcō[2], *dīxī, dictum* 3 **1.** ansagen, ankündigen[*diem comitiis*; *bellum*]; beordern [°*exercitum Aquileiam*]; °**2.** (*eine Leistung*) auferlegen [*tributa gentibus*].

indictiō, *ōnis f* (*indīcō*[2]) Ankündigung, *bsd. einer Auflage*; außerordentliche Steuer; ** Indiktion (*Zeitangabe nach der Steuerperiode*).

in-dictus[1] 3 (*in + P.P.P. v. dīcō*[2]) °**1.** ungesagt, unbesungen; **2.** (*jur. t.t.*) *indictā causā* ohne Verhör.

indictus[2] 3 *P.P.P. v. indīcō*[2].

Indicus *s. Indus.*

indidem *adv.* (<**inde-dem*; *cf. tan-dem*) **1.** (*räuml.*) ebendaher, ebenfalls aus [*Romā*]; **2.** / von eben dieser Sache *od.* Person.

in-differēns, *entis* (*m.* °*adv.*) sich nicht unterscheidend, gleichgültig, indifferent; (*stoischer t.t.*) weder gut noch schlecht.

indifferentia, *ae f* (*indifferēns*) Gleichheit.

indi-gena, *ae m f* (<**indu-gena*; *gignō*) einheimisch, inländisch, Eingeborene(r).

indigentia, *ae f* (*indigēns*) **1.** Bedürfnis; **2.** Ungenügsamkeit.

ind-igeō, *uī*, — 2 (*indu*; *egeō*) **1.** Mangel haben *an* [*rerum*; *re*], bedürftig sein; **2.** bedürfen, nötig haben, brauchen [*cibi*, *ope*]; **3.** vermissen, verlangen *nach* [*auri*]; **4.** (*part. praes.*) **indigēns,** *entis* **a**) *adi.* unzulänglich; **b**) *subst. pl.* Bedürftige.

indiges[1], *etis* (*wohl* < **indu-aget-s*; *agō* = *incolō*) eingeboren, einheimisch; altrömisch; *subst. m* eingeborener Heros, Stammvater [*Aeneas*]; *pl. patrii dii -etes die* einheimischen Götter (*urspr. wohl Könige u. Stammväter des Volkes*).

indiges[2], *is* (*indigeō*) bedürftig.

in-dīgestus 3 (*m. adv.*; *in + P.P.P. v. dīgerō*) ungeordnet.

indīgnābundus 3 (*jünger -ĭ-*; *indīgnor*) voller Unwillen.

indīgnāns, *antis* (*jünger -ĭ-*; *m. sup., adv.*; *part. praes. v. indīgnor*) unwillig, entrüstet.

indīgnātiō, *ōnis f* (*jünger -ĭ-*; *indīgnor*) **1.** °**a**) Unwille, Entrüstung; *pl.* Äußerungen des Unwillens; **b**) (*rhet. t.t.*) Erregung des Unwillens; °**2.** Unanständigkeit.

indīgnātiuncula, *ae f* (*jünger -ĭ-*; *dem. v. indīgnātiō*) Anflug von Entrüstung.

indīgnitās, *ātis f* (*jünger -ĭ-*; *indīgnus*) **1.** Unwürdigkeit, Niederträchtigkeit; **2.** *das* Empörende, Schmach; **3.** Unwille, Entrüstung.

indīgnor 1 (*jünger -ĭ-*; *indīgnus*) für unwürdig halten, entrüstet sein *über* [*factum*]; (*Gerundiv*) *adi.* °**in-dīgnandus** 3 Unwillen verdienend.

in-dīgnus 3 (*jünger -ĭ-*; *m. comp., sup., adv.*) **1.** unwürdig, nicht verdienend [*honore*]; °unschuldig; **2.** ungeziemend, schmachvoll, empörend; **3. a**) *indignum est* (*mit inf. od. a.c.i.*) es ist unschicklich, schmachvoll, eine Schande, eine Ungerechtigkeit, zu hart; **b**) (*Ausruf*) *facinus indignum!*: α) *eingeschoben*) welche Schmach!; β) (*m. inf. od. a.c.i.*) es ist *od.* wäre schändlich, empörend, wenn *od.* daß; **4.** *-e ferre* entrüstet, empört sein.

indigus 3 (*Rückbildung aus indigeō nach prōdigus u.ä.*) bedürftig (*meist m. gen.*).

in-dīligēns, *entis* (*m. comp., adv.*) nachlässig, saumselig; leichtsinnig.

indīligentia, *ae f* (*indīligēns*) Nachlässigkeit, Sorglosigkeit.

ind-ipīscor, *deptus sum* 3 (*altl. auch -ō*; *indu + apīscor*) erreichen, erlangen; *navem* einholen.

in-dīreptus 3 (*in + P.P.P. v. dīripiō*) ungeplündert.

****indisciplinatus** 3 zuchtlos, liederlich.

in-discrētus 3 (*in + P.P.P. v. discernō*) **1.** ungetrennt; **2.** ununterschieden; ohne Unterschied.

in-disertus 3 unberedt, wortarm.

in-dispositus 3 (*m. adv.*; *in + P.P.P. v. dispōnō*) unordentlich.

****indisputabilis,** e unbestreitbar.

in-dissolūbilis, e unauflöslich.

in-dissolūtus 3 (*in + P.P.P. v. dissolvō*) unaufgelöst.

in-distīnctus 3 (*dī-?*; *-stīnc-?*;

m. °*adv.*) ununterschieden; verworren.
in-dīviduus 3 **1.** unzertrennlich; **2.** unteilbar; *subst.* **-um,** *ī n* Atom; ** Einzelding.
in-dīvīsus 3 (*in* + *P.P.P. v. dīvidō*) ungeteilt; *pro -o* gleich viel, gleichmäßig.
in-dō, *didī, ditum* 3 (*in* + √‾ *dhē „setzen"; faciō*) **1. a**) hineintun, -setzen, -legen [*venenum potioni*]; / **b**) einführen [*novos ritus*]; **c**) verursachen, einflößen [*hostibus pavorem*]; **2. a**) setzen, legen *an, auf*; erbauen *auf* [*castella rupibus*]; **b**) beigeben [*custodes*]; **c**) / beilegen [*nomen Superbo*].
in-docilis, e **1.** ungelehrig; °**2.** unwissend, ungebildet; **3.** unlehrbar; °**4.** ungelernt; kunstlos.
in-doctus 3 (*m. comp., sup., adv.*) ungelehrt, ungebildet; ungeschickt.
in-dolentia, *ae f* (*indolēns* „unempfindlich"; *doleō*) Unempfindlichkeit gegen Schmerz.
indolēs, *is f* (<**indu-alēs*; *alō*) **1.** Naturanlage, natürliche Beschaffenheit; **2.** angeborene Tüchtigkeit, Talent.
in-dolēscō, *luī,* — 3 (*in* + *incoh. v. doleō*) Schmerz empfinden, sich betrüben.
indolōria, *ae f* = *indolentia.*
in-domābilis, e unbezähmbar.
in-domitus 3 (*in* + *P.P.P. v. domō*) **1.** ungebändigt, wild; *ager* unbebaut; °**2.** unbezwinglich.
in-dormiō 4 °**1.** schlafen *auf* [*saccis*]; **2.** / verschlafen [*tempori*].
in-dotātus 3 °**1.** ohne Aussteuer; **2.** / **a**) *ars* arm, unberedt; °**b**) *corpora* ohne Totengaben.
indu *altl. prp. b. abl.* = *noch älterem endo* (*s. d.*); *sonst nur noch als praev. in indāgō, indigena, indigeō, indiges, indolēs, induō.*
in-dubitābilis, e unzweifelhaft.
in-dubitātus 3 (*m. adv.*; *in* + *P.P.P. v. dubitō*) unzweifelhaft.
in-dubitō 1 zweifeln *an* [*viribus dat.*].
in-dubius 3 unzweifelhaft.
in-dūcō, *dūxī, ductum* 3 (*altl. fut. induxis*) **1. a**) ziehen *über* [*aurum cornibus*], anziehen [*tunicam in lacertos*], überziehen [*scuta pellibus*]; **b**) ausstreichen, ungültig machen; **c**) eintragen, -schreiben, anrechnen; **2. a**) hineinführen; °**b**) heimführen [*uxorem*]; °**c**) in den Kampf führen; **d**) auf die Bühne bringen, aufführen; **e**) redend *od.* handelnd einführen; **f**) einführen [*novum morem*]; **3.** bewegen, veranlassen, verleiten [*ad bellum, in errorem*]; **4.** (*in*) *animum* (*m. ut, ne od. inf.*) sich vornehmen; °(*m. a.c.i.*) sich überzeugen.
inductiō, *ōnis f* (*indūcō*) **1. a**) Einführung, Zuleitung [*aquarum*]; °**b**) *das* Auftretenlassen im Zirkus; **2.** *animi* **a**) Hinneigung *zu jd.*; **b**) fester Vorsatz; **3.** (*rhet. t.t.*) **a**) *personarum* Einführung v. Personen; **b**) *erroris* Verleitung zum Irrtum; **c**) Beweisführung durch ähnliche Fälle, Induktion(sbeweis).
inductor, *ōris m* (*indūcō*) (*scherzh.*) *terga nostri* der uns Schläge überzieht.
inductus[1], *abl. ū m* (*indūcō*) Antrieb [*alieno*].
inductus[2] 3 (*indūcō*) gesucht, künstlich.
indūcula, *ae f* (*induō*) Frauenunterkleid.
indu-gredior (*Lu.*) = *ingredior.*
indulgēns, *entis* (*m. comp., sup., adv.*; *indulgeō*) nachsichtig, gütig.
indulgentia, *ae f* (*indulgēns*) Nachsicht, Güte; Zärtlichkeit; °*caeli* mildes Wetter; ** Ablaß; Lossprechung vom Bann.
****indulgentiarius,** *ī m* Ablaßhändler.
indulgeō, *lsī, ltum* 2 (*et. ungedeutet*) **1.** (*intr.*; *m. dat.*) **a**) nachsichtig sein, nachgeben, begünstigen [*civibus*]; **b**) nachhängen, sich hingeben, frönen [*vino*]; **c**) sorgen *für* [*valetudini*]; °**2.** (*trans.*) bewilligen [*largitudinem*]; *se -ere* sich preisgeben [*tribuno*].
****indultum,** *ī n* Gnade, Ablaß.
indūmentum, *ī n* (*induō*) Anzug; / Überzug, Hülle; Brühe.
induō, *uī, ūtum* 3 (<**indu-ovō*, *vl. eigtl.* „in eine Hülle schlüpfen"; *cf. exuō*) **1.** anziehen, anlegen [*tunicam*]; (*mediopass.*) sich anziehen [*veste muliebri*]; **2.** / **a**) umgeben, versehen *mit* [*forma hominum*]; °*arbor induit se in florem* hüllt sich in Blüten; °**b**) zuteilen, verschaffen [*vino vetustatem*]; **c**) (*sibi*) annehmen, sich zu-, beilegen [*cognomen*]; °**d**) *etw.* eingehen, sich einlassen *in* [*societatem*; *seditionem*]; **3.** *mediopass. u. se -ere* **a**) geraten, fallen *in* [*in laqueum*]; **b**) sich

stürzen *in* [*hastis*]; **c**) / sich verwickeln *in* [*in poenas legum*].

indu-pediō (*Lu.*) 4 = *impediō*.

induperātor (*altl.*) = *imperātor*.

in-dūrēscō, *ruī,* — 3 hart werden; / sich (ab)härten; treu halten *zu* [*pro Vitellio*]; (*abs.*) festbleiben.

in-dūrō 1 hart machen, härten; / härten, stählen.

Indus, *ī m* (*gr.* -ọs) **1.** *der* Indus; **2.** *der* Inder; (*dcht.*) Äthiopier, Araber; *auch coll. für* **Indī,** *ōrum m die* Inder; *ihr Land* **India,** *ae f* (*gr.* -ịā); *adi.* -(*ic*)*us* 3 [*dentes* Elfenbein, *conchae* Perlen].

indusiārius, *ī m* (*indū-?*; *indusium* Übertunika; *induō?*) Verfertiger von Übertuniken.

indusiātus 3 (*indū-?*; *indusium* Übertunika; *induō?*) mit einer Übertunika bekleidet.

industria, *ae f* (-*ū-?*; *wohl f v. industrius* [*sc. opera*]) Betriebsamkeit, Fleiß; (*de*) *industriā* absichtlich.

industrius 3 (-*ū-?*; *m.* °*comp.*, *adv.*; *wohl indu* + *struō*) betriebsam, fleißig.

indūtiae, *ārum f* (*et. unklar*) Waffenstillstand; °/ Stillstand, Ruhe; ** Gerichtsverhandlung; Bedenkzeit, Frist; Freizeit.

****indutio** 1 festsetzen [*conubium*].

(**indūtus**), *dat. sg. uī, abl. pl. ibus m* (*induō*) Kleidung, Anzug.

induviae, *ārum f* (*induō*) Kleidung.

in-ēbriō 1 (*ēbrius*) trunken machen, berauschen; / *aures* die Ohren voll schwatzen.

in-edia, *ae f* (*edō*) *das* Hungern, Fasten.

in-ēditus 3 (*in* + *P.P.P. v. ēdō*[2]) noch nicht herausgegeben.

in-efficāx, *ācis* (*m. comp., sup.*) unwirksam, schwach.

in-ēlabōrātus 3 (*in* + *P.P.P. v. ēlabōrō*) nicht ausgearbeitet.

in-ēlegāns, *antis* (*m. adv.*) unfein, geschmacklos.

in-ēluctābilis, e unabwendbar.

in-ēmendābilis, e unverbesserlich, unheilbar.

in-ēmorior, — — 3 sterben *bei* [*spectaculo*].

in-ēmptus 3 (*in* + *P.P.P. v. emō*) ungekauft; nicht erkauft, selbst erworben.

in-ēnarrābilis, e (-*nārr-?*) unbeschreiblich.

in-ēnōdābilis, e (*ēnodō*) unlösbar, unerklärlich.

in-eō, *iī, itum, īre* **1.** (*intr.*) °**a**) hineingehen [*in urbem*]; **b**) / anfangen, beginnen; *iniens aetas* Jugend; **2.** (*trans.*) **a**) betreten [*urbem*]; °**b**) begatten, bespringen [*vaccam*]; / **c**) (*eine Zeit*) beginnen [*aestatem*; *inita hieme*]; **d**) (*eine Tätigkeit*) beginnen [*proelium*]; (*ein Amt*) antreten, übernehmen [*magistratum*]; **e**) eingehen, schließen [*societatem*]; fassen [*consilium*]; *rationem* berechnen, überlegen; *gratiam* Gunst gewinnen.

ineptiae, *ārum* (*selten sg.* **-a,** *ae*) *f* (*ineptus*) Albernheiten, Possen.

ineptiō 4 (*ineptus*) töricht handeln, Unsinn schwatzen.

in-eptus 3 (*m. comp., sup., adv.*; *aptus*) °**1.** unbrauchbar; **2.** / unpassend; albern, läppisch.

in-equitābilis, e für Reiterei ungeeignet.

in-ermis, e *u.* **-mus** 3 (*arma*) **1. a**) unbewaffnet, wehrlos, ungerüstet; °**b**) von Truppen entblößt; **2.** / **a**) nicht gut beschlagen [*in philosophia*]; °**b**) unkriegerisch, niemand verletzend [*carmen*].

in-errāns, *antis* (*in* + *part. praes. v. errō*) feststehend; *stellae* Fixsterne.

in-errō 1 umherirren *auf* [*montibus*]; / *oculis* vor den A. schweben.

in-ers, *rtis* (*m. comp., sup.*; *ars*) **1.** ungeschickt, einfältig; **2. a**) untätig; °**b**) müßig [*tempus*]; °**c**) feige; schüchtern, scheu; °**d**) fade [*caro*]; °**3.** erschlaffend [*somni*].

inertia, *ae f* (*iners*) Ungeschick(lichkeit); Untätigkeit, Trägheit.

in-ērudītus 3 (*m.* °*sup.*, °*adv.*) ungebildet; roh.

in-ēscō 1 (*ēsca*) ködern, anlocken.

in-euschēmē *adv.* (*in* + *gr. Fw.* + *lat. Adv.-Endung*) ohne Anstand.

in-ēvectus 3 (*in* + *part. pf. v. ēvehor*) hinaufgefahren, -gestiegen.

in-ēvitābilis, e unvermeidlich.

in-ēvolūtus 3 (*in* + *P.P.P. v. ēvolvō*) unaufgerollt, ungeöffnet [*liber*].

in-excitābilis, e (*excitō*) unerweckbar; tief [*somnus*].

in-excītus 3 (*in* + *P.P.P. v. exciō*) nicht aufgeregt, ruhig.

in-excūsābilis, e unentschuldbar.

in-excussus 3 (*in* + *P.P.P. v. excutiō*) unerschüttert, unerschrocken.

in-exercitātus 3 °**1.** unbeschäftigt; **2.** ungeübt.

in-exhaustus 3 (*in* + *P.P.P. v.*

exhauriō) **1.** unerschöpft; ungeschwächt; **2.** unerschöpflich.
in-exōrābilis, e unerbittlich (streng); unversöhnlich.
inexpedītus 3 (*m. comp.*) verwickelt.
in-experrēctus 3 (*in + part. pf. v. expergīscor*) unerweckbar.
in-expertus 3 **1.** (*medial*) unerfahren *in,* unbekannt *mit* [*lasciviae*]; **2.** (*pass.*) **a)** unversucht; **b)** unbekannt; **c)** noch unerprobt.
in-expiābilis, e (*-pī-?*; *expiō*) **1.** unsühnbar; **2.** unversöhnlich; hartnäckig [*bellum*].
in-explēbilis, e (*expleō*) unersättlich.
in-explētus 3 (*in + P.P.P. v. expleō*) unersättlich, maßlos.
in-explicābilis, e (*m. adv.*) °**1.** unentwirrbar, unauflöslich; **2.** / **a)** unausführbar, °ungangbar [*via*]; °endlos; **b)** unerforschlich, unerklärlich.
in-explicitus 3 (*in + P.P.P. v. explicō*) unerklärlich, dunkel.
in-explōrātus 3 ununtersucht, unerkundet; *adv.* **-ō** ohne Kundschaft eingezogen zu haben.
in-expūgnābilis, e (*-ŭ-?*) uneinnehmbar, unüberwindlich; / unzugänglich; ungangbar; [*gramen*] unausrottbar.
in-exspectātus 3 unerwartet.
in-exstīnctus 3 (*-ĭ-?*; *in + P.P.P. v. exstinguō*) unausgelöscht; / unstillbar, unersättlich; unvergänglich.
in-exsuperābilis, e (*m. comp.*) **1.** unübersteigbar; **2.** / **a)** unübertrefflich; **b)** unüberwindlich; *subst.* **-ia,** *ium n* Unmögliches.
in-extrīcābilis, e (*m. adv.*; *extrīcō*) unentwirrbar.
īn-fabrē *adv.* (*faber*) kunstlos.
īn-fabricātus 3 (*in + P.P.P. v. fabricō*) unbearbeitet, roh.
īnfacētiae, *ārum f* (*īnfacētus*) Abgeschmacktheiten.
īn-facētus 3 (*m.* °*adv.*) abgeschmackt, plump.
īn-fācundus 3 (*m. comp.*) unberedt.
īnfāmia, *ae f* (*īnfāmis*) **1.** übler Ruf, Schimpf; °**2.** Schandfleck.
īnfāmis, e (*fāma*) verrufen, schimpflich.
īn-fāmō 1 (*vl.* ‹ *in fāmam* [*redigō*]; *cf. dif-fāmō*) in üblen Ruf bringen; °/ verdächtigen.
īn-fandus 3 (*in + Gerundiv v. for*) °**1.** unsagbar, unsäglich; **2.** abscheulich, ruchlos.

īn-fāns, *antis* (*m. comp., sup.*; *in + part. praes. v. for*) **1.** stumm [°/ *statua*]; **2.** lallend; zart, jung, noch klein; **3.** / °**a)** kindlich; **b)** kindisch, läppisch; **c)** unberedt, ohne Rednergabe; *subst.* ~, *antis m f* (kleines) Kind; ** *m* Knabe; Chorknabe; Prinz.
īnfantārius 3 (*īnfāns*) sich mit Kindern abgebend; kinderlieb.
īnfantia, *ae f* (*īnfāns*) °**1.** Unvermögen zu sprechen; °**2. a)** Kindheit; **b)** kindisches Wesen; **3.** Mangel an Redegabe.
īn-farciō = *īnferciō.*
īn-fatīgābilis, e (*fatīgō*) unermüdlich.
īn-fatuō 1 (*fatuus*) betören.
īn-faustus 3 **1.** (*act.*) unheilvoll; **2.** (*pass.*) unglücklich.
īnfector, *ōris m* (*īnficiō*) Färber.
īnfectus[1] 3 (*īnficiō*) gefärbt.
īn-fectus[2] 3 (*in + P.P.P. v. faciō*) °**1.** unbearbeitet, ungeprägt [*aurum*]; **2.** ungetan; unvollendet; *infectā re* unverrichteter Sache; °**3.** unmöglich.
īnfēcunditās, *ātis f* (*īnfēcundus*) Unfruchtbarkeit.
īn-fēcundus 3 (*m. comp., adv.*) unfruchtbar.
īnfēlīcitās, *ātis f* (*īnfēlīx*) °**1.** Unfruchtbarkeit; **2.** Unglück.
īn-fēlīc(it)ō 1 (*īnfēlīx*) unglücklich machen, strafen.
īn-fēlīx, *īcis* (*m. comp., sup.,* °*adv.*) °**1.** unfruchtbar; **2.** unglücklich; **3.** Unglück bringend, verkündend, unheilvoll.
īnfēnsō 1 (*īnfēnsus*) beunruhigen; zürnen.
īn-fēnsus 3 (*m.* °*comp.,* °*sup., adv*,; *P.P.P. v.* **infendō*; *cf. dēfendō*) erbittert, gehässig.
īnferbuī *s. īnfervēscō.*
īn-ferciō, — — 4 (*farciō*) hineinstopfen.
īnferī *s. īnferus.*
īnferiae, *ārum f* (*altl. īnferius* 3 „dargebracht, geopfert"; *īnferō*; *in der Bedeutung durch īnferī beeinflußt*) Totenopfer.
īnferior, *ius s. īnferus u. īnfrā.*
****infernalis,** e teuflisch, höllisch.
īnfernus 3 (*m.* °*adv.*; *īnferus*) **1.** unten befindlich, *der* untere; °**2.** unterirdisch: **a)** unter der Erde (befindlich) [*gurges*]; **b)** in der Unterwelt (befindlich), der Unterwelt entstiegen; *subst.* **-ī,** *ōrum m die* Schatten; **-a,** *ōrum n* Unterwelt;

** *subst.* **-us,** *ī m u.* **-um,** *ī n u. pl.* Hölle.

īn-ferō, *intulī, illātum, īnferre* **1.** hineintragen, -bringen, -werfen; setzen, legen *an* [°*scalas ad moenia*]; **2.** ins Grab tragen: **a**) bestatten; °**b**) darbringen, opfern [*inferias*]; **3. a**) (*Böses*) antun [*alci vim*]; *manus* Hand anlegen *an* [*alci, in alqm*]; zufügen [*detrimentum*]; **b**) (*mil. t.t.*) *signa* ~ angreifen, zum Angriff vorgehen *gegen* [*hostibus, in hostes*]; *bellum* ~ Krieg anfangen *mit* [*Antiocho; contra patriam*]; *mediopass. u. se inferre* sich stürzen, sich werfen, eindringen [*in urbem*]; **4. a**) eintragen, in Rechnung stellen [*rationes*]; anrechnen [*sumptum civibus*]; **b**) vorbringen, äußern [*mentionem rei* erwähnen]; vorgeben [*causam*]; **5.** einjagen, einflößen [*terrorem exercitui*].

īnferus 3 (*cf. nhd.* „unter") **I.** *pos.* **1.** *der* untere; *mare -um das* Tyrrhenische Meer; **2.** unterirdisch; *subst.* **īnferī,** *ōrum m die* Unterirdischen, Unterwelt; *die* Verstorbenen; **II.** *comp.* **īnferior,** *ius* **1.** (*räuml.*) tiefer, niedriger (gelegen); **2.** (*zeitl.*) später, jünger; **3.** / schwächer, geringer, unterlegen [*Alexandro*]; *inferiorem esse* unterliegen; nachstehen; °*versus* Pentameter; **III.** *sup.* **īnfimus** 3 **1.** *der* unterste, niedrigste; (*partit.*) *mons infimus der* Fuß des B.; **2.** / *der* schlechteste, geringste; *subst.* **-um,** *ī n der* unterste; *cf. īmus.*

īn-fervēscō, *ferbuī,* — 3 zu sieden [beginnen.

īn-festō 1 (*-ē-?; īnfestus*) beunruhigen, angreifen.

īn-festus 3 (*-ē-?; m. comp., sup., adv.; et. ungedeutet*) **1.** (*act.*) **a**) beunruhigend, bedrohlich; feindselig, feindlich; **b**) (*mil. t.t.*) kampfbereit, schlagfertig, zum Angriff formiert; *-is signis impetum facere* in Sturmkolonnen vorgehen; °*hastā -ā* mit gefällter Lanze; **2.** (*pass.*) bedroht, beunruhigt, gefährdet [*vita*]; unruhig, unsicher [*locus*].

īnficētiae, -ētus = *īnfacēt...*

īn-ficiō, *fēcī, fectum* 3 (*faciō*) hineintun: **1.** *m. etw.* anmachen, vermischen; **2.** färben, bemalen; **3.** tränken; / [*puerum artibus*]; **4.** vergiften; **5.** verpesten, anstecken, beflecken.

īn-fidēlis, e (*m.* °*comp., sup., adv.*) unehrlich, treulos; ** heidnisch, ungläubig.

īn-fidēlitās, *ātis f* (*īnfidēlis*) Untreue, Unzuverlässigkeit; ** Unglaube.

īn-fīdus 3 treulos, unzuverlässig, [unsicher.

īn-fīgō, *fīxī, fīxum* 3 hineinheften, -bohren, -stoßen, -schlagen; / einprägen, befestigen, fest richten *auf.*

īnfimātis *od.* **-mās,** *mātis m* (*īnfimus*) Angehöriger der untersten Volksklasse.

īnfimus 3 *s. īnferus.*

īn-findō, *fidī, fissum* 3 einschneiden [*sulcos telluri*].

īnfīnitās, *ātis f* (*īnfīnis* „ohne Grenzen") Unendlichkeit.

īnfīnītiō, *ōnis f* (*īnfīnītus*) = *īnfīnitās.*

īn-fīnītus 3 (*m. comp., adv.*) **1.** unbegrenzt: **a**) (*räuml.*) grenzenlos, unendlich; **b**) (*zeitl.*) endlos, unaufhörlich; **c**) / unendlich (viel), zahllos, unermeßlich; **2.** unbestimmt: **a**) (*rhet. u. philos. t.t.*) allgemein, abstrakt; °**b**) (*gramm. t.t.*) *verbum -um, modus -us* Infinitiv.

****infirmaria,** *ae f* Krankenhaus.

īnfirmātiō, *ōnis f* (*-fīrm-?; īnfirmō*) Widerlegung; Ungültigmachung.

īnfirmitās, *ātis f* (*-fīrm-?; īnfirmus*) **1.** Schwäche, Ohnmacht; **2.** Unpäßlichkeit; **3.** / **a**) Wankel-, Kleinmut; **b**) Unzuverlässigkeit, Unselbständigkeit; °**4.** *das* schwache Geschlecht.

īnfirmō 1 (*-fīrm-?; īnfirmus*) °**1.** schwächen, entkräften; **2.** / **a**) erschüttern [*gratiam*]; **b**) widerlegen; **c**) ungültig machen.

īn-firmus 3 (*-fīrm-?; m. comp., sup., adv.*) **1.** schwach, kraftlos; **2.** unpäßlich, krank; **3. a**) mutlos, kleinmütig; **b**) unzuverlässig; °**c**) abergläubisch; **4.** gering, wertlos.

īn-fit *u.* **-fīt** (*fīō*) er fängt an, beginnt; *bsd.* er beginnt zu reden.

(**īnfitiae**), *acc. ās f* (*zu īn-fitus* < **īn-fatus; zu for; cf. fateor*) *das* Leugnen; *nur*: *infitias ire* (ab)leugnen, Ausflüchte machen; *meistens mit Negation*: anerkennen, zugestehen.

īnfitiālis, e (*īnfitiae*) ablehnend.

īnfitiātiō, *ōnis f* (*īnfitior*) *das* Leugnen.

īnfitiātor, *ōris m* (*īnfitior*) „Ableugner", *bsd. derjenige, der vor Gericht Ausflüchte macht, um sich*

seinen Schuldverpflichtungen zu entziehen.
īnfitior 1 (*īnfitiae*) leugnen, nicht anerkennen.
īnflammātiō, *ōnis f* (*īnflammō*) Brand(stiftung); / Erregung.
īn-flammō 1 anzünden, in Flammen setzen; / entflammen, entzünden, reizen.
īnflātiō, *ōnis f* (*īnflō*) *das* Aufschwellen; (*med. t.t.*) Blähung; °Entzündung.
īnflātus[1] 3 (*m.* °*comp.*, °*sup.*, *adv.*; *īnflō*) **1.** aufgeblasen, geschwollen; **2.** / **a**) stolz; **b**) hitzig, zornig; °**c**) schwülstig [*orator*].
īnflātus[2], *ūs m das* Blasen; / Anhauch, Eingebung.
īn-flectō, *flexī, flexum* 3 **1.** (einwärts)krümmen, beugen; *mediopass.* sich beugen; **2.** / **a**) modulieren [*vocem*]; **b**) verdrehen, (ver-)ändern; **c**) rühren, bewegen.
īn-flētus 3 (*in + P.P.P. v. fleō*) unbeweint.
īn-flexibilis, e unbeugsam.
īnflexiō, *ōnis f* (*īnflectō*) Beugung; Haltung; Ranke.
īnflexus, *ūs m* (*īnflectō*) Beugung; / Veränderung.
īn-flīgō, *flīxī, flīctum* 3 **1.** hineinschlagen; stoßen *gegen* [°*puppim vadis*]; **2.** schlagen, zufügen, *antun* [*vulnus*; / *alci turpitudinem*].
īn-flō 1 hineinblasen: **1. a**) (*einen Ton*) blasen, hervorstoßen [*sonum, verba*]; **b**) (*ein Instrument*) blasen [*tibiam*]; **2. a**) aufblasen, -blähen [*buccam*]; **b**) / aufgeblasen, stolz machen; **3.** anfeuern, ermutigen.
īn-fluō, *flūxī, flūxum* 3 (*flūxī, flūxum?*) **1.** hineinfließen, -strömen: **a**) (*intr.*) [*in Oceanum*]; **b**) (*trans.*) [*lacum*]; **2.** / unvermerkt eindringen, sich einschleichen.
īnfodiō, *fōdī, fossum* 3 ein-, vergraben.
īnfōrmātiō, *ōnis f* (*īnfōrmō*) **1.** Darlegung, Deutung [*verbi*]; **2.** (*philos. t.t.*) *die im Geiste a priori vorhandene* [*antecepta animo od. in animo insita*] *od. die a posteriori gewonnene* Vorstellung; ** Unterweisung, Belehrung.
īn-fōrmis, e (*m. comp.*; *fōrma*) **1.** ungestaltet, formlos; **2.** unförmlich, häßlich.
īn-fōrmō 1 **1.** °**a**) bilden, gestalten; **b**) / wohl organisieren; / **2.** im Geiste bilden: **a**) im Geiste sich a priori vorstellen; *informatum esse* als Idee vorhanden sein [*in animo hominum informatas deorum esse notiones*]; **b**) sich a posteriori vorstellen, sich denken [*deos ne coniectura quidem informare posse*]; **3.** darstellen, schildern; **4.** heranbilden, unterrichten; ** unterweisen *in*.
īn-forō 1 (= *in forum* [*sc. dūcō*]) verklagen (*im obszönen Wortspiel m. in + forō* 1 anbohren).
īn-fortūnātus 3 unglücklich.
īn-fortūnium, *ī n* (*fortūna*) Unglück; Züchtigung.
īnfrā (⟨ *abl. sg. f* **īn-ferād*; *īnferus*) **I.** *adv.* **1.** (*räuml.*) **a**) unten, unterhalb, darunter; °*comp. īnferius* weiter unten, tiefer hinab; °**b**) in der Unterwelt; °**2.** (*zeitl.*) später; °**3.** / (*Rang*) tief unter jd., tiefer; **II.** *prp. b. acc.* **1.** (*räuml.*) **a**) unter(-halb); **b**) bis unterhalb, hinunter zu; **2.** (*zeitl.*) nach, später als; **3.** / unter, weniger als, geringer als; tiefer als.
īnfrāctiō, *ōnis f* (*īnfringō*) Kleinmut.
īnfrāctus 3 (*m.* °*comp.*; *īnfringō*) **1.** gebrochen; **2.** / **a**) mutlos, kleinmütig; **b**) (*rhet. t.t.*) abgehackt [*-a loqui*].
īn-fragilis, e ungeschwächt.
īn-fremō, *uī,* — 3 knirschen, grunzen.
īn-frēnātus[1] 3 (*in + P.P.P. v. frēnō*) ungezäumt.
īnfrēnātus[2] 3 *P.P.P. v. īnfrēnō.*
īn-frend(e)ō, — — 3 (2) knirschen.
īn-frēnis, e *u.* **-us** 3 (*frēnum*) ungezäumt.
īn-frēnō 1 °**1.** aufzäumen; an-, bespannen; *currum* die Pferde vor den Wagen spannen; **2.** / im Zaume halten.
īn-frequēns, *entis* (*m. comp.*, °*sup*) **1. a**) (*act.*) nicht zahlreich, in geringer Anzahl; *senatus* nicht beschlußfähig; **b**) (*pass.*) schwach bewohnt, besucht, besetzt; **2.** selten (anwesend), nicht fleißig.
īnfrequentia, *ae f* (*īnfrequēns*) **1.** geringe Anzahl; schlechter Besuch, nicht beschlußfähige Zahl [*senatūs*]; °**2.** Öde, Einsamkeit.
īn-fringō, *frēgī, frāctum* 3 (*frangō*) **1. a**) ein-, ab-, zerbrechen; **b**) / schwächen, lähmen; untergraben [*potentiam*]; herabsetzen [°*tributa*]; °**2.** zerschlagen *an* [*cratera viro*].
īn-frōns, *frondis* unbelaubt; ohne Strauch u. Baum [*ager*].

īn-frūctuōsus 3 / fruchtlos, unnütz.
īn-frunītus 3 (*in* + *part. pf. pass. v. frūnīscor*) ungenießbar, albern.
īn-fūcātus 3 (*P.P.P. v.* **īn-fūcō*) geschminkt; / übertüncht.
īnfula, *ae f* (*et. ungedeutet*) *weiße* Kopfbinde *mit scharlachroten Streifen, mit der vitta um die Stirn gewunden*; *Kopfschmuck der Priester, Vestalinnen, Schutzflehenden sowie Opfertiere*; ** Zierde; Bischofshut, Tiara.
īnfulātus 3 (*īnfula*) mit einer infula geschmückt.
īn-fulciō, *fulsī, fultum* 4 hineinstopfen; / hineinfügen, anbringen.
****infulo** 1 mit der *infula* schmücken.
īn-fundō, *fūdī, fūsum* 3 **1. a**) (hin-) eingießen, -schütten, einschenken; *mediopass.* sich ergießen; **b**) / hineinströmen lassen, Eingang verschaffen; *mediopass.* (hin)einströmen, eindringen; sich eindrängen; °**2. a**) hingießen *auf od. über etw.*, *etw.* überschütten; *mediopass.* sich ausbreiten; **b**) *P.P.P.* **īnfūsus** 3 *mit dat.* hingegossen, hingestreckt *in od. an*; *collo mariti* den G. umschlingend.
īn-fuscō 1 °**1.** schwärzen; **2.** / trüben, verderben, entstellen.
Ingaevonēs, *um m* Ingwäonen, *westgermanischer Volksstamm.*
in-gemēscō = *ingemīscō.*
in-geminō 1 **1.** (*trans.*) verdoppeln, wiederholen; **2.** (*intr.*) sich verdoppeln, sich vermehren.
in-gemīscō, *muī,* — 3 (*incoh. v. ingemō*) = *ingemō.*
in-gemō, — — 3 **1.** (*intr.*) seufzen *bei*; sich abmühen *auf* [*agris dat.*]; **2.** (*trans.*) beseufzen.
in-generō 1 einpflanzen; schaffen, hervorbringen; (*P.P.P.*) *adi.* **ingenerātus** 3 angeboren.
****ingeniarius** (**-erius**), *ī m u.* **ingeniator,** *oris m* Festungsbaumeister; Geschützkommandant.
ingeniātus 3 (*ingenium*) von Natur geartet.
ingeniōsus 3 (*m. comp., sup., adv.*; *ingenium*) °**1.** von Natur geeignet *zu*; **2.** geistreich, talentvoll.
ingenitus[1] 3 *P.P.P. v. ingignō.*
***in-genitus**[2] 3 ungeboren.
ingenium, *ī n* (*ingignō*) *das* Angeborene: **1.** natürl. Beschaffenheit, Natur; **2. a**) Naturell, Temperament, Charakter; **b**) natürl. Fähigkeit, Verstand, Phantasie; **c**) (angeborener) Mut, Entschlossenheit; **3.** Geist, Genie, Talent [*vir summo ingenio praeditus*]; **4. a**) geistreicher, genialer Mensch, Genie, Talent; °**b**) kluger Einfall, geistreiche Erfindung; ** Kunstgriff; List; Geschütz.
in-gēns, *gentis* (*m.* °*comp.*; *wohl zu gēns*; *vl. eigtl.* „wovon es kein Entstehen gibt") ungeheuer, gewaltig, außerordentlich.
ingenuitās, *ātis f* (*ingenuus*) **1.** Stand des Freigeborenen; **2.** Freimut, Offenheit.
in-genuus 3 (*m. adv.*; *ingignō*) °**1.** eingeboren, einheimisch; °**2.** angeboren; **3. a**) freigeboren; / **b**) eines Freigeborenen würdig; edel, anständig, standesgemäß; **c**) aufrichtig, offen; °**d**) verzärtelt.
in-gerō, *gessī, gestum* 3 (*imp. dcht. auch inger*) °**1.** hineintun, -bringen, -werfen, -gießen; °**2. a**) werfen, schleudern *auf* [*saxa*]; **b**) beibringen [*vulnera*]; geben [*alci osculum*]; **c**) / schleudern, ausstoßen [*probra in principes*]; **3.** mitteilen, erwähnen; **4.** aufdrängen, aufnötigen [*alci nomen*; *se alci*].
in-gignō, *genuī, genitum* 3 (*-gīgn-?*) einpflanzen; *ingenitus*[1] 3 angeboren.
in-glōri(ōs)us 3 (*glōria*) ruhmlos.
in-gluviēs, *ēī f* (**in-gluō*; *cf. gluttiō*) Schlund; / Gefräßigkeit.
ingrātē *adv.* (*ingrātus*) °**1.** ungern; **2.** undankbar, mit Undankbarkeit; °*rem ~ ferre* sich undankbar zeigen.
ingrātificus 3 undankbar.
in-grāt(i)īs *adv.* wider Willen, ungern.
ingrātitūdō, *inis f* (*ingrātus*) Undankbarkeit.
in-grātus 3 (*m. comp.*, °*sup.*, °*adv.*) **1.** unangenehm; °*alci non ~* bei jd. wohlgelitten; **2. a**) undankbar; °unersättlich; °**b**) nicht mit Dank aufgenommen.
in-gravēscō, — — 3 **1. a**) schwerer, schwerfällig werden; °**b**) schwanger werden; **2.** / **a**) ernsthafter werden [*philosophiae studium*]; **b**) lästig werden [*aetas*]; drückender werden [*fenus*]; **c**) schlimmer werden [*morbus*]; kränker werden; **d**) es immer ärger treiben.
in-gravō 1 beschweren; / verschlimmern.

in-gredior, *gressus sum* 3 (*gradior*) **1.** (*intr.*) **a**) einhergehen; **b**) hineingehen [*intra fines, in templum*]; **c**) / sich einlassen *auf*, beginnen [*in sermonem*]; **2.** (*trans.*) **a**) betreten [°*regiam*]; °**b**) angreifen; **c**) anfangen, beginnen; anheben [*dicere*].

ingressiō, *ōnis f* (*ingredior*) = *ingressus*.

ingressus, *ūs m* (*ingredior*) **1.** *das* Einherschreiten, Gang; **2. a**) Eintritt, Einzug; °**b**) (feindlicher) Einfall; **3.** / Anfang, Beginn.

in-gruō, *uī*, — 3 (*cf. con-gruō*) **1.** hereinbrechen, losstürzen; **2.** / befallen [*pestilentia in boves*].

inguen, *inis n* (= *gr.* adḗn „Drüse") °**1.** (*meist pl.*) *die* Weichen; **2.** °**a**) Unterleib; *pl.* Geschlechtsteile; / *sg.* Brunst; **b**) Geschwulst in der Schamgegend.

in-gurgitō 1 (= *in gurgitem* [*sc. dīmittō*]) herunterstürzen [*merum*]; **2.** / *se -are* **a**) *in flagitia* sich in den Strudel des Lasters stürzen; *in copias* in Reichtum schwelgen; **b**) sich voll fressen u. saufen.

in-gustātus 3 (-*gūst-?*; *in* + *P.P.P. v. gustō*) noch nie gekostet.

in-habilis, e °**1.** unhandlich, plump; **2.** untauglich, ungeschickt.

in-habitābilis, e unbewohnbar.

in-habitō 1 (be)wohnen; (*part. praes.*) *subst.* **habitantēs,** *ium m* Einwohner.

inhaereō, *sī*, — 2 **1.** festhängen, -sitzen, steckenbleiben, kleben *an od. in*; angewachsen sein; **2.** / festsitzen [*malum*]; treu ergeben sein; sich ganz widmen [*studiis*]; °*tergo* auf dem Nacken sitzen.

in-haerēscō, *haesī, haesūrus* 3 (*incoh. v. inhaereō*) = *inhaereō*.

in-hālō 1 zuhauchen.

in-hibeō, *uī, itum* 2 (*habeō*) **1. a**) zurück-, anhalten; °**b**) (*navem remis*), *navem retro* rückwärts rudern; zu rudern aufhören; **c**) / hemmen, hindern; **2.** anwenden, gebrauchen.

inhibitiō, *ōnis f* (*inhibeō*) Hemmung, *das* Rückwärtsrudern.

in-hiō 1 **1.** den Mund aufsperren, trachten, schnappen *nach* [*uberibus*]; °/ gierig verlangen *nach* [*lucro*]; **2.** (an)gaffen, hinstieren.

inhonestō 1 (*inhonestus*) entehren.

in-honestus 3 (*m.* °*comp.*, *sup.*, *adv.*) **1. a**) unsittlich, schändlich; ehrlos; **b**) niedrig; °**2.** häßlich.

in-honōrātus 3 (*m.* °*comp.*, °*sup.*) **1.** ungeehrt, unangesehen; °**2.** unbeschenkt.

in-honōrificus 3 ehrenrührig.

in-honōrus 3 ungeputzt [*signa*].

in-horreō, — — 2 starren.

in-horrēscō, *ruī*, — 3 (*incoh. zu inhorreō*) °**1.** zu starren beginnen, starren, sich sträuben; **2.** aufwogen, sich kräuseln; **3.** erschauern, erbeben, sich entsetzen.

in-hospitālis, e ungastlich.

inhospitālitās, *ātis f* (*inhospitālis*) Ungastlichkeit.

in-hospitus 3 ungastlich.

inhūmānitās, *ātis f* (*inhūmānus*) **1.** Unmenschlichkeit, Grausamkeit; Barbarei, Roheit; **2. a**) Unhöflichkeit, Grobheit; **b**) Knauserei.

in-hūmānus 3 (*m. comp.*, °*sup.*; *adv.* **-ē** *u.* **-iter**) **1.** unmenschlich, grausam; **2. a**) roh ungebildet, unkultiviert; **b**) unhöflich, grob.

in-humātus 3 (*in* + *P.P.P. v. humō*) unbeerdigt.

in-ibī *u.* **-ibi** *adv.* **1.** (*räuml.*) daselbst; **2.** (*zeitl.*) schon nahe daran; °**3.** / darunter, unter ihnen.

in-iciō, *iēcī, iectum* 3 (*altl. fut. iniexit*; *iaciō*) **1. a**) hineinwerfen, -legen, -bringen [*ignem tectis*]; *se -ere* sich stürzen [*in hostes*]; / **b**) einjagen, einflößen [*terrorem*]; **c**) verursachen, hervorrufen; **d**) einfließen lassen, erwähnen; **2. a**) werfen, legen *auf* [*laqueum cervicibus*]; **b**) umwerfen, anlegen [*sibi vestem*]; °**c**) *manum* Hand anlegen *an*; sich gewaltsam aneignen [*virgini*].

iniectiō, *ōnis f* (*iniciō*) *das* Anlegen [*manūs* gewaltsame Besitzergreifung].

iniectus, *ūs m* (*iniciō*) *das* Hineinwerfen; *das* Daraufwerfen; *das* Überwerfen.

inimīcitia, *ae*, *meist pl.* **-ae,** *ārum f* (*amīcitia*) (persönliche) Feindschaft.

inimīcō 1 (*inimīcus*) verfeinden, entzweien.

in-imīcus 3 (*m. comp.*, *sup.*, *adv.*; *amīcus*) **1.** (*act.*) **a**) feindlich, feindselig, feind; °**b**) ungünstig, nachteilig, verderblich; **2.** (*pass.*) unbeliebt, verhaßt [*nomen*]; *subst.* **-us,** *ī*

m Feind; (** Teufel); **-a,** *ae f* Feindin.
in-imitābilis, e unnachahmlich.
in-intellegēns, *entis* ohne Vernunft.
inīquitās, *ātis f* (*inīquus*) **1.** Unebenheit, Ungleichheit [*locorum*]; **2.** / **a**) Ungleichheit [*condicionis*]; **b**) Schwierigkeit, Ungunst; **c**) Unbilligkeit, Ungerechtigkeit, Härte.
in-īquus 3 (*m. comp., sup., adv.*; *aequus*) **1.** uneben, ungleich, abschüssig; **2.** / **a**) ungünstig, nachteilig; °**b**) übermäßig, übertrieben; **c**) unbillig, ungerecht; **d**) unwillig, ungeduldig; **e**) abgeneigt, feindlich; *subst.* **~,** *ī m* Gegner, Feind; **-a,** *ae f* Feindin; °**-um,** *ī n* Unbilligkeit.
initiāmenta, *ōrum n u.* **initiātiō,** *ōnis f* (*initiō*) Einweihung in einen Geheimdienst.
initiō 1 (*initium*) **1.** (*in einen Geheimdienst*) einweihen [*mysteriis dat.*]; °**2.** / einführen; in die Bürgerliste einschreiben lassen [*puerum*].
initium, *ī n* (*ineō*) **1.** Eingang, Anfang, Beginn; *-o* anfänglich; *ab -o* von Anbeginn an; °*pl.* Regierungsanfang; **2.** (*meist pl.*) **a**) Grundstoffe, Elemente; **b**) Anfangsgründe (*einer Wissenschaft*); **c**) (*philos. t.t.*) Prinzip; **3.** (*pl.*) **a**) (Einführung in einen) Geheimdienst; Mysterien; °**b**) heilige Geräte des Mysterienkultes; °**c**) Auspizien.
initus, *ūs m* (*ineō*) **1.** Ankunft; **2.** Anfang; **3.** Begattung; Liebe.
iniūcunditās, *ātis f* Unannehmlichkeit.
in-iūcundus 3 (*m.* °*comp., adv.*) unangenehm, unfreundlich.
in-iūdicātus 3 (*in + P.P.P. v. iūdicō*) unentschieden.
in-iungō, *iūnxī, iūnctum* 3 °**1.** hineinfügen; **2.** °**a**) anfügen; / **b**) zufügen, antun [*iniuriam*]; **c**) auferlegen, aufbürden.
in-iūrātus 3 unvereidigt.
iniūria, *ae f* (*f v. iniūrius*) **1.** Unrecht, Rechtsverletzung; **2. a**) Gewalttat, °*bsd.* Verführung *eines jungen Mädchens*; **b**) (*jur. t.t.*) Injurie, Beleidigung; *actio iniuriarum* Injurienklage; °**3.** widerrechtlicher Besitz: °**4.** Rache für erlittenes Unrecht, Strafe; °**5.** Schaden [*frigorum*].
iniūriōsus 3 (*m.* °*comp., adv.*; *iniūria*) ungerecht, gewalttätig.
in-iūr(**i**)**us** 3 (*m. adv.*; *iūs*) ungerecht.
in-iussū ohne Befehl.
in-iussus 3 (*in + P.P.P. v. iubeō*) aus freien Stücken.
iniūstitia, *ae f* (*iniūstus*) Ungerechtigkeit.
in-iūstus 3 (*m.* °*comp., sup., adv.*) **1.** ungerecht, rechtswidrig; °unrechtmäßig erworben; °*subst.* **-um,** *ī n* Ungerechtigkeit, Unrecht; **2.** / hart, drückend, schwer.
inl..., inm... = *ill..., imm...*
in-nābilis (*in*; *nō*) nicht schwimmend; [*unda*] auf der man nicht schwimmen kann.
in-nāscor, *nātus sum* 3 **1.** wachsen *in od. auf*; **2.** / naturgemäß entstehen.
in-natō 1 **1. a**) hineinschwimmen; °**b**) schwimmen *auf* [*mari*]; °**2.** / fließen, sich ergießen *in, auf, über*.
innātus 3 (*innāscor*) angeboren, natürlich.
in-nāvigābilis, e nicht schiffbar.
in-nectō, *nexuī, nexum* 3 **1.** umschlingen, umknüpfen; **2.** / **a**) verschlingen, -knüpfen; **b**) verstricken *in*; **c**) verbinden.
in-nītor, *nīxus u. nīsus sum* 3 **1.** sich stützen, sich lehnen, ruhen *auf* [*columnis*]; °**2.** / beruhen *auf*.
in-nō 1 °**1. a**) hineinschwimmen [*fluvium*]; **b**) befahren [*lacus*]; **2.** °**a**) schwimmen, fahren *auf* [*aquae*]; **b**) (*abs.*) obenauf schwimmen; °**c**) dahinströmen [*litoribus*].
in-nocēns, *entis* (*m.* °*comp., sup.,* °*adv.*) **1.** unschädlich; **2.** unschuldig, harmlos; **3.** unsträflich, rechtschaffen, uneigennützig.
innocentia, *ae f* (*innocēns*) **1. a**) Unschuld, Unschädlichkeit; **b**) *die* Unschuldigen; **2.** Rechtschaffenheit, Uneigennützigkeit.
in-nocuus 3 (*m. adv.*) **1.** (*act.*) **a**) unschädlich; sicher; **b**) / unschuldig, unsträflich; **2.** (*pass.*) unbeschädigt; unangefochten.
in-nōtēscō, *tuī,* — 3 bekannt werden.
in-novō 1 erneuern; *se -are* wieder Raum geben [*ad intemperantiam*].
in-noxius 3 (*m. adv.*) **1.** (*act.*) **a**) unschädlich; **b**) / unschuldig; **2.** (*pass.*) **a**) unbeschädigt; **b**) unverschuldet.
in-nūbilus 3 unbewölkt, heiter.
in-nūbis, e (*nūbēs*) wolkenlos, heiter.
in-nūbō, *nūpsī, nuptum* 3 (*nūptum?*) (*in eine Familie*) einheiraten; *thalamis nostris* als Gattin an meine Stelle treten.

in-nubus 3 (*ablautend zu nūbō*) unverheiratet, jungfräulich.

innul... = *hinnul...* [zählig.

in-numerābilis, e (*m. adv.*) un-

innumerābilitās, ātis *f* (*innumerābilis*) zahllose Menge.

in-numerālis, e (*numerus*) un-

in-numerus 3 zahllos. [zählig.

in-nuō, *nuī,* — 3 zuwinken.

in-nuptus 3 (*-nūpt-?; in + P.P.P. v. nūbō*) unvermählt, jungfräulich; unselig [*nuptiae*]; *subst.* **-a,** ae *f* Jungfrau.

in-nūtriō 4 aufziehen *bei, in*; P. aufwachsen *in, auf, bei* [*pessimis* in allen Lastern].

Īnō, ūs *u.* ōnis *f* (*gr.* Ἰνώ) *Tochter des Kadmus, Gattin des Athamas, stürzte sich mit ihrem Sohn Melicertes (s. d.) ins Meer u. wurde zur Meergöttin Leucothea (s. d.)*; *adi.* -nōus 3. [*oblīvīscor*) eingedenk.

in-oblītus 3 (*in + part. pf. v.*

in-obrutus 3 (*in + P.P.P. v. obruō*) unüberschüttet.

in-obsequēns, entis ungehorsam.

in-observābilis, e unmerklich.

in-observantia, ae *f* **1.** Unachtsamkeit; **2.** Unordnung, Unregelmäßigkeit.

in-observātus 3 (*in + P.P.P. v. observō*) unbeobachtet.

in-offēnsus 3 (*m. adv.*) **1.** unangestoßen; **2.** / ungehindert, ununterbrochen, ungestört.

in-officiōsus 3 pflichtwidrig; lieb-

in-olēns, entis geruchlos. [los.

in-olēscō, *lēvī, litum* 3 (*in + incoh. v. alō; cf. adolēscō*) (hin)einwachsen. [*ōminor*) fluchbeladen.

in-ōminātus 3 (*part. pf. v. *in-*

in-opertus 3 unverhüllt.

inopia, ae *f* (*inops*) **1. a)** Mangel, Armut, Not; Entbehrung; **b)** Mangel an Lebensmitteln; **c)** / Gedankenarmut; **2.** geringe Zahl *od.* Menge; **3.** Hilf-, Ratlosigkeit.

in-opīnāns, antis (*m. °adv.; in + part. praes. v. opīnor*) nichts ahnend, wider Vermuten.

in-opīnātus 3 (*in + part. pf. v. opīnor*) °**1.** (*act.*) nichts ahnend, ahnungslos; **2.** (*pass.*) unvermutet; *subst.* **-um,** ī *n* etwas Unvermutetes; ex -ō unvermutet; °*adv.* -ō unvermutet.

in-opīnus 3 (*Rückbildung aus inopīnātus*) unvermutet.

inopiōsus 3 (*inopia*) sehr bedürftig.

in-ops, opis (*cf. ops, cōpia*) **1.** mittellos, arm; **2.** / **a)** arm *an,* entblößt *von,* bedürftig; °**b)** dürftig, armselig, ärmlich; **c)** hilflos, ratlos; °**d)** machtlos, ohnmächtig.

in-optātus 3 unerwünscht, unangenehm.

in-ōrātus 3 (*in + P.P.P. v. ōrō*) nicht vorgetragen; *nur re inoratā* ohne die Sache vorgetragen zu haben.

in-ōrdinātus 3 (*m. °adv.; in + P.P.P. v. ōrdinō*) °**1.** ungeordnet; nicht in Reih u. Glied; **2.** *subst.* **-um,** ī *n* Unordnung.

in-ōrnātus 3 (*m. °adv.; in + P.P.P. v. ōrnō*) schmucklos; / schlicht; °ungepriesen.

in-ōtiōsus 3 viel beschäftigt.

inquam *verb. def.* (*nur: praes. inquam, inquis, inquit, inquiunt; altl. imp. inque, inquitō; fut. inquiēs, inquiet; pf. inquiī, inquisti, inquit; cf. altl. imp. īnseque od. īnsece* „sag an"; *in die Rede eingeschoben*) **1.** sagen, sprechen; **2.** *inquit* heißt es, sagt man; **3.** (*verstärkend*) *inquam* ich betone es; ich wieder-

in-quiēs, ētis unruhig. [hole es.

inquiētō 1 (*inquiētus*) beunruhigen; erschweren. [ruhig, ohne Ruhe.

in-quiētus 3 (*m. comp., sup.*) un-

inquilīnus, ī *m* (*incolō*) **1.** Mieter, Insasse; °*civis* zugewanderter (fremdbürtiger) B.; °**2.** Hausgenosse.

in-quinātus 3 (*m. comp., sup., adv.; inquinō*) beschmutzt; unrein.

in-quinō 1 (*wohl zu caenum*) °**1.** überstreichen, -tünchen (*auch* /); **2. a)** verunreinigen, beschmutzen; **b)** / beflecken; °verdächtigen, °verfälschen.

in-quīrō, *sīvī, sītum* 3 (*quaerō*) **1.** aufsuchen, nachstöbern; **2. a)** untersuchen, nach-, erforschen; **b)** (*jur. t.t.*) Beweise zur Klage sammeln, beschaffen; ** *inquisito* nach gerichtlicher Untersuchung.

inquīsītiō, ōnis *f* (*inquīrō*) °**1.** *das* Aufsuchen; **2. a)** (*philos. t.t.*) Untersuchung, Erforschung; **b)** (*jur. t.t.*) Untersuchung (*v. Beweismitteln für eine Klage*).

inquīsītor, ōris *m* (*inquīrō*) °**1.** Häscher, Spion; **2. a)** (*philos. t.t.*)

Forscher, Erforscher; **b)** (*jur. t.t.*) *der* Kläger (*od. sein* Anwalt), der Beweismittel *für eine Klage* sammelt.

in-quīsītus 3 (*in* + *P.P.P. v. quaerō*) ununtersucht.

inr... = *irr...*

īn-saepiō, —, *saeptum* 4 einzäunen.

īn-salūber, *bris, bre u.* **īn-salūbris,** *bre* (*m. comp., sup.*) ungesund.

īn-salūtātus 3 (*in* + *P.P.P. v. salūtō*) ungegrüßt.

īn-sānābilis, e (*m.* °*comp.*) unheilbar; °/ unverbesserlich.

īnsānia, *ae f* (*īnsānus*) **1.** Wahnsinn, Tollheit; **2.** °**a)** / dichterische Begeisterung, Verzückung; **b)** tolles Treiben; unsinnige Gier; *pl.* tolle Streiche; **c)** unsinnige Verschwendung; *libidinum* irrsinnige Ausschweifungen.

īnsāniō 4 (*altl. impf. -nībat*; *īnsānus*) wahnsinnig sein *od.* handeln, rasen, toben.

īnsānitās, *ātis f* Ungesundheit.

īn-sānus 3 (*m. comp., sup.,* °*adv.*) **1.** (*pass.*) **a)** wahnsinnig; *subst.* **-ī,** *ōrum m die* Irren; / **b)** toll, rasend; unsinnig; *subst.* ~, *ī m* Narr; °**c)** verzückt, begeistert [*vates*]; °**d)** tobend, rasend [*fluctus*]; lärmend; **e)** übermäßig groß, heftig [*montes, amores*]; °**2.** (*act.*) wahnsinnig machend.

īn-satiābilis, e (*m. comp.,* °*adv.*; *satiō*) **1.** (*pass.*) unersättlich; °nie befriedigt; **2.** (*act.*) nicht sättigend; keinen Überdruß erregend.

īn-satietās, *ātis f* Unersättlichkeit.

īn-saturābilis, e (*m. adv.*; *saturō*) unersättlich.

īn-scendō, *endī, ēnsum* 3 (*scandō*) hinauf-, hineinsteigen, besteigen: **1.** (*intr.*) [*in currum*]; °**2.** (*trans.*) [*equum*].

īnscēnsiō, *ōnis f* (*īnscendō*) *das* Anbordgehen.

īn-sciēns, *entis* (*m. adv.*) **1.** nicht wissend, ohne Wissen; **2.** töricht, einfältig; ungeschickt.

īnscientia, *ae f* (*īnsciēns*) **1.** Unkenntnis [*gen. obi. locorum*]; Unverstand [*gen. subi. vulgi*]; **2.** (*philos. t.t.*) *das* Nichtwissen, *das zur Erforschung der Wahrheit treibt.*

īnscītia, *ae f* (*īnscītus*) **1.** Ungeschick(lichkeit), Unverstand; °**2.** Unkenntnis.

īn-scītus 3 (*m. comp.,* °*sup., adv.*; *sciō*) ungeschickt, plump.

īn-scius 3 (*m.* °*adv.*) unwissend, unkundig.

īn-scrībō, *scrīpsī, scrīptum* 3 **1. a)** aufschreiben; schreiben *auf od. in* [*nomen in porta*]; / *in animo* einprägen; **b)** / zuschreiben, beilegen; **2. a)** beschreiben, mit einer Inschrift versehen; adressieren [*epistulam fratri*]; betiteln [*liber inscribitur* hat den Titel]; °**b)** brandmarken.

īnscrīptiō, *ōnis f* (*īnscrībō*) **1.** *das* Aufschreiben; **2. a)** Aufschrift, Überschrift, Titel; °**b)** *frontis* Brandmarkung.

īn-scrīptus 3 (*in* + *P.P.P. v. scrībō*) **1.** ungeschrieben; **2.** nicht im geschriebenen Recht erwähnt.

īn-sculpō, *sculpsī, sculptum* 3 eingraben, einmeißeln; / einprägen [*in animo*].

īn-secābilis, e (*secō*) unzerschneidbar; unteilbar.

īn-secō, *secuī, sectum* 1 einschneiden, zerschneiden; °*cutem* einen Einschnitt in die H. machen.

īnsectātiō, *ōnis f* (*īnsector*) **1.** Verfolgung °**2.** Verhöhnung; *pl.* Spottreden, Neckereien.

īnsectātor, *ōris m* (*īnsector*) Verfolger; / Tadler.

īnsector (*altl.* **-ō**) 1 (*intens. v. īnsequor*) heftig verfolgen, bedrängen; °*herbam rastris* das Unkraut gründlich ausjäten; / zusetzen, verhöhnen.

īnsēdābiliter *adv.* (*sēdō*) unstillbar.

īn-segestus 3 (seges) ungesät.

īn-senēscō, *nuī,* — 3 altern *bei, über* [*negotiis*].

īn-sēnsilis, e empfindungslos.

īn-sēparābilis, e unzertrennlich.

īn-sepultus 3 (*in* + *P.P.P. v. sepeliō*) unbegraben, ohne Begräbnis.

īn-sequor, *secūtus sum* 3 **1.** auf dem Fuße (nach)folgen: **a)** (*räuml.*) [*agmen*]; **b)** (*zeitl.*; *in der Reihenfolge*) [*diebus insequentibus*]; **2.** (*feindlich*) verfolgen; **3.** tadeln, höhnen; **4.** (*eine Tätigkeit*) fortsetzen; **5.** erreichen, ereilen [*mors Gracchum*].

īn-serō[1], *sēvī, situm* 3 °**1.** einsäen, -pflanzen; pfropfen; **2.** / **a)** einverleiben, vereinigen [*corpora animis*]; **b)** einpflanzen [*opiniones*].

īn-serō[2], *seruī, sertum* 3 **1. a)** (hin-) einfügen, -stecken, -tun [*cibum in* os]; °b) (*t.t. der Weberei*) (*den Einschlag* [*subtemen*] *mit dem Weberschiffchen* [*radiis*]) durch den Aufzug schießen; °2. / a) einflechten; *se -ere* sich einmischen *in*; b) einreihen, beigesellen [*me vatibus*].

īn-sertō 1 (*intens. v. īnserō*²) hineinstecken.

īn-serviō 4 °1. dienstbar sein; 2. / a) zu Willen sein; b) ergeben sein, eifrig betreiben [*studiis*].

īn-sībilō 1 hineinbrausen.

īn-sideō, *sēdī, sessum* 2 (*sedeō*) 1. (*intr.*) a) sitzen *auf, in* [*equo*]; b) seßhaft sein, wohnen; c) / fest sitzen, haften [*in animo*]; °2. (*trans.*) a) besetzt halten; b) bewohnen.

īnsidiae, *ārum f* (*īnsideō*) 1. (*mil. t.t.*) Hinterhalt (*als Ort u. Truppe*); 2. / a) Nachstellungen, Hinterlist, Anschlag; *per insidias* hinterlistig; b) Täuschung, Trug.

īnsidiātor, *ōris m* (*īnsidior*) Soldat im Hinterhalt; / Wegelagerer, Bandit.

īnsidior 1 (*īnsidiae*) 1. im Hinterhalte liegen; auflauern [*hostibus*]; 2. / a) nach dem Leben trachten [*alci*; ***in mortem alcis*]; b) nachstellen, auflauern, abpassen [*somno maritorum*]

īnsidiōsus 3 (*m. comp.*, °*sup.*, *adv.*; *īnsidiae*) hinterlistig, tückisch, gefährlich.

īn-sīdō, *sēdī, sessum* 3 (*intr. u. trans.*) °1. a) sich (nieder)setzen; b) sich ansiedeln; 2. (*mil. t.t.*) Stellung beziehen; besetzen [*saltum*]; 3. / sich festsetzen; *pf.* haften [*in memoria*].

īnsīgne, *is n* (*-sĭgn-?*; *īnsīgnis*) 1. Kenn-, Abzeichen; Wappen; 2. Ehren-, Amtszeichen; Dienstauszeichnung; 3. Signal; 4. Zierat, Prunkstück.

īn-sīgniō 4 (*-sĭgn-?*; *impf. dcht. auch -ībat*; *sīgnum*) 1. ein-, aufprägen; 2. a) kenntlich machen, bezeichnen; b) *vor anderen* auszeichnen; herausputzen.

īnsīgnis, e (*m.* °*comp.*, °*sup.*, *adv.*, *-sĭgn-?*; *wohl Rückbildung aus īnsīgniō*) kenntlich, auffallend; / ausgezeichnet; gebrandmarkt.

īnsīgnītus 3 (*m.* °*comp.*, *adv.*: *-sĭgn-?*; *P.P.P. v. īnsīgniō*) kenntlich, deutlich; / auffallend, ausgezeichnet, beispiellos.

īnsile, *is n* (*et. unklar*) ein Teil (*vl.* Spule) des Webstuhls.

īn-siliō, *luī* (*vereinzelt īvī*), — 4 (*saliō*) (*trans. u. intr.*) hinein-, hinaufspringen [(*in*) *equum*]; °/ [*in malum cruciatum*].

īnsimulātiō, *ōnis f* (*īnsimulō*) Beschuldigung, Anklage.

īn-simulō 1 (fälschlich) beschuldigen, anklagen, verdächtigen.

īn-sincērus 3 unrein, verdorben.

īnsinuātiō, *ōnis f* (*īnsinuō*) einschmeichelnder Eingang einer Rede, Empfehlung.

īn-sinuō 1 (= *in sinum* [*sc. dēmittō*]) °1. (*trans.*) *etw.* (in eine Lücke) hineindrängen; 2. *medio-pass., intr. u. se -are* sich eindrängen, eindringen; sich einschmeicheln.

īn-sipiēns, *entis* (*m.* °*comp.*, °*sup. adv.*; *sapiēns*) unverständig, albern.

īnsipientia, *ae f* (*īnsipiēns*) Unverstand, Torheit.

īn-sistō *stitī*, — 3 1. a) sich hinstellen, hintreten *auf* [*iacentibus*]; b) auftreten; *firmiter* (°*firme*) festen Fuß fassen; °c) betreten, einschlagen [*viam*]; d / befolgen [*rationem belli*]; 2. °a) nachsetzen [*hostibus*]; b) / sich eifrig verlegen *auf* [*in bellum*]; 3. a) stehenbleiben [*stellae*]; b) / (*v. d. Rede*) innehalten, abbrechen; verweilen *bei* [*in rebus singulis*]; c) verharren *bei*; ** *servitiis divinis* Gottesdienst abhalten.

īnsitīcius 3 (*īnserō*¹) / (aus dem Ausland zu uns) verpflanzt, ausländisch.

īnsitiō, *ōnis f* (*īnserō*¹) 1. *das* Pfropfen; *pl. Arten des Pfropfens*; °2. Zeit des Pfropfens.

īnsitīvus 3 (*īnsitus*) °1. gepfropft, veredelt; 2. / a) (aus dem Ausland zu uns) verpflanzt, fremd; b) unecht, untergeschoben.

īnsitor, *ōris m* (*īnserō*¹) Pfropfer.

īnsitus 3 (*P.P.P. v. īnserō*¹) eingepflanzt, eingewurzelt, angeboren.

īn-sociābilis, e unvereinbar, unverträglich.

īn-sōlābiliter *adv.* (*sōlor*) untröstlich.

īn-solēns, *entis* (*m.* °*comp.*, °*sup.*, *adv.*; *in + part. praes. v. soleō*) 1. *einer Sache* ungewohnt; 2. a) ungewöhnlich, auffallend; b) übertrieben, unmäßig; c) übermütig, dreist, rücksichtslos.

īnsolentia, *ae f* (*īnsolēns*) 1. Ungewohntheit; **2. a**) Ungewöhnlichkeit, Neuheit; *verborum das* Affektierte in der Diktion; **b**) Verschwendung; **c**) Überheblichkeit.

īnsolēscō, — — 3 (*incoh. zu īnsolēns*) übermütig werden.

īn-solidus 3 schwach.

īn-solitus 3 **1.** (*act.*) ungewohnt, nicht vertraut *mit*; **2.** (*pass.*) **a**) ungewohnt, fremd; **b**) ungewöhnlich, selten.

īn-solūbilis, e **1.** unbezahlbar; **2.** unwiderlegbar.

īnsomnia, *ae f* (*īnsomnis*) Schlaflosigkeit; *pl.* schlaflose Nächte.

īn-somnis, e (*somnus*) schlaflos.

īn-somnium[1], *ī n* (*in + somnium*; *v. Vergil geschaffenes Bedeutungslw. aus dem Gr.*) Traum(bild).

īnsomnium[2], *ī n* (*īnsomnis*; *nkl., dcht.*) = *īnsomnia.*

īn-sonō, *uī,* — 1 **1.** (*intr.*) (dabei) ertönen, brausen; knallen *mit* **2.** (*trans.*) ertönen lassen.

īn-sōns, *ontis* unschuldig; / unschädlich; ohne zu schaden.

īn-sōpītus 3 (*in + P.P.P. v. sōpiō*) *u.* **īn-sopor,** *ōris* schlaflos.

īnspectiō, *ōnis f* (*īnspiciō*) **1.** Durchsicht, Prüfung; **2.** Überlegung.

īnspectō 1 (*intens. v. īnspiciō*) zuschauen, zusehen.

īnspector, *ōris m* (*īnspiciō*) Beschauer.

īnspectus, *ūs m* (*īnspiciō*) Betrachtung.

īn-spērāns, *antis* (*in + part. praes. v. spērō*) wider Erwarten.

īn-spērātus 3 (*m. comp.*, °*sup.*; *adv.* °**-ō**; *in + P.P.P. v. spērō*) unverhofft, unerwartet; unvermutet.

īn-spergō, *rsī, rsum* 3 (*spargō*) daraufstreuen, -spritzen; °/ (*P.P.P.*) *īnspersus* 3 sich vorfindend.

īn-spiciō, *spexī, spectum* 3 (*-spēxī?*; *speciō*) **1. a**) hineinschauen, -blikken, hinsehen; **b**) einsehen, nachlesen [°*libros die* Sibyllinischen Bücher]; °**c**) / durchschauen, genau erkennen; **2. a**) (*bsd. als Käufer od. Opferschauer*) besichtigen, beschauen; (*mil. t.t.*) inspizieren; **b**) betrachten, untersuchen.

īn-spīcō 1 (*spīca*) zuspitzen, rings einschneiden.

****inspiratio,** *onis f* Eingebung.

īn-spīrō 1 **1.** (*intr.*) hineinblasen, blasen *auf* [*conchae*]; **2.** (*trans.*) **a**) einhauchen [*animam*]; **b**) / einflößen; entfachen; begeistern.

īn-spoliātus 3 ungeplündert, ungeraubt.

īn-spuō, *uī, ūtum* hineinspucken, ausspucken.

īn-spurcō 1 besudeln.

īn-spūtō 1 anspucken.

īn-stabilis, e °**1.** (*pass.*) nicht fest; unbetretbar; **2.** (*act.*) °**a**) nicht feststehend, schwankend; **b**) / unstet, unbeständig.

īn-stāns, *antis* (*m. comp.*, °*adv.*; *īnstō*) °**1** dringend, drohend; **2. a**) bevorstehend; **b**) gegenwärtig; *subst.* **-antia,** *ium n die* gegenwärtige Lage.

īnstantia, *ae f* (*īnstāns*) °**1.** *das* Drängen; / Heftigkeit der Rede; emsiger Fleiß; **2.** Gegenwart, Nähe; **(gerichtliche) Instanz.

īnstar *n* (*indecl.*) (*erstarrter inf. īnstāre*; *eigtl.* „*das* Einstehen der Waage") **1.** Gehalt, Betrag; **2.** (*m. gen. eines subst.*) von gleicher Größe, gleicher Zahl, gleichem Wert; nach Art, wie [*montis*]; so viel wie [*legionis*].

īnstaurātiō, *ōnis f* (*īnstaurō*) Erneuerung, Wiederholung [*sacrorum*].

īnstaurātīvus 3 (*īnstaurātus, P.P.P. v. īnstaurō*) erneuert, wiederholt.

īn-staurō 1 (*urspr. sakrales Wort*; = *in staurō* [*sc. pōnō*]; **stauros* „Ständer"; *cf. restaurō*) **1.** von neuem veranstalten; erneuern, [*sacra*]; **2.** einweihen, veranstalten; °**3.** wiederherstellen, auffrischen.

īn-sternō, *strāvī, strātum* 3 darüberbreiten; be-, überdecken.

īnstīgātor, *ōris m* (*īnstīgō*) Antreiber, Aufwiegler.

īnstīgātrīx, *īcis f* (*īnstīgātor*) Aufwieglerin.

īn-stīgō 1 (*ablautend zu īnstinguō*) antreiben, aufreizen, -wiegeln.

īn-stīllō 1 (*-stī-?*) **1.** hineinträufeln; / einflüstern; °**2.** benetzen.

īnstimulātor, *ōris m* (*īnstimulō*) Erreger.

īn-stimulō 1 anstacheln, anreizen.

īnstīnctor, *ōris m* (*-stīnct?-*; *īnstinguō*) Anstifter.

īnstīnctus, *abl. ū m* (*-stīnct-?*; *īnstinguō*) Anreiz, Antrieb, Eingebung [*instinctu divino*].

īn-stinguō, *īnxī, īnctum* 3 (*-īnxī, -īnctum?*) anreizen, antreiben.

īn-stipulor 1 sich ausbedingen, festsetzen.

īnstita, *ae f* (*īnstō*) Besatz, Volant

an der Tunika der röm. Frau; / vornehme Frau.

īnstitiō, *ōnis f* (*īnstō*) *das* Stillstehen.

īnstitor, *ōris m* (*īnstō*) Krämer, Hausierer.

īnstitōrium, *ī n* (*īnstitor*) Krämerladen.

īn-stituō, *uī, ūtum* 3 (*statuō*) °**1.** hinein-, hinstellen; / *alqm in animum jd.* ins Herz schließen; *argumenta in pectus* erwägen; **2. a**) aufstellen [*aciem duplicem*]; **b**) aufführen, errichten, bauen [*turrim*]; **3.** anstellen, einsetzen [*heredem*]; **4. a**) veranstalten, beginnen [*castra munire*]; **b**) sich vornehmen; **5. a**) einführen, anordnen [*dies festos*]; **b**) ordnen [*civitatem*]; **6.** unterrichten, unterweisen [*puerum doctrinā*].

īnstitūtiō, *ōnis f* (*īnstituō*) **1.** Einrichtung; Anordnung; **2.** Unterricht; Grundsätze, Methode; ** Schöpfung, Weltordnung.

īnstitūtor, *ōris m* (*īnstituō*) Antreiber; Schöpfer.

īnstitūtum, *ī n* (*īnstituō*) **1.** Einrichtung, Sitte, Brauch; **2.** Vorhaben, Plan; **3.** Anweisung, Unterricht; *pl.* Grundsätze, Methode; **4.** Verordnung.

īn-stō, *stitī, stātūrus* 1 (*trans. u. intr.*) °**1.** stehen, stehenbleiben *auf* [*iugis*]; *rectam viam* auf dem rechten Wege sein; **2. a**) hart zusetzen [*fugientibus*]; **b**) mit Bitten bestürmen; **3. a**) in der Nähe sein; **b**) bevorstehen, drohen; **4. a**) betreiben [°*operi*]; **b**) beharrlich verlangen.

īn-strātus[1] 3 (*in* + *P.P.P. v. sternō*) unbedeckt.

īnstrātus[2] 3 *P.P.P. v. īnsternō.*

īn-strēnuus 3 (*m. adv.*) untätig; feige.

īn-strepō, *uī, itum* 3 knarren, ächzen.

īn-stringō, *strīnxī, strictum* 3 (*strīnxī?*) binden, umwickeln; einfassen.

īnstrūctiō, *ōnis f* (*īnstruō*) °**1.** *das* Aufstellen, Ordnen [*militum*]; °**2.** Erbauung, *der* Bau.

īnstrūctor, *ōris m* (*īnstruō*) Ordner.

īnstrūctus[1] 3 (*m. comp., sup.,* °*adv.*; *īnstruō*) **1.** aufgestellt, geordnet; **2.** versehen, ausgerüstet *mit*; **3.** unterrichtet, unterwiesen [*artibus, in iure civili*].

īnstrūctus[2], *abl. ū m* (*īnstruō*) Ausstattung, Rüstzeug.

īnstrūmentum, *ī n* (*īnstruō*) **1.** Gerät(e), Werkzeug(e), Rüstzeug, Handwerkszeug; °**2. a**) Kleidung, Tracht; **b**) Zierat *an* Büchern; **3.** / **a**) Hilfsmittel; **b**) Vorrat; **c**) Beweismittel, Zeugnis, Urkunde.

īnstruō, *strūxī, strūctum* 3 **1. a**) hineinfügen, -bauen, darauflegen; **b**) aufführen, errichten, erbauen; **c**) ordnen, geordnet aufstellen [*aciem*]; **d**) einrichten, veranstalten, bereiten [*convivium*]; **2. a**) ausrüsten, ausstatten *mit* [*milites armis*]; **b**) unterweisen, unterrichten.

īnsuāsum *s. suāsum.*

īn-suāvis, e (*m.* °*comp., sup.*) unangenehm.

īn-sūdō 1 schwitzen *bei* [*libellis*].

īnsuē-factus 3 (*īnsuēscō*; *cf. assuēfaciō*) abgerichtet.

īn-suēscō, *suēvī, suētum* 3 **1.** (*intr.*) sich gewöhnen *an* [*ad disciplinam*]; **2.** (*trans.*) gewöhnen *an.*

īn-suētus[1] 3 **1.** ungewohnt [*laboris, ad -em*]; °**2.** ungewöhnlich.

īnsuētus[2] 3 (*īnsuēscō*) gewöhnt.

īnsula, *ae f* (*et. nicht geklärt*; *vl.* < *en salō „im Meer befindlich"; *cf. salum*) **1. a**) Insel; **b**) *Name eines Stadtteiles v. Syrakus*; °**c**) *Gebiet zw. Rhone u. Isère*; **2.** *Haus ohne Vorhof u. Nebengebäude,* Mietshaus; Häuserblock.

īnsulānus, *ī m* (*īnsula*) Inselbewohner.

īnsulsitās, *ātis f* (*īnsulsus*) Abgeschmacktheit.

īn-sulsus 3 (*m.* °*comp.,* °*sup., adv.*; *salsus*) **1.** ungesalzen, unschmackhaft; **2.** / geschmacklos, albern; *subst.* **-ae,** *ārum f* (*sc. mulieres*) alberne Geschöpfe.

īnsultātiō, *ōnis f* (*īnsultō*) / **1.** (*rhet. t.t.*) Anlauf; **2.** Verhöhnung.

īn-sultō 1 (< **īn-saltō*; *intens. v. īnsiliō*) °**1.** hineinspringen [*aquis*]; sich tummeln; **2.** / verhöhnen [*principi*]; °*abs.* keck sein.

īnsultūra, *ae f* (*īnsultō*) *das* Aufspringen aufs Pferd.

īn-sum (*pf. fuī, altl. īnfuī*), *inesse* **1.** sein, sich befinden *in, auf, bei* [°*comae insunt capiti*]; **2.** / innewohnen, haften *an,* enthalten sein.

īn-sūmō, *sūmpsī, sūmptum* 3 aufwenden, verwenden *auf.*

īn-suō, *suī, sūtum* 3 einnähen; °einsticken.

īn-super *adv.* **1. a**) obendrauf; °**b**) von oben her; °**2.** / obendrein.

īn-superābilis, e **1.** unübersteigbar; **2.** / unüberwindlich; unentrinnbar, unheilbar.

īn-surgō, *surrēxī, surrēctum* 3 **1.** sich erheben, aufstehen; **2.** / höheren Schwung nehmen [*oratio*].

īn-susurrō 1 zu-, einflüstern.

in-tābēscō, *buī,* — 3 schmelzen; / sich verzehren.

in-tāctilis, e unberührbar; unfühlbar.

in-tāctus¹ 3 (*in* + *P.P.P. v. tangō*) **1.** unberührt, unbetreten; **2.** / **a**) unverletzt, unversehrt; **b**) keusch, rein; **c**) frei *von* [*cupiditate*]; **d**) unversucht; unbesungen.

in-tāctus², *ūs m* Unberührbarkeit.

in-tāminātus 3 (*cf. con-tāminō*) unbefleckt.

in-tēctus¹ 3 **1. a**) ungedeckt, unbedeckt; **b**) unbekleidet; ungeschützt, ohne Rüstung; **2.** / offenherzig.

intēctus² 3 *P.P.P. v. integō.*

integellus 3 (*dem. v. integer*) ziemlich unangetastet.

integer, *gra, grum* (*m. comp., sup., adv.*; ‹* *en-tagros*; *in*; *tangō*) **1. a**) unverletzt, unverwundet; °**b**) (*v. Speisen*) frisch; **c**) unvermischt, rein [*vinum*]; sprachrichtig [*integrē dicere*]; **d**) unbefleckt, jungfräulich [*virgo*]; **e**) ungeschwächt, frisch, gesund; wohl(auf); **f**) unvermindert, ungeschmälert, noch ganz, vollständig; **2.** (*geistig*) **a**) geistig gesund, vernünftig, vorurteilsfrei, unparteiisch; **b**) (*als Neuling*) unwissend, unerfahren; **3.** (*moralisch*) **a**) unverdorben; **b**) unbescholten, uneigennützig; **c**) unantastbar; unwandelbar [*fides*]; **4.** (*v. äußeren Umständen*) **a**) frisch, neu [°*bellum*]; noch nicht gebraucht [°*causa* Vorwand]; **b**) noch unerledigt, unentschieden [*re integra*]; *subst.* **-um,** *ī n* **1.** unverletzter Rechtszustand, früherer Zustand; *est mihi integrum* ich habe *über etw.* noch freie Hand; *sibi integrum reservare* sich freie Hand behalten; *integrum dare* freie Hand lassen; **2.** *de,* °*ex, ab integro* von neuem, von frischem.

integimentum = *integumentum.*

in-tegō, *tēxī, tēctum* 3 bedecken, überdecken; °/ schützen.

integrāscō, — — 3 (*incoh. zu integer*) sich erneuern.

integrātiō, *ōnis f* (*integrō*) Erneuerung.

integritās, *ātis f* (*integer*) Unversehrtheit; / Reinheit, Keuschheit; Redlichkeit, Uneigennützigkeit.

integrō 1 (*integer*) °**1. a**) einrenken; **b**) ergänzen; **2.** °**a**) erneuern; **b**) geistig auffrischen.

integumentum, *ī n* (*integō*) °**1.** Decke, Hülle; **2.** / Hülle, °Schutz, °Schirm.

****intellectualis,** e gedacht, geistig.

intellēctus, *ūs m* (*intellegō*) **1.** *das* Wahrnehmen, Empfinden; **2. a**) (*act.*) Verständnis, Einsicht; Vorstellung, Idee; **b**) (*pass.*) *das* Verstandenwerden; *intellectum habere* verstanden werden; Sinn, Bedeutung (*eines Wortes*).

intellegēns, *entis* (*m. adv.*; *intellegō*) **1.** einsichtig, verständig; **2.** sich *auf jds. Charakter od. auf eine Wissenschaft od. Kunst* verstehend; *subst.* Kenner, Sachverständiger.

intellegentia, *ae f* (*intellegēns*) **1.** Vorstellung, Begriff, Idee; **2. a**) Einsicht, Verständnis; **b**) Kunstverstand, Geschmack; Kennerschaft; **c**) Erkenntnisvermögen, Verstand.

intellegibilis, e verständlich, begreiflich, denkbar; ** verständig.

intellegō, *lēxī, lēctum* 3 (*altl.*: *pf. intellēxtī, coni. plqpf. intellexēs*; *dcht. pf. auch intellēgit*; *inter* + *legō, eigtl.* „wähle dazwischen"; *cf. dīligō, neglegō*; [*jüngeres*] *interlegō*) **1.** wahrnehmen, merken, erkennen, sehen; P. erhellen; **2. a**) einsehen, verstehen, begreifen; **b**) meinen, sich denken; **c**) sich vorstellen *unter* [*quem intellegimus sapientem?*]; **d**) (*abs.*) Kenner sein, Einsicht haben.

in-temerātus 3 (*in* + *P.P.P. v. temerō*) unverletzt; lauter.

in-temperāns, *antis* (*m. comp., sup., adv.*) maßlos; zügellos.

intemperantia, *ae f* (*intemperāns*) Unmäßigkeit, Zügellosigkeit.

in-temperātus 3 (*m. comp., sup., adv.*) unmäßig, maßlos, übertrieben.

intemperiae, *ārum f* (*cf. intemperiēs*) Unwetter; / Tollheit, Unsinn.

in-temperiēs, *ēī f* **1. a**) Unmäßigkeit; **b**) Zügellosigkeit, Widersetzlichkeit; °**2. a**) unbeständige Witterung; Regengüsse; ungewöhnliche Hitze; ungesundes Klima; **b**) / „Unwetter", Unglück.

in-tempestīvus 3 (*m.* °*comp.*, *adv.*) unzeitig, ungelegen.
in-tempestus 3 (*eigtl.* „unzeitig"; *altl.* *tempestus* „rechtzeitig"; *tempus*) **1. a)** *nox* tiefe Nacht; °**b)** unheimlich [*Nox*]; °**2.** ungesund.
in-temptātus 3 (*in* + *P.P.P.* *v.* *temptō*) unangetastet; / unversucht.
in-tendō, *ndī, ntum* 3 **1. a)** anspannen, straff anziehen [*arcum*; *chordas*]; **b)** überspannen, be-, überziehen *mit* [*tabernacula velis*]; **c)** / anspannen, anstrengen [*animum*]; °**d)** steigern, vermehren; **2. a)** ausstrecken [*dextram*]; **b)** / richten [*telum in hostem*], wenden [*animum ad pugnam*]; **c)** / drohen *mit* [*alci litem*]; **d)** sich wenden, gehen, ziehen; **e)** streben, zielen [*dicta eo intendunt*]; °**f)** beabsichtigen [*fuga salutem petere*]; **g)** behaupten, versichern.
intēnsiō, *ōnis f* (*intendō*) Spannung.
intentātiō, *ōnis f* (*intentō*) *das* Ausstrecken *nach etw.*
in-tentātus 3 **1.** *P.P.P.* *v.* *intentō*; **2.** = *intemptātus*.
intentiō, *ōnis f* (*intendō*) **1.** *das* Gespanntsein: **a)** Spannung [*corporis*]; **b)** Anstrengung [*animi*]; °**c)** (*mus. t.t.*) Spannungsgrad *des Tones*, Stimmung; **d)** Vorhaben, Absicht; °**e)** Hebung, Steigerung [*vocis*; *doloris*]; **2.** *das* Hingerichtetsein: / **a)** (angestrengte) Aufmerksamkeit, Sorge, Sorgfalt; °**b)** Anklage, Beschuldigung.
in-tentō 1 (*intens.* *v.* *intendō*) **1.** zücken [*gladium in consulem*]; **2. a)** drohen *mit* [*alci mortem*]; **b)** mit einer gerichtlichen Beschuldigung drohen.
intentus[1], *ūs m* (*intendō*) *das* Ausstrecken.
intentus[2] 3 (*m.* °*comp.*, °*sup.*, °*adv.*; *intendō*) **1.** angespannt; **2.** / **a)** groß, heftig, stark; **b)** gespannt, aufmerksam [*in, ad pugnam*]; °**c)** eifrig beschäftigt *mit* [*castris muniendis*]; °**d)** schlagfertig; °**e)** angestrengt, eifrig [*cura*]; °**f)** streng [*disciplina*].
in-tepeō, — — 2 lau sein.
in-tepēscō, *puī,* — 3 (*incoh. zu intepeō*) warm werden.
inter-, inter (*comp. v. in*; *cf. nhd.* „unter" = „zwischen") **I. inter-** (*in der Komposition*) **1. a)** zwischen (hinein) [*intermitto*; *interrex*]; **b)** mitten (drinnen) [*intersum*; *interea*]; **2.** hin u. wieder, von Zeit zu Zeit [*interviso*]; **3.** unter, zugrunde, nieder [*intereo*; *interficio*]; **II.** *prp. b. acc.*: **1.** (*räuml.*) zwischen, inmitten, unter; im Umkreis von; (°*selten b. Verben der Bewegung*) zwischen, unter, zu; **2.** (*zeitl.*) zwischen; während, innerhalb, im Verlauf von [*hanc noctem*]; **3.** / zwischen [~ *hominem et beluam interest*]; unter [*eminere* ~ *omnes*], ~ *se* (unter)einander, gegenseitig; °*inter manus habere* unter den Händen haben; °*inter manus esse* vor Augen liegen; °*inter vias* unterwegs; °*inter pauca, paucos* ganz besonders.
inter-aestuō 1 an Krämpfen leiden, asthmatisch sein.
interāmenta, *ōrum n* (*wohl gr. Lw. mit lat. Suffix nach armāmenta o. ä.*) Holzwerk im Innern der Schiffe.
inter-aptus 3 miteinander verbunden; *in Tmesis*.
inter-ārēscō, — — 3 versiegen.
inter-bibō, — — 3 austrinken.
inter-bītō, — — 3 (*baetō*; *cf.* *bītō*) untergehen.
inter-calāris, e *u.* **-rius** 3 (*intercalō*) eingeschaltet, Schalt... [*dies*]; *mensis der* (*vor Cäsars Kalenderreform alle 2 Jahre zw. d. 23. u. 24. Febr. eingeschobene*) Schaltmonat; *intercalares calendae priores der* erste Tag des ersten der *beiden i. J. 46 v. Cäsar eingeschobenen* Schaltmonate.
inter-calō 1 (durch Ausrufen) einschalten [*unum diem*]; (*abs.*) einen Schalttag einschieben; °/ aufschieben [*poenam*].
inter-capēdō, *inis f* (*nom. wegen Anklang an pēdō verpönt*; *cf.* *intercipiō* 2. c) Unterbrechung.
inter-cēdō, *cessī, cessum* 3 **1.** dazwischengehen, -kommen, -ziehen; **2. a)** (*räuml.*) dazwischenliegen; sich dazwischen hinziehen; **b)** (*zeitl.*) dazwischen vergehen, vorfallen; **3. a)** Einspruch erheben [*quominus*; *ne*]; **b)** vermitteln; **c)** sich verbürgen, gutsagen; **4.** (*v. Verhältnissen*) bestehen, stattfinden [*amicitia inter nos*].
interceptiō, *ōnis f* (*intercipiō*) Wegnahme.
interceptor, *ōris m* (*intercipiō*) einer, der *etw.* unterschlägt [*litis das* Streitobjekt].

intercessiō, *ōnis f* (*intercēdō*) **1.** Einspruch; **2. a**) Vermittelung; **b**) Bürgschaft; ** Fürsprache.

intercessor, *ōris m* (*intercēdō*) **1.** einer, der Einspruch erhebt; **2.** Vermittler, Bürge.

inter-cīdō¹, *cīdī, cīsum* 3 (*caedō*) **1.** durch-, zerschneiden, durchstechen, abbrechen [*pontem*]; °**2.** *aus einem Ganzen* herausschneiden, *bsd. aus einem Rechnungsbuch* = verfälschen [*commentarios*].

inter-cidō², *cidī*, — 3 (*cadō*) **1.** °**a**) dazwischenfallen; **b**) / dazwischen vorfallen; °**2.** zugrunde gehen; / entfallen [*nomina*].

inter-cinō, — — 3 (*canō*) dazwischen singen.

inter-cipiō, *cēpī, ceptum* 3 (*capiō*) **1.** auffangen [*pila*]; **2.** / **a**) wegnehmen, entreißen, unterschlagen; °**b**) vor der Zeit wegraffen, umbringen; °**c**) abschneiden, unterbrechen.

intercīsē *adv.* (*intercīsus P.P.P. v. intercīdō¹*) nicht zusammenhängend [*dicere* unter Trennung zusammengehöriger Wörter].

inter-clūdō, *sī, sum* 3 (*claudō*) **1.** *jd. etw.* verrperren, abschneiden, nehmen [*alci fugam*]; **2. a**) *jd. v. etw.* abschneiden, trennen [*hostem commeatu*]; **b**) *jd. durch etw.* einschließen [*Caesarem duobus exercitibus et angustiis*].

interclūsiō, *ōnis f* (*interclūdō*) **1.** Absperrung, Hemmung; °**2.** (*rhet. t.t.*) Parenthese.

inter-columnium, *ī n* (*columna*) Säulenabstand, Säulenweite.

inter-currō, *currī, cursum* 3 **1. a**) dazwischenlaufen; / **b**) sich ins Mittel legen; **c**) sich einmischen; °**2.** unterdessen wohin eilen.

intercursō 1 (*intens. v. intercurrō*) dazwischenlaufen, dazwischen sich bewegen.

intercursus, *abl. ū m* (*intercurrō*) *die* schnelle Dazwischenkunft.

inter-cus, *cutis* (*in „aquam inter cutem habere" intercutem als adi. empfunden*) unter der Haut befindlich; *aqua* Wassersucht.

inter-dīcō, *dīxī, dictum* 3 **1. a**) verbieten, untersagen [*Romanis omni Gallia*; *Cassivellauno, ne noceat*]; **b**) *aquā et igni alci* ~ verschärfte Verbannung *gegen jd.* aussprechen, *jd.* ächten; **2. a**) verordnen, einschärfen [*alci, ut*]; **b**) (*jur. t.t.*) (*vom Prätor*) einen (*gebietenden od. verbietenden*) Zwischenspruch (Interdikt) erlassen; einstweilig verfügen, befehlen [*de vi*; *ut*].

interdictiō, *ōnis f* (*interdīcō*) °**1.** Verbot; **2.** ~ *aquae et ignis* verschärfte Verbannung.

interdictum, *ī n* (*interdīcō*) **1.** Verbot; **2.** Interdikt, einstweilige Verfügung *des Prätors.* [bei Tage.]

inter-diū *u.* °**-dius** *adv.* (*-diūs?*)

inter-dō, —, *datum* 1 dazwischen geben; verteilen; *cf. interduō.*

inter-ductus, *ūs m* (**inter-dūcō*) Trennungszeichen; Interpunktion.

inter-dum *adv.* zuweilen.

inter-duō, — — 1 (*coni. praes. -duim*; *altl.* = *interdō*) darum, dafür geben.

inter-eā *adv.* (*inter* + [*abl. sg. f v. is*] *eā*) **1.** inzwischen, unterdessen; **2.** indessen, jedoch; *cum interea* während doch.

inter-ēmptor, *ōris m* (*interimō*) Mörder.

inter-eō, *iī, itūrus, īre* untergehen, zugrunde gehen, umkommen; °*inteream* ich will des Todes sein.

inter-equitō 1 (*abs. u. trans.*) dazwischenreiten [*ordines*].

inter-fātiō, *ōnis f* (*interfor*) *das* Dreinreden, Unterbrechung.

interfectiō, *ōnis f* (*interficiō*) Ermordung. [Mörder.]

interfector, *ōris m* (*interficiō*)

interfectrīx, *īcis f* (*interfector*) Mörderin.

inter-ficiō, *fēcī, fectum* 3 (*faciō*) **1.** töten; vernichten; °**2.** berauben [*alqm vita et lumine*].

inter-fīō, *fierī u. fīerī* umkommen.

inter-fluō, *flūxī*, — 3 (*flūxī?*) dazwischenfließen. [stechen.]

inter-fodiō, —, *fossum* 3 zer-

inter-for 1 (*1. pers. praes. ungebräuchlich*) dazwischenreden, unterbrechen. [fliehen; *in Tmesis.*]

inter-fugiō, — — 3 dazwischen

inter-fūsus 3 (*fundō*) dazwischenfließend; / *maculis genas* mit blutunterlaufenen Augen.

inter-iaceō, — — 2 dazwischenliegen.

inter-ibī *u.* **-ibĭ** *adv.* unterdessen.

inter-iciō (*u.* **-iaciō**), *iēcī, iectum* 3 (*iaciō*) **1.** (*räuml.*) dazwischenwerfen, -legen, -stellen; *mediopass.*

dazwischentreten; **2.** (*zeitl.*) einfügen, einschieben; *paucis diebus interiectis* nach Verlauf w. T.; **3.** / dazwischenmischen, einmischen; (*P.P.P.*) *adi.* **interiectus**[1] 3 dazwischenliegend.
interiectiō, *ōnis f* (*intericiō*) (*rhet. u. gramm. t.t.*) **1.** Einschaltung; **2.** Parenthese; **3.** Interjektion.
interiectus[2], *ūs m* (*intericiō*) *das* Dazwischentreten: **1.** (*räuml.*) [*terrae zw. Sonne u. Mond*]; °**2.** (*zeitl.*) Verlauf, Frist [*paucorum dierum*].
interim *adv.* (*inter* + [*altl. acc. sg. v. is*] *im*; *cf. inde*) **1.** inzwischen, unterdessen; **2. a**) einstweilen; **b**) jedoch, indessen; °**c**) bisweilen.
inter-imō, *ēmī, ēmptum* 3 (*emō*) aus dem Wege räumen, beseitigen.
interior, *ius, gen. ōris* (*comp. v.* **interos*; *cf.* exter[us]; *inter*); *sup.* **intimus** 3: **I.** *comp.* **1. a**) *der* innere, mehr im Innern befindlich; tiefer liegend [°*nota Falerni* ältere, bessere Sorte]; **b**) binnenländisch; **c**) dem Mittelpunkt näher [°*gyrus* kürzer, kleiner]; **2.** / **a**) enger, vertrauter; **b**) geheimer [°*consilia*]; **c**) tiefergehend [*cura*]; tiefer eindringend [*litterae* Forschungen]; *subst.* **-ēs,** *um m* Bewohner des Binnenlandes; Feinde der Stadt; **-a,** *um n die* inneren Teile [*aedium*]; **II.** *sup.* **1.** *der* innerste; °*spelunca* tiefster Teil der H.; **2.** / **a**) *der* tiefste, innerste, wirksamste; **b**) *der* vertrauteste, engbefreundet; **c**) am tiefsten gehend, tief eindringend; *subst.* **-us,** *ī m* vertrauter, intimer Freund.
interitiō, *ōnis f* (*intereō*) Untergang.
interitus, *ūs m* (*intereō*) Untergang, Vernichtung, Sturz.
inter-iungō, *iūnxī, iūnctum* 3 **1.** untereinander verbinden; **2.** (*Zugtiere*) eine Weile abspannen, rasten lassen; (*abs.*) rasten.
interius *s.* **1.** *interior*; **2.** *intrā*.
inter-lābor, *lāpsus sum* 3 dazwischen hingleiten.
inter-lateō, — — 2 dazwischen verborgen sein.
inter-legō, — — 3 (*jünger als intellegō*) hier und da abbrechen.
inter-linō, *lēvī, litum* 3 **1.** dazwischen bestreichen, abdichten; **2.** durch Ausstreichen fälschen.
interlocūtiō, *ōnis f* (*interloquor*) Einwurf (*vor Gericht*).
inter-loquor, *locūtus sum* 3 ins Wort fallen; (*jur. t.t.*) einen Einwurf machen.
inter-lūceō, *xī,* — 2 **1. a**) dazwischen hervorscheinen, -schimmern; **b**) (*impers.*) es wird hell; **2.** / **a**) sich zeigen; *alqd -et* es zeigt sich ein Unterschied; **b**) durchsichtig sein.
inter-lūnium, *ī n* (*lūna*) Zeit des Neumondes, Neumond.
inter-luō, *uī,* — 3 (*luō*[2]) durchströmen.
inter-mēnstruus 3 (*wohl aus inter mēnstrua*) zwischen zwei Monaten, zum Neumond gehörig; *subst.* **-um,** *ī n* Neumond.
in-terminātus[1] 3 (*in* + *P.P.P. v. terminō*) unbegrenzt.
inter-minor 1 **1.** (an)drohen (*mit a.c.i.*); **2.** unter Drohungen versagen; (*part. pf. pass.*) *adi.* **interminātus**[2] 3 versagt.
inter-misceō, *cuī, xtum* 2 (*-mī-?*) dazu-, einmischen [*hostibus*].
intermissiō, *ōnis f* (*intermittō*) Unterlassung; Unterbrechung.
inter-mittō, *mīsī, missum* 3 **1.** (*trans.*) **a**) dazwischentreten lassen; P. dazwischenliegen; **b**) dazwischen leer, offen lassen; P. offen, leer dazwischenliegen; **c**) unterbrechen, einstellen; unterlassen; P. zeitweilig aufhören, nachlassen [*vento intermisso*]; **d**) ungenutzt verstreichen lassen [*partem temporis*]; **e**) (*ein Amt*) zeitweilig unbesetzt lassen; **2.** (*intr.*) zeitweilig aufhören, aussetzen [*flumen*].
inter-morior, *mortuus sum* 3 °**1.** unvermerkt hinsterben; **2.** / °**a**) absterben; erlöschen; *kl. nur intermortuus* 3 wie tot; °**b**) in Ohnmacht fallen.
inter-mundia, *ōrum n* (*mundus*; *Lehnübersetzung aus dem Gr.*) Zwischenwelträume.
inter-mūrālis, e (*mūrus*) zwischen den Mauern befindlich.
inter-nātus 3 dazwischen gewachsen.
inter-neciō *u.* **-niciō,** *ōnis f* (*internecō*) Niedermetzelung; völliger Untergang.
internecīvus 3 (*m.* °*adv.*; *internecō*) mörderisch [*bellum*].
inter-necō 1 vernichten.
inter-nectō, — — 3 verknüpfen.
inter-niteō, — — 2 dazwischen hervorschimmern, durchscheinen.
inter-nōdium, *ī n* (*nōdus*) Zwischenraum zwischen zwei Gelenken.

inter-nōscō, *nōvī,* — 3 voneinander unterscheiden.
inter-nūntiō 1 unterhandeln.
internūntius, *ī m u.* **-tia,** *ae f* (*Rückbildung aus internūntiō*) Unterhändler(in), Vermittler(in).
internus 3 (*m.* °*adv.*; *inter*) im Innern befindlich, einheimisch; *subst.* **-a,** *ōrum n* innere Angelegenheiten.
in-terō, *trīvī, trītum* 3 einbrocken.
inter-ōscitō die Hände in den Schoß legen.
interpellātiō, *ōnis f* (*interpellō*) Unterbrechung, Störung.
interpellātor, *ōris m* (*interpellō*) Störer.
inter-pellō 1 (*cf. appellō*[1]) **1.** in die Rede fallen, unterbrechen; **2.** einwenden; **3.** mit Fragen bestürmen; **4.** hindern; stören, unterbrechen; ** anrufen [*auctoritatem*].
interpolis, e (*Rückbildung aus interpolō*) übermalt, aufgeputzt.
inter-polō 1 (*poliō; wie occupō* 1 *zu capiō* 3) übermalen, auffrischen; / fälschen.
inter-pōnō, *posuī, positum* 3 **1.** dazwischensetzen, -stellen; **2. a)** einschieben, -schalten; **b)** (*eine Zeit*) dazwischen verstreichen lassen; P. dazwischen liegen, fallen; *spatio interposito* nach Verlauf einiger Zeit; **3.** unterschieben, verfälschen; **4. a)** obwalten lassen [*operam*]; **b)** geltend machen [*auctoritatem*]; **c)** zum Pfande setzen [*fidem*]; **d)** vorschützen [*religionem*]; **e)** (*als Vermittler, Zeugen, Teilnehmer*) zuziehen [*alqm convivio*]; se -ere sich einmischen.
interpositiō, *ōnis f* (*interpōnō*) **1.** *das* Einschieben; **2.** Einschiebsel; °**3.** Parenthese.
interpositus, *abl. ū m* (*interpōnō*) *das* Dazwischentreten.
interpres, *etis m f* (*et. ungedeutet*) **1.** Vermittler(in); Unterhändler(in); **2. a)** Ausleger, Erklärer; °*divum* Wahrsager(in); **b)** Dolmetscher; **c)** Übersetzer.
interpretātiō, *ōnis f* (*interpretor*) **1.** Erklärung, Deutung; **2.** Übersetzung.
interpretor 1 (*part. pf. auch pass.*; *interpres*) °**1.** den Mittler abgeben, zu Hilfe kommen; **2. a)** erklären, auslegen, deuten; **b)** übersetzen; **3.** verstehen, beurteilen, betrachten [*bene dicta male*]; °**4.** sich *über etw.* bestimmt aussprechen, entscheiden.
inter-primō, *pressī, pressum* 3 (*premō*) zudrücken.
inter-pūnctiō, *ōnis f* (*-ŭ-?; interpungō*) Trennung (der Wörter) durch Punkte.
inter-pungō, *pūnxī, pūnctum* 3 (*pŭnxī, pŭnctum?*) durch Punkte abteilen; (*P.P.P.*) *subst.* **interpūncta** (*ōrum n*) *verborum* kleine Pausen, *argumentorum* Absätze.
inter-quiēscō, *quiēvī,* — 3 eine Pause machen.
inter-rēgnum, *ī n* Zwischenregierung, Interregnum (*in der Königszeit: nach dem Tod eines Königs* Regierung eines *interrex für 5 Tage*; *in der Zeit der Republik: nach dem Tod od. Ausscheiden des alten Konsuls od. b. Abwesenheit der Konsuln* Zwischenregierung eines *gewählten interrex*).
inter-rēx, *rēgis m* Zwischenkönig, Reichsverweser; *cf. interrēgnum.*
in-territus 3 (*in* + *P.P.P. v. tereō*) unerschrocken.
interrogātiō, *ōnis f* (*interrogō*) **1.** Frage, Befragung; °**2.** (*rhet. t.t.*) *die* Frage (*als Redefigur*); **3.** (*jur. t.t.*) **a)** Verhör; °**b)** Kontrakt; **4.** (*dial. t.t.*) Schluß, Syllogismus.
interrogātiuncula, *ae f* (*dem. v. interrogātiō*) kurze Frage; Schlußfolgerung, Konsequenz.
interrogātum, *ī n* (*interrogō*) Frage.
inter-rogō 1 **1.** (be)fragen [*de rebus; illud;* °*sententiam* um die Meinung]; **2.** (*jur. t.t.*) **a)** verhören; **b)** vor Gericht fordern, anklagen; °**3.** (*dial. t.t.*) einen Schluß ziehen.
inter-rumpō, *rūpī, ruptum* 3 **1.** unterbrechen [*itinera*]; **2. a)** ab-, zerbrechen [*pontem*]; / **b)** abbrechen [*orationem*]; **c)** stören; trennen.
interruptē *adv.* (*interruptus P.P.P. v. interrumpō*) mit Unterbrechung.
interruptiō, *ōnis f* (*interrumpō*) *das* Abbrechen mitten in der Rede.
inter-saepiō, *saepsī, saeptum* 4 verstopfen; absperren; / abschneiden [°*urbem ab arce*].
inter-scindō, *scidī, scissum* 3 auseinander-, einreißen; °/ trennen.
inter-scrībō, *scrīpsī, scrīptum* 3 durch Zusätze verbessern.
inter-serō[1], *sēvī, situm* 3 dazwischensäen, -pflanzen.

inter-serō[2], — — 3 dazwischen-, einfügen.
inter-sistō, *stiti,* — 3 mitten (in der Rede) innehalten, absetzen.
inter-situs 3 dazwischenliegend.
inter-spīrātiō, *ōnis f* (*inter-spīrō* 1 „dazwischen Atem holen") Atempause.
inter-stīnctus 3 (*-stīnc-?*; *cf. īn-stīnctus*) / *medicaminibus* mit Pflastern besät.
inter-stinguō, —, *stīnctum* 3 (*stīnctum?*) auslöschen; P. erlöschen.
inter-stringō, — — 3 zuschnüren.
inter-sum, *fuī,* esse **1.** (*räuml. u. zeitl.*) dazwischen sein, liegen; **2.** sich unterscheiden; **3.** zugegen sein, teilnehmen *an* [*proelio dat.*]; **4.** *impers.* **interest a**) es macht einen Unterschied; **b**) es ist von Wichtigkeit [*magni meā unā nos esse*].
inter-texō, *texuī, textum* 3 **1.** dazwischen einweben, einflechten; **2.** durchweben.
inter-trahō, *trāxī, tractum* 3 entziehen.
intertrīmentum, *ī n* (**inter-terō*) °**1.** Abgang (*beim Einschmelzen*); **2.** / Verlust, Schaden.
inter-turbō 1 Verwirrung, Unruhe stiften.
inter-utrāsque *adv.* zwischen beiden hin *od.* durch.
inter-vallum, *ī n* (*aus „inter vallos" eigtl. „der* Raum zwischen den Schanzpfählen") **1.** (*räuml.*) Zwischenraum, Entfernung; **2.** (*zeitl.*) Zwischenzeit, Pause; **3.** / **a**) Unterschied; **b**) (*mus. t.t.*) Intervall.
inter-vellō, *vellī u. vulsī, vulsum* 3 **1.** hier u. da ausrupfen; **2.** mitten herausreißen.
inter-veniō, *vēnī, ventum* 4 **1.** dazwischenkommen, erscheinen [*orationi*]; **2.** / **a**) unterbrechen, stören [*hiems rebus gerendis*]; **b**) sich ins Mittel legen, einschreiten.
interventor, *ōris m* (*interveniō*) störender Besucher.
interventus, *ūs m* (*interveniō*) **1.** Dazwischenkunft; °**2.** Vermittlung, Beistand.
inter-vertō, *vertī, versum* 3 **1. a**) unterschlagen; übergehen [*aedilitatem*]; °**b**) durchbringen; °**2.** bringen *um* [*alqm muliere*].
inter-visō, *vīsī, vīsum* 3 **1.** *nach etw.* sehen [*domum*]; **2.** von Zeit zu Zeit besuchen.
inter-volitō 1 dazwischen umherfliegen.
inter-vomō, — — 3 dazwischen von sich geben.
inter-vortō, *vortī, vorsum* 3 = *intervertō.*
in-testābilis[1], e (*-ē-?*; *m. comp.*; *testor*) **1.** zeugnis- u. testamentsunfähig; **2.** / ehrlos, abscheulich.
in-testābilis[2], e (*-ē-?*; *testis*[2]) **1.** zeugungsunfähig; **2.** *in scherzh. Doppelsinn mit intestābilis*[1].
in-testātus[1] 3 (*-ē-?*; *testor*) **1.** ohne Testament; °**2.** nicht durch Zeugen überführt.
in-testātus[2] 3 (*-ē-?*; *testis*[2]) = *intestābilis*[2].
intestīnus 3 (*intus*) innerlich, im Innern; im Staat, in der Familie; in der Seele, subjektiv; *subst.* **-um,** *ī n* **1.** Darm; *pl.* Eingeweide; °**2.** Inneneinrichtung *des Hauses*(?).
in-texō, *texuī, textum* 3 **1.** °**a**) einweben; **b**) einflechten; **c**) / einweben, einfügen; °**2. a**) umwinden, -flechten; **b**) / bedecken, umgeben.
intibum, *ī n* (*gr. Fw., wahrsch. aus dem Ägyptischen stammend*) Endivie, Zichorie.
intimus 3 *s. interior.*
in-ting(u)ō, *tīnxī, tīnctum* (*tīnxī, tīnctum?*) 3 eintauchen.
in-tolerābilis, e (*m.* °*comp.,* °*sup., adv.*) °**1.** unwiderstehlich; **2.** unerträglich.
in-tolerandus 3 unerträglich, unausstehlich.
in-tolerāns, *antis* (*m. comp., sup., adv.*) **1.** (*act.*) unfähig zu ertragen, unduldsam [*laboris*]; **2.** (*pass.*) unerträglich; *adv.* **-anter** maßlos, unbändig.
intolerantia, *ae f* (*intolerāns*) Unerträglichkeit; Maßlosigkeit.
in-tonō, *uī,* °*ātum* 1 **1.** (*intr.*) °**a**) donnern [*polus*]; rauschen [*silvae*]; prasseln; dröhnen; **b**) mit Donnerstimme rufen; °**c**) zürnen, grollen; °**2.** (*impers.*) *-at* es donnert; °**3.** (*trans.*) **a**) donnern, ertönen lassen; auf der Laute besingen; **b**) P. sausend herniederfahren.
in-tōnsus 3 (*in* + *P.P.P. v. tondeō*) **1. a**) ungeschoren; **b**) mit langem Haar; *auch* = an alter Römersitte hängend; **2.** / dicht belaubt.
in-torqueō, *torsī, tortum* 2 (*kl. nur 2c; 3b*) **1. a**) hineindrehen; **b**) (nach innen) winden, flechten; kräuseln; **2. a**) schwingen, schleudern; **b**)

rollen [*oculos*]; **c**) / schleudern [*contumelias*]; **3. a**) nach der Seite drehen; **b**) verdrehen, verrenken; schief ziehen [*mentum*].

****intoxico** 1 vergiften.

intrā (*abl. sg. f* < **interād*; *cf. interior*) **I.** *adv.* °**1.** innerhalb, inwendig; **2.** *comp. interius* °**a**) mehr nach innen; **b**) / mitten im Lauf; **II.** *prp. b. acc.* **1.** (*räuml.*) **a**) innerhalb, im Bereiche von; **b**) in ... hinein; **2.** (*zeitl.*) innerhalb, während, vor Ablauf; **3.** / °**a**) unter = weniger als [*centum*]; **b**) innerhalb [*modum*]; ~ °*verba* nur mit Worten; ~ °*paucos libertos* nur bestehend aus Fr.; ~ °*finem iuris* innerhalb der Schranken des R.

intrābilis, e (*intrō*²) zugänglich.

in-tractābilis, e (*m. comp.*) schwer zu behandeln; unbändig, rauh.

in-tractātus 3 (*in* + *P.P.P. v. tractō*) **1.** unbehandelt; *equus* nicht zugeritten; °**2.** unversucht.

in-trācursus 3 (*in* + *P.P.P. v. trā*[*ns*]*currō*) nicht durchlaufen.

intremīscō, *tremuī,* — 3 (*incoh. v.*)

in-tremō, — — 3 erzittern, erbeben. [schrocken, ruhig.]

in-trepidus 3 (*m. adv.*) uner-

in-tribuō, — — 3 eine Reallast auflegen.

in-trīcō 1 (*wohl aus in trīcas* [*sc. indūcō*] „in Verdrießlichkeiten bringen") in Verlegenheit bringen.

intrīn-secus *adv.* (< **intrim-*; **interus* + *secus*; *cf. extrīnsecus*) **1.** im Innern; **2.** einwärts.

in-trītus 3 / ungeschwächt.

intrō¹ *adv.* (<* *interōd, abl. sg. v.* **interus*; *cf. interior*) hin-, herein.

intrō² 1 (*intrā*) **1.** (*intr.*) **a**) (hin-) eintreten; **b**) / eindringen; sich einschleichen [*segnitia*]; **2.** (*trans.*) **a**) betreten; °**b**) / anwandeln [*pavor animum*].

intrō-dūcō, *dūxī, ductum* 3 **1.** (hin-) einführen; °vorlassen; **2.** einrücken lassen; auftreten lassen; **3.** / **a**) einführen [*consuetudinem*]; **b**) anführen [*exemplum*]; **c**) (*einen Satz*) als Behauptung aufstellen, erklären.

intrōductiō, *ōnis f* (*intrōdūcō*) Ein-, Zuführung.

intro-eō, *iī, itum, īre* hineingehen, eintreten [(*in*) *urbem*].

intrō-ferō, *tulī, lātum, ferre* hineintragen.

intrō-gredior, *gressus sum* 3 hineingehen.

introitus, *ūs m* (*introeō*) **1. a**) Eingang, Einzug; **b**) Eingang, Zugang (*als Ort*); **2.** / Anfang, Vorspiel; ** Eintrittsgeld; Eintrittsgebet bei der Messe. [schicken, einlassen.]

intrō-mittō, *mīsī, missum* 3 hinein-

intrōrsum *u.* **-sus** *adv.* (< *altl. intrō-vorsum, -vorsus*; *cf. adversus*) **1.** nach innen, hinein; °**2.** inwendig, innerlich. [brechen.]

intrō-rumpō, *rūpī, ruptum* 3 ein-

intrōspectō 1 (*intens. v. intrōspiciō*) hineinschauen.

intrō-spiciō, *spexī, spectum* 3 (*-spēxī?*; *speciō*) **1.** hineinschauen, hinsehen; **2.** / prüfend betrachten.

intrōsum (*Lu.*) = *intrōrsum.*

intubum, *ī n* = *intibum.*

in-tueor, *intuitus sum* 2 *u.* °**in-tuor** 3 **1. a**) hin-, anblicken, -sehen; °**b**) liegen *nach* [*cubiculum montes*]; **2.** / **a**) betrachten, erwägen; **b**) anstaunen; **c**) berücksichtigen.

in-tumēscō, *muī,* — 3 **1.** anschwellen; **2.** / **a**) steigen, wachsen; **b**) sich aufblasen, **c**) zornig werden. [*tumulō*) unbeerdigt.]

in-tumulātus 3 (*in* + *P.P.P. v.*

intumus (*altl.*) = *intimus.*

in-turbātus 3 nicht bestürzt.

in-turbidus 3 **1.** (*pass.*) nicht beunruhigt, ruhig; **2.** (*act.*) friedlich.

intus *adv.* (< **en-tos*) °**1.** von drinnen; **2.** innen, drinnen, inwendig; im Herzen; °**3.** nach innen, hinein.

in-tūtus 3 **1.** (*pass.*) ungesichert, unsicher; **2.** (*act.*) unzuverlässig.

inula, *ae f* (*gr. Lw.*) Alant (*eine*

īnuleus 3 = *hīnuleus.* [*Pflanze*).]

in-ultus 3 (*in* + *part. pf. pass. v. ulcīscor*) **1.** ungerächt, ungestraft; **2.** straflos, unangefochten.

in-umbrō 1 **1.** beschatten, verdunkeln; **2.** / in den Schatten stellen, verdunkeln.

inundātiō, *ōnis f* (*inundō*) Überschwemmung.

in-undō 1. (*trans.*) überschwemmen; °/ [*Cimbri Italiam*]; °**2.** (*intr.*) überfließen *von* [*sanguine*].

in-ung(u)ō, *ūnxī, ūnctum* 3 (*-ūnctum?*) bestreichen, salben; *medio-pass.* sich salben.

in-urbānus 3 (*m. adv.*) **1.** unfein, ungebildet; geist-, witzlos; **2.** ungefällig.

in-urg(u)eō, *ursī,* — 2 eindringen *auf.*
in-ūrō, *ussī, ustum* 3 (*ūssī, ūstum?*) °**1.** einbrennen; **2.** / **a)** tief eindrücken, aufprägen [°*maculam genti*]; zufügen [*dolorem*]; **b)** brandmarken; **3.** °**a)** an-, versengen, verbrennen; **b)** °α) mit der Brennschere kräuseln, frisieren [*comas*]; *β*) / aufputzen, „frisieren".
in-ūsitātus 3 (*m. comp., adv.*) ungewöhnlich, ungebräuchlich (= noch neu *od.* selten).
in-ūtilis, e (*m.* °*comp.,* °*sup., adv.*) **1.** unnütz, unbrauchbar; **2.** schädlich.
inūtilitās, *ātis f* (*inūtilis*) °**1.** Unbrauchbarkeit; **2.** Schädlichkeit.
Inuus, *ī m* (*et. ungedeutet*) *urspr. selbständiger Gott m. unbekannter Funktion, später Pan od. Faunus gleichgesetzt.*
in-vādō, *vāsī, vāsum* 3 **1.** (*intr.*) **a)** (*gewaltsam*) hineingehen, eindringen; losgehen *auf* [*in hostes*]; *in collum* um den Hals fallen; **b)** befallen [°*morbus in corpus*]; (*abs.*) sich ausbreiten [*terror*]; **2.** (*trans.*) °**a)** (*einen Ort*) betreten; °**b)** unternehmen, beginnen [*pugnam*]; °**c)** überfallen [*castra*]; **d)** an sich reißen [*regnum*]; **e)** hart anfahren [*consules*]; °**f)** befallen [*pestilentia populum*].
in-valēscō, *luī,* — 3 erstarken, zunehmen.
in-validus 3 (*m. comp., sup.*) kraftlos, schwach, krank.
****invasio,** *onis f* Ansturm, Aufstand; Vergewaltigung.
****invasor,** *oris m* Eindringling.
invectīcius 3 (*invehō*) eingeführt; / seicht [*gaudium*].
invectiō, *ōnis f* (*invehō*) **1.** Einfuhr; **2.** Einfahrt.
in-vehō, *vēxī, vectum* 3 **1.** (*act.*) **a)** hereinbringen, -fahren, -tragen; **b)** einführen [*vinum*]; **c)** / verursachen, zufügen; **2.** *mediopass.* **a)** hineinfahren, -reiten, -segeln, -fließen; **b)** fahren, reiten *auf* [*curru, equo*]; **3.** *se -ere u. mediopass.* °**a)** losgehen *auf,* angreifen [*in hostes*]; **b)** / (*m. Worten*) angreifen [*vehementer*].
in-vendibilis, e (*-vēnd-?*) unverkäuflich.
in-veniō, *vēnī, ventum* 4 **1. a)** kommen, treffen *auf,* zufällig finden; (*beim Lesen*) zufällig stoßen *auf*; **b)** (*zufällig od. gelegentlich*) bekommen; sich zuziehen [*culpam*]; **2. a)** (*durch Suchen*) ausfindig machen, entdekken; **b)** (*durch Nachforschen*) erfahren, ermitteln; **c)** erdenken, ersinnen; **d)** bewerkstelligen, schaffen [*artes*]; °**3.** *se -ere* sich darein finden.
inventiō, *ōnis f* (*inveniō*) Erfindung(sgabe); *das* Erfundene.
inventiuncula, *ae f* (*dem. v. inventiō*) wertlose Erfindung.
inventor, *ōris m* (*inveniō*), **-trīx,** *īcis f* (*inventor*) Erfinder(in), Urheber(in).
inventum, *ī n* (*inveniō*) Erfindung; *pl.* Ansichten, Lehren.
in-venustus 3 (*m.* °*adv.*) **1.** ohne Anmut; °**2.** unglücklich in der Liebe.
in-verēcundus 3 (*m. comp., sup., adv.*) unverschämt, schamlos.
in-vergō, — — 3 hinneigen; (*relig. t.t.*) daraufgießen.
inversiō, *ōnis f* (*invertō*) °**1.** Umstellung [*verborum*]; **2.** / **a)** Ironie; °**b)** Allegorie.
in-vertō, *vertī, versum* 3 **1. a)** umwenden, -kehren, -drehen; °**b)** umpflügen; (*vom Wind*) aufwühlen [*mare*]; ausleeren [*vinaria*]; **2.** / °**a)** umstürzen, verderben [*mores*]; **b)** übel deuten, ironisch gebrauchen [*verba*]; °**c)** verändern, umgestalten.
in-vesperāscit, — — 3 es wird Abend.
investīgātiō, *ōnis f* (*investīgō*) Erforschung.
investīgātor, *ōris m* (*investīgō*) Erforscher.
in-vestīgō 1 aufspüren, erforschen, auskundschaften.
in-vestiō 4 bekleiden.
****investitura,** *ae f* Investitur.
in-veterāscō, *āvī,* — 3 (*incoh. v. inveterō*) alt werden; / sich einnisten.
inveterātiō, *ōnis f* (*inveterō*) Einwurzelung; eingewurzelter Fehler.
in-veterō 1 (*vetus*) alt machen; P. sich festsetzen; (*P.P.P.*) *adi.* **inveterātus** 3 alt, eingewurzelt.
in-vicem *adv.* (*auch getr.*; *vicis*) **1.** abwechselnd, zur Abwechslung; °**2.** / **a)** wechselweise, -seitig; **b)** gegenseitig; einander; **c)** auf beiden Seiten; **d)** umgekehrt, dagegen.
in-victus 3 (*m. sup.*; *in* + *P.P.P. v. vincō*) unbesiegt, unbesieglich, unüberwindlich.
invidendus 3 (*invideō*) beneidenswert.
invidēns, *entis m* (*invideō*) Neider

invidentia, *ae f* (*invidēns*) Neid, Scheelsucht.

in-videō, *vīdī, vīsum* 2 °**1.** durch den bösen Blick Unheil bringen; **2.** beneiden, mißgönnen [*alci, alcis virtuti*]; aus Mißgunst vorenthalten.

invidia, *ae f* (*invideō*) **1. a)** (*act.*) Neid, Mißgunst; Eifersucht; *pl.* Eifersüchteleien; **b)** (*pass.*) *das* Verhaßtsein, Haß, Erbitterung; **2.** °**a)** Neider; **b)** beneideter Gegenstand; **3.** gehässige Beurteilung, üble Nachrede.

invidiōsus 3 (*m. comp., sup., adv.*; *invidia*) **1. a)** (*act.*) neidisch, mißgünstig; **b)** (*pass.*) beneidet; verhaßt; mißliebig; **2.** Neid erregend, beneidenswert.

invidus 3 (*invideō*) neidisch, mißgünstig; ungünstig; *subst.* **~,** *ī m* Neider; ** Teufel.

in-vigilō 1 °**1.** wachen *bei*; **2.** / sorgen *für* [*rei publicae*].

in-violābilis, e unverletzlich.

in-violātus 3 (*m. adv.*; *in + P.P.P. v. violō*) **1.** unverletzt; **2.** unverletzlich.

in-vīsitātus 3 (*in + P.P.P. v. vīsitō*) °**1.** unbesucht; **2.** ungesehen; neu, selten.

in-vīsō, *sī, sum* 3 **1. a)** besehen, besichtigen; **b)** besuchen; °**2.** erblicken.

in-vīsus[1] 3 (*in + P.P.P. v. videō*) [(noch) nie gesehen.]

invīsus[2] 3 (*m. comp.,* °*sup.*; *invideō*) **1.** (*pass.*) verhaßt; °**2.** (*act.*) feindlich gesinnt.

invītāmentum, *ī n* (*invītō*) Lokkung, Reiz.

invītātiō, *ōnis f u.* **invītātus,** *abl. ū m* (*invītō*) Einladung; Aufforderung.

invītātor, *ōris m* (*invītō*) „Einlader“ (*Angestellter, der die Einladungen vorzunehmen hatte*).

invītō 1 (*altl. fut. invītassitis*; *wohl urspr.* „genießen lassen,“; *cf. vīs* „du willst“) **1.** einladen, bewirten; °*se -are* sich gütlich tun; **2. a)** auffordern; **b)** reizen, locken.

invītus 3 (*m.* °*comp., sup., adv.* **-ē,** *altl.* -ō; *wohl urspr.* „nicht wollend“; *cf. vīs* „du willst“, *invītō*) wider Willen, ungern; *me, te usw. invītō* gegen meinen, deinen *usw.* Willen.

in-vius 3 (*via*) unwegsam; *subst.* **-a,** *ōrum n* unwegsames Gelände.

invocātiō, *ōnis f* (*invocō*) Anrufung.

in-vocātus 3 (*in + P.P.P. v. vocō*) **1.** ungerufen; **2.** uneingeladen; *auch im Wortspiel m. P.P.P. v. invocō.*

in-vocō 1 **1.** anrufen; °**2.** (be-)nennen.

involātus, *abl. ū m* (*involō*) Flug.

in-volitō 1 (*intens. v. involō*) flattern *über* [*umeris*].

in-volō 1 °**1.** hineinfliegen; **2.** / losfahren *auf*, herfallen *über*; °befallen.

involūcre, *is n* (*involvō*) Frisiermantel.

involūcrum, *ī n* (*involvō*) **1.** Hülle; Decke; Serviette; **2.** / Hülle.

involūtus 3 (*m.* °*sup.*; *involvō*) / in Dunkel gehüllt, schwer verständlich.

in-volvō, *volvī, volūtum* 3 **1.** hinein-, hinan-, hinaufwälzen; fortwälzen; **2.** (ein)hüllen *in*, einwickeln; / verhüllen, verstecken; °*se laqueis -ere* sich verstricken; *se litteris -ere* sich vergraben *in.*

involvulus, *ī f* (*involvō*) Wickelraupe.

in-vulnerābilis, e (*vulnerō*) unverwundbar.

in-vulnerātus 3 (*in + P.P.P. v. vulnerō*) unverwundet.

iō[1] *int.* (*gr. Fw.*) o! ach! ha! juchhe!

Īō[2], *ūs u. ōnis f* (*gr.* Ἰῴ) *Tochter des argivischen Königs Inachus, Geliebte Jupiters, v. Juno in eine Kuh verwandelt; in Ägypten als Isis verehrt.*

iocātiō, *ōnis f* (*iocor*) Scherz.

****iocator,** *oris m* Spielmann.

iocineris *s. iecur.*

iocor 1 (*iocus*) **1.** (*intr.*) scherzen; schäkern; scherzend, stichelnd anspielen *auf* [*de, in alqd*]; **2.** (*trans.*) scherzend sagen.

iocōsus 3 (*m.* °*comp., adv.*; *iocus*) scherzhaft, schalkhaft.

ioculāris, e (*m.* °*adv.*; *ioculus*) scherzhaft, spaßhaft; °*subst.* **-ia,** *ium n* Späße, Schnurren.

ioculārius 3 (*ioculus*) spaßhaft.

ioculātor, *ōris m* (*ioculor*) Spaßmacher; ** Spielmann, Gaukler.

ioculor 1 (*ioculus*) scherzen.

ioculus, *ī m* (*dem. v. iocus*) kleiner Scherz.

iocur *s. iecur.*

iocus, *ī m* (*pl. auch -a, n*; *eigtl.* „Schwatzen“) **1. a)** Scherz, Spaß; Kurzweil; *per iocum* im Scherz; °**b)** scherzhaftes Gedicht; **2.** / **a)** Spiel, Zeitvertreib; °**b)** Liebestāndelei; °**c)** Kleinigkeit, Kinderspiel; °**d)** Gegenstand des Scherzes,

Spottes; °3. ♀ *der* Gott des Scherzes; ** -*um dare* Spaß machen.
Īōnes, *um m* (-*ēs*?; *gr.* Ἴ-) *die* Ionier, *einer der 4 gr. Hauptstämme*; *adi.* -*ni*(*ac*)*us* 3, -*nicus* 3; [*motūs* (unzüchtige) ionische Tänze]; *subst.*
Īōnium, *ī n das* Ionische Meer;
Īōnia, *ae f* (*gr.* -ịā) *Landschaft Kleinasiens.* [Iota.]
ïōta *n* (*indecl.*) *der* griech. Buchstabe
Iovis *s. Iuppiter.*
Īphigenīa, *ae f* (*gr.* -gẹneia) *Tochter Agamemnons.*
ipse, *a, um* (*gen.* -*īus, dat.* -*ī*; *altl.*: *nom. sg. m ipsus, acc. sg. eumpse, eampse, sup.* (*scherzh.*) *ipsissimus*; *et. nicht sicher gedeutet, wohl is + pse, in der Flexion an ille, iste angeglichen*) **1.** selbst, persönlich; **2.** *der* Herr, Meister, Hauptperson [*ipse* (= *Pythagoras*) *dixit*]; **3.** gerade, eben, genau, unmittelbar, eigentlich; **4.** (*steigernd*) sogar; **5. a**) von selbst, aus freien Stücken; **b**) an sich, an und für sich, allein [*per se ipsum*; *ipse per se*]; **c**) gleich, schon; **6.** (*m. Nachdruck statt pron. refl.*) sich selbst; *pudor ipsius* sein eigenes Schamgefühl; **7.** ~, (*seit Li.*) **ipse quoque** *u.* **et ipse** gleichfalls, ebenfalls, auch.
īr = *hīr.*
īra, *ae f* (*altl. eira*; √‾ *eis- „schnell bewegen, antreiben") **1. a**) Zorn, Erbitterung, Wut; °**b**) Heftigkeit [*belli*]; °**2.** Grund zum Zorn.
īrācundia, *ae f* (*īrācundus*) Jähzorn; Zorn, Heftigkeit.
īrācundus 3 (*m.* °*comp.*, °*sup.*, *adv.*; *īra, cf. fā-cundus*) jähzornig.
īrāscor, — — 3 (*īra*) in Zorn geraten, zürnen.
īrātus 3 (*m. comp., sup.*, °*adv*; *īra*) [zornig, erzürnt.]
īrim *s. ēr.*
Īris, *idis f* (*acc.* -*in*, -*im*; *voc.* -*i*) *Tochter des Thaumas, Göttin des Regenbogens, Götterbotin.*
īrōnīa, *ae f* (*gr. Fw.*) Ironie.
****ironice** *adv.* höhnisch, spöttisch.
irquus = *hircus.* [ungeschoren.]
ir-rāsus 3 (*in* + *P.P.P. v. rādō*)
ir-ratiōnālis, e unvernünftig; mechanisch. [heiser werden.]
ir-raucēscō, *rausī,* — 3 (*raucus*)
ir-religātus 3 (*in* + *P.P.P. v. religō*) nicht aufgebunden.
ir-religiōsus 3 (*m. adv.*) gottlos, nicht ehrerbietig.
ir-remeābilis, e (*re-meō*) keine Rückkehr gewährend.
ir-remediābilis, e (*remedium*) unheilbar; unversöhnlich.
ir-reparābilis, e unersetzlich.
ir-repertus 3 (*in* + *P.P.P. v. reperiō*) nicht (auf)gefunden.
ir-rēpō, *rēpsī, rēptum* 3 °**1.** hin(ein-)kriechen; **2.** / **a**) sich einschleichen; °**b**) sich beliebt machen.
ir-reprehēnsus 3 (*in* + *P.P.P. v. reprehendō*) untadelig.
ir-requiētus 3 rastlos.
ir-resectus 3 (*in* + *P.P.P. v. resecō*) unbeschnitten.
ir-resolūtus 3 (*in* + *P.P.P. v. resolvō*) unaufgelöst.
ir-rētiō 4 (*wohl aus in rēte* [*sc. indūcō*]) (im Netze) fangen; verstricken [*se erroribus*].
ir-retortus 3 (*in* + *P.P.P. v. retorqueō*) nicht zurückgewandt.
ir-reverēns, *entis* (*m. adv.*) unehrerbietig, gleichgültig *gegen* [*operis*].
irreverentia, *ae f* (*irreverēns*) Unehrerbietigkeit, Gleichgültigkeit.
ir-revocābilis, e (*m. comp., adv.*) **1.** unwiderruflich; **2.** / unversöhnlich.
ir-revocātus 3 (*in* + *P.P.P. v. revocō*) nicht wieder aufgefordert.
ir-rīdeō, *rīsī, rīsum* 2 **1.** (*intr.*) lachen, spotten; **2.** (*trans.*) auslachen, verhöhnen. [Gespött.]
irrīdiculum, *ī n* (*irrīdeō*) Spott,
ir-rīdiculē 3 *adv.* unwitzig.
irrigātiō, *ōnis f* (*irrigō*) Bewässerung.
ir-rigō 1 **1.** °**a**) (*eine Flüssigkeit*) (hin)leiten; **b**) bewässern, überschwemmen; °**2.** / erquicken, erfüllen *mit*; (*scherzh.*) verprügeln.
irriguus 3 (*irrigō*) **1.** (*act.*) bewässernd; **2.** (*pass.*) bewässert, feucht.
irrīsiō, *ōnis f* = *irrīsus.*
irrīsor, *ōris m* (*irrīdeō*) Spötter, Verhöhner. [Spott, Hohn.]
irrīsus, *ūs m* (*irrīdeō*) Verhöhnung,
irrītābilis, e (*irrītō*) reizbar.
irrītāmen, *inis u.* **irrītāmentum,** *ī n* (*irrītō*) Reizmittel. [Anreiz.]
irrītātiō, *ōnis f* (*irrītō*) Reizung,
irrītātor, *ōris m* (*irrītō*) Reizer.
irrītō[1] (*altl. fut. irrītassis*; *intens. v.* **ir-riō* 4 „aufregen)" °**1.** erregen, verursachen [*tussim*]; **2.** / °**a**) erregen, verursachen [*iram*]; herbei-

führen [*bellum*]; °**b**) aufreizen *zu* [*ad certamen*]; **3.** reizen, erbittern.

****ir-rito**[2] 1 ungültig machen; zunichte machen, brechen [*pactum*].

ir-ritus 3 (*ratus*) **1.** ungültig; °**2.** vergeblich, ohne Erfolg; *subst.* **-um,** *ī n* Mißerfolg.

irrogātiō, *ōnis f* (*irrogō*) Auferlegung.

ir-rogō 1 (*altl. fut. irrogassit*) **1.** beim Volke beantragen, durchsetzen [*lex irrogata* Ausnahmegesetz]; °**2.** / auferlegen, zuerkennen.

ir-rōrō 1 **1.** betauen, benetzen; **2.** (*trans. u. intr.*) herabträufeln.

ir-rūctō 1 (*-ŭ-?*) hineinrülpsen.

irrumātiō, *ōnis f* (*irrumō*) = *actiō irrumandī.*

irrumātor, *ōris m* (*irrumō*) = *quī irrumat.*

irrumō 1 (*et. ungedeutet*) = *fascinum in ōs alterius īnserō*; / gemein behandeln, täuschen.

ir-rumpō, *rūpī, ruptum* 3 **1.** (*intr.*) a) (hin)einbrechen, eindringen, einfallen; **b**) / eindringen [*luxuries in domum*]; **2.** (*trans.*) einfallen, eindringen *in* [*Italiam*].

ir-ruō, *ruī,* — 3 hineinstürzen, -rennen; / losgehen *auf*; sich zuziehen [*in odium*].

irruptiō, *ōnis f* (*irrumpō*) Einfall, Einbruch.

ir-ruptus 3 (*in* + *P.P.P. v. rumpō*) unzerreißbar.

Īrus, *ī m* (*gr.* -os) *Bettler auf Ithaka*; / Bettler.

is, ea, id *pron.* (*altl.: dat. sg. f eae; acc. sg. m im; nom. pl. m eī u. ī; dat., abl. pl. eīs, īs u. ībus; die kl. Formen iī u. iīs sind einsilbig; pron. *i-Stamm mit *e-Stamm gemischt*) **1.** (*determinativum*) *is, qui* der (-jenige), welcher; **2.** (*demonstr. u. pers.; subst. u. adi.*) **a**) dieser, derselbe, der, er, *der* genannte; °**b**) *in eo esse, ut* im Begriff sein zu...; **c**) *id est* das heißt; d) *isque, et is, atque is* und zwar, und noch dazu; **e**) *id temporis* zu dieser Zeit; *id hostium* eine solche Zahl von Feinden; **f**) (*gen.*) *eius* = *nicht refl.* sein, ihr [*Caesar eiusque amici*]; **3.** ein solcher, derartig, so beschaffen (*m. ut cons. od. Relativsatz im coni.*) [*neque is sum, qui terrear*].

īselasticus 3 (*gr. Fw.*) zum Einzug (*des Siegers*) gehörig [*certamen* Wettkampf zu Ehren des einziehenden Siegers]; *subst.* **-um,** *ī n* (kaiserliches) Geschenk für den einziehenden Sieger.

Īsis, *idis u. is f* (*acc. -im, voc. -ī*) *altägyptische Göttin, Gemahlin des Osiris, m. Io gleichgesetzt; adi. -iacus* 3; *subst.* **Īsēum** (**-on**), *ī n* Isistempel.

Isocratēs, *is u. ī m* (*gr. -kratēs*) *griechischer Redner 436–338; adi. -tēus u. -tīus* 3.

isse, issa (*vulgär*) = *ipse, ipsa.*

Issus, *ī f Seestadt in Kilikien* (*Sieg Alexanders 333*).

istāc *adv.* (*abl. sg. f v. istic*[1]) da, auf dieser Seite.

istāc-tenus *adv.* bis dorthin.

Istaevonēs, *um m westgermanischer Stammesverband.*

iste, *a, ud pron.* (*gen. -īus, dat. -ī; dcht. gen. istĭus; wahrsch. erstarrter nom. sg. is + Pronominaladv. -te; cf. tū-te „du da"; pron. demonstr. der 2. Pers., daher oft m. tuus od. vester verbunden*) **1.** dieser da, jener dort; dein, euer; **2.** (*in Briefen auf Verhältnisse od. Örtlichkeiten beim Empfänger deutend*) dortig; **3. a**) (*verächtlich, ironisch*) der da, ein solcher; **b**) (*vom Angeklagten*) dieser da, *der* Angeklagte.

ister[1] (*etr. Wort für lūdiō*) Pantomime.

Ister[2] = *Hister*[2].

Isthmus, *ī m* (*gr.* ♀ *-os* „Landenge") Landenge (*bsd. die bei Korinth*) *der* Isthmus; *adi. -ius* 3; *subst.* **Isthmia,** *ōrum n die* Isthmischen Spiele.

istī *adv.* (*loc. v. iste*) dort.

istic[1], *aec, oc u. uc* (*iste* + *-ce, in der Flexion durch hic*[1] *beeinflußt*) = *iste; abl. sg. istōc* (*b. comp.*) desto.

istīc[2] *adv.* (*loc. v. istic*[1]) **1.** dort (wo du bist, ihr seid), an jener Stelle, hier; **2.** / hierbei.

istim *adv.* (*acc. sg. v. iste; cf. ōl-im*) = *istinc.*

istimodī *altl.* = *istīusmodī.*

istinc *adv.* (*acc. sg. istim* + *-ce*) **1.** von dort, von da (wo du bist, ihr seid); °**2.** / **a**) davon; **b**) von dannen, fort von hier!

istīus-modī (*auch getr.*) von solcher Art.

istō(c) *adv.* (*abl. sg. m v. iste, °bzw. istic*[1]) **1.** dorthin, dahin (wo du bist, ihr seid); **2.** *istō* darein, hinein; °**3.** *istōc* von dannen.

istōrsum *adv.* (*istō* + *vorsum*) dorthin (gewandt).

Istrī, Istria = *Histri...*

istuc[1] *n v. istic*[1].

istūc[2] *adv.* (*iste*; *cf. hūc*) **1.** dahin, dort hin (wo du bist, ihr seid); °**2.** / zu der Sache, dazu.

ita *adv.* (*zum Pronominalstamm* *i-; *cf. is*) **1. a**) so, auf diese Weise, so beschaffen, derart [*ita a puero fui*]; **b**) so sehr, in solchem Grade; **c**) so, unter solchen Umständen, demnach; **d**) folgendermaßen, also; **2.** (*vergleichend*) **a**) *ita... ut* so (beschaffen) wie; *ut... ita* wie ... so, zwar ... aber; **b**) *ut quisque m. sup.* ... *ita m. sup.* je *m. comp.* (jemand) ... desto *m. comp.* [*ut quisque amplissimus est, ita plurimos amicos habet*]; **3.** (*einschränkend*) *ita ... ut* (*m. coni.*) nur insofern, insoweit, mit der Beschränkung, unter der Bedingung, daß; **4.** (*in Beteuerungen*) *ita vivam* so wahr ich lebe; **5.** (*in Antworten*) ja! freilich! so ist es; **6.** (*in Formeln*) *quid ita?* wieso? warum denn?; *itane?* ist es so? also wirklich?; *non ita, haud ita valde* nicht eben, nicht gerade sehr.

Italī, *ōrum m* (*im Vers auch Ī-*; *wohl als* „junge Rinder" *zu vitulus, nach dem Stiergott Mārs benannt*) Bewohner *v. Italien,* Ital(ik)er; *ihr Land* **Italia,** *ae f* (*urspr. nur die sw. Spitze der Halbinsel*); *adi. -lus, -li(c)us* 3, *-licēnsis, e*; *-lis, idis f* (*subst.* Italerin).

ita-que 1. *adv.* (*sprich itaque*) = et *ita* und so; **2.** *ci.* (*sprich itaque*) daher, demnach, also.

item *adv.* (*ita*; *cf. au-tem*) **1.** ebenso, ebenfalls; **2.** (*vergleichend*) ebenso, auf gleiche Weise; **3.** (*anreihend*) ebenso, gleichermaßen, auch; °**4.** von der Art, dergleichen.

iter, *itineris n* (*īre*) Weg: **1.** (*als Handlung*) **a**) Weg, Gang; **b**) Reise, Fahrt, Marsch; *in, ex itinere* unterwegs; **c**) (*Wegstrecke als Längenmaß*) Tagereise, -marsch [*unius diei*]; *magnum* Eilmarsch; **d**) freier Durchgang, Durchzug; **2.** *der* Weg (*zu einem Ziel*) **a**) Straße, Bahn [*angustum*]; **b**) / Weg, Gang [*officii; ad laudem*]; Art und Weise, Verfahren, Ausweg; Fortgang.

iterātiō, *ōnis f* (*iterō*) Wiederholung; (*rhet. t.t.*) Wiederholung der Worte (*als Redefigur*).

iterō 1 (*iterum*) wiederholen; nochmals pflügen [*agrum*]; (*rhet. t.t.*) nochmals setzen [*verba*]; von neuem sagen *od.* singen.

iterum *adv.* (*subst. n des comp.* *i-teros *zum pron. Stamm* *i-) **1. a**) zum zweitenmal, wiederum; *semel atque* ~ ein und das andere Mal; °**b**) *iterum iterumque* immer wieder; °**2.** andererseits, dagegen.

Ithaca, *ae u.* **-ē,** *ēs f* (*gr.* Ithạkē) *Insel im Ionischen Meer, Heimat des Odysseus* (*lat.* Ulixēs); *adi. -us* 3, *-ēnsis, e.* [gleichfalls.

itidem *adv.* (<*ita-dem) ebenso,

itiner, *eris n* (*altl.*) = *iter.*

****itinerarius** 3 zur Reise gehörig; *subst.* **-um,** *i n* Reisebeschreibung.

itiō, *ōnis f* (*īre*) Gehen, Gang.

Itius portus *Hafen der Moriner in Belgien* (*j.* Boulogne?).

itō 1 (*frequ. v. eō*) zu gehen pflegen, gehen. [Abreise.

itus, *ūs m* (*īre*) *das* Gehen, Gang;

Itys, *yos* (*acc. -yn u. -ym*) *u.* **Itylus,** *ī m Sohn des Tereus, v. seiner Mutter Prokne getötet u. dem Vater zum Mahl vorgesetzt.*

iuba[1], *ae f* (*eigtl.* „*die* Wallende"; *cf. iubeō*) **1.** Mähne; °**2.** Kamm *der Schlange*; Helmbusch.

Iuba[2], *ae m König v. Numidien, Anhänger des Pompejus.*

iubar, *aris n* (*et. ungedeutet*) (strahlendes) Licht, Glanz; Stern, Sonne. [versehen.

iubātus 3 (*iuba*[1]) mit einem Kamm

iubeō, *iussī, iussum* 2 (*altl.*: *fut. iussō, iussit*; *ind. pf. iusti*; *coni. pf. iussim*; *eigtl.* „in Bewegung setzen, aufrütteln") **1.** (*t. t. des Staatsrechts*) **a**) beschließen, verordnen, genehmigen; **b**) wählen, erklären, bestimmen [*regem*]; **2.** auftragen, befehlen [*m. a.c.i.*; P. *iubeor m. n.c.i.*]; **3.** heißen, tun lassen; *amicum salvere iubeo* ich grüße den Freund; *amicum valere iubemus* wir nehmen v. Fr. Abschied.

****iubilaeum,** *i n* Jubelzeit,-feier.

****iubilatio,** *onis f* Jubel.

iūcunditās, *ātis f* (*iūcundus*) **1.** Annehmlichkeit; **2.** Liebenswürdigkeit, Gefälligkeit; **3.** Beliebtheit.

iūcundus 3 (*m. comp., sup., adv.*: <*iuvi-condos; *iuvō*; *eigtl.* „förderlich") **1.** angenehm, erfreulich; **2.** liebenswürdig; **3.** beliebt *bei* [*populo*].

Iūdaea, *ae f* Judäa; Palästina; *Einw.*

-daeī, *ōrum m*; *adi.* -daīcus 3 jüdisch.

iūdex, *icis m* (< *ious-dik-s „der das Recht weist") **1.** Richter; **2.** / Beurteiler; ** Amtmann, Verwalter. [Untersuchung; Urteil.

iūdicātiō, *ōnis f* (*iūdicō*) richterliche

iūdicātrīx, *īcis f* (*iūdicātor*; *iūdicō*) Richterin, Beurteilerin; *adi.* beurteilend. [spruch.

iūdicātum, *ī n* (*iūdicō*) Urteils-

iūdicātus, *ūs m* (*iūdicō*) Richteramt.

iūdiciālis, e *u.* **iūdiciārius** 3 (*iūdicium*) gerichtlich, Gerichts...

iūdicium, *ī n* (*iūdex*) **1.** (*jur. t.t.*) **a)** gerichtliche Untersuchung; **b)** Gerichtsstätte; **c)** Richterkollegium, Gerichtshof; **d)** Prozeß; °**e)** Rede vor Gericht; **2.** richterliches Urteil, Erkenntnis; **3.** / **a)** Urteil, Entscheidung; **b)** persönliche Meinung, Ansicht; **c)** Urteilskraft, Einsicht, Geschmack; **d)** Überlegung, Vorbedacht; **-ō** absichtlich; ** das Jüngste Gericht; Gerechtigkeit.

iūdicō 1 (*iūdex*) **1. a)** gerichtlich untersuchen, Richter sein; **b)** Recht sprechen, richterlich entscheiden; **c)** ver-, aburteilen; **2.** / **a)** urteilen, entscheiden, beschließen; **b)** glauben, meinen; **c)** beurteilen *nach* [*hominem ex habitu*]; **d)** öffentlich erklären *für* [*hostem patriae*].

iugālis, e (*iugum*) **1.** ins Joch gespannt; **2.** ehelich, hochzeitlich; ** *subst. m f* Gatte, Gattin.

iugārius 3 (*iugum*) zum Joch gehörig; *vicus* ♀ *Straße in Rom, nach der Ehestifterin Iuno Iuga benannt, die dort einen Altar hatte.*

iugātiō, *ōnis f* (*iugō*) *das* Anbinden der Reben an Latten.

iūgerum, *ī n* (*Neubildung nach iūgera, um vom sg.* **iūgus, eris n*; *iugum*) Morgen Landes ($^1/_4$ ha).

iūgis, e (*iungō*) **1.** zusammengespannt, -gefügt; **2.** beständig; nie versiegend.

iūglāns, *andis f* (= *Iovis glāns*; *gr. Lehnübersetzung*) Walnuß.

iugō 1 (*iugum*) / verbinden; °verheiraten.

iugōsus 2 (*iugum*) gebirgig.

iugulae, *ārum f* (*cf. iugulum*) Sterngürtel *des Orion.* [stechen.

iugulātiō, *ōnis f* (*iugulō*) *das* Er-

iugulō 1 (*iugulum*) **1.** die Kehle durchschneiden, (ab)schlachten; ermorden; **2.** / vernichten.

iugulum, *ī n u.* (*vereinzelt*) **-us,** *ī m* (*eigtl.* „Verbindungsstück"; *iungō*) °**1.** Schlüsselbein; **2.** Kehle; °/ *causae* Hauptpunkt, -argument.

iugum, *ī n* (*iungō*; *cf. nhd.* „Joch") **1. a)** Joch (*der Zugtiere*); **b)** Gespann, Paar; **2.** / **a)** Joch; **b)** °Ehejoch; Sklavenjoch; **3.** Querholz, Querbalken: **a)** *das aus 3 Lanzen in der Form* ⊓ *gebildete* Joch, *unter dem der besiegte Feind hindurchgehen mußte* [*sub iugum mitti*]; **b)** Waage (*als Gestirn u. an der Deichsel*); °**c)** Webebaum; °**d)** Ruderbank; **e)** / Gebirgszug, Bergrücken, -kette.

Iugurtha, *ae m König v. Numidien, v. Marius besiegt*; *adi.* -thīnus 3.

Īūlēus 3 **1.** *des* Iulus; **2.** *des* Julius Cäsar; **3.** *des* Augustus; **4.** kaiserlich.

Iūlius 3 *Name einer patriz. gens m. der Familie der Caesarēs*; *cf. Caesar*; **Iūlia** *Tochter des Augustus, nacheinander m. Marcellus, Agrippa, Tiberius vermählt*; *adi.* Iūlius 3; *mēnsis* Juli (*früher Quīnctīlis*; *Geburtsmonat Cäsars*); Iūliānus 3 zu Cäsar gehörig; *subst.* **-ī,** *ōrum m* Cäsars Soldaten.

Īūlus, *ī m Sohn des Äneas, auch Ascanius genannt.*

iūmentum, *ī n* (*altl. iouxmentum*; *cf. iūgerum*) Zugtier, Lasttier.

iunceus 3 (*iuncus*) aus Binsen.

iuncōsus 3 (*iuncus*) voller Binsen.

iūnctim *adv.* (*iūnctus P.P.P. v. iungō*) **1.** vereinigt, beisammen; °**2.** gleich nacheinander. [*verborum*].

iūnctiō, *ōnis f* (*iungō*) Verbindung

iūnctūra, *ae f* (*iungō*) **1.** Verbindung; Fuge, Gelenk, Naht; °**2.** / **a)** *generis* Verwandtschaft; **b)** (*gramm. u. rhet. t.t.*) Zusammensetzung eines Wortes; Zusammenfügung der Worte in der Rede.

iūnctus 3 (*m.* °*comp.*, °*sup.*; *iungō*) **1.** zusammengefügt, vereinigt; °**2.** befreundet; *iunctissimi die* nächsten Angehörigen; **3.** wohlgefügt [*oratio*]. [Binse.

iuncus, *ī m* (*et. nicht sicher gedeutet*)

iungō, *iūnxī*, *iūnctum* (*cf. iugum*) **1.** °**a)** ins Joch spannen; **b)** an-, bespannen; **2.** / **a)** anfügen, -schließen; **b)** verbinden, vereinigen; °sich in Liebe verbinden, zusammen schlafen [*corpus u. abs.*]; °*fluvium ponte* überbrücken; **c**) schließen, zustande bringen [*pacem, amicitiam*]; se *-ere u. mediopass.* sich durch Verwandtschaft *od.* Freundschaft verbinden *mit* [*ad alqm*]; °**d**) ehelich verbinden, vermählen [*feminam secum*]; **e**) (*gramm. t.t.*) zwei Wörter zu einem zusammensetzen.

iūnior, *ōris s. iuvenis.*

iūniperus, *ī f* (*et. unklar*) Wacholderstrauch.

Iūnius 3 **1.** *röm. Gentilname*; *s. Brūtus u. Iuvenālis*; **2.** (*mensis*) Juni.

Iūnō, *ōnis f* (*vl. m. iuvenis verwandt*: „*die* Jugendliche", *urspr. Geburts-, Fruchtbarkeits- u. Ehegöttin, Tochter des Saturnus, später m. der gr.* Hērā *gleichgesetzt u. als Himmelskönigin* [~ *Regina*], *Schwester u. Gattin Juppiters verehrt*); *adi. -nōnius* 3, *-nōnālis*, e; *subst.* **Iūnōnicola,** *ae m f* Junoverehrer(in); **Iūnōnigena,** *ae m* Junosohn, = *Vulcānus.*

Iuppiter *u.* **Iūpiter,** *Iovis m* (*urspr. voc.*; *daneben nom.* Diēspiter) *Gott des himmlischen Lichts, Sohn des Saturnus u. der Rhea, später dem gr. Zeus gleichgesetzt, Götterkönig*; *Bruder u. Gemahl der Juno*; °/ Himmel, Luft; *sub Iove* unter freiem Himmel.

Iūra, *ae m* (*mōns*) *das* Juragebirge.

iūrātor, *ōris m* (*iūrō*) vereidigter Taxator. [** *subst.* Schöffe.]

iūrātus 3 (*m. sup.*; *iūrō*) vereidigt;

iūrecōnsultus *s. cōnsultus.*

iūrgium, *ī n* (*iūrgō*) Zank, Streit; Prozeß.

iūrgō 1 (*altl.* *iūrigō*; *iūs, agō*) °**1.** prozessieren; **2.** / **a**) (*intr.*) zanken, schelten; °**b**) (*trans.*) (aus-) schelten.

iūridiciālis, e (*iūridicus*) gerichtlich.

iūri-dicus 3 (*iūs, dīcō*) Recht sprechend; (*subst.*) ~, *ī m* Richter.

iūris-dictiō, *ōnis f* **1.** Zivilgerichtsbarkeit; °**2.** Gerichtsbezirk.

iūrō 1 (*iūs*²) **1.** (*intr.*) **a**) schwören, einen Eid ablegen [*per deos, in* °*foedus*]; °*in verba magistri* blindlings folgen; °**b**) sich verschwören; **2.** (*trans.*) **a**) (*m. innerem Objekt*) schwören [*ius iurandum*]; **b**) (*m. äußerem Objekt*) beschwören, eidlich versichern; schwören *bei* [°*deos*]; °**c**) abschwören; °*calumniam* schwören, daß man nicht aus Schikane klagt.

iūror 1 (*iūs*²) schwören.

iūs¹, *iūris n* (*cf. nhd.* [*slaw. Lw.*] „Jauche") Brühe, Suppe.

iūs², *iūris n* (*wohl* < * *iovos*) **1.** Satzung, Rechtsanschauung, Recht; *civile* bürgerliches R., *publicum* Staatsrecht, *praetorium die* vom *jeweiligen* Prätor aufgestellten Normen, *hominum* Naturrecht, *gentium* Völkerrecht; **2.** Recht (*als Gegenstand richterlicher Entscheidung*); **3. a**) Rechtsansprüche, Befugnisse, Gerechtsame, Privileg; **b**) Gewalt, Macht; *sui iuris* esse sein eigener Herr sein; **c**) rechtliche Stellung; **4.** Gericht(sstätte); **5. a**) **iūre** mit Recht; **b**) **iūs iūrandum,** *iūris iūrandī n* Eid, Schwur.

iussū *abl. sg. m* (*iubeō*) auf Befehl.

iussum, *ī n* (*iubeō*) **1.** Befehl, Gebot; **2.** °**a**) ärztliche Verordnung; **b**) Volksbeschluß, Verordnung.

****iustificatio,** *onis f* Rechtfertigung.

****iustifico** 1 rechtfertigen.

iūsti-ficus 3 (*iūstus*; *faciō*) recht tuend.

iūstitia, *ae f* (*iūstus*) Gerechtigkeit.

iūstitium, *ī n* (*iūs*; *stō*; *cf. sōlstitium*) **1. a**) Einstellung aller Rechtsgeschäfte; °**b**) / Stillstand [*omnium rerum* aller Geschäfte]; °**2.** Landestrauer.

iūstus 3 (*m. comp., sup., adv.*; *altl. iovestos*; *iūs*) **1.** (*subjektiv*) sich an das Recht haltend, gerecht; ehrlich, rechtschaffen; **2.** (*objektiv*) rechtmäßig, gesetzlich; **3.** / **a**) gebührend, herkömmlich; **b**) wohlbegründet; **c**) richtig, gehörig, vollständig; *subst.* **-um,** *ī n* Recht, Gerechtigkeit; **-a,** *ōrum n* herkömmliche Gebräuche; Totenopfer, -feier.

Iūturna, *ae f Quellnymphe, Schwester des Turnus.*

iuvenālis¹, e (*m. adv.*; *iuvenis*) jugendlich; *subst.* **-ia,** *ium n v. Nero geschaffene* (*urspr. theatralische*) *Spiele.*

Iuvenālis², *is m röm. cogn.*: D. *Iūnius* ~ *Satiriker* (*etwa 60 – 140*).

iuvenca, *ae f* (*iuvencus*) **1.** junge Kuh, Färse; **2.** junges Mädchen.

iuvencus 3 (*cf. nhd.* „jung") jung; *subst.* ~, *ī m* **1.** junger Stier; **2.** junger Mann.

iuvenēscō, — — 3 (*iuvenis*) **1.** heranwachsen; **2.** sich verjüngen.
iuvenīlis, e (*m.* °*comp.*, °*sup.*, *adv.*; *iuvenis*) jugendlich.
iuvenis, *is m* (*gen. pl.* -*um*; *cf. altind. voc.* yuvan „jung") °**1.** *adi.* (*comp. iūnior, ius, nkl. iuvenior, ius*) jung; **2.** *subst. m* Jüngling, junger Mann (*etwa zw. 20 u. 45 J.*); *comp.* **iūniōrēs,** *um m* (waffenfähige) junge Mannschaft; (*dcht.*) *f* junges Mädchen, junges Weib.
iuvenīx, *īcis f* (*cf. iuvenis*) junge Kuh, Färse.
iuvenor 1 (*iuvenis*) tändeln.
iuventa, *ae u.* **iuventās,** *ātis f* (*iuvenis*) **1.** Jugend(zeit); **2. a)** Jugendkraft, -frische; **b)** junge Leute; **c)** Bartflaum; **3.** ♀ *Göttin der Jugend* (*gr.* Hēbē).
iuventūs, *ūtis f* (*iuvenis*) **1.** Jugend(-zeit); Jugendalter (*etwa zwischen 20 u. 45 J.*); **2. a)** junge Leute; **b)** (waffenfähige) junge Mannschaft; *princeps -utis s. prīnceps.*
iuvō, *iūvī* (°*iūtum*, °*iuvātūrus*) 1 (*et. ungedeutet*) **1. a)** erfreuen, ergötzen; **b)** *impers. iuvat* es erfreut, ergötzt; **2. a)** unterstützen, helfen, fördern [*alqm*]; **b)** *impers. iuvat* es frommt.
iuxtā (-ū-?; < **iugistā* [*sc. viā*], *abl. sg. f sup. v.* **iugos* „eng verbunden"; *cf. iungō*) **1.** *adv.* **a)** dicht daneben, nahe bei; °bis in die Nähe; °**b)** / auf gleiche Art, gleichmäßig, ebenso(gut, -sehr, -viel); ~ *ac si* gerade wie wenn; **2.** *prp. b. acc.* **a)** dicht neben, dicht bei; °/ **b)** unmittelbar nach, nächst; **c)** unmittelbar vor, gegen [*finem vitae*]; **d)** beinahe (bis) zu.
iuxtim (-ū-?; *cf. iuxtā*) *adv.* in der Nähe, daneben.
Ixīōn, *onis m Lapithenkönig in Thessalien, wegen Frevels gegen Juno in der Unterwelt auf ein sich ewig drehendes Rad geflochten*; *adi.* -*onius* 3; *subst.* **-onidēs,** *ae m* Sohn des ~ = *Pirithous.*

K

K. (*Abk.*) = *Kaesō* (*röm. cogn.*).
Kal. = *Kalendae* (*s. Calendae*).
Karthāg... *s. Carthāg...*
kappa *gr. Buchstabe, später Zahlzeichen* = 90.

L

L. (*Abk.*) = *Lūcius*; *als Zahlzeichen* = 50.
labāscō, — — 3 (*incoh. v. labō*) ins Wanken kommen; / nachgeben.
labea, *ae f* (vulgär) = *labium.*
lābēcula, *ae f* (*dem. v. lābēs*) kleiner Schandfleck.
labefaciō, *fēcī, factum* 3 (P. -*fīō, factus sum, fierī u. fīerī*) **1.** wankend machen, erschüttern; / zugrunde richten, stürzen; **2.** / erschüttern.
labefactātiō, *ōnis f* (*labefactō*) Erschütterung. [= *labefaciō.*]
labefactō 1 (*intens. v. labefaciō*)
labellum¹, *ī n* (*dem. v. labrum¹*) kleine Lippe (°*auch als Kosewort*).
lābellum², *ī n* (*dem. v. lābrum²*) kleines (Opfer-)Becken. [pen.]
labeōsus 3 (*labea*) mit dicken Lip-
lābēs, *is f* (*lābor¹*) *das* Dahingleiten: **1.** Fall, Sturz; Einsturz; **2.** / **a)** Untergang, Verderben; °**b)** Flecken, Klecks; **c)** Schandfleck; ** *pl.* Sünden.
Labiēnus, *ī m*: *T. Attius* ~, *Legat Cäsars in Gallien, ging später zu Pompejus über, fiel 45 bei Munda.*
labium, *ī n* (*cf. nhd.* „Lippe", „Lefze") Lippe.
labō 1 (*intens. v. lābor¹*) schwanken, wanken; wackeln; / dem Zusammenbruch nahe sein, unzuverlässig sein.
lābor¹, *lāpsus sum* 3 (*eigtl.* „schlaff herabhängen"; *cf. nhd.* „schlaff"; „schlapp"; „schlafen") **1.** gleiten, schweben, sinken; **2.** herabgleiten, -schweben, sanft dahingleiten; °**3.** ausgleiten, entschlüpfen, (ent-)schwinden; °**4.** entrinnen, verfließen [*anni*]; **5.** straucheln, fallen, irren; **6.** / allmählich geraten, verfallen *in* [*ad mollitiam*].
labor², *ōris m* (*eigtl.* „*das* Wanken

unter einer Last"; *labō*) **1.** Mühe, Anstrengung, Strapaze; **2.** Beschwerde, Not, Drangsal,; **3. a)** Arbeit(samkeit), Arbeitskraft; **b)** (*ausgeführtes*) Werk, Unternehmen.
labōri-fer, *era, erum* (*labor*², *ferō*) Mühe ertragend, arbeitsam.
labōriōsus 3 (*m. comp.*; °*sup., adv.*; *labor*²) **1. a)** mühsam, beschwerlich; **b)** geplagt; **c)** quälend [*aegritudo*]; **2.** arbeitsam.
labōrō 1 (*labor*²) **1.** (*intr.*) **a)** arbeiten, sich anstrengen [*pro salute*]; **b)** leiden, geplagt werden [*morbo, fame*]; **c)** sich in Not befinden; °**2.** (*trans.*) (mit Mühe) bearbeiten, verfertigen.
labōs (*altl.*) = *labor*².
labrum¹, *ī n* (*cf. labium*) Lippe; [Rand.]
lābrum², *ī n* (*Schnellsprechform für lavābrum*) Badewanne; Kufe; Bad.
labrusca, *ae f* (-*ā*-?; -*ū*-?; *et. ungedeutet, wohl Fw.*) wilde Rebe; wilder Wein; *seine* Frucht **-um,** *ī n.*
labyrinthos *u.* **-us,** *ī m* Labyrinth (*Gebäude m. vielen Irrgängen in Gnosus auf Kreta, der Sage nach v. Dädalus erbaut*); *adi.* -thēus 3.
lac, *lactis n* (-*ā*-?; *wohl* = **lacc*; *altl. lacte*; = *gr.* gąla) Milch; °Milchfarbe; °/ weißer Pflanzensaft.
Lacaena, *ae f* (*gr.* Ląkaina) Lakonierin, Spartanerin; *auch adi.*
Lacedaemōn, *onis f* (*gr.* -kedąimōn) Sparta; *adi. u. Einw.* -*monius* (3).
lacer, *era, erum* (*cf. gr.* lakįs „Fetzen") **1.** (*pass.*) zerfetzt, zerrissen, zerfleischt, zertrümmert; **2.** (*act.*) zerfetzend, zerfleischend.
lacerātiō, *ōnis f* (*lacerō*) Zerfleischung.
lacerna, *ae f* (*wahrsch. zu lacer, vl. m. etr. Suffix*) mantelartiger Überwurf mit Kapuze.
lacernātus 3 (*lacerna*) mit einer *lacerna* bekleidet.
lacerō 1 (*lacer*) **1.** zerreißen, -fleischen; **2.** / **a)** (*m. Worten*) herunterreißen, schelten; **b)** zerrütten; **c)** vergeuden; °**d)** zerstückeln, verhunzen [*orationem*].
lacerta, *ae f* (*eigtl.* „*die* Biegsame"; *lacertus*) °**1.** Eidechse; **2.** Bastardmakrele.
lacertōsus 3 (*lacertus*) muskulös.
lacertus, *ī m* (*eigtl.* „*der* Bewegliche") **1.** (*meist pl.*) **a)** *die* Muskeln (*bsd. des Oberarms*); Oberarm; Arm; **b)** / Kraft, Stärke (*bsd. des Redners*); °**2.** = *lacerta.*
lacessō, *īvī* (*iī*), *ītum* 3 (*intens. v. altl. laciō* 3 „locken"; *eigtl.* „bestricken"; *cf. laqueus*; *nhd.* „lokken") **1.** reizen, herausfordern; **2.** erregen, veranlassen, beginnen.
lachanizō 1 (-*ī*-?; *vulgäre Neubildung aus gr. Fw.* „Küchenkraut") = *langueō.*
Lachesis, *is f eine der drei Parzen.*
lacinia, *ae f* (*cf. lacer*) Zipfel, Fetzen.
Lacō, *ōnis m* Lakonier; *adi.* -*cōnicus* 3, -*cōnis, idis f*; *subst.* **-cōnicē,** *ēs* (*gr.* -kę) *f Landsch. d. Peloponnes*; **-cōnicum,** *ī n* Schwitzbad; lakonisches Gewand.
lacrima, *ae f* (*altl. dacruma*; *gr. Lw.*) Träne; °/ Harz der Pflanzen; *Heliadum* Bernstein.
lacrimābilis, *e* (*lacrima*) beweinenswert, kläglich.
lacrimābundus 3 (*lacrimō*) weinend.
lacrimō 1 (*lacrima*) weinen; / herabträufeln.
lacrimōsus 3 (*m. adv.*; *lacrima*) **1.** tränenvoll; kläglich; **2.** Tränen erregend; / rührselig.
lacrimula, *ae f* (*dem. v. lacrima*) Tränchen; °*falsa* Krokodilsträne.
lacrum... = *lacrim...*
lacte (*altl.*) *s. lac.*
lactēns, *entis* (*part. praes. v. lacteō* „saugen"; *lac*) **1.** saugend; °*subst. lactentēs, ium f* saugende Tiere; °**2.** / saftig [*sata*].
lacteolus 3 (*dem. v. lacteus*) milchweiß.
lactēs, *ium f* (*lac*) **1.** Milch männlicher Fische; **2.** Eingeweide der Tiere, (*scherzh.*) der Menschen.
lactēscō, — — 3 (*incoh. v. lacteō*) zu Milch werden; ** Milch bekommen.
lacteus 3 (*lac*) °**1.** milchig; voller Milch; Milch trinkend; **2.** / **a)** milchweiß; °**b)** milchrein, goldrein.
lactitō 1 (*intens. v. lactō*) säugen.
lactō¹ 1 (*lac*) **1.** Milch geben, säugen; **2.** aus Milch bereitet sein; *metae lactantes* Käse.
lactō² 1 (*intens. v. altl. laciō* „locke"; *cf. lacessō*) verlocken, betrügen.
lactūca, *ae f* (*lac*; *cf. nhd. Lw.* „Lattich") Kopfsalat.
lactūcula, *ae f* (*dem. v. lactūca*) zarter Salat.
lacūna, *ae f* (*lacus*) **1.** °**a)** Loch.

Vertiefung; Grübchen; **b)** / Ausfall, Verlust; °**2.** Lache, Sumpf; ** Höhle; *maris* Lagune.

lacūnar, *āris n* (< **lacūnāre n v. *lacūnāris* „mit Vertiefungen versehen"; *lacūna*) getäfelte Decke.

lacūnō 1 (*lacūna*) mit einer getäfelten Decke schmücken.

lacūnōsus 3 (*lacūna*) lückenhaft.

lacus, *ūs m* (*dat. u. abl. meist -ubus; cf. nhd. [Lw.]* „Lache") **1. a)** Trog, Wanne, Kübel; **b)** Kufe (= 20 *cullei*); °**2.** Bassin; **3.** See; Wasser, Gewässer; Flußbett.

laedō, *sī, sum* 3 (*et. ungeklärt*) **1.** °**a)** schlagen, stoßen; **b)** / verletzen, beschädigen; **2.** / kränken, beleidigen.

Laelius 3 *röm. Gentilname: C. ~ Sapiēns, Freund des jüng. Scipio, Titel v. Ciceros Schrift De amicitia.*

laena, *ae f* (*gr. Lw., wohl durch etr. Vermittlung*) langhaariger Wollmantel.

Lāertēs, *ae* (*selten is*) *m Vater des Odysseus; adi. -ertius 3; subst.* **-iadēs,** *ae m* Sohn des Laertes = Odysseus.

laesiō, *ōnis f* (*laedō*) (*rhet. t.t.*) absichtliches Reizen des Gegners.

Laestrȳgones, *um m* (*gr.* Laistrȳgọnes) *menschenfressendes Riesenvolk b. Homer;* (*sg. -ōn, onis*); *adi. -onius* 3.

laetābilis, e (*laetor*) erfreulich.

laetātiō, *ōnis f* (*laetor*) Jubel.

laetificō 1 (*laetificus*) fruchtbar machen; / erfreuen.

laeti-ficus 3 (*laetus, faciō*) erfreulich.

laetitia, *ae f* (*laetus*) **1.** (laute) Freude, Fröhlichkeit (*Ggs. gaudium*); (*dcht.*) Liebesglück; **2.** Schönheit, Anmut.

laetor 1 (*laetus*) sich freuen, seine Freude äußern (*Ggs. gaudeō*).

laetus 3 (*m. comp.,* °*sup., adv.; et. ungedeutet*) **1.** üppig, fett, blühend, fruchtbar, herrlich; **2.** / **a)** fröhlich, freudig; **b)** erfreulich, glückverheißend.

laevus 3 (*m.* °*adv.;* = *gr.* lāịos; *eigtl.* „gekrümmt") **1.** linker, links; °**2.** / **a)** linkisch, ungeschickt; **b)** (*in der röm. Augurensprache*) günstig (*da der Augur nach Süden schaute u. der Osten als glückliche Seite galt*); **c)** (*nach gr. Auffassung*) ungünstig, unheilbringend [*lumen*]; **3.** *subst.* **a) -a** (*sc. manus*), *ae f* linke Hand, Seite; **b) -a,** *ōrum n die* links liegende Gegend.

laganum, *ī n* (*gr. Fw.*) Plinse, Ölkuchen.

lagēna, *ae f* = *lagōna.*

lagēos, *ī f* (*gr. Fw.*) Hasenwein (*gr. Rebenart, nach der Farbe benannt*).

lagoena = *lagōna.*

lagōis, *idis f* (*gr. Fw.*) (*wahrsch.*) Schneehuhn.

lagōna *u.* **-gūna,** *ae f* (*gr. Fw.*) Flasche (*mit engem Hals u. weitem Bauch*); Krug.

laguncula, *ae f* (*dem. v. lagōna*) Fläschchen.

****laïcalis,** e = *laïcus.*

****laïcus** 3 weltlich; *subst.* ~, *ī m* Laie(nbruder).

Lāis, *idis u. idos* (*acc. -idem u. -ida; gr. -ịs*) *Name zweier ber. Hetären zu Korinth.*

Lāïus, *ī m* (*gr. -os*) *König v. Theben;* **Lāïadēs,** *ae m Sohn des Laius,* Ödipus.

lalīsiō, *ōnis m* (*afrikanisches Wort*) Füllen des Waldesels.

lāma, *ae f* (*et. nicht sicher gedeutet*) Sumpf, Pfütze.

lamberō 1 (*lambō*) belecken.

lambō, *bī, bitum* 3 (*Schallwurzel* *lab- „lecken") (be)lecken; / berühren, bespülen.

lāmella, *ae f* (*dem. v. lāmina*) Metallblättchen.

lāmenta, *ōrum n* (*selten sg. -um, ī; vl. Schallwurzel* *la- „bellen"; *cf. lātrō*[1]) Wehklagen.

lāmentābilis, e (*lāmentor*) °**1.** (*pass.*) beklagenswert; **2.** (*act.*) klagend, kläglich.

lāmentārius 3 (*lāmentor*) Klagen erregend.

lāmentātiō, *ōnis f* (*lāmentor*) *das* Wehklagen.

lāmentor 1 (*lāmentum*) (*intr. u. trans.*) wehklagen, (be)jammern.

lamia[1], *ae f* (*meist pl.; gr. Fw.*) weiblicher Unhold.

Lamia[2], *ae m cogn. i. d. gens Aelia; adi. -iānus* 3.

lām(i)na *u.* **lammina,** *ae f* (*et. ungeklärt*) **1.** Platte, Blech, Blatt, Tafel; °**2.** Gold-, Silberbarren; **3.** Klammer; °**4.** Schwertklinge; Blatt einer Säge; weiche Nußschale.

lamirus = *lamyrus.*

lampada, *ae u.* **lampas,** *adis f* (*acc. sg. auch -ada; acc. pl. auch -adas; gr. Fw.*) Fackel, Leuchte; Licht, Schimmer; Meteor.

lamyrus, *ī m unbekannter Seefisch.*

lāna, *ae f* (*cf. ablautend vellus*) **1.** Wolle; °Wollfaden; °**2.** Woll-

arbeit, -kleid, Wollappen; wollene Stoffe; °**3.** *das* Wollige an Früchten u. Pflanzen; Baumwolle.
lānārius, *ī m* (*lāna*) Wollarbeiter.
lānātus 3 (*lāna*) Wolle tragend.
lancea, *ae f* (*kelt. Lw.*) (*urspr. span., mit einem Riemen versehene*) Lanze.
****lanceola,** *ae f* Lanze; Pfriem.
lancinō 1 (*lacer*) zerfleischen; / verschlemmen, vergeuden.
lāneus 3 (*lāna*) wollen; / weich wie [Wolle.]
Langobardī, *ōrum m germanisches Volk an der unteren Elbe.*
langue-faciō, — — 3 (*langueō*) matt machen, beruhigen.
langueō, *guī,* — 2 (*cf. laxus*) matt, kraftlos, untätig sein, erschlaffen; (*part. praes.*) *adi.* **languēns,** *entis* matt, flau; °/ schwermütig.
languēscō, *guī,* — 3 (*incoh. v. langueō*) **1.** matt, schlaff, träge werden; °**2.** / erschlaffen, abnehmen.
languidulus 3 (*dem. v. languidus*) schon welk; °wohlig matt.
languidus 3 (*m. comp., adv.; langueō*) matt, schlaff, träge, lau, untätig, lässig; erschlaffend.
languor, *ōris m* (*langueō*) Mattigkeit, Schlaffheit; / Untätigkeit, Trägheit; °Schwermut.
laniātus, *ūs m u.* °**-iātiō,** *ōnis f* (*laniō*) Zerfleischung, Zerreißung.
laniēna, *ae f* (*etr. Fw.; cf. lanius*) Fleischbank.
lānificium, *ī n* (*lānificus*) Woll- [arbeit.]
lāni-ficus 3 (*lāna; faciō*) Wolle verarbeitend.
lāni-ger, *era, erum* (*lāna; gerō*) Wolle tragend; *subst.* ~, *erī m* Widder, Lamm.
laniō 1 (*lanius*) zerfleischen, zer- [reißen.]
laniōnius 3 (*laniō, ōnis m* Fleischer, Henker) Fleischer..., Henker...
lāni-pēs, *pedis m* (*lāna*) die Füße mit Wolle umwickelt [*senex*].
lanista, *ae m* (*etr. Lw.*) Gladiatorenmeister; / Bandit, Aufhetzer.
lānitium, *ī n* (*lāna*) Wolle.
lanius, *ī m* (*etr. Lw.*) **1.** Fleischer; **2.** Opferschlächter; **3.** Henker.
lanterna, *ae f* (*gr. Lw., wohl durch etr. Vermittlung*) Laterne, Lampe.
lanternārius, *ī m* (*lanterna*) Laternen-, Fackelträger; / Förderer.
****lantgravius,** *i m* Landgraf.
lānūgō, *inis f* (*lāna*) **1.** *das* Wollige an Kräutern u. Früchten; **2.** (Bart-) Flaum; ** Wolle.
lanx, *cis f* (*cf. gr.* lekąnē) **1.** Schüssel, Schale; **2.** Waagschale; ** Maß [*tritici*].
Lāocoōn, *ontis m* [*gr.* -kọōn) *troja*- [*nischer Priester.*]
Lāomedōn, *ontis m* (*gr.* -mẹdōn) *Vater des Priamus; adi.* **-ontēus** *u.* **-ontius** 3 trojanisch; *subst.* **-ontiadēs,** *ae m* = Priamus; *pl. die* Troer.
lapathus, *ī m f* (*gr. Fw.*) Sauerampfer.
lapi-cīda, *ae m* (*lapis, caedō*) Steinmetz.
lapicīdīnae, *ārum f* (*lapicīda*) [Steinbrüche.]
lapidārius 3 (*lapis*) Stein... [*lautumiae -ae* Steinbrüche].
lapidātiō, *ōnis f* (*lapidō*) Steinha- [gel.]
lapidātor, *ōris m* (*lapidō*) Steinschleuderer.
lapideus 3 (*lapis*) steinern; / versteinert (*vor Entsetzen*).
lapidō 1 (*lapis*) steinigen; *impers.* *-at* es regnet Steine.
lapidōsus 3 (*lapis*) steinig; / hart [wie Stein.]
lapillus, *ī m* (*dem. v. lapis*) **1.** Steinchen; **2.** Edelstein, Perle; **3.** Stimmsteinchen.
lapis, *idis m* (*cf. gr.* lẹpas) **1.** Stein; °Marmor; °/ Tropf, Klotz; gefühlloser Mensch; °**2.** Edelstein; Perle; Mosaikstein; °**3.** Gegenstand aus Stein: Tisch; Meilen-, Grenz-, Grabstein; **4.** Steintritt *des praeco beim Sklavenverkauf;* **5.** *Iuppiter* ~ ein Donnerkeil, *den man beim Schwur in der Hand hielt.*
Lapithae, *ārum* (*u.* -*um*) *m* (*gr.* -pịthai; *sg.* -*a u.* -*ēs*) *mythisches thessalisches Bergvolk, bekannt durch den Kampf mit den Kentauren auf der Hochzeit des Pirithous.*
lappa, *ae f* (*et. ungedeutet*) Klette.
lāpsiō, *ōnis f* (*lābor¹*) Neigung zum Fall
lāpsō 1 (*intens. v. lābor¹*) wanken.
lāpsus, *ūs m* (*lābor¹*) **1.** *das* Gleiten, Fallen; Flug, Lauf, Gefälle, *das* Schwimmen *u. ä.*; **2.** Fall, Sturz; **3.** / Fehltritt, Verstoß.
laquear *u.* **-āre,** *āris n* (*n v.* **laqueāris, adi. zu lacus*) = *lacūnar.*
laqueātus 3 (*laqueō* 1 „täfeln"; **laqueus* „aus einer Vertiefung bestehend") getäfelt.
laqueus, *ī m* (*et. ungedeutet; cf. lacessō*) Strick, Schlinge; / Fallstrick, Falle.
Lār, *aris m* (*Lăr?*) **1.** *meist pl.* **Larēs,** *(i)um* Laren (*Geister der Grundstücke,*

Kreuzwege, Straßen u. Haine, dann Schutzgötter des Hauses, vergötterte Seelen der Verstorbenen); **2.** / **a**) Haus, Wohnung, Herd; °Nest; °**b**) Philosophenschule.

lārdum, *ī n* = *lāridum.*

Lārentālia, *ium n Fest zu Ehren der Acca Lārentia, die Romulus u. Remus erzog.*

largi-ficus 3 (*-ā-?; largus; faciō*) reichlich.

largi-fluus 3 (*-ā-?; largus; fluō*) reichlich fließend.

largi-loquus 3 (*-ā-?; largus; loquor*) geschwätzig.

largior 4 (*-ā-?; dcht.: impf. -ībar; fut. -ībere; part. pf. pass.; largus*) reichlich geben, schenken, spenden; bestechen; / gewähren, einräumen, gestatten.

largitās, *ātis f* (*-ā-?; largus*) Freigebigkeit.

largiter *adv. s. largus.*

largītiō, *ōnis f* (*-ā-?; largior*) **1. a**) *das* Schenken, Spenden; Freigebigkeit; **b**) Bestechung; **2.** / Verleihung.

largītor, *ōris m* (*-ā-?; largior*) **1.** °**a**) Spender; **b**) „Bestecher"; °**2.** *attr.* freigebig.

largus 3 (*-ā-?; m. °comp., sup., adv.; et. ungedeutet*) **1. a**) reichlich, viel; °**b**) reich *an* [*opum*]; **2.** freigebig; *adv.* **-ē** *u.* **-iter.**

lāridum, *ī n* (*vl. m. laetus u. largus verwandt*) Speck, Pökelfleisch.

lāridus 3 (*lāridum*) gepökelt, Pökel...

Lārīnum, *ī n St. i. Samnium; Einw. -nās, ātis m.*

Lārīs(s)**a,** *ae f* (*gr.* Lᾱ-) **1.** *thessalische St., j.* Larisse; *adi. -saeus* 3; *Einw. -sēnsēs, ium m;* **2.** *St. am Malischen Meerbusen;* **3.** *eine Burghöhe v. Argos.*

lars, *artis m* (*etr. Fw.*) Fürst, Herr (*etr. Titel od. Beiname*).

lārua (*altl.*) *u.* **lārva,** *ae f* (*wohl zu Lār*) **1.** Gespenst; (*Schimpfwort*) Fratzengesicht; **2.** Larve, Maske.

lāruālis (*altl.*) *u.* **-vālis,** e (*lārua*) gespensterhaft.

lāruātus (*altl.*) *u.* **-vātus** 3 (*lārua*) behext.

lasanum, *ī n* (*gr. Fw.*) Nachtgeschirr; Kochgeschirr.

lāsar... = *lāser...*

lascīvia, *ae f* (*lascīvus*) **1.** Fröhlichkeit, Mutwille, Ausgelassenheit; °**2.** Ungebundenheit, Ausschweifungen; °**3.** Geziertheit (*im Ausdruck*).

lascīvībundus 3 (*lascīviō*) ausgelassen.

lascīviō 4 (*lascīvus*) ausgelassen, lustig, übermütig sein.

lascīvus 3 (*m. °comp., °sup., °adv.; Weiterbildung v. adi. *laskos; cf. nhd.* „Lust") °**1.** lustig, ausgelassen, mutwillig, üppig rankend [*hedera*]; **2.** °**a**) übermütig; tändelnd; **b**) zügellos; geil; °**3.** geziert im Ausdruck, überladen.

lasser- *od.* **lāserpīci-fer,** *era, erum* (*-ă-?; lāserpīcium, ferō*) Laserpizium tragend.

lasser- *od.* **lāserpīcium,** *ī n* (*-ă-?; < lac sirpīcium* = Saft der Sirpepflanze (*Wolfsmilchart*); *volkset. an pix, picis angelehnt u. falsch abgeteilt, so daß sich der Pflanzenname lāser ergab*) **1.** (*als Arznei u. Gewürz verwandter*) Saft der Sirpepflanze; **2.** Sirpepflanze.

Lasēs *altl.* = *Larēs; s. Lār.*

lassitūdō, *inis f* (*lassus*) Ermüdung.

lassō 1 (*lassus*) müde machen.

lassulus 3 (*dem. v. lassus*) ganz matt.

lassus 3 (*vulgär, unkl.; cf. nhd.* „lassen", „lässig") müde, matt, schlaff.

lastaurus, *ī m* (*gr. Fw.*) unzüchtiger, liederlicher Mensch.

latebra, *ae f* (*lateō*) **1.** *das* Verborgensein; **2. a**) Schlupfwinkel, Versteck; **b**) / Zu-, Ausflucht, Entschuldigung.

latebricola, *ae m* (*latebra, colō*) Besucher gemeiner Kneipen.

latebrōsus 3 (*m. °comp., °adv.; latebra*) **1.** voller Schlupfwinkel [° *loca* Bordelle]; °**2.** porös; geheim.

latēns, *entis* (*m. adv.; lateō*) verborgen, heimlich.

lateō, *uī,* — 2 (*√ *lā-* „verborgen sein") verborgen sein; / sicher, geborgen sein; unbekannt bleiben [*alci;* °*Hannibalem*].

later, *eris m* (*eigtl.* „Platte"; *cf. latus*[3]) Ziegel(stein).

laterāmen, *inis n* (*wahrsch. latus*[3]) Seitenwände.

later(i)culus, *ī m* (*dem. v. later*) Ziegelstein; °/ Plinse.

laterīcius 3 (*-ī-?; later*) aus Ziegeln; *subst.* **-ium,** *ī n* Ziegelwerk.

laterna (*volkset. an lateō angelehnt; lā-?*) = *lanterna.*

latēscō, — — 3 (*incoh. v. lateō*) sich verbergen.

latex, *icis m* (*gr. Fw.*) Flüssigkeit, Naß; Wasser, Fluß; *meri* Wein.

Latiālis, -āris *s. Latium.*
latibulum, *ī n (lateō)* Schlupfwinkel.
lāti-clāvius 3 *(lātus²; clāvus)* mit breitem Purpurstreifen *(an der Tunika der Senatoren); subst.* ~, *ī m* Senator, Patrizier.
lātifundium, *ī n (lātus²; fundus)* großes Landgut.
latīnitās, *ātis f (Latīnus; s. Latium)* **1.** gutes Latein; **2.** latinisches Recht *der latinischen Gemeinden (Selbstverwaltung u. Steuerfreiheit; Zwischenstufe zwischen dem Recht des civis Romanus u. dem des peregrinus).*
Latīnus¹ *s. Latium.*
Latīnus², *ī m König v. Laurentum, Schwiegervater des Aeneas.*
lātiō, *ōnis f (lātus¹) das* Bringen; °*auxilii* Hilfeleistung; *legis* Gesetzesvorschlag, °*suffragii* Stimmrecht.
latitātiō, *ōnis f (latitō) das* Sichversteckthalten.
latitō 1 *(intens. v. lateō)* sich versteckt halten.
lātitūdō, *inis f (lātus²)* Breite, Größe; / breite Aussprache; Fülle des Ausdrucks.
Latium, *ī n (falls idg.,* = „Ebene" *[im Ggs. zum sabinischen Hochland] u. m lātus² u. latus³ verwandt) (anfangs) das Land zwischen Tiber u. Pontinischen Sümpfen, Heimat der Latiner, (später) Ldsch. Mittelitaliens, zu der außer dem ~ antiquum auch die Gebiete der Äquer, Herniker, Volsker u. Aurunker gehörten; Hptst. Rom; Ableitungen:* **1.** *adi.* **Latius** 3 latinisch, römisch; *-tiālis, tiāris,* e zu Latium gehörig; *subst.* **Latiar,** *āris n* Fest des *Iuppiter Latiāris;* **2.** *adi.* **Latīnus** 3 latinisch, lateinisch, römisch; *subst.* **Latīnus,** *ī m* **a)** *König v. Laurentum;* **b)** *König v. Alba Longa; pl.* **Latīnī,** *ōrum m Einw.* **a)** *v. Latium;* **b)** *v. außerlatinischen Gemeinden mit iūs Latiī od. latīnitās (s. d.);* **Latīnum,** *ī n das* Lateinische; *adv.* **Latīnē** lateinisch [*loqui, dicere* gut lateinisch sprechen]; / deutlich.
Lātō, *ūs f (dor.* Lātǫ, *att.* Lētǫ) *u.* **Lātōna,** *ae f Mutter v. Apollo u. Diana; adi. -tōis, idis f, subst.* Diana; *-tōïus* 3, *-tōus* 3 *(subst.* **-tōïus,** *ī m* Apollo; **-tōïa,** *ae f* Diana); *Lātōnius* 3 *(subst.* **-us,** *ī m* Apollo; **-a,** *ae f* Diana); **Lātōnigena,** *ae m f* Kind der ~.
lātomiae = *lautumiae.*

lātor, *ōris m (lātus¹)* Antragsteller; ** Träger, Überbringer; *legis* = Moses.
lātrātor, *ōris m (lātrō¹)* Beller, [Hund; / Maulheld.
lātrātus, *ūs m (lātrō¹) das* Bellen.
lātrīna, *ae f (< *lavātrīna; lavō)* Abtritt, Kloake.
lātrō¹ 1 *(im Vers auch -ă-; cf. lāmenta)* **1.** *(intr.)* bellen; / zanken, schreien; °**2.** *(trans.)* **a)** anbellen; **b)** beschimpfen, schmähen; **c)** ungestüm fordern.
latrō², *ōnis m (gr. Lw.* „Söldner") °**1.** gedungener Diener, Trabant; Söldner; **2.** Räuber, Wegelagerer; **3.** Freibeuter, Freischärler; °**4.** *(dem Wild auflauernder)* Jäger; °**5.** Stein *im Brettspiel.*
latrōcinium, *ī n (wohl < *latrōnicinium; latrō²)* **1. a)** Räuberei, Raubzug; °**b)** Kriegsdienst; **2.** Spitzbüberei, Ränke; **3.** Räuberbande; °**4.** Brettspiel.
latrōcinor 1 *(cf. latrōcinium)* **1.** Straßen-, Seeraub treiben; °**2.** Kriegsdienst tun.
latrunculārius 3 *(latrunculus)* zum Brettspiel gehörig.
latrunculus, *ī m (dem. v. latrō²)* **1.** Bandit; °**2.** Stein *im Brettspiel.*
lātumiae, *ārum f* = *lautumiae.*
lātūra, *ae f (lātus¹) das* Tragen von Lasten.
lātus¹ 3 *P.P.P. v. ferō.*
lātus² 3 *(m. °comp., sup., adv.; vl. < *stlā-tos; cf. stlat(t)ārius)* **1.** breit; **2.** weit, geräumig, umfangreich; **3.** / **a)** weit verbreitet; **b)** ausführlich; °**c)** breitspurig.
latus³, *eris n (ablautend v. lātus²)* **1. a)** Seite *(am Körper);* °/ *-eri adhaerere* auf dem Nacken sitzen; *-us dare* sich bloßstellen; **b)** Seite *(als Sitz der Kraft); im Deutschen:* Brust, Lunge; °Körper; °**2. a)** *die* Vertrauten; **b)** Verwandtschaft; Seitenlinie; **3. a)** Seite *(eines Gegenstandes);* °*in omne -us* nach allen Seiten; °**b)** *(math. t.t.)* Seite; **4.** *(mil. t.t.)* Flanke.
latusculum, *ī n (dem. v. latus³)* kleine Seite.
laudābilis, e *(m. comp.,* °*sup., adv.; laudō)* lobenswert, rühmlich.
laudātiō, *ōnis f (laudō) das* Loben: **1.** Lob(rede); **2.** Leichenrede; **3.** günstiges Zeugnis vor Gericht; **4.** Dankadresse *(der Provinzialen für die Leistung eines Statthalters).*

laudātīvus 3 (*laudō*) lobend; *subst.* **-a,** *ae f* Gattung der Lobreden.
laudātor, *ōris m* (*laudō*) Lobredner; °Leichenredner; Entlastungszeuge.
laudātrīx, *īcis f* (*laudātor*) Lobrednerin.
laudātus 3 (*m.* °*comp.*, °*sup.*; *laudō*) [gepriesen, vortrefflich.]
laudicēnus, *ī m* (*laudō*; *cēna*) der eine Mahlzeit lobt (*um eingeladen zu werden*), Schmarotzer.
laudō 1 (*laus*) **1.** loben, rühmen, preisen; **2.** günstiges Zeugnis ablegen *für* [*alqm*]; **3.** eine Leichenrede halten; **4.** nennen; zitieren.
laurea, *ae f* (*laureus*) Lorbeerbaum, -kranz; / Sieg, Triumph.
laureātus 3 (*laurea*) lorbeerbekränzt; °(*litterae*) *-ae* Siegesbotschaft.
laureola, *ae f* (*dem. v. laurea*) Lorbeerkranz; / Triumph.
laureus 3 (*laurus*) vom Lorbeerbaum, Lorbeer...
lauricomus 3 (*laurus*; *coma*) mit [Lorbeerlaub.]
lauri-ger, *era, erum* (*laurus*; *gerō*) lorbeerbekränzt.
laurus, *ī* (°*auch -ūs*) *f* (*Lw. aus einer Mittelmeerspr.*) Lorbeerbaum; Lorbeerkranz; / Triumph, Sieg.
laus, *dis f* (*eigtl.* „feierliche Nennung"; *cf. nhd.* „Lied") **1.** Lob, Ruhm; Preis; **2.** löbliche Handlung, Verdienst; *pl.* Vorzüge; ** *pl.* Lobgesang; Gebet nach der Messe; *divinae* Gottesdienst.
lautia, *ōrum n* (*altl. dautia*; *vl. zu dō*) Bewirtung (*fremder Gäste u. Gesandter in Rom*).
lautitia, *ae f* (*lautus*) Pracht, Luxus; Leckerbissen.
lautumiae, *ārum f* (*gr. Fw.*) Steinbrüche; Kerker (*in Rom*).
lautus 3 (*m. comp.*, °*sup.*, *adv.*; *lavō*) sauber; / stattlich, ansehnlich; anständig, vornehm.
lavābrum, *ī n* (*lavō*) Badewanne.
****lavacrum,** *ī n* Taufe.
lavātiō, *ōnis f* (*lavō*) **1.** *das* Waschen, Baden, Bad; °**2.** Badegeschirr; **3.** Badewasser.
Lāvīnia, *ae f Tochter des Latinus, Gemahlin des Aeneas*; *adi. -n(i)us* 3; *subst.* **-ium,** *ī n v. Äneas erbaute u. nach ~ benannte St. i. Latium* (*j.* Prattica).
lavō, *lāvī, lautum* (*lōtum*) *u. lavātum* 1 (*dcht. praes. auch lavō* 3; < **lovō*) **1. a)** (*trans.*) waschen, baden; **b)** (°*intr. u. mediopass.*) sich waschen, (sich) baden; °**2.** / benetzen, befeuchten; wegspülen.
laxāmentum, *ī n* (*laxō*) Erleichterung, Milderung, Erholung.
laxitās, *ātis f* (*laxus*) **1.** Geräumigkeit; °**2.** Gelassenheit, Ruhe.
laxō 1 (*laxus*) °**1.** lockern, lösen, schlaff machen; **2.** erweitern, ausdehnen; **3.** / nachlassen, mildern, erleichtern; Erholung gewähren; *se -are* sich erholen [*a laboribus*].
laxus 3 (*m.* °*comp.*, *sup.*, *adv.*; *langueō*) **1.** °**a)** schlaff, lose, locker; schlotterig; **b)** zwanglos, uneingeschränkt; °**c)** wohlfeil; **2.** weit, geräumig, groß; geraum.
leaena (*gr. Fw.*) *u.* °**lea,** *ae f* (*zu leō*) Löwin.
Lēander, *drī m* (*gr.* Lēandros) *Geliebter der Hero.*
lebēs, *ētis m* (*acc. pl. auch -ētas*; *gr. Fw.*) Metallbecken, Kessel.
lectīca, *ae f* (*lectus*[1]) Sänfte, Totenbahre.
lectīcāriola, *ae f* (*dem. v. lectīcārius*) Geliebte eines Sänftenträgers.
lectīcārius, *ī m* (*lectīca*) Sänftenträger.
lectīcula, *ae f* (*dem. v. lectīca*) kleine Sänfte, Ruhebett; Totenbahre.
lēctiō, *ōnis f* (*legō*[2]) **1.** Auswahl, Sichtung [*iudicum, senatorum*]; **2. a)** *das* Lesen, Lektüre, Studium; **b)** *das* Vorlesen; °**c)** *senātūs das* Verlesen der Senatorenliste durch den Zensor; °**3.** Lektüre, Lesestoff, Text.
lectisterniātor, *ōris m* (*lectisternium*) Tafeldecker.
lectisternium, *ī n* (*zu lectum sternere*) Göttermahl (*für die auf Polster gelegten Götterbilder*).
lēctitō 1 (*intens. v.* **lēctō* 1, *frequ. v. legō*[2]) **1.** mit Eifer lesen; °**2.** vorlesen.
lēctiuncula, *ae f* (*dem. v. lēctiō*) [leichte Lektüre.]
lēctor, *ōris m* (*legō*[2]) Leser; Vorleser; ** akademischer Lehrer.
lectulus, *ī m* (*dem. v. lectus*[1]) **1. a)** Bett; **b)** Ruhebett; **2.** Braut-, Ehebett; **3.** Speisesofa; °**4.** Leichenbett.
lectus[1], *ī* (°*selten -ūs*) *m* (*cf. nhd.* „liegen, Lager") **1. a)** Bett, Lager (-stätte); **b)** Ruhebett; **2.** Braut-, Ehebett [*iugalis, genialis*]; **3.** Speisesofa; °**4.** Leichenbett.
lēctus[2] 3 (*m. comp.*, *sup.*, °*adv.*; *legō*[2]) (aus)erlesen, ausgezeichnet.

Lēda, *ae f* (*gr.* -ā) *Gemahlin des Tyndareus; v. Jupiter, der als Schwan zu ihr kam, Mutter der Helena, der Klytäm(n)estra u. der Dioskuren* (*Kastor u. Pollux*); *adi.* -*aeus* 3 °*auch* spartanisch.
lēgālis, e (*lēx*) gesetzlich; ** *vita* den göttlichen Gesetzen gemäß.
lēgātiō, *ōnis f* (*lēgō*[1]) **1. a)** Gesandtschaft; Amt eines Gesandten; **b)** Gesandtschaftbericht; **c)** *die* Gesandten; **2.** Legatenstelle.
lēgātor, *ōris m* (*lēgō*[1]) Erblasser.
lēgātōrius 3 (*lēgātus*) *des* Legaten.
lēgātum, *ī n* (*lēgō*[1]) Vermächtnis, Legat.
lēgātus, *ī m* (*lēgō*[1]) **1.** Gesandter; **2.** Legat: **a)** = Unterfeldherr; **b)** = Unterstatthalter; ~ *pro praetore der* mit einem selbständigen Kommando betraute L.; °**3.** kaiserlicher Statthalter; ** Gesandter des Papstes.
****legenda,** *ae f* Heiligenerzählung.
lēge-rup... = *lēgi-rup...*
lēgi-fer, *era, erum* (*lēx, ferō*) gesetzgebend.
legiō, *ōnis f* (*legō*[2]) **1.** (*röm.*) Legion (*seit Marius: 10 Kohorten = 30 Manipel = 60 Zenturien, dazu 300 Reiter; 4200 bis 6000 Mann*); °**2.** (*nichtröm.*) Heer(haufe); °**3.** / Hilfsmittel.
legiōnārius 3 (*legiō*) zu einer Legion gehörig; *subst.* ~, *ī m* Legionssoldat.
lēgi-rupa, *ae m* (*lēx; rumpō*) Gesetzesverletzer.
lēgi-rupiō, *ōnis f* (*lēx; rumpō*) Gesetzesverletzung.
lēgitimus 3 (*m. adv.; lēx*) **1.** gesetzmäßig, gesetzlich, rechtmäßig; °**2.** Gesetz...; **3.** gebührend, gehörig, recht, schicklich; °**4.** *subst.* **-a,** *ōrum n* Formalitäten.
legiuncula, *ae f* (*dem. v. legiō*) armselige Legion.
lēgō[1] 1 (*altl. lēgassit = lēgāverit*) (*lēx*) **1.** testamentarisch vermachen; **2.** (*Rückbildung zu lēgātus*) **a)** als Gesandten (ab)schicken; **b)** zum Legaten machen.
legō[2], *lēgī, lēctum* 3 (*eigtl.* „zusammenlesen") **1. a)** sammeln; °**b)** *vela* einziehen; *fila* aufwickeln; küssend auffangen [*extremum halitum*]; belauschen [*sermonem*]; °**c)** stehlen [*sacra*]; **2.** auslesen, -wählen; °**3.** durchwandern, -irren, -segeln; hinfahren *an* [*oram*]; **4.** lesen [*librum*], vorlesen, vortragen.
lēgulēius, *ī m* (*lēx*) Gesetzkrämer, trockner Jurist.
legūmen, *inis n* (*legō*[2]) Hülsenfrucht.
Lemannus lacus *m* Genfer See.
lembunculus = *lēnunculus*[2].
lembus, *ī m* (*gr. Fw.*) Boot, Kahn.
lēmma, *atis n* (*gr. Fw.*) **1.** Stoff (*einer Schrift*); **2.** Überschrift; **3.** Gedicht; *bsd.* Epigramm.
Lēmni-cola, *ae m Bewohner v. Lemnos = Vulkan.*
lēmniscātus 3 (*lēmniscus*) mit Bändern geschmückt; *palma -a* höchster Preis.
lēmniscus, *ī m* (*gr. Fw.*) Band (*am Kranze*).
Lēmnos *u.* **-us,** *ī f Insel des Ägäischen Meeres; adi. u. Einw.* -*nius* (3); *subst.* **-nias,** *adis f* Lemnierin.
Lemovicēs, *um m* (-*ĭ*-?) *kelt. Völkerschaft um Limoges.*
lemurēs, *um m* (*vl. eigtl.* „die Gierigen"; *cf. lamia*[1]) Geister der Verstorbenen; Gespenster (*während die guten Geister der Verstorbenen als larēs verehrt wurden, fürchtete man die bösen als Gespenster*); **lemuria,** *ōrum n* (*im Vers -ū-*) Lemurienfest (*im Mai; an ihm wurden die in die Häuser zurückgekehrten L. 3 Tage lang bewirtet*).
lēna, *ae f* (*wohl gr. Fw.*) Kupplerin; *adi.* lockend, reizend.
Lēnaeus 3 (*gr. Fw.* „zur Kelter gehörig") bacchisch [*pater* Bacchus].
lēnīmen, *inis u.* **-mentum,** *ī n* ((*lēniō*) Linderung(smittel).
lēniō 4 (*dcht. -ībant, -ībunt; lēnis*) **1.** (*trans.*) °**a)** lindern, mildern; **b)** / besänftigen, beschwichtigen; **2.** (*intr.*) sich besänftigen, sich mildern.
lēnis, e (*m. comp., sup., adv.*; √ *lē- „nachlassen") (ge)lind, sanft, mild; langsam (wirkend); / ruhig, gelassen, schonend.
lēnitās, *ātis f* (*lēnis*) Milde, Sanftheit; / Gelassenheit, Ruhe.
lēnitūdō, *inis f* (*lēnis*) = *lēnitās*.
lēnō, *ōnis m* (*lēna*) Kuppler.
lēnōcinium, *ī n* (*lēna*) Kuppelei; Kupplerlohn; / Lockung(smittel), Reiz; °Schmeichelei.
lēnōcinor 1 (*cf. lēnōcinium*) **1.** schmeicheln; °**2.** fördern [*voluptati*].
lēnōnius 3 (*lēnō*) Kuppler...

lēns, *lentis f (Lw. unbekannter Herkunft)* Linse.

lentēscō, — — 3 *(incoh. v. lenteō* „langsam vonstatten gehen"; *lentus)* klebrig werden; / nachlassen.

lentīsci-fer, *era, erum (-īsc-?; lentīscus, ferō)* Mastixbäume tragend.

lentīscus, *ī f u.* **-um,** *ī n (-īsc-?; vl. Lw. unbekannter Herkunft mit volkset. Anlehnung an lentus* „biegsam") **1.** Mastixbaum; **2.** Zahnstocher aus Mastixholz.

lentitūdō, *inis f (lentus)* °**1. a)** Langsamkeit; **b)** *das* Schleppende *in Stil u. Vortrag*; **2.** / Gleichgültigkeit.

lentō 1 *(lentus)* biegen.

lentulus[1] 3 *(dem. v. lentus)* ziemlich zähe; / langsam im Bezahlen.

Lentulus[2], *ī m cogn. in d. gens Cornēlia*; *(scherzh.)* **Lentulitās,** *ātis f der* alte Adel der Lentuli.

lentus 3 *(m. comp., °sup., adv.; cf. nhd.* „lind") °**1.** zähe, klebrig; °**2.** biegsam, geschmeidig; **3.** / **a)** langsam, träge; schleppen *(in Stil u. Vortrag)*; **b)** ruhig, bedächtig; **c)** phlegmatisch, gleichgültig; **d)** lässig im Bezahlen; °**e)** eigensinnig; spröde.

lēnullus, *ī m (dem. v. lēnō)* Kuppler.

lēnunculus[1], *ī m (dem. v. lēnō)* Kuppler.

lēnunculus[2], *ī m (vl. dem. eines gr. Lw.)* Barke, Kahn.

leō, *ōnis m (gr. Lw.)* Löwe *(auch als Gestirn)*.

Leōnidās, *ae m (gr. -nịdās) König v. Sparta († bei Thermopylä 480)*.

leōnīnus 3 *(leō)* Löwen...

Leontīnī, *ōrum m (gr. -noi) St. nw. v. Syrakus, j.* Lentini; *adi. u. Einw. -tīnus (3)*.

lepas = *lopas*.

lepidus 3 *(m. °comp., °sup., adv.; cf. lepōs)* zierlich, niedlich; witzig; °~ *cogn. in d. gēns Aemilia: M. Aemilius ~ 43 triumvir mit Antonius u. Oktavian.*

lepōs, *ōris m (cf. gr.* leptọs „enthülst; fein, zart") Feinheit, Anmut; Witz.

****lepra,** *ae f* Aussatz [*spiritualis* des Herzens].

****leprosus** 3 aussätzig.

Leptis, *is f Name zweier St. a. d. nordafrikanischen Küste*: **1.** *maior in Tripolis*; **2.** *(minor) b. Thapsus; adi. -tīnus; Einw.* **-titānī,** *ōrum m.*

lepus, *oris m (nichtidg. Fw.)* Hase; *auch °Kosewort u. Sternbild.*

lepusculus *ī m (dem. v. lepus)* Häslein.

Lerna, *ae f (gr. -ē) See, Fl. u. St. bei Argos, wo Herkules die Hydra erlegte; adi. -naeus 3.*

Lesbos *u.* **-us,** *ī f Insel im Ägäischen Meere, Heimat des Arion, des Alkäus u. der Sappho; adi. -bi(ac)us 3, -bōus 3; subst.* **-bias,** *adis u.* **-bis,** *idis f* Lesbierin.

lessus, *acc. um m (et. ungedeutet)* Totenklage.

lētālis, e *(m. adv.; lētum)* tödlich, todbringend; *subst.* **-ia,** *ium n* tödliche Mittel.

lēthargicus, *ī m (gr. Fw.)* der Schlafsüchtige.

lēthargus, *ī m (gr. Fw.)* Schlafsucht.

Lēthē, *ēs f (gr.* °~ „Vergessenheit") *Fluß der Unterwelt, aus dem die Schatten Vergessenheit trinken; adi. -thaeus 3.*

lēti-fer, *era, erum (lētum, ferō)* todbringend.

lētō 1 *(lētum)* töten.

Lētōis, Lētōïus *s. Lātō.*

lētum, *ī n (eigtl.* „Erschlaffung"; *cf. lēnis)* Tod; °/ Untergang.

Leucas, *adis f (gr. -kạs) Insel u. St. im Ionischen Meere; adi. u. Einw. -cadius (3); subst.* **-cadia,** *ae f* = Leucas.

leucaspis, *idis (gr. Fw.)* mit weißem Schild.

leucophaeātus 3 *(gr. Fw. m. lat. Suffix)* aschgrau gekleidet.

Leucothea, *ae u.* **-ē,** *ēs f (gr.* -kotheā = „weiße Göttin") *Meergöttin, später mit der altitalischen Māter Mātūta gleichgesetzt; cf. Inō.*

Leuctra, *ōrum n Flecken in Böotien (Schlacht 371); adi. -tricus 3.*

levāmen, *inis u.* **-mentum,** *ī n (levō[2])* Linderung(smittel).

levātiō, *ōnis f (levō[2])* Erleichterung; Verminderung.

leviculus 3 *(dem. v. levis[2])* / ziemlich eitel.

levidēnsis, e *(zu levis[2])* geringwertig, unbedeutend.

levi-fidus 3 *(levis[2]; fidēs[1])* nicht ganz glaubwürdig.

levi-pēs, *edis (levis[2])* leichtfüßig.

lēvis[1], e *(m. °comp., °sup.; < *lei-vis)* **1.** glatt; °blank; °**2.** glatt, schlüpfrig; °**3. a)** bartlos; glatzköpfig; **b)** jugendlich, zart; **4.** / fließend [*oratio*].

levis[2], e *(m. comp., sup., adv.; < *leghv-is)* **1. a)** leicht *(v. Gewicht)*; °**b)** nicht drückend; °**2.** beweglich, flüchtig, geschwind; **3.** / **a)** unbedeutend, gering(fügig); **b)** leichtsinnig, charakterlos, unzuverlässig; nachlässig; **c**) sanft, gelinde; °**d**) unwahr, unverbürgt.

levi-somnus 3 (*levis*[2]) leichten Schlaf habend.

****levita,** *ae m* Priester, Diakon.

lēvitās[1], *ātis f* (*lēvis*[1]) Glätte; / Fluß des Ausdrucks.

levitās[2], *ātis f* (*levis*[2]) **1.** leichtes Gewicht; °**2.** Beweglichkeit, Flüchtigkeit; **3.** / **a**) Nichtigkeit; **b**) Leichtsinn, Charakterlosigkeit, Wankelmut.

lēvō[1] 1 (*lēvis*[1]) glätten; °/ glätten, mildern.

levō[2] 1 (*levis*[2]) **1. a**) leichter machen, (ver)mindern; **b**) schwächen, verkleinern; **2.** °**a**) abnehmen [*vincula*]; **b**) / befreien *von* [*metu*]; verringern; **3.** °**a**) (er)heben, aufrichten; *se -are u. mediopass.* sich erheben; **b**) / aufrichten, trösten, ermutigen, stärken; ** *de fonte* aus der Taufe heben.

lēvor, *ōris m* (*lēvis*[1]) Glätte.

lēx, *lēgis f* (*legō*[2]; *Dehnstufe wie rēx*: *regō*) **1.** (juristische) Formel; Vertrag, Kontrakt; Bedingung, Bestimmung, Punkt [°*foederis*]; **2.** Gesetzesantrag; **3. a**) Gesetz, Volksbeschluß, gesetzliche Bestimmung; *lege u. legibus* gesetzmäßig; **b**) *pl.* Verfassung; **4.** Regel, Norm, Vorschrift, Anordnung; °**5.** Beschaffenheit [*loci*]; ** die Heilige Schrift; das Alte Testament.

lexis, eos *f* (*gr. Fw.*) Wort.

lībāmen, *inis n* (*lībō*) Opfer(gabe, -guß)

lībāmentum, *ī n* (*lībō*) **1.** Opfer(-guß), Trankopfer; °**2.** Kostprobe; *pl.* Lesefrüchte.

Libanus[1], *ī m* (*gr.* -os) *Geb. in Südsyrien*, Libanon.

****libanus**[2], *i m* Weihrauch.

lībārius, *ī m* (*lībum*) Kuchenbäcker.

lībātiō, *ōnis f* (*lībō*) Trankopfer.

lībella, *ae f* (*dem. v. lībra*) **1.** *röm.-kampanische Silbermünze im Wert v.* $^1/_{10}$ *Denar*; *heres ex libella* Erbe eines Zehntels des Nachlasses *od.* = *ex asse*: Universalerbe (?); **2.** kleine Münze, Pfennig, Heller; °**3.** Blei-, Wasserwaage.

libellus, *ī m* (*dem. v. liber*[1]) **1.** Büchlein, kleine Schrift; °*pl.* Buchladen; **2.** Verzeichnis, Heft, Notizbuch; **3. a**) Brief, Schreiben; **b**) Eingabe, Bittschrift, Gesuch; °**c**) Klage, Anklage, Denunziation; °**d**) Schmähschrift; **4.** Programm [*gladiatorum*]; **5.** öffentlicher Anschlag.

libēns, *entis* (*m.* °*comp.*, *sup.*, *adv.*; *libet*) **1.** gern, willig; freudig; °**2.** lustig, vergnügt.

libentia, *ae f* (*libēns*) Vergnügen, Fröhlichkeit; sinnliche Lust.

Libentīna, *ae f* = *Lubentīna*.

liber[1], *brī m* (√‾ *leubh- „abschälen"; *cf. nhd.* „Laub", „Laube") **1.** (Baum-)Bast; **2.** °**a**) Schreiben, Brief; Erlaß; **b**) Verzeichnis, Register; **3.** Buch [*libri Sibyllini*]; **4.** Teil einer Schrift, Buch.

līber[2], *era, erum* (*m. comp.*, °*sup.*, *adv.*; < **leudheros* = „zum Volk gehörig, von rechtmäßiger Geburt"; *cf. nhd.* „Leute") **1.** frei, ungebunden, unbeschränkt; **2.** sorgen-, geschäfts-, schulden-, kosten-, abgabenfrei; **3.** freimütig, offen, unbefangen; **4.** befreit. ledig *von* [(*a*) *metu*]; **5.** politisch frei, unabhängig; **6.** zügellos, ausschweifend; *cf. līberī*.

Līber[3], *erī m* (*līber*[2], *līberī*) *altitalischer Gott der Fruchtbarkeit, später mit Bacchus identifiziert, vl. aber auch v. Anfang an dem gr. Dionysos* (= *„Sohn des Zeus"*) *gleichgesetzt*; °/ Wein.

Lībera, *ae f* **1.** = *Proserpina* (*Schwester des Bacchus*); **2.** = *Ariadne* (*Gemahlin des Bacchus*).

Līberālia, *ium n* Bacchusfest *am 17. März, an dem die Jünglinge die toga virilis empfingen.*

līberālis, e (*m.* °*comp.*, *sup.*, *adv.*; *līber*[2]) **1.** die Freiheit betreffend; Freiheits...; **2.** eines freien Mannes würdig: **a**) edel, anständig, schön; vornehm; **b**) gütig, freundlich, höflich; **c**) freigebig; **d**) reichlich [°*epulae*]; ** *artes -es die* sieben „freien Künste" (Wissenschaften): *Grammatik, Rhetorik, Dialektik* (*Trivium*); *Musik, Astronomie, Geometrie, Arithmetik* (*Quadrivium*).

līberālitās, *ātis f* (*līberālis*) **1.** edle Gesinnung; Freundlichkeit; **2. a**) Freigebigkeit; °**b**) Schenkung.

līberātiō, *ōnis f* (*līberō*) Befreiung; Freisprechung (*vor Gericht*).

līberātor, *ōris m* (*līberō*) Befreier.

līberī, *ōrum u. um m* (*eigtl.* „rechtmäßige" [*sc.* Kinder]; *līber*[2]) Kinder; *selten sg. līber* Sohn; ** Nachkommen; Gemeinfreie.

lîberō 1 (*altl. fut. -assō; līber*[2]) **1.** befreien [*a tyranno*]; **2.** freilassen [*servos*]; **3.** / **a)** aufheben, ungültig machen; abgabenfrei machen; *fidem* sein Wort einlösen; °*nomina* Schulden abtragen; **b)** (*jur. t.t.*) freisprechen [*culpā*, °*culpae*].

līberta, *ae f* (*lībertus*) *die* Freigelassene; *Veneris* ehemalige Tempelsklavin der Venus.

lībertās, *ātis f* (*līber*[2]) Freiheit: **1.** (*allg.*) Freiheit; **2.** politische Freiheit: **a)** *des einzelnen*; Freilassung; **b)** (*eines Volkes od. Staates*); Autonomie; **3. a)** Freiheitssinn, Freimütigkeit; **b)** Zügellosigkeit, Ungebundenheit; **4.** ♀ Göttin der Freiheit.

lībertīnus (*lībertus*) **1.** (*urspr.*) **a)** *adi.* 3 zu den Freigelassenen gehörig; °**b)** *subst.* ~, *ī m* Sohn eines Freigelassenen; **2.** (*später*) **a)** *adi.* freigelassen; **b)** *subst.* ~, *ī m u.* **-a,** *ae f der* (*die*) Freigelassene.

lībertus, *ī m* (*līber*[2]) Freigelassener.

libet, *uit u. itum est* 2 (*cf. nhd.* „lieb") es beliebt; *mihi* ~ ich mag.

libīdinor 1 (*libīdō*) brünstig, geil sein.

libīdinōsus 3 (*m. comp., sup., adv.; libīdō*) wollüstig, ausschweifend; willkürlich, zügellos, frech.

libīdō, *inis f* (*libet*) **1.** Begierde, Lust, Vergnügen, Verlangen; **2.** Willkür, Laune; *pl.* böse Begierden; **3.** Lüsternheit, Brunst; Geilheit, Wollust; °Päderastie.

libita, *ōrum n* (*libet*) Gelüste, Belieben.

Libitīna, *ae f* (*wahrsch. etr. Fw.*) Totengöttin (*früh mit Venus in Verbindung gebracht; cf. Lubentīna*); *in ihrem Tempel Leichengeräte u. Totenlisten*); / Leichengeräte, Totenbahre; Tod.

libitīnārius, *ī m* (*Libitīna*) Leichenbesorger.

****libitus,** *us m das* Belieben; *ad libitum* wunschgemäß.

lībō 1 (**loibā* „Spende, Trankopfer") °**1. a)** ein Trankopfer spenden; **b)** opfern, weihen; **2.** ein wenig entnehmen *von* [*e fonte*]; °**3. a)** leicht berühren [*cibos digitis*]; **b)** kosten, genießen [*panem*]; °**4.** schwächen [*vires*]; rauben [*virginitatem*].

lībra, *ae f* (*et. ungedeutet*) **1. a)** Waage; °~ *et aes* rechtlicher Kauf; **b)** Wasserwaage; °**2.** röm. Pfund (= *326 g*); °**3.** *Sternbild* Waage; ** karolingisches Silberpfund.

lībrāmentum, *ī n* (*lībrō*) °**1. a)** Gewicht; **b)** Gefälle; **c)** Schwungriemen; **2.** Horizontalebene.

lībrāria, *ae f* (*lībra*) Werkmeisterin (*die den Sklavinnen die Wolle zuwiegt*).

librāriolus, *ī m* (*dem. v. librārius*) Abschreiber, Kopist.

librārium, *ī n* (*librārius*) Bücherkasten.

librārius 3 (*liber*[1]) Bücher...; *subst.* ~, *ī m* Kopist; Schreiber, Rechnungsführer.

lībrātor, *ōris m* (*lībrō*) **1.** Nivellierer, Feldmesser; **2.** Wurfschütze, Schleuderer.

lībrātus 3 (*lībrō*) kräftig geschwungen, schwungvoll.

lībrīlis, e (*lībra*) pfundschwer.

lībritor, *ōris m* (*lībra*) = *lībrātor*[2].

lībrō 1 (*lībra*) **1.** im Gleichgewicht, in der Schwebe halten; °**2.** schwingen, schleudern; *se -are* fliegen.

lībum, *ī n* (*Rückbildung zu lībō; sakrales Wort*) (Opfer-)Kuchen.

Liburnī, *ōrum m Seeräubervolk im heutigen Kroatien; adi. -n(ic)us* 3; *subst.* ♀**n(ic)a,** *ae f* leichtes schnelles Kriegsschiff.

Libyes, *um m* (*sg. -ys, yos*) Libyer *in Nordafrika; ihr Land* **Libya,** *ae u.* **-yē,** *ēs f* (*gr. -yē*) *auch* = Nordafrika; *adi. -y(c)us* 3, *-ystīnus* 3; *-yssa, ae u. -ystis, idis f.*

licēns, *entis* (*m. comp., adv.; licet*) frei, ungebunden, zügellos, frech.

licentia, *ae f* (*licēns*) **1.** Freiheit; Erlaubnis; **2.** Willkür, Zügellosigkeit, Leichtfertigkeit, Frechheit; ♀ Göttin der Frechheit.

licentiōsus 3 (*m. comp.; licentia*) ausschweifend, ausgelassen.

liceō, *uī,* — 2 (*cf. lettisch* likstu „komme überein") **1.** feil sein, zum Verkauf stehen; °**2.** (*eine Ware*) ausbieten [*parvo pretio*].

liceor, *itus sum* 2 (*liceō*) bieten *auf* [*hortos*].

licet, *uit u. itum est* 2 (*altl. fut. licessit; eigtl.* „es steht zum Kaufe frei"; *zu liceō*) **1. a)** es steht frei, es ist erlaubt, man darf; *per me licet* meinetwegen; **b)** es ist möglich, man kann; **2.** *ci.* **a)** *m. coni.* wenn auch [*omnes fremant*]; *dcht. auch ohne Verb*; **b)** *quamvis licet m. coni.* wenn auch noch so sehr.

līchēn, *ēnis m* (*gr. Fw.*) Flechte.

Licinius 3 *röm. Gentilname*: **1.** *L.* ~ *Crassus, ber. Redner, † 91*; **2.** *M.* ~ *Crassus Dīves, Triumvir, fiel 53 bei Carrhae*; **3.** *L.* ~ *Lūcullus Ponticus, Besieger des Mithridates, berühmt wegen seines Reichtums*; **4.** *L.* ~ *Mūrēna, 63 von Cicero verteidigt*; **5.** *A.* ~ *Archiās s. Archiās.*

licitātiō, *ōnis f* (*licitor*) *das* Bieten, Gebot (*bei Versteigerungen*).

licitātor, *ōris m* (*licitor*) Bieter (*bei Versteigerungen*).

licitor 1 (*intens. v. liceōr*) bieten *auf.*

licitus 3 (*licet*) erlaubt.

līcium, *ī n* (*et. ungeklärt*) Einschlag (-faden); Faden, Band.

līctor, *ōris m* (**līgō 3 = ligō² 1*) Liktor (*die Liktoren waren Diener des Diktators (24), des Konsuls (12), des Prätors (6) od. des kaiserlichen Legaten (5), die diesem einzeln hintereinander die fasces als Symbol „peinlicher Gerichtsbarkeit" vorantrugen*); °/ Leibwächter, Trabant.

liēn, *ēnis m* (*im Vers auch liĕn*; = *gr. Fw. splēn*) Milz.

liēnōsus 3 (*liēn*) milzkrank.

ligāmen, *inis u.* **-mentum,** *ī n* (*ligō²*) Binde, Verband.

Ligārius 3 *röm. Gentilname*: *Q.* ~, *Parteigänger des Pompejus, v. Cicero verteidigt*; *adi.* -*iānus* 3.

Liger, *eris m j. die* Loire.

lignārius, *ī m* (*līgn-?*; *lignum*) Holzhändler; *inter -os* am Holzmarkt; ** Holzhacker.

lignātiō, *ōnis f* (*līgn-?*; *lignor*) *das* Holzhauen.

lignātor, *ōris m* (*-ī-?*; *lignor*) Holzhauer.

ligneolus 3 (*-ī-?*; *dem. v. ligneus*) von feiner Holzarbeit.

ligneus 3 (*-ī-?*; *lignum*) **1. a)** hölzern; °**b)** auf eine Holztafel geschrieben; °**2.** / dürr [*coniux*].

lignor 1 (*-ī-?*; *lignum*) Holz holen; holzen; °*auch m. Nebenbedeutung* „züchtigen".

lignum, *ī n* (*-ī-?*; *eigtl.* „Leseholz"; *legō²*) **1.** Holz (*bsd.* Brennholz); Kloben; °**2. a)** Baum; **b)** Holzgerät: Speer, Pfeilschaft; Schreibtafel; *das* trojanische Pferd; Holzpuppe.

ligō¹, *ōnis m* (√ **sleig-* „schlagen") Hacke, Karst.

ligō² 1 (*et. unklar*) **1.** (an-)binden; anschirren; **2. a)** zu-, verbinden; **b)** / vereinigen, schließen [*pacta*].

ligula¹, *ae f* (*cf. lingō, nhd.* „Löffel") Löffel.

ligula², *ae f* (*volkset. an ligō² angeschlossen*) = *lingula¹*; ** Zünglein; Zipfel.

Ligures, *um m* (*-ēs?*; *sg. Ligus, später -ur, ris*; *gr.* Ligyes) *Volk im w. Oberitalien*; *ihr Land* **-ria,** *ae f*; *adi.* -*usticus*, -*ustīnus* 3.

ligurriō (*schlechter ligūriō*) 4 (*lingō*) °**1.** (*intr.*) lecken, leckerhaft sein; **2.** (*trans.*) °**a)** (be)lecken (*auch obszön*); naschen; **b)** lüstern sein *nach* [*lucrum*].

ligurrītiō, *ōnis f* (*ligurriō*) Leckerhaftigkeit.

Ligus, *uris s. Ligures.*

ligustrum, *ī n* (*vl. Ligus*) Rainweide, Liguster.

līlium, *ī n* (*Lw. aus einer Mittelmeerspr.*) Lilie; / Fallgrube *mit spitzen Pfählen.*

Lilybaeon *u.* **-um,** *ī n* (*gr.* -lybaion) *Vorgeb. u. St.* (*j.* Marsala) *in Westsizilien*; *adi.* -*bēius u.* -*bītānus* 3.

līma, *ae f* (*cf. lēvis¹*) Feile; / künstlerische Ausarbeitung.

līmāt(ul)us 3 (*līmō¹*) gefeilt; verfeinert.

limbulārius, *ī m* (*limbus*) Bordürenmacher.

limbus, *ī m* (< **lembos*; *eigtl.* „*das* Herabhängende") Bordüre; Saum.

līmen, *inis n* (*wohl eigtl.* „Querholz"; *cf. līmes*) **1. a)** Schwelle; °**b)** Haus, Wohnung; °**2.** / **a)** Eingang, Anfang(spunkt); **b)** Grenze.

līmes, *itis m* (*eigtl.* „Quer-gang"; *līmus²* + **i-t* „gehend"; *urspr.* „künstlich geschaffene quer verlaufende Bahn") **1.** Schneise, (Feld-) Weg; **2. a)** Rain; / **b)** Grenzlinie, -scheide; **c)** Grenzvolk, Reichsgrenze.

līmō¹ 1 (*līma*; *eigtl.* „feilen") °**1.** reiben, wetzen; **2.** glätten; **3.** genau erforschen; **4.** vermindern, schmälern.

līmō² 1 (*līmus¹*) mit Kot bespritzen.

līmōsus 3 (*līmus¹*) schlammig.

limpidus 3 (*m.* °*comp.*, *sup.*; *limp-?*; *limpa* = *lympha*; *cf. liquidus*) klar, hell.

līmulus 3 (*dem. v. līmus²*) schielend [*oculis* mit koketten Blicken].

līmus¹, *ī m* (< **loimos*; *cf. nhd.* „Leim") Schlamm; Schmutz.

līmus² 3 (*eigtl.* „gebogen, schief") schielend.

līmus³, *ī m* (*līmus²*) (*schräg m.*

Purpur besetzter) Schurz (*der Opferdiener*).

līnārius, *ī m* (*līnum*) Leinweber.

linea, *ae f* (*līneus*) **1.** Richtschnur; **2. a**) Linie, Strich; **b**) *pl.* Skizze, Entwurf; **3.** °**a**) Grenzlinie (*in d. Rennbahn*); **b**) Einschnitt (*zw. den Sitzen im Theater*); **c**) Schranken; °**4. a**) Angelschnur; **b**) *pl.* Netz; ** Chorhemd; Albe.

lineā-mentum, *ī n* (*līnea*) **1.** Linie, Strich; **2.** *pl.* Umrisse, Konturen.

lineāris, e (*līnea*) Linien...; *ratio* Geometrie.

līneō 1 (*līnea*) nach dem Lot einrichten; ** (*Buchstaben*) zeichnen.

līneus 3 (*līnum*) linnen, aus Flachs.

lingō, *līnxī, līnctum* 3 (*cf. nhd.* „lecken") belecken; *auch obszön.*

lingua, *ae f* (*altl. dingua*; *cf. nhd.* „Zunge") **1. a**) Zunge; °*homo malae linguae = fēllātor*; °**b**) Landzunge; / **2. a**) Rede(gabe); °**b**) Schwatzhaftigkeit; Ruhmredigkeit, Vermessenheit; **3.** Sprache, Mundart.

linguārium, *ī n* (*lingua*) Zungengeld (*scherzh. = Strafe für Schwatzhaftigkeit*).

lingula¹, *ae f* (*dem. v. lingua*) **1.** Landzunge; °**2.** (*zungenartig zugespitzter*) Schuhriemen; °**3.** *Schimpfwort*; ** Zipfel.

lingula², *ae f Grammatikerschreibung für ligula*¹.

lingulāca, *ae m f* (*lingula*) geschwätzig; Plappermaul.

līnia *usw.* = *līnea usw.*

līni-ger, *era, erum* (*līnum*; *gerō*) linnentragend; Leinwand ...

linō, *lēvī u. līvī, litum* 3 (*cf. gr.* alịnō „bestreiche") **1.** aufstreichen, -schmieren; **2. a**) bestreichen, besudeln; **b**) überziehen, bedecken; **3.** ausstreichen.

linquō, *līquī,* — 3 (*cf. nhd.* „elf" ‹ *ahd.* ein-lif = „laß eins [*über 10*] übrig") °**1.** zurück-, hinterlassen; **2.** (bleiben) lassen; unterlassen; °**3.** überlassen; **4. a**) verlassen; °**b**) *-or animo* werde ohnmächtig; °**5.** *impers. linquitur, ut* es bleibt übrig.

linteātus 3 (*linteum*) in Leinwand gekleidet.

linteō, *ōnis m* (*linteum*) Leinweber.

linteolum, *ī n* (*dem. v. linteum*) leinenes Tüchelchen.

linter, *tris f* (*selten m*; *et. ungedeutet*) **1.** Kahn; °**2.** Trog, Mulde.

linteus 3 (*līnum*) **1.** linnen; °**2.** auf Leinwand geschrieben; **3.** *subst.* **-eum,** *ī n* Leinwand; Laken; °Vorhang; °Segel.

lintriculus, *ī m* (*dem. v. linter*) [kleiner Kahn.]

līnum, *ī n* (*wahrsch. Lw. aus unbekannter, nichtidg. Spr.*) **1.** Lein, Flachs; **2.** aus Leinen Gefertigtes; **a**) Bindfaden; °**b**) Schnur; Leinwand, Tuch; Seil, Tau; Netz.

Linus *u.* **-os,** *ī m Sohn Apollos, ber. Sänger, Lehrer des Orpheus u. des Herkules.*

Lipara, *ae u.* **-ē,** *ēs f* (*gr.* -pạrā) *größte Äolische* (*Liparische*) *Insel, j.* Lipari; *pl. die* Liparischen Inseln (*nördl. v. Sizilien*); *adi.* *-aeus* 3, *-ēnsis,* e.

lippiō 4 (*lippus*) triefäugig sein; [°/ brennen [*fame*].]

lippitūdō, *inis f* (*lippus*) Augenentzündung.

lippus 3 (*eigtl.* „mit Fett beschmiert"; *cf. linō*) triefend, triefäugig; / saftreich [*ficus*].

lique-faciō, *fēcī, factum* 3; P. *-fīō, factus sum, fierī u. fīerī* (*u. liquē-*; *liqueō*) flüssig machen, schmelzen; / entkräften, schwächen.

liqueō, *liquī u. licuī,* — 2 (‹ **vliqu-*) °**1.** flüssig sein; **2.** °**a**) klar sein; **b**) / deutlich, offenbar sein; (*jur. t.t.*) (*iudici*) *liquet, non liquet* die Tatsache ist (nicht) spruchreif.

liquēscō, *licuī,* — 3 (*incoh. v. liqueō*) °**1. a**) flüssig werden, schmelzen; **b**) verwesen; **2.** / **a**) entkräftet werden; °**b**) vergehen; °**3.** hell, klar werden.

liquidiusculus 3 (*dem. v. liquidior, comp. v. liquidus*) etw. sanfter.

liquidus 3 (*im Vers auch līqu-*; *m. comp.*, °*sup.*, *adv.* **-ē** *u.* **-ō**; *s. u.*; *liqueō*) °**1.** flüssig, fließend; °**2.** klar [*aqua*], hell, durchsichtig, rein [*caelum*]; **3.** / **a**) klar, rein; °**b**) heiter, ruhig; **c**) deutlich [*auspicium*]; gewiß, bestimmt; °**4.** *subst.* **-um,** *ī n* Flüssigkeit; Gewißheit; **5.** *adv.* **-ō** ohne Bedenken.

liquō 1 (*liqueō*) schmelzen, durchseihen; / (von unnützen Worten) reinigen.

liquor¹, *ōris m* (*im Vers auch -ī-*; *liqueō*) **1.** flüssiger Zustand; **2. a**) Flüssigkeit; *pl.* Gewässer; °**b**) Schleim; Saft, Wein.

līquor², — — 3 (*liqueō*) flüssig sein, fließen; / vergehen.
Līris, *is m* (*acc.* -*em u.* -*im*; *gr.* Lei-) *Fl. in Latium, j.* Garigliano.
līs, *lītis f* (*gen. pl.* -*ium*; *et. ungeklärt*) **1.** Streit, Zank; **2.** Prozeß; **3.** Streitsache, -frage.
****litania**, *ae f* Litanei; Bußprozession; Bittgang. [Opfer.]
litātiō, *ōnis f* (*litō*) *das* glückliche
lītera (*älter*) = *littera*. [kenbläser.]
liti-cen, *inis m* (*lituus*; *canō*) Zin-
lītigātor, *ōris m* (*lītigō*) Prozeßführer, prozeßführende Partei.
lītigātus, *abl.* *ū m* (*lītigō*) Streit, Prozeß.
lītigiōsus 3 (*m.* °*comp.*, °*sup.*; *lītigium*) **1.** zänkisch; prozeßsüchtig; **2.** streitig. [Streit.]
lītigium, *ī n* (*lītigō*) *ein* bißchen
lītigō 1 (*līs*; *agō*) **1.** hadern, streiten; **2.** prozessieren.
litō 1 (*wahrsch. v.* **lita* [*gr. Lw.*] „Bitte") **1.** (*intr.*) **a)** unter günstigen Vorzeichen opfern; °**b)** (*vom Opfer*) guten Ausgang versprechen; °**2.** (*trans.*) **a)** glücklich opfern; **b)** opfern, weihen; **c)** durch Opfer besänftigen; **d)** sühnen, rächen.
lītorālis, *e u.* **lītoreus** 3 (*lītus*) Ufer..., Strand...
littera, *ae f* (*wohl* < **lītes-ā*; *eigtl.* „Angeschmiertes"; *zu linō*) **1.** Buchstabe; *duae -ae* zwei Buchstaben; *una et viginti -ae das* Alphabet; *litteras discere* lesen lernen; **2.** (*meist pl.*) Geschriebenes: Akten, Dokument(e), Urkunde(n), Bericht, Dekret, Kontrakt, Diplom; **3.** *pl.* Brief; *binae -ae* zwei Briefe; *-is od. per -as* brieflich, schriftlich; **4.** *pl.* **a)** Gelehrsamkeit, wissenschaftliche Studien, Schriftstellerei; **b)** Wissenschaft(en); **c)** Literatur, Schriftdenkmäler; Werke.
****litteralis**, *e* buchstäblich; urkundlich.
litterārius 3 (*littera*) zum Lesen u. Schreiben gehörig, Elementar...
litterātor, *ōris m* (*littera*) Sprachgelehrter.
litterātōrius 3 (*litterātor*) grammatisch; *subst.* **-ia**, *ae f* Grammatik. [lehrerin.]
litterātrīx, *īcis f* (*litterātor*) Sprach-
litterātūra, *ae f* (*littera*) **1.** Schrift; °**2.** Alphabet; °**3.** Sprachunterricht; Grammatik; ** Brief.
litterātus 3 (*m.* °*comp.*, °*sup.*, *adv.*; *littera*) °**1.** mit deutlichen Buchstaben bezeichnet; gebrandmarkt; **2.** buchstäblich, wörtlich; **3.** gebildet, gelehrt.
litterula, *ae f* (*dem. v. littera*) **1.** kleiner Buchstabe; **2.** *pl.* Briefchen; **3.** *ein* bißchen Schriftstellerei, etw. Literaturkenntnis, wissenschaftliche Bildung. [*lītus*.]
littus *schlechtere Schreibung für*
litura, *ae f* (*linō*) **1. a)** *das* Ausstreichen; Verbesserung; °**b)** Änderung einer Sache; **2. a)** ausgestrichene Stelle; °**b)** (Tränen-) Fleck.
lītus, *oris n* (*et. ungeklärt*) **1. a)** Meeresufer, Strand, Gestade; °**b)** Küsten(gegend); **2.** See-, Flußufer.
lituus, *ī m* (**li-tus* „Krümmung"; *cf. nhd.* „Glied") **1.** Krummstab *des Augurs* (** *des Bischofs*); **2.** Zinke, Signalhorn *der Reiterei*; / Signal.
līveō, — — 2 (**[s]lī-vos* „bläulich"; *cf. nhd.* „Schlehe") bläulich sein; / neidisch sein. [bläulich werden.]
līvēscō, — — 3 (*incoh. v. līveō*)
līvidulus 3 (*dem. v. līvidus*) etw. neidisch. [neidisch.]
līvidus 3 (*līveō*) bläulich, blau; /
Līvius 3 (*röm. Gentilname*: **1.** *M.* ~ *Salīnātor, Besieger Hasdrubals am Metaurus* (*207*); **2.**, **3.** *M.* ~ *Drūsus u. Līvia Drūsilla s. Drūsus*; **4.** *Līvia od. Līvilla, Schwester des Germanicus*; **5.** ~ *Andronīcus, Sklave aus Tarent, wohl v. 1 freigelassen, erster röm. Dichter, † 204*; **6. T. Līvius Patavīnus** (= „aus Padua") *der große Historiker, 59 v. Chr. bis 17 n. Chr.* [/ Neid, Scheelsucht.]
līvor, *ōris m* (*līveō*) blauer Fleck;
lixa, *ae m* (*-ī-?*; *wohl etr. Fw.*) Marketender; / *pl.* Troß.
****localis**, *e* räumlich begrenzt.
locārius, *ī m* (*locus*) Vermieter der Plätze (*im Theater*).
locātiō, *ōnis f* (*locō*) °**1.** Stellung [*verborum*]; **2.** Verpachtung, -mietung; Pachtkontrakt. [-mieter.]
locātor, *ōris m* (*locō*) Verpächter,
locātum, *ī n* (*locō*) Verpachtung, -mietung.
locellus, *ī m* (*dem. v. locus*) Kästchen; / **Sarg; = *locus*.
locitō 1 (*intens. v. locō*) verpachten.
locō 1 (*altl. coni. pf. -assim*; *locus*) **1.** stellen, errichten; legen [co-

hortes in fronte]; **2.** / **a**) stellen, setzen; °**b**) verheiraten; **c**) (Geld) ausleihen; *se -are* sich verzinsen; **d**) vermieten, -pachten, -dingen.

loculāmentum, *ī n* (*loculus*) Bücherbrett.

loculus, *ī m* (*dem. v. locus*) °**1.** Plätzchen, Gelaß; **2.** *pl.* Kästchen, Kapsel, Büchse, °Kästchen mit Rechensteinen; °*peculiares* Privatkasse.

locuplēs, *ētis* (*m. comp., sup.*; *abl. sg. -e u. -ī*; *gen, pl. -(i)um*; *locus, pleō*) **1.** begütert, wohlhabend; **2.** gut ausgestattet; **3.** / glaubwürdig [*testis*].

locuplētō 1 (*locuplēs*) bereichern; reichlich ausstatten.

locus, *ī m* (*pl.* **-a,** *ōrum n*; *selten -ī, meist nur* = Buchstellen; *s.* 2c; *altl. stlocus*; *cf. gr.* stęllō „stelle auf") **1. a**) Ort, Platz, Stelle, Raum; **b**) angewiesener Ort, Posten, Stellung; °**c**) Wohnung, Wohnsitz; **d**) Ortschaft, Gelände; *pl.* Gegend; **e**) Boden, Acker, Feld; **f**) = *vulva*: **2. a**) *der* rechte Ort, *die* rechte Stelle; (*in*) *-o* an rechter Stelle; **b**) Stelle *in der Reihenfolge,* Punkt (*primo loco* erstens; **c**) (*pl.* **-ī,** *ōrum m*) Stelle in einem Buche, Punkt; Gegenstand der Untersuchung; *pl.* Hauptstücke, Sätze; *-i communes* Gemeinplätze; **d**) Herkunft, Geburt, Rang, Stellung [*nobili -o natus*]; **e**) *loco m. gen.* wie, als [*filii loco esse*]; **3.** °**a**) Zeitraum, -punkt; **b**) günstiger Zeitpunkt, Gelegenheit, Möglichkeit, Veranlassung [*fugae*]; **c**) Lage, Zustand, Umstand, Beziehung [*in eum locum adduci, ut...*].

lōcusta, *ae f* (*u. -ŏ-*; < **lōkos-tā*; *eigtl.* „mit Gelenken versehen, springend"; *cf. lacerta*) Heuschrecke.

locūtiō, *ōnis f* (*loquor*) **1.** *das* Sprechen; **2.** Aussprache, Sprache; °**3.** *pl.* Redensarten.

Locūtius *s. Āius.*

lōdīcula, *ae f* (*dem. v. lōdīx*) kleine gewebte Decke.

lōdīx, *īcis f* (*wohl kelt. Lw.*; *et. ungedeutet*) gewebte (Bett-)Decke.

logēum, *ī n* (*gr. Fw.*) Archiv.

logica, *ōrum n* (*gr. Fw.*) Logik.

****logicus** 3 logisch; *subst.* ~, *ī m* Philosoph.

logium, *ī n* (*gr. Fw.*) = *logēum.*

****logotheta,** *ae m* Kanzler; Generalpostmeister.

logus *u.* **-os,** *ī m* (*gr. Fw.*) °**1.** Wort; *pl.* leere Worte, dummes Zeug; **2.** Scherzrede, Wortspiel; °**3.** *pl.* Fabeln [*Aesopii*].

lolium, *ī n* (*et. ungedeutet*) Lolch, Schwindelhafer.

lollīgō (*u. lōlīgō*), *inis f* (*et. ungedeutet*) Tintenfisch.

lollīguncula, *ae f* (*dem. v. lollīgō*) kleiner Tintenfisch.

Lollius 3 *röm. Gentilname*: *M.* ~ *Paullīnus, Freund des Horaz, 16 v. d. Germanen geschlagen*; *adi. -iānus* 3.

lōmentum, *ī n* (*lavō*) Waschmittel; [** Bad.]

Londinium, *ī n j.* London.

long-aevus 3 (*longus*; *aevum*) ganz alt; hochbetagt.

longē *adv.* (*m. comp.*, °*sup.*; *longus*) **1.** (*räuml.*) fern; von weitem; **2.** (*zeitl.*) weit, lange [~ *ante*]; **3.** (*steigernd*) bei weitem, ganz (~ *maximus*, ~ *alius*, ~ *praestare*).

longinquitās, *ātis f* (*longinquus*) **1.** °**a**) Länge; **b**) weite Entfernung; **2.** lange Dauer, Langwierigkeit.

longinquus 3 (*m. comp.*, °*sup.*, °*adv.*; *longus*; *Suffix wie in prop-inquus*) **1.** (*räuml.*) °**a**) lang, weit; **b**) weit entfernt, entlegen; **2.** / fern(stehend); fremd; **3.** (*zeitl.*) **a**) langdauernd, -wierig; **b**) fern [*tempus*].

Longīnus, *ī m cogn. in d. gens Cassia*; *s. Cassius.*

longiter *adv.* (*Lu.*) = *longē.*

longitūdō, *inis f* (*longus*) **1.** (*räuml.*) Länge; **2.** (*zeitl.*) lange Dauer.

longiusculus 3 (*dem. v. longior, comp. v. longus*) ziemlich lang.

Longobardī = *Langobardī.*

longulus 3 (*m.* °*adv.*; *dem. v. longus*) ziemlich lang, weit.

longurius, *ī m* (*longus*) lange Stange, Latte.

longus 3 (*m. comp., sup., adv.* **-ē** u. °**-iter**; *s. d.*; <*(*d*)*longhos*; *cf. nhd.* „lang") **1.** (*räuml.*) **a**) lang, ausgedehnt, groß; *navis* Kriegsschiff; °**b**) weit entfernt; °**c**) weit, weit sich erstreckend; **2.** (*zeitl.*) **a**) langdauernd, -wierig; °chronisch [*morbus*]; **b**) umständlich, weitschweifig; *-um est* es wäre zu weitläufig; **c**) (*v. der Silbe*) lang; °**d**) weitreichend [*spes*]; **3.** *subst.* **a**) **-a,** *ae f* lange Silbe; °**b**) **-um,** *ī n* lange Zeit.

lopas, *adis f* (*acc. pl. -adas; gr. Fw.*) Napfschnecke.
loquācitās, *ātis f* (*loquāx*) Geschwätzigkeit.
loquāculus 3 (*dem. v. loquāx*) etw. [geschwätzig.]
loquāx, *ācis* (*m. comp., sup., adv.; loquor*) geschwätzig, redselig.
loquēla *u.* **-quella,** *ae f* (*loquor*) Rede, Wort, Sprache.
loquentia, *ae f* (*loquor*) Zungenfertigkeit.
loquitor 1 (*intens. v. loquor*) [sprechen.]
loquor, *cūtus sum 3* (*altl. locuntur; et. ungeklärt*) **1.** (*intr.*) sprechen; deutlich zeigen; **2.** (*trans.*) **a)** sagen, (be)sprechen; **b)** immer im Munde führen; **c)** verkündigen, behaupten, rühmen, besingen; nennen, melden.
lōrārius, *ī m* (*lōrum*) Zuchtmeister der Sklaven.
lōrātus 3 (*lōrum*) mit Riemen ge-[bunden.]
lōreus 3 (*lōrum*) aus Riemen; *latera -a* durchgepeitscht.
lōrīca, *ae f* (*lōrum*) **1.** *der* (*urspr. lederne*) Panzer; **2.** Brustwehr.
lōrīcātus 3 (*lōrīcō* 1 „panzern"; *lōrīca*) gepanzert.
lōrīcula, *ae f* (*dem. v. lōrīca*) klei-[ne Brustwehr.]
lōri-pēs, *pedis m* (*lōrum*) „Riemenbein"; *attr.* humpelnd.
lōrum, *ī n* (< **vlōrom; cf. gr. pl.* eulēra „Zügel") °**1.** (lederner) Riemen; °**2.** Gürtel der Venus; °**3.** Zügel; **4.** Peitsche; °**5.** Kapsel mit Amulett = *bulla.*
lōtium, *ī n* (*lōtus, P.P.P. v. lavō*) [Urin.]
lōtos *u.* **-us,** *ī* (*gr. Fw.*) **1.** *f* **a)** Lotos (-frucht); °**b)** *die aus Lotosholz hergestellte* Flöte; °**c)** Stein- *od.* Süßklee; **2.** *m* Dattelpflaume.
lōtum = *lautum s. lavō.*
Lua, *ae f altröm.* (*etr.?*) *Göttin, der man die erbeuteten Waffen weihte.*
lubēns, lubet, lubīdo = *lib...*
Lubentīna, *ae f volkset. Umformung v. Lubitīna* (= *Libitīna*); *Beiname der Venus als Göttin der sinnlichen Lust.*
lūbricō 1 (*lūbricus*) schlüpfrig, glatt machen.
lūbricus 3 (**slūbros; cf. nhd.* „schlüpfen, schlüpfrig") °**1.** schlüpfrig, glatt; **2.** / **a)** leicht beweglich, flüchtig; **b)** unsicher, gefährlich, verführerisch; °**c)** betrügerisch.
Lūca[1], *ae f St. in Etrurien, j.* Lucca; *adi. -ēnsis,* e.
Lūca[2] **bōs,** *Lucae bovis m* (< **Lūcā[n]s*) lukanischer Ochse = Elefant.
Lūcānī, *ōrum m Bewohner der Ldsch.*
Lūcānia, *ae f in Unteritalien; adi. -n(ic)us 3; subst.* ♀**nica,** *ae f* Rauchwurst.
lūcar, *āris n* (*lūcāris,* e *altl. adi. zu lūcus*) **1.** Forststeuer (*urspr. zur Bezahlung der Schauspieler*); **2.** Schauspielergage.
lucellum, *ī n* (*dem. v. lucrum*) kleiner Gewinn.
lūceō, *xī,* — 2 (*cf. lūx; nhd.* „Licht") **1.** (*intr.*) **a)** hell sein, leuchten; **b)** klar, deutlich sein; *lucet* es ist Tag; °**2.** (*trans.*) leuchten lassen.
Lūcerēs, *um m* (*etr. Gentilname*) **1.** *die Angehörigen einer der drei ältesten Tribus in Rom (Etrusker od. Albaner, neben Ramnēs [Römer] u. Titiēs [Sabiner]);* **2.** *die Angehörigen der gleichnamigen Ritterzenturie.*
lucerna, *ae f* (*lūceō*) Öllampe, Leuchte; °/ Nachtzeit; Nachtarbeit.
lūcēscō, *lūxī,* — 3 (*incoh. v. lūceō*) zu leuchten beginnen; Tag werden.
lūcī *s. lūx.*
lūcidus 3 (*m.* °*comp.,* °*sup. adv.; lūx*) **1.** hell, leuchtend; glänzend weiß; **2.** / deutlich, klar.
lūci-fer, *era, erum* (*lūx; ferō*) °**1.** lichtbringend; **2.** ans Licht bringend; *subst.* ♀, *erī m* Luzifer, *Sohn der Aurora;* Morgenstern; °/ Tag.
lūci-fuga, *ae m* (*lūx; fugiō*) Nacht-[schwärmer.]
lūci-fugus 3 (*lūx; fugiō*) °**1.** lichtscheu; **2.** / menschenscheu.
Lūcīlius 3 *röm. Gentilname: C.* ~, *Freund des jüngeren Scipio, Satiriker (180–102).*
Lūcīna, *ae f* (*lūx*) **1.** *Geburts- u. Lichtgöttin* (Juno; Diana); °/ *das* Gebären; **2.** Hekate.
lūciscō 3 = *lūcēscō.*
Lūcius, *ī m* (*lūx*) *röm. Vorname,* [*abgek. L.*]
lucrātīvus 3 (*lucrum*) gewonnen, erübrigt; gewinnbringend.
Lucrētius 3 *röm. Gentilname:* **1.** *Sp.* ~ *Tricipitānus; seine Tochter* **Lucrētia,** *ae f, v. Sextus Tarquinius geschändet;* **2.** *T.* ~ *Cārus, Vfssr. des philos. Lehrgedichtes De rerum natura;* † *55.*
lucri-fer, *era, erum* (*lucrum; ferō*) gewinnbringend.

lucrificābilis, e (*lucrum*; *faciō*) gewinnbringend.
lucri-fuga, *ae m* (*lucrum*; *fugiō* einer, der den Gewinn flieht.
Lucrīnus, *ī m See b. Baiae, reich an Fischen u. Austern; auch adi.* [*lacus*].
lucripeta, *ae m* (*lucrum*; *petō*) *der* Gewinnsüchtige.
lucror (*u.* [*Pl.*] **-ō**) 1 (*lucrum*] gewinnen; erlangen.
lucrōsus 3 (*m. comp., sup.*; *lucrum*) gewinnbringend.
lucrum, *ī n* (<* *lu-tlom*; *cf. nhd.* „Lohn") **1.** Gewinn, Vorteil; °*in -o esse* vorteilhaft sein; *-i facere* gewinnen; **2.** / °**a**) Gewinn-, Habsucht; **b**) Reichtum.
luctāmen, *inis n* (*luctor*) Anstrengung.
luctātiō, *ōnis f* (*luctor*) *das* Ringen, (Ring-)Kampf; Wortstreit.
luctātor, *ōris m* (*luctor*) Ringer.
lūcti-fer, *era, erum* (*lūctus*; *ferō*) Traurigkeit bringend, traurig.
lūcti-ficus 3 (*lūctus*; *faciō*) unheilschwanger, verderblich.
lūcti-sonus 3 (*lūctus*; *sonō*) traurig klingend.
luctor (*altl. auch* **-ō**) 1 (**luc-tos* „sich biegend"; *cf. nhd.* „Locke") **1.** ringen, kämpfen (°*auch vom Beischlaf*); **2.** / **a**) sich abmühen; **b**) sich widersetzen.
lūctuōsus 3 (*m. comp., sup.,* °*adv.*; *lūctus*) jammervoll; schwergeprüft.
lūctus, *ūs m* (*lūgeō*) Trauer; Trauerkleid, -fall; (*Ve.*) ♀ Gott der Trauer.
lūcubrātiō, *ōnis f* (*lūcubrō*) Nachtarbeit.
lūcubrātōrius 3 (*lūcubrō*) zum Studium bei Nacht dienlich.
lūcubrō 1 (*lūcubrum* „Kerze"; *lūceō*) °**1.** (*intr.*) bei Licht arbeiten; **2.** (*trans.*) bei Licht ausarbeiten.
lūculentus 3 (*m. comp.,* °*sup.*; *adv.* **-ē** *u.* **-enter**; *lūx*) **1.** hell, glänzend; **2.** stattlich, tüchtig, ansehnlich.
Lūcullus, *ī m cogn. in d. gens Licinia: s. Licinius; adi. -cullēus, -culliānus 3.*
lūculus, *ī m* (*dem. v. lūcus*) kleiner Hain.
luc(u)mō, *ōnis m* (*etr. Fw.*) etruskischer Adliger.
lucūna = *lacūna.*
lūcus¹, *ī m* (*lūceō*; *eigtl.* „Lichtung") **1.** der einer Gottheit geweihte Hain; **2.** (*dcht.*) Wald.
lūcus², *abl. ū m* (*lūceō*) Licht.
lūcusta, *ae f* = *lōcusta.*

lūdia, *ae f* (*lūdius*) **1.** Tänzerin (*auf der Bühne*); **2.** Frau eines Fechters.
lūdibrium, *ī n* (*lūdus*) **1.** Spielball, -werk; Blendwerk; **2.** Spott, Hohn; °**3.** Schändung, Entehrung.
lūdibundus 3 (*lūdō*) °**1.** spielend, scherzend, lustig; **2.** / leicht, mühelos.
lūdicer, *cra, crum u.* **lūdicrus** 3 (*m.* °*adv.*; *lūdus*) **1.** kurzweilig; **2.** zum Schauspiel gehörig; *subst.* **-crum,** *ī n* **1.** Spiel, Scherz; °*pl.* Tändeleien; °**2.** Schauspiel.
lūdificābilis, e (*lūdus, faciō*) foppend, äffend; voller Übermut.
lūdificātiō, *ōnis f* (*lūdificō*) *das* Necken; Täuschung.
lūdificātor, *ōris m* der jd. zum besten hat.
lūdificātus, *ūs m* (*lūdificō*) Fopperei, Gespött.
lūdificō *u.* **-or** 1 (*lūdus*; *faciō*) **1.** necken, foppen, zum Narren haben; °**2.** (*nur -or*) vereiteln.
lūdī-magister, *trī m* (*auch getr.*) Schulmeister.
lūdiō, *ōnis* (*nkl.*) *u.* **lūdius,** *ī m* (*lūdus*) **1.** Komödiant, (pantomimischer) Tänzer; °**2.** (*nur -ius*) Gladiator.
lūdō, *sī, sum* 3 (< **loidō*; *cf. gr.* loidorẹō „schelte") spielen: **1.** (*intr.*) **a**) spielen; °**b**) tanzen; **c**) scherzen; °tändeln *mit* [*in alqa*]; °**d**) im Schau- *od.* Kampfspiel auftreten; **2.** (*trans.*) °**a**) spielend betreiben, spielen [*par impar*]; **b**) darstellen, durchführen; **c**) necken; °**d**) foppen; täuschen.
lūdus, *ī m* (*altl. loidos, loedos*; *cf. lūdō*) Spiel: **1.** Spiel, Kurzweil, Zeitvertreib; °Liebesspiel; **2.** öffentliches Schauspiel; **3.** Schule: **a**) *litterarum* Elementarschule; °*fidicinus* Musikschule; **b**) Gladiatorenschule, -kaserne; **4.** Spaß, Scherz, Neckerei, Gespött.
luēlla, *ae f* (*-ē-?*; *luēla?*; *luō*) Buße, Strafe.
luēs, *is f* (*luō*; *wohl urspr.* „Auflösung") °**1.** Seuche; **2.** / **a**) (*Schimpfwort*) Pest; °**b**) Unheil, Verderben.
Lugdūnum, *ī n j.* Lyon; *adi.* *-nēnsis, e.*
lūgeō, *xī, ctum* 2 (< **lougejō*; *cf. gr.* lygrọs „traurig") **1.** (*intr.*) (unter lautem Jammern) trauern; traurig sein; **2.** (*trans.*) betrauern, Trauer tragen *um.*
lūgubris, e (*m.* °*adv.*; *lūgeō*) **1.** Trauer...; trauernd; °**2.** / traurig,

unheilvoll; kläglich; *subst.* **-bria,** *ium n* Trauerkleider.
lumbifragium, *ī n* (*lumbus*; *frangō*) zerschlagene Lenden.
lumbrīcus, *ī m* (*et. ungeklärt*) Regenwurm.
lumbus, *ī m* (*cf. nhd.* „Lende") Lende; °/ Schamteile.
lūmen, *inis n* (*lūceō*) Licht: **1.** Kerze, Fackel; °**2. a)** Tag(eslicht); **b)** Leben(slicht); **3. a)** Auge(nlicht); **b)** Fenster; **4.** / **a)** leuchtendes Vorbild, Glanz(punkt), Zierde, Schmuck; **b)** Klarheit; klare Einsicht; **c)** Rettung, Heil; ** *lumina ecclesiae* Kirchenväter.
lūminar, *āris n* (*lūmen*) Fensterladen; ** Licht, Leuchte, Leuchter.
lūminōsus 3 (*lūmen*) sichtvoll, hell; / hervorstechend.
lūna, *ae f* (*wohl* < **louks-nā*; *lūceō*) **1.** Mond(schein); *plena* Voll-, *nova* Neumond; °**2.** / **a)** Monat; **b)** Nacht; °**3.** mondförmige Figur, *bsd.* halbmondförmiges Abzeichen *auf den Schuhen der patriz. Senatoren*; **4.** ♀ *Mondgöttin, später mit Diana gleichgesetzt; ihr Tempel auf dem Aventin.*
lūnāris, e (*lūna*) Mond...; °mondförmig.
lūnō 1 (*lūna*) (halb)mondförmig krümmen; (*P.P.P.*) *adi.* **lūnātus** 3 halbmond-, sichelförmig; mit einem (*elfenbeinernen*) Halbmond geziert.
lunter, luntriculus = *linter usw.*
lūnula, *ae f* (*dem. v. lūna*) halbmondförmiges Halsband.
-luō[1], *-luī, -lūtum* 3 (*nur in den Komposita v. lavō* 1; *zu lavō* 3; *s. lavō*; *cf. illūtibilis, illūtus*) = *lavō*.
luō[2], *uī, uitūrus* 3 (*eigtl.* „lösen") **1. a)** büßen, sühnen; °**b)** durch Buße abwenden; **2. a)** *poenam* (*-as*) ~ Strafe leiden; °**b)** bezahlen.
lupa, *ae f* (*lupus*) Wölfin; / öffentl. Dirne.
lupānar, *āris n* (*lupa*) Bordell; *auch als Schimpfwort.*
lupātus 3 (*lupus*) mit Wolfszähnen, *d. h.* Eisenspitzen versehen; *subst.* **lupāta,** *ōrum n u.* **-tī,** *ōrum m* „Wolfsgebiß" *eines Pferdezaumes.*
Lupercus, *ī m* (*zu lupus*; *Bildung u. genaue Bedeutung nicht geklärt*) *altröm. Hirten- u. Fruchtbarkeitsgott, Faunus gleichgesetzt; seine Priester* **-ci,** *ōrum m*; *adi.* *-cālis,* e; *subst.* **-cal,** *ālis n Grotte am Palatin*; *urspr. dem Pan geweiht; hier hatte der Sage nach die Wölfin Romulus u. Remus gesäugt*; **-cālia,** *ium n Fest des L.*
lupillus, *ī m* (*-ī-?*; *dem. v. lupīnus*) kleine Wolfsbohne, Lupine.
lupīnus 3 (*lupus*) vom Wolfe, Wolfs...; °*subst.* ~, *ī m u.* **-um,** *ī n* Wolfsbohne, Lupine; Spielmarke.
lupus, *ī m* (*et. nicht geklärt*; *vl. m. nhd.* „Wolf" *urverwandt*) **1.** Wolf; °**2.** / **a)** Seebarsch; **b)** Feuerhaken; **c)** „Wolfsgebiß" *eines Pferdezaums.*
lurcinābundus 3 (*lurcor* 1 „fressen") fressend.
lurcō, *ōnis m* (*lurcor* 1 „fressen), Schlemmer.
lūridus 3 (*et. nicht geklärt*) (blaß-) gelb, fahl, leichenblaß machend.
lūror, *ōris m* (*cf. lūridus*) Leichenblässe.
luscinia, lusciniola, *ae f,* **luscinius,** *ī m* (*et. ungedeutet*) Nachtigall.
luscītiōsus 3 (*-ī-?*; *luscus*) nachtblind.
luscus 3 (*et. nicht geklärt*) °**1.** (*beim Zielen*) ein Auge zudrückend; **2.** einäugig; **3.** halbblind.
lūsiō, *ōnis f* (*lūdō*) *das* Spielen; [Spiel.]
Lūsitānia, *ae f Ldsch. im sw. Spanien*; *adi. u. Einw.* *-nus* (3).
lūsitō 1 (*intens. v. lūdō*) spielen.
lūsor, *ōris m* (*lūdō*) Spieler; Dichter tändelnder Liebeslieder; Spötter.
lūsōrius 3 (*lūdō*) **1.** Spiel...; **2.** kurzweilig; **3.** nichtig, ungültig; *subst.* **-iae,** *ārum f* Lustjachten.
lustra, *ae f* (*Pl.*) = *lustrum*[1].
lūstrālis, e (*lūstrum*[2]) **1.** zur Sühnung gehörig; **2.** alle fünf Jahre geschehend.
lūstrātiō, *ōnis f* (*lūstrō*) °**1. a)** Sühnopfer; **b)** Musterung; **2.** *das* Durchwandern; *solis* Lauf der Sonne.
lūstricus 3 (*lūstrum*[2]) Reinigungs...; *dies* Lustral-, Namenstag (*8. od. 9. Tag nach der Geburt*).
lūstrō 1 (*Bedeutungsentwicklung unklar*; *lūstrum*[2]) **1.** erhellen; **2.** reinigen, sühnen; **3. a)** mustern; °**b)** umtanzen, -ringen; **4.** betrachten, erwägen; **5. a)** bereisen, besuchen; °**b)** / durchmachen [*pericula*].
lustror 1 (*lustrum*[1]) in Bordellen sich herumtreiben.
lustrum[1], *ī n* (*lutum*[1]) °**1.** Morast; Wildlager; **2.** Bordell, ausschweifendes Leben.

lūstrum², ī *n* (< **louks-trom*; *Bedeutungswandel unklar, Grundbedeutung anscheinend* „Beleuchtung"; *cf. lūstrō*) **1.** Reinigungs-, Sühnopfer (*durch die Zensoren am Schluß ihrer fünfjährigen Amtszeit*); °**2.** Lustrum (*Zeitraum v. fünf Jahren*); **3.** Pacht-, Finanzperiode.

lūsus, ūs *m* (*lūdō*) *das* Spielen, Spiel, Tändelei; Liebesspiel.

lūteolus 3 (*dem. v. lūteus²*) gelblich.

Lūtētia (*Parīsiōrum*), *ae f j.* Paris; *cf. Parīsiī.*

luteus¹ 3 (*lutum¹*) °**1. a)** schlammig, lehmig; **b)** aus Ton; °**2.** voll Kot, schmutzig; **3.** / nichtswürdig.

lūteus² 3 (*lūtum²*) (gold)gelb; rosenfarbig.

lutitō 1 (*intens. v. lutō*) besudeln.

lutō 1 (*lutum¹*) (*m. Salben*) beschmieren.

lutōsus 3 (*lutum¹*) kotig, lehmig.

lutulentus 3 (*lutum¹*) kotig, schmutzig; °mit Salben beschmiert; / unrein, häßlich.

lutum¹, ī *n* (*cf. pol-luō*) **1.** Kot, Schlamm; *auch Schimpfwort*; **2.** Lehm, Ton.

lūtum², ī *n* (*vl. m. lūridus verwandt*) Gelbkraut, Wau; gelbe Farbe.

lūx, *lūcis f* (*lūceō*) **1.** Licht; Glanz, Helligkeit, Feuer; **2. a)** Tag(eslicht); *luci od. luce* am (hellen) Tage; *prima luce* bei Tagesanbruch; °**b)** Licht *der Sterne*; **3.** Leben(slicht); (*Kosewort*) *mea lux* mein Leben!; °**4.** Augenlicht; **5.** / **a)** Deutlichkeit; **b)** (Licht der) Öffentlichkeit; **c)** Hilfe, Rettung; **d)** Glanz(punkt).

luxō 1 (*luxus¹*) verrenken.

luxor 1 (*-ū-?*; *luxus¹*) schwelgen.

luxuria, *ae u.* **-riēs**, *ēī f* (*lūx-?*; *luxus¹*) üppiges Wachstum; / Schwelgerei, Zügellosigkeit.

luxuriō *u.* **-or** 1 (*lūx-?*; *luxus¹*) **1.** üppig wachsen, üppig sein; **2.** / °**a)** strotzen; °**b)** (*v. Tieren*) mutwillig umherspringen; **c)** ausgelassen sein, ausschweifen.

luxuriōsus 3 (*lūx-?*; *m. comp.*, °*sup.*, *adv.*; *luxuria*) **1.** üppig wachsend, geil; **2.** / °**a)** ausgelassen; **b)** üppig, ausschweifend, wollüstig.

luxus¹, ūs *m* (*lūx-?*; *luxus²*; *eigtl.* „*das* Ausgerenktsein") °**1.** üppige Fruchtbarkeit; **2.** / °**a)** Geilheit, Liederlichkeit; **b)** Üppigkeit; Schlemmerei, Prunk.

luxus² 3 (< **lug-sos*; *luctor*) verrenkt.

Lyaeus, ī *m* (*gr.* -a̯ios) *der* Sorgenbrecher (*Beiname des Bacchus*); °/ Wein.

Lycambēs, *ae m* (*gr.* -k-) *Thebaner, v. Archilochos durch seine Spottverse in den Tod getrieben*; *adi.* -ēus 3.

Lycēum, ī *n* (*gr.* Lykeion) **1.** *Gymnasium in Athen, dem Apollo heilig, Lehrstätte des Aristoteles*; **2.** *das obere Gymnasium im Tusculanum Ciceros.*

lychnobius, ī *m* (*gr. Fw.*) Nachtschwärmer.

lychnūchus, ī *m* (*gr. Fw.*) Leuchter, Lichthalter, Kandelaber.

lychnus, ī *m* (*gr. Fw.*) Leuchte, Lampe.

Lycia, *ae f* (*gr.* -ki̯ā) *Ldsch. im sw. Kleinasien*; *adi. u. Einw.* -ius (3).

Lycīum = *Lycēum.*

Lycūrgus, ī *m* (*gr.* -ku̯rgos) *ber. Gesetzgeber Spartas.*

Lȳdī, *ōrum m* **1.** *Bewohner der Ldsch.* **Lȳdia**, *ae f* (*gr.* -di̯ā) *in Kleinasien*; **2.** = Etrusker (*angeblich aus Lydien eingewandert*); *adi.* -d(i)us 3 lydisch; (*dcht.*) etruskisch.

lygdos, ī *f* (*gr. Lw.*) weißer parischer Marmor.

lympha, *ae f* (*gr. Lw.* „Nymphe") klares Wasser, Naß; ♀ Quellnymphe; ** *sacra* Taufwasser.

lymphāt(ic)us 3 (*Lehnübersetzung eines gr. Fw.*; *cf. lympha*) wahnsinnig, außer sich.

Lyncēus, *eī m* (*gr.* -ēus) *Argonaut, ber. durch sein scharfes Auge*; *adi.* -ēus 3: *auch* luchsäugig, scharf sehend; *subst.* **-cīdēs**, *ae m* = Perseus.

lynx, *cis m f* (*acc. pl. -as*; *gr. Fw.*) [Luchs.]

lyra, *ae f* (*gr. Fw.*) **1.** Lyra, Laute; °**2.** / lyrische Poesie, Lied; °**3.** ♀ *Sternbild* Leier.

lyricus 3 (*gr. Fw.*) lyrisch; *subst.* **~**, ī *m* lyrischer Dichter; **-a**, *ōrum n* Oden.

lyristēs, *ae m* (*gr. Fw.*) Lautenspieler.

Lȳsander, *drī m* (*gr.* Lȳsandros) *spartan. Feldherr, eroberte 404 Athen.*

Lȳsiās, *ae m* (*gr.* -si̯ās) *athen. Redner z. Z. des Sokrates.*

Lȳsimachus, ī *m* (*gr.* -os) *Feldherr Alexanders d. Gr.*

Lȳsippus, ī *m* (*gr.* Lȳsippos) *ber. Erzgießer um 330.*

M

M. (*Abk.*) = *Mārcus*; *in Ciceros Tuskulanen* = *magister*; (*als Zahlzeichen*) = 1000; **M'.** = *Mānius.*
maccis, *idis f erfundener Gewürzname.*
Macedones, *um m* (*gr.* -kedọnes; *sg.* -*dō, onis, auch attr.*) *die Bewohner v.* **Macedonia,** *ae f* (*gr.* -kedonịā); *adi.* -*ni(c)us* 3, *niēnsis, e.*
macellārius, *ī m* (*macellum*) Fleischwarenhändler.
macellum, *ī n u.* °**-us,** *ī m* (*gr. Fw., aus dem Semitischen stammend*) Fleischmarkt.
maceō, — — 2 (*macer*) mager sein.
macer, *cra, crum* (*m.* °*comp.*, °*sup.*; *gr. Fw.*; *eigtl.* „lang im Verhältnis zur Dicke"; *cf. nhd.* „mager") mager; °/ dünn; abgehärmt; ♀ *röm. cogn.*: **1.** *C. Licinius* ~ *Historiker um 70*; **2.** *Aemilius* ~, *Freund Vergils u. Ovids.*
****maceratio,** *onis f das* Mürbemachen; / Kasteiung, Qual.
macēra = *machaera.*
māceria, *ae f* (*wohl eigtl.* „aus Lehm geknetete Mauer") Zaun, Mauer, Lehmwand.
mācerō 1 (*māceria*) einweichen, mürbe machen; / entkräften, schwächen, quälen, verzehren; *mediopass.* sich abhärmen.
macēscō, — — 3 (*incoh. v. maceō*) mager werden, abmagern.
machaera, *ae f* (*gr. Fw., wahrsch. sem. Herkunft*) Schwert, Waidmesser; °/ (*scherzh.*) = *mentula.*
machaerophorus, *ī m* (*gr. Fw.*) Schwertträger, Leibwächter.
Machāōn, *onis m Sohn Äskulaps, Arzt der Griechen vor Troja*; *pl.* Ärzte; *adi.* -*onius* 3.
māchina, *ae f* (*dor. Fw.*) **1.** Maschine, Werkzeug (Winde, Walze, Gerüst, Belagerungsmaschine); °**2.** Schaugerüst (*beim Sklavenverkauf*); **3.** Kunstgriff, List.
māchināmentum, *ī n* (*māchina*) Maschine, Werkzeug.
māchinātiō, *ōnis f* (*māchinor*) Mechanismus, mechanisches Getriebe, Maschine; / Kunstgriff.
māchinātor, *ōris m* (*māchinor*) °**1.** Maschinenbauer; **2.** / Anstifter, Urheber.
māchinātrix, *īcis f* (*māchinātor*) Anstifterin.
māchinor 1 (*māchina*) ersinnen, im Schilde führen, bewerkstelligen; °*part. pf. auch pass.*
māchinōsus 3 (*māchina*) künstlich zusammengefügt [*navigium*].
maciēs, *ēī f* (*macer*) Magerkeit.
macilentus 3 (*maceō*) abgemagert.
macrēscō, *cruī,* — 3 (*incoh. v. macer*) abmagern.
macritūdō, *inis f* (*macer*) Magerkeit.
macrocollum, *ī n* (*gr. Fw.*) Großfoliopapier.
mactābilis, *e* (*mactō*) tödlich.
mactātor, *ōris m* (*mactō*) Schlächter, Mörder.
mactātus, *abl. ū m* [*mactō*) *das* Opfern, Schlachten.
mactō 1 (*mactus*) **1.** verherrlichen, beschenken; **2. a)** (*eine Gottheit*) durch ein Opfer versöhnen; °**b)** ein Opfertier schlachten, opfern; / °**c)** als Opfer weihen [alqm Orco]; **d)** schlachten, töten; **3.** / zugrunde richten; heimsuchen, bestrafen.
mactus 3 (**magō* 3 „mehre") **1.** (*fast nur — meist erstarrter — voc.* **-e** verherrlicht; *macte virtute!* Heil deinem Heldenmut!; °**2.** = *mactātus* getroffen wie ein Opfertier.
macula, *ae f* (*et. ungedeutet*) **1.** Flecken, Punkt, Mal; **2.** / **a)** Schandfleck; °**b)** Fehler (*i. d. Darstellung*); **3.** Lücke; Masche (*eines Netzes*).
maculō 1 (*macula*) °**1.** beflecken; **2.** / entehren.
maculōsus 3 (*macula*) °**1.** gefleckt; **2.** befleckt, besudelt; / entehrt.
made-faciō, *fēcī, factum* 3; *P.* -*fīō factus sum, fierī u. fīerī* (*madeō*) naß machen, befeuchten; °/ (be-)trunken machen.
madefactō 1 (*intens. v. madefaciō*) befeuchten.
madeō, *uī,* — 2 (< **madejō, eigtl.* „zerfließen"; *cf. gr.* madạō) **1. a)** naß sein, triefen; °**b)** / gar, weich sein; trunken sein; °**2.** / überströmen, übervoll sein.
madēscō, *duī,* — 3 (*incoh. v. madeō*) naß werden.
madidus 3 (*m.* °*adv.*; *madeō*) **1. a)** naß, feucht, triefend; / °**b)** gar, mürbe; *vino* (be-)trunken; °**2.** / voll, erfüllt *von.*

mador, *ōris m* (*madeō*) Nässe.
madulsa, *ae f* (*madeō*) Rausch (*od.* Trunkenbold?)
Maeander *u.* **-dros,** *ī m* (*gr.* Maiandros) *Fl. b. Milet mit vielen Krümmungen*; / Windung; °verschlungene Borte; *pl.* Umschweife (*in der Rede*); *adi. -drius* 3.
Maecēnās, *ātis m*: *C. Cilnius* ~, *Freund des Augustus, Gönner des Vergil u. Horaz* (*70–8*); / Gönner; *adi. -nātiānus* 3.
maena, *ae f* (*gr. Fw.*) Sardelle (*kleiner Fisch*); °*auch Schimpfwort.*
maenas, *adis f* (*gr.* mainas „rasend") Bacchantin; / Seherin; Priesterin der Kybele *od.* des Priapus.
maeniānum, *ī u.* (*kl.*) **-a,** *ōrum* Vorbau, Erker, Söller (*nach C. Maenius genannt, der solche Vorbauten zuerst anbringen ließ*).
Maenius 3 *röm. Gentilname*: *C.* ~, *Konsul 338, Sieger über Antium.*
Maeones, *um m* (*gr.* Mai-) *Volk in Lydien*; *adi. -nius* 3 lydisch, phrygisch [*vates* Homer]; etruskisch; *subst.* **-nia,** *ae f* Lydien, Etrurien; **-nidēs,** *ae m* = Homer; **-nis,** *idis f* = Arachne, Omphale; — *cf. Lȳdī.*
maereō, *uī,* — 2 (*cf. maestus, miser*) **1.** (*intr.*) trauern, traurig sein; **2.** (*trans.*) betrauern; traurig ausrufen.
maeror, *ōris m* (*maereō*) Trauer, Betrübnis.
maestitia, *ae f* (*maestus*) Traurigkeit, Wehmut.
maestitūdō, *inis f* (*Com.*; *nkl.*) = *maestitia.*
maestus 3 (*m.* °*comp.*, °*sup.*, °*adv.* **-ē** *u.* **-iter**; *cf. maereō*) **1.** traurig, wehmütig; °**2.** trauerkündend; Trauer...; betrübend.
māgālia, *ium n i. d. Bedeutung, aber nicht et.* = *mapālia.*
mage (*vkl., dcht.*) = *magis.*
Magetobriga *s. Admagetobriga.*
magicus 3 (*gr. Fw.*) magisch, Zauber...
magis *adv.* (*magnus*; *cf. magister*) **1.** mehr, in höherem Grade; **2.** (*bei adi. u. adv. zur Umschreibung des comp.*) [~ *arduus*]; **3.** *non magis quam* ebensosehr wie; nicht sowohl ... als vielmehr; *eo magis* um so mehr; *magis magisque* immer mehr; **4.** eher, lieber.
magister, *trī m* (< **mag-is-teros*; *doppelter comp. wie minister*) **1.** Vorsteher, Aufseher, Meister; *equitum* Reiteroberst; *sacrorum* Oberpriester; *populi* Diktator; *cenandi od.* °*convivii* Symposiarch, Präside; **2.** Lehrer; Lehrmeister [*ludi, religionis*]; **3.** Führer, Berater, Ratgeber; **4.** Konkursverwalter; ** *akademischer Grad*; *mensae* Truchseß; *sapientum* = Aristoteles; *primi magistri* Elementarlehrer.
magisterium, *ī n* (*magister*) **1.** Amt eines Vorstehers; °Erzieheramt; Lehramt; °**2.** Unterricht, Lehre; ** Magisterwürde.
magistra, *ae f* (*magister*) **1.** Leiterin, Vorsteherin; **2.** / Lehrmeisterin.
magistrātus, *ūs m* (*magister*) **1.** obrigkeitliche Würde, (öffentliches) Amt; **2.** Beamter; (*meist pl.*) Behörde, Obrigkeit; *magistratus et imperia* Zivil- und Militärämter, Beamten- und Offiziersstellen.
magmentārius 3 (*magmentum* „Fleischstücke als Zusatz zu den geopferten Eingeweiden"; **magō* 3 „mehre") als Opferbeigabe geweiht.
magnanimitās, *ātis f* (*māgn-?*; *magnanimus*) Hochherzigkeit.
magn-animus 3 (*māgn-?*; *magnus*) hochherzig, mutig.
****magnas,** *atis m* Vornehmster.
Magnēs, *ētis* von Magnesia; magnetisch [*lapis*]; *subst. m* (*pl. -nētes, um*) *Einw. v.* **Magnēsia,** *ae f* (*gr. -iā*) *Ldsch. in Thessalien*; *adi. -nēsius* 3.
magni-dicus 3 (*-ā-?*; *magnus, dīcō*) prahlend.
magnificentia, *ae f* (*māgn-?*; *magnificus*) **1.** Großartigkeit, Pracht; **2.** Erhabenheit; Hochherzigkeit; **3.** Prahlerei; *bsd.* (*rhet. t.t.*) Pathos; ** *Titel*: Magnifizenz.
magnificō 1 (*-ā-?*; *magnificus*) hochschätzen.
magni-ficus 3 (*-ā-?*; *comp. -ficentior*; *sup. -ficentissimus*; *adv.* **-ē**; *magnus, faciō*) **1.** großartig, prachtvoll; °prachtliebend; **2.** hochherzig, erhaben; °**3.** prahlerisch, hochtrabend; pathetisch.
magniloquentia, *ae f* (*māgn-?*; *magniloquus*) **1.** erhabene, pathetische Sprache; °**2.** Prahlerei.
magni-loquus 3 (*-ā-?*; *magnus, loquor*) erhaben, pathetisch; prahlerisch.

magnitūdō, *inis f (-ā-?; magnus)* **1.** Größe; hoher Grad; Stärke; **2.** / **a)** Bedeutung, Wichtigkeit; °**b)** Würde, Ansehen, Macht; ** *vestra* Ew. Herrlichkeit.
magnopere *(sup.* °**maximopere)** *adv. (auch getr.: magno opere, maximō opere; -ā-?)* **1.** in hohem Grade, sehr, überaus; **2.** angelegentlich; **3.** *non* ~ nicht erheblich.
magnus 3 *(comp.* **māior,** *us; sup.* **maximus** *[altl. -umus])* 3 *(pos. -ā-?; mag-nus; cf. mag-is; comp. māior, d. i.* majjor < **mag-ior; sup. -ā-?;* < **mag-simus)* groß: **1.** *(räuml.)* umfangreich, weit, hoch, lang, stattlich; **2.** *(quantitativ)* beträchtlich, zahlreich, viel, volkreich; hoch, teuer [*magni aestimare, magno vendere*]; *maior pars* Mehrzahl; **3.** *(zeitl.)* °**a)** lang; *kl. nur annus das* große Weltjahr *(s. annus)*; **b)** alt, bejahrt; °*magno natu* hochbetagt; *maximus natu der* älteste, *maior filius der* ältere Sohn); / **4.** stark, kräftig, heftig, gewaltig; laut [*vox*]; **5.** ansehnlich, bedeutend, wichtig; *casus* reiner Zufall; **6.** *(v. Personen)* **a)** groß, hochstehend, angesehen, erhaben, ehrwürdig; ≈ *(als cogn.)* Pompeius Magnus; **b)** hochherzig; °**c)** hochfahrend, stolz, vermessen, prahlerisch; **d)** übertrieben, übermäßig; *subst.* **māiōrēs,** *um m* °*α) die* Alten, ältere Leute; *β)* Vorfahren, Ahnen; °*γ)* Senatoren; ** *maior domus* Hausmeier.
Māgō, *ōnis m Bruder Hannibals.*
magūdaris *u.* **magȳdaris,** *is f (gr. Fw., wahrsch. sem. Herkunft) wohl* Same *od.* Stengel von *lāserpīcium.*
magus, *ī m (gr. Fw., iranischer Herkunft)* Magier, persischer Priester; °/Zauberer; *adi.* zauberisch; ** *pl. die* Heiligen Drei Könige.
Māia, *ae f (d. i. Majja; wohl urspr.* „große Göttin" *od.* „Erde"; *cf. mag-nus, Māius; später der gr.* Maĩa *gleichgesetzt) Mutter Merkurs.*
māiālis, *is m (d. i. majjālis; wohl zu Māia als Erdgöttin)* °**1.** kastrierter Eber; **2.** / *Schimpfwort.*
māiestās, *ātis f (māius; s. māior)* **1.** Größe, Erhabenheit, Würde, Ansehen, Ehrwürdigkeit; **2.** Hoheit [*populi*]; Hegemonie [*imperii*]; **3.** Hoheits-, Majestätsverletzung [*crimen maiestatis*]; Hochverrat; °**4.** *(Titel des Kaisers)* Hoheit, Majestät.
māior, māiōrēs *s. magnus.*
Māius 3 *(d. i. Majjus; nach einem alten röm. Gott Māius „der* Wachstum Bringende" *od. „der* Große" *benannt; cf. mag-nus, Māia)* Mai... [*Idus, mensis*]; *subst.* ~, *ī m der* Mai.
māiusculus 3 *(dem. v. māius; s. māior)* **1.** *etw.* groß; °**2.** *etw.* größer; *etw.* älter.
māla, *ae f (et. nicht sicher gedeutet; cf. maxilla)* Kinnbacken, Rachen; / Wange, Backe.
mālabathron = *mālo...*
malacia, *ae f (gr. Fw.)* Windstille.
malacissō 1 *(gr. Fw.)* geschmeidig machen.
malacus 3 *(gr. Fw.)* weich; gelenkig; / üppig.
malaxō 1 *(gr. Fw.)* geschmeidig machen.
****maldrum,** *i n* Malter *(Getreidemaß).*
male *(comp.* **pēius;** *sup.* **pessimē,** *altl. pessumē) (adv. v. malus*[1]*)* schlecht: **1.** böse, übel, schlimm, arg; **2.** unglücklich, ungünstig; °**3. a)** zur unrechten Zeit, **b)** vergeblich; **4.** / *(vom Maße)* nicht gehörig: °**a)** zu viel, zu sehr, allzu; *emere* zu teuer kaufen; **b)** zu wenig, nicht recht, nicht sonderlich; *vendere* zu billig verkaufen.
Malea, Malēa, *ae u. pl.* **-ae,** *ārum f (gr.* Maleã, Malẽa, Maleai) *Vorgeb. in Lakonien.*
male-dicāx, *ācis* schmähsüchtig.
maledīcēns, *entis (maledīcō)* lästernd, schmähend; *comp., sup. s. maledicus.*
mal(e)-dīcō, *dīxī, dictum* 3 lästern, schmähen [*alci*].
maledictiō, *ōnis f (maledīcō)* Schmähung.
maledictum, *ī n (maledīcō)* Schmähung; ** Fluch, Verwünschung.
maledicus 3 (°*comp. -dīcentior; sup. -dīcentissimus [s. maledīcēns]; adv. -dicē; male, dīcō; cf. causi-dicus)* lästernd, schmähend, schmähsüchtig.
male-faciō, *fēcī, factum* 3 Böses zufügen; *kl. nur (P.P.P.) subst.* **malefactum,** *ī n* Übeltat.
malefactor, *ōris m (malefaciō)* Übeltäter.
maleficium, *ī n (malefaciō)* **1.** Übeltat, Frevel, Verbrechen; Schaden; **2.** Feindseligkeit; °**3. a)** Betrug; **b)** *pl.* Zaubermittel, Zauberei.

maleficus 3 (°*comp.* -*entior*, °*sup.* -*entissimus*; °*adv.* -*ficē*; *male*; *faciō*) **1.** übel handelnd, boshaft, gottlos; °**2.** mißgünstig; °**3.** *subst.* **-a,** *ōrum n* Zaubermittel; ** ~, *ī m* Zauberer. [ratend, verführerisch.)

male-suādus 3 (*suādeō*) übel)

Maleventum, *ī n alter Name für* Beneventum.

male-volēns, *tis* (*volō*) neidisch, mißgünstig; *sup. s. malevolus.*

malevolentia, *ae f* (*malevolēns*) Mißgunst, Schadenfreude.

male-volus 3 (*sup.* -*entissimus* [*s. malevolēns*]; *volō*) übelwollend, mißgünstig. [Äpfel tragend.)

māli-fer, *era, erum* (*mālum*^{1}; *ferō*))

malific... = *malefic...*

malīgnitās, *ātis f* (*malī-?*; *malīgnus*) **1.** Mißgunst, Bosheit; **2.** Knauserei.

malīgnus 3 (-*ī*-?; *m. comp., sup., adv.*; *malus*; *gignō*) **1.** mißgünstig, boshaft; **2.** kalt, spröde; **3.** knauserig, karg; schwach; unfruchtbar; ***spiritus* Teufel.

malitia, *ae f* (*malus*) Bosheit, Hinterlist, Schikane.

malitiōsus 3 (*m.* °*sup., adv.*; *malitia*) boshaft, hinterlistig.

malivol... = *malevol...* [Pocher.)

malleātor, *ōris m* (*malleus*) Häuer,)

malleolus, *ī m* (*dem. v. malleus*) / **1.** Setzling; **2.** Brandpfeil.

malleus, *ī m* (*et. unklar*) Hammer.

mālō, *māluī, mālle* (< **magis-volō*) lieber wollen, vorziehen; lieber gönnen; *meist mit inf. od. a.c.i.*

mālobathron *u.* **-um,** *ī n* (*gr. Fw.*) Salböl.

mālum^1**,** *ī n* (*dor. Fw., aus einer Mittelmeerspr. stammend*) **1.** Apfel; °**2.** (*aureum*) Quitte; (*felix*) Zitrone.

malum^2**,** *ī n* (*malus*^{1}) Übel: **1.** Fehler, Gebrechen; **2.** Unglück, Unheil; °**3. a**) Übeltat, Laster; **b**) Pfiffigkeit; *int.* zum Henker!

malus^1 3; *comp.* **pēior,** *us*; *sup.* **pessimus** 3 (*pos.* < **smalos*; *cf. nhd.* „schmal"; *comp. pēior, d. i. pejjor,* < **ped-jos*; *sup.* < **ped-simos*; *cf. pessum*) s c h l e c h t: **1.** (*moralisch*) böse, übelgesinnt, unrecht, unsittlich, schlimm; unzuverlässig; **2.** (*politisch*) schlecht gesinnt; *cives mali* (*je nach Standpunkt*) Volks- *od.* Adelspartei; *subst.* **malī,** *ōrum m* Demagogen; **3.** häßlich; **4.** untüchtig, nichtsnutzig; **5.** schädlich, verderblich, nachteilig, gefährlich; **6.** elend, unglücklich, traurig, übel; -*a res* °Züchtigung, °Strafe; üble Lage, Unglück.

mālus^2**,** *ī m* (*cf. nhd.* „Mast") **1.** Mast(baum); **2.** / °**a**) Mast (*für die Sonnensegel in Zirkus u. Theater*); **b**) Eckbalken.

mālus^3**,** *ī f* (*mālum*^{2}) Apfelbaum.

malva, *ae f* (*Lw. aus einer Mittelmeerspr.*) Malve. [cus.)

Mām. *Abk. des röm. Vorn. Māmer-*)

Māmercus, *ī m* (*cf. Mārs*) **1.** *röm. Vorname*; **2.** *cogn. i. d. gens Aemilia*; **3.** *ital. Bandenführer.*

Māmertīnī, *ōrum m* (*osk.* Māmers) „Marssöhne" (*osk. Söldner; sie eroberten 282 Messana*).

mamilla, *ae f* (*dem. v. mamma*) Brustwarze, Brust; Zitze; *auch Kosewort.* [tuch.)

mamillare, *is n* (*mamilla*) Busen-)

mamma, *ae f* (*Lallwort*) **1.** Busen, Brust; Euter, Zitze; °**2.** (*in d. Kindersprache*) Mama. [brüstig.)

mammeātus 3 (*mamma*) voll-)

mammicula, *ae f* (*dem. v. mamma*) (niedliches) Brüstchen.

mammium, *ī n* (*wohl gr. Lw.*) Mütterchen; (Brüstchen?). [Geld.)

****mammona,** *ae f* Reichtum,)

mammōsus 3 (*mamma*) vollbusig.

Māmurra, *ae m* (*im Vers auch Mă-*) *reicher röm. Ritter aus Formiä.*

mānābilis, *e* (*mānō*) fließend, einströmend.

manceps, *cipis u. cupis m* (*manus*; *capiō*) **1.** Aufkäufer von Staatsgütern; **2.** Steuerpächter; **3.** Unternehmer; °**4.** Bürge.

mancipium, *ī n* (*manceps*) **1.** Eigentumserwerb (*durch Handanlegung in Gegenwart v. fünf Zeugen*); *ius -i* Eigentum(srecht); *lex -i* Kaufkontrakt; **2.** Kaufsklave, -sklavin.

mancipō 1 (*manceps*) zu eigen geben, verkaufen; / hingeben.

mancup... = *mancip...*

mancus 3 (*eigtl.* „mit einem Fehler der Hand behaftet"; *manus*) gebrechlich, verstümmelt; / unvollständig, mangelhaft, schwach.

mandātor, *ōris m* (*mandō*) Auftraggeber; Anstifter. [trage.)

mandātū *abl. m* (*mandō*^{1}) im Auf-)

mandātum, *ī n* (*mandō*^{1}) **1.** Auftrag, Befehl; Vertrag; °**2.** kaiserlicher Befehl, Mandat.

mandō[1] 1 (*vl. manus* + √‾ *dhē- „in die Hand legen"*) **1.** anvertrauen, überlassen, überliefern [*se fugae, rem litteris*]; *memoriae* auswendig lernen; °der Nachwelt überliefern; **2.** auftragen, befehlen; *meist m. coni., ut, ne, selten m. inf.*

mandō[2], *mandī, mānsum* 3 (√‾ *menth-„kauen"; cf. mandūcus*) **1.** kauen, beißen; °**2.** essen, verzehren.

mandra, *ae f (gr. Fw.)* **1.** Saumtierzug; **2.** (*im Brettspiel*) geschlossene Reihe der niederen Figuren.

Mandūbiī, *ōrum m kelt. Volk w. v. Dijon; cf.* Alesia.

mandūcō 1 (*mandūcus*) kauen; essen.

mandūcus, *ī m* (*mandō*[2]) Vielfraß (*komische Figur in der Komödie*).

māne (**mānis u. altl. mānus „gut"; cf. mānēs; mānī loc.*) **1.** *adv.* am Morgen, früh(morgens) [*cras mane*]; *bene mane* sehr früh; **2.** *subst. indecl. n der* Morgen; *multo mane* sehr früh [*a mani* (-e); *usque a mane ad vesperum*].

maneō, *mānsī, mānsum* 2 (√‾ **men- „bleiben, warten"*) **1.** (*intr.*) **a)** bleiben, übernachten, **b)** noch vorhanden sein, fortbestehen, (an-)dauern, anhalten; festbleiben, verharren [*in fide*]; **c)** sicher beschieden sein [*fatum*]; **2.** (*trans.*) **a)** erwarten, warten *auf*; **b)** unausbleiblich bevorstehen [°*omnes una manet nox*]; ** = esse; wohnen.

mānēs, *ium m (altl. mānus „gut")* **1. a)** *die* Manen, *die göttlich verehrten* Seelen der Verstorbenen; °**b)** Seele eines Verstorbenen; °**2. a)** Unterwelt; **b)** Genius, Dämon; **c)** Leichnam.

mangō, *ōnis m (wohl gr. Lw.)* betrügerischer Verkäufer; Sklavenhändler.

mangōnicus 3 (*mangō*) eines betrügerischen Händlers [*quaestus*].

mānī *s. māne.*

manibiae = *manubiae.*

manica, *ae f (manus)* **1.** (langer) Ärmel (*an der Tunica*); °**2.** Handfessel; ** Handschuh.

manicātus 3 (*manica*) mit langen Ärmeln.

manicula, *ae f (dem. v. manus)* Händchen.

manifestārius 3 (*-ē-?; manifestus*) **1.** handgreiflich, augenscheinlich; **2.** auf frischer Tat ertappt.

****manifestatio,** *onis f* Offenbarung.

manifestō 1 (*-ē-?; manifestus*) offenbaren, deutlich zeigen.

manifestus 3 (*-ē-?; m. °comp., °sup.; adv.* °**-ē** *u.* **-ō**; *et. nicht sicher gedeutet; cf. īnfestus*) handgreiflich: °**1.** ertappt, überführt, sichtbar verratend [*sceleris*]; **2.** deutlich, offenbar.

Mānīlius 3 *röm. Gentilname*: **1.** *M'.* ~, *Jurist um 150; -liānae leges* Kaufformulare; **2.** *C.* ~, *Volkstribun 66 (durch lex Manilia erhielt Pompejus den Oberbefehl gegen Mithridates).*

manipretium = *manupretium.*

manipulāris, e (*im Vers -pl-*) *u.* °**-lārius** 3 (*manipulus*) zu einem Manipel gehörig; ~, *is u. ī m* gemeiner Soldat.

manipulātim *adv.* (*im Vers -pl-; manipulus*) manipelweise; / haufenweise.

manipulus, *ī m (im Vers -pl-; manus; pleō; eigtl.* „eine Hand füllend") °**1.** Bund, Bündel; **2.** Manipel (*dritter Teil einer Kohorte*).

Mānius, *iī m röm. Vorname; abgekürzt M'.*

Manlius 3 (*-ā-?*) *röm. Gentilname*: **1.** *M.* ~ *Capitōlinus, Retter des Kapitols (387)*; **2., 3.** *L.* (*Diktator 363*) *u. sein Sohn T.* ~ *erhielten wegen ihrer Strenge den Beinamen Imperiōsus; adi. -liānus 3; subst.* **-liānum,** *ī n Landgut Ciceros.*

mannulus, *ī m (dem. v. mannus*[1]) niedliches Pony.

mannus[1], *ī m (wohl venetisches Lw., aus dem Illyrischen stammend)* gallisches Pony.

Mannus[2], *ī m (germ. Lw.) der erste Mensch (nach germ. Sage).*

mānō 1 (*et. nicht sicher gedeutet*) **1.** (*intr.*) **a)** fließen, strömen, triefen [°*culter sanguine*]; / **b)** entspringen, herrühren; **c)** sich verbreiten, weiter um sich greifen; °**d)** entrinnen = vergessen werden; °**2.** (*trans.*) entströmen lassen, vergießen [*lacrimas*].

mānsiō, *ōnis f (maneō)* **1.** Aufenthalt; °**2.** Herberge, Nachtlager; Tagereise; ** Wohnung; *-ionem facere* haltmachen.

mānsitō 1 (*intens. v. maneō*) sich aufhalten, wohnen.
mānstrūca = *mastrūca.*
mānsuēfaciō, *fēcī, factum* 3; P. *-fiō, factus sum, fierī u. fīeri* (*mānsuēs*) **1.** zähmen; **2.** / °**a**) besänftigen; **b**) bilden.
mānsuēs, *ētis* (*manus, suēscō*) an die Hand gewöhnt, zahm.
mānsuēscō, *suēvī, suētum* 3 (*nach cōnsuēscō rückgebildet aus mansuētus*) **1.** (*intr.*) zahm werden, sanfter werden; **2.** (*trans.*) zähmen.
mānsuētūdō, *inis f* (*mānsuētus*) °**1.** Zahmheit; **2.** / Sanftmut, Milde; Zivilisation.
mānsuētus 3 (*m. comp., sup., adv.*; *manus; suētus*) °**1.** zahm; **2.** / sanft, milde, gelassen, harmlos.
mantēle, *is u.* **-tēlium,** *ī n* (*manus; tergō*) Handtuch, Serviette; Tischtuch.
mantellum, *ī n* (*wohl kelt. Lw.*) [Hülle, Decke.]
mantica, *ae f* (*wohl kelt. Lw.*) [Ranzen.]
mantīle = *mantēle.*
Mantinēa, *ae f* (*gr. -tịneia*) *St. in Arkadien* (*Schlacht 362*).
mantiscinor 1 (*Scherzbildung; Bedeutung u. Et. unsicher*) tüchtig draufgehen lassen *od.* prophezeien (?).
mantō[1] 1 (*frequ. v. maneō* [*Supinum* **mantum*]) **1.** (*intr.*) verharren; **2.** (*trans.*) harren *auf.*
Mantō[2], *us f* (*gr. -tọ̄*) **1.** *Seherin, Tochter des Tiresias;* **2.** *weissagende Nymphe, durch den Flußgott Tiberinus Mutter des Ocnus; s. d.*
Mantua, *ae f St. am Mincio, v. Etruskern gegründet, später im Bereich der keltischen Cenomanen; Heimat Vergils.*
manuālis, e (*manus*) Hand...; *subst.* **-e,** *is n* Bücherfutteral, ** Handbuch, Handtuch.
manubiae, *ārum f* (*vl.* < **manuhabiae; manus, habeō*) **1. a**) Kriegsbeute; **b**) Beutegelder; **2.** / Raub, unrechtmäßiger Erwerb; °**3.** *sg.* **-a,** *ae f* (*relig. t.t.*) Blitz- u. Donnerschlag.
manubiālis, e (*manubiae*) Beute...
manubiārius 3 (*manubiae*) Beute..., Beute bringend.
manubrium, *ī n* (*manus*) Henkel, [Griff; °/ Heft.]
manufest... = *manifest...*
manuleārius, *ī m* (*manuleus, ī m* „der die Hand bedeckende Tunikaärmel"; *manus*) Ärmelmacher.
manuleātus 3 (*manuleus*) mit langen Ärmeln.
manūmissiō, *ōnis f* (*manūmittō*) **1.** Freilassung *eines Sklaven;* °**2.** / Erlaß der Strafe, Verzeihung.
manūmittō, *mīsī, missum* 3 (*einen Sklaven*) freilassen.
manu-pretium, *ī n* (*manū-?; manus*) Arbeitslohn; / Lohn.
manus, *ūs f* (*dat. dcht. auch -ū; cf. ahd.* munt „Hand, Schutz", *nhd.* „Vormund; Mündel") **1.** Hand; *in -ibus habere* auf den Händen tragen, unter der Feder haben [*librum*]; *in -ibus esse* in aller Händen sein, zur Hand sein; *per -us tradere* von Hand zu Hand geben; *-u* mit (bloßen) Händen; *meā* (*tuā usw.*) *-u* eigenhändig; **2.** bewaffnete Hand: **a**) (persönliche) Tapferkeit; *manu fortis* persönlich tapfer; **b**) Handgemenge, Kampf; *-ūs* °*conferre, conserere* handgemein werden; **c**) Gewalttat; **3.** Gewalt, Macht, freie Verfügung; *in -u alcis esse* jd. untertan sein; **4.** Arbeit, Tätigkeit; künstlerische Leistung; *-u* von Menschenhand, durch Kunst; **5.** Handschrift; Stil [*Praxitelis*]; **6.** Handvoll, Schar; Haufe, Bande; **7. a**) Rüssel des Elefanten; **b**) Enterhaken; ** Urkunde; Schwurhand, Eid; *-u quarta se expurgare* mit drei Eideshelfern sich reinwaschen.
mapālia, *ium n* (*wohl punisches Fw.*) Hütten, Nomadenzelte; / unnütze Dinge, dummes Zeug.
mappa, *ae f* (*punisches Fw.*) **1.** Serviette; **2.** Flagge; Signaltuch.
Marathōn, *ōnis m* (*gr. -thọ̄n*) *Flecken in Attika* (*Schlacht 490*); *adi. -nius* 3.
marathrum, *ī n* (*acc. pl. i. Vers -ōs; gr. Fw.*) Fenchel.
****marca,** *ae f* Mark, Pfund.
Mārcellus, *ī m röm. cogn.,* (*urspr. pleb.*) *Zweig in d. gens Claudia:* **1.** *M. Claudius* ~, *„das Schwert Roms", Eroberer v. Syrakus* (*212*); **2.** *M. Cl.* ~, *Gegner Cäsars* (*Ciceros Dankrede für dessen Begnadigung: pro M. Marcello*); **3.** *M. Cl.* ~, *Neffe u. Adoptivsohn des Augustus, Gatte der Julia; zu seinen Ehren das v. Augustus vollendete theatrum -i; adi. -iānus* 3.

marceō, — — 2 (*zu* √ *mer(e)g- „morsch werden") schlaff, matt, träge sein.
marcēscō, — — 3 schlaff werden, erschlaffen; ** welken.
****march(i)a**, *ae f* Grenzmark.
****marchio**, *onis m* Markgraf.
marcidus 3 (*marceō*) welk; / schlaff, entnervt.
Mārcius 3 *röm. Gentilname*: **1.** *Ancus* ~, *vierter röm. König*; **2.** *L.* ~, *nach dem Tode der Scipionen Oberbefehlshaber in Spanien*; *adi.* ~ 3 [*aqua -a, vom Prätor Q.* ~ *Rex 144 angelegt*].
Marcoman(n)ī, *ōrum m Sueben-* [*stamm.*]
marcor, *ōris m* (*marceō*) Schlaffheit, Untätigkeit.
marculus, *ī m* (*dem. v. marcus* „Schmiedehammer") Hämmerchen.
Mārcus, *ī m* (*Mārs*) *röm. Vorm.*, [*abgek. M.*]
Mardonius, *ī m* (*gr. -os*) *persischer Feldherr, 497 bei Plataä geschlagen.*
mare, *is n* (*abl. im Vers auch -e*; *cf. nhd.* „Meer") **1.** Meer, See; *terrā marique* zu Wasser und zu Lande; °**2.** Meerwasser.
Marea, *ae f* (*gr.* Mąreia *u.* -ręā) *See bei Alexandria*; *adi. -ōtis, idis f u. -ōticus* 3; *subst.* **-ōticum**, *ī n* mareotischer Wein.
****mar(e)scalcus**, *i m* Marschall.
margarīta, *ae f u.* °**-tum**, *ī n* (*gr. Fw., aus dem Indischen stammend*) Perle.
marginō 1 (*margō*) einrahmen, [-fassen.]
margō, *inis m* (*u. f*) (*cf. nhd.* „Mark" = Grenze) **1.** Rand, Einfassung; **2.** Grenze.
marīnus 3 (*mare*) = *maritimus*; °*ros* Rosmarin.
marisca, *ae f* (*Fw. unbekannter Herkunft*) **1.** Feige (*v. der größeren -schlechteren- Sorte*); **2.** Feigwarze.
marīta, *ae f* (*marītus*) Gattin.
marītālis, e (*marītus*) ehelich.
maritimus *u.* **-tumus** 3 (*mare*) zum Meere gehörig, am Meere befindlich, Meer..., See..., Küsten...; *subst.* **-a**, *ōrum n* Küstengegenden.
marītō 1 (*marītus*) vermählen; / den Weinstock an einem Baum hochziehen.
marītus (*et. ungeklärt*) °**1.** *adi.* 3 ehelich, Ehe...; / (*vom Weinstock*) angebunden; **2.** *subst.* ~, *ī m* Ehemann; °Freier.

Marius 3 *Name einer pleb. gens*: *C.* ~, *Gegner Sullas, Besieger Jugurthas u. der Kimbern u. Teutonen* (*156-86*); *adi. -i(ān)us* 3.
marmor, *oris n* (*gr. Lw.*) **1.** **a**) Marmor; °*pl.* Marmorblöcke, -brüche, -arten; °**b**) Gegenstand aus Marmor: Denkmal, Meilenstein; °**2.** / **a**) Stein; **b**) glänzende Meeresfläche.
marmorārius, *ī m* (*marmor*) Marmorarbeiter.
marmoreus 3 (*marmor*) **1.** marmorn; °**2.** / marmorweiß, -schimmernd.
Marō, *ōnis m* (*? umbr. Beamtentitel*; *wohl etr. Fw.*) *röm. cogn.*: *s. Vergilius*; *pl.* große Dichter.
Maroboduus, *ī m der Suebenkönig* Marbod. [*zum Jäten.*]
marra *ae f* (*sem. Lw.*) Hacke
Mārs, *Mārtis* (*älter Māvors, osk.* Māmers, *cf. Māmertīnī*; *et. umstritten*) **1.** *röm. Wetter- u. Kriegsgott, als Vater des Romulus Stammvater des röm. Volkes*; *dem gr. Ārēs gleichgesetzt*; *Beiname Ultor*; *sein Tempel auf dem forum Augusti*; **2.** / **a**) Krieg, Kampf, Schlacht; °**b**) Kampfart; **c**) Kriegsglück; °**d**) Mut, Tapferkeit; **e**) *suo* (*nostro usw.*) *Marte* auf eigene Faust.
Mārsī[1], *ōrum m* (*eigtl.* „*die* Kriegerischen"; *Mārs*) **1.** *sabellisches Volk am Fukiner See*; *adi. -s(ic)us* 3; **2.** **Mārsus**, *ī m röm. cogn.*: *Domitius* ~ *röm. Dichter z. Z. des Augustus.* [*Ruhr u. Lippe.*]
Marsī[2], *ōrum m germ. Volk zw.*
marsuppium *u.* **-sūpium**, *ī n* (*wohl gr. Lw.*) Geldbeutel.
Marsyās, *u.* **-ya**, *ae m* (*gr.* -syās) *Satyr* (*im Flötenspiel v. Apollo besiegt u. geschunden*).
Mārtiālis, e (*Mārtius*) **1.** zum Mars gehörig, dem M. heilig [*ludi -es zur Erinnerung an die Einweihung seines Tempels*]; **2.** zur *legio Martialis* gehörig; **3.** *röm. cogn.*: *M. Valerius* ~, *Epigrammdichter* (*etwa 40–98 n. Chr.*).
Mārti-cola, *ae m* (*Mārs*; *colō*) Verehrer des Mars. [Sohn des Mars.]
Mārti-gena, *ae m* (*Mārs*; *gignō*)
Mārtius 3 (*Mārs*) **1.** zum Mars gehörig, dem Mars geweiht; (*mensis*) *m* März; °**2.** kriegerisch; **3.** zum Planeten Mars gehörig.

****martyr,** *is m* Märtyrer, Blutzeuge.

****martyrium,** *i n* Martertod.

****martyrizo** 1 zum Märtyrer machen, martern. [March.]

Marus, *ī m Nbfl. der Donau, j.*

mās, *maris m* (-ă-?; *gen. pl.* -(i)um; *et. ungeklärt*) Mann; Männchen; *adi.* männlich; °/ mannhaft, kräftig.

masculīnus 3 (*m. adv.*; *masculus*) männlich.

masculus 3 (*dem. v. mās*) männlich; *subst.* ~, *ī m* Männchen; Mann; / mutig, kräftig.

Masinissa, *ae m König v. Numidien, Großvater Jugurthas, mit Rom verbündet.* [Klumpen, Masse.]

massa, *ae f* (-ā-?; *gr. Lw.*) Teig,

Massicus, *ī m Berg zw. Latium u. Kampanien, ber. durch seinen Wein*; *adi.* ~ 3.

Massilia, *ae f* (*gr.* Massaḷịā) *Handelsst. in Gallia Narbonensis, j.* Marseille; *adi. u. Einw.* -*liēnsis* (e).

mastīgia, *ae m* (*gr. Fw.*) Schlingel, Taugenichts.

mastrūca, *ae f* (*wohl sardisches Fw.*) Schafpelz; *auch Schimpfwort.*

mastrūcātus 3 (*mastrūca*) einen Schafpelz tragend.

māsturbātor, *ōris m* (*mă-?*; *māsturbor*) Onanist.

māsturbor 1 (-ă-?; *et. nicht sicher gedeutet*) onanieren.

matara, *ae u.* °**-ris,** *is f* (*gall. Fw.*) Wurfspieß *der Gallier.*

matella, *ae f u.* (*kl.*) **-telliō,** *ōnis m* (*matula*) Topf; Nachtgeschirr.

māter, *tris f* (*cf. nhd.* „Mutter") **1. a**) Mutter; **b**) Muttertier; °**c**) Mutterstamm (*bei Bäumen*); Mutter-, Hauptstadt; **2.** *Ehrentitel*: *familias* Hausfrau; (*dcht. für Göttinnen*): *Magna* Kybele; *ihr Tempel auf d. Palatin*; **3.** / Urheberin, Schöpferin, Quelle; ** *prima, vetus* = Eva.

mātercula, *ae f* (*dem. v. māter*) Mütterchen.

māteria, *ae u.* **-riēs,** *ēī f* (*eigtl.* „Mutterstoff"; *māter*) **1.** Materie, Stoff; Material; **2.** Baumaterial; (Bau-)Holz; Nutzholz; **3.** Vorrat, Vorräte, Nahrung; / **4.** Stoff, Materialien, Thema; **5.** Quelle, Ursache; **6.** Anlage, Talent.

****materialis,** e weltlich [*gladius*].

māteriārius, *ī m* (*māteria*) Holzhändler. [bauen.]

māteriō 1 (*māteria*) aus Holz

māterior 1 (*māteria*) Holz fällen.

māternus 3 (*māter*) mütterlich, von mütterlicher Seite, Mutter...

mātertera, *ae f* (*Komparativbildung zu māter*) Schwester der Mutter, Tante.

mathēmatica, *ae u.* **-ē,** *ēs f* (*mathēmaticus*) Mathematik; Astrologie. [Sterndeuter.]

mathēmaticus, *ī m* Mathematiker;

Mātrālia, *ium n* (*māter*) Fest der *Māter Mātūta am 11. Juni.*

mātri-cīda, *ae m* (*māter*; *caedō*) Muttermörder. [Muttermord.]

mātricīdium, *ī n* (*mātricīda*)

mātrimōniālis, e (*mātrimōnium*) ehelich, Ehe...

mātrimōnium, *ī n* (*māter*) **1.** Ehe; *in -um ducere* heiraten (*vom Mann gesagt*); °**2.** *pl.* Ehefrauen.

mātrīmus *u.* **-trĭmus** 3 (*māter*) [*puer*] dessen Mutter noch lebt.

mātrīx, *īcis f* Mutterstamm (*v. Bäumen*); Gebärmutter.

mātrōna[1], *ae f* (*māter*) Ehefrau, Gattin; ehrbare Hausfrau; Dame.

Matrona[2], *ae f* Marne.

mātrōnālis, e (*mātrōna*[1]) einer Ehefrau zukommend.

mattea, *ae f* (*gr. Lw.*) Leckerbissen.

Mattiacī, *ōrum m Chatten a. der Eder*; (*adi.* -*iacus* 3); *ihr Hauptort*

Mattium, *ī n*; *fontes Mattiacorum* Wiesbaden.

matula, *ae f* (*et. ungedeutet*) Nachttopf; *auch Schimpfwort.*

mātūrātē *adv.* (*mātūrātus P.P.P. v. mātūrō*) schleunig.

mātūrēscō, *ruī,* — 3 (*incoh. v. mātūrus*) reif werden; °/ erstarken.

mātūritās, *ātis f* (*mātūrus*) Reife; / volle Entwicklung, Höhe(punkt); richtiger Zeitpunkt.

mātūrō 1 (*mātūrus*) **1.** (*trans.*) **a**) zur Reife bringen; / °**b**) zur rechten Zeit verrichten; **c**) befördern, beschleunigen; **2.** (*intr.*) sich beeilen, eilen [*proficisci*].

mātūrus 3 (*m. comp.*, °*sup.* [*auch* °*mātūrrimus*], *adv.*; *Grundbedeutung* „rechtzeitig"; *cf. Mātūta*) **1.** reif; **2.** °**a**) tauglich; °**b**) erwachsen, mannbar; **c**) bejahrt; **3. a**) rechtzeitig; **b**) frühzeitig, schleunig, bald; °**c**) vorzeitig, zu früh.

Mātūta, *ae f* (*cf. mātūrus*) *gewöhnlich*

Māter ~: *Göttin der Frühe*; *cf. Leucothea.*

mātūtīnus 3 (*m.* °*adv.* **-ō**; *cf. Mātūta*) am Morgen, Morgen...; ** (*hora*) *-a* Morgenstunde; Mette.

Mauretania *u.* **-ritānia,** *ae f* (*gr.* -niā) *j.* Marokko; *Einw. Maurī u. -rūsiī, ōrum m*; *adi. -rus u. -rūsius* 3.

Mausōlus, *ī m* (*gr.* Mausōlos) *Tyrann v. Halikarnaß* (*377–353*); *sein Grabmal* **Mausōlēum,** *ī n*; *auch* prächtiges Grabmal.

māvolō (*coni. māvelim*; *altl.*) = [*mālō*.]

Māvors, *rtis m* (*altl.*) = *Mārs*; *adi. -vortius* 3; *subst.* **-vortius,** *ī m* Marssohn = *Meleager.*

maxilla, *ae f* (*dem. v. mālā*) Kinn-[backen.]

maximē *u. altl.* **maxumē** *adv.* (*-ā-?*; *magnus*) **1.** am meisten; sehr viel, weitaus; **2.** (*bei adi. u. adv. zur Umschreibung des sup.*) [~ *necessarius*]; **3.** *quam* ~ so sehr wie möglich, möglichst viel; **4.** besonders, vorzüglich; °**5.** im wesentlichen, ungefähr; °**6.** am liebsten, womöglich; °**7.** (*in Antworten*) jawohl, sehr gern.

maximitās, *ātis f* (*māx-?*; *maxi-*[*mus*) Größe.]

maxim-opere *s. magnopere.*

maximus *u.* (*altl.*) **maxumus** (*-ā-?*) *s. māgnus.*

māzonomus, *ī m* (*gr. Fw.*) korbartig geformte Fleischschüssel.

meātus, *ūs m* (*meō*) Gang, Lauf, Flug; Weg; Mündung.

mē-castor! beim Kastor! (*Schwurformel der Frauen*).

****mechanica,** *ae f* Mechanik.

mēchanicus, *ī m* (*gr. Fw.*) Mechaniker; ** Handwerker; *adi.* [Handwerks...]

mēd *s.* egō.

meddix *s. medix.*

Mēdēa, *ae f* (*gr.* Mēdeia) *Tochter des Königs Äetes v. Kolchis, Gemahlin des Jason.*

medeor, — — 2 (√ * med- „ermessen"; *cf. meditor*) *m. dat.* heilen; / (ab)helfen, erleichtern.

Mēdī, *ōrum m* (°*sg. -us*) Meder; *dcht. auch*: Perser, Parther, Assyrer; *ihr Land* **Mēdia,** *ae f* (*gr.* -diā); *adi. -d(ic)us* 3.

mediast(r)īnus, *ī m* (*-ā-?*; *medius*) Hausknecht, Badediener.

***mediator,** *oris m* Mittler.

mēdica, *ae f* (*sc. herba*) (*aus Medien eingeführter*) Klee, Luzerne.

medicābilis, e (*medicor*) heilbar.

medicāmen, *inis u.* **-mentum,** *ī n* (*medicor*) **1. a)** Heilmittel; °**b)** Pflaster, Salbe; **c)** / Heilmittel *gegen* [*doloris*]; **2.** °**a)** Gift(trank); **b)** Abtreibungsmittel; °**3. a)** Zaubermittel; **b)** Färbemittel; Schminke.

medicātus¹, *ūs m* (*medicor*) Zaubermittel.

medicātus² 3 (*m. comp., sup.*; *P.P.P. v. medicō*) heilkräftig.

medicīna, *ae f* (*medicus*) **1.** Heilkunst; °**2.** Klinik; **3. a)** Arznei; **b)** / Hilfs-, Heilmittel; °Schönheitsmittel.

medicō 1 (*medicus*) **1.** mit Heilmitteln *od.* Zauberkräften versehen; mit Kräutern versetzen; / heilen [*metum*]; **2.** färben; **3.** vergiften.

medicor 1 (*medicus*) heilen [*alci, alqd*]; / (ab)helfen.

medicus (*medeor*) °**1.** *adi.* 3 heilend, heilsam; **2.** *subst.* ~, *ī m* Arzt.

medietās, *ātis f* (*medius*) Mitte.

medimnum, *ī n u.* °**-us,** *ī m* (*gr. Fw.*) griech. Scheffel (= 6 *modii* = 52,5 *l*).

mediocris, e (*m.* °*comp., adv.*; *eigtl.* „auf halber Höhe befindlich"; *medius* + *altl. ocris* „steiniger Berg"; *ācer²*) **1.** mittelmäßig, gering; **2.** mäßig, unbedeutend, niedrig; **3.** gemäßigt, genügsam, gelassen.

mediocritās, *ātis f* (*mediocris*) Mittelmäßigkeit; Mittelstraße, Mäßigung.

Mediōlānum, *ī n* (*-ō-?*) Mailand; [*adi. -nēnsis, e.*]

medioximus (*-xumus*) 3 (*sup. zu mediocris*) *der* mittelste.

meditāmentum, *ī n* (*meditor*) *das* Sinnen *auf etw.*; *meist pl.* Vorübungen.

meditātiō, *ōnis f* (*meditor*) Nachdenken [*futuri mali*]; Vorbereitung.

meditātus 3 (*m.* °*adv.*; *part. pf. pass. v. meditor*) überlegt, ausgedacht; *subst.* **-a,** *ōrum n* Einstudiertes.

mediterrāneus 3 (*medius*; *terra*) binnenländisch; °*subst.* **-a,** *ōrum n* Binnenland.

meditor 1 (√ *med- „ermessen; *cf. medeor*) **1.** nachdenken *über* [*de ratione*]; **2.** sinnen *auf* [*fugam*]; **3.** sich üben, Vorübungen machen.

meditullium, *ī n* (*eigtl.* „Binnenland"; *medius*; *tellūs*) Mitte(lpunkt).

medius 3 (*m.* °*adv.*; *cf. nhd.* „mitten“) **1.** (*räuml.*) **a)** (*attr.*) *der* mittlere, *der* mittelste; **b)** (*praed.*) mitten, in der Mitte befindlich; *in -o foro* mitten auf dem Markte; **2.** (*zeitl.*) **a)** (*attr.*) *der* mittlere, dazwischenliegend; °*-um tempus* Zwischenzeit; **b)** (*praed.*) mitten, (in der) Mitte; (*de*) *-a nocte* um Mitternacht; **3.** / **a)** die Mitte haltend, Mittelding [*inter aequum et utile*]; °**b)** (mittel)mäßig, gewöhnlich; **c)** neutral, unparteiisch; °**d)** zweideutig; °**e)** vermittelnd; °**f)** störend; °**g)** halb; *-a pars die* Hälfte; **4.** *subst.* **medium,** *ī n* **a)** Mitte, Mittelpunkt, -straße; **b)** Öffentlichkeit, Publikum, menschliche Gesellschaft; **c)** Gemeinwohl; **d)** (*Redensarten*) *in -um proferre* bekanntmachen; *de -o tollere* aus dem Wege räumen, *recedere* aus dem Wege gehen; *in -o relinquere* unentschieden lassen, °*in -o ponere* vor jedermann darlegen; °*in -um procedere* sich öffentlich zeigen, *in -um vocare* vor das Publikum bringen, *in -um venire* vor Gericht auftreten, °*in -um consulere* für das Gemeinwohl sorgen.

mēdius Fidius *s. Fidius.*

medix tuticus *m* (*mē... tū...?; osk.; cf. meditor, dīcō*) Bundesoberhaupt, oberste Behörde (*der Osker*).

****medo,** *onis m* Met.

medulla *u.* °*dem.* **medullula,** *ae f* (*et. nicht sicher zu deuten*) °**1.** Mark; **2.** / Herz.

medullitus *adv.* (*medulla*) bis ins [Mark, herzlich [*amare*].

Mēdus, *ī m* (*gr.* -os) *s. Mēdī.*

Medūsa, *ae f* (*gr.* Mẹ-) *s. Gorgō*; *adi. -aeus* 3 = *Gorgoneus.*

mefītis, *is f* = *mephītis.*

Megaera, *ae f* (*gr.* Mẹgai-) *eine der* [*Furien.*

Megalē(n)sia, *ium n Kybelefest am 4. April.*

Megara, *ōrum n u.* **-a,** *ae f Hauptst. der Landschaft Megaris; Geburtsort des Philosophen Euklid; adi. -ricus* 3; *subst.* **-ricī,** *ōrum m Anhänger Euklids.*

megistānes, *um m* (*acc. -as; gr. Fw.*) Würdenträger, Magnaten.

meherc(u)le *u.* **-culēs** *s. Herculēs.*

mēiō, — — 3 (*d. i. mejjō; cf. mingō*) harnen; *auch in obszöner Doppelbedeutung.*

mel, *mellis n* (*cf. ahd.* milsken „süßen“) Honig; °/ Süßigkeit, Liebliches; *auch Kosewort.*

melancholicus 3 (*gr. Fw.*) schwer-[mütig.

melandryum, *ī n* (*gr. Fw.*) Stück eingesalzenen Thunfisches.

melanūrus, *ī m* (*gr. Fw.*) Schwarzschwanz (*Seefisch*).

melculum, *ī n* (*dem. v. mel*) Honigpüppchen (*Kosewort*).

mēlēs *u.* **-lis,** *is f* (*wohl zu fēlēs; s. d.*) Marder *od.* Dachs.

Melicerta *u.* **-tēs,** *ae m* (*gr.* -kertēs) *Sohn des Athamas u. der Ino; als Meergott unter den Namen Palaemōn u. Portūnus verehrt* (*s. d.*).

melicus 3 (*gr. Fw.*) °**1.** musikalisch; **2.** lyrisch.

melilōtos, *ī m,* **-ton** *u.* **-tum,** *ī n* (*gr. Fw.*) süßer Steinklee.

melimēlum, *ī n* (*gr. Fw.*) in Honig eingemachtes Obst, *bsd.* Quitten.

mēlīna = *mellīna²*.

mēlīnum, *ī n* (*gr. Fw.*) weiße Schminke (*v. Melos*)

melior *comp. zu bonus.*

****melioro** 1 verbessern; P. sich (gesundheitlich) besser befinden.

melisphyllum, *ī n* (*gr. Fw.*) Melisse.

Melita, *ae u.* **-tē,** *ēs f* (*gr.* -lịtē) *j.* Malta; *adi. -tēnsis, e; subst.* **-tēnsia,** *ium n* maltesische Tep-[piche *od.* Decken.

melius *s. bonus.*

meliusculus 3 (*dem. v. melius*) etwas besser; *kl. nur adv.*: *alci -e est* es geht einem besser.

mella, *ae f* (*mel*) Honigtrank.

melliculus 3 (*dem. v. mel*) honigsüß.

melli-fer, *era, erum* (*mel; ferō*) [Honig (ein)tragend.

mellīla, *ae f* (*mellīna¹*) Honigpüppchen (*Kosewort*).

mellīna¹, *ae f* (*mel*) Honigwein.

mellīna², *ae f* (*mēlēs*) (*sc. pellis*) Sack aus Marderfell.

mellīnia, *ae f* (*mel*) Süßigkeit; / [Wonne(?).

mellītus 3 (*m. sup.; mel*) mit Honig versüßt; / allerliebst.

****melodia,** *ae f* Lied, Weise.

****melodus** 3 schön klingend, melodisch.

Mēlos¹, *ī f Insel im Ägäischen Meere j.* Milo; *adi. -lius* 3.

melos² *n* (*pl. melē; gr. Fw.*) Ge-[sang, Lied.

Melpomenē, *ēs f* (*gr.* -mẹnē) *Muse der tragischen u. lyrischen Poesie.*

membrāna, *ae f* (*membrum*) **1.** Häutchen, Haut; °Schlangen haut; °2. Pergament; °3. / Oberfläche.

membrāneus 3 (*membrāna*) aus Pergament.

membrānula, ae *f* (*dem. v. membrāna*) dünnes Pergament.

membrātim *adv.* (*membrum*) glied-, stückweise; in kleinen Sätzen.

membrum, ī *n* (< *mēms-rom; *cf. gr. pl.* mẹra „Schenkel") **1.** **a**) Glied; *pl.* Gliedmaßen; °**b**) (*auch pl.*) männliches Glied; **2.** / **a**) Glied, Teil; **b**) Zimmer; **c**) (*rhet. t.t.*) Kolon, Abschnitt.

mē-met *s.* egomet.

meminī, -isse (√‾*men- „denken") **1.** sich erinnern, eingedenk sein [*vivorum*; *beneficia*]; daran denken [*curare*]; **2.** erwähnen [*coniurationis, de exulibus*].

Memmius 3 *röm. Gentilname*; *adi.* -iānus 3; °*subst.* **-iadēs,** ae *m* Angehöriger der gens *Memmia*.

Memnōn, onis *m Sohn des Tithonus u. der Aurora, König der Äthiopier, v. Achill getötet*; **-nonides,** um *f die aus seiner Asche aufgestiegenen Vögel*; *adi.* -nonius 3 morgenländisch.

memor, oris (*m. adv.* **-iter**; *s.d.*; *abl. sg.* -ī, *gen. pl.* -um; √‾*mer- „sorgen") **1.** **a**) eingedenk [*beneficii*]; **b**) dankbar, erkenntlich; °**c**) unversöhnlich; °**d**) bedachtsam; **e**) mit gutem Gedächtnis (begabt); °**2.** erinnernd, mahnend *an* [*belli*].

memorābilis, e (*m.* °*comp.*; *memorō*) °**1.** denkbar; **2.** denk-, merkwürdig; °**3.** berühmt.

memorandus 3 (*memorō*) erwähnenswert, merkwürdig.

memorātor, ōris *m* (*memorō*) Erzähler.

memorātus[1] 3 (*m. sup.*; *memorō*) berühmt.

memorātus[2], ūs *m* (*memorō*) Erzählung.

memoria, ae *f* (*memor*) **1.** Gedächtnis, Erinnerungskraft; -ā *tenere* im Gedächtnis haben; **2.** **a**) Andenken, Erinnerung; *post hominum -am* seit Menschengedenken; °**b**) Bewußtsein [*sceleris*]; °**3.** Gedanke (*an etw. Zukünftiges*); **4.** durch Erinnerung Bewahrtes: **a**) Zeit [-ā *meā*]; **b**) Ereignis, Vorfall; **c**) Nachricht, Überlieferung, Kunde [-ā *ac litteris* mündlich und schriftlich]; ~ *rerum gestarum* Geschichtsschreibung.

memoriālis, e (*memoria*) Denk...; *libellus* Tagebuch; ** *subst.* **-e,** is *n* Denkmal [*passionis*].

memoriola, ae *f* (*dem. v. memoria*) (geringes) Gedächtnis.

memoriter *adv.* (*v. memor*) aus dem Gedächtnis; in guter Erinnerung.

memorō 1 (*memor*) °**1.** erinnern *an* [*foedus*]; **2.** erwähnen, berichten, erzählen; ** auswendig lernen.

Memphis, idis *f St. in Ägypten*; *adi.* -ītēs, ae, īticus 3; -ītis, idis *f*.

Menander, drī *m* (*gr.* Mẹnandros) *Hauptvertreter der neueren Komödie* (*342–290*); *adi.* -drēus 3.

Menapiī, ōrum *m belgisches Volk zw. Maas u. Schelde.*

menda, ae *f* (*nkl., dcht.*) = mendum.

mendāci-loquus 3 (*mendācium*; *loquor*) lügenhaft.

mendācium, ī *n* (*mendāx*) **1.** Lüge; **2.** / **a**) Sinnestäuschung; °**b**) Täuschung, Erdichtung.

mendāciunculum, ī *n* (*dem. v. mendācium*) kleine Unwahrheit.

mendāx, ācis (*m.* °*comp.*, °*sup.*; *mendum*; *in der Bedeutung nachträglich durch mentior beeinflußt*) **1.** lügnerisch; *subst. m* Lügner; **2.** / **a**) täuschend, trügerisch; °**b**) erdichtet, nachgemacht.

mendīcābulum, ī *n* (*mendīcō*) Bettler(gestalt) (?).

mendīcātio, ōnis *f* (*mendīcō*) *das* Betteln *um* [*vitae*].

mandīcitās, ātis *f* (*mendīcus*) Bettelarmut.

mendīcō *u.* **-or** 1 (*mendīcus*) (er-)betteln; ** *mendicantes* Bettelmönche.

mendīculus 3 (*dem. v. mendīcus*) bettlerisch, Bettler...

mendīcus 3 (*m. sup.*, °*adv.*; *mendum*) **1.** bettelarm; **2.** / °**a**) erbettelt; **b**) armselig, ärmlich; **3.** *subst.* ~, ī *m* **a**) Bettler; °**b**) Lump; *pl.* bettelnde Kybelepriester.

mendōsus 3 (*m. comp.*, °*sup.*, *adv.*; *mendum*) **1.** (*pass.*) fehlerhaft; **2.** (*act.*) oft Fehler begehend; ** -*a cantilena* Schelmenliedchen.

mendum, ī *n* (*cf. altind.* mindā „Gebrechen") °**1.** körperlicher Fehler; **2.** Schreibfehler, Versehen; Rechenfehler.

Menelāus, ī *m* (*gr.* -nẹlāos) *Sohn des Atreus, Bruder des Agamemnon, Gemahl der Helena, König v. Sparta.*

Menēnius 3 *röm. Gentilname*; *s.* Agrippa 1; *adi.* -nēni(ān)us 3.

Menippus, *ī m* (*gr.* Mẹnippos) *kynischer Philosoph.*

Menoetiadēs, *ae m* Sohn des *Menoetius* (*gr.* -oitios), Patroklus.

mēns, *mentis f* (*cf.* *meminī*) **1. a**) Denkkraft, denkender Geist, Verstand; **b**) Überlegung, Einsicht, Besinnung; ♀ Gottheit der Besinnungskraft; **2. a**) Denk-, Sinnesart, Gesinnung; °**b**) Mut, Zorn, Leidenschaft; **3. a**) Seele, Geist, inneres Wesen; **b**) Gedanke, Vorstellung, Erinnerung; **c**) Meinung, Ansicht; **d**) Absicht, Vorsatz, Plan, Wille.

mēnsa, *ae f* (*vl. part. pf. pass. v. mētior*) **1.** Essen, Gericht; *secunda* Nachtisch; **2. a**) Tisch, Eßtisch; **b**) Opfertisch, Altar; **c**) Wechslertisch, Bank; °**d**) Verkaufstisch.

mēnsārius, *ī m* (*mēnsa*) °**1.** Wechsler; **2.** *pl.* *-i tresviri od. quinqueviri* (*vom Senat zur Schuldenregulierung bestellte*) Bankiers.

mēnsiō, *ōnis f* (*mētior*) *das* Messen; *vocum* Silbenmaß, Tonmessung.

mēnsis, *is m* (*gen. pl.* *-(i)um, -uum*; *cf. nhd.* „Mond, Monat") Monat.

mēnsor, *ōris m* (*mētior*) Vermesser, Feldmesser; Baumeister.

mēnstruālis, e (*mēnstruus*) monatlich; für einen Monat.

mēnstruus 3 (*mēnsis*) monatlich; einen Monat dauernd; °*subst.* **-um,** *ī n* monatlicher Dienst, Lebensmittel für einen Monat.

mēnsula, *ae f* (*dem. v. mēnsa*) kleiner Tisch.

mēnsūra, *ae f* (*mētior*) **1.** *das* Messen, Messung; **2.** Maß (*zum Messen*); **3. a**) Maß, Größe, Länge; °*verbi* Quantität; °**b**) Beschaffenheit, Charakter.

ment(h)a, *ae f* (*wahrsch. Lw. aus einer südosteuropäischen Spr.*) Krauseminze.

mentiō, **ōnis** *f* (*cf.* *mēns*) Erwähnung; Anregung, Vorschlag.

mentior, *ītus sum* 4 (*altl. fut* *-ībitur, -ībimur*; *mēns*; *eigtl.* „sich ausdenken") **1.** (*intr.*) **a**) ein Lügner sein, lügen; °**b**) sich täuschen; °**c**) dichten, fabeln; **d**) sein Wort nicht halten; **2.** (*trans.*) **a**) (er-)dichten, vorspiegeln; °**b**) vorgeben, täuschen; (*part. pf. pass.*) °*adi.* **mentītus** 3 erlogen, nachgemacht, falsch.

Mentor, *oris m* (*gr.* -tōr) *Künstler in getriebenen Metallarbeiten*; °/ getriebene Metallschale; °*adi.* *-oreus* 3.

mentula, *ae f* (*et. ungedeutet*) *das* männliche Glied, Phallus.

mentum, *ī n* (*cf.* *ē-mineō*) Kinn; °/ Kinnbart.

meō 1 (*et. nicht geklärt*) wandeln, [gehen.]

mephītis, *is f* (*osk. Fw., et. ungedeutet*) schädliche Ausdünstung der Erde; ♀ *Schutzgöttin gegen die Erdausdünstungen.*

merācus *u.* °**merāc(u)lus** 3 (*m. comp.* *merus*) (ziemlich) unvermischt; / unverfälscht.

mercābilis, e (*mercor*) käuflich.

mercātor, *ōris m* (*mercor*) Großkaufmann; Käufer.

mercātōrius 3 (*mercātor*) kaufmännisch [*navis* Handelsschiff].

mercātūra, *ae f* (*mercor*) Handel.

mercātus, *ūs m* (*mercor*) Handel; Markt, Messe.

mercēdula, *ae f* (*dem. v. mercēs*) elender Lohn; geringe Einkünfte.

mercēn(n)ārius 3 (*-cĕnn-?*; *mercēs*) gedungen, gemietet, bezahlt, bestochen [*testis*]; *subst.* **~,** *ī m* Tagelöhner, Lohndiener.

mercēs, *ēdis f* (*merx*) **1.** Lohn, Sold, Preis; Verdienst [*parva*]; **2. a**) Lehrgeld; Sold, Gehalt; **b**) Sündengeld; **3.** Strafe, Schaden; **4.** Zins, Miete, Pacht, Einkünfte.

mercimōnium, *ī n* (*merx*) Ware.

mercor 1 (*merx*) °**1.** (*intr.*) Handel treiben; **2.** (*trans.*) erhandeln, (er)kaufen.

Mercurius, *ī m* (*urspr. etr. Gentilgottheit, 495 aus Falerii in Rom eingeführt*) *Gott des Handels, später als Götterbote, Seelenführer u. Musaget dem gr.* Hermẹs *gleichgesetzt*; *Sohn Jupiters u. der Maia*; *stella -ī* Planet Merkur; *aqua -ī Quelle an der via Appia*; *tumulus -ī Anhöhe b. Cartagena, j.* Cap Bon; *adi.* **-iālis,** e [*viri die* Dichter]; *subst.* **-iālēs,** *ium m Kollegium der Kaufleute in Rom.*

merda, *ae f* (*et. ungeklärt*) Kot.

merenda, *ae f* (*mereō*) Vesperbrot.

mereō, *uī, itum u.* **mereor,** *itus sum* 2 (*wohl eigtl.* „Anteil erhalten"; *cf. gr.* mẹros „Anteil") verdienen: **1.** erwerben, gewinnen; **2.** (*mil. t.t.*) (*stipendia*) Kriegsdienste tun; *equo* als Reiter dienen;

3. a) verdienen [*laudem*]; b) verschulden, sich zuziehen [*odium*]; °c) verüben [*scelus*]; 4. (*meist dep.*) sich verdient machen [*bene, male de patria*]; (*part. praes.*) *adi.* °**merēns,** *entis* würdig, schuldig; (*part. pf.*) *adi.* **meritus** 3 (*m.* °*sup.*) (*act.*) °würdig; (*pass.*) verdient; gerecht, gebührend.
meretrīcius 3 (*m.* °*adv.*; *meretrīx*) buhlerisch, dirnenhaft; °*subst.* **-ium,** *ī n* Hurengewerbe; Hurerei.
meretrīcula, *ae f* (*dem. v. meretrīx*) niedliche *od.* elende Dirne.
meretrīx, *īcis f* (*mereō*) Hetäre; Freudenmädchen.
mergae, *ārum f* (*et. zweifelhaft*) zweizackige Getreidegabel.
merges, *itis f* (*cf. mergae*) Forke, Getreide, Ährenbündel.
mergō, *mersī, mersum* 3 (< **mezgō*) 1. (ein-, unter)tauchen, versenken; P. [*naves*], *mediopass.* [*stellae*]; untergehen, versinken; °2. / a) hineinstecken; verbergen, verstecken; b) versenken, stürzen *in* [*in voluptates*]. [Taucher (*Wasservogel*).]
mergus, *ī m* (*Rückbildung zu mergō*)
merīdiānus 3 (*merīdiēs*) mittägig, Mittags...; südlich. [ruhe.]
merīdiātiō, *ōnis f* (*merīdiō*) Mittags-
merīdiēs, *ēī f* (< *loc.* **mediei-diē* „mitten am Tage") Mittagszeit; Süden. [halten.]
merīdiō 1 (*merīdiēs*) Mittagsruhe
meritō[1] 1 (*intens. v. mereō*) verdienen, einbringen.
meritō[2] *adv.* (*m. sup.*; *meritus*; *s. mereō*) mit Recht, nach Verdienst.
meritōrius 3 (*mereō*) gemietet, bezahlt, Miet... (*kl. nur pueri* Lustknaben); °*subst.* **-um,** *ī n* Mietwohnung, öffentl. Bad; Bordell.
meritum, *ī n* (*mereō*) °1. *der* Verdienst; Lohn, Strafe; 2. a) *das* Verdienst, Würdigkeit, Wohltat; b) Schuld, Verschulden, Vergehen; °3. / Bedeutung, Wert.
Merō, *ōnis m* (*merum*) *Spottname des Kaisers Tiberius* (*Claudius Nero*) = *merobibus*.
mero-bibus 3 (*-ō-?*; *merum*; *bibō*) ungemischten Wein trinkend.
merops, *opis m* (*gr. Fw.*) Bienen-
mers *altl.* = *merx.* [specht.]
mersō 1 *intens. v. mergō, s. d.*
mertō 1 *altl.* = *mersō.*
merula, *ae f* (< **mesula*; *cf. nhd.* „Amsel") 1. Amsel; °2. Meeramsel (*Seefisch*). [eine Amsel.]
meruleus 3 (*merula*) schwarz wie
merus 3 (√**mer-* „flimmern, funkeln") °1. unvermischt, lauter, rein; *subst.* **-um,** *ī n* unvermischter Wein; 2. / a) nichts weiter als; b) echt, wahr, unverfälscht; °nackt [*pes*].
merx, *cis f* (*vl. zu* √**merk-* „greifen, fassen") Ware; Tand.
mesochorus, *ī m* (*gr. Fw.*) 1. Chorführer; 2. / Führer der Claque.
Mesopotamia, *ae f* (*gr. -mịā* „Zwischenstromland") Mesopota-
mēsor = *mēnsor.* [mien.]
Messāl(l)a (*-sălla?*) *s. Valerius.*
Messalīna, *ae f*: *Valeria* ~, *3. Gemahlin des Kaisers Claudius.*
Messāna, *ae f* (*gr. -sēnē, dor. -sānā*) *St. auf Sizilien, früher Zanklē, j.* Messina; *adi.* **-sēnius** 3.
Messēnē, *ēs u.* **-a,** *ae f Hauptst. v. Messenien i. d. Peloponnes*; *adi. u. Einw.* -*nius* (3).
messis, *is f* (*altl. acc. -im*; *metō*[1]) Ernte; °Erntezeit; Ernteertrag.
messor, *ōris m* (*metō*[1]) Schnitter.
messōrius 3 (*messor*) Schnitter...
-met (*zur Verstärkung an pron. pers., seltener poss. angehängt*; *et. ungedeutet*) selbst, eigen.
mēta, *ae f* (*et. nicht geklärt*) 1. Kegel, Pyramide; 2. Spitzsäule (*im Zirkus*); °3. / a) Ziel, Grenze, Ende; b) Wendepunkt; 4. ≈ *sudans Springbrunnen vor dem Amphitheater.*
metalēpsis, *is f* (*acc. -im, abl. -ī*; *gr. Fw.*) doppelte Metonymie [*messus* Ernte > Erntezeit > Jahr].
metallum, *ī n* (*gr. Fw.*) Metall, Bergwerk.
metamorphōsis, *is f* (*pl. gen. -eōn, dat. -esin, acc. -īs*; *gr. Fw.*) Verwandlung; ≈ *pl. Dichtung Ovids.*
metaphora, *ae f* (*gr. Fw.*) Bedeutungsübertragung, Metapher (*rein lat. trānslātiō*).
metaplasmus, *ī m* (*gr. Fw.*) Umbildung; (*gramm. t.t.*: *Umwandlung der Kasusformen u. Ableitung der Formen v. einem anderen Stamm*).
mētātor, *ōris m* (*mētor*) Vermesser *der Grenzen einer Örtlichkeit.*
Metaurus, *ī m Fl. in Umbrien, j.* Metauro (*Schlacht 207*); *auch adi.* [*-um flumen*].
Metellus 3 *cogn. in d.* gens *Caecilia.*
methodicē, *ēs f* (*gr. Fw.*) *der me-*

thodische Teil, *die* Regeln *der Grammatik.*

****methodicus** 3 methodisch.

Mēthymna, *ae f* (*gr.* Mẹ̄-) *St. auf Lesbos, Geburtsort Arions*; *adi. u. Einw.* -*mnaeus* (3); *adi.* -*mnias, adis f.*

meticulōsus 3 (-ĭ-?; *metus*) **1.** furchtsam; **2.** fürchterlich.

mētior, *mēnsus sum* 4 (**mē-tis* „*das* Messen“ = *gr.* mẹ̄tis „Rat“) **1.** messen, aus-, vermessen; **2.** zumessen; **3.** / °**a**) durchwandern, -fahren, zurücklegen; **b**) *nach etw.* beurteilen [*omnia voluptate*].

metō[1] (*messem fēcī*), *messum* 3 (*cf. nhd.* „mähen“) **1.** (*intr.*) mähen, ernten; °**2.** (*trans.*) abmähen, abschneiden, abernten; / abhauen; niedermetzeln.

mētō[2] 1 = *mētor.*

metōposcopos, *ī m* (*gr. Fw.*) Stirnschauer, Phrenologe.

mētor 1 (*mēta*) abstecken, ausmessen, abgrenzen; durchwandern.

metrēta, *ae f* (*gr. Fw.*) **1.** Tonnenmaß *für Schiffsladungen,* Tonne; **2.** Wein- *od.* Ölgefäß (*einen metrētēs = 40 l fassend*).

metricus 3 (*gr. Fw.*) metrisch.

****metropolis,** *eos f* (*acc.* -*im, abl.* -*i*) Provinzialhauptstadt; Sitz eines Erzbischofs.

****metropolita,** *ae m* Erzbischof.

****metropolitanus** 3 die Stadt des Erzbischofs betreffend.

metrum, *ī n* (*gr. Fw.*) Versmaß, Versart.

Mettius, *ī m sagenh. sabinisches Geschlecht*: **1.** ~ *Curtius, ließ sich z. Z. des Romulus in Rom nieder*; **2.** ~ *Fufetius letzter Diktator v. Alba Longa.*

metūculōsus 3 (-*ŭ*-?) = *metīculōsus.*

metuēns, *entis* (*m.* °*comp.*; *part. praes. v.* metuō) besorgt *um* [*deorum* gottesfürchtig].

mētula, *ae f* (*dem. v. mēta*) kleine Pyramide.

metuō, *uī,* (*ūtum*) 3 (*metus*) **1.** (*intr.*) sich fürchten *für* [*alci* (*rei*)]; **2.** (*trans.*) **a**) befürchten [*insidias*; *nē*; *ut* (= *nē nōn*)]; °**b**) Ehrfurcht haben *vor* [*patrem*]; °**c**) sich hüten *vor*; **3.** (*Gerundiv*) *adi.* **metuendus** 3 furchtbar.

metus, *ūs m* (*altl. gen.* -*uis, dat.* -*ū*; *et. ungeklärt*) **1. a**) Furcht, Befürchtung, Besorgnis; °**b**) Ehrfurcht; **2.** °**a**) Gegenstand der Furcht, Schrecken; **b**) gefährliche Lage.

meus *pron. poss.* (*oft durch* -*met od.* -*pte verstärkt*; *voc. sg. m mī* [*fili*] *u.* °*meus*; *cf. mē*; *s. egō*) **1.** *adi.* 3 mein, mein lieber; **2.** *subst.* **a**) **meī** *die* Meinen, meine Angehörigen; °**b**) **o mea!** meine Liebe! **c**) **meum,** *ī u.* **mea.** *ōrum n* meine Habe.

mia, *ae f* (*gr. Fw.*) eine [*Charitōn* der Grazien].

mīca, *ae f* (*cf. nhd.* „schmäch-tig“) **1.** Körnchen, *ein* bißchen; **2.** kleines Speisezimmer.

Micipsa, *ae m Sohn des Masinissa, König v. Numidien.*

micō, *cuī,* — 1 (*eigtl.* „flimmern“) **1.** zucken, zittern, zappeln (klopfen, pulsieren); (*digitis*) ~ mit den Fingern schnellen, das Moraspiel spielen; °**2.** schimmern, blitzen, funkeln.

micturiō, — — 4 (*desid. v. mingō*) Wasser lassen gehen, austreten.

Midās, *ae m sagenh. König v. Phrygien.*

migdilix (*et. ungedeutet*) doppelsprachig (?).

migrātiō, *ōnis f* (*migrō*) Auswanderung, Wanderung; / *in alienum* übertragener Gebrauch (*eines Wortes*); ** Tod.

migrō 1 (*altl.* -*grassit* = -*grāverit*; *eigtl.* „ [*den Ort*] wechseln“; *zu gr.* ameịbō „wechsle“) **1.** (*intr.* **a**) (aus-) wandern; °**b**) sich verändern; **2.** (*trans.*) °**a**) fortschaffen; **b**) / übertreten, verletzen [*ius civile*].

mīles, *itis m* (*et. ungeklärt*) **1.** Soldat, Krieger; **2.** Fußsoldat; Legionssoldat; °**3. a**) (= *gregārius*) Gemeiner; **b**) Offizier; **4.** (*coll.*) Infanterie, Heer; °**5.** Soldat (*Stein im Brettspiel*); °**6.** *f* Neuling, Trabantin; ** Ritter, Vasall; *dei* Glaubenskämpfer.

Mīlētus, *ī f* (*gr.* Mịlētos) *St. in Karien*; *adi. u. Einw.* *Mīlēsius* (3), °*auch* schlüpfrig [*carmina*]; *adi.* -*lētis, idis f* [*urbs Tomi*].

mīlia *s. mille.*

****miliare,** *is n* Meile [*Teutonicum*].

mīliārius[1] 3 = *mīlliārius.*

miliārius[2] 3 (*milium*) zur Hirse gehörig; *subst.* **-ium,** *ī n* hohes, schmales, hirsenförmiges Gefäß, Badekanne.

mīliē(ns) = *mīlliē(n)s.*

mīlitāris, e (*m.* °*adv.*; *mīles*) soldatisch, kriegerisch, militärisch, Soldaten..., Kriegs...; °*aetas* dienstpflichtiges Alter; *res* Kriegswesen; °*vir* kriegserfahrener Soldat; °*subst.* **-ēs,** *ium m* Soldaten.
mīlitārius 3 (*mīles*) Soldaten...
mīlitia, *ae f* (*mīles*) **1.** Kriegsdienst; **2.** Krieg, Feldzug; *domi militiaeque* in Krieg u. Frieden; / Dienst; °**3.** (*coll.*) *die* Soldaten, Miliz; ** Hofdienst; Ritterschaft; Schwertleite; *caelestis die* himmlischen Heerscharen.
mīlitō 1 (*mīles*) als Soldat dienen; °/ dienen; ** Lehnsdienste leisten.
milium, *ī n* (*zu gr.* meline) Hirse.
mīlle *num. card.* (*sg. indecl.*); *pl.* **mīlia,** *ium n* (< **smī ghslī* „eine Tausendheit"; **smī cf. semel*; *gr.* chilioi „tausend") **1.** tausend; *meist mille milites*; *aber duo milia passuum* 2 röm. Meilen (= 2 × 1,5 km); °**2.** unzählige.
mīllē(n)simus 3 *num. ord.* (*mīlle*) *der* tausendste; *adv.* **-um** zum tausendsten Male.
mīlliārius 3 (*mīlle*) tausend enthaltend; *subst.* **-ium,** *ī n* Meile(nstein).
mīlliē(n)s *adv. num.* (*mīlle*) tausendmal; / unzählige Male.
Milō, *ōnis m röm. cogn.*: *T. Annius* ~, *Gegner des Clodius*; *adi.* -*ōniānus* 3 (*subst.* -*a*, *ae f* (*Ciceros*) Rede für M.).
Miltiadēs, *is u. ī m* (*gr.* -iadēs) *Sieger v. Marathon* (*490*).
mīluīnus, *später* **mīlvīnus** 3 (*mīluus*) falkenartig; räuberisch; °*subst.* **-a,** *ae f* (*sc. famēs*) Heißhunger.
mīluus, *später* **mīlvus,** *ī m* (*et. ungedeutet*) **1.** Falke, Weihe; °**2.** *Art* Raubfisch; *ein Stern.*
mīma, *ae f* (*mīmus*) Schauspielerin im Mimus.
mīmiambus, *ī m* (*gr. Fw.*) Mimiambus, *Posse in jambischem Versmaß.*
mīmicus 3 (*m.* °*adv.*; *gr. Fw.*) **1.** mimisch, schauspielerisch; °**2.** / affektiert, Schein...
Mimnermus, *ī m* (*gr.* Mimnermos) *Dichter aus Kolophon um 600*; *Begründer der erotischen Elegie.*
mīmographus, *ī m* (*gr. Fw.*) Vfssr. mimischer Gedichte.
mīmula, *ae f* (*dem. v. mīma*) (kleine) Schauspielerin.
mīmus, *ī m* (*gr. Fw.*) **1.** Schauspieler im Mimus, Possenreißer; **2.** Mimus, Posse; **3.** Possenspiel, Farce; ** Spielmann.
min[1] *wohl absichtlich verstümmeltes Wort.*
mīn[2] ? (*Pl.*) = *mihīne?*
mina, *ae f* (*gr. Lw.*) Mine (*Rechenmünze*: *argenti im Wert v. etwa 78 Mark*, °*auri v. 400 Mark*).
mināciae, *ārum f* (*mināx*) Drohungen.
minae, *ārum f* (*cf. mōns*; *Rückbildung aus den Komposita ē-mineō usw.*) °**1.** Zinnen; **2. a)** Drohungen; °**b)** Gewissensbisse.
minanter *adv.* (*mināns*, *part. praes. v. minor*) drohend.
minātiō, *ōnis f* (*minor*) Drohung.
mināx, *ācis* (*m.* °*comp.*, °*sup.*, *adv.*; *minor*) °**1.** emporragend; **2.** drohend, trotzig.
Mincius, *ī m Fl. b. Mantua, j.* Mincio.
mineō, — — 2 (*cf. minae*; *Rückbildung aus den Komposita ē-mineō usw.*) ragen.
Minerva, *ae f* (*wohl urspr. etr. Göttin des Handwerks, später der gr. Athēnē gleichgesetzt*) *jungfräuliche Göttin der Weisheit, der Künste u. der Wissenschaft*; *ihr Tempel auf dem Aventin v. Augustus erneuert*; *invitā -ā* ohne inneren Beruf, *crassā, pingui -ā* hausbackenen Verstandes; °/ Wollarbeit; Ölbaum.
mingō, *mīnxī, mīnctum u. mictum* 3 (*mīnxī, mīnctum?*; *cf. mēiō*) harnen.
miniātulus 3 (*dem. v. miniātus*) etw. zinnoberrot (gefärbt); *cerula -a* Rotstift.
miniātus 3 (*miniō* 1 „mit Zinnober anstreichen"; *minium*) zinnoberrot (gefärbt); *cerula -a* Rotstift.
minimē, minimus *s. parvum, parvus.*
minīnus 3 (*mina*) eine Mine kostend; *im Wortspiel m. minus*[2]: kahl, dürftig.
minister, *trī m* (< **minus-teros*; *minus*[1]) Diener, Bedienter; Gehilfe, Vollstrecker; Helfershelfer; ** Truchseß; Genosse.
****ministerialis,** *is m* unfreier Dienstmann; Ministeriale.
ministerium, *ī n* (*minister*) **1.** Dienst(leistung); Amt; **2.** Dienerschaft; ** Hilfsgerät; Amtsbezirk; Messe.
ministra, *ae f* (*minister*) Dienerin, Gehilfin.
ministrātor, *ōris m* (*ministrō*) **1.** Aufwärter; Diener (*bsd. b. Tisch*);

2. Beistand, Ratgeber; ** Mundschenk.
ministrātrīx, *īcis f* (*ministrātor*) Gehilfin, Dienerin.
ministrō 1 (*minister*) **1.** bedienen, aufwarten [*convivis*]; **2.** auftragen, kredenzen [*cenam*; *pocula*]; **3.** darreichen, verschaffen [*pecuniam*]; °**4.** ausführen, besorgen; ** Ministrant sein.
minitābundus 3 (*minitor*) unter [Drohungen.]
minitor *u.* °**-ō** 1 (*intens. v. minor*¹) drohen, androhen; ** bevorstehen.
minium, *ī n* (*iberisches Fw.*) Mennig, Zinnober.
minor¹ 1 (*minae*) °**1.** emporragen; **2. a)** drohen, androhen; °**b)** prahlend versprechen; °**c)** bedrohen.
minor², *us comp. zu parvus.*
****minoritae,** *arum m* Franziskaner.
Mīnōs, *ōis m* **1.** *sagenh. König v. Kreta; nach seinem Tod Totenrichter;* **2.** *Enkel v. 1, Gemahl der Pasiphae, Erbauer des Labyrinths;* **Mīnōis,** *idis f seine Tochter* Ariadne; *adi. -nō(ī)us* 3.
Mīnōtaurus, *ī m* (*gr.* -nọ̄tauros) *menschenfressendes Ungeheuer auf Kreta, Sohn der Pasiphae u. eines Stiers, von Theseus getötet.*
Minucius 3 *röm. Gentilname; adi.* [*via v. Rom nach Brundisium*].
minumē, -mus = *minim...*
minuō, *uī, ūtum* 3 (*cf. minor*²) °**1.** zerkleinern, -schneiden; **2.** verkleinern, vermindern; *se -ere u. mediopass.* abnehmen; **3.** / schwächen, beeinträchtigen.
minus¹ *comp. zu parvus u. parum.*
minus² 3 (*et. ungeklärt*) kahlbäuchig [*ovis*].
minusculus 3 (*dem. v. minor*²) [ziemlich klein.]
minūtal, *ālis n* (*minūtus*) Ragout.
minūtātim *adv.* (*minūtus*) stückweise, nach und nach, einzeln.
minūtia, *ae f* (*minūtus*) Kleinheit.
minūtulus 3 (*dem. v. minūtus*) ganz klein.
minūtus 3 (*m.* °*comp.*, °*sup.*, *adv.*; *minuō*) °**1.** (*nur adv.* **-ē**) zerstückelt; detailliert; **2.** klein, winzig, unbedeutend; *res -a* Kleinigkeit, Bagatelle; **3.** / kleinlich, kleinmütig.
mīrābilis, e (*m. comp.*, *adv.*; *mīror*) **1.** wunderbar; **2.** bewundernswert, erstaunlich; außerordentlich; **3.** wunderlich, sonderbar; ** *subst.* **-ia,** *ium n* Wundertaten.
mīrābundus 3 (*mīror*) voll Verwunderung.
mīrāculum, *ī n* (*mīror*) **1.** Wunder (-ding); °**2.** *das* Wunderbare.
mīrandus 3 (*mīror*) wunderbar.
mīrātiō, *ōnis f* (*mīror*) Verwunderung.
mīrātor, *ōris m* (*mīror*) Bewunderer.
mīrātrīx, *īcis f* (*mīrātor*) Bewunderin; *attr.* bewundernd, sich verwundernd.
mīri-ficus 3 (*m.* °*sup. -ficentissimus*; *adv.*; *mīrus, faciō*) bewundernswert; sonderbar.
mīrimodīs *adv.* (*mīrus*; *modus*) [auf erstaunliche Art.]
mirmillō = *murmillō.*
mīror (*mīrus*) **1.** sich wundern; **2.** bewundern, anstaunen; verehren.
mīrus 3 (*m. adv.*; ‹ **smeiros*; *eigtl.* „lächelnd"; *cf. engl.* smile) wunderbar; außerordentlich; °*miris modis, -um in modum* erstaunlich, auffallend.
mīs (*altl.*) = *meīs.*
Mīsargyridēs, *ae m gr. Scherzname* (*„Geldverächter"*) *für einen Wucherer.*
miscellānea, *ōrum n* (*-ī-?*; *miscellus*) Speisegemengsel (*geringste Gladiatorenkost*).
miscellus 3 (*-ī-?*; *cf. misceō*) gemischt [*ludi*].
misceō, *cuī, xtum* 2 (*-ī-?*; *cf. nhd.* „mischen") **1. a)** (ver)mischen, (ver)mengen; **b)** vereinigen [*corpus cum alqa*]; °*se- ere u.* °*mediopass.* sich anschließen *an* [*viris dat.*!]; °**c)** P. *alqo od. alqa re* jds. Gestalt annehmen [*Enipeo*]; **2.** (*durch Mischung*) **a)** zurechtmachen [*mulsum*]; **b)** / erzeugen, hervorbringen [*motūs animorum*]; **3.** / **a)** in Unruhe versetzen; °**b)** erfüllen [*domum gemitu*].
misellus 3 (*dem. v. miser*) recht [unglücklich.]
Mīsēnum, *ī* (°*selten pl.* **-a,** *ōrum*) *n u.* °**-us,** *ī m St. u. Vorgeb. in Kampanien, Kriegshafen; j.* Cap di Miseno; *adi. -nēnsis,* e.
miser, *era, erum* (*m. comp.*, *sup.*, *adv.* **-ē** *u.* °**-iter**; *cf. maereō*) **1. a)** elend, unglücklich, arm; **b)** kläglich, jämmerlich; °**2.** leidend, krank; liebeskrank; °**3.** nichtswürdig, abscheulich.
miserābilis, e (*m.* °*comp.*, *adv.*; *miseror*) **1.** (*pass.*) beklagenswert, elend; **2.** (*act.*) jammernd.
miserandus 3 (*miseror*) beklagens[wert.]

miserātiō, *ōnis f (miseror) das* Bedauern, Mitgefühl; rührender Vortrag.

misereō, *uī, itum (altl.) u.* **-eor,** *itus sum* 2 *(miser)* **1.** bemitleiden, sich erbarmen [*tui*]; **2.** *impers.* **miseret** *u. (seltener)* **-ētur** *me* es jammert mich, ich habe Mitleid [*tui*].

miserēscō, — — 3 *(incoh. v. misereō)* **1.** Mitleid haben *mit* [*regis*]; **2.** *impers.* **miserēscit** *me* es jammert mich [*aliorum*].

miseria, *ae f (miser)* Elend, Unglück, Not; ♀ *das* Elend, *Tochter des Erebos u. der Nox.*

misericordia, *ae f (misericors)* Mitleid, Barmherzigkeit, Mitgefühl.

miseri-cors, *dis (m. comp.,* °*adv.; miser, cor)* mitleidig, barmherzig [*in alios*].

miseriter *adv. zu miser.*

miseror 1 *(miser)* beklagen, bejammern.

****missa,** *ae f* Messe; *-as agere* Messe lesen; *-arum sollemnia* Hochamt.

****missale,** *is n* Meßbuch.

missīcius 3 *(mittō)* entlassen, abgedankt.

missiculō 1 *(mittō)* oft schicken.

missilis, e *(mittō)* werfbar, Wurf...; *subst.* **-e,** *is n* Geschoß.

missiō, *ōnis f (mittō)* **1.** *das* Schikken, Abschicken; **2.** *das* Loslassen: **a)** Freilassung *(v. Gefangenen)*; **b)** Dienstentlassung, Abschied; °**c)** Gnade *(für einen Gladiator)* [*sine missione* auf Leben und Tod]; **d)** Schluß [*ludorum*].

missitō 1 *(frequ. v. mittō)* öfters schicken.

missor, *ōris m (mittō)* Schütze.

missus, *ūs m (mittō)* **1.** Sendung; Auftrag; °**2.** Wurf; *sagittae* Pfeilschuß; °**3.** Gang *(der Gladiatoren)*; Rennen *(der Rennwagen)*.

mitella, *ae f (dem. v. mitra)* Kopfbinde.

mitellīta cēna, *ae f (mitella)* ein Festmahl, *zu dem Kopfbinden an die Gäste ausgeteilt wurden.*

mītēscō, — — 3 *(incoh. zu mītis)* **1.** reif, weich werden; °**2.** / mild, gelinde werden; nachlassen [*hiems*]; zahm werden.

Mithrās *u.* **-ēs,** *ae m persischer Lichtgott.*

Mithridātēs, *is m König v. Pontus, 111–64, Römerfeind; adi. -ticus u. -tēus* 3.

mītificō 1 *(mītis; faciō)* °weich machen; verdauen.

mītigātiō, *ōnis f (mītigō)* Besänftigung.

mītigō 1 *(mītis; wie pūr(i)gō zu pūrus)* weich, locker machen; gar kochen; / mildern, lindern; besänftigen, beruhigen [*animum*].

mītis, e *(m. comp., sup.;* °*adv.* **-ĕ**; *idg.* *mēi- „mild“) mild, weich, sanft; süß, reif; / zahm, friedlich, gelassen.

mitra, *ae f (gr. Fw.)* Kopfbinde, Turban; ** Bischofshut.

mitrātus 3 *(mitra)* mit einem Turban.

mittō, *mīsī, missum* 3 *(cf. nhd.* „schmeißen“) **1. a)** werfen, schleudern, schießen, stürzen; °*se -ere* sich werfen, sich stürzen; **b)** wegwerfen; **2. a)** schicken, senden [*sub iugum*]; **b)** sagen lassen, melden [*ad Caesarem, Attico*]; **c)** widmen [*librum*]; **d)** entsenden, ausgehen lassen [*lucem*]; von sich geben, hören lassen [*signa temporis*]; **3. a)** fort-, loslassen, entlassen, aufheben [*senatum*]; °*mitte me* laß mich los!; **b)** freilassen, -geben; **c)** fahren lassen, aufgeben [°*odium*]; **d)** übergehen, unerwähnt lassen; °**4.** *(med. t.t.)* abzapfen [*sanguinem*]; ** setzen, legen; *(P.P.P.) subst.* **missus,** *i m* Bote, Gesandter; Engel.

mītulus, *ī m (gr. Fw.)* Miesmuschel.

mixtim *adv. (mīxt-?; misceō)* vermischt.

mixtūra, *ae f (-ī-?; misceō)* Mischung; Vereinigung.

Mnēmonides, *um f die* Musen, *Töchter der Mnemosyne.*

Mnēmosynē, *ēs f (gr. -synē* „Gedächtnis“) *Mutter der Musen.*

mnēmosynum, *ī n (gr. Fw.)* Denkmal.

mōbilis, e *(m. comp., sup., adv. moveō)* **1.** beweglich, biegsam; **2.** / °**a)** schnell; **b)** leicht erregbar; **c)** veränderlich, wankelmütig [*populus*].

mōbilitās, *ātis f (mōbilis)* **1.** Beweglichkeit; **2.** / **a)** Schnelligkeit; °**b)** Gewandtheit; **c)** Wankelmut.

mōbilitō 1 *(mōbilis)* beweglich, lebendig machen.

moderābilis, e *(moderor)* mäßig, maßvoll.

moderāmen, *inis n (moderor)* Steuerruder, Lenkung; Regierung.

moderanter *adv. (moderāns part. praes. v. moderor)* mit Mäßigung.

moderātē *adv. (m. comp., sup.; moderātus)* gemäßigt.

moderātim *adv.* (*moderātus*) gemäßigt, allmählich.

moderātiō, *ōnis f* (*moderor*) **1. a)** Regelung, Zügelung; **b)** Lenkung, Leitung; **2. a)** rechtes Maß; **b)** Modulation; **c)** Mäßigung; Milde, Schonung; Selbstbeherrschung.

moderātor, *ōris m* (*moderor*) **1.** Lenker, Leiter; °**2.** der Einhalt gebietet.

moderātrīx, *īcis f* (*moderātor*) **1.** Leiterin, Herrscherin; **2.** die Mäßigung gebietet.

moderātus 3 (*m. comp., sup.; adv. -ē; s. d.; moderor*) **1.** gemäßigt, maßvoll; **2.** besonnen, ruhig.

****modernus** 3 neu [*tempora*].

moderor 1 (**modus, eris n* „Mäßigung"; *cf. modestus; modus, ī m*) **1.** mäßigen, zügeln [*irae*]; **2.** lenken, leiten; **3.** einrichten, bestimmen *nach* [*consilia voluptate*].

modestia, *ae f* (*modestus*) **1.** Mäßigung, *das* Maßhalten; **2.** Besonnenheit, Milde; **3.** Bescheidenheit; Gehorsam; Sittsamkeit, Anstand; **4.** (*stoischer t.t.*) Zeitgemäßheit; °**5.** Milde [*hiemis*].

modestus | 3 (*m. comp., sup., adv.* **modus, eris n; cf. moderor*) **1.** gemäßigt, maßvoll; besonnen, mild; **2.** bescheiden, anspruchslos; **3.** sittsam, ehrbar.

modiālis, e (*modius*) einen Scheffel fassend, eimergroß.

modicus 3 (*m. adv.; modus*) **1.** mäßig; mittelmäßig; **2.** angemessen; **3.** gering, wenig; **4.** besonnen, gelassen; **5.** bescheiden, anspruchslos.

modificātiō, *ōnis f* (*modificō*) richtige Abmessung.

modificō 1 (*modus, faciō*) gehörig abmessen.

modius, *ī m* (*modus*) Scheffel (*röm. Getreidemaß* = 16 *sextarii* = 8,75 l).

modo (*im Vers auch -ō; abl. sg. v. modus*) **1.** *adv.* **a)** (*modal*) nur, bloß; *non* ~ ... *sed etiam* nicht nur ... sondern auch; *non* ~ *non ... sed ne ... quidem* nicht nur nicht ... sondern nicht einmal; **b)** (*auffordernd*) nur, doch nur [*vide* ~]; **c)** (*zeitl.*) eben, eben noch, eben erst, (*v. der Zukunft*) sogleich; ~ ... ~ bald ... bald; **2.** *cj.* (*m. coni.*) wenn nur, wofern nur; (*verneint*) ~ *ne*.

modulātiō, *ōnis f* (*modulor*) Takt, Rhythmus.

modulātor, *ōris m* (*modulor*) Musiker.

modulātus 3 (*m. adv.; modulor*) taktmäßig, melodisch.

modulor 1 (*modulus*) **1.** nach dem Takte abmessen; °**2.** taktmäßig singen, melodisch spielen.

modulus, *ī m* (*dem. v. modus*) Maß(-stab).

modus, *ī m* (√ *med- „ermessen"; *cf. meditor*) **1. a)** Maß(stab); **b)** Größe, Menge, Masse; **c)** Zeitmaß; Takt; Melodie; **2.** Ziel, Grenze; **3.** *das* Maßhalten, Mäßigung; **4.** Vorschrift, Regel; **5.** Art und Weise; *-o* nach Art *von*, wie [*servorum*]; *hoc -o, ad hunc -um* auf diese Weise, folgendermaßen; *nullo -o* keinesfalls; *mirum in -um* wunderbarerweise; *quodam -o* gewissermaßen; °*pl.* = *figurae Veneris*; °**6.** (*gramm. t.t.*) Verbform; Modus [*fatendi* Indikativ; *faciendi* Aktiv; *patiendi* Passiv]; ** Gesang in Strophenform nach Art der Sequenzen.

moecha, *ae f* (*moechus*) Ehebrecherin; Dirne; *attr.* ehebrecherisch.

moechissō 1 (*gr. Fw.*) vergewaltigen [*alqam*].

moechor 1 (*moechus*) Ehebruch treiben; huren.

moechus, *ī m* (*gr. Fw.*) Ehebrecher.

moenia[1], *ium n* (*altl. auch sg. -e, is; cf. mūniō, mūrus*) **1.** Stadtmauer; Befestigung; °Schutzwehr; **2. a)** Stadtteile; °**b)** Gebäude, Haus.

moenia[2], *ium n* (*altl.*) = *mūnia.*

moeniō = *mūniō.*

Moenus[1], *ī m der* Main.

moenus[2] = *mūnus.*

moerus (*altl.*) = *mūrus.*

Moesī, *ōrum m Bew. v.* **Moesia,** *ae f* Mösien (= *Serbien u. Bulgarien*); *adi. -iacus* 3.

Mogontiacum, *ī n* Mainz.

mola, *ae f* (*molō*) Mühlstein, *pl.* Mühle; Opferschrot; ♀ *altl.* (*gen. -ās*) Mühlgöttin.

molāris, e (*mola*) Mühlstein...; so groß wie ein Mühlstein; zum Mahlen geeignet [*dens*]; *subst.* ~, *is m* Stein-, Felsblock; Backzahn.

****molendinum,** *ī n* Mühle.

mōlēs, *is f* (*cf. nhd.* „Mühe") °**1.** Masse, Last; **2. a)** Riesenbau; °**b)** Kriegsmaschine; **c)** Steindamm; °**d)** Wogenberg; °**e)** Heeresmasse; **3.** / **a)** Schwere, Größe, Wucht; °**b)** Anstrengung, Schwierigkeit, Mühe, Not; ** *Hadriani* Engelsburg.

molestia, *ae f* (*molestus*) **1.** Beschwerlichkeit, Beschwerde; **2.** Unlust, Verdruß, Ärger; **3.** *das* Gezwungene, Affektierte.
molestus 3 (*m. °comp., sup., adv.*; *mōlēs*) **1. a)** beschwerlich, lästig, zudringlich; **°b)** verdrießlich; *kl. nur adv.* **-ē** ungern [*-e fero* es verdrießt mich]; **2.** gezwungen, pedantisch; **3.** schwer auszusprechen.
mōlīmentum, *ī u.* **°mōlīmen,** *inis n* (*mōlior*) **1.** Bemühung, Anstrengung; **°2.** gewaltiges Bauwerk.
****molinarius,** *i m der* Müller.
mōlior 4 (*mōlēs*) **1.** (*trans.*) **°a)** (*eine Last*) fortbewegen; aufbrechen [*portam*]; / **b)** (*Schwieriges*) zustande bringen, bauen, schaffen, verursachen; **c)** unternehmen, beabsichtigen [°*defectionem*]; *novas res* auf Umsturz bedacht sein; **2.** (*intr.*) sich rühren, sich abmühen.
mōlītiō, *ōnis f* (*mōlior*) **°1.** *das* Niederreißen; **2.** Zurüstung.
mōlītor, *ōris m* (*mōlior*) Unternehmer, Erbauer; Veranstalter.
mōlītrīx, *īcis f* (*mōlītor*) Veranstalterin.
mollēscō, — — 3 (*incoh. v. molleō* „weich sein"; *mollis*) weich, verweichlicht werden.
mollicellus 3 (*dem. v. mollis*) zart.
molliculus 3 (*dem. v. mollis*) weichlich, zärtlich.
mollīmentum, *ī n* (*molliō*) Linderungsmittel.
molliō 4 (*impf. °auch -ībat*; *mollis*) **1.** erweichen, weich, locker, geschmeidig machen; **2.** / **a)** mildern, veredeln; **b)** verweichlichen; **c)** besänftigen, bändigen, zähmen.
molli-pēs, *pedis* (*mollis*) weich-, schleppfüßig.
mollis, e (*m. comp., sup., adv.*; < **moldvis*; = *gr.* *(a)maldys) **1. a)** weich, locker; **b)** biegsam, gelenkig, elastisch; **2. a)** mild, zart, sanft; **b)** sanft ansteigend; **c)** schonend, gelassen, ruhig; **d)** nachgiebig, zärtlich; **e)** (leicht) erregbar, unbeständig; **f)** schlaff, schwach, unmännlich furchtsam; **g)** wollüstig, üppig; (*Li.*) *-es viri* = *pathici.*
mollitia, *ae u.* **-iēs,** *ēī f* (*mollis*) **1.** Geschmeidigkeit; **2. a)** Zartheit, Zärtlichkeit; **b)** Schwäche; **c)** Weichlichkeit, Üppigkeit.

mollitūdō, *inis f* (*mollis*) Weichheit; / Sanftmut.
molō¹, *uī, itum* 3 (*cf. nhd.* „mahlen") mahlen; *cibaria molita* Mehl.
Molō² (*gr.* -ōn) *s. Apollōnius.*
moloc(h)inārius, *ī m* (*molochina* [*gr. Fw.*] „Malvenkleid") Verfertiger von Malvenkleidern.
Molossī, *ōrum m Bewohner der Landsch.* **Molossis,** *idis f* (*gr.* -is) *im ö. Epirus*; *adi.* **-oss(ic)us** 3; *subst.* **-ossus,** *ī m* Molosserhund.
mōly, *yos n* (*gr. Fw.*) *Wunderkraut gegen Bezauberungen.*
mōmen, *inis n* (*moveō*) Bewegung (*als innewohnende Kraft*); Anstoß.
mōmentōsus 3 (*mōmentum*) nur augenblicklich.
mōmentum, *ī n* (*moveō*) **1. a)** bewegende Kraft, Gewicht; / **b)** Stoß, Anlaß, Beweggrund; **c)** (entscheidender) Einfluß, Wichtigkeit, Bedeutung, Wert, Wirkung; *magni* (*parvi*) *-i* von großer (kleiner) Bedeutung; *nullius -i* bedeutungslos; *parvum -um* unwesentlicher Faktor; **2.** Bewegung: **a)** °Ausschlag an der Waage: *kl. nur* /: Entscheidung; Veränderung, Wechsel; **°b)** Augenblick, schneller Verlauf; **-o** (*temporis*) im Nu.
Mona, *ae f Insel zw. Britannien u. Irland*: **1.** *j.* Anglesey; **2.** *j.* Man.
****monacha,** *ae f* Nonne.
****monachicus** 3 *u.* **-chilis,** e mönchisch.
****monachor** 1 Mönch werden.
****monac(h)us,** *i m* Mönch.
****monarchia,** *ae f* Monarchie.
****monasterialis,** e klösterlich.
****monasterium,** *i n* Kloster (-kirche); Dom, Münster; Abtei.
monaulos *u.* **-us,** *ī m* einfache Flöte.
monēdula, *ae f* (*et. nicht sicher gedeutet*) Dohle; / *Kosewort.*
moneō, *uī, itum* 2 (*kausativ zu meminī*; *cf. nhd.* „mahnen") **1. a)** erinnern, mahnen *an* [*de testamento*]; **b)** vorhersagen, verkündigen; **2. a)** ermahnen, auffordern; ~, *ne* warnen; **°b)** zurechtweisen, strafen.
monēris, *is f* (*gr. Fw.*) Einruderer.
monērula = *monēdula.*
Monēta, *ae f* (*vl. urspr. Göttin einer etr. gens Monēta*) **1.** (*m. sekundärer Anlehnung an moneō*) = *gr.* Mnēmosynē; *s. d.*; **2.** *Beiname der auf dem Kapitol verehrten Juno, in deren Tempel die Münzstätte lag*; **3.** ≈

a) Münzstätte; °b) Münze; geprägtes Geld; °c) Gepräge; *auch* /.

monētālis, e (*monēta*) zur Münze gehörig; / (*scherzh.*) *subst.* ~, *is m* Geldmann, Geldgeber.

****moneto** 1 ausmünzen.

****monialis,** e = ***sanctimonialis*.

monīle, *is n* (**monīlis* „zum Nacken gehörig") Halsband.

monimentum = *monumentum*.

monitiō, *ōnis f* (*moneō*) Erinnerung, Ermahnung, Warnung.

monitor, *ōris m* (*moneō*) **1.** Mahner, Warner; **2.** Rechtskonsulent; **3.** = *nōmenclātor*.

monitōrius 3 (*moneō*) mahnend, warnend.

monitum, *ī n* (*moneō*) Ermahnung, Mahnung; Prophezeiung.

monitus, *ūs m* (*moneō*) °**1.** Ermahnung; **2.** Götterwink, Weissagung, Warnung.

Monoecus, *ī m* (♀ *gr. Fw.* „alleinwohnend") *Beiname des Herkules*; *arx -ī j.* Monaco.

monogrammus 3 (*gr. Fw.*) aus bloßen Umrissen bestehend, unkörperlich.

monopodium, *ī n* (*gr. Fw.*) einfüßiges Tischchen.

monopōlium, *ī n* (*gr. Fw.*) Alleinverkauf, Monopol.

monosyllabum, *ī n* (*gr. Fw.*) (*oft pl.*) einsilbiges Wort.

monotropus, *ī m* (*gr. Fw,*) Einsiedler.

mōns, *montis m* (*cf. ē-mineō*) **1.** Berg, Gebirge; °**2.** / Fels, Gestein.

mōnstrābilis, e (*mōnstrō*) bemerkenswert.

mōnstrātiō, *ōnis f* (*mōnstrō*) das Zeigen; Hinweis.

mōnstrātor, *ōris m* (*mōnstrō*) Führer; Erfinder.

mōnstrātus 3 (*mōnstrō*) ausgezeichnet, auffallend.

mōnstrō 1 (*mōnstrum*) **1.** (*durch Gesten*) zeigen; **2.** (*m. Worten*) **a)** hinweisen *auf*; °**b)** verordnen; **c)** bezeichnen, belehren; °**d)** (gerichtlich) anzeigen.

mōnstrōsus 3 = *mōnstruōsus*.

mōnstrum, *ī n* (< **mone-strom* „Weisung, Mahnung"; *moneō*) **1.** Wahr-, Wunderzeichen; **2.** Ungeheuer, Ungetüm; **3.** unerhörte Tat, Ungeheuerlichkeit; ** Gespenst.

mōnstruōsus 3 (*m.* °*comp.*, *sup.*, *adv.*; *mōnstrum*) **1.** widernatürlich, scheußlich; **2.** seltsam.

montānus 3 (*mōns*) auf Bergen befindlich, Berg..., Gebirgs...; °gebirgig; *subst.* ~, *ī m* Gebirgsbewohner; °**-a,** *ōrum n* Berggegend; ♀ *röm. cogn.*

monti-cola, *ae m* (*mōns, colō*) Bergbewohner.

monti-fer, *era, erum* (*mōns, ferō*) bergtragend.

monti-vagus 3 (*mōns*) bergdurchschweifend.

mont(u)ōsus 3 (*mōns*) gebirgig.

monumentum, *ī n* (*moneō*) **1.** Denkmal Andenken (*bsd.* Weihgeschenk, Tempel, Grabmal, Gruft *u.ä.*); °**2.** Erkennungszeichen; **3.** Urkunde; *pl.* schriftlicher Nachlaß.

mora[1], *ae f* (*gr. Fw.*) (spartanische) Heeresabteilung (*400—800 Mann*).

mora[2], *ae f* (*zu altirisch* maraim „bleibe"; *cf. me-mor*) **1.** Aufschub, Verzögerung, Aufenthalt; **2.** °**a)** Rast(tag); **b)** Pause (*in d. Rede*); °**3.** Zeit(raum); °**4.** Hindernis, Hemmnis.

mōrālis, e (*mōs*) moralisch, sittlich.

morātor, *ōris m* (*moror*) „Verzögerer": °**1.** (*mil. t.t.*) Nachzügler; Marodeur; **2.** (*jur. t.t.*) Winkeladvokat.

morātus 3 (*mōs*) **1.** gesittet; **2.** mit guter Zeichnung der Charaktere [°*fabula*]; charakteristisch.

morbidus 3 (*morbus*) **1.** krank; **2.** ungesund.

morbōsus 3 (*morbus*) **1.** krank, **2.** [= *pathicus*).

Morbōvia, *ae f* (*morbus*) „Krankheitsland"; *abire -am* zum Henker gehen.

morbus, *ī m* (√ *mer- „aufreiben, entkräften") Krankheit; (krankhafte) Leidenschaft; Sucht.

mordāx, *ācis* (*m. comp.*, *sup.*, *adv.*; *mordeō*) beißend, bissig; / bissig, scharf [*carmen*].

mordeō, *momordī, morsum* 2 (*cf. nhd.* „schmerzen") **1.** beißen, kauen; (be)nagen; **2.** °**a)** / angreifen [*frigora parum cautos*]; fassen; bespülen; brennen; **b)** durchhecheln; kränken, wehe tun.

mordicus *adv.* (*mordeō*) beißend, mit den Zähnen; / verbissen [*tenere*].

morētum, *ī n* (*et. unklar*; *cf. mortārium*) Mörsergericht; Kräuterkloß.

moribundus 3 (*morior*) **1.** im Sterben liegend; °**2.** sterblich; °**3.** ungesund, tödlich.

mōrigeror *u.* °**-ō** 1 (*mōs, gerō*) willfahren, zu Willen sein.

mōri-gerus 3 (*mōs, gerō*) willfährig.
Morinī, *ōrum m gall. Volk a. d. Schelde.*
mōriō, *ōnis m* (*mōrus*²) Narr.
morior, *mortuus sum, moritūrus, morī* (*altl. auch -īrī; cf. nhd.* „Mord") **1.** sterben; **2.** / **a**) sterblich verliebt sein; **b**) absterben, ersterben, vergehen, erlöschen, kraftlos werden; (*part. pf.*) *adi.* **mortuus** 3 tot; *subst.* **-us,** *ī m* Toter, Leiche; (*part. fut.*) °*adi.* **moritūrus** 3 dem Tode verfallen, todgeweiht. [kannter Seefisch.
mormyr, *ris f* (*gr. Fw.*) unbe-
mōrologus 3 (*gr. Fw.*) närrisch redend, töricht.
moror¹ 1 (*mora*²) **1.** (*intr.*) **a**) verweilen, sich aufhalten; **b**) zögern, säumen; (*part. pf.*) °*subst.* **morātī,** *ōrum m* Nachzügler; Marodeure; **2.** (*trans.*) **a**) aufhalten, verzögern, hindern [*a fuga*]; °**b**) *nihil* ~ ich habe nichts dagegen; ich kümmere mich nicht *um* [*dona*]; °**c**) fesseln, unterhalten.
mōror² 1 (*mōrus*²) ein Narr sein; *auch in scherzh. Doppelsinn mit moror*¹.
mōrōsitās, *ātis f* (*mōrōsus*) Eigensinn, Pedanterie.
mōrōsus 3 (*m. comp., adv.; mōs; eigtl.* „einer, der voll (schlechter) Sitten ist") mürrisch, pedantisch; hartnäckig [*morbus*]; übellaunig.
Morpheus, *eī m* (*gr.* -pheus) Traumgott.
mors, *tis f* (*cf. morior*) **1. a**) Tod; *pl.* Todesfälle, -arten; °**b**) *das* Hinschwinden; °**2.** / **a**) Leiche; **b**) Todesblut; **3.** ♀ Todesgöttin, *Sohn des Erebos u. der Nox.*
morsa, *ōrum n* (*mordeō*) Stückchen, Bißchen. [Biß *beim Küssen.*
morsiuncula, *ae f* (*dem. v. morsus*)
morsus, *ūs m* (*mordeō*) **1.** *das* Beißen, Biß; °*das* Essen; °**2.** *das* Fassen, Festhalten [*roboris* Baumspalte]; **3.** / °**a**) hämischer Angriff; **b**) Schmerz, Kränkung, Ärger.
mortālis, e (*m.* °*comp.; mors*) **1.** sterblich; **2.** / vergänglich; irdisch, menschlich, Menschen...; *subst.* ~, *is m* Sterblicher, Mensch; °**-ia,** *ium n* Menschliches, Menschenschicksal; ** tödlich; *peccatum* **-e** Todsünde.

mortālitās, *ātis f* (*mortālis*) **1.** Sterblichkeit, Vergänglichkeit; °**2.** / Zeitlichkeit; *die* Menschen.
mortārium, *ī n* (*et. unklar; cf. mōrētum*) Mörser.
morticīnus 3 (*mors*) verreckt; abgestorben; Aas (*Schimpfwort*).
morti-fer(us), *era, erum* (*m.* °*adv.; mors, ferō*) todbringend, tödlich.
mortuālia, *ium n* (*mortuus*) Totenklage *der Klageweiber.*
morturiō, — — 4 (*mors*) gern sterben wollen. [schwarz.
mōrulus 3 (*dem. v. mōrus*¹) tief-
mōrum, *ī n* (*cf. gr.* mọron) **1.** Maulbeere; **2.** Brombeere. [baum.
mōrus¹, *ī f* (*mōrum*) Maulbeer-
mōrus² 3 (*m. adv.; gr. Fw.*) albern, närrisch; *subst.* **-us,** *ī m* Narr; **-a,** *ae f* Närrin.
mōs, *mōris m* (*et. nicht geklärt*) **1.** Sitte, Gewohnheit, Herkommen, Brauch; °**2.** (guter) Wille, Eigenwille; *kl. nur morem gerere* = *mōrigerārī*; °**3.** Vorschrift, Gesetz; **4.** Art und Weise, Beschaffenheit; Mode; **5. a**) *pl.* Denkart, Charakter; °**b**) Sittlichkeit, Gesittung; gute *od.* schlechte Sitten.
Mosa, *ae m* Maas.
Mosella, *ae m* Mosel.
Mōstellāria, *ae f* (**mōstellum, dem. v. mōnstrum*) Gespensterkomödie (*des Plautus*).
mōtiō, *ōnis f* (*moveō*) Bewegung; Erregung, Eindruck.
mōtiuncula, *ae f* (*dem. v. mōtiō*) leichter Fieberanfall.
mōtō 1 (*intens. v. moveō*) hin und her bewegen.
mōtor, *ōris m* (*moveō*) Beweger.
mōtus, *ūs m* (*moveō*) Bewegung: **1. a**) *terrae* Erdbeben; **b**) Lauf, Gang, Wendung; **c**) Körperbewegung; °Geste, °Tanz; °**d**) (*mil. t.t.*) Schwenkung; **2. a**) Gemütsbewegung, Leidenschaft; **b**) geistige Tätigkeit, Gedanke, Regsamkeit; **c**) Trieb, Antrieb, Begeisterung; **3.** Aufstand, Aufruhr, Umwälzung; °**4.** (*rhet. t.t.*) figürlicher Ausdruck, Tropus.
moveō, *mōvī, mōtum* 2 (< **movejō; zu altindisch* mīvati „bewegt") bewegen: **1.** (*am Ort*) in Bewegung setzen: **a**) hin und her bewegen, schütteln; erschüttern; (*mil. t.t.*) *arma* zu den Waffen greifen;

b) (se) -*ere u. mediopass.* sich bewegen, sich regen, sich rühren (*bsd.* zittern, tanzen, hüpfen); °**c**) erwägen, bedenken [*animo*]; °**d**) verändern, verwandeln; **e**) anregen, in Tätigkeit versetzen; se -*ere* sich anschicken; **f**) einwirken, Eindruck machen; **g**) erschrecken, wankend machen; **h**) rühren, begeistern; **i**) reizen, empören, erzürnen; **k**) (*pol.*) aufregen, in Unruhe versetzen; **l**) antreiben, drängen; **m**) hervorrufen, verursachen, anstiften, in Gang bringen; beginnen; **2.** (*vom Ort*) **a**) fortbringen, -schaffen, entfernen; °**b**) herbeischaffen, holen [*vina*]; **c**) (*mil. t.t.*) *castra* das Lager abbrechen, aufbrechen, weitermarschieren; **d**) vertreiben, -drängen, -jagen; °**e**) abbringen.

mox *adv.* (*et. nicht klar*) **1.** (*v. d. Zukunft*) bald; demnächst, nächstens; °**2.** (*v. d. Vergangenheit*) bald darauf, dann, später; ** sofort; *mox ut* sobald als.

mucc... = *mūc...*

mūcidus 3 (*mūcus*) schimmelig; rotzig.

Mūcius 3 *röm. Gentilname*: *C.* ~ *Scaevola* (*versuchte, Porsenna zu töten*); *adi.* -*i*(*ān*)*us* 3.

mucrō, *ōnis m* (-*ū*-?; **mukros* „spitz") Spitze, Schärfe, Schneide; Schwert, Dolch; / Spitze, Grenze.

mūcus, *ī m* (*cf. ē-mungō*) Rotz, Schleim.

mūgil(is), *is m* (*cf. ē-mungō*) Schleimfisch (*ein Seefisch*).

mūginor 1 (-*ī*-?; *mūgiō*) nachdenken, brüten.

mūgiō 4 (*Schallwort*) brüllen; °/ dröhnen, krachen.

mūgītus, *ūs m* (*mūgiō*) °**1.** *das* Brüllen; **2.** / *das* Dröhnen.

mūla, *ae f* (*mūlus*) Mauleselin.

mulceō, *lsī, lsum* 2 (*mulgeō*) streichen, streicheln; sanft berühren; / besänftigen, beschwichtigen, mildern [*iras*]; erfreuen, ergötzen.

Mulciber, *erī u. eris m altitalischer Beiname des Vulcanus*; / Feuer.

mulcō 1 (*altl.* -*assitis* = -*āveritis*; *mulceō*) **1.** (durch)prügeln, übel zurichten; °**2.** (*ein Übel*) wohl oder übel durchmachen.

mulctra, *ae f u.* **-trum,** *ī n* (*mulgeō*) Melkkübel.

mulctrārium, *ī n* (*mulgeō*) (*meist pl.*) Melkkübel; / Milch.

mulgeō, *lsī, lctum* 2 (*cf. nhd.* „melken") melken.

muliebris, e (*m. adv.*; *mulier*) weiblich, Weiber...; weibisch, unmännlich; °*subst.* **-bria,** *ium n* weibliche Dinge; weibliche Scham.

muliebrōsus = *mulierōsus.*

mulier, *eris f* (*wohl comp. zu mollis*) Weib, Ehefrau; / (*Schimpfwort*) Memme.

mulierārius 3 (*mulier*) von einem Weibe gedungen; °*subst.* ~, *ī m* Schürzenjäger.

muliercula, *ae f* (*dem. v. mulier*) kleines, schwaches Weib; Dirne.

mulierōsitās, *ātis f* (*mulierōsus*) Weibertollheit.

mulierōsus 3 (*mulier*) weibertoll.

mūlīnus 3 (*mūlus*) Maultier...; / stumpfsinnig.

mūliō, *ōnis m* (*mūlus*) Maultiertreiber.

mūliōnius 3 (*mūliō*) des Maultiertreibers.

mullus, *ī m* (*gr. Fw.*) Meerbarbe (*ein Fisch*).

mulsus 3 (*mel*) °**1.** honigsüß; / lieblich; **2.** *subst.* **a**) **-um,** *ī n* Honigwein, Met; °**b**) **-a,** *ae f* (*Kosewort*) Liebchen.

multa, *ae f* (*et. ungeklärt*) Eigentums-, *später* Geldstrafe; / Strafe, Buße; °Entehrung.

mult-angulus 3 (*multus*) vieleckig.

multātīcius 3 (*multa*) zur Geldstrafe gehörig, Straf..., Buß...

multātiō, *ōnis f* (*multō*) Bestrafung.

multēsimus 3 (*multus*) nur einer von vielen; *pars* nur ein Bruchteil.

multi-bibus 3 (*multus, bibō*) versoffen.

multi-cavus 3 (*multus, cavus*) (viel)löcherig.

multīcius 3 (*wohl* < **multi-līcius* „vielfädig"; *multus, līcium*) fein gewebt; *subst.* **-ia,** *ōrum n* fein gewebte Gewänder.

multifāriam *adv.* (*multifārius* „vielfältig"; *multus, for*; *cf. bifāriam*) an vielen Stellen.

multi-fidus 3 (*multus, findō*) vielgespalten; vielarmig.

multi-fōrmis, e (*multus, fōrma*) vielgestaltig.

multi-forus 3 (*multus, forō* 1) mit vielen Löchern.

multi-generis, e *u.* **-genus** 3 (*multus, genus*) vielartig.

multi-iugus 3 *u.* **-gis,** e (*multus,*

iugum) °**1.** vielspännig; **2.** / zahlreich.
multiloquium, *ī n* (*multus, loquor*) Geschwätzigkeit.
multi-loquus 3 (*multus, loquor*) [geschwätzig.]
multi-modīs *adv.* (< *multīs modīs*) auf vielerlei Art.
multi-plex, *icis* (*m.* °*adv.*; *multus, -plex*; *cf. duplex*) **1.** vielfach, vielfältig; zahlreich, stark; °**2.** vielmal so groß; **3.** / vielseitig, vielerlei; vieldeutig; unbeständig.
multiplicābilis, e (*multiplicō*) vielfältig.
multiplicō 1 (*multiplex*) verviel- [fältigen, vergrößern.]
multi-potēns, *entis* (*multus*) sehr mächtig.
multi-sonus 3 (*multus*) vieltönig; [wortreich.]
multitūdō, *inis f* (*multus*) **1.** Menge, große Zahl; **2.** Menschenmenge, Pöbel.
multi-vagus 3 (*multus*) viel umher- [schweifend.]
multi-volus 3 (*multus, volō*) begehrlich.
multō 1 (*multa*) strafen, bestrafen.
multus 3 (*cf. melior*; *comp. plūs, plūris*; *pl. plūrēs, plūra, plūrium*; *sup. plūrimus* 3) **1.** *adi.* **a**) viel, zahlreich, reichlich; °**b**) (*räuml.*) groß; **c**) stark, bedeutend, gewaltig, heftig; **d**) (*zeitl.*) *-a nox* tiefe Nacht; *-o die* hoch am Tage, *ad -um diem* bis weit in den Tag hinein; *-o mane* am frühen Morgen; **e**) weitläufig, ausführlich; **f**) häufig, eifrig, unablässig; **2.** (*subst.*) **a**) **multī,** *ōrum m* viele; *die* Menge, *der* große Haufe, *das* gemeine Volk; **multa,** *ōrum n* vieles, vielerlei; (*comp.*) **plūrēs,** *a* noch mehr; = (*kl. selten*) *complūrēs*; (*sup.*) **plūrimī,** *ōrum m die* meisten; *quam -i* möglichst viele; **b**) **multum,** *ī n ein* großer Teil, großes Stück; *-um posse* viel vermögen, gelten; *abl.* **multō** um vieles, viel [*melior*]; bei weitem, weitaus [*optimus*]; (*comp.*) **plūs,** *plūris n ein* größerer Teil, *ein* größeres Stück; **plūris** (*gen. pretii*) höher, teurer [*vendere, aestimare*]; (*sup.*) **plūrimum,** *ī n* sehr viel, *der* größte Teil; *quam -um* möglichst viel; **plūrimī** (*gen. pretii*) am teuersten, sehr teuer [*esse*], sehr hoch [*facere*]; **3.** (*adv.*) **multum** viel, sehr, weit; (*zeitl.*) oft(mals), lange; **plūs** mehr, in höherem Grade; (*bei Zahlen*) mehr als, über [*plus ducentae urbes*]; **plūrimum** sehr viel, am meisten; (*zeitl.*) meisten-, größtenteils.
mūlus, *ī m* (*vl. kleinasiatisches Fw.*) Maultier (*Kreuzung v. Eselhengst u. Pferdestute*; *Ggs. hinnus*); °/ (*v. Sklaven*) Packesel; Dummkopf.
Mulvius (pōns) *Tiberbrücke nördlich v. Rom, j.* Ponte Molle.
Mummius 3 *röm. Gentilname*: *L.* ~ *Achāicus, Eroberer Korinths 146.*
Mūnātius 3 *röm. Gentilname*: *L.* ~ *Plancus, Legat Cäsars, später Anhänger des Antonius u. dann Oktavians, beantragte 27 für diesen den Titel Augustus.*
Munda, *ae f St. in Hispania Baetica* (*Cäsars Sieg 45*).
mundānus, *ī m* (*mundus*[2]; *Lehnübersetzung aus d. Griech.*) Weltbürger; ** *adi.* 3 weltlich.
****mundialis,** e weltlich.
munditia, *ae u.* °**-tiēs,** *ēī f* (*mundus*[1]) °**1.** Sauberkeit *pl.* Aufräumungsarbeiten; **2.** Zierlichkeit, Feinheit, Eleganz; feine Lebensart.
mundō 1 (*mundus*[1]) reinigen, säubern.
mundulus 3 (*dem. v. mundus*[1]) sauber, geputzt, fein, zierlich.
mundus[1] 3 (*m.* °*comp.*, °*sup.*; °*adv.* **-ē** *u.* **-iter**; *eigtl.* „gewaschen") °**1.** sauber, rein; *subst. in -ō* in Bereitschaft; **2.** / zierlich, fein, anständig.
mundus[2], *ī m* (*et. ungeklärt*) °**1.** Toilettengeräte, Putz; **2. a**) Welt(-all); °**b**) Sternenhimmel; Erde; Menschheit.
mūnerārius, *ī m* (*mūnus*) Veranstalter öffentlicher Gladiatorenspiele.
mūneri-gerulus, *ī m* (*mūnus, gerō*) Überbringer von Geschenken.
mūneror *u.* **-ō** 1 (*mūnus*) schenken; beschenken.
mūnia, *ium n* (*cf. mūnis*), Pflichten, [Berufsgeschäfte.]
mūni-ceps, *cipis m f* (*mūnia, capiō*) **1.** Munizipalbürger(in); **2.** Mitbürger(in), Landsmann, (-männin).
mūnicipālis, e (*mūnicipium*) **1.** zu einem Munizipium gehörig; kleinstädtisch; *subst.* ~, *is m* Kleinstädter; °**2.** spießbürgerlich.
mūnicipātim *adv.* (*mūnicipium*) munizipienweise; nach Landstädten.
mūnicipium, *ī n* (*mūniceps*) Land-, Provinzialstadt (*bsd. italische Klein-*

stadt mit eigenen Gesetzen u. eigener Verwaltung). [Freigebigkeit.]
mūnificentia, *ae f* (*mūnificus*)
mūnificō 1 (*mūnificus*) beschenken.
mūni-ficus 3 (*m.* °*comp.* *-ficentior, sup.* *-ficentissimus*; *adv.*; *mūnus, faciō*) freigebig.
mūnīmentum, *ī n u.* °**-men,** *inis n* (*mūniō*) Schutzmittel, -wehr; Befestigung, Bollwerk; °/ Schutz; Stütze.
mūniō 4 (*moenia*) **1.** (*Mauern*) bauen, (*Wege*) anlegen; **2.** (*m. einer Mauer*) befestigen, verschanzen; *castra* ein befestigtes Lager aufschlagen; **3.** verwahren, sichern, schützen.
mūnis, e (*mūnus*) dienstbereit.
mūnitiō, *ōnis f* (*mūniō*) Mauerbau, Befestigung; Schanze, Festungswerk. [sich bahnen [*viam*].]
mūnītō 1 (*intens. v. mūniō*) bauen;
mūnitor, *ōris m* (*mūniō*) **1.** Befestiger; Erbauer; **2.** Schanzarbeiter; **3.** (*mil. t.t.*) Mineur.
mūnītus 3 (*m. comp., sup.,* °*adv.*; *mūniō*) befestigt; / verwahrt, geschützt.
mūnus, *eris n* (*cf. mūnia*) **1. a**) Pflicht, Obliegenheit; **b**) Amt, Dienst; Leistung; Kriegsdienst; **c**) Abgabe; **2. a**) Gefälligkeit; °**b**) letzter Liebesdienst [*extremum, sollemne*]; Totenopfer; **3. a**) Geschenk, Gabe; **b**) Fest-, Schauspiel; **4.** °**a**) Theatergebäude; **b**) / Prachtbau (*des Weltalls*).
mūnusculum, *ī n* (*dem. v. mūnus*) kleines Geschenk.
mūraena = *mūrēna*.
mūrālis, e (*mūrus*) zur Mauer gehörig, Mauer....
mūrēna, *ae f* (*gr. Lw.*) Muräne (*ein Seefisch*); ♀ *cogn. in d. gens Licinia*; *s. Licinius*.
mūrex, *icis m* (< **mūsak-s*) Purpurschnecke; / Purpurfarbe; Felsenriff; Fußangel. [Salzlake.]
muria, *ae f* (√‾*meu-(r) naß)
muriāticus 3 (*muria*) in Salzlake eingelegt. [*aus dem Gr.*) träge.]
mūricīdus 3 (*wohl Lehnübersetzung*
murmillō, *ōnis m* (*aus gr. Wort* „Art Seefisch") Gladiator *mit gall. Helm, auf dessen Spitze sich als Abzeichen ein Fisch befand.*
murmur, *uris n* (*Schall- od. Lallwort*; *cf. nhd.* „murren, murmeln") *das* Murmeln, Gemurmel (Rauschen, Summen, Schmettern *u.ä.*).
murmurātiō, *ōnis f* (*murmurō*) *das* Murren. [*mur*) Gemurmel.]
murmurillum, *ī n* (*dem. v. mur-*
murmurō 1 (*murmur*) murmeln, ertönen, rauschen; murren.
muro... = *myro...*
murra[1], *ae f* (*iranisches Lw.*) Flußspat; Art Achat; / Murragefäß.
murra[2], *ae f* (*gr. Lw., aus dem Semitischen stammend*) Myrrhenstaude; Myrrhensaft; Myrrhe.
murreus[1] 3 (*murra*[1]) aus Flußspat.
murreus[2] 3 (*murra*[2]) mit Myrrhen gesalbt; myrrhenfarbig, blaßgelb.
murrh... = *murr...*
murrinus[1] 3 (*murra*[1]) aus Flußspat; *subst.* **-a,** *ōrum n* Murragefäße.
murrinus[2] 3 (*murra*[2]) aus Myrrhen bereitet, Myrrhen...; mit Myrrhe parfümiert; *subst.* **-a,** *ae f* mit Myrrhen angemachter Wein.
murtētum, *ī n* (*murtus*) Myrtengebüsch, -wäldchen, -hain.
murteus 3 (*murtus*) von Myrten, Myrten...; / kastanienbraun.
murtum, *ī n* (*gr. Fw.*) Myrtenbeere.
murtus, *ī u. ūs f* (*gr. Fw.*) Myrte; Myrtenhain; Speer aus Myrtenholz.
mūrus, *ī m* (< **moi-ros*; *cf. moenia*) Mauer, Wall; / Schutz.
mūs, *mūris m* (*gen. pl. -ium, selten -um*; *cf. nhd.* „Maus") Maus; °/ *Kosewort*; ♀ *cogn. in d. gens Decia*; *s. Decius*.
Mūsa, *ae f* **1.** Muse; **2.** / °**a**) Gesang, Dichtung; **b**) Kunst, Wissenschaften. [musikalisch.]
mūsaeus[1] 3 (*Mūsa*) dichterisch,
Mūsaeus[2], *ī m* (*gr.* -sa̯ios) *sagenhafter gr. Dichter.*
musca, *ae f* (*cf. nhd.* „Mücke") **1.** Fliege; **2.** / °**a**) neugieriger, ungebetener Gast; **b**) zudringlicher Mensch.
muscārium, *ī n* (*musca*) Fliegenwedel, Kleiderbürste.
mūscipula, *ae f u.* **-um,** *ī n* (*mūs, capiō*) Mausefalle; ** **-a** *auch* Katze. [*muscus*) moosig.]
muscōsus 3 (*m. comp.*; *mū-?*;
mūsculus, *ī m* (*dem. v. mūs*) Mäuschen; / Muskel; Minierhütte; °Miesmuschel.
muscus, *ī m* (*mū-?*; *cf. nhd.* „Moos") Moos.
mūsēum, *ī n* (*gr. Fw.*) Musensitz (Akademie, Bibliothek, Museum).

mūsica, *ae u.* °**-ē,** *ēs f* (*gr. Fw.*) Musik, Tonkunst; Dichtkunst.
mūsicus 3 (*m.* °*adv.*; *gr. Fw.*) musisch, musikalisch; °dichterisch; *adv.* **-ē** fein; *subst.* **-us,** *ī m* Musiker, Tonkünstler; **-a,** *ōrum n* Musik, Tonkunst.
mūsīum = *mūsēum.*
mussitō 1 (*intens. v. mussō*) murmeln, leise vor sich hinsprechen; / sich nicht merken lassen [*iniuriam*].
mussō 1 (*gr. Lw.*) murmeln, leise vor sich hinsprechen; summen; / sich bedenken, schwanken, hinterm Berge halten; bangen.
mustāceum, *ī n* (*mustāx* „Lorbeerart"; *mustus*) (auf Lorbeerblättern gebackener Most-) Hochzeitskuchen.
mūstēla *u.* **-ella,** *ae f* (*-ŭ-?*; *et. ungedeutet*) Wiesel.
mūstēlīnus *u.* **-ellīnus** 3 (*-ŭ-?*; *mūstēla*) Wiesel...
musteus 3 (*mustum*) mostähnlich; / neu, frisch.
mustulentus 3 (*mustum*) mostreich.
mustus 3 (< **mus-tos* „naß, feucht") jung, frisch, neu; *subst.* **-um,** *ī od. pl.* **-a,** *ōrum n* Most; °Weinlese.
****muta,** *ae f* (Maut) Zoll.
mutābilis, e (*m.* °*comp.*, °*adv.*; *mūtō*) veränderlich; launisch.
mūtābilitās, *ātis f* (*mūtābilis*) Veränderlichkeit.
mūtātiō, *ōnis f* (*mūtō*) **1.** Veränderung; **2. a)** Wechsel, Austausch; °**b)** (*rhet. t.t.*) Vertauschung des Ausdrucks, Hypallage.
mutilō 1 (*mutilus*) °**1.** verstümmeln; **2.** / vermindern.
mutilus 3 (*et. ungedeutet*) verstümmelt, gestutzt; (*v. d. Rede*) abgehackt.
mūtiō 4 = *muttiō.*
Mutina, *ae f St. in Oberitalien, j.* Modena; *adi.* *-nēnsis,* e.
mūtō[1] (*altl.* *-tassis* = *-tāveris*; √ *meit(h)- „wechseln, tauschen") **I.** (*trans.*) **1.** bewegen, entfernen, vertreiben, versetzen; **2. a)** wechseln, (ver)tauschen, umtauschen [*merces*; *bellum pace*]; *vestem* sich umkleiden; Trauerkleider anlegen; **b)** (ver)ändern; *mediopass.* sich ändern, umschlagen; **c)** verwandeln; **d)** umstimmen [*animum ad misericordiam*]; °**e)** verbessern; verschlechtern, verderben; °**II.** (*intr.*) sich ändern, umschlagen.
mūtō[2], *ōnis m* (*wohl etr. Fw.*) das männliche Glied.
muttiō 4 (*Schallwort*) mucksen, (leise) reden.
muttītiō, *ōnis f* (*muttiō*) das Mucksen.
muttō, *ōnis m* = *mūtō*[2].
mūtuātiō, *ōnis f* (*mūtuor*) das Borgen, Anleihe.
mūtuitāns, *antis* (*mūtuor*) der borgen will.
mūtulus = *mītulus.*
mūtūniātus 3 (*im Vers auch*: *mŭ-*; *mūtō*[2]) mit starkem Penis.
mūtuō *adv. s. mūtuus.*
mūtuor 1 (*mūtuus*) borgen, leihen; / entlehnen.
mūtus 3 (*Schallstamm* *mū-; *cf. muttiō*) **1.** stumm, sprachlos; **2.** still, lautlos; °**3.** (*gramm. t.t.*) *mutae consonantes die* Mutae, Explosivlaute (g, c, k, q; b, p; d, t).
mūtuus 3 (*adv.* **-ē** *u.* **-ō**; *mūtō*) **1.** geborgt, geliehen; *pecuniam -am dare* verborgen, verleihen; **2.** gegenseitig, beiderseitig; **3.** *subst.* **-um,** *ī n* °**a)** Darlehen; *kl. nur* (*dat.*) *adv.* *-ō* leihweise; **b)** Gegenseitigkeit.
Mycalē, *ēs f* (*gr.* -kạlē) *Vorgeb. gegenüber Samos*; *Schlacht 479.*
Mycēnae, *ārum u.* **-a,** *ae f* (*gr.* -kẹnai, -kẹnē) *St. in Argolis, Sitz Agamemnons*; *adi.* *-naeus* 3; *subst.* *-nis, idis f* = Iphigenie; *Einw.* *-nēnsēs, ium m.*
myoparō, *ōnis m* (*gr. Fw.*) Kaperschiff.
myrīca, *ae u.* **-ē,** *ēs f* (*gr. Fw.*) Tamariske.
Myrmidones, *um m* (*gr.* -dọnes) *thessalisches Volk unter Achills Herrschaft.*
myrmillō = *murmillō.*
Myrō, *ōnis m* (*gr.* -ōn) *gr. Bronzegießer um 460* (*Diskuswerfer*).
myrobrechārius, *ī m* (*gr. Fw. m. lat. Suffix*) Salbenhändler.
myrobrechīs (*gr. nom. pl.*) mit Salben benetzt [*cincinni*].
myropōla, *ae m* (*gr. Fw.*) Salbenhändler.
myropōlium, *ī n* (*gr. Fw.*) Parfümerieladen.
myrothēcium, *ī n* (*gr. Fw.*) Salbenbüchse.
myrrh... = *murr...*[2].
myrt... = *murt...*
Myrtōum mare *Teil des Ägäischen Meeres zw. Kreta u. Euböa.*
Mȳsī, *ōrum m Bewohner v.* **Mȳsia,** *ae f* (*gr.* -ịā) *im nw. Kleinasien*; *adi.* *-s(i)us* 3.

mystagōgus, *ī m* (*gr. Fw.*) Fremdenführer durch heilige Orte.
mystērium, *ī n* (*gr. Fw.*) Geheimlehre; *meist pl.* **-a,** *ōrum n* Geheimkult, Mysterien; / Geheimnisse.
mystēs, *ae m* (*gr. Fw.*) Priester bei den Mysterien, Myste.
mysticus 3 (*gr. Fw.*) mystisch, geheimnisvoll.
Mytilēnae, *ārum f u.* **-ē,** *ēs f Hauptst. der Insel Lesbos; adi.* *-naeus* 3 *u.* *-nēnsis,* e.
myxa, *ae f* (*gr. Fw.*) Schnauze für Lampendocht.

N

N. (*Abk.*) = *Numerius*; *nepōs*; *Nōnae*.
nablium, *ī n* (*gr. Fw., aus dem Semitischen entlehnt*) *phönikisches Saiteninstrument.*
nae *int. falsche Schreibung für nē*[1].
Naevius 3 *röm. Gentilname*: **1.** *Cn.* ~, *Dichter um 250; adi.* *-iānus* 3; **2.** *porta Naevia Tor am Aventin.*
naevus, *ī m* (*Gnaeus; wohl zu gignō*) Muttermal.
Nāïas, *adis u.* **Nāis,** *idis f* (*gr.* -ïąs, -įs) Najade, Nymphe; / Wasser; *adi.* *Nāicus* 3.
nam *ci.* (*acc. sg. f des Pronominalstammes* *no-; *cf.* enim) **1.** ja, freilich; **2.** (*enklitisch, bsd. an Fragewörter angehängt*) *quisnam* wer denn? *ubinam* wo denn?; **3.** (*am Satzanfang*) denn; nämlich.
nam-que *ci.* (*verstärktes nam, meist am Satzanfang*) **1.** wahrlich, freilich; **2.** denn, nämlich.
nancīscor, *nactus u.* (*jünger*) *nānctus sum* 3 (*nănctus?*; *incoh. zu *nanciō*; √‾ *nek- „erreichen"; *cf. nhd.* „genug") (zufällig) erreichen, erlangen, bekommen; vorfinden, antreffen.
nānus, *ī m* (*gr. Fw.*) Zwerg.
napaeus 3 (*gr. Fw.*) zum Waldtal gehörig; *subst.* **Napaeae,** *ārum f* Nymphen der Bergtäler.
Nār, *āris m schwefelhaltiger Nbfl. d. Tiber, j.* Nera.
Nārbō, *ōnis m* (-*ă*-?) *röm. Kolonie in d. Provincia, j.* Narbonne; *adi.* *-nēnsis,* e.
narcissus, *ī m* (*gr. Fw.*) Narzisse; ♀ **1.** *schöner Jüngling, der sich in sein eigenes Bild im Wasser verliebte u. in eine Narzisse verwandelt wurde*; **2.** *Freigelassener des Kaisers Claudius.*
nardinum, *ī n* (*gr. Fw.*) Nardenwein.
nardum, *ī n u.* **-us,** *ī f* (*gr. Fw., durch phönikische Vermittlung aus dem Indischen entlehnt*) Narde; Nardenöl.
nāris, *is f* (< **nāsis*; *cf. nhd.* „Nase") **1.** °**a**) Nasenloch; **b**) *pl.* Nase; °**2.** / feine Nase, kluges Urteil.
narrābilis, e (*nā-?*; *narrō*) erzählbar.
narrātiō, *ōnis f* (*nā-?*; *narrō*) Erzählung.
narrātiuncula, *ae f* (*nā-?*; *dem. v. narrātiō*) kleine Erzählung, Anekdote.
narrātor, *ōris m* (*nā-?*; *narrō*) Erzähler.
narrātus, *ūs m* (*nā-?*; *narrō*) Erzählung.
narrō 1 (*-ā-?*; (g)*nārus*) kundtun: **1.** erzählen, berichten; Nachricht bringen [*bene, male*]; *im* P. *narror* man erzählt von mir (*meist mit n.c.i.*); **2.** erwähnen, sagen.
narthēcium, *ī n* (*gr. Fw.*) Salben- und Schminkdose.
nārus 3 = *gnārus.*
nāscor, *nātus sum* 3 (*cf. gignō*) **1.** geboren, erzeugt werden; **2.** entstammen; entstehen, -springen; **3.** wachsen, sich zeigen; *ex hoc nascitur, ut* daraus folgt, daß; **4.** (*part. pf.*) *adi.* **nātus** 3 gebürtig, abstammend [*humillimo loco*; (*ex*) *ancilla*]; bestimmt *zu* [*imperio, ad dicendum*]; von Natur beschaffen, geartet; alt [*viginti annos*]; °*subst.* **-us,** *ī m* Sohn; **-a,** *ae f* Tochter; **-ī,** *ōrum m* Kinder; Junge.
Nāsīca *s. Scīpiō.*
Nāsō, *ōnis m* (großnasig) *röm. cogn.*; *s. Ovidius.*
nassa, *ae f* (< **nad-tā*; *cf. nōdus*; *nhd.* „Netz") Netz, Schlinge.
nassiterna, *ae f* (*vl. etr. Fw., zumindest etr. Suffix*) Gießkanne.
nāsturcium, *ī n* (*pl. auch nāsturtia*; *nach antiker Et.* „Nasenquäler": *nāsus, torqueō*) Kresse.
nāsus, *ī m, altl. auch* **-um,** *ī n* (*nāris*) Nase; °/ feine Nase, scharfes Urteil; *-o suspendere* die Nase

rümpfen *über* [*ignotos*]; Tülle *eines Bechers.*

nāsūtus 3 (*m. comp., sup., adv.*; *nāsus*) großnasig; / naseweis.

nātālicius 3 (*nātālis*) Geburtstags...; *subst.* **-ia,** *ae f* (*sc. cēna*) Geburtstagsschmaus.

nātālis, e (*nātus, nāscor*) **1.** zur Geburt gehörig, Geburts...; *dies* Jahrestag, Geburtstag; Stiftungstag; **2.** *subst.* **~,** *is m* **a)** Geburtstag; °**b)** Geburtsort, -genius; °**c)** *pl.* Herkunft, Stand; Geburtsrechte; ** *natalis (dies) domini* Weihnachten; *natale (festum)* Geburtstag, Tag des Amtsantritts.

natātiō, *ōnis f* (*natō*) *das* Schwimmen, Schwimmübung.

natātor, *ōris m* (*natō*) Schwimmer.

nātiō, *ōnis f* (*nāscor*) **1.** Geburt [*natione Medus*]; ♀ Geburtsgöttin; **2.** Volksstamm, Völkerschaft; Nation; **3.** / Gattung, Klasse, Art, Sippschaft; ** Herkunft.

natis, *is f* (*et. nicht klar*) Hinterbacke; *pl.* Gesäß.

nātīvus 3 (*nātus, nāscor*) geboren; angeboren; natürlich; *verba -a* Stammwörter.

natō 1 (*frequ. v. nō*) **1.** (*intr.*) **a)** schwimmen; / °**b)** wogen, wallen; **c)** triefen; überfließen *von* [*vino*]; **d)** schwanken, ungewiß sein; °**2.** (*trans.*) durchschwimmen.

natrix, *icis f* (*cf. nhd.* „Natter") Wasserschlange; °/ Schlange.

nātūra, *ae f* (*nātus, nāscor*) **1. a)** Geburt; **b)** Geschlechtsteile; **2.** natürliche Beschaffenheit, Wesen, Eigentümlichkeit; **3.** Charakter, Naturell; *-ā* von Natur; Menschenherz; **4.** Naturgesetz, natürlicher Lauf der Dinge, Weltordnung; Naturkraft, Schöpferkraft der Natur; **5.** Welt, Weltall; **6.** Grundstoff, Element; Naturgebilde, Kreatur; **7.** Organ; °**8.** Gattung, Geschlecht.

nātūrālis, e (*m. adv.*; *nātūra*) **1.** leiblich [*filius*]; **2.** angeboren; natürlich; **3.** Natur... [*historia*].

nātus[1] 3; **~,** *ī m s. nāscor.*

nātus[2], *abl. ū m* (*nāscor*) Geburt, Alter; *magnus, grandis -u* alt, bejahrt; *minimus -u* jüngster.

nauarchus, *ī m* (*gr. Fw.*) Schiffskapitän.

nauclēricus 3 (*gr. Fw.*) *des* Schiffsherrn [*ornatus*].

nauclērus, *ī m* (*gr. Fw.*) Schiffsherr.

naucula (*nkl.*) = *nāvicula.*

nauculor 1 (*naucula*) auf einem Schiffchen fahren.

naucum, *ī n* (*et. ungedeutet*) Nußschale; / *non -i esse* keine taube Nuß wert sein.

naufragium, *ī n* (*nāvis, frangō*) Schiffbruch; / Niederlage; Elend, Ruin, Verarmung; *pl.* Trümmer.

nau-fragus 3 (*naufragium*) **1.** (*pass.*) schiffbrüchig; / ruiniert; verzweifelt; °**2.** (*act.*) Schiffe zerschellend.

naulum, *ī n* (*gr. Fw.*) Fährgeld.

naumachia, *ae f* (*gr. Fw.*) Seegefecht (*als Schauspiel*); Ort des Seegefechts.

naumachiārius, *ī m* (*naumachia*) Kämpfer in einer *naumachia.*

nausea, *ae f* (*gr. Fw.*) **1. a)** Seekrankheit; °**b)** Übelkeit; °**2.** / Langeweile.

nauseābundus 3 (*nausea*) seekrank; an verdorbenem Magen leidend.

nauseātor, *ōris m* (*nausea*) *ein* Seekranker.

nauseō 1 (*nausea*) **1.** seekrank sein; sich erbrechen; **2.** / **a)** Ekel bekommen; °**b)** sich übel benehmen.

nauseola, *ae f* (*dem. v. nausea*) (kleine) Übelkeit.

nausi... = *nause...*

nauta, *ae m* (*gr. Lw.*) **1.** Schiffer, Matrose; °**2.** Schiffsherr, Kaufmann.

nautea, *ae f* (*gr. Fw.*) Schiffsjauche.

nauticus 3 (*gr. Fw.*) Schiffs...; *res -a* Seewesen; °*subst.* **~,** *ī m* Seemann.

nāvālis, e (*nāvis*) **1.** See..., Schiffs...; °*socii -es* Matrosen; **2.** *subst.* **-e,** *is n* °**a)** Hafen, Werft; **b)** *pl.* Dock; Schiffswerft; °Takelwerk.

nāvicula, *ae f* (*dem. v. nāvis*) Schifflein, Kahn.

nāviculāria, *ae f* (*nāvicula*) Frachtschiffahrt; Reederei.

nāviculārius, *ī m* (*nāvicula*) Frachtschiffer; Reeder.

nāvi-fragus 3 (*nāvis, frangō*) Schiffe zerschellend.

nāvigābilis, e (*nāvigō*) schiffbar.

nāvigātiō, *ōnis f* (*nāvigō*) Schiffahrt, Seereise; Fahrgelegenheit.

nāvigātor, *ōris m* (*nāvigō*) Schiffer.

nāvi-ger, *era, erum* (*nāvis, gerō*) Schiffe tragend, schiffbar.

nāvigiolum, *ī n* (*dem. v. nāvigium*) Boot.

nāvigium, *ī n* (*nāvigō*) Schiff.

nāvigō 1 (*nāv-agos „das Schiff treibend"; *nāvis, agō*) **1.** (*intr.*) **a**) segeln, in See gehen; °**b**) schwimmen [*pinus*]; **2.** (*trans.*) **a**) durchsegeln, befahren; °**b**) durch Schifffahrt erwerben.

nāvis, *is f* (*acc.* -*em* (-*im*), *abl.* -*ī* (-*e*); *urspr. wohl* „(ausgehöhlter) Baumstamm") Schiff; *longa* Kriegsschiff, *oneraria* Lastschiff; / Staatsschiff, Staat; ** Kirchenschiff.

nāvita, *ae m* (*nāvis*) *dcht. Neubildung für nauta.*

nāvitās, *ātis f* (*nāvus*) Emsigkeit, Eifer.

nāviter *adv. zu nāvus.*

nāvō 1 (*nāvus*) eifrig betreiben; betätigen [*benevolentiam*]; *operam* Dienste leisten, dienen.

nāvus 3 (*m.* °*comp.*, *adv.* °**-ē** *u.* **-iter;** *altl. gnāvus; wohl zu nōscō*) emsig, eifrig; tüchtig.

Naxos, *ī f größte Kykladeninsel; adi.* [-*ius* 3.]

nē¹ (*Versicherungspartikel; stets am Satzanfang vor einem pron.; urspr. instr. des Personalstammes* *no-; *cf. nam*) fürwahr, wahrlich.

nē² (*Verneinungspartikel; cf. nhd.* „n-ein; n-icht") **1.** *adv.* nicht: **a**) **nē ... quidem** nicht einmal, auch nicht, keineswegs; °**b**) (*in Befehlssätzen*) nicht, daß nicht; *altl. u. dcht. m. imp.* [*tu ne cede malis; nocturna sacrificia ne sunto*]; *m. coni. praes. od. pf.* [*hoc ne feceris*]; **c**) (*in Wunschsätzen*) [*ne vivam; utinam ne venisset*]; **d**) (*in Konzessivsätzen*) gesetzt, zugegeben daß nicht [*ne sit summum malum dolor, malum certe est*]; **2.** *ci.* (*m. coni.*) **a**) (*in Objektsätzen*): (*in abhängigen Begehrssätzen*) daß nicht [*oro te, ne venias* ich bitte dich, nicht zu kommen]; (*nach Ausdrücken der Furcht u. Besorgnis*) daß; *ne non* daß nicht [*vereor, ne veniat*]; (*nach den Verben „hindern, untersagen, sich weigern, sich hüten"*) daß *od. inf. m.* „zu"; **b**) (*in Finalsätzen*) damit nicht, daß nicht, um nicht.

nĕ-³ (*unbetonte Wortnegation, m. nē² verwandt; nur in Zusammensetzungen wie*: *neque, negō, nesciō; nōlō; nisi*).

-nĕ⁴ (*enklitische Fragepartikel; wohl ablautend zu nē¹*) **1.** (*in einfachen Fragen*) **a**) (*dir.*) etwa, wohl; *meist nicht übersetzt; gelegentlich* = *nōnne* [*videsne?*]; **b**) (*indir.*) ob, ob etwa, ob vielleicht; **2.** (*in disjunktiven Fragen*) = *utrum ... an*: **a**) (*dir.*) *-ne ... an, -ne ... -ne*: *1. Glied unübersetzt, 2. u. eventuell folgende Glieder*: oder; **b**) (*indir.*) *-ne ... an, -ne ... -ne,* — *... -ne* ob ... oder; *-ne ... necne,* — *... necne* ob ... oder nicht.

Neāpolis, *is f* (*gr.* „Neustadt") *j.* Napoli, Neapel; *adi. u. Einw.* *-litānus* (3); *subst.* **-litānum,** *ī n* Gut bei ~.

nebula, *ae f* (*cf. nhd.* „Nebel") Dunst, Nebel; Rauch, Gewölk; / *alles sehr Dünne.*

nebulō, *ōnis m* (*nebula*) Taugenichts, Windbeutel.

nebulōsus 3 (*m.* °*comp.*; *nebula*) nebelig, trübe.

nec *u.* **neque** *ci.* (*ne-³* + *que*) **1.** (*altl.*) = *nōn*; *kl. nur in Zusammensetzungen* [*neg-ōtium; nec-opinatus*]; **2.** und nicht, auch nicht; ~ *quisquam* und niemand, ~ *ullus populus* und kein Volk; ~ *unquam* und niemals; ~ *vero* aber nicht; ~ *enim* denn nicht, nämlich nicht; ~ *tamen* doch nicht; ~ ... *non* und (gewiß) auch; ~ *aut ... aut* und weder ... noch; ~ ... ~ weder ... noch; ~ ... et einerseits nicht ... andrerseits, nicht ... sondern vielmehr; et ... ~ einerseits ... andrerseits nicht, zwar ... aber nicht.

nec-dum *u.* **neque-dum** *adv.* und noch nicht; (auch) noch nicht.

necessārius 3 (*m. sup. maximē* ~; *adv.* **-ē** *u.* **-ō**; *necesse*) **1.** unvermeidlich, unentbehrlich; notwendig, notgedrungen; **2.** dringend, zwingend, unumstößlich; **3. a**) verwandt, befreundet; **b**) eng zusammenhängend *mit*; **4.** *subst.* **-us,** *ī m,* **-a,** *ae f* Verwandte(r), Freund(in), Klient; °**-a,** *ōrum n* Bedürfnisse.

necesse *u.* (*altl.*) **-cessum** *u.* **-cessus** (< *ne-cēd-tis* „kein Ausweichen") *nur in Verbindung m. esse* nötig sein, müssen *u. habēre* nötig haben, für nötig halten, müssen.

necessitās, *ātis f* (*necesse*) **1.** Unvermeidlichkeit, Notwendigkeit; **2.** Zwang; **3.** Verhängnis, Schicksal; **4.** Notstand, Drang der Umstände, Mühseligkeit; °**5.** Mangel; **6.** *pl.* notwendige Bedürfnisse

(Ausgaben, Lasten); **7.** verbindende Kraft.

necessitūdō, *inis f* (*necesse*) **1.** Notwendigkeit; °**2.** Not(lage); **3. a)** enges Verhältnis; **b)** Verwandtschaft, Freundschaft; Klientel; °**c)** *pl.* (*concr.*) Verwandte, Freunde.

nec-ne *s.* -*nĕ*[4].

nec-nōn *s. nec.*

necō 1 (*pf.* °*selten -uī*; *cf. nex*) töten, morden; / vernichten.

nec-opīnāns, *antis* (*auch getr.*) nicht vermutend, ahnungslos.

nec-opīnātus 3 (*adv.* **-ō**) unvermutet, wider Erwarten.

nec-opīnus 3 **1.** (*act.*) nichts vermutend, ahnungslos; **2.** (*pass.*) unvermutet.

nectar, *aris n* (*gr. Fw.*) Nektar, Göttertrank, °-balsam; °/ Süßigkeit, Honig, Milch; lieblicher Geruch.

nectareus 3 (*nectar*) aus Nektar; / süß wie Nektar.

nectō, *nex(u)ī, nexum* 3 (*vl.* < **nedō*; *cf. nōdus*) °**1. a)** (ver)knüpfen, ineinanderschlingen; **b)** (*jur. t.t. v. der Schuldhaft*) fesseln, verhaften; **2.** / anknüpfen [*causas alias ex aliis*]; verknüpfen; anzetteln [*dolum*]; **3.** (*P.P.P.*) *subst.* °**a) nexus,** *ī m* der in Schuldhaft Befindliche; **b) nexum,** *ī n* Verbindlichkeit eines Schuldners; — *cf. nexum.*

nē-cubī *u.* **-ĭ** *ci. m. coni.* damit nicht irgendwo.

nē-cunde *ci. m. coni.* damit nicht irgendwoher.

nē-dum I. (*altl.*) = *nē dum* damit nicht inzwischen (*cf. dum*); **II.** *ci.* geschweige denn: **1.** (*im Nachsatz*) **a)** (*nach negativem Satz*) *m. bloßem coni. od. ut m. coni.* noch viel weniger; °**b)** (*nach affirmativem Satz*) noch viel mehr, um so mehr, vielmehr; °**2.** (*am Satzanfang*) = *nōn sōlum* nicht nur.

ne-faciō, — — 3 (*nĕ*-[3]) anders handeln.

ne-fandus 3 (*nĕ*-[3] + *Gerundiv v. for*) gottlos; °*subst.* **-um,** *ī n* Frevel.

nefārius 3 (*m. adv.*; *nĕ*-[3], *for*) ruchlos, frevelhaft; *subst.* **-us,** *ī m* Frevler; **-um,** *ī n* Frevel, Unrecht.

ne-fās *n* (*indecl.*; *nĕ*-[3]) **1.** Frevel, Ruchlosigkeit, Unrecht, Sünde; °(*heu*) *nefas!* schändlich, entsetzlich!; °**2.** (*v. Personen*) Scheusal.

ne-fāstus 3 (*nĕ*-[3]) °**1.** verboten; *dies -i Tage, an denen aus religiösen Gründen Versammlungen u. gerichtliche Handlungen verboten waren*; °**2.** unheilvoll, unglücklich; **3.** unheilig, sündhaft.

negantia, *ae f* (*negō*) Verneinung.

negātiō, *ōnis f* (*negō*) Verneinung, *das* Leugnen.

negitō 1 (*intens. v. negō*) beharrlich leugnen.

neglēctiō, *ōnis f* (*neglegō*) Vernachlässigung; Gleichgültigkeit *gegen* [*amicorum*].

neglēctus[1], *ūs m* (*neglegō*) Vernachlässigung.

neglēctus[2] 3 (*neglegō*) vernachlässigt, nicht beachtet.

neglegēns, *entis* (*m.* °*comp.*, *adv.*; *neglegō*) nachlässig, gleichgültig; *officii* pflichtvergessen; verschwenderisch.

neglegentia, *ae f* (*neglegēns*) **1.** Nachlässigkeit; **2.** Vernachlässigung, Geringschätzung [*deum*]; *sui das* Sichgehenlassen.

neg-legō, *lēxī, lēctum* 3 (°*selten coni. plqpf. -lēgissem*; *nec* + *legō*[2]; *cf. dīligō*) **1.** vernachlässigen, sich nicht kümmern *um* [*rem familiarem*]; **2.** geringschätzen, verachten; **3.** übersehen, ungestraft lassen.

negō 1 (*altl. coni. pf. -assim*; **neg(i)* „nicht; nein"; *cf. negōtium*) **1.** (*intr.*) nein sagen; **2.** (*trans.*) **a)** verneinen, leugnen; behaupten, daß nicht; **b)** abschlagen, verweigern.

negōtiālis, e (*negōtium*) geschäftlich; tätig.

negōtiātiō, *ōnis f* (*negōtior*) Großhandel, Bankgeschäft; (*in d. Kaiserzeit*) Handel.

negōtiātor, *ōris m* (*negōtior*) Großhändler, Bankier; (*in d. Kaiserzeit*) Kaufmann.

negōtiolum, *ī n* (*dem. v. negōtium*) Geschäftchen.

negōtior 1 (*negōtium*) **1.** Großhandel, Großgeldgeschäfte treiben; °**2.** Handel treiben; (*part. praes.*) *subst.* **negōtiāns,** *antis m* = *negōtiātor.*

negōtiōsus 3 (*m.* °*comp.*; *negōtium*) geschäftig; mühevoll; °*subst.* **-ī,** *ōrum m* Geschäftsleute.

negōtium, *ī n* (<**neg' ōtium est* „es ist nicht Muße"; *cf. negō*) Tätigkeit, Beschäftigung: **1. a)** Geschäft, Arbeit; Auftrag, Aufgabe, Unternehmen; **b)** Schwierigkeit, Mühe; *mihi est* ~ *cum* ich habe meine Mühe mit; Unannehmlichkeit, Verlegenheit; *-um facessere, exhibere* Verlegenheit bereiten, Schwierigkeit machen; °*sine -o* ohne Umstände; **2. a)** Staatsdienst; **b)** kriegerische Unternehmung, Kampf; **c)** Geld-, Handelsgeschäft; **d)** häusliche Angelegenheit; *pl.* Hauswesen; **e)** *pl.* Verhältnisse, Umstände; **3.** Ding, Stück, Sache; *quid negoti est?* was gibt's?; ~ *incidit* es tut not.

Nēleus, *eī m* (*gr.* -leus) *König v. Pylos, Vater Nestors*; *adi.* -ē(ï)us 3; *subst.* **-ēïus,** *ī u.* **-īdēs,** *ae m* Nachkomme des ~.

Nemea, *ae f* (*gr.* -meā) *Flecken in der Argolis, wo Herkules den Löwen erlegte; Ort der Nemeischen Spiele* (**-a,** *ōrum n*); *adi.* -eaeus 3.

Nemesis, *eos f Göttin der Vergeltung.*

nēmō (*nūllīus, nēminī, nēminem, nūllō*; < **ne-hemō* „kein Mensch"; *homō*) **1.** *subst.* niemand, keiner; *non* ~ mancher; ~ *non* jedermann; **2.** *adi.* kein [*Thebanus*].

nemorālis, *e u.* **-rēnsis,** *e* (*nemus*) zum Haine gehörig; / waldig; zum Hain (*bsd. der Diana v. Aricia*) gehörig; *lacus j.* Nemisee; *subst. in Nemorensi* auf dem Gebiet des Hains von Aricia.

nemori-cultrīx, *īcis f* (*nemus*) Waldbewohnerin [*sus* Wildsau].

nemori-vagus 3 (*nemus*) im Walde umherschweifend.

nemorōsus 3 (*nemus*) waldreich; dichtbestanden, schattig.

nempe *adv.* (*Pronominalstamm *no + -pe; cf. nam; quip-pe*) nämlich, doch wohl, offenbar; freilich, natürlich, allerdings.

nemus, *oris n* (*cf. gr.* nemos) **1.** Wald, Gehölz; **2.** heiliger Hain (*bsd. der Diana v. Aricia*); °**3. a)** Baumpflanzung; **b)** Holz.

nēnia, *ae f* (*vl. gr. Lw.*) **1.** Trauer-, Klagelied; °**2.** Zauberlied; Lied, Gedichtchen.

neō, *nēvī, nētum* 2 (*cf. nhd.* „nähen") spinnen; weben.

****neophytus,** *i m* Neubekehrter.

Neoptolemus, *ī m* (*gr.* -os) *Sohn des Achilles.*

****neotericus,** *i m* Neoteriker, moderner Schriftsteller.

nepa, *ae f* (*wohl afrikanisches Fw.*) Skorpion; °Krebs (*Tier u. Gestirn*).

nepōs¹, *ōtis m* (*cf. nhd.* „Neffe") **1.** Enkel; °**2.** Nachkomme; Neffe; **3.** / Verschwender; ** Verwandter.

Nepōs², *ōtis m röm. cogn.*: *Cornēlius ~, Historiker, Freund des Cicero, Catull u. Atticus, ca. 100–25.*

nepōtātus, *ūs m* (*nepōs*) Schwelgerei.

nepōtor 1 (*nepōs*) verschwenden.

nepōtulus, *ī m* (*dem. v. nepōs*) Enkelchen.

neptis, *is f* (*cf. nepōs; nhd.* „Nichte") Enkelin.

Neptūnus, *ī m* (*urspr. nur Gott der Quellen u. Flüsse, durch Gleichsetzung mit Poseidon auch der Seen u. Meere*) *Sohn des Saturnus, Meergott*; °/ Meer; *adi.* -tūnius 3.

nēquam (*indecl.*) (*m. comp. nēquior, sup. nēquissimus; adv. -quiter; nē² + quam* „nicht irgendwie [zu etwas nutz]") °**1.** (*v. Sachen*) nichts wert; **2.** (*v. Personen*) liederlich; Schuft.

nē-quāquam *adv.* (*nē²; quisquam*) keineswegs.

neque *s. nec.*

neque-dum *s. necdum.*

nequeō, *īvī u. iī, itum, īre* (*-ītum?; vl. aus impers. nequit < neque it* „es geht nicht" *zu pers. verb. umgebildet; cf. queō*) nicht können.

nē-quīquam *adv.* (*nē² + abl. quīquam* „nicht auf irgendeine Weise") vergeblich, erfolglos; zwecklos.

nēquiter *adv. zu nēquam.*

nēquitia, *ae u.* °**nēquitiēs,** *ēī f* (*nēquam*) Nichtsnutzigkeit, Schlechtigkeit; Liederlichkeit, Leichtsinn.

Nēreus, *eos u. eī m* (*acc. -ea, voc. -eu; gr.* -reus) *göttlicher Meergreis, Vater der fünfzig Nereiden*; °/ Meer; **Nērēis,** *idis u.* **Nērīnē,** *ēs f* Nereide, Meernymphe; *adi.* -rēïus 3.

Nerō, *ōnis m cogn. in d. gens Claudia*: **1.** *C. Claudius ~, Sieger über Hasdrubal 207 b. Sena*; *adi.* -rōniānus 3; **2.** *Ti. Cl. ~, erster Gatte der Livia Drusilla; aus dieser Ehe stammten: Tiberius ~ (der spätere Kaiser Tiberius) u. Drūsus ~ (Vater des Kaisers Claudius)*; **3.** *Ti. Claudius Nerō (Kaiser 54–68)*; *adi.* -rōnēus 3.

Nerthus, *ī f germ. Göttin des Wachstums.*

Nerva *s. Coccēius.*

Nervii, *ōrum m belg. Volksstamm zw. Schelde u. Sambre*; *adi.* -vicus 3.

nervōsus 3 (*m. comp.,* °*sup., adv.; nervus*) °**1.** muskulös; **2.** / kraftvoll.

nervulī, *ōrum m* (*dem. v. nervus*) Nerven, Kräfte.

nervus, *ī m* (*cf. gr.* neuron) **1.** Sehne, Muskel; **2. a)** Saite, *pl.* Saiteninstrument; °**b)** Bogensehne; °**c)** Leder; °**d)** Riemen, Fessel, Gefängnis [*in nervis tenēri*]; °**e**) männliches Glied; **3.** / **a**) Stärke, Kraft, Nachdruck; **b**) Lebenskraft, Haupttriebfeder.

ne-sciō 4 (*impf. auch -ībam*; nĕ-³) **1.** **a**) nicht wissen, nicht kennen; **b**) ~ *an* (*m. coni.*) vielleicht; ~ *an non* schwerlich; **c**) (*eingeschoben, ohne Einfluß auf die Konstruktion*) ~ *qui(s)* irgend jemand, irgendein(er); ~ *quo modo od. pacto* gewissermaßen, leider; irgendwie; **2.** nicht können, nicht verstehen.

ne-scius 3 (nĕ-³, *sciō*; *cf. īnscius*) **1.** (*act.*) **a**) unwissend, unkundig [*fati*]; °**b**) nicht imstande, unvermögend; °**c**) unempfindlich; °**2.** (*pass.*) unbekannt, unbewußt.

Nessus, *ī m* (*gr.* -os) *Kentaur, mit dessen giftigem Blut Deianira das Gewand des Herkules tränkte*; *adi.* *-ēus* 3. [*Pylos.*]

Nestor, *oris m* (*gr.* -tōr) *König v.*

neu *s. nēve.*

****neumae,** *arum f* Melodie; *-as pedibus variare* nach der Musik tanzen, *agere* Takt schlagen.

ne-uter, *tra, trum* (*gen. -īus, dat. -ī*; nĕ-³) **1.** kein(er) von beiden [*consul*]; *pl.* keine (von beiden) Parteien; **2.** (*philos. t.t.*) gleichgültig, indifferent [*-ae res* weder gut noch böse]; **3.** (*gramm. t.t.*) sächlich.

ne-utiquam *adv.* (*auch getr.*; nĕ-³; *utĭ urspr. Form für utī*) keineswegs.

neutrālis, e (*neuter*) (*gramm. t.t.*) sächlich. [von beiden Seiten.]

neutrō *adv.* (*neuter*) nach keiner

neutr-ubī *u.* **-ĭ** *adv.* (*neuter*; *ubī*) an keiner von beiden Stellen.

nē-ve *u.* **neu** *ci.* und nicht, oder nicht (*leitet 2. Glied eines dir. od. indir. Aufforderungs- od. Finalsatzes ein*); *neu ... neu* damit weder ... noch; weder ... noch; *ut neve ... neve* daß (damit) weder ... noch.

ne-vīs, ne-vult (*volt*), **ne-vellēs** *s. nōlō.*

nex, *necis f* (*cf. gr.* nẹkȳs „Toter") **1.** gewaltsamer Tod; Mord, Hinrichtung; °**2.** natürlicher Tod.

nexilis, e (*nectō*) zusammengeknüpft.

nexum, *ī n* (*nectō*) Darlehen; Darlehnsvertrag; Schuldhörigkeit.

nexus¹, *ī m s. nectō.*

nexus², *ūs m* (*nectō*) **1.** Verschlingung; **2.** / °**a**) Verbindung; Verwicklung; **b**) (*jur. t.t.*) Schuldknechtschaft, Schuldverpflichtung.

nī *adv. u. ci.* °**1.** (= nē²) nicht, daß nicht; *kl. nur quidnī u. nīmīrum* (*s. d.*); **2.** = *nisī* wofern nicht, wenn nicht; °*mirum ni* gewiß, sicher.

Nīcaea, *ae f* (*gr.* Nịkāla) **1.** *St. in Bithynien, j.* Isnik; *Einw.* **-aeēnsēs,** *ium m*; **2.** *St. in Lokris.*

Nīcaeus 3 (*gr.* -kạlos) *der* Siegverleihende (*Beiname Jupiters*).

nīcātor, *ōris m* (*acc. pl. -as*; *gr. Fw.*) Sieger; *pl. Beiname der Leibwache des Königs Perseus v. Makedonien.*

nīcētērium, *ī n* (*gr. Fw.*) Siegespreis.

nictō 1 (*cf. nhd.* „neigen") mit den Augen zwinkern; / zucken [*fulgura*]. [zum Nest.]

nīdāmentum, *ī n* (*nīdus*) Baustoff

nīdi-ficus 3 (*nīdus, faciō*) nistend.

nīdor, *ōris m* (< **knīdōs*; *cf. nhd.* „stinken") Fettdampf, Dunst; Gestank. [chen.]

nīdulus, *ī m* (*dem. v. nīdus*) Nest-

nīdus, *ī m* (*cf. nhd.* „Nest"; *vl.* „Ort zum Niedersitzen") **1.** Nest; °**2.** junge Vögel im Nest; °**3.** / **a**) Felsennest; **b**) Bücherschrank.

niger, *gra, grum* (*m.* °*comp.*, °*sup.*; *et. ungeklärt*) **1.** schwarz, dunkel; °**2.** verdunkelnd; **3.** / °**a**) unheilvoll, traurig; **b**) boshaft, böse.

nigrāns, *antis* (*nigrō*) schwarz, dunkel.

nigrēscō, *gruī,* — 3 (*incoh. v. nigreō* „schwarz sein") schwarz werden.

nigrō 1 (*niger*) schwarz sein.

nigror, *ōris m* (*niger*) Schwärze.

nihil (*indecl.*) (*im Vers auch nihīl*; *die obliquen Kasus ersetzt durch*: *nūllīus reī, nūllī reī, nūllā rē*; < **nehīlum*; nĕ-³) **1.** nichts, ein Nichts, eine Null; *non* ~ manches, einiges; ~ *non* alles; ~ *aliud nisi* (°*quam*) nur, lediglich; **2.** (*acc.*) *adv.* in nichts, durchaus nicht, keineswegs; aus keinem Grunde.

nihil-dum *adv.* noch nichts.

nihilō-minus *adv.* (*auch getr.*) nichtsdestoweniger, trotzdem.

nihilum, *ī n* (*ältere u. dicht. Form für nihil, sonst nur formelhaft*) nichts, *das* Nichts; *gen. pretii* **nihilī** für nichts [*aestimare*]; *acc.* **nihilum** (*meist m. ad, in*) [*ad -um venire, in -um occidere* in nichts zerfallen]; *als adv.* keineswegs; *abl.* **nihilō** um nichts; *pro -o* für nichts [*putare* achten]; °*de -o* aus nichts, ohne Grund, vergeblich.

nīl = *nihil.*

nīlum = *nihilum.*

Nīlus, *ī m* Nil; / Wassergraben; *adi. -liacus* 3, *-lōticus* 3, *-lōtis, idis f, dcht. auch* ägyptisch.

nimbātus 3 (*nimbus*) in Nebel gehüllt.

nimbi-fer, *era, erum* (*nimbus, ferō*) Unwetter bringend.

nimbōsus 3 (*nimbus*) wolkig, stürmisch.

nimbus, *ī m* (*cf. nebula, imber*) **1. a**) Wolke, Gewölk; °**b**) Sturm (-wolke); Platzregen; **2.** / °**a**) Menge, Schar; **b**) jäh hereinbrechendes Unglück; ** Heiligenschein; Stirnbinde.

nimi-opere (*auch getr. nimiō opere; opus*) *adv.* gar sehr.

nī-mīrum *adv.* (*eigtl. eingeschobener Satz: nī mīrum* „(es ist) kein Wunder") allerdings, freilich, ohne Zweifel; (*ironisch*) natürlich.

nimis *adv.* (*vl. nach satis zu nimius hinzugebildet*) **1.** gar sehr, überaus; *non* ~ nicht sonderlich; **2.** zu sehr, zu viel, allzu.

nimius 3 (< **ne-mi-os* „nicht minder"; *Litotes der Alltagssprache; cf. minus*) **1.** sehr groß, sehr viel; *-ium quantum* außerordentlich; **2.** zu viel, zu sehr, übermäßig; **3.** *subst.* **nimium,** *ī n das* Zuviel; **4.** *adv.* **a**) (*acc.*) **-ium** überaus, sehr; *-ium diu* allzulange; **b**) (*abl.*) **-iō** bei weitem, sehr; zu sehr.

ninguis, *is* (*dcht., nkl.*) = *nix.*

ning(u)it, *nīnxit,* — 3 (*nīnx-?; cf. nix, nhd.* „Schnee") *impers.* es schneit; / *pers. ningunt floribus rosarum* sie streuen haufenweise Rosen.

Nioba, *ae u.* **-ē,** *ēs f Tochter des Tantalus, wegen Frevels an Latona mit Verlust ihrer Kinder bestraft; adi. -bēus* 3.

niptra, *ōrum n* (*gr. Fw.*) Waschwasser; / ~ *Tragödie des Pacuvius.*

nisī *u.* **nisĭ** *ci.* (*wohl* < **nei-sei;* **nei altl.* = *nī* „nicht") **1.** wenn nicht; wofern nicht; **2.** (*nach Negationen*) außer, als; *nihil* (*aliud*) ~ nichts (weiter) als; *non ... ~ od. ~ ... non* nur, bloß, lediglich; ~ *si* außer wenn; ~ *quod* außer daß, nur daß; ~ *forte,* ~ *vero* wenn nicht etwa, es müßte denn etwa.

nīsus[1] *part. pf. zu nītor*[2].

nīsus[2], *ūs m* (*nītor*[2]) **1. a**) *das* Anstemmen, Anstrengung; *das* Hinaufklimmen; Aufschwung, Flug; **b**) Umschwung; °**c**) Geburtswehen; °**2.** / Anlauf; *suo -u* aus eigenem Drange.

Nīsus[3], *ī m* (*gr. -os*) **1.** *König v. Megara, in Seeadler verwandelt; adi. -aeus, -ēïus* 3; *-ias, adis f;* **2.** *Freund des Euryalus.*

nītēdula *u.* (*älter*) **nītēla,** *ae f* (*schlechtere Schreibung -ell-*) (*wohl nītor*[2] „klettere") Haselmaus.

niteō, *uī,* — 2 (**nitos* „glänzend") **1.** glänzen, blinken; **2.** / glänzen, prangen: **a**) (*v. d. Rede*) in die Augen fallen; °**b**) wohlgenährt sein; **c**) reichlich vorhanden sein.

nitēscō, — — 3 (*incoh. v. niteō*) erglänzen; / fett werden, gedeihen.

nitidiusculus 3 (*m. adv.; dem. v. nitidior, comp. v. nitidus*) recht glänzend.

nitidus 3 (*m. comp., sup.,* °*adv.; niteō*) **1.** glänzend, schimmernd; **2.** prangend, stattlich, schön; sauber; **3.** wohlgenährt; üppig.

Nitiobrogēs, *um m keltisches Volk a. d. Garonne.*

nitor[1], *ōris m* (*niteō*) **1.** Glätte, Glanz, Schimmer; **2.** / **a**) Schönheit, Eleganz; Reiz; °**b**) Wohlgenährtheit.

nītor[2], *nīxus u. nīsus sum* 3 (*cf. cōnīveō, nhd.* „neigen") **1. a**) sich stützen *auf* [*baculo abl.*]; **b**) sich zu einer Bewegung aufstemmen, sich aufrichten, emporklimmen, -steigen; °**c**) in den Wehen liegen; °**d**) seine Notdurft verrichten; °**e**) (*v. Vögeln*) in der Luft schweben; **2.** / **a**) trachten *nach* [*ad gloriam*]; **b**) beruhen *auf;* **c**) sich verlassen *auf* [*in concordia civium*]; **d**) sich bemühen, sich anstrengen.

nitrātus 3 (*nitrum*) mit Natron vermischt.

nitrum, *ī n* (*gr. Fw.*) Natron, Soda.

nivālis, *e* (*nix*) schneeig; beschneit; / schneeweiß; eiskalt [*osculum*].

nivārius 3 (*nix*) Schnee..., mit Schnee gefüllt.

nivātus 3 (*nix*) mit Schnee gekühlt.

nī-ve[1] *ci.* oder wenn nicht.

nīve[2] (*Lu.*) = *nēve.*

niveus 3 (*nix*) beschneit, Schnee...; schneeweiß; hell, klar.
nivōsus 3 (*nix*) schneereich.
nix, *nivis f* (*gen. pl. -ium*; *cf. ninguit*; *nhd.* „Schnee") Schnee; *pl.* Schneemassen, Schneewasser; °/ *capitis* schneeweißes Haar.
Nīxī, *ōrum m* (*drei*) Geburtsgottheiten (*ihre knienden Standbilder auf dem Kapitol*).
nīxor 1 (*intens. v. nītor*) sich stemmen *auf*; beruhen *auf*; sich eifrig bemühen.
nīxus = *nīsus.*
nō 1 (< **snājō*; *cf. gr.* nē-chō) schwimmen; °/ fliegen; segeln; fließen.
nōbilis, e (*m. comp., sup.,* °*adv.*; *abl. -ī*, [*vereinzelt*] -e; < **gnōbilis*; [g]*nōscō*) °**1.** kenntlich, kennbar; **2.** bekannt; berühmt, gepriesen; berüchtigt; **3.** adlig, vornehm; **4.** edel, vortrefflich, rühmlich; *subst.* **~,** *is m* Aristokrat.
nōbilitās, *ātis f* (*nōbilis*) Berühmtheit; Adel; Adlige, Aristokraten; Vortrefflichkeit, edle Art.
nōbilitō 1 (*nōbilis*) °**1.** bekannt machen; **2.** berühmt, berüchtigt machen.
nocēns, *entis* (*m.* °*comp., sup.,* °*adv.*; *noceō*) schädlich; schuldig, verbrecherisch; *subst. m* Übeltäter.
noceō, *uī, itum* 2 (*cf. necō*) schaden; hinderlich sein; °*noxam* eine Schuld auf sich laden.
nocīvus 3 (*noceō*) schädlich.
Nocti-fer, *erī m* (*nox, ferō*) Abendstern.
nocti-lūca, *ae f* (*nox, lūceō*) Mond.
nocti-vagus 3 (*nox*) nachts umherschweifend.
noctū *adv.* (*loc. v. *noctus = nox*) °**1.** (*abl.*) = *nocte* [*hāc*]; **2.** nachts, bei Nacht.
noctua, *ae f* (**noctuus* 3; [*sc.*] *avis*; *nox*) Nachteule, Käuzchen.
noctuābundus 3 (**noctuor* 1 „nächtlich reisen"; *nox*) zur Nachtzeit reisend.
noctuīnus 3 (*noctua*) vom Käuzchen.
nocturnus 3 (*noctū*; *cf. diurnus*) nächtlich, Nacht...; °*subst.* **♀,** *ī m* Gott der Nacht; ** *subst.* **-um,** *i n* Nokturn (*liturgisches Nachtgebet*).
noctu-vigilus 3 (*-tū-?*; *noctū, vigilō*) bei Nacht wachend.
nocuus 3 (*noceō*) schädlich.
nōdō 1 (*nōdus*) in einen Knoten knüpfen; einschnüren.
nōdōsus 3 (*nōdus*) knotig; / verwickelt; verklausuliert.
nōdus, *ī m* (*cf. nectō, nassa*) **1.** Knoten; °**2. a)** Gürtel; **b)** Haarwulst; **3.** Gelenk, Knöchel; °**4.** Knorren; °**5.** Knospe; **6.** / **a)** Band, Fessel; Verbindung; °**b)** Verpflichtung; **c)** Verwicklung; Schwierigkeit, Hemmnis.
noenu' (*Lu.*) = *noenus*; *cf. nūllus.*
noenum (*altl.*) = *nōn.*
Nōla, *ae f St. in Kampanien*; *adi. u. Einw.* -*ānus* (3).
nōlō, *luī, nōlle* (*altl. nevīs*; *nevolt*; *nevellēs*; < **ne-volō*) nicht wollen; abgeneigt sein; *nōlī, nōlīte m. inf.* = *Prohibitiv* [*noli putare* glaube (ja) nicht]; *nōlim, nōllem m. coni. zur Verstärkung eines Wunsches* [*nolim dicam* möchte ich doch nicht sagen; *nollem dixissem* hätte ich doch nicht gesagt!].
Nomades, *um m* herumziehende Hirtenvölker, Nomaden; *bsd.* Numidier.
nōmen, *inis n* (*cf. nhd.* „Name") Name: **1.** Benennung: **a)** Name; *nomen mihi est Gaio u. Gaius* ich heiße Gaius; *nomen ei dedi Marco u. Marcum* ich habe ihm den Namen Marcus gegeben; °(*mil. t.t.*) *nomen* (*nomina*) *dare, edere, profiteri* sich (*freiwillig zum Kriegsdienste*) melden; °*nomen accipere* eintragen, aufschreiben; °*nomen alcis deferre* gerichtlich belangen, anklagen; (*vom Prätor*) *recipere* die Klage annehmen; **b)** Wort [*calamitatis das* Wort *c.*; **c)** Titel [*regis*]; **d)** Gentilname [*Fabium*]; (*seltener*) = *praenōmen od. cognōmen*; °**e)** (*gramm. t.t.*) Nomen; **f)** Volk [*Romanum* alles, was Römer heißt, Römertum]; °**g)** Person, Held [*fortissima nomina*]; **h)** ber. Name, Ruf, Ruhm; **2. a)** bloßer Name Schein; **b)** Vorwand; Grund; **3.** Name eines Schuldners im Schuldbuche; Schuldverschreibung, -posten, Schuld; **~** *solvere die* Schuld bezahlen; *nomina exigere* Gelder eintreiben; **4. nōmine** mit Namen, namens, dem Namen nach, als [*obsidum*]; *uno -ne* in Bausch u. Bogen; unter dem Vorwand; auf Grund, auf Veranlassung, wegen [*sceleris*];

eo -ne deswegen; meo -ne meinerseits, persönlich.
nōmenclātiō, *ōnis f (wohl Rückbildung aus* „*nōmen calāre*"; *calō*[1]) Benennung mit Namen.
nōmenc(u)lātor, *ōris m (s. nōmenclātiō)* „Namennenner" *(ein Sklave, der seinem Herrn die Namen der ihm Begegnenden u. im Haus die Namen der Sklaven zu nennen hatte).*
Nōmentum, *ī n St. nördl. v. Rom, j.* Mentana; *adi. u. Einw.* -*tānus* (3); *subst.* **-tānum,** *ī n* Landgut bei ~.
****nominalia,** *ium n* Namenstag.
nōminātim *adv.* (*nōminō*) mit Namennennung, ausdrücklich.
nōminātiō, *ōnis f* (*nōminō*) Vorschlag *(v. Kandidaten für ein Amt).*
nōminātīvus, *ī m* (*nōminō*) Nominativ.
nōminitō 1 (*intens. v. nōminō*) be-[nennen.]
nōminō 1 (*nōmen*) **1.** (be)nennen; P. heißen; **2.** namhaft machen, namentlich anführen, erwähnen; **3.** rühmen; **4.** *(zu einem Amte)* **a)** vorschlagen; °**b)** ernennen; °**5.** angeben, anklagen; ** *nominatus* gefeiert.
Nomios *u.* **-us,** *ī m* „*der* Hirt" [(*Beiname Apollos*).]
nomisma, *atis n (gr. Fw.)* **1.** Münze, Geldstück; **2.** Marke, *die die Ritter im Theater für Verabfolgung v. Wein usw. erhielten.*
nomos, *acc. on (gr. Fw.)* Weise, [Lied.]
nomus, *ī m (gr. Fw.)* Bezirk, Kreis.
nōn *adv.* (< **ne-oinom* „nicht eines"; *cf. nhd.* „nein") **1.** nicht; et ~, *ac* ~ und nicht (vielmehr); ~ *nemo* mancher, ~ *nihil* einiges; *nemo* ~ jeder, *nihil* ~ alles; *numquam* ~ immer; **2.** (*dcht. vor imp. u. coni.*) = *nē*[2]; **3.** = *nōnne*; **4.** (*in Antworten*) nein.
Nōnae, *ārum f (Anfangstage der zweiten achttägigen Woche, bsd.* „der neunte Tag vor den Iden"; *nōnus) die* Nonen *(im März, Mai, Juli, Okt. der siebente, in den übrigen Monaten der fünfte Tag).*
nōnāgēsimus 3 *num. ord.* (*nōnāgintā*) *der* neunzigste.
nōnāgiē(n)s *num. adv.* (*nōnāgintā*) neunzigmal.
nōnāgintā *num. card. indecl.* (< **novenā-contā*) neunzig.
nōnānus 3 (*nōnus*) zur neunten Legion gehörig; *subst.* ~, *ī m* Soldat der neunten Legion.
nōn-dum *adv.* noch nicht.
nōngentī, *ae, a num. card.* (< * *noven-centī*) neunhundert.
nōn-ne *(Fragepartikel, bei der bejahende Antwort erwartet wird)* **1.** (*dir.*) **a)** nicht?; **b)** (*alleinstehend*) nicht wahr? **2.** (*indir.*; *kl. nur bei quaero*) ob nicht.
nōn-nēmō (*auch getr.*) *s. nōn.*
nōn-nihil (*auch getr.*) *s. nōn.*
nōn-nūllus 3 (*auch getr.*) mancher; beträchtlich, ziemlich viel [*pars militum*]; *subst.* **-ī,** *ōrum m* manche, ziemlich viele.
nōn-numquam *adv.* (*auch getr.*) manchmal, bisweilen.
nōnus 3 *num. ord.* (< **novenus*; *novem*) *der* neunte; *subst.* **nōna,** *ae f (sc. hora)* neunte Stunde (*etw. 15 Uhr*); Essenszeit.
Nōrēia, *ae f St. in der Steiermark (Niederlage der Römer 113).*
Nōricī, *ōrum m Alpenvolk am Inn; ihr Land* **-um,** *ī n*; *adi.* -*us* 3.
nōrma, *ae f* (-*ō*-?; *wohl gr. Lw., vl. unter etr. Vermittlung*; *eigtl.* „Winkelmaß") / Richtschnur, Maßstab, Regel, Vorschrift.
nōrmālis, e (-*ō*-?; *nōrma*) nach dem Winkelmaß; *angulus* rechter Winkel.
Nortia, *ae f etr. Schicksalsgöttin.*
nōs *pron. pers.* (*gen. nostrī* [*partit. nostrum, altl. auch nostrōrum*], *dat. u. abl. nōbīs, acc. nōs*; *cf. altind.* nas) **1.** wir; **2.** ich; *dcht. auch m. sg. verbunden* [*imperanti nobis*].
nōscitō 1 (*intens. v. nōscō*) **1.** bemerken, wahrnehmen; **2.** (wieder-) erkennen; **3.** betrachten.
nōscō, *nōvī, nōtum* (*altl. gnōscō*; *cf. nhd.* „kennen") 3 **1.** kennenlernen, erfahren; *pf.* kennen, wissen, verstehen; °**2.** wiedererkennen; **3.** anerkennen; °**4.** (*jur t.t.*) untersuchen, entscheiden.
nōs-met *verstärktes nōs*; *s. -met.*
noster, *tra, trum pron. poss.* (*nōs*) **1.** unser, zu uns gehörend; **2.** uns günstig; **3.** = *meus*; °*o noster!* mein Lieber! *subst.* **-ī,** *ōrum m die* Unsrigen, unsere Landsleute, Freunde, Verwandte; **-a,** *ōrum n das* Unsrige; meine Schriften.
nostrās, *ātis* (*noster*; *kl. nur pl.*) aus unserm Lande; einheimisch.
nota, *ae f* (*nōscō*) **1.** Merkmal, Kennzeichen; **2. a)** Schriftzeichen

(°*pl.* Schrift, Brief); °Geheimzeichen; °*-ae verborum* Kurzschrift; Interpunktionszeichen; °**b**) Etikett; (Wein-)Sorte; **c**) Brandmal; **3.** / Schandfleck; zensorische Rüge; °Schimpf; °**4.** Wink.

notābilis, e (*m.* °*comp.*, °*adv.*; *notō*) **1.** bemerkenswert, merkwürdig; °**2.** auffallend; berüchtigt.

notārius, *ī m* (*nota*) Stenograph; ** Schreiber (*der deutschen Kaiser*).

notātiō, *ōnis f* (*notō*) Bezeichnung: **1.** *tabulārum* Kennzeichnung der Stimmtäfelchen *mit verschiedenfarbigem Wachs*; **2.** Etymologie; **3.** zensorische Rüge; **4.** Bemerkung, Wahrnehmung; **5.** Untersuchung (*bei der Wahl*).

notātus 3 (*notō*) kenntlich, ausgezeichnet.

nōtēscō, *tuī,* — 3 (*incoh. zu nōtus*) [bekannt werden.]

nothus 3 (*gr. Fw.*) unehelich; / unecht, fremd; *subst.* ~, *ī m* Bastard.

****notifico** 1 melden, anzeigen.

nōtiō, *ōnis f* (*nōscō*) Kenntnis (-nahme); Untersuchung; / (zensorische) Rüge; Begriff, Vorstellung, Gedanke.

nōtitia, *ae u.* °**-iēs,** *ēī f* (*nōtus*) °**1.** (*pass.*) **a**) Bekanntschaft; **b**) Ruf, Ruhm; **2.** (*act.*) **a**) Bekanntschaft; *-am feminae habere* (geschlechtlich) verkehren *mit*; **b**) Kenntnis, Kunde, Wissen [*locorum*]; **c**) Begriff, Vorstellung; ** *in notitia est* es ist bekannt.

notō 1 (**gnō-tos, altes P.P.P. v. (g)nōscō; cf. cognitus, nota*) **1. a**) kenntlich machen, bezeichnen; **b**) aufschreiben, -zeichnen; °**c**) mit Abkürzungen schreiben; **2. a**) etymologisch erklären; °**b**) (*mit Worten*) anspielen *auf*; **3. a**) (be)merken, wahrnehmen, **b**) eine Bemerkung machen; °**c**) sich merken; **4.** / **a**) (*vom Zensor*) rügen; **b**) tadeln, beschimpfen [*verbis*].

nōtor, *ōris m* (*nōscō*) Kenner; Identitätszeuge, Bürge.

****notorius** 3 offenkundig.

notus[1], *ī m* (*gr. Fw.*) Südwind; [Wind.]

nōtus[2] 3 (*m. comp., sup.; nōscō*) **I.** (*pass.*) **1.** bekannt; **2.** °**a**) freundschaftlich, vertraut; °**b**) gewohnt; **c**) °berühmt, **d**) berüchtigt; **3. a**) *subst.* ~, *ī m* Bekannter; °**b**) **-a,** *ōrum n* Bekanntes; °**II.** (*act.*) bekannt *mit* [*eius provinciae*].

novācula, *ae f* (**ksnovō* 1 „scheren"; *cf. nhd.* „schnöde") Scher-, Rasiermesser; °Dolch.

Novaesium, *ī n St. am Rhein, j.* [Neuß.]

novālis, *is f u.* **-e,** *is n* (*novus*) Brachfeld; Acker.

novātrīx, *īcis f* (*novātor* „Erneuerer"; *novō*) Erneuerin.

novellō 1 (*novellus*) neue Weinstöcke setzen.

novellus 3 (*dem. v. novus*) neu, jung, [frisch.]

novem *num. card. indecl.* (< **noven; cf. nhd.* „neun") neun.

November, *bris,* e (*novem*) zum November gehörig [*Nonae*]; *subst.* ~, *bris m* (*sc. mēnsis*) November.

noven- *u.* **novem-diālis,** e (*novem, diēs*) **1.** neuntägig; °**2.** am neunten Tage (*nach Beisetzung der Leiche*) stattfindend; *cēna* Leichenschmaus.

novēnī 3 *num. distr.* (*novem*) je neun.

Novēnsilēs dīvī (*wohl novus + īnsideō* „neu eingesessen") neu aufgenommene Götter.

noverca, *ae f* (*novus*) Stiefmutter.

novercālis, e (*noverca*) stiefmütterlich; feindselig.

novīcius 3 (*novus*) neu; *subst.* ~, *ī m* Neuling; ** Novize (*Mönch während der Probezeit*).

noviē(n)s *num. adv.* (*novem*) neun- [mal.]

Noviodūnum, *ī n kelt. Städtename*: **1.** *Aeduōrum, j.* Nevers; **2.** *Biturīgum, j.* Nouan *b. Orleans*; **3.** (*später Augusta Suessiōnum*) *j.* Soissons.

novitās, *ātis f* (*novus*) **1.** Neuheit; *pl.* neue Bekanntschaften; **2.** *das* Ungewöhnliche; **3.** junger Adel, *die homines novi*; ** Neuigkeit, *pl.* Neuerscheinungen.

novō 1 (*novus*) **1.** neu machen, erneuern, auffrischen; **2.** neu schaffen, erfinden; **3.** verändern, eine neue Gestalt geben; *res -are* die bestehende Verfassung umstürzen.

Novum Cōmum *s. Cōmum.*

novus 3 (*m. sup.*, °*adv.*; < **nevos; cf. nhd.* „neu") **1.** neu, frisch; *novae res* Neuigkeiten, Neuerungen, Umsturz; *homo novus* (*nkl. auch subst.* ~, *ī m*) Neugeadelter, Emporkömmling, Mann ohne Ahnen; *tabulae -ae* neue Schuldbücher (*Streichung od. Herabsetzung einer Schuld v. Staatswegen*); **2.** ungewöhnlich, sonderbar, beispiellos; °**3.** unerfahren, unbekannt *mit* [*delictis*]; **4.** *ein* anderer, *ein* neuer [*Camillus*]; **5.** *sup*

novissimus 3 a) *der* äußerste, letzte, hinterste; *agmen -um* Nachtrab; **b)** *der* jüngste; °**c)** / *der* äußerste, höchste; **d)** *subst.* **novissimī,** *ōrum m* Nachhut; °**e)** *adv.* **novissimē** neuerdings, jüngst; endlich.

nox, *noctis f* (*cf. nhd.* „Nacht") **1.** Nacht; *nocte* nachts; **2.** / °**a)** Dunkelheit, Finsternis; Tod(esnacht); Schlaf; **b)** Beischlaf; °**c)** Unterwelt; **3.** / °**a)** Verblendung; **b)** unglückliche Lage; °**4.** ♀ Göttin der Nacht.

noxa, *ae f* (*noceō*) °**1.** Schaden; **2.** / **a)** Vergehen [*in -a comprehendi*], Schuld [*in -a esse*]; °**b)** Strafe.

noxia, *ae f* (*sc. rēs od. causa*; *noxius*) Schuld, Vergehen.

noxiōsus 3 (*m. sup.*; *noxia*) schädlich; sträflich.

noxius 3 (*noceō*) schädlich; schuldig, sträflich; *subst.* **-ī,** *ōrum m* Verbrecher.

nūbēcula, *ae f* (*dem. v. nūbēs*) °**1.** Wölkchen; **2.** / finsterer Ausdruck.

nūbēs, *is f* (*abl. sg.* °*auch -ī*; *vl. urspr. coll.* „Gewölk") **1.** Wolke; Gewölk, Regenwolke; °**b)** Staub-, Rauchwolke; **2.** / °**a)** dichte Schar, Menge; °**b)** Schleier; **c)** traurige Lage, Unglück; °**d)** inhaltsloser Schwulst.

nūbi-fer, *era, erum* (*nūbēs, ferō*) Wolken tragend, bringend.

nūbi-gena, *ae m* (*nūbēs, gignō*) Wolkensohn (*v. Ixion mit einer Wolke gezeugter Kentaur*).

nūbilis, e (*nūbō*) heiratsfähig, mannbar.

nūbilōsus 3 (*nūbilus*) bewölkt, düster.

nūbilus 3 (*nūbēs*) wolkig, umwölkt; trübe, finster, dunkel, düster; / ungünstig; unglücklich; *subst.* **-um,** *ī n* trübes Wetter; *pl.* trübe Tage.

nūbō, *nūpsī, nuptum* 3 (*nūptum?*; *vl.* ‹ **sneubhō* „sich hingeben"; *cf. nympha*) (*v. d. Frau*) heiraten [*Ciceroni*]; ** (*auch v. Mann*) heiraten [*cum virgine*].

nucifrangibulum, *ī n* (*nux, frangō*) Nußknacker (*scherzh. vom Zahn*).

nuc(u)leus, *ī m* (*nucula, dem. v. nux*) Nußkern, Kern.

nu-diūs *adv.* (**nu* „nun" + (*idg.*) *djēus* = *diēs*; *cf. nhd.* „nun") es ist jetzt der ... Tag; ~ *tertius* vorgestern.

nūdō 1 (*nūdus*) **1. a)** entblößen, enthüllen; °*messes* ausdreschen; **b)** entkleiden; **c)** (*mil. t.t.*) unverteidigt lassen; / **2.** berauben [*armis abl.*]; °**3.** verraten, merken lassen.

nūdus 3 (*cf. nhd.* „nackt") **1. a)** bloß, nackt, unbekleidet; °**b)** leichtbekleidet, in der Tunika; **c)** leichtbewaffnet; **d)** unbewaffnet, unbeschützt, unbesetzt; **2.** / **a)** beraubt, ohne [*urbs praesidio*]; **b)** dürftig, arm; **c)** nur, lediglich; **d)** einfach, schmucklos.

nūgae, *ārum f* (*et. ungedeutet*) dummes Zeug, Tändeleien; / Windbeutel.

nūgātor, *ōris m* (*nūgor*) Schwätzer, Windbeutel.

nūgātōrius 3 (*nūgātor*) läppisch, wertlos.

nūgāx, *ācis* (*m. adv.*; *nūgor*) possierlich; kurzweilig.

nūgi-gerulus, *ī m* (*nūgae*) Lügenbote.

nūgi-vendus, *ī m* (*nūgae, vendō*) Händler mit Tand u. Putz.

nūgor 1 (*nūgae*) **1.** schwatzen; tändeln, schäkern; °**2.** aufschneiden.

nūllus 3 (*gen. -īus, selten -ī*; *dat. -ī, selten -ō,* °*-ae*; ‹ **ne-ūllus*; *nĕ-*³) **1.** *adi.* **a)** kein; *-o ordine* ohne (alle) Ordnung; ~ *non* jeder; *non* ~ mancher; **b)** keinerlei, keineswegs, in keiner Weise [*quies -a est*]; / **c)** bedeutungslos, gering, nichtssagend, wertlos; **d)** verloren, dahin; *-um esse* nicht mehr sein [*mortui -i sunt*]; **2.** *subst.* **-us** *m* = *nēmō*; **-um** *n* = *nihil*.

nūllus-dum 3 bis jetzt noch kein(er).

num¹ (*cf. nunc*) **1.** *adv.* (*nur noch in nunc, etiamnum, etiamnunc erhalten*) nun noch, jetzt; **2.** *Fragepartikel* **a)** (*direkt*; *eine verneinende Antwort wird erwartet*) denn, wohl, etwa; (*verstärkt*) *numquid,* *numne*; **b)** (*indirekt*) ob, ob etwa.

Num.² *Abk. v. Numerius.*

Numa Pompilius *m zweiter röm. König.*

Numantia, *ae f St. in nö. Spanien, 133 v. Scipio zerstört*; *adi. u. Einw.* *-tīnus* (3).

numella, *ae f* (*et. ungedeutet*) Halseisen (*f. Sklaven*).

nūmen, *inis n* (*nuō* 3 „nicke") **1.** Wink, Wille, Geheiß; **2.** göttlicher Wille, Walten der Gottheit, göttliches Wesen; °**3. a)** Gottheit; Genius; Manen *geliebter Personen*; **b)** Hoheit, Majestät.

numerābilis, e (*numerō*) zählbar; klein.

numerātiō, ōnis *f* (*numerō*) Auszahlung; Barzahlung.

Numerius, ī *m* (*wohl etr.*; *cf. Numa*) *röm. Vorname, bsd. in d. gens Fabia.*

numerō[1] 1 (*numerus*) **1. a)** (aus-) zählen [*senatum*]; °**b)** haben [*multos amicos*]; **2.** auszahlen [*militibus stipendium*]; **3.** her-, aufzählen; **4. a)** zählen, anführen; **b)** rechnen *unter* [*in primis, inter optimos*]; **c)** halten *für* [*stellas deos*]; **5.** (*P.P.P.*) *adi.* **numerātus** 3 bar; *subst.* **-um,** ī *n* bares Geld.

numerō[2] *adv.* (*abl. v. numerus*) rechtzeitig; zu früh.

numerōsus 3 (*m.* °*comp.*, °*sup.*, *adv.*; *numerus*) °**1.** zahlreich, volkreich; **2.** rhythmisch, harmonisch.

numerus, ī *m* (< **nomesos*; *eigtl.* „*das* Zugeteilte") **I.** Glied: **1.** Teil *eines Ganzen,* Bestandteil; **2. a)** Takt, Rhythmus, Wohlklang; Melodie; **b)** Versfuß, Vers; Metrum; °*gravis* Hexameter; °*-i impares* Distichon; °**c)** *pl.* Gänge (*des athletischen Wettkampfes*); *auch obszön*; **II.** Zahl: **1. a)** Zahl, Anzahl; Menge; *ad -um* vollzählig; **b)** Reihe, Klasse, Kategorie; *in hostium -o ducere* zu den Feinden rechnen; °**c)** (*mil. t.t.*) Abteilung; **d)** Ordnung; Rang, Geltung, Wert; (*in*) *-o* anstatt, für, als [*militis*]; °**e)** Würde, Amt; **f)** Menge, Haufe, Vorrat; °**g)** bloße Zahl, Null; °**h)** (*gramm. t.t.*) Numerus [*singularis*]; **2.** *pl.* °**a)** *die* Würfel; °**b)** Verzeichnis; Stammrolle; **c)** Mathematik, Astrologie.

Numida, *ae m* (*eigtl.* „Nomade") Numidier, *Bewohner v.* **Numidia,** *ae f* Numidien, *j.* Algerien; *adi.* *-dicus* 3.

****numisma,** *atis n* = *nomisma.*

Numitor, *ōris m König v. Alba, Vater der Rhea Silvia.*

nummārius 3 (*nummus*) Geld..., Münz...; / bestechlich [*iudex*].

nummātus 3 (*m.* °*comp.*; *nummus*) mit Geld versehen, reich.

nummulārius, *ī m u.* (*dem.*) **-riolus,** *ī m* (*nummulus*) Geldmakler.

nummulus, *ī m* (*dem. v. nummus*) Geldstückchen; (*meist pl.*) schnödes Geld; ein bißchen Geld.

nummus, *ī m* (*gen. pl. meist -um*; *wohl gr. Lw.*) **1.** Münze, Geldstück: (*pl.*) Geld; °**2. a)** (*gr.*) Didrachme; **b)** (*gr.*) Drachme; **3.** Sesterz (*etwa 20 Pfg.*); **4.** / Groschen, Heller, Kleinigkeit.

num-ne *s. num.*

numquam *adv.* niemals; *non ~* zuweilen; *~ non* immer.

Numquamēripidēs, *ae m* (*scherzh.*) Niemalsloslasser.

num-quī *adv.* wohl auf irgendeine Weise.

numquid *s. num.*

num-quid-nam (*Fragepartikel*) **1.** (*dir.*) etwas; **2.** (*indir.*) ob etwas.

nunc *adv.* (< **num-ce*) **1.** (*zeitl.*; *meist v. d. Gegenwart*) **a)** jetzt, nun; *~ ipsum* eben jetzt, gerade jetzt; **b)** heutzutage; °**c)** *~* ... *~* bald ... bald; **2.** (*beim Übergang zu etw. Neuem*) nun, also; **3.** (*adversativ*) nun aber, so aber; *auch verstärkt ~ autem, ~ vero.*

nunc-iam *adv.* jetzt eben.

nunci-ne (*Te.* = *nunc-ne*) jetzt?

nun-cubī *u.* **-ī** *adv.* (= *num alicubī*) wohl irgendwo? ob irgendwo.

nuncupātiō, *ōnis f* (*nūn-?*; *nuncupō*) (feierliches) Aussprechen, Darbringung [*votorum*]; Einsetzung als Erbe.

nuncupō 1 (*nūn-?*; *altl. -passit* = *-pāverit*; *nōmen, capiō*) **1.** feierlich aussprechen, erklären; **2.** (be)nennen; °**3.** als Erben einsetzen.

nūndinae, *ārum f* (*nūndinum*) Markt(tag) (*an jedem neunten Tage*); / Handel, Verkauf.

nūndinālis, e (*nūndinae*) nur alle neun Tage gemietet [*coquus*].

nūndinātiō, *ōnis f* (*nūndinor*) *das* Handeln, Schachern *mit* [*iuris*].

nūndinor 1 (*nūndinae*) **1.** (*intr.*) °**a)** handeln, schachern; **b)** / (*scherzh.*) verkehren; **2.** (*trans.*) erhandeln, erschachern.

nūndinum (*sc. tempus*; < **noven* „neun" + **dinom* „Tag"; *novem, diēs*) *die* achttägige Woche; *trīnum* „dreimal Zeit von acht Tagen" = gesetzliche Frist von drei Wochen.

nunquam = *numquam.*

nūntia, *ae f s. nūntius.*

nūntiātiō, *ōnis f* (*nūntiō*) Ankündigung *eines Wahrzeichens durch den Augur.*

nūntiō 1 (*nūntius*) verkündigen, melden, anzeigen, sagen lassen.

nūntius 3 (*vl.* < **novi-ventios* „neu kommend"; *novus, veniō*) verkündigend; *subst.* **-us,** *ī m* Bote; Schei-

debrief; Nachricht, Kunde; **-a,** *ae f* Botin; °**-um,** *ī n* Nachricht.
nūper *adv.* (*sup.* **-perrimē**; *et. nicht geklärt*) neulich, jüngst; ehemals, einst.
nūperus 3 (*nūper*) neu gekauft.
nupta, *ae f* (*-ū-?*; *nūbō*) Braut; Frau.
nuptiae, *ārum f* (*-ū-?*; *nūbō*) **1.** Hochzeit, Ehe; °**2.** außerehelicher Beischlaf.
nuptiālis, e (*-ū-?*; *nuptiae*) hochzeitlich, Hochzeit..., Ehe...
nuptuō, — —, *tuīre* (*nūp-?*; *desid. zu nūbō*) heiratslustig sein.
nurus, *ūs f* (*cf. nhd.* [*veraltet*] „Schnur") Schwiegertochter; junge Frau.
nusquam *adv.* (*-ū-?*; *nē*³, *usquam*) **1. a**) nirgends; °**b**) nirgendwoher, -hin; **2.** / in keiner Sache; zu nichts.
nūtātiō, *ōnis f* (*nūtō*) *das* Schwanken.
nūtō 1 (*frequ. zu -nuō*; *cf. abnuō*) °**1.** (zu)nicken; **2.** / °**a**) wanken, weichen; **b**) (*im Urteil*) schwanken; °**c**) (*i. d. Treue*) wanken.
nūtrīcātus, *ūs m* (*nūtrīcor*) *das* Säugen.
nūtrīcius, *ī m* (*adi.* 3 „säugend"; *nūtrīx*) Erzieher; Ernährer; °**-um,** *ī n* Ernährung, Pflege.
nūtrīcor *u.* °**-ō** 1 (*nūtrīx*) säugen, ernähren; aufziehen.
nūtrīcula, *ae f* (*dem. v. nūtrīx*) °**1.** Amme; **2.** / Nährmutter.
nūtrīmentum, *ī n* (*meist pl.*) *u.* (*Ov.*) **-men,** *inis n* (*nūtriō*) °**1.** Nahrungsmittel; **2.** / Zucht, Pflege.
nūtriō 4 *u.* °**-or,** — 4 (*impf.* °*auch -ība(n)t*; **nuō* „lasse triefen, *bsd.* Muttermilch") (er)nähren, säugen, aufziehen; / pflegen, fördern.
nūtrītor, *ōris m* (*nūtriō*) Ernährer, Erzieher.
nūtrīx, *īcis f* (*nūtriō*) **1.** Amme, Ernährerin; °*pl.* Brüste; **2.** / Förderin.
nūtus, *ūs m* (*cf. ab-nuō*) **1. a**) *das* Kopfnicken; **b**) Wink, Befehl, Wille; °**c**) Zustimmung; **2.** Neigung, Schwerkraft.
nux, *nucis f* (*cf. nhd.* „Nuß") Nuß; Nuß-, Mandelbaum.
nympha, *ae u.* **-ē,** *ēs f* (*gr. Fw.*) **1.** junge Frau, Mädchen; **2.** Nymphe; / Seewasser.

O

ō *u.* **ōh** *int.* (*vor Vokal* °*auch ŏ*) o! ach!; *m. nom., voc., acc. u.* (*dcht.*) *gen.*; *o si* o wenn doch!
ob (< **opi*) **I.** (*in der Komposition*) (*urspr. op-* [*operiō*]; *später ob- nur vor stimmhaften Verschlußlauten, dann verallgemeinert*; *vor c u. f assimiliert zu occ- u. off-*; *verkürzt zu o-* [*omittō*]; *ops-* > *os-* [*ostendō*]) entgegen; gegen ... hin; **II.** *prp. b. acc.* **1.** (*räuml.*) gegen ... hin; vor, gegenüber [*ob oculos versari*]; **2.** / **a**) als Entgelt für; für [*virtutem*]; **b**) um ... willen, wegen, im Interesse; °*ob rem* mit Erfolg.
ob-aerātus °**1.** *adi.* 3 (*m. comp.*) verschuldet; **2.** *subst.* **-ī,** *ōrum m* Schuldner.
ob-ambulō 1 entgegengehen; umhergehen *an* [*muris*].
ob-armō 1 (*gegen jd.*) bewaffnen, rüsten.
ob-arō 1 (um)pflügen.
ob-brūtēscō, *tuī,* — 3 den Verstand verlieren.
obc... = *occ...*
ob-dō, *didī, ditum* 3 entgegenstellen; bloßstellen; vorschieben [*pessulum foribus*]; verschließen.
ob-dormīscō, *mīvī,* — 3 (*incoh. v. obdormiō* 4) einschlafen; ** entschlafen.
ob-dūcō, *dūxī, ductum* 3 **1.** führen, aufstellen *gegen*; davorlegen [*fossam castris*]; **2.** überziehen, bedecken; **3.** austrinken; (*P.P.P.*) *adi.* **obductus** 3 verharscht; °umwölkt; °gerunzelt.
obductiō, *ōnis f* (*obdūcō*) Verhüllung, *bsd. des Kopfes des Verbrechers b. der Hinrichtung.*
obductō 1 (*intens. v. obdūcō*) herzuführen.
obdūrēscō, *ruī,* — 3 (*incoh. v. obdūrō*) °**1.** hart, steif werden; **2.** / unempfindlich werden.
ob-dūrō 1 ausharren.
obeliscus, *ī m* (*gr. Fw.*) Obelisk.
ob-eō, *iī u. īvī, itum, īre* (*pf. im Vers auch obit*) **1.** (*intr.*) **a**) hingehen; entgegengehen; **b**) untergehen [*sol*]; °**c**) zugrunde gehen, sterben; **2.** (*trans.*) **a**) besuchen [*provinciam*]; **b**) (*in der Rede*) durchgehen; °**c**) umgeben [*mare terras*]; **d**) übernehmen, besorgen, verrich-

ten, sich unterziehen [*pericula*]; *mortem u.* °*diem* (*supremum*) sterben.
ob-equitō 1 heranreiten [*castris*].
ob-errō 1 hin und her irren *an* [*tentoriis*]; / fehlgreifen.
obēsitās, *ātis f* (*obēsus*) Wohlbeleibtheit.
obēsus 3 (*m. sup.*; *obĕdō* „wegfressen") fett, feist; geschwollen; / dumm.
obex, *icis m f*=*obiex.*
obf... = *off...*
ob-ganniō 4 *etw.* vorschwatzen.
ob-gerō, *gessī, gestum* 3 darbieten.
ob-haereō, — — 2 fest steckenbleiben.
obhaerēscō, *haesī, haesum* 3 (*incoh. v. obhaereō*) steckenbleiben; / ans Herz wachsen.
ob-iaceō, *uī,* — 2 vor-, gegenüberliegen.
ob-iciō, *iēcī, iectum* 3 (*altl. -iexim* = *-iēcerim*; *iaciō*) **1.** entgegenwerfen, -stellen, halten; *se -ere u. mediopass.* entgegentreten; **2.** (*zum Schutz*) vorlegen, -ziehen [*carros pro vallo*]; **3.** bloßstellen, aussetzen [*se telis*]; P. widerfahren, zustoßen; **4.** einjagen, einflößen, verursachen [*terrorem*]; **5.** vorwerfen, vorhalten [*furtum*]; **6.** entgegnen, erwidern; **7.** (*P.P.P.*) *adi.* **obiectus** 3 vor *etw.* liegend; *subst.* **-um,** *ī n* Ein-, Vorwurf.
obiectātiō, *ōnis f* (*obiectō*) Vorwurf.
obiectō 1 (*intens. v. obiciō*) °**1.** entgegenwerfen; / preisgeben; **2.** / vorwerfen, vorhalten.
obiectus, *ūs m* (*obiciō*) *das* Entgegenstellen; °*montis* davorliegendes Gebirge, Gebirgswand.
obiex, *icis m f* (*obiciō*) Riegel; Wall, Damm; Barrikade; / Hindernis.
ob-īrāscor, — 3 ergrimmen *über* [*fortunae*].
obīrātiō, *ōnis f* (*obīrāscor*) Ingrimm.
obīrātus 3 (*obīrāscor*) ergrimmt.
obiter *adv.* (*ob*) **1.** obenhin, leichthin; **2.** nebenbei, beiläufig, gelegentlich; **3.** dabei; zugleich.
obitus, *ūs m* (*obeō*) **1. a**) Untergang [*lunae*]; **b**) Vernichtung; Tod; °**2.** Besuch, *das* Bereisen.
obiūrgātiō, *ōnis f* (*obiūrgō*) Tadel, Verweis.
obiūrgātor, *ōris m* (*obiūrgō*) Tadler.
obiūrgātōrius 3 (*obiūrgātor*) scheltend, Schelt...
obiūrgitō 1 (*intens. v. obiūrgō*) tüchtig schelten.
ob-iūrgō 1 (*altl. obiūrigō*) **1.** schelten, tadeln; **2. a**) mahnen; °**b**) abmahnen [*a peccatis*]; °**3.** züchtigen.
oblanguēscō, *guī,* — 3 (*incoh. v.* **ob-langueō*) ermatten.
****oblaticus** 3 *panis* Hostie.
****oblatio,** *onis f* Darreichung; Opfergabe; Anerbieten.
oblātrātrīx, *īcis f* (*oblātrātor* „Anbeller"; *oblātrō*) kläffende Hündin (*v. einer Frau*).
ob-lātrō 1 anbellen, anfahren; vorwerfen.
oblectāmentum, *ī n u.* °**-men,** *inis n* (*oblectō*) Ergötzlichkeit, Zeitvertreib; Beruhigungsmittel.
oblectātiō, *ōnis f* (*oblectō*) Unterhaltung, Genuß; Lust.
oblectō 1 (*intens. v.* **obliciō*; *laciō* „locken"; *cf. lacessō, dēlectō*) **1.** erheitern, unterhalten; *se -are u. mediopass.* sich ergötzen; °**2.** angenehm vertreiben [*tempus*].
oblēnīmen, *inis n* (*oblēniō*) Beruhigungsmittel.
ob-lēniō, — — 4 besänftigen.
oblīcus 3 = *oblīquus.*
ob-līdō, *sī, sum* 3 (*laedō*) **1.** zudrücken; °**2.** erwürgen.
obligātiō, *ōnis f* (*obligō*) (*jur t.t.*) Verbürgung, Verpflichtung.
ob-ligō 1 °**1.** (an)binden; **2.** ver-, zubinden; **3.** / **a**) verhindern; einschränken; **b**) *se -are u. mediopass.* sich schuldig machen [*scelere*]; **c**) verpflichten; **d**) belasten; verpfänden.
ob-līmō 1 (*līmō*²) mit Schlamm überziehen, verschlämmen; °/ verschlemmen, verprassen.
ob-linō, *lēvī, litum* 3 bestreichen, beschmieren; / erfüllen; überladen; besudeln, beflecken.
oblīquitās, *ātis f* (*oblīquus*) Winkel, Ecke.
oblīquō 1 (*oblīquus*) seitwärts, schräg, schief richten; / gemildert aussprechen.
ob-līquus 3 (*m.* °*comp.*, °*sup.*, *adv.*; *cf. līcium*) **1.** seitlich, schräg, schief, Seiten..., Quer...; °**2.** neidisch; °**3.** verblümt, versteckt; °**4.** (*gramm. t.t.*) indirekt, abhängig [*casus*; *allocutio*].
ob-litēscō, *tuī,* — 3 (*latēscō*) sich verstecken.
ob-litterō 1 (< *ob litterās* [*scrībō*] „über die Buchstaben schreiben, tilgen"; *cf. oblinō*) in Vergessenheit bringen.
oblitus *s. oblinō*; **oblītus** *s. oblīviscor.*
oblīviō, *ōnis f* (*oblīvīscor*) **1.** Vergessen(heit); Amnestie; °**2.** Vergeßlichkeit.

oblīviōsus 3 (*oblīviō*) **1.** vergeßlich; °**2.** sorgenstillend [*vinum*].

oblīvīscor, *oblītus sum* 3 (*wohl* < *ob-lēvīscor; *lēvis*[1]) vergessen; [*amicorum*; *iniurias*]; / aus den Augen lassen [*paterni generis*].

oblīvium, *ī n* (*dcht. u. nkl.*) = *oblīviō*.

oblocūtor, *ōris m* (*obloquor*) „*der* Widersprecher"; ~ *sum* widersprechen [*alteri*].

ob-longus 3 länglich.

ob-loquor, *locūtus sum* 3 **1. a)** widersprechen; °**b)** tadeln, schimpfen; °**2.** dazu singen, spielen.

ob-luctor 1 ankämpfen *gegen*, widerstehen [*flumini*].

oblūdiō 1 (*oblūdium; *lūdō*) scherzen.

ob-mōlior 4 (*zur Verteidigung*) vorschieben; verbarrikadieren.

ob-murmurō 1 **1.** (*intr.*) murren *über* [*precibus*]; **2.** (*trans.*) *etw.* dabei murmeln.

ob-mūtēscō, *tuī*, — 3 (*incoh. v. mūtus*) verstummen; / aufhören.

obnātus 3 (*part. pf. v.* *ob-nāscor) angewachsen.

ob-nītor, *nīxus sum* 3 sich entgegenstemmen; Widerstand leisten.

obnīxus 3 (*m. adv.*; *obnītor*) standhaft, beharrlich.

obnoxiōsus 3 (*obnoxius*) unterwürfig, gehorsam.

obnoxius 3 (*m.* °*adv.*; < *ob noxam* [*esse*] „in der Schuld sein") **1.** °**a)** straffällig, schuldig [*libidini*, *pecuniae debitae* (*gen.*) wegen]; *kl. abs.*; °**2.** unterworfen, ausgesetzt, [*superstitioni*]; °**3.** unterwürfig, knechtisch; °**4.** verpflichtet, verbunden [*Crasso*].

ob-nūbilus 3 umwölkt.

ob-nūbō, *nūpsī*, *nuptum* 3 (*nūptum?*; *vl.* < *nūbem ob*[*dūcō*]) verhüllen.

obnūntiātiō, *ōnis f* (*obnūntiō*) (*relig. t.t.*) Meldung böser Vorzeichen.

ob-nūntiō 1 °**1.** melden; **2.** (*relig. t.t.*) böse Vorzeichen verkünden.

oboediēns, *entis* (*m.* °*comp.*, °*sup.*, °*adv.*; *oboediō*) gehorsam, gern; *subst. m der* Untergebene.

oboedientia, *ae f* (*oboediēns*) Gehorsam.

ob-oediō 4 (*altl. oboidiō*; *audiō*) °**1.** Gehör schenken; **2.** gehorchen.

obolarius 3 (wohl)feil; *-ae mulieres* gemeine Weiber, Dirnen. [**]

ob-oleō, *uī*, — 2 Geruch von sich geben, riechen; *marsuppium huic obolet* sie riecht den Geldbeutel.

obolus, *ī m* (*gr. Fw.*) Obolus (*kleine gr. Münze* = $^1/_6$ *Drachme*).

ob-orior, *ortus sum* 4 sich erheben, aufgehen, entstehen.

ob-rēpō, *rēpsī*, *rēptum* 3 °**1.** heranschleichen [*nobis*]; **2.** / **a)** unvermerkt eindringen, überrumpeln; **b)** sich erschleichen [*ad honores*].

obrēptō 1 (*intens. v. obrēpō*) beschleichen.

obrētiō 4 (*ob*, *rēte*) ins Netz ziehen, verstricken.

ob-rigēscō, *guī*, — 3 (*incoh. v. obrigeō* „starr sein") erstarren.

ob-rōdō, *rōsī*, *rōsum* 3 benagen.

obrogātiō, *ōnis f* (*obrogō*) Änderungsvorschlag.

ob-rogō 1 (*ein Gesetz* ganz *od.* teilweise) aufheben [*legi antiquae*].

ob-ruō, *ruī*, *rutum*, *ruitūrus* 3 **1.** überschütten; vergraben, versenken; **2.** / **a)** verhüllen, bedecken, in den Schatten stellen; *oblivione -i* vergessen werden; **b)** überladen [*se vino*]; **c)** erdrücken [*aere alieno*], unterdrücken [*verbis*]; °**d)** übertreffen [*famam*].

obrussa, *ae f* (*gr. Lw.*) Feuerprobe (*des Goldes*); / Prüfstein.

ob-saepiō, *saepsī*, *saeptum* 4 versperren, verschließen; *kl. nur* /.

ob-saturō 1 sättigen.

obscaen... = *obscēn...*

ob-scaevō 1 (*scaevus*) *ein* böses Vorzeichen melden.

obscēnitās, *ātis f* (*obscēnus*) Unanständigkeit.

obscēnus 3 (*m. comp.*, *sup.*, *adv.*; *urspr. t.t. der Auguralsprache*; *vl. zu caenum*) **1.** unheilvoll, ungünstig; °**2.** schmutzig, häßlich, ekelhaft; garstig; **3.** unanständig, unsittlich, schamlos; °*subst.* **-um,** *ī n* Scham(-glied); *pl.* Schamteile; unzüchtige Handlungen *od.* Worte; Zoten; *der* Hintern; Kot.

obscoen... = *obscēn...*

obscūrātiō, *ōnis f* (*obscūrō*) Verfinsterung.

obscūritās, *ātis f* (*obscūrus*) **1.** Dunkelheit; **2.** / Unverständlichkeit; Unberühmtheit.

obscūrō 1 (*obscūrus*) verdunkeln; verhüllen, verbergen; / undeutlich machen; in Vergessenheit bringen.

obscūrus 3 (*m. comp.*, °*sup.*, *adv.*; < *ob-skū-ros; *eigtl.* „bedeckt"; *cf. nhd.* „Scheuer, Scheune") °**1.** dunkel, finster; **2.** versteckt, verborgen; **3.** / **a)** undeutlich, unverständlich; **b)** (*vom Charakter*) verschlossen;

c) unbekannt, unberühmt; **d**) unsicher, trübe [*spes*]; °**4.** *subst.* **-um,** *ī n* Dunkel(heit).

obsecrātiō, *ōnis f* (*obsecrō*) inständiges Bitten, Beschwörung; Bet-, Bußtag; feierliche Beteuerung.

obsecrō 1 (*sacrō*) inständig bitten, beschwören, anflehen; (*eingeschoben*) °um Himmels willen; ~ te (*vos*) hör(t) mal!

ob-secundō 1 (*secundus*) begünstigen, willfahren, nachgiebig sein

obsēpiō 4 = *obsaepiō.* [*voluntati*].

obsequēla, *ae f* (*obsequor*) Nachgiebigkeit, Willfährigkeit.

obsequēns, *entis* (*m. comp., sup., adv.*; *obsequor*) willfährig, nachgiebig.

obsequentia, *ae f* (*obsequēns*) Nachgiebigkeit. [nachgiebig.

obsequiōsus 3 (*obsequium*) sehr

obsequium, *ī n* (*obsequor*) **1.** Nachgiebigkeit; °**2. a**) Fügsamkeit, Gehorsam; **b**) *mil.* Gehorsam, Subordination; Kriecherei; °**3.** Hingabe; Beischlaf.

ob-sequor, *secūtus sum* 3 willfahren, gehorchen [*alci*]; sich hingeben, nachgehen [*studiis suis*].

ob-serō[1] 1 (*sera*) verriegeln, verschließen.

ob-serō[2], *sēvī, situm* 3 °**1.** säen, pflanzen; / verursachen; **2.** bepflanzen. [bar.

observābilis, e (*observō*) bemerk-

observāns, *antis* (*m. sup.,* °*adv.*; *observō*) °**1.** beobachtend; **2.** hochachtend [*mei*].

observantia, *ae f* (*observāns*) Ehrerbietung; ** Beachtung [*regulae*]; Kulthandlung, Gottesdienst.

observātiō, *ōnis f* (*observō*) **1.** Wahrnehmung; **2.** Gewissenhaftigkeit; °**3.** Regel; ** Religionsübung, Gottesdienst.

observātor, *ōris m* (*observō*) Beobachter. [eifrig beobachten.

observitō 1 (*intens. v. observō*)

ob-servō 1 **1. a**) beobachten; °**b**) hüten [*armenta*]; **2.** beachten, befolgen; **3.** hochachten, ehren.

obses, *idis m f* (*ob, sedeō*) Geisel, Bürge; / Unterpfand. [ßung.

obsessiō, *ōnis f* (*obsideō*) Einschlie-

obsessor, *ōris m* (*obsideō*) °**1.** Bewohner; (*scherzh.*) *fui ~ fori* ich blieb auf dem Markt sitzen; **2.** Belagerer.

obsideō, *sēdī, sessum* 2 °**1.** (*intr.*) sitzen, warten [*domi*]; **2.** (*trans.*) °**a**) sitzen *an* [*aram*]; **b**) besetzt halten, innehaben, beherrschen; **c**) einschließen, belagern; **d**) lauern *auf,* die Zeit abpassen *zu, für* [*stuprum*]; ** (*P.P.P.*) *adi.* **obsessus** 3 besessen.

obsidiālis, e (*obsidium*) Belagerungs... [*corona als Auszeichnung für Entsetzung einer eingeschlossenen Truppe*].

obsidiō, *ōnis f* (*obsideō*) Einschließung, Belagerung; / Not, Bedrängnis. [schaft"; *-o datus* als Geisel.

obsidium[1], *ī n* (*obses*) „Geisel-

obsidium[2], *ī n* (*obsideō*) Einschließung, Blockade; / Gefahr.

ob-sīdō, *sēdī, sessum* 3 besetzen; °/ in seinen Besitz bringen.

obsīgnātor, *ōris m* (*-ī-?*; *obsīgnō*) Untersiegler *einer Urkunde,* Zeuge.

ob-sīgnō 1 (*-ī-?*) versiegeln; (*eine Urkunde*) untersiegeln; / einprägen.

ob-sipō 1 (*altl. supō* 1 „werfen"; *cf. dissipō*) ins Gesicht spritzen; / *aquolam* Mut machen.

ob-sistō, *stitī,* — 3 sich entgegenstellen; Widerstand leisten. [*mit.*

obsitus 3 (*obserō*[2]) besät, bedeckt

obsolē-fīō, *factus sum, fierī u. fīerī* (*-ĕ-?*; **obsoleō*; *cf.* exolēscō, *alō*) abgenutzt werden; den Glanz verlieren.

obsolēscō, *lēvī,* — 3 (*incoh. v.* **obsoleō*; *cf. exolēscō, alō*) sich abnutzen, Geltung und Ansehen verlieren; (*P.P.P.*) *adi.* **obsolētus** 3 (*m. comp., adv.*) abgenutzt, abgetragen; veraltet; alltäglich, gemein.

obsōnātor, *ōris m* (*obsōnō*[2]) Einkäufer für die Küche.

obsōnātus, *ūs m* (*obsōnō*[2]) Einkauf für die Küche.

obsōnium, *ī n* (*gr. Lw.*; *m. volkset. Anlehnung an. lat. praev. ob-*) Zukost (*bsd. Fisch, Gemüse*); *pl.* Fischspeisen.

ob-sonō[1] 1 / dreinreden.

obsōnō[2] *u.* °**-or** 1 (*gr. Lw.*; *cf. obsōnium*) **1.** °**a**) (als Zukost) einkaufen; **b**) / [*famem*]; °**2.** ein Gastmahl geben, schmausen. [schlürfen.

ob-sorbeō, *buī,* — 2 begierig ein-

obstāculum, *ī n* (*obstō*) Hindernis.

obstetrīx, *īcis f* (*obstō*) Hebamme.

obstinātiō, *ōnis f* (*obstinō*) Festigkeit, Beharrlichkeit; Starrsinn.

obstinātus 3 (*m. comp.*, °*sup.*, *adv.*; *obstinō*) °**1.** fest entschlossen; **2.** beharrlich, fest, hartnäckig.
obstinō 1 (< **ob-stanō*; *zu stō* 1; *cf. dēstinō*) fest beschließen, bestehen [auf.
ob-stipēscō = *obstupēscō*.
ob-stīpus 3 (*stīpō*) seitwärts *od.* rückwärts geneigt, geduckt [*caput*].
obstitus 3 (*cf. obsistō*) (*relig. t.t.*) vom Blitz getroffen; *subst.* **-a,** *ōrum n* vom Blitz getroffene Gegenstände.
ob-stō, *stitī, stātūrus* 1 im Wege stehen; hinderlich sein.
ob-strepō, *puī, pitum* 3 **1.** (*intr.*) °**a**) entgegenrauschen, -tönen, lärmen *an* [*portis*]; **b**) überschreien, unterbrechen [*consuli*]; **c**) stören, hinderlich sein; **2.** (*trans.*) °**a**) umrauschen; **b**) überschreien, unterbrechen, stören [*hostem*].
ob-strigillō 1 (*schlechtere Schreibung -string-*; *wohl zu strigō*) hinderlich sein, im Wege stehen.
ob-stringō, *strīnxī, strictum* 3 (*-strīnxī?*) °**1. a**) *vor etw.* vorbinden; **b**) zubinden, zuschnüren, (fest-)binden; **2.** / **a**) verbindlich machen, verpflichten [*cives legibus*]; **b**) verwickeln, verstricken *in* [*scelere*].
obstrūctiō, *ōnis f* (*obstruō*) Abschließung.
obstrūdō 3 = *obtrūdō*.
ob-struō, *strūxī, strūctum* 3 **1.** °**a**) (da)vorbauen; **b**) *luminibus* die Fenster verbauen; **2.** verrammeln [*portam*].
ob-stupefaciō, *fēcī, factum* 3 (P. *-fīō, factus sum, fierī u. fīerī*) in Erstaunen setzen, betäuben, stutzig machen.
ob-stupēscō, *puī,* — 3 erstarren; [erstaunen.
ob-stupidus 3 starr, betäubt.
ob-sum, *fuī,* esse hinderlich sein, schaden.
ob-suō, *suī, sūtum* 3 zunähen; an- [nähen.
ob-surdēscō, *duī,* — 3 (*incoh. zu surdus*) taub werden; / taub bleiben *gegenüber.*
obtaedēscit, — — 3 (*incoh. v.* [**obtaedet*) es ekelt an.
ob-tegō, *tēxī, tēctum* 3 bedecken, schützen; verbergen, verhüllen; / bemänteln, verschleiern.
obtemperātiō, *ōnis f* (*obtemperō*) Gehorsam.
ob-temperō 1 willfahren, gehor- [chen, Folge leisten.
ob-tendō, *ndī, ntum* 3 **1. a**) (da)vorspannen, (da)vorziehen; °**b**) *mediopass.* gegenüberliegen [*Germania Britanniae*]; **2.** / °**a**) in den Hintergrund treten lassen; °**b**) vorschützen; **c**) verhüllen.
obtentus, *ūs m* (*obtendō*) *das* Vorziehen, Vorstecken; / Verschleierung; Vorwand, Deckmantel.
ob-terō, *trīvī, trītum* 3 zertreten, zerquetschen; / vernichten; verkleinern, verachten.
obtestātiō, *ōnis f* (*-ē-?*; *obtestor*) Beschwörung(sformel); inständiges Bitten.
ob-testor 1 (*-ē-?*) **1.** zum Zeugen anrufen; °**2.** feierlich versichern; **3.** beschwören, anflehen.
ob-texō, *texuī, textum* 3 / bedecken, verhüllen [*caelum*].
obticentia, *ae f* (*obticeō*) (*Redefigur*) *das* Schweigen.
ob-ticeō, — — 2 (*taceō*) schweigen.
ob-ticēscō, *cuī,* — 3 (*incoh. v. obticeō*) verstummen.
ob-tineō, *tinuī, tentum* 2 (*teneō*) **1.** (*trans.*) °**a**) festhalten; **b**) besitzen, besetzt halten; verwalten [*magistratum*]; / **c**) beibehalten, behaupten [*libertatem*]; **d**) durchsetzen [*ius suum*], gewinnen [*causam*]; **e**) aufrechterhalten [*sententiam*]; °**2.** (*intr.*) sich behaupten, gelten.
ob-tingō, *tigī,* — 3 (*tangō*) widerfahren, zuteil werden, zustoßen; (*pol. t.t. v. Ämtern u. Beamten*) durch Auslosung zufallen.
obtorpēscō, *puī,* — 3 (*incoh. v.* **ob-torpeō*) **1.** erstarren; °**2.** gefühllos werden.
ob-torqueō, *torsī, tortum* 2 °**1.** umdrehen, winden; **2.** würgen [*gulam*].
obtrectātiō, *ōnis f* (*obtrectō*) Mißgunst, Eifersucht.
obtrectātor, *ōris m* (*obtrectō*) Widersacher, Nebenbuhler.
ob-trectō 1 (*tractō*) (*intr. u.* °*trans.*) entgegenarbeiten [*legi*]; verkleinern [°*laudes*].
obtrītus *s. obterō.*
ob-trūdō, *sī, sum* 3 (*in etw.* hineinstoßen:) hastig verschlingen; an den Hals werfen [*alci virginem*]; (*Kleider*) verbrämen.
ob-truncō 1 niedermetzeln.
ob-tueor, — 2 *u.* (*altl.*) **obtuor,** — 3 hinsehen, ansehen; erblicken.
ob-tundō, *tudī, tū(n)sum* 3 °**1.** durch Schlagen stumpf machen; **2.** / **a**) belästigen; **b**) abstumpfen; mildern.
obtū(n)sus 3 (*m. comp.*; *obtundō*)

°**1.** abgestumpft, stumpf; **2.** / °**a**) verdunkelt; °**b**) heiser; **c**) abgestumpft; °**d**) gefühllos; °**e**) oberflächlich, schwach.

ob-turbō 1 °**1.** verwirren, in Unordnung bringen; **2.** / °**a**) überschreien; **b**) unterbrechen, stören; **c**) betäuben. [**ob-turgeō*) anschwellen.]

obturgēscō, *tursī,* — 3 (*incoh. v.*

ob-tūrō 1 (**tū-ros* „geballt"; *tumeō*) verstopfen; °/ *alci aures* jd. nicht hören wollen.

obtūtus, *ūs m* (*obtueor*) *das* Anschauen, Anblick, Blick.

ob-umbrō 1 beschatten; verdunkeln; / verdunkeln; verhüllen, bemänteln; schützen.

ob-uncus 3 einwärts gekrümmt.

ob-ustus 3 (*-ū-?*; *ūrō*) angebrannt; gehärtet; angegriffen.

ob-vāgiō 4 (vor)wimmern.

ob-vallō 1 verschanzen.

ob-veniō, *vēnī, ventum* 4 °**1.** begegnen; eintreffen; **2.** / **a**) zufallen; **b**) widerfahren, zustoßen.

ob-versor 1 °**1.** sich herumtreiben; **2.** / sich zeigen, erscheinen, vorschweben [*oculis, ante oculos*].

ob-vertō, *vertī, versum* 3 **1.** hinwenden, entgegen-, zukehren; **2.** *mediopass.* **a**) sich hinwenden; *bsd.* (*mil. t.t.*) Front machen; **b**) sich widmen [*studiis*]; entgegenkommen.

ob-viam *adv.* (<*ob viam* „gegen den Weg") entgegen; ~ °*dari* in den Wurf kommen; ~ *ire* entgegengehen, -treten, sich widersetzen; °abhelfen [*timori*].

ob-vigilō 1 wachsam sein.

obvius 3 (*obviam*) **1.** begegnend, entgegenkommend; °**2.** im Wege liegend; / °**3. a**) preisgegeben, ausgesetzt; **b**) leicht, bald zur Hand; **4.** zuvorkommend, freundlich.

ob-volvō, *volvī, volūtum* 3 einhüllen, verhüllen; °/ bemänteln.

ob-vortō 3 (*altl.*) = *obvertō.*

oc-caecō 1 **1.** °**a**) blenden; **b**) / verblenden [*animos*]; **2.** °**a**) verfinstern; **b**) / unsichtbar machen, bedecken.

occallātus 3 (*ob, callum*) dickhäutig; / gefühllos.

oc-callēscō, *luī,* — 3 (*incoh. v. *oc-calleō*) °**1.** dickhäutig werden, sich verhärten; **2.** / gefühllos werden.

oc-canō, *nuī,* — 3 dazu-, dazwischenblasen [*cornua*].

occāsiō, *ōnis f* (*occidō*[1]) (günstige) Gelegenheit; Handstreich.

occāsiuncula, *ae f* (*dem. v. occāsiō*) *eine* hübsche Gelegenheit.

occāsus, *ūs m* (*occidō*[1]) **1. a**) Untergang [*solis*]; **b**) Abend, Westen; **2.** / Verderben, Tod.

occātiō, *ōnis f* (*occō*) *das* Eggen.

occātor, *ōris m* (*occō*) der eggt.

oc-cēdō, *cessī, cessum* 3 entgegentreten.

oc-centō 1 (*cantō*) ein Ständchen bringen, ein Spottlied singen. [gen.]

occeptō 1 (*intens. v. occipiō*) anfan-

occidēns, *entis m* (*part. praes. v. occidō*[1]; *sc. sōl*) Westen; °/ Abend- [land.]

****occidentalis,** e westlich.

occīdiō, *ōnis f* (*occīdō*[2]) Niedermetzelung, Vernichtung.

oc-cidō[1], *cidī, cāsum* 3 (*cadō*) °**1.** nieder-, hinfallen; **2.** / **a**) untergehen [*sol*]; **b**) sterben, verlorengehen.

oc-cīdō[2], *cīdī, cīsum* 3 (*caedō*) °**1.** zu Boden schlagen; **2.** niederhauen, töten; **3.** / °**a**) zu Tode martern; **b**) verderben; °**c**) (fast) umbringen.

occiduus 3 (*occidō*[1]) untergehend, westlich; dem Tode nahe.

occillō 1 (*occō*) zerschlagen [*os*].

oc-cinō, *cinuī u. cecinī,* — 3 (*canō*) seine Stimme hören lassen (*bsd. v. Weissagevögeln*).

oc-cipiō, *cēpī, ceptum* 3 (*pf. auch -coepī*; *altl. fut. ex. occepsō*; *capiō*) **1.** (*trans.*) anfangen, unternehmen; **2.** (*intr.*) seinen Anfang nehmen [*hiems*].

occipitium, *ī n* (*occiput ds.*; *ob + caput*) Hinterkopf. [Mord.]

occīsiō, *ōnis f* (*occīdō*[2]) Totschlag,

occīsissumus 3 (*sup. v. occīsus, P.P.P. v. occīdō*[2]) ganz verloren.

occīsor, *ōris m* (*occīdō*[2]) Totschläger, Mörder. [laut schreien.]

occlāmitō 1 (*intens. v. *oc-clāmō*)

oc-clūdō, *sī, sum* 3 (*altl. pf. occlūstī*; *claudō*) (ver)schließen, einschließen, einsperren; °/ Einhalt tun [*linguam*]. [verschlossen.]

occlūsus 3 (*m. comp.*; *occlūdō*) /

occō 1 (*occa*; *cf. nhd.* „Egge") eggen; / (*dcht.*) *das* Land bestellen.

oc-cubō, *uī, itum* 1 davor Wache stehen; tot daliegen.

oc-culcō 1 (*calcō*) niedertreten.

oc-culō, *culuī, cultum* 3 (*cēlō*) verbergen, verheimlichen.

occultātiō, *ōnis f* (*occultō*) *das* Verbergen, Geheimhalten.
occultātor, *ōris m* (*occultō*) „Verberger"; Versteck [*latronum*].
occultō 1 (*altl. -tassis = -tāveris; intens. v. occulō*) versteckt halten, verheimlichen.
occultus 3 (*m. comp., sup., adv.; occulō*) verborgen, versteckt; heimlich, unbemerkt; (*v. Charakter*) verschlossen; *subst.* **-a,** *ōrum n* Versteck, Geheimnisse.
oc-cumbō, *cubuī, cubitum* 3 niedersinken, (hin)fallen, sterben; (*mortem*) ~ in den Tod gehen.
occupātiō, *ōnis f* (*occupō*) Besetzung; / Beschäftigung, Geschäft; -*es rei publicae* (*gen. subi.*) Staatswirren, (*gen. obi.*) Staatsgeschäfte.
occupātus 3 (*m. comp., sup.; occupō*) **1.** viel beschäftigt; **2.** beschäftigt *mit* [*in parando bello*]; **3.** beschränkt *auf* [*in litteris*].
occupō 1 (*altl. coni. pf. -passis, it; ob, capiō*) **1. a)** einnehmen, besetzen; in Besitz nehmen, an sich reißen; **b)** erlangen, gewinnen; **c)** erfassen, ergreifen [*timor exercitum*]; **2.** °**a)** beschäftigen [*animum*]; **b)** anlegen [*pecuniam*]; °**3.** überfallen, angreifen; **4.** zuvorkommen [*aprum telo*]; °zuerst tun.
oc-currō, (*cu*)*currī, cursum* 3 **1. a)** entgegenlaufen, -eilen, -gehen, begegnen; **b)** eintreffen *bei,* beiwohnen [*concilio*]; **c)** sich darbieten, sich zeigen, vor Augen, vor die Seele treten, einfallen [*exemplum mihi*]; **2. a)** angreifen [*legioni*]; **b)** entgegenarbeiten [*consiliis*]; **c)** entgegnen, einwenden *gegen* [*orationi*]; **d)** abhelfen, vorbeugen.
occursātiō, *ōnis f* (*occursō*) *das* Entgegenkommen; Glückwunsch.
occursiō, *ōnis f* (*occurrō*) Anfechtung [*fortunae*].
occursō 1 (*intens. v. occurrō*) **1.** (*intr.*) **a)** begegnen, entgegentreten; **b)** sich nähern; / **c)** widerstreben; **d)** einfallen [*animo*]; **2.** (*trans.*) (*altl.*) jd. über den Weg laufen.
occursus, *ūs m* (*occurrō*) Begegnung; *das* Herbeieilen.
Ōceanus, *ī m* (*gr.* Ōkeanọs) **1.** *Gott des die Erde umströmenden Weltmeers, Gemahl der Tethys, Vater der Meernymphen;* **2.** Weltmeer, Ozean; °**-nītis,** *idis f* Meernymphe.
ocellātus 3 (*ocellus*) mit Augen versehen; *subst.* **-ī,** *ōrum m* Spielsteinchen (*die wie Würfel mit Augen versehen waren*).
ocellus, *ī m* (*dem. v. oculus*) °**1.** Äuglein; **2.** / **a)** Augapfel; °**b)** *Kosewort.*
Ocelum, *ī n St. der Grāioceli, j.* Oulx *in Piemont.*
ōcior, *ius* (*comp.; ōcissimus* 3 *sup.; wohl ablautend zu ācer*²) schneller, geschwinder; *kl. nur adv.* **ōcius** schneller; °schnell, °sogleich; *serius ocius s. sērus;* °*sup.* **ōcissimē.**
ocliferius 3 (*oculus, feriō*) in die Augen fallend, augenfällig.
Ocnus, *ī m* (*gr.* Oknos) *sagenh. Erbauer v. Mantua* (*s. d. u. Mantō*²).
ocrea, *ae f* (*altl. ocris = ācer*²) Beinschiene.
ocreātus 3 (*ocrea*) mit Beinschienen versehen.
octaphoros, *on* (*gr. Fw.*) von acht getragen [*lectica*]; *kl. nur subst.* **-on,** *ī n eine* von acht Sklaven getragene Sänfte.
Octāvius 3 *röm. Gentilname: C.* ~, *durch Cäsars Adoption C. Iūlius Caesar Octāviānus, der spätere Kaiser Augustus* (*63–14 n. Chr.*); *adi.* -*viānus* 3.
octāvus 3 *num. ord.* (*octō*) *der* achte; °*ad -um* [*sc. lapidem*] am 8. Meilenstein; °*subst.* **-a,** *ae f* (*sc. hora*) *die* 8. Stunde; *adv.* **-um** zum achtenmal.
octiē(n)s *num. adv.* (*octō*) achtmal.
octingentēsimus 3 *num. ord.* (*octingentī*) *der* achthundertste.
octingentī 3 *num. card.* (*octō, centum*) achthundert.
octi-pēs, *pedis* (*octō*) achtfüßig.
octō *num. card. indecl.* (*cf. nhd.* „acht") acht.
Octōber, *bris, bre* (*octō*) *des* Oktobers, zum Oktober gehörig; *mensis* ~ *u.* °*subst.* ~, *bris m* Oktober, *urspr. der achte Monat des röm. Jahres.*
octōdecim *num. card. indecl.* (*octō, decem nkl.*) achtzehn.
octōgēnārius 3 (*octōgēnī*) achtzigjährig.
octōgēnī 3 *num. distr.* (*octōgintā*) je achtzig.
octōgē(n)simus 3 *num. ord.* (*octōgintā*) *der* achtzigste.
octōgiē(n)s *num. adv.* (*octōgintā*) achtzigmal.
octōgintā *num. adv. indecl.* (*octō*) achtzig.

octō-iugis, e (*iugum*) achtspännig; / (*verächtlich*) acht Mann hoch.

octōnārius 3 (*octōnī*) aus acht bestehend; *versus* achtgliedriger *jambischer* Vers.

octōnī 3 *num. distr.* (*octō*) je acht; °-*os* (*asses*) *aeris* monatlich acht As; / (*dcht.*) acht auf einmal.

octōphoros, *on* = *octaphoros.*

octuplicātus 3 (*octuplex* „achtfältig") achtmal mehr.

octuplus 3 (*cf. duplus*) achtfach; *subst.* **-um** *ī n das* Achtfache (*bsd. als Strafe*).

octussibus *abl. m* = *octō assibus* [für acht As.]

****ocularis,** e Augen... [*medicus*].

oculātus 3 (*oculus*) mit Augen versehen; sehend; sichtbar; *-ā die* (*am sichtbaren Tage, d. h. am Zahltage*) gegen bar; ** *-a fide* mit eigenen Augen.

oculeus 3 (*oculus*) vieläugig [*Argus*].

oculicrepida, *ae m* (*oculus, crepō*) dem die Schläge über die Augen klatschen.

oculissimus 3 (*scherzh. sup. v. oculus*) lieb (wie ein Augapfel).

oculus, *ī m* (< **oquulos*; *cf. atr-ōx*) **1. a**) Auge; **b**) Augenlicht, Sehkraft, Blick; *in -is* allen sichtbar; *in -is esse* sehr beliebt sein; **2.** / °**a**) Knospe; °**b**) Leuchte; **c**) Zierde, Perle = *das* Vorzüglichste.

****oda,** *ae f* Weise, Lied; Tanzlied, Danklied; Rede, Predigt.

ōdēum *u.* **ōdīum,** *ī n* (*gr. Fw.*) *Gebäude für musische Wettkämpfe,* Odeum.

ōdī, *ōdisse, ōsūrus* (*pf. vereinzelt ōdivī; altl. part. pf. ōsus; s. d.*; √ *od- „Widerwille, Haß") **1.** hassen; °**2.** / nicht mögen, verschmähen; ** *odire* = *odisse.*

odiōsicus 3 (*scherzh. Bildung*) = [*odiōsus.*]

odiōsus 3 (*m. comp.,* °*sup., adv.*; *odium*) verhaßt, widerwärtig; langweilig.

odium¹, *ī n* (*ōdī*) **1.** Haß, Erbitterung, Feindschaft; Abneigung, Überdruß; **2.** widerwärtiges Benehmen; **3.** Gegenstand des Hasses, verhaßte Person.

ōdīum², *ī n s. ōdēum.*

odor, *ōris m* (*oleō*) **1. a**) Geruch; **b**) Duft; Gestank; Dunst, Dampf; **2.** (*meist pl.*) Räucherwerk, Spezereien; **3.** / Witterung; Ahnung, Vermutung, Vorgefühl.

odōrātiō, *ōnis f* (*odōror*) *das* Riechen; (*oft pl.*) Geruchssinn.

odōrātus¹, *ūs m* (*odōror*) Geruch(ssinn).

odōrātus² 3 (*odor*) wohlriechend, [duftend.]

odōri-fer, *era, erum* (*odor, ferō*) duftend; Spezereien erzeugend.

odōrō 1 (*odor*) wohlriechend machen.

odōror 1 (*odōrō*) °**1.** *an etw.* riechen [*pallam*]; °**2.** wittern; **3.** / **a**) ausspüren, erforschen; trachten *nach*; °**b**) (oberflächlich) *in etw.* hineinriechen [*philosophiam*].

odōrus 3 (*m. comp., sup.*; *odor*) wohlriechend; witternd.

odōs, *ōris m* (*altl.*) = *odor.*

Odyssēa *u.* **-īa,** *ae f* (*gr.* Odysseia) Odyssee, *Epos Homers u. lat. Bearbeitung durch Livius Andronīcus.*

oeconomia, *ae f* (*gr. Fw.*) harmon. Gliederung (*einer Rede od. eines Theaterstücks*); ** Verwaltung.

oeconomicus 3 (*gr. Fw.*) **1.** die Wirtschaft, den Haushalt betreffend; ♀ *Titel einer Schrift Xenophons*; °**2.** (*rhet. t.t.*) gehörig, richtig [*dispositio causae*].

****oeconomus,** *i m* Schaffner, Ver- [walter.]

Oedipūs, *podis m* (*gr.* Oidipūs) *König v. Theben*; *Titel zweier Tragödien des Sophokles*; *adi. -podonius* 3.

Oenomaus, *ī m* (*gr.* Oinomaos) *König v. Pisa, Vater der Hippodamia*; *Tragödie des Accius.*

oenophorum, *ī m* (*gr. Fw.*) Weinkorb.

oenopōlium, *ī n* (*gr. Fw.*) Wein- [schenke.]

oenus 3 (*altl.*) = *ūnus.*

oestrus, *ī m* (*gr. Fw.*) Pferdebremse; / Raserei; Begeisterung.

oesus, *ūs* (*altl.*) = *ūsus.*

oesypum, *ī n* (*gr. Fw.*) (*aus dem Fettschmutz der Schafwolle hergestelltes*) Heil- u. Schönheitsmittel.

Oeta, *ae u.* **-ē,** *ēs f* (*gr.* Oitē) *Geb. in Südthessalien*; *adi. -taeus* 3.

ofella, *ae f* (*dem. v. offa*) Bissen, Stückchen.

offa, *ae f* (*et. ungedeutet*) Bissen; Mehlkloß; Geschwulst, Klumpen.

offātim *adv.* (*offa*) bissen-, stückweise.

offendiculum, *ī n* (*offendō*) Anstoß, [Hindernis.]

offendō, *fendī, fēnsum* 3 (*cf. dēfendō*) **1.** (*intr.*) **a**) anstoßen; / **b**) zu Schaden kommen, Unglück haben, einen Unfall erleiden; c) Unwillen erregen [*apud plebem*]; d) Anstoß nehmen; °e) anstößig sein [*consulare nomen*]; 2. (*trans.*) °a) *etw.* anstoßen [*caput*]; b) stoßen *auf*, antreffen, finden [*rem publicam perturbatam*]; c) verletzen, beschädigen; kränken, beleidigen; P. Anstoß nehmen, sich verletzt fühlen.

offēnsa, *ae f* (*offendō*) Anstoß: °1. Anfall (*einer Krankheit*); / Gefahr; °2. Kränkung, Beleidigung; Widerwärtigkeit; 3. Ungnade.

offēnsātiō, *ōnis f* (*offēnsō*) *das* Anstoßen; Verstoß. [per.

offēnsātor, *ōris m* (*offēnsō*) Stümper.

offēnsiō, *ōnis f* (*offendō*) *das* Anstoßen; / Unpäßlichkeit; Anstoß, Verdruß, Mißstimmung, Abneigung; Unfall, Widerwärtigkeit.

offēnsiuncula, *ae f* (*dem. v. offēnsiō*) kleine Widerwärtigkeit; leichter Verdruß.

offēnsō 1 (*intens. v. offendō*) anstoßen; / (*in der Rede*) stocken.

offēnsum, *ī n* (*offēnsus*[1]) Verstoß.

offēnsus[1] 3 (*m. °comp.*; *offendō*) beleidigt; anstößig, zuwider [*civibus*].

offēnsus[2], *ūs m* (*offendō*) *das* Anstoßen; Anstoß (*auch* /).

of-ferō, *obtulī, oblātum, offerre* 1. entgegenbringen, vorhalten, zeigen, darstellen; *se -ferre u. mediopass.* sich zeigen, erscheinen, begegnen; (*feindl.*) entgegentreten; 2. a) an-, darbieten; b) aussetzen, preisgeben; weihen [*caput periculis*; *se ultro ad mortem*]; c) darbringen, erweisen, antun, verursachen.

offer(r)ūmentae, *ārum f* (*-ŭ-?*; *vl. zu offerō*) Nähte (?); Geschenke (?); / (*scherzh.*) Striemen, Schläge.

****officialis,** e zum Dienst gehörig; *subst.* ~, *is m* Beamter.

officīna, *ae f* (*altl. opi-ficīna*; *opifex*) Werkstätte, Fabrik; / Herd, Sitz; ** Handwerk.

of-ficiō, *fēcī, fectum* 3 (*ob, faciō*) °1. (*trans.*) versperren [*iter*]; 2. (*intr.*) a) in den Weg treten, hinderlich sein [*itineri*]; b) / beeinträchtigen [*libertati*].

officiōsus 3 (*m. comp., sup., adv.*; *officium*) diensteifrig, gefällig, willig.

officium, *ī n* (< **opi-facium*; *ops, faciō*) 1. Dienst(leistung); 2. Amt, Geschäft, Verrichtung; 3. a) Dienstfertigkeit, Gefälligkeit, Liebesdienst [*supremum* letzter]; °*auch* = Beischlaf; °b) Ehrenbezeigung, Aufmerksamkeit, Höflichkeit; °c) offizielle Feier; 4. a) Pflicht, Verpflichtung, Schuldigkeit, Beruf; *-o fungi* seine Pflicht erfüllen, *deesse* nicht erfüllen; b) Pflichtgefühl, -treue; Pflichterfüllung, Gehorsam; ** *divinum* Gottesdienst; *altaris* Liturgie.

of-fīgō, *xī, xum* 3 befestigen.

offirmātus 3 (*m. comp., °adv.*; *-ī-?*; *offirmō*) °1. fest, standhaft; 2. eigensinnig.

of-firmō 1 (*-ī-?*) festmachen; / *animum* sich ein Herz fassen; (*se*) *-are* fest entschlossen sein.

offla *s. off(u)la.*

of-flectō, — — 3 umlenken. [gen.

offōcō 1 (*ob, faux*) ersticken, erwürgen.

of-frēnātus 3 (*ob, frēnō*) am Zaume gefaßt; / (*scherzh.*) *-um ductare* an der Nase herumführen.

offūcia, *ae f* (*ob, fūcus*) Schminke; / Täuschung. [chen, Bissen.

off(u)la, *ae f* (*dem. v. offa*) Stückchen, Bissen.

of-fulgeō, *lsī,* — 2 entgegenleuchten.

of-fundō, *fūdī, fūsum* 3 °1. ausgießen *über*; 2. / a) ausbreiten, verbreiten; *mediopass.* sich verbreiten; b) bedecken, erfüllen; überstrahlen.

og-gganniō 4 = *ob-ganniō.*

og-gerō 3 = *ob-gerō.*

ōh *int. s. ō.* [(*wohl gr. Fw.*) halt!

ōhē *u.* (*im Bühnenvers*) **ŏhĕ** *int.* (*wohl gr. Fw.*) halt!

oho *int.* (*wohl falsche Schreibung für ohe*) oho! [*lat. ei*) o weh!

ōiēi *u.* **ōiēi** *int.* (*wohl gr. Fw.* oi + *lat. ei*) o weh!

Oīleus, *eī u.* eos *m* (*gr.* -eus) *König v. Lokris, Vater des kleinen Ajax*; **-līdēs,** *ae m* = Ajax. [= *olīva.*

olea, *ae f* (*an oleum angeglichen*) = *olīva.*

oleāginus 3 (*olea*) vom Ölbaum.

oleārius 3 (*oleum*) für das Öl, Öl...; °*subst.* ~, *ī m* Ölhändler.

oleaster, *trī m* (*olea*) wilder Ölbaum.

olēns, *entis* (*part. praes. v. oleō*) 1. wohlriechend; 2. stinkend.

oleō, *uī,* — 2 *u.* (*altl.*) **olō,** *uī,* — 3 1. duften, riechen, stinken; 2. a) *nach etw.* riechen [*ceram*]; / b) verraten [*malitiam*]; c) sich durch den Geruch bemerkbar machen.

oleum, *ī n* (*gr. Lw.*) Öl; (*et*) ~ *et operam perdere* sich vergeblich bemühen; ** Ölkrug.

olfaciō, *fēcī, factum* 3 (*oleō, faciō*) riechen; wittern.

olfactō 1 (*intens. v. olfaciō*) beriechen.

olidus 3 (*oleō*) riechend, stinkend.

ōlim *adv.* (*altl. acc. zu ollus; cf. illim*) **1. a)** vor Zeiten, ehemals, einst; °**b)** längst, seit langer Zeit; **c)** dereinst; °**2.** manchmal, bisweilen; gewöhnlich; °**3.** (*in Frage- u. Kondizionalsätzen*) je(mals).

olitor, *ōris m* (*olus*) Gemüsegärtner.

olitōrius 3 (*olitor*) Kohl..., Gemüse...; *cf. forum.*

olīva, *ae f* (*gr. Fw.*) °**1.** Olive; **2.** Ölbaum; °**3.** Ölzweig, Olivenkranz, -stab.

olīvētum, *ī n* (*olīva*) Ölgarten; [Olivenpflanzung, -hain.]

olīvi-fer, *era, erum* (*olīva, ferō*) Oliven tragend.

olīvum, *ī n* (= *oleum; an olīva angeglichen*) **1.** Öl; / Palästra; **2.** *wohlriechende* Salbe.

ōlla, *ae f* (*vulgär für aula*²) Topf.

ōllāris, e (ō-?; *ōlla*) Topf...

olle *u.* **ollus** 3 (*altl.*) = *ille.*

olō 3 *s. oleō.*

olor, *ōris m* (√ *ol- „schreien") Schwan.

olōrīnus 3 (*olor*) vom Schwan.

olus, *eris n* (*altl. helus; helvus* „gelbgrün"; *cf. helvella*) Gemüse, Grünzeug; *atrum* Schwarzkohl.

olusculum, *ī n* (*dem. v. olus*) Kohl, Gemüse.

Olympia, *ae f* (*gr.* -pịā) *dem Zeus heiliger Bezirk in Elis; adi.* **-pius** 3, *-pi(a)cus* 3; *subst.* **-pia,** *ōrum n die* Olympischen Spiele; **-pias,** *adis f* Olympiade, *vierjähriger Zeitraum zw. den Olympischen Spielen;* **-pionīcēs,** *ae m* Sieger in den Olympischen Spielen.

Olympos *u.* **-us,** *ī m* (*gr.* Ọlympos) *der* Olymp, *Sitz der Götter, Berg an der Grenze von Makedonien u. Thessalien;* °/ Himmel.

O. M. (*Abk.*) = *optimus maximus* (*Beiname Jupiters*).

omāsum, *ī n* (*vl. gall. Fw.*) Rinderkaldaunen.

ōmen, *inis n* (*et. ungeklärt*) **1.** Vorzeichen, -bedeutung; Wunsch; °**2.** Bedingung; °**3.** feierlicher Brauch; *prima omina* Hochzeit.

ōmentum, *ī n* (< **ovimentum; zu exuō, induō; eigtl.* „Netzhaut") Fett; Eingeweide.

ōminātor, *ōris m* (*ōminor*) Wahrsager.

ōminor 1 (*ōmen*) **1. a)** weissagen, prophezeien; *male ominatus* von böser Vorbedeutung; °**b)** ahnen; **2.** androhen, -wünschen.

ōminōsus 3 (*m. comp., adv.; ōmen*) unheilvoll.

omissus 3 (*omittō*) nachlässig.

o-mittō, *mīsī, missum* 3 (< **ommittō; ob, mittō*) fahren, fallen lassen; / aufgeben, aus den Augen lassen; aufhören [*lugere*]; übergehen, unerwähnt lassen.

omniciēns, *entis* (*omnis, cieō*) alles erregend.

omnigena, *ae m f* (*gen. pl. -um; omnis, gignō*) von allerlei Art.

omni-genus = *omne genus* (*acc.!*) allerlei.

omni-modīs *adv.* (*omnis, modus*) auf jede Weise.

omnīnō *adv.* (*omnis*) **1.** ganz und gar, völlig, durchaus; **2.** allerdings; **3.** im allgemeinen, überhaupt; ~ *non* überhaupt nicht; **4.** (*bei Zahlen*) im ganzen, nur; °**5.** kurz, mit e i n e m Wort.

omni-parēns, *entis* (*omnis, parēns*²) alles hervorbringend, Allmutter.

omni-potēns, *entis* (*omnis, potēns*) allmächtig.

omnis, e (*et. ungedeutet*) **1.** jeder; *pl. -es* alle; *-ia* alles; *ad unum -es* bis auf den letzten Mann; *inter -es* allgemein; **2.** ganz, vollständig; **3.** allerlei; **4.** lauter, nichts als.

omni-tuēns, *entis* (*omnis, tueor*) allsehend.

omni-vagus 3 (*omnis, vagus*) überall umherschweifend.

omni-volus 3 (*omnis, volō*) alles begehrend.

Omphalē, *ēs f* (*gr.* -phạlē) *Königin v. Lydien, der Herkules in Frauenkleidung dienen mußte.*

onager *u.* **-grus,** *grī m* (*gr. Fw.*) wilder Esel.

onāgos, *ī m* (*gr. Fw.*) Eseltreiber.

onerārius 3 (*onus*) lasttragend; *subst.* **-a,** *ae f* Lastschiff.

onerō 1 (*onus*) **1.** beladen, bepacken; °**2.** einladen, -füllen *in* [*vina cadis*]; **3.** / **a)** überhäufen, -schütten, -laden; °**b)** beschweren, belästigen; °**c)** erschweren; vergrößern.

onerōsus 3 (*m. comp.; onus*) lästig, drückend.

onocrotalus, *ī m* (*gr. Fw.*) Kropfgans.

onus, *eris n* (*cf. gr.* anịā „Last") **1.** Last, Bürde, Fracht; °*ventris* Leibesfrucht; **2.** / **a)** Gewicht; **b)** Mühe, schwierige Aufgabe; **c)** Abgabe, Steuer, Schulden(last).

onustus 3 (*onus*) **1.** beladen, bepackt; **2.** voll *von* [vino]; °**3.** / belastet, beschwert.

onyx, *ychis* (*acc. sg. -cha, acc. pl. -chas; gr. Fw.*) Onyx: **1.** *f gelblicher Halbedelstein*; **2.** *m gelblicher Marmor*; Salbenbüchschen.

opācitās, *ātis f* (*opācus*) Schatten.

opācō 1 (*opācus*) beschatten.

opācus 3 (*m.* °*comp.*, °*sup.*; *praev. op- = ob + Suffix -ācus*: „entgegengesetzt; [der Sonne] abgewandt") **1. a)** schattig, beschattet; °**b)** dunkel, finster [*nox*]; dicht [*barba*]; °**2.** beschattend.

opella, *ae f* (*dem. v. opera*) kleine Arbeit; Mühe.

opera, *ae f* (*coll. zu opus*) **1.** Arbeit, Mühe, Tätigkeit; *dare -am* sich beschäftigen *mit* [*litteris*]; *-ae pretium* est es ist der Mühe wert; *meā* (*imperatoris*) *-ā* durch mein ... Zutun *od.* Verschulden, Schuld; **2.** Dienst, Hilfe, Unterstützung; **3.** Muße, Gelegenheit; **4.** *pl.* Arbeiter, Tagelöhner; Helfershelfer.

operārius 3 (*opera*) zur Arbeit gehörig, tauglich; *subst.* **-us,** *ī m* Tagelöhner, Handlanger; °**-a,** *ae f* Dirne.

operculum, *ī n* (*operiō*) Deckel.

operīmentum, *ī n* (*operiō*) Decke.

operiō, *eruī, ertum* 4 (*impf. im Vers auch -ībat*; < **op- = ob- + *veriō*; *cf. aperiō*) **1. a)** be-, zudecken, verhüllen; **b)** verschließen; °**c)** begraben; **2.** / **a)** überhäufen; beladen; **b)** verbergen, verhehlen; **3.** (*P.P.P.*) *subst.* **opertum,** *ī n* °**a)** verborgene Stelle, Tiefe; **b)** Geheimnis.

operor 1 (*opus od. opera*) **1.** beschäftigt sein *mit* [*studiis*]; **2.** (*relig. t.t.*) opfern [*deo*]; obliegen [*sacris*].

operōsitās, *ātis f* (*operōsus*) Geschäftigkeit, (übertriebene) Sorgfalt.

operōsus 3 (*m. comp.*, °*sup.*, *adv.*; *opera*) **1.** (*act.*) **a)** geschäftig, tätig; °**b)** / wirksam [*herba*]; **2.** (*pass.*) **a)** mühsam, beschwerlich [*labor*]; °**b)** kunstreich [*templa*].

opertōrium, *ī n* (*operiō*) Decke.

opēs, *um f s. ops.*

ophītēs, *ae m* (*gr. Fw.*) Marmor mit Schlangenflecken (Serpentinstein?)

ophthalmiās, *ae m* (*gr. Fw.*) Neunauge.

ophthalmicus, *ī m* (*gr. Fw.*) Augenarzt.

opicus 3 (*zu Oscī, älter Opicī*) bäurisch, ungebildet.

opi-fer, *era, erum* (*ops, ferō*) hilfeleistend.

opifex, *icis m f* (*opus, faciō*) „Werkmeister", Bildner; Handwerker; Schöpfer(in), Künstler.

opificīna, *ae f* (*altl.*) = *officīna*.

ōpiliō, *ōnis m* (*dialektische Form für die stadtrömische ūpiliō* < **ovipiliō*; *ovis, pellō*) Schaf-, Ziegenhirt.

opīmitās, *ātis f* (*opīmus*) Reichtum, Herrlichkeit.

opīmus 3 (*m. comp.*, °*adv.*; *vl.* < **opi-pīmus* „von Fülle strotzend") fett, feist; fruchtbar; / reich(lich), herrlich; ansehnlich; (*v. d. Rede*) überladen.

opīnābilis, *e* (*opīnor*) vermutlich; eingebildet [*dolor*].

opīnātiō, *ōnis f* (*opīnor*) Vermutung, Einbildung.

opīnātor, *ōris m* (*opīnor*) immer zu Vermutungen geneigt.

opīnātus[1] 3 (*opīnor*) eingebildet; scheinbar.

opīnātus[2], *ūs m* (*opīnor*) Vermutung.

opīniō, *ōnis f* (*opīnor*) **1. a)** Meinung, Vermutung; **b)** Erwartung, Ahnung; **c)** Einbildung; Vorstellung, Wahn, Vorurteil; **2.** hohe Meinung, guter Ruf; **3.** Gerücht.

opīnor *u.* (*altl.*) **-ō** 1 (*wohl zu *opiō(n)* „Erwartung"; *cf. optō*) meinen, vermuten, glauben, wähnen.

opi-parus 3 (*ops, parō*[2]; *kl. nur adv.* **-ē**) prächtig, herrlich.

opisthographus 3 (*gr. Fw.*) auf der Rückseite beschrieben.

opitulor 1 (*ops*; *cf. tulī*; *eigtl.* „Hilfe bringen") helfen; abhelfen [*inopiae*].

opobalsamum, *ī n* (*gr. Fw.*) Balsam.

oportet, *uit,* — 2 *impers.* (*wohl op- = ob- + vortēre = vertere* „sich zuwenden") es gebührt sich, es ist nötig, man soll (*m. a.c.i. od. bloßem coni.*).

op-pectō, — — 3 „bekämmen"; (*scherzh.*) abnagen, „abknabbern".

op-pēdō, — — 3 anfurzen; verhöhnen [*alci*].

op-perior, *pertus sum* 4 (*altl. auch -ībor, ītus sum*; *cf. experior*) **1.** (*intr.*) warten; °**2.** (*trans.*) erwarten.

op-petō, *īvī u. iī, ītum* 3 entgegengehen [*pestem*]; *kl. nur mortem* ~ (°*abs.*) sterben.

oppidānus 3 (*oppidum*) städtisch, kleinstädtisch; *subst.* ~, *ī m* Städter.
oppidātim *adv.* (*oppidum*) städteweise.
oppidō *adv.* (*et. ungeklärt*) sehr, äußerst [*pauci*]; ~ °*quam* überaus [*parvus*].
oppidulum, *ī n* (*dem. v. oppidum*) Städtchen.
oppidum, *ī n* (*et. nicht geklärt; eigtl. wohl* „Einzäunung") Verschanzung, Befestigung, fester Platz, Stadt.
op-pignerō 1 (*-ī-?*; *pignus*) verpfänden.
op-pīlō 1 (*altl. pīlō* 1 „zusammendrücken"; *cf. compīlō*) verrammeln, (ver)schließen.
op-pingō, *pēgī,* — 3 (*pangō*) aufdrücken [*savium*].
op-pleō, *ēvī, ētum* 2 an-, erfüllen.
op-pōnō, *posuī, positum* 3 **1.** vor *od.* an *etw.* stellen; entgegenstellen, -setzen, -legen, -halten; P. vor *od.* an *etw. od.* gegenüberstehen, -liegen; **2.** / **a**) aussetzen, bloßstellen, preisgeben [*periculo, ad periculum*]; **b**) vorbringen, einwenden; **c**) vergleichend gegenüberstellen; °**d**) verpfänden.
opportūnitās, *ātis f* (*opportūnus*) günstige Lage; / gelegene Zeit, gute Gelegenheit; Vorteil, Bequemlichkeit; zweckmäßige Anlage [*corporis*].
opportūnus 3 (*m. comp., sup., adv.; vl. urspr. Ausdruck der Seemannssprache*: [*ventus*] *ob portum* [*veniens*]) **1. a**) (*räuml.*) bequem, günstig gelegen; **b**) (*zeitl.*) günstig, gelegen; rechtzeitig; **2.** günstig, passend, brauchbar, vorteilhaft [*bello*]; °**3.** geschickt, gewandt; °**4.** (feindlichen Angriffen) ausgesetzt, leicht anzugreifen; *subst.* **-a,** *ōrum n* gefährdete Punkte.
****oppositio,** *onis f* Widerstand; Widerspruch.
oppositus[1] 3 (*oppōnō*) gegenüberliegend.
oppositus[2], *ūs m* **1.** (*act.*) Entgegenstellung; **2.** (*pass.*) *das* Entgegenstehen, Vortreten [*lunae*].
oppressiō, *ōnis f* (*opprimō*) **1.** Überrumpelung; **2.** Unterdrückung; °**3.** Gewalttat.
oppressiuncula, *ae f* (*dem. v. oppressiō*) *das* zärtliche Drücken.
oppressor, *ōris m* (*opprimō*) Unterdrücker.
oppressus, *abl. ū m* (*opprimō*) Druck.
op-primō, *pressī, pressum* 3 (*premō*) **1. a**) zu Boden drücken; versenken [*classem*]; erdrücken, ersticken, verschütten; **b**) stürzen, bezwingen, vernichten; **c**) nicht aufkommen lassen; **d**) verbergen, geheimhalten; **2. a**) überfallen, überraschen, ereilen; **b**) außer Fassung bringen.
opprobrāmentum, *ī n* (*opprobrō*) Schimpf.
opprobrium, *ī n* (*probrum*) Beschimpfung, Vorwurf; Schimpf, Schande; °Schimpfwort, °Schmährede.
op-probrō 1 (*probrum*) schimpfend vorwerfen.
oppūgnātiō, *ōnis f* (*-ŭ-?*; *oppūgnō*) Bestürmung, Sturmangriff; Belagerungskunst; / Angriff, Anklage, Opposition.
oppūgnātor, *ōris m* (*-ŭ-?*; *oppūgnō*) Belagerer, Angreifer.
op-pūgnō 1 (*-ŭ-?*) bestürmen; / angreifen, bekämpfen, anfechten; (°*scherzh.*) mit den Fäusten bearbeiten.
ops, *opis f* (*cf. opus, opera*) **1. a**) (*sg. u. pl.*) Macht, Kraft, Stärke; **b**) (*meist sg.*) Hilfe, Beistand; **2.** ♀ *Göttin der Fruchtbarkeit u. des Erntesegens*; **3.** *pl.* **opēs,** *um* **a**) Mittel, Vermögen, Reichtum; **b**) Truppenmacht, Streitkräfte; **c**) politischer Einfluß, Macht.
opsc... = *obsc...*
opsōn... = *obsōn...*
opst... = *obst...*
optābilis, e (*m. comp.,* °*adv.; optō*) wünschenswert.
optandus 3 (*optō*) wünschenswert.
optātiō, *ōnis f* (*optō*) Wunsch; *auch als Redefigur.*
optātus 3 (*m. comp., sup.; optō*) erwünscht, willkommen; *subst.* **-um,** *ī n* Wunsch; **-ō** (*abl.*) nach Wunsch.
opthalmiās, *ae m* = *ophth...*
optimās, *ātis* (*optimus*) zu den Besten gehörig, aristokratisch; *subst.* **optimātēs,** (*i*)*um m die* Konservativen, Aristokraten, *der* Adel; ** *die* Großen des Reiches.
optimus, -mē *sup. zu bonus, bene.*
optiō, *ōnis* (**opiō* 3 „wünschen"; *cf. optō*) **1.** *f* freier Wille, freie Wahl, Wunsch; Willkür; **Gewährung; °**2.** *m* **a**) *der* Assistent (*den man sich wählt*); **b**) (*mil. t.t.*) *der* (*durch freie Wahl bestimmte*) Vertreter des Zenturio, Feldwebel.

optīvus 3 (*optō*) erkoren.
optō 1 (*altl. coni. pf. -tassis; intens. v.* **opiō* 3 „wünsche") wählen, erküren; wünschen.
optu... = *obtu...*
optumās, *-mus* = *optim...*
opulēns, *entis* (*m. adv.; nkl.*) = *opulentus.*
opulentia, *ae f* (*opulēns*) Reichtum, Pracht; Macht, Einfluß. [*opulentia.*]
opulentitās, *ātis f* (*opulēns*) =
opulentō 1 (*opulēns*) bereichern.
opulentus 3 (*m. °comp., °sup., °adv.; ops*) **1.** reich [°*armis virisque*]; **2.** reichlich, ansehnlich, kostbar, prächtig; **3.** mächtig, einflußreich.
opus, *eris n* (*cf. ops, opera, nhd.* „üben") Werk: **1. a)** (*allgemein*) Arbeit, Beschäftigung; **b)** Landarbeit [*rusticum*]; Bautätigkeit [~ *fit* es wird gebaut]; Schanzarbeit; °**c)** Weidwerk; °**d)** Beischlaf; **2. a)** fertige Arbeit, Erzeugnis; **b)** Kunst-, Bauwerk, Gebäude; Belagerungswerk, -maschine, Damm; Schriftwerk; **3. a)** Tat, Handlung; Geschäft, Aufgabe, Dienstleistung; **b)** Mühe, Anstrengung [*magno opere* = *magnopere*]; **c)** Handarbeit, Ausführung, Stil, Kunst; **4.** (*indecl.*) **opus est** (*eigtl.* „es ist Beschäftigung *mit etw.*, Bedarf *an etw.*") *meist m. abl., seltener m. nom., vereinzelt m. gen.*: **a)** es ist nötig, man braucht [*nobis opus est duce; milites opus sunt tibi; nihil opus est*]; **b)** es ist vorteilhaft, zweckmäßig [*rei publicae*]; ** *opus dei* Gottesdienst; *ad opus nostrum* zu unserem Nutzen.
opusculum, *ī n* (*dem. v. opus*) kleines literarisches Werk.
ōra[1], *ae f* (*vl. identisch m. ōra*[2]) Schiffsseil, Tau.
ōra[2], *ae f* (< **ōsa, coll. zu ōs*[1]) **1.** Rand, Saum, Grenze; **2.** Küste(nland); Küstenbewohner; **3.** (ferne) Gegend, Himmelsstrich; **4.** Zone.
ōrāc(u)lum, *ī n* (*ōrō*) Orakel(stätte); Orakelspruch, Weissagung; Satz, Ausspruch [*physicorum*].
ōrārius 3 (*ōra*[2]) zur Küste gehörig.
ōrātiō, *ōnis f* (*ōrō*) **1. a)** *das* Sprechen; Sprache; **b)** Redeweise, Ausdruck, sprachliche Darstellung; **c)** Vortrag, Stil; **d)** Äußerung, Worte; **2. a)** (*künstlerisch gestaltete*) Rede, Vortrag; **b)** Gegenstand der Rede, Thema; **c)** Redegabe, Beredsamkeit; **3.** Prosa [*et in poematis et in oratione*]; °**4.** kaiserliches Handschreiben; kaiserlicher Erlaß; ** *dominica* Vaterunser.
ōrātiuncula, *ae f* (*dem. v. ōrātiō*) nette kleine Rede.
ōrātor, *ōris m* (*ōrō*) **1.** Wortführer, Sprecher, Unterhändler; **2.** Redner; °**3.** Bittsteller; ** Beter, Mönch.
****oratorium,** *i n* Kapelle; Gebet.
ōrātōrius 3 (*m. adv.; ōrātor*) rednerisch, Redner...; °*subst.* **-a,** *ae f* Rhetorik.
ōrātrīx, *īcis f* (*ōrātor*) °**1.** Rhetorik; **2.** Vermittlerin; °**3.** Bittstellerin.
ōrātum, *ī n* (*ōrō*) Bitte.
ōrātus, *ūs m* (*ōrō*) *das* Bitten.
orba *s. orbus.*
orbātiō, *ōnis f* (*orbō*) Beraubung.
orbātor, *ōris m* (*orbō*) der *jd. der* Kinder (*bzw.* der Eltern) beraubt.
orbiculātus 3 (*orbiculus* „Scheibe") kreisrund.
Orbilius, *ī m röm. Grammatiker aus Benevent, Lehrer des Horaz.*
orbis, *is m* (*abl. sg. auch -ī; et. ungedeutet*) **1. a)** Kreis, Reif; *lacteus* Milchstraße; *signifer* Tierkreis; **b)** Kreislauf [*anni*], Kreisbahn; Umkreis; Windung; kreisförmige Bewegung; **c)** (*in der Rede*) Periode; **d)** kreisförmige Stellung; (*mil. t.t.*) Karree [*-bem facere*]; **2. a)** runde Fläche, Scheibe, Platte; °**b)** (runder) Schild, Rad; Waagschale; Spiegel; Handpauke; Augen(höhle); **c)** Himmel(sgewölbe); Sonnen-, Mondscheibe; *terrae* Erdenrund; **d)** *terrarum* Erdkreis, Welt; Menschengeschlecht; °**e)** Gebiet, Land; Gegend; *das* (röm.) Weltreich.
orbita, *ae f* (*orbis*) Wagengleis; °/ Bahn, Kreislauf; Pfad.
orbitās, *ātis f* (*orbus*) *das* Verwaistsein, Kinder- *od.* Elternlosigkeit; / Mangel. [geleise.]
orbitōsus 3 (*orbita*) voller Wagen-
orbō 1 (*orbus*) **1.** verwaist machen, der Eltern *od.* Kinder berauben; **2.** / berauben, entblößen [*Italiam iuventute*]. [Verwaistseins.]
Orbōna, *ae f* (*orbus*) Göttin des
orbus 3 (*cf. nhd.* „Erbe") **1.** verwaist (eltern- *od.* kinderlos; ver-

witwet); **2.** / beraubt, entblößt; °*subst.* **~**, *ī m* Waise; **-a,** *ae f* Waise, Witwe. [(*für eingesalzene Fische*).]

orca, *ae f* (*et. ungedeutet*) Tonne

orchas, *adis f* (*gr. Fw.*) (länglich-runde) Olive.

orchēstra, *ae f* (*gr. Fw.*) Sitzplatz der Senatoren *im Theater*; / Senat.

orcīniānus 3 (*Orcus*) Toten...

orcīnus 3 (*Orcus*) Toten...; *senatores -ī durch Cäsars Testament in den Senat gekommene S.*

Orcus, *ī m* °**1.** Unterwelt; **2.** Gott der Unterwelt; °**3.** / Tod.

ōrdia prīma (*Lu.*) = *prīmōrdia.*

ōrdinārius 3 (*ōrdō*) **1.** ordentlich, regelmäßig, gewöhnlich; **2.** vorzüglich; ** *der* zuständige Bischof.

ōrdinātim *adv.* (*ōrdinātus*) **1.** reihenweise; °**2.** gliedweise.

ōrdinātiō, *ōnis f* (*ōrdinō*) **1.** Ordnung; Regelung; Umgestaltung; **2.** Bestellung zu einem Amt, Bestallung; **Bischofsweihe.

ōrdinātor, *ōris m* (*ōrdinō*) Ordner; (*jur. t.t.*) Einleiter eines Prozesses.

ōrdinātus 3 (*m.* °*comp.*, °*sup.*, °*adv.*; *ōrdinō*) geordnet, ordentlich.

ōrdinō 1 (*ōrdō*) °**1.** in Reihen anpflanzen [*arbusta*]; (*mil. t.t.*) in Schlachtordnung aufstellen [*agmina*]; **2.** gehörig einrichten, ordnen, regeln; °**3. a)** (*Magistrate*) in ein Amt einsetzen; **b)** (*ein Amt*) vergeben; °**4.** (*jur. t.t.*) abfassen, errichten [*testamentum*]; ** abordnen [*legatos*]; *militem* zum Ritter schlagen, *clericum* zum Priester weihen, ordinieren.

ōrdior, *ōrsus sum* 4 (*t.t. der Webersprache*: „anzetteln" (= *ein Gewebe anfangen*; *cf.* *ōrdō*) anfangen, beginnen [*omnia a Iove*]; zu reden beginnen; (*part. pf.*) °*subst.* **ōrsa,** *ōrum n das* Beginnen; Worte.

ōrdō, *inis m* (*urspr.* „Fadenreihe eines Gewebes"; *ōrdior*) **1. a)** Reihe, Schicht; **b)** Sitzreihe *im Theater*; Reihe der Ruderbänke; **2.** (*mil. t.t.*) **a)** Glied; *-nes servare* in Reih und Glied bleiben; **b)** Abteilung, Schar, Zug, *bsd.* Zenturie; **c)** Zenturio(nenstelle); **3.** (*pol.*) Stand, Klasse, Rang; **4.** Ordnung, Reihenfolge; Beschaffenheit, Gang, Regel; *-ne, in -nem* der Reihe nach, gehörig, nach Gebühr; *extra -nem* außer der Reihe, wider alle Ordnung; °**5.** Verfassung, / Zustand; ** *monasticus* Mönchsorden.

orēas, *adis f* (*acc. sg. -ada, acc. pl. -adas*; *gr. Fw.*) Bergnymphe, Oreade.

Orestēs, *ae u. is m Sohn Agamemnons u. der Klytäm(n)estra, rächt die Ermordung seines Vaters an ihr u. ihrem Buhlen Ägisth*; *adi.* -tēus 3.

orexis, *is f* (*acc. -im u. -in*; *gr. Fw.*) [Appetit.]

****orfanus,** *i m* Waise.

organicus 3 (*gr. Fw.*) musikalisch; *subst.* **~**, *ī m* Musiker.

****organizo** 1 die Orgel spielen.

organum, *ī n* (*gr. Fw.*) Werkzeug; Musikinstrument; ** Gesang der Vögel; *pl.* Orgel.

Orgetorīx, *īgis m angesehener Helvetier, Organisator der Auswanderung 59.*

orgia, *ōrum n* (*gr. Fw.*) *die* Orgien, Geheimdienst, Bacchusfest; / Geheimnisse, Mysterien.

orichalcum, *ī n* (*-ī-?*; *seit Vergil sicher -ĭ-*; *cf. aurichalcum*) Messing.

ōricilla, -cula = *auri...*

oriēns, *entis m* (*part. praes. v. orior, sc. sōl*) **1.** Osten, Morgen; **2.** Orient; °**3.** ♌ Sonnengott.

****originalis,** *e* ursprünglich; er-[erbt.]

orīginātiō, *ōnis f* (*orīgō*) Wortableitung, Etymologie.

orīgō, *inis f* (*orior*) **1.** Ursprung, Abstammung, Herkunft; *pl. Origines* Urgeschichte (*Schrift Catos*); °**2. a)** Stamm, Familie; **b)** Stammvater, Ahnherr; **c)** Mutterstadt, -land; **d)** Urheber.

Ōrīōn, *ōnis m* (*jeder Vokal im Vers nach Bedarf auch kurz*) *sagenhafter Jäger aus Böotien, v. Diana getötet u. als Gestirn an den Himmel versetzt.*

orior, *ortus sum,* (*ōritūrus*) 4 (*ind. praes., coni. impf. u. imp. meist nach der konsonantischen Konjugation*; √ *er- „in Bewegung setzen") °**1.** sich erheben; **2.** aufgehen, aufsteigen, sichtbar werden; **3. a)** entstehen, entspringen, herrühren; **b)** geboren werden, abstammen [*nobili genere*; *a Germanis*]; **4.** wachsen; **5.** anfangen.

oriundus 3 (*altes Gerundiv v. orior m. partizipialer Bedeutung*; *cf. secundus*) abstammend [*a, ex Sabinis*].

ōrnāmentum, *ī n* (*ōrnō*) Aus-

rüstung, Ausstattung; *pl.* Bedürfnisse; Schmuck, Zierde, Prachtstück; Ehrenzeichen; / Ehre, Auszeichnung, Glanz. [Friseuse.]
ōrnātrīx, *īcis f (ōrnātor; ōrnō)*
ōrnātus¹, *ūs m (altl. gen. auch -ī, dat. -ū; ōrnō)* Ausrüstung, Ausstattung; Kleidung; Rüstung; Schmuck, Zierat, Putz; / Zierde.
ōrnō 1 *(et. unklar)* ausstatten, ausrüsten; schmücken, zieren, putzen; ehren, verherrlichen; *(P.P.P.) adi.* **ōrnātus²** 3 *(m. comp., sup., adv.)* (aus)gerüstet; / geschmackvoll, schön; rühmlich, ehrenvoll; geehrt, angesehen, vortrefflich.
ornus, *ī f (cf. nhd.* „Esche") Bergesche.
ōrō 1 *(altl. coni. pf. ōrasseis; wohl zu einer Schallwurzel* *ōr-); *nicht zu* ōs¹) **1.** reden, sprechen; **2.** *(mündl.)* verhandeln, vortragen; **3.** bitten, ersuchen; *(part. praes.)* °*subst.* **ōrantēs,** *ium m* Redner; ** beten.
****orphanus** = ** *orfanus.*
Orpheus, *eī u. eos m (dat. -(e)ī; acc. -ea, voc. -eu; gr. -pheus) alter thrakischer Sänger, Gemahl der Eurydike; adi. -phēus 3, -phicus 3.*
orphus, *ī m (gr. Fw.)* Orf *(Seefisch).*
orropȳgium = *orthop...*
ōrsa, *ōrum n s. ōrdior.*
ōrsus, *ūs m (ōrdior)* **1.** Zettel *(Anfang des Gewebes);* **2.** *das* Unternehmen.
****orthodoxus** 3 rechtgläubig.
orthographia, *ae f (gr. Fw.)* Rechtschreibung. [stehender Bürzel.]
orthopȳgium, *ī n (gr. Fw.)* empor-
ortus¹, *ūs m (orior)* Aufgang; Osten; / Entstehung, Ursprung, Anfang, Geburt; *das* Wachsen *(der Feldfrüchte usw.).*
ortus² = *hortus.* [*od.* Gazelle.]
oryx, *ygis m (gr. Fw.)* wilde Ziege
orȳza, *ae f (gr. Fw.) der* Reis.
ōs¹, *ōris n (cf. altind.* ās „Mund") **1. a)** Mund, Maul; Rachen, Schnabel; °**b)** Sprache, Rede, Gerede; **c)** Öffnung, Eingang, Schlund; °**d)** Mündung; °**e)** Quelle; **2. a)** Gesicht, Antlitz, Miene; **b)** Augen, Gegenwart; **3. a)** Maske, Larve; **b)** Frechheit.
os², *ossis n (gen. pl. meist -ium; eigtl.* oss ‹ *ost) Knochen, Bein; *(pl.)* Gebein; Innerstes, Mark, Herz.

****osanna** Hosianna; = Palmsonntag.
oscen, *inis m (-ō-?; Wort der Auguralspr.* ‹ **obs-cen; obs-* + *canō; volkset. mit ōs in Verbindung gebracht)* Weissagevogel (Krähe, Rabe, Eule).
Oscī, *ōrum m (vl.* = „Verehrer der Ops"; *cf. opicus) Volk in Kampanien (Name geographisch unterschiedlich verwendet, vorwiegend v. der Sprache gebraucht); adi -us 3; ludi -i* Atellanen *(cf. Atellāna).*
ōscillum, *ī n (dem. v. ōsculum* „kleines Gesicht") Wachsbildchen des Bacchus *(in der Feldmark zur Abwehr böser Geister aufgehängt).*
ōscitanter *adv. (ōscitāns, part. praes. v. ōscitō)* schläfrig.
ōscitātiō, *ōnis f (ōscitō) das* Gähnen.
ōscitō *u.* **-or** 1 *(vl.* ‹ *ōs citō* „bewege den Mund") den Mund aufsperren, gähnen; / schläfrig, unaufmerksam sein. [holt küssend.]
ōsculābundus 3 *(ōsculor)* wieder-
ōsculātiō, *ōnis f (ōsculor) das* Küssen. [lich lieben.]
ōsculor 1 *(ōsculum)* küssen; / zärt-
ōsculum, *ī n (dem. v. ōs)* °**1.** Mündchen; **2.** Kuß.
Osīris, *is (idis) m Hauptgott Ägyptens, Gemahl der Isis, Richter in der Unterwelt.*
ōsor, *ōris m (ōdī)* Hasser.
Ossa, *ae m Berg in Thessalien; adi. Ossaeus 3.* [dürr.]
osseus 3 *(os²)* knöchern; knochen-
ossi-fragus, *ī m u.* **-ga,** *ae f (os², frangō)* „Beinbrecher", Seeadler.
os-tendō, *tendī,* °*tentum u. (später)* °*tēnsum (kl. durch -tentātum ersetzt)* 3 *(‹ *ops-tendō; ops- = obs = ob)* **1.** °**a)** entgegenstrecken, vorhalten; **b)** / entgegenhalten; **2.** zeigen, sehen lassen; *se -ere u.* °*mediopass.* erscheinen, zutage treten; **3.** / **a)** offenbaren, verraten; **b)** in Aussicht stellen, versprechen; **c)** äußern, zu verstehen geben.
ostentāneus 3 *(ostendō)* zeigend, gefahrdrohend.
ostentātiō, *ōnis f (ostentō) das* Zeigen, Offenbaren; / Prahlerei; Täuschung, Schein.
ostentātor, *ōris m (ostentō)* **1.** der *etw.* vor Augen stellt; **2.** Prahler.
ostentō 1 *(intens. v. ostendō)* **1.** (wiederholt) hinhalten, zeigen;

2. / **a**) zur Schau stellen, prahlen *mit* [*prudentiam*]; **b**) in Aussicht stellen, versprechen; **c**) androhen; **d**) dartun, erklären.

ostentuī (*dat.*) *m* (*ostendō*) zur Schau(stellung); / zum Schein; als Beweis.

ostentum, *ī n* (*ostendō*) **1.** Anzeichen, Wunderzeichen; °**2.** Scheusal.

Ōstia, *ae f u.* °*ōrum n* (*ōstium*) *St. a. der Tibermündung, noch j.* Ostia; *adi. -iēnsis,* e.

ōstiārius (*ōstium*) °**1.** *adi.* 3 zur Tür gehörig; **2.** *subst.* °**a**) **~,** *ī m* Türhüter, Pförtner; **b**) **-ium,** *ī n* (*sc. tribūtum*) Türsteuer.

ōstiātim *adv.* (*ōstium*) von Haus zu Haus.

ōstium, *ī n* (*ōs*[1]) Tür, Haustür; Eingang; Mündung.

ostrea, *ae f u.* °**-eum,** *ī n* (*gr. Lw.*) Muschel, Auster.

ostreātus 3 (*ostrea*) (mit Austern besetzt); / grindig. [austernreich.

ostreōsus *u.* **-iōsus** 3 (*ostrea*)

ostri-fer, *era, erum* (*ostreum, ferō*) austernreich.

ostrīnus 3 (*gr. Fw.*) purpurn.

ostrum, *ī n* (*Rückbildung aus ostrīnus*) Purpur; / Purpurgewand, [Purpurdecke.

ōsūrus *s. ōdī.*

ōsus 3 (*ōdī; s. d.*) **1.** (*act.*) hassend; *~ sum* es ist mir zuwider; **2.** (*pass.*) verhaßt.

Othō, *ōnis m röm. cogn.*: **1.** *L. Rōscius ~ s. Rōscius;* **2.** *M. Salvius ~, Kaiser 69 n. Chr.; adi. Othōniānus* 3.

ōtiolum, *ī n* (*dem. v. ōtium*) *das* bißchen Muße. [zen.

ōtior 1 (*ōtium*) müßig sein, faulen-

ōtiōsus 3 (*m.* °*comp., sup., adv.; ōtium*) **1. a**) müßig, untätig, unbeschäftigt; **b**) frei von Staatsgeschäften; **2.** mit literarischen Arbeiten beschäftigt; **3.** ruhig, friedlich; **4.** sorglos, teilnahmslos; °**5.** überflüssig, unnütz.

ōtium, *ī n* (*et. ungeklärt*) **1.** Muße, Ruhe, Privatleben, freie Zeit; **2. a**) literarische Beschäftigung; °**b**) Gedichte; **3.** Müßiggang; **4.** politische Ruhe, Ruhe und Frieden.

ovātiō, *ōnis f* (*ovō*) kleiner Triumph, Ovation (*Einzug des mit einem Myrtenkranz geschmückten siegreichen Feldherrn in Rom*).

Ovidius 3 *röm. Gentilname* (*Rittergeschlecht*): *P. ~ Nāsō Dichter, 43–17 n. Chr.; adi. -diānus* 3.

ovīle, *is n* (*ovis*) Schafstall, Hürde; / (eingezäunter) Abstimmungsplatz (*auf dem Marsfelde*).

ovillus 3 (*ovis*) Schaf...

ovis, *is f* (*idg.* *ovis) **1.** Schaf; °**2.** / **a**) *Schimpfwort;* **b**) Wolle.

ovō 1 (*cf. euān*) °**1.** frohlocken, jubeln; **2.** feierlich einziehen; *cf. ovātiō.*

ōvum, *ī n* (< **ōu-om*) **1.** Ei; °*ab ovo usque ad mala* von Anfang bis Ende; °**2.** / eine der 7 eiförmigen Figuren *im Zirkus, nach denen man die Runden zählte.*

oxygarum, *ī n* (*gr. Fw.*) Fischbrühe.

P

P. (*Abk.*) = *Pūblius;* **P.C.** = *patrēs cōnscrīptī;* **P.M.** = *pontifex maximus;* **P.P.** = *pater patriae;* **P.R.** = *populus Rōmānus.* [Furagieren.

pābulātiō, *ōnis f* (*pābulor*) *das*

pābulātor, *ōris m* (*pābulor*) Furier.

pābulor 1 (*pābulum*) Futter holen, furagieren; ** **-o** 1 füttern.

pābulum, *ī n* (*pāscō*) Futter; Nahrung; Furage.

pācālis, e (*pāx*[1]) Friedens...

pācātor, *ōris m* (*pācō*) Friedensbringer, -stifter.

pācātus 3 (*m. comp., sup.,* °*adv.; pācō*) beruhigt, friedlich; *-um* esse in Frieden leben *mit* (*dat.*); °*subst.* **-um,** *ī n* Freundesland.

pāci-fer, *era, erum* (*pāx*[1], *ferō*) Frieden bringend.

pācificātiō, *ōnis f* (*pācificō*) Friedensstiftung. [densstifter.

pācificātor, *ōris m* (*pācificō*) Frie-

pācificātōrius 3 (*pācificātor*) Friedens...

pācificō *u.* **-or** 1 (*pāx*[1], *faciō*) **1.** (*intr.*) Frieden schließen; **2.** (*trans.*) besänftigen, beruhigen.

pāci-ficus 3 (*pāx*[1], *faciō*) Frieden stiftend.

pacīscor, *pactus sum* 3 (*altl.* **-ō**; *cf. pāx*[1]) **1.** (*intr.*) einen Vertrag schließen, übereinkommen [*cum decumano;* °*ut*] verabreden; **2.** (*trans.*) **a**) sich ausbedingen [*pre-*

tium]; °**b**) sich verloben *mit* [*filiam hospitis*]; °**c**) (*m. inf.*) sich verpflichten; °**d**) hingeben, eintauschen.

pācō 1 (*pāx*¹) zum Frieden bringen, unterjochen; °/ urbar machen.

Pacorus, *ī m Partherprinz, † 38.*

pacta, *ae f* (*pacīscor*) *die* Verlobte.

pactiō¹, *ōnis f* (*pacīscor*) **1.** Übereinkommen, Vertrag, Vergleich; Kapitulation; **2. a**) Komplott; **b**) Versprechen. [*verborum*].

pāctiō², *ōnis f* (*pangō*) Fügung

Pactōlus, *ī m* (*acc. -on*; *gr.* -ktōlos) *goldführender Fl. Lydiens*; *adi.* -*ōlis, idis f.*

pactor, *ōris m* (*pacīscor*) Vermittler.

pactum, *ī n* (*pacīscor*) **1.** Übereinkunft, Vertrag; **2.** (*nur abl.*) Art und Weise; *nullo -o* durchaus nicht; ** Pacht, Bedingung. [bedungen.

pactus 3 (*pacīscor*) verabredet, aus-

Pācuvius, *ī m*: *M.* ~ *röm. Tragiker, Neffe des Ennius, geb. um 220*; *adi.* -*iānus* 3.

Padus, *ī m* Po.

Paeān, *ānis m* (*gr.* Paiān) *griech. Heilgott, später Beiname Apollos*; / Lobgesang auf Apollo; Siegeslied, -ruf; ♀ *Versfuß aus drei kurzen u. einer langen Silbe.*

paedagōgīum, *ī n* (*gr. Fw.*) Pagenschule (*für Sklavensöhne*); / Verführung; Pagen.

paedagōgus, *ī m* (*gr. Fw.*) Hofmeister; °/ Führer; Erzieher; Lehrer.

paedīcātor, *ōris u.* **paedīcō¹,** *ōnis m* (*paedīcō²*) Knabenschänder.

paedīcō² 1 (*gr. Lw.*) (*einen Knaben*) schänden; widernatürliche Unzucht treiben. [Schmutz.

paedor, *ōris m* (*et. ungedeutet*)

paegniārius 3 (*gr. Fw. m. lat. Suffix*) zum Spiel gehörig; zum Scherz fechtend.

paelex, *icis f* (*altes Wanderwort aus dem Orient*) Kebsweib, Konkubine; / Lustknabe. [Konkubinat.

paelicātus, *ūs m* (*paelex*) wilde Ehe,

Paelīgnī, *ōrum m Völkerschaft in Mittelitalien*; *adi.* -*us* 3.

paene *adv.* (°*sup.* -*nissimē*; **pē-nis* „beschädigt"; *cf. paenitet*) **1.** fast, beinahe; °**2.** gänzlich. [Halbinsel.

paenīnsula, *ae f* (*paene, īnsula*)

paenitentia, *ae f* (*paenitēns*; *part. praes. v. paenitet*) Reue; Verschämtheit; *cf.* ** *poenitentia.*

paeniteō, *uī,* — 2 (*paene*) **1.** bereuen, Reue empfinden; °*haud paenitendus* 3 nicht verwerflich; **2.** *impers.* **mē paenitet** es reut mich, verdrießt mich, mißfällt mir [*primi consilii*]; *me non -tet* ich bin nicht abgeneigt, bin zufrieden.

paenula, *ae f* (*gr. Lw.*) *geschlossenes rundes* Oberkleid mit Kapuze; Regenmantel; Reisemantel.

paenulātus 3 (*paenula*) im Reisemantel.

Paeōn, *ōnis m* = *Paeān*; *adi.* -*ōnius* 3; ♀ = *paeān.*

Paestum, *ī n* (*älterer gr. Name* Poseidōniā) *St. in Lukanien, j.* Pesto; *adi. u. Einw.* -*tānus* (3).

paetulus 3 (*dem. v. paetus*) etwas blinzelnd.

paetus 3 (*et. ungedeutet*) etwas schielend; / verliebt blickend.

pāgānicus 3 (*pāgānus*) ländlich; *subst.* **-a,** *ae f* (*sc. pila*³) (*mit Federn ausgestopfter*) Ball; ** heidnisch.

pāgānus °**1.** *adi.* 3 (*pāgus*) ländlich; *subst.* **2.** ~, *ī m* Dorfbewohner, Landmann; °/ Spießer; ** heidnisch.

pāgātim *adv.* (*pāgus*) dorfweise.

pāgella, *ae f* (*dem. v. pāgina*) Blatt, Seite.

pāgina, *ae f* (*cf. pāgus, pangō*) **1.** Blatt, Seite (*eines Buches*); °**2.** / Gedicht; Platte, Liste; Buch; ** Urkunde; *sacra* Heilige Schrift.

pāginula, *ae f* (*dem. v. pāgina*) (kleine) Seite; Verzeichnis.

****pago** 1 bezahlen.

pāgus, *ī m* (*eigtl.* „Zusammenfügung, Verband"; *pangō*) Gau, Bezirk, Kanton; Dorf; °/ Landvolk.

pāla, *ae f* (*et. ungeklärt*) °**1.** Spaten; **2.** Fassung *eines Edelsteins.*

Palaemōn, *onis m* (*gr.* -laimōn) *gr. Meergott, vor seiner Verwandlung Melicerta* (*s. d.*) *genannt, später m. Portūnus identifiziert* (*s. d.*).

Palae-polis, *acc.* *im f* (*gr.* Palai-) „Altstadt", *der ältere Teil v. Neapel* (= *Neustadt*).

Palaestīna, *ae f u.* **-ē,** *ēs f* Palästina; *adi.* -*stīnus* 3; *subst.* **-stīnī,** *ōrum m auch* Syrer.

palaestra, *ae f* (*gr. Fw.*) **1. a**) Ringplatz, -schule; °**b**) (*scherzh.*) Bordell; **2.** / **a**) Ringkampf, -kunst; **b**) Schule, Übung, Bildung.

palaestricus *gr. Fw.*) **1.** (*m. adv.*)

i. der Ringschule üblich; °**2.** *subst.* **~**, *ī m* Lehrer in der Palästra; **-a,** *ae f* (*sc. ars*) Ringkunst.

palaestrīta, *ae m* (*gr. Fw.*) Ringer.

palam (*erstarrter acc., sc. viam*; √‾ *pelā- „ausbreiten") **1.** *adv.* öffentlich; / offen, offenkundig, unverhohlen, offenbar; °**2.** *prp. b. abl.* in Gegenwart, vor [*populo*]; ** *in* ~ in der Öffentlichkeit.

Palātium, *ī n* (*im Vers auch Pā-*) **1.** *der* palatinische Hügel *in Rom*; °**2.** Palast, *bsd. Wohnsitz des Augustus u. der folgenden Kaiser*; ** Kaiserpfalz; *viva palatia* ewiges Leben; *adi.* **-lātīnus** 3 **1.** palatinisch [*mons*]; °**2.** kaiserlich [*domus*]; ** fürstlich, königlich; *palatinus comes* Pfalzgraf; *palatini ministri* Hofgesinde, *die* Hofgesellschaft; *subst.* **-lātīnus,** *ī m* Höfling, Paladin.

palātum, *ī n u.* **-us,** *ī m* (*vl. etr. Fw.*) **1.** Gaumen; °**2.** / Geschmack; Wölbung.

palea, *ae f* (*cf. pellis*) Spreu; Stroh.

palear, *āris n* (*palea*) Wamme (*des Stieres*).

Palēs, *is f* (*vl. etr.*) *altitalische Hirtengöttin*; *adi.* *-līlis,* e; *subst.* **Palīlia,** *ium n* Fest der P. *am Gründungstage Roms* (*21. April*).

palimbacchīus (*gr. Fw.*) *pēs* „umgekehrter Bacchius" (◡ — —).

palimpsēstus, *ī m* (*gr. Fw.*) Palimpsest (*ein nach Abschaben der alten Schrift neu beschriebenes Pergament*).

Palinūrus, *ī m Vorgeb. u. Hafen in Lukanien, nach dem dort verunglückten Steuermann des Äneas benannt, j.* Porto Palinuro.

pālitor 1 (*frequ. v. pālor*) umherschweifen.

paliūrus, *ī m f* (*gr. Fw.*) Hagedorn.

palla, *ae f* (*et. nicht geklärt*) (*langes faltenreiches*) Obergewand *der röm. Frauen u. der tragischen Schauspieler*; °Vorhang.

pallaca, *ae f* (*gr. Fw.*) Kebsweib, Konkubine.

Pallas, *adis u. ados f* (*gr. -ąs*) *Beiname der Athene* (*Minerva*); *adi.* *-adius* 3 der Pallas; / künstlich, geschickt; *subst.* **Palladium,** *ī n uraltes Pallasbild, als staatliches Unterpfand in Troja, später im Vestatempel in Rom verehrt.*

pallēns, *entis* (*palleō*) blaß, bleich; hellgrün, gelblich; / blaß machend.

palleō, *uī,* — 2 (*cf. nhd.* „fahl, falb") blaß, gelb sein, °sich entfärben; °/ sich ängstigen.

pallēscō, *luī,* — 3 (*incoh. v. palleō*) erblassen; sterblich verliebt sein *in* [*in femina*]; gelb werden; / ängstlich werden.

palliātus 3 (*pallium*) mit einem griechischen Mantel bekleidet; *fabula -a Schauspiel in griechischer Ausstattung.*

pallidulus 3 (*dem. v. pallidus*) ziemlich bleich.

pallidus 3 (*m. comp., sup.*; *palleō*) **1.** bleich, blaß; *in alqa* sterblich verliebt *in*; häßlich; **2.** blaß machend.

palliolātim *adv.* (*palliolum*) mit einem Mäntelchen.

palliolātus 3 (*palliolum*) mit einer Kapuze.

palliolum, *ī n* (*dem. v. pallium*) Mäntelchen; Kapuze.

pallium, *ī n* (*cf. palla*) **1.** griechischer Mantel; °*tunica propior pallio* das Hemd ist mir näher als der Rock; °**2.** Bettdecke; ** Decke; / Mantel; Tuch, Pallium (*Schulterbinde des Bischofs*).

pallor, *ōris m* (*palleō*) **1.** Blässe; °**2.** / Furcht; ♀ (*personif.*) *die* Angst.

pallula, *ae f* (*dem. v. palla*) Mäntelchen.

palma¹, *ae f* (√‾ *pelā- „ausbreiten"; *cf. palam*) **1. a**) flache Hand; °**b**) / Ruderblatt; **2. a**) Palme; °**b**) Dattel; **c**) Palmzweig (*als °Besen od. als Siegeszeichen*); **d**) / Siegespreis, Ruhm; **3.** äußerster Zweig; ** *in palmis* am Palmsonntag.

palma², *ae f* (= *parma*) Schild.

palmāris, e (*palma¹*) den Preis verdienend, vorzüglich.

palmārium, *ī n* (*palma¹*) Meisterstück.

palmātus 3 (*palma¹*) mit eingestickten Palmzweigen geziert.

palmes, *itis n* (*palma¹*) (äußerster) Zweig; Rebenschoß, Weinstock.

palmētum, *ī n* (*palma¹*) Palmenhain.

palmi-fer, *era, erum* (*palma¹, ferō*) Palmen tragend.

palmō 1 (*palma¹*) das Zeichen der flachen Hand eindrücken.

palmōsus 3 (*palma¹*) reich an Palmen.

palmula, *ae f* (*dem. v. palma¹*) Ruder(schaufel); Dattel.

pālor 1 (*wohl zu pandō²*) sich zerstreuen, umherirren; / irren, schwanken.

palpātiō, *ōnis f* (*palpō*) Zärtlichkeit.

palpātor, *ōris m* (*palpō*) Schmeichler. [ken"; *cf. palpitō*) Augenlid.

palpebra, *ae f* (**palpō* 3 „zuk-

palpitātiō, *ōnis f* (*palpitō*) *das* Zucken. [ken.

palpitō 1 (*intens. v. *palpō* 3) zuk-

palpō *u.* **-or** 1 (*wohl eigtl.* „betasten") streicheln; / schmeicheln [*mulieri*].

palpus, *ī m* (*od.* **-um,** *ī n*?; *palpō*) *das* Streicheln.

palūdāmentum, *ī n* (*wohl zu palla*) Kriegsmantel, Feldherrnmantel.

palūdātus 3 (*wohl zu palla*) im Kriegsmantel, im Feldherrnmantel.

palūdōsus 3 (*palūs*[2]) sumpfig.

palumbēs, *is m f u.* (°*jünger*) **-us,** *ī m* (*vl. dial. für columba*) Holz-, Ringeltaube.

pālus[1], *ī m* (*pangō*) Pfahl.

palūs[2], *ūdis f* (*gen. pl.* °*vereinzelt* -*ium*; *wohl* √‾ *pel- „fließen"; *cf. pluit*) Sumpf, Morast; *zuweilen* See, Fluß; °/ Sumpfrohr.

palūster, *tris,* e (*palūs*[2]) **1.** sumpfig; °**2.** im Sumpf lebend.

palūx = *balūx.*

pampineus 3 (*pampinus*) aus Weinlaub, mit Weinlaub umwunden.

pampinus, *ī m* (*wohl Fw. aus einer Mittelmeersprache*) Weinlaub, -ranke. [*Wald- u. Hirtengott.*

Pān, *is u. os m* (*urspr. arkadischer*)

panaca, *ae f* (*vl. kelt. Fw.*) Trinkgeschirr. [Allheilkraut.

panacēa, *ae f* (*gr. Fw.*) (*erdichtetes*)

Panaetius, *ī m* (*gr.* -aitios) *Stoiker aus Rhodos, Lehrer u. Freund des jüngeren Scipio.* [Brotkörbchen.

pānāriolum, *ī n* (*dem. v. pānārium*)

pānārium, *ī n* (*pānis*) Brotkorb.

Panathēnāicus, *ī m* (*gr.* -kọs) *eine* an den Panathenäen gehaltene Festrede *des Isokrates.*

panchrēstus 3 (*gr. Fw.*) zu allem nützlich.

pancratiastēs, *ae m* (*gr. Fw.*) Pankratiast, Ring- und Faustkämpfer.

pancraticē *adv.* (*pancratium*) nach Art der Pankratiasten; *valere* kerngesund sein.

pancration *u.* **-ium,** *ī n* (*gr. Fw.*) Ring- und Faustkampf.

pandiculor 1 (**pandiculus scherzh. dem. zu pandō*[2]) sich dehnen und recken (*beim Gähnen*). [gen.

pandō[1] 1 (*pandus*) krümmen, bie-

pandō[2], *pandī, passum u. pānsum* 3 (*zu pateō*) **1. a)** ausbreiten, -spannen, -strecken; °**b)** *se -ere u. mediopass.* sich ausbreiten, sich ausdehnen; *kl. nur* /; °**c)** trocknen; °**2. a)** öffnen, auftun; *mediopass.* sich öffnen; / **b)** bahnen; **c)** eröffnen, kundtun. [gebogen.

pandus 3 (*cf. pandō*[1]) eingedrückt,

pāne, *is n* (*altl.*) = *pānis.*

panēgyricus, *ī m* (*gr. Fw.*) **1.** Festrede *des Isokrates zur Verherrlichung Athens;* °**2.** Lobrede.

pangō, *pepigī* (*vereinzelt pānxī u. pēgī*), *pāctum* 3 (*cf. nhd.* „fangen") °**1.** einschlagen, befestigen; (be-) pflanzen; / **2. a)** verfassen; dichten; °**b)** besingen; **3.** (*ohne Präsensstamm*) **a)** festsetzen, bestimmen; verabreden, ausbedingen; °**b)** versprechen. verloben.

Panhormus = *Panormus.*

pānic(e)us 3 (*pānis*) aus Brot gemacht.

pāniculus, *ī m* (*dem. v. pānus* „Büschel der Hirse") Rohrbüschel, Schilf. [der Hirse") Hirse.

pānicum, *ī n* (*-ī-?; pānus* „Büschel

pāni-ficium, *ī n* (*pānis, faciō*) Backwerk, Opferbrot.

pānis, *is m* (*wohl zu pāscor*) Brot; ** *angelicus* Himmelsbrot, Manna; Abendmahlsbrot.

Pāniscus, *ī m* (*gr.* -nịskos) kleiner Pan.

panniculus, *ī m* (*dem. v. pannus*) Tuchfetzen; Lumpen.

Pannonia, *ae f Ldsch. zw. Dakien u. Illyrien; Einw.* **-nii,** *ōrum m.*

pannōsus 3 (*pannus*) **1.** zerlumpt; °**2.** welk [*mammae*].

pannūceus *u.* **-ius** 3 (*pannus*) zerlumpt; / welk, schlaff.

pannus, *ī m* (*cf. nhd.* „Fahne") Stück Tuch, Lappen, Lumpen; grober Mantel; ** Windel; Tuch; Kleid; Mönchskutte.

Panormus, *ī f* (*gr.* Pạnormos) *St. auf Sizilien, j.* Palermo.

pānsa, *ae m* (*pandō*[2]) Plattfuß; *kl. nur* ♀ *als cogn.*

pantex, *icis m* (*wohl zu pānus* „Geschwulst"; *cf. nhd.* „Panzer") Wanst; *pl.* Gedärme.

panthēra, *ae f* (*gr. Fw.*) Panther.

panthērīnus 3 (*panthēra*) gefleckt; / braun und blau (*v. Schlägen*).

pantomīmicus 3 (*pantomīmus*) pantomimisch.

pantomīmus, *ī m (gr. Fw.) u.* **-a,** *ae f* Pantomime, Ballettänzer(in).
pantopōlium, *ī n (gr. Fw.)* Warenhaus.
****papa,** *ae m* Vater; Bischof; Papst.
papae *int. s. babae.*
****papalis,** e bischöflich, päpstlich.
pāpās, *ātis m (gr. Fw.)* Erzieher.
papāver, *eris n (acc. -erem;* √‾ *păp- „aufblasen") Mohn; *pl.* Mohnkörner. [Mohn...]
papāvereus 3 *(papāver) des* Mohns,
Paphos *u.* **-us,** *ī* **1.** *m Sohn des Pygmalion, Gründer v.* **2.** *f St. auf Zypern mit altem Venuskult; adi.* -*ius* 3.
pāpiliō, *ōnis m* (√‾ *pel- „fliegen"; *cf. nhd.* „Falter") Schmetterling.
papilla, *ae f* (√‾ *păp- „schwellen"; *cf. papula*) Brust(warze). [Papstes.]
****papista,** *ae m* Anhänger des
****papisticus** 3 päpstlich.
Papius 3 *röm. Gentilname.*
pappās = *pāpās.* [pappen, essen.]
pappō 1 *(pappa Lallwort für* „Brei")
papula, *ae f* (√‾ *păp- „schwellen") Bläschen; ** Blattern, Pestbeule.
papȳri-fer, *era, erum (papȳrus, ferō)* Papyrusstauden tragend.
papȳrus, *ī f u.* **-um,** *ī n (gr. Fw. unbekannten Ursprungs)* Papyrusstaude; Kleid aus Papyrusbast; Papier.
pār, *paris (urspr. v. Wert u. Gegenwert im Handel;* √‾ *per- „verkaufen") **I.** *adi. (m. °sup., adv.; s. d.)* °**1.** gepaart; ähnlich; **2.** gleich, gleichkommend, -gestellt; **3.** gleich stark, gewachsen; *alci -em esse* sich mit jd. messen; **4.** unentschieden [*pari proelio discedere*]; **5.** *(v. Zahlen)* gerade; *par impar* gerade oder ungerade; **6.** entsprechend, angemessen, schicklich; **II.** *subst. m f* Genosse, -in, °Gatte, -in; *n* Gleiches; Paar. [schaffen.]
parābilis, e *(parō²)* leicht zu be-
parabola, *ae u.* **-ē,** *ēs f (gr. Fw.)* Gleichnis; ** Parabel; Wort.
****paracletus** *u.* **-itus,** *i m* Tröster *(Heiliger Geist).* [Paradies.]
****paradisus,** *i m* Tiergarten, Park,
paradoxa, *ōrum n (gr. Fw.)* scheinbar widersinnige Sätze [*Stoicorum Schrift Ciceros*].
****paralyticus** 3 gelähmt.
****paramentum,** *i n* Kirchenschmuck, Altargerät.
****paranymphus,** *i m* Brautführer; *(sc. Mariae)* Erzengel Michael.
****paraphonista,** *ae m* Vorsänger.
paraphrasis, *is f (gr. Fw.)* Umschreibung; ** Kommentar.
parārius, *ī m (parō²)* Unterhändler, Makler.
****parasceue,** *es f* Zurüstung; Rüsttag; *dies parasceues* Karfreitag. [rotzerin.]
parasīta, *ae f (parasītus)* Schma-
parasītaster, *trī m (parasītus)* elender Schmarotzer.
parasītātiō, *ōnis f (parasītor) das* Schmarotzen. [zer...]
parasīticus 3 *(gr. Fw.)* Schmarot-
parasītor 1 *(parasītus)* schmarotzen.
parasītus, *ī m (gr. Fw.)* °**1.** Tischgast; **2.** Parasit. [stichon.]
parastichis, *idis f (gr. Fw.)* Akro-
parātiō, *ōnis f (parō²)* Vorbereitung; *das* Streben *nach* [*regni*].
paratragoedō 1 *(gr. Fw.)* (wie in der Tragödie) bombastisch reden.
****paratura,** *ae f* Zubereitung; kirchliche Gewänder.
parātus¹, *ūs m (parō²)* **1.** Zurüstung, Veranstaltung; °**2.** Kleidung; Aufmachung.
parātus² 3 *(m. comp., sup., adv; parō²)* **1.** bereit, fertig, bei der Hand; **2.** gerüstet, entschlossen; **3.** wohlgerüstet, schlagfertig; **4.** geläufig, leicht. [Schwert.]
parazōnium, *ī n (gr. Fw.)* kurzes
Parca, *ae f* (< **parica „die* Gebärende"; *urspr. Geburtsgöttin; später der gr. Moira gleichgesetzt)* Parze, Schicksalsgöttin; *pl. die drei* Parzen *Clōthō, Lachesis, Atropos.*
parce-prōmus 3 *(parcus, prōmō)* knickerig. [keit.]
parcitās, *ātis f (parcus)* Sparsam-
parcō, *pepercī (°parsī), °parsūrus* 3 *(cf. compēscō)* **1.** (auf)sparen, sparsam umgehen *mit* [*sumptui*]; **2.** (ver)schonen [*tibi*]; **3.** sich enthalten, sich hüten *vor* [*labori*]; nicht benutzen; °**4.** (unter)lassen [*iactare*].
parcus 3 *(m. °comp., sup., adv.; parcō)* **1.** sparsam; karg; **2. a)** sich zurückhaltend, enthaltsam, schonend [°*in laudando,* °*vini*]; **b)** *(im Ausdruck)* sparsam, schlicht, knapp; wortkarg; °**3.** spärlich, kärglich, gering, knapp, wenig. [weibchen.]
pardalis, *is f (gr. Fw.)* Panther-

pardus, *ī m (gr. Fw.)* männlicher Panther; ** *discolor* Leopard.
pārēns¹, *entis (m. comp.; pāreō)* gehorsam; °*subst.* **-ēs,** *ium m* Untertanen.
parēns², *entis (gen. pl. -um, seltener -ium; altes Aoristpart. v. pariō)* **1. a)** *m* Vater; °Ahnherr; **b)** *f* Mutter; **c)** *parentēs m* Eltern; °Vorfahren; °Verwandte; **2.** / *m f* Schöpfer, Begründer, Erfinder, Stifter.
parentālis, *e (parēns²)* elterlich; zur (jährlichen) Totenfeier gehörig; *kl. nur subst.* **-ia,** *ium n jährlich am 21. Febr. stattfindende* Totenfeier, *auch fērālia genannt.*
****parentatio,** *onis f* Seelenmesse.
parenti-cīda, *ae m (parēns², caedō)* Vater-, Verwandtenmörder.
parentō *1 (parēns²) ein* Totenopfer bringen; rächen, versöhnen [*regi*].
pāreō, *uī, itūrus 2 (cf. gr.* pepareịn „vorzeigen") **1.** °**a)** erscheinen, sichtbar sein; **b)** *impers.* -et es zeigt sich, steht fest; **2.** gehorchen; nachgeben, nachkommen [*promissis*].
pariambus, *ī m (gr. Fw.)* = *pyrr(h)ichius* (◡◡).
pāri-cīd... *ältere Form für parricīd...*
paries, *etis m (im Hexameter -ē-, auch „parjēs, parjětis" gespr.; et. nicht geklärt)* Wand; °/ Scheidewand.
parietinae, *ārum f (paries)* altes Gemäuer, Ruinen.
Parīlia = *Palīlia; s. Palēs.*
parilis, *e (pār)* gleich(förmig).
pariō, *peperī, partum, paritūrus 3* (√ *per- „hervorbringen, gebären") **1. a)** erzeugen; **b)** gebären; **2.** / **a)** hervorbringen [*fruges*]; **b)** erfinden; **c)** erwerben, gewinnen, sich verschaffen; **d)** *(etw. Übles)* verursachen; stiften; *(P.P.P.)* °*subst.*
parta, *ōrum n* Erworbenes, Vermögen; Eroberungen.
Paris, *idis m Sohn des Priamus u. der Hecuba, Entführer der Helena.*
Parīsiī, *ōrum m Völkerschaft in der Gegend v. Paris.*
pariter *adv. zu pār* **1.** gleich, in gleicher Weise, ebenso; **2.** zu gleicher Zeit, zugleich, zusammen; °**3.** ebenfalls.
paritō *1 (intens. v. parō²)* vorbereiten; sich anschicken.
parma, *ae f (et. nicht geklärt)* (kleiner) Rundschild; Schild; / Gladiator.
parmātus *3 (parma)* mit einem Rundschild bewaffnet; *subst.* **-ī,** *ōrum m* Rundschildträger.
Parmenidēs, *is m (gr. -nịdēs) gr. Philosoph der eleatischen Schule, um 500.*
parmula, *ae f (dem. v. parma)* [(kleiner) Schild.]
parmulārius, *ī m (parmula)* Anhänger der mit der *parma* kämpfenden Gladiatoren.
Parnās(s)us, *ī m (gr. -s[s]ọs) Berg b. Delphi m. der kastalischen Quelle, Apollo u. den Musen heilig; adi. -sius 3 u. -sis, idis f.*
parō¹ *1 (pār)* °**1.** gleichschätzen; **2.** *se -are* sich vergleichen, verständigen *mit* [*cum collega*].
parō² *1 (pariō)* **1.** vorbereiten, besorgen, Vorkehrungen treffen; **2.** sich anschicken, im Sinne haben; **3.** (sich) verschaffen, erwerben, gewinnen; kaufen.
****parochia,** *ae f* Kirchspiel, [Pfarrei.]
****parochianus** *3* zur Pfarrei gehörig; *subst.* **~,** *i m* Pfarrkind.
parochus, *ī m (gr. Fw.)* **1.** Gastwirt *einer Station für reisende Staatsbeamte;* °**2.** / Gastgeber, Wirt.
paropsis, *idis f (gr. Fw.)* kleine Schüssel.
Paros *u.* **-us,** *ī f eine der Kykladen, Geburtsort des Archilochus; adi. -rius 3; lapis (weißer parischer)* Marmor.
parra, *ae f (et. nicht geklärt)* [Schleiereule.]
parri-cīda, *ae m f (wohl dor. Fw.* „Verwandter" + *caedō)* Mörder(in) eines Blutsverwandten, Vatermörder(in); Mörder; / Hochverräter.
parri-cīdātus, *ūs m (unkl.) u.* **-cīdium,** *ī n (parricīda)* Mord an nahen Verwandten; Vatermord; Mord; / Hochverrat; Verbrechen.
pars, *tis f (acc. sg. -em, abl. sg. -e, vereinzelt -im, °-ī; acc. pl. auch -īs; cf. portiō)* **1.** T e i l e i n e s G a n z e n: **a)** Teil, Stück; Portion; **b)** *tres -es* $^3/_4$; *quinque -es* $^5/_6$; *magnam, maximam -em* großenteils, größtenteils = *magnā, maximā ex -e*; (*ex*) *alqa -e* einigermaßen; *nonnullā -e* teilweise; *omni (ex) -e* völlig; *omnibus -ibus* in jeder Hinsicht; *pro virili -e* nach Kräften; **2.** A n t e i l: **a)** Geschäftsanteil, Aktie; °**b)** Geschlechtsteil [*naturae*]; **c)** Landesteil, Gebiet; **d)** Richtung, Seite, Punkt; Gegend; **e)** Beziehung, Hinsicht, Fall; *in*

utramque -em für und wider [*disputare*]; *nullam in* -em keinesfalls; *in omnes* -es völlig; **f**) Unterart, Zweig; **g**) (*meist pl.*) Partei; *nullius* -*is* esse neutral bleiben; **h**) *pl.* Rolle [*primae*]; **i**) Amt, Pflicht, Aufgabe [*imperatoris*]; °-*es implere* seine Pflicht erfüllen.

parsī *s. parcō.*

parsimōnia, *ae f* (*parcō*) Sparsamkeit; Einfachheit, Schlichtheit.

parthenicē, ēs *f* (*gr. Fw.*) Jungfernkraut.

Parthī *u.* **-thyaeī,** *ōrum m Volk südl. v. Kaspisee*; *adi.* -(*ic*)*us* 3.

particeps, *cipis* (*pars, capiō*) teilhaftig, beteiligt *an* [*praedae*]; *subst. m* Teilnehmer, Genosse, Kamerad.

participō 1 (*particeps*) **1.** teilnehmen lassen [*alium alio*]; °**2.** teilen *mit* [*cum alqo*]; °**3.** teilhaben *an* [*pestem*].

particula, *ae f* (*dem. v. pars*) **1.** Teilchen, Stückchen, weniges; °**2.** (*rhet. t.t.*) Redeteilchen, Notiz.

particulātim *adv.* (*particula*) stückweise.

partim *adv.* (*erstarrter acc. v. pars*) zum Teil; ~ ... ~ ... teils ... teils ...; *subst.* einige [*eorum*].

partiō[1], *ōnis f* (*pariō*) *das* Gebären.

partior *u.* (*altl.*) **-iō**[2] 4 (*part. pf. meist pass.*; *pars*) **1.** teilen; zerlegen, trennen; **2.** einteilen [*in partes*]; **3.** zuteilen, aus-, verteilen [*inter se, cum aliis*].

partītē *adv.* (*partior*) mit bestimmter Einteilung.

partītiō, *ōnis f* (*partior*) **1.** Teilung; **2.** Einteilung; (*rhet. t.t.*) Gliederung des Stoffes; **3.** Verteilung.

partitūdō, *inis f* (*pariō*) *das* Gebären.

parturiō 4 (*impf.* °*auch* -*ībat*; *desid. v. pariō*) **1.** (*intr.*) °**a**) kreißen; **b**) / sich ängstigen; **2.** (*trans.*) °**a**) gebären; **b**) / schwanger gehen *mit*, vorhaben.

partus, *ūs m* (*dat. u. abl. pl.* -*ubus*; *pariō*) **1. a**) Geburt; **b**) Geburtszeit; °**c**) Zeugung; **2.** Leibesfrucht; Kind, Sohn, Junges; **3.** / Ursprung.

parum (< **parvom, erstarrter acc. v. parvus*) **1.** (*pos.*) **a**) *subst.* zu wenig [*roboris*]; *non* ~ genug; °~ *id facio* ich halte das für zu unwichtig; **b**) *adv.* zu wenig, nicht genug [*diligenter*]; **2.** (*comp.*) **minus a**) *subst. etwas* Geringeres, weniger [*militum*]; **b**) *adv.* weniger, minder [*saepe*]; *non minus* gleichviel, ebenso(wohl); nicht sonderlich, nicht genug; *nihilo minus* nichtsdestoweniger; **3.** (*sup.*) *adv.* **minimē** am wenigsten, sehr wenig; keineswegs, gar nicht.

parum-loquium, *ī n* (*loquor*) Wortkargheit.

parumper *adv.* (*parum, per*; *cf. sem-per*) auf kurze Zeit.

parvitās, *ātis f* (*parvus*) Kleinheit; ** (*höfisch*) *mea* meine Wenigkeit (= ich).

parvulus *u.* (*älter*) **-olus** 3 (*dem. v. parvus*) **1.** sehr klein, sehr wenig; °*adv.* **-um** nur ein wenig; **2. a**) sehr jung; *a* -*is* von klein auf; °**b**) noch zu jung.

parvus 3 (*comp.* **minor,** *us*; *sup.* **minimus** 3 (= *gr.* pauros „klein") **1.** *adi.* **a**) klein, unbeträchtlich [*insula*; *copiae*]; **b**) (*zeitl.*) kurz [*tempus*]; **c**) jung; (*natu*) *minor* jünger, *minimus* jüngster; **d**) (*zahlen- u. mengenmäßig*) gering, geringfügig [*pecunia*]; **e**) von geringem Wert, unbedeutend, unwichtig, gering; schwach; °*minor* nicht gewachsen, unterlegen; °**f**) leise [*vox*]; °**g**) (*an Rang*) gering, niedrig, ärmlich; °**h**) demütig [*verba*]; *animus* Kleinmut; **2.** *subst.* **a**) **parvus,** *ī m* Knabe; *pl.* (kleine) Kinder; *a* -*is* von Jugend auf; °**minor,** *ōris m der* geringere Mann, *der* Untergebene; °**minōrēs,** *um m* jüngere Leute, Nachkommen, Nachwelt; *die* unteren Stände; **b**) **parvum,** *ī n* weniges, Wenigkeit, Kleinigkeit, geringes Vermögen; **3.** *adv.* **minimum a**) am wenigsten; °**b**) sehr kurze Zeit; sehr selten.

pasceolus, *ī m* (*gr. Lw.*) Geldsäckchen.

****pascha,** *ae f* Osterfest; *in octavis paschae* am Sonntag nach Ostern; / Osterlamm.

****paschalis,** e österlich; *victima* Osterlamm.

pāscō, *pāvī, pāstum* 3 (√ *pā- „füttern"; *cf. pābulum*; *nhd.* „Futter") **1.** (Vieh) weiden; abweiden (lassen); Viehzucht treiben; **2.** füttern, (er)nähren, aufziehen; **3.** / °**a**) wachsen lassen [*barbam*]; **b**) weiden, ergötzen [*oculos*]; **4.** *mediopass.* **pāscor,** *pāstus sum* 3 **a**) (*vom Vieh*) α) (*intr.*) weiden, fressen, sich nähren [*sues glande*]; °β) (*trans.*) abweiden; **b**) sich ergötzen *an* [°*dolore*].

pāscuus 3 (*pāscō*) zur Weide gehörig, Weide...; *subst.* (*meist pl.*) **-a,** *orum n* Weideland.

****passagium,** *i n* Furt, Fähre, Überfahrt.

passer, *eris m* (*vl. Schallwort*) **1. a**) Sperling; Blaudrossel; °/ *Kosewort*; °**b**) *marinus* Strauß; °**2.** Butte, Flunder.

passerculus, *ī m* (*dem. v. passer*) Spätzlein; °/ *Kosewort.*

passim *adv.* (*pandō*²) **1.** ringsumher, allenthalben; °**2.** ohne Unterschied.

****passio,** *onis f* Leiden; Leidenszeit (*Christi*).

passum, *ī n* (*pandō*²) Wein aus getrockneten Trauben.

passus¹ 3 (*pandō*²) ausgebreitet; geronnen [*lac*]; getrocknet [*uva*].

passus² *s. patior.*

passus³, *ūs m* (*gen. pl.* °*auch -um*; *pandō*²) **1.** („Spreizen der Arme"; *röm. Längenmaß*) Klafter (1,5 m); *mille passūs* eine, *duo milia passuum* zwei röm. Meilen; **2.** („Spreizen der Beine") **a**) Schritt; °**b**) / Tritt, Fußstapfe.

****pasta,** *ae f* Teig; Ragout.

pāstillus, *ī m* (*-ā-?*; *dem. v. pānis*) Kügelchen; aromatische Mundpille.

pāstiō, *ōnis f* (*pāscor*) Weideplatz.

pāstor, *ōris m* (*pāscō*) Hirt; ** Pfarrer; Bischof.

pāstōrālis, e, **pāstōricius** 3 *u.* °**pāstōrius** 3 (*pāstor*) Hirten...; ** seelsorgerisch, geistlich.

pāstus, *ūs m* (*pāscō*) **1.** Fütterung; **2. a**) Futter; °**b**) Weide; *kl. nur* /.

patagiārius, *ī m* (*patagium* [*gr. Fw.*] „Borte") Bortenwirker.

patagiātus 3 (*patagium* [*gr. Fw.*] „Borte") mit einer Borte.

Patavium, *ī n St. in Venetien, j.* Padua; *Geburtsort des Livius*; *adi. u. Einw.* -*vīnus* (*3*); **-vīnitās,** *ātis f die* Mundart der Pataviner.

pate-faciō, *fēcī, factum* 3; *P. patefīō, factus sum, fierī u. fierī* (*pateō*) öffnen; zugänglich, gangbar machen; / verraten, enthüllen, entdecken.

patefactiō, *ōnis f* (*patefaciō*) Eröffnung; Enthüllung.

patella, *ae f* (*dem. v. patina*) Opferschale; °/ Schüssel.

patellārius 3 (*patella*) zur Opferschale gehörig; *dii -i die* Laren.

patena, *ae f* (*gr. Fw.*) Krippe.

patēns, *entis* (*m. comp.*, °*sup.*, *adv.*; *pateō*) **1.** offen, frei, unversperrt; **2.** / **a**) offen *für*; °**b**) offenbar.

pateō, *uī*, — 2 (*cf. nhd.* „Faden", *altes Längenmaß* = *Klafter*) **1.** sich erstrecken, sich ausdehnen; **2. a**) offen stehen; **b**) zugänglich, gangbar sein; **c**) bloßgestellt, ausgesetzt sein; **d**) offenbar sein, vor Augen liegen; *impers.* **patet** es ist offenbar.

pater, *tris m* (*gen. pl. -um*; *cf. nhd.* „Vater") **1.** Vater; *pl.* Eltern, Ahnen; **2.** / **a**) Schöpfer, Urheber, Haupt einer Schule; **b**) (*Ehrentitel*) Vater [*patriae*; °*Aeneas*]; ~ *patratus* Bundespriester (*Vorsteher der Fetialen*); *-es conscripti* Senatoren (*cf. cōnscrībō*); **c**) *-es* = *patricii*; ** *Pater noster* Vaterunser; geistl. Würdenträger; *-es veteres* Kirchenväter.

patera, *ae f* (*pateō*) (Opfer-)Schale.

****paternitas,** *atis f* Vaterwürde; *vestra Anrede an den Kardinal.*

paternus 3 (*pater*) **1.** väterlich, dem Vater gehörig, vom Vater herrührend, ererbt; °**2.** vaterländisch.

patēscō, *tuī*, — 3 (*incoh. v. pateō*) **1.** sich ausdehnen, sich erstrecken; **2. a**) sich öffnen; **b**) / offenbar werden, ans Licht kommen.

pathicus 3 (*m.* °*sup.*; *gr. Fw.*) der Unzucht mit sich treiben läßt; (*sup.*) voller Zoten [*libelli*].

patibilis, e (*patior*) **1.** (*pass.*) erträglich [*dolor*]; **2.** (*act.*) empfindsam.

patibulātus 3 (*patibulum*) mit dem Marterholz (beladen).

patibulum, *ī n* (*eigtl.* „*die* Spreize"; *pateō*) Marterholz; Querbalken des Kreuzes; Kreuz, Galgen.

patiēns, *entis* (*m. comp.*, *sup.*, *adv.*; *patior*) **1.** ertragend, erduldend [*laboris*]; **2.** geduldig; °**3.** fest, hart, nicht nachgebend; enthaltsam.

patientia, *ae f* (*patiēns*) **1. a**) *das* Erdulden, Ertragen; **b**) Ausdauer, Abhärtung; °**c**) Genügsamkeit; **2. a**) Geduld, Nachgiebigkeit; wollüstige Hingabe; °**b**) Unterwürfigkeit; °**c**) Gleichgültigkeit.

patina, *ae f* (*gr. Fw.*) Pfanne, Schüssel.

patinārius 3 (*patina*) Schüssel... [*piscis*]; *subst.* ~, *ī m* Freßsack.

patiō, — — 3 (*altl.*) = *patior.*

patior, *passus sum* 3 (√‾ *pē- „beschädigen"; *cf. paene, pēnūria*)

1. leiden, dulden, ertragen; 2. a) zulassen, sich gefallen lassen; °b) (*muliebria*) ~ sich verführen lassen; °3. (sein) lassen [*nihil intactum*]; °4. (*gramm. t.t.*) passiven Sinn haben; *patiendi modus* Passivform; ** den Märtyrertod erleiden. [strecker.]

patrātor, *ōris m* (*patrō*) Voll-

patria, *ae f* (*patrius*) Vaterland, Vaterstadt, Heimat; °*maior* Mutterstadt. [Patriarch.]

****patriarcha,** *ae m* Erzvater;

****patriarchalis,** e Patriarchen...

****patriarchatus,** *us m* Patriarchat.

patricē *adv.* (*pater*) väterlich.

patriciātus, *ūs m* (*patricius*) Patrizierstand. [Vatermörder.]

patri-cīda, *ae m* (*pater, caedō*)

patricius 3 (*vl.* °*patricus 3 zu pater*) patrizisch, adlig; *subst.* ~, *ī m*, **-a,** *ae f* Patrizier(in); *pl.* **-ī,** *ōrum m* Patriziat, Geschlechteradel; ** Schirmherr (*hoher Ehrentitel*).

patrimōnium, *ī n* (*pater*) Erbgut; Vermögen; ** *Petri* Kirchenstaat.

patrīmus 3 (*u. -ī-; pater; cf. mātrīmus*) dessen Vater noch am Leben ist. [nacharten.]

patrissō 1 (*gr. Fw.*) dem Vater

patrītus 3 (*pater*) vom Vater ererbt, überkommen. [Patronymikon.]

patrium, *ī n* (*sc. nōmen; patrius*)

patrius 3 (*pater*) 1. väterlich, ererbt; 2. vaterländisch; *sermo* Muttersprache.

patrō 1 (*altes sakrales Wort; pater?; cf. impetrō*) vollbringen, ausführen, beendigen; *patrātus s. pater.*

patrōcinium, *ī n* (*patrōcinor*) Patronat, Schutz durch einen Patron; Verteidigung vor Gericht; / Schutz, Schirm.

patrōcinor 1 (*patrōnus; cf. latrōcinor*) beschützen [*amico*].

Patroclus, *ī m* (*gr.* Pątroklos) *Freund des Achilles.*

patrōna, *ae f* (*patrōnus*) 1. Beschützerin; °2. Herrin.

patrōnus, *ī m* (*pater*) Patron, Schutzherr (*bsd. eines Freigelassenen*); Verteidiger vor Gericht, Anwalt; / Beschützer, Retter; ** Schutzheiliger; = Christus.

patruēlis, e (*patruus*) 1. vom Oheim väterlicherseits stammend; °*subst.* ~, *is m* Vetter; °2. vetterlich.

patruus, *ī m* (*pater*) Oheim (väterlicherseits); / (strenger) Sittenrichter; *adi.* (*m. scherzhaftem sup.; dcht.*) ~ 3 dem Oheim eigen.

patulus 3 (*pateō*) 1. a) offen(stehend); °b) allen zugänglich; 2. weit ausgebreitet [*rami*]. [Wortkargheit.]

pauci-loquium, *ī n* (*paucus, loquor*)

paucitās, *ātis f* (*paucus*) geringe Anzahl.

pauculus 3 (*dem. v. paucus*) sehr wenig; *pl. ein* paar; °*subst.* **-a,** *ōrum n ein* paar Wörtchen.

paucus 3 (*m. comp.,* °*sup.; wohl* < **pau-qos; cf. engl.* „few") klein, gering; *kl. nur pl.* einige, (nur) wenige; *subst.* **-ī,** *ōrum m* Oligarchen, Optimaten; **-a,** *ōrum n* °geringe Habe; wenige Worte; °(*comp.*) **-iōrēs,** *um m die* Vornehmeren.

paul(l)ātim *adv.* (*paulus*) allmählich; einzeln [*discedere*].

paul(l)īsper *adv.* (*-ī-?; wohl* < *abl. paulīs* + *-per; s. per* II) *ein* Weilchen.

paul(l)ulus 3 (*dem. v. paulus*) klein, winzig; *kl. nur: subst.* **-um,** *ī n ein* wenig [*morae*]; *adv.* **-um** *ein* wenig [*paululum editus collis*].

paul(l)us[1] 3 (**pauc-s-los* > *paullus* > *paulus; paucus*) gering, klein, wenig; *subst.* **-um,** *ī n ein* wenig, etwas, *eine* Kleinigkeit; *ein* Weilchen; *-o post* bald nachher; *adv.* **-um** *ein* wenig, *ein* Weilchen [*conquiescere*]. [*Aemilius.*]

Paul(l)us[2], *ī m röm. cogn.; s.*

pauper, eris (*m.* °*comp., sup.; abl. sg. -e, gen. pl. -um; eigtl.* „wenig erwerbend"; *pau-c-us, pariō*) 1. (*v. Menschen*) arm, unbemittelt; °2. / (*v. Sachen*) ärmlich [*domus*].

pauperculus 3 (*dem. v. pauper*) ärmlich.

pauperiēs, *ēī f* (*pauper*) Armut.

pauperō 1 (*pauper*) arm machen, berauben.

paupertās, *ātis f* (*pauper*) Armut; Dürftigkeit, Mangel, Not. [Pause.]

pausa, *ae f* (*gr. Lw.*) Rast, Ende,

pausārius, *ī m* (*pausa*) Rudermeister.

pausea *u.* **-ia,** *ae f* (*et. ungedeutet, wohl Fw.*) fleischige Olive.

pausill... = *pauxill...* [ruhen.]

****pauso** 1 ausruhen; schlafen;

pauxillātim *adv.* (*pauxillus*) allmählich.

pauxillīsper *adv.* (*-ī-?; pauxillus; cf. paulīsper*) ein Weilchen.

pauxillulus 3 (*dem. v. pauxillus*) ganz wenig; *subst.* **-um,** *ī n ein* bißchen.
pauxillus 3 (< **pauc-s-lo-los*; *dem. v. paulus*; *s. d.*) ganz wenig; *adv.* **pauxillum** *ein* wenig.
pave-factus 3 (*u. -ē-?*; *pave-faciō* „erschrecken") geängstigt.
paveō, *pāvī,* — 2 (*eigtl.* „bin niedergeschlagen"; *paviō*) beben, zittern, sich ängstigen [(*ad*) *omnia*].
pavēscō, — — 3 (*incoh. v. paveō*) sich ängstigen.
pavidus 3 (*m. comp., sup., adv.*; *paveō*) bebend, zaghaft; (er)schrekkend.
pavīmentātus 3 (*pavīmentum*) mit einem Estrich versehen.
pavīmentum, *ī n* (*paviō*) Estrich.
paviō 4 (√ *pēu- „schlagen, schneiden"; *cf. putō*) schlagen, stampfen.
pavitō 1 (*intens. v. paveō*) sich sehr ängstigen; den Schüttelfrost haben.
pāvō, *ōnis m* (*Fw. unbekannter Herkunft*) Pfau (*der Juno heilig*).
pāvōnīnus 3 (*pāvō*) vom Pfau, aus Pfauenschwänzen; / buntfarbig, aus Zitrusholz.
pavor, *ōris m* (*paveō*) **1.** *das* Zittern, Angst; °**2.** Erwartung, Spannung.
pāvus, *ī m* (*unkl.*) = *pāvō.*
pāx[1], *pācis f* (*cf. pacīscor*) **1.** Vergleich, Friede, Friedensschluß, -zeit, -zustand; (*in*) -e zur Friedenszeit; °*cum bona* -e in Frieden; °**2.** ♀ *Friedensgöttin*; *Pax Augusta die* Göttin des von Augustus gebrachten Friedens; *Ara Pacis Augustae an der Grenze des Marsfeldes, im J. 13 vom Senat gelobt, im J. 9 geweiht*; **3.** / **a**) Ruhe, Friede, Gemütsruhe; -e *tua dixerim* nimm mir's nicht übel; **b**) Beistand, Gnade *der Götter.*
pax[2] *int.* **1.** (*gr. Fw.*) schwupp!; **2.** (*pāx* = *pāx*[1]*?*) still! st! genug, damit basta!
paxillus, *ī m* (*-ā-?*; *dem. v. pālus*[1]) [Pflock.]
****peccator,** *oris m* Sünder.
peccātum, *ī n u.* **-us,** *abl. ū m* (*peccō*) Versehen, Vergehen, Sünde; ** *mortale* Todsünde.
peccō 1 (*altl. fut. ex. peccassō, is, it*; *vl. zu* **peccos* < **ped-cos* „einen Fehler am Fuß habend, strauchelnd") °**1.** straucheln [*equus*]; **2.** fehlen, sündigen; **3.** sich vergreifen *an* [*in homines*, °*in togata muliere*]; **4.** verkehrt machen [*multa*]; sich versprechen.
pecorōsus 3 (*pecus*[1]) reich an Vieh.
pecten, *inis m* (*pectō*) **1.** (Weber-) Kamm; **2. a**) Kammuschel; **b**) Harke; **c**) Schlegel, Plektrum; Laute; Lied; **d**) Schamhaare.
pectō, *pexī, pexum* 3 (*pēxī?*; √ *pek- „Wolle *od.* Haare rupfen"; *cf. nhd.* „fechten") **1.** kämmen; *tunica pexa* wollige, noch neue Tunika; **2.** (*Wolle*) krempeln; / *fusti* verprügeln.
pectus, *oris n* (*et. unklar*) **1.** Brust; **2.** / **a**) Herz, Gemüt, Seele; **b**) Geist; °**c**) Gesinnung; Mut.
pecū, *dat. u. abl. ū n* (*cf. pecus*; *nhd.* „Vieh"; *kl. nur pl.*) Vieh.
pecuārius 3 (*pecū*) Vieh...; *subst.* **~,** *ī m* Viehzüchter, Weidepächter; **-ia,** *ae f* Viehzucht; °**-ia,** *ōrum n* Viehherden.
pecūlātor, *ōris m* (*pecūlor*) wer öffentliche Gelder veruntreut.
pecūlātus, *ūs m* (*pecūlor*) Unterschlagung von Staatsgeldern.
pecūliāris, e (*m.* °*adv.*; *pecūlium*) °**1.** zum Privatbesitz gehörig, eigen; **2.** eigentümlich, außerordentlich.
pecūliātus 3 (*pecūliō*) begütert.
pecūliō 1 (*pecūlium*) mit Eigentum versehen, beschenken.
pecūliōsus 3 (*pecūlium*) begütert.
pecūlium, *ī n* (**pecūlis* „zu eigen"; *pecū*) *das* (*ursprünglich aus Vieh bestehende*) Vermögen, Eigentum; Eigenvermögen *eines Familienmitgliedes*; Ersparnisse *eines Sklaven*; °/ (*schriftliche*) Zugabe.
pecūnia, *ae f* (*pecū*) **1.** Eigentum, Vermögen (*urspr. an Vieh*); **2.** Geld (-summe, -wert, -schuld).
pecūniārius 3 (*pecūnia*) Geld...; *res -a* Geldgeschäft.
pecūniōsus 3 (*pecūnia*) wohlhabend.
pecus[1], *oris n* (= *gr.* pękos „Fell") **1.** *coll.* **a**) Vieh, Kleinvieh; °**b**) / Herde [*servum*]; °**2.** (*selten*) *ein* Stück Vieh.
pecus[2], *udis f* (*pecū*) **1.** *ein* Stück Vieh, *bsd.* Kleinvieh (*Schaf, Ziege, Schwein*); **2.** / (*Schimpfwort*) Schaf.
pedālis, e (*pēs*) einen Fuß lang (breit, dick).
pedārius 3 (*pēs*) zum Fuß gehörig; (*senator*) **~** Senator zweiten Ranges (*der noch kein kurulisches Amt be-*

kleidet hatte und daher kein eigenes Votum abgeben durfte).

pedātus[1] *abl.* ū (**pedō* 1 „gehen"; *pēs*) Angriff.

pedātus[2] 3 (*pēs*) mit Füßen versehen; *male* schlecht zu Fuß.

pedes, *itis m* (*pēs*; *cf.* *eques*) °**1.** Fußgänger, zu Fuß; **2.** Infanterist; *pl. u.* °*sg. coll.* Fußvolk; **3.** *pl. u.* °*sg. coll.* Bürgerstand, Plebejer.

pedester, *tris, tre* (*pedes*) **1.** zu Fuß, Fuß...; °**2.** *des* Fußvolkes; **3.** zu Lande, Land...; °**4.** / **a**) einfach, gewöhnlich; **b**) prosaisch.

pede-temptim *u.* **-tentim** *adv.* (*pede temptāre*) °**1.** Schritt für Schritt; **2.** / behutsam, bedächtig.

pedica, *ae f* (*cf.* *compēs, nhd.* „Fessel") Fußfessel; Sprenkel, Dohne. [*Schreibung für paedīc...*

pēdīcātor, pēdīcō *schlechtere*]

pēdis, *is m f* (*-ĕ-?*; *pēdō?*) Laus.

pedisequus, *ī m* (< **pedi-sequōs* „auf dem Fuß folgend"; *pēs, sequor*) Diener, Lakai; **-a,** *ae f* Dienerin, Zofe.

peditāstellus, *ī m* (*-ă-?*; *dem. v.* **peditaster*; *pedes*) elender Infanterist. [Infanterie.

peditātus, *ūs m* (*pedes*) Fußvolk,]

pēditum, *ī n* (*pēdō*) Furz, Wind.

pēdō[1], *pepēdī, pēditum* 3 (< **pezdō*; *cf. pōdex*) furzen.

Pedō[2] *s. Albinovānus.* [Hirtenstab.

pedum, *ī n* (*vl. zu* °*pedō* 1 „gehen")]

Pēgasos *u.* **-us,** *ī m* Flügelroß; *s. Hippocrēnē, Gorgō*; *adi.* *-sēus* 3; *-sis, idis f* (*subst.* Muse; Quellnymphe).

pēgma, *atis n* (*gr. Fw.*) **1.** Bücherbrett; °**2.** Versenkung(smaschine) *im Theater.* [ner Meineid.

pēierātiuncula, *ae f* (*pēierō*) klei-]

pēierō 1 (*d. i.* pejjerō; < *per-iūrō*) falsch schwören, meineidig sein; °*ius peieratum* Meineid.

pēior, pēius *comp. zu malus*[1], *male.*

pēiūrō = *pēierō.*

pēiūrus 3 = *periūrus.*

pelagius 3 (*gr. Fw.*) zur See, See...

pelagus, *ī n* (*pl.* *-gē*; *gr. Fw.*) Meer; / Wassermassen. [Thunfisch.

pēlamys, *ydis f* (*gr. Fw.*) junger]

Pelasgī, *ōrum m voridg. Wandervolk, nach Herodot Ureinwohner Griechenlands*; / (*dcht.*) Griechen; *adi.* *-gus* 3, *-gi(a)s, gi(a)dis f*

Pēleus, *eī u. eos m* (*gr.* *-lḗus*) *König in Thessalien*; **-līdēs,** *ae m* Sohn des Peleus, Achilles.

pēlex = *paelex.*

Peliās[1], *ae m* (*gr.* *-ịās*) *König v. Iolkos, sandte Iason aus, das Goldene Vlies zu holen*; **-iades,** *um f* Töchter des ~.

Pēlias[2] *s. Pēlion.*

****pelicanus,** *i m* Pelikan; *pius* = [*Christus*]

pēlicātus = *paelicātus.*

Pēlion, *ī n u.* **-ius,** *ī m Berg in Thessalien*; *adi.* *-liacus* 3, *-lias, adis f.*

Pella, *ae u.* **-ē,** *ēs f St. in Makedonien, Geburtsort u. Residenz Alexanders d. Gr.*; *adi.* *-aeus* 3 makedonisch, alexandrinisch, ägyptisch; *Einw.* **-aeī,** *ōrum m.*

pellācia, *ae f* (*pellāx*) Lockung.

pellāx, *ācis* (*statt *pellex an aud-āx u. ä. angeglichen*; *pelliciō*) verführerisch. [lockungen.

pellecebrae, *ārum f* (*pelliciō*) Ver-]

pellēctiō, *ōnis f* (*perlegō*) *das*

pellegō = *perlegō.* [Durchlesen.]

pel-liciō, *lēxī, lectum* 3 (< *per-liciō*; **laciō* 3 „(ver)locken"; *cf. lacessō*) anlocken, verlocken; / auf seine Seite bringen.

****pellicius** 3 aus Fellen gemacht; *subst.* **pellicium,** *i n* Pelzwerk.

pellicula, *ae f* (*dem. v. pellis*) **1.** Fellchen, Häutchen, Haut; °(*scherzh.*) *-am curare* sich gütlich tun; °**2.** Vorhaut.

pelliō, *ōnis m* (*pellis*) Kürschner.

pellis, *is f* (*cf. nhd.* „Fell") **1.** Tierhaut, Fell, Pelz; Vlies; **2.** / **a**) (ledernes) Winterzelt; **b**) Lederschild; °**c**) Pelzmütze; °**d**) Schuh (-riemen); °**e**) Pergament.

pellītus 3 (*pellis*) mit Fell bekleidet.

pellō, *pepulī, pulsum* 3 (*et. nicht geklärt*) **1. a**) stoßen, schlagen; klopfen; treffen; **b**) / treffen [*animum*]; Eindruck machen *auf*; **2.** in Bewegung setzen, abschießen [*sagittam*]; (an-) schlagen [*nervos in fidibus*]; **3. a**) verstoßen, vertreiben; verbannen; **b**) / verscheuchen [*maestitiam*]; löschen, stillen [°*famem*]; **4.** zum Weichen bringen, schlagen [*hostes*].

pellūceō = *perlūceō.*

Peloponnēsus, *ī f* (*gr.* *-pọnnēsos*) *griech. Halbinsel, j.* Morea; *adi.* *-nēsi(ac)us* 3; *Einw.* **-nēnsēs,** *ium m.*

Pelops, *pis m Sohn des Tantalus,*

Vater des Atreus u. des Thyestes; adi. -pē(ī)us 3, -pēï(a)s, ï(a)dis *f*; *subst.* **-pidae,** ārum *m* Nachkommen des ~.

pelōris¹, idis *f* (*gr. Fw.*) Riesenmuschel.

pelta, ae *f* (*gr. Fw.*) leichter Schild *in Form eines Halbmonds.*

peltastae, ārum *m* (*gr. Fw.*) (*die mit einer pelta ausgestatteten*) Peltasten.

peltātus 3 (pelta) mit der pelta bewaffnet. [Becken.]

pēlvis, is *f* (*altl.* pēluis) Schüssel,

penārius 3 (penus) Vorrats... [cella].

penātēs, ium *m* (*eigtl.* „*die* im penus, dem Innern des Hauses, Waltenden") **1.** Penaten (*Schutzgötter des Hauses, der Familie, des Staates; cf.* Vesta); **2.** / Wohnung, Haus, Hof, °Herd; °Bienenzellen.

penāti-ger, era, erum (penātēs, gerō) *die* Penaten tragend.

pendeō, pependī, — 2 (*cf.* pendō) (*intr.*) **1. a)** (herab)hängen; °aufgehängt sein, °sich erhängt haben; °(*v. Gewändern*) herabwallen; (*v. Körperteilen*) schlaff herabhängen; °**b)** schweben, schaukeln; °**c)** wiegen, schwer sein; **2.** / **a)** abhängen, beruhen *auf* [ex alienis opibus]; **b)** *jd.* ergeben sein [ex te]; °**c)** (*unvollendet*) liegen bleiben; **d)** unentschlossen sein, schwanken [animi, -o, -is im Herzen]; **e)** ungewiß, zweifelhaft sein; °**f)** dem Falle nahe sein.

pendō, pependī, pēnsum 3 (*et. nicht geklärt*) **1.** (*trans.*) °**a)** (auf)hängen; (ab)wiegen; / **b)** erwägen, beurteilen *nach* [ex virtute]; °**c)** schätzen, achten, halten [magni, parvi]; **d)** bezahlen [pecuniam]; **e)** leiden, büßen [poenas temeritatis]; °**2.** (*intr.*) wiegen, Gewicht haben, schwer sein.

pendulus 3 (pendeō) (herab)hängend, schwebend; / ungewiß.

Pēnelopa, ae *u.* **-ē,** ēs *f* (*gr.* -lọpē) *Gemahlin des Odysseus; adi.* -pēus 3.

penes *prp. b. acc.* (*erstarrter loc. v.* penus „*das* Innere"; *cf.* penitus, penetrō) **1.** im Besitze, in der Gewalt, in der Macht; °**2.** auf seiten.

pēnētica, ae *f* (*gr. Fw.*) Hungerkur.

penetrābilis, e (penetrō) **1.** (*pass.*) durchdringbar; erreichbar; **2.** (*act.*) durchdringend.

penetrālis, e (*m.* °*comp.*; penetrō) innerlich, inwendig; °*subst.* **-āle,** is *n* (*meist pl.* **-ālia,** ium) *das* Innere, Mittelpunkt; Heiligtum.

penetrō 1 (penitus) **1.** (*intr.*) hineinkommen, eindringen [ad urbem, in animos]; °**2.** (*trans.*) **a)** durchdringen, -ziehen; **b)** hineinbringen, setzen [pedem intra aedes]; se -are sich begeben [in fugam]; **c)** / Eindruck machen *auf* [animos].

Pēnēos *u.* **-us,** ī *m* (*gr.* -nēịọs) *Hauptfl. Thessaliens; als Flußgott Vater der Daphne; adi.* -nēïus 3, -nēis, idis *f*. [Pinsel; / Stil.]

pēnicillus, ī *m* (*dem. v.* pēniculus)

pēniculus, ī *m* (*dem. v.* pēnis) Bürste; Schwamm.

pēnis, is *m* (*wohl* < *pes-nis; *cf. gr.* pẹos = 2) °**1.** Schwanz; **2.** männliches Glied; °/ Unzucht; *Schmeichelwort.*

penitus (penes) **1.** *adv.* **a)** bis ins Innerste, tief hinein; °**b)** von innen; °**c)** weithin; **d)** fest, genau; durch und durch, ganz und gar, völlig; °herzlich; °**2.** *adi.* 3 (*m. comp., adv.*) innerlich, inwendig.

penna, ae *f* (< *pet-nā; *cf. nhd.* „Feder, Fittich") °**1.** Flugfeder; **2.** *meist pl.* **a)** Flügel, Fittich, Gefieder; °**b)** / Flug; (Feder am) Pfeil; *cf.* pinna. [flügelt.]

pennātus 3 (penna) gefiedert, be-

Pennīnus = Poenīnus.

pennī-pēs = pinnipēs.

pennipotēns, entis (penna, potēns) flügelmächtig; beflügelt; *subst.* **-ēs,** ium *f* Geflügel, Vögel. [Flügelchen.]

pennula, ae *f* (*dem. v.* penna)

pēnsilis, e (pendeō) aufgehängt, (herab)hängend, schwebend.

pēnsiō, ōnis *f* (pendō) Zahlung: **1.** Rate; °**2.** Mietzins, Pacht(zins).

pēnsitō 1 (*intens. v.* pēnsō) genau abwiegen: °**1.** reiflich erwägen, bedenken; **2.** (be)zahlen.

pēnsō 1 (*intens. v.* pendō) **1.** (ab-)wiegen [aurum]; **2.** / **a)** erwägen, überlegen; beurteilen [amicos ex factis]; **b)** gegeneinander abwägen, ver-, ausgleichen; **c)** bezahlen; **d)** büßen; ** meinen; de denken *an.*

pēnsum, ī *n* (pendō) °**1.** *die* (*für die Arbeit eines Tages*) zugewogene Wolle; **2.** / °**a)** Wollarbeit; **b)** Aufgabe.

pēnsus 3 (*m. comp.*; pendō) wichtig [nihil pensi habeo nehme keine Rücksicht].

pentameter, *trī m* (*gr. Fw.*) Pentameter.

****pentecoste,** es *f m* Pfingsten.

pentēris, *is f* (*gr. Fw.*) Fünfdecker.

Penthesilēa, *ae f* (*gr.* -siléia) *Amazonenkönigin, v. Achilles erschlagen.*

penuārius = *penārius.*

pēnūria, *ae f* (*cf. paene*) Mangel *an* [*aquarum*].

penus, *oris n, ūs u. ī m f u.* **-um,** *ī n* (*vl. identisch m. penus* „*das* Innere des Hauses"; *cf. penes*) Lebensmittel-, Mundvorrat.

peplum, *ī n* (*gr. Fw.*) *griech.* Frauenobergewand, Prachtmantel; *bsd. das bei den Panathenäen zur Schau gestellte Peplum der Athene.*

per (< **peri*; *cf. nhd.* „ver-"): **I. per-** (*praev.*) **1.** ringsum, umher [*perequito*]; **2.** durch, hindurch, zer- [*peragro, perfringo*]; **3.** bis zum Ziel, hin-, völlig [*perfero, perficio*]; **4.** über das Ziel hinaus, ver- [*pellicio*]; **5.** sehr [*peracerbus*]; **II. -per** (*postpositiv*) hindurch [*semper, parumper*]; **III. per** (*prp. b. acc.*) **1.** (*räuml.*) durch ... hin(durch), über; entlang; über ... hin, auf ... umher [*flumen ~ urbem fluit, ire ~ medios hostes, ~ Alpes proficisci, vigilias disponere ~ urbem*]; *~ manus tradere* von Hand zu Hand gehen lassen; *cives ~ domos invitati* von Haus zu Haus; **2.** (*zeitl.*) durch ... hin, hindurch, während; im Verlauf, in [*~ idem tempus, multos ~ annos*]; **3.** (*instr. zur Bezeichnung v. Mittelsperson u. Mittel*) **a)** vermittelst, mit Hilfe von [*~ speculatores cognoscere, dis supplicare ~ hostias*]; *~ se* (*ipse, a, um*) für sich (allein), auf eigene Faust, an und für sich; **b)** unter dem Schein *od.* Vorwande (*richtiger wohl* „darüber hinaus, gegen") [*~ fidem fallere, decipere ~ indutias*]; **4.** (*bei Schwüren u. Bitten*) um ... willen, bei [*~ Iovem, ~ deos immortales obtestari*]; **5.** (*kausal*) **a)** wegen, infolge, aus [*~ °metum, ~ °ambitionem facere*]; **b)** mit Rücksicht auf, halber [*hoc ~ leges non licet, ~ valetudinem iter facere non possum*; *~ me licet* meinetwegen]; **6.** (*modal*) vermittelst, auf dem Wege, mit, unter [*~ vim* auf gewaltsame Weise, *~ iocum* im Scherz, *~ litteras* brieflich, *~ speciem* unter dem Scheine]; ** (*bei Personen*) = *a*; *~ singulos* einzeln; *~ visum* sichtbar.

pēra, *ae f* (*gr. Fw.*) Ranzen.

per-absurdus 3 ganz ungereimt.

per-accommodātus 3 sehr bequem, sehr gelegen.

per-ācer, *cris,* e sehr scharf.

per-acerbus 3 **1.** sehr herb; °**2.** sehr empfindlich.

per-acēscō, *acuī,* — 3 sehr (sauer) ärgerlich werden.

perāctiō, *ōnis f* (*peragō*) Schlußakt.

per-acūtus 3 sehr durchdringend [*vox*]; sehr scharf(sinnig).

per-adulēscēns, *entis u.* °**-adulēscentulus** 3 blutjung.

per-aequē *adv.* völlig gleich.

per-agitō 1 **1.** beunruhigen; °**2.** aufstacheln.

per-agō, *ēgī, āctum* 3 °**1.** (ständig) bewegen, bearbeiten [*humum*]; °**2.** durchbohren [*latus ense*]; **3. a)** durchführen, vollenden; durchspielen [*fabulam*]; °**b)** (*jur. t.t.*) zu Ende führen [*causam*]; verurteilen [*reum*]; °**c)** hin-, verbringen [*vitam*]; °**d)** formulieren [*iudicium*]; vortragen, erörtern.

peragrātiō, *ōnis f* (*peragrō*) Durchwanderung.

per-agrō 1 (*per agrōs sc. eō*) **1.** (*trans.*) durchwandern, -reisen; / durchdringen [°*rerum naturam*]; **2.** (*abs.*) sich verbreiten [*fama*].

per-amāns, *antis* (*m. adv.*) sehr liebend, sehr liebevoll.

per-ambulō 1 durchwandern, -strömen; (*Patienten*) besuchen.

per-amīcus 3 sehr freundschaftlich.

per-amoenus 3 sehr angenehm.

per-amplus 3 sehr groß, geräumig.

per-angustus 3 (*m. adv.*) sehr eng, sehr schmal.

per-annō 1 (*per annum sc. vīvō*) ein Jahr leben.

per-antīquus 3 sehr alt.

per-appositus 3 sehr passend.

per-arduus 3 sehr schwierig.

per-argūtus 3 sehr geistreich.

per-armātus 3 wohlbewaffnet.

per-arō 1 durchpflügen; / durchfurchen; durchsegeln; niederschreiben.

per-attentus 3 (*m. adv.*) sehr aufmerksam.

pērātus 3 (*pēra*) mit einem Ranzen versehen.

per-auriō 4 (*per aurēs sc. recipiō*) durchs Ohr aufnehmen.

per-bacchor 1 durchschwärmen.

per-beātus 3 sehr glücklich.

per-bellē *adv.* sehr fein, sehr hübsch.
per-bene *adv.* sehr wohl, sehr gut.
per-benevolus 3 sehr wohlwollend.
per-benīgnē *adv.* (-ī-?) sehr gütig; *auch in Tmesis.*
per-bibō, *bibī,* — 3 **1.** ganz aussaugen; **2.** (ganz) einsaugen; / ganz in sich aufnehmen.
per-bītō, — — 3 **1.** hingehen; **2.** zugrunde gehen.
per-blandus 3 sehr einnehmend.
per-bonus 3 sehr gut.
per-brevis, e (*m. adv.*) sehr kurz.
perca, *ae f* (*gr. Fw.*) Barsch.
per-calefīō, *factus sum, fierī u. fīerī* durchglüht werden.
percalēscō, *luī,* — 3 (*incoh. v.* **per-caleō*) ganz heiß werden.
percallēscō, *calluī,* — 3 (*incoh. v.* **per-calleō*) **1.** ganz gefühllos werden; **2.** gewitzigt werden.
per-cārus 3 °**1.** sehr kostspielig; **2.** sehr lieb.
per-cautus 3 sehr vorsichtig.
per-celebrō 1 überall verbreiten; P. in aller Munde sein.
per-celer, *eris, ere* (*m. adv.*) sehr schnell.
per-cellō, *culī, culsum* 3 (*cf. clādēs, celsus*) °**1.** völlig erschüttern; schlagen, stoßen *an,* treffen [*genu*]; **2.** zu Boden schmettern; **3.** / **a**) zugrunde richten, stürzen; **b**) erschrecken, mutlos machen.
per-cēnseō, *uī,* — 2 °**1.** mustern, besichtigen; / kritisieren; **2.** °**a**) durchwandern; **b**) / aufzählen.
percepta, *ōrum n* (*percipiō*) Lehr-, Grundsätze.
perceptiō, *ōnis f* (*percipiō*) *das* Einsammeln; / *das* Begreifen, Erkenntnis.
per-cīdō, *cīdī, cīsum* 3 (*caedō*) **1.** zerschlagen; **2.** (*obszön*) **a**) *alqm* = *paedīcō*; **b**) *alci ōs* = *irrumō.*
per-cieō, — — 2 *u.* **-ciō,** —, *citum* 4 **1.** in Bewegung setzen; erregen; (*P.P.P.*) *adi.* **percitus** 3 erregt, gereizt, aufgebracht; °reizbar, hitzig; °**2.** nennen.
per-cipiō, *cēpī, ceptum* 3 (*capiō*) **1.** °**a**) erfassen, ergreifen; °**b**) in sich aufnehmen; **c**) bekommen, genießen, gewinnen; **2.** / **a**) wahrnehmen; vernehmen, empfinden; **b**) (*geistig*) begreifen; **c**) sich aneignen, (er)lernen; *pf.* wissen.
percitus *s. percieō.*
per-cīvīlis, e sehr leutselig.
per-colō[1], *coluī, cultum* 3 **1.** vollenden; **2.** sehr schmücken; **3.** sehr ehren; Achtung zollen.
per-cōlō[2] 1 durchseihen; durchsickern lassen; P. durchsickern.
per-cōmis, e sehr freundlich.
per-commodus 3 (*m. adv.*) sehr bequem.
per-cōnor 1 versuchen.
percontātiō, *ōnis f* (*percontor*) Befragung, Erkundigung; Verhör.
percontātor, *ōris m* (*percontor*) Ausfrager.
per-contor 1 (*eigtl.* „mit der Ruderstange sondieren"; *contus*) sich erkundigen, (aus)fragen.
per-contumāx, *ācis* sehr trotzig.
per-cōpiōsus 3 sehr wortreich.
per-coquō, *coxī, coctum* 3 gar kochen, backen; / reif machen; erhitzen; schwärzen.
per-crēb(r)ēscō, *b(r)uī,* — 3 überall sich verbreiten; ruchbar werden.
per-crepō, *uī,* — 1 laut erschallen.
per-crucior 1 sich zu Tode ängstigen.
per-cūnctor 1 (*volkset. an cūnctor od. cūnctus angelehnt*) = *percontor.*
per-cupidus 3 sehr geneigt [*tui*].
per-cupiō, — — 3 sehr wünschen.
per-cūriōsus 3 sehr neugierig.
per-cūrō 1 ausheilen.
per-currō, *(cu)currī, cursum* 3 **1.** (*intr.*) hinlaufen, -eilen; **2.** (*trans.*) **a**) durchlaufen, -eilen; / °**b**) durchlaufen, der Reihe nach verwalten [*quaesturam, praeturam, consulatum*]; **c**) der Reihe nach aufzählen, anführen; **d**) flüchtig erwähnen; überfliegen; durchlesen; °**e**) durchbeben [*timor animum*].
percursātiō, *ōnis f* (*percursō*) Durchreise.
percursiō, *ōnis f* (*percurrō*) **1.** flüchtiges Hinwegeilen *über einen Gegenstand der Rede*; **2.** schnelles Überdenken, Überschauen.
percursō 1 (*frequ. v. percurrō*) **1.** (*trans.*) durchstreifen; **2.** (*intr.*) umherstreifen.
percussiō, *ōnis f* (*percutiō*) **1.** *das* Schlagen, Schlag; *das* Schnalzen [*digitorum* mit den Fingern]; **2.** *das* Taktschlagen, Takt.
percussor, *ōris m* (*percutiō*) Mörder, Bandit.
percussus, *ūs m* (*percutiō*) Schlag, Stoß; / Beleidigung.

percutiō, *cussī, cussum* 3 (*quatiō*) **1. a)** durchbohren, -stoßen; °**b)** verwunden; **2. a)** heftig erschüttern, schlagen, stoßen, treffen; **b)** totschlagen, hinrichten; °**c)** schlagen, prägen [*nummum*]; °**d)** schlagen, spielen [*lyram*]; / **3. a)** verwunden, schmerzlich berühren; **b)** ergreifen, Eindruck machen *auf* [*animum*]; **c)** hintergehen.
per-decōrus 3 sehr schicklich, anständig.
per-dēlīrus 3 sehr unsinnig.
per-depsō, *uī,* — 3 durchkneten (= *futuō*).
per-difficilis, e sehr schwer (*m.* °*sup.*, *adv.*)
per-dīgnus 3 (*jünger -ī-*) sehr würdig.
per-dīligēns, *entis* (*m. adv.*) sehr sorgfältig, pünktlich.
per-discō, *didicī,* — 3 (*-īsc-?*) gründlich erlernen, auswendig lernen; *pf.* genau verstehen.
per-disertē *adv.* sehr beredt.
****perditio,** *onis f* Verderben, Verlust; Sündenschuld; Höllenstrafe.
perditor, *ōris m* (*perdō*) Verderber.
perditus¹ 3 (*m. comp., sup., adv.*; *perdō*) **1.** verloren, hoffnungslos; **2.** unsinnig; **3.** verrucht, -kommen.
perditus², *ūs m* (*perdō*) Verlust.
per-diū *adv.* sehr lange.
per-diuturnus 3 (*-diū-?*) sehr lange dauernd, sehr langwierig.
per-dīves, *itis* sehr reich.
perdix, *īcis f* (*gr. Fw.*) Rebhuhn.
per-dō, *didī, ditum* 3 (*altl. coni. praes. perduim*) **1.** zugrunde richten, vernichten, verderben; unglücklich machen; **2.** vergeuden; **3.** verlieren, verspielen.
per-doceō, *docuī, doctum* 2 gründlich belehren, unterweisen.
per-doctus 3 (*m.* °*adv.*; *perdoceō*) sehr gelehrt, geschickt, °abgerichtet.
per-doleō, *uī, itum* 2 tief schmerzen.
perdolēscō, *luī,* — 3 (*incoh. v. perdoleō*) tief bedauern.
per-domō, *uī, itum* 1 °**1.** völlig zähmen; **2.** / völlig unterwerfen.
perdormīscō, — — 3 (*incoh. v. *perdormiō*) durchschlafen.
per-dūcō, *dūxī, ductum* 3 **I. 1. a)** (hin)führen, (hin)bringen; **b)** leiten [*aquam*]; **c)** geleiten; **d)** zuführen, verkuppeln [*mulierem*]; **e)** anlegen, aufführen [*murum*]; **2.** fortführen, -setzen; **3.** bringen, veranlassen, bewegen, bestimmen *zu* [*ad suam sententiam*]; *rem eo -ere, ut* es dahin bringen, daß; °**II.** überziehen, einsalben *mit*.
perductō 1 (*intens. v. perdūcō*) herumführen, verkuppeln.
perductor, *ōris m* (*perdūcō*) °**1.** Führer, Fremdenführer; **2.** Kuppler.
per-dūdum *adv.* vor sehr langer Zeit.
perduelliō, *ōnis f* (*perduellis*) Hochverrat.
per-duellis, *is m* (*duellum*) **1.** (*kriegführender*) Feind; °**2.** (*persönlicher*) Feind.
perduim *usw. s. perdō.*
per-dūrō 1 aus-, fortdauern.
per-edō, *ēdī, ēsum* 3 verzehren, zernagen.
per-egrē (*u. -ĕ?*), *älter* **-ī** *adv.* (< *loc. *per-agrī*; *eigtl.* „über den *ager Romanus* hinaus") **1.** in der Fremde, auswärts; °**2.** in die Fremde; °**3.** aus der Fremde.
peregrīnābundus 3 (*peregrīnor*) (viel) in der Fremde umherreisend.
peregrīnātiō, *ōnis f* (*peregrīnor*) **1.** Aufenthalt im Auslande, *das* Reisen; °**2.** ausländischer Aufenthaltsort; ** Pilgerschaft, -fahrt.
peregrīnātor, *ōris m* (*peregrīnor*) Freund von Auslandsreisen, reiselustig.
peregrīnitās, *ātis f* (*peregrīnus*) °**1.** politische Stellung eines Nichtbürgers; **2. a)** fremde Sitte; °**b)** ausländischer Akzent.
peregrīnor 1 (*peregrīnus*) **1.** in der Fremde sein, umherreisen; **2.** / **a)** umherschweifen; **b)** fremd, unbekannt sein; ** wallfahren.
peregrīnus 3 (*peregrē*) ausländisch, fremd; / unwissend [*in agendo*]; *subst.* ~, *ī m* Fremder, Nichtbürger; ** Pilger, Kreuzfahrer.
per-ēlegāns, *antis* (*m. adv.*) sehr geschmackvoll; gewählt im Ausdruck.
per-ēloquēns, *entis* sehr beredt.
per-emnis, e (< *per amnem*) den Flußübergang betreffend.
perēmptālis, e (*perimō*) vernichtend; (eine Prophezeiung) aufhebend.
perēmptor, *ōris m* (*perimō*) Mörder.
perendiē *adv.* (*vl.* < *per en diē* „über das, was an einem Tage ist, hinaus"; *en altl.* = *in*) übermorgen.
perendinus 3 (*perendiē*) „übermorgig"; *die -o* übermorgen.
Perenna *s. Anna.*
per-ennis, e (*m.* °*comp.*; *annus*)

°1. *das* ganze Jahr hindurch dauernd; **2.** / dauernd, beständig; nie versiegend. [ewiger Sklave.}
perenni-servus, *ī m* (*perennis*)}
perennitās, *ātis f* (*perennis*) beständige Dauer; Unversiegbarkeit [*fontium*]. [dauernd erhalten.}
perennitō 1 (*intens. v. perennō*)}
perennō 1 (*perennis*) lange dauern.
per-eō, *iī, itum, īre* °**1.** vergehen, verlorengehen; **2. a**) umkommen; °**b**) *peream, si* ich will des Todes sein, wenn; °**c**) sterblich verliebt sein *in* [*alteram*]; **d**) vergeudet werden; °**e**) (*jur. t.t.*) erlöschen.
per-equitō 1 °**1.** (*trans.*) durchreiten [*aciem*]; **2.** (*intr.*) umherreiten.
per-errō 1 durchschweifen; / durchdringen; mustern; umschlingen.
per-ēruditus 3 gut unterrichtet.
per-excelsus 3 hoch emporragend.
per-exiguus 3 (*m. adv.*) sehr klein, sehr wenig, sehr kurz.
per-expedītus 3 sehr leicht (durchzuführen). [überlisten.}
per-fabricō 1 fertigzimmern; /}
per-facētus 3 (*m. adv.*) sehr witzig.
per-facilis, e sehr leicht; °sehr gefällig; *adv.* **-ĕ** sehr leicht; °sehr gern.
per-familiāris, e sehr vertraut; *subst.* ~, *is m* vertrauter Freund.
perfectiō, *ōnis f* (*perficiō*) Vollendung, Vollkommenheit. [ender.}
perfector, *ōris m* (*perficiō*) Voll-}
perfectus 3 (*m.* °*comp., sup., adv.*; *perficiō*) vollendet, vollkommen.
perferēns, *entis* (*part. praes. v. perferō*) duldsam [*iniuriarum*].
per-ferō, *tulī, lātum, ferre* **1. a**) hintragen, -bringen, ans Ziel tragen; °*se -ferre* sich hinbegeben; **b**) überbringen, -geben; **c**) berichten, melden, verkünden; **2. a**) durch-, vollführen, vollenden, durchsetzen [*legem*]; **b**) geduldig ertragen, aushalten, erdulden.
perfica, *ae f* (*perficiō*) Vollenderin.
per-ficiō, *fēcī, fectum* 3 (*faciō*) **1. a**) vollenden; zustande bringen, ausführen; °*auch obszön*; **b**) verfertigen [*pocula*]; °abfassen; **2.** beendigen, abschließen; **3.** durchsetzen, erlangen, bewirken.
per-fidēlis, e ganz zuverlässig.
perfidia, *ae f* (*perfidus*) Treulosigkeit, Unredlichkeit; ** Unglauben; Heidentum.
perfidiōsus 3 (*m. sup., adv.*; *perfidia*) treulos, unredlich; wortbrüchig.
per-fidus 3 (*m.* °*sup.*. °*adv.*; ‹ *per fidem* [*sc. alqm fallere*]) **1.** treulos, unredlich, wortbrüchig; °**2.** unzuverlässig, unsicher [*via*]; ** ungläubig.
per-fīgō, —, *fīxum* 3 durchbohren; / (*P.P.P.*) *perfīxus* getroffen, durchzuckt. [Luft ausgesetzt, luftig}
perflābilis, e (*perflō*) der freien}
per-flāgitiōsus 3 sehr lasterhaft.
perflātus, *ūs m* (*perflō*) Luftzug.
per-flō 1 **1.** (*trans.*) durchwehen; **2.** (*intr.*) (hin)wehen [*ad alqm*].
per-flūctuō 1 (*-ū-?*) durchwallen.
per-fluō, *flūxī, flūxum* 3 (*flūx-?*) **1.** durchfließen; / auslaufen; **2.** hinfließen, einmünden; **3.** / überfließen; übervoll sein [*pomis*].
per-fodiō, *fōdī, fossum* 3 **1.** (*m. affiziertem Objekt*) durchgraben, -stechen, -bohren; °**2.** (*m. effiziertem Objekt*) graben, ausstechen.
perforātor, *ōris m* (*perforō*) Einbrecher [*parietum*]; *cf. perfossor.*
per-forō 1 **1.** durchbohren, -löchern; **2.** durchbrechen; infolge Durchbruchs Aussicht gewinnen *auf* [*Stabianum*].
per-fortiter *adv.* sehr brav.
perfossor, *ōris m* (*perfodiō*) „Durchbrecher“, Einbrecher [*parietum*]; *cf. perforātor.*
per-fremō, — — 3 laut schnauben.
per-frequēns, *entis* sehr besucht.
per-fricō, *cuī, ctum u. -cātum* 1 (stark) reiben; *ōs* alle Scham ablegen.
per-frīgēfaciō, — — 3 (*-gĕ-?*; *frīgeō, faciō*) eiskalt machen; *cor* großen Schrecken einjagen.
per-frīgēscō, *frīxī,* — 3 kalt werden, sich erkälten.
per-frīgidus 3 sehr kalt.
per-fringō, *frēgī, frāctum* 3 (*frangō*) **1. a**) durchbrechen [*phalangem*]; **b**) / verletzen, sich hinwegsetzen *über* [*repagula pudoris*]; **2. a**) zerbrechen, zerschmettern; **b**) / vereiteln, vernichten, umstürzen.
per-fruor, *frūctus sum* 3 **1.** ganz genießen [*vitā*]; °**2.** vollständig ausführen [*mandatis*].
perfuga, *ae m* (*perfugiō*) Überläufer, Flüchtling.

per-fugiō, *fūgī,* — 3 **1.** fliehen, seine Zuflucht nehmen; **2.** (*zum Feinde*) übergehen.

perfugium, *ī n* (*perfugiō*) Zufluchtsstätte, Asyl; / Zuflucht, Ausflucht.

perfūnctiō, *ōnis f* (*perfungor*) Verwaltung; *das* Überstehen [*laborum*].

per-fundō, *fūdī, fūsum* 3 **1.** übergießen, -schütten, begießen; benetzen; baden (*trans.*); salben; *mediopass.* baden (*intr.*) [*flumine*; °/ *lacrimis*]; *oleo* sich salben; °**2.** bestreuen, bedecken [*pedes amictu*]; erfüllen [*cubiculum sole*]; **3.** / ganz erfüllen [*mentem amore*].

per-fungor, *fūnctus sum* 3 **1.** ordentlich verrichten, verwalten [*munere*]; **2.** überstehen; *perfunctus sum* ich bin fertig; *part. pf. pass. perfūnctus* 3 überstanden [*periculum*]; °**3.** genießen.

per-furō, — — 3 umherrasen.

perfūsōrius 3 (*perfundō*; *eigtl.* „nur benetzend") oberflächlich; irreführend. [*adi. -meus* 3.]

Pergama, *ōrum n Burg v. Troja*;

Pergamus, *ī f u.* **-mum,** *ī n* (*gr.* -os, -on) *Hptst. v. Mysien, j.* Bergamo; *adi. u. Einw.* -*mēnus* (3); ** **pergamenum,** *i n* Pergament.

per-gaudeō, — — 2 sich sehr freuen.

per-gnōscō (*altl.*) = *pernōscō.*

pergō, *perrēxī, perrēctum* 3 (*per* + *regō*) **1. a)** *etw.* fortsetzen, (weiter) verfolgen [*nur*: *iter*]; **b)** (*m. inf.*) *m. etw.* fortfahren; **c)** (*in der Rede*) fortfahren; **2. a)** sich aufmachen, aufbrechen; **b)** sich anschicken [*agere*]; **c)** eifrig betreiben; (*dcht.*) *perge* (*pergite*) wohlan.

per-graecor 1 auf griechische Art zechen, *d. h.* in Saus u. Braus leben.

per-grandis, e **1.** sehr groß; °**2.** *natu* hochbetagt.

per-graphicus 3 erzschlau, listig.

per-grātus 3 sehr angenehm; *auch in Tmesis*; *-um facere* einen großen Gefallen tun [*si od. quod*].

per-gravis, e (*m. adv.*) sehr schwer, sehr wichtig; *adv.* **-iter** sehr heftig, sehr empfindlich.

pergula, *ae f* (*et. ungeklärt*) Vorbau; Observatorium; Bordell.

per-hauriō, *hausī, haustum* 4 ganz verschlingen.

per-hibeō, *buī, bitum* 2 (*habeō*) **1.** darbieten; (*als Anwalt*) aufstellen; **2.** / **a)** erwähnen, behaupten; **b)** nennen, anführen.

per-hīlum, *ī n* sehr wenig.

per-honōrificus 3 (*m. adv.*) sehr ehrenvoll; sehr ehrerbietig.

per-horreō, — — 2 sich heftig entsetzen *vor* [*casus nostros*].

perhorrēscō, *ruī,* — 3 (*incoh. v. perhorreō*) **1.** (*intr.*) **a)** erschauern, erbeben; °**b)** hoch aufschäumen; **2.** (*trans.*) sich entsetzen, sich scheuen *vor* [*crudelitatem*].

per-horridus 3 ganz schauerlich.

per-hūmānus 3 (*adv.* **-iter**) sehr freundlich.

per-iambus, *ī m* (*volkset. m. per in Verbindung gebracht*) = *pariambus.*

Periclēs, *is u. ī m* (*acc. auch -ēn u. -ea, voc. -ē; gr. -klẹ̄s*) *Athens größter Staatsmann, † 429.* [such.]

perīclitātiō, *ōnis f* (*perīclitor*) Ver-

perīclitor 1 (*altl. perīc[u]lor* 1 „erproben"; *cf. perīc[u]lum*) **1.** (*intr.*) **a)** einen Versuch machen, versuchen, wagen; **b)** gefährdet, bedroht sein [*vita*]; **2.** (*trans.*) **a)** versuchen, eine Probe machen *mit* [*fortunam*]; *pass.* [*periclitatis moribus*]; **b)** aufs Spiel setzen, gefährden.

perīculōsus 3 (*m.* °*comp., sup., adv.*; *perīculum*) gefährlich.

perīculum *u.* (*altl.*) **perīclum,** *ī n* (*perior*) **1. a)** Versuch, Probe; *-um facere* auf die Probe stellen, kennenlernen [*fidei*]; **b)** erster Versuch, Probestück, -schrift; **2. a)** Gefahr; ~ *est, ne* es ist zu befürchten, daß; °**b)** Wagnis; **3. a)** Prozeß, gerichtliche Klage; **b)** (gerichtliches) Urteil, Protokoll; °**4.** (*rh.t. t.t.*) *das* Gewagte *im Ausdruck.*

per-idōneus 3 sehr geeignet.

perierātiuncula, *ae f* = *pēierā-* [*tiuncula.*]

per-ierō (*altl.*) = *pēierō.*

per-illūstris, e °**1.** sehr deutlich; **2.** sehr angesehen.

per-imbēcillus 3 sehr schwach.

per-imō, *ēmī, ēmptum* 3 (*emō*) **1. a)** ganz wegnehmen; vernichten, zerstören, vertilgen; °**b)** töten; **2.** / vereiteln, hintertreiben.

per-impedītus 3 stark behindert, unwegsam.

per-inānis, e ganz leer, wertlos.

per-incertus 3 ganz ungewiß.

per-incommodus 3 sehr ungelegen; *kl. nur adv.* **-ē.**

per-inde *adv.* auf gleiche Weise, ebenso; °*nec* ~ nicht besonders; ~ *ac u. ut* gleich wie; °*haud* ~ ... *quam* nicht so sehr ... als vielmehr; ~ *ac* (*si*) *m. coni.* gleich als ob.
per-indīgnē *adv.* (*jünger -dī-; dīgnus*) sehr unwillig.
per-indulgēns, *entis* sehr nachsichtig.
per-īnfāmis, e berüchtigt.
per-īnfirmus 3 (*-fīrm-?*) sehr schwach.
per-ingeniōsus 3 sehr scharfsinnig.
per-ingrātus 3 sehr undankbar.
per-inīquus 3 **1.** sehr unbillig; **2.** sehr unwillig, unruhig.
per-īnsīgnis, e (*-sīgn-?*) sehr auffallend.
per-invalidus 3 sehr schwach.
per-invīsus 3 sehr verhaßt.
per-invītus 3 sehr ungern.
periodus, ī *f* (*gr. Fw.*) Satzgefüge, Periode.
(perior), *perītus sum* 4 (√ *per- „hinüberführen, durchdringen"; *s. perītus*) erfahren.
Peripatēticus 3 (*gr.* -kos) zum Peripatos, *der Schule des Aristoteles,* gehörend, peripatetisch; *subst.* ~, ī *m* Peripatetiker.
peripetasma, *atis n* (*gr. Fw.*) Decke, Teppich.
periphrasis, *is f* (*gr. Fw.*) Umschreibung.
per-īrātus 3 sehr zornig.
periscelis, *idis f* (*gr. Fw.*) Schenkel-, Kniespange.
peristrōma, *atis n* (*abl. pl. -atīs; gr. Fw.*) Teppich, Decke.
peristȳl(°i)um, ī *n* (*gr. Fw.*) Peristyl (*v. Säulen umgebener Innenhof des röm. Hauses*).
Pērithous = *Pīrithous.*
perītia, *ae f* (*perītus*) Erfahrung, Kenntnis.
perītus 3 (*m. comp., sup., adv.; perior*) erfahren, bewandert, kundig [*rei militaris, iure*].
per-iūcundus 3 (*m. adv.*) sehr angenehm; *auch im Tmesis.*
periūriōsus 3 (*periūrium*) meineidig.
periūrium, ī *n* (*periūrus*) Meineid.
per-iūrō 1 = *pēierō.*
periūrus 3 (*m. °comp., sup.; < per iūs* [*sc. dēcipere*]) meineidig, eidbrüchig.
perl... *s. auch pell...*
per-lābor, *lāpsus sum* 3 °**1.** durcheilen [*auras*]; **2.** unvermerkt gelangen [*ad Oceanum*].
per-laetus 3 sehr freudig.
per-lātē *adv.* sehr weit.
per-lateō, *uī,* — 2 immer verborgen bleiben.
per-lavō, *lāvī,* — 1 über u. über abwaschen, durchweichen.
per-legō, *lēgī, lēctum* 3 °**1.** durchmustern, genau betrachten; **2.** durchlesen; °**3.** vorlesen.
per-lepidē *adv.* sehr fein.
per-levis, e (*m. adv.*) sehr leicht; sehr unbedeutend.
per-libēns, *entis* (*m. adv.*) sehr gern.
per-līberālis, e (*m. adv.*) **1.** sehr gütig; **2.** von sehr guter Erziehung.
per-libet 2 *impers.* es beliebt sehr, ich habe große Lust.
per-lībrō 1 gleichmachen, nivellieren.
perliciō = *pelliciō.*
per-litō 1 unter günstigen Auspizien opfern.
per-longinquus 3 sehr langwierig.
per-longus 3 **1.** sehr lang; °**2.** sehr langwierig; °**3.** *adv.* **-ē** sehr weit.
perlub... = *perlib...*
perlūcēns, *entis* (*perlūceō*) durchsichtig [*amictus;* / *oratio*].
per-lūceō, *lūxī,* — 2 **1.** °**a)** durchscheinen, hervorschimmern; **b)** / hervorleuchten; °**2.** durchsichtig sein.
perlūcidulus 3 (*dem. v. perlūcidus*) ziemlich durchsichtig.
per-lūcidus 3 (*m. °comp.; perlūceō*) durchsichtig; / sehr hell.
per-lūctuōsus 3 sehr traurig.
per-luō, *luī, lūtum* 3 (*lavō*) °**1.** abwaschen, baden; **2.** *mediopass.* baden (*intr.*).
per-lūstrō 1 °**1.** durchstreifen; **2.** / durchmustern; erwägen.
per-madefaciō, *fēcī,* — 3 durchweichen.
permadēscō, *duī,* — 3 (*incoh. v. *per-madeō*) erschlaffen.
per-magnus 3 (*-ā-?*) sehr groß; *-i* sehr viel [*interest*]; *-o* sehr teuer [*vendere*].
per-male *adv.* sehr unglücklich [*pugnare*].
permānanter *adv.* (*permānāns part. praes. v. permānō*) durchdringend.
permānāscō, — — 3 (*incoh. v. permānō*) hinfließen; / zu Ohren kommen [*ad alqm*].
per-maneō, *mānsī, mānsūrus* 2 **1. a)** verbleiben, ausharren; **b)** / ver-, beharren [*in consilio*]; **2.** anhalten, fortdauern.
per-mānō 1 hinfließen; / eindringen, sich verbreiten [*ad aures*].
permānsiō, *ōnis f* (*permaneō*) *das*

Verbleiben; / *das* Verharren [*in una sententia*].

per-marīnus 3 über das Meer geleitend.

per-mātūrēscō, *ruī,* — 3 völlig reif werden.

per-mediocris, e sehr mäßig.

per-meditātus 3 wohl vorbereitet.

per-meō 1 durchwandern; ans Ziel dringen.

per-mētior, *mēnsus sum* 4 ausmessen; °/ durchwandern, -fahren; durchleben; *part. pf.* °*auch pass.*

per-mingō, *mīnxī,* — 3 bepissen; / = *paedīcō.*

per-mīrus 3 sehr wunderbar.

per-misceō, *cuī, xtum* 2 (-ī-?) **1. a)** vermischen, durcheinander mengen; **b)** / vereinen; **2.** verwirren, in Unordnung bringen.

permissiō, *ōnis f* (*permittō*) °**1.** unbedingte Überlassung: **a)** (*mil. t.t.*) Kapitulation; **b)** (*rhet. t.t.*) Überlassung der Entscheidung *an Richter od. Gegner*; **2.** Erlaubnis.

permissus, *abl.* ū *m u.* °**-um,** ī *n* (*permittō*) Erlaubnis.

permitiālis, e (*permitiēs*) verderblich, tödlich.

permitiēs, *ēī f* (*unklare Umformung v. perniciēs*) Verderben; / Verführer.

per-mittō, *mīsī, missum* 3 °**1. a)** (*ans Ziel*) treiben, schleudern [*tela*]; **b)** (*bis ans Ziel*) gehen lassen; *equum u. se -ere* heransprengen, herandringen; schießen lassen [*habenas*]; °*mediopass.* sich ausbreiten; **2.** / **a)** überlassen, anvertrauen, freistellen; **b)** fahren lassen, aufopfern *zuliebe* [*inimicitias temporibus rei publicae*]; **c)** *se -ere* sich unterwerfen, ergeben [*in deditionem* auf Gnade u. Ungnade]; **d)** zulassen, erlauben.

permixtē *u.* **-tim** *adv.* (-īx-?; *permixtus, P.P.P. v. permisceō*) vermischt.

permixtiō, *ōnis f* (-mīx-?; *permisceō*) Vermischung; °/ Gärung, Aufruhr.

per-modestus 3 **1.** sehr schüchtern; °**2.** sehr maßvoll.

per-modicus 3 (*m. adv.*) sehr mäßig, sehr klein.

per-molestus 3 sehr beschwerlich; *adv.* **-ē** sehr unwillig [*ferre* sehr übelnehmen].

per-mollis, e sehr weich, sehr sanft.

per-molō, *uī,* — 3 zermahlen; / (*vulgär*) = *futuō.*

permōtiō, *ōnis f* (*permoveō*) Erregung; Begeisterung; Rührung.

per-moveō, *mōvī, mōtum* 2 °**1.** bewegen; **2.** / **a)** bewegen, veranlassen, bestimmen; °**b)** erregen [*omnes affectus*]; **c)** aufregen, rühren, beunruhigen, erschüttern, erbittern.

per-mulceō, *mulsī, mulsum* 2 **1.** °**a)** streicheln, liebkosen; **b)** sanft berühren; **2.** / **a)** schmeicheln, ergötzen; **b)** beruhigen, besänftigen.

per-multus 3 sehr viel; *subst.* **-um,** ī *n* sehr viel [*-o clarior* weit]; *adv.* **-um** sehr viel.

per-mūniō 4 fertig bauen; stark befestigen.

permūtātiō, *ōnis f* (*permūtō*) **1.** Wechsel, Veränderung; **2. a)** Vertauschung, Umtausch; °**b)** Tauschhandel; **c)** Umsatz *an Geld u. Wechseln*; °**d)** Austausch [*captivorum*].

per-mūtō 1 **1.** (völlig) wechseln, verändern; °**2. a)** vertauschen, wechseln; **b)** eintauschen, auswechseln, loskaufen [*captivos*]; **3.** Geld auf Wechsel nehmen, mit Wechseln zahlen [*pecuniam Athenas*].

perna, *ae f* (< **pērsnā*; *cf. nhd.* „Ferse") Hinterkeule, Schinken.

per-necessārius 3 sehr notwendig; sehr nahestehend.

per-necesse *adv.* unumgänglich notwendig.

per-negō 1 **1.** entschieden leugnen; °**2.** rundweg abschlagen.

per-neō, *nēvī, nētum* 2 (*dcht.*; *v. d. Parzen*) abspinnen.

perniciābilis, e (*perniciēs*) verderblich, verheerend.

perniciālis, e (*perniciēs*) verderblich, tödlich.

perniciēs, *ēī f* (*altl.*: *gen. -niciī, dat. -niciē*; *per-necō* 1 „totschlagen") **1.** Verderben, Vernichtung, Untergang; **2.** / (*v. Personen*) Pest, Unhold; °*macelli* Freßsack.

perniciōsus 3 (*m. comp.,* °*sup., adv.*; *perniciēs*) verderblich, schädlich.

pernīcitās, *ātis f* (*pernīx*) Schnelligkeit.

per-niger, *gra, grum* ganz schwarz.

per-nimium *adv.* gar zuviel.

pernīx, *īcis* (*m. comp., sup., adv.*; *perna*) schnell, rasch, flink.

per-nōbilis, e sehr bekannt.

pernoctō 1 (*pernox*) übernachten.

pernōnidēs, *ae m* (*perna*; *scherzh.*

patronymische Bildung) Schinkensohn.
per-nōscō, *nōvī,* — 3 **1.** genau kennenlernen; °*pf.* gründlich kennen; °**2.** genau prüfen.
per-nōtēscō, *tuī,* — 3 überall bekannt werden.
per-nōtus 3 überall bekannt.
per-nox, *abl. nocte* (*nur nom. u. abl.*; ⟨ *per noctem*) die Nacht hindurch (scheinend).
per-numerō 1 aufzählen; auszahlen.
pērō, *ōnis m* (*et. ungedeutet*) Bauern- u. Soldatenstiefel *aus rohem Leder.*
per-obscūrus 3 sehr dunkel.
per-odiōsus 3 sehr verhaßt.
per-officiōsē *adv.* sehr gefällig.
per-oleō, *uī,* — 2 übel riechen.
per-opportūnus 3 (*m. adv.*) sehr willkommen.
per-optātus 3 (*kl. nur adv.* **-ō**; *P.P.P. v. optō*) ganz nach Wunsch.
per-opus *indecl.* sehr nötig.
perōrātiō, *ōnis f* (*perōrō*) Schluß der Rede, Epilog; Schlußrede.
per-ōrnō 1 sehr zieren; *kl. nur* (*P.P.P.*) *adi.* **perōrnātus** 3 sehr schön.
per-ōrō 1 **1.** *die* Rede beendigen; *die* Schlußrede halten; **2.** vortragen, sich auslassen *über* [*causam*].
per-ōsculor 1 der Reihe nach küssen.
per-ōsus 3 (*ōdī*) sehr hassend, sehr überdrüssig; *-um esse* sehr hassen.
per-pācō 1 völlig zur Ruhe bringen.
per-parcē *adv.* sehr sparsam.
per-parv(ul)us 3 überaus klein.
per-pāstus 3 (*P.P.P. v. pāscō*) wohlgenährt.
per-pauc(ul)ī, *ae, a* sehr wenige.
per-paul(l)um, *ī n* nur sehr wenig; *adv. ein* klein wenig.
per-pauper, *gen. eris* ganz arm.
per-pauxillum, *ī n* sehr wenig.
per-pavefaciō, *fēcī, factum* 3 (*u. -pavē-?*) sehr erschrecken.
per-pellō, *pulī, pulsum* 3 °**1.** eifrig betreiben, durchsetzen; **2.** tiefen Eindruck machen *auf* [*te*].
perpendiculum, *ī n* (*perpendō*) Bleilot, Richtschnur; *ad -um* senkrecht, schnurgerade.
per-pendō, *pendī, pēnsum* 3 / genau erwägen, untersuchen, prüfen.
perperam *adv.* (*sc. viam*; *altl. perperus* 3 „fehlerhaft"; *et. ungeklärt*) **1.** verkehrt, falsch; °**2.** aus Versehen.
perpes, *petis* (⟨ **per-pet-s eigtl.* „durchgehend"; *altl.* = *perpetuus*; **perpetō*) ununterbrochen.
perpessīcius 3 (*perpessus, P.P.P. v. perpetior*) geduldig.
perpessiō, *ōnis f* (*perpetior*) **1.** *das* Erdulden [*laborum*]; °**2.** Ausdauer.
per-petior, *pessus sum* 3 (*patior*) **1.** erdulden, ertragen; °**2.** sich überwinden.
per-petītus 3 (*P.P.P. v. *perpetō*) verklärt *zu.*
per-petrō 1 (*patrō*) vollziehen, ausführen, verrichten, beendigen.
perpetuālis, e (*perpetuus*) überall geltend, allgemein.
perpetuārius 3 (*perpetuus*) beständig unterwegs.
perpetuitās, *ātis f* (*perpetuus*) Fortdauer, Stetigkeit, Zusammenhang; ** *vitae* ewiges Leben.
perpetuō[1] 1 (*perpetuus*) ununterbrochen fortdauern lassen, fortsetzen.
perpetuus 3 (*s. perpes*) **1.** (*räuml.*) zusammenhängend, fortlaufend [*munitiones*]; °zyklisch [*carmen*]; **2.** (*zeitl.*) °**a**) ganz [*triduum*]; **b**) ununterbrochen; fortdauernd, beständig; lebenslänglich; *in -um* für immer; **3.** allgemein gültig [*edictum*]; **4.** *adv.* **-ō**[2] beständig.
per-placeō, — — 2 sehr gefallen.
perplexābilis, e (*m. adv.*; *perplexor*) verwirrend; zweideutig.
perplexor 1 (**perplectō*) Verwirrung anrichten.
per-plexus 3 (*adv.* **-ē** *u.* **-im** *P.P.P. v. *per-plectō*) verschlungen, verworren; / undeutlich, unverständlich, dunkel.
perplicātus 3 (*P.P.P. v. per-plicō* 1) verworren; *auch in Tmesis.*
per-pluō, — — 3 den Regen durchlassen; / sich ergießen.
per-poliō 4 ausfeilen, glätten [*opus*]; (*P.P.P.*) *adi.* **perpolītus** 3 feingebildet, verfeinert.
per-populor 1 ganz verwüsten; *part. pf. auch pass.* [*perpopulato agro*].
perpōtātiō, *ōnis f* (*perpōtō*) Trinkgelage.
per-pōtō 1 **1.** durchzechen; °**2.** austrinken.
per-primō *u.* **-premō,** *pressī, pressum* 3 fort und fort drücken; / (*obszön*) tüchtig zusetzen.
per-properē *adv.* sehr eilig.
per-propinquus °**1.** *adi.* 3 nahe; **2.** *subst.* ~, *ī m* naher Verwandter.

per-prosperus 3 sehr glücklich.
per-prūrīscō, — — 3 (*incoh. v.* *per-prūriō) sehr geil werden.
per-pūgnāx, *ācis* (-ŭ-?) sehr streitsüchtig. [schön.]
per-pulcher, *chra, chrum* sehr
per-pūrgō 1 (*altl.* -*pūrigō*) völlig reinigen; / ins reine bringen; gründlich widerlegen.
per-pusillus 3 sehr klein, sehr wenig; *adv.* **-um** sehr wenig.
per-putō 1 auseinandersetzen [*argumentum*]. [überaus, sehr.]
per-quam *adv.* (*eigtl.* sehr wie")
per-quīrō, *quīsīvī, quīsītum* 3 (*quaerō*) genau erforschen, sich genau erkundigen *nach* [*vias*].
perquīsītē *adv.* (*perquīsītus, P.P.P. v. perquīrō*) mit strenger Kritik.
perquīsītor, *ōris m* (*perquīrō*) Besucher [*auctionum*]. [selten.]
per-rārus 3 *kl. nur adv.* **-ō** sehr
per-reconditus 3 sehr versteckt.
per-rēpō, *rēpsī*, — 3 hinkriechen *über* [*tellurem*; *per viam*].
perrēptō 1 (*intens. v. perrēpō*) überall herumkriechen. [lächerlich.]
per-rīdiculus 3 (*m. adv.*) sehr
perrogātiō, *ōnis f* (*perrogō*) Durchsetzung, Beschluß [*legis*].
per-rogō 1 alle (der Reihe nach) fragen [*sententias*].
per-rumpō, *rūpī, ruptum* 3 **1.** (*intr.*) (hin)durchbrechen; sich einen Weg bahnen; **2.** (*trans.*) **a**) durch-, auf-, zerbrechen; **b**) eindringen *in* [*paludem*]; **c**) vernichten, überwinden.
Persa, -ēs *s. Persia.*
per-saepe *adv.* sehr oft.
per-salsus 3 (*m. adv.*) sehr witzig.
persalūtātiō, *ōnis f* (*persalūtō*) allseitige Begrüßung. [begrüßen.]
per-salūtō 1 *alle* der Reihe nach
per-sānctē *adv.* (-ă-?) hoch und
per-sānō 1 völlig heilen. [heilig.]
per-sapiēns, *entis* (*m. adv.*) sehr weise.
per-scienter *adv.* sehr gescheit.
per-scindō, *scidī, scissum* 3 ganz zerreißen. [*auch in Tmesis.*]
per-scītus 3 sehr fein, treffend;
per-scrībō, *scrīpsī, scrīptum* 3 **1. a**) genau, ausführlich aufzeichnen; **b**) protokollieren, abfassen; **c**) (ver)buchen; **2. a**) (*schriftl.*) melden, berichten; **b**) durch eine Anweisung bezahlen [*pecuniam*]; °**3.** *etw.* ausschreiben (*Ggs.* *notō* 1c).
perscrīptiō, *ōnis f* (*perscrībō*) **1.** Niederschrift, Aufzeichnung; Protokollierung, Abfassung; **2.** Buchung, Eintragung in die Rechnungsbücher; **3.** Zahlungsanweisung. [Buchhalter.]
perscrīptor, *ōris m* (*perscrībō*)
perscrūtātiō, *ōnis f* (*perscrūtor*) Durchsuchung.
per-scrūtor *u.* (*altl.*) **-ō** 1 durchsuchen; / erforschen, untersuchen.
per-secō, *secuī, sectum* 1 °**1.** durchschneiden; **2.** / **a**) genau erforschen; °**b**) ausrotten.
persector 1 (*intens. v. persequor*) eifrig verfolgen; / eifrig nachgehen.
persecūtiō, *ōnis f* (*persequor*) Verfolgung; gerichtliche Klage.
per-sedeō, *sēdī, sessum* 2 ununterbrochen sitzen.
per-sēgnis, e sehr matt.
per-sentiō, *sēnsī, sēnsum* 4 tief fühlen, deutlich wahrnehmen.
persentīscō, — — 3 (*incoh. v. persentiō*) tief empfinden; deutlich merken.
Persēphonē, *ēs f s. Prōserpina.*
per-sequor, *secūtus sum* 3 **1. a**) (beharrlich) nachfolgen, nachgehen [*vestigia*]; **b**) verfolgen, nachsetzen [*fugientes*]; bekämpfen; **c**) rächen, bestrafen; **d**) (*gerichtlich*) verfolgen; rechtlich geltend machen [*ius suum*]; **e**) protokollieren; **f**) eifrig betreiben; **g**) nachstreben, -ahmen, sich bekennen *zu* [*exempla maiorum*]; **h**) durchforschen, -suchen; **2. a**) fortsetzen, durchführen [*bellum*]; **b**) einholen, erreichen; **c**) (*mündl. od. schriftl.*) darstellen, aufzählen [*res Hannibalis*]. [**2.** = *Perseus* 2.]
Persēs, *ae m* **1.** = *Persa*; *s. Persia*;
Perseus, *eī u. eos m* (*gr.* -*seus*) **1.** *Sohn des Jupiter u. der Danae*; *adi.* -*sē(ī)us* 3; *cf. Andromeda*; **2.** *letzter makedonischer König*; *adi.* -*sicus* 3.
persevērāns, *antis* (*m.* °*comp.*, °*sup.*, °*adv.*; *persevērō*) beharrlich.
persevērantia, *ae f* (*persevērāns*) Beharrlichkeit, Ausdauer.
per-sevērō 1 (*sevērus*) **1.** (*intr.*) **a**) standhaft verharren, bestehen *auf* [*in sententia*]; **b**) (*abs.*) seine Fahrt *od.* Reise fortsetzen; °**c**) (*zeitl.*) Bestand haben, lange anhalten; **2.** (*trans.*) beharren *bei* [*id*]; fortfahren [*scribere*].

per-sevērus 3 (*m. adv.*) sehr streng.

Persia, *ae u.* **Persis,** *idis f* (*gr.* -sis) **1.** *Ldsch.* Persis, *j.* Farsistan; **2.** *das* Perserreich; *Einw.* **Persae,** *ārum m* (*sg.* **-a,** *ae m u.* **-ēs,** *ae*); *adi.* -*sicus* 3; ** *subst.* **persicus,** *i f* Pfirsichbaum; **-um,** *i n* Pfirsich.

per-sīdō, *sēdī, sessum* 3 sich festsetzen, eindringen.

per-sīgnō 1 (-*ī*-?) genau aufzeichnen.

per-similis, e sehr ähnlich.

per-simplex, *icis* sehr einfach.

per-sistō, *stitī,* — 3 stehenbleiben, verharren [*in eādem impudentiā*].

Persius 3 *urspr. etr., später röm. Gentilname*: A. ~ *Flaccus, bekannter Satirendichter z. Z. Neros.*

persōlla, *ae f* (*dem. v. persōna*; *eigtl.* „kleine Maske") Fratze (*Schimpfwort*).

per-sōlus 3 ganz allein.

per-solvō, *solvī, solūtum* 3 **1.** auflösen, erklären; **2.** ab-, auszahlen; **3. a**) abtragen, erweisen [*gratiam*]; **b**) leiden, büßen [*poenas*].

persōna, *ae f* (*etr. Fw.*) **1.** Maske; / **2.** Rolle (*in einem Schauspiel*); **3.** Rolle (*im Leben*); Charakter; äußere Lage, Stellung, Würde; **4.** Person, Persönlichkeit; °**5.** (*gramm. t.t.*) Person [*tertia*].

persōnātus 3 (*persōna*) maskiert, verkleidet.

per-sonō, *uī,* — 1 **1.** (*intr.*) **a**) widerhallen, ertönen; °**b**) seine Stimme erschallen lassen; °**c**) spielen [*citharā*]; **2.** (*trans.*) °**a**) mit Tönen erfüllen; **b**) laut rufen, laut verkündigen; °**c**) (*auf einem Instrument*) spielen.

perspectē *adv.* (*perspectus*) einsichtsvoll.

perspectō 1 (*intens. v. perspiciō*) genau sich ansehen; bis zum Ende sich ansehen.

perspectus 3 (*m.* °*sup.*; *perspiciō*) erkannt, bewährt.

per-speculor 1 genau erforschen.

per-spergō, *rsī, rsum* 3 (*spargō*) besprengen, bestreuen; *kl. nur* /.

perspicāx, *ācis* (*perspiciō*) scharfsinnig, einsichtsvoll.

perspicientia, *ae f* (*perspiciēns, part. praes. v. perspiciō*) völlige Erkenntnis.

per-spiciō, *spexī, spectum* 3 (*spēxī?*) **1.** (*intr.*) (hin)durchsehen [*per saepem*]; **2.** (*trans.*) °**a**) deutlich sehen; **b**) genau besichtigen, betrachten; durchlesen; **c**) / durchschauen, erkennen, wahrnehmen.

perspicuitās, *ātis f* (*perspicuus*) Deutlichkeit.

perspicuus 3 (*m. adv.*; *perspiciō*) °durchsichtig; / deutlich, offenbar.

per-spissō *adv.* (*spissus*) sehr langsam.

per-sternō, *strāvī, strātum* 3 ganz pflastern.

per-stimulō 1 ununterbrochen reizen.

per-stō, *stitī, stātūrus* 1 °**1.** stehenbleiben; **2.** / °**a**) fortdauern, bleiben; **b**) beharren *bei* [*in incepto*].

per-strepō, *uī,* — 3 sehr lärmen.

per-stringō, *strīnxī, strictum* 3 (-*strīnxī?*) **1. a**) streifen, berühren; °**b**) leicht verwunden; **c**) durchpflügen [*solum aratro*]; **2.** / **a**) unangenehm berühren, erschüttern; **b**) tadeln, verspotten; **c**) (*in der Rede*) streifen, flüchtig besprechen [*vitae cursum*]; °**d**) abstumpfen, betäuben.

per-studiōsus 3 (*m. adv.*) sehr eifrig beschäftigt *mit* [*litterarum*].

per-suādeō, *sī, sum* 2 *gew. m. dat.*: **1.** überreden; *mihi -detur* [*ut*; *ne*] ich werde überredet; **2.** überzeugen; *mihi -sum est* [*m. a.c.i.*] ich bin überzeugt.

persuāsibilis, e (*m. adv.*; *persuādeō*) leicht überzeugend.

persuāsiō, *ōnis f* (*persuādeō*) **1.** Überredung, Überzeugung; °**2.** Glaube, Meinung; Vorurteil.

persuāstrīx, *īcis f* (**persuāstor*; *persuādeō*) Verführerin.

persuāsus, *abl. ū m* (*persuādeō*) Überredung.

per-subtīlis, e °**1.** sehr fein; **2.** / sehr durchdacht.

per-sultō 1 (*saltō*) **1.** (*intr.*) umherspringen; **2.** (*trans.*) durchstreifen.

per-taedet, *taesum est* 2 *impers.* großen Ekel empfinden, überdrüssig werden [*eum negotii*].

pertaesus 3 (*pertaedet*) ganz überdrüssig.

per-tegō, *tēxī, tēctum* 3 ganz bedecken.

per-temptō 1 °**1.** überall betasten; **2.** / °**a**) prüfen, erproben; **b**) überdenken, überlegen; °**c**) völlig ergreifen, durchzucken.

per-tendō, *tendī, tentum u.* (*jünger*) *tēnsum* 3 **1.** hineilen; **2.** durchsetzen; dabei beharren.

per-tentō 1 = *pertemptō.*

per-tenuis, e / sehr schwach [*spes*].

per-terebrō 1 durchbohren.

per-tergeō, *tersī, tersum* 2 abwischen; / leicht berühren.

perterre-faciō, —, *factum* 3 (*perterreō*) in Schrecken setzen.

per-terreō, *uī, itum* 2 heftig erschrecken, einschüchtern.

perterri-crepus 3 (*perterreō, crepō*) schrecklich tönend.

per-texō, *texuī, textum* 3 °**1.** zu Ende weben; **2.** / vollenden.

pertica, *ae f* (*et. unklar*) Stange, Stock; Meßstange.

pertime-factus 3 (*u. -ē-?; pertimeō, faciō*) eingeschüchtert.

pertimēscō, *muī,* — 3 (*incoh. v. per-timeō*) (sich) sehr fürchten.

pertinācia, *ae f* (*pertināx*) Beharrlichkeit; Hartnäckigkeit.

per-tināx, *ācis* (*m.* °*comp., sup.,* °*adv.*; *teneō*) °**1.** festhaltend; **2.** / °**a**) lange anhaltend; **b**) beharrlich, fest; **c**) hartnäckig; °**d**) geizig.

per-tineō, *tinuī,* — 2 (*teneō*) **1.** sich erstrecken, sich ausdehnen; **2.** / **a**) betreffen, angehen [*ad nos*]; **b**) dienen *zu,* abzielen *auf*; Einfluß haben *auf.*

per-tingō, — — 3 (*tangō*) sich ausdehnen, sich erstrecken.

per-tolerō 1 geduldig ertragen.

per-torqueō, — — 2 verdrehen.

pertractātē *adv.* (*pertractātus* 3, *P.P.P. v. pertrahō*) in abgedroschener Weise.

pertractātiō, *ōnis f* (*pertractō*) Beschäftigung *mit* [*poetarum*].

per-tractō 1 (überall) betasten, befühlen; / überdenken, untersuchen; einwirken *auf* [*animos*].

per-trahō, *trāxī, tractum* 3 (hin-) schleppen; locken.

per-tribuō, *uī,* — 3 von allen Seiten erteilen.

per-trīcōsus 3 (*trīcae*) sehr verwickelt.

per-trīstis, e °**1.** sehr traurig; **2.** sehr mürrisch.

pertrītus 3 (*P.P.P. v. per-terō* 3) sehr abgenutzt, alltäglich.

per-tumultuōsē *adv.* in großer Aufregung.

per-tundō, *tudī, tū(n)sum* 3 durchstoßen, durchlöchern; (*P.P.P.*) *adi.* **pertū(n)sus** 3 mit einem Loch.

perturbātiō, *ōnis f* (*perturbō*) Verwirrung, Unordnung; / Störung, Umwälzung; Leidenschaft, Erregung.

perturbātrīx, *īcis f* (*perturbātor*; *perturbō*) die verwirrt.

perturbātus 3 (*m. comp.,* °*sup., adv.*; *perturbō*) **1.** stürmisch; **2.** / **a**) verworren, wirr; **b**) bestürzt.

per-turbō 1 verwirren, in Unordnung bringen; / beunruhigen, aufregen, aus der Fassung bringen.

per-turpis, e sehr unanständig.

pērula, *ae f* (*dem. v. pēra*) *ein* kleiner Ranzen.

per-ungō, *ūnxī, ūnctum* 3 (*ŭnctum?*) beschmieren, salben.

per-urbānus 3 sehr fein, sehr witzig; überhöflich.

per-urgeō, *ursī,* — 2 sehr bedrängen.

per-ūrō, *ussī, ustum* 3 (*ūssī, ūstum?*) °**1. a**) (ganz) verbrennen, versengen; **b**) / *kl. nur*: *gloriā*; °**2.** / wund drücken; brennen, quälen, erzürnen; (*v. d. Kälte*) versehren; *gelu perustus* gefroren.

Perusia, *ae f St. in Etrurien, j.* Perugia; *adi. u. Einw.* *-sīnus* (3).

per-ūtilis, e (*m.* °*adv.*) sehr nützlich.

per-vādō, *sī, sum* 3 **1.** (*intr.*) **a**) hindurchgehen, durchbrechen; **b**) gelangen, erreichen [*ad castra*; / °*terror in aciem*]; **c**) sich verbreiten [*per agros*]; **2.** (*trans.*) durchdringen [*opinio animos*].

pervagātus 3 (*m. comp., sup.*; *pervagor*) weitverbreitet, allgemein (bekannt).

per-vagor 1 **1.** (*intr.*) **a**) umherstreifen; **b**) / sich verbreiten, bekannt werden; **2.** (*trans.*) **a**) durchschweifen, -wandern; **b**) ergreifen [*dolor membra*].

per-vagus 3 überall umherschweifend.

per-variē *adv.* sehr mannigfaltig.

per-vāstō 1 (*-ă-?*) völlig verwüsten.

per-vehō, *vēxī, vectum* 3 **1.** °**a**) hindurchführen [*commeatūs*]; **b**) *mediopass.* durchfahren; **2.** °**a**) hinführen, -bringen; / erheben [*in caelum*]; **b**) *mediopass.* hinfahren, -kommen.

per-vellō, *vellī,* — 3 °**1.** (kräftig) rupfen, zupfen; reizen; **2.** / kränken; durchhecheln.

per-veniō, *vēnī, ventum* 4 **1.** ankommen, erreichen [*in, ad urbem*]; **2.** / **a**) (*an ein Ziel*) kommen [*in senatum* aufgenommen werden]; **b**) *in einen Zustand* geraten [*in, ad desperationem*]; **3.** zufallen, zuteil werden [*divitiae ad paucos*].

per-vēnor 1 durchjagen.

perversitās, *ātis f* (*perversus*) Verkehrtheit.

perversus 3 (*m.* °*comp., sup., adv.*;

pervertō) verdreht; / verkehrt, schlecht, falsch, unrecht, töricht.
per-vertō, *rtī, rsum* 3 umkehren, -stürzen, -werfen; / ganz umkehren; vernichten, verderben.
per-vesperī *adv.* spät abends.
pervestīgātiō, *ōnis f* (*pervestīgō*) Forschung.
per-vestīgō 1 ausspüren; / erforschen.
per-vetus, *gen. teris u.* **-tustus** 3 sehr alt.
per-viam (?) *adv.* zugänglich.
pervicācia, *ae f* (*pervicāx*) Beharrlichkeit; *kl. nur*: Hartnäckigkeit.
per-vicāx, *ācis* (*m. comp., sup., adv.*; *pervincō*) beharrlich, unermüdlich; hartnäckig, eigensinnig.
per-videō, *vīdī, vīsum* 2 °**1. a**) überschauen; **b**) / überblicken, mustern; **2.** °**a**) (*mit den Augen*) genau erkennen; / **b**) genau erforschen; **c**) einsehen, erkennen.
per-vigeō, *uī,* — 2 sehr kräftig sein.
per-vigil, *is* (*aus pervigilō rückgebildet*) stets wachsam.
pervigilātiō, *ōnis f* (*pervigilō*) Nachtfeier.
pervigilium, *ī n* (*pervigil*) **1.** Nachtwache; **2.** Nachtfeier.
per-vigilō 1 durchwachen; wach bleiben; °*Veneri* im Dienst der Venus.
per-vīlis, e sehr wohlfeil.
per-vincō, *vīcī, victum* 3 °**1.** (*trans.*) **a**) völlig besiegen; / **b**) mit Mühe bewegen *zu*, erzwingen [*ut*]; **c**) unumstößlich erweisen; **2.** (*intr.*) °**a**) völlig siegen; **b**) recht behalten.
pervium, *ī n* (*pervius*) Durchgang.
per-vius 3 (< *per viam* [*sc. dūcō*]) gangbar, wegsam; °/ offen, zugänglich.
per-vīvō, *vīxī,* — 3 fortleben.
per-volg... = *per-vulg...*
per-volitō 1 (*intens. v. pervolō*[1]) durchfliegen.
per-volō[1] 1 **1.** °**a**) durchfliegen; **b**) durcheilen; **2.** hineilen.
per-volō[2], *voluī, velle* gern wollen, sehr wünschen.
per-volūtō 1 (*frequ. v. pervolvō*) genau studieren [*libros*].
per-volvō, *volvī, volūtum* 3 °**1.** herumwälzen [*alqm in luto*]; **2.** / **a**) genau bekanntmachen *mit* [*in iis locis*]; °**b**) durchlesen.
pervors..., **pervort...** (*altl.*) = *pervers..., pervert...*
pervulgātus 3 (*m.* °*comp.,* °*sup.,* °*adv.*; *pervulgō*) allbekannt; gewöhnlich.
per-vulgō 1 **1. a**) veröffentlichen; **b**) *se -are* sich preisgeben [*omnibus*]; °**2.** häufig betreten, besuchen.
pēs, *pedis m* (*cf. nhd.* „Fuß") **1. a**) Fuß; *-ibus* zu Fuß, zu Lande, als Fußgänger; *-em* °*ferre* gehen, kommen; *ponere* eintreten; *ante -es positum* esse vor Augen liegen; (*mil. t.t.*) *-em conferre* handgemein werden, angreifen, *referre* zurückweichen; *ad -es* °*descendere* absitzen; (*pol. t.t.*) *-ibus ire in alcis sententiam* (*im Senat*) für einen Antrag stimmen; (*obszön*) *tollere -em od. -es* (*sc. ad concubitum*); °**b**) Fuß, Bein [*mensae*]; °**c**) Huf, Kralle; **d**) Segeltau, Schote; -e °*aequo* vor dem Winde; *-em* °*facere* mit halbem Winde segeln; **2.** / **a**) (*meist pl.*) Schritt, Gang, Lauf; *servus a -ibus* Laufbursche; **b**) Fuß *als Längenmaß* (*ca. 30 cm*); **c**) Versfuß, -art; Takt; Rhythmus.
pessimissimus 3 (*vereinzelter sup. zum sup. pessimus*) *s. malus*[1].
pessimus *s. malus*[1].
Pessinūs, *ūntis f,* (*selten*) *m* (*gr. -nūs*) *St. in Galatien m. ber. Kybelekult*; *adi. -nūntius* 3.
pessulus, *ī m* (*gr. Lw.*) Riegel.
pessum *adv.* (*wohl* < **ped-tum*; *pēs?*) °**1.** zu Boden; **2.** / °**a**) ~ *ire* zugrunde gehen; **b**) ~ *dare* (*auch zus.*) zugrunde richten, verderben.
pesti-fer, *era, erum* (*m. adv.*) verderblich, unheilvoll.
pestilēns, *entis* (*m. comp., sup.*; *pestis*) ungesund; / verderblich.
pestilentia, *ae f* (*pestilēns*) ungesunde Luft, Gegend; Seuche, Pest.
pestilitās, *ātis f* = *pestilentia.*
pestis, *is f* (*et. ungeklärt*) Seuche, Pest; / Unglück, Verderben; verderbliche Person *od.* Sache, Scheusal, Unhold; ** Qual, Leiden; *famis* Hungersnot.
petasātus 3 (*petasus*) mit Reisehut.
petasō, *ōnis m* (*nach Varro gall. Fw.*) Schweinevorderschinken.
petasunculus, *ī m* (*dem. v. petasō*) kleiner Schweinevorderschinken.
petasus, *ī m* (*gr. Fw.*) Reisehut.
petaurum, *ī n* (*gr. Fw.*) Federbrett (*der Gaukler*).
petessō, — — 3 (*intens. v. petō*) erstreben.
petilus 3 (*vl. eigtl.* „weit sich aus-

breitend u. daher dünn"; *petō*) schmächtig, spärlich.

petītiō, *ōnis f* (*petō*) **1.** (*t.t. der Fechtersprache*) Angriff, Hieb, Stoß; **2.** / °**a**) Ersuchen, Bitte; **b**) Amtsbewerbung; **c**) (*jur. t.t.*) gerichtlicher Anspruch, Klage; Anspruchsrecht.

petītor, *ōris m* (*petō*) (Amts-)Bewerber; Kläger.

petīturiō, — — 4 (*desid. v. petō*) sich bewerben wollen.

petītus, *ūs m* (*petō*) *das* Sichneigen, Fallen [*terrae* zur Erde].

petō, *tīvī u. tiī, tītum* 3 (*eigtl.* „fliegen, eilen"; *cf. penna*) **1. a**) aufsuchen [*calidiora loca*], eilig hingehen (laufen, segeln); **b**) (*feindl.*) angreifen, bedrohen; °*telis* beschießen; °**c**) (*freundl.*) angehen, sich *an jd.* wenden [*me*]; **2. a**) zu erlangen suchen; streben *nach* [*principatum*]; *salutem fugā* sein Heil in der Flucht suchen; **b**) verlangen, wünschen; **c**) erbitten, bitten *um* [*veniam*; *praemia a rege*]; **d**) sich bewerben *um* [*consulatum*]; **e**) (*jur. t.t.*) beanspruchen, einklagen [*sibi pecuniam*]; *is qui petit* Kläger; *is unde* (*od. a quo*) *petitur* Beklagter; **3.** holen [*commeatum*]; / entnehmen [*exempla a Graecis*].

petorritum, *ī n* (*wohl gall. Fw.* „Vierrad") offener vierrädriger Wagen, Kutsche.

petra, *ae f* (*gr. Fw.*) Fels, Stein.

petrō, *ōnis m* (*wohl etr. Lw.*) alter Hammel.

Petrōnius Arbiter *Günstling Neros* (*arbiter* [*sc. ēlegantiae*] Schiedsrichter des guten Geschmacks).

petulāns, *antis* (*m.* °*comp.*, °*sup.*, *adv.*; *eigtl.* „darauf losgehend"; *petō*) ausgelassen, mutwillig; leichtfertig.

petulantia, *ae f* (*petulāns*) Ausgelassenheit; Frechheit; Leichtfertigkeit.

petulcus 3 (*petō*) stößig.

petulus 3 *schlechte Schreibweise für petilus.*

pexātus 3 (*pexus*) in einem Kleid aus reiner Wolle.

pexus 3 *s. pectō.*

Phaeāces, *um m sagenh. Bewohner der Insel Scheria* (*sg.* **-āx,** *ācis*); *adi.* *-āc(i)us* 3; *subst.* **Phaeācia,** *ae f* (*gr.* Phaiākįā) Phäakenland (Korkyra).

phaecasia, *ōrum n* (*gr. Fw.*) weiße Schuhe; *adi.* **-siātus** 3 mit weißen Schuhen.

Phaedōn, *ōnis m* (*gr.* Phai-) *Schüler des Sokrates; Titel eines Platonischen Dialogs.*

Phaedra, *ae f* (*vereinzelt -ā*; *gr.* Phaidrā) *Tochter des Minos, Gattin des Theseus; s. Hippolytus.*

Phaedrus, *ī m* (*gr.* Phaidros) **1.** *Schüler des Sokrates; Titel eines Platonischen Dialogs;* **2.** *Fabeldichter, Freigelassener des Augustus.*

Phaëthōn, *ontis m* (*gr.* -ęthōn „*der* Strahlende") **1.** *Beiname des Sol;* **2.** *Sohn des Sol, als Lenker des Sonnenwagens v. Jupiters Blitz erschlagen*; *adi.* *-thontēus* 3; *subst.* **-thontiades,** *um f seine Schwestern, in Pappeln, ihre Tränen in Bernstein verwandelt*; *adi.* *-thontis, idis f* des ~ [*volucris* Schwan, *gutta* Bernstein].

phager, *grī m* (*gr. Lw.*) *unbekannter Fisch.*

phalanga, *ae f* (*gr. Lw.*) Walze, Rolle.

phalangītēs, *ae m* (*gr. Fw.*) Soldat der Phalanx, Schwerbewaffneter.

phalanx, *angis f* (*gr. Fw.*) Phalanx: °**1.** Schlachtreihe, Heer; **2.** °**a**) *geschlossene* Schlachtfront *der Athener u. der Spartaner*; °**b**) Schlachtordnung *der makedonischen Schwerbewaffneten*; **c**) *viereckige* Schlachtordnung *der Gallier u. Germanen.*

phalārica, *ae f* = *falārica.*

phalerae, *ārum f* (*gr. Lw.*) **1.** Brustschmuck *der Soldaten*; *mil.* Ehrenzeichen; °**2.** Stirn- u. Brustschmuck *des Pferdes.*

phalerātus 3 (*phalera*) mit Brustschmuck geziert; °/ *dicta -a* schönklingend.

phantasia, *ae f* (*gr. Fw.*) Gedanke, Einfall.

phantasma, *atis n* (*gr. Fw.*) Gespenst; ** Trugbild.

Phantasus, *ī m* (*gr.* -os) *Traumgott.*

Phaōn, *ōnis m v. Sappho geliebter Jüngling*; / kaltherziger Geliebter.

pharetra, *ae f* (*gr. Fw.*) Köcher.

pharetrātus 3 (*pharetra*) köchertragend.

****pharisеus,** *i m* Pharisäer; Heuchler.

pharmacopōla, *ae m* (*gr. Fw.*) Quacksalber.

Pharos *u.* **-us,** *ī f Insel bei Alexandria in Ägypten mit berühmtem Leuchtturm gleichen Namens*; °*adi.* *-rius* 3 ägyptisch.

Pharsālos *u.* **-us,** ī *f* (*gr.* Phar-) *St. in Thessalien* (*Schlacht 48*); *adi.* -li(c)us 3; *subst.* **-lia,** ae *f* (*gr.* -liā) Gebiet um ~.

phasēlus, ī *m* (*wohl gr. Fw., urspr. Mittelmeerwanderwort*) °**1.** *Schwertbohne*; **2.** / leichtes Schiff, Boot.

Phāsis, idis *m Fl. in Kolchis, j.* Rion; *adi.* -siacus 3; -sis, idis *u.* -sias, adis *f* kolchisch; *subst.* Kolcherin, Medea; **phāsiānus,** ī *m* Fasan.

phasma, atis *n* (*gr. Fw.*) Erscheinung, Gespenst; ≈ *Titel einer Komödie Menanders u. eines Gedichts v. Catull.*

phengītēs, ae *m* (*gr. Fw.*) Glimmer.

phiala, ae *f* (*gr. Fw.*) Trinkschale.

Phīdiās, ae *m* (*gr.* Pheidiās) *ber. athenischer Bildhauer z. Z. des Perikles.*

philēma, atis *n* (*gr. Fw.*) Kuß.

Philēmō(n), onis *m* **1.** *Dichter der mittleren Komödie*; **2.** *s.* Baucis.

Philippus, ī *m* (*gr.* Philippos) *Name makedonischer Könige*; *bsd.*: Philipp III., *Vater Alexanders d. Gr.*; / (*urspr. die v. Philipp geprägte*) Goldmünze *im Wert v. 20 Dareiken*; *adi.* -pēus 3 [nummus]; -picus 3 [orationes]; *subst.* **-picae,** ārum *f* (*sc.* ōrātiōnēs) *Reden des Demosthenes gegen Philipp u. des Cicero gegen Antonius.*

philitia, ōrum *n* (*gr. Fw.*) *gemeinsame* Mahlzeiten *der Spartiaten.*

Philoctētēs *u.* **-ta,** ae *m* (*gr.* -ktētēs) *Gefährte des Herkules*; *auf der Fahrt nach Troja wegen einer eiternden Wunde auf Lemnus ausgesetzt*; *im zehnten Kriegsjahr nach Troja gebracht, tötet er Paris mit den Pfeilen des Herkules u. wird geheilt*; *adi* -tētaeus 3.

philologia, ae *f* (*gr. Fw.*) **1.** Gelehrsamkeit, wissenschaftliches Streben; °**2.** Philologie.

philologus, ī *m* (*gr. Fw.*) **1.** Gelehrter, Literat; °**2.** Philologe.

Philomēla, ae *f* (*gr.* -lē) *Schwester der Prokne, v. ihrem Schwager Tereus entehrt, in eine Nachtigall verwandelt*; / Nachtigall.

philosophia, ae *f* (*gr. Fw.*) **1.** Philosophie; °**2.** philosophischer Gegenstand; **3.** *pl.* Philosophenschulen.

philosophor 1 (philosophus) philosophieren; forschen, nachdenken.

philosophus 3 (*gr. Fw.*) philosophisch; *subst.* ~, ī *m* Philosoph (** Gelehrter); **-a,** ae *f* Philosophin.

philtrum, ī *n* (*gr. Fw.*) Liebestrank.

philyra, ae *f* (*gr. Fw.*) Lindenbast.

phīmus, ī *m* (*gr. Fw.*) Würfelbecher.

Phlegethōn, ontis *m* (*gr.* ≈-gethōn „brennend") *Feuerstrom in der Unterwelt*; *adi.* -thontis, idis *f.*

phōca, ae *u.* **-ē,** ēs *f* (*gr. Fw.*) Seehund, Robbe.

Phoebē, ēs *f* (*gr.* Phoibē) *Diana als Mondgöttin*; / Mondnacht.

Phoebi-gena, ae *m* (Phoebus, gignō) Sohn des Phöbus (Äskulap).

phoebus[1] 3 (*gr. Fw.*) rein, leuchtend (?).

Phoebus[2], ī *m* (*gr.* Phoibos „*der* Leuchtende") *Beiname des Sonnengottes Apollo*; / Sonne; **Phoebas,** adis *f Priesterin Apollos,* Prophetin; *adi.* -bē(ī)us 3.

Phoenīca, ae *u.* **-ē,** ēs *f* (*gr.* Phoinikē) Phönikien; *Einw.* **-nīces,** um *m*; *adi.* -nissa, ae *f*; *subst.* Phönikerin.

phoenīcopterus, ī *m* (*gr. Fw.*) Flamingo.

phoenīx, īcis *m* (*gr. Fw.*) Phönix (*sagenhafter Vogel, der nach einem Leben v. 500 Jahren sich selbst verbrennt u. aus der Asche verjüngt entsteht*).

phōnascus, ī *m* (*gr. Fw.*) Gesangs- u. Deklamationslehrer.

phrasis, is *f* (*gr. Fw.*) rednerischer Ausdruck, Diktion.

phrenēsis, is *f* (*gr. Fw.*) Wahnsinn, Geisteskrankheit.

phrenēticus 3 (*gr. Fw.*) wahnsinnig, geisteskrank.

Phrixus, ī *m* (*gr.* -os) *s.* Hellē; *adj.* -xēus 3.

Phryges, um *m* (*sg.* **Phryx**) Phrygier; *adi.* -gius 3; *subst.* **-gia,** ae *f* (*gr.* -giā) Phrygien; **-giae,** ārum *f* Trojanerinnen.

phrygiō, ōnis *m* (Phryx) Tuch-, Goldsticker.

Phrynē, ēs *f ber. athenische Hetäre*; / Freudenmädchen; Kupplerin.

Phth (phth)... *s.* Pth (pth)...

phȳ *int.* (*gr. Fw.*) pfui!

phylaca, ae *f* (*gr. Fw.*) Gefängnis.

phylacista, ae *m* (*gr. Fw.*) Kerkermeister (*scherzh. v. einem mahnenden Gläubiger*) (?); *cf.* thȳlacista.

phȳlarchus, ī *m* (*gr. Fw.*) Stammesfürst.

phyrgiō = phrygiō.

physicus 3 (*m. adv.* -ē nach Art der Physiker; *gr. Fw.*) *die* Natur betreffend, physisch, physikalisch; *subst.* **~**, *ī m* Naturphilosoph, Physiker; **-a,** *ae f u. ōrum n* Naturlehre, -philosophie, Physik.

physiognōmōn, *onis m* (*gr. Fw.*) Beurteiler der Menschen nach ihren Gesichtszügen, Kenner der Physiognomie.

physiologia, *ae f* (*gr. Fw.*) Naturkunde, Naturphilosophie.

piābilis, e (*pī-?*; *piō*) sühnbar.

piāculāris, e (*pī-?*; *piāculum*) sühnend, Sühn...; (**Sühne heischend); *subst.* **-āria,** *ium n* Sühneopfer.

piāculum, *ī n* (*pī-?*; *piō*) **1.** Sühnmittel, -opfer; °**2.** / **a**) Sühne, Strafe; **b**) Sünde, Vergehen; Torheit.

piāmen, *inis* (*Ov.*) *u.* **-mentum,** *ī* (*nkl.*) *n* (*pī-?*; *piō*) = *piāculum.*

pīca, *ae f* (*pīcus*) Elster.

picāria, *ae f* (*pix*) Pechhütte.

picātus 3 (*picō*) verpicht; mit Pech gewürzt; nach Pech schmeckend.

picea, *ae f* (*piceus*) Pechföhre, Fichte; Kiefer.

Pīcēnum, *ī n Ldsch. um Ancona*; *adi.* -*cēnus* 3; *adi. u. Einw.* -*cēns, centis.* [schwarz.

piceus 3 (*pix*) aus Pech; / pech-

picō 1 (*pix*) verpichen, mit Pech bestreichen. [Poitou.

Pictonēs, *um m gall. Volk im j.*

pictor, *ōris m* (*pingō*) Maler.

pictūra, *ae f* (*pingō*) **1. a**) Malerei; °**b**) *das* Schminken; **2. a**) Gemälde; **b**) *textilis* Stickerei; **c**) / Ausmalung [*virtutum*].

pictūrātus 3 (*pictūra*) mit Stickerei verziert, gestickt.

pictus 3 (*m. comp.*; *pingō*) **1. a**) bemalt; °**b**) bunt gewirkt; **2** / °**a**) bunt, gefleckt; **b**) zierlich [*genus orationis*]; **c**) unecht. [Specht.

pīcus¹, *ī m* (*cf. nhd.* „Specht")

pīcus², *ī m* (*vl. zu dor.* Phix = *Sphinx*) Vogel Greif.

Pīeria, *ae f* (*gr.* -ṛiā; *nkl.*) *makedonische Landschaft*; **Pīeros** *u.* **-us,** *ī m makedonischer Fürst, der seinen Töchtern Musennamen gab, od. Vater der neun Musen*; °**Pīerides,** *um f* (*sg.* -*ris, idis*) Töchter des Pieros *od. die* Musen; °*adi.* -*rius* 3 thessalisch, dichterisch; *subst.* **-riae,** *ārum f die* Musen.

pietās, *ātis f* (*pī-?*; *pius*) (frommes) Pflichtgefühl: **1. a**) Frömmigkeit; **b**) kindliche Liebe [*erga parentes*], Geschwisterliebe, Familiensinn, Anhänglichkeit; Freundesliebe; Vaterlandsliebe, Treue [*in patriam*]; °**2.** Gerechtigkeit; °**3.** Milde (*der Götter*); Mitleid, Gnade; **4.** ♀ *Göttin*; ** Liebe, Güte; *vestra* Ew. Gnaden.

piger, *gra, grum* (*m.* °*comp.*, °*sup.*, °*adv.*; *cf. nhd.* „Fehde") verdrossen, träge, faul; / langsam, schleichend; untätig; träge machend; verdrießlich.

piget, *uit,* — 2 *impers.* (*piger*) **1.** es verdrießt, erregt Unlust [*me alcis rei*]; °**2.** man schämt sich [*fateri*].

pigmentārius, *ī m* (*pīg-?*; *pigmentum*) Farben-, Salbenhändler.

pigmentum, *ī n* (-*ī-?*; *pingō*) **1. a**) Farbe, Färbestoff; °**b**) Schminke; **2.** / Schmuck *der Rede.*

pignerātor, *ōris m* (-*ī-?*; *pigneror*) Pfandnehmer. [pfänden, versetzen.

pignerō 1 (-*ī-?*; *pignus*) ver-

pigneror 1 (-*ī-?*; *pignus*) °**1.** *als Unterpfand* annehmen; **2.** / sich aneignen, beanspruchen.

pignus, *oris u.* °*eris n* (-*ī-?*; *et. ungeklärt*) **1. a**) Pfand, Unterpfand; °**b**) Hypothek; °**c**) Geisel; °**d**) Wettbetrag; / **2.** Bürgschaft, sicherer Beweis; °**3.** Liebespfand; *pl.* Kinder, Verwandte.

pigrēscō, — — 3 (*incoh. v. pigreō* 2 „träge sein"; *piger*) träge, langsam werden. [Trägheit, Unlust.

pigritia, *ae u.* °**-tiēs,** *ēī f* (*piger*)

pigror *u.* (*vkl.*) **-ō** 1 (*piger*) träge sein, säumen.

pīla¹, *ae f* (*pīnsō*) Mörser.

pīla², *ae f* (*et. unklar*) Pfeiler.

pila³, *ae f* (*wohl urspr.* „Haarknäuel"; *coll. zu pilus¹*) **1.** Ball (-spiel); °**2.** Strohpuppe (*zum Reizen der Stiere*); **3. a**) Stimmkügelchen (*der Richter*); °**b**) -*ae Mattiacae* Seifenkugeln (*zum Haarfärben*); **

pīlānus, *ī m* (*pīlum*) Triarier. [Pille.

pilārius, *ī m* (*pila³*) Jongleur, Gaukler. [bewaffnet.

pīlātus 3 (*pīlum*) mit dem *pilum*

pīleātus, pīleolus, pīleus *u.* **-um** *schlechte Schreibung für pill...*

pīlentum, *ī n* (*gall. Fw.*) Prachtwagen. [spieler.

pili-crepus, *ī m* (*pila³*, *crepō*) Ball-

pilleātus 3 (*pilleus*) mit einer Filzkappe geschmückt (*bei Gastmählern u. als Zeichen der Freilassung*). [Käppchen.]
pilleolus, *ī m* (*dem. v. pilleus*)
pilleus, *ī m u.* **-eum,** *ī n* (*pilus*[1]) runde Filzkappe (*Kopfbedeckung des freien Römers*).
pilō 1 (*pilus*[1]) die Haare ausrupfen, entfernen; ** / plündern.
pilōsus 3 (*pilus*[1]) behaart, wollig.
****pilula,** *ae f* Ball, Ballspiel; Kügelchen, Pille.
pīlum, *ī n* (*pīnsō*; *cf. pīla*[1]) Pilum (*Wurfspieß des röm. Fußvolks*).
Pīlumnus, *ī m* (*pīlum* [*in obszöner Bedeutung*]?; *etr. Suffix*) *einer der beiden altitalischen Ehegötter*; *Ahnherr des Turnus.*
pilus[1], *ī m* (*cf. pila*[3], *pilleus*) Haar; / Faser, Allergeringstes.
pīlus[2], *ī m* (*prīmīpīlus*) Manipel der Triarier; *primi pili m. u. ohne centurio* Zenturio des ersten Manipels der Triarier, *d.h.* der rangälteste Z.
Pimpla, *ae f* (*gr.* -ā) *Musenquell in Pieria*; *adi.* -*plēus* 3; *subst.* **-plēa,** *ae u.* **-plēis,** *idis f* Muse.
pīna, *ae f* (*gr. Fw.*) Steckmuschel.
Pīnārius 3 *röm. Gentilname*; *Angehörige dieser gens zusammen mit den Potītiī Herkulespriester in Rom.*
Pindarus, *ī m* (*gr.* -os) *ber. Lyriker aus Theben* (*522–442*); *adi.* -*ricus* 3.
pīnētum, *ī n* (*pīnus*) Fichtenwald.
pīneus 3 (*pīnus*) fichten, Fichten...
pingō, *pīnxī, pictum* 3 (*wohl eigtl.* „ritzen") **1. a)** sticken; *toga picta* gesticktes Kleid *des Triumphators*; °**b)** tätowieren; **c)** zeichnen, (be-)malen, anstreichen; *tabula picta* Gemälde; °*mediopass.* sich schminken; °**d)** abmalen, -zeichnen; **2.** / **a)** schmücken, zieren; **b)** (*rhet. t.t.*) ausmalen, lebhaft schildern.
pinguēscō, — — 3 (-*ī*-?; *incoh. zu pinguis*) fett werden; gedüngt werden. [(*scherzh.*) Fettliebhaber.]
pinguiārius, *ī m* (*pī*-?; *pinguis*)
pinguis, e (*pī*-?; *m.* °*comp.*, °*sup.*, *adv.*; *vl. Kreuzung aus *pimos* „fett" *u. *finguis* „dick") **1.** fett, dick, wohlgenährt; °**2.** fettig, ölig; beschmiert; *subst.* **-e,** *is n* Fett (*zw. den Gliedern*); °**3.** saftig, fleischig; **4.** / °**a)** fruchtbar, ergiebig; **b)** plump; geistlos [*ingenium*]; **c)** schwülstig; °**d)** ungestört, behaglich [*otium*].
pinguitūdō, *inis f* (*pī*-?; *pinguis*) plumpe, derbe Aussprache.
pīni-fer, *era, erum* (*pīnus, ferō*) fichtentragend.
pīni-ger, *era, erum* (*pīnus, gerō*) mit Fichten bekränzt.
pinna, *ae f* (*wohl dialektische Nebenform zu penna*) **1.** = *penna*: **a)** Schwungfeder, Feder; **b)** Fittich; °**c)** Flug; °**2.** Pfeil; °**3.** Flosse; **4.** Mauerzinne. [flügelt.]
pinnātus 3 (*pinna*) befiedert, ge-
pinni-ger, *era, erum* (*pinna, gerō*) **1.** geflügelt; °**2.** mit Flossen versehen.
pinni-pēs, *pedis* (*pinna*) an den Füßen geflügelt.
pinni-rapus 3 (*pinna, rapiō*) *den* Federschmuck (*vom Helm des Gegners*) raubend.
pinnula, *ae f* (*dem. v. pinna*) Federchen; *pl.* Flügelchen. [dinerkrebs.]
pīnotērēs, *ae m* (*gr. Fw.*) Bernhar-
pīnsitō 1 (*frequ. v. pīnsō*) zu stampfen pflegen.
pīnsō, *pīnsuī, pistum* 3 (*cf. pīla*[1], *pīlum*) kleinstampfen, zerstoßen; *flagro* ~ geißeln.
pīnus, *ūs u. ī f* (*cf. opīmus, pītuīta*) **1.** Fichte, Föhre, Kiefer; **2.** Pinie; **3.** / Gegenstand aus Fichtenholz: Schiff; Fackel; Fichtenkranz.
piō 1 (-*ī*-?; *pius*) °**1.** verehren, verrichten [*sacra*]; **2.** °**a)** besänftigen, versöhnen; **b)** entsündigen, reinigen; °**c)** wieder gutmachen.
piper, *eris n* (*gr. Fw., über das Persische aus dem Indischen entlehnt*) Pfeffer. [diebisch.]
piperātus 3 (*piper*) gepfeffert; /
pīpi(l)ō 1 (*lautmalend*) piepen.
pipinna, *ae f* (*Kinderwort*) = *parva mentula.*
Piplēus = *Pimplēus*; *s. Pimpla.*
pīpulum, *ī n u.* **-us,** *ī m* (*pīpilō*) *das* Lärmen, Schimpfen.
Pīraeeūs, *eī m,* **Pīraeus,** *ī m u.* (*dcht.*) **-a,** *ōrum n* (*gr.* Peiraiẹus) *Hafen v. Athen*; *adi.* -*raeus* 3.
pīrāta, *ae m* (*gr. Fw.*) Seeräuber.
pīrāticus 3 (*gr. Fw.*) Seeräuber...; *subst.* **-a,** *ae f* Seeräuberei.
Pīrithous, *ī m* (*gr.* Peirịthoos) *Lapithenkönig, Freund des Theseus.*
pirum, *ī n* (*Lw. aus vorgr. Mittelmeerspr.*) Birne.
pirus, *ī f* (*pirum*) Birnbaum.

Pīsa, *ae f St. in Elis; adi. -saeus 3; subst.* **-aea,** *ae f* Hippodamia.
Pīsae, *ārum f St. in Etrurien, j.* Pisa; *adi. u. Einw. -sānus* (3).
piscārius 3 (*piscis*) Fisch...
piscātor, *ōris m* (*piscor*) **1.** Fischer; °**2.** Fischhändler; ** = Petrus; *anulus piscatoris* Siegelring des Papstes.
piscātōrius 3 (*piscātor*) Fischer...
piscātus, *ūs m* (*piscor*) **1.** Fischfang; °**2.** Fang.
pisciculus, *ī m* (*dem. v. piscis*) [Fischlein.]
piscīna, *ae f* (*piscis*) **1.** (Fisch-)Teich; °**2.** Badebassin.
piscīnārius, *ī m* (*piscīna*) Fischteichbesitzer.
piscis, *is m* (*cf. nhd.* „Fisch") [Fisch; °/ Gestirn.]
piscor 1 (*piscis*) fischen.
piscōsus 3 (*piscis*) fischreich.
pisculentus 3 (*piscis*) fischreich.
Pīsistratus, *ī m* (*gr.* Peisistratos) *Tyrann v. Athen, † 527;* **-tidae,** *ārum m* Söhne des ~. [*-sōniānus* 3.]
Pīsō, *ōnis m s. Calpurnius; adi.*
pistillum, *ī n* (*pī?; dem. v. pīlum; pīnsō*) Mörserkeule.
****pisto** 1 backen.
pistor, *ōris m* (*pī-?; pīnsō*) °**1.** Müller; **2.** Bäcker; °♀ *Beiname Jupiters.*
pistōriēnsis, *e* (*pī-?; pistor; m. scherzh. Anspielung auf die etr. St. Pistōrium*) zum Bäcker gehörig.
pistrīlla, *ae f* (*pī-?; dem. v. pistrīna = pistrīnum*) kleine Stampfmühle.
pistrīnēnsis, *e* (*pī-?; pistrīnum*) zur [Mühle gehörig.]
pistrīnum, *ī n* (*pī-?; pistor*) Stampfmühle; ** Bäckerei; Backofen.
pistrīx, *īcis f* (*volkset. Angleichung an pistrīx* „Bäckerin") = *pristis.*
pithēcium, *ī n* (*gr. Fw.*) Äffchen.
pithiās, *ae m* (*gr. Fw.*) Faßstern (*Komet in Gestalt eines Fasses*).
pītuīta *u.* (*im Hexameter*) **pītvīta,** *ae f* (*opīmus, pīnus*) Schleim; Schnupfen.
pītuītōsus 3 (*pītuīta*) verschleimt.
pius 3 (*pī-?; m. adv.; sup. nkl. piissimus; et. nicht geklärt*) **1.** pflichtmäßig (handelnd); **2.** fromm; gottgefällig, heilig, rein, rechtmäßig; **3.** liebevoll, zärtlich, anhänglich, treu; *subst.* **-ī,** *ōrum m die* Seligen *im Elysium.*
pix, *picis f* (*cf. opīmus, pīnus*) [Pech(stück).]
plācābilis, *e* (*m. comp.;* °*adv.; plācō*) **1.** versöhnlich, **2.** versöhnend.
plācābilitās, *ātis f* (*plācābilis*) Versöhnlichkeit.
plācāmen, *inis u.* **-mentum,** *ī n* (*plācō*) Besänftigungsmittel.
plācātiō, *ōnis f* (*plācō*) Versöhnung, Beruhigung.
plācātus 3 (*m.* °*comp., sup., adv.; plācō*) besänftigt, versöhnt; / ruhig; hold [*Venus*].
placenta, *ae f* (*gr. Lw.*) Kuchen.
Placentia, *ae f St. am Po, j.* Piacenza; *adi. u. Einw. -tīnus* (3).
placeō, *uī u.* (*dcht.*) *itus sum* 2 (*cf. plācō*) **1. a)** gefallen, gefällig sein; *sibi -ere* mit sich zufrieden sein; **b)** (*v. Künstlern u. Bühnenstücken*) Beifall finden; **2.** *impers.* **-et,** *uit u. itum est* es gefällt, man beschließt; *mihi -et* ich finde für gut, stimme dafür, beschließe; *si -et* wenn's beliebt.
placidulē *adv.* (*-ulus 3 dem. v. placidus*) recht sanft.
placidus 3 (*m.* °*comp., sup., adv.; placeō*) °**1.** eben, flach, glatt [*mare*]; **2.** / **a)** sanft, friedlich, ruhig; °**b)** gnädig, huldvoll [*Venus*].
placitō 1 (*intens. v. placeō*) sehr [gefallen.]
placitus 3 (*placeō*) gefallend, angenehm; beschlossen [*foedus*]; *subst.* **placitum,** *ī n* Meinung, Überzeugung; Lehre.
plācō 1 (*cf. nhd.* „Fluh") °**1** ebnen, glätten; **2.** / besänftigen, beruhigen; versöhnen [*patrem filio*].
placūsia, *ae f* (*wohl gr. Lw.*) *ein Schaltier.*
plāga[1], *ae f* (*cf. plangō*) Schlag, Hieb; Wunde; / Verlust, Unfall.
plaga[2], *ae f* (*eigtl.* „flach Hingebreitetes"; *cf. plānus*) Fläche, Raum: **1.** Netz, Garn; / Schlinge; **2. a)** Gefilde, Himmelsstrich; °**b)** Zone; Gau, Bezirk.
plagiārius, *ī m* (*plaga*[2]) **1.** Menschenräuber; °**2.** Dieb an geistigem Eigentum.
plāgi-ger, *era, erum u.* **-gerulus** 3 (*plāga*[1], *gerō*) der Schläge bekommt.
plāgi-patida, *ae m* (*plāga*[1], *patior*) [der Schläge erduldet.]
plāgōsus 3 (*plāga*[1]) prügelfreudig.
plagula, *ae f* (*dem. v.* plaga[2]) Teppich, Vorhang.
plānctus, *ūs m* (*-ă-?; plangō*) *eigtl. das* Schlagen auf Brust u. Arme; laute Wehklage.
Plancus (♀ „plattfüßig"; *cf. plānus*[2]) *röm. cogn.; s. Mūnātius.*

plangō, *plānxī, plānctum* 3 (*plănxī, plănctum?*; √ *plāg- „schlagen") 1. (*trans.*) °a) (*mit Geräusch*) schlagen [*terram*]; b) (*als Zeichen der Trauer*) schlagen [*pectora*]; °c) laut betrauern; °2. (*intr.*) a) von Schlägen erdröhnen, brausen, rauschen; b) laut klagen, trauern; *auch mediopass.*

plangor, *ōris m* (*plangō*) °1. *das* Schlagen, Klatschen; 2. lautes Wehklagen.

planguncula, *ae f* (*dem. zu gr. Fw.*) Wachspuppe.

plāni-loquus 3 (*plānus, loquor*) offen redend.

plāni-pēs, *pedis m* (*plānus*) barfuß.

plānitās, *ātis f* (*plānus*) Deutlichkeit.

plānitiēs, *ēī u.* **-tia,** *ae f* (*plānus*) Fläche, Ebene.

****plano** 1 ebnen; (*Wachs*) glätten.

planta¹, *ae f* (*wohl Rückbildung aus plantō* 1 „mit der Sohle [*planta²*] festtreten") Setzling, Pfropfreis.

planta², *ae f* (*cf. nhd.* „Flunder") Fußsohle.

plantāre, *is n* (*planta¹*) Setzling, Ableger; *pl.* Baumschule, Bäume, Pflanzen.

planus¹, *ī m* (*gr. Fw.*) Landstreicher.

plānus² (*m. °comp., sup.*; *adv.* [*s.u.*]; *cf. nhd.* „Flur") 1. *adi.* 3 a) flach, eben, platt; b) / deutlich, klar; °2. *subst.* **-um,** *ī n* Fläche, Ebene; (*jur. t.t.*) *in, de -o* auf ebener Erde (*nicht v. der Rednertribüne aus*), außergerichtlich; 3. *adv.* **-ē** (*m. comp., sup.*) a) deutlich, ausdrücklich; b) gänzlich, völlig; °c) allerdings, gewiß.

plasma, *atis n* (*gr. Fw.*) weichliche Modulation der Stimme.

Plataeae, *ārum f* (*gr.* -tαιαι) *St. in Böotien* (*Schlacht 479*); *Einw.* **-taeēnsēs,** *ium m.*

platalea, *ae f* (*wohl gr. Fw.*) Pelikan.

platanōn, *ōnis m* (*gr. Fw.*) Platanenhain.

platanus, *ī u.* °*ūs f* (*gr. Fw.*) Platane.

platea *u.* (*spätl.*) **-ēa,** *ae f* (*gr. Fw.*) Straße, Gasse.

Platō, *ōnis m* (*gr.* -tōn) *griech. Philosoph, Schüler des Sokrates, Gründer der Akademie* (*427—348*); *adi.* **-tōnicus** 3; *homo* tiefer Denker; *subst.* **-tōnicī,** *ōrum m* Platoniker.

plaudō, *sī, sum* 3 (*vl. hyperurban für älteres plōdō*) °1. klatschend schlagen, stampfen; 2. / Beifall klatschen, Beifall spenden.

plausibilis, e (*plaudō*) Beifall verdienend.

plausor, *ōris m* (*plaudō*) Beifallklatscher.

plaustrum, *ī n* (*wohl plaudō*) 1. Lastwagen; °2. Großer Bär (*Sternbild*).

plausus, *ūs m* (*plaudō*) °1. *das* Klatschen, Geräusch; 2. / Beifall(klatschen).

Plautus, *ī m* (♀ „plattfüßig") *röm. cogn.*: *T. Maccius* ~, *Lustspieldichter, 254–184*; *adi.* **-tīnus** 3.

plēbēcula, *ae f* (*dem. v. plēbs*) Pöbel.

plēbēius 3 (*plēbs*) plebejisch, bürgerlich; / gemein, niedrig; *subst.* ~, *ī m* (*kl. nur pl.!*) *u.* °**-a,** *ae f* Plebejer(in).

plēbēs, *eī u. ī f ältere Form für plēbs.*

plēbi-cola, *ae m* (*plēbs, colō*) Volksfreund.

plēbs, *is f* (√ *plē- „füllen, Menge"; *cf. plēnus*) Bürgerstand, Plebs; / Volksmenge, Pöbel; ** *beata* Schar der Seligen.

plectilis, e (*plectō*) geflochten.

plectō, *x(u)ī, xum* 3 (*cf. nhd.* „flechten") flechten.

plector, — 3 (*et. unklar*) °1. geschlagen werden; 2. büßen.

plēctrum, *ī n* (*gr. Fw.*) 1. Plektron, Schlegel; °2. / Zither, Laute; Lied.

Plēïas *u.* **Plīas,** *adis f* (*gr.* Plēïąs *u.* Plēią̄s) Plejade, *eine der 7 Töchter des Atlas u. der Pleione, die als Siebengestirn an den Himmel versetzt wurden*; *meist pl., cf. Hyades.*

****plenarius** 3 voll, vollständig.

plēnus 3 (*m. °comp., °sup., adv.*; *altl. pleō* 2 „füllen"; *cf. nhd.* „voll") 1. a) voll, angefüllt *mit* [*vini*]; / erfüllt; b) wohlbeleibt, dick; c) schwanger, trächtig; °d) gesättigt, befriedigt; / übersättigt, überdrüssig; 2. a) reichlich, reich, reichlich versehen *mit*; b) inhaltreich, ausführlich; 3. stark, volltönend [*vox*]; °4. zahlreich besucht; 5. vollzählig; vollständig, vollkommen, ganz [*annus, luna*].

plērus (*altl.*) = *plērusque.*

plērus-que, *plēraque, plērumque* °1. *sg.* meist, *der* größte Teil [*inventus*]; 2. *pl.* **plērique** (*subst. u. adi.*) *die* meisten, *die* Mehrzahl, sehr viele [*plerique nostrorum, plerique Belgae*]; *in plerisque* (*n!*) in den meisten Fällen; **3. plērumque** °**a**) *subst. n der* größte Teil [*noctis*]; **b**) *adv.* meistens, meistenteils, gewöhnlich.

****pleuresis** *u.* **-ritis,** *idis f* Rippenfellentzündung.

Plīas *s. Plēïas.*

plicātrīx, *īcis f* (*plicō*) Plätterin, Garderobenmädchen.

plicō, *ui, ātum* 1 (⟨ **plecō*; *cf. plectō*; *-i- stammt aus den Komposita, cf. implicō*) zusammenrollen.

plōdō, *sī, sum s. plaudō.*

ploerēs, *a* (*altl.*) = *plūrēs, a*; *s. multus.*

plōrābundus 3 (*plōrō*) jammernd.

plōrātillus, *ī m* (*od.* **-um,** *ī n?*; *plōrō*) Heulerei.

plōrātor, *ōris m* (*plōrō*) Schreihals; heulend [*vernula*].

plōrātus, *ūs m* (*plōrō*) Geschrei, *das* Wehklagen.

plōrō 1 (*Schallwort*) **1.** (*intr.*) schreien, wehklagen, jammern; °**2.** (*trans.*) bejammern, beklagen.

plōstellum, *ī n* (*dem. v. plōstrum*) Wägelchen.

plōstrum, *ī n* (*vulgär*) = *plaustrum.*

ploxenum *u.* **-xinum,** *ī n* (*wohl kelt. Fw.*) Wagenkasten.

pluit, *pluit,* — (*altl. u. dcht. auch* **pluvit,** *plū(v)it,* —) 3 *impers.* (⟨ **plovit*; *eigtl.* „schiffen, schwimmen") es regnet [*sanguine*; *lapides*].

plūma, *ae f* (*wohl zu* √ *pleu- „schwimmen"; *cf. pluit*) **1.** Flaum (-feder); °**2.** Federkissen; Bartflaum.

plūmātile, *is n* (*-ă-?*; *plūma*) Brokatkleid (*im Muster v. Flaumfedern*).

plūmātus 3 (*plūma*) flaumig, befiedert.

plumbeus 3 (*plumbum*) °**1.** bleiern, aus Blei; **2.** / **a**) stumpf [*gladius*]; **b**) stumpfsinnig; °**c**) gefühllos; °**d**) drückend.

plumbum, *ī n* (*Lw. aus einer Mittelmeerspr.*) **1.** Blei; *album* Zinn; °**2.** Bleikugel, -röhre, -stift.

plūmeus 3 (*plūma*) **1.** aus Flaumfedern; °**2.** / leicht (*an Gewicht*), zart.

plūmi-pēs, *pedis* (*plūma*) an den Füßen gefiedert.

plūmōsus 3 (*plūma*) gefiedert.

plūrālis, e (*m. adv.*; *plūs*) im Plural stehend [*casus*]; *subst.* ~, *is m* Plural; **-ia,** *ium n* Nomina im Plural.

plūriē(n)s *adv.* (*plūs*) mehrfach, oftmals.

plūri-fāriam *adv.* (*plūs*; *cf. bifāriam*) an vielen Stellen.

plūs, plūrimus *s. multus*, ** *plus* = *magis.*

plūsculus 3 (*dem. v. plūs*) etwas mehr [~ *supellex*; *-um iuris*]; °*adv.* **-um** mehr.

pluteus, *ī m u.* **-um,** *ī n* **1.** (*bewegliche*) Schutzwand (*für schanzende Soldaten*); **2.** Brustwehr (*an Mauern u. Türmen*); °**3.** Wandbrett; Lehne des Speisesofas; Speisesofa.

Plūtō(n), *ōnis m Gott der Unterwelt*; *adi. -ōnius* 3.

Plūtus, *ī m* (*gr. -os*) *Gott des Reichtums.*

pluvia, *ae f* (*pluvius*) Regen.

pluviālis, e (*pluvia*) Regen...; Regen bringend; ** *subst.* **-e,** *is n* Regenmantel.

pluvius 3 (*pluit*) regnerisch, Regen...

****pneuma,** *atis n* Hauch; *der* Heilige Geist.

pōcillum, *ī n* (*dem. v. pōculum*) Becherchen.

pōculum *u.* (altl.) **-clum,** *ī n* (⟨ **pōtlom*; *pōtō*) **1.** Trinkgefäß, Becher; **2.** / **a**) Trank; Trinkgelage; **b**) Gift (-becher); °**c**) Zauber-, Liebestrank.

podager, *grī m* (*gr. Fw.*) Gichtkranker.

podagra, *ae f* (*gr. Fw.*) Fußgicht, Podagra; °*adi. -agrōsus u. -agricus* 3 an P. leidend; °*subst.* **-agricus,** *ī m* Gichtkranker.

pōdex, *icis m* (*pēdō*) *der* Hintere.

podium, *ī n* (*gr. Fw.*) Tritt; Paneel; Balkon (*im Zirkus u. Amphitheater*).

poecilē, *ēs f* (*gr. Fw.*) *die* „bemalte" (*d.h. mit Kunstwerken geschmückte*) Halle *am Marktplatz in Athen.*

poēma, *atis n* (*altl. dat. u. abl. pl. -atīs*; *gr. Fw.*) Gedicht.

poēmatium, *ī n* (*gr. Fw.*) Gedichtchen.

poena, *ae f* (*gr. Fw.*) **1.** Buß-, Löse-, Sühnegeld, Sühne; *-as dare* (*solvere, pendere u.ä.*) büßen *für* [*proditionis*]; **2.** Bestrafung, Strafe, Rache; *-ae esse* bestraft werden; **3.** ♀ *Rachegöttin*; °**4.** Beschwerlichkeit, Pein, Qual.

****poenalis,** e zur Strafe gehörig; qualvoll; voller Pein; sträflich.

Poenī, *ōrum m* Punier, Karthager; *sg.* **-us,** *ī m* Hannibal; *adi. -us* 3 phönikisch, punisch, karthagisch; °*Poenic(ë)us u.* (*jünger*) °*Pūnic(ë)us* 3 phönikisch [**mālum** Granatapfel]; punisch; (♀ purpurrot, hellrot); *Pūnicānus* 3 auf punische Art gemacht [*lectuli*].

Poenīnus 3 zu den Penninischen Alpen gehörig; *mons* der Große St. Bernhard.
poeniō *u.* **-or** (*altl.*) = *pūniō u. -or.*
****poenitentia,** *ae f* Buße; *-am agere* Buße tun, *dare* auferlegen; *cf. paenitentia.*
poenitet (*sekundär an poena angeglichen*) = *paenitet.*
Poenulus, *ī m* (*Poenus; s. Poenī*) *der* junge Punier; *Titel einer plautinischen Komödie.*
poēsis, *is f* (*gr. Fw.*) °**1.** Dichtkunst, **2.** Dichtung.
poēta, *ae m* (*gr. Fw.*) °**1.** Ränkeschmied; **2.** Dichter.
poēticus 3 (*m. adv.; gr. Fw.*) dichterisch, poetisch; *subst.* **-ca,** *ae u.* °**-cē,** *ēs f* Dichtkunst.
poētria, *ae f* (*gr. Fw.*) Dichterin.
pōgōniās, *ae m* (*gr. Fw.*) Bartstern.
pol *u.* **pōl** *int.* (*Abk. v. Pollūx*) beim Pollux! wahrhaftig! bei Gott!
polenta, *ae f* (*pollen*) Gerstengraupen, -mehl.
polentārius 3 (*polenta*) zu Gerstengraupen gehörig.
poliō 4 (*impf. auch -ībant; urspr. Ausdruck der Walkerspr.; cf. pellō, nhd.* „falzen") **1.** glätten, polieren; **2.** tünchen, weißen; **3.** / verfeinern, feilen.
polītīa, *ae f* (*acc. -ān; gr. Fw.*) Staat(sverfassung); ♀ *Titel einer Platonischen Schrift.*
polīticus 3 (*gr. Fw.*) staatswissenschaftlich, politisch.
polītūra, *ae f* (*poliō*) Glättung, Vollendung [*orationis*].
polītus 3 (*m. comp., sup., adv.; poliō*) °**1.** geschmackvoll eingerichtet; **2.** / gebildet, fein.
pollen, *inis n* (*cf. pulvis*) Staubmehl.
pollēns, *entis* (*polleō*) mächtig, stark.
pollenta, -tārius *ältere Form für polenta usw.*
pollentia, *ae f* (*pollēns*) Macht, Stärke; ♀ *Göttin der Macht.*
polleō, *uī, — 2* (*et. unklar*) stark sein, Einfluß haben [*in re publica*].
pollex, *icis m* (*urspr. adi; polleō*) Daumen.
pol-liceor, *itus sum 2* (< **por-liceor*) **1.** dar-, anbieten; versprechen; (*part. pf. pass.*) °*adi.* **pollicitus** 3 versprochen, verheißen; °*subst.* **pollicitum,** *ī n das* Versprechen; **2.** ankündigen; °**3.** (*vom Käufer*) bieten.
pollicitātiō, *ōnis f* (*pollicitor*) Versprechen.
pollicitor 1 (*frequ. v. polliceor*) oft versprechen.
pollictor *ältere Form für pollīnctor.*
pollinārius 3 (*pollen*) Staubmehl...
pollīnctor, *ōris m* (*-ĭ-?; pollingō*) Leichenwäscher.
pollingō, *līnxī, līnctum u. lictum 3* (*lĭnxī, lĭnctum?; et. ungeklärt*) Leichen waschen u. salben.
Pōlliō *röm. cogn.; s. Asinius.*
pol-lūceō, *lūxī, lūctum 2* (< **por-lūceō* „leuchten machen"; *altes Sakralwort*) **1.** als Opfer darbringen; **2.** als Gericht vorsetzen; bewirten; (*P.P.P.*) *subst.* **pollūctum,** *ī n das* dargebrachte Opfer.
pollūcibiliter *adv.* (*pollūcibilis; pollūceō*) köstlich.
pollūctūra, *ae f* (*pollūceō*) köstliches Mahl.
pol-luō, *uī, ūtum 3* (< **por-luō; cf. lutum*[1]) °**1.** besudeln, beschmutzen; **2.** / beflecken, entehren, entweihen; (*P.P.P.*) °*adi.* **pollūtus** 3 (*m. sup.*) befleckt; lasterhaft, unkeusch.
Pollūx, *ūcis m* (*durch etr. Vermittlung* < *gr.* Polydeukēs) *Sohn des Spartanerkönigs Tyndareus u. der Leda, Bruder des Kastor* (*s. Castor*[2]); *uterque* Kastor und Pollux.
polus, *ī m* (*gr. Fw.*) Pol; Himmel.
Polybius, *ī m* (*gr. -os*) *griech. Geschichtsschreiber, † 120.*
Polyclētus *u.* **-clītus,** *ī m* (*gr.* -lykleitos) *ber. gr. Bildhauer, Zeitgenosse d. Perikles.*
Polycratēs, *is m* (*gr.* -kratēs) *Tyrann v. Samos, † 522.*
Polygnōtus, *ī m* (*gr.* -lygnōtos) *griech. Maler u. Bildhauer, um 450.*
Polyhymnia, *ae f* (*gr.* Polymnia) *eine der neun Musen.*
Polymachaeroplāgidēs, *ae m* „Vielschwertschlägersohn" (*scherzhafter Soldatenname*).
polymyxos, *ī f* (*gr. Fw.*) vieldochtig.
polyphagus, *ī m* (*gr. Fw.*) Vielfraß.
Polyphēmos *u.* **-us,** *ī m* (*gr.* -lyphēmos) *ein Kyklop, Sohn Neptuns.*
Polyplūsius 3 (♀ *gr.* „schwerreich") *erdichteter Gentilname.*
pōlypōsus 3 (*u. pŏly-?; pōlypus*) an Polypen leidend.
pōlypus, *ī m* (*u. -ŏ-?; dor. Fw.*) **1.** (Meer-)Polyp; °**2.** Polyp (*in der Nase*).
pōmārius 3 (*pōmum*) Obst...; *subst.*

~, *ī m* Obsthändler; *kl. nur* **-um,** *ī n* Obstgarten.
pōmerīdiānus 3 = postmerīdiānus.
pōmērium, *ī n* (< *pos-moiriom; post, mūrus) (*unbebauter*) Maueranger *zu beiden Seiten der röm. Stadtmauern; cf.* circāmoerium.
pōmi-fer, era, erum (pōmum, ferō) Obst tragend.
pōmoerium, *ī n* = pōmērium.
Pōmōna, *ae f* (pōmum) *Göttin des Obstes.*
pōmōsus 3 (pōmum) obstreich.
pompa, *ae f* (*gr. Fw.*) **1.** Umzug, Festzug; *funeris* feierlicher Leichenzug *unter Mitführung der Ahnenbilder* (*cf.* fūnus); **2.** / **a)** Zug, Reihe [*lictorum*]; °**b)** Hauptgang [*cenae*]; **3.** Pracht, Prunk; Prunkrede.
Pompēii, *ōrum m St. in Kampanien, 79 n. Chr. durch Vesuvausbruch verschüttet; Einw.* **-iāni,** *ōrum m*; **-iānum,** *ī n Ciceros* Landgut bei ~.
Pompēius 3 *Name einer pleb. gens: Cn.* ~ *Magnus, 106–48; adi.* -i(ān)us 3; *Pompeium theatrum erstes steinernes röm. Theater, 55 auf dem Marsfeld v. Pompejus erbaut, nach der Restaurierung durch Augustus hieß es th. Augustum Pompeianum; subst.* **-iānus,** *ī m* Anhänger des ~.
Pompilius *s. Numa; adi.* ~ 3.
pompilus, *ī m* (*gr. Fw.*) *Seefisch, der oft die Schiffe begleitet.*
Pompōnius 3 *röm. Gentilname: T.* ~ *Atticus, Freund Ciceros.*
Pomptīnus 3 pomptinisch; *ager Sumpfgegend in Latium; subst.* **-um,** *ī n = ager -us.*
pōmum, *ī n* (< *po-emom „Abgenommenes"; emō) **1.** Obstfrucht; *pl.* Obst; **2.** Obstbaum.
pōmus, *ī f* (pōmum) Obstbaum.
ponderō 1 (pondus) °**1.** ab-, auswiegen; **2.** / erwägen, beurteilen [*fidem ex fortuna*].
ponderōsus 3 (*m.* °*comp.*, °*sup.*; pondus) °**1.** schwer; **2.** / inhaltsreich.
pondō *indecl.* (*abl. sg. v.* *pondus, *ī m* = pondus, eris *n*) **1.** an Gewicht; **2.** (*sc.* lībra) *ein* (*röm.*) Pfund (= *326 g*).
pondus, *eris n* (pendeō) **1. a)** Gewicht (*an der Waage*); °**b)** *ein* (*röm.*) Pfund (= *326 g*); **2. a)** (*abstr.*) Gewicht, Schwere; Schwerkraft, Gleichgewicht; **b)** (*concr.*) Last, Bürde; (°*pl.*) Leibesfrucht; Schamteile; **3.** Menge, Masse; **4.** / **a)** Ansehen, Bedeutung, Nachdruck; **b)** Gewicht *v. Worten u. Gedanken*; °**c)** Beständigkeit, Festigkeit *des Charakters*; °**d)** Last, Bürde [*senectutis*].
pōne (< *postne; *cf.* post) **1.** *adv.* hinten; **2.** *prp. b. acc.* hinter.
pōnō, posuī, positum 3 (*altl.: pf.* posīvī, *P.P.P.* postus *3*; < *po-sinō „weglegen") **I.** weglegen, ablegen: **1.** °**a)** zurücklegen [*se toro*]; **b)** hinterlegen [*testamenti tabulas*]; **2.** (*auf Zinsen*) anlegen [*pecuniam*]; °**3. a)** aussetzen [*praemium*]; **b)** bestatten [*ossa*]; **c)** ordnen [*comam*]; **d)** beruhigen [*freta*]; **4. a)** ab-, nieder-, weglegen [*vestem, arma, librum de manu*]; **b)** / aufgeben, beseitigen, sich entledigen [*curas, vitia,* °*bellum, vitam*]; **II.** stellen, setzen, legen: **1.** [*librum in mensa, sellam sub quercu*]; °**2. a)** pflanzen [*arborem*]; **b)** (*Speisen, Getränke*) vorsetzen [*poculum*]; **c)** weihen; **3. a)** (*mil. t.t.*) verlegen [*praesidium ibi*]; °**b)** versetzen [*in caelo*]; **4.** aufstellen [*statuam in foro*]; aufführen, errichten, erbauen, anlegen [*domum, castellum in monte*]; *castra* ein Lager aufschlagen; **5.** (*bildlich*) darstellen; °**6.** an-, bestellen [*custodem in hortis*]; **III.** / **1. a)** setzen, legen [*omnem spem in consule, in fuga, auxilium in celeritate*]; **b)** *P. positum esse* beruhen, ankommen *auf* [*in virtute*], sich stützen); **2.** *in einen Zustand* versetzen; *alqm in suspicione* verdächtig machen; **3.** verwenden *auf* [*omnem curam in salute patriae*]; **4. a)** festsetzen, bestimmen [*nomen*]; geben [*leges*]; °b) ablegen [*rationem* Rechnung]; *quaestionem* ein Thema aufstellen; **5.** rechnen *zu*, ansehen *für* [*mortem in malis, rem in dubio*]; **6.** anführen, vorbringen [*exempla*]; behaupten [*pro certo*].
pōns, *pontis m* (*cf.* pontus; *nhd.* „Pfad; finden") **1. a)** Brücke; °**b)** Knüppeldamm; °**2. a)** Schiffstreppe; **b)** Fallbrücke; **c)** Verdeck; **d)** Stockwerk; **3.** *pl.* Zugangsstege *zu den saepta der Zenturiatskomitien*; **4.** ♀ *Ortsname.*
ponticulus, *ī m* (*dem. v.* pōns) kleine Brücke, kleiner Steg.

Ponticus 3 *s. Pontus.*

ponti-fex, *icis m (wahrsch. pōns, faciō; Bedeutungsentwicklung umstritten)* Priester; *der (mit der Überwachung des Kultus betraute)* Oberpriester; *collegium -um* Priesterkollegium *(urspr. 4, seit Sulla 15 Mitglieder); sein Vorsitzender ~ maximus;* ** Priester, Bischof, Papst [*Romanus*]; *maximus, summus* Erzbischof.

pontificālis, e *(pontifex)* oberpriesterlich; ** bischöflich, päpstlich.

pontificātus, *ūs m (pontifex)* Würde eines Oberpriesters; ** Papstwürde; Sprengel des Erzbischofs.

pontificius 3 *(pontifex)* oberpriesterlich; ** päpstlich; *subst.* ~, *ī m* Anhänger des Papstes.

Pontius 3 *urspr. samnitischer, später röm. Gentilname: ~ Pīlātus Statthalter in Judäa z. Z. Christi.*

pontō, *ōnis m (wohl pōns)* Fähre, Ponton, Transportschiff.

pontus, *ī m (gr. Fw.)* °**1. a)** Meer, hohe See; **b)** Woge; **2.** ♀ *das* Schwarze Meer; *Landstriche um das Schwarze Meer, bsd. das Reich des Mithridates, nach seiner Unterwerfung röm. Provinz; adi. -ticus 3.*

popa, *ae m (wohl etr. Fw.)* Opferdiener.

popanum, *ī n (gr. Fw.)* Opferkuchen.

popellus, *ī m (dem. v. populus)* [Pöbel.]

popīna, *ae f (osk.-umbr. Lw. = coquīna)* Garküche, Kneipe; *das* Essen aus einer Garküche.

popīnō, *ōnis m (popīna)* Schlemmer.

poples, *itis m (et. ungedeutet)* Kniekehle; °/ Knie.

poplus *(altl.) = populus*[1].

poppysma, *atis n (gr. Fw.) das* Schnalzen *m. d. Zunge (Beifallszeichen); (obszön)* [*cunni*].

populābilis, e *(populor)* zerstörbar.

populābundus 3 *(populor)* auf Plünderung *od.* Verwüstung ausgehend.

populāris, e *(m. °comp., adv.; populus*[1]*)* **1. a)** das Volk betreffend, Volks...; **b)** allgemein verbreitet, allgemein faßlich; volkstümlich, populär; **c)** dem Volk zugetan, demokratisch; **d)** demagogisch; **2.** zum gleichen Volk gehörig, einheimisch; *subst.* ~, *is m* Landsmann; °Genosse; *pl.* **-ēs,** *ium m* Demokraten, Volkspartei.

populāritās, *ātis f (populāris)* **1.** Landsmannschaft; **2.** populäres Benehmen; Buhlen um Volksgunst.

populātiō, *ōnis f (populor)* Verwüstung, Plünderung.

populātor, *ōris m (populor)* Plünderer, Zerstörer.

populātrīx, *īcis f (populātor)* Verderberin, Zerstörerin.

pōpuleus 3 *(pōpulus*[2]*)* Pappel...

pōpuli-fer, *era, erum (pōpulus*[2]*, ferō)* Pappeln tragend.

populīscītum, *ī n (auch getr.; populus*[1]*, scīscō)* Volksbeschluß.

pōpulnus 3 *(pōpulus*[2]*)* aus Pappelholz.

populō *(altl.; kl. nur P.) u.* **-or** 1 *(populus*[1]*; eigtl.* „mit Kriegsvolk überziehen") verwüsten, plündern; °/ zerstören.

populus[1], *ī m (vl. etr. Fw.; urspr. wohl* „Kriegsvolk"; *cf. populor)* **1. a)** Volk, Gemeinde [*Syracusanus*]; °**b)** Einwohnerschaft; °**c)** (freier) Stamm; Gau; °**d)** *(pl.)* Untertanen; **2.** *(in Rom)* **a)** *(anfänglich)* Blutsadel, Patrizier; **b)** *(später) meist das* gesamte Volk; *(selten) = plēbs;* **3.** °**a)** Menge, Schar; **b)** Publikum, Zuhörer, Zuschauer, Öffentlichkeit; **c)** Leute; ** *(christl.)* Gemeinde; *dei od. Christianus* Christenheit.

pōpulus[2], *ī f (wohl Lw. unbekannter Herkunft)* Pappel.

por- *(nur in der Komposition; cf. per, prō, prae)* hin, vor.

porca, *ae f (porcus)* Sau.

porcella, *ae f (dem. v. porcula)* Ferkelchen.

porcellus, *ī m (dem. v. porculus)* Schweinchen; Frischling.

porcīnārius, *ī m (porcīna)* Schweinefleischhändler.

porcīnus 3 *(porcus)* vom Schwein; *subst.* **-a,** *ae f (sc. carō)* Schweinefleisch. [*adi.* [*basilica*].]

Porcius 3 *röm. Gentilname; s. Catō;*

porculus, *ī m u.* **porcula,** *ae f (dem. v. porcus, porca)* Ferkel.

porcus, *ī m (cf. Porcius; nhd. dem.* „Ferkel") Schwein; °/ Schlemmer.

porgō *(dcht.; synk.) = porrigō*[2].

porphyrēticus 3 *(gr. Fw. + lat. Suffix)* purpurrot.

porrēctiō, *ōnis f (porrigō*[2]*) das* Ausstrecken [*digitorum*].

porrēctus 3 (*m.* °*comp.*, °*adv.*; *porrigō²*) °**1.** (auf der Bahre hingestreckt) gestorben; **2.** ausgedehnt, flach; gerade; °**3.** / gedehnt [*syllabae*]; lang [*mora*]; glatt, heiter [*frons*].

por(r)iciō, —, *rēctum* 3 (< **porjiciō*; *iaciō*; *an porrigō² angeglichen*) als Opfer hinlegen, opfern.

porrīgō¹, *inis f* (*et. ungedeutet*) Grind, Schorf.

por-rigō², *rēxī, rēctum* 3 (*regō*) **1. a)** ausstrecken, ausdehnen; P. sich erstrecken, reichen, liegen; °**b)** niederstrecken; °**2.** ausdehnen; dehnen, verlängern [*syllabam*]; se -ere *u. mediopass.* sich ausdehnen; **3.** / hin-, darreichen, gewähren.

Porrima, *ae f* (*volkset. zu porrō*) *Geburtsgöttin, Begleiterin der Carmenta.*

porrō *adv.* (*cf. nhd.* „fern") °**1.** (*räuml.*) **a)** weiter; vorwärts, in die Ferne; **b)** in der Ferne; **2.** (*zeitl.*) weiter, fernerhin; (°*selten*) vordem; **3.** / **a)** nun weiter, ferner, sodann; **b)** nun aber, andrerseits.

porrum, *ī n u.* **-us,** *ī m* (< **porsum*; *cf. gr. Fw. prasinus*) Schnittlauch.

Porsenna (*od. -sēna, -sīna, -sinna*), *ae m etr. König aus Clusium; er versuchte, Tarquinius nach Rom zurückzuführen.*

porta, *ae f* (*cf. portus, nhd.* „Furt") Tor, Pforte; / Eingang, Zugang.

portātiō, *ōnis f* (*portō*) Transport.

por-tendō, *ndī, ntum* 3 anzeigen, ankündigen, prophezeien; °*mediopass.* sich zeigen, bevorstehen.

portenti-ficus 3 (*portentum, faciō*) Scheusale erzeugend.

portentōsus 3 (*m.* °*adv.*; *portentum*) mißgestaltet; übernatürlich; unnatürlich; ** *portentuosus ds.*

portentum, *ī n* (*portendō*) **1.** Wunder(zeichen); **2.** Mißgeburt, Scheusal, Ungeheuer; Ausgeburt, Abschaum; **3.** Wundermärchen.

porthmeūs, *eī u. eos m* (*acc. -ea*; *gr. Fw.*) Fährmann.

porticula, *ae f* (*dem. v. porticus*) [kleine Halle.]

porticus, *ūs f* (*portus*; *Flexion u. Genus nach domus*) **1. a)** Halle, Säulengang; °**b)** Vorplatz *eines Zeltes*; **c)** Laufgang; **2.** / (*Lehnübersetzung*) Stoische Schule.

portiō, *ōnis f* (*cf. pars*) °**1.** Teil, Anteil; **2.** Verhältnis; *pro portione* nach Maßgabe, verhältnismäßig.

portisculus, *ī m* (*porta*) Hammer (*des Rudermeisters zum Taktschlagen*); / Kommando.

portitor, *ōris m* (*portus, porta?*) °**1.** Fährmann (*oft* = Charon); **2.** Zöllner, Zolleinnehmer; / Schnüffler(in).

portō 1 (< **poritō, frequ. v.* **poreō*; *cf. nhd.* „fahren") **1.** tragen, bringen, fortschaffen; P. fahren [*vehiculo*]; °**2.** / (über)bringen.

portōrium, *ī n* (< **portitōrium*; *portitor*) Hafenzoll; Zoll, Steuer.

portula, *ae f* (*dem. v. porta*) Pförtchen, Pforte.

Portūnus, *ī m* (*portus*) *röm. Hafengott; mit dem gr. Gott Palaemōn* (*s. d.*) *gleichgesetzt.*

portuōsus 3 (*m.* °*comp.*; *portus*) hafenreich.

portus, *ūs m* (*dat. u. abl. pl. -ibus u. -ubus*; *porta*) **1.** Hafen; / Zuflucht(sort); °**2.** Flußmündung; ** Fähre; Zoll.

pōsca, *ae f* (*pōtō*) Essiglimonade (*Getränk des einfachen Mannes*).

poscaenium, *ī n* (*post, scaena*) Raum hinter der Bühne; *-a vitae die* geheimen Handlungen der Menschen.

poscō, *poposcī,* — 3 (*-ōsc-?*; *incoh. zu* √ *perek- „fragen, bitten"; *cf. nhd.* „forschen") **1. a)** fordern, verlangen [*alqm alqd u. alqd ab alqo*]; **b)** (*v. Sachen*) erfordern; **2.** / °**a)** forschen *nach* [*causas*]; **b)** zum Kampf herausfordern; **c)** vor Gericht fordern; °**d)** (*um ein Mädchen*) anhalten [*tuam sororem* (*uxorem*)]; °**3.** (an)rufen, anflehen [*deos veniam*]; ** bitten, beten *zu.*

Posīdōnius, *ī m* (*gr. -seidōnios*) *aus Syrien, Stoiker, Lehrer Ciceros.*

positiō, *ōnis f* (*pōnō*) **1.** Stellung, Lage; Klima; **2.** Thema; **3. a)** (*metr. t.t.*) Senkung (*des Tons*); **b)** (*gramm. t.t.*) α) Endung [*neutralis*]; β) *Längung bewirkende* Stellung (*einer kurzen Silbe*) *vor mehreren Konsonanten,* Position (*falsche Übersetzung aus dem Gr. statt* „*Übereinkunft*").

positor, *ōris m* (*pōnō*) Erbauer.

positūra, *ae f* (*pōnō*) Stellung, Lage; Einrichtung, Gestaltung.

positus, *ūs m* (*pōnō*) Stellung, Lage; Frisur.

pos-merīdiānus 3 = *postm...*

possessiō, *ōnis f* **1.** (*possīdō*) Besitznahme; **2.** (*possideō*) Besitz; Besitztum, Grundstück.

possessiuncula, *ae f* (*dem. v. possessiō*) kleine Besitzung.

possessīvus 3 (*possideō*) (*gramm. t.t.*) besitzanzeigend.

possessor, *ōris m* (*possideō*) **1.** Besitzer; Grundbesitzer; °**2.** (*jur. t.t.*) Besitzer einer strittigen Sache, Beklagter (*Ggs. āctor*).

possibilis, e (*possum*) möglich.

pos-sideō, *sēdī, sessum* 2 (**pots, sedeō; cf. potis*) besitzen, innehaben; besetzt halten.

pos-sīdō, *sēdī, sessum* 3 (*sīdō; cf. possideō*) in Besitz nehmen, besetzen.

possum, *potuī, posse* (< **pot-sum; pf. v. *poteō, cf. potēns; altl. auch getr. potis [pote] sum; altl.: coni. praes. possiem usw., inf. praes. potesse, ind. praes. P. m. folgendem inf. praes. P. potestur*) **1. a**) können, vermögen, imstande sein; (*fieri*) *potest, ut* es ist möglich, daß; *fieri non potest, quin* man muß; *qui potest?* wie ist es möglich?; **b**) es über sich gewinnen; **2.** Einfluß haben, gelten [*multum, plus, plurimum u. ä.*]; **3.** verstehen [*Graeca*]; °**4.** (*obszön*) = *futuō* [*vetulam*].

post-, post (< **pos-ti*) **1.** *adv.* **a**) (*räuml.*) hinten(nach), zuletzt; **b**) (*zeitl.*) nachher, später [*multis annis p., paulo p.*]; °**c**) (*v. Reihenfolge u. Rang*) zuletzt, hintangesetzt; **2.** *in der Komposition* nach-, hintan- [*posthabeo*]; **3.** *prp. b. acc.* **a**) (*räuml.*) hinter; **b**) (*zeitl.*) nach, seit; **c**) (*v. Reihenfolge u. Rang*) nächst; esse ~ zurückstehen *hinter* [*Chloen*].

poste *adv.* (*altl.*) = *post.*

post-eā *adv.* (*post + adv. abl. sg. f v. is*) darauf, nachher, später; ferner, weiter, sodann.

posteā-quam (*auch getr.*) = *post-quam.*

posteritās, *ātis f* (*posterus*) Zukunft; Nachwelt, Nachkommenschaft.

posterus 3 (*post*) **1.** *pos.* nachfolgend, kommend; *in -um* für die Zukunft, für den folgenden Tag; *subst.* **-ī,** *ōrum m* Nachkommen; **2.** *comp.* **posterior,** *ius der* hintere, spätere, folgende, jüngere; / *der* geringere, schlechtere; *adv.* **-ius** nachher, später; **3.** *sup.* **postrēmus** 3 *der* hinterste, letzte; / *der* geringste, schlechteste, äußerste; *adv.* **-um** zum letztenmal; **-ō** endlich, zuletzt; kurz; — *cf. postumus*; ** *posteriora* Kehrseite, Rücken.

post-ferō, — —, *ferre* hintansetzen.

post-genitī, *ōrum m* (*gignō*) Nachgeborene, Nachkommen.

post-habeō 2 hintansetzen.

post-hāc *adv.* (*post + adv. abl. sg. f v. hic*[1]) **1.** von nun an, künftig, später; °**2.** (*v. d. Vergangenheit*) nachher.

posthaec *adv.* = *post haec* nachher.

post-ibī *u.* **-ibĭ** *adv.* hernach, hierauf.

postīculum, *ī n* (*dem. v. postīcum*) [Hinterhaus.]

postīcus 3 (*post*) hinten befindlich, Hinter...; *subst.* **-um,** *ī n* Hintertür.

postid *adv.* (*post, id*) hernach.

postideā *adv.* (*postid, eā; cf. posteā*) nachher.

postilēna, *ae f* (*post; Bildung unklar*) Schweifriemen.

postiliō, *ōnis f* (*pōst-?; relig. t.t.; postulō*) *das* Verlangen der Gottheit, ein versäumtes Opfer nachzuholen.

post-illā *adv.* (*cf. posteā*) nachher.

post-illāc *adv.* (*cf. posthāc*) nachher.

postis, *is m* (*wohl* < **por-stis* „Hervorstehendes"; *por-, stō*) Türpfosten; °*pl.* Tür.

post-līminium, *ī n* (*aus post līmen* „hinter der Schwelle") Heimkehrrecht.

pos(t)-merīdiānus 3 (*aus post merīdiem*) Nachmittags...

post-modō (*-ŏ?*) *u.* (*jünger*) **-modum** *adv.* (*-ō: eigtl.* „nach bald"; *-um volkset. Umbildung*) bald darauf, späterhin.

post-moerium, *ī n Rekomposition* [= *pōmērium.*]

post-partor, *ōris m* (*pariō*) Nachkomme.

post-pōnō, *posuī, positum* 3 nach-, [hintansetzen.]

post-prīncipia, *ōrum n* (*aus post-prīncipiō*) weiterer Verlauf, Fortgang.

post-prīncipiō *adv.* (*eigtl.* „nach anfangs") in der Folgezeit, nachher.

post-putō 1 hintansetzen, geringschätzen.

post-quam *ci.* **1. a**) nachdem, als (*bei einmaliger Handlung der Vergangenheit meist m. ind. pf. od. praes. hist.*; *bei genauer Zeitangabe m. ind. plqpf.*); **b**) als (noch immer) (*m. ind. impf. b. Bezeichnung eines* *vergangenen Zustandes; gelegentlich — in Anlehnung an cum historicum — m. coni. impf. od. plqpf.*); **2.** seitdem, jetzt wo, damals während (*m. ind. praes. od. impf.*).

postrēmō, postrēmus *s.* posterus.

postrīdiē *adv.* (< *loc.* *posterī-diē) am folgenden Tage.

postrīduō *adv.* = postrīdiē (*cf.* bī-duum).

post-scrībō, psī, — 3 schreiben *hinter* [Tiberi nomen suo].

postulātīcius 3 (pōst-?; postulātus, P.P.P. *v.* postulō) verlangt, erbeten.

postulātiō, ōnis *f* (pōst-?; postulō) **1.** Forderung, Verlangen; °**2.** Klage, Beschwerde; **3.** (*jur. t.t.*) **a**) Klagegesuch (*an den Prätor*); °**b**) Klage (*vor Gericht*).

postulātor, ōris *m* (pōst-?; postulō) Kläger.

postulātum, ī *n* (pōst-?; postulō) Forderung.

postulātus, *abl.* ū *m* (pōst-?; postulō) Klage, Beschwerde.

postulō 1 (pōst-?; *wohl v.* *posctos, P.P.P. *v.* poscō) **1. a**) verlangen, fordern [alqd ab alqo]; begehren, wollen; *abs.* de colloquio eine Unterredung verlangen; **b**) (*v. Sachen*) erfordern [veritas]; **2.** (*jur. t.t.*) **a**) gerichtlich belangen, anklagen [de vi, proditionis]; **b**) beantragen [arbitrum; quaestionem].

Postumius 3 *röm. Gentilname*; -miānus 3 *des* ~.

postumus 3 (*sup. zu* posterus) °**1.** spätgeboren; **2.** (*jur. t.t.*) nach (*dem Tode des Vaters*) geboren; *subst.* ~, ī *m* Nachkömmling; **3.** ~ *röm. cogn.*

Post-vorta *od.* **-verta,** ae *f röm. Gottheit* (*entweder des Vorauswissens der Zukunft od. der Steißgeburt*), *Begleiterin der Carmenta.*

pōtātiō, ōnis *f* (pōtō) Trinkgelage.

pōtātor, ōris *m* (pōtō) Zecher, Säufer.

pote *s.* potis.

potēns, entis (*m. comp., sup.,* °*adv.*; *part. praes. v.* *poteō = possum; *s. d.*) °**1.** mächtig, vermögend; fähig, kundig [regni]; **2.** mächtig, gebietend, einflußreich; *subst. m* Machthaber; °**3.** (*v. Personen*) kräftig, stark; (*v. Sachen*) wirksam, durchschlagend; **4.** (*einer Sache*) mächtig [consilii]; sui ~ sein eigener Herr; °**5. a**) der *etw.* erreicht hat; voti der seinen Wunsch erfüllt sieht; **b**) glücklich [in amore]; parvo genügsam; ** potentem esse = posse.

potentātus, ūs *m* (potēns) Macht im Staate.

potentia, ae *f* (potēns) °**1.** *das* Vermögen, Kraft, Wirksamkeit; **2.** politische Macht, Gewalt, Einfluß; **3.** Oberherrschaft, Alleinherrschaft [singularis].

potērium, ī *n* (*gr. Fw.*) Becher.

potesse *s.* possum.

potestās, ātis *f* (potis; *Analogiebildung zu māiestās*) **1.** Kraft, Macht, Gewalt; in sua potestate esse sein eigener Herr sein; **2. a**) politische Macht, Herrschaft; **b**) (*concr.*) Machthaber, Herrscher; **3. a**) Amtsgewalt, Amt; **b**) (*concr.*) Amtsperson, Behörde; imperia et potestates Militär- u. Zivilbehörden; **4.** Möglichkeit, Gelegenheit, Erlaubnis, Vollmacht; potestatem sui facere sich zum Kampfe stellen; Audienz geben.

pōtīcius, ī *m* (*et. ungeklärt*) Bübchen (?).

pōtiō[1]**,** ōnis *f* (pōtō) **1.** *das* Trinken, Trank; **2. a**) Gift(trank); °**b**) Arznei; °**c**) Liebes-, Zaubertrank.

potiō[2] 4 (potis) unter *jds.* Gewalt bringen (*m. gen.*); P. in die Gewalt *jds.* geraten [hostium].

pōtiōnātus 3 (pōtiō[1]) mit einem Liebestrank im Leibe.

potior[1]**,** ius *s.* potis.

potior[2]**,** tītus sum 4 (*m.* [*meist dcht.*] *Nebenformen nach der 3. Konj.*; potis) **1.** Herr werden, sich bemächtigen, erlangen, erreichen (*urspr. trans., später m. abl. u. vereinzelt m. gen.*) [imperio]; **2.** besitzen, haben, genießen [voluptatibus]; rerum die Macht besitzen.

potis, e (*cf.* possum, hospes) **1.** *pos.* vermögend, mächtig; potis sum = possum; (*familiär*) pote (est) es kann sein, es ist möglich; **2.** *comp.* **potior,** ius vorzüglicher, besser, wichtiger, würdiger, mehr; *adv.* **potius** vielmehr, eher, lieber; **3.** *sup.* **potissimus** 3 *der* vorzüglichste, hauptsächlichste, wichtigste; *adv.* **potissimum** vornehmlich, hauptsächlich, gerade.

Potītius 3 *röm. Gentilname*; *s.* Pīnārius.

pōtitō 1 (*intens. v.* pōtō) gehörig trinken.

pōtiuncula, ae *f* (*dem. v.* pōtiō[1]) Tränkchen.

pōtō, āvī, (āt)um 1 (*intens. zu* √ *pō- „trinken"; *cf.* pōculum; bibō)

1. trinken, zechen, saufen; °2. einsaugen; sich antrinken [*crapulam*].

pōtor, *ōris m* (√ *pō- „trinken") Trinker; Zecher.

pōtrīx, *īcis f* (*pōtor*) Trinkerin.

pōtulentus 3 (*pōtus*) 1. trinkbar; *subst.* **-um,** *ī n* Getränk; °2. betrunken.

pōtus[1] 3 (*P.P.P. zu* √ *pō- „trinken") getrunken, ausgetrunken; angetrunken.

pōtus[2], *ūs m* (√ *pō- „trinken") *das* Trinken, Trunk; °Trank.

pr. *Abk. für prīdiē.*

prae-, prae (*cf. praeter*) °1. *adv.* **a**) voran, voraus; (*abi*) ~ geh voran!; **b**) *prae quam s. praequam*; **2.** *in der Komposition*: **a**) vorn, an der Spitze [*praeacutus; praesum*]; **b**) vor der Zeit, vorzeitig [*praecanus*]; **c**) voraus [*praemitto*]; **d**) (*steigernd*) im Vergleich zu anderen, überaus, sehr [*praedives*]; **3.** *prp. b. abl.* **a**) (*räuml.*) vor; ~ *se agere* (*Li.*) vor sich hertreiben; / ~ *se ferre* zur Schau tragen, deutlich zeigen; **b**) im Vergleich mit, gegen [*omnes ~ se contemnere*]; **c**) (*kausal in negativen Sätzen*) vor, wegen [~ *lacrimis loqui non posse*].

prae-acūtus 3 vorn zugespitzt.

prae-altus 3 (*m.* °*adv.*) sehr hoch, sehr tief.

**praeambulus 3 vorangehend; *subst.* ~, *i m* Vorläufer.

**praebenda, *ae f* Pfründe.

praebeō, *buī, bitum* 2 (< *prae-habeō*) **1.** hinhalten, darreichen; **2.** darbieten, gewähren, liefern, leisten; °**3.** überlassen, preisgeben [*se telis hostium*]; **4.** verursachen [*speciem horribilem*]; **5.** zeigen, erweisen; *se -ere* (°*nur -ere*) sich zeigen *als* [*virum, misericordem*].

prae-bibō, *bibī,* — 3 vor-, zutrinken.

praebitor, *ōris m* (*praebeō*) Lieferant.

prae-calidus 3 sehr warm.

prae-calvus 3 sehr kahl.

praecantātiō, *ōnis f* (*prae-cantō* 1 „bezaubern") Bezauberung, Besprechung.

praecan(tā)trīx, *īcis f* (*praecan(tā-)tor* „Zauberer"; *praecanō*) Zauberin.

prae-cānus 3 vor der Zeit grau.

prae-caveō, *cāvī, cautum* 2 **1.** (*intr.*) °**a**) sich hüten [*ab insidiis*]; **b**) Vorsorge treffen [*ne id accideret*]; °**c**) sorgen *für* [*sibi*]; **2.** (*trans.*) verhüten, vorbeugen [*peccata*].

prae-cēdō, *cessī, cessum* 3 **1.** (*trans.*) °**a**) voran-, vorhergehen [*agmen*; / *eum aetate*]; **b**) übertreffen [*Gallos virtute*]; °**2.** (*intr.*) vorher-, vorangehen.

praecellēns, *entis* (*m.* °*comp., sup.*; *praecellō*) hervorragend.

prae-cellō, — — 3 **1.** (*abs.*) sich auszeichnen; **2.** übertreffen: **a**) (*trans.*) [*alqm fecunditate*]; **b**) (*intr.*) das Oberhaupt sein [*genti*].

prae-celsus 3 sehr hoch.

praecentiō, *ōnis f* Vorspiel, Musik (*beim Opfer*).

prae-centō 1 (*cantō*) (*wie eine Zauberformel*) vortragen (?).

praeceps, *cipitis* (*altl. praecipes, is*; < **prae-caput, volkset. an prīnceps angelehnt*) **I.** *adi.* **1. a**) kopfüber; **b**) schleunig, eilig, flüchtig; **c**) blindlings, unaufhaltsam; voreilig; °**d**) leicht geneigt [*in iram*]; **2. a**) jäh, abschüssig; **b**) verderblich, gefährlich; °**II.** *subst. n* **1.** Abgrund, Tiefe; **2.** / Gefahr, Verderben; °**III.** *adv.* **1.** in die Tiefe [*trahere*]; **2.** / ~ *dare* in Gefahr bringen.

praeceptiō, *ōnis f* (*praecipiō*) °**1.** *der* Voraus (*b. Erbschaften usw.*); **2.** Vorbegriff, Vorstellung; **3.** Unterweisung, Lehre; ** Vorschrift; königliche Urkunde.

praeceptīvus 3 (*praeceptus, P.P.P. v. praecipiō*) vorschreibend.

praeceptor, *ōris m* (*praecipiō*) Lehrer.

praeceptrīx, *īcis f* (*praeceptor*) Lehrerin.

praeceptum, *ī n* (*praecipiō*) Vorschrift, Befehl; Rat, Warnung, Lehre, Regel.

prae-cerpō, *psī, ptum* 3 (*carpō*) °**1.** vor der Zeit pflücken; **2.** / vorwegnehmen.

prae-cīdō, *cīdī, cīsum* 3 (*caedō*) **1. a**) vorn abschneiden, abhauen; / **b**) entfernen, benehmen; **c**) abschlagen; **d**) sich kurz fassen; **2. a**) zerschneiden; **b**) / abbrechen [*amicitiam*].

praecinctūra, *ae f* (*-ī-?*; *praecingō*) Umgürtung.

prae-cingō, *cinxī, cinctum* 3 (*cīnxī, cīnctum?*) (um)gürten; aufschürzen; / umgeben [*capillos flore*].

prae-cinō, °*cinuī,* — 3 (*canō*) **1.** (*intr.*) vorspielen, -blasen [°*sa-*

crificiis]; °**b**) eine Zauberformel hersagen; **2.** (*trans.*) vorhersagen.

praecipes, *is s. praeceps.*

prae-cipiō, *cēpī, ceptum* 3 (*capiō*) **1. a**) vorausnehmen, -bekommen, vorwegnehmen; *iter,* °*spatium* einen Vorsprung gewinnen; °**b**) voraus erben; **2.** im voraus genießen, empfinden (vermuten, sich vorstellen); **3.** vorschreiben, befehlen; raten, warnen; **4.** lehren, Unterricht geben *in* [*artem dicendi*].

praecipitanter *adv.* (*praecipitāns, part. praes. v. praecipitō*) Hals über Kopf.

praecipitātiō, *ōnis f* (*praecipitō*) [*das* Herabstürzen.]

praecipitium, *ī n* (*praeceps*) abschüssige Stelle.

praecipitō 1 (*praeceps*) **1.** (*trans.*) **a**) kopfüber herabstürzen; / **b**) vernichten, zugrunde richten; °**c**) überstürzen; °**d**) (*m. inf.*) drängen; **2.** (*intr.*) **a**) (sich) herabstürzen, (herab)fallen; **b**) zu Ende gehen; **c**) sinken, zugrunde gehen.

praecipuē *adv.* (*praecipuus*) vorzugsweise, besonders.

praecipuus (*praecipiō*) **I.** *adi.* 3 **1.** ausschließlich, eigentümlich, *ein* besonderer; **2. a**) vorzüglich, ausgezeichnet, vornehmster; °**b**) besonders geeignet *zu* [*ad cupiditatem*]; **II.** *subst.* **-um,** *ī n* °**1.** (*jur. t.t.*) *der* Voraus (*der Erbschaft*); **2.** Vorzug, Vorrecht; **3.** *pl.* (*philos. t.t.*) *nach der Lehre der Stoa* dem Guten nahestehende Dinge.

praecīsus 3 (*m. adv.*; *praecīdō*) °**1.** jäh, abschüssig; **2.** / (*rhet. t.t.*) abgebrochen; abgekürzt; °**3.** *subst.* **-ī,** *ōrum m die* Verschnittenen; **4.** *adv.* **-ē** abgekürzt; unbedingt [*negare*].

prae-clārus 3 (*m. adv.*) **1.** sehr hell; sehr deutlich; **2.** (*m. comp., sup.*) **a**) glänzend; herrlich, vortrefflich, ehrenvoll; angesehen, berühmt; °**b**) berüchtigt.

prae-clūdō, *sī, sum* 3 (*claudō*) verschließen, versperren; °/ *vocem* das Maul stopfen.

praecō, *ōnis m* (< **prai-dicō*) Ausrufer, Herold; Auktionator; / Lobredner; ** Scherge, Fronbote; *stivae praecones* Ackerknechte.

prae-cōgitō 1 vorher überlegen.

prae-cognōscō, —, *gnitum* 3 (*-cōgn-?*) vorher erfahren.

prae-colō, *coluī, cultum* 3 **1.** vorher bearbeiten; °**2.** vorschnell verehren.

prae-compositus 3 vorher einstudiert.

praecōnius 3 (*praecō*) dem Herold eigen; *subst.* **-um,** *ī n* Ausruferamt; Bekanntmachung; / Verherrlichung.

prae-cōnsūmō, *mpsī, mptum* 3 [vorher aufbrauchen.]

prae-contrectō 1 vorher betasten.

prae-coquis, e (*coquō*) frühreif; verfrüht.

prae-cordia, *ōrum n* (*cor*) **1. a**) Zwerchfell; **b**) Eingeweide; Magen; °**c**) Leib; Brust; °**2.** / Herz, Gefühl, Sinn.

prae-corrumpō, *rūpī, ruptum* 3 [vorher bestechen.]

prae-cox, *ocis* = *praecoquis.*

prae-cultus 3 sehr ausgeschmückt.

prae-cupidus 3 ganz erpicht *auf* [*pretiosae supellectilis*].

prae-currō, (*cu*)*currī, cursum* 3 **1.** vorauslaufen, -eilen; vorangehen; (*part. praes.*) *subst.* **prae-currentia,** *ium n das* Vorhergehende; **2.** überholen, zuvorkommen; **3.** / übertreffen, überflügeln [*alci,* °*alqm*].

praecursiō, *ōnis f* (*praecurrō*) **1.** *das* Vorhergehen; °**2.** (*mil. t.t.*) Geplänkel; **3.** (*rhet. t.t.*) Vorbereitung (*der Zuhörer*).

praecursor, *ōris m* (*praecurrō*) **1.** °**a**) Diener; **b**) Kundschafter; °**2.** *pl.* Vortrab.

praecursōrius 3 (*praecursor*) vorauseilend.

prae-cutiō, *cussī, cussum* 3 (*quatiō*) [voranschwingen.]

praeda, *ae f* (< **prai-hedā*; *prehendō*) **1. a**) Kriegsbeute; °**b**) Jagdbeute; Raub, Fraß; **2.** / **a**) Raub; Vorteil, Gewinn; °**b**) unterschlagener Fund; °**c**) Plünderung.

praedābundus 3 (*praedor*) auf Beute ausgehend.

prae-damnō 1 vorher verurteilen; im voraus aufgeben [*spem*].

praedātiō, *ōnis f* (*praedor*) *das* Beutemachen, Plündern.

praedātor, *ōris m* (*praedor*) **1.** Beutemacher, Plünderer; °**2.** / Jäger; °**3.** *adi.* plündernd, räuberisch; habsüchtig.

praedātōrius 3 (*praedātor*) plündernd, raubend; *navis -a* Seeräuberschiff.

praedātus, *ūs m* (*praedor*) *das* Plündern.

prae-dēlassō 1 vorher schwächen.

prae-dēstinō 1 im voraus bestimmen.
praediātor, *ōris m* (*praedium*) Güteraufkäufer, Grundstücksmakler.
praediātōrius 3 (*praediātor*) die Güterpfändung betreffend; *ius -um* Grundstückspfandrecht.
praedicābilis, e (*praedicō*[1]) rühmenswert.
praedicātiō, *ōnis f* (*praedicō*[1]) öffentliche Bekanntmachung; / Aussage; Lob(preisung); ** Predigt.
praedicātor, *ōris m* Lobredner; ** Prediger; *fratres* Dominikaner.
****praedicatorius** 3 Prediger...; *ordo* Dominikanerorden.
prae-dicō[1] 1 öffentlich bekanntmachen; / ankündigen; preisen, rühmen; ** predigen.
prae-dīcō[2], *dīxī, dictum* 3 **1.** vorher sagen, vorausschicken; **2.** prophezeien; °**3.** vorher festsetzen; **4.** vorschreiben, befehlen, einschärfen, warnen.
praedictiō, *ōnis f* (*praedīcō*[2]) Prophezeiung.
praedictum, *ī n* (*praedīcō*[2]) **1.** Weissagung; °**2.** Befehl; °**3.** Verabredung [*ex praedicto*].
praediolum, *ī n* (*dem. v. praedium*) Landgütchen.
prae-discō, *didicī,* — 3 (*-dīsc-?*) vorher lernen.
prae-dispositus 3 vorher hier und da aufgestellt.
praeditus 3 (**prae-dō* 3 „versehen mit"; √ **dō-* „geben") begabt, versehen *mit* [*virtute*], behaftet *mit* [*scelere*].
praedium, *ī n* (*eigtl.* „Gut, das als Bürgschaft angenommen wird"; *praes*) Grundstück, Landgut.
prae-dīves, *itis* sehr reich.
prae-dīvīnō 1 vorausahnen.
praedō[1], *ōnis m* (*praeda*) Räuber; Seeräuber.
praedō[2] 1 (*praeda*) rauben.
prae-doceō, *docuī, doctum* 2 vorher unterrichten.
prae-domō, *uī,* — 1 im voraus bändigen.
praedor 1 (*praeda*) **1.** (*intr.*) **a**) Beute machen, plündern, rauben; **b**) / Gewinn ziehen; °**2.** (*trans.*) **a**) ausplündern, berauben [*socios*]; **b**) rauben, erbeuten [*ovem*].
prae-dūcō, *dūxī, ductum* 3 ziehen *vor* [*fossas castris*].
prae-dulcis, e sehr süß; / übersüß, süßlich.
prae-dūrus 3 sehr hart; / sehr abgehärtet.
prae-ēmineō, — — 2 = *praemineō.*
prae-eō, *iī, itum, īre* **1. a**) voran-, vorausgehen [*alci,* °*alqm*] °**b**) zuvorkommen; **2.** (*eine Weihe- od. Eidesformel*) vorsprechen [*alci*; °*carmen*]; °**3.** vorschreiben, verordnen.
praefātiō, *ōnis f* (*praefor*) **1.** Formel; °**2.** Vorspruch, -wort, Einleitung.
praefectūra, *ae f* (*praefectus*) °**1.** Vorsteher-, Aufseheramt; °**2.** Richteramt; **3. a**) Kommando, Befehlshaberstelle; °**b**) (*kaiserliche*) Provinzialverwaltung; **4. a**) (*italische, v. röm. Beamten verwaltete*) Kreisstadt; **b**) Verwaltungsbezirk.
praefectus, *ī m* (*P.P.P. v. praeficiō*; [*verbal*] *m. dat.,* [*nominal*] *m. gen. verbunden*) **1.** Vorsteher, Aufseher; Befehlshaber, Anführer, Kommandant, Hauptmann; **2. a**) Befehlshaber *einer Hilfstruppen- od. Reitereinheit*; °**b**) Statthalter, Satrap; °**c**) Oberbefehlshaber asiatischer Heere; ** Burggraf; *aulae* Hausmeier.
prae-ferō, *tulī, lātum, ferre* 3 **1. a**) vorantragen; °**b**) vorn an sich tragen; **2.** / **a**) zeigen, offenbaren; °**b**) vorschützen; **c**) vorziehen; °**d**) vorwegnehmen [*diem triumphi*]; **e**) *se -ferre od. mediopass.* sich hervortun [*legionariis*]; °**3.** vorbeitragen *vor*; P. vorbeieilen, -fahren, -ziehen [*praeter castra*].
prae-ferōx, *ōcis* sehr wild, ungestüm.
prae-ferrātus 3 vorn mit Eisen beschlagen; / in Banden geschlagen.
prae-fervidus 3 sehr heiß; / glühend [*ira*].
prae-festīnō 1 (*-ē-?*) sich übereilen; vorbeieilen *an* [*sinum*].
praefica, *ae f* (**prai-facos* 3; *prae, faciō*) Klageweib.
prae-ficiō, *fēcī, fectum* 3 (*faciō*) an die Spitze stellen, betrauen *mit* [*alqm bello gerendo*].
prae-fīdēns, *entis* zu sehr vertrauend.
prae-fīgō, *xī, xum* 3 **1.** vorn anheften, einschlagen; **2.** vorn beschlagen, versehen *mit*; °**3.** durchbohren; °**4.** bezaubern.
prae-fīniō 4 vorherbestimmen, vorschreiben; (*P.P.P., abl. abs.*) °*adv.* **praefīnītō** nach Vorschrift.
prae-fiscinē *u.* **-ī** *adv.* (*eigtl. wohl* „um die Beschreiung abzuwenden"; *fascinum*) unberufen.

prae-flōrō 1 (*flōs*) vorher der Blüte berauben. [*castra*].

prae-fluō, — — 3 vorbeifließen *an*

prae-fōcō 1 (*faucēs*) erwürgen.

prae-fodiō, *fōdī, fossum* 3 einen Graben ziehen *vor* [*portas*]; vorher vergraben.

(**praefor**) 1 (*gebräuchlich nur*: *-fātur, -fāmur*; *-fābantur, -fārentur*; *-fārī*; *-fantēs*; *-fātus*) **1.** (*relig. t.t.*) vorsprechen, vorbeten; **2.** als Eingangsformel *od.* Vorwort vorausschicken; °**3.** vorläufig erklären; °**4.** weissagen. [vor.

prae-formīdō 1 zurückschrecken

prae-fōrmō 1 vorher entwerfen; vorzeichnen, vorschreiben.

praefrāctus 3 (*m. comp., adv.*; *prae-fringō*) °**1.** eckig; **2.** / schroff, rücksichtslos.

prae-frīgidus 3 sehr kalt.

prae-fringō, *frēgī, frāctum* 3 (*frangō*) vorn abbrechen, zerbrechen.

prae-fulciō, *lsī, ltum* 4 °**1.** als Stütze gebrauchen; **2.** / vorbauen.

prae-fulgeō, *lsī,* — 2 hervorstrahlen, -glänzen; / auffallen.

prae-gelidus 3 sehr kalt.

prae-gestiō 4 sich lebhaft freuen.

praegnāns, *antis u.* (*altl.*) **-gnās,** *ātis* (< **prai gnātid* „vor der Geburt"; [*g*]*nāscor*) schwanger, trächtig; °/ (*scherzh.*) derb [*plagae*]; voll

prae-gracilis, e sehr hager. [*von.*

prae-grandis, e überaus groß.

prae-gravis, e sehr schwer; / sehr schwerfällig; sehr lästig.

prae-gravō 1 **1.** (*trans.*) **a)** sehr belasten, beschweren; / **b)** niederdrücken; **c)** verdunkeln; **2.** (*intr.*) das Übergewicht haben, überwiegen.

prae-gredior, *gressus sum* 3 (*gradior*) **1. a)** vorangehen; °**b)** zuvorkommen [*nuntios*]; °**2.** vorüberziehen *an* [*castra*]. [*das* Vorrücken.

praegressiō, *ōnis f* (*praegredior*)

praegressus, *ūs m* (*praegredior*) Entwicklung.

praegustātor, *ōris m* (*-ū-?*; *prae-gustō*) „Vorkoster" (*der Sklave, der Speisen u. Getränke kostet, bevor sie auf den Tisch kommen*); *kl. nur* / [*libidinum*].

prae-gustō 1 vorher kosten, genießen, zu sich nehmen.

prae-hibeō 2 (*Pl.*) = *praebeō*.

prae-iaceō 2 liegen *vor* [*castra*].

praeiūdicātum, *ī n* (*praeiūdicō*) = *praeiūdicium*.

prae-iūdicium, *ī n* Vorentscheidung; / vorgefaßtes Urteil; maßgebendes Beispiel; (schlimmes) Vorzeichen.

prae-iūdicō 1 vorläufig entscheiden; *opinio praeiudicata* Vorurteil. [stützen.

prae-iuvō, *iūvī,* — 1 vorher unter-

prae-lābor, *lāpsus sum* 3 vorbeigleiten, -fahren *an* [*flumina*].

prae-lambō, — — 3 vorher belecken. [Vormundschaft.

****praelatio,** *onis f* geistliches Amt;

****praelatura,** *ae f* Prälatur.

****praelatus,** *i m* Prälat.

prae-lautus 3 prachtliebend.

prae-lēctiō, *ōnis f* (*praelegō*) *das* Vorlesen.

prae-legō, *lēgī, lēctum* 3 **1.** vorlesen; **2.** vorübersegeln *an* [*Campaniam*]; ** *eine* Vorlesung halten.

prae-ligō 1 °**1.** vorn anbinden; **2.** °**a)** umwinden *mit*; **b)** zubinden; / (*P.P.P.*) °*adi.* **praeligātus** 3 verstockt [*pectus*].

prae-longus 3 sehr lang.

prae-loquor, *locūtus sum* 3 **1.** vor *einem anderen* reden, *jd.* das Wort wegnehmen; **2.** einleitend sagen.

prae-lūceō, *lūxī,* — 2 vorleuchten; °/ übertreffen [*maioribus*].

****praeludium,** *i n* Vorspiel.

praelūsiō, *ōnis f* (*prae-lūdō* 3 „vorspielen") Vorspiel.

prae-lūstris, e (*cf. illūstris*) sehr vornehm, sehr hoch.

prae-mandō 1 °**1.** im voraus empfehlen; **2.** im voraus auftragen; einen Steckbrief erlassen [*ut conquireretur*]; (*P.P.P.*) *subst.* **praemandātum,** *ī n* Steckbrief.

prae-mātūrus 3 (*m. adv.*) vor-, frühzeitig. [bermitteln versehen.

prae-medicātus 3 vorher mit Zau-

praemeditātiō, *ōnis f* (*praemeditor*) *das* Vorherbedenken.

prae-meditor 1 vorher bedenken, erwägen; *part. pf. auch pass.*

prae-mercor 1 vorher kaufen.

praemetuēns, *entis* (*m. adv.*; *prae-metuō*) vorher fürchtend [*doli*]; *adv.* **-enter** ängstlich, furchtsam.

prae-metuō, — — 3 **1.** im voraus in Furcht sein [*alci*] um jds. willen; °**2.** im voraus fürchten [*alqm*].

prae-mineō, — — 2 hervorragen, überragen [*ceteros*].

praemior 1 (*praemium*) sich Belohnung ausbedingen.

prae-mittō, *mīsī, missum* 3 vorausschicken; vorher melden lassen; °/ (*in der Rede*) vorausschicken.

praemium, *ī n* (< **prai-emiom*; *emō*) °**1.** Beutestück; **2.** Vorteil, Vorrecht; **3.** Auszeichnung; Gunst; Lohn, Belohnung, Preis; **4.** (*dcht.*) Heldentat.

prae-modulor 1 vorher abmessen.

prae-molestia, *ae f* Ahnung künftigen Verdrusses.

prae-mōlior 4 vorbereiten.

prae-molliō 4 vorher weich, milde machen.

prae-mollis, e sehr weich.

prae-moneō 2 **1.** vorher erinnern, mahnen, warnen; °**2.** vorhersagen.

praemonitus, *ūs m* (*praemoneō*) Warnung, Weissagung.

praemōnstrātor, *ōris m* (*praemōnstrō*) Wegweiser, Führer.

prae-mōnstrō 1 °**1.** vorher zeigen, angeben; **2.** prophezeien.

prae-mordeō, *rdī, rsum* 2 (vorn) beißen, abbeißen; / abzwacken.

prae-morior, *mortuus sum* 3 vorzeitig sterben; / absterben.

prae-mūniō 4 **1.** vorn befestigen, verschanzen; **2.** vorbauen; / vorausschicken [*reliquo sermoni*].

praemūnītiō, *ōnis f* (*praemūniō*) *das* Vorbauen, Verwahrung.

prae-narrō 1 (*-ā-?*) vorher erzählen.

prae-natō 1 / vorüberfließen *an* [*domos*].

prae-nāvigō 1 vorbeisegeln *an* [*villam*]; / *vitam* am Ufer des Lebens.

Praeneste, *is n* (*dcht. f*) *Sommerfrische sö. v. Rom, j.* Palestrina; *adi. u. Einw.* *-īnus* (3).

prae-niteō, *uī,* — 2 überstrahlen [*omnibus*].

prae-nōmen, *inis n* **1.** Vorname; °**2.** Titel [*imperatoris*].

prae-nōscō, *nōvī, nōtum* 3 vorher kennenlernen, erfahren.

praenōtiō, *ōnis f* (*praenōscō*) *der* (*durch die Sinne vermittelte*) Vorbegriff [*deorum*].

prae-nūbilus 3 sehr finster.

prae-nūntiō 1 vorher verkünden.

praenūntius 3 (*Rückbildung aus praenūntiō*) vorher verkündend; *subst.* ~, *ī m*, **-ium,** *ī n*, *kl. nur* **-ia,** *ae f* Vorbote, -zeichen.

praeoccupātiō, *ōnis f* (*praeoccupō*) frühere Besetzung.

prae-occupō 1 **1.** vorher besetzen, einnehmen; **2.** / **a**) im voraus verpflichten, gewinnen; **b**) überraschen; °**c**) (*m. inf.*) sich beeilen.

prae-olō, — — 3 schon vorher in die Nase steigen; *mihi -it* mir schwant, ich ahne.

prae-optō 1 **1.** lieber wollen; °**2.** vorziehen.

prae-pandō, — — 3 vorn ausbreiten, öffnen [*lumina menti*].

praeparātiō, *ōnis f* (*praeparō*) Vorbereitung.

prae-parō 1 vorbereiten, rüsten, instandsetzen.

praepedīmentum, *ī n* (*praepediō*) Hindernis.

prae-pediō 4 vorn ankoppeln [*equos*]; / hemmen, verhindern, unwirksam machen.

prae-pendeō, *pendī,* — 2 vorn herabhängen.

prae-pes, *etis* (*petō in Grundbedeutung* „fliegen") **1.** (*relig. t.t.*) vorausfliegend, günstig; **2.** schnell (-fliegend); *subst. m f* Vogel.

prae-pilātus 3 (*pila*[3]) vorn mit einem Knauf versehen.

prae-pinguis, e (*-pīng-?*) sehr fett; / zu derb, zu stark [*vox*].

prae-polleō, *uī,* — 2 viel vermögen, das Übergewicht haben.

prae-ponderō 1 °**1.** (*intr.*) das Übergewicht haben; **2.** (*trans.*) das Übergewicht geben; P. das Übergewicht bekommen, überwiegen.

prae-pōnō, *posuī, positum* 3 **1.** voransetzen, -legen, -stellen; **2.** an die Spitze stellen [*militibus*]; **3.** vorziehen; **4.** (*P.P.P.*) **praepositus** 3; *subst.* **a**) **-a,** *ōrum n* (*philos. t.t. der Stoa*) *die* vorgezogenen Dinge; *cf. proēgmena*; °**b**) **-us,** *ī m* Vorgesetzter, Offizier, Statthalter; ** Dorfschulze; Propst; *mensae* Truchseß.

prae-portō 1 zur Schau tragen.

praepositiō, *ōnis f* (*praepōnō*) Voranstellung; / Vorzug; (*gramm. t.t.*) Präposition.

****praepositura,** *ae f* Propstei.

praeposīvī *altl. pf. v. praepōnō.*

praeposterō 1 (*praeposterus*) umkehren.

prae-posterus 3 (*adv.* **-ē** *u.* (*Se.*) **-ō**; *eigtl.* „der spätere voran") verkehrt (handelnd).

prae-potēns, *entis* sehr mächtig, beherrschend [*rerum*]; *subst.* **-entēs,** *ium m die* Mächtigen.
prae-properanter *adv.* (*praeproperāns, part. praes. v.* **praeproperō*) sehr schnell.
prae-properus 3 (*m.* °*adv.*) **1.** sehr eilig; °**2.** voreilig, übereilt.
prae-pūtium, *ī n* (*vl. v.* **pūtos* = *pēnis*) *auch pl.* Vorhaut.
prae-quam *adv.* damit verglichen, wie.
prae-queror, *questus sum* 3 vorher klagen.
prae-radiō 1 überstrahlen.
prae-rapidus 3 sehr reißend; / sehr hitzig, vorschnell.
prae-rigēscō, *guī,* — 3 vorn erfrieren.
prae-rigidus 3 sehr starr.
prae-ripiō, *ripuī, reptum* 3 **1.** °**a**) weg-, entreißen; **b**) entziehen; **2. a**) vorzeitig entreißen; °**b**) unversehens rauben [*oscula alci*]; **3.** im voraus vereiteln.
prae-rōdō, *sī, sum* 3 vorn abnagen.
praerogātiō, *ōnis f* (*praerogō* „vorher in Vorschlag bringen") Vorrecht.
prae-rogātīvus 3 (*praerogātus, P.P.P. v. praerogō* „vorher in Vorschlag bringen") zuerst abstimmend [*centuria*]; *subst.* **-a,** *ae f* **1.** *die* zuerst abstimmende Zenturie; °**2.** Vorwahl; **3.** günstige Vorbedeutung; ** Vorrecht, Vorrang.
prae-rumpō, *rūpī, ruptum* 3 vorn abreißen; °/ (*die Rede*) abbrechen.
praeruptus 3 (*m.* °*comp.*, °*sup.*; *praerumpō*) **1.** jäh, steil, schroff; °*subst.* **-a,** *ōrum n* schroffe Hänge; **2.** / **a**) *audacia* -*a* Tollkühnheit; °**b**) abstoßend; hart.
praes, *praedis m* (< **prae-vas* „Bürge vor *jd.*") Bürge; / Vermögen des Bürgen.
praesaepe, *is n u.* (*altl.*) **-saepis,** *is f* (*saepiō*) °**1.** Krippe; **2.** °**a**) Stall, Hürde; **b**) liederliches Haus; °**c**) Bienenkorb.
prae-saepiō, *psī, ptum* 4 vorn versperren.
prae-sāgiō *u.* (*altl.*) **-or** 4 vorher merken, ahnen; °/ voraussehen lassen.
praesāgītiō, *ōnis f* (*praesāgiō*) Ahnung.
praesāgium, *ī n* (*praesāgiō*) Ahnung; Weissagung, Vorzeichen.
prae-sāgus 3 (*Rückbildung aus praesāgium?*) ahnend; weissagend.
prae-sciō 4 vorher wissen.
prae-scīscō, *scīvī,* — 3 vorher erforschen; vorher erfahren.
prae-scius 3 (*scius* 3 „wissend" *od. Rückbildung aus praesciō*) vorherwissend [*periculorum*].
prae-scrībō, *psī, ptum* 3 **1.** voranschreiben, schriftl. vorsetzen; **2.** / **a**) vorschreiben; verordnen, einschärfen; °**b**) vorschützen; °**c**) ein Bild entwerfen [*formam futuri principatus*].
praescrīptiō, *ōnis f* (*praescrībō*) **1.** Überschrift, Titel; **2.** / **a**) Vorschrift, Verordnung; **b**) Vorwand; °**c**) Vorherbestimmung; **d**) Beschränkung; **e**) (*jur. t.t.*) Einrede, Klausel.
praescrīptum, *ī n* (*praescrībō*) °**1.** vorgezeichnete Grenze; **2.** / Vorschrift, Regel.
prae-secō, *secuī, sectum* 1 vorn abschneiden.
praesegmen, *inis n* (*praesecō*) Abgeschnittenes, Abfall.
praesēns, *entis* (*m.* °*comp.*, °*sup.*; *abl. sg.*: *als subst. u. adi. bei Personen, bsd. in abl. abs.* -e, *sonst* -ī; *gen. pl.* -*ium*; *part. praes. v. praesum*) **1. a**) persönlich (anwesend), leibhaftig; **b**) offenbar; **2. a**) gegenwärtig, jetzig; *in praesens* (*tempus*) für jetzt, vorderhand; **b**) augenblicklich, sofortig; *pecunia* bares Geld; *in praesenti* für den Augenblick; **c**) wirksam, kräftig [*medicina*]; **d**) hilfreich [*deus*]; °**e**) dringend, dringlich; **f**) entschlossen; °*subst.* **praesentia**[2], *ium n* Gegenwart, gegenwärtige Verhältnisse.
praesēnsiō, *ōnis f* (*praesentiō*) Vorempfindung, Ahnung.
praesentāneus 3 (*praesēns*) schnellwirkend.
praesentārius 3 (*praesēns*) gegenwärtig; bar [*aurum*].
praesentia[1], *ae f* (*praesēns*) **1.** Gegenwart, Anwesenheit; *animi* Geistesgegenwart; °**2.** Wirkung [*veri*].
praesentia[2], *ium n s. praesēns.*
prae-sentiō, *sēnsī, sēnsum* 4 ahnen.
****praesento** 1 darreichen; vorführen; vorzeigen.
praesēpe, *is n u.* **-sēpis,** *is f vulgär für praesaep...*
****praesepium,** *i n* Krippe; Stall.
prae-sepultus 3 (*sepeliō*) vorher begraben.
praesertim *adv.* (*eigtl.* „vorgereiht"; *prae, serō*[1]) zumal, besonders; *bsd.* ~ *cum od. quod od. sī.*

prae-serviō 4 vorzugsweise dienen.

prae-ses, *sidis* (< **prai-sed-s; praesideō*) °**1.** *adi.* schützend; **2.** *subst. m f* **a**) Beschützer(in); °**b**) Vorsteher, Vorgesetzter, Statthalter.

prae-sideō, *sēdī, sessum* 2 (*sedeō*) **1.** (*intr.*) **a**) schützen, verteidigen [*libertati*]; **b**) den Vorsitz haben, befehligen, leiten; °**2.** (*trans.*) **a**) schützen [*socios; litus*]; **b**) befehligen [*exercitum*]; °**3.** (*part. praes.*) *subst.* **praesidēns,** *entis m* Statthalter.

praesidiārius 3 (*praesidium*) die Besatzung bildend.

praesidium, *ī n* (*praesideō*) **1.** Schutz, Hilfe, Unterstützung; / Hort, Beschützer; **2.** (*mil. t.t.*) **a**) Bedeckung, Geleit; **b**) Besatzung(struppen), Posten; **c**) fester Platz, Bollwerk; *in -o* (*-is*) auf Posten, als Besatzung; / Lager [*de -o vitae decedere*]; *in -is alcis* esse auf seiten jds. stehen; **3.** Hilfsmittel, Stütze, Sicherheit.

prae-sīgnificō 1 (*-sĭgn-?*) vorher anzeigen.

praesīgnis, e (*-sĭgn-?; cf. īnsīgnis*) vor anderen ausgezeichnet.

prae-sonō, *uī,* — 1 vorher ertönen.

prae-spargō, — — 3 vorher bestreuen.

[*praestō*²) = *praestāns.*

praestābilis, e (*m. comp.,* °*sup.*;

praestāns, *antis* (*m. comp., sup.,* °*adv.*; *praestō*²) vorzüglich, ausgezeichnet, vortrefflich.

praestantia, *ae f* (*praestāns*) Vortrefflichkeit, Vorzug *vor* [*animantium*].

praestātiō, *ōnis f* (*praestō*²) Gewährleistung, Bürgschaft; *ad -em scribere* sich für die Wahrheit seiner Ausführungen verbürgen.

prae-sternō, — — 3 ausstreuen; / den Weg ebnen.

prae-stes, *itis* (< **prai-stat-s; praestō*²) schützend; *subst. m* Beschützer.

praestīgiae, *ārum f* (< [*altl.*] *praestrīgiae; praestringō; vereinzelt sg. -a*) Blendwerk, Gaukelei.

praestīgiātor, *ōris m* (*praestīgiae*) Gaukler, Betrüger.

praestīgiātrīx, *īcis f* (*praestīgiātor*) Gauklerin, Betrügerin.

prae-stinō 1 (*cf. dēstinō*) erstehen, kaufen.

prae-stituō, *uī, ūtum* 3 (*statuō*) vorher bestimmen.

praestō¹ *adv.* (*prae + ungeklärtes 2. Glied; meist m. esse verbunden*) **1.** zugegen, anwesend, bei der Hand, zu Diensten, bereit; (*feindl.*) entgegentretend; **2.** förderlich, dienlich, günstig.

prae-stō², *stitī,* °*stitum, stātūrus* 1 **1.** (*intr.*; *prae + stō*) **a**) voranstehen; / sich auszeichnen; **b**) übertreffen [*alci* (°*alqm*) *alqa re*]; **c**) *impers.* **praestat** es ist besser; **2.** (*trans.*; < **praes stō* „stehe als Bürge, leiste Gewähr") **a**) verrichten, leisten, erweisen; *fidem* sein Wort halten; **b**) verleihen, verschaffen, gewähren; **c**) an den Tag legen, (durch die Tat) zeigen, bewähren, beweisen; *se -are* sich zeigen, sich bewähren *als* [*fortem*]; **d**) sich verbürgen *für* [*omnes ministros*].

praestōlor 1 (*wohl zu praestō*¹) bereitstehen; warten *auf* [*adventum; alci,* °*alqm*].

prae-strangulō 1 ersticken, erwürgen.

praestrīg... (*altl.*) = *praestīg...*

prae-stringō, *strīnxī, strictum* 3 (*strĭnxī?*) °**1.** vorn zuschnüren; **2.** (vorn) streifen; **3.** blenden, verdunkeln.

prae-struō, *strūxī, strūctum* 3 vorn verbauen, verrammeln; vorher sich verschaffen, vorbereiten.

prae-sul, *sulis* (*saliō*) *u.* (*Li.*) **-sultātor,** *ōris m* (*praesultō*) Vortänzer.

prae-sultō 1 (*saltō*) voranspringen.

prae-sum, *fuī,* esse **1. a**) an der Spitze stehen, leiten [*sacris*]; **b**) verwalten [*provinciae*]; Statthalter sein [*in ea provincia*]; **c**) (*mil. t.t.*) kommandieren [*exercitui*]; °**2.** schützen [*moenibus*]; **3.** *die* Hauptperson sein, großen Anteil nehmen *an* [*temeritati*].

prae-sūmō, *sūmpsī, sūmptum* 3 vorher zu sich nehmen; / vorher empfinden, genießen; voraussetzen, vermuten, erwarten.

praesūmptiō, *ōnis f* (*praesūmō*) **1.** Vorgenuß; **2.** (*rhet. t.t.*) vorherige Stellungnahme *zu möglichen Vorwürfen*; **3.** Vermutung, Erwartung.

prae-suō, *suī, sūtum* 3 vorn benähen; / vorn bedecken.

prae-tegō, *tēxī, tēctum* 3 vorn bedecken, beschirmen.

prae-temptō 1 vorher prüfen; / vorher versuchen.

prae-tendō, *ndī, ntum* 3 °**1. a**) hervorstrecken; **b**) vorstrecken, vor sich hinhalten; / zur Schau tragen; °**2.** **a**) (*zum Schutz*) vorspannen, -ziehen, -setzen; **b**) P. sich erstrekken, liegen *vor* [*Boeotiae*]; **3.** / vorschützen [°*decretum legatorum calumniae* m. dem D. beschönigen].

prae-tentō 1 = *praetemptō*.

prae-tenuis, e sehr dünn, sehr fein.

prae-tepēscō, *puī*, — 3 vorher warm werden, erglühen.

praeter-, praeter (< **prai-teros*, *comp. zu prae*; *eigtl.* „voran bei zweien, an zweien vorbei") **1.** *adv.* **a**) vorüber, vorbei (*nur als praev. in verbalen Komposita erhalten*; *s. 2*); °**b**) ~ *quam* mehr als; °**c**) (*bsd. nach Negationen*) außer, ausgenommen [~ *si*]; ~ *quod* außer daß; **2.** *in der Komposition*: vorüber-, vorbei [*praetereo*]; **3.** *prp. b. acc.* **a**) an ... vorüber, an ... vorbei, an ... hin; / **b**) ausgenommen, mit Ausschluß *von* [*omnes* ~ *consulem*]; **c**) nebst, nächst, abgesehen *von* [~ *te decem adducemus*]; **d**) über ... hinaus; gegen, wider [~ *modum, consuetudinem, spem*]; **e**) mehr als, vor [*opibus* ~ *ceteros florere*].

praeter-agō, *ēgī, āctum* 3 vorbeitreiben *an* [*equum deversoria*].

praeter-bītō, — — 3 vorbeigehen *an.*

praeter-dūcō, *dūxī, ductum* 3 vorbeiführen.

praeter-eā *adv.* (*abl. sg. f v. is*) **1.** weiter, fernerhin; **2.** außerdem, ferner; °**3.** (*zeitl.*) auch in Zukunft.

praeter-eō, *iī, itum, īre* **1.** (*intr.*) **a**) (*räuml.*) vorübergehen, -fließen, -ziehen; **b**) (*zeitl.*) vergehen, verfließen; **2.** (*trans.*) **a**) (*räuml.*) *an etw.* vorbeigehen, -fließen [*ripas*]; **b**) (*zeitl.*) *nur im P.P.P.*; *s. u.*; / **c**) übergehen [*silentio*], unerwähnt, unbeachtet lassen; unterlassen [*-ire non potui, quin scriberem ad te*]; °**d**) überholen; / übertreffen, überschreiten [*modum*]; **3.** *impers.* **praeterit** es entgeht; *hoc me* ich (bemerke es nicht; **4.** (*P.P.P.*) *adi.* **praeteritus** 3 vergangen, verflossen; *subst.* **-a,** *ōrum n* vergangene, übergangene Dinge.

praeter-equitō 1 vorüberreiten.

praeter-feror, *lātus sum, ferrī* vorübereilen *an* [*latebras*].

praeter-fluō, *flūxī*, — 3 (*flŭxī?*) °**1.** vorüberfließen; **2.** / aus dem Gedächtnis schwinden.

praeter-gredior, *gressus sum* 3 (*gradior*) vorüberziehen *an.*

praeter-hāc *adv.* (*abl. sg. f v. hic*[1]) fernerhin, weiter.

praeteritus 3 *s. praetereō.*

praeter-lābor, *lāpsus sum* 3 °**1.** vorübergleiten, -fahren; **2.** / verfliegen.

praeter-meō 1 vorbeigehen.

praetermissiō, *ōnis f* (*praetermittō*) Weglassung; Verzicht.

praeter-mittō, *mīsī, missum* 3 **1.** vorbeigehen lassen; **2.** / **a**) (*zeitl.*) verstreichen lassen; **b**) unterlassen; **c**) (*in der Rede*) übergehen; °**d**) ungestraft lassen.

praeter-nāvigō 1 zu Schiff vorbeifahren.

prae-terō, — — 3 vorn abreiben.

praeter-quam *adv.* außer, ausgenommen; ~ *quod* außer daß, abgesehen davon, daß.

****praeterquod** *adv.* außer daß, nur.

praetervectiō, *ōnis f* (*praetervehor*) *das* Vorüberfahren.

praeter-vehor, *vectus sum* 3 vorbeifahren, -reiten, -ziehen; / übergehen [*locum silentio*].

praeter-volitō 1 vorbeifliegen.

praeter-volō 1 vorbeifliegen, -fahren; / schnell entschwinden; flüchtig hinweggehen *über.*

prae-texō, *texuī, textum* 3 °**1.** verbrämen, säumen; *kl. nur* (*P.P.P.*) *adi.* **praetextus** 3 purpurverbrämt [*toga*]; *cf. praetexta*; **2.** / **a**) umsäumen, einfassen [°*ripas harundine*]; °**b**) zieren; °**c**) verhüllen, bemänteln; **d**) vorschützen.

praetexta, *ae f* (*praetexō*) **1.** (*sc. toga*) *die* purpurverbrämte Toga *der röm. Magistrate, Priester u. freigeborenen Kinder*; °**2.** (*sc. fābula*) Tragödie *mit römischem Stoff.*

praetextātus 3 (*praetexta*) eine purpurverbrämte Toga tragend; °/ unzüchtig.

praetextum, *ī n u.* **-us,** *ūs m* (*praetexō*) **1.** Zierde, Schmuck; **2.** Vorwand.

prae-timeō, *uī*, — 2 vorher fürchten [*sibi*].

prae-tīnctus 3 (*-ĭ-?*; *tingō*) vorher benetzt.

praetor, *ōris m* (< **prai-i-tor*; *praeeō*) **1.** °**a**) Vorsteher; **b**) Statthalter; **c**) Bürgermeister *fremder Städte*; **2.** **a**) Anführer, Feldherr, Heerführer *außerrömischer Heere*; **b**) (*im röm. Heer*) *legatus pro praetore* Stellvertreter des Feldherrn;

3. Prätor (*seit 336 Rechtsprechung vom Konsulat losgelöst u. einem patriz.* praetor *zugesprochen*; *247 zweite Prätur für Rechtsstreitigkeiten zwischen röm. Bürgern u. Fremden* [~ peregrinus]; *später 4*, 6 *Prätoren, seit etwa 150 im Amtsjahr Vorsitzende der ständigen Gerichtshöfe* [quaestiones perpetuae] *u. im folgenden Jahr Proprätoren* [pro praetore] *in den Provinzen*; *die Zahl der Prätoren stieg bis auf 18 unter Nero*); °**4.** praetores aerarii Vorsteher der Staatskasse.

praetōriānus 3 (praetōrium) zur kaiserlichen Leibwache gehörig; *subst.* ~, ī *m* Prätorianer.

praetōricius 3 (praetor) prätorisch, vom Prätor verliehen [corona].

praetōrium, ī *n* (praetōrius) **1.** Hauptplatz *im röm. Lager*; Feldherrnzelt; °**2.** Kriegsrat; **3.** Amtswohnung des Statthalters; °**4.** kaiserliche Leibwache; praefecti praetorio *ihre beiden Kommandeure*; ** Palast, Herrenhaus, Rathaus.

praetōrius 3 (praetor) **1.** (pro)prätorisch, des Prätors, des Proprätors; **2.** dem Feldherrn eigen, des Feldherrn; porta -ia Vordertor *des Lagers* (*in der Nähe des Feldherrnzeltes*); *cf.* cohors; *subst.* ~, ī *m* **a)** gewesener Prätor; °**b)** (Mann) v. prätorischem Rang.

prae-torqueō, torsī, tortum 2 umdrehen.

prae-tractō 1 vorher beraten.

prae-trepidāns, antis (trepidō) in hastiger Eile.

prae-trepidus 3 sehr ängstlich.

prae-truncō 1 vorn abhauen.

praetūra, ae *f* (praetor) **1.** Prätur, Statthalterschaft; **2.** Feldherrnwürde, -amt (*in Griechenland*).

prae-umbrō 1 verdunkeln.

prae-ustus 3 (-ūst-?) vorn angebrannt [sudes *um sie zu härten*].

prae-ut *adv.* damit verglichen, wie.

prae-vādō, — — 3 vorbeigehen *an*; / *einer Sache* überhoben werden [dictaturam].

prae-valeō, uī, — 2 sehr stark sein; sehr viel vermögen; das Übergewicht haben.

prae-valēscō, luī, — 3 den Vorrang erhalten.

prae-validus 3 sehr stark, mächtig; / übermächtig; zu fruchtbar.

prae-vallō 1 verbarrikadieren.

praevāricātiō, ōnis *f* (praevāricor) Pflichtverletzung, Untreue *im Amt*.

praevāricātor, ōris *m* (praevāricor) ungetreuer Sachwalter; Anwalt, der es mit der Gegenseite hält; ** Sünder.

prae-vāricor 1 (vāricō) auf krummen Wegen gehen, seine Pflicht verletzen, der Gegenpartei heimlich Vorschub leisten.

prae-vehor, vectus sum 3 °**1.** vorausfahren, -reiten, -fliegen; °**2.** vorüberströmen.

prae-vēlōx, ōcis sehr schnell (auffassend).

prae-veniō, vēnī, ventum 4 zuvorkommen, überholen.

prae-verrō, — — 3 vorher (ab-)fegen.

prae-vertō, rtī, rsum 3 **1. a)** voranstellen; zuerst ins Auge fassen; °**b)** vorziehen; **c)** vorgehen, mehr gelten *als* [pietas amori]; **2. a)** vorangehen, vorlaufen; **b)** zuvorkommen [me]; vereiteln, verhüten [huic rei].

prae-vertor, — 3 **1.** sich zuvor begeben *nach, zu* [in Thessaliam]; **2.** / **a)** sich lieber wenden *zu* [ad id, ei rei]; **b)** zuvorkommen [viros]; **c)** vorziehen.

prae-videō, vīdī, vīsum 2 °**1.** zuvor sehen; **2.** / voraussehen.

prae-vitiō 1 vorher verderben.

prae-vius 3 (prae viā; *cf.* obvius) vorangehend.

prae-volō 1 voranfliegen.

prae-vort... (*altl.*) = praevert...

prāgmaticus 3 (*gr. Fw.*) geschäftskundig; *subst.* ~, ī *m* Praktiker, Rechtskundiger, Anwalt.

prandeō, andī, ānsum 2 (*cf.* prandium) **1.** frühstücken; °**2.** (zum Frühstück) verzehren.

prandium, ī *n* (*vl.* *prām „früh" + √*ed- „essen") **1.** zweites Frühstück; °**2.** (*jede*) Mahlzeit; °**3.** *das* Fressen (*der Tiere*).

prānsitō 1 (*intens. zu* prandeō) zum Frühstück essen [polentam].

prānsor, ōris *m* (prandeō) Frühstücksgast, Gast.

prānsōrius 3 (prānsor) beim (zweiten) Frühstück gebraucht.

prānsus 3 (prandeō) °**1.** der gefrühstückt hat; **2.** vollgefressen.

prasinus 3 (*gr. Fw.*) lauchgrün; *subst.* ~, ī *m* Rennfahrer der grünen Partei.

prātēnsis, e (prātum) auf Wiesen wachsend, Wiesen...

prātulum, *ī n* (*dem. v. prātum*) kleine Wiese. [Wiesenheu, Gras.]
prātum, *ī n* (*et. unklar*) Wiese; °*pl.*
prāvitās, *ātis f* (*prāvus*) Verkrümmung, Schiefheit, Verzerrung; / Verkehrtheit, Schlechtigkeit.
prāvus 3 (*m. comp., sup., adv.; et. unklar*) krumm, schief, verdreht; / verkehrt, verschroben; schlecht, unrecht, schlimm.
Prāxitelēs, *is u. ī m* (*gr.* -tęlēs) *athen. Bildhauer* (*um 400*); *adi.* -*telīus* 3.
precārius 3 (*precēs*) **1.** erbeten, erbettelt; aus Gnade gewährt; **2.** auf Widerruf gewährt; **3.** unsicher, unbeständig; ** zu Lehen gegeben; notdürftig; *kl. nur adv.* **-ō 1.** unter Bitten, aus Gnade; **2.** auf Widerruf.
precātiō, *ōnis f* (*precor*) Bitte, Gebet. [Bittsteller.]
precātor, *ōris m* (*precor*) Fürbitter,
precēs, *um f* (*im sg. nur* °*dat.*, °*acc.*, *abl.*; *cf. poscō, procus; nhd.* „fragen") **1.** Bitte, Ersuchen; **2. a)** Gebet; **b)** Verwünschung, Fluch; °**c)** Fürbitte; °**d)** Wunsch.
preciae, *ārum f* (*et. ungedeutet*) *Art* Weinreben.
precor 1 (*precēs*) **1.** bitten, beten, anrufen; **2.** *jd.* (Gutes *od.* Böses) wünschen [*bene; omnia mala Romanis*]; verfluchen.
prehendō, *endī, ēnsum* 3 (*vl.* < *prae* + **hendō* „fassen"; *cf. engl.* „get") **1.** fassen, ergreifen, nehmen; **2.** / °**a)** ertappen; **b)** in Besitz nehmen; **c)** einfangen, aufgreifen, verhaften; °**d)** erreichen, einholen; **e)** deutlich wahrnehmen.
prehēnsō *u.* (*meist*) **prēnsō** 1 (*intens. zu prehendō*) **1.** (an)fassen, ergreifen; **2.** sich um ein Amt bewerben *bei* [*patres*].
prēlum, *ī n* (*vl.* < **prem-lom; premō*) Presse, Kelter.
premō, *pressī, pressum* 3 (*et. nicht geklärt*) **1.** °**a)** drücken, pressen [*ad pectora natos*]; / beschlafen; bespringen; °**b)** keltern; °**c)** sitzen, liegen, stehen, treten *auf* [*torum, humum*]; *litus* sich dicht am Ufer halten; °**d)** beladen, belasten [*magno onere*]; / belästigen; °**e)** bedecken, umschließen, umfangen; / begraben [*ossa*]; verbergen, [*iram*]; **f)** bedrängen, hart zusetzen [*hostem obsidione*]; auf dem Fuß folgen, nachsetzen; P. in Bedrängnis sein, Not leiden [*re frumentaria*]; **g)** in Verlegenheit bringen, quälen; **h)** nachdrücklich betonen [*argumentum*]; **2. a)** eindrücken, hineinstoßen; °**b)** durchbohren [*hasta*]; °**c)** einpflanzen; °**d)** bezeichnen [*rem notā*]; **3.** °**a)** herab-, niederdrücken, senken; P. sich senken, sinken; °**b)** nieder-, zu Boden schlagen; **c)** / herabsetzen, mißachten, unterdrücken; °**4.** hemmen, dämpfen, beschneiden [*vitem*]; °**5.** beherrschen; °**6.** (*Geöffnetes*) zudrükken [*oculos*]; (*Getrenntes*) zusammendrücken; *kl. nur* / kurz fassen, abkürzen.
prēndō = *prehendō.* [Bewerbung.]
prēnsātiō, *ōnis f* (*prēnsō*) (Amts-)
prēnsō 1 *s. prehēnsō.* [ster.]
****presbyter,** *eri m* Ältester; Prie-
pressiō, *ōnis f* (*premō*) Absteifung, Stütze; Hebel, Winde. [pressen.]
pressō 1 (*intens. v. premō*) drücken,
pressūra, *ae f* (*premō*) Druck; / *aquārum.*
pressus[1] 3 (*m. comp., adv.; premō*) °**1.** gedrängt, gedrückt; *-o gradu, pede* in geschlossenen Gliedern *od.* langsam; **2. a)** (*v. d. Stimme*) gedämpft; gemäßigt, langsam; °**b)** (*im Wesen*) zögernd, zurückhaltend; **3.** knapp, kurz [*oratio*]; **4.** genau, deutlich.
pressus[2]**,** *ūs m* (*premō*) Druck; *das* Zusammendrücken; *oris* schöne Aussprache.
prēstēr, *ēris m* (*acc. pl.* -*ēras; gr. Fw.*) feuriger Wirbelwind.
pretiōsus 3 (*m.* °*comp., sup., adv.; pretium*) **1.** kostbar, prächtig; °**2.** verschwenderisch.
pretium, *ī n* (*eigtl. „das* gegenüber Befindliche; Gegenwert", *n eines adi.* **pretios*) **1.** Preis, Wert; *magno -o* teuer, *parvo -o* billig; **2. a)** Geld, Bezahlung; *-o* für Geld; **b)** Lösegeld; **3. a)** Lohn, Belohnung; *operąe -um est* es ist der Mühe wert; °**b)** Vergeltung, Strafe; **c)** Bestechung.
(**prex**) *s. precēs.*
Priamus, *ī m* (*gr.* -os) *Sohn Laomedons, Gemahl der Hekuba, König v. Troja; adi.* -*mēïus* 3; *subst.* **-mēis,** *idis f* Tochter des ~ (*Kassandra, Polyxena*); **Prīamidēs,** *ae m* Sohn des ~.

Priāpus, *ī m* (*gr.* Priāpos) *Gott der Gärten; Sinnbild der Zeugungskraft;* / (*dcht.*) *das* männliche Glied; geiler Mensch.
prīdem *adv.* (*cf.* *prī-mus; ī-dem*) längst, vor langer Zeit; ehemals,
prīdiānus 3 (*prīdiē*) gestrig. [sonst.
prī-diē *adv.* (*cf.* *prī-dem*) tags vorher; am Tage vor [Kalendas]; ~ *eius diei* am Tage vorher. [jugendlich.
prīmaevus 3 (*prīmus, aevum*)
prīmānī, *ōrum m* (*prīmus*) Soldaten der ersten Legion.
prīmārius 3 (*prīmus*) einer der ersten; vornehm, vorzüglich.
****primas,** *atis m der* Erste; Edeling; Fürst. [rang.
****primatus,** *us m* erste Stelle, Vor-
prīmigenus 3 (*prīmus, gignō*) ursprünglich, allererst.
prīmipīlāris, *is m* = *prīmipīlus.*
prīmipīlus, *ī m* (*aus prīmī pīlī sc. centuriō; cf. pīlus*[2]) Zenturio des ersten Manipels der Triarier, rangältester Hauptmann.
prīmitiae, *ārum f* (*prīmus*) Erstlinge, erster Ertrag; erster Versuch.
****primitivus** 3 *der* erste in seiner Art; *-a ecclesia* Urkirche.
prīmitus *adv.* (*prīmus*) zum ersten-
prīmō *s. prīmus.* [mal.
****primogenitus** 3 erstgeboren; *subst.* **-ta,** *orum n* Recht der Erstgeburt.
prīmōrdium, *ī n* (*prīmus, ōrdior*) **1.** erster Anfang, Ursprung; °**2.** Regierungsantritt.
prīmōris, e (*meist pl.; wohl aus prīmō ōre* „vorn am Mund") **1.** *der* vorderste; (*partit.*) *der* vordere Teil; *nasus* ~ Nasenspitze; *kl. nur* /: *-ibus labris* oberflächlich; **2.** / *der* vornehmste.
prīmulus 3 (*dem. v. prīmus*) *der* erste; **prīmulum** *adv.* zuerst.
prīmum-dum *adv.* fürs erste nun.
prīmus 3 (< **pri-is-mos; cf. prior*) **1. a**) *der* vorderste; *-um agmen* Vorhut; *der* vorderste Teil, Spitze [*impedimenta*]; vorn in *od.* an [*limine*]; **b**) *der* erste; *Idūs -ae die* nächsten Iden; **c**) *der* beginnende; *-ā nocte* mit Beginn der Nacht; *in -ā epistula* zu Anfang des Briefes; **2.** *der* vornehmste, vorzüglichste, angesehenste; **3.** *subst.* **prīmae,** *ārum f* (*sc. partes*) Hauptrolle, erster Platz, erster Preis; **prīmum,** *ī n* °**a**) Vorhut; **b**) Anfang, Beginn [*a primo*]; Vordersatz; **prīma,** *ōrum n* **a**) Anfang [*belli*] °**b**) *die* Elemente; **4.** *adv.* **a**) **prīmum** zuerst; zum erstenmal; erstens; *ubi pr., ut pr., cum pr.* sobald als; *quam pr.* möglichst bald; **b**) **prīmō** anfangs, zuerst; **c**) **in prīmīs** unter den ersten; zuerst; besonders; *cf. imprīmīs;* °**d**) **prīmē** vorzüglich.
prīnceps, *ipis* (< **prīmo-caps; prīmus, capiō*) **1.** *adi.* **a**) *der* erste, zuerst; **b**) *der* angesehenste, vornehmste; **2.** *subst. m* **a**) Urheber, Begründer, Stifter, Anstifter [*consilii*]; **b**) Antragsteller [*rogationis*]; **c**) Führer, Haupt, Herr; Wort-, Rädelsführer [*legationis*]; °*senatūs der* erste *in der Senatorenliste stehende u. einflußreichste* Senator; *pl.* führende Männer, *die* Großen [*civitatis*]; °**d**) Herrscher, Fürst, Kaiser, Regent; *uxor -is* Kaiserin; ~ *iuventutis* (*in der Republik*) Führer der Ritterzenturien, *dessen Name an der Spitze der Liste des Zensors stand,* (*seit Augustus*) erwachsener Kaisersohn, Kronprinz, Prinz; **e**) (*mil. t.t.*) **prīncipēs,** *um m urspr.* Soldaten der ersten, *später* der zweiten Schlachtfront (*zwischen den hastati u. triarii*); *daher princeps auch coll.* = Manipel der *principes u.* Zenturio der *principes;* ** *mundi* Teufel.
prīncipālis, e (*m. adv.; prīnceps*) **1. a**) *der* erste, ursprüngliche; °**b**) *der* hauptsächlichste, Haupt...; °**2.** fürstlich, kaiserlich; °**3.** zum Hauptplatz *des röm. Lagers* gehörig [*via die* breite Querstraße; *portae -es die* Seitentore].
prīncipātus, *ūs m* (*prīnceps*) **1.** erste Stelle, Vortritt [*sententiae* bei der Stimmabgabe]; **2. a**) oberste Stellung, *bsd. im Staat;* Befehlshaberstelle, Herrschaft, Hegemonie; °**b**) Kaiserwürde, Prinzipat; / *der* Prinzeps; **3.** (*philos. t.t.*) *das* leitende Prinzip, Grundkraft; **4.** Ursprung, Anfang; ** Würde, Fürstentum. [lich, ursprünglich.
prīncipiālis, e (*prīncipium*) anfäng-
prīncipium, *ī n* (*prīnceps*) **1. a**) Anfang, Ursprung; (*in, a*) *-o* von Anfang an, anfangs; °**b**) Anfänger, Urheber; **2.** / Grund, Grundlage, -stoff, Element; °**3.** *die in den Komi-*

tien zuerst abstimmende Kurie *od.* Tribus (*cf. praerogatīva*); **4.** (*pl.*) (*mil. t.t.*) °**a**) Vordertreffen, Front; **b**) Hauptplatz *des röm. Lagers*, Hauptquartier; ** Prinzip.

prior, *us* (*altl. pri-* = *prae-*) *comp.* **1.** *der* erste, vordere, vorderste (*v. zwei*); **2.** (*zeitl.*) **a**) *der* frühere, erste (*v. zwei*); (*praed.*) eher, früher, zuerst; °**b**) *der* ältere; **3.** vorzüglicher, höherstehend; °**4.** *subst* **priōrēs,** *um m* Vorfahren; **5.** *adv.* **prius** eher, früher, vorher; / lieber.

****prioratus,** *us m* Würde des Priors.

prīscus 3 (*m. adv.*; *cf. pri-or, prīstinus*) **1.** (ur)alt, altertümlich; altehrwürdig, altmodisch; °**2.** vormalig, früher; **3.** einfach, streng, nach alter Sitte.

prīstinus 3 (*cf. pri-or, prīs-cus*) **1.** vorig, ehemalig, früher; **2.** letztvergangen, letzter, gestrig.

pristis, *is f* (*gr. Fw.*; *cf. pistrīx*) Meerungeheuer, Walfisch, Hai; (*auch als Sternbild*); / schnelles Kriegsschiff.

prius-quam (*auch getr.*) eher als; ehe, bevor; lieber als (daß).

prīvātim *adv.* (*prīvātus*) **1.** in Privatverhältnissen, als Privatmann, für seine Person, in eigenem Namen; **2.** aus eigenen Mitteln; °**3.** zu Hause. [Befreitsein *von* [*doloris*].

prīvātiō, *ōnis f* (*prīvō*) Befreiung

prīvātus 3 (*prīvō*) **1. a**) einer einzelnen Person gehörig, Privat..., persönlich, eigen; °**b**) nicht fürstlich, nicht kaiserlich; °**2.** gewöhnlich, gemein; **3.** *subst.* **a**) **-us,** *ī m* Privatmann; (*in der Kaiserzeit*) Untertan; °**b**) **-um,** *ī n* Privatvermögen, -gebrauch, -haus; *in -um* zum Hausgebrauch; *in -o* zu Hause; ** *-i homines* einfache Kriegsleute, Mannschaften.

prīvīgna, *ae f* (*prīvīgnus*) Stieftochter. [sohn; *pl.* Stiefkinder.

prīvīgnus, *ī m* (*prīvus, gignō*) Stief-

prīvilēgium, *ī n* (*prīvus, lēx*) **1.** Ausnahmegesetz *für od. gegen einen einzelnen*; °**2.** Privileg, Vorrecht. [*tate*]; befreien *von* [*dolore*].

prīvō 1 (*prīvus*) berauben [*liber-*

prīvus 3 (*et. nicht klar*) **1.** einzeln, je einer; °**2.** eigen(tümlich), *ein* besonderer; °**3.** frei *von* [*militiae*].

prō¹ *u.* **prōh** *int. in Beschwörungsformeln* (*aus prō² entstanden*) o! ach! ha! wehe! leider [*pro sancte Iuppiter*; *aber pro deum atque hominum fidem*].

prō² (*altl. prōd* [*erhalten in prōdesse, prōdīre usw.*]; *cf. per, nhd.* „vor") **I.** *adv.* verhältnismäßig, im Verhältnis (*nur in prōquam u. prout erhalten*); **II.** *in der Komposition* **prō-** *u.* **prŏ-** (*prŏ- oft vor f u. in prohibeō, pronepōs, proneptis sowie* [*dcht.*] *procūrō, propellō*; *außerdem vor Vokalen*) **a**) (*räuml.*) vor, hervor, vorwärts [*prodeo*]; (*zeitl.*) vor [*proavus*]; **b**) für [*provideo*]; **c**) anstatt [*proconsul*]; **III.** *prp. b. abl.* **1.** (*räuml.*) **a**) vor, im Angesicht *von* (*Gegenstand im Rücken!*) [*aciem pro castris instruere*]; (*selten*) vor, vor ... hin [*copias pro castris producere*]; **b**) vorn auf, vorn in, vorn an [*orationem habere pro rostris*]; **2.** / **a**) für, zum Schutze, zugunsten [*pro patria pugnare, oratio pro Milone*]; **b**) für, statt, anstatt, im Namen [*carros pro vallo obicere, pontifex pro collegio respondit*]; **c**) so gut wie, wie, als [*pro deo colere, se pro cive gerere*]; **d**) zur Vergeltung, als Bezahlung, zum Lohn *für* [*pecuniam pro frumento solvere*]; **e**) im Verhältnis zu, nach Maßgabe, gemäß, nach, vermöge, kraft [*pro dignitate laudare, consilium pro tempore et pro re capere*; *pro mea parte* für meinen Teil, *pro se quisque* jeder nach seinen Kräften]; **f**) durch, auf Veranlassung von [°*aedilem pro tribuno fieri*].

****proabbas,** *atis m* Stellvertreter des Abtes.

proāgorus, *ī m* (*dor. Fw.*) erster Beamter (*in sizilischen Städten*).

pro-auctor, *ōris m* Stammvater.

pro-avia, *ae f* Urgroßmutter.

proavītus 3 (*proavus*) von den Vorfahren ererbt. [fahre, Ahnherr.

pro-avus, *ī m* Urgroßvater; Vor-

probābilis, e (*m. comp., adv.*; *probō*) **1.** beifallswert, gut, tauglich; **2.** glaublich, wahrscheinlich.

probābilitās, *ātis f* (*probābilis*) Wahrscheinlichkeit.

probātiō, *ōnis f* (*probō*) **1.** Prüfung, Musterung; **2.** Billigung, Genehmigung; °**3.** Beweis(führung); (*philos. t.t.*) logischer Beweis. [betreffend.

probātīvus 3 (*probō*) den Beweis

probātor, *ōris m* (*probō*) der gutheißt [*facti*], Lobredner.
probātus 3 (*m.* °*comp.*, *sup.*, °*adv.*; *probō*) **1. a**) erprobt, bewährt, trefflich; **b**) ehrbar; **2.** (an)genehm [*suis*].
prober, *bra, brum* (*m. comp.*; *cf. probrum*) *altl.* = *probrōsus.* [keit.]
probitās, *ātis f* (*probus*) Redlich-
probō 1 (*probus*) **1.** °**a**) prüfen, untersuchen, besichtigen; °**b**) beurteilen *nach* [*utilitate, ex eventu*]; **c**) als tüchtig anerkennen, billigen, gelten lassen; anerkennen, bestätigen; **2. a**) beifallswert erscheinen lassen; P. Beifall finden; *se -are* sich beliebt machen *bei* [*patribus*]; **b**) beweisen; **c**) ausgeben *als* [*Se.*: *se pro eunucho*]; °**d**) *jd.* (*durch Beweise*) überführen.
proboscis, *idis f* (*gr. Fw.*) Rüssel.
probrōsus 3 (*m.* °*comp.*, °*sup.*, °*adv.*; *probrum*) **1.** beschimpfend; °**2.** schimpflich, schändlich.
probrum, *ī n* (*wohl* < **pro-bhr-om*, *eigtl.* „Vor-wurf"; *prōferō*; *cf. prober*) **1. a**) schimpfliche Handlung, Schandtat; **b**) Unzucht, Ehebruch; **2. a**) Schimpf, Schande; **b**) Beschimpfung; Schmähwort.
probus 3 (*m. comp.*, °*sup.*, *adv.*; *pro* + √ *bhū-; *cf. fuō*; *eigtl.* „hervorragend") **1.** tüchtig, gut; **2.** rechtschaffen, sittsam, anständig; bescheiden; *adv.* **-ē 1.** richtig, passend; °**2.** ordentlich, sehr; °**3.** (*in Antworten*) recht so! [heit.]
procācitās, *ātis f* (*procāx*) Frech-
procāx, *ācis* (*m.* °*comp.*, °*sup.*, °*adv.*; *cf. procus, precēs*; *eigtl.* „dreist fordernd") frech, unverschämt.
prō-cēdō, *cessī, cessum* 3 **1. a**) vorwärtsschreiten, hervortreten, -kommen; **b**) (*mil. t.t.*) vordringen, -rücken, ausrücken; **c**) (öffentlich) erscheinen, sich zeigen, auftreten; **2. a**) weiterkommen, emporsteigen; **b**) (*v. d. Zeit*) vorrücken, verstreichen; weitergehen, (fort)dauern; **3. a**) Fortschritte machen; **b**) bis zu einem Punkte sich versteigen, kommen [°*eo vecordiae*]; **4. a**) ablaufen [*bene, secus*]; **b**) gelingen, glücken [*omnia prospere*].
procella, *ae f* (*procellō*) **1.** Sturm; **2.** / °**a**) Ansturm, Attacke [*equestris*]; **b**) Aufruhr, Unruhe.
pro-cellō, — — 3 (< **pro-celdō*; *cf. clādēs*) darauf stürzen; *se -ere* sich vordrängen.
procellōsus 3 (*procella*) stürmisch.
procer, *eris m* (*altl. gen. pl. procum*; < **pro-kos* „voran seiend" *nach pauper umgebildet*; *cf. reciprocus*) einer der vornehmsten; *meist pl.* **-erēs,** *um m die* Häupter, Vornehmsten, Aristokraten.
prōcēritās, *ātis f* (*prōcērus*) Schlankheit, hoher Wuchs, Länge; / Länge [*pedum* der Versfüße].
prō-cērus 3 (*m. comp.*, *sup.*, *adv.*; *crēscō*) schlank, hochgestreckt, lang; / lang [*syllabae*].
prōcessiō, *ōnis f* (*prōcēdō*) *das* Vorrücken; ** feierlicher Umzug, Prozession; Kirchgang.
prōcessus, *ūs m* (*prōcēdō*) °**1.** *das* Fortschreiten; **2.** / **a**) (guter) Fortgang; Fortschritt; °**b**) guter Ausgang, Glück.
prō-cidō, *cidī,* — 3 (*cadō*) hin-, niederfallen.
prōcinctus, *ūs m* (*-ī-?*; *prō-cingō* 3 „zum Kampf gürten") **1.** °**a**) *das* Gürten zum Kampf; **b**) *in -u* α) wenn es zum Kampf geht; °β) kampfbereit; ** Gurt, Wehrgehänge; Rüstung; / Heer, Kriegszug.
prōclāmātiō, *ōnis f* (*prōclāmō*) *das* Ausrufen, Schreien. [Schreier.]
prōclāmātor, *ōris m* (*prōclāmō*)
prō-clāmō 1 laut rufen, schreien.
prō-clīnō 1 vorwärtsbeugen, (abwärts)neigen; *kl. nur* / *P.P.P. prōclīnātus* 3 der Entscheidung nahe, auf abschüssiger Bahn.
prō-clīvis, e *u.* °**-clīvus** 3 (*m. comp.*; *adv.* °**-ē** *u.* (*loc.*) **-ī**; *prō, clīvus*) °**1.** abschüssig; **2.** / **a**) schwierig, dunkel; **b**) geneigt *zu* [*ad morbum*]; geeignet *zu*; **c**) leicht ausführbar.
prōclīvitās, *ātis f* (*prōclīvis*) °**1.** Abhang; **2.** / Geneigtheit, Neigung.
Procnē *u.* **-gnē,** *ēs f* (*gr.* -k-) *die in eine Schwalbe verwandelte Schwester der Philomele*; / Schwalbe.
procoetōn, *ōnis m* (*gr. Fw.*) Vorzimmer.
prō-cōnsul, *ulis m* (*aus prō cōnsule*) Prokonsul, gewesener Konsul; (*in der Kaiserzeit*) *Statthalter einer senatorischen Provinz.*
prōcōnsulāris, e (*prōcōnsul*) prokonsularisch, *des* Prokonsuls; (*vir*) ~ Prokonsul.
prōcōnsulātus, *ūs m* (*prōcōnsul*)

Prokonsulat, Würde eines Prokonsuls, Statthalteramt.

procor 1 (*procus*) fordern.

prōcrāstinātiō, *ōnis f* (*prōcrāstinō*) Aufschub, Vertagung.

prōcrāstinō 1 (*eigtl.* „auf morgen verlegen"; *prō, crāstinus*) aufschieben, vertagen.

prōcreātiō, *ōnis f* (*prōcreō*) Zeugung.

prōcreātor, *ōris m* (*prōcreō*) Erzeuger (*pl.* Eltern); / Schöpfer [*mundi*].

prōcreātrīx, *īcis f* (*prōcreātor*) Mutter.

prō-creō 1 zeugen; / hervorbringen, verursachen.

prō-crēscō, — — 3 entstehen; emporwachsen, größer werden.

Procrūstēs, *ae m* (*gr.* -k-) *ein Räuber in Attika, der die Wanderer auf ein Folterbrett spannte.*

prō-cubō, *uī,* — 1 hingestreckt liegen.

prō-cūdō, *cūdī, cūsum* 3 °**1.** schmieden, schärfen; **2.** / **a**) bilden [*linguam*]; **b**) schaffen, hervorbringen; °**c**) ersinnen.

procul *adv.* (*et. ungedeutet*) **1. a**) fern, in die Ferne; **b**) in der Ferne, fern *von* [*a castris*]; **c**) aus der Ferne, von ferne; **2.** / **a**) weit weg *von*; °**b**) nicht lange *vor* [*occasu solis*]; °**c**) ohne [*periculo*].

prōculcātiō, *ōnis f* (*prōculcō*) Zertrümmerung [*regni*].

prō-culcō 1 (*calcō*) niedertreten -reiten, zerstampfen; / erniedrigen.

prō-cumbō, *cubuī, cubitum* 3 (**cumbō; cf. cubō*) **1.** °**a**) (*v. Personen*) sich vor-, sich niederbeugen; **b**) (*v. Sachen*) sich zeigen; **2.** sich niederlegen, niederfallen; einstürzen; °**3.** / sinken, in Verfall geraten.

prōcūrātiō, *ōnis f* (*prōcūrō*) **1.** Besorgung, Verwaltung; Wirkungskreis; °**2.** Amt eines Prokurators, kaiserliche Finanzverwaltung; **3.** (*relig. t.t.*) Sühnung, Reinigung.

prōcūrātiuncula, *ae f* (*dem. v. prōcūrātiō*) *ein* Prokuratorpöstchen.

prōcūrātor, *ōris m* (*im Vers auch prŏ-; prōcūrō*) **1.** Verwalter; Stellvertreter, Geschäftsführer; °**2.** Prokurator (*Verwalter der kaiserlichen Einkünfte in den Provinzen*).

prōcūrātrīx, *īcis f* (*prōcūrātor*) Besorgerin.

prō-cūrō 1 (*im Vers auch prŏ-*) **1. a**) besorgen, verwalten; °**b**) pflegen [*corpus*]; **2. a**) (*für einen andern*) verwalten; °**b**) (*abs.*) *kaiserlicher* Prokurator sein; **3.** (*schlimme Vorzeichen durch Opfer*) sühnen.

prō-currō, (*cu*)*currī, cursum* 3 **1. a**) (her)vorlaufen, laufen, eilen; **b**) vor-, ausrücken; °**2.** / vorspringen, sich erstrecken [*saxa in mare*].

prōcursātiō, *ōnis f* (*prōcursō*) *das* Vorlaufen zum leichten Gefecht, Geplänkel.

prōcursātor, *ōris m* (*prōcursō*) [*meist pl.* Plänkler.]

prōcursiō, *ōnis f* (*prōcurrō*) (*rhet. t.t.*) **1.** rasches Vorschreiten *des Redners gegen die Zuhörer* (*Affekthandlung*); **2.** Abschweifung.

prō-cursō 1 (*frequ. v. prōcurrō*) vorlaufen, plänkeln.

prōcursus, *ūs m* (*prōcurrō*) *das* Vorlaufen, Ansturm.

prō-curvus 3 vorwärts gekrümmt.

procus, *ī m* (*cf. poscō, precēs*) Freier; / Bewerber.

Procyōn, *ōnis m* (*gr.* -kyōn, *eigtl.* „Vorhund") Kleiner Hund (*Gestirn*).

prōd-ambulō 1 vor dem Hause spazierengehen.

prōd-eō, *iī, itum, īre* **1. a**) hervorgehen, herauskommen, -treten; auslaufen [*ex portu*]; **b**) öffentlich auftreten [*in contionem, in scaenam*]; / **c**) sich zeigen; °**d**) werden; **2. a**) vorrücken [*in proelium*]; °**b**) hervorragen [*in aequor*]; **c**) / *extra modum* das Maß überschreiten.

prō-dīcō, *dīxī, dictum* 3 verschieben, verlegen [*diem*].

prōdigentia, *ae f* (*prōdigēns, part. praes. v. prōdigō*) Verschwendung.

prōdigiālis, e (*m. adv.; prōdigium*) **1.** böse Vorzeichen abwehrend; **2.** ungeheuerlich.

prōdigiōsus 3 (*m. adv.; prōdigium*) voller Wundergestalten, unnatürlich.

prōdigium, *ī n* (*wohl < *prō ʒaʒiom; āiō; eigtl.* „Vorhergesagtes") Wunderzeichen; / Ungeheuerlichkeit; Ungeheuer.

prōd-igō, *ēgī, āctum* 3 (*agō*) hervortreiben; / verschwenden.

prōdigus 3 (*m. adv.; prōdigō*) **1. a**) verschwenderisch; °**b**) nicht achtend; °**2.** / reich, fruchtbar; stark [*odor*].

prōditiō, *ōnis f* (*prōdō*) Verrat.

prōditor, *ōris m* (*prōdō*) Verräter; °/ *adi.* verräterisch; ** Teufel.

prō-dō, *didī, ditum* 3 **1.** °**a**) weitergeben; fortpflanzen; °**b**) / verlängern, aufschieben [*diem*]; **c**) übergeben, hinterlassen; **d**) berichten, überliefern [*memoriae*]; **2. a**) hervorbringen; an den Tag legen [*bona exempla*]; **b**) veröffentlichen, bekanntmachen; **c**) berufen, ernennen *zu* [*flaminem*]; **d**) verraten, entdecken; **e**) verräterisch ausliefern, preisgeben.

prō-doceō, — — 2 vorpredigen, lehren.

prodromus, *ī m* (*gr. Fw.*) **1.** Vorläufer, Bote; **2.** / *pl.* Nordnordostwinde (*vor Aufgang des Sirius*).

prō-dūcō, *dūxī, ductum* 3 **1. a**) vorführen, hinbringen; **b**) ausrücken lassen [*legiones*]; **c**) öffentlich auftreten lassen [testes]; **d**) ausliefern [*ad necem*]; °**e**) geleiten [*funera die* Leiche]; **f**) verlocken, verleiten; **2. a**) weiter vorschieben, vorziehen [*tormenta*]; **b**) weiter ausdehnen [*aciem*]; / (*zeitl.*) verlängern [*convivium*]; dehnen [*litteram*]; **c**) *jd.* aufhalten; °**d**) (*eine Zeit*) hinbringen; °**e**) erzeugen; auf-, großziehen; **f**) befördern [*ad honores*]; °**g**) erhöhen [*legata*].

prōductiō, *ōnis f* (*prōdūcō*) *das* Hinausschieben [*temporis*]; Verlängerung *um eine Silbe* [*verbi*]; Dehnung [*syllabae*].

prōductō 1 (*intens. v. prōdūcō*) hinziehen; *moram* verzögern.

prōductus 3 (*m. comp.*, °*sup.*, *adv.*; *prōdūcō*) **1.** °**a**) ausgedehnt, verlängert; **b**) (um eine Silbe) erweitert; **c**) gedehnt ausgesprochen, lang; **2.** sich in die Länge ziehend; **3.** *subst.* **-a,** *ōrum n* = *proēgmena*.

proēgmena, *ōrum n* (*gr. Fw.*; *t.t. der Stoa*) *die* bevorzugten Dinge (*nicht als Gut an sich, aber anderen Dingen vorzuziehen*).

proeliāris, e (*proelium*) zur Schlacht gehörig.

proeliātor, *ōris m* (*proelior*) Krieger.

proelior 1 (*proelium*) streiten, kämpfen, fechten.

proelium, *ī n* (*et. ungeklärt*) **1. a**) Kampf, Gefecht, Schlacht; °**b**) Zweikampf; °**c**) Beischlaf; **d**) Wortgefecht; °**2.** Krieg; *pl.* Krieger, Kämpfer.

profānō 1 (*profānus*) entweihen, schänden.

pro-fānus (< *prō fānō, eigtl.* „vor dem heiligen Bezirk liegend") **1.** ungeweiht, unheilig, profan; °**2.** (*in einen Gottesdienst*) nicht eingeweiht; °**3.** ruchlos; unheilverkündend; **4.** °*subst.* **-um,** *ī n* (*u. pl.*) Ungeweihtes; ** heidnisch.

profātus, *abl. ū m* (*profor*) *das* Aussprechen.

profectiō, *ōnis f* (*proficīscor*) Abreise, Abmarsch; / Herkunft.

pro-fectō *adv.* (< *prō factō* „als Tatsache") sicherlich, wahrlich, wirklich.

prōfectus, *ūs m* (*prōficiō*) Fortschritt; Erfolg.

prō-ferō, *tulī, lātum, ferre* **1. a**) hervortragen, -holen; hervorstecken, -strecken; / **b**) (*mil. t.t.*) ausliefern [*arma*]; **c**) zeigen; **2. a**) veröffentlichen; darstellen [*in medium*]; **b**) erwähnen; **3. a**) vorwärts-, weitertragen, vorrücken, -schieben [*vineas*]; **b**) (*mil. t.t.*) *signa* sich in Marsch setzen; **c**) ausdehnen, verlängern [*munitiones*]; **d**) ver-, aufschieben, vertagen; *res* Gerichtsferien machen; ** anstimmen.

professiō, *ōnis f* (*profiteor*) °**1.** öffentliches Bekenntnis, Äußerung; **2.** öffentliche Anmeldung (*v. Namen, Vermögen, Gewerbe*) [°*flagitii* als Prostituierte]; **3.** (angemeldetes) Gewerbe, Beruf; °Lehrstuhl; ** Gelübde; Bekenntnis.

professor, *ōris m* (*profiteor*) öffentlicher Lehrer, Professor.

professōrius 3 (*professor*) pedantisch.

professus 3 (*profiteor*) **1.** (*pass.*) zugestanden, offenkundig; *ex -o* vorsätzlich; **2.** (*act.*) *subst.* **-ae,** *ārum f* öffentliche Dirnen.

pro-fēstus 3 (< *prō fēstō* „vor dem Festtag") nicht festlich; *dies* Werktag.

prō-ficiō, *fēcī, fectum* 3 **1.** vorwärtskommen; **2.** / **a**) Fortschritte machen, ausrichten, gewinnen [*alqd in philosophia*]; **b**) nützen; helfen; °(*v. Heilmiteln*) wirken.

pro-ficīscor, *fectus sum* 3 (*altl. auch proficīscō, profectūrus*; *incoh. v. prōficiō*; *Wechsel v. prō- u. prō-!*) aufbrechen, (ab)reisen, (ab)marschieren; ziehen; / (*in der Rede*) weitergehen; ausgehen *von* [*a lege*]; herrühren, entstehen, abstammen.

pro-fiteor, *fessus sum* 2 (*vkl. prō-*; *fateor*) **1.** offen bekennen, gestehen; **2.** öffentlich erklären: **a**) Namen, Vermögen, Beruf melden; **b**) als Lehrfach angeben [*ius*]; se *-eri* sich ausgeben *als* [*philosophum*]; (*nkl.*) *se candidatum -eri* sich bewerben; °c) (*abs.*) öffentlicher Lehrer, Professor sein; **d**) *nomen* ~ *u.* (*abs.*) ~ sich zum Heeresdienst melden; **3.** verheißen, versprechen; ** das Klostergelübde ablegen.

prōflīgātor, *ōris m* (*prōflīgō*) Verschwender.

prōflīgātus 3 (*m. sup.*; *prōflīgō*) **1.** ruchlos; **2.** weit vorgerückt [*aetas*].

prōflīgō 1 (*prō-flīgō* 3 „niederschlagen") niederschlagen, überwältigen; / zugrunde richten,; erniedrigen; niederdrücken; abtun.

prō-flō 1 hervorblasen.

prōfluēns, *entis* (*m. adv.*; *prōfluō*) hervorfließend; / hervorströmend [*loquacitas*]; *subst. f* fließendes Wasser, *n* Redestrom.

prōfluentia, *ae f* (*prōfluēns*) *das* Hervorströmen; / (Rede-)Strom.

prō-fluō, *flūxī,* — 3 (*flŭxī?*) **1.** hervorfließen; **2.** / **a**) hervorgehen; °**b**) sich hingeben [*ad libidines*].

prōfluvium, *ī n* (*prōfluō*) *das* Hervorfließen.

pro-for, *fātus sum* 1 heraussagen; sprechen; / weissagen.

pro-fugiō, *fūgī,* — 3 **1.** (*intr.*) entfliehen, sich flüchten; **2.** (*trans.*) fliehen *vor*, meiden [*agros*].

profugus 3 (*profugiō*) flüchtig; verbannt; / unstet; *subst.* ~, *ī m* Flüchtling, Verbannter; Heimatloser; ** Abtrünniger.

pro-fundō, *fūdī, fūsum* 3 (*im Vers auch prō-*) **1. a**) vergießen [*lacrimas*]; *mediopass. u. se -ere* sich ergießen; °**b**) herabhängen lassen; *mediopass.* herabhängen; **2.** aushauchen [*animam*]; **3.** aufopfern; **4.** verschwenden.

profundus 3 (*m.* °*comp., sup.*; *vl.* < *prō fundō* „vorwärts bis zum Grund") **1. a**) tief, bodenlos [*mare*]; °**b**) hoch [*caelum*]; **2.** / **a**) unmäßig, unersättlich; °**b**) / unerschöpflich; **3.** *subst.* **-um,** *ī n* Abgrund, Meerestiefe, Meer. [schwendung.

profūsiō, *ōnis f* (*profundō*) Ver-

profūsus 3 (*m.* °*comp.,* °*sup.,* °*adv.*; *profundō*) °**1.** herabhängend [*crinis*]; **2.** unmäßig, ausgelassen; **3.** verschwenderisch; kostspielig.

prōgener, *erī m* (*-ŏ-?*) Gatte der

prō-generō 1 erzeugen. [Enkelin.

prōgeniēs, *ēī f* (*prōgignō*) **1.** Abstammung, Geschlecht; **2. a**) Nachkomme(nschaft); °**b**) Brut.

prōgenitor, *ōris m* (*prōgignō*) Stammvater. [erzeugen, gebären.

prō-gignō, *genuī, genitum* 3 (*-gī-?*)

prō-gnāriter *adv.* (*gnārus*) klipp und klar. [zeugt; **2.** entsprossen.

prōgnātus 3 (**prō-[g]nāscor*) °**1.** ge-

Prognē *s. Procnē.*

prognōstica, *ōrum n* (*gr. Fw.*) Wetterzeichen; ♀ *Titel einer v. Cicero übersetzten Schrift des Aratus.* [machung.

****programma,** *atis n* Bekannt-

prō-gredior, *gressus sum* 3 (*gradior*) **1.** vorwärtsgehen; (*mil. t.t.*) vorrücken; **2.** / **a**) fortschreiten, weitergehen; **b**) Fortschritte machen, °**c**) zu weit gehen.

prōgressiō, *ōnis f* (*prōgredior*) Fortschritt, Wachstum; (*rhet. t.t.*) Steigerung.

prōgressus, *ūs m* (*prōgredior*) *das* Fortschreiten; (*mil. t.t.*) *das* Vorrücken, Vormarsch; / Anfang; Entwicklung; Fortschritt.

progymnastēs, *ae m* (*gr. Fw.*) Vor-

prōh *s. prō*[1]. [turner (*ein Sklave*).

pro-hibeō, *uī, itum* 2 (*altl. coni. pf. -bessit*; °*synk. prōbet* = *prohibet, prōbeat* = *prohibeat*; *habeō*) **1.** fernhalten, abwehren; *commeatu* von der Zufuhr abschneiden; *senatu* vom Senate ausschließen; **2. a**) (ver)hindern [(*a*) *reditu*; *m.* inf. *od. a.c.i.*]; **b**) verwehren, verbieten; **3.** schützen, bewahren [*ab iniuria*].

prohibitiō, *ōnis f* (*prohibeō*) Verbot.

prō-iciō, *iēcī, iectum* 3 (*iaciō*) **1. a**) vor-, hinwerfen [*cibum*]; **b**) vor-, ausstrecken [*bracchium*]; P. hinausragen; **2.** hin-, wegwerfen [*arma*]; **3. a**) hinauswerfen, wegjagen; °**b**) verbannen; **4.** / **a**) verschmähen, preisgeben; °**b**) *se -ere* sich erniedrigen *zu* [*in fletus*]; °**c**) hinziehen, hinhalten. [gesetzt.

prōiectīcius 3 (*prōiectus*) aus-

prōiectiō, *ōnis f* (*prōiciō*) *das* Ausstrecken.

prōiectus[1] 3 (*m.* °*comp.,* °*sup.*; *prōiciō*) **1. a**) hervortretend, -springend, vorstehend; / **b**) hervorragend, außerordentlich; **c**) geneigt *zu* [*ad audendum*]; **2. a**) (*am* Boden) liegend; °/ **b**) verachtet, verächtlich; **c**) niedergeschlagen, demütig.

prōiectus², *abl.* *ū m* (*prōiciō*) *das* Hinwerfen; *die* ausgestreckte Lage.

pro-inde *u.* (*dcht.*) **pro-in** *adv.* (*im Vers oft zwei- bzw. einsilbig*) **1.** (*in Aufforderungen*) demnach, daher; **2.** ebenso, geradeso; ~ *ac si* gleich als ob.

prō-lābor, *lāpsus sum* 3 **1.** °**a**) vorwärtsgleiten, -rutschen, -schlüpfen; **b**) / sich hinreißen lassen *zu* [°*in misericordiam*]; **2.** °**a**) herabfallen; °**b**) einstürzen; / **c**) fehlen, sich vergehen; **d**) herunterkommen, in Verfall geraten. [Ausgleiten.

prōlāpsiō, *ōnis f* (*prōlābor*) *das*

prōlātiō, *ōnis f* (*prōferō*) **1.** *das* Vorbringen, Vortragen; Erwähnung; °**2.** Erweiterung; **3.** Verschiebung, Aufschub.

prō-lātō 1 (*intens. v. prōferō*) °**1.** erweitern; **2.** / °**a**) hinhalten; **b**) aufschieben, verzögern.

prōlectō 1 (*intens. v. prōliciō*) verlocken, reizen.

prōlēs, *is f* (< **pro-olēs*; *cf. indolēs, alō*) **1. a**) Sprößling, Nachkommen (-schaft); °**b**) Brut; **2.** junge Mannschaft.

prōlētārius 3 (**prō-lē-tus* „Kinder habend"; *prōlēs*) **1.** der untersten Volksklasse angehörend; *subst.* **-ī,** *ōrum m* Angehörige der untersten Volksklasse, Proletarier; °**2.** / niedrig, gemein.

prō-liciō, — — 3 (*laciō*; *cf. lacessō*) hervorlocken.

prō-lixus 3 (*m. comp., adv.*; *eigtl.* „vorwärts geflossen"; *liqueō*) **1.** °**a**) lang (wallend); **b**) *adv.* **-ē** reichlich; **2.** geneigt, willig; **3.** günstig, glücklich. [Redner, Sachwalter.

prōlocūtor, *ōris m* (*prōloquor*)

prologūmenē lēx (*gr. Fw.*) Gesetz mit Vorwort.

prōlogus, *ī m* (*u. prŏ-?*; *gr. Fw.*; *Vokallänge durch Anlehnung an prōloquor begünstigt*) Vorrede; Prolog; *der* Prologsprecher.

****prolongo** 1 verlängern.

prō-loquor, *locūtus sum* 3 aussprechen, sich äußern; weissagend verkünden. [gung.

prō-lubium, *ī n* (*lubet*) Lust, Nei-

prō-lūdō, *sī, sum* 3 **1.** ein Vorspiel machen; / sich vorbereiten [*ad pugnam*]; **2.** einen Vortrag einleiten.

prō-luō, *uī, ūtum* 3 (*lavō*) °**1.** anschwemmen; **2.** wegspülen; °**3.** befeuchten, benetzen. [Probe.

prōlūsiō, *ōnis f* (*prōlūdō*) Vorübung,

prōluviēs, *ēī f* (*prōluō*) **1.** Überschwemmung; °**2.** Unrat.

prō-mercālis, *e* (*mercor*) verkäuflich, feil.

prō-mereō, *uī, itum u.* **-eor,** *itus sum* 2 **1.** verdienen: **a**) sich einen Anspruch erwerben; °**b**) verschulden, sich zuziehen [*poenam*]; °**2.** erwerben [*amorem*]; **3.** (*kl. meist dep.*) sich verdient machen *um* [*bene de multis*; °*socios*]. [dienst; Schuld.

prōmeritum, *ī n* (*prōmereō*) Ver-

Promētheus, *eī u. eos m* (*gr. -theus*) *Sohn des Iapetus. Er erschuf den Menschen u. holte das Feuer vom Himmel; zur Strafe an den Kaukasus geschmiedet, von Herkules befreit*; *adi.* *-thēus* 3 [*iuga* Kaukasus]; *subst.* **-thīdēs** (*u. -thiadēs*), *ae m* Sohn des Prometheus (*Deukalion*).

prō-mineō, *uī,* — 2 (*cf. ēmineō, mōns*) **1.** hervorragen, -stehen, -treten; (*part. praes.*) °*adi.* **prōminēns,** *entis* hervorragend; °*subst. n* Vorsprung, Ausläufer; **2.** / sich erstrecken [*in posteritatem*].

prōminulus 3 (*prōmineō*) etwas hervorstehend.

prōmiscuus *u.* °**-cus** 3 (*-ī-?*; *prō, misceō*) gemischt, ungesondert, gemeinschaftlich; *conubia -a* Mischehen (*zw. Patriziern u. Plebejern*); / gemein, gewöhnlich; *kl. nur adv.* **-c(u)ē** *u.* °**-cam** ohne Unterschied, ** hier und da.

prōmissiō, *ōnis f* = *prōmissum.*

prōmissor, *ōris m* (*prōmittō*) Prahler.

prōmissum, *ī n* (*prōmittō*) Versprechen, Verheißung.

prōmissus 3 (*prōmittō*) **1.** lang (herabhängend); °**2.** viel versprechend.

prō-mittō, *mīsī, missum* 3 °**1.** (lang) wachsen lassen; **2.** / **a**) versprechen, verheißen [*alqd, de alqa re*; *a.c.i. fut.*]; *ad alqm* sich bei jd. zu Tisch ansagen; *ad cenam* eine Einladung zu Tische annehmen; *damni infecti* für den möglichen Schaden Entschädigung versprechen; **b**) *einer Gottheit etw.* geloben; **c**) vorhersagen.

prōmō, *mpsī, mptum* 3 (< **proemō*) hervornehmen, -holen; / heraus-, ans Licht bringen; zur Sprache bringen, vortragen.

prō-moneō, *uī,* — 2 im voraus warnen.
prōmontōrium = *prōmunturium.*
prōmōta, *ōrum n* (*prōmōtus,* (*P.P.P.*) *adi. v. prōmoveō*) = *proēgmena.*
****promotio,** *onis f* Förderung, Ausbreitung; Beförderung; Erhebung.
prō-moveō, *mōvī, mōtum* 2 **1. a**) vorwärts bewegen, vorschieben [*turrim*]; **b**) vorrücken lassen; *castra* vorrücken; °**2.** verlängern, erweitern; °**3.** / **a**) fördern, heben; **b**) befördern, aufrücken lassen; **c**) ans Licht bringen, offenbaren [*arcana*].
prōmptō 1 (*intens. v. prōmō*) herausgeben.
prōmptuārius 3 (*prōmptus*²; *eigtl.* „zum Herausnehmen bestimmt") Vorrats... [*cella* (*scherzh.*) Gefängnis].
prōmptus¹ 3 (*m. comp., sup., adv.*; *prōmō*) **1.** sichtbar, offen(bar); **2.** (*v. Personen*) **a**) bereit, fertig; **b**) willfährig, (bereit)willig; **c**) schlagfertig, entschlossen, rasch; **d**) freimütig; **3.** (*v. Sachen*) **a**) zur Hand; **b**) leicht, bequem; **c**) in Bereitschaft; **d**) leicht.
(**prōmptus**²), *abl. ū m* (*prōmō*) *nur in promptu m. Verb*: **1.** sichtbar, offenkundig [*esse*]; *ponere* sehen lassen; **2.** zur Hand [*habere*]; °**3.** leicht, bequem [*esse*].
prōmulgātiō, *ōnis f* (*prōmulgō*) öffentliche Bekanntmachung.
prōmulgō 1 (*et. ungedeutet*) öffentlich ankündigen.
prōmulsis, *idis f* (*prō, mulsum*) Vorgericht.
prōmunturium, *ī n* (*-tū-?*; *prōmineō, wohl mit sekundärer Anlehnung an mōns*) Vorsprung; Vorgebirge.
prōmus, *ī m* (*prōmō*) Haushofmeister; / Hüter.
prō-mūtuus 3 (als Darlehn) vorgestreckt.
pro-nepōs, *ōtis m* (*prō-?*) Urenkel.
pro-neptis, *is f* (*prō-?*) Urenkelin.
pronoea, *ae f* (*gr. Fw.*) Vorsehung.
prō-nōmen, *inis n* Fürwort, Pronomen.
prō-nuba, *ae f* (*nūbō*) Brautjungfer; *Iuno* ♀ Ehegöttin.
prōnum, *ī n* (*prōnus*) °**1.** Abhang; **2.** / Abfälliges [*nihil proni*].
prōnūntiātiō, *ōnis f* (*prōnūntiō*) **1.** öffentliche Bekanntmachung; **2.** richterliches Urteil; **3.** logischer Satz; °**4.** Vortrag.
prōnūntiātor, *ōris m* (*prōnūntiō*) Erzähler.
prōnūntiātum, *ī n* (*prōnūntiō*) [(*lcg. t.t.*) Grundsatz.
prō-nūntiō 1 **1. a**) öffentlich bekanntmachen, ausrufen; **b**) Befehl ergehen lassen; **c**) öffentlich versprechen [*praemia*]; **d**) (*vom Konsul*) *die Meinungsäußerungen der Senatoren* zusammenfassen u. darüber abstimmen lassen [*sententias*]; **e**) (*jur. t.t.*) erkennen, entscheiden; *sententiam ein* Urteil fällen; **2. a**) verkündigen, ansagen, melden, anzeigen; **b**) berichten, erzählen; **c**) (*rhet. t.t.*) vortragen.
prō-nūper *adv.* erst kürzlich.
prō-nurus, *ūs f* Gattin des Enkels.
prōnus 3 (*m.* °*comp., adv.*; *prō*²; *Bildung unsicher*) **1.** vorwärts geneigt, vornüber hängend; °**2.** abschüssig, abstürzend; **3.** / **a**) geneigt *zu* [°*in libidines*]; °**b**) gewogen, günstig; °**c**) leicht.
prooemior 1 (*prooemium*) eine Vorrede machen.
prooemium, *ī n* (*gr. Fw.*) Eingang, Vorrede; Vorspiel; / [*rixae*].
pro- *u.* **prōpāgātiō,** *ōnis f* (*propāgō*¹) **1.** Fortpflanzung; Zucht, Züchtung; **2.** Erweiterung; Verlängerung.
pro- *u.* **prōpāgātor,** *ōris m* (*propāgō*¹) Verlängerer.
pro- *u.* **prōpāgō**¹ 1 (*cf. pangō*) **1.** fortpflanzen; züchten, ziehen; **2.** ausdehnen, erweitern; verlängern, fortsetzen.
pro- *u.* **prōpāgō**², *inis f* (*propāgō*¹) **1.** Setzling, Ableger; °**2.** / **a**) Sprößling, Kind; *coll.* Nachkommenschaft; **b**) Stammbaum.
prō-palam *adv.* **1.** öffentlich; [°**2.** offenkundig.
prō-patulus 3 nach vorn hin offen, frei; *subst.*: *in -o* im Freien; °im Vorhof; °/ öffentlich.
prope (*wohl* < **pro-que*; *cf. propinquus*; *comp. propius*; *sup. proximē*) **I.** *adv.* **1.** (*räuml.*) nahe, in der Nähe; **2.** (*zeitl.*) °**a**) nahe, nahe bevorstehend; **b**) kurz vorher; **3.** / **a**) beinahe, fast; °~ *est, ut* es ist nahe daran, daß; ~ *cecidi* fast wäre ich gefallen; *proxime atque* fast ebenso wie; °**b**) gewissermaßen, wohl; **II.** *prp. b. acc.* (*m. comp., sup.*) **1.** (*räuml.*) nahe bei, in der Nähe von; **2.** (*zeitl.*) nahe an, gegen, um [*meridiem*]; *proxime* sogleich nach [*solis occasum*]; °**3.** / beinahe zu, nicht weit von [*res prope secessionem*

venit]; **III.** *adi. comp.* **propior,** *ius* **1.** (*räuml.*) näher(liegend), in größerer Nähe [°*patriae*, °*montem*]; **2.** (*zeitl.*) näher; später, jünger; **3.** / **a**) näherkommend, ähnlicher; **b**) näher verwandt, vertrauter, befreundeter, gewogener; **c**) passender, bequemer; **d**) wirksamer; **IV.** *adi. sup.* **proximus** 3 (*m. adv.*) **1.** (*räuml.*) *der* nächste, sehr nahe [*Rheno u. Rhenum*]; **2.** (*zeitl.*) **a**) nächstvergangen, *der* letzte; **b**) *der* nächstfolgende; **3.** / sehr nahe kommend, sehr ähnlich; sehr nahe verwandt; **V.** *subst.* **propiōra,** *um n* °**1.** näherliegende Punkte; **2.** Näherliegendes; °**proximum,** *ī n* nächste Nachbarschaft, nächster Punkt; **proximī,** *ōrum m* nächste Verwandte, Vertraute, Gefolge.

prope-diem *adv.* demnächst.

prō-pellō, *pulī, pulsum* 3 (*im Vers auch prŏ-*) **1. a**) vorwärts-, fortstoßen, -treiben; vor sich hertreiben; **b**) / antreiben, bewegen *zu* [°*ad mortem*]; **2. a**) vertreiben, in die Flucht schlagen; °verbannen; °**b**) abwehren.

prope-modum *u.* (*altl.*) **-modo** [*adv.* beinahe, etwa.]

prō-pendeō, *pendī, pēnsum* 2 herabhängen; / das Übergewicht haben; sich hinneigen *zu.*

prōpēnsiō, *ōnis f* (*prōpendeō*) (geistige) Neigung.

prōpēnsus 3 (*m. comp.*, °*sup.*, °*adv.*; *prōpendeō*) **1.** geneigt, sich hinneigend, willig; **2.** überwiegend, wichtig; **3.** nahekommend.

properanter *adv.* (*m. comp.*; *properāns, part. praes. v. properō*) eilends.

properantia, *ae* (*nkl.*) *u.* **properātiō,** *ōnis f* (*properō*) Eile, Eilfertigkeit.

properātō *adv.* (*properātus, P.P.P.* [*v. properō*) eilends.]

properi-pēs, *pedis* (*properus*) eilenden Fußes.

properō 1 (*properus*) °**1.** (*trans.*) beschleunigen [*iter*]; **2.** (*intr.*) eilen.

Propertius, *ī m: Sex.* ~, *römischer Elegiker* (*etwa 49–15 v.Chr.*).

properus 3 (*adv.* **-ē** *u.* **-iter**; *et. nicht geklärt*) eilig, schleunig.

prō-pexus 3 (*pectō*) herabhängend.

****propheta,** *ae m* Weissager, Prophet, Psalmist.

****prophetia,** *ae f* Weissagung.

****propheticus** 3 prophetisch.

propīn *n indecl.* (*gr. Fw.*) Vortrunk.

propīnātiō, *ōnis f* (*propīnō*) *das* Zutrinken.

propīnō 1 (*im Vers auch prō-*; *gr. Fw.*) **1.** zutrinken; °**2.** zu trinken geben; / preisgeben.

propinquitās, *ātis f* (*propinquus*) Nähe; / Verwandtschaft.

propinquō 1 (*propinquus*) **1.** (*intr.*) sich nähern; **2.** (*trans.*) beschleunigen [*augurium*].

propinquus 3 (*m.* °*adv.*; *comp. durch propior, ius, sup. durch proximus* 3 *ersetzt*; *prope*) **1.** nahe(liegend), benachbart; **2.** nahe bevorstehend; **3.** / ähnlich; verwandt; *subst.* ~, *ī m u.* **-a,** *ae f der, die* Verwandte.

propior, *ius s. prope.*

propitiō 1 (*propitius*) versöhnen [*Iovem*].

propitius 3 (< **pro-pet-ios*; *petō*) gewogen, günstig.

propnigēum, *ī n* (*-ī-?*; *gr. Fw.*) [Heizraum.]

propōla, *ae m* (*im Vers auch prō-*; *gr. Fw.*) Krämer.

prō-polluō, — — 3 noch mehr be-[flecken.]

prō-pōnō, *posuī, positum* 3 **1. a**) (öffentlich) vorlegen, hin-, aufstellen; **b**) feilbieten; **c**) öffentlich bekanntmachen; **2.** (*in der Rede*) vorbringen, -tragen, anführen; **3. a**) in Aussicht stellen, versprechen; *P.* in Aussicht stehen, vorschweben; **b**) androhen; **4.** vor Augen stellen; *sibi spem -ere* sich Hoffnung machen; **5.** sich vornehmen, beschließen; *mihi propositum est* ich habe es mir zur Aufgabe gemacht [*colligere*]; **6.** (*philos. t.t.*) *den* Vordersatz *im Syllogismus* bilden.

Propontis, *idis u. idos f* (*gr.* -tis „Vormeer") *das* Marmarameer; *adi.* -*tiacus* 3.

prō-porrō *adv.* weiter, wieder.

prōportiō, *ōnis f* (<*prō portiōne*) Verhältnis, Ebenmaß.

prōpositiō, *ōnis f* (*prōpōnō*) Vorstellung [*animi*]; Thema; Vordersatz (*im Syllogismus*); Angabe einer Tatsache; ** These; Vorschlag.

prōpositum, *ī n* (*prōpositus*) **1.** Vorsatz, Plan; Lebensplan; **2.** Thema, Hauptgegenstand; **3.** Vordersatz (*im Syllogismus*).

prōpositus 3 (*prōpōnō*) bloßge-[stellt; drohend.]

prō-praetor, *ōris m* (<*prō praetōre*) Statthalter *einer Provinz*, Proprätor; Mann von prätorischem Rang; *cf. praetor.*

propriē *adv.* (*proprius*) **1.** jeder für seine Person; **2.** eigen(tümlich), charakteristisch; **3.** vorzugsweise; **4.** im eigentlichen Sinne.
proprietās, *ātis f* (*proprius*) **1.** Eigentümlichkeit; besondere Art; °**2.** Eigentumsrecht, Besitz.
proprius 3 (*m. adv.*; *et. ungeklärt*) **1.** ausschließlich angehörig, eigen(-tümlich) [*philosophi*]; °*subst* **-um,** *ī n* Eigentum; **2.** bleibend, dauernd, beständig; **3.** charakteristisch, wesentlich; **4.** ausschließlich, persönlich; ** = *meus, tuus usw.*.
propter (< **propiter*; *prope*) **1.** *adv.* nahe, in der Nähe, daneben; **2.** *prp. b. acc.* nahe bei, neben; / wegen, aus, durch, infolge.
propter-eā *adv.* deswegen.
proptervus *s. protervus.*
prōpudiōsus 3 (*prŏ-?*; *prōpudium*) schamlos, verworfen.
prōpudium, *ī n* (*prŏ-?*; *pudet*) °**1.** Schandtat, schamlose Geilheit; **2.** Schandbube.
prōpūgnāculum, *ī n* (*-pŭgn-?*; *prōpūgnō*) Schutzwehr, Bollwerk; / Schutz; Verteidigungsgrund.
prōpūgnātiō, *ōnis f* (*-pŭgn-?*; *prōpūgnō*) Verteidigung.
prōpūgnātor, *ōris m* (*-pŭgn-?*; *prōpūgnō*) Verteidiger; Seesoldat; / Beschützer, Verfechter.
prō-pūgnō 1 (*-pŭgn-?*) **1.** (*intr.*) **a)** zum Kampf vorrücken; **b)** sich verteidigen, kämpfen *für* [*pro salute*]; **2.** (*trans.*) verteidigen [*munimenta*]. [wehr.}
prōpulsātiō, *ōnis f* (*prōpulsō*) Ab-}
prō-pulsō 1 (*intens. v. prōpellō*) zurückschlagen; abwenden, abwehren. [Luft nach vorn.}
prōpulsus, *abl. ū m das* Stoßen der}
propylaea, *ōrum n* (*gr. Fw.*) Propyläen (*Vorhallen des Aufgangs zur Akropolis in Athen*).
prō-quaestōre *m* (< *prō quaestōre*) Proquästor, *stellvertretender Quästor, höherer Provinzialbeamter.*
prō-quam *ci.* nach dem Maße wie.
prōra, *ae f* (*gr. Fw.*) **1.** Vorderdeck, Bug; °**2.** / Schiff.
prō-rēpō, *psī, ptum* 3 hervorkriechen; fortkriechen.
prōrēta, *ae m* (*ionisches Fw.*) Oberbootsmann.
prō-ripiō, *ripuī, reptum* 3 (*rapiō*) **1.** (*trans.*) hervor-, fortreißen; se -ere hervorstürzen, fortrennen; °**2.** (*intr.*) eilen. [*s. d.*) anlocken.}
prō-rītō 1 (*zu irrītō hinzugebildet*;}
prōrogātiō, *ōnis f* (*prōrogō*) °**1.** Verlängerung; **2.** Aufschub. [leidend.}
prōrogātīvus 3 (*prōrogō*) Aufschub}
prō-rogō 1 **1.** *durch einen Antrag beim Volk um ein Jahr* verlängern [*provinciam* Verwaltung einer Pr.]; / **2.** aufschieben; °**3.** vorschießen.
prō(r)sus[1] 3 (< *prōvorsus, P.P.P. v. altl. prōvortō = prōvertō*) **1.** nach vorwärts gerichtet; °**2.** / prosaisch [*oratio*; *auch subst.* **-a,** *ae f* Prosa].
prō(r)sus[2] *u.* **-sum** *adv.* (*erstarrter nom. u. acc. v. prōrsus*[1]) °**1. a)** vorwärts; *kl. nur* /; °**b)** geradeswegs; **2.** / **a)** durchaus, völlig, ganz und gar; °**b)** mit einem Worte, kurz.
prō-rumpō, *rūpī, ruptum* 3 **1.** (*intr.*) **a)** hervorbrechen, -stürzen; **b)** / ausbrechen *in* [*in haec verba*]; °**2.** (*trans.*) hervorstoßen, entfesseln; se -ere *u. mediopass.* hervorbrechen, -stürzen.
prō-ruō, *ruī, rutum* 3 **1.** (*intr.*) **a)** hervorstürzen; °**b)** nieder-, einstürzen; **2.** (*trans.*) °**a)** se *foras* hinausstürzen; **b)** umstürzen, einreißen.
prōsa, *ae f* (*s. prōrsus*[1]).
prōsāpia, *ae f* (*vl. zu sōpiō*[2]) Sippe, Geschlecht, Familie. [ne; Bühne.}
proscaenium, *ī n* (*gr. Fw.*) Vorbüh-}
prō-scindō, *scidī, scissum* 3 aufreißen; pflügen, durchfurchen [*aequora*]; / schmähen.
prō-scrībō, *scrīpsī, scrīptum* 3 **1. a)** öffentlich bekanntmachen; **b)** öffentlich ausbieten; **2. a)** (*Eigentum*) einziehen; **b)** ächten.
prōscrīptiō, *ōnis f* (*prōscrībō*) *das* Ausbieten *zum Verkauf*; / Ächtung, Proskription. [ächten wollen.}
prōscrīpturiō 4 (*desid. zu prōscrībō*)}
prō-secō, *secuī, sectum* 1 **1.** (*Opferteile*) abschneiden, opfern; *P.P.P. subst.* **prōsecta,** *ōrum n* Opferstücke; **2.** pflügen.
prō-seda, *ae f* (*prō, sedeō*) Dirne.
prō-sēminō 1 aussäen; / fortpflanzen.
prō-sequor, *secūtus sum* 3 **1. a)** begleiten, geleiten; **b)** (*feindl.*) nachsetzen [*hostem*]; **2.** *alqm alqa re* jd. etw. spenden, widmen; **3.** beschreiben, schildern.
prō-serō, *seruī, sertum* 3 hervorstrecken [*linguam*].

Prō- *u.* **Proserpina,** *ae f* (*wohl durch etr. Vermittlung* ‹ *gr.* Persephonē, *volkset. an* *prōserpō* *angelehnt*) *Tochter Jupiters u. der Ceres, Königin der Unterwelt, Gemahlin Plutos.*

prō-serpō, — — 3 vorwärts kriechen.

proseucha, *ae f* (*gr. Fw.*) *jüdischer* Gebetsort.

prō-sicō 1 (*altl.*) = *prōsecō.*

prō-siliō, *siluī,* — 4 (*saliō*) **1.** hervorspringen, -brechen; / °**2.** hervorschießen, -ragen; °**3.** irgendwohin stürmen; sich rasch *an etw.* machen.

prō-socer, *erī m* Großvater der Gattin.

prosōpopoeia, *ae f* (*gr. Fw.*) (*rhet.*) [*t.t.*] Personifikation.

prō-spectō 1 **1. a**) von ferne, in die Ferne schauen; °**b**) anschauen, mit ansehen; °**c**) Aussicht haben, gewähren [*locus*]; **2. a**) sich umsehen, spähen *nach* [*hostem*]; °**b**) erwarten, bevorstehen.

prōspectus, *ūs m* (*prōspiciō*) **1. a**) Aus-, Fernsicht; °**b**) Blick; **2.** Gesichtskreis; **3.** / Anblick.

prō-speculor 1 **1.** (*intr.*) **a**) in die Ferne schauen; **b**) kundschaften; **2.** (*trans.*) erwartungsvoll entgegensehen [*adventum*].

prosper (*Ve.*) *s. prosperus.*

prosperitās, *ātis f* (*-ō-?*; *prosperus*) Gedeihen, Glück.

prosperō 1 (*-ō-?*; *prosperus*) beglücken, gewähren.

prosper(us), *era, erum* (*-ō-?*; *m.* °*comp.*; °*sup.* *-errimus*; *adv.* **-ē** *u.* **-iter**; *vl. adv.* *prosperē* ‹ *prō* **spēre* [*altl.* = *spē*]; *hieraus nachträglich adi. gebildet*) **1.** glücklich, erwünscht; °*subst.* **-era,** *ōrum n* glückliche Umstände; °**2.** beglückend, segnend.

prōspicientia, *ae f* (*-iēns, part. praes. v. prōspiciō*) Vorsorge.

prō-spiciō, *spexī, spectum* 3 (*spēxī?*; *speciō*) **1.** (*intr.*) **a**) in die Ferne schauen, ausschauen; **b**) / (vor)sorgen [*alci*; *ut, ne*]; **2.** (*trans.*) **a**) in der Ferne, vor sich sehen; °**b**) / Aussicht gewähren *auf* [*agros*]; **c**) vorhersehen; **d**) besorgen, verschaffen [*commeatum*].

prō-sternō, *strāvī, strātum* 3 °**1.** hinlegen; (zur Unzucht) preisgeben; **2.** zu Boden werfen; / vernichten.

prōstibilis, e (**-stabilis*; *prōstō*) sich feilbietend; *subst.* **~,** *is f* Dirne.

prōstibulum, *ī n* (*prōstō*) Dirne.

prō-stituō, *uī, ūtum* 3 (*statuō*) preisgeben, prostituieren.

prōstitūtus 3 (*prōstituō*) feil; *subst.* **-a,** *ae f* öffentliche Dirne.

prō-stō, *stitī,* — 1 °**1.** hervorragen; °**2. a**) feilhalten; **b**) zum Verkauf stehen (*kl. nur* /); (*v. Dirnen*) sich öffentlich anbieten.

prō-subigō, — — 3 vor sich aufwühlen.

prō-sum, *fuī, prōdesse* **1.** nützlich sein, nützen; °**2.** (*v. Heilmitteln*) helfen.

Prōtagorās, *ae m* (*gr.* *-gorās*) *Sophist aus Abdera z. Z. d. Sokrates.*

prōtēctiō, *ōnis f* (*prōtegō*) Bedekkung, Verteidigung; ** Schutz.

prō-tegō, *tēxī, tēctum* 3 (vorn) bedecken; / beschützen, schirmen.

prō-tēlō 1 (*prōtēlum*; *sekundär an tēlum angelehnt*) fortjagen, vertreiben.

prōtēlum, *ī n* (*prōtendō*) Zugseil; / ununterbrochener Fortgang; *-o* in einem Zug.

prō-tendō, *ndī, ntum* 3 hervor-, ausstrecken.

prōtenus = *prōtinus.*

prō-terō, *trīvī, trītum* 3 **1.** nieder-, zertreten; **2.** / **a**) mißhandeln; °**b**) vernichten; vertreiben.

prō-terreō, *uī, itum* 2 fortscheuchen, verjagen.

protervitās, *ātis f* (*vor Horaz -ō-*; *protervus*) **1.** Frechheit; °**2.** Mutwille.

protervus 3 (*vor Horaz -ō-*; *m.* °*comp.*, °*adv.*; *altl.* *pro-pt-er-vus*; *petō*; *eigtl.* „vorschnell") **1.** frech, unverschämt; °**2.** keck, mutwillig.

****protestor** 1 bezeugen; beteuern.

Prōteus, *eī u. eos m* (*gr.* *-teus*) *weissagender, vielgestaltiger Meergott*; / Schlaukopf.

prothȳmē *adv.* (*gr. Fw. m. lat. Endung*) mit Vergnügen.

prothȳmia, *ae f* (*gr. Fw.*) Geneigtheit.

prōtinam *adv.* (*vor Vergil prŏ*; *prōtinus*) vorwärts; sofort.

prōtinus *adv.* (*vor Vergil prŏ-*; *erstarrter nom. sg. eines adi.*; *tenus*[2]) **1.** (*räuml.*) **a**) vorwärts, weiter fort; °**b**) unmittelbar sich anschließend, zusammenhängend; **2.** (*zeitl.*) °**a**) ununterbrochen, beständig; **b**) sofort, sogleich; **c**) gleich anfangs.

prō-tollō, — — 3 hervorstrecken; / hinausschieben, verlängern.

****protoplastus,** *i m der* zuerst geschaffene Mensch, Adam.

prōtoprāxia, *ae f* (*gr. Fw.*) Vorrecht bei Schuldforderungen.

prōtotomus 3 (*gr. Fw.*) vom ersten Schnitt, zart; *subst.* **-ī,** *ōrum m die* jungen Stengel (*vom Kohl*).

****protovestiarius,** *i m* Obergarderobenmeister.

prō-trahō, *trāxī, tractum* 3 **1.** hervorziehen, -schleppen; °**2.** / **a**) drängen, zwingen; **b**) ans Licht ziehen, offenbaren; **c**) fort-, hinabziehen; **d**) (*zeitl.*) hinziehen.

prō-trūdō, *sī, sum* 3 fortstoßen; / hinausschieben.

prō-turbō 1 forttreiben, verjagen; °/ niederwerfen.

pro-ut *ci.* je nachdem, wie.

prō-vehō, *vēxī, vectum* 3 °**1.** vorwärts-, fortführen; *kl. nur* P. fort-, wegfahren, -reiten; **2.** / **a**) zu weit führen, verleiten; P. zu weit gehen, sich hinreißen lassen; **b**) weiterbringen, fördern; P. fortschreiten, aufsteigen; °(*v. der Zeit*) vorrücken; (*P.P.P.*) *adi.* **prōvectus** 3 (*m.* °*comp.*) vorgerückt; *aetate* bejahrt.

prō-veniō, *vēnī, ventum* 4 °**1.** hervorkommen, auftreten; **2.** / **a**) (hervor)wachsen; °**b**) entstehen, aufkommen; °**c**) gelingen; °**d**) (gut od. schlecht) wegkommen.

prōventus, *ūs m* (*prōveniō*) **1.** *das* Hervorkommen, -wachsen; **2.** °**a**) Ertrag, Ernte; Vorrat; **b**) Erfolg.

prō-verbium, *ī n* (*wohl* ‹ *prō verbō* „als Beispiel") Sprichwort.

prōvidēns, *entis* (*m. comp.*, °*sup.*, *adv.*; *prōvideō*) vorsichtig.

prōvidentia, *ae f* (*prōvidēns*) **1.** *das* Vorher-, Voraussehen; **2.** Vor-, Fürsorge; °**3.** (göttliche) Vorsehung.

prō-videō, *vīdī, vīsum* 2 °**1.** in der Ferne, von fern sehen; **2. a**) vorher-, voraussehen; **b**) Sorge tragen, Vorkehrungen treffen [*saluti*]; (im voraus) besorgen, anschaffen; **c**) vorsichtig sein *od.* handeln; (*P.P.P.*; *abl. abs.*) °*proviso* mit Vorbedacht.

prōvidus 3 (*m.* °*adv.*; *prōvideō*) vorhersehend [*rerum*]; vorsichtig; vorsorglich.

prōvincia, *ae f* (*et. ungeklärt*) **1. a**) Amt, Geschäfts-, Wirkungskreis; **b**) Geschäft, Verrichtung; **c**) Oberbefehl, Kommando; **2. a**) Provinz (*unterworfenes Gebiet außerhalb Italiens*); **b**) Verwaltung einer Provinz; **3. a**) *ö. Teil der Gallia Narbonensis, j.* Provence; **b**) Provinz *Asia*; ** Gebiet; Grafschaft.

prōvinciālis, *e* (*prōvincia*) **1.** Provinz...; **2.** zur *j.* Provence gehörig, (in) der Provence; *subst.* **~,** *is m* Provinzbewohner, Provinziale; ** Landsmann.

prōvinciātim *adv.* (*prōvincia*) nach Provinzen.

prōvīsiō, *ōnis f* (*prōvideō*) = *prōvidentia.*

prō-vīsō, — — 3 (*intens. v. prōvideō*) sehen nach.

prōvīsor, *ōris m* (*prōvideō*) der vorhersieht, bedenkt; ** Sachwalter.

prōvīsus, *ūs m* (*prōvideō*) *das* Sehen in die Ferne; Sehkraft; / Voraussehen; Vorsorge.

prō-vīvō, *vīxī,* — 3 weiterleben.

prōvocātiō, *ōnis f* (*prōvocō*) °**1.** Herausforderung; **2.** Berufung *auf*, Appellation [*ad populum*].

prōvocātor, *ōris m* (*prōvocō*) °**1.** Herausforderer; **2.** *eine besondere Art v. Gladiatoren.*

prō-vocō 1 °**1.** hervor-, herausrufen; **2. a**) aufrufen, -fordern, reizen; **b**) zum Kampf *od.* Wettkampf herausfordern; **c**) / erwecken; regen; **3. a**) (*jur. t.t.*) (*an eine höhere Instanz*) appellieren; **b**) sich berufen *auf* [*ad Catonem*].

prō-volō 1 °**1.** ausfliegen; **2.** / hervorstürzen.

prō-volvō, *volvī, volūtum* 3 **1.** vorwärts wälzen, weiterrollen; **2. a**) *se -ere u. mediopass.* sich niederwerfen [*ad pedes*]; / **b**) P. gebracht werden *um* [*fortunis*]; **c**) *mediopass.* sich erniedrigen.

prō-vomō, — — 3 hervorspeien.

prō-vorsus *adv.* (*altl.*) = *prōrsus*[2].

prō-vulgō 1 öffentlich bekanntmachen, aufdecken.

prox *int.* (*ablautend zu prex?*) mit Verlaub.

proxenēta, *ae m* (*gr. Fw.*) Makler.

proximitās, *ātis f* (*proximus*) Nähe, Nachbarschaft; / nahe Verwandtschaft; Ähnlichkeit.

proximō, -mus *s. prope.*

prūdēns, *entis* (*m. comp., sup., adv.*; ‹ *prōvidēns*) **1.** wissentlich, mit Vorbedacht; **2.** einsichtsvoll, erfahren, kundig [*belli*]; **3.** klug, umsichtig, verständig.

prūdentia, *ae f* (*prūdēns*) **1.** *das* Vorherwissen; **2. a**) Einsicht, Kenntnis, Wissen [*iuris*]; **b**) Klugheit, Umsicht; °**c**) Spruchweisheit.

pruīna, *ae f (cf. nhd.* „Frost") **1.** Reif; °**2.** (*pl.*) Schnee; Winter.

pruīnōsus 3 (*pruīna*) bereift.

prūna, *ae f (cf. pruīna)* glühende Kohle.

prūniceus 3 (*prūnus*) aus Pflaumenbaumholz.

prūnum, *ī n (gr. Fw., kleinasiatischen Ursprungs)* Pflaume.

prūnus, *ī f (gr. Fw., kleinasiatischen Ursprungs)* Pflaumenbaum.

prūrīgō, *inis f (prūriō)* Jucken, Geilheit; juckender Grind.

prūriō 4 (*pruīna*) jucken; lüstern, geil sein; nach Kampf gelüsten.

Prūsia *u.* **-ās,** *ae m (gr. -sįās) König v. Bithynien, der Hannibal an die Römer ausliefern sollte.*

prytanēum *u.* **-nīum,** *ī n (gr. Fw.)* Rathaus (*in griech. Städten*).

prytanis, *is m (acc. -in; gr. Fw.) der* Prytane (*Oberbeamter in griech. Städten*).

psallō, *lī,* — 3 (*gr. Fw.*) *die* Zither spielen; zur Zither singen.

****psalmista,** *ae m* Psalmendichter.

****psalmodia,** *ae f das* Psalmensingen.

****psalmographus,** *ī m* Psalmendichter.

****psalmus,** *ī m* Psalm; Lobgesang.

psaltērium, *ī n (gr. Fw.)* zitherartiges Saiteninstrument, *der* Psalter; ** kirchliches Psalmenbuch, Saitenspiel; Psalter.

psaltēs, *ae m (gr. Fw.)* Zitherspieler; ** Psalmist.

psaltria, *ae f (gr. Fw.)* Zitherspielerin.

Psecas, *adis f (gr.* ≗ „spritzend") *Name der frisierenden Sklavin.*

psēphisma, *atis n (gr. Fw.)* Beschluß (*einer gr. Volksversammlung*).

****pseudo...** *vor subst. u. adi.* falsch.

pseudolus, *ī m (gr. Fw.)* Lügenmaul; ≗ *Komödie des Plautus.*

pseudomenos, *ī m (gr. Fw.)* Trugschluß.

pseudothyrum, *ī n (gr. Fw.)* °**1.** Hinterpförtchen; **2.** / Hintertür.

psīlocitharistēs, *ae m (gr. Fw.)* der bloß Zither spielt (*ohne Gesang*); Zitherspieler.

psīlōthrum, *ī n (gr. Fw.)* Enthaarungsmittel.

psithius 3 (*gr. Fw.*) psithisch; *vitis u. subst.* **-ia,** *ae f Traubensorte.*

psittacus, *ī m (gr. Fw.)* Papagei.

psȳchomantīum, *ī n (gr. Fw.)* Totenorakel.

psȳchrolūtēs, *ae m (gr. Fw.)* der kalte Bäder nimmt.

-pte (*Suffix, nur an pron. pers. u. poss. gehängt;* ‹ *pote* „selbst", *s. potis*) = selbst, eigen; vornehmlich.

Pthīa, *ae f (gr.* Phthįā) *St. in Thessalien, Geburtsort Achills; adi.* *-īus* 3; *Einw.* **-īōtēs,** *ae m,* **-īas,** *adis f; adi. -īōticus* 3; *Ldsch.* **-īōtis,** *idis f.*

pthisicus 3 (*gr. Fw.*) schwindsüchtig.

pthisis, *is f (acc. -in; gr. Fw.)* Schwindsucht.

ptisana, *ae f (gr. Fw.)* Gerstengrütze.

ptisanārium, *ī n (ptisana)* Aufguß (*v. Gerstengrütze od. Reis*).

Ptole- *u.* **Ptolomaeus,** *ī m Name gr. Diadochenfürsten in Ägypten; adi.* ~ 3 ägyptisch.

pūbēns, *entis (pūbeō* 2 „mannbar sein") strotzend.

pūbertās, *ātis f (pūbēs[1])* Mannbarkeit; / °Manneskraft; Bartflaum.

pūbēs[1], *eris (et. ungeklärt)* **1.** mannbar, erwachsen; °**2.** / kräftig, saftig; **3.** *subst.* **pūberēs,** *um m* waffenfähige Mannschaft, Männer.

pūbēs[2], *is (cf. pūbēs[1])* **1.** mannbare Jugend, junge Mannschaft; °**2.** Männer, Leute, Volk; °**3. a**) Scham (-gegend); **b**) Bart-; Schamhaare.

pūbēscō, *buī,* — 3 (*incoh. zu pūbeō* 2 „mannbar sein") **1.** mannbar werden; **2.** / **a**) heranwachsen, reifen; °**b**) behaart werden; °**c**) sich überziehen *mit* [*flore*].

pūblicānus, *ī m (pūblicus)* Staats-, Steuerpächter; *adi.* ~ 3 des Steuerpächters.

pūblicātiō, *ōnis f (pūblicō)* Beschlagnahme.

pūblicē *adv. (pūblicus)* **1. a**) öffentlich; von Staats wegen; **b**) im Interesse des Staates, amtlich; °**c**) auf öffentliche Kosten; °**2.** allgemein, insgesamt.

pūblicitus *adv. (pūblicus)* von Staats wegen; vor aller Welt.

pūblicō 1 (*pūblicus*) **1.** für die Staatskasse einziehen; °**2.** zum öffentlichen Gebrauch hergeben; preisgeben [*corpus suum vulgo*]; veröffentlichen [*librum*].

pūblicus 3 (*m. adv.* **-ē**, *s. d.;* ‹ *altl. poplicus; populus; volkset. an pūbēs angelehnt*) **1. a**) zum Volke, dem Volke, dem Staate gehörig; Volks..., Staats...; **b**) auf Staatskosten (stattfindend); **2. a**) allgemein; °**b**) alltäglich; **3. rēs pūblica a**) öffentliche Sache, Staatsangelegenheit, -verwaltung, -gewalt; Politik; **b**)

Staatswohl, -interesse; **c**) Staatsvermögen, -schatz; **d**) Gemeinwesen, Staat; **4.** *subst.* °**pūblicus,** *ī m* Staatssklave; °**-a,** *ae f* Allerweltshure; **pūblicum,** *ī n* **a**) Staat, Gemeinwesen; **b**) Staatseigentum, Gemeindeland; **c**) Staatskasse, -schatz; **d**) Staatseinkünfte, Steuern, Staatspacht; **e**) öffentlicher Platz, Öffentlichkeit, Straße; *in -o* öffentlich, auf der Straße; **f**) öffentliches Magazin.

Pūblilius 3 *röm. Gentilname*: *~Syrus, röm. Freigelassener aus Antiochia, Mimendichter des 1. Jahrhunderts v. Chr.* (*Sentenzensammlung*).

pudendus 3 (*pudeō*) schimpflich, schändlich; °*subst.* **-a,** *ōrum n* Schamteile.

pudēns, *entis* (*m. comp., sup., adv.*; *pudeō*) schamhaft, bescheiden.

pudeō, *uī,* — 2 (*et. ungedeutet*) **1.** sich schämen; **2.** mit Scham erfüllen; **3.** *meist impers.* **mē pudet,** *uit u.* °*itum est* ich schäme mich [*Romanorum*; *sceleris*].

pudibundus 3 (*pudeō*) verschämt.

pudīcitia, *ae f* (*pudīcus*) Schamhaftigkeit, Keuschheit; ♀ (*Li.*) *Göttin der Schamhaftigkeit.*

pudīcus 3 (*m.* °*comp.*, °*sup.*, °*adv.*; *pudeō*) schamhaft, sittsam; keusch.

pudor, *ōris m* (*pudeō*) **1.** Scham, Scheu, Schüchternheit; **2.** Ehrgefühl, Ehrenhaftigkeit; **3.** Keuschheit; °**4.** / **a**) *der* gute Name; **b**) Schamröte; **c**) Schande, Schimpf.

puella, *ae f* (*cf. puellus*) **1.** Mädchen; °**2.** Tochter; Geliebte; junge Frau.

puellāris, e (m. *adv.*; *puella*) mädchenhaft, Mädchen..., jugendlich.

puellula, *ae f* (*dem. v. puella*) Mägdlein.

puellus, *ī m* (*dem. v. puer*) Knäblein.

puer, *erī m* (*altl.*: *voc. -re, gen. pl. -rum*; *cf. putus*[1]) **1.** Kind: *meist pl.* Kinder; **2.** Knabe; junger Mann; *a -o* (*-is*) von Jugend an; **3.** Diener, Sklave, Bursche; °**4.** Junggeselle; °**5.** *Kose- od. Schimpfwort*; °**6.** Sohn.

puera, *ae f* (*puer*) Mädchen.

puerāscō, — — 3 (*incoh. zu puer*) in das Knabenalter treten.

puerīlis, e (*m.* °*comp.*, °*sup.*, *adv.*; *puer*) **1.** kindlich, jugendlich; **2.** kindisch.

puerīlitās, *ātis f* (*puerīlis*) kindisches Betragen. [Jugend.]

pueritia, *ae f* (*puer*) Kindheit;

puerpera, *ae f* (*puer, pariō*) *die* Kreißende; Wöchnerin; *adi.* *-us* 3 die Entbindung fördernd [*verba*]; ** Mutter. [bett; Niederkunft.]

puerperium, *ī n* (*puerpera*) Kind-

puertia (*Ho.*) = *pueritia.*

puerulus, *ī m* (*dem. v. puer*) Bürschlein.

pūga, *ae f* (*gr. Fw.*) Steiß.

pugil, *ilis m* (*abl. -ī*; *cf. pūgnus*) Faustkämpfer.

pugil(l)ātōrius 3 (*pugil[l]ātor* „Faustkämpfer"; *pugil[l]ātus*) vom Faustkämpfer gebraucht; *follis* Punchingball. [kampf.]

pugil(l)ātus, *ūs m* (*pugil*) Faust-

pugilicē *adv.* (*pugil*) nach Boxerart.

pugillāris, e (*pugillus* „eine Handvoll") faustgroß; *subst.* **-ēs,** *ium m u.* **-ia,** *ium n* Schreibtäfelchen.

pūgiō, *ōnis m* (*pungō*) Dolch; / *plumbeus* schwacher Beweis.

pūgiunculus, *ī m* (*dem. v. pūgiō*) kurzer Dolch, Stilett.

pūgna, *ae f* (*-ŭ-?*; *Rückbildung aus pūgnō*) **1.** Faustkampf, Schlägerei; **2. a**) Schlacht, Kampf(°spiel); °**b**) Schlachtfront; **3.** / **a**) Wortstreit; °**b**) listiger Streich; °**c**) Beischlaf.

pūgnācitās, *ātis f* (*-ŭ-?*; *pūgnāx*) Kampfbegier; / Streitlust.

pūgnāculum, *ī n* (*-ŭ-?*; *pūgnō*) Schanze, Bastei.

pūgnātor, *ōris m* (*-ŭ-?*; *pūgnō*) Kämpfer, Streiter. [Fechter...]

pūgnātōrius 3 (*-ŭ-?*; *pūgnātor*)

pūgnāx, *ācis* (*-ŭ-?*; *pūgnō*) kampflustig; / streitlustig, eigensinnig.

pūgneus 3 (*-ŭ-?*; *pūgnus*) Faust... [*mergae -ae* Faustschläge].

pūgnō 1 (*-ŭ-?*; *pūgnus*) **1.** kämpfen, streiten; / **2.** im Streite liegen [*cum Stoicis*]; widersprechen; **3.** streben *nach* [*id*; *ut, ne*].

pūgnus, *ī m* (*-ŭ-?*; *cf. pugil*) **1.** Faust; °**2.** Faustkampf; °**3.** *eine* Handvoll [*aeris*].

pulcer (*altl.*) = *pulcher.*

pulchellus 3 (*dem. v. pulcher*) schön, hübsch.

pulcher, *chra, chrum* (*m. comp., sup., adv.*; *s.u.*; *et. ungedeutet*) **1.** stattlich; schön; **2.** / **a**) herrlich, vortrefflich; tapfer; **b**) glücklich; **3.** *adv.* **-ē a**) schön; **b**) ganz gut, wohl; °**c**) teuer [*vendo*]; °**d**) (*Ausruf*) schön! recht so! [Schönheit; / Vortrefflichkeit.]

pulchritūdō, *inis f* (*pulcher*)

pūlēium, *ī n* (*et. ungedeutet, volkset.*

an pūlex angeschlossen) Polei, Flohkraut (*wohlriechende Pflanze*); / Anmut.

pūlex, *icis m* (*keine einheitliche idg. Grundform*) Floh.

pullārius, *ī m* (*pullus*[1]) Hühnerwärter.

pullātus 3 (*pullus*[2]) schwarzgekleidet; *subst.* **-ī,** *ōrum m* Leute in Arbeitskitteln, *das* niedere Volk.

pullēiāceus 3 (*pullus*[2]) schwarz.

pullulō 1 (*pullulus* „junger Trieb", *dem. v. pullus*[1]) keimen; / wuchern, wimmeln *von* [*colubris*].

pullus[1] (*vl. zu putus*[1]) °**1.** *adi.* 3 jung; **2.** *subst.* **~,** *ī m* **a**) Junges; Küchlein; / *Kosewort*; **b**) Brut; °**c**) junger Trieb.

pullus[2] (*cf. palleō*) **1.** *adi.* 3 dunkel (-farbig), schwärzlich; °unheilvoll; °**2.** *subst.* **-um,** *ī n* dunkle Farbe, dunkler Stoff.

pulmentārium, *ī n* (*pulmentum*) Zukost, Fleischspeise.

pulmentum, *ī n* (*pulpa*) Fleischspeise; Fleischportion.

pulmō, *ōnis m* (*gr. Lw.*) Lunge(n-flügel).

pulmōneus 3 (*pulmō*) Lungen...

pulpa, *ae f* (*et. nicht klar*) Fleisch.

pulpāmentum, *ī n u.* °**pulpāmen,** *inis n* (*pulpa*) Zukost, Fleisch.

pulpitum, *ī n* (*et. ungedeutet*) Brettergerüst; Tribüne, Bühne; Lehrstuhl; Pult.

puls, *tis f* (*vl. gr. Lw.*) dicker Brei.

pulsātiō, *ōnis f* (*pulsō*) °**1.** *das* Schlagen, Stoßen; **2.** Schläge, Prügel.

pulsō 1 (*intens. v. pellō*) schlagen, stoßen, klopfen; sich vergreifen *an*; / erschüttern; bewegen, anregen.

pulsus, *ūs m* (*pellō*) *das* Stoßen, Schlagen, Schlag; [°*venarum*] Puls (-schlag); / Eindruck, Anregung.

pultātiō, *ōnis f* (*pultō*) *das* Klopfen.

pulti-phagus (-fa-), *ī m u.* **-gōnidēs,** *ae m* (*puls + gr.* phagein „essen") Breiesser (= *Römer*).

pultō 1 (*intens. v. pellō*; **pultus altes P.P.P.*) klopfen *an* [*ianuam*].

pulvereus 3 (*pulvis*) aus Staub, Staub...; staubig, stäubend.

pulverulentus 3 (*pulvis*) staubig; °/ mühsam erworben.

pulvīllus, *ī m* (*-ī-?*; *dem. v. pulvīnus*) kleines Polster, Kissen.

pulvīnar, *āris n* (*pulvīnus*) Götterpolster (*beim lectisternium*); Göttermahl; °/ Polstersitz; Tempel.

pulvīnārium, *ī n* (*pulvīnus*) Götterpolster; / Ankerplatz.

pulvīnus, *ī m* (*et. ungedeutet*) (Sitz-, Kopf-)Kissen; °/ Gartenbeet.

pulvis, *eris m, selten f* (*cf. pollen*) **1. a**) Staub; Glasstaub; °**b**) (Toten-) Asche; Sand; Töpferton, Erde; **2.** / **a**) Ring-, Renn-, Kampfplatz; Tummelplatz, Feld, Bahn; °**b**) Mühe, Anstrengung.

pulvisculus, *ī m* (*dem. v. pulvis*) Stäubchen; *cum -o* ganz u. gar.

pūmex, *icis m, vereinzelt f* (*cf. spūma*) Bimsstein (*zum Glätten der Buchrollen*); Lava; Geklüft.

pūmiceus 3 (*pūmex*) aus Bimsstein, Lava; aus Bimsstein hervorfließend; / trocken [*oculi*].

pūmicō 1 (*pūmex*) mit Bimsstein glätten; (*P.P.P.*) *adi.* **pūmicātus** 3 geschniegelt.

pūmicōsus 3 (*pūmex*) bimssteinartig, porös.

pūmiliō, *ōnis m f* (*pūmilus*) Zwerg(in).

pūmilus, *ī m* (*et. ungedeutet*) Zwerg.

pūnctim *adv.* (*-ŭ-?*; *pūnctus, P.P.P. v. pungō*) stichweise.

pūnctiuncula, *ae f* (*-ŭ-?*; *dem. v. pūnctiō* „Stich"; *pungō*) leiser Stich.

pūnctum, *ī n* (*-ŭ-?*; *pungō*) °**1.** Stich; / **2.** Punkt: **a**) °*Interpunktionszeichen u. mathematischer* Punkt; **b**) (*durch einen Punkt bezeichnete*) Wahlstimme; Stimme; **c**) Pünktchen; °**d**) Auge (*auf dem Würfel*); **3. a**) Augenblick; **b**) (*in der Rede*) kleiner Abschnitt.

pungō, *pupugī, pūnctum* 3 (*pūnctum?*; *cf. pūgiō*) stechen; / verletzen, kränken.

Pūnic... *s. Poenī.*

pūniō *u.* **-or** 4 (*poena*) **1.** strafen, bestrafen; **2.** Rache nehmen *an* [*inimicos*], rächen [*necem*].

pūnītiō, *ōnis f* (*pūniō*) Bestrafung.

pūnītor, *ōris m* (*pūniō*) °**1.** Bestrafer; **2.** Rächer.

pūpa, *ae f* (*pūpus*) Mädchen.

pūpilla, *ae f* (*dem. v. pūpa*) Waise(nmädchen), Mündel; °/ Pupille.

pūpillāris, e (*m. adv.*; *pūpillus, -a*) Waisen...; unmündig.

pūpillus, *ī m* (*dem. v. pūpus*) Waisenknabe, Mündel.

puppis, *is f* (*acc. -im, abl. meist -ī*; *et. ungeklärt*) **1.** Achterdeck; °Schiff; °**2.** / Rücken.

pūpula, *ae f* (*dem. v. pūpa*) **1.** Pupille; °**2.** Auge.

pūpulus, *ī m* (*dem. v. pūpus*) Bübchen. [*auch als Kosewort.*]
pūpus, *ī m* (*Lallwort*) Bübchen;
pūrgāmen, *inis n* (*pūrgō*) **1.** Schmutz, Unrat; **2.** Sühnmittel.
pūrgāmentum, *ī n* (*pūrgō*) **1.** Unrat, Schmutz; Unkraut; **2.** / (*meist pl.*) Auswurf, Abschaum.
pūrgātiō, *ōnis f* (*pūrgō*) Reinigung; *das* Abführen; / Rechtfertigung.
****purgatorius** 3 reinigend; *subst.* **-um,** *i n* Fegefeuer.
pūrgitō 1 (*intens. v. pūrgō*) reinigen.
pūrgō 1 (*pūrus*) **1. a**) reinigen, säubern; *auch* /; **b**) (*med. t.t.*) abführen; °/ heilen; **2.** / °**a**) sühnen; **b**) rechtfertigen, entschuldigen; **c**) widerlegen [*crimen*]; °**d**) freisprechen *von* [*crimine*]; °**e**) wegschaffen.
pūrificātiō, *ōnis f* (*pūrificō*) Reinigung; ** [*Mariae* (*2. Febr.*)].
pūrificō 1 (*pūrificus* „reinigend"; *pūrus, faciō*) reinigen; entsühnen.
pūrigō (*altl.*) = *pūrgō.*
pūriter *s. pūrus.*
purpura, *ae f* (*gr. Lw.*) **1.** Purpur (-farbe); **2.** Purpurkleid, *bsd.* (*mit einem Purpurstreifen verbrämtes*) Amtskleid; °**3.** Purpurdecke.
purpurāscō, — — 3 (*purpura*) sich purpurn färben, dunkel werden.
purpurātus (*purpura*) °**1.** *adi.* 3 in Purpur gekleidet; **2.** *subst.* **~,** *ī m* Höfling.
purpureus 3 (*gr. Lw.*) **1.** purpurn; dunkel; °**2.** in Purpur gekleidet; mit einer Purpurdecke geschmückt; °**3.** glänzend, strahlend, prächtig.
purpurissātus 3 (*purpurissum*) rot geschminkt. [farbe.]
purpurissum, *ī n* (*gr. Lw.*) Purpur-
pūrulentus 3 (*m. adv.*; *pūs*) eiterig; noch roh.
pūrus 3 (*m.* °*comp., sup., adv.* **-ē** *u.* °**-iter**; *cf. putus*[2]) **1.** rein, lauter, sauber; **2.** klar, hell, heiter, blank; **3.** (*relig. t.t.*) **a**) von der Trauer befreit; entsühnt; °**b**) unbetreten; unentweiht; °**c**) entsühnend; **4.** einfach, ohne fremde Zutat; **5.** sittlich rein, rechtschaffen, keusch; **6.** (*rhet. t.t.*) schmucklos, schlicht; **7.** (*jur. t.t.*) unbedingt, ohne Vorbehalt.
pūs, *pūris n* (*cf. nhd.* „faul") Eiter; Geifer.
pusillus 3 (*m.* °*comp.*; *wohl dem. v. pullus*[1]) **1.** klein, winzig; **2.** °**a**) schwach; gering; **c**) kleinlich.

pūsiō, *ōnis m* (*pūsus* „Knäblein"; *cf. puer*) Knäblein.
pustula *u.* **pussula,** *ae f* (*dem. v. pusta, pussa* „Blase"; *Schallwort*) Bläschen, Pustel; / Bläschen *auf dem geschmolzenen Silber,* reines Silber. [versehen; rein [*argentum*].]
pustulātus 3 (*pustula*) mit Bläschen
puta *adv.* (*gekürzter imp. v. putō* „setze in Rechnung") zum Beispiel, nämlich; *ut* ~ wie z. B.
putāmen, *inis n* (*putō*) Schale.
putātiō, *ōnis f* (*putō*) *das* Beschneiden. [det.]
putātor, *ōris m* einer, der beschnei-
puteal, *ālis n* (*puteālis*) (Brunnen-) Einfassung; / Blitzmal (*geweihter, vom Blitz getroffener, brunnenähnlich ummauerter Ort*).
puteālis, e (*puteus*) Brunnen...
puteārius, *ī m* (*puteus*) Brunnengräber. [riechen, stinken.]
pūteō, *uī,* — 2 (*cf. pūs*) faulig
Puteolī, *ōrum m St. in Kampanien, j.* Pozzuoli; *adi. u. Einw.* **-lānus** (3); *subst.* **-lānum,** *ī n Landgut Ciceros.*
puter *u.* °**-tris,** *tris, tre* (*cf. pūteō*) faul(ig), morsch; / verfallen; welk [*mammae*]; schmachtend.
pūtēscō, *tuī,* — 3 (*incoh. zu pūteō*) verfaulen.
puteus, *ī m* (*vl. zu putō*) °**1.** Grube; **2. a**) künstlicher Brunnen; °**b**) Zisterne; °**c**) Verlies.
pūtidiusculus 3 (*dem. zum comp. v. pūtidus*) etwas zudringlicher.
pūtidulus 3 (*dem. v. pūtidus*) widerlich.
pūtidus 3 (*m.* °*comp.,* °*sup., adv.*; *pūteō*) **1.** faul, modrig; **2.** / °**a**) welk; **b**) widerlich; zudringlich; **c**) geziert, überladen. [Knäblein.]
putillus, *ī m* (*dem. v. putus*[1])
pūtīscō = *pūtēscō.*
putō 1 (*cf. putus*[2], *puteus*) °**1. a**) (be)schneiden; **b**) reinigen, putzen; **2.** / **a**) ins reine bringen, ordnen; **b**) schätzen, ansehen, halten *für* [*magni, pluris, pro nihilo*; *lunam sedem*; *in hostium numero*]; P. gelten *für*; **c**) überlegen, erwägen; **d**) meinen, glauben, denken; glauben *an* [*deos*]. [modriger Geruch.]
pūtor, *ōris m* (*pūteō*) Fäulnis;
putre-faciō, *fēcī, factum* 3 (*-ē-?*; *puter*) in Fäulnis bringen; morsch machen.
putrēscō, — — 3 (*incoh. zu altl.*

putreō 2 „faul sein"; *puter)* verfaulen, vermodern.

putridus 3 (*altl. putreō* 2 „faul sein"; *puter*) faul, morsch; °/ mürbe, locker.

putus¹, *ī m* (*cf. puer*) Knabe.

putus² 3 (*m. sup.*; *Rückbildung v. putō*) °**1.** lauter, unvermischt, rein; **2.** / glänzend.

pyctēs *u.* **-ta,** *ae m* (*gr. Fw.*) Faustkämpfer.

Pydna, *ae f St. in Makedonien* (*Schlacht 168*); *Einw.* **-naeī,** *ōrum m.*

pyelus, *ī f* (*gr. Fw.*) Badewanne.

pȳgargus, *ī m* (*gr. Fw.*) große Antilope.

Pygmaeus 3 *der* Pygmäen (*mythisches Zwergenvolk*; *eigtl.* „Fäustlinge"); zwergenhaft.

Pygmaliōn, *ōnis m* (*gr.* -l*i*ōn) **1.** *sagenh. Künstler, der sich in eine v. ihm geschaffene weibliche Statue verliebte*; **2.** *Bruder Didos.*

Pyladēs, *ae u. is m* (*gr.* -l*a*dēs) *Freund des Orestes*; *adi.* -*dēus* 3.

pylae, *ārum f* (*gr. Fw.*) Paß, Engpaß; °*bsd.* ♀ = *Thermopylae*; *adi.* -*lāicus* 3 bei Th. (-*ă*-?).

Pylos *u.* **-us,** *ī f St.* **1.** *in Messenien*; **2.** *in Elis, Burg Nestors*; *adi.* -*lius* 3 (*subst. m* Nestor).

pyra, *ae f* (*gr. Fw.*) Scheiterhaufen; [/ Grabmal.

pȳramis, *idis f* (*gr. Fw.*) Pyramide.

Pȳramus, *ī m* (*gr.* -os) *Geliebter der Thisbe.*

pyrethrum, *ī n* (*gr. Fw.*) Bertram (*Arzneipflanze*).

Pyriphlegethōn = *Phlegethōn.*

pyrōpus, *ī m* (*gr. Fw.*) Goldbronze (³/₄ *Kupfer*, ¹/₄ *Gold*).

Pyrr(h)a, *ae f Gemahlin des Deukalion.*

pyrr(h)icha, *ae f* (*gr. Fw.*) Waffentanz; *adi.* -*chius* 3 pyrrichisch; (*pes*) *Pyrr(h)ichius* (*Versfuß* ◡◡).

Pyrr(h)us, *ī m* (*gr.* -os) *König v. Epirus, Feind der Römer, um 280.*

Pȳthagorās, *ae m* (*gr.* -g*o*rās) *Philosoph aus Samos* (*um 550*); *adi.* -*ricus* 3; -*rēus* 3 pythagoreisch; *subst.* **-rēī,** *ōrum m* Pythagoreer.

pȳthaulēs, *ae m* (*gr. Fw.*) Flötenspieler.

Pȳthō, *ūs f* (*gr.* -th*ō*) *ältester Name für Delphi*; *adi.* -*thi(c)us* 3; *subst.* **Pȳthia,** *ōrum n die* Pythischen Spiele; **Pȳthia,** *ae f* (*gr.* -th*i*ā) *Priesterin des Apollo in Delphi.*

Pȳthōn, *ōnis m der v. Apollo getötete große Drache in Delphi.*

pȳtisma, *atis n* (*gr. Fw.*) *der bei der Weinprobe* ausgespritzte Wein.

pȳtissō 1 (*gr. Fw.*) *bei der Weinprobe* Wein ausspritzen.

pyxis, *idis f* (*gr. Fw.*) Büchse.

Q

Q. (*Abk.*) **1.** = *Quīntus*; **2.** = -*que* [*S.P.Q.R.* = *senātus populusque Rōmānus*].

Q.(B.)F.F.S. = *quod* (*bonum*) *fēlīx faustumque sit.*

quā¹ *adv.* (*abl. sg. f v. quī*; *sc. viā*) **1.** (*interr.*) auf welchem Wege? wo? wie? auf welche Weise? **2.** (*rel.*) **a)** wo, da wo; wohin; **b)** wie, auf welche Weise; °**c)** insoweit, insofern; **d)** *qua ... qua* teils ... teils, sowohl ... als auch; °**3.** (*indef.*; *enklitisch*) irgendwie, etwa [*si qua*].

qua² *s. quis, quī².*

quā-cumque *u.* **-cunque** *adv.* (*sc. viā*) **1.** wo nur immer; überall wo; °**2.** wie nur immer; auf jede Weise.

quādam-tenus *adv.* (*quīdam*) bis zu einem gewissen Punkte; *in Tmesis.*

quadra, *ae f* (*quadrus*) Viereck, Quadrat; viereckiges Stückchen, Scheibe [*casei*]; Brotscheibe.

quadrāgēnārius 3 (*quadrāgēnī*) vierzigjährig.

quadrāgēnī 3 *num. distr.* (*gen. pl.* -*um*; *quadrāgintā*) je vierzig.

****quadragesimalis,** e vierzigtägig; zur Fastenzeit gehörig.

quadrāgē(n)simus 3 *num. ord.* (*quadrāgintā*) *der* vierzigste; °*subst.* **-a,** *ae f der* Vierzigste (*als Abgabe*); ** *die* vierzigtägige Fastenzeit.

quadrāgiē(n)s *num. adv.* (*quadrāgintā*) vierzigmal.

quadrāgintā *num. card.* (*quattuor*) vierzig.

quadrāns, *antis m* (*gen. pl.* -*um*; *part. praes. v. quadrō*) *ein* Viertel: **1.** Viertelas (*Preis für ein Bad*); Heller; **2.** ¹/₄ eines *sextarius* = 3 *cyathi*; **3.** Viertelpfund.

quadrantal, *ālis n* (*quadrantālis* „den 4. Teil eines zwölfteiligen Ganzen enthaltend") *ein Hohlmaß* (*etwa 27 l*).

quadrantārius 3 (*quadrāns*) auf ein Viertel ermäßigt; ein Viertelas kostend; °*Clytaemnestra -a* Dreigroschenhure. [*circuli*].

****quadratura,** *ae f* Quadratur

quadrātus 3 (*P.P.P. v. quadrō*) **1.** viereckig; *agmen -um* Frontmarsch des schlagfertigen Heeres; °**2.** untersetzt [*corpus*]; °**3.** wohlgefügt; **4.** *subst.* **-um,** *ī n* Viereck; (*astr. t.t.*) Geviertschein.

quadri- *in Zusammensetzungen = quattuor; s. auch unter quadru-.*

quadrī-duum, *ī n* (*cf. bīduum*) Zeit von vier Tagen, vier Tage.

quadri-ennium, *ī n* (*cf. biennium*) Zeit von vier Jahren.

quadri-fāriam *adv.* (*cf. bifāriam*) in vier Teile.

quadri-fidus 3 (*findō*) in vier Teile gespalten.

quadrīga, *ae*; *kl. nur pl.* **-ae,** *ārum f* (*iugum*) Viergespann; vierspänniger Wagen. [Viergespann.

quadrīgālis, e (*quadrīga*) aus einem

quadrīgārius (*quadrīga*) °**1.** *adi.* 3 zum Viergespann gehörig; **2.** *subst.* ~, *ī m* Rennfahrer.

quadrīgātus 3 (*quadrīga*) mit einem Viergespann *als Gepräge* [*nummus*].

quadrīgulae, *ārum f* (*dem. v. quadrīgae*) kleines Viergespann.

quadri-iugus 3 *u.* **-iugis,** e (*iugum*) vierspännig; *subst.* **-ī,** *ōrum m* Viergespann.

quadri-lībris, e (*lībra*) vierpfündig.

quadri-mēstris, e (*mēnsis*) viermonatig. [vierjährig.

quadrīmulus 3 (*dem. v. quadrīmus*)

quadrīmus 3 (*quattuor, hiems*) vierjährig.

quadringēnārius 3 (*quadringēnī*) aus je vierhundert Mann bestehend.

quadringēnī 3 *num. distr.* (*quadringentī*) je vierhundert.

quadringentēsimus 3 *num. ord.* (*quadringentī*) *der* vierhundertste.

quadringentī 3 *num. card.* (*quattuor, centum*) vierhundert.

quadringentiē(n)s *num. adv.* (*quadringentī*) vierhundertmal.

quadri-partītus *u.* **-pertītus** 3 (*quattuor*; *part. pf. v. partior*) vierfach (geteilt).

quadri-rēmis, e (*rēmus*) mit vier Ruderbänken übereinander; *kl. nur subst.* ~, *is f* Vierdecker.

quadri-vium, *ī n* (*via*) Kreuzweg; ** Studium der vier höheren Wissenschaften.

quadrō 1 (*quadrus*) **1.** (*trans.*) **a**) viereckig machen; **b**) / vollständig machen; rhythmisch abschließen [*orationem*]; **2.** (*intr.*) viereckig sein: °**a**) passen; **b**) sich schicken; zutreffen, stimmen.

quadru- *s. quadri-.*

quadru-pedāns, *antis* (*quadrupēs*) galoppierend; *subst. m f* Roß.

quadru-pēs, *pedis* vierfüßig; *kl. nur subst. m f* vierfüßiges Tier; Pferd.

quadruplātor, *ōris m* (*quadruplor*) **1.** *der* (*ein Viertel der Strafgelder od. des Vermögens erhaltende*) gewerbsmäßige Denunziant; °**2.** bestechlicher Richter.

quadru-plex, *icis* (*cf. duplex*) vierfach; vier; *subst. n das* Vierfache.

quadruplicō 1 (*quadruplex*) vervierfachen, vergrößern. [zieren

quadruplor 1 (*quadruplus*) denun-

quadruplus 3 (*cf. duplus*) vierfach; *kl. nur subst.* **-um,** *ī n das* Vierfache; vierfache Summe (*als Strafe*).

quadrupul... = *quadrupl...*

quadrus 3 (*quattuor*) viereckig; *subst.* **-um,** *ī n* Viereck; *kl. nur* / (*rhet. t.t.*) *die* gehörige Form; ** Quader-, Grundstein.

quaeritō 1 (*intens. v. quaerō*) **1.** eifrig suchen; **2.** sich zu verschaffen suchen; **3.** eifrig fragen; **4.** erwerben, verdienen.

quaerō, *sīvī, sītum* 3 (*et. ungedeutet*) suchen: **1. a**) (auf)suchen; vermissen; **b**) erfordern; **2. a**) sich zu verschaffen suchen; **b**) erwerben, verdienen; **c**) bewerkstelligen; **3. a**) zu erfahren suchen, fragen [(*ab*), *de, ex alqo*]; **b**) wissenschaftlich untersuchen; **c**) gerichtlich untersuchen, ein Verhör anstellen; (*auf der Folter*) befragen [*de servis in dominos* die Skl. über die H.]; **d**) verhandeln, sich beraten *über* [*tempus*], Untersuchung anstellen [*de summo bono*]; **4. a**) sinnen *auf*, trachten *nach* [°*fugam*]; **b**) sich bemühen, wünschen [*ut*; °*inf.*]. [Suchen; Untersuchung.

quaesītiō, *ōnis f* (*quaerō*) *das*

quaesītor, *ōris m* (*quaerō*) Untersuchungsrichter.

quaesītus 3 (*m. comp., sup.*; *quaerō*) gesucht, geziert; ausgesucht, außerordentlich; *subst.* **-um,** *ī n* Frage; *pl.* gesammelte Schätze.

quaes(s)ō, — — 3 (*def.*, *nur*: °*quaesō*, °*-it, quaesumus*, °*quaesere*, °*quaesitur*; ‹ **quais(s)ō*; *quaerō*) °**1.** suchen, zu verschaffen suchen; **2.** (er)bitten; *meist eingeschoben quaesō* bitte; °**3.** fragen.
quaesticulus, *ī m* (*dem. v. quaestus*) kleiner Gewinn.
quaestiō, *ōnis f* (*quaerō*) °**1.** *das* Suchen; **2.** Frage, Untersuchung; **3.** (*jur. t.t.*) **a**) gerichtliche Untersuchung [*inter sicarios* wegen Meuchelmord]; **b**) Folterung; **c**) Untersuchungsprotokoll; **d**) Geständnis; **e**) Gerichtshof; *-es perpetuae* stehende Gerichtshöfe; **4. a**) wissenschaftliche Untersuchung; **b**) Stoff, Thema; ** Rechtsstreit; Streitfrage.
quaestiuncula, *ae f* (*dem. v. quaestiō*) wissenschaftliche Frage, Untersuchung.
quaestor, *ōris m* (*quaerō*) Quästor: **1.** (*in ältester Zeit*) Vorsitzender des Blutbannes, *d.h.* Untersuchungsrichter *peinlicher Verbrechen*; **2.** (*später*) Finanzbeamter, Schatzmeister; (*unterste Stufe der höheren Beamten*; *anfangs 2, später 4, 8, schließlich 20*) [*urbani*; *provinciales*]; °**3.** (*in d. Kaiserzeit*) Geheimschreiber; ** Ablaßhändler.
quaestōrius 3 (*quaestor*) **1.** quästorisch, den Quästor betreffend, *des* Quästors; **2.** von quästorischem Rang [*legatus*]; *subst.* **~,** *ī m* gewesener Quästor; **-um,** *ī n* °Zelt, Amtsgebäude des Quästors.
quaestuārius 3 (*quaestus*) ein Gewerbe treibend; *subst.* **-a,** *ae f* (gewerbsmäßige) Dirne.
quaestuōsus 3 (*m. comp.*, *sup.*, °*adv.*; *quaestus*) **1.** gewinnreich, einträglich; **2. a**) gewinnsüchtig; °**b**) reich.
quaestūra, *ae f* (*quaestor*) Quästur: **1.** Amt des Quästors; **2.** Kasse des Quästors; ** Lohn, Lehen.
quaestus, *ūs m* (*quaerō*) **1.** Gewinn; Vorteil, Erwerb; **2.** (Huren-) Gewerbe; ** Handel.
quā-libet *adv.* (*abl. sg. f v. quīlibet*) auf alle Weise; überall.
quālis, e (*m.* °*adv.*; *s. d.*; *Pronominalstamm* *quo-) **1.** (*interr.*) wie beschaffen? was für einer? **2.** (*rel.*) welcherlei, dergleichen, wie; *cf. tālis*; **3.** (*indef.*) irgendwie beschaffen.
quālis-cumque, *quāle-c...* (*m.* °*adv.*) **1.** (*rel.*) wie beschaffen nur immer; **2.** (*indef.*) jeder ohne Unterschied.
quālis-libet, *quāle-l...* von beliebiger Beschaffenheit.
quālis-nam, *quāle-n...* wie denn beschaffen?
quālitās, *ātis f* (*quālis*) Beschaffenheit. [so wie.]
quāliter *adv.* (*quālis*) gleichwie,
quā-lubet = *quālibet.*
quālus, *ī m u.* (*älter*) **-um,** *ī n* (*wohl* ‹ **quas-slos*; *cf. quasillus*) geflochtenes (Woll-)Körbchen.
quam *adv.* (*acc. sg. f v. quī*; *sc. viam*) **1.** (*interr. u. ausrufend*) wie sehr, wie; *~ non* wie wenig; **2.** (*rel.*) wie, als: **a**) *tam ... ~* so (sehr) ... wie; *non tam ... ~* nicht sowohl ... als vielmehr; **b**) (*nach comp. u. comp. Begriffen, z.B. mālo*) als; nachdem; *cf. postquam, priusquam*; **c**) (*m. sup.*) möglichst; *exercitus ~ maximus* ein möglichst großes Heer.
quam-diū **1.** *adv.* wie lange? **2.** *ci.* solange als, während.
quam-dūdum = *quam dūdum.*
quam-libet *u.* **-lubet** *adv.* ganz nach Belieben; wenn auch noch so sehr.
quam-ob-rem *adv.* **1.** (*interr.*) warum? weshalb? **2.** (*rel.*) weswegen, weshalb; (*im rel. Anschluß*) und deshalb, deshalb. [bald.]
quam-prīmum *adv.* möglichst
quam-quam *ci.* (*verallgemeinernde Verdoppelung*) **1.** (*kl. m. ind.*) obgleich, wiewohl; obwohl; **2.** (*im Hauptsatz*) indessen, jedoch, freilich.
quam-vīs (*eigtl.* „wie sehr du willst") **1.** *adv.* wenn auch noch so sehr, wie sehr auch; beliebig [*multi*]; **2.** *ci.* (*meist m. coni.*) wenn auch noch so; (*m. Negation*) so wenig auch.
quā-nam *adv.* wo denn?
quandō (*u. -ŏ?*; *quam* + **dō* = *nhd.* „zu"; *cf. dōnec*) **1.** *adv.* **a**) (*interr.*) wann? **b**) (*indef.*; *enklitisch nach si, nisi, ne, num usw.*) je, jemals, (irgend)einmal [*ne quando*]; **2.** *ci.* **a**) (*temp.*) als, da; **b**) (*kausal*) weil ja, da ja doch.
quandō-cumque *u.* **-cunque** (*u. -ŏ-?*) **1.** (*rel.*) wann nur, sooft nur; **2.** (*indef.*) irgendeinmal.
quandō-que (*u. -ŏ-*) °**1.** *adv.* (*indef.*) irgendeinmal; **2.** *ci.* **a**) (*zeitl.*) wann

einmal; sooft nur; **b**) (*kausal*) weil ja, da nun einmal; **c**) = et *quandō*.
quandō-quidem (*u.* -ŏ-) *ci.* da nun einmal.
quanquam = *quamquam*.
quantillus 3 (*dem. v. quantulus*) (*interr. u. rel.*) wie klein, gering; *subst.* **-um,** *ī n* wie wenig [*argenti*].
quantitās, *ātis f* (*quantus*) Größe, Menge; Anzahl; Umfang [*vocis*].
quantopere *u.* **quantō opere** *adv.* wie sehr, in wie hohem Grade; *tantopere ... ~* so sehr wie.
quantulus 3 (*dem. v. quantus*) wie klein, wie gering, wie wenig.
quantulus-cumque 3 wie klein, wie wenig auch immer; *auch i. Tmesis.*
quantum-vīs (*quantusvīs*) **1.** *adv.* (gar) sehr; **2.** *ci.* so sehr auch, obgleich, obwohl.
quantus 3 (< **quam-tos*) **1.** (*interr. u. ausrufend*) wie groß; wieviel; wie klein, wie gering; **2.** (*rel.*) so groß wie, so viel wie, so lange wie; *subst.* **-um,** *ī n* wieviel; (*gen. pretii*) **-ī** wie teuer, wie hoch; (*abl. mensurae*) **-ō** (um) wieviel, wieweit, wie sehr; *quanto ... tanto* je ... desto; (*acc.*) *adv.* **-um** soviel, soweit, inwieweit, inwiefern; irgendwie; ganz [°*incredibile quantum*].
quantus-cumque 3 wie groß, wieviel, wie wenig auch immer.
°**quantus-libet** 3 = *quantusvīs*.
quantus-quantus 3 (*Com.*) = *quantuscumque*.
quantus-vīs 3 noch so groß, beliebig groß, viel.
quā-propter *adv.* **1.** (*interr. u. rel.*; *auch i. Tmesis*) warum, weshalb; **2.** (*im rel. Anschluß*) (und) deshalb.
quāquā *adv.* (*abl. sg. f v. quisquis*) wo(hin) nur.
quāque (*abl. sg. f v. quisque*) wo nur; *s. ūsquequāque.*
quā-rē *adv.* (*abl. sg. v. quae rēs*) **1.** (*interr. u. rel.*) weswegen, weshalb; **2.** (*im rel. Anschluß*) (und) daher, (und) deshalb.
quārtadecumānī, *ōrum m* (*quārtus decimus*) Soldaten der 14. Legion.
quārtānus 3 (*quārtus*) viertägig (wiederkehrend) [*febris*]; *subst.* **-a,** *ae f* Wechselfieber; **-ī,** *ōrum m* (*Ta.*) Soldaten der 4. Legion.
quārtārius, *ī m* (*quārtus*) Viertelmaß, Quart ($^1/_4$ *des sextarius* = *0,137 l*).
quārtus 3 *num. ord.* (*quattuor*) der vierte; *subst.* ~, *ī m* (*sc. liber*) das 4. Buch; (*sc. lapis*; *Ta.*) *der* 4. Meilenstein; **-a,** *ae f* (*sc. hōra*; *Ho.*) *die* 4. Stunde; *adv.* **-um** *u.* (°*seltener*) **-ō** zum viertenmal.
qua-si (*u.* -*sī*?; < **quāmsī*) **1.** (*altl.*) = *quam sī* (*nach comp.*) als wenn; **2.** *ci.* **a**) (*m. ind.*) gleichwie, wie; **b**) (*m. coni.*) wie wenn, als ob; °weil angeblich; **3.** *adv.* gewissermaßen, gleichsam; fast, beinahe.
quasillus, *ī m* (*nkl.*) *u.* **-um,** *ī n* (*dem. v. quālus*) Spinnkörbchen.
quassātiō, *ōnis f* (*quassō*) *das* Schütteln; Erschütterung.
quassō 1 (*intens. v. quatiō*; *cf. cassō*) °**1.** (*trans.*) **a**) schütteln, erschüttern; **b**) schleudern; **c**) zerschmettern; *kl. nur* / zerrütten; °**2.** (*intr.*) wackeln; klappern.
quassus[1], *abl. ū m* (*quatiō*) *das* Schütteln.
quassus[2] 3 (*quatiō*) **1.** zerbrochen, beschädigt; **2.** zitternd, schwach; **3.** zerrüttet.
quate-faciō, *fēcī,* — 3 (*quatiō*) erschüttern.
quā-tenus **1.** *adv.* **a**) (*fragend*) (bis) wieweit? wie lange?; **b**) (*rel.*) soweit (*als*); insofern; °**2.** *ci.* weil ja, da ja doch.
quater *num. adv.* (*quattuor*) viermal.
quaternī 3 *num. distr.* (*gen. pl.* -*um*; *quattuor*) je vier.
quatiō, —, *quassum* 3 (*nur in Komposita pf.* -*cussī*; *cf. nhd.* „schütteln") °**1.** schütteln, schwingen; °**2. a**) schlagen, stoßen, stampfen, erschüttern; **b**) zerschlagen, zerschmettern; **c**) beschädigen, zerrütten; **3.** jagen, treiben; **4.** / **a**) erschüttern, rühren; °**b**) plagen, heimsuchen.
quattuor *num. card.* (*cf. nhd.* „vier").
quattuor-decim *num. card.* (*decem*) vierzehn; ~ (*ordines*) *die* ersten 14 Reihen *im Theater, die* Ritterbänke; *in ~ sedere* Ritter sein.
quattuorvirātus, *ūs m* (*quattuorvirī*) Amt der Viermänner.
quattuor-virī, *ōrum m* Viermännerausschuß.
-que *ci.* (*zum Pronominalstamm* *quo-; *urspr.* „wie"; *enklitisch*) **1. a**) und, auch; und zugleich, und dabei; °**b**) -*que* ... -*que* ... und auch; sowohl ... als auch; teils ... teils ...; **2.** und überhaupt; **3.** (und) schließlich, kurz; **4.** und somit, und so (denn), und demnach, und daher:

5. (*erklärend*) und zwar, das heißt; 6. (*adversativ*) aber, (*nach Negationen*) sondern, (und) vielmehr; 7. (*bei Zahlen*) oder, bis.

queentia, *ae f* (*queēns, part. praes. v. queō*) *das* Können, Vermögen.

quem-ad-modum *adv.* (*auch getr.*) **1.** (*interr.*) wie? auf welche Weise? **2.** (*rel.*) wie, sowie; **3.** (*nkl.*) wie z.B.

queō, *īvī u. iī, itum, īre* (*-ītum?; impf. ind. quībam, coni. quīrem, fut. quībō; part. praes. quiēns u. queēns; ind. pf. quīstis, coni. plqpf. quīssent, inf. pf. quīsse; Rückbildung aus nequeō*) können, vermögen.

quercētum, *ī n* = *querquētum.*

querceus 3 (*quercus*) von Eichen, Eichen...

quercus, *ūs f* (*cf. nhd.* „Föhre“) Eiche; °/ Eichenkranz; Eicheln.

querēla *u.* **-rella,** *ae f* (*queror*) **1.** Klage; °/ Klagelaut; **2.** Beschwerde; °**3.** Unpäßlichkeit.

queribundus 3 (*queror*) klagend.

querimōnia, *ae f* (*queror*) Klage, Beschwerde.

queritor 1 (*intens. v. queror*) [heftig klagen.]

querneus *u.* **-nus** 3 (*quercus*) von Eichen, Eichen...

queror, *questus sum 3* (*von schallmalender Wurzel*) **1.** (be)klagen, jammern; Klagetöne hören lassen; **2.** sich beklagen, sich beschweren *über* [*iniurias, de iniuriis; a. c. i.; quod*].

querquētulānus 3 (*querquētum*) mit einem Eichenhain; *mons* ≈ *alter Name des Caelius.*

querquētum, *ī n* (*quercus*) Eichen-[wald.]

querulus 3 (*queror*) **1.** klagend; kläglich; girrend; **2.** sich beklagend.

questiō, *ōnis f u.* **questus,** *ūs m* (*queror*) Klage, Wehklage.

quī[1], **quae, quod** (*altl.: gen. quōius, dat. quoi, abl. quī, dat. pl. queīs u. quīs; urspr. nur pron. interr.*) **1.** (*interr.*) (*meist adi.*) welcher? was für einer? welcherlei? wie beschaffen?; **2.** (*rel.*) (*subst. u. adi.*) **a)** der, die, das; welcher, welche, welches; wer, was; derjenige welcher; *nach n oft gen. part.* [*frumenti*]; *der rel. Attributsatz steht für gewöhnlich im ind., im coni. in der oratio obliqua u. bei besonderer Färbung:* (*cons.*) so daß [*socordia digna est, quae reprehendatur*]; (*final*) damit, um zu [*legatos misit, qui nuntiarent*]; (*kausal*) da, weil [*dux, qui nihil providisset, trepidare coepit*]; *quippe qui* da ja; *praesertim qui* zumal da; (*conc.*) obgleich [*cur tibi invideam, qui omnibus rebus abundem?*]; (*limitativ*) soweit (wenigstens) [*quod sciam*]; **b)** (*im rel. Anschluß*) = **et** *is, is autem, is enim u.ä.*

quī[2], **qua** (*seltener* **quae**), **quod** *pron. indef.* (*nach si, nisi, ne, num usw.*) = *aliquī, a, od.*

quī[3] **1.** *altl. abl. v. quī*[1] [*quicum selten auch* = *quibuscum*]; **2.** *adv.* (*erstarrter abl. v. quī*[1]) **a)** (*interr.*) α) wie? warum? inwiefern? °β) wie teuer?; **b)** (*rel.*) wodurch, wovon; °**c)** (*indef.*) irgendwie; **d)** (*in Wunschformeln*) wenn doch.

quia *ci.* (*eigtl. acc. pl. n v. quis*) weil, da; (** seit; daß; *auch statt a.c.i.*); [weil?.]

°**quianam** warum? °**quiane** etwa

quicquam *s. quisquam.*

quicquid *s. quisquis.*

quī-cum *s. quī*[1], [3].

quī-cumque, quae-c..., quod-c... *pron. rel.* (*auch i. Tmesis; subst. u. adi.*) **1.** wer auch immer, jeder der; *n sg.* wieviel nur immer [*roboris*]; jeder mögliche; **2.** = *quāliscumque.*

quī-dam, quaedam, quiddam (*subst.*) *u.* **quoddam** (*adi.*) (*altl. dat. quoidam; Pron.-Stamm* *de-; *cf. dē*) **1.** *subst.* jemand, etwas; *pl.* einige, etliche; **2.** *adi.* **a)** ein gewisser, ein (*pl.* gewisse, einige, etliche); **b)** gewissermaßen ein, sozusagen ein, eine Art von [*Plato philosophorum quasi deus quidam esse putabatur*]; **c)** ganz, wahrhaft [*admirabilis quaedam virtus*]; ** ein (*unbestimmter Artikel*).

quidem *adv.* (*stets nachgestellt*; < *quid + em; cf. īdem, autem*) **1.** (*bekräftigend*) gewiß, sicher, gerade, eben, ja, zum Beispiel; *bsd. nach pron. oft unübersetzbar*; **2.** (*limitierend*) wenigstens, freilich; **3.** (*entgegenstellend*) allerdings, aber; **4.** (*conc.*) **quidem ... sed** zwar ... aber; **5.** (*erklärend*) **et ...** ~, *auch* **et** ~ **...** und zwar, nämlich; **6. nē ... quidem** *s. nē*[2].

quid-nī *adv.* (*m. coni.*) *s. nī.*

quiēs, *ētis f* (*cf. nhd.* „Weile“) **1.** Ruhe(*platz*), Erholung; **2. a)** Schlaf; °**b)** / Nacht; Traumbild;

°**3.** *das* Schweigen, Stille; °**4. a)** Tod(esschlaf); **b)** Friede; **c)** Neutralität.
quiēscō, *ēvī, ētum* 3 (*incoh. zu quiēs*) **1.** (aus)ruhen; ruhig liegen, schlafen; **2.** verstummen, schweigen; **3.** / **a)** neutral bleiben; **b)** Privatmann sein; °**c)** zur Ruhe kommen, ungestört bleiben; °**d)** ruhen lassen, aufhören *mit* [*istam rem*]; °**e)** unbesorgt sein; ** sterben.
quiētus 3 (*m. °comp., sup., adv.; quiēscō*) **1.** ruhig; °schlafend; **2.** / °**a)** sich ruhig verhaltend, untätig; **b)** frei von Kampf *od.* Unruhen, friedlich; **c)** zurückgezogen, in Muße lebend; **d)** neutral; **e)** ungestört; °**f)** ruhig, gelassen; bedächtig; energielos.
quī-libet, quae-l..., quid-l... (*subst.*) *u.* **quod-l...** (*adi.*) jeder beliebige, *der* erste beste; *auch in Tmesis.*
quīn[1] (< *quī-ne*; *-ne*[3]; *Pl.*) = *isne,* (*quī?*)
quīn[2] (< **quī-ne* „warum nicht?") **1.** *adv.* **a)** wie nicht? warum nicht? wohlan denn! **b)** ja sogar, ja (vielmehr); (*meist quīn etiam*); **2.** *ci. m. coni.* (*urspr. zur Einleitung dubitativer Fragen*) **a)** *nach den verneinten Verben des Verhinderns, Widerstrebens, Unterlassens, Zweifelns u.ä.*) daß; **b)** (*in Konsekutivsätzen nach negativem Hauptsatz*) = *quī nōn, quae nōn, quod nōn* = *ut non* daß nicht, ohne daß, ohne zu; **c)** *non quin* nicht als ob nicht.
quī-nam, quae-n..., quod-n... *pron. interr.* welcher denn?
quīna-vīcēnāria lēx (*auch getr.*; *quīnī vīcēnī*) „Fünfundzwanzigjährigengesetz" = *lēx Plaetōria* (*Gesetz, das Verträge mit Jugendlichen unter 25 Jahren verbot*).
Quīnctīlis = *Quīntīlis.*
Quīnctius 3 *röm. Gentilname*: **1.** *s. Cincinnātus*; **2.** *T.* ~ *Flāminīnus, Besieger Philipps V. 197*; *adi. -iānus* 3.
quīncūnx, *ūncis m* (*quīnque, ūncia*) fünf Unzen ($^5/_{12}$ *eines As, d.h. eines zwölfteiligen Ganzen*): °**1. a)** $^5/_{12}$ einer Erbschaft; **b)** (*Münze*) $^5/_{12}$ As; **c)** (*Hohlmaß*) $^5/_{12}$ des *sextārius* = 0,225 l = 5 Spitzgläser; **2. a)** *die* Fünf auf dem Würfel :·:; **b)** Kreuzstellung; *in quincuncem* in schrägen Reihen gepflanzt.
quīncupedal, *ālis n* (*quīnque, pedālis*) Meßstange von 5 Fuß Länge.
quīndeciē(n)s *num. adv.* (*quīndecim*) fünfzehnmal.
quīn-decim *num. card.* (*quīnque, decem*) fünfzehn.
quīndecim-prīmī, *ōrum m* die 15 ersten Senatoren eines Munizipiums.
quīndecimvirālis, e (*quīndecimvirī*) die Fünfzehnmänner betreffend.
quīndecim-virī, *ōrum* (*selten sg. -vir*; °*auch getr.*) *m* (Priesterkollegium der) Fünfzehnmänner (*Aufsicht über die Sibyllinischen Bücher*).
quīngēnārius 3 (*quīngēnī*) aus je 500 Mann bestehend.
quīngēnī 3 *num. distr.* (*quīngentī*) je fünfhundert.
quīngentēsimus 3 *num. ord.* (*quīngentī*) *der* fünfhundertste.
quīngentī 3 *num. card.* (*Abk.* D; *quīnque, centum*) fünfhundert; °/ *unbestimmt große Zahl.*
quīngentiē(n)s *num. adv.* (*quīngentī*) fünfhundertmal.
quīnī 3 *num. distr.* (*gen. pl. -um*; *quīnque*) je fünf; ~ *dēnī* je fünfzehn; (*dcht.*) fünf.
quīnquāgēnārius 3 (*quīnquāgēnī*) [fünfzigjährig.]
quīnquāgēnī 3 *num. distr.* (*quīnquāgintā*) je fünfzig; / (*dcht.*) fünfzig.
quīnquāgēsiē(n)s (*Pl.*) = *quīnquāgiē(n)s.*
quīnquāgēsimus 3 *num. ord.* (*quīnquāgintā*) *der* fünfzigste; *subst.* **-a,** *ae f* Fünfzigstel (*als Abgabe*).
quīnquāgiē(n)s *num. adv.* (*quīnquāgintā*) fünfzigmal.
quīnquāgintā *num. card.* (*Abk.* L) [fünfzig.]
quīnquātrūs, *uum f u.* °**-tria,** *ium n* (*quīnque*) *die* Quinquatren: **1.** *māiōrēs das* (*am 5. Tag nach den Iden des März beginnende*) größere Minervafest *der artifices* (*d.h. der Handwerker, Ärzte, Lehrer*), *urspr. Marsfest vom 19. bis 23. März*; **2.** *minōrēs das* kleinere Minervafest *der tibicines* (*am 13. Juni*).
quīnque[1] *num. card. indecl.* (*cf. nhd.* „fünf") fünf; °/ ein paar.
quīnque[2] (*Pl.*) = *et quīn.*
quīnquennālis, e (*quīnquennis*) „fünfjährig": **1.** alle vier Jahre stattfindend; °**2.** fünf Jahre dauernd, sich auf fünf Jahre erstreckend.
quīnqu-ennis, e (*quīnque, annus*

„fünfjährig": **1.** fünf Jahre alt; **2.** alle vier Jahre gefeiert [*Olympias*].
quīnquennium, *ī n* (*quīnque, annus*) [Zeit von fünf Jahren.
quīnque-pedal, = *quīncupedal.*
quīnque-pertītus 3 (= *partītus, part. pf. v. partior*) fünffältig.
quīnque-prīmī, *ōrum m die* fünf ersten Senatoren (*eines Munizipiums*).
quīnque-rēmis, e (*rēmus*) mit fünf Ruderbänken übereinander [*navis*]; *kl. nur subst.* ~, *is f* Fünfdecker.
quīnquevirātus, *ūs m* (*quīnquevirī*) Fünfmänneramt.
quīnque-virī, *ōrum m* (*selten sg. -vir*) Fünfmänner (*fünfköpfiges Kollegium*) [*agro dividendo*].
quīnquiē(n)s *num. adv.* (*quīnque*) fünfmal.
quīnqui-plex, *plicis* (*cf. duplex*) fünffältig; *cēra* Schreibtafel *mit* 5 Wachsplatten.
quīnquiplicō 1 (*quīnquiplex*) verfünffachen.
quīntadecimānī, *ōrum m* (*u. -decu-; -tā-?; quīntus decimus*) Soldaten der fünfzehnten Legion.
quīntāna, *ae f* (*sc. via; quīntus*) Querweg *im röm. Lager zw. den fünften u. sechsten Manipeln.*
quīntānī, *ōrum m* (*quīntus*) Soldaten der fünften Legion.
Quīntiliānus, *ī m röm. cogn.*: *M. Fabius* ~, *Rhetor in Rom unter Domitian* (*Vfssr. v. De institutione oratoria*).
Quīntīlis, e (*quīntus*) zum Juli gehörend; *subst.* ~, *is m* (*sc. mēnsis*; *5. Monat, ab März gerechnet*; *später Cäsar zu Ehren Iūlius genannt*) Juli.
quīntus 3 *num. ord.* (*quīnque*) *der* fünfte; ♀ *röm. Vorname*; °*adv.* (*zeitl.*) **-um,** (*der Reihenfolge nach*) **-ō** zum fünftenmal.
quīpiam *adv.* (*quispiam*) auf irgendeine Weise.
quippe *adv.* (< **quid-pe*; *cf. nem-pe*) freilich, natürlich, allerdings, ja; **quippe quī** (*kl. m. coni.*) da er ja.
quippiam *s. quispiam.*
quippinī *adv.* (*quippe, nī*) warum denn nicht? selbstverständlich.
Quirīnālis, e (*Quirīnus*) Quirinus eigen, geweiht [*collis*; *j.* Monte Cavallo].
Quirīnus, *ī m* (*Quirīs*) *verschollener röm. Gott*; *später der zum Gott erhobene Romulus m. Kultstätte auf dem Quirinal*; *der 293 dort erbaute Tempel im Jahre 16 von Augustus restauriert*; °*adi.* ~ 3 [*collis* = *Quirīnālis*]; *subst.* **-a,** *ae f röm. Tribus.*
Quirīs, *ītis, meist pl.* **Quirītēs,** *um m* (*wohl sabinisches Wort*; *cf. Curēs, cūria*) Quirit: °**1.** Bewohner der *sabinischen St. Curēs*; **2. a**) röm. Vollbürger; **b**) Zivilist, Spießbürger; °**c**) Arbeitsbiene.
quirītātiō, *ōnis f u.* **-tātus,** *ūs m* (*quirītō*) Angstgeschrei; Hilferuf.
quirītō 1 (*wohl zu Quirītēs*; *eigtl.* „‚Quiriten!' rufen") um Hilfe rufen; laut schreien.
quis, quid (*cf. nhd.* „wer") *subst., sehr selten adi. pron.* **1.** (*interr.*) wer? was? was für einer?; °*quid hoc rei est?* was geht hier vor?; *quid argenti?* wieviel Geld?; *adi.* welcher? was für ein?; *adv.* **quid** was? wozu? wie?; *quid ita?* wieso?; *quid vero?* ferner, ja noch mehr!; *quid? quod* was soll man gar dazu sagen, daß? ja sogar, noch mehr; *quid ergo? quid igitur?* was also? wie also?; **2. quis, qua** *u.* **quae, quid** (*indef.*; *nach si, nisi, ne, num usw.*) irgendwer, irgendeiner, jemand, etwas [*dixerit quis*].
quisnam, quidnam *pron.* **1.** (*interr.*; *auch i. Tmesis*) wer denn?, was denn?; °**2.** (*indef. nach num*) jemand, etwas.
quis-piam, quaepiam, quidpiam *u.* **quippiam** (*subst.*) *u.* **quodpiam** (*adi.*) *pron. indef.* (< **quis-pe-iam*) (irgend) jemand, irgendein(er), irgend etwas; *adv.* **quidpiam** etwas, irgendwie.
quis-quam, (*quae-quam*), **quidquam** *u.* **quic-quam** *pron. indef.* (*eigtl.* „jemand irgendwie") (irgend) jemand, irgendeiner, überhaupt einer, etwas (*meist subst. in negativen Sätzen*).
quis-que, quae-que, quid-que (*subst.*) *u.* **quod-que** (*adi.*) (*wohl quis* „jemand" + *que* „wie, auch") **1.** *pron. indef.* jeder (für sich), jeder einzelne: **a**) (*nach num. ord.*) *decimus quisque* allemal *der* zehnte; *quinto quoque anno* alle vier Jahre; *primus quisque* einer nach dem anderen; **b**) (*nach sup.*) *optimus quisque* gerade die Besten = alle Guten; **c**) (*nach pron. rel. u. interr.*)

[*quam quisque norit artem, in hac se exerceat*]; **d**) (*nach pron. refl.*) *pro se quisque* jeder für sich; **e**) (*in Vergleichssätzen*) *ut quisque* (*m. sup.*) ... *ita* (*m. sup.*) je (*m. comp.*) ... desto (*m. comp.*) [*ut quisque optimus est, ita maxime gloriā ducitur*]; **2.** (*dcht.*) *pron. rel.* = *quisquis od. quīcumque.*

quisquiliae, *ārum f* (*mittelbar aus dem Gr. stammend*) Auswurf, Gelichter.

quisquis, quidquid *od.* **quicquid** (*meist subst.*) *u.* **quodquod** (*adi.*) *pron. rel.* **1.** (*subst.*) **a**) wer (*od.* was) nur immer, jeder der, (alles was); jeder beliebige, der erste beste; **b**) jeder einzelne; **2.** *adi.* wie auch immer beschaffen; °**3.** *adv.* **quidquid** je weiter, je mehr.

quī-vīs, quae-vīs, quid-vīs (*subst.*) *u.* **quod-vīs** (*adi.*) *pron. indef.* jeder beliebige, jeder mögliche; *n* alles mögliche; *quidvis perpeti* selbst das Schlimmste erdulden.

quīvīscumque, quaevīsc..., quodvīsc... *pron. rel.* wer, was es auch sei; jeder, e, es.

quō[1] (*abl. des rel. quod*) **I.** *adv.* **1. a**) wodurch, woher, weswegen; **b**) (*im rel. Anschluß*) (und) dadurch, daher, deshalb; **2.** (*abl. mens. m. comp.*) um was, (um) wieviel; **quō... eō** (*od.* **hōc**) je ... desto; **II.** *ci. m. coni.* **1. quō** = *ut eō* damit dadurch; (*m. comp.*) damit desto; **b**) **nōn quō** nicht als ob, nicht als wenn.

quō[2] *adv. loci* (*abl. v. quid, quod*) **1.** (*interr.*) wohin?, (*selten*) wo? bis zu welchem Grade? wie weit? [°*amentiae*]; wozu? zu welchem Zwecke? [*mihi bibliothecam?*]; **2.** (*rel.*) **a**) wohin; **b**) (*im rel. Anschluß*) (und) dorthin; **3.** (*indef.*) irgendwohin; °irgendwie.

quo-ad (*im Vers einsilbig*; *eigtl.* „bis wozu") **1.** *adv.* **a**) soweit wie, so weit (als); **b**) inwiefern; °**c**) wie lange?; **2.** *ci.* (*meist m. ind.*) **a**) solange als, solange; **b**) (solange) bis, bis daß; ** *prp. b. acc.* hinsichtlich.

quō-circā *adv.* daher; °*auch i. Tmesis.*

quō-cumque *adv.* wohin nur immer; *auch i. Tmesis.*

quod[1] *s. quī*[1],[2].

quod[2] (*urspr. nom. od. acc. sg. n v. quī*[1]) **1.** *adv.* **a**) in Beziehung worauf, inwieweit; °**b**) weshalb, warum; *kl. nur*: est, *quod* (*m. coni.*) es ist Grund vorhanden, daß; *non habeo, quod* ich habe keinen Grund zu ...; **c**) (*im rel. Anschluß*) (und) deshalb, (und) darum; *oft in Verbindung m. ci.*: *quod si* wenn also, wenn nun, wenn vollends, *quod nisi, quod cum u.ä.*; **2.** *ci.* **a**) weil (*bei objektivem Grund m. ind., bei subjektivem m. coni.*); *non quod* (*stets m. coni.*) nicht als ob; **b**) (*darüber*) daß (*bsd. bei Verben des Affektes u. des Lobens u. Tadelns*); **c**) die Tatsache daß, der Umstand daß; was das anbetrifft, daß; wenn; **d**) (*nach bene* [*male u. ä.*] *accidit* [*fit u. ä.*] daß, weil; ** *statt a.c.i. und statt ut* [*auribus percipite, quod avari pereant*].

quōdam-modo *adv.* gewissermaßen, einigermaßen; *auch i. Tmesis.*

quodsī *s. quod*[2] 1c.

quoi (*altl.*) = *cui.*

quōiās, quōiātis (*altl.*) = *cūiās, cūiātis.*

quōius 3 (*altl.*) = *cūius* 3.

quoivīs (*altl.*) = *cuivīs.*

quō-libet *adv.* wohin nur immer, überallhin.

quom (*altl.*) = *cum*[2].

quō-minus *ci. m. coni.* (*eigtl.* „wodurch *od.* daß um so weniger") **1.** (*nach per me stat od. fit* ich bin schuld daran) daß nicht; **2.** (*nach den Verben des Hinderns, Verweigerns, Abhaltens, Abschreckens u. ä.* = *nē*) daß *od. inf. m.* „zu".

quō-modo *adv.* (°*auch i. Tmesis*) **1.** (*interr.*) wie? auf welche Weise? **2.** (*rel.*) wie, sowie; ** *ci.* daß.

quōmodo-cumque *adv.* **1.** wie nur immer; °**2.** auf irgendeine Weise.

quō-modo-nam *adv.* wie denn?

quō-nam *adv.* wohin denn?

quondam *adv.* (< *quom* [*altl.*] = *cum*[2] + *-dam*; *cf. quīdam*) **1.** einst (-mals), ehemals; **2.** zuweilen, manchmal; °**3.** dereinst.

quoniam *ci.* (*quom* [*altl.*] = *cum*[2]) °**1.** (*zeitl.*) als nun, nachdem; **2.** (*in Übergängen*) nachdem (so); **3.** (*kausal*) weil ja, da ja; ** *auch statt a.c.i.*

quōpiam *adv.* (*quispiam*) irgendwohin.

quōquam *adv.* (*quisquam*) irgendwohin.

quoque[1] *adv.* (*enklitisch*; *wohl eigtl.* „an jedem Ort, jedenfalls") auch; °*nē ... quoque* nicht einmal.

quōque[2] = *et quō.*

quōque-versus *adv.* (*quōque*[3] =

wohin auch immer) = *quōquōversus*.

quōquō *adv.* (*quisquis*) wohin nur immer.

quōquō-versus *u.* **-versum** *adv.* (*altl. -vorsus, -vorsum; vertō*) nach allen Seiten hin.

quōr (*altl.*) = *cūr*.

quōrsum *u.* **-us** *adv.* (< *quō-vorsus, -um; vertō) **1.** wohin? **2.** wozu? zu welchem Zweck?

quot (*indecl.*; *adi.*) (< *quoti; cf. tot) **1.** (*interr.*) wieviele? **2.** (*rel.*) wieviele; *tot ... quot* so viele ... wie.

quot-annīs *adv.* (*auch getr.*; < *quot annīs*) (all)jährlich.

quot-cumque wieviele nur immer, alle welche.

quotēnī 3 (*quot*; *cf. centēnī*) wieviele jedesmal.

quotiē(n)s *adv.* (*quot*) **1.** (*interr.*) wie oft? **2.** (*rel.*) wie oft; *totiēns ... quotiēns* so oft wie.

quotiē(n)s-cumque *adv.* so oft nur immer.

quot-kalendīs *adv.* (*cf. quotannīs*) an jedem Monatsersten.

quot-quot (*indecl.*) wieviele nur immer.

quot(t)īdiānus, quot(t)īdiē *s. cot(t)īd...*

quotumus 3 (*quotus*) der wievielte?

quotus 3 (*quot*) der wievielte?;

quotus-quisque 3 (*sg.!*; *auch i. Tmesis*) wie wenige!

quotus-cumque, *quota-c..., quotum-c... der* wievielte auch immer, wenn auch nur der geringste.

quo-ūsque *adv.* (*-ŭ-?*; *auch i. Tmesis*) °**1.** wie weit?; / inwiefern? **2.** bis wann? wie lange?

quō-vīs *adv.* überallhin.

qūr (*altl.*) = *cūr*.

quum *s. cum*[2].

R

R. (*Abk.*) **1.** = *Rōmānus*; **2.** = *Rūfus*; **R.P.** = *rēs pūblica*.

rabidus 3 (*kl. nur adv.*; *rabiēs*) wütend, toll; / ungestüm; begeistert.

rabiēs, *ēī f* (*gen. im Vers auch -ēs*; *et. nicht klar*) °**1.** Tollwut, Wahnsinn; **2.** / Wut, Wildheit, Raserei; Kampfwut; °Begeisterung.

rabiō, — — 3 (*rabiēs*) toll sein, wüten.

rabiōsulus 3 (*dem. v. rabiōsus*) halbtoll.

rabiōsus 3 (*m. adv.*; *rabiēs*) wütend, toll; *auch* /.

rabō, *ōnis m verstümmelt aus arrabō*.

rabula, *ae m* (*etr. Fw.*) Zungendrescher, Rabulist.

racēmi-fer, *era, erum* (*racēmus, ferō*) Beeren tragend; mit Trauben bekränzt.

racēmus, *ī m* (*wohl voridg. Mittelmeerwort*) Weinbeere, -traube; Traubensaft.

radiātus 3 (*radius*) strahlend; °*corona -a* Strahlenkrone.

rādīcēscō, — — 3 (*incoh. zu rādīx*) Wurzel schlagen.

rādīcitus *adv.* (*rādīx*) mit der Wurzel; *kl. nur* / von Grund aus.

rādīcula, *ae f* (*dem. v. rādīx*) Würzelchen.

radiō *u.* **-or** 1 (*radius*) strahlen; (*part. praes.*) *adi.* **radiāns,** *antis* strahlend; *subst. m* Sonne.

radiōsus 3 (*radius*) strahlend.

radius, *ī m* (*et. ungeklärt*) **1.** °**a**) Stab; °**b**) Radspeiche; **c**) Zeichenstift (*der Mathematiker*); °**d**) Weberschiffchen; **2.** / °**a**) längliche Olive; **b**) Sonnen-, Lichtstrahl; **c**) Halbmesser, Radius.

rādīx, *īcis f* (*cf. nhd.* „Wurzel") **1. a**) Wurzel; °**b**) Rettich; Radieschen; **2.** / (*meist pl.*) **a**) Fuß *eines Berges*; **b**) Ursprung, Quelle; **c**) fester Grund.

rādō, *sī, sum* 3 (*cf. rōdō*; *nhd.* „Ratte"; *kl. nur 2a*) **1. a**) kratzen, schaben; glätten; **b**) feilen; **2. a**) abschaben, scheren, rasieren; **b**) (*scherzh. v. einer Dirne*) bis aufs Hemd ausziehen; **c**) (zer)kratzen, verletzen; **3.** auskratzen, -streichen, -radieren; **4.** vorbeisegeln *an* [*lītora*]; berühren, bespülen.

raeda, -dārius = *rēd...*

Raetī, *ōrum m kelt. Völker zw. Inn u. Rhein*; *ihr Land seit Drusus röm. Provinz* **-tia,** *ae f*; *adi. -t(ic)us* 3.

rāllus 3 (*rādō*) glattgeschoren, dünn.

rāmālia, *ium n* (*rāmus*) Reisig.

rāmentum, *ī n u.* (*altl.*) **-a,** *ae f* (*rādō*) Splitter, Stückchen.

rāmeus 3 (*rāmus*) von Zweigen.

rāmicēs *od.* **-mitēs,** *um m* (*rāmus*) Lunge(ngefäße).

Ramnē(nsē)s, *ium m* (*etr.*; *cf.*

Lūcerēs) °**1.** *die Angehörigen einer der drei ältesten patrizischen Tribus in Rom*; **2.** *die Angehörigen der gleichnamigen Ritterzenturie*; **3.** / *celsi* ~ vornehme junge Herren.

rāmōsus 3 (*m. comp., sup.*; *rāmus*) (viel)ästig, verzweigt. [Zweiglein.]

rāmulus, *ī m* (*dem. v. rāmus*)

rāmus, *ī m* (*rādīx*) **1. a**) Ast, Zweig; °**b**) Keule *des Herkules*; °**2.** *pl.* Baum, Baumfrüchte; °**3.** Flußarm; ** Kreuzesbalken.

rāna, *ae f* (*et. unklar*) Frosch, °Kröte; *marina* Seeteufel (*ein Fisch*).

rancēns, *entis* (*et. ungedeutet*) stinkend.

rancidulus 3 (*dem. v. rancidus*) etw. ranzig; / ekelhaft *zu hören.*

rancidus 3 (*m. comp., adv.*; *cf. rancēns*) ranzig; / ekelhaft.

rānunculus, *ī m* (*dem. v. rāna*) Fröschlein.

rapācidēs, *ae m* (*rapiō*) Räuber.

rapācitās, *ātis f* (*rapāx*) Raubsucht.

rapāx, *ācis* (*m. comp.,* °*sup.*; *rapiō*) °**1.** reißend, unaufhaltsam; *Rapācēs Beiname der Soldaten der 21. Legion*; **2. a**) aneignungsfähig; **b**) räuberisch, raubgierig; *subst. m* Räuber.

raphanus, *ī m* (*gr. Fw.*) Rettich.

rapiditās, *ātis f* (*rapidus*) reißende Schnelligkeit.

rapidus 3 (*m. comp., sup., adv.*; *rapiō*) **1.** °**a**) raubgierig; **b**) verzehrend; **2. a**) reißend (schnell), ungestüm; °**b**) übereilt.

rapīna, *ae, meist pl.* **-ae,** *ārum f* (*rapiō*) **1.** (*abstr.*) Raub, Räuberei; °**2.** / (*concr.*) Fang, Beute.

rapiō, *puī, ptum* 3 (*altl. fut. ex. rapsit*) **1. a**) an sich raffen, reißen; **b**) (*als Beute*) entführen, rauben, erbeuten; verführen [°*virgines*]; °**c**) plündern, verwüsten; **d**) / rasch fassen; an sich reißen [°*dominationem*]; **2. a**) fort-, entreißen, verschleppen; °**b**) aus-, abreißen [*aures*]; rauben [*oscula*]; **c**) vor Gericht, ins Gefängnis schleppen; **d**) verleiten, drängen *zu* [*ad scelus*]; °**e**) (*v. Krankheit u. Tod*) hinraffen; **3.** rasch holen, hinschaffen lassen; *mediopass. u.* se *-ere* forteilen, rennen, stürzen; °**4.** rasch ausführen, vollziehen, beschleunigen [*nuptias*]; im Fluge erobern, genießen [*Venerem*]; (*P.P.P.*) °*subst.* **raptum,** *ī n* Raub, Beute.

rapsō 1 (*nkl.*) = *raptō.*

raptim *adv.* (*raptus, P.P.P. v. rapiō*) hastig, eilends.

raptiō, *ōnis f* (*rapiō*) Entführung.

raptō 1 (*intens. v. rapiō*) **1.** fortreißen, -schleppen, -zerren; °**2.** rauben, plündern; °**3.** / anklagen.

raptor, *ōris m* (*rapiō*) Räuber, Entführer; Verführer.

raptus, *ūs m* (*rapiō*) °**1.** Zerreißung, Riß; **2.** Raub, Entführung; °**3.** (*meist pl.*) Räuberei, Plünderung.

rāpulum, *ī n* (*dem. v. rāpum*) Rübchen, kleiner Rettich.

rāpum, *ī n* (*wohl Wanderwort unbekannter Herkunft, cf. nhd.* „Rübe") Rübe; Wurzelknollen.

rārēfaciō, *fēcī, factum* 3; P. *-fīō, factus sum, fierī u. fīerī* (*u. -rĕ-?*; *rārus*) verdünnen, locker machen; P. locker werden; *auch i. Tmesis.*

rārēscō, — — 3 (*incoh. zu rārus*) locker, dünn, / selten werden.

rāritās, *ātis f* (*rārus*) Lockerheit; Weitläufigkeit, Weite; / Seltenheit, geringe Zahl.

rārus 3 (*m.* °*comp., sup., adv.* **-ō,** *selten* **-ē**; *eigtl.* „getrennt; locker"; *cf. rēte*) °**1. a**) locker, dünn, undicht; **b**) weitmaschig; **2.** dünnstehend, einzeln, vereinzelt, zerstreut; **3.** selten, spärlich, wenig; °**4.** vorzüglich, außerordentlich.

rāsilis, *e* (*rādō*) geglättet, glatt.

rāsitō 1 (*intens. v. rādō*) scheren, [rasieren.]

****rasor,** *oris m* Barbier.

****rasorium,** *i n* Rasiermesser.

rāstellus, *ī m* (*dem. v. rāster*) kleine Hacke. [Hacke, Karst.]

rāster, *trī m u.* **-trum,** *trī n* (*rādō*)

ratiō, *ōnis f* (*reor*) *das* Rechnen: **1. a**) Rechnung, Berechnung; ~ *constat* die Rechnung stimmt; *-em inire, habere* Rechnung anstellen, *conficere,* (*com*)*putare die* R. ins reine bringen; *in -em inducere* verrechnen; **b**) Rechenschaft; *-em reddere, referre* Rechenschaft ablegen, *repetere* fordern; **c**) Verzeichnis, Liste, Register; **d**) Geldgeschäft; Geschäft, Angelegenheit, Sache; **e**) Verbindung, Beziehung, Verkehr; *-em habere* in Verbindung stehen, zu tun haben *mit* [*cum*]; **f**) Verhältnis; *pro -e* im Verhältnis zu [*annonae*]; **g**) Kategorie, Gebiet, Fach, Bereich; **2. a**) Erwägung, Berücksichtigung, Rücksicht [*om-*

nibus -ibus satisfacere]; *-em habere, ducere* Rücksicht nehmen *auf* [*dignitatis*], berücksichtigen; **b**) Vorteil, Interesse [*-ibus consulere*]; **3. a**) (vernünftiges) Denken, Überlegung, Vernunft; -e vernünftig; **b**) Methode, planmäßiges Verfahren; *belli gerendi* Methode der Kriegführung, *vitae -es* Lebensplan; -e methodisch; **c**) Vorschlag, Absicht; **d**) Denk-, Anschauungsweise, Standpunkt; **e**) vernünftiger Grund, Beweggrund [*facti alqam -em afferre*]; **f**) Beweisgrund; Begründung, Beweisführung; **4. a**) wissenschaftliches System; **b**) philosophisches System; **c**) Theorie, theoretische Kenntnis, wissenschaftliche Lehre, Schule; **d**) Lehr-, Grundsatz; **e**) Regel, Ansicht, Meinung; **f**) Verfahren, Verhalten, Art und Weise; *omni* -e auf jede Weise; **g**) Beschaffenheit, Einrichtung, Zustand, Lage; **h**) Weg, Mittel, Maßregel, Möglichkeit.

ratiōcinātiō, *ōnis f* (*ratiōcinor*) **1.** vernünftige Überlegung; **2.** Schlußfolgerung, Syllogismus.

ratiōcinātīvus 3 (*ratiōcinor*) zur Schlußfolge gehörig, syllogistisch.

ratiōcinātor, *ōris m* (*ratiōcinor*) Rechnungsführer; / Berechner.

ratiōcinor 1 (*ratiō*) **1.** (be)rechnen; °**2.** überlegen; **3.** folgern, schließen.

ratiōnābilis, e (*ratiō*) vernünftig.

ratiōnālis, e (*m. adv.*; *ratiō*) **1.** Vernunft...; **2.** vernünftig; **3.** syllogistisch.

ratiōnārium, *ī n* (*ratiō*) übersichtliches Verzeichnis; *imperii* Staatshaushaltsbuch. [Schiff(sbrücke).

ratis, *is f* (*cf. nhd.* „Rute") Floß;

ratiuncula, *ae f* (*dem. v. ratiō*) °**1.** kleine Rechnung; **2.** / schwacher Grund; spitzfindiger Schluß.

ratus 3 (*reor*) **1. a**) berechnet; rechnerisch bestimmt; *pro rata* (*parte*) verhältnismäßig; **b**) feststehend, sicher; **2.** gültig, rechtskräftig. [tönend.

rauci-sonus 3 (*raucus*) dumpf-

raucus 3 (*ravus* „heiser") **1.** heiser, °**2.** / schrill; dumpf, rauh, brausend, tosend, dröhnend.

raudus *u.* **rūdus,** *eris n* (*et. unklar*; *vl. Vermischung m. rūdus*²) ungeformtes Erzstück; kleiner Geldbetrag.

rauduscululm, *ī n* (*dem. v. raudus*) kleiner Geldbetrag, kleine Schuld.

Ravenna, *ae f St. südl. der Pomündung*; *adi. -ās, ātis f.*

rāviō, — — 4 (*-ă-?*; *ravis*) sich heiser reden.

ravis, *is f* (*-ā-?*; *ravus* „heiser") Heiserkeit.

rāvistellus, *ī m* (*auch grāvāstellus*; *rāvus*) Graukopf. [fahl.

rāvus 3 (*cf. nhd.* „grau") graugelb,

re- *u.* (*vor Vokalen*) **red-** (*Präfix*; *et. unklar*) **1.** zurück- [*reduco*]; **2.** entgegen-, wider- [*reluctor*]; **3.** / **a**) wiederum [*rebello*]; **b**) in den gehörigen Zustand [*redigo*].

rea¹, *ae f s. reus.*

Rēa² **Silvia,** *ae f Tochter Numitors, Mutter v. Romulus u. Remus.*

reāpse *adv.* (< **rē eāpse* = *rē ipsā*) in der Tat, wirklich.

reātus, *ūs m* (*reus*) Anklagezustand.

rebellātiō, *ōnis f* (*nkl.*) = *rebelliō.*

rebellātrīx, *īcis* = *rebellis.*

rebelliō, *ōnis f* (*rebellō*) Aufstand, Empörung.

rebellis, e (*Rückbildung v. rebellō*) aufständisch, abtrünnig; widerspenstig; *subst.* **-ēs,** *ium m die* Aufständischen.

re-bellō 1 den Kampf (Krieg) erneuern; sich widersetzen.

re-bītō, — — 3 zurückkehren.

re-boō 1 widerhallen. [abweisen.

re-calcitrō 1 hinten ausschlagen;

re-cal(e)-faciō, *fēcī, factum* 3 (*dcht. imp. recalface*; *caleō*) wieder warm machen.

re-caleō, — — 2 wieder warm sein.

re-calēscō, *luī,* — 3 (*incoh. v. recaleō*) wieder warm werden; °/ [*mens*].

re-calvus 3 mit kahler Stirne.

re-candēscō, *duī,* — 3 (wieder) erglühen; weiß aufschäumen.

re-cantō 1 **1.** (*intr.*) widerhallen; **2.** (*trans.*) **a**) wegzaubern; **b**) widerrufen.

re-cēdō, *cessī, cessum* 3 **1. a**) zurückweichen, -gehen, sich zurückziehen; °**b**) (*v. Örtlichkeiten*) zurücktreten; °**2.** sich entfernen, weggehen, entschwinden; **3.** / **a**) abweichen, abgehen *von* [*ab officio*], aufgeben [*a consuetudine*], niederlegen [*ab armis*]; **b**) verlorengehen [*res der* Besitz].

re-cellō, — — 3 (*cf. clādēs*) zurückschnellen.

recēns, entis (*dcht. abl. sg.* -e, *gen. pl.* -um; ⟨ *re-cent-s, *eigtl.* „gerade vom Ursprung her") **1.** *adi.* (*m. comp., sup.,* °*adv.*) **a)** soeben (an)kommend; unmittelbar *nach* [ab illorum aetate]; re -i auf frischer Tat; **b)** (noch) frisch; erfrischt; rüstig; jung, neu; °**2.** *adv.* (recēns!) jüngst, eben, erst, neuerdings [sole recens orto].

re-cēnseō, suī, sum *u.* sītum 2 **1. a)** (durch)zählen, mustern [exercitum]; °**b)** (*vom Zensor*) in die Liste aufnehmen; °**2.** / **a)** (*in Gedanken*) durchgehen, überdenken; **b)** (*m. Worten*) aufzählen; **c)** (*v. d. Sonne*) durchlaufen [signa].

recēnsiō, ōnis *f* (recēnseō) Musterung (*der Bürger durch den Zensor*); Volkszählung.

recēnsus, ūs *m* (recēnseō) Musterung.

receptāculum, ī *n* (receptō) **1. a)** Behälter; Magazin; °**b** Stapelplatz; Abzugskanal; **2.** / Zuflucht(sort), Sammelplatz.

receptiō, ōnis *f* (recipiō) Aufnahme.

re-ceptō 1 (*intens. v.* recipiō) **1.** rasch zurückziehen; **2.** wieder aufnehmen; **3.** oft bei sich aufnehmen.

receptor, ōris *m* (recipiō) Hehler.

receptrīx, īcis *f* (receptor) Hehlerin.

receptum, ī *n* (recipiō) Gewähr, Verpflichtung.

receptus[1] 3 (recipiō) allgemein angenommen.

receptus[2], ūs *m* (recipiō) °**1.** Zurücknahme; **2.** Rückzug, -marsch; °/ Rücktritt [a malis consiliis]; **3.** Zuflucht(sort).

recessim *adv.* (recēdō) rückwärts.

recessus, ūs *m* (recēdō) **1.** *das* Zurückgehen, -weichen; aestuum Ebbe; Rückzug; / *das* Entweichen, **2.** °**a)** Höhle; **b)** einsamer Ort; °**c)** geheimes Gemach, Schlupfwinkel; / **d)** Winkel, Falte; Hintergrund (*eines Gemäldes*).

re-charmidō 1 (*scherzh.*; *cf.* Charmidēs) den Charmides wieder ausziehen.

recidīvus 3 (recidō[1]) wiedererstehend.

re-cidō[1], cidī, cāsūrus 3 (*im Vers auch* recc-; cadō) **1. a)** zurückfallen; **b)** / (*in einen Zustand*) wieder verfallen [in morbum]; **c)** herabsinken, -kommen, verfallen; °**2. a)** niederfallen [humi]; / **b)** geraten *in* [°in periculum]; **c)** (*in eine Zeit*) fallen; °**d)** (*als Eigentum*) zufallen.

re-cīdō[2], cīdī, cīsum 3 (caedō) °**1.** abhauen, abschneiden; beschneiden; **2.** / **a)** beseitigen, ausrotten; **b)** beschränken, verkürzen.

re-cingō, cinxī, cinctum 3 (cīnxī, cīnctum?) entgürten, losgürten, lösen [zonam]; *mediopass.* sich ausziehen; ablegen [anguem].

re-cinō, — — 3 (canō) **1.** (*intr.*) widerhallen; **2.** (*trans.*) **a)** widerhallen lassen; **b)** im Wechselgesange preisen.

reciper... = recuper...

re-cipiō, cēpī, ceptum 3 (*altl. fut. ex.* recepsō; capiō) **1. a)** zurücknehmen, -ziehen, -holen, -bringen, -führen; **b)** (*mil. t.t.*) zurückgehen lassen [milites]; se -ere sich zurückziehen; signum recipiendi Signal zum Rückzuge; °**c)** retten, befreien; **d)** (*beim Verkauf*) zurückbehalten; vorbehalten [sibi alqd]; **2. a)** wiederbekommen, -gewinnen, -erobern; **b)** se -ere sich (wieder) erholen, wieder Mut fassen [ex timore]; °**c)** wieder aufnehmen [arma]; **3. a)** hin-, annehmen; **b)** einnehmen, in Besitz nehmen; **c)** aufnehmen [tecto, domum suam]; an sich ziehen [legiones]; **d)** (*in einen Stand, ein Verhältnis*) aufnehmen [in ordinem senatorium, °in amicitiam]; °in den Kanon (*der Klassiker*) aufnehmen; **e)** (*vom Prätor*) eine Klage annehmen; **f)** gestatten, gelten lassen [dilationem]; **g)** auf sich laden, übernehmen [mandatum, officium]; **h)** zusagen, versprechen, verbürgen.

reciprocō 1 (reciprocus) **1.** (*trans.*) °**a)** hin und her bewegen, rückwärts bewegen, zurücksteuern; **b)** P. zurückfließen [mare]; in Wechselwirkung stehen; °**2.** (*intr.*) hin- und zurückfließen; zurückfließen.

reciprocus 3 (*m. adv.*; ⟨ *reco-proco „rückwärts (u.) vorwärts") (auf demselben Wege) zurückkehrend; mare -um Ebbe.

recīsus 3 (recīdō[2]) abgekürzt, kurzgefaßt.

recitātiō, ōnis *f* (recitō) *das* Vorlesen (*v. Dokumenten vor Gericht*); °(*eigener Werke*).

recitātor, ōris *m* (recitō) Vorleser.

re-citō 1 **1.** vorlesen, verlesen;

°**2.** (*die Eidesformel*) vorsprechen; °**3.** vorlesen; rezitieren, deklamieren.
reclāmātiō, *ōnis f* (*reclāmō*) Widerspruch; ** Einspruch.
reclāmitō 1 (*intens. v. reclāmō*) laut widersprechen; sich sträuben *gegen* [*suspicionibus*].
re-clāmō 1 **1. a**) laut widersprechen; [*alci*]; °**b**) *etw.* einwenden; °**2.** widerhallen.
reclīnis, e (*Rückbildung v. reclīnō*) rückwärts gebogen, zurückgelehnt.
re-clīnō 1 **1.** zurücklehnen, rückwärts biegen; °**2. a**) *in alqm* auf jds. Schultern legen [*onus*]; **b**) erquicken.
re-clūdō, *sī, sum* 3 (*claudō*) aufschließen, erschließen, (er)öffnen; / enthüllen.
re-cōgitō 1 °**1.** bei sich erwägen; **2.** wieder denken *an* [*de*].
recognitiō, *ōnis f* (*-cō-?; recognōscō*) Besichtigung, Musterung; *sui* Selbstprüfung.
re-cognōscō, *gnōvī, gnitum* 3 (*-cō-?*) wiedererkennen; sich wieder erinnern *an* [*verba*]; mustern, durchgehen, untersuchen.
re-colligō, *lēgī, lēctum* 3 °**1.** wieder sammeln, wiedergewinnen; *se -ere* sich fassen *od.* sich erholen; **2.** wieder versöhnen.
re-colō, *coluī, cultum* 3 °**1.** wieder anbauen, bearbeiten; **2.** / °**a**) wieder besuchen [*locum*]; **b**) von neuem treiben, pflegen; °**c**) wieder bekleiden *mit* [*sacerdotiis*]; **d**) wiederherstellen; **e**) nochmals überdenken.
re-commentor 1 sich besinnen *auf* [*nomen*].
re-comminīscor, — — 3 sich erinnern.
****recompensatio,** *onis f* Erstattung.
re-compōnō, *posuī, positum* 3 wieder ordnen [*comas*]; / wieder besänftigen.
reconciliātiō, *ōnis f* (*reconciliō*) Wiederherstellung; Versöhnung.
reconciliātor, *ōris m* (*reconciliō*) Wiederhersteller; *pacis* Friedensstifter.
re-conciliō 1 (*altl.: fut. ex. -liassō, inf. fut. -liassere*) °**1.** wiederverbinden; **2.** / versöhnen; wieder gewinnen.
re-concinnō 1 wieder ausbessern.
reconditus 3 (*m. comp.: recondō*) **1. a**) verborgen, versteckt; **b**) entfernt, entlegen; **2.** / °**a**) veraltet [*verba*]; **b**) verborgen, geheim; **c**) verschlossen, tiefsinnig; *subst.* **-a,** *ōrum n das* Allerheiligste [*templi*].
re-condō, *didī, ditum* 3 **1. a**) zurücklegen, -bringen; °**b**) wieder schließen [*oculos*]; **2.** °**a**) bergen; **b**) / bewahren; °**3.** verstecken, verheimlichen.
re-condūcō, *dūxī, ductum* 3 gegen Entgelt in Verding nehmen.
re-cōnflō 1 wieder aufblasen; anfachen.
re-coquō, *coxī, coctum* 3 **1.** °**a**) wieder kochen; **b**) / umkochen, verjüngen; °**2.** umschmieden; (*P.P.P.*) *adi.* °**recoctus** 3 abgefeimt; ** *aurum recoctum* lauteres Gold.
recordātiō, *ōnis f* (*recordor*) Erinnerung.
re-cordor 1 (*cor*) **1.** sich erinnern *an* [*belli causas, de parentibus*]; °**2.** beherzigen.
re-corrigō, *rēxī,* — 3 verbessern.
re-creō 1 °**1.** wieder erschaffen; umschaffen; **2.** wieder beleben, erquicken; *mediopass. u. se -are* sich erholen.
re-crepō, — — 1 **1.** (*intr.*) widerhallen; **2.** (*trans.*) widerhallen lassen.
re-crēscō, *crēvī, crētum* 3 wieder wachsen.
re-crūdēscō, *duī,* — 3 wieder aufbrechen; °/ sich erneuern [*pugna*].
rēctā *adv.* (*sc. viā*) geradewegs.
rēctiō, *ōnis f* (*regō*) Regierung.
rēctor, *ōris m* (*regō*) Lenker, Führer; Beherrscher; Steuermann; °Befehlshaber; °Erzieher.
rēctrīx, *īcis f* (*rēctor*) Lenkerin, Leiterin.
rēctus 3 (*m. comp., sup., adv.; regō*) **1. a**) gerade, in gerader Richtung; °*in rectum* geradeaus; **b**) aufrecht; °**c**) schlank; **2.** / °**a**) ungebeugt, ruhig; **b**) richtig, schicklich; **c**) richtig, fehlerfrei; **d**) schlicht, einfach; °**e**) (*mus. t.t.*) nicht von der Tonleiter abweichend; °**f**) (*gramm. t.t.*) *casus* Nominativ; **g**) ehrlich, sittlich gut; **3.** *adv.* **-ē a**) geradeaus; **b**) recht, richtig; **c**) mit Fug und Recht; **d**) wohl, gut; **e**) unbedenklich; °**f**) (*in Antworten*) gut! schön!; **4.** *subst.* **-um,** *ī n das* Rechte, Gute, Vernünftige.
re-cubō, *buī,* — 1 auf dem Rücken liegen, ruhen.
rēcula, *ae f* (*dem. v. rēs*) geringe Habe.

re-cumbō, *cubuī,* — 3 (**cumbō; cf. cubō*) **1.** sich niederlegen; sich zu Tisch legen; °**2.** (*v. Sachen*) **a**) sich senken; **b**) sich anlehnen, liegen *an* [*laniculi iugo*].

recuperātiō, *ōnis f* (*recuperō*) Wiedererlangung.

recuperātor, *ōris m* (*recuperō*) °**1.** Wiedereroberer; **2.** Schiedsrichter; *pl.* Richterkollegium (*bsd. für Prozesse zw. Römern u. Ausländern*).

recuperātōrius 3 (*recuperātor*) Schiedsrichter... [gen, -gewinnen.

recuperō 1 (*recipiō*) wiedererlan-

re-cūrō 1 wieder heilen.

re-currō, *currī, cursum* 3 **1.** zurücklaufen, -eilen; kreisen [*sol*]; °wiederkommen; **2.** / **a**) zurückkommen *auf* [*ad condiciones*]; °**b**) seine Zuflucht nehmen *zu.* [zurückkehren.

re-cursō 1 (*intens. v. recurrō*)

recursus, *ūs m* Rücklauf [*maris* Ebbe]; Rückfahrt, Rückkehr.

re-curvō 1 zurückbeugen.

recurvus 3 (*Rückbildung aus recurvō*) rückwärts gebogen.

recūsātiō, *ōnis f* (*recūsō*) Weigerung; (*jur. t.t.*) Einspruch, Protest.

re-cūsō 1 (*causa; cf. accūsō*) **1.** sich weigern, verweigern [*laborem; ne, quominus; nach Verneinung quin*]; zurückweisen; **2.** (*jur. t.t.*) Einspruch erheben. [erschüttern.

re-cutiō, *cussī, cussum* 3 (*quatiō*)

re-cutītus 3 (*cutis*) (an der Vorhaut) beschnitten; / glatt geschoren.

rēda, *ae f* (*kelt. Fw.; cf. nhd.* „reiten") vierrädriger Reisewagen.

red-ambulō 1 zurückkommen.

red-amō 1 wiederlieben. [lodern.

red-ardēscō, — — 3 wieder auf-

red-arguō, *uī, ūtum* 3 widerlegen, Lügen strafen [*verba*].

rēdārius, *ī m* (*rēda*) Kutscher.

red-auspicō 1 (*scherzh.*) zurückkehren [*in catenas*]. [Nachsatz.

redditiō, *ōnis f* (*reddō*) (*rhet. t.t.*)

reddō, *didī, ditum* 3 (*altl. fut. reddibō;* ‹ **re-di-dō; redupliziertes praes.*) **1.** Erhaltenes wiedergeben: **a**) zurückstellen, -bringen, -geben [*pecuniam*]; °*mediopass. u. se -ere* zurückkehren [*convivio* zum Gastmahl]; **b**) nachahmen, nachbilden; **c**) übersetzen [*Latine*]; **d**) (*aus dem Kopf*) vortragen, aufsagen; **2.** als Gegenleistung wiedergeben: **a**) ersetzen [°*alias tegulas*]; **b**) erstatten, vergelten [*beneficium*]: °*gratiam* durch die Tat seinen Dank abstatten; bezahlen [*debitum*], erfüllen [°*vota*], leiden [°*poenas*]; heimzahlen [°*hostibus cladem*]; opfern [°*tura lari*]; *rationem* Rechenschaft ablegen; °**3.** antworten, erwidern; **4.** von sich geben: **a**) aushauchen [*animam*]; **b**) abliefern, zustellen, einhändigen [*epistulam, hereditatem*]; **c**) zukommen lassen, gewähren [*suum cuique honorem*]; **d**) (*jur t.t.*) *iudicium* eine Untersuchung anstellen; *ius* Recht sprechen; **e**) berichten, darstellen; **5.** (*m. doppeltem acc.*) den bisherigen Zustand ändern, *d. h.* machen [*m. Prädikatsadi.*: °*mare tutum;* °*selten m. Prädikatssubst.*: *alqm hostem Romanis*]; ** *spiritum deo* sterben.

redēmptiō, *ōnis f* (*redimō*) °**1.** Loskauf [*captivorum*]; **2.** Bestechung; **3.** Pachtung; ** Einlösung; Erlösung; *veniarum* Ablaßkauf.

redēmptō 1 (*frequ. v. redimō*) loskaufen.

redēmptor, *ōris m* °**1.** *der* einen Gefangenen loskauft; **2.** Unternehmer, Pächter; Lieferant; ** Erlöser.

redēmptūra, *ae f* (*redimō*) Pachtung, Übernahme.

red-eō, *iī, itum, īre* **1. a**) zurückkommen; wiederkehren; °**b**) *ad se -ire* wieder zur Besinnung kommen, sich erholen; *in gratiam* sich versöhnen; **c**) (*in der Rede*) zurückkommen *auf* [*ad Scipionem*]; **2.** (*v. Erträgen*) einkommen; **3.** greifen *zu* [*ad gladios*], geraten *in*; **4.** zufallen, übergehen *an* [*summa imperii ad Camillum*].

red-hālō 1 zurückdampfen.

red-hibeō 2 (*habeō*) °**1.** wiedergeben, erstatten; **2.** (*eine mangelhafte Ware*) **a**) (*v. Käufer*) zurückgeben; °**b**) (*v. Verkäufer*) zurücknehmen.

redhibitiō, *ōnis f* (*redhibeō*) Rücknahme *bzw.* Rückgabe (*einer mangelhaften Ware*).

red-igō, *ēgī, āctum* 3 (*agō*) **1.** zurücktreiben, -bringen; *kl. nur* /; **2.** eintreiben, einziehen, einnehmen [*pecuniam ex praeda*]; **3.** (*in einen Zustand*) bringen, zwingen [*Galliam in potestatem*]; *in provinciam* zur Provinz machen; °*ad vanum, ad* *irritum* zunichte machen, vereiteln; °in den Kanon (*der Klassiker*) aufnehmen [*auctores*; *in numerum*]; **4.** (*nach Zahl od. Wert*) herabsetzen, beschränken; P. herunterkommen.

redimīculum, *ī n* (*redimiō*) **1.** Stirnband, Halskette; °**2.** / Bindemittel, Band.

redimiō 4 (*altl. impf. -mībat*; *et. unklar*) umwinden, bekränzen.

red-imō, *ēmī, ēmptum* 3 (*emō*) **1. a)** zurück-, loskaufen; **b)** / abwenden [*metum pretio*], wiedergutmachen; erretten; **2. a)** erkaufen; **b)** pachten, mieten; **c)** gegen Entgelt ausführen, übernehmen [*opus*]; ** erlösen.

red-integrō 1 ergänzen, wiederherstellen, erneuern; / wieder erwecken [*spem*]. [der erlangen.]

red-ipīscor, — — 3 (*apīscor*) wie-

reditiō, *ōnis f* (*redeō*) Rückkehr.

reditus, *ūs m* (*redeō*) Rückkehr; Kreislauf (*der Gestirne*); °Ein-

redivia (*altl.*) = *reduvia*. [künfte.]

redivīvus 3 (*redivia*; *später volkset. an vīvō angelehnt*) wieder benutzt; *subst.* **-um,** *ī u.* **-a,** *ōrum n* altes Baumaterial; ** auferstanden; neu.

red-oleō, *uī,* — 2 riechen, duften *nach* [*vinum*, / *doctrinam*].

re-domitus 3 (*P.P.P. v. domō*) wieder bezwungen.

re-dōnō 1 wiederschenken; / begnadigen [*Marti* dem Mars zuliebe].

re-dormiō 4 wieder einschlafen.

re-dūcō, *dūxī, ductum* 3 (*im Vers oft -dd-*; *altl. imp. -dūce*) **1.** zurückziehen, -schieben [*turres*]; **2. a)** zurückführen, -bringen, -rufen; **b)** (*mil. t.t.*) zurückziehen [*legiones ex Britannia*]; **c)** / *alqm in gratiam* versöhnen; *in memoriam* ins Gedächtnis zurückrufen; °*legem* erneuern; °*in formam* gestalten.

reductiō, *ōnis f* (*redūcō*) Zurückführung.

reductor, *ōris m* (*redūcō*) Zurückführer; Wiederhersteller, Erneuerer.

reductus 3 (*m. comp.*; *redūcō*) zurückgezogen, -tretend; entlegen, entfernt; *kl. nur subst.* **-a,** *ōrum n* = *apoproēgmena*.

red-uncus 3 einwärts gekrümmt.

redundanter *adv.* (*redundāns, part. praes. v. redundō*) allzu wortreich.

redundantia, *ae f* (*redundō*) Überfülle *des Ausdrucks*. [Überfülle.]

redundātiō, *ōnis f* (*redundō*) /

redundātus 3 (*redundō*) **1.** überströmend; **2.** zurückflutend.

red-undō 1 überfließen, -strömen; sich ergießen; / im Überfluß vorhanden sein, überreich sein *an* [*hilaritate*]. [Niednagel.]

reduvia, *ae f* (**reduō*; = *exuō*)

re-dux, *ucis* (*im Vers auch -dd-*; *redūcō*) °**1.** (*act.*) zurückführend [*Iuppiter*; *Fortuna*; *s. d.*]; **2.** (*pass.*) zurückgeführt, -gekehrt.

refectiō, *ōnis f* (*reficiō*) Wiederherstellung, Ausbesserung; Erfrischung; ** Mahlzeit. [hersteller.]

re-fector, *ōris m* (*reficiō*) Wieder-

****refectorium,** *i n* Speisesaal im Kloster.

re-fellō, *fellī,* — 3 (*fallō*) **1.** widerlegen; zurückweisen; °**2.** beseitigen.

re-ferciō, *rsī, rtum* 4 (*farciō*) vollstopfen, anfüllen *mit* [*sermonibus*].

re-feriō, — — 4 zurückschlagen, -werfen; P. zurückprallen.

re-ferō, *rettulī, relātum, referre* (*P.P.P. im Vers auch -ll-*) **I.** zurücktragen, -bringen: **1. a)** zurücktragen, -bringen, -treiben; **b)** heimbringen, davontragen [*spolia*]; **c)** zurückverlegen [*castra*]; °*pedem referre, se referre u. mediopass.* sich zurückziehen; heimkehren; **2.** / **a)** (*den Geist, Blick*) zurücklenken; **b)** beziehen *auf,* beurteilen *nach* [°*alienos mores ad suos*]; **c)** (*Schuldiges*) zurückerstatten; vergelten, erwidern; *gratiam* Dank durch die Tat abstatten; **d)** hinterbringen [*rumores*]; **e)** (*mündl.*) erwidern, wiederholen; (*Töne*) widerhallen lassen; **f)** (*Entschwundenes*) zurückbringen, erneuern, wiederherstellen [*consuetudinem*]; °**g)** widerspiegeln, das Ebenbild sein *von* [*patrem sermone voltuque*]; **II.** von sich wegbringen, darbringen: **1. a)** (über)bringen; (*an der richtigen Stelle*) abliefern [*pecuniam in aerarium*]; entrichten [°*aera* Schulgeld]; °**b)** als Weihgeschenk darbringen; **2. a)** (*schriftl. od. mündl.*) überliefern, melden, berichten; **b)** (*amtlich*) zur Sprache bringen, vorlegen, Bericht erstatten [*ad senatum*]; **3. a)** eintragen, verbuchen [*nomen in tabulas*; *alqm in proscrip-*

tos]; **b**) rechnen, zählen, aufnehmen *unter* [*in deorum numerum*].
rē-fert, *rētulit, rēferre* (*⟨einem Kasus v.* rēs + fert; *später v. den Lateinern selbst als abl. empfunden*) *impers.* es ist daran gelegen, kommt darauf an, macht einen Unterschied [*meā* mir, *tuā* dir *usw.*; °*illorum*; *parvi* wenig, *magni* viel; *multum, nihil*].
refertus 3 (*m.* °*comp.*, *sup.*; *referciō*) gedrängt voll, reich *an* [*divitiis*]; (*abs.*) reich [*Asia*].
re-ferveō, — — 2 aufwallen.
re-fervēscō, — — 3 (*incoh. v. referveō*) aufwallen.
re-fībulō 1 vom Infibulationsring befreien [*penem*].
re-ficiō, *fēcī, fectum* 3 (*faciō*) **1.** noch einmal machen; ersetzen [*arma*]; **2.** wiederherstellen, ausbessern; **3.** / **a**) wiederwählen [*consulem*]; **b**) ersetzen, ergänzen; wieder anfachen; **c**) heilen [*saucios*]; neu beleben, sich erholen lassen; **4.** einnehmen [*plus mercedis*]; ** erquicken, speisen; *se -ere* sich sättigen; P. essen.
re-fīgō, *fīxī, fīxum* 3 **1. a**) losmachen; abreißen; einpacken; **b**) / abschaffen, aufheben [*leges*]; °**2.** wieder befestigen.
re-fingō, — — 3 wieder bilden.
re-flāgitō 1 zurückfordern.
reflātus, *abl.* *ū m* (*reflō*) Gegenwind.
re-flectō, *flexī, flexum* 3 °**1.** rückwärtsbiegen, -drehen, -wenden; *mediopass.* sich zurückbeugen; **2.** / umstimmen [*animum*]; (*dcht.*) = *se -ere* weichen [*morbi causa*].
****reflexus,** *us m* Krümmung; Bucht.
re-flō 1 entgegenwehen.
re-fluō, *flūxī, flūxum* 3 (*flŭxī, flŭxum?*) zurückfließen.
refluus 3 (*refluō*) zurückfließend; (*in Ebbe u. Flut*) ab- u. zurückströmend.
re-fōcil(l)ō 1 wieder beleben; wieder erquicken.
refōrmātiō, *ōnis f* (*refōrmō*) Verbesserung [*morum*].
refōrmātor, *ōris m* (*refōrmō*) Erneuerer.
reformīdātiō, *ōnis f* (*reformīdō*) Furcht.
re-formīdō 1 zurückschaudern *vor* [*bellum*]; fürchten.
re-fōrmō 1 umgestalten, verwandeln; verbessern.
re-foveō, *fōvī, fōtum* 2 wieder erwärmen; / neu beleben.
refrāctāriolus 3 (*dem. v. refrāctārius*) halsstarrig.
refrāctārius 3 (*refrāctus, P.P.P. v. refringō*) widersetzlich.
re-frāgor 1 (*Ggs. zu suffrāgor*) stimmen gegen; widerstreben; °/ im Widerspruch stehen *zu* [*petitioni*].
refrēnātiō, *ōnis f* (*refrēnō*) Zügelung.
re-frēnō 1 zügeln, hemmen.
re-fricō, *cuī, cātūrus* 1 **1.** (*trans.*) wieder aufreißen; / erneuern; **2.** (*intr.*) wieder aufbrechen.
refrīgerātiō, *ōnis f* (*refrīgerō*) Abkühlung.
re-frīgerō 1 abkühlen; *mediopass.* erkalten.
re-frīgēscō, *frīxī,* — 3 °**1.** (wieder-) erkalten; **2.** / ermatten, stocken.
re-fringō, *frēgī, frāctum* 3 (*frangō*) aufbrechen, -°reißen; / brechen.
re-fugiō, *fūgī, fugitūrus* 3 **1.** (*intr.*) **a**) zurückweichen; sich flüchten; °**b**) / (*v. Örtlichkeiten*) zurücktreten; **2.** (*trans.*) sich fürchten *vor* [*iudicem*].
refugium, *ī n* (*refugiō*) Zuflucht (-sort).
refugus 3 (*refugiō*) (zurück)fliehend; [/ zurückweichend [*unda*].
re-fulgeō, *fulsī,* — 2 (zurück-) schimmern, (wider)strahlen.
re-fundō, *fūdī, fūsum* 3 **1.** zurückgießen; °*mediopass.* sich ergießen; °**2.** / zurückwerfen.
refūtātiō, *ōnis f u.* (*Lu.*) **-tātus,** *abl. ū m* (*refūtō*) Widerlegung.
re-fūtō 1 (*cf. cōn-fūtō*) zurücktreiben; / zurückweisen; widerlegen.
rēgāliolus, *ī m* (*dem. v. rēgālis*) Zaunkönig.
rēgālis, e (*m.* °*comp.*, °*sup.*, °*adv.*; *rēx*) königlich, eines Königs würdig, fürstlich; ** *subst.* **-e,** *is n* Königsgut; Königsrecht; *pl.* Einkünfte (*des Königs*); Reichskleinodien.
re-gelō 1 wieder auftauen, erwärmen.
re-gemō, — — 3 aufseufzen.
****re-genero** 1 wieder erzeugen; **-atus** 3 wiedergeboren, getauft.
re-gerō, *gessī, gestum* 3 **1.** zurücktragen, -bringen; **2.** zurückgeben; zuschieben; **3.** eintragen, einschreiben [*in commentarios*].
rēgia, *ae f* (*rēgius*) **1. a**) Königsburg; Residenz; **b**) ♀ Königsburg *des Numa*; °**c**) Königszelt *im Lager*; °**d**) Basilika, Säulenhalle; **2. a**) königl. Familie, Hof(staat); **b**) Königswürde.

rēgi-ficus 3 (*m. adv.*; *rēx, faciō*) königlich, prachtvoll.
re-gignō, — — 3 (*-ī-?*) wieder erzeugen, wiederherstellen.
rēgillus[1] 3 (*cf. rēgula*) mit senkrecht gezogenen Kettenfäden gewebt; (*scherzh. als dem. zu rēgius gebraucht*) königlich, prächtig.
Rēgillus[2], *ī m lacus See in Latium* (*Schlacht 496*); *adi.* -ēnsis, e.
regimen, *inis n* (*regō*) Lenkung, Leitung; / Verwaltung; Steuerruder; Lenker, Leiter.
rēgīna, *ae f* (*rēx*) **1.** Königin; *dcht. auch v. Göttinnen u. vornehmen Frauen*; °**2.** / Königstochter, Prinzessin.
regiō, *ōnis f* (*regō*) **1.** Richtung, Linie, Lage; e *-one* gerade(aus); gerade gegenüber [*castrorum, castris dat.*]; **2. a**) Grenzlinie, Grenze; **b**) (*t.t. der Augurensprache*) Gesichtslinie; **c**) Himmelsraum, Weltgegend [°*caeli*]; **3. a**) Gegend; Gebiet; **b**) Landschaft, Landstrich; °**c**) (*in Rom*) Stadtbezirk, Viertel.
regiōnātim *adv.* (*regiō*) bezirksweise.
****registrum,** *i n* Verzeichnis.
Rēgium, *ī n St. a. d. Meerenge v. Messina, j.* Reggio; *adi. u. Einw.* -gīnus (3).
rēgius 3 (*m. adv.*; *rēx*) **1.** königlich; **2.** / **a**) fürstlich, prächtig, vorzüglich; °*morbus* Gelbsucht; **b**) despotisch, tyrannisch; °**3.** *subst.* **-ii,** *ōrum m* königliche Truppen; Hofleute.
re-glūtinō 1 wieder auflösen.
rēgnātor, *ōris m* (*rēgnō*) Herrscher [*deum*].
rēgnātrīx, *īcis f* (*rēgnātor*) herrschend.
rēgnō 1 (*rēgnum*) **1.** (*intr.*) **a**) König sein; **b**) / herrschen, gebieten; den Herrn spielen; die Oberhand haben; °**2.** (*trans.*; *nur* P.) beherrscht, monarchisch regiert werden.
rēgnum, *ī n* (*rēx*) **1.** Königsherrschaft, -würde; Königtum; **2. a**) Königreich; °**b**) Schattenreich; **c**) Gebiet, Besitztum; **3. a**) Herrschaft, Regierung; **b**) Alleinherrschaft, Tyrannei.
regō, *rēxī, rēctum* 3 (*cf. nhd.* „rekken") **1. a**) gerade richten; lenken; **b**) abstecken [*fines*]; **2.** / **a**) regieren, beherrschen; **b**) leiten, zurechtweisen.
re-gredior, *gressus sum* 3 (*gradior*) zurückgehen, -kehren; sich zurückziehen.
regressiō, *ōnis f* (*regredior*) Rückkehr; (*rhet. t.t.*) Wiederholung eines Wortes.
regressus, *ūs m* (*regredior*) **1. a**) Rückkehr; °**b**) Rückzug; °**2.** / Rücktritt; Zuflucht, Rückhalt.
rēgula, *ae f* (*regō*) Latte, Leiste; Lineal; / Maßstab, Regel.
****regularis,** e nach der Regel; *vita* Mönchsleben.
****regulo** 1 einrichten, schulen.
rēgulus, *ī m* (*dem. v. rēx*) **1.** kleiner König, Häuptling; Prinz; **2.** ♀ *röm. cogn.*; *s. Atīlius.*
re-gustō 1 (*-ū-?*) wiederholt kosten; *kl. nur* /.
rē-iciō, *iēcī, iectum* 3 (*iaciō*) **1.** zurückwerfen, -schlagen; °zurücksinken lassen [*membra*]; **2. a**) zurücktreiben, -jagen; zurückstoßen; **b**) fort-, wegwerfen [°*amictum*]; **c**) verschlagen [*naves*]; / **3.** zurück-, abweisen; ablehnen, verschmähen; **4.** verweisen *an* [°*ad senatum*]; **5.** ver-, aufschieben.
rēiculus 3 (*rēiciō*) ausgestoßen, nutzlos.
rēiecta *u.* **-tānea,** *ōrum n* (*rēiectus, P.P.P. v. rēiciō*) *das* Verwerfliche; *cf. apoproēgmena.*
rēiectiō, *ōnis f* (*rēiciō*) **1.** (*rhet. t.t.*) *das* Abwälzen [*in alium*]; **2.** Ablehnung; **3.** (*jur. t.t.*) Ablehnung (*der ausgelosten Richter*).
rēiectō 1 (*intens. v. rēiciō*) zurückwerfen.
re-lābor, *lāpsus sum* 3 zurückgleiten, -fließen, -sinken; zurückkehren; / zurückkommen *auf* [*in praecepta*]; ** *relapsi* Rückfällige.
re-languēscō, *guī,* — 3 °**1.** erschlaffen, ermatten, nachlassen; **2.** / erlahmen.
relātiō, *ōnis f* (*referō*) °**1.** *das* Hinführen (*der Hand zum Tintenfaß*); **2.** (*jur. t.t.*) *das* Zurückschieben (*einer Beschuldigung auf den Urheber*); °**3.** Vergeltung; **4.** (*rhet. t.t.*) Wiederholung *desselben Wortes*; **5.** °**a**) Bericht; **b**) Berichterstattung; Vortrag (*im Senat*); **6.** (*gramm. u. philos. t.t.*) Beziehung, Verhältnis.
relātor, *ōris m* (*referō*) Berichterstatter (*im Senat*).
relātus, *ūs m* (*referō*) Vortrag (*bsd. im Senat*).
relaxātiō, *ōnis f* (*relaxō*) Erleichterung, Erholung, Linderung.
re-laxō 1 **1.** erweitern; **2.** lockern,

lösen, öffnen; **3.** / abspannen, nachlassen, losmachen; (se) *-are u. mediopass.* nachlassen; **4.** lindern, mildern, erheitern; ** erlassen; vergeben [*peccata*].

relēgātiō, *ōnis f* (*relēgō*[1]) Verweisung (*Verbannung ohne Entziehung des röm. Bürgerrechts*).

re-lēgō[1] 1 **1.** wegschicken, entfernen; verbannen, verweisen; **2.** / **a**) zurückweisen [*dona*]; °**b**) zuschieben [*omnia mala ad crimen fortunae*].

re-legō[2], *lēgī, lēctum* 3 °**1.** wieder zusammennehmen; **2.** / °**a**) wieder durchreisen; **b**) wiederlesen; wieder erwägen.

re-lentēscō, — — 3 wieder nachlassen.

re-levō 1 **1.** °**a**) in die Höhe heben, aufheben; **b**) erleichtern; **2.** / **a**) lindern, mildern; **b**) befreien *von* [*gravi morbo*]; **c**) trösten.

re-liceor, — 2 unterbieten.

relictiō, *ōnis f* (*relinquō*) *das* böswillige Verlassen.

relicu(u)s (*Com.*) = *reliquus.*

religātiō, *ōnis f* (*religō*) *das* Anbinden.

religiō, *ōnis f* (*im Vers auch -ll-; nach Cicero zu relegō*[2], *aber früh an religō angeschlossen*) **1. a**) Bedenken, Zweifel, Besorgnis; **b**) abergläubisches, religiöses Bedenken, Gewissensskrupel; *-oni mihi est* ich mache mir ein Gewissen daraus; **c**) Gewissenhaftigkeit; **2. a**) Religiosität, Gottesfurcht, Frömmigkeit; **b**) religiöse Verehrung, Gottesdienst; *pl.* Religionswesen, Zeremonien, Bräuche, Kult; **c**) heiliger Gegenstand, Heiligtum; **d**) Religionsfrevel, Sünde, Fluch; **e**) Aberglaube; **3. a**) Heiligkeit [°*loci*]; **b**) Verbindlichkeit, heiliges Versprechen; *iuris iurandi* eidliche Verpflichtung; ** Mönchsorden; *religionis habitus* Mönchskutte.

****religiositas,** *atis f* Frömmigkeit.

religiōsus 3 (*m.* °*comp., sup., adv.*; *religiō*) **1.** voller Bedenken, ängstlich; **2.** gewissenhaft; **3.** gottesfürchtig, fromm; heilig; °**4.** abergläubisch; scheinheilig.

re-ligō 1 **1.** zurückbinden; °umwinden; **2. a**) an-, festbinden; °**b**) aufbinden; °**3.** losbinden.

re-linō, *lēvī, litum* 3 (*cf. ob-linō*) öffnen; herausnehmen.

re-linquō, *līquī, lictum* 3 **1. a**) zurück-, hinterlassen [*praesidio* zum Schutz]; P. zurückbleiben; **b**) (*in e-m Zustande*) lassen [*insepultum*]; *in medio* unentschieden lassen; **2. a**) übriglassen; P. übrigbleiben; *relinquitur, ut* es bleibt nichts weiter übrig, als daß; **b**) überlassen [*cadaver canibus*]; **3. a**) verlassen [*urbem*]; *animus eum reliquit* er verlor die Besinnung; **b**) im Stiche lassen; °*signa* desertieren; **4.** / **a**) aufgeben [*bellum*]; **b**) ungestraft hingehen lassen; **c**) unerwähnt lassen, übergehen; ** *mundum* ins Kloster gehen.

reliquiae, *ārum f* (*im Vers auch -ll-; reliquus*) Überbleibsel, Trümmer; Überreste eines Toten (Gerippe, Asche); Exkremente; / Hinterlassenschaft; ** Reliquien.

reliquus 3 (*relinquō*) zurückgelassen, übriggeblieben; rückständig, ausstehend [*pecunia*]; *der* weitere [*fuga*]; künftig [*tempus*]; *reliquum est, ut* es bleibt nur übrig; *subst.* **-um,** *ī u.* **-a,** *ōrum n* Rest, Rückstand; **-ī** *3 die* übrigen, *die* anderen.

re-lūceō, *lūxī,* — 2 zurückstrahlen; in Flammen stehen.

relūcēscō, *lūxī,* — 3 (*incoh. v. relūceō*) (wieder) erglänzen.

re-luctor 1 sich widersetzen, sich sträuben *gegen* [*precibus*].

re-macrēscō, *cruī,* — 3 wieder mager werden.

re-maledicō, — — 3 wieder schimpfen.

re-mandō, — — 3 wiederkäuen.

re-maneō, *mānsī, mānsum* 2 zurückbleiben; / (ver)bleiben.

re-mānō 1 zurückfließen.

remānsiō, *ōnis f* (*remaneō*) *das* Zurück-, Verbleiben.

remediābilis, e (*remediō* 1 „heilen") heilbar.

re-medium, *ī n* (*medeor*) Arznei; / Heil-, Hilfsmittel.

re-melīgō, *inis f* (*wohl *re-mellō* 3 „zögern") Verzögerung; / saumseliges Weib.

re-meō 1 **1.** (*intr.*) zurückgehen, -kommen; °**2.** (*trans.*) von neuem durchwandern, -leben [*aevum*].

re-mētior, *mēnsus sum* 4 (*pf. altl. auch pass.*) **1.** wieder messen, beobachten; **2. a**) wieder durchwandern; **b**) / wieder überdenken; **3.** wieder von sich geben [*vomitu*]; **4.** ersetzen, bezahlen [*frumentum pecuniā*]. [(°*coll.*) Ruderknechte.}

rēmex, *igis m* (*rēmus, agō*) Ruderer;}

Rēmī, *ōrum m belg. Volk in d. Gegend v. Reims.* [Rudern.}

rēmigātiō, *ōnis f* (*rēmigō*) *das*}

rēmigium, *ī n* (*rēmex*) **1.** Ruderwerk; °/ Flügel; °**2.** *das* Rudern; °**3.** Ruderknechte.

rēmigō 1 (*rēmex*) rudern.

re-migrō 1 zurückwandern, -kehren; *auch* /; ausziehen.

re-minīscor, — — 3 (*cf. comminīscor*) sich ins Gedächtnis zurückrufen, sich besinnen *auf* [*incommodi, acta*]; ersinnen.

re-misceō, *scuī, xtum* 2 (*-ī-?*) (wieder) vermischen; / gesellen.

remissiō, *ōnis f* (*remittō*) °**1.** *das* Zurücksenden; **2.** *das* Herablassen; **3.** / *das* Nachlassen; Erlaß [*poenae*]; Erholung; Gelassenheit, Ruhe; ** *peccatorum* Sündenvergebung.

remissus 3 (*m. comp.*, °*sup.*, *adv.*; *remittō*) **1.** abgespannt, schlaff, lose; **2.** / **a**) gelind, sanft, leidenschaftslos; **b**) heiter; **c**) lässig.

re-mittō, *mīsī, missum* 3 **1. a**) zurückschicken; *nuntium uxori* den Scheidebrief schicken; °**b**) entlassen [*contionem*]; **c**) zurückwerfen [*pila*]; **d**) zurückgeben, vergelten [*dona*]; °**e**) (wieder) von sich geben [*vocem* Echo]; °**f**) verweisen *an* [*causam ad senatum*]; **2. a**) loslassen, fahren lassen; lockern [*frena*]; °abspannen [*arcum*]; / **b**) vermindern [*ardorem pugnae*]; (*se*) *-ere u. mediopass.* nachlassen, milder werden; **c**) erfrischen, erheitern; (*nkl.*) *se -ere u. mediopass.* sich erholen; **3. a**) erlassen, schenken; aufgeben [°*inimicitias suas patriae* zuliebe]; **b**) einräumen, gestatten; verzichten *auf*; ** vergeben [*poenas*].

re-mōlior 4 von sich abwälzen.

re-mollēscō — — 3 °**1.** wieder weich werden; **2.** / °**a**) sich erweichen lassen; **b**) verweichlicht werden.

re-molliō 4 verweichlichen; erweichen.

remora, *ae f* Verzögerung.

remorāmen, *inis n* (*remoror*) Hemmnis. [der beißen; / quälen.}

re-mordeō, *mordī, morsum* 2 wie-}

re-moror 1 °**1.** (*intr.*) verweilen, zögern; **2.** (*trans.*) zurück-, aufhalten, verzögern. [lehnung.}

remōtiō, *ōnis f* (*removeō*) Ab-}

remōtus 3 (*m. comp., sup., adv.*; *removeō*) **1.** entfernt, entlegen, fern (-liegend); **2.** / **a**) fern, frei *von* [*a culpa*]; **b**) abgeneigt [*ab inani laude*]; verwerflich; **3.** *subst.* °**a**) **-um,** *ī n die* Ferne; **b**) **-a,** *ōrum n s. apoproēgmena.*

re-moveō, *mōvī, mōtum* 2 wegschaffen, entfernen; beseitigen, zurückziehen, abtreten lassen.

re-mūgiō 4 wieder brüllen; zurückbrüllen; / widerhallen.

re-mulceō, *lsī, lsum* 2 einziehen [*caudam*].

remulcum, *ī n* (*vl. gr. Lw. m. volkset. Anlehnung an* re-) Schlepptau. [Vergeltung; ** Gabe, Lohn.}

remūnerātiō, *ōnis f* (*remūneror*)}

re-mūneror *u.* °**-ō** 1 wieder beschenken; vergelten, belohnen.

re-murmurō 1 zurückrauschen.

rēmus[1], *ī m* (*cf. nhd.* „Ruder") Ruder; °/ *pl.* Flügel; Hände und Füße *des Schwimmers.*

Remus[2], *ī m Bruder des Romulus.*

rēn, *ēnis m* (*gen. pl.* -(*i*)*um*; *et. ungedeutet*) Niere; ** / *pl.* Lende, Seite; Seele, Herz.

re-narrō (*-ā-?*) 1 wiedererzählen.

re-nāscor, *nātus sum* 3 wiedergeboren werden, -entstehen, -wachsen.

re-nāvigō 1 zurücksegeln.

re-neō, — — 2 (*das Gespinst*) wieder auflösen.

re-nīdeō, — — 2 zurückstrahlen, glänzen; / vor Freude strahlen, lächeln; höhnisch lächeln, grinsen.

renīdēscō, — — 3 (*incoh. v. renīdeō*) erglänzen. [setzen.}

re-nītor, *nīsus sum* 3 sich wider-}

re-nō[1] 1 zurückschwimmen; / wieder auftauchen [*saxa*].

rēnō[2], *ōnis m* (*germ. Fw.*) Schafpelz.

re-nōdō 1 aufknoten auflösen [*comam*]. [Gestalt.}

renovāmen, *inis n* (*renovō*) neue}

renovātiō, *ōnis f* (*renovō*) Erneuerung.

re-novō 1 erneuern, wiederherstellen, wiederholen; / verjüngen, auffrischen; erquicken, erfrischen; *se -are u. mediopass.* sich erholen.

re-numerō 1 zurückzahlen.

renūntiātiō, *ōnis f* (*renūntiō*) Bekanntmachung, Bericht.

re-nūntiō 1 **1. a)** melden, Bericht erstatten; **b)** (*amtlich*) berichten; **2.** öffentlich bekanntmachen; (als gewählten Beamten) ausrufen; °**3.** *sibi -are* sich zu Gemüte führen; **4. a)** aufkündigen [*amicitiam*]; °**b)** eine Einladung zu Tisch absagen [*ad alqm; ad cenam*]; °**c)** entsagen, aufgeben [*civilibus officiis*].

renūntius, *ī m* (*Rückbildung aus renūntiō*) Laufbursche.

re-nuō, *nuī,* — 3 abwinken; *kl. nur* /: zurückweisen [*convivium*]; widersprechen [*crimini*].

renūtō 1 (*intens. v. renuō*) widerstreben.

renūtus, *abl. ū m* (*renuō*) Ablehnung.

reor, *ratus sum* 2 (*cf. ratiō; nhd.* „raten, reden") **1.** (be)rechnen; *s. ratus* 1 a; **2.** meinen, glauben, denken.

repāgula, *ōrum n* (*repangō* 3 „einsetzen") **1.** Tür-, Torriegel, -balken; **2.** °**a)** (doppelter) Schlagbaum; **b)** / Schranken [*pudoris*].

re-pandus 3 aufwärts gekrümmt; *calceoli* Schnabelschuhe.

reparābilis, e (*reparō*) ersetzbar.

****reparatio,** *onis f* Ausbesserung; Stärkung, Gewinn.

re-parcō, *percī,* — 3 sparsam sein *mit* [*saviis*].

re-parō 1 **1. a)** wiedererwerben, -anschaffen; **b)** wiederherstellen, erneuern; ersetzen; °**c)** verjüngen, erfrischen; °**2.** eintauschen *gegen* [*merce vinum*]; ** sühnen.

repastinātiō, *ōnis f* (*re-pastinō* „wieder umhacken") *das* Umgraben.

****re-patrio** 1 zurückkehren.

re-pectō, —, *pexum* 3 (wieder) kämmen.

re-pedō 1 (*pēs*) zurückweichen.

re-pellō, *reppulī, repulsum* 3 **1.** zurückstoßen; °umstoßen; **2.** vertreiben; **3.** / **a)** ab-, fernhalten; entfernen; **b)** abweisen, verschmähen; **c)** widerlegen.

re-pendō, *pendī, pēnsum* 3 °**1.** zurückwiegen; abliefern; **2.** bezahlen; °loskaufen; °**3.** erwidern, vergelten [*gratiam facto*]; °**4.** ersetzen.

repēns, *entis* (*et. unklar*) **1.** plötzlich, unvermutet, schnell (*adv.* -°*pēns u.* -*pente*) **2.** (*nkl.*) neu, frisch, augenblicklich [*causa*].

repēnsō 1 *intens. v. rependō*) vergelten.

repentīnus 3 (*adv.* **-ō**; *repēns*) **1.** unvermutet, plötzlich; °**2.** / **a)** in Eile ausgehoben; **b)** schnell wirkend.

repercussiō, *ōnis f* (*repercutiō*) Aufleuchten, Widerschein.

repercussus[1], *ūs m* (*repercutiō*) Rückprall; Widerhall.

re-percutiō, *cussī, cussum* 3 zurückschlagen, -stoßen; P. widerhallen; widerstrahlen; (*P.P.P.*) *adi.* **repercussus**[2] 3 widerhallend, widerscheinend; zurückstrahlend.

re-periō, *repperī, repertum* 4 (*altl. fut. -ībitur;* < **re-pariō* „gewinne wieder") **1.** wieder zum Vorschein bringen, (auf)finden; **2.** / **a)** finden, entdecken, ermitteln, ertappen; P. sich zeigen *als*; **b)** historisch berichtet finden; **c)** sich erwerben, erlangen [°*nomen*]; **3.** erfinden, ersinnen.

repertor, *ōris m* (*reperiō*) Erfinder, Urheber, Schöpfer.

repertus 3 (*reperiō*) erfunden.

repetentia, *ae f* (*repetō*) Rückerinnerung.

repetītiō, *ōnis f* (*repetō*) Wiederholung.

repetītor, *ōris m* (*repetō*) Zurückforderer.

re-petō, *īvī u. iī, ītum* 3 **1.** °**a)** wieder angreifen, wieder losgehen *auf* [*regem*]; **b)** wieder aufsuchen [(°*in*) *Asiam*]; **2. a)** zurückholen [*sarcinas*]; / **b)** wiedergewinnen [°*libertatem*]; wieder einführen [*consuetudinem*]; **c)** wiederholen, erneuern; *memoriam* die Erinnerung zurückrufen; (*mündl. od. schriftl.*) wiederholen; wieder überdenken; **d)** zurückzählen, -rechnen [*dies*]; **3. a)** zurückverlangen, -fordern; *res -ere* auf Schadenersatz klagen; (*pecuniae*) *repetundae* wiederzuerstattende Gelder, Ersatz für Erpressungen; **b)** (*als gebührend*) fordern, verlangen; *poenam* Strafe vollziehen; **4.** °**a)** hervorholen, -stoßen [*pectore suspiria*]; **b)** herleiten, -holen [°*originem domus*]; **5.** (*v. der Rede*) anfangen, beginnen; *alte, longius* weit(er)ausholen.

re-pleō, *plēvī, plētum* 2 wieder füllen; reichlich versorgen *mit* [*frumento*]; anstecken [*vi morbi*]; / vervollständigen, ergänzen.

replicātiō, *ōnis f* (*replicō*) kreisförmige Bewegung [*mundi*].

re-plicō 1 °**1.** zurückbeugen, -strahlen; **2.** / aufrollen, entfalten; ** erwägen; erwidern; erzählen.

re-plumbō 1 (*plumbum*) von Blei befreien, reinigen [*argentum*].

rēpō, *rēpsī, rēptum* 3 (*et. unklar*) kriechen, schleichen.

re-pōnō, *posuī, positum* 3 (*altl. pf. -sīvī; P.P.P. auch -postus*) **1. a)** zurücklegen, -stellen; **b)** hinterlegen, aufbewahren; °**c)** beiseite-, weglegen, begraben; **2.** als Ersatz zurückgeben, erwidern, vergelten; **3. a)** wieder hinlegen, zurückbringen; °**b)** wiederherstellen; wiederholen, von neuem aufführen [*fabulam*]; **4. a)** hinstellen, -legen, -setzen; **b)** rechnen *unter* [*in numero deorum*]; **c)** setzen, beruhen lassen *auf* [*spem in virtute*]; ** *in beneficio* zu Lehen nehmen.

re-portō 1 **1. a)** zurücktragen, -bringen; **b)** heimbringen, davontragen, erlangen [*a rege victoriam*]; °**2.** / berichten, überbringen.

re-poscō, — — 3 (*-ō-?*) zurückfordern; (*als sein Recht*) fordern.

repositōrium, *ī n* (*repōnō*) Tafelaufsatz; ** Schrank; Bibliothek.

****repositorius** 3 Bibliotheks...

repostor, *ōris m* (*repōnō*) Wiederhersteller.

repostus 3 (*repōnō*) entlegen.

repōtia, *ōrum n* (*pōtō*) Trinkgelage *als Hochzeitsnachfeier,* Lendemain.

repraesentātiō, *ōnis f* (*repraesentō*) °**1.** bildliche Darstellung; **2.** Barzahlung.

re-praesentō 1 (*praesēns*) **1.** vergegenwärtigen; °**2.** veranschaulichen, nachahmen; **3.** bar bezahlen; **4.** sogleich erfüllen, beschleunigen.

re-prehendō, *endī, ēnsum* 3 zurück-, festhalten, hemmen; / tadeln; (*rhet. t.t.*) widerlegen.

reprehēnsiō, *ōnis f* (*reprehendō*) **1.** (*rhet. t.t.*) *das* Innehalten (*beim Reden*); / **2.** Tadel; Fehler; **3.** (*rhet. t.t.*) Widerlegung.

reprehēnsō 1 (*frequ. v. reprehendō*) festhalten.

reprehēnsor, *ōris m* (*reprehendō*) Tadler.

reprēndō 3 = *reprehendō.*

repressor, *ōris m* (*reprimō*) Unterdrücker.

re-primō, *pressī, pressum* 3 (*premō*) **1.** zurückdrängen; zurückhalten, hemmen; *se -ere u.* °*mediopass.* sich zurück-, sich enthalten; **2.** beschränken, beschwichtigen.

reprōmissiō, *ōnis f* (*reprōmittō*) *das* Gegenversprechen; ** Verheißung; *terra -onis das* gelobte Land.

re-prōmittō, *mīsī, missum* 3 **1.** dagegen versprechen; **2.** von neuem versprechen.

rēptābundus 3 (*rēptō*) schleichend.

rēptātiō, *ōnis f* (*rēptō*) *das* Kriechen.

****reptilis,** e kriechend; *subst.* **-e,** *is n* Kriechtier; Gewürm.

rēptō 1 (*intens. v. rēpō*) schleichen, (dahin)schlendern.

repudiātiō, *ōnis f* (*repudiō*) Zurückweisung.

repudiō 1 (*repudium*) zurückweisen, verschmähen, verwerfen; °*bsd.* verstoßen [*uxorem*].

repudiōsus 3 (*repudium*) verwerflich.

re-pudium, *ī n* (*pudet?*) Ehescheidung.

re-puerāscō, — — 3 wieder zum Kinde werden; / kindisch werden.

re-pūgnanter *adv.* (*-ŭ-?; repūgnāns, part. praes. v. repūgnō*) widerstrebend.

repūgnantia[1], *ae f* (*-ŭ-?; repūgnō*) Widerspruch.

repūgnantia[2], *ium n* (*-ū-?; repūgnō*) Widersprüche.

re-pūgnō 1 (*-ŭ-?*) Widerstand leisten; / widerstreben, sich widersetzen; sich widersprechen.

re-pullulō 1 wieder ausschlagen, wieder hervorsprießen.

repulsa, *ae f* (*repellō*) Zurückweisung *bei der Amtsbewerbung, das* Durchfallen (*bei der Wahl*); *-am ferre u. accipere* durchfallen; °/ abschlägige Antwort.

repulsō 1 (*intens. v. repellō*) widerhallen lassen; immer wieder abweisen.

repulsus, *ūs m* (*repellō*) *das* Zurückwerfen; °Widerhall.

re-pungō, — — 3 wieder stechen.

re-pūrgō 1 (wieder) reinigen; / beseitigen.

reputātiō, *ōnis f* (*reputō*) Erwägung, Betrachtung.

re-putō 1 berechnen; / erwägen, bedenken.

re-quiēs, *ētis f* (*dat. ungebräuchlich; auch:* ° *gen. -iē, acc. -iem,* °*abl. -iē*) Ruhe, Erholung; Ruheplätzchen.

re-quiēscō, *ēvī, ētum* 3 **1.** (*intr.*) ruhen, schlafen; im Grabe ruhen; sich erholen; / sich beruhigen; °**2.** (*selten: trans.*) zur Ruhe bringen, still stehen lassen.

requiētus 3 (*requiēscō*) ausgeruht.

requīritō 1 (*intens. v. requīrō*) fragen *nach* [*novas res*].

re-quīrō, *sīvī, sītum* 3 (*quaerō*) **1. a)** wieder (auf)suchen; / **b)** vermissen; **c)** verlangen, erfordern; P. erforderlich sein; **2.** fragen, (nach)forschen [*de statu civitatis*]; **3.** untersuchen, prüfen; (*P.P.P.*) °*subst.* **requīsīta,** *ōrum n der* verlangte Ausdruck.

rēs, *reī f* (*eigtl.* „Schatz, Besitz") **1. a)** Besitz, Vermögen, Habe, Gut; *res familiaris* Privatvermögen; **b)** (*meist pl.*) Macht, Herrschaft [*rerum potiri; summa rerum*]; **2. a)** Sache, Gegenstand, etwas; **b)** (*pl.*) Welt(lauf); *natura rerum* Natur; **c)** Sachlage, Verhältnisse, Zu-, Umstand; Hinsicht, Beziehung; *in omnibus rebus* in allen Punkten; *rem renuntiare* die (Sach-)Lage berichten; *res secundae, prosperae* (*adversae*) Glück (Unglück); Los, Schicksal; **d)** Ursache, Grund [*nur*: °*hac u. ea re; ob eam rem, quam ob rem* deshalb]; **e)** Geschäft, Unternehmen, Angelegenheit, Aufgabe; *res militaris, bellica* Kriegswesen, *maritima, navalis* Seewesen, *frumentaria* Verproviantierung, *rustica* Landwirtschaft; (*pl.*) *res divinae* Religionswesen *u.ä.*; *rem suscipere* die Aufgabe übernehmen; **f)** Prozeß; **g)** Staat, Gemeinwesen, staatliche Verhältnisse = *rēs pūblica* (*s. pūblicus*); **h)** Vorteil, Nutzen [°*rebus suis consulere*]; °*in rem meam est* es ist vorteilhaft für mich; **3. a)** Tat, Handlung; *res gestae* Taten; **b)** Maßregel; **c)** Kriegstat; Krieg, Kampf, Schlacht; **d)** Ereignis, Vorfall, Vorgang; (*pl.*) Geschichte; *rerum scriptor* Geschichtsschreiber; **e)** Tatsache; Wirklichkeit, Wahrheit, tatsächliche Erfahrung [*spem pro re ferre*]; **rē (vērā)** in der Tat, wirklich; °**f)** Wesen der Sache; Stoff, Inhalt, Gehalt (*im Gegensatz zu der Form oder zum Ausdruck*).

re-sacrō 1 entsühnen.

re-saeviō 4 wieder wüten.

resalūtātiō, *ōnis f* (*resalūtō*) Gegengruß.

re-salūtō 1 wiedergrüßen.

re-sānēscō, *nuī,* — 3 (*incoh. zu resānō*) wieder genesen.

re-sarciō, *sarsī, sartum* 4 °**1.** wieder ausbessern; **2.** ersetzen.

re-scindō, *scidī, scissum* 3 **1. a)** (wieder) auf-, zer-, niederreißen; °**b)** erneuern [*luctūs*]; **c)** (er)öffnen [*vias*]; **2.** / ungültig machen, aufheben.

re-scīscō, *scīvī u. sciī, scītum* 3 erkunden, entdecken.

re-scrībō, *scrīpsī, scrīptum* 3 **1.** schriftlich **a)** antworten; °**b)** widerlegen; eine Gegenschrift verfassen; °**2.** von neuem schreiben, überarbeiten; °**3.** nochmals ausheben; **4.** (*im Rechnungsbuch*) umschreiben: °**a)** gutschreiben, bezahlen; **b)** zur Last schreiben; **5.** *ad equum s. equus.*

rescrīptum, *ī n* (*rescrībō*) kaiserlicher Erlaß; ** Abschrift.

re-secō, *secuī, sectum* 1 wegschneiden; / entfernen, beseitigen.

re-secrō 1 (*sacrō*) **1.** wiederholt bitten; **2.** die Bitte zurücknehmen.

re-sēminō 1 wieder erzeugen.

re-sequor, *secūtus sum* 3 antworten [*alqm*].

re-serō 1 **1.** aufriegeln, öffnen; **2.** / **a)** erschließen; °**b)** offenbaren; anfangen [*annum*].

re-servō 1 **1.** aufbewahren, aufsparen; **2.** (er)retten; beibehalten; ** vorbehalten.

reses, *idis* (*re-sideō*) zurückgeblieben; träge, untätig.

re-sideō, *sēdī, sessum* 2 (*sedeō*) **1.** (*intr.*) sitzen(bleiben); / zurückbleiben, übrig sein; **2.** (*trans.*) feiern [*ferias*].

re-sīdō, *sēdī, sessum* 3 **1.** sich setzen, sich niederlassen; **2.** / **a)** sich senken, (ein)sinken; °**b)** sich zurückziehen; **c)** sich legen, nachlassen.

residuus 3 (*resideō*) zurückbleibend, übrig; rückständig [*pecuniae*]; *subst.* **-um,** *ī n* Rest.

****resignatio,** *onis f* Verzicht.

re-sīgnō 1 (*-ĭ-?*) **1. a)** entsiegeln, (er)öffnen; / °**b** enthüllen; °**c)** lösen, befreien; **2.** ungültig machen, vernichten; °**3.** zurückzahlen; verzichten *auf* [*cuncta*].

re-siliō, *luī, sultum* 4 (*saliō*) **1.** zurückspringen; °**2.** abprallen; *kl. nur* / °**3.** / °**a)** zusammenschrumpfen; **b)** abstehen, ablassen [*ab iis*].

re-sīmus 3 aufgeworfen [*nares*].

rēsīna, *ae f* (*gr. Lw.*) Harz.

rēsīnātus 3 (*rēsīna*) mit Harz bestrichen *od.* gewürzt [*vinum*].

re-sipiō, — — 3 (*sapiō*) schmecken *nach* [*picem*]; *kl. nur* /.

re-sipīscō, *puī u. piī,* — 3 (*incoh. zu*

resipiō) wieder zu Verstand, zu sich kommen; °/ wieder Mut fassen.

re-sistō, *stitī,* — 3 **1.** stehenbleiben, stillstehen, haltmachen; innehalten, stocken; **2.** wieder festen Fuß fassen; **3.** sich widersetzen.

****resolutio,** *onis f* Auflösung, Tod; Satz, These. [wollüstig.

resolūtus 3 (*resolvō*) weibisch,

re-solvō, *solvī, solūtum* 3 **1. a**) auflösen, losbinden; **b**) öffnen; **2.** / auflösen; *nivem* schmelzen; erlösen, befreien; **3.** matt, schlaff machen; **4.** ungültig machen, aufheben; vernichten; verletzen [*iura pudoris*]; **5.** (zurück)bezahlen.

resonābilis, e (*resonō*) widerhallend.

re-sonō, *nui,* — 1 **1.** (*intr.*) **a**) widerhallen; **b**) ertönen, erschallen; **2.** (*trans.*) °**a**) (einen Ton) von sich geben; *kl. nur* P.: widerhallen °**b**) mit Schall erfüllen.

resonus 3 (*resonō*) widerhallend.

re-sorbeō, — — 2 wieder einschlürfen, (wieder) einziehen.

re-spectō 1 (*trans. u. intr.*) **1.** zurücksehen, sich umschauen; °anschauen; **2.** / °berücksichtigen; erwarten.

respectus, *ūs m* (*respiciō*) *das* Zurückschauen; / °Rücksicht, °Berücksichtigung; Zuflucht(sort).

re-spergō, *rsī, rsum* 3 (*spargō*) bespritzen, besprengen; °/ bedecken.

respersiō, *ōnis f* (*respergō*) Besprengung.

re-spiciō, *exī, ectum* 3 (*-ēxī?*) **1.** (*intr.*) **a**) zurückschauen, -blikken, sich umsehen; **b**) sich beziehen *auf* [*ad*]; **2.** (*trans.*) °**a**) hinter sich erblicken, bemerken; / **b**) über-, bedenken; **c**) berücksichtigen, beachten; sorgen *für*; °**d**) erwarten, erhoffen. [röhre.

respīrāmen, *inis n* (*respīrō*) Luft-

respīrātiō, *ōnis f* (*respīrō*) *das* Aufatmen, Atmen; *das* Atemholen (*in d. Rede*), Pause; / Ausdünstung.

respīrātus, *abl. ū m* (*respīrō*) *das* Atemholen.

re-spīrō 1 °**1.** (*vom Wind*) zurückwehen, entgegenblasen; **2.** ausatmen; **3. a**) aufatmen, wieder zu Atem kommen; / **b**) sich wieder erholen; **c**) nachlassen.

re-splendeō, *uī,* — 2 widerstrahlen.

re-spondeō, *spondī, spōnsum* 2 **1.** dagegen versprechen, zusagen; **2. a**) antworten, erwidern; **b**) (*vom Orakel u. v. Juristen*) Bescheid geben, raten (*ius, de iure* Rechtsbescheide erteilen); **c**) (*beim Namensaufruf*) sich melden; *kl. nur* / sich verantworten; **3. a**) entsprechen, übereinstimmen *mit* [*opinioni*]; **b**) ähnlich, das Gegenstück sein; °**c**) (*räuml.*) gegenüberliegen, entsprechen; **d**) gewachsen sein, die Waage halten; **e**) vergelten [*amori amore*]; **f**) Wort halten [*ad tempus*]; °*ad reliqua* die Rechnung ausgleichen; ** prophezeien; belohnen *für* [*de*].

respōnsiō, *ōnis f* (*respondeō*) Antwort, Entgegnung; (*rhet. t.t.*) *sibi ipsi* Selbstwiderlegung.

respōnsitō 1 (*intens. v. respōnsō*) Rechtsgutachten abgeben.

respōnsō 1 (*intens. v. respondeō*) antworten; widerstehen, verschmähen [*cupidinibus*]. [Antwortende.

respōnsor, *ōris m* (*respondeō*) *der*

****responsorium,** *i n* Wechselgesang.

respōnsum, *ī n* (*respondeō*) Antwort; Rechtsbescheid; Ausspruch,

rēs pūblica *s. pūblicus.* [Orakel.

re-spuō, *uī,* — 3 zurück-, ausspeien; / zurückweisen, verschmähen.

re-stāgnō 1 °**1.** überfließen, austreten; **2.** überschwemmt sein.

****restauratio,** *onis f* Erneuerung.

re-staurō 1 (*cf. īnstaurō*) wiederherstellen. [kleines Seil, Schnur.

resticula, *ae f* (*dem. v. restis*)

re-stillō 1 (*-ī-?*) wieder einträufeln, wieder einflößen. [*das* Löschen.

restīnctiō, *ōnis f* (*-stī-?; restinguō*)

re-stinguō, *īnxī, īnctum* 3 (*-īnxī, -īnctum?*) (aus)löschen; P. erlöschen; / mäßigen; unterdrücken, vertilgen. [Stricken Gepeitschter.

restiō, *ōnis m* (*restis*) Seiler; *ein* mit

restipulātiō, *ōnis f* (*restipulor*) Gegenverpflichtung.

re-stipulor 1 sich gegenseitig versprechen lassen.

restis, *is f* (*acc. auch -im; eigtl.* „zum Flechten geeigneter dünner Zweig") Seil, Strick; / Lauch-, Zwiebelblatt. [bleiben, zaudern.

restitō 1 (*intens. v. restō*) zurück-

restitrīx, *īcis f* (**restitor; resistō od. restō*) die zurückbleibt (?).

re-stituō, *uī, ūtum* 3 (*statuō*) **1. a**) (an die alte Stelle) wieder hinstellen; **b**) zurückführen, -bringen, -rufen; **c**) zurück-, wiedergeben; *se -ere* sich wieder aussöhnen *mit* [*patri*]; **2. a**) (in den alten Stand) zurückversetzen [*in integrum*]; in seine Rechte wiedereinsetzen; **b**) wiederherstellen; **c**) wieder gutmachen, ersetzen [*amissa*]; **d**) aufheben [*iudicia*].

restitūtiō, *ōnis f* (*restituō*) °**1.** Wiederherstellung; **2. a**) Zurückberufung; Begnadigung; °**b**) Wiederaufnahme in den Senat.

restitūtor, *ōris m* (*restituō*) Wiederhersteller; Retter.

re-stō, *stitī,* — 1 **1.** zurückbleiben; °/ ausharren; °**2.** Widerstand leisten; **3.** übrig, noch vorhanden, noch am Leben sein; noch bevorstehen; *restat, ut* es ist noch übrig, daß; *quod restat* in Zukunft, künftig.

restrictus 3 (*m. comp., adv.*; *restringō*) °**1.** straff angezogen; **2.** / °**a**) genügsam; *kl. nur adv.* °**b**) streng; *kl. nur adv.*; **c**) sparsam, karg.

re-stringō, *strīnxī, strictum* 3 (*strĭnxī?*) **1.** zurückziehen [*laevam*]; **2.** zurück-, festbinden; *dentes* fletschen; / beengen, beschränken.

re-sūdō 1 (Feuchtigkeit) ausschwitzen, feucht sein.

re-sultō 1 (*saltō*) **1. a**) zurückspringen, -prallen; **b**) widerhallen; **2.** / **a**) (*rhet. t.t.*) hüpfen (*von einer Rede mit vielen kurzen Silben hintereinander*); ungleichmäßig in der Stimme sein; **b**) widerstreben.

re-sūmō, *sūmpsī, sūmptum* 3 wiedernehmen, -ergreifen; erneuern; wiedererlangen.

re-suō, —, *ūtum* 3 auftrennen.

re-supīnō 1 **1.** zurückbeugen, -stoßen; *mediopass.* sich zurückbeugen; **2.** auf den Rücken werfen; vergewaltigen; **3.** umreißen, -stürzen.

resupīnus 3 (*Rückbildung v. resupīnō*) zurückgebogen, -gelehnt, rücklings; auf dem Boden liegend; / hochfahrend; weichlich, träge.

re-surgō, *surrēxī, surrēctum* 3 wieder aufstehen; / wieder erwachen, emporkommen.

****re-surrectio,** *onis f* Auferstehung.

re-suscitō 1 wieder erregen; ** wieder erwecken vom Tode.

retardātiō, *ōnis f* (*retardō*) Verzögerung.

re-tardō 1 verzögern; / hemmen, hindern.

re-taxō 1 wieder tadeln.

rēte, *is n* (*abl. -e u. -ī; cf. rārus*) Netz.

re-tegō, *tēxī, tēctum* 3 aufdecken, entblößen; öffnen; °/ erhellen; entdecken, offenbaren.

re-temptō 1 wieder versuchen.

re-tendō, *tendī, tēnsum u. tentum* 3 abspannen, entspannen [*arcum*].

retentiō, *ōnis f* (*retineō*) *das* Zurückhalten, Anhalten [*aurigae*]; *das* Zurückhalten einer Zahlung; Zurückhaltung [*assensionis*].

retentō[1] 1 (*intens. v. retineō*) zurück-, festhalten; erhalten.

re-tentō[2] = *retemptō.*

re-terō, *trīvī, trītum* 3 abreiben.

re-texō, *xuī, xtum* 3 **1.** wieder auftrennen; **2.** / **a**) ungültig machen, widerrufen; °**b**) erneuern, wiederholen.

°**rētia,** *ae f* = *rēte.*

rētiārius, *ī m* (*rēte*) Netzkämpfer (*Gladiator mit Dreizack u. Netz*).

****retiator,** *oris m* Netzstricker.

reticentia, *ae f* (*reticeō*) *das* (Still-) Schweigen, Verschweigen; (*rhet. t.t.*) *das* Abbrechen mitten im Satz.

re-ticeō, *cuī,* — 2 (*taceō*) **1.** (*intr.*) stillschweigen; °*alci jd.* nicht antworten; **2.** (*trans.*) verschweigen.

rēticulum, *ī n* (*dem. v. rēte*) (kleines) Netz (Fischnetz, Tragenetz, Sieb); Haarnetz; Racket.

retināculum, *ī n* (*retineō*) Halter, Band; Leine, Tau, Seil; Zügel; / *pl.* Bande [*vitae*].

retinēns, *entis* (*retineō*) festhaltend *an* [*sui iuris*].

retinentia, *ae f* (*retinēns*) *das* Behalten im Gedächtnis; Erinnerung.

re-tineō, *tinuī, tentum* 2 (*teneō*) **1.** zurück-, festhalten, zurückbehalten; abhalten, **2.** in Schranken halten, zügeln; fesseln; **3.** (bei-) behalten, erhalten, behaupten, bewahren.

re-tinniō, — — 4 widerklingen.

re-tonō, — — 1 donnernd widerhallen.

re-torqueō, *rsī, rtum* 2 **1. a**) zurückdrehen, -wenden, -beugen; °**b**) zurückschlagen, -werfen; *amictum* aufschürzen; °**c**) auf den Rükken binden; °**2.** / umändern.

re-torridus 3 verdorrt; / schlau.

retractātiō, *ōnis f* (*retractō*) °**1.** Beschäftigung (*m. etw. od. jd.*) in Gedanken; **2.** Weigerung.

retractātus 3 (*m. comp.*; *retractō*) umgearbeitet.

retractō 1 (*frequ. v. retrahō*) **1.** zurückziehen: / °**a**) zurücknehmen [*dicta*]; **b**) sich weigern; **2.** °**a**) wieder ergreifen [*arma*]; °**b**) umarbeiten; **c**) wieder erwägen.
retractus 3 (*m. comp.*; *retrahō*) entfernt, versteckt.
re-trahō, *trāxī, tractum* 3 **1. a**) zurückziehen, -bringen, -holen; **b**) einbringen [*alqm ex fuga*]; **2. a**) zurück-, abhalten; °**b**) nicht herausgeben; (*v. einer Summe*) etw. streichen; **c**) *se -ere* sich fernhalten, sich zurückziehen; °**3. a**) von neuem schleppen [*ad cruciatus*]; **b**) wieder ans Licht ziehen; **4.** hinziehen, hinführen.
retrectō 1 = *retractō.*
re-tribuō, *uī, ūtum* 3 **1.** zurückgeben; wieder zustellen; **2.** (*jd. das ihm Gebührende*) zukommen lassen.
retrō *adv.* (*re; cf. in-trō*) **1.** (*räuml.*) zurück, rückwärts, (nach) hinten; **2.** (*zeitl.*) vorher; **3.** / **a**) *ponere* hintansetzen; **b**) wiederum, umgekehrt; ** wieder; *multis ~ annis* seit vielen Jahren; *prp. b. acc.* hinter.
retro-agō, *ēgī, āctum* 3 (*-ō-?*) **1.** zurücktreiben; zurückstreichen [*capillos*]; / besänftigen [*iram*]; **2.** umkehren, ändern; *litteras* umgekehrt aufsagen lassen; *dactylus retroactus* Anapäst.
retrō-cēdō, *cessī, cessum* 3 zurückweichen.
retrōgradus 3 (*Rückbildung aus retrōgradior* „zurückgehen") zurückgehend.
retrōrsum *u.* °**-us** *adv.* (*< *retrōvors...*; *vertō*) °**1.** rückwärts; **2.** umgekehrt. [*auch i. Tmesis.*]
retrō-versus[1] 3 zurückgewandt;
retrōversus[2] *u.* **-um** *adv.* (*cf. adversus*[2]) rückwärts.
re-trūdō, *ūsī, ūsum* 3 zurückstoßen.
retrūsus 3 (*retrūdō*) entfernt, versteckt.
re-tundō, *ret(t)udī, retū(n)sum* 3 **1. a**) abstumpfen; **b**) / vereiteln; dämpfen; °**2.** zurückhalten, im Zaume halten; **3.** (*P.P.P.*) *adi.* **retū(n)sus** 3 °**a**) stumpf; / **b**) stumpfsinnig; °**c**) gefühllos.
reus, *ī m*, **-a,** *ae f* (*eigtl. adi. zu rēs* „Rechtssache") *der, die* Angeklagte; *pl.* **reī,** *ōrum m die* Parteien; °*adi.* *-us* 3 schuld *an*, verantwortlich *für* [*culpae*]; *voti reus* zur Lösung des Gelübdes verpflichtet.
re-valēscō, *luī*, — 3 wiedergenesen; / wieder aufblühen; wieder Geltung erlangen.
re-vehō, *vēxī, vectum* 3 zurückführen, -bringen; P. zurückkommen, -fahren *usw.*; *kl. nur* / zurückkommen *auf* [*ad superiorem aetatem*].
****revelatio,** *onis f* Offenbarung.
re-vellō, *vellī* (°*vulsī*), *vulsum* 3 weg-, ab-, losreißen; aufbrechen, öffnen; / vertilgen.
re-vēlō 1 enthüllen, entblößen; ** offenbaren.
re-veniō, *vēnī, ventum* 4 zurück-, heimkommen.
rē-vērā (*auch getr.*) *adv. s. rēs.*
re-verberō 1 zurückschlagen; P. ab-, anprallen.
reverendus 3 (*Gerundiv v. revereor*) ehrwürdig.
****reverendissimus** *u.* **-tissimus** hochehrwürdig.
reverēns, *entis* (*m. comp., sup., adv.*; *revereor*) ehrerbietig; sittsam.
reverentia, *ae f* (*reverēns*) **1.** Ehrerbietung, Ehrfurcht; ♀ *Göttin der Ehrfurcht*; °**2.** Scheu, Scham; ** *vestra* Ew. Hochwürden.
re-vereor, *itus sum* 2 (sich) scheuen; ehren, hochachten.
re-verrō, — — 3 wieder auseinanderfegen.
reversiō, *ōnis f* (*revertor*) °**1.** (*gramm. u. rhet. t.t.*) Umstellung *der Wörter*, Anastrophe (*z. B. quibus de rebus*); **2.** Rückkehr, Umkehr, Wiederkehr.
re-vertor, *revertī, reversus* (°*revertō*; °*reversus sum*) 3 zurück-, umkehren; °*in gratiam cum alqo* sich aussöhnen *mit.*
re-videō, — — 2 wieder hinsehen.
re-vīlēscō, — — 3 (*incoh. zu vīlis*) an Wert verlieren.
re-vinciō, *vinxī, vinctum* 4 (*vīnxī, vīnctum?*) °**1.** zurückbinden; **2.** fest-, anbinden; °umwinden; °/ fesseln.
re-vincō, *vīcī, victum* 3 °**1.** besiegen, überwältigen; **2.** / widerlegen.
re-virēscō, *ruī*, — 3 °**1.** wieder grünen; **2.** °**a**) sich verjüngen; **b**) wieder aufblühen, wieder erstarken.
re-vīsō, *vīsī, vīsum* 3 wieder-, nachsehen, besichtigen; wieder besuchen °/ heimsuchen.
revīvīscō, *vīxī*, — 3 (*incoh. v. revīvō*) wieder aufleben.
re-vīvō, —, *vīctūrus* 3 wieder leben.
revocābilis, e (*revocō*) zurückrufbar; (*meist m. Negation*) *non ~* unwiderruflich.

revocāmen, *inis n* (*revocō*) Warnung.

revocātiō, *ōnis f* (*revocō*) **1.** (*rhet. t.t.*) *das* nochmalige Aussprechen [*verbi*]; **2.** Abberufung [*a bello*].

re-vocō 1 **1. a**) zurückrufen, *bsd.* (*mil. t.t.*) zurückrufen, abberufen; / **b**) zurückziehen, -bringen, -wenden, -holen [*a luxuria*]; *se -are* zurückkehren (*ad se* wieder zu sich kommen); **c**) zurück-, abhalten, abbringen [*a scelere*]; °**d**) zurückverlangen; **e**) wiederherstellen, erneuern; *memoriam rei* sich erinnern *an*; °**f**) widerrufen; **g**) beschneiden, beschränken; **h**) zurückführen, beziehen *auf* [*omnia ad lucrum*]; *in dubium* in Zweifel ziehen; *rem ad manus* es zum Handgemenge kommen lassen; **2. a**) von neuem rufen; **b**) wieder vor Gericht laden; **c**) (*einen Schauspieler*) hervorrufen; da capo rufen *bei* [*versūs*]; **d**) (*mil. t.t.*) wieder einberufen [*milites*]; **3. a**) seinerseits rufen; **b**) eine Einladung erwidern.

re-volō 1 zurückfliegen; °/ zurückeilen.

revolūbilis, e (*revolvō*) zurückrollbar; *non* ~ unabwendbar. [Bahn.]

****revolutio,** *onis f* Umwälzung;

re-volvō, *volvī, volūtum* 3 **1. a**) zurückrollen, -wälzen, -wickeln; / **b**) zurückführen *auf* [*ad summas*]; °**c**) neu entfachen [*iras*]; **2.** *mediopass. u. se -ere*: °**a**) herabfallen [*equo*]; °**b**) vergehen [*saecula*]; °**c**) (*v. Gestirnen*) zurückkehren; °**d**) von neuem verfallen [*in luxuriam*]; **e**) zurückkommen *auf* [*ad consilium*]; **3.** °**a**) wieder aufrollen, aufschlagen [*librum*]; **b**) wieder lesen, erzählen, überdenken; (*P.P.P.*) °*adi.* **revolūtus** 3 vergangen.

re-vomō, *uī,* — 3 wieder von sich [geben.]

re-vorrō = *reverrō.*

revors..., revort... (*Pl.*) = *revers..., revert...*

rēx, *rēgis m* (*regō*; *cf. nhd.* „reich") **1. a**) König, Fürst; **b**) Perserkönig; °**c**) Suffet; **d**) *adi.* königlich; °herrschend; **2.** *pl.* Königsfamilie; *sg.* Prinz; **3.** Gewaltherrscher, Despot; **4.** Opferkönig [*sacrorum*]; °**5. a**) Leiter, Führer, Beherrscher, Herr; (*kl.*) *pl.* große Herren, Mächtige; **b**) Patron; ** *perennis* Christus.

Rhadamanthus, *ī m* (*gr.* -dạmanthys) *Sohn Jupiters u. der Europa, Richter in der Unterwelt.*

rhapsōdia, *ae f* (*gr. Fw.*) Gesang [(*der Ilias*).]

Rhēa¹, *ae f* = *Rēa²*.

Rhea², *ae f* (*gr.* Rhẹā [*einsilbig*]) *Gemahlin des Kronos, früh der Kybele gleichgesetzt.*

rhēda, rhēdārius = *rēd...*

rhēnō, *ōnis m* = *rēnō.*

Rhēnus, *ī m* Rhein.

rhētor, *oris m* (*gr. Fw.*) Lehrer der Beredsamkeit; °Redner.

rhētoricōteros, *ī m* (*urspr. gr. comp.*) ein recht eingebildeter Rhetor.

rhētoricus 3 (*m. adv.*; *gr. Fw.*) rhetorisch, rednerisch; *subst.* °~, *ī m* Lehrbuch der Rhetorik; **-a,** *ae f,* **-ē,** *ēs f u.* **-a,** *ōrum n* Redekunst, Rhetorik.

rhīnocerōs, *ōtis m* (*acc. sg. auch -ōta, pl. auch -ōtas*; *gr. Fw.*) Nashorn; / Geschirr aus Nashornbein.

rhō *n* (*indecl.*) *gr. Buchstabe* (ϱ).

Rhodanus, *ī m* Rhone.

Rhodos *u.* **-us,** *ī f Insel a. d. Küste Kleinasiens m. gleichnamiger St.*; *adi. -iēnsis,* e; *adi. u. Einw. -ius* (3).

rhombus, *ī m* (*gr. Fw.*) Kreisel, Zauberrad; (*wahrsch.*) Steinbutt.

rhonchus, *ī m* = *ronchus.*

rhythmicī, *ōrum m* (*gr. Fw.*) Rhythmiker, Lehrer des Rhythmus.

rhythmus, *ī m* (*gr. Fw.*) Rhythmus *in Musik u. Rede* (*reinlat. numerus*); ** Weise, Lied.

rhytium, *ī n* (*gr. Fw.*) Trinkhorn.

rīca, *ae f* (*cf. mhd.* rig-el *ds.*) Kopftuch. [tuch.]

rīcīnium, *ī n* (*rīca*) kleines Kopf-

rictus, *ūs m* (*unkl.*) *u.* **-um,** *ī n* (*ringor*) offener Mund, Rachen; °/ Öffnung der Augen.

rīdeō, *sī, sum* 2 (*urspr.* „verlegen lächeln") **1.** (*intr.*) **a**) lachen; °**b**) lächeln; an-, zulächeln; °**c**) / glänzen, strahlen; **2.** (*trans.*) **a**) aus-, verlachen, lachen *über* [*versūs*]; °**b**) freundlich anlächeln.

rīdibundus 3 (*rīdeō*) lachend.

rīdiculāria, *ōrum n* (*rīdeō*) Possen.

rīdiculus 3 *m. adv.*; *rīdeō*) lächerlich; spaßhaft, scherzhaft; *subst.* °~, *ī m* Spaßmacher, Possenreißer; **-um,** *ī n* Scherz, Witz, Schwank.

°**rigēns,** *entis* (*part. praes. v. rigeō*) = *rigidus.*

rigeō, *uī,* — 2 (*vl. zu frīgus*) **1.** starren, steif sein; °/ strotzen *von* [*auro*]; °**2.** emporstehen; sich sträuben.

rigēscō, *guī,* — 3 (*incoh. v. rigeō*) erstarren, steif werden; / sich sträuben.

rigidō 1 (*rigidus*) steif, hart machen.

rigidus 3 (*m. comp.,* °*sup.,* °*adv.*; *rigeō*) **1.** °**a**) starr, steif, fest; °**b**) emporstarrend; **c**) gerade ausgestreckt; °*subst.* **-a,** *ae f* (*sc. mentula*); **2.** / (*meist dcht.*) unerschütterlich; hart, abgehärtet; streng, wild, unbeugsam, grausam.

rigō 1 (*et. unklar*) leiten [*aquam per agros*]; bewässern, benetzen; / tränken, säugen.

rigor, *ōris m* (*rigeō*) Starrheit; Erstarrung, Kälte; Steifheit, Härte; / Härte, Strenge, Steifheit (*in Sitten u. bildlicher Darstellung*); Eintönigkeit *der Rede.*

riguus 3 (*rigō*) bewässernd; bewässert.

rīma, *ae f* (*cf. nhd.* „Rain") **1.** Ritze, Spalte, Riß; / °Blitz; °**2.** / Ausflucht, Ausweg; °**3.** = *cunnus.*

rīmor 1 (*rīma*) °**1.** aufwühlen, -reißen; **2.** °**a**) durchwühlen, -stöbern, -suchen; **b**) durch-, erforschen.

rīmōsus 3 (*rīma*) voller Risse, leck.

ringor, — 3 (*cf. rictus*) die Zähne fletschen; / sich ärgern.

rīpa, *ae f* (*cf. nhd.* „Riff") **1.** (steiles) Flußufer; **2.** (*dcht. u. nkl.*) Meeresufer; °**3.** / Ufer, Rand.

rīpula, *ae f* (*dem. v. rīpa*) kleines Ufer.

riscus, *ī m* (*gr. Fw.*) (*aus Weiden geflöchtener u. m. Fell überzogener*) Koffer.

rīsiō, *ōnis f* (*rīdeō*) Lachen, Gelächter.

rīsor, *ōris m* (*rīdeō*) Spötter.

rīsus, *ūs m* (*rīdeō*) **1.** *das* Lachen Gelächter; °**2.** Gegenstand des Lachens; Gespött.

rīte *adv.* (*cf. rītus*) **1.** nach dem Ritus; **2.** / °**a**) auf herkömmliche Weise, gesetzmäßig; **b**) gehörig, gebührend; °**c**) zum Glück, zum Heil.

rītuālis, e (*rītus*) die heiligen Gebräuche betreffend; *libri* -*es* Ritualbücher.

rītus, *ūs m* (*altes Sakralwort*) **1.** heiliger Brauch, religiöse Satzung; Ritus; °**2.** Brauch, Sitte; *kl. nur* **rītū** nach Art *von,* wie [*pecudum*].

rīvālis, *is m* (*rīvus; urspr. adi.*; *wohl altes Bauernwort*: „Kanalnachbar") Nebenbuhler.

rīvālitās, *ātis f* (*rīvālis*) Eifersucht.

rīvulus, *ī m* (*dem. v. rīvus*) Bächlein.

rīvus, *ī m* (√ *rei- „fließen") **1.** Bach; °**2.** Wasserrinne, Kanal; *aquarum* Wasserleitung; °**3.** / Strom [*lacrimarum*].

rixa, *ae f* (-*ī*-?; *et. unklar*) Zank, Streit.

rixātor, *ōris m* (-*ī*-?; *rixor*) Zänker.

rixor 1 (-*ī*-?; *rixa*) zanken, streiten.

rōbīginōsus 3 (*rōbīgō*) verrostet; / mißgünstig.

rōbīgō[1], *inis f* (*ruber; cf. altl. rōbus*[1]) Rost; Brand *des Getreides;* Zahnfäule; / Fäulnis; Untätigkeit; üble Gewohnheiten; Neid.

Rōbīgō[2], *inis f u.* **-gus,** *ī m Gottheit, die den Getreidebrand verhinderte.*

rōboreus 3 (*rōbur*) eichen.

rōborō 1 (*rōbur*) stärken, kräftigen; *kl. nur* /.

rōbur, *oris n* (*et. unklar*) **1. a**) Kern-, Eichenholz; **b**) Gegenstand aus Eichenholz: Bank; (*dcht.*) Speer, Keule, Tor; °**c**) unterirdisches Verlies im *carcer Tullianus*; **2.** Stärke, Kraft, Festigkeit; **3. a**) Kern *einer Sache*; **b**) Kerntruppen; °**c**) Mittel-, Stützpunkt.

rōbus[1] 3 (*altl.*) = *ruber.*

rōbus[2], *oris n* (*vkl. nkl.*) = *rōbur.*

rōbustus 3 (*m. comp.,* °*sup.,* °*adv.*; *rōbur*) °**1.** eichen; **2.** / fest, stark; erwachsen.

****roccus,** *i m* Rock [*Sancti Martini*].

****rochus** (**rocus**), *i m* Turm (*im Schachspiel*).

rōdō, *sī, sum* 3 (*rādō*) °**1.** benagen, anfressen; **2.** / verkleinern, herabsetzen.

rogālis, e (*rogus*) *des* Scheiterhaufens.

rogātiō, *ōnis f* (*rogō*) **1. a**) Frage; **b**) (*pol. t.t.*) Anfrage an das Volk, Gesetzvorschlag; -*em ad populum ferre* einbringen, *perferre* durchbringen; **2.** Bitte, Aufforderung.

rogātiuncula, *ae f* (*dem. v. rogātiō*) **1.** kurze Frage; **2.** in Vorschlag gebrachtes Gesetz; Verordnung.

rogātor, *ōris m* (*rogō*) Antragsteller; Stimmensammler; °Bettler.

rogātus, *abl. ū m* (*rogō*) Bitte, Ersuchen.

rogitātiō, *ōnis f* (*rogitō*) Gesetzvorschlag, -antrag.

rogitō 1 (*intens. v. rogō*) angelegentlich fragen; ** inständig bitten.

rogō 1 (*altl. coni. pf.* -*gassit,* -*gassint*; *regō*; *eigtl.* „die Hand ausstrecken") **1.** langen *nach,* holen

[°*aquam*]; **2. a**) (be)fragen; **b**) *sententiam* einen Senator um seine Meinung befragen; *populum, legem* ein Gesetz beantragen; *magistratum* einen Beamten zur Wahl vorschlagen; **c**) (*mil. t.t.*) vereidigen [*milites* (*sacramento*)]; **3.** bitten *um* [*me multa; ut, ne*]; einladen.

rogus, *ī m* (*wohl zu regō*) Scheiterhaufen; °/ Vernichtung, Grab.

Rōma, *ae f* (*etr.*; *cf. Rūminus*) Rom; *adi.* -*mānus* 3 römisch, lateinisch; *subst.* **-mānus,** *ī m u.* **-māna,** *ae f* Römer(in).

romphaea, *ae f* (*spätes literarisches Lw.*) = *rumpia.*

Rōmulus, *ī m Sohn des Mars u. der Ilia sacerdos od. der Rhea Silvia, Ahnherr der etr. gens Rōmulia od. Rōmilia, Gründer u. erster König Roms*; °*adi.* -*l*(*e*)*us* 3 *des* ~; römisch; °*subst.* **-idae,** *ārum m* Nachkommen des ~, Römer.

ronchus, *ī m* (*gr. Fw.*) *das* Schnarchen; / näselnder Ton *des Spötters.*

rōrārii, *ōrum m* (*et. ungedeutet*) *leichtbewaffnetes Fußvolk, das mit Schleudern den Kampf begann u. sich dann zurückzog.*

rōridus 3 (*rōs*) betaut.

rōri-fer, *era, erum* (*rōs, ferō*) taubringend.

rōrō 1 (*rōs*) °**1.** (*intr.*) **a**) tauen; *rōrat* es taut; **b**) / triefen, feucht sein; **2.** (*trans.*) °**a**) betauen; °**b**) benetzen, befeuchten; **c**) träufeln lassen, nur tropfenweise (Wein) spenden.

rōs, *rōris m* (*cf. Rhā, skythischer Name der Wolga*) **1.** Tau(tropfen); °**2.** / Feuchtigkeit, Naß, Wasser; *vitālis* Milch aus den Brüsten; °*rōs* (*marīnus*) Rosmarin.

rosa, *ae f* (*vl. Lw. aus einer Mittelmeersprache*) °**1.** Rosenstock; **2.** (*kl. nur sg., meist coll.*) Rose; Rosen(-kranz); °/ *Kosewort.*

rosāns, *antis* (*part. praes. v.* **rosō*) rosenrot.

rosārius 3 (*rosa*) von Rosen; *subst.* **-ium,** *ī n* Rosenhecke, -garten.

rōscidus 3 (*rōs*) tauend, tropfend; betaut, benetzt.

Rōscius 3 *röm. Gentilname*: *S.* ~ *aus Ameria, von Cicero verteidigt.*

rosētum, *ī n* (*rosa*) Rosenhecke, -garten.

roseus 3 (*rosa*) rosig, von Rosen; rosenfarbig.

rōsidus 3 (*Ca.*) = *rōscidus, rōridus.*

rōsmarīnus, *ī m* = *rōs marīnus.*

rōstrātus 3 (*rōstrum*) geschnäbelt; mit Schiffsschnäbeln (verziert).

rōstrum, *ī n* (*wohl zu rōdō*) **1.** Schnabel, Schnauze, Rüssel; **2.** / **a**) Schiffsschnabel; °**b**) Bug; **c**) (*pl.*) Rednerbühne *auf dem Forum zu Rom, verziert m. den Rammspornen der im J. 338 erbeuteten Schiffe der Antiaten*; ** Schnabelschuh.

****rosula,** *ae f* Röslein.

rota¹, *ae f* (*cf. nhd.* „Rad") **1. a**) Rad, Wagenrad; °**b**) Wagen; **2.** °**a**) Töpferscheibe; **b**) Folterrad; °**c**) Rolle, Walze; **3.** / °**a**) Kreis(bahn); **b**) Wechsel, Unbeständigkeit; °**c**) -*ae impares* Hexameter u. Pentameter.

rota² *s. rot(t)a.*

****rotalis,** e mit Rädern versehen; *poena* Strafe des Räderns.

****rotator,** *oris m* Rotaspieler.

rotō 1 (*rota¹*) **1.** (*trans.*) im Kreise herumdrehen; aufwirbeln [*fumum*]; **2.** (*intr.*) sich drehen, rollen.

****rot(t)a,** *ae f gitarrenartiges Musikinstrument.*

rotula, *ae f* (*dem. v. rota¹*) Rädchen.

rotunditās, *ātis f* (*rotundus*) Rundung; ** / runde Münze.

rotundō 1 (*rotundus*) rund machen; °/ abrunden, voll machen [*mille talenta*].

rotundus 3 (*m. comp.*, °*sup.*, *adv.*; *wohl zu rota¹*) **1.** (kugel)rund; **2.** / **a**) (*periodisch*) abgerundet; °**b**) vollkommen.

rube-faciō, *fēcī, factum* 3 (*rubeō*) rot machen, röten.

rubēns, *entis* (*m. comp.*; *part. praes. v. rubeō*) rot, rötlich; bunt; schamrot.

rubeō, *uī,* — 2 (*ruber*) **1.** °**a**) rot sein; **b**) schamrot sein; °**2.** / glänzen, prangen.

ruber, *bra, brum* (*cf. rūfus*) rot, gerötet.

rubēscō, *buī,* — 3 (*incoh. v. rubeō*) rot werden, sich röten; schamrot werden.

rubēta, *ae f* (*et. nicht klar*) giftige Kröte.

rubētum, *ī n* (*rubus*) Brombeergesträuch.

rubeus 3 (*rubus*) vom Brombeerstrauch.

Rubicō, *ōnis m Grenzfluß b. Ravenna.*

rubicundulus 3 (*dem. v. rubicundus*) etwas schamrot.

rubicundus 3 (*m. comp.*; *ruber*) (hoch)rot, rötlich, rotbemalt.

rubidus 3 (*ruber*) dunkelrot; braunrot.

rūbīgō, *inis f* = *rōbīgō.*

rubor, *ōris m* (*ruber*) **1. a)** Röte, Rot; rote Schminke; °**b)** Purpur; **2.** Schamröte; **3.** / Schamhaftigkeit; Schimpf.

rubrīca, *ae f* (*ruber*) Rötel; *der* (*rot geschriebene*) (Gesetz-)Titel, Rubrik.

rubus, *ī m* (*et. nicht klar*) Brombeerstrauch; °Brombeere.

rūctābundus 3 (*-ŭ-?*; *rūctō*) wiederholt rülpsend.

rūctātrīx, *īcis f* (*-ŭ-?*; **rūctātor*; *rūctō*) Aufstoßen verursachend.

rūctō *u.* **-or** 1 (*-ŭ-?*; *intens. zu *rūgō* 3 „rülpsen") **1.** (*intr.*) rülpsen, aufstoßen; °**2.** (*trans.*) ausrülpsen, ausspeien; ** herleiern [*psalmos*].

rūctuōsus 3 (*-ŭ-?*; *rūctus*) mit Rülpsen.

rūctus, *ūs m* (*-ŭ-?*; **rūgō* 3 „rülpsen") *das* Rülpsen.

rudēns, *entis m u.* °*f* (*altl. -ū-*; *abl. sg. meist -e*, *gen. pl. meist -um*; *wohl substantiviertes part.* „Zieher, Werkzeug zum Ziehen") Schiffstau; Seil.

rudiārius, *ī m* (*rudis*[1]) ausgedienter (*b. seiner Entlassung m. einer rudis ausgezeichneter*) Gladiator.

rudīmentum, *ī n* (*rudis*[2]) erster Versuch, Vorschule, Probestück.

rudis[1], *is f* (*et. ungedeutet*) Rapier.

rudis[2], e (*et. nicht geklärt*) °**1.** roh, unbearbeitet, kunstlos; °**2.** jung, neu; **3.** / **a)** ungebildet, ungeschickt; ungeübt; °**b)** unerfahren *in der Liebe*, unschuldig [*filia*].

rudō *u.* **rūdō,** *īvī*, — 3 (*cf. ravis*) brüllen, schreien; knarren.

rūdus[1], *eris n s. raudus.*

rūdus[2], *eris n* (*et. ungeklärt*) Schutt; (*pl.*) Ruinen; Mörtel.

****rufinus** 3 rot.

Rūfulī, *ōrum m die* vom Feldherrn ernannten Kriegstribunen (*angeblich auf Grund eines v. Rutilius Rūfus eingebrachten Gesetzes*; *Ggs. die in den Komitien vom Volk gewählten comitiātī*). [*homo* Rotkopf.]

rūfulus 3 (*dem. v. rūfus*) rötlich;

rūfus 3 (*m.* °*comp.*, *ruber*) rothaarig.

rūga, *ae f* (*cf. nhd. dem.* „Runzel") Runzel; / finsteres Wesen, Ernst.

rūgō 1 (*rūga*) **1.** (*trans.*) runzeln [*frontem*]; **2.** (*intr.*) Falten werfen.

rūgōsus 3 (*rūga*) runzelig, faltig.

ruīna, *ae f* (*ruō*[1]) **1.** °**a)** *das* Stürzen; Unwetter; **b)** Einsturz; **2.** / **a)** Umsturz, Sturz, Fall; °**b)** Untergang, Tod; °**c)** (*meist pl.*) Trümmer; **d)** Fehltritt, Irrtum; **e)** Verderber, Zerstörer. [gestürzt.]

ruīnōsus 3 (*ruīna*) baufällig; °ein-

rullus 3 (*rudis*[2]) bäurisch, ungesittet; *subst.* ~, *ī m* Grobian.

rumex, *icis m f* (*et. ungedeutet*) Sauerampfer. [öffentlich rühmen.]

rūmiferō 1 (*rūmifer*; *rūmor*, *ferō*)

rūmi-ficō 1 (?) (*rūmor*, *faciō*) öffentlich preisen.

Rūminālis, e *u.* **-nus** 3 zur Rumina, (*vor Ovid -ī-*), *der Göttin der Säugenden*, gehörig; *ficus* der Feigenbaum, *unter dem die Wölfin Romulus u. Remus säugte.*

rūminātiō, *ōnis f* (*rūminō*) *das* Wiederkäuen; *kl. nur* /.

rūminō 1 (*rūmen* „Schlund") wiederkäuen.

rūmor, *ōris m* (*Schallwort*; *cf. ravis*) °**1.** dumpfes Geräusch; Beifallsruf; **2.** Gerücht; **3. a)** Volksstimme, öffentliche Meinung; **b)** guter Ruf; °**c)** üble Nachrede.

rumpia, *ae f* (*volkstümliches gr. Lw.*) breites zweischneidiges Schwert (*der Thraker*).

rumpō, *rūpī*, *ruptum* 3 (*cf. nhd.* „rauben") **1.** (zer)brechen, zerreißen, -hauen, sprengen; abschneiden; *mediopass.* bersten; **2.** / °**a)** durchbrechen; sich bahnen [*viam*]; hervorbrechen lassen; *se -ere u. mediopass.* hervorbrechen; °**b)** ausbrechen *in* [*has voces*]; **c)** verletzen, vernichten, vereiteln; **d)** unterbrechen, stören.

rūmusculus, *ī m* (*dem. v. rūmor*) Geschwätz.

ruō[1], *ruī*, *rutum* (*ruitūrus*) 3 (*vl.* < **ghruō*; *cf. congruō*) **1.** (*intr.*) **a)** (sich) stürzen, stürmen, rennen, (ent)eilen; **b)** sich überstürzen, übereilt handeln; **c)** zusammen-, einstürzen, sinken; zugrunde gehen; °**2.** (*trans.*) nieder-, hinwerfen; zerschlagen.

ruō[2], *ruī*, *rutum u. rūtum* 3 (*cf. rutrum*; *nhd.* „reuten, roden") °**1.** aufwühlen, aufgraben; fort-, zusammenraffen; aufwirbeln; **2.** (*P.P.P.*) *subst.* **rūta (et) caesa** (*auf einem Grundstück*) Gegrabenes u. Gefälltes = Hausgerät.

rūpēs, *is f* (*rumpō*) Fels; Klippe, Kluft; Schlucht, Abgrund.

ruptor, *ōris m* (*rumpō*) Verletzer [*foederum*].

rūri-cola, *ae* (*rūs, colō*) *das* Feld bestellend *od.* bewohnend; *subst. m* Bauer; Stier.

rūri-gena, *ae m* (*rūs, gignō*) Landmann.

rūrō 1 (*rūs*) auf dem Lande leben; Ackerbau treiben.

rūrsus *u.* **-um** *adv.* (< **re-vorsus, -sum; vertō*) **1.** rückwärts, zurück; **2.** wieder, von neuem; **3.** dagegen, andrerseits, umgekehrt.

rūs, *rūris n* (*cf. nhd.* „Raum") **1.** *das* Land; Landgut; *rus* aufs Land; *rure* vom Lande; °auf dem Lande [*rure paterno*]; *ruri* auf dem Lande; °**2.** / bäuerisches Wesen.

rūscum, *ī n* (*et. ungedeutet*) Mäusedorn.

russātus 3 (*russus*) rot gekleidet.

russus 3 (*ruber*) rot.

****rusticalis,** e bäurisch, grob.

rūsticānus 3 (*rūsticus*) ländlich; *subst.* ~, *ī m* Bauer.

rūsticātiō, *ōnis f* (*rūsticor*) Landleben.

rūsticitās, *ātis f* (*rūsticus*) ländliche Einfachheit; Plumpheit; Schüchternheit; bäuerische Aussprache [*verborum*].

rūsticor 1 (*rūsticus*) auf dem Lande leben.

rūsticulus 3 (*dem. v. rūsticus*) **1.** ländlich; °**2.** / unbeholfen, plump; **3.** *subst.* ~, *ī m* einfacher Bauer; °**-a,** *ae f* Haselhuhn.

rūsticus 3 (*m.* °*comp.*, *adv.*; *rūs*) **1.** ländlich, Land-, Feld- [°*mus*]; **2.** / **a)** einfach, schlicht; **b)** linkisch, ungeschliffen; °**c)** spröde [*Venus*]; **3.** *subst.* **a)** ~, *ī m* Landmann, Bauer; Bauernlümmel; **-ī,** *ōrum m* (*Qu.*) bäuerische Menschen; °**b) -a,** *ae f* grobe Bäuerin.

rūsum, -us (*altl.*) = *rūrsum, -us.*

rūta[1], *ae f* (*wohl gr. Lw.*) Raute (*Pflanze*); / Bitterkeit.

rūta[2] **(et) caesa** *n s. ruō*[2].

rutābulum, *ī n* (*rutō, intens. zu ruō*[2]) Ofenhaken.

rūtātus 3 (*rūta*[1]) mit Raute bedeckt, bekränzt.

rutilō 1 (*rutilus*) **1.** (*trans.*) rötlich färben; **2.** (*intr.*) rötlich, wie Gold schimmern.

rutilus 3 (*ruber*) rötlich, goldgelb; °rothaarig.

rutrum, *ī n* (*ruō*[2]) Schaufel.

rūtula, *ae f* (*dem. v. rūta*[1]) zarte Raute.

S

S. (*Abk.*) = *Sextus*; (*in Briefen*) **S.** = *salūtem*; **S. C.** = *senātūs cōnsultum*; **S.D.** = *salūtem dīcit*; **S.P.D.** = *salūtem plūrimam dīcit*; **S.P.Q.R.** = *senātus populusque Rōmānus.*

Sabaeus 3 aus Saba (*in Arabien*); arabisch; *subst.* **-a,** *ae f das* „glückliche" Arabien; *Einw.* **-ī,** *ōrum m.*

Sabazia, *ae f Fest zu Ehren des Sabazius.*

Sabazius, *ī m* (*gr.* -os) *Beiname des* [*Bacchus.*]

sabbata, *ōrum n* (*jüd. Fw.*) **1.** Sabbat; **2.** (*jeder*) jüdische Feiertag; ** *sg. um sanctum* Ostersamstag.

sabbatāria, *ae f* (*sabbata*) Jüdin.

Sabellī, *ōrum m* **1.** (*urspr.*) *die kleineren mittelital. Völkerschaften sabinischer Abstammung* (*Marser, Päligner, Vestiner, Marruziner*); **2.** *die südl. osk.-sabin. Mischvölker*; **3.** (*dcht.*) = *Sabīnī*; *adi.* -*bell*(*ic*)*us* 3.

Sabīnī, *ōrum m die* Sabiner (*Volk nördl. v. Latium*); *adi.* -*us* 3; *subst.* **-us,** *ī m Stammvater der Sabiner*; **-um,** *ī n* Sabinerwein.

Sabis, *is m Nbfl. der Maas, j.* [Sambre.]

sabulum, *ī n* (*wohl gr. Lw.*) grober Sand; Kies.

saburra, *ae f* (*wohl zu sabulum*) [Sand; Ballast.]

saburrō 1 (*saburra*) mit Ballast beladen; / den Magen überladen.

saccārius 3 (*saccus*) mit Säcken beladen [*navis*].

****sacchara,** *ae f* Zucker.

saccipērium, *ī n* (*gr. Lw.*) Umhängetasche.

saccō[1] 1 (*saccus*) durchseihen; *saccātus umor corporis* Urin.

saccō[2], *ōnis m* (*Scherzname*; *saccus*) der auf seinem Geldbeutel sitzt; Geizhals, Wucherer.

sacculus, *ī m* (*dem. v. saccus*) [Geldbeutel.]

saccus, *ī m* (*gr. Fw., aus dem Semitischen stammend*) Sack: **1.** Geld-, Getreidesack; °*ad -um* (Bettelsack) *ire* betteln gehen; °**2.** Filter.

sacellum, *ī n* (*dem. v. sacrum*) Kapelle.

sacer, *cra, crum* (*m.* °*sup.*; *altl. nom. pl.* -*ēs*; < **sakros*; *cf. sanciō*) **1. a)** heilig, einem Gotte geweiht [°*Iovi, Iovis*]; °**b)** ehrwürdig; °**2.** einem unterirdischen Gott geweiht, verflucht.

sacerdōs, *ōtis m f* (*sacer*; √ *dhē- „setzen") Priester(in).
sacerdōtālis, e (*sacerdōs*) priesterlich.
sacerdōtium, *ī n* (*sacerdōs*) Priesteramt, -würde.
sacrāmentum, *ī n* (*sacrō*) **1.** (*jur. t.t.*) **a)** Strafsumme, Haftgeld (*Kaution b. Zivilprozessen*); **b)** Prozeß(führung); *iustum* gewonnener Prozeß; **2. a)** Fahneneid; °**b)** Kriegsdienst; °**3.** Verpflichtung, Eid; ** Sakrament.
sacrārium, *ī n* (*sacrum*) °**1.** Sakristei; **2.** Kapelle, Tempel; Hauskapelle.
sacrātus 3 (*m. sup.*; *sacrō*) heilig; vergöttert.
sacrēs *s. sacer.*
sacri-cola, *ae m* (*sacrum, colō*) Opferdiener.
sacri-fer, *era, erum* (*sacrum, ferō*) Heiligtümer tragend.
sacrificālis, e (*sacrificus*) zum Opfern gehörig.
sacrificātiō, *ōnis f* (*sacrificō*) *das* Opfern.
sacrificium, *ī n* (*sacrum, faciō*) Opfer; ** Meßopfer; *laudis* Lobopfer.
sacrificō 1 (*sacrificus*) **1.** (*intr.*) opfern, (ein) Opfer darbringen [°*Orco* (*dat.*) *hostiis* (*abl.*)]; °**2.** (*trans.*) als Opfer darbringen, opfern [*suem*]; ** die Messe zelebrieren.
sacrificulus, *ī m* (*dem. v. sacrificus*) Opferpriester.
sacri-ficus 3 (*sacrum, faciō*) opfernd; Opfer...
sacrilegium, *ī n* (*sacrilegus*) Tempelraub; / Religionsfrevel.
sacri-legus 3 (*m.* °*sup.*; *sacrum, legō*; „heilige Geräte auflesend, *d.h.* stehlend") **1.** tempelräuberisch; °**2.** gottlos, verrucht; **3.** *subst.* **-us,** *ī m* Tempelräuber; °Schurke.
sacrō 1 (*sacer*) **1. a)** (*einer Gottheit*) weihen, widmen; °**b)** (*dem Untergang*) weihen, preisgeben; **2. a)** (*durch Weihung*) unverletzlich machen [°*foedus*]; °**b)** als heilig verehren; °**c)** unsterblich machen.
sacrō-sānctus 3 (*-ănct-?*; *sacrō abl. sg. n v. sacer*) unverletzlich; hochheilig.
sacrum, *ī n* (*sacer*) **1. a)** heiliges Gerät, Tempelgut; **b)** Opfer [°*accendere*]; **2. a)** heiliger Brauch, gottesdienstliche Handlung; **b)** *pl.* Gottesdienst; Fest, Feier [°*nuptialia*]; °**c)** Geheimnisse, Mysterien.

saec(u)lāris, e (*saeculum*) hundertjährig, Säkular...; ** weltlich.
saec(u)lum, *ī n* (*wohl urspr.* „[Menschen-]Saat"; *cf. serō*²) **1. a)** Menschenalter, Generation; °**b)** Zeit (-alter); Regierungszeit *eines Fürsten*; **2. a)** Jahrhundert; langer Zeitraum; **b)** Menschen des Jahrhunderts; **c)** Zeitgeist; ** Welt; *in saecula* (*saeculorum*) immerdar.
saepe *adv.* (*comp.* *-pius*; *sup.* *-pissimē*; *eigtl. n des adi.* **saepis* „gedrängt"; *cf. saepiō*) oft, häufig.
saepe-numerō *adv.* oftmals.
saepēs, *is f* (*saepiō*) Zaun, Umzäunung, Gehege; °/ Garten.
saepiculē *adv.* (*dem. v. saepe*) ziemlich oft.
saepīmentum, *ī n* (*saepiō*) Verzäunung.
saepiō, *psī, ptum* 4 (**saepis*; *s. saepe*) umzäunen; / umgeben, einschließen, verwahren; schützen, besetzen, decken.
saeps, *is f* = *saepēs.*
saeptum, *ī n* (*saepiō*) Gehege, Stall; *pl.* Mauern; Schranken (*für die Komitien*).
saeta, *ae f* (*et. ungedeutet*) Borste; struppiges Haar; °/ Angelschnur.
saeti-ger, *era, erum* (*saeta, gerō*) borstentragend; *subst.* ~, *erī m* Eber.
saetōsus 3 (*saeta*) borstig; aus Fell; behaart.
saevi-dicus 3 (*saevus, dīcō*²) zornig.
saeviō 4 (*altl. impf.* *-ībat*; *saevus*) wüten, toben, rasen, wild sein.
saeviter *adv. s. saevus.*
saevitia, *ae f* (*saevus*) °**1.** Wildheit (*der Tiere*); **2. a)** Härte, Grausamkeit; °**b)** *annonae* Teuerung.
saevitūdō, *inis f* (*saevus*) Härte.
saevus 3 (*m.* °*comp.*, °*sup.*; *adv.* **-ē,** *altl.* **-iter**; *cf. nhd.* „sehr, versehren") °**1.** (*v. Tieren*) wütend; **2.** / grimmig, heftig, grausam, streng.
sāga, *ae f* (*sāgus*) Wahrsagerin; °Kupplerin.
sagācitās, *ātis f* (*sagāx*) Spürsinn; / Scharfsinn, -blick.
sagātus 3 (*sagum*) im (Soldaten-) Mantel.
sagāx, *ācis* (*abl.* -e *u.* *-ī*; *m.* °*comp.*, *sup.*, *adv.*; *sāgiō*) scharf witternd; / scharfsinnig, klug, schlau.
sagīna, *ae f* (*et. ungedeutet*) **1.** Fütterung, Mästung; °**2.** / Masttier; Futter; Speise, Kost.
sagīnō 1 (*sagīna*) mästen; füttern; *kl. nur* /.

sāgiō, — — 4 (*cf. nhd.* „suchen") scharf spüren, wittern.

sagitta, ae *f* (*altl. auch* -ita-; *wohl Lw. aus einer Mittelmeerspr.*) Pfeil.

sagittārius, ī *m* (sagitta) Bogenschütze; ° / Schütze (*Sternbild*).

sagittātus 3 (sagittō) vom Pfeil getroffen.

sagitti-fer, era, erum (sagitta, ferō) pfeiltragend; mit Pfeilen bewaffnet.

sagitti-potēns, entis *m* (sagitta) Schütze (*Sternbild*). [schießen.

sagittō 1 (sagitta) mit Pfeilen

sagmen, inis *n* (*meist pl.*; *sacer*) *das auf dem Kapitol gepflückte, die Fetialen beschützende* Grasbüschel.

sagulātus 3 (sagulum) im Soldatenmantel. [sagum.

sagulum, ī *n* (*dem. v.* sagum) =

sagum, ī *n* (*gall. Lw.*) °**1.** kurzer Umwurf aus grobem Wolltuch (*bsd. Tracht der Gallier u. Germanen*); **2.** Soldatenmantel; in -is esse unter Waffen stehen; **3.** Matratze.

Saguntum, ī *n u.* **-us,** ī *f St. im ö. Spanien*; *adi. u. Einw.* -tīnus (3).

sāgus 3 (*cf.* sāgiō) wahrsagend.

sāl, salis *m n* (*cf. nhd.* „Salz") **1.** Salz; **2.** °**a**) Salzflut, Meer; **b**) *pl.* Salzgeschmack; **3.** / °**a**) Geschmack; °**b**) scharfer Verstand; **c**) Witz, Humor. [schneider.

salacō, ōnis *m* (*gr. Fw.*) Auf-

Salamīs, īnis *f* (*gr.* -mįs) **1.** *Insel, Attika gegenüber* (*Seeschlacht 480*); **2.** *St. auf Zypern*; *adi. u. Einw.* -mīnius (3). [Knirps.

salapūt(t)ium, ī *n* (*et. ungedeutet*)

salārius 3 (sāl) Salz...; *subst.* °~, ī *m* Salzfischhändler; °**a,** ae *f* Salzstraße *am l. Tiberufer*; °**-um,** ī *n* **1.** Diäten *der Oberbeamten*; **2.** Ehrensold. [geilmachend.

salāx, ācis (*m. sup.*; saliō) geil;

salebra, ae *f* (*wohl* saliō) °**1.** holperige Stelle; **2.** / stilistische Unebenheit; Schwierigkeit, Anstoß.

salebrōsus 3 (salebra) holperig; / [oratio].

Salernum, ī *n Küstenst. in Kampanien, j.* Salerno. [Saliers.

saliātus, ūs *m* (Saliī) Amt eines

salictum, ī *n* (salix) Weidengebüsch. [Weiden...

salignus 3 (-ī-?; salix) weiden,

Salii, ōrum *m* (*wohl zu* saliō) *Marspriester*; °*adi.* **-liāris,** e; carmen -e *Kultlied zu Ehren des Mars*; *kl. nur* /: üppig. [Salzfäßchen.

salillum, ī *n* (-ī-?; *dem. v.* salīnum)

salīnae, ārum *f* (salīnus 3 „Salz..."; sāl) Salzwerk, -lager, Saline.

Salīnātor *s.* Līvius. [sāl) Salzfaß.

salīnum, ī *n* (salīnus 3 „Salz...";

saliō, luī, — 4 (*cf. gr. Kunstwort* „Halma") **1.** (*intr.*) **a**) springen, hüpfen, tanzen; **b**) rinnen, rieseln; **2.** (*trans.*) bespringen, decken; *kl. nur* (*part. praes.*) *subst.* **salientēs,** ium *m* Springbrunnen.

sali-potēns, entis *m* (salum) Meerbeherrscher (*Beiname Neptuns*).

Sali-subsilus, ī *m* (saliō, subsiliō; *cf.* Saliī) Salier (*in Verona*).

saliunca, ae *f* (*wohl ligurisches Fw.*) wilde Narde.

salīva, ae *f* (*cf. nhd.* „schal") Speichel; / Appetit; Nachgeschmack (*bsd. des Weins*). [Weide.

salix, icis *f* (*cf. nhd.* „Sal-weide")

Sallustius 3 *röm. Gentilname*: **1.** Q. ~ Crispus, *röm. Geschichtsschreiber* (*86–35*); **2.** ~ Crispus, *Großneffe u. Adoptivsohn v. 1, Ratgeber des Augustus*; *adi.* -iānus 3.

Salmacis, idis *f* (*gr.* -kįs) (*verweichlichende*) *Quelle u. Quellnymphe in Karien*; **-cidēs,** ae *m* Weichling.

****salmo,** onis *m* Salm, Lachs.

salsāmentārius, ī *m* (salsāmentum) Salzfischhändler.

salsāmentum, ī *n* (salsus) **1.** Fischlake; °**2.** marinierter Fisch.

salsi-potēns, entis *m* (salsus) Beherrscher der Meerflut (Neptun).

salsūra, ae *f* (*altl.* sallō 3 „einsalzen"; *cf.* salsus) Einsalzung, Salzlake; / Mißgunst.

salsus 3 (*m.* °*comp.*, *sup.*, *adv.*; *altl.* sallō 3 „einsalzen"; sāl) °**1.** gesalzen, salzig; **2.** / °**a**) scharf, beißend; **b**) witzig, launig, schalkhaft. [Tanz.

saltātiō, ōnis *f* (saltō) *das* Tanzen,

saltātor, ōris *m* (saltō) Tänzer.

saltātōrius 3 Tanz...

saltātrīx, īcis *f* (saltātor) Tänzerin.

°**saltātus,** ūs *m* (saltō) = saltātiō.

saltem *u.* **-tim** *adv.* (*et. ungeklärt*) wenigstens, zum wenigsten; °non (neque) ... ~ auch nicht, nicht einmal. [zend.

salticus 3 (saltus[1]) hüpfend, tan-

saltō 1 (*intens. v.* saliō) **1.** (*intr.*) tanzen; springen; °**2.** (*trans.*) pantomimisch darstellen [tragoediam];

mit übertriebenen Gesten vortragen. [birgig.
saltuōsus 3 (*saltus*[2]) waldig, ge-
saltus[1], *ūs m* (*saliō*) Sprung.
saltus[2], *ūs m* (*vl. m. nhd.* „Wald" *verwandt*) **1.** Waldtal, Schlucht; Gebirge; Gebirgspaß; **2.** Waldweide, Viehtrift; / °**3.** bedenkliche Lage; °**4.** = *cunnus.*
salūbris, e *u.* °**-ber,** *bris, bre* (*m.* °*comp., sup., adv.*; *salūs*) **1.** gesund; **2.** / **a**) heilsam, zuträglich, vorteilhaft; °**b**) kräftig, stark; *kl. nur bildlich.*
salūbritās, *ātis f* (*salūber*) **1.** Heilsamkeit [*loci*]; Rettungsmittel; °**2.** Gesundheit; Wohlsein.
salum, *ī n* (*vl. gr. Lw.*) **1.** unruhiger Seegang; *das* Schlingern; **2. a**) hohe See, offenes Meer; °**b**) offene Reede; °**c**) Meer; / *aerumnosum* von Drangsal.
salūs, *ūtis f* (*cf. salvus*) **1.** Wohlbefinden, Gesundheit; **2.** Wohlfahrt, Heil, Glück; / (*Kosewort*); **3.** Rettung; persönliche Sicherheit, Leben; Rettungsmittel; **4.** Gruß; *-em dicere* grüßen; **5.** ♀ *Göttin des persönlichen Wohlergehens u. des Staatswohls.*
salūtāris, e (*m. comp., adv.*; *salūs*) **1.** heilsam, zuträglich, vorteilhaft; *littera* der Buchstabe A (= *absolvō*) *auf den Stimmtafeln der Ritter*; **2.** (*selten*) wohlbehalten; *subst.* ~, *is m* Erretter (*Beiname Jupiters*); **-ia,** *ium n* Heilmittel; ** gnadenreich, Erlösung bringend [*hostia*]; *subst.* ~, *is m* Heiland.
salūtātiō, *ōnis f* (*salūtō*) Begrüßung, Gruß; Aufwartung, Besuch.
salūtātor, *ōris m* (*salūtō*) Besucher (*der einem Vornehmen allmorgendlich seine Aufwartung macht*).
salūtātrīx, *īcis f* (*salūtātor*) grüßend; aufwartend [*turba*].
salūti-fer, *era, erum* (*salūs, ferō*) heilbringend.
salūti-gerulus 3 (*salūs*) einen Gruß bringend; ** heilbringend.
salūtō 1 (*salūs*) **1.** (be)grüßen; anreden *als* [°*imperatorem*]; **2. a**) seine Aufwartung machen, besuchen; **b**) Besuche empfangen; ** *virginem das* Ave Maria beten.
****salvatio,** *onis f* Errettung; Heil.
****salvator,** *oris m* Erlöser, Heiland.
salveō, — — 2 (*salvus*) gesund sein, sich wohl befinden; *kl. nur* **salvē, salvēte** sei(d) gegrüßt!; (*selten*) lebe(t) wohl!
****salvo** 1 erlösen, erretten.
salvus 3 (*m.* °*adv.*; *eigtl.* „unversehrt, ganz"; *cf. gr.* holos „ganz") **1.** wohlbehalten, unverletzt; **2.** züchtig; **3.** (*im abl. abs.*) (noch) am Leben; unbeschadet [*-o officio*]; °**4.** *salvos sies* sei gegrüßt!
sambūca, *ae f* (*gr. Fw., aus dem Aramäischen stammend*) dreieckiges harfenartiges Saiteninstrument; Harfenspielerin (?).
sambūcina (*sambūca, canō*[?]) *u.*
sambūcistria, *ae f* (*gr. Fw.*) Harfenspielerin.
Samnium, *ī n* (*cf. Sabīnī, Sabellī*) *mittelit. Landschaft*; *adi. u. Einw.* *-nīs, ītis*; *adi. -nīticus* 3.
Samos *u.* **-us,** *ī f Insel an der ionischen Küste m. gleichnamiger St.*; *adi. u. Einw. -mius* (3).
sānābilis, e (*m.* ° *comp.*; *sānō*) heil-
sānātiō, *ōnis f* (*sānō*) Heilung. [bar.
sanciō, *sānxī, sānctum* 4 (*sănxī, sănctum?*; *sacer*) **1.** heiligen, unverbrüchlich machen; **2.** verordnen, festsetzen, bestimmen; **3.** bestätigen, genehmigen; **4.** strafen, verbieten. [sprechung; Heiligkeit.
****sanctificatio,** *onis f* Heilig-
****sanctifico** 1 heilig sprechen.
sānctimōnia, *ae f* (*-ă-?*; *sanctus*) Heiligkeit, reiner Wandel.
****sanctimonialis,** e fromm; *subst.* ~, *is f* Nonne.
****sanctimonium,** *i n* Heiligtum.
sānctiō, *ōnis f* (*-ă-?*; *sanciō*) Strafbestimmung; Klausel, Vorbehalt; ** Vorschrift, Urkunde.
sānctitās, *ātis f* (*să-?*; *sānctus*) **1.** Heiligkeit, Unverletzlichkeit, Ehrwürdigkeit; **2.** Sittenreinheit, Gewissenhaftigkeit, Züchtigkeit; **3.** Frömmigkeit; ** *vestra Anrede des Papstes.* [Unverletzlichkeit.
sānctitūdō, *inis f* (*-ă-?*; *sānctus*)
sānctor, *ōris m* (*-ă-?*; *sanciō*) Verordner. [Reliquien.
****sanctuarium,** *i n* Sakristei; *pl.*
sānctus 3 (*-ă-?*; *m. comp., sup., adv.*; *sanciō*) **1.** geheiligt, geweiht; **2.** unverletzlich, unverbrüchlich; **3.** ehrwürdig, erhaben, feierlich; **4.** gewissenhaft, unschuldig, unsträflich; keusch, tugendhaft; **5.** fromm; **

subst. **-a,** *orum n die* Reliquien der Heiligen.
Sancus, *ī m* (*sacer*) *urspr. umbrisch-sabinische Gottheit; Beiname Jupiters (als Schwurgott u. Eidesschützer).*
sandaliārius 3 (*sandalium*) Sandalen... [*Apollo; seine Statue im vicus* ~ *in Rom*].
sandali-gerula, *ae f* (*sandalium*) Sandalenträgerin (*für die Herrin*).
sandalium, *ī n* (*gr. Fw.*) Sandale.
sandapila, *ae f* (*wohl Fw.*) Totenbahre (*der Armen*).
sandȳx, *ȳcis u. ȳcis f* (*gr. Fw.*) rote Mineralfarbe, Scharlach.
sānē *adv.* (*sānus*) °**1.** (*m. comp.*) vernünftig, verständig; **2.** / **a**) fürwahr, in der Tat, gewiß; **b**) (*in bejahenden Antworten*) jawohl, allerdings; **c**) (*ci. m. coni. od. imp.*) immerhin, meinetwegen, doch [°*sint* ~ *liberales*]; *age* ~ nur immer zu! **d**) (*steigernd*) ganz, durchaus; *non* ~, *haud* ~ nicht sonderlich, nicht eben; **sānē quam** überaus, ungemein.
Sanguālis, e = *Sanquālis.*
sanguen, *inis n* (*altl.*) = *sanguis.*
sanguinārius 3 (*sanguis*) blutdürstig.
sanguineus 3 (*sanguis*) **1.** blutig, Blut...; °**2.** blutbespritzt, -triefend; **3.** / **a**) blutrot; °**b**) blutig; blutgierig.
sanguinō 1 (*sanguis*) bluten, blutig sein; °/ blutgierig sein.
sanguinolentus (*-nu-*) 3 (*sanguis*) °**1.** = *sanguineus*; **2. a**) verwundend, verletzend; **b**) das Blut (*der Armen*) aussaugend [*centesimae*].
sanguis *u.* (*altl. u. dcht.*) **-īs,** *inis m* (*et. ungedeutet*) **1.** Blut; *-em mittere* zur Ader lassen; **2.** *das* Blutvergießen, Mord; **3.** / Kraft, Stärke, Lebensfrische; Kern, Mark; **4. a**) Blutsverwandtschaft, Abkunft, Geschlecht; **b**) Abkömmling, Kind, Enkel.
Sangus = *Sancus.*
saniēs, *ēī f* (*et. ungedeutet*) blutiger Eiter; / Geifer, Gift.
sānitās, *ātis f* (*sānus*) **1.** Gesundheit; **2.** / **a**) Vernunft, Besonnenheit [*redire ad -em*]; nüchterne Sprache; **b**) Vollständigkeit; ** Heilung.
sanna, *ae f* (*gr. Lw.*) Fratze, Grimasse.
sanniō, *ōnis m* (*gr. Lw.; cf. sanna*) Hanswurst.
sānō 1 (*sānus*) gesund machen, heilen; / wieder gutmachen; zur Vernunft bringen, beruhigen.
Sanquālis, e (*Sancus*) dem Gotte Sancus geweiht; *avis* Seeadler.
sānus 3 (*m. comp., sup., adv.* **-ē;** *s.d.*; *et. ungedeutet*) gesund, heil; / vernünftig, besonnen.
sapa, *ae f* (*cf. nhd.* „Saft") Most-saft.
****saphyrinus** 3 saphirfarben, blau.
****saphyrus,** *i m* Saphir.
sapiēns, *entis* (*m. comp., sup., adv.*; *sapiō*) weise, einsichtsvoll, verständig, klug; *subst. m* Weiser, Philosoph; °Feinschmecker.
sapientia, *ae f* (*sapiēns*) Weisheit, Einsicht, Verstand, Klugheit; Philosophie.
sapienti-potēns, *entis* (*sapiēns*) durch Weisheit mächtig.
sapiō, *piī,* — 3 (*cf. ahd. int-seffen* „einsehen") **1.** (*trans.*) schmecken, riechen *nach* [*crocum*]; **2.** (*intr.*) schmecken; **3.** / verständig sein, Weisheit besitzen; verstehen.
sāpō, *ōnis m* (*germ. Lw.*) Seife; Haarpomade.
sapor, *ōris m* (*sapiō*) **1.** Geschmack; **2.** / °**a**) Leckerei; Wohlgeruch; **b**) Urteil, Verstand, feiner Ton *in Benehmen u. Rede.*
sapōrātus 3 (*sapor*) schmackhaft gemacht.
Sapphō, *ūs f* (*gr.* -pphọ) *lyrische Dichterin aus Lesbos (um 600); adi. -pphicus* 3.
saprophagō, — — 3 (*gr. Fw.*) faule Speisen essen.
sarcina, *ae f* (*sarciō*) °**1.** Bündel; *pl.* Gepäck; *kl. nur als mil. t.t.*: Bagage; °**2.** Leibesfrucht; Bürde, Last.
sarcinārius 3 (*sarcina*) zum Gepäck gehörig.
sarcinātor, *ōris m* (*sarciō*) Flickschneider; Schneider.
sarcinātus 3 (*sarcina*) bepackt.
sarcinula, *ae f* (*dem. v. sarcina*) kleines Bündel; *meist pl.* wenig Gepäck; / kleine Mitgift.
sarciō, *rsī, rtum* 4 (*eigtl. wohl* „zusammenflechten") °**1.** flicken, ausbessern; **2.** / wieder gutmachen; *detrimentum* eine Scharte auswetzen.
sarcophagus, *ī m* (*gr. Fw.* „fleischfressend") Sarg; Sarkophag.
sarculum, *ī n* (*sariō*) Hacke, Karst.
****sarda,** *ae f* Sardine, Hering.
Sardanapallus *od.* **-pālus,** *ī m der letzte König v. Assyrien*; ° / Weichling.
Sardēs = *Sardīs.*
Sardinia, *ae f* Sardinien; *Einw.*

-dī, ōrum m; adi. -dus, -dōus, -donius 3; -diniēnsis, e.

Sardīs, *ium f* (*gr.* -dēis) *Hptst. v. Lydien; Einw.* **-diāni,** *ōrum m.*

sardonychātus 3 (*sardonyx*) mit einem Sardonyx geschmückt.

sardonyx, *ychis m f* (*gr. Lw.*) Sardonyx (*braun u. weiß gestreifter Halbedelstein*).

sargus, *ī m* (*gr. Fw.*) Brachsen (*b. den Römern beliebter Seefisch*).

sariō 4 (*et. nicht geklärt*) jäten.

sarīsophorus, *ī m* (*gr. Fw.*) makedonischer Lanzenträger.

sarīs(s)a *u.* **-issa,** *ae f* (*gr. Fw.*) lange makedonische Lanze.

Sarmatae, *ārum m Nomadenvolk nördl. v. Schwarzen Meer; sg.* **-a** *meist coll.; adi. -ticus 3, -tis, idis f.*

sarmen, *inis n* (*Pl.*) *u.* **-mentum,** *ī n* (*sarp[i]ō* 3 „abschneiden") Reis, Rebe; *pl.* Reisig, Faschinen.

sarrapis, *idis f* (*-rā-?; gr. Fw.*) persische Tunika.

sartāgō, *inis f* (*sarciō*) Tiegel, Pfanne; ** / Höllenpfuhl.

sartor¹, *ōris m* (*sariō*) Heger und Pfleger.

****sartor**², *oris m* Schneider.

sartūra, *ae f* (*sarciō*) Flickstelle, Flicknaht.

sartus 3 (*sarciō*) in gutem Zustande; / wohlverwahrt.

sat = *satis.*

sata, *ōrum n* (*serō*²) Saaten, Pflanzungen.

satagius 3 (*satagō*) sich abängstigend, überängstlich.

sat-agō 3 (*auch sat[is] agō*) (*den Gläubiger*) befriedigen; seine liebe Not haben.

****satan** *indecl. u.* **satanas,** *ae m* Teufel.

satelles, *itis m* (*wohl etr. Fw.*) Trabant; Leibwächter; *pl.* Gefolge, Garde; / Begleiter, Diener; Helfershelfer, Spießgeselle.

satiās, *ātis f* (*unkl.*) = *satietās.*

satietās, *ātis f* (*satis*) °**1.** hinlängliche Menge; Genüge; **2.** / °**a**) Sättigung; **b**) Überdruß, Ekel.

satillum, *ī n* (*dem. v. satis*) *das* bißchen [*animāi*].

satin = *satisne.*

°**satiō**¹ 1 (*satis*) °**1.** sättigen; **2.** / **a**) befriedigen, stillen; **b**) übersättigen; P. satt haben, überdrüssig sein [°*ludo*, °*caedis*].

satiō², *ōnis f* (*serō*²) **1. a**) *das* Säen, Aussaat; °**b**) *das* Anpflanzen; **2.** *pl.* °**a**) Saaten; **b**) Saatfelder.

satira, *ae f* = *satura.*

satis *adv.* (*erstarrter nom. sg. v.* **satis* „Sättigung"; *cf. nhd.* „satt") **1.** (*pos.*) genug, hinreichend; ziemlich; ~ *superque* mehr als genug, übergenug; **2.** (*comp.*) **satius** besser, dienlicher; **3. satis esse** genügen; **satis habēre** für genügend halten, zufrieden sein; **satis accipere** sich Sicherheit geben lassen; **satis agere** *s. satagō;* **satis dare** *s. satisdō.*

satisdatiō, *ōnis f* (*satisdō*) Bürgschaft.

satis-dō, *dedī, datum* 1 (*auch getr.*) Sicherheit geben; Kaution stellen.

satis-faciō, *fēcī, factum* 3; P. *-fiō, —, fierī u. fīerī* **1.** Genugtuung geben, Genüge leisten, befriedigen; P. sich Genugtuung verschaffen; **2. a**) (*Gläubiger*) befriedigen; **b**) sich entschuldigen, sich rechtfertigen *bei* [*senatui*]; **c**) hinlänglich überzeugen.

satisfactiō, *ōnis f* (*satisfaciō*) **1.** Genugtuung; Entschuldigung, Abbitte; °**2.** Strafe; Bußgeld; ** Rechtfertigung; Buße.

satius *adv. s. satis.*

sator, *ōris m* (*serō*²) Säer, Pflanzer; / Urheber, Schöpfer.

satrapēa *u.* **-īa,** *ae f* (*gr. Fw.*) Satrapie.

satrapēs, *is u.* **-pa,** *ae m* (*gr. Fw., aus dem Altpersischen stammend*) Statthalter, Satrap.

satur, *ura, urum* (*m.* °*comp.; cf. satis*) **1.** satt, gesättigt; **2.** / **a**) befriedigt; **b**) reichhaltig; °**c**) reich, voll; satt [*color*].

satura, *ae f* (*sc. lanx; satur*) **1. a**) *eine m. allerlei Früchten* gefüllte Schüssel, *die man jährlich den Göttern darbrachte;* **b**) Allerlei, Gemengsel; *per -am* ohne Ordnung; **2.** Sammlung von Stegreifgedichten *vermischten Inhalts in mannigfacher Versform;* Spottgedicht, Satire.

saturēia, *ōrum n* (*wohl Fw.*) Saturei (*eine Pflanze*).

saturitās, *ātis f* (*satur*) Sättigung; Überfluß.

Sāturnus, *ī m altit., vl. urspr. etr. Gott, später dem gr. Kronos gleichgesetzt, Ahnherr der Götter, Gott der Zeit; adi. -nius 3; stella* Planet Saturn; °*numerus* saturnischer Vers, Saturnier; °*regna* goldenes Zeitalter; *subst.* **-nius,** *ī m* (*dcht.*) Jupiter; Pluto; **-nia,** *ae f* (*dcht.*) Juno; *uralte St. am Kapitol; St. in Etrurien;*

Saturnālia, *ōrum n* (*abl. -ibus*)

Saturnalien (*am 17. Dez. beginnendes mehrtägiges heiteres Fest*); °*adi.* -*nālicius* 3.
saturō 1 (*satur*) sättigen; / befriedigen; erfüllen, vollfüllen.
satus^{1}, *ūs m* (*serō^{2}*) *das* Säen, Pflanzen; Saat; / Zeugung, Ursprung, Geschlecht.
satus^{2} 3 (*serō^{2}*) gesät, gepflanzt; gezeugt, geboren, entsprossen, abstammend *von.* [Satyr.]
satyriscus, *ī m* (*gr. Fw.*) kleiner
Satyrus, *ī m* (*gr.* -os) **1.** Satyr, *bockähnlicher Begleiter des Bacchus, später auch gehörnt u. dem Pan gleichgesetzt; oft pl.* -*ī, den Faunen gleichgesetzt;* °**2.** *pl.* Satyrdrama, *komisches Drama, das der gr. Trilogie folgte.* [*name.*]
saucaptis, *idis f erdichteter Gewürz-*
sauciātiō, *ōnis f* (*sauciō*) Verwundung. [töten.]
sauciō 1 (*saucius*) verwunden; /
saucius 3 (*et. ungedeutet*) **1.** verwundet, verletzt; **2.** / (*meist dcht.*) angetrunken; betrübt; liebeskrank; (*vom Angeklagten*) halb überführt.
sāviolum, *ī n* (*dem. v. sāvium*) Küßchen.
sāvior 1 (*sāvium*) küssen.
sāvium, *ī n* (*et. ungeklärt*) °**1.** Kußmund; **2. a**) Kuß; °**b**) *Kosewort.*
saxātilis, e (*saxum*) zwischen Felsen befindlich; *subst.* **-lēs,** *ium m* in felsigen Gewässern lebende Fische.
saxētum, *ī n* (*saxum*) felsige Gegend.
saxeus 3 (*saxum*) steinern, felsig.
saxi-ficus 3 (*saxum, faciō*) versteinernd. [Felsen zermalmend.]
saxi-fragus 3 (*saxum, frangō*)
saxōsus 3 (*saxum*) steinig, felsig.
saxulum, *ī n* (*dem. v. saxum*) kleiner Fels.
saxum, *ī n* (*vl. zu secō*) **1.** Fels, Steinblock, Klippe; Baustein; °**2.** / Steinmauer; steinernes Gebäude.
scabellum, *ī n* (*dem. v. scamnum*) Schemelchen; / Taktsohle *des Flötenspielers.*
scaber, *bra, brum* (*m. comp., scabō*) rauh; schäbig, unsauber; räudig.
scabiēs, *ēī f* (*scabō*) °**1.** Rauhigkeit; Krätze, Räude; **2.** / **a**) *das* Jucken, Reiz; °**b**) Kitzel.
scabillum, *ī n = scabellum.*
****scabinus,** *ī m* Schöffe.
scabō, *scābī,* — 3 (*cf. nhd.* „schaben“) kratzen, reiben.

scaena, *ae f* (*gr. Fw.*) **1.** Bühne, Theater; **2.** / °**a**) lichter Platz; **b**) Schauplatz; Publikum, Welt; **c**) Prunk; °**d**) abgekartete Sache, Komödie.
scaenicus 3 (*m.* °*adv.*; *gr. Fw.*) **1.** Theater...; **2.** *subst.* ~, *ī m* **a**) Schauspieler; °**b**) (*verächtlich*) Bühnenheld.
Scaevola, *ae m* (*urspr. etr.*) *cogn. in der gens Mucia, volkset. an scaevus angeschlossen; s. Mūcius.*
scaevus 3 (*cf. Scaea porta* „linkes, *d. i.* westl. Tor“ *v. Troja*) **1.** links; **2.** / **a**) ungünstig (*s. u.*); **b**) linkisch, töricht; **3.** *subst.* **-a,** *ae f* zur linken Hand beobachtetes (*urspr. nach altröm. Auffassung* günstiges) Vorzeichen; (*nach späterer gr. Auffassung*) ungünstiges Vorzeichen.
scālae, *ārum f* (*scandō*) Leiter, Treppe; Stufen.
Scaldis, *is m die* Schelde.
scalmus, *ī m* (*gr. Fw.*) Dolle; Kahn.
scalpellum, *ī n* (*dem. v. scalprum*) chirurgisches Messer, Skalpell.
scalpō, *psī, ptum* 3 (√ *squel- „spalten“; *cf. sculpō*) °**1.** kratzen, ritzen, scharren; **2.** gravieren, eingraben, stechen.
scalprum, *ī n* (*scalpō*) Schnitzmesser; Federmesser; Schusterahle; Grabstichel, Meißel.
scalptor, *ōris m* (*scalpō*) Gemmen- u. Kameenschneider, Graveur.
scalptōrium, *ī n* (*scalpō*) Kratzwerkzeug. [werk.]
scalptūra, *ae f* (*scalpō*) Schnitz-
scalpurriō 4 (*scalpō*) kratzen.
Scamander, *drī m* (*gr.* Skamandros) *Fl. in der Troas* (= *Xanthus*).
scambus 3 (*gr. Fw.*) krummbeinig.
scammōnia, *ae f* (*gr. Fw.*) Purgierkraut (*Windenart*).
scamnum, *ī n* (< **skabh-nom*; *et. ungedeutet*) Bank, Schemel.
****scandalum,** *ī n* Ärgernis, Zwietracht; Zerwürfnis, Zank.
scandō, *scandī, scānsum* 3 (*cf. gr. Lw. scandalum eigtl.* „emporschnellendes Stellholz *in der Falle*“) °**1.** (*intr.*) steigen; / emporsteigen, sich erheben; **2.** (*trans.*) besteigen, ersteigen; ** skandieren [*versus*].
scandula, *ae f* (*cf. secō*) Dachschindel. [** Backtrog.]
scapha, *ae f* (*gr. Fw.*) Kahn, Boot;
scap(h)ium, *ī n* (*gr. Fw.*) nachen-

förmiges Geschirr: Becken; Trinkschale; °Nachtgeschirr.
scapulae, *ārum f* (*et. unklar*) *die* Schultern, Rücken.
scāpus, *ī m* (*cf. nhd.* „Schaft") Stiel, Stengel, Stamm; *pl.* Stäbe (*am Weberkamm*). [Scherge.]
****scario,** *onis m* Scharwächter,
scarus, *ī m* (*gr. Fw.*) Papageifisch.
scatebra, *ae f* (*scateō*) (*dcht. oft pl.*) sprudelnde Quelle.
scateō, *uī*, — 2 *u.* (*altl.*) **-tō,** — — 3 (*urspr.* „springen") (hervor)sprudeln; / voll sein, wimmeln *von* [*fontibus*]. [*tūriō*) Sprudel(quell).]
scatūrīgō *u.* **-urrīgō,** *inis f* (*sca-*
scatūriō *u.* **-urriō** 4 (*scateō*) sprudeln; / überströmen.
scaurus, *ī m* (*gr. Fw.*) Klumpfuß.
scazōn, *ontis m* (*gr. Fw.* „hinkend") Choliambus, Hinkjambus (*jambischer Trimeter, dessen letzter Jambus durch einen Spondeus od. Trochäus ersetzt wird*); *cf. Hippōnax.*
scelerātus 3 (*m. comp., sup., adv.*; *scelerō*) °**1.** durch Frevel entweiht; **2.** / **a**) verbrecherisch, frevelhaft, verrucht; °**b**) unheilvoll. [weihen.]
scelerō 1 (*scelus*) beflecken, ent-
scelerōsus 3 (*scelus*) verrucht.
scelerus 3 (*scelus*) scheußlich.
scelestus 3 (*m.* °*comp.*, °*sup.*, *adv.*; *scelus*) **1. a**) verbrecherisch; °*subst.* ~, *ī m* Schurke; °**b**) schelmisch; °**2.** unselig.
scelus, *eris n* (*eigtl.* „Biegung"; *cf. nhd.* „scheel") **1.** Verbrechen, Frevel; **2.** Frevelmut, Ruchlosigkeit; °**3.** Strafe *für einen Frevel*; °**4.** Unglück; **5.** Schurke.
scēn... = *scaen...*
scēptri-fer, *era, erum* (*scēptrum, ferō*) zeptertragend.
scēptrum, *ī n* (*gr. Fw.*) **1.** Zepter; °**2.** / Herrschaft, Königtum; (*scherzh.*) Rohrstock.
scēptūchus, *ī m* (*gr. Fw.*) Zepterträger; hoher Staatsbeamter *im Orient.*
scheda, *ae f* = *scida.*
****schedula,** *ae f ein* Zettel.
schēma *u.* **schĕma,** *ae f u. atis n* (*gr. Fw.*) **1.** Figur, Stellung, Pose (*bsd. d. Tänzer*); *auch obszön*; **2.** Tracht, Kleidung; **3.** (*rhet. t.t.*) rhet. Figur; verblümte Redewendung.
schēmatismus, *ī m* (*gr. Fw.*) figürliche Art zu reden.

****schisma,** *atis n* Glaubensspaltung.
schoenobatēs, *ae m* (*gr. Fw.*; *schoenus*) Seiltänzer.
schoenus, *ī m* (*gr. Fw.*) Binse; (*billige, v. öffentlichen Dirnen benutzte*) Binsensalbe.
schola, *ae f* (*gr. Fw.*) **1.** (gelehrter) Vortrag, Vorlesung; **2.** Lehrstätte, Schule; **3.** Philosophenschule, Sekte; ** Hausgesinde.
****scholaris,** e zur Schule gehörig, akademisch gebildet; *subst.* ~, *is m* Student.
scholasticus 3 (*gr. Fw.*) zur Schule gehörig; rhetorisch; *subst.* ~, *ī m* Rhetor; Grammatiker, Gelehrter; Schüler; ** scholastisch; *subst.* Leiter einer Stiftsschule. [Zettel.]
scida, *ae f* (*gr. Fw.*) Blatt Papier,
sciēns, *entis* (*m. comp., sup., adv.*; *sciō*) **1.** wissend; **2. a**) wissentlich; **b**) kundig [*belli*], geschickt, einsichtsvoll; *subst. m* Kenner.
scientia, *ae f* (*sciēns*) Kenntnis, Einsicht; Wissenschaft; gründliches Wissen, Theorie.
scī-licet (<*scīre licet*; *cf. vidēlicet*) °**1.** (*m. a.c.i.*) man kann wissen; **2.** *adv.* **a**) versteht sich, selbstverständlich; natürlich (*oft ironisch*); freilich, allerdings; °**b**) man denke nur; **c**) leider; **d**) das heißt, nämlich.
scilla *u.* **squilla,** *ae f* (*gr. Fw.*) Meerzwiebel; Krabbe.
scīn' = *scīsne.*
scindō, *idī, issum* 3 (*cf. gr. Fw. schisma* „Spaltung") **1. a**) zerspalten, -schneiden, -reißen, -teilen, aufreißen, durchbrechen; °**b**) (*b. Tisch*) zerteilen; vorlegen; **2.** / °**a**) trennen, teilen; *mediopass.* sich trennen, sich teilen; **b**) wieder aufreißen, erneuern [*dolorem*]; °**c**) unterbrechen, stören; °**d**) zerstören, zugrunde richten.
scintilla, *ae f* (*et. unklar*) Funke; / kleinster Überrest, Kleinigkeit.
scintillō 1 (*scintilla*) Funken sprühen, funkeln, flackern. [Fünkchen.]
scintillula, *ae f* (*dem. v. scintilla*)
sciō, *scīvī u. sciī, scītum* 4 (*altl.*: *impf. scībat, fut. scībō*; *eigtl.* „scheiden"; *cf. nhd.* „scheiden") **1.** wissen, Kenntnis haben; erfahren; **2.** verstehen [*vincere*; *Graece et Latine*], kennen; vermögen; °**3.** entscheiden.

scīpiō, *ōnis m (gr. Lw.)* °Stab; **Scīpiō** *cogn. der gens Cornelia:* **1.** *P. Corn. ~, besiegte als Konsul 218 Hannibal am Ticinus, † 218;* **2.** *P. Corn. ~ Africānus māior, Sohn v. 1, Sieger v. Zama;* **3.** *P. Corn. ~ Aemiliānus Africānus minor, zweiter Sohn des Aemilius Paullus, hochgebildet in Kunst u. Wissenschaft, Eroberer v. Karthago 146 u. Numantia 133;* **4.** *P. Corn. ~ Nāsīca Corculum, Schwiegersohn v. 1, Gegner der Zerstörung Karthagos;* **Scīpiadēs,** *ae m ein* Angehöriger der Scipionenfamilie.

scirpea, *ae f (scirpeus)* Wagenkorb [(*aus Binsen*).

scirpeus 3 (*scirpus*) aus Binsen.

scirpiculus, *ī m (dem. v. scirpus)* Binsenkorb; *piscarius* Fischreuse.

scirpus, *ī m (et. ungedeutet)* Binse.

scīscitātor, *ōris m (scīscitor)* Erforscher.

scīscitor *u. (altl.)* **-ō** 1 (*intens. v. scīscō*) zu erfahren suchen [*sententiam ex amico*]; sich erkundigen, ausforschen, befragen.

scīscō, *scīvī, scītum* 3 (*incoh. v. sciō*) **1.** °**a**) zu erfahren suchen, erforschen; **b**) in Erfahrung bringen; **2. a**) (*v. Volk*) beschließen, verordnen; genehmigen; **b**) (*v. einzelnen*) stimmen *für* [*legem*].

scissor, *ōris m (scindō)* Vorschneider (*der Speisen*).

scissūra, *ae f (scindō)* Spaltung; [Schlitz, Spalte, Riß.

scissus 3 (*scindō*) °**1.** zerrissen; **2.** / °**a**) runzelig; **b**) kreischend.

scītāmenta, *ōrum n (scītus²)* Leckerbissen.

scītor 1 (*frequ. v. scīscō*) zu erfahren suchen; befragen.

scītulus 3 (*m. °adv.; dem. v. scītus²*) [allerliebst.

scītum, *ī n (scīscō)* Beschluß, Verordnung; °philos. Lehrsatz.

scītus¹, *abl. ū m (scīscō)* Beschluß.

scītus² 3 (*m. °comp., °sup., adv.; sciō*) **1. a**) gescheit, klug; °**b**) kundig; **2.** / **a**) fein, geschmackvoll, hübsch; °**b**) passend.

sciūrus, *ī m (gr. Fw.)* Eichhörnchen.

****sclava,** *ae f* Sklavin.

****sclavinia,** *ae f* Pilgermantel.

scobis, *is f (scabō)* Abfall; Säge-, Feilspäne.

scomber, *brī m (gr. Lw.)* Makrele.

scōpae, *ārum f (scāpus)* Reiser; Besen.

Scopās, *ae m (gr.* Sk-) *ber. Bildhauer aus Paros, um 350.*

scopulōsus 3 (*scopulus¹*) felsig, klippenreich; / gefährlich.

scopulus¹, *ī m (gr. Lw.)* °**1.** Bergspitze; Felsen; **2. a**) Klippe; **b**) / Klippe, Gefahr.

scopulus², *ī m (dem. v. scopus)* kleines Ziel.

scopus, *ī m (gr. Lw.)* Ziel.

scordalus, *ī m (gr. Lw.)* Zankteufel.

scorpiō, *ōnis u.* °**scorpius,** *ī m (gr. Fw.)* °**1.** Skorpion; **2.** / °**a**) *Gestirn;* °**b**) stachliger Seefisch; **c**) Wurfmaschine; Geschoß.

scortātor, *ōris m (scortor)* Hurer.

scorteus 3 (*scortum*) ledern; *subst.* **-ea,** *ae f* Pelz; **-ea,** *ōrum n* Lederzeug.

scortillum, *ī n (dem. v. scortum)* [Hürchen.

scortor 1 (*scortum*) huren.

scortum, *ī n (cf. corium, cortex)* °**1.** Leder; **2.** Hure.

screātor, *ōris m (screō)* der sich [räuspert.

screātus, *ūs m (screō) das* Räuspern.

screō 1 (*screa* „Auswurf"; *vl. zu cernō*) sich räuspern.

scrība, *ae m (scrībō)* Schreiber (*staatl. Subalternbeamter od. privater Angestellter*).

scrīb(i)līta, *ae f (scrīb-?; gr. Lw., vl. Vermengung m. scrīpulum)* Käsekuchen.

scrībō, *scrīpsī, scrīptum (altl. pf. scrīpstī; eigtl.* „ritzen, kratzen") **1. a**) zeichnen, Linien ziehen; °**b**) bemalen; **2. a**) (auf)schreiben; **b**) verfassen, ausarbeiten; (*abs.*) schriftstellern; **c**) schriftl. darstellen, beschreiben, schildern; besingen; **d**) (*Urkunden*) abfassen; **e**) schriftl. ernennen, einsetzen [*heredem*]; °**f**) durch Anweisung *od.* Wechsel zahlen; **g**) (*Kolonisten od. Soldaten*) ausheben.

Scrībōnius 3 *röm. Gentilname:* **1.** *C. ~ Cūriō, Prätor 121;* **2.** *Sohn v. 1, Konsul 76;* **3.** *Enkel v. 1, Anhänger Cäsars.*

****scriniolum,** *i n* Kästchen, Truhe.

scrīnium, *ī n (et. ungedeutet)* Kapsel, Schachtel.

scrīptiō, *ōnis f (scrībō)* **1.** *das* Schreiben; **2.** schriftl. Darstellung, Ausarbeitung; **3.** Wortlaut.

scrīptitō 1 (*frequ. v. scrībō*) fort und fort schreiben; wiederholt schreiben; abfassen [*orationes*].

scrīptor, *ōris m (scrībō)* **1.** (Ab-) Schreiber; **2.** Schriftsteller; Ver-

fasser; Geschichtsschreiber; °Dichter.
****scriptorium,** *i n* Schreibstube.
scrīptulum, *ī n* (*dem. v. scrīptum*) kleine Linie (*auf dem Spielbrett*).
scrīptum, *ī n* (*scrībō*) **1.** Linie *auf dem Spielbrett*; **2. a**) Schrift, Aufsatz, Abhandlung, schriftl. Arbeit, Buch, Brief; **b**) Konzept; **c**) (schriftl.) Verordnung, Gesetz; **d**) buchstäblicher Ausdruck.
scrīptūra, *ae f* (*scrībō*) **1.** = *scrīptiō*; °**2.** Gesetz; Buchstabe des Gesetzes; **3.** schriftl. Testamentsbestimmung; **4.** Weide-, Triftgeld; ** Heilige Schrift.
scrīptus, *ūs m* (*scrībō*) Schreiber-[dienst.]
scrīpulum, *ī n* (*wohl volkset. Anlehnung an scrīptus*) = *scrūpulum*.
scrobis, *is m f* (*eigtl. „das* Ausgehöhlte") Grube.
scrōfa, *ae f* (*wohl gr. Lw. durch osk.-umbr. Vermittlung*) Mutterschwein, Zuchtsau.
scrōfi-pāscus, *ī m* (*scrōfa, pāscō*) [Schweinezüchter.]
scrūpeus 3 (*scrūpus*) steinig, schroff.
scrūpōsus 3 (*scrūpus*) steinig, schroff.
scrūpulōsus 3 (*m.* °*comp.*, °*sup.*, °*adv.*; *scrūpulus*) **1.** voll spitzer Steinchen; steinig, schroff; **2.** / **a**) gefährlich; °**b**) übergenau.
scrūpulum, *ī n* (*dem. v. scrūpus*) kleinster Teil eines Maßes od. Gewichtes: **1.** $^1/_{24}$ *ūncia* = *1,137 g*; °**2.** *als Flächenmaß 8,75 qm*.
scrūpus *u.* (*dem.*) **-pulus,** *ī m* (*cf. ahd.* hruf „Schorf") °**1.** (kleiner) spitzer Stein; **2,** / Sorge; Bedenken, Skrupel.
scrūta, *orum n* (*wohl gr. Lw.*) Gerümpel, Plunder.
scrūtātiō, *ōnis f* (*scrūtor*) Durchsuchung.
scrūtātor, *ōris m* (*scrūtor*) Durch-, [Untersucher.]
scrūtor 1 (*cf. scrūta*) durchwühlen, -suchen; / zu erforschen suchen, untersuchen; *nach etw.* suchen.
sculpō, *psī, ptum* 3 (*Rückbildung aus den Komposita*; *scalpō*) schnitzen, meißeln, bilden.
sculpōneae, *ārum f* (*sculpō*) hohe [Holzschuhe.]
sculptilis, e (*sculpō*) geschnitzt.
sculptūra, *ae f* (*sculpō*) Skulptur.
****scultetia,** *ae f* Schulzenamt.
****scultetus,** *i m* Schultheiß.
scurra, *ae m* (*etr. Lw.*) Possenreißer; Lebemann, Schmarotzer.
scurrīlis, e (*m.* °*adv.*; *scurra*) possenhaft, närrisch.
scurrīlitās, *ātis f* (*scurrīlis*) Possenreißerei.
scurror 1 (*scurra*) den Hanswurst spielen; schmeicheln; schmarotzen.
scūtāle, *is n* (*scūtum*) *schildförmiger* Schwungriemen *der Schleuder*.
scūtārius, *ī m* (*scūtum*) Schildmacher.
scūtātus 3 (*scūtum*) durch einen Langschild geschützt; °*subst.* ~, *ī m* Soldat mit Langschild.
scutella, *ae f* (*dem. v. scutra*) kleine Trinkschale.
scutica, *ae f* (*gr. Lw.* „skythische Peitsche") Knute.
scūti-gerulus, *ī m* (*scūtum*) Schild-[träger.]
scutra, *ae f* (*et. unklar*) flache Schüssel.
scutula[1], *ae f* (*gr. Lw.*) Walze, [Rolle.]
scutula[2], *ae f* (*Rückbildung aus scutella*) flache Schüssel; / Raute, Rhombus; rautenförmiger Lappen.
scutulāta, *ōrum n* (*scutulātus* 3 „rautenförmig"; *scutula*[2]) karierte Kleider.
scūtulum, *ī n* (*dem. v. scūtum*) [kleiner Langschild.]
scūtum, *ī n* (*wohl* „deckender" *od.* „Lederschild"; *cf. obscūrus, cutis*) *rechteckiger, rundgebogener* Langschild *des röm. Legionars* (*aus Holz m. Lederbezug u. Eisenbeschlag*); Schild; °/ Schild, Schirm.
Scylla, *ae f* (*gr.* Sk-) **1.** *Felsen an der sizilischen Meerenge, dem Strudel Charybdis gegenüber*; *personif. Tochter des Phorcus*; **2.** *Tochter des Nisus*; *adi.* -*laeus* 3.
scymnus, *ī m* (*gr. Fw.*) junges Tier.
scyphus, *ī m* (*gr. Fw.*) Becher.
Scȳros *u.* **-us,** *ī f* (*gr.* Sk-) *Insel ö. v. Euböa*; *adi.* -*rius* 3, -*rias, adis f.*
Scythae, *ārum m die* Skythen; *sg.* -*thēs u.* -*tha, ae m*; **Scythia,** *ae f* Skythenland; *adi.* -*thicus* 3; *subst.* **-this,** *idis f*, **-thissa,** *ae f* Skythin.
Scytho-latrōnia, *ae f* (*latrō*) „Skythensöldnerland".
sē[1] *pron. refl. s. suī.*
sē(-)[2], **sĕ-** *u.* (*älter*) **sēd(-)** (*urspr. wohl abl. des pron. refl.* „für sich") **1.** *praev.* beiseite (*sē-cernō, sēditiō*; °**2.** *prp. b. abl.* ohne.
sēbum, *ī n* (*cf. sāpō*) Talg.
sē-cēdō, *cessī, cessum* 3 **1.** weggehen, sich entfernen; °**2.** sich (in die Einsamkeit) zurückziehen; °**3.** sich

politisch trennen *von* [*a patribus*]; ausziehen.

sē-cernō, *crēvī, crētum* 3 absondern, trennen, (aus)scheiden; ausmerzen; / unterscheiden. [messer.

secespita, *ae f* (*secō* + ?) Opfer-

sēcessiō, *ōnis f* (*sēcēdō*) **1.** *das* Abseitsgehen; **2.** politische Spaltung, Emigration.

sēcessus, *ūs m* (*sēcēdō*) **1.** Abgeschiedenheit, Einsamkeit; einsamer Ort; Landaufenthalt; Versteck; **2.** Emi- [gration.

secius *adv. s. secus*².

sē-clūdō, *sī, sum* 3 (*claudō*) **1.** abschließen, absperren; °*mediopass.* sich verstecken; **2.** absondern, trennen, abschneiden [*cohortem a reliquis*]; °/ verbannen [*curas*].

secō, *secuī, sectum, secātūrus* 1 (*cf. nhd.* „Säge, Sense, Sichel") **1. a)** (ab-, zer-)schneiden; mähen; °**b)** in Platten schneiden [*marmora*]; schnitzen; **c)** (*med. t.t.*) operieren, amputieren; °**d)** kastrieren; °**e)** tranchieren; °**2.** zerfleischen, verwunden; **3.** / °**a)** durcheilen, -laufen; *spem* nachjagen; **b)** einteilen; °**c)** entscheiden.

****secretarium,** *i n* geheimer Ort; Sakristei. [rung, Trennung.

sēcrētiō, *ōnis f* (*sēcernō*) Absonde-

sēcrētus 3 (*m.* °*comp.*, °*sup.*; *adv.*; *s.u.*; *sēcernō*) **1. a)** abgesondert, getrennt; °**b)** entlegen, einsam; °**2.** / geheim; *subst.* **-um,** *ī n* °**1.** Abgeschiedenheit, Einsamkeit; **2. a)** Geheimnis; °**b)** geheime Zusammenkunft; geheime Audienz; geheimes Treiben; *adv.* **-ō** °**1.** beiseite; **2.** insgeheim, unter vier Augen; ** *subst.* **-um,** *i n* Kemenate; *adv.* **-im** geheim.

secta, *ae f* (*sequor*) **1.** Richtung, Bahn; Verfahren, Grundsätze; **2.** Partei; **3.** *philos.* Schule, Sekte, Lehre; ** Orden; Ketzerei.

sectārius 3 (*sectō*) mit einer Gefolgschaft; *vervex* Leithammel.

sectātor, *ōris m* (*sector*²) **1.** Begleiter, Anhänger; *pl.* Gefolge; **2.** Schüler.

sectilis, e (*secō*) **1.** geschnitten; *pavimenta -ia* Mosaikfußboden; **2.** schneidbar, spaltbar.

sectiō, *ōnis f* (*secō*) *das* Zerschneiden: °**1.** Einteilung (*der Rede*); **2. a)** Güteraufkauf; **b)** Auktionsmasse, Beutemasse.

sector¹, *ōris m* (*secō*) **1.** „Abschneider"; *collorum* Mörder, Bandit; **2.** Güteraufkäufer.

sector² 1 (*intens. v. sequor*) **1. a)** überall begleiten, nachlaufen; **b)** in Diensten stehen; °**c)** gern aufsuchen; **2.** / **a)** nachsetzen, verfolgen; °**b)** Jagd machen *auf* [*apros*]; **c)** ausgehen *auf* [*praedam*]; °**d)** zu erforschen suchen.

sectūra, *ae f* (*secō*) Erzgrube; Steinbruch. [liegen, -schlafen.

sēcubitus, *ūs m* (*sēcubō*) *das* Allein-

sē-cubō, *uī,* — 1 allein schlafen; zurückgezogen leben.

sēc(u)l... = *saecul...*

secundānī, *ōrum m* (*secundus*) Soldaten der zweiten Legion.

secundārius 3 (*secundus*) von der zweiten Sorte; *subst.* **-um,** *ī n* Nebensache. [fördern; nachgeben.

secundō¹ 1 (*secundus*) begünstigen,

secundō² *adv.* (*secundus*) zweitens.

secundum (*secundus*) **1.** *adv.* °**a)** hinterher; *ire* nachkommen; **b)** zweitens; **2.** *prp. b. acc.* **a)** (*räuml.*) längs, entlang, an ... hin; **b)** (*zeitl.*) gleich nach; **c)** / gemäß, zufolge, nach [~ *naturam vivere*]; nächst, zunächst; zugunsten, für.

secundus 3 (*altes Gerundiv v. sequor mit partizipialer Bedeutung*) **1. a)** *der* folgende, nächste, zweite; *-a mensa* Nachtisch; *-ae partes* zweite Rolle, zweiter Rang; °**b)** *der* nächste *nach* [~ *ab Romulo*]; °**c)** nachstehend, geringer, schlechter; **2. a)** freiwillig folgend, geleitend; *-o flumine* stromab; **b)** begünstigend, günstig, gewogen; *-o populo* unter dem Beifall des Volkes; **c)** glücklich; *res secundae* Glück.

secūricula, *ae f* (*dem. v. secūris*) kleines Beil.

secūri-fer *u.* **-ger,** *era, erum* (*secūris; ferō, gerō*) beiltragend.

secūris, *is f* (*acc. -im, selten -em, abl. -ī; secō*) Beil, Axt; Streitaxt; Schlag, Wunde, Schaden; / *pl.* römische Gewalt, Herrschaft.

sēcūritās, *ātis f* (*sēcūrus*) **1.** Gemütsruhe; °**2.** Fahrlässigkeit; °**3.** Sicherheit; °**4.** Quittung.

sē-cūrus 3 (< *sē cūrā* „ohne Sorge") **1. a)** sorglos, unbesorgt; **b)** heiter, fröhlich; °**2.** fahrlässig; °**3.** sicher, gefahrlos. [schlecht [*virile*].

secus¹ *n* (*indecl.*; *cf. sexus*) Ge-

secus² *adv.* (*erstarrter nom. sg. eines part. pf. zu sequor: eigtl.* „folgend, *d.h.* zurückstehend") **1.** (*pos.*) **a**) anders, auf andere Weise, nicht so; *non ~ atque* (*od. quam*) ebenso, gerade wie; **b**) nicht gut, schlecht; **c**) weniger [*virium*]; **2.** (*comp.*) **sequius, °secius, sētius a**) anders; °**b**) weniger gut; **c**) (*nach Negation*) weniger; *nihilo setius* nichtsdestoweniger; *cf. sērus*; ** *secus prp. b. acc.* gemäß, auf seiten, bei.

sēd¹ *s. sē².*

sed² *u.* (*altl.*) **set** *ci.* (*verkürzt aus sēd¹*) **1. a**) (*berichtigend*) aber, indessen, jedoch, doch; **b**) (*beim Übergang zu etwas anderem*) aber, doch [*sed haec hactenus*]; **2.** (*nach Negationen*) sondern; *cf. modo.*

sēdāmen, *inis n* (*sēdō*) Linderung.

sēdātiō, *ōnis f* (*sēdō*) Beruhigung.

sēdātus 3 (*m. comp.*, °*sup.*, *adv.*; *sēdō*) ruhig, gelassen, still.

sē-decim *num. card.* (*sex, decem*) sechzehn.

sēdēcula, *ae f* (*dem. v. sēdēs*) Stühlchen.

sedentārius 3 (*sedēns, part. praes. v. sedeō*) im Sitzen arbeitend.

sedeō, *sēdī, sessum* 2 (*cf. nhd.* „sitzen") **1. a**) sitzen [*in equo*]; **b**) Sitzung halten, zu Gericht sitzen; °**c**) *in quaestu pro meretrice* das Hurengewerbe treiben; °**d**) sich setzen, sich senken; **2. a**) verweilen, sich aufhalten; **b**) untätig sitzenbleiben, im Felde liegen; °**c**) festsitzen, hängenbleiben; °**d**) sich tief einprägen [*in ingenio*]; °**e**) fest beschlossen sein.

sēdēs, *is f* (*gen. pl. -um; sedeō*) **1.** Sitz, Bank, Thron; **2.** / **a**) Wohnsitz, Wohnung, Heimat; °**b**) Ruhestätte *der Toten*; °**c**) *der* Leib (*als Sitz der Seele*); **3.** Platz, Stätte; °*belli* Kriegsschauplatz; °*orationis* Ruhepunkt; ** *regalis* Königsthron; *apostolica* päpstlicher Stuhl.

sedīle, *is n* (*sedeō*) Stuhl, Bank.

sēd-itiō, *ōnis f* Zwiespalt, Zerwürfnis, Zwist; Aufruhr, Meuterei.

sēditiōsus 3 (*m.* °*comp.*, *sup.*, *adv.*; *sēditiō*) aufrührerisch, unruhig.

sēdō 1 (*Kausativ zu sedeō*) °**1.** sich setzen lassen [*pulverem*]; *vela* einziehen; **2.** / beruhigen,; beschwichtigen, hemmen.

sē-dūcō, *dūxī, ductum* 3 beiseiteführen; °/ trennen, entfernen; ** verführen.

sēductiō, *ōnis f* (*sēdūcō*) *das* Beiseiteführen; ** Verführung.

sēductus 3 (*sēdūcō*) entfernt; *subst. nur: in -o* in der Zurückgezogenheit.

sēdulitās, *ātis f* (*sēdulus*) Emsigkeit, Geschäftigkeit; °Aufdringlichkeit.

sēdulō *adv.* (⟨ *sē dolō* „ohne Trug") emsig, aufmerksam; mit Absicht.

sēdulus 3 (*Rückbildung aus sēdulō*) emsig, geschäftig; °allzu geschäftig.

seges, *etis f* (*vl. zu serō²*) Saat; Saat-, Ackerfeld; °/ dichte Menge.

Segesta, *ae f St. a. d. Nordküste Siziliens*; *Einw.* **-tēnsēs,** *ium u.* **-tānī,** *ōrum m.*

segestre, *is n* (*gr. Lw.*) Decke aus Fell.

segmentātus 3 (*segmentum*) mit Gold- *od.* Purpurbordüre besetzt.

segmentum, *ī n* (*secō*) Abschnitt; Purpur-, Goldbordüre.

sēgni-pēs, *edis m* (*sēgnis*) abgetriebener Gaul.

sēgnis, e (*m. comp.*, °*adv.*; *et. nicht geklärt*) langsam, träge, schlaff.

sēgnitās, *ātis f* = *sēgnitia.*

sēgnitia, *ae u.* °**-tiēs,** *ēī f* (*sēgnis*) Langsamkeit, Trägheit, Schlaffheit; °*maris* Windstille.

sē-gregō 1 (*aus sē grege* „von der Herde (wegtreiben)"; *Ausdruck der Bauernsprache*) °**1.** (von der Herde) absondern; **2.** / trennen, entfernen, ausscheiden; *auch in Tmesis.*

sēgrex, *gis* (*Rückbildung aus sēgregō*) abgesondert, zerrissen.

sei, seic (*altl.*) = *sī, sīc.*

Sēiānus *s. Sēius.*

sēiugis, e (*sex, iugum*) sechsspännig; *subst.* **-gēs,** *ium m* Sechsgespann.

sē-iugō 1 trennen.

sēiūnctim *adv.* (*sēiūnctus, P.P.P. v. sēiungō*) abgesondert.

sēiūnctiō, *ōnis f* (*sēiungō*) Trennung.

sē-iungō, *iūnxī, iūnctum* 3 **1.** trennen, absondern; **2.** unterscheiden.

Sēius 3 *röm. Gentilname*: *M. ~, röm. Ritter, Freund Ciceros*; *L. Aelius Sēiānus, Sohn des L. ~ Strabo, Günstling des Tiberius.*

selas *n, pl. -la* (*gr. Fw.*) Wetterschein.

sēlēctiō, *ōnis f* (*sēligō*) Auswahl.

Seleucus, *ī m* (*gr. Seleukos*) *Feldherr Alexanders d. Gr., König v. Syrien 312–281*; *nach ihm benannte St.* **-cēa** *u.* **-cia,** *ae f* (*im*

Vers auch -cīa, gr. Seleukēia) *in Syrien u. Babylonien.*

sē-lībra, *ae f (im Vers auch* sĕ-; < **sēmi-lībra*) halbes Pfund.

sē-ligō, *lēgī, lēctum* 3 (*legō*²) absondern; auswählen, auslesen; *selecti iudices die* (*vom Prätor*) ausgewählten Richter *in Strafsachen.*

sella, *ae f* (*sedeō*) **1.** Stuhl, Sessel; **2. a**) Amtsstuhl *der Magistrate*; °/ Thronsessel; **b**) Lehrstuhl; °**c**) Tragsessel; **d**) Handwerkerstuhl; °**e**) Kutschsitz; ** Sattel.

sellāriolus 3 zum Sitz gehörig; *popina -a* Wirtshaus (*in dem der einfache Mann sitzend kneipte*).

sellārius 3 (*sella*) Sessel...; *subst.* **-a,** *ae f u.* **-um,** *ī n* Sesselzimmer (*für widernatürliche Unzucht*); **-us,** *ī m* (*der auf Sesseln widernatürliche Unzucht treibt*) Lüstling; ** Sattler.

selli-sternium, *ī n* (*sella, sternō*) [= *lectisternium.*]

sellula, *ae f* (*dem. v. sella*) kleiner Tragsessel.

sellulārius, *ī m* (*sellula*) sitzender [Handwerker.]

semel *num. adv.* (*cf. sem-per, singulī*) **1.** (*nur*) einmal, ein einziges Mal; *non* ~ öfter; ~ *atque iterum* ein und das andere Mal; **2.** ein für allemal, auf einmal; **3.** (*tonlos*) erst (einmal); *cum* ~, *ut* ~, *ubi* ~ wenn, sobald einmal, sobald erst.

Semela, *ae u.* **-ē,** *ēs f* (*gr.* -melē) *Tochter des Kadmus, Mutter des Bacchus*; *adi.* -*lēïus* 3.

sēmen, *inis n* (*serō*²) **1. a**) Same [*manu spargere*]; °Samen [*creatae semine Saturni* von Saturn gezeugt]; °**b**) Setzling; / **2. a**) Stamm, Geschlecht; °**b**) Sprößling, Nachkomme; **3.** Grundursache, Stoff; Urheber.

sēmē(n)stris, e (*sex, mēnsis*; *cf. mēnstruus*) **1.** sechs Monate alt, halbjährig [*infans*]; **2.** halbjährlich (stattfindend), sich auf sechs Monate erstreckend [*censura*].

sēmentifer, *era, erum* (*sēmentis, ferō*) Saat tragend, fruchtbar.

sēmentis, *is f* (*acc.* -*em u.* -*im*; *sēmen*) Aussaat; °junge Saat.

sēmentīvus 3 (*sēmentis*) zur Saat gehörig.

sēm-ermis *u.* **-mus** *s. sēmierm...*

sēmēstris *s. sēmēnstris.*

sēm-ēsus 3 (*sēmi- u. ēsus, P.P.P. v. edō*¹) halb verzehrt.

sē-met *verstärktes* sē¹; *cf.* -met.

sēmi-, (*vor Vokalen auch*) **sēm-,** (*verkürzt*) **sē-** (*cf. gr. Fw. hēmīna*) halb-.

sēmi-adapertus 3 halboffen.

sēmi-ambustus 3 (-*ūst-?*) halb verbrannt.

sēmi-animis, e *u.* **-mus** 3 halbtot.

sēmi-apertus 3 halboffen.

sēmi-barbarus 3 halbbarbarisch.

sēmi-bōs, *bovis m* Halbstier (*Minotaurus*).

sēmi-caper, *prī m* Halbbock (*Pan,* [*Faun*).]

sēmi-cinctium, *ī n* (-*cīnct-?*; *cinctus, P.P.P. v. cingō*) schmaler Gurt; Gürtel *der Männertunika.*

sēmi-crem(āt)us 3 halbverbrannt.

sēmi-crūdus 3 halbroh.

sēmi-cubitālis, e eine halbe Elle [lang.]

sēmi-deus 3 halbgöttlich; *subst.* ~, *ī m* Halbgott.

sēmi-doctus 3 halbgelehrt; °/ ungeschickt.

sēmi-ermis, e *u.* **-mus** 3 (*arma*) halbbewaffnet.

sēmi-factus 3 halbvollendet.

sēmi-fer, *era, erum* (*ferus*) halbtierisch; *subst.* ~, *erī m ein* Halbwilder.

sēmi-fultus 3 (*fulciō*) sich halb [stützend *auf* [*subselliō*].]

sēmi-germānus 3 halbgermanisch.

sēmi-graecus 3 halbgriechisch.

sēmi-gravis, e halbbetrunken.

sē-migrō 1 weg-, ausziehen.

sēmi-hiāns, *antis* (*hiō*) halboffen.

sēmi-homō, *inis m* halb Mensch, halb Tier [*Centauri*]; *adi.* / halbwild.

sēmi-hōra, *ae f* halbe Stunde.

sēmi-lacer, *era, erum* halbzerrissen.

sēmi-lautus 3 halbgewaschen.

sēmi-līber, *era, erum* halbfrei.

sēmi-lixa, *ae m* (-*lī-?*) halber Marketender (*Schimpfwort*).

sēmi-marīnus 3 halb dem Meer zugehörig, halb Fisch.

sēmi-mās, *maris m* **1.** halb Mann, halb Weib; Hermaphrodit; **2.** kastriert.

sēmi-mortuus 3 halbtot.

sēminārium, *ī n* (*sēmen*) °**1.** Baum-, Pflanzschule; **2.** / Keim [*scelerum*].

sēminātor, *ōris m* (*sēminō*) Sämann; / Urheber.

sēmi-nex, *necis* halbtot, halb- [erstarrt.]

sēminium, *ī n* (*sēmen*) Samen; Tierrasse.

sēminō 1 (*sēmen*) säen, erzeugen.

sēmi-nūdus 3 halbnackt.

sēmi-orbis, *is m* Halbkreis.

sēmi-perfectus 3 halb vollendet.
sēmi-plēnus 3 halbvoll, -bemannt.
sēmi-putātus 3 (*putō*) halb beschnitten.
Semīramis, *idis f sagenhafte Gründerin des assyrischen Reiches.*
sēmi-rāsus 3 (*rādō*) halbgeschoren.
sēmi-reductus 3 halb zurückgebogen.
sēmi-refectus 3 (*reficiō*) halb ausgebessert.
sēmi-rutus 3 (*ruō*[1]) halb zerstört, halb eingestürzt.
sēmis, *issis u. indecl. m* (< *sēmi-as*) *die* Hälfte eines *zwölfteiligen* Ganzen: **1.** halber As; °/ *homo non* ~ nicht einen Heller wert; °**2.** $^1/_2$ Morgen (= *0,125 ha*); **3.** °**a**) Hälfte der Erbschaft; **b**) (*Zinsen*) (*pl.*) $^1/_2$ As (*monatlich für 100 asses*) = $6\,^0/_0$ *jährlich.*
sēmi-senex, *senis m ein* halber Greis.
sēmi-sepultus 3 halb begraben.
sēmi-somnus 3 *u.* °**-nis,** e schlaftrunken.
sēmisōnārius, *ī m* (**sēmi-zōna* = *sēmicinctium*; *cf. zōna, zōnārius*) Verfertiger von schmalen Gürteln.
****semispat(h)a,** *ae f* germanisches Halbschwert, „Sachs".
sēmi-supīnus 3 halb zurückgelehnt.
sēmita, *ae f* (*sē*[2], *meō*; *eigtl.* „abseits gehend") Seitenweg, schmaler Fußweg, Pfad; Bahn, Weg.
sēmi-tāctus 3 (*tangō*) halb berührt.
sēmitālis, e (*sēmita*) an den Fußsteigen verehrt [*dii*].
sēmitārius 3 (*sēmita*) auf den Seitenwegen befindlich.
sēmi-tēctus 3 halb bedeckt, halb nackt.
sēmi-ustulandus 3 (*-ūst-?*; *ustulō*) halb zu verbrennen.
sēmi-ust(ulāt)us 3 (*-ūst-?*; *ustulō, ūrō*) halb verbrannt.
sēmi-vir, *ī m* **1.** halb Mann, halb Stier [*bos* = *Minotaurus*]; **2.** Hermaphrodit, Zwitter; **3.** Kastrat; **4.** *adi.* kastriert; / weibisch, unmännlich; unzüchtig (= *pathicus*).
sēmi-vīvus 3 halbtot; / matt.
sēmi-vocālis, e (*gramm. t.t.*) den Vokalen nahekommend; *subst.* **-ēs,** *ium f* Halbvokale (*die in ihrem Namen mit einem Vokal beginnenden Konsonanten*: f, l, m, n, r, s, x).
Sēmō, *ōnis m* (*sēmen*) *Saatgott*; ~ *Sancus sabin.* = *Dius Fidius.*
sēmōtus 3 (*sēmoveō*) **1.** entfernt, entlegen; °**2.** / ohne *etw.*; verschieden; vertraulich.
sē-moveō, *mōvī, mōtum* 2 beiseiteschaffen, entfernen, absondern.
semper *adv.* (*cf. sem-el, parum-per*; *eigtl.* „in einem fort") **1.** immer, stets; *auch attr.* **2.** von jeher.
sempiternus 3 (*semper*) immerwährend, beständig, ewig; °*adv.* **-um** *u.* **-ō** auf immer.
Semprōnius 3 *röm. Gentilname: Ti.* ~ *Gracchus* (*133 erschlagen*) *u. sein Bruder C.* ~ *Gracchus* (*121 getötet*), *Söhne der Cornelia, ber. Agrarreformer*; *adi.* *-nius* 3 [*leges*] *u.* *-niānus* 3 [*clades*].
semul (*altl.*) = *simul.*
sēm-ūncia, *ae f* (*-ŭ-?*) halbe Unze, $^1/_2$ Zwölftel eines zwölfteiligen Ganzen: **1.** (*Gewicht*) $^1/_{24}$ Pfund = 13,6 g; **2. a**) (*Erbschaft*) $^1/_{24}$; **b**) (*Zinsen*) $^1/_{24}$ des Kapitals = $4^1/_6\,^0/_0$ jährlich.
sēmūnciārius 3 (*-ŭ-?*; *sēmūncia*) zur halben Unze gehörig; *fenus -um* $^1/_{24}\,^0/_0$ mtl., d.h. $^1/_2\,^0/_0$ jährl. Zinsen.
sēm-ust... = *sēmi-ust...*
senāculum, *ī n* (*cf. senātus*) Sitzungssaal des Senats.
senāpis = *sināpis.*
sēnāriolus, *ī m* (*dem. v. sēnārius*) unbedeutender Senar.
sēnārius 3 (*sēnī*) je sechs enthaltend; sechsfüßig; *subst.* ~, *ī m* Senar (*Vers aus sechs jambischen Füßen*).
senātor, *ōris m* (*cf. senātus*) **1.** Senator, *Mitglied des röm. Senats* (*Tracht: rote Lederschuhe m. silberner Schnalle, purpurverbrämte Tunika, goldener Fingerring*); **2.** Ratsherr *anderer Völker.*
senātōrius 3 (*senātor*) senatorisch.
senātus, *ūs m* (*altl.: gen. -ī, dat. -ū*; *senex*) **1. a**) Senat, *oberste röm. Regierungsbehörde*; **b**) Staatsrat *anderer Staaten*; **2.** Senatssitzung; *-ūs consultum* Senatsbeschluß; *-ūs auctoritas* Senatsgutachten; °**3.** Senatorenplätze *im Theater*; ** ~ *et plebs* Rat und Gemeinde.
Seneca, *ae m röm. cognom.: L. Annaeus* ~, *Philosoph u. Schriftsteller, Lehrer des Nero* († *65 n. Chr.*).
senecta, *ae f* (*unkl.*) = *senectūs*[2].
senectus[1] 3 (*senex*) alt, bejahrt.
senectūs[2], *ūtis f* (*senex*) **1.** Greisenalter; hohes Alter [°*vini*]; **2.** / **a**) *die*

Greise; °**b**) graues Haar; Ernst, Grämlichkeit.

seneō, — — 2 (senex) alt sein.

senēscō, nuī, — 3 (*incoh. v.* seneō) altern, alt werden; / hinschwinden, sich verzehren, schwach werden; an Einfluß verlieren.

senex, senis (*comp.* senior, ius; *altl. pl.* senicēs; *2 Stämme:* *seni-k- *u.* *sen-; *cf. gall.-lat.* Seneca) alt, bejahrt; reif; *subst.* ~ *m f* Greis(in); **senior,** ōris *m der* Ältere; *pl. die röm.* Bürger zw. 45 u. 60 *Jahren*; *der* Rat der Älteren *in Karthago*; ** senex Läufer (*Schachfigur*); senior (*Anrede*) Herr; *pl. die* Ältesten; *die* Ahnen.

sēnī 3 *num. distr.* (sex) **1.** je sechs; [°**2.** sechs zugleich.

senīlis, e (*m.* °*adv.*; senex) gealtert, greisenhaft.

sēniō, ōnis *m* (sēnī) *die* Sechs (*beim* [*Würfeln*).

senior *s.* senex.

senium, ī *n* (senex) **1.** Altersschwäche, *das* Hinschwinden; **2.** / **a**) Trauer, Leid(wesen); °**b**) finsterer Ernst; °**3.** (*auch* **-us,** ī *m?*) *der* Alte.

sēnsa, ōrum *n* (sentiō) Gedanken, [Ansichten.

sēnsibilis, e (sentiō) sinnlich wahrnehmbar; ** sinnlich.

sēnsiculus, ī *m* (*dem. v.* sēnsus) [Sätzchen.

sēnsi-fer, era, erum (sēnsus, ferō) Empfindung verursachend.

sēnsilis, e (sentiō) sinnlich.

sēnsim *adv.* (sentiō) allmählich, nach und nach, in aller Stille.

****sensualis,** e sinnlich.

sēnsus, ūs *m* (sentiō) Gefühl, Empfindung: **1.** (*sinnlich*) **a**) Sinnes-, Empfindungsvermögen, Wahrnehmung [videndi]; **b**) Besinnung, Bewußtsein; **2.** (*intellektuell*) **a**) Verstand, Denkkraft, Urteil; **b**) gesunder Menschenverstand [°communis]; **c**) Ansicht, Meinung, Gedanke; **d**) Bedeutung, Begriff (*eines Wortes*), Inhalt (*einer Rede*); **e**) Satz, Periode; **3.** (*moralisch*) **a**) Gefühl, teilnehmende Empfindung; **b**) Gesinnung, Stimmung; **c**) Rührung; **d**) Sinn für das Schickliche.

sententia, ae *f* (*sentēns *altes part. v.* sentiō; *cf.* parēns²) **1.** Meinung, Ansicht; Entschluß; ex animi mei -ā nach bestem Wissen und Gewissen; Denkweise, Grundsatz; **2. a**) (*im Senat*) Stimme, Votum *der einzelnen Senatoren*; **b**) (*v. Richtern*) Urteil(sspruch); **3.** Bedeutung, Begriff (*eines Wortes*), Inhalt (*einer Rede*); in hanc -am loqui folgendermaßen sprechen; **4.** Satz, Spruch; Sentenz; ** tremenda das Jüngste Gericht.

sententiola, ae *f* (*dem. v.* sententia) Sprüchlein.

sententiōsus 3 (*m. adv.*; sententia) gedankenreich. [gesträuch.

senticētum, ī *n* (sentis) Dorn-

sentīna, ae *f* (*sentiō „das Schöpfen“; *cf.* antlia; ex-anclō) Kielwasser; / Auswurf, Hefe.

sentiō, sēnsī, sēnsum 4 (*cf. nhd.* „sinnen“) **1. a**) fühlen, empfinden, wahrnehmen; °alqm von jd. beschlafen werden; **b**) schmerzlich empfinden, kennenlernen; **2.** (*geistig*) wahrnehmen, merken, einsehen; **3. a**) meinen, denken, urteilen, gesinnt sein; eadem de re publica die gleiche politische Gesinnung haben; sich jd. denken *als* [bonos cives eos, qui]; **b**) sich äußern; stimmen *für*.

sentis, is *m* (*eigtl.* „kratzend“) Dornstrauch.

sentīscō, — — 3 (*incoh. v.* sentiō) wahrnehmen, merken.

sentus 3 (*cf.* sentis) dornig; holperig; / struppig.

seorsus *u.* **-um** *adv.* (< *sē-vorsus *u.* -um; sē²; vertō) abgesondert, besonders, ohne [°a rege; °corpore]; ohne Zutun; °abs te ~ cogito ich denke anders als du.

sēparābilis, e (sēparō) trennbar.

sēparātim *adv.* (sēparō) gesondert, für sich.

sēparātiō, ōnis *f* (sēparō) Trennung.

sēparātus 3 (*m. adv.*; sēparō) **1.** abgesondert, getrennt; °**2.** besonders, verschieden; °**3.** fern, entlegen.

sē-parō 1 (*eigtl.* „gesondert schaffen“) absondern, trennen, scheiden.

sepelībilis, e (sepeliō) was sich begraben, / verbergen läßt.

sepeliō, pelīvī, pultum 4 (*vl. urspr.* „verehren, pflegen“) bestatten (begraben *od.* °verbrennen); / vernichten; °versenken.

sēpēs, sēpiō = saepēs, saepiō.

sēpia, ae *f* (*gr. Fw.*) Tintenfisch.

sēpiola, ae *f* (*dem. v.* sēpia) *ein* kleiner Tintenfisch.

sē-pōnō, posuī, positum 3 **1.** beiseitelegen; **2.** aufheben, -sparen, vorbehalten; **3. a**) absondern, trennen, ausscheiden; °**b**) unterscheiden; °**4. a**) fernhalten; **b**) verbannen; °**5.** (*P.P.P.*) *adi.* **sēpositus** 3 ausgesucht, vortrefflich; entlegen.

sēpse = *sē ipse.*

septem *num. card. indecl.* (*cf. nhd.* „sieben") sieben; °*stellae* Siebengestirn *des Großen Bären*; *subst. m die* Sieben Weisen.

September, *bris, bre* **1.** *der* siebente; *mensis* September; **2.** zum September gehörig.

septem-decim = *septendecim.*

septem-fluus 3 (*fluō*) *u.* **-geminus** 3 siebenarmig (*v. Flüssen*).

septem-pedālis, e sieben Fuß lang.

septem-plex, *icis* (*abl.* **-e** *u.* **-ī**; *cf. duplex*) siebenfach.

septem-triō, °*auch in Tmesis* = *septentriō.*

septem-vir, *ī m* (*Rückbildung aus dem pl.*) Mitglied eines Siebenmänner-Kollegiums.

septemvirālis, e (*septemvir*) zu dem Siebenmänner-Kollegium gehörig; *subst.* ~, *is m* = *septemvir.*

septemvirātus, *ūs m* (*septemvir*) Amt eines Septemvir.

septēnārius 3 (*septēnī*) aus je sieben bestehend; siebenfüßig [*versus*].

septen-decim *num. card.* (*indecl.*) (*septem, decem*) siebzehn.

septēnī 3 *num. distr.* (*septem*) **1.** je sieben; °**2.** sieben zugleich; °**3.** *sg.* -*us* 3 siebenfach.

septen-triō, *ōnis m* (*septem*; *Rückbildung aus pl.*; *eigtl.* „*die* sieben Dreschochsen") (*meist pl.*) **1.** Siebengestirn, Großer Bär; *minor* Kleiner Bär; **2.** Norden, Nordwind.

septentriōnālis, e (*septentriō*) nördlich; *subst.* **-ālia,** *ium n* nördliche Gegenden.

septiē(n)s *num. adv.* (*septem*) siebenmal.

****septimana,** *ae f* Woche.

septimānī, *ōrum m* (*septimus*) Soldaten der siebenten Legion.

septimontiālis, e (*septimontium* „Siebenhügelfest"; *septem, mōns*) zum Siebenhügelfest gehörig.

septimum *adv.* (*septimus*) zum siebenten Male.

septimus 3 *num. ord.* (*septem*) *der* siebente.

septingentēsimus 3 *num. ord.* (*septingentī*) *der* siebenhundertste.

septingentī 3 *num. card.* (*septem, centum*) siebenhundert.

septi-rēmis, e (*septem, rēmus*) mit sieben Ruderreihen.

Septizōnium, *ī n* (*septem, zōna*) *Prachtbau des Septimius Severus am Palatin.*

septuāgēsimus 3 *num. ord.* (*septuāgintā*) *der* siebzigste.

septuāgintā *num. card. indecl.* (*wohl* < **septumāgintā*) siebzig.

septu-ennis, e (*septem, annus*) siebenjährig.

sept-ūnx, *ūncis* (*-ŭ-?*; *septem, ūncia*) *m* $^{7}/_{12}$ eines As *od.* eines zwölfteiligen Ganzen, sieben Unzen; / sieben Glas.

sepulcrālis, e (*sepulcrum*) zum Grabe gehörig, Leichen...

sepulcrētum, *ī n* (*sepulcrum*) Friedhof.

sepulcrum, *ī n* (*sepeliō*) **1.** Grab (-mal, -hügel); °**2.** Brandstätte; *ara -i* Scheiterhaufen; **3.** Aufschrift des Grabmals; °**4. a**) Begräbnis; **b**) *der* Tote.

sepultūra, *ae f* (*sepeliō*) Begräbnis, Bestattung (°*auch* Verbrennung).

Sēquana, *ae m die* Seine.

Sēquanī, *ōrum m gall. Volk zw. Saône, Rhone u. Jura.*

sequāx, *ācis* (*sequor*) schnell folgend, verfolgend; ** *subst. m* Anhänger, Jünger; *pl.* Gefolge.

****sequentia,** *ae f* Sequenz.

sequester (*sequor*) °**1.** *adi. tra, trum u. tris, tre* vermittelnd; **2.** *subst.* ~, °*trī u. tris m* Mittelsperson.

****sequestratio,** *onis f* Hinterlegung; Trennung.

****sequestro** 1 ausschließen; in besondere Verwahrung geben.

sequestrum, *ī n* (*sequester*) Deponierung einer streitigen Sache bei einem Unparteiischen.

sequius *adv. s. secus*[2].

sequor, *cūtus sum* 3 (*cf. gr.* hepomai *ds.*) **1. a**) (nach)folgen, begleiten [*Caesarem*]; **b**) (*feindl.*) verfolgen, nachsetzen; **2. a**) (*zeitl.*) nachfolgen, -kommen; **b**) (*in der Rede*) folgen, an die Reihe kommen; **c**) (*logisch*) folgen, sich ergeben; *sequitur, ut* daraus folgt, daß; **d**) von selbst folgen, sich einstellen [*verba*]; **e**) (*als Besitz*) zufallen, zuteil werden [°*gloria divitias*]; **3.** (*ein Ziel*) verfolgen: **a**) aufsuchen [*loca salubria*]; **b**) streben *nach* [*gloriam*]; **4.** Folge leisten, befolgen [*consilium*]; °**5.** (*part. praes.*) *subst.* **se-**

quēns, *entis n* Epitheton; **-entia,** *ium n das* Folgende, Spätere.

Ser. (*Abk.*) = *Servius.*

sera, *ae f* (*et. unklar*) Torbalken, Riegel.

****seraphim** *pl. indecl. die* Seraphim (*besondere Klasse der Engel*).

Serāpis, *idis m* (*acc. -im*; *gr.* Sạr- *u.* Sẹr-) *urspr. wohl babylon., dann ägypt. Gott, später im ganzen röm. Reich verehrt.*

serēnitās, *ātis f* (*serēnus*) heiteres Wetter; / Heiterkeit, Gunst; ** (*als Anrede*) Ew. Durchlaucht.

serēnō 1 (*serēnus*) aufheitern.

serēnus 3 (*eigtl.* „trocken"; *cf.* *serēscō*) **1.** heiter, hell; klar; °**2.** heiteres Wetter bringend [*favonius*]; **3.** / heiter, ruhig, fröhlich; °**4.** *subst.* **-um,** *ī n* heiteres Wetter; ** verklärt; *Serenissimus* Durchlaucht.

Sēres, *um m* Serer, Chinesen; *adi.* *-ricus* 3; / seiden; *subst.* **sērica,** *ōrum n* Seidenstoffe, seidene Gewänder.

serēscō, — — 3 (*cf.* *serēnus*) trocken werden.

Sergius 3 *röm. Gentīlname*; *s.* *Catilīna.*

sēria[1], *ae f* (*Fw., vl. mittelmeerländisch*) Tonne, Faß.

sēria[2], *ōrum n s. sērius*[1].

sērica *s. Sēres.*

sēricātus 3 (*sērica*) in seidenen Kleidern.

seriēs, *ēī f* (*serō*[1]) **1.** °**a**) Reihe, Kette; **b**) / [*causarum*]; °**2.** Ahnenreihe; ** *in seriem annorum* in alle Ewigkeit.

****seriosus** 3 ernst; zurückhaltend.

sērius[1] 3 (*cf. nhd.* „schwer") ernsthaft, ernst; °*subst.* **-um,** *ī n* Ernst; *kl. nur pl.* ernste Dinge, Ernst; °*abl.* (*adv.*) **-ō** im Ernst.

sērius[2] *adv. s. sērus.*

sermō, *ōnis m* (*-ŏ seit Juvenal*; *et. nicht geklärt, vl. zu serō*[1]) **1. a**) Unterredung, Gespräch; Inhalt des Gespräches; Gesprächsstoff; **b**) Disputation; **2. a**) Umgangssprache; °**b**) Schriftwerk (*bsd.* Gedicht) in der Umgangssprache; *pl.* Satiren; **3. a**) Rede-, Ausdrucksweise; **b**) Mundart; **4.** Gerede, Gerücht; ** Erzählung, Predigt.

sermōcinātiō, *ōnis f* (*sermōcinor*) Gespräch, Dialog; (*rhet. t.t.*) Einführung des Redenden.

sermōcinātrīx, *īcis f* (**sermōcinātor*; *sermōcinor*) Gesprächspartnerin; (*rhet. t.t.*) Kunst der Unterredung u. des Umgangs.

sermōcinor 1 (*sermō*) **1.** sich unterhalten, plaudern; °**2.** disputieren.

sermunculus, *ī m* (*dem. v. sermō*) Geschwätz, Klatsch.

serō[1], *seruī, sertum* 3 (*zu gr.* hẹirō *ds.*) °**1.** (*nur P.P.P.*) zusammenfügen, -reihen, -knüpfen; *lorica serta* Kettenpanzer; **2.** / verknüpfen, aufeinander folgen lassen [*bella ex bellis*].

serō[2], *sēvī, satum* 3 (< **si-sō, redupl. praes. zu* √ **sē-* „säen"; *cf. nhd.* „säen, Samen") **1.** (be)säen, pflanzen; **2.** / **a**) erzeugen, hervorbringen; **b**) aussäen, ausstreuen; verursachen.

sērō[3] *adv. s. sērus.*

sērōtinus 3 (*sērō*[3]) spät *etw.* tuend.

serpēns, *entis m f* (*gen. pl.* [*i*]*um*; *serpō*) **1.** Schlange; °**2.** Drache (*Sternbild*); ** Teufel [*antiquus*].

serpenti-gena, *ae m* (*serpēns, gignō*) Schlangensprößling.

serpenti-pēs, *edis* (*serpēns*) schlangenfüßig.

serperastra, *ōrum n* (*et. ungedeutet*) orthopädische Kniesteifen; / Zurechtweisungen.

serpō, *psī, ptum* 3 (*wohl Erweiterung v.* √ **ser-* „sich bewegen") kriechen, schleichen; / sich schlängeln; sich unvermerkt verbreiten, allmählich um sich greifen.

serpullum *u.* **-illum,** *ī n* (*gr. Lw. m. Angleichung an serpō*) Feldthymian.

serra, *ae f* (*et. unklar*) Säge.

serrācum, *ī n* (*Lw. unbekannter Herkunft*) (Last-)Wagen; °/ *Gestirn.*

serrātī, *ōrum m* (*sc. nummī*; *serrātus* 3 „gezackt"; *serra*) Serraten, *Denare mit gezacktem Rande.*

serrula, *ae f* (*dem. v. serra*) kleine Säge.

sertum, *ī n u.* **-a,** *ae f* (*serō*[1]) (*meist pl.*) Kranz, Girlande.

Sertōrius 3 *röm. Gentīlname*: *Q.* ~, *Parteigänger des Marius, v. Sulla geächtet*; *adi.* *-riānus* 3.

serum[1], *ī n* (*eigtl.* „*das* Flüssige") Molke; / männlicher Samen.

sērus 3 (*m.* °*comp., sup.*; *adv.* **-ō**; *comp.* *sērius* [*s. u.*] *u.* *sētius* „weniger" [*nihilo setius eigtl.* „um nichts später"; *schlechtere Schreibung secius*; *s.* *secus*[2]]; *cf. nhd.* „seit") **1.** spät; verspätet, zu spät; °**2.** *subst.* **sērum**[2], *ī n* späte Zeit; *-o diei* spät am Tage; **3.** *adv. comp.*

sērius später, etwas zu spät; °*serius ocius* früher oder später; ** *sero subst. indecl.* Spätabend.
serva, *ae f* (*servus*) Sklavin.
servābilis, e (*servō*) errettbar.
servantissimus 3 (*sup. v. servāns, part. praes. v. servō*) aufs genaueste beobachtend [*aequi*]. [Brauch.
servātiō, *ōnis f* (*servō*) Verfahren,
servātor, *ōris m* (*servō*) Erhalter, Retter; **-trīx,** *īcis f* Retterin.
servīlis, e (*m. adv.*; *serviō*) sklavisch, knechtisch, Sklaven...
Servīlius 3 *röm. Gentilname*: **1.** *s. Ahāla*; **2.** *P.* ~ *Casca, einer der Mörder Cäsars*; *adi.* **-ius** 3 [*lacus ein v. einem* ~ *angelegtes Brunnenbassin in Rom*]; **-iānus** 3 [*horti*].
serviō 4 (*altl.*: *impf.* *-ībās, fut. -ībō*; *servus*) **1.** Sklave sein, dienen; **2.** / **a**) (*v. Grundstücken*) belastet sein, *eine* Servitut auf sich haben; °**b**) *zu etw.* dienen, taugen; **c**) gefällig sein, willfahren; **d**) sich fügen, gehorchen, frönen; ** kredenzen; (*part. praes.*) *subst.* **servientes,** *ium m die* ritterlichen Dienstmannen; Gesinde.
servitium, *ī n* (*servus*) **1.** Sklavenstand, -dienst; **2.** (*concr.*) Sklavenschaft, Gesinde; °**3.** Dienstbarkeit; ** Abgabe; Steuer; *pl.* Einkünfte.
servitrīcius 3 (*servus*) Sklaven....
servitūdō, *inis f* (*servus*) Sklaverei.
servitūs, *ūtis f* (*servus*) **1. a**) Sklaverei, Sklavenstand; Knechtschaft; Dienstbarkeit; °**b**) (*concr.*) Sklaven, Knechte; **2.** / **a**) Unterwürfigkeit; **b**) (*b. Grundstücken*) Belastung, Servitut.
Servius, *ī m* (*zu servus*) *röm.* (*urspr. wohl etr.*) *Vorname*; *Abk. Ser.*; ~ *Tullius s. Tullius.*
servō 1 (*altl.*: *fut. -vassō, coni. pf. -vassit, -vassint*; *vl. m. gr. Fw. hērōs* „Beschützer" *u. Hera* „Beschützerin" *verwandt*) **1.** beobachten, bewachen, behüten; *de caelo* die Wahrzeichen am Himmel beobachten; **2.** / **a**) achten *auf*, bewahren [*pudicitiam*], festhalten *an*; °**b**) an einem Orte verbleiben [*nidum*]; **3.** aufbewahren, aufsparen; **4.** unversehrt erhalten, retten, be-
servol... (*altl.*) = *servul...* [hüten.
servulicola, *ae f* (*servulus, colō*) „Sklavenpflegerin"; gewöhnliche Hure.
servulus, *ī m* (*dem. v. servus*) (junger) Sklave; **-a,** *ae f* (junge) Sklavin.
servus 3 (*vl. etr. Fw.*) dienstbar, sklavisch, knechtisch; (*v. Grundstücken*) belastet; *subst.* ~, *ī m* Sklave, Knecht; ** Leibeigener, Troßknecht. [*stammend*) Sesam.
sēsama, *ae f* (*gr. Fw., aus dem Sem.*
sescēnāris (-ĕ-?) = *sescennāris.*
sescēnārius 3 (*sescēnī*) 600 Mann stark.
sescēnī *u.* °**-centēnī** 3 *num. distr.* (*sescentī*) je sechshundert.
sesc-ennāris, e (*vl.* < **sēsqu-ennālis*; *sēsqui, annus*) anderthalbjährig (?).
sescentēsimus 3 *num. ord.* (*sescentī*) *der* sechshundertste.
ses-centī 3 *num. card.* (*sex, centum*) sechshundert; / unzählige, tausend.
sescentiē(n)s *num. adv.* (*sescentī*) sechshundertmal.
sescento-plāgus, *ī m* (*sescentī, plāga*[1]) der ungezählte Schläge be-
sēscuplex = *sēsquiplex.* [kommt.
sēscuplum, *ī n* (*sēsqui*) *das* Andert-
sēsē *s. suī.* [halbfache.
seselis, *is f* (*gr. Fw.*) Steinkümmel.
sēsque-opus = *sēsquiopus.*
sēsqui *adv.* (< **sēmis-que* „und dazu die Hälfte") um die Hälfte mehr; anderthalb; / (*in Zusammensetzungen*) und dazu ...; um einen Bruchteil mehr.
sēsqui-alter, *era, erum* anderthalb.
sēsqui-hōra, *ae f* anderthalb Stunden. [Scheffel.
sēsqui-modius, *ī m* anderthalb
sēsqui-octāvus 3 neun Achtel.
sēsqui-opus, *eris n* anderthalb Tagewerke.
sēsquipedālis, e (*sēsquipēs*) anderthalb Fuß lang; / ellenlang.
sēsqui-pēs, *edis m* anderthalb Fuß.
sēsqui-plāga, *ae f* anderthalb Hiebe.
sēsquiplex, *icis* (*cf. duplex*) anderthalbfach.
sēsqui-tertius 3 vier Drittel.
sessibulum, *ī n* (*sessus, P.P.P. v. sedeō*) Sitz, Stuhl. [eignet; niedrig.
sessilis, e (*sedeō*) zum Sitzen ge-
sessiō, *ōnis f* (*sedeō*) *das* Sitzen; *das* Verweilen; Sitzung; Sitz(platz).
sessitō 1 (*frequ. v. sedeō*) zu sitzen pflegen. [Sitzung, Kränzchen.
sessiuncula, *ae f* (*dem. v. sessiō*)
sessor, *ōris m* (*sedeō*) „Sitzer": **1.** Zuschauer; **2.** Insasse; **3.** Reiter.

sēstertiolum, ī *n* (*dem. v.* sēstertium) 100 000 Sesterze; bis deciens zwei Milliönchen.
sēstertius, ī *m* (*gen. pl. meist* sestertium; < *sēmis-tertius „halb der dritte [*sc.* as]" = $2^1/_2$ As; *Abk.* IIS, *später* HS) *Münzeinheit der alten röm. Währung*: Sesterz (*urspr.* $2^1/_2$, *später* = *4 As*; *anfangs Silber-, später Messingmünze im Werte v. 15 Pfg.*); ducenti sestertii 200 Sesterze; duo milia sestertium 2 000 S.; **sēstertia,** ōrum *n* (*pl. zu dem später als nom. sg. n empfundenen gen. pl.* sēstertium) tausend Sesterze; decem -a 10 000 S.; **sēstertium,** ī *n* (*m. Zahladverbien verbunden*; *sc.* centēna mīlia) 100 000 S.; vicies -um 2 Millionen Sesterze.
Sēstius, -tiānus *s.* Sextius.
Sēstos *u.* **-us,** ī *f* (*gr.* -os) *St. am Hellespont*; *adi.* ~ 3 aus S. [puella [Hero].
sēsuma (*Pl.*) = sēsama.
set (*altl.*) = sed².
sēta, sētiger = saet...
sētius *adv.* (*urspr.* „später") weniger; (*vermengt m.* sequius) *s.* secus²,
seu *s.* sīve. [sērus.
sē-vehor, vectus sum 3 wegfahren *von*; / gyro die Bahn verlassen.
sevēritās, ātis *f* (sevērus) Strenge, Ernst; Härte; strenges Urteil.
°**sevēritūdō,** inis *f* = sevēritās.
sevērus¹ 3 (*wohl* < *sē vērō „ohne Freundlichkeit") **1.** streng, ernst, herb; °**2.** hart, grausam.
Sevērus², ī *m röm. cogn.*
sē-vocō 1 beiseite-, abrufen; / abziehen, -lenken. [*name*).
Sex.¹ (*Abk.*) = Sextus (*röm. Vor-*
sex² *num. card.* (*cf. nhd.* „sechs") *indecl.* sechs. [jährig.
sexāgēnārius 3 (sexāgēnī) sechzig-
sexāgēnī 3 *num. distr.* (sexāgintā) je sechzig. [gintā) *der* sechzigste.
sexāgēsimus 3 *num. ord.* (sexā-
sexāgiē(n)s *num. adv.* (sexāgintā) sechzigmal. [sechzig.
sexāgintā *num. card. indecl.* (sex)
sex-angulus 3 sechseckig.
sexc... = sesc...
sex-decim (*nkl.*) *künstl. Rückbildung für* sēdecim.
sex-ennis, e (annus) sechsjährig.
sex-ennium, ī *n* (sexennis) sechs Jahre.
sexiē(n)s *num. adv.* (sex) sechsmal.
sex-prīmī, ōrum *m die* sechs Obersten des Stadtrats (*in Munizipien u. Kolonien*).
sextādecumānī, ōrum *m* (-tā-?; sexta decima) Soldaten der sechzehnten Legion.
sextāns, antis *m* (sextus) *ein* Sechstel *einer* (*zwölfteiligen*) *Maß- od. Gewichtseinheit*: **1.** (*Münze*) °**a**) $^1/_6$ As = 2 ūnciae; **b**) / Heller; **2.** $^1/_6$ einer Erbschaft; °**3. a**) (*Gewicht*) $^1/_6$ Pfund = 54,5 g; **b**) (*Flüssigkeit*) $^1/_6$ sextārius = 0,09 l.
sextāriolus, ī *m* (*dem. v.* sextārius) Schöppchen.
sextārius, ī *m* (sextus) $^1/_6$ congius = *0,54* l; Schoppen; ** Metze (*Getreidemaß*).
Sextīlis, e (sextus) **1.** *der* sechste; mensis August; **2.** zum August gehörig; *subst.* ~, is *m* August.
Sextius *u.* **Sēstius** 3 *röm. Gentilname*: P. ~, *Freund Ciceros*; *adi.* -i(ān)us 3; *s.* Aquae Sextiae.
sextula, ae *f* (*dem. v.* sextus) $^1/_6$ ūncia, *d. h. der* 72. Teil eines Ganzen, *z. B. einer Erbschaft.*
sextus 3 *num. ord.* (sex) *der* sechste; °casus Ablativ; *adv.* -um zum sechstenmal; ♀ *röm. Vorname.*
sexus, ūs *m* (*cf.* secus¹; *vl. zu* secō: „Abteilung") Geschlecht.
sī *ci.* (*altl.* sei; *cf. nhd.* „so", „wie"; *Grundbedeutung* „so"; *cf.* sī-c) **1.** (*in Kondizionalsätzen*) wenn, wofern; wenn anders; si minus wenn nicht, wo nicht; quodsi (*auch getr.*) wenn nun, wenn demnach; **2.** (*in Konzessivsätzen*; *m. coni.*) selbst wenn, wenn auch; **3.** (*in Komparativsätzen*; *m. coni.*) (perinde) ac si (gleich) als wenn = quasi; °**4.** (*in Wunschsätzen*; *m. coni.*) wenn doch; **5.** (*nach* „*fragen*" *u.* „*erwarten*"; *meist m. coni.*) ob, ob etwa [conati, si perrumpere possent]; **6.** sī ... sī (*altl.*) = sīve ... sīve.
sibi, sibimet *s.* suī *u.* -met.
sībilō, — — 1 (sībilus) °**1.** (*intr.*) zischen, pfeifen; zuflüstern; **2.** (*trans.*) auszischen, -pfeifen. [pfeifend.
sībilus¹ 3 (*Schallwort*) zischend,
sībilus², ī *m* (sībilus¹; *pl. dcht.* -a, ōrum *n*) *das* Zischen, Pfeifen, Säuseln; *das* Auszischen.
Sibylla *u.* **-bulla,** ae *f* (*gr.* Sibylla, *orientalischer Name*) Wahrsagerin; *bsd. die* Sibylle *v.* Cumae; *adi.* -byllīnus 3; libri -i alte, *der Sage nach*

v. Tarquinius einer Alten abgekaufte Weissagungen; auf dem Kapitol aufbewahrt u. in Notzeiten eingesehen.

sīc *adv.* (< *sei-ce; *s. sī*) **1.** so, auf diese Weise; **2. a)** ~ ... *ut* so ... wie; *ut* ... ~ wie ... so; **b)** *ut* ... ~ wenn auch ... doch, zwar ... aber; °**c)** ~ (*m. coni.*) ... *ut* (*m. ind.*) so wahr ich wünsche, daß ... so gewiß; **3. a)** von der Art; **b)** unter solchen Verhältnissen, in solcher Lage; **c)** demgemäß, daher; **4. a)** (*einschränkend*) ~ ... *ut* insofern ... als; doch so ... daß; °**b)** (*bedingend*) ~ ... *si* unter der Bedingung, daß ...; dann ... wenn; **5.** folgendermaßen; **6.** so sehr (wenig), in dem Grade; **7.** nur so, so ohne weiteres, schlechtweg.

sīca, *ae f* (*cf. secō*) Dolch; / Meuchelmord.

Sicānī, *ōrum m* Sikaner, *ital. Volksstamm; auch = Siculī; adi. Sicānus* 3, *Sīcanius* 3, *Sīcanis, idis f* sizilisch; *subst.* **Sīcania,** *ae f* Sizilien.

sīcārius, *ī m* (*sīca*) Meuchelmörder; *inter -os* wegen Meuchelmord.

sīc(c)ine, sīcin *adv.* (< *sīce-ne; *s. sīc*) so? also?

siccitās, *ātis f* (*siccus*) Trockenheit, Dürre; / feste Gesundheit; Einfachheit, Knappheit.

siccō 1 (*siccus*) (aus)trocknen; °/ leeren, austrinken; melken; aussaugen.

sicc-oculus 3 (*siccus*) mit trockenen Augen.

siccus 3 (*m. adv.; et. unklar*) °**1.** trocken, dürr; *subst.* **-um,** *ī n das* Trockene; **2.** / °**a)** tränenlos; **b)** nüchtern, enthaltsam; °**c)** noch nüchtern, durstig; °**d)** wolken-, regenlos; °**e)** dürftig, arm; °**f)** gefühl-, lieblos; °**g)** straff, stramm [*mulier*]; **h)** schlicht, knapp.

sicelissō 1 (*gr. Fw.*) sich in sizilischem Ton halten.

Sicilia, *ae f* (*gr.* Sikeliā) Insel Sizilien; *adi. Sīcelis, idis f* [*musae*]; (*subst. die* Sizilierin); *Siciliēnsis,* e.

sicilicissitō 1 (*intens. v. sicelissō*) sizilische Art nachahmen.

sīcīlicula, *ae f* (*sīcī-?; dem. v. sīcīlis* „Lanzenspitze"; *sīca*) kleine Sichel.

sīcine *s. sīc(c)ine.*

sī-cubī *u.* **-cubī** *ci.* (*cf. ali-cubī u. ubī*) wenn irgendwo.

sīcula, *ae f* (*dem. v. sīca*) kleiner Dolch; / = *mentula.*

Siculī, *ōrum m Bewohner Siziliens; adi. -lus* 3 sizilisch.

sī-cunde *ci.* (*cf. ali-cunde, unde*) wenn irgendwoher.

sīc-ut(ī) *adv.* **1.** sowie, gleichwie, wie; ~ ... *ita* °*auch* zwar ... aber; **2.** wie wirklich; **3. a)** gleichsam; **b)** wie wenn, als ob; **c)** wie zum Beispiel; °**4.** in dem Zustande wie; ~ *sum* so wie ich (hier) stehe.

sīdereus 3 (*sīdus*) gestirnt, *der* Sterne, Sternen...; Sonnen... [*lux*]; der Sonne geweiht; / himmlisch, göttlich; strahlend.

sīdō, *sēdī u. sīdī, sessum* 3 (< *si-zd-ō, redupl. praes.; -zd- Schwundstufe zu sedeō*) sich setzen, sich niederlassen; °/ sich senken; steckenbleiben, festsitzen; schwinden.

Sīdōn, *ōnis u. ŏnis f* (*gr.* -dọn) *St. Phönikiens, j.* Saida; °*adi.* **1.** *-dōnius u. -dŏnius* 3 sidonisch, tyrisch phönikisch, karthagisch; purpurn; *Einw. -dōniī, ōrum m;* **2.** *-dōnis u. -dŏnis, idis f* phönikisch; *subst. die* Sidonierin, Phönikierin; **3.** *-dōnicus* 3.

sīdus, *eris n* (*eigtl.* „*das* Glänzende") **1.** Stern(bild), Gestirn; °**2. a)** Himmelsstrich, Gegend; **b)** Jahreszeit; **c)** Tag; **d)** Witterung, Sturm; **e)** (*pl.*) Himmel; °**3.** / **a)** schöne Augen; **b)** Glanz, Zierde.

siem *usw. s. sum.*

Sigambrī = *Sugambrī.*

Sīgēum, *ī n* (*gr.* Sīgēion) *Vorgeb. in Troas; adi. -gē(ī)us* 3.

sigillāria, *ōrum n* (*sigillum*) **1.** *röm.* Bilderfest, *an dem man einander kleine Wachs- od. Tonfiguren schenkte;* **2.** kleine Wachs-, Gips-, Tonfiguren; **3.** Kunstmarkt.

sigillātus 3 (*sigillum*) mit kleinen Figuren geziert.

****sigillo** 1 versiegeln.

sigillum, *ī n* (*dem. v. sīgnum*) **1.** Bildchen; Relief, Statuette; **2.** Abdruck des Siegelrings, Siegel.

sīgnātor, *ōris m* (*-ī-?; sīgnō*) Untersiegler; Trauzeuge; *-ores falsi* Urkundenfälscher.

sīgni-fer, *era, erum* (*-ī-?; signum, ferō*) gestirnt; *orbis* Tierkreis; *subst.* **~,** *erī m* °**1.** Tierkreis; **2.** Fahnenträger; / Anführer.

sīgnificāns, *antis* (*-ī-?; m. comp., sup.; sīgnificō*) deutlich, anschaulich; *kl. nur adv.* (*m. comp., sup.*).

sīgnificantia, *ae f* (*-ĭ-?*; *sīgnificāns*) Anschaulichkeit (*eines Wortes*).

sīgnificātiō, *ōnis f* (*-ĭ-?*; *sīgnificō*) **1.** Bezeichnung, Andeutung, Zeichen; **2.** Beifall(szeichen); **3.** Bedeutung (*v. Wörtern u. ä.*); **4.** Nachdruck, Emphase; °**5.** Ausspruch.

sīgnificō 1 (*-ĭ-?*; **sīgnificus* 3; *sīgnum, faciō*) (*ein*) Zeichen geben: **1.** anzeigen, andeuten, äußern, zu erkennen geben; **2.** (*Zukünftiges*) verkünden; **3.** (*v. Wörtern u. ä.*) bezeichnen, bedeuten.

sīgnō 1 (*-ĭ-?*; *sīgnum*) °**1.** einschneiden, eingraben [*nomina saxo*]; **2. a)** mit (einem) Zeichen versehen, bezeichnen; **b)** (ver)siegeln; **c)** (*Münzen*) prägen; **3.** / °**a)** auszeichnen, schmücken [*honore*]; **b)** (*dem Gedächtnis*) einprägen; °**c)** kenntlich machen [*viam flammis*]; °**d)** bemerken, beobachten; ** segnen; *se -are* sich bekreuzigen.

sīgnum, *ī n* (*-ĭ-?*; ⟨ **sec-nom*; *secō*; *eigtl.* „eingeschnitzte Marke, geschnitztes Bild") **1.** Merkmal, Kennzeichen; **2.** (*mil. t.t.*) **a)** Signal, Kommando; °**b)** Parole, Losung; **c)** Feldzeichen, Fahne; *-a movere*, °*convellere* aufbrechen, *inferre* angreifen; *-a conferre* sich zusammenziehen; handgemein werden; °**d)** Abteilung, Schar, Fähnlein; °**3.** Startzeichen *beim Wagenrennen* (*durch Prätor od. Konsul*); **4.** Vor-, Wahrzeichen; **5.** Beweismittel, -grund; **6. a)** Statue, Götterbild; **b)** Siegel, Wappen; **7.** Sternbild, Gestirn; ** Wunder(zeichen).

sīlānus, *ī m* (*dor. Fw.*) *der* (*vielfach aus einem Silenskopf sprudelnde*) Springbrunnen; *adi.* 3 plattnasig.

silentium, *ī n* (*silēns*) **1.** Stillschweigen, Stille; **2. a)** Ungestörtheit, *d. h.* Fehlerlosigkeit der Auspizien; **b)** Stillschweigen *über jd., d. h.* Ruhmlosigkeit; **c)** Ruhe, Muße.

Sīlēnus, *ī m* (*gr.* -νος) *Erzieher u. Begleiter des Bacchus.*

sileō, *uī*, — 2 (*vl. m. sinō verwandt*) **1. a)** (*intr.*) still sein, schweigen; **b)** (*trans.*) verschweigen; **2.** / untätig sein, feiern, ruhen; °**3. a)** (*part. praes.*) *adi.* **silēns,** *entis* still, schweigsam; *subst. pl.* **-ēs,** *um m die* Toten *in der Unterwelt*; *die* Pythagoreer; **b)** (*Gerundiv*) *subst.* **silenda,** *ōrum n* Geheimnisse, Mysterien.

siler, *eris n* (*et. unklar*) Bachweide [*od.* Spindelbaum.]

silēscō, — — 3 (*incoh. v. sileō*) still werden; / sich legen [*venti*].

silex, *icis m* (°*f*) (*cf. calx*[1]; *nhd.* „Kiesel") Kiesel, Feuerstein; °/ Fels.

silicernium, *ī n* (*et. unklar*) Leichenschmaus; / alter Knacker (*Schimpfwort*).

silīgineus 3 (*silīgō*) aus Weizen (-mehl), Weizen...; *cunni -ī* Brötchen *in der Form des cunnus.*

silīgō, *inis f* (*et. ungedeutet*) sehr heller Winterweizen.

siliqua, *ae f* (*et. nur altbulgarische Parallele*) Schote; *pl.* Hülsenfrüchte.

sillybus, *ī m* (*gr. Fw.*) Titelstreifen [(*an Bücherrollen*).]

silūrus, *ī m* (*gr. Fw.*) *ein Flußfisch* (Wels *od.* Stör?).

sīlus 3 (*-ĭ-?*; *vl. Umbildung v. sīmus m. volkset. Anlehnung an Sīlēnus*) stülpnasig.

silva, *ae f* (*et. ungeklärt*) **1. a)** Wald, Forst; **b)** Park; °**c)** Baum, Strauch; **2.** / °**a)** große Menge, **b)** reicher Vorrat; °**c)** unverarbeiteter Stoff.

Silvānus, *ī m Wald- u. Feldgott*; ** Waldschrat.

silvēscō, — — 3 (*incoh. zu silva*) [verwildern.]

silvester, *tris, tre* (*nkl.*) *u.* **-tris,** *tre* (*silva*) waldig, Wald...; im Walde lebend; °/ wildwachsend; wild; ländlich.

Silvia *s. Rēa*[2].

silvi-cola, *ae m* (*silva, colō*) Wald- [bewohner.]

silvi-cultrīx, *īcis f* (*silva*) im Walde wohnend.

silvi-fragus 3 (*silva, frangō*) wald- [zerschmetternd.]

silvōsus 3 (*silva*) waldreich, waldig.

sīmia, *ae f u.* °**-ius,** *ī m* (*sīmus*) Affe.

simila, *ae f* (*orientalisches Lw.*) feinstes Weizenmehl; ** Semmel.

similis, e (*m.* °*comp., sup. -illimus, adv.*; *idg.* *sem „eins"; *cf. simul, semel*) ähnlich; *veri* ~ wahrscheinlich; *subst.* **-e,** *is n* Gleichnis, Beispiel; °*similia*(*que*) und dergleichen mehr.

similitūdō, *inis f* (*similis*) Ähnlichkeit; *veri* ~ Wahrscheinlichkeit; Analogie; Gleichnis; Einförmigkeit (*in der Darstellung*).

sīmiolus, *ī m* (*dem. v. sīmius*) [Äffchen.]

simitū *adv.* (*wohl erstarrter abl.*; *idg.* *sem „eins", *īre*) zugleich.

sīmius *s. sīmia.*

Simōnidēs, *ae m* (*gr.* -nịdēs) *griech. Lyriker, Erfinder der Mnemotechnik* (*um 500*); *adi.* -dēus 3.

simplex, *icis* (*m.* °*comp.*, °*sup.*, *adv.*; *idg.* *sem „eins"; *cf. sem-el, du-plex*) **1.** einfach; nicht zusammengesetzt, unvermischt; **2.** einzeln, für sich; **3.** / **a**) natürlich; kunstlos; **b**) schlicht; ehrlich, arglos, offen, bieder; *adv.* **simpliciter** geradezu, an sich; ** *simplex* beschränkt.

simplicitās, *ātis f* (*simplex*) Einfachheit; / Offenheit, Aufrichtigkeit, Natürlichkeit; Naivität.

simplum, *ī n* (*adi. simplus* 3 „einfach"; *idg.* *sem „eins"; *cf. sem-el, du-plus*) *das* Einfache.

simpulum, *ī n* (*et. ungeklärt*) Schöpfkelle.

simpuvium, *ī n* (*gr. Lw.*) Opfer-[schale.

simul (*wohl* < **semli*; *idg.* *sem „eins"; *cf. semel*) **1.** *adv.* zugleich, gleichzeitig; ~ *cum* zugleich mit; ~ ... ~ teils ... teils, sowohl ... als auch; **2.** *ci.* **simul**; **simul ac, simul atque** (*auch zus.*), **simul ut** (*m. ind. pf.*) sobald als.

simulācrum, *ī n* (*simulō*) **1.** Bild, Abbild; °Spiegelbild; °**2. a**) Traumbild; **b**) Schatten eines Toten; Gespenst; **c**) (*philos. t.t.*) *das* (*dem Geist vorschwebende*) Abbild *eines Gegenstandes*; °**3.** Charakterbild, -schilderung; **4. a**) Abbild, Nachbildung; **b**) Trugbild, Phantom; ** Götzenbild.

simulāmen, *inis n* (*simulō*) Nach-[ahmung.

simulāns, *antis* (*m. comp.*, *adv.*; *simulō*) nachahmend.

simulātē *adv.* (*m.* °*comp.*; *simulātus*; *s. simulō*) zum Schein.

simulātiō, *ōnis f* (*simulō*) **1.** Verstellung, Heuchelei; °*pl.* Verstellungskünste; **2.** Vorwand, Täuschung, Schein.

simulātor, *ōris m* (*simulō*) °**1.** Nach-[ahmer; **2.** Heuchler.

simulatque *s. simul.*

simulō 1 (*similis*) **1. a**) ähnlich machen; °**b**) nach-, abbilden, darstellen; nachahmen; **2.** / **a**) vorschützen; heucheln; **b**) (*m. a. c. i.*) sich stellen, als ob; (*P.P.P.*) *adi.* **simulātus** 3 erheuchelt, scheinbar.

simultās, *ātis f* (*similis*) Eifersucht, Rivalität; Groll, Feindschaft.

simulter *adv.* (*altl.* = *similiter*; *simul*) auf ähnliche Weise; ~ *itidem* ebenso wie.

sīmulus 3 (*dem. v. sīmus*) etwas stülp-, plattnasig.

sīmus 3 (*gr. Fw.*) plattnasig.

sīn *ci.* (< **sī-ne*; *nĕ wohl ablautendes nē*[1]) (*meist nach sī od. nisi*) wenn aber; ~ *minus, aliter* andernfalls, sonst.

sināpis, *is f u.* **-nāpi** *indecl.* (*gr.* [*Fw.*) Senf.

sincēritās, *ātis f* (*sincērus*) Aufrichtigkeit, Ehrlichkeit.

sincērus 3 (*m.* °*comp.*, °*sup.*, *adv.*; *et. ungeklärt*; *antike Deutung* < *sine cērā wohl volkset.*) echt, natürlich; rein, unverfälscht, unversehrt; / unverdorben; ehrlich, aufrichtig.

sincipitāmentum, *ī n* (*sīn-?*; *sinciput*) Vorderkopfstück.

sinciput, *itis n* (*sīn-?*; < **sēm*[*i*]*-caput*) Vorderkopf; Hirn.

sindon, *onis f* (*-ō-?*; *gr. Lw.*) indische Leinwand *od.* Baumwolle.

sine[1] *prp. b. abl.* (*cf. sē*[2], *nhd.* [„sonder") ohne.

sine[2] *s. sinō.*

singillāriter *adv.* (**singillī*, *dem. v. singulī*) einzeln.

singillātim *adv.* (*s. singillāriter*) einzeln; Mann für Mann.

singulāris, e (*m. adv.*; *singulī*) **1.** einzeln, vereinzelt; **2.** Einzel..., Privat..., Allein... [*imperium*]; °**3.** (*gramm. t.t.*) zum Singular gehörig [*numerus* Singular]; **4.** eigentümlich: **a**) außerordentlich; ausgezeichnet; **b**) absonderlich; °**5.** *subst.* **~,** *is m* (*gramm. t.t.*) Singular; **-ārēs,** *ium m* (berittenes kaiserliches) Elitekorps, berittene Ordonnanzen; **-āria,** *ium n* Auszeichnungen.

singulārius 3 (*singulī*) einzeln.

°**singulātim** = *singillātim.*

singulī, *ae, a* (*selten altl. sg.* **-us** 3; *cf. semel*) **1.** je einer; *in singulos dies* täglich; **2.** einzeln, einzig, für sich.

singultim *adv.* (*erstarrter acc.*; *cf. singultus*) schluchzend, stockend.

singultō 1 (*wohl frequ. zu* **singulō* 3 „schluchzen") **1.** (*intr.*) schluchzen, röcheln; **2.** (*trans.*) ausröcheln.

singultus, *ūs m* (*et. ungedeutet*) **1. a**) *das* Schluchzen; °**b**) Röcheln; °**2.** *der* Schlucken; °**3.** *das* Glucksen.

sinister, *tra, trum* (*m. comp.*, *-terior, us*; *adv.* -°*trē*; *eigtl. wohl* „Gewinn bringend") **1.** linker, links, zur Linken; *subst.* **-tra,** *ae f* linke Hand, linke Seite; °**2.** / **a**) linkisch, ungeschickt; **b**) unglücklich, übel, böse; **3.** (*relig. t.t.*) **a**) (*nach altröm. Ritus,* *bei dem der Augur nach Süden blickt u. den Osten linker Hand hat*) glücklich, günstig; **b**) (*nach jüngerer griech. Auffassung, bei der der Priester nach Norden blickt u. den Osten zur Rechten hat*) unglücklich, Unheil kündend.

sinisteritās, *ātis f* (*sinister*) Ungeschicklichkeit.

sinistrōrsus, -um *adv.* (< **sinistrōvorsus u. -um; vertō*) (nach) links.

sinō, *sīvī* (°*siī*), *situm* 3 (√ *sē(i)- „ab-, nach-, loslassen"; *cf. situs, pōnō*) **1.** (zu)lassen, erlauben; °*sine* laß, mag sein! schon gut! °**2.** ablassen, sein lassen.

sīnum, *ī n u.* **-us,** *ī m* (*et. ungedeutet*) weitbauchiges Tongefäß.

sinuō 1 (*sinus*[1]) krümmen, biegen; *arcum* spannen.

sinuōsus 3 (*m. adv.*; *sinus*[1]) gekrümmt; faltenreich; *narratio* voller Abschweifungen.

sinus[1], *ūs m* (*et. ungedeutet*) **1.** Rundung, Krümmung, Bogen, Falte; **2. a**) Meerbusen, Bucht; **b**) Schlucht; **c**) Landspitze; °**3.** Kessel, Schlund *der Erde*; **4. a**) Bausch *der Toga*; **b**) Busen, Brust, Schoß; °**c**) Geldbeutel; °**d**) windgeschwelltes Segel; **5.** / **a**) Liebe, Fürsorge; °**b**) Verborgenheit; °**c**) Innerstes, Herz [*urbis*]; °**d**) Gewalt, Macht.

sīnus[2], *ī m s. sīnum.*

sīparium, *ī n* (*gr. Lw.*) (kleiner) Vorhang (*im Theater u.* (*Qu.*) *auf der Richtertribüne*); °/ Komödie.

sīparum, *ī n* (*gr. Lw., später m. supparum vermengt*) Topp-, Bramsegel.

sīp(h)ō, *ōnis m* (*gr. Fw.*) Heber; Feuerspritze.

sīp(h)unculus, *ī m* (*dem. v. sīphō*) kleines Springbrunnenrohr.

sī-quandō *u.* **-ŏ** *ci.* wenn einmal.

si-quidem *ci.* (*altl. sī-*) **1.** wenn nämlich; wenn anders; **2.** weil ja.

siremps(e) (*wohl < Kondizionalsatz; Analyse unsicher*) ganz gleich, desgleichen.

Sīrēn, *is f* (*gr.* Seirēn) „*die* Verlockerin", Sirene; *meist pl. Töchter des Achelous, die, in Vögel mit Mädchenköpfen verwandelt, die Schiffer durch ihren Gesang ins Verderben lockten.*

sīrius, *ī m* (*gr. Fw.*) Hundsstern; [*auch adi.*]

Sirmiō, *ōnis f Halbinsel im Süden des Gardasees m. Landgut Catulls, j.* Sirmione.

sirpe, *is n* (*Fw. unbekannter Herkunft*) Saft der Sirpepflanze; *cf. lāserpīcium.*

sirpiculus = *scirpiculus.*

sīrus, *ī m* (*u. -ī-?; gr. Fw.*) (Getreide-)Grube, Silo.

sīs (*altl.*) = *sī vīs* wenn's beliebt.

siser, *eris n* (*Fw., vl. ägypt.*) Rapunzel.

sistō, *stitī* (*u. stetī*), *statum* 3 (*redupl. praes. v. stō*) **I.** (*trans.*) **1.** °**a**) hinstellen, -bringen, führen; °**b**) aufstellen, -führen, errichten; **c**) (*jur. t.t.*) vor Gericht stellen; *se -ere* sich stellen; **2.** °**a**) anhalten, hemmen; *se -ere* haltmachen; °**b**) befestigen, feststellen; **II.** (*intr.*) **1.** °**a**) sich stellen, stehenbleiben; **b**) (*jur. t.t.*) sich vor Gericht stellen; **2.** / (fort)bestehen, sich halten; ** = esse.

sistrātus 3 (*sīstrum*) mit einer Isisklapper versehen.

sīstrum, *ī n* (*gr. Fw.*) Metallklapper, Isisklapper.

sisura, *ae f* (*gr. Fw.*) einfache Pelzdecke.

sisymbrium, *ī n* (*gr. Fw.*) Brunnenkresse.

Sīsyphus *u.* **-os,** *ī m gewalttätiger König v. Korinth, v. Theseus erschlagen, in der Unterwelt dazu verdammt, einen immer wieder herabstürzenden Felsen aufwärts zu wälzen; in der Sage auch Vater des Ulixes; adi. -phius 3; subst. -phidēs, ae m* Ulixes.

sitella, *ae f* (*dem. v. situla*) Stimmurne, Lostopf. (*In die mit Wasser gefüllte Urne wurden hölzerne Lose geworfen; beim Schütteln des enghalsigen Gefäßes konnte nur ein Los oben schwimmen.*)

sitīculōsus 3 (*sitis*) durstig; / dürr, trocken.

sitiō 4 (*sitis*) **1.** (*intr.*) **a**) durstig sein, dürsten; **b**) dürr, trocken sein; **2.** (*trans.*) **a**) dürsten *nach* [*aquam*]; **b**) / lechzen, verlangen *nach* [*honores*]; (*part. praes.*) *adi.* **sitiēns,** *entis* (*m. adv.*) dürstend, lechzend, heißhungrig [*voluptatis*].

sitis, *is f* (*acc. -im, abl. -ī; et. ungeklärt*) **1.** Durst; **2.** / °**a**) Dürre, Trockenheit; **b**) heißes Verlangen, Heißhunger.

sitītor, *ōris m* (*sitiō*) *der* Dürstende; der lechzt nach [*aquae*].

sittybus, *ī m* (*gr. Fw.*) Quaste; Titelzettel *einer Bücherrolle*; *cf. sillybus.*

situla, *ae f* (*et. ungedeutet*; *cf. sīnum*) Eimer; Losurne; *cf. sitella.*
situs[1], *ūs m* (*sinō*) **1.** Lage, Stellung; Terrainverhältnisse; °**2.** Bau [*pyramidum*]; °**3.** langes Liegen, Untätigkeit; / Mangel an Pflege.
situs[2], *ūs m* (*eigtl.* „*das* Hinschwinden"; *cf. sitis*) Schmutz, Moder, Schimmel, Rost.
situs[3] 3 (*sinō*) **1.** °**a**) hingelegt, -gestellt; °**b**) erbaut; **c**) begraben, bestattet; **2. a**) gelegen, liegend; °**b**) wohnend; **c**) / beruhend; *-um est in me* es hängt von mir ab.
sī-ve *u.* **seu** *ci.* (< **sei-ve*; *sī*) **1. a**) oder wenn; **b**) oder; ~ *potius* oder vielmehr; ** und; **2. sīve ... sīve, seu ... seu a**) wenn entweder ... oder wenn, sei es daß ... oder daß, entweder ... oder; **b**) ob entweder ... oder.
smaragdus, *ī m f* (*gr. Fw.*) **1.** Smaragd; **2.** grüner Halbedelstein (*Malachit, Jaspis usw.*).
smaris, *idis f* (*gr. Fw.*) *kleiner Seefisch.*
smīlax, *acis f* (*gr. Fw.*) Stechwinde; ♀ *die* (*in eine St. verwandelte*) *Geliebte des Crocus.*
smyrna[1], *ae f* (*gr. Fw.*) *die* Myrrhe.
Smyrna[2], *ae f Handelsst. Ioniens*; *Einw.* **-naeī,** *ōrum m.*
sobolēs, -lēscō = *subol...*
sōbrietās, *ātis f* (*sōbrius*) Mäßigkeit im Trinken.
sobrīnus, *ī m u.* **-na,** *ae f* (*soror*) Geschwisterkind (Vetter, Base).
sōbrius 3 (*m. adv.*; *et. ungedeutet*; *cf. ēbrius*) nüchtern, nicht betrunken; / mäßig; besonnen.
soccātus 3 (*soccus*) mit leichten Sandalen.
socculus, *ī m* (*dem. v. soccus*) leichte Sandalen (*vorwiegend v. Frauen u. Schauspielern der Komödie getragen*); / Komödienstil.
soccus, *ī m* (*gr. Fw.*) **1. a**) leichter gr. Schuh; **b**) *der* (*in d. röm. Komödie getragene*) Soccus; °**2.** / **a**) Komödie; **b**) Stil der Komödie.
socer *u.* (*altl.*) **socerus,** *erī m* (*cf. nhd.* (*veraltet*) „Schwäher") Schwiegervater; °*pl.* Schwiegereltern.
socia, *ae f s. socius.*
sociābilis, e (*sociō*) gesellig, verträglich.
sociālis, e (*m.* °*adv.*; *socius*) °**1.** kameradschaftlich; °**2.** ehelich; **3.** bundesgenössisch; °*subst.* **-ia,** *ium n* Angelegenheiten der Bundesgenossen.
sociālitās, *ātis f* (*sociālis*) Geselligkeit.
sociennus, *ī m* (*socius* + *etr. Suffix*; *cf. Porsenna*) Kamerad.
societās, *ātis f* (*socius*) **1. a**) Gemeinschaft, Teilnahme, Verbindung; **b**) Kamerad-, Gesellschaft; **2.** (*pol.*) Bündnis; **3. a**) Handelsgenossenschaft; **b**) Gesellschaft der Generalsteuerpächter *in Rom.*
sociō 1 (*socius*) verbinden, vereinigen; teilen [*periculum, cubilia cum alqo*]; (*P.P.P.*) °*adi.* **sociātus** 3 gemeinschaftlich.
socio-fraudus 3 (*socius, fraudō*) der den Freund betrügt.
socius (*sequor*) **1.** *adi.* 3 gemeinsam, verbunden; verbündet; **2.** *subst.* **~,** *ī m u.* **-ia,** *ae f* **a**) Teilnehmer(in), Genosse, Gefährte; (°*tori*) Gatte, Gattin; **b**) Bundesgenosse; **c**) Geschäftspartner; **d**) *pl. socii die* Generalsteuerpächter *in Rom*; ** Hilfsgeistlicher.
socordia, *ae f* (*socors*) Geistesschwäche; Sorglosigkeit, Fahrlässigkeit.
socors, *rdis* (*m.* °*adv.*; < **se-cors* „ohne Herz"; *sē- s. sē(-)*[2]) geistesschwach; sorglos, fahrlässig.
Sōcratēs, *is m* (*gr.* -kr̥atēs) *berühmter Philosoph in Athen* (*469 bis 399*); *adi.* *-ticus* 3; *subst.* **-ticī,** *ōrum m* Schüler, Anhänger des ~; ** **-tinus,** *i m ein* Weiser.
socrus, *ūs f* (*socer*; *u-Stamm sekundär*) Schwiegermutter.
sodālicius 3 (*sodālis*) kameradschaftlich; *subst.* **-ium,** *ī n* Kamerad-, Genossenschaft; *kl. nur* (pol.) Geheimbund.
sodālis, e (*cf. suēscō*; *nhd.* „Sitte") (*Ov.*) kameradschaftlich, befreundet; *subst.* **~,** *is m* **1. a**) Kamerad, Gefährte, Freund; **b**) Tisch-, Zechkumpan; °**c**) Hausfreund; **2. a**) Mitglied eines Priesterkollegiums; °*pl.* Priesterkollegium; **b**) Mitglied eines geheimen pol. Klubs; Spießgeselle.
sodālitās, *ātis f* (*sodālis*) **1. a**) Kameradschaft, Freundschaft; **b**) Tischgesellschaft; Kränzchen; Freunde; **2. a**) Priesterkollegium; **b**) Geheimbund, (pol.) Klub.
sōdēs (*Schnellsprechform* < *vulgär *sī ōdēs* [= *audēs*]) gefälligst, doch.

sōl, *sōlis m* (*urspr. n* „Licht, Glanz"; *cf. gr.* Hēlios) **1.** Sonne; **2.** ♀ Sonnengott; *in kl. Zeit* = Apollo, *später mit Mithras verquickt*; **3.** Sonnenlicht, -schein, -wärme; °**4.** (sonniger) Tag; **5.** / **a**) öffentl. Tätigkeit; **b**) Stern, hervorragende Persönlichkeit.
sōlāciolum, *ī n* (*dem. v. sōlācium*) [schwacher Trost.
sōlācium, *ī n* (*sōlor*) **1.** Trost(mittel, -grund); **2.** Linderung(smittel), Zuflucht; °**3.** Entschädigung; °**4.** Tröster(in).
sōlāmen, *inis n* (*sōlor*) Trost(-mittel).
sōlāris, e (*sōl*) zur Sonne gehörig.
sōlārium, *ī n* (*sōl*) **1.** Sonnenuhr; / Uhr; *ex aqua* Wasseruhr; °**2.** flaches Dach, Söller.
sōlātor, *ōris m* (*sōlor*) Tröster.
soldurii, *ōrum m* (-ū-?; *kelt.-iberisches Fw.*) *die* Getreuen.
soldus 3 (°*synk.*) = *solidus*.
solea, *ae f* (*solum*[1]) **1.** Sandale; Fußfessel; °**2.** Scholle (*ein Fisch*).
soleārius, *ī m* (*solea*) Sandalenmacher.
soleātus 3 (*solea*) mit Sandalen.
sōlemnis, -lennis = *sollemnis*.
soleō, *solitus sum* 2 (*et. nicht geklärt*) **1.** pflegen, gewohnt sein; *ut solet* wie gewöhnlich; °**2.** geschlechtlich verkehren.
soliditās, *ātis f* (*solidus*) Dichte, Dichtheit; ** fester Bestand; *das* Ganze.
solidō 1 (*solidus*) dicht, fest machen, befestigen; zusammenfügen.
solidum, *ī n* (*solidus*) **1.** etwas Festes, dichter Körper, Kern; °**2.** *in -o* in Sicherheit; **3.** *das* Ganze, Gesamtsumme, -kapital.
solidus 3 (*m.* °*comp.*, °*sup.*, °*adv.*; *altl. sollus* „ganz"; *cf. salvus*) gediegen, massiv; fest, hart; / vollständig, ganz; gediegen, echt, wahrhaft; ** *subst.* ~, *i m* Goldmünze.
sōli-fer, *era, erum* (*sōl, ferō*) *die* Sonne bringend; *plaga -a* Orient.
sōliferreum = *solliferreum*.
sōlistimus 3 = *sollistimus*.
sōlitārius 3 (*altl. sōlitās* „Einsamkeit"; *sōlus*) allein(stehend), einzeln; einsam, ungesellig.
sōlitūdō, *inis f* (*sōlus*) Einsamkeit; Zurückgezogenheit; Einöde, Wüste; / Hilflosigkeit; Mangel.
solitum, *ī n* (*solitus*) *das* Gewöhnliche, Gewohnheit, Gebrauch.
solitus 3 (*soleō*) gewöhnlich, üblich.
solium, *ī n* (< **sodium*; *sedeō*) **1. a**) Sitz; Sessel; Thron; °**b**) Königswürde,; °**2.** Sarg; Badewanne.
sōli-vagus 3 (*sōlus*) allein umherschweifend; / vereinzelt.
sollemnis, e (*m.* °*comp.*, °*sup.*, °*adv.*; *wohl* °*sollus* „ganz" + *annus*; *Bildung vl. durch omnis beeinflußt*) **1.** alljährlich gefeiert; **2. a**) feierlich, festlich; **b**) üblich, gewohnt; *subst.* **-e,** *is n* °**1.** Feier, Fest; °**2.** Opfer; **3.** Gebrauch, Gewohnheit; ** *sollemnia, ium n* Hochamt.
sollers, *rtis* (*m. comp.*, °*sup.*, *adv.*; *abl. sg. vereinzelt -e*; *altl. sollus* „ganz" + *ars*) kunstfertig, erfindungsreich, tüchtig, klug; schlau.
sollertia, *ae f* (*sollers*) Kunstfertigkeit, Geschick(lichkeit); Schlauheit; Kunstgriff.
sollicitātiō, *ōnis f* (*sollicitō*) °**1.** Beunruhigung; **2.** Aufwiegelung.
sollicitātor, *ōris m* (*sollicitō*) Verführer.
sollicitō 1 (*sollicitus*) **1.** stark bewegen, erregen, erschüttern; **2.** / °**a**) in Tätigkeit setzen; jagen; **b**) krankhaft erregen, schwächen; **c**) erschüttern; **d**) beunruhigen, **e**) zum Zorn reizen; **3. a**) aufwiegeln; locken, verführen; °**b**) *zu etw.* bewegen, veranlassen, auffordern; einladen.
sollicitūdō, *inis f* (*sollicitus*) Unruhe, Kummer, Besorgnis.
sollicitus 3 (*m.* °*comp.*, °*sup.*, °*adv.*; *altl. sollus* „ganz" + *P.P.P. v. cieō*) °**1.** stark bewegt, erregt; **2.** / **a**) (*v. Pers.*) unruhig, besorgt, bekümmert; °**b**) (*v. Tieren*) unruhig; **c**) (*v. Sachen*) beunruhigt, gestört [°*nox*]; °beunruhigend; °*adv.* **-ē** sorgfältig, angelegentlich.
solli-ferreum, *ī n* (*altl. sollus* „ganz" + *ferreus*) Eisengeschoß.
sollistimus 3 (*altl. sollus* „ganz") günstig; *nur attr. zu tripudium*.
sōlō 1 (*sōlus*) veröden.
soloecismus, *ī m* (*gr. Fw.*) Solözismus (*falsche syntaktische Verbindung der Wörter*).
soloecum, *ī n* (*gr. Fw.*) Sprachfehler.
Solō(n), *ōnis m Gesetzgeber Athens* († *559*).
sōlor 1 (*cf. nhd.* „selig") **1. a**) trösten; **b**) ermutigen; **c**) lindern, beschwichtigen; **2.** entschädigen.

sōlstitiālis, e (*sōlstitium*) zur Sommersonnenwende gehörig; *orbis* Wendekreis des Krebses; *dies* längster Tag; °*nox* kürzeste Nacht; *morbus* Sonnenstich *od.* Malaria.
sōlstitium, ī *n* (*sōl* + **statium* „Stillstand"; *stō*) Sommersonnenwende; Sommerzeit, -hitze.
****soltanus,** *i m* Sultan.
solum¹, ī *n* (*cf. nhd.* „Schwelle") **1.** unterster Teil; Boden, Grund (-lage); **2.** / **a)** Fußboden; **b)** Fußsohle; °Schuhsohle; **c)** Erdboden, Erde, Grund und Boden; **d)** Land; °**e)** Unterlage.
sōlum² *adv. s. sōlus.*
sōlum-modo *adv.* allein, nur.
sōlus 3 (*gen. -īus, dat. -ī; altl. dat. f -ae; et. ungedeutet*) **1.** allein, einzig, bloß; nur; **2.** °**a)** einsam, alleinstehend, verlassen; verwitwet; **b)** öde; °**3.** außerordentlich, ungemein; **4.** *adv.* **-um** allein, bloß, nur; *non -um ... sed etiam* nicht nur ... sondern auch; *non -um ... sed ...* nicht nur ... sondern vielmehr.
solūtilis, e (*solūtus*) leicht zerfallend.
solūtiō, *ōnis f* (*solvō*) **1.** *das* Gelöstsein [*linguae eine* geläufige Z.]; **2.** Auflösung [*hominis*]; °**3.** Erklärung; **4.** Bezahlung.
solūtus 3 (*m. comp., sup., adv.; solvō*) °**1.** **a)** gelöst; locker, lose, frei; **b)** schlotternd, zitterig; **2.** / **a)** ungebunden, ungehindert, frei; **b)** schuldenfrei; °*poenā* straffrei; **c)** zügellos, ausgelassen; **d)** (nach)lässig, schlaff; nachgiebig; **e)** (*v. d. Rede*) frei, fließend; ungebunden [*oratio* Prosa]; (*vom Redner*) gewandt.
solvō, *solvī, solūtum* 3 (<**se-luō; sē s. sē-²*) **1.** von einem Ganzen ablösen: **a)** (auf)lösen, losbinden; °abspannen, °entfesseln; *ancoram* lichten; **b)** abtragen, abzahlen; *solvendo non* esse nicht zahlungsfähig sein; / erweisen, erfüllen [*fidem*]; *poenam* Strafe büßen; **c)** losmachen, befreien [*curā*]; freisprechen; **2.** ein Ganzes auflösen: °**a)** α) auflösen, trennen, zerstören, abbrechen [*pontem*]; *β)* schlaff machen, schwächen; *γ)* aufheben, entfernen, abschaffen, beenden [*obsidionem*]; **b)** entwickeln, erklären.
somniātor, *ōris m* (*somniō*) Träumer.
somnīculōsus 3 (*u. -ĭ-?; m. °adv.; -ī- nach perīculōsus; somnus*) schläfrig.
somni-fer, *era, erum* (*somnus, ferō*) schlafbringend; betäubend.
somniō 1 (*somnium*) träumen [*de illo*; °*aurum* von Gold]; *auch* /.
somnium, ī *n* (*somnus*) Traum; / Träumerei, leerer Wahn, Possen.
somnus, ī *m* (*cf. gr.* Hypnos; *s.u.*) **1.** **a)** Schlaf; **b)** ♀ Schlafgott = *gr.* Hypnos, *Sohn des Erebus u. der Nacht*; **2.** / °**a)** Todesschlaf; Traumbild; **b)** Trägheit, Untätigkeit; [°**3.** Nacht.
sōna (*altl.*) = *zōna.*
sonābilis, e (*sonō*) tönend, klirrend.
sonāns, *antis* (*m. comp.; sonō*) tönend, klingend, schmetternd; brausend.
soni-pēs, *edis m* (*eigtl.* „mit tönendem Huf"; *sonus*) Roß.
sonitus, *ūs m* (*sonō*) Ton, Schall, Klang; Getöse, Krachen, Lärm.
sonīvius 3 (*sonus; t.t. der Auguralsprache*) tönend; *tripudium -um* Geräusch der herabfallenden Futterkörner.
sonō, *nuī*, °*nātūrus* 1 (*inf.* °*auch -ĕre; cf. nhd.* „Schwan") **1.** (*intr.*) **a)** (er)tönen, (er)klingen, (er-) schallen; brausen; °**b)** widerhallen; **2.** (*trans.*) **a)** tönen, hören lassen; °**b)** besingen, preisen; **c)** bedeuten.
sonor, *ōris m* (*sonō*) Ton, Getöse.
sonōrus 3 (*sonor*) tönend, rauschend.
sōns, *sontis* (*cf. nhd.* „Sünde") schuldig, sträflich.
sonticus 3 (*sōns*) schuldig; / triftig [*causa*]; gefährlich [*morbus*].
sonus, ī *m* (*sonō*) **1.** Laut, Ton, Klang; °**2.** Wort, Stimme; Sprache; **3.** Art der Darstellung, Ton.
sophia, *ae f* (*gr. Fw.*) Weisheit.
sophisma, *atis n* (*gr. Fw.*) Trugschluß.
sophistēs, *ae m* (*gr. Fw.*) Sophist.
Sophoclēs, *is m* (*gr. -klẹ̄s*) *griech. Tragödiendichter* (*497–406*); *adi. -clēus* 3.
sophōs¹ *adv.* (*gr. Fw.*) bravo! gut!
sophos² *u.* **-us** 3 (*gr. Fw.*) weise; *subst.* ~, *ī m der* Weise.
sōpiō¹ 4 (*cf. sopor, somnus*) °**1.** einschläfern; P. einschlafen, schlummern; °**2.** / betäuben; **3.** (*P.P.P.*) *adi.* **sōpītus** 3 **1.** schlafend; **2.** trunken; **3.** / **a)** schlummernd, glimmend; **b)** betäubt.
sōpiō², *ōnis m* (*cf. prō-sāpia*) *das* männliche Glied.

sopor, *ōris m (cf. sōpiō)* **1.** (tiefer) Schlaf; **2.** Schläfrigkeit, Betäubung; **3.** Todesschlaf [*perpetuus*]; **4.** Schlaftrunk; **5.** ♀ Gott des Schlafes.
sopōrātus 3 (*sopōrō* 1 „einschläfern") eingeschlafen; einschläfernd.
sopōri-fer, *era, erum (sopor, ferō)* schlafbringend.
sopōrus 3 (*sopor*) schlafbringend.
Sōracte, *is n Berg nördlich v. Rom.*
sōracum, *ī n (gr. Fw.)* Truhe.
sorbeō, *buī,* — 2 (*°pf. sorpsit; cf. nhd.* „schlürfen") **°1.** schlürfen, hinunterschlucken; **2.** / in sich hineinfressen, verschlingen.
sorbil(l)ō 1 (*dem. v. sorbeō*) schlürfen.
sorbilō *adv.* (*sorbeō*) schluckweise; / wie ein armer Schlucker.
sorbitiō, *ōnis f (sorbeō)* Brühe, Suppe.
sorbum, *ī n (et. ungeklärt)* Vogel-, Elsbeere.
sordeō, *uī,* — 2 (*sordēs*) schmutzig sein; / verächtlich sein, gering scheinen, *jd.* anwidern [*tibi vilicae*].
sordēs, *is f (°gen. pl. -ērum; cf. nhd.* „schwarz") *meist pl.* Schmutz; Trauerkleidung; Trauer; / Gemeinheit; schmutziger Geiz, Habgier; (*concr.*) Auswurf, Pöbel.
sordēscō, — — 3 (*incoh. v. sordeō*) schmutzig, wertlos werden.
sordidātus 3 (*sordidus*) in schmutziger Kleidung; in Trauerkleidung.
sordidulus 3 (*dem. v. sordidus*) etwas schmutzig; / armselig.
sordidus 3 (*m. comp., sup., adv.; sordeō*) **1.** °**a**) schwarz; **b**) schmutzig; °**c**) in Trauerkleidung; **2.** / **a**) gemein, niedrig; **b**) niederträchtig; **c**) geizig, habgierig.
sorditūdō, *inis f (sordēs)* Schmutz.
sōrex, *icis m (< *svōr-ak-s)* Spitzmaus.
sōricīnus 3 (*sōrex*) von der Spitzmaus.
sōrītēs, *ae m (gr. Fw.)* Haufenschluß, Sorites (*Trugschluß*).
soror, *ōris f (cf. nhd.* „Schwester") **1.** Schwester; (*patruelis*) Base; -es (*dcht.*) Parzen, Furien, Musen; **°2.** Freundin, Gespielin.
sororcula, *ae f (dem. v. soror)* Schwesterchen.
sorōri-cīda, *ae f (soror, caedō)* Schwestermörder.
sorōrius 3 (*soror*) schwesterlich.
sors, *rtis f (altl.: nom. sg. sortis, abl. sg. -ī; serō¹; in Italien wurden in alter Zeit die Lose auf Fäden aufgereiht)* **1.** Los(stäbchen); *pl.* Losorakel; **2.** *das* Losen; **3. a**) Orakelspruch, Weissagung; **b**) (*durch das Los zugeteiltes*) Amt; **4. a**) Anteil, Teil; **b**) Schicksal, Geschick; °**c**) Stand, Rang, Lage; °**d**) Geschlecht [*feminea*]; °**e**) Art, Sorte; **5.** Kapital.
°**sorsus** *u.* **-um** *adv.* (*-ō-?*) = *seors...*
sorticula, *ae f (dem. v. sors)* Lostäfelchen.
sorti-legus 3 (*sors, legō*) °prophetisch; *subst.* **~,** *ī m* Weissager.
sortior *u.* (*altl.*) **-ō** 4 **1.** (*intr.*) losen; **2.** (*trans.*) **a**) auslosen, durch das Los bestimmen [*iudices*]; °**b**) durch das Los erhalten [*provinciam*]; **°3. a**) (*durch Zufall*) erlangen, bekommen; **b**) aussuchen, wählen; **c**) (ver)teilen [*laborem*]; **4.** (*P.P.P.*) *adi.* **sortītus** 3 erlost; *adv.* **-ō** durch das Los; °durch das Schicksal.
sortis, *is f s. sors.*
sortītiō, *ōnis f (sortior) das* Losen *um* [*provinciarum*]; *abl.* nach Belieben.
sortītō *adv. s. sortior.*
sortītor, *ōris m (sortior)* der das Los zieht [*urnae*].
sortītus, *ūs m (sortior) das* Losen.
Sosius 3 *röm. Gentilname: pl. Buchhändler in Rom z. Z. des Horaz.*
sospes, *itis (-ō-?; abl. sg. -e, gen. pl. -um; et. ungeklärt)* wohlbehalten, unverletzt, glücklich, günstig.
sospita, *ae f (-ō-?; sospes)* Retterin; ♀ *Beiname der Juno.*
sospitālis, *e (-ō-?; sospes)* heilsam.
sospitō 1 (*-ō-?; sospes*) (er)retten, behüten.
sōtēr, *ēris m (gr. Fw.)* Retter.
sōtēria, *ōrum n (gr. Fw.)* Glückwunschgeschenke zur Genesung.
Sp. (*Abk.*) = *Spurius.*
spādīx, *īcis (gr. Lw.)* dattelfarben, braun; *subst. m lyraähnliches Instrument.*
spadō, *ōnis m (gr. Fw.)* Eunuch.
spargō, *rsī, rsum* 3 (*cf. nhd.* „sprengen") **1.** (aus)streuen, spritzen; **2.** bestreuen, bespritzen; / **3. a**) ausstreuen, säen; °**b**) werfen, schleudern, schießen; **4.** °**a**) zerstreuen, ausbreiten; **b**) Bemerkungen einstreuen; °**c**) vergeuden; °**d**) zerteilen, -reißen [*legiones*].
****sparro,** *onis m* Stange, Speer.
sparsiō, *ōnis f (spargō)* parfümierter Regen.

sparsus 3 (*m. comp.*; *spargō*) zerstreut; / fleckig, bunt.

Sparta, *ae u.* **-ē,** *ēs f Hptst. Lakoniens*; *adi.* *-tānus* 3 *u.* *-tiāticus* 3; *Einw.* **-tānus,** *ī m*; **-tiātēs,** *ae m* Spartiat.

Spartacus, *ī m thrakischer Gladiator, Führer im Sklavenkriege (73–71).*

spartum, *ī n* (*gr. Fw.*) Pfriemengras.

sparulus, *ī m* (*dem. v. sparus*[1] „Goldbrasse" = *sparus*[2] /) Goldbrasse (*Fisch*).

sparus[2], *ī m* (*wohl zu nhd.* „Speer"; *cf.* ***sparro*) *kurzer* Speer *des Landvolks, vorwiegend* Jagdspieß.

spatha, *ae f* (*gr. Fw.*) Schwert; Weberblatt.

spatior 1 (*spatium*) spazierengehen; °/ sich ausbreiten.

spatiōsus 3 (*m. comp., sup.,* °*adv.*; *spatium*) geräumig, weit(läufig); / langwierig; umfassend.

spatium, *ī n* (*vl. verwandt m. nhd.* „sputen") **1.** Raum; Größe, Weite, Umfang, Länge, Breite; **2. a)** Zwischenraum, Entfernung; **b)** Wegstrecke; °**3. a)** Rennbahn, -strecke; *kl. nur* / Lebenslauf; Bahn; **b)** Spaziergang, Promenade; **4. a)** Zeitraum, -abschnitt, Verlauf; **b)** Dauer; **c)** Frist, Muße, Gelegenheit *zu*; **5.** (*metr. t.t.*) Zeitmaß; °**6.** Meßleine.

S.P.D. (*Abk.*) *s.* S.

speciālis, *e* (*m. adv.*; *speciēs*) besonderer; ** besonders wert, vertraut; *adv.* *-iter* mit allen Kräften.

****specialitas,** *atis f* Besonderheit.

speciēs, *ēī f* (*speciō*) **1.** *das* Sehen; Anblick, Blick; **2. a)** *das* Aussehen, Äußeres, (äußere) Erscheinung, Gestalt; °**b)** Traumbild; **c)** schöne Gestalt, Schönheit, Pracht; äußerer Glanz, Ansehen; **d)** Bild(nis), Statue; **3.** Schein, Anschein; *-e* scheinbar; *ad -em* zum Schein; **4.** (*geistig*) Vorstellung, Begriff, Idee; Ideal, Musterbild; **5. a)** Unterabteilung *einer Gattung*; °**b)** einzelner Fall; ** Gewürz, Spezerei.

specillum, *ī n* (*dem. v. speculum*) chirurgische Sonde.

specimen, *inis n* (*speciō*) **1.** Kennzeichen, Probe(stück), Gewähr, Beweis; **2.** Vorbild, Ideal.

speciō, *xī, ctum* (*spēxī?*; *praes.* °*auch spiciō aus den Komposita*; *kl. Simplex ungebräuchlich*; *cf. nhd.* „spähen") sehen, schauen.

speciōsus 3 (*m.* °*comp.,* °*sup.,* °*adv.*; *speciēs*) **1. a)** schön, wohlgestaltet; °**b)** schön klingend; °**c)** großartig; ansehnlich; °**2.** blendend, täuschend.

spectābilis, *e* (*spectō*) **1.** sichtbar; °**2.** ansehnlich, prächtig.

spectāculum *u.* °**-clum,** *ī n* (*spectō*) **1.** Schauplatz: (*meist pl.*) **a)** Zuschauerplätze, Tribüne; °**b)** Amphitheater, Theater; **2.** / **a)** (*aufgeführtes*) Schauspiel; **b)** Anblick, Augenweide; Schauspiel.

spectāmen, *inis n* (*spectō*) Probe, Beweis.

spectātiō, *ōnis f* (*spectō*) *das* Anschauen; Prüfung *des Geldes.*

spectātīvus 3 (*spectō*) theoretisch.

spectātor, *ōris m* **1.** Zuschauer; / Beobachter; °**2.** Prüfer, Kenner.

spectātrīx, *īcis f* (*spectātor*) Zuschauerin.

spectātus 3 (*m.* °*comp., sup.,* °*adv.*; *spectō*) erprobt, bewährt, tüchtig.

spectiō, *ōnis f* (*speciō*) *das* Recht, Auspizien abzuhalten.

spectō 1 (*intens. v. speciō*) **1. a)** schauen, blicken, hinsehen; betrachten; **b)** (*im Theater*) sich ansehen, beiwohnen [*ludos*]; **2.** beurteilen, prüfen; **3. a)** beabsichtigen, streben *nach* [*fugam*]; **b)** (*v. Sachen*) sich beziehen *auf*; °*res ad arma spectat* es sieht nach Krieg aus; **4.** gelegen sein, liegen [*ad orientem solem*].

spectrum, *ī n* (*speciō*) Bild (*in der Seele*); Vorstellung.

spēcula[1], *ae f* (*dem. v. spēs*) schwache Hoffnung.

specula[2], *ae f* (*speciō*) **1.** Beobachtungsstelle, Warte; / *esse in speculis* auf der Lauer liegen; °**2.** hohe Stelle, Gipfel.

speculābundus 3 (*speculor*) immer lauernd.

speculāris, *e* (*speculum*) spiegelartig; *subst.* **-ia,** *ium u. iōrum n* Fenster(scheiben).

****speculatio,** *onis f das* Ausspähen, Warte.

speculātor, *ōris m* (*speculor*) **1. a)** Wächter; Kundschafter, Spion; °**b)** (*kaiserliche*) Leibwache; °**c)** Henker; **2.** / Forscher.

speculātōrius 3 (*speculātor*) **1.** Späh..., Wacht...; °*subst.* **-a,** *ae f* Wachtschiff; °**2.** von den *speculatores* getragen [*caliga*].

speculātrīx, *īcis f* (*speculātor*) die ausspäht *nach* [*scelerum*].

speculo-clārus 3 (*speculum*) spiegelblank.
speculor 1 (*specula²*) **1.** (*intr.*) umherspähen, -schauen; **2.** (*trans.*) erspähen, auskundschaften, beobachten. [Abbild.
speculum, *ī n* (*speciō*) Spiegel; / Abbild.
specus, *ūs m,* °*n* (*vl. zu speciō*) **1.** °**a**) Höhle, Grotte; **b**) Stollen, Schleuse; °**2.** / Vertiefung, Tiefe.
spēlaeum, *ī n* (*gr. Fw.*) Höhle.
spēlunca, *ae f* (*gr. Lw.*) Höhle, Grotte.
spērābilis, e (*spērō*) was zu hoffen ist.
spērāta, *ae f* (*spērō*) Liebste, Braut.
spērātus, *ī m* (*spērō*) Bräutigam.
Sperchēos, -ēus *u.* **-īos,** *ī m* (*gr.* -cheiọs) *Fl. in Südthessalien*; *adi.* -ēis, *idis f*; *subst.* **-īonidēs,** *ae m* Anwohner des ~.
spernō, *sprēvī, sprētum* 3 (*cf. nhd.* „Sporn") °**1.** zurückstoßen; **2.** / verachten, verschmähen.
spernor 1 (*intens. v. spernō*) verachten.
spērō 1 (*spēs*) hoffen; (*Übles*) fürchten; ** *spero, ut = timeo, ne.*
****spervarius,** *i m* Sperber.
spēs, *eī f* (*kl. nur nom. u. acc. sg.*; *et. nicht geklärt*) **1. a**) Hoffnung; Vermutung; °**b**) Aussicht, Erwartung **c**) ♀ *Göttin der Hoffnung*; **d**) Gegenstand der Hoffnung; °**e**) (*Kosewort*) [*spes mea*]; °**2.** Befürchtung.
sphaera, *ae f* (*gr. Fw.*) Kugel; Himmelsglobus; Planetenbahn.
sphaeristērium, *ī n* Ballspielsaal.
sphaeromachia, *ae f* (*gr. Fw.*) Faustkampf (*mit lederüberzogenen Eisenkugeln*).
Sphinx, *Sphingis f* Sphinx, *Ungeheuer m. Löwenrumpf u. Jungfrauenkopf u. -brust.*
spīca, *ae f* (*cf. spīna, nhd.* „spitz") **1.** Ähre; °**2.** Dolde, Büschel; **3.** Kornähre (*hellster Stern im Gestirn der Jungfrau*).
spīceus 3 (*spīca*) aus Ähren, Ähren...
spiciō 3 *s. speciō.*
spīci-fer, *era, erum* (*spīca, ferō*) ährentragend.
spīculum, *ī n* (*dem. v. spīca*) **1. a**) Spitze; **b**) Lanzen-, °Pfeilspitze; °**c**) Stachel; **2.** Lanze, Wurfspieß, Pfeil.
spīcum, *ī n u.* °**-us,** *ī m = spīca.*
spīna, *ae f* (*cf. spīca*) **1.** ° **a**) Dorn (-strauch); Distel; **b**) Stachel; **c**) Gräte: °**d**) Rückgrat; **2.** / **a**) Spitzfindigkeit; °**b**) Pein, Qual, Sorge.
spīnētum, *ī n* (*spīna*) Dornhecke.
spīneus 3 (*spīna*) aus Dornen.
spīni-ger, *era, erum* (*spīna, gerō*) dornig.
spīnōsus 3 (*spīna*) °**1.** dornig, stachelig; **2.** / spitzfindig; °quälend.
spintēr, *ēris* (*Quantitäten u. Geschlecht — m od. n — unsicher*; *gr. Lw.*) Oberarmspange (*in Gestalt einer Schlange*).
spīntria, *ae m* (-ī-?; *gr. Lw. spīntēr* „Aftermuskel") der sich Homosexuellen hingibt.
spinturnīcium, *ī n* (*spinturnīx* „häßlicher, Unglück kündender Vogel", *vl. gr. Lw.*) Unglücksvogel (Uhu?).
spīnus, *ī f* (*spīna*) Schlehdorn.
spīra, *ae f* (*gr. Fw.*) Windung; Mützenbinde.
spīrābilis, e (*spīrō*) luftartig; °belebend.
spīrāculum, *ī n* (*spīrō*) Luftloch.
spīrāmentum, *ī n* (*spīrō*) Luftloch, Spalt, Röhre; (*meist pl.*) Luftröhre [*animae*]; Dunst; / Pause.
****spirit(u)alis,** e vom Geist erfüllt; geistig; geistlich [*gladius*].
spīritus, *ūs m* (*spīrō*) **1. a**) Lufthauch, Wind; **b**) *das* Atmen, Atem(holen); °**c**) Seufzer; °**d**) *das* Zischen (*der Schlange*); **2. a**) Dunst, Ausdünstung; °**b**) Ton, Stimme; **c**) Taktteilchen; **3.** Leben(sluft, -hauch); °**4.** Seele, Geist; **5.** °**a**) Gesinnung; °**b**) dichterische Begeisterung, Schwung; **c**) Wagemut, Selbstbewußtsein; Stolz, Trotz; ** *sanctus* Heiliger Geist.
spīrō 1 (√ * speis- „blasen"; *kl. nur 1 c*) **1.** (*intr.*) **a**) hauchen, wehen; **b**) brausen, schnauben; **c**) atmen; **d**) duften; / **e**) (*v. einem Kunstwerk*) leben; **f**) begeistert sein; **2.** (*trans.*) **a**) aushauchen, ausatmen; **b**) atmen [*odorem*]; **c**) duften *nach*; erfüllt sein *von* [*amores*]; trachten *nach* [*tribunatum*].
spissāmentum, *ī n* (*spissō*) Verdichtung, Pfropf.
spissātiō, *ōnis f* (*spissō*) Verdichtung.
spissēscō, — — 3 (*incoh. v. spissō*) dicht werden.
spissi-gradus 3 (*m. sup.*; *spissus, gradior*) langsam gehend.
spissitūdō, *inis f* (*spissus*) Dichte.
spissō 1 (*spissus*) verdichten.

spissus 3 (*m. comp.*, °*sup.*, *adv.*; *cf. spatium*) °**1.** dicht(gedrängt), gedrängt voll; dick, fest; fest gewirkt [*tunica*]; **2.** / lang ausgedehnt; langsam, schwerfällig.
splendeō, *uī*, — 2 (*et. unklar*) glänzen, strahlen; *kl. nur* /.
splendēscō, *duī*, — 3 (*incoh. v. splendeō*) Glanz bekommen; *kl. nur* /.
splendidus 3 (*m.* °*comp.*, *sup.*, *adv.*; *splendeō*) **1.** glänzend, strahlend, schimmernd; **2.** / **a**) hell, deutlich [*vox*]; **b**) gut klingend [*nomen*]; **c**) prächtig, herrlich; **d**) ausgezeichnet, edel.
splendor, *ōris m* (*splendeō*) Glanz; / Deutlichkeit [*vocis*]; dichterischer Klang; Pracht, Ansehen, Herrlichkeit; Zierde. [*mentum*].
splēniātus 3 (*splēnium*) bepflastert
splēnium, *ī n* (*gr. Fw.*) (Schönheits-) Pflästerchen.
spoliārium, *ī n* (*spolium*) Umkleideraum u. Schindergrube (*im Amphitheater*); / Mördergrube.
spoliātiō, *ōnis f* (*spoliō*) Beraubung, Plünderung, Raub; gewaltsame Entziehung [*consulatūs*].
spoliātor, *ōris m* (*spoliō*) Plünderer.
spoliātrīx, *īcis f* (*spoliātor*) Plünderin. [geplündert, armselig.
spoliātus 3 (*m. comp.*; *spoliō*) aus-
spoliō 1 (*spolium*) **1. a**) der Kleider berauben, entkleiden; **b**) *dem erschlagenen Feind* die Rüstung rauben; **2.** / (aus)plündern, rauben; berauben [*dignitate*].
spolium, *ī n* (*eigtl.* „Abgezogenes, Abgeschnittenes") **1.** °**a**) abgezogenes Fell; **b**) *pl. die* (*dem erschlagenen Feinde geraubte*) Rüstung; **2.** / Beute, Raub; Siegespreis, Sieg.
sponda, *ae f* (*et. nicht geklärt*) Bett (-gestell); *orciniana* Totenbahre.
spondālium, *ī n* (*gr. Fw.*) Opfergesang mit Flötenbegleitung; Liedeinlage *in der Tragödie*.
spondeō, *spopondī*, *spōnsum* 2 (*cf. gr. Fw. spondēus*) **1. a**) feierlich versprechen, sich verpflichten *zu* [*praemia*]; **b**) Bürge sein, sich verbürgen, gutsagen; °**c**) (*ein Mädchen*) verloben; °**d**) (weissagend) verheißen; °**2.** / (*v. Sachen*) verheißen, versprechen.
spondēus *u.* **-dīus,** *ī m* (*eigtl.* „beim Trankopfer — *gr.* spondę — verwendet") Spondeus (*Versfuß* — —); Gedicht in Spondeen.
spondylus, *ī m* (*gr. Fw.*) Klappmuschel.
spongia, *ae f* (*gr. Fw.*) Schwamm; °/ weicher Panzer.
spōnsa, *ae f* (*spondeō*) Braut.
spōnsālia, *ōrum n* (*spōnsus*, *P.P.P. v. spondeō*) Verlobung(smahl); ** Hochzeitsgeschenke.
spōnsiō, *ōnis f* (*spondeō*) **1.** Gelöbnis, feierliches Versprechen; feierliche Verpflichtung, Bürgschaft; feierlicher Vertrag; **2.** (*jur. t.t.*) gegenseitige Verpflichtung *der streitenden Parteien, der gewinnenden eine bestimmte Summe zu zahlen*; gerichtliche Wette.
spōnsor, *ōris m* (*spondeō*) Bürge.
spōnsum, *ī n* (*spondeō*) *das* Versprechen. [lobte; Freier.
spōnsus[1], *ī m* (*spondeō*) *der* Ver-
spōnsus[2], *ūs m* (*spondeō*) Bürgschaft. [gewählt.
****spontaneus** 3 freiwillig, selbst-
sponte *f* (*abl. v.* °*spōns*; *cf. nhd.* „Gespenst" *eigtl.* „Verlockung") °**1.** nach dem Willen, mit Zustimmung *jds.* [*principis*]; **2.** *meā, tuā* ... ~ **a**) aus eigenem Antriebe, von selbst, freiwillig; **b**) auf eigene Hand, ohne Hilfe; **c**) an und für sich, schlechtweg.
sportella, *ae f* (*dem. v. sporta* „geflochtener Korb", *gr. Lw. m. etr. Vermittlung*) °**1.** Speisekörbchen; **2.** kalte Küche.
sportula, *ae f* (*dem. v. sporta*; *s. sportella*) **1.** Körbchen; **2. a**) Speisekörbchen; **b**) Mahlzeit *od.* Geschenk im Wert einer Mahlzeit; Geschenk; **3.** kurze Spiele; **4.** Picknick; ** Spende, Sportel.
S.P.Q.R. (*Abk.*) *s. S.*
sprētor, *ōris m* (*spernō*) Verächter.
spūma, *ae f* (*cf. nhd.* „abge-feimt", *engl.* foam) **1.** Schaum; °**2.** Silberschaum, Glätte; *cf. causticus*.
spūmēscō, — — 3 (*incoh. zu spūma*) aufschäumen.
spūmeus 3 (*spūma*) schäumend.
spūmi-fer *u.* **-ger,** *era, erum* (*spūma, ferō, gerō*) schäumend.
spūmō 1 (*spūma*) **1.** (*intr.*) schäumen; **2.** (*trans.*) mit Schaum bedecken.
spūmōsus 3 (*spūma*) schäumend.
spuō, *uī, ūtum* (*cf. nhd.* „speien")

1. (*intr.*) spucken; **2.** (*trans.*) ausspeien. [unflätig.

spurci-dicus 3 (*spurcus, dīcō*[2])

spurci-ficus 3 (*spurcus, faciō*) verunreinigend, unflätig.

spurcitia, *ae u.* **-tiēs,** *ēī f* (*spurcus*) Unflätigkeit.

spurcō 1 (*spurcus*) verunreinigen, besudeln; *kl. nur* /; (*P.P.P.*) *adi.* **spurcātus** 3 (*m. sup.*) unflätig.

spurcus 3 (*m.* °*comp., sup., adv.*; *eigtl.* „vermischt, unrein"; *vl. zu spurius*) °**1.** schmutzig; **2.** / unflätig, gemein.

spurius, *ī m* (*etr. Fw.*) Hurenkind, Bastard; ♀ *röm. Vorn.*

spūtātilicus 3 (*spūtō*) anspeienswert, abscheulich. [ker.

spūtātor, *ōris m* (*spūtō*) *der* Spuk-

spūtō 1 (*frequ. v. spuō*) ausspeien [*sanguinem*]; ausspeien *vor.* [wurf.

spūtum, *ī n* (*spuō*) Speichel, Aus-

squāleō, — — 2 (*altl. squālus* „schmutzig", *wohl zu squāma*) °**1.** rauh sein; starren, strotzen; **2.** / °**a**) ungepflegt sein; **b**) trauern; °**c**) wüst daliegen.

squālidus 3 (*m. comp.,* °*sup., adv.*; *squāleō*) **1.** °**a**) starrend, strotzend; **b** / (*v. d. Rede*) rauh; trocken; °**2. a**) schmutzig, unsauber, **b**) in Trauerkleidung; **c**) wüst.

squālor, *ōris m* (*squāleō*) °**1.** *das* Starren; Rauheit; **2.** Schmutz; **3.** / **a**) Trauerkleidung; Trauer, Elend; °**b**) Unwirtlichkeit.

squalus, *ī m* (*et. ungeklärt*) *größerer Fisch* (Meersaugfisch?).

squāma, *ae f* (*cf. squāleō*) **1. a**) Schuppe; °**b**) Fisch; °**2.** *pl.* Schuppenpanzer.

squāmeus 3 (*squāma*) schuppig.

squāmi-fer *u.* **-ger,** *era, erum* (*squāma, ferō, gerō*) schuppig; *subst.* **-gerī,** *ōrum u. um m* Fische.

squāmōsus 3 (*squāma*) schuppig; ** *thorax* Schuppenpanzer.

squilla, *ae f s. scilla.*

st! *int.* (*Schallwort*) st! stille!

Stabiae, *ārum f St. in Kampanien, 79 n. Chr. durch Vesuvausbruch verschüttet*; *adi.* *-iānus* 3; *subst.* **-iānum,** *ī n* Landgut *b.* ~.

stabilīmen, *inis n u.* **-mentum,** *ī n* (*stabiliō*) Befestigung, Stütze.

stabiliō 4 (*stabilis*) befestigen; / aufrecht erhalten, sichern.

stabilis, e (*m.* °*comp.,* °*sup.,* °*adv.*; *stō*) feststehend; zum Stehen geeignet; / standhaft, zuverlässig, unerschütterlich; °-e est (*m. a.c.i.*) es ist fest beschlossen. [Dauer.

stabilitās, *ātis f* (*stabilis*) Stetigkeit,

stabilītor, *ōris m* (*stabiliō*) Befestiger. [wirt.

stabulārius, *ī m* (*stabulum*) Gast-

stabulor *u.* **-ō** 1 (*stabulum*) im Stalle stehen; / sich aufhalten, lagern.

stabulum, *ī n* (*stō*; *cf. nhd.* „Stall") °**1.** Stand-, Aufenthaltsort; **2. a**) Stall, Hürde; °Weide; °**b**) Herde, Koppel; **3.** Kneipe; Bordell; / *Schimpfwort.* [Myrrhensaft.

stacta, *ae f u.* **-tē,** *ēs f* (*gr. Fw.*)

stadium, *ī n* (*gr. Fw.*) **1.** Renn-, Laufbahn; / Wettstreit; **2.** (*gr. Maßeinheit*) Stadium (= *190 m*).

stāgnō 1 (*stāgnum*[1]) **1.** (*intr.*) **a**) (*v. Gewässern*) übertreten; **b**) (*vom Gelände*) unter Wasser stehen; **2.** (*trans.*) überschwemmen.

stāgnum[1], *ī n* (*eigtl.* „Tropfendes"; *cf. gr. Fw. stacta*; *nicht zu stō*!) **1.** durch Überschwemmung entstandenes Gewässer: See, Teich, Pfuhl; **2.** / **a**) Bassin; **b**) langsam fließendes Gewässer.

stagnum[2], *ī n* (— *vl. kelt.* — *Lw.*) silberhaltiges Blei, Werkblei.

stalagmium, *ī n* (*gr. Fw.*) Ohrgehänge in Tropfenform.

stāmen, *inis n* (*stō*) **1.** Grundfäden (*am aufrechtstehenden antiken Webstuhl*), Kette, Zettel; **2.** / **a**) Faden an der Spindel; **b**) Schicksalsfaden (*der Parzen*); Lebensfaden; **c**) Spinnfaden; **d**) Saite *eines Instruments*; **e**) = *īnfula.*

stāmineus 3 (*stāmen*) voller Fäden.

stannum *schlechte Schreibung für stagnum*[2].

Stata (**māter**) *Genossin des Volcanus, Schutzgöttin der Straßen.*

statārius 3 (*stō*) °**1.** feststehend; **2.** / ruhig; *subst.* ~, *ī m* Schauspieler in ruhigem Charakterstück (°*comoedia -a*).

statēra, *ae f* (*gr. Fw.*) Waage.

staticulus, *ī m* (*dem. v. status*[2]) *ein ruhiger Tanz.*

statim *adv.* (*erstarrter acc. v.* **statis* „*das* Stehen"; *stō*) °**1.** feststehend; **2.** / °**a**) beständig, regelmäßig; **b**) auf der Stelle, sogleich.

statiō, *ōnis f* (*stō*) °**1.** *das* Stillstehen;

2. Standort, Aufenthalt(sort); **3.** (*mil. t.t.*) **a)** Posten, Wache; **b)** Wachmannschaft; **c)** Standort, Quartier; **4.** Ankerplatz, Reede; °**5.** öffentlicher Platz; °**6.** Stellung *im Staatsdienst*; ** Wallfahrtsstation.

Stātius, *ī m röm. cogn.*: *P. Pāpinius ~, röm. Dichter, † ca. 96 n. Chr.*

statīvus 3 (*stō*) (fest)stehend; *subst.* **-a,** *ōrum n* Standlager.

stator, *ōris m* (*stō*) **1.** Amtsgehilfe *des Prokonsuls*; **2.** ♀ „der (*die weichenden Truppen*) zum Stehen bringt"; / Erhalter (*Beiname Jupiters*). [Bildsäule.

statua, *ae f* (*status*[2]) Standbild,

statuārius, *ī m* (*statua*) Bildgießer.

statūmen, *inis n* (*statuō*) Stütze; Schiffsrippe.

statuō, *uī, ūtum* 3 (*status*[2]) **1. a)** hin-, auf-, feststellen; **b)** errichten, erbauen, gründen; **2.** / **a)** festsetzen, an-, verordnen, entscheiden; **b)** beschließen, sich vornehmen; **c)** dafürhalten.

statūra, *ae f* (*stō*) Wuchs.

status[1] 3 (*sistō*) festgesetzt, bestimmt.

status[2], *ūs m* (*stō*) **1.** *das* Stehen, Stand; Stellung (*eines Kämpfenden*); **2.** / **a)** Lage, Verfassung, Zustand, Beschaffenheit; **b)** bürgerliche Stellung, Rang; **c)** Wohlstand; °**d)** (*gramm. t.t.*) Verbform, Modus.

statūtus 3 (*statuō*) stämmig.

stega, *ae f* (*gr. Fw.*) Verdeck.

stēlla, *ae f* (< *stēr-lā*; *cf. gr. Fw. astrum*) **1.** Stern; **2.** (*dcht.*) Gestirn; Sonne; ** *maris stella* (*Beiname der Mutter Maria*). [funkelnd.

stēllāns, *antis* (*stēlla*) gestirnt; /

stēllātus 3 (*stēlla*) °gestirnt; unter die Sterne versetzt; °/ glänzend.

stēlli-fer, *era, erum* (*stēlla, ferō*) gestirnt. [eidechse.

stēl(l)iō, *ōnis m* (*stēlla*) Stern-

stemma, *atis n* (*gr. Fw.*) Kranz (*bsd. als Schmuck der Ahnenbilder*); Stammbaum, Ahnenreihe; ** Kopfbinde; Zierde. [schmutzig.

stercoreus 3 (*stercus*) mistig,

stercorō 1 (*stercus*) düngen. [tig.

stercorōsus 3 (*m. sup.*; *stercus*) ko-

sterculīn(i)um, *ī n* (*stercus*) Misthaufen (*auch als Schimpfwort*).

stercus, *oris n* (*cf. nhd.* „Dreck") Mist, Dünger; / *Schimpfwort.*

sterilis, e (*cf. nhd.* „Sterke", *d. i. junge Kuh, die noch nicht gekalbt hat*) **1.** (*pass.*) °**a)** unfruchtbar; **b)** / leer, ertraglos; °**c)** ohne Geschenke; °**d)** unerwidert [*amor*]; °**2.** (*act.*) unfruchtbar machend.

sterilitās, *ātis f* (*sterilis*) Unfruchtbarkeit; °Mißwachs.

sternāx, *ācis* (*sternō*) störrisch.

sternō, *strāvī, strātum* 3 (*cf. struō, nhd.* „streuen") **1.** °**a)** hinstreuen, niederstrecken, -werfen; *se -ere u. mediopass.* sich lagern; °**b)** (*feindl.*) zu Boden strecken, niederhauen; **c)** ebnen, glätten, pflastern; °/ besänftigen; **2.** °**a)** bestreuen, bedekken; **b)** decken, polstern; °**c)** satteln.

sternūmentum, *ī n* (*sternuō*) *das* Niesen.

sternuō, *uī*, — 3 (*zur Schallwurzel* *pster-) **1.** (*intr.*) niesen; / knistern; **2.** (*trans.*) niesend geben [*omen*].

sternūtāmentum, *ī n* (*sternūtō* 1 *intens. v. sternuō*) *das* Niesen.

sterquilīn(i)um = *sterculīn(i)um.*

stertō, — — 3 (*cf. sternuō*) schnarchen. [*ker, etwa 640–550.*

Stēsichorus, *ī m* (*gr.* -os) *gr. Lyri-*

stibadium, *ī n* (*gr. Fw.*) halbkreisförmige Marmorbank.

stigma, *atis n* (*gr. Fw.*) **1.** Brandmal; / Beschimpfung; **2.** Schnitt *eines ungeschickten Barbiers*; ** Wundmal (*Christi*).

stigmatiās, *ae m* (*gr. Fw.*) gebrandmarkter Sklave.

stigmōsus 3 (*stigma*) gebrandmarkt. [Tropfen; °/ *ein* bißchen.

stīlla, *ae f* (*-ī-?*; *dem. v. stīria*)

stīllārium, *ī n* (*-ī-?*; *stīlla*) „Tropfengabe": Zugabe, Trinkgeld.

stīllicidium, *ī n* (*-ī-?*; *stīlla, cadō*) °**1.** *der* herabfallende Tropfen; **2.** Dachtraufe.

stīllō 1 (*-ī-?*; *stīlla*) **1.** (*intr.*) träufeln, triefen; **2.** (*trans.*) °**a)** tropfen lassen; vergießen; / **b)** auffrischen [*quiddam animulae*]; °**c)** einflüstern.

stilus, *ī m* (*eigtl.* „spitzer Pfahl"; *cf. sti-mulus*) °**1.** = *stimulus* 1 a; **2. a)** (Schreib)Griffel; *-um vertere* ausstreichen; / **b)** schriftliche Übung, vieles Schreiben; **c)** Schreibart, Stil, Sprache. [(-ung), Sporn.

stimulātiō, *ōnis f* (*stimulō*) Reiz

stimulātrīx, *īcis f* (*stimulātor* „Anstifter"; *stimulō*) Hetzerin.

stimuleus 3 (*stimulus*) mit dem *stimulus* vollzogen [*supplicium*].

stimulō 1 (*stimulus*) °**1.** mit dem *stimulus* antreiben; **2.** / **a**) quälen, beunruhigen; **b**) anspornen, reizen.

stimulus, *ī m* (**sti-mos* „spitzig"; *cf. sti-lus*) **1.** Stachel: **a**) (*mil. t.t.*) *pl.* kleine, oben mit eisernen Haken versehene Pfähle, Fußangeln; **b**) Stachel *zum Antreiben v. Vieh u. Sklaven*; **2.** / **a**) Qual, Pein; **b**) Antrieb, Reiz.

stinguō, — — 3 (*eigtl.* „stechen", *nur in Komposita erhalten*; *cf. īnstīgō*) (*m. spitzen Feuerhaken*) ausstechen, *d. h.* (aus)löschen; P. verlöschen.

stīpātiō, *ōnis f* (*stīpō*) °**1.** *das* Zusammendrängen; **2.** / Gefolge.

stīpātor, *ōris m* (*stīpō*) ständiger Begleiter; *pl.* Gefolge.

stipendiārius 3 (*u. stīp-?*; *stipendium*) °**1.** um Sold dienend; **2.** steuer-, tributpflichtig.

stī- *u.* **stipendium,** *ī n* (< **stip[i]-pendiom*; *stips, pendō*) **1. a**) Sold, Löhnung; **b**) Kriegsdienst, -jahr; Feldzug; **2. a**) Steuer, Abgabe, Tribut; °**b**) / Strafe, Buße; ** Gewinn; *vitae* Lebensunterhalt.

stīpes, *itis m* (*cf. stīpō, nhd.* „steif") **1.** Pfahl; °**2. a**) Baum(-stamm); Zweig; **b**) Klotz; Scheit; **c**) Keule; **3.** / Tölpel.

stīpō 1 (*cf. stīpes*) **1.** zusammendrängen, -stopfen, -packen; °**2.** vollstopfen, füllen; **3.** / dicht umringen.

stips, *ipis f* (*cf. stipula, stipulor*; *Grundbedeutung u. Bedeutungsentwicklung nicht geklärt*) (Geld-)Beitrag, Gabe, Spende; Almosen; °/ Lohn, Ertrag.

stipula, *ae f* (*cf. stips*) Halm, Strohhalm; Stroh; / (*verächtlich*) Rohrpfeife.

stipulātiō, *ōnis f* (*stipulor*) Kontrakt, Handgelöbnis.

stipulātiuncula, *ae f* (*dem. v. stipulātiō*) geringfügige Zusage.

stipulātor, *ōris m* (*stipulor*) Gläubiger.

stipulor 1 (*cf. stips*) sich ausbedingen.

stīria, *ae f* (*cf. nhd.* „starr") Eiszapfen.

stirpitus *adv.* (*stirps*) mit Stumpf und Stiel.

stirps, °**stirpēs** *u.* **-is,** *is f* (*m*) (*et. ungedeutet*) **1. a**) Wurzelstock, Stamm; **b**) Pflanze, Strauch, Baum; / **2. a**) Stamm, Abkunft; **b**) Geschlecht, Familie; **c**) Nachkommenschaft, °Sprößling, °Enkel; **3. a**) Wurzel, Ursprung, Grund(lage); **b**) ursprüngliche Beschaffenheit.

stīva, *ae f* (*et. ungedeutet*) Pflugsterz.

stlat(t)ārius 3 (*stlāt[t]-?*; *stlāta od. stlatta* „breites Piratenschiff"; *cf. lātus*[2]) zu Schiff eingeführt, kostbar.

stlīs (*altl.*) = *līs*.

stlocus (*altl.*) = *locus*.

stō, *stetī, stātūrus, statum* 1 (< **stājō*; *cf. nhd.* „stehen") **1. a**) (da-)stehen, aufrecht stehen; **b**) (°*v. Truppen*) stehen [*a tergo*]; (*v. Schiffen*) vor Anker liegen; °**c**) emporstehen, -ragen; starren [*nive*]; *auch obszön*; °**d**) aufwarten; °**e**) (*v. Waren u. Dirnen*) zum Verkauf stehen, feilstehen; **f**) zu stehen kommen, kosten [*magno*]; **g**) auf *jds.* Seite stehen [*ab, cum Caesare*]; °**h**) beruhen *auf* [*iudicio meo*]; **i**) *per me stat* es hängt von mir ab; **2. a**) stehenbleiben, stillstehen; °**b**) steckenbleiben, haften [*sagitta in umero*]; **3. a**) feststehen, nicht wanken; *animo* guten Mutes sein; **b**) standhalten; **c**) bestehen, sich halten, (fort)dauern; **d**) beharren *bei* [*promisso*]; *in fide* Wort halten; °**e**) (*v. Dichtern, Stücken u. Schauspielern*) Beifall finden; **f**) fest bestimmt, beschlossen sein.

Stōicus 3 (*m. adv.*; *gr.* -κος) stoisch; *subst.* ~, *ī m der* Stoiker; **-a,** *ōrum n die* stoische Philosophie.

stola, *ae f* (*gr. Fw.*) **1.** langes Gewand *der vornehmen Römerin*, Stola; °**2.** Gewand *der Flötenspieler beim Minervafest*, Talar; ** Stola, *Schärpe des Geistlichen.*

stolātus 3 (*stola*) **1.** mit der Stola bekleidet; *Ulixes* ~ *ein* U. im Weiberrock (*v. Livia*); **2.** einer ehrbaren Frau zustehend [*pudor*].

stolidus 3 (*m.* °*comp.*, °*sup.*, °*adv.*; *eigtl. wohl* „ungelenk"; *cf. stultus*) **1.** tölpelhaft, dumm; **2.** unwirksam.

stomacacē, *ēs f* (*gr. Fw.*) Mundfäule.

stomachicus, *ī m* (*gr. Fw.*) *der* Magenleidende.

stomachor 1 (*stomachus*) sich ärgern, unwillig sein; sich zanken.

stomachōsus 3 (*m. comp., adv.*; *stomachus*) °**1.** ärgerlich, unwillig; **2.** Unmut verratend.

stomachus, *ī m* (*gr. Fw.*) **1.** Schlund, Speiseröhre; **2.** Magen; **3.** / **a**) Laune [*bonus*]; **b**) Geschmack; **c**) Ärger, Unwille, Zorn.

storax, *acis m* (*gr. Fw. sem. Herkunft*) wohlriechendes Harz des Storaxstrauches.

storea *u.* **-ia,** *ae f* (*vl. zu sternō*) Matte, Decke.

strabō, *ōnis m* (*gr. Fw*) Schieler.

strāgēs, *is f* (*sternō*) **1.** °**a**) *das* Niederwerfen, -stürzen, Einsturz; Verwüstung; °**b**) *das* Hinsiechen (*durch Krankheit*); **c**) Mord; °**2.** / ungeordneter Haufe.

strāgulum, *ī n* (*strāgulus*) **1.** Decke, Teppich; °**2.** Schabracke; Totendecke.

strāgulus 3 (*strāgēs*) zum Ausbreiten dienend; *-a vestis* Decke, Teppich.

strāmen, *inis n* (*sternō*) Streu, Stroh.

strāmentīcius 3 (*strāmentum*) von Stroh.

strāmentum, *ī n* (*sternō*) Streu, Stroh; Packsattel.

strāmineus 3 (*strāmen*) von Stroh; *Quirites -i* Strohpuppen, *die jährlich in den Tiber geworfen wurden.*

strangulō 1 (*gr. Lw.*) erdrosseln; °/ quälen, martern.

strangūria, *ae f* (*gr. Fw.*) Harnzwang.

**strata, *ae f* (gepflasterte) Straße; *legitima* Hauptstraße.

stratēgēma, *atis n* (*gr. Fw.*) Kriegslist.

stratēgus, *ī m* (*gr. Fw.*) **1.** Heerführer; **2.** Symposiarch, Präside.

stratiōticus 3 (*gr. Fw.*) soldatisch; *nuntius* Feldjäger.

strātum, *ī n* (*sternō*) Decke, Polster; Lager; Packsattel; (*meist pl.*) Pflaster [*viarum*].

strātūra, *ae f* (*sternō*) *das* Pflastern.

strātus *s. sternō.*

strēna, *ae f* (*vl. sabin. Wort; cf. strēnuus*) gutes Vorzeichen; / Neujahrsgeschenk.

strēnuitās, *ātis f* (*strēnuus*) Munterkeit, Rüstigkeit, Tätigkeit.

strēnuōsus 3 (*strēnuus*) tüchtig.

strēnuus 3 (*m.* °*comp.*, °*sup.*, *adv.*; √ *sterē- „sich kräftg betätigen") °**1.** kräftig (wirkend); **2. a**) (*v. Personen*) rüstig, tätig; °unruhig; °**b**) (*v. Sachen*) stark (wirkend), rasch.

**strepa, *ae f* Steigbügel.

strepitō 1 (*frequ. v. strepō*) wild lärmen.

strepitus, *ūs m* (*strepō*) Lärm, Getöse, Geräusch; °Klang.

strepō, *uī, itum* 3 (*Schallwort*) **1.** (*intr.*) **a**) lärmen, tosen, dröhnen; °**b**) ertönen; schmettern [*litui*]; °**2.** (*trans.*) lärmend rufen.

striātus 3 (*P.P.P. v. striō* 1 „mit Riefen versehen"; *cf. nhd.* „Striemen") gerieft, gerippt.

strictim *adv.* (*strictus*) °**1.** knapp; **2.** / flüchtig, kurz.

strictūra, *ae f* (*stringō*) (glühende) Eisenmasse.

strictus 3 (*m. comp., sup., adv.*; *stringō*) straff, stramm, dicht (anschließend; eng [*ianua*]; / bündig [*oratio*]; streng; ** genau.

strīdeō 2 *u.* **strīdō,** *dī*, — 3 (*idg. Schallstämme; cf. strix*) zischen, schwirren, pfeifen, lispeln, zischeln, flüstern.

strīdor, *ōris m* (*strīdeō*) *das* Zischen, Schwirren, Schreien, Zischeln *u. ä.*

strīdulus 3 (*strīdō*) zischend, sausend, schwirrend, knarrend.

strig(i)lis, *is f* (*abl. sg. -ī; stringō*) Schabeisen, Striegel.

strigō 1 (*striga* „Strich"; *stringō*) (beim Pflügen) rasten.

strigor, *ōris m* (*stringō*) *Wort unsicherer Form u. Bedeutung.*

strigōsus 3 (*m. comp.*; *striga* „Strich"; *stringō*) mager, dürr; *kl. nur* /.

stringō, *strīnxī, strictum* 3 (*strīnxī?*; *vl. urspr. zwei verschiedene Verben*: I. *stringō*; *Stamm* *strig-; *cf. nhd.* „streichen"; II. *strengō „schnüren"; *cf. nhd.* „Strang") **I.** °**1. a**) streifen, leicht berühren; **b**) leicht verwunden, ritzen; / **c**) verletzen; **d**) rühren [*animum*]; **e**) stoßen, grenzen *an* [*ultima Asiae*]; **2. a**) abstreifen, -pflücken, -schneiden; **b**) ziehen [*gladium*]; °**II. 1.** zusammenschnüren, -binden; einziehen [*vela*]; **2.** / (*rhet. t.t.*) kurz zusammenfassen.

stringor, *ōris m* (*stringō*) *die* zusammenziehende Kraft.

strix, *igis u.* **strīx,** *īgis f* (*s. strīdeō*) Ohreule (*nach antiken Ammenmärchen ein blutsaugender Vampir*).

stropha, *ae u.* **-ē,** *ēs f* (*gr. Fw.*) Kunstgriff, List.

strophiārius, *ī m* (*strophium*) Hersteller von Busenbinden.

strophium, *ī n* (*gr. Fw.*) Busenbinde, Mieder; Kranz; ** Gürtel.

strūctilis, e (*struō*) zum Bauen geeignet, Mauer... [*caementum*].

strūctor, *ōris m* (*struō*) **1.** Maurer; *pl.* Bauleute; °**2.** Anrichter (*der b.*

Tisch die Aufsicht über die bedienenden Sklaven hat).

strūctūra, *ae f* (*struō*) **1.** Bau; Bauart; Mauerwerk; Grube [*aeraria*]; **2.** (*rhet. u. gramm. t.t.*) Aufbau (*eines Gedichtes, einer Rede*); Satzbau [*verborum*].

struēs, *is f* (*struō*) **1.** °**a**) (aufgeschichteter) Haufe; Heerhaufen; Scheiterhaufen; **b**) Haufen (*als Maß*); °**2.** Opfergebäck.

struīx, *īcis f* (*struō*) Haufen.

strūma, *ae f* (*et. nicht geklärt*) Drüsenschwellung, dicker Hals.

strūmōsus 3 (*strūma*) mit geschwollenen Drüsen.

struō, *strūxī, strūctum* 3 (*cf. sternō, nhd.* „streuen") **1.** aufschichten, über- *od.* nebeneinanderlegen; **2.** °**a**) erbauen, errichten; / °**b**) veranstalten; **c**) anstiften, ersinnen; °**3.** beladen *mit*; °**4.** ordnen, aufstellen; *kl. nur* / [*verba*].

strūthea, *ōrum n* (*gr. Fw.*) Birnquitten.

****strut(h)io,** *onis m* Strauß.

strūthocamēlus, *ī m f* (*gr. Fw.*) Vogel Strauß.

****stuba,** *ae f* Stube.

studeō, *uī,* — 2 (*vl. zu tundō*) **1.** sich bemühen, streben, trachten *nach* [*laudi*]; **2.** Partei nehmen *für*, begünstigen [*alci*]; **3.** *litteris, artibus* studieren (*abs. erst nkl.*).

studiōsus 3 (*m.* °*comp., sup., adv.*; *studium*) **1.** eifrig, sorgfältig; bedacht *auf*, Liebhaber [*litterarum*]; **2.** gewogen, Gönner, Anhänger [*nobilitatis*]; **3.** °**a**) wißbegierig, gelehrt, studierend; **b**) *subst.* **-ī,** *ōrum m* Studenten, Kunstbeflissene.

studium, *ī n* (*studeō*) **1.** eifriges Streben, Lust, Begierde; **2.** Anhänglichkeit, Zuneigung; Parteilichkeit, Vorliebe; **3. a**) Beschäftigung *mit* [*rerum rusticarum*]; **b**) Lieblingsbeschäftigung, Liebhaberei; wissenschaftliche Beschäftigung; °**e**) *abs.*) Studium; °**d**) Werke der Literatur.

stultiloquentia, *ae f u.* **-quium,** *ī n* (*stultus, loquor*) albernes Gerede.

stulti-loquus 3 (*stultus, loquor*) schwätzend.

stultitia, *ae f* (*stultus*) Torheit, Einfalt.

stulti-vidus 3 (*stultus, videō*) einfältig *u. daher* verkehrt sehend.

stultus 3 (*m. comp., sup., adv.*; *cf. stolidus*) dumm, einfältig; *subst.* ~, *ī m* Tor, Narr.

stūpa, stūpeus = *stupp...*

stupe-faciō, *fēcī, factum* 3 (*stupeō*) betäuben, verblüffen; / übertäuben; *kl. nur* (*P.P.P.*) *adi.* **stupefactus** 3 erstaunt, außer sich.

stupeō, *uī,* — 2 (√ *stup- „schlagen, stoßen"; *cf. stuprum*) °**1.** starr sein, steif sein; **2. a**) (*abs.*) stutzen, staunen; °**b**) (*trans.*) anstaunen [*donum*]; °**3.** (*v. Sachen*) stillstehen, stocken.

stupēscō, *puī,* — 3 (*incoh. v. stupeō*) °**1.** stillstehen; **2.** / stutzen.

stupiditās, *ātis f* (*stupidus*) Sinnlosigkeit, Dummheit.

stupidus 3 (*stupeō*) betäubt, verblüfft; dumm.

stupor, *ōris m* (*stupeō*) **1.** Starrheit, Gefühllosigkeit; Schwerfälligkeit [*linguae*]; °**2.** Staunen; **3.** Dummheit, Stumpfsinn; °**4.** Tölpel.

stuppa, *ae f* (*dor. Fw.*) Werg.

stuppeus 3 (*stuppa*) aus Werg.

stuprātor, *ōris m* (*stuprō*) *der* Schänder.

stuprō 1 (*stuprum*) schänden, entehren.

stuprum, *ī n* (√ *stup- „schlagen, stoßen"; *urspr. entweder* „Betäubung" *od.* „Prügelstrafe"; *cf. stupeō, nhd.* „stäupen") **1.** Schändung; Entehrung durch Unzucht aller Art; Vergewaltigung; Ehebruch; Hurerei; °**2.** *Clytaemnestrae* ~ *die* Buhlerin Kl.

****sturio,** *onis m* Stör.

sturnus, *ī m* (*cf. nhd.* „Star") Star.

Stygius *s. Styx.*

styrax = *storax.*

Styx, *gis f Fl. in der Unterwelt, bei dem die Götter schwören*; °/ Unterwelt; *adi.* -*gius* 3 der Unterwelt, höllisch, unheilvoll.

suādēla, *ae f* (*suādeō*) Überredung; ♀ *Göttin der Überredung, der gr.* Peithọ *gleichgesetzt.*

suādeō, *sī, sum* 2 (*eigtl.* „gefällig darstellen"; *suāvis*) **1.** (*intr.*) raten, Rat geben, zureden; **2.** (*trans.*) **a**) anraten; °**b**) (*v. Sachen*) reizen *zu.*

suāsiō, *ōnis f* (*suādeō*) **1.** Rat; **2. a**) Empfehlung [*legis Serviliae*]; **b**) (*rhet. t.t.*) Empfehlungsrede.

suāsor, *ōris m* (*suādeō*) Anrater; Fürsprecher.

suāsōrius 3 (*suāsor*) Rat gebend; *subst.* **-a,** *ae f* = *suāsiō* 2b.

suāsum, īnsuāsum, *ī n* (*vl. vulgär* < **suard-tom zusammengezogen* = *sordidum*) dunkle Farbe, dunkler

suāsus, *ūs m* (*suādeō*) Rat. [Fleck.

suāve-olēns, *entis* (*suāvis, oleō*) angenehm duftend.

suāvi-dicus 3 (*Lu.*) *u.* **-loquēns,** *entis* (*suāvis, dīcō*[2]; *loquor*) lieblich (redend). [liebliche Rede.

suāviloquentia, *ae f* (*suaviloquēns*)

suāviolum, suāvior (*wohl volkset. Anlehnung an suāvis*) = *sāvi...*

suāvis, e (*m.* °*comp.*, °*sup.*. *adv.*, *cf. nhd.* „süß") angenehm, lieblich; ** *suave, is n* Kuß.

suāvisāviātiō, *ōnis f* (*suāvis, sāviātiō*) süßer Kuß; ♀ *scherzh. personifiziert.*

suāvitās, *ātis f* (*suāvis*) Annehmlichkeit, Lieblichkeit, Reiz; Liebenswürdigkeit.

suāvitūdō, *inis f* (*suāvis*) Süße; *auch als Kosewort.*

suāvium, *ī n* (*wohl volkset. Anlehnung an suāvis*) = *sāvium.*

sub *praev. u. prp.* (< **supo*; *zu *sup verkürzt*; *anfänglich nur vor Vokalen u. stimmhaften Konsonanten in sub übergehend*; *später sub durchweg als prp. u. weitgehend als praev.*, *soweit nicht Assimilation vorgezogen wurde* [*suf-fragium, sug-gero, sup-pleo*; *auch sum-mitto neben sub-mitto usw.*; *subc-* > *succ- nur in Verbalkomposita* [*suc-cingo, aber subcingulum*]; *ferner trat nach dem Vorbild ab* : *abs neben sub ein *subs-, das lautgesetzlich zu sus-* [*sus-cipio*] *u. sū-* [*sūmō* < **subs-emō*] *wurde*).

A. *in der Komposition* (*z. T. Lehnübersetzungen aus dem Gr.*) **1.** unten, unter [*subiaceo, subigo*]; **2.** von unten hinauf [*subicio*]; **3.** hinzu, zur Hilfe [*succurro*]; **4.** unmittelbar (da)nach, sofort [*subinde*]; **5.** unterderhand, heimlich [*submitto*]; **6.** ein wenig, ziemlich (*bsd. vor adi. u. adv.*) [*subalbus*].

B. *prp.* **I.** *b. acc.* **1.** (*räuml. auf die Frage „wohin?"*) **a**) unter, unter ... hin [~ *iugum mittere*; *res ~ sensum cadit*]; **b**) unterhalb, nahe an [~ *montem succedere*]; ~ °*ictum venire* in Schußweite kommen; **2.** (*zeitl.*) **a**) gegen, um, unmittelbar vor [~ *noctem*]; **b**) unmittelbar nach [~ *haec verba*]; ~ °*hoc*, °*haec* gleich danach; **3.** / (*Unterordnung*) unter; ~ *potestatem redigere* unterwerfen; **II.** *b. abl.* **1.** (*räuml. auf die Frage „wo?"*) **a**) unter, unterhalb [~ *pellibus hiemare*]; **b**) unten an, am Fuße [~ *monte considere*]; °**c**) unten in, in [*obscuris ~ vallibus*]; °**d**) unmittelbar hinter; **2.** (*zeitl.*) **a**) innerhalb, während, in [~ *ipsa profectione*]; unter der Regierung von [~ *Tiberio Caesare*]; °**b**) bei; gegen, um [~ *exitu vitae*]; **3.** / **a**) (*Unterordnung*) unter, bei [~ *dicione esse*]; °**b**) (*nähere Umstände*) unter, hinter [~ *hac condicione*]. [ungereimt.

sub-absurdus 3 (*m. adv.*) ziemlich

sub-accūsō 1 ein wenig tadeln.

subāctiō, *ōnis f* (*subigō*) Durchbildung.

sub-agrestis, e ziemlich bäuerisch.

sub-ālāris, e (*sub ālā*) unter der Achsel befindlich.

sub-albus 3 weißlich.

sub-amārus 3 etwas bitter.

sub-aquilus (*aquilus* „dunkel"; *aqua*) bräunlich. [maßend.

sub-arroganter *adv.* etwas an-

sub-assentiēns, *entis* (*assentior*) ein wenig beistimmend. [horchen.

sub-auscultō 1 heimlich zuhören,

sub-basilicānus, *ī m* (< *sub basilicā*) Pflastertreter. [trinken.

sub-bibō, *bibī,* — 3 ein wenig

sub-blandior 4 (*altl. fut. -ībitur*) etwas schmeicheln, liebkosen [*alci*].

sub-cavus 3 unten hohl.

sub-cēnō 1 von unten verzehren.

sub-centuriātus, *ī m* (*sub-centuriō* „ergänzend in die Zenturie einrücken lassen; / ersetzen") Ersatzmann. [sieben.

sub-cernō, *crēvī, crētum* 3 durch-

sub-cingulum, *ī n* Gürtel.

sub-contumēliōsē *adv.* etwas schimpflich.

sub-crispus 3 etwas kraus.

sub-custōs, *ōdis m* (*-cū-?*) Hilfswächter.

sub-dēbilis, e etwas gelähmt.

sub-dēbilitātus 3 etwas kleinmütig. [mattend.

sub-dēficiēns, *entis* allmählich er-

sub-difficilis, e ziemlich schwer.

sub-diffīdō, — — 3 nicht recht trauen.

subditīvus 3 (*subditus, P.P.P. v. subdō*) untergeschoben, unecht.

sub-dō, *didī, ditum* 3 (√ *dhē-

„setzen") **1.** unterlegen, -setzen, -stellen; °*pf.* P. unten liegen; / **2. a)** anlegen, einflößen; °**b)** unterwerfen, preisgeben; **3. a)** an die Stelle setzen; **b)** unterschieben; °**c)** heimlich anstiften.

sub-doceō, — — 2 als Stellvertreter unterrichten.

sub-dolus 3 (*m. adv.*) hinterlistig, heimtückisch; trügerisch.

sub-domō, — — 1 überwältigen.

sub-dubitō 1 etwas zweifeln.

sub-dūcō, *dūxī, ductum* 3 **1.** °**a)** (von unten) hinaufziehen, in die Höhe ziehen; einziehen [*remos*]; reffen [*vela*]; **b)** ans Land ziehen [*naves*]; **2. a)** wegnehmen, entziehen; **b)** wegbringen, -führen [*copias in collem*]; **3. a)** unbemerkt wegziehen, heimlich wegschaffen, entwenden; *se -ere u.* °*mediopass.* sich heimlich entfernen; °**b)** durch Intrigen entziehen [*amores*]; **4.** / *rationem* in Rechnung stellen, zusammenrechnen; *subducta ratione* mit Überlegung.

subductiō, *ōnis f* (*subdūcō*) **1.** *das* Anlandziehen; **2.** Berechnung.

sub-dūrus 3 ziemlich hart.

sub-edō, — — 3 unten anfressen.

sub-eō, *iī* (*dcht. īvī*), *itum, īre* **1.** gehen, kommen *unter* [*tectum*]; betreten [*domum*]; **2.** °**a)** sich dukken; sich schmiegen *unter*; *auch obszön* [*iuvenes*]; **b)** / (*etw. Lästiges od. Schwieriges*) auf sich nehmen [*labores*]; °**3. a)** (von unten) hinaufgehen, -steigen [*ad, in montem*]; **b)** herangehen, -kommen, -rücken *an* [*montes*]; **c)** angreifen; **d)** (*abs.*) schreiten; aufgehen, sprießen [*herbae, barba*]; °**4. a)** sich heranschleichen, sich einschleichen [*thalamos*]; **b)** (*abs.*) [*amor*]; **c)** überkommen, befallen [*animum*]; °**5.** an die Stelle treten, ablösen [*primae legioni*].

sūber, *eris n* (*wohl gr. Lw.*) Korkeiche; / Kork.

subf... = *suff...*

subg... = *sugg...*

sub-grandis, e ziemlich groß.

sub-horridus 3 ziemlich rauh.

sub-iaceō, — — 2 unten liegen; / gehören *zu*.

sub-iciō, *iēcī, iectum* 3 (*iaciō*) **1. a)** werfen, setzen, legen, stellen *unter* [*ignem templis*]; / **b)** unterwerfen; P. unterliegen; **c)** unterordnen; **d)** aussetzen, preisgeben [*Galliam securibus*]; öffentlich versteigern lassen; **e)** (*Falsches*) unter-, vorschieben; **2. a)** (von unten) in die Höhe werfen; emporheben; (*dcht.*) *se -ere u. mediopass.* in die Höhe schießen; empor steigen; **b)** nahe heranbringen, -führen, -setzen; *se -ere* heranrücken, sich nähern [*iniquis locis*]; **3. a)** über-, darreichen; **b)** eingeben, einflüstern [*spem*]; **4.** (*in Wort od. Schrift*) folgen lassen: **a)** an die Stelle setzen; anschließen; °**b)** erwidern.

subiectiō, *ōnis f* (*subiciō*) **1.** (*rhet. t.t.*) **a)** Veranschaulichung [*rerum sub aspectum*]; °**b)** Entgegnung auf einen (selbstgemachten) Einwand; °**2.** Unterschiebung.

subiectō 1 (*intens. v. subiciō*) **1.** darunterlegen; **2.** (von unten) emporwerfen [*arenam*].

subiector, *ōris m* (*subiciō*) der unterschiebt; Fälscher.

subiectus 3 (*m.* °*comp.*, °*sup.*; *adv.*; *subiciō*) **1.** darunter, unterhalb liegend, angrenzend [°*viae* an der Straße]; **2.** / **a)** untergeben, ausgesetzt, preisgegeben; **b)** unterwürfig, demütig; °*subst.* **-ī,** *ōrum m* Untertanen; **-a,** *ōrum n* Niederungen; *vallium* Talgründe; ** *subst.* **-um,** *i n* Unterbegriff; Begriff; Gegenstand.

subigitātiō, *ōnis f* (*subigitō*) unzüchtige Betastung; Hurerei.

subigitātrīx, *īcis f* (*subigitō*) „unzüchtige Betasterin", Hure.

subigitō 1 (*agitō*) unzüchtig betasten; huren *mit* [*amicam*].

sub-igō, *ēgī, āctum* 3 (*agō*) °**1.** (von unten) hinauftreiben, -führen; *naves* stromaufwärts rudern; **2. a)** zwingen, drängen *zu* [°*in deditionem*]; **b)** unterjochen, knechten; **3. a)** durch-, bearbeiten [*humum*]; °*auch in obszönem Doppelsinn m. 2b*; **b)** durchbilden, schulen; **c)** zähmen; **4.** plagen, bedrängen.

sub-impudēns, *entis* ziemlich unverschämt.

sub-inānis, e ziemlich eitel.

sub-inde *adv.* **1.** gleich darauf; **2.** wiederholt; **3.** allmählich.

sub-īnsulsus 3 etwas abgeschmackt.

sub-invideō, — — 2 etwas eifersüchtig sein.

sub-invīsus 3 etwas verhaßt.

sub-invītō 1 unter der Hand auffordern.

sub-īrāscor, — — 3 etwas zürnen.

sub-īrātus 3 unwillig, verstimmt.

subitāneus 3 (*subitus*) plötzlich entstehend.

subitārius 3 (*subitus*) plötzlich; in Eile zusammengerafft [*exercitus*]; dringlich.

subitus 3 (*adv.* **-ō**; *subeō*) **1.** plötzlich, unvermutet, unerwartet; überstürzt, dringend; °**2.** rasch zusammengerafft [*miles* Truppe]; **3.** *subst.* **-um,** *ī n* unvermutetes Ereignis.

sub-iugō 1 (< **sub iugum* [*mittō*]) unterwerfen.

sub-iungō, *iūnxī, iūnctum* 3 **1.** °**a**) (unten) verbinden, anfügen, anspannen [*tigres curru*]; / **b**) verbinden; °**c**) (*mündl. od. schriftl.*) hinzufügen; **2.** unterwerfen.

sub-lābor, *lāpsus sum* 3 **1.** unvermerkt heranschleichen; **2.** niedersinken; verfallen.

sublātiō, *ōnis f* (*tollō*) **1. a**) (*metr. t.t.*; *spätlat.*) Hebung (*des Tons*); **b**) Erhebung [*animi*]; °**2.** Aufhebung, Kassierung [*iudicii*].

sublātus 3 (*m.* °*comp., adv.*; *tollō*) **1.** erhaben [*-ē dicere*]; **2.** stolz.

sublectō 1 (*intens. v.* **subliciō*; *cf. allectō, alliciō*) ködern, foppen.

sub-legō, *lēgī, lēctum* 3 **1.** unten auflesen; **2. a**) heimlich wegnehmen; **b**) / belauschen [*sermonem*]; ablauschen; **3.** nachwählen.

sublestus 3 (*m.* °*comp.,* °*sup.*; *et. ungeklärt*) schwach, gering.

sublevātiō, *ōnis f* (*sublevō*) Erleichterung.

sub-levō 1 emporheben, aufrichten; / unterstützen, fördern, helfen; vermindern, erleichtern, lindern.

sublica, *ae f* (*vl. eigtl.* „unter Wasser befindlicher [Pfahl]"; *sub, liquor*) Pfahl, Brückenpfahl.

sublicius 3 (*sublica*) auf Pfählen ruhend; *pons* Pfahlbrücke *über den Tiber.*

subligāculum, *ī u.* °**-ligar,** *aris n* [(*subligō*) Schurz.]

sub-ligō 1 (von unten) anbinden [*ensem lateri*]; befestigen; (*P.P.P.*) *adi.* **subligātus** 3 aufgeschürzt [*virgo*].

sublīme *adv.* (*sublīmis*) in die [Höhe; in der Höhe.]

sublīmen *adv.* (*wohl* < *sub līmen* „bis unter die [obere] Schwelle reichend") in die Höhe.

sublīmis, e (*m. comp. u. adv.* **-iter** u. **-ē**; s. d.; *wohl zu sublīmen*) in der Luft befindlich, schwebend, hoch; / erhaben; hochstrebend, -fahrend.

sublīmitās, *ātis f* (*sublīmis*) Höhe, Größe [*corporis*]; / Erhabenheit, Schwung; ** (*als Anrede*) Hoheit.

sub-lingulō, *ōnis m* (*Scherzbildung zu lingō*) „der (die Schüsseln) unten beleckt"; *coqui* Küchenjunge.

sub-linō, *lēvī, litum* 3 heimlich beschmieren; / *ōs* anschmieren, betrügen [*matri*].

sub-lūceō, *lūxī,* — 2 (von unten) [hervorleuchten.]

sub-luō, *uī, ūtum* 3 (*lavō*) °**1.** unten (ab)waschen [*inguina*]; **2.** / unten bespülen.

sub-lūstris, e (*cf. illūstris*) dämme-[rig, halbdunkel.]

subm... *s. auch summ...*

sub-merus 3 ziemlich unvermischt [*vinum*].

subminia, *ae f* (*sub, minium*) blaß-[rot gefärbtes Kleid.]

submissim *adv.* (*submissus*) leise.

submissiō, *ōnis f* (*submittō*) Senkung [*vocis*]; / Verminderung.

submissus 3 (*m.* °*comp.,* °*sup.*; *adv.*; *submittō*) °**1.** gesenkt, herabhängend; / **2.** leise [*oratio*]; **3. a**) bescheiden, demütig; **b**) kriechend.

sub-molestus 3 (*m. adv.*) ziemlich beschwerlich.

sub-mōrōsus 3 etwas mürrisch.

sub-nāscor, *nātus sum* 3 (unten) hervor-, nachwachsen.

sub-nectō, *nexuī, nexum* 3 °**1.** unten anknüpfen, anbinden; °**2.** (unten) zusammengürten, -halten.

sub-negō 1 halb und halb abschla-[gen.]

sub-niger, *gra, grum* schwärzlich.

sub-nimium, *ī n scherzh. Name für ein etw. zu großes Kleid.*

sub-nīsus *u.* **-nīxus** 3 (*nītor*) sich stützend, gelehnt *an* [*verticibus*]; / sich verlassend, bauend, pochend *auf* [*victoriā*]; zuversichtlich.

sub-notō 1 **1.** unten anmerken; **2.** unterzeichnen; **3.** (heimlich) bemerken; zeigen *auf* [*alqm digito*].

sub-nuba, *ae f* (*nūbō*; *cf. prōnuba*) Kebsweib; Nebenbuhlerin.

sub-nūbilus 3 ziemlich trübe.

subō 1 (*vl. m. sū-cus verwandt*) brünstig sein; / geil sein.

sub-obscēnus 3 etwas zweideutig.

sub-obscūrus 3 (*m.* °*adv.*) etwas unverständlich.

sub-odiōsus 3 etwas verdrießlich.

sub-offendō, — — 3 etwas Anstoß erregen.

sub-olēs, *is f* (*cf. prōlēs; alō*) **1.** Nachwuchs; Nachkommenschaft; °**2.** Sprößling.

sub-olēscō, — — 3 (*incoh. v. alō; cf. adolēscō*) heranwachsen.

sub-olet, — — 2 *u.* **-olit,** — — 3 *impers.* (*mihi*) ich merke *etw.*

sub-orior, — 4 nach und nach entstehen, nachwachsen.

sub-ōrnō 1 (heimlich) ausrüsten, versehen *mit*; insgeheim anstiften [*falsum testem*].

subortus, *ūs m* (*suborior*) allmähliche Entstehung.

subp... = *supp...*

****subprior,** *oris m* Stellvertreter des Abts.

subr... *s. auch surr...*

sub-rancidus 3 etwas stinkend.

sub-raucus 3 etwas heiser.

sub-rēctus *u.* **sur-rēctus** *s. subrigō u. surgō.*

sub-rēmigō 1 nachrudern.

sub-rēpō, *rēpsī, rēptum* 3 kriechen *unter*; °/ sich einschleichen.

subrēptīcius 3 (*subrēptus, P.P.P. v. subrēpō*) verstohlen [*amor*].

sub-rīdeō, — — 2 lächeln.

sub-rīdiculē *adv.* etwas lächerlich.

sub-rigō, *rēxī, rēctum* 3 (= *surgō; regō*) emporrichten; *P.* emporstehen; (*P.P.P.*) *adi.* **subrēctus** 3 aufrecht, gespitzt [*aures*].

sub-ringor, — 3 etwas die Nase rümpfen, ärgerlich sein.

sub-rōstrānī, *ōrum m* (< **sub rōstrīs* [*versantēs*]) Pflastertreter.

sub-rubēns, *entis* rötlich.

sub-rubicundus 3 rötlich, hochrot.

sub-rūfus 3 etwas rötlich; *subst.* **~,** *ī m* Rotkopf.

sub-ruō, *ruī, rutum* 3 untergraben, -wühlen, zum Einsturz bringen; °/ wankend machen; niederdrücken.

sub-rupiō 3 (*altl.*) = *surripiō.*

sub-rūsticus 3 (*m.* °*adv.*) etwas bäuerisch, roh.

sub-rutilus 3 etwas rötlich.

sub-scrībō, *psī, ptum* 3 **1.** darunterschreiben; °**2.** unterschreiben, -zeichnen; **3.** aufschreiben; **4. a**) (*vom Zensor*) vermerken [*causam* Grund der Rüge]; **b**) (*eine Klageschrift*) unterschreiben; schriftliche Klage einreichen; **c**) *eine Klage* mitunterschreiben; Mitkläger sein; °**d**) durch Unterschrift genehmigen; °**e**) / beipflichten [*odio*]; begünstigen; °**f**) *einem amtlichen Schreiben* eine Grußformel hinzufügen.

subscrīptiō, *ōnis f* (*subscrībō*) **1.** Unter-, Aufschrift; **2. a**) zensorischer Vermerk (*über den Grund der Rüge*); **b**) Anklageschrift; **c**) Mitanklage; °**d**) Grußformel *am Ende eines amtlichen Schreibens.*

subscrīptor, *ōris m* (*subscrībō*) Mitkläger.

sub-secō, *secuī, sectum* 1 unten abschneiden.

sub-sellium, *ī n* (*sella*) Bank, Sitz; *pl.* Gerichte, Prozesse.

sub-sentiō, *sēnsī,* — 4 herausfühlen.

sub-sequor, *secūtus sum* 3 unmittelbar (nach)folgen [*dies noctem*]; / sich richten *nach* [*senatum*]; °gleichkommen [*cupiditatem*].

sub-serviō 4 unterwürfig sein; zu Hilfe kommen.

subsessor, *ōris m* (*subsideō*) Jäger; Bandit.

subsicīvus 3 (*eigtl.* „abgeschnitten"; *subsecō*) *v. der Berufsarbeit* erübrigt; *tempora -a* Mußestunden; *subst.* **-a,** *ōrum n das* (*nach der Ackerteilung*) übriggebliebene Land.

subsidiārius 3 (*subsidium*) zur Reserve gehörig; °*subst.* **-ī,** *ōrum m* Reservetruppen.

subsidior 1 (*subsidium*) in Reserve stehen.

subsidium, *ī n* (< **su̯b-sediom; sedeō*) **1.** (*mil. t.t.*) **a**) (*concr.*) Reserve; *pl.* Hilfskorps; **b**) (*abstr.*) Hilfe; **2.** / **a**) Rückhalt, Beistand, Zuflucht(sort); **b**) Hilfsmittel.

sub-sīdō, *sēdī, sessum* 3 **1.** °**a**) sich niedersetzen, -lassen; **b**) auflauern; °**c**) (*von Tieren*) sich begatten lassen [*maribus*]; °**2. a**) sich senken, sich legen, sinken; **b**) / sich vermindern, nachlassen; **3. a**) zurückbleiben, sich festsetzen [*in Sicilia*]; °**b**) steckenbleiben.

sub-sīgnānus 3 (*-ī-?*; < *sub sīgnis*) unter der Fahne dienend; *milites -i* Reservetruppen.

sub-sīgnō 1 (*-ī-?*) **1.** eintragen; **2.** verpfänden; °/ sich verbürgen *für* [*fidem*].

sub-siliō, *siluī,* — 4 empor-, hineinspringen.

sub-sistō, *stitī,* — 3 °**1.** (*trans.*) stellen, den Kampf bestehen *mit* [*feros*]; **2.** (*intr.*) **a**) stillstehen, stehenbleiben, haltmachen; °**b**) aufhören; (*im Reden*) stocken; **c**) zurückbleiben, verweilen; **d**) Widerstand leisten, standhalten; ** = esse dasein.

subsōlānus, *ī m* (*gr. Bedeutungslw.*; *sōl*) Ostwind.
sub-sortior 4 (zum Ersatz) auslosen. [losung *des Ersatzes.*
subsortītiō, *ōnis f* (*subsortior*) Aus-
substantia, *ae f* (*substāns, part. praes. v. substō*) **1.** Beschaffenheit; **2.** Vermögen, Subsistenzmittel; **3.** *das* Vorhandensein; ** Wesen; Substanz; Eigentum, Ware.
sub-sternō, *strāvī, strātum* 3 **1.** °**a**) unterbreiten, -legen; *obszön se -ere*; **b**) unten bestreuen; **2.** / unterwerfen, preisgeben.
sub-stituō, *uī, ūtum* 3 (*statuō*) °**1.** darunter-, dahinterstellen; °**2.** / unterschieben: **a**) *animo* sich im Geiste vorstellen; **b**) schuld geben *an* [*alqm crimini*]; **3. a**) an die Stelle setzen [*in locum filii, alqm pro alqo*]; °**b**) als Nacherben einsetzen.
sub-stō, — — 1 standhalten.
substrictus 3 (*m. comp.*; *substringō*) schmal, dünn.
sub-stringō, *strīnxī, strictum* 3 (*strīnxī?*) **1.** (*v. unten nach oben*) aufbinden [*capillos nodo*]; / *aurem* die Ohren spitzen; **2.** (*rhet. t.t.*) kürzer fassen. [terbau.
substrūctiō, *ōnis f* (*substruō*) Un-
sub-struō, *strūxī, strūctum* 3 den Unterbau herstellen; *vias glareā* die Wege beschottern; / *fundamentum* den Grund legen.
subsultim *adv.* (*saltim*) in kleinen Sprüngen. [springen.
sub-sultō 1 (*saltō*) in die Höhe
sub-sum, —, *subesse* °**1. a**) darunter sein; dahinter liegen; **b**) / dahinterstecken, verborgen sein; **2. a**) in der Nähe sein [*mons*]; **b**) bevorstehen [*hiems*]; **3.** untergeordnet sein; **4.** zugrunde liegen, vorliegen, vorhanden sein.
sub-suō, —, *sūtum* 3 unten benähen, besetzen.
sub-tēmen, *inis n* (< **sub-texmen*; *texō*) Einschlag im Gewebe; Garn, Faden.
subter (*eigtl. comp. zu sub*; *cf. praeter*) **1.** *adv.* unten hin; unterhalb, unten; **2.** *prp.* **a**) *b. acc.* (*Frage: wohin?*) unter ... hin, unterhalb [°~ *murum avehitur*]; **b**) *b. abl.* (*Frage: wo?*) unter(halb) [°~ *litore*].
subter-dūcō, *dūxī, ductum* 3 unter der Hand entziehen. [wegfließen.
subter-fluō, — — 3 unter etw.
subter-fugiō, *fūgī,* — 3 °**1.** (*intr.*) heimlich entfliehen; **2.** (*trans.*) entgehen, vermeiden [*poenam*].
subter-lābor, *lāpsus sum* 3 hinfließen *unter* [*muros*]; entschlüpfen.
sub-terō, *trīvī, trītum* 3 unten abreiben; *se -ere u. mediopass.* sich den Huf ablaufen. [unterirdisch.
sub-terrāneus 3 (< *sub terrā*)
****sub-terro** 1 beerdigen.
subter-vacō 1 unterhalb leer sein.
sub-texō, *xuī, xtum* 3 **1.** als Schleier vorziehen, verhüllen; **2.** anweben, -nähen; / einflechten [*carmina chartis*].
subtīlis, e (*m. comp.*, °*sup.*, *adv.*; *tēla*; *Übergang* *ē > ī *ungeklärt*) °**1.** fein, dünn, zart; **2.** / **a**) feinfühlig; **b**) feinsinnig; **c**) genau, gründlich; **d**) schlicht, einfach.
subtīlitās, *ātis f* (*subtīlis*) **1.** °Feinheit, Zartheit; **2.** / **a**) Feinfühligkeit; **b**) Geschmack; **c**) Genauigkeit, Gründlichkeit; **d**) Schlichtheit, Einfachheit. [fürchten.
sub-timeō, — — 2 insgeheim
sub-trahō, *trāxī, tractum* 3 °**1.** hervorziehen *unter* [*iugo*]; **2. a**) (heimlich) wegziehen, entziehen, entfernen; °**b**) *se -ere u. mediopass.* sich zurückziehen, (zurück)weichen; ** P. versiegen; *ex hac luce* sterben.
sub-trīstis, e etwas traurig.
sub-turpiculus 3 *u.* **sub-turpis,** e ziemlich schimpflich.
subtus *adv.* (*sub*; *cf. intus*) unten, unterhalb; ** *prp. b. acc.* unter.
sub-tūsus 3 (*tundō*) etwas zerschlagen. [hemd.
sub-ūcula, *ae f* (*cf. ex-uō*) Männer-
sūbula, *ae f* (*suō*) Pfriem, Ahle.
su-bulcus, *ī m* (*sūs*; *cf. bu-bulcus*) Schweinehirt.
Subūra, *ae f* (*sub*; *zweites Glied vl. etr.*) *geräuschvollstes Stadtviertel in Rom mit Lebensmittelmarkt, Buden u. Kneipen, berüchtigter Wohnort v. Dirnen u. Gesindel*; *adi.* -*ānus* 3.
suburbānitās, *ātis f* (*suburbānus*) Nähe der Stadt (Rom).
sub-urbānus 3 nahe bei der Stadt gelegen; *subst.* **-um,** *ī n* Landgut bei Rom; (*Ov.*) **-ī,** *ōrum m* Bewohner der Nachbarorte Roms.
sub-urbium, *ī n* (< *sub urbe*) Vorstadt.
sub-urgeō, — — 2 nahe herandrängen.

sub-ūrō, *ussī, ustum* 3 (*ūssī, ūstum*?) versengen.

subvectiō, *ōnis f* (*subvehō*) Zufuhr.

sub-vectō 1 (*intens. v. subvehō*) herbeischaffen, zuführen.

subvectus, *abl. ū m* (*subvehō*) Zufuhr.

sub-vehō, *vēxī, vectum* 3 hinauf-, stromaufwärts bringen, führen, fahren; °*mediopass.* hinauf-, stromaufwärts fahren.

sub-veniō, *vēnī, ventum* 4 zu Hilfe kommen, beistehen; abhelfen.

subventō 1 (*intens. v. subveniō*) zu Hilfe kommen. [ten.

sub-vereor, — 2 ein wenig fürch-

subversor, *ōris m* (*subvertō*) Verderber, Zerstörer. [/ vernichten.

sub-vertō, *tī, sum* 3 umstürzen;

subvexus 3 (*cf. convexus*) schräg (aufsteigend).

sub-volō 1 emporfliegen.

sub-volturius 3 (*Scherzbildung nach subaquilus*) etwas geierartig.

sub-volvō, *volvī, volūtum* 3 emporwälzen.

sub-vortō (*altl.*) = *subvertō*.

succēdāneus = *succīdāneus*.

suc-cēdō, *cessī, cessum* 3 **1. a**) treten *unter* [*tectum*, °*tectis*]; °**b**) sich unterziehen, auf sich nehmen [*oneri*]; °**c**) gehören *zu* [*comparativo generi*]; **d**) (*mil. t.t.*) sich nähern; anrücken, heranziehen; eindringen; **e**) gelingen [*res successit*]; *auch impers. succedit* (*pf. successit u.* °*successum est*); °**2.** emporsteigen; **3. a**) nachrücken, -folgen; **b**) (*im Amt*) folgen; P. *mihi succeditur* ich erhalte einen Nachfolger; **c**) einrücken; an die Stelle treten, ablösen [*recentes defessis*]; **d**) (*räuml.*) sich anschließen [*ad alteram partem Ubii*]; (*zeitl.*) folgen [*aetas aetati*].

suc-cendō, *cendī, cēnsum* 3 (*sub* + **candō*; *cf. accendō*) (von unten) anzünden; °/ entflammen.

succēnseō = *suscēnseō*. [zenturio.

suc-centuriō[1], *ōnis m* Unter-

suc-centuriō[2] 1 ergänzend in die Zenturie einrücken lassen; / ergänzen, ersetzen.

successiō, *ōnis f* (*succēdō*) **1.** *das* Eintreten [*voluptatis*]; °**2.** Nachfolge (*im Amt*); Erbfolge; Thronfolge; Besitzwechsel; **3.** Erfolg.

****successive** *adv.* nacheinander.

successor, *ōris m* (*succēdō*) Nachfolger; Thronfolger; °neue Liebe.

successus, *ūs m* (*succēdō*) **1.** *das* Heranrücken; °**2.** Fortgang; Erfolg.

suc-cīdāneus 3 (*eigtl.* „als Ersatz geschlachtet"; *succīdō*) stellvertretend.

succīdia, *ae f* (*wohl* < **sū-cīdia*; *sūs* + *caedō*) Speckseite.

suc-cīdō[1], *cīdī, cīsum* 3 (*altl.* „als Ersatz schlachten"; *caedō*) unten abhauen, abschneiden; zerhauen.

suc-cidō[2], *cidī*, — 3 (*cadō*) niedersinken, zu Boden fallen. [sinkend.

succiduus 3 (*succidō*[2]) nieder-

suc-cingō, *cinxī, cinctum* 3 (*cīnxī, cīnctum*?) °**1.** aufschürzen; **2.** °**a**) umgürten, umgeben; **b**) / ausrüsten, ausstatten; (*P.P.P.*) °*adi.* **succinctus** 3 (*-ī-*?) bereit, fertig; kurz [*libellus*].

succingulum, *ī n* (*succingō*) Gürtel.

suc-cinō, — — 3 (*canō*) ein-, zu-

suc-cipiō = *suscipiō*. [stimmen.

succlāmātiō, *ōnis f* (*succlāmō*)

suc-clāmō 1 zurufen. [Zuruf.

suc-collō 1 (*collum*) auf die Schulter nehmen. [nachwachsen; *kl. nur* /.

suc-crēscō, *crēvī*, — 3 hervor-,

succrētus 3 (*suc-cernō* 3) durchgesiebt.

****succulentus** 3 saftvoll, kräftig.

suc-cumbō, *cubuī*, — 3 (**cumbō*; *cf. cubō*) °**1. a**) niederfallen, -sinken; **b**) (*v. Kranken*) sich legen; **2.** / **a**) unterliegen, erliegen, nachgeben; °**b**) sich hingeben [*cuivis*].

suc-currō, *currī, cursum* 3 **1.** sich unterziehen, auf sich nehmen; **2. a**) zu Hilfe eilen, beistehen [*laborantibus*]; **b**) abhelfen [*malis*]; **3.** in den Sinn kommen, einfallen.

****succursus,** *us m* Unterstützung.

succus = *sūcus*.

succussiō, *ōnis f u.* **-ussus,** *ūs m* (*succutiō*) Erschütterung.

suc-cutiō, *cussī, cussum* 3 (*quatiō*) emporschleudern; / aufrütteln.

sūcidus 3 (*sūcus*) frisch geschoren [*vellus*]; üppig [*mulier*].

sūcinum, *ī n* (*wohl zu sūcus*) Bernstein; *pl.* Bernsteinschmuck.

sūcinus 3 (*sūcinum*) aus Bernstein.

sūcophant... = *sȳcophant...*

sucula[1], *ae f* (*sūs*) Schweinchen.

sucula[2], *ae f* (*vl. et. m. sucula*[1] *identisch*) Winde, Haspel.

Suculae, *ārum f* (= *pl. v. sucula*[1]; *Bedeutungslw. nach gr.* Hyądes; *s. d.*) *die* Plejaden *od.* Hyaden.

sūcus, *ī m* (*cf. sūgō, nhd.* „saugen") **1. a**) Saft; °**b**) (dicke) Flüssigkeit; °**c**) Arzneitränkchen; **2.** / °**a**) Geschmack; **b**) Frische, Kraft [*orationis*]; ~ *et sanguis* Saft und Kraft.

sūdārium, *ī n* (*sūdō*) Schweiß-, Taschentuch.

sūdātiō, *ōnis f* (*sūdō*) *das* Schwitzen.

sūdātōrius 3 (*sūdātor „der* Schwitzende"; *sūdō*) zum Schwitzen dienlich; *subst.* **-um,** *ī n* Schwitzbad.

sūdātrīx, *īcis f* (*sūdātor s. sūdātōrius*) schweißtriefend [*toga*].

sudis, *is f* (*et. nicht geklärt*) **1.** (spitzer) Pfahl; °*auch als Waffe*; °**2.** / Spitze.

sūdō 1 (*cf. sūdor, nhd.* „schwitzen") **1.** (*intr.*) **a**) schwitzen; °**b**) triefen *von* [*sanguine*]; **c**) / sich abmühen; °**2.** (*trans.*) **a**) ausschwitzen; **b**) durchschwitzen [*vestis sudata*].

sūdor, *ōris m* (*cf. sūdō, nhd.* „Schweiß") Schweiß; *jede* Feuchtigkeit; / Mühe, Anstrengung.

suduculum, *ī n* (*wohl zu sudis; nach antiker Deutung zu sūdō*) *Schimpfwort unbekannter Bedeutung.*

sūdus 3 (< **susidos*) heiter; *kl. nur subst.* **-um,** *ī n* klarer Himmel.

Suēbī, *ōrum m die* Sueben (*germ. Völkergruppe zw. Rhein u. Elbe*); *ihr Land* **-ia,** *ae f*; *adi.* -(*ic*)*us* 3; *subst.* **-a,** *ae f* Suebin.

suēscō, *ēvī, ētum* 3 (*pf. auch synk. suēstī, suēmus, suērunt; eigtl.* „sich zu eigen machen"; *incoh. zu refl.* *sve-; *cf. nhd.* „Sitte") **1.** (*intr.*) sich gewöhnen; *pf.* gewohnt sein, pflegen; °**2.** (*trans.*) gewöhnen *an* [*pueros disciplinā*].

Suessiōnēs, *um m gall. Völkerschaft in d. Gegend v. Soissons.*

Suētōnius 3 *röm. Gentilname: C.* ~ *Tranquillus, Vfssr. der XII vitae imperatorum, Geheimschreiber des Kaisers Hadrian.*

suētus 3 (*suēscō*) gewöhnt *an* [*armis dat.!*]; gewohnt.

sūfes, *etis m* (*-ŭ-?, -ē-?; phönikisches Lw.* „Richter") Suffet, *höchster Beamter der Karthager.*

suf-farcinō 1 (*cf. farciō*) vollpacken, bepacken.

suf-ferō, *sustulī, sublātum, sufferre* °**1.** darunterhalten; °**2.** emportragen; *se -ferre* sich aufrecht halten; **3.** / ertragen; *cf. tollō.*

****suf-ferro** 1 ein Pferd beschlagen.

suf-fertus 3 (**suf-ferciō; farciō*) vollgestopft; / volltönend.

suffes = *sūfes.*

suf-ficiēns, *entis* (*m. adv.; sufficiō*) hinreichend, genügend.

suf-ficiō, *fēcī, fectum* 3 (*faciō*) **1.** (*trans.*) °**a**) untermauern, den Grund legen *zu* [*opus*]; **b**) grundieren, färben [*lanam*]; **c**) °α) nachwachsen lassen [*prolem*]; / °β) ersetzen, ergänzen; γ) nachwählen [*consul suffectus*]; °**d**) darbieten, -reichen; **2.** (*intr.*) **a**) ausreichen; *impers.* es genügt; °**b**) imstande sein.

suf-fīgō, *fīxī, fīxum* 3 **1.** anstecken, aufheften; schlagen *an* [*cruci*]; °**2.** beschlagen *mit* [*trabes auro*].

suffīmen, *inis* (*Ov.*) *u.* (*kl.*) **-mentum,** *ī n* (*suffiō*) Räucherwerk.

suffiō 4 (*cf. fūmus*) **1.** (*intr.*) räuchern *mit* [*thymo*]; **2.** (*trans.*) **a**) entsühnen; **b**) wärmen.

suf-flāmen, *inis n* (*wohl zu fulciō*) Hemmschuh, Sperrbalken; / Hindernis.

suf-flāminō 1 (*sufflāmen*) hemmen.

sufflātus 3 (*sufflō*) zornig.

suf-flāvus 3 hellblond.

suf-flō 1 aufblasen; *se -are* zornig sein *auf* [*uxori*].

suffōcātiō, *ōnis f* (*suffōcō*) *das* Ersticken.

suf-fōcō 1 (*fōx vulgär für* faux; *s. faucēs*) erwürgen, ersticken; / aushungern.

suf-fodiō, *fōdī, fossum* 3 **1.** untergraben, -wühlen; **2.** von unten durchbohren; °**3.** in der Tiefe anlegen [*specum*].

suffossiō, *ōnis f* (*suffodiō*) *die* Mine.

****suffraganeus,** *i m* (*episcopus*) Weihbischof.

suffrāgātiō, *ōnis f* (*suffrāgor*) Empfehlung *zu* [*consulatūs*]; Begünstigung.

suffrāgātor, *ōris m* (*suffrāgor*) Wähler; °Fürsprecher.

suffrāgātōrius 3 (*suffrāgātor*) für die Zeit der Wahlen [*amicitia*].

suffrāgium, *ī n* (*sub; frāgor* „lauter Beifall") **1.** Abstimmung, Votum, Stimme; *-um ferre, inire* seine Stimme abgeben; °*centurias mittere in -um* abstimmen lassen; **2.** / **a**) Wahl-, Stimmrecht; °**b**) / Zustimmung, Beifall; **c**) (günstiges) Urteil; **d**) stimmberechtigte Zenturie; ** Fürsprache; Almosen.

suffrāgō, *inis f* (*et. nicht geklärt*) Hinterbug (*vierbeiniger Tiere*).

suf-frāgor 1 (*cf.* suffrāgium) *bei einer Wahl* seine Stimme abgeben *für* [domino ad consulatum]; / begünstigen, unterstützen [iuveni].

suf-fringō, frēgī, frāctum 3 (frangō) entzweischlagen [°talos alci].

suf-fugiō, fūgī, — 3 **1.** (*intr.*) fliehen *unter* [in tecta]; **2.** (*trans.*) entfliehen. [flucht(sort).

suffugium, ī *n* (suffugiō) Zu-

suf-fulcio, fulsī, fultum 4 von unten stützen; tragen; stärken.

suf-fundō, fūdī, fūsum 3 °**1.** daruntergießen; virgineum ore ruborem jungfräulich erröten; *kl. nur mediopass.* strömen; °**2.** benetzen, färben, versehen *mit*; *kl. nur* P.; °**3.** zugießen, eingießen.

suf-fūror 1 unter der Hand steh-

suf-fuscus 3 bräunlich. [len.

suffūsiō, ōnis *f* (suffundō) (oculorum) grauer Star.

Sugambrī, ōrum *m germ. Völkerschaft zw. Sieg u. Ruhr*; *adi.* -ber, bra, brum; *subst.* **-bra,** ae *f* Sugambrerin.

sugg- *s. auch* sub-g...

sug-gerō, gessī, gestum 3 **1.** °**a**) darunterlegen; **b**) beifügen, folgen lassen [verba]; °**2. a**) zuführen, herbeischaffen, darreichen; **b**) liefern, gewähren; **c**) / eingeben, anraten; °**3.** aufhäufen [humum].

suggestiō, ōnis *f* (suggerō) (*rhet. t.t.*) Hinzufügung (*Beantwortung einer eigenen Frage durch den Redner selbst*); ** Einflüsterung.

suggestum, ī *n u.* **-us,** ūs *m* (suggerō) °**1.** Anhöhe; **2.** Rednertribüne.

suggill... = sūgill...

sug-gredior, gressus sum 3 (gradior) heranrücken. [höhnung.

sūgillātiō, ōnis *f* (sūgillō) Ver-

sūgillō 1 (*et. unklar*) braun u. blau schlagen; / beschimpfen.

sūgō, xī, ctum (*cf.* sūcus, *nhd.* „saugen") saugen, einsaugen.

suī, sibi *u.* **sibī**; *acc. u. abl.* **sē, sēsē** (*idg.* *sve- *u.* *se-; *cf.* suus) *pron. refl.* seiner, ihrer, sich; ad se in seine(r) Wohnung; apud se in seiner Wohnung, °/ bei sich, bei Besinnung. [Schweine...

suillus 3 (-ī-?; sūs) von Schweinen,

Suī-onēs, um *m* (-ĭ ? ; -ō- ? ; *altnord.* Sui-thiod = Schwedenvolk) *Sammelbezeichnung der Germanen in Schweden.*

sulcō 1 (sulcus) furchen; pflügen; / durchfahren; ** schreiben.

sulcus, ī *m* (< *solkos; *eigtl.* „Zug" *des Pfluges*) **1. a**) Furche; °**b**) *das* Pflügen; °**2.** / Einschnitt, Rinne;

sulfur, uris *n* = sulpur. [= cunnus.

Sulla, ae *m röm. cogn. in der gens Cornelia*: **1.** L. Cornēlius ~ Fēlīx *der Diktator* (*138-78*), *Besieger des Mithridates*; *adi.* -lānus 3; *subst.* **-lānī,** ōrum *m Parteigänger des Diktators*; **2.** *s.* Faustus.

sullāturiō 4 (*desid. v.* Sulla) den Sulla spielen wollen.

Sulmō, ōnis *m Geburtsort Ovids im Pälignerlande.* [sulpur *usw.*

sulphur *usw. gräzisierend für*

sulpur, uris *n* (*Lw. wohl aus einer Mittelmeerspr.*) Schwefel; vivum gediegener Schwefel; *pl.* Schwefelstücke. [lager.

sulpurātiō, ōnis *f* (sulpur) Schwefel-

sulpurātus 3 (sulpur) schwefelhaltig; *subst.* **-a,** ōrum *n* Schwefelfäden.

sulpureus 3 (sulpur) schwefelig.

sultis = sī vultis (*cf.* sīs).

sum, fuī, esse (*altl. coni.* [*eigtl. Optativ*] siem *usw.*; *praes.-Stamm* *es- „sein" [es-se; er-am]; *Schwundstufe* s- [s-um]; *cf. nhd.* „s-ind"; *pf.-Stamm u. altl. Formen* fuam, forem *s.* fuō) **I.** (*als selbständiges Verb*) **1. a**) dasein, vorhanden sein, existieren, leben [est deus, periculum erat]; sunt, qui es gibt Leute, welche; manche; est quod, cur (*m. coni.*) es ist Grund vorhanden, daß; diu est, cum (*m. ind.*) es ist lange her, seit; **b**) stattfinden, der Fall sein, sich ereignen; est, ut es ist der Fall, es trifft sich, daß; **c**) (*mit Ortsangaben od. präpositionalen Ausdrücken*) sich befinden, sich aufhalten, wohnen, leben, liegen, stehen [esse ruri, ante oculos *u.ä.*]; esse a Caesare auf Cäsars Seite stehen; quantum in me est soviel an mir liegt; secum esse für sich leben; **d**) (*mit adv.*) sich verhalten, stehen, gehen, möglich sein [sic vita hominum est, bene est, male mihi est]; °**e**) est *m. inf.* es ist möglich, man kann, man darf [est videre]; **2.** wirklich, wahr sein, gelten [sic est, sunt ista, nos nihil sumus]; hoc, id est das heißt; **3.** (*m. dat.*) zur Verfügung stehen:

a) (*m. dat. der Person*) haben, besitzen [*patri est ampla domus*]; **b**) (*m. dat. der Person u. praed. dat. der Sache*) dienen, gereichen *zu*, sein [*tibi laudi est*]; **II.** (*als Kopula*) **a**) sein [*mors non est malum*]; **b**) (*m. gen. poss. od. pron. poss.*) gehören, Eigentum sein [*domus est fratris*, *aber mea, tua usw.*; *omnia erant hostium*, *aber nostra, vestra usw.*]; est es ist Pflicht, Gewohnheit, Eigentümlichkeit, ein Zeichen, Beweis *von*, es zeugt *von* [*adulescentis, summae dementiae est*]; *aber meum est* es ist meine Pflicht; **c**) (*m. gen. od. abl. qualitatis*) sein, haben, besitzen [*nullius momenti, bono animo esse*]; (*m. Zahlen*) bestehen *aus*, betragen [*classis est ducentarum navium*]; **d**) (*m. gen. od. abl. pretii*) wert sein, kosten, gelten [*magni, mille sestertiis est*]; **III.** (*als Hilfsverb*) sein: **1.** (*in Verbindung m. P.P.P. zur Bildung v. pf., plqpf. u. fut. ex.* P.); **2.** (*zur Bildung periphrastischer Formen*) *lecturus sum* ich bin im Begriff zu lesen, ich will lesen; *liber tibi legendus est* du mußt das Buch lesen; *tibi abeundum non est* du darfst nicht weggehen.

sumbol... = *symbol...*

sūmen, *inis n* (*sūgō*) Saueuter; Sau.

sum-m... *s. auch sub-m...*

summa, *ae f* (*summus*) **1. a**) Gesamtzahl, Summe; **b**) Betrag, Menge, Masse; **c**) Geld(summe); **d**) Gesamtheit, Inbegriff, *das* Ganze; ~ *victoriae der* völlige Sieg; *ad -am u. in -ā* im ganzen, überhaupt, kurz; **2. a**) höchste Stelle, Vorrang; *imperii* Oberbefehl; **b**) Hauptsache, -punkt.

sum-mānō 1 naßmachen.

summārium, *ī n* (*summa*) Hauptinhalt.

summārius, *ī m* (*summa?*) Packesel.

summās, *ātis m f* (*summus*) von höchstem Rang, vornehm.

summātim *adv.* (*summus*) der Hauptsache nach, kurz.

summātus, *ūs m* (*summus*) Oberherrschaft.

sum-mergō, *mersī, mersum* 3 versenken; P. versinken, ertrinken.

sumministrātor, *ōris m* (*sumministrō*) Helfershelfer.

sum-ministrō 1 darreichen, zuführen.

sum-mittō, *mīsī, missum* 3 **1. a**) niederlassen, -legen, senken, beugen, niederschlagen [°*oculos*]; °*se -ere* sich herablassen; °*mediopass.* sich senken, sinken; / **b**) nachlassen, vermindern, sinken lassen [°*animos*]; °*orationem* mit gedämpfter Stimme vortragen; °**c**) beugen, unterwerfen; *se -ere* sich werfen *zu* [*pedibus simulacrorum*]; sich beugen *vor* [*neutri fortunae*]; **2.** heimlich zuschicken [*alci subsidia*]; °**3. a**) (empor)heben, aufrichten; **b**) wachsen lassen [*capillos*]; zur Zucht verwenden [*equos*]; **c**) hervorbringen [*colores* bunte Blumen].

sum-moneō, *uī*, — 2 unter der Hand erinnern.

summopere *adv.* (= *summō opere*) äußerst, überaus.

sum-moveō, *mōvī, mōtum* 2 **1. a**) wegschaffen entfernen, vertreiben; °**b**) (*vom Liktor*) beiseitedrängen; P. Platz machen; **c**) abtreten lassen [*legatos*]; °**d**) verbannen; **2.** /**a**) fernhalten, verscheuchen; °**b**) zurückdrängen [*maria*]; **c**) trennen.

summula, *ae f* (*dem. v. summa*) Sümmchen.

summus 3 *s. superus.*

sum-mūtō 1 vertauschen.

sūmō, *sūmpsī, sūmptum* 3 (< **subsemō*) **1.** (in Empfang) nehmen; *pecuniam mutuam* borgen; **2. a**) in Gebrauch nehmen; **b**) (*Nahrung*) genießen; **c**) (*Kleider*) anlegen; °**d**) geschlechtlich genießen; **e**) kaufen, mieten; **f**) verbrauchen, ausgeben; **3.** °*animum* fassen; (*sibi*) *tempus* sich Zeit nehmen; *supplicium* die Todesstrafe vollziehen [*de, ex iuvene*]; **4. a**) wählen, aussuchen; **b**) festsetzen, bestimmen [*diem ad deliberandum*]; **c**) unter-, vornehmen, beginnen; **d**) sich anmaßen [*nomen regium*]; **e**) *sibi -ere* annehmen [*arrogantiam*]; **5.** (*rhet. t.t.*) **a**) anführen, erwähnen; **b**) annehmen, behaupten.

sūmptiō, *ōnis f* (*sūmō*) Vordersatz (*eines Syllogismus*).

sūmptuārius 3 (*sūmptus*) Luxus...

sūmptuōsus 3 (*m. comp.*, °*sup.*, *adv.*; *sūmptus*) kostspielig, teuer; verschwenderisch; °*subst.* **-ī,** *ōrum m* Verschwender.

sūmptus, *ūs m* (*sūmō*) Aufwand, Kosten; Geld.

Sūnion *u.* **-um,** *ī n südl. Vorgeb. Attikas.*
suō, *suī, sūtum* 3 (*cf. nhd.* „Saum") nähen, zusammennähen, -fügen; °*subst.* **sūta,** *ōrum n* Panzer.
suovetaurīlia, *ium n* (*sūs, ovis, taurus*) Reinigungsopfer aus Schwein, Schaf, Stier.
supellex, *ectilis f* (*-ēx, -ēctilis?*; *abl.* -e *u.* -ī; *super, legō*[2]) Hausrat, -gerät; Ausstattung, Schatz.
super (*cf. sub, nhd.* „über") **I.** *adv.* **1. a**) darüber, oben, oberhalb; °**b**) von oben; °**c**) nach oben, über sich; **2.** / **a**) überdies, außerdem; ~ °*quam od.* °*quod* außerdem, daß; **b**) noch mehr; °**c**) übrig; **II.** *prp.* (*namentlich dcht. auch nachgestellt*) **1.** *b. abl.* **a**) (*räuml.*) über, oben auf; °**b**) (*zeitl.*) während, bei; **c**) / über, in betreff, wegen [*scribere* ~ *amicitia*]; °**d**) außer; ~ *his* außerdem; **2.** *b. acc.* **a**) (*räuml.*) α) über, oben auf; °β) oberhalb, über ... hinaus, jenseits; °**b**) (*zeitl.*) während, bei [~ *cenam*]; °**c**) (*modal*) über ... hinaus [~ *decem milia*]; vor [~ *omnia*]; außer [~ *morbum etiam* *fames*].
superā (*dcht.*) = *suprā.*
superābilis, e (*superō*) übersteigbar; / besiegbar.
super-addō, *didī, ditum* 3 noch dazufügen.
super-adōrnātus 3 (*adōrnō*) auf der Oberfläche verziert.
superāns, *antis* (*nur comp.*; *superō*) überhandnehmend.
superātor, *ōris m* (*superō*) Überwinder.
superātrīx, *īcis f* (*superātor*) Überwinderin.
superbia, *ae f* (*superbus*) **1.** Übermut, Hochmut, Stolz; °**2.** Selbstgefühl.
superbi-ficus 3 (*superbus, faciō*) übermütig machend.
superbiloquentia, *ae f* (**superbiloquēns*; *superbus, loquor*) übermütiges Reden.
superbiō, — — 4 (*superbus*) übermütig, stolz sein, sich brüsten [*formā*]; / glänzen, prangen.
superbus 3 (*m.* °*comp., sup., adv.*; *super* + $\sqrt{\ }$ *bhū-; *cf. fuō*; *eigtl.* „darüber seiend"; *cf. probus*) °**1.** hochaufgerichtet; hochragend; **2.** / **a**) über-, hochmütig, stolz; tyrannisch; **b**) wählerisch; °**c**) erhaben; prächtig.
superciliōsus 3 (*supercilium*) sehr ernst, streng, finster.
super-cilium, *ī n* (*wohl* < **superkeliom*; *eigtl.* „*die* darüber befindliche Decke"; *cf. oc-culō, cēlō*) **1.** Augenbraue; **2.** / **a**) finsteres Wesen, Ernst; **b**) Hochmut, Dünkel, Stolz; °**c**) Wink (*m. den Augen*); °**3.** Vorsprung, Anhöhe.
super-crēscō, *crēvī, crētum* 3 überwachsen, -wuchern; / übertreffen [*caritati*].
super-currō, *currī, cursum* 3 übersteigen.
super-ēmineō, — — 2 **1.** (*intr.*) hervorragen; **2.** (*trans.*) überragen.
super-eō, — —, *īre* gehen *über.*
superērogātiō, *ōnis f* (*superērogō* 1 „darüber hinaus auszahlen") darüber hinausgehende Auszahlung.
superficiārius 3 (*superficiēs* [*als jur. t.t.*] „Erbpachtgebäude") in Erbpacht stehend.
super-ficiēs, *ēī f* (*faciēs*) °**1.** Oberfläche; **2.** Gebäude (*im Ggs. zu Grund u. Boden*).
super-fīō, —, *fierī u. fīerī* übrigbleiben.
super-fīxus 3 (*fīgō*) oben aufgesteckt.
super-fluō, *flūxī,* — 3 (*-ūx-?*) **1.** (*intr.*) °**a**) überfließen; °/ **b**) im Überfluß dasein; **c**) im Überfluß leben; **d**) überflüssig sein; °**2.** (*trans.*) / vorbeifließen *an* [*aures* zu einem Ohr hinein, zum andern hinaus].
****superfluus** 3 überflüssig.
super-fundō, *fūdī, fūsum* 3 **1.** darübergießen, -schütten; *se -ere u. mediopass.* überströmen, austreten, sich ergießen, sich ausbreiten; **2.** überschütten, bedecken.
super-gredior, *gressus sum* 3 (*gradior*) überschreiten; / überschreiten; überstehen; übertreffen.
super-iaciō, *iēcī, iectum u. iactum* 3 darüber-, daraufwerfen, -legen; überfluten; / überschreiten [*fidem*]; übertreffen.
superiectiō, *ōnis f* (*superiaciō*) (*rhet. t.t.*) Hyperbel.
super-immineō, — — 2 darüber emporragen.
super-impendēns, *entis* (*impendeō*) darüberhängend.
super-impōnō, *posuī, positum* 3 darauflegen.
super-incidēns, *entis* (*incidō*[1]) von oben hereinfallend.
super-incubāns, *antis* (*incubō*) daraufliegend.

super-incumbō, *cubuī,* — 3 sich darauflegen.
super-induō, — — 3 darüber anziehen.
super-iniciō, *iēcī, iectum* 3 darüberwerfen.
super-īnsternō, *strāvī, strātum* 3 darüberbreiten.
super-iūmentārius, *ī m* (*iūmentum*) Aufseher der Lasttiertreiber.
super-lābor, *lāpsus sum* 3 darüber hingleiten.
super-lāt... = *suprālāt...*
super-natō 1 darüber-, daraufschwimmen.
supernē *adv.* (*im Vers auch* **-ĕ**; *supernus*) von oben her; oben.
supernus 3 (*super*; *cf. exter-nus*) oben befindlich, *der* obere; hochgelegen; himmlisch [*numen*].
superō 1 (*superus*) **1.** (*intr.*) °**a**) hervorragen; **b**) überlegen sein, die Oberhand haben; **c**) im Überfluß vorhanden sein; °**d**) noch vorhanden sein, übrigbleiben, überleben; *kl. nur vitā*; **2.** (*trans.*) **a**) übersteigen, -schreiten; **b**) überragen; °**c**) vorbei-, vorübergehen, umsegeln; / **d**) übertreffen, überlegen sein [*omnes doctrinā*]; **d**) überwinden, besiegen, überstehen.
super-obruō, — — 3 oben bedecken.
super-occupō 1 dabei überraschen.
super-pendēns, *entis* (*pendeō*) darüberhängend.
super-pōnō, *posuī, positum* 3 darüber-, daraufsetzen, -legen; / vorziehen; überordnen, höher stellen *als* [*animum iniuriis*].
superquam = *super quam*; *s. super.*
super-scandō, — — 3 überschreiten.
super-scrībō, *psī, ptum* 3 darüberschreiben.
**superscriptio, *onis f* Überschrift.
super-sedeō, *sēdī, sessum* 2 °**1.** sitzen *auf* [*elephanto*]; **2.** / **a**) sich hinwegsetzen *über*, sich ersparen [*labore*]; ablehnen [*triumpho*]; °**b**) nicht wollen [*scribere*].
super-stāgnō 1 über die Ufer treten.
super-sternō, *strāvī, strātum* 3 darüberbreiten.
super-stes, *stitis* (*abl.* -e; < *superstats; stō) °**1.** über *jd.* stehend, überlegen; **2.** °**a**) dabeistehend, gegenwärtig; **b**) (*in alter jur. Formel*) *subst.* Zeuge; **3.** überlebend [*sibi*; *dignitatis*].
superstitiō, *ōnis f* (*cf. superstes*; *Bedeutungsentwicklung umstritten*) °**1.** Schwur, Beschwörung; **2. a**) Aberglaube; *pl.* abergläubische Gebräuche; **b**) heilige Scheu, Götterfurcht; °**c**) fremder Kult.
superstitiōsus 3 (*m. adv.*; *superstitiō*) **1.** abergläubisch; °**2.** allzu ängstlich; °3. prophetisch.
superstitō 1 (*cf. superstes*) vollauf vorhanden sein.
super-stō, — — 1 **1.** (*abs.*) daraufstehen; **2.** stehen *auf* [*columnae*; *ossa*].
super-struō, *strūxī, strūctum* 3 darüberbauen.
**supersubstantialis, e überirdisch.
super-sum, *fuī, esse* (*auch in Tmesis*) **1. a**) übrig sein, bleiben; **b**) noch vorhanden, am Leben sein; °überleben [*patri*]; **2. a**) im Überfluß vorhanden sein; ausreichen; **b**) überflüssig sein; °**3.** hinlänglich gewachsen sein [*labori*]; °**4.** überlegen sein.
super-tegō, *tēxī, tēctum* 3 oben bedecken.
super-urgeō, — — 2 oben eindringen.
superus 3 (*super*) **I.** *pos.* oben befindlich, *der* obere, Ober...; *de* (°*ex*) *-o* von oben herab; °*subst.* **superī,** *ōrum m die* himmlischen Götter; *die* Menschen auf der Erde; **supera,** *ōrum n die* Höhen; Oberwelt; **II.** *comp.* **superior,** *ius* **1.** (*räuml.*) **a**) weiter oben befindlich, *der* obere; *der* obere Teil; **b**) *der* vorhergehende [*scriptura*]; **2.** (*zeitl.*) **a**) *der* frühere, vorige; **b**) älter, bejahrter; **3.** / **a**) höherstehend, überlegen, vorzüglicher, stärker; **b**) die Oberhand behaltend, siegreich, Sieger; **III.** *sup.* **1. suprēmus** 3 °**a**) (*räuml.*) *der* höchste, oberste, äußerste; °**b**) (*zeitl.*) *der* letzte, jüngste; *kl. nur -us dies* Todes-, Begräbnistag; (*praed.*) °*sole -o* bei Sonnenuntergang; **c**) (*vom Maß*) *der* äußerste, ärgste, härteste [*supplicium*]; °*adv.* **suprēmum** zum letztenmal; °*subst.* **suprēma,** *ōrum n* Tod; letzter Wille; letzte Ehre, Bestattung; Überreste; **2. summus** 3 (< *supmos; sub) **a**) (*räuml.*) *der* oberste, höchste; oberster Teil, höchster Punkt; Höhe [*in -a sacra via*]; Spitze, Oberfläche [*-a aqua*]; **b**) (*zeitl.*) *der* äußerste, letzte; *-a aestas* Hochsommer; **c**) *der* höchststehende, vorzüglichste, bedeutendste; wichtigste, stärkste,

Haupt...; *-a res* Hauptsache, *-us dies* Haupttag; *-a facere* sein möglichstes tun; *-um ius das* auf die Spitze getriebene Recht; *-a res* Entscheidungskampf; *-o tempore* in der höchsten Not; **d**) *der* vollkommenste, vollständige, ganze; *-a res publica* Gesamtwohl, Bestand des Staates, höchste Staatsinteressen; *subst.* **summum,** *ī n das* Oberste; Spitze, Höhe; *ad -um* aufs höchste, höchstens; *adv.* **summē** im höchsten Grade, ganz besonders; ** *apud superos* auf Erden.

super-vacāneus 3 (*supervacuus*) **1.** überflüssig, -zählig; **2.** unnötig.

super-vacuus 3 nichtig, unnütz.

super-vādō, — — 3 übersteigen, -schreiten. [fahren *über* [*montem*].

super-vehor, *vectus sum* 3 hinaus-

super-veniō, *vēnī, ventum* 4 **1.** kommen *über* [*unda undam*]; **2.** *unvermutet* dazukommen; zu Hilfe kommen [*regi*]; **3.** überfallen, überraschen [*hostibus*].

superventus, *ūs m* (*superveniō*) *das* Dazukommen. [leben [*gloriae*].

super-vīvō, *vīxī, vīctum* 3 über-

super-volitō 1 hinflattern *über* [*tecta*; *contionanti*]. [*orbem*].

super-volō 1 hinfliegen *über* [*totum*

supīnē *adv.* (*supīnus*) mit abgewandtem Gesicht. [gebeugte Stellung.

supīnitās, *ātis f* (*supīnus*) zurück-

supīnō 1 (*supīnus*) rückwärts beugen, nach oben kehren, umwühlen.

supīnus 3 (*m.* °*adv.*; *sub, super*) **1.a**) zurückgebogen, -gebeugt; auf dem Rücken liegend; °**b**) nach oben gekehrt; °**c**) (sanft) ansteigend; °**2.** rückläufig [*cursus*]; rückwärts gelesen [*carmen*]; °**3.** / **a**) stolz; **b**) müßig, lässig.

sup-paenitet, — — 2 *impers.* ein wenig Reue empfinden *über* [*illum furoris*]. [schmeicheln.

sup-palpor 1 ein wenig streicheln,

sup-pār, *paris* fast gleich(zeitig) [*huic aetati*]. [schmeicheln.

sup-parasītor 1 (als Schmarotzer)

supparum, *ī n u.* **-us,** *ī m* (*vl. gr. Lw.*) °**1.** *weibl.* Oberkleid, Bluse; (*scherzh.* = *sub-parum*) *Name für ein etw. zu kurzes Kleid*; **2.** *s. sīparum.*

suppeditātiō, *ōnis f* (*suppeditō*) Überfluß.

suppeditō 1 (*et. nicht geklärt*) **1.** (*trans.*) **a**) (hin)geben, verschaffen; **b**) P. reichlich versehen sein; **2.** (*intr.*) **a**) (*reichlich*) vorhanden sein; *vita mihi suppeditat* ich lebe noch; **b**) hin-, ausreichen *zu* [*ad cultum*]; °**c**) taugen *zu* [*labori*]; °**d**) (*impers.*) **-at** man kann [*dicere*].

sup-pēdō, — — 3 einen leisen Furz lassen.

suppernātus 3 (< **sub pernā*) (an der Hüfte) getroffen. [Beistand.

suppetiae, *acc. ās f* (*suppetō*) Hilfe,

sup-petō, *tīvī, tītum* 3 **1.** reichlich vorhanden sein, zu Gebote stehen; **2.** ausreichen *zu*, gewachsen sein, entsprechen. [bestehlen.

sup-pīlō 1 (*cf. compīlō*) stehlen;

sup-pingō, —, *pāctum* 3 (*pangō*) unten anschlagen; beschlagen.

sup-plantō 1 (*planta*[2]) **1.** ein Bein stellen [*certantem*]; °**2.** / umstoßen.

sup-plaudō 3 = *supplōdō.*

supplēmentum, *ī n* (*suppleō*) **1.** Ergänzung; **2.** (*mil. t.t.*) Verstärkung, Reserven; °**3.** / Nachhilfe.

sup-pleō, *ēvī, ētum* 2 °**1.** nachfüllen, wieder anfüllen; **2.** / **a**) ergänzen, ersetzen; °**b**) (*mil. t.t.*) auffüllen [*legiones*]; vollzählig bemannen [*remigio naves*]; °**c**) ausfüllen.

sup-plex, *icis* (*abl. sg. -ī, im daktyl. Vers -ĕ, gen. pl. meist -um*; *m. adv.*; *vl.* ⟨*sub-plăcos*; *cf. plācō*; *nicht als* „kniefällig" *zu plicō, plectō*) demütig bittend, flehentlich; *subst. m* Schutzflehender, Schützling. [Betfest; Dankfest.

supplicātiō, *ōnis f* (*supplicō*) Buß-,

suppliciter *adv. v. supplex.*

supplicium, *ī n* (*supplex*) °**1.** **a**) demütiges Bitten, Flehen, Beten *zu einer Gottheit*; öffentliches Gebet; **b**) flehentliche Bitte *zu einem Menschen*; **c**) Opfer- u. Betfest; Opfer; **2.** °**a**) *freiwillige* Buße; Sühne, Genugtuung; **b**) Strafe; **c**) Todesstrafe; **d**) Marter, Qual.

supplicō 1 (*altl. coni. pf. -cassis*; *supplex*) demütig bitten, anflehen [*huic*]; beten *zu* [*diis*].

sup-plōdō, *sī, sum* 3 (*plaudō*) aufstampfen [*pedem* mit dem Fuß].

supplōsiō, *ōnis f* (*supplōdō*) *das* Aufstampfen.

sup-pōnō, *posuī, positum* 3 (*altl. pf. posīvī*) **1.** **a**) unterlegen, -setzen, -stellen; **b**) / unterwerfen, -ordnen;

2. °a) unten anlegen, ansetzen; b) / hinzufügen; 3. a) an die Stelle setzen [*in locum, pro*]; b) unterschieben. [nachführen.

sup-portō 1 herbeitragen, -bringen,

suppositīcius 3 (*suppositus, P.P.P. v. suppōnō*) 1. jd. ablösend [*sibi*]; 2. untergeschoben, unecht.

suppositiō, *ōnis f* (*suppōnō*) *das* Unterschieben (*eines Kindes*).

suppostrīx, *īcis f* (⟨ **suppositrīx*; °*suppositor* „Unterschieber"; *suppōnō*) Unterschieberin (*eines Kindes*). [/ Nebenwind.

sup-praefectus, *ī m* Unterpräfekt;

suppressiō, *ōnis f* (*supprimō*) Unterschlagung *von Geld.* [leise.

suppressus 3 (*m. comp.*; *supprimō*)

sup-primō, *pressī, pressum* 3 °1. hinabdrücken, in den Grund bohren [*navem*]; 2. / a) aufhalten, hemmen, zum Stehen bringen; °*vocem* leise reden *od.* schweigen; b) unterdrücken; verbergen, verhehlen; unterschlagen. [meister.

sup-prōmus, *ī m* Unterkeller-

sup-pudet, — — 2 *impers. me* ich schäme mich ein wenig [*eorum*].

suppūrātiō, *ōnis f* (*suppūrō*) Eiterung.

sup-pūrō 1 (*pūs*) 1. (*intr.*) forteitern; 2. (*trans.*) zum Eitern bringen; / *P.P.P.* **suppūrātus** 3 forteiternd, -wühlend.

suppus 3 (*altl.*; *cf. supīnus*) aufrecht.

sup-putō 1 berechnen.

suprā (⟨ **superā* [*sc. parte*]; *superus*) I. *adv.* 1. (*räuml.*) a) oben, oberhalb; auf der Oberwelt; °b) darüber hervor; c) oben, vorher [*ut ~ dixi*]; °2. (*zeitl.*) vorher, (schon) früher; *~ repetere* weiter ausholen; 3. / darüber hinaus, weiter; (*nkl.*) *~ quam* mehr als; II. *prp. b. acc.* 1. (*räuml.*) a) oberhalb, über, oben auf; b) über ... hin, über ... hinweg; über ... hinaus, jenseits; 2. (*zeitl.*) vor [*hanc memoriam*]; 3. / (*v. Maß u. Rang*) a) über ... hinaus [*vires*]; °b) außer [*belli metum*].

suprā-lātiō, *ōnis f* (*ferō*) Übertreibung.

suprā-lātus 3 (*ferō*) übertrieben.

suprā-scandō, — — 3 über-

suprēmus 3 *s. superus.* [schreiten.

supter (*dcht.*) = *subter.*

Sur... (*Pl.*) = *Syr...*

sūra, *ae f* (*wohl* ⟨ **sōrā*) Wade.

surculus, *ī m* (*sūr-?*; *dem. v. surus* [*sū-?*]; *cf. schweizerisch* Schwir(r)e „Pfahl") Reis; Setzling. [taub.

surdaster, *tra, trum* (*surdus*) halb-

surditās, *ātis f* (*surdus*) Taubheit.

surdus 3 (*m.* °*comp.*, °*adv.*; *et. ungeklärt*) taub; °/ unempfindlich; lautlos, still, verschwiegen.

surgō, *surrēxī, surrēctum* 3 (⟨ **subregō*; *cf. subrigō*) °1. (*trans.*) auf-, emporrichten, erheben (?); 2. (*intr.*) a) sich erheben, aufstehen, emporsteigen; b) (*vom Redner*) auftreten; beginnen; °c) (*v. Feldherrn*) aufbrechen; 3. a) (*v. Leblosem*) sich erheben, aufsteigen, entstehen; b) (*v. der Zeit*) anbrechen; emporsteigen; °4. (heran)wachsen.

surpiculus = *scirpiculus.*

surpite, surpuit *synk. aus surripite, surripuit.*

surrēctus *s. subrēctus.*

sur-rēpō 3 = *subrēpō.* [*surgō.*

surrēxe, surrigō = *surrēxisse,*

sur-ripiō, *ripuī, reptum* 3 (*altl. coni. pf. surrepsit*; *rapiō*) heimlich wegnehmen, entwenden, stehlen; °*se -ere* sich wegschleichen; *mediopass.* sich der Strafe entziehen.

sur-rogō 1 nachwählen lassen; ** wählen, erheben [*ad sedem apostolicam*]. [= *surripiō.*

sur-rupiō, *rupuī, ruptum* 3 (*altl.*)

surruptīcius 3 (*surruptus, P.P.P. v. surrupiō*) gestohlen, geraubt.

sūrsum *u.* (*Lu.*) **-us,** *adv.* (⟨ **subsvorsom u. -os*; *vertō*; *cf. deorsum*) 1. aufwärts, in die Höhe; 2. oben, in der Höhe.

sūs¹, *suis m f* (*altl. dat. u. abl. pl. sūbus u. subus*; *cf. nhd.* „Sau") Schwein, Sau; Eber.

sus² *adv.* (⟨ **subs*; *s. sub*) aufwärts; (*sprichwörtl.*) *susque dēque* auf u. nieder; gleichgültig.

sus-cēnseō, *uī,* — 2 aufgebracht sein, zürnen.

susceptiō, *ōnis f* (*suscipiō*) Übernahme; ** Empfang.

****susceptor,** *oris m* Herbergsvater.

sus-cipiō, *cēpī, ceptum* 3 (*capiō*) 1. °a) auffangen; °b) aufrechterhalten, stützen; *kl. nur* / unterstützen; c) (*ein Kind*) vom Boden aufnehmen und anerkennen; d) (*Kinder*) bekommen *von,* zeugen *mit* [*ex concubina*]; P. geboren werden; e) aufnehmen [*in civitatem*]; (*als Schüler*) annehmen; **2.** / **a**) (*freiwillig*) auf sich nehmen; fassen [*consilium*]; **b**) unternehmen, verrichten; einschlagen [*cursum vitae*], anwenden [*severitatem*], tun [°*votum*]; **c**) auf sich laden [*scelus*]; (*Leiden u. Lasten*) erdulden, auf sich nehmen; **d**) sich herausnehmen; °**e**) erwidern, entgegnen; *sermonem* das Wort nehmen; ** *de fonte sacro* aus der Taufe heben.

sus-citō 1 °**1. a**) emportreiben, aufrichten; **b**) aufscheuchen; **2.** zum Aufstehen bringen, aufwecken; °**3.** / erwecken, erregen, antreiben; verursachen [*bellum*]; ** erzeugen; auferwecken [*cadavera*].

suspectō 1 (*intens. v. suspiciō*) hinaufsehen; / (be)argwöhnen.

suspectus¹, *ūs m* (*suspiciō¹*) *das* Hinaufblicken, Aufblick, Höhe; / Bewunderung [*honorum*].

suspectus² 3 (*m. comp.*, °*sup.*; *suspiciō¹*) beargwöhnt, verdächtig, Furcht erregend.

suspendium, *ī n* (*suspendō*) *das* Erhängen; ** *suspendio crepare* am Galgen sterben.

sus-pendō, *pendī, pēnsum* 3 **1.** auf-, erhängen; **2. a**) in die Höhe bringen, emporheben; **b**) stützen; **3. a**) schweben lassen, schwebend halten; P. schweben; °/ **b**) unentschieden lassen; **c**) unterbrechen, hemmen; **d**) auf die Folter spannen; ** (*intr.*) haltmachen; (*trans.*) suspendieren.

suspēnsūra, *ae f* (*suspendō*) schwebender Fußboden [*balneorum*].

suspēnsus 3 (*m.* °*comp.*; *suspendō*) °**1.** emporgehoben, schwebend; **2.** / **a**) abhängig *von*, beruhend *auf* [°*ex fortuna*]; **b**) ungewiß, gespannt, unentschieden; °**c**) ängstlich, furchtsam.

suspicāx, *ācis* (*m. comp.*; *suspicor*) argwöhnisch.

su-spiciō¹, *exī, ectum* 3 (*exī?*; *speciō*) **1.** (*intr.*) aufwärts sehen; **2.** (*trans.*) **a**) emporblicken *nach* [*caelum*]; / **b**) sich mit seinen Gedanken erheben *zu* [*nihil divinum*]; verehren; °**c**) beargwöhnen; *kl. nur P.P.P. adi.; s. d.*

su-spīciō², *ōnis f* (< **suspēciō*; *cf. speciō*) **1.** Argwohn, Verdacht, *pl.* Verdachtsgründe; °*in -e esse* verdächtig sein; °*in -em adducere* verdächtig machen; *in -em venire, cadere, vocari* verdächtig werden; *-em habere* Verdacht hegen [*de*]; in dem Verdachte stehen [*regni appetendi*]; **2.** Vermutung, Ahnung.

suspīciōsus 3 (*m. sup., adv.*; *suspīciō²*) **1.** argwöhnisch, mißtrauisch; **2.** verdächtig.

su-spicor *u.* (*altl.*) **-ō** 1 (< **suspecor*; *cf. speciō*) argwöhnen, Verdacht hegen; vermuten, ahnen.

suspīrātiō, *ōnis f u.* **-tus**, *ūs m* (*suspīrō*) tiefer Atemzug, Seufzen.

suspīritus, *ūs m* (*suspīrō*; *cf. spīritus*) tiefes Atemholen, Seufzen.

suspīrium, *ī n* (*suspīrō*) **1. a**) tiefes Aufatmen, Seufzer; °/ Liebes(seufzer); °**b**) Keuchen, Atembeklemmung; °**2.** Atem(holen).

su-spīrō 1 **1.** (*intr.*) **a**) tief aufatmen; seufzen; °**b**) schmachten *nach* [*in alqo, in alqam*]; °**2.** (*trans.*) sich sehnen *nach* [*alios amores*].

susque dēque *adv. s. sus²*.

sustentāculum, *ī n* (*sustentō*) Stütze; / Halt.

sustentātiō, *ōnis f* (*sustentō*) **1.** Aufschub; °**2.** (*rhet. t.t.*) Spannung.

sustentō 1 (*intens. v. sustineō*) **1.** °**a**) emporhalten; **b**) / aufrecht erhalten, (unter)stützen; *mediopass.* sich trösten *mit* [*litteris*]; **2.** unter-, erhalten, ernähren; **3. a**) aushalten, ertragen; (*abs.*) sich behaupten; °**b**) aufhalten, hemmen; **c**) hinhalten, verschieben, verzögern.

sus-tineō, *nuī, tentum* 2 (*teneō*) **1. a**) empor-, (aufrecht)halten, nicht sinken lassen; **b**) stützen, tragen; **2. a**) ertragen, auf sich nehmen, leisten; °*personam* eine Rolle spielen; **b**) (*abs.*) sich halten, sich behaupten; **c**) übers Herz bringen; **3. a**) bewahren, behaupten; **b**) ernähren, unterhalten; **4. a**) zurückhalten, hemmen; *se -ere* sich enthalten [*a respondendo*]; **b**) verzögern, verschieben.

sus-tollō, — — 3 **1.** emporheben; aufnehmen [*amiculum*]; hoch aufrichten; **2.** wegnehmen.

sūsum *adv.* (*vulgär*) = *sūrsum*.

susurna = *sisura*.

susurrātor, *ōris m* (*susurrō*) Flüsterer.

susurrō 1 (*susurrus*) **1.** (*intr.*) flüstern, summen, zischeln; **2.** (*trans.*) summen, leise singen [*cantica*].

susurrus¹, *ī m* (*Schallwort*; *cf. nhd.* „surren") °**1.** Surren, Säuseln; **2.**

Flüstern, Zischeln; °*pl.* Flüsterreden, *auch personif.*
susurrus² 3 (*susurrus¹*) flüsternd.
sūtēla, *ae f* (*suō*) Lügengewebe.
sūtilis, e (*suō*) zusammengenäht; geflochten; *rosa* Rosenkranz.
sūtor, *ōris m* (*suō*) Schuster.
sūtōrius 3 (*sūtor*) Schuster...; *subst.* ~, *ī m* ehemaliger Schuster.
sūtrīnum, *ī n* (*sūtrīnus*) Schusterhandwerk. [berna].}
sūtrīnus 3 (*sūtor*) Schuster... [ta-}
sūtūra, *ae f* (*suō*) Naht.
suus 3 *pron. poss. refl. der 3. Pers.* (*altl. sovos* < **sevos*; *cf. suī*) **1.** sein, ihr; **2.** eigen(tümlich), zukommend, angemessen, gehörig, üblich, schicklich; -*o iure* mit vollem Rechte; **3.** günstig, vorteilhaft, passend, erwünscht, angenehm; -*o loco pugnare* auf günstigem Terrain kämpfen; **4.** sein eigener Herr, selbständig; *subst.* **suī,** *ōrum m die* Seinigen, Ihrigen; *die* Angehörigen, Freunde, Anhänger; seine Leute; **suum,** *ī n das* Seinige, Ihrige; sein Eigentum; *suum illud* sein Grundsatz.
Sybaris, *is f gr. St. in Lukanien am gleichnamigen Fl.* (*m*), *wegen Pflege feiner Küche u. Schlemmerei bekannt, 510 zerstört, unter dem Namen Thūriī wieder aufgebaut*; °*adi.* **-rīticus** 3 *auch* obszön.
sȳcophanta, *ae m* (*gr. Fw., wohl aus kleinasiatischer Sprache stammend*) gewinnsüchtiger Ankläger, Ränkeschmied; Schmarotzer. [trügerei.}
sȳcophantia, *ae f* (*gr. Fw.*) Be-}
sȳcophantiōsē *adv.* (*sȳcophantia*) auf betrügerische Weise. [huic].}
sȳcophantor 1 (*gr. Fw.*) betrügen}
syllaba, *ae f* (*gr. Fw.* „Zusammensetzung") Silbe; °*pl.* Verse, Gedichte. [weise.}
syllabātim *adv.* (*syllaba*) silben-}
syllogismus, *ī m* (*gr. Fw.*) (logischer) Schluß, Syllogismus.
syllogisticus 3 (*gr. Fw.*) zum Syllogismus gehörig; ** -*a ars* Logik.
symbola, *ae f* (*gr. Fw.*) Geldbeitrag (*zu gemeinsamer Tafel*); / *pl.* (*scherzh.*) Tracht Prügel.
symbolus, *ī m u.* **-um,** *ī n* (*gr. Fw.*) Marke, Kennzeichen; ** Symbol; Sinnbild; Glaubensbekenntnis.
sympathīa, *ae f* (*gr. Fw.*) natürliche Übereinstimmung; Sympathie.
symphōnia, *ae f* (*gr. Fw.*) °**1.** Harmonie; **2.** Instrumentalmusik, Konzert; **3.** Kapelle; ** Blas-, Schlag-, Saiteninstrument; Akkord.
symphōniacus 3 (*gr. Fw.*) musikalisch; *subst.* ~, *ī m* Musikant (*pl.* Musikkapelle).
symplegma, *atis n* (*gr. Fw.*) wollüstige Verschlingung.
symposion *u.* **-um,** *ī n* (*gr. Fw.*) Gastmahl; ♀ *Titel eines Platonischen Dialoges.*
****synagoga,** *ae f* Synagoge; / der alte Bund; *die* Juden.
synalīphē, *ēs f* (*gr. Fw.*) Synalöphe, Verschmelzung zweier Silben (*durch Kontraktion, Krasis od. Elision*). [den.}
****syncopo** 1 verkürzen, beschnei-}
synecdochē, *ēs f* (*gr. Fw.*; *rhet. t.t.*) Gebrauch eines Teils für das Ganze *u. umgekehrt.*
synedrus, *ī m* (*gr. Fw.*) Beisitzer *eines Kollegiums* (*in Makedonien*).
syngrapha, *ae f* (*gr. Fw.*) Handschrift; Schuldschein. [Reisepaß.}
syngraphus, *ī m* (*gr. Fw.*) Vertrag;}
****synodalis,** e zur Synode gehörig.
****synodus¹,** *i f* Versammlung, Konzil. [brasse (*Seefisch*).}
synodūs², *dontis m* (*gr. Fw.*) Zahn-}
synthesina, *ae f* (*sc. vestis*; *synthesis*) = *synthesis* 2.
synthesis, *is f* (*gr. Fw.*) **1.** Tafelaufsatz; **2.** Hauskleid; Schlafanzug.
syntonum, *ī n* (*gr. Fw.*) *Musikinstrument* (= *scabellum*).
Syrācūsae, *ārum f* (*gr.* -kūsai) *St. auf Sizilien, j.* Siracusa; *adi.* -*cūsius u.* -*cosius* 3; *adi. u. Einw.* -*cūsānus* (3).
Syrī, *ōrum m die* Syrer; (*sg.* **-us,** *ī m meist Sklavenname*); *adi.* -*r(i)us u.* -*riacus* 3; *subst.* **-riscus,** *ī m u.* **-a,** *ae f männl. u. weibl. Eigenname* (*Sklavenname*); **Syria,** *ae f* (*gr.* -riā) **1.** *das Land* Syrien; **2.** *das* Seleukidenreich; **3.** Assyrien.
sȳrinx, *ingis f* (*gr. Fw.*) Rohr; ♀ *in ein Rohr verwandelte Nymphe.*
syrma, *atis n* (*gr. Fw.*) Schleppkleid (*der Tragöden*); / Tragödie.
Syrtis, *is f* Syrte (*Sandbank im Meer*); *maior u. minor* Große u. Kleine S., *Meeresbuchten an der Nordküste Afrikas mit sandigen Gestaden*; / sandige Küstengegend den S. gegenüber; *adi.* -*ticus* 3.
****systema,** *atis n* System; / Akkord.

T

T. (*Abk.*) **1.** = *Titus*; **2.** = *tribūnus.*
tabella, *ae f* (*dem. v. tabula*) °**1.** Brett (-chen); Täfelchen; **2.** aus einem Brett gefertigter Gegenstand: °**a**) Spielbrett; °**b**) Votiv-, Gedächtnistäfelchen; °**c**) Fächer; **d**) Bildchen; **e**) Schreibtafel; Schreiben, Schrift; Briefchen; Kontrakt, Schuldschein; Urkunde; **f**) Stimmtäfelchen; °**3.** flacher Kuchen.
tabellārius 3 (*tabella*) **1.** die Abstimmung betreffend; **2.** einen Brief betreffend; °*navis* Postschiff; *subst.* **~,** *ī m* Briefbote.
tābeō, — — 2 (*cf. nhd.* „tauen") **1.** (zer)schmelzen; schwinden; **2.** triefen.
taberna, *ae f* (< **traberna*; *trabs*) °**1.** Bretterbude; Hütte; **2.** Laden; Werkstätte; **3.** Wirtshaus; **4.** Bogen(gang) im Zirkus.
tabernāc(u)lum, *ī n* (*taberna*) Hütte, Bude; Zelt; Beobachtungszelt *des Augurs*; ** Stiftshütte; Sakramentshäuschen.
****tabernalis curia** Weinschenke.
tabernārius, *ī m* (*taberna*) Krämer; ** Schenkwirt.
tabernula, *ae f* (*dem. v. taberna*) [Kramladen.
tābēs, *is f* (*tābeō*) °**1.** Fäulnis, Verwesung; °**2.** Jauche, Schlamm; / **3. a**) Schwindsucht; °**b**) Pest, Seuche; **4.** Gift; Verderben; Gram.
tābēscō, *buī,* — 3 (*incoh. v. tābeō*) schmelzen, zergehen, sich zersetzen; verwesen; / (hin)schwinden, dahinsiechen; verschmachten, sich abhärmen.
tābidulus 3 (*dem. v. tābidus*) ab- [zehrend.
tābidus 3 (*tābeō*) **1.** schmelzend, vergehend; **2.** (ver)zehrend.
tābi-ficus 3 (*tābeō, faciō*) verzehrend; / aufreibend.
tabula, *ae f* (*cf. tellūs, nhd.* „Diele") **1.** Brett, Tafel; **2.** aus einem Brett *od.* brettartig gefertigter Gegenstand: °**a**) Spielbrett, Brettspiel; °**b**) Votivtafel; **c**) Gemälde, Bild; **d**) Gesetztafel; **e**) Auktionstisch; **f**) Proskriptionstafel, -liste; **g**) Landkarte; **h**) Wechslertisch; °**i**) Schreib-, Rechentafel; **3.** Niederschrift *jeder Art*: **a**) Schreiben, Schrift, Abschrift; Brief; Liste; Protokoll; **b**) Stimmverzeichnis, öffentliche Zensusliste; **c**) Urkunde; Kontrakt; *-ae* (*testamenti*) Testament; **d**) Schuldverschreibung; **e**) Rechnungs-, Haupt-, Schuldbuch; **f**) *-ae* (*publicae*) Staatsurkunden, -archiv; öffentl. Schuldbuch.
tabulārium, *ī n* (*tabula*) Archiv.
tabulārius, *ī m* (*tabula*) Vorsteher des Archivs; Rechnungsführer.
tabulātiō, *ōnis f* (*tabula*) Täfelung; Gebälk; Stockwerk.
tabulātus 3 (*tabula*) mit Brettern belegt, getäfelt; *kl. nur subst.* **-um,** *ī n* Bretterboden; Stockwerk.
tābum, *ī n* (*tābeō*) Jauche, Eiter; Gift; Pest, Seuche.
taceō, *uī, itum* 2 (*cf. ahd.* dagēn „schweigen") **1.** (*intr.*) schweigen; °/ sich ruhig verhalten; **2.** (*trans.*) verschweigen; (*part. praes.*) °*adi.* **tacēns,** *entis* still, lautlos.
taciturnitās, *ātis f* (*taciturnus*) Verschwiegenheit; Stillschweigen.
taciturnus 3 (*taceō*; *wohl nach nocturnus gebildet*) schweigsam, wortkarg; °/ still, leise.
tacitus[1] 3 (*m. adv.*; *taceō*) **1.** (*act.*) **a**) stillschweigend; **b**) stumm, ruhig, lautlos; in Gedanken versunken; **2.** (*pass.*) **a**) verschwiegen, unerwähnt; **b**) stillschweigend ertragen; **c**) heimlich, unbemerkt, im stillen; °*subst.* **-um,** *ī n* Stille, ruhiger Lauf; Geheimnis.
Tacitus[2], *ī m röm. cogn.*: *P. Cornēlius ~, Historiker* (*etwa 55-120 n. Chr.*).
tāctilis, e berührbar.
tāctiō, *ōnis f* (*tangō*) °**1.** Berührung; **2.** / Tastsinn, Gefühl.
tāctus, *ūs m* (*tangō*) **1.** Berührung; **2.** / **a**) Tastsinn, Gefühl; **b**) Wirkung, Einfluß; °**c**) Berührbarkeit.
taeda, *ae f* (*vl. gr. Lw. durch etr. Vermittlung*) **1.** °**a**) Kiefer, Fichte; *pl.* Fichtenwald; **b**) Kien(holz); °**c**) Schiffsboden; **2. a**) Fackel; °**b**) Hochzeitsfackel; / Hochzeit, Ehe; Liebe, Geliebte; **3.** Marterwerkzeug; ** Harz.
taedet, *uit u. taesum est* 2 (*cf. taeter*) *impers.* Ekel empfinden, überdrüssig sein [*me vitae*].

taedi-fer, *era, erum* (*taeda, ferō*) fackeltragend.

taedium, *ī n* (*taedet*) Ekel, Überdruß, Widerwille.

Taenarus, *ī m u.* **-um,** *ī n* (*gr.* Tainaros, -on) *Vorgeb. u. St. in Lakonien; j.* Kap Matapan; *nahe Höhle galt als Eingang in die Unterwelt; adi.* -rius 3 *auch* unterweltlich; *-ris, idis f, subst.* Helena.

taenia, *ae f* (*gr. Fw.*) (Kopf-)Binde.

taeter, *tra, trum* (*m. comp., sup., adv.; cf. taedet*) häßlich, garstig, ekelhaft; / abscheulich.

tagāx, *ācis* (*tangō*) diebisch.

tagō (*altl.*) = *tangō.*

tālāris, e (*tālus*) bis an die Knöchel reichend; *subst.* **-ria,** *ium n* °**1.** Knöchelteile; **2.** Flügelschuhe; °**3.** langes Gewand, Talar; °**4.** Marterwerkzeug.

tālārius 3 (*tālus*) in langem Gewande; *ludus* derbe Tanzposse.

talassiō, *ōnis u.* **-as(i)us,** *ī m* (*wohl Fw., vl. etr.*) *altröm. Hochzeitsruf;* Beischlaf; ♀ *Hochzeitsgott, dem Hymēn gleichgesetzt.*

tālea, *ae f* (*et. ungeklärt*) Stab; Spitzpfahl; Eisenstäbchen, Barren.

talentum, *ī n* (*gen. pl. meist -um; gr. Fw.*) Talent (*als gr.* °*Gewicht* $^1/_2$ *Zentner, als Geldsumme* [*attisches T.*] *etwa 5000 Mark*); ** *auch* = Mark.

tāliō, *ōnis f* (*et. umstritten; jur. t.t.*) Wiedervergeltung eines Körperschadens.

tālis, e (*m.* °*adv.; pron. Stamm* *to- „der"; *cf. tam, tum, is-te*) **1.** solcher, so beschaffen, derartig; *talis ... qualis* ein solcher ... wie; **2. a**) so groß, so ausgezeichnet; **b**) so schlecht; so verwerflich; °**3.** folgender.

tālitrum, *ī n* (*tālus*) *das* Schnalzen mit den Fingern.

talpa, *ae m, später f* (*et. ungedeutet*) Maulwurf.

tālus, *ī m* (< **taxlos; cf. taxillus*) **1.** Knöchel; Ferse; **2.** / (*länglicher*) Würfel (*m. zwei runden unbezeichneten u. vier flachen bezeichneten Flächen; cf. tessera*).

tam[1] (*acc. sg. f des pron. Stammes* *to- „der"; *cf. tum, tālis; oft in Korrelation m. quam; urspr. auch zeitl.* [*cf. tandem, quando*]; *meist b. adi. u. adv.*) so, so sehr, so weit, in dem Grade; *quam ... ~* wie ... so, je ... desto [*magis*]; *~ ... quam* so (sehr) ... wie; *non ~ ... quam* nicht sowohl ... als vielmehr.

tam[2] (*altl.*) = *tamen.*

tam-diū *adv.* **1.** (nur) so lange; **2.** sehr lange; °**3.** seit so langer Zeit.

tamen *adv.* (*adversative Partikel; wohl zu tam*) **1.** doch, dennoch, jedoch, gleichwohl (*verstärkt durch at, sed, verum*); *neque ~* doch nicht; **2.** doch wenigstens; *si non ... (at) ~* wenn nicht ... so doch wenigstens; °**3.** doch endlich; °**4.** *si ~* wenn dennoch, jedoch nur wenn; *nisi ~* wenn nicht etwa.

tamendem *adv.* (*altl.*) = *tamen* (?).

tamen-etsī *ci.* = *tametsī.*

Tamesis, *is u.* **-sa,** *ae m* Themse.

tam-etsī *ci.* obgleich, obschon; (*korrektiv*) indes, jedoch.

tamine (*altl.*) = *tam-ne* (*ne*[4]).

tam-quam **1.** *adv.* so wie, gleichsam; **2.** *ci. m. coni.* = *tamquam sī* (gleich)wie wenn, als ob.

Tanagra, *ae f St. in Böotien; adi.* -*graeus* 3.

Tanais, *idis u. is m Flußname:* **1.** *der* Don; **2.** = *Iaxartes, j.* Syr-Darja; **3.** *Fl. in Numidien.*

tandem *adv.* (< **tam-dem; eigtl.* „gerade damals"; *cf. tam, īdem*) **1.** endlich, zuletzt; endlich einmal; **2.** (*b. Fragewörtern*) in aller Welt, denn eigentlich [*quis ~? quousque ~?*]; °**3.** (*zum Abschluß v. Aufzählungen*) schließlich, kurz.

tangō, *tetigī, tāctum* 3 (*Stamm tag-; cf. tagō, tagāx*) **1. a**) be-, anrühren, anfassen; **b**) betreten, erreichen; **c**) angrenzen *an* [*locum*]; **d**) wegnehmen [*de praeda*]; °**e**) essen, genießen; °**f**) sich machen *an* [*opus*]; °**2. a**) berühren *mit;* **b**) benetzen [*aquā*]; beräuchern; bespritzen; färben; **3. a**) treffen, schlagen [*fulmine, de caelo tactus*]; **b**) sich vergreifen *an* [*matronam*]; **c**) töten; **4.** (*geistig*) rühren, bewegen, ergreifen, einen Eindruck machen [*me*]; **5.** erwähnen, anführen; °**6.** betrügen; anführen, necken.

tan-quam = *tamquam.*

Tantalus, *ī m* (*gr.* -os) *Sohn des Zeus, König in Phrygien, leidet zur Strafe für seine Frevel ewige Qualen des Hungers u. des Durstes in der Unterwelt; adi.* -leus 3; *subst.* **-lidēs,** *ae m* Tantalide (*Pelops, Agamemnon, Orestes; fratres -ae Atreus* *u. Thyestes*); **-lis,** *idis f* Tantalidin (*Niobe, Hermione, Helena*).

tantillus 3 (*dem. v. tantus*) so klein; *subst.* **-um,** *ī n* so wenig.

tantīsper *adv.* (*-ī-?; wohl < abl. tantīs + -per; s. per* II; *cf. paulīsper*) so lange; unterdessen.

tantopere *adv.* (*auch getr. tantō opere*) so sehr, in dem Grade.

tantulus 3 (*dem. v. tantus*) so klein, so gering, so wenig; *subst.* **-um,** *ī n* solche Kleinigkeit; nur soviel.

tantus 3 (*< *tamtos; cf. tam, quantus*) **I.** *adi.* **1.** so groß, so bedeutend; **2.** so stark, so viel; ~ °*natu* so alt; **3.** nur so groß, so gering, so klein; **II.** *subst.* **tantum,** *ī n* (*nom., acc.*) **1. a)** so Großes, so viel(es); *-um °temporis* so lange Zeit; *alterum -um* noch einmal soviel; **b)** nur so viel, solche Kleinigkeit, so wenig; °**c)** *in -um* so weit, so sehr; **2. tantī** (*gen. pretii*) für solchen Preis, so hoch, so teuer; *-i esse* so viel wert sein (gelten, kosten); *-i mihi est* es ist mir schon recht, lohnt sich für mich der Mühe; **3. tantō** (*abl. mens.*) um soviel, desto; *-o ante* so lange vorher; *quanto ... tanto* je ... desto; **III.** *adv.* **tantum 1.** so weit, so sehr, so viel; viel; °**2.** *non -um ... sed (etiam)* nicht nur ... sondern (auch); **3.** nur, bloß, nur so; **tantum-modo** nur, lediglich; °**tantum nōn** beinahe; **tantum quod** nur weil, kaum daß, eben erst, gerade; *tantum quod non* nur daß nicht; ** *tanti* so viele (= *tot*); *(si) tantum = dummodo* wenn nur.

tantus-dem, *tanta-dem, tantum-dem u. tantun-dem* (*cf. ī-dem*) ebensogroß, -hoch; *kl. nur: subst.* **tantundem** *n* ebensoviel [*viae*]; **tantīdem** (*gen. pretii*) ebensoviel, ebenso teuer; *adv.* **tantundem** ebensoweit.

(**tapēs**), *ētis m,* **tap(p)ēte,** *is n u.* **tap(p)ētum,** *ī n* (*gr. Lw., wohl iranischer Herkunft*) Teppich, Decke; ** *tapetum, i n* Wandteppich, Tapete.

tardēscō, *uī,* — 3 (*incoh. zu tardus*) langsam werden, sein.

tardi-gradus 3 (*tardus, gradior*) langsam schreitend.

tardi-loquus 3 (*tardus, loquor*) langsam redend.

tardi-pēs, *pedis* (*tardus*) lahm, hinkend.

tarditās, *ātis f* (*tardus*) **1. a)** Langsamkeit; **b)** Verzögerung; **c)** ruhiger Gang *der Rede*; **2.** / geistige Trägheit, Stumpfheit.

tarditūdō, *inis* (*vkl.*) *f = tarditās.*

tardiusculus 3 (*m. adv.; dem. v. tardior, comp. v. tardus*) etwas langsam; / etwas schwer von Begriff.

tardō 1 (*tardus*) **1.** (*trans.*) verzögern, aufhalten, hemmen; entkräften; **2.** (*intr.*) säumen, zögern.

tardus 3 (*m. comp., °sup., adv.; et. unklar*) **1. a)** langsam, säumig, träge; °**b)** lange dauernd; **c)** spät (eintretend), zögernd; °**2.** hemmend, lähmend; **3.** / **a)** geistig langsam, dumm; °**b)** bedächtig; **c)** gemessen [*stilus*].

Tarentum[1], *ī n* (*gr.* Tarās, *acc.* Taranta) *St. in Kalabrien, 708 v. den Spartanern gegründet, j.* Taranto; *adi. u. Einw. -tīnus* (3).

Tarentum[2], *ī n* (*auch Terentum; vl. etr. od. illyr. Fw.*) *Kultstätte auf dem Marsfeld in Rom*; *adi. -tīnus* 3.

tarmes, *itis m* (*terō*) Holzwurm.

Tarpēia, *ae f* (*wohl etr. Fw.*) *nach der Sage Tochter des Tarpēius, ī m, verriet die röm. Burg an die Sabiner*; *adi. -ēius* 3; *mons -us Steilabhang des Capitolinus, v. dem Hochverräter herabgestürzt wurden*; *arx -a* Kapitol.

tarpessīta (*-ezīta*), *ae m = trapezīta.*

Tarquiniī, *ōrum m St. in Etrurien, Heimat des gleichnamigen urspr. etr. Königsgeschlechtes in Rom*; *adi. -ius* 3; *subst.* **-ius,** *ī m Name der beiden Könige L. Tarqu. Prīscus u. L. Tarqu. Superbus sowie des Gemahls der Lucretia, des L. Tarqu. Collātīnus, u. des Sohnes des Superbus, des Sex. Tarqu.*; *adi. u. Einw. -niēnsis* (e).

Tarracīna, *ae u.* **-ae,** *ārum f St. in Latium, vorher Anxur, j.* Terracina; *adi. u. Einw. -cīnēnsis,* (e).

Tarracō, *ōnis f Küstenst. im nö. Spanien, j.* Tarragona; *adi. u. Einw. -cōnēnsis,* (e).

Tartarus, *ī m u.* **-a,** *ōrum n* (*gr. -os u. -a*) Unterwelt; *adi. -reus* 3; ** Hölle; *coloni -rei* Dämonen.

tat, tatae *int.* (*cf. attat, attatae*) he! ei! potz Wetter!

tata, *ae m* (*Lallwort*) Vater; Ernährer.

Tatius, *ī m Sabinerkönig (vollständig Titus ~), später Mitregent des Romulus; adi.* ~ 3.
taureus 3 (*taurus*) Rinds...; -*eī terga* Rinderhäute; / Pauke; *subst.* **-ea,** *ae f* Ochsenziemer.
Taurī, *ōrum m skythisches Volk auf der Krim; adi. -icus* 3.
tauri-fōrmis, e (*taurus, fōrma*) in Stiergestalt.
taurīnus 3 (*taurus*) Stier...
taurus, *ī m* (*cf. gr.* tauros; *wohl nicht m. nhd.* „Stier" *verwandt; vl. zu tumeō*) **1.** Stier (°*auch als Sternbild*); °**2.** Baumwurzel.
taxātiō, *ōnis f* (*taxō*) Schätzung.
taxillus, *ī m* (*dem. v. tālus*) kleiner Würfel.
taxō 1 (*frequ. v. tangō; zu P.P.P.* **taxus* = *tāctus*) (durch Betasten) abschätzen; / sticheln, durchhecheln.
taxus, *ī f* (*wohl gr. Lw. skythischer* [*Herkunft*]) Taxus, Eibe.
tē¹ *acc. u. abl. v. tū.*
-te² *Suffix, verstärkend an pron. angehängt* [tute].
tech(i)na, *ae f* (*gr. Fw.*) listiger Streich; ** Betrug; Methode.
technicus, *ī m* (*gr. Fw.*) Lehrer der Kunst, Techniker.
technophyon *od.* **-nyphion** (*gr. Fw.*) „kleines Kunstwerk") *Wohnhaus des Augustus in der Nähe v. Rom.*
tēctor, *ōris m* (*tegō*) Wand-, Freskomaler, Stuckarbeiter.
tēctōriolum, *ī n* (*dem. v. tēctōrium*) Stuckarbeit.
tēctōrius 3 (*tēctor*) °**1.** zum Dachdecken dienlich; **2.** zur Stuckarbeit dienlich; *opus -um u. subst.* **-um,** *ī n* Stuckarbeit, Wandmalerei; °/ Schönheitsmittel.
Tectosagēs, *um u.* **-sagī,** *ōrum m kelt. Volk in der Provence; ein Teil v. ihm nach Galatien ausgewandert; cf. Volcae.*
tēctum, *ī n* (*tegō*) **1.** Dach; **2. a**) Zimmerdecke; °**b**) Betthimmel; **3.** / Obdach, Haus, Wohnung (Tempel, Grotte, Höhle *u.a.*).
tēctus 3 (*m. comp., sup., adv.*; tegō) **1.** ge-, bedeckt; **2.** überdacht; **3.** / **a**) versteckt; geheim, heimlich; **b**) geschützt, gesichert; **c**) heimtückisch; **d**) zurückhaltend, vorsichtig; **e**) verblümt [*sermo*].
tēd *s. tū.*
teges, *etis f* (*tegō*) Decke, Matte.
tegeticula, *ae f* (*u. -ĭ-?; dem. v.* teges) Deckchen, kleine Matte.
tegillum, *ī n* (*dem.; cf.* teges) kleine Decke.
teg(i)men, *inis n u.* **-mentum,** *ī n* (*tegō*) Bedeckung, Decke, Hülle; Bekleidung, Dach; / Schutz, Schirm.
tegō, *tēxī, tēctum* 3 (*cf. nhd.* „Dach; decken") **1.** (be)decken; **2.** °**a**) bekleiden; °**b**) bestatten; **c**) verstecken; **3.** / **a**) verheimlichen; **b**) schützen, verteidigen; **c**) beschönigen.
tēgula, *ae f* (*tegō*) **1.** Dachziegel; *pl.* Ziegeldach; °**2.** *pl.* Deckplatten (*aus Marmor od. Kupfer*).
tegumen, -mentum = *tegi...*
tegus, *oris n* (*-ē-?; altl.*) = *tergus*².
tēla, *ae f* (< **texlā; texō*) **1. a**) Gewebe; °Spinngewebe; **b**) / *das* Ersonnene; Anschlag; °**2. a**) Aufzug *des Gewebes,* Kette; **b**) Webstuhl, -schiffchen; **c**) *pl.* Webekunst.
Telamō(n), *mōnis m* (*gr.* -mǫn) *Sohn des Aeacus, Vater v. Aiax u. Teucer; adi. -mōnius* 3; *subst.* **-mōnius,** *ī u.* **-mōniadēs,** *ae m* Sohn des ~.
Tēlemachus, *ī m* (*gr.* -os) *Sohn des* [*Odysseus.*]
tēlinum, *ī n* (*gr. Fw.*) kostbare Salbe (*urspr. aus Bockshornklee*).
tellūs, *ūris f* (*cf. tabula, nhd.* Diele") **1.** *die* Erde; **2.** ♀ *alte Göttin des Saatfeldes;* Mutter Erde; °**3. a**) Erdboden, Erdoberfläche; **b**) Grund und Boden; **c**) Grundstück; **d**) Land(schaft), Reich, Gebiet, Gegend; **4.** Fußboden.
****teloneum,** *i n* Zoll; Zollhaus.
tēlum, *ī n* (*entweder zu tendō* „zielen *nach" od. als* „Gedrechseltes" *zu texō*) **1.** Wurf-, Fernwaffe, Geschoß; **2.** Angriffswaffe; Schwert, Dolch; °**3.** / **a**) Waffe; **b**) Sonnenstrahl; Blitz; **c**) = *mentula*; **4.** Hilfsmittel, Antrieb.
temerārius 3 (*m.* °*adv.*; *temere*) °**1.** zufällig; **2.** unbesonnen, unüberlegt; verwegen.
temere *adv.* (*eigtl.* „im Dunkeln"; *abl. v. *temos, eris n* „Dunkelheit"; *cf. tenebrae*) zufällig, aufs Geratewohl, planlos; grundlos; (so) ohne weiteres; *non* ~ nicht leicht, kaum; °*haud* ~ *est* da steckt etwas dahinter.
temeritās, *ātis f* (*temere*) **1.** Zufall, Ungefähr; **2.** Unbesonnenheit, Leichtfertigkeit, Verwegenheit.

temerō 1 (*eigtl. relig. t.t.* „sich unvorsichtig dem Heiligen nähern"; temere) beflecken, entweihen.

tēmētum, ī *n* (*cf.* tēmulentus, *nhd.* „dämlich" *eigtl.* „betäubt") berauschendes Getränk, Met, Wein.

temnō, mpsī, mptum 3 (< *temb-nō „mit Füßen treten"; *cf. nhd.* „stampfen") verachten, verschmähen.

tēmō, ōnis *m* (*cf. nhd.* „Deichsel") **1. a**) Deichsel; °**b**) Pflugbaum; °**2.** / Wagen (*als Gestirn*).

Tempē *indecl. n pl. ber. Tal des unteren Peneus in Thessalien*; °/ romantisches Tal.

temperāmentum, ī *n* (temperō) °**1.** richtige Mischung; **2.** / °**a**) rechtes Maß; Mäßigung; **b**) Mittelweg.

temperāns, antis (*m.* °*comp.*, *sup.*, *adv.*; temperō) enthaltsam.

temperantia, ae *f* (temperāns) *das* Maßhalten; Selbstbeherrschung.

temperātiō, ōnis *f* (temperō) richtige Mischung; / zweckmäßige Einrichtung; ordnendes Prinzip.

temperātor, ōris *m* (temperō) Ordner, Gestalter.

temperātūra, ae *f* (temperō) richtige Mischung.

temperātus 3 (*m. comp.*, *sup.*, *adv.*; temperō) gemäßigt, mild; / mäßig; ruhig, besonnen.

temperī *adv.* (°*vereinzelt* -re; *erstarrter loc. v.* tempus²) zeitig, zu rechter Zeit; *comp.* temperius zeitiger.

temperiēs, ēī *f* (temperō) rechte Mischung; milde Wärme.

temperō 1 (*eigtl.* „eine Abmessung vornehmen"; tempus) **1.** (*trans.*) **a**) gehörig einrichten, ordnen; °**b**) richtig mischen [vinum]; °**c**) richtig wärmen, kühlen; / **d**) richtig leiten, regieren, zügeln; **e**) mit Maß gebrauchen, besänftigen, lindern; **2.** (*intr.*) °**a**) Maß halten, sich mäßigen [in amore]; **b**) (*m. dat.*) mäßigen, mit Maß gebrauchen, Einhalt tun [sibi, irae]; schonen [templis]; **c**) (*m.* ab) sich fernhalten, sich enthalten [a lacrimis, °risu].

tempestās, ātis *f* (tempus) **1.** Zeitlage, -punkt, -abschnitt, -umstände; Frist; **2. a**) Witterung, Wetter; **b**) Unwetter, Gewitter, Sturm; **3.** / **a**) Ansturm; **b**) stürmische Zeit, Unruhe; **c**) (*v. Personen*) Vernichter, Störer; °**4.** ♀ **-tātēs,** um *f* Sturmgöttinnen.

tempestīvitās, ātis *f* (tempestīvus) rechte Zeit.

tempestīvus 3 (*m.* °*comp.*; *adv.* **-ē** *u.* [*dcht.*] **-ō**; *altl.* tempestus „rechtzeitig"; tempus) **1. a**) zeitgemäß, rechtzeitig; **b**) / geeignet, günstig, passend; **2. a**) reif; (*dcht.*) *m. u. ohne* viro mannbar; **b**) zu früh beginnend, üppig [cena]; **3.** *subst.* °**-um,** ī *u.* **-a,** ōrum *n* rechter Zeitpunkt, günstige Gelegenheit.

****templarius,** ī *m* Tempelherr.

templum, ī *n* (*et. u. in der Bedeutungsentwicklung umstritten*; *wohl urspr.* „umspannter Raum") °**1.** Beobachtungskreis (*d.h. vom Augur mit dem* lituus *am Himmel u. auf der Erde abgegrenzter Bezirk zur Beobachtung des Vogelflugs*); **2. a**) Ort, von dem man etwas überschauen kann; hoc omne templum Weltall; °**b**) Anhöhe; weiter Raum; **3.** *jeder abgegrenzte* geweihte Bezirk; Heiligtum, Tempel(-zelle); ** Kloster, Kirche; Tempelorden.

temporālis, e (tempus) eine Zeit während; ** vergänglich, weltlich.

temporārius 3 (tempus) **1.** den Umständen angepaßt; **2.** vorübergehend; wetterwendisch.

temporī *adv.* = temperī.

temptābundus 3 (temptō) umhertastend.

temptāmen, inis *u.* **-mentum,** ī *n* (temptō) Versuch; Versuchung.

temptātiō, ōnis *f* (temptō) °**1.** Probe, Versuch; **2.** Anfall (*einer Krankheit*).

temptātor, ōris *m* (temptō) Versucher.

temptō 1 (*frequ. zu einem Stamm* *temp- „spannen, tastend ausstrecken"; *cf.* tempus, templum; *früh als intens. v.* tendō *empfunden u. daher* tentō *geschrieben*) **1. a**) betasten, befühlen, berühren; °**b**) venas den Puls zählen; **2.** °**a**) streben *nach*, erspähen [auxilium]; **b**) (*feindl.*) angreifen; befallen [morbo -ri]; **c**) untersuchen, prüfen; auszuforschen suchen; **d**) in Versuchung führen; beunruhigen.

tempus¹, oris *n* (*wahrsch. als* „Spannung *durch die schlagende Arterie*" *zum Stamm* *temp- „spannen" *u. m.* tempus² *identisch*) *meist pl.* Schläfe; / Gesicht, Haupt.

tempus², *oris n* (*wohl zum Stamm* *temp- „spannen“, *also eigtl.* „Zeitspanne“; *cf. temptō*) **1. a**) Zeitspanne, -abschnitt, *eine* Zeit; *anni* Jahreszeit; *in omne ~* für immer, auf ewig; *ex -e* aus dem Stegreif; *pl.* Zeitalter; *haec -a* unsere Zeit(en); (*oft pl.*) Lebenszeit, -alter, Jahre; Dauer, Frist; **b**) Zeit (-punkt) [°*cenae*]; **c**) Zeit (*als Ganzes*); *-us ponere in alqa re* seine Zeit verwenden *auf*; **2.** (*prägnant*) passende, günstige Zeit, günstiger Augenblick, (gute) Gelegenheit, rechter Zeitpunkt; *~ est* es ist an der Zeit; *ad -us*, (°*in*) *-e* zu rechter Zeit; **3. a**) (*sg. u. pl.*) Zeitumstände, Verhältnisse, Lage (*der Dinge*); (*in*) *hoc, tali -e* unter solchen Umständen; *ad -us, ex, pro -e* nach den Umständen; **b**) (*pl.*) mißliche Umstände, traurige Lage, Not, Gefahr; **4. a**) (*metr. t.t.*) *die* Zeit *zur Aussprache einer Silbe od. eines Wortes*, Quantität; °**b**) (*gramm. t.t.*) Tempus.

tēmulentus 3 (*cf. tēmētum*) berauscht.

tenācitās, *ātis f* (*tenāx*) *das* Festhalten; °/ Geiz.

tenāx, *ācis* (*m.* °*comp.*, °*sup.*, °*adv.*; *teneō*) **1.** °**a**) festhaltend; **b**) zäh, fest, dicht, klebrig; **2.** / **a**) beharrlich; (°*m. gen.*) festhaltend *an* [*propositi*]; °**b**) hartnäckig, störrisch; **c**) geizig.

Tencterī, *ōrum u. um m germ. Reitervolk am Niederrhein.*

tendicula, *ae f* (*tendō*) °**1.** ausgespanntes Seil (*der Walker*); **2.** / Fallstrick.

tendō, *tetendī, tentum u.* (°*jünger*) *tēnsum* 3 (*idg.* √ *ten-d- „spannen“; *cf. teneō, nhd.* „dehnen“) **1.** (*trans.*) **a**) (an)spannen, straff anziehen; ausspannen, -strecken [*manus*; °(*obszön*) *alutam*; °*tenta vena u.* °*subst. tenta, ōrum n = pēnis rigidus*]; (*P.P.P.*) °*adi. tentus* 3 geil; **b**) (*aus ausgespannten Tüchern usw.*) errichten, aufschlagen [*cubilia*]; °**c**) mit Saiten bespannen, spannen [*barbiton*]; °**d**) ausdehnen, verlängern [*noctem*]; **e**) hin-, darreichen; **f**) geben, verleihen, angedeihen lassen; **g**) °richten, lenken [*sagittas*]; **2.** (*intr.*) **a**) (*mil. t.t.*) lagern, im Quartier liegen; °**b**) (*mil. t.t.*) sich (in Schlachtordnung) aufstellen [*post signa*]; **c**) eilen, gehen, marschieren, ziehen, fahren, sich begeben *nach, zu*; losgehen *auf* [*in hostem*]; °**d**) sich hinziehen, [*via sub moenia*]; **e**) streben, trachten *nach* [*ad altiora*]; **f**) hinneigen *zu* [*ad Carthaginienses*]; **g**) sich anstrengen, sich bemühen; °**h**) (*m. Waffen od. Worten*) streiten, kämpfen [*contra*].

tenebrae, *ārum f* (*wohl* < **temefrā*; *zu* **temos, eris n* „Dunkelheit“; *cf. temere, nhd.* „Dämmerung“) **1. a**) Finsternis, Dunkel(heit); **b**) Nacht; °**2. a**) Blindheit; **b**) Dunkel vor den Augen (*b. der Ohnmacht*); **c**) Todesnacht; **3.** Schlupfwinkel; Bordell; **4.** Verborgenheit, Niedrigkeit; **5.** Unklarheit; Undeutlichkeit; **6.** trübe Lage.

tenebricōsus 3 (*m. sup.*; *tenebrae*) in Dunkel gehüllt, verfinstert.

tenebricus *u.* °**tenebrōsus** 3 (*tenebrae*) dunkel, finster.

Tenedus, *ī f* (*gr.* -os) *Insel an d. Küste v. Troas*; *adi. u. Einw.* -*dius* (3).

tenellulus 3 (*dem. v. tenellus*) äußerst zart.

tenellus 3 (*dem. v. tener*) sehr zart.

teneō, *tenuī, tentum* (*zu tendō* [*gemeinsames Supinum!*)]; *eigtl.* „ausgedehnt sein“) halten: **I. 1.** (fest)-halten, gefaßt haben; **2.** (*geistig*) erfaßt haben, begreifen, kennen; **3. a**) (*trans.*) richten *nach*, nehmen [°*iter*]; °**b**) (*intr.*) steuern *nach* [*classe ad Laurentem agrum*]; **4. a**) zu Schiff erreichen [°*portum*]; **b**) / erreichen, erlangen; **II. 1.** innehaben, besitzen; P. in Händen sein [*urbs ab hostibus tenetur*]; **2. a**) einnehmen, besetzt halten; °**b**) bewohnen; °**c**) befehligen [*exercitum*]; **d**) beherrschen [*urbem*]; °**e**) (*eine Geliebte*) besitzen; **3.** überführt haben [*in furto*; °*caedis*]; P. überführt, ertappt werden; **4.** in sich enthalten, umfassen [*castra tenent iugum*]; **III. 1.** nicht loslassen, eingeschlossen halten [*custodiā, in catenis*]; **2. a**) *einen Besitz* behaupten, bewahren; **b**) erfolgreich verteidigen, behaupten; erhalten *in* [*in officio*]; **3. a**) (*trans.*) festhalten *an*, beibehalten [*propositum, fidem*]; eine Behauptung aufrechterhalten; °**b**) (*intr.*) sich erhalten, anhalten, noch bestehen, (fort)dauern [°*imber per* *totam noctem*]; **4.** (*geistig*) fesseln, ergötzen; beseelen, gefangenhalten; erfüllen; **IV. 1.** verpflichten, binden (*bsd. v. Gesetzen, Versprechen u.ä.*); P. gebunden, verpflichtet sein; **2.** durchsetzen, erreichen [*ius suum*]; **V. 1. a**) zurück-, aufhalten, hemmen; **b**) niederhalten, unterdrücken [*lacrimas*]; **2.** hinhalten, verzögern; **3.** fernhalten [*se ab accusando*]; ** (*m. doppeltem acc.*) halten *für*.

tener, *era, erum* (*m. comp.*, °*sup.*, °*adv.*; *vl. zu sabin.* terenos *m. Anlehnung an* tenuis) **1. a**) zart, fein, weich; **b**) / jung, jugendlich; °*a -o* von klein auf; °*in -is* in der Kindheit; **2. a**) empfindlich, nachgiebig; °**b**) zärtlich, verliebt; wolllüstig.

tenerāscō, — — 3 (*incoh. zu tener*) [zart werden.

teneritās, *ātis u.* °**teneritūdō,** *inis f* (*tener*) Zartheit.

tēnesmos, *ī m* (*gr. Fw.*) (*med. t.t.*) [Verstopfung.

tennitur (*vulgär*) = *tenditur.*

tenor, *ōris m* (*teneō u. tendō*) °**1.** ununterbrochener Lauf; Schwung; **2.** / **a**) Verlauf, Dauer, Zusammenhang; *uno tenore* in einem Zuge, ununterbrochen; °**b**) Eigenart; °**c**) Ton einer Silbe; ** Inhalt, Wortlaut; Bedingung, Vertrag.

tēnsa, *ae f* (*wohl zu tendō*) Prozessions-, Götterwagen, *auf dem an den ludi Circenses die Götterbilder zum Zirkus gebracht wurden.*

tent... *auch* = *tempt...*

tentīgō, *inis f* (*tenta; s. tendō*) [Geilheit.

tentōriolum, *ī n* (*dem. v. tentōrium*) kleines Zelt.

tentōrium, *ī n* (*tendō*) Zelt.

tenuiculus 3 (*dem. v. tenuis*) ziemlich ärmlich.

tenuis, e (*m. comp., sup., adv.; eigtl.* „gedehnt"; *teneō u. tendō; cf. nhd.* „dünn") **1.** dünn, fein, zart; **2.** °**a**) schmächtig, mager; °**b**) schmal, eng; °**c**) seicht, flach; °**d**) dünn, schwach [*vox*]; **e**) klar, rein [*aqua*]; **3.** scharfsinnig; **4. a**) unbedeutend; **b**) haltlos, kleinlich; **c**) dürftig, ärmlich; **d**) (*v. Rang u. Stand*) niedrig, gering; **5.** schlicht, einfach; *adv.* **-iter** *auch* leichthin, obenhin.

tenuitās, *ātis f* (*tenuis*) Dünnheit, Feinheit; Schmächtigkeit, Magerkeit; / Dürftigkeit, Ärmlichkeit; Einfachheit, Schlichtheit.

tenuō 1 (*tenuis*) **1.** dünn machen, verdünnen; **2. a**) P. abmagern; **b**) verengen; **3.** / **a**) vermindern, verringern; herabsetzen, schwächen; **b**) voll Anmut dichten.

tenus[1], *oris n* (*cf. tendō*) Schnur *mit* Schlinge, Vogelschlinge, Dohne.

tenus[2] *adv. m. vorausgehendem abl. u. gen.* (*wohl erstarrter nom. m eines adi. tenos* „sich erstreckend"; *teneō u. tendō; cf. prōtinus*) bis an, bis zu; *verbo* ~ bloß dem Worte nach; °*nomine* ~ zum Schein; °*nutricum* ~ bis an die Brüste; ** *Rheno* ~ rheinabwärts.

tepe- *u.* **tepē-faciō,** *fēcī, factum*; P. *-fīō, factus sum, fierī u. fīerī* (*tepeō*) anwärmen.

tepefactō 1 (*intens. v. tepefaciō*) [erwärmen.

tepeō, *uī,* — 2 (*cf. kirchenslawisch* tep-lu „warm", „Teplitz") lau sein, warm sein; / verliebt sein *in* [*iuvene*]; in der Liebe lau sein.

tepēscō, *puī,* — 3 (*incoh. v. tepeō*) **1.** (*intr.*) lauwarm werden: **a**) warm werden; °**b**) erkalten; °**2.** (*trans.*) erwärmen.

tepidus 3 (*m. comp., sup., adv.; tepeō*) lau, warm, mild; kühl, schon erkaltend; / matt.

tepor, *ōris m* Lauheit: milde Wärme; °Kühle; °/ Mattigkeit *der Darstellung.*

ter *num. adv.* (*altl.* terr; < **tris*; *trēs*; *in der Zusammensetzung* tri- *häufiger als* ter-) **1.** dreimal; °/ mehrmals; sehr; °**2.** zum drittenmal.

ter-centum *num. card. indecl.* (°*vereinzelt*) = *trecentī.*

ter-deciē(n)s *num. adv.* dreizehn- [mal.

terebinthus, *ī f* (*gr. Fw.*) Terebinthe.

terebrō 1 (*terebra* „Bohrer"; *terō*) (aus)bohren; / *jd.* zusetzen.

terēdō, *inis f* (*gr. Fw.*) Holzwurm.

Terentius 3 *röm. Gentilname*: **1.** *C.* ~ *Varrō, wurde 216 v. Chr. zum Konsul ernannt*; **2.** *P.* ~ *Āfer, Lustspieldichter aus Karthago (185-159)*; **3.** *M.* ~ *Varrō, vielseitiger Gelehrter u. Schriftsteller (116-28)*; **4. Terentia,** *ae f Ciceros erste Gemahlin*; *adi.* *-iānus 3.*

Terentum, -tīnus *s. Tarentum*[2].

teres, *etis* (*m.* °*comp.*; *terō*) **1. a**) länglich-, glattrund; °**b**) festgedreht [*plaga*]; / °**c**) glatt; **2.** / °**a**) drall, rundlich; **b**) geschmackvoll, fein.

Tērēus, *eī u. eos m* (*acc. -ea; gr.*

-reus) *sagenh. König v. Thrakien, wegen Schändung der Philomela, der Schwester seiner Gattin Procne, in einen Wiedehopf verwandelt.*
tergeō, *tersī, tersum* (*cf. gr.* stergis „Schabeisen") abtrocknen, reinigen; °kitzeln [*palatum*]; °/ sühnen; verbessern.
tergīnum, *ī n* (*tergum*) Lederpeitsche.
tergiversātiō, *ōnis f* (*tergiversor*) [Zögerung.]
tergi-versor 1 (*tergum*) den Rücken zukehren; / Ausflüchte suchen, sich [sträuben.]
tergō 3 = *tergeō.*
tergum, *ī n u.* (*altl.*) **-us¹,** *ī m* (*cf. tergus²*) **1.** Rücken; *a -o* im Rücken, (von) hinten; *-a vertere* fliehen; / (*dcht.*) Flucht; °**2.** Leib, Körper; °**3.** / **a**) Hinterseite; **b**) Oberfläche; **c**) Haut, Fell, Leder; **d**) aus Fell *od.* Leder Verfertigtes: Schlauch, Lederschild, Handpauke *u.ä.*; *pl.* Stierhäute, Lagen [*clipei*].
tergus², *oris n* (*wohl eigtl.* „Rückenhaut"; *cf. tergum, -us¹*) Rückenstück; Haut, Fell; *Martis* Panzer.
termentum, *ī n* (*terō*) Schaden.
termes, *itis m* (*et. unklar*) abgeschnittener Zweig [*olivae*].
Terminālia, *ium n* (*Terminus*) Fest des Terminus *am 23. Febr.*
terminātiō, *ōnis f* (*terminō*) °**1.** Grenzbestimmung; **2.** / **a**) Be-, Abgrenzung; Urteil; **b**) (*rhet. t.t.*) Schluß *einer Periode,* rhythmische Klausel.
terminō 1 (*terminus*) be-, abgrenzen; / be-, einschränken; bestimmen, bemessen [*bona voluptate*]; beendigen; (*rhet. t.t.*) abrunden, mit einer Klausel schließen.
terminus, *ī m* (*urspr.* „Grenzpfahl"; *cf. gr.* terma „Ziel") **1.** Mark-, Grenzstein; (*pl.*) Grenze, Mark; **2.** / **a**) Schranke; **b**) Schluß, Ende, Ziel; °**3.** ♀ *Grenzgott*; ** Maß; *termini sancti Petri* Kirchenstaat.
ternī 3 *num. distr.* (ter) **1. a**) je drei; °**b**) *sg.* dreifach; °**2.** drei zusammen, zu dritt.
terō, *trīvī, trītum* 3 (*cf. gr.* teirō < *terjō *ds.*) °**1.** (ab)reiben; °**2. a**) glätten, drechseln; **b**) dreschen; **c**) = *futuō*; **d**) abnutzen, abtragen; **e**) zerreiben; **3.** / °**a**) aufreiben, abmühen; **b**) oft benutzen, oft befahren [*viam*]; **c**) zu-, hinbringen, vergeuden [*tempus*].
Terpsichorē, *ēs f* (*ion.* -chorē) *Muse der Tanzkunst*; / Muse; Poesie.
terra, *ae f* (< *idg.* *tērsā; *eigtl.* „das Trockene"; *cf. torreō*) **1.** Erde (*als Weltkörper*); **2.** Erde (*als Stoff*) [*aquam -amque poscere*], Erdreich; **3.** Erdboden, Boden; **4. a**) Land (*Ggs. zu Meer u. Himmel*); *-ā marique* zu Wasser u. zu Lande; *a -ā* von der Landseite; **b**) Landschaft; *pl. die* Welt; *orbis -arum* Erdkreis; **5.** ♀ Erdgöttin, *Mutter der Titanen* (= *Tellūs*); ** *domini das* Heilige Land.
terrāneola, *ae f* (*dem. zu* *terrāneus; *terra*) „Erdmännchen" (*ein Vogel*; Haubenlerche?).
terrēnus 3 (*terra*) **1.** erdig, irden; **2.** Erd...; Land... [*bestiae*]; °**3.** unterirdisch [*numina*]; °**4.** irdisch, sterblich; °**5.** *subst.* **-um,** *ī n* Erdreich, Acker; *pl.* Landtiere.
terreō, *uī, itum* 2 (*Kausativ zu idg.* *teres- „zittern"; *cf. tremō*) **1.** (er-)schrecken, ängstigen; *P.* erschrekken (*intr.*); °**2.** (auf)scheuchen, jagen; verscheuchen; **3.** abschrecken.
terrestris, e *u.* °**-ster,** *tris, tre* (*terra*) irdisch; Erd...; Land...
terreus 3 (*terra*) aus Erde.
terribilis, e (*m.* °*comp.*; *terreō*) schrecklich, schreckenerregend.
terricula, *ae f u.* **-um,** *ī n* (*terreō*) Schreckmittel, -bild.
terrificō 1 (*terrificus*) (er)schrecken.
terri-ficus 3 (*terreō, faciō*) Schrekken erregend.
terri-gena, *ae m f* (*terra, gignō*) [Erdensohn.]
terri-loquus 3 (*terreō, loquor*) schrecklich redend.
terri-pavium *u.* **terri-pudium,** *ī n* (*v. Cicero gebildete Wörter zur Deutung v. tripudium*) günstiges Vorzeichen.
territō 1 (*intens. v.terreō*) stark er- [schrecken.]
territōrium, *ī n* (*et. unklar*) Gebiet, Territorium.
terror, *ōris m* (*cf. terreō*) Schrekk(en); Schrecknis; Schreckensnachricht; (*Ov.*) ♀ (*personifiziert*) *der* Schrecken.
terr-ūncius (*-ŭ-?*) = *terūncius.*
tersus 3 (*tergeō*) sauber, rein; / fein.
****tertia,** *ae f* musikalische Terz.
tertiadecumānī, *ōrum m* (*-tiā-?*; *tertia decima, sc. legiō*) Soldaten der dreizehnten Legion.
tertiānus 3 (*tertius*) zum dritten

gehörig; dreitägig; *subst.* **-ī,** *ōrum u.* °*sg.* (*coll.*) *m* Soldaten der dritten Legion.

tertius 3 *num. ord.* (< **tritios*; *trēs*; *cf. nhd.* „Dritter") *der* dritte; *-a Saturnalia der* dritte Tag der Saturnalien; *-ae partes* dritte Rolle; ~ *decimus* (*auch zus.*) *der* dreizehnte; *adv.* **-ō** *u.* **-um** zum drittenmal, drittens.

ter-ūncius, *ī m* (*-ŭ-?*; *ūncia*) drei Zwölftel *eines zwölfteiligen Ganzen, ein* Viertel; ex *-o heres* Erbe eines Viertels (*od.* eines Vierzigstels?) der Erbmasse; (*Münze*) $^1/_4$ As = $^1/_{40}$ Denar; / Heller, Pfennig.

ter-venēficus, *ī m* Erzgiftmischer, Schuft.

tesqua *u.* **tesca,** *ōrum n* (*et. nicht geklärt*) Einöden, Steppen.

tessella, *ae f* (*dem. v. tessera*) Würfelchen; Mosaiksteinchen.

tessellātus 3 (*tessella*) Mosaik...

tessera, *ae f* (*wohl Kurzform eines gr. Fw.*) **1.** viereckiger Würfel (*mit 6 bezeichneten Seiten*; *cf. tālus*); °**2.** (viereckige) Marke: **a**) Erkennungsmarke *für Gastfreunde* [*hospitalis*]; **b**) Marke, Anweisung [*nummaria* zum Geld-, *frumentaria* zum Getreideempfang]; **c**) Holztafel m. Tagesparole *od.* Befehl; / Losung, Befehl.

tesserārius, *ī m* (*tessera*) Paroleträger, Melder, Ordonnanz.

tesserula, *ae f* (*dem. v. tessera*) Mosaiksteinchen.

testa, *ae f* (*et. nicht geklärt*) **1.** Ziegel, Backstein; °**2.** irdenes Geschirr (Topf, Urne, Lampe *u.ä.*); °**3.** Scherbe (*bsd. beim gr. Scherbengericht* — *testarum suffragium* —); *pl.* / Beifallsklatschen; **4. a**) Schale *der Schaltiere*; °Schaltier; °**b**) Schale, Decke; *lubrica* Eisdecke.

testāceus 3 (*testa*) aus gebrannten Ziegeln.

testāmentārius 3 (*tē-?*; *testāmentum*) Testamente betreffend; *subst.* ~, *ī m* Testamentsfälscher.

testāmentum, *ī n* (*tē-?*; *testor*) letzter Wille, Testament; ** *das* Alte u. Neue Testament.

testātiō, *ōnis f* (*tē-?*; *testor*) Anrufung zu(m) Zeugen; Zeugenaussage; Beweis.

testātor, *ōris m* (*tē-?*; *testor*) Erblasser, Testator.

testātus 3 (*tē-?*; *m. comp.*, °*sup.*; *testor*) bezeugt; offenkundig.

testificātiō, *ōnis f* (*tē-?*; *testificor*) Zeugenbeweis; Feststellung.

testificor 1 (**testificus*; *testis*¹, *faciō*) °**1.** zum Zeugen anrufen; **2. a**) bezeugen, feierlich versichern; **b**) bekunden, beweisen.

testimōnium, *ī n* (*tē-?*; *testis*¹) Zeugnis, Zeugenaussage; Beweis; ** Leumund; Vollmacht.

testis¹, *is m f* (*tē-?*; < **tri-stis* < *italisch* *tri-sto-s „als dritter dabeistehend") **1.** Zeuge, Zeugin; **2.** Augenzeuge, Mitwisser; °*auch im Wortspiel m. testis²*.

testis², *is m* (*tē-?*; *identisch m. testis¹*) *meist pl.* Hode.

testor 1 (*tē-?*; *testis¹*) **1.** (*trans.*) **a**) zum Zeugen anrufen; **b**) bezeugen; **c**) / beteuern, versichern; °**2.** (*intr.*) ein Testament machen, testieren.

testū, *abl. ū n* (*cf. testa*) irdener Deckel; / irdenes Geschirr; Napf.

testūdineus 3 (*testūdō*) schildkrötenartig [*gradus*]; mit Schildpatt ausgelegt.

testūdō, *inis f* (*eigtl.* „Deckeltier"; *testū*) **1. a**) Schildkröte; **b**) Schildpatt; **2.** Ding in der Form des Schildkrötenschildes: °**a**) Laute, Lyra; °**b**) lyraförmige Haarfrisur; **c**) gewölbte Halle *im Hofraum des röm. Hauses*; **d**) (*mil. t.t.*) (hölzernes) Schutzdach; **e**) (*mil. t.t.*) Schilddach; °**f**) Schale des Seeigels.

testula, *ae f* (*dem. v. testa*) irdenes Täfelchen, Scherbe; Scherbengericht.

tēter, *tra, trum* = *taeter*.

Tēthȳs, *yos f* (*gr.* -thȳs) *Gemahlin des Oceanus*; / Meer.

tetrachmum, *ī n* (*gen. pl. meist -um*; *gr. Fw., Kurzform*) Vierdrachmenstück (*gr. Silbermünze*).

tetraō, *ōnis m* (*-ā-?*; *gr. Fw.*) Auerhahn.

tetrarchēs, *ae m* (*gr. Fw.*) Tetrarch (*Beherrscher des vierten Teils eines Landes*); Regent.

tetrarchia, *ae f* (*gr. Fw.*) Tetrarchie (*s. tetrarchēs*).

tetrastichos, *on* (*gr. Fw.*) vier Zeilen enthaltend; *subst.* **-a,** *ōn n* Vierzeiler.

tetricus 3 (*et. ungedeutet*) finster, streng.

tetulī (*altl.*) = *tulī*; *s. ferō*.

Teucer *u.* **Teucrus,** *crī m* (*gr.* Teukros) **1.** *Sohn des Telamon v.*

Salamis, Halbbruder des Aiax, sagenhafter Gründer v. Salamis auf Zypern; **2.** *Stammvater der Trojaner*; *adi.* -crus 3; *subst.* **-crus,** ī *m* (*gen. pl. auch* -um) Trojaner; **-cria,** ae *f* Troas, Troja.

Teutoburgiēnsis saltus *m der* Teutoburger Wald.

Teutonī, ōrum *u.* **-nes,** um *m germ. Volk, das mit den Kimbern in das röm. Reich eindrang u. v. Marius dort vernichtet wurde*; *adi.* -nicus 3; (*dcht.*) germanisch, ** deutsch.

texō, xuī, xtum 3 (*eigtl.* „kunstvoll verfertigen"; *cf. gr. Lw.* „Technik") weben; flechten; / zusammenfügen; bauen, verfertigen; (*schriftlich*) abfassen.

textilis, e (texō) **1.** gewebt; *subst.* **-e,** is *n* Gewebe; °**2.** / geflochten.

textor, ōris *m* (texō) Weber.

textōrium, ī *n* (textōrius 3 „das Weben betreffend"; texō) Spinngewebe.

textrīnum, ī *n* (textor) Weber-[stube, Weberei.

textrīx, īcis *f* (textor) Weberin.

textum, ī *n* (texō) Gewebe (*bsd.* Kleid, Tuch); Geflecht; / Gefüge, Bau.

textūra, ae *f* (texō) *das* Weben, [Gewebe; Zusammenfügung.

textus, ūs *m* (texō) Gewebe, Geflecht; / Zusammenhang *der Rede.*

Thāis, idos *f* (*gr.* -is) *gr. Frauenname*: **1.** *berühmte Hetäre in Athen*; **2.** *Geliebte des Menander.*

thalamēgus, ī *f* (*gr. Fw.*) Gondel.

thalamus, ī *m* (*gr. Fw.*) **1.** Gemach; Schlaf-, Wohnzimmer; Wohnung; **2.** Ehebett; / Ehe; ** aeterni regis Himmelssaal.

thalassicus 3 (*gr. Fw.*) Meer... [color]; seemännisch.

thalassinus 3 (*gr. Fw.*) meergrün.

thalassiō, -ius = talass...

Thalēs, ētis *u.* is *m Philosoph aus Milet, einer der Sieben Weisen.*

Thalīa, ae *f* (*gr.* Thaleia) **1.** *Muse* (*der heiteren Dichtkunst*); **2.** *Meernymphe.*

thallus, ī *m* (*gr. Fw.*) grüner Zweig.

Thapsos *u.* **-us,** ī *f* **1.** *St. im sö. Sizilien*; **2.** *St. in Afrika* (*46 Cäsars Sieg über die Pompejaner*).

theātrālis, e (theātrum) theatralisch, Theater...

theātrum, ī *n* (*gr. Fw.*) **1. a)** Schaubühne, Theater, Schauspielhaus; °**b)** Amphitheater; Zirkus; **2. a)** Theaterpublikum; °**b)** Zuschauer, Zuhörer; Versammlung; **3.** / Schauplatz; Wirkungskreis.

Thēbae, ārum *f* (*gr.* -bai) Theben: **1.** *das* „siebentorige" ~, *Hptst. Böotiens*; *adi. u. Einw.* -bānus (3); *subst.* **-baïs,** idis *f* **a)** Thebanerin; **b)** *Epos des Statius v. den Kämpfen um Theben*; **2.** *das* „hunderttorige" ~, *St. in Oberägypten*; *adi.* -baïcus 3; **3.** *das homerische* ~ *in Mysien.*

thēca, ae *f* (*gr. Fw.*) Kapsel, Büchse, Kasten; **2.** ledernes Futteral für Schreibgerät; ** Bibliothek; Keller.

thema, atis *n* (*gr. Fw.*) **1.** Gegenstand, Thema; **2.** Stellung der Sterne z. Z. der Geburt eines Menschen, Konstellation.

Themis, idis *f Göttin des Rechts.*

Themistoclēs, is *u.* ī *m* (*gr.* -klēs) *athenischer Staatsmann um 480.*

thēnsaur... = thēsaur...

Theocritus, ī *m* (*gr.* -okritos) *Idyllendichter aus Syrakus* (*um 270*).

theogonia, ae *f* (*gr. Fw.*) Ursprung der Götter, Theogonie (*Epos Hesiods*).

****theologia,** ae *f* Theologie.

theologus, ī *m* (*gr. Fw.*) Mythologe; ** Theologe.

Theophrastus, ī *m* (*gr.* -ophrastos) *Philosoph u. Schriftsteller* („*Charaktere*") *aus Eresos auf Lesbos, Mitgründer der älteren Akademie.*

****theotiscus** 3 volkstümlich; deutsch.

****theotocos,** i *f* Gottesmutter [Maria.

thermae, ārum *f* (*sc.* aquae; *gr. Fw.* „warm") warme Quellen, Thermen.

thermi- *od.* **thermopōlium,** ī *n* (*gr. Fw.*) Schenke (*für warme Getränke*).

thermopotō 1 (*gr. Fw.*) mit warmem Getränk laben.

Thermopylae, ārum *f* (*gr.* -pylai „warme Tore") *Engpaß am Öta m. warmen Schwefelquellen* (*ber. durch den Heldentod des Leonidas 480*).

thermulae, ārum *f* (*dem. v.* thermae) = thermae.

Thersītēs, ae *m Grieche vor Troja, durch seine Häßlichkeit u. seine Lästerzunge berüchtigt*; / Ausbund von Häßlichkeit; Lästermaul.

thēsaurārius 3 (thēsaurus) Schatz...

thēsaurus, ī *m* (*gr. Fw.*) **1.** Schatz, reicher Vorrat; Schatzkammer;

2. / °a) Vorratskammer; b) Fundgrube.
Thēseūs, *eī u. eos m (gr. -seūs) König v. Athen, Vater des Hippolytus, tötet den Minotaurus, entführt Ariadne; adi. -sē(ī)us 3; subst.* **-sīdēs,** *ae m* Hippolytus, *pl. die* Athener.
thesis, *is f (acc. -in, abl. -ī; gr. Fw.)* **1.** *(rhet. t.t.)* Annahme, These; **2.** *(metr. t.t.)* Thesis, Senkung *(des Fußes zur Bezeichnung des starken, spätl. der Stimme zur Bezeichnung des schwachen Taktteils; cf. arsis).*
Thespiae, *ārum f (gr. -piai) St. in Böotien am Helikon; adi. -ias, adis f* [*deae die* Musen]; *subst.* **-iades,** *um f die* Musen; *Einw.* **-iēnsēs,** *ium m.*
Thespis, *idis m Begründer der attischen Tragödie, Zeitgenosse Solons.*
Thessalī, *ōrum m griech. Volksstamm; adi. -l(i)us 3; -licus 3; -lis, idis f (subst.* Thessalierin); Landschaft; **-lia,** *ae f (gr. -lia).*
thēta *n indecl. der* gr. Buchstabe thēta *als Anfangsbuchstabe des gr. Wortes für Tod(esstrafe) auf den Stimmtafeln der Richter.*
Thetis, *idis f Meergöttin, Mutter des Achilles;* / Meer; großes Bad.
thiasus, *ī m (gr. Fw.)* Bacchusreigen, -chor.
Thisbē, *ēs f schöne Babylonierin, [Geliebte des Pyramus.]*
tholus, *ī m (gr. Fw.)* Kuppel(dach) eines Tempels; *Caesareus Mausoleum des Augustus (?).*
thōrāx, *ācis m (gr. Fw.)* Brustharnisch, Panzer; Brustbinde; ** Rock.
Thraex *u.* **Thrāx,** *cis m (pl. -ces)* Thraker; *adi.* thrakisch; *(meist Thraex)* Gladiator *(in thrakischer Rüstung); adi. Thraecius, Thrācius, Thrē(ī)cius 3; subst.* **Thrāc(i)a, Thraec(i)a,** *ae u.* **Thrācē,** *ēs f* Thrakien; **Thrēissa, Thrēssa,** *ae f* Thrakerin.
thrasciās, *ae m (gr. Fw.)* Nord-[nordwestwind.]
Thrāx, *cis s. Thraex.*
thronus, *ī m (gr. Fw.)* erhabener [Sitz, Thron.]
Thūcȳdidēs, *is u. ī m (gr. -kȳdidēs) athen. Geschichtsschreiber des Peloponnesischen Krieges; adi. -didīus 3.*
Thūlē, *ēs f Insel im äußersten Norden (Island od. eine Shetlandinsel).*
thunnus, *ī m = thynnus.*
Thūriī, *ōrum m u. (selten)* **-ae,** *ārum f (gr. -ioi) s. Sybaris; adi. u. Einw. -rīnus (3); subst.* **-rīnum,** *ī n* Gebiet um ~.
thūs = *tūs.*
Thybris, *idis (dcht.) m = Tiberis (Fl. u. Gott).*
Thyestēs, *ae u. is m Sohn des Pelops, Bruder des Atreus, Vater des Ägisthus; adi. -ēus 3; subst.* **-iadēs,** *ae m* Ägisthus.
Thyias, *adis f (gr. -as) eine* Bac-[chantin.]
thyïus 3 *(adi. zum gr. Lw. thya)* aus Citrusholz.
thȳlacista, *ae m (?; gr. Lw.) scherzh. Name für einen mahnenden [Gläubiger.]*
Thȳlē = *Thūlē.*
thymbra, *ae f (gr. Fw.)* Saturei *(Küchenkraut).*
thymum, *ī n u.* **-us,** *ī m (gr. Fw.)* Thymian, Quendel.
thynnus, *ī m (gr. Fw.)* Thunfisch.
Thyōnē, *ēs f Mutter des Bacchus;* **-neūs,** *eī m* Bacchus; **-niānus,** *ī m* Wein.
thyrsi-ger, *era, erum (thyrsus, gerō)* [thyrsustragend.]
thyrsus, *ī m (gr. Fw.)* **1.** Stengel, Strunk; **2.** *efeu- u. weinlaubbekränzter* Stab des Bacchus und der Bacchantinnen, Thyrsus; **3.** / Stachel.
Ti. *(Abk.) = Tiberius.*
tiāra, *ae f u.* **-ās,** *ae m (gr. Fw. orientalischer Herkunft)* Tiara, Turban; / Diadem, Krone.
Tiberis, *is m* Tiber, *j.* Tevere; *Flußgott* T.; *adi. -rīnus 3, -rīnis, idis f; subst.* **-rīnus,** *ī m* Tiber *(Fl. u. Flußgott; einst König in Alba, ertrinkt im Fl. Albula u. gibt ihm dadurch den neuen Namen).*
Tiberius, *ī m röm. Vorname (Abk. Ti. u. Tib.); adi. -iānus 3; dem.* **-riolus,** *ī m der* liebe ~.
tībia, *ae f (eigtl.* „Stock, Stab", *et. unklar)* °**1.** Schienbein; **2.** *(meist pl.)* Flöte, Pfeife; *-is canere* Flöte spielen.
tībiālia, *ium n (tībia)* Beinbinden; [** Strumpfhosen.]
tībī-cen, *inis m (tībia, canō)* **1.** Flötenspieler, Pfeifer; °**2.** / Pfeiler, Stütze.
tībīcina, *ae f (tībīcen)* Flötenspie-[lerin.]
tībīcinium, *ī n (tībīcen)* Flötenspiel.
Tibullus, *ī m röm. cogn.:* Albius ~, [*ber. Elegiker, 54-19.*]
Tībur, *uris n (abl. -e, loc. -ī) St. am Anio, Luftkurort der reichen Römer, j.* Tivoli; *adi. u. Einw. -burs, rtis; adi. -burnus, -burtīnus* 3; *subst.* **-burs,** *rtis n* Gebiet von ~.

Tīburnus *u.* **Tīburtus,** *ī m Gründer v. Tibur.*
Tīcīnum, *ī n St. an der Mündung des Ticinus in den Po, j.* Pavia.
Tīcīnus, *ī m Nbfl. des Po, j.* Ticino (*Hannibals Sieg 218*).
tigillum, *ī n* (*dem. v.* tīgnum) kleiner Balken.
tignārius 3 (-ĭ-?; tīgnum) zum Bauholz gehörig; *faber* Zimmermann.
tignum, *ī n* (-ĭ-?; *et. umstritten*) [Stück Bauholz, Balken.]
tigris, *idis u. is* (*gr. Fw. iranischer Herkunft*) **1.** *m f* Tiger; ♀ *Name des* Tigerhundes *des Actaeon*; *Schiffsname*; **2.** ♀ *m der* Tigris.
Tigurīnī, *ōrum m helvetischer Stamm im j. Kanton Waadt*; *adi.* -nus 3.
tilia, *ae f* (*et. unklar*) Linde.
time-factus 3 (*u.* -ē-?; timeō, faciō) in Furcht gesetzt.
timēns, *entis* (timeō) sich fürchtend *vor* [mortis]; furchtsam; *kl. nur subst. pl.*
timeō, *uī,* — 2 (*et. ungedeutet*) **1.** (sich) fürchten, besorgt sein [*ne* daß, *ne non u. ut* daß nicht; *nkl. a. c. i.*]; **2.** (*m. inf.*) sich scheuen, nicht wagen; °**3.** *jd.* zu fürchten haben, es aufnehmen *mit* [monstra]; (*Gerundiv*) °*adi.* **timendus** 3 furchtbar, schrecklich.
timiditās, *ātis f* (timidus) Ängstlichkeit, Scheu.
timidus 3 (*m.* °*comp.*, °*sup.*, *adv.*; timeō) furchtsam, scheu; °*subst.* **-ī,** *ōrum m* Feiglinge.
timor, *ōris m* (*cf.* timeō) **1. a**) Furcht, Besorgnis; *pl.* Befürchtungen; **b**) Schüchternheit; **c**) Ehrfurcht; °**d**) religiöse Scheu; Aberglaube; °**2.** Schrecken; drohende Lage; **3.** ♀ **a**) *Gott der Furcht*; °**b**) böser Dämon.
tīnctilis, e (-ĭ-?; ting[u]ō) zum Bestreichen brauchbar; flüssig.
tinea, *ae f* (*et. ungeklärt*) Motte; Raupe.
ting(u)ō, *tīnxī, tīnctum* 3 (tĭnxī, tĭnctum ?; *cf. nhd.* „tunken") **1.** benetzen, befeuchten, bestreichen; eintauchen; °**2.** färben; *kl. nur* (*P.P.P.*) *subst.* tīncta, *ōrum n* Buntes; **3.** / ausstatten.
tinnīmentum, *ī n* (tinniō) Geklingel.
tinniō 4 (*Schallwort*) °**1.** klingeln, klimpern, schellen; mit Geld klimpern, zahlen; °**3.** / laut singen, schreien.
tinnītus, *ūs m* (tinniō) *das* Klingeln, Geklingel; / Wortgeklingel.
tinnulus 3 (tinniō) klingend, schallend; hohl, phrasendreschend.
tintinnābulum, *ī n* (tintinnō) Klingel, Schelle.
tintinnāculus 3 (tintinnō) klirrend, schallend; *viri* „Klingelmänner" (*Henker, die den Delinquenten Schellen anlegen*).
tintin(n)ō 1 (*reduplizierende Bildung* [*zu* tinniō) klingen.]
tīnus, *ī f* (*et. umstritten*) Schneeball (*ein Strauch*).
tippula, *ae f* (tippūla, tipulla?; *wohl gr. Lw.*) Wasserspinne.
Tīresiās, *ae m* (*gr.* Teiresiās) *blinder Wahrsager in Theben.*
Tīridātēs, *is m armenischer Königs-* [*name.*]
tīrō, *ōnis m* (*vl. gr. Lw.*) Rekrut; *adi.* noch ungeübt; / Neuling, Anfänger; ♀ *Ciceros gelehrter Freigelassener*; ** Knappe, Page; Held; Knecht [dei].
tīrōcinium, *ī n* (tīrō; *Bildung nach* latrō-cinium) **1.** Rekrutenzeit, erster Kriegsdienst; **2.** *die* Rekruten; **3.** / **a**) Unerfahrenheit; **b**) Probestück; erstes öffentliches. Auftreten; ** Turnier.
tīrunculus, *ī m* (*dem. v.* tīrō) junger Soldat; Anfänger, Neuling.
tīs (-ĭ-?) *altl. gen. v.* tū.
tisanārium, *ī n* = ptisanārium.
Tīsiphonē, *ēs f* (*gr.* -phonē „Rächerin des Mordes") *eine Furie*; *adi.* -nēus 3.
Tītānes, *um u.* **-nī,** *ōrum m* (*sg.* Tītān[us]; *gr.* -tān) *die* Titanen, *sechs Söhne des Uranus* (*Himmel*) *u. der Gaea* (*Erde*), *älteres Göttergeschlecht, v. Jupiter entthront u. in den Tartarus gestürzt*; *sg.* **Tītān** Helios (Sol), *Sohn des Hyperion*; *adi.* -ni(ac)us 3, -nis, idis *f.*
Tīthōnus, *ī m* (*gr.* -nos) *Gemahl der Aurora, erlangt durch diese die Unsterblichkeit, aber nicht die ewige Jugend, schließlich in eine Heuschrecke verwandelt*; *adi.* -nius 3.
tit(t)ibil(l)icium, *ī n* (*wohl Schallwort*) Kleinigkeit.
Titiē(nsē)s, (i)um *m* (*etr.*) **1.** *die Angehörigen einer der drei ältesten patriz. Tribus in Rom*; *urspr. der sabinische Stamm*; **2.** *die Angehörigen der gleichnamigen Ritterzenturie*; *cf.* Lūcerēs.
tītillātiō, *ōnis f* (tītillō) *das* Kitzeln; [Kitzel.]

tītillō 1 (*wohl Schallwort*) kitzeln; reizen.
tītillus, *ī m* (*tītillō*) Kitzel.
Titius 3 **1.** *röm. Gentilname*; *auch adi.* [*lex*]; **2.** von *Titus Tatius* stammend, angeordnet [*sodales* Priesterkollegium].
titubanter *adv.* (*titubāns, part. praes. v. titubō*) schwankend, unsicher.
titubantia, *ae f* (*titubō*) *das* Stammeln.
titubātiō, *ōnis f* (*titubō*) °**1.** *das* Schwanken; **2.** / Verlegenheit.
titubō 1 (*et. unklar*) °**1.** wanken, schwanken, taumeln; **2.** / **a**) stammeln, stocken; °**b**) ratlos, unsicher sein; **c**) straucheln.
****titulo** 1 mit einer Inschrift versehen.
titulus, *ī m* (*wohl Fw.*) °**1.** Auf-, Inschrift; °**2.** **a**) Büchertitel; **b**) Grabinschrift; **c**) Anschlag, Bekanntmachung *an einem zu verkaufenden od. zu vermietenden Hause*; **3.** / **a**) Ehrentitel, -name; °**b**) Ruhm, Ansehen; *pl.* ruhmvolle Taten; °**c**) Vorwand; ** Buchtitel; Rechtsanspruch.
Titus, *ī m röm. Vorname*; *Abk.* T.
Tityos, *ī m* (*gr.* -ọs) *Riese, Sohn der Gaea*; *im Tartarus fressen Geier an seiner Leber, weil er sich an Latona vergreifen wollte.*
Tityrus, *ī m* (*gr.* -os) *Hirt in Vergils Bucolica*; / Hirt; Vergils Bucolica; Vergil.
toculliō, *ōnis m* (*gr. Fw.* „Zins" *m. patronymischem Suffix*) Wucherer.
todillus 3 (*-ō-?*; *et. unklar*) spatzendürr (?).
tōfīnus 3 (*-ī-?*; *tōfus*) aus Tuffstein.
tōfus, *ī m* (*Lw., wohl aus einer Mittelmeerspr.*) Tuffstein, Tuff.
toga, *ae f* (*tegō*) **1.** Toga (*das nationalrömische männl. Obergewand im Frieden*; *auch Bekleidung der Dirnen*; *sie bestand aus einem halbrunden weißwollenen Tuch u. wurde so umgeworfen, daß die l. Hand u. der r. Arm frei blieben*; *candida* weiße Tracht *der Amtsbewerber*; *praetexta s. d.*; *pulla* schwarzgraue Tracht *der Leidtragenden u. Angeklagten*; *pura od. virilis* unverbrämte Tracht *der Nichtbeamten u. der volljährigen jungen Leute*; °*purpurea Tracht der Könige*); **2.** Friedenskleid; **3.** / **a**) Friede; °Künste des Friedens; °**b**) Beredsamkeit; öffentliche Tätigkeit; °**c**) Dirne.
togātārius, *ī m* (*togātus*) Schauspieler in einer *togata* (*s. togātus*).
togātulus, *ī m* (*dem. v. togātus*) Klient.
togātus 3 (*toga*) mit der Toga bekleidet; echt römisch; *Gallia -a s. d.*; *ancilla -a* Dirne; *subst.* **1.** ~, *ī m* **a**) röm. Bürger; **b**) Bürger im Friedenskleide; °**c**) Klient; **2.** **-a,** *ae f* **a**) *das nationale* römische Lustspiel; °**b**) Dirne.
togula, *ae f* (*dem. v. toga*) kleine Toga.
Tolbiacum, *ī n* (*-ā-?*) *St. in Gallia Belgica, j.* Zülpich.
tolennō, *ōnis m* (*tollēnō?*; *et. umstritten*; *etr.?*) Schwungbalken, Belagerungsmaschine; Kran.
tolerābilis, e (*m. comp.*, °*sup.*, *adv.*; *tolerō*) erträglich, leidlich; geduldig.
tolerandus 3 (*Gerundiv v. tolerō*) erträglich.
tolerāns, *antis* (*m.* °*comp.*, °*sup.*, *adv.*; *tolerō*) ertragend, geduldig [*laborum*].
tolerantia, *ae f* (*tolerāns*) **1.** geduldiges Aushalten; °**2.** Geduld.
tolerātiō, *ōnis f* (*tolerō*) Kraft zum Ertragen.
tolerō 1 (**tolus* „*das* Ertragen"; *cf. tollō*) **1.** ertragen, aushalten; **2.** notdürftig ernähren, unterhalten; °**3.** erträglich machen; °**4.** genügen [*sua moenia*].
Tolētum, *ī n St. in Spanien, j.* Toledo; *Einw.* *-tānī, ōrum m.*
tollēnō *s. tolennō.*
tollō, *sustulī, sublātum* 3 (< **tolnō*; *cf. nhd.* „dulden"; *s. sufferō*) **1.** **a**) auf-, emporheben, in die Höhe heben; aufziehen [*vexillum*], aufschlagen [*oculos*], lichten [*ancoras*], ziehen [*sortes*]; **b**) (*mil. t.t.*) *signa* (*zum Marsch*) aufbrechen; **c**) in die Höhe bauen; **d**) mit sich nehmen; laden; **2.** **a**) erheben [*clamorem*]; **b**) auf sich nehmen [*onus*]; leiden [*poenam*]; °**c**) (*ein neugeborenes Kind*) von der Erde aufheben und als das seinige anerkennen; **d**) (*ein Kind*) erhalten *von*, zeugen *mit* [*ex Fabia*]; **e**) verherrlichen; **f**) (*Mutlose*) aufrichten; °*animum* (*-os*) mutig *od.* überheblich werden; **3.** **a**) wegnehmen, -bringen, entführen, entfernen; aus dem Wege räumen [*e, de medio hominem*]; **b**) aufheben, abschaffen [*legem*], beendigen [*bellum*]; **c**) vernichten,

vertilgen, vereiteln; ausstreichen [*ex libro*]; benehmen [*metum*]; **d**) durch langes Reden vertrödeln [*diem*]; **e**) verschweigen, weglassen.

Tolōsa, *ae f St. an der Garonne, j.* Toulouse; *adi. -sānus* 3; *Einw. -sātēs, ium m.*

tolūtārius 3 (*tolūtim*) trabend; [equus Paßgänger.]

tolūtim *adv.* (*tollō*) im Trab.

tomāc(u)lum, *ī n* (*wohl gr. Lw.*) *eigtl.* „abgeschnittenes Stück"; *eine Wurstart*; *vl.* Bratwurst.

tōmentum, *ī n* (< **tovementom*; *cf. tōtus, tumeō*) Polsterung.

Tomis, *idis f St. in der Dobrudscha, Verbannungsort Ovids*; *Einw.* **-mītae,** *ārum m*; *adi. -mītānus* 3.

tomus, *ī m* (*gr. Fw.*) Papierschnitzel; Hülle, Titelstreifen *einer Bücherrolle*; ** Band (*eines größeren Werkes*).

tondeō, *totondī, tōnsum* 2 (*idg.* *tend-, *Erweiterung v.* *tem- „schneiden") **1.** (ab)scheren, rasieren; (*unkl.*) *-ere u. -eri* sich scheren (lassen); °**2.** / **a**) (ab)mähen; beschneiden; abrupfen, -pflücken, -fressen; **b**) berauben *um* [*auro*].

tonitrus, *ūs m u.* **-ua,** *ōrum n* (*tonō*) Donner(schlag).

tonō, *uī,* — 1 (*cf. nhd.* „donnern") **1.** (*intr.*) **a**) donnern; *impers. tonat* es donnert; / °**b**) laut erdröhnen, krachen; **c**) mit Donnerstimme reden; °**2.** (*trans.*) mit Donnerstimme ertönen lassen [*verba*]; singen *von* [*deos*]; °**3.** (*part. praes.*) *subst.* **Tonāns,** *antis m der* Donnerer (*Jupiter, Saturn*); ** Gott.

tonor, *ōris m* (*wohl Kontamination aus einem gr. Fw. u. lat. tenor*) Betonung *einer Silbe.*

tōnsa, *ae f* (*vl. als* „behauenes Holzstück" *zu tondeō*) Ruder.

tōnsilis, *e* (*tondeō*) geschoren, beschnitten.

tōnsilla, *ae f* (*unsicher überliefert, et. unklar*) *Name des Meervogels cīris.*

tōnsillae, *ārum f* (*dem. zu dem et. umstrittenen tōlēs, ium f* „Kropf") Mandeln (*im Halse*).

tōnsitō 1 (*frequ. v. tondeō*) zu scheren pflegen.

tōnsor, *ōris m* (*tondeō*) Haarschneider, Barbier.

****tonsoratus** 3 geschoren, zum Priester geweiht.

tōnsōrius 3 (*tōnsor*) Scher... [*culter*].

tōnstrīcula, *ae f* (*dem. v. tōnstrīx*) (*verächtlich*) Bartkratzerin.

tōnstrīna, *ae f* (*tōnsor*) Barbierstube.

tōnstrīx, *īcis f* (*tōnsor*) Friseuse.

tōnsūra, *ae f* (*tondeō*) *das* Scheren, Schur; ** Tonsur.

tōnsus, *ūs m* (*tondeō*) Haarschnitt, [-tracht.]

tonus, *ī m* (*gr. Fw.* „Spannung") Ton (*eines Instruments, einer Silbe*), Akzent; Donner; ** Wortlaut.

****topaz(i)us,** *i f* Topas.

tōph... = *tōf...*

topiārius 3 (*gr. Lw. topia, ae f* „Gartenanlage") °zur Kunstgärtnerei gehörig; *subst.* **~,** *ī m* Kunstgärtner; **-a,** *ae f* Kunstgärtnerei.

topica, *ōrum n* (*gr. Fw.*) Topik, Sammlung von Gemeinplätzen; ≗ *Titel einer Schrift des Aristoteles u. ihrer lat. Nachschrift durch Cicero.*

****topographia,** *ae f* Ortsbeschreibung.

****topographus,** *i m* Kartenzeichner, Geograph.

topothesia, *ae f* (*gr. Fw.*) fingierte Lage eines Ortes.

topper *altl. adv.* (*eigtl.* „gerade dann"; **tod* [*Pron.-Stamm* *to-] + *-per*) **1.** sogleich; **2.** vielleicht.

toral, *ālis n* (*torus*) Sofa-, Bettdecke.

torculum, *ī n* (*torqueō*) Kelter, Presse.

toreuma, *atis n* (*gr. Fw.*) getriebene [Arbeit, Relief.]

tormentum, *ī n* (*torqueō*) **1.** Winde; **2. a**) schweres Geschütz; **b**) *aus einem Geschütz geschleudertes* Geschoß; **3.** °**a**) Presse, Fessel; **b**) Marterwerkzeug, Folterbank; / °**c**) Zwang; **d**) Folter; Marter.

tormina, *um n* (*torqueō*) Leibschneiden; Ruhr.

torminōsus 3 (*tormina*) an Ruhr [leidend.]

****torn(e)amentum,** *i n* Turnier.

tornō 1 (*tornus*) drechseln; °/ abrunden [*versus*].

tornus, *ī m* (*gr. Fw.*) Drechseleisen, [Meißel.]

torōsus 3 (*torus*) muskulös; dick.

torpēdō, *inis f* (*torpeō*) °**1.** Lähmung; Stumpfsinn; **2.** / Zitterrochen.

torpeō, *uī,* — 2 (*cf. nhd.* „derb") °**1.** erstarrt, regungslos sein; **2.** / **a**) träge sein; °**b**) fassungslos sein.

torpēscō, *puī,* — 3 (*incoh. v. torpeō*) erstarren; / erlahmen.

torpidus 3 (*torpeō*) erstarrt, betäubt.

torpor, *ōris m* (*torpeō*) Erstarrung; °/ Trägheit; Lethargie.

torquātus 3 (*torquis*) mit einer Hals-

kette geschmückt; *palumbus* Ringeltaube; ♀ *cogn. in der gens Manlia.*
torqueō, *torsī, tortum* 2 (*cf. nhd.* „drechseln") **1. a)** winden, (um-)drehen; °**b)** wälzen, fortrollen; **2.** schleudern, werfen [*tela*]; **3. a)** verdrehen, -renken; **b)** foltern; **4.** / **a)** wenden, lenken; **b)** genau prüfen, erforschen; **c)** martern.
torquis, *is m u.* (*seltener*) *f* (*torqueō*) **1. a)** Halskette; °**b)** Kummet *der Ochsen*; °**2.** / Girlande.
torrēns, *entis* (*torreō*) °**1.** *adi.* **a)** erhitzt; heiß; **b)** schnell fließend; reißend; **2.** *subst. m* Wildbach; °/ Strom [*meri*]; Wortschwall.
torreō, *torruī, tostum* 2 (*tōstum* ?; *cf. terra, nhd.* „dürr, Durst") trocknen; braten, backen, rösten; ausdörren, verbrennen, versengen; °/ (*in Liebe*) entflammen.
torrēs, *is f* (*torreō*) dörrende Hitze.
torrēscō, — — 3 (*incoh. v. torreō*) geröstet werden.
torridus 3 (*torreō*) **1.** (*pass.*) °**a)** gedörrt, ausgetrocknet; °**b)** vor Kälte zusammengeschrumpft; **c)** / mager, saftlos; °**2.** (*act.*) sengend.
torris, *is m* (*torreō*) brennendes Holzscheit.
tortilis, e (*torqueō*) gedreht, gewunden.
tortō 1 (*intens. v. torqueō*) martern.
tortor, *ōris m* (*torqueō*) Folterknecht; Schinder.
****tortula,** *ae f* Törtchen.
tortuōsus 3 (*tortus*²) voller Windungen, gewunden; / verwickelt; unverständlich; nicht offen.
****tortura,** *ae f* Marter, Qual.
tortus¹ 3 (*m. adv. torqueō*) gewunden; verschlungen; / spitzfindig.
tortus², *ūs m* (*torqueō*) Windung.
torulus, *ī m* (*dem. v. torus*) Haarwulst.
torus, *ī m* (*et. umstritten*) °**1. a)** Wulst; **b)** / *-i et iubae* wuchtige Darstellung; **2. a)** Schleife am Kranze; **b)** Muskel; °**c)** *pl.* Mähne; °**d)** Böschung; °**3. a)** Polster, Lager; **b)** Sofa; Bett; **c)** Ehebett [*genialis*]; Liebe; Ehe; *consors -i* Ehefrau; **d)** Schoß; **e)** Bahre.
torvitās, *ātis f* (*torvus*) finsteres Aussehen.
torvus 3 (*cf. nhd.* „dräuen") finster, wild (aussehend).
tōsillae = *tōnsillae.*
tot *num. indecl.* (‹ **toti*; *cf. toti-dem*; *zum Pron.-Stamm* **to-* „der") *adi.* so viele; *tot ... quot* so viele ... wie [*res*].
****totalis,** e gänzlich, völlig.
toti-dem *num. indecl.* (*cf. ī-dem*) *meist adi.* ebenso viele; °*subst.* ebensoviel.
totiē(n)s *num. adv.* (*tot*) **1.** so oft; °**2.** ebensooft.
tōtus 3 (*gen. -īus, dat. -ī, selten -ō*; ‹ **tovetos zu* **toveō* „vollstopfen"; *cf. tumeō*) **1.** ganz; **2.** *pl.* alle, sämtliche, insgesamt; **3.** völlig, mit Leib und Seele; **4.** *subst.* **-um,** *ī n das* Ganze; ex *-o* gänzlich.
toxicon *u.* **-cum,** *ī n* (*gr. Fw.*) Pfeilgift; Gift.
tr. (*Abk.*) = *tribūnus, -nīcius.*
tr. pl. (*Abk.*) = *tribūnus plēbis.*
trā- *s. auch unter trāns-.*
trabālis, e (*trabs*) **1.** Balken...; °**2.** balkenstark.
trabea, *ae f* (*trabs*) *m. breiten Purpurstreifen verbrämtes* Staatsgewand *der Könige u. Ritter*; / Ritterstand.
trabeātus 3 (*trabea*) im Staatskleide; *subst.* **-ae,** *ārum f eine Art lat. Dramen.*
trabs, *abis f* (*et. unklar*) **1.** Balken; °**2.** / **a)** Baum(stamm); **b)** Schiff; **c)** Dach; Haus; **d)** Fackel; **e)** Tisch; **f)** = *mentula*; °**3.** feurige Lufterscheinung.
Trāchīn, *īnis f* (*gr. -īs u. -īn*) *St. am Öta, Sterbeort des Herkules*; *adi. -īnius* 3; *subst.* **-īniae,** *ārum f die* Trachinierinnen, *Tragödie des Sophokles.*
tractābilis, e (*m. comp.,* °*adv.*; *tractō*) **1.** berührbar; °/ heiter [*caelum*]; **2.** / nachgiebig, gütig.
tractātiō, *ōnis f* (*tractō*) **1.** Handhabung, Gebrauch [*armorum*]; **2.** / **a)** Beschäftigung *mit* [*philosophiae*]; °**b)** Benehmen; **c)** (*rhet. t.t.*) besonderer Gebrauch eines Wortes; °ausführliche Abhandlung.
tractātor, *ōris m* (*tractō*) Masseur (*Sklave*); ** Ausleger, Erklärer.
tractātrīx, *īcis f* (*tractātor*) Masseuse (*Sklavin*).
tractātus, *ūs m* (*tractō*) **1.** = *tractātiō* 2 a; °**2.** Erörterung.
tractim *adv.* (*trahō*) **1.** ziehend: *tangere* eine Ohrfeige geben [*illum*]; **2.** nach und nach; **3.** langsam.
tractō 1 (*frequ. v. trahō*) °**1.** umherschleppen, -zerren; *kl. nur* /; **2.** betasten, anfassen; handhaben; **3.** / **a)** verwalten, betreiben, besorgen; **b)**

behandeln, sich benehmen gegen [*plebem*]; **c**) in Anwendung bringen; **d**) untersuchen, überdenken; **e**) besprechen, erörtern; °**f**) verhandeln *über* [*de condicionibus*].

tractum, *ī n* (*trahō*) Spinnwolle.

tractus[1] 3 (*trahō*) ausgehend *von* [*a*]; ruhig fließend [*oratio*].

tractus[2], *ūs m* (*trahō*) **1.** *das* Ziehen, *der* Zug; **2.** / **a**) Ausdehnung, Reihe [°*arborum*]; **b**) Gegend; °**c**) Verzögerung; °**d**) ruhiger Verlauf [*temporis*]; **e**) verhaltener Stil [*orationis*].

trāditiō, *ōnis f* (*trādō*) Übergabe; °/ Überlieferung, Bericht; Vortrag *des Lehrers*, Lehre.

trāditor, *ōris m* (*trādō*) Verräter.

trā-dō, *didī, ditum* 3 **1.** übergeben, einhändigen; *per manus* von Hand zu Hand geben; **2. a**) anvertrauen; **b**) empfehlen; **3. a**) ausliefern, verraten; °**b**) *alci* an jd. verheiraten; °**c**) durch Verkauf abtreten; **d**) *se -ere* sich hingeben [*fidei, in studium*], sich ergeben; **4.** (*als Erbteil*) hinterlassen; **5. a**) (*schriftl. der Nachwelt*) überliefern, berichten; *tradunt* (*m. a.c.i.*), *traditur, traduntur*) (*m. n.c.i.*) man berichtet, es wird erzählt; **b**) (*mündl.*) vortragen, lehren.

trā-dūcō, *dūxī, ductum* 3 **1.** hinüberführen, setzen *über* [*trans flumen, exercitum flumen*]; **2.** in neue Verhältnisse versetzen [*a laetitia ad metum*], befördern *zu*; **3.** gewinnen, auf seine Seite bringen [*ad se; ad,* °*in suam sententiam*]; **4. a**) vorbeiführen [*praeter castra*]; °**b**) dem Spott preisgeben [*per ora hominum*]; °**c**) bekannt machen [*carmina*]; **5.** hinbringen, verleben [*vitam tranquille*]; **6. a**) verwenden *auf* [*curam in vitulos*]; **b**) anwenden *auf* [*ad physiologiam*].

trāductiō, *ōnis f* (*trādūcō*) **1.** Versetzung *unter* [*ad plebem*]; **2.** Verlauf [*temporis*]; °**3.** Bloßstellung; **4.** (*rhet. t.t.*) uneigentlicher Gebrauch *eines Wortes, bsd.* Metonymie.

trāductor, *ōris m* (*trādūcō*) „Überführer", *ad plebem* „Plebejerfabrikant" (*d. i. Pompeius, der den Übertritt des Clodius in eine pleb. Familie gefördert hatte*).

trādux, *ucis m* (*trādūcō*) Weinsenker.

tragicōmoedia, *ae f* (*Neubildung aus zwei gr. Fw.*) Tragikomödie.

tragicus 3 (*m. adv.; gr. Fw.*) **1.** tragisch, Trauerspiel..., in der Tragödie dargestellt; °*subst.* ~, *ī m* Tragiker; tragischer Schauspieler; **2.** / **a**) erhaben, pathetisch; °**b**) schrecklich, grausig.

tragoedia, *ae f* (*gr. Fw.*) Tragödie; tragisches Pathos; Rührstück; *pl.* Spektakel.

tragoedus, *ī m* (*gr. Fw.*) tragischer Schauspieler.

trāgula, *ae f* (*wohl kelt. Fw.*) (*m. Schwungriemen versehener*) Wurfspieß *der Gallier u. Spanier*; °/ Ränke.

tragus, *ī m* (*gr. Fw.*) **1.** *unbekannter Fisch*; **2.** Bocksgestank *unter den Achseln.*

trahāx, *ācis* (*trahō*) raffend.

trahea, *ae f* (*trahō*) Bohlenwalze (*zum Ausdreschen des Getreides*).

trahō, *trāxī, tractum* 3 (*cf. nhd.* „tragen") ziehen: **1.** ziehen, schleppen: **a**) ziehen, schleifen; **b**) hin- und herzerren; **c**) mit sich fortschleppen, wegschleppen [°*pecus*]; °**d**) plündern; °**e**) nachschleppen [*vestem*]; °**f**) im Gefolge haben; verursachen [*pudorem*]; °**g**) ablenken [*ab incepto*]; °**h**) einschlürfen, -ziehen [*odorem*]; **i**) / annehmen, bekommen [*nomen ex,* (°*a*) *facinore*]; **k**) an sich reißen [*regnum*]; **l**) herausziehen [°*ferrum ex vulnere*]; **m**) / herleiten [*originem a*]; °**n**) zusammenziehen [*vultus*]; °**o**) verprassen; **2.** hinziehen *zu*: **a**) hinziehen, leiten *zu*; P. sich hingezogen fühlen *zu*; **b**) / bewegen, veranlassen, verleiten, reizen *zu* [°*ad defectionem*]; **c**) auslegen, deuten, ansehen *als* [°*in virtutem,* °*ad religionem*]; °**d**) beimessen, beilegen [*decus ad consulem*]; °**e**) überlegen, erwägen [*rationes belli*]; **3.** in die Länge ziehen: °**a**) (*eigtl.*) (ab)spinnen, krempeln; **b**) / verlängern [°*bellum*]; verzögern [*comitia*]; °**c**) (*Zeit*) hinbringen, fristen [*vitam*].

Trāiānus, *ī m M. Ulpius* ~, *röm. Kaiser* (*98-117*).

trāiciō, *iēcī, iectum* 3 (*iaciō*) **I.** hinüberwerfen: **1. a**) hinüberwerfen, -schießen, -bringen, -schaffen [°*telum trans vallum; legiones in Italiam*]; **b**) / übertragen [°*arbitrium in omnes*]; **2. a**) (*trans.*) (*Truppen*) über einen Fluß setzen [*copias* (*trans*) *fluvium*]; **b**) P., (*intr.*

u. se -ere hinüberfahren; überschreiten, setzen *über* [*fluvium, mare*]; °**3.** hinüberdringen, übergreifen *auf* [*incendium ad nos*]; **II.** überwerfen, durchdringen: **1.** hinüberwerfen *über* [*murum iaculo*]; **2.** durchstoßen, durchbohren [*ei femur tragula*]; °**3.** durchbrechen [*mediam aciem*].

trāiectiō, *ōnis f* (*trāiciō*) **1. a**) Überfahrt, Übergang; **b**) *stellae* Sternschnuppe; **2.** / **a**) *das* Hinüberschieben [*in alium*]; **b**) (*rhet. t.t.*) Versetzung [*verborum*]; Übertreibung, Hyperbel.

trāiectus, *ūs m* (*trāiciō*) Überfahrt.

trālātus[1], *ūs m* (*trā-ferō* = *trānsferō*) *das* Vorbeitragen; feierlicher Aufzug.

trālātus[2] 3 *s. trānsfero.*

trā-loquor, — 3 hererzählen.

trāma, *ae f* (*wohl zu trahō*) Schuß des Gewebes; / *pl.* Bagatellen.

trāmes, *itis m* (< **trāns-mit-s*; *meō*) Seitenpfad; °/ Pfad, Flug.

trā-natō *u.* **-nō** 1 (*trans. u. intr.*) hinüber-, durchschwimmen; *auch* /.

tranquillitās, *ātis f* (*tranquillus*) Windstille, ruhiges Wetter; / politische Ruhe; Gemütsruhe.

tranquillō 1 (*tranquillus*) beruhigen.

tranquillus 3 (*m.* °*comp., sup.*; *adv.* **-ē** *u.* (*Li.*) **-ō**; *trāns* „sehr" + *quil-nos zu quiēs*) ruhig, still; friedlich, gelassen; *subst.* **-um,** *ī n* = *tranquillitās.*

trāns (*wohl erstarrtes part. praes. zu* √ *ter- „überschreiten"; *cf.* terminus) **I.** *in der Komposition*: **trāns-, trā-** (*vor d-, l-, m-, n-, i-, v-, später auch vor anderen Konsonanten trā-; vor s- vereinfacht zu trān-*) **1.** hinüber, über- [*transeo*]; **2.** hindurch, durch- [*transfigo*]; **3.** darüber hinaus [*transalpinus*]; **II. trāns** *prp. b. acc.* **1.** (*Frage*: *wohin?*) über, über ... hin, über ... hinaus; **2.** (*Frage*: *wo?*) jenseits.

trāns-abeō, *iī, itum, īre* durchbohren.

trānsāctor, *ōris m* (*trānsigō*) Vermittler.

trāns-adigō, — — 3 treiben durch [*costas ensem*]; durchbohren.

trāns-alpīnus 3 jenseits der Alpen (befindlich); °*subst.* **-ī,** *ōrum m die* jenseits der Alpen wohnenden Völker.

****trans-alpizo** 1 die Alpen überschreiten.

trān-scendō, *endī, ēnsum* 3 (*scandō*) **1.** (*intr.*) hinüberschreiten, -steigen, -gehen; °/ übergehen *zu*; **2.** (*trans.*) übersteigen, -schreiten; °/ übertreten.

trāns-cīdō, *cīdī,* — 3 (*caedō*) durchprügeln.

trān-scrībō, *psī, ptum* 3 **1.** um-, abschreiben; °**2. a**) (*jur. t.t.*) um-, verschreiben **b**) / übertragen *auf*; °**3.** (*in einen andern Stand*) versetzen; / aufnehmen [*in viros*].

trānscrīptiō, *ōnis f* (*trānscrībō*) Entschuldigung *wegen eines Verbrechens* [*veneni*].

trāns-currō, (*cu*)*currī, cursum* 3 **1.** (*intr.*) **a**) hinüber-, hinlaufen; °**b**) / übergehen *zu* [*ad melius*]; **c**) vorüberlaufen, -fahren; vergehen [*aestas*]; **2.** (*trans.*) **a**) durchlaufen [*cursum suum*]; / °**b**) kurz durchgehen [*narrationem*]; °**c**) mit Stillschweigen übergehen.

trānscursus, *ūs m* (*trānscurrō*) **1.** *das* Durchlaufen, Flug [*per aera*]; **2.** *das* Vorbeilaufen, -fahren.

trānsenna, *ae f* (*vl. etr.*) °**1.** Vogelnetz; / Fallstrick; **2.** Gitterfenster.

trāns-eō, *iī, itum, īre* (*fut. im Vers auch trānsiet*) **1.** (*intr.*) **a**) hinübergehen, ü'bergehen, ü'bersetzen [*in Italiam*]; **b**) übergehen *zu* [*a patribus ad plebem*]; überlaufen; °**c**) sich verwandeln [*in saxum*]; °**d**) beitreten [*ad sententiam eius*]; **e**) (*in der Rede*) übergehen *zu*; **f**) verfließen [*dies*]; **g**) hindurchgehen, -ziehen, -dringen; **2.** (*trans.*) **a**) überschreiten [*Alpes*]; °**b**) zurücklegen [*iter*]; °**c**) vorbeigehen, -fahren *an*; / **d**) übertreten, verletzen; **e**) sich abfinden *mit* [*ea, quae premunt*]; **f**) durchgehen, besprechen; °**g**) überholen; °**h**) übertreffen; **i**) übergehen, unbesprochen lassen; °**k**) verbringen [*vitam silentio*]; ** sterben.

trāns-ferō, *tulī, lātum* 3 **1. a**) hinübertragen, -bringen, -schaffen; °**b**) vorbei-, vorübertragen; **2. a**) verlegen [*concilium Lutetiam*]; **b**) lenken, wenden, schieben [*culpam ad, in alium*]; **3.** übertragen; übergehen lassen *auf*; **4. a**) abschreiben [*de libris in tabulas*]; **b**) übersetzen [°*ex Graeco in Latinum*]; **c**) anwenden *auf*; **d**) uneigentlich, bildlich gebrauchen; *verba translata* Metaphern; **5.** verschieben [*in aliud tempus*].

trāns-fīgō, *fīxī, fīxum* 3 durchbohren; °hindurchstoßen.
trāns-figūrō 1 verwandeln.
trāns-fodiō, *fōdī, fossum* 3 = *trānsfīgō.*
trāns-fōrmis, e (*Rückbildung aus trānsfōrmō*) verwandelt.
trāns-fōrmō 1 umgestalten, verwandeln.
trāns-forō 1 durchbohren.
trans-fretō 1 (< *trāns fretum sc. vehor*) über das Meer fahren.
trānsfuga, *ae m f* (*trānsfugiō*) Überläufer; *adi.* übergelaufen; °abtrünnig.
trāns-fugiō, *fūgī,* — 3 überlaufen.
trānsfugium, *ī n* (*trānsfugiō*) *das* Überlaufen.
trāns-fundō, *fūdī, fūsum* 3 °**1.** umgießen; P. (hinüber)strömen; **2.** / übertragen [*laudes suas in alienum*].
trānsfūsiō, *ōnis f* (*trānsfundō*) Vermischung.
trāns-gredior, *gressus sum* 3 (*gradior*) **1.** (*intr.*) **a**) hinübergehen; °/**b**) übergehen [*in partes* zu einer Partei]; **c**) schreiten *zu* [*ad sacramentum*]; **2.** (*trans.*) überschreiten, passieren [*Taurum*].
trānsgressiō, *ōnis f* (*trānsgredior*) **1.** Übergang; **2.** (*rhet. t.t.*) °**a**) Übergang *zu einem anderen Gegenstand;* **b**) *verborum* Abweichung von der gewöhnlichen Wortstellung (*Übersetzung des gr. Fw. hyperbaton*).
****transgressor,** *oris m der* Übertreter; Sünder.
trānsgressus, *ūs m* (*trānsgredior*) Übergang.
trāns-igō, *ēgī, āctum* 3 (*agō*) °**1.** durchbohren; **2.** / **a**) durchführen, zustande bringen; **b**) beilegen [*rem*]; ein Abkommen treffen; **c**) ein Ende machen [*cum expeditione*]; °**d**) verleben [*tempus*].
trān-siliō, *siluī* (*selten silīvī, siliī*), — 4 (*saliō*) **1.** (*intr.*) hinüberspringen; / übergehen *zu,* verfallen *auf;* **2.** (*trans.*) °**a**) überspringen; °**b**) durcheilen, -fliegen; / **c**) überschreiten; **d**) unbeachtet lassen.
trānsitāns, *antis* (*part. praes. v.* **trānsitō intens. v. trānseō*) durchziehend.
trānsitiō, *ōnis f* (*trānseō*) **1.** *das* Hinübergehen, Übergang; **2.** / **a**) Übertritt; °**b**) *das* Überlaufen *zum Feinde;* °**c**) Ansteckung (*mit einer Krankheit*); **3.** Durchgang (*als Ort*).
trānsitōrius 3 (*m. adv.; transeō*) Durchgangs... [*domus*]; ** vergänglich.
trānsitus, *ūs m* (*trānseō*) **1.** *das* Überschreiten, Übergang; Paß, Furt; °**2.** / Übertritt; Farbenübergang; Übergang (*in der Rede*); °**3. a**) Durchzug; **b**) Durchgang (*als Ort*); **4.** *das* Vorübergehen; °/ *in -u* flüchtig; oberflächlich; ** Tod.
trānslāticius 3 (*trānslātus, P.P.P. v. trānsferō*) überliefert, herkömmlich; / gewöhnlich, gemein.
trānslātiō, *ōnis f* (*trānsferō*) **1. a**) Übertragung; °**b** Verlegung; **2.** (*rhet. t.t.*) **a**) Tropus, Metapher; °**b**) Übersetzung (*aus einer Sprache in eine andere*); °**3.** (*gramm. t.t.*) Vertauschung [*temporum*]; Umstellung der Wörter; **4.** (*jur. t.t.*) **a**) Ablehnung *eines Richters, Klägers usw.;* **b**) Entkräftung einer Beschuldigung (*als Teil der Rede*).
trānslātīvus 3 (*trānslātus, P.P.P. v. trānsferō*) ablehnend; *subst.* **-a,** *ae f* ablehnende Feststellung.
trānslātor, *ōris m* (*trānsferō*) „Übertrager" [*quaesturae v. Verres, der als Quästor mit der Kasse zu Sulla überging*].
trānslātus, *ūs m* (*trānsferō*) Prozession.
trāns-legō, — — 3 ganz vorlesen.
trāns-lūceō, — — 2 heraufscheinen; durchsichtig sein.
trānslūcidus 3 (*trānslūceō*) durchsichtig.
trāns-marīnus 3 (*trāns mare*) überseeisch.
trāns-meō 1 durchziehen.
trāns-migrō 1 übersiedeln.
trāns-mineō, — — 2 hindurchragen.
trānsmissiō, *ōnis f u.* **-missus,** *ūs m* (*transmittō*) Überfahrt.
trāns-mittō, *mīsī, missum* 3 **I.** (*trans.*) **1.** hinüberschicken, -schaffen, übersetzen (lassen); °hinüberspielen [*bellum*]; **2. a**) übergeben, anvertrauen; **b**) widmen; °**3.** vorübergehen lassen, nicht berücksichtigen; °**4. a**) verleben [*tempus inter libellos*]; **b**) überleben [*febrium ardorem*]; **II.** (*intr.*) **1.** hinüberfahren, übersetzen *nach* [*in Africam*]; **b**) fahren, ziehen *über,* überschreiten [*Hiberum*]; °durchmessen [*plumbo*].
trāns-montānī, *ōrum m* (<*trāns*

montēs) *die* Völker jenseits der Gebirge.
trāns-moveō, *mōvī, mōtum* 2 hinüberschaffen, verlegen [*legiones*]; / übertragen; *in se -ere* sich zuschreiben.
trānsmūtātiō, *ōnis f* (*trānsmūtō*) Vertauschung der Buchstaben, Metathese.
trāns-mūtō 1 vertauschen, wechseln.
trāns-nōminō 1 umtaufen.
trāns-padānus 3 (< *trāns Padum*) jenseits des Po wohnend; *auch subst.*
trānspectus, *ūs m* (*trānspiciō*) Durchsicht.
trān-spiciō, — — 3 (*speciō*) durchsehen.
trāns-pōnō, *posuī, positum* 3 hinüberbringen, ü'bersetzen.
trānsportātiō, *ōnis f* (*trānsportō*) Übersiedelung, Wanderung.
trāns-portō 1 hinüberbringen, -schaffen, ü'bersetzen [*copias flumen über einen Fluß*].
trānspositīva, *ae f* (*trānspōnō*) = *trānslātīva.*
trāns-rhēnānus 3 (< *trāns Rhēnum*) jenseits des Rheins; *subst.* **-ī,** *ōrum m die* rechtsrheinischen Stämme.
trāns-tiberīnus 3 (< *trāns Tiberim*) jenseits des Tibers wohnend; *kl. nur subst.* **-ī,** *ōrum m die* in der *regio XIV* (*trans Tiberim*) ansässigen Einwohner *Roms.*
trāns-tineō, *uī,* — 2 (*teneō*) hindurchgehen.
trānstrum, *ī n* (*trāns*) Querbalken; Ruderbank.
trān-sultō 1 (*intens. v. trānsiliō*) hinüberspringen.
trānsūmptiō, *ōnis f* (*trānsūmō*) (*rhet. t.t.*) Übertragung.
trānsūmptīva, *ae f* (*trānsūmō*) = *trānslātīva.*
trān-suō, *suī, sūtum* 3 durchstechen.
trānsvectiō, *ōnis f* (*trānsvehō*) **1.** Überfahrt; °**2.** *das* Vorüberreiten, Musterung.
trāns-vehō, *vēxī, vectum* 3 **1.** hinüberfahren, -schaffen; °P. hinüberfahren, ü'bersetzen; °**2.** (*im Triumph*) vorüberführen, -fahren [*spolia*]; P. (*im Triumph od. bei der Besichtigung*) vorüberfahren, -reiten; °**3.** P. / verstreichen [*tempus*].
trāns-verberō 1 durchstechen, durchbohren.
trānsversārius 3 (*trānsversus*) Quer...
trāns-versō 1 wiederholt umwenden.
trānsversus 3 (*m. °adv.*; *trānsvertō*) **1.** quer(liegend), schräg, Quer..., Seiten...; °*proelium -um* Flankenangriff, °*iter -um* Flankenmarsch; **2.** / in die Quere kommend, störend; *subst.* **-um,** *ī n die* Quere; *ex, de -o* unvermutet; (*acc. pl. n*) °*adv.* **-a** seitwärts; / scheel [*tueri*].
trāns-vertō, *vertī, versum* 3 umkehren, schwenken.
trāns-volitō 1 (*intens. v. trānsvolō*) durchfliegen.
trāns-volō 1 **1.** hinüberfliegen, -eilen; eilen *nach, zu* [*Alpes*]; **2.** vorüberfliegen, -eilen *vor* [*quercūs*].
trāns-vortō, *vortī, vorsum* (*altl.*) = *trānsvertō.*
trapētum, *ī n u.* **-us,** *ī m* (*gr. Lw.*) Ölpresse, Kollergang.
trapezīta, *ae m* (*gr. Fw.*) Geldwechsler.
trapezophorum, *ī n* (*gr. Fw.*) Tischträger (*verzierter Fuß*).
trāsenna, *ae f* = *trānsenna.*
Trasumennus *u.* **-mēnus,** *ī m* (*lacus*) Trasimenischer See *in Etrurien* (*Hannibals Sieg 217*), *j.* Lago Trasimeno; *adi.* ~ 3.
traulizī (*gr. Fw.*) sie lispelt.
Trebia, *ae m Nbfl. des Po, j.* Trebbia (*Hannibals Sieg 218*).
trecēnī 3 *num. distr.* (*trecentī*) je dreihundert; °/ sehr viele.
trecentēsimus 3 *num. ord.* (*trecentī*) *der* dreihundertste.
tre-centī 3 *num. card.* (*gen. auch -um*; *trēs, centum*) dreihundert; °/ sehr viele.
trecentiē(n)s *num. adv.* (*trecentī*) dreihundertmal.
trechedīpnum, *ī n* (*zu gr. Fw.* „zum Mahle eilend") leichtes modisches Tischkleid.
trē-decim *num. card. indecl.* (*trēs, decem*) dreizehn.
tremebundus 3 (*tremō*) zitternd, zuckend.
treme-faciō, *fēcī, factum* 3 (*tremō*) zittern machen, erschüttern; P. **-fīō,** *factus, factus, fierī u. fierī* erzittern.
tremendus 3 (*Gerundiv v. tremō*) furchtbar, schrecklich.
tremēscō *u.* **-īscō,** — — 3 (*incoh. v. tremō*) **1.** (*intr.*) erzittern, erbeben; **2.** (*trans.*) zittern *vor* [*sonitum*].
tremō, *uī,* — 3 (*cf. terreō*; *gr.* trẹmō „zittern") **1.** (*intr.*) zittern, beben; **2.** (*trans.*) zittern *vor* [*virgas*].
tremor, *ōris m* (*tremō*) **1.** *das* Zittern, Beben; Erdbeben; °**2.** (*concr.*) Schrecken.

tremulus, 3 (*m.* °*adv.*; tremō) zitternd; Zittern erregend.
trepidanter *adv.* (*m. comp.*; trepidāns, *part. praes. v.* trepidō) ängstlich.
trepidātiō, ōnis *f* (trepidō) Unruhe, Verwirrung, ängstliche Eile; Ratlosigkeit.
trepidō 1 (trepidus) **1.** durcheinanderlaufen, in Verwirrung sein, zappeln; / °**2. a**) zagen, bangen; **b**) zittern, klopfen [pectus]; °**3.** schwanken, unschlüssig sein.
trepidus 3 (*m. adv.*; *eigtl.* „trippelnd"; *wohl m.* tremō *verwandt*) **1.** unruhig, verwirrt; wogend, kochend; ängstlich, aufgeregt, besorgt; **2.** beunruhigend, aufregend; res -a mißliche Lage.
trēs, tria (*gen.* trium, *dat. u. abl.* tribus, *acc.* trēs *u.* trīs; < *trejes; *cf. nhd.* „drei") drei, ein paar.
trēs-vir *s.* triumvir.
****treuga,** ae *f* Landfrieden.
Trēverī *u.* **-virī,** ōrum *m*; *sg.* **Trēvir** (-ĕ-?) *germ. Volk in d. Gegend v. Trier*; *adi.* -ricus 3.
tri- (trēs) drei...
tri-angulum, ī *n* (angulus) Dreieck.
triāriī, ōrum *m* (trēs) Triarier, drittes Glied *des röm. Heeres* (*die ältesten u. erfahrensten Soldaten*); res ad -os rediit es ist zum Äußersten gekommen.
****trias,** ados *f* Dreieinigkeit.
tribas, adis *f* (*gr. Fw.*) Lesbierin, Tribade.
tribolus, ī *m* = tribulus.
tribrachys, *acc.* yn *m* (*gr. Fw.*) Tribrachys (*Versfuß* ◡◡◡).
tribuārius 3 (tribus) auf die Tribus bezüglich, die Bestechung der Tribus betreffend.
tribūlis, e (tribus) zu derselben Tribus gehörig; *subst.* ~, is *m* Gaugenosse; °Mann vom Lande.
trībulum, ī *n* (terō) Dreschbrett, -wagen.
tribulus, ī *m* (*gr. Fw.*) Burzeldorn (*Unkraut*).
tribūnal, ālis *n* (< *n v.* tribūnālis, e; tribūnus) Tribunal, Tribüne: **1. a**) Hochsitz der Tribunen, *später auch anderer Magistrate*; Richterstuhl; **b**) erhöhter Feldherrnsitz *im Lager*; °**c**) Sitz des Prätors *im Theater*; °**2.** / **a**) Grabdenkmal *in Form einer Tribüne*; **b**) *die* auf der Tribüne sitzenden Beamten, Gerichtshof.
tribūnātus, ūs *m* (tribūnus) **1.** Volkstribunat; **2.** Militärtribunat; *cf.* tribūnus.
tribūnicius 3 (-nī-?; tribūnus) tribunizisch, die Volks- *od.* Militärtribunen betreffend; *subst.* ~, ī *m* gewesener Volkstribun.
tribūnus, ī *m* (tribus) Tribun: °**1.** Vorsteher einer der drei Stammtribus Roms; *an der Spitze der* ~ Celerum; *cf.* 2; °**2.** (*in der Königszeit*) ~ Celerum Reiteroberst; **3.** ~ aerarius Zahlmeister, Intendant; **4.** (*mil. t.t.*) **a**) ~ militum *od.* militaris Militärtribun, Oberst (*in jeder Legion 6, teils vom Feldherrn bestimmt, teils vom Volk gewählt*); °**b**) (*in der Kaiserzeit*) ~ cohortis Befehlshaber der 1. Prätorianerkohorte; °**5.** -i militares consulari potestate *od.* -i consulares Tribunen mit Konsulargewalt (*444-367 oberste Staatsbehörde an Stelle der Konsuln, meist aus dem Plebejerstande*); **6.** ~ plebis *od.* plebi Volkstribun (*zuerst 2, dann 5, schließlich 10*; *sakrosankte Schutzbehörde der Plebs, urspr. nur mit Vetorecht, später mit umfassender Gewalt*; *die* tribunicia potestas *war Wesensmerkmal des Prinzipats, aber die Stellung der auch in d. Kaiserzeit amtierenden Volkstribunen alter Observanz war bedeutungslos*).
tribuō, uī, ūtum 3 (tribus „Drittel") **1.** ein-, aus-, verteilen; **2. a**) zuteilen, verleihen; **b**) / schenken, gewähren, erweisen; **3. a**) zugestehen; **b**) (*abs.*) zu Willen sein; **c**) zuschreiben, Schuld geben; °superbiae als Stolz auslegen; **d**) widmen [tempus litteris].
tribus, ūs *f* (*dat., abl. pl.* -ubus; trēs) **1.** (*urspr.* „*ein* Drittel des Volkes") Stammtribus, einer der drei Urstämme *des röm. Volkes*; *cf.* Ramnēs, Titiēs, Lūcerēs; *seit Servius Tullius* Abteilung *der röm. Vollbürger*; Bezirk, Gau *für Steuererhebung u. Aushebung* [*31* rusticae *u. 4* urbanae]; **2.** *pl.* Stimmen einer Tribus; / Stimmen einer Zunft (°grammaticae *der* Kunstkritiker).
tribūtārius 3 (tribūtum) die Abgaben betreffend, reiche Geschenke versprechend.

tribūtim *adv.* (*tribus*) tribusweise; in den Tributkomitien.
tribūtiō, *ōnis f* (*tribuō*) Verteilung.
tribūtum, *ī n* (*tribuō*) Steuer, Abgabe, Tribut; °/ Gabe, Beitrag.
tribūtus[1] 3 (*tribus*) nach den Tribus eingerichtet [*comitia*].
tribūtus[2], *ūs m* (*tribuō*) Abgabe.
trīcae, *ārum f* (*vl. m. torqueō verwandt*: „krumme Wege") Widerwärtigkeiten; dummes Zeug.
trīcēnī 3 *num. distr.* (*gen. pl.* -*um*; *trīgintā*) je dreißig.
tri-ceps, *cipitis* (*caput*) dreiköpfig.
trīcē(n)simus 3 *num. ord.* (*trīgintā*) *der* dreißigste; °-*a sabbata jüd.* Neumondfest.
trichila, *ae f* (*et. ungeklärt*) Laube, [Laubhütte.
trīciē(n)s *num. adv.* (*trīgintā*) dreißigmal.
triclīniāria, *ium n* (*triclīnium*) [Speiseteppiche.
triclīnium, *ī n* (*gr. Lw.*) Speisesofa; / Speisezimmer.
trīcō, *ōnis m* (*trīcae*) Ränkeschmied.
trīcor 1 (*trīcae*) Ausflüchte suchen, Schwierigkeiten machen.
tri-corpor, *oris* (*corpus*) dreileibig.
tri-cuspis, *idis* dreizackig, -spitzig.
tri-dēns, *entis* dreizackig; *subst. m* Dreizack.
tridenti-fer *u.* **-ger,** *era, erum* (*tridēns*; *ferō, gerō*) den Dreizack führend.
trī-duum, *ī n* (*cf. bīduum*) Zeitraum von drei Tagen; *hoc* ~ diese drei Tage.
tri-ennia, *ium n* (*annus*) *das* (*jedes dritte Jahr gefeierte*) Bacchusfest.
tri-ennium, *ī n* (*annus*) Zeitraum von drei Jahren, drei Jahre.
triēns, *entis m* (*trēs*) **1.** *ein* Drittel (*eines zwölfteiligen Ganzen*); **2.** °**a**) (*Münze*) Drittelas; **b**) (*Erbschaft*) °*heres ex triente* Erbe eines Drittels *der Erbmasse*; °**c**) (*Flüssigkeitsmaß*) $^1/_3$ *sextarius* = $^1/_6$ l; / Becher [*amethystinus*].
trientābulum, *ī n* (* *trientō* 1 „ein Drittel erstatten"; *triēns*) (*durch Bodenanweisung abgelöste*) Entschädigung für ein Drittel *der Schuldsumme.*
triērarchus, *ī m* (*gr. Fw.*) Trierenführer.
triēris, e (*gr. Fw.*) mit drei Ruderdecks; *subst.* ~, *is f* Triere.
trietēricus 3 (*gr. Fw.*) jedes dritte Jahr gefeiert; *subst.* **-a,** *ōrum n* = *triennia.*
trietēris, *idis f* (*gr. Fw.*) °**1.** = *triennium*; **2.** = *triennia.*
tri-fāriam *adv.* (*cf. bifāriam*) an drei Stellen.
tri-faux, *cis* aus drei Schlünden, Rachen (kommend).
tri-fidus 3 (*findō*) dreifach gespalten, dreizackig.
tri-fīlis, e (*fīlum*) dreifädig, drei Haare habend.
tri-fōrmis, e (*fōrma*) dreigestaltig; [dreifältig.
tri-fūr, *ris m* dreifacher Dieb, Halunke.
tri-furcifer, *erī m* Erzschelm.
tri-geminus 3 **1.** Drillings...; *fratres -i* Drillinge; **2.** dreigestaltig, -köpfig; dreifach; *honores -i* Ädilität, Prätur, Konsulat; ♀*a Porta* dreibogiges Tor *der röm. Stadtmauer*; **3.** *adv.* **-um** mehrmals.
trīgēsimus 3 (*nkl.*) = *trīcēsimus.*
trīgintā *num. card. indecl.* (*trēs*) dreißig.
trigōn, *ōnis m* (*gr. Fw.*) **1.** kleiner harter Ball; **2.** Ballspiel, *bei dem die Spieler im Dreieck stehen.*
trigōnālis, e (*gr. Fw.*; *trigōnum* „Dreieck") dreieckig; *pila*[3] = *trigōn* 1.
tri-lībris, e (*lībra*) dreipfündig.
tri-linguis, e (*lingua*) dreizüngig.
tri-līx, *īcis* (*cf. līcium*) dreifädig, -drähtig.
trimēnium, *ī n* (*gr. Fw.*) drei Monate, ein Vierteljahr.
tri-mē(n)stris, e (*mēnsis*) dreimonatig.
tri-metros *u.* **-us** 3 (*gr. Fw.*) trimetrisch, sechsfüßig; *subst.* ~ *u.* **-ter,** *trī m* Trimeter (*Vers*).
tri-modium, *ī n* (*modius*) Dreimaß (*drei modii fassendes Gefäß*).
trīmulus 3 (*dem. v. trīmus*) als Kind von drei Jahren.
trīmus 3 (< **tri-himos*; *hiems*; *cf. bīmus*) dreijährig.
Trīnacria, *ae f* (*gr.* -*kriā* „*die* dreispitzige" Insel) *ältester Name* Siziliens; *adi.* -*crius* 3 *u.* -*cris, idis f.*
trīnī 3 *num. distr.* (< **tris-noi*; *ter*; *cf. ternī*) **1.** je drei; (*bei echten pl. tant.*) drei; drei zusammen; °**2.** dreifach.
trinoctiālis, e (*tri-noctium, ī n*; *nox*) von drei Nächten.
tri-nōdis, e (*nōdus*) dreiknotig.
tri-nummus, *ī m* Münze im Werte *von* drei Drachmen *od.* drei Sesterzen; ♀ Dreigroschenstück (*des Plautus*).

trīnum nūndinum *u.* **trī-nūndinum** *n s. nūndinae* u. *-num.*
triō, *ōnis m* (*terō*) Dreschochse; / *pl.* = *Arctos*; *cf. septentriō.*
triōbolus, *ī m* (*gr. Fw.*) drei Obolen (*halbe Drachme = 0,40 Mark*); / *eine* Kleinigkeit.
tri-parcus 3 (*parcō*) dreimal sparsam, erzgeizig.
tri-partītus 3 (*partior*) in drei Teile geteilt, dreifach; *adv.* **-ō** in drei Abteilungen.
tri-pectorus 3 (*pectus*) dreibrüstig.
tri-pedālis, e drei Fuß lang.
tri-pertītus 3 = *tripartītus.*
tri-pēs, *edis* dreifüßig.
tri-plex, *icis* (*m.* °*adv.*; *cf. duplex*) **1.** dreifach; °*pl.* drei; **2.** *subst.* °**a)** ~, *icis n das* Dreifache; **b)** *pl.* **-ēs,** *icum m* (*sc. cōdicillī*) dreiblättrige Schreibtafel.
triplus 3 (*cf. duplus*) dreifach.
Triptolemus, *ī m* (*gr.* -os) *Heros v. Eleusis, Erfinder des Pfluges, Richter in der Unterwelt.*
tripudiō 1 (*tripudium*) im Dreischritt tanzen; den Waffentanz tanzen; / frohlocken.
tri-pudium, *ī n* (*2. Glied umstritten*) °**1. a)** dreischrittiger Waffentanz *der salischen Priester*; **b)** Kriegstanz *wilder Völker*; **c)** wilder Bacchustanz; **2.** *solistimum* günstiges Wahrzeichen, *wenn die Auspizien-Hühner wie in wildem Tanz sich gierig auf das Futter stürzen.*
tripūs, *odis m* (*acc. -podas*; *gr. Fw.*) Dreifuß; dreifüßiger Kessel; °/ *das* (Delphische) Orakel.
tri-quetrus 3 (*2. Glied wohl < quadrus* „scharf"; *cf. nhd.* „wetzen") **1.** dreieckig; *insula -a* Britannien; °**2.** sizilisch.
tri-rēmis, e (*rēmus*) mit drei Ruderdecks [*navis*]; *subst.* ~, *is f* Dreidecker.
trīs *s. trēs.*
tri-scurria, *ōrum n* (*scurra*) grobe Possen.
trīsticulus 3 (*dem. v. trīstis*) etwas traurig.
trīsti-ficus 3 (*trīstis, faciō*) betrübend, schrecklich.
trīstimōnia, *ae f* (*trīstis*) Traurigkeit.
trīstis, e (*m. comp.*, °*sup.*; *adv.* **-ē**; *et. unklar*) **1. a)** traurig, betrübt; **b)** betrübend, schmerzlich; °**c)** widerlich, herb; **2. a)** unfreundlich, finster; °**b)** zornig; schrecklich, gefährlich; **c)** ernst, kalt, hart.
trīstitia, *ae f u.* °**-tiēs,** *ēī f* (*trīstis*) **1. a)** Trauer; Traurigkeit, Betrübnis; **b)** traurige Beschaffenheit; **2.** Unfreundlichkeit, finsterer Ernst, Härte.
tri-sulcus 3 dreifurchig; dreizackig.
trīt-avus, *ī m* (*vl. Zusammensetzung m. dem gr. Fw.* „*der* dritte"; *ī metr. Dehnung*) Vater des *atavus od.* der *atavia,* Urahn.
trīticēia, *ae f* (*et. ungeklärt*) *unbekannter Fisch.*
trīticeus 3 (*trīticum*) Weizen...
trīticum, *ī n* (*terō*) Weizen.
Trītōn, *ōnis m* **1.** *Meergott, Sohn des Neptun*; *pl.* Meergottheiten *in Neptuns Gefolge*; **2.** *See u. Fl. in Libyen, Geburtsstätte der Pallas*; *adi. -ni(ac)us* 3, *nis, idis f auch* von der Pallas stammend; *subst.* **-nia,** *ae u.* **-nis,** *idis f* Pallas.
trītor, *ōris m* (*terō*) *der* Reiber; *compedium* „Kettenabreiber" (*v. einem gefesselten Sklaven*).
trītūra, *ae f* (*terō*) *das* Dreschen.
trītus[1] 3 (*m. comp.*, °*sup.*; *terō*) °**1.** (ab)gerieben, abgenutzt; **2.** oft betreten, glattgefahren [*via*]; **3.** / oft gebraucht, gewöhnlich; geübt [*aures*].
trītus[2], *ūs m* (*terō*) *das* Reiben.
triumphālis, e (*triumphus*) **1.** Triumph...; °**2. a)** (*vir*) ~ *der* Triumphator; **b)** (*ornamenta*) *-ia, ium n* Ehrenzeichen des Triumphators.
triumphō 1 (*triumphus*) **1.** (*intr.*) **a)** als Triumphator einziehen; **b)** / frohlocken, jauchzen; °**2.** (*trans.*) **a)** triumphieren *über,* völlig besiegen; **b)** im Triumphzug aufführen, erbeuten.
triumphus, *ī m* (*wohl unter etr. Vermittlung aus dem gr.* thriambos *entlehnt, das urspr.* „im Dreischritt" *bedeutete, dann Beiname des Dionysos wurde u. dessen Festlied u. Festzug bezeichnete*) **1.** *der einem Feldherrn nach einem bedeutenden Sieg vom Senat bewilligte* Triumph; Siegeseinzug *durch ein Stadttor über die Sacra via aufs Kapitol*; (*Einholung durch den Senat*; *Feldherr in toga picta u. tunica palmata auf dem v. weißen Rossen gezogenen Siegeswagen*; *Siegesrufe* [°*io triump(h)e*] *u. Lob- u. Spottlieder der Soldaten auf den Feldherrn*); *-um agere ex,* de einen Triumph feiern *über*; **2.** / siegreicher Kampf, Sieg, Triumph.

trium-vir *u.* **trēs-vir,** *ī m* (*entstanden aus gen. pl. trium virum bzw. nom. pl. trēs virī*) Triumvir, Mitglied eines Dreimännerkollegiums; *pl.* **-ī,** *ōrum m* Dreimännerkollegium: **1.** Staatsbehörden: **a**) *capitales od. carceris lautumiarum* Vorsteher der Gefängnisse; **b**) (*ohne Zusatz*) *od.* °*coloniae deducendae od.* °*agro dando* zur Einrichtung einer Kolonie u. Ackerverteilung; **c**) *epulones s. epulō*; °**d**) *mensarii* zur Regulierung der Staatsfinanzen; °**e**) *monetales* Münzmeister; °**f**) *nocturni* Polizei- u. Feuerwehrkommandeure; °**g**) *rei publicae* (*constituendae*) Verfassungsausschuß (*Antonius, Octavianus u. Lepidus*); °**h**) (*ohne Zusatz*) Musterungskommission; °**i**) *sacris conquirendis donisque persignandis* zur Feststellung der Heiligtümer u. Aufzeichnung der Weihgeschenke; **2.** in den Munizipien: oberste Verwaltungsbehörde.

triumvirālis, e (*triumvir*) zu einem Dreimännerkollegium gehörig *od.* von ihm verhängt [*proscriptiones*].

triumvirātus, *ūs m* (*triumvir*) Triumvirat, Würde eines Triumvirn.

tri-venēfica, *ae f* Erzgiftmischerin.

Trivia, *ae f* (*trivius*; *Lehnübersetzung aus dem Gr. „die* an den Dreiwegen verehrte Göttin") Hekate *od.* Diana (*als Mondgöttin*).

triviālis, e (*trivium*) auf Dreiwegen befindlich; / gewöhnlich, Gassen...

tri-vium, *ī n* (*via*) Dreiweg, Kreuz-, Scheideweg; / öffentliche Straße; *ex trivio* von der Straße, pöbelhaft; ** scholastischer Lehrgang der drei niederen Wissenschaften: Grammatik, Rhetorik, Dialektik.

trivius 3 (*trivium*) zu den Kreuzwegen gehörig; auf Kreuzwegen verehrt [*dea*].

Trōas *s. Trōs.*

trochaeus, *ī m* (*gr. Fw.*) **1.** Trochäus (–◡); **2.** Tribrachys (◡◡◡).

troc(h)lea, *ae f* (*gr. Lw.*) Flaschenzug, Winde.

trochus, *ī m* (*gr. Fw.*) *der* (*mit klirrenden Ringen besetzte u. mit einem Stock getriebene*) Spielreifen *der Kinder.*

Trōes *s. Trōs.*

Trōia, Trōiānus, Trōi(c)us *s. Trōs.*

Trōiugena, *ae m f* (*Trōia, gignō*) aus Troja stammend; *subst. m* Trojaner; Römer.

tropa, *ae f* (*gr. Fw.*) *ein Geschicklichkeitsspiel.*

tropaeum, *ī n* (*gr. Fw.*) Siegeszeichen, -denkmal (*bei den Griechen urspr. meist Baumstumpf, an dem man die erbeuteten Waffen aufhängte*); / Sieg; Denkmal, Zeichen.

tropis, *idis f* (*acc.* -*in*; *gr. Fw.*) Bodensatz *des Weins.*

tropos *u.* **-us,** *ī m* (*gr. Fw.*) (*rhet. t.t.*) bildlicher Ausdruck, Tropus.

Trōs, *Trōis m König v. Phrygien, Stammvater der* **Trōes,** *um m* Troer, Trojaner; *adi. Trōicus* 3, *Trōïus* 3; **Trōas,** *adis f, als adi.* trojanisch, *als subst.* Troerin, Trojanerin; *Landschaft* Troas; *subst.* **Trōia** *u.* (*dcht.*) **Trōïa,** *ae f* **1.** *das homerische* Troja; **2.** *der v. Äneas b. Laurentum erbaute Ort*; **3.** *Ort in Epirus*; **4.** / Trojaspiel (*Kampfspiel zu Pferde*); *adi.* -*iānus* 3; *subst.* **-iānī,** *ōrum m* = *Trōes.*

trossulī, *ōrum m* (*etr. Fw.*) Stutzer.

trucīdātiō, *ōnis f* (*trucīdō*) *das* Abschlachten.

trucīdō 1 (*erstes Glied umstritten, zweites zu caedō*) **1.** niedermetzeln; **2.** / **a**) *durch Wucher* zugrunde richten; °**b**) zerkauen; **c**) verunglimpfen; °**d**) auslöschen [*ignem*].

truculentia, *ae f* (*truculentus*) Unfreundlichkeit; Rauheit [*caeli* des Klimas].

truculentus 3 (*m.* °*comp.*, °*sup.*; *adv.* **-enter;** *trux*) finster, unfreundlich; °/ wild, rauh, grimmig, grob; ♀ *Komödie des Plautus.*

trudis, *is f* (*u.* -*ū*-?; *trūdō*) Stange *zum Stoßen.*

trūdō, *sī, sum* 3 (*cf. nhd.* „Verdruß") °**1.** stoßen, (ver)drängen; **2.** / °**a**) wachsen lassen; *se -ere* emporwachsen; / *tenebras* blauen Dunst vormachen; **b**) drängen zu; vorschieben.

trūgōnus = *trygōnus.*

trulla, *ae f* (*altl. trua* „Schöpf-, Rührkelle"; *cf. nhd.* „Quirl") **1.** Schöpfkelle; °**2.** Pechpfanne; °**3.** Nachtgeschirr.

truncō 1 (*truncus*) beschneiden, verstümmeln; niederhauen.

truncus[1], *ī m* (*truncus*[2]) Baumstamm; Rumpf; / Klotz, Tölpel.

truncus[2] 3 (*cf. nhd.* „Strunk") gestutzt; verstümmelt; / unvollständig; beraubt [*pedum*].

trūsō 1 (*intens. v.* trūdō) stark stoßen; (*obszön*) = futuō.

trutina, ae *f* (*gr. Lw.*) °**1.** Waage; **2.** / Maß.

trux, ucis (*abl.* -e *u.* °-ī; *et. ungeklärt*) furchtbar, wild; / schaurig, grimmig, drohend.

trȳgōnus, ī *m* (*gr. Lw.*) Stachelrochen.

tū *pron. pers.* (*gen.* tuī, *altl.* tīs [-ĭ-?]; *dat.* tibī *u.* tibĭ; *acc. u. abl.* tē, *altl.* tēd; *oft verstärkt durch* -te *u.* (*unkl.*) -met; *fragend* °tūtin[e] = tūtene; *cf. nhd.* „du") du.

tuātim *adv.* (tū) auf deine Art.

tuba, ae *f* (*cf.* tubus) **1.** Tuba, *gerade* Trompete *mit tiefem Ton*; **2.** / °**a**) Krieg; **b**) Anstifter [belli]; °**c**) hohe Poesie.

tūber¹, eris *n* (*vl. verwandt m.* tumeō) **1.** Höcker, Buckel, Beule; / großer Fehler; **2.** Trüffel.

tuber², eris *m* (*wohl afrikanisches Fw.*) *eine Apfelsorte.*

tubicen, cinis *m* (tuba, canō) Trompeter.

tubilūstrium, ī *n* (tuba, lūstrō) Fest der Trompetenweihe (*23. März u. 23. Mai*).

tubula, ae *f* (*dem. v.* tuba) kleine Trompete.

tubulātus 3 (tubulus, *dem. v.* tubus „Wasserrohr") mit Röhren versehen, durch Röhrenleitung geheizt.

tuburcinābundus 3 (tuburcinor) gierig verschlingend.

tuburcinor 1 (*wohl zu* tūber¹) gierig verschlingen.

tubus, ī *m* (*cf.* tuba; *et. ungedeutet*) Röhre; / weibliche Scheide.

tuditō 1 (*intens. zu* *tudō; tundō) stark fortstoßen.

tueō, — — 2 (*altl.*) = tueor.

tueor, °tuitus *u.* tutātus sum 2 (*pf. vereinzelt* °tūtus sum; *et. ungedeutet*; *cf.* tūtus) **1.** ansehen, betrachten; **2.** / **a**) in Obhut nehmen, beschützen, verteidigen; **b**) bewahren, behaupten, erfüllen [officium]; **c**) in gutem baulichen Zustande erhalten; **d**) ernähren, unterhalten.

tūfus, ī *m* = tōfus.

tugurium, ī *n* (*et. umstritten*) Hütte, Schuppen.

Tuistō, ōnis *m erdentsprossener Gott, Stammvater der Germanen.*

tuitiō, ōnis *f* (tueor) Schutz, Erhaltung.

tulī *s.* ferō.

Tulingī, ōrum *m germ. Stamm in der nördl. Schweiz.*

Tulliola, ae *f* (*dem. v.* Tullia) *die* kleine Tullia (*Koseform*).

Tullius 3 *röm. Gentilname* (*vl. urspr. etr.*; Servius ~, *der 6. röm. König, cf.* Servius); *s.* Cicerō; *adi.* ~ [lex]; -iānus 3; *subst.* **-ia,** ae *f Ciceros Tochter*; **-iānum,** ī *n eigtl.* „Brunnenhaus", *unterirdisches Gewölbe des röm. Staatsgefängnisses.*

Tullus *s.* Hostīlius.

tum (*erstarrter acc. sg. m zum Pron.-Stamm* *to- „der"; *cf.* tam; cum) **1.** *adv.* **a**) (*zeitl.*) damals; dann, alsdann; darauf; **b**) (*aufzählend*) dann, ferner, weiter [primum ... deinde ... tum ... postremo]; **2.** *ci.* **a**) tum ... tum bald ... bald; **b**) cum ... tum sowohl ... als besonders; *s.* cum².

tume-faciō, fēcī, factum 3 (tumeō) schwellen machen; *P.P.P.* angeschwollen; / aufblähen.

tumeō, uī, — 2 (*cf.* tō-mentum, tō-tus) °**1.** geschwollen sein, strotzen; **2.** / °**a**) sich aufblähen [superbiā]; **b**) aufbrausen, zornig sein; °**c**) vor Wollust strotzen, glühen [libidine]; **d**) gären, in Unruhe sein [Galliae]; °**e**) (*rhet. t.t.*) schwülstig sein.

tumēscō, muī, — 3 (*incoh. v.* tumeō) anschwellen; / sich aufblähen; aufbrausen; ausbrechen [bellum].

tumidus 3 (*m.* °*comp.*, °*sup.*, °*adv.*; tumeō) **1.** schwellend, (an)geschwollen; sich emporhebend; strotzend [membrum; papillae]; °**2.** / **a**) aufgeblasen, stolz; **b**) aufbrausend; **c**) schwülstig [sermo]; °**3.** **a**) (*die Segel*) schwellend, stürmisch [auster]; °**b**) stolz machend [honor].

tumor, ōris *m* (tumeō) **1.** Anschwellung, Geschwulst; **2.** / **a**) aufbrausender Zorn, Unwille; °**b**) Aufgeblasenheit; Stolz; **c**) Gärung, Unruhe [rerum]; °**d**) Schwulst [verborum].

tumulō 1 (tumulus) begraben.

tumulōsus 3 (tumulus) hügelig.

tumultuārius 3 (tumultus) in aller Eile gemacht, gewählt; hastig zusammengerafft [exercitus].

tumultuātiō, ōnis *f* (tumultuor) Unruhe, Lärm.

tumultuor *u.* (*altl.*) **-ō** 1 (tumultus) unruhig sein, lärmen, sich empören; bestürzt sein; *impers.* -atur es herrscht Unruhe.

tumultuōsus 3 (*m. comp.*, °*sup.*, *adv.*; tumultus) **1.** unruhig, lärmend; °**2.** Unruhe verursachend.

tumultus, *ūs* (*u. altl.* -*ī*) *m* (**tumulos* „lärmend"; *tumeō*) **1. a**) Unruhe, Lärm, Getümmel; °**b**) Aufruhr *der Elemente*; **2.** Aufruhr, Aufstand [°*servilis*]; **3.** Kriegslärm, -getümmel; Tumult; °**4.** / Sorge, Aufregung.

tumulus, *ī m* (*tumeō*) Erdhaufen, Hügel; Grabhügel; °*inanis* Kenotaph.

tunc *adv.* (*tum* + -*ce*) damals; dann, alsdann, hierauf.

tundō, *tutudī, tū(n)sum* 3 (*cf. nhd.* „stoßen, stutzen") **1.** stoßen, schlagen, hämmern; °**2. a**) ausdreschen; **b**) zerstampfen; °**3.** / bestürmen [*vocibus*], betäuben.

tunica, *ae f* (*sem. Lw.*) Tunika (*kurzärmeliges wollenes Unterkleid* [*Hemd*] *der röm. Frauen u. Männer*; *später trug man noch eine obere* ~, *die Senatoren m. dem latus, die Ritter m. dem angustus clavus verbrämt*); °/ Hülle, Bast.

tunicātus 3 (*tunica*) (nur) mit der Tunika bekleidet (*außerhalb des Hauses Zeichen der Armut*); *subst.* **-ī,** *ōrum m die* armen Leute.

tunic(u)la, *ae f* (*dem. v. tunica*) kleines Unterkleid.

tuor, — — 3 (*altl.*) = *tueor.*

turba, *ae f* (*eigtl.* „sich drehendes Gewimmel"; *cf. gr.* tyrbē) **1. a**) Unruhe, Lärm, Verwirrung, Gedränge, Gewimmel; **b**) Zank; °*pl.* Umtriebe, Intrigen; **2.** große Menge, (regelloser) Haufe; Schwarm, Volk, Leute.

turbāmentum, *ī n* (*turbō*²) Aufreizungsmittel; Verwirrung.

turbātiō, *ōnis f* (*turbō*²) Verwirrung.

turbātor, *ōris m* (*turbō*²) Aufwiegler, Anstifter; *belli* Kriegshetzer.

turbātus 3 (*m.* °*comp., adv.*; *turbō*²) °**1.** stürmisch, unruhig; **2.** / **a**) aufgeregt, bestürzt, verwirrt; °**b**) erbittert.

turbēlae *u.* **-ellae,** *ārum f* (*dem. v. turba*) Lärm, Unfug.

turben, *inis n* (= *turbō*¹) Kreisel; Wirbelwind.

turbidus 3 (*m. comp., sup., adv.*; *turba*) **1. a**) unruhig, stürmisch; **b**) trübe [*aqua*]; °**c**) zerrauft [*coma*]; **2.** / **a**) aufgeregt, heftig, zornig; **b**) verwirrt, verstört; bestürzt; °**c**) unruhig, aufrührerisch.

turbineus 3 (*turbō*¹) kreisend, wirbelnd.

turbō¹, *inis m* (*cf. turba*) °**1. a**) Wirbel, Windung; **b**) kreisförmige Bewegung; / **2. a**) Wirbelwind, Sturm; **b**) / Verwirrung; (*concr.*) Störenfried; **3. a**) Kreisel; °Zauberrad; °**b**) Wirtel.

turbō² 1 (*turbō*¹) **1.** (*abs.*) Verwirrung anrichten, Unruhe stiften, Aufruhr erregen; **2.** (*trans.*) **a**) in Verwirrung bringen; °*rem* Bankrott machen; °**b**) aufwühlen, trüben; °**c**) zerstreuen, (ver)scheuchen; / **d**) stören; **e**) in Bestürzung setzen, aufregen, ängstigen; scheu machen [*equos*].

turbulentus 3 (*m.* °*comp., sup.*; *adv.* **-tē** *u.* **-ter**; *turba*) **1. a**) unruhig, stürmisch; °**b**) getrübt [*aqua*]; **2.** / **a**) (*pass.*) verworren; beunruhigt; **b**) (*act.*) Unruhe erregend; °*homines* -*i* Unruhestifter.

turdus, *ī m* (*cf. nhd.* „Drossel") **1.** Drossel, Krammetsvogel; **2.** *ein Fisch.*

tūreus 3 (*tūs*) von Weihrauch, Weihrauch...

turgeō, *rsī,* — 2 (*et. umstritten*) geschwollen sein, strotzen; / böse sein *auf* [*mihi*]; schwülstig reden.

turgēscō, — — 3 (*incoh. v. turgeō*) °**1.** anschwellen; **2.** / ergrimmen; schwülstig werden.

turgidulus 3 (*dem. v. turgidus*) etwas geschwollen.

turgidus 3 (*turgeō*) geschwollen, (auf)gebläht; °/ schwülstig.

tūribulum, *ī n* (*tūs*) Räucherpfanne.

tūri-cremus 3 (*tūs, cremō*) Weihrauch verbrennend.

tūri-fer, *era, erum* (*tūs, ferō*) Weihrauch tragend.

tūri-legus 3 (*tūs, legō*²) Weihrauch sammelnd.

turma, *ae f* (*turba*) Schwadron (*30 Mann, der 10. Teil einer ala*); / Schwarm, Haufe, Schar.

turmālis, e (*turma*) scharenweise; *subst.* **-ēs,** *ium m* Reiter derselben Schwadron.

turmātim *adv.* (*turma*) in Schwadronen.

****turnamentum,** *i n* Turnier.

Turnus, *ī m König der Rutuler, in der Äneis Gegenspieler des Äneas.*

Turones, *um u.* **-ī,** *ōrum m kelt. Volk in der Gegend v. Tours.*

turpiculus 3 (*dem. v. turpis*) häßlich.

turpificātus 3 (**turpi-ficō*; *turpis, faciō*) entstellt; / sittenlos.

turpilucricupidus 3 (*turpis, lucrum*) nach schändlichem Gewinn gierig.

turpis, e (*m. comp., sup.. adv.* **-iter** *u.* [*acc. sg. n.*; *dcht.*] **-ĕ**; *et. ungeklärt*) häßlich, entstellt; entstellend; / schändlich, schimpflich; unsittlich, liederlich; *subst.* **-e,** *is n das* sittlich Schlechte, *der* Schimpf.
turpitūdō, *inis f* (*turpis*) Häßlichkeit; / Schändlichleit, Schmach; Unsittlichkeit, Gemeinheit.
turpō 1 (*turpis*) °**1.** entstellen; besudeln; **2.** / entehren, schänden.
turricula, *ae f* (*dem. v. turris*) *hohles* Türmchen *m. Stufen, durch das die Würfel aus dem Würfelbecher auf das Spielbrett geworfen wurden.*
turri-ger, *era, erum* (*turris, gerō*) **1.** Türme tragend; **2.** mit Turmkrone geschmückt (*Beiwort der Kybele*).
turris, *is f* (*acc., abl. -im, -ī, nkl. -em, -e*; *vl. gr. Lw.*) **1.** hoher Bau, Schloß, Burg; **2. a)** Turm; Mauerturm; Belagerungsturm; °**b)** Sitz *auf einem Kriegselefanten*; °**c)** Taubenschlag.
turrītus 3 (*turris*) **1. a)** mit Türmen versehen; **b)** = *turriger* 2; **2.** / turmhoch.
turtur, *uris m f* (*Schallwort*) [Turteltaube.
turturilla, *ae f* (*dem. v. turtur*) Turteltäubchen; / weibischer Mensch.
tūs[1], *tūris n* (*gr. Lw.*) Weihrauch, Weihrauchkorn; °*mascula -a* Tropfweihrauch.
****tus**[2] (*indecl.*) *die* Zwei auf dem Würfel.
tūsculum[1], *ī n* (*dem. v. tūs*) etwas [Weihrauch.
Tusculum[2], *ī n* (*Tū-?*) *alte St. in Latium, j.* Frascati; *adi.* -*l(ān)us* 3; *Einw.* -*lānī, ōrum m*; **-lānum,** *ī n Landgut Ciceros*; *adi.* -*nēnsis*, e.
Tuscus 3 (*Tū-?*; < **Turscus*; *cf. Etrūria*) etruskisch; *mare das* Tyrrhenische Meer; *vicus* Tuskergasse; *amnis* Tiber; *subst.* **-ī,** *ōrum m* Etrusker, *Bewohner Etruriens.*
tussicula, *ae f* (*dem. v. tussis*) Hustenanfall.
tussiō 4 (*tussis*) husten.
tussis, *is f* (*acc. -im*; *wohl zu tundō*) [Husten.
tūtāmen, *inis u.* **-mentum,** *ī n* (*tūtor*) Schutz(mittel).
tūte[1], °**tūtemet** (*verstärktes tū*) du.
tūtē[2], *adv. v. tūtus.*
tūtēla, *ae f* (*tūtus*) **1.** Obhut, Fürsorge, Aufsicht; **2. a)** Vormundschaft; **b)** Vermögen des Mündels; °**3. a)** (bauliche) Erhaltung; **b)** Ernährung; °**4.** (*concr.*) **a)** Schutzherr, Hort, Schutzpatron; **b)** [Schützling.
tuticus *s. med(d)ix.*
tūtimet, tūtin(e) *s. tū.*
tūtō[1] *adv. v. tūtus.*
tūtō[2] 1 (*altl.*) = *tūtor*[2].
tūtor[1], *ōris m* (*tueor*) Beschützer; Vormund.
tūtor[2] 1 (*intens. v. tueor*) **1.** sichern, beschützen; bewahren, behaupten; **2.** abzuwenden suchen [*pericula*].
tūtus 3 (*m. comp., sup.*; *adv.* **-ō** *u.* (*unkl.*) **-ē**; *tueor*) **1.** sicher; geschützt, (wohl)verwahrt; **2.** gefahrlos; °**3.** sicher gehend, vorsichtig; **4.** *subst.* **-um,** *ī n* Sicherheit, sicherer Ort.
tuus 3 *pron. poss.* (*tū*) dein; (*meist subjektiv*): [*tua bona*]; *tuum est* es ist deine Art, Gewohnheit, Pflicht; (*seltener*): dir günstig, für dich passend [*tuo tempore*]; (*selten objektiv*): zu dir, nach dir, gegen dich [*desiderio tuo*]; *subst.* **tuī,** *ōrum m* deine Angehörigen; **tua,** *ōrum n* dein Eigentum, dein Grund und Boden.
°**tuxtax** *int.* (*Schallwort*) klitsch, [klatsch.
Tȳdeūs, *eī u. eos m* (*gr.* -deus) *Sohn des Öneus, Vater des Diomedes*; **Tȳdīdēs,** *ae m* Diomedes.
tympanizō 1 (*gr. Fw.*) *die* Handpauke, *das* Tamburin schlagen.
tympanotriba, *ae m* (*-ī-?*; *gr. Fw.*) Handpaukenschläger (Kybelepriester); / Weichling.
ty(m)panum, *ī n* (*gr. Fw., vl. assyrischer Herkunft*) Handpauke, Tamburin; °/ Wagenrad ohne Speichen.
Tyndarĕus, *eī m* (*gr.* -dareos) *König v. Sparta, Gemahl der Leda*; **-ridēs,** *ae m* Sohn des ~; *pl.* Kinder des ~ (*Kastor u. Pollux, Helena u. Klytäm(n)estra*); **-ris**[1], *idis f* Tochter des ~.
Typhōeūs, *eī u. eos m* (*wie Orpheus dekliniert*) *u.* **Typhōn,** *ōnis m* (*gr.* -phōeus *u.* -phōn „*der* Qualmer“, *Verkörperung des vulkanischen Feuers*) *Gigant, Sohn des Tartarus u. der Erdgöttin, v. Jupiter durch Blitze getötet, liegt unter dem Ätna begraben*; *adi.* -*ōïus u.* -*ōïs, idis f.*
****typicus** 3 vorbildlich.
****typographus,** *i m* Drucker.
typus, *ī m* (*gr. Fw.*) Figur, Bild; ** bloße Form, Schein.

tyranni-cīda, *ae m* Tyrannenmörder.
tyrannicīdium, *ī n* (*tyrannicīda*) Tyrannenmord.
tyrannicus 3 (*m. adv.*; *gr. Fw.*) tyrannisch, despotisch.
tyrannis, *idis f* (*gr. Fw.*) **1.** Allein-, Gewaltherrschaft; °**2.** Gebiet eines Tyrannen.
tyrannoctonus, *ī m* (*gr. Fw.*) Tyrannenmörder.
tyrannus, *ī m* (*gr. Fw.*) **1.** Herrscher, Alleinherrscher; Fürst, Scheich [*Nomadum*]; **2.** Tyrann, Gewaltherrscher, Despot, Usurpator; ** Wüterich, Teufel.
tyrianthina, *ōrum n* (*gr. Fw.*) purpurviolette Kleider.
Tyros *u.* **-us,** *ī f Handelsst. Phönikiens m. ber. Purpurfärbereien, Mutterst. Karthagos*; °*adi.* *-rius* 3 von T.; karthagisch; purpurn [*amictus*]; °*subst.* **-iī,** *ōrum m* Einw. von Tyrus *od.* Karthago.
tȳrotarīchum, *ī n* (*gr. Fw.*) Ragout aus Heringen und Käse.
Tyrrhēnī, *ōrum m* (*gr.* -nọ̄l) *Stammvolk Etruriens*; *adi.* *-nus* 3; *subst.* **-nia,** *ae f* Etrurien.
Tyrtaeus, *ī m* (*gr.* -tạios) *Elegiker, angeblich aus Athen, z. Z. des zweiten Messenischen Krieges.*

U

U., u. (*Abk.*) = *urbs, urbe*; **a.u.c.** = *ab urbe conditā.*
ūber¹, *eris n* (*cf. nhd.* „Euter") Euter; Zitze; Mutterbrust; °/ Fruchtbarkeit; fruchtbares Feld.
ūber², *eris* (*m. comp., sup., adv.*; *vl. Rückbildung aus ūbertās*) fruchtbar, ergiebig, reich; / reichhaltig; ausführlich.
ūbertās, *ātis f* (*ūber*) **1.** Fruchtbarkeit, Ergiebigkeit; **2. a**) reiche Fülle, Überfluß; °**b**) / Fülle des Ausdrucks.
ūbertim *adv.* (*ūber¹*) reichlich.
ūbertō 1 (*ūber²*) fruchtbar machen.
ubī *u.* **ubi** (*verselbständigt aus falsch zerlegtem alic-ubī statt ali-cubī*; *zum Pron.-Stamm* *quo-) **1.** *adv.* **a**) (*fragend*) wo?; *gentium* wo in aller Welt?; **b**) (*rel.*) wo; / wobei, worin, womit; bei, mit dem; **2.** *ci.* °**a**) wann, wenn; *est ubi* zuweilen; **b**) (*bei einmaliger Handlung m. ind. pf., praes. u. fut. ex.*; *bei wiederholter m. ind. plqpf.*; *oft verstärkt*: *ubi primum*) sobald; sooft.
ubi-cumque *adv.* (*altl.* *-quomque*; *eigtl.* „wo u. wann") **1.** wo nur immer; °*auch i. Tmesis*; °**2.** überall.
Ubiī, *ōrum m* (*Ū-?*) *germ. Stamm in der Gegend von Köln*; *āra* (*cīvitās, oppidum*) *-ōrum* = *colōnia Agrippīna* Köln; *adi.* *-ius* 3.
ubi-libet *adv.* überall.
ubi-nam *adv.* wo denn (nur)?
ubi-quāque *adv.* wo nur immer, überall.
ubī-que *adv.* °**1.** = et *ubi*; **2.** überall.
ubi-ubi *adv.* wo nur immer.
ubi-vīs *adv.* überall, allenthalben.
ūdō, *ōnis m* (*Fw. unbekannter Herkunft*) Filz- *od.* Lederschuh.
ūdus 3 (*Schnellsprechform v. ūvidus*; *s. d.*) **1.** feucht, naß; bewässert; betrunken; **2.** biegsam, weich.
ulcerātiō, *ōnis f* (*ulcerō*) Geschwür.
ulcerō 1 (*ulcus*) wund drücken; °/ verwunden. [schwüre; / verwundet.
ulcerōsus 3 (*ulcus*) voller Ge-
ulcīscor, *ultus sum* 3 (*vl. zu ulcus*; *eigtl.* „Eiter, Groll ansammeln *gegen*") **1.** Rache nehmen *für* [*patrem*]; **2.** sich rächen *an* [*hostem pro iniuriis*]; rächen [*iniuriam*]; *auch* °*pass.*
ulcus, *eris n* (⟨ *elkos; *cf. gr.* hẹlkos „Wunde") °**1.** Geschwür; **2.** / **a**) wunder Punkt; °**b**) = *cunnus.*
ulcusculum, *ī n* (*dem. v. ulcus*) kleines Geschwür. [Morast.
ūlīgō, *inis f* (*ūdus*) Feuchtigkeit;
Ulixēs, *is,* °*eī u.* °*ī* (°*acc. auch -ēn,* °*voc. -ē*; *gr.* Odyssẹ̄us; *wohl urspr. kleinasiatischer Heros*) *Sohn des Laertes, König v. Ithaka.*
ūllus 3 (*gen.* *-īus,* [*dcht.*] *-ĭus*; *dat.* *-ī,* [*dcht.*] *f auch -ae*; ⟨ *oinelos *zu oinos* (*altl.*) = *ūnus*) irgendein, irgend jemand, *meist adi. in negativen Sätzen.*
ulmeus 3 (*ulmus*) Ulmen... [*virgae*].
ulmi-triba, *ae m* (*-trī-?*; *ulmus*; *gr. Fw.* „reiben"; *Scherzbildung*) mit Ulmenruten gepeitscht. [Rüster.
ulmus, *ī f* (*cf. engl.* „elm") Ulme,
ulna, *ae f* (⟨ *olenā; *cf. nhd.* „Elle") Ellenbogen; Arm; *ulnis amplecti*

umarmen; / (*Längenmaß*) Elle ($= {}^1/_4$ *passus* $= 0{,}37$ *m*).

ulpicum, *ī n* (*vl. punisches Fw.*) Lauch.

ulter 3 (*zu altl. ollus = ille; pos. ungebräuchlich, doch vgl. ultrā u. ultrō*) **I.** *comp.* **ulterior,** *us* **1.** (*räuml.*) **a**) jenseitig; **b**) entfernter, darüber hinaus, weiter; °**2.** (*zeitl.*) weiter, ferner, vergangen; °**3.** / ärger, mehr; (*acc. sg. n*) °*adv.* **-ius** weiter, länger, mehr [*iusto* als recht]; **II.** *sup.* **ultimus** 3 **1.** (*räuml.*) *der* äußerste; *der* entfernteste, letzte, hinterste; **2.** (*zeitl.*) **a**) *der* älteste, erste [*origo*]; **b**) *der* letzte, jüngste; **3.** / **a**) *der* höchste, größte, vorzüglichste; **b**) *der* ärgste, gefährlichste; °**c**) *der* unterste, letzte, geringste; *subst.* **-um,** *ī n* **1.** *das* Äußerste, Ende, Ziel, *der* höchste Grad; Gipfel; **2.** *das* Unterste, Niedrigste.

ultiō, *ōnis f* (*ulcīscor*) Rache, Strafe; ♀ *Rachegöttin.*

ultor, *ōris m* (*ulcīscor*) Rächer, Bestrafer; °*adi.* rächend [*mortis*]; °*Beiname des Mars.*

ultrā (*sc. parte; ulter*) **1.** *adv.* °**a**) (*räuml.*) weiter hinaus; jenseits; °**b**) (*zeitl.*) länger, weiterhin; **c**) / weiter, ferner; **2.** *prp. b. acc.* **a**) (*räuml.*) über ... hinaus, jenseits; °**b**) (*zeitl.*) über, länger als; **c**) / über, länger als; **d**) / über, mehr als.

****ultramontanus** 3 jenseits der Berge befindlich. [rächend.

ultrīx, *īcis f* (*ultor*) Rächerin; *adi.*

ultrō *adv.* (*sc. locō; ulter*) °**1.** (*räuml.*) hinüber, nach der anderen Seite; *kl. nur* ~ (*et*) *citro* hin(über) und her(über), gegenseitig; **2.** / **a**) überdies, (noch) obendrein; **b**) aus freien Stücken.

ulula, *ae f* (*ululō*) Käuzchen.

ululātus, *ūs m* (*ululō*) Geheul, Geschrei.

ululō 1 (*reduplizierte Schallwort*) **1.** (*intr.*) **a**) heulen, laut schreien; jauchzen; °**b**) von Geschrei erfüllt sein; °**2.** (*trans.*) heulend anrufen.

ulva, *ae f* (*wohl zu alga*) Schilf.

umbella, *ae f* (*dem. v. umbra*) Sonnenschirm.

umbilīcus, *ī m* (*cf. umbō, nhd.* „Nabel") °**1.** Nabel; **2.** / **a**) Mittelpunkt; °**b**) Buchrollenkopf (*Ende des Stabes, um den die Buchrolle gewickelt wurde*); **c**) Meerschnecke.

umbō, *ōnis m* (*cf. umbilīcus*) Schildbuckel; / Schild; Ellenbogen.

umbra, *ae f* (*et. nur litauische Parallele*) **1. a**) Schatten; °**b**) Finsternis, Nacht; **2. a**) (*in der Malerei*) Schatten; °**b**) schattiger Ort; **c**) / ständiger Begleiter; °ungebetener Gast; °**3.** Geist, Gespenst; *pl.* Unterwelt; **4.** Schutz, Schirm; **5. a**) ruhiges Privatleben, Muße; °**b**) Studierzimmer; °**6. a**) Schatten-, Trugbild; **b**) leerer Schein, Vorwand.

umbrāculum, *ī n* (*umbra*) **1.** schattiger Ort; Laube; *pl.* Schule; °**2.** Sonnenschirm.

umbrāticulus, *ī m* (*dem. v. umbrāticus*) Faulenzer.

umbrāticus 3 (*umbra*) Schatten...; *homo* Faulenzer; im Studierzimmer betrieben; behaglich.

umbrātilis, *e* (*umbra*) den Schatten genießend; / behaglich; (nur) für die Studierstube bestimmt, schulmäßig [*oratio*].

Umbrī, *ōrum m it. Stamm zw. Tiber u. Adria; adi.* -*ber, bra, brum*; *subst.* **-bria,** *ae f* Umbrien.

umbri-fer, *era, erum* (*umbra; ferō*) schattenspendend; düster [*linter*].

umbrō 1 (*umbra*) beschatten; / bedecken.

umbrōsus 3 (*m. comp.,* °*sup; umbra*) **1.** (*pass.*) beschattet, dunkel; °**2.** (*act.*) schattenreich. [benetzen.

ūmectō 1 (*ūmectus*) befeuchten,

ūmectus 3 (*ūmeō*) feucht.

ūmēns, *entis* (*ūmeō*) feucht, naß; bewässert; *subst.* **-entia,** *ium n* Sumpfgegend. [sein.

ūmeō, — — 2 (*cf. ūvēscō*) feucht

umerus, *ī m* (*cf. gotisch* ams „Schulter") Schulter, Achsel; (*bei Tieren*) Vorderbug. [feucht werden.

ūmēscō, — — 3 (*incoh. v. ūmeō*)

ūmidulus 3 (*dem. v. ūmidus*) etwas feucht; saftig.

ūmidus 3 (*m.* °*comp.,* °*sup.,* °*adv.; ūmeō*) **1.** feucht, naß; tränenfeucht; °**2.** flüssig; saftreich; **3.** *subst.* **-um,** *ī n* °**a**) feuchter Boden; **b**) *pl.* wässerige Teile. [feucht.

ūmi-fer, *era, erum* (*ūmor, ferō*)

ūmor, *ōris m* (*ūmeō*) Feuchtigkeit, Flüssigkeit; °*roscidus* Tau; °*lacteus* Milch; °*Bacchi* Wein; °*ruber* Blut; °Saft (*der Pflanzen*).

umquam = *unquam.*

ūnā *adv. s. ūnus.*

ūn-animāns, *antis* (*ūnus, animō*) einträchtig.

ūnanimitās, *ātis f* (*ūnanimis* = *-us*) Einmütigkeit.

ūn-animus 3 (*ūnus*) einmütig, einträchtig.

ūncia, *ae f* (*ŭ-?*; ‹ **oin[i]cia*; *ūnus*) *ein* Zwölftel *eines zwölfteiligen Ganzen*: **1. a**) (*der Erbschaft*) [*ex uncia heres*]; °**b**) (*der Schulden*); °**2. a**) (*Münze*) $^1/_{12}$ As, *eine* Unze; °**b**) (*Gewicht*) Unze = 27,3 g [*auri*]; °**3.** / *eine* Kleinigkeit.

ūnciārius 3 (*ŭ-?*; *ūncia*) ein Zwölftel betragend; *fenus -um* $^1/_{12}$ des Kapitals pro Jahr = $8^1/_3\ ^0/_0$ Zinsen.

ūnciātim *adv.* (*ŭ-?*; *ūncia*) pfennigweise.

uncīnātus 3 (*uncīnus* „Haken"; *uncus*) hakenförmig.

ūnciola, *ae f* (*ŭ-? dem. v. ūncia*) *eine* lumpige Unze.

ūnctiō, *ōnis f* (*ŭ-?*; *ungō*) *das* Salben; ** letzte Ölung.

ūnctitō 1 (*ŭ-?*; *frequ. v. *ūnctō, frequ. v. ungō*) oft salben.

ūnctiusculus 3 (*ŭ-?*; *dem. v. ūnctior, comp. v. ūnctus*) etwas fetter.

ūnctor, *ōris m* (*ŭ-?*; *ungō*) Salber.

ūnctōrium, *ī n* (*ŭ-?*; *ūnctor*) Salbraum (*in den Thermen*).

ūnctūra, *ae f* (*ŭ-?*; *ungō*) *das* Einbalsamieren.

ūnctus 3 (*m. comp.*; *ŭ-? ungō*) **1.** gesalbt, bestrichen, benetzt; °/ fettig, schmierig; **2.** / °**a**) lecker; **b**) reich; üppig; **c**) bestochen; °*subst.* **-um,** *ī n* leckere Mahlzeit; ** Fett; Salbe.

uncus¹, *ī m* (*zu ancus* „gekrümmt"; *cf. gr. Lw. ancora*) Haken, Widerhaken; *bsd. der Haken, den man den Delinquenten in den Hals schlug, bevor man sie ad scalas Gemonias* schleppte *od. in den Tiber stürzte* [°*-o rapi*]; °/ *-um decutere eine* Gefahr vermeiden.

uncus² 3 (*uncus¹*) hakig, gekrümmt.

unda, *ae f* (*cf. gr. Lw. hydr...*) **1.** Welle, Woge; **2.** / °**a**) Gewässer, Meer; / Strom; **b**) unruhige Menge; Strudel, Unruhe; ** *sacra* Weihwasser; *baptismatis* Taufwasser.

unde *adv.* (‹ **quunde*; *zum Pron.-Stamm* quo-; *cf. alicunde, ubī*) (*fragend u. rel.*) von wo, woher; / wovon, woraus, weshalb; *auch* = *a* (*ex*) *quo, quibus*; (*dcht.*) ~ ~ woher nur immer; ** weil; so daß.

ūn-dē... (*ūnus, dē*) *Neunerzahlen*: *z. B. undeoctoginta* 79; *undenonagesimus der* neunundachtzigste.

ūn-deciē(n)s *num. adv.* elfmal.

ūn-decim *num. card. indecl.* elf.

ūndecimus 3 *num. ord. der* elfte.

ūndecim-virī, *ōrum m* Elfmännerkollegium, *Polizei- u. Strafvollzugsbehörde in Athen.*

unde-cumque *adv.* woher nur immer.

ūn-dēnī 3 *num. distr.* je elf; *pedes* Hexameter und Pentameter.

ūndēvīcēsimānī, *ōrum m* (*ūndēvīcēsimus*) Soldaten der 19. Legion.

undique *adv.* (*unde*) **1.** woher nur immer, von allen Seiten; **2.** auf allen Seiten; in jeder Hinsicht.

undisonus 3 (*unda, sonō*) wellenrauschend; *dii -i* Meergötter.

undō 1 (*unda*) wallen, wogen, sieden; / emporwallen.

undōsus 3 (*unda*) wogend.

ūnetvīcēsimānī, *ōrum m* (*ūnetvīcēsimus*) Soldaten der einundzwanzigsten Legion.

ūn-et-vīcēsimus 3 *num. ord. der* einundzwanzigste.

ungō, *ūnxī, ūnctum* 3 (*ŭnctum?*; *cf. schwäbisch* „Anke" = „Butter") **1.** salben; °**2.** bestreichen, beschmieren; °**3.** (*Speisen*) fett machen.

unguen, *inis n* (*unkl.*) = *unguentum.*

unguentārius 3 (*unguentum*; *nkl.*) Salben...; *subst.* **-um,** *ī n* Salbengeld; *kl. nur* **-us,** *ī m* Salbenhändler.

unguentō 1 (*unguentum*) salben.

unguentum, *ī n* (*unguō*) Fett; Salbe, Salböl.

unguiculus, *ī m* (*dem. v. unguis*) Nägelchen; Fingerspitze; °*ex -is* in allen Fasern [*perpruriscere*]; *a teneris -is* von Kindesbeinen an.

unguis, *is m* (*abl. dcht. -ī*; *cf. nhd.* „Nagel") (Finger-, Zehen-)Nagel; Klaue, Kralle, Huf; °*ad -em factus homo* Weltmann vom Scheitel bis zur Sohle; ~ *transversus* Fingerbreite, Zoll.

ungula, *ae f u.* (*altl.*) **-us,** *ī m* (*unguis*) Pferdehuf; °Kralle; *omnibus -is* mit allen Kräften; °/ Pferd; ** *ferrata* Hufeisen.

unguō = *ungō.*

ūni-animus (*Pl.*) = *ūnanimus.*

ūni-color, *ōris* (*ūnus*) einfarbig.

ūnicus 3 (*ūnus*) einzig, allein; / einzig in seiner Art, unvergleichlich; *adv.* **-ē** nur, einzig; °völlig [*unus*].

ūni-fōrmis, e (*m.* °*adv.*; *ūnus, fōrma*) einförmig.
ūni-gena, *ae m f* (*ūnus, gignō*) °**1.** von der gleichen Abstammung, verschwistert (*Bruder, Schwester*); **2.** einzig. [= Christus.]
****unigenitus** 3 eingeboren (einzig)
ūni-manus 3 (*ūnus*) einhändig.
ūniō[1], *ōnis m* (*ūnus*) einzelne große Perle.
ūniō[2] 4 (*ūnus*) vereinigen; ** in Einklang bringen.
****unio**[3], *onis f* Vereinigung.
ūni-subsellium, *ī n* (*ūnus*) Einzelbänkchen. [keit.]
ūnitās, *ātis f* (*ūnus*) Einheit; Einig-
ūniter *adv.* (*ūnus*) in eins verbunden. [einerlei Art.]
ūnius-modī *adv.* (*od. getr.*) von
ūniversālis, e (*ūniversus*) allgemein; ** *subst.* **-ia,** *ium n* Allgemeinbegriffe.
ūniversitās, *ātis f* (*ūniversus*) Gesamtheit; °*die* (ganze) Rede; / Welt (-all) [*rerum*].
ūni-versus *u.* (*altl.*) **-vorsus** 3 (*m. adv.*; < **oinovorsus* „auf einen Punkt gewendet"; *ūnus* + *P.P.P. v. vortō*) **1. a)** sämtlich, gesamt, ganz; (*Li.*) *-ae rei dimicatio* Entscheidungsschlacht; **b)** *pl.* zusammen, insgesamt; **2.** allgemein; *-ē u.* °*in -um* im allgemeinen; **3.** *subst.* **-um,** *ī n* Weltall.
ūn-oculus, *ī m* (*ūnus*) *der* Einäugige.
Ūnomammia, *ae f* (*ūnus, mamma*; *Scherzbildung*) *Land der Amazonen.*
unquam *adv.* (*erstarrter acc. statt* **quonquam*; *cf. ubī*) irgendeinmal, jemals; *nec* ~ und niemals.
ūnus 3 (*altl. oinos*; *gen. ūnīus, im Vers ūnĭus u. ūnī*; *dat. ūnī*; *cf. nhd.* „ein") **1. a)** ein, einer [*e filiis*]; *ad -um omnes* alle bis auf den letzten Mann; *in -um* an einen Punkt; *nemo* ~, *nullus* ~ kein einzelner; **b)** ein einziger, nur einer, bloß, allein; *in -a virtute* allein auf der Tugend; **c)** bei weitem, vor allen anderen [*homo* ~ *doctissimus*]; **d)** ein und derselbe; der nämliche; *-o tempore* zur gleichen Zeit; **2.** (*indef.*) irgendein(er) [~ *pater familias*]; ~ *et alter* etliche; *adv.* **ūnā** (*räuml.*) zusammen, gemeinschaftlich; (*zeitl.*) zugleich; ** *auch unbestimmter Artikel.*
ūnus-quisque, *ūnum-quidque* (*subst.*), ~, *ūna-quaeque, ūnum-quodque* (*adi.*) *ein* jeder, jeder einzelne.
ūpiliō *s. ōpiliō.*
upupa, *ae f* (*Schallwort nach dem Paarungsruf* „[h]upup") Wiedehopf; / Spitzhacke.
Ūrania, *ae u.* **-niē,** *ēs f* (*gr. -nįā, -nįē*) *Muse der Himmelskunde.*
****uranicus** 3 himmlisch.
urbānitās, *ātis f* (*urbānus*) **1.** Stadtleben, Leben in Rom; **2.** städtisches Wesen: **a)** feines Benehmen, großstädtische Lebensart; **b)** feine Aussprache, gebildete Ausdrucksweise; **c)** (feiner) Witz, Esprit; °**d)** schlechter Witz, grobe Täuschung.
urbānus 3 (*m. comp., sup., adv.*; *urbs*) **1.** (groß)städtisch, Stadt...; stadtrömisch; **2.** / **a)** fein, gebildet; weltmännisch; **b)** (*v. der Rede*) gewählt; **c)** witzig, geistreich; °**d)** dreist; **3.** *subst.* **-ī,** *ōrum m* (Groß-) Städter; °*sg.* Witzbold, Schwätzer.
urbi-capus, *ī m* (*urbs, capiō*) Städteeroberer. [misch.]
urbicus 3 (*urbs*) städtisch, rö-
urbs, *urbis f* (*et. ungedeutet*) **1.** Stadt, Hauptstadt; **2.** Rom; **3.** *die* Städter; °**4.** Akropolis von Athen; **5.** / Hauptsache, Kern [*philosophiae*]. [kleiner Krug.]
urceolus, *ī m* (*ū-?*; *dem. v. urceus*)
urceus, *ī m* (*ū-?*; *cf. orca*; *wohl Lw. aus einer Mittelmeersprache*) Krug.
ūrēdō, *inis f* (*ūrō*) Getreidebrand (*Krankheit*).
urg(u)eō, *ursī*, — 2 (*vl. m. nhd.* „würgen" *verwandt*) **1. a)** (*trans.*) drängen, treiben, (fort)stoßen, drücken; **b)** (*intr.*) andringen; (sich) drängen; **2.** / **a)** bedrängen, hart zusetzen, keine Ruhe lassen; **b)** (*durch Fragen od. Worte*) in die Enge treiben, bestürmen; **c)** hartnäckig betonen [*ius suum*]; **3. a)** einengen [*urbem*]; °**b)** verdrängen [*diem nox*]; **4.** mit Eifer betreiben, nicht ablassen *von* [°*opus*].
ūrīna, *ae f* (*urspr.* „Wasser") Harn, Urin; / Samen.
ūrīnātor, *ōris m* (*ūrīnor*) Taucher.
ūrīnor 1 (*ūrīna*) untertauchen (*intr.*).
Ūrios, *ī m* Verleiher guten Fahrwindes [*Iuppiter*].
urna, *ae f* (< **urc-nā*; *cf. urceus*) °**1. a)** Wasserkrug; **b)** (*Flüssigkeitsmaß*) $^1/_2$ *amphora* = 13,04 l; °**2. a)** Krug, Topf, Urne (Schicksalsurne;

Aschenkrug *kl. nur* Stimm-, Losurne); **b)** / Wahl durch das Los.

urnula, *ae f* (*dem. v. urna*) kleiner Krug.

ūrō, *ussī, ustum* 3 (*ūssī, ūstum?; cf. gr.* heúō „senge") **1.** (ver)brennen [*hominem mortuum*]; **2. a)** (*med. t.t.*) ausbrennen; °**b)** (*Farben*) einbrennen, enkaustisch malen; **c)** sengen und brennen, verwüsten; **3.** / °**a)** austrocknen, dörren, versengen; (*vom Frost*) (er)frieren machen; *kl. nur* P. frieren; °**b)** wund reiben, drücken; °**c)** leidenschaftlich entflammen; P. von Liebe, Leidenschaft glühen; °**d)** beunruhigen, plagen, heimsuchen.

ursa, *ae f* (*ursus*) **1.** Bärin; °**2.** Bär (*auch als Sternbild*).

ursus, *ī m* (< **orcsos; cf. Arctus*) Bär; Bärenhatz.

urtīca, *ae f* (*vl. zu ūrō*) Brennessel; *marina* Seenessel (*ein Seetier*); / Brunst, Geilheit.

ūrūca, *ae f* (*et. ungedeutet*) Raupe.

ūrus, *ī m* (*germ. od. kelt. Lw.*) Ur, Auerochs.

Ūsipetēs, *um u.* **-piī,** *ōrum m germ. Volk an der Lippe.*

ūsitātus 3 (*m. comp., sup., adv.; part. pf. v. ūsitor, intens. v. ūtor*) gebräuchlich, gewöhnlich; üblich.

uspiam *adv.* (*ū-?; us- wohl Erweiterung v. ut; cf. quis-piam*) irgendwo; °irgendwie.

usquam *adv.* (*ū-?; cf. uspiam*) irgendwo; bei irgendeiner Gelegenheit, irgendwie; irgendwohin.

ūsque *adv.* (*ŭ-?; wohl <* **ūds-que; cf. ahd.* ūz „hinaus" *u. abs-que*) **1.** in einem fort, ununterbrochen; **2.** (*räuml. u. zeitl.*) **a)** von ... her, von ... an: (*m. prp.*) [~ *a Capitolio*]; (*m. adv.*) *inde* ~ von da an; **b)** bis nach ..., bis ... hin: (*m. prp.*) [~ *ad vesperum*]; (*m. adv. od. ci.*) ~ *eo* bis dahin; ~ *dum* so lange, bis; °**c)** (*prp.*) bis ... zu [~ *pedes; vesperam* ~]; ** stets; ständig; sogar; ~ *ad centum* volle hundert.

ūsque-quāque *adv.* (*ŭ-?; auch getr.*) überall, allenthalben; immerdar.

ustor, *ōris m* (*ū-?; ūrō*) Leichenverbrenner.

ustulō *u.* **ustilō** 1 (*ū-?;* **ustulus dem. zu ustus, P.P.P. v. ūrō*) verbrennen [*scripta*].

ūsū-capiō¹, *cēpī, captum* 3 (*eigtl.* „durch Gebrauch in Besitz nehmen") durch Verjährung erwerben.

ūsū-capiō² *u.* **ūsūs-capiō,** *ōnis f* (*ūsūcapiō*¹; *in der Nebenform gen.!*) Eigentumsrecht durch Verjährung.

ūsū-faciō, *fēcī, factum* 3 (*Pl.*) = *ūsūcapiō*¹.

ūsūra, *ae f* (*ūtor*) **1. a)** (*zeitl. beschränkter*) Gebrauch, Genuß; Frist [*horae*]; **b)** Nutzung eines geliehenen Kapitals; **2.** (*sg. u. pl.*) **a)** Zinsen *für ein Darlehen*; *perscribere -am* Geld auf Zinsen ausleihen; °**b)** / Zugabe.

ūsūrārius 3 (*ūsūra*) **1.** zur (vorübergehenden) Benutzung dienend [*uxor*]; **2.** verzinst; ** *subst. m* Wucherer.

ūsurpātiō, *ōnis f* (*-sū-?; ūsurpō*) Gebrauch, Benutzung; °*itineris* Abmarsch; *civitatis* Anspruch auf das Bürgerrecht.

ūsurpō 1 (*-sū-?; wohl zu* **ūsurpos* < **ūsūrapos; ūsus, rapiō*) **1. a)** benutzen, genießen, ausüben; **b)** beanspruchen, geltend machen [°*ius*]; **2. a)** (*rechtmäßig*) in Besitz nehmen, antreten [*hereditatem*]; °**b)** (*widerrechtlich*) sich anmaßen; **3. a)** (*Worte*) in den Mund nehmen; erwähnen; **b)** nennen.

ūsus, *ūs m* (*ūtor*) **1. a)** Gebrauch, Verwendung, Benutzung; **b)** (*jur. t.t.*) Nießbrauch [~ *et auctoritas*]; Nutznießung fremden Eigentums [~ *(et) fructus*]; **2. a)** praktische Tätigkeit [*forensis*]; Gewohnheit; **b)** praktische Erfahrung *in* [*belli, in re militari*]; °*ars et* ~ Theorie und Praxis; **3.** Verkehr, Umgang, Bekanntschaft [*domesticus*]; °Geschlechtsverkehr; **4.** Brauchbarkeit, Nutzen, Vorteil; *ex -u* [*civitatis*] *esse* = [*civitati*] *-ui esse* vorteilhaft sein; **5.** Bedarf, Notwendigkeit; *-u venit* es ereignet sich notwendigerweise, es geschieht zumeist.

ūsūs-capiō *s. ūsū-capiō*².

ūsus-frūctus = *ūsus (et) frūctus*; [*s. ūsus.*]

ut *u.* **utī** (*wohl <* **quutī; Pron.-Stamm* **quo-; Länge in utī* [*altl. utei*] *wohl nach ubī*) **I.** *adv.* °**1.** (*räuml.*) wo; **2.** (*direkt u. indirekt fragend*) wie? [*ut vales?*]; **3.** (*ausrufend*) wie, wie sehr [*ut ille tum demissus erat!*]; **4.** (*rel.*) **a)** wie, auf welche Weise [*perge, ut instituisti*]; **b)** (*in Zwischen-*

sätzen) [*ut aiunt*]; **5.** (*vergleichend*) **a**) (*m. korrespondierendem ita, sic, eodem modo u. ä.*) wie, gleichwie [*ut initium, sic finis est*]; *ut quisque ... ita, sic* in dem Maße wie ein jeder ... so, je ... desto [*ut quisque est vir optimus, ita difficillime alios improbos esse suspicatur*]; (*gegensätzlich*) wenn auch ... so doch, zwar ... aber [*ut nihil boni est in morte, sic certe nihil mali*]; (*in Schwüren u. Beteuerungen*) so wahr (wie) [*ita vivam, ut maximos sumptus facio*]; **b**) (*ohne korrespondierende Partikel*) wie [*feci, ut praescripsisti*]; wie, als [*quod non decet, poeta fugit ut maximum vitium*]; **6. a**) (*kausal*) als [*Diogenes liberius ut Cynicus locutus est* als Zyniker = da er ein Zyniker war]; (*m. Relativsatz im coni.*) da (er) ja, weil (er) ja [*multa de me questus est Caesar, ut qui a Crasso in me esset incensus*]; **b**) (*epexegetisch*) wie denn, wie einmal [*homo, ut erat furiosus, atrociter respondit* rasend, wie er war]; **7.** (*einschränkend*) wie wenigstens, wie nur [*ut tum res erant* bei der damaligen Lage; *ut potui, tuli* so gut ich konnte; *Epaminondas eloquens erat ut homo Thebanus* für einen Thebaner = soweit es bei einem Thebaner möglich war]; **8. ut sī** *m. coni.* wie wenn, als ob [°*Agesilaus, ut si bono animo fuissent, laudavit consilium eorum*]; **9.** (*Beispiele einleitend*) zum Beispiel [*multi gloriose mortui sunt, ut Leonidas*]; **II.** *ci.* **1.** (*m. ind.*) (*zeitl.*) **a**) (*oft erweitert zu ut primum*) sobald als, gerade als, sobald wie (*meist m. pf.*) [*repente, ut Romam venit, praetor factus est*]; **b**) seitdem, seit [*ut Brundisio profectus es, nullas postea litteras a te accepi*]; **2.** (*m. coni.*) **a**) (*final*; *verneint ne*) α) (*in Adverbialsätzen*) damit, auf daß, um zu; β) (*in Objektsätzen*) daß; *inf. m.* zu [*vos admonui, ut caveretis*]; *b. verba timendi* = *nē nōn* daß nicht; **b**) (*cons.*) daß, so daß (*verneint ut non*); **c**) (*conc.*) gesetzt daß, selbst wenn, wenn auch [°*ut desint vires, tamen est laudanda voluntas*]; **d**) (*in elliptischen Fragen der Verwunderung od. des Unwillens*) ist es möglich, glaublich, daß [*te ut ulla res frangat?*]; **e**) (*in Wünschen*) o daß doch.

ut-cumque 1. *adv.* wie nur immer; je nachdem; °**2.** *ci.* sobald nur.

ūtēnsilia, *ium n* (*ūtor*) Geräte, Vorräte.

ūtentior, *ōris m* (*comp. v. ūtēns, part. praes. v. ūtor*) einer, der mehr ausgeben kann.

uter[1], *tris m* (*cf. gr. Lw. hydria*) Schlauch; / aufgeblasener Bursche.

uter[2], *utra, utrum pron.* (*gen. utrĭus, im Vers auch utrīus*; *dat. utrī*; *wohl* < **quoteros*; *cf. nhd.* „weder") **1.** (*fragend u. rel.*) wer, welcher von beiden; **2.** *indef.* einer von beiden.

uter-cumque, *utra-c..., utrum-c... pron.* **1.** *rel.* wer immer von beiden; °**2.** *indef.* jeder beliebige von beiden; *utrocumque modo* auf jede Weise.

uter-libet, *utra-l..., utrum-l... pron.* = *utercumque.*

uter-que, *utra-que, utrum-que pron. indef.* (*Deklination s. uter*[2]; *im Vers gen. sg. auch -īque, gen. pl. auch -umque*) **1.** *sg.* jeder von beiden, beide [*consul*]; **2.** *pl.* **a**) (*zwei Mehrheiten*) beide (Parteien) [*collatis utrorumque* (*d. h. der* Griechen und Römer) *factis*]; **b**) beide (*pl. tantum*) [*utraque castra*]; **c**) (*zwei nachdrücklich betonte Einheiten*) alle beide.

uterus, *ī m u.* °**-um,** *ī n* (*wohl zu altind.* udạram „Bauch") °**1.** Unterleib, Bauch; / Inneres [*navis*]; **2. a**) Gebärmutter; *-um* °*implere* schwängern; °**b**) Leibesfrucht.

uter-vīs, *utra-v..., utrum-v... pron. indef.* (*vīs* „du willst") **1.** einer von beiden; °**2.** beide.

utī *s. ut*; **ūtī** *s. ūtor.*

ūtibilis, e (*ūtor*) brauchbar, nützlich.

ūtilis, e (*m. comp., sup., adv.*; *ūtor*) **1.** brauchbar, tauglich; **2.** nützlich, vorteilhaft.

ūtilitās, *ātis f* (*ūtilis*) **1.** Brauchbarkeit, Tauglichkeit; **2.** Nutzen, Vorteil; *das* Beste, Wohl; guter Dienst.

uti-nam *ci. des Wunsches* (*m. coni.*) o daß doch, wenn doch, wollte Gott! (*verneint utinam ne*).

utiquam *s. neutiquam.*

utī-que[1] = *et utī.*

uti-que[2] *adv.* (**uti s. ut, utī*; *-que verallgemeinernd*; *eigtl.* „wie es auch immer sein mag") **1. a**) jedenfalls, durchaus, unbedingt; **b**) doch wenigstens; °**2.** besonders, zumal.

ūtor, *ūsus sum* 3 (*altl. oitor*; *et. ungeklärt*) **1.** gebrauchen, benutzen, sich bedienen [*oratione* reden]; sich erfreuen, genießen [*bonā valetudine*]; **2.** / **a**) haben, besitzen [*vobis utor amicis* ich habe euch zu Freunden]; ausüben, beweisen, zeigen [*clementiā*]; **b**) verkehren, Umgang haben *mit* [*rege familiariter*]; **c**) nötig haben.

ut-pote *adv.* (*eigtl.* „wie es möglich ist"; *s. potis*) nämlich: (*m. coni.*) ~ *qui* der ja; (*unkl.*) ~ *cum* da ja; *nkl. m. part. u. adi.*

ut-quidem *ci.* wie wenigstens, soweit.

°**ut-quomque** = *utcumque.*

utrāque *adv.* (*abl. sg. f v. uterque*) auf beiden Seiten.

utrārius, *ī m* (*uter*¹) Schlauch-, Wasserträger.

utriculārius, *ī m* (*utriculus dem. v. uter*¹) Sackpfeifer.

utrim-que *adv.* (*uterque*) von *u.* auf beiden Seiten.

utrō *adv.* (*uter*²) nach welcher von beiden Seiten? wohin?

utrobī *u.* **utrubī** *adv.* (*auch -ī*; *uter*² + *ubī*) auf welcher von beiden Seiten?

utrobī-dem *adv.* (*zu -dem s. īdem*) beiderseits.

utr-obīque *u.* **utr-ubīque** *adv.* (*auch -ī-*; *uter*² + *ubīque*) auf beiden Seiten; in beiden Fällen.

utrōlibet *adv.* (*uterlibet*) nach welcher von beiden Seiten es beliebt.

utrōque *adv.* (*uterque*), °*auch* ~ *vorsum* nach, auf beiden Seiten, Richtungen.

utrum *adv.* (*n v. uter*²; *Fragepartikel in disjunktiven Fragen*) *urspr. zu beiden Gliedern gehörig* [*utrum? tu masne an femina es?*]; *nach Verlust der Pause nur zum ersten*: *utrum ... an* (*direkt u. indirekt*) (ob) ... oder; °*verstärkt utrumne.*

ut-ut *adv.* wie auch immer.

ūva, *ae f* (*idg.* **oivā*) **1. a**) Traube; Wein(traube); °*passa* Rosine; °**b**) / Traube (*eines Bienenschwarms*); °**2.** Weinstock; °**3.** Zäpfchen (*im Hals*).

ūvēscō, — — 3 (*incoh. v.* **ūveō* „feucht sein") feucht werden; / sich bezechen.

ūvidulus 3 (*dem. v. ūvidus*) etwas feucht.

ūvidus (**ūveō* „feucht sein", *verwandt m. ūmeō*) feucht, naß; wohlbewässert; / berauscht.

uxor, *ōris f* (*et. umstritten*) (rechtmäßige) Ehefrau, Gattin; °/ *v. Tieren*; *scherzh. v. einer abolla.*

uxorcula, *ae f* (*dem. v. uxor*) Weibchen.

uxōrius 3 (*uxor*) der Ehefrau gehörig, die Gattin betreffend; *res -a* Ehestand, Heiratsgut; °*subst.* ~, *ī m* Pantoffelheld.

V

V, v (*Abk.*) = *valeō, valēs, valētis*; (*Zahlzeichen*) = 5.

Vacalus, *ī m u.* **Vahalis,** *is m* Waal (*Rheinarm*).

vacātiō, *ōnis f* (*vacō*) **1. a**) Befreiung *von* [*militiae*]; **b**) Urlaub; Entlassung; °**2.** Ablösungssumme (*für Befreiung vom Kriegsdienst*).

vacca, *ae f* (*cf. altind.* vāśā *ds.*) Kuh.

vaccillō (*Lu.*) = *vacillō.*

vaccīnium, *ī n* (= *gr. Lw. hyacinthus unter Anlehnung an vaccīnus* 3 [*zu vacca*] „Kuh...", *wohl kleinasiatischen Ursprungs*) Hyazinthe.

vaccula, *ae f* (*dem. v. vacca*) kleine Kuh.

vacerrōsus 3 (*vacerra* „Pfahl; / Tölpel", *vl. etr. Lw.*) tölpelhaft.

vacillātiō, *ōnis f* (*vacillō*) *das* Wanken; Wackelgang.

vacillō 1 (*eigtl.* „gekrümmt sein"; *cf. con-vexus, nhd.* „Wange) wanken, wackeln; / schwanken, unsicher sein.

vacīvitās, *ātis f* (*vacīvus*) Leere; Mangel.

va- *u.* (*altl.*) **vocīvus** 3 (*vacō*) leer; *auris* willig; *adv.* **-ē** in Muße.

vacō 1 (*et. unklar*) **1. a**) leer, frei, unbesetzt sein [*domus*]; °**b**) unbebaut, unbewohnt sein, herrenlos sein; **2.** frei sein *von*, nicht haben [*culpā*]; **3. a**) Muße haben; **b**) Zeit haben *für*, sich widmen [*philosophiae*]; °**4.** *impers. vacat* (*alci*) es ist vergönnt [*venari*].

vacuēfaciō, *fēcī, factum* 3; P. *-fīō, factus sum, fierī u. fierī* (*u. vac(u)ē-?*; *vacuus*; *cf. assuē-faciō*) entleeren, entvölkern; P. leer werden; °*vacuefactus* herrenlos.

vacuitās, *ātis f* (*vacuus*) **1.** *das* Freisein *von* [*doloris*]; °**2.** Vakanz *eines* Amtes.

vacuō 1 (*vacuus*) leeren.

vacuum, *ī n* (*vacuus*) Leere, leerer Raum; *das* Freie; herrenloses Gut

vacuus 3 (*m.* °*sup.*; *vacō*) **1.** leer, frei, ohne [*oppidum a defensoribus*]; **2. a**) menschenleer, öde; herrenlos, erledigt, erblos; °**b**) ledig; ohne Geliebten; °**c**) schutzlos; **3. a**) *einer Sache* ledig, frei *von*; **b**) unbeschäftigt, müßig; °**c**) geräuschlos, ruhig, still; **d**) sorglos, unbefangen; °**e**) offen, zugänglich [*porticus*]; °**f**) nichtssagend, eitel [*nomen*].

vadimōnium, *ī n* (*vas*[1]) **1.** *durch Kaution gegebene* Versicherung, vor Gericht zu erscheinen; Bürgschaft (-sleistung); *-um concipere* sich schriftlich verbürgen; **2.** *das* Erscheinen vor Gericht; **3.** Verhandlungstermin; ** Pfand.

vādō, — — 3 (*vāsī, vāsum nur in Komposita*; *cf. vadum, nhd.* „waten") wandeln, schreiten, gehen.

vador 1 (*vas*[1]) durch Bürgschaft verpflichten, sich vor Gericht zu stellen; °*part. pf. pass.*: *abl. abs. vadato* nach geleisteter Bürgschaft; *vadatus* 3 verpflichtet.

vadōsus 3 (*vadum*) seicht, voller Untiefen.

vadum, *ī n* (*cf. vādō*) **1.** seichte Stelle, Untiefe, Furt; °/ Sicherheit; °**2.** Meer, Gewässer, Flußbett.

vae *int.* (*cf. nhd.* „wehe"; *altl. stets m. dat., später auch abs. od. m. acc.*) wehe! ach! [*victis*]; ~ te über dich!

vaec..., vaegr..., vaep..., vaes... *s. vēc... usw.*

vafer, *fra, frum* (*m. sup., adv.*; *dial. -f- statt -b-*; *et. ungedeutet*) schlau, verschmitzt.

vafritia, *ae f* (*vafer*) Verschmitztheit.

****vagabundus** 3 umherschweifend, auf der Reise.

vagātiō, *ōnis f* (*vagor*) *das* Umherschweifen.

vāgīna, *ae f* (*-ā-?*; *eigtl. wohl* „schützende Hülle") **1.** Schwertscheide; **2.** Hülse; °**3.** = *cunnus.*

vāgiō 4 (*Schallwort*) wimmern, schreien.

vāgītus, *ūs m* (*vāgiō*) *das* Wimmern, Schreien; *das* Meckern.

vagor[1] *u.* °**-ō** 1 (*vagus*) **1.** umherschweifen, -streifen, (*v. Schiffen*) kreuzen; **2.** / sich verbreiten; weitschweifig sein, abschweifen.

vāgor[2], *ōris m* (*altl.*) = *vāgītus.*

vagus 3 (*m.* °*adv.*; *eigtl.* „krumme Wege machend"; *cf. vacillō*) **1.** umherschweifend, unstet; **2.** / **a**) schwankend, unbeständig, haltlos; **b**) ungebunden, regellos; **c**) weitschweifig; **d**) unbestimmt, zu allgemein; ** *subst.* ~, *i m* fahrender Scholar; Vagant; Spielmann.

vāh *int.* (*urspr. des Schmerzes, später der Abweisung u. des freudigen Erstaunens*) ach! ha! ei!

Vahalis *s. Vacalus.*

valdē *adv.* (*m.* °*comp.*, °*sup.*; *synk.* < *validē*; *validus*) **1.** stark, heftig, sehr; °**2.** (*in der Antwort*) ganz gewiß.

vale-dīcō, *dīxī,* — 3 (*nkl. statt valē dīcō u. valēre dīcō*) Lebewohl sagen.

valēns, *entis* (*m. comp., sup.,* °*adv.*; *valeō*) **1. a**) kräftig, stark; **b**) (*v. Heilmitteln*) wirksam; **2.** gesund, wohlauf; **3.** / **a**) (*pol.*) mächtig; **b**) kraftvoll, einflußreich.

valentulus 3 (*dem. v. valēns*) stark.

valeō, *uī, itūrus* 2 (*cf. nhd.* „walten") **1.** kräftig sein; **2. a**) gesund sein, sich wohl befinden; **b**) *Briefformel*: *S.V.B.E.E.Q.V.* = *si vales, bene est, ego quidem valeo*; **c**) *Abschiedsgruß* (*Briefschluß*) *vale* lebe wohl!; *valere te iubeo* ich sage dir Lebewohl; **d**) *valeat!* fort mit ihm!; / **3.** Einfluß haben, gelten, vermögen, ausrichten [*multum, apud populum*]; **4. a**) Erfolg haben, die Oberhand behalten; **b**) geeignet, imstande sein [*ad evertendas leges*]; **c**) sich beziehen *auf*, gelten *für* [*in Caesarem*]; °**d**) gelten, wert sein [*unus aureus pro decem argenteis*]; **e**) bedeuten [*hoc verbum quid valet?*]; ** *oft* = *posse*; *vale* sei gesegnet! (*b. Abschied u. Ankunft*).

Valerius 3 *röm. Gentilname*: **1.** *M.* ~ *Messāl(l)a* (*-sălla?*) *Corvīnus, Redner z. Z. Ciceros*; **2.** *s. Catullus*; **3.** *s. Martiālis*; — *adi.* ~ [*gens*].

valēscō, *luī,* — 3 (*incoh. v. valeō*) erstarken, zunehmen.

valētūdinārius 3 (*valētūdō*) kränklich; °*subst.* ~, *ī m* Patient; **-um,** *ī n* Krankenhaus, Lazarett.

valētūdō, *inis f* (*valeō*) Gesundheitszustand [*bona, mala*]; Gesundheit; Krankheit, Schwäche.

valgus 3 (*et. umstritten*) säbelbeinig; / schief [*savia*].

validus 3 (*m.* °*comp.*, °*sup.*, °*adv.*; *valeō*) **1.** °**a**) stark, kräftig; **b**) kampfkräftig, fest [°*statio*]; °**2.** (*v. Heilmitteln u. Giften*) wirksam; **3.** gesund; **4.** / **a**) mächtig, einflußreich; °**b**) (*rhet. t.t.*) kräftig, zündend.

valitūd... = *valētūd...*

vallāris, e (*vallum*) Wall...; *corona Auszeichnung für den Soldaten, der zuerst den feindl. Wall erstiegen hat.*

vallēs *u.* (*jünger*) **-is,** *is f* (*et. umstritten*) Tal; (*dcht.*) *alarum* Achselhöhle. [schützen, sichern.

vallō 1 (*vallum*) °**1.** verschanzen; **2.**

vallum, *ī n* (*coll. zu vallus*) Wall, Verschanzung; / Schutzwehr.

vallus, *ī m* (*cf. got.* walus „Stab") °**1.** Pfahl; *bsd.* Rebstock; **2.** Pallisade(n); Barrikaden; **3.** (*dcht.*) Zähne [*pectinis*]. [Flügeltür.

valvae, *ārum f* (*wohl zu volvō*)

Vandalī *u.* **-diliī,** *ōrum m germ. Volk ö. der Oder*; ** *adi.* *-dalicus* 3 wild.

vānēscō, — — 3 (*incoh. zu vānus*) verschwinden, vergehen; / abnehmen; zerfallen. [haft.

vāni-dicus 3 (*vānus, dīcō*[2]) lügen-

vāni-loquentia, *ae f* (*vānus; loquēns, part. praes. v. loquor*) Prahlerei. [lügenhaft; prahlerisch.

vāni-loquus 3 (*vānus, loquor*)

vānitās, *ātis f* (*vānus*) **1. a**) Nichtigkeit, leerer Schein, Einbildung; °**b**) Mißerfolg; **2.** Prahlerei, Lügenhaftigkeit. [Gerede.

vānitūdō, *inis f* (*vānus*) lügnerisches

vannus, *ī f* (< **vat-no-s*; *cf. ventilō*) Futterschwinge.

vānus 3 (*m.* °*comp.*, °*sup.*; *cf. ahd.* wan „ermangelnd", *nhd.* „Wahnwitz") °**1.** inhaltlos, leer; hohl, dünn; **2.** / **a**) nichtig, eitel; vergeblich; **b**) (*v. Personen*) lügenhaft, eingebildet, prahlerisch; °**c**) (*v. Sachen*) falsch, grundlos; °**3.** *subst.* **-um,** *ī n das* Leere; Wahn, Schein, Einbildung.

vapidē *adv.* (*cf. vappa*) kahmig, verdorben; ~ *se habere* den Katzenjammer haben.

vapor *u.* (*altl.*) **-ōs,** *ōris m* (*cf. vappa*) **1.** Dampf, Dunst; °Rauch; **2.** warme Ausdünstung; °**3.** Glut; Feuer, Lohe; / Liebesglut.

vapōrārium, *ī n* (*vapor*) Dampfrohr, -heizung (= *hypocaustum*).

vapōrō 1 (*vapor*) **1.** (*intr.*) dampfen; **2.** (*trans.*) **a**) durchräuchern, in Dunst hüllen; **b**) erwärmen.

vappa, *ae f* (*wohl zu vapor*) verdorbener Wein; / Taugenichts.

vāpulāris, e (*vāpulō*) Prügel...

vāpulō 1 (*cf. engl.* to weep) °**1.** Schläge bekommen; **2.** / durchgehechelt werden; ruiniert werden.

variantia, *ae f u.* **variātiō,** *ōnis f* (*variō*) Verschiedenheit.

Vāriānus *s. Vārus*[2]). [schen.

vāricō 1 (*vāricus*) die Beine grät-

varicōsus 3 (*varix*) voller Krampfadern.

vāricus 3 (*vārus*[1]) mit ausgespreizten Beinen, x-beinig.

varietās, *ātis f* (*varius*[1]) **1.** Buntheit; **2.** / **a**) Mannigfaltigkeit, Verschiedenheit, Wechsel; **b**) Meinungsverschiedenheit; **c**) Unbeständigkeit, Wankelmut; **d**) Vielseitigkeit der Ideen *od.* Kenntnisse.

variō 1 (*varius*[1]) **1.** (*trans.*) °**a**) bunt machen, färben; / braun und blau schlagen; **b**) / verändern, abwechseln *mit*, verschieden darstellen; P. voneinander abweichen, verschieden sein; °**2.** (*intr.*) **a**) abwechseln, verschieden(farbig), bunt sein; sich färben; **b**) mannigfaltig sein, schwanken, sich verändern; **c**) verschiedener Meinung sein; **d**) wechselnden Erfolg haben.

varius[1] 3 (*m. adv.*; *et. ungeklärt*) °**1.** mannigfaltig: **a**) (*in der Farbe*) bunt gefärbt, schillernd; scheckig, gefleckt; braun u. blau (*v. Schlägen*); **b**) (*in seinen Bestandteilen*); **2.** / **a**) von verschiedener Art, allerlei; **b**) (ab-)wechselnd, schwankend; **c**) vielseitig (begabt) [°*ingenium*]; °**d**) charakterlos, wankelmütig.

Varius[2] 3 *röm. Gentilname*: *L.* ~ *Rūfus, Tragiker, Freund v. Horaz u. Vergil.* [ausschlag") Krampfader.

varix, *icis m f* (*varus, ī m* „Gesichts-

vārō *schlechte Schreibung für bārō*[1].

Varrō, *ōnis m röm. cogn.*; *s. Terentius*; *adi.* *-niānus* 3.

vārus[1] 3 (*cf. vacillō*) auswärts gebogen; krummbeinig; / entgegengesetzt; *subst.* ~, *ī m* (*scherzh.*) Teckelchen.

Vārus[2], *ī m röm. cogn.*: **1.** *Quīntīlius* ~, *Kritiker, Freund v. Vergil u. Horaz*; **2.** *P. Quīnctīlius* ~, *röm.*

Feldherr, fiel im Kampfe mit den Cheruskern 9 n.Chr.; *adi.* -iānus 3.

vas[1], *vadis m* (*cf. nhd.* „Wette") Bürge (*der durch Kaution für das Erscheinen eines andern bürgt*); °/.

vās[2], *vāsis u.* (*altl.*) **vāsum,** *ī n* (*et. ungeklärt*) **1.** *sg.* Gefäß, Geschirr, Gerät; **2.** *pl.* **-a,** *ōrum* **a**) Hausgeräte, Möbel; **b**) (*mil. t.t.*) Gepäck, Bagage; *colligere* aufbrechen; *conclamare* Signal zum Aufbruch geben; °**c**) Hoden, männliches Glied; ** Weihrauchfaß.

****vas**(s)**allus,** *i m* Lehnsmann.

vāsārium, *ī n* (*vās*[2]) Ausstattungsgeld (*für einen Provinzstatthalter*).

vāsculārius, *ī m* (*vāsculum*) Verfertiger von Metallgefäßen.

vāsculum, *ī n* (*dem. v. vās*) kleines Gefäß, Geschirr. [wüstung.

vāstātiō, *ōnis f* (*vă-?*; *vāstō*) Ver-

vāstātor, *ōris m* (*vă;?*; *vāstō*) Verwüster, Vertilger; *ferārum* Jäger; ** Teufel. [verwüstet.

vāstātrīx, *īcis f* (*vă-?*; *vāstātor*) die

vasti-ficus 3 (*vā-?*; *vastus*[2], *faciō*) unförmig, mißgestaltet.

vāstitās, *ātis f* (*vă-?*; *vāstus*[1]) Leere, Öde; Verwüstung; *pl.* (*concr.*) Verwüster. [störung.

vāstitiēs, *ēī f* (*vă?*; *vāstus*[1]) Zer-

vāstō 1 (*vă-?*; *vāstus*[1]) **1. a**) leer machen, entblößen *von* [*fines civibus*]; **b**) verwüsten; °**c**) brandschatzen; °**2.** / zerrütten.

vāstus[1] 3 (*m. comp.*, °*sup.*, °*adv.*; *vă-?*; *cf. nhd.* „wüst"; *aber mhd.* waste „Wüste" *ist lat. Lw.!*) **1.** leer, öde, wüst; °**2.** verwüstet, verheert; **3.** / plump, roh, ungebildet.

vastus[2] 3 (*m. comp., sup., adv.*; *vā-?*; *wahrsch. et. v. vāstus*[1] *zu unterscheiden*; *cf. altirisch* fot „Länge") **1.** ungeheuer groß, riesig, unermeßlich, weit [*mare*]; **2.** unförmig, ungeschlacht.

vāsum, *ī n s. vās*[2].

vātēs *u.* **-is,** *is m f* (*gen. pl.* -*um u.* -*ium*; *cf. nhd.* „Wut"; *Göttername* „Wodan") **1.** Wahrsager(in), Prophet(in), Seher(in); **2.** / (*seit Vergil*) Sänger(in), Dichter(in).

Vāticānus, *ī m* (*im Vers auch -ī-*) *Hügel Roms am r. Tiberufer*; *auch adi.* ~ 3 [*collis, mons*].

vāticinātiō, *ōnis f* (*vāticinor*) Weissagung. [sager, Seher.

vāticinātor, *ōris m* (*vāticinor*) Weis-

vāticinius 3 = *vāticinus*.

vāticinor 1 (*vātēs*; *cf. latrō-cinor*) **1.** weissagen, prophezeien; **2.** / °**a**) warnen; **b**) lehren; **c**) schwärmen.

vāticinus 3 (*Rückbildung aus vāticinor*) weissagend, prophetisch.

vatillum, *ī n* (*dem. v. vannus*) Pfanne, Becken.

-ve[1] *enklitische ci.* (*cf. altindisch* vā „oder") oder, oder auch; (*dcht.*) ~ ... ~ entweder ... oder.

vē-[2] (*wohl ablautend zu au-*[2]) *untrennbare Partikel zur Bezeichnung der Abweichung vom rechten Maß* [*vegrandis*].

vēcordia, *ae f* (*vēcors*) Unsinnigkeit, Wahnsinn. [wahnsinnig.

vē-cors, *rdis* (*vē-*[2], *cor*) unsinnig,

vectābilis, e (*vectō*) tragbar.

vectātiō, *ōnis f* (*vectō*) *das* Fahren, Reiten [*equi*].

vectīgal, *ālis n* (*meist pl.*; *n v. vectīgālis*) **1.** staatliche Einnahmen; Abgaben; Steuer; Zoll; Ehrengeschenk; **2.** (private) Einkünfte, Einkommen; Einnahmequelle.

vectīgālis, e (**vectis* + *-*igos*; *zu vehō u. agō*; *eigtl.* „*das* Fahren, *d.h.* Einfuhr u. Ausfuhr betreibend") **1.** zu den Staatseinkünften gehörig, als Abgabe gezahlt; steuerpflichtig, zinsbar; **2.** *Privatleuten* Geld einbringend; für Geld vermietet [*equi*]. [Reiten.

vectiō, *ōnis f* (*vehō*) *das* Fahren,

vectis, *is m* (*vehō*) Hebel, Hebebaum; Brechstange; Balkenriegel.

vectō 1 (*frequ. v. vehō*) fahren, tragen, bringen; *P.* fahren, reiten.

vector, *ōris m* (*vehō*) °**1.** Träger; **2. a**) Passagier; °**b**) Seefahrer; °**c**) Reiter.

vectōrius 3 (*vector*) Fracht...

vectūra, *ae f* (*vehō*) **1.** Transport; Fuhre; Zufuhr; °**2.** Fuhrlohn, Frachtgeld.

Vē-diovis (*altl.*) = *Vē-iovis*.

vegeō, — — 2 (*altl.* = *vigeō*; *nhd.* „wecken") erregen, in Bewegung setzen. [**-lia,** *ium n* Pflanzenreich.

****vegetabilis,** e belebend; *subst.*

vegetō 1 (*vegetus*) lebhaft erregen; ermuntern; beleben.

vegetus 3 (*altl. P.P.P. v. vegeō*) rüstig; / lebhaft.

vē-grandis, e (*vē-*[2]) von unnatürlicher Größe: °**1.** klein, winzig; **2.** überaus groß.

vehemēns, *entis (m. comp., sup., adv.; < *vehemenos, part. praes. zu vehor; s. vehō* 1 b) **1. a)** heftig, leidenschaftlich, stürmisch; **b)** energisch; **c)** streng, hart; **2.** / stark, gewaltig, wirksam, gewichtig; *adv.* **-enter** (gar) sehr, höchst.
vehic(u)lum, *ī n (vehō)* Fuhrwerk, Wagen; Sänfte; Schiff.
vehō, *vēxī, vectum* 3 *(cf. nhd.* „bewegen") **1.** *(trans.)* **a)** fortbewegen, -schaffen; fahren, tragen, bringen, ziehen [*currum*]; *per triumphum* im Triumph aufführen; **b)** *mediopass.* fahren, reiten, segeln; einherschreiten; fliegen [°*apes*]; °*equo citato* lossprengen *auf* [*ad hostem*], sich stürzen; **2.** *(intr.; nur part. praes. u. ger.)* fahren, reiten, sich tragen lassen [*equo vehens*].
Vēī, *ōrum m St. in Südetrurien; adi.* *-īus* 3; *adi. u. Einw. -iēns, entis; adi. -ientānus* 3; °*subst.* **-ientānum,** *ī n* Landwein v. ~.
Vē-iovis, *is m (vē-²; Dius; von Ovid fälschlich als* „noch jugendlicher Jupiter" *gedeutet) altröm. rächender Unterweltsgott.*
vel *(zu volō; etwa* „wenn du willst") **1.** *ci.* **a)** *(die Wahl frei lassend)* oder, oder auch; ~ ... ~ entweder ... oder, teils ... teils; °**b)** und auch; **c)** *(berichtigend)* oder vielmehr; **2.** *adv.* **a)** *(steigernd)* selbst, sogar, auch schon; *(beim sup.)* leicht, wohl, unstreitig; **b)** besonders, zum Beispiel; ** und.
Vēlābrum, *ī n Lebensmittelmarkt in Rom zw. Palatin u. Tiber* [*maius u. minus*].
vēlāmen, *inis n (vēlō)* Hülle, Decke; Gewand, Schleier; Fell; ** *sacrum* Nonnenschleier.
vēlāmentum, *ī n (vēlō)* Hülle; *pl.* weiße Wollbinden der Schutzflehenden.
vēlārium, *ī n (vēlō)* Plane; *pl.* Sonnensegel *(im Amphitheater).*
vēles, *itis m (vēlōx; in der Endung an mīles angeglichen)* °**1.** *(meist pl.)* Plänkler; **2.** *adi.* / neckend.
Velia, *ae f* **1.** *Ausläufer des Palatins;* **2.** *lat. Name für Elea; s. d.*
vēli-fer, *era, erum (vēlum, ferō)* segeltragend.
vēlificātiō, *ōnis f (vēlificō) das* Segeln.
vēlificō 1 *(vēlificus* „segelnd"; *vēlum, faciō)* °**1.** *(act.)* **a)** *(intr.)* segeln; **b)** *(trans.)* durchfahren; **2.** P. °**a)** segeln; **b)** / *sich angelegentlich* bemühen [*honori suo;* °*alci*].
vēlitāris, *e (vēles)* zu den Plänklern gehörig.
vēlitātiō, *ōnis f (vēlitor) das* Geplänkel; / Neckerei.
vēlitor 1 *(vēles)* plänkeln; / zanken, schimpfen.
vēlivolāns, *antis u.* **-volus** 3 *(vēlum, volō)* segelbeflügelt; von Segeln belebt [*mare*].
Vellaunodūnum, *ī n St. der Senonen in Gallien, j.* Château-Landon.
vellicātiō, *ōnis f (vellicō) das* Rupfen; / Stichelei.
vellicō 1 *(dem. v. vellō)* °**1.** rupfen, zupfen; **2.** / **a)** durchhecheln, schmähen; °**b)** durch Eifersucht kränken; °**c)** anregen, aufstacheln.
vellō, *vellī (volsī, vulsī), vulsum* 3 *(cf. vellus)* °**1.** rupfen, zupfen; **2.** ab-, ausrupfen; °*mediopass.* sich die Haare entfernen lassen; °**3.** ab-, aus-, einreißen [*vallum*].
vellus, *eris n (cf. lāna, nhd.* „Wolle") **1.** *die abgeschorene, noch zusammenhängende* Wolle *der Schafe; pl.* Fäden, Gespinst; **2. a)** Schaffell, Vließ; **b)** Fell; **3.** / *pl.* Wollähnliches: Baumwolle; Schneeflocken; Schäfchenwolken.
vēlō 1 *(vēlum)* **1.** verhüllen, verschleiern, bedecken; °**2.** umwinden; schmücken; **3.** / verheimlichen, bemänteln; *(Gerundiv) subst. pl. n* °**vēlanda corporis** Schamteile; **accēnsī vēlātī** *s. accēnsī.*
vēlōcitās, *ātis f (vēlōx)* Schnelligkeit; °/ lebendige Darstellung.
vēlōx, *ōcis (m. comp., sup., adv.; cf. veles)* schnell; behende, gewandt.
vēlum, *ī n (et. unklar) (meist pl.)* **1. a)** Segel; *-a facere, dare ventis* mit vollem Winde segeln; °**b)** Schiff; **2.** Hülle, Vorhang, Tuch; Sonnensegel *(im Amphitheater)*; Schleier.
vel-ut *u.* **-utī** *adv.* **1.** wie, gleichwie; gleichsam; (so) zum Beispiel; **2.** ~ **sī** *u.* ° ~ *(m. coni.)* gleich als ob, wie wenn.
vēmēns, *entis* (°*Schnellsprechform*) [= *vehemēns.*]
vēna, *ae f (et. ungedeutet)* **1. a)** Ader, Blutader; Vene; **b)** Arterie, Pulsader; °*pl.* Puls; **2.** °**a)** Wasserader, Kanal; °**b)** Holzader, Geäder *in Steinen u.ä.*; **c)** Metallader; °/ Metall; °**d)** Saftgefäße *im Baum* [*balsami*]; °**e)** = *mentula*; **3.** / *pl.*

a) Inneres, innerstes Wesen, Herz, Charakter; Stimmung; °b) Begabung, poetische Ader; ** Stahl.

vēnābulum, *ī n* (*vēnor*) Jagdspieß.

Venāfrum, *ī n St. in Kampanien m. großen Olivenpflanzungen, j.* Venafro; *adi.* *-frānus* 3.

vēnālicius 3 (*-lī-?*; *vēnālis*) verkäuflich; *subst.* **~,** *ī m* Sklavenhändler; **-um,** *ī n* Handelsware.

vēnālis, e (*vēnus*[1]) **1.** verkäuflich; **2.** / °a) verraten u. verkauft; **b**) feil, bestechlich; **3.** *subst.* **-ēs,** *ium m* (zum Verkauf ausgestellte) Sklaven.

vēnāticus 3 (*vēnor*) Jagd...

vēnātiō, *ōnis f* (*vēnor*) *das* Jagen, Jagd; Tierhetze (*im Zirkus u. Amphitheater*); Wild(bret).

vēnātor, *ōris m* (*vēnor*) **1.** Jäger; °*adi.* Jagd... [*canis*]; **2.** / Forscher [*naturae*]; °Lauscher.

vēnātōrius 3 (*vēnātor*) Jagd..., Jäger... [*adi.* jagend.]

vēnātrīx, *īcis f* (*vēnātor*) Jägerin;

vēnātūra, *ae f* (*Pl.*) *u.* **-us,** *ūs m* (*vēnor*) Jagd; °/ Fischfang.

vendibilis, e (*vē-?*; *m. comp.*; *vendō*) leicht verkäuflich; beliebt.

venditārius 3 (*vē-?*; *vendō*) feilbietend. [Prahlerei.]

venditātiō, *ōnis f* (*vē-?*; *venditō*)

venditātor, *ōris m* (*vē-?*; *venditō*) Prahler.

venditiō, *ōnis f* (*vē-?*; *vendō*) **1.** Verkauf; Versteigerung, Verpachtung; °**2.** *pl.* verkaufte Güter.

venditō 1 (*vē-?*; *frequ. v. vendō*) **1.** feilbieten; **2.** verschachern; °*sese -are* sich für Geld preisgeben; **3.** / anpreisen, empfehlen, aufdrängen. [käufer; / Verschacherer.]

venditor, *ōris m* (*vē-?*; *vendō*) Ver-

vendō, *didī, ditum* 3 (*vē-?*; *P. kl. nur venditus u. vendendus, sonst Ersatz durch vēneō*; ‹ *vēnum dō*) **1.** a) verkaufen; **b**) versteigern; c) verpachten; **2.** a) verschachern; preisgeben; **b**) anpreisen.

venēficium, *ī n* (*venēficus*) Giftmischerei, Zauberei; Zaubertrank.

venē-ficus 3 (*wohl* ‹ **venes-ficos* „Liebestränke bereitend"; *venus*[2], *faciō*) °**1.** zauberisch, Zauber...; **2.** °a) giftmischend; **b**) *subst.* **~,** *ī m*, (*dcht.*) **-a,** *ae f* Zauberer, Zauberin; Giftmischer(in). [mischer.]

venēnārius, *ī m* (*venēnum*) Gift-

venēnātus 3 (*m.* °*comp.*; *venēnō*) **1.** a) vergiftet, giftig; °**b**) / schädlich; °**2.** Zauber...

venēni-fer, *era, erum* (*venēnum, ferō*) giftig. [geifern.]

venēnō 1 (*venēnum*) vergiften; / ° be-

venēnum, *ī n* (‹ **venes-nom* „Liebestrank"; *venus*[2]) °**1.** a) Schönheitsmittel, Schminke; **b**) Farbe; Purpur; **2.** a) Zaubertrank; **b**) Trunk, Saft; c) Gift(trank); °**3.** / a) Gift, giftige Reden; **b**) Unheil, Verderben.

vēneō, *iī, — īre* (‹ *vēnum eō*; *vēnus*[1]) verkauft, versteigert, verpachtet werden; *cf. vendō*.

venerābilis, e (*m.* °*comp.*; *veneror*) verehrungs-, ehrwürdig. [erbietig.]

venerābundus 3 (*veneror*) ehr-

venerandus 3 (*Gerundiv v. veneror*) ehrwürdig.

venerātiō, *ōnis f* (*veneror*) **1.** (*act.*) Verehrung; Hochachtung; °**2.** (*pass.*) Ehrwürdigkeit, Würde. [ehrer.]

venerātor, *ōris m* (*veneror*) Ver-

venereus, *ī m u.* **-um,** *ī n* Venuswurf (= *-ius bzw. -ium*; *s. Venus*).

venerius 3 (*venus*) sinnlich, geschlechtlich, wollüstig; *cf. Venus*.

veneror *u.* °**-ō** 1 (*Venus*; *vl. urspr.* „die Venus verehren") verehren, anbeten; huldigen; anflehen, inständig bitten.

Venetī, *ōrum m* **1.** *illyrischer Stamm in der Gegend v. Padua*; *adi.* *-us* 3; *ihr Land* **-ia,** *ae f*; **2.** *kelt. Volk in der Bretagne*; *ihr Land* **-ia,** *ae f*; *adi.* *-ticus* 3.

venetus 3 (*vl. zu Venetī*) seefarbig, bläulich [*factio der blau gekleideten Rennfahrer*]; *subst.* **-ī,** *ōrum m* Rennfahrer der Blauen.

venia, *ae f* (*venus*[2]; *cf. nhd.* „Wonne") **1.** Gefälligkeit, Gunst, Gnade, Nachsicht, Erlaubnis; *bonā (cum) -ā* mit Verlaub; **2.** Verzeihung, Vergebung, Straflosigkeit; ** *venias offerre* Opfer bringen; *litterae veniarum* Ablaßbrief.

****venialis,** e gnädig; Ablaß...

veniō, *vēnī, ventum* 4 (*altl. impf. -ībat*; *dcht. gen. pl. des part. praes. -entum*; ‹ **gvemiō*; *cf. nhd.* „kommen") **1.** a) kommen, gelangen; °**b**) zurückkehren; **2.** (*feindlich*) a) herankommen, (her)anrücken, vorrücken [*ad, adversus*]; **b**) auftreten *gegen* [*contra*]; **3.** (*v. der Zeit*) herankommen, anbrechen, eintreffen; **4.** *in e-e Lage* kommen, geraten [*in periculum*]; *res venit ad manus (ad pugnam)* es kommt zum Handgemenge (zum Kampfe); **5. a)** erscheinen, zum Vorschein kommen; (*res*) *mihi in mentem venit* es fällt mir ein; °**b)** wachsen; °**c)** abstammen; **6. a)** vorkommen, eintreten, sich ereignen (*bsd. usu venire*); **b)** zufallen, zuteil werden; **7.** (*in der Rede*) kommen *auf* [*ad hunc locum*]; übergehen *zu*; (*part. fut.*) °*adi.* **ventūrus** 3 zukünftig.

vennū(n)cula, *ae f* (*vē-?; -nŭ(n)-?; vl. nach einem EN Vennō*) eingelegte Weintrauben.

vēnō *s. vēnus*[1].

vēnor 1 (*cf. nhd.* „Wei-de, Weidmann") **1.** (*intr.*) jagen; auf die Jagd gehen; °**2.** (*trans.*) Jagd machen *auf*; / ausgehen *auf*; (*part. praes.*) *subst.* **vēnantēs,** *um m* Jäger.

venter, *tris m* (*et. ungedeutet*) **1. a)** Bauch, Unterleib; °**b)** Magen; / Gefräßigkeit; *-i oboedire* seinen Lüsten frönen; °**2.** Fötus, Leibesfrucht; *-em ferre* schwanger sein; °**3.** / **a)** *Faliscus* Preßwurst; **b)** Höhlung.

ventilātor, *ōris m* (*ventilō*) / Taschenspieler.

ventilō 1 (*eigtl.* „[Getreide] worfeln"; *vannus*; *in der Bedeutung sich an das wohl et. verwandte ventus anlehnend*) °**1. a)** in der Luft schwenken, schwingen; Lufthiebe tun; **b)** Kühlung zufächeln; **2.** / anfachen, in Zug bringen; ** untersuchen, erörtern.

ventiō, *ōnis f* (*veniō*) *das* Kommen.

ventitō 1 (*frequ. v. veniō*) oft kommen.

ventōsus 3 (*m.* °*comp.*, °*sup.*, °*adv.*; *ventus*) °**1.** windig; **2.** / °**a)** windschnell; °**b)** eitel; **c)** wetterwendisch.

ventrāle, *is n* (*n v. ventrālis, e* Bauch...; *venter*) Leibgurt (*als Tasche*).

ventriculus, *ī m* (*dem. v. venter*) °**1.** Bäuchlein; **2.** *cordis* Herzkammer.

ventriōsus 3 (*venter*) dickbäuchig.

ventulus, *ī m* (*dem. v. ventus*) etwas Wind.

ventus[1], *ī m* (*cf. nhd.* „Wind") **1.** Wind; *pl.* Lüfte; *-i* °*ferentes* günstige Winde; **2.** / **a)** Geschick, Umstände; **b)** Volksgunst; **c)** Unruhe, Unheil; °**d)** üble Nachrede.

ventus[2], *ūs m* (*veniō*) *das* Kommen.

vēnūcula, *ae f* = *vennū(n)cula.*

vēnula, *ae f* (*dem. v. vēna*) Äderchen.

(**vēnus**[1], *ī*) *m* (*nur acc. u. dat. belegt*; *cf. altind.* vasnayati „feilscht") Verkauf; (*acc.*) **-um dō** 1 = *vendō*; **-um eō** = *vēneō*; *dat.* **-ō dō** feilbieten.

venus[2], *eris f* (*cf. altind.* vanas „Verlangen, Lieblichkeit") **1. a)** Liebe, Liebesverlangen, -genuß, Beischlaf; **b)** Liebesbund; *marita* Ehebund; **c)** *die* Geliebte; **d)** Samen; °**2.** / Schönheit, Anmut, Liebreiz; **3. Venus a)** *die Göttin* Venus, *Tochter Jupiters u. der Dione, Gemahlin des Volcanus, Mutter des Cupido u. durch Anchises des Äneas*; *der gr.* Aphroditē *gleichgesetzt*; **b)** *der Planet* Venus; °**c)** Venuswurf (*glücklichster Wurf, bei dem jeder Würfel eine andere Zahl zeigte*); *adi. Venerius* 3 Venus geweiht; verbuhlt; *subst.* **-nerius,** *ī m* Venuswurf (*s.o.*); *cf. venerius.*

Venusia, *ae f St. in Apulien, Geburtsort des Horaz, j.* Venosa; *adi. u. Einw. -sīnus* (3).

venustās, *ātis f* (*venus*[2]) **1.** Schönheit, Anmut, Liebreiz; **2. a)** Liebenswürdigkeit; **b)** Feinheit, feiner Scherz; °**c)** Vergnügen, Lust.

venustulus 3 (*dem. v. venustus*) anmutig.

venustus 3 (*m.* °*comp.*, °*sup.*, °*adv.*; *venus*[2]) schön, lieblich, anmutig; / liebenswürdig, fein, witzig.

vē-pallidus 3 leichenblaß.

veprēcula, *ae f* (*dem. v. veprēs*) Dornsträuchlein.

veprēs, *is m* (*Lu. f; et. unklar*) Dornstrauch.

vēr, *vēris n* (*idg.* *vēr < *vēsr) Frühling, Lenz; °/ *aetatis* Jugend; *ver sacrum* Weihefrühling, *d.h. die in Notzeiten gelobten Erstlinge an Menschen u. Vieh, später Aussendung v. Kolonisten.*

vērātrum, *ī n* (*wohl zu vērus, weil das Niesen als Bestätigung der Wahrheit galt*) Nieswurz.

vērāx, *ācis* (*m. comp.*, °*adv.*; *vērus*) wahrredend, wahr(haftig), Wahrheit kündend.

verbēna, *ae f* (*kl. nur pl.*; < **verbesnā*; *verber*) heilige Kräuter, grünes Gezweig *v. Ölbaum, Myrte, Lorbeer u.ä.*

verbēnātus 3 (*verbēna*) mit heiligen Zweigen bekränzt.

verber, *eris n* (*fast stets pl.*; < **verbes*; *cf. verbēna*) °**1.** Rute, Peitsche, Geißel; **2.** °**a**) Schlag, Wurf; **b**) *pl.* Prügel; °**3.** Schleuderriemen; **4.** / Vorwürfe.

verberābilis, e (*m.* °*sup.*; *verberō*) der die Peitsche verdient. [gelnd.

verberābundus 3 (*verberō*) prü-

verberātiō, *ōnis f* (*verberō*) *das* Prügeln; / Strafe.

verberetillus, *ī m* (*verbera* „Prügel"; *Scherzbildung nach plōrātillus*) Prügelknabe.

verbereus 3 = *verberābilis.*

verberō[1], *ōnis m* (*verber*) Schlingel.

verberō[2] 1 (*verber*) **1.** prügeln, geißeln; **2.** °**a**) schlagen, stoßen, treffen; **b**) beschießen [*tormentis*]; **3.** / züchtigen.

verbēx (*vulgär*) = *vervēx.*

verbivēlitātiō, *ōnis f* (*Neubildung zu verbīs vēlitārī*) Wortgefecht.

verbōsus 3 (*m. comp.*, °*sup.*, *adv.*; *verbum*) wortreich, weitschweifig.

****verbo-tenus** *adv.* wörtlich.

verbum, *ī n* (< **ver-dh-om*; *cf. nhd.* „Wort") **1.** Wort, Ausdruck; *pl.* Worte, Rede, Aussage; *-a facere* Rede, Vortrag halten; °**2. a**) Äußerung, Ausspruch; *pl.* Witze; **b**) Sprichwort; **c**) (Zauber)Formel; **3.** leeres Wort, bloße Redensart; *-a dare* täuschen, betrügen [*amico*]; **4.** (*gramm. t.t.*) Zeitwort, Verbum; **5.** (*Einzelwendungen*) *-o* mündlich; ohne viele Worte; *ad -um* aufs Wort; wörtlich; *-i causā* (*gratiā*) zum Beispiel; *verbis* im Namen, Auftrage [*regis*]; ** *der* Logos; *in verbo Dei* im Namen Gottes.

Vercellae, *ārum f St. in Oberitalien, j.* Vercelli (*Schlacht 101*).

Vercingetorīx, *īgis m König der Arverner, Führer des Gallieraufstandes 52.*

verculum, *ī n* (-ē-?; *dem. v. vēr*) junger Frühling (*Kosewort*).

vērē *adv. s. vērus.*

verēcundia, *ae f* (*verēcundus*) **1.** Scheu, Zurückhaltung, Schüchternheit; **2.** Scham-, Anstands-, Zartgefühl; **3.** Verehrung, Ehrfurcht, Hochachtung.

verēcundor 1 (*verēcundus*) sich scheuen, schüchtern sein.

verēcundus 3 (*m. comp.*, °*sup.*, *adv.*; *vereor*) scheu, schüchtern, bescheiden; sittsam, verschämt.

verēdus, *ī m* (*gall. Fw.*; *cf. rēda*) leichtes Jagdpferd.

verendus 3 (*Gerundiv v. vereor*) ehrwürdig; *subst.* **-a,** *ōrum n* (*concr.*) Scham.

vereor, *veritus sum* 2 (*eigtl.* „sich umschauen"; *cf. nhd.* „gewahr; [be]wahren") **1.** sich scheuen, Bedenken tragen, nicht wagen [*dicere*]; **2. a**) in Sorge sein [*de Carthagine*]; °**b**) Scham u. Scheu empfinden; **3. a**) sich fürchten *vor* [*hostem*]; befürchten [*insidias*]; **b**) fürchten [*ne* daß, *ne non u. ut* daß nicht]; **4.** verehren, Ehrfurcht haben *vor* [*deos*]. [Scham.

verētrum, *ī n* (-ē-?; *vereor*) (*concr.*)

Vergiliae, *ārum f* (*vergō m. volkset. Anlehnung an vēr*) *das* Siebengestirn, *die* Plejaden.

Vergilius, *ī m röm. Gentilname*: *P.* ~ *Marō, röm. Dichter aus Andēs b. Mantua* (*70–19*).

vergō, °*versī* (?), — 3 (*eigtl.* „drehen, winden"; *cf. nhd.* „[ver]renken") **1.** (*intr.*) **a**) sich neigen, sich senken; **b**) gerichtet sein, sich erstrecken, liegen; °**c**) (*zeitl.*) sich dem Ende nähern, abnehmen; °**d**) (*geistig*) sich *einer Sache* zuwenden; °**2.** (*trans.*) **a**) eingießen, einschütten; **b**) *mediopass.* sich neigen.

vergobretus, *ī m* (*gall. Fw.*) *oberster Beamter bei den Äduern.*

vēri-dicus 3 (*vērus, dīcō*) wahr redend; wahrsagend.

vēriloquium, *ī n* (*vērus, loquor*; *Lehnübersetzung des gr. Fw.* „*etymologia*") Etymologie (= *notātiō*).

vēri-similis, e (*auch getr.*; *m.* °*comp.*, *sup.*) *s. similis.*

vēritās, *ātis f* (*vērus*) **1. a**) Wahrheit; **b**) gramm. Regel; **2.** Wirklichkeit, Naturtreue; **3.** Wahrhaftigkeit, Unparteilichkeit; **4.** Aufrichtigkeit, Offenheit. [Wahrhaftigkeit.

vēri-verbium, *ī n* (*vērus, verbum*)

vermiculātus 3 (*m.* °*adv.*; *vermiculus*; *eigtl.* „wurmartig") gewürfelt (*v. Mosaikarbeit*).

vermiculus, *ī m* (*dem. v. vermis*) Würmchen; ** Scharlachfarbe.

vermina, *um n* (*vl.* < **verg-menā*; *vergō*) Leibschmerzen (Würmer?).

verminātiō, *ōnis f* (*verminō*) jukkender Schmerz.

verminō *u.* **-or** 1 (*vermina*; *vl. volkset. m. vermis verknüpft*)

1. kribbeln, jucken; **2.** Würmer haben.

vermis, *is m* (*cf. nhd.* „Wurm") Wurm.

verna, *ae m f* (*et. ungedeutet, vl. etr. Fw.*) im Hause des Herrn geborener Sklave; / Inländer; *adi.* inländisch; in Rom geschrieben.

vernāculus 3 (*dem. v. verna*) **1.** inländisch, einheimisch, *bsd.* römisch; vom Ankläger selbst erfunden [*crimen*]; **2.** in Rom üblich, großstädtisch, schlagfertig; °*subst.* **-ī,** *ōrum m* Witzbolde, Spaßmacher.

vernālis, e (-ē-?; *vēr*) Frühlings...

vernīlis, e (*m. adv.*; *verna*) sklavisch; kriechend; frech, plump.

vernīlitās, *ātis f* (*vernīlis*) **1.** kriechende Höflichkeit; **2.** plumper Witz der Haussklaven.

vernō 1 (-ē-?; *vernus*) Frühling machen; sich verjüngen; wieder singen [*avis*]; / den ersten Bart bekommen; jung, lebhaft sein.

vernula, *ae m* (*dem. v. verna*) = *verna.*

vernus 3 (-ē-?; *vēr*) Frühlings...

vērō *adv. s. vērus.*

Vērōna, *ae f Geburtsstadt Catulls*; *adi. u. Einw.* -*nēnsis* (e).

verpa, *ae f* (*et. ungedeutet*) *das* männliche Glied.

verpus, *ī m* (*verpa*) *der* Beschnittene.

verrēs[1], *is m* (*eigtl.* „männliches Tier"; *idg.* *vers- „besprengen, bespringen") Eber, Schwein; *auch verächtlich v. einem Menschen* (*Pl.*) *u. im Wortspiel m. Verrēs*[2].

Verrēs[2], *is m*: *C. Cornēlius* ~, *der berüchtigte Proprätor v. Sizilien, durch Ciceros Anklage verurteilt*; *adi.* -*rius*, -*rīnus*[1] 3; *subst.* **-ria** *ōrum n ein v. Verres zur eigenen Ehrung angeordnetes Fest.*

verrīnus[2] 3 (*verrēs*[1]) vom Eber; *ius -um* Schweinebrühe, *im Wortspiel m.* ~[1] Verrinisches Recht.

verrō, —, *versum* 3 (< **vorrō*; *cf. nhd.* „[ver]wirren") **1.** (aus)kehren, -fegen; zusammenfegen; °**2.** *über etw.* hinfegen, -fahren; durchfurchen; °**3.** schleifen, fortschleppen; aufwühlen.

verrūca, *ae f* (*cf. nhd.* „Warze") Warze; kleiner Fehler.

verrūcōsus 3 (*verrūca*) voller Warzen.

verruncō 1 (*sakrales Wort*; *et. umstritten*; *cf. āverruncō*) (sich) wenden; *bene* zum Heil ausschlagen.

verrūtum = *verūtum.*

versābilis, e (*vertō*) beweglich; / unbeständig.

versābundus 3 (*versō*) sich fortgesetzt drehend.

versātilis, e (*versō*) beweglich; / gewandt.

versātiō, *ōnis f* (*versō*) Veränderung.

versi-capillus 3 (*vertō*) graues Haar bekommend.

versi-color, *ōris* (*versus, P.P.P. v. vertō*) schillernd, bunt.

versiculus, *ī m* (*dem. v. versus*[3]) kleine Zeile; Verschen; Gedichtchen.

versificātiō, *ōnis f* (*versificō*) *das* Versemachen.

versificātor, *ōris m* (*versificō*) Verskünstler, Dichter.

versificō (*versificus* „Verse machend"; *versus, faciō*) Verse machen.

versi-pellis, e (*versus, P.P.P. v. vertō*) seine Gestalt verändernd; / arglistig.

versō 1 (*frequ. v. vertō*) °**1.** oft drehen, hin und her wenden, herumwälzen, umkehren; **2.** / **a)** hin und her wenden [*naturam*]; **b)** hart mitnehmen [*sors omnia*]; °**c)** beunruhigen, quälen; **d)** auslegen, deuten [*verba*]; herumdeuteln *an*; °**e)** überlegen, -denken; °**f)** bearbeiten, für sich zu gewinnen suchen [*militum animos*].

versor 1 (*mediopass. v. vertō*) **1.** sich hin und her drehen, kreisen; **2.** sich aufhalten; sich befinden, leben, sein [*in timore*]; *in oculis, ante* (*ob*) *oculos* vor Augen schweben; **3.** tätig sein, sich beschäftigen [*in iudiciis*]; **4.** beruhen, sich beschränken *auf.*

versōria, *ae f* (*sc. restis*; **versor* „Wender"; *vertō*) Brasse (*Dreh- u. Haltetau der Rahen*); *cape -am* kehre um!

versum *adv. s. versus*[2].

versūra, *ae f* (*vertō*) (Tilgungs-)Anleihe; *-ā* (*dis*)*solvere* eine Schuld durch eine Anleihe tilgen, °/ vom Regen in die Traufe kommen.

versus[1] 3 *P.P.P. v. vertō u. verrō.*

versus[2] *u.* (°*vulgär*) **-um** (*erstarrter nom. bzw. acc. m v. P.P.P. v. vertō*) **1.** *adv.* gegen ... hin, nach ... hin, nach ... zu (*steht hinter seinem subst., und zwar* [*außer bei Städtenamen*] *mit voraufgehendem ad, in* [*in Italiam* ~, *aber Romam* ~.]; °**2.** *prp.*

b. acc. (*meist nachgestellt*) nach ... hin, nach ... zu [*oppidum*].
versus[3], *ūs m* (*vertō*) °**1.** Reihe, Linie; **2. a**) Zeile; **b**) Vers; *pl.* Dichtung; °**3.** Tanzschritt.
versūtia, *ae f* (*versūtus*) Schlauheit, List.
versūti-loquus 3 (*versūtus, loquor*) schlau (redend).
versūtus 3 (*m. comp., sup., adv.*; *vertō*) °**1.** drehbar, flink; **2.** / gewandt, schlau, listig.
vertebra, *ae f* (*vertō*) Gelenk; Wirbel (*der Wirbelsäule*).
vertex, *icis m* (*vertō*) °**1. a**) Wirbel, Strudel; **b**) Wirbelwind; Feuersäule; **2. a**) Wirbel *des Hauptes*, Scheitel; °**b**) Haupt; **3.** Pol; **4.** Spitze, Gipfel, °Giebel, °Berg; / Höhepunkt; °*a* -e von oben.
verticōsus 3 (*vertex*) strudelreich.
vertīgō, *inis f* (*vertō*) Umdrehung; Strudel; / Schwindel [*oculorum*].
vertō, *rtī, rsum* 3 (*cf. nhd.* „werden") wenden: **I.** (*trans.*) **1.** hinwenden: **a**) wenden, drehen, hinwenden, -lenken [*iter Romam*; / °*animum ad curas*]; **b**) (*Geld*) zuwenden; *pecuniam ad se* (°*in suam rem*) *-ere* sich Geld aneignen; / °**c**) zuschreiben [*rerum causas ad deos*]; **d**) ansehen, auslegen *als* [°*in risum*]; **e**) ausschlagen lassen [*quod dii bene vertant*]; °**2.** abwenden, abkehren [*vultum*]; **3.** umwenden: **a**) umdrehen, -kehren [*pedem*; °*stilum*]; ausleeren [*crateras*]; **b**) (*zur Flucht*) umwenden [°*currum in fugam*]; (*in die Flucht*) schlagen [°*hostes in fugam*]; *terga* ~ fliehen; °**c**) umgraben, umpflügen [*terram aratro*]; °**d**) umstürzen, umwerfen [*urnam*]; / **e**) stürzen, zugrunde richten, vernichten,; **f**) verändern, vertauschen, wechseln [*nomen*]; umstimmen [°*mentem*]; **g**) (*aus fremder Sprache*) übersetzen [*Platonem*]; **II.** (*intr., refl. u. mediopass.*) (*se*) **vertere** *u.* **vertī 1.** sich wenden, sich drehen; **2. a**) sich hinwenden; **b**) / ablaufen, ausgehen [*res vertit in laudem*; *quod bene vertat* möge zum Heil ausschlagen]; **3. a**) kreisen; sich bewegen, sich tummeln; **b**) sich befinden, sein [°*in periculo*]; °*ante ora verti* vor Augen schweben; **c**) verlaufen; *anno vertente* im Verlaufe eines Jahres; **d**) beruhen *auf*, abhängen *von* [*virtus tribus in rebus*]; **e**) sich verwandeln, umschlagen [*ira vertit(ur) in rabiem*].
vertragus, *ī m* (*gall. Fw.*) Windhund.
Vertumnus *u.* (*älter*) **Vort...,** *ī m* (*urspr. etr.*) *Gott des Wandels* (*nach antiker Tradition Gründung des Kults durch Servius Tullius*).
verū, *ūs u.* **-um**[1], *ī n* (*urspr. wohl* „Zweig"; *cf. nhd.* „Kraut") Bratspieß; Wurfspieß.
veruīna, *ae f* (*verū*) Spieß.
vērum[2] *s. vērus.*
vērum-enim-vērō *adv.* (*auch getr.*) aber in der Tat.
vērum-tamen *ci.* (*auch getr.*) **1.** aber, doch aber, gleichwohl; **2.** (*bei Wiederaufnahme der Rede*) sage ich.
vērus 3 (*m. comp., sup.*; *adv. s. u.*; *cf. nhd.* „wahr") **I.** *adi.* **1.** wahr, wahrhaftig, wirklich, echt, begründet [*timor*]; **2.** wahrhaftig, wahrheitsliebend, aufrichtig, offen [*testis*]; **3.** vernünftig, richtig, recht u. billig [°*consilium*]; **II.** *subst.* **-um,** *ī n* Wahrheit; *das* Rechte; **III.** *adv.* **-ē 1.** der Wahrheit gemäß, mit Recht, tatsächlich; °**2.** vernünftig [*vivere*]; **3.** ernstlich, aufrichtig; **-ō 1.** *adv.* **a**) (*bekräftigend*) in der Tat, wirklich, tatsächlich; **b**) (*in Antworten*) jawohl, allerdings; **2.** *ci.* (*adversativ*; *stets nachgestellt*) aber, jedoch, doch; vollends, gar, erst gar; *si vero* wenn vollends, wenn nun gar; *iam vero* ferner nun; **-um 1.** aber, indessen, jedoch; sondern; °**2.** (*in Antworten*) ja; ganz gewiß.
verūtum, *ī n* (*verū*) Wurfspieß.
verūtus 3 (*verū*) mit einem Spieß bewaffnet.
vervēx, *ēcis m* (*vl. m. rēnō*[2] *u. nhd.* „Ware" *verwandt, die urspr. in Pelzen bestand*) Hammel; °/ (*Schimpfwort*) Schafskopf.
vēsānia, *ae f* (*vēsānus*) Wahnsinn.
vēsāniēns, *entis* (*vēsānus*; *Bildung nach īnsāniēns, part. praes. v. īnsāniō*) wütend.
vē-sānus 3 wahnsinnig, überspannt; °/ (*v. Sachen*).
vēscor, — — 3 (*-ě-?*; *wohl* < °*vē-ē(d)scor*; *vē-*[2]; *cf. ēsca*; *eigtl.* „abessen"; *cf. nhd.* „fressen" < *ver-essen) **1.** sich nähren, leben *von* [*carne*]; (°*abs.*) speisen, tafeln;

einen Imbiß einnehmen; **2.** / genießen.
vēsculus 3 (-ě-?; *dem. v. vēscus*) ziemlich abgezehrt, Schmächtig; / [*vinarium*]. [**2.** ausgezehrt; mager.
vēscus 3 (-ě-?; *vēscor*) **1.** zehrend;
vēsīca, *ae f* (*et. umstritten*) **1. a**) Blase, Harnblase; °**b**) = *cunnus*; °**c**) Haarbeutel; °**d**) Laterne; °**2.** / Redeschwulst. [Bläschen.
vēsīcula, *ae f* (*dem. v. vēsīca*)
Vesontiō, *ōnis m Hptst. der Sequaner, j.* Besançon. [Wespe.
vespa, *ae f* (*cf. ahd.* wafsa „Wespe")
Vespasiānus *s. Flāvius.*
vesper, *erī m* (*loc. -ī, abl. -e nach māne; cf. gr. Fw. Hesperus*) °**1.** Abendstern; **2.** Abend(zeit); °**3.** Abendmahlzeit; **4.** (*dcht.*) Westen; **5.** *adv.* **vesperī** *u.* **-e** (*s.o.*) abends, am Abend.
vespera, *ae f* (*sc. hōra; vesper*) Abend(zeit); (*nkl.*) *-ā* abends; ** Vesper; Nachmittagsgottesdienst.
vesperāscō, *āvī,* — 3 (*incoh. zu vespera*) Abend werden.
vespertīnus 3 (*vesper*) **1.** abendlich, am Abend; °**2.** westlich. [stern.
vesperūgō, *inis f* (*vesper*) Abend-
vespillō, *ōnis m* (*et. ungeklärt*) Leichenträger (*für Arme*).
Vesta, *ae f* (*cf. gr.* Hestiạ; *et. umstritten*) **1.** Vesta, *die Göttin des staatl. u. häusl. Herdfeuers, Tochter des Kronos u. der Rhea; in ihrem Tempel brannte das heilige Feuer des unter der Aufsicht des pontifex maximus v. den Vestalinnen* (*anfangs 4, später 6*) *bewachten Staatsherdes*; °**2.** Herd(feuer); °**3.** Vestatempel; *adi.* **Vestālis,** *e der* Vesta; *subst.* **-is,** *is f* Vestalin; °*adi. -is, e* keusch.
vester, *tra, trum pron. poss.* (*altl. voster; vōs*) **1.** euer, *der* eurige; °**2.** gegen euch [*odium*].
vestiārius 3 (*vestis*) Kleider...; *subst.* **-um,** *ī n* Sklavenkleidung.
vestibulum, *ī n* (*et. umstritten*) **1.** Vorhalle, freier Platz vor dem Hause; °**2.** Vorhalle im Hause; **3.** / Eingang [*castrorum*; / *orationis*].
vestīgātor, *ōris m* (*vestīgō*) Denunziant, Spion.
vestīgium, *ī n* (*et. u. in der Bedeutungsentwicklung unklar*) **1.** Fußspur, Fährte; / **2. a**) Spur, Merkmal; **b**) *pl.* Trümmer; **c**) Tritt, Schritt; **d**) Fußsohle; °/ Fuß; **3. a**) Standort, Stelle [*eodem -o remanere*]; **b**) Zeitpunkt [*temporis*]; *e u. in -o* augenblicklich.
vestīgō 1 (*vestīgium*) °**1.** nachspüren, aufsuchen; **2.** / ausfindig machen.
vestīmentum, *ī n* (*vestiō*) **1.** Kleid; *pl.* Kleidung; °**2.** Decke; Teppich.
vestiō 4 (*impf. im Vers auch -ībat; vestis*) (be)kleiden; / bedecken, bepflanzen; schmücken. [Plätterin.
vesti-plica, *ae f* (*vestis, plicō*)
vestis, *is f* (*cf. gotisch* wasti „Kleid") **1.** Kleid, Gewand; **2.** (*coll.*) Kleidung; *-em mutare* sich umziehen; Trauer anlegen; **3.** Teppiche, Decken; °**4.** Zeug, Stoff; °**5.** / **a**) Bart; **b**) Haut der Schlange; **c**) Spinnweben.
vesti-spica, *ae f* (*vestis, speciō*) Garderobenmädchen.
vestītus, *ūs m* (*vestiō*) Kleidung, Tracht; / Bekleidung, Prunk.
Vesuvius, *ī m der* Vesuv.
Vetera, *um n u.* **Vetera Castra** *Standlager der Römer b. Xanten.*
veterāmentārius 3 (**veterāmentum; vetus*) zu alten Dingen gehörig; *sutor* Flickschuster.
veterānus 3 (*vetus*) °**1.** alt; **2.** altgedient; altbewährt; *subst.* **~,** *ī m* Veteran. [alten Weines.
veterāria, *ōrum n* (*vetus*) Vorräte
veterātor, *ōris m* (*vetus*) alt geworden, geübt [*in causis*]; alter Fuchs.
veterātōrius 3 (*m. adv.; veterātor*) durchtrieben, schlau. [Zugviehs.
veterīnus 3 (*vetus* „Jährling") *des*
veternōsus 3 (*veternus*) verschlafen, träumerisch; kraftlos.
veternus, *ī m* (*eigtl. adi.* „alt"; *vetus*) **1.** alter Schmutz, Schimmel; **2.** Schlafsucht; / Erschlaffung.
vetitum, *ī n* (*vetō*) *das* Verbotene, Verbot; *kl. nur iussa et -a.*
vetō, *uī, itum* 1 (*eigtl.* „wirkungslos machen"; *cf. au-*[2], *vē-*[2]) verbieten, nicht gestatten, hindern; befehlen, daß nicht [*legatos discedere; im* P. *m. n.c.i.*]; das Veto einlegen (‚*veto*' *Formel des tribunizischen Einspruchs*); zurückhalten, verhindern.
vetulus 3 (*dem. v. vetus*) ältlich; *subst.* **~,** *ī m der* Alte; (*dcht.*) **-a,** *ae f die* Alte; Vettel.
vetus, *eris* (*abl. sg. meist -e,* °*selten -ī; nom. u. acc. pl. n -a, gen. pl. -um; comp. durch vetustior* [*v. vetustus*] *ersetzt; sup. veterrimus*;

urspr. subst. n = gr. ętos „Jahr", *dann* „Jährling"; *cf. vitulus, nhd.* „Widder"; *später adjektiviert, zunächst m. vinum u. morbus* „einjährig", *d. h.* „alt") alt: °**1.** (*Ggs.* „jung") alt, bejahrt; **2.** (*Ggs.* „neu") altbewährt, erprobt; **3.** (*Ggs.* „jetzig") ehemalig, früher; **4.** *subst.* **a**) **veterēs,** *um* α) *m die* Alten, Altvorderen; (*nkl.*) *die* alten Schriftsteller, *die* Klassiker; β) *f die* alten Wechslerbuden *am Markte*; **b**) **vetera,** *um n das* Alte, Ehemalige; *das* Althergebrachte; alte Schriftstücke; alte Geschichte, alte Sage.

vetustās, *ātis f* (*vetus*) **1.** (hohes) Alter; **2.** lange Dauer; **3.** alte Bekanntschaft, alte Erfahrung; **4.** Altertum, alte Zeit; **5.** Nachwelt.

vetustus 3 (*m. comp.*, °*sup.*; *vetus*) °**1.** alt, von hohem Alter; **2.** langjährig; °abgelagert [*vinum*]; °**3.** ehemalig; **4.** altertümlich.

vexāmen, *inis n* (*vexō*) Erschütterung.

vexātiō, *ōnis f* (*vexō*) °**1.** Erschütterung; **2.** / Plage, Mißhandlung.

vexātor, *ōris m* (*vexō*) Plagegeist; Störer.

vexillārius, *ī m* (*vexillum*) **1.** Fähnrich; **2.** *pl.* **a**) zur Verabschiedung anstehende Veteranen; **b**) Sonderkommando.

vexillātiō, *ōnis f* (*vexillum*) Sonderkommando.

vexillum, *ī n* (*dem. v. vēlum*) **1.** Feldzeichen *der Manipel, bsd. der Reiterei, der Veteranen u. der Bundesgenossen*; Fahne, Standarte; **2.** rote Signalfahne *auf dem Feldherrnzelt bzw. dem Admiralschiff* [*-o signum dare*]; °**3. a**) Fähnlein; **b**) Rekrutenabteilung; **c**) Sondereinheit; **d**) Abteilung der *vexillarii*.

vexō 1 (*vl. frequ. zu vehō, v. einem P.P.P. vexus abgeleitet*) **1.** stark bewegen, erschüttern, schütteln; **2.** / **a**) hart mitnehmen, heimsuchen, brandschatzen; **b**) beunruhigen, quälen; **c**) (*m. Worten*) schelten.

via, *ae f* (*altl. gen. viāī*; *et. ungedeutet*) **I.** (*concr.*) **1. a**) Weg, Straße, Fahrweg, Landstraße; **b**) Straße *in der Stadt od. im Lager*; °**c**) Gang *im Theater*; **2. a**) Speise-, °Luftröhre; °**b**) Streifen *am Kleid*; °**c**) Ritze, Spalt; **II.** (*abstr.*) **1. a**) Weg, Pfad, Bahn; gerader Weg [*vitae*]; **b**) Gang, Marsch, Reise, Fahrt; °*in via*, °*inter viam* unterwegs; **2.** / **a**) Art und Weise, Verfahren, Methode; *viā* planmäßig; **b**) Gelegenheit *zu* [*consilii*].

viālis, e (*via*) *der* Wege [*lares*].

viārius 3 (*via*) Weg(e)...

viāticātus 3 (*viāticum*) mit Reisemitteln versehen.

viāticus 3 (*via*) °zur Reise gehörig; *subst.* **-um,** *ī n* Reisegeld; °Beutegeld; °Sparpfennig.

viātor, *ōris m* (*via*) Wanderer; Amtsbote.

vibrō 1 (*cf. nhd.* „Wipfel; wippen") **1.** (*trans.*) **a**) in zitternde Bewegung setzen, schwenken, schütteln; P. zittern; °**b**) kräuseln [*crines*]; **c**) schwingen, schleudern [*hastam*]; °/ [*iambos*]; **2.** (*intr.*) °**a**) zittern, zucken; **b**) schimmern, funkeln, blitzen; °**c**) schwirren, klingen [*vox*].

vīburnum, *ī n* (*et. ungedeutet*) Schneeball (*Strauch*).

vīcānus 3 (*vīcus*) dörflich; °*subst.* **~,** *ī m* Dorfbewohner.

vicārius 3 (*vicis*) stellvertretend; *subst.* **~,** *ī m*, (*Se.*) **-a,** *ae f* Stellvertreter (-in); Nachfolger; Ersatzmann; Untersklave; ** geistlicher Gehilfe, Stellvertreter.

vīcātim *adv.* (*vīcus*) °**1.** in Dörfern; **2.** straßenweise.

****vicedomnus,** *i m* Stellvertreter des Bischofs.

vice, -cem *s. vicis.*

vīcēnārius 3 (*vīcēnī*) zu zwanzig gehörig; *cf. quīnavīcēnāria.*

vīcēnī 3 *num. distr.* (*vīgintī*) **1.** je zwanzig; °**2.** zwanzig auf einmal.

vīcē(n)simānus, *ī m* (*vīcē[n]simus*) Soldat der zwanzigsten Legion.

vīcē(n)simārius 3 (*vīcē[n]simus*) den zwanzigsten Teil ($5^0/_0$ des Wertes) betragend; *aurum -um* Fünfprozentsteuer in Gold (*b. Freilassung eines Sklaven*).

vīcē(n)simus 3 *num. ord.* (< **vīcent-timos*; *vīgintī*) *der* zwanzigste; *subst.* **-a,** *ae f* °**1.** der zwanzigste Teil (*der Ernte*); **2.** $5^0/_0$ (*als Abgabe*).

vīcessis, *is m* (= *vīgintī assēs*) 20 As.

vicia, *ae f* (*zu vinciō*) Wicke.

vīciē(n)s *num. adv.* (*vīgintī*) zwanzigmal; ~ (*centēna mīlia*) *od. HS* ~ (*Ma. nur* ~) 2 Millionen Sesterze.

Vicilīnus 3 (*vigil?*) *Beiname Jupiters.*

vīcīnālis, e (*vīcīnus*) nachbarlich.

vīcīnia, *ae f* (*vīcīnus*) **1.** Nachbarschaft; °**2.** *die* Nachbarn; °**3.** / **a**) Nähe; **b**) Ähnlichkeit.

vīcīnitās *ātis f* (*vīcīnus*) **1.** Nachbarschaft; **2.** Umgegend; *die* Nachbarn; **3.** / Ähnlichkeit.
vīcīnus 3 (*vīcus*) °**1. a**) benachbart, in der Nähe [*Rheno*]; **b**) (*zeitl.*) nahe; **2.** / nahekommend, ähnlich; *subst.* **~**, *ī m*, **-a**, *ae f* Nachbar(in); °**-um,** *ī n* Nachbarschaft; Nähe; *pl.* benachbarte Gegend; ** **-ae,** *arum f* Stadtviertel.
vicis (*gen.*), *em, e, vicēs, vicibus f* (*cf. nhd.* „Wechsel") **1.** °**a**) Wechsel, Abwechslung; *-e versa* umgekehrt; **b**) Schicksal(swechsel), Los; °*pl.* Wechselfälle; **2.** Platz, Stelle, Rolle, Aufgabe; °**3.** Vergeltung, Entgelt; **4.** *adv.* **a**) **vicem** wegen, mit Rücksicht auf [*fratrum*]; anstatt; nach Art von, wie [°*pecorum*]; °**b**) **vice** an Stelle; für, um; *in vicem s. invicem.*
vicissātim *adv.* (*vicissim*) wiederum, andrerseits.
vicissim *adv.* (*wohl* < **vici-dtim* „wechselseitig gegeben"; *vicis; datum, P.P.P. v. dō*) °**1.** abwechselnd; **2.** umgekehrt, (hin)wiederum.
vicissitūdō, *inis f* (*vicissim*) Wechsel, Abwechslung; Wechselseitigkeit.
victima, *ae f* (*cf. nhd.* „weihen", *d.h.* „zu gottesdienstlichen Zwecken aussondern") Opfertier, Schlachtopfer; / Dankopfer; ** Opferlamm.
victimārius, *ī m* (*victima*) Opferdiener.
vīctitō 1 (*frequ. v.* **vīctō, frequ. v. vīvō*) sich nähren; *bene libenter* gern gut essen.
victor, *ōris m* (*vincō*) Sieger, Besieger; *adi.* siegreich; °/ Überwinder.
victōria, *ae f* (*victor*) **1.** Sieg; °**2.** / Siegesruhm; **3.** ♀ Siegesgöttin; °Viktoriastatue.
victōriātus, *ī m* (*victōria*) Viktoria-Münze, halber Denar (*m. dem Prägebild der Viktoria*).
Victōriola, *ae f* (*dem v. Victōria*) Nike-Statuette.
victrīx, *īcis f* (*victor*) Siegerin; *adi.* [siegreich.
****victualia,** *ium n* Lebensmittel.
victuma, *ae f* (*altl.*) = *victima.*
vīctus, *ūs m* (*vīvō*) **1.** Unterhalt, Nahrung, Kost; *pl.* Lebensmittel; **2.** Lebensweise, Leben.
vīculus, *ī m* (*dem. v. vīcus*) Gehöft, [Dörfchen.
vīcus, *ī m* (< **voikos*; *cf. gr. Fw. oeco-nomia*) **1. a**) Dorf; **b**) Gehöft, Bauernhof; **2. a**) Stadtviertel; **b**) Straße, Gasse.
vidē-licet (*u. -ĕ-?*; < *vidēre licet*; *cf. īlicet*) °**1.** es ist offensichtlich (*m. a.c.i.*); **2.** *adv.* **a**) offenbar, selbstverständlich, natürlich (*oft ironisch*); **b**) (*erklärend*) nämlich.
videō, *vīdī, vīsum* 2 (*cf. nhd.* „wissen, weise") sehen: **I.** (*abs.*) **1.** sehen, sehen können; °**2.** die Augen offen haben, wach sein; **II.** (*trans.*) **1.** sehen: **a**) sehen, wahrnehmen, erblicken; **b**) wiedersehen; be-, aufsuchen; **c**) Augenzeuge sein *von, etw.* erleben [*aetas nostra clarissimas victorias*]; / **d**) (*geistig*) erkennen, begreifen [*vitia in alqo*]; *plus -ere in re* in einer Sache weiter sehen; **e**) sich umsehen *nach*, ausfindig machen [*sedem*]; **f**) zusehen, darauf achten [*ne quid res publica detrimenti capiat*]; **g**) überlegen, bedenken [*aliud consilium*]; **h**) im Auge haben, beabsichtigen [*salutem publicam*]; **2.** schauen: **a**) an-, beschauen, besehen; **b**) als Vorbild anschauen [*me vide!*]; **c**) gleichgültig zuschauen, sich gefallen lassen [°*civem in vincula duci*].
videor, *vīsus sum* 2 (P. *v. videō*) **1. a**) gesehen, sichtbar werden; **b**) erscheinen, sich zeigen, offenbar sein, *meist durch* „offenbar" *zu übersetzen* [*rex videtur usus esse misericordiā*]; **2. a**) scheinen, gehalten werden *für* [*poena levis*]; **b**) *mihi videor* ich glaube, bilde mir ein, denke, meine, schmeichle mir; **c**) *impers. videtur* es scheint richtig, es beliebt, man beschließt [*senatui visum est legatos mittere*].
vidua, *ae f* (*cf. nhd.* „Witwe") **1.** Witwe; °**2.** *adi.* (*cf. viduus*) **a**) geschieden [*viro*]; / *arbor* ohne Weinrebe; **b**) einsam, ledig [*puella*].
viduitās, *ātis f* (*viduus*) Witwenstand; °Mangel.
vīdulus, *ī m* (*-ī-?*; *vīeō* 2 „flechten"; *cf. nhd.* „Weide[nbaum]") geflochtener Reisekoffer.
viduō 1 (*vidua*) zur Witwe machen; / berauben [*urbem civibus*].
viduus 3 (*Rückbildung aus vidua*) verwitwet; unverheiratet; / beraubt, leer, ohne [*amoris, pharetrā*]; [einsam.
****viella,** *ae f* Geige.
viētus 3 (*im Vers auch zweisilbig*;

viēscō „verwelken“; *cf. vīrus, nhd.* „ver-wesen“) welk, verschrumpft.
vigeō, *uī,* — 2 (*cf. vegeō, nhd.* „wach“) lebenskräftig, frisch sein, sich regen; / in Blüte stehen, herrschen, leben. [kräftig werden.
vigēscō, — — 3 (*incoh. v. vigeō*)
vīgēsimus 3 (*unkl.*) = *vīcēsimus.*
vigessis (*Ma.*) = *vīcessis.*
vigil, *ilis m* (*abl. sg.* -e *u.* °-ī; *gen. pl.* (*i*)*um; vigeō*) **1.** Wächter; °*pl.* Nacht- und Feuerpolizei; °**2.** *adi.* wachend; / wachsam, munter.
vigilāns, *antis* (*m. comp.,* °*sup., adv.; vigilō*) °**1.** wach(end); **2.** / wachsam, aufmerksam; fürsorglich.
vigilantia, *ae f* (*vigilāns*) Wachsamkeit; / Fürsorge.
vigilāx, *ācis* (*vigilō*) immer wach.
vigilia, *ae f* (*vigil*) **1.** *das* Wachen, Nachtwachen; *pl. die* durchwachten Nächte; **2.** (*mil. t.t.*) **a**) *das* Wachestehen; **b**) Wachposten, -mannschaft; **c**) (Zeit der) Nachtwache, Viertel der Nacht; **3.** / Wachsamkeit, Fürsorge, Eifer; °**4.** nächtliche Feier [*Cereris*]; ** Tag vor einem hohen Feste; *pl.* nächtliches Gebet. [häuschen.
vigiliārium, *ī n* (*vigilia*) Wächter-
vigilō 1 (*vigil*) °**1.** (*intr.*) **a**) wach sein; **b**) / wachsam sein, sorgen; **2.** (*trans.*) **a**) durchwachen [*noctem*]; °**b**) wachend zustande bringen.
vī-gintī *num. card. indecl.* (*eigtl. Dual n* „zwei Dekaden“) zwanzig.
vīgintīvirātus, *ūs m* (*vīgintīvirī*) Amt *od.* Kollegium der Zwanzigmänner: **1.** (*unter Cäsars Konsulat*) *Kommission zur Ackerverteilung an ausgediente Soldaten;* °**2.** *Gesamtname für vier städt. Unterbehörden.*
vīgintī-virī, *ōrum m* = *vīgintīvirātus.* [Frische, Feuer.
vigor, *ōris m* (*vigeō*) Leben(skraft),
vīlica, *ae f* (*vīlicus*) Verwalterin, Frau eines *vīlicus;* Dorfschöne.
vīlicō 1 (*vīlicus*) Verwalter sein.
vīlicus, *ī m* (*vīlla*) Inspektor.
vīlis, e (*m. comp., sup.,* °*adv.; et. ungeklärt*) wohlfeil, billig; / wertlos, gemein, verächtlich.
vīlitās, *ātis f* (*vīlis*) niedriger Preis; °/ Wertlosigkeit, Geringschätzung.
vīlla, *ae f* (*wohl zu vīcus*) Landhaus, -gut; *pūblica* Stadthof (*auf dem Marsfelde*); ** Dorf, Stadt.
vīllica, -cō, -cus = *vīlica, -cō, -cus.*
villōsus 3 (*m.* °*comp.,* °*sup.; villus*) zottig, haarig.
vīllula, *ae f* (*dem. v. vīlla*) kleines Landhaus, -gut.
vīllum, *ī n* (*dem. v. vīnum*) etw. Wein; Räuschchen.
villus, *ī m* (*Dublette zu vellus, vl. m. dial. i*) zottiges Haar.
vīmen, *inis n* (*vīeō* 2 „flechten“) **1.** Weide(nrute); °*pl.* Gebüsch; °**2.** / Korb. [Flechtwerk; Reisig.
vīmentum, *ī n* (*vīeō* 2 „flechten“)
Vīminālis collis *m* (*vīmen*) „*Weidenhügel*“ *Roms* (*zw. Quirinal u. Esquilin*).
vīmineus 3 (*vīmen*) aus Flechtwerk.
vīn' (*Pl.*) = *vīsne* (*v. volō*). [kern.
vīnāceus, *ī m* (*vīnum*) Weinbeer-
vīnārius 3 (*vīnum*) Wein...; °*subst.* \~, *ī m* Weinhändler; **-um,** *ī n* Weinkrug, Humpen.
vincibilis, e (*vincō*) leicht zu gewinnen, gerecht [*causa*].
vinciō, *vinxī, vinctum* 4 (*vīnxī, vīnctum?; zu vīeō* 2 „flechten“) **1.** °**a**) binden, bündeln; umwinden; **b**) fesseln; **2.** / **a**) (ver)binden, verpflichten; °**b**) bannen, bezaubern; **c**) einschränken, hemmen; **d**) (*rhet. t.t.*) (ver)binden [*verba*]; **e**) befestigen, schützen.
vinclum *s. vinculum.*
vincō, *vīcī, victum* 3 (*cf. nhd.* „weigern“, *Personenname* „Wiegand“ = „Kämpfer“) **1.** (*intr.*) **a**) Sieger sein [°*Olympia* in den Olympischen Spielen]; / *vicimus* wir haben unser Ziel erreicht; *vicisti* du hast recht; **b**) mit seiner Meinung durchdringen; **2.** (*trans.*) **a**) besiegen, überwinden; **b**) umstimmen, rühren; **c**) übertreffen; überbieten, überschreien; **d**) überzeugend dartun.
vinc(u)lum, *ī n* (*vinciō*) **1. a**) Band *zum Binden,* Schnur, Strick, Riemen; **b**) *pl.* Fesseln, Gefängnis; **2.** / **a**) hemmendes Band, Fessel; Schranke; **b**) vereinigendes Band, Bindemittel; °*pl.* innige Umarmung.
Vindelicī, *ōrum m kelt. Volk am Lech; Hptst. Augusta -ōrum* Augsburg.
vīndēmia, *ae f* (< **vīno-dēmia; vīnum, dēmō*) Weinlese; Traube(n).
vīndēmiātor, *ōris m* (*vīndēmia*) Winzer (*auch als Stern*).
vīndēmiolae, *ārum f* (*dem. v. vīn-*

dēmia) (kleine Weinlese); kleine Einkünfte.

vīndēmitor (*dcht.*) = *vīndēmiātor.*

vindex, *icis m f* (*et. ungeklärt; zum 2. Glied cf. iū-dex*) **1. a)** Bürge (*vor Gericht*); **b)** Beschützer(in), Retter (-in), Schutz; **2.** Rächer(in), Bestrafer(in); Henker; °*adi.* rächend.

vindicātiō, *ōnis f* (*vindicō*) °**1.** (*jur. t.t.*) Anspruchsrecht; **2.** Notwehr.

vindiciae, *ārum f* (*vindex*) (*beim Prätor vorgebrachter*) Rechtsanspruch; *-as secundum libertatem* (*servitutem*) *decernere* (*Li.*), *dare* vorläufige Freisprechung festsetzen (vorläufig für unfrei erklären).

vindicō 1 (*vindex*) **1.** als Eigentum beanspruchen; °/ *ad se* sich zuschreiben [*decus belli*]; **2.** befreien, in Freiheit setzen; / (be)schützen, retten; **3. a)** bestrafen, ahnden [*necem*]; **b)** einschreiten *gegen* [*in cives*]; strafen; °**c)** *se -are de* sich rächen *an.*

vindicta, *ae f* (*vindex*) **1. a)** Freilassung eines Sklaven *in Form einer Scheinklage;* °**b)** Befreiung, Rettung; **2.** *der* Stab *des Prätors, mit dem er den Sklaven b. der Freilassung berührte,* Freistab; °**3.** Rache, Strafe.

vīnea, *ae f* (*vīnum*) °**1.** Weinstock; **2.** Weinberg, -laube; **3.** / (*nach Art der Weinlaube gebautes*) Schutzdach *der Belagerer.*

vīnētum, *ī n* (*vīnum*) Weingarten.

vīnitor, *ōris m* (*vīnum; cf. port-itor*) Winzer.

vinnulus 3 (*et. unklar*) lieblich.

vīnolentia, *ae f* (*vīnolentus*) Trunksucht.

vīnolentus 3 (*vīnum*) **1.** betrunken; dem Trunk ergeben; **2.** mit Wein versetzt.

vīnōsus 3 (*m. comp., sup.; vīnum*) **1.** betrunken; dem Trunke ergeben; **2.** Wein... [*odor*]; weinhaltig.

vīnum, *ī n* (*Lw. aus einer Mittelmeersprache*) **1.** Wein; *pl.* Weinsorten; **2.** *das* Weintrinken; °**3.** Weintrauben, -stöcke.

viola[1], *ae f* (*wohl Lw. aus einer nichtidg. Mittelmeersprache*) **1.** Veilchen *u. mehrere* °*Levkojenarten;* °**2.** / Violett.

****viola**[2], *ae f* Bratsche, Viola.

violābilis, *e* (*violō*) verletzbar.

violāceus 3 (*viola*[1]) violett.

violārium, *ī n* (*viola*[1]) Veichenbeet.

violārius, *ī m* (*viola*[1]) Violettfärber.

violātiō, *ōnis f* (*violō*) Verletzung, Schändung.

violātor[1], *ōris m* (*violō*) Verletzer, Schänder.

****violator**[2], *oris m* Violaspieler.

°**violēns,** *entis* (*m. adv.*) = *violentus.*

violentia, *ae f* (*violentus*) Gewalttätigkeit, Ungestüm, Tücke.

violentus 3 (*m.* °*comp., sup.; violō*) ungestüm, heftig, hitzig, wild.

violō 1 (*cf. vīs*) mißhandeln, verletzen, sich vergreifen *an* [*matres familiae*]; verheeren; entweihen, beflecken; beleidigen.

vīpera, *ae f* (*vl.* < **vīvo-pera* „lebendige Junge zur Welt bringend" (*antiker Aberglaube!*); *vīvus, pariō*) Viper, Schlange.

vīpereus 3 (*vīpera*) Schlangen...; schlangenhaarig; giftig [*anima*].

vīperīnus 3 (*vīpera*) = *vīpereus.*

Vipsānius 3 *röm. Gentilname; s. Agrippa.*

vir, *virī m* (*gen. pl. dcht. oft -um; cf. ahd.* wer „Mann" *u.* „Werwolf") **1. a)** Mann; **b)** reifer Mann; **c)** Ehemann; **d)** Liebhaber; **2.** rechter Mann, Held; **3.** gemeiner Soldat; *pl.* Mannschaft, Fußvolk; **4.** *der* einzelne; °**5.** *pl.* Menschen, Leute, Bewohner; °**6.** (*betont*) = *is, ille;* °**7.** Zeugungskraft; ** (*Anrede*) Herr [*episcope*].

virāgō, *inis f* (*vir*) Heldenjungfrau.

Virbius, *ī m* **1.** *der v. Äskulap wieder zum Leben erweckte u. v. Diana als Heros nach Aricia versetzte Hippolytus* (*s. d. u. Arīcia*); **2.** *Sohn v. 1.*

virectum, *ī n* (*vireō; Bildung nach salictum*) grüner Platz; *pl. das* Grün.

virēns, *entis* (*vireō*) grünend; / blühend; jugendlich.

vireō, *uī,* — 2 (*et. unklar*) grünen, grün sein; °/ frisch, lebhaft sein.

virēscō, *ruī,* — 3 (*incoh. v. vireō*) grün werden.

virētum = *virectum.*

virga, *ae f* (*cf. nhd.* „Stroh-wisch") °**1.** Zweig, Rute; *pl.* Reisig; °**2. a)** Pfropfreis; **b)** Stock (*kl. nur pl. die* Ruten der *fasces*); *pl.* Stockschläge; **c)** Besen; **d)** Zauberstab; **e)** farbiger Streifen am Kleide; **f)** Streifen am Himmel; **g)** Geschlechtslinie *des Stammbaumes;* ** Bischofsstab.

virgātor, *ōris m* (*virga*) *der* mit Ruten schlagende Büttel.

virgātus 3 (*virga*) **1.** aus Ruten geflochten; **2.** gestreift. [gebüsch.
virgētum, *ī n* (*virga*) Weiden-
virgeus 3 (*virga*) aus Ruten.
virgidēmia, *ae f* (*Scherzbildung nach vīndēmia; virga*) Prügelernte.
Virgilius (*spätl.*) = *Vergilius.*
virginālis, e (*virgō*) jungfräulich [°*feles* Mädchenräuber]; °*subst.* **-āle,** *is n* (*concr.*) jungfräuliche Scham.
virginārius 3 (*virgō*) Jungfrauen...
virgineus 3 (*virgō*) jungfräulich, Jungfrauen...; *aqua -a die v. M. Agrippa angelegte* Wasserleitung Virgo, *j.* Fontana Trevi.
virginitās, *ātis f* (*virgō*) Jungfräulichkeit, Unschuld.
virgō, *inis f* (*et. umstritten*) **1. a**) Jungfrau (*auch als* °*Gestirn*), Mädchen; °**b**) junge Frau; °**2.** (*Aqua*) *Virgo s. virgineus;* °**3.** *adi.* jungfräulich; unverheiratet; *charta* noch nicht herausgegebene Schrift.
virgula, *ae f* (*dem. v. virga*) °**1.** Zweig; **2.** Stäbchen; *divina* Wünschelrute; °/ *censoria* Strich (*b. einem Wort od. Vers als Zeichen der Unechtheit*). [°/ Setzling.
virgultum, *ī n* (*virgula*) Gebüsch;
virguncula, *ae f* (*dem. v. virgō*) Mädchen. [garten, Park.
virid(°i)ārium, *ī n* (*viridis*) Lust-
viridis, e (*m.* °*comp., sup.; vireō*) grün(lich); pflanzenreich; im Grünen gelegen; °/ jugendlich, frisch; °*subst.* **-de,** *is n das* Grün, unreifes Getreide; *pl.* Gartengewächse, -anlagen.
viriditās, *ātis f* (*viridis*) *das* Grün; / Frische, Jugendkraft.
viridō 1 (*viridis*) **1.** (*intr.*) grünen; **2.** (*trans.*) P. grün werden.
virīlis, e (*m. adv.; vir*) **1.** männlich, dem Manne eigen; °*pars* = *membrum virile;* °*partes* Männerrollen; **2.** auf einen (einzelnen) Mann kommend, persönlich; *pro -i parte* nach Maßgabe der Kräfte; **3.** / mannhaft, standhaft, mutig.
virīlitās, *ātis f* (*virīlis*) **1.** männliches Alter; **2.** Zeugungsvermögen, -glieder; **3.** männliche Kraft *im Reden u. Handeln.*
vīri-potēns, *entis* (*vīrēs*) mächtig an Kraft.
virītim *adv.* (*vir*) **1.** Mann für Mann; °**2.** Mann gegen Mann.

vīrōsus 3 (*vīrus*) stinkend.
virtūs, *ūtis f* (*vir*) **1.** Mannhaftigkeit, Manneswürde; **2. a**) Kraft, Stärke; **b**) (kriegerischer) Mut, Tapferkeit, Entschlossenheit; *pl.* Heldentaten; **3.** Verdienst, Wert; *pl.* Vorzüge; **4.** Tugend, Sittlichkeit, Moral; **5.** ~ (*personif.*) *Göttin* Virtus; ** *pl.* Wundertaten.
vīrus, *ī n* (*meist nur nom. u. acc.; cf. gr.* ἰὸς „Gift") °**1.** Schleim, Brunstschleim; **2.** °**a**) (Schlangen-) Gift; **b**) / Geifer; °**3.** *der* salzige Geschmack des Seewassers.
vīs[1] *f* (*sg. nur acc. vim, abl. vī; pl. vīrēs, ium; idg.* *vei- „kräftig sein") **I.** *sg.* **1.** Kraft, Gewalt, Stärke; **2.** °**a**) Mut, Tapferkeit; **b**) (*feindl.*) Waffengewalt, Angriff, Sturm [*urbem vi expugnare*]; **c**) Gewalttat, Vergewaltigung, Zwang, Bedrängnis; *vim afferre, inferre, adhibere, facere* Gewalt antun; *vi, per vim* gewaltsam; **d**) Einfluß, Wirksamkeit; **3. a**) Gehalt; **b**) (wahres) Wesen; Bedeutung *v. Wörtern;* **4.** Menge, Masse, Fülle; °**5.** *genitalis* Zeugungskraft; männlicher Samen; **II.** *pl.* **vīrēs,** *ium* **1.** physische Kräfte, Stärke; **2.** (*mil. t.t.*) Streitmacht, Truppen; **3.** Hilfsmittel, Mittel, Vermögen; **4.** geistige Kräfte, Fähigkeiten, *das* Vermögen, Können.
vīs[2] (*et. umstritten; als 2. pers. ind. praes. v. volō verwendet, aber zu einem anderen Stamm gehörig; cf. invītus*) du willst; *als zweiter Bestandteil v. pron. u. adv. verwendet* [*quivis; quamvis*].
viscātus 3 (*viscum*) mit Vogelleim bestrichen; / lockend.
vīscera, *um, selten sg.* **vīscus**[1], *eris n* (*-ī-?; et. ungedeutet*) °**1.** Eingeweide, Bauch; Uterus; **2.** *das v. der Haut bedeckte* Fleisch; **3.** / °**a**) *das* eigene Kind, Fleisch und Blut; / *die* eigenen Schriften; °**b**) Liebling(e); **c**) Herz, Mark, Kern; **d**) Vermögen, Geld(mittel).
vīscerātiō, *ōnis f* (*vī-?; vīscus*) Fleischspende; °/ Abfütterung.
viscō 1 (*Rückbildung aus viscātus*) beschmieren.
viscum, *ī n u.* (*altl.*) **viscus**[2], *ī m* (*cf. nhd.* „Weichsel-kirsche") °**1.** Mistel; **2. a**) (*aus Mistelbeeren bereiteter*) Vogelleim; °**b**) / Köder.

vīscus[1], *eris n s. vīscera.*

vīsendus 3 (*Gerundiv v. vīsō*) sehenswert; °*subst.* **-a,** *ōrum n* Sehenswürdigkeiten.

vīsiō, *ōnis f* (*videō*) Anblick; Erscheinung; / Vorstellung, Idee.

****visitatio,** *onis f* Besuch; / Heimsuchung. [2. besuchen.]

vīsitō 1 (*frequ. v. vīsō*) °**1.** oft sehen;

vīsō, *sī,* — 3 (*wohl* ⟨ **veid-sō zu videō wie quaesō zu quaerō*) **1. a**) genau besehen, betrachten, untersuchen; °**b**) nachsehen, sehen *nach*; **2.** be-, aufsuchen.

vīsum, *ī n* (*videō*) °**1.** Erscheinung, Bild; **2.** Traumbild; **3.** Phantasie- [bild.]

Visurgis, *is m* Weser.

vīsus, *ūs m* (*videō*) *das* Sehen, Anblick, Blick; Erscheinung, Gestalt.

vīta, *ae f* (⟨ **vīvitā*; *vīvus*) **1.** Leben, Lebenszeit; **2.** Lebensweise, -lauf; °**3.** Biographie; °**4.** Lebensglück; °**5.** Lebensunterhalt; °**6. a**) *die* lebenden Menschen, *die* Welt; **b**) Schatten (*in der Unterwelt*); **7.** (*Kosewort*) Liebling.

vītābilis, e (*vītō*) meidenswert.

vītābundus 3 (*vītō*) immer ausweichend.

vītālis, e (*m.* °*adv.*; *vīta*) **1.** Lebens...; °**2.** lebenspendend, belebend; °**3.** lebenswert; °**4.** lebensfähig; °**5.** *subst.* **-ālia,** *ium n* **a**) *die* (lebenswichtigen) edlen Teile des Körpers; **b**) Totenkleid.

vītātiō, *ōnis f* (*vītō*) Vermeidung.

Vitellius 3 *röm. Gentilname*: *A.* ∼, *röm. Kaiser, 69 n. Chr.*; *adi.* **-iānus** 3; °*subst.* **-iānī,** *ōrum m* **1.** Soldaten des ∼; **2.** kleine Schreibtafeln.

vitellus, *ī m* (*dem. v. vitulus*) °**1.** Kälbchen; / *Kosewort*; **2.** Eidotter.

vīteus 3 (*vītis*) vom Weinstocke.

vitiātor, *ōris m* (*vitiō*) Schänder, Verführer. [stöckchen.]

vīticula, *ae f* (*dem. v. vītis*) Wein-

vīti-fer, *era, erum* (*vītis, ferō*) Reben tragend, weinreich.

vīti-genus 3 (*vītis, gignō*) vom Weinstock. [Kupplerin.]

viti-lēna, *ae f* (*vitium*) gemeine

vitilīgō, *inis f* (*wohl zu vitium*) Hautkrankheit, Flechte.

vitiō 1 (*vitium*) °**1. a**) verderben, verletzen, beschädigen; **b**) schänden [*virginem*]; **2.** / **a**) (ver)fälschen; **b**) (*relig. t.t.*) (*wegen böser Vorzeichen*) für ungeeignet erklären [*diem comitiorum*].

vitiōsitās, *ātis f* (*vitiōsus*) Lasterhaftigkeit.

vitiōsus 3 (*m. comp., sup., adv.*; *vitium*) **1.** fehlerhaft, mangelhaft; **2.** gegen die Auspizien gewählt, geschehen; **3.** lasterhaft.

vītis, *is f* (*vieō* 2 „flechten") **1. a**) Weinrebe, -ranke; **b**) Weinstock, Wein; °**2.** (*aus abgeschnittener Rebe gefertigter*) Kommandostab des Zenturio; Zenturionenstelle; °**3.** Zaunrübe. [Winzer.]

vīti-sator, *ōris m* „Rebenpflanzer",

vitium, *ī n* (*et. unklar*) **1.** Fehler, Mangel, Gebrechen, Schaden; °/ *ignis* Schlacke; **2.** Fehltritt, Versehen, Verstoß; **3.** (*relig. t.t.*) Formfehler *in den Augurien*, ungünstiges Zeichen; **4.** (*moralisch*) **a**) Laster, Schuld; °**b**) Schändung.

vītō 1 (*et. ungeklärt*) **1.** (ver)meiden, ausweichen; °*se -are* mit sich unzufrieden sein; **2.** entgehen.

vītor, *ōris m* (*vieō* 2 „flechten") Korbflechter, Kofferhändler.

vitreārius, *ī m* (*vitreus*) Glasbläser.

vitreus 3 (*vitrum*) gläsern; aus Kristall; *subst.* **-um,** *ī n* Glasgeschirr; / glashell, kristallklar; gleißend, trügerisch.

vītricus, *ī m* (*vī-?*; *vl.* ⟨ **vīteros* „zweiter"; *cf. vī-* „zwei" *in vīgintī*) Stiefvater.

vitrum[1], *ī n* (*vl. m. vitrum*[2] *identisch wegen der bläulich-grünlichen Farbe des antiken Glases*) Glas; ** Fenster.

vitrum[2], *ī n* (*cf. nhd.* „Waid") Färberwaid.

vitta, *ae f* (*vieō* 2 „flechten") Binde: **1.** Kopfbinde (*der Opfertiere, der Priester, der freigeborenen Frauen, der Dichter*); **2.** Binde *um die Friedenszweige* der Bittflehenden.

vittātus 3 (*vitta*) mit einer Binde geschmückt. [Kuh.]

vitula, *ae f* (*vitulus*) Kalb, junge

vitulīnus 3 (*vitulus*) vom Kalbe, Kalbs...; °*subst.* **-a,** *ae f* Kalbfleisch.

vitulor 1 (*et. umstritten*) Lobgesang anstimmen [*Iovi*].

vitulus, *ī m* (*wohl als* „Jährling" *dial. Dublette zu vetulus*; *cf. vetus*) **1.** Kalb; °**2.** Füllen; **3.** (*marinus*) Seehund.

vituperābilis, e (*vituperō*) tadelnswert.

vituperātiō, *ōnis f* (*vituperō*) Tadel; tadelnswertes Benehmen. [Tadler.]
vituperātor, *ōris m* (*vituperō*)
vituperō 1 (*wohl zu adi.* **vitioparos*; *eigtl.* „als fehlerhaft hinstellen"; *vitium, parō* 1) °**1.** (*relig. t.t.*) ungültig machen, verderben; **2.** tadeln, bemängeln, schelten.
vīvācitās, *ātis f* (*vīvāx*) Lebenskraft.
vīvārium, *ī n* (*vīvus*) Tiergarten; Fischteich; / Gehege.
vīvātus 3 (*vīvus*) belebt.
vīvāx, *ācis* (*m. comp., sup.*; *vīvō*) langlebig; / dauerhaft; lebhaft.
vīvēscō, *vīxī*, — 3 (*incoh. v. vīvō*) kräftig werden.
vīvidus 3 (*m. comp.*; *vīvō*) **1. a)** belebt [*tellus*]; **b)** lebensvoll, sprechend, ähnlich; **2.** / lebhaft, feurig.
vīvi-rādīx, *īcis f* (*vīvus*) Ableger.
vīvō, *vīxī, vīctūrus* 3 (*cf. vīvus, gr. Fw.* „Bio-logie") **1. a)** leben, noch am Leben sein; **b)** fortleben, (fort)dauern; **2. a)** leben, sich nähren *von* [*lacte*]; **b)** sein Leben zubringen, sich aufhalten; **c)** verkehren [*familiariter cum*]; **d)** das Leben genießen, vergnügt leben; °*vive* lebe wohl, °*vivite* lebt wohl; ** erleben [*talia*].
vivus 3 (*m. altl. adv.* -ē; *cf. vīvō, nhd.* „quick, keck") **1.** lebend, lebendig; *me -o* bei meinen Lebzeiten; **2.** / °**a)** frisch, saftig; natürlich; °**b)** sprechend ähnlich [*vultus*]; °**c)** lebhaft; *subst.* °**1. -ī,** *ōrum m die* Lebenden, *die* lebenden Dichter, *die* Menschen; **2. -um,** *ī n* °**a)** *das* lebendige Fleisch; **b)** *das* Innerste, Mark; Kapital.
vix *adv.* (*et. ungedeutet*) kaum, mit Mühe; (*zeitl.*) kaum erst, kaum noch, soeben, gerade.
vix-dum *adv.* (*auch getr.*) kaum noch.
vixillum, *ī n* (*dem. v. vix*) kaum ein Tröpfchen.
vocābulum, *ī n* (*vocō*) **1. a)** Benennung, Bezeichnung; **b)** Name; °**2.** (*gramm. t.t.*) Substantiv; °**3.** / Vorwand.
vōcālis, e (*m.* °*adv.*; *vōx*) **1.** stimmbegabt, redend; **2.** klangvoll; liederreich; hell; *subst.* **~,** *is f* Vokal.
vōcālitās, *ātis f* (*vōcālis*) Wohlklang. [Name.]
vocāmen, *inis n* (*vocō*) Benennung,
vocātiō, *ōnis f* (*vocō*) Einladung zu Tische; ** Berufung; Vorladung; Abberufung, Tod.
vocātor, *ōris m* (*vocō*) Gastgeber.
vocātus, *ūs m* (*vocō*) °**1.** *das* Anrufen; **2.** (*nur abl.*) Einladung **a)** *zur Senatssitzung*; °**b)** *zu Tisch.*
vōciferātiō, *ōnis f* (*vōciferor*) lautes Rufen, Geschrei, Jammern.
vōciferor *u.* (*Li.*) **-ō** 1 (*vōcifer*; *vōx, ferō*) laut rufen, schreien.
vocitō 1(*frequ. v. vocō*) **1.** zu nennen pflegen, nennen; P. heißen; °**2.** laut [rufen.]
vocīvus *s. vacīvus.*
vocō 1 (*ablautend zu vōx*) **1. a)** (herbei)rufen; berufen [*senatum*]; °**b)** anrufen [*deos*]; **2. a)** *vor Gericht* laden; **b)** einladen [*ad cenam*]; **3.** °**a)** herausfordern; **b)** / reizen, locken; **4.** (be)nennen; P. heißen; **5.** / *in eine Lage od. Stimmung* bringen [*in odium, in periculum*]; *in dubium* in Zweifel ziehen; *rem publicam ad exitium* dem Untergange weihen.
vōcula, *ae f* (*dem. v. vōx*) schwache Stimme, schwacher Ton; *pl.* [Gerede.]
volaemum *s. volēmum.*
volāticus 3 (*volātus* 3, *P.P.P. v. volō*¹) °**1.** fliegend; **2.** / **a)** einherstürmend; **b)** flüchtig, unbeständig.
volātilis, e (*volō*¹) geflügelt; °/ schnell; vergänglich; ** *subst.* **-ia,** *ium n* Geflügel; Vogelwelt. [Flug.]
volātus, *ūs m* (*volō*¹) *das* Fliegen.
Volcae, *ārum m kelt. Volk in der Provence*; *es zerfiel in die ~ Tectosagēs* (*s. d.*) *um Toulouse u. die ~ Arecomici w. der Rhone.*
Volcānus, (*jünger*) **Vulcānus,** *ī m* (*wohl etr. Herkunft, später dem gr. Hēphaistos gleichgesetzt*) *Gott des Feuers u. der Schmiedekunst*; *Sohn des Jupiter u. der Juno, Gemahl der Venus*; °/ Feuer(flamme); *adi.* *-nius* 3; °*subst.* **-nālia,** *ium n* Vulkanusfest *am 23. August.*
volēmum pirum (*wohl zu osk. valaemon* „*das* Beste") *Birnensorte.*
volēns, *entis* (*m. adv.*; *volō*²) **1.** absichtlich; willig, gern; **2.** geneigt, gewogen, gnädig; *volentibus dis* durch die Gnade der Götter.
volg... *älter für vulg...*
volitō 1 (*intens. v. volō*¹) **1.** °**a)** umherfliegen, flattern; / **b)** eilen; **c)** sich Erholung gönnen; **d)** nach Höherem streben; **2. a)** umherschwär-

men, -laufen, sich tummeln; **b**) sich brüsten, sich überheben; (*part. praes.*) °*subst.* **volitāns,** *antis m* [Fliege.]
voln... *älter für vuln...*
volō¹ 1 (*et. ungedeutet*) fliegen; / eilen; vergehen; (*part. praes.*) °*subst.* **volantēs,** *ium m* Vögel.
volō², *voluī, velle* (*coni. praes. urspr. Optativ; cf. nhd.* „wollen"; *zu vīs s. vīs²*) **1.** wollen, entschlossen sein, verlangen; *velim* (*erfüllbar gedachter Wunsch*) ich wollte, ich möchte; *vellem* (*unerfüllbar gedachter Wunsch*) ich hätte gewollt; °*paucis te volo* auf ein paar Worte!; *quid ille nos vult?* was will der von uns?; °*bene* (°*male*) ~ wohl (übel) wollen; *eius causā vult omnia* er wünscht ihm alles Gute; *quid tibi vis?* was fällt dir ein? was beabsichtigst du?; **2.** beschließen, festsetzen, anordnen [*Einleitungsformel der Gesetzesvorschläge: velitis iubeatis, ut*]; **3.** der Meinung sein, behaupten, vorgeben; **4.** lieber wollen, vorziehen; **5.** bedeuten, bezwecken [*quid vult concursus?*]; *meist m. dat. sibi* [*quid haec verba sibi volunt?*].
volō³, *ōnis m* (*volō²*) Freiwilliger.
volp... *älter für vulp...* [-*us* 3.]
Volscī, *ōrum m Volk in Latium*; *adi.*
volsella, *ae f* (*dem. zu *volsa; vellō*) kleine Zange (*zum Epilieren*).
volsus = *vulsus*; *s. vellō.*
Volt..., volt... = *Vult..., vult...*
volūbilis, e (*m. adv.; volvō*) drehbar; rollend, kreisend; / unbeständig; fließend [*oratio*], zungenfertig [*homo*].
volūbilitās, *ātis f* (*volūbilis*) Drehbarkeit; kreisende Bewegung; / Unbeständigkeit; Geläufigkeit.
volucer, *cris, cre* (*volō¹*) **1.** fliegend, geflügelt; **2.** / **a**) beflügelt, eilend, schnell; **b**) flüchtig, unbeständig; **3.** *subst.* **volucris,** *is f u.* (*selten*) °*m* (*gen. pl. meist -um*) Vogel; (*pl.* Geflügel); °*parvula* Mücke.
volūmen, *inis n* (*volvō*) °**1.** Windung, Krümmung; Kreislauf [*siderum*]; Wirbel [*fumi*]; **2. a**) Bücherrolle; Schrift, Buch; °**b**) Band, Buch (*eines größeren Werkes*).
voluntārius 3 (*volō²*) freiwillig; *subst.* **-ī,** *ōrum m* (*mil. t.t.*) Freiwillige.
voluntās, *ātis f* (*volō²*) **1. a**) Wille; **b**) Wunsch, Verlangen; **2.** Absicht, Vorhaben, Entschluß; **3.** freier Wille, Bereitwilligkeit, Eifer; (*abl.*) **-e** freiwillig, gern; mit Genehmigung; **4.** letzter Wille; **5. a**) Gesinnung, Stimmung; **b**) Zuneigung, Wohlwollen; °**6.** Kunstverstand; °**7.** Bedeutung, Sinn.
volup(e) *adv.* (*erstarrtes n v. *volupis, e* „angenehm"; *Weiterbildung v. *vel-* „wollen = wünschen u. hoffen") erfreulich; ~ *est mihi* es ist mir angenehm.
voluptābilis, e (*volup*) angenehm.
voluptārius 3 (*volup*) **1.** (*act.*) **a**) Vergnügen, Wollust betreffend; **b**) Vergnügen, Wollust verschaffend, genußreich; **2.** (*pass.*) der Wollust ergeben, genußsüchtig; *subst.* ~, *ī m* Genußmensch, Epikureer.
voluptās, *ātis f* (*gen. pl.* -[*i*]*um*; *volup*) **1. a**) (sinnliches *od.* geistiges) Vergnügen, Freude, Genuß; **b**) *pl.* Lüste; *corporis* Wollust; **2. a**) Lustbarkeit; *pl.* Schauspiele; °**b**) Hang zum sinnlichen Vergnügen; °**c**) (*als Kosewort*) *mea* ~ meine Wonne; **3.** ⁀ (*personif.*) *Göttin der Lust.*
voluptuōsus 3 (*volup*) ergötzlich.
volūtābrum, *ī n* (*volūtō*) Schweinesuhle. [herumwälzend.]
volūtābundus 3 (*volūtō*) sich
volūtātiō, *ōnis f* (*volūtō*) *das* Herumwälzen; *auch* °*obszön*; °/ Unruhe; Unbeständigkeit.
volūtō 1 (*intens. v. volvō*) **1.** °**a**) (*trans.*) (herum)wälzen; **b**) (*intr. u. mediopass.*) sich (herum)wälzen; *auch obszön* [*cum sororibus*]; sich befinden; **2.** / °**a**) (*Töne*) von sich geben; **b**) erwägen; **c**) beschäftigen; *mediopass.* sich beschäftigen *mit* [*in scriptis*].
volva *u.* (*jünger*) **vulva,** *ae f* (*et. unklar*) Gebärmutter (*bei Mensch u. Tier*), *bsd. der Sau* (*Leckerbissen*).
volvō, *volvī, volūtum* 3 (*cf. m. d-Erweiterung nhd.* „wälzen") **1. a**) wälzen, rollen, (im Wirbel) (um)drehen, (empor)wirbeln; **b**) *mediopass.* sich wälzen *usw.*; **2.** (*Bücherrollen*) lesen; °**3.** herabrollen, -stürzen, dahinrollen; °**4.** (*mil. t.t.*) *orbem* einen Kreis schließen, nach allen Seiten Front machen; **5.** / **a**) (*v. Redner*) Worte geläufig vortragen; °**b**) (*Leidenschaften*) in sich hegen; °**c**) er-

wägen, überlegen; °**d**) sich wieder vor Augen führen [*monumenta virorum*]; °**e**) (*die Zeit*) durchleben; *se -ere u. mediopass.* ablaufen; *volventibus annis* im Lauf der Jahre; °**f**) bestimmen, verhängen [*sic volvunt Parcae*].

vōmer, *eris m* (*cf. bayrisch* Wagensun „Pflugschar") **1.** Pflugschar; °Pflug; °**2.** / = *mentula.*

vomica, *ae f* (*vl. zu vomō*) Eiterbeule; °/ Unheil.

°**vōmis,** *eris m* = *vōmer.*

vomitiō, *ōnis f* (*vomō*) *das* Erbrechen.

vomitō 1 (*intens. v. vomō*) sich erbrechen.

vomitor, *ōris m* (*vomō*) *der* Speier.

vomitus, *ūs m* (*vomō*) *das* Erbrechen; °/ Unflat, Schimpfworte.

vomō, *uī, itum* 3 (*cf. altind.* vámati „er speit") **1.** (*intr.*) sich erbrechen; °**2.** (*trans.*) **a**) ausspeien, von sich geben; **b**) / sprühen.

vorāginōsus 3 (*vorāgō*) voller Schlünde.

vorāgō, *inis f* (*vorō*) °**1.** Schlund, Abgrund; **2.** / Pfuhl; Verprasser.

vorāx, *ācis* (*m.* °*comp.*; *vorō*) gefräßig.

vorō 1 (**vorā = gr.* borā „Fraß") **1.** verschlingen, fressen; **2.** / °**a**) gierig in sich aufnehmen (*auch obszön v. widernatürlicher Unzucht*); **b**) gierig lesen; °**c**) eilig zurücklegen [*viam*].

vors..., vort... (*altl., dcht.*) = *vers..., vert...*

vōs *pron. pers.* (*gen. vestrī* [*partit. vestrum*], *dat. u. abl. vōbīs, acc. vōs*; *cf. altind. acc.* vas „ihr beide") ihr; *oft verstärkt durch* -met.

Vosegus, *ī m die* Vogesen, *der* Wasgau.

voster *s. vester.*

vōtīvus 3 (*vōtum*) (an)gelobt, verheißen, geweiht.

votō 1 *ältere Form für vetō.*

vōtum, *ī n* (*voveō*) °**1.** *das* gelobte Opfer, Geschenk, Denkmal; **2. a**) Gelübde, Gelöbnis; (*Li*) *-i damnatus* zur Erfüllung des Gelübdes verpflichtet; °**b**) (*m. dem Gelübde verbundenes*) Gebet; **3.** Wunsch, Verlangen; ** *pl.* Wallfahrt; Andacht.

voveō, *vōvī, vōtum* 2 (*cf. altind.* vāghát- „*der* Gelobende") **1.** feierlich versprechen, geloben; °**2.** wünschen.

vōx, *vōcis f* (*urspr.* „Lärm, Geräusch"; *cf. gr. Fw.* epos) **1.** Stimme [*magna* laute, *parva* leise]; **2. a**) Laut, Ton, Schall; **b**) Betonung, Akzent; **3. a**) Aussprache; **b**) Sprache; **c**) Wort, Ausdruck; Äußerung, Rede; *pl.* Gerede; heftige Worte; **d**) Ausspruch, Sinnspruch; °**e**) (Zauber-) Formel; **f**) Gebot, Befehl.

Vulcānus *s. Volcānus.*

vulgāris, e (*m.* °*sup.*, °*adv.*; *vulgus*) **1.** (all)gemein, gewöhnlich, alltäglich; **2.** für jeden zu haben [*scortum*]; **3.** *subst.* **-ia,** *ium n* Alltagskost; alltäglicher Gruß (*quid agis?*); ** **-e,** *is n* Nationalsprache, Vulgärsprache.

vulgātor, *ōris m* (*vulgō*[2]) Verbreiter, Ausplauderer.

vulgātus 3 (*m. comp., sup.*; *vulgō*[2]) **1.** allgemein bekannt; **2.** allen preisgegeben, öffentlich [*meretrices*].

vulgi-vagus 3 (*vulgus*) überall umherschweifend [*Venus*].

vulgō[1] *adv. s. vulgus.*

vulgō[2] 1 (*vulgus*) **1.** unter das Volk bringen, verbreiten; **2.** allen preisgeben [°*corpus*]; **3.** (*eine Schrift*) veröffentlichen; P. bekannt werden.

vulgus, *ī n* (*acc. sg. auch -um m*; *cf. altind.* varga- „Abteilung") **1. a**) Volk, *die* Leute; Publikum; **b**) *der* große Haufe, Pöbel; °**c**) *die* gemeinen Soldaten; **2.** *die* große Masse, *der* gewöhnliche Schlag [°*mulierum*]; **3.** *adv. in -us* allgemein, insgemein; **vulgō**[1] in Menge; vor aller Welt, gewöhnlich; ** in der Landessprache.

vulnerātiō, *ōnis f* (*vulnerō*) Verwundung; / Kränkung.

vulnerō 1 (*vulnus*) verwunden; / kränken.

vulni-ficus 3 (*vulnus, faciō*) verwundend.

vulnus, *eris n* (*vl.* √ *vel- „reißen"; *cf. vellō*) **1. a**) Verwundung, Wunde; °**b**) Hieb, Schlag, Stich, Biß; °**c**) Geschoß, Pfeil; **2.** / **a**) Verlust, Schaden; °**b**) Niederlage; °**c**) Kränkung; Kummer.

vulpēcula, *ae f* (*dem. v. vulpēs*) Füchslein.

vulpēs, *is f* (*cf. gr.* alōpēx *ds.*) Fuchs.

vulpīnus 3 (*vulpēs*) *des* Fuchses, Fuchs...

vulsus 3 (*vellō*) bartlos, glatt; / weichlich; einfältig.

vulticulus, *ī m* (*dem. v. vultus*) halber Blick.

vultuōsus 3 (*vultus*) grimassenhaft.

vultur, *uris m* (*vellō*) Geier; / Nimmersatt.

vulturīnus 3 (*vultur*) Geier...

vulturius, *ī m* (*vultur*) Geier; / raubgieriger Mensch, °Erbschleicher; °schlechter Wurf (*im Würfelspiel*).

Vulturnus ventus *m* (*nach dem Berg Vultur bei Venusia*) Ostsüdostwind.

vultus, *ūs m* (*eigtl. wohl* „Glanz der Augen“) **1.** Gesicht(sausdruck), Miene, Blick; °**2.** finsteres Gesicht, zorniger Blick; °**3.** / **a**) Gesicht; **b**) Aussehen, äußere Gestalt.

vulva *s. volva.*

W

****wanna,** *ae f* großer Weidenkorb.

****wantus,** *ī*; **-to,** *onis m* Handschuh; Fäustling.

****warantus,** *ī m* Bürge.

****werra,** *ae f* Krieg.

X

X (*Zahlzeichen*) = *10*; (*auf Münzen*) = *dēnārius.*

Xanthippē, *ēs f Frau des Sokrates.*

Xanthos *u.* **-us,** *ī m Fl. in der Troas* = *Scamander.*

xenium, *ī n* (*gr. Fw.*) Gastgeschenk; Geschenk; ℒ**a** *Titel des 13. Buchs der Epigramme Martials.*

****xenodochium,** *ī n* Gasthaus, Hospital.

Xenophanēs, *is m* (*gr.* -phạnēs) *aus Kolophon, Gründer der eleatischen Schule* (*um 520*).

Xenophōn, *ōntis m* (*gr.* -ọ̄n) *Schüler des Sokrates, Geschichtsschreiber* (*etw. 440–354*); *adi.* -*tēus u.* -*tīus 3.*

Xerxēs, *is u. ī m persischer König* (*486–465*).

xiphiās, *ae m* (*gr. Fw.*) Schwertfisch.

xysticī, *ōrum m* (*gr. Fw.*; *cf. xystus*) *die* Athleten, *die während der rauhen Jahreszeit in den Xysten trainierten.*

xystus, *ī m* (*gr. Fw.*) (*bei den Griechen*) bedeckter Säulengang (*für Übungen der Athleten*); (*bei den Römern*) Terrasse *vor dem Portikus der Landhäuser.*

Y

Siehe unter hy *u.* i.

Z

Zama, *ae f St. in Numidien* (*Scipios Sieg über Hannibal 202*).

zāmia, *ae f* (*dor. Fw.*) Verlust, Schaden.

Zanclē, *ēs f alter Name für Messana auf Sizilien.*

****zelotes,** *ae m* Eiferer.

zēlotypia, *ae f* (*gr. Fw.*) Eifersucht.

zēlotypus 3 (*gr. Fw.*) eifersüchtig; *subst.* **~,** *ī m der* Eifersüchtige.

zēlus, *ī m* (*gr. Fw.*) Nacheiferung; ** Eifer, Zorn, Liebe; Eifersucht.

Zēnō(n), *ōnis m Name gr. Philosophen*: **1.** *aus Elea, Lehrer des Perikles*; **2.** *aus Zypern, Gründer der Stoa* (*um 300*); **3.** *ein Epikureer aus Sidon, Lehrer Ciceros.*

zephyrus, *ī m* (*gr. Fw.*) Westwind; / (*dcht.*) Wind; ℒ (*personif.*).

Zeuxis, *is u. idis m ber. gr. Maler aus Heraklea in Unteritalien* (*um 400*).

****zingiber,** *is m* Ingwer.

zmaragdus = *smaragdus.*

zōna, *ae f* (*gr. Fw.*) Gürtel: **1.** *der Frauen für das Untergewand* (*Symbol der Keuschheit*); **2.** Geldgurt *der Männer*; **3.** / **a**) *die drei* Gürtelsterne *des Orion*; **b**) Zone.

zōnārius (*zōna*) °*adi.* 3 Gürtel.... Beutel...; *subst.* **~,** *ī m* Gürtelmacher.

zōnula, *ae f* (*dem. v. zōna*) Gürtel.

zōthēca, *ae f* (*gr. Fw.*) Ruhezimmer.

zōthēcula, *ae f* (*dem. v. zōthēca*) kleines Ruhezimmer.

****zuchara,** *ae f* Zucker.

I. Zur lateinischen Schrift

1. Das *lateinische Alphabet*, das — wahrscheinlich durch Vermittlung der Etrusker — aus einem westgriechischen entlehnt worden war, hatte am Ende der Republik 21 Buchstaben. Erst in der augusteischen Zeit kamen Y und Z zur phonetisch richtigen Wiedergabe der inzwischen in ihrem Lautwert gewandelten Buchstaben Y und Z in griechischen Fremdwörtern hinzu; bis dahin war man in diesen Fällen mit V und S ausgekommen (doch s. I, 2). Das lateinische Alphabet bestand nun aus folgenden 23 Buchstaben:

A B C D E F G H I K L M N O P Q R S T V X Y Z.

Wie uns jetzt noch die vielen Inschriften zeigen, schrieb der Römer nur mit großen Buchstaben (Majuskeln); erst in späterer Zeit kamen die kleinen Buchstaben (Minuskeln) hinzu, die sich aus jenen entwickelt hatten. Wir schreiben in unseren Texten die Eigennamen nebst ihren Ableitungen (*Rōma*, *Rōmānus*, *Graecē*) und vielfach das erste Wort eines neuen Abschnittes oder auch eines jeden Satzes mit großen Anfangsbuchstaben.

2. Die Römer hatten wie die Etrusker je nach dem folgenden Laut und der damit zusammenhängenden unterschiedlichen Artikulation 3 verschiedene *K-Laute* und dementsprechend in der Schrift 3 verschiedene Buchstaben: C vor E und I, K vor A (und Konsonanten), Q vor den Vokalen O und V. Von ihnen hat sich Q nur in der Verbindung QV (gespr. kw, z. B. *quis*), K nur in einigen Wörtern wie dem Vornamen *Kaesō* (abgek. *K.*), *Kalendae* (abgek. *K.* oder *Kal.*; daneben auch *Calendae*) und *Karthāgō* (daneben auch *Carthāgō*) erhalten. Im übrigen hat sich das C als einziger stimmloser Guttural durchgesetzt.

Noch lange danach bezeichnete C nicht nur den stimmlosen (= K), sondern auch den stimmhaften Guttural (= G; s. II 1 B a). Der Überlieferung nach schuf der Freigelassene Spurius Carvilius um die Mitte des 3. Jh. v. Chr. G aus C durch Hinzufügung eines Strichs. Es trat an die Stelle des urspr. im lat. Alphabet vorhandenen, aber dann beseitigten Z. Als in augusteischer Zeit Y und Z hinzukamen, handelte es sich bei Z also strenggenommen um eine Wiedereinführung.

3. Mit V wurde sowohl der Vokal U wie der *Halbvokal* V, mit I sowohl der Vokal I wie der *Halbvokal* J bezeichnet. Erst im Mittelalter wurde eine Scheidung zwischen U, u und V, v wie zwischen I, i und J, j gebräuchlich; die endgültige Einführung der Majuskeln J und U (!) und der Minuskeln j und v (!) geht auf den französischen Humanisten Pierre de la Ramée († 1572) zurück. Wir unterscheiden in unseren Texten meistens U, u und V, v, verwenden aber I, i für Vokal und Halbvokal (*iūstus*, *vērus*; *ibi*, *iam*). Nur in den Verbindungen *qu-*, *ngu-* und *su-* vor Vokalen wird u als Halbvokal von uns verwendet (*quārtus*, *lingua*, *suāvis*).

4. Den Römern waren nicht nur *Satzzeichen* unbekannt, sondern sie verzichteten auch weitgehend auf die Trennung der einzelnen Wörter im Satz und der Silben eines Wortes (vgl. I 5). Wir trennen in unseren lateinischen Texten die Wörter voneinander und verwenden Satzzeichen im großen und ganzen nach den Normen unserer Muttersprache. Es ist aber zu beachten, daß Partizipialkonstruktionen und der a.c.i., da sie keine Sätze sind, nicht durch ein Komma vom übrigen Satz getrennt werden sollten.

5. Hinsichtlich der *Silbentrennung* stehen sich die griechisch beeinflußte Theorie lateinischer Grammatiker und die Praxis der Inschriften und der

z. T. auf antiker Tradition fußenden mittelalterlichen Handschriften gegenüber. Wir verfahren zumeist folgendermaßen:

a) Ein *einzelner Konsonant* — dazu rechnen auch die aspirierten Konsonanten ch, ph, th und die je zwei Laute darstellenden Buchstaben x und z — tritt zur folgenden Silbe (*pa-ter, Epi-charmus, lu-xus*).

b) Von *zwei oder mehr Konsonanten* wird der letzte zur folgenden Silbe gezogen (*om-nis, sūmp-tus*); doch bleiben *muta cum liquida* (b, p; d, t; g, c + l, r [m, n]) ungetrennt (*ca-pra, tene-brae, cas-tra* [ma-gnus]).

c) Unter Aufhebung der vorigen Regeln werden *zusammengesetzte Wörter* nach ihren Bestandteilen getrennt (*ab-īre, post-eā, sīc-ut*).

II. Zur Aussprache des Lateinischen

Applicare la pronunzia classica del latino può essere un vantaggio, conoscerla è un dovere per chiunque impari o insegni latino.

A. TRAINA, L'alfabeto e la pronunzia del latino², 1963, p. 38.

1. Vokale und Konsonanten

Die Aussprache des Lateinischen war in den langen Jahrhunderten seines Bestehens einem ständigen Wechsel unterworfen — zeitlich, räumlich und soziologisch. Im folgenden soll — soweit wir es feststellen können — vorwiegend die Aussprache des Lateinischen in seiner Blütezeit, d. h. in den Tagen *Cäsars* und *Ciceros*, der Repräsentanten der *klassischen Prosa*, aufgezeigt werden.

A. Vokale

a) Die kurzen Vokale waren offene (in *locus* o wie in dt. „offen"), die langen geschlossene Laute (in *cēna* e wie in dt. „Klee").

b) Es ist bei der Aussprache genau auf die Quantität der Vokale zu achten (*pŏpulus* Volk, *pōpulus* Pappel; *lĕctus* Bett, *lēctus* gelesen). Das gilt besonders für die Vokale in positionslangen Silben (s. II 2 B a). Die Positionslänge der *Silbe* bleibt ohne Einfluß auf die Quantität des *Vokals*. — Im Wörterbuch werden für gewöhnlich nur die langen Vokale bezeichnet (*crēdō, mēnsa*), die kurzen nur in besonderen Fällen (*-nĕ*).

c) Ursprünglich kurze *Vokale* sind vor *-ns* und *-nf* stets gelängt worden (*īnfāns, īnfantis*) unter Schwund oder Schwächung von n (daher *COS.* Abkürzung für *cōnsul*).

d) Jeder Diphthong (Verbindung zweier Vokale in *einer* Silbe: ae, au, eu, oe, ui; außerdem altl. ai und ei) gilt als lang.

ae und *oe* wurden mindestens bis zum Ende der Republik allenthalben und von gebildeten Römern bis tief in die Kaiserzeit als Diphthonge gesprochen, unter Betonung des ersten Bestandteils. In deutschen Schulen ist die Aussprache als Umlaut (ä, ö) auch beibehalten worden, nachdem man in Norddeutschland mit der k-Aussprache des c zum antiken Idiom zurückgekehrt war. So wurde aus der historisch gewordenen Aussprache „Zäsar", die wir in der Geschichtsschreibung auch weiterhin bewahren, die Aussprache „Käsar", die es niemals gegeben hat. — *eu* und *ui* wurden wie e+u (also nicht wie im dt. Fw. „neutral"!) und u+i gesprochen.

B. Konsonanten

a) *c* wurde bis zum 5. Jh. n. Chr., auch vor e, i, y und vor ae, oe, eu, wie k gesprochen. Nur in *C.* und *Cn.* als Abkürzungen der Vornamen *Gāius* und *Gnaeus* wird c wie g gesprochen; diese Abkürzungen stammen noch aus der Zeit, als c sowohl den stimmhaften wie den stimmlosen Guttural bezeichnete (vgl. I 2).

b) *h*: α) Im *Inlaut* (zwischen Vokalen) wurde es meist nur ganz schwach gesprochen oder war gänzlich stumm (*prehendō* oft *prēndō* geschrieben; Intensivum nur *prēnsō*); β) im *Anlaut* (vor Vokalen) war es im Munde der Gebildeten gut hörbar; seine Eliminierung galt als bäurisch (*herus* — *erus*; *holus* — *olus*); γ) als *hyperurban* drang es (in der Schrift) in Wörter, die es ursprünglich nicht besaßen (*pulcher*); δ) *aspirierte* Konsonanten (ch, ph, th) fehlten der lat. Sprache zunächst; wir finden sie nur in griech. Fremdwörtern (s. c).

c) Die Verschlußlaute (mutae) *c*, *p*, *t* wurden im Gegensatz zum Deutschen ohne folgenden h-Laut gesprochen. Die Verbindung muta+h ergab *ch* (gespr. k+h; sch also wie s+kh: *schola* darf daher nicht wie das dt. Lw. „Schule" gesprochen werden), *ph*, *th*. Die heute übliche Aussprache von ph als stimmloser Spirant (f) ist an sich falsch; nicht nur in klassischer Zeit, sondern noch im Jahrhundert danach wurde es wie p+h gesprochen.

d) *i*: α) *i* war im Anlaut *vor einem Vokal* Halbvokal (gutturale Spirans), also lautlich zwischen dem Vokal i und dem Konsonanten j stehend; wir sprechen es wie j (*iam*, *iocus*; *C. Iulius Caesar*). In Fremdwörtern aus dem Griechischen, das nur ein vokalisches i kennt (*ïōta*), bleibt der Vokalcharakter dieses (kurzen) i erhalten. Wir weisen im Wörterbuch durch die sogenannten *Tremapunkte* darauf hin (*ïambus*, *Ïāsōn*; dazu *Ïūlus*, der Sohn des Aeneas).

β) *Intervokalisches i* wurde etwa wie ij oder jj gesprochen (*ēius*, *cūius*, *māior*, *āiō* eigentlich *ĕjjus* usw.; statt der ursprünglichen Positionslänge setzen wir in den Wörterbüchern meistens das Längezeichen über den Vokal, während Cicero noch ii geschrieben hat).

γ) Bei den *Komposita von iaciō* ist darauf zu achten, daß die in der Schrift durchgeführte Vereinfachung *abiciō* < *áb-iaciō* usw. ohne Einfluß auf die Aussprache (abjíkiō) bleibt. Das Schriftbild täuscht auch leicht über die Tatsache hinweg, daß die dem Stamm vorhergehende Silbe entweder positione (z. B. *ab-iciō*) oder naturā (z. B. *dē-iciō* und sogar *rē-iciō* [!]) lang ist (s. S. 569, 2B, a).

e) Im Inlaut wurde *gn* höchstwahrscheinlich wie ng in dt. „Enge" (sprachwissenschaftlich als ŋ bezeichnet) + n gesprochen (*magnus* spr. maŋnus). Mit demselben ŋ ist *n vor g*, *c und q* zu sprechen (*ángina* also mit ŋg wie in engl. finger; *ancora* [ŋk]; *quīnque* [ŋkw]).

f) *r* war Zungen-r.

g) *s* war stimmlos wie dt. ß in „beißen"; *st* und *sp* sind wie *ß+t* bzw. *ß+p* zu sprechen. Stimmhaft (wie in dt. „Rose") war s nur vor stimmhaften Konsonanten in griech. Fremdwörtern (*smaragdus*) und vielleicht in der Komposition (*trānsvehō*).

h) *t* ist immer stimmloser Verschlußlaut gewesen, auch in der Silbe *-ti-*, gespr. wie t+i (*nā-ti-ō*).

i) *u* war in der klass. Prosa nicht nur *nach q* Halbvokal (stimmhafte labiale Spirans), etwa wie engl. w, sondern auch *nach ng* (*lingua*, spr. liŋgwa) und *nach s vor folgenden a und e* (*suādeō*, *cōnsuēscō*, spr. swādeō, -swēßkō). *Ausnahmen*: *sŭ-ĕrĕ* „nähen" und *sŭ-ĕ* und *sŭ-ēs* (abl. sg. und nom. und acc. pl. von *sūs* „das Schwein").

Besonders hervorzuheben ist, daß *qu* (gespr. kw) für die Metrik nur als *ein* Konsonant gilt, da es sich eigentlich nicht um zwei Konsonanten, sondern um einen sogenannten labiovelaren Verschlußlaut, d. h. um einen q-Laut mit Lippenrundung handelt.

k) *v* entsprach etwa dem engl. w.

l) *x* (= ks; stimmlos) und *z* (= ds; stimmhaft) haben den metrischen Wert von zwei Konsonanten.

z war stimmhafte dentale Spirans, also etwa dem dt. stimmhaften s in „Rose" entsprechend mit einem schwachen vorhergehenden d. Wir folgen meist der deutschen Aussprache (t+ß).

2. Wortbetonung

A. Vorhistorische Zeit

Der aus der indogermanischen Verwandtschaft sich erklärenden *freien musikalischen Akzentuierung* der einzelnen Wörter folgte noch in vorhistorischer Zeit — vielleicht unter etruskischem Einfluß — die Epoche der *exspiratorischen Anfangsbetonung*. Sie hat ihren Niederschlag u. a. in der Vokalschwächung der Mittel- und Endsilben gefunden (*cẹcidī* < *kẹkadī* zu *cadō*, *Agrigẹntum* <*Ạkraganta*, acc. zu gr. Akrạgās; *ọrtifex* zu *faciō*).

B. Historische Zeit

a) Während zweisilbige Wörter auf der ersten Silbe betont werden, steht etwa ab 250 v. Chr. die Akzentuierung der Wörter mit drei oder mehr Silben unter dem *Dreisilben- oder Paenultimagesetz*. Nach ihm liegt der Akzent auf der vorletzten Silbe (paenultima), wenn diese naturā lang ist, d. h. einen langen Vokal hat (*dissipạ̄tus*), oder positione[1]) lang ist, d. h. wenn auf einen (kurzen) Vokal mindestens zwei Konsonanten folgen (*frūmẹntum*). Handelt es sich aber bei diesen Konsonanten um muta cum liquida (vgl. I 5 b), so tritt diese Konsonantenverbindung geschlossen zur nächsten Silbe, und die Positionslängung unterbleibt (*tẹnebrae*). Ist die paenultima aber weder natur- noch positionslang, so wird die drittletzte Silbe (antepaenultima) betont (*agrạ̄-ri-us*, *cọm-e-dō*).

b) Wird eine einsilbige Partikel wie *-que*, *-ve* oder *-ne* an ein Wort angehängt, so wird — im Gegensatz zum Paenultimagesetz — dessen Schlußsilbe, auch wenn sie kurz ist, betont: *omniọque*, *filiọve*. Wo ein solches Enklitikon („ein sich anlehnendes Wort") bereits zum festen Bestandteil des aus der Verbindung entstandenen Wortes geworden ist, tritt das Dreisilbengesetz wieder in Kraft: *ịtaque* „daher"; *itọque* „und so"[2]).

[1]) „*positione*" ist falsche Übersetzung eines griechischen metrischen Terminus, der besagte, daß die Länge in diesen Silben auf einer Vereinbarung der Dichter beruhe. Die lateinische Übersetzung spricht nur von der „Stellung" des Vokals (nämlich vor mindestens zwei Konsonanten) und offenbart so ungewollt den richtigen Grund des prosodischen Brauchs. — Natürlich gibt es auch positionslange Silben mit Naturlänge des Vokals (*sūmptus*, *mēnsa*); nur erübrigt sich dann der Hinweis auf die Position.

[2]) Doch sind die Grenzen fließend; außerdem steht nicht fest, ob es sich nicht um eine bloße Erfindung der antiken Grammatiker handelt.

III. Von römischer Namengebung

1. Die frei geborenen Römer führten seit etwa 300 v. Chr. die *tria nōmina*: das *praenōmen* (Vornamen); das *nōmen gentīle* (Namen der gēns, der sie angehörten); das *cognōmen* (Beinamen; Namen der Unterabteilung [Linie] ihrer gēns).

2. Die *indogermanische Einnamigkeit* hatte man in Rom — wahrscheinlich unter etruskischem Einfluß — aufgegeben. Auf einer linksläufigen Inschrift einer in einem Grabe zu Praeneste gefundenen goldenen Fibel (um 600 v. Chr.) finden wir noch die späteren Vornamen *Mānius* und *Numerius* als einzige Namen verzeichnet: *Manios med fhefhaked Numasioi* = *Mānius mē fēcit Numeriō*.

3. Die Zahl der *praenōmina* war gering (18!). Viele von ihnen waren wenig gebräuchlich. Ihre Bedeutung verrät, soweit sie zu erschließen ist, wenig Phantasie; vom 5. Kind an beschränkte man sich weitgehend auf Numerierung: *Quīntus, Sextus, Decimus.* In Verbindung mit nōmen gentīle oder cognōmen wurden sie gewöhnlich abgekürzt:

Aulus	*Abk.*	A.	Numerius	*Abk.*	N. *od.* Num.
Appius	„	App.	Pūblius	„	P.
Gnaeus	„	Cn.	Quīntus	„	Q.
Decimus	„	D.	Servius	„	Ser.
Kaesō	„	K.	Sextus	„	S. *od.* Sex.
Lūcius	„	L.	Spurius	„	Sp.
Mārcus	„	M.	Tiberius	„	Ti. *od.* Tib.
Mānius	„	M'.	Titus	„	T.

Man redete sich aber nicht mit dem praenōmen, sondern mit dem Gentilnamen oder dem cognōmen an.

4. Das *nōmen gentīle* geht regelmäßig auf -ius aus, ist von Haus aus ein Adjektiv (*gēns Valeria*) und bezeichnet die Zugehörigkeit zu einer bestimmten gēns; *Tullius* also = der *gēns Tullia* zugehörig. Das nōmen gentīle entspricht etwa unserem Familiennamen. Nach ihrer Freilassung nahmen Sklaven das nōmen gentīle ihres ehemaligen Herrn an und fügten ihm ihren bisherigen Namen (Einzelnamen!) als cognōmen hinzu (*Līvius Andronīcus*).

5. Das *cognōmen* entsprang ursprünglich oft dem beißenden Witz der Römer, dem *Italum acētum* (*Plautus* = Plattfuß, *Brūtus* = Dummkopf). Im Zuge der Dreinamigkeit vererbte es sich später wie das nōmen gentīle und drückte die Unterabteilung einer gēns aus.

Vielfach wurden den tria nōmina weitere Beinamen, oft ehrenden Charakters (meist *agnōmina* genannt), hinzugefügt: *P. Cornēlius Scīpiō Africānus*, der Sieger von Zama.

6. Bei der *Adoption*, deren sich besonders der römische Adel oft bediente, um sein Geschlecht nicht aussterben zu lassen, trat der Adoptierte in die neue gēns über und nahm deren Gentilnamen an, trug aber seinen ursprünglichen Gentilnamen als cognōmen mit dem Suffix *-iānus* weiter. So hieß der Sohn des Pydnasiegers L. Aemilius Paulus nach seiner Adoption durch den ältesten Sohn des älteren Africanus: *P. Cornēlius Scīpiō Aemiliānus*, und nach der Zerstörung von Karthago (146) und der von Numantia (133) trug er den Namen: *P. Cornēlius Scīpiō Aemiliānus Africānus minor Numantīnus*. Wir nennen ihn kurz den jüngeren Africanus.

7. Erst in der Kaiserzeit bürgerte sich die orientalische Sitte ein, neben dem offiziellen mehrgliedrigen Namen noch einen *Rufnamen* zu führen (*supranōmen* oder *sīgnum*).

8. Die *Töchter* bekamen keinen Vornamen, sondern führten den Familiennamen des Vaters (*Tullia*, Ciceros Tochter, von ihm oft mit dem zärtlichen Deminutivnamen *Tulliola* genannt). Mehrere Töchter unterschied man durch die Zusätze: *māior, minor, tertia* usw. Bei der Verheiratung behielten sie ihren väterlichen Gentilnamen bei (*Cornēlia*).

IV. Römischer Kalender

Erklärung der Zahlwörter umseitig

a. d. = ante diem; pr. = prīdiē; Kal. = Kalendās; Non. = Nōnās; Id. = Īdūs.

	31 Tage: Iānuārius, Augustus (Sextīlis), December		30 Tage: Aprīlis, Iūnius, September, November		28 (29) Tage: Februārius		31 Tage: Mārtius, Māius, Iūlius (Quīntīlis), Octōber	
1	Kalendis Ianuariis *usw.*						Kalendis Martiis *usw.*	
2	a. d. IV	Nonas Ianuarias *usw.*					a. d. VI	Nonas Martias *usw.*
3	a. d. III						a. d. V	
4	pr.						a. d. IV	
5	Nonis Ianuariis *usw.*						a. d. III	
6	a. d. VIII	Idus Ianuarias *usw.*					pr.	
7	a. d. VII						Nonis Martiis *usw.*	
8	a. d. VI						a. d. VIII	Idus Martias *usw.*
9	a. d. V						a. d. VII	
10	a. d. IV						a. d. VI	
11	a. d. III						a. d. V	
12	pr.						a. d. IV	
13	Idibus Ianuariis *usw.*						a. d. III	
14	a. d. XIX	Kalendas Februarias *usw.* (*des folgenden Monats*)	a. d. XVIII	Kalendas Maias *usw.*	a. d. XVI	Kalendas Martias	pr.	
15	a. d. XVIII		a. d. XVII		a. d. XV		Idibus Martiis *usw.*	
16	a. d. XVII		a. d. XVI		a. d. XIV		a. d. XVII	Kalendas Apriles *usw.*
17	a. d. XVI		a. d. XV		a. d. XIII		a. d. XVI	
18	a. d. XV		a. d. XIV		a. d. XII		a. d. XV	
19	a. d. XIV		a. d. XIII		a. d. XI		a. d. XIV	
20	a. d. XIII		a. d. XII		a. d. X		a. d. XIII	
21	a. d. XII		a. d. XI		a. d. IX		a. d. XII	
22	a. d. XI		a. d. X		a. d. VIII		a. d. XI	
23	a. d. X		a. d. IX		a. d. VII		a. d. X	
24	a. d. IX		a. d. VIII		a. d. VI		a. d. IX	
25	a. d. VIII		a. d. VII		a. d. V	[1]) a. d. bis VI	a. d. VIII	
26	a. d. VII		a. d. VI		a. d. IV	a. d. V	a. d. VII	
27	a. d. VI		a. d. V		a. d. III	a. d. IV	a. d. VI	
28	a. d. V		a. d. IV		pr.	a. d. III	a. d. V	
29	a. d. IV		a. d. III			pr.	a. d. IV	
30	a. d. III		pr.				a. d. III	
31	pr.						pr.	

[1]) *in Schaltjahren*

V. Zahlwörter

Zahlzeichen	Grundzahlen (cardinālia) wie viele?	Ordnungszahlen (ōrdinālia) der wievielte?	Einteilungszahlen (distribūtīva) wie viele jedesmal?	Zahladverbia (adverbia numerālia) wie oft?
1 I	ūnus, a, um *ein*	prīmus, a, um *der erste*	singulī, ae, a *je ein(er)*	semel *einmal*
2 II	duo, ae, o	secundus *od.* alter	bīnī	bis
3 III	trēs, ia	tertius	ternī (trīnī)	ter
4 IV	quattuor	quārtus	quaternī	quater
5 V	quīnque	quīntus	quīnī	quīnquiēs
6 VI	sex	sextus	sēnī	sexiēs
7 VII	septem	septimus	septēnī	septiēs
8 VIII	octō	octāvus	octōnī	octiēs
9 IX	novem	nōnus	novēnī	noviēs
10 X	decem	decimus	dēnī	deciēs
11 XI	undecim	undecimus	undēnī	undeciēs
12 XII	duodecim	duodecimus	duodēnī	duodeciēs
13 XIII	trēdecim	tertius decimus	ternī dēnī	ter deciēs
14 XIV	quattuordecim	quārtus decimus	quaternī dēnī	quater deciēs
15 XV	quīndecim	quīntus decimus	quīnī dēnī	quīnquiēs deciēs
16 XVI	sēdecim	sextus decimus	sēnī dēnī	sexiēs deciēs
17 XVII	septendecim	septimus decimus	septēnī dēnī	septiēs deciēs
18 XVIII	duodēvīgintī	duodēvīcēsimus	duodēvīcēnī	duodēvīciēs
19 XIX	undēvīgintī	undēvīcēsimus	undēvīcēnī	undēvīciēs
20 XX	vīgintī	vīcēsimus	vīcēnī	vīciēs
21 XXI	ūnus et vīgintī *od.* vīgintī ūnus	ūnus et vīcēsimus *od.* vīcēsimus prīmus	singulī et vīcēnī *od.* vīcēnī singulī	semel et vīciēs *od.* vīciēs semel

22 XXII	duo et vīgintī *od.* vīgintī duo	alter et vīcēsimus *od.* vīcēsimus alter	bīnī et vīcēnī *od.* vīcēnī bīnī	bis et vīciēs *od.* vīciēs bis
28 XXVIII	duodētrīginta	duodētrīcēsimus	duodētrīcēnī	duodētrīciēs
29 XXIX	undētrīginta	undētrīcēsimus	undētrīcēnī	undētrīciēs
30 XXX	trīginta	trīcēsimus	trīcēnī	trīciēs
40 XL	quadrāginta	quadrāgēsimus	quadrāgēnī	quadrāgiēs
50 L	quīnquāginta	quīnquāgēsimus	quīnquāgēnī	quīnquāgiēs
60 LX	sexāginta	sexāgēsimus	sexāgēnī	sexāgiēs
70 LXX	septuāginta	septuāgēsimus	septuāgēnī	septuāgiēs
80 LXXX	octōginta	octōgēsimus	octōgēnī	octōgiēs
90 XC	nōnāginta	nōnāgēsimus	nōnāgēnī	nōnāgiēs
100 C	centum	centēsimus	centēnī	centiēs
101 CI	centum (et) ūnus	centēsimus prīmus	centēnī singulī	centiēs semel
200 CC	ducentī, ae, a	ducentēsimus	ducēnī	ducentiēs
300 CCC	trecentī, ae, a	trecentēsimus	trecēnī	trecentiēs
400 CD	quadringentī, ae, a	quadringentēsimus	quadringēnī	quadringentiēs
500 D	quīngentī, ae, a	quīngentēsimus	quīngēnī	quīngentiēs
600 DC	sescentī, ae, a	sescentēsimus	sescēnī	sescentiēs
700 DCC	septingentī, ae, a	septingentēsimus	septingēnī	septingentiēs
800 DCCC	octingentī, ae, a	octingentēsimus	octingēnī	octingentiēs
900 DCCCC	nōngentī, ae, a	nōngentēsimus	nōngēnī	nōngentiēs
1000 M	mīlle	mīllēsimus	singula mīlia	mīliēs
2000 MM *od.* $\overline{\text{II}}$	duo mīlia	bis mīllēsimus	bīna mīlia	bis mīliēs
1 000 000 $\overline{\lvert\text{X}\rvert}$	deciēs centēna mīlia	deciēs centiēs mīllēsimus	deciēs centēna mīlia	deciēs centiēs mīliēs

VI. Die wichtigsten Maße, Gewichte und Münzen

Rechnungs-, Gewichts- und Münzeinheit war in Rom der *as*, der nach dem Duodezimalsystem in 12 *ūnciae* (Unzen) eingeteilt wurde.

A. Maße

1. Längenmaße

Vorbemerkung: Es gab in Rom zwei — auf dem *pēs* (Fuß) basierende — Längenmaßsysteme, von denen sich das jüngere allgemein durchsetzte:

a) Ältere Einteilung: 1′ = 12″, d. h. 1 *pēs* (0,296 m) = 12 *ūnciae* od. *pollicēs* (Daumenbreite) = 24,7 mm;

b) Jüngere Einteilung: 1′ = 16″, d. h. 1 *pēs* (0,296 m) = 16 *digitī* (Fingerbreite, Zoll) = 18,5 mm.

1 **digitus**	(Fingerbreite, Zoll)	=	18,5 mm.
16 *digitī*	= 1 **pēs** (Fuß)	=	0,296 m.
$1^1/_2$ *pedēs*	= 1 *cubitus* (Elle)	=	0,44 m.
5 *pedēs*	= 1 **passus** (Klafter)	ca.	1,5 m.
1000 *passūs*	= 1 **milliarium** (röm. Meile)	ca.	1,5 km.

(Im kl. Latein: *mīlle passūs* 1 [röm.] Meile; *dúo mīlia passuum* 2 [röm.] Meilen.)

Anmerkung: *passus* (v. *pandō* „ausbreiten") ist das durch Spreizen der Arme gewonnene röm. Längenmaß (Armspanne, Klafter). Die an sich falsche, aber meist übliche Wiedergabe als „Doppelschritt" beruht auf der durch die militärische Praxis des Abschreitens (mit dem linken und rechten Fuß) sich ergebende Umrechnung. Streng zu scheiden ist hiervon die Bedeutung „Schritt; / Tritt; Fußtapfe", die an das Spreizen der Beine anknüpft.

2. Flächenmaße

1 **pēs quadrātus** (Quadratfuß) = 0,088 qm.

1 **iūgerum** (Morgen; d. h. die Fläche, die mit einem Joch *[iugum]* Ochsen täglich umgepflügt werden kann) ca. 0,25 ha.

3. Hohlmaße

a) Flüssigkeitshohlmaße

lacus (Kübel, Wanne; als Sammelbecken das größte Maß für das Keltern von Öl und Wein). Sein Rauminhalt war nicht normiert.

1 **culleus** (Schlauch, Faß) = 20 *amphorae* od. *quadrantālia* = 521,80 l.

1 **amphora** od. **quadrantal** (Amphora = „Zuber") = 2 *urnae* = 26,09 l.

1 **urna** (Krug, Topf) = 13,04 l.

1 **congius** (Muschel, Topf) = 6 *sextāriī* = 3,26 l.

1 **sextārius** („der 6. Teil" eines *congius*; Schoppen) = 2 *hēmīnae* = 0,54 l

1 **hēmīna** („ein Halber"; Becher) = 1 *cotula* (*cotyla*) = 0,27 l.
1 **quartārius** („ein Viertel") = $^1/_4$ *sextārius* = 0,14 l.
1 **cyathus** (Becherchen, Maß) = $^1/_{12}$ *sextārius* = 0,045 l.

b) Trockenhohlmaße

1 **modius** (Scheffel) = 16 *sextāriī* = 8,75 l.
1 **medimnus** (griech. Scheffel) = 6 *modiī* = 52,50 l.

Die meisten Flüssigkeitshohlmaße werden auch als Trockenhohlmaße verwendet.

B. Gewichte

1 **centumpondium** (Zentner) = 100 *lībrae* = 32,6 kg.
1 **as** od. **lībra** od. **pondō** (indecl.; erstarrter abl. „an Gewicht") das röm. Pfund = 326 g.
1 **ūncia** 1 Unze = $^1/_{12}$ Pfund etwa 27 g.
1 **scrīpulum (scrūpulum)** = $^1/_{24}$ *ūncia* = 1,14 g.

C. Münzen

(Wertverhältnis zwischen Gold, Silber und Kupfer 100 : 10 : 1)

1. In der **ältesten Zeit** war das Vieh (*pecus*) Wertmesser und Zahlungsmittel. Als das Kupfer (zunächst als *aes rude* ungeprägt und ungestempelt) an seine Stelle trat, mußten die jeweiligen Metallstücke bei jedem Geschäftsvorgang ausgewogen werden (*pendere* = wiegen, zahlen). Das Wort *pecūnia* bezeichnete ursprünglich das Vermögen an Vieh und bewahrt die Erinnerung an die auch in Rom anfänglich herrschende Naturalwirtschaft.

2. Kupferwährung (etwa 450—250)
Erst etwas vor 450 v. Chr. begann man in Rom, das *aes grave* (schweres Bronzegeld) zu gießen und durch den Stempel für den Wert die staatliche Garantie zu übernehmen. Münzeinheit war der anfänglich 1 röm. Pfund schwere

as librālis = 12 *ūnciae* zuerst 1,50 M wert

(an Gewicht und demzufolge an Wert oftmals, schließlich unter Cäsar auf $^1/_{36}$ = 4 Pfg. reduziert).

3. Silberwährung (etwa 250—30 v. Chr.; Kupfergeld nur Scheidemünze: neben dem *as* z. B. der *dupondius* das Zweiasstück)

1 **sēstertius** od. **nummus** (Münzzeichen: IIS, später HS od. HSN od. N) = $2^1/_2$ As, später = 4 As etwa 15—20 Pfg.
1 **dēnārius** (Münzzeichen: X) = 10 As, seit der Gracchenzeit = 16 As etwa 70—80 Pfg.
1 **quadrīgātus** (mit Viergespann als Prägung) = $1^1/_2$ Denare.
1 **victōriātus** (mit der Viktoria als Prägung) = $^1/_2$ Denar.

Der Sesterz (‹ *sēmis tertius* [*sc. as*] „der dritte halb") war die kleinste, aber gebräuchlichste Silbermünze der Republik; auf ihm beruht das gesamte, recht komplizierte röm. Rechnungswesen.

Beispiele der Sesterzenrechnung mit Näherungswerten

HSX = *decem sēstertiī* = 1,7 M.
HSM = *mīlle sēstertiī* = 170 M.
HSMM = *duo mīlia sēsterti(ōr)um* = 340 M. Der Genetiv *sēstertium* wurde dann substantivisch als Nominativ gebraucht, die Tausender hießen *sēstertia*; über die Zahlen wurde ein Strich gesetzt:
HS$\overline{\text{C}}$ = *centum sēstertia* (100 000 S) = 17 000 M. Millionen wurden durch *centēna mīlia sēstertium* ausgedrückt:

deciēs centēna mīlia sēstertium = 1 Million = 170 000 M.
vīciēs „ „ „ = 2 Millionen = 340 000 M.

Schließlich wurde *centēna mīlia* weggelassen:

trīciēs sēstertium (geschrieben HS|XXX|) = 3 Millionen;

eine Gesamtsumme von 3 Millionen *summa sēstertiī trīciēs.*

Die Aufsicht über die im Tempel der Iūnō Monēta errichtete Münzstätte übten staatliche Münzmeister aus, die *triumvirī aurō argentō aerī* (Diphthong!) *flandō feriundō.*

4. Goldwährung (Kaiserzeit)

In der republikanischen Zeit hatte es nur gelegentliche Goldprägungen gegeben. Am bekanntesten war Cäsars Golddenar, der

aureus = 25 Silberdenare = 100 Sesterzen, etwa 17 M.

Er wurde von nun an von den Kaisern, die die Münzhoheit über Gold und Silber besaßen, weitergeprägt, während das Recht der Kupferprägung dem Senat zustand.